ᠥᠪᠦᠷ ᠮᠣᠩᠭᠣᠯ ᠤᠨ ᠣᠨ ᠤ ᠳᠡᠪᠲᠡᠷ

内蒙古年鉴

2006卷

内蒙古自治区人民政府主办
内蒙古自治区地方志办公室年鉴编辑部编辑
内蒙古文化出版社出版

内蒙古年鉴（2006）

主　　编：张建功
常务副主编：海　棠
执行副主编：张晓虹
副　主　编：查干浪涛　孟秀芳

编　　者：内蒙古年鉴编纂委员会
（内蒙古自治区党政综合楼748室）
邮　　编：010098　电　话：0471—4826046
网　　址：http//www.nmqq.gov.cn
邮　　箱：nmqqnjb@163.com

出版发行：内蒙古文化出版社
（呼伦贝尔市海拉尔区河东新春街4付3号）
邮　　编：021008
网　　址：www.nmwh.com
责任编辑：刘百岁
印刷装订：内蒙古地矿印刷厂

开　　本：889×1194　1/16
印　　张：39.75
字　　数：1400千
版　　次：2007年1月第1版　2007年1月第1次印刷
印　　数：0001—5000册

ISBN 7-80506-948-4/Z·329　定价：280.00元

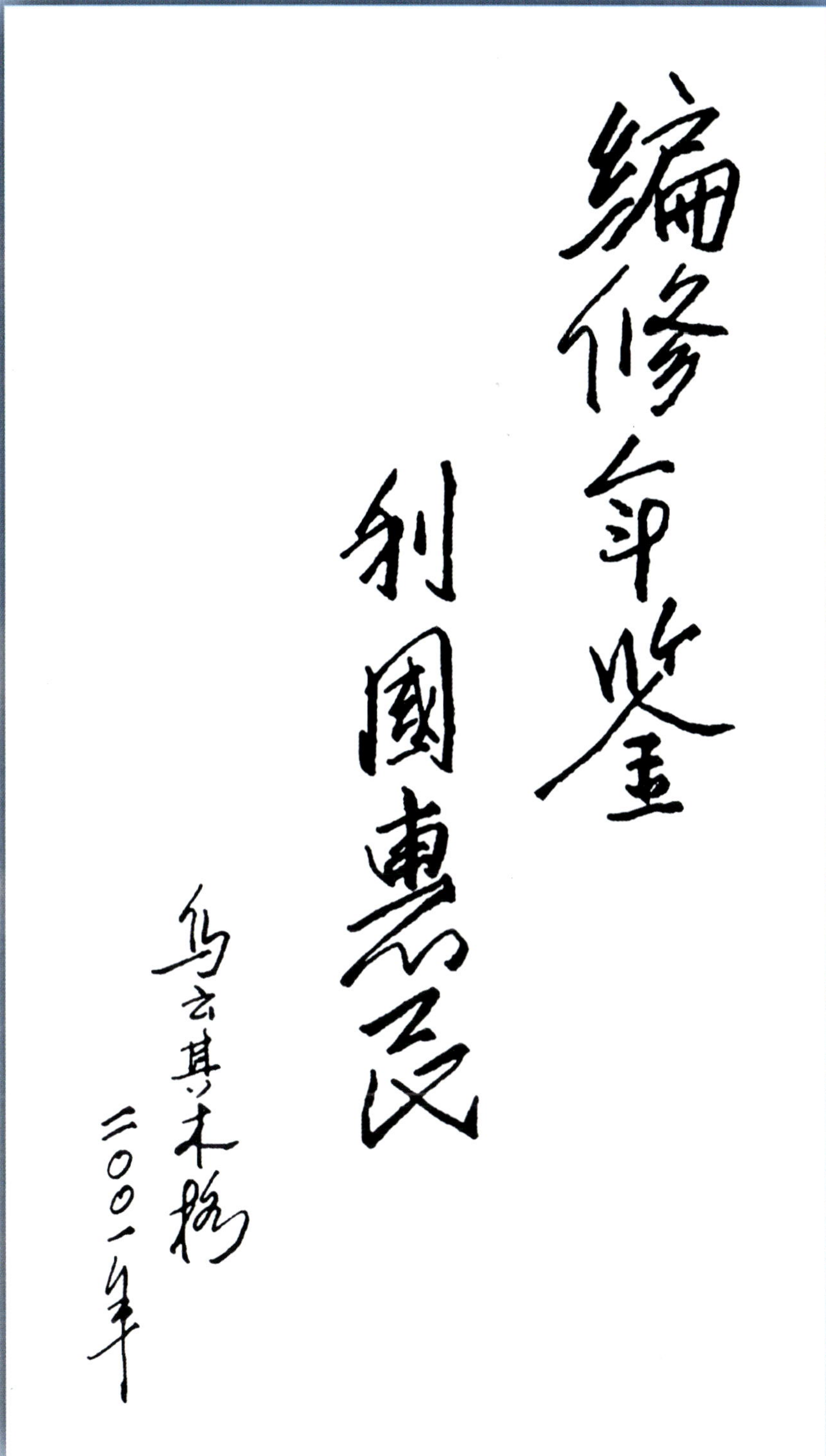

全国人大常务委员会副委员长（原内蒙古自治区党委副书记、自治区主席）乌云其木格题词

2005 数字内蒙古

总面积 118.3 万平方公里

全区总人口 2 386.40 万人

男性 1 229.30 万人

女性 1 157.10 万人

蒙古族人口 421.12 万人

鄂伦春族人口 4 791 人

达斡尔人口 79 248 万人

鄂温克人口 28 285 人

其他少数民族人口 94.64 万人

城镇人口 1 126.38 万人

乡村人口 1 260.02 万人

盟市（地级）12 个

旗县区（市）101 个（旗 52 个、县 17 个、盟（市）辖县级市 11 个、区 21 个）、苏木乡镇 917 个

实有耕地面积为 735.5 万公顷（是全国人均耕地的 4 倍，居全国之首）

森林资源面积 2 080 万公顷(占全国森林总面积的 11%，居全国第 1 位，林木总蓄积量 12.9 亿立方米，森林覆盖率 17.57%)

草原总面积 8 666.7 万公顷(占全国草原总面积 21.7%，可利用草场面积 6 818.0 万公顷)

全区风能总量约 54 亿千瓦（占全国总量的 30%以上）

全区水资源总量 545.95 亿立方米

流域面积为 52.2 万平方公里

全区地表水资源为 406.60 亿立方米

地下水平均资源量为 236.22 亿立方米

年径流量 673 亿立方米

淡水总面积 93.0 万公顷

内流水流域面积 22 万平方公里(年径流量 9.6 亿立方米)

天然降水量 100～450 毫米之间

总辐射量在 115～167 千卡 / 平方厘米年之间（仅次于青藏高原，居全国第 2 位。日照时数在 2 600～3 400 小时）

已探明的稀土氧化物储量 8 270.2 万吨（占全国的 90%，居世界首位）

发现矿种 120 多种

探明储量矿藏 78 种

煤储量 2 300 亿吨(仅次于山西省，居全国第 2 位)

原煤产量 25 607.69 万吨

天然原油储量 146.92 万吨

天然气储量 2 700～10 000 亿立方米

全区有兽类 24 科 114 种（占全国兽类 450 种的 25.3%。兽类中有产业狩猎价值的 50 余种，珍贵稀有动物 10 余种。鸟类 51 科 365 种）

野生动物 24 科 114 种，占全国兽类 450 种的 25.3%。

野生植物 2 167 种

自然保护区 188 个(国家级 20 个，自治区级 53 个)

自然保护区面积 1 424.41 万公顷

国内生产总值 3 822.77 亿元

第一产业增加值 600.09 亿元

第二产业增加值 1 685.13 亿元

第三产业增加值 1 537.55 亿元

人均国内生产总值 16 026 元

天然气产量 38.57 亿立方米

生铁 922.69 万吨

钢材 747.77 万吨

十种有色金属产量 70.53 万吨

化肥 65.58 万吨

平板玻璃 1 144.60 万重量箱

发电量 1 070.02 亿千瓦小时

水泥产量 1 632.25 万吨

盐储量 18 357.6 万吨

卷烟生产 172.50 亿支

粮食产量 1 662.15 万吨

农业机械总动力 1 616.61 万千瓦

油料 122.17 万吨

牲畜牧业年度存栏数 10 615.29 万头（只）

牲畜出栏数 3 856.38（万）头只

肉类总产量 247.48 万吨

禽蛋 46.27 万吨

牛奶总产量 727.00 万吨

乳制品产量 376.79 万吨

液体乳生产产量 362.76 万吨

绵羊毛 9.49 万吨

山羊绒6 395吨
水产品产量8.26万吨
全区公路总里程7.9万公里
货运量7 3081.9万吨
铁路货运量22 059.9万吨
公路货运量51 020万吨
民航货运量2万吨
货物周转量1 604.31亿吨公里
铁路周转量1 280.75亿吨公里
公路周转量323.35亿吨公里
民航周转量0.27亿吨公里
客运量33 113.8万人
铁路客运量3 258.8万人
公路客运量28 604万人
民航客运量251万人
旅客周转量323.12亿人公里
铁路周转量113.22亿人公里
公路周转量178.98亿人公里
民航周转量30.92亿人公里
邮电业务总量(1990年不变价)276.10亿元
城市电话用户427万户
乡村电话用户107万户
移动电话用户704.1万户，移动电话98.93万部
电话普及率(包括固定电话和移动电话)52部/百人
计算机互联网用户107.9万户，微型计算机0.86万部
全社会固定资产投资总额2 687.84亿元
基本建设投资1 860.93亿元
更新改造投资385.68亿元
房地产开发投资162.10亿元
社会消费品零售总额1 344.10亿元
城市消费品零售额903.34亿元
旗县消费品零售额275.91亿元
旗县以下消费品零售额164.83亿元
城镇居民家庭恩格尔系数31.4%
农村牧区居民家庭恩格尔系数43%
外贸出口总额20.65亿美元
进口总额30.97亿美元
国内旅游人数2 061.60万人次
国内旅游收入179.72亿元
入境旅游人数100.16万人次
旅游外汇收入3.52亿美元
财政总收入536.29亿元
地方财政收入335.05亿元
地方财政收入中一般预算收入227.45亿元
地方财政支出734.71亿元
城镇居民人均可支配收入9 137元
农牧民人均纯收入2 989元
城乡居民储蓄存款余额1 973.60亿元
各项人民币存款余额3 298.15亿元
全区普通高等学校33所，在校生23.09万人，在校研究生7 110人
普通高中359所，在校学生52.35万人
全区有艺术事业机构153个
艺术团体110个
电影事业机构1 118个
电影放映单位1 015个
有线电视用户198.46万户
文化馆102座
公共图书馆109座
博物馆31座
档案馆140座
全区有卫生机构3 774个
医院476个
农村牧区卫生院1 330个
疾病预防控制机构146个
妇幼卫生机构116个
拥有病床6.94万张
卫生技术人员10.26万人
参加基本养老保险职工252.60万人
参加失业保险职工222.30万人
城市居民最低保障救济75.63万人
城镇建立社会福利设施7 495个
社会福利院床位2.48万张
筹集社会福利资金10 297.50万元
接受社会捐赠2 875.80万元

MONGOLIA YITAI GROUP

年度要闻

2006

领导视察

2006年6月2日，中共中央政治局常委、国务院总理温家宝考察神华集团煤制油直接液化项目施工现场

2006年7月14日，中共中央政治局常委、全国政协主席贾庆林在呼伦贝尔考察时深入牧区看望鄂温克族自治旗牧民

2006年7月8日，中共中央政治局常委、中央政法委书记罗干考察鄂尔多斯市法律服务窗口

亮点报道

2006年12月15日，蒙古族画家德凤山将自己倾心创作的乌兰夫巨幅画像—宽1.1米、高2.2米的《草原的儿子》捐赠给内蒙古大学。乌兰夫是党和国家的优秀领导人、杰出的无产阶级革命家、卓越的民族工作领导人，也是内蒙古大学的首任校长。

《乌兰夫同志诞生一百周年》纪念邮票

2006年7月16～17日，由中央统战部和国家民委共同举办的贯彻，落实中央民族工作会议精神经验交流会在呼和浩特隆重举行。

《乌兰夫同志诞生一百周年》纪念邮票首发仪式剪彩。12月23日是乌兰夫同志诞辰100周年。当日下午，由国家邮政总局发行的《乌兰夫同志诞生一百周年》纪念邮票的首发式在内蒙古自治区首府呼和浩特市举行。

2006年内蒙古蒙牛乳业集团股份有限公司率先向全国贫困地区500所中小学捐赠牛奶一年，预计受益小学生在7～10万人，所捐牛奶总价值达1.1亿元

2006年，中国科学家在内蒙古宁城地区发现了地球上迄今最早的会飞的哺乳动物—远古翔兽。这一发现，将地球上哺乳动物会飞的历史提前了至少7千万年：从北美洲约5100万年前的蝙蝠化石提前到距今至少1.25亿年前。这幅绘画作品再现了远古翔兽的生活图景。

中共内蒙古自治区第八届
选举产生新的自治区
选出内蒙古自治区

新选举产生的中国共产党内蒙古自治区第八届委员会常务委员：（从左至右）乌兰、韩志然、伏来旺、任亚平、岳福洪、储波、杨晶、巴特尔、邢云、陈朋山、莫建成、符太增

储波，男，汉族，1944年10月生，安徽桐城人，大学学历，1969年10月入党，1967年9月参加工作。现任内蒙古自治区党委书记、自治区人大常委会主任。

1962．09—1967．09天津大学水利工程系河川枢纽及水电站建筑专业学习；1967．09—1968．08留校待分配；1968．08—1975．02沈阳军区工程兵农场劳动锻炼，解放军2348工程指挥部助理员、总后化工生产管理局办公室秘书；1975．02—1982．12湖南省岳阳化工总厂办公室秘书、副科长、副主任；1982．12—1984．07湖南省岳阳化工总厂副厂长、党委副书记；1984．07—1986．02湖南省岳阳市委副书记、市长；1986．02—1990．08湖南省岳阳市委书记；1990．08—1991．03湖南省岳阳市委书记、代市长；1991．03—1993．02湖南省副省长；1993．02—1994．01湖南省委常委、副省长；1994．01—1998．09湖南省委副书记（其间：1994．03—1994．05在中央党校进修一班学习）；1998．09—1999．02湖南省委副书记、副省长、代省长；1999．02—2001．08湖南省委副书记、省长；2001．08—2003．01内蒙古自治区党委书记；2003．01—内蒙古自治区党委书记、自治区人大常委会主任。第十五届中央候补委员；十六届中央委员。

杨晶，男，蒙古族，1953年12月生，内蒙古准格尔旗人，中央党校研究生学历，1976年8月入党，1970年12月参加工作。现任内蒙古自治区党委副书记、自治区主席。

1970．12—1977．03内蒙古自治区准格尔旗农机厂工人、旗文化馆干事；1977．03—1980．09内蒙古自治区准格尔旗委组织部、伊克昭盟委组织部工作；1980．09—1982．08内蒙古大学汉语系汉语言文学专业学习；1982．08—1983．10内蒙古自治区伊克昭盟委办公室秘书；1983．10—1985．11共青团内蒙古自治区伊克昭盟委书记；1985．11—1988．12内蒙古自治区达拉特旗委副书记、旗长；1988．12—1991．07内蒙古自治区达拉特旗委书记（其间：1990．09—1991．07在中央党校中青年干部培训班学习）；1991．07—1991．11待分配；1991．11—1992．06内蒙古自治区统计局副局长；1992．06—1993．06内蒙古自治区旅游局局长；1993．06—1996．03共青团内蒙古自治区委员会书记；1996．03—1998．02内蒙古自治区哲里木盟委书记、盟人大工委主任；1998．02—1998．05内蒙古自治区呼和浩特市委书记、市人大常委会主任；1998．05—2003．03内蒙古自治区党委常委，呼和浩特市委书记、市人大常委会主任（1995．08—1998．06在中国社科院研究生院工业经济管理专业学习）；2003．03—2004．01内蒙古自治区党委副书记、自治区代主席；2004．01—内蒙古自治区党委副书记、自治区主席（2002．09—2005．07在中央党校研究生院在职研究生班政治学专业学习）。第十六届中央候补委员。

莫建成，男，汉族，1956年3月生，浙江嵊州人，中央党校大学学历，1977年5月入党，1972年2月参加工作。现任内蒙古自治区党委常委、宣传部部长。

1972．02—1974．03内蒙古自治区西卓子山水泥厂工人；1974．03—1978．07内蒙古自治区西卓子山水泥厂青年农场知青、生产队长、副场长；1978．07—1983．01内蒙古自治区乌海市知青办干事、劳动局技培科负责人；1983．01—1983．09内蒙古自治区乌海市委组织部组织员；1983．09—1985．07内蒙古农牧学院农牧业经济管理系农业经济管理专业干部专修班学习；1985．07—1985．09内蒙古自治区乌海市委组织部组织员；1985．09—1990．12共青团内蒙古自治区乌海市委员会书记；1990．12—1991．05内蒙古自治区乌海市政府秘书长；1991．05—1991．11内蒙古自治区乌海市委秘书长；1991．11—1993．10内蒙古自治区乌海市委常委、秘书长(1989．08—1992．06在中央党校函授学院经济管理专业学习；1992．09—1993．01在中央党校进修部进修二班学习)；1993．10—1995．07内蒙古自治区乌海市副市长；1995．07—1996．06内蒙古自治区乌海市委常委、副市长；1996．06—1998．02内蒙古自治区乌海市委副书记、副市长；1998．02—2000．02内蒙古自治区乡镇企业局副局长；2000．02—2001．09内蒙古自治区通辽市委副书记、副市长；2001．09—2003．01内蒙古自治区通辽市委副书记、市长；2003．01—2003．03内蒙古自治区通辽市委书记、市长；2003．03—2004．12内蒙古自治区通辽市委书记；2004．12—内蒙古自治区党委常委、宣传部部长。

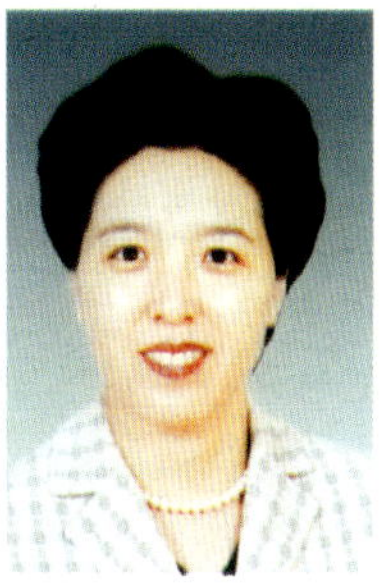

乌兰，女，蒙古族，1962年11月生，内蒙古科左中旗人，中央党校研究生学历，1984年11月入党，1978年12月参加工作。现任内蒙古自治区副主席。

1978．12—1980．09共青团内蒙古自治区包头市委员会办公室干事；1980．09—1983．07包头师范专科学校政教系干部专科班学习；1983．07—1986．03共青团内蒙古自治区包头市委员会办公室干事、副主任，组织部副部长；1986．03—1987．06共青团内蒙古自治区包头市委员会副书记；1987．06—1988．03共青团内蒙古自治区委员会副书记兼共青团包头市委员会副书记；1988．03—1996．11共青团内蒙古自治区委员会副书记(其间：1990．09—1991．01在中央党校干部进修二班学习；1991．03—1991．12挂职任内蒙古自治区察右中旗旗委副书记)；1996．11—2000．02共青团内蒙古自治区委员会书记、自治区青联主席(1995．09—1997．12在中央党校领导干部函授本科班经济管理专业学习；1996．12—1998．11在中国社科院研究生院经济系市场经济专业研究生课程班学习)；2000．02—2001．09内蒙古自治区伊克昭盟委员会副书记(正厅级，其间：2000．03—2001．01在中央党校中青年干部培训班学习)；2001．09—2003．03内蒙古自治区鄂尔多斯市委副书记(正厅级)(2000．03—2003．01在中央党校研究生院在职研究生班经济学专业学习)；2003．03—2003．11内蒙古自治区巴彦淖尔盟委副书记、盟长；2003．11—内蒙古自治区副主席(2006．02—2006．04在中央党校省部级干部进修A班学习)。内蒙古自治区七届党委委员。

符太增，男，汉族，1956年9月生，辽宁黑山人，大学学历，1986年3月入党，1976年7月参加工作。现任内蒙古自治区党委副秘书长(正厅级)。

1976．07—1978．10辽宁省阜新蒙古族自治县老河土公社知青；1978．10—1982．08辽宁财经学院财政金融系财政专业学习；1982．08—1984．08内蒙古自治区财政厅财政科学研究所干部；1984．08—1989．03内蒙古自治区财政厅预算处干部、主任科员；1989．03—1989．11内蒙古自治区财政厅农牧业税征收管理处副处长；1989．11—1991．07内蒙古自治区财政厅预算处副处长；1991．07—1994．01内蒙古自治区财政厅预算处处长；1994．01—1996．06内蒙古自治区财政厅党组成员、预算处处长；1996．06—2001．09内蒙古自治区财政厅副厅长、党组成员(1995．11—1997．11在财政部财政科学研究所研究生部财政专业研究生进修班学习；1997．09—1998．01在中央党校进修部进修二班学习牍；2001．09—2005．01内蒙古自治区财政厅厅长、党组书记；2005．01—2006．09内蒙古自治区通辽市委书记；2006．09—内蒙古自治区党委副秘书长(正厅级)。内蒙古自治区七届党委委员

自治区党委书记：储波

新选举产生的自治区党委常委

2006年11月19日，中国共产党内蒙古自治区第八次代表大会在呼和浩特隆重开幕

自治区党委书记储波、自治区主席杨晶视察阿拉善经济开发区

国家知识产权局局长田力普、自治区党委书记储波、国家科技部副部长张景安接见自治区科技创新获奖代表

自治区主席：杨晶

2005年8月15日，国务院在我区召开国家西部地区“两基”攻坚现场汇报会

自治区主席杨晶参加伊泰煤制油奠基仪式

全国人大常委会副委员长乌云其木格视察金河集团

储波书记、杨晶主席视察自治区公安厅指挥中心

自治区政府办公厅2006年度表彰大会(主席台)

自治区政府办公厅2006年度表彰大会先进集体领奖

自治区人大主任储波在自治区人大第十届四次会上讲话

储波主任参加分组讨论会

投票选举

开幕式—奏国歌

自治区第十届四次会议包头代表团

自治区第十届四次会议

自治区党委书记储波在庆祝政协内蒙古自治区委员会成立五十周年大会上作重要讲话

自治区政协主席：王占

自治区主席杨晶参加自治区政协九届四次全委会议小组讨论

自治区政协主席王占视察政协扶贫点

自治区政协九届四次全委会议会场

自治区政协九届九次常委会议会场

庆祝内蒙古自治区政协成立五十周年大型文艺晚会

庆祝内蒙古自治区政协成立五十周年大会会场

中国人民解放军内蒙古军区

黄高成司令员率团访问新西伯利亚市

张金柱政委视察乌海军分区

王建欣副司令员检查边防营部工作

桑杰扎布副司令视察291医院

罗刚副司令员在
给水团检查工作

孙忠泰副政委参加自治
区国防动员工作会议

李吾田参谋长检查营队工作

陈运火
主任到骑兵
部队看望部
队战士

齐全祥部长
检查装备工作

李生荣部长检查
边防部队营院建设

内蒙古年鉴编委会主任（自治区副主席）：连辑

内蒙古年鉴编委会副主任（自治区政府秘书长、办公厅主任）：乌兰巴特尔

内蒙古年鉴编委会副主任（自治区政府副秘书长）：杨玺

2005年6月9日至10日，中共中央书记处书记、中央军委副主席徐才厚视察武警内蒙古总队

2005年5月9日至10日，自治区主席杨晶出席在呼和浩特指挥学校召开的武警院校研讨会并致词

百倍警惕

开展城市武装巡逻，维护驻地社会稳定

开展处置突发事件和反恐怖战术研究，经常组织演练，保证遇有情况能拉得出、打得赢

贴近实战，苦练精兵

顶风冒雪练战法

深入贯彻从严治警方针，部队军政素质不断提高

4月5日，锡盟正蓝旗五沁敖包林场和多伦县蔡木山草场相继发生大面积火灾，驻地武警官司兵奋战10多个小时将大火扑灭

12月24日，杭锦旗境内发生特大客车坠河事故，武警鄂尔多斯市支队官兵连续奋战50多个小时，圆满完成现场警戒封控和救援工作

广泛开展保持共产党员先进性教育。图为驻呼部队组织党员在乌兰夫纪念馆重温入党誓词

警营威风锣鼓队

官兵角力

积极参加驻地植树造林，为治理生态环境做贡献

11月17日，武警内蒙古总队礼仪女兵代表内蒙古各族人民群众向“神州五号”航天员费俊龙、聂海胜敬献哈达和鲜花

总队响应自治区党委、政府的号召，投入人力、物力和资金，积极开展扶贫帮困工作

2005年5月30日，内蒙古自治区农村信用社联合社成立大会

自治区党委副书记杨利民（左）参加理事会第一次会议，并发表重要讲话

自治区党委常委、组织部长陈朋山（左三）和自治区副主席余德辉为当选的第一届理事会理事颁发聘书

自治区联社副主任东方、巴勇、张建成

自治区联社党委书记、理事长佟铁顺在鄂尔多斯市东胜区农村信用社调研指导工作

自治区主席杨晶、政府顾问周德海、副主席余德辉和中国银监会合作部主任张功平为自治区联社揭牌

自治区副主席余德辉在自治区联社开业庆典仪式上讲话

自治区联社党委书记、理事长佟铁顺在自治区联社开业庆典仪式上致辞

内蒙古自治区农村信用社联合社是由区内88家旗、县、市、区农村信用合作社联合社和5家独立法人农村信用社会自愿入股组成，实行民主管理，具有独立企业法人资格的地方性金融机构。

服务宗旨：贯彻执行国家的金融方针政策，依法自主经营，自负盈亏，自担风险，自我约束，业务活动以为社员社提供服务，促进社员社的发展为宗旨。

基本职能：在自治区人民政府的领导和授权下，承担对全区农村信用社的管理、指导、协调和服务职能。

业务范围：履行对全区农村信用社和行业自律管理和服务职能；组织农村信用社之间的资金调剂；经批准参加资金市场，为农村信用社融通资金；办理或代理农村信用社资金市场，为农村信用社融通资金，办理或代理农村信用社资金清算和结算业务；提供信息咨询服务；经中国银行业监督管理委员会批准和其它业务。

国家税务总局局长谢旭人一行在内蒙古国税局局长刘景溪等人的陪同下到呼和浩特市如意开发区国税局调研

内蒙古自治区国家税务局党组书记、局长刘景溪在全区国税系统处级干部大会上讲话

内蒙古自治区国家税务局新一届领导班子全体成员

2005年7月4日，自治区国税局召开机关保持共产党员先进性教育活动总结大会

全区各级国税机关以“依法诚信纳税，共建小康社会”为主题开展了大规模的税收宣传首宣日活动

自治区国税局对2005年度系统内先进集体和先进个人进行了表彰。图为内蒙古国税局党组书记、局长刘景溪为受表彰的先进集体和先进个人颁发奖牌和证书

2006年1月1日上午9点，随着自治区国税局党组书记、局长刘景溪操作计算机鼠标的轻轻点击，内蒙古国税局税收执法管理信息系统试点正式上线运行。

2006年1月20日，自治区国税局机关召开2005年度工作表彰大会。图为自治区国税局党组书记、局长刘景溪为获奖同志颁发荣誉证书

井然有序的办税服务厅

中国人寿保险股份有限公司是中国人寿保险（集团）公司代表国家控股的全国性商业寿险公司。2005年，中国人寿在世界500强企业排名中，中国人寿位居212位，较之2004年上升了29位；以457.46亿元的品牌价值再次成为全国实达最具价值品牌企业；在新浪网由网民投票被评为“最信赖的人寿保险公司”之首；被标准普尔评为中国境外上市公司25强的唯一金融企业；年底又获“中国保险服务市场消费者最满意最喜爱第一品牌”称号和最佳企业公众形象奖。

老年夫妇

中国人寿保险股份有限公司内蒙古自治区分公司是中国人寿保险股份有限公司派驻内蒙古自治区的授权经营单位。近年来，随着中国人寿改革与发展步伐的不断加快，内蒙古分公司呈现出良好的发展态势。2005年实现保费收入35.04亿元，占全区寿险市场的82.08%；公司现有旗县级以上分支机构119家，农村网点515个，兼业代理机构696家，销售网络遍布全区所有旗县乡镇；现有员工2000余人，个人代理人近2万人；目前开办有人寿保险、人身意外险、健康保险和分红保险等4大类100多个险种；2005年末，公司资产达到74亿元；全年支出各类赔款、满期给付8.77亿元；公司的经营管理能力、信息技术支持能力、客户服务能力、风险管控能力及员工队伍建设、企业文化建设等方面也均在自治区保险市场上处于领先地位。在2005年度全区30强企业排名中位居第12位。

情侣

小孩

随着中国人寿保险股份有限公司的成立、公司股份制改革的进一步实施，中国人寿巨大的发展潜力将得到不断释放。中国人寿保险股份有限公司内蒙古分公司将牢牢抓住发展时机，以更饱满的热情、更坚定的信念、更强的责任感、更高的职业素质，融入到做大做强中国人寿、做大做强中国保险业的雄伟乐章中。在建设现代化、全球化保险企业的新征程中，不断开拓进取，勇于创新、善于竞争，为自治区经济建设、人民安居乐业提供更高水准、更高效率、更高品质的中国人寿品牌服务。

1990年9月中共中央总书记、中央军委主席江泽民在温家宝、赵南起、王成斌、刘中一、王群等领导陪同下到集团视察

2005年6月中共中央政治局常委、国家副主席曾庆红到集团视察

中共中央政治局常委、中央纪律检查委员会书记吴官正视察集团

中共中央政治局委员、国务院副总理回良玉视察集团

董事局主席、首席执行官：王林祥

一个世界名牌、一个世界名企必将在鄂尔多斯高原上诞生，鄂尔多斯的明天一定更美好！

鄂尔多斯集团智能化办公大楼

内蒙古蒙牛乳业集团股份有限公司

中共中央总书记、国家主席胡锦涛视察蒙牛集团

产品（特仑苏纯牛奶）

蒙牛乳业集团成立于1999年1月份，总部设在内蒙古呼和浩特市和林格尔县盛乐经济园区，总资产达60多亿元，职工2.9万人，乳制品生产能力达330多万吨/年，在全国15个省市区建立生产基地20多个，拥有液态奶、冰淇淋、奶品三大系列300多个品相，产品覆盖国内市场，并出口到蒙古、东南亚、美国塞班等国家和及港澳地区。

成立七年来，蒙牛创造了举世瞩目的"蒙牛速度"和"蒙牛奇迹"。截止2005年底的七年时间里，主营业务收入由当年的0.37亿元增加到108亿元，年均递增158%；年度纳税额由100万元增加到4.87亿元，年均递增180%；净利润由53万元增加到4.56亿元，年均递增208%；日均收奶量由几百公斤增加到8800吨，位居行业第一。

身前有亿万消费者，身后是百万农牧民。作为农业产业化国家重点龙头企业，蒙牛创业至今已累计收购鲜奶600多万吨，为农牧民累计发放奶款110多亿元，仅2005年一年就发放奶款40多亿元。

杨文俊为温家宝总理介绍产品

"为小学生送奶工程"内蒙古启动活动仪式（杨文俊与"草原英雄小姐妹"龙梅、玉荣）

井冈山启动活动

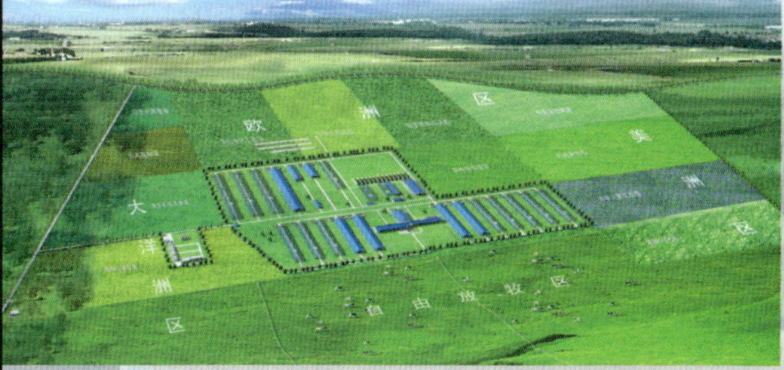

牧场鸟瞰图

外国专家住所

澳亚国际牧场

生产线

山东新汶矿业集团有限责任公司

董事长：郎庆田

总经理：王元仁

集团公司董事长郎庆田（右三）在农乃庙煤田勘探现场观看钻孔煤

领导班子

农乃庙煤田开发合作协议签订。集团公司董事长郎庆田（中）出席签字仪式，总工程师孙春江代表集团公司与乌拉盖管理区党委副书记、管委会主任邢文峰签字

山东新汶矿业集团有限责任公司是一家以国有资产为主体、多种所有制并存，以煤为主、多种产业共同发展的大型企业集团，是全国520家重点国有企业和山东省136户重点企业集团之一，2004年位列中国1000家大企业集团189位，2005年中国煤炭企业100强第10位。企业信贷信誉AAA级。

新汶矿业集团的前身为新汶矿务局，建企于1956年，1998年3月改制为国有独资公司，2000年7月成立新汶矿业集团。集团总部位于山东省新泰市，现有煤炭生产矿井10个、在建矿井4个，年产原煤1400万吨。主要煤种有气煤、气肥煤、肥煤等，煤炭产品有冶炼精煤、动力精煤、洗混煤、块煤等；非煤产品和业务主要有水泥500万吨／年、电力700MW、石膏50万吨／年、铁矿50万吨／年，另外还有制药、建筑建材、机械制修、轻纺化工、育林造纸等。现有在册员工8万人，资产总额236亿元。2005年企业销售总收入达到152.8亿元，上缴税费8.4亿元。

近年来，新矿集团积极响应国家“西部大开发”战略，先后与新疆、内蒙古自治区合作，进行煤电、煤电化一体化综合开发。目前，已在鄂托克前旗胡家井开工建设年产300万吨的现代化矿井，配套建设2×300MW电厂、年入洗原煤300万吨的选煤厂和机械制修、高效农林项目，总投资达50亿元以上，项目全部建成达产后，每年可实现销售收入70亿元，实现利税15亿元，可安排2000余人就业；同时，在乌拉盖开发区开工建设年产500万吨的矿井，配套建设2×150MW的电厂和其它循环经济项目，总投资达60亿元。项目全部建成达产后，年可实现产值60亿元以上，将为内蒙古自治区的经济和社会发展做出更新、更大的贡献。

按照企业战略发展规划，今后一个时期，新矿集团将以建设资源节约型和环境友好型企业为载体，以战略、资金及制度、技术创新为支撑，做大主业、做强非煤、做优体制、做活资本，实现企业经济增长速度和结构、质量、效益、后勤的统一。

“商者无域，相融共生”。敢于实践、敢于创新的新矿人正在新型工业化道路上阔步前进。力争到2010年集团销售总收入达到400亿元，逐步建成产业合理、主业突出、科技含量高、核心能力强的国际化大型企业集团。

内蒙古汇能煤电集团有限公司

蒙南发电有限公司

布尔洞煤矿

精干务实的董事会领导班子

集团公司建设的矿区公路及固沙绿化工程

内蒙古汇能煤电集团有限公司是在原有煤矿、路桥的基础上于2001年12月组建成立的集煤炭、电力、水源、路桥建设经营于一体的综合性股份制企业。是自治区重点扶持的20家煤炭生产企业之一，是鄂尔多斯市14家大型煤炭生产企业中的重点企业，2005年被国家煤炭工业协会评为全国煤炭工业100强企业之一,2006年初被自治区煤炭工业协会评为自治区地方煤炭工业5强企业。集团公司共拥有生产经营企业12家，现已建设的煤、电、水、路产业形成固定资产20亿元，公司注册资本金2．2亿元。2005年，集团公司共创造产值9．5亿元，实现利税5．8亿元。

弓联矿办公楼

悖牛川大桥

内蒙古北方重工业集团有限公司

中共中央政治局常委、国家副主席曾庆红视察北重集团重型矿用车产品

企业简介：内蒙古北方重工业集团有限公司（简称“北方重工集团”），始建于1954年，为我国“一五”期间156个重点项目之一，中国兵器工业集团公司成员单位，国家特大型企业、国家级“守合同重信用”单位、自治区20户重点大企业（集团）之一。

北方重工集团位于包头市青山区北部，现有总资产40多亿元，占地面积297平方公里，各类设备8000余台套，在岗员工16000余人（其中专业技术人员4600多人）。具备冶炼、铸锻造、热处理、机械加工和总装调试等能力，工艺门类齐全、技术力量雄厚、科研手段完备、综合加工能力强；产品科研和计量检测手段完备，拥有国家级技术中心、科研试验基地、理化实验室以及经国防科工委行政许可的区域计量检测站，并设有博士后科研工作站；质量保证体系完善，通过了ISO9000国际质量体系认证和2000版换版审核；拥有多项产品专利和专有技术;先后荣获国家科技进步特等奖、国家质量奖、全国环保先进企业、全国“五一”劳动奖章、全国工业旅游示范点、2005年度自治区级文明单位标兵等100多个荣誉称号。

极具市场潜力的厚壁无缝钢管

待发的火车轴

矿用挖掘机

电动轮矿用车

多功能越野防暴车

内蒙古伊泰集团有限公司

自治区主席杨晶参加伊泰煤制油奠基仪式

董事长：张双旺

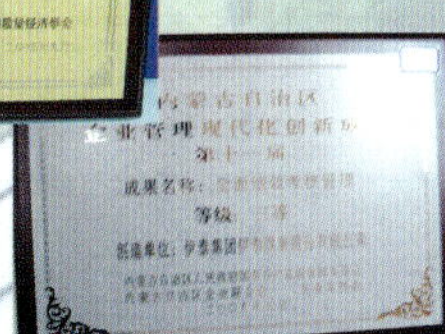

总经理：张东海

内蒙古伊泰集团有限公司是以煤炭生产、经营为主业，以铁路运输、煤制油为产业延伸，以生物制药、膨润土、房地产、酒店等非煤产业开发为互补的大型企业。公司为中国企业500强、全国煤炭百强（第23位）企业、铁道部百家大客户和内蒙古自治区最大的地方煤炭企业。2004年初被内蒙古自治区人民政府确定为到2010年煤炭产销超过5000万吨的重点企业。2004年8月又被国务院列为全国规划建设的13个大型煤炭基地骨干企业之一。公司现有总资产近50亿元，下属内蒙古伊泰煤炭股份有限公司、内蒙古伊泰准东铁路有限责任公司、内蒙古伊泰煤制油有限责任公司、内蒙古伊泰药业有限责任公司、内蒙古伊泰非金属材料有限责任公司等13家子公司。下设2个事业部，10个部门。其中，伊泰煤炭股份有限公司为煤炭行业首家B股上市公司。

伊泰集团现拥有大中型煤矿14座，设计生产能力为1560万吨/年。全长72.6公里准东电气化铁路（运输能力3100万吨/年）和122公里曹羊公路（复线）。在秦皇岛、天津、京唐等港口设有货场和转运站，在北京、天津、上海、广州、秦皇岛等地设有销售机构，形成了产、运、销完整的体系。

作为中科合成油技术公司的控股股东，伊泰集团与中科院山西煤化所合作完成了煤间接液化自主知识产权技术的中试，并通过国家863项目验收。目前，年产48万吨（一期工程年产16万吨）煤基合成油品加工厂项目已核准开工建设，成为我国煤间接液化自主技术产业化第一项目，填补了国内空白。

伊泰药业有限责任公司依托伊泰丹龙、圣龙两个GMP认证的制药基地，生产8种剂型，176个品种的中西药。已经面市的10款颗粒剂市场销售势头良好，即将上市的拳头产品麝香救心滴丸对治疗冠心病、心绞痛疗效显著，受到国内权威中医药专家高度赞誉。

伊泰非金属材料有限公司的主要产品——膨润土防水毯（GCL），是目前国际上较为先进的新型防水材料，具有吸水强、热稳定好、胶体性能优良的特点，主要用于市政、公路、铁路、水利、环保及工业与民用建筑的防水、防渗，具有十分广阔的市场前景。

伊泰集团公司的快速发展，受到了各级党委、政府及有关部门的充分肯定，被原国家煤炭工业部评为“现场管理最佳企业”，并授予全国煤炭工业优秀企业“金石奖”，集团公司党委被中组部授予“全国先进基层党组织”称号，被内蒙古自治区认定为“标兵文明单位”。集团公司董事长张双旺、总经理张东海先后被评为全国劳动模范。

伊泰集团确定下一步发展目标为：“十一五”即2010年，煤炭产销突破5000万吨，进入全国煤炭企业10强。

内蒙古乾坤金银精炼股份有限公司

2005年6月中共中央政治局常委、国家副主席曾庆红亲临乾坤公司视察工作

宋文代

内蒙古乾坤金银精炼股份有限公司是中国人民银行金银精炼定点企业，内蒙古自治区重点培育的30强企业之一，属自治区高新技术企业。公司下设六家分（子）公司，资产总额3.5亿元，净资产1.3亿元，拥有员工近300人，其中科研人员占21%。自2001年以来，公司工业产值已经翻了四番，2000年和2002年两度被评为“中国黄金行业之首”。近年来，企业先后被中国外经贸企业协会评为“中国外贸企业诚信AAA级企业”，荣获“第三届中国成长企业百强特别奖——最具成长潜力奖”，“乾坤”品牌被世界品牌实验室评为“2004年中国500最具价值品牌”，品牌价值6.08亿元。公司现为上海黄金交易所会员单位、首批指定合格精炼厂和″可提供标准金条″企业，已通过ISO9001：2000质量体系和ISO14001：2004环境体系认证，化验室通过中国实验室国家认可委认可，核心产品“乾坤”牌国际标准金、银锭获伦敦黄金市场协会优质交易锭资格，为国际市场免检产品。目前，公司已成功跨入世界同行业先进企业之列，是中国最先开展粗金（银）原料境外来料加工企业，拥有年精炼提纯黄金150吨、白银300吨，加工感光级硝酸银100吨、试剂级硝酸银300吨，加工金银珠宝首饰和民族工艺品8吨的生产能力。

办公楼

内蒙古第一机械制造（集团）有限公司

中央政治局常委、国务院总理温家宝为内蒙古第一机械制造集团公司挥毫题字

铁路车辆总装生产线

工程机械总装生产线

专用汽车

北方奔驰总装生产线

办公楼

总队长：李全海

政治委员：张维国

2005年，是内蒙古森林总队建设发展史上重要的一年。一年来，各级坚持以“三个代表”重要思想为指导，深入贯彻军委胡主席的重要讲话和总部党委第二十八次扩大会议、党代会、指挥部党委一届二次全体扩大会议精神，积极适应军事变革和林业跨越式发展的新形势，坚持首位，狠抓班子，突出中心，强基固本，确保稳定，部队建设呈现出整体推进，创新发展的良好态势。

领导视察

武警官兵奋力扑救大火

自治区党委副书记陈光林与自治区高级法院院长王维山亲切交谈

自治区党委常委、政法委书记罗啸天，自治区高级法院院长王维山深入通辽市法院调研指导工作

自治区高级人民法院院长王维山在自治区第十届人大三次会议上做法院工作报告

自治区人大副主任王凤岐、政协副主席奇英成、高级法院院长王维山为自治区高级法院审判办公综合楼奠基

自治区高级人民法院党组一班人

先进性教育考核

自治区高级人民法院召开保持共产党员先进性教育活动动员大会

主编（自治区地方志办公室主任）张建功

副主编（自治区地方志办公室副主任）查干浪涛

常务副主编（年鉴编辑部主任）海 棠

副主编（自治区地方志办公室副主任）孟秀芳

执行副主编 张晓虹

责任编辑 韩 泽

内蒙古自治区地方志办公室全体合影

《内蒙古年鉴2006卷》监审人员

总 监 修：杨 晶（自治区党委副书记

自治区主席）

副总监修：岳福洪（自治区党委副书记

自治区副主席）

总　　纂：乌兰巴特尔（自治区人民政府秘书长

政府办公厅主任）

副 总 纂：杨 玺（自治区人民政府副秘书长）

《内蒙古年鉴》编纂委员会名录

主　任：连　辑（自治区副主席）

副主任：乌兰巴特尔（自治区人民政府秘书长
　　　　　　　　　　政府办公厅主任）

　　　　杨　玺（自治区人民政府副秘书长）

委　员：梁铁城（自治区发展和改革委员会主任）

　　　　牙萨宁（自治区经济委员会主任）

　　　　王玉明（自治区财政厅厅长）

　　　　赵世亮（自治区人事厅厅长）

　　　　高延青（自治区文化厅厅长）

　　　　长　江（自治区审计厅厅长）

　　　　苗银柱（自治区地方税务局局长）

　　　　李　斌（自治区统计局局长）

　　　　王玉英（自治区工商行政管理局局长）

　　　　石玉平（自治区新闻出版局局长）

　　　　王树青（自治区国家保密局局长）

　　　　张佃敏（自治区档案局局长）

　　　　张　宇（自治区党史研究室主任）

　　　　刘　高（自治区社会科学联合会党组书记、副主席）

　　　　潘　平（内蒙古军区副参谋长）

　　　　刘　敏（呼和浩特市人民政府秘书长）

　　　　张国忠（包头市人民政府秘书长）

　　　　王国林（呼伦贝尔市人民政府秘书长）

　　　　李国栋（兴安盟行政公署秘书长）

　　　　特木尔巴根（通辽市人民政府秘书长）

　　　　董连珍（赤峰市人民政府秘书长）

　　　　周金桩（锡林郭勒盟行政公署秘书长）

　　　　王玉水（乌兰察布市人民政府秘书长）

　　　　汪支平（鄂尔多斯市人民政府秘书长）

　　　　李石贵（巴彦淖尔市人民政府秘书长）

　　　　周宏伟（乌海市人民政府秘书长）

　　　　靳生瑞（阿拉善盟行政公署秘书长）

　　　　张建功（自治区地方志办公室主任）

　　　　查干浪涛（自治区地方志办公室副主任）

　　　　孟秀芳（自治区地方志办公室副主任）

《内蒙古年鉴2006卷》编务人员

主　　审：杨　玺

主　　编：张建功

常务副主编：海　棠

执行副主编：张晓虹

副 主 编：查干浪涛　孟秀芳

责任编辑：韩　泽

编　　辑：姚思泰　芙蓉　郝文强　孟国荣　曾石

侯丽娟　冰霜　徐媛英

校对人员：海棠　张晓虹　韩泽　郭春茹

文版制作：海棠　郭春茹

彩版制作：郭春茹　姚洁

蒙文目录：芙　蓉

英文目录：张瑞庭　张小青

索引制作：王彦祥

编辑说明

《内蒙古年鉴》是内蒙古自治区人民政府主办，内蒙古自治区地方志办公室年鉴编辑部编辑的自治区级综合性年刊。是集知识、信息、资料为一体的权威性工具书。由内蒙古文化出版社出版，并向国内外公开发行。

《内蒙古年鉴》2006卷旨在全面、系统、客观地记载内蒙古自治区2005年政治、经济、文化、社会等各个方面的发展状况，为海内外各界人士了解内蒙古、研究内蒙古和建设内蒙古提供翔实的资料、可靠的信息，同时也是内蒙古自治区文化建设，对外宣传的窗口和联络的纽带。

《年鉴》采用分类编纂法：全书共分9个类目(特载、政治、军事、经济、科教文卫体、盟市旗县区、大事记、附录、索引)、49个分目(如党委、人大、政府、政协、民主党派、群众团体)、260个子目(如农牧业、林业、水利、气象、地震)、基础条目(即【 】中的具体事例)共设4个层次。

为突出内蒙古自治区的民族特点、地方特色、时代特征，年鉴除设中文目录、英文目录外，另设蒙文目录。

《内蒙古年鉴》2006卷继续利用现代化办公条件，在年鉴编辑部内实现了微机上的编辑、校对工作，并运用方正系统进行排版；彩页部分运用pagemaker和pthotshop完成设计及制作。2006卷随书出版发行电子版光盘。

年鉴内文均由自治区直属机关各部门、盟市及旗县(市区)政府撰(供)稿，并经各单位领导审查，内蒙古年鉴编辑部统编，自治区人民政府审定。凡全区性的数据，以统计局资料为准。

《内蒙古年鉴》2006卷的出版，是全区各地区、各部门通力合作的结果，在编辑出版过程中得到自治区党委、政府领导、年鉴编委会领导和各地区、各部门、各单位领导及同仁的大力支持。参加供稿单位280余家，撰稿人近400余名，由于篇幅所限、时间紧迫，除条目撰稿人名随文署入书中，未另例审稿人、特邀编委名录。在此，对所有给予年鉴编辑工作热情关怀、大力支持和积极参与的同志们一并表示衷心感谢。

把握形势、与时俱进、完善自我、把《内蒙古年鉴》办成全国一流年鉴，是内蒙古年鉴全体编纂人员的奋斗目标。热忱期望各级领导和广大读者对本书的疏漏、错误提出批评和改进意见。

《内蒙古年鉴》编辑部

2006年12月

目 录

特 载

政 治

军　事

经　济

科教文卫体

盟市旗县(市 区)

大　事　记

附　　录

索　　引

[illegible]

[illegible]

[illegible]

[illegible]

[illegible]

[illegible]

[illegible]

CONTENTS

SPECIAL RECORDS

POLITICS

MILITARY AFFAIRS

ECONOMY

SCIENCE EDUCATION CULTURE HYGIENE AND PHYSICAL CULTURE

LEAGUES CITIES AND COUNTIES (DISTRICTS)

MAJOR EVENTS

Appendix

INDEX

特 载

在自治区党委七届十一次全委会上的讲话

（2005年11月11日）

自治区党委书记 储 波

这次全委会的主要任务是，认真学习贯彻党的十六届五中全会精神，审议通过《内蒙古党委关于制定自治区国民经济和社会发展第十一个五年规划的建议》。

下面，我讲三个问题。

一、认真学习贯彻党的十六届五中全会精神

党的十六届五中全会是在新世纪新阶段召开的一次非常重要的会议。胡锦涛总书记的重要讲话、温家宝总理的《建议》说明和全会审议通过的《中共中央关于制定国民经济和社会发展第十一个五年规划的建议》，以邓小平理论和"三个代表"重要思想为指导，以科学发展观统领经济社会发展全局，站在新的历史高度，认真总结"十五"时期我国改革和发展的实践经验，深刻分析我国经济社会发展面临的国际国内形势，明确了实现我国经济社会又快又好发展的指导思想、主要任务和基本要求，描绘出了新世纪新阶段在新的历史起点上全面建设小康社会的宏伟蓝图。认真学习、深入贯彻五中全会精神，对于我们进一步统一思想、认清形势、坚定信心、开拓进取，开创内蒙古改革开放和现代化建设新局面、实现全面建设小康社会宏伟目标，具有十分重大的现实意义和深远的历史意义。全区各级党组织和广大党员、干部，要认真学习领会五中全会精神，切实把思想统一到五中全会精神上来，统一到中央的要求和部署上来。

一是要切实把思想统一到党中央对国内外形势和我国发展阶段性特征的分析判断上来。全会指出，"十一五"时期是全面建设小康社会的关键时期，具有承上启下的重要历史地位。"十一五"的发展环境，"是一个机遇和挑战并存、机遇大于挑战的环境，一个总体上有利于我们促进经济社会发展、但不利因素也可能增多的环境"。从国际上看，和平、发展、合作是当今时代的潮流，经济全球化趋势深入发展，科技进步日新月异，国际产业重组和生产要素转移加快，区域经济一体化蓬勃发展，世界经济正处于新一轮恢复和增长期，但影响和平与发展的不稳定、不确定因素也在增多。从国内看，经过改革开放二十多年特别是"十五"时期的发展，我国经济社会发展进入新的历史阶段，国民经济平稳较快增长，社会主义市场经济体制初步建立，拥有丰富的劳动力资源和巨大的国内市场需求，居民储蓄率高，基础设施不断完善，科技教育具有一定基础，社会政治保持长期稳定，已经站在一个新的历史起点上。国际社会也普遍看好我国的发展前景。同时也要清醒地看到，我国经济社会发展正处于人均国内生产总值从1 000美元向3 000美元过渡的关键时期，这既是一个发展机遇期，也是一个矛盾凸显期，当前和今后相当长一段时间内我国经济社会发展面临的矛盾和问题可能更复杂、更突出，主要表现是胡锦涛总书记指出的体制、结构、"三农"、科技、人民生活、协调发展、对外开放、民主政治、社会结构和组织形式、社会稳定与和谐十个方面的阶段性特征。学习贯彻好十六届五中全会精神，首先要把思想认识统一到中央对国内外发展环境和我国发展阶段性特征的分析判断上来。这是我们抓住机遇,应对挑战,推进经济社会又快又好发展的重要前提。

二是要切实把思想统一到党中央提出的推动科学发展的指导思想和重大原则上来。坚持以科学发展观统领经济社会发展全局,是全会最鲜明的特点。全会指出,制定“十一五”规划,全面贯彻落实科学发展观,必须做到坚持发展是硬道理,坚持抓好发展这个党执政兴国的第一要务,坚持以经济建设为中心,坚持用发展和改革的办法解决前进中的问题。同时,必须坚持科学发展,坚持以人为本,转变发展观念、创新发展模式、提高发展质量,落实“五个统筹”,切实把经济社会发展转入全面协调可持续发展的轨道。为了保证科学发展观的全面贯彻落实,全会提出了“六个必须”的原则,即必须保持经济平稳较快发展,必须加快转变经济增长方式,必须提高自主创新能力,必须促进城乡区域协调发展,必须加强和谐社会建设,必须不断深化改革开放。我们一定要以科学发展观为统领,切实把科学发展观贯穿到经济社会发展的全过程。

三是要切实把思想统一到党中央作出的“十一五”发展的战略部署上来。在科学发展观指导下,全会对“十一五”发展作出全面部署。在发展目标上,提出了包括经济增长、资源环境、自主创新、社会发展、改革开放、人民生活和民主法制等七个方面的要求,并对经济增长和能源消耗作了量化要求,即实现2010年人均国内生产总值比2000年翻一番,“十一五”期末单位国内生产总值能源消耗比“十五”期末降低20%左右。在发展重点上,提出要着力抓好建设社会主义新农村、推进产业结构优化升级、促进区域协调发展、建设资源节约型和环境友好型社会、深化体制改革和提高对外开放水平、深入实施科教兴国战略和人才强国战略、推进社会主义和谐社会建设等关系发展全局的重大问题。在发展保障上,提出要加强和改进党对经济社会发展的领导,增强机遇、发展、大局、责任、忧患五种意识,提高贯彻科学发展观、驾驭全局、处理利益关系、务实创新四种能力,正确处理好内需和外需、市场机制和宏观调控、中央和地方、经济发展和社会发展四个重大关系。这些要求,符合我国国情,顺应时代要求,反映人民愿望。

认真学习贯彻党的十六届五中全会精神,是当前和今后一个时期全区各级党组织和广大干部群众的重要政治任务。各级要以高度的政治责任感,精心组织,周密部署,采取有效措施,切实把五中全会精神落到实处。要坚持理论联系实际的学风,紧密联系自治区改革开放和现代化建设的实际,紧密联系本地区、本部门、本单位的实际,认真总结“十五”时期的成绩和经验,深入思考和研究解决关系发展全局的重大问题,在领会精神、解决问题、推动工作上下功夫。

二、制定和实施“十一五”规划需要着力解决的重大问题

“十五”以来,在党中央、国务院的正确领导下,我区坚持以邓小平理论和“三个代表”重要思想为指导,认真贯彻落实科学发展观,紧紧围绕贯穿结构调整“一条主线”,加快思想观念和经济增长方式“两个转变”,强化改革、开放和科技进步“三大动力”,推进农牧业产业化、工业化、城镇化“三化”进程,加强生态和基础设施“两项建设”的总体要求,抓住西部大开发等战略机遇,团结奋斗,艰苦创业,经济社会发展取得新的重大成就。优势特色产业快速发展,产业结构进一步优化,经济自主增长机制开始形成,“十五”计划任务超额完成,主要指标实现翻番;固定资产投资快速增长,重点项目建设成效显著,生态环境和基础设施明显改善,经济社会发展的基础和后劲显著增强;财政收入增长较快,人民生活水平稳步提高,社会事业全面发展,政治文明和精神文明建设有新的进步。经过“十五”期间的实践,我区的发展思路进一步完善,发展环境进一步优化,发展基础进一步巩固,发展后劲进一步增强,已经站在一个新的历史起点上。

在新的起点上,如何巩固发展来势、提高发展质量、扩大发展成果,这是摆在全区各级党组织和广大干部群众面前的新的重要课题。关于“十一五”时期自治区经济社会发展的指导思想、奋斗目标和主要任务,提交全会审议的《建议》已经提出明确要求。落实《建议》部署,在工作指导上必须牢牢把握以下几点:

——立足科学发展。突出发展主题,坚持发展是硬道理、能快就不要慢,聚精会神搞建设,一心一意谋发展。把加快发展与科学发展统一起来,抓住机遇,把握来势,保持较长增长周期,努力做大经济总量;更加注重统筹协调,实现速度和结构、质量、效益相统一,经济发展和社会、人口、资源、环境相协调。

——坚持“三化”互动。继续大力推进农牧业产业化、新型工业化和城镇化,以新型工业化为主攻方向,大力发展农牧业产业化经营,稳步推进城镇化进程,在新的更高层次上实现“三化”互动。大力加强生态和基础设施建设,为持续发展创造良好的环境和条件。

——转变增长方式。紧紧抓住结构调整这条主线,切实转变增长方式,提高集约经营水平,大力发展循环经济,加快建立资源节约型、环境友好型社会。通过深化改革、扩大开放、科技进步,增强发展动力、提高自主创新能力。

——实现强区富民。优化经济结构,做大经济总量,提高综合实力、市场竞争力和抗风险能力。坚持以人为本,把实现好、维护好、发展好最广大人民群众的根本利益作为出发点和落脚点,在发展经济的同时不断提高城乡居民收入水平和生活质量。

同时,要在推进“十一五”发展过程中,着力研究和解决好以下几个关系发展全局的重大问题:

(一)按照建设社会主义新农村的要求,不断加强新形势下的“三农三牧”工作。党的十六届五中全会提出的关于建设社会主义新农村的一个鲜明特点是,要在积极推进城乡统筹发展的前提下建设社会主义新农村。我国现阶段统筹城乡发展,就是要实行“工业反哺农业,城市支持农村”的方针。当前,我区正处在工业化加速发展阶段,这为实现统筹城乡协调发展创造了一些基础条件。我们要顺应这一趋势,坚持解决农牧业问题从非农牧产业上找出路、解决农村牧区问题从加快推进城镇化上找出路、解决农牧民问题从减少和转移农牧民上找出路的发展方向。在具体工作中，一是要抓好产业发展这一关键。因地制宜发展农村牧区产业，是繁荣农村牧区经济、富裕农牧民的基础和关键。要把大力推进产业化经营作为发展农村牧区产业的突破口，积极调整农牧业结构，大力发展农村牧区二、三产业，着力培育壮大龙头企业，建设好规模化、集约化生产基地，创新龙头企业与农牧民的利益分配机制，充分发挥产业化联结城乡、壮大产业、整合利益、富裕群众的重要功能。二是要抓好增加农牧民收入这一核心。“十五”以来，我区农牧民收入虽然增长较快，但与全国平均水平仍有一定差距。要切实贯彻“多予、少取、放活”的方针，采取综合措施，广泛开辟农牧民增收渠道，把农牧民产业增收、减负增收与转移增收有机结合起来，引导农村牧区富余劳动力向非农产业和城镇有序转移。同时，要加大扶贫开发力度，加大整村推进扶贫力度，对缺乏生存条件的贫困人口实行易地扶贫，对丧失劳动能力的贫困人口建立救助制度。三是要抓好公共服务这一难点。目前，我区约80%的公共服务资源集中在城镇。一方面要加快农牧民的转移，使其享受城镇的公共服务资源，同时要切实加大政府对农牧业和农村牧区的投入，加强水、电、路、通信等基础设施建设，努力扩大公共财政覆盖农村牧区的范围，不断改善农村牧区生产生活条件。农村牧区发展的滞后还突出地反映在教育、卫生、文化等公共事业方面，各级要把促进农村牧区社会事业发展作为建设社会主义新农村的重要内容，突出重点，集中攻坚，逐步改变农村牧区社会事业落后状况。四是在着力解决直接关系农民切身利益的各类生产生活问题的基础上，要切实加强乡村的规划。农村各地的发展差异很大，改善村容村貌的工作也必然是起点有差距、过程有快慢、水平有高低，一定要从实际出发，统一规划，分步实施，因地制宜，稳步推进。五是要加强对农牧民的职业教育和技能培训。采取各种有效措施，全面提高农牧民的整体素质，使农牧民成为建设社会主义新农村的主体。

（二）加快推进新型工业化，做大做强优势特色产业。党的十六大把基本实现工业化作为我国本世纪头20年全面建设小康社会的重要任务，同时提出了走新型工业化道路的具体要求。“十五”以来，我区工业化长足发展，全区工业经济年均增长20%，工业已成为我区经济持续快速健康发展的主要动力。“十一五”期间，要进一步发挥优势，做大工业经济总量，提高工业经济素质和竞争能力，努力走出一条具有我区特色的新型工业化道路。

推进我区新型工业化，必须把工作着力点放在做大做强优势特色产业上。我区现有的能源、化工、冶金、装备制造、农畜产品加工、高科技六大优势特色产业已有一定的产业基础。目前，国家已把产业开发作为新一轮西部大开发的工作重点，西部城镇密集区、重点资源开发区和边境经济合作区有望得到更多支持。我们要因势利导，抓住有利时机，推动现有的优势特色产业优化升级、做大做强。同时，由于全球产业结构调整转移步伐加快，沿海发达地区资源、环境和劳动用工方面的约束日益突出，有利于我们在承接先进生产力转移过程中，培育新的优势特色产业，形成新的经济增长点。在加快工业发展重点上，要充分发挥我区资源优势，提高资源的综合开发利用水平，延伸产业链条，形成产业集群。同时，有条件的地区，要加大非资源型产业的引进，逐步提高非资源加工业的比重。在项目选择上，坚持大规模、高起点，发挥后发优势，走技术跨越的路子，新上的项目要有经济规模，其技术和技术装备水平要一步达到国际、国内的先进水平。在发展主体上，要坚持培育大企业、大集团，走大产业的路子，不断提高企业和产业的竞争能力。在空间布局上，要坚持走基地化、园区化的路子，进一步提高产业集聚程度，降低产业发展成本。在产业形态上，要大力发展循环经济，走资源节约、环境友好的路子，实现资源永续利用和产业持续发展。

（三）调整优化产业结构，推动第三产业快速健康发展。加速发展第三产业，是我区调整优化产业结构、转变经济增长方式、降低单位产值能耗物耗的需要，是适应消费转型、满足人民群众日益增长的服务需求的需要，也是转移农牧业人口、安置城镇待业人员、解决就业难题的需要。去年5月，自治区召开了第三产业工作会议，各地要认真抓好落实。在工作中，要突出抓好“三个结合”：

一是要把发展服务业和发展非公有制经济结合起来。改革开放以来，我区与全国一样，首先对民营资本开放的是制造业，服务业中除商业、餐饮业、公路运输等少数领域外，基本上处于垄断经营、管制经营和限制经营状态，投资来源和经济成分比较单一，难以满足经济社会发展对服务业的需求，也在一定程度上抑制了服务业发展的活力。要尽快取消不合理的行业限制，打破行政垄断，全面放宽市场准入条件，鼓励民营资本和外资进入服务业，形成多元投资主体和多种经济成分共同发展的格局。

二是要把改造提升传统服务业与发展新兴现代服务业结合起来。目前，国际上第三产业包含150多个行业，我国仅有80多个行业，其余行业尤其是一些知识含量高、附加值大的行业，都未达到一定规模。在我区第三产业中，商贸餐饮、交通运输和仓储业等传统服务业比重占一半以上，金融保险、房地产、信息服务、社会中介等新兴服务业和现代服务业比重低于全国平均水平。低端服务业比重高，高端服务业发展慢，是影响我区第三产业发展的重要原因。随着我区经济社会事业加快发展和人民生活水平的提高，新兴和现代服务业面临着良好的发展机遇。要学习借鉴发达地区的经验，拓宽服务业发展领域，在改造提升传统服务业的同时，以旅游、房地产和社区服务业为重点，大力发展新兴服务业；以金融保险、信息服务、中介服务、会展业为重点，积极发展现代服务业。进一步提高服务业的规模化、专业化和现代化水平。

三是要把发展服务业与优化发展环境结合起来。第三产业点多面广，多数是中小企业和民营经济，对发展环境的敏感程度超过其它行业。近年来，我区把优化发展环境作为促进第三产业发展的关键环节来抓,出台了不少优惠政策和改革措施,第三产业发展步伐明显加快,2004年第三产业对地税的贡献首次超过工业。要继续把环境建设放在重要位置来抓,进一步贯彻落实自治区加快发展第三产业若干政策的规定,努力创造有利于第三产业发展的环境和氛围,不断开创我区第三产业发展的新局面。

(四)调整优化生产力布局,加快推进城镇化进程。要结合生产力布局调整,加快城镇化步伐,优化城镇布局,完善城镇体系,逐步形成以城带乡、以工促农、城乡互动、协调发展的体制和机制,实现人口进城,工业入园、产业集中和要素集聚。突出发展大城市,加快发展中小城市,重点发展县城,走出一条具有我区特色的城镇化路子。

一要加快构建科学合理的城镇体系。城镇发展水平越高,辐射带动能力就越强。同发达地区相比,我区大城市综合实力不强、辐射带动能力弱;中等城市规模不大、功能不全;县城发展滞后,发挥不了县域中心的作用。提高城镇的辐射带动能力,必须坚持大中小城市和小城镇协调发展的方针,加快构建科学合理的城镇体系,充分发挥不同类型城镇在促进区域发展中的领跑和带动作用。要突出发展大城市。呼和浩特市要进一步强化自治区政治、经济、文化、科技、教育和金融中心功能,努力建设现代化首府城市。包头市要充分发挥工业基础较好的优势,发挥全国文明城市的品牌效应,努力建设我国中西部地区经济强市。赤峰市要进一步加快经济发展和人口集聚步伐,力争尽早形成百万人口城市。要大力发展中小城市,重点发展盟市所在地市(区)和满洲里、二连浩特市,着力打造辐射带动能力较强的区域中心城市和边境口岸城市。要高度重视县城建设。县城是发展县域经济的主要载体,各旗县要全力抓好县城建设。在抓好县城建设的同时,有条件的旗县要抓好一两个有特色、有优势的中心集镇的发展。

二要提高城镇的产业支撑能力。城市是经济发展的重要依托,产业是城市发展的基础和条件。城市化外在表现是人口聚集,而实质是产业发展。各地在推进城镇化进程中,一定要把发展城市产业作为关键来抓。要大力推进新型工业化进程,根据各自基础和条件,发挥比较优势,发展各具特色的优势产业。要加快服务业发展。服务业是加快城镇化的助推器,也是衡量城镇化水平的重要标识,要在积极改造提升传统服务业的同时,大力发展新型和现代服务业。

三要强化城镇规划与管理。要加快全区城镇体系规划编制,统筹做好区域规划、城市规划、集镇规划和村庄规划。要把城镇布局规划与吸纳人口转移、促进产业发展、加强基础设施、保护生态环境有机结合起来。要创新管理体制,加强城镇管理。要加快城镇及近郊区无地、少地农民的"村改居"和城中村改造步伐,全面提高城镇文明程度,打造良好的城市品牌。

(五)坚持非均衡和均衡发展的统一,促进区域协调发展。统筹区域协调发展,是落实科学发展观、发挥区域优势、增强发展合力的重大任务。当前,我国已进入工业化中期阶段,沿海发达地区有的已接近中等发达国家水平,综合国力和经济实力明显提升,初步具备了统筹协调区域发展的能力。我区属于西部欠发达省区,能够用于协调和平衡区域内部发展的经济社会资源十分有限。因此,必须坚持区域非均衡发展与均衡发展的辩证统一,坚持优势地区和非优势地区共同加快发展的方针,坚持市场导向、互利合作,以发展促协调,在发展中求协调,逐步形成优势互补、相互促进、共同发展的格局。

对于我区来讲,促进区域协调发展,一是鼓励西部优势地区率先发展,二是促进东部地区加快发展。目前,呼包鄂优势地区经济总量占全区一半以上,东部呼伦贝尔市、兴安盟、通辽市、赤峰市、锡林郭勒盟五盟市人口占全区一半以上,抓好这两个重点地区,就抓住了统筹区域协调发展的关键。呼包鄂优势地区近年来发展快、变化大,对全区经济社会发展的拉动和贡献大,是自治区最具活力和优势的地区。但在全国范围比,总量还比较小,竞争力还比较弱。呼包鄂三市要把握发展机遇,加快发展步伐,在全区率先全面落实科学发展观,率先完善社会主义市场经济体制,率先实现全面建设小康社会目标。要通过统一规划和政策引导,实现资金、技术、人才和信息等生产要素的优化组合,促进三市产业结构调整和布局优化,在转变增长方式、发展循环经济、促进协调发展和构建和谐社会方面为全区作出示范和表率。东部盟市要抓住国家实施振兴东北老工业基地的战略机遇,进一步解放思想、创新体制、扩大开放,充分发挥自身优势,加快与东北三省实现重大基础设施对接、产业对接和政策对接,强化区域内的联合与协作,加强口岸建设,做大口岸经济,加强与俄蒙的经贸合作,开发利用俄蒙资源,以新型工业化为主攻方向,大力发展优势特色产业,早日实现振兴和崛起。

促进区域协调发展,必须高度重视发展县域经济。县域作为相对完整的经济社会单元,是区域发展的基本依托。从一定意义上说,区域间的发展差距,说到底是县域间的发展差距。2005年全国经济百强县,长三角、珠三角和环渤海地区占了80%以上,浙江、山东、江苏三省百强县个数占全国的2/3以上,其中浙江就占30家,而我区仅有东胜区1家。2004年,我区80个旗、县市(不含市辖区)人口占全区的72.3%,实现GDP占全区44.1%,地方财政收入占全区的35%。"十一五"期间,要把发展县域经济放到更加重要位置,按照因地制宜、分类指导、民营主体、突出特色的原则,把产业化经营作为重要抓手,把优势特色产业的培育作为主攻方向,把城镇化建设作为有效载体,不断提高县域经济的发展水平。

(六)加强生态和基础设施建设,切实增强可持续发展能力。要把生态环境建设和保护作为实现可持续发展的首要任务来抓。近年来,我区生态建设取得良好成效,实现了"总体遏制,局部好转"的历史性转变,但生态环境的基础十分脆弱,生态环境的建设与保护任重道远。各级要坚持优先保护、积极治理、合理开发、集约利用的原则,以国家重点生态建设工程为依托，进一步加大生态建设和保护力度，提高生态自我修复能力。要探索建立生态建设与保护的长效机制，把生态建设保护同生产力布局调整结合起来，积极实施生态移民工程，促使人口向水土资源较好的地域集中；把生态建设保护同农村牧区产业结构调整结合起来，大力发展农村牧区二、三产业，减少人类对大自然的直接索取；把政府引导同全社会参与结合起来，建立健全政府牵头、多元投入、群众参与的投入模式，努力实现全区生态状况整体遏制、重点治理区域全面好转的奋斗目标。

要进一步加强基础设施建设。完善配套的基础设施，是促进经济增长、提高人民生活质量的重要前提，是优化投资环境、提升地区竞争力的先决条件，也是促进经济社会可持续发展的重要保障。近年来，我区基础设施建设步伐加快，但与发达地区相比、与经济社会发展的需求仍有较大差距。今后要继续把基础设施建设放在突出位置，按照适度超前的原则，加大投入力度，加快建设进度，不断提高基础设施承载产业和保障生活的能力和水平。要以公路铁路为重点，加快运输通道建设，构建“贯通区内、畅通三北、联通俄蒙”的综合交通运输体系。要加快电力出区高压输出通道建设，继续完善区内电力网络建设。要坚持开源与节流并重，加强蓄水、节水和防洪工程建设，满足全区生产、生活和生态用水需求。

要积极建设资源节约型环境友好型社会。我区是资源大区、能源大区，越是能源资源丰富，越要注意节约利用能源资源，实现可持续发展。要大力发展循环经济，从资源开采、生产消耗、废弃物利用和社会消费各环节，促进资源循环式利用，鼓励企业循环式生产，推动产业循环式组合。要发挥市场机制和经济杠杆的作用，建立节约能源资源、保护环境和促进集约发展的新机制，倡导节约型、环保型的消费模式，营造建设资源节约型环境友好型社会的良好氛围。同时，要积极做好以能源、金属矿产和地下水资源为重点的矿产资源勘查工作，摸清家底，提高后备能源资源的保障能力。

（七）坚持改革开放和科技创新，为经济社会发展提供强大动力。要进一步深化改革，营造更具活力和更加开放的体制机制。改革要始终坚持社会主义市场经济的改革方向，坚持重点突破、有序推进。从这些年改革的经验看，各项改革能不能顺利推进、取得实效，关键在于政府职能能不能真正转变。要把推进行政管理体制改革和政府职能转变作为突破口，按照建设法治政府和服务型政府的要求，进一步推进政企分开、政资分开、政事分开、政府与市场中介组织分开，减少和规范行政审批，切实履行好经济调节、市场监管、社会管理和公共服务职能。要进一步推动国有企业、产权制度、财税体制、投资体制、事业单位等经济社会各个领域的改革，进一步消除制约生产力发展的体制机制障碍。要继续推进国有经济布局和结构的战略性调整，完善国有资本有进有退、合理流动机制，大力发展非公有制经济，坚持和完善基本经济制度。

要努力扩大开放，提高利用两个市场、两种资源的能力和水平。我区近年来的较快发展，很大程度上得益于积极实施开放带动战略，得益于用市场手段在较大范围内配置资源。要在过去工作的基础上，从我区资源禀赋、产业基础和要素条件出发，把对内开放与对外开放有机结合起来，把“请进来”与“走出去”有机结合起来，进一步提高对外开放的层次和水平。一是要逐步形成要素流入区。今年，我区引进内资预计可达1 000亿元，已开始成为国民收入净流入区。要在此基础上，依托我区的产业发展，进一步改善创业和就业环境，落实各项政策措施，争取尽早成为人才、技术、管理等要素流入区。二是要充分发挥好口岸优势。我区有18个陆路口岸，要认真学习借鉴国际国内发展口岸经济的成功经验，切实开发利用好这一稀缺资源，充分发挥口岸的过货通关、物流贸易和落地加工三大功能，抓好口岸设施建设和进、出口加工，进一步提升口岸经济在地区经济中的地位和比重。三是要开发利用好俄蒙资源。要在互利共赢的前提下，从各个层面加强与俄蒙的协调，支持有资质、有实力的企业实施“走出去”战略，引导和规范“走出去”的企业立足长远、有序发展，推动全区开发利用俄蒙资源取得实质性进展。

要加快科技创新步伐，强化科技对经济社会发展的支撑作用。从我区实际出发，要依托产业发展科技，依靠科技提升产业，实现科技进步与产业发展融合互动。要把吸收引进和自主创新结合起来，在承接先进生产力转移过程中注重承接先进科技的转移，建立引进、消化、吸收和再创新的机制，逐步提高自主创新能力。要强化企业在科技创新中的主体地位，积极支持六大优势特色产业中的骨干企业建立产学研结合的技术创新体系。要推动技术创新与体制创新相融合，大力实施科教兴区和人才强区战略，推进区域创新体系、技术市场体系建设，健全科技成果推广服务体系，加快发展创业风险投资，为科技人才施展才能、科技成果推广应用创造良好的体制环境。

（八）坚持以人为本，着力构建社会主义和谐社会。要从事关人民群众切身利益的突出问题着手，努力解决民生问题，提高群众收入和就业水平。2004年我区人均GDP超过全国平均水平，居全国第12位，城乡居民人均收入仅为全国平均水平的88.7%和86.2%，居第14位和17位。城乡居民收入上不去，很重要的一个原因是就业不充分。要把扩大就业摆在经济社会发展更加突出的位置，坚持劳动者自主择业、市场调节就业、政府促进就业相结合，落实积极促进就业再就业的各项优惠政策，把发展经济和扩大就业有机结合起来，注重发展劳动密集型产业和非公有制经济。要调整和理顺国民收入分配关系，坚持按劳分配与按要素分配相结合，保护各种合法收入，依法调节收入差距。要切实强化政府在扩大就业和调节收入方面的责任，努力营造经济规模与就业规模同向扩大，经济增长与收入增长密切关联的良性互动格局。

要促进人的全面发展，提高社会事业发展水平。教育、文化、卫生等各项社会事业，代表着社会文明和谐的水平，也是促进人的全面发展的重要方面。我国经济总量排名全球第6位，但代表社会发展水平的人类发展指数仅排在85位,我区的社会发展差距更大。要在发展经济的同时,更加注重社会事业的发展,努力使经济社会发展相适应、相协调。要坚持把教育摆在优先发展的位置,优化教育资源配置,构建科学合理的教育体系,全面实施素质教育,重点发展基础教育,积极发展高等教育,有序推进民办教育,大力发展职业技术教育,优先发展民族教育,切实维护教育公平。要加强公共文化事业基础设施建设,完善文化设施网络,积极推进文化事业和文化产业的发展,进一步推进民族文化大区建设。要加强公共卫生设施建设,改革医疗卫生体制,合理配置卫生资源,切实维护人民群众健康权益,全面提高城乡居民健康水平。

要努力维护公平正义,提高社会安全保障水平。市场经济的分配和激励机制,无法避免地在社会上形成一定数量的弱势群体。为他们提供基本社会保障,是社会和谐安全的底线。要增加财政对社会保障的投入,多渠道筹措社会保障基金,不断完善基本保险制度,扩大社会保险覆盖面,逐步构建起与经济社会发展水平相适应的多层次、宽领域、广覆盖的社会安全保障网络。

要激发社会活力,提高社会建设与管理水平。认真贯彻尊重劳动、尊重知识、尊重人才、尊重创造的方针,要营造鼓励人们干事业、支持人们干成事业的社会氛围,放手让一切劳动、知识、技术、管理和资本的活力竞相迸发,让一切创造社会财富的源泉充分涌流。要建立健全党委领导、政府负责、社会协同、公众参与的社会管理格局,坚持工作重心下移,充分发挥好基层组织凝聚人心、服务群众的作用,充分发挥城乡基层自治组织协调利益、化解矛盾、排忧解难的作用,充分发挥社团、行业组织和社会中介组织提供服务、反映诉求、规范行为的作用。要畅通反映社情民意的渠道,完善人民调解机制和信访工作责任制,抓好安全生产和社会治安综合治理工作,保障人民群众安居乐业。

三、加强和改善党对经济社会发展的领导

第一,要切实增强贯彻落实科学发展观的本领。科学发展观是推动经济社会发展、加快推进社会主义现代化必须长期坚持的指导思想。全区各级党委、政府和领导干部,要全面、准确、系统地领会和把握科学发展观的精神实质、深刻内涵和基本要求,切实增强运用科学发展观推动经济社会发展的自觉性和坚定性。在制定和实施"十一五"规划中,要更加自觉地以科学发展观审视发展环境、发展基础、发展条件,科学确定发展目标、发展思路、发展重点。要结合实际,加强对贯彻落实科学发展观新情况、新问题的调查研究。总之,要坚持科学的领导方法,善于从全局和战略的高度谋划本地区、本部门的工作,既立足是当前又着眼长远,既抓住重点又兼顾一般,不断提高领导经济社会发展的能力和水平。要树立与科学发展观相适应的正确政绩观,建立健全有利于贯彻落实科学发展观的制度、体制和机制,确保把科学发展观落到实处。

第二,要进一步完善领导经济社会发展的体制机制。各级党委要充分发挥总揽全局、协调各方的领导核心作用。各级党委要善于运筹帷幄,想大事谋大局,重点考虑方向性、全局性、战略性和前瞻性问题。要加强和改进对经济社会重大事务的综合协调,努力形成社会主义物质文明、政治文明、精神文明和社会建设一同研究、一同部署、一同推进的领导体制和工作机制。要坚持科学执政、民主执政、依法执政,完善深入了解民情、充分反映民意、广泛集中民智、切实珍惜民力的决策机制,自觉按客观规律办事,推进决策的科学化、民主化。

第三,要善于协调好各种利益关系。要深入分析研究改革发展中出现的利益关系和利益格局调整,全面把握、妥善解决来自各方面的利益诉求,把最广大人民群众的根本利益实现好、维护好、发展好,把各方面的积极性引导好、保护好、发挥好。要注重研究新形势下社会生活中的新情况、新问题,科学分析人民内部矛盾的表现形式、发展趋势,学会运用政策、法律、经济、行政等手段和教育、协调、调解等方法,做好协调利益、化解矛盾工作,维护社会公平与正义。要引导和教育广大干部群众切实增强主人翁意识和社会责任感,正确认识和对待改革发展进程中利益关系的调整和变化,以理性合法的形式表达利益要求,解决利益矛盾,自觉维护安定团结的社会局面。要正确处理改革发展稳定的关系,在社会稳定中推进改革与发展,通过改革和发展促进社会稳定。

第四,要大力弘扬求真务实精神。各级党委、政府和广大干部群众,要大力弘扬求真务实精神,大兴求真务实之风,把实现"十一五"发展目标的立足点放到真抓实干上。要坚持讲实话、出实招、办实事、求实效,既要积极进取,又要量力而行,反对形式主义、做表面文章。要摒弃"小成即满、小富即安、小快即骄"的思想,强化"不进则退、慢进也是退"的意识,坚持勇于探索、敢于攻坚、善于创新,提高结合实际创造性开展工作的本领。要努力改进工作作风,领导干部要带头深入基层、深入群众,倾听群众呼声,关心群众疾苦,带头为群众做好事、办实事、解难事。要坚持党要管党、从严治党的方针,扎实推进党的执政能力建设和先进性建设,切实解决"不适应"、"不符合"的问题。坚持标本兼治、综合治理、惩防并举、注重预防的方针,下力抓好惩防腐败体系实施纲要的贯彻落实,加强对领导干部的教育、管理和监督,切实规范权力的正确行使,建立健全依法行使权力的制约机制,确保干部少犯错误和不犯错误,确保经济社会健康发展,确保干部健康成长。

党的十六届五中全会为我们绘就了社会主义现代化建设的新的宏伟蓝图。全区各级党组织和广大共产党员,要紧密团结在以胡锦涛同志为总书记的党中央周围,高举邓小平理论和"三个代表"重要思想伟大旗帜,牢固树立、全面落实科学发展观,团结带领全区各族人民,振奋精神,扎实工作,锐意进取,开拓创新,为落实"十一五"规划,为建设全面小康社会而努力奋斗!

政府工作报告

——2006年1月15日在内蒙古自治区第十届人民代表大会第四次会议上

自治区主席　杨　晶

各位代表：

现在，我代表自治区人民政府向大会报告工作，请连同《内蒙古自治区国民经济和社会发展第十一个五年规划纲要（草案）》一并审议，并请自治区政协委员和列席会议的同志们提出意见。

一、“十五”时期和2005年经济社会发展回顾

“十五”时期，是我区经济社会实现跨越式发展的重要时期。在党中央、国务院和自治区党委的正确领导下，我们坚持以邓小平理论和“三个代表”重要思想为指导，认真贯彻落实科学发展观，紧紧抓住发展这个第一要务，把握机遇，完善思路，加快发展，圆满完成了“十五”计划确定的主要奋斗目标，开创了自治区改革开放和现代化建设的新局面，为实现全面建设小康社会奋斗目标打下了坚实的基础。

（一）综合经济实力显著增强。五年来，全区国民经济持续快速健康发展，呈现出速度加快、总量翻番、效益提高、后劲增强的良好态势。初步核算，2005年自治区生产总值达到3 822.8亿元，比2000年的1 570亿元增长1.2倍，年均增长16.6%，超过“十五”计划7.6个百分点；人均生产总值突破1 900美元，超过全国平均水平，提前6年实现了自治区七次党代会确定的到2010年的奋斗目标。经济效益明显提高，财政总收入由155.6亿元增加到536.3亿元，增长2.4倍，年均增长28%，超过计划18个百分点；固定资产投资累计完成6 918亿元，超过“九五”前历年投资的总和。大唐托克托电厂一、二、三期、海勃湾电厂三期、岱海电厂一期、霍煤集团煤电铝联营、包钢集团热轧薄板、冷轧薄板、包头希望铝业电解铝、赤峰远航水泥、蒙牛兴安盟乳业液态奶等一批重点项目建成投产，开工建设了神华集团煤制油、宝日希勒煤电联营、乌拉山电厂二期、胜利煤田露天矿、吉盐化集团PVC等一批具有重要带动作用的大项目。经济发展后劲和综合竞争能力明显增强。优势地区率先发展，辐射带动能力进一步增强。城市在经济发展中的作用进一步凸显，全区城镇化率达到47.2%，提高了5个百分点。

（二）产业结构发生深刻变化。自治区生产总值中一、二、三次产业比例由2000年的22.3∶34.2∶43.5，调整为2005年的15.7∶44.1∶40.2。农牧业结构进一步优化，农区畜牧业快速发展，畜牧业在第一产业中的比重由37.8%提高到47.6%，正在由种植业主导型向养殖业主导型转变。农牧业综合生产能力显著提高，牛奶、羊肉、山羊绒产量分别由79.8万吨、31.8万吨和3 815吨，预计增加到727万吨、85万吨和6 395吨，均居全国首位。农牧业产业化发展势头强劲，涌现出11个国家驰名品牌，培育了58户国家级和自治区级龙头企业，带动全区40%的农牧户参与到产业化经营中来。工业化进程明显加快，工业增加值年均增长21.5%，超过计划11.5个百分点，初步形成了能源、化工、冶金、装备制造、农畜产品加工、高新技术等具有我区特色的六大优势产业，成为拉动自治区经济增长的重要力量。主要工业品产量大幅度增长，其中煤炭产量由7 247万吨增加到2.6亿吨，电力装机由900万千瓦增加到2 100万千瓦，累计外送电力1 349亿千瓦时。第三产业总量不断扩大，结构明显改善，餐饮、商贸、运输等传统服务业改造升级步伐加快，旅游、金融、信息、房地产等现代服务业进一步发展壮大。

（三）改革开放取得新的突破。坚持以体制机制创新促进发展，自主增长机制开始形成。经济市场化程度提高，发展环境不断优化，投资主体实现多元化，单位自筹、招商引资和上市融资等非政府投资比重达到74.2%，已经成为国民收入的流入区。国有经济布局战略性调整取得重大进展，企业改制重组、优化整合力度加大，初步建立起国有资产监管体系，国有企业的市场竞争力和发展活力明显增强。非公有制经济加快发展，占自治区生产总值的比重达到33%，一批实力较强的民营企业集团快速崛起。农村牧区综合改革稳步推进，税费改革取得历史性突破，在全区范围内全部免除了农牧业税，农村牧区金融体制改革、粮食流通体制改革进展顺利。积极推进行政管理体制改革，行政审批事项大幅度减少,财政、投融资体制改革加快。对外开放和招商引资成效显著。进出口总额达到178.8亿美元,累计引进区外(国内)资金2 655亿元,一批实力雄厚的跨国公司和企业集团进驻我区。向北开放取得积极进展,与俄罗斯和蒙古国的经济技术交流与合作步入新阶段,我区在国家向北开放格局中的战略地位进一步显现。

(四)经济社会发展条件明显改善。生态和基础设施建设步伐加快,发展环境和基础条件进一步改善。生态环境实现了"整体遏制、局部好转"的重大转变,全区累计治理荒漠化、沙化土地面积2.5亿亩,累计增加水土保持治理面积4 189万亩,森林覆盖率提高了2.8个百分点。环境保护工作力度加大,局部地区环境质量有了明显提高。强化水资源保障供给能力,开工建设了一批大中型水利枢纽工程,农田有效灌溉面积达到4 050万亩,节水灌溉面积达到2 240万亩,解决了 440 万人、820 万头(只)牲畜的饮水困难问题。矿产资源勘探开发工作得到加强,开始步入合理规划、有序开发、市场配置、综合利用的轨道。公路建设成效显著,累计新增公路里程 1 万多公里,连接自治区东西的省际通道和 110 国道乌海至北京高速公路建成通车,全区高速公路里程突破1 000公里,实现了县县通油路,基本形成了贯通全区东西、周边多点辐射的公路交通网络。铁路建设进入加快发展新阶段,东西大通道建设开始启动,累计新增铁路里程 755 公里。电网建设形成西起阿拉善、东至呼伦贝尔、贯通全区的电力大通道。通信基础设施日益完善,国民经济和社会信息化程度不断提高。城市建设步伐明显加快,市政设施条件和人居环境显著改观,城市发展空间进一步拓展。

(五)人民生活水平稳步提高。2005 年全区城镇居民人均可支配收入和农牧民人均纯收入分别达到9 137元和2 989元,比 2000 年增长78.1%和46.7%,收入水平在全国的位次明显前移。城乡居民储蓄存款增长 1.2 倍,社会消费品零售总额增长近 1 倍,居民消费结构发生显著变化。城乡居民享有的教育、卫生、文化等社会资源普遍增加。积极的就业政策成效开始显现,累计实现城镇新就业 101 万人,其中下岗失业人员再就业54.1万人,城镇登记失业率控制在4.3%以内。城镇社会保障体系进一步健全,农村牧区社会保障体系建设开始起步,社会福利和困难群体救助工作得到加强,累计解决了 94 万农村牧区贫困人口的温饱问题。

(六)社会事业和民主法制建设不断加强。深入实施科教兴区战略,科技成果向现实生产力转化进程加快,科技进步对经济增长的贡献率进一步提高。教育布局调整步伐加快,教育资源配置进一步优化,各级各类教育全面发展。"两基"攻坚取得重大进展,"普九"人口覆盖率达到88.4%;高等教育规模稳步扩大,毛入学率达到18.3%。积极实施人才强区战略,人才队伍建设取得新进展。医疗卫生条件进一步改善,人民群众健康水平不断提高。初步建立了突发公共卫生事件应急机制,团结一致战胜了非典疫情。人口和计划生育工作取得新成绩,人口自然增长率控制在预期目标之内。群众性体育活动蓬勃开展。积极推进民族文化大区建设,广播影视、新闻出版、文学艺术、哲学和社会科学事业繁荣活跃。精神文明创建活动深入开展,涌现出包头市等一批全国文明城市和文明村镇。深入开展保持共产党员先进性教育活动,"三个代表"重要思想、科学发展观和构建和谐社会理念日益深入人心。外事、侨务、宗教、档案、史志、无线电管理、文物保护、人防、气象、测绘、地震、残疾人、妇女儿童等各项事业都取得了新成绩。

认真落实依法治区方略,行政立法、执法和监督工作得到加强。政府职能转变步伐加快,决策科学化、民主化程度不断提高。各级政府认真执行人大决议,自觉接受人大监督,加强与人民政协、各民主党派、工商联和无党派人士的联系。勤政廉政建设得到加强,政务公开、行政监察、审计监督力度加大,反腐败斗争不断深入,查处了一批大案要案。严厉打击各种刑事犯罪,保持了良好的社会治安秩序。认真做好信访工作,妥善处理群众反映强烈的突出问题和群体性上访事件。国防动员和后备力量建设不断加强,军警民共建和双拥工作深入开展,积极为祖国载人航天事业做贡献。全面贯彻落实党的民族宗教政策和《民族区域自治法》,民族团结、社会稳定、边疆安宁的局面进一步巩固。

刚刚过去的 2005 年,我们全面贯彻落实科学发展观,认真执行国家宏观调控的各项政策措施,坚持加快发展与科学发展相统一、突出重点与统筹兼顾相协调,各项工作都取得了新成绩。国民经济继续保持良好的发展态势。自治区生产总值增长21.6%,固定资产投资增长48.6%,财政收入净增162.8亿元。加强和改善宏观调控取得积极成效。粮食综合生产能力稳步提高,粮食播种面积稳中有升,总产量达到332.4亿斤;牧业年度牲畜存栏总数突破 1 亿头(只),其中农区牲畜占68%,均创历史最高水平。大力发展煤炭、电力和交通运输业,既加快了自身发展,又为缓解国家"瓶颈"制约做出了贡献。整顿关闭了一批不符合国家和自治区产业政策、不具备安全生产条件和环保要求的小企业,有效抑制了低水平重复建设。招商引资和外贸进出口步伐加快。全年引进区外(国内)资金到位1 097亿元,增长56.2%;实际利用外资11.9亿美元,增长89%;进出口总额达到51.6亿美元,增长30.7%。城乡居民生活继续改善。城镇居民人均可支配收入增长12.5%,农牧民人均纯收入增长14.7%,城镇实现新就业26.5万人,为近 70 万城镇贫困人口提供了最低生活保障。经过 2005 年的努力,我们胜利完成了自治区十届人大三次会议确定的主要任务,为"十五"划上了一个圆满的句号。

五年的实践,使我们进一步加深了对现代化建设规律的认识,积累了一些宝贵的经验。主要是:必须坚持抓好发展这个第一要务，把中央决策部署同内蒙古区情紧密结合，确定符合实际的发展思路和目标，并在实践中不断加以完善；必须坚持抓住用好战略机遇，善于发现机遇、超前谋划，把握机遇、科学决策，用好机遇、推动发展，始终牢牢把握发展的主动权；必须坚持以科学发展观为统领，按客观规律办事，着眼全局，突出重点，强化薄弱环节，切实将经济社会转入全面协调可持续的发展轨道；必须坚持培育经济自主增长机制，大力改善经济发展环境和条件，促进投资主体多元化，不断增强经济发展的活力和后劲；必须坚持以人为本，在加快经济发展的同时，不断提高各族人民的生活水平和质量；必须坚持各民族共同团结奋斗、共同繁荣发展，不断巩固发展民族团结和社会稳定的大好局面。

各位代表，经过"十五"时期的奋斗，我区经济更加发展，社会更加进步，人民生活更加殷实，以"十五"计划的胜利完成为标志，我们在全面建设小康社会的道路上迈出了重要步伐。面向未来，我们站在一个新的历史起点上。这些成就的取得，是党中央、国务院和自治区党委正确领导的结果，是全区各族人民共同团结奋斗的结果，是自治区历届党委、政府工作累积效应进一步显现的结果，也是各方面大力支持和帮助的结果。在这里，我代表自治区人民政府，向在各个领域和岗位上辛勤工作的各族干部群众，向曾经为自治区建设和发展做出贡献的老领导、老同志，向在自治区投资创业的国内外企业家们，向所有关心和支持内蒙古工作的朋友们，表示衷心的感谢和崇高的敬意！

在看到成绩的同时，我们也要清醒地看到，我区经济社会发展还存在着一些不容忽视的矛盾和问题。主要是：生产力欠发达，经济总量较小，经济外向度偏低，消费、出口对经济增长的拉动作用较弱；经济结构不尽合理，产业层次较低，传统产业较多，现代产业较少，非公有制经济发展不快；自主创新能力较弱，产业技术水平较低，经济增长方式比较粗放；资源综合开发利用水平不高，产业集群化发展不够，产业链条不长，中小企业发展滞后；城乡、区域发展不平衡，经济增长与群众收入增长不够协调，城乡居民收入差距较大，群众收入特别是农牧民收入水平不高；生态环境比较脆弱，基础设施特别是农牧业和农村牧区基础设施建设滞后；社会事业发展缓慢，改革开放有待进一步深化，构建和谐社会任务艰巨；政府职能转变还不完全适应经济社会发展的要求，形式主义、官僚主义、奢侈浪费和腐败现象还不同程度地存在。对于这些问题，我们一定要高度重视，努力用改革和发展的办法认真加以解决。

二、"十一五"时期经济社会发展的奋斗目标和工作重点

"十一五"时期，是我区加快推进全面建设小康社会进程的关键时期。根据党的十六届五中全会和自治区党委《关于制定国民经济和社会发展第十一个五年规划的建议》精神，"十一五"时期我区经济社会发展的总体要求是：以邓小平理论和"三个代表"重要思想为指导，以科学发展观统领经济社会发展全局，继续深化改革，扩大开放，深入实施科教兴区和人才强区战略，调整经济结构，转变增长方式，推进社会主义新农村新牧区建设，加速农牧业产业化、新型工业化和城镇化进程，强化生态和基础设施建设，构筑我国重要的能源重化工业基地、绿色农畜产品生产加工基地和北方生态屏障。坚持以人为本，全面发展社会事业，努力建设和谐内蒙古。力争经济总量进入全国中等行列，城乡居民收入达到全国平均水平。主要预期目标是：自治区生产总值年均增长13%以上，人均生产总值达到3 000美元，财政总收入年均增长15%，固定资产投资年均增长18%，单位生产总值能源消耗比"十五"期末降低25%左右，城镇化率达到55%左右，城镇居民人均可支配收入年均增长10%，农牧民人均纯收入年均增长8%，人口自然增长率控制在7‰以内，城镇登记失业率控制在4.5%以内。

实现上述目标，全面落实"十一五"规划纲要确定的各项任务，必须坚持以科学发展观为统领，努力转变发展观念、创新发展模式、提高发展质量，切实把经济社会转入科学发展的轨道。为此，要正确把握好以下原则：一是抢抓机遇，加快发展。"十一五"期间，我区的发展面临许多难得的机遇，经过"十五"时期的奋斗，我区的发展基础更加坚实，这为我们抢抓机遇、加快发展创造了更为有利的条件。我们一定要始终突出发展这一主题，充分利用各种有利因素，努力加快发展步伐。二是遵循规律，科学发展。要按照"五个统筹"的要求，在稳步推进城镇化的同时，努力推进社会主义新农村新牧区建设；在继续鼓励优势地区率先发展的同时，努力推动其他地区加快发展；在加快经济发展的同时，努力促进社会进步；在促进人的全面发展的同时，努力加快资源节约型和环境友好型社会建设；在继续扩大对内开放的同时，努力提高对外开放水平。三是以人为本，和谐发展。要始终高度关注民生，把实现好、维护好、发展好各族人民的根本利益作为一切工作的出发点和归宿，通过发展经济，不断提高人民群众的生活水平和质量，努力使全体人民共享改革发展的成果，为建设和谐内蒙古奠定坚实的基础。为此，我们要认真做好以下工作。

（一）加快经济结构战略性调整，进一步提高综合竞争力。调整优化经济结构，是提升经济整体素质和综合竞争力的根本措施，是我们必须继续紧紧抓住的一条主线。要从产业结构、生产力布局、所有制和企业结构等方面进行更深层次的战略性调整，在不断优化经济结构中实现又快又好发展。一是加快建设社会主义新农村新牧区，逐步改变农村牧区落后面貌。建设社会主义新农村新牧区，是贯彻落实科学发展观的重大举措，是推进我区现代化进程的重大历史任务，是构建和谐社会的重要基础。要按照"生产发展、生活宽裕、乡风文明、村容整洁、管理民主"的目标和要求，坚持以发展农村牧区经济为中心，进一步解放和发展农村牧区生产力，促进农牧民持续增收，加快农村牧区全面小康和现代化建设步伐。要坚持科学规划,因地制宜,分类指导,抓好试点示范,有步骤、有计划、有重点地推进新农村新牧区建设。要调整优化农牧业结构,大力发展农区畜牧业,稳定发展草原畜牧业,积极发展具有比较优势的经济作物和饲草料种植,建设一批商品粮基地,确保国家粮食安全。加大科技兴农兴牧力度,加快建设现代农牧业。加强以水为中心的农田草牧场基本建设,稳步提高农牧业综合生产能力和效益。大力推进农牧业产业化,培育壮大龙头企业,建设规模化、集约化生产基地。扩大公共财政覆盖农村牧区的范围,不断增加对农牧业和农村牧区的投入,加强农村牧区基础设施和公共事业建设,大力改善农村牧区的生产生活条件和整体面貌。重视林区、林业发展,积极发展接续和替代产业,在保护环境的同时提高林产业的经济效益。二是以新型工业化为重点,继续扩大工业经济总量,调整优化结构,突出产业化、大型化、基地化,提高工业经济整体竞争力。以提高自主创新能力为核心,继续做大做强优势特色产业,构筑具有较强竞争力和影响力、层次较高的优势特色产业体系和产业集群。加快建设国家级煤炭基地和火电基地,大力发展风能、太阳能、生物能等清洁能源和可再生能源;突出抓好化学工业重大项目建设,加强下游产品开发与生产,延伸产业链;提升冶金建材和装备制造业水平,优化产品结构;强化农畜产品加工业品牌带动作用,巩固全国领先地位;加快推进高新技术产业从加工装配为主向研发制造的延伸。高度重视非资源型产业的培育和引进,积极发展为优势产业、骨干企业配套的加工制造业。坚持做大做强骨干企业,依托优势产业和名牌产品,重点培育发展一批销售收入超百亿元、具有较强竞争力和带动力的大企业、大集团。加大对中小企业的扶持力度,大力发展配套服务型、劳动密集型中小企业,构筑分工合理、优势互补的企业体系。加快服务业体制机制创新,进一步扩张规模、优化结构、提高质量。大力发展旅游、金融保险、文化娱乐、现代物流、信息服务等现代服务业,运用先进经营方式和信息技术改造提升传统服务业。三是以城乡、区域协调发展为目标,推进生产力布局调整。要积极有序地推进城镇化,突出发展中心城市,加快发展中小城市,重点发展县城,构建科学合理的城镇体系,着力打造东、中、西城市群。加快建立以城带乡、以工促农、城乡互动、协调发展的新型城乡关系。大力发展县域经济,扩大县城人口、经济总量和财政收入在县域中的比重,提高县域经济的自主增长能力,建设一批经济强县(旗)。坚持均衡发展和非均衡发展的统一,鼓励呼包鄂等优势地区率先发展,稳步推进区域经济一体化;把加快东部盟市发展作为促进区域协调发展的重大战略举措,从政策制定、项目安排等方面加大对东部地区的扶持力度,支持东部地区抓住机遇,加快发展,构建优势特色产业体系和比较完善的基础设施框架;加快边境、少数民族聚居地区和革命老区经济社会发展,形成优势互补、相互促进的区域发展新格局。四是以体制机制创新为抓手,推进所有制结构调整。着眼于激发市场经济活力和塑造合格市场主体,加快构筑多种所有制经济共同发展的格局。加大国有经济布局和结构调整力度,进一步推动国有资本向优势产业和关键领域集中。积极推进国有企业股份制改造和建立现代企业制度,完善国有资产监管体系和运营机制。大力发展个体、私营等非公有制经济,鼓励非公有制企业进入国企改革、垄断行业、公用事业、基础设施建设和社会事业等领域。建立和完善非公有制企业信用担保、中介服务等保障支持体系,营造有利于非公有制经济发展的良好环境。

(二)转变经济增长方式,提高经济增长质量。要把转变经济增长方式作为"十一五"时期的战略重点,通过高效利用资源、发展循环经济、强化生态环境保护和提高技术创新水平,建设低投入、低消耗、低排放、高效率的国民经济体系。一是提高资源综合开发利用水平,建设资源节约型社会。坚持积极、科学、合理的资源开发利用方针,保护好、利用好和配置好资源,提高利用率,变资源输出型为产品输出型,加快推进资源优势向经济优势的转化。加大矿产资源勘探开发力度,建设一批新的后备资源基地,建立稳定、持久的资源保障体系。高度重视土地、矿产资源管理和集约利用,坚持"政府垄断一级市场,放开二级市场"的土地管理原则和"市场配置为主,政府调控为辅"的矿产资源配置方针,采用招标、拍卖、挂牌出让的方式,提高土地和矿产资源配置效率。大力发展资源精深加工,延伸产业链条,提高资源利用效率和产品附加值,打造具有内蒙古特色的优势产业集群。二是大力发展循环经济。制订自治区循环经济发展规划,按照"减量化、再利用、资源化"的原则,加大对循环经济的政策支持力度,建立有效的激励机制,鼓励企业循环式生产,推动产业循环式组合,促进循环经济产业链和循环经济网络的形成。建立和完善发展循环经济的政策体系,在能源、化工、建材等重点行业和大型产业基地、工业园区等重点领域,加强循环经济试点示范,大力推行清洁生产,建设一批循环经济企业和循环经济园区。积极推广节水灌溉、沼气利用等适用技术,形成种养结合、生产生活兼顾的农牧业循环经济模式。树立绿色消费理念,推进再生资源回收利用,加快构建循环型城市和社区。三是加强生态环境保护,建设环境友好型社会。坚持"保护与建设并重、以保护为主"的方针,努力实现全区生态状况"整体上稳定遏制、重点治理区域全面好转"的目标。继续加强生态建设,实施好重点生态建设工程,大力推行禁牧、休牧、轮牧等生态保护措施,稳步提高生态自我修复能力。加强典型草原、湿地、野生动植物保护及自然保护区建设。积极发展草产业、沙产业,把生态建设与农牧业结构调整、增加农牧民收入、扶贫开发和生态移民紧密结合起来,建立生态保护与建设的长效机制。始终把保护环境放在重要战略位置,强化从源头上防治污染的措施,严格执行建设项目"三同时"制度和环境影响评价制度,依法淘汰污染严重的落后工艺、设备和企业。加强工业大气污染源防治，加大我区境内黄河、辽河等重点流域水污染治理力度，进一步改善空气和水环境质量。四是提高自主创新能力，以技术跨越带动经济较快发展。要把自主创新作为提升经济竞争力的关键和调整产业结构、转变增长方式的中心环节，加快建立以企业为主体、市场为导向、产学研相结合的技术创新体系，形成自主创新的基本体制架构。坚持有所为、有所不为，集中力量在优势产业、循环经济等领域，大力开发关键技术和核心技术，使重点产业的技术水平进入国内前列；运用高新技术改造传统产业，大力推广实用技术和信息技术。落实支持自主创新的财税、金融等政策，加强知识产权保护，优化自主创新的体制和政策环境。加快实施人才强区战略，大力培养各级各类人才，形成优势特色产业人才集聚地，加快建设人才流入区。

（三）完善落实科学发展观的体制保障，加快构建全方位开放格局。要继续加大改革攻坚力度，形成有利于转变经济增长方式、促进科学发展的体制机制；进一步优化发展环境，提高对外开放水平，形成充满活力的全方位开放格局。一是深入推进各项改革，优化体制机制环境。深化行政管理体制改革，加快转变政府职能，切实履行好经济调节、市场监管、社会管理和公共服务职能。减少和规范行政审批，理顺政府部门职能分工。以政事分开、管办分开和多元投入为重点，积极推进事业单位改革，培育和发展各类非政府组织。深化投资体制改革，建立健全金融资产、非经营性资产和自然资源资产监管体系，规范政府投资行为。深化财政管理体制改革，建立健全财权和事权相匹配的公共财政体制。巩固农村牧区税费改革成果，完成乡镇机构、农村牧区义务教育体制和县乡财政管理体制综合配套改革。完善农村土地和牧区草牧场承包、流转制度，积极发展规模经营。二是全方位扩大开放，提高对外开放水平。继续做好招商引资工作，扩大引资规模，拓展引资领域，提高引资质量。在积极引进资本和项目的同时，大力引进先进技术、管理经验和高素质人才。深入实施"走出去"战略，以俄蒙为重点，以企业为主体，力争在对外经贸合作方面取得更大突破。优化进出口商品结构，着力扩大出口，更大程度地发挥出口对经济增长的拉动作用。大力发展口岸经济，提高口岸过货通关能力和加工增值水平，发展壮大具有我区优势和特色的口岸经济。三是加强基础设施建设，进一步优化发展环境。完善"贯通区内、畅通三北、联通俄蒙"的综合交通运输网络。加快公路路网建设，全面提高路网密度和等级，出区通道、首府至盟市要建成一级以上公路，盟市至旗县基本建成二级公路，旗县至苏木乡镇基本通油路，嘎查村全部通公路。加快铁路建设，构建自治区铁路东西大通道，形成比较完善的铁路运输网络。加快民航机场和油气管道建设。加强信息基础设施建设，全面实现有线电话"村村通"，提高信息技术在经济社会领域的应用广度和深度，建设"数字化内蒙古"。坚持"兴利除害并举，开源节流并重"的方针，加大水资源保护和节约利用工作力度，调整用水结构，突出解决工程性缺水和结构性缺水矛盾，建立水权转换和用水补偿机制，增强水资源供给能力。

（四）以人为本，加快构建和谐内蒙古。"十一五"时期，要更加注重经济社会协调发展，推动社会事业全面进步；更加注重维护社会公平，使全体人民共享改革发展成果；更加注重社会管理和民族团结，努力构建和谐内蒙古。一是加快发展各项社会事业，为人民群众提供更多更好的公共产品和公共服务。全面贯彻"自主创新、重点跨越、支撑发展、引领未来"的指导方针，深化体制改革，完善配套政策，加强队伍建设，营造激励创新的社会环境，使科技发展方针深入人心，把建设创新型社会的任务落实到各行各业，成为广大干部群众的自觉行动。坚持把教育摆在优先发展的战略地位。进一步调整优化教育布局，合理分配教育资源，推动城乡教育均衡发展，为全体社会成员提供平等的受教育机会。在全面普及九年制义务教育的基础上，有条件的地区要普及高中阶段义务教育。提升高等教育办学质量，大力发展职业教育，改善民族教育办学条件，支持民办教育健康有序发展，积极推进素质教育。加快民族文化大区建设。深化文化体制改革，繁荣文化事业，发展文化产业。加强公共文化事业基础设施建设，实施文化精品战略，努力创造更多更好的优秀文化产品。基本完成广播电视"村村通"工程，加快广播电视数字化进程。加强公共卫生设施建设，优化卫生资源配置，提高疾病预防控制能力、医疗救治能力和卫生执法监督能力，基本建成覆盖城乡的公共卫生服务体系。全面建立新型农村牧区合作医疗制度，加强农村牧区卫生队伍建设。繁荣民族医药事业，提高蒙医药产业化水平。加强人口战略研究，稳定低生育水平，提高人口素质。优先发展群众体育，大力发展民族体育，有重点地发展竞技体育。重视和支持妇女儿童事业发展，全面落实内蒙古妇女和儿童发展纲要提出的目标。二是提高城乡居民收入水平和生活质量。继续实施积极的就业政策，拓宽就业渠道，加快建立城乡统一的劳动力市场，完善就业和创业服务体系，努力扩大就业。高度重视社会公平，合理调节收入分配，缓解部分社会成员间收入差距扩大的趋势。建立健全与经济发展水平相适应、覆盖城乡的多层次社会保障体系，完善社会保险制度，扩大社会保险覆盖范围，提高保障水平。大力推进城乡特殊困难群体社会救助体系建设，加强社会救济和社会福利工作，关心残疾人等社会弱势群体。抓好以整村推进、产业化扶贫和劳动力转移培训为重点的扶贫开发，稳定减少农村牧区贫困人口。三是加强社会管理，维护民族团结和边疆稳定。完善社会管理体系，建立健全党委领导、政府负责、社会协同、公众参与的社会管理格局。牢牢把握各民族共同团结奋斗、共同繁荣发展的主题，全面贯彻党的民族宗教政策和《民族区域自治法》，巩固发展平等、团结、互助、和谐的社会主义民族关系。支持国防、边防和军队建设，巩固军政军民团结，构筑祖国北疆安全屏障。

三、2006年经济和社会发展的主要任务

2006年是“十一五”的开局之年，也是迎接自治区成立六十周年的关键一年。做好今年的工作，对于保持经济社会发展良好势头，为“十一五”开好头、起好步具有重要意义。今年经济社会发展的主要预期目标是：生产总值增长15%左右，单位生产总值能源消耗降低5%左右，财政收入增长20%左右，全社会固定资产投资增长25%左右，社会消费品零售总额增长15%左右，进出口总额增长12%左右，城镇居民人均可支配收入增长12%左右，农牧民人均纯收入增长8%左右，居民消费价格总水平上涨控制在3%以内，人口自然增长率控制在6‰以内，城镇登记失业率控制在4.2%以内。完成上述目标，必须扎实做好以下重点工作。

（一）进一步加强农牧业和农村牧区工作，确保社会主义新农村新牧区建设的良好开局。一是继续调整农牧业结构，突出抓好产业化经营。围绕农畜产品加工六大主导产业和地区性特色产业，加强产业化重点项目建设，加快推进品牌经营、规模经营，壮大加工、流通龙头企业，加快建设优势农畜产品产业带和集约化生产基地。大力扶持农牧业行业协会和专业合作经济组织，提高农牧业组织化程度。加快农牧业科技创新和技术推广，培养有文化、懂技术、会经营的新型农牧民，努力使农牧业增长方式逐步转入依靠科技进步和提高劳动者素质的轨道。进一步加强动物疫病防控体系建设，认真做好高致病性禽流感等重大动物疫病的防控工作，积极扶持家禽饲养业发展。二是认真落实农牧业扶持政策，确保各项支农资金和补贴资金落实到位。扩大粮食直补资金规模，加大对种粮农民的补贴力度，增加良种补贴和农机具购置补贴。全面深化农村牧区综合改革，巩固税费改革成果，坚决防止涉农涉牧乱收费抬头，加快推进农垦税费改革。加强对涉农价格的监管，保障农资供应。加大“阳光工程”和“移民工程”实施力度，大力发展劳务经济，积极有序地引导农村牧区劳动力向非农产业和城镇转移。三是切实加强农牧业和农村牧区基础设施建设。在优化乡镇布局的基础上，坚持政府加大投入、农牧民投工投劳和鼓励社会投资相结合的原则，加强安全饮水、农田草牧场水利、乡村道路和农村牧区通信电力等基础设施建设，切实改善农村牧区面貌。四是认真搞好社会主义新农村新牧区建设规划。要组织力量进行专题调研，形成自治区党委、政府关于推进我区社会主义新农村新牧区建设的指导意见，并加快编制完成自治区新农村新牧区建设总体规划和专项规划，增强新农村新牧区建设的整体性、科学性和可操作性。根据地理位置、经济类型和富裕程度等情况，选择一批有代表性的嘎查村进行新农村新牧区建设试点，积累经验，逐步推开。

（二）提高工业经济整体素质，加快新型工业化进程。一是认真贯彻国家宏观调控政策。进一步增强机遇意识和紧迫感，大力发展优势特色产业。坚持有保有压、区别对待的原则，继续依法淘汰一批不符合国家技术标准和环保要求的企业，控制产能过剩，防止重复建设，推动产业结构优化升级。二是加快推进工业基地建设。认真研究制定配套的产业、财政、金融等政策，多渠道筹措资金，加大工业基地核心区域基础设施建设、项目引进和产业集群培育力度。进一步加强工业开发区和工业园区建设，完善设施，提升水平，使之成为工业基地建设的重要平台。三是继续加强工业重点项目建设。资源型产业重点抓项目开工、建设和投产，传统产业重点抓升级、延伸和配套项目建设，非资源型产业重点抓制造业、高新技术产业项目的引进和承接转移工作。四是强化资源保障支撑。加大地质勘查和土地收储工作力度，整顿规范矿产资源开发秩序，严格执行资源开采、配置和转化标准，提高资源回采率和就地转化率。加强煤、电、运的综合协调和平衡，促进产需衔接。大力开发节约技术，推进节能、节水、节地、节材，积极实施重点行业节能工程。制定扶持政策，鼓励企业立足现有基础，加大技术创新和技术改造力度，推动重点行业、重点企业和重点产品的技术改造。五是高度重视安全生产。从完善体制、增加投入、改进技术、落实责任、严格管理等方面加大力度，切实遏制重特大事故的发生。坚决关闭不具备安全生产条件的小煤矿，打好煤矿瓦斯治理和关闭小煤矿两大攻坚战，全面提升安全生产水平。

（三）促进第三产业增量提质，加快发展现代服务业。进一步落实自治区60条优惠政策，优化服务业发展环境。坚持重点突破、带动全局，抓好服务业重点领域、重点企业和重点项目建设。大力发展旅游业，着力打造精品旅游线路，加快建设重点旅游景区。积极引导房地产业健康发展，稳定房地产价格，鼓励发展普通商品房和经济适用住房。大力推进商贸流通现代化，发展连锁经营、物流配送和电子商务等现代流通方式，在有条件的中心城市规划建设中央商务区，打造高端服务业发展平台。大力发展金融保险业，加强同各类金融机构的合作，鼓励金融机构扩大信贷规模。做好区外金融机构的引进工作，加快组建区域性股份制商业银行，完善地方金融体系。加快上市公司股权分置改革，积极推动企业通过资本市场进行直接融资。

（四）大力推进城镇化，促进城乡良性互动。加快全区城镇体系规划编制，统筹做好区域规划、城市规划、集镇规划和村庄规划，把城镇布局规划与吸纳人口转移、促进产业发展、加强基础设施建设、保护生态环境有机结合起来。进一步加强呼和浩特、包头、赤峰等中心城市和盟市所在地、重点口岸城市建设，不断改善城市基础设施和人居环境，增强城市经济实力和承载能力。要有重点地发展一批条件较好的旗县城镇，大力发展县域特色产业和与大中城市产业配套的互补型产业，增强县域经济实力。深化户籍管理、土地使用和劳动用工等制度改革，逐步破除制约人口转移的体制性障碍。建立多渠道、多元化的城市建设融资体系，切实解决建设领域拖欠工程款问题。全面开展城中村和城镇出口改造，塑造良好城市形象。

（五）促进需求全面增长，增强经济发展后劲。投资是直接拉动经济增长的重要力量，必须保持适度的投资规模。今年全区固定资产投资要达到3 400亿元左右。进一步优化投资结构，积极引导资金投向生态、基础设施建设和基础产业领域。继续实施退耕还林、退牧还草、京津风沙源治理等生态重点工程，力争完成林业生态建设1 380万亩的任务，大力开展义务植树，努力提高城乡绿化水平。开展重点地区煤矿沉陷区专项治理，有效恢复矿山生态环境。加快准格尔黑岱沟、霍林河一号露天、伊敏一号露天等大型煤炭基地项目建设。全力推进巴音杭盖等五个百万千瓦级风电基地和国家级太阳能利用示范基地的前期工作。加快神华集团180万吨甲醇、大唐多伦46万吨煤基烯烃等续建项目。抓好绰勒水利枢纽和尼尔基、三座店、龙口、红花尔基水库和“引绰济辽”一期调水工程等水利项目的续建和新建，积极推进“引哈济锡”调水工程、海勃湾、毕拉河口、文得根水利枢纽和红吉水库等重大项目的前期工作。加快集宁至张家口、伊尔施至伊敏、临河至策克等铁路续建项目建设，开工建设包头至大同、包头至石嘴山电气化改造和准格尔至朔州等铁路项目，建成呼和浩特至准格尔铁路。公路建设要力争完成投资240亿元以上，加快建设呼和浩特至东胜和赤峰至通辽高速公路、海拉尔至满洲里一级公路等重点项目，全面实施通乡油路工程。继续抓好呼和浩特白塔机场扩建工程，建成鄂尔多斯机场，开工建设阿尔山机场和赤峰机场迁建项目。

努力扩大消费需求。取消抑制消费的不合理规定，落实鼓励消费的政策措施，营造有利于扩大消费的环境。拓宽消费领域，培育和发展住房、汽车、信息服务等消费增长点。完善教育、医疗、养老等公共服务体系，改善居民消费预期，扩大即期消费。大力开拓农村牧区消费市场，加快农村牧区商业流通体系建设，为农牧民提供更加丰富和物美价廉的产品。继续整顿和规范市场经济秩序，营造公平竞争的发展环境。

（六）深入推进各项改革，提高对内对外开放水平。继续深化国有企业改革，促进国有资产保值增值。积极推进农村牧区综合改革，全面开展以撤乡并镇和精简乡镇事业单位为主的乡镇机构改革。加快公共财政体系建设，在加强税收征管、确保财政收入持续稳定增长的同时，进一步优化财政支出结构，加大对农牧业、社会保障、公共卫生、义务教育和公共文化事业的投入。进一步理顺自治区与盟市、盟市与旗县的财政体制，加大对旗县的转移支付力度，开展化解乡村债务试点工作，保证在全部免除农牧业税后，旗县苏木乡镇机构能够正常履行职能。积极开展扩大部分旗县经济和社会管理权限的改革试点，提高行政管理效率，调动旗县加快发展的积极性。

面向两个市场，利用两种资源，继续扩大对内对外开放。加大招商引资工作力度，力争全年引进区外（国内）资金1 200亿元左右，实际利用外资15亿美元左右。根据国家产业政策和发达地区产业转移趋势，积极引进符合自治区产业发展方向的大企业、大项目，坚决防止高消耗、高污染的落后生产能力向我区转移。要完善招商激励机制，降低招商成本，规范招商秩序，增强招商引资的针对性和实效性。加强与环渤海经济圈、珠三角、长三角及港澳台地区的区域经济合作。继续推动东部盟市与东北老工业基地在通道建设、资源利用和产业分工方面的合作与对接。鼓励有实力、有条件的企业走出去，扩大与俄罗斯、蒙古国的经济技术合作，拓展合作领域，提升合作水平。要充分发挥口岸资源优势，完善口岸基础设施，加快实施口岸“大通关”工程。要明确市场重点，加大优势产品、高附加值产品出口力度，保持出口良好势头。

（七）加大政策支持和财政投入，大力发展社会事业。认真贯彻落实全国科技大会精神和自治区关于进一步加快科技发展的决定，启动一批重大科技项目，集中力量在重点领域和关键环节取得突破。全面完成“两基”达标任务，“普九”覆盖率达到100%，基本消除校舍危房，实现农村牧区中小学远程教育网络“校校通”。大力发展职业教育，着手制定和实施职业教育基地建设规划，实施好技能型人才培养、农村牧区劳动力转移、实用人才、成人继续教育和再就业“四个”培训工程。启动“民族教育发展工程”。调整和优化城市医疗资源布局，大力发展社区卫生服务。全面完成医疗救治体系建设任务，切实加强重点传染病、地方病和人畜共患病等重大疾病防治工作。加强以乡镇卫生院为重点的农村牧区卫生基础设施建设，完善农村牧区三级卫生服务网络。基本完成蒙医药标准化制定工作，实施好旗县级蒙医院改造建设项目。积极推进以大病统筹为主的新型农村牧区合作医疗制度和医疗救助制度。整顿和规范医疗服务市场秩序，加大治理医药乱收费、高收费力度。推进人口和计划生育综合改革，提升计划生育管理水平，扎实做好农村牧区部分计划生育家庭奖励扶助工作。实施社会文化重点工程，积极打造文化精品，加强文化市场管理，重视文物保护和蒙古族等少数民族语言文字工作。加快农村牧区基层文化建设，继续实施“西新工程”和广播电视“村村通”工程，进一步提高农村牧区广播电视覆盖面。积极筹备、认真办好第十一届全区运动会。

（八）千方百计改善民生，扎扎实实为民办事。要切实做好就业再就业工作，在重点解决好体制转轨遗留的再就业问题的同时，统筹做好城镇新增劳动力和农村牧区富余劳动力转移就业工作。进一步完善社会保障制度，做好“两个确保”和低保工作，提高城市最低生活保障补助标准。认真研究解决进城务工人员和失地农牧民的社会保障问题，切实保护进城务工农牧民的合法权益,解决好他们的工资、劳保、医疗、子女就学等问题。要充分运用行政和经济等手段合理调节收入分配,努力提高中低收入者的收入水平。引导和督促各类企业提高职工工资和福利待遇,改革公务员工资制度和事业单位收入分配制度。

今年,自治区要积极创造条件,为困难群众办六件实事。一是从今年开始,在全区范围内全面启动农村牧区最低生活保障制度,对特困农牧民给予最低生活补助,鼓励有条件的地区提高补助水平。二是对全区农村牧区义务教育阶段学生全部免除杂费和书本费,补助寄宿生生活费,同时积极推进城镇低收入家庭学生的免除杂费和书本费工作。三是提高大学生助学贷款风险金比例,建立健全有效的教育资助体系,确保每一个考上大学的贫困家庭子女都能够接受和完成高等教育。四是扩大新型农村牧区合作医疗试点,覆盖面要达到50%左右,有效解决农牧民因病致贫、因病返贫问题。五是完成城镇新增就业 18 万人的目标,基本实现零就业家庭有一人就业。六是积极筹措资金,帮助“三少”民族和部分特困群众解决危旧房改造问题。

(九)加强精神文明和民主法制建设,切实做好维护社会稳定工作。坚持不懈地开展党的基本理论、基本路线、基本纲领特别是“三个代表”重要思想、科学发展观和构建和谐社会理念的宣传教育。以营造良好发展环境、提高公民素质和城乡文明程度为目标,积极开展文明城市、文明社区、文明村镇等群众性精神文明创建活动。加强未成年人和大学生思想道德建设。各级政府要自觉接受人大监督,主动加强同人民政协的联系,认真办理人大代表的议案、建议和政协委员提案,充分发挥各民主党派、工商联、无党派爱国人士的参政议政作用。加强政府法制建设,提高行政立法质量和执法水平。加强普法宣传教育,增强公民的法律意识和法制观念。

要认真做好维护社会稳定工作。完善人民内部矛盾的排查调处机制,及时发现、有效化解矛盾纠纷。建立完善群体性事件预警、应急、处置机制,提高保障公共安全和处置突发事件的能力。加强社会治安综合治理,开展重点整治和专项斗争,严厉打击各种刑事犯罪和敌对势力的分裂破坏活动。建立健全国防动员体系,支持国防重点工程建设。

(十)加强政府自身建设,努力提高依法行政能力。新形势、新任务对政府工作提出了新的更高的要求。我们要牢固树立科学发展观与正确的政绩观,不断增强贯彻科学发展观的自觉性、坚定性。坚持科学民主决策,完善重大决策规则和程序。积极推进政府职能转变,在加强经济调节和市场监管的同时,更加注重履行社会管理和公共服务职能。要切实增强公仆意识和责任意识,强化亲民、爱民、为民的执政理念,深入开展纠风专项治理工作,下大力气解决涉及人民群众切身利益的住房、教育、医疗等热点问题,坚决纠正违法占地、拆迁、企业重组改制和破产中损害群众利益的不正之风。认真开展专项整治工作,重点解决当前群众反映突出的食品药品安全、环境污染等方面的问题,保证人民群众吃上放心的食品、用上安全的药品、喝上干净的水、呼吸清洁的空气。要重视信访工作,深入基层,为群众排忧解难,变群众上访为干部下访。切实解决少数干部办事不公、作风粗暴、吃拿卡要、刁难群众等损害群众利益的突出问题。要加强勤政廉政建设,大力弘扬求真务实和艰苦奋斗精神,坚决反对官僚主义、形式主义和弄虚作假行为。认真贯彻实施《公务员法》,努力建设高素质的公务员队伍。大力改进机关作风,着力解决政令不畅、条块分割、权责脱节、推诿扯皮等突出问题,提高政府部门工作效率和服务水平。坚持依法行政,规范政府工作人员从政行为,提高行政执法队伍整体素质。大力推进政务公开,加强对政府权力运行特别是对涉及土地、矿产审批权的制约和监督。要贯彻从严治政的方针,严肃查办领导干部滥用权力、贪污贿赂的案件,利用人事、司法、审批等权力谋私的案件,治理商品购销、工程发包、项目审批等环节中的商业贿赂行为。加大对重点工程、重点领域的审计监督力度,着力解决挤占挪用专项资金等问题。加快建立健全教育、制度、监督并重的惩治和预防腐败体系,不断推进政府廉政建设。

各位代表,2007 年我们将迎来自治区成立 60 周年大庆。做好庆典活动各项工作对于充分展示党的民族区域自治政策在我区取得的伟大成就,巩固和发展民族团结的大好局面具有重大意义。从现在起,自治区将全面启动迎接庆典的各项工作。各地区、各部门要以高度的政治责任感,按照节俭、热烈、多办实事的要求,积极做好庆典项目建设、环境整治、舆论宣传和组织动员等各项工作。要把庆典活动同经济社会发展紧密结合起来,抓紧抓好大型庆典工程项目建设,集中解决一些事关人民群众生产生活的突出问题,以改革发展的优异成绩向自治区成立60周年献礼!

各位代表,站在“十一五”开局的历史新起点上,我们对自治区的发展前景充满必胜的信心。让我们更加紧密地团结在以胡锦涛同志为总书记的党中央周围,高举邓小平理论和“三个代表”重要思想伟大旗帜,全面贯彻落实科学发展观,同心同德,开拓进取,扎实工作,为实现自治区国民经济和社会发展第十一个五年规划纲要和全面建设小康社会的宏伟目标而努力奋斗!

内蒙古自治区人民代表大会常务委员会工作报告

——2006年1月17日在内蒙古自治区第十届人民代表大会第四次会议上

自治区人大常委会副主任　尤　仁

各位代表：

现在，我代表自治区十届人大常委会，向大会报告工作，请予审议。

2005年，是我区人大工作历史上具有重要意义的一年，也是本届人大工作取得重要进展的一年。在自治区党委的领导下，常委会全面贯彻中央重大决策部署，坚持和完善人民代表大会制度，扎实有效地做好三个方面的重要工作。一是认真开展了保持共产党员先进性教育活动。我们紧密联系人大机关和人大工作的实际，圆满完成了先进性教育活动的各项任务，实事求是地提出了整改措施并认真加以落实，提出把树立地方国家权力机关、人民代表机关和民主法制建设工作机关的形象，提高干部队伍政治素质、法律素质和业务素质作为机关保持共产党员先进性具体要求的重点，研究建立了机关党员教育管理长效机制。在先进性教育活动的推动下，常委会机关建设全面加强，极大地调动了干部队伍的积极性。二是深入学习贯彻中央〔2005〕9号文件精神。中共中央转发全国人大常委会党组关于进一步发挥全国人大代表作用、加强全国人大常委会制度建设的若干意见，在我国人民代表大会制度建设进程中具有重大而深远的意义。常委会把学习贯彻落实中央〔2005〕9号文件和全国人大常委会配套文件精神作为重要任务来抓，在深刻领会精神、认真总结经验、切实改进工作、不断完善制度上下功夫。常委会两次召开党组扩大会议进行学习，对贯彻落实中央文件精神和全国人大常委会有关要求作出部署；常委会负责同志到各地调研，结合实际认真宣讲中央文件精神；常委会两次发出通知，要求各级人大深入学习贯彻中央文件精神，并向各级人大印发了全国人大常委会配套文件。围绕中央〔2005〕9号文件提出的工作重点，我们着力加强代表工作和制度建设，去年首次组织我区的全国人大代表开展了专题调研，在调研工作结束后，向全国人大常委会提交了调研报告；加强了代表培训工作，分两期培训了160多名自治区人大代表，培训期数和人员比往年成倍增加；制定了自治区人民代表大会及常委会会议工作程序、规范向主任会议汇报议案的规定、发挥委员会作用的意见以及为常委会会议听取和审议报告议案服务的规定等6项制度，使工作进一步制度化、规范化。三是按照自治区党委要求，积极配合做好全区人大工作会议的筹备工作。常委会党组经过认真研究，向自治区党委提出了召开全区人大工作会议具体方案的建议，并认真做好前期准备工作。到江苏、福建、广西进行了考察；在区内深入4个盟市选择农区、牧区和城镇不同类型的10个旗县市进行了调研，与4盟市及所属14个旗县（市区）党委、人大的同志进行了座谈，直接听取了大家的意见；对全区各级人大自身建设情况进行了问卷调查，认真研究了全区人大工作和建设中需要解决的突出问题，为自治区党委作出决策提供了可靠的依据。自治区党委专门就人大工作作出决定、召开会议，是我区人大工作历史上的一件大事，在全区产生了很大反响，对我们坚持和完善人民代表大会制度，做好新时期的人大工作具有十分重要的指导意义，为解决长期困扰人大工作的突出问题创造了条件。根据常委会反映的情况，自治区财政为10个没有办公用房和办公条件特别差的旗县（市区）人大下拨了500万元经费，专门用于改善工作条件。为促进各级人大深入贯彻落实自治区党委决策精神，常委会及时召开了人大系统学习贯彻全区人大工作会议精神座谈会，对各级人大做好贯彻落实的工作进行了部署。贯彻自治区党委决定和会议精神，各盟市委就进一步加强对人大工作的领导采取了积极措施，部分盟市及时召开了人大工作会议，还有一些盟市着手召开会议。这些工作，形成了进一步加强我区人大制度建设、推进人大工作创新发展的良好局面。

过去一年里，在自治区党委领导下，常委会以邓小平理论和“三个代表”重要思想为指导，全面落实科学发展观，认真贯彻中央〔2005〕9号文件、自治区党委决定和全区人大工作会议精神，继续落实本届常委会工作的总体思路，巩固已有工作成果，着力提高工作质量和水平，常委会的立法、监督、代表等各方面工作取得了新的重要进展,为推进自治区经济社会持续快速健康发展,构建社会主义和谐社会,发挥了重要作用。

一、坚持以人为本、立法为民,进一步加强立法工作

按照形成中国特色社会主义法律体系的总体要求,从自治区实际出发,继续有计划地开展立法工作。一年来,常委会共审议法规案28件。其中,制定和修改自治区地方性法规10件;批准呼和浩特市、包头市地方性法规和自治旗单行条例15件;批准废止地方性法规1件;一审地方性法规2件。立法工作体现了以经济建设为中心,统筹兼顾、协调发展的要求,为自治区法制建设增添了新的内容。

继续加强经济立法。为推进我区工业发展,制定了自治区安全生产条例、预防和查处窃电行为条例。为加强对经济工作和国家建设项目的监督,制定了自治区人大常委会经济工作监督办法,批准修订了呼和浩特市国家建设项目审计办法。为规范会计、测绘工作,制定、修订了自治区会计条例、测绘管理条例。为促进市场经济发展,批准修订了呼和浩特市房地产交易管理条例、包头市建筑市场管理条例、莫力达瓦达斡尔族自治旗土地管理条例。为促进畜牧业发展,加强动物防疫工作,批准了鄂温克族自治旗动物防疫管理条例、包头市动物诊疗管理条例。

坚持统筹兼顾,进一步加强社会事业和民主政治建设方面的立法。为保障人民生命安全,维护人民群众合法权益,制定了自治区实施药品管理法办法、道路交通安全违法行为处罚规定。为推进我区文化建设,修订了自治区文物保护条例。坚持法制统一的原则,修正了自治区消防条例。为加强城市建设和管理,批准了呼和浩特市城市园林绿化条例,呼和浩特市和包头市养犬管理条例,鄂伦春自治旗和莫力达瓦达斡尔族自治旗城镇市容和环境卫生管理条例。为推进人大工作的规范化,修改了自治区各级人民代表大会选举实施细则,批准了莫力达瓦达斡尔族自治旗人大常委会讨论决定重大事项的规定。

常委会高度重视立法质量问题,突出强调坚持以人为本、立法为民、立法公正,把实现、维护和发展人民群众的利益作为立法工作的核心,坚持把维护法制统一与体现地方特点、民族特点统一起来,科学合理地规范权利与义务、权力与职责,坚决防止"利益部门化"和"部门利益法制化",坚持立改废并举。同时,着重抓了三个方面的工作。一是认真总结经验,明确工作思路。召开了全区立法工作座谈会和批准地方性法规、单行条例协调工作座谈会,在重要问题上统一了思想、明确了要求。二是推进立法民主化。继续在媒体上公布法规草案;就道路交通安全违法行为的设定和处罚等问题举行了立法听证会,并在互联网上直播了听证会情况;加强了立法调研和论证工作,充分发挥立法咨询顾问的作用。三是通过法规实施效果对立法质量进行了考察。这些措施有效地推进了立法工作的科学化、民主化。

二、坚持突出重点、注重实效,进一步强化监督职能

从营造有利于自治区加快发展的良好法治环境出发,常委会认真履行监督职责,开展了5项执法检查,听取和审议自治区"一府两院"专项工作报告14项,对自治区建设厅厅长、审计厅厅长进行了述职评议,有重点地开展了个案监督。

常委会从突出重点、完善机制、增强实效入手,抓住关系自治区改革发展稳定全局的重大问题和人民群众切身利益的热点难点问题,综合运用执法检查、执法调研、听取和审议报告等方式实施监督,支持和促进了自治区"一府两院"依法履行职责。

我区是农牧业大区,解决好"三农三牧"问题是实现经济发展、社会稳定的基础。为促进农牧业发展,维护农牧民的切身利益,常委会听取和审议了自治区人民政府有关农村土地承包法和自治区农牧业承包合同条例执行情况的报告,连续三年对动物防疫法和自治区动物防疫条例进行了执法检查,对渔业法和自治区实施渔业法办法,水法、自治区实施水法办法和农业节水灌溉条例进行了执法调研,针对法律法规实施中存在的问题,向政府提出了意见。为促进我区加快转变经济增长方式,实现可持续发展,听取和审议了自治区人民政府有关发展循环经济情况报告和煤炭法实施情况报告,对水污染防治法实施情况进行了检查,开展了以"防治水污染、珍惜水资源"为主题的环保世纪行活动,针对环境资源保护工作面临的严峻形势,向政府提出了改进工作的意见。贯彻科教兴区战略,为推进教育事业发展,常委会开展了民族教育法律法规和高等教育法、自治区实施高等教育法办法执法检查,就优先发展民族教育、提高高等教育质量等问题向政府提出了意见。为促进社会事业发展,常委会抓住事关人民群众切身利益的问题,听取和审议了自治区人民政府有关卫生事业发展、城市房屋拆迁管理工作、法律援助工作以及社会治安综合治理打防控一体化建设情况报告,并向政府发出了审议意见。常委会还开展了公路法、自治区公路管理条例及道路运输管理条例执法检查,对政府依法加强公路建设和道路运输管理提出了意见。常委会有重点地选择社会影响大、群众反映强烈的案件进行个案监督,督促司法机关纠正了两起历时10年和7年的错案,维护了当事人的合法权益。

常委会进一步强化计划、预算监督职能。听取和审议了计划、预算上半年执行情况报告,决算报告和审计工作报告,批准了2004年自治区本级决算。去年首次向社会全文公布了审计报告,进一步细化了对预算编制和决算的审查,对农牧业和教育部门的预算执行情况进行了跟踪监督,对全区经济运行情况、社会保障和再就业工作进展情况以及"十一五"规划编制情况进行了专题调研,监督的针对性和有效性增强。

为推进司法机关公正司法,常委会听取和审议了自治区高级人民法院关于执行人民陪审员制度工作情况报告,自治区人民检察院关于全区检察机关开展减刑、假释、保外就医专项检查活动情况报告和严肃查办国家机关工作人员利用职权侵犯人权犯罪专项活动情况报告,对法院和检察院进一步改进工作提出了意见。

加强对常委会任命干部的监督。继续开展了政府组成人员述职评议工作,进一步突出述职评议重点,加强评议前的调研考察，完善了工作程序。这项工作有效地促进了述职人员依法履行职责。

常委会把健全监督工作机制作为强化监督职能、增强监督实效的重要环节来抓。一是改进了执法检查工作，坚持公布举报电话，邀请代表参与执法检查工作，采取明察暗访的方式调查了解情况，进一步提高执法检查报告质量，把报告的着重点放在指出问题、分析原因和提出建议意见上。二是改进了听取和审议专项报告工作，加强事前的调查研究，对报告进行预审，坚持向“一府两院”发出审议意见制度。三是加强跟踪监督，对常委会执法检查报告、专项调研报告和审议意见的落实情况进行了专项督查，促使有关机关解决了工作中存在的突出问题。

常委会认真行使重大事项决定权，作出了关于全区旗县（市区）、苏木乡镇两级人民代表大会代表选举时间的决定和调整设区的市人民代表大会换届选举时间的决定，为逐步实现各级人大同步换届创造条件。

认真行使人事任免权。坚持把党管干部与人大依法任免干部统一起来，充分发扬民主，严格依法办事，保证了党委人事安排意图的实现。一年来，常委会任命自治区人民政府组成部门负责人 7 人，免职 7 人；任命自治区高级人民法院、人民检察院、盟及盟辖旗县司法工作人员 69 人，免职 19 人；接受常委会委员辞职 7 人，接受自治区十届人大法制委员会组成人员辞职 3 人，接受全国人大代表辞职 1 人，任命自治区人大常委会工作机构、盟工作委员会负责人 9 人，免职 10 人。

三、推进代表工作创新，保持同人民群众的密切联系

贯彻中央〔2005〕9 号文件精神，常委会把加强代表工作作为推进人大工作创新的重要着力点。加强同代表的经常性联系，坚持组成人员联系代表制度，邀请代表列席常委会会议，参与监督、调研等工作。丰富闭会期间的代表活动，组织召开了代表政情通报会；开展了代表集中视察和专项视察活动，组织代表交流履行职责的经验，对代表联系人民群众和原选举单位提出了要求，去年常委会领导同志首次到原选举单位进行了述职，推动了代表述职工作的深入开展。做好代表议案和建议、批评、意见的处理工作。认真办理了自治区十届人大三次会议主席团交办的 11 件代表议案，完成了 429 件代表建议、批评、意见的办理、交办和督办工作。为提高代表建议办理质量，常委会在加强督办上下功夫，做到经常性督办、重点跟踪督办和集中检查全面督办，取得了良好成效。

常委会把密切联系人民群众作为履行职责的重要基础，把维护和实现人民群众的利益作为工作的出发点和落脚点。贯彻全国人大常委会的要求，进一步加强和改进信访工作，先后三次召开信访工作会议，对做好人大信访工作作出了全面部署；对自治区各级人大常委会信访工作条例实施情况进行了执法调研；规范了信访工作程序，制定了常委会机关处理重点信访件办法和办公厅转办交办信访件暂行办法；充实了信访工作人员力量，安排机关新提任的副处级干部到信访部门锻炼。经过努力，形成了上下级人大之间、人大与同级“一府两院”之间协同配合的信访工作新机制，做到了对所有来信来访登记归类、拆阅接访、进行交办和反馈结果。一年来，常委会办理和接待人民群众来信来访5 523件（次），办理全国人大常委会交办信访事项1 094件（次），实现了全国人大常委会提出的“四个百分之百”的目标。

继续加强对外交往，接待了美国、加拿大、蒙古和越南国会访问团的来访，应邀出访了澳大利亚、新西兰，增进了同国外地方议会的友好往来。

四、坚持把加强自身建设摆在重要位置，不断提高依法履行职责的水平

常委会把自身建设摆在重要位置，按照树立地方国家权力机关、人民代表机关、民主法制建设工作机关的形象，提高干部队伍政治素质、法律素质和业务素质的总体要求，加强思想、组织、作风建设。认真坚持常委会学习制度，深入学习党的基本理论和方针政策，以法制讲座为主要形式，学习了宪法、法律和其他相关知识，常委会组成人员和机关工作人员坚持党的领导、人民当家作主和依法治国有机统一的自觉性进一步增强，服从和服务于党和国家工作大局的意识进一步提高。坚持民主集中制原则，严格依法按程序办事，在充分发扬民主的基础上集中正确的意见，充分调动和发挥组成人员的积极性。加强作风建设，认真坚持执政为民的宗旨和求真务实的作风。以先进性教育活动为契机，全面加强人大机关建设，各部门团结协作、密切配合，机关工作的质量和效率进一步提高，干部队伍建设得到加强，在自治区党委的重视下，干部交流任用工作取得新的进展。

过去一年里，常委会积极发挥联系指导全区各级人大的职能，总结交流工作经验，加大干部培训力度，对 200 多名各级人大干部进行了培训，进一步强化了新闻宣传和信息调研工作的指导职能，为推动全区人大工作深入发展发挥了应有的作用。同时，常委会加强同全国人大常委会的联系，积极取得上级人大的指导和支持，配合全国人大常委会开展了法律草案征求意见和执法检查等工作，承办了全国司法监督工作座谈会。

通过过去一年的工作，我们进一步认识到，在新的历史条件下，进一步坚持和完善人民代表大会制度，加强和改进人大工作，必须坚持党的领导、人民当家作主和依法治国的有机统一，坚持人大工作正确的政治方向；必须着力推进人大工作的创新发展，使之成为加强党的执政能力建设的具体实践；必须坚持走群众路线，始终依靠人民、代表人民、服务于人民；必须坚持不懈地加强自身建设，不断提高发展社会主义民主政治的能力。这些认识也是我们在今后工作要认真坚持的原则。

回顾一年来的工作，我们也清醒地看到，工作中还存在一些不足，主要是立法工作进度与立法规划的要求还存在差距，立法质量需要进一步提高；监督工作机制还不够完善，工作实效需要增强；代表作用发挥得不够充分，代表履行职责的能力有待提高；常委会自身建设需要进一步加强。我们要高度重视这些不足,积极采取措施加以改进。

各位代表!

2006年是实施"十一五"规划的开局之年,也是圆满完成本届人大工作任务十分重要的一年。常委会工作的指导思想是:坚持以邓小平理论和"三个代表"重要思想为指导,全面落实科学发展观,认真贯彻党的十六大和十六届五中全会精神,把深入学习贯彻中央〔2005〕9号文件、自治区党委关于进一步加强人大工作的决定和全区人大工作会议精神作为重要任务,紧紧围绕自治区实施"十一五"规划,积极有效地履行宪法和法律赋予的职责,在推进工作创新、增强工作实效、确保完成本届工作任务上下功夫,保障和促进自治区经济社会全面协调可持续发展。落实这个指导思想,我们要着重把握好三点。一是要深刻领会科学发展观的精神实质,坚持用科学发展观统领人大工作,为自治区实现科学发展提供支持和保障。二是要把增强工作实效摆在突出位置,作为推进人大工作创新的着力点。三是要不断完善以密切联系人民群众为核心的民主公开的工作机制,运用民主法制的手段统筹协调各方面利益关系,积极发挥人大在和谐社会建设中的作用。

一、以确保完成本届立法任务、提高立法质量为重点,进一步加强立法工作

做好今年的立法工作,对完成本届立法任务具有重要意义。常委会要认真落实本届以来立法工作的思路和要求,坚持提高立法质量与完成本届立法任务并重,进一步提高立法工作水平。今年计划制定、修改自治区地方性法规12件,包括自治区合同监督管理条例、农业机械化促进条例、防御气象灾害条例、湿地保护条例、非税收入管理条例、安全技术防范管理条例、实施民办教育促进法办法、职工董事职工监事条例、哲学社会科学普及条例、预防和制止家庭暴力条例、实施归侨侨眷权益保护法办法、各级人大常委会信访工作条例。同时,要认真做好审查批准呼和浩特市、包头市地方性法规和自治旗单行条例的工作,坚持提前介入,做好事先的协调沟通工作。

在立法工作中,要着重把握好以下几点:第一,坚持以科学发展观为指导,统筹兼顾经济和社会事业发展、政治文明、精神文明建设方面的立法,使立法同改革发展的重大决策紧密结合起来。第二,按照立法规划的安排,统筹考虑今明两年的立法工作,确保今年拟制定项目按期提请常委会会议审议,抓紧做好调研项目的前期准备工作,条件成熟后及时安排审议。第三,把提高立法质量作为首要任务。在坚持法制统一的前提下,进一步突出地方特点、民族特点,增强法规的针对性和可操作性;坚持以人为本、立法为民,防止和克服部门利益倾向,切实发挥立法维护社会公平正义、平衡社会利益关系、促进社会和谐的重要作用。第四,继续扩大立法民主。通过公布法规草案,召开座谈会、听证会和论证会,加强立法调研等方式,扩大公民对立法工作的有序参与。第五,坚持立改废并举,做好法规清理工作。继续对立法质量进行跟踪问效。

二、以完善监督机制、增强监督实效为重点,进一步加强监督工作

认真落实常委会加强监督工作的思路和措施,按照围绕中心、突出重点、注重实效的总体要求,抓住事关自治区改革发展稳定大局的重大问题和人民群众关心的热点问题,综合运用执法检查、听取和审议专项报告等方式,积极开展监督工作,支持和促进行政机关依法行政、司法机关公正司法。

加强对法律法规实施的监督。拟对民族区域自治法、农村土地承包法、消费者权益保护法和自治区实施消费者权益保护法办法、行政许可法、自治区蒙医中医条例实施情况进行执法检查。开展防沙治沙法和自治区实施防沙治沙法办法、食品卫生法、专利法、体育法和自治区实施体育法办法执法调研。听取和审议自治区人民政府关于环境影响评价法执行情况报告、民族教育法律法规执法检查报告落实情况报告。对水污染防治法执法检查中发现问题的解决情况进行跟踪监督。继续开展内蒙古环保世纪行活动。

加强对经济工作和预算的监督。依法听取和审议自治区人民政府有关计划、预算上半年执行情况报告,决算报告和审计报告,有重点地加强对预算超收收入使用、公共财政支出、政府举债、政府投资建设的重大项目等方面的监督,促进政府认真落实重大经济政策和涉及人民群众切身利益的政策措施。加强预算审查工作,督促有关方面进一步完善预算制度,细化预算编制,规范部门预算。对部分预算项目单位预算执行情况进行跟踪监督。

有重点地听取和审议专项工作报告。拟听取和审议自治区人民政府有关依法防治重大动物疫病、矿产资源勘察和开发利用中资源与环境保护、加快推进城乡社会救助体系建设、开展大接访集中解决涉法上访问题以及"四五"普法规划实施情况的报告,自治区高级人民法院有关贯彻"公正司法、一心为民"工作指导方针、人民法院基层基础建设工作、办理人大交办信访事项情况的报告,自治区人民检察院有关集中查办破坏社会主义经济秩序渎职犯罪专项活动情况的报告。加强对垂直管理行政执法部门的监督,拟听取和审议自治区人民政府有关工商管理工作、地方税收工作情况的报告。继续开展述职评议工作,适当安排对自治区人大选举干部进行述职评议。

常委会要从三个方面入手,加大监督力度,增强监督实效。一是要用更多的精力进行跟踪问效,对常委会执法检查报告、审议意见和专项调研报告的落实情况进行监督检查,督促有关机关改进工作、解决问题。二是要增强监督工作的公开程度,监督工作的内容、过程和结果要尽量公开,把人大监督与群众监督、舆论监督结合起来,形成监督工作的良好氛围。三是要创新监督方式,针对重点问题综合运用多种方式实施监督,把监督工作做深、做细、做实。

认真行使重大事项决定权和人事任免权。按照自治区人大常委会讨论决定重大事项的规定,依法决定自治区具有根本性、全局性、长远性的问题和涉及人民群众切身利益的重大问题。坚持党管干部原则，依法做好任免干部工作，把充分发扬民主、严格依法办事与贯彻党委意图统一起来。

三、进一步发挥人大代表作用，增强代表工作实效

充分发挥人大代表作用，是坚持和完善人民代表大会制度，发挥好地方国家权力机关职能作用的重要基础，是当前加强和改进人大工作的重要任务。我们要按照中央〔2005〕9号文件和自治区党委关于进一步加强人大工作的决定要求，着力推进代表工作创新，使代表工作取得明显进展。

今年，常委会要着重抓好四个方面的工作。一是扩大代表知情知政渠道。召开代表政情通报会，向代表提供有关政治、经济、文化、社会等方面的资料，为代表了解掌握国家和自治区的总体形势及相应对策创造条件。常委会工作机构要及时向代表通报常委会工作情况，寄送常委会公报、《内蒙古人大》等资料。坚持常委会联系代表制度，继续邀请代表列席常委会会议，参与执法检查、执法调研、述职评议等工作。二是提高代表议案和建议、批评、意见办理工作质量。进一步规范代表议案和建议、批评、意见的提出和处理程序。在办理代表议案过程中，要加强同代表的联系沟通。做好代表建议、批评、意见的办理、交办和督办工作，建立代表建议办理工作责任制，把涉及自治区发展全局和人民群众切身利益的代表建议确定为重点进行办理，督促解决一批对自治区经济社会发展有较大影响的现实问题。三是丰富代表闭会期间的活动。组织好代表年中专题调研和年底集中视察活动，有重点地开展专项视察，增强代表活动实效。继续加强代表培训工作，扩大培训范围，创新培训方式。加强代表同人民群众的联系，自治区人大代表要通过书面或口头的方式向原选举单位述职。加强对代表小组活动的组织指导。发挥人大代表联系人民群众的优势，通过代表了解社情民意。四是推进代表工作制度化，研究和探索代表候选人公示办法，建立代表辞职、述职和履职考核制度，保障和促进代表依法履行职责。

常委会及工作部门要认真做好为代表服务的工作，安排组织好代表活动，为代表开展工作提供便利，支持代表依法执行职务。各盟市人大要协助自治区人大常委会做好代表工作。

四、继续加强对全区各级人大的联系指导，认真坚持党的群众路线

密切上下级人大之间的联系，形成人大工作的合力，对完善人民代表大会制度、推动人大工作发展具有重要意义。常委会要认真履行联系指导各级人大的职责，支持和促进各级人大积极有效地开展工作。继续指导和推动各级人大深入学习贯彻落实自治区党委关于进一步加强人大工作的决定和全区人大工作会议精神，会同自治区党委有关部门对各地贯彻落实党委决定和会议精神的情况进行督查，确保党委决策精神落到实处。做好旗县（市区）、苏木乡镇人大换届选举的指导工作。加强对盟工作委员会的领导。总结交流人大工作经验，加大干部培训力度，加强人大宣传工作，办好《内蒙古人大》杂志，强化信息调研工作的指导职能。

坚持走群众路线，拓宽联系人民群众的渠道。坚持深入实际调查研究，更加关注人民群众最关心、最直接、最现实的利益问题，充分反映和体现人民群众的意愿和要求。贯彻常委会加强和改进信访工作座谈会精神，进一步提高信访工作质量，在加强信访形势分析、促进解决问题上下功夫，为常委会开展工作提供服务。

五、按照树立“三个形象”、提高“三个素质”的总体要求，继续加强常委会自身建设

在推进物质文明、政治文明和精神文明协调发展的进程中，民主法制建设的任务更加繁重，对人大工作提出了更高的要求。为了更好地履行宪法和法律赋予的职权，做好新形势下的人大工作，我们要按照树立地方国家权力机关、人民代表机关、民主法制建设工作机关的形象，提高干部队伍政治素质、法律素质和业务素质的总体要求，继续加强常委会自身建设。要把思想建设放在首位，坚持用邓小平理论和“三个代表”重要思想武装头脑，坚持科学发展观，坚持党的领导、人民当家作主和依法治国的有机统一，坚持人大工作正确的政治方向。继续加强学习，坚持和完善法制讲座制度，注重调查研究。认真坚持民主集中制原则，提高民主决策、科学决策、依法决策的水平。坚持求真务实的作风，自觉接受人民群众的监督。贯彻中央〔2005〕9号文件精神和全国人大常委会的要求，继续抓紧建立和完善工作制度，推进人大工作的制度化、规范化。巩固先进性教育活动成果，继续加强人大机关建设，提高机关工作的质量和水平，为自治区人大及其常委会依法履行职权提供支持和保障。

各位代表，发展社会主义民主政治，建设社会主义政治文明，是全面建设小康社会的重要目标，是坚持科学发展观的重要内涵。我们肩负的任务繁重而艰巨。让我们紧密团结在以胡锦涛同志为总书记的党中央周围，坚持以邓小平理论和“三个代表”重要思想为指导，全面贯彻中央和自治区党委决策精神，以改革创新的精神、求真务实的作风、扎实有效的工作，为开创自治区“十一五”时期经济社会发展的良好开局，为推进自治区经济建设、政治建设、文化建设和社会建设全面发展，作出新的更大的贡献！

内蒙古自治区
2005年国民经济和社会发展统计公报

内蒙古自治区统计局

(2006年3月1日)

2005年,全区各族人民在自治区党委、政府的正确领导下,以邓小平理论和“三个代表”重要思想为指导,认真贯彻中央和自治区经济工作会议精神,全面落实科学发展观,进一步加强和改善宏观调控,积极推进和深化各项改革,发挥资源优势,努力调整经济结构,不断优化发展环境,大项目带动效应凸现,优势特色产业不断壮大,投资结构趋于优化,经济增长基础更加稳固,运行质量明显提高,社会各项事业全面进步,人民生活水平继续提高。“十五”计划主要预期目标顺利完成,为“十一五”计划全区经济社会发展奠定了良好的基础。

一、综合

国民经济快速健康协调发展。初步核算,全年实现生产总值3 822.77亿元,按可比价格计算,比上年增长21.6%,增幅比上年提高2.2个百分点。其中,第一产业增加值600.09亿元,增长12.7%;第二产业增加值1 685.13亿元,增长29%;第三产业增加值1 537.55亿元,增长17.9%。按常住人口计算,全年人均生产总值16 026元,比上年增长21.4%,按当前汇率折算达1 986美元。“十五”期间,全区生产总值年均增长16.6%,快于“九五”时期平均增速6.6个百分点。

产业结构继续优化。第一产业对经济增长的贡献率为9.4%,第二产业对经济增长的贡献率为54.5%,第三产业对经济增长的贡献率为36.1%。全区生产总值中一、二、三次产业比重由上年的16.9: 41.0: 42.1调整为15.7: 44.1: 40.2。

市场物价平缓上涨。居民消费价格总水平涨幅平缓,全年居民消费价格总水平比上年上涨2.4%。其中,涨幅较大的有医疗保健及个人用品类和居住类价格,分别上涨5.7%和6.9%,食品类价格上涨2.9%,其它消费品和服务类价格均略有上涨或保持稳定。生产和建设领域价格上涨明显,工业品出厂价格和原材料、燃料及动力购进价格分别比上年上涨5.1%和9.9%,固定资产投资价格上涨3.7%。

劳动就业保持基本稳定。年末全区城镇单位就业人员242.8万人,比上年末减少0.25万人。全年下岗职工通过多种渠道实现再就业13.9万人,年末城镇登记失业率为4.26%。

财政收入实现快速增长。全年财政总收入536.29亿元,比上年增长43.6%。其中,地方财政收入335.05亿元,地方财政收入中一般预算收入277.45亿元,分别增长39.3%和39.4%。财政支出明显扩大,公共财政的服务保障功能得到加强。全年地方财政支出734.71亿元,比上年增长21.9%。其中,基本建设支出110.22亿元,比上年增长45.1%;城市维护费支出38.95亿元,增长52.9%;教育支出78.74亿元,增长18.9%。“十五”期间,地方财政收入和支出累计分别达到986.34亿元和2 557.86亿元,分别比“九五”时期增长1.28倍和1.77倍。

国民经济和社会发展中存在的主要问题是:粗放型经济增长方式仍比较突出,资源综合开发利用水平不高;传统产业比重大,新型产业和现代产业比重小;利用外资规模较小,口岸经济发展较慢;非公有制经济和中小企业在经济总量中比重偏小;城乡居民收入增长相对较慢,就业形势和社会保障压力依然较大等。

二、农业

第一产业较快增长。全年农林牧渔业实现增加值600.09亿元,比上年增长12.7%,增速快于上年1个百分点。农牧业产业化步伐进一步加快,农牧业依据市场需求变化呈多元化发展。

种植业获得全面丰收。全年农作物种植面积621.57万公顷,比上年增加29.17万公顷。其中,粮食作物种植面积437.36万公顷,比上年增加19.25万公顷。全年粮食总产量1 662.15万吨,创历史最高水平,比上年增产156.76万吨,增长10.4%。其中小麦、稻谷和大豆产量分别增长29.9%、14%和26.2%。全年油料产量122.17万吨,增长17.8%;甜菜产量138.28万吨,增长43.5%;蔬菜产量1 009.61万吨,增长15.7%;水果产量178.57万吨,增长38.1%。

畜牧业生产跃上新台阶。牧业年度全区牲畜存栏头数达10 615.29万头(只),比上年同期增长14.5%;牲畜总增5169.16万头(只),增长25.3%,牲畜总增率达55.7%。牧业年度良种及改良种牲畜总头数9 626.13万头(只),比重为90.7%,比上年提高2.3个百分点。全年肉类总产量247.48万吨,比上年增长22.5%;牛奶产量 727 万吨,增长46%;山羊绒产量6 395吨,增长7.4%;禽蛋产量46.27万吨,增长19.4%。"十五"时期,肉类总产量、牛奶、山羊绒产量分别由143.4万吨、79.8万吨和3 815吨增加到247.48万吨、727 万吨和6 395吨。畜牧业产值占第一产业的比重上升为47.6%,比上年提高3.6个百分点。

林业生态建设得到加强。全年完成造林绿化面积67.80万公顷。其中,人工造林28.32万公顷,飞播造林10.06万公顷,封山育林29.41万公顷。全年退耕还林完成造林面积14.4万公顷,幼林抚育作业面积129.4万公顷。全区森林覆盖率达17.57%。"十五"期间完成造林、封育面积6 670万亩,比"九五"时期提高了43%。全区生态状况呈现整体遏制,局部好转的局面。

渔业生产平稳增长。淡水养殖业进一步发展,全年水产品产量8.26万吨,比上年增长6.9%。

农牧业生产条件继续改善。年末全区农牧业机械总动力1 922万千瓦,比上年增长8.5%;机耕地面积466.57万公顷,增长4.1%;机电井数量35.40万眼,增长3.8%;年内新增农田有效灌溉面积13.34万公顷,新增节水灌溉面积22.54万公顷;全年农村牧区用电量291.37亿千瓦时,增长9%;化肥施用量(折纯)113.24万吨,增长8.5%。

三、工业和建筑业

工业生产持续快速增长。全年全部工业增加值1 390.89亿元,比上年增长30.3%。其中,规模以上工业企业(全部国有及国有控股企业和年产品销售收入500 万元以上的非国有工业企业)完成增加值1 135.52亿元,比上年增长30.9%。在规模以上工业企业中,国有及国有控股企业增加值增长21.6%,集体企业增加值增长2.0%,股份合作企业增加值增长75.8%,股份制企业增加值增长28.2%,外商及港澳台投资企业增加值下降13.7%,以私营企业为主的其它经济类型工业增加值增长41.4%。在规模以上工业企业中,轻工业增加值306.67亿元,增长31.2%;重工业增加值828.86亿元,增长29.7%。

工业结构得到优化调整。规模以上工业高技术产业产值和出口交货值保持较快增长,分别比上年增长30.2%和36.7%。农畜产品加工业、能源、冶金、电子设备制造和机械制造业等五大行业成为拉动工业生产快速增长的主要动力。乳制品、液体乳、食用植物油和化学药品原药产量分别比上年增长49%、48.1%、60.9%和6.3倍,载货汽车增长20.3%,原煤、原油、天然气、发电量、生铁、十种有色金属、水泥和铜等产量增长幅度较大。

工业经济效益显著提高。全年规模以上工业企业经济效益综合指数203.61,比上年提高38.96点;实现利润225.93亿元,比上年增长75.7%。其中,国有及国有控股企业实现利润98.15亿元,增长83%;国有及国有控股企业的亏损企业亏损额下降17.3%。

建筑业生产加快增长。全年建筑业增加值294.24亿元,比上年增长23.2%。全区具有建筑业资质等级的建筑施工企业680 个,施工企业房屋建筑施工面积2 796.77万平方米,竣工房屋面积1 388.94万平方米,房屋建筑竣工率49.7%。全年具有建筑业资质等级的建筑企业实现利润19.9亿元,实现税金11.82亿元,分别比上年增长13.8%和25.5%。

四、固定资产投资

固定资产投资保持适度稳定增长。全年全社会固定资产投资总额2 687.84亿元,比上年增长48.6%,增幅比上年回落 1 个百分点。其中,全区 50 万元以上项目固定资产投资2 656.9亿元,增长48.8%。从投资主体看,国有经济单位投资1 129.40亿元,增长41.6%;集体经济单位投资41.28亿元,增长23.3%;城乡个人投资84.26亿元,增长5.8%;其他经济类型单位投资1 432.90亿元,增长59.5%。按投资管理渠道划分,基本建设投资1 860.93亿元,增长52.1%;更新改造投资385.68亿元,增长46.4%;房地产开发投资162.10亿元,增长46%;其他投资179.20亿元,增长53.9%。按项目隶属关系分,地方项目完成投资2 431.92亿元,增长46.7%;中央项目完成投资255.92亿元,增长69.7%。资金来源进一步多元化,自筹和其他资金所占比重逐年上升。

"十五"期间,全社会固定资产投资累计达到6 917.71亿元,比"九五"时期固定资产投资增长2.9倍,年均增长44.2%。

投资结构不断优化。基础产业和基础设施建设投资增长较快,全区城镇单位固定资产投资中,第一产业(农林牧渔)投资95 亿元,增长51.2%;第二产业投资1 461.25亿元,其中,工业投资1 449.13亿元,分别增长1.45倍和1.46倍;第三产业投资1 031.66亿元,下降2.2%。西部大开发重点行业投资中农林牧渔业投资95 亿元,增长51.2%;电力、燃气及水的生产和供应业投资630.31亿元,增长81.1%;交通运输、仓储及邮政业投资359.16亿元,增长48.6%;水利、环境和公共设施管理业投资217.41亿元,增长55.9%。

重大项目建设进展顺利。全年实施投资亿元以上的重点建设项目784个,竣工投产212个。全年新开工基本建设项目4 627个,更新改造项目1 324个。全年在建项目投资总规模6 984.85亿元。建成投产了伊利新工业园区、蒙牛五期技改、草原伊盛100万只肉羊加工、通辽万顺达玉米淀粉一期等一批农畜产品加工项目。建成投产了岱海电厂、托克托电厂三期等西电东送项目和海渤湾电厂三期、棋盘井电厂等区内用电项目。建成投产了包钢集团冷轧薄板项目、包铝集团扩能改造项目。交通建设方面建成了国道110和210线我区境内高速公路、省际通道阿荣旗至集宁高等级公路,新开工建设了集张、两伊、临策等9个铁路项目,建成了桑篮、嘉策铁路。另外呼和浩特白塔机场扩建工程、鄂尔多斯机场开工建设,阿尔山、二连浩特新建和赤峰机场迁建项目前期工作也取得了重大进展。

投资效果明显。全年城镇以上各种经济类型单位全部建成投产项目6 577个,项目建成投产率75.9%;新增固定资产1 627.53亿元,固定资产交付使用率62.9%。新增主要生产能力有:原煤2 436.4万吨,生铁395.03万吨,电解铝12.5万吨,水泥662.4万吨,电力装机容量372.3万千瓦。城镇住宅竣工面积1 201.56万平方米,其中,商品房住宅竣工面积853.55万平方米,商品房住宅销售面积1 059.35万平方米;农村牧区竣工住宅515万平方米。

五、国内贸易

消费品市场稳中趋旺。全年社会消费品零售总额1 344.10亿元,比上年增长15.8%。分城乡看,城市消费品零售额903.34亿元,增长17%;县的消费品零售额275.91亿元,增长14.7%;县以下消费品零售额164.83亿元,增长11.5%。分行业看,批发零售贸易业零售额1 071.65亿元,增长16.6%;餐饮业零售额229.60亿元,增长13.2%;其他行业零售额42.83亿元,增长11.3%。

市场消费结构升级明显加快。消费结构呈现三个明显变化趋势,餐饮业持续升温,全年限额以上批发贸易零售额中餐饮业零售总额增长29.1%;汽车、居住、家庭装饰和旅游等消费不断扩大,汽车类零售额增长24.4%;家电和通讯类消费品升级步伐加快,全年限额以上批发贸易零售额中通讯器材类增长1.86倍,家用电器和音像器材类增长22.7%。

大型商品交易市场活跃。商业布局和经营业态调整步伐明显加快,企业市场竞争不断强化,专业性市场发展较快。全区亿元以上交易市场34家,商品成交额179.23亿元,比上年增长5.4%。各类大型连锁超市、仓储式商场、专卖店等新型商业发展势头强劲。

六、对外经济

对外贸易实现快速发展。全年海关统计的全区外贸进出口总额51.62亿美元,比上年增长27.5%。其中,出口总额20.65亿美元,比上年增长22.8%;进口总额30.97亿美元,比上年增长30.8%。进出口商品结构进一步优化。从出口看,加工贸易、机电产品出口增长速度快于一般贸易,一般贸易出口比上年增长18%,而加工贸易出口、机电产品出口分别增长75.2%和4.8倍。从进口看,一般贸易进口增长34%,加工贸易进口增长2.78倍。"十五"时期,全区外贸进出口总额累计达到178.77亿美元,比"九五"时期增长1.4倍。其中,出口76.99亿美元,比"九五"时期增长84.5%。五年间外贸进出口总额年均增长20.5%,比"九五"时期年均增长速度快7.9个百分点。

利用外资规模明显扩大。全年新批准外商直接投资企业197家,比上年增加2家;合同外资额13.83亿美元,比上年下降49.9%;实际利用外商直接投资11.86亿美元,比上年增长89%。"十五"时期,累计外商直接投资25.18亿美元,比"九五"时期增长4.78倍。

对外经济技术合作取得新进展。全年共签订国外工程承包、劳务合作及境外投资协议合同金额1.80亿美元,比上年下降67.8%;完成营业额6 100万美元,比上年增长0.3%。

七、交通、邮电和旅游业

交通运输业快速增长。全年各种运输方式完成货运量73 081.9万吨,比上年增长19.3%。其中,铁路22 059.9万吨,增长18.9%;公路51 020万吨,增长19.5%;民航2万吨,增长11.1%。全年各种运输方式完成货物周转量1 604.31亿吨公里,比上年增长16.2%。其中,铁路1 280.75亿吨公里,增长15.3%;公路323.35亿吨公里,增长19.8%;民航0.21亿吨公里,增长26.5%。全年各种运输方式完成客运量32 113.8万人,增长10.9%。其中,铁路3 258.8万人,增长0.7%;公路28 604万人,增长12.1%;民航251万人,增长20.4%。全年各种运输方式完成旅客周转量323.12亿人公里,比上年增长12.9%。其中,铁路113.22亿人公里,增长8.3%;公路178.98亿人公里,增长15.3%;民航30.92亿人公里,增长17.4%。"十五"时期,全区累计完成货运量和客运量277 401万吨和133 872万人,比"九五"时期增长39.3%和30.6%。

邮电通信业保持快速发展。全年邮电业务总量(2000年不变价)276.1亿元,比上年增长18.9%。其中,电信业务总量267.2亿元,增长19.5%;邮政业务总量8.9亿元,增长3.5%。年末局用电话交换机总容量430.2万门,增长2.2%。年末本地网固定电话用户534户,增长6.4%。其中,城市电话用户427万户，增长6.8%；乡村电话用户107万户，增长4.8%。年末移动电话用户704.1万户，增长18.4%。年末全区固定及移动电话用户总数达到1 239.6万户，比上年末增加143.1万户，全区电话普及率（包括固定和移动电话）达到52部/百人，增长14.5%。年末全区计算机互联网用户107.9万户，增长30.9%。

*旅游业加快发展。*全年共接待国内旅游人数2 061.6万人次，比上年增长36.4%；国内旅游收入179.72亿元，增长44.8%。全年共接待入境旅游人数100.16万人次，增长25.2%；全年旅游外汇收入3.52亿美元，增长39.1%。"十五"时期，全区共接待入境旅游者305.44万人次，旅游外汇收入累计达到10.30亿美元；共接待国内旅游者6 627.6万人次，实现旅游收入508.43亿元。

八、金融、证券和保险业

*金融机构存贷款规模显著扩大。*年末全区金融机构各项人民币存款余额3 298.15亿元，比上年末增加649.37亿元，增长28%。其中，企业存款余额844.82亿元，比上年末增加154.69亿元，增长22.4%；储蓄存款余额1 973.6亿元，比上年末增加370.96亿元，增长23.1%。年末全区金融机构各项人民币贷款余额2 588.57亿元，比上年末增加437.84亿元，增长19.2%。其中，短期贷款余额1 126.84亿元，比上年末增加167.22亿元，增长14.7%；中长期贷款余额1 359.96亿元，比上年末增加242.58亿元，增长22.3%；个人消费贷款余额133.50亿元，比上年末减少19.55亿元，下降2.4%。全年金融机构现金收入11 536.67亿元，现金支出11 756.29亿元，分别比上年增长19.2%和19.5%，收支相抵，货币净投放219.63亿元，比上年增长38.6%。

*证券市场发展取得新成效。*全区首只短期融资券"鄂尔多斯短期融资券"上市发行，发行规模10亿元人民币；包头铝业在上海证券交易所成功上市，融资4.9亿元；北方联合电力发行企业债券20亿元。

*保险业稳步发展。*全年保险业实现保费收入60.87亿元，比上年增长10.2%。其中，财产险实现保费收入17.38亿元，增长20.6%；人身险实现保费收入43.49亿元，增长6.6%。全年保险业赔款与给付支出14.18亿元，增长19.9%。其中，财产险赔款7.54亿元，增长12.7%；人身险赔付6.64亿元，增长29.3%。

九、教育和科学技术

*教育改革和发展积极推进。*年末全区共有普通高等学校33所，比上年增加2所；全年招收学生7.09万人，比上年增长1.1%；年末在校学生23.09万人，比上年末增长16.2%，其中，少数民族在校学生6.29万人，在少数民族在校学生中有蒙古族5.23万人，分别增长18.2%和14.7%；全年毕业学生3.95万人，增长27%。年末全区有研究生培养单位8个，全年招收研究生2 965人，比上年增长23.4%；年末在校研究生7 110人，比上年末增长33%，其中，少数民族在校研究生2 366人，在少数民族在校学生中有蒙古族研究生2 130人，分别增长34.4%和32.9%。年末有中等职业学校236所，招收学生8.45万人，比上年增长25%；年末在校学生19.99万人，比上年末增长14.9%，全年毕业学生5.51万人。年末有普通高中359所，全年招收学生19.84万人，比上年增长10.8%；年末在校学生52.35万人，比上年末增长10.5%，其中，少数民族学生14.12万人，少数民族学生中有蒙古族学生12.19万人，分别增长8.5%和9.5%；全年毕业学生13.66万人，增长16.3%。年末有普通初中1 346所，全年招收学生32.77万人，比上年下降6.4%；年末在校学生108.62万人，比上年末下降7.6%，其中，少数民族学生25.6万人，下降7.1%；全年毕业学生37.25万人，比上年增长8.2%。全区初中阶段毛入学率106.94%，普通初中辍学率3.04%。年末有小学5 850所，全年招收学生25.89万人，比上年下降4%；年末在校学生159.64万人，比上年末下降3.7%；全年毕业学生32.78万人，比上年下降6.4%。全年小学适龄儿童入学率99.44%，小学学生辍学率0.22%。

*科技事业取得新成绩。*科学研究与技术开发成果显著，全年共取得重大科技成果260项，其中，基础理论成果17项，应用技术成果234项，软科学成果9项。全年获得奖励科技成果101项，比上年增加17项，其中，荣获国家级奖励科技成果1项，自治区级奖励科技成果100项；全年专利申请1 455项，授权专利845项；年内签订各类技术合同1 160项，技术合同成交金额10.99亿元，其中向区外输出技术成交金额0.91亿元。

年末全区拥有产品质量检验机构96个，比上年减少6个，其中国家检测中心3个。

十、文化、卫生和体育

*文化新闻事业稳步发展。*年末全区有艺术事业机构153个，从业人员5 578人；艺术表演团体110个，其中乌兰牧骑59个。年末全区有电影事业机构1 118个，从业人员4 257人；全年制作故事片9部，制作蒙语译制片36部。年末拥有各类电影放映单位1 015个，比上年减少56个。拥有文化馆102座，公共图书馆109座，博物馆31座，档案馆140座，已开放各类档案133万卷。年末全区拥有广播电台13座，中短波广播发射台和转播台57座，广播人口覆盖率92.64%，比上年提高2.26个百分点；拥有电视台14座，一千瓦以上电视发射台和转播台80座，电视人口覆盖率90.15%，比上年提高2.16个百分点；年末全区有线电视用户198.46万户，比上年增长11.7%。自治区和盟市两级全年出版报纸27 182.60万份，其中蒙文版1 397万份；出版各类

杂志1 473.40万册,其中蒙文版125 万册;出版图书5 497.34万册,其中蒙文版793 万册。

卫生工作进一步加强。年末全区共有卫生机构3 774个,比上年增加59 个。其中,医院476 个,增加4 个;农村牧区卫生院1 330个,疾病预防控制机构146 个,妇幼卫生机构116 个。年末全区医疗卫生单位拥有病床6.94万张,比上年增加0.3万张。其中,医院拥有病床5.06万张,乡镇卫生院拥有病床1.31万张,妇幼卫生机构拥有病床0.24万张。年末全区拥有卫生技术人员10.26万人。其中,医院拥有5.41万人,乡镇卫生院拥有1.79万人,疾病预防控制机构拥有0.63万人,妇幼卫生机构拥有0.46万人;执业医师、助理医师5.03万人,注册护士2.71万人。农村牧区卫生事业不断加强,拥有农村牧区村级卫生室1.24万个,拥有乡村医生和卫生员1.70万人。年内开展新型农村合作医疗试点的旗县达到12 个,比上年增加5 个;覆盖农村牧区人口204.75万人,比上年增长99%。

体育事业成绩喜人。年内全区体育健儿在国内外重大竞赛中获奖牌96.5枚。其中,国外获奖牌6 枚,国内获奖牌90.5枚;破亚洲记录1 项,破全国记录1 项,破自治区记录18 项。

十一、环境保护

环境和自然保护工作取得新成绩。全区确定的自然保护区188 个,比上年增加1 个。其中,国家级自然保护区20 个,自治区级自然保护区53 个。自然保护区面积1 424.41万公顷,其中国家级自然保护区面积342 万公顷。全区拥有生态示范区建设试点单位44 个。年末全区环境保护系统拥有职工4 060人,比上年末增长6.1%;年末全区拥有各级环境监测站66 个。已建成环境噪声达标区83 个,环境噪声达标区面积425.4平方公里,分别比上年增长10.7%和30.1%;年内新建成烟尘控制区66 个,新建成烟尘控制区面积619.8平方公里,比上年增长1.9%。全区监测的14 个城市空气质量达到二级标准的5 个,达到三级标准的6 个,未达到三级标准的3 个。

环境和生态治理继续加强。高载能工业园区污染治理工作取得积极成效,乱占土地得到有效遏制,生态环境和城市污染投入进一步加大。全年完成环境污染治理项目993 个,完成环境污染治理项目投资总额7.33亿元,比上年增长8.1%。

十二、人口、人民生活和社会保障

人口保持较低增长。全年出生人口24.04万人,人口出生率10.08‰;死亡人口13.02万人,人口死亡率5.46‰;人口自然增长率4.62‰,比上年上升1.07 个千分点。年末全区总人口2 386.40万人,比上年增加2.05万人,其中蒙古族人口421.12万人。城镇人口1 126.38万人,占全区总人口的比重47.2%;乡村人口1 260.02 万人,占全区总人口的比重52.8%。男性人口1 229.30万人,女性人口1 157.10万人。在总人口中,65 岁及以上老年人口达160.37万人,占全区总人口的比重为6.72%,比上年提高0.21个百分点。

居民生活继续改善。全年城镇居民人均可支配收入9 137元,比上年增加1 014元,增长12.5%,扣除价格因素实际增长10.3%。"十五"时期,全区城镇居民人均可支配收入年均实际增长10.5%,高于"九五"时期0.8个百分点。城镇居民人均消费性支出6 929元,增长11.4%。城镇居民家庭恩格尔系数(居民家庭食品消费支出占家庭消费总支出的比重)为31.4%,比2000 年降低3.1个百分点。全年农牧民人均纯收入2 989元,比上年增加383 元,增长14.7%,扣除价格因素实际增长10.5%。"十五"时期,全区农牧民人均纯收入年均实际增长5.1%,低于"九五"时期3.2个百分点。农牧民人均生活消费支出2 446元,增长17.5%。农村牧区居民家庭恩格尔系数为43%,比2000 年降低1.8个百分点。城乡居民每百户主要耐用品拥有量有不同程度增长。

社会保障事业进一步加强。年末全区参加基本养老保险职工252.60万人,比上年增长6.7%;参加失业保险职工222.30万人,领取失业保险金人数为10.27万人;全年参加基本养老保险的离退休人员86.10万人,比上年增长5%;全年有206.02万职工和85.98万离退休人员参加了基本医疗保险;全年共有75.63万居民得到国家最低生活保障救济。

社会福利事业不断发展。年末全区各类社会福利院床位2.48万张,比上年增长13.2%,收养1.75万人,比上年增长14.4%;年末全区城镇建立起各种社会服务设施7 495个,比上年增长0.4%。其中建起社区服务中心645 个。全年筹集社会福利资金19 297.59万元,销售社会福利彩票55 135.96万元,接受社会捐赠2 875.80万元,分别比上年增长1.96倍、1.36倍和1.5倍。

注:本公报为初步统计数,生产总值及分产业增加值绝对数按现价计算,增长速度按可比价格计算。

关于2005年预算执行情况和2006年预算草案的报告

——2006年1月15日在内蒙古自治区第十届人民代表大会第四次会议上

自治区财政厅

各位代表：

受自治区人民政府委托，现将2005年预算执行情况和2006年预算草案的报告提请本次人民代表大会审议，并请自治区政协各位委员提出意见。

一、2005年全区预算执行情况

过去的一年，各地区、各部门在自治区党委、政府的正确领导下，认真落实科学发展观，抓住机遇，加快发展，我区改革开放和现代化建设取得显著成就，十届人大三次会议批准的预算圆满完成。

根据12月31日汇总的国库数据，全区地方财政收入入库335亿元，完成年度预算的120.7%，比上年增加94.6亿元，增长39.3%。其中：一般预算收入277.4亿元，完成预算的123.3%，比上年增加78.5亿元，增长39.4%；基金预算收入57.6亿元（不含社会保障基金收入，下同），完成预算的109.8%，比上年增加16.1亿元，增长38.8%。上划中央税收收入入库201.2亿元，比上年增加68.2亿元，增长51.3%。汇总地方财政收入和上划中央税收收入，全区财政总收入536.2亿元，同口径比上年增加162.8亿元，增长43.6%。2005年全区财政总支出734.7亿元，完成全年预算的88.1%，同口径比上年增加131.9亿元，增长21.9%。其中：一般预算支出681.6亿元，完成全年预算的88.8%，比上年增加117.5亿元，增长20.8%；基金预算支出53.1亿元，完成预算的80.2%，比上年增加14.4亿元，增长37.3%。全区财政收支增加额再次双双突破100亿元。

2005年自治区本级财政总收入入库63.2亿元，比上年增加16.8亿元，增长36.1%。其中：一般预算收入37.3亿元，比上年增加10.7亿元，增长40.1%。自治区本级财政总支出157.9亿元，比上年增加31.7亿元，增长25.1%。其中：一般预算支出139.7亿元，比上年增加26.9亿元，增长23.9%。

与2005年年初预算相比，全区地方一般预算收入超收52.4亿元，其中自治区本级超收14亿元，主要是探矿权、采矿权使用费收入超收7亿元，已继续用于矿产资源勘查和矿山环境整治，其他超收收入主要用于消化历史欠账、教育、文化、广播、增加对盟市的转移支付等方面。盟市、旗县超收收入的使用情况，需要在2005年决算编成后，向同级人大常委会报告。去年中央财政对我区转移支付和税收返还247.9亿元，各类专项拨款163.6亿元，中央补助收入合计411.5亿元，剔除不可比因素后，同口径比上年增加59.2亿元。其中：中央财政财力性补助增加37.5亿元，专项拨款增加21.7亿元。

2005年全区预算执行工作的主要特点是：

（一）财政收入增长迅速，税收收入占财政收入的比重提高。经济发展是财政增收的基础。去年我区国民经济继续保持持续快速健康发展的良好态势，生产总值、工业增加值和固定资产投资高速增长，企业销售收入和实现利润大幅度增加，经济效益进一步提高，从而带动了增值税、营业税、所得税等主体税种继续快速增长。增值税完成193.8亿元，比上年增加62.2亿元，增长47.3%；营业税完成78.3亿元，比上年增加23.2亿元，增长42.3%；企业所得税和个人所得税完成73.5亿元，比上年增加33.4亿元，增长83.1%。以上四个主体税种增加额118.8亿元，占财政收入增加额的73%。城市维护建设税、资源税、耕地占用税等地方税都保持了较高的增长速度。税收收入占财政总收入的比重由上年的74.8%提高到76.2%，提高了1.4个百分点。国有资产经营收益、行政性收费、罚没收入、专营收入等非税收入共计完成128.1亿元，同口径比上年增加33.8亿元，增长35.8%，占财政收入增加额的20.8%。

分地区看，各地区财政收入普遍呈现出快速增长的趋势，特别是县域经济发展较快，财政收入超亿元的旗县（区）达到79个，比上年增加16个，其中有11个旗县（区）财政收入突破10亿元，2个旗区财政收入突破28亿元。

（二）发挥财政宏观调控作用，促进自治区经济快速发展。认真贯彻自治区党委、政府关于促进经济发展的一系列方针政策,进一步调整财政投资结构,完善财政投资方式,吸引和凝聚社会投资,改善经济发展环境,解决经济领域中的一些突出问题。预算内基本建设支出110.2亿元,比上年增加34.3亿元,增长45.1%;企业技术改造支出29.5亿元,比上年增加9.3亿元,增长45.9%;城市建设支出38.9亿元,比上年增加13.5亿元,增长52.9%。自治区筹集资金9.5亿元,比上年增加6亿多元,支持了重点矿产资源的勘探开发。利用国际金融组织和外国政府贷款2.3亿美元,重点支持了海拉尔—满洲里公路建设和包头市大气环境治理等项目。安排资金4 000万元,支持工业园区建设。筹集中小企业贷款担保、外贸发展、口岸建设、旅游发展等专项资金2亿多元,支持中小企业和服务业发展。安排资金2亿元,支持国有企业分离办社会职能。争取中央财政资源枯竭企业关闭破产补助资金8 000万元,妥善安置关闭破产企业的职工。

(三)支持“三农三牧”的力度不断加大,惠农政策得到落实。坚持“多予、少取、放活”,全方位解决“三农三牧”问题。全面推行农村牧区税费改革,全部免征了涉农涉牧三税,自治区为此安排转移支付补助资金28.5亿元,比上年增加5.7亿元。为支持农村牧区综合改革,自治区对撤乡并镇给予奖励,已下达补助资金2亿多元。去年我区有30个旗县纳入国家产粮大县奖励范围,获得奖励资金2.6亿元。实行“三补贴”政策,对种粮农民直接补贴、良种补贴以及农机补贴6.2亿元,已全部兑付到位。继续实施退耕还林还草、禁牧舍饲、天然林保护工程等,中央和自治区财政共投入55.1亿元,其中对农牧民的粮食和现金补助及公益林补偿资金27亿元,增加了农牧民的收入。农业综合开发和财政扶贫投入12.6亿元,改善了农牧民的生产和生活条件,促进了农业综合生产能力提高和农牧业产业化进程。筹集财政资金4 300万元,支持农村牧区新型合作医疗试点工作,试点旗县由上年的7个扩大到12个,162万农牧民参加了合作医疗。启动农村牧区计划生育家庭奖励扶助制度,近万名符合条件的农牧民每人每年可领到600元的奖励扶助金。

(四)完善社会保障体系,社会困难群体的基本生活得到较好保障。继续完善城镇职工基本养老金制度和城市居民最低生活保障制度,完善失业保险制度,落实支持就业再就业财税政策,各级政府征集社会保险费83亿元,比上年增加15亿元,增长22%;社会保障和抚恤救济支出47.2亿元,同口径比上年增加6.7亿元,增长15.7%。其中:城市居民最低生活保障支出6.7亿元,比上年增加1.3亿元,增长23%,低保人员年平均财政补差比上年增加120元。自治区筹集就业和再就业补助资金5.2亿元,全年发放国有企业下岗职工小额担保贷款1.7亿元,新增就业和再就业人数24.8万人,同比增加3.5万人。完善城乡社会救助体系,落实农村牧区五保供养政策,确保供养资金及时足额发放;筹集资金3 000万元,开展了农村牧区和城镇医疗救助试点。积极落实各项优抚政策,提高了部分优抚对象的抚恤和生活补助标准,全区38万优抚对象按规定标准领取到了各项补助。筹集资金3.8亿元,用于农村牧区救灾、疫病防治和灾后重建。

(五)大力支持教育、公共卫生等社会事业发展,加强政权建设。教育事业费支出78.7亿元,比上年增加12.5亿元,增长19%。重点实施了教育布局调整、二期义教、危房改造、“两基”攻坚、现代远程教育等工程,改善了农村牧区的办学条件。去年国家西部地区“两基”攻坚现场会在我区召开,与会代表对我区的农村牧区寄宿制学校建设给予了肯定。扩大“两免一补”政策的实施范围,由2004年的75个旗县扩大到去年的81个旗县;自治区财政安排资金,在全国率先对城镇低保家庭的义务教育阶段学生实施了“两免”政策。实行“两免一补”政策使城乡贫困家庭的169.3万中小学生受益,占我区义务教育阶段在校学生总数的59.7%。自治区财政继续安排1亿元专款,解决2001年以前拖欠的农村牧区中小学教师工资。医疗卫生支出20.8亿元,比上年增加3.3亿元,增长19%,支持完善公共卫生体系建设。文体广播事业支出15.2亿元,比上年增加2.5亿元,增长19.2%,重点支持了公益性文艺团体和文化场馆建设。公检法司支出31.6亿元,比上年增加3亿元,增长10.5%,支持推进政法系统综合信息网络建设,基层派出所、法庭、检察院的办公办案条件和监狱设施进一步改善。

(六)加大转移支付力度,缓解县乡财政困难。按照以奖代补、中央财政奖励与地方工作实绩挂钩的思路,去年中央出台了“三奖一补”政策,解决县乡财政的困难问题。“三奖一补”的主要内容是,对财政困难县乡增加税收收入和省市政府对困难县乡转移支付给予奖励,对县乡政府精简机构和分流人员给予奖励,对产粮大县给予奖励,对以前年度缓解县乡财政困难工作做得好的地区给予补助。中央财政下拨“三奖一补”资金7.1亿元,加上自治区本级财政安排3.6亿元,对纳入奖补范围的旗县实施了奖励和补助。在中央财政的政策框架内,自治区将奖励和补助办法细化充实为“七奖二补”,提高了转移支付资金分配的合理性和公正性。自治区对旗县新增一般性转移支付6.2亿元。安排边境旗市转移支付1.38亿元,比上年增加9 000万元。采取这些政策措施后,旗县财政的困难状况得到缓解。自治区要求县乡建立最低公务费开支保障标准,保证基层政权正常运转。

(七)财政改革进一步深化,新制度的实施范围不断扩大。一是深化部门预算改革。在提早预算编制时间、细化项目预算的基础上,去年自治区政府下发了《关于进一步加强政府预算管理的意见》,对预算编制程序、预算追加权限、财政供给范围等做出了更加明确的规定。二是深化国库集中收付制度改革。到去年底,自治区本级国库集中支付已全面推行,财政直接支付和授权支付96亿元，占本级总支出的60%。盟市本级全部实施了国库集中支付改革，7个盟市将预算外资金纳入了国库集中支付范围。三是深化非税收入收缴制度改革，自治区本级40个部门的630多个执收单位纳入改革范围，全区缴入国库和财政专户的非税收入达200亿元。四是深化政府采购制度改革。采购规模进一步扩大，采购行为进一步规范。执行政府采购预算49.9亿元，实际采购规模45亿元，比上年增长36.4%，节约资金4.9亿元，资金节约率9.8%。五是加快"金财工程"建设。全区"金财工程"网络系统建设任务完成50%以上。六是支持事业单位改革。本级选择教育、卫生、文化、地勘等9个事业单位作为试点，以改革财政补助方式为突破口，推进事业单位机构改革，积累了一些经验。七是完成了清理行政事业单位津贴补贴工作，为改革公务员工资制度，规范公务员收入分配秩序奠定了基础。八是按照国务院的要求，自治区政府决定调整完善自治区与盟市的财政管理体制，已完成了各项准备工作，从今年起实施。

（八）推进依法理财工作，财政和财务管理日益规范化和法制化。重点加强了财政专项资金管理。继续推行项目库制、投资评审制和社会公示制等管理办法。自治区政府组织召开了加强财政专项资金管理的工作会议，并下发了《关于加强财政专项资金管理的若干规定》。据此，自治区财政还制定下发了《自治区本级财政专项资金报账制管理办法》、《自治区本级重大财政专项资金项目听证规定》等配套制度，对专项资金实行"直通车"、报账制等管理办法，提高了专项资金分配、使用的科学性和透明度。与此同时，进一步加强了财政监督检查工作。组织各级财政部门开展了会计信息质量检查、会计师事务所执业质量检查、增值税核查、天然林保护工程专项资金检查、政府采购专项检查、生态建设资金专项检查、非税收入专项检查、专项资金管理督查等一系列的监督检查工作，对查出的违规违纪行为进行了纠正。深入贯彻落实《财政违法行为处罚处分条例》，组织开展了《条例》的培训、学习、宣传活动。经自治区人大常委会批准出台了《内蒙古自治区会计条例》，对进一步规范会计管理工作意义重大。

从总体上看，2005年预算执行情况是好的，但仍有一些问题需要继续着力解决。地区间财力不平衡，部分旗县财源薄弱，财政供养人员增长过快，财政收支矛盾依然突出；财政支出的范围过宽，资金使用分散，效益有待提高；一些部门和单位预算意识不强，花钱大手大脚，铺张浪费严重；政府债务管理偏松，各种债务风险有可能转化为财政风险，等等。这些问题需要通过深化改革、完善制度、加强管理，逐步加以解决。

2005年是"十五"时期的最后一年。五年来，自治区财政收支规模持续做大，公共财政的保障能力显著提高，对"三农三牧"、教育、社会保障、公共卫生、生态建设等经济社会发展的薄弱环节的支持力度明显加大，集中办了许多大事。"十五"期间，我区财政收入连续迈上新台阶。全区财政总收入由2000年的156亿元增加到2005年的536亿元，年均递增28%。在中央财政的大力支持下，财政支出规模持续扩大。全区财政总支出由2000年的261亿元增加到2005年的735亿元，年均递增23%。五年间，预算内基本建设支出累计369.9亿元，城市建设支出累计108.3亿元，企业技术改造支出累计84.1亿元，生态建设资金累计232.3亿元。落实科学发展观，统筹城乡发展，加强社会发展的薄弱环节。免征了涉农涉牧三税，自治区为此安排转移支付补助资金累计85.2亿元；对种粮农民直接补贴、良种补贴及农机补贴累计15.5亿元，退耕禁牧对农牧民的粮食和现金补助累计77亿元；教育支出累计287.3亿元，社会保障和抚恤救济支出累计186.9亿元，公共卫生支出累计137.2亿元。这一时期公共财政的职能作用得到较好发挥，促进了各项经济社会事业发展和人民生活水平的提高。

二、2006年预算草案

2006年是落实"十一五"规划的开局之年，安排并落实好今年的预算，具有继往开来的重大意义。根据自治区党委、政府对今年经济工作的总体部署，2006年全区财政收支预算安排的指导思想是：以邓小平理论和"三个代表"重要思想为指导，认真贯彻自治区党委七届十次、十一次全委会以及全区经济工作会议精神，以科学发展观为统领，狠抓增收节支，依法加强税收和非税收入征管，进一步提高财政收入质量，不断壮大财政实力；着力调整和优化财政支出结构，保障人员经费、"三农三牧"、义务教育、社会保障、就业、科技、公共卫生、生态和环境保护等重点支出需要；深化公共财政改革，健全和完善公共财政体制，进一步提高财政资金使用的规范性、安全性和有效性；支持农村牧区综合改革、国有企业和事业单位体制改革，推动经济增长方式转变，提高企业自主创新能力，促进经济社会全面发展。

2006年，全区财政总收入安排643亿元，比上年实际完成数增长20%。全区财政总收入的增速比当年经济预期增长率高5个百分点。全区地方财政总支出安排640亿元，加上上年结转和预算执行中中央补助的专款，2006年最终执行结果预计达到850亿元左右，比上年实际支出增长15%以上。

财政总收入按增长20%安排，主要考虑了以下几个因素：一是继续保持财政收入的适度增长，进一步提高财政收入占国内生产总值和税收收入占财政总收入的比重。二是继续落实好支持国有企业、第三产业和个体私营经济发展的各项税费减免政策。三是继续清理先征后返的税收优惠政策，凡是符合国家产业政策和西部大开发政策的，按规定应直接减免。四是充分考虑政策性减收因素，包括调整个人所得税起征点、内外资企业所得税“两法”合并、完善就业再就业税收优惠政策等。五是继续控制非税收入占财政收入的比重。今年全区地方财政支出的安排,要突出公共财政的保障功能,保证行政事业单位的基本公共支出,重点保证教育、社会保障、科技、文化、卫生等支出,积极支持社会主义新农村、新牧区建设,推动自治区新型工业化、城镇化、农牧业产业化发展。根据《预算法》的规定,各级预算由同级人民政府编制,报同级人民代表大会审查批准。

下面,重点报告自治区本级预算的安排情况:

从2006年起,调整自治区与盟市的财政管理体制,即重新划分自治区与盟市的财政收入范围。根据自治区政府的规定,将适合盟市征管的税收收入下放盟市管理;将增值税25%部分、企业所得税和个人所得税40%部分、营业税、资源税实行自治区与盟市按2:8比例分享。在保证盟市既得利益的前提下,自治区从税收增量中集中一部分收入,主要用于增加对困难盟市、旗县的转移支付以及属于全区性的重点公共支出事项。通过财政体制调整,今年自治区本级预计增加一般预算收入36.2亿元,按规定返还盟市及增加对财政困难地区转移支付补助32.5亿元,自治区本级实际增加财力3.7亿元。

根据调整后的财政管理体制,自治区本级地方财政收入安排83.8亿元,同口径比上年实际完成数增加13.7亿元,增长19.5%。其中:一般预算收入安排56.7亿元,同口径比上年完成数增加6亿元,增长12%;基金收入安排27.1亿元,比上年增加7.6亿元,增长39%。2006年本级地方财政支出安排117.1亿元,比上年年初预算增加13.7亿元,增长13.9%。其中:一般预算支出安排90亿元,同口径比上年年初预算增加10.2亿元,增长12.8%;基金预算支出相应安排27.1亿元。

根据调整后的财政体制,自治区本级一般预算支出的主要资金来源是:①一般预算收入56.7亿元,剔除返还和补助盟市32.5亿元后,本级可使用24.2亿元,增加3.7亿元。②中央各类补助收入51.2亿元,增加5.1亿元,其中:中央原体制补助3.9亿元;中央税收返还18.8亿元,增加3亿元;中央一般性转移支付收入17.2亿元,增加2.3亿元;中央民族地区转移支付1亿元;工资性转移支付6.8亿元;各项结算收入3.5亿元,减少0.2亿元。③原体制上解和专项上解收入14.6亿元,增加1.4亿元。

根据自治区本级财力规模,按一般预算支出的性质和特点划分,基本支出预算安排45.6亿元,占一般预算支出的50.7%,其中工资性支出和对家庭及各类人员的补助性支出33.7亿元,公用经费支出11.9亿元;专项支出预算安排43亿元,占一般预算支出的47.7%;自治区政府总预备费安排1.4亿元,占一般预算支出的1.6%。

按一般预算支出的功能划分,主要安排情况是:

—按照建设社会主义新农村、新牧区的要求,安排支持“三农三牧”支出6.6亿元,增加0.8亿元,增长13%,符合《农业法》规定的法定增长要求。其中,农牧林水发展专项资金5.6亿元,增加0.6亿元,重点用于落实对农民的农机具购置和良种补贴政策、农牧业产业化发展、农村牧区牲畜疫病防治、农业综合开发、“村村通”(电话)奖励以及支持农村牧区劳动力转移培训等方面。

—落实农村牧区义务教育经费保障机制改革政策,支持职业技术教育发展,推动高校管理体制改革。安排教育事业费支出9.9亿元,比上年增加1.2亿元,增长14.2%,符合《教育法》规定的法定增长要求。其中,专项资金安排3亿元,主要用于落实农村牧区义务教育经费保障机制改革自治区本级分担1.3亿元,城市低保家庭义务教育阶段中小学生免教科书、学杂费补助3 000万元,“两基攻坚”、危房改造、现代远程教育工程自治区本级配套6 500万元,职业教育实训基地建设1 000万元,高校助学贷款贴息和建立贷款风险基金1 250万元。从今年起,对自治区直属高校推行“生均综合定额加专款”的财政补助方式,支持高校办学体制改革。

—优化科技投入结构,提高科技自主创新能力。安排科技三项费用和科学事业费支出2亿元,比上年增加0.2亿元,增长13.6%,符合《科技进步法》规定的法定增长要求。其中,专项资金1.5亿元,用于新增科技自主创新2 000万元,其他部分重点用于科技成果转化、高新技术产业风险投资基金、科学知识普及和蒙医蒙药研究开发。

—做好就业和社会保障工作,加强城乡社会救助体系建设,启动农村牧区贫困人口最低生活费保障制度。安排社会保障补助和抚恤福利救济支出3.2亿元,比上年增加0.4亿元。其中,专项资金3.1亿元,用于新增农村牧区最低生活保障金3 000万元,农牧民医疗救助和贫困大学生补助650万元,其他部分重点用于城镇居民最低生活补助、农垦企业职工养老保险配套、养老保险调标补助、劳动力市场和再就业基地建设及奖励补助、困难企业军转干部生活费补助、下岗职工再就业小额贷款担保、敬老院建设贴息补助等方面。

—支持公共卫生体系建设,扩大新型农村牧区合作医疗试点范围。安排公共卫生支出4.2亿元,增加1亿元。其中,专项资金1.8亿元,重点用于扩大新型农村牧区合作医疗试点范围,对农牧民的医疗补助7 000万元,增加6 200万元;其他部分主要用于公共卫生设施配套、农村牧区基层卫生组织建设、艾滋病防治和计划免疫补助。

—支持文体广播事业发展,落实农村牧区计划生育家庭奖励扶助制度。安排文化、体育、广播电视和计划生育事业费支出2.9亿元,同口径比上年增加1 400万元,其中,专项资金1.4亿元,主要用于民族文化建设、全区体育重点赛事补助、落实计划生育奖励扶助配套和农村牧区生"双女"家庭奖励补助。

—公检法司和地方负担的国防建设补助经费安排9.8亿元，比上年增加1.5亿元。其中各类专项资金2.7亿元，重点用于公检法司基层单位改善办案和装备条件，支持政法机关开展各种专项斗争和信息网络建设，维护社会安全和稳定。

—管理费及行政事业单位离退休支出11.5亿元，比上年增加2.4亿元。

—方预算内基本建设支出5.4亿元，同口径比上年增加0.4亿元，增加部分主要用于乡村道路建设和改善边境、少数民族地区基础设施建设。

—持第二、三产业发展专项支出6.3亿元，增加1.2亿元，主要用于落实包钢、集通铁路等企业优惠政策，以及支持中小企业发展、民贸企业贴息、服务业和外贸发展。

—项政策性补贴6.1亿元。其中，用于对种粮农民的直接补贴3.6亿元，加上中央补助，共计安排直补资金5.7亿元。

—市建设支出1.5亿元。

—援不发达地区支出0.5亿元。

三、深化改革，扎实工作，确保完成2006年财政预算

（一）依法加强收入征管，继续提高税收收入占财政收入的比重。进一步加大整顿和规范税收秩序的力度，清理和规范各地擅自出台的减税、免税、先征后返等税收优惠政策，对不符合优惠条件或优惠到期的，要恢复征税。认真贯彻落实国家和自治区支持经济发展的各项优惠政策，鼓励企业做大做强，扶持民营经济加快发展。继续研究税收征管政策，控制税收收入向区外转移。推进非税收入收缴管理制度改革，加强非税收入管理。对重点非税收入推行收支脱钩的预算管理办法，研究制定非税收入按照净收入缴入国库的政策。完善土地出让金管理办法，将国有土地出让金按扣除补偿性支出后的净收益缴入金库，防止虚增收入。继续加强探矿权、采矿权使用费及价款收入管理。

（二）加大财政投入力度，支持社会主义新农村和新牧区建设。各级财政新增教育、卫生、文化等公共支出主要用于农村牧区，各类专项支出要重点向农村牧区倾斜。继续落实对农牧民的"三补贴"政策。粮食直补资金今年要提高到粮食风险基金的50%以上。扩大农机具购置补贴范围，调整补贴重点。积极推进农村牧区综合改革试点，加大转移支付力度，支持乡镇机构改革，转变乡镇职能、精干乡镇机构、精简编制和人员，提高基层政权的行政能力。加强水利基础设施和生态建设，推进农牧业产业化，支持农业综合生产能力建设。加大对农牧民职业技能培训的支持力度，促进农牧民向非农产业转移。加强农牧区路、水、电、通信、广播电视等公益设施建设，全面促进农村牧区社会事业发展。按照自治区的统一安排，农村牧区新型合作医疗改革试点旗县扩大到39个，中央和地方财政补助标准分别提高到20元。实施计划生育"少生快富"工程和农牧区部分计划生育家庭奖励扶助制度。

（三）改革农村牧区义务教育经费保障机制。为强化政府对农村牧区义务教育的保障责任，普及和巩固九年义务教育，中央决定深化农村牧区义务教育经费保障机制改革。改革的基本原则是："明确各级责任、中央地方共担、加大财政投入、提高保障水平、分步组织实施"，逐步将农村牧区义务教育全面纳入公共财政保障范围，建立中央和地方分项目、按比例分担的农村牧区义务教育经费保障机制。改革的基本内容和中央与地方的分担比例是：对农村牧区义务教育阶段学生全部免收学杂费，所需资金由中央与西部省份按8：2的比例分担；对贫困家庭学生免费提供教科书，所需资金仍由中央财政承担；补助寄宿生生活费，所需资金仍由地方承担；提高农村牧区中小学公用经费保障水平，先制订本省区的农村牧区中小学预算内生均公用经费拨款标准，所需资金由中央与西部省份按8：2的比例分担；建立农村牧区中小学校舍维修改造的长效机制，分省区测定每年校舍维修改造所需资金，由中央和地方按5：5的比例分担；巩固和完善现行教师工资保障机制，中央继续对中西部地区教师工资经费给予支持。根据国家规定应由地方负担的上述经费，自治区本级财政将承担主要部分。

农村牧区义务教育经费保障机制改革是一项重大举措，各地区和相关部门必须高度重视，做到思想认识到位，协调配合到位，责任落实到位，经费管理到位，监督检查到位。各地区要根据自治区确定的分担比例，将义务教育经费足额编入预算，保证落实。同时要加强农牧区中小学财务管理，确保资金分配使用的及时、规范、安全和有效。各级财政部门在安排农村牧区义务教育经费时要做到公开透明，把各级的分担责任与经费投入情况向同级人民代表大会报告，并向社会公布，接受社会监督。

（四）做好社会保障工作，促进和谐社会建设。中央在完善社会保障体系方面将有新的举措，各有关部门要认真研究，做好相关工作。就业是民生之本，要把扩大就业摆在更加突出的位置，在重点解决好体制转轨遗留问题的同时，努力做好城镇新增劳动力和农村牧区富余劳动力的转移就业工作，探索建立市场经济条件下促进就业的长效机制。确保企业离退休人员养老金按时足额发放，认真做好做实个人账户的分析测算工作，为逐步做实个人账户创造条件。扩大基本养老保险覆盖范围，改革发放办法，合理确定养老金水平。进一步完善覆盖城乡的社会救助体系，完善城市居民最低生活保障制度，做到动态管理，分类施保，应保尽保；自治区要在全区范围内启动农村牧区最低生活保障制度，与扶贫工作结合起来，重点解决40万特困农牧民的生活保障问题。继续实施城乡医疗救助试点。做好优抚安置和军转干部解困工作，切实解决受灾群众的生产、生活困难问题。

(五)支持自主创新和循环经济发展,推动新型工业化和城镇化进程。充分利用预算内基本建设资金、工业重点专项资金、工业园区建设资金和城市建设资金,找准财政支持经济的着力点,发挥财政资金“四两拨千斤”的作用,引导和聚集社会资金,改善基础设施和发展环境,促进新型工业化和城镇化建设,持续做大经济规模。继续发挥我区的后发优势,支持引进大项目及先进的装备和技术。各级财政要加大科技投入,集中资金支持鼓励自主创新,运用政府采购的扶持功能,支持国内、区内具有自主知识产权的重要高新技术装备及产品。认真贯彻中央和自治区支持循环经济的各项政策,加强资源节约和综合利用,支持推行清洁生产,发展环保产业。继续抓好退耕还林、退牧还草、津京风沙源治理等生态建设重点工程。继续推进企业分离办社会职能和资源枯竭矿山企业关闭破产工作,帮助企业增强自我发展能力。

(六)调整完善财政体制,理顺上下级财政关系。在自治区调整完善与盟市的财政体制后,各地区和有关部门要做好相关工作,确保新体制顺利运行。盟市也要调整完善所属旗县的财政管理体制,进一步理顺盟市与旗县的收入分配关系,增强县乡政府的公共保障能力。自治区将结合中央对地方的转移支付政策,进一步研究完善对盟市、旗县的财政转移支付制度,健全激励与约束并重的分配机制,促进各地区公共服务均等化。要适当清理、收缩自治区本级专项拨款的范围,逐步提高一般性转移支付的比重,增强盟市、旗县政府当家理财的积极性。继续落实“三奖一补”政策,完善自治区的“七奖二补”政策,提高基层财政的保障水平。

(七)深化预算管理制度改革,提高财政资金管理的规范性、安全性和有效性。认真落实自治区人民政府关于加强预算管理的有关规定,继续深化部门预算改革。进一步细化预算编制,提高预算的透明度。进一步规范预算管理,强化预算约束,严格控制无预算支出和随意追加预算的行为。全面推行“乡财县管”和“村财民理乡代管”的管理体制。继续扩大国库集中支付改革的实施范围,有条件的旗县都要启动这项改革。继续推进政府采购工作,完善制度,建立健全内外部的监督约束机制;扩大政府采购范围和规模,进一步提高政府采购资金占财政总支出的比重。加强非税收入收缴管理工作,根据中央和自治区人民政府的要求,拓展收缴范围;对缴入国库的收入推行收支两条线的管理办法,清理整顿非税收入票据,将票据管理权集中于财政部门,建立票据印刷、领购、稽查和核销制度。加快非税收入管理信息系统建设,建立非税收入统计报告制度。继续推进“金财工程”建设,完善应用系统。加强行政事业单位国有资产管理,制定出台有关办法,逐步建立资产管理信息系统。同时,继续推进事业单位财政补助方式改革。

(八)加强财政管理和监督,推进依法理财、民主理财。进一步贯彻落实自治区人民政府关于加强财政专项资金管理的规定,扩大实行投资评审、报账制、公示制的资金范围,完善“直通车”资金调度办法。逐步建立财政专项资金绩效评价制度,抓紧研究制定自治区财政专项资金绩效评价管理办法,并选择部分资金,制定相关考核指标体系,开展财政专项资金的分配、使用和效益评价工作,将评价结果与下年度预算安排挂钩。贯彻落实《财政违法行为处罚处分条例》,进一步加强财政监督,突出监督检查重点,逐步实现对财政资金运行事前、事中、事后的全过程监控。加强政府债务管理,抓紧研究制定自治区政府债务管理办法,对政府举债项目进行效益评估,从严控制各级政府担保承诺的举债行为。适度增加偿债准备金规模,建立政府债务风险预警机制。宣传贯彻《内蒙古自治区会计条例》,加强对会计、评估中介机构的管理。要严格行政经费管理,合理控制行政运行成本。进一步加强会议费、交通费、接待费、出国经费和表彰奖励经费管理,坚持量入为出,勤俭节约,坚决制止花钱大手大脚、铺张浪费的行为。

各位代表,完成2006年预算和财政工作,任务十分繁重。我们要在自治区党委、政府的正确领导下,按照自治区十届人大四次会议对经济财政工作提出的各项要求,认真听取人民政协的意见和建议,锐意创新,开拓进取,全面落实科学发展观,努力开创自治区财政工作的新局面,为构建和谐内蒙古做出新的贡献。

关于内蒙古自治区2005年国民经济和社会发展计划执行情况与2006年国民经济和社会发展计划草案的报告

——2006年1月15日在内蒙古自治区第十届人民代表大会第四次会议上

自治区发展和改革委员会

一、2005年国民经济和社会发展计划执行情况

过去的一年,在自治区党委的正确领导下,全区各地坚持以邓小平理论和“三个代表”重要思想为指导,全面树立和落实科学发展观,继续巩固和发展宏观调控成果,产业结构不断优化,改革开放继续深入,各项社会事业全面发展,超额完成了自治区十届人大三次会议确定的各项预期目标。初步核算全年实现生产总值3 822.8亿元,同比增长21.6%。其中,第一产业增加值600.1亿元,增长12.7%;第二产业增加值1 685.1亿元,增长29%;第三产业增加值1 537.6亿元,增长17.9%。

(一)产业结构进一步优化。农牧业综合生产能力得到加强,特色优势产业增长势头强劲,服务业发展呈现良好态势,产业结构调整取得积极进展。

农牧业生产创历史最好水平。粮食生产获得丰收,全年粮食播种面积达到6 560万亩,粮食总产量达到332.4亿斤,增产31.3亿斤。畜牧业发展迈上新台阶,牧业年度牲畜存栏首次突破1亿头(只),达到10 615.3万头(只),比上年同期增加1 340.9万头(只)。其中奶牛存栏251.8万头,增加70.2万头。农区牲畜存栏超过7 200万头(只),占全区牲畜总数的68%。畜牧业占农业总产值比重达到47.6%。畜产品产量稳定增长,全年肉类总产量247.5万吨,同比增长22.5%;牛奶727万吨,增长46%;山羊绒6 395吨,增长7.4%;绵羊毛9.5万吨,增长10.8%。农牧业产业化稳步推进,全区销售收入过亿元的龙头企业达到114户,伊利新工业园区、蒙牛五期技改、草原伊盛100万只肉羊加工、通辽万顺达玉米淀粉一期等项目建成投产,全区鲜奶年加工能力达到660万吨,肉类加工能力150万吨。农村牧区基础设施条件进一步改善,全年新增通公路行政村(嘎查)538个,通电话行政村(嘎查)3 556个,解决了2 000多户农牧民的通电问题和59万人口的饮水困难问题。

特色优势产业持续增长。煤炭电力优势得到进一步发挥,新开工建设了霍林河一号露天扩建、伊敏一号露天扩建等10个大型煤炭项目,伊敏电厂二期等一批火电项目,以及辉腾锡勒一期100兆瓦特许权项目、突泉牤牛海风电一期等大型风电项目。全年煤炭在建规模达到6 860万吨,煤炭产量达到2.6亿吨,增长22.4%;新开工火电装机500万千瓦,风电装机100万千瓦,建成投产了岱海电厂、托克托电厂三期等西电东送项目和海勃湾电厂三期、棋盘井电厂等区内用电项目,新增电力装机容量630万千瓦,全年发电量达到1 069.3亿千瓦小时,增长31.3%,其中外送华北、东北电网电量387亿千瓦小时,增长21.2%。冶金工业技术升级步伐加快,包钢集团冷轧薄板项目、包铝集团扩能改造项目建成投产,全年钢产量804.6万吨,增长28.5%;铝产量51.4万吨,增长28.8%。化学工业发展势头强劲,全年在建甲醇等煤化工深加工系列产品规模达到1 000万吨。高技术产业化示范项目步伐加快,开工建设了乳杆菌活菌胶囊、生物酶解技术制备高档明胶等一批高技术项目。循环经济开始起步,包钢、包铝、乌兰水泥等3家企业和蒙西工业园区列入国家第一批循环经济试点范围,乌兰水泥余热发电及中水回用、蒙西集团利用煤矸石制备超细高白煅烧高龄土、和发稀土高龄土基催化剂产业化示范、元宝山露天煤矿疏干水利用等4个资源综合利用项目列入国债投资计划。全年实现工业增加值1 390.9亿元,增长30.3%。

服务业发展进一步加快。商业零售繁荣活跃,城乡居民消费需求增长加快,全年社会消费品零售总额1 344.1亿元,增长

15.8%。交通运输、旅游业快速发展，全年货物发送量达到7.9亿吨，增长20.8%；旅客发送量3.15亿人，增长11.9%。实现旅游收入208.1亿元，增长43.5%。呼和浩特—法兰克福国际集装箱列车自去年3月份开通后已累计发送货物1.4万吨。金融保险业务规模稳步扩大，12月末全区金融机构人民币存款余额3 298.2亿元，同比增长28%；贷款余额2 588.6亿元，增长19.1%；引进了大地财产、太平洋保险、中华联合财保等三家保险公司，实现保费收入60.9亿元，增长10.2%。证券市场发展取得新成效，包头铝业在上海证交所成功上市，融资4.9亿元，北方联合电力、鄂尔多斯羊绒集团分别发行企业债券20亿元和短期债券10亿元。信息服务业稳步增长，全区固定电话用户达到547万户，移动电话用户712万户，实现邮电业务总收入100.9亿元，增长24.5%。

（二）财政收入和城乡居民收入进一步提高。在经济快速增长的同时，经济效益进一步提高，各项税收完成情况较好，人民生活水平不断改善。

财政收入大幅增长。全年实现财政总收入536.3亿元，比上年增加162.8亿元，增长43.6%。其中，地方财政一般预算收入277.4亿元，增加78.5亿元，增长39.4%。增值税、营业税和企业所得税等主要税种完成情况较好，累计增收49.4亿元，占财政一般预算收入增加额的63%；个人所得税、资源税、城市维护建设税、耕地占用税和专项收入大幅增长，累计增收25.1亿元，占财政一般预算收入增加额的32%。

城乡居民收入稳步提高。全年城镇居民人均可支配收入9 137元，比上年增加1 014元，增长12.5%。其中，工资性收入6 669元，增长13%，占收入总额的比重达到73%；转移性收入1 877元，增长8%，占20.5%。农牧民人均纯收入2 989元，增加383元，增长14.7%。其中，出售农畜产品收入2 122元，增长9.6%，占收入总额的比重达到71%；工资性收入503元，增长27%，占16.8%；转移性收入188元，增长59%，占6.3%。

（三）改革开放步伐进一步加快。认真贯彻落实国家的各项改革措施，吸收借鉴各地的经验做法，不断深化改革，进一步扩大开放，改革开放取得了积极进展。

各项改革稳步推进。国有企业重组和股份制改造步伐加快，天野化工集团股权转让、内蒙古信托公司增资扩股、森工集团根河板业股份制改造、集通公司重组工作已经完成。主辅分离辅业改制工作取得新进展，试点企业基本完成分离工作。农村税费改革进展顺利，在全区范围内取消了农业税。投资体制改革继续深入，《内蒙古自治区投资体制改革实施意见》及5个地方性配套文件已经出台。事业单位改革开始启动，已在区直9个单位展开试点。乡镇改革力度进一步加大，48个试点旗县共减少乡镇(苏木)319个，撤并幅度达到50.5%。金融改革步伐加快，农村信用社改革试点取得重大进展，已组建完成自治区农村信用联社。

对外开放取得积极进展。一是“走出去”战略实现较大突破。庆华集团合作开发那林苏海图煤田规模不断扩大，鲁能公司参与开发俄罗斯别列佐夫铁矿竞标成功，取得了俄罗斯自然资源部颁发的矿产使用许可证，包钢合作开发巴彦戈勒铁矿、吉兰泰盐化集团合作勘探开发嘎顺呼者格矿床等项目已与蒙古国正式签约，神华集团合作开发塔本淘勒盖项目前期工作取得积极进展，全年共批准境外投资企业18家，投资总额5 958.1万美元。二是区域经济技术交流与合作取得重大进展。我区正式成为联合国开发计划署大图门江合作委员会中方成员单位，东部五盟市成功进入国家振兴东北等老工业基地总体规划范围。三是招商引资和利用外资成效显著。全年引进国内(区外)资金到位1 097亿元，增长56.2%；实际利用外资11.9亿美元，增长89%。四是外贸进出口增长加快。全年进出口总额达到51.6亿美元，同比增长30.7%，其中出口20.6亿美元，增长30.6%；进口31亿美元，增长30.8%。口岸通关过货能力进一步提高，全年过货量达到2 620万吨，增长19%。

（四）发展后劲进一步增强。全年实施亿元以上重点建设项目784个，竣工投产212个，全社会固定资产投资完成2 687.8亿元，增长48.6%。生态建设得到加强，京津风沙源治理、退耕还林和退牧还草等重点工程成效显著，全年完成退耕还林528万亩，退牧还草2 700万亩，治理荒漠化面积3 500万亩。水利建设进展顺利，绰勒、三座店、三盛公等重点在建水利枢纽工程建设加快，尼尔基水利枢纽工程下闸蓄水，全年新增农田有效灌溉面积100多万亩，全区农田有效灌溉面积达到4 050万亩。电网建设步伐加快，建成了500千伏输变电项目4个和220千伏输变电项目18个，新增500千伏输变电线路587公里，220千伏输变电线路1 614公里，形成了西起乌海、东至锡林浩特的500千伏主网架并向兴安盟、呼伦贝尔及阿拉善盟延伸的220千伏输电通道。交通建设进度加快，国道110和210线我区境内高速公路、省际通道阿荣旗至集宁高等级公路全部建成，全年新增二级以上公路3 256公里，公路总里程达到7.9万公里；新开工建设了集张、两伊、临策等9个铁路项目，建成了桑篮、嘉策铁路，全区铁路在建里程达到2 861公里；呼和浩特白塔机场扩建工程、鄂尔多斯机场开工建设，阿尔山、二连浩特新建和赤峰机场迁建项目前期工作取得重大进展。城镇公用事业建设迈出新步伐，全年完成35个县城供水、5个城镇垃圾处理和5个污水处理项目。资金来源进一步多元化，全年国家预算内投资占全部到位资金的6.5%，国内银行贷款占18%，自筹及其他资金占75.5%。

（五）就业和社会保障工作进一步落实。各地认真贯彻落实国家和自治区关于促进就业和再就业的各项方针政策，多渠道增加就业岗位，切实加强社会保障体系建设，就业和社会保障工作取得了积极进展。

就业和再就业工作得到加强。全年城镇新就业26.5万人，比上年增加1.95万人，其中下岗失业人员再就业13.9万人，安置“4050”人员3.7万人，城镇登记失业率控制在4.3%以内。就业和再就业培训结业人数达到25.1万人，其中免费培训下岗失业人员17.7万人。全年累计发放小额担保贷款2亿元，扶助1.8万人实现了再就业。

社会保障体系进一步完善。全区城镇参加基本养老保险人员333.9万人，比上年增加15万人，离退休人员养老金社会化发放率达100%；参加失业保险222.3万人，失业人员按时足额领取了失业保险金；参加基本医疗保险292万人，增加18.7万人；参加工伤保险106.6万人，增加21.8万人；参加生育保险99.7万人，增加29.6万人。有近70万城镇贫困人口纳入了最低生活保障范围。扶贫和救灾工作得到进一步加强，全年共落实国家“三项”扶贫开发资金8.61亿元，解决了75.4万农村贫困人口的温饱问题；累计下达各类救灾资金1.85亿元，受灾地区群众生产生活得到妥善安置。

（六）各项社会事业全面进步。坚持以人为本，落实“五个统筹”，促进经济社会协调发展，科技、教育、卫生、文化等各项事业全面进步。

科技教育事业全面发展。科技创新和推广体系进一步完善，实施了87个重大科技专项、科技示范工程等重大科技项目，完成了11项自治区中长期科学和技术发展专题战略研究。基础教育得到加强，西部地区“两基”攻坚工程、中小学远程教育网络工程、中小学危房改造工程进展顺利，通过“两基”达标验收的旗县达到93个，以旗县为单位的“普九”人口覆盖率达到88.4%，比上年提高9.9个百分点。“两免一补”政策得到有效落实，已覆盖全区101个旗县，惠及农村牧区及所有城镇低保家庭义务教育阶段160万中小学生。优质高中扩招项目进展顺利，高中阶段教育毛入学率达到54.3%，提高4.6个百分点。高等教育办学规模继续扩大，全区普通高校招生7.1万人，在校生达到22.5万人。

医疗卫生事业进一步加强。全面完成疾病预防控制机构体系建设，基本建立突发公共卫生事件医疗救治体系。组织实施了2所专科医院、23所旗县医院、313个乡镇（苏木）卫生所建设工程，农村牧区和贫困地区卫生基础设施得到进一步改善。新型农村牧区合作医疗试点工作进展顺利，12个试点旗县已有161.8万农牧民参加了合作医疗，参合率达到80.5%。人口计划生育工作进一步加强，人口自然增长率控制在5‰以内。

文化事业繁荣发展。民族文化大区建设取得积极进展，开工建设了内蒙古博物馆、乌兰恰特大剧院、内蒙古体育馆等自治区成立60周年大庆项目。村村通广播电视工程和“西新工程”稳步推进，全区广播综合人口覆盖率达到92.6%，电视综合人口覆盖率达到90.2%。体育、民政、新闻出版、文学艺术等各项社会事业稳步发展。

2005年是“十五”计划的最后一年，过去的五年，在国家的大力支持和自治区党委的正确领导下，经过全区各族人民的共同努力，我区经济社会发展取得了巨大成就。五年中生产总值年均增长16.6%，超过计划7.6个百分点；工业增加值年均增长21.5%，超过计划11.5个百分点；固定资产投资累计完成6 918亿元，是计划的2.3倍；财政收入年均增长28%，超过计划18个百分点；城镇居民人均可支配收入年均实际增长10.5%，超过计划3.5个百分点；农牧民人均纯收入年均实际增长5%，比计划低1个百分点，但农牧民收入呈现加速增长态势，2001～2005年分别实际增长－3.9%、4.7%、6%、8.6%和10%。五年累计完成退耕还林3 327万亩；退牧还草1.5亿亩，生态建设取得了整体遏制、局部好转的良好效果。新增公路里程1.2万公里，其中二级以上公路7 730公里，高速公路1 000公里，全线打通了国道110线乌海至北京的高速公路，建成了西起阿拉善、东至呼伦贝尔贯通12个盟市的高等级公路。新增铁路里程755公里，全区铁路总里程达到7 934公里。电力装机从900万千瓦增加到2 100万千瓦，新增500千伏输变电线路1 814公里，220千伏输变电线路5 795公里。与“九五”末相比，牛奶的国内市场占有率从9.7%提高到25.5%；煤炭的国内市场占有率从7.3%提高到11.9%；电力的国内市场占有率从3.2%提高到4.4%，五年累计外送电力达到1 349亿千瓦小时。所有这些都为“十一五”的发展奠定了坚实基础。

在看到成绩的同时，也要清醒地看到我区经济和社会发展中存在的困难和问题，主要是：“三农”问题依然突出，农牧业增产和农牧民增收面临较大困难；经济结构不够合理，中小企业、非公有制经济和第三产业发展相对滞后；经济增长方式粗放，资源环境约束加剧；经济和社会发展还不够协调，社会事业发展相对滞后；区域发展不平衡，东西部发展差距扩大；经济增长与收入增长不够协调，城乡居民收入水平较低；安全生产形势不容乐观，就业和再就业压力较大。对于这些问题，我们要认真研究，逐步加以解决。

二、2006年国民经济和社会发展的主要任务

按照全区经济工作会议的总体要求，今年国民经济和社会发展的预期目标是：生产总值增长15%左右，全社会固定资产投资增长25%左右，社会消费品零售总额增长15%左右，进出口总额增长12%左右，财政收入增长20%左右，城镇居民人均可支配收入增长12%左右，农牧民人均纯收入增长8%左右，单位生产总值能耗降低5%左右，居民消费价格总水平上涨控制在3%以内，城镇登记失业率控制在4.2%以内，人口自然增长率控制在6‰以内。实现上述目标，关键是要认真贯彻党的十六届五中全会和中央经济工作会议精神，坚持以科学发展观统领经济社会发展全局，全面落实国家宏观调控的各项措施，继续深化改革，扩大开放，推进经济结构调整，加快转变经济增长方式，提高经济增长的质量和效益。

(一)推进社会主义新农村建设。按照“生产发展、生活宽裕、乡风文明、村容整洁、管理民主”的要求，搞好规划，开展试点，扎实推进社会主义新农村建设。

积极调整农牧业和农村牧区经济结构。认真落实国家关于加强农业生产的各项政策措施，继续实施优质粮食产业工程、商品粮基地建设工程和农业良种繁育工程，保持粮食播种面积和粮食产量基本稳定。积极调整农牧业结构，大力发展农区畜牧业，力争畜牧业占农业总产值的比重提高2个百分点以上。加快动植物防疫体系建设，抓好禽流感的防控工作，落实好扶持家禽饲养业发展的各项措施。稳步推进农牧业产业化经营，继续通过投资补助、贴息、担保等多种方式，支持产业化示范基地建设，扶持壮大龙头企业，积极发展专业合作经济组织。

着力改善农村牧区生产生活条件。抓住国家加大对农村基础设施投入力度的有利时机，加强安全饮水、沼气、通电、通路等基础设施建设，积极争取国家在我区开展“以煤代木”项目试点，争取解决360个行政村(嘎查)通路和525个村(嘎查)通电问题。

加快发展农村牧区公共事业。继续实施西部地区“两基”攻坚工程、中小学远程教育工程和危房改造工程，加大对农村牧区贫困学生义务教育的“两免一补”支持力度，建立农村牧区义务教育经费保障机制，力争全部完成剩余8个旗县的“两基”达标任务。加强以乡镇卫生院为重点的农村牧区卫生基础设施建设，积极推进以大病统筹为主的新型农村牧区合作医疗制度和医疗救助制度，扩大新型农村牧区合作医疗试点范围，覆盖率达到50%左右，相应提高补助标准。继续实施“西新工程”、20户以上已通电自然村通广播电视工程和农村电影“2131”工程，提高农村牧区广播电视覆盖面。

多渠道增加农牧民收入。继续对重点粮食品种在主产区实行最低收购价政策，稳定粮食市场价格。加强涉农价格监管，保障农资供应，防止农业生产资料价格过快上涨。落实好各项支农资金和农牧业补贴资金，逐步建立对化肥、柴油等农资直接补贴制度。加强农牧民职业技能培训，有序组织劳务输出，加快转移农村牧区剩余劳动力，提高非农就业和非农收入比重。

(二)加快产业结构优化升级。充分发挥比较优势，大力发展特色优势产业，促进服务业快速发展，加快淘汰落后生产能力，推动产业结构优化升级。

大力发展特色优势产业。突出重点地区、重点企业和重点开发区，培育大企业，建设大基地，加快产业升级和延伸加工，形成优势产业集群，不断提高工业经济增长的质量和效益。煤炭方面，重点抓好准格尔黑岱沟、霍林河一号露天、伊敏一号露天等大型煤炭基地项目建设，建设规模达到1亿吨左右，煤炭产量达到2.8亿吨。电力方面，重点抓好呼伦贝尔直送辽宁360万千瓦坑口电站群、呼和浩特抽水蓄能电站、准格尔电厂三期等项目建设，争取全年新增发电装机容量700万千瓦，全区电力装机达到2 800万千瓦。全力推进巴音杭盖、辉腾锡勒等5个百万千瓦级风电基地和国家级太阳能利用示范基地的前期工作，风电开工规模力争达到100万千瓦。继续加强输变电通道建设，重点推进呼伦贝尔至辽宁、蒙西电网至京津唐第二条外送电通道、霍林河至东北等送电通道项目前期工作，争取国家核准并开工建设。化工方面，加快建设神华集团180万吨甲醇、大唐多伦46万吨煤基烯烃等续建项目，争取博源联合化工一期60万吨甲醇、亿利资源集团一期18万吨聚氯乙烯等项目建成投产，力争新开工建设伊泽矿业180万吨煤制甲醇及转化烯烃、乌海海吉氯碱二期扩建等项目。全年新开工煤化工深加工系列产品1 000万吨，新增甲醇生产能力60万吨。冶金机械方面，继续加快包钢6号高炉建设步伐，力争包钢钢铁生产能力达到1 000万吨，努力推动包头铝业、希望铝业和霍林河铝业达产达效，加快一汽呼和浩特工业园、众环集团数控机床部件生产等项目建设，新开工建设大型风电装备制造项目。农畜产品加工方面，要继续以乳、肉、绒和粮油加工为重点，争取蒙羊150万只肉羊加工、通辽梅花味精二期等项目建成投产并发挥效益。

促进服务业快速健康发展。进一步落实第三产业发展政策，按照自治区政府对第三产业60条政策的分解目标，加强监督检查，确保把各项优惠政策落到实处。加强第三产业重点项目建设，抓好呼和浩特金鹰集团CBD中心、海拉尔新桥农畜产品市场、包头煤炭物流园区等项目建设。要依托优势企业，通过资产重组、资本运营等方式，努力培育形成一批主业突出、实力雄厚的大企业、大集团，继续做大商贸流通和交通运输业。认真贯彻落实《国务院关于鼓励支持和引导个体私营等非公有制经济发展的若干意见》，进一步放宽非公有制资本进入社会事业、城市公用事业、基础设施等领域的准入条件，加快推进旅游业、房地产业、金融业、信息服务业、现代物流业等新兴服务业发展。要完善中小企业与非公有制经济的统计监测体系，进一步加大非公有制经济治乱减负工作力度。

鼓励和支持自主创新。实施自主创新能力建设专项工程，以大型企业和重点项目为依托，积极争取建设国家工程研究中心、国家工程实验室和国家级企业技术中心。广泛开展校企合作，落实与清华大学、北京航空航天大学、华东理工大学等院校的技术合作项目,支持有条件的企业在区外建立研发中心。积极发展稀土、生物医药和电子信息等高新技术产业,加快实施稀土永磁电机、汉鼎光电等高新技术项目,做好羊胎盘复方转移因子乳化液、1.2兆瓦以上直流驱动永磁风力发电机组等高技术产业化示范项目前期工作。

控制部分行业产能过剩。认真贯彻落实国务院关于促进产业结构调整的暂行规定,按照国家已出台的钢铁、电解铝、煤炭等行业发展规划和产业政策要求,继续依法淘汰一批破坏资源、污染环境和不具备安全生产条件的小企业。加大对不符合安全生产条件煤矿的整治力度,使地方煤矿数量缩减到500处左右,尽快淘汰敞开式和产能低于1万吨的小电石炉,300立方米及以下炼铁高炉和20吨以下转炉、电炉,以及5 000千伏安以下矿热炉和100立方米以下铁合金高炉。鼓励钢铁、水泥、煤炭、化工等行业进行兼并重组,支持优势企业做大做强,提高产业集中度。

(三)保持投资消费协调增长。抓住国家实施西部大开发和振兴东北等老工业基地的战略机遇,保持适度投资规模,优化投资结构,扩大消费需求。

保持适度投资规模。进一步加快在建项目实施进度,对已经批准建设的项目,要积极落实好各项建设条件,推动项目落地开工;对已经上报国家待批的项目,要进一步加快项目前期工作进度,积极争取进入审批程序并核准建设;对自治区管理的项目,相关审批部门要不定期地开展联合集中审查,进一步加快项目审批进度。根据今年国家投资的重点,围绕推进新农村建设、促进社会事业发展、加强环境保护和生态建设、发展特色优势产业等,抓紧策划一批重点建设项目,积极争取国家支持。要继续加强与金融部门的合作,努力扩大银行信贷规模。今年固定资产投资规模要达到3 400亿元左右。

加强重点项目建设。抓好绰勒、红山、龙口、红花尔基等重点水利项目建设,积极推进毕拉河、海勃湾水利枢纽、红吉水库、“引绰济辽”一期、“引哈济锡”和文得根等重大项目的前期工作。加快集张、海满复线等铁路续建项目建设进度,新开工建设大同至包头、包头至石嘴山电气化改造和准格尔至朔洲等重点铁路项目,建成呼和浩特至准格尔铁路,全年新增铁路里程124公里。继续加快呼和浩特至东胜、白音察干至集宁至丰镇、赤峰至通辽、海拉尔至满洲里等公路续建项目建设,新开工建设国道110线临河绕城公路、包头至树林召、赤峰至平庄等重点公路项目,建成国道208线二连浩特至赛汉塔拉一级、白音察干至丰镇高速和国道304线鲁北至通辽一级公路,全年新增公路里程1 000公里以上,其中高速公路200公里。民航要继续抓好呼和浩特白塔机场扩建工程,建成鄂尔多斯机场和海拉尔机场扩建项目,新开工建设阿尔山机场和赤峰机场迁建项目。

加强项目和资金管理。加快清理固定资产投资项目,对国家产业政策限制的项目,要限期整改提高。对已经批复长期没有动工的项目,要注销批准文号;对已经划拨出去的资源,要限期回收。要认真贯彻落实《自治区政府关于进一步加强财政预算管理的意见》和《自治区预算内基本建设投资管理办法》,强化对国债资金、财政预算内资金和政府贴息资金的监督管理,确保各类建设资金安全有效使用。

努力扩大消费需求。完善收入增长与经济增长相协调的政策机制,积极做好提高城市居民最低生活保障标准、改革公务员工资制度并相应调整有关人员待遇等增加居民收入的各项工作,严格执行企业最低工资制度。加强农产品流通体系建设,加大对农村牧区商业网点连锁经营、农资物流配送等项目支持力度,努力开拓农村牧区市场。积极培育消费热点,完善住房、汽车等消费政策,发展文化、健身和旅游消费。加强市场监管,继续清理限制消费的不合理规定,努力改善消费环境。

(四)加强资源综合利用和生态环境建设。根据《国务院关于做好建设节约型社会近期重点工作的通知》和《国务院关于加快发展循环经济的若干意见》,抓紧制定循环经济发展规划,组织实施一批资源综合利用和循环经济项目,加大生态建设和环境保护力度,加快建立资源节约型、环境友好型社会。

加强资源节约和综合利用。以节能、节水和资源综合利用为重点,组织实施一批节能示范项目、废水资源化项目、共伴生矿资源综合利用项目和再生资源回收利用产业化项目,研究建立重点行业、重点地区能耗目标考核体系和节水标准体系。进一步加快煤炭、铁矿、地下水等重点资源的地质勘查步伐,全面做好1: 5万区域矿产和区域地质调查工作。广泛开展宣传教育活动,增强全民节约意识。

大力发展循环经济。按照“减量化、再利用、资源化”的原则,组织包钢、包铝、乌兰水泥和蒙西工业园区等已经列入国家第一批循环经济的试点单位,实施一批国家级循环经济示范项目,加快煤矸石、粉煤灰、低热值褐煤等资源综合利用步伐,争取开工建设蒙西粉煤灰提取氧化铝等重大循环经济项目。

加强生态建设和环境保护。继续抓好京津风沙源治理、退耕还林、退牧还草等生态建设重点工程,力争全年完成造林任务1 380万亩,“三化”草地治理面积200万公顷,水土流失治理面积43万公顷。继续加强生态保护,巩固生态建设成果。加强“三河三湖”污染防治和燃煤电厂二氧化硫治理,加快黄河、松花江等流域水污染综合治理前期工作步伐。广泛推行清洁生产,大力发展环保产业,做好城市大气污染综合防治工作。

(五)促进区域协调发展。按照五个统筹的要求,突出重点,加强薄弱环节,推动城乡之间、区域之间协调发展。

加快推进城镇化。继续加强城镇基础设施建设,增强城镇吸纳产业和人口的能力,今年要重点开展城市供水管网和西部中心城市环保项目建设,加快32个县城供水续建项目建设进度,抓好12个中小城市污水、垃圾处理产业化项目,努力改善城市环境状况。要把推进城镇化与社会主义新农村建设结合起来,制定完善小城镇规划,引导各类生产要素向城镇集中,促进县域经济加快发展,城镇化率提高1个百分点以上。

加快东部地区发展。研究制定呼包鄂地区和蒙东地区区域发展专项规划,在继续保持呼包鄂等优势地区快速发展的同时,充分利用东部五个盟市已经纳入国家振兴东北老工业基地总体规划的有利时机,加强与东北三省在政策、规划、项目等方面的对接,加快西乌旗至阜新等铁路项目和乌兰浩特至白城、海拉尔至甘南、通辽至双辽、赤峰至朝阳等公路项目前期工作,构建与东北三省联系的快速运输通道。要围绕增值税转型试点、剥离企业办社会、企业破产及债务减免等,积极争取国家政策支持。

加快少数民族地区和贫困地区发展。认真贯彻落实国家关于加快少数民族和民族地区发展的政策措施,继续推进兴边富民行动,加快边境地区、"三少"民族地区和其它人口较少民族地区的优势资源开发和特色经济发展。切实做好扶贫工作,坚持开发式扶贫方针,继续实施整村推进战略和扶贫移民工程,力争使600个贫困村(嘎查)实现整体脱贫。

(六)进一步推进改革开放。充分利用当前宏观形势较好的有利时机,进一步深化改革,扩大开放,逐步消除体制性障碍,不断提高对内对外开放水平。

继续深化各项改革。一是深化国有企业改革。继续加快国有企业股份制改革,完善国有企业经营业绩考核体系,建立国有资本经营预算制度。根据国家将要出台的邮政、烟草、铁路体制改革方案,研究制定具体实施办法,推进垄断行业管理体制改革。二是推进行政管理体制改革。继续完善《关于扩大部分旗县(市)经济和社会管理权限的试点意见》,适时开展试点工作。全面开展以撤乡并镇为主的乡镇机构改革,对乡村债务进行全面清理核实并适时开展化解乡村债务试点工作。三是加快投资体制改革。进一步贯彻落实《国务院关于投资体制改革的决定》,规范政府投资行为,研究制定政府投资项目管理办法。四是稳步推进事业单位改革。认真总结事业单位改革试点经验,研究提出事业单位改革方案。

进一步扩大对外开放。积极实施"走出去"战略,加强与俄蒙在资源开发中的合作,推动庆华、神华、鲁能等大型企业和企业集团建设一批跨国合作项目。继续加强区域经济合作,广泛开展招商引资活动,提高招商引资的质量和效益,今年力争引进国内(区外)资金到位1 200亿元,实际利用外资15亿美元。积极调整出口产品结构,加快引进先进技术和设备,妥善处理贸易摩擦,保持外贸进出口稳定增长,全区外贸进出口总额力争达到58亿美元。切实抓好原木、原煤和原矿的落地加工,促进口岸经济快速发展。

(七)努力构建和谐社会。从解决人民群众最关心、最直接、最现实的问题入手,以扩大就业、完善社会保障体系、发展社会事业为重点,扎实推进和谐社会建设。

切实做好就业和社会保障工作。继续支持就业容量较大的服务业、中小企业和劳动密集型产业发展,从政策、资金和职业技能培训等多方面鼓励扶持各类有就业需求人员的自主创业活动,确保全年城镇新增就业18万人。切实加强"两个确保"和城市"低保"工作,进一步完善社会保障体系。今年争取参加基本养老保险人数达到340万人,参加基本医疗保险人数达到300万人,城镇居民最低生活保障人数达到80万人。

促进各类教育协调发展。在重点做好农村牧区基础教育的同时,切实加强民族教育,加快推进"三语"教学。启动实施职业教育基础能力建设工程,推进高中阶段教育协调发展,今年高中阶段教育毛入学率力争达到60%。继续实施"211工程",加强重点学科建设,今年普通高校计划安排招生8.5万人,增长19.7%。

加强公共卫生建设。调整和优化城市医疗资源布局,大力发展社区卫生服务。全面完成医疗救治体系和疾病预防控制体系建设任务,切实加强重大疾病防治工作。完善农村牧区三级卫生服务网络,推进旗县和中心乡镇计划生育服务站项目建设。继续加强计划生育工作,稳定低生育水平。

提高社会安全保障水平。高度重视安全生产,抓好煤矿、道路交通、矿山等易发事故场所和生产环节的安全整治,落实安全生产责任制度,有效遏止重特大事故发生。建立健全安全预警和应急救援机制,提高处置突发事件的能力。继续整顿和规范市场秩序,深入开展食品、药品安全整治工作。高度重视群众来信来访,认真解决人民群众反映强烈的社会问题,及时化解矛盾,保持社会稳定。

加快自治区成立60周年大庆项目建设。围绕边境旗县给排水、蒙医医疗机构建设、内蒙古综合医院等改善人民群众生产生活条件的项目,"三少民族"地区通路工程和安居工程等基础设施建设项目,以及内蒙古博物馆、体育馆、乌兰恰特大剧院等60周年庆典工程,全面推进自治区成立60周年大庆项目前期工作,多渠道筹集建设资金,进一步加快项目实施进度。

2006年是"十一五"规划第一年,做好今年的经济和社会发展工作,对于巩固和发展"十五"以来大好形势,顺利实现"十一五"规划的各项目标,具有十分重要的意义。我们要紧密团结在以胡锦涛同志为总书记的党中央周围,以科学发展观为指导,认真贯彻落实党中央、国务院的各项方针政策和自治区党委的各项部署,抓住机遇,开拓创新,扎实工作,乘势而上,为实现"十一五"规划良好开局做出新的贡献。

政 治

中国共产党内蒙古自治区委员会

【领导名录】

自治区党委书记 副书记 常委

书　记:储　波

副书记:杨晶(蒙古族) 岳福洪 陈光林 杨利民 巴特尔(蒙古族)

常　委:储波 杨晶(蒙古族) 岳福洪 陈光林 杨利民 巴特尔(蒙古族) 任亚平 黄高成 邢云 伏来旺(蒙古族) 陈朋山(女) 韩志然(蒙古族) 莫建成 罗啸天

自治区党委委员

万继生 王长聚 王玉山(蒙古族) 王占 王尚罗 王维山(蒙古族) 尤仁(蒙古族) 云峰(蒙古族) 乌兰(女 蒙古族) 乌兰巴特尔(蒙古族) 乌热尔图(鄂温克族) 布和朝鲁(蒙古族) 白向群(蒙古族) 邢云 邢宝玉 伏来旺(蒙古族) 任亚平 旭日干(蒙古族) 邬宝恒 刘芝兰(女) 杨利民 杨晶(蒙古族) 连辑 宋振国 陈光林 陈朋山(女) 林东鲁 林瑞(女 6月逝世) 罗啸天 岳福洪 郄国严 周维德 周德海 宝音德力格尔(蒙古族) 孟志毅(达斡尔族) 孟松林(鄂伦春族) 赵双连 胡志 哈斯巴根(蒙古族) 祝广旭 徐凤君 郭子明 郭明伦 陶克(蒙古族) 莫建成 黄高成 符太增 韩振祥 傅守正 储波 雷·额尔德尼(蒙古族)

自治区党委候补委员

乌若思(蒙古族) 柳秀 胡其图(蒙古族) 夏连仲 高延青(蒙古族)

【重要活动】

蒋正华在内蒙古考察　1月16日,全国人大常委会副委员长蒋正华到自治区鄂尔多斯市准格尔旗考察。自治区党委书记、人大常委会主任储波,自治区党委副书记、自治区主席杨晶陪同考察。

蒋正华强调指出:内蒙古具有得天独厚的资源优势,特别是发展能源工业的优势。要抓住机遇,发挥优势,加快发展。在发展过程中,要按照科学发展观的要求,实现经济社会的协调发展和可持续发展。这几年内蒙古的经济发展遇到难得的历史机遇,可以说是占据"天时、地利、人和"。自治区党委和政府对国际、国内局势把握准确,发展思路清晰,经济发展呈现出快速、稳定的良好势头。在今后的发展中,既要加快煤电转化等能源工业的发展,又要加快交通运输基础设施建设的步伐,解决好交通运输的"瓶颈"问题,更要注重环境保护,落实科学发展观的要求,实现经济社会的可持续发展。

8月19日至20日,全国人大常委会副委员长、中国农工民主党中央主席蒋正华深入鄂尔多斯市和包头市,先后考察神华神府东胜煤炭分公司、包头市成吉思汗生态园、包头市博物馆,参加在神华神府东胜矿区举行的"绿色东方"中华环境奖启动仪式并发表重要讲话。自治区党委常委、包头市委书记邢云向蒋正华汇报包头市经济社会及环境保护情况,自治区人大常委会副主任陈瑞清陪同考察。

蒋正华在考察时强调,在全面建设小康社会的历史进程中,各地要坚持树立和落实科学发展观,走新型工业化发展道路,努力构建资源节约型、环境友好型社会,探索建立循环经济模式,使经济社会和环境保护实现良性发展。

10月20日至21日,全国人大常委会副委员长、中国农工民主党中央主席蒋正华,到自治区乌海市考察,出席第二届中国生态健康论坛开幕式和农工党中央参政议政部、农工党内蒙古区委在乌海市君正科技产业有限责任公司建设的"循环经济研发基地"揭牌仪式。自治区党委常委、统战部部长伏来旺出席开幕式。

蒋正华在考察时指出,在现代科技高速发展、市场竞争日益激烈的形势下,有着得天独厚资源优势的内蒙古各大企业更要加快建立循环经济的科技创新体系,降低能源消耗,提高资源的循环利用效率,形成新型的循环经济发展模式。

吴官正在内蒙古考察　4月8日至13日,中共中央政治局常委、中央纪委书记吴官正在中央保持共产党员先进性教育活动领导小组副组长、中央纪委副书记夏赞忠,中央纪委常委、秘书长干以胜和自治区党委书记、人大常委会主任储波,自治区党委副书记、自治区主席杨晶等陪同下,深入包头市、鄂尔多斯市和呼和浩特市,先后考察达尔罕茂明安联合旗希拉穆仁镇哈拉乌素生态移民畜牧业产业化园区、内蒙古一机集团公司、北方重工业集团公司、内蒙古稀奥科镍氢动力电池公司、包钢集团公司、鄂尔多斯羊绒集团、TCL集团公司、乾坤金银精炼公司、汉鼎光电公司、蒙牛乳业公司等。在考察中,吴官正走访牧民新村,了解牧民生产生活、基层党风廉政建设和保持共产党员先进性教育活动开展情况。

吴官正强调指出:要坚持以邓小平理论和"三个代表"重要思想为指导,以改革统揽预防腐败的各项工作,深化改革,创新体制,努力提高有效防治腐败的能力。要把反腐败寓于各项重要改革措施之中,用发展的思路和改革的办法来防治腐败。要进一步加强反腐倡廉教育,增强领导干部执政为民、廉洁奉公的意识,筑牢党员干部拒腐防变的思想道德防线和党纪国法防线,面向全社会搞好廉政文化建设,形成以廉为荣、以贪为耻的价值观念和良好风尚。

自治区党委副书记陈光林,自治区党委副书记、纪委书记巴特尔,自治区党委常委、秘书长任亚平,自治区党委常委、组织部长陈朋山,自治区党委常委、包头市委书记邢云陪同考察。

许嘉璐在内蒙古考察　5月9日至15日,全国人大常委会副委员长许嘉璐率领以全国人大常委会委员、全国人大环资委委员徐永清为组长,以全国人大常委会委员、全国人大环资委委员王涛、倪岳峰,全国人大环资委委员刘镇等为成员的全国人大常委会《水污染防治法》执法检查组,在自治区领导邢云、陈瑞清、雷·额尔德尼的陪同下,深入呼和浩特市、包头市、巴彦淖尔市,认真察看所到企业及城市污水处理系统,详细询问企业排污、治污情况;检查期间,许嘉璐分别听取了自治区、呼和浩特市、包头市、巴彦淖尔市及有关企业关于贯彻落实《中华人民共和国水污染防治法》与《中华人民共和国水法》情况的汇报。

许嘉璐强调:各级领导和全体社会成员要进一步提高对水资源重要性的认识,将节水工程列入政府的重要议事日程,同时发动群众、依靠群众、提高群众综合素质,在全社会养成良好的节水习惯。

李铁映在内蒙古考察　5月20日至27日,以全国人大常委会副委员长李铁映为组长的全国人大常委会安全生产法执法检查组在自治区党委常委、政法委书记罗啸天的陪同下,先后深入赤峰市平庄煤业集团公司六家煤矿、神华集团神府东胜煤炭有限责任公司上湾煤矿,下井检查煤矿安全生产情况并慰问困难矿工家庭和井下煤矿工人。

5月23日上午,李铁映在听取自治区政府及自治区发改委、煤矿安全监察局、煤炭工业局贯彻实施安全生产法情况汇报后,发表重要讲话。全国人大常委会此次在全国范围内进行的安全生产法执法检查,是针对我国经济社会发展的实际需要,针对当前安全生产的特殊形势,围绕广大人民群众普遍关注的热点、难点问题,在全国范围内开展的一次重大法制建设行动。

黄孟复在内蒙古考察　6月12日至18日,全国政协副主席、全国工商联主席黄孟复率领的新能源产业调研考察团在自治区赤峰市、锡林郭勒盟、呼和浩特市、乌兰察布市等地,深入到达里风电场、克什克腾龙口水电站、锡林郭勒风力发电场、辉腾锡勒风电场等相关企业,详细察看风力发电、小水电的情况,了解企业存在的困难,以及对发展我国能源建设的建议,听取自治区和赤峰市、锡林郭勒盟、乌兰察布市政府对能源利用和规划情况的工作汇报。

黄孟复指出:要高度重视新能源产业的发展,以科学发展观做好规划,充分利用新能源,完善相关政策,采取有力措施做好研究开发工作,推动新能源利用及相关产业的发展,力争使内蒙古新能源利用工作走在全国前列,作出表率。

曾庆红在内蒙古考察　6月17日至21日,中共中央政治局常委、国家副主席曾庆红到自治区呼伦贝尔市、鄂尔多斯市、满洲里市、包头市就贯彻落实中央民族工作会议精神,开展保持共产党员先进性教育活动,促进经济社会发展等问题进行视察调研。自治区党委书记、人大常委会主任储波,自治区党委副书记、自治区主席杨晶,自治区党委常委、秘书长任亚平,自治区党委常委、包头市委书记邢云陪同。

曾庆红强调:内蒙古的生态状况如何,不仅影响自治区的经济社会发展和各族人民的生存环境,而且关系首都北京乃至全国的生态安全。各级党委和政府一定要继续把生态环境保护和建设放到突出位置来抓，进一步加大草原生态建设与保护工程、天然林资源保护工程、退耕还林还草和生态移民工程、生态建设重点县工程、防沙治沙工程、“三北”防护林工程、绿色通道工程和水土保持工程的建设力度，把这项功在当代、利在千秋的大事办好，努力构建祖国北疆的生态屏障。

周光召在内蒙古考察　6月20日至28日，全国人大常委会原副委员长、中国科协主席周光召到自治区出席呼伦贝尔市第二届中俄科技展开幕式并考察。自治区党委副书记、自治区副主席岳福洪出席开幕式并致辞。

布赫在内蒙古考察　6月25日至30日，全国人大常委会原副委员长布赫在自治区党委常委、呼和浩特市委书记韩志然、自治区副主席郭子明的陪同下，先后在呼和浩特市、二连浩特市进行考察。考察期间，布赫出席中国首届草原文化百家论坛。他在开幕词中指出，经济发展与文化繁荣度是社会进步的标志。内蒙古有着丰厚的历史文化遗产和多种物质资源，是经济社会可持续发展的重要基础，也是在市场经济条件下内蒙古各项产业蓬勃发展的重要宝藏。

贾春旺在内蒙古考察　7月27日至30日，最高人民检察院检察长贾春旺，在呼和浩特市参加全国检察长座谈会。自治区党委书记、人大常委会主任储波，自治区党委副书记、自治区主席杨晶出席会议。会议期间，自治区党委书记、人大常委会主任储波，自治区党委常委、秘书长任亚平，自治区党委常委、呼和浩特市委书记韩志然陪同贾春旺检察长在呼和浩特市考察内蒙古蒙牛乳业股份有限公司和林格尔基地、内蒙古乾坤金银精炼股份有限公司、汉鼎光电有限公司。

8月3日至7日，最高人民检察院检察长贾春旺在呼伦贝尔市和海拉尔区、根河市、额尔古纳市、满洲里市两级检察机关基层进行调研。他指出，要积极探索建立先进性教育长效机制，以此推动解决检察工作中存在的问题，要针对西部边疆少数民族地区检察机关人员短缺、队伍断档和经费困难问题加大调研力度，积极探索有效途径，试验破解检察工作难题的有效方法。

刘延东在内蒙古考察　8月4日至12日，全国政协副主席、中央统战部部长刘延东率党外领导干部考察团，到自治区呼伦贝尔市、满洲里市、呼和浩特市、鄂尔多斯市考察。自治区党委书记、人大常委会主任储波，自治区党委副书记、自治区主席杨晶，自治区党委常委、秘书长任亚平在呼和浩特市期间陪同。自治区党委副书记杨利民、自治区党委常委、统战部部长伏来旺在呼伦贝尔市期间陪同考察。考察期间，刘延东看望、慰问自治区政协机关干部、自治区统战系统的干部和各民主党派、工商联、无党派人士及民族宗教界的代表。

贺国强在内蒙古考察　8月10日至15日，中共中央政治局委员、书记处书记、中央组织部部长、中央先进性教育活动领导小组组长贺国强在自治区党委书记、人大常委会主任储波，自治区党委副书记、自治区主席杨晶的陪同下，先后深入自治区呼伦贝尔市、满洲里市、呼和浩特市，考察伊敏华能东电煤电有限公司，海拉尔天润社区、满洲里中俄互市贸易区、满洲里国际公路口岸、满洲里铁路装卸分所、满洲里联发实业有限公司、满洲里新粮菜果出口基地、呼和浩特玉泉区清泉街社区、呼和浩特赛罕区桥华社区，内蒙古乾坤金银精炼股份有限公司、汉鼎光电有限公司等企业和社区。考察期间，贺国强与基层党员和群众座谈，了解第二批先进性教育活动开展情况，并走访慰问农牧民家庭。

陈至立在内蒙古考察　8月14日至16日，国家西部地区“两基”攻坚现场汇报会在呼和浩特召开，国务委员陈至立参加会议，她强调，要认真贯彻温家宝总理的批示精神，乘势而上，狠抓农村寄宿制学校工程建设和其它工作的落实，全面推进西部地区“两基”攻坚。会议期间，在自治区党委书记、人大常委会主任储波，自治区党委副书记、自治区主席杨晶，自治区党委副书记陈光林，自治区党委常委、秘书长任亚平陪同到乌兰察布市考察。

韩杼滨在内蒙古考察　8月28日至29日，中国法学会会长韩杼滨在自治区领导储波、杨利民、任亚平、罗啸天、胡忠的陪同下，调研法学会的工作开展和建设的情况，考察伊利集团新工业园区，与呼铁局、自治区检察院的领导进行座谈。

韩杼滨在调研时强调：各级法学会要把繁荣法学研究作为中心任务，紧紧围绕党和政府的中心工作，积极组织并努力推动法学研究工作更快地发展。在听取自治区法学会工作情况汇报后，韩杼滨充分肯定自治区法学会的工作成绩，并对法学会今后的工作提出要求。韩杼滨指出，随着依法治国、建设社会主义法治国家的深入发展和国际国内形势的深刻变化，我国法学的繁荣发展面临着难得的机遇，同时也对法学会工作提出更高的要求。

李长春在内蒙古考察　9月12日至16日，中共中央政治局常委李长春在中宣部副部长、广电总局局长王太华，中宣部副部长、中央外宣办主任蔡武和自治区党委书记、人大常委会主任储波，自治区党委副书记、自治区主席杨晶等领导的陪同下，深入自治区呼伦贝尔市、满洲里市、包头市、鄂尔多斯市、呼和浩特市，先后考察伊敏华能东电煤电有限责任公司、满洲里红色国际秘密交通线陈列馆、满洲里中俄互市贸易区、满洲里国际公路口岸、满洲里市青少年宫、内蒙古北方重工业集团有限公司、内蒙古第一机械制造（集团）有限公司等单位，就加快少数民族地区经济社会发展、繁荣民族文化事业、深化青少年思想道德建设、加强对外宣传等方面进行调研。

李长春在考察时强调：宣传思想工作要坚持以邓小平理论和“三个代表”重要思想为统领，坚持以服务经济建设、服务全党全国工作大局为中心,多做统一思想、凝聚力量的工作,打牢全国人民团结奋斗的共同思想基础,为全面建设小康社会提供强大思想保证和精神动力。在考察期间,自治区党委、政府在呼和浩特召开工作汇报会。在听取自治区经济社会发展情况和宣传思想工作汇报后,李长春发表重要讲话。

周永康在内蒙古考察　10月2日至5日,中共中央政治局委员、书记处书记、国务委员、公安部部长周永康到自治区呼伦贝尔市、包头市、呼和浩特市考察调研。自治区党委书记、人大常委会主任储波,自治区党委副书记、自治区主席杨晶,自治区党委副书记陈光林,自治区党委常委、秘书长任亚平,自治区党委常委、包头市委书记邢云,自治区党委常委、呼和浩特市委书记韩志然,自治区党委常委、政法委书记罗啸天陪同考察。

周永康在听取自治区的工作汇报后,对自治区的经济社会发展、维护稳定和公安工作给予了肯定。他指出,当前我国正处在体制转轨、社会转型的特殊历史时期,各种社会矛盾和问题比较突出。解决这些矛盾和问题,确保社会稳定,根本之策是要全面贯彻落实科学发展观,推动经济社会全面协调发展。要高度重视并切实做好新形势下的群众工作,努力化解社会不和谐因素,着力增加社会和谐因素,积极促进和谐社会建设。

吉林省党政代表团到内蒙古考察　8月9日至12日,以吉林省省委书记、省人大常委会主任王云坤为团长的吉林省党政代表团到自治区考察。内蒙古自治区、吉林省党政领导召开座谈会。自治区党委书记、人大常委会主任储波,自治区党委副书记、自治区主席杨晶,自治区党委常委、秘书长任亚平,自治区副主席赵双连、余德辉出席会议,会上,双方签署两省区加强经济技术合作协议。

在内蒙古期间,吉林省党政代表团在自治区领导的陪同下参观考察了内蒙古乾坤金银精炼股份有限公司、汉鼎光电有限公司、TCL移动通信(呼和浩特)有限公司、内蒙古博物馆、内蒙古蒙牛乳业股份有限公司,并赴鄂尔多斯市、包头市参观考察鄂尔多斯羊绒集团、成吉思汗陵、内蒙古第一机械制造(集团)有限公司等地。

山西省党政代表团到内蒙古考察　9月7日至9日,由山西省委书记张宝顺、山西省委副书记、代省长于幼军率领的党政代表团先后到自治区包头市、鄂尔多斯市、呼和浩特市考察。自治区党委书记、人大常委会主任储波,自治区党委副书记、自治区主席杨晶,自治区党委常委、秘书长任亚平,自治区党委常委、包头市委书记邢云,自治区党委常委、呼和浩特市委书记韩志然,自治区副主席郝益东分别陪同考察。

考察期间,自治区党委书记、人大常委会主任储波主持召开两省区党政领导座谈会。

河北省政府代表团到内蒙古考察　11月21日至22日,由河北省委副书记、省长季允石率领的河北省政府代表团到自治区考察。自治区党委书记、人大常委会主任储波、自治区党委副书记、自治区副主席岳福洪,自治区党委常委、秘书长任亚平,自治区副主席赵双连分别陪同考察。

河北省政府代表团还对包头市、鄂尔多斯市进行考察。河北省各有关厅局负责人随团考察。自治区有关部门负责同志陪同考察。

浙江省党政代表团到内蒙古考察　10月18日至20日,浙江省委副书记周国富率领浙江省党政代表团到自治区考察。自治区党委书记、人大常委会主任储波亲切会见代表团一行。自治区领导任亚平、伏来旺、周德海参加会见。

储波率自治区考察团赴新疆维吾尔自治区学习考察　7月5日至10日,自治区党委书记、人大常委会主任储波率自治区考察团对新疆维吾尔自治区进行学习考察。期间自治区考察团与新疆党政领导举行座谈。考察团的成员有:自治区党委书记、自治区人大常委会主任储波,自治区党委常委、秘书长任亚平,自治区副主席余德辉,自治区政府外事办、发改委、科技厅、商务厅、工业办负责同志。

储波率自治区考察团赴甘肃省、青海省学习考察　为学习借鉴兄弟省市在实施西部大开发战略中的经济和做法,进一步推动自治区经济社会既快又好地发展。9月1日至5日,自治区党委书记、人大常委会主任储波率由自治区党委常委、秘书长任亚平及自治区发改委、工业办负责同志组成的自治区考察团,对甘肃省和青海省进行学习考察。

储波率自治区党政代表团赴海南省、重庆市、湖北省学习考察　12月10日至20日,自治区党委书记、人大常委会主任储波率自治区党政代表团对海南省、重庆市、湖北省进行学习考察。考察团成员有自治区党委副书记、自治区副主席岳福洪,自治区党委常委、秘书长任亚平及自治区发改委、建设厅、工业办负责同志。

(吴茜　李涛)

【重要会议】

中国共产党内蒙古自治区第七届委员会第九次全体会议　2005年1月15日在呼和浩特举行。出席这次会议的自治区党委委员51人,候补委员5人。

会议由自治区党委常委会主持,自治区党委书记储波同志作讲话。

会议号召,全区各级党组织和广大共产党员要深入学习贯彻党的十六届四中全会和自治区党委七届八次全委会精神,团结带领全区各族人民群众,同心同德,艰苦奋斗,在新的一年里取得更大成就。

全区保持共产党员先进性教育活动工作会议　1月16日在呼和浩特召开。自治区党委书记储波发表重要讲话,他强调,要充分认识开展先进性教育活动的重大意义,认真贯彻落实中央关于开展先进性教育活动的工作部署和要求。扎实有效地搞好先进性教育活动，为自治区全面建设小康社会提供坚强的政治保证和组织保证。

中央督导组组长、四川省政协副主席杨海清讲话；自治区党委副书记杨利民主持会议并对开展先进性教育活动提出具体要求。任亚平、邢云、伏来旺、陈朋山、莫建成、万继生、胡忠、雷·额尔德尼、连辑、郭子明、乌兰、傅守正、刘芝兰、韩振祥、邬宝恒出席会议。

庆祝自治区政协成立五十周年大会　2月28日在呼和浩特举行。自治区党委书记储波出席会议并讲话，自治区政协主席王占主持会议，自治区党政军领导杨晶、黄高成、张金柱、岳福洪、陈光林、巴特尔、任亚平、陈朋山、莫建成、罗啸天等参加庆祝大会。储波在讲话中充分肯定自治区人民政协50年来为自治区经济发展、社会进步做出的卓越贡献和取得的辉煌业绩；总结50年来政协工作积累的4个方面的丰富经验；对新时期政协工作提出4个方面的希望；对各级党委进一步加强和改善党对政协工作的领导提出新的要求。

呼和浩特 包头 鄂尔多斯三市经济工作座谈会　4月18日在包头市召开。会议强调，优势地区要坚持以科学发展观统揽全局，抓住重要战略机遇期，培育和发挥优势，进一步明确发展优势和发展重点，努力促进经济社会全面协调可持续发展。

自治区领导储波、杨晶、岳福洪、任亚平、邢云、韩志然、赵双连、余德辉出席会议并讲话。会议全面分析近年呼、包、鄂经济社会发展形势，明确三市在自治区和全国所处的位置，对优势地区快速发展进行认真谋划。

自治区劳动模范和先进工作者表彰大会　4月26日在呼和浩特举行。自治区党委书记储波作重要讲话，自治区主席杨晶主持大会，自治区政协主席王占，内蒙古军区司令员黄高成，自治区党委副书记陈光林、巴特尔出席。

全区加强和改进大学生思想政治教育工作会议　6月10日在呼和浩特召开。会议深入学习贯彻《中共中央、国务院关于进一步加强和改进大学生思想政治教育的意见》及全国加强和改进大学生思想政治教育工作。

自治区党委书记储波作重要讲话，自治区党委副书记陈光林对加强和改进全区大学生思想政治教育工作进行具体部署。杨晶、任亚平、莫建成、宝音德力格尔、连辑、刘芝兰出席会议。

中国共产党内蒙古自治区第七届委员会第十次全体会议　7月21日至22日在呼和浩特举行。出席这次会议的党委委员42人，候补委员4人。自治区有关方面负责同志列席了会议。

会议由自治区党委常委会主持。自治区党委书记代表自治区党委常委会作重要讲话。自治区党委副书记、自治区主席杨晶作总结讲话。

会议号召：全区各级党组织和广大共产党员，要高举邓小平理论和“三个代表”重要思想的伟大旗帜，紧密团结在以胡锦涛同志为总书记的党中央周围，以科学发展观为指导，抓住机遇、加快发展，统筹兼顾、协调发展，以人为本、和谐发展，进一步开创自治区改革开放和现代化建设新局面。

全区两个文明建设经验交流会　8月7日至9日在包头召开。会议主要内容是，总结自治区10年来两个文明建设协调发展的基本经验，研究部署当前和今后一个时期全区两个文明建设任务。

自治区党委书记储波，自治区党委副书记、自治区主席杨晶分别作重要讲话。自治区党委副书记、文明委主任陈光林主持会议，自治区领导任亚平、韩志然、莫建成、陈瑞清、连辑、奇英成、孙忠泰出席会议。自治区党委常委、包头市委书记邢云在会上介绍包头市两个文明建设经验。

抗战胜利60周年纪念章颁发仪式　8月31日在呼和浩特隆重举行。自治区党委书记、内蒙古军区第一书记储波出席仪式并发表重要讲话。内蒙古军区政委张金柱，自治区党委副书记杨利民，自治区党委常委、秘书长任亚平，自治区党委常委、宣传部长莫建成，自治区副主席郭子明出席。杨利民主持会议。

全区民族工作会议　9月21日在呼和浩特召开。这次会议的主要任务是：以邓小平理论和“三个代表”重要思想为指导，认真贯彻党的十六大、十六届三中、四中全会和中央民族工作会议暨国务院第四次民族团结进步表彰大会精神，深入分析我区民族工作面临的形势，研究部署今后一个时期民族工作的主要任务。

自治区党委书记储波出席会议并发表重要讲话，自治区副书记、自治区主席杨晶主持会议。自治区领导王占、陈光林、巴特尔、任亚平、邢云、伏来旺、韩志然、罗啸天、万继生、宝音德力格尔、陈瑞清、张国民、胡忠、云秀梅、哈斯巴根、郝益东、连辑、许柏年、奇英成、盖山林、桑杰扎布、王维山出席会议。

全区城镇化工作会议　9月22日在呼和浩特召开。会议强调，各地各部门要抓住机遇，把握方向，顺势而为，突出重点，在抓好城镇化发展的关键上下功夫，切实加强对城镇化发展的组织领导，加快推进城镇化进程，努力开创全区城镇化工作的新局面。

自治区党委书记储波和自治区主席杨晶出席会议并作重要讲话，自治区党委副书记陈光林主持会议，巴特尔、任亚平、邢云、伏来旺、韩志然、罗啸天、陈瑞清、郝益东、郭子明、奇英成参加会议。

自治区东部盟市经济工作座谈会　10月24日至25日在通辽召开。会议强调，东部盟市要以科学发展观统揽全局，抓住振兴东北老工业基地的战略机遇，顺应国内区内经济发展大势，坚持“三化”互动，增强经济实力；坚持“三力”推动，增强经济活力；坚持“三个”对接，增强区域竞争力，努力推动东部盟市经济快速健康持续发展。

自治区党委书记储波,自治区主席杨晶作重要讲话。自治区领导任亚平、周德海、连辑出席会议。

内蒙古妇女第九次代表大会　11月11日在呼和浩特开幕。

全国妇联党组书记、副主席、书记处第一书记黄晴宜到会祝贺。

自治区领导储波、杨晶、陈光林、杨利民、任亚平、陈朋山、陈瑞清、云秀梅、连辑、乌兰、刘芝兰、孙忠泰出席大会。

中国共产党内蒙古自治区第七届委员会第十一次全体会议　11月11日至12日在呼和浩特举行。出席会议的自治区党委委员43人、候补委员4人。自治区人大、政协党员领导同志,自治区纪委常委,有关盟市、区直有关部门党员负责同志列席会议。

会议由自治区党委常委会主持。自治区党委书记储波作重要讲话,自治区党委副书记、自治区主席杨晶作总结讲话。

会议讨论并通过《内蒙古党委关于制定国民经济和社会发展第十一个五年规划的建议》。杨晶同志就(讨论稿)作说明。

全区人大工作会议　11月13日在呼和浩特召开。会议回顾总结自治区人大工作,提出在新形势下人大工作的总体要求和主要任务。

自治区党委书记、人大常委会主任储波,自治区党委副书记、自治区主席杨晶出席大会并作重要讲话。自治区党政军领导岳福洪、陈光林、杨利民、巴特尔、任亚平、黄高成、伏来旺、陈朋山、韩志然、万继生、周维德、王凤歧、宝音德力格尔、陈瑞清、张国民、云秀梅、哈斯巴根、连辑、郭子明、奇英成、王建欣、王维山、邢宝玉、郄国严出席。

内蒙古自治区支持载人航天工程暨庆祝"神舟"六号圆满成功总结表彰大会　11月22日在呼和浩特举行。解放军部装备部副部长、神舟六号载人航天飞行副总指挥张建启专程前来参加大会。自治区党政军领导储波、杨利民、任亚平、陈朋山、莫建成、王凤歧、乌兰、盖山林、桑杰扎布、陈运火、郄国严出席大会。大会由自治区副主席郭子明主持。

全区经济工作会议　12月20日在呼和浩特召开。自治区党委书记储波在会上作重要讲话。

全区科技创新暨奖励大会　12月24日在呼和浩特举行。主要回顾和总结"科教兴区"战略实施10年来取得的成就,部署今后一个时期全区科技创新工作。

自治区党委书记储波、自治区主席杨晶出席大会,自治区党委副书记陈光林、自治区副主席连辑讲话,任亚平、邢云、韩志然、宝音德力格尔、许柏年出席会议,自治区党委常委、宣传部长莫建成主持会议。

(高殿俊　张铁力)

党委办公厅

【中国共产党内蒙古自治区委员会办公厅领导名录】

秘　书　长:任亚平

副 秘 书 长:布和朝鲁(蒙古族)　梁汉武　王中和(11月任职)

张守孝　刘建禄　满都拉(蒙古族)

包广林(蒙古族)　王焕承

办公厅主任:任亚平

副　主　任:高慧广(11月任职)　胡丰(11月任职)

助理巡视员:赵奎元(11月离任)　陈巧玲(女)

【概况】　2005年,自治区党委办公厅内设机构有:秘书处、会议处、常委会办公室、督促检查室、综合一处、综合二处、信息调研处、人事处、翻译处、机要交通处、行政处、保卫处、离退休人员工作处等13个职能处室和机关党委。设管理机构2个:内蒙古党委保密委员会办公室(自治区保密局)、内蒙古党委机要局。委托管理单位2个:内蒙古党委防范和处理邪教问题领导小组办公室、自治区档案局。厅属事业单位9个:自治区接待办公室(参照单位,副厅级)、车辆服务处、机关事务服务中心、机关文印中心(机关印刷厂)、自治区专用通信局(双重管理单位)、机关幼儿园、信息服务中心、机要技术服务站、保密技术检查中心。

行政单位　办公厅机关总编制数145名,其中:行政编制131名,核定自治区省级老干部及专职秘书编制6名,离退休人员工作处编制8名(处级领导职数2名)。自治区保密局行政编制15名。党委机要局行政编制23名。党委防范办行政编制17名。

事业单位　自治区接待办公室编制27名,车辆服务处事业编制72名,机关事务服务中心事业编制150名,机关文印中心事业编制110名,自治区专用通信局事业编制56名,机关幼儿园事业编制90名,信息服务中心事业编制6名,机要技术服务站事业编制12名,保密技术检查中心事业编制5名,自治区反邪教协会办公室事业编制5名。

公务员队伍结构　公务员及参照管理人员198名,其中本科学历以上的150名,占总人数的76%;蒙古族44名,占总人数的22%;其他少数民族6名,占总人数的3%;50岁以上的41名,占干部总数的21%;妇女干部50名,占干部总数的25%。

【领导班子建设和干部人事制度改革工作】　自治区党委办公厅一贯重视领导班子建设与提高机关干部的综合素质,始终把加强领导班子自身建设、推动干部人事制度改革作为办公厅建设的重要内容来抓。

1.抓领导班子建设，提高领导能力。一是理论学习深入扎实。认真组织了29次中心组学习会，在学习内容上突出以党的十六届四、五中全会精神为主要内容，重点系统学习了党的先进性教育、构建社会主义和谐社会、宏观经济形势和《公务员法》等专题。同时围绕自治区发展方向，学习范围进一步向经济、科技、法律、金融等领域拓展，有针对性的举办专题讲座，学习形式灵活多样，学习成效明显。二是认真贯彻民主集中制原则。坚持按照“十六字”方针办事，班子成员在工作中团结和谐，互相补台，密切配合，凝聚力进一步增强。在4月21日召开的2005年度厅班子民主生活会上，重点检查了在理想信念、宗旨、作风、遵守纪律和立足本职、发挥作用等方面存在的问题，深刻地进行思想根源剖析，制定相应的整改措施。三是认真学习吴官正同志在全国落实党风廉政建设责任制工作会议上的讲话，落实领导干部廉洁自律有关规定，制定党风廉政建设责任制，进一步完善了重要情况汇报、述职述廉和谈话制度等。组织观看《勤政书记的激情岁月》、《生死牛玉儒》等影像资料，开展反面题材的警示教育，做到反腐倡廉工作常抓不懈，警钟长鸣。

2.抓干部队伍建设，推动干部人事制度改革。进一步完善干部实绩考核办法，既注重方法、程序、谈话和实际察看的结合，又兼顾局部和整体评价的关系，对现象和本质问题进行深入分析，做到客观、公正、公开、公平，使实绩考核工作趋于科学化、合理化、准确化、规范化。坚持以能力建设为中心，有重点、有步骤、有针对性地组织开展“初任、在职、知识更新、普法教育”四类培训。重点抓《公务员法》的学习和宣传；坚持定期举办专题培训班和选送干部参加脱产学习，认真落实《党政领导干部选拔任用工作条例》和《党政机关竞争上岗工作暂行规定》，全面提高干部职工的综合素质。积极、稳妥地推进厅属事业单位劳动人事制度改革，进一步修订完善《内蒙古党委办公厅事业单位劳动人事管理暂行办法》。为进一步理顺工作关系，将幼儿园由行政处管理归口到机关服务中心管理，同时对幼儿园领导班子和车辆服务处的环节干部进行调整补充。坚持以人为本，采取搞活收入分配、工作绩效奖惩、为临时工办理养老保险等多种措施，最大限度地调动广大干部职工的积极性，保安全促效益，取得经济效益和社会效益的双赢。

（乌仁陶德　李国强　侯智勇）

【政务工作】

努力增强预案和信息工作的前瞻性　主动性　为自治区党委决策部署提供科学依据　充分发挥办公系统信息网络优势，广泛挖掘信息资源，全面、准确、及时地向自治区党委整理报送重大紧急信息，全方位、多角度提供国内外区内外最新资讯参考。其中，自治区领导在信息刊物上批示279件（次）。全区上报中办信息1 800多条，被采用298条，采用率16.5%，排名在全国列第7位，中央领导在自治区上报信息件上批示9件（次），上报中办信息工作连续保持全国前列水平。

不断提高文稿服务质量　加强翻译工作　切实体现自治区党委的决策部署　圆满完成开展保持共产党员先进性教育活动、全面规划“十一五”发展两项牵动全局的文稿服务任务。在确保日常文稿服务质与量统一的同时，更加注重增强创新意识、研究意识和责任意识，文稿质量有明显提高。共起草、修改、整理各类文稿360多篇，近250多万字，编写书籍、整理综合文稿数据光盘等近220万字。翻译处针对新名词术语不断出现而增加翻译难度的情况，进一步规范译、审工作程序，完成译文101万字，文件蒙汉并发率100%，还完成了《保持共产党员先进性教育读本》一书（17万字）的翻译任务。

加大督查力度　提高办结率　促进中央和自治区党委决策部署的贯彻落实　坚持做好督查调研及反馈工作，及时为自治区党委领导提供再决策和指导工作的依据。全年立项办理中央和自治区党委领导批示36件，其中办理党和国家领导人的批示件和中办交办件共17件，办理自治区党委领导同志批示件19件，办结率100%。有11件查办报告得到中央和自治区党委领导的肯定性批示，促进领导同志批示事项的落实和反映问题的解决。向中办报送的反映内蒙古工作成绩的情况有9次被采用，采用数量和采用率为近年来之最。

强化服务意识　不断提高办文水平　进一步明确和细化责任，制定“责任分解、责任追究、责任考核”措施，严格把好起草、审改、核发关，确保文件不出任何差错。进一步精简、压缩文件，减少发文数量，努力提高文件的运转效率。逐步完善文档一体化管理，努力提高档案的利用率。全年办理来文880件，核发文件453个号，其中中央和中办125件，翻印和制发中央和自治区党委、党办文件480多件，公文制发质量不断提高，确保中央和自治区党委重大决策部署的及时有效传达。

【机要交通和通信】　机要交通处努力打造“两确保、零误差”品牌，传递收发各类文件122 380件，其中核心机密4 780件，出班押运、交换文件近20万件，确保核心机密传输、传递的安全和时效，实现第11个业务竞赛优胜年。同时在全国机要交通2005年业务质量竞赛中，机要交通处荣获“优胜单位”称号，全处10位同志被评为“全优个人”。进一步加大通信网络基础设施建设力度，先后完成党政新区有线、无线、电视电话音视频系统和ADSL宽带的基础设施和软硬件配套建设，使专用通信网络规模、技术装备水平和整体服务保障能力都有很大提升，从而确保整个党政系统通信的安全保密和便捷畅通。

【机关行政管理】　严格财务管理制度，不断加强经费预算约束，模范执行财经纪律；严格资金使用效力，提高财政预算执行力度。继续推进政府采购制度，严格采购审批程序，有效节约使用资金,机关办公用品供应规范合理。强化资产管理,重新检查、登记、核对固定资产,进一步理顺采购、配置、使用、管理关系,实现固定资产保值增值。建设东街改造、省级干部住宅、机关综合服务中心建设工程决算和省级干部房改工作基本完成,新建职工住宅楼建设准备工作正紧张有序进行。在党政办公大楼建设过程中,认真协调涉及党委部门的有关事宜,配合政府采购中心科学采购材料。及时策划党委搬迁工作,合理制定党委机关各部门办公用房分配方案,积极协调解决工程遗留问题,抓环节,抓细节,为搬迁工作按时顺利进行提供有力保证。对供暖燃煤热水锅炉进行更换和配套技术改造。加强机关院景美化、绿化、净化工作,全年培育、养护、更换花卉4万株,新增、移栽树木523株。机关餐厅迁入新址,进行幼儿园整修工作。文印中心加大硬件设施建设,强化内部管理,主动开拓市场,严把质量关,取得经济效益和社会效益的双丰收。车辆服务处在确保机关用车的前提下,面向社会找市场,创下近年来行驶里程、安全管理、创利水平的最新纪录。

【办公自动化建设】 办公自动化工作有新的进展,计算机培训的力度不断加大,办公厅自动化网络建设进展顺利,网络运行的性能和效率进一步提高,网上办公逐步推开。

【机关党的建设】 深入开展创建党建工作先进厅局和争创文明机关活动,被区直机关工委评为首批"党建工作先进厅局",8月被区直机关工委、区直机关文明委评为"文明机关"。结合党员先进性教育活动,加强调整支部班子,组织开展学习十六届五中全会和"两优一先"评比表彰活动,基层组织建设和党员队伍建设得到进一步的加强。适时开展经常性的思想政治教育。结对共建工作初见成效。圆满完成帮扶任务,被自治区党委、政府评为帮扶工作实绩突出单位。

【先进性教育活动】 从2005年1月初至6月底,按照中央的统一部署,在全厅19个党支部、1个党总支、477名党员中开展保持共产党员先进性教育活动。此次先进性教育活动共分学习动员、分析评议和整改提高三个阶段,党委办公厅按照自治区先进性教育活动的统一安排认真开展各项工作。自治区党委领导储波、陈光林、杨利民、任亚平同志不仅多次作出批示,对先进性教育活动进行指导,而且亲自参与,率先垂范,认真过好双重组织生活。活动期间,采取集中学习、个人自学、专题研讨等多种形式,组织中心组学习18次,厅局级领导为党员上党课23人次。邀请专家作报告5次,系列录像片4次,参观展览7次,党员参加集中学习时间都超过40个小时。向自治区党委领导同志、盟市厅局和厅内干部群众广泛征求意见和建议,共征求到意见和建议68条,厅领导班子成员认真研究整改措施。党员交叉谈心率为100%,全体党员都严格按照要求撰写党性分析材料,认真进行党性分析。办公厅领导班子和各支部认真分析查找问题,及时制定整改方案,分解任务,落实责任,提出整改要求,重点从提高"三服务"水平、进一步加强机关建设和领导班子自身建设、进一步加强机关行政后勤工作等方面进行集中整改。厅内125名干部群众和部分兄弟部门单位代表对办公厅先进性教育活动满意度进行测评,服务对象对办公厅先进性教育活动总体满意率为100%,厅内干部群众对先进性教育活动满意率为85.6%,基本满意14.4%。总的看,教育活动基本达到胡锦涛总书记提出的"务求取得实效"和"成为群众满意工程"的要求,办公厅领导班子建设和各处室单位班子建设进一步加强;广大党员特别是党员领导干部受到深刻教育,发挥先锋模范作用的积极性和主动性进一步提高;坚持"边学边改"、"边议边改"、"边整边改",切实解决机关工作和建设中的许多具体问题。

(成学庆 李静波)

组　　织

【中国共产党内蒙古自治区委员会组织部领导名录】

部　　长:陈朋山(女)

副 部 长:王长聚 赵世亮(蒙古族) 王威(3月离任)
孙炜东(蒙古族 11月任职) 董树君 武开乐

助理巡视员:樊　忠

【概况】 2005年,自治区党委组织部有编制103个,实有工作人员93名,其中,省部级干部1名,厅局级干部6名,处级干部64名;党员93名;研究生以上学历14名,大学本科70名;50岁以上9名,35岁以上67名。

【党员先进性教育活动】 一是切实抓好先进性教育活动。按照中央和自治区党委的安排,组织部负责全区先进性教育活动的组织、指导工作。全区第一、二批先进性教育活动已经结束,第三批教育活动转入分析评议阶段。第一批活动共有12个盟市、101个旗县(市、区)、68个区直部门和10个驻区中央单位,6 631个党组织、11.68万名党员参加;第二批活动有4.4万个党组织、74.2万名党员参加;第三批活动有1.44万个党组织、35.7万名党员参加。前两批先进性教育活动结束后,按照中央关于长效机制建设的有关要求,专门召开部务会,围绕加强党员学习培训、扩大党内民主、严格党内组织生活、联系和服务群众、党建工作督导检查、帮助基层党组织解决实际困难等方面,对丰富和完善基层党建工作载体,分类研究制定党员干部教育培训年度计划,党组织关心困难党员制度,社区、"两新"组织和农村牧区党组织活动场所、经费保障,党组织经常性征求群众意见制度,研究推进党务公开制度,党政领导班子自身建设等进行专题研究,进一步建立健全保持共产党员先进性和解决群众困难的长效机制。二是切实加强领导班子思想政治建设。结合先进性教育活动,健全完善各级领导班子思想政治建设制度体系,搜集整理全区领导班子思想政治建设有关制度,编印《内蒙古自治区党委、人大、政府、政协、纪委领导班子思想政治建设制度汇编》和《盟市、厅局级领导班子思想政治建设制度精选》。在对企业领导班子思想政治建设进行深入调研的基础上,召开全区国有企业党建工作座谈会,全面安排部署国有企业领导班子思想政治建设工作,并在区直国有企业开展"四好"领导班子创建活动。按照中央、自治区党委关于学习牛玉儒同志的决定精神,配合第一批先进性教育活动,印发《关于开展"学习牛玉儒、做'好干部、贴心人'"争先创优活动的意见》,以学习"党的好干部、人民的贴心人"牛玉儒同志的先进事迹为载体,在全区组织开展学习牛玉儒活动。三是切实加强党的基层组织建设。继续深入开展以农村牧区"三级联创"、社区"综合示范区"工程和非公有制企业"四五"工程等党建活动为载体的基层党组织"创建"活动。农村牧区"三级联创"活动,突出提高基层党员干部执行政策、依法办事、促进发展、维护稳定的能力,确定5个自治区级"三级联创"示范旗县区,召开全区"三级联创"活动经验交流暨表彰会议,总结推广巴彦淖尔市开展"双链双推"活动经验。街道社区党建"综合示范区"工程,以服务群众为重点,努力扩大党的工作覆盖面,确定29个城市街道和4个旗县所在地的镇为创建单位,在其它街道社区和旗县所在镇开展"比、学、赶、超"活动。非公有制企业党建"四五"工程,重点解决党建工作覆盖面和党组织发挥作用的问题,确定7个企业、2个街道作为非公有制企业党建工作联系点。加强制度建设,研究起草《关于加强和改进自治区直属企业党建工作的意见》、《关于加强社会团体和社会中介组织党建工作的意见(试行)》、《关于向非公有制经济组织选派党建工作指导员暂行办法》、《关于进一步做好社区组织的工作用房、居民公益性服务设施建设和管理工作的意见》、《关于以"三创一落实"活动为载体,推进机关党建工作长效机制建设的意见》,研究制定《发展党员公示制度》、《发展党员投票表决制度(暂行)》、《发展党员工作责任追究制度(试行)》和《关于加强流动党员教育管理工作的意见》。

【领导班子建设】 一是切实加强领导班子组织建设。突出体现和落实十六届四中会会精神要求,研究制定《关于贯彻〈2004~2008年全国党政领导班子建设规划纲要〉的意见》,对领导班子建设作出总体安排。召开干部工作务虚会,专题研究分析盟市厅局领导班子缺额情况、结构状况和年轻干部、女干部、非党干部、少数民族干部培养使用情况,对战略谋划领导班子建设提出明确要求。根据中央要求,提出并向自治区党委上报《调整市、旗县(市区)和苏木乡镇党代会、人代会召开时间的建议方案》,并对盟市、旗县(市、区)、苏木乡镇三级党委换届工作进行前期调研。按照科学发展观要求,改进和加强年度实绩考核工作,进一步改进年度实绩考核办法,圆满完成2004年度领导班子和领导干部实绩考核工作。结合中组部在全区开展的地市、旗县领导班子和领导干部综合评价试点工作,研究制定2005年度盟市厅局实绩考核指标体系和评价办法。坚持备用结合,进一步加强后备干部队伍建设。二是切实加强干部教育培训工作。以提高执政能力、构建和谐社会为重点,坚持把党的十六届四中、五中全会精神学习与系统的理论培训、"三个代表"重要思想理论体系的学习贯彻、提高领导班子落实科学发展观的能力培训结合起来,充分利用党校、行政学院等干部培训主阵地,认真开展干部教育培训工作。突出抓好主体班次培训工作,在自治区党校举办以盟市厅局级"一把手"专题研讨班为重点,包括厅局级领导干部、旗县长、中青年干部、企业管理人员等主体班次在内的培训班和进修班。认真抓好"三个一百"培训工作,会同内蒙古大学、内蒙古工业大学、内蒙古财经学院举办领导干部MPA、MBA课程进修班。积极开展境外、区外培训工作,在美国密苏里大学、德国分别举办了第三期中青年领导干部培训班、组织部门领导干部人力资源培训班,承办中组部、国家外专局第一期中国东北和西部等地区赴新加坡公共政策高级研究班。在国家行政学院、北京市委党校分别举办高等院校领导干部学校管理培训班、全区干部教育培训者培训班。采取集中办班和巡回培训方式,对自治区直属党群机关处级干部和盟市厅局级干部进行了公务员法培训。三是切实加强干部监督工作。在全区盟市、厅局自查的基础上,把全程报告制度执行情况、超职数配备干部、违规提高干部职级、突击提拔、提拔亲属或身边工作人员等问题作为重点,认真开展《干部任用条例》检查工作,并配合中组部检查组完成对全区《干部任用条例》的检查工作。根据中组部检查组反馈意见和中组部选拔任用干部视频会议及贺国强同志在组织部讲话精神,报请自治区党委印发《关于进一步规范干部选拔任用工作的通知》,提出加强和改进干部选拔任用和监督管理工作的意见。认真贯彻落实《党内监督条例》和《建立健全教育、制度、监督并重的惩治和预防腐败体系实施纲要》,结合"十一条"措施的贯彻落实,出台《落实廉政责任制,切实防止干部选拔任用工作中几个突出问题的若干意见》,并对2000年以后受过处分的县处级以上干部的案例进行深入剖析,提出加强和改进组织部门干部监督工作的意见。健全完善"12380"举报问题处置机制,认真调查核实信访举报件,努力解决历史遗留问题,调查了解领导干部及其配偶、子女及其配偶从业情况,进一步加强经常性干部监督工作。与自治区纪委、巡视办进一步完善巡视制度,会同纪检、审计部门加强领导干部经济责任审计工作,进一步加强干部监督工作的协调配合。

【干部制度改革和组织制度创新】 认真研究探索健全和完善确定考察对象、考察、酝酿、决定等四个环节,扩大考察公示范围,考察干部的参与范围,纪委介入问题核查及规范干部初始提名等问题,研究制定《内蒙古党委组织部干部任用初始提名试行办法》、《关于干部选拔任用中民主推荐、考察、酝酿、讨论决定等工作的若干规定(试行)》、《关于考察干部生活圈、社交圈的暂行规定》和《相当于副厅级高等院校领导人员管理暂行办法》。搜集、整理、分析近年全区经公示没有任用的案例、被考察后没有任用、试用期满后经过考核延期转正或取消转正资格等有关案例,总结推进干部能下能出的经验和做法。按照中组部关于开展综合考核评价体系试点工作要求,在广泛征求有关地区和部门意见的基础上,研究制定符合民族地区特点的试点方案,并在3个盟市和8个旗县开展试点工作。积极推行全委会票决、公开选拔和竞争上岗,认真开展改革初始提名办法选任党政正职领导干部、公推公选县处级和科局级党政领导干部、党政领导职务任期制和党代会常任制等试点工作。全面清理1990年以来组织部出台的政策法规性文件。

【人才工作】 围绕自治区确定的构筑能源、化学、冶金、装备制造、农畜产品加工、高新技术等"六大优势产业",认真开展优势产业群的典型核心企业聚集人才情况专题调研,深入研究探索资金流入和人才流入之间的内在联系和规律,形成了《加快我区"人才流入区"建设的意见》。围绕"十一五"期间全区经济社会发展对人才的实际需求,在搞好人才抽样调查的基础上,与有关部门开展了自治区"十一五"人才规划编制工作。认真开展蒙医药人才、职称评定、科技奖励、科研项目基金安排等热点问题调研,提出做好相关工作的意见。建立完善领导干部联系企业家制度、领导干部联系专家制度,出台《关于大力培养优秀年轻企业经营管理人才的若干意见》、《关于进一步加强党外人才队伍建设的意见》、《关于加强贫困旗县人才队伍建设的意见》。圆满承办"西部人才论坛第二届年会",签订《西部省区市人才合作框架协议书》,进一步营造人才工作的良好氛围。以人才资源能力建设为核心,继续组织开展"博士服务团"、"草原之光"硕士创业行动和"西部之光"访问学者等有关工作。协同中组部人才局组织开展院士专家赴自治区咨询服务活动。认真贯彻落实中办、国办《关于引导和鼓励高校毕业生面向基层就业的意见》,会同有关部门起草《关于引导和鼓励高校毕业生面向基层就业的实施意见》。协同自治区老科协召开全区老科协工作座谈会。

【自身建设】 一是认真组织开展以公道正派为核心的"争先创优"活动。按照中组部《关于以公道正派为重点进一步加强组织部门自身建设的意见》,结合先进性教育活动和区直机关开展"党建工作先进单位创建活动",认真开展"争先创优"活动。通过组织学习祁爱群、姜绪秋同志先进事迹,建立内蒙古党史网站、在新闻媒体开辟党史专栏,剖析韩桂芝、徐国建等违法违纪典型案件,组织观看警示教育片,全面深化保持共产党员先进性和坚持公道正派理念的学习教育,引导组工干部自觉加强职业道德建设。在对全区组工干部队伍能力建设的现状和问题进行深入调查研究的基础上,邀请有关专家、学者举办专题讲座,重点提高组工干部的调查研究、文字综合、个别谈话能力。进一步健全业绩考核评价体系,重新修订完善年度机关处室工作量化考核方案,将各处室的基础工作情况、执行制度情况和工作落实情况,列入部机关年度实绩考核目标,推进部机关效能建设。二是认真组织开展先进性教育活动。根据中央和自治区党委的部署,组织部先进性教育活动安排在第三批进行。按照先学一步、学深一点的要求,在第一、二批先进性教育活动期间,组织部组织干部认真学习中央和自治区党委关于先进性教育活动的文件精神,积极参加有关会议、专题讨论和报告会,不断深化对先进性教育活动重大意义的认识。同时,结合贺国强同志在全区和安徽两地考察时的讲话精神,对组织部先进性教育活动超前谋划、提早安排,及时制定《关于开展党员先进性教育活动的实施方案》,并于12月初高标准启动先进性教育活动。三是切实加强基层党组织建设和精神文明建设。按照"五个好"标准,在抓好支部改选和发展党员工作的基础上,坚持党支部学习和党组织生活制度,充分发挥党支部的战斗堡垒作用和党员的先锋模范作用。与中组部青年考察团共同开展爱国主义教育活动,组织全体干部赴克什克腾旗开展区情教育活动和纪念抗日战争胜利60周年纪念活动。2005年,先后荣获"自治区直属机关党建工作先进厅局"、"自治区文明机关"、"全区创建学习型组织争做知识型职工示范单位"等三项荣誉称号,办公室机关党委党支部还荣获全区"先进基层党组织"荣誉称号。

(牟国民)

宣　传

【中国共产党内蒙古自治区委员会宣传部领导名录】

部　　长:莫建成

副 部 长:阿古拉(蒙古族) 王志诚 佟野黎 李冰 孟树德(达斡尔族) 阿龙(蒙古族)

文明办副主任:陈东岗

助理巡视员:单学文 张彦钦

【概况】　自治区党委宣传部机关行政编制为56名。其中：部长职数1名，副部长职数5名，巡视员或助理巡视员职数2名；处级领导职数28名（13正、15副），处级非领导职数15名（调研员7名、副调研员8名）。机关实有人数55人，均为中共党员。其中：部长1人，副部长6人，精神文明建设委员会办公室副主任1人，助理巡视员2人；正处长13人，副处长12人，调研员7人，副调研员9人，一般工作人员3人。妇女干部15人，少数民族干部30人，研究生毕业13人，大学本科毕业35人，大学专科毕业7人。

【理论工作】

加强理论武装工作宏观指导　完善中心组学习制度建设　制定下发《做好2005年全区理论工作的意见》，进一步明确2005年理论工作的指导思想、重点任务和总体要求。制定下发《关于加强我区民办社科研究机构管理工作的意见》，对进一步加强全区民办社科研究机构的管理工作提出具体要求。制定下发《关于做好2005年党委（党组）中心组学习工作的意见》，对中心组学习从重点内容、形式方法、基本要求作总体部署。结合自治区保持共产党员先进性教育活动，进一步加强和改进各级领导干部的理论学习，下发《关于进一步改进和加强全区领导干部学习的意见》，明确从2005年下半年到党的十七大前的学习内容和基本要求，并在健全学习制度、强化检查考核等具体环节作了明确规定。下发《关于进一步改进和加强自治区党委中心组学习的意见》，完善学习制度、创新学习方法，并在个人自学、封闭读书、专家讲座、中心发言、专题研讨、学议结合等方面提出新的要求。在高校社科系统和社科研究系统开展“三个代表”重要思想、马克思主义立场观点方法、职业精神和职业道德“三项学习教育”活动，成立“全区社科领域开展‘三项学习教育’活动领导小组”，下发《关于在全区社科领域开展“三项学习教育”活动的通知》，举办自治区级“三项学习教育”专题培训班，来自高校和社科研究部门的近百名领导、学者参加培训。召开“全区党委（党组）中心组经验交流会议”，11个盟市、厅局、企业、高校的负责同志结合本地区、本部门工作实际，就中心组学习的好经验、好做法进行大会交流发言。举办“学习贯彻十六届五中全会精神专题培训班”。编印四期《党委中心组学习参阅资料》。

围绕重大主题推进理论研究　组织自治区社科理论界专家、学者围绕自治区改革开放和现代化建设中的全局性、战略性重大主题，围绕自治区保持共产党员先进性教育活动的开展，撰写《发挥优势，突出特色，加快发展—“十五”期间内蒙古壮大优势特色产业、推进新型工业化分析》、《落实科学发展观，以新型工业化带动经济振兴》、《加强生态建设，实现人与自然和谐发展》等一批回顾、总结“十五”期间自治区经济社会全面、快速发展，关注现实问题的理论文章。其中《切实把握民族地区党的建设的特殊规律》一文，在全国党刊优秀论文评选中被评为一等奖。在全区开展广泛深入的“党的先进性建设理论与实践”理论研讨活动，有32篇理论价值和实践意义较高的论文被评选为优秀论文，编辑出版论文集《加强党的建设 永葆党的先进性—全区党的先进性建设理论与实践研讨会论文集》。组织开展全区第九届精神文明建设“五个一工程”优秀理论文章和电视理论专题片的评审工作，有22篇理论文章，6部电视理论专题片获得自治区第九届精神文明建设“五个一工程”理论文章和电视理论专题片优秀奖。组织召开2005年度自治区社科规划项目评审工作会议，确定自治区社科规划项目课题61个，申报立项国家社科研究基金项目33个。组织开展县域经济发展理论研讨活动，组织自治区社科理论界专家学者深入到呼和浩特市和林格尔县和巴彦淖尔市杭锦后旗等旗县，对自治区多种形态县域经济进行研究探讨。

整合宣传资源　搞好理论宣传　制定下发《关于改进和加强全区理论宣传工作的意见》，组织召开全区理论宣传工作会议。进一步整合自治区党报党刊、广播电视、新闻网站、思想理论刊物、高校校刊社科版等宣传阵地，建立有效的理论宣传工作机制。组织开展形势政策教育和党的十六届五中全会精神宣讲活动41场次，自治区各盟市、区直机关、大中型企业16 000余人参加报告会。在自治区社科研究单位建立网络信息员队伍，在内蒙古新闻网开通“内蒙古社科规划频道”。组织召开“学习贯彻中央民族工作会议精神座谈会”、“弘扬延安精神—纪念抗日战争胜利60周年座谈会”、“学习贯彻党的十六届五中全会精神座谈会”等座谈会。

（乌兰娜）

【新闻宣传】

牢牢把握正确导向　提高舆论引导水平　制定下发每个季度宣传报道意见和《关于构建社会主义和谐社会的宣传报道意见》、《关于建立健全教育、制度、监督并重的惩治和预防腐败体系实施纲要的宣传报道意见》等65项方案和意见。组织协调中央驻区和自治区新闻单位，对树立和落实科学发展观、保持共产党员先进性教育活动、调整农牧业产业结构等重要工作部署进行全面深入报道。同时，对房价上涨、蔬菜价格等社会各界广泛关注的一些热点、难点进行舆论引导。新闻阅评工作客观、公正、及时、有效。

典型宣传深入人心　战役宣传影响深远　制定下发《2005年全区重大典型新闻宣传报道实施方案》、《关于全区第三产业发展的宣传报道方案》等方案。对全区各地就加强农牧业产业化、促进农牧民增产增收方面的新思路、新亮点、新经验进行集中报道。对“科学发展观在鄂尔多斯的实践”，呼、包、鄂“金三角”优势地区和东部地区迎合东北地区老工业基地振兴进行系列特别报道,这些报道有深度、有力度,播出后产生良好的效果,得到自治区领导同志的充分肯定。协调配合中宣部“落实科学发展观”大型系列主题采访活动,组织采访团与自治区13个相关厅局进行座谈,协同采访团赴呼和浩特、包头、鄂尔多斯、赤峰等地及伊利集团等企业进行深入实地采访。

保持共产党员先进性教育活动宣传效果 在活动开展之际,起草下发《关于保持共产党员先进性教育活动宣传报道意见》,并组织自治区媒体对我区贯彻情况进行大力宣传。自治区三大媒体陆续开设《实践“三个代表”保持共产党员先进性》、《时代先锋》等专栏,全面报道全区各地开展此项活动的情况。自治区三大媒体联合推出《先进性教育整改成果展示》栏目,集中对全区整改阶段取得的成果进行展示。内蒙古日报、内蒙古电台、电视台继续开设《头雁风采》等13个栏目,做到天天有先进性教育活动的新闻。同时三大媒体认真做好重大选题的策划,并陆续推出,得到社会的广泛认可。

宣传内蒙古工作的力度进一步加大 制定下发《关于继续开展“宣传内蒙古优胜奖”评选活动的通知》。新华社内蒙古分社等10家中央驻区主要新闻单位,在中央主要新闻媒体刊播稿件达5 771篇(条),其中新华社内蒙古分社发稿4 680篇(条),人民日报记者站发稿174篇,中央人民广播电台发稿424条。自治区主要新闻单位在中央主要新闻媒体上稿量均有较大增加,其中,内蒙古电视台在中央电视台新闻联播发稿106条,而且典型报道和重点报道比上年增加三分之一。组织召开2006年度全区党报党刊发行工作电视电话会议,并下发文件要求做好党报党刊的发行工作。

继续开展“三项学习教育”活动 坚决抵制虚假新闻 通过“三项学习教育活动”和落实“三贴近”原则,解决当前存在突出问题。如新闻报道会议活动多,基层工作、生活报道少等问题。按照中宣部、国家工商总局、广电总局、新闻出版总署联合下发的《关于清理含有不良内容广告的通知》要求,自治区党委宣传部切实发挥联席会议在专项整治行动中的作用,重点解决当前在媒体广告刊播中存在的审查不严和监管不力问题。通过整治,使虚假广告问题得到有效遏制。

(郭宇平)

【文艺出版】

加强对建设民族文化大区工作的组织领导 自治区建设民族文化大区领导小组召开第二次工作会议,研究确定2005年工作要点并正式印发实施。筹建自治区建设民族文化大区领导小组办公室和专家委员会。自治区建设民族文化大区领导小组召开文化产业座谈会,交流经验,研究部署加快文化产业发展工作。组织开展全区文化产业发展摸底调查工作。

创作生产一批优秀文艺作品 召开两次专门座谈会,重点研究部署繁荣民族歌舞艺术工作。出版发行建设民族文化大区优秀歌曲CD。全区各地各有关部门创作生产一批优秀剧节目。如:内蒙古民族歌舞剧院的晚会《我从草原来》,内蒙古曲艺团的民族曲艺《草原传奇》,鄂尔多斯市的《鄂尔多斯·蒙古大婚》,呼伦贝尔和通辽市联合创作演出的话剧《牛玉儒和他的亲人们》,包头市的话剧《牛玉儒》,呼和浩特市的新编历史晋剧《满都海》,通辽市的大型乐舞史诗《蒙古风》,兴安盟的歌舞剧《科尔沁婚礼》,乌兰察布市的东路二人台《书记过年》等。有一批作品获得国际国内大奖,如:《鄂尔多斯·蒙古大婚》入选2005年至2006年度国家舞台艺术精品工程30台初选剧目;电影《季风中的马》获第25届夏威夷国际电影节亚洲电影大奖,18集电视连续剧《我的鄂尔多斯》、8集电视连续剧《走进石锁沟》等在中央电视台播出。

举办重大文化出版活动 中国·内蒙古第二届国际草原文化节在包头市举办,取得圆满成功。内蒙古自治区第三届乌兰牧骑艺术节在鄂托克旗顺利举行。在兴安盟科尔沁右翼中旗举办首届乌力格尔艺术节。全年共举办集文化娱乐、经贸洽谈、旅游观光等为一体的大型或较大型群众节庆文化活动70余次。

组织协调全区各出版单位进一步落实自治区成立60周年建设民族文化大区重点图书项目。与文联、北京出版集团联合召开《牛玉儒——一个人和他热爱的土地》一书首发式。认真组织全区第九届“五个一工程”评奖工作。起草《关于内蒙古出版改革情况的报告》上报中宣部。

(包银山 吴秀华)

【社会宣传】

开展典型宣传 在全区推出和宣传重大典型张耀国同志的先进事迹。组织张耀国同志先进事迹报告团在全区巡回报告,引起强烈反响,有力地配合支持全区保持共产党员先进性教育活动的开展。深化牛玉儒同志先进事迹和精神的宣传,举办先进事迹图片展览等系列活动。推出和宣传全区重大典型陈玉珍同志先进事迹。宣传鄂尔多斯市东方路桥集团先进典型,组团赴鄂尔多斯市东方路桥集团进行采访,在自治区媒体进行集中宣传。

继续开展爱国主义教育活动 命名15个第二批全区爱国主义教育基地,在全区广泛组织到爱国主义教育基地参观、瞻仰、学习教育活动,向中宣部推荐并被中宣部批准1个国家级爱国主义教育基地—呼和浩特市内蒙古革命烈士陵园。举办纪念抗日战争暨世界反法西斯战争胜利60周年大型图片展览,组织拍摄6集文献记录片《青山作证》和爱国主义教育基地巡礼专题片《乌兰夫纪念馆》,在全区多次进行播放。组织神舟6号载人航天飞行先进事迹报告会,激发全区各族人民的爱国热情。

深入开展形势政策教育 下发《关于深入开展形势政策教育的意见》,对全区形势政策教育的任务、制度、队伍建设和工作措施进行规范性要求。编写综合形势政策教育提纲。下发中

宣部发行的各种形势政策教育资料。

认真开展"三下乡"活动和"百城万店无假货"活动　起草下发《全区2005年深入开展"三下乡"活动安排意见》，落实"三下乡"常下乡任务，组织大型集中行动。命名全区首批"百城万店无假货"3条示范街和14个示范店，并进行广泛宣传。

（王　良）

【精神文明建设】

"以会促创"战略全面展开　呈现出良好发展态势　2005年8月在包头召开全区两个文明经验交流会，是自治区党委、政府实施"以会促创"战略的第十次会议。自治区党委书记储波、自治区主席杨晶、自治区党委副书记陈光林到会并做重要讲话，会议全面总结十年来全区两个文明建设经验交流会的基本经验。呼伦贝尔市、赤峰市、锡林郭勒盟、乌兰察布市、鄂尔多斯市和阿拉善盟等盟市相继召开两个文明建设经验交流会。包头市被中央文明委授予"全国文明城市"荣誉称号，通辽市被授予创建全国文明城市工作先进单位，集中体现自治区精神文明建设所取得的成就，标志着自治区精神文明建设工作跃上新的台阶。全国精神文明建设表彰大会后，按照自治区文明委的要求，自治区及时召开电视电话会议，全面学习和推广包头市创建全国文明城市的先进经验。为推动全区文明城市创建工作，组织举办首届文明城市理论研讨会，组织专家学者、文明委成员单位和部分盟市，探讨新形势下创建文明城市的规律，提高认识，明确方向，形成共识。

全面推进"北疆文明大通道"　不断深化"六进社区"创建活动　下发《关于开展"北疆文明大通道"创建活动试点工作方案》，进一步明确试点工作的基本思路和具体工作内容。组织开展第四届"六进社区"服务日活动。各盟市、旗县市区也同时举办"六进社区"服务日活动，受到群众的欢迎，收到良好的社会效果。协调自治区文化厅报送参加全国"四进社区"文艺展演活动节目，其中有1个获得全国二等奖，3个获得三等奖。

组织开展全区第五届星级文明城乡系列竞赛活动和文明单位创评活动　研究制定全区星级文明城乡系列竞赛测评体系，对全区12个盟市的31个城市（区）进行了测评。评出一批国家级、自治区级文明单位和创建工作先进单位、先进个人，集中展示全区精神文明创建工作取得的丰硕成果，调动广大干部群众参与创建工作的热情，推动各项创建活动的深入开展，带动创建工作水平的整体提高。全区全国文明单位27个，先进单位61个；自治区文明单位标兵214个，自治区文明单位1 033个。

认真落实中央文明办实施的精神文明建设资助工程　安排中央文明办"百县千乡文化工程"12个，争取资金1 200万元。"西部开发助学工程"共资助150个贫困家庭的学生完成高中阶段教育，资助110名新入学的贫困大学生完成大学阶段教育，共争取中央文明办资金358万元。按照中央文明办的要求，集中在兴安盟、乌兰察布市和巴彦淖尔市开展"电视进万家"活动。

加强思想道德建设工作　向中央文明办报送自治区开展未成年人思想道德建设有关情况，推荐了全区未成年人工作典型示范案例，命名自治区团委生态园、自治区妇联少儿中心两个青少年全国校外活动示范基地。协调配合自治区教育厅、团委等部门，召开全区大学生思想政治工作会议，开展全区大学生思想政治教育情况调研，安排大学生思想政治工作形势政策教育报告会。组织开展纪念抗日战争胜利60周年暨世界反法西斯战争胜利60周年知识竞赛活动。设计建设内蒙古精神文明网。

（贺学礼　高文鸿）

【对外宣传】

对外新闻宣传工作　组织邀请美国、日本、土耳其、新加坡等国家的驻京记者到内蒙古自治区进行为期四天的集中采访报道活动。组织邀请中央新闻媒体记者组成新闻采访团，深入到呼和浩特、包头、鄂尔多斯三市的工厂、农村、牧区、社区，就经济建设、生态建设、社会事业发展等多方面内容进行集中采访报道。在美国《国际日报》上开设内蒙古专版，相继刊登《这是一片令人向往的土地—中国内蒙古》等数十篇专题文章。组织邀请香港《紫荆》杂志社、《香港商报》、香港《华夏民族》杂志社、香港《文汇报》、《大公报》记者来自治区进行专访。组织邀请上海、天津、湖南、河北、山东、吉林等兄弟省市新闻媒体记者到自治区东部盟市进行集中采访。

政府新闻发布工作　下发《关于进一步规范和加强全区新闻发布工作的意见》，从组织结构、发布内容、发布方式、审批办法、组织领导等五个方面对全区新闻发布工作进行全面规范。以自治区政府新闻办的名义在区内外举办新闻发布会22场。成功举办全区新闻发言人培训班。

对外宣传"精品"工程　制作反映国家实施西部大开发五年来自治区经济建设、社会发展等各方面所取得成就的大型电视政论片《走进前列》。制作出版预防未成年人犯罪的警示教育片《让成长告别眼泪》VCD。与中国外文局联合编辑出版《马背上的民族》一书。编辑出版《人民画报》增刊—《内蒙古自治区西部大开发五周年回顾》。编发斯拉夫蒙文月刊《索伦嘎》12期。

互联网新闻宣传和管理工作　起草下发《关于进一步加强和改进互联网管理工作的实施意见》。对自治区登载新闻的网站进行年度检查。组织开展对违规从事互联网新闻信息服务工作的清理整治。会同自治区公安厅等部门开展对淫秽色情网站清理整治工作。组建互联网监督评论员队伍，对自治区互联网舆情进行实时监测。

内蒙古新闻网完成首页和12个自办频道的全面改版工作，开通3个盟市、2个旗县频道，全区12个盟市有10个盟市全线开通，初步建立起覆盖全区的互联网新闻宣传工作网络。先后推出"内蒙古保持党员先进性专题"、"内蒙古香港经贸活动周"

和“全面推进就业再就业 构建和谐内蒙古”等49个专题。开通北方新报、内蒙古法制报、北方经济报、北方劳动时报、呼和浩特晚报和北方家庭报等6个媒体频道。进行“500个专题”建设工作,大幅度增加页面的信息容量,实现日更新新闻信息1 000多条,日点击量达到10万。内蒙古新闻网英文版不断完善,开通企业、文化、政务、旅游和内蒙古5个频道。与中国网、中国日报网、人民网、国际在线等国家重点网站建立英文网链接合作关系。

对外文化交流活动 受广电总局委派,组织中国·内蒙古草原歌舞团赴美演出获得成功,美国主流媒体进行连续正面报道,产生良好影响。组织自治区艺术团体赴蒙古国首都乌兰巴托市成功举办春节文艺晚会。节目录像在蒙古国国家电视台和内蒙古卫视播出。内蒙古·香港经贸合作活动周宣传工作有声有色。

(乔三旺)

统　　战

【中国共产党内蒙古自治区委员会统一战线工作部领导名录】

部长:伏来旺(蒙古族)

副部长:杨舜才(3月任职) 阿迪雅(蒙古族 2月任职)

胡其图(蒙古族 2月离任) 马国祥(回族)

侯世忠(3月任职) 施文学(蒙古族)

巡视员:莫日根(蒙古族 11月离任)

助理巡视员:白玉金(满族) 和光(满族)

【概况】 中国共产党内蒙古自治区委员会统一战线工作部机关行政编制49名,少数民族干部19人,妇女干部9人,大专以上学历47人。

【整合统一战线资源】 围绕全区“十一五”规划的制定,积极引导,组织协调各民主党派、工商联,就加强宏观调控、解决“三农”问题、统筹区域发展等事关全区经济社会发展的重大问题,广泛开展考察调研,完成调研报告16篇,在数量和质量上比上年均有所提高,为自治区党委和政府决策提供依据。为推动全区非公有制经济健康发展,由自治区党委统战部牵头,会同工商联及有关部门开展评选自治区第二批优秀中国特色社会主义建设者活动,表彰25名优秀民营企业家,对广大非公有制经济人士起到鼓舞和激励作用。在以往工作的基础上,对工商联、商会、光彩会、台联、侨联、海联会等统一战线中的社团组织进行整合,对招商引资工作进行认真谋划。自治区政府在香港举办“内蒙古·香港经贸活动周”期间,自治区统战部积极参与,广泛开展联络联谊、牵线搭桥工作,在招商引资活动中发挥统一战线的优势,并得到广泛的好评;夏秋之交,组织“光彩事业科尔沁少数民族地区行”活动,帮助通辽市招商引资获得成功,引进资金55亿元;经自治区台办和相关部门的共同努力,促成台湾台塑集团与自治区政府签订240亿元的投资协议。与此同时,发动广大非公有制经济人士积极参与光彩事业,年内,全区共实施光彩事业项目37个,投资总额174.4亿元,到位资金6.5亿元,向中国光彩会推荐全国重点光彩事业项目8个。与上年相比,投资总额增加近30亿元。

【民族宗教工作】 中央民族工作会议结束后,自治区党委将贯彻会议精神和筹备自治区民族工作会议的任务交由统战部牵头,及时将中央《关于进一步加强民族工作 加快民族和民族地区经济社会发展的决定》(中发〔2005〕10号)进行任务分解。会同有关部门成功举办全区民族工作研讨会;召开自治区新闻、宣传单位、经济部门等不同类型的宣传贯彻中央民族工作会议精神座谈会和少数民族代表人士研讨班;代自治区党委起草《关于进一步加强民族工作 加快我区经济社会发展的决定》。全区民族工作会议于9月21日隆重召开,有力地推动全区民族工作。

国务院《宗教事务条例》出台后,自治区统战部及时召开宗教工作联席会议进行传达学习,并提出具体要求;举办自治区四个宗教团体负责人学习贯彻《宗教事务条例》培训班;会同自治区宗教局分东西两片举办全区《宗教事务条例》培训班,共有200多名统战、宗教部门干部参加培训学习;积极开展调查研究,制定下发《内蒙古自治区宗教工作责任制》、《内蒙古自治区宗教工作责任追究制》等两项制度;组织召开全区宗教工作座谈会和全区宗教界“两个文明”建设表彰及经验交流会;妥善处理天主教、伊斯兰教两位会长的丧葬及后事;全年共召开11次宗教工作联席会议,及时解决和处置宗教领域的一些重点、热点问题和涉及宗教因素的突发事件及境外利用宗教对全区进行渗透的事件;在宗教界人士和信教群众中广泛开展了一系列爱国主义教育活动,积极引导宗教与社会主义社会相适应,促进全区的团结和谐和社会稳定。

【多党合作】 《中共中央关于进一步加强中国共产党领导的多党合作和政治协商制度建设的意见》(中发〔2005〕5号)发出后。自治区党委统战部立即召开各民主党派、工商联负责同志及无党派人士参加的加强中国共产党领导的多党合作和政治协商制度建设座谈会,引导大家深刻认识其重要意义,努力做好各方面的工作,把文件精神落到实处。接着召开三个片会,对盟市委统战部学习贯彻中央5号文件精神的工作进行具体指导。与自治区党委组织部、内蒙古党校联合举办全区多党合作专题研讨班。认真抓多党合作各项制度的落实工作,帮助民主党派解决一些实际困难。全年共召开民主党派和无党派代表人士座谈会、谈心会7次,情况通报会3次。在内蒙古社会主义学院举办各类培训班14期,培训各类人员650余人次。选派87名党外干部到中央统战部、中央社会主义学院接受培训,选派5名党外干部出国培训,推荐12名党外干部赴区内外挂职锻炼。进一步完善《党外领导干部联系制度》,确定自治区党政领导交友名单,全区共有56名党外代表人士与19名自治区党政领导建立联系关系。以社团为纽带,加强同各界人士的联系,与沿海发达省区、港澳台地区及蒙古国的30多个社团组织建立友好关系。

按照中央5号文件精神,进一步加强民主党派后备干部队伍建设。完成自治区九届政协届中增补非中共委员、常委工作。协助民进、九三学社区委分别在赤峰、呼伦贝尔市建立了民主党派市级委员会。为6个民主党派、工商联分别协调落实每年10万元的调研经费,并解决其它方面经费不足的问题。会同自治区党委组织部联合下发《内蒙古党委组织部、统战部关于进一步加强培养选拔党外干部工作的意见》(内组通字〔2005〕8号)。年末,召开自治区党委组织部、统战部第二次联系会议,对党外干部的培养选拔进行研究与探讨,形成共识,并提出目标和措施。全区12个盟市也全部建立组织部、统战部联系会议制度。由于各级党委的高度重视,全区县处级以上党外干部已由2002年的600余名增加至800余名,其中副省级党外干部6人,12个盟市政府(行署)全部配齐党外副盟市长;盟市人大、政协有党外副主任、副主席54人;101个旗县(市、区)人大、政协领导班子中有党外副主任、副主席275名;政府领导班子中有党外副旗县(市区)长99名;自治区直属厅局、有关人民团体和科研院所、高等院校领导班子中共有党外厅级干部19名,处级干部296名。

(贺建忠)

政策研究

【中国共产党内蒙古自治区委员会政策研究室领导名录】

主任:布和朝鲁(蒙古族)

副主任:梁文清　张太平　徐党荣(11月离任)

胡匡敬(11月任职)

副厅级研究员:周亮　特木勒(蒙古族)　赵升

【概况】 内蒙古党委政策研究室是为自治区党委决策服务,从事综合性研究的工作部门。机关行政编制40人,全部为大专以上学历,其中研究生10人,少数民族干部11人,妇女干部7人。

【文稿服务】 全室共起草领导讲话和署名文章26篇,其中储波书记讲话和署名文章7篇。主持起草储波书记在东部盟市经济工作座谈会上的讲话、在呼包鄂三市经济工作座谈会上的讲话(初稿)、在陈云规划思想与推进城镇化座谈会上的讲话、在中央民族工作会议上的发言提纲(初稿)、向全国人大法律委员会副主任王茂林的汇报提纲、努力推进"三个文明"构建和谐内蒙古等文稿,参与起草自治区党委书记储波在全区民族工作会议上的讲话。为自治区主席杨晶、党委副书记陈光林、杨利民、巴特尔等8位自治区党政领导起草讲话和署名文章。

【文件起草】 主持或参与起草自治区党委、政府重要文件13个,主要有《自治区党委常委会重大事项征求意见的办法(试行)》、《自治区党委关于进一步加强和改进对经济工作的领导的实施意见(试行)》(内党发〔2005〕10号)、《内蒙古党委、政府关于完善城镇体系推进城镇发展的意见》(内党发〔2005〕23号)、《内蒙古党委、政府领导同志2005年重点课题调研工作实施方案》(内党办发〔2005〕28号)、《内蒙古自治区人民政府关于实施技术跨越战略的意见》(内政发〔2005〕54号)等。这些重要文件作为自治区党委、政府的重大决策,对全区经济社会发展起到重要的指导推动作用。

【重点课题调研服务】 按照《自治区党委、政府领导同志2005年重点调研工作实施方案》,积极主动做好调研的组织协调工作,强化督促检查和信息沟通,确保重点课题调研工作顺利进行。研究室牵头完成的自治区副主席郭子明《关于我区农村牧区社会救助体系建设研究》课题,参与完成的党委副书记杨利民《关于建立和完善领导干部为责任主体的信访工作长效机制的调查与思考》、自治区副主席雷·额尔德尼《关于农牧业结构调整的研究》等10个课题,质量都比较高。

【决策建议】 编发《决策参阅》67期,自治区党委书记储波、自治区主席杨晶等党政领导对24篇作出重要批示,批示率为35.8%,其中储波书记批示的有8篇。同时,为给自治区领导提供更多的信息,新创办《决策信息》,全年编发35期,储波书记、杨晶主席、赵双连副主席对4篇作出重要批示。

【调查研究】 按照自治区党委领导的指示,会同有关部门,针对自治区党员队伍建设情况、全国党员先进性教育活动试点地区工作经验进行深入调研,形成《关于搞好党员先进性教育活动的调查报告》,得到自治区党委副书记杨利民和组织部长陈朋山的充分肯定,并由自治区先进性教育活动领导小组转发全区。同时紧紧围绕自治区经济社会发展的重点、难点、热点问题进行调研,累计下基层调研90多人次,540多天,形成《关于加快高技能人才队伍建设的建议》、《关于完善信访工作机制切实解决群众上访问题的建议》、《我区服务业发展情况及对策》等一批优秀文稿。许多文稿得到自治区领导的批示,为自治区党委、政府决策提供了重要依据。

【专报材料】 围绕工业化、农牧业产业化、城镇化、生态建设、人才流入区建设等方面的问题,形成专报材料95篇。其中,专报中央、国务院有关部委的29篇,专报自治区党委、政府和有关领导的56篇,专报其它部门的10篇。

【帮扶工作】 从锡林郭勒盟苏尼特左旗萨茹拉图雅嘎查的实际出发,创新扶贫机制,引导牧民组建合作经济组织,以经营能手带动贫困户,实现利益联结、优势互补,取得较好效果。贫困户由原来的47户、183人减少到9户、29人,贫困户人均收入由不到800元增加到3 100多元。政研室和具体抓帮扶工作的领导受到自治区党委、政府的表彰。自治区党委副书记杨利民对政研室创新扶贫机制作出重要批示:"政研室推动和总结萨茹拉图雅嘎查扶贫帮扶的三种合作模式在牧区有较强的指导性。请先进性教育办公室结合第三批先进性教育认真研究。"重视社区结对共建工作,制定《党委政研室与新城区昭君新村社区结对共建活动实施方案》,将任务分解落实到各处室党支部。

【政策宣传】 《内蒙古工作》注重突出刊物特色和质量,编发文稿230多篇,计100多万字。为总结展示2004年党政领导调研成果,从全区300多份调研文稿中选出102篇优秀文稿,编辑出版《优秀调研论文集》。按照自治区党委的安排,室主要领导和一位副主任深入呼和浩特市、包头市等8个盟市,宣讲党的十六届五中全会精神。与自治区发改委、开发行、内蒙古电视台联合组织内蒙古旗县经济展播活动,与自治区财政厅、内蒙古财经学院共同主办了全国民族地区财经论坛,与自治区发改委、工商局等单位共同筹办2004年度内蒙古民营企业50强评选活动和内蒙古首届民营企业论坛。

【亚行技援项目】 为顺利开展亚行50万美元的技术援助项目—《内蒙古能源发展战略研究》课题,组织中外专家来自治区考察,召开专家研讨论证会,组织完成初报告提纲的审定。这项研究课题将对内蒙古自治区成为国家重要的能源基地,产生积极的影响。

【农村固定观察点工作】 按照全国农村固定观察点办公室的统一部署,完成农村劳动力流动情况、农民种植生产意向情况、农畜产品价格信息调查等工作,如期完成全区10个点465个农牧户的数据录入和汇总。

(余占光)

政　　法

【内蒙古自治区党委政法委员会 内蒙古自治区社会治安综合治理委员会办公室 内蒙古自治区维护稳定工作领导小组办公室领导名录】

政法委书记
综合治理委员会常务副主任:罗啸天

政法委副书记:胡毅峰(蒙古族)

政法委副书记
自治区综治办主任:宋喜德

政法委副书记
自治区维稳办主任:高俊义

政法委秘书长:刘国栋

自治区综治办副主任:刘国君

自治区维稳办副主任:师　铎

政法委助理巡视员:苏云生　赵瑾琦

【概况】 自治区党委政法委员会机关、自治区社会治安综合治理委员会办公室合署办公。自治区维护稳定工作领导小组办公室(以下简称维稳办)设在自治区党委政法委员会。机关设9个职能处(室、部):办公室、政治部、执法督查室、信息调研处、社会治安综合治理综合协调处、社会治安综合治理盟市指导处、维稳办信息综合处、维稳办协调督办处、机关党委。

自治区党委政法委机关(自治区综治办、自治区维稳办)行政编制43人。其中:书记1名,副书记3名,秘书长兼政治部主任1名(副厅级),综治办专职副主任1名(副厅级),维稳办专职副主任1名(副厅级);处级领导职数17名(9正,含机关党委专职副书记1名,8副)。自治区党委政法委机关、自治区综治办、维稳办有在编干部43人,其中少数民族干部14人(蒙古族10人、达斡尔族2人、满族1人、回族1人),妇女干部8人,研究生学历2人,本科37人,大专2人。

【维护社会政治稳定工作】 切实加强了组织领导,强化工作责任。自治区政法委把维护稳定各项任务纳入重要日程狠抓落实。自治区维护稳定领导小组两次召开会议,分析形势,研究对策。罗啸天同志多次主持召开专题会议,协调解决重要政治活动和敏感时期影响稳定的重大问题。自治区维稳办把2005年作为"制度建设年",以落实维护稳定领导责任制为重点,建立矛盾纠纷排查调处联席会议制度、社会不稳定因素定期分析研判制度、重大矛盾纠纷预警通报制度、领导包案制度、挂牌督办制度。以自治区党委办公厅的名义下发《维护稳定工作责任制暂行规定》、《预防和处置群体性事件实施办法》,还将出台《处置自治区党政机关门前非正常上访人员暂行办法》，使矛盾纠纷排查调处和群体性事件处置工作做到规范化、制度化。大力加强了隐蔽战线的斗争，有效防范和打击各种敌对势力的渗透破坏活动。加强情报信息的收集、整理、分析、研判工作，牢牢掌握维护稳定工作的主动权。认真做好敏感日及特殊时期的维护稳定工作。采取有效措施妥善处置民间涉日签名游行事件、呼和浩特近万名下岗职工利用清明节策划聚集事件、部分企业军转干部和部分复转军人酝酿进京上访等几起较大规模的群体性事件，有效地维护全区的社会稳定，得到中央维稳办的充分肯定。积极协调和配合有关部门，圆满地完成元旦、春节，全国、全区"两会"、十六届五中全会以和纪念抗日战争胜利60周年等重大活动期间的维护稳定工作。对部分军队退役人员建立和落实"五包"措施，共同做好教育稳定工作。为自治区改革开放和全面建设小康社会创造了良好的社会环境。

【社会治安综合治理工作】　组织部署创建安全稳定地区活动。针对内蒙古地域广阔、边境线长、毗邻首都等区位特点，确立构筑祖国北疆安全稳定屏障、发挥首都"护城河"作用的战略目标，建立"一带一线一区"（即边境安全带，环北京"护城河"线，以城市为中心、城乡互动的维稳区域）的维护稳定工作格局。确立"四种"防范模式，提请自治区党委以（内党发〔2005〕12号）文件下发《关于深入开展创建安全稳定地区，构筑祖国北疆安全稳定屏障的决定》。要求通过5年（2005－2009年）的共同努力，使全区12个盟市、90%以上的旗县（市区）和80%的乡镇（苏木、街道）达到"安全稳定地区"的标准，使全区成为全国最安全、最稳定的地区之一。提请自治区党委办公厅、政府办公厅转发《自治区党委政法委、自治区党委综治委关于深入开展平安建设和安全稳定创建活动的实施意见》（厅发〔2005〕79号）。总结推广"草原110"成功经验。8月，自治区在锡林郭勒盟召开现场会进行总结推广，中央政法委陈冀平副秘书长出席会议并讲话，对自治区政法委的经验和做法给予高度评价。10月份，公安部长周永康视察内蒙古期间，专门观看"草原110"报警点的报警模拟演习，给予充分肯定。指导和完善城市"网格化"巡逻警务机制建设。呼和浩特、通辽、鄂尔多斯、乌海等地区，根据城区和城郊结合部不同地段的治安复杂程度及管理难度，抽调机关警力与武警协同配合，实行责任分区、车辆定片、人员包车，进行昼夜24小时"网格化"巡逻，实现全天候全方位巡控覆盖，提高公安机关的快速反应能力和处警时效。

认真落实社会治安综合治理领导责任制和目标管理责任制，进一步加强制度建设。自治区主席、综治委主任杨晶继续与各盟市党政主要领导签订《2005年度社会治安综合治理领导责任书》，自治区党委常委、政法委书记罗啸天与自治区综治委成员单位签订了综治领导责任书。制定下发《内蒙古自治区领导干部抓社会治安综合治理工作实绩档案制度》，中央综治办在《社会治安综合治理动态》上全文刊载向全国转发。进一步加大对盟市综治工作日常监控和检查督导的力度，制定《内蒙古自治区社会治安综合治理工作检查督导制度》。组织开展安全示范乡镇（苏木、社区）评选活动，评出安全示范乡镇（苏木、社区）96个。积极协调自治区编办下发文件（内机编办发〔2005〕49号），明确乡镇撤并后综治机构设置和配备专职综治干部问题。改变综治工作考核办法。

开展矛盾纠纷排查调处和突出治安问题的整治工作。全面落实《内蒙古自治区开展矛盾纠纷排查调处工作制度》，进一步健全矛盾纠纷排查调处机制，坚持属地管理和"谁主管、谁负责"，将责任落实到地区、部门、单位和具体责任人，把矛盾化解在基层，解决在萌芽状态。制定《内蒙古自治区排查整治治安复杂（混乱）地区和突出治安问题工作制度》，认真研究解决突出治安问题。

建立健全严打整治斗争经常性工作机制，进一步形成边疆安定、民族团结、社会稳定、人民群众安居乐业的良好局面。指导推动各地各部门开展查禁赌博专项整治活动，公安部《简报》刊登自治区的做法。积极协调有关部门，集中开展清理整治铁路沿线废旧金属收购站点专项行动，得到中央综治委铁路护路领导小组办公室的充分肯定。

认真做好综治调研和社会治安形势分析研判工作。建立全区社会治安形势月通报、季分析制度，定期分析社会治安形势，及时召开治安形势分析研判会，研究具体工作措施。

认真组织政法综治宣传工作。广泛开展以创建安全稳定地区、构筑祖国北疆安全稳定屏障为主题的综治宣传月活动，自治区综治委、党委宣传部联合下发《关于加强平安建设和安全稳定创建宣传工作的通知》，积极协调中央电视台"社会与法"频道在内蒙古落地。自治区综治宣传工作在全国综治宣传工作会议上作典型发言。

【执法督查工作】　狠抓集中处理涉法涉诉信访问题。4月份召开全区集中处理涉法涉诉信访突出问题工作座谈会，罗啸天书记对下一步工作作重点部署。至10月底，全区共排查出涉法涉诉信访案件4 978件，办结4 492件，占排查总数的90.2%。其中，中央和自治区联席会议等交办的515件重点案件，经核查确定393件，办结366件，办结率93.1%。结案比例在全国排序占第18位。高度重视群众来信来访。全年共接待群众来访3 000余人次，处理来信742件；实施公、检、法机关联合接待办法，并派员作为全区公安机关开门接访法律专家组成员，直接参与和指导疑难信访案件的处理。全国"两会"和十六届五中全会期间派专人进京做好上访人员的劝返工作。加大督办案件力度。年内共督办案件17件，协调或参与协调案件21件，组成或参与专案调查2件。编发执法监督《专刊》68期。按时完成中央和自治区领导批示案件的督办工作。

【政法队伍建设】 深入开展了保持共产党员先进性教育活动，不断强化政法队伍思想政治建设。深入开展“执法公正、一心为民”教育，开展向牛玉儒、任长霞和全区政法战线涌现出的先进模范人物学习活动。提高广大干警忠于党、忠于人民、忠于法律的自觉性，努力做到严格、公正、文明、规范执法，自觉维护公平正义。以建立健全队伍监督机制为重点，推进政法队伍正规化建设。2005年3月，自治区党委办公厅转发了自治区党委政法委《关于进一步做好政法干部队伍监督工作的意见》(内党办发〔2005〕18号)。并提出完善政法队伍监督工作制度体系、进一步整合各方面力量，加强各监督主体之间的协作配合，使内部监督、外部监督、社会监督、党内监督、行政监督能够共同发挥作用。进一步完善政法干部队伍的教育培训、日常管理监督、社会评估、责任查究、干警纪律约束惩戒等五个方面的经常性工作机制的意见。切实抓好领导班子建设。坚持党管干部原则，建立健全对政法领导干部的考察、考核制度，确保政法机关的领导干部政治业务素质符合要求。会同自治区党委组织部制定《全区政法部门领导班子和后备干部考核方案》，部署开展党风廉政建设教育和监督检查，并在年初召开的全区政法工作会议上，就抓好政法系统党风廉政建设和反腐败各项工作提出具体要求。认真抓好《2002—2005年全区政法系统干部教育培训规划》和《2002—2005年全区政法委(综治办)系统干部教育培训规划》的落实。指导、督促全区政法部门做好干部教育培训工作。加强政法委(综治办)干部的培训。采取举办培训班、与北京市委政法委协商，选派干部到北京挂职锻炼、抽调基层政法委和综治办干部到自治区党委政法委(综治办)调训等形式进行培训。成功举办第三期综治委成员单位联络员培训班。与自治区党委组织部共同协商，委托内蒙古党校举办政法系统优秀中青年干部培训班，这是政法系统第一次与组织部共同主办的培训班。选派干部参加党委组织部、内蒙古党校、直属机关工委和人事厅举办的各类培训班。在坚持从严治警的同时，认真做好从优待警的各项工作。年初，将全区各级政法委和政法部门的6万多干警纳入统一的一个保险合同内，由财政、单位、个人三方按比例共同承担保险费，由自治区党委政法委、政法各部门和保险公司实施统一管理。

【调查研究及信息工作】 委领导带头发扬求真务实的工作作风，努力营造调查研究的氛围。全年委领导下基层达160多天。自治区党委常委、政法委书记罗啸天同志到任后不久，为解决长期制约和困扰政法工作的一些保障性问题，先后深入到自治区政法各部门、12个盟市、部分旗县和一些艰苦偏远的基层所、队、站、点进行调查研究，根据政法机关实战需要和自治区经济发展实际，形成《关于解决我区、法、检“两院”法官、检察官断档问题》、《关于自治区政法部门几个内设机构领导高配的问题》、《关于解决政法各部门人员编制和管理的问题》、《关于自治区政法各部门“十一五”规划期间物质建设规划问题》、《关于加强基层司法保障工作的意见》、《关于60周年大庆政法部门重点建设项目的报告》等6个专题调研报告。在客观分析当前政法机关人员、物资、技术装备等保障方面存在的突出问题的基础上，提出解决问题的办法和建议，并于12月28日向自治区党委常委会作专题汇报，自治区党委常委会对此提出解决意见。此外，胡毅峰、宋喜德、高俊义等领导同志也分别带领工作组先后几次深入基层进行考察调研，对基层政法工作实施面对面地指导和帮助。加强信息网络建设和管理。政法委积极主动协调有关部门组建信息专网，实现与各盟市政法委、政法各部门专网和委机关内部计算机网络联网。该项目主要由中央政法部门投入主要资金，自治区财政统筹使用。信息员队伍建设得到加强。2005年4月，召开信息工作协调会，对网络建设和管理工作提出具体要求。各有关部门都配备专兼职信息员和网络管理员，使信息工作有人抓，有人管。

【法学会工作】 自治区法学会认真贯彻落实中央政法委5号文件精神，团结全区广大法学、法律工作者，紧紧围绕全区改革发展稳定的大局，广泛开展法学理论和法律实务研究。2005年8月，中国法学会会长韩杼滨在内蒙古考察期间，高度评价自治区法学会是“积极向上，探索开拓”的团体。法学会结合自身实际制定《五年工作发展规划纲要》，健全完善13项内部制度，为学会长期发展奠定基础。建立7个专业研究会，有团体会员163个，个人会员735人，吸收全区政法战线的部分人才精华。繁荣法学研究，提高学术成果水平。对年度结项的课题进行鉴定和评奖。围绕全党中心工作充分发挥学会的作用。2005年8月，成功举办“构建区域和谐，促进地区发展”论坛。中国法学会会长韩杼滨出席论坛会，并与自治区储波等领导同志就加强法学会建设问题交换意见，达成共识。加强了对外法学交流，开阔视野，借鉴先进经验。创办了《内蒙古法学研究》，开通法学会官方网站。提升学术成果在职称评定中的应用价值。自治区人事部门原则同意从2006年开始，评定职称时，在《内蒙古法学研究》上发表的法学、法律学术成果按省级公安发行刊物发表的学术成果标准对待。

(费　毅)

机关党建

【中共内蒙古自治区直属机关工作委员会领导名录】

书　　记：任亚平

常务副书记：曹树山

副　书　记：格根其其格（女　蒙古族）　叶占魁　李华（女）

关英（蒙古族　11月离任）　赵奎元（11月任职）

巡　视　员：柳华民（11月退休）

助理巡视员：翟太平

【概况】　自治区直属机关工委是自治区党委的派出机构，领导自治区直属机关党的工作。工委机关现有行政编制44名，事业编制16名。内设机构9个：纪工委、办公室、组织部、宣传部、研究室、工会工委（妇工委）、团工委、机关党委、工委党校（事业编制）。有工作人员56名，其中处级干部28名。有离退休人员22名。党的关系隶属工委的单位有105个，共有党员38 669名，基层党组织2 757个，专职党务干部221名。

【理论工作】　区直机关组织广大党员深入学习邓小平理论和“三个代表”重要思想，学习贯彻科学发展观、构建社会主义和谐社会、加强党的执政能力建设和先进性建设等重要战略思想和战略决策。工委认真做好理论武装的指导和服务工作，充分利用党校加强对党员干部的教育，900多名基层党务干部及党员和入党积极分子接受培训。通过组织召开理论研讨会、经验交流会和深入基层调研指导，及时总结推广各部门、各单位的好经验和好做法，推动理论武装工作的深入开展。

【先进性教育活动】　区直机关紧紧抓住学习实践“三个代表”重要思想这条主线，围绕目标要求，紧密联系实际，扎实开展先进性教育活动。区直工委和盟市工委抽调人员参加先进性教育办公室和督导组的工作，积极协助领导小组抓好教育活动的开展。区直工委在认真总结第一批先进性教育活动成功经验的基础上，研究制定《关于以“三创一落实”活动为载体，推进机关党建工作长效机制建设的意见》，向自治区党委组织部汇报后联合印发，用以指导党政机关、事业单位党建工作长效机制建设，先后两次在全国机关党建研讨会上介绍经验。按照中央国家工委的安排，在呼市成功召开全国机关党建研讨会，交流各省区市的先进性教育成果。组织区直机关与呼市社区进行结对共建，进一步巩固和扩大先进性教育活动成果。各级机关党组织抓住先进性教育活动这一契机，带动和促进机关党建工作上一个新台阶。各单位领导更加重视党建工作，党支部活动更加趋于规范化、制度化，机关党建工作的生机和活力明显增强。

【基层党组织建设】　各单位广泛开展党建工作先进厅局创建活动，有力地推动一把手抓党建责任制的落实，机关党的基层党组织建设更加完善。工委对近两年主要领导带头抓党建责任制落实情况和创建党建工作先进厅局活动进行阶段性总结，命名表彰22个党建工作先进厅局，54个先进基层党组织，103名优秀共产党员，59名优秀党务工作者。同时加强对盟市机关工（党）委工作的指导。召开盟市机关工（党）委书记座谈会，明确工作思路和重点，交流各盟市党建工作经验。深入盟市机关党组织调查研究，加强指导。各盟市机关工（党）委结合各自的实际，积极争取盟市委主要领导的重视和支持，创新党建活动载体，加强盟直机关建设，有力地推动当地经济社会的健康发展。

【帮扶工作】　全区各单位高度重视帮扶锡盟工作，4年累计投入资金1.6亿元，6个被帮扶旗市贫困农牧民，从帮扶前的人均年收入858.5元增加到1 854.5元；帮扶前有贫困户3 865户，通过帮扶累计脱贫3 601户，脱贫率达到93.16%。被帮扶嘎查（村）的生产、生活条件和草原生态状况有了很大改善，农牧民的收入稳步提高，有力地促进锡盟经济社会的发展。

2005年底分别召开区直机关帮扶锡盟工作总结表彰暨帮扶兴安盟动员会和帮扶兴安盟工作座谈会。对138个帮扶锡盟成绩突出单位和128名先进个人进行表彰，并对帮扶兴安盟工作进行全面部署。会后多数帮扶单位由主要领导带队，深入兴安盟帮扶点调研接洽，并开展送温暖活动。

【党风廉政建设和反腐败工作】　全年区直机关共受理来信来访886件，初核46件，办结40件，按有关规定处理6件，给予7人党政纪处分。召开学习贯彻《实施纲要》研讨交流会，制定贯彻意见，并督促抓好落实。对区直机关工作人员和国企负责人投资入股煤矿的清理情况进行督查，配合有关部门深入盟市检查核实。积极研究探索党内监督的有效途径，认真抓好监督条例的贯彻落实。

【精神文明建设】　以弘扬民族精神为主线，切实抓好干部职工的思想道德和形势任务教育。广泛开展向郑培民、牛玉儒、任长霞等先进人物的学习活动、纪念抗日战争胜利60周年活动和文明单位创建活动。工委对全国文明单位、全国精神文明建设工作先进单位和自治区文明标兵、文明单位进行了复查验收，分别推荐全国文明单位2个、全国精神文明先进单位1个、自治区文明标兵3个、自治区文明单位6个，全部得到国家和自治区的认定命名。完成普法依法治理年度任务，并对“四五”普法工作进行总结验收，组织处以上干部参加了法律考试。进一步加强反邪教宣传教育。

【群众组织工作】 工会组织深入贯彻《工会法》和自治区的实施办法,加强自身建设,提升工作水平,努力为职工办实事,维护职工的合法权益。开展丰富多彩的文化体育、劳动竞赛、争先创优和送温暖活动。共青团组织开展增强团员意识主题教育活动,不断延伸团的服务手臂,提升团的服务能力,深化青年志愿者、青年文明号创建活动。妇女组织以维护女职工合法权益和特殊利益为重点,关爱妇女身心健康,加强对女职工的培训。

(李鹏程)

老干部工作

【中国共产党内蒙古自治区委员会老干部局领导名录】

局　　长:董树君(3月任职)

副 局 长:吴云霞(女 蒙古族) 张忠

助理巡视员:徐国铭(4月任职) 郝兰树(11月任职) 黄盛

【概况】 自治区党委老干部局是自治区党委主管全区离休干部和厅局级以上退休干部的职能部门,归口自治区党委组织部管理。内设机构有办公室、人事处、宣传教育处、待遇处、机关党委、离退休人员工作办公室,关心下一代工作委员会办公室挂靠老干部局。机关行政编制28名。领导职数:局长1正2副;助理巡视员1名;处级6正6副;处级非领导职数3正3副。所属单位:下设1个正处级行政单位和3个正处级、1个副处级事业单位,分别是自治区直属离退休人员工作办公室(正处级行政单位)、自治区直属机关干部休养所(正处级全额拨款事业单位)、内蒙古自治区老干部活动中心(挂内蒙古自治区老年大学牌子,正处级全额拨款事业单位)、老年世界杂志社(正处级差额拨款事业单位)、机关事务服务中心(副处级全额拨款事业单位)。局机关及所属单位共有编制194名。全区各盟市委、旗县委均设有老干部工作机构,自治区直属机关、企事业单位普遍设立老干部工作机构并配备专、兼职工作人员。

全区现有离休干部26 048人(不含中直单位1 925人)。其中:第二次国内革命战争时期72人,抗日战争前期873人,抗日战争后期1 742人,解放战争时期23 361人。80岁以上6 380人,70岁至79岁19 555人,平均年龄78.2岁。享受省级待遇50人,享受厅局级待遇2 665人。机关9 536人,事业6 992人,企业9 520人。厅局级以上退休干部971人。

【落实老干部政治待遇】 1.以先进性教育活动为契机,推进了离退休干部党支部建设;2.开展纪念抗战胜利60周年系列活动,弘扬伟大的抗战精神;3.完善情况通报制度,拓展思想政治工作的内容和渠道。4.加强活动场所建设,丰富老同志的精神生活。

【老干部生活待遇得到保障】

解决转制企业离休干部管理服务问题 以自治区党委、政府名义下发《关于切实做好国有改制和破产企业离休干部管理服务工作的实施意见》(内党办厅发〔2005〕80号);通过调研,向区党委、政府提出解决原国有资产经营公司所属企业离休干部安置和管理服务的具体意见,并已协调落实;协助有关部门解决了原三大流通企业离休干部管理和服务工作中遇到的问题。

提高老干部的有关待遇 1.明确红军时期参加革命工作的县处级及以下离休干部享受副厅局级医疗待遇;2.较大幅度地提高了离休干部护理费标准;3.从2006年起将驻盟市区直单位离休干部医疗费补贴标准由每人每年4 000元提高到5 000元。7月下旬,区党委第47次书记办公会议决定:将处级及以下离休干部住院床位费标准提高到相应级别医院床位费最高标准;处级及以下离休干部每两年至少进行一次体检,所需经费列入财政预算;自治区财政筹措资金,将优先为区直机关离休干部发放住房补贴。

清理"两费"陈欠 按照与组织部联合下发的《关于认真清兑拖欠离休干部离休费和医药费的通知》要求,全区各地积极采取措施清理拖欠离休干部的离休费、医药费。7月27日第47次书记办公会议决定:自治区划拨130万元,呼伦贝尔市自行安排117万元,一次性解决呼伦贝尔市所属两大农牧场管理局拖欠离休干部医疗费的问题;关于自治区国有资产经营公司改制后,原通辽市教育印刷厂所属4名离休干部的归属问题。决定由内蒙古民族大学代管,离休费仍然由地方社保部门发放,地方性补贴同所在高校离休干部享受同一标准,内蒙古民族大学负责按月发放,所需经费列入学校年度经费预算;医疗费、公用经费、特需经费等由自治区财政按标准核拨到委托管理单位统一掌握使用。

【募捐活动】 1月5日,老干部局系统为印度洋地区地震及海啸灾民募捐,参加本次募捐的从省级老干部到普通干部职工共有130多人,共计捐款14 849元。讲话并接受了记者采访。多家新闻单位对此次捐助活动予以报导。

【春节慰问】 1月29日至2月5日,春节期间组织安排慰问省级离退休干部及遗孀的活动。老干部局领导王今、吴云霞、张忠分别陪同储波、杨晶、任亚平、岳福洪、陈光林、杨利民、巴特尔等自治区领导慰问郝秀山、千奋勇、克力更等老同志以及胡淑荣、云补英等老干部遗孀,储波书记、任亚平秘书长还专程慰问牛玉儒同志遗孀谢莉同志。王今、吴云霞、张忠三位局领导还代表自治区党委、政府，在有关人员的陪同下慰问沈湘汉、赵会山等九位老干部和12位老干部遗孀。

【举办离退休党员经济形势报告会】 3月9日自治区发改委同志介绍自治区经济社会发展的有关情况。局系统全体党员、区直机关厅级以上离退休党员及离退休党支部书记共计450余人参加。

【健康保健专题讲座】 3月18日下午，老干部局在内蒙古党校报告厅举办了区直机关离退休干部健康保健专题讲座，特邀全国著名健康教育专家、第四军医大学万承奎教授作了题为《21世纪健康新概念》的演讲。区直机关300余名老同志聆听了报告，反响良好。

【老干部活动中心开馆仪式】 6月19日，自治区老干部活动中心维修改造工程竣工，举行开馆仪式，自治区党委副书记杨利民到会讲话，自治区党委常委、组织部长陈朋山、自治区人大副主任王凤岐、自治区副主席余德辉；原自治区人大常委会副主任宋志民、张廷武、原自治区高级人民法院院长杨达赖等老同志；自治区人大、政协、各厅局有关领导同志；老干部局历任老局长、部分盟市老干部活动中心代表和直属机关、企事业单位老干部工作部门的负责同志等150多人出席。7月14日，郭子明、宋志民等领导同志听取老年大学工作汇报并参观维修改造后的活动中心。

【调查离休干部护理费】 经协调，老干部局与组织部、财政厅、人事厅、劳动和社会保障厅9月26日联合下发《关于调整离休干部护理费标准的通知》（内组通字〔2005〕49号）。将离休干部护理费标准调整为：红军时期参加革命工作的每人每月200元；抗日战争时期参加革命工作的每人每月160元；解放战争时期参加革命工作的每人每月120元。因瘫痪等原因生活长期完全不能自理或因公致残离休干部的护理费在新标准的基础上每人每月再增加80元。

（孟宝云）

纪检　监察

【中国共产党内蒙古自治区纪律检查委员会领导名录】

书　记：巴特尔（蒙古族）

副书记：娜仁（女　蒙古族）　陈哲　张文清（蒙古族）　李杰（5月任职）

常　委：额尔德尼（蒙古族）　李晓峰　郭荣祥　史继善　韩世华（11月任职）

秘书长：李杰（5月离任）　韩世华（11月任职）

【内蒙古自治区监察厅领导名录】

厅　长：娜　仁（女　蒙古族）

副厅长：额尔德尼（蒙古族）　李晓峰　张元凯

【概况】 自治区纪委、监察厅机关内设办公厅、监察综合室、政策法规研究室、执法监察室、党风廉政建设室、纠正部门和行业不正之风室、纪检监察一室、纪检监察二室、纪检监察三室、纪检监察四室、纪检监察五室、案件审理室、信访室、宣传教育室、干部管理室等15个厅室和机关党委。其中办公厅下设3个处：秘书处、综合信息处、行政处。另设离退休人员工作处，归办公厅管理。机关下设《时代风纪》杂志社（蒙文）、培训中心和机关事务服务中心等3个事业单位。自治区纪委监察厅机关行政定编131名。其中：领导班子成员职数12名，副厅级室主任职数14名，正厅级、副厅级检查员职数8名，处级干部职数60名。自治区纪委、监察厅事业单位定编47名，其中处级干部职数7名。

【党风廉政建设责任制和监督教育】 全区共有101名领导干部因违反责任制规定受到追究，其中县处级干部16人。领导干部放任纵容配偶子女谋取非法利益等五个方面的突出问题得到进一步治理。新增公务用车申报备案制度得到严格执行。党政机关驻外办事机构的党风廉政建设工作进一步强化。国家机关工作人员和国有企业负责人投资入股煤矿问题得到认真清理纠正，成效明显。党内监督工作继续深入。《建立健全教育、制度、监督并重的惩治和预防腐败体系实施纲要》的学习宣传贯彻形成良好局面，典型教育有声有色，廉政文化建设强力推进。

【查办案件】 2005年，全区各级纪检监察机关共立案1 142件，结案1 161件（含上年遗留案件），给予党政纪处分1 385人，其中县处级以上干部64人。对有轻微错误不追究纪律责任的714名干部进行批评教育。通过查办案件，为国家、集体挽回经济损失7 827万元。

自治区纪委监察厅本级初核案件10件，立案5件，结案4件，给予4名地厅级干部党政纪处分。其中，对阿拉善盟原副盟长税玉江严重受贿违纪违法案进行严肃查处，是自治区纪委监察厅组建以来查处的涉案金额最大的一起领导干部违纪违法案。

【纠风专项治理】 全区查处义务教育阶段学校乱收费问题280多起，涉及金额730多万元，给予纪律处分或组织处理47人。全区集中招标采购药品6.7亿多元，让利患者1亿多元。查处非法行医、假劣药品和医疗器械、虚假医药广告等问题4 200多件。

全区通过减免农业税和专项治理,减轻农牧民负担总金额5亿多元。查处涉农负担案(事)件54件,向农民退还乱收费金额304万元。全区共取消对机动车辆行政事业收费、基金、集资、摊派项目26个,取消道路收费站(点)5个,查处公路“三乱”问题并给予党政纪处分28件、54人。深入开展民主评议政风行风工作,收到明显实效。

【执法监察】 在征收征用土地、城镇房屋拆迁、企业重组改制和破产中损害群众利益的问题得到进一步纠正,拖欠和克扣农民工工资问题得到有效治理。对企业违法排污,危害群众健康行为的监管和打击力度不断加大。积极参加整顿和规范市场经济秩序的专项工作。认真开展生态环境建设工程项目及资金管理使用情况的监督检查。全区共开展执法监察项目1 031项,查出违纪金额1亿多元,挽回经济损失2 400多万元。

【源头治理】 行政审批制度改革扎实推进,各级行政服务投诉中心共受理投诉651件,办结545件,追究责任52人,其中党政纪处分14人,组织等其它处理38人。财政管理体制改革继续加强,建设工程项目公开招标投标工作全面推开,干部人事制度改革和政务、厂务、村务“三公开”工作不断深化。国有经营性土地使用权招标拍卖、挂牌出让工作成效明显,产权交易进入市场和投资体制改革按照中央的部署有了新的进展。国有企业惩防体系建设有了良好开局,企业领导干部行为进一步规范。

(李建军 张宏伟)

巡 视

【中国共产党内蒙古自治区委员会巡视机构领导名录】

巡视一组

组 长:张洪祥

副 组 长:武 兵

巡视专员:白德全(蒙古族 3月任职)

巡视二组

组 长:李久祥

副 组 长:金 平(蒙古族)

巡视专员:杜子洲

巡视三组

组 长:刘玉槐(代)

副 组 长:杨静平

巡视专员:曲 帆(蒙古族)

巡视工作办公室

主 任:乔建东

【概况】 自治区党委巡视机构于2004年4月正式成立,设自治区党委巡视一组、巡视二组、巡视三组和巡视工作办公室。巡视工作办公室设在自治区纪委,为自治区党委巡视工作的办事机构。自治区党委巡视机构行政定编23名,事业定编6名。其中:正厅级领导职数3名(各巡视组组长、副组长均为正厅级,组长在原单位列编),副厅级领导职数4名,处级干部职数15名。巡视工作由自治区纪委和党委组织部具体领导,对自治区党委负责。经费列入自治区财政预算,单独列支,党务、人事、后勤、财务等工作由自治区纪委机关管理。自治区党委巡视机构成立后,当年即对包头市、乌海市、呼伦贝尔市及满洲里市进行了巡视。

【盟市巡视工作】 2005年,自治区党委巡视组分两批对巴彦淖尔市、赤峰市、鄂尔多斯市、兴安盟、阿拉善盟、锡林郭勒盟及二连浩特市进行巡视。除对中央纪委、中央组织部和自治区党委规定的五项内容,即贯彻执行党的路线方针政策的情况、执行民主集中制的情况、落实党风廉政建设责任制和领导干部廉政勤政的情况、选拔任用领导干部的情况以及处理改革发展稳定关系的情况实行监督外,还结合贯彻落实中纪委第五次全会和自治区纪委第七次全委会议精神,对领导干部“五个不许”的有关情况作重点了解,并按照党委要求对被巡视盟市党员先进性教育活动情况进行考察。三个巡视组共与各级干部谈话1 527人次,召开各类座谈会33个,接待群众来访1 769人次,受理群众来信226件,发放民主测评问卷1 544份。共形成7个盟市巡视工作报告,17个专题报告;向自治区党委提出建议6条,向被巡视盟市反馈整改意见、建议45条;发现地厅级领导干部违纪违法线索8条,对16名领导干部进行提醒谈话。

【旗县巡视】 2005年,自治区党委巡视组结合盟市巡视工作,对五原县、临河区、扎赉特旗、乌兰浩特市、阿拉善右旗、太仆寺旗、苏尼特右旗、敖汉旗、宁城县、达拉特旗、东胜区等11个旗县(市、区)进行巡视。重点围绕旗县党政领导班子特别是主要负责人廉洁从政、落实党风廉政建设责任制和干部选拔任用情况进行监督,同时侧重了解领导干部遵守“五个不许”方面的情况。共与各级干部谈话824人次,召开各类座谈会15个,接待群众来访163人次,受理群众来信73件,发放民主测评问卷2 209份。共形成11个旗县巡视工作报告,2个专题报告;向被巡视旗县反馈整改意见建议40条,发现县处级领导干部违纪违法线索8条;对12名县处级领导干部进行提醒谈话。

【巡视“回头看”】 2005年,自治区党委巡视组对2004年首批巡视的包头市、乌海市、呼伦贝尔市及满洲里市进行巡视“回头看”,重点了解上述盟市一年来针对巡视反馈意见、建议的整改落实情况。从“回头看”情况看,上述被巡视地区对巡视组反馈意见十分重视，各盟市委均召开专门会议研究整改工作，针对反馈意见及时制定和上报整改方案，三个盟市共采取17项较大的具体整改措施，整改工作取得比较明显的成效。对存在的问题和不足，巡视组进一步提出改进工作的具体意见和建议。

（侯秉权）

保 密

【内蒙古自治区党委保密委员会办公室 内蒙古自治区国家保密局领导名录】

主 任（局长）：王树青

副主任（副局长）：程平 麻魁（蒙古族）

【概况】 中共内蒙古自治区委员会保密委员会办公室与内蒙古自治区国家保密局是一个机构两块牌子，为副厅级建制，内设综合处、业务处和保密技术检查中心，机关行政编制15人，事业编制5名。其中副厅级领导职数1名、处级领导职数6名（4正2副）、副调研员1名、科级干部职数7名。内蒙古党委保密委员会办公室是内蒙古自治区党委的办事机构，内蒙古自治区国家保密局是内蒙古自治区人民政府的职能部门，归口内蒙古党委办公厅管理，同时接受中共中央保密委员会办公室、国家保密局的业务指导，主管全区保密工作。

2005年，全区各级保密工作部门坚持“统一思想、服务大局，立足当前、着眼长远，突出重点、整体推进”的指导思想，认真开展先进性教育活动，初步树立保密工作法制化、保密技术现代化、保密工作队伍专业化的形象。3月8日，内蒙古党委保密委员会召开第七次会议，自治区党委副书记、保密委员会主任杨利民作重要讲话，会上通过《内蒙古党委保密委员会2005年工作要点》。3月25日至26日，全区保密工作会议在呼和浩特召开，杨利民副书记到会讲话。7月23日，自治区党委书记储波、自治区人民政府主席杨晶与自治区四大班子部分成员观看安全保密教育展览，听取安全保密工作汇报，储波书记和杨晶主席分别作重要讲话。

【保密要害部门部位管理】 2005年，全区保密工作部门认真贯彻落实《中共中央保密委员会办公室、国家保密局关于保密要害部门部位保密管理的规定》，加强对保密要害部门、部位的监督检查和工作指导，要害部门、部位的干部素质和技术防护水平得到普遍提高，制度进一步健全，工作机制进一步完善。自治区直属机关共确定保密要害部门177个、保密要害部位363个、重点涉密人员1 293名；各盟市共确定保密要害部门905个、部位1 122个。

【保密资格审查认证】 以确保“高新工程”安全保密为重点，进一步推进武器装备科研生产单位保密资格审查认证工作。在已认证单位开展“回头看”工作，查找不足，堵塞漏洞，进一步改进工作。同时，继续对申请二级、三级保密资质的单位进行认证，有4家单位分别通过二级、三级资质认证。

【涉密信息系统保密管理】 在调整充实涉密计算机信息网络审批专家（领导）小组的组成人员的基础上，涉密信息系统保密管理进一步规范，年内对多家单位涉密网络建设工作进行指导。涉密计算机信息系统集成资质认证工作继续推进，工作制度和工作程序进一步完善，全年有7家单位通过初审。

【依法行政】 全年查处窃密泄密案件6起，对有关文件资料进行密级鉴定。对全区国家秘密载体定点复制单位按隶属区域进行检查，其中在呼和浩特地区进行检查中，对查出的不符合条件的单位责令整改，其中问题严重的6家单位被吊销《国家秘密载体定点复制单位许可证》。年末，对申请国家秘密载体定点复制的10个单位，经严格审查，批准为国家秘密载体定点复制单位。全区国家秘密载体定点复制单位有106家。对已审批过的国家涉密建筑项目进行实地复查，对相关人员进行保密知识培训。

【宣传教育】 深入5个盟市、85个区直机关和部分重点涉密企事业单位播放《刘兵、龙向京窃密案》警示教育片，观看人数7 600余人，其中副厅级以上领导干部280人，副处级以上领导干部3 900多人，涉密人员3 500多人。举办了两期保密干部知识更新培训班，共培训保密涉密人员164人。同时，深入自治区直属机关单位讲授保密教育课，听课人数近千人。为了贯彻落实中共中央办公厅、国务院办公厅《关于手机使用保密管理规定（试行）》（中办发〔2005〕29号）文件精神，与中国人民解放军保密办、江苏省国家保密局联合制作了《小心你的手机》VCD教育片。

【保密技术】 全区各级保密工作部门积极落实《“十五”保密技术发展规划》，配备保密技术防范和检测设备，技术防范能力进一步加强。配合全区保密工作大检查、军工保密资质认证、要害部门部位管理等工作，宣传保密技术防护知识，对几十家单位进行环境检测、电磁泄漏检测、网络漏洞检测等，帮助有关单位健全保密技术防护体系，消除泄密隐患。

【督促检查】 按照中央保密委员会《关于在全国党政军机关开展一次保密工作检查的通知》的要求，8月份自治区保密工作部门组成了两个工作组，对自治区党委办公厅、人大办公厅等16个重点单位进行抽查。各盟市保密工作部门也分别进行检查，各机关单位进行自查。此外,分别对上网信息和互联网站进行检查整顿,开展党政领导干部保密工作责任制检查,与自治区教育考试中心联合组织国家教育考试安全保密工作检查,对造纸厂、废品收购站等继续加大监督检查力度。

【重大活动保密管理】 参与“神舟六号”载人飞船回收中的保密工作,对有关单位提出保密工作要求;对先进性教育活动中出现的涉密文件管理问题进行调研,向自治区相关部门提出整改意见;参与自治区党政新建办公楼的保密措施、布线方案设计;对国家统一考试试卷自治区定点印制单位在试卷印制期间发生的劳资纠纷问题进行介入,及时采取有效措施,避免泄密事件的发生。

(张录云 唐勇)

接待

【内蒙古自治区接待办公室领导名录】

主 任:包广林(蒙古族)

副主任:贾志奇 常真其

【概况】 内蒙古自治区接待办公室成立于1997年6月,隶属党委办公厅,副厅级事业单位(全额拨款,参照国家公务员制度管理),共有编制27名,实有人员24名,处级以上领导干部14名(占58%),党员22名(91%)。接待办公室统一负责、具体承办到自治区调研、考察指导工作的中共中央、国务院及全国各省、自治区、直辖市党委、人大、政府、政协、纪委的副省部级以上领导干部(含副省部级以上离退休干部)的接待任务。内设3个处:综合处、接待一处、接待二处。综合处负责接待中共中央办公厅及全国各省、自治区、直辖市委办公厅及接待部门的重要客人,负责全区接待部门工作人员的业务培训,负责接待办文秘、人事、财务、统计、档案等日常运转和内勤工作;接待一处负责接待中共中央、全国人大及所属部门和全国各省、自治区、直辖市党委、人大的副省部级以上领导干部;接待二处负责接待国务院、全国政协及所属部门和全国各省、自治区、直辖市政府、政协的副省部级以上领导干部。接待经费列入自治区财政预算,实行计划单列。

【工作情况】 2005年共接待到自治区视察、考察、检查和调研的副省部级以上领导干部404批、4 033人次,比2004年增加94批、1 339人次。其中:党群口的92批、803人次;人大口的47批、325人次;政府口的160批、1 593人次;政协口的52批、563人次;军队口的14批、141人次;港台同胞及国际友人18批、287人次。

【接待党和国家领导人】 2005年接待中共中央政治局常委、国家副主席曾庆红,中共中央政治局常委、中央纪委书记吴官正,中共中央政治局常委李长春,中共中央政治局委员、书记处书记、国务委员、公安部部长周永康,中共中央政治局委员、书记处书记、中央组织部部长、中央先进性教育活动领导小组组长贺国强,全国人大常委会副委员长李铁映、许嘉璐、蒋正华,全国人大常委会原副委员长布赫、周光召,国务委员陈至立,全国政协副主席刘延东,全国政协副主席、全国工商联主席黄孟复,最高人民检察院检察长贾春旺等党和国家领导人21批,321人次。

【接待兄弟省区党政考察团】 2005年先后接待吉林省委书记王云坤、山西省委书记张宝顺,宁夏回族自治区党委书记、自治区主席陈建国,河南省省长李成玉,河北省省长季允石,辽宁省委副书记王唯众,浙江省委副书记周国富,黑龙江省委副书记、纪委书记杨光洪,北京市委副书记、人大常委会副主任于均波,山西省副省长梁滨,上海市副市长胡延照,江苏省副省长李全林、青海省副省长徐福顺等15个兄弟省区市党政主要领导率团到自治区考察,共接待25批,462人次。兄弟省区党政考察团在考察后对内蒙古的发展给予肯定,双方都有合作意向。

【接待大企业集团情况】 2005年先后接待北京京能(集团)有限公司党委书记、董事长李凤玲,神华集团董事长陈必亭、总经理张喜武,中国华电集团公司党组书记、总经理贺恭,中国华能集团公司总经理李小鹏,壳牌中国集团执行主席林浩光,东航集团总裁李丰华,香港合生创展集团主席朱孟依,台湾腾龙集团董事长陈由豪等大企业集团公司宾客20批,167人次。其中大部分企业、集团已经投资,并就进一步加大合作力度进行洽谈、签约。

【接待各大银行 财团情况】 2005年接待到自治区考察、调研投资情况的中国银行党委书记、董事长肖钢,中国银行行长周小川,中国建设银行党委书记、董事长郭树清,国家开发银行总行行长陈元,中国进出口银行行长李若谷,华夏银行董事长刘海燕,国家开发银行总行副行长高坚等共19批,152人次。各大银行和财团对内蒙古的发展充满信心,在信贷方面都给予一定支持。

(吴茜 李涛)

编　　办

【内蒙古自治区机构编制委员会办公室领导名录】

主　　任:王凤鸣

副 主 任:邢志华(蒙古族) 高娃(女 蒙古族) 刘高恩

助理巡视员:陈　富(11 月离任)

【概况】 自治区编制委员会办公室行政编制 26 人,实有 25 人。处级领导职数 6 正 6 副。其中实有人数中男 18 人,占72%;女 7 人,占28%。大学以上文化程度 16 人,占64%;大专文化程度 8 人,占32%;中专及以下文化程度 1 人,占4%。少数民族 6 人,占24%。内设综合处、机关机构编制处、事业机构编制处、机构编制监察处、事业单位登记管理处(事业单位登记管理局)。自治区编办机关事务服务中心,是编办所属相当于处级事业单位,事业编制 8,处级领导职数 1 正 1 副。

【苏木乡镇机构改革试点工作】 2 月 28 日,自治区编委扩大会议决定,按照中央要求配套推进全区苏木乡镇机构改革试点工作,每个盟市确定一个旗县进行机构改革试点。成立自治区苏木乡镇机构改革试点工作领导小组,组织部长陈朋山任组长,自治区副主席雷·额尔德尼、郭子明任副组长。

各盟市上报试点旗县苏木乡镇机构改革方案后,编办进行认真的审理并加强与盟市的协调沟通,方案确定后及时上报自治区党委、政府审批。原计划鄂尔多斯全市进行苏木乡镇机构改革试点,其它盟市选一个试点旗县,从年底完成情况看,各地明显加快了改革进度。至 2005 年底,已经批复鄂尔多斯、阿拉善、巴彦淖尔、锡林郭勒、乌海、赤峰、呼和浩特等 7 个盟市全部旗县(市、区),和其它 5 个盟市各 1 个试点旗县,共计 59 个旗县(市、区)的苏木乡镇机构改革方案。苏木乡镇由 764 个撤并到 381 个,减少 383 个,精简50.13%;行政编制由17 342名减到12 796名,减少4 546名,精简26.2%;事业编制由20 112名减到11 225名,减少了8 887名,精简44.2%;上划旗县(市、区)一所两站事业编制3 114 名。行政机关实有16 231人,改革后减少3 435人,精简21.2%;事业单位实有21 362 人,改革后减少10 137人,精简47.4%。

【区直事业单位改革试点工作】 2005 年 3 月 14 日,自治区党委办公厅、政府办公厅出台由编办拟制的《关于自治区直属事业单位改革试点工作的意见》(内党办发〔2005〕13 号),3 月 30 日,自治区党委办公厅、政府办公厅下发文件,成立自治区直属事业单位改革试点工作领导小组,自治区党委组织部长陈朋山任组长、自治区副主席郭子明任副组长。实行财政补助、编制和进人管理方式改革的 6 个单位有:内蒙古工业大学、内蒙古商贸职业学院、内蒙古第三医院、内蒙古医学院附属医院、内蒙古民族歌舞剧院、内蒙古自治区直属乌兰牧骑艺术团的财政补助方式改革方案和机构编制核准备案意见,已经自治区政府和编委批准下发,进入人事制度改革阶段。进行机构编制调整整合试点的农牧业厅所属事业单位,机构整合和人员编制精简方案已经编委批复,原有的 53 个单位下放盟市 12 个,整建制移交内蒙古大学管理的 1 个,撤并 11 个,保留 29 个。原有的财政拨款事业编制2 265名,改革后,下放和划转 851 名,精简 140 名,重新核编 1 274 名。正在进行人事制度改革,人员竞争上岗,编余人员逐步分流安置。进行转企改制试点的自治区地质矿产勘查开发局、自治区有色地质勘查局、自治区煤田地质局及 3 个局的所属事业单位的改革总体方案经自治区政府审定下发后,正进行内部企业化改革。

按照内党办发〔2005〕13 号文件精神,开发类科研机构转制工作已经基本完成。9 个开发类科研单位中,已有 7 个单位完成转制工作,自治区编委收回事业编制 116 名,实际转企人员 326 人(有 2 个单位因资产原因尚未进行企业注册登记,故暂未收编,两个单位现有编制 63 名,实有 128 人)。

【机构编制管理工作】 在继续坚持对自治区各级机关事业单位实行"三不"政策(即不增加机构、不增加编制、不增加人员),暂时原则冻结使用空编的同时,加大对盟市、旗县、苏木乡镇的机构编制管理监督检查力度。2005 年 2 月 3 日,由编办草拟以自治区党委办公厅、政府办公厅名义下发《关于严格控制苏木乡镇机构和人员编制的通知》(内党办发〔2005〕9 号),要求全区苏木乡镇以 2001 年机构改革时自治区核定下达的机构编制数及 2004 年底的实有人数为基数,只减不增,不得突破。2005 年 4 月 11 日,自治区党委办公厅、政府办公厅又下发《关于严格控制盟市、旗县机构编制和人员增加的通知》(内党办发〔2005〕19 号),要求严格控制盟市、旗县机构编制和人员增加,切实加强对机构编制工作的领导。除中央和自治区党委、政府有明确要求外,各盟市、旗县机关和事业单位的机构编制和实有人员要保持稳定。停止增加机构、编制的审批工作。暂时冻结机关和财政拨款事业单位(包括政策性收费的自收自支事业单位)使用空编进人工作。职能调整和任务增加的部门,所需编制和人员通过内部调剂解决。

为切实维护机构编制管理的权威性、严肃性,加强机构编制监督检查工作,畅通监督检查渠道,根据中央编办的部署,编办于 9 月 2 日在全国首家开通"12310"机构编制监督检查举报电话,并延伸到各盟市。至年底共受理群众举报 5 件,结案 4 件,正在查处的 1 件。根据中央组织部、中编办、监察部、财政部联合部署的“关于对各地控制乡镇机构编制和实有人员情况开展督促检查”的工作任务,编办牵头,会同自治区党委组织部、监察厅、财政厅组成3个联合督查组,对3个市、6个旗县(区)、13个苏木乡镇机构编制和实有人员情况进行督促检查,形成《关于对控制苏木乡镇机构编制和实有人员督促检查情况的报告》。通过督促检查进一步提高各级对控制苏木乡镇机构编制和实有人员重要性的认识,确保5年内苏木乡镇机构编制和实有人员只减不增目标的实现。对控制苏木乡镇机构编制和实有人员方面存在的一些问题,提出改进的意见和建议。根据中央编办《关于对吃“空饷”问题开展督促检查的通知》精神,编办对自治区各级机关、事业单位吃“空饷”问题督促检查工作进行部署,各盟市和区直有关部门自查出在编不在岗和因调离、上学、死亡等未注销的吃“空饷”人员600多名,能纠正的及时进行纠正。编办与组织部、纪检监察部门配合,对全区12个盟市及满洲里、二连市贯彻执行《干部选拔任用工作条例》情况进行检查。为做好明年的公务员登记工作,参与自治区人事厅组织的对5个旗县公务员模拟登记工作,从机构编制上,确保公务员登记工作的开展。完成2004年度机构编制统计工作,受到中央编办的表彰,被中央编办评为“2004年度全国机构编制系统统计工作先进单位”。

【事业单位登记管理】 组织开展并按时完成事业单位登记管理每年一度的年检工作。加强对事业单位的动态管理,及时完成区直事业单位的设立登记,变更登记,注销登记工作。加强事业单位登记管理档案建设和归档工作。拟制《内蒙古自治区事业单位登记管理实施办法》。

【其它工作】 在搞好机构改革和机构编制管理工作的同时,重视做好日常机构编制的审理审批工作。2005年共审理审批各委办厅局、盟市报来的报告260余份,回复人大建议、政协提案22份,回复两办及有关部门征求意见稿50余件。为充分发挥机构编制信息反映情况、交流经验、指导推动工作的作用,编办加强机构编制宣传信息工作,共出刊《机构编制工作信息》15期、《苏木乡镇机构改革简报》8期、《事业单位机构改革简报》4期。上报中央编办信息28篇,列第5位;被采用7篇,列第13位。上报党办、政办信息50多条,被采用20多条。

(黄　钢)

党史研究

【中国共产党内蒙古自治区委员会党史研究室领导名录】

主　任:张　宇

【概况】 2005年,在中央党史研究室的指导下,在自治区党委和党委组织部的领导下,按照惠州会议精神和自治区党委党史领导小组会议及全区党史工作会议精神,坚持“一个中心,两个重点,三个保证”的工作思路,以资政育人为根本任务,抓住重点,突出特色,统筹安排,紧紧围绕纪念抗日战争胜利60周年和保持共产党员先进性教育活动,开展党史征编、研究和宣传教育工作,努力为现实服务,较好地完成中央党史研究室和自治区党委部署的工作任务。

【党史征编】 2005年,按照中央党史研究室的通知要求,组织人员参与《中流抵柱—中国共产党与抗日战争》一书的编纂工作,完成内蒙古地区抗战史料的编写任务。该书已由中共党史出版社出版发行;参加华北五省区市党史协作课题《中共北方区委历史》和《华北抗战实录》的编写工作,完成内蒙古自治区承担的编写任务。其中《华北抗战实录》于8月出版。编写出版革命人物图书《草原丰碑》,该书收录130名革命先烈的事迹,有90多幅图片,20多万字;编印出版纪念抗战胜利60周年画册《挺起民族的脊梁》,共有近800幅珍贵历史图片。同时,进一步审改《中国共产党内蒙古自治区历史》第一卷、第二卷。征编《走进新世纪的内蒙古—基层党组织建设》(画册)。开展中央党史研究室部署的《中国抗日战争伤亡人数及财产损失》内蒙古地区的调查工作。配合有关部门编写歌颂共产党丰功伟绩的普及性读物《人民心中的丰碑》。组织编写老红军姚喆司令员的传记。

【党史宣传教育】 为配合全区保持共产党员先进性教育活动,从3月23日开始,研究室在《内蒙古日报》开设党史专栏“草原丰碑”,共宣传40多位革命先烈的先进事迹。从3月24日开始,在内蒙古电视台开设党史节目“永远的丰碑”,共宣传30多位革命先烈的先进事迹,社会反响强烈,效果很好;为纪念抗日战争胜利60周年,研究室与自治区党委宣传部、自治区广电局合作拍摄6集电视专题片《青山作证》,从8月16日开始在内蒙古电视台播放。这部专题片从创作、采访、摄制完成只用2个月的时间,纵横四个省区市,行程15 000多公里,在时间紧、任务重、人员少的情况下,经过我们的积极努力和创作人员的辛勤劳动,这部专题片按时播出,社会各界给予高度评价,反响很大;研究室与自治区党委宣传部、档案局、老区促进会等单位联合举办“纪念抗日战争暨世界反法西斯战争胜利60周年大型图片展览—挺起民族的脊梁”。展览于8月15日至8月21日在内蒙古展览馆展出。展览共展出500多幅珍贵的历史图片,受到社会各界的好评。展览期间,自治区党委书记储波等领导同志专门集体观看了展览,并给予高度评价。来自社会各界的数万人观看展览;研究室与自治区党委宣传部、文明办联合举办“全区纪念抗日战争暨世界反法西斯战争胜利60周年"知识竞赛活动。这次活动受到社会的热烈响应,共收到答卷25万份,参赛者来自社会各个阶层,有党员干部、青少年、大中专院校的学生、社区群众、离退休老干部、农牧民等,经组委会组织阅卷后,根据评分情况,确定呼和浩特市等8个盟市、旗县为优秀组织奖,有90名参赛者分别获得一、二、三等奖;研究室与自治区党委组织部、宣传部、文明办、先进性教育办公室、教育厅、广电局、团委等七个部门联合下发《关于组织观看〈青山作证〉的通知》,公开发行《青山作证》音像资料,进一步扩大党史宣传的效果;研究室与自治区党史学会共同组织全区纪念抗日战争暨世界反法西斯战争胜利60周年征文活动,并推荐三篇优秀论文参加全国纪念抗日战争暨世界反法西斯战争胜利60周年学术研讨会;组织人员在《内蒙古日报》等新闻媒体上发表30多篇纪念抗战胜利60周年的文章,刊登40多幅历史照片;研究室与自治区文联、摄影家协会等单位联合举办"十五"成就展—光辉的历程;组织人员审阅内蒙古电力史志办编写的纪念抗日战争胜利60周年的图书《国魂》;编辑出版四期《内蒙古党史》期刊;加强"内蒙古党史"网站建设,增加新栏目,丰富新内容,使之成为党史宣传教育的新阵地;继续开展"六进"活动。深入到革命老区武川县哈拉合少乡哈拉合少村,了解农村现状和农民的生产、生活情况,慰问老党员并一起座谈,向乡中心校增送党史图书,向革命老区的人民献上了一份爱心;研究室还邀请曾在大青山战斗过的,解放军总政治部离休干部霍健同志来自治区并深入到机关及呼和浩特、包头市的部分大专院校宣传党史;在全区开展革命遗址、遗迹、纪念地等爱国主义教育基地的调查工作,已查明70多处,编辑文字资料近4万字,图片80余张。

【队伍建设】　一是坚持每周一次的政治学习;二是加强学习培训,全年共有12人次参加中央党史研究室和自治区组织的各类培训;三是注重在实践中培养和锻炼年轻干部,给他们交任务,压担子。通过抓队伍建设,工作人员的政治思想素质和业务工作能力都在不断提高,形成团结合作,努力工作的良好氛围和心情舒畅的工作环境。

按照部领导的要求,参照机关总体安排,结合研究室工作实际,制定研究室先进性教育活动的具体安排。在活动中,支部党员认真学习,严格要求,积极参加各项活动,深入社区帮扶困难群众,解决实际问题,献爱心,办实事,得实效。在活动中,邀请北京来的老干部霍健同志为大家讲党课。

2005年,研究室选派8名同志参加自治区党委和组织部的中心工作。这些同志在各项工作中得到锻炼,进一步提高工作能力和综合素质。

【业务指导】　10月至11月,室领导分别带队,深入全区12个盟市及30多个旗县,对基层党史部门贯彻落实全区党史工作会议精神的情况、队伍现状、工作进展情况及存在的问题和如何加强和改进党史工作进行全面调研。在调研中,调研组充分听取基层党史部门的汇报和建议,对工作提出明确要求,并就各地区工作中存在的问题与盟市分管领导交换意见,为有些党史部门解决一些实际困难和问题。

【大事要事】　2月27日,自治区党委副书记、党史领导小组组长杨利民同志主持召开自治区党委党史领导小组会议,自治区党委常委、秘书长、党史领导小组副组长任亚平,自治区党委常委、组织部部长、党史领导小组副组长陈朋山,以及党史领导小组其他成员参加会议。会议听取自治区党委党史研究室主任张宇关于2004年全国党史研究室主任会议精神和自治区党史工作情况的汇报,研究讨论《2005年全区党史工作要点》及有关事项,对2005年全区党史工作进行部署。

4月21日至23日,经自治区党委同意,全区党史工作会议在呼和浩特召开。自治区党委副书记、党史领导小组组长杨利民同志出席会议并作重要讲话。自治区党委党史领导小组部分成员单位的领导和自治区党史学会的领导出席会议。参加会议的有各盟市分管党史工作的领导、各盟市党史部门的负责同志和科长、自治区中共党史学会的同志共50多人。会上,自治区党委党史研究室主任张宇作工作报告。自治区党委组织部副部长王威同志对贯彻落实这次会议精神提出明确要求。

9月12日至18日,中央党史研究室副主任谷安林一行3人对内蒙古自治区的党史工作进行了调研。13日上午,谷安林一行出席了专题座谈会。自治区党委副书记、党史领导小组组长杨利民出席会议。自治区党委党史领导小组部分成员单位的领导同志和自治区党委党史研究室的领导及呼和浩特市、乌兰察布市、巴彦淖尔市、土默特左旗等党史部门的负责同志参加会议。自治区党委党史研究室主任张宇同志汇报全区党史工作。谷安林副主任肯定自治区各级党史部门取得的成绩。会上,谷安林副主任就如何加强和改进党史工作与大家进行座谈,并结合内蒙古地区的特点,对全区党史工作作具体指导。杨利民副书记对贯彻落实谷安林副主任的讲话精神作重要指示。调研期间,谷安林副主任还与自治区党委常委、组织部部长、党史领导小组副组长陈朋山进行座谈。并深入到鄂尔多斯市、包头市,就如何加强和改进党史工作与两市及所属旗县的党史工作者进行座谈,听取工作汇报。

（陈　鹏）

档　案

【内蒙古自治区档案局(馆)领导名录】

局(馆)长:张佃敏

副局(馆)长:杨勇　丁丁(达斡尔族)　朝克(蒙古族)

【概况】 内蒙古自治区档案局(馆)为自治区党委和政府管理全区档案事业的正厅级文化事业机构,具有保管利用和对全区档案事业行政管理的双重职能。内设11个处级机构,即办公室、人事教育处(机关党委)、法规处、档案馆室业务监督指导处、经济档案业务监督指导处、收集整理部、蒙文档案部、科技部、保管利用部、编目编研部、乌兰夫研究会办公室;下设2个处级事业单位,即档案干部培训中心、机关事务服务中心。事业编制135名,实有134人,包括参照公务员管理29名。其中:男80人,女54人。汉族91人;蒙古族36人;其他少数民族7人。大学本科及以上61人;大学专科59人;中专及高中12人;初中以下2人。专业技术人员92人,业务人员中评定职称的88人,其中高级职称29人,中级职称37人,初级职称14人,其他7人。

【档案督查　法制宣传工作】 2005年,自治区人大常委会办公厅印发《关于〈中华人民共和国档案法〉和〈内蒙古自治区档案条例〉执法调研报告》,即内常办发〔2005〕10号文件,要求各级人民政府对《报告》中提出的问题采取切实有效措施,认真加以解决。至年底,全区有25个盟市、旗县新建、扩建档案馆库,有69个盟市、旗县落实或部分落实档案保护费,72个盟市、旗县落实档案人员岗位津贴。还有48个盟市旗县档案馆列入当地政府建设规划之中。

对自治区直20个企业、科技事业单位进行专题执法检查,推动企业、科技事业单位档案工作的发展。设立行政许可事项审批窗口,查处两起档案违法案件。自治区档案局被国家档案局授予"四五"普法先进单位。

制定下发《内蒙古自治区档案宣传工作实施方案》,全区档案系统在《中国档案报》、《内蒙古日报》、《档案与社会》及自治区档案局网站刊登宣传报道文章400篇。在纪念抗战胜利60周年之际,与自治区党委组织部、宣传部、党史办等单位共同举办纪念抗战胜利60周年图片展,参与纪念抗战胜利60周年电视专题片—《青山作证》的拍摄。

【档案人才　教育工作】 根据全国、全区人才工作会议精神和全区档案干部队伍建设的实际,自治区档案局召开全区档案人才工作会议,对全区的档案人才工作进行部署。出台《关于加强全区档案人才工作的意见》,从人才培养、选拔、引进、管理等几个方面提出加强档案人才工作的具体措施,实施"232档案人才培养工程"。与此同时,全区各级档案部门充分利用现有的培训、教育基地,加大培训、教育力度,提高档案人员素质。开展常规的岗位培训外,开展专题性、实用性培训。自治区档案局先后举办档案现代化管理、会计档案管理、国有企业立卷改革培训班,共培训学员7 200余人次。推进档案专业技术人员继续教育,全区累计有5 000余名档案专业技术人员接受继续教育。

【农村牧区档案工作】 至2005年底,全区1 233个苏木、乡镇100%建立综合档案室或联合档案室,配备专兼职档案人员,嘎查村建档率达到90%,对加强基层政权建设,促进村务公开,维护社会稳定发挥积极作用。在此基础上,农村牧区档案工作逐步向农牧户延伸,巴彦淖尔市五原县和胜乡建立农户档案,记录农户人口、土地基本情况、种养殖、投入产出、消费等情况,收到良好效果,得到国家档案局的重视,五原县和胜乡还被国家档案局列为全国农业农村档案工作10个联系点之一,参加全国农业、农村档案工作联系单位经验交流会,作为典型单位之一介绍经验。

【民营企业档案工作】 2005年9月,自治区档案局与发改委、工商联联合召开全区民营企业档案工作座谈会,会议总结推广包头希望铝业、鄂尔多斯东方路桥等企业抓档案工作,促进企业发展的典型经验,收到良好效果,全区民营企业档案工作呈现出覆盖面逐步扩大,向纵深发展的良好局面。

【档案工作目标管理　档案利用服务考核工作】 开展档案工作目标管理和档案利用服务考核,是提高机关、企事业单位档案工作水平的一个重要手段。经过精心指导,全年有30多家机关、企事业单位档案管理达到自治区特级或国家二级以上标准,区直9家单位达到利用服务优秀级,1个系统达到"双特优"。同时,为巩固目标管理成果,对9个特级目标管理单位进行复查。

【档案资源建设与基础业务工作】 全区各级档案馆开展专项接收工作,丰富馆藏。内蒙古档案馆征集牛玉儒同志的个人档案,包括照片、文字材料等1 000多件,征集布赫、杨利民、巴图巴根、苏星、龙梅、玉荣等人物档案1 800多件;为巴图巴根、王再天、郝秀山等老同志拍摄照片、录音,开展抢救性征集工作;召开内蒙古档案学会北京名人档案分会第一届一次常务理事会。指导、帮助自治区禽流感防治指挥部健全档案管理制度,收集禽流感防治文件、资料1 200余件。

与乌审旗政府、鄂尔多斯市档案馆合编《希尼喇嘛生平》,《档案史料汇编》、《蒙汉文历史档案名词术语对照词典》、《内蒙古自治区志·档案志》已付印。为配合全区信用体系建设,自治区档案局从2002年开始开展信用档案建设工作,自治区已有500多家企业、中介机构、市场监管部门建立信用档案。为纪念乌兰夫同志诞辰100周年,修订《乌兰夫年谱》、《乌兰夫纪念文集》。自治区档案局与党委宣传部联合编写《内蒙古名人、名品、名胜》一书。为配合文明城市测评,自治区档案局与自治区文明办制订下发《文明城市测评〈内蒙古自治区各级综合档案馆功能建设等级标准〉》。包头市档案局在全市创建文明城市活动中,承担占《全国文明城市测评体系》70%分值的"创城"档案资料工作,被市委、市政府授予"创建全国文明城市立功单位"。

【档案科技 信息化建设】 完成《蒙古文档案主题词表》的编写,对"农牧户档案管理研究"进行归纳总结,制作成"农牧户档案管理软件"。大力推进档案信息化建设步伐,档案信息化建设已列入全区信息化建设总体规划。召开全区档案信息化建设工作会议,制发《内蒙古数字档案馆建设方案》、《内蒙古自治区档案信息化"十五"总结暨"十一五"工作思路》。为落实政务信息公开工作,"内蒙古档案信息网"进行改版、增加信息量。加强对盟市档案信息化建设的指导、服务,全区共有13个盟市旗县档案馆建立档案信息网站。

【档案工作对外合作与交流】 加强与蒙古国国家档案局之间的业务合作与交流,根据双方签订的合作协议,自治区档案局派人到蒙古国征集乌兰夫同志在蒙古国革命活动档案及旅蒙商档案。为开拓档案人员视野,自治区档案局组团到欧洲参观学习。自治区档案馆与中国第一历史档案馆、内蒙古大学蒙古学研究中心合作编辑的《清初内庭珍藏蒙古文档案汇编》(5、6、7辑)。加强与全国各地档案部门的联系,接待了北京、山西、宁夏等省市区档案界同行。

【重要会议】 6月28日,内蒙古自治区档案局在赤峰市召开全区档案人才工作会议。赤峰市市委常委、副市长马爱国、市政协副主席哈斯巴根参加会议。会议总结全区人才工作及档案干部建设工作,交流全区档案人才工作经验,部署下一阶段人才工作任务。马爱国副市长和自治区档案局局长张佃敏在会上讲话,自治区档案局副局长杨勇主持会议。

6月29日,内蒙古自治区档案局在赤峰市召开全区档案信息化工作会议。自治区档案局局长张佃敏、自治区信息化领导小组办公室副主任兰惠参加会议。兰惠副主任和自治区档案局副局长杨勇在会议上讲话,自治区档案局副局长朝克主持会议。

6月29日,内蒙古自治区档案学会名人分会部分会员在北京召开座谈会,与会人员围绕如何进一步搞好在京地区内蒙古名人档案工作进行了广泛深入地探讨。会议期间,国家档案局副局长杨冬权代表中央档案馆、国家档案局对内蒙古档案学会北京名人档案分会工作所取得的成绩给予肯定。

(杨小蕾)

党　　校

【中国共产党内蒙古自治区委员会党校 内蒙古自治区行政学院领导名录】

党校校长:杨利民(兼)

党校常务副校长 行政学院常务副院长:刘建明

党校副校长:额尔敦(蒙古族) 芮俊良 郜良 吕广明 金瑞

副巡视员:李焕魁

【概况】 全校(院)定编358人,其中,行政人员88人,事业人员和工勤人员270人。事业人员中正高级职称19人,副高级职称39人,中级职称52人,初级职称9人。专职教师队伍中硕士研究生毕业的21人,有在读博士研究生4人、硕士研究生18人。

【教学工作】 按照培训、轮训和专题研讨三种班次类型,长中短三种学制,分类培训,分层次办班,全年共举办30个班次,培训学员2 608人次。其中,党校举办盟市厅局主要负责同志专题研讨班和盟市厅局干部、直属机关处级干部、旗县长、苏木乡镇党委书记、中青年干部、政法系统后备干部、党外中青年干部、选调大学生等进修班和培训班8类13期773人。行政学院举办盟市和直属机关处级干部任职和更新知识培训班4期,特别是承担了《公务员法》培训任务,共培训学员1 835人次。

【科研工作】 是年获准立项国家社科基金规划项目4项,自治区社科基金规划项目5项,共引进项目资金29.4万元。同时,获准立项全国行政学院系统课题1项,组织申报自治区"五个一工程"奖7项,立项全区党校、行政学院系统课题22项,立项校级课题15项。全年共发表国家级和省部级论文194篇。组织召开全区党校系统"提高执政能力,构建和谐内蒙古"理论研讨会暨科研工作会,收到论文267篇。与国家行政学院合作,举办全国"公务员科学素质研讨会"。会同中国领导科学研究会,召开全国领导科学理论研讨会。

【内部管理体制改革】 为强化以教学为中心的意识,进一步调动教学科研和行政后勤人员的积极性,加强实绩考核,加大对优秀教师、优秀科研成果、学科带头人和优秀管理人员的奖励力度,研究制定年度业绩奖考评奖励办法并与年终考核评优挂钩,把民主推荐和实绩考核结合起来,引入有效的激励机制。

实施后勤服务社会化改革,改革后勤服务中心管理模式,整合校产资源,实现经营性资产与公用资产的分离。积极推进后勤服务向社会化、市场化转变,对综合楼、读书楼、餐饮部实行委托管理和专业化经营,在保证为办学提供优质服务的同时,提高经营水平。

【信息化建设】 投资190万元开发和完善校园应用信息系统,项目建成后将实现校园网、中央党校远程教学网和内蒙古全球远程学习中心三网连接,进一步提高教学、科研、办公的信息化水平。

【业务指导】 会同自治区党委组织部、宣传部,对锡盟和赤峰市党校的评估整改工作进行"回头看",对兴安盟党校进行重新评估。完成合格党校的"回头看"工作,举办全区党校、行政学院系统第三次教学能手评比活动,来自全区各级党校的45名教师参加评比,共评出一等奖3名、二等奖4名、三等奖6名。通过评比,展示和检验全区党校系统教学改革成果,交流教学经验,促进教师队伍建设。

(高光海 张天彦)

实践杂志社

【领导名录】

社　　　　长:佟野黎
副社长　总编辑:巴图仓(蒙古族)
副　总　编　辑:徐钢　斯琴毕力格(蒙古族)　田培良
　　　　　　　梁金玉

【概况】 实践杂志社内设10个处室:办公室、总编室、广告发行部、第一、二、三、四、五、六编辑室和机关党委,共有在职职工71人,离退休人员37人。

杂志社实行党组领导下的社长负责制,编辑出版发行《实践》思想理论、党的教育、蒙文三个版本刊物。

【办刊工作】

思想理论版以思想理论宣传为主　努力办成"各级领导的参谋智囊、学习理论的生动课堂、政策咨询的忠实顾问、洞察形势的瞭望之窗";在宣传内容上,以版块栏目组合的方式,归结为六大主题版块,即言论宣传、理论宣传、经济宣传、典型宣传、党建宣传、文化宣传等。2005年思想理论版在宣传中央和自治区的重要会议精神,以及基本理论宣传、经济宣传、文化宣传、典型宣传等方面均发表质量较高、社会反响较大的好作品。

党的教育版以党建综合宣传为主　努力办成"共产党员的知心朋友、支部书记的亲密助手、积极分子的热忱向导、组织生活的忠实顾问";在明确刊物定位的同时,提出读者对象的定位;刊物着眼点的定位和刊物宣传的三个切入点:用通俗易懂的语言反映中央和自治区的部署、决策、法规阐释准确、解释明白;用鲜活生动的形式把各地区、各部门的好思路、好作法、好经验、好典型总结上来,宣传出去;用简明扼要的方式对基层读者在工作、生产、生活中遇到的问题解疑释惑。

蒙文版以农村牧区党建宣传为主　努力办成"基层党建工作助手、农村牧区的政策向导、农牧民群众的致富参谋、草原文化的传播使者"。在宣传上主要是突出四个重点,达到三个要求。四个重点:一是重点宣传党的理论政策和中央、自治区党委重要精神;二是以保持共产党员先进性教育为主要内容的党建宣传;三是根据蒙文版读者群体的特点,抓好旗县和农村农区、少数民族聚居区的经济社会发展和小康建设的宣传,以达到典型引路、鼓舞人心的目标;四是民族文化大区建设和民族文化发展的宣传。三个要求:一是努力达到"三贴近";二是达到内容的可读性、知识性、趣味性和指导性;三是短而精、通俗易懂。2005年,蒙文版获"北方优秀期刊奖"和"内蒙古图书报刊编辑质量优胜奖"。

【经营工作】

发行　2005年,在报刊发行竞争激烈,在发行难度加大的情况下,积极争取各方面的支持,刊物发行实现基本稳定的目标。3个版本发行总数达16.2万份。其中思想理论版达1.2万份,实现稳中有升;党的教育版达到13.8万份;蒙文版达1.2万份。

广告　2005年基本上完成与两家广告公司签订的承揽合同任务,严格遵守广告法的要求,加强对广告公司的管理指导。

管理　尽量压缩开支,把有限的资金用在刀刃上。在财务审批上坚持"一支笔"审批制,严格审批程序,严把票据审查关,加大对不合理开支的监管和限制,并积极争取各方面的支持,以缓解经费紧张问题。

(王　丹)

社会主义学院

【内蒙古社会主义学院领导名录】

院长：斯热文（达斡尔族 11月离任） 陈瑞清（11月兼职）

党组书记：刘志军（5月离任） 侯世忠（5月任职）

副书记 常务副院长：斯热文（达斡尔族 11月任职）

副书记 副院长：刘志军（5月任职）

副院长：钱灵犀

【概况】 内蒙古社会主义学院是内蒙古自治区各民主党派与无党派人士的联合党校，是具有统一战线性质的高等政治学院，是党的统一战线重要工作部门。学院设有办公室、教务处、教研室、总务处、学报编辑部5个处室。学院有学员公寓、教室 、礼堂并聘请兼职客座教授11名。

【培训工作】 2005年，按照中央统战部关于加统一战线人才培养的精神和自治区党委统战部本年度培训计划，进一步加大培训力度，全年举办各类培训班15期，培训学员603人次，完成42个专题的授课任务。

【教学科研】 2005年，内蒙古社会主义学院教师共完成、发表论文22篇，其中发表在省级刊物8篇。参加中央统战部、中央社会主义学院组织的调研活动，并在调研会上做重点发言。学报《内蒙古统战理论研究》杂志汉文版出刊6期，征订量达到3 615份，蒙文版出刊2期，征订量达402份，出版一期全区多党合作专题研究班专刊。

【公共服务体系与基础设施】 学院根据信息化建设的需要，投资30多万元，建立信息网络系统，建成校园网，办公室建成局域网，实现教职工之间、院领导与教职工之间通过电脑达到审阅、交流、打印的目的，设立信息中心，建起内部文印、装订、照像、纪念册等制做业务，初步建起12 000余册的电子图书馆，基本满足教学科研要求。投资60万元改造会议室、部分教室的设施，进一步改善办学条件。

【学院大事】 1. 1月8日，全国社院院长会议在中央社会主义学院召开，院长斯热文参加会议。

2. 4月11日，内蒙古社会主义学院春季开学典礼举行。内蒙古党委常委、统战部长伏来旺，内蒙古人大副主任、农工党内蒙古区委主委陈瑞清出席。

3. 9月12日，内蒙古社会主义学院秋季开学典礼举行。同时有两个培训班开班。内蒙古党委常委、统战部长伏来旺，统战部副部长杨舜才、侯世忠等领导出席开学典礼。

4. 2005年9月24日至27日，配合自治区党委保持共产党员先进性教育活动的总体安排，内蒙古社会主义学院组织全体党员和部分学员到革命圣地河北省西柏坡参观，重温入党誓词。

5. 2005年12月26日，内蒙古中华文化学院举行迎新春书画笔会。内蒙古党委常委、统战部部长伏来旺，原内蒙古人大常委会副主任贾才及自治区书画界20多名书法家、画家参加笔会。

6. 2005年7月、8月，连续接待两批“2005年暑假台湾青年学生中华文化研习营”的240名青年学生，组织台湾青年学生参观内蒙古大学，与内大学生进行联欢，增进了解和友谊。使台湾青年学生领略草原及草原文化的博大与壮阔，增强对祖国的热爱。

7. 整理、编辑、印制电视连续剧剧本《绥远解放》，10月初与中央电视台有关机构进行洽谈，准备将其拍摄成片，该片集中反映中国共产党领导的统战政策和民族宗教政策的伟大力量，对统战工作、民族宗教工作及祖国统一都具有十分重要的启示意义，也是内蒙古统一战线的重大题材。

（孙树红 张建虎）

内蒙古自治区人民代表大会常务委员会

【领导名录】

主任 副主任

主　　任:储　波

副 主 任:尤仁(蒙古族) 万继生 周维德 王凤岐(蒙古族)
宝音德力格尔(蒙古族) 陈瑞清
张国民(1月当选) 胡忠 云秀梅(女 蒙古族)
哈斯巴根(蒙古族)

秘书长 委员 副秘书长

秘 书 长:哈斯巴根(蒙古族 兼 1月辞职)
柳　秀(1月当选)

委　　员(按姓氏笔画):
于铁夫(蒙古族) 马云凌(蒙古族)
马国祥(回族) 王志人(满族) 王英(女)
王建欣 王威(1月当选) 王家祥 韦弦(蒙古族)
牛广明 巴仁(蒙古族) 邓振武
卡尔文·扎木苏(藏族) 卡毕拉(女 鄂温克族)
白音德力海(蒙古族) 冯世亮(1月当选)
冯笠 乔小南(女) 刘守禾 孙显谦 孙海林
苏和(达斡尔族) 李庆玉 吴国忠(蒙古族)
吴培荣 张国龙(蒙古族) 张树逊
张俊杰(1月辞职) 阿迪雅(蒙古族 1月辞职)
陈羽(女 蒙古族 1月当选) 陈其俊(女)
范游恺 林琳 旺其嘎(蒙古族)
罗志虎(蒙古族 1月当选) 季炳林
周廷芳(1月当选) 郄国严
赵文元(蒙古族 1月当选) 赵育新
荣院院(蒙古族) 昭日克图(蒙古族)
祝广凯(1月当选) 侯先志 贺希格图(蒙古族)
贺福元(蒙古族) 秦树辉 夏连仲 阎华
韩云彬(蒙古族) 韩毅顺 朝伦巴根(蒙古族)
焦雪岱 赛革(鄂伦春族)

副秘书长:乔小南(女) 白顺(蒙古族) 张偏考

法制委员会

主任委员:阎　华

副主任委员:白音德力海(蒙古族) 乔小南(女 兼)

办公厅

主　　任:哈斯巴根(蒙古族 1月免职)
白　顺(蒙古族 1月任职)

副 主 任:吴达来(蒙古族 3月免职) 张仑
高慧广(蒙古族 12月免职) 石生俊(12月任职)
田继生(满族 12月任职)

民族侨务外事委员会

主　　任:巴　仁(蒙古族)

副 主 任:姚炳茂(3月免职) 高志宏(1月任职)
云晓明(蒙古族 12月免职)

内务司法委员会

主　　任:荣院院(蒙古族)

副 主 任:苏远方 云晓明(蒙古族 12月任职)

财政经济委员会

主　　任:周廷芳

副 主 任:查　干(蒙古族)

教科文卫委员会

主　　任:吴培荣

副 主 任:张晓兵(俄罗斯族) 陈其俊(女)

法制工作委员会

主　　任:乔小南(女 兼)

副 主 任:王永祥 博彦(蒙古族)

农牧业委员会

主　　任:赛　革(鄂伦春族)

副 主 任:巴达尔胡(蒙古族)

环境资源城乡建设委员会

主　　任:苏　和(达斡尔族)

副 主 任:王　明

人事代表选举工作委员会

主　　任:阿迪雅(蒙古族 1月免职) 乔明凌(女 3月当选)

副 主 任:钢特木尔(蒙古族)

【第十届人民代表大会】

内蒙古自治区第十届人民代表大会第三次会议　内蒙古自治区第十届人民代表大会第三次会议于2005年1月8日至14日在呼和浩特召开。会议听取和审议了自治区主席杨晶作的《政府工作报告》、自治区发展和改革委员会主任呼尔查作的

《内蒙古自治区2004年国民经济和社会发展计划执行情况与2005年国民经济和社会发展计划草案的报告》、自治区财政厅厅长符太增作的《关于内蒙古自治区2004年财政预算执行情况和2005年财政预算草案的报告》、自治区人大常委会副主任尤仁作的《内蒙古自治区人民代表大会常务委员会工作报告》、自治区高级人民法院院长王维山作的《内蒙古自治区高级人民法院工作报告》、自治区人民检察院检察长邢宝玉作的《内蒙古自治区人民检察院工作报告》。会议作出关于以上6个报告的决议,并审查和批准了自治区2004年国民经济和社会发展计划执行情况与2005年国民经济和社会发展计划、2004年财政预算执行情况和2005年自治区本级预算。会议选举张国民为内蒙古自治区第十届人民代表大会常务委员会副主任;选举柳秀为内蒙古自治区第十届人民代表大会常务委员会秘书长;选举王威、冯世亮、陈羽(女,蒙古族)、罗志虎(蒙古族)、周廷芳、赵文元(蒙古族)、祝广凯为内蒙古自治区第十届人民代表大会常务委员会委员。

【第十届人民代表大会常务委员会】

第十三次会议　内蒙古自治区第十届人民代表大会常务委员会第十三次会议于2005年1月4日5日在呼和浩特举行。自治区人大常委会主任储波、副主任尤仁分别主持会议,副主任万继生、周维德、王凤岐、宝音德力格尔、陈瑞清、云秀梅、哈斯巴根和委员共52人出席会议。自治区副主席雷·额尔德尼,自治区人大法制委员会委员,自治区人大常委会副秘书长、自治区人大常委会办公厅、各工作委员会、盟工作委员会负责人,自治区人民政府办公厅负责人和自治区高级人民法院、自治区人民检察院负责人列席会议。会议审议并原则通过了《内蒙古自治区人民代表大会常务委员会工作报告(稿)》、《内蒙古自治区人民代表大会常务委员会2005年工作要点》,审议并通过《内蒙古自治区第十届人民代表大会常务委员会代表资格审查委员会关于补选内蒙古自治区第十届人民代表大会代表的代表资格的审查报告》、《内蒙古自治区第十届人民代表大会第三次会议议程(草案)》、《内蒙古自治区第十届人民代表大会第三次会议日程(草案)》、《内蒙古自治区第十届人民代表大会第三次会议主席团和秘书长名单(草案)》、《内蒙古自治区第十届人民代表大会第三次会议主席团常务主席名单(草案)》、《内蒙古自治区第十届人民代表大会第三次会议执行主席分组名单(草案)》、《内蒙古自治区第十届人民代表大会第三次会议副秘书长名单(草案)》、《内蒙古自治区第十届人民代表大会第三次会议列席人员名单》、《内蒙古自治区第十届人民代表大会第三次会议代表提出议案截止时间的决定(草案)》、《内蒙古自治区第十届人民代表大会第三次会议表决议案办法(草案)》、《内蒙古自治区人民代表大会常务委员会关于确认许可逮捕郑俊怀并暂时停止郑俊怀执行代表职务的决定》,表决并通过《内蒙古自治区人民代表大会常务委员会关于接受哈斯巴根同志辞去内蒙古自治区第十届人民代表大会常务委员会秘书长职务请求的决定》、《内蒙古自治区人民代表大会常务委员会关于接受张俊杰同志辞去内蒙古自治区第十届人民代表大会常务委员会委员职务请求的决定》、《内蒙古自治区人民代表大会常务委员会关于接受周德海同志辞去内蒙古自治区第十届人民代表大会计划预算审查委员会主任委员职务请求的决定》、《内蒙古自治区人民代表大会常务委员会关于接受吕二喜同志辞去内蒙古自治区第十届人民代表大会计划预算审查委员会副主任委员职务请求的决定》、《内蒙古自治区人民代表大会常务委员会关于接受白向群同志辞去内蒙古自治区第十届人民代表大会计划预算审查委员会委员职务请求的决定》、《内蒙古自治区人民代表大会常务委员会关于接受林瑞同志辞去内蒙古自治区第十届人民代表大会议案审查委员会委员职务请求的决定》,表决并通过《内蒙古自治区第十届人民代表大会计划预算审查委员会组成人员补充名单(草案)》、《内蒙古自治区第十届人民代表大会议案审查委员会组成人员补充名单(草案)》,通过人事任免事项。

第十四次会议　内蒙古自治区第十届人民代表大会常务委员会第十四次会议于2005年1月15日在呼和浩特举行。自治区人大常委会副主任尤仁主持会议,副主任万继生、周维德、王凤岐、宝音德力格尔、张国民、胡忠、陈瑞清、云秀梅、哈斯巴根和委员共60人出席会议。自治区副主席雷·额尔德尼,自治区人大法制委员会委员,自治区人大常委会副秘书长、自治区人大常委会办公厅、各工作委员会负责人,自治区人民政府办公厅负责人和自治区高级人民法院、自治区人民检察院负责人列席会议。会议通过人事任免事项。

第十五次会议　内蒙古自治区第十届人民代表大会常务委员会第十五次会议于2005年3月29日至31日在呼和浩特举行。自治区人大常委会主任储波主持会议,副主任尤仁、万继生、周维德、王凤岐、宝音德力格尔、陈瑞清、张国民、胡忠、云秀梅、哈斯巴根,秘书长柳秀和委员共61人出席会议。自治区副主席乌兰,自治区高级人民法院院长王维山,自治区人大法制委员会委员,各设区的市人大常委会和满洲里市、二连浩特市、莫力达瓦达斡尔族自治旗、鄂温克族自治旗、鄂伦春自治旗人大常委会主要负责人,自治区部分人大代表,自治区人大常委会副秘书长、自治区人大常委会办公厅、各工作委员会、盟工作委员会负责人,自治区人民政府有关部门负责人和自治区人民检察院负责人列席会议。会议听取自治区人大法制委员会主任委员阎华关于《内蒙古自治区预防和查处窃电行为条例(草案)》审议结果的报告和关于这个条例(草案修改稿)修改情况的报告,审议并通过这个条例;听取了自治区人大常委会内务司法委员会主任荣院院关于《内蒙古自治区消防条例修正案(草案)》的说明和自治区人大法制委员会副主任委员白音德力海关于《内蒙古自治区消防条例修正案(草案)》审议结果的报告,审议并通过《内蒙古自治区人民代表大会常务委员会关于修改〈内蒙古自治区消防条例〉的决定》;会议听取呼和浩特市人大常委会副主任吴福成关于《呼和浩特市城市园林绿化条例》的说明,审议并通过《内蒙古自治区人民代表大会常务委员会关于批准《呼和浩特市城市绿化条例》的决议》;会议听取了包头市人大常委会副主任格日勒关于修订《包头市养犬管理条例》的说明、关于《包头市科学技术普及条例》、《包头市动物诊疗管理条例》的说明,审议并通过《内蒙古自治区人民代表大会常务委员会关于批准修订的〈包头市养犬管理条例〉的决议》、《内蒙古自治区人民代表大会常务委员会关于批准〈包头市科学技术普及条例〉的决议》、《内蒙古自治区人民代表大会常务委员会关于批准〈包头市动物诊疗管理条例〉的决议》;会议审议并通过《关于自治区十届人大三次会议主席团交付的代表联名提出的第1号议案办理意见的报告》;会议还听取了自治区国土资源厅副厅长元重举关于《内蒙古自治区测绘管理条例(修订草案)》的说明并审议这个条例(修订草案);会议听取和审议自治区人民政府工业办主任牙萨宁关于贯彻实施《中华人民共和国煤炭法》情况的报告;会议审议通过人事任免事项。

第十六次会议　内蒙古自治区第十届人民代表大会常务委员会第十六次会议于2005年5月24日至27日在呼和浩特举行。自治区人大常委会副主任尤仁、万继生分别主持会议,副主任王凤岐、宝音德力格尔、陈瑞清、张国民、胡忠、云秀梅,秘书长柳秀和委员共53人出席会议。自治区副主席郭子明、自治区高级人民法院院长王维山、自治区人民检察院检察长邢宝玉,自治区人大法制委员会委员,各设区的市人大常委会和满洲里市、二连浩特市、莫力达瓦达斡尔族自治旗、鄂温克族自治旗、鄂伦春自治旗人大常委会主要负责人,自治区部分人大代表,自治区人大常委会副秘书长、自治区人大常委会办公厅、各工作委员会、盟工作委员会负责人,自治区人民政府办公厅及有关部门负责人列席会议。会议听取了自治区人大法制委员会主任委员阎华关于《内蒙古自治区安全生产条例(草案)》审议结果的报告和关于这个条例(草案修改稿)修改情况的报告,审议并通过这个条例;会议听取了呼和浩特市人大常委会副主任赛娜关于《呼和浩特市养犬管理规定》的说明,审议并通过《内蒙古自治区人民代表大会常务委员会关于批准〈呼和浩特市养犬管理规定〉的决议》;会议听取了包头市人大常委会副主任格日勒关于《包头市殡葬管理条例》的说明,审议并通过《内蒙古自治区人民代表大会常务委员会关于批准〈包头市殡葬管理条例〉的决议》;会议听取了鄂温克族自治旗人大常委会主任敖金福关于《鄂温克族自治旗动物防疫管理条例》的说明,审议并通过了《内蒙古自治区人民代表大会常务委员会关于批准〈鄂温克族自治旗动物防疫管理条例〉的决议》;会议听取了鄂伦春自治旗人大常委会副主任吴汉臣关于《鄂伦春自治旗城镇市容和环境卫生管理条例》的说明,审议并通过《内蒙古自治区人民代表大会常务委员会关于批准〈鄂伦春自治旗城市市容和环境卫生管理条例〉的决议》;会议审议并通过《内蒙古自治区人民代表大会常务委员会关于全区旗县(市、区)、苏木乡(镇)两级人民代表大会代表选举时间的决定》;会议审议并通过《关于自治区十届人大三次会议主席团交付的代表联名提出的第2号议案办理意见的报告》,审议并通过《关于自治区十届人大三次会议主席团交付的代表联名提出的第3、5、7、8号议案办理意见的报告》,审议并通过《关于自治区十届人大三次会议主席团交付的代表联名提出的第4号议案办理意见的报告》,审议并通过《关于自治区十届人大三次会议主席团交付的代表联名提出的第6号议案办理意见的报告》,审议并通过《关于自治区十届人大三次会议主席团交付的代表联名提出的第9号议案办理意见的报告》,审议并通过《关于自治区十届人大三次会议主席团交付的代表联名提出的第10号议案办理意见的报告》;会议听取自治区公安厅副厅长周黎明关于《内蒙古自治区道路交通安全违法行为处罚规定(草案)》的说明并审议了这个规定(草案),听取了自治区财政厅副厅长常军政关于《内蒙古自治区会计条例(草案)》的说明并审议这个条例(草案);会议听取和审议自治区司法厅厅长徐呼和关于法律援助工作情况的报告;会议听取和审议自治区卫生厅副厅长白宝玉关于内蒙古自治区卫生事业发展情况的报告;会议听取和审议自治区农牧业厅厅长陶克关于《中华人民共和国农村土地承包法》及《内蒙古自治区农牧业承包合同条例》贯彻实施情况的报告;会议审议通过人事任免事项。

第十七次会议　内蒙古自治区第十届人民代表大会常务委员会第十七次会议于2005年7月25日至29日在呼和浩特举行。自治区人大常委会主任储波,副主任王凤岐、陈瑞清、张国民分别主持全体会议和联组会议,副主任尤仁、万继生、周维德、宝音德力格尔、胡忠、云秀梅、哈斯巴根,秘书长柳秀和委员共60人出席会议。自治区副主席余德辉、自治区高级人民法院院长王维山,自治区人大法制委员会委员,各设区的市人大常委会和满洲里市、二连浩特市、莫力达瓦达斡尔族自治旗、鄂温克族自治旗、鄂伦春自治旗人大常委会主要负责人,自治区部分人大代表,自治区人大常委会副秘书长、自治区人大常委会办公厅、各工作委员会、盟工作委员会负责人,自治区人民政府有关部门、自治区人民检察院负责人列席会议。会议听取了自治区人大法制委员会主任委员阎华关于《内蒙古自治区测绘管理条例(修订草案)》审议结果的报告和关于这个条例(修订草案修改稿)修改情况的报告,审议并通过了这个条例;会议听取了自治区人大常委会人事代表选举工作委员会主任乔明凌关于《内蒙古自治区各级人民代表大会选举实施细则修正案(草案)》的说明和自治区人大法制委员会副主任委员白音德力海关于这个修正案（草案）审议结果的报告，审议并通过《内蒙古自治区人民代表大会常务委员会关于修改〈内蒙古自治区各级人民代表大会选举实施细则〉的决定》；会议听取了呼和浩特市人大常委会副主任邢燕菊关于《呼和浩特市人民代表大会常务委员会关于废止〈呼和浩特市外来务工经商人员管理条例〉的决定》的说明和关于《呼和浩特市房地产交易管理条例》的说明，审议并通过《内蒙古自治区人民代表大会常务委员会关于批准〈呼和浩特市人民代表大会常务委员会关于废止〈呼和浩特市外来务工经商人员管理条例〉的决定〉的决议》和《内蒙古自治区人民代表大会常务委员会关于批准修订〈呼和浩特市房地产交易管理条例〉的决议》；会议听取莫力达瓦达斡尔族自治旗人大常委会副主任苏玉环关于《莫力达瓦达斡尔族自治旗城镇规划管理条例》的说明和关于《莫力达瓦达斡尔族自治旗市容和环境卫生管理条例》的说明，审议并通过《内蒙古自治区人民代表大会常务委员会关于批准〈莫力达瓦达斡尔族自治旗城市规划管理条例〉的决议》和《内蒙古自治区人民代表大会常务委员会关于批准〈莫力达瓦达斡尔族自治旗城市市容和环境卫生管理条例〉的决议》；会议听取了自治区人大常委会财政经济委员会主任周廷芳关于《内蒙古自治区人民代表大会常务委员会经济工作监督办法（草案）》的说明并初审这个办法（草案）；会议还听取了自治区文化厅副厅长刘兆和关于《内蒙古自治区文物保护条例（修订草案）》的说明并初审了这个条例（修订草案）；会议审议《自治区十届人大三次会议主席团交付的代表联名提出的第11号议案办理意见的报告（草案）》，根据组成人员的意见，经主任会议研究，决定将报告中提出的建议转自治区人民政府研究办理。会议听取和审议自治区人大常委会副主任宝音德力格尔关于《中华人民共和国高等教育法》、《内蒙古自治区实施〈中华人民共和国高等教育法〉办法》执法检查情况的报告；会议还听取和审议自治区建设厅副厅长范勇关于城市房屋拆迁管理工作情况的报告、自治区财政厅厅长王玉明关于2004年自治区本级财政决算和2005年预算上半年执行情况的报告、自治区发展和改革委员会副主任刘俊关于2005年国民经济和社会发展计划上半年执行情况的报告、自治区审计厅厅长长江关于2004年自治区本级预算执行和其他财政收支审计的工作报告；听取了自治区人大常委会财政经济委员会主任周廷芳关于2004年自治区本级财政决算的审查报告，审议通过《内蒙古自治区人民代表大会常务委员会关于批准2004年自治区本级决算的决议》；会议还听取和审议自治区高级人民法院院长王维山关于执行人民陪审员制度工作情况的报告、自治区人民检察院副检察长杨怀武关于全区检察机关开展减刑、假释、保外就医专项检查活动情况的报告；会议听取和评议自治区建设厅厅长李振东的述职报告，会议审议通过人事任免事项。

第十八次会议　内蒙古自治区第十届人民代表大会常务委员会第十八次会议于2005年9月25日至29日在呼和浩特举行。自治区人大常委会主任储波，副主任周维德、张国民分别主持全体会议和联组会议，副主任尤仁、万继生、王凤岐、宝音德力格尔、陈瑞清、云秀梅、哈斯巴根，秘书长柳秀和委员共59人出席会议。自治区副主席岳福洪、乌兰、自治区高级人民法院院长王维山、自治区人民检察院检察长邢宝玉；自治区人大法制委员会委员，各设区的市人大常委会和满洲里市、二连浩特市、莫力达瓦达斡尔族自治旗、鄂温克族自治旗、鄂伦春自治旗人大常委会主要负责人，自治区部分人大代表，自治区人大常委会副秘书长、自治区人大常委会办公厅、各工作委员会、盟工作委员会负责人，自治区人民政府有关部门负责人列席会议。会议听取了自治区人大法制委员会主任委员阎华关于《内蒙古自治区会计条例（草案）》审议结果的报告和关于这个条例（草案修改稿）修改情况的报告，审议并通过这个条例；听取了自治区人大法制委员会副主任委员白音德力海关于《内蒙古自治区道路交通安全违法行为处罚规定（草案）》审议结果的报告和关于这个规定（草案修改稿）修改情况的报告，审议并通过这个规定；听取了莫力达瓦达斡尔族自治旗人大常委会副主任喜能泰关于《莫力达瓦达斡尔族自治旗人民代表大会常务委员会讨论决定重大事项的规定》的说明，审议并通过《内蒙古自治区人民代表大会常务委员会关于批准〈莫力达瓦达斡尔族自治旗人民代表大会常务委员会讨论决定重大事项的规定〉的决议》。会议听取自治区人大常委会内务司法委员会副主任苏远方关于《内蒙古自治区哲学社会科学普及条例（草案）》的说明并初审了这个条例（草案）；听取了自治区食品药品监督管理局局长郝富关于《内蒙古自治区实施〈中华人民共和国药品管理法〉办法（草案）》的说明并初审了这个办法（草案）。会议审议了自治区人大常委会人事代表选举工作委员会关于自治区十届人大三次会议代表建议、批评和意见办理情况和自治区人民政府办公厅关于自治区十届人大三次会议代表建议、批评和意见办理情况的书面报告。会议听取和审议自治区人大常委会副主任周维德关于《中华人民共和国公路法》、《内蒙古自治区公路管理条例》和《内蒙古自治区道路运输管理条例》执法检查情况的报告；听取和审议了自治区人大常委会教科文卫委员会主任吴培荣关于民族教育法律法规执法检查情况的报告；听取和审议了自治区人大常委会农牧业委员会主任赛革关于《中华人民共和国动物防疫法》、《内蒙古自治区动物防疫条例》执法检查情况的报告。会议还听取了自治区公安厅副厅长王新乐关于社会治安综合治理打防控一体化建设工作情况的报告和自治区人民检察院副检察长周忠清关于开展严肃查办国家机关工作人员利用职权侵犯人权犯罪专项活动情况的报告。会议听取和评议自治区审计厅厅长长江的述职报告。会议审议通过了人事任免事项。

第十九次会议　内蒙古自治区第十届人民代表大会常务委员会第十九次会议于2005年11月28日至12月1日在呼和浩特举行。自治区人大常委会副主任万继生主持大会,副主任周维德、王凤岐、宝音德力格尔、陈瑞清、张国民、胡忠、云秀梅、哈斯巴根,秘书长柳秀和委员共48人出席会议。自治区副主席岳福洪、自治区高级人民法院院长王维山、自治区人民检察院检察长邢宝玉;自治区人大法制委员会委员,各设区的市人大常委会和满洲里市、二连浩特市、莫力达瓦达斡尔族自治旗、鄂温克族自治旗、鄂伦春自治旗人大常委会主要负责人,自治区部分人大代表,自治区人大常委会副秘书长、自治区人大常委会办公厅、各工作委员会、盟工作委员会负责人,自治区人民政府有关部门负责人列席会议。会议听取自治区人大法制委员会主任委员阎华关于《内蒙古自治区人民代表大会常务委员会经济工作监督办法(草案)》和《内蒙古自治区文物保护条例(修订草案)》审议结果的报告和关于这个办法(草案修改稿)及条例(修订草案修改稿)修改情况的报告,审议并通过了这个办法和条例;会议听取了自治区人大法制委员会副主任委员白音德力海关于《内蒙古自治区实施〈中华人民共和国药品管理法〉办法(草案)》审议结果的报告和关于这个办法(草案修改稿)修改情况的报告,审议并通过这个办法;会议听取了包头市人大常委会副主任格日勒关于《包头市建筑市场管理条例》的说明,审议并通过《内蒙古自治区人民代表大会常务委员会关于批准修订〈包头市建筑市场管理条例〉的决议》;会议听取了莫力达瓦达斡尔族自治旗人大常委会主任敖晓明关于《莫力达瓦达斡尔族自治旗土地管理条例修正案》的说明,审议并通过《内蒙古自治区人民代表大会常务委员会关于批准〈莫力达瓦达斡尔族自治旗人民代表大会关于修改〈莫力达瓦达斡尔族自治旗土地管理条例〉的决定〉的决议》。会议审议通过《内蒙古自治区人民代表大会常务委员会关于召开内蒙古自治区第十届人民代表大会第四次会议的决定》。会议听取了自治区人大常委会内务司法委员会副主任苏远方关于《内蒙古自治区预防和制止家庭暴力条例(草案)》的说明并初审这个条例(草案)。会议听取和审议自治区人大常委会副主任陈瑞清关于《中华人民共和国水污染防治法》执法检查情况的报告;会议还听取和审议了自治区工业办主任牙萨宁关于发展循环经济情况的报告。会议审议通过人事任免事项。

【地方法制建设】　按照形成中国特色社会主义法律体系的总体要求,从自治区的实际出发,继续有计划地开展立法工作,立法工作取得了新的进展。

通过法规8件　《内蒙古自治区预防和查处窃电行为条例》、《内蒙古自治区安全生产条例》、修订的《内蒙古自治区测绘管理条例》、修订的《内蒙古自治区会计条例》、《内蒙古自治区道路交通安全违法行为处罚规定》、《内蒙古自治区人民代表大会常务委员会经济工作监督办法》、《内蒙古自治区文物保护条例》、《内蒙古自治区实施〈中华人民共和国药品管理法〉办法》。

通过修改法规决定2件　内蒙古自治区人民代表大会常务委员会关于修改《内蒙古自治区消防条例》的决定、内蒙古自治区人民代表大会常务委员会关于修改《内蒙古自治区各级人民代表大会选举实施细则》的决定。

批准法规13件　《呼和浩特市城市绿化条例》、《包头市养犬管理条例》、《包头市科学技术普及条例》、《包头市动物诊疗管理条例》、《呼和浩特市养犬管理规定》、《包头市殡葬管理条例》、《鄂温克族自治旗动物防疫管理条例》、《鄂伦春自治旗城市市容和环境卫生管理条例》、修订的《呼和浩特市城市房地产交易管理条例》、《莫力达瓦达斡尔族自治旗城市规划管理条例》、《莫力达瓦达斡尔族自治旗城市市容和环境卫生管理条例》、《莫力达瓦达斡尔族自治旗人民代表大会讨论决定重大事项的规定》、修订的《包头市建筑市场管理条例》。

批准修改 废止法规决定2件　内蒙古自治区人民代表大会常务委员会关于批准《呼和浩特市人民代表大会常务委员会关于废止〈呼和浩特市外来务工经商管理条例〉的决定》的决议、内蒙古自治区人民代表大会常务委员会关于批准《莫力达瓦达斡尔族自治旗人民代表大会关于修改〈莫力达瓦达斡尔族自治旗土地管理条例〉的决定》的决议。

【监督工作】　2005年,自治区人大常委会从营造有利于自治区加快发展的良好法治环境出发,坚持突出重点、注重实效,进一步强化监督职能。

法律监督　2005年,自治区人大常委会执法检查组先后对公路法、自治区公路管理条例及道路运输管理条例,民族教育法律法规执法、动物防疫法及自治区动物防疫条例、水污染防治法等5个法律法规在自治区的执行情况进行检查,以促进法律法规有效实施,营造了良好的法治环境。对渔业法和自治区实施渔业法办法,水法、自治区实施水法办法和农业节水灌溉条例等法律法规的实施情况进行执法调研。针对环境资源保护工作面临的严峻形势,开展了"防治水污染、珍惜水资源"环保世纪行活动。常委会有重点地选择社会影响大、群众反映强烈的案件进行个案监督,督促司法机关纠正两起历时10年和7年的错案,维护当事人的合法权益。

工作监督　2005年,自治区人大常委会先后听取和审议自治区人民政府关于贯彻实施煤炭法情况、法律援助工作情况、卫生事业发展情况、贯彻实施农村土地承包法和自治区农牧业承包合同条例情况、城市房屋拆迁管理工作情况、社会治安综合治理打防控一体化建设工作情况、发展循环经济情况等7项专项报告。听取和审议自治区高级人民法院关于执行人民陪审员制度工作情况的报告。听取和审议自治区人民检察院关于全区检察关于减刑、假释、保外就医专项检查活动情况和严肃查办国家机关工作人员利用职权侵犯人权犯罪专项活动情况的报告。听取自治区国民经济和社会发展计划、财政预算执行情况的报告，进一步加强对计划、预算的监督职能。

述职评议　对自治区建设厅厅长、审计厅厅长进行了述职评议，监督和支持他们依法履行职责。

【人事任免】　2005 年，自治区第十届人民代表大会第三次会议根据大会主席团的提请，选举张国民为自治区第十届人民代表大会常务委员会副主任、柳秀为自治区第十届人民代表大会常务委员会秘书长。自治区人大常委会根据主任会议，自治区主席、自治区高级人民法院院长和自治区人民检察院检察长的提请，依法任免和批准任免国家机关工作人员 131 人。其中：接受自治区第十届人民代表大会常务委员会秘书长哈斯巴根的辞职申请，接受自治区第十届人民代表大会计划预算审查委员会主任委员周德海的辞职申请，接受自治区第十届人民代表大会计划预算审查委员会副主任委员吕二喜的辞职申请，接受自治区第十届人民代表大会计划预算审查委员会委员白向群的辞职申请，接受自治区第十届人民代表大会议案审查委员会委员林瑞的辞职申请，接受自治区第十届人民代表大会常务委员会委员张俊杰的辞职申请；任免自治区人大常委会办公厅、工作委员会、盟工作委员会负责人 22 人（任 11 人，免 11 人）；任免自治区政府组成人员 14 人（任 7 人，免 7 人），任免法院工作人员 26 人（任 21 人，免 5 人），任免和批准任免检察院工作人员 63 人（任 49 人，免 14 人）。

（辛瑞凤）

内蒙古自治区人民政府

【领导名录】

主席　副主席

主　　席：杨　晶（蒙古族）

副 主 席：岳福洪　郝益东　赵双连（蒙古族）
雷·额尔德尼（蒙古族）　连辑　郭子明
余德辉　乌兰（女　蒙古族）

政府顾问：周德海

秘书长　主席助理　副秘书长

秘 书 长：乌兰巴特尔（蒙古族）

主席助理：冯士亮（3 月免职）　黄·阿拉腾别力格（3 月任职）

副秘书长：吕二喜（3 月离任）　冯有恩　盖文山
李振海　史青晓　武志忠（3 月任职）
江维　王晓成

【发出文件】　《内蒙古自治区人民政府关于下达 2005 年全区国民经济和社会发展计划的通知》、《内蒙古自治区人民政府关于 2004 年度自治区科学技术进步奖励的决定》、《内蒙古自治区人民政府关于做好 2004 年冬季退役士兵接收安置工作的通知》、《内蒙古自治区人民政府关于表彰劳动模范和先进工作者的决定》、《内蒙古自治区人民政府关于印发〈内蒙古自治区人民政府工作规则〉的通知》、《内蒙古自治区人民政府关于进一步加强政府预算管理的意见》、《内蒙古自治区人民政府关于实施自治区突发公共事件总体应急预案的决定》、《内蒙古自治区人民政府关于实施技术跨越战略的意见》、《内蒙古自治区人民政府转发国务院关于 2005 年深化农村税费改革试点工作的通知》、《内蒙古自治区人民政府转发国务院关于完善中央与地方出口退税负担机制的通知》、《内蒙古自治区人民政府 中国人民解放军内蒙古军区 2005 年冬季征兵命令》、《内蒙古自治区人民政府关于批转自治区投资体制改革实施意见的通知》、《内蒙古自治区人民政府关于进一步完善自治区与盟市财政管理体制的通知》、《内蒙古自治区人民政府关于建立和完善人才投入机制的意见》、《内蒙古自治区人民政府关于印发自治区水利建设基金筹集和使用管理实施细则的通知》、《内蒙古自治区人民政府关于切实加强红十字会工作的意见》、《内蒙古自治区人民政府关于 2005 年铁路投资计划安排有关事宜的通知》、《内蒙古自治区人民政府关于表彰奖励 2004 年度全区农田草牧场水利基本建设先进旗县的通报》、《内蒙古自治区人民政府关于武警内蒙古总队第二支队机关迁址有关事宜的通知》、《内蒙古自治区人民政府关于落实村村通工程建设资金的通知》、《内蒙古自治区人民政府关于加快化学工业发展的指导意见》、《内蒙古自治区人民政府关于表彰劳动保障工作先进集体和先进个人的通报》、《内蒙古自治区人民政府关于内蒙古科技大学管理体制等有关事宜的通知》、《内蒙古自治区人民政府关于加快煤炭产业结构调整的指导意见》、《内蒙古自治区人民政府关于提请审议

〈内蒙古自治区测绘管理条例(修订草案)〉的议案》、《内蒙古自治区人民政府关于表彰自治区防震减灾先进集体的通报》、《内蒙古自治区人民政府关于提请审议自治区道路交通安全违法行为处罚规定(草案)的议案》、《内蒙古自治区人民政府关于表彰奖励2004年度固定资产投资和重大项目建设成绩突出单位的通报》、《内蒙古自治区人民政府关于表彰奖励中蒙边界第二次联合检查工作先进集体和先进个人的通报》、《内蒙古自治区人民政府关于2004年度全区消防工作责任状考核验收情况的通报》、《内蒙古自治区人民政府关于加快职业教育改革与发展的意见》、《内蒙古自治区人民政府关于实施商标战略工作的意见》、《内蒙古自治区人民政府中国人民解放军内蒙古军区关于进一步做好边防工作的通知》、《内蒙古自治区人民政府中国人民解放军内蒙古军区关于表彰全区民兵工作先进单位和先进个人的通报》、《内蒙古自治区人民政府关于表彰全区依法行政先进集体和先进个人的通报》、《内蒙古自治区人民政府关于做好2005年清欠工程款和农民工工资工作的通知》、《内蒙古自治区人民政府关于实行行政执法人员资格制度的通知》、《内蒙古自治区人民政府关于印发加强财政专项资金管理若干规定的通知》、《内蒙古自治区人民政府关于改善提高劳动模范和先进工作者待遇的意见》、《内蒙古自治区人民政府关于进一步加强防震减灾工作的通知》、《内蒙古自治区人民政府关于推进城乡社会救助体系建设的意见》、《内蒙古自治区人民政府关于提请审议〈内蒙古自治区会计条例(草案)〉的议案》、《内蒙古自治区人民政府关于实施农业保护性耕作制度的意见》、《内蒙古自治区人民政府关于乌海地区新投机组供电有关问题的通知》、《内蒙古自治区人民政府关于授予“包钢”牌低中压锅炉管等82个产品为“2004年内蒙古名牌产品”称号的通告》、《内蒙古自治区人民政府 中国人民解放军内蒙古军区关于开展边防委员会信息化建设试点工作的通知》、《内蒙古自治区人民政府关于建设大型重化工基地的指导意见》、《内蒙古自治区人民政府关于表彰全区无偿献血先进单位和先进个人的通报》、《内蒙古自治区人民政府关于全区煤田实行分级规划管理的通知》、《内蒙古自治区人民政府关于印发自治区人民政府表彰奖励国内投资者办法的通知》、《内蒙古自治区人民政府关于印发自治区群众艺术馆文化馆管理办法的通知》、《内蒙古自治区人民政府关于印发旗县苏木乡镇财政管理体制和嘎查村财务管理制度改革办法的通知》、《内蒙古自治区人民政府关于提请审议〈内蒙古自治区文物保护条例(修订草案)〉的议案》、《内蒙古自治区人民政府关于加快完成第一轮自治区专业志编纂任务有关事宜的通知》、《内蒙古自治区人民政府关于企业自备电厂并网有关问题的通知》、《内蒙古自治区人民政府关于印发自治区清理政府投资项目拖欠工程款暂行办法的通知》、《内蒙古自治区人民政府关于设立草原文化遗产保护日的通知》、《内蒙古自治区人民政府关于整顿阿拉善盟古拉本矿区大岭井田内小煤矿的意见》、《内蒙古自治区人民政府关于印发〈内蒙古自治区人民政府国有资产监督管理委员会监管企业负责人薪酬管理暂行办法〉的通知》、《内蒙古自治区人民政府关于进一步加强招商引资工作的意见》、《内蒙古自治区人民政府转发国务院关于进一步做好城镇退役士兵安置工作的通知》、《内蒙古自治区人民政府关于加快发展农牧民专业合作组织的意见》、《内蒙古自治区人民政府关于开展第二次全区农牧业普查的通知》、《内蒙古自治区人民政府关于推行羊毛公证检验制度的通知》、《内蒙古自治区人民政府关于促进煤炭工业健康发展的意见》、《内蒙古自治区人民政府印发关于进一步推进煤炭资源整合和有偿使用实施办法的通知》、《内蒙古自治区人民政府关于加强涉及国家安全事项建设项目管理的通知》、《内蒙古自治区人民政府关于做好根河电厂和甘河电厂整体划转工作的通知》、《内蒙古自治区人民政府关于取消从各类学校预算外资金中提取经济社会发展资金的通知》、《内蒙古自治区人民政府关于提请审议〈内蒙古自治区实施〈中华人民共和国药品管理法〉办法(草案)〉的议案》、《内蒙古自治区人民政府关于印发〈内蒙古自治区引进人才与智力工作暂行办法〉的通知》、《内蒙古自治区人民政府关于进一步加强大青山生态保护和建设有关事宜的通知》、《内蒙古自治区人民政府关于表彰奖励2003至2004年度自治区优秀公安局的通报》、《内蒙古自治区人民政府关于表彰奖励先进开发区(园区)的决定》、《内蒙古自治区人民政府关于表彰奖励呼和浩特铁路局的通报》、《内蒙古自治区人民政府转发关于河南省鹤壁煤业(集团)有限责任公司二矿“10.3”特别重大瓦斯爆炸事故通报的通知》、《内蒙古自治区人民政府关于印发〈内蒙古自治区地方教育附加征收使用管理办法〉的通知》、《内蒙古自治区人民政府关于廛洪武等五位国外专家荣获2005年度自治区“骏马奖”的通报》、《内蒙古自治区人民政府关于全面整顿和规范矿产资源开发秩序的意见》、《内蒙古自治区人民政府关于印发煤矿整顿关闭工作实施方案的通知》、《内蒙古自治区人民政府关于印发自治区预算内基本建设投资管理办法的通知》、《内蒙古自治区人民政府关于印发自治区非税收入管理暂行办法的通知》、《内蒙古自治区人民政府关于表彰第十届全国运动会上获得金牌运动员和教练员的通报》、《内蒙古自治区人民政府关于内蒙古民航机场集团有限责任公司工商注册有关事宜的通知》、《内蒙古自治区人民政府关于编制2006年地方预算的通知》、《内蒙古自治区人民政府关于完善征地补偿安置制度切实维护被征地农牧民合法权益的意见》、《内蒙古自治区人民政府关于授予“大地牌”抽油杆等18个产品为2005年内蒙古名牌产品称号的通告》、《内蒙古自治区人民政府关于表彰奖励全区科教兴区突出贡献先进集体和先进个人的通报》、《内蒙古自治区人民政府关于表彰内蒙古自治区人民满意的公务员和公务员集体的通报》、《内蒙古自治区人民政府关于印发自治区兽医管理体制改革方案的通知》、《内蒙古自治区人民政府关于进一步加强就业再就业工作的实施意见》、《内蒙古自治区人民政府办公厅关于进一步规范对俄贸易秩序的意见》、《内蒙古自治区人民政府办公厅关于进一步规范对俄贸易秩序的意见》、《内蒙古自治区人民政府办公厅转发国办发〔2005〕4 号文件的通知》、《内蒙古自治区人民政府办公厅关于贯彻落实国办发〔2005〕6 号文件精神的通知》、《内蒙古自治区人民政府办公厅转发自治区商务厅等部门关于实施科技兴贸战略的意见的通知》、《内蒙古自治区人民政府办公厅关于贯彻落实全国煤矿瓦斯防治工作现场会精神情况的报告》、《内蒙古自治区人民政府办公厅转发国务院办公厅关于加强人工影响天气工作的通知》、《内蒙古自治区人民政府办公厅关于印发〈内蒙古自治区人民政府党组先进性教育活动整改方案〉的通知》、《内蒙古自治区人民政府办公厅转发卫生厅等部门重点地方病防治规划(2005 至 2010 年)的通知》、《内蒙古自治区人民政府办公厅关于转发国办发〔2005〕32 号文件的通知》、《内蒙古自治区人民政府办公厅关于转发国办发〔2005〕26 号文件的通知》、《内蒙古自治区人民政府办公厅转发国务院办公厅关于坚决整顿关闭不具备安全生产条件和非法煤矿的紧急通知》、《内蒙古自治区人民政府办公厅转发国务院办公厅关于坚决制止发生新的乡村债务有关问题的通知》、《内蒙古自治区人民政府办公厅关于印发自治区地震局职能配置机构设置和人员编制方案的通知》、《内蒙古自治区人民政府办公厅转发国办发〔2005〕47 号文件的通知》、、《内蒙古自治区人民政府办公厅转发国务院办公厅关于扶持家禽业发展若干意见的通知》、《内蒙古自治区人民政府办公厅转发国务院办公厅关于认真抓好今冬明春安全生产工作的通知》、《内蒙古自治区人民政府办公厅关于自治区人民政府秘书长、副秘书长、办公厅主任、副主任工作分工的通知》、《内蒙古自治区人民政府办公厅转发国务院办公厅关于建立劳动力调查制度的通知》、《内蒙古自治区人民政府办公厅转发国务院办公厅关于加强烟花爆竹安全生产工作的通知》、《内蒙古自治区人民政府办公厅关于印发城市居民最低生活保障工作规程的通知》、《内蒙古自治区人民政府办公厅关于报送 2005 年自治区重点招商引资项目有关事宜的通知》、《内蒙古自治区人民政府办公厅关于列席自治区第十届人民代表大会第三次会议有关事项的通知》、《内蒙古自治区人民政府办公厅关于表彰 2004 年度全区政府系统督查工作先进集体的通报》、《内蒙古自治区人民政府办公厅关于下达 2005 年全区性工作会议计划的通知》、《内蒙古自治区人民政府办公厅关于 2004 年盟市安全生产工作目标考核情况的通报》、《内蒙古自治区人民政府办公厅关于贯彻落实〈内蒙古自治区蒙古语言文字工作条例〉的通知》、《内蒙古自治区人民政府办公厅关于成立自治区第二次全国残疾人抽样调查领导小组的通知》、《内蒙古自治区人民政府办公厅关于印发 2005 年盟市招商引资新开工公路建设项目计划责任书的通知》、《内蒙古自治区人民政府办公厅关于下达 2005 年新开工公路建设项目征地拆迁责任目标的通知》、《内蒙古自治区人民政府办公厅转发自治区审计厅关于各盟市驻北京联络处财务收支审计和审计调查情况报告的通知》、《内蒙古自治区人民政府办公厅关于成立迎接自治区 60 周年大庆四项重点工程项目建设指挥部的通知》、《内蒙古自治区人民政府办公厅关于成立自治区打击赌博违法犯罪活动专项行动领导小组的通知》、《内蒙古自治区人民政府办公厅关于 2004 年全区城市低保补助金发放情况的通报》、《内蒙古自治区人民政府办公厅关于成立大唐国际煤基烯烃综合开发项目建设协调领导小组的通知》、《内蒙古自治区人民政府办公厅关于印发开展集中打击赌博违法犯罪活动专项行动工作方案的通知》、《内蒙古自治区人民政府办公厅关于表彰 2004 年度全区政务信息报送先进单位及优秀信息员的通报》、《内蒙古自治区人民政府办公厅转发自治区审计厅关于全区生态环境建设工程资金审计和审计调查情况报告的通知》、《内蒙古自治区人民政府办公厅转发民政厅 劳动和社会保障厅关于做好军队复员干部安置工作意见的通知》、《内蒙古自治区人民政府办公厅关于切实加强天保工程资金管理的通知》、《内蒙古自治区人民政府办公厅关于认真做好春节和全国“两会”期间安全生产工作的紧急通知》、《内蒙古自治区人民政府办公厅关于制定和完善工作规则有关事宜的通知》、《内蒙古自治区人民政府办公厅关于组织编纂〈内蒙古年鉴〉2005 卷有关事宜的通知》、《内蒙古自治区人民政府办公厅关于成立临河至策克铁路建设领导小组的通知》、《内蒙古自治区人民政府办公厅关于进一步加强煤矿安全生产工作的紧急通知》、《内蒙古自治区人民政府办公厅关于推荐和提名中国科学院院士和中国工程院院士候选人的通知》、《内蒙古自治区人民政府办公厅关于调整自治区广播电视“村村通”工作领导小组组成人员的通知》、《内蒙古自治区人民政府办公厅关于签定“村村通”广播电视工程建设责任书的通知》、《内蒙古自治区人民政府办公厅关于开展非公有制经济发展调研工作的通知》、《内蒙古自治区人民政府办公厅关于成立自治区亚行技援项目内蒙古能源发展战略研究领导小组的通知》、《内蒙古自治区人民政府办公厅关于成立自治区非公有制经济工作领导小组的通知》、《内蒙古自治区人民政府办公厅关于表彰奖励 2004 年度先进集体和先进工作者的通报》、《内蒙古自治区人民政府办公厅关于对 2004 年自治区级以上先进集体和先进个人进行表彰奖励的通报》、《内蒙古自治区人民政府办公厅关于做好出访江浙沪三省市前期准备工作的通知》、《内蒙古自治区人民政府办公厅关于整顿城市信用社有关问题的意见》、《内蒙古自治区人民政府办公厅关于在香港举办“2005 年中国内蒙古经贸合作活动周”有关事宜的通知》、《内蒙古自治区人民政府办公厅关于我区组团参加第九届中国东西部合作与投资贸易洽谈会的通知》、《内蒙古自治区人民政府办公厅关于进一步规范公文报送工作的通知》、《内蒙古自治区人民政府办公厅关于印发内蒙古自治区人民政府辽宁省人民政府合作开发"煤电化"综合项目协议的通知》、《内蒙古自治区人民政府办公厅关于成立包钢改革发展协调领导小组的通知》、《内蒙古自治区人民政府办公厅关于调整自治区国有企业主辅分离改制分流工作领导小组成员的通知》、《内蒙古自治区人民政府办公厅关于开展盟市安全生产专项督查的通知》、《内蒙古自治区人民政府办公厅关于解决全区现代远程教育网络工程拖欠资金问题的通知》、《内蒙古自治区人民政府办公厅关于做好地震应急基础数据收集工作的通知》、《内蒙古自治区人民政府办公厅转发文化厅关于进一步加强基层文化建设意见的通知》、《内蒙古自治区人民政府办公厅关于下达2005年全区社会保险基金征缴指导计划的通知》、《内蒙古自治区人民政府办公厅关于区直商贸流通企业改制有关政策问题的通知》、《内蒙古自治区人民政府办公厅关于成立2008'国际草地大会和国际天然草原大会筹备委员会的通知》、《内蒙古自治区人民政府办公厅关于印发〈内蒙古自治区著名商标认定标准〉、〈内蒙古自治区著名商标认定工作程序〉〈内蒙古自治区著名商标跟踪管理办法〉、〈内蒙古自治区著名商标认定委员会评审规则〉的通知》、《内蒙古自治区人民政府办公厅关于进一步加强人大代表建议政协提案办理工作的通知》、《内蒙古自治区人民政府办公厅关于做好迎接俄罗斯赤塔州代表团接待工作的通知》、《内蒙古自治区人民政府办公厅关于深化医疗保险制度改革有关问题的通知》、《内蒙古自治区人民政府办公厅关于组团参加"2005年沈阳中日经济合作会议"的通知》、《内蒙古自治区人民政府办公厅关于印发研究"2005年中国内蒙古经贸合作活动周"前期工作会议纪要的通知》、《内蒙古自治区人民政府办公厅关于在香港举办"2005年中国内蒙古经贸合作活动周"的补充通知》、《内蒙古自治区人民政府办公厅关于2005年度干部教育培训的实施意见》、《内蒙古自治区人民政府办公厅关于调整自治区煤矿瓦斯集中整治工作领导小组组成人员的通知》、《内蒙古自治区人民政府办公厅关于成立自治区城市医疗救助试点工作领导小组的通知》、《内蒙古自治区人民政府办公厅关于调整自治区农牧民健康促进行动领导小组组成人员的通知》、《内蒙古自治区人民政府办公厅关于配合开展民族教育法律法规执法检查的通知》、《内蒙古自治区人民政府办公厅关于配合开展、〈中华人民共和国高等教育法〉及〈内蒙古自治区实施〈中华人民共和国高等教育法〉办法〉执法检查的通知》、《内蒙古自治区人民政府办公厅印发中国内蒙古自治区人民政府与俄联邦赤塔州政府关于加强两地区间全面合作会谈纪要的通知》、《内蒙古自治区人民政府办公厅关于切实加强计算机信息网络安全管理的通知》、《内蒙古自治区人民政府办公厅关于组团参加第八届中国北京国际科技产业博览会有关事宜的通知》、《内蒙古自治区人民政府办公厅关于成立自治区铁路重点项目协调领导小组的通知》、《内蒙古自治区人民政府办公厅关于成立自治区打击破坏森林资源专项行动领导小组的通知》、《内蒙古自治区人民政府办公厅关于印发赤峰地区能源化工等项目合作会议纪要的通知》、《内蒙古自治区人民政府办公厅关于开展全区城镇化调研工作的通知》、《内蒙古自治区人民政府办公厅关于做好迎接全国人大常委会水污染防治法执法检查有关准备工作的通知》、《内蒙古自治区人民政府办公厅关于印发全区城镇化调研提纲的通知》、《内蒙古自治区人民政府办公厅关于组团参加第二届满洲里中俄科技展暨中俄高新技术产品交易会的通知》、《内蒙古自治区人民政府办公厅关于印发民政厅等部门城市医疗救助试点工作实施方案的通知》、《内蒙古自治区人民政府办公厅关于加强退牧还草工程管理的通知》、《内蒙古自治区人民政府办公厅关于切实做好"五一"黄金周期间安全生产工作的通知》、《内蒙古自治区人民政府办公厅关于成立自治区阿尔山柴河旅游景区规划建设领导小组的通知》、《内蒙古自治区人民政府办公厅关于进一步加大瓦斯治理力度加强煤矿安全生产工作的紧急通知》、《内蒙古自治区人民政府办公厅关于组团参加2005年沈阳中日经济合作会议的补充通知》、《内蒙古自治区人民政府办公厅关于自治区政府代表团出访江浙沪有关事宜的通知》、《内蒙古自治区人民政府办公厅关于开展全区行政执法机构清理工作的通知》、《内蒙古自治区人民政府办公厅印发自治区人民政府党组关于先进性教育活动专题民主生活会情况通报的通知》、《内蒙古自治区人民政府办公厅关于近期森林草原火灾情况的通报》、《内蒙古自治区人民政府办公厅关于上报信息考评工作有关事宜的通知》、《内蒙古自治区人民政府办公厅关于调整自治区文物保护管理委员会组成人员的通知》、《内蒙古自治区人民政府办公厅关于调整自治区元上都申报世界文化遗产工作领导小组组成人员的通知》、《内蒙古自治区人民政府办公厅关于做好迎接全国人大常委会安全生产法执法检查有关事宜的通知》、《内蒙古自治区人民政府办公厅转发关于充分利用邮资信封提升我区对外宣传形象意见的通知》、《内蒙古自治区人民政府办公厅关于组团赴蒙古国进行合作交流活动的通知》、《内蒙古自治区人民政府办公厅关于调整自治区文化信息资源共享工程领导小组成员的通知》、《内蒙古自治区人民政府办公厅关于做好地质灾害隐患点排查工作的通知》、《内蒙古自治区人民政府办公厅关于成立自治区农村信用社联合社筹备工作领导小组的通知》、《内蒙古自治区人民政府办公厅关于成立自治区台湾华阳项目协调小组的通知》、《内蒙古自治区人民政府办公厅关于尽快制定和报送工作规则有关事宜的通知》、《内蒙古自治区人民政府办公厅转发残联等部门关于切实加强扶助贫困残疾人工作意见的通知》、《内蒙古自治区人民政府办公厅关于成立内蒙古自治区与神华集团合作项目（蒙古国）协调领导小组的通知》、《内蒙古自治区人民政府办公厅关于切实做好牧业普查工作的通知》、《内蒙古自治区人民政府办公厅 内蒙古军区司令部关于做好北京军区高中级干部集训班接待工作的通知》、《内蒙古自治区人民政府办公厅关于印发研究集通铁路有限责任公司股权转让有关问题会议纪要的通知》、《内蒙古自治区人民政府办公厅关于成立额尔古纳河环保合作工作领导小组的通知》、《内蒙古自治区人民政府办公厅关于成立自治区盐业市场专项整治工作领导小组的通知》、《内蒙古自治区人民政府办公厅关于自治区主席助理工作分工的通知》、《内蒙古自治区人民政府办公厅关于进一步加强农业生产资料供应和价格监管工作的通知》、《内蒙古自治区人民政府办公厅关于出席全区纠风工作电视电话会议情况的通报》、《内蒙古自治区人民政府办公厅关于2005年3月份信息采用情况的通报》、《内蒙古自治区人民政府办公厅关于转发建市〔2005〕45号文件的通知》、《内蒙古自治区人民政府办公厅关于开展换发第二代居民身份证专项督查工作有关事宜的通知》、《内蒙古自治区人民政府办公厅关于印发2005年地质灾害防灾预案的通知》、《内蒙古自治区人民政府办公厅关于成立自治区森林生态效益补偿工作领导小组的通知》、《内蒙古自治区人民政府办公厅关于开展购买奶牛情况综合调研的通知》、《内蒙古自治区人民政府办公厅关于印发〈内蒙古自治区经贸出国团组审批管理办法〉和〈内蒙古自治区邀请外国商务团组（人员）来访审批管理办法〉的通知》、《内蒙古自治区人民政府办公厅关于开展第二次全国残疾人抽样调查工作的通知》、《内蒙古自治区人民政府办公厅关于成立自治区民航管理委员会的通知》、《内蒙古自治区人民政府办公厅关于配合开展公路交通法律法规执法检查的通知》、《内蒙古自治区人民政府办公厅关于印发研究中行乌兰浩特分行债务承担人问题会议纪要的通知》、《内蒙古自治区人民政府办公厅关于印发内蒙古工业大学等六家区直改革试点事业单位财政补助方式改革方案的通知》、《内蒙古自治区人民政府办公厅关于做好中国美国商会内蒙古考察团接待工作的通知》、《内蒙古自治区人民政府办公厅关于2005年4月份信息采用情况的通报》、《内蒙古自治区人民政府办公厅关于报送政务公开领导机构组成人员有关事宜的通知》、《内蒙古自治区人民政府办公厅转发自治区监察厅自治区人民政府纠正行业不正之风办公室关于2005年全区纠风工作实施意见的通知》、《内蒙古自治区人民政府办公厅关于印发2005年自治区食品药品专项整治工作安排的通知》、《内蒙古自治区人民政府办公厅关于成立自治区蒙医药标准化建设领导小组的通知》、《内蒙古自治区人民政府办公厅关于印发文化先进旗县评选标准和文化先进旗县管理暂行办法的通知》、《内蒙古自治区人民政府办公厅关于印发自治区2005年整顿和规范市场经济秩序工作要点的通知》、《内蒙古自治区人民政府办公厅关于落实清理拖欠工程款目标责任书有关事宜的通知》、《内蒙古自治区人民政府办公厅关于2005年内蒙古·香港经贸合作活动周的报告》、《内蒙古自治区人民政府办公厅转发劳动和社会保障厅建设厅关于解决建设领域拖欠农民工工资问题意见的通知》、《内蒙古自治区人民政府办公厅关于呼伦贝尔市交通征稽分局管理体制改革等有关问题的通知》、《内蒙古自治区人民政府办公厅关于印发自治区人民政府办公厅系统干部职工集资建房协议的通知》、《内蒙古自治区人民政府办公厅关于转发安委办字〔2005〕8号文件的通知》、《内蒙古自治区人民政府办公厅转发自治区粮食局关于加强粮食流通管理和监督检查工作意见的通知》、《内蒙古自治区人民政府办公厅关于报送内蒙古旗县情大全编委会成员的通知》、《内蒙古自治区人民政府办公厅关于印发自治区2005年环保专项行动工作方案的通知》、《内蒙古自治区人民政府办公厅关于降低集资建房价格有关事宜的通知》、《内蒙古自治区人民政府办公厅关于成立呼伦贝尔市电力开发协调工作组的通知》、《内蒙古自治区人民政府办公厅关于印发自治区财政性资金国库集中支付管理办法的通知》、《内蒙古自治区人民政府办公厅关于2005年5月份信息采用情况的通报》、《内蒙古自治区人民政府办公厅关于编辑出版〈内蒙古自治区大事记（1997—2006）〉有关事宜的通知》、《内蒙古自治区人民政府办公厅关于印发自治区打击季节性口岸蚂蚁搬家式走私活动专项行动实施方案的通知》、《内蒙古自治区人民政府办公厅关于做好防汛救灾工作的紧急通知》、《内蒙古自治区人民政府办公厅关于做好内蒙古迎宾馆转让改制工作的通知》、《内蒙古自治区人民政府办公厅关于成立内蒙古农业学校并入内蒙古大学协调领导小组的通知》、《内蒙古自治区人民政府办公厅关于成立内蒙古工业大学电力学院实质性并入内蒙古工业大学协调领导小组的通知》、《内蒙古自治区人民政府办公厅关于坚决制止退耕还林项目区复垦及乱开荒有关事宜的通知》、《内蒙古自治区人民政府办公厅关于配合开展〈中华人民共和国动物防疫法〉和〈内蒙古自治区动物防疫条例〉执法检查的通知》、《内蒙古自治区人民政府办公厅转发国家安全生产监督管理局等部门关于严厉打击煤矿违法生产活动的通知》、《内蒙古自治区人民政府办公厅关于开展工程建设项目屋面球形网架部分质量安全检查的紧急通知》、《内蒙古自治区人民政府办公厅关于2005年6月份信息采用情况的通报》、《内蒙古自治区人民政府办公厅关于原黄金局办公楼及两栋宿舍楼划归自治区党委老干部局的通知》、《内蒙古自治区人民政府办公厅关于岳福洪同志率团访问美国和乌克兰的请示》、《内蒙古自治区人民政府办公厅关于参加奈伦之夏·西部民营经济发展新机遇论坛的通知》、《内蒙古自治区人民政府办公厅关于成立自治区利用亚洲开发银行贷款环境改善项目领导小组的通知》、

《内蒙古自治区人民政府办公厅关于气象灾害预警信号发布有关事宜的通知》、《内蒙古自治区人民政府办公厅关于认真解决影响重点工程项目建设突出问题的通知》、《缺内政办字221号》、《内蒙古自治区人民政府办公厅转发红十字会关于直属机关发展会员意见的通知》、《内蒙古自治区人民政府办公厅关于做好2005年内蒙古·香港经贸合作活动周签约项目落实工作的通知》、《内蒙古自治区人民政府办公厅关于印发第三季度政务信息报送要点的通知》、《内蒙古自治区人民政府办公厅关于撤消自治区人民政府驻深圳等4个办事处的通知》、《内蒙古自治区人民政府办公厅关于推荐选拔人民满意公务员和人民满意公务员集体的通知》、《内蒙古自治区人民政府办公厅印发关于研究内蒙古迎宾馆转让和改制工作会议纪要的通知》、《内蒙古自治区人民政府办公厅关于举办第六届全区少数民族传统体育运动会的通知》、《内蒙古自治区人民政府办公厅关于2004年度厅内各处室内网信息发布评比结果的通报》、《内蒙古自治区人民政府办公厅关于督查第一批关闭小煤矿进展情况的通知》、《内蒙古自治区人民政府办公厅关于组团参加第九届中国国际投资贸易洽谈会的通知》、《内蒙古自治区人民政府办公厅关于做好俄联邦布里亚特共和国代表团接待工作的通知》、《内蒙古自治区人民政府办公厅关于切实做好雨季秋季造林工作的通知》、《内蒙古自治区人民政府办公厅转发自治区财政厅等部门关于严肃财经纪律维护财税秩序意见的通知》、《内蒙古自治区人民政府办公厅关于成立自治区地名公共服务工程领导小组的通知》、《内蒙古自治区人民政府办公厅关于成立内蒙古迎宾馆职工安置工作领导小组的通知》、《内蒙古自治区人民政府办公厅关于调整自治区人畜饮水领导小组组成人员的通知》、《内蒙古自治区人民政府办公厅关于实施地名公共服务工程的通知》、《内蒙古自治区人民政府办公厅关于2005年上半年全区城市低保金发放情况的通报》、《内蒙古自治区人民政府办公厅关于做好突发公共事件应急工作有关事宜的通知》、《内蒙古自治区人民政府办公厅转发人行呼和浩特中心支行关于金融业支持自治区经济发展意见的通知》、《内蒙古自治区人民政府办公厅关于做好全国煤炭资源回采率检查组检查准备工作的通知》、《内蒙古自治区人民政府办公厅关于组团参加第七届中国国际高新技术成果交易会的通知》、《内蒙古自治区人民政府办公厅关于表彰春雨助残工程先进地区和先进单位的通报》、《内蒙古自治区人民政府办公厅关于成立自治区村村通电话工程领导小组的通知》、《内蒙古自治区人民政府办公厅关于进一步加强契税征收管理工作的通知》、《内蒙古自治区人民政府办公厅关于进一步落实发展第三产业若干政策规定有关事宜的通知》、《内蒙古自治区人民政府办公厅关于组团参加第十届澳门国际贸易投资展览会的通知》、《内蒙古自治区人民政府办公厅关于印发研究农牧民负担监督管理工作有关问题会议纪要的通知》、《内蒙古自治区人民政府办公厅关于督查软件正版化工作有关事宜的通知》、《内蒙古自治区人民政府办公厅关于成立自治区软件园工作指导委员会的通知》、《内蒙古自治区人民政府办公厅关于成立呼和浩特电子信息产业基地建设协调领导小组的通知》、《内蒙古自治区人民政府办公厅关于成立自治区蒙古语言软件开发协调领导小组的通知》、《内蒙古自治区人民政府办公厅关于成立鄂尔多斯大路煤化工园区开发领导小组的通知》、《内蒙古自治区人民政府办公厅关于组织开展“两基”达标评估验收工作的通知》、《内蒙古自治区人民政府办公厅关于2005年7月份信息采用情况的通报》、《内蒙古自治区人民政府办公厅关于开展建立工业反哺农业长效机制调研活动的通知》、《内蒙古自治区人民政府办公厅关于印发2005年全区消防工作责任状考核验收方案的通知》、《内蒙古自治区人民政府办公厅关于成立解决森林公安编制和经费问题工作领导小组的通知》、《内蒙古自治区人民政府办公厅关于举办全区电子政务网络管理培训班的通知》、《内蒙古自治区人民政府办公厅关于开展〈内蒙古自治区2004—2010年第三产业发展规划纲要〉和〈内蒙古自治区加快发展第三产业若干政策的规定〉执行情况督查工作的通知》、《内蒙古自治区人民政府办公厅关于开展深化农村牧区税费改革试点督查工作的通知》、《内蒙古自治区人民政府办公厅关于做好规划环境影响评价工作的通知》、《内蒙古自治区人民政府办公厅转发自治区公安厅关于切实贯彻企业事业单位内部治安保卫条例意见的通知》、《内蒙古自治区人民政府办公厅关于开展全区行政执法机构清理工作的补充通知》、《内蒙古自治区人民政府办公厅关于成立自治区股权分置改革领导小组的通知》、《内蒙古自治区人民政府办公厅关于成立自治区建设节约型社会展览会组委会的通知》、《内蒙古自治区人民政府办公厅关于贯彻落实国务院令第446号和国办发明电〔2005〕21号文件精神的通知》、《内蒙古自治区人民政府办公厅关于开展贯彻落实国务院令第446号和国办发明电〔2005〕21号文件精神督查的通知》、《内蒙古自治区人民政府办公厅印发关于研究原自治区黄金局办公楼等房地产移交问题会议纪要的通知》、《内蒙古自治区人民政府办公厅关于开展〈中华人民共和国水污染防治法〉执法检查的通知》、《内蒙古自治区人民政府办公厅关于2005年8月份信息采用情况的通报》、《内蒙古自治区人民政府办公厅关于进一步巩固退耕还林成果的通知》、《内蒙古自治区人民政府办公厅关于印发自治区人民政府办公厅干部轮岗交流工作暂行办法的通知》、《内蒙古自治区人民政府办公厅转发自治区财政厅关于改革苏木乡镇财政管理方式实行“乡财县管”实施意见的通知》、《内蒙古自治区人民政府办公厅转发国务院办公厅关于加强液态奶生产经营管理的通知》、《内蒙古自治区人民政府办公厅关于印发汝箕沟(古拉本)矿区大岭井田煤炭资源开采有关问题会议纪要的通知》、《内蒙古自治区人民政府办公厅关于印发内部出版物呈缴暂行办法的通知》、《内蒙古自治区人民政府办公厅关于印发中国内蒙古自治区人民政府与蒙古国工业贸易部贸易经济合作常设协商工作小组第六次会议纪要的通知》、《内蒙古自治区人民政府办公厅关于转发国开电明字〔2005〕1号文件的通知》、《内蒙古自治区人民政府办公厅关于成立自治区战略环评领导小组的通知》、《内蒙古自治区人民政府办公厅关于开展大青山矿业生产秩序清理整顿专项行动督查的通知》、《内蒙古自治区人民政府办公厅关于禁止给苏木乡镇下达招商引资指标的紧急通知》、《缺内政办字310号》《内蒙古自治区人民政府办公厅关于全区清理政府投资项目拖欠工程款工作进展情况的通报》、《内蒙古自治区人民政府办公厅转发自治区公安厅科技厅关于科技强警示范建设实施意见的通知》、《内蒙古自治区人民政府办公厅关于切实做好重大动物疫病防控工作的紧急通知》、《内蒙古自治区人民政府办公厅关于成立〈中国少数民族古籍总目提要·内蒙古卷〉编纂工作领导小组的通知》、《内蒙古自治区人民政府办公厅关于调整自治区少数民族古籍与〈格斯尔〉工作领导小组组成人员的通知》、《内蒙古自治区人民政府办公厅关于报送自治区国民经济和社会发展"十一五"规划战略环境影响评价所需资料的通知》、《内蒙古自治区人民政府办公厅印发关于神华集团煤直接液化项目建设有关问题会议纪要的通知》、《内蒙古自治区人民政府办公厅关于"2005年内蒙古·香港经贸合作活动周"签约项目进展情况的通报》、《内蒙古自治区人民政府办公厅关于2005年9月份信息采用情况的通报》、《内蒙古自治区人民政府办公厅关于报送2006年会议计划的通知》、《内蒙古自治区人民政府办公厅关于开展全区科教兴区突出贡献奖评选工作的通知》、《内蒙古自治区人民政府办公厅转发自治区文化厅关于全区特色博物馆体系建设意见的通知》、《内蒙古自治区人民政府办公厅关于印发2005年优势特色产业人才开发目录的通知》、《内蒙古自治区人民政府办公厅关于自治区国有重点煤炭企业工伤保险实行省级行业统筹管理的通知》、《内蒙古自治区人民政府办公厅关于印发2005年第四季度政务信息报送要点的通知》、《内蒙古自治区人民政府办公厅转发自治区国土资源厅财政厅关于自治区地勘局和有色地勘局及煤田地质局离退休人员经费单列管理意见的通知》、《内蒙古自治区人民政府办公厅关于开展高致病性禽流感防控督查工作的紧急通知》、《内蒙古自治区人民政府办公厅关于检查2001年至2005年体育工作目标管理责任书落实情况的通知》、《内蒙古自治区人民政府办公厅关于加强行政区划调整报批工作的通知》、《内蒙古自治区人民政府办公厅关于组团参加第二届四川·中国西部国际农业博览会的通知》、《内蒙古自治区人民政府办公厅关于进一步加强煤矿整顿关闭工作确保煤矿生产安全的紧急通知》、《内蒙古自治区人民政府办公厅关于印发研究给予"如意号"国际集装箱专列政策扶持会议纪要的通知》、《内蒙古自治区人民政府办公厅印发关于研究解决"波士名人国际"项目建设对自治区国家安全厅技术办公楼产生较大影响问题会议纪要的通知》、《内蒙古自治区人民政府办公厅关于内蒙古高等级公路建设开发有限责任公司税收先征后投的通知》、《内蒙古自治区人民政府办公厅关于进一步加强高致病性禽流感疫情防控工作的通知》、《内蒙古自治区人民政府办公厅关于开展〈内蒙古自治区志·科学技术志〉编纂工作的通知》、《内蒙古自治区人民政府办公厅关于进一步加强政府预算和基本建设投资管理工作有关事宜的通知》、《内蒙古自治区人民政府办公厅关于落实软件正版化工作的紧急通知》、《内蒙古自治区人民政府办公厅转发国土资源厅等部门关于加强国家版图意识宣传教育和地图市场监管意见的通知》、《内蒙古自治区人民政府办公厅关于全区亿元以上自治区工业重点项目建设情况的通报》、《内蒙古自治区人民政府办公厅关于2005年10月份信息采用情况的通报》、《内蒙古自治区人民政府办公厅关于迎接防控高致病性禽流感工作检查的紧急通知》、《内蒙古自治区人民政府办公厅关于学习贯彻〈重大动物疫情应急条例〉的意见》、《内蒙古自治区人民政府办公厅转发自治区公安厅关于加强全区消防队（站）建设工作实施意见的通知》、《内蒙古自治区人民政府办公厅关于报送2005年度关闭煤矿名单的紧急通知》、《内蒙古自治区人民政府办公厅关于成立自治区液态奶监管领导小组的通知》、《内蒙古自治区人民政府办公厅关于调整自治区打击走私综合治理工作领导小组组成人员的通知》、《内蒙古自治区人民政府办公厅关于进一步加快煤矿整顿关闭进度做好社会稳定工作的通知》、《内蒙古自治区人民政府办公厅关于印发〈内蒙古自治区人民政府办公厅工作规则〉的通知》、《内蒙古自治区人民政府办公厅关于调整自治区残疾人工作协调委员会组成人员的通知》、《内蒙古自治区人民政府办公厅关于印发研究妥善处理包头市和乌海市被关闭小煤矿业主及职工代表到自治区上访问题会议纪要的通知》、《内蒙古自治区人民政府办公厅转发自治区文化厅关于进一步加强农村牧区电影工作意见的通知》、《内蒙古自治区人民政府办公厅关于加快编制突发公共事件相关应急预案的通知》、《内蒙古自治区人民政府办公厅转发自治区劳动和社会保障厅等部门关于建立被征地农牧民养老保障制度意见的通知》、《内蒙古自治区人民政府办公厅关于开展食品放心工程综合评价工作的通知》、《内蒙古自治区人民政府办公厅关于2006年部分节假日安排的通知》、《内蒙古自治区人民政府办公厅转发自治区教育厅等部门关于进一步做好农村牧区寄宿制学校建设工程实施工作意见的通知》、《内蒙古自治区人民政府办公厅转发内蒙古邮政局关于进一步加强全区邮政系统服务"三农"工作意见的通知》、《内蒙古自治区人民政府办公厅关于认真做好第二次全国残疾人抽样调查工作的通知》、《内蒙古自治区人民政府办公厅关于印发食品安全重大事故应急预案的通知》、《内蒙古自治区人民政府办公厅关于加强和改进公文办理工作有关事宜的通知》、《内蒙古自治区人民政府办公厅关于报送列席自治区第十届人民代表大会第四次会议人员名单的通知》、《内蒙古自治区人民政府办公厅关于开展整顿和规范矿产资源开发秩序督查工作的通知》、《内蒙古自治区人民政府办公厅关于组织开展2005年盟市安全生产工作目标考核和今冬明春安全生产专项整治督查的通知》、《内蒙古自治区人民政府办公厅关于开通党政机关新址通勤车有关事宜的通知》、《内蒙古自治区人民政府办公厅关于加强交通安全工作的紧急通知》、《内蒙古自治区人民政府办公厅关于切实加强2006年元旦和春节期间值班工作的通知》、《内蒙古自治区人民政府办公厅关于下达2006年全区性会议计划的通知》、《内蒙古自治区人民政府办公厅关于成立自治区“12·24”特大事故调查处理工作领导小组的通知》、《内蒙古自治区人民政府办公厅关于调整自治区煤矿瓦斯集中整治工作领导小组办公室的通知》、《内蒙古自治区人民政府办公厅印发铁道部和自治区人民政府关于加快推进内蒙古铁路建设前期工作会议纪要的通知》

【主席办公会议】 2005年,共召开自治区人民政府主席办公会议73次。其中:涉及工业、农业、交通、能源、金融、城建、商贸、环保、旅游等领域的会议46次;涉及教育、科技、文化、卫生、广电、公安、人事、劳动、外事等领域的会议27次。

第一季度 2005年1月4日,自治区副主席连辑主持召开专题会议,研究内蒙古军区提交自治区党委议军会议解决的有关问题。内蒙古军区副司令员桑杰扎布及自治区有关部门、呼和浩特市的负责同志参加了会议。2005年1月11日,自治区副主席余德辉主持召开专题会议,研究自治区主要领导拟赴香港招商引资活动事宜。2005年1月12日,自治区副主席余德辉主持召开专题会议,研究加快自治区非公有制经济发展有关工作。2005年1月13日,自治区主席杨晶主持召开自治区人民政府2005年第1次主席办公会议。会议研究了《内蒙古信托投资有限责任公司增资扩股实施意见》,听取了锡林郭勒盟关于正镶白旗和镶黄旗合并事宜的汇报。2005年1月15日上午,自治区人民政府顾问周德海、自治区副主席赵双连同志会见了香港和生创展董事局主席朱孟依先生一行,就准格尔煤电路一体化项目、自备电厂项目等有关问题进行研究和商讨。2005年1月18日,自治区政府党组成员、顾问周德海主持召开政府专题会议,研究中铁三局集团在内蒙古投资建设铁路、煤化工项目等有关问题。2005年1月20日下午,自治区副主席郭子明主持召开了自治区享受政府特殊津贴的专家学者技术人员工作领导小组会议,会议听取了自治区人事厅关于2004年推荐享受政府特殊津贴人员工作汇报,评审了2004年推荐享受政府特殊津贴的人员。2005年2月18日,自治区副主席连辑主持召开政府专题会议,研究自治区哲学社会科学优秀成果奖励工作。2005年2月21日,自治区副主席余德辉主持召开专题会议,研究自治区主要领导赴香港招商引资活动具体事宜。2005年3月1日,自治区副主席连辑主持召开政府专题会议,研究自治区国家助学贷款工作有关问题。2005年3月2日下午,自治区副主席余德辉主持召开三大流通集团改革领导小组(以下简称领导小组)会议,听取三大集团改革进展情况的汇报,并研究明确三大流通集团改革收尾阶段有关问题。2005年3月7日,自治区副主席赵双连主持召开会议,听取自治区国资委关于2004年工作情况汇报,研究2005年国有资产监督管理工作。2005年3月16日下午,自治区主席杨晶主持召开办公会议,专题研究关于扩大接受蒙古国学生规模及进一步同蒙古国开展教育合作与交流有关事宜。2005年3月26日,自治区主席杨晶在兴安盟阿尔山市主持召开主席办公会议,研究部署建设阿尔山—柴河旅游景区事宜。2005年3月29日,自治区副主席、自治区深化农村信用社改革工作领导小组(以下简称领导小组)副组长余德辉主持召开领导小组第四次会议,听取领导小组办公室关于全区深化农村信用社改革工作总体情况以及清产核资、增资扩股、宣传工作的汇报,研究部署了下一阶段的主要工作。领导小组全体成员参加会议。2005年3月29日下午,自治区副主席连辑主持召开政府专题会议,研究内蒙古农业学校整体并入内蒙古大学有关问题。2005年3月29日下午,自治区副主席连辑主持召开政府专题会议,研究电力学院实质性并入内蒙古工业大学相关问题。2005年3月30日,自治区主席杨晶在锡盟召开主席办公会议,研究了资源开发利用的有关问题。2005年3月31日上午,自治区副主席乌兰主持召开政府专题会议,听取自治区文化体育重点工程建设指挥部关于内蒙古博物馆、大剧院和体育馆筹建进展情况及下一步工作安排的汇报。自治区政府党组成员、自治区政府顾问、自治区重大项目办公室主任周德海出席了会议。

第二季度 2005年4月13日,自治区主席、自治区推进城镇化工作领导小组组长杨晶主持召开全区推进城镇化工作领导小组第二次会议,专题研究了进一步加快城镇化进程事宜。郝益东副主席及领导小组成员单位的负责同志参加了会议。2005年4月13日上午,赵双连副主席主持召开了自治区铁路重点项目协调领导小组会议,听取自治区发改委关于2005年自治区重点铁路项目前期工作进展情况汇报,研究推进铁路重点项目工作。2005年4月14日,自治区副主席、自治区文化体育重点工程领导小组(以下简称领导小组)组长乌兰主持召开政府专题会议暨领导小组第8次全体会议,自治区政府顾问周德海出席了会议。会议听取了自治区文化体育重点工程建设指挥部(以下简称指挥部)关于内蒙古乌兰恰特、博物馆和体育馆工程筹建与奠基准备情况的汇报,研究了有关问题。2005年4月18

日，自治区副主席连辑主持召开政府专题会议，研究中小学拖欠新华书店教材款问题。2005年4月19日，自治区副主席赵双连在包钢集团公司主持召开会议，听取包钢关于生产经营和改革发展有关情况汇报，研究部署近期工作。2005年4月20日，自治区人民政府顾问周德海、副主席赵双连在乌海市调研和4月21日赵双连副主席在阿拉善盟调研时，分别主持召开会议，听取两盟市工业经济运行和重点项目建设以及安全生产情况汇报，研究部署有关工作。2005年4月22日，自治区政府党组成员、顾问周德海主持召开专题会议，研究台湾腾龙集团在内蒙古投资建设煤化工及配套项目建设问题。2005年4月28日，自治区副主席余德辉主持召开自治区阿尔山—柴河旅游景区规划建设领导小组（以下简称领导小组）第一次会议，听取呼伦贝尔市、兴安盟、大兴安岭森工集团落实自治区主席办公会议精神情况的汇报，领导小组办公室关于旅游景区规划建设前期准备工作情况和需要领导小组议定事项的汇报，以及自治区开发银行关于建立阿尔山旅游开发投资联合体方案的介绍，研究部署下一步工作。2005年4月30日下午，自治区主席杨晶主持召开办公会议，研究部署了近期需要做好的几项重点工作。2005年5月12日，自治区副主席连辑主持召开政府专题会议暨自治区现代远程教育网络领导小组全体会议，研究2004至2005年度自治区农村牧区中小学现代远程教育工程实施工作。2005年5月16日，自治区人民政府党组成员、顾问周德海主持召开政府专题会议，研究内蒙古集通铁路有限责任公司（以下简称集通公司）与大唐国际发电股份有限公司（以下简称大唐国际）合资改造建设锡林浩特—蓝旗—丰宁铁路问题。2005年5月18日，自治区副主席连辑主持召开专题会议，听取了自治区党委、政府派出的4个信访督查组的工作情况及3个重大集体上访案件办理情况的汇报，并对下一阶段信访督查工作进行部署。2005年5月19日，自治区副主席余德辉主持召开专题会议，听取了国际会展中心建设领导小组办公室关于内蒙古国际会议展览中心建设工作的情况汇报，研究、部署了下一步工作。2005年5月23日，郝益东副主席主持召开专题会议，听取呼和浩特和包头两市城乡结合部规划情况的汇报。呼、包两市分管建设工作的领导和自治区有关厅局的负责人参加了会议。5月30日下午，自治区政府顾问周德海、自治区副主席赵双连主持召开会议，听取锡林郭勒盟、鄂尔多斯市、巴彦淖尔市、乌海市和阿拉善盟重化工项目进展情况汇报，进一步明确全区今年煤化工、天然气化工和氯碱化工项目开工目标，研究推进重化工项目建设具体措施。2005年6月2日，自治区副主席连辑主持召开政府专题会议，研究电力学院并入内蒙古工业大学债务划转相关问题。2005年6月3日，自治区副主席乌兰主持召开政府专题会议，研究蒙医药标准化建设问题。会议讨论了自治区卫生厅《蒙医病证诊断及疗效标准研究与制定的可行性报告》、自治区食品药品监督管理局《蒙药制剂规范研究方案》和内蒙古医学院《蒙医药现代化研究可行性报告》，研究确定了有关问题。2005年6月9日，自治区主席杨晶主持召开主席办公会议，研究了内蒙古自治区人民政府《关于进一步加强政府预算管理的意见》、《关于财政性资金国库集中支付管理办法》、《关于推进旗县、苏木乡镇财政管理体制和嘎查村财务管理制度改革的意见》、《关于进一步加强煤矿安全生产工作的意见》、《关于国有资产监督管理委员会监管企业负责人薪酬管理暂行办法》和《关于企业自备电厂建设发展的若干意见》，听取了《关于集通公司国有股权转让收益及资金使用的汇报》、《关于自治区成立60周年大庆项目准备工作情况的汇报》和《关于全区特色博物馆建设设想的汇报》。2005年6月12日下午，自治区主席杨晶主持召开主席办公会议，听取了《关于我区教育状况及今后改革发展思路的汇报》和《关于强化实施科技兴区战略的汇报》。2005年6月17日，赵双连副主席主持召开专题会议，研究鄂尔多斯市政府关于“小金三角”地区特别是棋盘井工业园区发展问题。2005年6月24日，自治区副主席余德辉主持召开专题会议，研究恒泰证券有限责任公司和原呼市育财城市信用社有关问题。2005年6月29日，自治区副主席连辑主持召开会议，专题研究全区电力企业消防安全工作。

第三季度　2005年7月2日，内蒙古自治区人民政府党组成员、顾问周德海在赤峰主持召开专题会议，研究大唐国际发电股份有限公司在赤峰市克什克腾旗投资建设煤化工及煤液化项目有关问题。2005年7月8日，自治区副主席连辑主持召开政府专题会议，研究内蒙古工业大学北校区建设工作。2005年7月12日，按照杨晶主席的指示意见，自治区政府党组成员、顾问周德海主持召开专题会议，研究临河至策克铁路（以下简称临策铁路）建设有关问题。2005年7月15日，自治区副主席乌兰主持召开政府专题会议，听取了神华集团关于蒙古国塔本陶勒盖矿区配套铁路运煤专用线（境内部分，以下简称“铁路专用线”）建设前期工作进展情况的汇报，研究了铁路专用线初测过程中遇到的有关问题。2005年7月21日上午，自治区主席杨晶主持召开主席办公会议，听取了自治区文化体育重点工程建设指挥部关于内蒙古博物馆、乌兰恰特、体育馆工程建设进展情况以及关于追加内蒙古博物馆、乌兰恰特、体育馆工程建设投资有关事宜的汇报。2005年8月1日上午，自治区主席杨晶主持召开主席办公会议，听取了自治区财政厅、民政厅关于我区今年以来受灾救灾等有关事宜的汇报。2005年8月12日，受自治区常务副主席、自治区非公有制经济工作领导小组组长岳福洪的委托，自治区副主席、自治区非公有制经济工作领导小组副组长余德辉主持召开专题会议，研究加快自治区非公有制经济发展工作。2005年8月15日，自治区常务副主席岳福洪主持召开政府专题会议，研究鄂尔多斯市与印尼三林集团合作开发建设煤化工园区等有关问题。2005年8月16日,自治区副主席赵双连同志主持召开自治区土地利用规划修编领导小组会议,研究我区新一轮土地利用总体规划修编有关工作。2005年8月16日,自治区副主席赵双连同志主持召开专题会议,听取自治区国土资源厅关于全区土地收购储备情况汇报,研究建立和完善土地收购储备体系有关工作。2005年8月18日赵双连副主席在二连浩特市召开现场办公会,研究二连浩特市产业发展问题。2005年8月23日,自治区副主席、自治区深化农村信用社改革工作领导小组(以下简称领导小组)副组长余德辉主持召开领导小组会议,听取领导小组办公室和自治区农村信用社联合社(以下简称自治区联社)关于全区深化农村信用社改革工作情况的汇报,研究部署下一阶段主要工作。2005年8月24日,自治区主席杨晶在呼伦贝尔市主持召开主席办公会议,研究呼伦贝尔市经济社会发展问题。会议听取了呼伦贝尔市1—7月份经济运行、工业项目建设进展、交通建设和生态保护与建设等方面的情况汇报。自治区副主席赵双连参加了会议。2005年8月30日,余德辉副主席主持召开专题会议,研究自治区主要领导赴山东省和"珠三角"地区招商引资前期工作。2005年9月6日,自治区政府党组成员、顾问周德海主持召开专题工作会议,研究锡林郭勒盟胜利煤田东二号露天矿开采划界工作。9月7日,自治区副主席连辑主持召开政府专题会议,研究呼伦贝尔市企业剥离办教育问题。2005年9月7日,自治区副主席连辑主持召开政府专题会议暨自治区现代远程教育网络领导小组(以下简称领导小组)全体会议,研究2004年至2005年度自治区农村牧区中小学现代远程教育工程招标采购工作。2005年9月13日,连辑副主席主持召开政府专题会议,就教育部在媒体上通报的全区落实国家助学贷款工作进展缓慢问题进行了专题研究。自治区教育厅、财政厅、金融办、人行、农行、建行、工行以及在呼的部分高等院校的负责同志参加了会议。教育厅就自治区落实国家助学贷款情况进行了通报,人行和各经办行就自治区落实国家助学贷款提出了具体的意见和建议。连辑副主席就进一步加快我区助学贷款工作进行了具体部署。2005年9月22日,自治区政府党组成员、顾问周德海主持召开专题会议,研究临河至策克口岸铁路(以下简称临策铁路)建设有关问题。9月29日,郭子明副主席主持召开了政府专题会议,听取了自治区劳动和社会保障厅和就业服务局的全区2005年就业再就业工作进展情况汇报,专题研究了自治区当前再就业政策落实过程中存在的问题,重点讨论了进一步推进小额担保贷款的工作。

第四季度　2005年10月11日,自治区副主席余德辉主持召开专题会议,研究《阿尔山—柴河旅游区总体规划》(以下简称总体规划),安排部署下一阶段阿尔山—柴河旅游区开发建设工作。2005年10月12日,自治区副主席赵双连同志主持召开会议,听取包钢工作汇报,研究包钢改革与发展建设有关问题。2005年11月3日,自治区副主席乌兰主持召开政府专题会议,研究全区第11届运动会筹备事宜。会议听取了承办方通辽市人民政府关于全区第11届运动会(以下简称"十一运")筹备情况的汇报,研究确定了有关问题。2005年11月7日,自治区主席杨晶主持召开主席办公会议,听取了自治区农牧业厅、卫生厅关于防控高致病性禽流感情况的汇报,传达了国务院召开的全国防控高致病性禽流感工作电视电话会议精神。2005年11月12日上午,自治区主席杨晶主持召开主席办公会议,听取了《关于我区城市社区建设情况的汇报》、《2005年申请追加经费情况的汇报》和《关于调整完善自治区以下财政体制的汇报》,研究了《关于自治区文化体育重点工程指挥部提出三大工程追加投资的审查意见》、《关于解决内蒙古电力(集团)有限责任公司改革成本和补充电网资本金问题》以及《武警内蒙古总队关于解决部分基层中队营房建设等所需经费的请示》等有关事宜。2005年11月29日,自治区副主席连辑主持召开专题会议,研究金宇集团内蒙古生物药品厂违规制售禽流感假疫苗事件问题。2005年12月5日下午,自治区主席杨晶主持召开主席办公会议,专题研究自治区当前和今后一个时期安全生产工作,自治区副主席赵双连参加了会议。会议听取了自治区工业办、安监局《关于全区安全生产形势及明年的工作安排》的汇报,并对全区当前和今后一个时期安全生产工作提出了具体要求。2005年12月6日,赵双连副主席主持召开专题会议,听取自治区国土资源厅和包头市政府关于包头市石拐区地质灾害治理工作情况汇报,研究部署有关工作。2005年12月7日,赵双连副主席主持召开专题会议,听取鄂尔多斯市关于《沿河工业带及能源重化工基地布局汇报》,研究部署鄂尔多斯市重化工基地发展规划。2005年12月9日,自治区主席杨晶主持召开主席办公会议,听取了《区直事业单位改革试点工作简要情况》的汇报,研究了《关于进一步深入做好自治区直属事业单位改革试点工作的意见》和《关于自治区厅局办高、中等职业学校布局结构调整的意见》。2005年12月12日下午和13日上午,自治区主席杨晶主持召开办公会议,听取了自治区贫困救助工作、两节期间市场供应与市场管理工作、全区经济普查最终结果、重大环境安全隐患排查情况及2006年全区财政收支计划和本级预算安排的汇报。2005年12月21日上午,自治区主席杨晶主持召开办公会议,听取自治区发改委关于《内蒙古自治区2006年经济工作安排建议》的汇报。2005年12月25日,自治区副主席连辑主持召开会议,研究处理12月24日巴彦淖尔市一辆中巴车坠入黄河造成重大人员伤亡有关问题。

(刘田煜)

政府办公厅

【内蒙古自治区人民政府办公厅领导名录】

主　任：乌兰巴特尔（蒙古族）

副主任：李生义　孙惠民（11月任职）　魏军　杨玺

于清理　那炜清（蒙古族）　李春光（11月任职）

纪检组长：娜仁图雅（女　蒙古族）

助理巡视员：呼格吉勒图（蒙古族）　巴特尔（蒙古族）

张肯发　任茂（3月任职）

【文秘工作】

秘书一处　全年共登记收文68 000多件，其中以自治区人民政府、人民政府办公厅名义制发4大类文件112件；受理请示、报告1 332件，其他文件244件，办结1 509件，办结率96%；办理领导批转件140份，运转出国审批件240件，办结率100%；办理国务院及国务院办公厅、国家各部委、各省市、自治区党委、自治区人大常委会非秘级文件1 647件，秘级文件373件；交换各类文件166 800多件，办理特快专递、挂号、平信18 500多份，发送机要文件12 860多份；2005年度中央及中办、国办、自治区党委及党办文件434份，接收国家部委文件930份、接收自治区政府及政府办公厅文件1 301份，接收政府办公厅部分处室档案218卷；加强保密教育与管理，全年没有发生失泄密事件；电子政务工作得到长足的发展，完成二维条码内部试运行；《内蒙古政报》发送量达到5万份，超额100%完成计划，编辑差错率控制在四十万分之一，超过国家一级刊物标准，社会覆盖面和影响力进一步扩大。

秘书二处　全年共起草领导讲话、调研报告等38篇，专题报告或汇报材料23篇，会议纪要11个，各类函件54件，起草正式文件18件；起草其它文稿140多件，约85万字。

秘书三处　全年起草审改各类文稿180余篇，约800余万字，起草、修改、论证出台重要文件20余件；组织、承办主席专题工作会议、秘书长、厅主任会议及各类直协调会、座谈会等200余次。

秘书四处　全年共起草、核改、整理领导讲话、发言80余篇，约40万字；起草、核改签报、报告、汇报等材料40余件，约20万字；起草会议纪要等各类文件60余件约12万字；组织召开各类会议160余次。

秘书五处　全年共起草完成各类文稿160余篇，约80多万字，直接组织和协助其他部门筹办各类会议104次。

综合处　全年共起草、修改和整理会议讲话、汇报材料等各类文稿185篇，70余万字。

翻译处　全年共翻译发至旗县级的各类文件约12.6万字，蒙汉文并行率达100%；翻译《内蒙古政报》12期，约86.2万字；及时完成《政府工作报告》的翻译工作，约1.8万字；为自治区各级机关、企事业单位翻译、书写公章、文件头、牌匾、会标、证件、证书、商标、奖状等455件，约1万多字。

会议处　全年共起草、印发会议通知126件；共承办政府常务会议、主席办公会议、国务院及国家各部委召开的电视电话会议、自治区党委政府召开的全区性大型会议及其他各类会议159次；办理各级各类来文来函416件；总值班室协助领导处置紧急事项2 316起；向国务院办公厅编辑上报《内蒙古值班信息》48期；编发《值班快报》155期；编辑《政务值班反馈表》17期；协调安排领导参加会议和出席公务活动233次；编发《领导同志每日、每周公务活动安排》216期；处理自治区各部门负责人请销假事项25件；监制各地区、各部门和各单位印章120枚；接待来访人员2 800多人次；编辑大屏幕210余条。

【督查工作】　全年共开展督查调研4次，办理自治区党委、政府领导专项批示23件，完成《督查与反馈》12期，完成1至9次常务会议议定事项的落实，形成《常务会议纪要落实情况的报告》10期；编辑整理《自治区政府领导重要批示》12期；编发《内蒙古政务督查》25期。办理人大代表建议及政协提案1 098件。共督查、走访12个盟市25个旗县，全年文字量约100余万字。

【信息工作】　全年共共收到各单位报送信息53 197条，各类刊物采用各地区、各部门上报信息3 581条；编辑出刊《每日要情》235期、《每日要情》（特刊）53期、《区外信息》（电子版）26期《专报信息》120期、《政务情况交流》（电子版）23期；通过《内蒙古信息》上报国务院办公厅信息750条，被采用42条，其中，国务院领导批示的信息有4条，自治区领导批示的信息50余条；建成了与12个盟市、2个计划单列市间的广域网；积极参与党政办公大楼新址网络建设；增加内网和专网栏目，充实了内容；配合秘书一处和印刷厂完成了二维条码软件的安装调试；完成了自治区政务门户网站的改版工作。

【信访工作】　按照自治区党委、政府的安排和部署，积极主动地接待和受理人民群众来信来访40 045件次，受理了自治区党委、政府信访热线电话近千件，督查落实自治区常委、政府和国家信访局领导对信访工作和信访问题的批示200多件，协调解决大量群众信访反映的问题，受到自治区领导和国家信访局的充分肯定，在体察民情、反映民意、密切党和政府与人民群众联系、完善党和政府的管理与决策等方面发挥了积极作用。

【地方志工作】　加快第一届修志工作步伐，做好全区盟市志旗县志书收尾工作。召开区志工作会议,与43个委办厅局签定责任状。加大对专业志的督查力度,与自治区政府督查室组成督查组,对自治区40多个委办厅局落实责任状情况进行督查。是年,全区共出版3部志书。评审验收11部志稿。自治区地方志办公室编辑的《内蒙古旅游》一书正式出版发行。《内蒙古年鉴》2005卷出版发行工作如期进行,并同时制作出版电子版。

2005年,自治区地方志办公室继续加强地方志网络化、信息化建设,加大数据库开发力度。对"内蒙古区情网"进行了全面改版。

由内蒙古自治区地方志办公室承办的全国城市志东北三省一区第十六次研讨会8月10日至12日,在呼和浩特市召开。

【定点帮扶工作】 根据自治区党委的部署和要求,投资30多万元,帮助阿巴嘎旗特困民牧民进行标准化棚圈和固定住房的修建,帮助一些特困农牧户进行生产资料的补充,帮助16名大、中、小学生完成学业。同时,帮助嘎查党支部完成先进性教育前的各项准备工作,并对帮扶工作完成情况后的后续工作作了制度上的安排并通过审核验收。政府办公厅工作队员包德顺被评为先进帮扶工作队员,受到自治区的表彰奖励。至此办公厅对锡林郭勒盟阿巴旗的定点帮扶工作圆满结束,2006年将转到兴安盟突泉县继续开展帮扶工作。在开展与呼和浩特市社区结对共建活动中,组织部分党支部和机关团委的党团员,4次深入实地进行调研,掌握了该社区的基本情况,组织全厅干部职工为社区生活困难户捐款捐物,在解决他们冬季和过年生活所需的同时,还为社区建立了"爱心超市"。

(刘田煜)

信　　访

【内蒙古自治区党委政府信访局领导名录】

局　长:王晓成

副局长:王　琦

【概况】 内蒙古自治区党委政府信访局设5个处(综合处、办信处、来访接待处、办案处、督查处),行政编制27名,其中局长1名(正厅级),副局长4名(1名副厅级、3名正处级),处级领导职数10名(5正、5副)。另有4名副厅干部在自治区信访局任自治区党委政府信访督查专员,有8名自治区直属机关处级干部在自治区信访局挂职。

【组织领导】 自治区党委、政府及办公厅分管信访工作领导为:自治区党委副书记杨利民,自治区党委副秘书长张守孝,自治区副主席连辑、自治区政府副秘书长吕二喜、办公厅副主任于清理。

【信访活动】 2005年,特别是随着新修订《信访条例》的颁布实施,各级各地信访工作力度不断加大,自治区信访形势呈现出信访总量有所下降、集体上访增幅明显回落、六个方面的信访突出问题逐步减少、群众越级进京赴区上访趋势相对减缓的良好态势,群众信访活动得到进一步规范,信访突出问题和群体性事件得到有效遏制,信访工作局面出现良好的变化。

信访分布　2005年,全区三级党政信访部门共受理群众来信来访329 421件次,同比增长1.2%。其中,受理来信24 224件次,增长12.2%;接待个体访47 089人次,增长20.6%;接待集体访11 286批次258 062人次,批次增长7.5%、人次减少2.4%。

自治区党委政府信访局共受理接待群众来信来访34 494件次,同比增长5.1%。其中,受理来信7 595件次,减少1.9%;接待个体访2 363案次4 053人次,分别增长18.1%和29.0%;接待集体访732批次22 846人次,批次减少8.6%,人次增长3.8%。

盟市党政信访部门受理群众来信来访120 693件次,同比增长0.2%,占全区信访总量的36.6%。其中,受理来信7 762件次,增长5.0%;接待个体访9 895案次15 921人次,分别增长22.4%和20.8%;接待集体访3 260批次97 010人次,批次增长11.8%、人次减少2.5%。

旗县级党政信访部门受理群众来信来访174 234件次,同比增长1.2%,占全区信访总量的52.9%。其中受理来信8 867件次,增长1.2%;接待个体访16 852案次27 115人次,分别增长11.0%和19.4%;接待集体访7 294批次138 206人次,批次增长7.6%、人次减少3.3%。

2005年,自治区群众赴京上访总量在持续多年攀升后,呈现出大幅下降的趋势,国家信访局接待自治区来访群众1 873批次4 665人次,同比分别下降38.7%和39.1%。

信访内容　主要集中在国有企业改制、农村土地征占、城镇拆迁、涉法涉诉、各级干部的违法违纪等几个方面。一是企业转制问题。以国有企业改制遗留问题为主,多数是反映关系职工切身利益的安置政策和养老、医疗保险、国有资产流失和企业领导腐败等问题。这类问题占全区信访总量的25.7%。二是农村土地征占问题。主要反映农村土地特别是城郊农业用地被大量征用为建设用地后,因土地征用补偿、劳动力的就业和安置等相关政策不落实、不配套,影响被征地村民的切身利益。这类问题占全区信访总量的11.6%。三是城镇拆迁问题。主要反映拆迁补偿标准低、安置不合理等问题。这类问题占全区信访总量的6.2%。四是涉法涉诉问题。主要反映对法院判决不服、少数执法人员执法不公、徇私枉法以及法院判决后执行难等问题,在进京非正常上访中约占40%。五是干部问题。有70%以上的信访问题涉及各级各类干部违法违纪和工作作风等问题。六是其它问题。国有农牧场职工要求参加社保及生活困难问题，在乡镇机构改革、撤乡并镇中的人员安置不合理问题，"五七"工要求加入社保问题，企业复转军人的安置问题等也占一定比例。

【工作会议】 1月31日和7月22日，召开两次自治区处理信访突出问题及群体性事件联席会议。对集中处理信访突出问题及群体性事件第二阶段工作、贯彻落实第三次全国集中处理信访突出问题及群体性事件电视电话会议精神及企业军转干部、复员干部上访问题进行研究。3月9日和9月20日，自治区两次召开信访工作领导小组暨信访联席会议，召开全区信访工作会议等事宜进行研究，对《内蒙古自治区信访工作联席会议制度》、《内蒙古自治区信访工作领导责任制》、《内蒙古自治区党政机关领导信访接待日制度》、《内蒙古自治区非正常信访隐患排查和领导包案工作制度》、《内蒙古自治区信访督查工作制度》、《内蒙古自治区信访信息工作制度》、《内蒙古自治区律师参与涉法信访工作制度》、《内蒙古自治区信访听证办法》等《信访条例》8个配套制度和《内蒙古自治区预防和处置群体性事件实施办法》、《处置自治区党委政府机关门前非正常上访人员工作办法》进行审议，部署信访工作。

【受理工作】

群众来信的受理　全年直接办理933件信访事项，直办率同比增加21%。加大以《要信阅批》、《内信信函》等形式呈报群众来信的数量，向自治区和盟市党政领导分别直接呈报350件和91件信访问题。根据领导批示，自治区对9个部门和企业进行经济审计，对14名处以上领导干部进行诫勉谈话，有力发挥信访诫勉、信访警示、信访教育的作用；直办数量比上年增加13.5%。加强对初信、联名信的交办，年内直接核查276件群众初信和联名信反映的问题，对初信答复率100%。查处贪污扶贫款、购药提成、私设小金库、聚众赌博、公款旅游、乱收费、骗取退耕还林款等群众来信反映问题，20余名科局以下干部受到法律、党纪、政纪处分。

群众来访的接待　一是认真落实首问责任制。要求来访接待人员挂牌上岗，慎待每一次来访，主动弄清信访人的基本情况及其反映的主要问题，认真进行协调解决，做到依法接访、依法分流、依法化解、依法处理。为强化接待人员的责任心，还分别在党委、政府来访接待室设置意见箱，主动接受来访群众监督。二是加强协调，妥善处理集体访，先后组织召开协调会60余次。三是认真落实对重大异常集体访的通报制度。对一些影响较大的越级进京、到自治区集体上访，以《要情通报》的形式直接向有关地区主要领导通报，全年共向问题发生地党委、政府或主要党政领导发《重大群体性上访事件通报单》27次。四是集中清理、劝返在京滞留上访人员。

信访热线电话及"主席信箱"的受理工作　通过信访热线电话和"主席信箱"，向群众宣传解释有关法律政策规定，及时协调督促解决群众反映的急、难问题。全年共受理信访热线电话531个次；"主席信箱"共收到电子邮件1 248件，其中，网上答复200件，下载发函查办16件。

信访案件的督查及办理　一是办好自立案件。全年立案交(转)办信访事项674件，办结率为99.1%。二是办好中央处理信访对信访突出问题及群体性事件联席会议办公室交办案件。组织各级信访部门认真做好集中清查、劝返、交办、督办、回告等具体工作，对中联办交办自治区的1 112件信访突出问题进行认真督查办理，结案率为97.3%。三是办好国家信访局交办案件。国家信访局上年向自治区交办的286件信访事项，按期结案率为92%。

【工作措施】

认真学习贯彻《信访条例》　4月在全区范围内开展丰富多彩的《信访条例》宣传月活动；自治区及各地分别开展不同层次的《信访条例》培训活动，全区各级先后举办150多期培训班，培训各级各类干部1.8万人；11月中旬在全区范围内组织开展《信访条例》贯彻落实情况大检查；自治区信访局按照条例的要求和规定，研究制定8个《信访条例》配套制度，由自治区党委办公厅、政府办公厅印发全区执行；与自治区维稳办等部门共同研究制定《自治区关于积极预防和妥善处置群体性事件实施意见》和《处置自治区党委、政府机关门前非正常上访人员暂行办法》，使自治区信访工作在法制化、规范化、制度化方面迈上一个新台阶。

认真落实非正常信访隐患排查和包案制度　继续加大对全区信访隐患排查力度，坚持每周对越级集体上访隐患和重点个体非正常越级上访隐患进行访情核对，每月进行一次集中排查。对排查出来的重点案件，逐案确定盟市、旗县两级包案领导和包案措施。自治区党委组织部每周对全区群众进京和赴自治区首府集体上访情况在《内蒙古组工信息》进行通报，有效地推动隐患排查和领导包案工作的落实。全年进行12次隐患排查工作，共排查信访隐患2 677批次58 899人次。

建立健全信访领导接待日制度　坚持自治区、盟市、旗县区、乡镇四级党政领导接待日制度，有效地将大量信访问题解决在基层。乡镇、旗县级党政领导每周至少安排一个工作日接待群众来访，盟市级党政领导每月至少安排两个工作日接待群众来访，自治区党委、政府领导采取预约或深入基层、现场办公等方式亲自接待和处理一些影响大、问题解决难度大的信访事项。2005年，自治区党委副书记杨利民、自治区副主席连辑先后接待上访群众20批次150余人次，亲自下访呼和浩特市、包头市、

乌兰察布市、二连浩特市等地区了解研究有关情况,督办落实信访事项,使群众反映的问题得到及时妥善的处理。

认真开展督查 调研工作 建立健全信访督查督办机制,努力做到"解决得了、解决得好"。紧紧围绕信访工作的重点和群众反映的热点、难点、焦点问题,坚持自治区领导督查、信访督查专员重点督查和信访专项督查相结合的方法,全年共组织召开协调督查会60余次,联合接待上访群众100余批;开展专项督查活动13次,解决上百件疑难信访问题。与此同时,进一步加大调研工作力度。协助杨利民副书记、连辑副主席组织督查调研组深入基层调研,为信访工作开拓新思路、建立新机制、提出对策。组织有关人员考察河北省联合接访工作经验、日本行政相谈制度,向自治区党委、政府提出有针对性的意见和建议。认真落实周永康同志在题为《内蒙古达拉特旗"领导包案制"破解信访难题》新华社《国内动态清样》上批示精神,在积极配合中联办、国家信访局和新闻媒体做好宣传工作的同时,深入实地对达拉特旗信访工作先进经验进行进一步深入调研和宣传,并在全区信访系统进行推广。

加强驻京信访工作 认真做好群众进京集体上访和非正常上访的稳控工作 在自治区政府驻京办成立信访工作组的基础上,以各级驻京工作机构为依托,赋予盟市政府(行署)和各有关单位各驻京办事机构接待、劝返进京非正常上访人员和报送信访信息等工作职能,从机制上确保全区进京非正常上访人员得到及时接待和劝返,改变过去自治区信访局及有关部门工作人员长年无数次往返北京的状况,节约大量的人财物力。全年共接待处理和劝返群众赴京非正常上访2 692批次5 791人次;在重大政治活动、重要节庆日期间,通过采取排查信访隐患、明确包案领导、设立信访工作劝阻站、派驻进京工作组、各级信访部门坚持24小时值班制度等措施,做到来访有人接待,信息有人报送。

【信访信息】

信息报送工作 日常信息以《信访动态》、《信访专报》等形式向自治区党委办公厅调研信息处、总值班室,政府办公厅信息处、总值班室及自治区维稳办报送,对突发紧急信访问题以《信访信息》向自治区党委、政府和国家信访局报送。全年编发专报、动态、信息、通报等300余期,发挥信访信息资源在党委、政府及有关部门工作中的作用。继续对全区群众来信来访情况进行统计分析,为自治区党委、政府领导全面、及时、准确地掌握全区各级信访情况和信访动态提供信息资源。

信息化建设工作 随着信访形势的变化,及时更新自治区信访局的网站内容,注重抓网络信息安全,完善网络信息安全保障,防止失泄密事件发生;按照国家信访局信访信息系统建设的规划和要求,承办自治区信访信息化建设经费的申请及全区信访信息系统建设前期筹备工作。规划完成党委、政府新址来访接待场所信息网络布点设计工作。

【重要文件】 10月27日,自治区党委、政府两办转发《内蒙古自治区信访工作联席会议制度》、《内蒙古自治区信访工作领导责任制》、《内蒙古自治区党政机关领导信访接待日制度》、《内蒙古自治区非正常信访隐患排查和领导包案工作制度》、《内蒙古自治区信访督查工作制度》、《内蒙古自治区信访信息工作制度》、《内蒙古自治区律师参与涉法信访工作制度》、《内蒙古自治区信访听证办法》等8个配套制度。这8项制度与此后陆续出台的《内蒙古自治区预防和处置群体性事件实施办法》和《处置自治区党委政府机关门前非正常上访人员工作办法》,是全区贯彻落实新修订的《信访条例》的重大成果,标志着自治区信访工作逐步走上法制化、规范化、制度化轨道。

【重要活动】 11月中旬至12月中旬,在全区范围内开展《信访条例》贯彻落实情况的大检查活动。由自治区党委政府信访督查专员带队,组成3个检查组,分赴呼和浩特市、包头市、呼伦贝尔市、赤峰市、巴彦淖尔市、乌兰察布市等6个市和所辖的12个旗县区以及自治区有关部门对《信访条例》贯彻落实情况进行重点抽查。

(郭宝琴 杜实 孙炜)

无线电管理

【内蒙古自治区无线电管理委员会领导名录】

主　任:赵双连

副主任:李吾田 史青晓

常务副主任:李生义

【概况】 内蒙古自治区无线电管理委员会(以下简称无委会)下设办公室,是无委会的办事机构,设在自治区人民政府办公厅。自治区无委办行政编制11人,11个盟市管理处行政编制42人,全系统行政编制53人。自治区无线电监测站事业编制22人,11个盟市无线电监测站事业编制56人,全系统事业编制78人。自治区无委办对11个盟市管理处实行垂直领导,财务实行"收支两条线"管理,自治区无委办为自治区财政单独预算单位。

全区无线电管理系统现有干部、职工82人。其中:国家公务员43人;事业编制人员39人;处级以上干部20名,占总人数的24%;研究生1人;本科学历36人,占总人数的44%;专科学历33人,占总人数的40%;少数民族干部、职工13人,占总人数的16%。

【通信建设】 2005年12月底，全区各类无线电台站总数（不含军队）达8 064 024部，其中广播电视台站1 338个、短波电台2 219个、超短波电台17 120个、蜂窝移动基站5 115个，移动用户6 958 560个、无线接入系统固定站42 704个、无线市话基站7 531个，用户1 018 926个、卫星地球站155个、微波接力站3 119个、业余电台175个。全区各类无线电发射设备总量比上年同期增长13%。

【频率台站管理】 自4月15日至9月30日，在全区范围内开展了边境地区无线电台站检查和电磁环境测试工作。全区有7个盟市、18个边境旗县市与蒙古国、俄罗斯接壤，有着4 221功率边境线，呼伦贝尔市等7个盟市管理处分别对边境地区设置使用的318部台站进行检查，同时对29.7MHz—2GHz频率范围进行了场强测试并建立独立的边境地区频率台站资料档案和数据库。为从源头上遏制各种走私、假冒、伪劣的无线电发射设备流入市场，抵制法轮功分子非法干扰，自治区无线电管理机构会同工商行政管理部门从4月1日至5月30日，对全区无线电发射设备销售市场进行专项检查工作，共检查200余家经销无线电发射设备单位，检查检测90余种型号400多部无线电发射设备，对部分违规销售的单位按有关规定作出了相应的处理。为保护设台单位的合法权益，自治区无委办于4月1日至9月30日组织开展对中国电信内蒙古分公司在全区内设置使用的无线电通信设备专项检查。通过自查，公司对全区设置使用的219部无线电通信设备办理设台手续，无线电管理机构对中国电信内蒙古分公司208部设备进行抽查（不含无线接入用户站），抽查率占全公司设台的95%，办照率达100%。开展对中国网通内蒙古通信公司设置的无线市话接入系统（PHS）基站专项核查，全区共核查PHS基站7 707个，其中5 080个基站已办理设台手续，对新增设的2 627个基站在核查中补办了设台手续，抽查PHS基站1 988个，占总设台的26%，办照率达100%。在全区范围内开展短波无线电台（站）及设备核查。全区共核查现有短波无线电台（站）及设备198部，从核查情况看，短波无线电台（站）发展呈下降趋势，多数为公益性台（站），由于短波台（站）设备稳定、易操作、机动灵活、通信距离远等特点，在维护社会稳定、应急抢险、地震、森林防火、抗洪救灾中发挥了特殊的重要作用。自治区无委办为保障“神六”顺利发射、回收创造良好电磁环境。自治区无委办于10月11日组织阿拉善盟无线电管理处、乌兰察布市无线电管理处分别与“神舟六号”发射及回收基地联系，包头市无线电管理处与西安卫星测控中心白云区测控站主动协调，积极协助做好发射、回收的电磁环境保障工作。10月12日，内蒙古自治区无线电管理委员会办公室领导带领办公室业务、监测站、乌兰察布市无线电管理处有关技术人员及监测车辆，赴四子王旗“神六”着陆场，与回收基地部队联系，对着陆场周边的电磁环境进行测试，走访当地相关设台单位了解各种电台的使用情况，为保障“神六”回收创造良好的电磁环境。受到国家信息产业部的表彰，并为自治区无委办颁发荣誉状。开展2005年度无线电台站执照年检审验。继续坚持无线电频率资源有偿使用的原则，严格执行国家有关无线电频率资源收费和“收支两条线”的管理规定，进一步加强频占费的收取和管理，至12月31日全区完成收取频占费536万元，完成2005年度频占费的收取任务。自治区无委办在10月中下旬对西部六个盟市管理处频占费收支情况进行内部审计。为适应台海局势需要，按国家要求，共同维护好空中电波秩序，2005年自治区无委会、内蒙古军区司令部联合印发《内蒙古自治区军地无线电管理联席会议制度实施办法》。

【无线电监测】 全区无线电管理机构充分利用现有设备和技术力量，有效提高对各种无线电波和频率使用状况的技术监测能力，加强日常固定监测，重大节假日实行24小时监测值班，及时处理干扰申诉。自治区无线电监测站年内为自治区气象局电报系统、中国移动内蒙古分公司通信系统、呼和浩特市公安局指挥系统和民航国际航路等及时查处有害干扰；呼伦贝尔市无线电管理处协助公安部门侦破了利用无线电通信设备进行司法考试考场作弊的案例，受到有关部门的表彰，年内全区共查处各类有害干扰22余起，有效地保障各通信网络的正常运行。

根据新设台部门的需要，积极开展电磁环境测试，及时完成了呼和浩特市白塔机场、中国铁通内蒙古分公司、广电总局、巴彦淖尔市黄河灌溉总局新增设台站电磁环境测试任务。

【技术设施建设】 自治区无委办按照《自治区无线电管理技术设施建设“十五”规划》和自治区无委会第十次全体会议精神，2005年继续完成“十五”规划确定的建设项目，先后通过政府采购，一是为全系统配置了DRF—3型计算机自寻无线电干扰机、数码像机和数码摄像机等设施；二是为自治区无线电监测站配置了超短波指挥系统；三是重点完成内蒙古东部区森林防火无线电监测站室内装修工程，到8月中旬，无线电管理培训中心正式运行；四是按自治区A级站建设的要求，在“奥林匹克广场”为自治区无线电监测站增购1 870平方米监测机房；五是充分利用国家转移支付资金，启动全区无线电监测网二期工程建设项目，8月通过政府采购完成招标。全年完成建设及订购设备投资4 463.8369万元（其中技术设施建设3 651.5269万元，基础设施建设812.31万元）。为全区无线电管理工作提供可靠的技术支撑。

（张建国）

机关事务

【内蒙古自治区人民政府直属机关事务管理局领导名录】

局　　长:魏　军

助理巡视员:张友好

【概况】 内蒙古自治区人民政府直属机关事务管理局为自治区政府办公厅依照公务员管理的副厅级事业单位。内设5个处室,分别是办公室(挂自治区行政管理学会秘书处的牌子)、财务管理处、基建与房地产管理处、接待处(挂自治区政府接待办公室牌子)、保卫处。核定事业编制56名,实有53人,大专以上学历占94%。核定副厅级领导职数2名,处级领导职数16名(8正、含3名副局领导,8副)。管理5个处级单位:后勤服务中心、车辆服务处、政府礼堂管理处、政府办公厅文印中心、房产管理中心。

【专项工作】 局党委以先进性教育活动为契机,以切实提高工作质量和水平为切入点,以年初《关于2005年专项工作安排意见的通知》确定的16项内容为目标,放宽服务视野,加大服务群众、服务基层的力度,切实解决一批群众反应集中的热点、难点问题。一是基本完成新址住宅区的选址、集资工作,并开工建设。根据办公厅领导的指示,基建与房地产处有关人员积极协助办公厅领导进行新址职工住宅区的选址、调查工作,与内蒙古改良站达成合作建房意向,并正在与林业技校协商征用土地。职工集资工作已基本完成,共有609人参加集资建房,收取集资款5 419.05万元。改良站住宅小区建设工程于2005年6月5日开工。二是对原有住宅进行重新分配。经过多次调查核实和清退工作,共收回办公厅权属住宅46套,制定相关出售办法,对这些旧房进行分配和出售。三是改建政府后院生活水库。针对政府后院住宅区生活水库因建成时间长严重污染渗漏问题,管理局于5月4日开工,将政府后院住宅小区地下水库改造为17号楼消防水池,并新建一座生活水库,彻底改善后院饮用水安全问题,达到节约资金的目的。新建水库于5月31日完成主体,6月30日经防疫站监督验收合格后正式投入使用。新水库建筑主体为地上一层,建筑面积117.15平方米,不锈钢生活水箱容积120立方米(蓄水量100立方米);4台生活水泵全部变为变频可调、立式水泵。新安装给水设备保证政府后院稳定、恒压给水,为后院居民生活用水提供保障。

【内蒙古迎宾馆土地转让】 经自治区政府和办公厅领导协调,并经自治区政府批准,同意将内蒙古迎宾馆现有土地、地上建筑物资产以协议方式转让给内蒙古大唐国际托克托发电有限责任公司,由大唐托电投资建设五星级酒店。为保证迎宾馆土地转让工作的顺利进行,管理局严格依照政府办公厅党组的决策部署,做了大量细致有效的具体工作。一是制定符合政策、切实可行的安置办法。坚持"就高不就低、从宽不从严"的安置原则,对所有职工生存再就业、社会保险、医疗保险、住房公积金、住房补贴、福利问题都做考虑,使每位职工均有两种以上安置办法可供选择,在符合国家政策规定的范围内,最大限度地维护职工利益。二是会同相关部门,妥善处置职工上访行为。对于职工在安置工作中表现出来的抵触情绪和封堵大门等不理智行为,管理局根据厅党组的指导思想,对职工进行耐心细致的解释说服工作。配合办公厅领导轮流到迎宾馆值班,深入职工中倾听职工的意见;为使全体职工了解转让改制工作及职工安置工作有关问题,管理局先后6次印发情况通报、情况说明、职工问题答复等材料,向职工进行宣传解释。由于工作及时、宣传到位,使整个职工安置工作过程中,未出现难以控制的局面。三是及时高效地完成职工安置手续的办理工作。共安置职工604人、遗属5人,签署各类安置协议1 611份,发放安置补偿金3 134.25万元。由管理局接管的30名离退休人员及遗属、3名在职离岗退养人员进入正常管理渠道,90名交社保管理的退休人员和215名解除劳动关系人员的医保、社保、住房公积金转户、退户等手续已办理完毕,44名转岗分流人员重新上岗开始正常工作。四是妥善完成资产处置工作。为避免国有资产流失,保证做到规范、透明、有序,资产处置工作由局党委分管纪检监察工作的领导牵头,通过招标招聘评估公司和拍卖公司,对迎宾馆资产进行合理估价,制定了资产处置制度,严格按照程序进行处置。处置工作历时一个月,共处置资产322.3万元,其中调拨94.9万元,库存71.4万元,处置156万元,全部做到账物相符,手续齐备。五是接管迎宾馆家属区供电、供暖、供水及通信管理工作。政苑物业中心负责管理迎宾馆家属区的物业管理工作,并根据相关规定,定期收缴物业管理费和水、电、暖费,保障迎宾馆家属区水、电、暖、物业等各项工作运转正常。六是办理迎宾馆土地证过户手续。协调呼和浩特市政府及呼和浩特市土地收储中心办理土地使用证过户手续,并协调呼和浩特市规划局办理迎宾馆土地转让后的规划设计条件,完成迎宾馆建筑物的平面图绘制工作和迎宾馆土地挂牌工作。

【党政机关新址搬迁工作】 完成新址机关食堂的开业筹备工作,从迎宾馆调拨可用物资,通过招标采购新址机关食堂的厨房设备及餐具共约200万元,招聘食堂聘用工120人,联系租赁食堂职工宿舍,完成雅间装修及楼外装饰等收尾工作,保证了机关食堂的顺利开业。编制起草党政新址办公设施配置、后勤机构设置及管理技术人员配置方案;接收、分配局机关各处室办公桌椅等办公家具60套，报装临时办公地点办公电话22部；完成新址主席楼、党政综合办公楼办公用房的分配工作及办公家具的入户摆放工作，保证新址办公地点在规定时限内具备办公条件。加强安全保卫工作，及时制定新址机关大院安全保卫制度，组建保安队，印制发放机关大院车辆、人员出入证件；事先入驻新址，协助部分厂家完成相关设施、设备的安装和调试工作，确保各项设施、设备的正常运转。认真研究制定搬迁后的车辆运行工作，对已使用近20年的3台大轿车进行维修，并积极申请购置新轿车作为新址办公人员通勤车使用。为保证新址文印工作的正常进行，购置新设备，强化专业技能培训，克服不利条件，全力保持高水准的印刷质量。

【综合协调工作】 完成文秘、党务、档案、人事、后勤保障等日常工作。政务工作质量进一步提高；及时为领导配置办公、生活用品，保障领导和机关处室正常生活办公条件；圆满完成春节、“十・一”赴京慰问工作；配合有关处室完成政府机关大院办公用房普查工作；按时完成房租收取工作，收费率达到100%，有效保证局机关干部职工出勤奖、地方补贴、艰苦地区津贴、误餐补助、领导电话补贴等福利收入的发放。完成2004年度区直机关事业单位公务用车编制管理证件的审核和换发工作，全年共审批新增、更新、调拨、报废公务用车96台；召开第二次行政学会代表大会，国家级课题《民族自治地方行政管理研究》在成果鉴定中被评为国家优等课题。

【财务工作】 按时完成2004年度财务决算的编制、汇总和分析工作。围绕以提高资金使用效益为核心，进行多项指标分析，为各单位今后实施更加科学、更加规范的财务收支管理制度提供了可靠依据。完成2005年度政府办公厅各处室经费包干工作，至11月底，93%的处室控制在包干指数内，比上年同期增加29个百分点，为打造建设节约型机关奠定了良好的基础。认真抓好2006年度财务预算编制工作，结合2006年政府机关搬迁、公务员工资改革等实际，进一步加大工作力度，2006年政府办公厅系统全年预算指标为6 381.6万元，比上年增加28.5%，其中管理局全年预算指标为371.6万元，比上年增加36%。认真落实自治区国库改革工作，从2005年6月1日起，政府办公厅系统全部纳入财政国库集中支付。为保证这项工作的顺利实施，财务处一方面积极组织财务人员业务培训，另一方面加大宣传力度，使领导和机关工作人员了解支付程序，从而保证集中支付工作运行基本正常。政府采购工作更加规范，财务评比、财务监督管理等制度得到进一步加强。

【基建与房地产管理工作】 基建工程方面，顺利完成老干部活动中心竣工验收后的相关收尾工作，17号商住楼于9月13日竣工交付使用；改良站职工住宅楼有两栋住宅楼完成主体砌筑、两栋住宅楼部分主体的砌筑。省级干部周转楼、老干部活动中心、17号商住楼部分手续办理完毕，在有关领导的直接关心协调下，经努力减免、抵顶老干部活动中心等城市配套费、土地出让金等3 051万元，减免施工用水费等199.3万元。房地产管理工作方面，加强办公用房的管理，共清退收回自治区工商局、旅游局等单位77间办公室，对政府大院76个单位1 464间办公用房情况进行全面普查；产权办理工作有所进展；制定新建省级干部住宅楼出售方案，并开始发放住房出售表，建立个人住房档案；完成老干部活动中心部分的出租工作和17号商住楼的销售方案，确定17号楼回迁户房屋分配；完成所辖住宅区屋面防水维修工程的实地核实工作。

【接待工作】 全年共完成俄罗斯联邦赤塔州代表、天津科技大学考察团等国内外宾客和团组接待任务153批762人次，为自治区政府代表团和政府领导出访考察随团服务11次，为国家西部地区“两基”攻坚现场汇报会等会议服务3次，承办政府及有关部门领导会谈、签约仪式、采访等活动32次，迎送宾客585次，宴会服务399次，购买车机票2 858张。接待服务质量不断提高，协调有关部门，在政府大院民航售票处增设国际航班售票业务，和国航签订出入境“一条龙”服务协议，使各项服务衔接更加紧凑。为更好的宣传内蒙古，经多方努力，完成区情介绍专题片《腾飞的内蒙古》DVD光盘的制作工作。进一步加强对自治区政府各驻外机构的工作联系，为撤销广州等办事处善后工作和上海白云宾馆改制工作做了大量协调联络工作，并被自治区党委、政府和内蒙古军警命名为“支持配合航天工程先进单位”。

【安全保卫】 一是重点加强消防安全工作，对2004年度防火先进单位和个人进行表彰，重新确定16个防火重点单位，并签订消防安全责任状，先后5次组织有关部门对机关大院各单位进行安全大检查，对办公厅系统消防重点单位的60多名骨干进行消防安全培训。二是针对2005年搬迁工作量较大的特点，重点强化门卫验证及持证运送物资制度，同时不放松对施工现场的安全管理，与6个施工队签订《施工治安责任书》，对81名施工人员进行了挂牌施工管理。三是及时处置群体上访和突发事件。配合有关部门及时处置上访事件422起，20 789人次。四是加强值班，确保重大节日、会议及特殊时期的安全管理。五是紧抓社会治安综合治理工作，及时报送综治考核上报材料，印发了7期社会治安综合治理简报，与机关大院27个委、办、厅、局签订目标化管理责任状，积极参加综治委组织的培训，不断推动“创安”联系点工作。

【后勤服务工作】 在不断提高服务质量，优质完成各项日常后勤服务的基础上,后勤服务中心重点加强对领导生活服务质量的提高,登门问讯维修项目、与新城区科委联系定点采购无公害蔬菜等服务内容得到领导的认可和好评。为保证党政机关搬迁工作的顺利进行,选派责任心强、技术精的业务骨干先期进入党政办公新址配合施工单位开展后勤保障工作。根据管理局制定的维修计划,对政府后院部分污水井、排污管道、水暖管道维修等17个项目进行维修改造,解决住户的后顾之忧。顺利完成2004年到2005年度冬季供暖工作。

【车辆服务工作】 坚持把"安全意识"放在首位,强化安全教育,严格安检制度,签订安全责任状,保证车辆的安全运行。加强对专车驾驶员的管理,成立专车队,有效扭转对专车驾驶员管理松散的局面。确保政府领导、厅机关和自治区"两会"等会议和活动用车,积极配合航天参试部队,为"神六"多人多天飞行的顺利回收提供优质的车辆服务,受到自治区党委、政府、军区的通报表彰,被评为"支持配合载人航天工程先进单位"。至11月底,全处车辆累计安全行驶127.5万公里,共计收入202万元,较上年同期增加10.4%,年底可完成上交款任务。

【政府礼堂接待工作】 圆满完成自治区十届人大三次会议、自治区政协九届二次会议、自治区第九次妇女大会 、中国乳制品工业协会成立十周年暨"中国乳业之都"牌匾颁发大会、神州六号载人航天飞行员先进事迹报告会等大型会议及活动的接待任务,至11月底,共接待各类会议和活动886场次,接待宾客37.1万人次。继续加大对外经营力度,经营收入105万元,完成上缴款任务。

【机关文印工作】 至11月底,办公厅机关文印中心共承接各类印刷任务7 300件,包括政府、政府办公厅文件等1 878件,以及财政部门预算、《建筑标准图集》等大量文印任务,承印各类图书285 400册,完成产值400多万元,上交税金24万元,职工的收入水平也进一步提高。

【房产管理工作】 召开住宅区物业管理小组2004年工作总结暨第二次联席会议,明确了今后工作的方向;同各社区多次就住宅区成立业主委员会工作进行协调,并在老缸房住宅区成立业主委员会。完成2004~2005年冬季供暖工作,对历年拖欠暖费的用户向法院提起诉讼,并在资金缺口达10万元的情况下,保证2005年至2006年度的正常供暖;完成原自治区冶金厅宿舍7、8、9号楼及原黄金办公楼、宿舍楼的产权移交工作;移交6个住宅区水费收缴工作,对7个住宅区的地沟管道进行维修,清掏所有住宅区的化粪池,完成部分住宅区屋面防水维修。继续强化建材大厦的管理,每月进行一次消防安全检查,对建材商场摊位租赁合同和收缴工作进行了清理整顿,对办公楼历史遗留问题进行清理解决,房租收取率达98%。

【经翔宾馆】 面对种种不利因素,经翔宾馆通过提高员工工作能力,成立兼职营销队伍,细化各项管理制度,提高员工福利待遇,拓展经营渠道,加强安全管理等措施,实现营业收入406.84万元,上缴国家税金27万元,偿还改造欠款11.5万元。

(诺　拉)

政府采购

【内蒙古自治区政府采购中心领导名录】

主　任:刘恒斌

【概况】 2003年3月,根据自治区机构编制委员会《关于成立自治区政府采购中心的批复》(内机编发〔2003〕10号)精神,自治区政府采购中心被批准为自治区人民政府直属的准厅级全额拨款非营利性事业单位,编制31人,其中包括1名副厅级、6名正处级、4名副处级。内设综合处、货物采购处、工程采购处和服务采购处4个职能处室。2005年底经编委批准改为综合处、采购业务一处、采购业务二处和服务采购处。中心业务由自治区采购领导小组领导,并接受自治区财政厅的监督管理,人事、编制、党务、后勤等由自治区政府办公厅管理。主要职责是:受区直各部门、事业单位和团体组织的委托,对纳入政府集中采购目录以内的通用采购项目,组织集中采购;对集中采购目录内有特殊要求和限额标准以上的采购项目,组织实施采购;组织制定采购方案和招投标活动,向自治区政府采购管理监督机构报告中标结果;根据采购人的委托,签订或组织签订采购合同,并督促合同履行;接受部门、单位的委托,代理区直机关集中采购目录以外的采购项目;及时发布采购信息,受理供应商的询问和质疑,独立承担集中采购活动中的相关法律责任。

【完成采购任务】 2005年,内蒙古自治区政府采购中心共承担完成各类政府采购任务7.16亿元,比上年增加32%。其中,自治区财政厅下达的各类政府采购任务6.44亿元;接受委托采购任务0.72亿元。全年累计为380多个单位举办各类采购活动321次,共签订采购合同620份,实际签订合同金额6.06亿元,比采购预算节约资金1.1亿元,平均节资率达到15.38%。在完成的采购项目中,采用公开招标方式采购的3.93亿元,占采购总量的54.93%;采用竞争谈判方式采购的1.30亿元,占采购总量的18.22%;采用询价方式采购的0.79亿元,占采购总量的

11.04%。其中，通过网上竞价采购占询价采购66.98%；采用邀请招标方式采购的为0.60亿元，占采购总量的10.16%；采用单一来源采购的0.49亿元，占采购总量的6.88%。

在完成的采购预算中，货物类5.43亿元，占采购预算总额的75.84%，节资率为14.76%；工程类8 437万元，占采购预算总额的11.78%，节资率为10.55%；服务类8 824.53万元，占采购预算总额的12.32%，节资率达到23.79%。服务类首次已超过工程类采购预算。在货物类采购预算中，汽车采购1.06亿元，共采购汽车943辆；办公自动化设备采购2.02亿元；专用设备采购2.36亿元。在服务类采购中，先后为2 471辆公务车办理保险业务，节约采购预算736.19万元，汽车加油集中采购548万升，节约采购预算54.8万元。另外，会议、软件、印刷、工程监理等服务类采购项目都相继开展，采购量占到服务类采购的54.3%，平均节资率超过27%。工程类采购主要以承接党政办公大楼和部分单位的委托项目为主，这些项目占到工程类采购预算的80%以上，财政下达的工程类采购预算只有1 850万元。

【拓展采购业务】

货物类采购　2005年，自治区采购中心先后承担自治区无线电管理委员会无线电监测项目、自治区教育厅“农村中小学远程教育工程设备项目”、自治区卫生厅“基层卫生组织疾病控制与检测项目”、自治区党政办公大楼新址家具采购等大型项目。以上项目采购预算金额2.05亿元。通过公开招标，广泛征寻供应商，引起充分市场竞争，使得所购产品质量上乘，技术先进，价格优惠，节约金额达3 640万元，平均节支率达到17.76%，充分发挥集中政府采购的规模效益。

服务类采购　从2005年1月1日起，除自治区直属行政事业单位公务车辆集中保险和定点加油、自治区本级会议定点接待、定点印刷等实行政府采购外，中心积极配合自治区政府正版化软件办公室开展自治区直属机关正版化软件的政府采购工作。服务类政府采购规模由2004年的3 215万元猛增至2005年的8 824.53万元，是上年总量的2.75倍，资金节约率达23.79%。

工程采购　为扩大工程采购规模，中心在积极完成财政下达的采购任务的同时，主动接受自治区党政机关搬迁建设指挥部和发改委等部门的委托，承担自治区党政办公新址的部分设备、材料以及地方国有煤矿安全设施改造设备的采购任务。在自治区党政机关搬迁建设指挥部的正确领导和自治区发改委等部门的指导和配合下，圆满完成自治区党政机关办公大楼二次装修、装饰材料、新址大院绿化、硬化、照明相关设备、材料以及地方国有煤矿安全设施工程设备的招标采购工作，采购规模接近亿元，是上年全年总量的115.3%。

【加强改革创新】

加强制约监督机制　国家财政部《政府采购货物和服务招投标管理办法》颁布实施后，政府购中心工作人员只负责评标过程的组织工作，不再参与具体评标和打分。为确保评标工作规范操作，凡重大采购项目，中心一律都邀请自治区政府采购监管部门、监察厅和办公厅纪检组有关人员进行全程监督。对各类采购项目，从开、评标现场到评议结果公示，以及签订采购合同等主要环节，都必须经内部监督机构进行审核签署意见后方可生效。通过内外部的监督，使采购程序更加严谨，过程更加透明，有效地限制各种干扰因素的影响。

加大政府采购信息公开的力度　为更好的体现政府采购的公开性，最大程度地满足供应商的知情权、使他们有更多的机会参与竞争，同时，方便社会各界对中心采购活动进行监督，中心明确规定，所有采购项目不论采取何种采购方式，一律在指定媒体上进行公告。每个采购项目在完成采购工作后，必须在指定媒体上公示中标结果。所有采购信息通过“中国政府采购网”、“内蒙古自治区政府采购中心网”予以公示。

增强招标评标活动的客观性　为保证招评标工作的客观、公正，按照《内蒙古自治区政府采购评审专家管理暂行办法》，中心对评审专家的抽取时间一律在开标前半小时，在自治区财政厅的监督之下，由用户和中心内部监督人员共同抽取。为保证专家客观公正地对待投标人，在评标开始前，采购中心工作人员都要宣讲《政府采购法》的有关规定，并请专家签署《政府采购评审专家承诺书》，明确其权利和义务。对一些明显有失公平的行为，在场的监督人员均及时指出并予以制止，杜绝一些倾向性意见的出现，保证评标结果相对的客观公正性。

【建立规章制度】　多次召开专题会议，研究规范采购程序，提高采购工作效率，降低采购成本的问题。除对原有制度进行修订外，制定《网上询价采购管理办法》、《评标办法》、《投标保证金和履约保证金管理办法》；对批次多，数量小，零星采购频繁的公务用车和计算机、打印机等办公自动化设备，在推行定点采购的基础上，实行网上询价采购，不仅提高采购的透明度和客观性，也提高了采购效率；结合以往的工作经验和评标工作中遇到的实际问题，中心制定统一的《评标办法》，力求使评价指标相对科学、合理，尽量避免评委个人意见对评标过程的影响。特别是对一些采购规模较大的项目，坚持按统一制定《评标办法》评标，确保相对公平、公正，形成实质性的竞争。

（林秀群）

驻京办事处

【内蒙古自治区人民政府驻北京办事处领导名录】

书记 主任:李振海

党委副书记 纪委书记:王　琦

副主任:郭金广 刘连恕(回族) 云涛(女 蒙古族)

布大林(女 蒙古族) 苏文清(12月任职)

【概况】 2005年内蒙古自治区人民政府驻北京办事处编制35人,其中公务员25人,工勤人员10人。实有公务员24人,其中正厅1人、副厅6人、正处4人、副处5人、调研员1人、助理调研员1人、主任科员5人、副主任科员1人,借调1人;工勤人员16人,其中正式7人、聘用9人、共41人。

内蒙古驻京办事处成立于1947年3月,是自治区设在首都北京的办事机构。为正厅级建制单位,内设办公室、经济联络处、信息处和接待处4个处室,辖自治区驻天津联络处、北京内蒙古宾馆,并负责对内蒙古自治区各盟市厅局及大型企业24个驻北京联络处实行党团工会领导、业务指导和服务。

内蒙古自治区人民政府驻北京办事处承担着服务内蒙古经济社会发展、协助维护首都社会稳定的任务,作为自治区在京的"窗口"和与中央国家机关联系的纽带,工作重要,责任重大,是改革发展稳定不可或缺的一个工作部门。2005年内蒙古驻京办事处工作主要有;承办自治区党委、政府在京举行的各种会议活动的会务服务,接待服务,信息报送,经济协作与招商引资,联系联络,自治区来京非正常上访人员的劝返工作。

【自治区来京非正常上访人员的劝返工作】 2005年呈现集体访、难访、缠访增多,上访人员到国家机关、要害部门和领导人驻地非法聚集上访活动频繁。做好自治区来京非正常上访人员的劝返工作,已成为办事处的一项重要职责,在国家信访局的支持和自治区信访局的领导下,办事处成立驻京信访工作组,具体做法是:一是端正思想认识,加强组织领导;二是专人分工负责,确保保障有力,实行24小时值班制度和重点部门巡视制度;三是加强组织协调,提高工作能力,建立各盟市信访工作联席制度;四是抓好突发事件处置,主动做好配合;五是抓好信息调研,及时通报情况。全年劝返处理集体访233批,101案,2 999人次。劝返个体访2 992批,1 362案,3 638人次。报送《信访周报》49期,《信访签报》41期,《信访月报》11期,《信访动态》59期,《信访简报》11期,《信访专报》2期,《集体劝返情况反映》15期。

【信息工作】 共向党委政府报送信息551期,其中党委采用分值2 270分,政府采用分值275.5分,均名列驻外机构第一。许多信息得到自治区领导的批示;编辑出版内部刊物《北京信息》34期,发行160份。16 000余人次点击、访问《内蒙古政府驻京办事处网站》,在更为广阔的范围宣传内蒙古,进而为建设内蒙古起到积极的作用。天津联络处全年报送信息共计4 120条,其中被采用信息546条。

【经济协作与招商引资工作】 1.为日资北京广济堂印刷有限公司赴呼和浩特市投资20亿日元建包装印刷项目的前期考察工作做协调服务。2.为兴安盟吉牧图油砂矿与以色列BRAK资本集团、兴安盟扎赉特恒源矿业综合开发有限公司与奥地利AME公司签订合作协议做了牵线搭桥工作;3.协助土默特左旗政府建设金山电厂项目审批、建立乌兰夫故居红色旅游基地项目申报前期工作;4.协助北京中安道帮(国际)文化发展中心开展西部十二省市"春雨行动"进行前期协调;5.为美国杰世特国际有限公司、澳大利亚国际商会、美国信特投资管理公司等国际投资商会提供有关自治区招商引资项目材料。6.天津联络处在计划招生指标缩减的情况下,协调天津南开大学、天津大学、天津科技大学、天津冶金职业技术学院与自治区招办达成协议,为8 000多名自治区考生争取到招生名额并就学;协调天津科技大学与呼和浩特市、巴彦淖尔市签署技术转让合作协议;为天津农业公司与赤峰林西县共同开发种草、养牛等项目签署协议做好服务工作;协助包头二冶集团到津投标参加天津铁厂的二期工程项目。

【接待服务工作】 全年共接待自治区副省级以上领导(包括享受副省级以上待遇的离退休同志)178人次,正副厅级领导350人次。随员及其他重要宾客1 267人次;为重要宾客办理火车票185张,飞机票483张;迎送宾客878次。车辆安全行驶36万公里。接待自治区党委政府重要会议活动41次。接待服务工作中。严格执行规定,费用开支严格按制度执行,做到公开透明。天津联络处共接待来津人员1万多人次,其中省级7人次、厅局级50多人次,参观团体及会议接待7个。做好对驾驶员、车辆的出勤情况、行驶里程、值班情况、油耗、维修保养费用、停车、过路过桥费用、交通安全状况的管理、统计工作,保证接待工作万无一失。

【筹建"内蒙古大厦"工作】 "内蒙古大厦"的筹建工作是办事处工作中的重中之重,在自治区党委政府的直接领导下,完成大厦的立项和规划审批工作;完成遮挡居民户的补偿;完成设计方案的招投标工作,经专家评审和自治区领导意见,最终选定北京市建筑设计院的设计方案;创造条件提前办理《北京市国有土地使用权》、《出让合同》;完成拆迁评估、拆迁公司的招标工作,拆迁工作全面展开，经认真调查核实，确定拆迁总户数153户，拆迁总面积4 444.55平方米，已拆迁51户，拆迁面积1 723.16平方米，占拆迁面积的39%。

【完成玛拉沁饭店 蒙泰宾馆人员分流安置工作】 在自治区政府办公厅的领导下，按照政府调研室制定的《安置方案》，积极做好北京玛拉沁饭店、北京蒙泰宾馆撤销后分流人员的思想疏导和妥善安置工作。至8月，完成玛拉沁饭店39名、蒙泰宾馆2名工作流人员的安置工作，1名离休人员归办事处管理，尚有3名处级干部正在与自治区有关部门协调妥善安置。

【经营管理工作】 2005年，内蒙古宾馆接待宾客24 800人次，其中重点宾客1 700人次，圆满完成自治区党委、政府及其他单位在京的重要接待活动，实现营业收入1 660万元，净利润3万元，上缴任务170万元。1月至11月更新各项固定资产支出29.7万元，实现国有资产的保值增值，服务质量进一步提高。天津联络处全年经营收入158.9万元，支出157.3万元，结余1.6万元。

（张敏　张霞）

驻沪办事处

【内蒙古自治区人民政府驻上海办事处领导名录】

办事处主任　书记：胡庚泉

【概况】 内蒙古自治区人民政府驻上海办事处为副厅级建制的事业单位，编制15人（含工勤人员），其中依照公务员管理10人，副厅级领导1人，正处2人，副处3人，高级经济师1人，经济师1人，政工师1人，会计师1人；党员7人，妇女干部4人，大专以上文化程度7人。下属内蒙古干部（上海）培训中心为正处级事业单位，上海内蒙古白云宾馆为自收自支事业单位，上海内蒙古经贸服务中心和上海蒙达海经营公司系自负赢亏单位。

【重要活动】 5月8日至18日，以自治区主席杨晶为团长、副主席余德辉为副团长、各盟市及自治区有关部门主要负责人组成的自治区政府代表团对上海市、江苏省和浙江省进行为期10天的访问考察。配合自治区发改委、商务厅、金融办和贸促会进行前期准备工作。访问期间，办事处全力配合，联系落实6家大型企业集团的考察活动，负责召集近30家企业参加座谈会。此次访问考察与三省市共签订各类合作项目73项，投资总额568.47亿元，主要涉及基础设施建设、煤电化工和农业等领域。通过代表团的出访，进一步增进自治区与沪、江、浙之间的相互了解，推进彼此间全方位合作，开创全区与长三角之间优势互补、合作共赢的新局面。

【招商引资】 认真贯彻自治区政府《关于进一步加强招商引资工作的意见》，充分发挥办事处地处上海辐射长三角的区位优势。建立办事处网站数据库，上传自治区区情和招商引资信息350条。收集并发布自治区工业重点招商引资项目总计246项，与包括上海市合作交流办政务网等52家网站建立友情链接，加强网站宣传力度。继续做好盟市招商服务工作。经联络协调，锦江国际与呼和浩特东达蒙古王广场签订五星级酒店管理协议。为阿拉善盟发布旅游开发、矿产资源加工、重化工项目。协助呼伦贝尔市政府代表团来沪开展招商活动，积极联系考察上实等12家企业集团，多数表达投资意向。继续做好为旗县招商服务工作。协助乌拉特前旗领导赴江浙沪进行不锈钢等项目考察，与华润国际就维信30万吨金属镁和热电联产达成协议。继续做好为开发区招商服务工作。为呼和浩特经济技术开发区推荐昆山经济技术开发区管委会、捷安特等21家企业集团，其中，中发集团提出建厂设想，与内蒙古网电洽谈合资事宜。昆山经济技术开发区管委会与呼和浩特经济技术开发区签订经济合作协议。办事处主要领导陪同上海市普陀区政府、政协、浦东国资办和上海埃力生集团等赴内蒙古进行考察，促进交流与合作。

【信息报送】 紧紧围绕自治区当前工作的重点，领导关心的热点，西部大开发的亮点，收集上海及长三角地区改革与发展的新思路新举措，积极开展信息编辑传送服务工作。为提高信息工作的反映能力，除与自治区党委、政府信息处保持联系外，还与自治区其他部门、上海市各主要部门以及各地驻沪办保持联系，加强各部门之间的沟通，拓展高层次多领域的信息搜索渠道，加快信息获取速度。至12月底共编发《上海信息》10 000余条。被自治区党委信息处采用约160余条。被政府信息处采用约400余条。及时将自治区政府网上最新信息发布到上海及江、浙地区的网站，办事处将静态网变为动态网，对“招商引资”、“西部开发”等栏目及时更新内容。

【干部培训】 埠外培训是自治区干部教育培训的重要组成部分。上海是中国改革开放的象征和现代化建设的缩影，其先进的理论和成功的经验具有很强的示范性，是开展培训难得的优势资源。充分利用这一资源，开展干部培训，是办事处的一项重要任务。内蒙古干部（上海）培训中心，认真贯彻自治区干部培训工作方针，为自治区大规模开展干部培训，提高干部素质，推动经济和社会发展发挥重要作用。至2005年，为自治区举办各级各类干部培训班153期，培训干部5 382人。其中厅局级干部253人，处级干部1 489人，科级以下干部3 649人（2005年办班

21 期,培训干部 759 人)。

【接待服务】 面对国内经济型连锁酒店集团的迅速扩张,使集团之外类似白云宾馆的中小宾馆受到很大冲击,白云宾馆以“经营收益涵养接待工作”的固有模式已难以为继。为摆脱困境,闯出新路,办事处领导决定深化改革,转变经营方式,在确保办事处服务功能有所增强,国有资产保值增值,人员妥善安置,新的经营方式产生稳定收益的前提下,实行租赁经营。这项工作得到自治区政府办公厅的高度重视、支持和指导。在三项制度改革的基础上,经过 4 个月艰苦细致的工作,妥善安置员工。采取向社会公开招投标方式,在自治区政府办公厅机关事务管理局和纪检组的指导、监督以及上海万联律师事务所的参与下,从投标企业中选定 A8 酒店经营有限公司为中标单位,12 月正式签定租赁经营合同,实现自主经营向租赁经营的平稳过渡,为办事处今后改进和加强接待服务打下新的基础。

【促进会工作】 上海内蒙古经济开发促进会于 2001 年成立。促进会以促进内蒙古与上海市的合作交流,促进两地经济与社会发展为目标,以整合资源、搭建平台、共谋发展为工作重点。在发挥纽带联谊作用,为会员加强交流、增进友谊、互助协作服务;发挥牵线搭桥作用,为会员单位开拓市场、促进发展服务;发挥内联协作作用,为自治区人才开发和家乡建设服务;发挥宣传网络作用,为宣传内蒙古,为企业打品牌、造声势、树形象服务;发挥外联协调作用,为在沪企业和会员排忧解难服务等方面做了大量工作。召开上海内蒙古经济开发促进会一届三次会员代表大会,通过上一届工作报告,选举产生新一届的领导班子和工作班子。

(邹金凤)

政务信息劳动保障民族事务

外　　事

【内蒙古自治区外事(侨务)办公室领导名录】

主　　任:江　维

副 主 任:吴达来(蒙古族) 李岩青(女) 王毅 于学军(满族)

纪检组长:申宛尧

助理巡视员:逯敬东

【概况】 自治区外事(侨务)办公室是自治区党委及其外事工作领导小组的办事机构和自治区人民政府外事侨务工作的职能部门。下设:秘书处、礼宾处、出国审理与护照管理处、俄蒙处、友协处(自治区人民对外友好协会办公室)、侨务处共 6 个职能处室,编制 39 人。直属事业单位有机关事务服务中心、驻京自办签证服务处、外事培训中心、对外友好交流中心。

【高层互访】 2005 年共有自治区级领导 32 批 35 人次,盟市厅局级领导 337 批 404 人次完成出访。高层出访对扩大开放、加强合作起重要的推动作用。2005 年共接待来自 17 个国家 29 批、377 人次重要和高规格代表团来自治区访问,完成 20 批 238 人次重要代表团的自治区领导会见工作。

2005 年 5 月,自治区党委书记储波率自治区代表团赴印度和英国进行友好访问,重点考察信息产业和奶牛业,学习其产业发展的先进经验及政策措施,广泛接触两国各界人士,宣传内蒙古近年来经济建设和社会发展的成就,介绍自治区的资源优势、地缘优势、投资环境及吸引外商投资的优惠政策,有力推动两国企业界来内蒙古投资。代表团还与两国工商界人士就一些具体合作项目进行洽谈并达成合作意向。

11 月下旬,自治区主席杨晶率团访问澳大利亚和新西兰。访问期间,代表团广泛接触澳大利亚、新西兰各界人士,宣传自治区改革开放以来特别是近年来经济建设和社会发展取得的巨大成就,鼓励两国各界人士来内蒙古投资合作,共谋发展。10 月 9 日至 10 月 23 日,自治区党委副书记、自治区常务副主席岳福洪率自治区政府代表团赴美国考察。2 月 24 日至 26 日应中联部的邀请,以澳大利亚工党影子内阁贸易事务发言人、工党前领袖西蒙·克林先生为团长、农业和渔业事务发言人加万·奥康纳等为团员的澳大利亚工党代表团一行 4 人,访问内蒙古。8 月 12 日至 16 日应中国外交学会邀请,由美国美亚基金会组织的第 58 批美国国会议员助手代表团一行 9 人,对自治区进行为期四天的访问。这是继上年成功来访后,美国国会议员助手代表团又一次来内蒙古访问。在呼和浩特期间,自治区人大常委会与代表团进行座谈,介绍自治区人民代表大会制度和民族区域自治制度及经济发展方面的情况。座谈会上参会人员还回答代表团提出的如少数民族自治等方面的情况。自治区人大常委会副主任云秀梅宴请代表团。接待工作取得良好的效果，达到配合国家总体外交、多做美国国会工作的目的。

【睦邻友好工作】 2005年自治区与俄蒙两国的友好合作进入全面发展的新时期。工作中，认真贯彻落实中央制定的与邻为善、以邻为伴和睦邻、安邻、富邻的对外政策，把加强与俄蒙全面友好合作作为自治区外事工作的主攻方向和重点。5月24日至26日，中共中央政治局委员、国务院副总理吴仪对蒙古国进行正式访问，自治区副主席乌兰陪同吴仪副总理出访。正式访问前夕，自治区副主席乌兰于5月22日先期抵达蒙古国，与蒙古国有关方面广泛接触，并开展项目合作、交流和洽谈。按照自治区领导的指示，为配合乌兰副主席在蒙古国的工作，外办同自治区有关单位、盟市组成先遣团，先期赴蒙古工作。与蒙古国有关方面洽谈并签署相关文件，同时跟踪落实自治区政府主要领导出访蒙古国成果。此次出访取得化解疑虑、增进友谊、加强互信、促进外经贸升级和加强全方位交往的成效，达到预期目的。

2005年先后接待的高层领导来访团有俄联邦伊尔库茨克州副州长、赤塔州州长、布里亚特共和国总统和蒙古国副总理、大呼拉尔蒙中议员小组代表团、边防总局代表团、人革党总书记巴亚尔代表团、食品和农业部部长代表团等。双方在广泛的合作领域，如矿产资源开采，森林采伐，建筑业，经济贸易、文化、教育、卫生、体育等诸多方面达成共识，并签署会谈纪要，深化业已取得的合作成果。与蒙古国在党际交流方面、议会交流方面、军方、公安方面的合作均取得积极的成果。

【因公出国派遣情况】 到2005年12月31日，全区各类因公出国(境)团组共计4 378批13 958人次。其中：由外办审批和确认的出国(境)团组为1 252批5 579人，包括随国家有关部委和区外单位组织的出国(境)团组465批905人次，赴港澳团组273批1 476人次；由盟市外办、商务厅、科技厅及企业审批在外办办照、开具出境证明和办理签证的团组为398批2 168人次；由呼伦贝尔市、满洲里市、二连浩特市审批的赴俄罗斯、蒙古边境贸易团组为2 455批4 735人次。在办理的出国(境)团组中，自治区级领导49批52人次，其中32批35人次完成出访；厅局级领导337批404人次。在因公出国(境)团组中，从事经贸的人员8 607人次，占出国(境)总人数的62%，考察团组3 036人次，占总人数的22%，其它类型团组2 318人次，占总人数的16%。前往国家和地区按人数多少依次为：蒙古国5 037人次，俄罗斯2 264人次，美国816人次，德国714人次，澳大利亚482人次，新西兰273人次。办理签证1 229批、5 801人次。共颁发各类因公护照4 110(公务护照842本，因公普通护照3 268本)，因公赴港澳通行证917本；延期各类护照970本；注销各类护照752本、通行证76本；收缴各类护照2 555本、通行证515本。配合国家驻外使、领馆为自治区境外人员延期护照、换发因私护照等共73人。

【界务工作】 内蒙古段中蒙边界第二次联合检查工作在外交部、中蒙边界联合检查委员会中方代表团和自治区党委、政府的直接领导下，在边境地区各级党委、政府和内蒙古军区、公安边防、各边防团以及北京军区、沈阳军区测绘大队密切配合和大力协作支持下，历经三年已于2004年12月23日全部结束，于2005年3月在呼和浩特召开内蒙古自治区中蒙边界第二次联合检查工作总结暨表彰会议。圆满地完成党和国家赋予的光荣而艰巨的联检任务。中蒙边界内蒙古段地处高山、沙漠、戈壁、沼泽、河流、森林地区，地形复杂，气候恶劣，交通不便，人烟稀少，作业条件极为艰苦。再加上点多线长、交通工具不足、非典疫情的影响，以及还要承担蒙方的界标测量、内业成果整理等，联检任务十分繁重。参加联检的全体人员从维护国家主权和领土完整、保持边境地区的安宁与稳定、增进与邻国的睦邻互信伙伴关系的高度出发，发扬爱国主义和国际主义精神，顽强拼搏、不畏艰难险阻，克服种种困难，取得整个联检工作的决定性胜利。

中俄国界东段剩余领土(阿巴该图洲渚)勘界工作中，拟制上报中俄国界东段剩余领土(阿巴该图洲渚)勘界竖标方案，竖立界标施工方案；组织实施中俄双方专家组在实地踏察阿巴该图洲渚；派员参加中俄勘界专家组举行的四轮会谈，对有关勘界文件的制订提出修改意见；编制上报外交部中俄边界勘界经费预算及说明；组建成立中俄国界东段阿巴该图洲渚勘界工作机构。整理中俄、中蒙边界史志2卷，共93页，近11.2万字。派员参加中俄两国落实共同经济利用举行的会谈工作。中俄双方一致认识到对于顺利开展共同经济利用工作表示满意，是建设中俄和平友好边界的重要组成部分。

【民间友好交往】 在民间友好交往中，坚持“态度积极、步骤稳妥、友好当先、注重实效”方针和“讲友谊、讲互利、讲实效”原则。一是注重做好已建友城的巩固、提高工作。首先客观分析自治区级两对友好区州和盟市十六对友好城市关系状况，查找存在问题原因，有针对性地拟定开展友城交流合作计划，确定与美国、俄罗斯、蒙古对口友城加强交往与合作为重点，有计划地逐步向日本、韩国以及欧洲国家推进；二是积极参加全国及兄弟省区举办召开的会议、业务培训及必要的学习参观、考察活动，开拓视野，学习先进经验、广交朋友；三是努力做好与美国南达科他州、波兰奥波莱省、罗马尼亚科瓦斯纳县开展友好交流，缔结友好区州(省、县)关系工作，自治区外办副主任吴达来、友协处长任佩赴上述国家进行联系、衔接，与三国州、省、县长洽谈会晤，签署内蒙古自治区与其开展经贸、科技、文体等各领域开展交流与合作意向，为自治区实现在对外结好数量上的突破奠定良好的基础；四是努力作好促成盟市对外结好的有关材料的整理上报以及催办批复工作。2005年元月，全国对外友协批准扎兰屯市与韩国庆尚北道庆山市建立友好城市关系。全区与俄、日、蒙、美、法、韩、加拿大、非洲8个国家和地区建立18对友好区州、城市关系，其中自治区级2对、市县级16对。

2005 年 8 月接待日本国丰中市共 17 名中小学师生来内蒙古进行夏令营活动。通过中日中小学生之间开展结伴、友好联欢、手工艺品制作、才艺表演、共同植树等诸多丰富多彩的交流活动,进一步增进了师生们的友谊,中日学生纷纷表示希望经常开展这样的活动,通过各自不同的努力,共同为实现中日人民世代友好而奋斗。接待韩国地方政府协会代表团 13 人,自治区领导会见代表团一行。接待俄罗斯赤塔州外联局副局长卡拉廖夫一行 4 人,双方就进一步开展交流合作进行了座谈。接待澳大利亚奶牛友好访华团一行 11 人,期间就兴安盟乌兰浩特市与塔斯马尼亚州德文波斯特市开展友好交流达成合作意向。7 月中旬与有关方面配合在恩格贝举办"中日生态治理"研讨会,150 人出席会议,期间,双方共同提出中日生态环境治理设想。

【侨务工作】 根据国侨办的统一部署,从 4 月 27 日起开始实施全区的华资企业调查,于 10 月 25 日向国侨办上报调研成果。8 月 20 日至 26 日,国务院侨办经科司会同广州市侨办组织"侨资企业西部行—广州团"到自治区进行为期 7 天的经贸考察。9 月 18 日至 23 日,受香港应善良福利基金会的委派,应善良福利基金会上海办事处的曹翔生、潘家纯先生对自治区进行考察。考察期间,曹先生一行二人参加四个旗县的捐赠物资发放仪式,并对拟捐助的两所小学工程项目进行实地考察。应善良福利基金会此次捐赠自治区的物资价值约 21 万元人民币。

【外国记者管理和外宣工作】 2005 年,受理接待和处理非法采访外国记者共 40 批 128 人次。其中安排采访 27 批 108 人次;取消采访 7 批;婉拒采访 7 批 9 人次。外国记者分别来自美国、英国、法国、澳大利亚、意大利、比利时、西班牙、韩国、日本、新加坡、德国、等 14 个国家的 40 家媒体及新闻机构,主要有美国 CNN、英国 BBC、法国新闻社、澳大利亚人报、韩国 KBC、日本 NHK、新加坡联合晚报等。

(安利兵)

调　研

【内蒙古自治区人民政府调查研究室领导名录】

主　　任:陶　建

副 主 任:张建华(蒙古族) 王海滨 冯永林

助理巡视员:杨泽荣 傅仲宇

【概况】 内蒙古自治区人民政府调查研究室是承担自治区政府重大问题决策论证、综合性政策调查研究和组织参事开展参政咨询的政府工作部门。挂内蒙古自治区人民政府参事室牌子。内设秘书处、综合处、调研一处、调研二处、调研三处和参事业务处 6 个职能处室,机关党总支负责机关党群和纪检工作。公务员编制 30 名,自治区核定厅级领导职位 8 名,其中主任 1 名,副主任 4 名、巡视员 1 名、助理巡视员 2 名、处级领导职数 14 名(含党务工作专职副书记 1 名、离退休工作办公室副主任 1 名)。现实有公务员 30 名,自治区政府任命制参事 5 名(编制单列),聘任制参事 14 名。

【调研工作】

积极参与领导调研　根据自治区党委《关于进一步加强调查研究工作的意见》要求,会同党委有关部门拟订《自治区党委、政府领导同志 2005 年重点课题调研工作实施方案》。参与自治区副主席岳福洪关于推进重化工业发展与构建和谐社会的关系研究,提出进一步加快自治区重化工业,带动和谐社会构建的意见;参与郝益东副主席关于城乡结合部统筹规划、建设与管理的研究,研究分析存在的问题和原因,提出搞好城乡结合部规划、建设和管理的措施;参与自治区副主席雷.额尔德尼关于农牧业结构调整的研究,总结近年来农牧业结构调整取得的成效,分析存在的问题,提出了"十一五"农牧业结构调整的方向和措施,特别是对草原畜牧业和农区畜牧业发展提出有针对性、操作性较强的对策意见;参与自治区副主席连辑关于进一步做好全区信访工作的研究,调查自治区信访工作的现状和存在的问题,对如何进一步强化信访工作提出具体的改进措施。

切入政府亟待解决的问题开展选题调研　一方面,从全区改革开放和建设发展中的具体问题入手,选题范围包括:"三农三牧"、产业发展、城镇建设、劳动就业、社会保障、人才开发、资源利用、社会事业、改革开放、政府职能转变等,比如《关于我区农产品出口的调研》、《我区非公有制林业发展情况调研》、《关于我区矿产资源勘查和开发有关问题的调研》、《关于我区群众就医现状的调研报告》、《我区高等教育质量分析报告》、《我区普及高中阶段教育问题研究》《关于对呼伦贝尔市"三少民族"自治旗部分少数民族群众贫困问题的调研报告》、《内蒙古生态建设任重道远》、《关于内蒙古大学开展学生思想政治教育的调研和几个建议》、《内蒙古革命老区经济社会发展和农牧民生产生活情况调研报告》、《内蒙古专业技术人才开发利用的现状、问题及对策思路》、《关于我区农机社会化服务发展情况的调查报告》、《澳大利亚"畜牧业发展培训"考察报告》、《我区新型农村医疗合作试点运行情况的调研》等。

另一方面,遴选自治区经济社会发展重大战略问题,集中力量进行攻关。比如《我区农牧业产业经营者利益联结机制的若干思考》、《好政策引发好产业 - 东胜区第三产业迅猛发展》、《推动非公有制经济发展需解决的几个问题》、《基础产业及城镇化科技问题研究工作方案》、《赤峰市、锡林郭勒盟、乌兰察布市推进城镇化工作的调研报告》、《风雨之后见彩虹－通玻集团有限公司改革发展调研》、《关于"扩权强县"的调研和建议》、《关于我区财政管理体制改革有关问题的研究》等。

参与自治区党委 政府的重点工作 在国企改革中，负责三大流通集团改革善后工作；在卫生体制改革中，完成《自治区国有医院体制改革总体思路》、《自治区直属医院体制改革设想》、制定《自治区卫生体制改革试点方案》；在文化体制改革中，完成《自治区直属文化事业单位改革方案》；在教育体制改革中，参与自治区直属中专改革的调研；在农村牧区税费体制改革中，参与试点督查工作；在编制《内蒙古自治区中长期科学和技术发展规划》中，完成《基础产业及城镇化科技问题研究》课题；在防控高致病性禽流感中，参与自治区指挥部前线领导工作。此外，参与自治区固定资产投资核查工作；参与自治区贯彻行政许可法和行政审批制度改革工作；组织自治区东部盟市发展座谈会前期调研；组织旗县经济发展和旗县税源调查；承担在东四盟市宣讲十六届五中全会精神的任务；承担自治区解决企业办教育方案制定工作；组织"三少民族"、"革命老区"贫困地区调查；参与自治区民族工作会议组织工作；参与重大群体信访问题排查调研督查；承办自治区人大、政协交办的代表建议和委员提案等。

调研报告质量进一步提高 在完成23篇调研报告中，自治区领导多次对调研报告进行批示，对调研工作予以充分肯定和好评。例如：

1. 近几年，在市场和政策的双重引导下，全区高等教育进入以办学规模迅速扩大为主要标志的快速发展期。但不断扩招也暴露出一系列问题，最引人注目的就是高中办学条件跟不上高校扩招的要求，客观上影响高校办学质量，社会对高中提高教育质量的呼声越来越高。在调研基础上，撰写《我区普及高中阶段教育问题研究》，自治区主席杨晶，副主席连辑、郭子明都给予了批示。

2. 自从中央提出以人为本、构建和谐社会以来，从上到下都在针对群众就医问题，反思卫生政策，思考建立更加有效的医疗卫生服务和保障体系。在这个大背景下，调研室就自治区群众就医现状以及就医需求与供给等一系列矛盾进行深入调研，并结合第三次国家卫生服务调查结果撰写《关于我区人民群众就医现状的调研报告》。

3. 根据自治区党委储波书记的指示，就呼伦贝尔市"三少民族"的部分群众贫困问题进行调研。深入三个旗少数民族聚居的村嘎查，实地了解群众的困难情况和当地的发展状况，提出举全区之力帮助"三少民族"发展和发展地方经济带动"三少民族"发展的思路，并提出八条具体建议，形成《关于对呼伦贝尔市三少民族自治旗部分少数民族群众贫困问题的调研报告》报送自治区领导。自治区党委分管常委召集专题会议听取汇报，同意调研室的意见，并确定有关业务部门将调研材料分别上报中央有关部门。调研室的主要政策建议在自治区出台的民族工作文件中都已采纳，并促成莫力达瓦达斡尔族自治旗达斡尔民族的住房改造等项目上马，中央和自治区将投资1.2亿元彻底改变达斡尔民族的住房条件。

4. 内蒙古老区人民在生产生活中存在不少困难和问题，引起自治区党委政府的高度重视，按照自治区领导的指示，组成调研组先后到武川、清水河、凉城、丰镇、乌审旗、鄂托克前旗等6个有代表性的革命老区进行全面详细调研，撰写《内蒙古革命老区经济社会发展和农牧民生产生活情况的调研报告》。

5. 内蒙古草原生态保护与治理项目虽经坚持不懈的努力，但全区草原退化、沙化、资源开发区植被破坏与水土流失仍然比较严重。为总结和吸取自治区草原生态治理与建设的经验教训，组织调研，撰写《内蒙古草原生态建设任重道远》。

6. 近年东胜区综合经济实力跨入自治区旗(县)10强，社会经济综合指标居全国百强县市第70位，2004年被评为中国西部投资环境最佳区。东胜区超常规发展第三产业的经验做法新颖、实在、操作性强，为此展开调研，撰写《好政策引发好产业—东胜区第三产业迅猛发展》，为全区第三产业发展提供可借鉴的成熟模式。

【参事工作】

开展形式多样的学习交流活动 2005年，向参事们传达学习中共中央十六届四中和五中全会精神、中共中央关于进一步加强中国共产党领导的多党合作和政治协商制度建设的意见、国务院参事室主任在全国参事室主任统战理论培训班上的讲话、中央和自治区有关经济形势和发展目标的文件精神等，举办《积累和消费》等讲座。

认真组织参政咨询活动 组织政府参事认真讨论《政府工作报告》(征求意见稿)，提出修改意见。选派二位参事代表参加自治区政府召开的征求对《政府工作报告》意见座谈会，李仕友参事提出的生态环保和湿地保护的修改意见得到政府的高度重视，《政府工作报告》引申这一内容。协调安排9位政府参事列席自治区政协九届三次会议，参政议政、建言献策、咨询国事。是年，参事们站在全局的高度，分别就自治区经济发展中积累和消费问题、自治区上市公司积极参与股权分置改革试点、鄂温克族自治旗的经验值得借鉴、发展内蒙古燕麦产业等问题提出多份具有前瞻性、针对性和可操作性的参事建议，已编发4期，引起自治区党政领导和有关部门的关注，自治区党委书记储波亲自批示两次，对参事建议给予很高评价。

政府参事积极完成调研工作 组织部分参事赴呼伦贝尔市进行调研，组织参事处参与全区民族工作会议的准备和自治区

党委、政府《关于进一步加强民族工作,加快我区经济社会发展的决定》的材料起草、修改等工作;参与全自治区政协工作会议会前调研和党委文件起草工作;参与乌兰察布市察右后旗2003年外购奶牛有关问题的联合调查;参加关于呼伦贝尔市达赉湖国家级自然保护区渔政管理职能问题调研,起草调查报告。

(李建萍)

政府法制

【内蒙古自治区人民政府法制办公室领导名录】

主　任:武志忠(蒙古族)

副主任:丁才　刘廷山　关英(蒙古族)

助理巡视员:郄志诚　王爱丽(女)

【概况】 年底,内蒙古自治区人民政府法制办公室机关人员编制31人,实有34人。人员结构为:主任1名(正厅级),副主任3名(副厅级),助理巡视员2名,处长5名,机关党总支副书记1名,副处长5名,调研员3名,助理调研员2名,主任科员5名,副主任科员2名,科员2名,新分配军队转业干部3名(未定职级)。自治区政府法制办内设秘书处、经济法规处、行政法规处、行政复议处、法制监督处。下辖2个事业单位:机关事务服务中心,为正科级全额拨款事业单位,编制6人,实有6人,另聘用人员6名;内蒙古自治区法律咨询中心,为正处级自收自支事业单位,编制10人,实有8人。

【行政立法工作】 1.完成7项地方性法规草案的调研、审查、修改工作。即《内蒙古自治区测绘管理条例》、《内蒙古自治区会计条例》、《内蒙古自治区安全生产条例》、《内蒙古自治区道路交通安全违法行为处罚规定》、《内蒙古自治区文物保护条例》、《内蒙古自治区实施＜中华人民共和国药品管理法＞办法》、《内蒙古自治区实施〈中华人民共和国民办教育促进法〉办法》。2.完成8件政府规章草案的调研、起草、审查、修改工作。即《内蒙古自治区涉及国家安全事项的建设项目管理办法》、《内蒙古自治区哲学社会科学优秀成果评选和奖励办法》、《内蒙古自治区级储备粮管理办法》、《内蒙古自治区饲料和饲料添加剂管理办法》、《内蒙古自治区建筑安装工程社会保险费筹集管理办法》、《内蒙古自治区按比例安排残疾人就业办法(修订)》、《内蒙古自治区城市市容和环境卫生违法行为处罚规定》、《内蒙古自治区草原管理条例实施细则》。3.办理国务院及自治区人大常委会法律法规征求意见稿80件。主要有《中华人民共和国物权法》、《中华人民共和国建筑法(修订)》、《中华人民共和国食品安全法》等。4.审查自治区政府规范性文件81件。主要有《内蒙古自治区人民政府关于实施科技兴贸战略的意见》、《内蒙古自治区著名商标认定工作程序》、《内蒙古自治区进一步加强招商引资工作的意见》、《关于进一步加强煤矿安全生产工作的意见》等。

【行政复议 应诉及指导仲裁工作】 1.办理行政复议案件80件,其中新收到行政复议申请51件,受理25件,不予受理1件,作其他处理25件;办结上年结转复议案件5件;办结旧存复议案件1件;办理咨询案件23件。全年受理的25件中已结案16件,正在审理9件。2.办理自治区政府行政应诉案件3件;协助办理应诉案件1件。办理自治区政府办公厅民事案件2件。3.组织开展复议人员资格管理和培训考试工作,加强行政复议队伍建设。为建设高素质的行政复议队伍,围绕贯彻落实《内蒙古自治区行政复议人员资格管理办法》,组织开展了全区行政复议人员培训和资格考试工作。4.加强对各地区、各部门行政复议、应诉、仲裁工作的督促、指导和调研。对各盟市厅局的5起行政复议案件进行督促和指导,责令有关盟市厅局,依法受理并按照《行政复议法》规定的期限尽快妥善处理。答复盟市厅局关于行政复议及应诉工作的请示、咨询的近30件。先后赴鄂尔多斯市、巴彦淖尔市、甘肃、新疆开展行政复议检查和调研等。按照国务院法制办《关于暂缓仲裁委员会换届工作的通知》和《关于暂缓重新组建仲裁机构工作的通知》要求,暂缓了全区仲裁委员会的换届及仲裁机构的重组工作;按照国务院法制办和全国工商联文件要求,与自治区工商联共同做好非公有制企业民商事纠纷仲裁工作。

【政府法制监督工作】 1.全面推进行政执法责任制工作。在上年工作的基础上,是年将行政执法责任制纳入自治区党委对盟市厅局党政领导班子实绩考核目标,加大对各级领导班子落实行政执法责任制工作的监督力度。自治区政府下发《关于开展全区行政执法机构清理工作的通知》,组织开展全区行政执法主体重新确认工作。年底前,按照自治区党委组织部的统一安排,完成对各盟市厅局推行行政执法责任制及依法行政情况考核验收的各项工作。2.全面加强对行政执法主体及行政执法人员管理,进一步加强行政执法人员资格管理。依据《内蒙古自治区行政执法证件管理办法》,全面完成全区行政执法人员综合法律知识的培训、考试及行政执法证件换发工作,加强行政执法证件管理,严格依法行政。开展行政执法人员资格认证工作,代自治区政府起草行政执法人员资格认证通知,制定行政执法人员资格认证的实施方案及相关工作等。3.积极开展行政执法监督检查工作。解决2起行政争议案件。在检查监督依法行政工作中,根据《内蒙古自治区行政执法证件管理办法》,查处一起行政执法人员违法执法案件。4.圆满完成了人民满意行政执法单位评选活动及颁奖晚会。从中评出257个人民满意的行政执法单位,60个人民满意的行政执法标兵单位,7个单位被评为优秀组织奖,并于1月29日在内蒙古电视台的演播大厅成功举行隆重的颁奖仪式。5. 认真完成规范性文件备案审查工作。共收到上报备案的规范性文件118份,经审查对1件不合法的规范性文件下发执法监督通知书,对8件不符合备案要求的规范性文件下发补正通知书,对1件不合法的规范性文件提出自行撤销的建议,均得到纠正,较好地落实《内蒙古自治区规范性文件制定和备案审查办法》。6. 抓好全面推行相对集中行政处罚权工作。继续做好对呼和浩特市、乌海市、满洲里市、巴彦淖尔市、牙克石市、扎兰屯市、根河市、二连浩特市、乌兰浩特市开展相对集中行政处罚试点工作的指导。根据《内蒙古自治区人民政府转发<国务院关于进一步加强相对集中行政处罚权工作决定>的通知》要求,完成对呼伦贝尔市的牙克石市、根河市、扎兰屯市、额尔古纳市、海拉尔区和二连浩特市等6个市区报送的《开展相对集中行政处罚权方案》审核工作,自治区人民政府批准这6个市、区开展相对集中行政处罚权工作。7月,在二连浩特市组织召开全区相对集中行政处罚权工作座谈会。7. 组织开展全区依法行政先进集体和先进个人评选活动。自治区政府对40个先进集体和100名先进个人进行表彰。

【法制宣传 培训和法律咨询工作】 1. 积极开展政府法制业务培训。为增强政府法制工作人员的业务素质,提高全区政府法制工作的总体水平,根据全区政府法制工作的实际,开展法制培训工作。先后组织3期规范性文件备案审查培训班、1期国外法制建设培训班、2期人民满意行政执法单位工作人员到外省区参观学习培训班、5期电力执法人员培训班。2. 积极开拓法律咨询工作,努力为机关、企事业单位提供法律咨询服务,收到较好的效果。

【办理人大代表建议和政协委员提案】 办理自治区人大常委会和自治区政协转来涉及政府法制工作的人大代表建议7件、政协委员提案17件,对每一项建议和提案都做到了及时认真地答复。

【涉法事务及信访事务】 1. 根据自治区政府领导的指示和安排,办理自治区党委、政府及政府办公厅涉法事务12件。认真办理20余起申诉案件解释、答复、转办工作,认真接待上访人员50余人次,积极参加自治区党委政府信访局多起上访案件的协调会,从法律角度提出处理意见,对依法妥善解决问题,维护稳定起重要作用。2. 参与贯彻实施《信访条例》的有关工作。根据自治区党委的统一安排,法制办主任武志忠陪同杨利民书记参加全国信访工作会议。参加全区《信访条例》宣传月活动。参加了自治区信访条例配套制度的起草及法律审查工作。

【帮扶工作】 按照自治区党委的统一安排,帮扶工作主要完成帮扶资金、帮扶项目的落实工作,进一步加强帮扶嘎查的基础设施建设。做好四年来帮扶工作的总结工作。落实因病辍学的学生额尔登宝力格的治疗方案,配齐所需药品。经过治疗,额尔敦宝力格痊愈后,联系二连浩特市蒙古族中学,解决入学问题,并配齐教材。在年底召开的帮扶工作总结会,法制办四年来的帮扶工作得到自治区党委的表彰,法制办被评为帮扶工作先进单位,有两名同志被评为帮扶先进个人。

（白雪峰）

政府信息化

【内蒙古自治区人民政府信息化工作办公室领导名录】

主　任:张铁网

副主任:兰惠　龚晓峰(11月离任)　张佰成

【概况】 自治区人民政府信息化工作办公室是自治区信息化领导小组的常设办事机构,也是自治区人民政府负责全区信息化及信息产业的正厅级工作部门,对口国务院信息化工作办公室和国家信息产业部。信息化办公室内设3个职能处,综合处、信息化推进一处和信息化推进二处。2005年将内设机构调整为8个组,分别是办公人事组、政工与党建组、综合协调组、培训与企业信息化组、信息化推进与安全组、政策规划与电子政务组、信息产业发展组、机关事务服务中心。在职行政编制19人,事业编制7人。

【电子政务建设】 在2004年初步建成自治区电子政务网络统一平台的基础上,经过半年多的建设,政务城域网的接入单位达到80家,完善网络结构,为所有接入自治区政务城域网的委办厅局提供了统一的互联网出口。2005年3月至4月,信息办会同自治区人民政府办公厅信息中心、线路提供商内蒙古广电公司、系统集成商内蒙古证联公司、设备提供商华为公司成立盟市电子政务联网协调小组,组织协调实施各盟市与自治区电子政务网络的联网工程。目前已完成全区12个盟市、2个计划单列市的联网工作。充分利用已建成的统一电子政务网络平台和公用传输信道,对"金财"、"金审"、"金保"、计生、统计等部门重点业务系统提供公用传输信道,避免网络重复建设和资金浪费,促进政务业务应用系统的互联互通和信息共享。充分利用统一的电子政务网络平台,将"中国·内蒙古"门户网站由自治区科技厅主机托管迁回自治区人民政府办公厅。按照"五个面向"的原则,组织协调完成“中国·内蒙古”门户网站的改版工作,并初步建立信息采集、更新、维护、共享机制。从2005年开始在呼和浩特市试行“全程办事代理制配套电子政务系统”,10月正式开通运行。首批进驻29个单位的350项许可服务事项,占呼和浩特市保留行政许可及非行政许可服务事项的50%。全程办事代理制的实施,行政许可办事程序得以简化,工作效率和服务水平得以提高。

【农牧业信息化建设】 组织对自治区农牧业综合信息服务体系建设规划建设项目可行性研究报告初审,确定农牧业信息化试点单位,并会同自治区发改委、财政厅落实项目引导资金,督察项目单位资质、建设质量、配套资金落实,协助项目单位解决了技术难题。针对全区农村牧区经济社会发展情况和存在的问题,采取典型示范方式推进全区农牧业信息化发展。一些农村牧区因地制宜,积极利用现代信息技术服务当地经济发展,促进农牧业增效和农牧民增收,在努力缩小城乡数字鸿沟方面积累许多好的经验。

【企业信息化建设】 全区规模以上工业企业中,90%以上不同程度地采用信息技术。在应用信息技术改造和提升传统产业方面,采取政府推动与企业主导相结合的发展战略,对全区企业信息化建设起到示范作用。特别是冶金、电力、乳业和化工等行业,不仅在生产过程中广泛应用信息技术,在企业管理、产品销售方面也不断完善信息应用系统,现已建成企业资源计划系统(ERP)和覆盖全国的产品分销系统,市场营销全部实现了网络化,不少中小企业也都通过应用信息网络技术,实现快速增长。

【社会公共领域信息化建设】 在国家“金”字系列工程带动下,全面展开,并渗透到人们生活的方方面面。城市应急联动项目已经起步。智能化小区建设、社区服务正在试点阶段。全区各主要城市网上就业、网上招生录取、金融证券、交通旅游、社会保障、文化娱乐、医疗保健等新兴电子信息服务已兴起。远程教育在各方面的推动下取得明显的成效,有8 153所中小学建成现代教育网络,占全区农村牧区中小学总数的70%。信息办协同组织部门,积极推动农村牧区党员干部现代远程教育工作,已拿出具体方案。

【进出口领域基础信息交换工作】 全区有1 312家进出口企业办理入网手续,制卡3 171张。其中,呼和浩特海关已经为自治区西部地区范围内的788家出口企业办理入网手续,制发IC卡1 828张;满洲里海关已为自治区东部地区范围内的524家进出口企业办理入网手续,累计为企业制卡1 343张。

【村村通电话工程】 信息办会同政府办公厅于8月初成立自治区“村村通电话工程”领导小组。8月23日自治区副主席连辑主持召开自治区“村村通电话工程”领导小组第一次会议,要求把此项工程作为向内蒙古自治区成立60周年大庆献礼项目抓紧抓好。全区已通电话行政村达11 660个,其中2005年完成3 556个行政村,村通电话率为95.4%。

【信息网络安全工作】 配合自治区相关部门加强自治区信息网络安全管理工作,组织实施信息网络安全培训、教育和宣传等项工作,协调抓好信息网络安全建设规划和组织实施工作,并草拟出《内蒙古自治区加强信息安全保障工作指导意见》、《内蒙古自治区计算机安全等级保护具体实施意见》初稿。

【软件正版化工作】 完成对自治区正版软件集中采购中标软件的用户测试工作,向内蒙古自治区使用正版软件领导小组上报测试结果及技术解决方案,实施正版软件配发工作。

【倍增计划 电子发展基金项目申报工作】 组织自治区2005年第一批倍增计划项目的申报工作。申报项目4个,所报项目投资总额4 493.42万元,其中申请贷款1 865.8万元。组织自治区2005年电子发展基金项目申报工作。申报项目16项,所报项目总投资22 806.57万元,其中申请资助资金4 647.59万元。配合自治区发改委组织电子商务专项、2005年信息安全专项申报和项目评审工作。其中信息安全专项申报1项,项目总投资1 452万元,申请国家投资552万元。电子商务专项3项,项目总投资6 895万元,申请国家投资2 000万元。

【信息化技术技能人才培训基地建设】 深入呼和浩特市经济技术开发区、包头高新技术开发区相关IT企业,就信息化技术技能人才资源现状、发展潜力等问题展开调研,摸清需求,在此基础上出台《内蒙古信息化技术技能人才培训基地实施意见》(征求意见稿)。采取整合资源,市场化运作的办法,委托内蒙古电子信息职业技术学院、包头市信息化教育培训中心作为呼市和包头两个培训基地,委托内蒙古大学计算机学院等9个单位作为培训点,并于6月8日举行“内蒙古信息化技术技能人才培训基地、培训点”授牌仪式。全年培训各类IT技能人才40 000余人大规模、多层次地开展了信息技术人才培训和区直机关公务员信息化知识培训工作。协调盟市举办3期电子政务网管人员培训班,共培训学员300余人;组织8期信息技术专题讲座,参听学员2 000多人次;针对自治区区直机关正版软件使用,组织专题培训。

【信息产业】 2005年内蒙古自治区信息产业总销售收入实现281亿元,同比增长60%。其中,电子产品制造业销售收入101

亿元,同比增长61.3%;软件与系统集成完成销售收入15亿元,同比增长15%;信息服务业实现销售收入165亿元,同比增长65%;名列西部地区第3位,全国第17位。

【信息化实绩考核工作】 信息办受自治区党委、政府实绩考核领导小组委托,与党委督查室联合组成督查组,分赴12个盟市对贯彻落实《内蒙古党委、政府关于大力推进信息化的决定》情况和领导班子信息化实绩工作进行了督查考核,对推动盟市信息化建设起到积极作用。

【扶贫帮困工作】 2月6日,信息办筹资4 000余元购买了牧民生活用品,派员专程赴对口帮扶的锡林郭勒盟镶黄旗德斯格图嘎查的56户牧民家进行走访慰问,为18名经济条件较差的学生发放助学补助金。10月23日,自治区信息办向镶黄旗文贡乌拉苏木德斯格图嘎查赠送9台计算机。12月28日,自治区信息办主任张铁网带队,向对口帮扶单位—呼和浩特市玉泉区三里营街道办事处27户特困群众送去价值3 510元的米、面、油等过节食品,还为该社区订阅了全年的《内蒙古日报》和《呼和浩特日报》等报刊。

【重要会议】 6月8日信息办组织召开自治区信息化领导小组第二次会议,自治区副主席、自治区信息化领导小组副组长连辑受自治区主席、自治区信息化领导小组组长杨晶委托,主持会议并发表重要讲话。会议及时贯彻了国家信息化领导小组第三次、四次会议精神,全面总结全区信息化建设和信息产业发展工作中的成功经验和存在问题,研究部署下一阶段工作。

7月25日,全区企业信息化建设现场会在包头市召开,自治区副主席郭子明、信息产业部司长张琪等领导出席会议并作重要讲话;中国工程院倪光南院士作专题讲座。

10月18日,全区首次电子政务建设工作会暨推行全程办事代理制现场会在呼和浩特市隆重召开。会议总结交流全区近年电子政务建设情况,研究部署工作任务。国务院信息办副主任陈大卫、自治区副主席连辑到会并作重要讲话。

【重要活动】 3月31日,信息办牵头会同自治区发改委、工业办、煤矿安全监察局和中科院一起,在全区东、西部分别选择大雁煤业有限公司、棋盘井煤业有限公司进行煤矿安全生产解决方案试点,完成两个试点煤矿的现场勘查工作,并促成中科院在呼伦贝尔市大雁矿区就煤炭矿井安全监测监控系统技术推广和试点签署协议。

7月10日,信息办精心策划信息产业部副部长苟仲文为团长,微软、摩托罗拉、NEC等8家世界500强IT企业参与的“跨国公司内蒙行”活动,自治区主席杨晶、副主席连辑会见苟仲文副部长及跨国公司负责人。世界500强IT企业考察内蒙古,与内蒙古同行及政府高层接触,洽谈合作前景,在自治区尚属首次,既宣传了内蒙古发展IT业的思路、打算和环境,为今后合作发展奠定良好基础。

【宣传工作】 为深入宣传贯彻《内蒙古党委、政府关于大力推进信息化的决定》精神,创造全区信息化建设和信息产业发展的良好氛围,促进IT业的交流与协作,7月10日成功举办全国首次以IT为主题的“中国·内蒙古IT之夏”大型歌舞晚会。晚会以全新的视角、超前的意识,全面展现内蒙古信息化理念,展示内蒙古IT业的崛起和IT人的风采,在国内外IT企业和国家各部委中产生极大反响。为适应新形势,更好地发挥专刊、网站的作用,在学习、考察、听取专业人士意见的基础上,重新改进并编辑出版7期全新版的《内蒙古信息化建设和信息产业发展》专刊;加强“内蒙古信息化”网站的更新、改版和信息上报工作。收集整理40余家IT企业及在信息化建设方面有突出成绩的企业、部门、单位的文字与图片,编辑印制3 000册《崛起的内蒙古IT业》画册,并委托民族画报社在其第10期《民族画报》上刊登占其三分之二版面的《崛起的内蒙古IT业》相关内容的正式出版物6 000册;编写《2004年自治区信息化建设和信息产业发展大事记》;编辑制作《崛起的内蒙古IT业》DVD光盘;初步完成《内蒙古信息化建设与信息产业发展》一书的起草工作,从而不断扩大全区IT业的知名度。

（刘　钊）

文史研究

【内蒙古自治区文史研究馆领导名录】

馆　长:叶希扎木苏(鄂温克族 4月离任)

李联盟(4月任职)

副馆长:焦占宪　王德恭

【概况】 内蒙古自治区文史研究馆属自治区人民政府正厅级单位,单独成立党组。现有馆员34人,行政编制20人,3位厅级干部(1正2副),6位处级干部(3正3副)。内设2个处室:办公室,业务处。

【参政议政】 1月7日至13日,自治区政协常委、文史研究馆党组书记、馆长叶希扎木苏,政协委员、文史研究馆党组成员、副馆长王德恭,政协委员康广、孟育元、程旭光3名馆员出席内蒙古自治区政协第九届委员会第三次会议,刘兆威、杨鲁安、罗布桑等16名馆员列席会议。文史研究馆党组成员、副馆长焦占宪列席自治区第十届人民代表大会。

3月25日至26日,应伊金霍洛监狱邀请,王德恭副馆长带队,组织14位馆员和有关书画界一些知名人世,参加监狱的“政务公开座谈会”等活动,与服刑人员进行面对面座谈,作为“特邀嘉宾”参观监区和为服刑人员开办的教学楼、购物超市及书画艺术展厅。馆员们不顾旅途的劳累举办笔会,为干警们创作100多幅书画作品。

12月4日至17日,副馆长王德恭和馆员康庄、康新民做为内蒙古自治区书法界代表,参加在北京举行的中国书法家协会第五次全国代表大会。

【出版刊物】 1月,编辑出版《内蒙古文史》总第4期,共分“建馆50周年专栏”、“民族文化论坛”、“人物春秋”、“馆员春秋”等8个栏目,约8万字。12月,编辑出版了《内蒙古文史》总第五期,本期以纪念抗日战争胜利60周年为主要内容。共分7个栏目,约8万字

【党和政府关怀】 2月2日,自治区人民政府与党委统战部在呼和浩特宾馆举行政府参事、文史馆员新春招待会。自治区党委常委、统战部部长伏来旺出席招待会,自治区人民政府副主席郭子明致辞,自治区统战部副部长莫日根主持招待会。文史馆16位馆员参加招待会。《内蒙古日报》、内蒙古电视台、内蒙古广播电台进行报道。

【参观考察】 5月11日,由工作人员王鹏飞、宋占林带队,组织18位离、退休老干部前往西安参观考察。大家先后参观兵马俑、华山等景点。

6月2日至27日,由马庆生处长带队,组织14位馆员前往山东省参观考察。馆员们先后参观了曲阜的孔府、孔庙、孔陵,攀登了泰山、游览了蓬莱、烟台、威海、青岛、济南等地的自然景观。并与山东省文史研究馆进行工作交流,举办书画笔会,文史馆员在笔会现场创作20余幅书画作品赠予山东馆。

【汇报工作】 6月1日,馆长李联盟、副馆长焦占宪与办公室主任雷永强一行赴京向中央文史研究馆汇报工作。国务院参事室党组书记、主任崔占福和党组成员、副主任陈鹤良,文史业务司司长松林等听取工作汇报。

12月19日至21日,馆长李联盟、副馆长焦占宪与办公室主任雷永强、业务处处长马庆生一行到中央文史研究馆汇报工作。国务院参事室党组书记、主任崔占福,党组成员、副主任陈鹤良,文史业务司司长刘松林和办公室主任黄国梁听取汇报,崔主任与陈副主任对内蒙古自治区文史馆工作提出要求和意见。

【书画展览及笔会】 6月27日至7月1日,文史馆副馆长焦占宪及杨鲁安、马铁、孟喜元及工作人员一行5人,带8件书画作品参加在西安市大唐芙蓉园由陕西省文史研究馆举办的第二届“文坛盛会”。

8月3日,由自治区老龄委主办,文史馆协办的全区第九届老年人“松鹤杯”书画联赛在锡林浩特市隆重举办。文史馆副馆长王德恭担任大赛评委会主任,馆员刘兆威担任副主任。任德超、杨鲁安、康庄等21位馆员的书画作品参展,文史馆获此次书画联赛大会组织奖。

9月20日,由文史馆主办的著名国画家孟喜员个人画展在内蒙古美术馆开幕。副馆长王德恭主持开幕式,自治区政协主席王占,党委常委、统战部部长伏来旺,自治区人大副主任哈斯巴根,自治区老领导贾才、谭博文以及原宁夏回族自治区党委常委、军区司令胡世浩少将,馆长李联盟、副馆长焦占宪以及自治区文化艺术界知名人士参加开幕式,此次展览共展出作品一百余幅,来宾一千余人。

11月1日至10日,由中央文史研究馆主办,香港中华文化促进中心、澳门中华文化艺术协会承办,广州市文史研究馆协办的“全国文史研究馆书画艺术大展”先后在香港中央图书馆、澳门金碧文娱中心和广州艺术博物馆隆重举办。馆员刘兆威、杨鲁安、康庄的书法作品入展,并选入书法大展作品集《瀚墨缘深》。王德恭副馆长前往参加书画艺术大展。

【学术理论研讨会】 7月6日,由杨鲁安馆员倡导、策划,呼和浩特市人民政府、国家文物出版社主办的“全国首届碑帖学术研讨会”在呼和浩特市召开,来自北京、上海、天津、河南、陕西、山东、宁夏的30余专家学者莅会。大家对杨鲁安先生所珍藏的远古时期甲骨文、阴山岩画、明清等300余种名碑名贴,从学术角度进行研讨。与会人员参观了《杨鲁安藏珍馆》,同时《全国首届碑帖学术研讨会论文集》面世。自治区主席杨晶打电话对研讨会表示祝贺,副主席连辑到会看望与会代表。国家文物局、自治区人大、呼和浩特市人民政府、自治区文史研究馆有关领导及书画界、文学艺术界等50多名专家学者参加会议。

8月11日,文史馆召开书画理论研讨会。副馆长王德恭主持会议,岳志东馆员主讲《书法艺术与传统文化》。李吉吾、刘兆威等14位馆员参加研讨会,大家对书法艺术与中华优秀传统文化进行热烈讨论。

【馆际交流】 8月12日,上海市文史研究馆吴孟庆馆长一行7人来馆进行工作交流与考察,文史馆进行接待并举行工作交流座谈会。

11月21至22日,宁夏文史研究馆胡迅雷副馆长携研究员、工作人员一行4人来文史馆查阅史料、进行工作座谈。

【馆员活动】 馆员金峰主持校勘出版的蒙古文《大藏经》纳入国家"十五"重点图书出版规划；出任自治区重大科研项目、内蒙古2003至2010年九大文化建设工程之一的《蒙古学百科全书》副总编辑、宗教卷主编；出版《金峰论文精选》。阿其拉图馆员担任《蒙古学百科全书》体育卷主编。罗布桑馆员担任《蒙古学百科全书》医学卷主编；被北京中医药大学聘为博士生导师；完成藏译汉《蒙药正典》一书和国家中医药管理局下达的普通高等院校统编教材—《蒙医学》主编工作。舒振邦馆员完成《建设内蒙古民族文化大区与增强中华民族凝聚力》等自治区课题；撰写了学术论文《河套文化与多元一体的中华文明》，并当选为"河套文化研究会"副理事长。王念临馆员为《世纪》刊物撰写《三千孤儿出塞记》；主编出版《西口文化研究》丛书之一卷。杨鲁安馆员具体策划、组织，在呼和浩特市召开"全国首届碑帖学术研讨会"，并由国家文物出版社出版"作品集"，受到来自国内的30余位专家、学者的高度评价。孟喜元馆员的个人画展，也得到社会的广泛好评。若希·桑布和岳志东馆员合作国画《雄鹰图》赠予中国国民党主席马英九先生，马英九先生特意回函致谢。康庄馆员的书法作品参加"中日自作诗词、书法展"。康新民馆员的书法作品入选了"北京故宫博物院收藏当代名家书画作品展"。张峻德馆员携作品参加了"内蒙古中国画展"。火华馆员以内蒙古音乐家协会代表团副团长的身份出访了蒙古国；他所作词的歌颂牛玉儒同志的歌曲被评为自治区"五个一"工程奖；同时他还当选为中国—文莱友好协会理事。张国材馆员被世界教科文卫组织授予首批"特殊贡献金色勋章"；并被中国文艺家创作协会等单位授予"中华当代杰出功勋艺术家"称号。丁锡成馆员撰写了《新世纪面临严峻挑战》一书；整理汇编了自作诗集《三思堂诗钞》。马铁馆员为土右旗基层文化广场创作主题雕塑。张明馥馆员在不同报刊上发表多篇作品；其总计80余万字的三部著作被呼和浩特市图书馆收藏。杨景芬馆员主动参加多次社会义诊活动。宝山馆员受聘担任呼和浩特市兴安南路民族小学辅导员，为蒙文书法的启蒙与普及做出贡献。

（马庆生　张红宇）

国有资产监督

【内蒙古自治区人民政府国有资产监督管理委员会领导名录】

主　　任：苏　和（蒙古族　3月任职）

副 主 任：杨占林（蒙古族　3月任职）　郎立兴

　　　　　王耀（3月任职）

纪委书记：包　钢（蒙古族）

巡 视 员：邢鸣九（蒙古族　12月离任）

【概况】 内蒙古自治区人民政府国有资产监督管理委员会行政编制60名，单列编制1名，工勤编制9名。机关65名干部（含国防科工办）中，妇女干部25名，少数民族干部14名，中共党员65名，研究生6名，大学本科42名，大学专科17名。35岁及以下4名，36岁至40岁13名，41岁至45岁12名，46岁至50岁16名，51岁至54岁12名，55岁及以上8名。监管企业有：包头钢铁（集团）有限责任公司、内蒙古电力（集团）有限公司、内蒙古森工集团有限责任公司、内蒙古天野化工（集团）有限责任公司、内蒙古信托投资公司、内蒙古盐业公司、内蒙古新城宾馆旅游业集团、内蒙古日信投资（集团）有限责任公司、内蒙古民航机场集团有限公司、北方联合电力公司十家。

2005年，包头钢铁（集团）有限责任公司等十家监管企业资产总额1 282.2亿元，比上年同期增长19.8%；净资产总额432.6亿元，同比增长20.4%；实现销售（营业）收入559.2亿元，同比增长26.2%；利润总额20.1亿元，同比增长22.3%；缴纳税金46.1亿元，同比增长12.9%。监管企业全年完成固定资产投资220.8亿元，比上年增长13.4%。

【专业培训】 国资委领导先后率领机关处室负责同志到浙江、上海、北京、河北、山西、天津等省市国资委调研学习，吸取兄弟省区成熟有效的经验和做法。多次组织监管企业和委内同志参加区内外有关规范法人治理结构、产权管理、企业改革、企业主辅分离等专业工作会议和培训班。国资委领导带队多次深入到包钢、森工、电力、民航、盐业等企业开展各类工作专题和综合调查研究，了解企业改革、发展、安全、稳定等情况，帮助企业解决实际困难，推动监管企业发展和改革工作的深入开展。

【监管与服务】 一方面要坚持依法监管，尽职尽责地开展各项工作，做到不缺位、不错位、不越位。另一方面作为国有资产出资人，在工作中做到理解企业、尊重企业、支持企业、发展企业。注重与企业的沟通与协商，积极帮助企业解决生产经营中的困难和问题。

【国有企业改革重组】 1.企业联合重组取得实质性进展。天野化工集团公司顺利完成股权转让，正式并入中国海洋石油总公司；信托投资公司引进华菱集团，完成增资扩股工作，扩股后，企业资本实力大幅提升，股权结构更趋合理；森工集团根河板业股份制改造工作已完成；集通公司在减持自治区30%国有股的同时，引入北方联合电力公司等三家企业，对公司进行股份制改造；民航机场集团与首都机场集团公司正式签订托管协议，为下步重组奠定基础，包钢集团公司与世界最大的钢铁企业米塔尔钢铁公司的重组，完成对包钢资产状况的进场调查工作，将进入具体谈判阶段；积极推进电力集团公司厂网分开和改革重组工作,组建自治区相对控股的发电公司的改制方案已基本形成。通过联合重组,有利于国有企业做大做强,市场竞争力进一步增强。全年共有11户企业实现资产重组,为做大做强国有企业,推进全区工业化进程发挥积极作用。2.分离企业办社会工作成效明显,主辅分离辅业改制工作实现新突破。全区国有企业已分离办社会机构428个,分离人员2.71万人,分别占应分离的74%和53%。自治区确定的分离办社会试点企业,已基本完成分离工作;盟市所属企业分离办社会工作进入收尾阶段;按照自治区的统一部署,积极配合驻区中央企业开展分离办社会工作。神华集团、中铝集团36个办社会机构,4 314人移交自治区管理。涉及分离办社会的3个区直企业中,包钢和电力的分离办社会工作已基本完成。包钢42所中小学、5 200名教职工,电力集团3所中小学、500多名教职工和电力医院800名职工分别移交地方管理。全区共有30户企业实施主辅分离,涉及辅业改制340户、人员8.7万人。其中,完成辅业改制115户,分流人员3.86万人,分别占应分离的34%和45%。森工集团已完成71户辅业改制工作,分流安置人员近8 000人,其中,分离改制难度最大、人数最多的建工局也已完成辅业改制任务。3.企业激励约束、分配机制进一步完善,内部改革不断深化。重点建立和完善监管企业负责人收入分配管理体系,规范企业负责人薪酬结构等工作。结合全区监管企业实际,起草《内蒙古国资委监管企业负责人薪酬管理暂行办法》,以自治区人民政府名义下发执行。根据考核结果对监管企业负责人的年度薪酬作了大量的基础测算工作,在考核的基础上,首次对委监管企业负责人年薪进行兑现。依据国家及自治区现行有关收入分配政策,对监管企业及同行业职工的收入状况进行系统摸底调研,经过广泛征求意见和反复讨论修改,制定《内蒙古自治区国资委监管企业工资总额管理暂行办法》,规范收入分配工作。对2004年工资总额进行清算,2005年工资总额进行核定。大力推进国有企业“三项制度”改革,努力形成企业干部能上能下、职工能进能出、收入能高能低的企业新机制。4.积极推动自治区地方国有控股上市公司股权分置改革工作。按照国务院国资委的总体要求,开展全区国有控股上市公司基本情况的摸底调查和分类指导。成立专项工作小组,出台《自治区国有控股上市公司股权分置改革工作实施方案》,启动相关改革工作。全区6户国有控股上市公司股权分置改革的调研报告上报自治区政府。自治区地方国有控股上市公司股权分置改革工作取得突破性进展,内蒙古宏峰实业股份有限公司股权分置改革方案由相关股东会议审议通过,股权分置改革工作基本完成。5.调整国有经济布局和结构,推动国有资本从劣势企业有序退出。按照自治区政府的要求,对创业集团等3户企业进行改制。其中创业集团公司及所属8个公司全部退出国有序列,184名国有职工全部解除国有身份;国有资产经营公司所属50户企业完成转制,职工身份全部置换,协调解决改制成本的缺口,改制成本解决后,国资公司的改革即告结束;基本建设咨询投资公司职工安置方案经职代会讨论通过,职工解除劳动关系的补偿费用筹措到位,84名职工中有31人领取补偿金,解除劳动合同。拟组建的两个非国有性质的公司正在抓紧注册。资产处置方案正在广泛征求职工的意见。

通过关闭破产,退出市场一批。国资委积极争取和抓紧组织落实国家政策性破产计划,2005年组织申报的扎赉诺尔煤业公司西山矿等4个关闭破产矿山的13亿元中央财政补助资金已到自治区财政账户。4户企业的破产操作平稳有序进行,维护企业的正常生产和社会稳定。内蒙古电缆厂等2个破产项目已得到国家批准;电缆厂破产操作方案已经制定。申报9个政策性破产项目,正在积极争取国务院有关部委和金融机构的支持。全区国有资本从1 760户资产质量差、生产规模小、不适合国有经营的中小企业整体退出,国有资本的整体质量明显提高。

【国有资产保值增值】 1.建立健全企业负责人经营业绩考核体系,全面开展年度经营业绩考核和领导班子履职情况考核,同时,启动任期考核。全区国资监管工作会上,国资委同企业负责人签订业绩责任书,明确国有资产保值增值的责任主体。同时签订2004~2006年任期责任书。全面组织实施对监管企业2004年经营业绩考核工作。依据考核办法,将企业业绩考核结果确定为A、B、C三类,在国资工作会议上进行通报,在新闻媒体上公布。对监管企业领导班子首次进行全面考核,对每个班子及成员的履职情况形成了考核材料。作为考核工作的一个重要步骤,国资委党委还向监管企业领导班子反馈考核结果。2.加强协调,积极争取,努力推动派出监事会工作。从国有资产监管的实际需要出发,宣传派出监事会工作的重要性和紧迫性。在深入调研的基础上,拟定《自治区国资委派出监事会工作方案》和《监事会暂行办法》,并开展大量前期准备工作,多次向自治区党委、政府汇报,并协调财政、编办等有关部门,争取早日派出。3.加强财务监督管理。狠抓企业财务决算管理、企业财务动态监测、中介机构公开选聘、中介审计质量评估等重点环节,草拟完成《加强企业财务监督的若干意见》、《监管企业内部审计管理暂行办法》等。建立企业重大事项报告制度,规范企业投资担保行为,规范国有企业改制和国有产权转让的审计和评估工作,防止国有资产流失。

【法规制度建设和基础管理工作】 1.开展清产核资。在2004年对部分监管企业开展清产核资的基础上,2005年对森工集团、盐业公司、基本建设咨询投资公司、新华书店集团公司、满都拉资产管理公司等企业开展清产核资。对森工集团公司等8户企业清产核资申报材料进行认真审核,共审核损失项目20多万项，审核报损金额近40亿元。通过清查，全面摸清企业家底，为监管企业核销不良资产，帮助企业解决多年形成的历史包袱，提高企业的资产质量和竞争能力。同时深刻剖析损失形成的原因，督促企业加强管理，堵塞漏洞。2. 加快国资监管法规体系建设，为依法履行出资人职责提供制度保障。我们按照《条例》和国务院国资委出台的一系列政策法规，结合自治区实际，先后出台近30项规章制度，逐步建立国资监管的法规体系，为改进监管方式、实施依法监管提供制度保障，使盟市国资监管工作有法可依，有章可循。在内蒙古森工集团公司还推行企业总法律顾问制度，在大型监管企业设立法律事务机构，对全区300多名取得《企业法律顾问执业证书》的人员进行重新登记、注册和培训。3. 加强国资产权管理。先后出台国有资产处置办法、产权管理、产权转让、进场交易等一系列规范性文件。组织召开全区产权管理工作会议，特邀国务院国资委以及工商管理专家进行专题讲座，对全区国资监管部门和监管企业负责产权管理的工作人员进行业务培训。加强产权交易中心的建设和监管，确定内蒙古产权交易中心为从事全区企业国有产权进场交易的指定机构，推进自治区企业国有产权转让进场交易，完成自治区三大流通集团所属子公司及本部23户企业的资产处置、产权变更工作。完成自治区政府所持集通公司、北方联合电力公司的股权转让及转让收入监缴国库工作。完成根河、甘河发电厂产权转让工作。完成内蒙古黄岗矿业公司产权纠纷前期调研，提出调处工作意见。国资委已完成自治区990户国有及国有控股、国有参股企业的材料审核、产权登记、汇总工作。

（吴大鹏）

工业管理

【内蒙古自治区人民政府工业办公室领导名录】

主　任：牙萨宁

副主任：张志诚　韩瑞峰　王进国　王旺旺

【概况】　内蒙古自治区人民政府工业办公室内设10个职能处室即秘书处、人事处、经济运行处、重点项目处、能源处、行业规划处、中小企业与开发区处、环境和资源综合利用处、煤炭行业规划管理处、煤炭安全生产监管处和机关党委。机关行政编制78名，其中：主任1名，副主任4名，处级领导职数29名（11正，含机关党委专职副书记1名，18副）。

【主要经济指标】　2005年全部工业增加值完成1 390.89亿元，是2000年455.21亿元的3.06倍，年均增长25.03%，与上年同比增长30.3%。其中规模以上工业增加值完成1 135.52亿元，是2000年279.54亿元的4.06倍，年均增长32.35%，与上年同比增长30.9%，增速高于全国14.5个百分点，居全国第一位。规模以上工业企业户数由2000年的1 373户增加到2005年2 447户；经济效益综合指数由2000年的88.84（低于全国平均水平约30点）提高到2005年203.61，比上年提高38.96点（高于全国平均水平27点）；2005年规模以上工业企业实现产品销售收入2 973.79亿元，是2000年739.52亿元的4.02倍，年均增长32.08%，与上年同比增长41.12%；增幅高于全国14.12个百分点，居全国第二位；实现利润225.93亿元，是2000年16.09亿元的14.04倍，年均增长69.61%，与上年同比增长75.7%，增幅高于全国53.11个百分点，居全国第三位。全部工业增加值占GDP的比重，由“九五”末期的32.5%，提高到2005年的36.38%；工业职工平均工资由2000年的6 974元提高到2005年的15 455元，年均增长17.25%。

【自治区重点企业】　自治区重点企业由2000年的36户扩大到目前的60户和20户重点煤炭生产企业。2005年实现销售收入1 844亿元，完成工业增加值670亿元，实现利润165亿元，分别占全区规模以上工业的62%、59%和73%。60户自治区重点企业户均销售收入由2000年的8.8亿元提高到2005年的23.33亿元；户均工业增加值由2000年的3.49亿元提高到2005年的8.5亿元；户均利税由2000年的0.44亿元提高到2005年的1.92亿元。20户重点煤炭企业原煤产量占到全区原煤产量的80%以上。2005年底，营业收入超100亿元的自治区重点工交企业将达到7户。

【主要产品产量位次】　2005年全区液体奶、羊绒衫、稀土化合物、电石产量、铁合金居全国第1位，原煤产量居全国第2位，焦炭产量居全国第6位，发电量居全国第8位，电力装机容量居全国第10位，甲醇产量居全国第13位，钢产量居全国第15位，水泥、化肥（折纯）产量居全国第20位。

【产业结构调整】　2005年，能源、化工、冶金、机械装备制造、农畜产品加工和高新技术产业等六大优势特色产业完成工业增加值978亿元，是2000年243亿元的4.02倍，占全区规模以上工业增加值的比重由2000年的53.38%提高到2005年的86.13%，五年提高32.75个百分点。能源工业占全区规模以上工业的27.12%，冶金、建材工业占28%，农畜产品加工业占20.34%。

“十五”期间，全区累计生产原煤8.04亿吨，年均增幅达24.05%，是“九五”期间的2.20倍；2005年电力装机容量2 082万千瓦，是2000年的2. 31倍；发电量1 069亿千瓦时，是2000年的2.43倍；钢产量804.58万吨，是2000年的1.9倍；电解铝51万吨,是2000年的2.98倍;化肥65万吨,是2000年的1.83倍。重型汽车产量7 138辆,液体奶产量363万吨。一批上规模、上水平的大型重化工项目相继落地,新开工化工生产能力甲醇725万吨、氯碱化工185万吨。正在形成以六大优势特色产业为主导、园区经济为支撑的特色集约化发展格局。

在全部60户重点企业中,能源、化工、冶金、装备制造等能源重化工企业占51户。2005年能源重化工业销售收入占到全部重点企业销售收入的72%。区域分布显示出西部地区经济发展的优势,有47户重点企业集中在呼包鄂"金三角"地区。

【工业园区】 2005年全区工业开发区实现工业增加值496.10亿元,同比增长50.04%,占全区规模以上工业增加值的43.69%;实现销售收入1 330.64亿元,同比增长51.58%;实现利润95.19亿元,同比增长42.61%;实现税金71.38亿元,同比增长45.95%。工业开发区特别是重点开发区的强劲发展势头和不断扩大的规模,进一步提升开发区在全区工业经济中的地位,开发区已经成为自治区工业经济发展的生力军。

【工业固定资产投资】 2005年全部工业固定资产投资完成1 449.13亿元,是2000年108.56亿元的13.35倍,五年累计完成工业固定资产投资3 219.13亿元,年均增长78.42%,与上年同比增长1.46倍。

自治区工业重点项目由2001年的140个,完成固定资产投资76.85亿元,逐年扩大到2005年的417个,完成固定资产投资996亿元。"十五"期间,自治区工业重点项目累计完成固定资产投资2 021亿元,占全部城镇规模以上工业固定资产投资的62.3%。其中六大优势特色产业工业重点项目累计完成投资1 844.87亿元,占自治区工业重点项目累计完成投资的95%,占全区工业累计完成投资的57%。

"十五"期间,呼、包、鄂三市累计完成自治区工业重点项目投资1 058.45亿元,占全部自治区工业重点项目完成投资额的52.37%。自治区全部工业固定资产投资中,企业投资占90%以上,企业作为工业固定资产投资的主体地位更加突出。

【国企改革】 为积极推动劣势企业有序"退出"和吸引区外大型国有企业资本有序"进入",是"十五"期间国有经济布局战略性调整的重点。通过有进有退,国有资本进一步向优势产业和关系国计民生的行业集中,大型国有企业实力进一步增强。坚持走优势企业开放重组、做大做强的路子,通过大范围、宽领域、高标准引入战略投资者,特别是引入中央企业进行增量重组,集中完成内蒙古电力公司、天野化工、包铝、吉盐化、"西三局"煤矿、霍林河煤业、宝日希勒煤业等区内国有大企业的改革重组。劣势企业"退出"盘活呆滞资产200亿元,国有大企业资本"进入",向自治区工业投资350亿元。国有大型企业在内蒙古工业投资成为拉动内蒙古工业化的主体。

【工业经济运行监测和协调】 为加强对工业经济运行的指导和重点物资运输协调,制定下发《2005年全区经济运行工作指导意见》、《关于加强重点物资运输调控工作的指导意见》,有效地对全区工交生产运行情况实施监测监管。对60户自治区重点企业、20户自治区重点煤炭企业的生产经营情况,逐月进行监控,对存在的问题,及时分析和协调。在西部区着重开展计划调控,确保自治区重点企业运量(白货)、季度重点运量(白货)、国家重点订货合同运量(煤炭)和原自备车企业运量(煤炭)的运输。为适应国家铁路调整改革的变化,2005年3月,及时组织协调哈尔滨铁路局、沈阳铁路局和太原铁路局及相关盟市召开铁路运输协调会,确定双方的职责,建立例会和信息报送等工作制度。为推动重点煤炭产运需衔接工作,办主动向国家发改委、铁道部和中国煤炭运销协会等部门汇报全区煤炭生产运输情况,争取运量。全区西部区地方煤炭企业新增重点订货量659万吨,其中呼和浩特铁路局新增532万吨,大准线新增127万吨,实现历史性突破。

【循环经济发展】 根据国家对发展循环经济的总体要求,结合自治区实际,制定下发《内蒙古自治区发展循环经济指导意见》,起草并上报《内蒙古自治区人民政府关于循环经济示范区的发展意见》。完成国家发改委下达的《循环经济发展模式和对策研究》课题。会同自治区环保局下发《内蒙古自治区清洁生产审核办法实施意见》,制定出台清洁生产审核咨询服务机构行业规范,开通内蒙古自治区清洁生产专网,组织开展清洁生产培训。抓循环经济试点,自治区包钢集团公司、包铝集团公司、乌兰水泥集团,蒙西工业园区已被国家列入全国循环经济试点第一批名单。认真贯彻落实国家综合利用政策,向国家发改委上报一批节能、节水、综合利用、环保治理重点国债项目4个,补贴资金5 810万元。

【相关配套政策和措施】 紧紧围绕发挥优势,做大做强优势特色产业的工作思路,自治区政府下发实施《内蒙古自治区人民政府关于加快化学工业发展的指导意见》、《内蒙古自治区人民政府关于加快煤炭产业结构调整的意见》、《内蒙古自治区人民政府关于建设大型重化工基地的指导意见》、《内蒙古自治区人民政府关于促进煤炭工业健康发展的意见》。并与自治区发改委、环保局、电力集团公司、煤监局等部门和单位,共同研定出台高载能工业发展、环境综合治理、煤矿瓦斯治理、小煤矿供停电等工作意见和方案。这些政策措施的出台对调整优化工业经济结构、改善工业经济发展环境、加快发展优势特色产业发挥重要的推动作用。同时，制定下发《2005年自治区发电量预期调控目标和内蒙古西部电网电力分配比例方案》、《内蒙古西部电网迎峰度夏方案》，确保蒙西电网安全迎峰度夏和各工矿企业、行业及社会用电供应。为加快自备电厂建设，自治区人民政府下发《关于解决自备电厂并网有关问题的意见》。3月自治区人大常委会审议通过《内蒙古自治区预防和查处窃电行为条例》草案，并发布实施，使电力运行走上规范化、法制化的轨道。

（任常水）

安全生产监督

【内蒙古自治区安全生产监督管理局领导名录】

局　长：牙萨宁

副局长：王英夫　苗雨

助理巡视员：孟国庆（蒙古族）　刘大群

【概况】 2005年7月，根据自治区编委《关于调整自治区安全生产监督和煤炭工业管理体制及机构的通知》（内机制编发〔2005〕50号文件），自治区安全生产监督管理局不再与内蒙古煤矿安全监察局合署办公，改为与自治区工业办合署办公。内蒙古自治区安全生产监督管理局内设3个职能处室：综合处、安全生产监督管理处、危险化学品监督管理处。自治区安全生产监督管理局机关党务、行政事务、人事、后勤由工业办负责。与工业办1个机关党委、1个秘书处、1个人事处、1个财务。机关行政编制18人，其中：局长1名（工业办主任兼）、副局长2名，处级领导职数8名（3正5副）。

【安全生产基本情况】 2005年，全区共发生各类事故14 245起，死亡2 624人，同比减少698起，少死亡73人，分别下降4.68%和2.71%。仍在国家控制指标范围之内。

工矿商贸企业共发生伤亡事故225起，死亡341人，同比事故起数下降18.84%，死亡人数上升2.71%。其中煤矿发生事故56起，死亡131人，同比起数下降18.84%，死亡人数上升32.32%。发生道路交通事故8 453起，死亡2 134人，同比事故起数减少1 458起，死亡人数减少108人，分别下降14.72%和4.82%。发生消防火灾事故5 422起，死亡37人，同比分别上升17.33%和42.31%。

2005年，全区3～9人的重大事故82起，死亡305人，同比增加20起，死亡人数增加75人，分别上升32.25%和32.61%；10人以上特大事故5起，死亡82人，同比增加4起，死亡67人，分别上升300%和346.66%。其中煤矿3～9人的重大事故9起，死亡34人，同比上升800%和466.67%；10人以上特大事故3起，死亡40人，分别上升200%和166.66%。道路交通发生3～9人重大事故65起，死亡234人，同比分别上升12.06%和11.43%；10人以上特大事故2起，死亡42人，起数增加2起，死亡42人。

【安全许可证制度】 按照《安全生产许可证条例》及国家局对办证工作的具体要求，至12月29日，在全区471户危险化学品生产企业中，已提交申请的357户，受理168户，发证135户，占受理企业的28.7%；在全区169户烟花爆竹生产企业中，提交申请121户，受理119户，发证89户，占受理企业的73.6%；在全区2 184户非煤矿山企业中，提交申请2 441份，受理1 656份，发证1 070户，是受理企业的32.6%。

【安全生产立法】 2004年《内蒙古自治区安全生产条例》起草工作纳入自治区人大立法计划，于2005年5月27日自治区十届人大常委会第十六次会议审议通过，自2005年7月1日起施行。《内蒙古自治区安全生产条例》的出台，对安全生产工作具有重要的现实指导意义。

【安全生产责任制】 根据国家下达的年度安全生产控制指标，将各项控制指标进行层层分解，以自治区安委会名义分解下达到各盟市，各盟市和旗（县、区）又将指标分解到各乡镇和企业，并层层签订了安全生产责任状。特别是在主要产煤旗县及年产煤炭30万吨以上的矿区，设立事业性的煤矿安全监督管理站，做到分片包干、责任到人。自治区政府出台《内蒙古自治区煤矿整顿关闭工作实施方案》，明确划分煤管、煤监、国土、工商、公安、电力等部门和机构的职责。2005年修订《安全生产责任目标考核办法》。自治区党委、政府将安全生产考核列入对各级政府综合考核内容，实行安全生产“一票否决制”。

【安全检查】 2005年5月21日至27日，全国人大常委会副委员长李铁映带领的全国人大常委会《安全生产法》执法检查工作组，对赤峰、包头、鄂尔多斯、乌海、呼和浩特市的煤矿及非煤企业进行执法检查。另外，先后7次接受了国务院、国家总局对全区进行的打击煤矿非法开采和违法生产及小煤矿“五整顿、四关闭”工作的开展情况、清理纠正入股情况、安全生产许可证发放情况以及烟花爆竹和非煤矿山的专项检查。检查组肯定全区安全生产工作中的成绩，对存在的问题提出具体整改意见。针对所提出的问题采取切实有力的措施进行整改，全区安全生产工作落到实处。

【整顿关闭】 根据全区安全生产的现状，是年重点对煤矿、危化、非煤矿山、烟花爆竹、冶金、建筑施工、道路交通、消防火灾、公众集聚场所等重点行业和领域进行安全生产专项整治。为贯彻落实国务院《特别规定》国办《紧急通知》精神，自治区成立了整顿关闭工作领导小组，依据《内蒙古自治区煤矿整顿关闭工作实施方案》，做了以下三方面的工作：

1. 在《特别规定》颁布后，自治区各级政府及有关部门立即采取行动，按照《特别规定》列举的15条重大安全生产隐患，对辖区内的煤矿进行排查，加大全区整顿关闭不具备安全生产条件和非法煤矿工作力度。两年全区将关闭小煤矿810处(2005年计划关闭149处,2006年计划关闭661处)，占地方煤矿年初总数的62%。是年关闭的149处中，达到关闭标准的117处，其余32处正在实施关闭，年底前达到关闭标准；2006年计划关闭的661处煤矿中，公告关闭的337处，2006年第一季度前全部达到关闭标准；其余的将陆续分批公告，2006年6月底前完成关闭任务。届时，全区地方煤矿数量由年初的1 310处下降至500处之内，10万吨以下的小煤矿全部淘汰退出。

2. 自治区政府多次组织有关部门进行多层面、大范围的联合检查、督查。7月底至8月初，自治区政府会同人大、政协进行了联合督查；9月下旬，自治区政府又组织工业办、煤炭工业局、国土资源厅和内蒙古煤矿安全监察局组成5个联合执法督查组，分别赴包头、阿拉善、乌海、鄂尔多斯、呼伦贝尔、赤峰6个盟市，对关闭矿井井筒毁闭不彻底、地面设施未全部拆除、井口场地未填平以及停产整顿煤矿存在的等待观望、整顿工作进展缓慢等问题，提出整改要求和时限。包头督查组对4处不符合关闭标准矿井的井筒进行现场炸毁；阿拉善督查组对6处不符合关闭标准矿井的地面设施、设备进行了现场拆除。11月15日至30日，自治区煤炭工业局会同内蒙古煤监局又一次对上述地区的国有重点煤矿和重点瓦斯监控煤矿的安全生产隐患进行了全面检查和验收。全区11个盟市58个旗县已有专兼职煤矿监管人员647人。

3. 煤炭行业管理部门通过加强煤炭生产许可证的年检和新建、技改矿井的设计审查、竣工验收工作，有力的推动淘汰关闭小煤矿工作进度，提升煤矿安全生产水平。

【专项整治】 协调自治区有关厅局印发了《内蒙古自治区深化非煤矿山安全生产专项整治方案》和《内蒙古自治区加强危险化学品专项整治工作方案》，并结合国家总局的检查，进行两次专项检查，加强两大行业的专项整治工作力度。

【冶金行业安全检查】 按照国家总局的要求，依据《全区冶金行业安全生产专项检查实施方案》，重点对呼伦贝尔、兴安盟、通辽、赤峰、呼和浩特、包头、乌海、鄂尔多斯等八个盟市，14户冶炼加工企业高炉安全生产状况进行全面检查，下达隐患整改通知9份，加大监管力度，提高企业的安全生产意识。是年前10个月由自治区安监局直接查处的3人以上非煤矿山重大事故6起，已批复结案5起，按期结案率100%。在已查处的事故中，追究事故责任人26人，其中移送追究刑事责任人3人，给予党纪政纪处分15人，行政处罚8人。

【安全培训】 1. 推进生产经营单位主要负责人、安全管理人员和特种作业人员安全技术培训、考核与发证工作。是年共培训各类人员34 705人。2. 建立和完善安全培训规章制度，制定出台《安全培训机构评估标准》、《内蒙古自治区三级、四级安全培训机构评估检查方案》等一系列规范性文件。3. 不断加强培训基地建设。全区已认证三、四级安全培训机构44家。四是加强安全培训师资队伍建设。是年，举办2期全区安全培训机构的教师岗位资格培训，共培训257人。

【宣传教育】 1. 宣传贯彻《安全生产法》及《内蒙古自治区安全生产条例》。通过发放宣传册、宣传单、播放光碟等在从业人员、安全生产管理人员及相关人员中广泛普及法律知识和安全常识。2. 及时把贯彻落实国务院两个重要文件精神，传达到所有产煤旗县(区)、乡镇(苏木)和煤矿企业。3. 以“安全生产月”活动为契机，面向全社会开展形式多样的安全生产宣传教育。4. 积极参与国家总局组织的“生命之歌”安全歌曲大赛，营造全社会“关爱生命、关注安全”的社会氛围。全区2首歌曲入选全国优秀歌曲。

(任常水)

金融办

【内蒙古自治区人民政府金融工作办公室领导名录】

主　任:宋　亮

副主任:李毅刚　李国俭

【概况】 自治区金融办成立于2003年8月，为自治区人民政府主管地方金融证券工作的直属机构，内设综合处、地方金融处、证券处，行政编制18人、事业编制3人。至2005年，实有工作人员11人，其中大学本科学历的占90.9%，具有研究生学历的5人，占45.45%。

2005年底，全区金融机构各项存款余额3 298.2亿元，增长28%，比全国增速快9个百分点；各项贷款余额2 588.6亿元，增长19.2%，比全国增速快5.6个百分点，增速居全国第一；全区保费收入60.9亿元，增长10.2%；股权分置改革进展顺利，进程排名全国13位。全年通过金融渠道融入资金776亿元，其中区内信贷融资438亿元，跨省区贷款270亿元，证券融资35亿元，信托融资 10 亿元，私募融资 23 亿元。

【优惠政策】 为调动各家金融机构支持内蒙古经济发展的积极性，金融办草拟金融机构奖励暂行办法，争取到自治区财政每年安排 500 万元的资金支持，启动首次对全区金融机构及个人的评比奖励工作。

【金融生态环境建设】 在国家草拟的《征信管理条例》的基础上，草拟《内蒙古自治区信用信息管理办法》，广泛征求自治区法制办、人民银行、各家金融机构等部门的意见，准备以政府令的形式发布。成立应急预案领导小组，制定自治区金融突发事件应急预案。

【金融合作向深层次宽领域迈进】 2005 年 8 月 3 日与建设银行签订 500 亿元的银政合作协议，9 月 28 日与国家开发银行、签订 600 亿元的银政合作协议。

【防范和化解金融风险】 按照市场原则，采取法律手段，2005 年及时化解伊利股份"高管事件"引发的风险和 ST 天然碱的退市风险。与呼和浩特市政府、内蒙古证监局、内蒙古检察院等单位密切配合，通过与浙江省政府及金融办共同协作，与金信信托签订股权回购协议，并多次赴中国证监会汇报沟通，顺利完成股权回购的审批登记等一系列工作，成功化解伊利股份"高管事件"引发的风险。积极为 ST 天然碱引进战略股东，协调上海证大收购 ST 天然碱的部分股权，协调工商银行就伊化 14 亿元的巨额债务问题达成一致意见，及时化解 ST 天然碱的退市风险。

【金融改革和创新】 内蒙古自治区农村信用社联社于 2005 年 8 月 20 日挂牌成立，先后召开自治区联社发起人大会、自治区联社创立大会暨第一届社员大会，选举产生自治区联社第一届理事会和理事长，按照规定程序聘任副主任，制定自治区联社章程、社员大会议事规则及人事劳资、财务管理等制度和三年发展规划。农信设改革取得阶段性成果，绝大多数农信社完成专项票据置换工作，到 12 月末累计置换不良贷款9.6亿元。启动首批 8 家旗县信用社统一法人社试点，鄂尔多斯市东胜区联社改制为农村商业银行的工作已经展开。

2005 年底，全区共有 8 家上市公司完成股改方案或者进入股改程序，股改进程在全国排第 13 位，彻底改变了股改推行之初自治区落后被动的局面。

经过金融办积极争取，中国人民银行在原有四家试点省市的基础上，增加自治区作为小额信贷试点地区。

工商银行内蒙古分行正在进行股改，金融办积极配合进行工商银行改制，剥离不良贷款 80 亿元，并协调农信社接收林区分支机构。

内蒙古信托投资有限公司增资扩股工作取得重大成果，引入湖南省华菱集团投资2.8亿元，使信托公司股本增加到5.7亿元，成为全区重要的融资平台。

【证券市场融资】 面对证券市场持续低迷的不利局面，全区加大债券发行工作力度，北方联合电力公司于 7 月 29 日发行企业债券 20 亿元，成为自治区历史上最大的企业债券融资项目；鄂尔多斯羊绒制品有限公司于 9 月 16 日发行 10 亿元一年期短期融资券，与同期贷款方式融资相比，减少财务费用2 650万元；包头铝业于 5 月 9 日在上海证交所挂牌交易，融资4.9亿元，成为全区第 23 家上市公司；稳步推进企业股份制改造，初步统计私募融资 23 亿元。

【引进区外金融机构】 2005 年 1 月，华夏银行设立呼和浩特分行并正式开业，交通银行在自治区设立省级分行获得中国银监会批准，大地财险和太平洋财险先后开业，中华联合财险迅速向盟市延伸，安邦财险正在自治区筹建设立分公司，大公国际资信评级公司已在自治区设立分公司，初步形成自治区金融机构的多元化竞争与发展格局。

【中小企业信用担保体系】 至 2005 年底，全区共有 75 个担保机构累计筹集担保资金12.6亿元，同比增长41%；累计实施担保8 287笔，累计担保额 57 亿元，同比增长46%。在 10 个自治区重点工业园区成立股份制担保公司，另外还与 4 个园区正在按照出资协议，落实盟市、开发区和驻区企业的出资资金。对其余不具备组建担保公司条件的工业园区给予3 400万元的再担保资金扶持。

【培训 专题研讨】 2005 年 7 月 12 日在阿尔山承办全国省区市金融办主任首次联席会议和亚行技术援助研讨会，8 月 11 日在锡林浩特市成功举办全区中小企业改制上市培训班，9 月 27 日在呼和浩特市举办全区证券市场发展与改革工作会议。

（王秀平）

人　　事

【内蒙古自治区人事厅领导名录】

厅长：赵世亮（蒙古族）

副厅长：刘新贵　王顺　张志强（8 月离任）　丁飞（8 月任职）

纪检组长：满都拉（蒙古族）

助理巡视员：田勤学　乌伟东（蒙古族 11 月任职）

【概况】 至2005年底,内蒙古自治区人事厅机关人员编制64名。内设处室有:办公室、人事处、法规处、综合规划处、公务员管理处、专业技术人员管理处、人才流动开发处、工资与离退休管理处、军官转业安置处、外国专家局、离退休人员工作办公室、机关党委、纪检组监察室、实有国家公务员65名,其中:厅级领导7名,处级领导42名,主任科员及以下16名,女18名,中共党员64名,蒙古族14名,其他少数民族2名,研究生毕业生9名,本科专科毕业生39名。

2005年,自治区人事厅根据中华人民共和国人事部和自治区党委政府的工作安排,紧紧围绕经济建设中心,以人才战略统揽人事工作全局,着力抓好八项工作,即两个重点:一是重点抓高层次人才队伍建设;二是重点优化基层人才队伍结构。两个突出:一是突出能力建设;二是突出人才市场配置资源的基础性作用。两个注重:一是注重人才工作体制和机制的创新;二是注重发挥人才在经济社会发展中的重要作用。两个加强:一是加强调查研究;二是加强班子和队伍建设,集聚各类人才,形成"人才资源流入区",实现自治区经济社会全面、协调、可持续发展提供人才保证,实现人事人才工作跨越性发展。

【专业技术人才工作】 2005年,自治区人事厅在调查研究的基础上,形成《内蒙古自治区"十一五"人才发展规划思路》,上报自治区人才工作协调小组;发布《2005年自治区优势特色产业人才开发专业目录》。在全自治区选择27个单位开展人事管理信息化建设试点工作,完成人事厅机关局域网建设。出台《内蒙古自治区专业技术资格评审考试办法》,修订高等教育系统高级专业技术资格评审条件。组织47个高级专业技术资格评审委员会,共有11 152人申报高级专业技术资格,其中8 460人通过评审取得高级专业技术资格(正高级570名,副高级7 890名)。指导完成40个种类近15万人参加的各类资格考试和10.3万人参加的计算机应用能力考试,49 355人参加的职称外语考试及中央划归地方、军转干部、留学回国人员专业技术资格认证工作。调整自治区直属97个事业单位专业技术职务岗位设置,并修订条件成熟专业的评审条件和标准。在高层次人才队伍建设方面,表彰奖励50位深入生产第一线做出突出贡献科技人员。组织申请15个留学资助项目,获国家资金35万元,开展高层次人才回国资助试点工作获国家资助30万元。指导博士后站引进博士后工作开展。2005年,新进站博士后12名,使自治区进站博士后数达到38名。不断提高自治区留学人员创业园区工作质量,园区共吸纳由留学人员创办企业102家,留学人员109名,其中博士17名,硕士19名,创业园"官办民营"孵化基地正常运行。创业园区产值达到5 300万元。开展高级专业技术人员优惠卡、医疗保健卡和养老保障承兑工作。完成专家特殊津贴发放工作。为89个单位的839人发放特殊津贴103万元。开展专家休假考察工作。

【公务员管理工作】

贯彻《公务员法》实施准备工作 自治区成立由党委政府领导为正副组长,组织宣传、人事、编制、纪检监察、财政等部门负责人参加的实施公务员法领导小组。拟定《自治区实施公务员法工作方案》。提出贯彻全国实施公务员法工作会议精神的意见。印发《公务员法宣传培训总体规划》和《开展公务员法全员培训的通知》,开展形式多样的学习宣传活动。共发表宣传相关内容的文章40余篇,开展干部人事管理法规文件清理工作和在4个旗、县、区进行公务员模拟登记工作。

组织开展第三届人民满意公务员和人民满意公务员集体的评选表彰工作 评选出22名人民满意公务员和10个人民满意公务员集体。与自治区有关部门联合表彰先进集体159个,先进个人421人。向国家部委推荐表彰先进集体24个,先进个人30名,制定《关于提高改善劳动模范和先进工作者待遇的意见》。完成审核批复区直机关和事业单位年度考核工作。

配合党委组织部完成2005年选调生考录工作 2005年有1 100人参加考试,录用239人,完成4 031人参加中央和国家机关公务员考录工作。完成1 438人参加的全区公安系统专业技术职位资格考试和评审。完成1 038人参加的全自治区质量监督系统公务员分类管理职位任职资格考试。

【培训工作】 自治区人事厅会同党委组织部举办公务员法骨干研修班、师资培训班、高级研修班57期,培训3 658人;举办厅级公务员法全员培训班16期,培训1 048人;完成区直机关处级以上干部培训班18期,培训2 600人。

自治区在北京、天津、福建、香港举办人力资源开发管理创新骨干培训、区域经济开发、乡镇长培训等公务员对口培训5期。在北京、广东、上海、西安、吉林、新疆和香港举办人力资源开发"十一五"规划、人事信息软件、人才开发项目和事业单位人事制度改革等全自治区人事系统500余名人事干部培训班。举办自治区"新世纪321人才工程"人选及高层次人才新能力培训班,40人参加培训。举办畜产品、卫生、质量安全检测技术高研班,29人参加培训。开展初任培训、知识更新培训、公务员英语应用能力培训等11个班,630余人参加培训。2005年,全自治区完成1万余人(次)的继续教育培训。组织出国(境)培训团组23个,443人。

【事业单位人事制度改革】 自治区人事厅在事业单位人事制度改革配套政策法规方面,印发《内蒙古自治区事业单位人员推行聘用制度实施意见》、《内蒙古自治区直属事业单位未聘人员安置办法》、《内蒙古自治区直属事业单位新进人员管理办法》、《内蒙古自治区直属事业单位补充工作人员公开招聘办法》,草拟《内蒙古自治区事业单位岗位设置管理办法》。对内蒙古商贸职业学院等6个试点单位的人事制度改革方案进行核准批复。将内蒙古农牧业机械化技术推广站列为国家试点联系点。开展对事业单位人事制度改革工作调查研究和指导工作。2005年,自治区事业单位中推行聘用制度改革的单位有6 334家,人数为21.4787万人。办理合同鉴证的单位3 737家,人数为10.3923万人。分流安置未聘人员14 588人。

【军官转业安置】 2005年,国家下达给内蒙古自治区计划安置军队转业干部任务893名。至11月底,自治区本级240名转业干部安置任务完成。全自治区除个别盟市团职军转干部外,也全部落实单位。2005年,自治区共举办计划安置军转干部培训班5期,参训人数875名。参训率达98%。接收安置自主择业转业干部369名,并核定退役金。为275人办理医疗保险手续。自治区人事厅会同有关部门协调争取到中央关于企业军转干部解困资金3 000多万元。年内召开企业军转干部座谈会5次,参会150余人次。自治区人事厅领导和经办人员到包头、乌兰察布、赤峰、通辽等市的企业,了解企业军转干部的解困情况,对企业军转干部反映的问题,现场研究解决。将问题解决在基层,将矛盾解决在萌芽状态。自治区人事厅,为自治区区直属企业在职在岗军转干部工资达不到当地社保平均工资水平的,企业退休军转干部养老金达不到当地养老金平均水平的和下岗失业企业的军转干部,发放生活困难补贴。全区为400多名企业军转干部办理养老保险和医疗保险。为呼和浩特地区近1 000名困难企业军转干部进行体检。会同呼和浩特市共同完成298名下岗失业企业军转干部再就业,并制定管理办法。为全区8 180名企业军转干部建立数据库。

【引进国外人才和智力】 全年争取国家引智工作专项经费400余万元,争取自治区财政支持200万元,引进国(培)外专家近千人,解决自治区在实施工业化、域镇化、农业产业化和高新技术以及科教文卫等方面急需解决的难题。组织完成引智成果示范推广项目7项。经评审,有8项命名为"自治区引智成果示范推广基地"。引智资格单位由原来的86家增加到105家。落实《国家行政许可法》依法对国外专家的管理。组织完成自治区"骏马奖"申报和评审工作,有5位外国专家被评为"骏马奖",1位外国专家被评为国家"友谊奖"。自治区人事厅围绕所拟制的"511"、"333"和"666"人才工程主动开展工作,经过与基层协商确定内蒙古蒙牛乳业股份有限公司和包头钢铁(集团)有限责任公司的薄板厂等6家企业为人才智力引进示范基地示范点。

【工资制度改革】 从纪检、审计、财政、组织、人事部门抽调人员分6个检查组,先后对3个盟市和27个区直机关事业单位津贴补贴情况进行抽查,纠正7部分单位的漏报漏统问题,使清理和统计结果接近实际。调查情况在向自治区党委政府全面汇报后,于10月底,向国务院、财政部、人事部报送《内蒙古自治区人民政府关于上报行政事业单位津贴补贴清理审核报表的报告》。按月对区直属机关实行财政统一发放工资的单位人员和工资进行审核。进一步规范程序,确保工资按月足额发放。到11月底,共审理241个单位28 858万人(次)。月工资总额3 981.17万元。

【人才交流】 2005年3月,组织举办全区春季大型人才交流会后,又先后组织夏季、秋季、冬季人才交流大会,第三届全区股份、外资、民营企业大型专场招聘会及第五届企业经营管理者人才专场招聘会。夏季高校毕业生专场招聘会,共7次交流大会。2005年11月,参加人才交流大会的单位总计1 095家,提供岗位需求28 960个,上会求职人员48 800人,达成意向52 531人次。2005年,共举办人才定期集市40余次,用人单位有400多家,求职人员6 000余人进行交流洽谈。办理出具各种证明634次,办理毕业生转正定级73人(次)。办理职称申报14人,集体落户575人,办理养老保险3 084人,办理住房公积金及医疗保险1 520人次,代管人事档案1 600余份,人事档案管理总量达9 962份。

(李中林)

劳动保障

【内蒙古自治区劳动和社会保障厅领导名录】

厅　　　长:冀秉峰

副　厅　长:刘建一　昝振英(女)　张雅茹(女)　布仁(蒙古族)

纪 检 组 长:武玉学(11月任职)

助理巡视员:白万宝　喇军(蒙古族)　高生丽(女　11月任职)

【概况】 自治区劳动和社会保障厅机关编制67人,其中,厅级9人、处级45人、科级及以下干部13人。厅直属准厅级单位1个、处级单位10个。有自治区就业服务局(准厅级)、自治区社会保险事业管理局、自治区医疗保险资金管理服务中心、自治区职业技能鉴定指导中心(教研室)、自治区信息中心、自治区技师培训学院、自治区劳动培训中心、自治区职业介绍中心、编辑部、厅机关事务服务中心和厅驻京劳务管理处。劳动和社会保障厅的主要职能是全区劳动力就业指导、培训和职业技能鉴定等,以及社会保险制度的改革、实施,目前主要是城镇职工基本养老保险、医疗保险、工伤保险、生育保险和失业保险。

【就业再就业】 全区累计实现新就业26.48万人,其中领取再就业优惠证的下岗失业人员再就业13.91万人,“4050”人员3.7万人,分别完成年度计划120%、111%、123%;城镇登记失业率为4.26%,低于计划目标0.24个百分点,较上年同期下降0.33个百分点。

加大政策落实力度 2005年累计为下岗失业人员再就业减免各种税费1.3亿元,社保补贴、岗位补贴、培训、职介补贴3.1亿元。特别是加大小额贷款工作力度,年内累计发放小额贷款2.02亿元,完成计划的202%。

拓宽就业渠道 通过实施岗位补贴、税费减免和社保补贴等扶持政策,鼓励非公有制企业和中小企业吸纳下岗失业人员,积极鼓励引导下岗失业人员灵活就业、自谋职业和自主创业。

加强失业调控 建立和完善失业预警机制,切实加强对重点地区、重点行业的监控,积极做好国有企业主辅分离、辅业改制中剩余人员的分流安置工作。积极稳妥地推进“并轨”扫尾工作,“并轨”目标已基本实现。

强化就业培训和服务 免费为下岗失业人员和进城务工人员提供各类职业介绍服务。积极开展再就业培训和创业培训,全区累计培训下岗失业人员25.06万人,完成计划的139%,培训后就业率达到66%,参加创业培训的人数达到1.64万人,带动3.67万人实现就业。广泛开展“零就业家庭”就业援助行动。全年帮助“零就业家庭”18 944户25 725名成员实现就业,基本实现自治区党委七届十次全委会提出的“确保零就业家庭至少有1名成员就业”的目标。

加快高技能人才培训 组织实施高技能人才培养工程和“三年万名新技师”培养计划,技能人才的数量和比重有较大幅度提高。累计培养新技师1.1万名,全年共为8.1万名各类人员进行职业技能鉴定,组织开展多种形式的职业技能竞赛活动。

推进城乡劳动力统筹就业 进一步取消农牧民进城就业的各种限制性规定,加大有组织劳务输出和培训的力度。开展“春风行动”等一系列针对农牧民进城就业的援助活动。全区农村劳动力转移就业达到188.7万人,比上年增加15.7万人,其中培训后输出47万人。

【社会保险体系建设】

两个确保得到巩固和加强 全区累计为81.33万名企业离退休人员发放养老金66.2亿元,为6 888名下岗职工发放基本生活保障金3 418万元,为10.27万名失业人员发放失业保险金2.57亿元。

社会保险覆盖面持续扩大 积极适应经济结构、所有制结构调整和就业形势变化的需要,把非公有制企业、困难企业和灵活就业人员参统以及中断缴费人员接续社保关系作为主攻方向,各项社会保险覆盖面持续扩大,基本养老保险参统职工人数252.6万人(不含86.1万名参统的离退休人员),比上年增加15.8万人。医疗、工伤、生育保险参保人数分别达到292、106.6、99.7万人,比上年分别增加18.7、21.8、35.7万人。同时,与地税部门密切配合,强化社保基金稽核征缴工作,全年各项社会保险费征缴收入达到82.99亿元,完成计划的106%。

社会保险制度不断完善 进一步完善养老保险自治区级基金调剂力度;盟市级统筹试点工作有较大进展,实行盟市级统筹的地区由2004年的两个扩大到六个;积极开展做实养老保险个人帐户的政策准备及测算工作;调整企业及职工养老保险费率,将全区企业缴费比例统一调整为20%、个人8%;积极配合事业单位机构改革试点工作,制定出台区直事业单位新进人员及直属事业单位转制为企业后参加基本养老保险试行意见;制定失地农民参加养老保险统筹政策。研究解决灵活就业人员、进城务工人员、困难企业职工、关闭破产企业退休人员的医疗保险问题;出台高风险行业和进城务工人员参加工伤保险的政策,全区国有重点煤炭企业13万职工全部纳入工伤保险统筹。

【劳动关系协调和维权工作】

监察执法力度不断加大 继续认真解决进城务工人员工资拖欠问题,普遍建立专人专案、速查严办的工作机制和清欠工作综合治理机制。2005年累计清理拖欠农民工工资5 212万元。组织开展禁止使用童工和清理整顿劳动力市场秩序专项执法检查。通过检查,补签劳动合同13.7万人,补发劳动者工资待遇6 513.2万元,督促用人单位补缴社会保险费4 737.2万元,取缔非法职介机构84个。

劳动关系协调机制逐步完善 积极开展劳动合同签订和集体合同审查工作,从源头上进一步规范企业用工行为。劳动关系自主协调机制的作用明显增强。

信访和维稳工作得到加强 认真贯彻落实中央和自治区维稳工作的要求,从解决群众反映的难点、热点问题入手,落实责任制,开展排查调处工作,维护社会稳定。全区受理劳动争议仲裁案件2 874件,结案2 863件,结案率为99.6%。

改革完善企业工资支付制度 完成《内蒙古自治区企业工资支付规定(草案)》的修改、报送工作。制定出台2005年企业工资指导线,建立劳动力市场工资指导价位和行业人工成本信息指导制度,进一步完善综合计算工时和不定时工时制度管理办法。

(高鹏博 巩连众)

就业服务

【内蒙古自治区劳动就业服务局领导名录】

局 长:范锦奎

【概况】 自治区就业服务局是受劳动行政部门委托,承担部分就业管理职能的准厅级事业单位。1997 年 11 月,经自治区推行国家公务员制度办公室以内人发〔1997〕58 号文批准,依照国家公务员制度管理。机关由五个正处级处室组成,人员编制为 25 名,核定副厅级领导职数 1 名、处级 12 名(5 正、5 副、1 调、1 助调)、主任科员 7 名、工人 5 名。

【就业再就业工作】 全区城镇登记失业人员和国企下岗职工累计新就业人数26.48万人,完成年度计划的120%,比 2004 年增长7.9%。其中:领取《再就业优惠证》的下岗失业人员13.91万人,完成年度计划的111%;"4050"人员3.70万人,完成年度计划的123%。全区城镇登记失业率为4.26%,低于年初控制目标0,24个百分点,比 2004 年降低0.33个百分点。全区培训结业的城镇登记失业人员和国有企业下岗职工25.06万人,完成年度计划的139%,较 2004 年增长4.6%。全区发放小额担保贷款20 152.7万元,完成年度贷款计划的202%,当期安排下岗失业人员1.76万人。全区累计外出就业人数188.74万人,完成年度计划的105%,较 2004 年增长9%。其中:跨省外出就业人数91.70万人,外出前接受培训人数47.04万人。全区跨省外来就业人数23.36万人,跨省外来就业培训人数12.72万人。全区失业保险参保人数为222.2万人,参保率为100%,与 2004 年基本持平。

【再就业措施情况】

为困难群体提供人性化服务 元旦、春节期间,开展以"稳定你的就业,共同努力"为主题,以"送政策、送信息、送岗位、送技能、送服务"为内容的下岗失业人员再就业援助活动。3 月份,为外出就业的农牧民开展"春风行动",印发"春风卡"等宣传材料,并举办专场招聘洽谈和政策咨询活动。

突出重点,攻克难点,千方百计扩大就业 2005 年,在开发就业岗位、拓宽就业渠道的基础上,积极推进灵活就业工作,引导和鼓励下岗失业人员和大中专院校毕业生转变择业观念,不断确立劳动者无论在国有、集体、私营企业就业,还是从事个体或灵活就业都是就业的观念,努力扩大就业成果。并制定出台《关于贯彻落实中共中央办公厅国务院办公厅引导和鼓励高校毕业生面向基层就业意见的通知》(内劳社办字〔2005〕272 号),明确提出高校毕业生就业指导性意见。

开展"零就业家庭"就业援助活动 根据自治区党委办公厅、政府办公厅联合下发的《关于对零就业家庭开展就业援助的通知》(厅发〔2005〕40 号)通知精神,制定下发《内蒙古自治区劳动保障厅关于贯彻落实内蒙古自治区党委办公厅政府办公厅对零就业家庭开展就业援助的通知》(内劳社办字〔2005〕201 号),及时对"零就业家庭"情况开展摸底调查工作,并采取积极措施,按照倒计时的工作方式,竭力帮助"零就业家庭"成员实现就业。至 12 月底,全区共帮助18 944户25 725人实现就业,全区零就业家庭的就业问题基本得到解决,并建立长效机制。

整合培训资源 全面提升就业质量 以各级就业训练中心为龙头,以各级技工学校和社会力量办学为补充,加强就业培训指导,组织开展多层次、多形式的再就业培训,努力提升下岗失业人员的就业技能。开展创业培训工作,在包头试点的基础上,推荐并被劳动保障部确定通辽市、呼和浩特市、赤峰市为 SIYB 项目重点联系城市。而且在巩固和推广试点城市经验的基础上,制定自治区创业培训工作实施意见,将创业培训与小额担保贷款等工作有机结合,加大创业培训工作力度,以创业带动就业。

加大资金投入 强化资金管理 积极争取中央财政的支持,到位资金比上年有较多的增加。特别是在中央资金尚未拨付到位的情况下,积极协调自治区财政厅筹措资金,按比例预拨部分资金,确保再就业工作的顺利开展。为了管好、用好资金,充分发挥再就业资金的整体效应,对包头市、呼伦贝尔市、赤峰市、鄂尔多斯市、乌海市等地区的使用和管理情况进行了重点抽查,发现问题及时纠正,保证再就业资金专款专用。

加大失业调控 建立失业预警机制 为了遏制失业人数过快增长,有效控制失业率,制定出台《关于做好国有企业主辅分离辅业改制分流安置富余人员有关问题的通知》(内劳社办字〔2005〕39 号)和《内蒙古自治区并轨工作实施方案》(内劳社办字〔2005〕109 号)文件,并与相关地区、企业签订责任状。同时确定呼和浩特市、包头市和呼伦贝尔市为失业调控工作联系城市,加强指导,对一些下岗失业人员较集中的地区和企业做好监控工作,妥善安置企业富余人员。4 月,召开全区国有企业主辅分离辅业改制分流安置富余人员座谈会,36 个大中型企业负责人参加会议,就当前企业富余职工的分流和安置及并轨等项工作进行交流和座谈。

进一步改善农牧民进城就业环境 推动城乡一体的劳动就业制度 根据国家劳动保障部的通知精神,制定出台《关于全面实施城乡劳动力统筹就业加快推进城镇化建设的通知》(内劳社办字〔2005〕274 号)文件,并协同农业、团委等有关部门加大对农牧民进城就业限制性政策的清理力度,取消针对农牧民跨地区就业和进城务工的行政审批事项、行政事业性收费和限制性政策规定,并加大对转移就业农牧民的培训力度,努力提高他们的文化素质和就业技能,为建立城乡平等就业制度奠定基础。

(白 莉)

民　　政

【内蒙古自治区民政厅领导名录】

厅　长:庞　启

副厅长:郝勇　高锡亮　杨吉良(蒙古族)　冯呼和

纪检组长:李桂琴(女　蒙古族　12 月离任)

【救灾救济】 2005 年,自治区部分地区发生干旱、风雹、洪涝、低温冷冻、病虫害,特别是中西部地区持续的旱情和东部部分地区的风雹、洪涝灾害尤为严重。2005 年全区受灾害影响人口750.4万人,因灾死亡 25 人,紧急转移安置1.82万人;农作物受灾面积4 092万亩,其中绝收1 461万亩;因灾倒塌房屋2.59万间,损坏房屋5.4万间;受灾草牧场5.93亿亩,因灾死亡牲畜 56 万头(只)。部分农作牧业基础设施和公共设施也遭到严重破坏,灾害造成的直接经济损失 77.68 亿元,其中农牧业直接经济损失57.22亿元。各级财政共向灾区投入救灾资金20 335万元,其中中央财政11 940万元,自治区财政4 000万元,盟市、旗县财政4 395万元,自治区向重灾区调拨救灾帐篷 800 顶,安排大批抗灾救灾物资,部分地区开展面向灾区的捐助活动。确保灾区群众有粮吃、有衣穿、有房住、有病能医,灾区人心安定,社会秩序良好。根据民政部《春荒、冬令灾民生活救助工作规程》、《灾区民房恢复重建管理工作规程》,结合自治区实际,制定出台《内蒙古自治区春荒、冬令灾民生活分类救助实施规程》和《内蒙古自治区灾区民房恢复重建实施规程》,使救灾工作制度进一步健全,灾害救助更加规范。

【勘界工作】

行政区划和界线管理工作　1.拟定 9 个盟市(包头、乌海市、阿拉善盟未报)的行政区划调整规划。2.7 月,国务院正式批准巴彦淖尔市乌拉特后旗政府驻地由赛乌苏镇搬迁到巴音宝力格镇。向国务院申报清水河县政府驻地迁址宏河镇。3.完成全区苏木乡镇机构调整改革试点的行政区划调整审批工作,试点旗县共撤并苏木乡镇 153 个,撤并率51.2%。此外,完成 5 个乡镇的行政区划的调整审批。4.协调处理蒙陕线红碱淖和克珠尔滩地区的边界纠纷。两省区民政厅召开协调会,以会议纪要的形式向政府提交专题报告,两省区政府批转纪要和报告。由榆林市、鄂尔多斯市政府牵头解决,落实工作正在进行中。

地名工作　1.按照民政部的要求建立自治区地名公共服务工程领导小组,领导全区的地名公共服务工程工作。2.以自治区政府的名义下发《关于实施地名公共服务工程的通知》,正式启动全区地名公共服务工程。3.与建设厅联合转发民政部、建设部《关于开展城市地名规划工作的通知》,确定呼和浩特市为地名规划试点城市。4.全部完成 20 个地县级城市地名设标工作。包头市、乌海市被国家 4 部委评为地名设标先进城市,8 名同志被评为地名设标先进个人。

【退役士兵安置】 2005 年全区共接收退役士兵(含转业士官)9 286人,其中义务兵和复员士官8 866人,转业士官 420 人;接收复员干部 20 人,一等伤残退役士兵 1 人。在接收的退役士兵中,符合安置条件应在城镇安置就业的4 373人,占接收总数的47%;办理安置手续3 760人,占应安置总数的86%。4 913名回农村牧区安置的退役士兵和复员干部基本上都得到妥善安置。全区各级安置部门认真贯彻落实(国发〔2005〕23 号)文件精神,积极推行安置工作与自谋职业相结合的安置改革办法,加大城镇退役士兵职业技能培训工作力度,全年 450 人办理自谋职业,培训退役士兵2 100人。全区军供站以全国军事交通运输正规化建设工作会议精神为指导,认真落实《军用炊食供应工作正规化建设规定》,不断提高建设水平,全区 5 个军供站全年共完成炊食炊水供应53 000人次。

【军休干部安置】 2005 年,根据中办发〔2004〕2 号文件精神,军休离退休服务管理工作坚持以贯彻落实军休政策、法规、法律为重点,认真落实政治、生活待遇为中心,以实现"六有"为目标,积极推动军休服务管理社会化改革,推进军休干部用车、医疗、住房等服务管理社会化改革。争取中央财政投资 419 万元,对部分干休所供暖、供电、供水设施进行改造。完成 2005 年度200 名军休干部交接安置任务。自治区军休骏马体协广泛开展文体活动,丰富军休干部精神文化生活。

【民间组织管理】 2005 年,自治区本级登记注册社团 60 家、基金会 3 家、民办非企业单位 30 家。全年办理变更登记 90 多件。当年自治区本级年检社区 489 家,对拒不参加年检的 49 家社团将依法撤销并予以公告;民办非企业单位参加年检 134 家,对不参加年检的 20 家民办非企业单位予以撤销并公告。在全区范围内开展民办非企业单位自律与诚信建设活动,4 月 1 日召开动员大会,全区 25 家民办非企业单位发出倡议,6 家在活动中表现突出的民办非企业单位将受到民政部的表彰。9 月,为落实自治区政府《关于加快发展农牧民专业合作组织的意见》要求,在巴彦淖尔市杭锦后旗召开全区农村牧区专业经济现场经验交流会,9 个协会的代表在会上作典型发言,为自治区农牧区专业经济协会健康发展、规范管理、服务三农提供宝贵经验。全区农村牧区专业经济组织发展到2 600多个,会员 11 万人,带动农牧户 38 万户。2005 年 10 月前,对 11 家符合换证条件的基金会办《基金会法人登记证书》工作,对尚不具备换证的基金会提出整改意见。

【社会福利和社会事务】 1.孤残儿童手术康复"明天计划"进展顺利。全区实施矫治实施手术276例,手术有效率达到98%。2."贫困家庭儿童手术康复计划"试点工作扎实推进。具有手术适应症的801人。第一批手术经费250万元已经落实到位。3.社会福利社会化迈出新步伐,《内蒙古自治区资助社会力量兴办社会福利机构实施细则》出台实施。4.制定下发自治区"关于开展养老服务社会化示范活动的实施意见"。在呼伦贝尔市、包头市9个区、市开始试点。5.全区社会福利机构基础设施建设、更新、改造共投入资金3 550万元。新建、改扩建儿童福利院5所、精神病院4所、福利院、老年服务中心、公寓17所,共增床位800张。改扩建救助管理站12所。6.社会福利企业稳定425家,实现产值18亿元,实现利税9 000万元,安置残疾人就业10 828人。7.国内、国外登记收养380名。8.社会救助管理工作实现与全国联网。9.殡葬事业投入资金3 900万元,新改扩建殡葬服务设施48 500平方米。全区火化11 200具,火化区火化率达到86%。

【优抚工作】 1.5月份下发关于在全区开展纪念中国人民抗日战争胜利60周年活动的通知,通知明确提出各地要认真落实抗战老战士的生活待遇,解决好"三难"问题;加强抗日烈士纪念建筑物的管理,筹资140万元对部分自治区管理的烈士纪念建筑物进行维修,使其更好地发挥爱国主义教育基地作用。2.5月份制定较详细的慰问方案,对全区参加过抗战的在乡老战士普遍进行慰问。经与自治区财政厅协商,争取慰问经费256万元,同时完成抗日战争胜利60周年纪念章的发放工作。3.与党委办公厅共同组织纪念中国人民抗日战争胜利60周年纪念大会,组织全区20名老战士参加这次纪念大会。根据民政部要求,派专人护送一名抗战老战士代表到北京参加全国抗战胜利60周年大型纪念活动。4.根据国家要求,提高在乡抗战老复员军人的生活待遇,经与财政多次协调,给参加抗战的在乡老复员军人每人每年提高生活补贴140元,经费下拨盟市。5.完成民政部对2004年重点优抚对象数据库修改更新审定工作,并参加全国优抚工作座谈会。6.2004年12月至2005年5月底基本完成全区近1.5万伤残人员换发新证件工作,修改数据库信息5 000余条,完善优抚数据库。7.根据民政部下拨自治区优抚事业经费,结合自治区财政厅历年划定的优抚事业费,在2004年数据库基础上,按照新的抚恤补助标准,对全区六类近7万名重点优抚对象分别进行测算,协商财政及时下拨盟市优抚事业费11 904万元。8.积极组织"八一"期间的慰问活动。制定详细的慰问方案,并配合自治区党委、政府圆满完成慰问任务。9.实行政务公开,严格按规定做好批烈工作,共审核批准烈士材料8份。10.根据自治区基层民政部门从事优抚工作的同志近年调整变化较多的实际,为进一步学习、宣传和贯彻落实好《军人抚恤优待条例》,9月份分东西两片举办两期培训班,全区12个盟市、101个旗县区共135人参加培训。11.配合自治区关于建立重点优抚对象抚恤补助标准自然增长机制要求,重点抓各盟市、旗县建立自然增长机制配套政策。至10月末,全区12个盟市都出台相关政策和实施意见。12.在庆祝抗战胜利60周年之际,积极争取国家财政拨款,先后投入资金340万元,对3处国家级23处自治区级烈士纪念建筑物进行不同程度的维修,以发挥其在弘扬爱国主义精神方面所发挥的重要作用。

【双拥工作】 元旦、春节和"八一"期间,组成10多个慰问团(组),分赴12个盟市慰问驻区部队和优抚对象。春节前夕,自治区党委、政府在内蒙古日报、内蒙古人民广播电台和电视台发表致全区驻军指战员的慰问信。自治区党委储波书记、自治区主席杨晶亲自参加议军会议,研究解决驻区部队需要地方帮助解决的问题。在"神舟"六号飞船发射和回收过程中,自治区主要领导和分管领导高度重视。"神舟"六号载人航天飞行圆满成功后,自治区党委、政府和内蒙古军区组成以杨利民副书记为团长、郭子明副主席和孙忠泰副政委为副团长的党政军慰问团,对东风航天城和西安卫星测控中心的指战员进行慰问,分别赠送1台越野车和30万元慰问金。不断健全和完善双拥工作机制。印发《内蒙古自治区双拥工作领导小组成员单位工作职责》、《内蒙古自治区双拥工作领导小组成员单位联络员职责》,确定成员单位联络员,建立联络员制度。召开议军会、双拥工作领导小组会议,分析双拥工作形势,确定双拥工作重点,解决双拥工作中的问题。

各地在各级媒体上发表双拥宣传稿件1 157篇。鄂尔多斯市政府投资100多万元,建起军事主题广场和华北地区首屈一指的国防教育一条街。赤峰市在互联网上开通国防教育网,开辟《塞外兵哥》电视专题栏目。在全区开展"援建军营图书室,共建学习型军营"活动。12个盟市筹资80多万元,为200多个基层连队援建图书200多套。包头第二热电厂等5个先进单位和满洲里市人大副主任孙菊亭等3名先进个人受到了全国双拥工作领导小组、中央宣传部、中央文明办、民政部、总政治部的表彰。在保持共产党员先进性教育活动中,全区各级民政部门采取上下联动的形式,开展"进军营,访亲人"的主题实践活动,深入17个基层连队,为部队官兵解决一些亟待解决的问题;全区各地隆重开展抗日战争胜利60周年纪念活动,自治区财政拨出256万元专款,向抗战老战士每人发放慰问金1 000元。召开全区双拥工作理论研讨会。全区军地共组织研讨文章48篇,其中向全国双拥办报送18篇。在10月份召开的全国双拥理论研讨会上,荣获优秀组织奖,有4篇论文分别获二等奖、三等奖和优秀奖。在全区范围内开展了双拥工作检查和调研工作。为做好全国第8次、自治区第7次双拥模范城(县)、双拥模范单位和个人的推荐表彰工作,全区12个盟市普遍对拟申报自治区的双拥模范城(旗县)进行评比检查,通过评比检查进一步提高双拥模范城(旗县)的创建水平。

【优抚安置】 全区各地紧紧抓住双拥模范城检查评比的机遇,积极解决重点、难点问题,有力促进优抚安置政策的落实。以开展纪念抗日战争胜利60周年活动为契机,进一步健全和完善了优抚对象抚恤补助标准自然增长机制,12个盟市先后出台相关的政策和实施意见,提高重点优抚对象的生活水平。每年以市统计局发布的上年度人均可支配收入增长幅度的百分比增长,城乡"三属"增长25%,在乡退伍红军老战士、红军失散人员、残疾军人、老复员军人、带病回乡退伍军人均增长50%。加大了解"三难"工作的力度,使优抚对象得到"多重救助和多重保障"。各地城镇重点优抚对象普遍享受全额低保,农村、牧区重点优抚对象优先享受特困救助和医疗救助,不少地区的重点优抚对象还参加农村、牧区新型合作医疗,在一定程度上解决重点优抚对象的医疗难问题。提高农村牧区义务兵家庭优待金。各地普遍改变农村牧区义务兵家庭优待金的拨付发放方式,解决了税费改革后优待金标准偏低的问题。巴彦淖尔市及时下发《关于进一步做好农村牧区义务兵家庭优待金兑现工作的紧急通知》,全面提高了农村牧区义务兵家庭的优待金标准,发放方式也由原来的各乡镇发放改变为由旗县区财政拨付到民政局直接发放,全市优待金标准较过去翻了一番,最低的达到每个家庭3 200元。按照国务院关于对1998年以来应安置未安置人员要尽快安置到位的要求精神,进一步强化行政调控职能,依法保障退役士兵的合法权益,安置1998年以来应安置未安置人员4 950人,占安置人数的81%。积极推行政府安置就业与自谋职业相结合的办法,想方设法拓宽筹资渠道,争取中央财政自谋职业一次性补助金1 591万元,地方财政1 061万元,保证安置改革顺利进行。

【军地互动】 2005年自治区及各盟市政府投资近亿元为驻军和边防部队建设营区、拓宽道路,解决供水、供电、信息化建设等问题。各级在春节、"八一"期间组织慰问团组400多个,为驻地部队赠送慰问金(品)548万多元,极大地鼓舞了部队指战员的士气。开展多种形式的活动,把双拥工作的各项任务落实在基层。包头市开展了军人好妻子、好母亲边关行活动和边防一线官兵看包头活动,增进了军人家属对部队官兵的理解和部队官兵对驻地的了解。乌兰察布市把双拥工作渗透到社区,建立拥军优属青年志愿者队伍、军警民治安巡逻队、社区军民文艺队三支队伍,使社区双拥工作充满生机和活力。呼和浩特铁路局组织了有26个处室、500多人参加的15次军事日活动,增强了干部职工的国防意识。为部队官兵解除后顾之忧。据不完全统计,全区为300多名军人子女解决了入学入托问题,为200多名军人家属解决随迁随调和就业问题。

内蒙古军区组织部队官兵和民兵、预备役人员参加28项自治区重点工程建设,动用车辆6 104台次,投入劳动日30 016个。武警内蒙古总队广大官兵积极参加和支援西部大开发,在"大青山千亩双拥林"和"百亩第二故乡林"等生态建设中,植树造林25 000株。呼和浩特、包头、鄂尔多斯支队先后支援了达拉特电厂三期工程建设、呼和浩特市西河清淤、托克托电厂西电东送、苏里格大型气田西气东输、岱海电厂建设等重点工程建设项目,为驻地经济建设的全面、协调、可持续发展贡献了力量。全区各部队参加抢险救灾出动车辆2万多台次,抢救遇险群众上万名,抢运各种物资2 153吨。武警内蒙古森林总队投入兵力6 472人次,扑灭森林草原火灾80起,消除火灾隐患39起。阿盟额济纳旗赛汉桃来边防派出所利用"草原110",紧急救助了8名误入大漠被困民工,保护了群众的生命财产。内蒙古消防总队全年接警出动4 616次,动用兵力5、3万人次,出动各种消防车辆8 839台次,抢救80余人,抢救财产价值45亿元,为全区的经济社会稳定和人民安居乐业做出重要贡献。武警内蒙古总队组织广大官兵积极参与驻地的双拥共建活动,形成"思想工作联做、社会治安联防、公益事业联办、科学文化联教、环境建设联搞"的"五联五创"新格局。内蒙古边防总队各级党委把扶贫帮困、捐资助学作为一项重要政治任务完成,投入扶贫帮困资金20余万元,捐款捐物38万余元,救助灾民1 200多人。走访辖区人口81 965户232 566人,走访率达90%以上,收到合理化意见920多条,先后召开警民座谈会、讨论会450多次,进一步密切了地方党委政府和人民群众的关系。包头军分区在协调驻包21个部队开展"拥政爱民月"活动中,部队领导亲自带队,深入全市9个旗县区,行程3 000多公里,走访慰问优抚对象及困难群众近百户,并送去了慰问金和慰问品,受到了驻地人民群众的好评。全区部队积极开展军(警)民共建活动,在环境治理,道德文化、公益事业建设中发挥重要作用。

【城乡社会救助】

城乡社会救助体系建设情况 2004年9月全国推进城乡社会救助体系建设会议之后,自治区民政厅及时向自治区领导汇报会议精神并认真抓落实。一是先后成立以自治区人民政府郭子明副主席为组长的内蒙古自治区推进城乡社会救助体系建设工作领导小组,内蒙古自治区人民政府须发《关于推进城乡社会救助体系建设的意见》(内政字〔2005〕111号),明确推进全区城乡社会救助体系建设的总体思路、基本原则、各部门的职责和全面加强城乡社会救助体系制度建设的总体要求。二是召开由各盟市分管民政的领导和民政局长参加的全区城乡社会救助体系建设工作会议,传达全国会议精神,交流各盟市单项社会救助工作的经验,布置全区推进城乡社会救助体系建设工作。各盟市高度重视,把城乡社会救助工作作为执政为民、解决民生的一项重要职责,列入党委、政府的重要工作日程,并结合当地实际情况和经济发展状况,制定《城乡社会救助体系建设实施意见》或《实施办法》,为全面开展城乡社会救助体系建设奠定了基础。三是制定政策。为规范各项救助行为,先后出台《内蒙古自治区人民政府关于推进城乡社会救助体系建设的意见》、《内蒙古自治区城市居民最低生活保障工作规程》、《关于在全区农村牧区开展敬老工程的决定》、《关于加强农村牧区五保供养工作的通知》、《内蒙古自治区农村牧区医疗救助工作实施方案》、《内蒙古自治区城市医疗救助试点工作实施方案》、《内蒙古自治区农村牧区困难群众社会救助工作实施方案》等十几个有关城乡困难群众基本生活、医疗、住房、取暖、司法等方面的救助制度,为解决困难群众不同的需求提供了政策优惠。

城市居民最低生活保障工作情况　2005 年,全区共列低保资金预算27 164.7万元,其中,自治区本级列低保资金预算9 000万元;盟市、旗县列低保资金预算18 266.04万元;比上年实际支出增加4 493.11万元,增长19.82%(自治区财政 2004 年列支4 000万元,追加2 350万元,2005 年列支9 000万元,比上年度增加2 650万元)。在全区重点推广包头市"分类施保"的试点经验,区别情况分成三类予以救助。即:对"三无人员"(一类)给予全额保障;对患重病、残疾、子女就学、单亲等家庭(二类)给予重点保障;对有劳动能力的低保人员(三类)保障他们的基本生活并鼓励他们积极就业。到 9 月底,全区取消85 503名低保对象的保障待遇;将74 524名符合低保条件的城市困难居民纳入最低生活保障范围。全区各地相继制定出台符合地区实际的城市低保配套政策,并重点抓低保配套政策的落实和完善。为解决城市困难群众生活中的实际困难,各地都制定低保对象优惠政策,低保对象可享受教育、就医、住房、经商、子女入学等方面的政策优惠,从多方面解决低保对象的实际困难,营造全社会关心城市低保家庭的良好氛围。积极筹建"低保超市"和"爱心超市"。各盟市、旗县区筹建"爱心超市"、"低保超市"151 家,将社会各界捐赠的1 000多万元的衣物、生活用品整理后及时发放给低保对象,解决低保对象的日常生活困难。加强低保信息系统建设。自治区财政已拨款 30 万元,支持全区低保信息系统建设工作。6 月中旬,对全区 14 个盟市、101 个旗县区和部分街道办事处的低保微机操作人员进行低保软件应用技术培训,为实现低保管理手段现代化、管理程序规范化奠定基础。

五保供养和"敬老工程"工作　全区共有农村牧区五保对象7.1万人,其中已保4.26万人,占应保对象的60%;应保未保的五保对象2.9万人,占应保对象的40%。全区现有敬老院 785 所,集中供养人数为1.4万多人。年初,自治区民政厅会同自治区财政厅、发改委联合下发《关于加强农村牧区五保供养工作的通知》,明确五保供养标准和资金来源渠道,即分散供养的年供养标准不低于 800 元,集中供养的年供养标准不低于1 200元,并由旗县财政从转移支付资金中列支。全区各级财政从转移支付资金中列支五保供养经费2 386.6万元,为 7.1 万名五保供养对象的基本生活提供一定的资金保障。全区共投入敬老院建设资金8 000万元。自治区财政安排了 500 万元敬老院建设补助资金,支持 50 所敬老院项目建设。实施"敬老工程"以来,全区新建、改扩建敬老院 264 所,投入使用的 236 所,新增院民6 781人,集中供养达到14 731人,占五保供养人数的20.74%,比上年初增加了 8 个百分点。

农村牧区特困户救助和农村牧区低保　全区农村牧区贫困人口共 135 万人,占全区农牧业总人口的9.1%,其中特困户人口近 40 万人。2004 年下半年,民政厅在财政状况较好的鄂尔多斯市全面试行了农村牧区最低生活保障制度;一些财政状况好的盟市开始探索实行农村牧区低保制度,如呼和浩特市、包头市、鄂尔多斯市以及乌兰察布市和巴彦淖尔市的部分旗县开始实施农村牧区低保。乌海市、阿拉善盟、二连浩特市、满洲里市随着城乡一体化的实施,将所属农村牧区困难群众全部纳入了城镇居民最低生活保障范围。2005 年底,全区已有 30 个旗县(市、区)初步建立农牧区低保制度,8 个旗县(市、区)实行城乡一体化低保制度,其余均实行定期定量救助,救助人数 40 多万,年救助标准最低为 200 元;还有近 100 多万人获得了临时救济,共投入救助资金6 000万元。经自治区主席办公会研究决定,2006 年在全区全面启动农村牧区最低生活保障制度。

农村牧区医疗救助工作　2005 年,按照民政部的要求,在全区 96 个农牧业旗县(市、区)实行了医疗救助制度,筹集医疗救助基金5 841万元,其中,中央累计补助4 141万元,自治区安排500 万元,各盟市(旗县)自筹1 200万元。至 12 月,已救助139 636人,发放救助资金3 419.6万元;为92 620人代缴了个人应负担的合作医疗资金,支出救助资金136.18万元;对47 016人因患大病影响家庭基本生活的给予医疗救助,支出救助资金3 283.5万元,人均698.5元。农村牧区医疗救助制度已在全区全面实施。

城市医疗救助试点工作　根据《国务院办公厅转发民政部等部门关于建立城市医疗救助制度试点工作意见的通知》精神,自治区政府办公厅及时下发《内蒙古自治区城市医疗救助试点工作实施方案》,对救助对象和资金来源渠道作明确规定,并确定 25 个市(区)作为全区城市医疗救助工作的试点地区;部分盟市自定 5 个试点市(区)。30 个试点地区全部出台救助政策,共筹集城市医疗救助资金1 694.88万元,其中,中央补助1 100万元,各盟市旗县(市、区)自筹271.9万元。至 12 月,救助35 496人,发放救助资金681.76万多元,人均192.1元。城市医疗救助试点工作全面启动。

贫困大学生救助工作　至10月20日，全区共救助贫困大学生36 791人，其中一次性救助13 708人(2005年新考录贫困大学生8 736人，历届在读贫困大学生4 972人)，纳入长期保障23 083人；全区共筹集资金2 149.9万元，其中各级财政投入1 255万元，社会捐款662.8万元，福利彩票公益金232.1万元；累计发放救助金1 769.5万元。确保贫困家庭中考上大学的孩子都能按时入学就读。

【老龄工作】　3月，老龄委支部一行3人先后到4个社区街道办事处、居委会进行调研。召开了两次座谈会，撰写题为《树立和谐社会思想开展老龄工作调研》的调研报告。4月，自治区老龄办下发《关于开展孝心进社区活动的通知》，盟市所在地都开展形式多样的活动。5月区老龄办和区老年杂志社联合举办全区老年知识竞赛活动。5月，区老龄办和区《北方日报社》联合举办全区老年骑协单车万里行活动。8月中旬，自治区老龄办和呼和浩特市老龄服务中心、社保中心联合举办了老年社保在社区舞蹈比赛。9月初，区老龄办和珍奥集团联合举办老年健身科普讲座。9月27日，自治区老龄委和党委老干局联合举办纪念抗日战争胜利60周年文艺汇演。7月，经自治区老龄工作委员会研究决定，授予呼和浩特市赛罕区等8各地区为自治区老龄工作先进旗县(市、区)；授予兴安盟科右中旗社会保险局等8各单位为自治区老龄工作先进单位。8月24日，内蒙老龄办下发《关于在老年节期间开展尊老敬老活动的通知》。8月4日至5日，由自治区老龄委主办；锡盟老龄委、民政局承办的全区第九届老年人“松鹤杯”书画赛在锡林浩特市举行。8月11日至13日，由自治区老龄委主办；包头市老龄委、文化局承办的自治区中西部地区老年人风采大赛在包头市工人文化宫和阿尔丁广场分别举行。中西部8个盟市队参加，共49个节目，人数达600多人。大赛评出一、二等奖24个，优秀奖10个。10月3日，通辽市老年艺术团赴北京参加全国老年文艺汇演。12月，自治区老龄委、老年体协、总工会、妇联、党委老干局5家决定对全区第5届“健康老人”共53名进行奖励表彰。他们的年龄都在80岁以上，其中最大的为包头市管代(女、111岁)。

(斯庆嘎)

民族事务

【内蒙古自治区民族事务委员会领导名录】

主　　任：阿迪雅(蒙古族)

副 主 任：张德斌(回族)　秦蒙　特古斯(蒙古族)　曹艳荣(女　蒙古族)

助理巡视员：吴长林(达斡尔族)　敖日其楞(蒙古族)

【概况】　自治区民委内部设置12个职能处室：办公室、人事处、政策法规处、经济发展处、教科文处、宗教一处、宗教二处、蒙古语言文字科研管理处、民族语言文字处、八协工作处、老干部处、机关党委。机关有行政编制54人。

下属单位有：机关事务服务中心、八省区蒙古语文协作服务中心、内蒙古自治区少数民族古籍与“格斯尔”征集研究室、《蒙古语文》杂志社、内蒙古自治区宗教团体服务中心。

【贯彻实施民族宗教法律法规】　认真学习贯彻《国务院实施〈中华人民共和国民族区域自治法〉若干规定》、《宗教事务条例》、《内蒙古自治区蒙古语言文字工作条例》，依法管理民族宗教事务。深入贯彻落实中共中央、国务院《关于进一步加强民族工作，加快少数民族和民族地区经济社会发展的决定》和《内蒙古自治区党委、政府进一步加强民族工作加快我区经济社会发展的决定》，促进民族经济社会事业的发展。配合国家民委，在自治区成功召开九省区学习宣传和落实《国务院实施〈中华人民共和国民族区域自治法〉若干规定》座谈会。积极开展《城市民族工作条例》、《民族乡行政工作条例》的修改征求意见工作。组织召开全区民族乡工作座谈会，就撤乡并镇对民族乡的影响及修改现行《民族乡行政工作条例》等广泛征求意见。圆满完成“四五”普法验收工作。

【民族团结进步表彰月】　2005年5月，中共中央、国务院在北京召开中央民族工作会议暨国务院第四次全国民族团结进步表彰大会。自治区民委圆满完成出席国务院第四次民族团结进步表彰大会的代表赴京派送工作，自治区共有32个模范集体、31个模范个人参加会议，受到国务院的表彰。协助完成中央宣传部、统战部、国家民委组织的“全国民族团结进步模范事迹报告团”到自治区的接待和报告会会务工作，宣传包括自治区代表在内的全国民族团结进步模范集体和模范个人的先进事迹，推动全区民族团结进步事业发展和民族团结进步表彰月活动的开展。

【兴边富民行动】　按照国家民委、财政部和自治区政府的要求，继续抓好兴边富民行动重点旗市工作，推动兴边富民行动在自治区的深入开展。加强对兴边富民行动重点旗市工作的检查指导、协调服务，抓好国家给重点旗市所投专项资金的项目安排、使用管理。同时，关注其他边境旗市的发展，在安排少数民族发展资金项目时，向边境旗市倾斜。2005年，共向边境旗市投入少数民族发展资金2 135万元，安排项目58个，有力地支持边境地区经济和社会各项事业的发展。为深入贯彻落实中央民族工作会议精神，总结工作，推广典型，进一步推动兴边富民行动的深入开展，2005年8月自治区政府在呼伦贝尔市召开全区兴边富民行动工作会议。自治区副主席郝益东到会并讲话，对今后全区深入开展兴边富民行动工作做具体部署。有关盟市领导及19个边境旗市领导参加会议。兴边富民行动重点旗市在大会上进行经验交流,与会代表到新巴尔虎右旗进行现场参观。按照国家民委的部署,认真做好制定兴边富民行动"十一五"专项规划的相关工作,抓好各边境旗市相关数据的统计和"十一五"期间拟上项目的汇总工作,为国家制定兴边富民行动"十一五"专项规划提供可靠依据。

【少数民族扶贫工作】 通过对呼伦贝尔市莫力达瓦达斡尔族自治旗达斡尔族的贫困问题进行认真调研,积极争取国家民委的支持。是年,国家民委安排100万元,民委安排50万元,在莫旗阿尔拉镇阿尔拉村实施达斡尔族贫困群众土危房改造工程,当年实施第一期工程,83户达斡尔族贫困户喜迁新居。根据自治区党委、政府的部署,自治区民委从2002年起帮扶锡林郭勒盟阿巴嘎旗巴彦德力格尔苏木呼格吉勒图嘎查。四年来,坚持从实际出发,抓重点,办实事,求实效,共向该嘎查投入帮扶资金184.5万元,草牧场有明显的好转,群众的生产生活条件得到根本的改善,牧民的收入有很大的提高,牧民的思想观念和精神面貌也有很大的转变。2005年该嘎查牲畜头数达到9 500头(只),比帮扶前的2001年增加3 653头(只),其中大畜头数由2001年的808头增加到1 719头,增长1倍以上。牧民人均纯收入达3 200元,比2001年的1 167元增长2 033元,超额实现翻番目标,圆满完成帮扶任务。在阿巴嘎旗进行帮扶工作的17个厅局中,自治区民委被阿巴嘎旗委、政府列为帮扶工作先进单位第一名。2005年利用少数民族发展资金,共安排1 450万元,支持43个少数民族聚居贫困村的扶贫工作。

【扶持人口较少民族发展】 继续抓好人口较少民族扶贫开发试点村工作,向10个试点村投入专项资金200万元,支持试点村扶贫开发工作的深入开展。同时,在呼伦贝尔市抓了23个人口较少民族扶贫开发重点村,向每个重点村投入项目资金20万元。2005年,向人口较少民族聚居的乡村共投入专项资金700万元,实施36个项目,有力地支持人口较少民族及聚居乡村的发展。总结推广典型经验,推动扶持人口较少民族发展工作的深入开展,2005年8月会同自治区扶贫办和呼伦贝尔市政府,在扎兰屯市召开全区人口较少民族扶贫开发试点村现场会。国家民委经济发展司领导参加会议,呼伦贝尔市及8个旗市领导和有关部门负责同志,10个试点村和所在苏木乡镇的领导参加会议。会上印发自治区副主席郝益东的书面讲话,国家民委、自治区扶贫办和民委领导在大会上讲话,阿荣旗、扎兰屯市及5个人口较少民族扶贫开发试点村做典型发言,交流经验和体会。参观考察扎兰屯市南木鄂伦春民族乡猎民村的农田建设和奶牛养殖项目。认真搞好调研,汇总上报有关数据和扶持项目,配合国家民委做好国家制定扶持人口较少民族发展"十一五"专项规划的相关工作。

【资金管理】 认真抓好少数民族发展资金的管理使用。是年全区争取到国家少数民族发展资金4 150万元。积极与财政部门协调配合,严格按照国家民委、财政部的有关规定和操作程序办事,保证"少数民族发展资金"用于广大少数民族群众、民族地区亟需支持的项目上。全年共安排224个项目,其中经济类项目151个,2 920万元;教科文类项目73个,1 370万元。

【民族贸易与民族用品生产】 认真贯彻落实国家民委在西安召开的清真食品产业发展研讨会和自治区政府食品安全工作会议精神,下发文件,明确工作职责和任务,制定完善工作措施。积极调整申报定点企业,2005年自治区共有7个少数民族用品生产企业被国家3部委批准为全国定点企业,享受国家优惠政策,推动全区民族企业的发展。继续抓好民贸和少数民族用品定点企业优惠政策的落实,对新被国家批准的定点企业进行培训,同时对其他定点企业享受优惠政策情况进行检查指导。并积极向国家民委上报有关定点企业技术改造项目,争取国家贴息贷款,支持定点企业的发展。

【电脑农业专家系统推广应用工作】 认真贯彻落实全区电脑农业推广工作现场会精神,总结推广典型经验,继续抓好7个电脑农牧业试点旗的工作。利用少数民族发展资金,为试点旗安排90万元经费,支持试点旗电脑农牧业工作的深入开展。组织开展全区民委系统少数民族农牧民科技培训工作,超额完成5万(人)次的培训任务。

【少数民族文化】 着手开展2006年第三届全国少数民族文艺会演参演工作,成立组织机构,明确工作职责,稳步推进各项筹备工作。2005年7月,自治区民委与自治区文化厅在呼和浩特联合举办首届内蒙古民歌暨第二届内蒙古长调歌曲演唱大赛。

【少数民族教育】 继续关注和推动少数民族中小学生助学金的落实工作。充分利用少数民族发展资金,加强自治区民族教育的"普九"和民族中小学标准化建设,支持民族中小学改善办学条件。2005年向全区52所民族中小学安排1 100万元的少数民族发展资金,有力地支持自治区民族教育的发展。积极配合国家民族院校,圆满完成在全区的招生工作。

【少数民族体育】 按照自治区的有关规定,自治区民委与自治区体育局共同考察申请承办第六届全区少数民族传统体育运动会的地区,向自治区政府上报推荐意见。自治区政府4月20日召开主席常务会议,研究决定2006年在阿拉善左旗举办第六届全区少数民族传统体育运动会。自治区民委与自治区体育局密切配合,积极指导和协助承办地,认真筹备第六届全区少数民族传统体育运动会。按照全国少数民族传统体育运动会立项有关要求,民委与中国民族体育协会于2005年7月在锡林郭勒盟西乌珠穆沁旗成功举办全国女子搏克邀请赛。经积极争取,女子搏克被国家民委、国家体育总局确定为第八届全国少数民族传统体育运动会竞赛项目。

【少数民族干部培训】 配合自治区党委组织部、统战部,选派15名少数民族干部到国家机关和发达地区挂职锻炼。组织边境旗市党政领导8人,盟市民委主任8人,自治旗领导1人参加国家民委举办的各类培训班,进一步提高少数民族干部素质。贯彻《党政领导干部选拔任用条例》,推行公开选拔、竞争上岗,全年有7位同志分别走上正副处级领导岗位,1名同志提拔为正处级干部,1名同志提拔为副厅级干部。并加强干部岗位轮换、干部交流工作,有22名干部变动工作岗位,其中处级干部11名干部结构更趋于合理,调动广大干部的积极性和工作热情。

【民族语言文字】 开展学习宣传、积极推进《内蒙古自治区蒙古语言文字工作条例》的贯彻实施。会同呼和浩特市人民政府举行《内蒙古自治区蒙古语言文字工作条例》颁布实施仪式,与内蒙古电视台合作制作专题片,在中央人民广播电台、内蒙古电视台、内蒙古电台、呼和浩特市电台等传播媒体上开展宣传报道。开展《内蒙古自治区蒙古语言文字工作条例》学习培训,6月在呼和浩特举办培训班,对全区各盟市民族局(委)负责人、民族语文科长和自治区有关厅局业务工作者共50多人进行培训。与自治区直属机关工委联合召开学习使用蒙古语文先进集体和先进个人表彰会,总结表彰20个先进集体和80名先进个人。组织开展全区民族语文政策贯彻落实情况进行检查评比活动,进一步了解掌握全区民族语文工作情况,促进民族语文政策的贯彻落实。

【蒙古语文科研学术活动】 组织召开6次蒙古语文名词术语委员会议和2次新闻名词术语小组会议,修善名词术语委员会职责及工作准则,新审定700余条名词术语和部分新闻名词。参加全国科学技术名词审定委员会成立20年大会,参与国家少数民族语文翻译局组编的《汉蒙对照新词术语词典》编审工作。组织修订《编写蒙古语标准音培训测试大纲》,并在巴彦淖尔市、阿拉善盟建立蒙古语标准音培训测试站,举办西部4盟市蒙古语标准音培训班等活动,促进蒙古语标准音推广普及工作。组织召开全国蒙古语文学会学术委员会会议,参加蒙古语文规范化课题辞书的研究编辑工作,积极参与国内国际八思巴文编码标准化工作。

【蒙古语文翻译】 在呼和浩特召开全区党政机关蒙古语文翻译工作会议。这次会议是自治区成立以来,第一次以自治区党委、政府名义召开的翻译工作会议。会议总结交流工作经验,安排部署今后一个时期的工作,表彰奖励26个先进集体、57名先进个人和45名荣誉证书获得者。

【八省区蒙古语文协作】 为庆祝八省区蒙古语文工作协作开展30周年,总结成绩和经验,进一步做好新时期的八协工作,编辑出版《八省区蒙古语文工作协作30年》一书,摄制电视文献记录片《协作之路》。7月在乌鲁木齐隆重召开庆祝八省区蒙古语文协作30周年暨八协小组第十三次成员会议。会上,为对八省区蒙古语文协作工作做出突出贡献的24名老领导颁发荣誉证书,表彰奖励了35个八协工作先进集体和66名先进个人,举行《八省区蒙古语文协作30年》首发式和大型电视文献纪录片《协作之路》首映式。会议审议通过《2006～2010年协作工作规划》和《八协小组工作简则》,对新形势下做好八协工作的新内容和新途径进行深入的研究和探讨。开展民族文化艺术、教育、卫生、体育及蒙古语广播电视、蒙古文图书出版和科研学术等方面的协作,通过组织各类专业学术会议和活动,为八省区广大蒙古族群众学习使用本民族语言文字创造条件。

(阿拉塔)

【宗教事务】 认真学习宣传贯彻《宗教事务条例》,依法管理宗教事务,全力维护宗教领域的稳定。会同自治区党委统战部举办全区宗教工作座谈会。积极开展培训工作,分别在包头市和赤峰市举办全区旗县区宗教工作干部学习贯彻《宗教事务条例》培训班,培训250多人。切实抓好宗教界人士的培训,举办全区四个宗教团体负责人学习贯彻《宗教事务条例》培训班。积极推动各盟市开展学习宣传贯彻《条例》活动,抓基层干部的培训,全区各地对宗教干部的培训人数达5 000余人。及时稳妥地处理和化解宗教方面的突发事件,将不稳定因素解决在萌芽状态。坚持独立自主自办原则,加强对宗教场所的管理,抵御境外利用宗教进行渗透,及时制止利用宗教进行的各种非法违法活动。加强自身建设,推进民主办教,兴办有益于社会的自养事业,积极引导宗教与社会主义社会相适应。

【宗教界为两个文明建设服务和"争创文明宗教场所"活动】 会同自治区统战部在呼和浩特召开第二次全区宗教界两个文明建设先进集体、先进个人表彰暨经验交流会,对宗教界51个先进集体和71名先进个人进行表彰、奖励。自治区党委常委、统战部长伏来旺,自治区政府副主席郝益东在会上讲话,对全区宗教界为两个文明做贡献提出新的要求。全区文明宗教场所有257处。

【藏传佛教】 与自治区党委统战部联合主编《光明磊落的一

生—纪念第十一世乌兰活佛》(蒙、汉文)一书。

【伊斯兰教工作】 按照国家宗教局关于加强朝觐事务管理的有关规定精神,指导各地宗教部门进一步加强对朝觐工作的管理,加大有组织朝觐的宣传力度,同时开展对零散朝觐组织活动的专项治理工作。2月11日,自治区154名朝觐人员安全返京,圆满完成了2005年穆斯林赴沙特的朝觐工作。指导、帮助自治区伊斯兰教协会组成"内蒙古伊斯兰教赴港澳参观考察团"赴港澳参观考察。指导自治区伊斯兰教协会举办两期阿訇培训班,进一步提高伊斯兰教教职人员的政治和业务素质。

【天主教工作】 会同自治区党委统战部,组织自治区天主教"两会"常委,在乌兰察布市召开自治区天主教"两会"第二届常委会,通过自治区天主教爱国会工作条例等三项制度,进一步推进天主教的民主办教。

【基督教工作】 筹备召开自治区基督教第五届代表会议。深入基层与宗教教职人员和信教群众座谈,交换意见,改进工作作风,帮助自治区基督教会进一步推进神学思想建设。贯彻全国基督教工作座谈会精神,进一步加大对基督教私设聚会点和非法活动治理的力度。

【东正教工作】 配合国家有关部委在呼伦贝尔市开展调研。

(苏永胜)

中国人民政治协商会议内蒙古自治区委员会

【领导名录】

主席　副主席

主　　席:王　占

副 主 席:傅守正　包俊臣(蒙古族)　许柏年　罗锡恩　奇英成(蒙古族)　盖山林(满族)　刘芝兰(女)　韩振祥　邬宝恒

秘书长　副秘书长

秘 书 长:陈毅民

副秘书长:王俊林　杨映成　张钢彦　孟志毅(达斡尔族)　靳明龙　钱灵犀　杨仁选　邢洁晨　赵素琴(女)　黄雅琴(女)　斯琴高娃(女　蒙古族)

办公厅主任:陈毅民

副 主 任:玉　荣(女　蒙古族)

常务委员

(按姓氏笔画排序,111名)

卜范达　马占新(蒙古族)　云二柱(蒙古族)　云治厚(蒙古族)　云淑贤(女　蒙古族)　云福俊(蒙古族)　王今　王玉山(蒙古族)　王石彤　王延彬　王明勤　王南　王海　扎木苏(蒙古族)　乌·图雅(女　蒙古族)　平子良　布和朝鲁(蒙古族)　石新生　叶喜扎木苏(鄂温克族)　卢计成　卢挺　田震　白兰(女　鄂伦春族)　白斯楞(蒙古族)　包庆贺(蒙古族)　宁铨　边占喜　邢永明　邢洁晨(蒙古族)　吐嘎(蒙古族)　吕纪俄　乔岐山　朱德礼　任远国　任英超　刘玉蓉(女)　刘恩情(蒙古族)　刘斌(蒙古族)　刘瑞　孙炯　麦丽丝(女　蒙古族)　杨凤英(女)　杨树森　杨舜才　苏尤乐玛(女　蒙古族)　苏世雄　苏雅拉图(蒙古族)　李子清　李占荣　李秀　李秉荣　吴永刚(蒙古族)　何江　宋振国　张元凯　张凤翘　张志公(蒙古族)　张伯群　张建国　张珉(蒙古族)　张茂林　张树义　张钢　张维民　张福宽　陆阳　陈运火　陈明　武希慧　呼和巴特尔(蒙古族)　罗·莫日根(女　蒙古族)　图布登尼玛(蒙古族)　金华(女　蒙古族)　郑锦春　郑福田　宝笑平(女　蒙古族)　孟青录　孟霞荣(女　达斡尔族)　胡其图(蒙古族)　郝继业　赵云(蒙古族)　赵心力(女)　赵永亮　赵慧　赵德政(锡伯族)　赵勇　哈斯乌拉(蒙古族)　钟玉堂　郜丰平　贺银凤(女)　秦埽徆　莫日根(蒙古族)　莘文印　莎娜(女　达斡尔族)　聂延秋　钱灵犀　徐翔(女)　郭洪成　高凤林　高昆生　黄文　黄雅琴(女　蒙古族)　康永恒(满族)　斯琴其木格(女　蒙古族)　锁占荣(回族)　富子荣(满族)　靳明龙　照日格图(蒙古族)　臧海民　谭百业　黎明(鄂温克族)

专门委员会主任　副主任

提案委员会

主　　任:吴永刚(蒙古族)

专职副主任:牛　敏

副 主 任:高昆生 郜丰平 冀秉峰 吉如木图(蒙古族) 赵仁钦(蒙古族) 窦连玺 张树义

经济委员会

主　　任:黄　文

专职副主任:云祝平(蒙古族)

副 主 任:乔岐山 白斯楞(蒙古族) 周世孝 赵小勇 马占新(蒙古族) 宋振国 云二柱(蒙古族) 徐荣 赵勇 郭洪成 王南

人口资源环境委员会

主　　任:李子清

专职副主任:王　进

副 主 任:李秀 臧海民 张维民 田震 王守陆 徐守义 刘瑞 鲍晓英(蒙古族) 卢纯才

教科文卫体委员会

主　　任:钟玉堂

专职副主任:邵淑君(女)

副 主 任:林川令 何成保 刘兆和 刘树涛(满族) 郭厚诚 王延彬 尹正业 何其耶徒(蒙古族)

民族和宗教委员会

主　　任:扎木苏(蒙古族)

专职副主任:奎巴特(蒙古族)

副 主 任:杨凤英(女) 白兰(女 鄂伦春族) 达喜道尔吉(蒙古族) 白布和(蒙古族) 赵九九(蒙古族) 胡其图(蒙古族) 钱浪腾(女 蒙古族) 张志公(蒙古族) 云布霓(蒙古族)

文史资料委员会

主　　任:云淑贤(女 蒙古族)

专职副主任:黎　丽(女 蒙古族)

副 主 任:王明勤 叶喜扎木苏(鄂温克族) 张元凯 张文奎(蒙古族) 斯热文(鄂伦春族) 康庄 卢挺

港澳台侨联络和外事委员会

主　　任:王玉山(蒙古族)

专职副主任:田乃立(女 满族)

副 主 任:莫日根(蒙古族) 石新生 谭百业 成功(蒙古族) 德继民(蒙古族) 云福俊(蒙古族) 张元斗 仁钦(蒙古族) 王纪言

社会和法制委员会

主　　任:李占荣

专职副主任:张如培

副 主 任:任英超 金华(女 蒙古族) 宝笑平(女 蒙古族) 杨树森 阿斯林(蒙古族) 胡达古拉(女 蒙古族) 王今 赵德政(锡伯族) 孙学博

【全体委员会议】

九届三次会议　2005年1月7日至13日在呼和浩特召开。432位委员到会。会议听取并审议王占主席代表第九届委员会常务委员会所作的工作报告,听取并审议第九届委员会常务委员会二次会议以来提案工作情况的报告。与会委员列席内蒙古自治区第十届人民代表大会第三次会议,听取并讨论《政府工作报告》、自治区2004年国民经济和社会发展计划执行情况与2005年计划报告、自治区2004年财政预算执行情况和2005年财政预算报告及法检两院报告。通过了九届委员会第三次会议政治决议、常务委员会工作报告的决议、提案工作情况报告的决议、提案审查情况的报告。会议选举陈毅民同志为自治区政协秘书长,选举云二柱等10位同志为常委。会议期间共收到提案696件,经审查立案650件,其中民主党派、工商联、政协专门委员会、三次会议讨论组的集体提案111件。

自治区党委书记兼人大常委会主任储波、政府主席杨晶,驻自治区全国政协常委和部分委员、长期在自治区工作的老同志应邀出席会议。自治区有关委办厅局和有关方面的负责人,民主党派、各盟市政协和统战部负责人列席会议。

【常务委员会会议】

第9次会议　2005年1月12日在呼和浩特召开。自治区政协主席王占主持会议。会议审议通过王玉山同志不再担任秘书长和阮景海同志不再担任常务委员的决定,审议通过秘书长和增选常务委员候选人名单,推荐产生九届三次会议选举工作人员名单,审议通过九届委员会第三次会议政治决议、常务委员会工作报告的决议、提案工作情况报告的决议、提案审查情况的报告。

第10次会议　2005年5月25日至27日在呼和浩特召开。王占主席主持开幕会。会议的主要议题是为构建社会主义和谐社会建言献策。围绕这个议题,会议开幕之前,邀请自治区党校讲师就构建社会主义和谐社会作专题讲座。会议期间,听取自治区党委副书记、政府常务副主席岳福洪同志关于自治区经济形势和构建和谐社会有关情况的通报,听取并审议了傅守正副主席受主席会议委托所作的《关于自治区政协九届三次会议以来主席会议工作情况的报告》、提案委员会《关于自治区政协九届三次会议以来提案工作情况的报告》,审议通过新修订的政协内蒙古自治区委员会《全体会议工作规则》、《常委会议工作规则》、《专门委员会通则》、《提案工作条例》，审议通过有关人事任免事项。会议围绕构建社会主义和谐社会这个中心议题，就经济协调发展、社会和谐发展、人与自然和谐发展三个专题，举办专题论坛。

第 11 次会议　2005 年 9 月 27 日至 29 日在呼和浩特召开。会议的主要议题是围绕制定自治区国民经济和社会发展“十一五”规划及构建社会主义和谐社会建言献策。会议期间，听取自治区副主席郝益东关于制定全区国民经济和社会发展“十一五”规划的有关情况的通报，审议通过《关于合理开发利用保护水资源的几点建议》和《关于加强文物保护工作的几点建议》，审议自治区政协九届十次常委会议以来主席会议工作情况的报告和提案委员会关于九届三次会议以来提案办理情况的书面报告。在闭幕大会上，自治区主席杨晶通报自治区“十五”规划执行情况和对“十一五”规划的展望和设想。

【专门委员会工作】

提案委员会　自治区政协九届三次会议以来，共征集提案 696 件，比上年度增加43.51%。经审查，共立案 677 件，占提案总数的97.8%。2005 年主要工作可以概括为八个方面：一是首次实行分层次确定重点提案，进行重点办理。一方面向各承办单位下发《关于做好政协九届三次会议提案办理工作的意见》，要求承办提案 20 件以上的单位自己选择10% 的提案作为本单位本年度重点办理的提案。另一方面，提案委员会在对立案的提案审阅、综合分析和参考有关承办单位确定重点提案的基础上，选出 40 件提案作为 2005 年度重点提案的预选范围，经主席会议审议，确定 16 件为本年度重点提案，分别由主席、副主席和各专门委员会主任负责督办，并以重要提案摘报的形式报送自治区党政领导。二是修订《提案工作条例》。认真贯彻全国政协第五次提案工作座谈会议精神，3 月提案委员会根据常委会本年度工作部署和主席会议精神拟就《提案工作条例》修订草案，并将修订草案印发自治区党政有关部门、各民主党派、各盟市政协征求意见，根据反馈意见进行修改，提请提案委员会全体会议审议，又经主席会议审议并作进一步修改充实后，提请九届十次常委会议审议通过后正式实施。三是审阅和综合分析提案及办理复函。对立案的 677 件提案和1 546件提案办理复函逐一进行审阅、分析和分类，并随时就发现的问题和意见反馈有关部门，或协商有关部门作进一步办理。这些提案及办理复函约 200 多万字，全部录入微机。四是加强提案督办、催办工作。加强与自治区党委、政府办公厅的督查室和承办单位的联系和沟通，把承办提案数量较多的承办单位作为重点进行督办、催办。特别是加强与政府督查室的协调配合，提案委员会办公室与政府督查室建立联席会议制度，随时随地就提案办理工作中的问题进行协调研究，理顺各种关系，并就办理工作当中的一些具体问题与有关单位和提案者进行协商和沟通，随时掌握进度，提供服务。5 月下旬和 9 月中旬，分别对包头市委、市政府、呼市教育系统承办的提案，组织了由提案者、承办部门、政府督查部门、提案委四方参加的督办活动。效果很好。五是开展关于食品安全提案的联合调研。会同自治区人大教科文卫委员会、自治区食品药品监督管理局、自治区政协教科文卫体委员会，对自治区政协九届三次会议上提出的关于食品安全方面的 7 件提案和自治区人大十届三次会议上提出的关于食品安全方面的 2 件建议进行调研督办，分别对自治区有关单位进行提案办理的调研督办。这次调研督办吸收提案者和民主党派负责人参加，与承办单位面对面地协调、沟通，增进提案者与承办单位的理解，有利于促进提案办理质量的提高。同时针对调研中发现的问题，参加调研督办的单位、委员提出的六条建议，引起自治区政府领导及有关部门的高度重视。六是组织召开全区政协提案工作座谈会，就提案工作情况及经验，进行交流。七是坚持走访民主党派的制度。走访自治区各民主党派及部分政协委员，召开座谈会，听取意见。八是对承办单位的提案办理工作进行考核。按照自治区党委组织部要求，对 2005 年 60 多个承办政协提案单位的提案办理工作进行考核，提出综合评价意见。

经济委员会　组织委员就自治区工业发展情况及口岸建设情况进行调研，委员们对全区依托资源和口岸优势，加大招商引资力度，资源开发、商贸流通、口岸经济出现的大好形势给与充分肯定，并就保护环境，发展循环经济等问题提出一些具体意见和建议。关注县域经济发展问题，对部分旗县坚持“三化”互动，加大“工业强旗”战略的实施以及发挥自身区位优势、地缘优势，发展相关产业，拉动经济稳步快速发展的情况进行调研。组织部分全国政协委员和自治区政协委员视察省际通道主要路段的建设运行情况。视察团分别听取全区道路建设情况汇报和乌兰察布市、锡林郭勒盟、赤峰市、通辽市交通部门就省际通道防沙治沙、防洪抗震、环境保护、生态建设情况的介绍，并对公路的质量、安全、收费、经济效益等运行情况进行视察，视察后委员们充分肯定省际通道对自治区经济拉动的作用，也对省际通道的管理利用提出一些建议和意见。积极筹备并参加东北老工业基地区域经济发展政协论坛第一次会议，会议就东五盟市如何融入东北老工业基地区域经济发展展开探讨，形成的《东北老工业基地区域经济发展政协论坛纪要》，提出的“将内蒙古东部地区纳入东北振兴总体规划，享受东北老工业基地振兴政策”的建议，得到全国政协和国务院振兴东北办的高度重视和支持。中央已经将内蒙古东部五盟市正式纳入振兴东北老工业基地总体规划中进行统一规划。组织召开全区政协经济委员会工作座谈会，学习贯彻中央和自治区经济工作会议精神，总结交流了各盟市政协经济委员会工作经验，进一步探讨今后政协经济委员会工作新思路。

人口资源环境委员会　就全区如何科学合理地进行煤炭资源开发利用,如何有效地做好煤炭资源开发中的环境保护工作,组织部分委员先后深入部分大中型煤炭企业进行实地调研。同时,还就内蒙古科技厅批准由委员会承担的《关于我区煤田地质勘探与煤炭资源保障能力》软科学研究课题进行认真的调查研究。通过对调研了解掌握的相关数据进行数理统计、科学分析、综合评价,形成3.5万字的研究报告,自治区科委对报告正在组织专家进行评审验收。继续做好水资源状况的调研。继续对全区水资源状况进行调研,是年主要针对全区“水利工程投入不足,水利基础设施薄弱,水资源管理体制不顺,水资源浪费严重,水环境污染突出”等问题,继续深入调研论证,就如何建立科学合理的管水用水体制,实现依法管水,优化配置水资源,建设节水型社会提出意见和建议。随后委员会又对7个内陆湖泊的生态现状和开发利用情况进行调研,综合形成《关于合理开发利用保护水资源的几点建议》,报送自治区党委、政府。继续做好风能开发利用大文章。一是积极配合全国政协黄孟复副主席率领的新能源调研组和全国政协人口资源环境委员会温克刚副主任率领的风能调研组,以及江西省政协人口资源环境委员会风能开发利用调研组对我区部分风电场的考察调研;二是多次组织委员、专家与有关部门进行座谈,就自治区如何抓住实施能源转换战略机遇,加快风电相关产业的发展,有力地促进全区风能开发利用等进行研讨,向党政领导提供有重要参考价值的意见和建议;三是协助对2005年政协1号提案即《关于加快我区风能开发利用的提案》进行督办。通过督办工作,这一提案已引起自治区方有关方面重视,有关内容被纳入自治区十一五规划。另外还组织对部分拟建风电场的实地考察,并配合内蒙古电视台《今日观察》栏目组,制作完成关于自治区风能资源开发利用情况专题片,为促进自治区绿色能源的开发利用,加快风电产业的发展,进行广泛的舆论宣传。

科教文卫体委员会　先后组织民族教育、文物保护、数字内蒙古、竞技体育、推进全区科技进步等方面的专题调研,分别形成《内蒙古自治区民族教育的现状、问题及对策》、《关于加强全区文物保护工作的建议》、《关于我区竞技体育情况的调查报告》、《充分发挥科协作用,努力促进小康社会建设》等4篇调研报告。其中民族文物保护问题的建议被自治区政协九届十一次常委会作为建议案,报送自治区党委。根据政协常委会的议题要求,组织部分委员对农牧民看病贵、看病难和农村医疗保障体系建设问题进行调研,形成《健全完善农村牧区医疗卫生保障体系,是构建社会主义和谐社会的重要一环》的调研报告,这份调研报告被自治区党委刊物《内蒙古工作》刊用。10月下旬,根据领导要求,对通辽农科院改革情况进行调研,形成《一个农业科研单位改革的成功之路》的调查报告,报自治区党委办公厅,建议转发各盟市或通过新闻媒体予以宣传推广。配合全国政协教科文卫体委员会,组织医院经济补偿机制、公共卫生体系、社区体育等方面的调研,形成《内蒙古自治区医院经济补偿机制调研报告》、《内蒙古自治区公共卫生体系建设调研报告》、《发展社区体育,构建社会主义和谐社会》三个材料,为全国政协完成课题调研任务提供有价值的资料。组织内蒙古医院部分知名专家赴乌兰察布市开展医疗下乡服务活动,为卓资县十八台镇(辐射周边8个乡镇)义诊2天,诊治800余人次,赠送100张内蒙古医院就医优惠卡,受到农牧民群众的热烈欢迎。

民族和宗教委员会　以党的十六届五中全会及中央民族工作会议精神、民族区域自治法、宗教事务条例以及自治区党委、政府关于加强民族工作的有关精神为主要内容,组织多次集中研讨交流活动。民族工作方面,关注民族教育问题,用半年多的时间多次深入基层,对自治区民族基础教育的发展状况及存在困难进行调研,形成《我区民族基础教育发展状况调研报告》,提出要继续全面贯彻相关政策法规、加大对少数民族边远地区教育投入、认真落实民族学生助学补助金、对民族教育做进一步的统筹规划等8项建议。围绕少数民族聚居区兴安盟经济社会发展状况进行调研,形成《关于扶持兴安盟经济社会加快发展的建议》,提出将兴安盟整体列为贫困地区加以扶持,在“十一五”规划中优先安排一些重大项目,使兴安盟经济发展尽快形成有力支柱等具体建议。自治区政协主席会议以此为基础,形成《关于在“十一五”期间重点扶持兴安盟经济社会加快发展的建议案》,报送自治区党委。另外,经过多方面反映情况、具体协调联络和积极运作,为莫力达瓦达斡尔族自治旗杜拉尔鄂温克民族乡和鄂伦春自治旗乌鲁布铁镇春亭阁村,争取到香港丽柏集团捐资80万元,各兴建一所民族希望小学。举行纪念乌兰夫同志为乌审召治理沙漠建设草原题词发表40周年暨《绿色之路》一书首发式,并就发展全区沙草产业问题进行研讨座谈。宗教工作方面,组织了对全区佛教界和基督教界的基本情况的专题考察,并围绕宗教与社会主义和谐社会相适应的主题,组织学术研讨活动,形成《宗教要为构建和谐社会服务》、《佛教要与社会主义社会相适应,为建设小康社会发挥作用》等理论文章。原自治区政协副主席乌兰活佛是坚定的爱国主义者,藏传佛教界知名人士,在宗教界有着广泛的影响,编辑出版纪念文集《爱国爱教的典范—纪念第十一世乌兰活佛》一书。为配合中国宗教界和平委员会倡导的祈愿世界和平活动,8月,召开自治区政协民族和宗教界纪念中国人民抗日战争暨世界反法西斯战争胜利60周年座谈会,会后,根据民族和宗教委员会的倡议,全区宗教团体结合各自教义特点,举行祈祷世界和平活动,祈愿国家统一、民族团结、人民幸福、和平永驻。

文史资料委员会　文史资料征集和编辑出版工作方面,一是在2004年工作的基础上,继续完成“三不两利”与“稳宽长”史料丛书的编辑和出版工作。通过对历史文献资料的收集、对知情人的访问、赴实地调查研究等方式，征集到文献资料70多万字，口述、论文资料80多万字，编辑出版了31万字的《“三不两利”与“稳长宽”文献与史料》一书，作为自治区政协成立50周年的献礼项目与广大读者见面。口述史料和论文资料集《“三不两利”与“稳宽长”回忆与思考》一书约36万字、注释178条，计划近期出版发行。二是在2004年征集自治区、盟市、旗县三级政协委员风采录文稿的基础上，完成内蒙古《九届政协委员名录》一书的编辑、出版工作，并列入中华人物丛书《政协委员风采录》(内蒙古卷)。三是与民族和宗教委员会合作编辑出版《爱国爱教的典范—纪念第十一世乌兰活佛》一书。四是按照全国政协文史资料选题协作规划安排，完成《细菌战纪实》的协作选题，如期将100万字编辑完成的史料报送全国政协文史资料委员会。五是完成全国政协文史资料委员会牵头，各省、市、自治区政协参与协作的《名人故居博览》内蒙古卷稿件已经完成，该史料汇集内蒙古14位著名历史人物的生平、故居风貌介绍、图片资料说明等共计4万字，图片45幅。六是全国政协组织协作的《三少民族百年实录》，与莫力达瓦达斡尔族自治旗、鄂伦春族自治旗、鄂温克族自治旗政协文史资料委员会协作征集、编辑的前期工作正在紧张、有序地进行。七是参与天津、河南、湖南等省市政协牵头的《近代中国要塞》、《黄河治理》、《剿匪反霸史料》的征编协作工作。调查研究与建言献策方面，在2004年组织委员对爱国主义教育基地建设情况进行调研的基础上，拟定包头市爱国主义教育基地委员视察情况提案共九项，并于2005年5月，正式向包头市委、市政府提交《关于呼吁王若飞纪念馆周边环境治理及改造的建议》，受到包头市委、市政府的高度重视和关注。

港澳台侨联络和外事委员会　组织部分委员到呼和浩特市就《中华人民共和国台湾同胞投资保护法》和《中华人民共和国归侨侨眷权益保护法》的贯彻落实情况及执行过程中存在的问题进行专题调研。委员们听取情况汇报，深入到台胞投资兴办企业，对企业反映的问题高度重视，与有关部门及时联系，得到妥善解决。组织委员到侨联村调研。委员们走村入户，与侨眷台属促膝谈心，了解归侨侨眷的生活状况极为关注。希望各级政府要把归侨侨眷作为特殊群体来对待，及时帮助他们解决养老、低保、就业及子女入学等问题，帮助生活贫困归侨侨眷逐步走上富裕之路。对在香港、澳门居住的委员，鼓励他们更多更实际深入了解自治区发展情况，积极为自治区发展外向型经济，促进经济结构优化，共建和谐社会建言献策。加强委员走访慰问活动，特别是今年还专门走访驻港澳的自治区政协委员。在完成日常接待工作的同时，特别接待台湾工党主席吴庆辅先生一行，接待以校长张 蕃博士为首的台湾辅英科技大学交流访问团。接待访问团期间，与内蒙古大学艺术学院共同策划组织“海峡两岸师生联谊会”，增进两校师生的互相了解，为海峡两岸青年的友好往来，播下友谊的种子。举办全区政协港澳台侨联络和外事工作培训班，进一步加强全区政协系统涉外工作队伍建设，提高业务工作能力。

社会和法制委员会　组织委员对非公有制企业贯彻实施《工会法》情况进行调研，重点对非公有制企业工会组织建设和维护职工权益情况进行调研，形成《关于对非公有制企业贯彻实施〈工会法〉情况的调查报告》。组织委员对《农业机械化促进法》贯彻实施情况进行调研。针对存在的问题和不足，以委员会提案形式建议，要把发展农牧业机械化列入国民经济发展总体规划，加大投入，加强农机安全管理，加强农机机构建设。分别组织召开特邀监督员座谈会和聘请单位负责人座谈会，座谈会上，委员们介绍担任特邀监督员工作情况，并针对特邀监督员工作存在问题和不足提出改进意见和建议。聘请单位负责人介绍特邀监督员制度建设和发挥特邀监督员作用的情况，讨论《内蒙古自治区政协特邀监督员工作简则》(征求意见稿)，从而进一步推动这项工作的开展。与自治区法制办、宣传部联合开展全区首届“人民满意的行政执法单位”评选活动，并在内蒙古电视台举办大型颁奖晚会。

【重要活动】

庆祝内蒙古自治区政协成立50周年　2005年是内蒙古政协五十华诞。按照内蒙古党委统一部署和要求，内蒙古政协全力抓好庆祝活动的各项组织协调工作。2月22日，召开庆祝内蒙古政协成立50周年座谈会，内蒙古政协主席王占和党委常委、统战部部长伏来旺分别作重要讲话。举办“团结之歌”大型文艺晚会。2月28日，内蒙古隆重召开庆祝自治区政协成立50周年大会，党委书记储波同志作重要讲话。录制和播放反映政协50年光辉历程的电视专题片，出版庆祝政协成立50周年献礼书目《统一战线和人民政协理论知识读本》、《内蒙古政协五十年》大型画册、《“三不两利”与“稳长宽”·文献与史料》，举办书画笔会，组织召开新时期政协理论研讨会等。通过开展这些活动，广泛宣传自治区内蒙古政协50年来的成就和贡献，宣传广大政协委员的业绩和风范，认真总结历史经验，推动新时期统一战线和人民政协理论的学习研究，切实使庆祝活动成为总结探索、开拓进取的过程，成为鼓舞士气、凝聚人心的过程。

积极投身保持共产党员先进性教育活动　按照中共中央的统一部署，在内蒙古党委和政协党组的领导下，内蒙古政协积极投身于以实践“三个代表”重要思想为主要内容的保持共产党员先进性教育活动。上半年，自治区政协把理论学习的重点放到中共中央和自治区党委规定的必读篇目上，采取集中学习、专题辅导、开展警示教育、出思考题、组织专题讨论等多种形式，联系政协工作的实际进行了深入研讨。在学习中，王占主席作关于《认真学习，提高认识，不断增强投身于保持共产党员先进性

教育活动的自觉性》的专题报告,各位副主席在中心组学习会上带头发言,并积极参加所在支部的学习讨论。进入分析评议阶段以后,政协机关的全体党员特别是领导干部在巩固学习成果的基础上,通过开展谈心活动、召开征求意见座谈会、印发征求意见函、设置征求意见箱、走访委员和离退休老同志深入联系点调查研究,指导工作等多种形式,向各盟市政协、各民主党派、无党派人士、自治区有关部门、部分全国政协委员、自治区政协委员等广泛征求意见,并进行认真的梳理。结合征求到的意见和建议,大家认真进行总结,精心撰写党性分析材料,主动与党内外同志相互谈心。在专题民主生活会上,对照《党章》的有关规定,对照胡锦涛总书记提出的六条基本要求,大家回顾和总结九届政协的工作情况和自身建设情况,在肯定主流的前提下,认真查找分析班子和个人在党性党风和工作方面存在的差距和原因,提出整改措施。深入讨论政协工作的一些重大问题,明确继续努力的方向。党外同志也积极参加学习讨论,热情帮助党员分析评议,提出许多很好的意见和建议,进一步形成共识,增进团结,增强合力。

召开国民经济和社会发展"十一五"规划思路专题通报会 9月8日,内蒙古政协召开专题通报会,邀请有关专家通报制定自治区国民经济和社会发展"十一五"规划思路的详细情况。通报会上,专家围绕回顾自治区"十五"规划的执行情况,并详尽介绍编制规划的前期准备工作,特别对自治区在"十一五"期间的几个战略性的重要问题,如战略定位问题、增长速度与发展前景问题、转换资源开发利用方式问题、增加收入扩大就业问题等作重点通报和阐述。

内蒙古党委召开全区政协工作会议 11月14日,内蒙古自治区党委在呼和浩特召开全区政协工作会议。会议回顾总结全区政协工作,明确提出新形势下政协工作的总体要求和主要任务。会议强调,全区各级党委、政府和各级领导干部,要从战略全局出发,充分认识做好新形势下人民政协工作的重大意义,切实增强责任感和使命感,进一步加强和改善党对政协工作的领导,推动全区人民政协工作在上新台阶。自治区党委书记储波、自治区主席杨晶、自治区政协主席王占出席大会并作重要讲话。各盟市和有关部门负责人、自治区有关单位领导、驻呼部分自治区政协常委以及自治区政协机关厅级干部参加会议。

召开全区政协理论研讨会 11月15日至16日,内蒙古政协召开全区政协理论研讨会。会议得到社会各界的积极响应,共收到各级政协组织、政协委员、政协工作者以及各民主党派、无党派人士和党政有关部门提交的论文115篇,其中12篇获优秀论文奖。会议认真学习全区政协工作会议精神,结合近年政协工作实践中遇到和积累的新情况、新问题、新经验,从不同角度、不同侧面深入研讨有关人民政协事业长远发展的一系列理论问题,并从理论和实践的结合上就如何推进新时期人民政协工作进行了有益的探求。

(张海容 杨映成)

民　主　党　派

民　革

【中国国民党革命委员会内蒙古自治区委员会领导名录】

主 任 委 员:奇英成(蒙古族)

副主任委员:张元凯 肖黎声 王志人(满族) 靳民龙

【会议】 民革内蒙古自治区五届四次全委(扩大)会议暨祖国统一工作会议于4月11日至12日在呼和浩特市召开。工作会议提出:反对和遏止"台独",争取台湾民众,为维护国家主权和领土完整,实现祖国完全统一创造条件。会议学习中共中央十六届四中全会精神、中共中央中发(2005)5号文件、胡锦涛总书记在全国政协会议上就新形势下发展两岸关系提出的四点意见和"反分裂国家法";审议民革内蒙古自治区第五届常务委员会工作报告;总结近年来民革内蒙古区委会祖国统一工作;表彰全区民革先进基层组织、祖国统一工作先进个人和健康老人;增补选举区委委员。自治区政协副主席、民革内蒙古区委主委奇英成在会上作民革内蒙古自治区五届常委会工作报告。报告回顾2004年工作,部署2005年工作任务。民革内蒙古自治区副主委肖黎声、张元凯、王志人、勒民龙及统战部、对台办、商务厅的领导出席会议。5月19日,民革内蒙古自治区五届九次常务委员会会议在包头市召开。会议学习《中共中央关于进一步加强中国共产党领导的多党合作和政治协商制度建设的意见》,讨论中共自治区党委贯彻落实《意见》实施细则征求意见稿;进一步明确孙中山思想研究会和团结书画社两个社团组织的组成人员；对机关工作人员的任职进行表决。

【杨令德百年诞辰】 5月24日，自治区党委统战部、自治区政协办公厅和民革内蒙古自治区委员会共同组织召开座谈会，隆重纪念自治区一代爱国报人、民主人士、自治区政协第四、五届副主席、民革内蒙古自治区委员会第一届主任委员杨令德先生诞辰100周年。自治区党委常委、统战部部长伏来旺主持会议并讲话，自治区政协副主席郜宝恒代表自治区政协发言，自治区政协副主席、民革内蒙古自治区主委奇英成代表民革内蒙古自治区委员会发言；杨令德先生的亲属代表杨性恺也发了言。自治区人大常委会原副主任、民革内蒙古自治区名誉主委崔维岳及杨令德先生的亲属、生前好友出席座谈会。

杨令德先生1905年4月25日生于呼和浩特市托克托县，早在20世纪20年代就投身于孙中山领导的民主主义运动，之后长期从事新闻工作。新中国成立后，杨令德先生同中国共产党长期合作，为社会主义和爱国统一战线事业做出卓越贡献，并在古稀之年创建自治区民革组织，担任民革内蒙古自治区委员会第一届主任委员。

【纪念抗战胜利六十周年】 为纪念世界反法西斯战争暨中国人民抗日战争胜利60周年，民革内蒙古自治区委员会举办一系列纪念活动。自治区政协副主席、民革内蒙古自治区主委奇英成，副主委肖黎声、王志人、靳民龙，原自治区人大副主任、民革内蒙古自治区名誉主委崔维岳、原民革内蒙古自治区副主委孙英年、杨性恺、孙本一分别参加这些活动。8月28日上午，在呼和浩特市公主府公园华北军第五十九军抗日阵亡将士纪念碑前，举行纪念抗日战争胜利60周年暨祭奠抗战阵亡将士系列活动，100余名社会各界人士祭奠阵亡将士。

9月2日，民革内蒙古自治区委员会在内蒙古师范大学音乐厅举办纪念抗日战争胜利60周年演唱会。

9月2日原民革内蒙古自治区副主委孙英年、孙本一代表抗日将领及抗日将领遗属进京出席全国各族各界纪念世界反法西斯战争暨中国人民抗日战争胜利60周年大会。

【表彰获奖】 3月1日，全国城镇妇女巾帼建功表彰大会在北京举行，内蒙古呼和浩特土默特学校特级教师、民革党员解美林荣获全国“巾帼建功”标兵称号。在中央民族工作会议暨国务院第四次全国民族团结进步表彰会上，自治区政协常委、内蒙古医学院第二附属医院副院长、民革内蒙古自治区委员会常委刘斌同志作为全国民族团结进步模范个人受到表彰。在民革中央召开的“民革全国社会服务工作先进个人表彰会”上，自治区民革党员郭文智、刘德忠、杜建平同志和先进集体民革呼和浩特市委员会受到表彰。

【祖国统一】 全区各级民革组织围绕《反分裂国家法》的制定和胡锦涛总书记四点意见的发表，以及台湾国民党、新党领导人来祖国大陆访问等重大事件，开展丰富多彩、形式多样的学习、宣传活动。利用台胞回大陆探亲、访友的机会，向他们宣传当前国内的大好形势，为增进两岸同胞的相互了解，促进两岸民间的友好往来发挥积极作用。

3月25日，民革内蒙古区委会就十届全国人大三次会议通过的《反分裂国家法》举行座谈会，自治区政协副主席、民革内蒙古区委会主委奇英成，副主委肖黎声、王志人、勒民龙出席。座谈会上大家一致表示维护祖国统一是民革党员义不容辞的责任。区委各级组织及全体党员要认真学习《反分裂国家法》和中共中央对台方针政策，通过学习进一步提高民革党员对台工作的政策理论水平，增强对台工作的法律意识，切实做好对台宣传工作。把反对和遏止“台独”作为首要任务。要充分调动各方面的积极性，广泛加强与岛内主张一个中国，赞成发展两岸关系、反对“台独”的社会团体和各界人士的联系沟通，进一步壮大反对“台独”促进统一的政治力量，要和台湾同胞一道共同为反对“台独分裂”，为推动和平统一大业和实现中华民族的振兴贡献力量。2005年4月在五届四次全委（扩大）会议期间，深入学习胡锦涛总书记的四点意见和《反分裂国家法》。

【工作调研】 4月19至24日，民革中央调研部、办公厅组成由民革中央调研部副部长何小威率领的联合调研组赴民革内蒙古区委会开展工作调研。调研组先后听取民革内蒙古区委会、乌海市委会、包头市委会、集宁地区委员会、呼和浩特市委会的汇报。

5月25日，民革内蒙古自治区老龄工作委员会、妇女工作委员会组织老龄党员、妇女党员前往呼市和林格尔县，对当地的奶牛业进行重点考察。

5月27日上午，由呼和浩特赛罕区妇联、民革内蒙古自治区委员会、民革内蒙古自治区妇委会、杨氏美容技术学校发起的庆“六一”捐助贫困儿童仪式在呼和浩特市举行，民革内蒙古自治区委员会副主委肖黎声出席仪式并讲话。

8月16日，民革内蒙古自治区团结书画社在呼和浩特市举行庆祝内蒙古自治区团结书画社成立二十周年。内蒙古政协副主席、民革内蒙古区委会主委奇英成，副主委肖黎声，内蒙古党委统战部副部长侯世忠，原内蒙古人大副主任、民革内蒙古自治区委员会名誉主委崔维岳，原内蒙古自治区人大副主任贾才及书画名家、民革党员50多人出席大会。会上书画名家挥毫泼墨，热情讴歌党的统战政策。

11月24日，民革内蒙古自治区妇女工作委员会请内蒙古妇幼保健医院妇保科主任乌云就妇女健康知识做讲座。

【理论研究】 12月23日至24日，孙中山思想研讨会暨民革内蒙古孙中山研究学会换届会在呼市举行。会上宣读民革内蒙古孙中山研究会理事会组成人员名单,并向特约研究员颁发聘书。参加会议人员就孙中山思想撰写的论文进行宣读,并颁发获奖证书。民革中央宣传部长吴先宁、自治区政协副主席、民革内蒙古区委会主委奇英成,副主委肖黎声、王志人,统战部副部长侯世忠出席会议。

【组织建设】 组织建设工作是一项系统工程,区委会一直把组织建设工作作为工作的重点常抓不懈。区委会在自身建设上下功夫,围绕领导班子建设、基层组织建设、后备干部队伍建设及组织发展等方面有计划、有部署地开展工作。全区共有民革党员894人,大专以上学历795人,占89%;高级职称174人,占19.5%;中级职称375人,占42%;党员平均年龄53岁。与2002年换届前相比,大专以上学历人数所占比例提高4%,高级职称人数所占比例提高7.5%,中级职称人数所占比例提高6%,平均年龄下降2岁。博士研究生由换届前的零发展为2人、已填写入党志愿表待批的联系人中有博士后1人,博士2人、硕士研究生由换届前的5人发展为20人、已填写志愿表待批的联系人中有2人;正高职称由4人发展为12人,已填写志愿表待批的联系人中有3人。

【参政议政】 积极参政议政,在政协内蒙古自治区第九届第三次会议仅民革成员就有集体提案24件,个人提案12件。(附表)

政协内蒙古自治区第九届第三次会议全体会议提案(民革部分)

来文号	提案者	人数	案　　题
4	民革	集体	关于在呼和浩特市政府广场建立孺子牛雕塑的提案
13	民革	集体	要重视我区燕麦产业的提案
14	民革	集体	关于“三农”问题和蒙牛乳业应采取巩固、提高和相对稳定的战略的提案
18	民革	集体	解决就业问题的途径之一就是发展中小企业的提案
19	民革	集体	关于内蒙古民族高等专科学校西门公路设立减速牌和过街桥的提案
23	民革	集体	关于在内蒙古自治区应当强化对辽代历史研究的提案
28	民革	集体	关于在我区举行隆重纪念中国抗日战争暨世界反法西斯胜利60周年活动的提案
31	民革	集体	关于县级以上人民代表大会应将同级行政监察部门领导做行政监察工作报告列为主要议程的提案
32	民革	集体	关于全区“文革”造成基残人员的待遇问题的提案
33	民革	集体	关于认真落实人才政策,对国有企业高级技术职称人员的待遇应当一视同仁的提案
34	民革	集体	关于清理领导干部假文凭及真文凭学历的提案
35	民革	集体	关于担任领导职务人员的技术职称问题的提案
38	民革	集体	关于奖励包头“11.21”空难救援有功人员的提案
45	民革	集体	关于取消内蒙古城市住宅楼公共面积取暖费及对供热公司进行审计并在群众监督下进行整改的提案
48	民革	集体	关于恢复央视第9套节目在我区播出的提案
51	民革	集体	关于加强垃圾管理和在呼和浩特市城乡结合处建立垃圾处理场地及加大对医疗垃圾管理力度的提案
69	民革	集体	关于加强和充分发挥内蒙古电力行业协会基本功能作用的提案
89	民革	集体	关于建设内蒙古文化信息网的提案
101	民革	集体	关于实施政府行政效能评价的提案
131	民革	集体	关于没有采暖设施的楼梯间收取热费不合理的提案
168	民革	集体	关于解决拖欠“打工者”中弱势群体工资问题的提案
170	民革	集体	关于关心弱势群体的利益,尽快解决房改遗留问题的提案
175	民革	集体	关于建立社会诚信服务体系的提案
193	民革	集体	关于社会保险要尽快纳入法制化管理的提案

续表

来文号	提案者	人数	案　　　题
188	杜建明	1	认真对待信访上访工作 切实解决群众反映的实际问题
309	靳民龙	1	铁路迅速发展,应注重一产人员的培训的提案
327	张广平	1	政府应关心民办教育未来的发展
200	杜建平	1	关于把全面维护农民的合法权益提到日程上的提案
201	杜建平	1	农民土地征用、房屋拆迁纠纷应实行听证会制度解决
264	秘雪峰	1	关于进一步加强区域性环境污染治理的提案
524	彭皓方	1	办好政府网站、促进电子政务的提案
589	彭皓方	1	确保学校公用经费的发放的提案
167	张元凯	1	关于建立妇女生育费用和妇女生育假期工资费用的社会保障制度的提案
39	陈丽卓	1	建设工商行政部门按照餐饮业的管理规定,进步完善"小饭桌"的管理
598	陈丽卓	1	关于我去开设义务教育《综合实践活动课》教材的提案
495	秦湘灵	1	关于进一步积极争取国家政策提高我区农网改造工程资本金比例的提案

其中《关于加强垃圾管理和在呼和浩特市城乡结合处建立垃圾处理场地及加大对医疗垃圾管理力度的提案》获政协内蒙古自治区第九届第三次会议优秀提案

（熊秋梅）

民　　盟

【中国民主同盟内蒙古自治区委员会领导名录】

主任委员:许柏年

副主任委员:董恒宇　钱灵犀　秦树辉　徐翔(女)

【概况】　民盟内蒙古自治区委员会的前身是成立于1962年9月的"民盟呼和浩特学习委员会"。"文化大革命"期间停止活动。1982年7月召开民盟内蒙古自治区筹备委员会成立大会,出席盟员47人,民盟中央副主席费孝通代表民盟中央宣布民盟内蒙古自治区筹备委员会成立。1984年7月召开民盟内蒙古自治区第一次盟员代表大会。1988年、1992年、1997年和2002年召开民盟内蒙古自治区委员会第二次、第三次、第四次和第五次代表大会。李树元当选第一届、第二届、第三届主任委员、许柏年当选为第四、第五届主任委员。内蒙古民盟现有1 686人,平均年龄51.2岁。先后建立呼和浩特市、包头、乌海、赤峰、通辽、鄂尔多斯6个市级委员会,海拉尔、临河、集宁3个总支部。全区民盟组织的基层支部由1982年4个发展到76个。区委直属5个专门委员会:教育文化委员会、科技经济委员会、社会发展委员会、妇女工作委员会、老年工作委员会;区委机关设有办公室、组织部、宣传部、社会服务部。区委机关有编制16人,在职人员10人。

【参政议政与民主监督】

履行参政党职能 积极参政议政　民盟内蒙古组建以来,紧密围绕自治区经济建设和社会发展的各项任务不断拓展参政议政领域,组织全区盟员投身多层次、多途径的参政议政活动,积极建言、献策,发挥出良好的政治效益和社会效益。2005年全区民盟成员中有全国人大代表1人,政协委员1人;自治区级人大代表4人、政协委员19人,盟市和区县级人大代表、政协委员109人。盟员人大代表和政协委员认真履行职责,参加国家和自治区大政方针的协商,积极反映社情民意,提出许多促进经济文化建设和社会进步的提案和建议。自治区盟员人大代表和政协委员在全国"两会"上共提交提案11件,在自治区"两会"上共提交提案28件,大会发言2次,受到各级党委、人大、政府、政协的重视,多数被有关部门采纳。

扶贫工作　遵循民盟中央要把智力扶贫作为社会服务工作的重点指示,民盟区委从1988年起开始抓扶贫工作。在呼和浩特市郊区小井乡,由自治区农委投资、民盟区委负责组织为该乡办起养殖厂。1994年区委选择乌兰察布市四王旗为扶贫点,多次组织专家实地考察。遵循"发挥优势,抓住重点,量力而行,尽力而为,持之以恒,注重实效"的指导思想,至2005年共集资14.4万元,发放奖学金8次,受惠学生108人。

创办青城大学　根据国务院关于"采取多层次、多规格、多种形式办学,加快发展高等教育"的指示精神,经自治区政府批准,国家教委备案,民盟内蒙古自治区筹委会于1983年11月创办自治区第一所民办职业大学—内蒙古青城大学。1985年5月经自治区政府正式批准,青城大学与中山学院合并成立丰州

联合大学。学校实行董事会领导下的校长负责制,招生纳入国家计划,学生自费走读,毕业不包分配,国家承认学历。青大有校舍面积10 000平方米,计算机200多台,电教馆、图书馆、学生公寓等一应俱全,先后从各高校聘请兼职教师100多人。至2005年共招收1.4万人,毕业生1.3万人。此外,民盟各地组织也根据当地社会需要创办不同类型、层次的学校或培训班。如呼和浩特市、包头民盟创办的高考补习班,升学率较高,在当地影响较大。

北方生态园揭碑仪式 8月,北方生态园揭碑仪式暨"2005年北方生态论坛"在呼和浩特市举行。民盟中央、内蒙古及呼和浩特市有关党政领导,10多位专家及来自全国24个省市(自治区)的民盟组织负责同志到会。

"三下乡"活动 12月25日,区委组织"三下乡"活动,为土默特左旗沙尔营村小学捐助脚踏风琴5架,捐衣料600米,总价值近万元。并请农大教授为该村奶牛治病。

【组织建设】 内蒙古民盟遵循民盟章程确立的"以大中城市为主,以文化教育界为主,以高中级知识分子为主",实行"发展与巩固相结合,在工作中发展,发展为了工作"的组织发展方针。发展盟员注意质量,严格审批手续,注意吸收政治素质好有代表性人士入盟。

内蒙古民盟现有盟员1 686人,其中大中城市盟员占92.1%,教育界盟员占49%,科技界占9.1%,文化界占6.5%,高中级知识分子占84.8%,平均年龄51.2岁。2005年民盟中央召开的基层组织建设经验交流会议上,民盟呼和浩特市委被授予"全国基层组织建设先进单位"称号。民盟内蒙古赤峰学院总支和民盟内蒙古师范大学总支被授予"全国先进基层组织"称号。

【思想建设】 内蒙古民盟的思想建设主要采取下列方式:1.召开区委中心组学习会,形势座谈会,专题讲座等方式,学习理论、政策、了解国内外形势,明确民盟的角度定位和政治责任。2.举办一期新盟员培训班。除区委自行办班多次选派干部去中央社院、民盟中央、内蒙古社院等参加培训。3.组织盟的干部开展统一战线和民主党派建设的理论研讨活动,自治区盟员积极在盟内外报刊发表有关统一战线与民主党派建设方面的论文,内蒙古社会主义学院副院长、副主委钱灵犀被聘为全国统一战线研究会理事。

《内蒙古盟讯》创刊于1983年,内部发行、双月刊。1993年后改为季刊,基本上做到人手一册。盟讯每期32个版面,共编80期,发稿量400多万字。

【制度建设】 制度建设是民盟自身建设的重要组成部分。内蒙古民盟在十多年的工作实践中不断摸索、总结,逐步建立一系列规章制度,推动工作的发展并有所创新。2005年再一次补充完善《主委办公会议制度》、《常委会议、全委会议制度》、《区委中心组学习制度》、《区委民主生活会制度》、《评选表彰先进支部、优秀盟员制度》等。

(石月梅)

民　　建

【民建内蒙古委员会领导名录】

主　委:郝益东

副主委:杨仁选 李荣禧 邓振武

秘书长:王建华(女)

名誉主委:陈又遵

名誉副主委:周肇璋

【概况】 中国民主建国会是主要由经济界人士组成的、具有政治联盟特点的致力于建设中国特色社会主义事业的政党。中国民主建国会自1945年12月16日在重庆成立。1991年11月,民建内蒙古第一届委员会成立。至2006年、民建内蒙古自治区委员会已历三届。1990年11月3日至5日民建内蒙古第一次会员代表大会在呼和浩特市召开。1996年11月20日至23日,民建内蒙古第二次会员代表大会召开。2002年5月,民建内蒙古三大召开,出席会议代表100人,选举主委、副主委、决定秘书长,名誉主委、名誉副主委,选举委员27名。

至2005年底共有会员1 078人,平均年龄48.6岁,其中企业界会员570人,占会员总数的56.3%;非公经济会员94人,占9.7%;女会员有280人,占会员总数的27.6%;中上层人士641人,占63.3%;全区会员中在政府机构中担任处级以上领导职务的38名;各级人大代表、政协委员98人;各级特约人员25人。区委机关职能工作部门为三部一室:组织宣传部、调研部、社会服务部、办公室。专门委员会:妇女工作委员会、参政议政委员会、企业工作委员会。2003年9月参政议政委员会成立。2005年8月民建企业工作委员会成立。为提高机关干部素质,对机关干部实行一推双考竞争上岗,极大地促进了机关干部工作学习的积极性和主动性。在干部使用方面,在听取机关干部述职的基础上进行无记名民主测评。通过个人述职和民主测评的方式对机关干部进行了调整任命。

【参政议政】 在2005年初召开的自治区政协九届三次会议上,民建内蒙古区委共有12份集体提案被立案。它们分别是:《治理"空心村"建设新农村的提案》(李文北撰稿)、《关于规范森林、林木、林地使用权转让促进林业产业化发展的提案》(周树林撰稿)、《关于改进呼市地区部分农村居民生活饮用水含砷、氟严重超标的提案》(周丽华撰稿)、《关于发展高载能行业的几点建议的提案》(贾莉撰稿)、《对原木征收资源税的提案》(郭小青撰稿)、《关于发展高中教育的提案》(孔繁淳撰稿)、《从小学设立法律教育课程的提案》(康永恒撰稿)、《关于下岗职工再就业优惠政策的提案》(郭小青撰稿)、《关于推行农民工工资支付保障金制度的提案》(王春霞撰稿)、《关于建立"诚信大内蒙古"体系的建议》(李旭升撰稿)、《关于加快我区旅游业发展的提案》(李虹撰稿)、《进一步整顿和规范市场经济秩序试点的提案》(王建华撰稿)。此外,在这次自治区政协会议上除贾莉委员作了题为《当前行政执法中存在的主要问题及对策》的大会发言外。还有全国政协委员凌呼君《大力推进中小企业发展为构建和谐社会创造条件》和自治区政协委员王建华《高扬文化旗帜再铸草原辉煌—加快内蒙古文化发展的对策》、范凌华《关于解决中小企业融资难的几点建议》、王石彤《进一步改善民营经济发展的法律环境》等4份书面发言材料被大会印发。同时,会员中的自治区政协委员共向大会提交40份提案并被立案,比创纪录的2004年多出21份。而这40份个人提案和12份集体提案以及5份大会发言,均来自于民建内蒙古区委向全区各级组织、广大会员征集的61份提案和大会发言稿。就征集稿的数量而言,是创纪录的,比上年多23份,这是2004年民建内蒙古区委提案征集工作的第一个特点;而普通会员积极参与,是2004年民建内蒙古区委提案征集工作的又一个特点;以集体提案为例,撰稿人为普通会员的高达50%,比上年增加30个百分点。这反映了民建内蒙古区委参政议政工作进一步制度化、规范化所取得的成效和全区各级组织、广大会员组织程度和觉悟程度的提高。2004年踊跃撰写提案稿和大会发言稿的同志,除本人系自治区人大代表和自治区政协委员的外,还有会员:郭小青、杨丽云、孔繁淳、白秀娥、包海军、马翠、吉尔格拉、熊玲玲、武又文、薛显贵、李文北、周树林、周丽华、李虹、王春霞等。作为自治区政协委员的贾莉一人撰写了8份个人提案,1份集体提案和1份大会发言稿,无疑又一次成为这次自治区政协会议上最引人注目的会员中的政协委员。

在自治区人大十届二次会议上,会员中的7位人大代表共撰写了20多份建议、意见,其中一份议案被人大正式立案。各地在参政议政、社会调研工作方面,也做了大量的工作。包头委员会的三级人大代表、政协委员在"两会"期间共交提案、议案、建议33件;呼市委员会在"两会"期间,提出提案37件,建议6件。牙克石支部人少,但参政议政热情高,在三级"两会"上提交提案、建议7件,均被采纳。赤峰市委员会积极建言献策,就赤峰市经济发展、民主政治建设、精神文明和人民群众关心的热点、难点提交议案、提案20余件和《对上海活性炭市场需求情况的调查及销售对策》的调研报告。

【重要活动】 2005年,民建内蒙古区委领导班子成员在参加自治区高层协商会、通报会、学习会中,认真准备发言材料,积极建言献策,受到自治区党委、政府的重视。区委有关领导还应邀参加了自治区人大、自治区政协、自治区检察院等的视察、调研、庭审等工作,发挥了民建参政议政的作用。

2005年1月召开的民建内蒙古三届三次全委会议工作报告所述:三届二次全委会议以来的一年来,各级组织认真履行民主党派参政议政、政治协商、民主监督的各项职能。

2005年1月5日,民建内蒙古区委参政议政委员会第二次全体会议在呼和浩特举行。会议学习了民建中央以及区委有关参政议政工作的指示精神和内蒙古党委、政府有关重大方针、政策等;听取并审议了参政议政委员会工作报告;审定了参政议政委员会2004年承担完成的区委名义的重大专题调研报告;部署了2005年参政议政委员会的工作。工作报告在总结工作经验和指出存在不足之处后,提出加强和改进参政议政工作的若干具体意见和思路。

2005年3月,就自治区党委向各民主党派提出征询意见和建议的几个问题,民建内蒙古区委举行座谈会,提出了1.进一步研究、宣传和倡导循环经济理念,着力推动循环经济在我区的实施;2.加大落实促进非公经济发展政策的力度,使我区非公经济发展迈上新台阶;3."三农"问题的核心是农民问题,农民问题的核心是收入问题,增收是农村小康建设、和谐发展的关键;4.关注弱势群体,帮助群众特别是困难群众解决生产生活困难;5.发挥各民主党派、工商联、无党派人士作用,加强多党合作;6.加强城乡结合部的规划与建设工作等六个方面18条具体意见和建议。

2005年11月初,通过组织部分会员对《内蒙古党委关于制定自治区国民经济和社会发展第十一个五年规划的建议(征求意见稿)》进行座谈讨论,民建内蒙古区委形成并向自治区党委统战部报送了主要内容为:1.要重视高等教育,加大教育投入的力度;2."三农三牧"工作应当强调实绩与责任;3.应当在循环经济理念指导下构筑能源重化工业基地;4.对于城镇化进程应进行反思,一定要重视质量;5.应当建立以科学发展观为指导的科学、民主的决策机制等方面16条具体意见和建议。据了解,这是自治区6个民主党派中唯一一份通过召集会议产生的材料,这一举措受到有关方面的充分肯定。

在开展2005年民建中央秋季成果征选工作中,民建内蒙古区委通过及时印发《关于征集参政议政成果参评民建中央2005年度秋季成果征选的通知》,征集各类参政议政文稿共计47篇,经区委审定向民建中央先后报出38篇。这次征选工作,刘志强撰写稿件13篇,舒振邦、康永恒、陈曼莉、张雁鸣、李文北等都十分认真、踊跃地参与这项工作,尤其是舒振邦、康永恒等为了赶在会中央征稿截止日前完成相关文稿的撰写,加班工作、挑灯夜战,为大家树立了榜样。

2005年,民建内蒙古区委首度对重点调研课题进行招投标。从保证公平、公正,确保质量考虑,这次由参政议政委员会主任会议承担的投标课题的评审工作,借鉴了科研学术论文或者软科学课题评审中采用的隐名评审办法。在产生区委名义的专题报告和2006年政协大会发言、提案稿的工作中,承担对相应文稿进行评审的参政议政委员会主任会议,继续沿用了隐名评审的做法。这一做法为区委有关领导充分肯定,也得到关心课题招标工作的一些会员的赞同和好评。

据民建内蒙古区委《区委各地方(直属基层)组织2005年度完成参政议政成果情况通报》,区委所属各地方(直属基层)组织在2005年度,共有7个地方(直属基层)组织完成并向区委提交调研报告、政协会议大会发言、提案等各类参政议政文稿90多份,采用81份。其中包括:1.通过内蒙古党委统战部报送自治区党委的专题调研报告3份。2.报送民建中央推荐作为全国"两会"议案、大会发言或提案的4份。3.报送内蒙古政协会议大会发言、和内蒙古政协会议集体提案的分别为7份和16份。4.报送参评民建中央2005年度秋季成果征选稿35篇。6.以区委名义承担并完成民建中央重点调研课题1项。7.推荐投标会中央春季课题招标2份。此外,还以自治区政协委员个人名义提交提案并立案32份。

【社会服务工作】 2005年 月 日,由民建内蒙古区委企工委组织若干会员企业家与呼市金桥经济技术开发区的座谈会,通过听取开发区的情况介绍,和实地参观、考察活动,为民建会员企业家入区参加建设,实现企业新的发展搭建了一个平台。目前,已有一家企业的产品进入了金桥开发区市场,还有一家企业正在与开发区洽谈投资建设方面的事宜。

2005年 月 日,民建内蒙古区委社会服务部及企工委一行5人走访了民建包头市企工委所属6家企业,并与之座谈。通过这次活动,认识到企工委应当也能够成为使会员企业家之间经常联系,互相帮助,并在经济活动中相互合作、共同发展,增强企业竞争力的,一个有凝聚力的组织。

2005年 月 日,民建内蒙古区委社会服务部和企工委参加了包头市企工委委员魏国任总经理的内蒙古新特新医药公司生态园的开业典礼。据悉,在包头市九原区承包的这2 000余亩荒地上,魏国准备将其投资建设、旅游、餐饮、住宿、娱乐为一体的生态园区,目前他已投资几百万元,已初具规模。按照发展规划投资生态园区的收入,将再用来从事植树绿化等公益事业。

2005年6月4日,民建内蒙古区委社会服务部和企工委一行12人,利用周六休息时间到赛罕区黄合少镇新脑包村(新村)开展了一次扶贫活动。新村距呼市30多公里,有150户人家,500多人口。全村共有土地400亩,都是旱地。人均年收入不到500元。参加扶贫活动的民建会员有侯毅宏中医诊所的侯主任、内蒙丽之源美容美发技术学校的张国庆校长、企工委主任张国民和几位企业家,区委秘书长王建华等部分机关干部也参加了活动。在活动中,侯大夫为村民议诊30余人,并无偿提供500多元的药品,在诊治过程中还向村民耐心宣讲有关卫生知识。侯大夫精湛的医术和高尚的医德受到当地领导和百姓的赞扬。丽之源美容美发技术学校的校长张国庆,看到该村文化教育状况非常落后,很多孩子因经济困难不能上学,当既表示凡年满16岁的青年愿意到该校上学的全部免费,学成后安排就业。张校长的表态使在场的人尤其是村民们很受感动。企业家们则与当地负责人讨论如何发展致富的门路,他们积极想办法、出主意气氛热烈,还到现场视察,进一步探讨发展大计,并表示愿意帮助该地方发展经济。这次活动受到当地政府的重视,黄合少镇的党委书记和镇长得知消息后,放弃休息专程赶来参加活动。

通辽市"环哲图书有限责任公司"(环哲书社),是通辽市一家民营企业,公司总经理苑乃林是民建内蒙古区委企工委委员,也是公司的创办者。环哲书社从成立到现在已发展到有18个连锁店的规模,是内蒙古东部地区最大的民营图书经销商。他们在经营过程中始终坚持以诚信为本,进好书、售好书,受到当地政府和广大读者的好评。在2005年年4月30日的"科尔沁区个体私营企业工作暨表彰大会"上,环哲书社荣获"2004年度诚信企业"称号。环哲书社多年来经常参加扶贫助困等一系列社会活动,并做出了应有的贡献。他们曾经用行动和爱心长期资助一位残疾青年,使其找回了自信,让这位残疾青年深受感动,特赋诗一首"感恩的心"向环哲书社的领导和工作人员表达感激之情,并祝愿环哲书社的事业日新月异。环哲书社在苑乃林总经理的带领下,事业不断发展对社会的贡献也越来越大。在5月20日召开的通辽市科尔沁区工商业联合会第11次会员大会上,苑乃林再次当选科尔沁区商会副会长。

2005年6月末,民建内蒙古区委直属的兴安盟总支部进行了一次"捐资助学献爱心"活动。该总支一行七人深入到乌兰浩特市居力很镇红心村"大民希望学校"开展活动,他们主动自愿地捐款献书,为该校全体小学生每人购置一套学习用品和100册课外读物,总价值两千余元。这次活动为关注教育事业、关爱儿童学生奉献出民建会员的一片爱心,受到居力很镇政府和有关部门的高度重视。

长期的实践证明,民建密切联系经济界的特色,有利于将会员企业家组织起来发挥整体社会服务功能。一年多来,全区各级组织认真贯彻落实《民建中央关于加强扶贫的意见》,因地制宜、扎实有效地开展扶贫工作,企工委先后三次深入呼市赛罕区黄合少镇进行实地考察,当地党政领导给予了大力支持和积极配合，最终选择了新脑包村为区委和企工委的两级扶贫点。分别由企工委和妇委会组织送医送药下乡扶贫活动，分别送去价值1 200元和3 000多元的药品，义诊300多人。各级组织和广大会员按照民建中央的要求积极投身于致富思源工程，建立了一所民建希望学校，捐资22万余元，助学30多人，捐赠学生桌椅200多套，会员们的义举为民建组织增添了光彩。

【地方组织和基层组织建设】 2005年12月底，全区共有5个地方委员会，1个直属工委，5个总支部，47个基层支部。基层组织建设有了长足的进步，通过学习调整以及新会员的进入，各支部都表示要争做学习型支部，使支部真正成为自我教育的学校、团结互助的集体、参政议政的桥梁、培养人才的基地。

（刘保明　王建华　韩平智　王春霞）

民　　进

【中国民主促进会内蒙古自治区委员会领导名录】

主任委员：盖山林（满族）

副主任委员：邱荣庆　陈其俊（女）　平子良　邢洁晨　郑福田

【概况】 2005年底，民进内蒙古区委机关设有组织部、宣传部、社会服务部、办公室、参政议政部（内设）、研究室（内设）。区委机关编制人数13人，在编11人，全部为大学以上学历。有市级委员会4个、总支11个、支部50个、小组3个。共有会员925人，平均年龄51岁，其中大专以上文化程度占84.8%，高中级以上职称占84.7%，重点分工范围占74.4%，会员中有各级人大代表25人，各级政协委员97人，各级特邀人员20余人，担任政府县处级以上实职5人。

【参政议政】 2005年，民进内蒙古区委认真落实会中央的部署，确定以加强参政议政能力建设为重点，全面推动各项工作的发展思路。区委以制度建设为保障，从加强参政议政制度建设入手，出台《民进内蒙古区委议政调研委员会工作规则》、《民进内蒙古区委2005年加强参政议政能力建设工作规划》、《民进内蒙古区委关于落实〈民进中央进一步加强信息工作的意见（试行）〉的实施意见》、《信息工作手册》等一系列文件。民进呼市市委会认真总结“发动每一级组织、每一个会员参政议政”的成功经验，进一步规范现有的议政调研组织形式和机构，3月出台《参政议政工作规则》。民进包头市委会于2005年5月成立参政议政工作委员会，通过《包头市委会参政议政工作委员会工作规则》，同时对各级政协委员和人大代表的参政议政业绩实行动态建档管理，使参政成果与考核使用相结合，使各级组织的参政议政工作更加规范化、制度化和程序化。

5月28日，民进内蒙古区委会组织召开“2005年民进内蒙古区委加强参政议政能力建设工作会议”，全区各级地方和基层组织的领导、议政调研委员会全体委员及区委机关干部40余人出席会议。2005年，区委大规模开展课题征集和调研，共征集筛选立项课题20余份，民进内蒙古区委将“少数民族义务教育发展研究”和“农村牧区中小学辍学情况”作为2005年区委重点调研课题，成立由盖山林主委亲自挂帅的课题领导小组，下设呼和浩特、赤峰、通辽3个课题小组，对4个盟市的13个旗县、33个苏木乡、109所学校进行调查研究，完成《关于内蒙古自治区民族义务教育的现状、问题及建议》、《自治区农村、牧区中小学辍学情况研究》两个调研报告。另外向自治区政协常委会提交的调研报告《提高我区农业技术推广队伍素质，改善农业技术推广人员工作和生活条件》，受到会议关注，在《内蒙古政协》上刊登。民进呼市委员会向市委统战部提交的《呼和浩特市少数民族义务教育的现状及发展》的调研报告，民进包头市委员会向市委统战部提交的《新时期包头市民主党派如何更好发挥参政党作用，为包头市经济建设服务》的调研报告，都得到当地中共党委、政府的重视。

2005年，全会共向会中央报送信息15件，采用6件，向区委和盟市报送70余条，引起当地党委、政府的重视，其中6条得到市委、政府领导的批示，责成有关部门解决。

年初，民进内蒙古区委向自治区政协九届三次会议提交集体提案12件和1篇大会发言，其中《处理好城镇化过程中失地农民问题》的大会发言，引起大会较强的社会反响，新闻媒体做了报道。2005年，民进内蒙古区委被会中央评为“参政议政工作先进单位”。

【组织工作】 2005年，民进内蒙古区委组织建设工作紧紧围绕参政议政的需要和搞好新老交替、政治交接的主线，把工作的重点放在基层组织建设和人才与后备干部建设。区直组织成员主要分布在大中专院校科研机构和各大厅局及其下属单位，三高人才相对集中，可为本会参政议政、社会服务等各项工作提供强有力的人才保证。为能充分发挥这一优势，区委从制度保障和建立健全组织，完善组织功能等方面对区直基层组织进行调整、新建等工作。4月23日，民进内蒙古区委召开区直基层组织工作会议，针对强化参政党意识，提高参政议政能力，保持界别和人才优势等问题展开热烈讨论。7月16日，成立区直综合二支部，成员以尚未建立民进组织的各大院校的零散会员为主，通过这个支部，区委可以吸收各大院校的中高级知识分子入会。11月19日，经多方协调，对区直中行支部改建，成立区直经济支部。12月17日，区直综合总支部顺利成立，这是在呼和浩特地区直基层组织中成立的第一个总支部。5月18日，赤峰市委会成立。出台《民进内蒙古区委关于创建先进基层组织的意见》,为评选先进基层组织提供依据,也为基层组织建设提供可供参考的标准,区委基层组织的制度化、规范化、程序化建设又向前迈进一步。组织发展配合区委的中心工作,重点放在大中专院校科研院所和文化出版界,从会内所需人才和改善界别的角度出发,积极主动发展高层次人才。利用各种机会引进人才,利用各盟市统战部领导来呼开会之际,召开座谈会,主动推荐会内干部,请各地统战部引荐人才入会;利用机关干部参加学习班的机会,主动联络、会见党外优秀人才,成为民进会员和民进之友。

2005 年,全年共发展会员 74 人,有大学本科以上学历的 35 人,其中博士 1 人,硕士 7 人;有中高级职称的 55 人;有出版、文化界副处级干部 2 人,科级干部 8 人,企业界人士 3 人;会员涉及教育、文化、出版、科技、医卫、经济、法律、政府机关等界别。

【宣传工作】 认真学习贯彻中共中央 5 号文件精神,要将认真学习贯彻 5 号文件与加强自身建设相结合,与加强三化建设、机关建设相结合,与区委的中心工作相结合,与区直组织建设和人才队伍建设相结合,以 5 号文件的学习推动区委各项工作的开展。继续办好《民进内蒙古区委工作简报》,全年完成《简报》4 期,其中《民进内蒙古区委 2005 年加强自身建设工作会议专辑》受到民进中央宣传部的好评。全年在《光明日报》、《人民政协报》、《团结报、《民主》、《民进会讯》、《内蒙古统战理论研究》、《内蒙古日报》、《北方新报》、《中国民主促进会网》、《内蒙古统一战线网》等报刊、网站发稿 30 多件,荣获 2005 年度民进中央"新闻宣传"专项表彰。

【重要会议】 7 月 21 日至 25 日,在自治区社会主义学院召开"民进内蒙古区委 2005 年加强自身建设工作会议",全区 70 多名骨干会员参加会议。会议上,全国人大常委、民进中央副主席王佐书作题为《加强民主党派自身建设》的专题讲座,盖山林主委代表区委作关于《深入学习贯彻 5 号文件精神,全面加强自身建设》的报告,内蒙古党委统战部一处处长曹洪利发表《深入学习贯彻中央 5 号文件精神,不断推进多党合作事业发展》的讲话,内蒙古社会主义学院副院长、教授钱灵犀作题为《社会主义和谐社会的构建和多党合作的发展》的专题讲座,内蒙古社会主义学院副教授陈岩作题为《中国统一战线史》的专题讲座。会后,编印《工作简报》(自身建设会议专辑),下发到全会。这次会议得到民进中央的肯定。3 月 8 日,民进内蒙古区委举办题为《男女协调发展促建社会主义和谐社会》的庆祝"三八"国际妇女节知识讲座,邀请内蒙古自治区妇联副主席宝笑平,民进会员、内蒙古妇女儿童理事会理事、内蒙古妇干校副教授敖敦格日勒主讲。

【重要活动】 2005 年是中国民主促进会成立 60 周年和民进内蒙古区委成立 20 周年。区委把纪念活动与普及多党合作、会史会章知识和自我教育结合起来,坚定全会坚持和完善中国共产党领导的多党合作和政治协商制度的信念。通过对 20 年档案资料文献的整理,对区委会创始人、老会员的采访,结合内蒙古自治区志的编纂,完成民进区委 20 年会志的初稿。组织庆祝中国民主促进会成立 60 周年暨民进内蒙古区委成立 20 周年系列会庆活动,区委组织会员参加会中央开展的"回眸 60 年—多党合作基础知识有奖征答"和《我与民进》征文活动,呼和浩特市会员的文章被收入会中央出版的《足迹与心曲—我与民进征文选编》。区委成功地组织庆祝中国民主促进会成立 60 周年暨民进内蒙古区委成立 20 周年《书法笔会》和《同心颂》大型文艺演出。结合会庆,区委通过各种会议、媒体、调研活动等方式,加大对外的宣传活动,增强区委在区内外的知名度。增强全会的向心力和凝聚力,加强区委的传统教育和宣传思想工作。

【社会服务工作】 11 月 7 日区委与民进辽宁省委、民进本溪市委、民进通辽市总支共同促成的本溪市平山区东明小学与通辽市科尔沁区大林镇中心小学结成"手拉手"帮扶对子暨友好学校。民进北京市委副主委、北京市民政局副局长吴文彦为内蒙古师范大学特困生包赛音提供大学期间的学费。

区委宣传部负责人、内蒙古书法家协会副主席刘朝侠同志多年以实际行动积极支持各类公益事业,特别是积极支持希望工程。11 月 3 日,共青团浙江省委和浙江省青联给刘朝侠同志寄来捐献证书,他的两幅书法作品在爱心无价全国著名书画家作品义拍活动中拍得12 000元,拍卖所得全部捐建浙江省希望小学。9 月 24 日区委组织会内部分律师在呼和浩特新华广场举办义务法律咨询宣传活动,散发宣传光盘并为群众提供法律帮助。呼和浩特市委员会组织会员多次赴回民区、新城区、武川县、土左旗进行讲学活动,同时向贫困地区捐款 300 多元、衣物 30 多件,使 487 人受益。呼和浩特市土左旗英才学校共向贫困学生捐款40 000多元,民进呼和浩特培训学校捐助特困生 12 人,并介绍 6 人就业。会员创办的内蒙古瑞德萱职业学校免费培训下岗职工 280 人。会员创办的内蒙古赤诚房地产有限公司共安置下岗职工 65 人。民进包头会员彭刚、王毅、焦建刚共向贫困学生捐款2 100元,包头市包钢二支部会员、退休教师徐静昆和支部全体会员,多年来始终如一地帮助一名失学孤儿,她们的事迹被包头《家庭周报》登载,产生良好的社会影响。年初,民进内蒙古各级组织和广大会员积极响应会中央的为印度洋灾区人民奉献"爱心"的号召,及时为印度洋灾区人民伸出国际援助之手,共为灾民捐赠人民币26 450元。另外,在得知会员石壁老师身患重病的消息,民进呼和浩特市委在全体会员中开展献爱心活动,共收到捐款2 590元。民进会员、内蒙古农业大学副教授张润生在全区推广优质大田农作物品种，为部分地区大田作物的高产、丰产作大量技术指导工作。民进会员、呼和浩特环保局高级工程师王钰国同志从1997年起在家乡赤峰市承包荒山并进行生态治理。

乌海市委会也开展为贫困家庭失学儿童提供赞助和促进下岗职工再就业的"同心工程"。会员创办的考试书店、教育书店，共培训下岗职工56人，并使30人实现再就业，该市委会组织会员赴海南区、乌达区部分学校义务讲学；为两劳人员办法制讲座。民进海拉尔支部会员单世良创办的呼伦贝尔市兴科培训学校共投入近110 000元为5 000多名下岗人员次提供免费培训，区委与呼和浩特市西把栅乡联系，把西把栅乡合林村作为区委科教扶贫点，11月，区委组织饲料、畜牧方面的专家并携带科技资料300余份，深入合林村采取授课与现场指导相结合的方式开展科技扶贫活动。

（王焕超　郭爱萍　闫凤琴　郝文　杨勇刚　李桂兰　赵金玮　李弢）

农　　工

【中国农工民主党内蒙古自治区委员会领导名录】

主 任 委 员：陈瑞清

副主任委员：赵素琴（女）　牛广明　云治厚（蒙古族）

【概况】　农工党自治区委机关核定编制16名，其中厅级领导职数（主任委员或副主任委员）1名，处级领导职数（含秘书长1名）5名，工勤人员2名；机关设办公室、组织部、宣传部、社会服务部4个内设机构。

2005年机关实有工作人员12名，其中秘书长1名，办公室主任1名，组织部部长1名，宣传部部长1名、宣传部助理调研员1名，社会服务部副部长1名、社会服务部调研员1名，主任科员3名，技师1名、高级工1名；大学本科学历4名、党校本科学历3名、大学专科学历3名、党校专科学历2名；蒙古族4名、朝鲜族1名；男性8名、女性4名。

【重要会议】

第四届委员会第四次全体（扩大）会议　1月5日至6日在呼和浩特举行。农工党自治区委委员出席会议。农工党自治区委机关各部门负责人，各地方、基层组织负责人，自治区文史研究馆馆员、自治区高级人民法院廉政监督员、自治区人民检察院特约检察员、自治区教育督导团督学，自治区监察厅特约监察员、自治区审计厅特约审计员列席会议。

全区参政议政工作会议　1月5日在呼和浩特举行。农工党自治区委秘书长、参政议政工作委员会主任孙兰柱做《认真履行参政党职能，努力开创我区参政议政工作的新局面》的报告。农工党自治区委主委陈瑞清做《以邓小平理论和"三个代表"重要思想为指导，努力提高参政议政水平》的总结讲话。农工党自治区委副主委云治厚主持会议。

四届三十次常委扩大会议　1月30日在呼和浩特举行。陈瑞清主委主持会议。赵素琴、牛广明副主委，孙兰柱秘书长，卢计成、齐琳、袁德正常委出席会议。自治区委机关各部门负责人耿豫蒙、陈永胜、薛晓云、郭瑞，宣传部主任科员刘平列席会议。

四届三十一次常委扩大会议　5月8日下午在呼和浩特举行。陈瑞清主委主持会议。牛广明、云治厚副主委，孙兰柱秘书长，卢计成、齐琳常委出席会议。自治区委机关各部门负责人耿豫蒙、李松鹏、陈永胜、薛晓云、郭瑞，宣传部主任科员刘平列席会议。

四届三十二次常委扩大会议　7月17日下午在呼和浩特举行。陈瑞清主委主持会议。赵素琴、牛广明、云治厚副主委，孙兰柱秘书长，卢计成、张伯群、陈庆春、袁德正常委出席会议。自治区委机关各部门负责人耿豫蒙、陈永胜、李松鹏、刘平、薛晓云列席会议。

四届三十三次常委扩大会议　11月6日下午在呼和浩特举行。陈瑞清主委主持会议。赵素琴、牛广明、云治厚副主委，孙兰柱秘书长，卢计成、齐琳、陈庆春常委出席会议。自治区委机关各部门负责人耿豫蒙、陈永胜、李松鹏、刘平、郭瑞，呼和浩特市委主委陈国军列席会议。

【思想建设】　2005年农工党自治区委坚持以邓小平理论和"三个代表"重要思想为指导，深入学习中共十六大和十六届三中、四中、五中全会以及中发〔2005〕5号文件精神，学习贯彻胡锦涛同志2005年2月4日在党外人士座谈会上的重要讲话精神，学习贯彻农工党十三届四中全会、中央工作会议精神和中共自治区党委、自治区政府重要会议精神，学习贯彻全国人大、政协和自治区人大、政协"两会"精神，抓好思想建设工作，继续推进思想建设工作，适应新世纪新形势新任务的需要，努力建设学习型的参政党，进一步提高农工党全党各级组织和广大农工党员坚持走中国特色政治发展道路、夯实多党合作思想政治基础、为加强中国共产党领导的多党合作和政治协商制度建设做贡献的热情。

【宣传工作】　2005年，农工党自治区委加强社会宣传工作，取得新的成果。自治区人大常委会副主任、农工党自治区委主委陈瑞清在《前进论坛》发表署名文章《走生态健康之路—"双百万"工程结硕果》；在《内蒙古日报》发表署名文章《我区发展循环经济的思考与对策》等多篇文章。

【理论研究】　2005年是《中共中央关于进一步加强中国共产党

领导的多党合作和政治协商制度建设的意见》颁发的第一年,也是推动多党合作制度化、规范化、程序化的重要一年,学习领会和宣传贯彻《意见》精神,是2005年农工党理论研究的重要任务。农工党自治区委结合参政党理论建设的实际,确定参政党理论研究的指导思想是以邓小平理论和"三个代表"重要思想为指导,深入贯彻、全面落实中共十六大和十六届三中、四中全会精神,全面总结贯彻中发〔1989〕14号文件15年来的新成就和新经验,认真学习贯彻《中共中央关于进一步加强中国共产党领导的多党合作和政治协商制度建设的意见》,深入研究参政党建设面临的新情况新问题,立足于巩固和完善中国共产党领导的多党合作和政治协商制度,着眼于参政党建设和参政议政实践的具体问题,努力在理论上发展、队伍上加强、工作上有突破,为农工党中央研究和制定有关政策提供参考。

【前进论坛】 《前进论坛》作为农工党的重要舆论阵地,肩负着宣传中国共产党的路线方针政策、宣传农工党的工作、传播信息、统一思想、凝聚力量、鼓舞斗志的重要职责,在落实科学发展观、加强农工党的参政能力建设、为全面建设小康社会、构建社会主义和谐社会、开创中国特色社会主义事业新局面做贡献中发挥着重要作用。2005年,全区征订《前进论坛》865份,征订率68%,比上年增加9个百分点,达到农工党中央征订标准,在全国农工党省级组织中名列前茅。

【纪念中国农工民主党建党七十五周年】 2005年8月9日是中国农工民主党建党七十五周年纪念日,农工党全区各级组织以丰富多彩活动,隆重纪念自己的节日。7月初,农工党中央在北京隆重召开庆祝建党75周年纪念大会,陈瑞清主委专程赴京参加纪念大会。"肝胆相照谱写多党合作新篇章,风雨同舟构建和谐社会新伟业",7月30日,农工党包头市委在包头举行"庆祝中国农工民主党建党75周年暨农工党包头市组织成立20周年大会"。陈瑞清做《以邓小平理论和"三个代表"重要思想为指导,不断加强自身建设,努力发挥参政党作用—在纪念中国农工民主党建党七十五周年暨农工党包头市组织成立二十周年大会上的讲话》。

【组织建设】 农工党自治区委组织部根据农工党全区组织工作实际,印发《中国农工民主党内蒙古自治区委员会组织部〈关于印发中国农工民主党内蒙古自治区委员会组织部2005年工作安排〉的通知》(农工蒙组发(2005)5号),确定2005年组织工作的指导思想是:以邓小平理论和"三个代表"重要思想为指导,深入学习胡锦涛同志在2004年迎春座谈会上向民主党派、工商联和无党派人士提出的"三个坚持"要求,贯彻农工党自治区委四届四次全委会精神,坚持科学发展观,按照"坚持一条主线,突出两个工作重点,强化六个意识,力争六个突破"的工作总体思路,加强组织工作能力建设,努力建设适应新世纪要求的高素质参政党。制定2005年组织工作八项任务。

换届工作 搞好民主党派各级组织的换届,是民主党派政治生活中的一件大事,是广大民主党派成员广泛关注的大事。农工党自治区委对我区农工党各级组织换届高度重视,从事关多党合作全局、事关民主党派发展的战略高度,充分认识搞好地市级组织换届工作的重大意义,把各级组织换届作为一项重大的政治任务,摆上重要议事日程,按照农工党中央和中共自治区党委的要求,切实加强领导,统筹安排,精心组织,认真做好各级组织换届的各项工作,确保换届工作的圆满成功。

领导班子建设 2005年,农工党自治区委结合自治区各级组织的实际,争取中共地方党委和党委统战部的支持,采取措施,切实加强领导班子建设,健全领导机构。根据《关于同意内蒙古自治区委员会四届委员会规模的批复》(农工中组发〔2002〕047号),农工党自治区委第四届委员会设主任委员1名、副主任委员4名、常务委员会委员由9名增至11名、委员由23名增至25名。

基层组织建设 农工党自治区委认真贯彻中国农工民主党第十三届中央常务委员会第七次会议精神,进一步加强和推进基层组织建设,发挥基层组织作用。印发农工蒙组发〔2005〕1号文件,转发2004年12月9日中国农工民主党第十三届中央常务委员会第七次会议审议通过的《中国农工民主党基层组织工作条例》,要求农工党全区各级组织认真贯彻执行,进一步加强基层组织建设,使农工党的基层组织工作制度化、规范化、程序化,发挥基层组织的基础性作用。为了加强基层组织建设,完善基层组织设置,根据党员发展状况,争取有关单位支持,适时组建新的基层组织,扩大基层组织覆盖面,发挥基层组织作用。在2005年1月13日举行的自治区政协九届三次会议选举会议上,增选了10名常委。2005年发展党员101名,其中高级职称30名,占30.1%;中级职称63名,占62.4%;医药卫生界44名,占43.6%;文化教育界20名,占19.8%;科学技术界14名,占13.9%;其他23名,占22.8%;大中城市74名,占73.3%;小城市27名,占26.7%;大专以上学历93名,占92.1%;男党员56名,占55.4%;女党员45名,占44.6%。截止2005年底,全自治区农工党员总数1 394名,其中高级职称442名,占31.7%;中级职称859名,占61.6%;医药卫生界826名,占59.3%;文化教育界232名,占16.6%;科学技术界142名,占10.2%;其他194名,占13.9%;大中城市1 115名,占80%;小城市279名,占20%;大专以上学历1 177名,占84.3%;男党员818名,占58.7%;女党员576名,占41.3%;离退休党员362名,占26%。新建组织总支部委员会1个、支部筹备组1个、小组1个。自治区委下辖26个地方、基层组织,其中市级委员会5个、盟级委员

会1个，基层委员会2个、总支部委员会6个、支部委员会6个、支部委员会筹备组1个、支部2个、支部筹备组2个、小组1个。

【培训工作】 11月9日至18日，农工党内蒙古自治区委在内蒙古社会主义学院举办“全区民主党派（农工党）骨干党员培训班”。来自全区各级组织的23名骨干党员参加培训班学习，听取内蒙古社会主义学院副院长、教授钱灵犀所做的《科学发展观和和谐社会》、《中共十六届五中全会与十一五规划》，中共内蒙古自治区党委党校经济部主任、教授安静赜所做的《内蒙古自治区经济形势及其发展》，内蒙古社会主义学院教研室副主任、副教授陈岩所做的《统一战线的历史与发展》，中共自治区党委统战部党派知识分子处处长曹洪利所做的《多党合作史》的讲座。并赴湖南进行为期8天的考察。

【改善办公条件】 农工党自治区委把提高机关信息化水平和机关办公效率作为一件大事来抓，积极争取中共自治区党委统战部、自治区财政厅的支持，更新办公设备，改善办公条件，为机关各部门配备计算机、打印机，并进行互联网宽带联网，为保证机关各部门优质高效地完成各项工作任务，更好地进行学习、交流、获取信息，创造了条件。

【数据库建设】 农工党自治区委按照农工党中央2005年组织部长培训班要求，贯彻《关于进一步加强农工党党员数据库建设的通知》（农工中组发〔2005〕23号）精神，充分认识建设党员管理数据库的重要性，对建设自治区党员管理数据库工作进行部署，配备党员管理数据库专用计算机，对组织部门和数据库管理人员提出要求，开展建立党员管理数据库工作。为在新世纪进一步做好农工党组织建设工作，加强党员管理，2005年4月，农工党中央在北京中央财经大学举办“党员管理数据库培训班”，自治区委选派组织部部长陈永胜参加“党员管理数据库培训班”，学习党员数据库管理有关知识、技能。自治区委组织部印发《中国农工民主党内蒙古自治区委员会组织部关于印发〈中国农工民主党党员信息采集表〉的通知》（农工蒙组发〔2005〕23号），组织农工党全区各级组织和党员填写《中国农工民主党党员信息采集表》，以摸清党员最新信息和数据，并在自治区委机关开始建设党员管理数据库，进行数据录入工作，建立我委党员管理数据库体系，为加强新形势下农工党组织建设的基础性工作、提高农工党党务工作水平奠定了基础。

【台港澳工作】 为贯彻中共中央关于做好台港澳工作的一系列重要指示精神，根据农工党中央参政议政部《关于进一步开展台、港、澳工作的通知》（农工中办发〔2005〕2号）精神，农工党自治区委组织部在全区各级组织中组织开展台港澳工作调研。首先，在以往建立有台、港、澳关系党员资料的基础上，进一步摸清底数，健全有台、港、澳关系党员数据库；其次，定期与党员联系，随时掌握党员联系、开展台、港、澳工作的情况，向党员提供有关台、港、澳形势、政策的信息和资料，为党员开展台、港、澳工作提供帮助；第三，定期组织党员召开台、港、澳形势报告会，听取自治区有关部门关于开展台、港、澳工作情况的报告，交流党员开展台、港、澳工作的经验和体会，共同做好台、港、澳工作；第四，加强我区联络工作委员会建设，选好配好负责人，建立相关规章制度，加强与农工党中央和内蒙古自治区对台工作部门的联系，形成区委台、港、澳工作的网络，适应新时期台、港、澳工作的需要。

【参政议政】

研究部署参政议政工作 1月5日，农工党自治区委召开中国农工民主党全区参政议政工作会议，会议确定了参政议政八个方面的工作。12月17日至12月18日，中国农工民主党内蒙古自治区委员会参政议政工作委员会会议在呼和浩特举行。会议总结了一年来的参政议政工作，强调要以邓小平理论和“三个代表”重要思想为指导，树立和落实科学发展观，加强参政党参政能力建设，共同努力，不断创新，努力把自治区农工党各级组织的参政议政工作提高到新水平，为巩固和完善中国共产党领导的多党合作和政治协商制度，为促进全区经济社会持续快速协调健康的发展，为实现人与自然的和谐，为全面建设小康社会，为实现祖国完全统一大业，做出更大的贡献。

“我看女性参政议政”问卷调查 根据农工党中央《关于协助做好“我看女性参政议政”问卷调查的通知》（农工中办发〔2005〕参字3号），向农工党全区地市级以上及地市级组织的领导、委员、机关干部发放《“我看女性参政议政”问卷调查问卷》20份，组织填写并做好回收工作，了解民主党派对女性参政议政的看法，听取对促进女性参政议政工作的建议，向全国妇联、农工党中央联合开展的《女性参政议政状况研究及政策建议调研课题》提供参考。

建言献策 全国政协召开“十一五”规划和2020年远景目标专题协商会，听取各民主党派中央意见。2005年5月8日农工党自治区委主委陈瑞清就科学地制定国家“十一五”规划和2020年远景目标、更好地推进全面建设小康社会、又快又好地搞好社会主义现代化建设，向农工党中央提出《关于对国家“十一五”规划和2020年远景目标的建议》。

【社会服务】

“第四届三花·大唐—2005年中国西部药学论坛” 由内蒙古、广西、重庆、四川、贵州、云南、西藏、陕西、甘肃、青海、新疆、宁夏等西部十二个省、自治区、直辖市药学会和新疆生产建

设兵团药学会联合主办,内蒙古自治区药品学会、《北方药学》杂志社承办,中国农工民主党内蒙古自治区委员会、内蒙古自治区食品药品监督管理局、内蒙古自治区科学技术厅协办,内蒙古大唐药业有限公司冠名,北方药都联办,内蒙古双奇药业股份有限公司、内蒙古凯蒙药业股份有限公司、内蒙古伊泰生物高科有限责任公司、内蒙古草原文化艺术研究发展促进会支持的,于2005年8月10日至12日召开的、以医药发展与现代科学为主题的"第四届三花·大唐—2005年中国西部药学论坛"。农工党自治区委主委陈瑞清担任2005年中国西部药学论坛组织委员会名誉主任委员,编辑出版《三花·大唐2005年中国西部药学论坛论文集》。

"第十届全国数学药理会议暨第十届华北、西北八省区市药理学术会议暨蒙药药理学术会议" 8月4日至5日,由自治区科学技术厅、卫生厅主办,农工党内蒙古自治区委等单位协办的第十届全国数学药理会议暨第十届华北、西北八省区市药理学术会议暨蒙药药理学术会议在呼和浩特召开。会议探讨了民族医药的发展趋势,对推动国家药理学,特别是蒙药等民族医药事业的发展,加快蒙药产业化、现代化、标准化、市场化进程,促进自治区蒙药产业的发展壮大起到了积极推动作用。

"生命·健康·和谐"的全国敬老爱老助老孝心工程暨内蒙古自治区中老年DNA科普宣传月活动 7月23日,由内蒙古自治区老龄工作委员会、农工党内蒙古自治区委、内蒙古自治区科学技术协会主办,大连珍奥集团内蒙古公司承办的主题为"生命·健康·和谐"的全国敬老爱老助老孝心工程暨内蒙古自治区中老年DNA科普宣传月活动在呼和浩特国宾馆礼宾厅隆重启动。自治区人大常委会副主任、农工党自治区委主委陈瑞清代表主办单位发表讲话。自治区老龄工作委员会、自治区科学技术协会的领导先后致词。世界著名免疫专家、病理学家,国际免疫学联合会主席、瑞士苏黎世大学实验免疫学研究所所长,1996年诺贝尔生理学或医学奖得主青格纳格尔博士及其夫人应邀参加启动仪式并发表祝辞。与会人员观看《国际DNA节》影片,听取王森教授所做的健康专题讲座。

医疗义诊咨询服务 农工党包头市委2003年7月1日启动的"百村医疗义诊"活动,历时两年,于2005年9月顺利完成。在这两年时间里,农工党包头市委先后开展活动8次,为全市旗县区100个自然村的2 600名农牧民义诊送医送药,发放价值万元的药品和计划生育、生殖健康用品,为缓解农村牧区缺医少药的状况贡献力量,受到当地政府和群众的热烈欢迎。

文化 科技 卫生"三下乡"活动 农工党全区各级组织结合自身工作实际,发挥优势,重点开展卫生"三下乡"活动。4月2日,农工党包头市委副主委丁建丽、秘书长辛华带领由内科、儿科、外科、妇科、中医科、检验科等科医生组成的医疗专家组,对包头市九原区哈林格尔乡卫生院进行帮扶。7月9日,中共包头市委统战部与农工党包头市委在包头市青山区共同组织送医送药活动。来自包头市内儿所医院的部分农工党员医药卫生工作者为社区居民进行义务体检,免费发放1 000多元的常用药品。12月21日,农工党自治区委常委、农工党包头市委主委张伯群带领农工党慰问组以及由内科、外科、中医科等科农工党员组成的医疗小组,赴距包头市区90公里以外的重灾区—包头市固阳县新顺西乡圪妥口子村。向困难群众发放捐款和4 000斤面粉。进行义诊活动。共为100多名村民进行检查,免费发放价值1 400多元的药品。6月20日至23日,农工党内蒙古自治区委在中共自治区党委统战部的支持和帮助下,经与有关部门和单位协调,从内蒙古自治区医院抽调内科、外科、妇科、骨科、眼科、蒙医科和B超、心电图的医学专家组成医疗队,赴锡林郭勒盟苏尼特左旗赛罕高毕苏木开展送医送药活动,在苏木卫生院为815人次的患者进行义诊,向苏木政府赠送内蒙古自治区医院扶贫优惠卡50张,向患者免费发放价值1.5万元的常用药品。这次活动为患者节约费用约达40万元,受到当地政府和群众的欢迎。

农工各盟市也组织送医送药活动 4月2日,农工党乌海市委与乌海市公乌素医院联合组织由25人组成的义诊医疗队,深入乌海市海南区八音陶亥乡进行义诊活动。共为村民义诊服务525人次,诊断出疑难病36例,发放医学科学普及宣传材料500余份。4月24日,农工党集宁委员会教育支部、医药支部党员一行31人,在农工党集宁委员会主委李一飞,副主委魏昭、郭二兰带领下,赴集宁区黄家村乡,开展送医送教、植树活动。

4月26日,农工党兴安盟总支部委员会副主任委员、兴安盟医院中医科主任、副主任医师刘振国,乌兰浩特市医院第一分院院长、副主任医师杨清慧组成的医疗小分队,深入到中共兴安盟委统战部扶贫村敖尼斯台嘎查送医送药,为近百名农牧民诊断疾病,免费发放500余元的药品。5月,农工党兴安盟总支部委员会协同兴安盟残疾人联合会,到兴安盟老干部活动中心、农牧区大坝沟中心学校免费送医送药价值2 000元。7月,农工党兴安盟总支部委员会参加国家妇女儿童委员会在兴安盟免费对弱视儿童的检查治疗活动,将6名儿童送到北京妇女儿童治疗中心治疗低视力。9月23日,农工党兴安盟总支部委员会组织两个医疗小分队分别赴乌兰浩特市团结苏木和科尔沁右翼前旗勿布林苏木,为农牧民免费诊治100余人,发放近千余元的药品。9月,农工党兴安盟总支部委员会在教师节和民族团结月之际,到民族中学为教师送温暖,免费送医送药价值2 000元。6月26日,农工党赤峰市委组织由内科、外科、儿科、妇科、泌尿科、心血管科、中医科、B超、心电图等科的专家10人组成医疗小分队,带着药品和文具,到赤峰市松山区碾坊乡开展义诊、助学、献爱心活动。免费为群众发放价值约500元的药品,并为当地小学生捐赠了价值1 500元的学习用品。7月5日,中共鄂尔多斯市东胜区委统战部组织农工党鄂尔多斯市东胜区支委会、民盟鄂尔多斯市东胜区支委会赴鄂尔多斯市东胜区罕台镇开展“三下乡”活动。义诊和咨询人数达100余人，发放宣传资料1 000余份；民盟鄂尔多斯市东胜区支委会组织文艺团体举行了丰富多彩的文艺演出。7月9日至10日，为庆祝中国农工民主党建党75周年，在农工党内蒙古自治区委副主委、巴彦淖尔市政府副市长云治厚带领下，农工党临河支委会组织9名医学界专家到农工党定点帮扶乡镇卫生院—乌拉特中旗乌梁素太乡卫生院举行向老百姓送医送药献爱心活动。8月11日，农工党内蒙古自治区医院总支部委员会与内蒙古自治区政协教科文卫委员会、乌兰察布市政协联合共同在乌兰察布市卓资县十八台镇开展“三下乡”活动，受益群众达800多人。

9月24日，农工海拉尔支部委员会组织海拉尔地区的各个医院及科研单位的内科、蒙医科、儿科、结防科、口腔科的副主任医师、主治医师和药剂师党员医生，到离海拉尔区80公里以外的牧区鄂温克自治旗锡尼河东苏木哈日嘎那嘎查，开展送医送药义诊活动。10月12日，中国农工民主党牙克石市总支部委员会、中国民主建国会牙克石市支部在中共牙克石市委统战部的协助下，在内蒙古大兴安岭林业总医院医疗专家的支持下，在牙克石市牧原镇领导的陪同下，前往牙克石市牧原镇敬老院进行义诊活动。

定点帮扶乡镇卫生院　农工党自治区委贯彻落实《农工党中央关于确定帮扶乡镇卫生院工作的意见》，积极配合农工党中央社会服务部抓好定点帮扶乡镇卫生院工作。继自治区巴彦淖尔市乌拉特中旗乌梁素太乡卫生院被农工党中央审批成为“农工党全国定点帮扶乡镇卫生院”之后，捐赠价值人民币26万元的医疗用品。2005年农工党自治区委通过调研、考察，向农工党中央申报赤峰市松山区城子乡碾坊卫生院为自治区的第二个“农工党全国定点帮扶乡镇卫生院”。农工党中央又向城子乡碾坊卫生院捐赠价值人民币25万元的医疗用品。农工党自治区委主委陈瑞清亲自协调自治区卫生厅、发展和改革委等有关部门，向城子乡碾坊卫生院拨付建设资金30万元，用于加强碾坊卫生院基础设施建设，扩建房屋面积550平方米，改造房屋370平方米，维修600多平米，建成配套齐全、设施一流的病房楼，并将于2006年改扩建完工。

春蕾计划　中国农工民主党海拉尔支部委员会按照农工党自治区委安排，响应中华全国妇女联合会、中国儿童少年基金会发起的“春蕾计划”活动倡议，组织党员积极捐款，继续参加当地救助贫困女童的捐款活动，资助一名小学四年级贫困女童，每年资助300元，直至她完成小学学业。5月31日“六·一国际儿童节”前夕，呼伦贝尔市海拉尔区妇女儿童工作委员会、妇女联合会在海拉尔区成吉思汗广场举办“海拉尔区妇女儿童工作委员会、妇女联合会庆六·一献爱心捐助春蕾女童仪式”。农工党海拉尔支部委员会派代表参加仪式并为“爱心结对”的贫困女童捐款300元。2004年、2005年党员共计捐款660元，两次捐出600元，结余部分作为支部委员会的“春蕾计划”“救助基金”，坚持捐助“爱心结对”贫困女童完成学业。

防治禽流感　2005年，自治区部分地区发生禽流感疫情。农工党员，内蒙古自治区卫生厅卫生监督所主任技师郭天金作为自治区卫生厅的学科带头人，积极参与对全区禽流感防控工作的督察和对呼和浩特市赛罕区腾家营村禽流感疫区人禽流感防控的督导工作，对防治人禽流感的发生和传播做出了贡献。防治艾滋病2005年11月26日，在第18个“世界艾滋病日”即将到来之际，农工党呼和浩特市委与内蒙古老年卫生协会、呼和浩特市红十字会、呼和浩特职业学院联合在呼和浩特职业学院举办主题为“遏治艾滋，履行承诺”的“预防艾滋病宣传教育专题讲座”。呼和浩特职业学院近500名师生共同聆听了内蒙古老年卫生协会常务副理事长兼秘书长、著名专家、教授赵捷和内蒙古老年卫生协会常务副秘书长、著名专家、教授陈守用所做的有关预防艾滋病的主要政策、措施及知识的专题讲座。自治区红十字会名誉会长、内蒙古老年卫生协会理事长云曙碧向与会者发放了个人出资印刷的《预防艾滋病宣传教育材料》，并做重要讲话。自治区人大常委会副主任、农工党自治区委主委陈瑞清应邀到会并做重要讲话。

【“双百万”京(津)北绿色屏障工程】　由农工党自治区委与自治区人大环境资源城乡建设委员会、中共自治区党委宣传部、共青团自治区委、自治区林业厅等19个(后为24个)自治区有关部门单位发起的“双百万”京(津)北绿色屏障工程自2000年7月启动以来，经过历时五年的建设，已取得阶段性成果。五年中工程累计筹资(包括投工投劳折资)1.65多亿元，实施工程建设面积220多万亩，超出规划面积120万亩，为保护和改善自治区生态环境，营造秀美山川，做出积极贡献，受到社会各界的广泛赞誉。作为“双百万”京(津)北绿色屏障工程重点建设项目之一的“农工世纪林(草)”工程，在农工党中央和农工党中东部省市级组织的大力支持和帮助下，在农工党全区各级组织和广大党员的共同努力下，向内蒙古乌兰察布市四子王旗“双百万”京(津)北绿色屏障工程组委会捐资达27万元，四子王旗广大干部职工捐资16万元，以劳折资48万元，募集其它资金20万元，共完成种植面积42 169亩，工程项目区内主要种植柠条、沙打旺、草木樨、沙柳、红柳等，各种林草长势良好，成活率和保存率均较高。9月8日至10日，全区“双百万”京(津)北绿色屏障工程组委会在鄂尔多斯市隆重举行全区“双百万”京(津)北绿色屏障工程建设总结表彰暨现场会。自治区党委副书记陈光林，自治区人大常委会副主任、自治区“双百万”京(津)北绿色屏障工程组委会主任、农工党自治区委主委陈瑞清，自治区副主席雷·额尔德尼,武警内蒙古总队总队长郄国严出席会议。

【第二届中国生态健康论坛】 10月21日至23日,由中国农工民主党中央委员会和中共内蒙古自治区委员会、内蒙古自治区人民政府主办的主题为“生态健康与循环经济”的“第二届中国生态健康论坛”在自治区乌海市召开。全国人大常委会副委员长、农工党中央主席蒋正华,中共自治区党委常委、统战部部长伏来旺,中国环境保护基金会理事长曲格平,自治区人大常委会副主任、农工党自治区委主委陈瑞清,自治区副主席连辑,自治区政协副主席、民盟自治区委主委许柏年,中共乌海市委副书记、乌海市政府市长白向群。全国政协常委、副秘书长,农工党中央副主席陈宗兴主持开幕式。来自全国多个领域的专家、学者约200余人参加论坛。

(陈永胜)

九三学社

【九三学社内蒙古自治区委员会领导名录】

主 任 委 员:罗锡恩

副主任委员:黄雅琴(女 蒙古族) 边占喜 林琳

刘新乐(蒙古族 6月任职)

【概况】 2005年底社员总人数1 355人;男社员796人,占社员总人数58.8%;女社员559人,占社员总人数41.2%;全区社员平均年龄53.9岁;2005年发展新社员96人,发展率为7.65%;大专以上文化1 345人,占社员总数99%;离退休人数512人,占社员总数38%;高级职称768人,占社员人数56.7%;中级职称564人,占社员人数41.6%;其他23人,占社员总数1.7%;高教135人,占9.9%;普教47人,占3.4%;科技679人,占50.1%;医卫323人,占23.8%;党政机关97人,占7.1%;其他74人,占5.46%;40岁以下321人,占23.6%;41－50岁以下366人,占27%;51－60岁以下193人,占14.2%;61－70岁以下356人,占26.2%;70岁以下119人,占8.7%。

【重要工作】

开展纪念建社60周年活动 2005年9月3日是抗日战争和世界反法西斯战争胜利60周年,也是九三学社建社60周年纪念日。社区委各级组织要以此为契机,从实际出发,开展多种形式的纪念活动,进行爱国主义和社会主义教育、中国特色社会主义政党制度教育、社章、社史和社的优良传统教育,振奋精神、凝聚力量,不断强抢广大社员的政治责任感和历史使命感。

完成届中调整和做好2007年换届准备工作 一是要制定周密的届中调整工作方案,充分发扬民主,广泛听取意见,严格按程序办理,搞好人事协商,做好拟任人选的考察和选举工作。二是要把换届各项准备工作与后备干部队伍建设结合起来,加强与有关方面的协商沟通,建立社区委和市级后备干部名单。三是组织发展要优化组织构。认真贯彻各民主党派中央关于“进一步做好民主党派组织发展工作座谈纪要”精神,分类指导市级组织制定组织发展计划,进一步放宽视野,发展优秀人才入社,总体把握5%的年净增率,逐步改善社员结构。四是力争年内建立九三学社鄂尔多斯市委员会和九三学社乌兰察布市委员会。

【参政议政工作】 2005年,社区委主要负责同志应邀出席自治区党委、人大、政府、政协和自治区党委统战部的情况通报会、座谈,例如:应邀出席自治区党委召开的听取党外人士对自治区党委工作意见和建议座谈会;出席自治区党委统战工作通报会等。在这些会议上,社区委主要负责同志会前认真准备,会上积极发言,提出意见和建议。例如:罗锡恩主委在自治区党委召开的听取党外人士对自治区党委工作的意见和建议座谈会和自治区党委统战部召开的谈心会上,就如何加强党的执政能力建设和维护弱势群体切身利益提出具体建议,引起自治区党委和有关部门领导的高度重视。

【人民政协提案工作】 在自治区政协九届三次全委会上,社区委提出11件集体提案,社内担任自治区政协委员的同志提交26件个人提案。罗锡恩副主席代表社区委以《关于完善土地承包关系的意见和建议》为题作大会发言。丽娜、房建华委员也分别以《建立权威高效的食品安全监督管理体系》、《发展循环经济,实现效益与环保“双赢”》为题作大会发言。包庆贺常委、李晓东委员分别以《建立有效的农村公共卫生和新型合作医疗体系》、《关于促进我区农村专业合作经济组织的建议》为题作了大会书面发言。会后房建华、李晓东委员的发言为《内蒙古政协》(2005年第一期)所选登。参加全国“两会”和自治区人代会的代表、委员,认真履行职责,也积极向会议提交议案和提案,全国人大代表吕秋娥同志在会上提出《尽快建立公民紧急医疗救助机制的建议》等6件批评和建议。自治区五位人大代表向会议提交批评、建议10件。罗锡恩、闫伟、刘新乐三位同志参加全国政协会议期间,共向会议提交10件提案,其中罗锡恩委员《关于进一步加快建设西部铁路的建议》的提案被列为大会书面发言。自治区政协于2005年1月做出关于表彰2004年度优秀提案的决定,社区委提出的《关于锡林浩特市周边地区生态环境治理》集体提案和张秀峰委员《对我区农村牧区卫生工作的建议》的提案被评为优秀提案,受到表彰。通过参加人民政府提案工作实践,扩大了社员参与范围,为进一步做好参政议政工作奠定基础。

集体提案 11 件:大力发展农村民营经济为农民就业提供强力支持的提案;关于促进自治区农村专业合作经济组织发展的提案;关于《进一步强化矿产资源开发工作中心管理制度》的提案;关于禁止教师从事对任课学生进行有偿家教的提案;关于农业科技立法的提案;关于自治区民主党派组织人员编制使用问题的反映与建议的提案;加大清欠力度切实保障我区清欠目标顺利实现的提案;关于工程质量监督要公平公正的提案;关于加大《城镇职工医疗保险条例》贯彻执行力度的提案;关于进一步发展无公害食品的提案;关于食品安全的几点建议的提案。

个人提案 26 件:建立权威高效的食品安全监督管理体制保障人民人民群众饮食安全的提案(丽娜);关于目前我区奶牛业发展问题急需政府宏观调控的提案(徐建新);关于加强穿越呼市城区铁路沿线景观改造的提案(高昆生);关于给乌兰察布市养奶牛专业户财政补贴的提案(臧宪凌);关于政府有关部门应协调解决冬季取暖费收费难的提案(边占喜);关于尽快将通辽市科尔沁沙地列为振兴东北老工业基地防沙治沙重点项目区的提案(包庆贺);建议重视解决我区热电厂粉煤灰的开发利用问题的提案(张秀峰);加快我区农牧业保险步伐,切实为"三农三牧"解决后顾之忧的提案(徐建新);关于建立少数民族学生助学金制度的提案(包庆贺);以市或盟建立直管农村合作医疗进行大病统筹的提案(臧宪凌);关于结核病防治能力建设的提案(包庆贺);建议发挥呼、包、鄂三角城市集群效应和做出战略发展规划的提案(张秀峰);卫生监督执法待解决的几个问题的提案(包庆贺);建议在政协机关中启动和推进安排民主党派和无党派人士担任专职领导干部的提案(张秀峰);建设创树更多的品牌的提案(张秀峰);关于尽快为玉泉区昭君路增加道路交通设施并安装路灯的提案(李晓东);关于超市要确保农畜产品安全消费的提案(李晓东);关于实行教育"一费制"后形成经费困难的提案(梁瑞);关于做好高校贫困生国家助学贷款工作的提案(昭日格图);建议包头市免费开放劳动公园的提案(罗锡恩);关于祥和花园开发商侵犯业主权益违章建造汽车库问题的提案(李晓东);关于呼市车站两个长途汽车站须加强管理的提案(李晓东);关于关注城镇鳏寡老年人生活问题的提案(边占喜);关于采用经济手段解决工程质量及拖欠农民工工资问题的提案(房建华);关于彻底清理"院中院"的提案(霍洪军);关于请求政府加大对城市三级医院重点学科、领先学科的财政支持力度的提案(霍洪军)。

【信息工作】 至 2005 年底,共向社中央等有关部门报送信息稿件 27 件,被采用 25 篇(次),平均采用率为92%,被自治区党委统战部信息中心采用的稿件数量排在自治区各民主党派首位。2004 年,社区委信息工作分别受到社中央宣传部、自治区党委统战部的表彰,两件信息被自治区党委统战部评为好信息。2005 年,社区委先后完成了《内蒙古草地生态与农牧民收入》、《关于呼和浩特市奶牛养殖效益下降及采取措施提高奶农经济效益》两份调研报告,现以提交政府有关部门。

【重要会议】

九三学社内蒙古自治区第五届委员会第四次全体委员(扩大)会议 6 月 20 日至 21 日在呼和浩特市举行。大会主要议程是:学习、贯彻中发〔2005〕5 号文件精神;听取和审议社区委常委会《工作报告》;增补九三学社内蒙古自治区五届委员会委员;表彰 2002 年度—2004 年度社务工作先进集体和先进个人;交流各地社务工作经验;讨论、通过九三学社内蒙古自治区五届四次全委(扩大)会议关于常务委员会《工作报告》的决议。经过会议选举,包庆贺、闫伟、刘新乐同志增补为社区委委员。

九三学社内蒙古自治区第五届委员会第五次全体委员会议 6 月 21 日,社区委五届五次全委会议在呼和浩特市举行。会议主要议程是增补社区委常委、副主任委员。经过会议选举,包庆贺、闫伟、刘新乐同志增补为社区委常委,刘新乐同志增补为社区委副主任委员。

九三学社建社 60 周年暨九三学社内蒙古自治区委员会成立 20 周年纪念大会 9 月 1 日,九三学社建社 60 周年暨九三学社内蒙古自治区委员会成立 20 周年纪念大会在呼和浩特市新城宾馆隆重举行。全国人大副委员长、九三学社中央主席韩启德,内蒙古政协主席王占为大会题词。自治区政协副主席、民革内蒙古区委奇英诚主委以及自治区有关方面负责人应邀出席纪念大会。会后进行文艺演出。内蒙古政协副主席、社区委主委罗锡恩在大会上发表讲话,自治区党委统战部常务副部长杨舜才代表自治区党委统战部致贺辞,自治区政协常委、民进内蒙古区委邢洁晨副主委代表民革、民盟、民建、民进、农工、工商联致辞,社员张文芳代表全区社员讲话。

【思想建设】 社区委认真学习中发〔2005〕5 号文件精神,全面加强思想建设。思想建设是我社自身建设的中心环节。社区委在过去一年中,以邓小平理论和"三个代表"重要思想为指导,结合对中共中央今年初颁发的《关于进一步加强中国共产常领导的多党合作和政治协商制度的意见》(即中发〔2005〕5 号文件)的学习,不断提高成员对建设中国特色社会主义的共识和贯彻党的基本路线和基本纲领的自觉性,深化对参政党地位、性质和历史使命的认识,为巩固和发展同中共的团结合作奠定坚实的思想基础。社区委五届二次会议以来,社区委抓住统战系统培训年的大好机遇,及时组织、选派社员参加各级培训班学习。社区委主要负责同志参加了中央社会主义学院举办的"三个代表"重要思想理论研讨班班学习。还有 63 位社员先后参加民主党派骨干培训班和党外领导干部培训班的培训,通过培训学习,提高认识,增强作为参政党成员的责任感。各级组织和社员在《内蒙古统战理论》等刊物上发表论文9篇。在2005年召开的全区统战刊物宣传工作座会上,社区委宣传部和社区委副秘书长凌玲同志受到表彰。凌玲同志荣获社中央"思想宣传工作先进个人"称号,社区委机关刊物《内蒙古社讯》荣获社中央宣传部优秀期刊奖。经过努力,新闻媒体对社区委活动的报道比历年有所增加,例如:《内蒙古日报》在《反分裂国家法》即将通过之时,及时刊登社区委负责同志谈话。

【组织建设】 社中央根据区社实际,适时提出实施人才战略,并且制定《九三学社中央关于实施人才战略的意见》,九三学社人才工作是中国共产党和国家人才工作的组成部分。实施人才战略是落实人才强国战略的具体体现。实施人才战略的重点是建设4支队伍,即旗帜性代表性人才队伍,专职领导干部队伍,机关工作人员队伍和后备干部队伍,切实做好发展、培养和使用三个环节。全年社区委发展新社员96名,平均年龄40岁,发展率为7.65%,其中具有高级职称45名。组织发展工作总体上看是健康的,不少党外优秀知识分子加入到九三学社组织中来,为九三学社增添了新鲜血液和活力。至年底,全区社员人数为1 355人。其中各级人大代表、政协委员约占社员总数的1/10。2005年,在各级统战部门帮助、支持下,九三学社还有46位社员担任政府部门特邀(约)人员,这些同志立足本职,积极参与政府部门工作,参与对地方事务的管理。社内新涌现出一批先进集体和先进个人,闫伟、哈斯朝鲁荣获自治区劳动模范称号,朱文园、梁瑞同志分别荣获社中央"参政议政先进个人"和"社会服务先进个人"称号。社锡林浩特委员会荣获社中央"先进基层组织"称号。内蒙古林业科学院张文军副研究员参加的《半干旱地区沙地综合治理技术研究》项目荣获国家科技进步二等奖;内蒙古师大昭日格图教授被自治区党委、政府评为优秀留学回国人员;内蒙古农业大学闫伟教授主持的"林木菌根剂生产及其应用技术研究"项目被评为自治区科学技术进步一等奖。社区委连续第二次荣获中国国际科学与和平周活动特殊贡献奖。在北京召开的九三学社建社60周年纪念大会上,社包头市青山区委员会荣获优秀基层组织称号,张文芳等十三位同志荣获优秀社员称号。社中央还为入社30年以上的丁正彬、王云发两位老同志颁发了荣誉奖牌。有6位从事社机关工作20年以上的同志也荣获荣誉奖牌。

【社会服务工作】 通过社会服务工作,可以深入接触社会热点问题,了解人民群众的关心和需要,为参政议政提供第一手资料,使参政议政的意见和建议更加中肯、更具科学性和可行性。社区委积极探索参政议政与社会服务的有机结合。2005年社区委组织部分成员到未成年犯管教所慰问干警和开展对少年犯帮教活动,社区委向劳改人员捐赠了部分生活用品,活动产生很好的社会效果。2005年社区委组织社内专家赴乌海市乌达区、包头市土默特右旗开展扶贫支农活动,引进扶贫资金25万元。社区委还应邀组织社内专家到巴林右旗进行考察、咨询讲学活动。通过活动,使社员不仅参加社会实践,而且体察民情,为进一步做好工作打下良好基础。

(张明英)

群　众　团　体

工　会

【内蒙古自治区总工会领导名录】

主　　席:云秀梅(女 蒙古族)

副 主 席:胡书捷 崔明龙 金华(女 蒙古族) 钟来吉 额尔敦巴雅尔(蒙古族)

助理巡视员:杨瑞林 李建军

【概况】 全区有地级市总工会9个,盟工会3个,旗县(市区)工会101个。设有自治区林业、电力等23个产业(系统)工会和直属企事业工会。自治区总工会设有14个行政部室,6个事业单位,在职干部职工(包括4个驻会产业工会和直属企事业工会)209人。另外,在自治区直属机关还设有自治区直属机关工会工作委员会。全区有职工408.1万人,工会会员370.2万人,建有工会基层组织35 889个,有专职工会干部9 412人。

【自治区劳动模范表彰大会】 在自治区党委、政府的领导和支持下,圆满完成794名自治区劳模和72名全国劳模的评选、推荐工作。2005年4月26日,自治区主席杨晶主持召开全区劳模表彰大会,自治区党委书记储波出席表彰大会并作重要讲话。

组织召开庆祝“五一”国际劳动节暨中华全国总工会成立80周年大会、劳模招待会、庆祝劳模表彰大会专题文艺晚会、欢送自治区出席全国劳模表彰大会代表团进京。劳模大会之后，自治区总工会组织劳模报告团到各地巡回宣讲，收到良好社会效果。并抓住开展“五一”系列活动的有利时机，在各大新闻媒体突出宣传刘怀玉、许燕辉、陈友全等劳模和优秀工会干部的先进事迹122人次，编辑出版歌颂劳模的报告文学《产业工人的楷模—刘怀玉》一书，总工会还围绕《内蒙古自治区人民政府关于改善和提高劳动模范和先进工作者待遇的意见》，选择1个盟市作为贯彻落实《意见》的试点。

【自治区总工会与自治区人民政府第二次联席会议】 12月29日，自治区人民政府与自治区总工会召开第二次联席会议，研究加强工会组织在安全生产中的作用和进城务工人员权益维护问题。自治区人大常委会副主任、总工会主席云秀梅主持会议，自治区副主席赵双连讲话。会议审议《内蒙古自治区人民政府关于支持工会在安全生产工作中切实发挥作用的意见（代拟稿）》，以及《内蒙古自治区人民政府关于切实加强进城务工人员合法权益维护工作的意见（代拟稿）》。

【自治区总工会八届二次全委会议】 3月7日至8日，自治区总工会八届二次全委会议在呼和浩特召开。会议学习贯彻党的十六届四中全会、自治区党委七届八次全委会议、自治区经济工作会议和全总十四届二次执委会议精神，总结2004年工作，研究部署2005年主要任务。自治区党委副书记陈光林出席会议并作重要讲话。自治区人大常委会副主任、总工会主席云秀梅代表自治区总工会第八届委员会常委会，作了题为《认真履行各项职能切实提高维权能力为建设和谐内蒙古作出新贡献》的工作报告。

【全区厂务公开现场经验交流会议】 9月26日，全区厂务公开工作现场经验交流会议在包头召开。自治区党委副书记、自治区厂务公开工作领导小组组长陈光林同志出席会议并作重要讲话。会上，自治区纪委监察厅的负责同志就进一步发挥纪检监察职能作用、加强督促检查、严格责任追究制度；自治区国资委的负责同志就国有及国有控股企业深化和拓展厂务公开内容、健全和完善民主管理制度、确保国有资产保值增值工作分别作大会发言，自治区厂务公开工作领导小组的其他成员单位也结合职能职责从各自工作角度作书面发言。各盟市党委分管领导、纪委监察局领导，各盟市工会主席、厂开办负责人，满洲里市、二连浩特市及自治区各产业（系统）厂开办负责人，大会介绍经验单位负责同志等90多人参加会议。

【开展基层工会组织建设年活动】 全年实现基层工会委员会新增2 444家，工会基层组织（法人单位）新增3 652家，工会会员新增22.1万人。8月24至25日，全区基层工会工作座谈会在呼和浩特召开。自治区人大常委会副主任、总工会主席云秀梅出席会议并讲话。会议学习贯彻全总十四届六次主席团（扩大）会议、自治区党委七届十次全委会议精神，盟市、产业、旗县（区）及基层工会共34个单位在分组座谈会上介绍工作情况，交流经验；通辽市总工会、鄂尔多斯市总工会、内蒙古森工集团公司工会、呼伦贝尔市海拉尔区总工会、乌兰浩特红城水泥有限责任公司工会、内蒙古塞飞亚集团公司工会等6个单位作大会发言。自治区总工会党组书记、副主席胡书捷主持会议，自治区总工会副主席崔明龙、金华、钟来吉、额尔敦巴雅尔出席会议。各盟市、产业（系统）工会，满洲里市、二连浩特市总工会的负责人以及区总机关各部门负责人参加会议。

【创建“劳动关系和谐单位”】 6月，自治区总工会与自治区劳动和社会保障厅决定，在全区范围内开展“劳动关系和谐单位”创建活动，并成立创建活动领导小组。领导小组组长由自治区人大常委会副主任、总工会主席云秀梅担任，副组长由自治区劳动和社会保障厅厅长冀秉峰，自治区总工会党组书记、副主席胡书捷担任。自治区精神文明建设委员会办公室、国资委、监察厅、安全生产监督管理局、工商局、商务厅、工商联、企业联合会/企业家协会等有关单位为创建活动领导小组成员。呼和浩特市总工会主席刘廷俊，内蒙古鄂尔多斯集团公司党委副书记范树堂分别作发言。自治区总工会党组书记、副主席胡书捷，副主席崔明龙、金华、钟来吉、额尔敦巴雅尔，自治区创建“劳动关系和谐单位”活动领导小组成员单位的领导，自治区驻呼各产业工会负责人在呼和浩特主会场参加会议；各盟市工会、满洲里市、二连浩特市、自治区林业工会的领导，各盟市创建“劳动关系和谐单位”活动领导小组成员在分会场参加会议。

【“金秋助学”活动】 8月2日，为及时贯彻全国工会“金秋助学”活动电视电话会议精神，在全总会议结束后，自治区总工会接着召开全区工会“金秋助学”活动电视电话会议，进行具体安排和部署。自治区总工会党组书记、副主席胡书捷在会上讲话，要求要从落实科学发展观，构建和谐社会的高度，充分认识开展“金秋助学”活动的重大意义，切实加强组织领导，规范运作，建立助学帮扶的长效机制。自治区总工会副主席崔明龙主持会议，自治区总工会副主席钟来吉出席了会议。区总机关各部门，自治区驻呼产业工会，高校工会，自治区直属机关工会工委，呼和浩特市总工会及有关企业工会负责人等140多人参加电视电话会议。在这次活动中，全区各级工会共筹集助学金1 304.02万元，发放助学款1 114.06万元，资助困难职工子女17 761人。

【以职工维权服务中心为载体,切实为困难职工办实事、办好事】 1月21日,自治区总工会决定成立内蒙古自治区职工维权服务中心。内蒙古自治区职工维权服务中心由自治区总工会法律工作部、保障工作部,自治区建筑建材公路运输工会,内蒙古东日律师事务所等有关部门和单位组成,维权中心本着面向职工、及时服务、快捷准确、释疑解惑、因地制宜、长期坚持的原则,通过法律和政策咨询、法律援助等多种形式,帮助解决职工群众遇到的困难和问题,为职工提供帮助和服务,依法维护职工的合法权益。维权中心积极整合工会内部力量,主动借助外部力量,重点为合法权益受到严重侵害的职工、进城务工人员,以及因履行工会职责而自身权益受到侵害的工会工作者和工会组织提供帮助和服务。职工维权中心的成立,是区总在开通"12351"职工热线电话的基础上,适应新时期经济关系、劳动关系变化的要求,落实"组织起来、切实维权"的工作方针,积极探索党领导下的工会组织依法维权新机制,服务大局,服务基层,服务职工,维护稳定的又一项重要举措。同日,区总与内蒙古政府新闻办公室联合召开职工维权服务中心成立新闻发布会。2005年年底全区困难职工帮扶中心已增至65个。一些地方工会还通过开设"爱心超市"、"困难职工救助站"等,使帮扶工作延伸到社区。

【民营企业招聘周】 6月6日,全区12个盟市及满洲里市、二连浩特市招聘周活动同时启动。自治区劳动和社会保障厅、总工会、工商联在内蒙古自治区劳动力市场组织招聘活动。自治区人大常委会副主任、总工会主席云秀梅,总工会副主席崔明龙出席自治区和呼和浩特招聘周活动的启动仪式。招聘周期间,全区共有556家企业进场招聘,提供各类岗位11 630个,有16 400多人进场求职,达成招聘意向4 087份。各级劳动和社会保障部门、工会组织同时开展政策咨询和权益维护活动。自治区总工会在自治区劳动力市场设立专门的咨询服务台,7天内共接待咨询200多人次,发放《工伤保险维权手册》、《劳动、工资工作知识手册》、《劳动报酬维权手册》、《终止或解除劳动关系相关法规政策简编》、《促进下岗失业人员再就业政策文件汇编》等资料2 000多册。

【《关于加强建设等行业农民工劳动合同管理的通知》】 2005年5月,自治区劳动和社会保障厅、建设厅、总工会联合印发劳动和社会保障部、建设部、全国总工会《关于加强建设等行业农民工劳动合同管理的通知》,并根据自治区实际情况提出具体贯彻意见。要求各级、各部门要充分认识加强建设等行业农民工劳动合同管理工作,维护农民工合法权益的重要意义,密切配合协调,把加强建设等行业农民工劳动合同管理工作作为首要问题,切实抓紧抓好。积极采取措施,推动用人单位依法与农民工签订劳动合同,提高劳动合同的签订率。要协调配合,加强建设等行业农民工劳动合同管理工作,把维护农民工的合法权益、建立和谐稳定的劳动关系作为一项重要工作来抓。

【学习刘怀玉同志】 2005年8月,自治区总工会作出《关于在全区各族职工中开展向刘怀玉同志学习活动的决定》,号召全区各族职工和广大工会工作者开展向刘怀玉同志学习的活动。刘怀玉是呼和浩特铁路局一名有36年工龄的老工人和30年党龄的老共产党员,任包头西车辆段轮轴车间轮对质量检查员。参加工作以来,他以"标准上高人一等,行动上严人一格,贡献上超人一份"的信念,兢兢业业,勤学上进,敬业爱岗,默默奉献,练就一手绝技绝活,发明五字轴承检查法,创造安全检查、选配、测量轮对40多万对无任何差错,两轮高低标准不差1毫米的全国铁路轮对安全检查单项最高记录。先后荣获呼和浩特铁路局十大标杆、铁道部优秀共产党员、铁道部劳动模范、内蒙古自治区劳动模范、全国劳动模范的光荣称号。2004年5月1日,《内蒙古日报》头版报道刘怀玉事迹的长篇通讯《他是内蒙古的"许振超"》。由自治区总工会策划编写,内蒙古人民出版社出版《产业工人的楷模—刘怀玉》一书,在全区引起极大反响。

(郇兴宇)

共青团

【中国共产主义青年团内蒙古自治区委员会领导名录】

书　记:罗志虎(蒙古族)

副书记:胡达古拉(蒙古族) 罗永纲 张晓兵

【概况】 共青团内蒙古自治区委员会有编制35人。2005年底,在编职工33人,其中男24人,女9人;汉族15人,蒙古族18人。

【未成年人思想道德教育工作】 采取实践育人、服务育人、文化育人相结合,在驻呼高校开展"美丽青春人生论坛",在中小学开展"民族精神代代传"、"美丽的草原我的家"等主题鲜明的教育活动,扎实推进青少年思想道德建设。组织调研组深入全区中小学校、高等院校、社区、家庭,形成《内蒙古自治区未成年人思想道德建设调研报告》中央领导同志作出专门批示,中央文明办将调研报告转发各省区市文明办及中央文明委各委员。

【"百万青年出草原"活动】 在转移就业方面,每年举办青年农牧民转移就业服务大会、进城青年现场招聘会百余场,每年促进转移农村牧区富余劳动力20万人左右。在就地自主创业方面,2005年开展各类农牧业技能培训400多次,培训15万人次。培养和选树农村牧区创业致富带头人，锡林郭勒盟青年牧民斯琴花被评为“全国十大杰出青年农民”。

【百万青工岗位练兵，千名能手技术比武】 连续三年开展“百万青工岗位练兵，千名能手技术比武”活动，40多万青工参加各类技术竞赛活动，有近4 000名技术能手参加了技术比武，极大地调动广大青工提高技术技能的积极性，发挥青工在经济建设主战场的生力军作用。

【“青春草原”系列文化活动】 积极打造“青春草原”青年文化建设品牌，开展青年文化行动月、五·四文艺晚会等一系列丰富多彩的青年文化活动，体现青年文化与民族文化的互动。2005年在呼伦贝尔市举办首届内蒙古青年欢乐节，来自全国十余个省市的青年代表与自治区青年参加了活动，在区内外产生重大的影响。在乌海市举办首届内蒙古青少年读书节，全区各地都组织青少年精品图书展、美文诵读晚会、学习成才系列讲座、青少年书画作品展等丰富多彩的活动，为青少年奉献文化大餐。

【中蒙俄国际青年内蒙古协作论坛】 在国内交流方面，自治区东部盟市团组织积极呼应、主动融入到振兴东北的战略中，以搞好重大基础设施项目对接、产业项目对接、政策对接为切入点，初步探索建立东四盟市与东北三省团组织的合作机制。国际交往方面，发挥区位优势，加强与俄罗斯、蒙古国青年组织的联系，为三方青年在经济、文化等方面的交流牵线搭桥。2005年成功举办中蒙俄国际青年内蒙古协作论坛，来自蒙古国、俄罗斯赤塔州、伊尔库茨克州、布里亚特共和国和区内外的200多名青年代表参加活动，签署《中蒙俄青年内蒙古协作宣言》，形成定期交流的机制。

【自主创业型青年人才的培养】 为引导大中专学生自主创业，解决就业难的问题，组织力量进行摸底调查，与自治区党委组织部联合起草《关于鼓励培养大中专学生自主创业型人才的实施意见》，提出鼓励大中专学生自主创业的一系列政策措施。成功召开首届全区自主创业杰出青年人才表彰大会，进一步推进自主创业型人才的培养工作。开展“全区十大外来创业青年英才”表彰活动，自治区党委书记储波对此活动作出专门的批示。组织推进“西部计划”。在全区服务的西部计划志愿者达到1 500余名，分布在全区11个盟市、30个旗县区、465个乡镇苏木，有效地服务地方经济社会发展。

【救助贫困大学新生】 积极开展对贫困大学新生的救助活动，按照每人救助3 500元学费的标准，帮助500余名大学新生顺利走进大学校园。2005年，希望工程共筹集各类捐款1 000多万元，接受社会各界捐物折款300多万元，帮助3 000多名不同年龄段的困难学生重返课堂，建设希望小学32所。

【青联成立50周年纪念活动】 召开内蒙古自治区青年联合会成立50周年暨十届一次全委会、自治区学联第七次代表大会开幕式。通过青学联换届的时机，扩大团的外围组织，把更多优秀青年代表凝聚团结在党和共青团的旗帜下。

【“抓基层打基础抓落实”工作】 坚持“固本强基”的思路不动摇，拨出专款用于基层团组织规范化建设，旗县区级团组织规范化建设的图表上墙率达到100%。不断建立健全工作制度，加强对基层工作的指导，建立基层工作联系点800多个。进一步加强新兴领域建团工作，全区非公经济团组织建团率50%。创新团建模式，“团组织＋青年中心”的团建模式得到推广，全区农村牧区和城镇社区青年中心达280个。加大服务基层力度，争取社会资金，为101个旗县区各配备一台高配置的电脑，推进全区共青团的信息化建设。

【增强共青团员意识主题教育活动】 与先进性教育活动相呼应，从2005年9月份开始，按照团中央的统一部署，自治区团委在全区组织开展以学习贯彻“三个代表”重要思想为主要内容的增强共青团员意识主题教育活动。通过教育活动，广大团员进一步增强政治意识、责任意识、模范意识。

（任少华）

妇　　联

【内蒙古自治区妇女联合会领导名录】

主　　席：陈　羽（女　蒙古族）
副 主 席：宝笑平（女　蒙古族）郑祖敏（女）
　　　　　曹艳荣（女　蒙古族　11月离任）
　　　　　张淑华（女　11月任职）
助理巡视员：冯　梅（女　蒙古族）
　　　　　敖特根其木格（女　蒙古族　11月任职）

【“送温暖　三下乡”活动】 在自治区妇联的积极争取下，1月4日至8日，全国妇联副主席、书记处书记沈淑济等一行7人到自治区开展“送温暖、三下乡”活动，为内蒙古各族妇女群众带来了党和政府的关怀与温暖，带来了全国妇联的一片深情。此次活动共捐赠价值401万元的款物。6日上午，在包头市土默特右旗明沙淖尔乡人胡芦头村举行活动仪式。沈淑济副主席和自治区党委副书记陈光林作重要讲话。自治区党委副秘书长张守孝、自治区妇联和科技厅的领导、包头市及土右旗的党政领导出席了活动仪式。活动仪式由自治区妇联主席陈羽主持,包头市市长苏青代表市委、市政府致欢迎词。

为配合此次“送温暖、三下乡”活动,自治区妇联从科技厅争取现金5 000元,购置6台电视机、1台传真机,从自治区民政厅争取救灾棉被(褥)50套,一同送往土默特右旗贫困乡村。土默特右旗妇联组织开展有奖知识问答、种养殖科技咨询、义诊等活动,旗乌兰牧骑等文艺团体演出文艺节目。

【全区女党员“三创”先进事迹巡回宣讲】 “三八”期间,自治区妇联与自治区党委组织部、宣传部共同组织全区女党员“三创”先进事迹巡回宣讲团,宣讲团成员由内蒙古生产力促进中心主任汪立勤、呼伦贝尔市鄂温克旗巴彦托海镇巴彦托海嘎查党支部书记兼嘎查长乔玉芳、赤峰市中级人民法院审判监督庭庭长李红艳、乌海市海通工贸集团董事长兼总经理李桃花、乌兰浩特市居力很镇红忠村村长兼妇代会主任孙秀华、阿盟阿拉善左旗第三中学书记兼副校长许桂英等6位女党员组成。这次巡回宣讲活动,重点宣传全区各行各业、各条战线的优秀女党员,在自治区三个文明建设和构建社会主义和谐社会中所作出的突出贡献,进一步激发和坚定广大妇女群众、女党员、女干部为党的事业努力奋斗的热情与信念;对在全区上下开展的保持共产党员先进性教育活动起到积极的促进作用;进一步扩大妇联组织在社会上的知名度和影响力。宣讲团先后赴呼和浩特市、包头市、鄂尔多斯市、巴彦淖尔市、乌海市、阿拉善盟等6个盟市进行巡回宣讲,听众3 000余人,在社会上引起强烈凡响。

【举办全区家庭教育“双合格”活动表彰暨庆“六一”文艺汇演】 5月29日,自治区妇联与自治区精神文明办、自治区教育厅、自治区关工委联合举办全区家庭教育“双合格”活动表彰暨庆“六一”文艺汇演,表彰在全区家庭教育“双合格”活动中涌现出的先进单位和个人。内蒙古妇女儿童中心小百灵艺术团和内蒙古妇联工作人员、内蒙古女企业家协会部分会员组成的“草原母亲河”艺术团表演了丰富多彩的节目。自治区党委副书记陈光林出席并发表重要讲话,自治区关工委常务副主任阿拉坦敖其尔,自治区红十字会名誉会长云曙碧,原自治区人大常委会副主任、自治区女企业家协会名誉会长王秀梅,自治区党委副秘书长张守孝,自治区计生委主任林瑞,自治区总工会副主席、自治区妇联八届常委金华,自治区老干局副局长、自治区关工委秘书长吴云霞,自治区党委精神文明办综合处负责人,自治区教育厅基教处负责人,自治区妇联主席陈羽和副主席宝笑平、郑祖敏、曹艳荣、助理巡视员冯梅等领导出席会议并观看演出。出席会议的还有受表彰的先进单位和个人代表、自治区妇联在呼八届执委、自治区妇联部分离退休老同志、“草原母亲河”艺术团的会员、内蒙古妇女儿童中心小百灵艺术团的小朋友和家长们、宋庆龄基金会内蒙古儿童电子琴班的小朋友和家长们、呼和浩特市光华小学的小朋友们共计900人。陈光林副书记在讲话中总结自治区贯彻落实中央8号文件精神、加强和改进未成年人道德建设取得的成绩,充分肯定各相关部门在指导和推进全区家庭教育工作中所发挥的积极作用,对今后一个时期的工作提出新的希望和要求。

【举办妇女创业与可持续发展论坛】 为纪念第四次世界妇女大会在北京召开10周年,7月22日,自治区妇联、自治区妇女儿童研究会在首府呼和浩特市举办《妇女创业与可持续发展论坛》。自治区党委常委、统战部部长伏来旺,自治区人大常委会副主任陈瑞清,自治区副主席雷·额尔德尼,原自治区政协副主席、自治区妇女儿童研究会名誉会长杨紫珍,《中国妇女报》总编卢小飞,全国妇联发展部部长崔郁,全国妇联妇女研究所所长谭琳,山西省妇联主席梁豫秦、副主席侯秀娟,天津市妇联副主席吕福玲等领导出席论坛开幕式并与参加论坛的全体人员合影留念。全国妇联、全国妇联妇研所、《中国妇女报》、《中国妇运》、内蒙古大学、内蒙古师范大学的专家学者以及山西、天津、云南等省市、自治区和各盟市妇联共150多人参加开幕式。自治区人大常委会副主任陈瑞清、全国妇联发展部部长崔郁、全国妇联妇女研究所所长谭琳作了要讲话。与会人员围绕促进妇女创业与发展的主题和如何更好地服务大局、服务妇女、服务发展进行深入探讨和交流。

【第二届内蒙古十大女杰评选揭晓】 自治区党委组织部、宣传部、自治区妇联、自治区直属机关工委、自治区人事厅、自治区民政厅、内蒙古军区、内蒙古武警总队、内蒙古日报社、内蒙古电台、内蒙古电视台、内蒙古晨报社、呼和浩特日报社13家单位共同举办的第二届内蒙古十大女杰评选结果7月揭晓。获得第二届内蒙古十大女杰荣誉称号的十位杰出女性是:包头市社会福利院副院长边建欣,呼伦贝尔市鄂温克旗巴音陶海镇巴音陶海嘎查党支部书记兼嘎查长乔玉芳,锡盟阿巴嘎旗德力格尔苏木牧民斯琴花,阿拉善盟阿拉腾蒙医专科医院院长阿拉腾图雅,内蒙古生产力促进中心主任汪立勤。赤峰市中级人民法院审判庭庭长李红艳、乌海市海通工贸公司董事长兼总经理李桃花,内蒙古电影制片厂一级导演麦丽丝,北京军区给水团情况部技术室高级工程师毛云,鄂尔多斯市施美珠制衣有限公司总经理施美珠。另有索河、张艳芬、何桂梅、李燕、宗炜宏、高艳梅、崔淑清、刘凤书、赵林平、何岚10位优秀女性获得第二届内蒙古十大女杰提名奖。8月1日,在内蒙古妇联机关会议室举行第二届内蒙古十大女杰短信息抽奖仪式,在发短信息选举十大女杰的所有手机号码中抽出1等奖3名,参与奖70名。

【自治区妇联组团参加“中国妇女十年发展成就展”】 8月30日至9月4日，自治区妇联组团参加“中国妇女十年发展成就展”。这次展览是由国务院妇女儿童工作委员会、全国妇联、外交部、联合国驻华系统联合主办、北京市人民政府协办，为纪念联合国第四次世界妇女大会在北京召开10周年，举行的以“和谐发展，共创未来”为主题的中国妇女发展成就大型展出活动。国家20多个部委、31个省区市和香港、澳门特别行政区、台湾地区等参加展览。

展览期间，中共中央政治局委员、全国人大常委会副委员长王兆国，中共中央政治局委员、国务院副总理回良玉，中共中央政治局委员、国务院副总理、国务院妇女儿童工作委员会主任吴仪，全国人大常委会副委员长、全国妇联主席顾秀莲，全国人大常委会副委员长韩启德，国务委员陈至立等参观自治区的展览，并接见自治区治沙模范、全国十大女杰、鄂尔多斯市政协副主席王果香。自治区妇联主席陈羽、副主席郑祖敏向党和国家领导人分别介绍内蒙古妇女事业十年发展成就。自治区参加纪念联合国第四次世界妇女大会10周年会议代表团团长、自治区副主席连辑、原自治区政协副主席杨紫珍及代表团全体成员参观自治区的展览。

自治区的展览以浓郁的民族特色，浓缩了新时代草原女性十年的辉煌足迹，通过多媒体和实物的展示，向91个国家及国内31个省区市的国内外来宾和各界人士介绍了内蒙古经济社会的快速发展和新时代草原女性的风采，受到各级领导和各界人士的广泛好评，并获得了展览筹委会颁发的“中国妇女十年发展成就展组织奖”、“中国妇女十年发展成就展优秀设计奖”。同时，自治区妇女联合会还组织鄂尔多斯羊绒集团、鹿王羊绒有限公司参加“中国妇女喜爱品牌商品展示展销”活动，获得中国妇女喜爱品牌展示参与奖。这次参展，使国内外各界人士进一步了解内蒙古，了解内蒙古的妇女事业；吸引更多的人关注内蒙古，关注内蒙古的妇女事业，支持内蒙古妇女事业的发展。

【内蒙古妇女第九次代表大会】 11月11日至13日在自治区政府礼堂隆重开幕。全国妇联党组书记、副主席、书记处第一书记黄晴宜专程到会祝贺；自治区党委书记、人大常委会主任储波，自治区主席杨晶，自治区党委副书记陈光林、杨利民，自治区党委常委、秘书长任亚平，自治区党委常委、组织部长陈朋山，自治区人大常委会副主任陈瑞清、云秀梅，自治区副主席连辑、乌兰，自治区政协副主席刘芝兰，内蒙古军区副政委孙忠泰，自治区红十字会名誉会长云曙碧，原自治区政协副主席云曙芬，原自治区人大常委会副主任王秀梅，原自治区政协副主席杨紫珍，全国妇联组织部副部长李晓云等领导同志及自治区总工会、团委、科协、文联、工商联、社科联、红十字会、残联等群众团体负责同志出席大会开幕式；北京、吉林、上海、湖南、四川、青海等30个省区市妇联，全区12个盟市委、市政府、行署，自治区女企协，老一辈妇女工作者向大会发来贺电。全国妇联、自治区领导及各群众团体负责人参观全区妇女发展成就展，并与全体代表及受表彰人员合影留念。

来自全区各条战线的600多名妇女代表认真审议陈羽主席代表陈自治区妇联第八届执行委员会向大会作工作报告。大会表彰第二届内蒙古“十大女杰”、自治区“三八”红旗手和红旗集体、妇女佳音、十佳妇联干部、优秀妇联干部、先进妇联基层组织及全区“四五”普法先进集体和个人。选举产生自治区妇联新一届领导集体。大会必将鼓舞全区妇女以更加奋发有为的精神状态投身全面建设小康社会、构建和谐内蒙古的伟大实践，为实现“十一五”规划顽强拼搏、努力奋斗，创造出新的业绩。

（左卫国）

工　商　联

【内蒙古自治区工商联领导名录】

党组书记：马国祥（回族）

会　　长：冯　笠

副 会 长：斯琴高娃（女　蒙古族）　郝智浓

秘 书 长：王进生

【概况】 2005年，内蒙古工商联下设办公室、会员部、经济部、机关党委。在职人数30人，其中蒙古族10人，满族1人；大学毕业生15人，大专毕业生10人。

【重要会议】 内蒙古政协副主席许柏年召集呼和浩特地区部分异地商会负责人，根据即将出台的《创业投资企业管理暂行办法》，就如何创建自治区“创业投资企业”3月28日举行座谈。4月8日至15日，内蒙古工商联首次组织呼市地区部分民营企业家赴中央党校参加“全国第56期民营经济理论与实务培训班”。4月17日至18日，全区工商联工作暨行业商会现场会议在巴彦淖尔市召开。自治区党委统战部副部长、工商联党组书记马国祥，内蒙古工商联会长冯笠，副会长斯琴高娃、郝智浓，巴彦淖尔市党委副书记杨志民，巴彦淖尔市政协副主席、市委统战部部长张占义，各盟市及满洲里、二连浩特市工商联党组书记、会长出席会议。会议期间进行行业商会经验交流，修改《内蒙古自治区工商业联合会行业商会工作条例（试行）》。

【内蒙古商会在线网站】 4月30日，内蒙古工商联建立“内蒙古商会在线”网站，实名为：“内蒙古商会在线”，国际域名为

www: nmgfic. com。门户网站立足商会工作和会员企业进行网络宣传,提供信息发布及管理功能。主要栏目有:商会介绍、政策法规、新闻中心、商会政务、招商引资、供求信息、行业商会、商会论坛。

【重要活动】 5月8日至18日,自治区主席杨晶出访江浙沪三省市,内蒙古工商联冯笠会长随行考察。考察期间,内蒙古自治区人民政府代表团在江浙沪地区共签订协议项目资金400多亿元人民币,其中内蒙古工商联联系签订协议246.446亿元人民币。

5月20日,内蒙古自治区人民政府与内蒙古工商联共同举行内蒙古工商联成立50周年新闻发布会及图片展。

由内蒙古自治区劳动和社会保障厅、总工会、工商联共同组织,全区各民营企业参与的"民营企业招聘周活动"启动仪式6月6日分别在呼和浩特、包头市、赤峰市、满洲里市正式启动。在内蒙古劳动力市场主会场,内蒙古人大副主任、内蒙古总工会主席云秀梅,内蒙古党委统战部副部长、工商联党组书记马国祥,内蒙古工商联(总商会)会长冯笠、副会长斯琴高娃,内蒙古劳动和社会保障厅副厅长布仁等参加活动。

【内蒙古工商联成立五十周年】 2005年6月18日,内蒙古工商联成立五十周年庆祝大会在呼和浩特市隆重召开。全国政协副主席、全国工商联主席黄孟复,全国工商联副主席、中国光彩事业促进会副会长谢伯阳,全国工商联副主席、湖北省副省长辜胜阻,自治区党委副书记陈光林,自治区党委常委、统战部部长伏来旺,自治区人大副主任王凤岐,自治区人大副主任、农工党内蒙古区委主任委员陈瑞清,自治区副主席余德辉,自治区政协副主席许柏年和自治区党委、人大、政府、政协有关部门负责同志,以及自治区各民主党派、人民团体负责人,内蒙古工商联九届执委会高级顾问、顾问、执行委员,区内外新闻媒体的记者等300人出席大会。自治区党委统战部副部长、工商联党组书记马国祥主持大会。6月18日,《内蒙古工商联五十年》纪念画册和《内蒙古工商联五十年》纪念邮册正式出版。这是第一部用图片和文字形式记载和宣传自治区工商联五十年来发展历程的纪念画册。

内蒙古工商联女企业家联谊会与赤峰市工商联女企业家联谊会6月30日共同在赤峰市召开了内蒙古工商联女企业家联谊会、赤峰市工商联女企业家联谊会年会,全区共100多位女企业家参加会议。

【西部民营经济发展新机遇论坛】 由内蒙古自治区人民政府和全国工商联主办,内蒙古商联和内蒙古奈伦集团承办的"奈伦之夏·西部民营经济发展新机遇论坛",7月22日在呼和浩特市召开。中央统战部副部长、全国工商联党组书记、第一副主席、中国光彩事业促进会常务副会长胡德平,全国工商联副主席王玉锁、郑跃文,全国知名民营企业家尹明善、刘永行、严介和、荣海、郭占春,中央统战部五局局长、中国光彩会指导中心主任孙公麟,全国工商联秘书长褚平,自治区党委副书记陈光林,自治区人大常委会副主任陈瑞清,自治区副主席余德辉等领导出席论坛。西部地区省级工商联领导、企业家,自治区党委宣传部、统战部、政研室,自治区政府办公厅、发改委、商务厅、劳动和社会保障厅、民政厅、工商局、国税局、地税局、调研室、统计局、工业办、金融办、扶贫办,自治区人大财经委、内蒙古政协经济委,人民银行呼和浩特市中心支行、内蒙古自治区各商业银行,呼和浩特市、包头市、鄂尔多斯市、乌兰察布市、锡林郭勒盟、巴彦淖尔市的部分民营企业家,内蒙古工商联、呼和浩特市工商联,呼和浩特地区行业商会、异地商会,内蒙古工商联直属会员以及驻呼和浩特各大新闻媒体记者400余人参加论坛。

7月28日至31日,全国工商联女企业家商会会长翟美卿一行,在内蒙古工商联郝智浓副会长,自治区女企业家商会会长、内蒙古焱太集团公司王凤芝董事长陪同下赴通辽市、锡林郭勒盟考察,并为两地教育事业分别捐款15万元和4.8万元。由力帆集团捐资30万元建设的达茂旗"西河乡力帆光彩小学"10月30日正式落成剪彩。

【光彩事业科尔沁少数民族地区行】 由全国工商联、中国光彩事业促进会、内蒙古党委统战部、内蒙古工商联、内蒙古光彩事业促进会联合主办,内蒙古通辽市市委、市人民政府承办的"光彩事业科尔沁少数民族地区行"活动8月16日至18日在通辽市举行,全国工商联副主席、中国光彩事业促进会副会长谢伯阳,自治区党委常委、统战部部长伏来旺等领导和企业家100余人参加会议。共签订意向协议项目25个,投资总额近110亿元人民币,其中,正式协议项目10个,金额55.2亿元人民币。

【"双百万"京(津)北绿色屏障工程】 全区"双百万"京(津)北绿色屏障工程建设总结表彰暨现场会9月8日至10日在鄂尔多斯市举行。自治区党委副书记陈光林,自治区人大常委会副主任、内蒙古"双百万"工程组委会主任陈瑞清,自治区副主席雷·额尔德尼等领导出席会议。会上,内蒙古工商联荣获"双百万"工程建设先进集体荣誉称号。

【经贸项目发布会】 内蒙古工商联9月12日至13日参加北京市工商联主办的"2005环渤海民营经济论坛暨经贸项目发布会",来自七省市非公有制企业家在此共同研讨非公经济发展与合作。内蒙古工商联副会长郝智浓带领20余名企业家参加大会。全国政协副秘书长、全国工商联党组副书记、副主席张龙之作重要讲话,来自七省市的150余家民私营企业参加大会。

【做好政府领导出访前期准备工作】　内蒙古工商联为做好自治区政府领导出访山东省、"珠三角"地区进行前期准备工作。内蒙古工商联会长冯笠、副会长郝智浓9月18日至29日分别到山东省、"珠三角"地区进行前期项目推介,联系重点民营企业。冯笠会长分别到济南市、烟台市组织民营企业举办"内蒙古与山东省经济合作暨项目推介会",并与参会民营企业进行洽谈。山东省政协副主席、工商联会长苗淑菊,以及济南市工商联和烟台市工商联领导表示将积极做好自治区领导出访山东的活动安排。

(王丽军)

科　　协

【内蒙古自治区科学技术协会领导名录】

党组书记:王吉祥(蒙古族)

主　　席:王林和

党组成员:亢贵厚(11月任职)

副 主 席:王吉祥(蒙古族)　陈天保　陈普凡(蒙古族)

于平(女)　卢德勋　亚新(蒙古族)　邢永明

杨成旺　杨劼(女　蒙古族)　张志(女)

林莉(女　蒙古族)　赵凤山　李春龙

副巡视员:洪　晏(女　蒙古族)

【概况】　内蒙古科协在编37人,内设机构5个,主席1名,副主席13名(其中驻会副主席4名)。处级领导职数7名,副处级领导职数5名。

【为经济建设服务】　2005年,内蒙古科协的"奶牛疫病与防控"、"开发空中水资源"等专家建议得到自治区党委、政府的高度重视,并予以采纳实施。自治区各级科协及学会组织坚持以科技促发展,围绕"三农"问题,动员广大科技工作者,投身于经济建设,加快科技向生产力的转化。

开展"厂会协作"并取得很好的效果。全区各盟市所属学会2005年共组织学术活动225项。内蒙古农学会、内蒙古推进农牧业产业化办公室举办"推进马铃薯产业化进程,提高脱毒种薯质量和效益研讨会"。对马铃薯产业发展中存在的突出问题提出对策建议。自治区科协评选表彰内蒙古厂会协作行动优秀项目15项、优秀组织单位14个、先进工作者13名。

2005年,自治区科协召开全区农技协现场交流观摩会议,促进农村牧区经济发展。内蒙古自治区有农技协3 159个,会员27万余人。各地农技协在相互交流与合作中逐步形成各具特色的服务体系,成为推动农牧业产业化经营和现代化农业发展的骨干力量。呼伦贝尔市阿荣旗复兴镇粉丝粉条经销协会等6个农技协被评为"全国百强星级农技协"。

【科普工作】　2005年,全区各级科协及所属团体,深入实施全民素质工程,进一步开展"科普之春"、"科普报告会"、"全国科普日"、"科技活动周"、"科技进社区"等活动。全年组织全区科技人员下乡2万多人次,举办各种技术培训、科普讲座、科技扶贫及技术咨询活动460次,办班5 000多期,培训农牧民200多万人次。创建农村科普示范基地800余个。呼和浩特市托克托县等9个旗(县)被中国科协命名为国家级科普示范旗(县)。组织"科学发展观"主题巡回展览580多场,制作《科学发展观》挂图22套,参展人数达20万。在全区范围内组织4次有关禽流感防治的大规模技术培训,印发图书、资料、明白卡近3万份。

目前,百分之九十的城区、街道成立科普领导小组,百分之八十的城区科协、百分之五十的街道科普协会能按时换届。基本形成城区科协、办事处科普协会(科普文化站)、社区(居委会)科普小组三级科普工作网络。利用媒体开展科普的力度加大,自治区、盟市、旗县三级媒体科普宣传网络得以加强。

【"科普大篷车"活动】　全区10个盟市、46个旗县科协与中国科协声像中心签订引进《科普大篷车》科普电视片协议。全区科协系统组织9台科普大篷车,行程12万公里,先后在62个旗县(市)、近210个乡、苏木(镇)、420多所学校开展"科普大篷车进社区"、"科普大篷车进校园"、"科普大篷车草原行"、"科普大篷车高原行"等活动,发放科普图书、实用技术资料50多万份,声像资料3万余张,科普挂图展览570场,播放科教电影、科普录音424次,举办医疗卫生专家科普报告与讲座150场,医疗卫生专家科普咨询与义诊110场,实用技术培训班360场,受益人数达100万人。

【科普产品创作】　2005年,争取中国科协项目资金70余万元,得到爱德基金会无偿投资700多万元。筹划与内蒙古电台进行《青少年科技创新》科普栏目制作;成立三支"科普乌兰牧骑";与爱德基金会开展"草原生态保护旅游扶贫"项目。发放蒙文版《十万个为什么》100套,翻译蒙汉文版《农牧民科普读本》和《社区居民科普读本》1万本;开发制作蒙汉文版科普挂图500套。印制《科学发展观》挂图22套。

【科普示范体系】 2005年,内蒙古首批4个全国科普教育基地加入全国科普教育基地管理网络。呼和浩特市托克托县等9个旗(县)和乌海市乌达区等4个城区被中国科协分别命名为国家级科普示范旗(县)和国家级科普示范城区;评选兴安盟中药材协会等一批全区星级农技协;评选第二批全区科普示范乡镇(苏木);向中国科协推荐奖励一批全区的优秀科普画廊,38座科普画廊被确定为2006年度全国示范科普画廊。全年奖励满洲里市怡园社区等一批国家级科教进社区活动的先进单位、先进个人和优秀组织单位;奖励呼和浩特市新城区科协等4个全国科普日活动先进单位;内蒙古农业大学的呼和巴特尔等26名全国农村科普先进工作者和呼伦贝尔市科协等6个农村科普工作先进集体。

【青少年科技教育工作】 各级科协以培养青少年创新精神和实践能力为重点,通过开展多种形式和内容的科学实践活动,推动青少年素质教育的开展。成功举办和开展内蒙古第二十届青少年科技创新大赛等各类青少年科技活动。内蒙古自治区有6名项目工作人员、25名优秀同伴教育者、5个乡村非正规教育学习中心受到中国科协、联合国儿童基金会表彰。开展"科普大篷车走进农村牧区学校"为主题的系列活动。深入5个旗县区的乡镇中小学校,赠送各类书籍300多册,科普挂图50多套,8 000多名学生参与了这项活动。

在实施"英特尔求知计划"项目中,内蒙古科技活动中心被评为2004年优秀项目执行单位。内蒙古赤峰市喀喇沁旗、巴彦淖尔市杭锦后旗被确定为项目试点单位。

【科技馆充分发挥科普宣传阵地作用】 科普展览受到社会广泛关注,产生很好的效果。全年共举办"珍爱生命、拒绝毒品"等各类展览36期,其中科普展览6期、巡展27次、临时展览3期,接待观众20.5万人次;开办"小学英语、成人计算机"等各类培训班40期,培训学员1 787人;举办"预防禽流感知识"等科普讲座3场。《内蒙古科技报》共向广大农牧民读者提供农牧业生产实用技术、致富信息及政策信息约4 000多条。开展二次送科技报刊下乡活动。继续实施"科技报进村、蒙文《身边科学》进嘎查"工程。

【学术交流活动】 2005年,国内、国际学术交流活动蓬勃开展,学术交流质量不断提高。全区性学会学术活动项目131项,内蒙古科协参与和参加近30项,全区各盟市所属学会共组织学术活动225项,交流论文779篇。自治区科协组织有关单位、学会的专家学者举办"内蒙古可再生能源利用产、学、研发展"等专题学术研讨会2次,举办"院士报告会"1次,组团参加国内在其它省市举办的学术会议3次。成功举办"内蒙古2005年自然科学学术年会",出版论文集,收录论文480篇。召开全区性学会工作座谈会,会议形成《全区性学会改革发展情况》书面材料。2005年,自治区科协评选表彰全区性先进学会16个,先进学会工作者31名,盟市学会工作优秀组织者16名。组织学会进一步拓展生存和发展空间,积极主动接收政府和企业的委托,承担有关职能。内蒙古电机工程学会、内蒙古通信学会等全区性学会分别承担了科技成果技术评审等相应的职能。

2005年,内蒙古科协接待国外考察团1个,接待专家6人;向国外派出科技考察团5个,考察人员48人。协调有关单位与加拿大、日本等进行项目合作,引进国外专家4人。内蒙古大学"草原农牧业生态系统健康评价与发展对策"等5个项目入选2005年中国科协海外智力项目。组织召开"中日韩瘤胃营养、瘤胃微生物及其生理"等4次国际学术研讨会。组织召开"第三届西部开发与可持续发展"国际学术研讨会筹备会议。组织全区论文作者18人参加"第二届中国西部开发与可持续发展"及"第十三届海峡两岸都市交通"国际学术研讨会。

【建"家"工作】 2005年,内蒙古各级科协及所属团体认真履行桥梁纽带职责,加强自身建设,取得新的进展。开展宣传表彰奖励工作,强化为科技工作者服务意识。开展第二届"内蒙古科协西部开发突出贡献奖"评选工作,于晓丽等36名同志获得第二届"内蒙古科协西部开发突出贡献奖",推荐刘东军等7名同志代表自治区参评第三届"中国科协西部突出贡献奖"。开展内蒙古自治区第五届青年科技奖评选活动,王万祥等31名同志获得第五届"内蒙古青年科技奖",推荐杨劼等5名同志代表自治区参评第九届"中国青年科技奖"。

为反映科技工作者对自治区经济建设的意见和建议,促进决策科学化、民主化,组织召开自治区党委、政府领导与科技人员的座谈会,会议提出的意见建议部分已得到落实。编印《科技工作者建议》,反映的部分建议受到自治区领导高度重视。为进一步提高全区高层次专业技术人员的政治理论素质,自治区科协会同自治区党委组织部、人事厅、科技厅每年在上海市举办一期高层次专业技术人员理论培训班。

全区12个盟市,科协机构单设10个,占83.3%;101个旗县区科协单设36个,占35.2%。开展以加强企业科协组织建设工作为主的基层组织建设工作,制定下发《内蒙古科协非国有企业科协组织通则》(试行)。重点加强内蒙古大唐托电组建科协的试点工作。为借鉴学习先进省区开展企业科协组织建设工作经验,组织盟市科协领导、部分企业代表,参观学习浙江省企业科协组建工作。

(刘喜奎)

论7部、荣誉奖3部、第三届敖德斯尔文学奖长篇小说2部

【第四届内蒙古文学创作“索龙嘎”奖艺术创作“萨日纳”奖杰出贡献奖】 哈斯乌拉、永儒布、康庄、包扎那、宁才。

【获全国文艺奖作品】 萨娜的中短篇小说集《你脸上有把刀》、莫·哈斯苏都的《儿童诗歌集》、巴·那顺乌日图的《巴·那顺乌日图散文集》获全国第八届少数民族文学创作“骏马奖”。阿拉善盟歌舞团的群舞《蒙古布斯格》获“第七届中国民间文艺山花奖·民间艺术表演奖”(民间广场歌舞)优秀入围奖。呼伦贝尔市鄂温克乌兰牧骑的群舞《萨满鼓舞》获“第七届中国民间文艺山花奖·民间艺术表演奖(民间鼓舞鼓乐)”展演优秀入围奖。《唱廉谣》获全国廉政歌曲创作三等奖,《百姓最爱这样的官》获全国廉政歌曲创作优秀奖,《我们深深的感谢他》获全国廉政歌曲创作优秀奖,在全国《生命之歌》歌曲创作比赛中张明怀的《一夜北风梨花开》获优秀奖。在第五届中国舞蹈“荷花奖”比赛中,包玉荣、任艳茹编导的《飞鬃马》获编导奖银奖,萨仁高娃编导的《巴林蒙古女性》获作品铜奖,《敖包相会》获十佳创作奖,《草原骄子》获十佳表演奖,《我心飞翔》获十佳表演奖,内蒙古舞蹈家协会获中国澳门“金莲花”杯组织奖。由宁才自编、自导、自演的《季风中的马》在第25届“夏威夷国际电影节”上获“亚洲大奖”。《成吉思汗》获全国电视“飞天奖”三等奖,《鸣沙湾》获全国电视“飞天奖”优秀剧目奖。2005年春节晚会《我们是双翼的神马》获全国电视文学艺术学术一等奖。纪录片《驼殇》获四川电视节“金熊猫”奖。在“第十七届全国版画作品展”中,安玉民的版画《舞动的草原》获铜牌奖,田宏图的《草原八月》、乌恩琪的《游动的云》、山丹的《雁之歌》、苏和的《初秋》、苏丽娅的《状态—IV》、王作才的《沙地之春》、马成武的《天堂草原》、秦晓伟的《云》、王海燕的《我的河流》等作品入选展出。在“第六届全国体育美展”中,燕杰的油画《可汗魂》、茹少军的中国画《雄风》、安玉民的版画《小骑手》获优秀作品奖,易晶的油画《赴赛场》、李波的《博克·三》、李玉章的《阴山跑马》、孙与平的《锡林河雄鹰》、康永义的中国画《儿时的快乐》、鲍凤林的《追风马》、孟显波的水彩画《巴林赛马手》入选展出,内蒙古美协获本届全国美展创作组织奖。在“第七届全国水彩、粉画展”中,孟显波的水彩《西拉沐伦》获铜牌奖,奥迪的《画室》获优秀作品奖,施晓鹏的《炼铁·2》、刘金岩的《秋韵》、张玉的《追风》、颉元芳的《晨曦》入选展出。在“第三届全区中国画展”中有22件作品获奖。在内蒙古自治区第二届美术创作“神马”奖获奖作品展中有48件作品获奖。在“自然与人”—第二届当代中国山水画、油画风景画展中,王治平的《家园》、苗景昌的《197老家后院的水塘》,李若坪的《草原上的人们》获中国油画艺术佳作奖。周荣生的中国画《草原放歌》作为“神州颂”长卷组成

文　　联

【领导名录】

党组书记 副主席:李　魁

党组副书记 主席:阿云嘎(蒙古族)

党组成员 副主席:巴特尔(蒙古族) 阿尔泰(蒙古族)

乌热尔图(鄂温克族)

助理巡视员:康　庄

【概况】 1954年10月,内蒙古文学艺术工作者第一次代表大会在呼和浩特市召开,内蒙古文学艺术工作者联合会正式成立。其前身是内蒙古自治区文联筹委会和绥远省文联筹委会。自成立至今,内蒙古自治区文学艺术界联合会分别于1954年10月、1960年12月、1980年7月、1988年12月、1999年5月、2004年12月,共召开六次代表大会。内蒙古文联所属有:内蒙古作家协会、内蒙古戏剧家协会、内蒙古美术家协会、内蒙古音乐家协会、内蒙古舞蹈家协会、内蒙古民间文艺家协会、内蒙古摄影家协会、内蒙古电影家协会、内蒙古书法家协会、内蒙古曲艺家协会、内蒙古杂技家协会、内蒙古电视家协会、内蒙古职工文联等13个协会及文艺理论研究室、《草原》编辑部、《花的原野》编辑部、美术馆等业务部门;内设办公室、人事部、组联部和机关后勤服务中心等办事机构。内蒙古文联有文学月刊《草原》(汉)、《花的原野》(蒙)、音乐期刊《草原歌声》和蒙文文学翻译刊物《世界文学译丛》、蒙文文艺理论刊物《金钥匙》等杂志。同时公开出版文艺理论刊物《金钥匙》(蒙古文)、文学翻译刊物《世界文学译》(蒙古文)、音乐刊物《草原歌声》(蒙古文)、文艺理论刊物《民族文艺报》(汉文2000年停刊)。内蒙古信息资料《内蒙古文艺界》、《内蒙古文联通讯》等。内蒙古文联在职人数126人,其中:厅级6个,正处级4人,副处级4人,正高级职称15名,副高级职称20名。离退休干部71人。

内蒙古自治区12个盟市均成立了文联,文联有编制、有机构、有经费、有工作人员、有数目不等的文艺家协会。全区100个旗县市中有70多个旗县市成立文联。各盟市文联有公开发行或内部发行的文艺刊物。多数盟市文联同时出版蒙古文文艺期刊,全区有正式的文艺期刊21个。自治区文联各文艺家协会共有13 930名会员,其中全国会员1 338名。

【内蒙古自治区第八届文学创作“索龙嘎”奖】 是2002～2004年全区各文学门类创作中优秀之作。获奖作品为58部:长篇小说5部、中篇小说7部、短篇小说5部、散文12部、诗歌13部、儿童文学3部、民间文学1部、报告文学3部、译著2部、文学评

部分,搭载“神州6号”飞船光荣遨游太空。在“2005·第二届中国北京国际美术双年展”中砂金的油画《夜·雨》、苗景昌的《乌托邦风景》入选参展。李波的《蓝色蒙古》入选“中国当代中青年艺术家作品展”。在“第十六届国际造型艺术家协会代表大会·美术特展”上,白嘎力的中国画《雪域》、高林生的《古塬新春》、吴秉才的《塞上秋韵》入选。王云山获“第二届全国电视书法大赛”银奖。在日本举办的“世界书道联盟书画大展”中,道·斯琴巴雅尔、斯·牧仁、宝音达来获优秀作品。朝洛蒙、包国庆获全国第五届篆刻展获提名奖。包头市韩纲生的《沙漠泉》在《影像中国全国摄影大赛》上获优秀奖。额博的《乌珠穆沁冬日》在“第四届中粮可口可乐杯摄影大赛”上获一等奖。呼市王潇涓的《圣地》在《成吉思汗杯内蒙古西部摄影邀请赛》上获一等奖。高雪峰的《冰上婚礼进行曲》在“中外摄影家聚焦哈尔滨摄影大赛”上获三等奖。包头谢青松的《最后的骑兵》、满洲里戴伟的《乳香飘》在2005年多丽杯“咱们中国人”全国摄影大赛上获优秀奖。邢培强出版摄影画册《草原随想》,杨慎和出版摄影画册《多彩的世界·可爱的祖国·美丽的草原—杨慎和摄影集》,戴伟出版摄影画册《追逐光影—戴伟摄影作品集》,董栓柱出版摄影画册《旅游圣地—鄂尔多斯》,阿音出版摄影画册《搏克2048—阿音纪实摄影集》,斯琴出版摄影画册《巴丹吉林》,哈斯巴根出版摄影画册《阿拉善奇石》,额博、吴运生出版摄影画册《平安祥和的锡林郭勒》,邱克远出版摄影画册《乌海印象—邱克远摄影作品集》。由斯日古楞创作的《草原儿女欢迎你》获“中国第五届曲艺节”精品节目奖。由李国栋、王文水创作,李国栋表演的快板书《歌颂党的干部—牛玉儒》获“全国红金龙杯”李润杰金像奖。在“全国乌力格尔、好来宝电视大奖赛”上,自治区演员34人分别获特别奖、苗苗奖及一、二、三等奖。在朝鲜第23届“四月之春”杂技艺术节上,“五人踢碗”、“滚灯”等2项节目获金奖,“顶板凳”获银奖,同时荣获团体金奖。耿瑞的文艺评论《苦难体验的宗教意味》、张树天的文艺评论《气势与气韵》获中国文联第五届文艺评论文学类和艺术类三等奖,内蒙古文联荣获“中国文联第五届文艺评论奖”组织奖。里快、刘志成、莎仁托娅等十余位作家诗人的十余篇(首)作品被《中国小说选刊》、《读者》、《散文选刊》、《民族文学》、《诗选刊》、《文艺报》等转载。有20位作家、诗人的作品获奖《草原》文学奖。花的原野编辑部获第三届“国家期刊奖”二等奖、北方八省区首届“十佳期刊奖”一等奖、八省区蒙古语文协工作先进集体、第三届“内蒙古自治区期刊奖”一等奖。由中国文艺协会、中原书画艺术院、中国文艺金爵奖组委会联合举办的首届中国文艺“金爵奖”的评奖中,自治区著名摄影家纳穆吉勒获首届中国文艺“金爵奖”。由上海文广集团、中国电影基金会、中国电影音乐学会、上海电影集团、上海传媒集团联合举行的“纪念中国电影百年华诞·当代中国电影音乐表彰活动”中,内蒙古音协原主席、自治区著名音乐家莫尔吉胡同志荣获“当代中国电影音乐特别贡献奖”。

【对外文化交流】 5月26日至6月2日,应蒙古国国家杂技院的邀请,内蒙古杂技家协会主席、杂技团团长辛贵宁,杂技家协会秘书长仁钦道尔基等一行3人赴蒙古国进行友好访问。8月邀请蒙古国国家杂技院代表团来呼和浩特市进行演出并进行演出并进行杂技艺术交流活动,对蒙古国国家杂技院、俄罗斯马戏院精彩的杂技演出进行观摩。

7月11日至24日,应中国文联邀请,以台湾文艺协会理事长王吉隆为团长的台湾文协交流团一行22人到北京、山西和内蒙古进行交流和访问,并于7月13日至17日对内蒙古进行文化艺术交流访问。7月18日至23日,内蒙古文联邀请韩国艺术文化团体总联合会忠清北道支会的作家、艺术家代表团一行7人来内蒙古乌海市进行文化艺术交流访问。8月24日至29日,应蒙古国—中国内蒙古友好协会的邀请,以内蒙古音乐家协会主席阿拉腾奥勒为团长的内蒙古音乐家代表团一行11人对蒙古国进行为期一周的文化交流访问。9月1日至15日,“内蒙古作家艺术家赴西欧考察团”一行62名自治区作家艺术家赴欧洲十二国进行文化艺术交流活动。9月5日至15日,内蒙古文联副主席、作家协会主席阿尔泰应蒙古国科学院副院长、院士伯·恩和图布新邀请访问蒙古国,进行了学术文化交流活动。9月12日至21日,应联合国国际交流合作与协调委员会(CCCUN)的邀请,内蒙古美术家协会主席周荣生作为“世界和谐中国和平文化使者代表团”成员之一,赴美国出席了联合国成立60周年庆典世界和平日活动,被联合国国际交流合作与协调委员会、世界和平与发展基金会授予“世界和平文化使者”荣誉称号。11月16日至21日,以内蒙古文联主席阿云嘎为团长,作协副主席、《花的原野》主编乌力吉巴图,《花的原野》副主编、《世界文学译丛》主编乌兰托雅,《金钥匙》主编仁钦道尔吉为成员的内蒙古文联作家、刊物主编代表团对蒙古国进行访问。

【中华文学基金会“育才图书室”工程在内蒙古正式启动】 由内蒙古文联组织联络、中华文学基金会募捐建立的第六批“育才图书室”在内蒙古正式启动,为呼和浩特市武川县、锡盟正镶白旗、乌兰察布市四子王旗、化德县的72所中小学、幼儿园赠送8.11万册图书和168台电脑。“育才图书室”工程是在2004年“六一”节前夕,由季羡林、王蒙、张锲等55名当代中国著名作家、学者倡议,中华文学基金会启动的为贫困地区中小学捐建图书室的工程。这项工程得到党和国家领导人温家宝、李长春、刘云山的重视和支持。工程启动后,首先在西部地区实施,并扩大到自治区。5月30日,自治区党委书记储波同志,副书记陈光林同志,党委常委、秘书长任亚平同志,党委常委、宣传部部长莫建成同志会见了前来参加捐赠活动的中国作协名誉副主席、中华文学基金会常务副会长张锲，全国政协委员、中华文学基金会副会长贺捷生等领导同志和部分著名作家、评论家，内蒙古文联党组书记李魁同志参加了会见。5月31日至6月2日，捐赠活动首先在乌兰察布市四子王旗东八号小学、红格尔蒙古族学校、呼和浩特市武川县第一小学举行，41名中国知名作家、评论家、新闻媒体主编、主任记者参加捐赠仪式，将崭新的图书和电脑送到孩子们手中。自治区党委副书记陈光林同志，自治区党委常委、宣传部部长莫建成同志出席在武川县第一小学举行的捐赠仪式，陈光林同志作了重要讲话。

【作家艺术家深入生活座谈会】 8月16日，内蒙古文联召开了作家艺术家深入生活座谈会。内蒙古文联2005年深入生活的32名作家艺术家及具有中级职称以上的作家艺术家共40余人出席会议。内蒙古党委宣传部部长莫建成出席会议并做了重要讲话。内蒙古文联党组书记李魁，副主席巴特尔，阿尔泰出席会议。

【《花的原野》创刊五十周年庆祝大会暨中国当代蒙古文学《花的原野》学术研讨会】 8月18日至19日，《花的原野》创刊五十周年庆祝大会暨中国当代蒙古文学与《花的原野》学术研讨会在呼和浩特市隆重举行。原新疆维吾尔族自治区政协主席浩·巴岱、原内蒙古政协副主席乃登、内蒙古党委宣传部副部长阿龙、内蒙古文联主席阿云嘎、内蒙古文联名誉主席阿·敖德斯尔、扎拉嘎胡、副主席巴特尔、内蒙古新闻出版局副局长高金祥、内蒙古日报社副社长岱钦、内蒙古师范大学副校长照日格图等领导以及有关单位负责人，中国社会科学院、中央民族大学、内蒙古大学、内蒙古师范大学、内蒙古社会科学院、内蒙古民族大学和内蒙古民族高等专科学校等区内外高等院校、科研单位的知名学者、教授、专家，各盟市宣传部、文联的领导，各兄弟期刊代表，各协作单位代表，各新闻媒体的记者和内蒙古文联的作家艺术家240多人出席了庆祝大会。《十月》杂志社等15家单位和个人发来贺电、贺信。《花的原野》自创刊始，已发行460多期，刊发10多部长篇小说、200多部中篇小说、2 600多篇小说和散文、6 000余首诗歌、1 200多篇评论文章及其它内容的3 000多篇文章，总字数达7 000多万字，刊登32 700多帧美术、摄影作品等，培养了几代作家、评论家、翻译家、艺术家。以光辉的业绩丰富了人类文化宝库。

【全区首届乌力格尔节】 8月23日至25日，由自治区党委宣传部、文化厅、广电局、文联和兴安盟委、行署主办，兴安盟宣传文化部门及科尔沁右翼中旗委、政府承办的内蒙古自治区首届乌力格尔艺术节暨第五届全国乌力格尔好来宝大赛在科尔沁右翼中旗举办。东北三省及我区121名乌力格尔好来宝艺人、专家、学者参加为期三天的艺术节。成立兴安盟乌力格尔学会，举办《科尔沁右翼中旗—享誉全国的乌力格尔之乡》一书首发式，召开乌力格尔艺术理论研讨会和乌力格尔学术讲座，举办科右中旗乌力格尔艺术成就图片展览，集研究、创作、比赛于一体，收到良好的效果。来自4个省区、5个盟市的121名选手参加艺术节。乌力格尔、好来宝大赛分别评出乌力格尔一等奖4个，二等奖5个，三等奖9个，特别奖4个，娜荷芽奖2个；好来宝一等奖4个，二等奖3个，三等奖6个，特别奖2个，创作奖2个，娜荷芽奖1个。

【《内蒙古文联五十年》大型文艺专题片研讨会】 9月16日，由内蒙古电视艺术家协会举办的《内蒙古文联五十年》大型文艺专题片研讨会，在呼和浩特召开。内蒙古文联党组书记李魁、内蒙古文联主席阿云嘎、内蒙古文联副主席巴特尔出席会议并讲话。会议由李魁同志主持。内蒙古文艺界的老作家、老艺术家、专家、学者和《内蒙古文联五十年》专题片的主创人员参加会议，并进行深入的研讨。与会者对该片给予了高度评价。

【作家 艺术家深入生活】 11月中旬，内蒙古作协开展了“作家赴经济金三角采风活动”。组织自治区具有创作实力、影响力的作家，先后对经济金三角地区发展较快，全国知名的龙头企业—包钢、鄂尔多斯集团、内蒙古蒙达发电有限责任公司、蒙牛集团进行考察采访。此次采风是增进对内蒙古经济社会发展情况的了解，增强新的感悟、新的认识的一次极好契机，希望参加采风的作家们用文学的形式艺术地再现时代的发展，并与基层文学爱好者、作者进行广泛交流，对其创作予以指导，加以鼓励。10月24日至11月2日，内蒙古文联组织部分盟市、旗县和企业文联负责人共31人赴湖北、江西、湖南三省进行考察采风。组织这次考察活动，主要是为开阔视野，加强联络、增进文化交流，学习外省市文联工作的先进经验，考察了解东部发达地区文艺、文联工作及文化产业方面的成功经验。

【内蒙古著名画家周荣生作品随“神州”六号飞船搭载遨游太空】 10月12日，由国家文化部及中国人民解放军总装备部审定批准，由中国国际书画艺术研究会组织的名家中国画《神州颂》中国画长卷搭载“神州”六号飞船遨游太空。自治区画家周荣生被特邀参加这次活动，《神州颂》国画长卷搭载“神州”六号的创意，体现高科技与文化艺术的结合，这种结合，不仅是物质上的搭载，同时也包含了在人类悠久的历史发展过程中，优秀的传统文化在不同时期对于社会的进步所起的有形的或无形的作用都是不可忽视的意叙。

【内蒙古自治区第三届中国画作品展览】 10月中旬，由内蒙古美术家协会主办的《内蒙古自治区第三届中国画作品展览》在呼和浩特展出。自治区人大副主任胡忠,原自治区人大副主任贾才,内蒙古文联助理巡视员、书法家协会主席康庄,内蒙古文联副主席、美术家协会主席周荣生出席开幕式并为展览剪彩,呼和浩特市、包头美协负责人、美术工作者及各界群众约300余人参加了开幕式。本届展览共展中国画作品161件,其中获一等奖作品4件、二等奖作品7件、三等奖作品11件。作品集中地体现了第二届全区中国画展以来的三年间,自治区中国画创作的总体水平。

【内蒙古美术创作理论研讨会】 11月25日至27日,由内蒙古文联、内蒙古美协主办的全区美术创作理论研讨会,在鄂尔多斯召开。全区各盟市美协、艺术院校负责人及美术工作者代表60余人参加了会议。鄂尔多斯市委宣传部部长王学丰,内蒙古文联副主席、美协主席周荣生,鄂尔多斯市委宣传部副部长、社科联党组书记李洪波参加开幕式并讲话。

【绿野听风—"包钢杯"全区首届职工文学创作获奖作品集出版发行】 由内蒙古人民出版社出版的《绿野听风—"包钢杯"全区首届职工文学创作获奖作品集》出版发行,这是内蒙古职工文联在成功举办"包钢杯"全区首届职工文学作品评选活动的基础上,为进一步活跃职工文化活动,提高职工文学创作水平,应获奖作者的要求,编辑出版的一部职工文学获奖作品集。作品集共分小说、诗歌、散文和报告文学四个部分,辑录58篇(部)文学作品,其中,小说10篇,诗歌16首,散文22篇,报告文学10篇。

【内蒙古首届"草原文化与文学艺术论坛"】 8月17日至18日,由内蒙古文联主办,内蒙古文艺评论家协会承办的全区首届"草原文化与文学艺术论坛"在呼和浩特市隆重举行,自治区党委副书记陈光林出席闭幕式,为论文获奖者颁发荣誉证书,并做了重要讲话。自治区文学艺术创作是草原文化的重要载体,在发扬光大草原文化和建设民族文化大区中有着不可替代的作用。认真研讨草原文化与文学艺术创作的辨证关系,把握草原文化与民族文学、民族艺术的内在联系,已经成为学术界争相关注的热点,草原文化已经成为内蒙古最大、最有影响力、最富生命力的文化品牌。论坛共收到论文50余篇,作者分别来自自治区文联系统、文化厅系统、社科系统和高校系统,其中既有区直单位的专家,也有来自基层的学者,这是自治区文艺理论与研究队伍的一次整合。

【肖黎声 左如云独唱音乐会】 12月21日,由内蒙古文联、内蒙古师范大学、内蒙古音协等单位联合主办的"肖黎声、左如云独唱音乐会"在内蒙古师范大学音乐厅隆重举行。自治区领导陈光林、杨利民、陈瑞清、奇英成及内蒙古文联党组书记李魁观看了演出。肖黎声同志是自治区著名音乐教育家,左如云同志是著名曲作家。两位艺术家为培养自治区文艺人才、歌曲创作作出了积极贡献。左如云同志的《乳香飘》、《我那落地生根的故乡》等作品广为流传,受到广大群众的喜爱。

(肖兰英 高娃 陈杰)

社 科 联

【内蒙古自治区社会科学联合会领导名录】

主席:张国民

党组书记 副主席:刘 高

副主席:王学俭 李风(女 蒙古族) 邹万银

助理巡视员:白亚光(11月任职)

【概况】 内蒙古自治区社会科学联合会,简称内蒙古社科联。是中共内蒙古区委会领导下的社会科学群众性学术团体的联合组织,成立于1959年,文革期间停止活动。1980年6月恢复活动并召开第一届会员代表大会。社科联有团体学会105个,7个盟市社科联,近4万名个人会员。内蒙古社科联是自治区党委和政府委托管理社会科学类区直学会、协会、研究会、盟市社科联的业务主管部门。社科联内设办公室、学会工作部、信息咨询普及部、《前沿》杂志社、机关事务服务中心5个职能处室。社科联主要职责是:贯彻执行中央及自治区党委和政府有关社会科学工作的方针、政策、法规;组织开展各种群众学术活动;组织重大科研项目的联合攻关,促进社科研究成果的转化和利用;开展社会科学知识普及和信息咨询、智力开发等服务工作;开展国内外学术团体之间的学术交流;组织全区社会科学优秀成果的评奖表彰工作;维护学会及社会科学工作者的合法权益,加强社会科学界队伍建设。

【哲学社会科学评奖工作】 内蒙古社会科学联合会积极促成自治区政府出台《内蒙古自治区哲学社会科学优秀成果评选和奖励办法》,在自治区人民政府第五次常务委员会审议通过,以第139号政府令颁布。使自治区社会科学优秀成果评选走上法制化轨道,进一步规范社会科学科研工作的激励机制。

【学术活动】 2005年,自治区社科联紧密联系自治区社会经济建设实际,开展学术科研活动,为自治区三个文明建设服务。6月17日与内蒙古自治区党委宣传部联合召开学习贯彻中央民族工作会议精神座谈会。自治区党委副书记陈光林出席会议并讲话。自治区党委组织部、财政厅、发改委等18个部门的负责同志和自治区社科理论界的专家、学者分别结合各部门的实际和研究领域，就如何学习好、贯彻好、落实好中央民族工作会议精神做了发言。7月27日会同中国少数民族哲学思想史研究会、内蒙古农业大学承办中国少数民族传统文化与构建和谐社会学术研讨会。全国少数民族哲学及社会思想史界的专家学者们紧紧围绕党的工作大局和重大理论与现实问题展开有针对性的研究探讨，开展学术交流。国内、区内50名专家学者出席，自治区党委常委、宣传部长莫建成出席会议并讲话。8月8日，与中共包头市委宣传部、自治区社科院筹办内蒙古第二届草原文化节"草原文化"研讨会。这次研讨会旨在挖掘和展示内蒙古民族文化的深刻内涵和深厚底蕴，大力弘扬草原文化，为建设民族文化大区提供坚实的理论支撑。会议举办"草原文化"和"包头文化"专题学术讨论；表彰优秀论文作者；成立内蒙古草原文化研究会。国内近百位专家学者出席。自治区党委副书记陈光林出席研讨会并讲话。8月25日，在巴彦淖尔市乌拉特前旗与中共巴彦淖尔市委、政府联合举办"河套文化"研讨会，自治区党委副书记杨利民，自治区党委常委、宣传部长莫建成，自治区政协副主席郧宝恒出席会议。与会专家一致认为河套文化其实是草原文化、黄河文化、边塞文化和农耕文化的聚集、融合、传承和积淀，形成鲜明的地域特色、民族特色和兼容并蓄的地方文化体系，具有丰富的历史，深厚的内涵和丰富的形式。9月1日至5日，自治区社科联召开了全国第八次社会科学普及理论研讨与经验交流会，会议主题为社会科学普及与构建合谐社会。全国25个省、市、区社科联的代表110多人出席会议。自治区党委常委、宣传部长莫建成出席会议并作重要讲话。与会代表就会议主题结合各自开展社会科学普及工作的实践进行研讨交流，对新形势下如何搞好社会科学普及工作提出很多新方法、新见解，增强与会人员进一步做好社会科学普及工作的信心。会议期间代表们参观并考察王昭君墓、蒙牛集团、一代天骄成吉思汗陵、内蒙古兵器博物馆、沙漠奇景响沙湾等名胜和呼和浩特、包头市的部分城市景观。

【课题攻关】 2005年，社科联紧密围绕自治区"三个文明"建设，和自治区改革开放和经济建设的理论与实践，精心组织学会完成重点指导课题5项：《地方行政立法研究》、《现代生存需求中民族艺术的生存与发展》、《主要经济指标的数量关系与评估方法研究》、《财政扶贫开发研究》、《WTO透明度原则对我国地方立法的影响及其有关的完善和创新》。完成一般性指导课题52项。

【学会工作】 3月1日，内蒙古社科联召开四届三次全委扩大会议，社科联本届委员及所属学会、协会、研究会秘书长和盟市社科联负责同志参加会议。会议按程序正式成立社科联学术委员会，补选两名委员。加强对学会的日常管理工作，指导审批成立3个新学会，12个学会的换届工作。配合民政厅对全区110个学会进行年检。反映学会及社科届最新信息，学术成果的《内蒙古社科联动态》发行7期。各学会编辑出版著作10余部。

【科普工作】 2005年，自治区社科联积极配合自治区人大进行《自治区哲学社会科学普及条例》的起草调研工作，通过对区内各盟市和云南、湖南、上海、浙江等兄弟省市的考察调研，起草了《条例》草案，已通过自治区人大常委会一读程序，正在进一步修改完善中。组织编撰了社会科学普及丛书两册：《构建社会主义和谐社会浅说》、《社会保障七百问》。

【期刊工作】 《前沿》2005年共发表文章923篇，刊载论文五百余万字，2004年被人大复印资料转载20余篇，是社会科学研究成果比较丰富的1年。

【民间社科研究机构的管理】 按照中央办公厅中发〔2004〕28号文件精神和自治区党委的相关要求完成社科民办机构管理接收工作，共接收4家，清理1家。

【社科联网站】 按照自治区政府关于实施全区电子政务网络互联工作的要求和扩大社科联的影响，更好的交流和普及社会科学工作，完成社科联网站的建设，于6月开通。

【帮扶工作】 社科联与自治区党委宣传部一起完成锡盟阿巴嘎旗达布森塔拉实施围封转移的任务，被授予帮扶先进单位奖牌。帮扶队员王铁明被评为帮扶先进工作者。

（朱　浪）

贸 促 会

【中国国际贸易促进委员会内蒙古自治区分会 中国国际商会内蒙古商会领导名录】

会　长：王正海

副会长：李建钢（蒙古族） 刘少坤

【概况】 内蒙古自治区贸促会是中国贸促会的分支机构。主要职责围绕自治区外事、外经贸战略的总体部署，开展对外联络、会展、招商引资、信息、法律、会务、行业指导等方面的工作。2005年贸促会编制20人，在编18人，厅级领导职数3名（会长1名、副会长2名），处级领导职数7名（4正，3副），机关人员参照《国家公务员暂行条例》进行管理。内设4个处级机构:综合部、联络部(法律工作部)、展览部、机关党总支。人员结构:具有大专以上学历15人,其中研究生2人,大学本科10人,大专3人;少数民族7人,其中蒙古族6人,满族1人;女同志3人。

【援建蒙古国工商会网站】 根据自治区领导的指示,在进行全面的调研后,提出援助蒙古国国家工商会网站建设方案,8月19日邀请自治区财政厅、信息办、公安厅、内蒙古大学、内蒙古农业大学等有关单位专家对网站建设方案进行论证。建设方案已获自治区政府批准,正与自治区财政厅协调项目的具体执行程序。

【国际商会】 中国国际商会内蒙古商会是在中国从事国际商事活动的企业、团体和其它组织组成的商会组织。宗旨是根据中华人民共和国的法律、法规和政策,促进会员同世界各国各地区工商界的交流与合作,促进会员企业国际业务的发展,依法维护会员的合法权益。2005年不断完善商会组织机构,为企业服务,办实事。一是帮助企业开拓市场,贸促会以中国国际商会内蒙古商会的名义与美国英福特公司、内蒙古海元节能技术有限责任公司于4月15日在呼和浩特市伊泰大酒店合作举办"美国英福特节电技术研讨会",全区40余家企业设备或动力部有关人员80多人参加会议。此次研讨会为企业之间创建一个难得的沟通合作平台。二是邀请接待世界500强企业法国道达尔集团亚洲地区总裁雅维肯先生一行,8月26日自治区党委副书记杨利民在呼和浩特市新城宾馆会见了雅维肯先生一行。三是邀请美国纳斯达克上市服务咨询公司和澳大利亚国际控股有限公司客商,于11月28日召开内蒙古民营企业海外上市项目大型推介会。

【对外联络】 通过日常工作联系、组团以及接待国外来访之机,积极开展对外联络工作,与各国商协会组织、驻华使领馆建立联系和沟通渠道。与46个国家和地区的137个商协会及驻华使馆商务处建立联系。组织自治区知名企业如伊利实业集团股份有限公司、鄂尔多斯羊绒制品股份有限公司、内蒙古铁骑第四绒毛纺织有限责任公司、内蒙古金宇集团山丹羊绒制品分公司等企业的产品在美国国际商会在华(上海口岸)设立国际商品出入口美国市场配送采购展销厅展示,免费展示一年,专供来华的美国采购商挑选,根据需要下定单,为全区企业开展招商引资及进入美国市场提供平台。

【法律工作】 2005年贸促会共签发一般原产地证1 435份,签证金额9 738.34万美元。认证各种商业单据236份。办理国际商事证明书20份;代办国际商事证明书7份。代办领事认证31份,其中产地证14份,发票14份,健康证2份,检验证书1份。全年调解中心共接待经贸纠纷方面的法律咨询十多起,同时也有一些相关部门对涉外仲裁、调解等业务进行咨询。

【展览工作】 根据自治区政府的安排,在"2005年内蒙古.香港经贸合作活动周"中,贸促会承办"内蒙古·香港投资贸易展览会"。5月25日至26日在香港国际会展中心举办"内蒙古·香港投资贸易展览会"。展会突出体现自治区深入实施西部大开发战略和积极参与东北老工业基地振兴两个主题,并全面推出自治区独具特色的旅游资源、悠久的历史文化、浓郁的民族风情和独特的自然风光;突出展示自治区的名优特产品。此次展区面积2 000平方米,84个展位,除自治区发改委和旅游局组织的24个综合展位外,全区各盟市(包括满洲里和二连)组织了45家名优企业参加展览,伊利、蒙牛、小肥羊、科牛、草原兴发、鄂尔多斯、鹿王7个驰名企业都设展位,展会期间,由贸促会牵头,与发改委、旅游局组织"内蒙古投资与合作项目推介会"、"蒙港旅游界交流会"等招商活动及大项目签约仪式。6月21日至24日,由自治区政府与蒙古国工业贸易部共同主办,蒙古国工商会协办,贸促会具体承办的"2005乌兰巴托中国名优商品展览暨投资洽谈会"在蒙古国乌兰巴托市MISHEEL展览中心举行。此次展会展出面积800多平方米,参展企业来自内蒙古自治区、福建、辽宁、江苏等地共36家,参展企业共接待新老客户近百家,参展观众2 000多人次。双方企业达成投资贸易合作项目14项,协议金额8 000多万元人民币。

【国际会展中心建设】 国际会展中心是自治区成立60周年庆典的四大重点工程之一,自治区政府于2005年1月正式确定建设会展中心,5月18日,隆重举行了开工奠基仪式。自治区党委、人大、政府、政协四大班子领导,呼和浩特市党政主要领导以及业主方领导班子全体成员出席开工奠基仪式。拟于2006年8月8日正式封顶。2007年5月1日前投入使用,招展工作已开始运行。拟2007年6月,各类展览活动相继在内蒙古国际会议展览中心举行。

【合作与交流】 在中央政治局委员、国务院副总理吴仪对蒙古国进行正式访问前夕,自治区副主席乌兰于5月22日先期抵达蒙古国,开展项目合作和交流工作。为配合乌兰副主席在蒙古国的工作,按照自治区领导的指示,自治区组成以贸促会会长王正海同志为团长的出访蒙古国合作交流代表团。代表团在出访蒙古国期间,双方企业共签订了16项合作协议,协议投资金额3亿余美元。5月30日至6月6日应台北世贸中心的邀请,由自治区贸促会会长、国际商会会长王正海率内蒙古国际商会代表团一行8人出访台湾,随访的有盟市贸促会领导和国际商会副会长企业负责人。代表团与台北世贸中心方面举行内蒙古—

台湾经贸合作洽谈会。8月23日至26日，由蒙古国国家工商会发起，在蒙古国乌兰巴托市举办首届中俄蒙毗邻地区经贸研讨会，王正海会长率自治区国际商会代表团参加了会议。会议一致通过，2006年中俄蒙三国毗邻地区经贸合作研讨会在内蒙古自治区召开。俄罗斯新西伯利亚州在北京举办"中国—新西伯利亚州经济日"活动，王正海会长陪同自治区副主席乌兰应邀于10月19日出席在俄罗斯驻华大使馆举办的该项活动。

按照自治区政府的要求，自治区贸促会组织，组成了有呼伦贝尔市、巴彦淖尔市、鄂尔多斯市、包头市、锡林郭勒盟等盟市代表参加的内蒙古经贸代表团于10月19日至24日赴澳门参加由澳门贸易投资促进局主办的"第十届澳门国际贸易投资展览会"，并举办"2005内蒙古·澳门投资贸易促进会"及"内蒙古·葡语国家投资贸易洽谈会"。在展览会期间自治区代表团共推出230余个经济技术合作项目，并积极与国内外客商广泛接触洽谈，接洽澳门、香港、美国、南非、澳大利亚、葡语国家等国家和地区1 000多名客商，为进一步深化自治区与港澳地区乃至更多国家和地区全面合作奠定基础。赴澳之前，自治区贸促会及有关盟市对自治区的合作项目进行精选，推出230余个前期论证较充分、有特色、有吸引力的项目提前发给澳门贸促局及中国与葡语国家经贸合作论坛常设秘书处辅助办公室，进行商业配对。在本届展览会期间，自治区与有关国家和地区机构和客人洽谈达成广泛的贸易与投资协议，包括生物制药、农用机械、风电开发、矿产、建材、化工、环保、电子等行业，涉及金额人民币近2亿元。

（李凤展　曹英珊）

残　　联

【内蒙古自治区残疾人联合会领导名录】

党组书记　理事长：庞润辉

副理事长：张憨生　云岚（女　蒙古族）乔晓勇

【概况】　内蒙古残联成立于1988年12月7日，是全区性残疾人事业团体。内蒙古残联设有办公室、组织联络与维权部、教育就业部、宣传文体部、康复部、基金部等工作部门并下设内蒙古自治区残疾人康复服务中心、内蒙古自治区残疾人职业技术培训中心、内蒙古自治区残疾人劳动服务中心、内蒙古残联机关事务服务中心等4个县团级直属单位。内蒙古残联机关定编31人，实有人员29人。

【康复工作】　共实施白内障复明手术8 983例，为519名低视力儿童配戴助听器，培训低视力家长390名；新收训聋儿496名，训练聋儿家长435名；在覆盖人口640万人的12个地区开展精神病防治工作，共查出精神病人34 272名，检出率5.35%，精神病患者监护率92.94%，显好率为61.16%，社会参与率55.3%，肇事率0.01%；为残疾人提供用品用具13 805件，装配矫形器360件，装配普及型小腿假肢322例；训练肢体残疾者425名，训练智残儿童211名，脑瘫儿童110名。根据中国残联和卫生部《关于进一步将残疾人社区康复纳入城乡基层卫生服务的意见的通知》文件精神，与自治区卫生厅联合制定《关于进一步将残疾人社区康复纳入城乡基层卫生服务的意见》（内残联康字〔2005〕1号）。

【教育工作】　与自治区教育厅共同组织对全区扶残助学项目进行中期评估和彩票公益金项目检查。扶残助学项目对全区395名贫困残疾儿童少年进行资助，彩票公益金助学项目对800名残疾儿童少年进行资助；争取中国残联"十五"补贴经费20万元，对内蒙古特殊职业技术学校进行补贴；2005年高考上线的59名残疾考生全部被区、内外大中院校录取；并给予补助，合计11.8万元；承办中国残联委托的全国县级康复人员培训班，共对来自全国8个省、自治区29名从事残疾人就业培训人员进行培训。

【就业工作】　全区城镇安排残疾人4 000名。自治区残联会同劳动和社会保障厅下发《关于做好残疾人失业人员登记工作通知》。确定呼和浩特市、包头市为首批失业登记的试点市。呼和浩特市确定为残疾人个体失业养老保险补贴的试点城市。完成呼和浩特市、包头市残疾人就业信息网络建设试点，两市共投入近百万元，开展残疾人就业服务工作。全区共建立劳动就业服务机构112个，296人从事残疾人就业服务工作。

【盲人按摩工作】　共举办盲人保健按摩师培训班13期，培训盲人保健按摩师164名。其中：初级30名；中级105名；高级29名。经考核，全部取得由劳动和社会保障部门颁发的保健按摩师职业资格证书。自治区盲人按摩服务中心举办一期盲人医疗按摩人员专业技术职务考前培训班。经理论考试和评审，有35名盲人医疗按摩人员晋升专业技术职务，其中晋升主治按摩医师8名；晋升按摩医师4名；晋升按摩医士23名。

【扶贫工作】　认真执行《内蒙古农村牧区残疾人扶贫开发计划》规定的扶贫任务。做好康复扶贫贷款的申报、落实工作，争取康复扶贫贷款1 000万元。认真做好年度彩票公益金危房改造项目的申报、审批和实施，争取危房改造225户，下达6个盟市，下拨盟市67.5万元，落实配套资金45万元，落实2004年财政匹配资金100万元，完成危房改造项目建房645户，受益残疾人 862 人,旗县匹配资金 275 万元,并向中国残联上报了残疾人危房改造绩效报告。

【社会保障工作】 全区参加社会保险的城镇残疾人为12 662人,应纳入最低生活保障范围的34 178人,已纳入最低生活保障范围的20 448人,集中供养1 362人,临时救济6 574人。农村应纳入最低生活保障范围的26 286人,已纳入最低生活保障范围的15 437人,五保供养4 645人,临时救济29 615人,定期补助4 513人,专项补助 869 人。

【宣传工作】 组织参加由中国残联、中华全国新闻工作者协会举办的第八届“中国残疾人事业好新闻奖”评选活动,共收到各类作品 56 件,经评委审查,15 件作品报送中国残联参评。积极协调自治区有关部门向国家教育部、共青团中央、全国妇联、中国残联推荐自治区残疾大学生李智华同学的先进事迹,将李智华同学作为“未成年人思想道德教育”的典型在全国推出。全年接待近 100 名新闻媒体记者,在各类媒体上刊登,播出各类稿件 500 余篇,制作专题片 30 多部。同时,利用网站宣传残疾人事业,全年发稿 50 余篇(条)。积极协调、配合内蒙古电视台新闻综合频道《故事栏目》、内蒙古电台《经济生活》栏目开办残疾人专题、专栏节目。

【文化工作】 全年在自治区各大新闻媒体播发、刊登各类新闻题材的稿件 300 余篇(条),电视台制作专题片 20 部,悬挂横幅 100 余幅,张贴标语5 000余条,展出图版1 000余块,发放宣传材料 10 余万份,进一步促成有利于残疾人的社会舆论环境。组织参加国家 5 部委举办的第六届全国残疾人艺术汇编,共收到 12 个盟市报送节目 60 个,获一等奖 1 个、二等奖 2 个、三等奖 2 个、优秀奖 4 个、创作奖 1 个、辅导奖 1 个,自治区残联获组织奖。参加第一届全国肢残人卡拉 OK 歌手大赛、第一届全国盲人歌手录音录像大赛,收到盟市报送的节目 30 个,自治区 8 个节目参加决赛,1 个节目获三等奖。对地市级以上各级摄影家、美术家、书法家协会的残疾人进行一次调查摸底,并建立全区残疾人文化艺术人才库。积极推动首府和盟市所在地开展盲人有声读物图书馆建设工作。呼和浩特、呼伦贝尔、巴彦淖尔、赤峰市等地都开辟盲人有声读物图书馆和阅览室。

【体育工作】 2005 年选送 2 名运动员参加国际性比赛,其中 1 名运动员在“第一届残奥世界杯比赛”中获铁饼比赛第三名;1 名运动员在“第一届单项亚洲杯残疾人举重锦标赛”中获82.5 公斤级金牌,并打破世界纪录。先后 8 次派出 51 名运动员参加 8 个项目的全国锦标赛,共获金牌 9 枚、银牌 17 枚、铜牌 7 枚;24 名特奥运动员参加 4 个项目的全国锦标赛,共获金牌 6 枚、银牌 15 枚、铜牌 2 枚。

成功举办 2005 年第三期国家特奥新项目(马术)推广培训班。来自北京、上海、新疆以及内蒙古的锡林郭勒盟、呼伦贝尔市、通辽市等地的工作人员、马术教练及马术运动员共 50 人参加培训。先后选派 4 名专业人员参加全国举办的教练员、裁判员、医学分级员培训班。完成自治区特奥运动员的普查工作,共普查出特奥运动员8 000名。在鄂尔多斯市建立二线运动员训练基地;在锡林郭勒盟东乌珠穆沁旗建立特奥马术训练基地。

【基层组织建设】 三级残联按照 50、30、20 的人数储备量,建立健全人才库。至 2005 年 10 月,全区发放残疾人证 45 万个,残疾人领证率达43%。完成 2005 年 13 个旗县基础设施建设国家补助审核申报工作,并将 195 万元补助款下拨各旗县。审核申报 2005 年长江新里程计划项目,与项目执行县签订项目协议书。在全区筛选 40 个社区,力争用一年的时间成为全区样板社区。对全区 12 个盟市残联理事长和 101 个旗县残联一把手共 150 人分二期进行培训;举办自治区优秀残疾人干部培训班,全区共有 29 名优秀残疾人参加培训;开展“爱心赠刊、文化助残”活动,接受华夏出版社《三月风》、《中国残疾人》刊物,发放到 500 名残疾人手中;2005 年自治区在“百万青年志愿者”助残行动中做出贡献的 4 个先进集体和 4 个先进个人受到中国残联表彰。

【专门协会工作】 制定出台自治区各专门协会工作规则。12 个盟市残联都建立五类专门协会,并积极开展活动,有经费支持、有场地人员保证。旗县残联五类专门协会组建率达40%。

【维权工作】 会同自治区人大法工委就《内蒙古自治区实施〈中华人民共和国残疾人保障法〉办法》的立法、执法情况,先后赴兴安盟、通辽市、赤峰市、鄂尔多斯市、乌海市、阿拉善盟等地进行跟踪调研,促进《内蒙古自治区实施〈中华人民共和国残疾人保障法〉办法》各项条款的落实。

为 148 名贫困残疾人提供法律帮助,为了更好地开展“扶残维权行动”,确保自治区残疾人维权工作网络机构的完整性,5 月在自治区残联建立残疾人法律援助工作站,接待残疾人 260 人次,来信、来电 178 余次(件)。

【基金工作】 持续开展“春雨助残”主题捐助活动,为贫困残疾学生广泛募集资金。通过“春雨助残”主题捐助活动,持续向各机关、团体、企事业单位职工募集捐款。全区共募集入库 309 万多元,其中自治区本级募集入库 124 万多元。主要用于解决 295 名贫困残疾儿童的学杂费、康复费等实际问题。

【重要活动】 自治区主席杨晶主持 3 月 17 日召开 2005 年自治

区政府第三次常务会议。会议确定，全区残疾人运动会形成固定赛制每四年举办一次，为与全国残运会结轨，下届残运会提前到2007年举行。自治区残联3月17日制发《关于进一步加强基层残疾人工作的意见》。自治区人大副主任王凤歧4月12日由自治区残联副理事长乔晓勇陪同，走访慰问玉泉区5位残疾人及其家庭，了解他们在工作、生活、子女上学、就医、低保等方面的情况。自治区人民政府办公厅5月12日制发《内蒙古自治区人民政府办公厅转发残联等部门关于切实加强扶助贫困残疾人工作意见的通知》（内政办字〔2005〕134号）。自治区党委副书记陈光林5月12日由自治区残联理事长庞润辉、副理事长乔晓勇陪同，走访慰问内蒙古百灵精细化工有限公司和残疾人个体工商户霍志军，并送去慰问金。自治区人大副主任王凤岐5月13日由自治区残联理事长庞润辉、副理事长张憨生、云岚、乔晓勇陪同，走访慰问自治区聋儿康复中心的聋童和自治区特殊职业技术学校的盲人学员。内蒙古自治区法律援助中心内蒙古残疾人联合会工作站5月13日举行揭牌仪式。自治区法律援助中心主任李学义与自治区残联理事长庞润辉为自治区法律援助中心内蒙古残疾人联合会工作站揭牌。中国残联副理事长程凯、康复部副主任胡向阳等一行3人7月16日至19日到自治区对残疾人重点康复工作、第二次残疾人抽样调查工作进行调研。内蒙古自治区人民政府残残疾人工作协调委员会全体会议12月26日在呼和浩特召开。自治区政府副秘书长、残工委副主任盖文山主持会议，自治区副主席、残工委主任郭子明发表重要讲话。会议审议并通过自治区残联理事长庞润辉作的残疾人工作报告；审议并通过自治区人民政府残疾人工作协调委员会成员单位职责分工，讨论通过《自治区人民政府残疾人工作协调委员会工作规则》。

（冀育青　塔林）

红十字会

【内蒙古自治区红十字会领导名录】

会长：宝音德力格尔（蒙古族）

副会长：桂　忠（蒙古族）

助理巡视员：万　里

秘书长：陈　华

【概况】　自治区红十字会为正厅级，内设办公室、业务处2个处级机构，机关编制13人。所属备灾救灾培训中心为处级事业单位，内设仓储科和培训科，编制8人。自治区红十字会是从事人道主义工作的社会救助团体。其主要职责是：宣传、贯彻、落实《中华人民共和国红十字会法》，指导全区各级红十字会工作；开展救灾的准备工作，在自然灾害和突发事件中，对伤病人员和其他受害者进行救助；普及卫生救护和防病知识，进行初级卫生救护培训，组织群众参加现场救护；参与组织输血献血工作，推动无偿献血；负责中国造血干细胞捐献者资料库（中华骨髓库）内蒙古分库的建设与管理；开展其它人道主义服务活动；开展红十字青少年活动；参加国际人道主义救助工作；宣传国际红十字和红新月运动的基本原则和日内瓦公约及其附加议定书。

【为印度洋地震 海啸灾区募集善款】　2004年12月26日，印度洋地区发生强烈地震和海啸灾害。2005年1月1日，自治区红十字会通过《内蒙古日报》等新闻媒体和联通公司公益短信向社会各界发出募捐呼吁；1月1日晚，自治区红十字会收到第一笔捐款，自治区警卫局退休干部王静学向红十字会捐款1 000元。1月2日，自治区党委副书记杨利民，党委常委、秘书长任亚平作出批示，要求“党委机关带头捐助”，通过自治区红十字会向印度洋地震、海啸灾区捐款16 650元。1月3日上午，呼和浩特北京华联商场和维多利商厦响应红十字会的呼吁开展募捐活动。1月4日，伊利集团通过自治区红十字会向地震、海啸受灾国民众捐款50万元。1月6日，北方电力有限责任公司干部职工通过自治区红十字会向印度洋地震及海啸灾区捐款100万元。1月7日上午，自治区人大常委会机关举行捐款仪式。共捐款12 953.30元。与此同时，自治区政府办公厅领导、离休老干部和机关工作人员捐款30 388元。1月8日，武警内蒙古总队党委组织广大官兵向印度洋受灾地区捐款12万元。2月2日，蒙牛乳业集团举行捐赠仪式，全体员工向印度洋地震海啸灾区捐款59万元。至4月21日，全区各级红十字会为印度洋地震、海啸灾区接受各界捐款495.66万元。5月31日，自治区红十字会被中国红十字会总会授予“印度洋海啸救援最佳组织奖”。

【博爱扶贫救助活动】　1月6日，中国红十字会总会慰问组在鄂尔多斯市举行“红十字博爱送万家”活动启动仪式，并向自治区捐赠25万元的慰问品。6月15日，自治区红十字会在锡林郭勒盟苏尼特右旗实施“天狮助学计划”，投资20万元为当地建设一所天狮博爱学校。7月28日，上海市红十字会向自治区红十字会捐款30万元，支持赤峰市克什克腾旗宇宙地中心小学重建工作。9月5日，自治区红十字会与内蒙古蒙康公司共同举办“蒙康情、园丁爱”公益捐赠活动。蒙康公司向呼和浩特市地区教职员工捐赠了价值20万元的产品。9月16日上午，自治区红十字会在中山社区举行活动，救助特困家庭和贫困大学生，共发放救助金6 000元、救助物资11 000多元，27户贫困家庭和3名贫困大学生得到救助。10月17日上午，自治区红十字会向内蒙古医学院捐赠7万余元助学款，帮助30名贫困学生完成学业。11月2日上午，自治区红十字会在第一女子监狱开展救助服刑人员贫困家庭活动,向服刑人员特困家庭捐款3万元。11月18日,自治区和呼伦贝尔市两级红十字会在新巴尔虎左旗共同举行扶贫助学捐赠仪式,向100名贫困中小学生捐赠3万元的助学款以及价值3万余元的运动衣、运动鞋以及文体用品。11月20日,中国国际航空公司内蒙古分公司向自治区红十字会捐款5万元,用于支持苏尼特左旗满都拉图镇奈日木德勒嘎查的扶贫开发工作。11月29日,自治区红十字会宝音德力格尔会长、桂忠副会长、陈华秘书长赴锡林郭勒盟苏尼特右旗开展"红十字博爱送万家"活动,向200余户贫困家庭捐赠了价值4万元的款物。12月15日上午,自治区红十字会"红十字博爱送万家"活动捐赠仪式在阿拉善左旗举行。宝音德力格尔会长代表自治区红十字会向阿拉善盟捐赠了20吨面粉。

【争取外援 备灾救灾】 3月13日至17日,桂忠副会长带领救灾工作组,深入兴安盟科尔沁右翼前旗、锡林郭勒盟乌拉盖开发区等地考察灾情慰问灾民,并发放10万斤粮食,2 000多名群众受益。7月7日,兴安盟、呼伦贝尔市部分地区连续遭受洪涝和龙卷风灾害。桂忠副会长率救灾工作组赶赴扎兰屯市、兴安盟扎赉特旗、科尔沁右翼前旗考察灾情,慰问灾民,指导灾区红十字会开展救灾工作。中国红十字会总会为支持自治区红十字会的救灾工作,调拨价值85.1万元的救灾物资。7月12日,北京市红十字会向自治区红十字会捐款20万元,支持自治区红十字会开展抗旱救灾工作。这笔捐款全部用于化德县受灾地区救灾工作和灾民生活救济。7月25日至30日,中国红十字会总会党组书记、常务副会长江亦曼率总会考察组深入自治区兴安盟、呼伦贝尔市洪涝、龙卷风灾区考察灾情慰问灾民,指导救灾工作。宝音德力格尔会长、桂忠副会长陪同考察。

【重要活动】 3月14日至15日,自治区红十字会二届二次理事会议暨工作会议在呼和浩特召开,宝音德力格尔会长出席会议并作重要讲话,自治区政协副主席、红十字会名誉副会长奇英成出席会议开幕式,桂忠副会长代表二届理事会作2004年自治区红十字会工作报告和财务收支报告,会议传达中国红十字会2005年工作会议精神,汇报为印度洋地震、海啸灾区和自治区红十字会备灾救灾基金募捐情况,会议选举陈华为自治区红十字会二届理事会秘书长。大会进行经验交流。5月17日至22日,加拿大红十字会官员张云红女士、中国红十字会总会联络部官员戴晓明先生赴自治区考察扶贫复明项目进展情况。宝音德力格尔会长会见张云红女士一行,名誉会长云曙碧与副会长桂忠陪同张云红女士一行观摩内蒙古农业大学艾滋病同伴教育项目的实施情况。全年共实施免费复明手术178例,累计完成890例。7月21日,自治区人民政府办公厅转发自治区红十字会《关于自治区直属机关发展会员的意见》。要求自治区各机关领导带头入会,自治区红十字会的理事、常务理事、兼职副会长要带头宣传并加入红十字会,积极倡导本单位干部职工参加红十字会。9月22日至24日,全区红十字会专职干部业务培训班在呼和浩特举行。自全区12个盟市、2个计划单列市以及部分旗县(市区)的52名红十字专职干部参加培训。10月28日,自治区红十字会新闻工作者志愿服务队成立仪式在呼和浩特举行,近30名媒体记者成为队员。10月24日至11月9日,由自治区人大常委会委员张树逊任组长,教科文卫委员会和自治区红十字会组成执法调研组,对乌海市、鄂尔多斯市、乌兰察布市、赤峰市、呼伦贝尔市进行"一法一办法"执法调研。11月23日至2006年1月15日,自治区红十字会与北方新报社在全区范围内共同组织开展了"千万人帮千家—共同关爱零就业家庭"公益活动。活动期间,共为2 000户零就业特困家庭提供就业、技术培训和生活救济等帮助。

12月1日,为共同纪念世界艾滋病日,由自治区红十字会承办,中蒙两国红十字会联合开展的"红丝带神州行—预防艾滋病列车宣传活动"在二连浩特市举行。中国红十字会常务副会长江亦曼,蒙古国红十字会秘书长桑丹多吉,自治区红十字会会长宝音德力格尔、副会长桂忠、秘书长陈华,中国铁路文工团和二连浩特的专业演员,以及中国红十字会和蒙古国红十字会的志愿者及各界群众500余人参加宣传活动。中国红十字会预防艾滋病宣传员、著名歌唱家关牧村,铁路系统预防艾滋病宣传员、著名表演艺术家侯跃文参加宣传演出。

12月16日,兴安盟红十字会博爱救助站站长王布和凭着自己二十多年行医济世、扶危济困的感人事迹入围中央电视台2005年度"感动中国"人物候选人。

12月14日至28日,自治区红十字会组织两个考核组分赴东、西部对12个盟市红十字会工作进行考核,这是自治区红十字会有史以来第一次对盟市红十字会进行的目标考核。呼伦贝尔市、包头市、呼和浩特市红十字会被自治区红十字会评为2005年目标考核先进单位,受到表彰和奖励。

(陈华 胡志行 李文元)

公　检　法

公　安

【内蒙古自治区公安厅领导名录】

党委书记：罗啸天

党委副书记 厅长：赵黎平

副厅长：阿斯林（蒙古族） 周黎明（蒙古族）
朱荣 王新乐

纪委书记：颜炳强

政治部主任：杨小平

助理巡视员：云战彪（蒙古族） 刘尤福（蒙古族）

【概况】 内蒙古公安厅机关核定行政正处级机构 25 个，副处级机构 1 个，行政编制 674 名，其中副厅级以上 13 人，处级 15 人，主任科员 257 人，副主任科员 122 人，科员 131 人。核定事业副厅级机构 1 个，正处级机构 2 个，副处级机构 2 个，科级机构 1 个，事业编制 550 名（含警察职业学院）。2005 年厅机关实有行政人员 670 名，事业人员 483 名。

【信访接待】 全区公安机关按照公安部统一部署，领导动手，全警参与，三级联动，精心组织，周密部署，认真开展开门大接访。从 5 月 18 日到 9 月 26 日，全区公安机关共接待信访案件3 299起，办结3 147起，办结率为95%；停访息诉3 096起，停访息诉率为93.6%，其中乌海市公安局、阿拉善盟公安局、大兴安岭森林公安局办结率达到100%，有 27 个旗县（市、区）公安局案件办结率、停访息诉率实现“双百”，有 32 个旗县（市、区）公安局案件办结率或停访息诉率达“单百”。积极探索建立健全信访工作长效机制，先后出台《内蒙古自治区公安厅关于进一步加强和改进公安信访工作的决定》等文件，出台《信访工作领导体制及工作职责任务》、《信访工作督办检查工作制度》、《全区公安机关来信来访接待处理办法》等一系列工作制度。通过开展大接访，为群众解决问题、实践执法为民思想。

【维护社会稳定】 2005 年，全区公安机关破获各类刑事案件42 981起，查获刑事犯罪集团 797 个，全区命案侦破率达90.57%。全区公安机关加大治安整治力度，深入开展禁赌、校园及周边治安秩序整治、治爆缉枪等行动，净化治安环境，维护社会秩序。2005 年，共查处治安案件47 125起，查处违法人员77 538人。

【治安防控体系建设】 全区金盾工程进展迅速，实现全区公安二、三级网提速，全区公安二级网达到 155 兆以上，四级网接入率显著提高，政法网正在全面施工中。完成 350 兆无线集群网建设。人口资源信息库等八大数据库即将完成，建成自治区人口信息管理系统，全区2 400万人口全部实现微机管理，并联入中国人口网。实行公安科技工作评价制度，启动全区科技强警示范建设工作，建立公安科技发展引导、考评、激励机制。组织完成公安部科研项目“多功能装甲防暴车”并通过公安部验收。加强“110”接出警工作，努力完善指挥调度体系，积极推进“三台合一”。全区有 17 个旗县（市、区）实现“三台合一”。进一步加强草原“110”建设，拓展和强化功能，规范运行。拓展治安防控体系覆盖面，向农牧区延伸，组织开展全区农村牧区社会治安状况调查摸排工作。各地因地制宜、一城一策，探索加强治安防控的有效方法，呼市、鄂尔多斯市东胜区、通辽市科尔沁区实施网格化警务巡逻，提高驾驭城市社会治安的能力，有力遏制街头“两抢”等犯罪高发态势，受到群众的欢迎和好评。加强内部单位安全保卫工作，进一步明确责任，落实工作措施。深入开展基层创安活动，创建安全小区、安全村（嘎查）81 722个，覆盖率达73%。

【行政管理工作】 继续落实公安部、公安厅便民利民措施。出台新的户籍改革措施，进一步放宽落户条件，简化办户手续，扩大优惠范围。积极做好第二代居民身份证准备工作，开展户口核对，制证中心厂房建设主体完工。继续实施交通安全管理“畅通工程”，扩展到旗县，部署开展“平安畅通县区”创建活动。实施出入境管理部门文明窗口建设计划。全面开展旗县的按需申领护照工作，扩大按需领工作范围。开展违法违规办理出入境证照专项清理整治工作，查处一批违规办证案件，促进证照办理工作的规范化。进一步简化出入境边检程序，提升通关速度，方便群众。

【队伍正规化建设】 认真组织开展保持共产党员先进性教育

活动,扎实完成规定的各项任务,对存在的问题进行有针对性的整改。全面启动队伍正规化建设工作,出台《2005—2008 年全区公安队伍正规化建设实施意见》,明确正规化建设的目标、任务、步骤。继续狠抓"四统一,五规范"的落实,基层所队面貌大为改观,通辽等地公安机关统一派出所标识。全区警用号牌车辆统一外观制式。坚持开展大练兵活动,规范常规培训,完善练兵机制。举办第一期全区公安机关警务实战教密电培训班,有效解决实战教官缺乏问题。推进干部人事制度改革,加强公安人才工作,进一步拓宽选人用人渠道,激励民警爱岗敬业,奋发向上。公安厅在去年采用竞争上岗方式任用一批处级干部的基础上,是年采用群众推荐、组织推荐、考核选拔的方式调整任用厅机关正处级干部 21 人,副处级干部 29 人,为内蒙古警院公开选拔任用 72 名科级干部,为厅属事业单位聘任 15 名符合条件的专业技术干部,对全区1 425名报考专业技术职称民警组织专业考试,对报考高级技术职称、经审查和考试合格的 141 名同志,按规定上报。组建国保业务专家队伍,选聘 10 名专家。

【全国"二十公"、全区"十九公"】 全区公安机关坚持热度不降、力度不减,积极推动中央、自治区两个 13 号文件和全国"二十公"、全区"十九公"精神的切实落实。各地普遍召开会议或下发文件进行部署。进一步理顺公安管理体制,一半以上城市分局收归市局直接管理,绝大多数地方实现公安机关内设机构干部由同级公安机关党委任免。公安厅在深入调查研究的基础上草拟《内蒙古自治区公安厅对盟市公安局领导班子和领导班子成员年度工作绩效考评办法》,正在征求各盟市意见。一批盟市、旗县公安局领导班子副职分别高配为正处级、正科级。公安厅与财政厅联合对盟市、旗县(市、区)落实旗县级公安机关公用经费保障标准情况进行督查,按自治区下达的三类标准,达标率突破30%,实现年初预定目标。公安厅社会应急联动反恐防暴指挥大楼建成并投入使用。积极开展无房派出所建设,年内完成 133 个无房派出所的建设任务。全区有 111 名公安派出所所长(指导员)高配为正科级,849 名高配为副科级,217 名派出所老民警享受正、副科级职级待遇。

(奇　军)

检　　察

【内蒙古自治区人民检察院领导名录】

检 察 长:邢宝玉

副检察长:于江 杨怀武 周忠清 张敏(女 满族)

李茂林 郑锦春(1 月任职)

纪检组长:旭　江(蒙古族)

检 察 员:邢志文(11 月任职)

【概况】 内蒙古自治区共设三级检察院 126 个,其中省级检察院 1 个,盟市级检察院 14 个,旗、县(区)级检察院 102 个,派出检察院 9 个。全区共有检察人员5 976人(少数民族1 932人,妇女1 614人)。自治区检察院内设机构 16 个,全院在编人员 195 人,院领导 8 人。另设有二级单位检察干部学校、机关事务服务中心。

【刑事犯罪】 自治区各级检察机关,始终把严惩严重刑事犯罪,维护社会稳定作为首要的政治任务,认真行使检察职能,积极参加各种专项整治活动,与有关部门密切配合,依法严厉打击"法轮功"等邪教组织的犯罪活动,严厉打击爆炸、杀人、绑架等严重暴力犯罪和盗窃、抢夺、抢劫等多发性犯罪,坚决打击危害国家安全的犯罪,始终保持对严重刑事犯罪的高压态势。对重大案件适时介入,引导侦查,先后参与现场勘查 429 件,参与重大案件讨论1 093件。全年共受理侦查机关提请逮捕的各类犯罪嫌疑人13 821人,经审查批准逮捕12 827人,同比分别上升2.3%和3.3%。受理移送审查起诉12 414件18 308人,同比分别上升2.0%和3.3%,经审查提起公诉10 803件15 329人,同比分别上升7.1%和8.7%。全年共受理控告申诉3 989件,同比上升12.4%,审查处理3 961件,同比上升11.5%。妥善处理一批上访多年、久诉不息的案件。各级院认真落实检察环节社会治安综合治理措施,积极开展法制宣传活动,推进治安防控体系建设。

【经济犯罪】 各级检察机关针对经济犯罪和经济安全问题直接影响社会稳定的实际,把惩治经济犯罪,严查相关的渎职犯罪,维护社会主义市场经济秩序作为重要职责,积极参加整顿和规范市场经济秩序,依法打击金融诈骗、非法集资、制假售假、偷税骗税、走私等犯罪活动。共批捕犯罪嫌疑人 267 人,提起公诉 313 人,同比分别上升3.1%和30.4%。继续开展打击制假售假、侵犯知识产权立案监督专项行动。按照最高人民检察院的部署,从 2005 年 7 月开始,组织开展集中查办破坏社会主义市场经济秩序渎职犯罪专项工作,这项工作得到自治区党委、人大、政府的重视和社会各界的支持,被评为 2005 年度全区十大法制事件之一。

【职务犯罪】 全区各级检察机关把严肃查办和积极预防职务犯罪作为拉动各项检察业务工作的火车头,不断加大办案力度和质量。一是积极推行侦查一体化办案模式,集中力量查办有影响、有震动的大要案。共立案查办贪污贿赂案件 469 件,渎职侵权案件 155 件,其中贪污贿赂大案 176 件,渎职侵权重特大案件 29 件,查办县处级以上干部涉嫌贪污贿赂、渎职侵权犯罪 39

人，其中查办厅局级干部2人，通过办案为国家挽回直接经济损失10 926.37万元。二是重点集中查办群众反映强烈，发生在热点行业和领域的案件。立案侦查涉嫌贪污贿赂、渎职犯罪的行政人员117人，医疗卫生、交通、国土资源管理、金融、证券、教育等部门涉嫌贪污贿赂犯罪的国家工作人员110人。在企业改革和经营活动中涉嫌侵吞、挪用、私分国有资产犯罪的国有企业人员234人。依法查办发生在基层、侵害群众切身利益的犯罪案件，推动基层民主政治建设，共立案侦查贪污贿赂、挪用公款、侵吞救灾扶贫和征地等专项款物的乡村干部164人。在严肃查办职务犯罪的同时，各级院认真贯彻党中央《建立健全教育、制度、监督并重的惩治和预防腐败体系实施纲要》，立足检察职能，广泛开展警示教育和宣传活动，举办法制讲座以案释法，与发案单位共同开展个案预防113件，在职务犯罪多发行业和系统开展系统预防197项，对重点建设项目进行专项预防105项，自治区检察院编写了预防职务犯罪警示教材，建立警示教育基地，开通面向全社会的行贿犯罪档案查询系统，推动和健全惩治和预防腐败体系。

【诉讼监督】　自治区各级检察机关增强检察工作主题意识和监督，推动法律监督工作的深入。一是加强刑事立案监督。全年要求公安机关说明不立案理由412件，公安机关直接立案和接通后立案348件。对不应当立案而立案的，监督公安机关撤销案件42件。二是加强对侦查活动的监督。对应当逮捕而未提请逮捕的，追捕104人。对应当起诉而未移送起诉的，追诉78人。对不应当逮捕起诉的，依法不批捕983人，不起诉668人。对侦查活动提出检察建议412件，要求提供法庭审判证据意见书779件1 216人。三是加强对审判活动的监督。对认为确有错误的刑事判决裁定抗诉107件，法院已审结68件，改判32件。在民事和行政诉讼监督中，提出抗诉165件，运用检察建议启动再审48件。全年查处涉嫌滥用职权、徇私枉法、贪污受贿等犯罪的司法人员82人。

【加强对人权的司法保障】　在执法办案中，各级检察机关认真落实尊重和保障人权的宪法原则，注意听取犯罪嫌疑人辩解和律师意见，增强证据和程序意识，依法维护保障诉讼参与人的诉讼的权利和其他当事人的合法权益。从检察环节上认真强化证据审查，防止错捕错诉，进一步健全完善防止和纠正超期羁押的长效机制。全区已实现检察环节连续两年无超期羁押。为切实保障当事人的申诉权利，对不服检察机关处理决定的申诉案件依法进行复查，改变原决定案13件，给予赔偿12件。按照最高人民检察院的部署和自治区实际，针对执法办案中存在的重打击犯罪，轻保护人权的问题，在自治区开展三个专项活动。一是开展以纠正刑讯逼供为重点的专项侦查监督活动，先后排查刑讯逼供，暴力取证等线索48件52人，提出纠正意见27件29人，立案查处刑讯逼供案件1件2人。二是开展对公安机关采取刑事拘留的专项监督检查。与公安机关逐案分析17 439人，发现一些违法办理的刑事案件。三是开展严肃查办国家机关工作人员利用职权侵犯人权犯罪专项活动，受理非法拘禁、非法搜查、刑讯逼供、暴力取证、虐待被监管人以及严重渎职造成生命财产重大损失等案件120件，立案查办79件110人。

【严把办案质量】　自治区各级检察机关正确处理加大工作力度与提高执法水平和办案质量的关系，始终把质量作为办案工作的生命线，重事实、重证据、重程序严把事实关、适用法律关。建立办案质量预警机制，加强对侦结率、不诉率和无罪判决率的监控，开展提高案件质量的研讨活动，强化了办案工作中的内部监督与制约。主要反映在：查办职务犯罪案件呈现“三升一降”趋势，初查成案率、起诉率、有罪判决率同比上升，撤案率下降；诉讼监督质量提高，刑事抗诉案件改判率和民事行政抗诉案件改判率同比上升；全区未发现超期办案、违法办案和办案安全事故；年内自治区检察院评选并表彰奖励30个办案优胜单位和10件优质案件，9个办案集体受到高检院表彰。

【检察队伍建设】　在7个重点业务部门，16个重点环节集中查摆突出问题，着重解决群众申诉难、不起诉率偏高，少数办案人员为检不廉，办案工作人内部监督制约不严等问题。全面规范现有执法办案的规章制度，完善和细化办案流程和办案责任制，强化对执法办案的管理、制约和监督。全系统本科以上学历同比增加10.3个百分点，全年共举办各类培训班105期，培训3 091人。通过举办司法考试培训班，使全系统通过人数达到45人，年内有6个基层院被评为全国先进检察院。

【检察改革与检务保障】　2005年人民监督员对检察机关直接立案侦查的案件中，犯罪嫌疑人不服逮捕决定，拟撤案、拟不起诉“三类案件”，监督215件。

【自觉接受人大 政协的监督】　主动向人大及其常委会报告工作，认真执行人大及其常务会的决议。自治区人大常委会第十七、十八次会议，先后听取和审议自治区检察院《关于全区检察机关开展减刑、假释、保外就医专项检查活动情况的报告》、《关于开展严肃查办国家机关工作人员利用职权犯罪专项活动情况的报告》，常委会领导同志和有关部门还多次听取检察院的专题汇报，出席检察院的重要会议。各盟人大工委、市和旗县区人大常委会听取和审议当地检察院的专题工作报告103次。加强与人大代表、政协委员的联系，主动征求意见。全区各级检察院采取送“检察要况”、检务公开材料等方式，向人大代表通报工作情况。在开展先进性教育和专项整改活动中,各院分别邀请人大代表、政协委员座谈,参与问卷调查,征求对检察工作的意见和建议。定时向自治区的全国人大代表赠阅《检察日报》、聘请部分人大代表、政协委员担任特约检察员、检察联络员、检风监督员。积极推进接受监督的制度和规范化。在先进性教育和专项整改活动中,修订完善关于向人大及其常委会报告工作,加强同人大代表、政协委员联系,办理人大代表建议、政协提案和交办案件制度,进一步规范接受监督的工作。

(薛卫国)

审　　判

【内蒙古自治区高级人民法院领导名录】

院长:王维山(蒙古族)

副院长:王虎　许振祥　于雪峰(蒙古族)　梁国裕

纪检组长:王建国

政治部主任:刘文义

执行局长:苏　和(蒙古族)

副厅级审判员:奇牡丹(女　蒙古族)

助理巡视员:火　亮

【概况】 2005年,全区共有118个法院,351个人民法庭,其中高级法院1个,中级法院13个(包括铁路运输中级法院1个),基层法院104个(包括铁路基层法院2个,开发区法院1个)。全区有法官及其他工作人员8 883人,其中:男性6 512人,占73.4%,女性2 371人,占26.6%;蒙古族2 529人,占总人数的28.4%,其他少数民族441人;副部级干部1人,厅级干部22人,占0.2%;处级干部472人,占5.3%;科级干部3 504人,占39.4%;硕士研究生133人,占1.4%;大学本科学历3 829人,占43%。

2005年,全区法院共受理各类案件219 188件,同比上升1%,审结207 826件,同比上升2.8%。

【刑事审判】 全年共受理刑事案件15 164件,同比上升7.2%,审结14 696件,同比上升8.4%。全年共判处五年以上有期徒刑、无期徒刑和死刑罪犯2 230人,同比上升3.9%,有力地震慑了犯罪。认真贯彻"尊重和保障人权"的宪法原则,对不构成犯罪的94名被告人依法宣告无罪,对确有悔改或立功表现的8 428名服刑人员依法减刑或假释。

重点打击严重危害社会治安的杀人、强奸、抢劫、爆炸等暴力犯罪以及诈骗、盗窃、抢夺等多发性侵财犯罪,及时审结孙国强等3人冒充军警在呼和浩特市抢劫作案30多起,罗劲松等4人在包头市抢劫金店致死3人的恶性案件,依法判处其中4名罪犯死刑,剥夺政治权利终身,社会效果良好。

严厉打击破坏市场经济秩序的犯罪活动,对票据诈骗金额达1亿元的朱晓云、虚开增值税发票偷逃税款达1 300万元的徐建军依法判处死刑、缓期二年执行,剥夺政治权利终身。全年共审结此类案件175件,同比上升6.1%,维护经济安全。

着力打击公务人员职务犯罪,共审结贪污贿赂案件369件450人,同比分别上升9.5%和10%,推动反腐败斗争的深入开展。

【民事审判】 全年共新收民商事案件144 940件,同比上升1.3%,审结138 950件,同比上升2%。强化诉讼调解,采取庭前引导、庭审评析、庭后释疑等措施,切实提高调解率,全区法院一审调解结案47 020件,调解率达36.3%,同比上升1.8个百分点。

依法审结一批建设工程、环境污染、金融债权、知识产权等影响较大、涉及面广的案件,规范市场经济秩序,促进科学发展。审理的自治区首例黄河水污染案件,被评为自治区"2005年度十大法治事件"之一。妥善处理婚姻家庭、劳动争议、消费侵权、拆迁补偿等事关群众切身利益的案件和群体性纠纷,依法审结自治区96户农民状告某省农资公司生产销售伪劣产品等一批涉及群众利益的案件,维护了弱势群体利益。

【行政审判】 针对行政案件逐年上升、行政审判领域不断拓宽的实际,以促进依法行政为重点,强化司法监督,对违法行政行为坚决予以纠正,对合法行政行为予以维护。全年共受理各类行政案件2 252件,审结2 071件,结案率为92%。其中,撤销或责令行政机关重新作出具体行政行为382件,维护了公民、法人和其他组织的合法权益,有效协调了官民关系,促进依法行政。加强行政案件协调指导工作,针对房屋拆迁、土地征用难度加大、矛盾突出的新问题,下发规范性意见,监督和支持依法行政。

【执行工作】 全区法院全年共执结当事人申请执行的民商事案件48 757件,同比上升3.6%,结案标的额23.3亿元,实现执行率不低于85%的公开承诺。为进一步完善全区法院统一指挥、协调和管理的执行工作新机制,努力克服地方和部门保护主义,自治区高院与自治区政府的五个部门联合建立工作协调机制,共解决拖欠工程款和民工工资6 500多万元。同时,加大强制执行力度,对恶意逃债者坚决依法制裁,共对拒不履行生效裁判者判刑8人,维护司法权威。

【队伍建设】 全区法院共有12个集体和14名个人受到国家级

表彰,有29个集体和43名个人荣立一、二等功。涌现出通辽市科尔沁区人民法院和赤峰中院女法官李红艳、兴安盟基层法庭庭长陈银福等一批先进集体和个人。其中,李红艳同志被评为全区优秀党员,由自治区党委组织拍摄了专题电视片,作为第二批先进性教育学习的先进典型;陈银福同志被最高法院推选为"中国法官十杰"候选人,并获得"银法槌奖",其先进事迹在中央电视台播出。

【业务建设】 组织全区法院广泛开展了以庭审观摩、裁判文书评比、书记员速录、司法能力建设研讨为主要内容的司法技能竞赛,全区法院40%以上的工作人员参加各类练兵活动,增强广大法官和其他人员的业务素质和实践本领。全年举办培训班16期,培训审判业务骨干1 268人。成功地举办司法考试培训班,参加培训的146人考试过关44人,通过率达30%。全区法院全年共举办各类专业培训班420期,培训人员16 800人次。

【廉政建设】 围绕对审判权力的制约和监督,完善法官廉政档案,普遍推行任前谈话、警示诫勉谈话等制度,探索建立廉政保证金制度,努力构建"四不为"的廉政建设长效机制。加大违法违纪案件查处力度,共查处违法违纪法官29人,同比下降56%,对法官的投诉率下降5个百分点,人民群众满意度上升,廉政建设能力得到提高。

【基层建设】 针对全区基层法院特别是人民法庭"办公无房、审判无庭"现象较为突出,一些法庭设置不合理,司法资源浪费严重,人财物保障困难等问题,自治区高院着眼内部挖潜,全面整合资源,充分发挥整体功能,提炼出"坚持标准、科学设置、合理布局;整合资源、降低成本、发挥功能"的人民法庭建设总体思路。召开全区人民法庭工作现场会议,推广通辽市和科尔沁区法院的人民法庭建设经验,把"统一设置标准、统一审判职能、统一管理方式"作为规范人民法庭建设的核心,研究制定进一步加强人民法庭建设的意见。全区人民法庭数量精简1/3,要求每个法庭最低配备3名法官,消除"一人庭"、"二人庭"和"无人庭"现象,使人民法庭数量减少,成本降低,功能增强,较好地落实了"三个面向"和"两便"原则。这项改革被最高法院誉为"内蒙古经验",向全国推广。

自治区高院积极协调有关部门,筹措建设资金7 000万元,全部用于网络建设,共为全区法院配备计算机4 000余台,有93个法院完成局域网建设,14个法院正在进行局域网建设,建成局域网的法院占全区法院总数的91%,跨入全国法院信息化建设的前列。

(田 钢)

司　　法

【内蒙古自治区司法厅领导名录】

厅　长:任英超(1月离任) 徐呼和(1月任职)

副厅长:赵建平 岩英 徐贵中 翟贵文

吴艳刚(达斡尔族)

政治部主任:杜志刚(蒙古族)

纪委书记:王洪中(蒙古族)

助理巡视员:宿同忠(12月离任) 赵长海(11月任职)

【概况】 自治区司法厅内设8个职能处(室)和政治部(内设人事警务处、组织宣传处)、纪检委、机关党委、老干办。人员编制71名,其中,厅长1名,副厅长5名,政治部主任、纪委书记各1名;巡视员、助理巡视员各1名,处级领导职数21名。事业编制27名(厅机关事务中心11名、法律援助中心6名、律师协会10名)。厅机关实有66人(男47人,女19人),其中厅级干部7人,处级干部30人,科级干部29人。大学及以上学历的38名,占57.6%;大专学历的23名,占34.9%,大专以下学历的4名,占6%。

【普法依法治理】 2005年,全区各级司法行政机关精心组织宪法、民族区域自治法、行政许可法和有关市场经济以及与人民群众生产、生活密切相关的其他法律法规的宣传教育,开展"12·4"法制宣传和纪念全民法制宣传教育20周年系列活动;精心组织领导干部学法用法考试和法制讲座,开展苏木(乡镇)、嘎查村务公开和民主管理方面的法律法规培训考试以及"送法下乡"、"法律进社区"活动,坚持法制宣传教育与法治实践相结合,继续深化依法治理"三大工程",优化经济、社会发展的法治环境。全区10个村(嘎查)被民政部、司法部授予全国"民主法治示范村"称号。周密部署,严密组织,圆满完成"四五"普法检查验收工作,对实践依法治国基本方略、加快依法治区进程起到重要推动作用。

【监狱劳教工作】 2005年,监狱、劳教工作始终把维护安全稳定放在首位,严格执行安全责任制。监狱系统全年罪犯脱逃、狱内重大案件、重特大安全生产事故,罪犯非正常死亡率均低于司法部规定的控制指标;全区劳教场所非正常死亡、所内发案、重特大生产安全事故,劳教人员逃跑率也均低于司法部规定的控制指标。稳步推进监狱工作法制化、科学化、社会化建设,健全管理规程,规范执法行为,深化狱务公开,强化监督制约,监狱管理和执法水平有新的提高;劳教单位进一步规范封闭式、半开放式、开放式三种管理模式,建成封闭式管理大队17个,半开放式管理大队27个,开放式管理大队1个。在劳教系统开展“规范化管理年”活动,有效推动劳教管理工作水平的提高。努力探索罪犯教育改造的新途径,利用社会力量开展法律咨询、心理矫治和转化攻坚,增强教育改造的针对性和有效性;劳教所建立法制、德育、职业技术教育基地,并把法律援助、心理矫治寓于教育工作之中,突出劳动的矫治和习艺功能,7个劳教所设立较为稳固的所内习艺生产项目,部分劳教所实行劳教人员有偿劳动。现代化文明监狱和文明劳教所创建活动取得新成绩,第一女子监狱、第三监狱、保安沼监狱被司法部命名为现代化文明监狱;呼和浩特女子劳教所建成自治区级现代化文明劳教所,通辽市劳教所被司法部命名为优秀劳动教养学校。监狱布局调整工作进展顺利,国家第一批8 000万元建设投资已经到位。积极协调财政、人事等部门,解决历史遗留的一些难点问题:确定自治区直属监狱、劳教单位工人三类岗位设置比例和经费预算,落实干警的特别抚恤金并为监狱工人办理医疗保险。监狱、劳教企业适应市场需求,调整产品结构,发展优势产业,培育新的经济增长点,经济效益同比分别增长107%和125%。

【法律服务工作】 2005年,律师、公证、基层法律服务工作为社会提供多层次、多方位、多形式的法律服务。全区法律服务机构共办理各类法律事务23万余件,为近万家企业担任法律顾问;12个盟市和98个旗县(市区)政府法律顾问团(组),共为政府提供法律意见和建议近600件次。律师在参与处理涉法信访突出问题和群体性事件过程中,解答法律咨询3 000余次,代写诉状1 000余件,化解群体性上访事件6起。在开展律师事务所规范建设年、公证队伍教育规范树形象和基层法律服务所整顿活动中,制定《律师诚信档案管理办法》、《公证办证细则》等规章制度,健全执业准入、执业监督、执业培训机制。公司律师和公职律师试点工作顺利开展,公司律师事务部扩展到9家,公司律师发展到36名;6个盟市、11个旗县(市区)建立公职律师制度,注册公职律师23名。两家律师事务所在国外设立分支机构,品牌化、规模化迈出可喜步伐。以落实公证机构自主权、加强内部管理为重点,规范公证工作运行机制、办证程序和服务秩序。基层法律服务工作“面向基层、面向社区、面向群众”,提供大量公益性、便民性的法律服务。成功召开第六次律师代表大会和第四次公证员代表大会,司法行政机关宏观管理、协会行业管理、法律服务机构自我管理相结合的管理体制逐步完善。法律援助工作成效显著。组织网络和队伍建设有突破,全区建立法律援助机构113个,配备法律援助工作人员349名;设立法律援助站点1 363个,吸纳法律援助志愿者2 685名。政府拨款和社会捐助相结合的经费保障机制初步形成,全年法律援助经费达到730万元,比上年增长14.9%,其中地方各级财政拨付专项经费410余万元,中央财政补贴160万元,社会募集和国外民间组织资助160万元。与内蒙古电视台联合举办“法律援助在行动”大型专题节目,对部分法律援助典型案件进行追踪报道,扩大法律援助的社会知晓面,被评为内蒙古“十大法律事件之一”。5月,自治区十届人大常委会第十六次会议听取自治区政府《关于法律援助工作情况的报告》,进行了认真审议并提出审议意见。全区各级法律援助机构提供法律援助咨询57 722人次,受理法律援助案件4 481件,分别比上年增长10.6%和10.5%。法律援助在化解矛盾纠纷、促进司法公正、维护社会正义中发挥重要作用。

【基层司法行政工作】 司法所管理体制基本理顺,全区普遍实行旗县(市区)司法局对司法所的直接管理。开展业务培训,全部轮训司法所工作人员。司法所基础设施得以改善,200余个司法所新建办公用房。积极协调自治区党委、政府批转政法委、组织部、编办和发改委、财政厅、人事厅、司法厅《关于进一步加强全区基层司法所建设的意见》,为司法行政基层建设提供工作指导和政策支持。农村牧区、企事业单位人民调解组织在调整中巩固,区域性、行业性人民调解组织和专业化、职业化人民调解队伍在探索中发展,基层调解组织和人民调解员的调解能力在调处实践中有所提高。“排查防激化,调解创‘四无’”活动及土地、草牧场和城镇拆迁纠纷专项治理,都取得较好效果。全区人民调解组织调处的84 283起矛盾纠纷,成功率达到98%以上,其中防止民转刑案件734起、制止群众性械斗375起、防止群体性上访935起10 743人次。社区矫正试点工作稳妥启动,初步解决组织机构、工作队伍和相关制度等前置性问题,并对2 503名社区服刑人员实施矫正。通过组织学习考察和连续举办的4期培训班,使532名社区矫正工作骨干的业务素质和执法能力得到提高。与此同时,在全区范围内对刑释解教人员进行排查摸底,积极开展安置帮教基地建设,多渠道落实安置帮教措施,帮教率达95%,安置率达78%。

【国家司法考试工作】 2005年度国家司法考试,全区共有4 400人报名,3 972人参考;593人合格,合格率为14.93%,比2004年提高近7个百分点,首次高于全国平均水平。各地区高度重视,进一步健全工作责任制,加大国家司法考试宣传力度,主动接受有关部门和社会监督,集中设置考区,严格考场管理和考试纪律及保密工作。

【司法鉴定工作】 根据《全国人大常委会关于司法鉴定管理问

题的决定》和司法部要求,对过渡期内司法鉴定工作现状进行调研。完成司法鉴定机构和鉴定人审核登记、名册编制和公告工作,设立司法鉴定机构13家、注册司法鉴定人179名,涉及《决定》所有明确纳入统一登记管理的鉴定类别,有效缓解司法鉴定资源不足的状况。

【司法行政队伍建设】 按照中央和自治区党委的统一部署,深入开展保持共产党员先进性教育活动,提高广大党员的素质,增强党组织的凝聚力和战斗力,促进司法行政事业的改革和发展。经测评,第一批参加先进性教育活动的司法厅、监狱管理局、劳教局机关综合满意率均达80%以上;司法厅制定的便民利民措施,被《中央先进性教育活动简报》刊载推广。第三批保持共产党员先进性教育活动正按照预定安排有序开展。结合先进性教育整改阶段的要求,修订和重新制定包括党委议事规则、中心组理论学习和干部选任、政务公开以及财务管理等项规章制度;各级领导班子在先进性教育活动中加强思想、组织、作风建设,团结合作,共谋发展,较好地发挥领导核心作用。全区监狱、劳教系统深入开展"规范执法行为,促进执法公正"专项整改活动,执法和管理活动中存在的主要问题得到不同程度的解决;6 665名监狱、劳教民警参加专项整改活动考试,合格率100%。党风廉政建设取得新成果,出台操作性较强的责任分解、责任考核、责任追究制度和《内蒙古自治区司法厅关于贯彻落实〈建立健全教育、制度、监督并重的惩治和预防腐败体系实施纲要〉的实施办法》;通过实行领导干部述职述廉、谈话、诫勉、重要情况通报制度,加强对权力运行的监督;全年立案查处违纪案件16件,处分干警25名。

(佘红丽)

监狱管理

【内蒙古监狱管理局领导名录】

党委书记:徐呼和(蒙古族)

局　长:翟贵文

政　委:云永在(蒙古族)

副书记:宿同忠

副局长:张志强　杜平安(蒙古族)　王化吉　王立军

政治部主任:杨建绥

【监管场所安全工作】 全区监狱系统始终把维护监狱安全稳定放在一切工作的首位,严格落实监管安全责任制和安全工作一票否决制,狠抓安全管理各项工作制度和措施的落实,广大监狱民警克服困难,连续作战,严防死守,确保监狱的安全稳定。年内自治区第一女子监狱、呼和浩特第三监狱、保安沼监狱等三所监狱被司法部命名为现代化文明监狱。至2005年12月底,全区监狱(所)无罪犯脱逃;全区18个押犯单位中有16个实现了无罪犯脱逃,无罪犯非正常死亡,无狱内重大案件发生。

【法制化　科学化　社会化建设】 全区监狱系统把"三化"建设作为推进监狱工作发展的战略性任务来抓。以"规范执法行为、促进执法公正"专项整改活动为契机,积极推进法制化建设,规范监狱执法程序,强化监督制约,推进狱务公开,提高监狱执法水平。推进监狱工作科学化建设,突出抓监狱信息化建设和罪犯教育改造手段科学化。监狱工作社会化建设全面展开,开展"请进来,走出去"活动,组织罪犯到社会上参观学习,让他们感受社会的巨大变化,增强改造信心。积极探索教育改造的新途径、新方法,建立法律援助工作站,开展法律咨询和服务,对罪犯进行法制教育。加强对即将刑满释放罪犯的思想教育和就业指导,有些监狱还为家庭困难的刑释人员发放短期基本生活保险金,巩固改造成果,防止重新犯罪。积极开展心理咨询和心理矫治工作,对全区服刑人员进行普法教育活动,增强罪犯的法律意识。强化对罪犯的个别教育,深入做好罪犯的思想转化工作,对"法轮功"罪犯集中进行教育转化攻坚,转化率为88%。

【解决困难和问题】 财政保障力度,根据司法部、人事部、财政部《关于监狱工人岗位分类设置和管理的通知》,经过积极与自治区有关部门协调,确定自治区监狱单位工人三类岗位的设置比例和经费补助;划出4万余亩土地,解决保安沼地区监狱2 270名没有岗位的工人就业问题,为4 563名监狱工人办理医疗保险。

【队伍建设】 根据司法部的部署,开展"规范执法行为,促进执法公正"专项整改活动,通过教育活动促进民警队伍思想政治素质的进步、工作作风的改进、法纪观念的增强、执法水平的提高。加强基层基础工作,把2005年确立为"基层基础建设年",以规范化监区建设为抓手,开展"比学习、比技能、比业务","干什么、练什么,缺什么、补什么"为主要内容的岗位练兵活动,进一步夯实基层基础。坚持从严治警,对个别违法乱纪的民警进行严肃查处。

(池军霆　色音那)

军　事

中国人民解放军内蒙古军区

【领导名录】

司　令　员:黄高成
政治委员:张金柱
副司令员:王建欣　桑杰扎布(蒙古族)　罗刚
副政治委员:孙忠泰(12 月离任)　陈运火(12 月任职)
参　谋　长:李吾田
政治部主任:陈运火(12 月离任)　李喜群(12 月任职)
后勤部长:李生荣
装备技术部长:齐全祥(11 月离任)　周力(11 月任职)

【概况】　2005 年,内蒙古军区部队以邓小平理论和"三个代表"重要思想为指导,深入贯彻党的十六届四中、五中全会精神和胡锦涛主席的一系列重要指示,突出重点,狠抓落实,圆满完成年度各项工作任务。全区不断深化创新理论学习,部队思想政治建设更加牢固;通过深入开展先进性教育活动,党委班子和干部队伍建设进一步加强;扎实推进军事训练和应急作战准备,部队战斗力水平和管边控边能力明显提高;认真贯彻从严治军方针,部队正规化建设有新的加强;注重做好打基础、管长远的工作,基层全面建设稳步发展;大力推进后勤装备建设与改革,综合保障能力持续提升;积极适应"两场"需要,国防后备力量建设步伐加快;全区部队全面建设进步明显,发展势头很好。

【思想政治建设】　按照真学、真信、真用的要求,重点抓"三个代表"重要思想、江泽民国防和军队建设思想以及胡主席一系列重要指示的学习。6 月,举办师团职领导干部理论集训班,对所有干部普遍进行轮训。基层认真落实理论学习"六件事",广泛开展"强化战斗精神,提高打赢能力"教育实践活动。军区在边防某团抓教育先行。制定下发《基层思想政治教育十项规定》,逐级进行"四会"政治教员授课比赛,增强教育的针对性实效性主动性。

【党委建设】　坚持把先进性教育作为加强班子和干部队伍建设的头等大事,党委统揽,主官主抓。各级围绕增强"四个本领"、"三个素质"和要解决的重点问题,普遍召开民主生活会。制定加强行政监察、述职述廉和事务公开规定,规范领导机关的行政行为。10 月,全区经过民主测评,群众对党委班子的满意率在91% 以上。严格落实高中级干部教育管理规定,在团以上领导机关继续开展"四严四防"教育,指导包头军分区和边防某团分别抓教育先行,该团在北京军区介绍经验。加大干部"三圈"管理监督,有效地推动纪律和风气建设。扎实推进人才战略工程,制定《2005 年全区人才建设工作计划》,选送 308 名优秀干部入学深造,加强岗位培训和代职锻炼,干部的整体素质有新的提高。

【军事工作】　以加强战备和强化训练为"抓手",军区、军分区两级分别召开作战会议,完善基本作战方案。4 月和 7 月份分两期组织对军师团三级指挥员进行指挥能力集训。广泛开展群众性练兵活动,7 月,军区集中组织以共同基础和专业技能为主要内容,分现役部队和民兵预备役两个系统,近千人参加的岗位技能比武暨首届军事体育运动会,创立 83 项纪录,对获得名次的 285 名比武尖子进行表彰。狠抓按纲施训和实案化演练;8、9 月份,指导部分军分区进行实兵、网上演习。认真抓了边防一线连队“三反”训练，组织机动步（骑）兵营、预备役应急营进行实兵战术综合演练和部分人武部间的对抗演练，有效提高遂行任务的能力。积极推进信息化建设，军区指挥信息中心胜利完工，团以上单位实现“三网合一”。

【边防工作】 坚持把边防执勤作为全区工作的中心。全面提升边防工作的整体水平，涉外事件比上年同期下降。注重对边防执勤工作的组织领导。做到周小结、月研究、季分析，始终扭住边防执勤不放松。进一步严格规范执勤秩序。军区修订下发《贯彻落实〈 边防执勤条令 〉实施细则》，进一步增强执勤条令的针对性、指导性和可操作性。加大边境管控力度。军区分别组织召开全区边防工作会议、边防管理电视电话会议、党委议边会议和反偷渡形势分析会，采取加大以反偷渡为主的执勤巡逻力度，深入开展军警民联防联治联管。4 月和 11 月，全区开展以反偷渡、反走私、反盗赶等不法活动为重点的春秋季边境清理整顿，宣传上大造声势，行动上打防并举，深挖“蛇头”，摧毁“网络”，严打“现行”，有效遏制边境非法活动上升趋势。为进一步加大值勤力度，6 月在上级指导下，组织首次边防直升机全线巡逻。加大基础设施建设力度。多方筹集资金购置夜视器材和监控设施，指导呼伦贝尔市研究探索边防委员会信息化建设方法模式，不断加大边防基础设施建设的科技含量。为一线连队铺设光缆，安装部分视频监控系统。采取专家辅导、外出培训、集中轮训和岗位锻炼等形式，为边防信息化建设培养和储存人才。完成 2005 年国家边防委员会赋予的边境铁丝网、乘车巡逻路等建设任务。

【基层建设】 按照“五句话”总要求和《基层建设纲要》，坚持在抓好支部班子、两个主官、经常性工作、制度落实和保障有力“五个环节”。年初，对基层主官进行集中培训。第二季度，用一个月时间，对后进连队进行重点帮建，较好地解决存在的突出问题。认真贯彻全军基层建设座谈会和北京军区有关会议精神，广泛开展向某防空旅学习活动，边防某团、边防某部一连等 8 个单位和个人受到北京军区的表彰奖励。按照军区提出的“双八条”要求，精心抓基层的“先进性教育”。组织大批团以上干部深入部队辅导，宣扬 162 名党员典型。继续实施“解难暖心”工程，军区筹措 420 多万元，为基层解决 30 个实际问题，各级也都集中财力物力，为基层解决大量实际困难。积极推进边防文化建设，文工团深入边防演出，为部队培训一批文艺骨干。举办纪念抗日战争胜利 60 周年歌咏大会和第三届“草原杯”业余文艺汇演。6 月份军区在边防某团召开边防文化工作现场观摩会，形成团、连、哨所“三位一体”的文化建设新格局。贯彻从严治军方针，加强部队行政管理。重点抓“治边、治车、治假、治酒”，制定《限额用车规定》和《休假离队规定》，加强车辆管理使用的检查、纠察，组织安全管理暨预防车辆交通事故集训，全区行政责任事故比上年下降66%。强化官兵的条令意识和法纪观念，按职责进行人车枪弹密的管控，安全预防形势有明显好转。

【后勤与装备保障】 坚持党委理财，强化经费管理和审计，全面推行资金集中支付，利用军队物资采购信息网，进一步加强对物资集中采购的管理和监督。财务处、审计处和兴安军分区等单位受到总部和北京军区表彰。加强军交运输基础建设，边防公路好路率、畅通率分别达到 44% 和 92%。按照营区改造三年规划，为中西部不具备接常电的一线连队安装风光互补发电设备。完善呼伦贝尔军分区建制连队的日光温室设施，新建边防某团生活服务中心机关的机械控温保鲜库，完成 2 个边防团队的蔬菜保鲜菜窖新建。同时为 11 个新建楼房的连队配发不锈钢燃煤节能灶。完成部分边防一线连队营房的拆建新建。依据《边防部队油库（站、点）综合整治三年规划》，对部分油库站、点进行综合整治。继续推进以“三化四效益”为标志的生态建设，新增产权基地 17 个共 24 万亩。开展后勤学术研究。有 378 篇文章被刊用，其中《军队事业部门财务管理改革研究》被全军财务研究中心评为三等奖；审计和物资采购工作分别受到了解放军审计署、北京军区的肯定和表扬；全区医疗卫生机构共派出医疗队 26 批次，深入部队及边防一线进行巡回医疗，对全区干部、炊管人员进行健康普查。突出联勤保障工作。遵循“快捷、高效”的办事原则，完成为联勤单位供应保障经费、收发被装物资器材和供应保障油料任务。

加强装备保障建设，深入开展爱装管装和“三化”管理达标活动，9 月，在阿拉善军分区召开“从严治装创新实践”现场观摩会，深化拓展装备维修“不出蒙”工程和“两成两力”建设成果。总装和北装部门领导带工作组，对“十五”期间全区武器装备管理情况进行检查后指出，内蒙古军区抓装备管理的经验做法，很值得全军部队推广学习。严格落实《民兵武器装备仓库管理暂行规定》，指导民兵装备仓库对库房布局重新进行规划调整，完成装备物资的调整补充和报废武器的回收、废旧弹药上交工作，消除安全隐患。

【国防后备力量建设】

民兵组织调整改革继续深入 由数量规模向质量效能转变，使人员更加精干实用；普遍编兵向重点地区、边防一线转变，在巩固国有骨干企业民兵组织的同时，向科技部门、大专院校和民营企业拓展；由人力密集型向科技密集型转变，重点抓防空分队、应急分队、对口专业分队和专业技术分队建设，初步形成以大中城市为中心，以企事业单位为骨干，以街道社区、农村牧区为基础，以边境地区为重点，以各类专业力量为支撑的民兵组织建设新格局。

民兵预备役部队训练进一步加强 在呼伦贝尔、锡林郭勒和巴彦淖尔军分区组织边防人武部的民兵应急分队与一线连队进行联编、联训、联演和联防，初步摸索边防部队与边防民兵一体化建设的方法路子，总部机关以简报形式转发这个做法。自治区和呼和浩特市投资1 000万元，修建自治区民兵综合训练基地，预备役某部的训练基地建设，在当地政府支持下全面展开，为开展"基地化、模拟化、网络化"训练奠定基础。各军分区和人武部积极运用科技手段进行教学和训练改革，采取多种方法，开展电化教学、模拟训练和网上练兵，提高训练层次，增强训练效果。军区7月底，组织呼伦贝尔、通辽、赤峰、乌兰察布军分区、预备役某部各1个民兵预备役高炮连和包头军分区、呼和浩特警备区各2个民兵高炮连，分别在驻地完成对航模拖靶的实弹射击，取得命中拖靶的优秀成绩。8月初，结合岗位技能比武，组织近百名基干民兵、民兵干部、专武干部和预备役士兵、预任军官参加的比武竞赛。10月，预备役某部首长机关参加北京军区组织的基地化训练对抗演习，受到北京军区首长机关的好评。

人武部正规化建设进一步规范　9月，结合军区首长下部队检查发现的问题，下发《关于进一步加强人武部正规化建设的意见》，对人武部的"四个秩序"、管理教育工作、基础设施建设和检查督导进行规范。根据自治区乡镇机构改革撤乡并镇的实际，自治区党委组织部、人民政府办公厅明确要求全区各基层武装部机构单设、编制单设、干部专职、人员到位、待遇落实，有效地加强了国防后备力量建设和实施战争动员的组织基础。

民兵武器装备的保障效能明显改善　军区推广赤峰、乌兰察布军分区民兵武器装备仓库执勤分队编配、训练、管理和使用一体化建设试点经验，加强全区民兵武器装备仓库执勤分队规范化建设。在鄂尔多斯市召开全区民兵政治工作现场研讨会，出台《民兵政治工作暂行规定》，促进民兵政治工作的落实。加强"三战"研究，推广先行经验，形成一批成果。

兵员动员工作有新突破　对全区适龄青年普遍进行兵役登记，为更好地使用总部配发的《征兵工作管理系统》软件，各军分区对分管动员工作的人员进行培训。为解决城市民兵训练费的补贴，自治区政府明确自治区和旗县各拿30%、盟市拿40%的办法，较好地解决城市民兵训练的老大难问题，得到上级充分肯定。

推进国防动员工作　11月，召开自治区国动委第三次全会，进一步完善国防动员体制。举办两期"国防知识进万家"知识竞赛，推广呼和浩特、包头等地区开展国防教育的经验，参加全国国防知识电视演讲大赛和大学生射击锦标赛，取得较好成绩。

【群众工作】　军政军民关系进一步密切。结合元旦、春节、"八一"等重大节日，组织官兵学习双拥共建工作的发展历史，开展"军民共建为什么"、"军民共建干什么"群众性讨论，认清巩固和发展"同呼吸、共命运、心连心"的军政军民关系与构建社会主义和谐社会的关系。组织官兵参观自治区改革开放和现代化建设成果，激发官兵建设"第二故乡"的责任感。深入宣传全国军民共建社会主义精神文明电视电话会议精神和受到全国表彰的边防某团、253医院政委李燕的先进事迹。举办由军区机关、驻呼部队和部分民兵预备役人员参加的"纪念抗日战争暨反法西斯战争胜利60周年歌咏大会"，激发广大军民的爱国之心、报国之情、强国之志。军区制定《预防处理军地纠纷"九不准"守则》，始终站在讲政治、讲大局、讲稳定、讲团结的高度，遵循政治性、主动性、求实性、协调性和疏导性原则，切实预防和处理好军地纠纷，自觉维护军政军民和民族团结。各部队认真贯彻国务院、中央军委批转的《全国拥军优属拥政爱民工作纪要》，本着"政府所需、百姓所盼、部队所为"的原则，在"八一"期间开展一系列贴近实际的拥政爱民活动。成立"三战"指挥机构。组建专业队伍并整合"三战"设施器材。参与和支援西部大开发，为边疆少数民族地区繁荣发展做贡献。生态建设着重抓"621"生态建设工程完善工作。组织出动部队官兵和民兵、预备役人员45万人次，绿化荒地、荒漠20多万亩。人武系统与地方党委、政府协调，采取综合承包、项目承包、"军地企"联合治理等模式，使生态建设产权化，充分调动各级参加生态建设的积极性和主动性。全区共有69个单位与地方签订近50万亩土地的承包绿化协议，所种植的各类绿化树林成活率达到90%以上，有效地改善了驻地生态环境状况。扶贫开发工作以团以上单位参加自治区"千村扶贫开发工程"为主要内容，集中进行已规划项目的落实工作。全区部队和民兵预备役人员参加抗雪救灾、抗沙尘暴、防凌等抢险救灾活动1 000多次，出动人员60 000余人次，动用各种车辆机械4 834台次。上半年，军区与自治区防汛抗旱指挥部组织内蒙古段沿黄河各旗县防汛办和有关水库、黄河工程管理局、各军分区、人武部和重点乡镇武装部、应急机动抢险分队及武警内蒙古总队有关人员，举办黄河流域防汛抢险骨干集训，培训一批黄河流域防汛抢险技术骨干，提高该地区水灾抢险自救能力。做好信访工作。认真处理群众来信件，接待来访人员；重点抓对《信访条例》的宣传学习，明确把获取信息前移，工作重心下移作为重点突出出来，促进条例的贯彻落实。

(黄述凡)

中国人民武装警察部队内蒙古自治区总队

【领导名录】

总 队 长:郄国严

第一政治委员:祝广垲(4月离任) 罗啸天(11月任职)

政 治 委 员:刘玉良

副 总 队 长:张算良 段玉明(8月任职) 曹建国

副 政 治 委 员:刘连民 莫德勒图(蒙古族)

参 谋 长:段玉明(8月离任) 范武茂(8月任职)

政 治 部 主 任:贺海涛

后 勤 部 部 长:李国山

【党委班子建设】 总队党委认真学习贯彻“三个代表”重要思想,在加强和改进学风中提高素质能力。坚持理论与实践结合、党委与部队联动、学习与工作接轨,党委“一班人”的理性思维层次明显提高。始终坚持“认清形势找差距,揭露矛盾求发展,盯着问题抓落实”的指导思想,求真务实,真抓实干。坚持贯彻民主集中制原则,构建科学规范、有效运行的工作格局。党委正副书记带头发扬民主,委员积极参与集体领导。在决定部队建设的重大问题上,始终坚持按章办事。用制度规范领导干部的从政行为。营造和谐共事、坚强有力的战斗集体。党委成员自觉用党性原则和党的纪律来规范言行,营造用主官团结带动班子团结、用总队党委“一班人”团结带动支队班子团结的局面,增强两级党委班子的整体合力。落实先进性要求,保持昂扬进取、奋发有为的精神状态。按照总部党委统一部署,分别在党委机关和基层广泛开展保持共产党员先进性教育活动。

【思想政治建设】 围绕“强化警魂意识,培育战斗精神,永远做党和人民忠诚卫士”这个主题,紧贴官兵思想实际,广泛开展军队性质、宗旨和武警部队基本职能教育。根据不同工作任务需要,搞好专勤专教。认真落实中央军委胡锦涛主席“三个下功夫,一个真正落到实处”的重要指示,从了解官兵的实际情况入手,提高党委机关从宏观上、基层干部从微观上把握思想变化规律的能力。着力构建和谐警营,营造积极向上的思想文化氛围。以忠于党和人民为核心,以老黄牛、骆驼、胡杨等为生动象征,培养体现“忠诚卫士精神”的警魂。以“情暖警营”文化服务活动为契机,积极探索构建继承我军优良传统、体现民族特点、反映时代风貌的警营文化建设模式,走开借助地方优势加强文化建设的路子,提高基层文化生活品位。

【执勤“处突”工作】 加强教育引导,强化“一切为了中心任务、一切为了执勤一线、一切为了‘两个确保’”的指导思想。组织机关干部定期分析执勤工作基本形势,做到“一线指挥部”上一线指挥,重大临时勤务主官现场指挥,“两看”等重点、险点勤务分管领导轮流蹲点,死看硬守,确保各级始终把精力聚焦到中心任务上。投入人力、财力,重点抓好总队作战值班室、信息控制指挥中心、巴彦淖尔市支队信息化建设;完善集教学、训练、演习和生活保障于一体的总队训练基地;充实警卫目标执勤设施和“处突”“反恐”器材;三级网升级改造工作基本完成,97%的执勤目标达到“周边封闭、报警灵敏、照明配套、联络畅通、监控有效”的要求;组建“反恐特勤大队”;为机动支队和防暴分队配发基本器材和装备。三是严格规范保中心秩序。狠抓执勤部署、执勤秩序、执勤管理和执勤设施的统一,严格规范三级网建成后的勤务组织、管理和控制秩序,充分发挥网络系统的作用。年初,会同司法厅、监狱管理局联合制定《关于进一步深化“三共”活动的实施意见》。8月份,组成联合检查组,对部分看押目标的执勤设施及勤务管理情况进行检查。加强分类指导,开展正规化执勤等级评定活动。严格落实部门以上领导和机关干部常年备勤查勤制度,战备执勤秩序进一步正规。组织官兵对现代条件下执勤、“处突”和“反恐”作战特点规律进行研究、演练,开展专勤专训。认真落实总部军事工作会议精神,重点抓了三支队、包头市支队机动大队的反恐教育训练,为维护驻地的繁荣稳定做出贡献。

【基层建设】 按照基层建设规律抓基层。落实《蹲点调研帮建工作规定》,把帮助基层解决自身无力解决的实际困难作为领导机关的重要职责。进一步加强基层党组织建设。把提高支部书记素质能力作为支部建设的突破口,通过“送出去学、调上来训、派下去教”的方法,加大对支部正副书记的培养力度,提高他们带领官兵完成本职工作的能力。不断提高基层干部队伍素质。积极参与驻地“三个文明建设”,警政警民关系更加密切。制定《总队人才建设发展规划》,把指挥学校作为培养人才的基地,发挥学校源头、基地和智囊团作用。年内,有210名干部取得大专、本科和研究生毕业证书。

【部队管理】 坚持依法从严治警,打牢部队正规化建设基础。认真贯彻落实胡锦涛主席"把从严治警真正落到实处"的指示,狠抓"五个重点问题"的治理。严肃整治影响内部关系的不良倾向;严格车辆和枪弹管理,确保安全;把干部和士官作为重点对象,加大对生活圈、交际圈、娱乐圈和业余时间的管控力度,杜绝涉足不健康场所、搞不正当交往、不正常消费、接受传播不良信息问题的发生。

【后勤保障】 认真落实"保中心、保生活"的要求,加强对经费、物资规范化管理,提高综合保障效益,为完成中心任务提供坚实的物质保障。先后投入资金完善训练基地、总队医院的配套设施,提升指挥学校的办学条件;为部分基层单位解决基础设施条件差、洗澡难、购物难等问题,改善基层中队执勤、生活设施,改善营区环境。加大财务审计和监管力度。严格落实伙食费新标准,认真抓好疫病防控工作,阻止禽流感疫情传入部队。

【中央军委副主席徐才厚视察内蒙古总队】 6月9日至10日,中共中央书记处书记、中央军委副主席徐才厚在内蒙古总队视察,接见了机关营以上干部和部分支队级单位主官并合影留念。

【自治区政府主席杨晶出席武警院校研讨会】 武警院校"加强教学管理、提高教学质量"研讨会于5月9日在内蒙古总队召开。武警部队司令员吴双战、政委隋明太、副司令员梁洪到会并作重要讲话。自治区政府主席杨晶、自治区党委副书记陈光林、政法委书记罗啸天、自治区政府副主席连辑等领导以及武警部队各院校主要领导出席会议。内蒙古总队、呼和浩特指挥学校等6个单位分别介绍教学和管理经验。

【巴彦淖尔市支队获基层建设标兵支队荣誉称号】 武警巴彦淖尔市支队党委模范践行"三个代表"重要思想,以《纲要》为依据狠抓部队全面建设,出色地完成各项任务。支队连续11年被总队评为"落实《纲要》先进支队",连续23年未发生执勤事故,两次被中宣部、国家计生委、解放军总政治部表彰为"全国计划生育宣传工作先进单位"、"军民共建社会主义精神文明先进单位"。多次被内蒙古自治区党委、政府和内蒙古军区评为"双拥模范单位"、"精神文明建设先进集体"。2005年被国务院表彰为"民族团结进步模范集体",被武警总部评为"先进基层党委","基层建设标兵支队"并荣立集体二等功。

【特勤大队成立】 3月10日,武警内蒙古总队特勤大队成立。自治区党委常委、政法委书记罗啸天、自治区政府副主席连辑、公安厅厅长祝广坣等领导到会祝贺并作重要讲话。特勤大队主要担负呼和浩特市及周边地区的反恐作战核心区的武力突击任务。

【抢险救灾】 4月21日,呼和浩特市毫沁营镇哈拉沁小沟发生山体滑坡地质灾害。武警呼和浩特市支队50名官兵及时赶到现场,协助专家对滑坡山体进行测量和勘察,在山体区域外围设置警戒牌、警戒线,并对危险区域实施严密封控和24小时巡逻。在22天的执勤过程中,先后4次组织村民顺利撤离,成功劝阻想进入危险区域的失踪人员家属和村民180余人次。12月19日,总队派出10台运输车,协助自治区将中直机关捐助的救灾物资运往锡林郭勒盟、巴彦淖尔市、鄂尔多斯市、包头市、乌兰察布市。12月24日,鄂尔多斯市杭锦旗"12·24"特大客车坠水事故发生后,武警鄂尔多斯支队官兵迅速奔赴现场一线,积极受领任务,严密组织部署,克服严寒冷冻,发扬"两不怕"精神,连续作战50多个小时,圆满完成现场警戒封控、封包搬运尸体和打捞物资等任务。

【完成第一届修志任务】 武警内蒙古总队编史修志人员连续十年,至2005年10月,先后编纂出版33部、总计约1 300多万字的史志系列丛书,同时,建立警史馆、资料室,圆满完成总队、支队两级第一届修志工作。总队编史办先后两次被武警总部评为"编史修志工作先进集体",4次被自治区地方志编纂委员会评为先进单位,2005年被评为全国修志先进集体。

(高风翊 刘虎文 何滋春)

内蒙古森林总队

【中国人民武装警察部队内蒙古自治区森林总队领导名录】

总队长:李全海

第一政治委员 党委第一书记:雷·额尔德尼(蒙古族)

党委第二书记:高锡林(蒙古族)

政治委员:张维国

副总队长:贾宝世 韩柱(蒙古族) 郭建雄(7月任职)

副政治委员:哈斯(蒙古族) 魏星林(12月离任)

参谋长:张忠国

政治部主任:王 和

后勤部部长:郑文友

【概况】 中国人民武装警察部队内蒙古自治区森林总队,正师级。1952年成立,1987年8月起列入武警序列,全部实行现役制。1999年2月,调整领导管理体制,隶属武警森林指挥部领导管理。下辖大兴安岭、赤峰市、通辽市、呼伦贝尔市、兴安盟和锡林郭勒盟6个支队。总队机关驻呼和浩特市展览馆东路129号。

2005年,内蒙古森林总队坚持以"三个代表"重要思想为指导,深入贯彻军委胡锦涛主席的重要讲话和总部党委第二十八次扩大会议、党代会、指挥部党委一届二次全体扩大会议精神，积极适应军事变革和林业跨越式发展的新形势，坚持首位，狠抓班子，突出中心，强基固本，确保稳定，部队建设呈现出整体推进，创新发展的良好态势。

【思想政治建设】 坚持用党的创新理论武装官兵，认真学习科学发展观、加强党的先进性建设、构建社会主义和谐社会等创新理论成果，举办团以上干部网上理论读书班，开展党员先进性教育，促进学习成果的深化转化。深入开展"强化警魂意识、培育战斗精神，永远做党和人民的忠诚卫士"主题教育活动，抓试点，推广经验。广泛开展"学誓词、遵守则、唱组歌"活动，强化了官兵争当忠诚卫士，保卫国家森林资源的使命感和责任感。集中进行尊干爱兵教育整顿，密切了内部关系。充分运用"三互"、"双四一"等有效载体，扎实开展"知官知兵"、每周一个话题、法律服务到基层活动，规范网络育才、心理教育工作，增强经常性思想工作的针对性和有效性。广大官兵政治信念坚定，忠实履行使命，经受住艰苦条件和繁重任务的考验。

【中心工作任务】 各级牢固树立"把中心任务搞上去是硬道理"的思想，基本形成党委议中心、机关保中心、基层抓中心的生动局面。开展"中心工作大讨论"，组织召开第五次中心工作会议，进一步理清抓中心的工作思路，有力地推动"三个三"工程的落实。组建超短波通信网，建成固定、移动和纵深三个指挥平台，确保对部队的不间断指挥；初步形成风力灭火与以水灭火相结合的作战模式，灭火作战效益有重大突破；不断加强重点分队建设，出色地完成灭火作战任务，经受实战的检验，受到各级的好评；火场政治工作平台日趋完善，功能逐步完备，应急保障能力明显提高。2005 年，部队共扑救森林草原火警火灾 80 起，出动兵力6 472人次，各种车辆 350 台次，独立扑灭率达98%。特别是在扑救"7.27"满归、"10.12"高吉山森林火灾和"10.24"蒙古国入境火战斗中，各级领导靠前指挥、科学决策，参战官兵作风过硬，英勇顽强，出色地完成任务，受到各级的高度评价。

【党委班子和干部队伍建设】 在支队以上党委机关深入开展"保持先进性，提高'四个本领'"学习教育活动，组织"回头看"和群众满意度测评，建立完善长效机制，有力促进先进性建设和能力提高。认真落产中心组学习制度，狠抓"两个武装"，各级党委班子能力素质不断优化。加强自身建设，落实民主集中制原则，坚持"五靠"抓团结，凝聚力战斗力创造力明显增强。开展警示教育，严肃党规党纪，树立各级班子良好形象。严格干部管理教育，按照《团以下干部考核选拔暂行办法》规范选拔考核工作，提高干部队伍整体素质。注重发现和培养典型，总队接收和培养地方大学生干部、抓中心、抓班子的做法在全军、武警部队和森林部队组织的会议上介绍经验。

【基层建设】 加强对基层建设的组织领导，初步形成党委统揽、抓基层领导小组协调、"一线指挥部"主抓、"一线战斗堡垒"落实的抓建体系；狠抓基层干部的学习培训，举办《纲要》专题教育和基层党委（支部）书记暨拟任中队主官培训，基层党支部和"一线带兵人"的能力素质有新的提高。严格落实蹲点调研帮建、"三会一线"、"双争"评比等制度，工作秩序逐步正规，抓基层效益更加明显。"四个基本"建设抓了试点，推广经验，取得明显成效。基层文化建设得到加强，部分单位组建军乐队、威风锣鼓队，实现电视、电话、网络到班，官兵精神面貌发生较大变化。

【部队管理教育】 坚持从严治警的方针，基本实现"秩序正规、纪律严明、安全稳定"的目标。狠抓正规化管理两个《规定》的落实，规范"四个秩序"。狠抓条令条例和"五项治理"活动的落实，较好地解决部分官兵存在的"三松"问题，打牢部队正规化建设的基础。认真研究探索新形势下治警特点规律，初步解决"五个重点问题"，杜绝事故案件发生。坚持以人为本，干部的主导作用和战士的基础作用得到充分发挥，始终保持和谐的内部关系。高度重视抓好补兵退伍、新兵训练、灭火作战等特殊时期的管理工作，部队执行重大任务的组织管理能力明显增强。

【后勤管理保障】 坚持以保中心、保生活为重点，不断提高综合保障能力。完善《财务管理暂行规定》、《工程建设管理办法》，提高后勤规范化管理水平。坚持按制度程序办事，进一步加强经费物资的管理，重大问题党委集体把关。狠抓"四配套"建设规范和试点，"营区环境规划建设年"取得显著成效，部分单位实现一班一室、单兵单床，官兵生活条件明显改善。

【周永康部长视察部队】 10 月 2 日，中共中央政治局委员、书记处书记、国务委员、公安部部长兼武警部队第一政治委员周永康，在自治区党委书记储波、自治区主席杨晶、呼伦贝尔市市委书记梁铁成、市长曹征海的陪同下，视察呼伦贝尔市森林支队红花尔基大队。对部队完成中心任务和基层建设取得的成绩给予高度评价，他要求全体官兵要严格管理，刻苦训练，为保护好樟子松母树林基地等绿色资源做出更大的贡献。

【吴双战司令员莅临总队教导队检查指导工作】 5 月 8 日，中国人民武装警察部队司令员吴双战上将、副司令员梁洪中将率工作组一行 10 人，在总队领导的陪同下，到总队教导队视察工作。工作组先后参观教导队的综合训练馆、太阳能浴室、餐厅以及综合训练场，并与教导队干部合影留念。在听取总队长李全海春防工作的简要汇报后，作重要指示。

【隋明太政治委员莅临总队教导队检查指导工作】 5月11日，中国人民武装警察部队政治委员隋明太上将、副司令员梁洪中将率工作组一行10人，在总队领导的陪同下，到总队教导队视察工作。工作组先后参观教导队营区建设、综合训练馆和餐厅，并与全体干部合影留念。同时，就教导队建设和森林部队火场避险问题作重要指示。

【梁洪副司令员莅临总队检查指导工作】 4月29日，武警部队副司令员梁洪中将率工作组一行3人，在总队长李全海、政治委员张维国的陪同下，视察总队机关和教导队。工作组先后视察了总队教导队训练馆、战士浴室、餐厅、宿舍、电化教室和报务教室等，在总队党委会议室观看总队重点分队建设汇报片，对总队教导队建设和重点分队建设给予充分肯定，并与总队机关科以上干部合影留念。

【秦怀保主任莅临总队检查指导工作】 8月25日，武警部队政治部主任秦怀保中将率工作组一行4人，在武警内蒙古总队政治部领导陪同下视察总队机关，听取总队党委工作汇报。并对总队全面建设情况给予充分肯定，同时围绕武警部队基层建设需要把握的主要问题讲4个方面意见。

【何映华部长莅临总队检查指导工作】 6月7日至10日，武警部队后勤部部长何映华少将率工作组一行6人，在总队长李全海、政治委员张维国等领导的陪同下，到总队机关和呼伦贝尔市支队视察工作。工作组在总队机关观看了《总队重点分队建设汇报片》，并同总队部门副职以上领导进行座谈。对部队总体建设和后勤工作给予充分肯定，称赞部队训练比较到位，中心任务完成好，各项设施比较统一，生活设施比较配套，坚持以人为本。并指示，后勤建设特别是在搞好"四项设施"配套方面一定要结合自身实际，参照武警云南总队的一些做法，全力抓好落实。期间，何映华部长先后深入到总队、支队两级机关，海拉尔大队和鄂温克旗大队，看望机关基层官兵。

【张维国政治委员等出席武警部队第一次党代表大会】 6月19日，经3月15日内蒙古总队党委一届三次全体会议预选，4月9日指挥部党代表会议正式选举产生，总队政治委员张维国、大兴安岭支队一大队士官王志刚，作为武警部队第一届党代表大会代表，赴京参加武警部队第一届党代表大会。

【总队被总政治部表彰为全军接收和培养地方大学生干部工作先进单位】 6月22日至24日，总政治部召开全军接收和培养地方大学生干部工作会议。武警部队5个单位被表彰为接收和培养地方大学生干部工作先进单位；10名个人被表彰为优秀地方大学生干部。作为被表彰为接收和培养地方大学生干部先进单位之一的内蒙古森林总队，总队长李全海出席会议并作为武警部队唯一代表做典型发言。

【部队建设暨第五次中心工作会议】 9月17日至19日，总队部队建设暨第五次中心工作会议在牙克石市召开。会议历时3天，总队首长等共60名代表参加会议，指挥部副参谋长张国华专程到会指导并作重要讲话。会议以贯彻"围绕中心抓建设，抓好建设保中心"为主题，通过领导讲话、理论研讨、现场观摩等办法，深入贯彻落实全国森林防火座谈会和指挥部军事业务骨干集训精神，规范部队灭火作战和军事训练秩序，深化部队管理工作研究，推广"四个基本"建设经验，全面提高部队按纲抓建的能力。会上，总队长李全海作《适应形势需要，努力探索实践，不断提高现代条件下的防火灭火能力》重要讲话，总结近几年部队抓中心工作主要成绩，分析部队抓中心工作基本经验，规划今后部队抓中心工作目标举措，并就如何实现中心工作目标、落实"三个三"工程提出要求。政治委员张维国对会议进行简要总结，概括会议基本特点和收获，对贯彻落实会议精神提出3点要求。同时，对大力加强思想政治建设、高标准抓好秋防工作落实、确保部队安全稳定、营造和谐内部关系、认真开展年度考核和年终工作总结、加强对补兵退伍工作组织领导、不断提高后勤综合保障能力等第四季度主要工作进行安排和部署。

【扑救大兴安岭北部原始林区阿里亚林场森林火灾】 7月中旬，内蒙古大兴安岭北部原始林区持续高温干热，雷暴天气明显增多，火险等级不断提高。7月28日上午新乌玛林业局阿利里林场因干雷暴引发火灾。火灾发生后，在国家林业局、武警总部、内蒙古自治区党委政府、武警森林指挥部的高度重视和正确领导下，总队迅速反应，集中优势兵力打歼灭战。先后出动5个大队640名官兵(其中重点分队336名官兵)，动用车辆40台，风力灭火机113台，水枪128把，灭火水泵24台，火焰喷射器4具，索滑降系统12套，GPS定位仪60部，北斗一号定位系统2部，全球通卫星电话4部，经过3个昼夜的连续奋战，于7月31日将2个火场的明火全部扑灭，取得灭火战斗胜利。

(孙锦社)

消　防

【内蒙古自治区公安消防总队领导名录】

总　队　长：徐永华

政　　　委：张志广

副总队长：王延生(正师职)　田力生　葛相君

副　政　委：浩林夫（蒙古族）

司令部参谋长：尹学先

副 参 谋 长：徐振华

政治部主任：刘海涛

副　主　任：王树亮

后勤部部长：刘汉林

副　部　长：付世民 龚建军

防火部副部长：华金铭 杜锐强 李忠

【概况】 内蒙古公安消防总队于1973年12月18日在呼和浩特市正式成立，是一支现役制消防部队，由司令部、政治部、后勤部、防火部4个部门组成，共辖12个支队、1个教导大队、3个特勤大队，84个大队、19个科、76个中队，有3 300多名消防官兵，担负着全区的消防监督和灭火救援任务。认真宣传贯彻《中华人民共和国消防法》、《内蒙古自治区消防条例》和《机关、团体、企业、事业单位消防安全管理规定》，努力加强部队正规化建设，深入开展全员执勤岗位练兵，在全国较早推行政府消防工作责任制和完善部队内部工作目标责任制，保持了全区火灾形势和部队稳定，为经济建设和人民生活创造了良好的消防安全环境。全区部队连续10年未发生严重行政责任事故、违法违纪事件和刑事案件。所有基层单位全部进入驻地文明单位行列，12个单位被评为自治区级文明单位，5个单位被授予自治区双拥模范单位，17个单位被授予“青年文明号”称号，1个单位被评为“全国扶贫助残先进集体”。总队机关被命名为自治区“文明单位标兵”、“双拥工作先进单位”、“民族团结进步先进集体”。

2005年，内蒙古消防部队按照总队党委提出“围绕一个目标、坚持两手抓、狠抓三个重点、提高四个能力、实现五个突破”总体思路，认真落实内蒙古人民政府《关于进一步加强和改进消防工作的决定》，全面推进“161”工程，消防工作和部队建设实现了快速发展，确保火灾形势和部队内部稳定，为自治区经济建设和社会发展创造了良好的消防安全环境。2005年全区共发生火灾5 422起，死亡37人，受伤60人，直接财产损失1 687万元。与上年同期相比，起数上升17.3%，死亡人数上升42.3%，受伤人数上升87.5%，直接财产损失上升43.5%。

【消防宣传】 1.自治区政府召开全区消防工作电视电话会议。与各盟市、有关厅局和大型企业领导签订责任状，制定验收细则和评分标准，对落实消防工作责任状情况进行验收。2.全面推进小城镇消防规划建设。印发加强城镇消防规划编制工作指导意见，制定城镇消防规划编制专业审查指导办法。全区国家级重点镇、中心镇、城关镇完成消防规划编制88个，完成率均超过85%。3.加强农村牧区消防工作。在呼伦贝尔市召开全区农村牧区消防工作会议，讨论修改《内蒙古农村牧区消防安全管理规定》。各地按照呼伦贝尔农村牧区消防管理模式做出部署，多数农村牧区成立义务消防组织，配备基本的消防器材装备，农村牧区自防自救能力普遍提高。4.大力加强派出所消防监督管理工作。下发《关于加强全区公安派出所消防监督管理工作的通知》，将消防工作纳入公安派出所考评内容，明确实施消防监督管理的职责、范围和程序，加强专兼职消防监督员的培训和业务指导。5.积极推进消防宣传“四进”活动。制定《内蒙古公安消防总队消防宣传“四进”工作考评实施细则》，加大对“四进”工作的督促、检查、指导力度。通过配置流动消防宣传车、建设宣传基地、组建“四进”义务宣传队、设立永久性宣传灯箱等形式，普及消防法律法规和消防安全知识。同时，充分发挥新闻媒体的舆论监督作用，一些盟市政府召集新闻单位、隐患单位及相关部门负责人，通过召开新闻发布会等形式，对整改缓慢的单位以警告，有力推动了火灾隐患的整改进度。

【消防监督】 1.大力宣贯公安部73号令，改革消防监督管理机制。出台《内蒙古消防安全重点单位消防监督管理办法》，对全区消防监督检查工作进行了细化、量化，规范消防监督检查行为。推行警务公开，积极参与政府行政审批中心、政务中心建设，开通服务热线，聘请社会监督员，组织开展消防执法工作随机问卷调查。认真整改消防监督执法工作中存在的问题，主动为大型重点建设项目提供优质、便捷、高效的消防服务。公安部开展“大接访”以来，总队对劝业场等10余起信访案件进行调查处理。2.在全区组织开展了大型商场（超市）和人员密集场所、古建筑、学校及周边环境消防安全专项治理。截至12月份全区各级消防部门共成立检查组646个，检查单位18 787家，发现各类火灾隐患18 909处，督促整改14 569处，落实整改资金5 291.8万元，对52个单位实施停产停业处罚，依法取缔了10家违法经营场所。3.认真开展对重大火灾隐患的政府挂牌督办。对48家重大火灾隐患单位实施了政府挂牌督办，已整改完毕29家，一大批危害公共安全的火灾隐患得到整治。4.与自治区有关单位组成联合检查组，对全区电力行业进行专项治理。抽查发电厂22家，变电站20个，发现火灾隐患265处。从全区抽调专业技术力量，由总队领导带队，对全区没有自动消防设备的重点单位进行一次全面检查。5.加强建筑工程消防审核验收工作，把好“源头关”。全区全年共审核工程1 094项，审核建筑面积1 320万平方米，总投资196亿元，消防投资1.98亿元。

【岗位练兵】 1.深入开展大练兵活动。在全区开展了岗位练兵竞赛活动，对全区12个盟市支队辖区的24个重点单位进行灭火预案演练考评，举办全区部队岗位练兵业务比武竞赛大会，集中检验了部队战斗力。2.深入开展《灭火救援业务训练大纲》宣贯工作。召开全区部队贯彻落实《训练大纲》现场会，举办全区部队第6届灭火救援战术研讨会,成立自治区灭火救援专家组,举办首届跨区域联合灭火演练。2005年,全区部队共接警出动5 995次,出动消防车10 543辆次,出动人员62 039人次,参加火灾扑救4 858次,抢险救援、社会救助834次,抢救被困人员197人,抢救财产价值47.5亿元。3.加强消防特勤队、站和装备建设。呼和浩特市、包头市进一步加快特勤装备建设步伐,自治区政府分别为呼和浩特市、包头市配套特勤装备经费600万元;呼和浩特市、包头市政府分别配套特勤装备经费300万元。4.加快多种形式消防队伍建设步伐。自治区政府出台《关于加强全区多种形式消防队、站建设实施意见》,明确队站建设标准,分年度制定了落实规划。各级政府进一步加大对多种形式消防队伍投入力度,使全区多种形式消防队伍迅速发展壮大,逐步形成以公安消防队为主体,专职消防队为骨干,群众义务消防队为基础的消防网络。赤峰市、呼伦贝尔市和兴安盟,均由当地经济条件较好的旗县政府出资建立消防队站。鄂尔多斯市7个旗县采用政府投资建队、公安消防管理的形式,逐步建成适合当地经济和社会特点的消防队伍。

【基础建设】 1.解决制约消防经费"瓶颈",理顺经费保障机制。由自治区财政厅、公安厅和总队联合下发《武警内蒙古消防部队业务费开支标准(试行)》,将各级消防业务经费投入范围、标准、数额等进行细化,使业务经费的供应和管理从上至下整体步入有法可依、有章可循的轨道,推动各级政府加大消防业务费投入力度。制定完善《消防业务费管理暂行办法》、《消防车购置审批报告制度》等规章制度,后勤工作不断朝着"供应标准化、管理制度化、监督法制化、手段科学化、队伍专业化"方向发展。2.突出保障下倾,加快基层建设步伐。总队在经费紧张的情况下,安排273万元,用于基层基础建设和生活设施改造。全区新购执勤车40辆,消防员个人防护装备5 770具,总投资1 100万元。包头市、赤峰市、锡林郭勒盟、兴安盟等支队新建了消防指挥中心,包头市、赤峰市、乌海市、乌兰察布市等支队新建中队14个,对7个大、中队营房进行改造,新增营房面积4.23万平方米,总投资约1.2亿元。3.实施"科技强警"战略,积极推进信息化建设进度。完成三级网建设任务,正式开通全区12个盟市支队级网站,设置内容丰富、形式新颖的专栏,真正实现信息互通、文件发布、经验交流、资源共享等功能。加大软件开发力度,开发并完善部队管理教育系统、资产管理系统、办公自动化系统、数字传真管理等应用软件,解决了开会传达精神难、部队访查难等问题。总队和部分支队外网网站也成功应用于部队对外宣传、消防监督等便民服务中去。

(姜福恒)

边　　防

【内蒙古公安边防总队领导名录】

第一政委:朱　荣

总　队　长:那顺巴雅尔(蒙古族)

政　　委:孙希良

副总队长:阿木尔图(蒙古族)　赵景海(3月离任)

副　政　委:陈怀树

参　谋　长:冀亚非

政治部主任:白亚洲(蒙古族)

后勤部长:秦学伟

【边防管理】 牢固确立维护稳定的首位意识,坚持以小治促大治、积小安为大安,紧紧扭住影响稳定的热点、难点问题,保持主动出击、严打严防的高压态势。边境辖区内刑事案件的自侦自破率、治安案件的查结率、涉边案件的查处率都保持较高水平;边境口岸的查截、控制水平,群体性不安定事件的发现、化解能力,情报信息的预警、实战作用,辖区社会面和重要阵地的控制力度都有明显提高;边民群众的安全感进一步增强,满意率稳中有升,确保边境治安秩序的持续稳定,牢牢把握对敌斗争的主动权,反渗透、反分裂、反恐怖能力在实战检验中取得令人满意的成绩。以规范警务运行机制、提高执法水平为重点,全面加强边防派出所基层基础业务建设,又有7个边防派出所跨入一、二级派出所行列,提前两年完成公安部提出的工作目标。总队机关和阿拉善盟支队当选自治区首届"人民满意的行政执法标兵单位",2个支队被评为全区综合治理"长安杯"先进单位,新开河边防派出所被孟宏伟副部长称为"过得硬的一级派出所"。

【草原110】 把加强草原110建设当作强化公安边防职能作用、提升部队地位、创建平安和谐北疆的重要抓手,举全区之力在加快基础设施建设、完善领导保障机制、提高规范化运行水平上下功夫。通过积极协调与争取,将草原110纳入自治区人大督办议案,将草原110及边防派出所部分办案经费纳入各级政府财政预算,协调自治区及部分边境盟市成立党委、政府领导牵头的草原110建设领导小组,建议并促成自治区党委、政府召开全区草原110建设现场会,全面总结推广草原110的经验做法,使草原110步入"统一领导,边防主抓,社会联动,群众参与"的发展层次。通过一年来的全面深化,草原110的覆盖面进一步扩大,实战作用和影响力日益提升,成为自治区维护稳定战略格局的重要支撑和特色品牌,得到周永康等中央和自治区领导的充分肯定,经验做法被公安部推广,并被评为"内蒙古十大法制事件"。

【边防检查】 制定并实施服务自治区向北开放战略的10条措施，进一步方便边境人员往来，优化了口岸通关环境。超前严密组织，优化警力配置，保证满洲里公路口岸24小时通关、二连公路口岸无休息日工作制度的顺利实施。加快科技强警步伐，积极搭建数字边检工作平台，大幅节约警力，成倍提高通关速度。全年共检查出入境人员332万人次，交通运输工具60万辆(列、架)次，出入境总量继续位居全国现役边检站前列。公安部边防局在满洲里边检站召开现场会，向全国推广总队科技强警、勤务改革与边检规范化建设的先进经验，总队作为联检单位代表在全区口岸工作会议上作典型发言。年内，与俄联邦西伯利亚边防局代表团成功举行工作会谈，并充分发挥涉外工作优势，与俄、蒙对应机构协商解决大批影响口岸建设、发展与安全的难点问题。自治区主席杨晶称赞“公安边防部队是保障和促进自治区改革开放与经贸发展的尖兵”。

【队伍建设】 以扎实开展保持共产党员先进性教育为突破口，狠抓各级党委班子建设和党员队伍建设，加大领导班子和领导干部的调整交流力度，优化班子结构，激发了队伍活力。严密组织开展“大接访”，对疑难复杂的信访案件进行跟踪督导，确保件件得到依法适当处理。将2005年确定为“部队管理年”，逐级严明责任、狠抓落实，大力加强监督与预防犯罪机制建设，召开“两防”工作座谈会，加大廉政谈话和警示教育力度，不间断地组织开展督察暗访、审计检查、武器装备普查、执法办案质量考评，形成从严管理、从严要求的浓厚氛围。全年部队未发生执勤事故和内部犯罪案件，部队官兵无一伤亡，实现连续4年未发生职务犯罪案件的良好记录。年内，包头市支队被评为“全国民族团结进步先进集体”，25个单位被评为自治区级文明单位或标兵单位，多名官兵被评为全国警民共建先进个人、全国民族团结进步先进个人、全国优秀人民警察、全区优秀人民警察、自治区先进工作者、全区法制新闻人物。

【执法为民】 在进一步规范执法行为，加大执法监督力度，确保公正、严格、文明执法的基础上，组织部队深入开展“三访四见”活动，在边境地区进行高密度、大规模走访帮扶活动，帮助1 370多名贫、弱、外群众实现再就业、争取低保、讨回工资、减免学费，受到各级党委、政府和人民群众的高度赞誉，进一步密切官兵感情和警民关系，提升公安边防部队的良好形象，起到教育民警、触动领导、警醒机关的作用，极大促进基层基础业务水平和管理服务能力的提高，部队上下的思想建设、纪律作风、工作理念发生根本性转变。

【基层建设】 牢固树立“三个第一”指导思想，坚持心系基层、面向基层、服务基层不动摇。全年投资2 400万元用于解决基层的住房、吃水、照明、取暖等问题，完成支队级单位视频会议系统建设和边防大队的三级网建设，开通部分边防派出所的四级网，配发一批取证器材、警械装备和自动化办公设备，官兵工作生活条件进一步改善。积极制定面向艰苦偏远地区的支持性、倾斜性配套政策，组织实施基层解困工程、警官安居工程、“希望之星”助学工程等强化基层、凝聚警心的建设项目，有效调动基层官兵的积极性。

【公共关系】 以构建和谐顺畅的新型公共关系为目标，一方面，指导基层通过主动融入自治区经济建设大局之中，自觉做到自治区经济发展到哪里，公安边防工作就跟进和服务到哪里，以实际行动赢得自治区各级党委、政府的重视与支持；另一方面，要求各级部队更加自觉地摆正位置，一如既往地尊重和接受地方党委、政府、公安机关的领导，主动承担自治区各级下达的扶贫、“双拥”等各项工作任务，积极与自治区各级政法部门进行沟通联系，赢得方方面面的理解、关心与支持。年内自治区主要领导均到边防一线视察过部队，听取边防工作汇报，帮助协调解决大量部队建设中的难题，有力地保障公安边防工作的顺利开展。年内，有20多位中央和省部级领导视察过自治区部队，均对我们的工作予以肯定和好评。自治区公安边防部队的形象明显提升，警政、警民关系更加密切顺畅，为各项工作的顺利开展营造和谐有利的内外环境。

(邢国显 王孝东)

人民防空

【内蒙古自治区人民政府人民防空办公室领导名录】

主任：张凤翘

副主任：吴双宝(蒙古族) 王玉拴

助理巡视员：张荫秀

【概况】 自治区人防办公室是自治区人民政府人民防空工作的主管部门，是自治区国防动员委员会的常设办事机构，在自治区人民政府和内蒙古军区领导下，负责管理全区的人民防空工作，同时承担自治区人民政府防灾救灾应急救援的综合协调职能。正厅级。自治区人防办公室内设综合(法规)处、人事教育处、指挥通信处、工程处、财务处、机关党委、离退休人员工作办公室。人员编制33人，实有人员34人，其中副处级以上干部27人，主任科员、副主任科员7人；大专以上学历33人，占机关人员总数的97%。自治区人防办公室辖机关事务服务中心、通信站、定额质监站、设计研究院、培训中心5个事业单位。

2005年，新建各类人防工程21万平方米；收取人防工程易地建设费1.2亿元，占年度计划的146%；人防工程平战结合完成产值4.59亿元，上缴税金1 500万元，收取工程使用费2 518.8万元，安排从业人员5 888人，完成了各项工作目标。

【指挥通信建设】 2005年各级人防部门加大以信息化为核心

的指挥通信建设力度,12 个盟市人防办全部建成了局域网,全区人防系统通过计算机拨号联网,能够及时传递和发表各类工作信息,初步实现人防信息资源共享。9 个盟市完成应急指挥中心建设。自治区人防应急指挥中心完成土建主体。指挥自动化、工程建设管理、综合统计等系统软件成功推广应用,人防指挥数据库建设初具规模。国家人防重点城市完成防空袭预案的修订和专业队整组训练任务。9 个盟市人防办组织机关室内防空袭作战演练。新建警报器 290 台,超额计划的190%;成功组织警报试鸣,11 个盟市实现了警报信号的统控发放。呼和浩特市人防办实现利用移动通信工具和新闻媒体发布警报试鸣信息。全区警报音响覆盖率进一步提高。11 个盟市人防办配备了移动通信指挥车。

【"两防一体化"建设工作】 以 2005 年 7 月自治区人民政府发布《关于实施突发公共事件总体应急预案的决定》为标志,全区的防空防灾一体化建设正式纳入政府处置突发公共事件应急体系,人防向民防转轨开始迈出实质性步伐。自治区人民政府《关于实施突发公共事件总体应急预案的决定》,明确赋予自治区人防办处置突发公共事件的相关职责。在自治区政府办公厅的统一协调下,自治区人防办正在对有关厅局上报的专项应急预案进行审核。根据自治区应急管理体制模式,全区 12 个盟市已全部将人防部门纳入政府防灾应急管理体系,其中 8 个盟市人防办已经承担盟市《总体应急预案》的编制工作。全区应急管理新体制的建立,是完善政府及其部门公共管理、社会服务职能的重要举措,对于保障公共安全和社会稳定,具有非常重要的意义。

【重要经济目标防护】 根据自治区人民政府和内蒙古军区《关于加强重要经济目标防护工作的意见》,为切实做好重要经济目标防护工作,自治区人防办于 2005 年 5 月召开全区重要经济目标防护工作座谈会,总结推广包头、鄂尔多斯市人防办的经验和做法。按照会议要求,各盟市都以政府和军区名义制定下发有关文件,建立领导机构,全面展开重要经济目标的调查摸底工作。

【人防工程建设使用】 继续坚持以建为主的原则,重点抓了结合城市民用建筑修建防空地下室工作。全区已完成新建人防工程。全区各级人防部门坚持以市场为导向,积极调整经营结构,转变经济增长方式,加强经营管理,提高人防工程开发使用的社会效益和经济效益。人防部门收取工程使用费2 518.8万元,安排从业人员5 888人。

【依法收取人防建设资金】 5 年来,共筹集人防建设资金4.16亿元,超额完成"十五"计划,比"九五"增长96%。自治区、盟市和旗县三级财政安排人防建设经费累计达6 639万元。人防建设资金的不断增加,为加快人防建设提供重要的经济支撑和物质保障。

【人防宣传教育工作】 全区有 328 所初级中学、16 所大专院校、23 所党校(行政学院)开展人防宣传教育,受教育人数均超额完成年度计划。"十五"期间人防宣传教育呈现出三个明显特点:一是教育范围进一步扩大。人防宣传教育作为国防教育的一个重要组成部分,已经从中学校园走进大学课堂,正在成为青少年素质教育的重要内容;二是教育内容突出了时代性。人防宣传教育围绕城市建设、国防建设和人防法制建设的任务和目标来进行,紧扣时代主题,突出行业特色,为人防建设营造良好的社会氛围。三是教育形式灵活多样。把每年集中开展的人防宣传周活动与经常性的教育活动结合起来,做到扎实有效、丰富多彩。

【旗县(市)人防工作】 在各盟市人防办的指导下,旗县(市区)全部建立人防机构,配备专(兼)职人员,逐步开展人防相关业务工作。旗县(市区)所在地全部安装防空警报器,在初级中学普遍开展人防宣传教育,多数旗县开始收取人防工程易地建设费,部分旗县将人防工程建设计划纳入城市建设总体规划,并且修建防空地下室。旗县(市区)人防工作的普遍开展,为全区人防建设奠定基础。

【人防机关"准军事化"建设】 按照国家人防办公室关于人防机关"准军事化"建设标准和纲要的要求,人防办有计划、分步骤组织开展全区人防机关"准军事化"建设,并且取得阶段性成果。一是配合北京军区认真抓赤峰市人防办"准军事化"建设试点工作,赤峰市人防办的试点工作获得成功,北京军区向战区推广他们的经验和做法。二是围绕"四个一"的总目标,各盟市开展各具特色的创建活动,进一步改善了机关作风和面貌。三是在全系统连续三年开展以"六讲六比六争当"为主要内容的争先创优活动,丰富"准军事化"建设的内容和形式。四是举办一系列培训班,提高人防干部队伍的综合素质。在前不久北京军区召开的人防工作会议上,自治区人防办、赤峰市人防办、鄂尔多斯市人防办被评为"准军事化"建设先进单位。

【编制人防建设中长期发展规划】 用科学发展观指导人防"十一五"规划的编制工作。按照国家和自治区的有关要求,明确指导思想、总体目标、基本任务和保障措施,认真总结"十五"期间人防建设的成绩和经验,深入调查研究,理清发展思路,充分发扬民主,进行科学论证,编制好人防"十一五"发展规划和长期规划,并纳入本地区国民经济和社会发展规划。在编制规划过程中,注意处理发展与创新、速度与效益、行政手段与市场调节、眼前利益与长远利益、局部利益与全局利益的关系,突出重点,统筹兼顾,增强可操作性,搞好与"十五"计划的衔接。

(刘玉山)

中国法学会会长、最高人民检察院原检察长韩杼滨（左二），自治区党委书记储波（右四）等领导同志专程到自治区检察院视察指导工作

最高人民检察院检察长贾春旺（前左二），自治区党委副书记陈光林（前右二），自治区党委常委、政法委书记罗啸天（前左一）同自治区检察院领导班子成员合影

自治区检察院检察长邢宝玉在自治区检察院办公办案大楼落成庆典仪式上讲话

邢宝玉检察长在检察长接待日接待上访人员

内蒙古自治区预防职务犯罪警示教育基地揭匾仪式

新建落成的内蒙古自治区人民检察院办公办案大楼

内蒙古自治区人民检察院办公办案大楼落成庆典

中央政治局常委、中央纪委书记吴官正（左）到自治区纪委监察厅机关视察工作（中为自治区党委副书记、纪委书记巴特尔，右为自治区纪委副书记、监察厅厅长娜仁）

自治区监察厅厅长、政府纠风办主任娜仁（左一）在自治区政府第四次廉政工作暨全区纠风工作电视电话会上讲话

自治区监察厅厅长娜仁（右二）在全区行政监察工作会上做工作报告

在保持共产党员先进性教育活动中，自治区监察厅厅长娜仁（右）深入革命老区武川县农户，了解中央、自治区惠农政策落实情况

自治区政务公开工作领导小组副组长、监察厅厅长娜仁（左三）向国务院政务公开工作检查组汇报自治区政务公开工作情况

2005年12月24日，自治区党委、政府在呼和浩特市召开了全区信访工作座谈会。自治区12个盟市委书记、信访办主任，自治区信访工作领导小组成员、集中处理信访突出问题及群体性事件联席会议成员单位负责同志、联席会议6个专项小组组长参加了会议。会议通报了2005年全区信访形势、宣传达拉特旗信访工作经验阶段工作情况和全区《信访条例》贯彻落实大检查工作情况，安排部署了“两节”、“两会”期间及下一个阶段的信访工作。一年来，自治区召开信访工作专题会议，研究部署信访工作多达10次以上

自治区党委副书记、信访工作领导小组组长杨利民亲自走上街头在群众中宣传国务院新修订的《信访条例》。

信访局班子成员：局长王晓成（中）、副局长王琦（右二）、李西林（左二）、白占先（右一）、连存宝（左一）在研究工作

自治区政府副秘书长、信访局局长王晓成

4月份，经自治区领导同意，自治区信访局在全区范围内组织开展了以《信访条例》为主要内容的信访法制宣传月活动，并在4月2日开展了集中宣传日活动。宣传日当天，全区各盟市、旗县开展了由各级党政领导参加、各有关部门参与的声势浩大、形式多样的《信访条例》宣传活动，自治区和呼和浩特市的有关领导、信访干部及各界群众2万余人参加了在新华广场举行的呼和浩特地区宣传点的活动，印发各种宣传提纲和小册子10余万份。同时还利用新闻媒体、宣传车、宣传栏和组织人员深入农村、厂矿、社区等多种形式向群众宣讲党和国家有关的政策、法律法规。通过一系列的宣传活动，使我区数百万群众受到了教育，达到了宣传目的

3月3日至4日，自治区人民政府召开全区劳动和社会保障工作会议暨全区劳动保障系统先进集体和先进个人表彰大会。

自治区人大副主任周维德在全区企业退休人员社会化管理服务成果展示暨工作经验交流活动开幕仪式上讲话

国家劳动部社保中心副主任皮德海在全区企业退休人员社会化管理服务成果展示暨工作经验交流活动开幕仪式上讲话

自治区劳动保障厅厅长冀秉峰（右二）和副厅长布仁（左一）来到“春风行动”招聘会现场

“春风行动”专场招聘会，吸引了众多农牧民前来应聘

农民工领到“农牧民进城就业指南”和“春风卡”，一路春风去打工。

冀秉峰厅长在全区企业退休人员社会化管理服务成果展示暨工作经验交流活动开幕式上讲话

由企业退休人员组成的老年艺术团在“夕阳·草原”晚会上进行演示，展现夕阳风彩，真正体现了老有所乐，老有所为

中央政治局委员、书记处书记、国务委员周永康来公安厅视察

中央政治局委员、书记处书记、国务委员周永康来呼和浩特市公安局视察

自治区党委书记储波、自治区主席杨晶陪同中央政治局委员、书记处书记、国务委员周永康同志视察公安厅指挥中心

自治区党委书记储波、自治区主席杨晶陪同中央政治局委员、书记处书记、国务委员周永康同志视察呼和浩特市公安工作

呼和浩特市公安局网格化巡逻车

自治区党委副书记陈光林、自治区副主席连辑指挥公安厅、呼和浩特市公安局侦破绑架工程院院士、内蒙古大学校长旭日干案件

公安厅应急联动防暴反恐指挥中心楼落成

接待上访群众

呼和浩特市公安局实行网格化巡逻机制

全区公安机关开展大接访工作

公安厅新建成的反恐指挥中心楼

自治区主席杨晶，自治区党委副书记、纪检委书记巴特尔接见庆祝审计机关成立20周年先进集体、先进个人并合影留念

自治区主席杨晶与自治区审计厅厅长长江亲切交谈

自治区党委副书记、自治区常务副主席岳福洪于2006年2月24日出席全区审计工作会议并作重要讲话

自治区党委副书记杨利民在审计厅视察党建工作

2005年7月，自治区审计厅厅长长江在自治区人大常委会第17次会议上作全区预算执行和其他财政收支情况的报告

2002年11月，内蒙古审计厅对国华准格尔二期建设项目实施审计期间，长江厅长陪同审计署投资司司长席晟，自治区政府主席助理孙宝厚一行赴项目现场检查指导工作

内蒙古自治区国土资源厅

自治区国土资源厅
党组书记、厅长：白盾

厅长白盾陪同呼和浩特市市长汤爱军深入自治区成立60周年重点工程进行现场办公

聘请的中科院院士瞿裕生（中）为自治区政府国土资源顾问指导地质找矿

开展全区矿业秩序治理整顿工作

为干旱缺水地区寻找到地下水源

认真开展世界“地球日”、全国“土地日”、“测绘法宣传日”活动

自治区国土资源厅办公楼

1957年，毛泽东主席接见共青团三大代表，右一为自治区青年教师宝音德力格尔

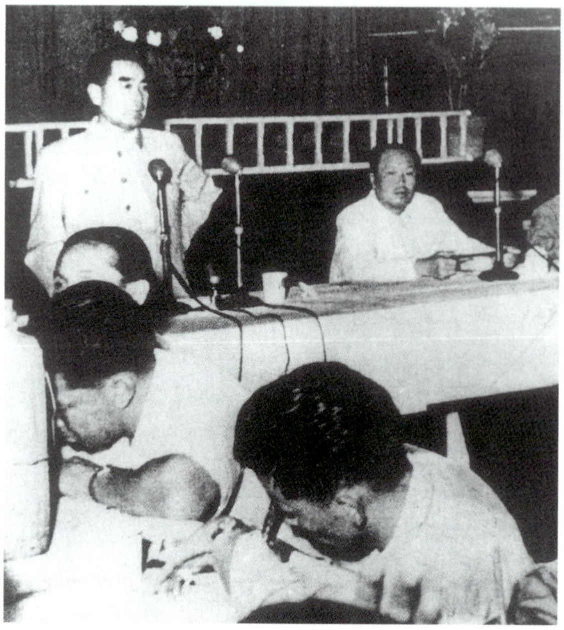

1957年8月，周恩来总理在全国民族工作会议上对内蒙古大学的创建表示极大的关注（右一为国务院副总理、内蒙古党委第一书记乌兰夫）

1999年1月，江泽民总书记视察内蒙古大学

2003年，胡锦涛总书记与我区优秀自考毕业生亲切交谈

2005年8月15日，国务院在我区召开国家西部地区“两基”攻坚现场汇报会

鄂伦春族小学生

服装专业已成为我区职业高中的龙头专业

自治区高等院校积极开展保持共产党员先进性教育活动

成人高等教育在改革中前进

内蒙古自治区科技厅

国家知识产权局局长田力普、自治区党委书记储波、国家科技部副部长张景安接见自治区科技创新获奖代表

自治区党委书记储波、自治区主席杨晶等领导陪同国家知识产权局局长田力普参观科技创新成果展览

徐凤君厅长工作照

自治区副主席连辑考察自治区保护性耕作技术推广成果

2005年科技创新大会暨科技奖励大会会场

自治区副主席连辑、科技厅厅长徐凤君在科博会参观泰尔力图纳米防水材料

内蒙古科技进步奖评审委员会评选2005年度科技进步奖奖项

全区普法依法治区工作不断深入。2005年司法厅组织自治区部分厅局举行了隆重的“送法下乡”启动仪式。图为在启动仪式上法律工作者解答群众提出的法律问题

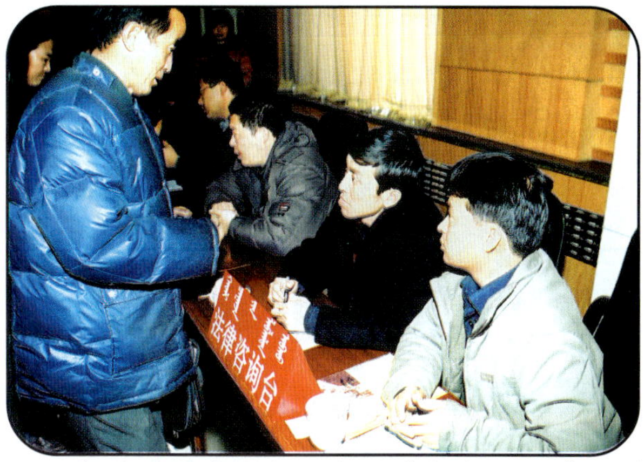

自治区司法厅组织全区律师和公证员，利用“12.4”法律宣传日活动，开展法律咨询，为群众答疑解惑

基层普法宣传“六进社区”活动成效显著。社区群众阅览法律宣传活动图版

人民调解组织在矛盾排查调处，维护社会稳定工作中发挥着第一道防线作用。图为呼和浩特市回民区新华西街法律服务所的人民调解员在调解群众纠纷

司法行政系统监狱、劳教人民警察，开展“规范执法行为、促进执法公正”和岗位练兵活动。

司法厅党委书记、厅长徐呼和在全区司法局局长会议上部署工作

司法厅党委以“科学发展观”为统领，求真务实，扎实地开展工作，全区司法行政工作得到长足的发展。图为厅党委一班人在基层开展工作调研

内蒙古自治区司法厅是自治区人民政府主管全区司法行政工作的重要职能部门，积极发挥着提供法律服务和法律保障的职能作用。几十年来，特别是恢复重建的二十多年来，我区司法行政机关始终坚持服从服务于党和政府工作大局，积极发挥职能优势，认真履行法律赋予的职责，坚持为促进自治区经济建设和民主法制建设服务，为巩固民族团结和维护边疆稳定服务，为保障国家、集体和个人的合法权益服务，取得了令人瞩目的成绩。

监狱、劳教工作坚持“惩罚与改造相结合，以改造人为宗旨”和“教育、感化、挽救”的方针，认真贯彻《监狱法》和劳教工作法规，卓有成效地改造、挽救了一大批服刑人员和劳教人员；律师、公证、基层法律服务工作坚持以“三个有利于”为标准，不断改革管理体制和运行机制，坚持改革深入到哪里，法律服务就跟踪到哪里的“大服务”指导思想，为促进改革开放、经济发展和社会进步发挥了重要作用；普法和依法治理工作逐步深入，有力地推进了依法治区和社会主义民主法制建设；人民调解工作稳步推进，形成了覆盖全区的调解工作领导小组、调解委员会、调解小组（调解员）三级调解网络，适时组织开展矛盾纠纷排查调处活动，积极化解社会矛盾，在维护基层社会稳定中发挥了重要作用；法学教育健康发展，为社会输送了大批法律人才。

[illegible]高举邓小平理论伟大旗帜，坚持以依法治区总揽工作全局，积极投身改革开放和社会主义现代化建设大业，全力搞好法律服务和法律保障，为自治区的繁荣进步做出新的更大的贡献。

自治区党委副书记陈光林、自治区副主席连辑、自治区政法委常务副书记胡毅峰在自治区司法厅厅长徐呼和，自治区司法厅副厅长、监狱管理局局长翟贵文的陪同下，视察自治区未成年犯管教所

内蒙古自治区监狱管理局负责管理全区监狱工作。近年来，在自治区党委、政府的领导下，坚持以邓小平理论和“三个代表”重要思想为指导，认真贯彻监狱工作方针，充分发挥职能作用，全力维护监狱的安全稳定，切实加强队伍建设，实现了全区监狱持续安全稳定和各项事业的全面发展，为维护自治区社会政治稳定和经济发展作出了积极贡献。

全区监狱系统始终把维护监狱安全稳定放在一切工作的首位，各级领导和广大监狱民警克服困难“连续作战，严防死守”狠抓各项工作措施的落实，确保了监管场所的安全稳定。各监狱紧紧围绕提高改造质量这个中心，推进监狱工作的法制化、科学化、社会化建设，不断探索教育改造的新方法和新途径，拓宽教育渠道，充分利用社会力量和社会资源，构建多角度、多层次、多方位的教育改造工作体系，努力发挥教育改造工作的治本功能，监管改造安全工作连续五年保持了我区监狱工作史上的最好水平。创建现代化文明监狱工作迈上新台阶，已有4所监狱被司法部命名为现代化文明监狱；安全生产多次受到自治区人民政府和司法部的表彰；监狱经济实现跨跃发展，连续两年创近20年来最好水平；监狱布局调整取得阶段性成果，监狱基础设施和发展环境得到进一步改善；通过开展保持共产党员先进性教育，“规范执法行为，促进执法公正”专项整改活动，各级领导班子和民警队伍的执政能力和执法水平有了进一步的提高。

自治区副主席连辑、自治区政府办公厅副主任孙惠民、自治区政法委秘书长刘国栋、自治区司法厅厅长徐呼和、自治区司法厅副厅长、监狱局局长翟贵文为获奖个人颁奖

自治区监狱管理局领导班子全体成员参加局机关保持共产党员先进性教育活动总结大会

自治区有关领导和有关厅局领导参加全区监狱系统“现代化文明监狱”命名大会

内蒙古自治区食品药品监督管理局

局长：郝 富

郝富局长到基层考察工作

郝富局长和获奖单位合影

自治区食品药品监督管理局“3·15”活动现场

内蒙古自治区旅游局

赵广华局长陪同自治区党委副书记杨利民观看我局先进性教育版报

自治区旅游局局长赵广华在全区旅游工作会议上

局领导主持会议

成吉思汗陵

库布其沙漠—七星湖

维信度假村

基尔果天池

沙漠

九曲河

相思谷

内蒙古自治区测绘事业局

局领导班子与有关部门领导交流工作

认真处理遥感影像信息数据

基础测绘工作 从2001年以来共完成1:1万地形图3332幅，覆盖面积8.3万平方公里。截止2005年，已完成1:1万地形图基础测绘任务7201幅，覆盖18.0万平方公里，占自治区经济较发达地区40万平方公里的45%，占全区总面积15.2%，完成了51000平方公里赤峰测区和25000平方公里兴安盟测区的精化大地水准面工作。由国土资源厅组织立项，组织编写了《2005—2014年内蒙古自治区基础测绘发展规划》。

图集编制 先后编制出版了各种比例尺的自治区地图、交通旅游地图、自治区及盟市公路交通挂图、《内蒙古自治区地图集（册）》、《内蒙古自治区经济地图集》、《内蒙古自治区公路地图集》、《内蒙古自治区国土资源经济地图集》、《包头市、呼和浩特市影像地图集》等数百种地图和地图集,部分图集荣获自治区科技进步奖。在国家测绘局支持下实施“西部地区县（市）挂图”工程项目内蒙古分项目的卫星影像图，填补了自治区个别少数民族旗县没有挂图的空白。

基础地理信息数据库研发项目 研制开发了多媒体电子地图信息系统，《内蒙古自治区综合性电子地图》、《多媒体公路交通信息系统》、《内蒙古自治区气候电子图集》等实现了地图要素的实时切换、空间数据与非空间数据的交互查询。完成内蒙古自治区1：5万地名数据库、1：25万数据库更新和1：1万航空摄影测量地形图数据入库3000余幅。开通自治区首家测绘网站—内蒙古测绘网(nmgch.gov.cn)。组织实施了《内蒙古自治区政务地理信息系统》和科尔沁沙地生态、土地利用现状详查等项目，内蒙古自治区政务地理信息系统已在内蒙古政务网上运行。

为政府和社会开展服务工作 与内蒙古环境监测总站联合完成了《内蒙古集通铁路沿线生态建设工程遥感定量评估》项目；完成了国土资源部《2001—2002区域地质环境调查》项目中《基于遥感与地理信息系统的内蒙古自治区区域地质环境调查》；与澳大利亚专家弗林西合作完成《2000年阿拉善盟卫星影像图》、《贺兰山自然保护区数字影像》、《雅布赖山地热异常数字影像》等；组织开展了《基于遥感与地理信息系统的阿拉善生态环境遥感系列调查》项目，对阿拉善盟生态环境进行调查；为国土资源厅制作土地证地数字影像图；组织实施了《内蒙古大青山山体乔灌木覆盖遥感动态监测》项目，通过动态手段监测大青山山体11年间乔灌覆盖率发展变化四大趋势。

在全区电子政务会上演示由内蒙古测绘事业局开发研制的内蒙古政务地理信息系统

内蒙古自治区通信管理局

党组书记、局长：敖大明

开展保持共产党员先进性教育动员大会

举办首期增值电信业务经营者守法经营培训班

下社区送温暖

向锡盟希望小学捐款

自治区通信行业协会成立大会

组织举办全区电信行业电信服务规范知识竞赛活动

组织召开全区电信行业情况通报会

组织自治区六家电信运营企业举办纪念“5·17”世界电信日活动

内蒙古自治区档案局（馆）

2005年9月12日，在保持共产党员先进性教育活动期间，自治区档案局（馆）全体党员赴延安进行革命传统教育。图为全体党员参观延安革命纪念馆

2004年12月16日原全国人大常委会副委员长布赫、原最高人民法院院长郑天翔、全国人大农业与农村委员会主任委员刘明祖、自治区党委副书记杨利民、国家档案局副局长杨公之等有关领导与参加内蒙古自治区档案学会北京名人分会的各届名人合影

2005年6月29日在赤峰市市常委、副市长马爱国（左一）、赤峰市档案局局长达伦布和（右一）陪同下，自治区信息化领导小组办公室副主任兰惠（右二）、自治区档案局局长张佃敏（左三）、副局长杨勇（左二）、副局长朝克（右三）参加赤峰市档案馆现行文件中心

2002年1月18日自治区党委副书记杨利民（左三）在自治区党委副秘书长李万忠（右二）、自治区档案局局长张佃敏（右一）、副局长杨勇（左一）的陪同下视察自治区档案馆档案精品展室

内蒙古自治区档案局（馆）为自治区党委和政府管理全区档案事业的正厅级文化事业机构，具有保管利用和对全区档案事业行政管理的双重职能。内设11个处级机构，即办公室、人事教育处（机关党委）、法规处、档案馆室业务监督指导处、经济档案业务监督指导处、收集整理部、蒙文档案部、科技部、保管利用部、编目编研部、乌兰夫研究会办公室；下设2个处级事业单位，即档案干部培训中心、机关事务服务中心。

自治区档案局领导班子成员：自治区档案局党组书记、局长张佃敏（右二）、党组副书记、副局长杨勇（左二）、党组副书记、副局长丁丁（右一）、党组副书记、副局长朝克（左一）

中央书记处书记、中央军委副主席徐才厚视察满洲里边防检查站

中共中央政治局委员、书记处书记、国务委员、公安部部长周永康视察边防工作

自治区主席杨晶视察边防工作

公安部边防局副局长张崇德、在总队长那顺巴雅尔陪同下视察草原110建设情况

公安部副部长孟宏伟除夕慰问一线执勤官兵和边民群众

公安部边防局局长陈伟民亲切看望边境牧民

内蒙古公安边防总队代表团与蒙古国边防总局司令部代表团工作会谈取得圆满成功

中国人民武警部队黄金第二支队

武警部队政委隋明太视察武警黄金第二支队荣誉室

武警部队政委隋明太上将（中）在支队支队长陈贺新上校（左）、政委张春泉上校陪同下视察支队

武警黄金第二支队营门

武警总部隋明太政委在武警黄金第二支队视察

欢迎新兵来队

四子王旗驼盘沟村牧民向武警黄金第二支队三中队士兵讲解民俗社情

武警黄金第二支队二中队党员在哈达门沟矿区机台宣誓

武警黄金第二支队法律专业警官张静解答三元井小学生提问

武警黄金第二支队法律专业警官张静为三元井村妇女义务普及《妇女权益保障法》

武警黄金第二支队副政委陈少武同志在三元井矿区与三中队官兵槽探施工间隙讲黄金部队优良传统

武警黄金第二支队官兵参观和林县蒙牛工业园区

武警黄金第二支队官兵在和林县盛乐园区举行忠诚卫士宣誓活动

南京骑游总队老人与武警黄金第二支队三中队官兵合影留念

武警黄金第二支队礼堂和招待所

武警黄金第二支队工程师正在执行测量任务

内蒙古自治区铁路护路联防办公室

自治区副主席连辑、政协副主席奇英成视察铁路护路工作

全区铁路护路联防工作会议

自治区铁路护路联防领导小组成员办公室主任甄忠义同志在全区铁路护路联防工作会议上作报告

包头市护路办在铁路沿线开展爱路护路宣传活动，图为工作人员向沿线村区发放爱路护路宣传手册等材料

内蒙古自治区铁路护路联防办公室

联防队员在站场巡逻

内蒙古自治区铁路护路联防办公室领导名录：

自治区铁路护路联防领导小组副组长兼办公室主任(兼)：才荣芳

自治区铁路护路联防办公室常务副主任：杨胜利、郭宏、晨亮、王铁鹏、王春安、郑予莲、白玉刚、孙铁柱、杨百灵

自治区铁路护路联防工作是从1996年2月正式启动，大致分为三个阶段：(一)1996年至1998年为第一阶段，主要是以护路民兵分队为主，对重点站区防控。(二)1998年至2000年为第二阶段，主要是护路联防队对铁路各站区和沿线进行防控。(三)2000年以后为第三阶段，主要是在自治区境内铁路沿线开展创建安全文明铁道线活动。目前，全区12个盟市、45个旗县成立了护路联防组织，护路里程达4700余公里，占全区国铁延长公里70%以上；共有专兼职人员2990余人，其中专职工作人员78人；人武部管理的护路民兵分队13支，258人；铁路公安机关管理的专职联防队48支，648人，分布在170余个站场；用护路联防费监护的无人看守道口82个，监护员318余人；其余为铁路沿线路地承包护路员，承包线路3580公里，占全区护路里程76%以上。

按照中央综治委、铁道部、公安部、工商行政管理总局关于《清理整治铁路沿线废旧金属收购站点专项行动方案》的通知(铁公安[2005]125号)文件精神，自治区和各盟市及时制定实施方案，成立组织机构，加强对专项行动的组织领导；采取多种形式开展了宣传发动工作，宣传教育普及到了收购站点；各级综治、护路、公安、工商等部门密切配合，充分发挥了职能作用，使全区的清理整治专项行动开展的深入扎实，取得了显著成效，中央护路办给予了充分肯定。

这次清理整治专项行动在各地综治委的高度重视和领导下，在各参与部门的大力配合协作，团结奋战下，达到了预期目的，取得了显著成效。全区各盟市、旗县市区在专项行动中共清理检查废旧金属收购站点1428个，查出无照经营收购站点236个，工商部门责令停业整顿51个，吊销营业执照6个，取缔非法收购站点98个，责令搬迁27个；公安部门在清理整治专项行动中共查处违法犯罪人员178人，其中，治安警告57人，治安拘留14人，刑事拘留8人；全区受到工商行政罚款和治安罚款共计89人，累计金额达8.86万元。

自治区组织综治、护路、公安、工商部门对全区12个盟市清理整治专项行动进行了全面考核验收，并对在专项行动中做出突出成绩的呼伦贝尔市等12个盟市清理整治专项行动领导小组给予了表彰奖励；对兴安盟乌兰浩特市等12个旗县市区综治办、自治区公安厅治安警察总队一支队等12个先进集体、呼和浩特市土左旗工商局等12个工商部门也分别给予了表彰奖励。

所长：塔　拉

自治区副主席乌兰视察考古工地

考察包头固阳秦长城

航空摄影考古航拍工作现场

赤峰松山区三座店石城考古发掘现场

内蒙古自治区文物考古研究所是自治区文化厅直属事业单位，承担着自治区范围内文物保护、考古勘探、调查、发掘、研究和古建维修等方面的工作任务，是全区惟一具有团体考古领队资格的专业考古部门。1954年春，内蒙古文物工作组正式成立，标志着自治区文物考古研究机构的诞生。1962年6月，改称内蒙古自治区文物工作队，1984年正式更名为内蒙古自治区文物考古研究所。

经过半个多世纪的发展，研究所现有职工57人，其中业务人员41人，研究员6人、副研究员4人、文博馆员19人。博士4人、硕士5人，9人获得国家级田野考古领队资格，形成了具有较强实力的科研队伍。所内现有党支部、行政领导班子、工会等领导机构，设置了第一研究室、第二研究室、资料编辑室、古建筑研究室、办公室、保卫科六个科室。研究所还设有文物标本陈列室、墓志陈列室、图书资料室。现有图书资料近3万套（册），国家级文物库房2000余平方米。为了给田野考古工作提供便利与保障，更好地进行文物保护工作，还在自治区重点文物保护区内设置了条件较为完善的野外工作站，其中有准格尔旗工作站、和林格尔工作站、凉城工作站、庙子沟工作站、元上都工作站、宁城辽中京工作站、辽上京工作站等。

2006年3月24日，国家统计局内蒙古调查总队成立大会暨揭牌仪式在呼和浩特隆重举行。自治区党委副书记、自治区副主席岳福洪，自治区人大副主任周维德出席

总队长：郑世成

国家统计局内蒙古调查总队领导班子成员·左起李敏、赵兴中、郑世成、汪海涛、方向荣。

会长宝音德力格尔、名誉副会长奇英成出席“千万人帮千家—关爱零就业家庭活动”启动仪式

宝音德力格尔会长出席北方电力有限责任公司向自治区红十字会捐款仪式

宝音德力格尔会长陪同总会常务副会长江亦曼在呼伦贝尔市考察灾情

副会长桂忠接受天狮集团博爱助学捐款

响应自治区红十字会号召，维多利商厦组织员工为印度洋地震海啸灾区捐款

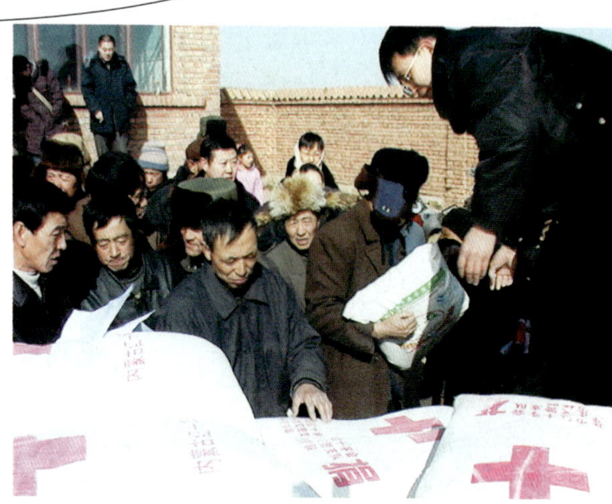

自治区红十字会向灾区群众发放救灾粮

自治区团委全体党组成员参加团委机关开展的“颂党情跟党走、永葆先进性”诗歌朗读会

自治区团委书记罗志虎参加万名团干部真情助困进万家活动，并深入到锡盟东苏旗牧民家中慰问

自治区团委副书记胡达古拉深入基层一线调研

自治区团委副书记罗永纲与内蒙古大学留校大学生一起过小年

自治区团委副书记张晓兵与“家校通”受助学生在一起

“巾帼建功”活动以妇女创业与再就业为重点，深入开展“巾帼社区服务工程”和“巾帼文明岗”创建活动，开创了城镇妇女服务发展的新局面。图为我区参加全国“巾帼建功”表彰的代表合影

“中—加妇女法项目”是由中国外经贸部和加拿大国际发展署资助和管理，总体目标是促进妇女权利的实现，几年来为我区培训了20名骨干教师，420名基层教师，150名警官、法官，153名基层妇干，12000名妇女群众。图为自治区副主席连辑参加性别平等战略培训者培训班开班仪式

认真开展“发挥群团优势，构建和谐机关”的活动，干部职工的事业心、责任心得到进一步增强，妇联机关整体形象文明、向上、团结、有序。图为2005年“八一”建军节与部队官兵进行拔河比赛

内蒙古妇女儿童中心坚持社会效益第一位和公益性的原则，开展了大量主题明确、内容丰富、特点鲜明的活动，赢得了广大家长和社会的支持。2005年被中宣部等部委命名为“全国校外教育示范基地”。图为自治区党委副书记陈光林在中心视察

妇联领导班子合影。左起：郑祖敏副主席、陈羽主席、宝笑平副主席、张淑华副主席

经　济

计 划 财 税

发展改革

【内蒙古自治区发展和改革委员会领导名录】

主任：呼尔查（蒙古族）

副主任：刘俊（蒙古族）　乔木　巴达拉胡（蒙古族）

包满达（蒙古族）　安俊义　牛栋春

纪检组长：王荣生

巡视员：武文斌

助理巡视员：白恩厚　贾峰　杨崇义

【概况】　自治区发展和改革委员会是自治区综合研究拟定经济和社会发展政策、进行总量平衡、指导总体经济体制改革的自治区经济调节部门。根据2004年自治区发展和改革委员会"三定"方案，机关核定处室（包括纪检委派驻发展改革委纪检组）共有24个，编制为155人。至2005年底，机关实际在编人员为139人，其中，处以上干部88人（含厅级13人），占63%，科以下干部49人，占35%；大专以上学历137人，占99%，少数民族46人，占33%。自治区发展和改革委员会所属单位共有12个，核定编制为333人，2005年底实际在编人员为287人。

【筹集建设资金】　一是竭尽全力积极争取国家项目和投资。全年共争取落实国债、中央预算内资金和各类专项投资60.8亿元。二是努力扩大招商引资规模。积极组织和参与"2005年内蒙古·香港经贸活动周"、"北京科博会"等大型招商引资活动，进一步加强了与上海、江苏、浙江、天津等省市的多层次、宽领域的合作洽谈和项目推介，全年实施招商引资项目3 605项，引进国内（区外）资金到位1 097亿元，同比增长56.2%，实际利用外资预计达到11.9亿美元，同比增长88.9%。三是不断扩大融资规模。促成包铝集团成功上市，股票筹资4.9亿元，争取北方电力公司企业债券批准发行，债券筹资额达20亿元。全年全社会固定资产投资完成2 687.84亿元，同比增长48.6%。

【加强项目管理】　一是进一步加强项目储备工作。通过组织培训，强化建设，已储备重大项目3 000多个，总投资2.2万亿元，为保持自治区固定资产投资持续稳定增长奠定基础。二是继续加强固定资产投资形势监测和调度工作，坚持按月调度争取国家投资和项目及本级项目审批情况，强化重点项目开工、竣工报告制度，并对"十五"已审批项目进行清理。三是继续加强项目稽察工作，年内重点围绕对城建、公检法司、以工代赈等领域共稽察各类项目64个，总投资额近25亿元。同时配合国家发展改革委对环保、水利等6个项目进行专项稽察，确保项目的顺利实施。四是积极配合有关部门对钢铁、水泥、电解铝、铁合金、焦炭等项目进行清理整顿，全年关停取缔淘汰落后工艺、设备、企业131家，促进生产要素向优势特色产业配置。

【“十一五”规划的编制工作】 一是在深入调研的基础上,研究提出自治区“十一五”规划思路,经广泛征求社会各界意见和修改,及时上报自治区党委、政府,为自治区党委提出关于制定“十一五”规划的建议提供了依据。二是按照自治区党委提出的规划建议,及时启动并完成“十一五”规划纲要的编制工作,送审稿已经自治区政府审定通过,待提请自治区十届人大四次会议审议批准。三是22个专项规划和3个区域规划编制工作进展顺利,绝大部分已完成编制任务,将陆续按程序报批。四是衔接、汇总、提出一批“十一五”启动实施的重点工程,为“十一五”经济社会的平稳较快发展奠定坚实基础。

【重大问题研究】 继续围绕自治区经济社会发展中的热点、难点和全局性问题,强化重大问题研究,提出政策建议。研究提出《自治区扩大部分旗县(市)管理权限的意见》、《自治区循环经济发展规划思路》、《内蒙古自治区整顿和规范市场价格秩序规划(2005~2007年)》、《内蒙古自治区民办教育收费管理暂行办法实施细则》等一系列思路、建议和规范性文件。其中:提出的有保有压的电价政策,已经自治区政府批准印发,《自治区预算内基本建设投资管理办法》、《关于进一步加强招商引资工作的意见》和《自治区表彰奖励国内投资者办法》等文件已经自治区政府批转或印发,《自治区风能资源和风电项目管理办法》已经自治区政府初步同意,即将转发。为了加快东部盟市发展,在广泛调研的基础上向国务院东北办上报《关于将我区东部盟市纳入国家振兴东北等老工业基地总体规划的报告》,经过努力争取,国家已将东部盟市正式纳入振兴东北等老工业基地规划。

【经济运行监测工作】 一是坚持按月分析上报全区经济形势报告,共完成12期《经济运行监测月报》和4期《经济形势分析报告》及其它专项报告,为自治区党委、政府科学决策提供了依据。在对全国及各省区市经济发展情况比较分析的基础上,完成《内蒙古自治区与全国各省市区2004年主要经济指标比较和2005年发展思路综述》。二是在深入调研、详细测算的基础上,及时起草形成自治区2005年经济运行情况及2006年工作安排建议,为自治区党委、政府安排部署明年经济工作提供基础意见。三是进一步加强政务信息报送工作,全年共向自治区党委、政府信息部门报送政务信息650条,被采用238条,在区直机关位居前列。

【整顿和规范市场价格秩序】

加强价格管理 进一步规范上网电价管理,完成区内所有发电厂的上网电价核定工作。出台了自治区蒙东、蒙西电网“煤电联动”电价调整方案。进一步加强化肥等农业生产资料价格管理,对全区化肥生产用无烟块煤采取临时价格干预措施,从严核定全区生产磷酸二铵出厂价格和进口磷酸二铵口岸调拨价格,保证区内主要农业生产资料价格的基本稳定。针对药品价格虚高问题,按照国家有关要求,审定下调阿卡米星等34种注射剂零售价格和头孢呋米等22种药品零售价格。严格执行“两条控制线”措施,加强人民生活必需品价格管理,暂停地方出台提价项目,保持物价水平总水平基本稳定。预计全年居民消费价格总水平上涨2.5%。

规范收费行为 按照《行政许可法》和《内蒙古自治区行政事业性收费管理条例》的有关精神,进一步加强对收费项目标准的审批管理,依法清理和取消影响农民进城务工的歧视性收费、不合理行政审批收费等项目110多项。重新核定2005年春季和秋季城市“一费制”课本费收费标准,全部取消义务教育阶段城镇借读费。加大教育收费公示制度的落实力度,增强教育收费政策和项目的规范化、公开化和透明化。制定全区统一执行的收费许可证分类编码,按时完成收费许可证的年度审核发放工作。

强化价格监督检查 积极开展涉农价格和收费、化肥价格、房地产收费、教育收费、农用机动车养路费、出租车、电力、药品和医疗服务等价格专项检查,全年全区价格检查部门共查处各类价格违法案件2 899起,实行经济制裁4 458万元,很好地维护广大消费者的合法权益。充分发挥“12358”价格举报电话的监督作用,全年全区共受理群众咨询及投诉举报2 436件,并给予认真解决。全面推进价格监督进社区工作,在呼和浩特、包头、呼伦贝尔、赤峰等市开展试点。密切监测和应对高致病禽流感疫情等突发事件影响价格异常波动,及时研究制定应对预案。

【指导相关领域的改革】 一是继续推进全国小城镇发展改革试点工作,争取包头市达茂旗百灵庙镇、呼伦贝尔市鄂伦春旗大杨树镇、赤峰市宁城县热水镇纳入国家发展改革试点小城镇范围,并从规划编制、行政管理体制、财政管理体制、户籍制度改革、公用事业改革等方面进行指导。二是与有关部门配合,完成自治区三大流通集团改革的扫尾工作。三是进一步加大促进第三产业发展的政策落实力度,积极研究加快非有公有制经济发展政策措施,全力推进第三产业和非公有制经济快速健康发展。

【投资体制改革】 按照《国务院关于深化投资体制改革的决定》精神,修改完善《内蒙古自治区贯彻落实国务院投资体制改革决定的实施意见》及相关配套文件,经自治区政府批转执行。全面实施审批制、核准制和备案制,促进固定资产投资项目管理体制的依法、规范、有序、高效运行。组建内蒙古自治区政府投资项目评审中心,健全政府投资项目专家评审制度,提高项目决策的科学性。

【扩大对外开放】　一是加快推进"走出去"战略。协助国家发展改革委在巴彦淖尔市成功组织召开"对蒙古资源开发利用工作会议"，积极支持鲁能集团参与俄罗斯别列佐夫铁矿竞标成功，加快了神华集团利用蒙古资源的前期工作。二是积极利用国外贷款。组织上报包头市城市天然气管网工程等一批利用国际金融组织、外国政府贷款项目，有22项纳入国家备选计划，全年间接利用外资近1亿美元。三是进一步扩大对外贸易。全年争取落实国家玉米出口配额130万吨、小麦、玉米、大米、棉花等农产品进口配额14.71万吨，全年外贸进出口总额达到49亿美元，增长21%。四是积极促进国际区域合作。争取联合国开发计划署将自治区纳入到图门江国际区域合作范围，并拟定部分合作项目。

（傅承文）

经济信息

【内蒙古自治区经济信息中心　内蒙古经济社会发展研究中心领导名录】

主　　任：杭栓柱

党委书记：甄德斌

【概况】　内蒙古经济信息中心、内蒙古经济社会发展研究中心现有编制129人，其中各类专业技术人员98人，具有正高专业技术职称7人，副高专业技术职称19人，中级职称41人，初级31人，大专以上学历104人。

【政策咨询研究工作】　全年共完成政策咨询研究报告及课题78项，其中省部级以上刊物发表论文50多篇，在党委、政府内部刊物上登载研究课题20篇，并有两篇研究报告得到自治区党政领导的重要批示。

参与自治区"十一五"规划编制及起草工作　在自治区发改委党组的领导下，中心与发改委各处室密切配合，先后完成了《自治区"十一五"规划思路》和《"十一五"规划纲要》的研究起草工作。党委根据思路，提出《内蒙古党委关于制定自治区国民经济和社会发展第十一个五年规划的建议》。《纲要》经过数次修改完善，已获得自治区党委、政府通过，提交人代会讨论。组织"十一五"专项规划及区域规划的研究编制工作，与发改委相关处室紧密配合，完成《内蒙古东部区域"十一五"发展规划》和《内蒙古呼包鄂区域经济"十一五"发展规划》的编制，完成《内蒙古国民经济和社会信息化"十一五"规划》、《内蒙古农牧业及农村牧区经济"十一五"规划》等专项规划的编制，完成《内蒙古循环经济发展规划思路》的研究。配合自治区"十一五"规划的编制，加大规划的宣传力度，协助发改委组织在《内蒙古日报》上发表"十一五"高层论坛稿件28篇，在自治区发改委门户网站、《北方经济》开辟"十一五"专栏，共刊登400多篇规划专题文章。

承接完成部分盟市的规划及委托课题　加大服务基层的力度，受盟市委托，先后完成《乌兰察布市国民经济和社会发展第十一个五年规划纲要》、《呼和浩特市工业经济发展"十一五"规划》和《巴彦淖尔市"十一五"服务业规划》等一批规划的编制，完成《呼和浩特市产业集群发展的规划研究》、《锡林郭勒盟发展战略定位研究》等课题和一些重点项目的咨询服务工作。

完成一些重大课题的研究工作　围绕自治区经济社会发展中的热点、难点问题，在年初确定十多个重点课题，经过认真调查研究，先后完成《内蒙古重点产业循环经济研究》、《内蒙古重点产业技术创新能力分析》等课题。承担国家哲学社会科学规划办西部地区重点课题《内蒙古自治区特色优势产业集群的研究》，完成国家西部开发办公室和国家开发银行重点课题《内蒙古特色优势产业重点项目规划研究》的编写。

宏观决策研究受到自治区领导的高度重视　与自治区发改委有关处室配合，完成岳福洪副主席主持的领导同志年度重点调研课题《加快发展民营经济，完善经济自主增长机制的研究》和《关于加快重化工业发展，促进和谐社会的研究》。由中心与发改委相关处室共同起草的《全面提升经济的整体竞争力，构建和谐社会是长三角地区经济社会发展的必由之路》调研报告，得到自治区党委储波书记的批示，认为报告所提建议有道理，请政府及有关部门参考。完成民族工作座谈会会议稿《加快民族地区经济发展，建设和谐内蒙古》。

【信息资源开发】　中心对自治区发改委门户网、内经网及信息中心门户网进行全面改版。发改委门户网站增加"盟市经济"、"经济运行"、"服务业"等专栏，改版后共更新各类信息2 000多条；内经网调整21个栏目，增加10个特色栏目，开发蒙东发展、旗县竞争力评价、"十一五"规划和"特色经济"等专栏，更新各类信息9 000多条，完成中心出版的10部专著共150万字的录入整理工作。完成内蒙古农畜产品交易信息网的方案设计和首页制作，注册国家顶级域名和通用网址。经过一年来的努力，中心荣获了2005年度国家信息中心信息资源开发集体一等奖，获得"地区经济动态"和"地区经济报告"两项个人一等奖，《信息工作通讯》信息报送二等奖。

【《北方经济》】　2005年杂志由每期64页增加到80页，从第九期开始改为半月刊，每月综合版、学术版各出版一期，全年编辑文字量280万字；2005年中心内部刊物《研究与预测》和《研究预测报告择要》编辑出刊24期。

【信息技术服务】

全力做好发改委业务信息化工作　2005 年是中心全面负责发改委网站维护的第一年,中心指定专人负责发改委网络及软硬件的维护,开发新的应用软件,积极推动发改委系统办公自动化。根据发改委项目库应用系统新的需求,对项目库进行完善和升级。加强对纵向网的运营和维护,确保国家纵向网视频会议系统的正常运行,2005 年中心获得全国发改委系统纵向网优秀运维单位。

积极参与自治区政府政务门户网站建设与技术服务　完成了自治区政府政务门户网站的更新设计,从网站设计、开发、测试和信息加载提供优质服务。开发设计电子多媒体剪彩软件,在电子政务会议上由自治区副主席连辑亲自开通,受到办公厅及信息办的好评。配合电子政务工程的开展,中心还积极参与相关厅局电子政务工程建设及技术服务。

社会化服务取得较大突破　以电子信息监控技术、业务系统信息化建设和提供本地化服务为切入点,不断拓展服务范围。先后完成了呼和浩特市火车站的智能化停车场收费管理系统工程、呼和浩特市纪委办公厅门户网站等社会化服务工作。印务工作积极开展对外服务,获得自治区国家保密局颁发的"国家秘密载体定点复制"的资格。

开展信息化提高班、证书考试班、计算机培训班等。培训各类专业人员1 000余人次,完成自考报名1 000余人。2005 年中心被国家信息应用教育中心授予"内蒙古地区软件(水平)证书登记与继续教育机构",被自治区信息化工作办公室授予"内蒙古信息化技术技能人才培训点",被自治区高等教育自学考试委员会、教育厅授予"先进单位"。

整合机构及业务,不断提升中心核心竞争力　2005 年初,中心根据部分处室职能重叠、业务交叉、职责不清等问题。及时进行以主体业务为核心的资源整合,形成政策咨询研究、信息资源开发、信息技术服务和后勤保障四条主线。实行新一轮全员聘任,竞争上岗、双向选择、择优聘用,对环节干部和员工进行必要的调整。通过整合,增强员工的责任心,保证中心各项事业的顺利开展。

(何　芳)

财　　政

【内蒙古自治区财政厅领导名录】

厅　　长:王玉明

副 厅 长:常军政　云宗元(蒙古族)　张华

纪检组长:海风云(女　蒙古族)

助理巡视员:陈文平　崔更发　吴守普　杨茂盛

【概况】　内蒙古自治区财政厅是自治区人民政府主管财政收支、财税政策、国有资本金基础工作的综合经济部门。厅机关内设 24 个业务处室,13 个事业单位,共有干部职工 384 名,其中:厅机关人员 185 名,事业单位人员 199 名。在厅内,有高级经济师 31 名,经济师 41 名。研究生学历的 202 人,本科学历的 215 名,大专学历的 108 名。

【财政收支情况】　2005 年,全区实现生产总值3 895.55亿元,按可比价格计算,比上年增长23.8%,增幅比上年提高3.3个百分点。按常住人口计算,全年人均生产总值16 331元,比上年增长23.6%,按当前汇率折算达2 023美元。其中,第一产业增加值589.56亿元,增长9.1%,对经济增长的贡献率为6.2%;第二产业增加值1 773.21亿元,增长34.9%,对经济增长的贡献率为62.6%;第三产业增加值1 532.78亿元,增长18.1%,对经济增长的贡献率为31.2%。全区生产总值中一、二、三次产业比重由上年的17.2: 41.0: 41.8调整为15.1: 45.5: 39.4。"十五"期间,全区生产总值年均增长17.1%,快于"九五"时期平均增速 6个百分点。全年全社会固定资产投资总额2 687.84亿元,比上年增长48.6%,增幅比上年回落 1 个百分点。全区外贸进出口总额51.62亿美元,比上年增长27.5%。全年社会消费品零售总额1 344.10亿元,比上年增长 15.8%。市场物价平缓上涨,全年居民消费价格总水平比上年上涨2.4%。年末城镇登记失业率为4.26%。全年城镇居民人均可支配收入9 137元,比上年增加1 014元,增长12.5%,扣除价格因素实际增长10.3%。"十五"时期,全区城镇居民人均可支配收入年均实际增长10.5%,高于"九五"时期0.8个百分点。农牧民人均生活消费支出2 446元,增长17.5%。

2005 年,全区财政总收入完成536.29亿元,比上年增加162.8亿元,增长43.6%。其中地方财政收入335.05亿元,比上年增加94.6亿元,增长39.3%;上划中央税收收入201.2亿元,同比增加68.2亿元,增长51.3%。全年全区财政总支出734.71亿元,比上年增加131.9亿元,增长21.9%。全区较好地完成各项收支任务,财政收支增加额再次双双突破 100 亿元。"十五"期间,地方财政收入和支出累计分别达986.34亿元和2 557.86亿元,分别比"九五"时期增长1.28倍和1.77倍。

【发票管理改革】　一是从 2005 年元月起,全面使用新版发票,提升发票的使用面和使用率,有奖发票用户量及用票量呈大幅增长,增加税收收入2.8亿元,比上年同期增长32%。二是认真加强货物运输发票的管理,特别是规范自开发票纳税人的发票使用管理以及货物运输发票信息采集,网络传输,稽核检查,电脑比对工作。三是努力拓展发票管理的领域,全区有 6 个盟市地税局将医疗卫生涉税发票纳入地税管理,扩大以票控税的范围。四是加大发票的检查和处罚力度。在全区开展有奖定额发票专项检查和发票交叉检查工作，共检查了59 555户用票户，查出违纪发票9 661份，查补税款29万元，入库27万元。认真做好推行税控收款机前期准备工作，为推行税控收款机工作奠定基础。五是健全税务稽查工作。自治区地税系统及时制定检查方案，重点对煤炭生产及运销企业、交通企业、电力企业、房地产企业、水泥生产企业地税征管的各税种中存在的税收违法行为、征管环节中存在的漏洞、税收政策执行中存在的问题以及高收入人群的个人所得税开展专项检查工作。全区地税系统共检查纳税人3 221户，查补总额31 887万元，入库24 041万元，对净化税收环境起到积极作用。

【财政宏观调控 支持经济建设】

加强基础设施建设 为经济发展创造优良环境 全年完成预算内基本建设支出110.2亿元，比上年增加34.3亿元，增长45.1%；重点用于农林水利、生态环境、城市建设、地方交通等基础设施建设，改善投资环境。抓住国家宏观调控的机遇，筹资9.5亿多元，比上年增加6亿多元，支持重点矿产资源的勘查开发。全区财政支持企业技术改造支出29.5亿元，比上年增长45.9%。城市建设支出38.9亿元，比上年增长52.9%。

支持"走出去"战略 大力发展外向型经济 2000年到2005年中央财政累计拨付自治区外贸发展资金2.9亿元，支持项目700多个，有效地促进自治区外经贸事业的发展。

利用财税政策 积极支持国有企业改革 一是利用国际金融组织和外国政府贷款2.3亿美元，重点支持海拉尔—满洲里公路建设和包头市大气环境治理等项目。安排资金4 000万元，支持工业园区建设。筹集中小企业贷款担保、外贸发展、口岸建设、旅游发展等专项资金2亿多元，支持中小企业和服务业发展。二是安排资金2亿元，支持国有企业分离办社会职能。三是争取中央财政资源枯竭企业关闭破产补助资金8 000万元，妥善安置关闭破产企业的职工。

【支持"三农三牧"】

农村牧区税费改革 坚持"多予、少取、放活"，全方位解决"三农三牧"问题。全面推行农村牧区税费改革，全部免征涉农涉牧三税，自治区为此安排转移支付补助资金28.5亿元，比上年增加5.7亿元。

粮食流通体制改革 上年自治区有30个旗县纳入国家产粮大县奖励范围，获得奖励资金2.6亿元。实行"三补贴"政策，对种粮农民直接补贴、良种补贴以及农机补贴6.2亿元，全部兑付到位。

财政扶贫 2005年，国家和自治区共安排财政扶贫资金6.27亿元，其中，安排2.62亿元重点支持600个村财政扶贫开发整村推进扶持到户项目，平均32万元左右、10个三少民族整村推进扶持到户项目，平均50万元左右，100个财政扶贫（以工代赈）整村推进扶持到户项目，平均60万元，安排3 000万元，开展对全区30个旗县，用于缺乏基本生活条件村屯（嘎查）贫困人口进行生态移民和易地搬迁，安排4 000多万元，支持产业化扶贫、20个财政科技扶贫项目和20个国有贫困林场。

退耕还林还草 禁牧舍饲 天然林保护工程 中央和自治区财政共投入55.1亿元，其中对农牧民的粮食和现金补助及公益林补偿资金27亿元，增加农牧民的收入。

扩大"两免一补"政策实施范围 2005年，自治区财政加大实施"两免一补"政策的投入力度，当年资金总量达3.7亿元，其中：中央财政免费教科书资金1.44亿元，自治区本级财政安排免杂费资金1.54亿元，盟市、旗县财政安排寄宿生住宿费补助7 148万元。实施范围由2004年的75个旗县扩大到81个旗县，覆盖国贫、区贫旗县及边境旗县。从2005年秋季开始，自治区政府决定，对城镇低保家庭义务教育阶段学生也实行"两免一补"政策，使10.9万城镇低保家庭义务教育阶段学生受助。全区城乡累计受助学生数由130.7万人增加到169万人，占全区义务教育阶段在校学生总数的59.7%。

其它相关工作 一是筹集财政资金4 300万元，支持农村牧区新型合作医疗试点工作，试点旗县由上年的7个扩大到12个，162万农牧民参加合作医疗。启动农村牧区计划生育家庭奖励扶助制度，近万名符合条件的农牧民每人每年可领到600元的奖励扶助金。二是积极推动清理建设领域拖欠工款和拖欠农民工工资。三是解决欠发农村牧区中小学教师工资问题，筹集1亿元资金，帮助农村牧区解决拖欠以前年度中小学教师国标工资。四是筹集各类农牧业救灾资金2.2亿多元，用于农牧业救灾，农村牧区疫病防治和震后重建。

【保障社会困难群体的基本生活】 继续完善城镇职工基本养老金制度和城市居民最低生活保障制度，完善失业保险制度，落实支持就业再就业财税政策，各级政府征集社会保险费83亿元，比上年增加15亿元，增长22%；社会保障和抚恤救济支出47.2亿元，同口径比上年增加6.7亿元，增长15.7%。其中：城市居民最低生活保障支出6.7亿元，比上年增加1.3亿元，增长23%，低保人员年平均财政补差比上年增加120元。自治区筹集就业和再就业补助资金5.2亿元，全年发放国有企业下岗职工小额担保贷款1.7亿元，新增就业和再就业人数24.8万人，同比增加3.5万人。完善城乡社会救助体系，落实农村牧区五保供养政策，确保供养资金及时足额发放。筹集资金3 000万元，开展农村牧区和城镇医疗救助试点。积极落实各项优抚政策，提高部分优抚对象的抚恤和生活补助标准，全区38万优抚对象按规定标准领取到各项补助。筹集资金3.0亿元，用于农村牧区救灾、疫病防治和灾后重建。

【支持社会事业发展】

教育事业 2005年全区各级财政安排教育经费78.7亿元,比上年增加12.5亿元,增长19%。在资金的投向上突出“三个特点”:一是整合教育资源,加大农村牧区中小学布局调整力度。为提高资金的使用效益,鼓励先进,自治区财政对中央下达自治区农村牧区中小学布局调整专项资金1 500万元,采取以奖代补、奖补结合的分配方式,与此同时,自治区财政筹措近2 000万元,加大对寄宿制学校的投入,通过自治区财政资金的引导、示范,调动各盟市布局结构调整的力度和增加投入的积极性。自治区要求将中小学布局调整与危房改造工程、二期义教工程、两基攻坚工程以及现代远程教育工程紧密结合。通过加大对布局结构调整的投入以及政策引导,优化教育资源配置,提高教学质量,到2005年底,全区义务教育阶段中小学从1999年的12 490所减少到8 385所,减少35%,教学点从7 114个减少到3 020个,减少58%,校均规模从167人增加到249人,牧区和边境地区基本实现中小学向旗县所在地集中。二是加大投入,努力改善农村牧区办学条件。2005年中央及及自治区财政共投入基础教育“四大工程”资金达41 693万元。其中:农村牧区中小学危房改造工程12 000万元、“两基”攻坚工程13 500万元、二期义教工程6 300万元、现代远程网络教育工程9 893万元。三是积极构建对高校贫困生和民族生资助体系。2005年自治区财政下达国家奖学助学金预算指标1 965万元,其中奖学金244万元,资助高校品学兼优贫困生609名;助学金1 721万元,资助高校特困生11 472名。自治区政府要求高校将学费收入的10%用于减免高校贫困生学杂费支出。2005年自治区财政安排国家助学贴息和风险补偿金1 000万元;安排蒙授生杂费1 000万元,16 500名少数学生得到资助。四是支持部分高校重点实验室及职业教育实训基地建设。2005年投入2 400万元,先后装备内蒙古大学、内蒙古农业大学等5所院校的重点试验室。争取国家实训基地建设资金2 180万元,重点支持数控技术、电工电子、煤矿安全、计算机应用、汽车维修等6个专业的实训基地,为培养高质量技能型紧缺人才提供资金保障。

科技事业 2005年自治区科技经费支出1.1亿元,其中用于应用技术研究与开发领域和项目的经费为7 585万元,占全部科技事业支出的68%,安排科技归类项目43项,为体现项目集成,资金投放重点围绕自治区六大支柱产业,实施“科技富民强县行动计划”、“绿色奶业发展关键技术集成研究与产业化示范专项”、“中蒙药研究”、“信息技术研究与开发”、“科技平台建设”和“稀土新材料应用”等项目。

文体广播事业 2005年,全区文体广播事业费支出15.2亿元,比上年增加2.5亿元,增长19.2%。重点支持公益性文艺团体和文化场馆建设,以“西新工程”和“走出去工程”为重点,推动广播电视的发展。

公共卫生事业 支持完善公共卫生体系建设,2005年,全区医疗卫生支出20.8亿元,比上年增加3.3亿元,增长19%。

公检法司 公检法司支出31.6亿元,比上年增加3亿元,增长10.5%,其中政法部门各类专项投入累计24亿元,支持打黑除恶、反恐怖等专项斗争,推进全区公检司法信息网络共建和科技强警,基层派出所、法庭、检察院的装备和办案条件及监狱设施得以改善。

【加大转移支付力度 缓解县乡财政困难】 按照财力与事权相统一的原则,自治区逐步规范转移支付办法,逐年加大财政转移支付的力度。2005年,自治区对盟市、旗县的财力性补助和专项拨款332.8亿元,自治区对一般性转移支付、农村牧区税费改革转移支付、缓解县乡财政困难奖补资金以旗县为单位算账分配,保证对困难地区的倾斜照顾。实行缓解县乡财政困难的“三奖一补”政策,中央财政下拨资金7.1亿元,加上自治区本级财政安排的3.6亿元,对纳入奖补范围的旗县实施奖励和补助。在中央财政的政策框架内,自治区进一步细化奖补办法,提出“七奖二补”,提高转移支付资金分配的合理性和公正性。2005年自治区对旗县新增一般性转移支付6.2亿元,安排边境旗市转移支付1.38亿元。

【财政改革】

深化部门预算改革 在提早预算编制时间、细化项目预算的基础上,2004年自治区政府下发《关于进一步加强政府预算管理的意见》,对预算编制程序、预算追加权限、财政供给范围等做出更加明确的规定。

深化国库集中收付制度改革 到2004年底,自治区本级国库集中支付已全面推行,财政直接支付和授权支付96亿元,占本级总支出的60%。盟市本级全部实施国库集中支付改革,7个盟市将预算外资金纳入国库集中支付范围。

深化非税收入收缴制度改革 自治区本级40个部门的630多个执收单位纳入改革范围,全区缴入国库和财政专户的非税收入200亿元。

深化政府采购制度改革 执行政府采购预算49.9亿元,实际采购规模45亿元,比上年增长36.4%,节约资金4.9亿元,资金节约率9.8%。

加快“金财工程”建设 全区“金财工程”网络系统建设任务完成50%以上。支持事业单位改革。自治区级选择教育、卫生、文化、地勘等9个事业单位作为试点,以改革财政补助方式为突破口,推进事业单位机构改革,积累一些经验。完成清理行政事业单位津贴补贴工作,为改革公务员工资制度,规范公务员收入分配秩序奠定基础。按照国务院的要求,自治区政府决定调整完善自治区与盟市的财政管理体制,完成各项准备工作,从2006年起实施。

【依法理财】 一是大兴调查研究之风,自治区财政厅全体干部职工深入实际,深入基层,认真调研,共完成调研报告99篇,其中厅领导主持课题9篇,干部个人28篇,具有较高的理论性和较强的应用性。二是及时办理议案提案,2005年共收到人大代表议案和政协委员会提案160件,约占全区总量的四分之一。每项议案和提案都得到及时有效办理。对个别议案和提案,根据工作进展情况,进行了连续追踪答复,受到好评,办结率达100%。三是认真做好信访工作,全年累计办理人民来信来访30件次,做到件件有回音,事事有落实。全区财政系统未发生因财政工作不到位而引起的群体或集体上访事件。

继续推行项目库制、投资评审制和社会公示制等管理办法。自治区政府组织召开加强财政专项资金管理的工作会议,并下发《关于加强财政专项资金管理的若干规定》。据此,自治区财政还制定下发《自治区本级财政专项资金报账制管理办法》、《自治区本级重大财政专项资金项目听证规定》等配套制度,对专项资金实行"直通车"、报账制等管理办法,提高专项资金分配、使用的科学性和透明度。加强财政监督检查工作。组织各级财政部门开展会计信息质量检查、会计师事务所执业质量检查、增值税核查、天然林保护工程专项资金检查、政府采购专项检查、生态建设资金专项检查、非税收入专项检查、专项资金管理督查等一系列的监督检查工作,对查出的违规违纪行为进行了纠正。深入贯彻落实《财政违法行为处罚处分条例》,组织开展《条例》的培训、学习、宣传活动。经自治区人大常委会批准出台《内蒙古自治区会计条例》,对进一步规范会计管理工作意义重大。

(丁 芳)

国 税

【内蒙古自治区国税局领导名录】

局　　长:王功民

副 局 长:刘景溪 王月仙(女 蒙古族) 吴沛 赵峻平 叶殿祥

纪检组长:谢一湖

总会计师:张占斌

总经济师:李青山

助理巡视员:戴·塔拉腾(蒙古族)

【概况】 按照国家税务总局关于"机构设置要贯彻精简、规范、高效"的原则,至2005年12月底,全区国税系统共设置机构567个,其中行政机关124个,直属单位108个,税务所165个,事业单位170个,各类机构均比上年有所减少。上述机构中:正厅级单位1个,正处级单位34个,副处级单位6个,正科级单位298个,副科级单位107个。国税系统人事管理网络遍布全区城乡各地。2005年末全区国税系统正式编制12 020人,有正式职工10 964人,其中行政人员10 235人,事业人员729人。

【国税收入】 2005年,全区国税系统共完成税收收入248.8亿元,比上年增收81.4亿元,同比增长48.6%,增幅列全国第一位,提前并超额完成全年收入任务,税收收入实现历史性的跨越。其中,国内增值税累计完成194.63亿元,同比增收62.12亿元,增长46.9%;国内消费税完成11.8亿元,同比增收1.52亿元,增长14.79%。

【税收征管】 积极推进税收征管改革,确立"以申报纳税和优化服务为基础,以计算机网络为依托,集中征收,重点稽查,强化管理"的新型税收征管模式。强化以票管税,开展漏征漏管户清查工作,加强征管基础建设。完善税源属地分类管理,实行税收管理员制度,加强税源控管。建立实体化办税服务厅,推行电子申报、邮寄申报等多种申报方式,方便纳税人。推行申报纳税"一窗式"管理和涉税事项"一站式"服务,开展纳税评估,加强纳税咨询辅导,优化纳税服务,提高税收征管的质量和效率。探索建立税收信用体系,试行纳税信用等级评定管理办法。

【依法治税】 按照依法行政的要求,全面贯彻落实修订后的税收征管法及其实施细则,不断完善配套管理制度。认真执行行政许可法,取消一批行政审批事项。坚持组织收入原则,严格减免税管理。深入推行税收执法责任制,开展税收专项检查,查处一批大案要案,打击各种涉税违法犯罪行为,维护全区正常的税收秩序。至2005年12月底,全区国税系统各级稽查部门,共检查纳税户3 818户,查补税款5 564万元、加收滞纳金595万元、罚款1 451万元,总额共计7 610万元;移送案件11件,曝光案件57件,打击违法犯罪分子,促进全区税收秩序的根本好转。

【税收信息化建设】 加强税收信息化基础设施建设,完成全区国税系统广域网升级扩容改造,提高数据传输性能和网络的安全性。完善和拓展金税工程二期建设,开通运行金税工程增值税征管四个子系统,加强增值税的信息化管理。全区上线运行税收综合征管软件,实现征收数据自治区国税局集中处理及综合征管软件、防伪税控网络版系统、出口退税系统三大主体应用系统的成功整合,开发应用个体定额、纳税评估、发票管理和计算机开票等一系列软件,为全面实现税收管理现代化奠定基础。推行应用公文处理系统,实现公文的远程封发。建立国税内部网站,实时开通政策法规查询、管理信息查询、报表处理、电子邮件等业务,提高税务行政管理信息化水平。注重培养税收信息化队伍,为推进金税工程建设奠定人才基础。

【税收政策】 2005 年,自治区国税局共为2 161户符合条件的企业和从事个体经营的纳税人办理税收减免,共计减免企业所得税 46 万元,吸纳下岗失业人员2 298人。严格执行提高增值税起征点政策和涉农增值税优惠政策,对个体工商户经营农产品的具体范围,制定全区统一的品目下发执行。全面落实促进经济增长的企业所得税优惠政策,全年共批复享受减免税及西部大开发优惠政策的企业 18 户,减免企业所得税4 600万元。认真贯彻实施中央出口退税机制改革措施,进一步加大出口退税工作力度,至 2005 年 12 月底,全区国税系统共审核办理企业出口退税16.13亿元,比上年增长4.08亿元,增长34%,完成总局下达的出口退税计划退调库工作,实现国务院出口退税机制改革提出的"新账不欠"的出口退税工作目标。

【干部队伍和党风廉政建设】 加强政治理论学习,认真开展保持共产党员先进性教育活动,提高干部职工的思想政治素质。加强领导班子建设,调整充实 14 个盟市国税局领导班子,并开展对盟市局领导班子进行巡视检查。完善干部管理制度,开展竞争上岗和干部交流工作,加强后备干部队伍建设,推行能级考评管理办法,提高了干部管理水平。加强干部培训工作,初步形成以需求为导向,分层次、分类别、多渠道、多形式的培训工作新格局。深入开展"肖占武经济犯罪案"警示教育,认真落实领导干部党风廉政建设责任制,积极开展预防职务犯罪工作,不断加强对税收执法权和行政管理权的监督制约,严肃查处"肖占武经济犯罪案"涉案违纪干部,推动全区国税系统的党风廉政建设。加大执法监察力度,开展行风评议,狠抓纠风工作。2005 年全区国税系统,各级纪检监察部门执法监察立项 372 项,办结 370 项;提出执法监察建议 207 件,协助建章立制 22 项,加强政风行风建设。

2005 年全区税收收入统计表

编报单位:内蒙古自治区国税局　　　　单位:万元

序　号	项　　目	本年累计	比上年 + -	比上年 + -%
1	总　　计	2 943 882	1 080 287	57.97%
2	一、税收收入合计	3 103 033	1 120 434	56.51%
3	其中:中央级收入	2 503 118	895 332	55.69%
4	地方级收入	599 915	225 102	60.06%
5	其中:国有企业	1 010 069	137 725	15.79%
6	集体企业	26 068	2 385	10.07%
7	股份制企业	1 334 047	512 294	62.34%
8	私营企业	294 756	247 505	523.81%
9	涉外企业	166 873	63 527	61.47%
10	其他企业	1 072	540	101.50%
11	(一) 国内增值税	1 946 380	621 248	46.88%
12	其中:中央级收入	1 459 784	465 941	46.88%
13	地方级收入	486 596	155 307	46.88%
14	其中:国有企业	295 625	-69 949	-19.13%
15	集体企业	26 035	4 352	20.07%
16	股份制企业	1 144 028	412 013	56.28%
17	私营企业	278,300	233,986	528.02%
18	涉外企业	106 503	19 210	22.01%

续表

序 号	项 目	本年累计	比上年+-	比上年+-%
19	其他企业	974	702	258.09%
20	1 卷烟	21 403	2 248	11.74%
21	2 酒	16 266	7 765	91.34%
22	3 糖	3 590	1 613	81.59%
23	4 纺织品	29 659	7 012	30.96%
24	5 煤炭	329 877	125 273	61.23%
25	6 原油	44 563	14 417	47.82%
26	7 成品油	1 036	-2 836	-73.24%
27	8 电力	327 283	65 693	25.11%
28	9 化工产品	61 876	10 115	19.54%
29	10 机械交通运输设备	21 636	9 541	78.88%
30	11 钢坯钢材	58 538	-122 788	-67.72%
31	12 有色金属	45 944	26 610	137.63%
32	13 建材	45 886	16 525	56.28%
33	14 商业	453 837	240 623	112.86%
34	15 其他	484 986	219 437	82.64%
35	(二)国内消费税	117 951	15 193	14.79%
36	其中:国有企业	15 639	-25 642	-62.12%
37	集体企业	80	-96	-54.55%
38	股份制企业	96 796	38 008	64.65%
39	私营企业	4 953	2 817	131.88%
40	涉外企业	11	-2	-15.38%
41	其他企业	5	-4	-44.44%
42	1 卷烟	73 194	13 574	22.77%
43	2 酒	29 507	2 943	11.08%
44	3 汽车摩托车	0	-1	-100.00%
45	4 成品油	14 329	-1 832	-11.34%
46	5 其 他	921	509	123.54%
47	(三)海关代征	614 369	173 287	39.29%
48	其中:增值税	614 267	173 252	39.28%
49	消费税	102	35	52.24%
50	(四)营业税	0	4	-100.00%
51	其中:中央级收入	0	4	-100.00%
52	地方级收入		0	
53	其中:国有企业	0	4	-100.00%

续表

序　号	项　　　目	本 年 累 计	比上年 + -	比上年 + -%
54	集体企业		0	
55	股份制企业		0	
56	私营企业		0	
57	涉外企业		0	
58	其他企业		0	
59	1 金融保险	0	4	-100.00%
60	2 交通运输		0	
61	3 建筑安装		0	
62	4 服务		0	
63	5 其他		0	
64	(五)企业所得税	198 818	138 379	228.96%
65	其中:中央级收入	126 592	88 400	231.46%
66	其中:中央固定收入	17 780	13 232	290.94%
67	地方级收入	72 226	49 979	224.66%
68	国有企业	94 812	68 785	264.28%
69	集体企业	-47	-1 871	-102.58%
70	股份制企业	92 456	61 519	198.85%
71	私营企业	11 503	10 702	1336.08%
72	其他企业	92	-159	-63.35%
73	(六)外商投资企业和外国企业所得税	60 358	44 318	276.30%
74	其中:中央级收入	36 215	26 592	276.34%
75	其中:中央固定收入	0	0	
76	地方级收入	24 143	17 726	276.24%
77	(七)个人所得税	42 374	5 222	14.06%
78	其中:中央级收入	25 424	3 132	14.05%
79	地方级收入	16 950	2 090	14.06%
80	利息所得税	42 374	5 222	14.06%
81	(十八)车辆购置税	122 783	122 783	
96	二、出口退税	-161 145	-40 592	33.67%
97	其中:1. 出口退增值税	-68 847	-38 049	123.54%
98	2. 出口退消费税		1	-100.00%
99	三、其他收入合计	1 994	445	28.73%

填表说明:1、此表税收收入合计含海关代征税款;2、从 2003 年 1 月 1 日起,金融保险业的营业税税率降为 5%(财税〔2001〕21 号),国税部门不在征收金融保险业的营业税,2004 年发生一笔 4 万元的退税;3、自 2005 年 1 月 1 日起,车辆购置税由国家税务局负责征收(国税发〔2004〕160 号),此表增加车辆购置税的收入。

全区国税系统2005年获得自治区以上表彰的先进个人名单

序号	获奖个人	获奖时间	表彰名称
1	内蒙古呼伦贝尔扎兰屯市国税局局长房春义	2005年7月18日	人事部、国家税务总局授予"全国税务系统先进工作者"荣誉称号
2	内蒙古锡林郭勒盟太仆寺旗国税局局长贺玉英	2005年7月18日	人事部、国家税务总局授予"全国税务系统先进工作者"荣誉称号
3	呼和浩特市国税局计划统计科副科长周晟 呼和浩特市国税局信息中心副主任李连厚	2005年7月28日	自治区人事厅、自治区国税局表彰为"全区国税系统先进个人"
4	包头市国税局副局长牛宏军 包头市白云矿区国税局信息中心主任陈新	同上	同上
5	乌海市国税局直属分局税源管理股股长马金华	同上	同上
6	赤峰市红山区国税局局长刘玉玺 赤峰市国税局征收管理科副科长张学东	同上	同上
7	通辽市科左后旗国税局甘旗卡分局副局长陈艳辉	同上	同上
8	呼伦贝尔市国税局信息中心科员滑洪丽 呼伦贝尔扎兰屯市国税局局长房春义	同上	同上
9	鄂尔多斯市国税局信息中心科员云雨	同上	同上
10	巴彦淖尔市乌拉特中旗国税局乌加河税务所所长袁德海	同上	同上
11	乌兰察布市国税局征收管理科科长李拓	同上	同上
12	兴安盟科右前旗国税局归流河税务分局局长陈波	同上	同上
13	锡林郭勒盟太仆寺旗国税局局长贺玉英	同上	同上
14	阿拉善盟乌斯太经济技术开发区国税局局长陶万寿	同上	同上
15	满洲里市扎赉诺尔区国税局办税服务厅主任赵志刚	同上	同上
16	二连浩特市国税局人事教育科科长张欣华	同上	同上

（刘定银）

地　　税

【内蒙古自治区地方税务局领导名录】

局长：苗银柱

副局长：云飞（蒙古族） 乔志明 向东（蒙古族） 张莉（女）

纪检组长：白　烨（蒙古族）

助理巡视员：王凤来 贾文廷

【概况】 2005年，全区地税系统累计入库各项收入267.2亿元，比上年同期增加69.8亿元，增长35.36%。其中，税收总收入累计入库182.31亿元，比上年同期增加49.93亿元，增长37.72%，完成年度计划的116.71%，社会保险费累计入库83亿元，比上年同期增加17.96亿元，增长27.62%，完成年度计划的116.01%，水利建设基金入库11 845万元，工会经费入库1 740万元，残疾人就业保障基金入库5 448万元。

【税收特点】 一是税收收入增幅创地税成立以来同期最好水平，在全国地税系统排名第二位，在西部省区排名第一位，比全国地税平均水平高出25.4个百分点，高出西部省区地税平均增幅22.9个百分点。二是全区地税系统是在涉农税收停征，各项优惠政策减免造成减收11.4亿元的情况下实现的高幅增长，收入结构更加合理，收入进度更趋均衡，收入质量明显提高。三是第二、三产业地方税收贡献率显著提高。第二产业累计完成税收收入77亿元，增长47%，第三产业累计完成税收收入85亿元，增长41%。四是地方主要税种增幅较大。营业税、个人所得税、企业所得税和资源税增长较快，是拉动全区税收总收入快速增长的主要因素，四个税种累计增收42.61亿元，占税收总收入增收额的85.33%。五是全区各地普遍增收。有8个盟市税收总收入的增幅在40%以上，其中，鄂尔多斯市增量和增幅最高，同比增加13.82亿元，增长96.05%。鄂尔多斯市、锡林郭勒盟、满洲里市、乌海市、巴彦淖尔市、区局直属征收局、阿盟、包头市等8个盟市税收总收入均提前完成年度计划任务。

【信息化建设】 2005年，内蒙古地税局信息化建设实现了历史

2005年税收分税种分盟市完成情况表(一)

编报单位:内蒙古地税局　　　　　　　　　　　　　　　　　　　　　　　　单位:万元

收 入 科 目	全区	呼和浩特	包头市	乌海市	赤峰市	通辽市	鄂尔多斯	呼伦贝尔
税务部门组织收入总计	2 672 039	383 292	517 931	79 919	180 618	143 565	375 676	176 568
一、各项收入合计	1 823 052	297 238	381 768	58 861	123 082	101 279	329 089	96 551
(一)税收收入合计	1 629 440	258 925	323 926	53 220	107 018	94 216	307 803	84 606
其中:国有企业	303 179	54 723	43 605	7 832	20 677	24 042	28 979	19 461
集体企业	53 475	6 220	12 921	698	8 149	3 160	6 517	2 215
股份合作企业	10 617	1 396	700	0	0	150	633	1 066
股份公司	740 363	68 529	215 447	30 124	54 591	33 731	163 405	39 778
私营企业	92 816	35 729	6 215	284	1 885	2 694	16 389	1 341
涉外企业	31 973	11 462	3 194	1 046	1 289	1 817	8 796	1 306
其它企业	397 017	80 866	41 844	13 236	20 427	28 622	83 084	19 439
1. 营业税	782 856	124 701	149 213	19 554	780 50 402	128 383	31 156	
其中:国有企业	153 396	27 205	18 105	2 077	8 914	13 122	12 603	7 878
集体企业	25 109	3 016	6 324	251	4 436	1 668	2 015	884
股份合作企业	7 957	1 974	438	0	0	44	179	1 166
股份公司	299 438	22 321	101 212	9 416	26 545	15 884	50 040	10 330
私营企业	46 630	19 671	2 437	99	953	1 228	6 999	597
涉外企业	14 117	3 913	1 299	649	977	852	3 405	937
其它企业	236 209	46 601	19 398	7 062	12 955	17 604	53 142	9 364
金融 保险	55 189	235	2 783	339	939	266	960	453
交通运输	161 969	17 992	33 922	2 701	8 115	3 244	39 208	2 651
建筑安装	273 878	35 235	41 139	9 413	28 598	30 550	50 303	14 135
电信	22 818	3 414	3 315	248	2 633	2 201	2 291	2 505
住宿餐饮	26 915	7 383	6 747	719	1 350	1 430	3 047	1 621
服务业	103 072	23 609	21 689	3 474	5 806	6 110	16 526	3 566
房地产	92 274	24 667	23 239	786	6 777	5 929	13 579	4 707
其它	46 741	12 166	16 379	1 874	562	672	2 469	1 518
2. 企业所得税	236 429	27 930	35 427	5 537	17 926	8 371	83 570	7 260
其中:国有企业	26 009	1 809	3 426	209	4 238	413	1 074	1 902
集体企业	13 075	551	1 910	136	1 961	695	2 912	206
股份合作企业	2 027	133	6	0	0	22	382	1 087
股份公司	160 221	14 930	25 354	5 007	11 258	6 530	69 271	3 388

续表

收 入 科 目	全区	呼和浩特	包头市	乌海市	赤峰市	通辽市	鄂尔多斯	呼伦贝尔
私营企业	20 225	8 235	1 024	0	469	240	3 340	129
其它企业	14 872	2 272	3 707	185	0	471	6 591	548
其中:工业	99 853	12 208	22 035	3 451	10 933	5 621	18 349	3 497
卷烟	5	0	0	0	0	0	0	0
酒	532	42	121	0	114	35	0	9
纺织业	2 603	47	2 114	0	4	0	419	0
成品油	1	0	1	0	0	0	0	0
原油	3	0	0	0	0	0	0	3
化工产品	4 700	423	449	641	110	0	40	0
建材	522	1	19	0	0	93	8	0
有色金属	27 397	246	12 757	0	8 645	67	0	857
电信设备	54	31	22	0	0	1	0	0
电力	9 858	98	230	0	296	113	5 291	60
商业	17 799	1 572	3 161	1 047	375	319	768	99
金融保险	8	0	2	5	0	0	0	0
交通运输	14 516	1 062	6 915	10	41	279	172	121
建筑安装	10 622	1 070	414	201	1 500	348	3 615	766
电信	98	60	0	0	0	8	2	28
住宿餐饮	1 387	283	503	110	136	65	49	25
服务业	3 611	842	669	58	48	297	216	195
房地产	8 309	4 110	455	353	488	352	364	272
其它	80 226	6 723	1 273	302	4 405	1 082	60 035	2 257
3. 个人所得税	209 328	48 599	38 207	8 882	11 557	10 881	31 187	17 873
其中:工资薪金所得税	110 545	28 046	22 274	2 494	5 507	6 726	14 319	10 630
4. 资源税	66 386	1 219	10 293	4 068	3 636	2 880	23 032	7 848
盐	2 057	0	0	0	0	0	24	0
原油天然气	2 324	0	0	0	32	9	54	1 068
铁矿	15 752	808	9 595	1	1 162	32	26	17
煤	40 112	127	369	3 427	1 931	2 667	22 364	6 114
其它	6 141	284	329	640	511	172	564	649
5. 城镇土地使用税	62 530	9 052	21 384	2 846	2 600	5 559	8 021	3 650

续表

收入科目	全区	呼和浩特	包头市	乌海市	赤峰市	通辽市	鄂尔多斯	呼伦贝尔
6.投资方向调节税	3 031	0	3 022	0	0	0	0	9
7.城市维护建设税	142 471	23 898	30 883	7 742	8 320	7 822	21 897	6 333
8.印花税	32 513	5 415	13 323	974	1 586	1 607	3 185	1 229
9.土地增值税	12 429	2 929	2 759	500	382	625	753	1 449
10.房产和城市房地产税	72 086	14 442	18 481	2 921	5 346	4 284	6 767	7 351
其中:城市房地产税	2 837	862	549	24	61	154	752	91
11.车船使用和牌照税	9365	740	931	196	872	1 785	1 008	448
其中:车船使用牌照税	13	7	3	0	0	0	3	0
12.屠宰税	0	0	0	0	0	0	0	0
13.筵席税	16	0	3	0	13	0	0	0
14.其他地方各税	0	0	0	0	0	0	0	0
(二)农牧业税	107 580	25 486	40 095	1 552	9 751	2 968	6 009	7 676
1.农业税	526	0	54	0	286	23	1	107
2.牧业税	0	0	0	0	0	0	0	0
3.农业特产税	1 531	0	1	0	1 421	0	0	44
4.耕地占用税	60 177	14 070	30 940	3	1 628	70	2 899	4 571
5.契税	45 346	11 416	9 100	1 549	6 416	2 875	3 109	2 954
(三)教育费附加	71 305	10 735	13 742	3 537	5 086	3 308	13 813	3 555
(四)地方教育附加费	8 368	1 207	1 061	419	749	542	1 198	555
(五)文化事业建设费	1 960	761	351	50	147	122	125	82
(六)其它收入	4 399	124	2 593	83	331	123	141	77
二、社会保险费收入	829 954	84 287	134 450	20 007	56 481	40 068	41 064	78 540
1.基本养老保险费	614 554	49 007	99 888	11 437	37 625	28 869	24 034	47 915
2.失业保险费	41 787	6 742	9 882	1 927	3 228	2 739	2 436	6 105
3.基本医疗保险费	163 826	26 923	22 107	6 279	14 230	8 102	13 679	23 766
4.工伤保险	6 390	1 043	1 449	255	1 109	358	485	480
5.生育保险	3 497	572	1 122	109	289	0	430	379
三、水利建设基金	11 845	206	954	859	273	1 970	4 493	1 018
四、煤炭价格调节基金								
五、工会经费	1740	506	153	54	105	185	316	70
六、残疾人保障基金	5 448	1 055	606	138	677	63	714	389

2005年税收分税种分盟市完成情况表(二)

编报单位:内蒙古地税局　　　　单位:万元

收入科目	兴安盟	锡林郭勒盟	乌兰察布市	巴彦淖尔市	阿　盟	满洲里市	二连市	直属局	稽查局
税务部门组织收入总计	61 245	102 311	107 583	129 007	57 741	43 664	9 600	301 303	2 016
一、各项收入合计	35 027	58 898	77 774	103 666	40 037	33 130	7 848	76 788	2 016
(一)税收收入合计	30 430	54 873	67 837	95 956	37 296	29 057	7 527	74 903	1 847
其中:国有企业	8 631	10 552	13 900	7 740	2 940	6 118	1 360	52 033	586
集体企业	854	4 909	1 846	3 120	1 315	1 079	43	365	64
股份合作企业	0	0	1 468	1 510	3 523	0	113	58	0
股份公司	10 444	20 786	21 415	26 617	18 215	13 900	728	21 497	1 156
私营企业	2 704	7 556	3 153	8 961	3 480	269	2 140	16	0
涉外企业	683	618	429	731	0	377	184	0	41
其它企业	7 114	10 452	25 626	47 277	7 823	7 314	2 959	934	0
1. 营业税	15 009	31 433	41 223	50 155	16 014	11 289	2 088	56 936	520
其中:国有企业	3 712	5 845	8 561	4 042	1 129	2 245	558	37 237	163
集体企业	524	1 351	1 398	1 821	808	421	24	154	14
股份合作企业	0	0	810	881	2 386	0	31	48	0
股份公司	5 454	10 437	10 602	6 874	6 338	4 801	119	18 722	343
私营企业	1 845	6 742	2 076	2 816	700	103	354	10	0
涉外企业	358	402	272	583	0	310	160	0	0
其它企业	3 116	6 656	17 504	33 138	4 653	3 409	842	765	0
金融 保险	149	258	452	546	122	30	14	47 476	167
交通运输	900	14 287	9 822	21 046	2 742	1,225	457	3 657	0
建筑安装	5 713	10 373	21 657	17 035	5 792	3 090	396	366	83
电信	1 076	1 112	1 503	1 533	402	433	152	0	0
住宿餐饮	472	797	909	1 049	392	581	128	278	12
服务业	1 420	3 879	2 615	4 864	2 566	2 740	287	3 729	192
房地产	4 976	444	586	2 992	478	2 655	267	182	10
其它	303	283	3 679	1 090	3 520	535	387	1 248	56
2. 企业所得税	1 253	4 871	2 971	15 748	6 614	3 626	2 287	12 292	746
其中:国有企业	212	330	55	169	466	226	275	10 881	324
集体企业	39	3 007	30	624	277	522	5	200	0
股份合作企业	0	0	134	95	43	0	125	0	0
股份公司	710	1 461	2 525	10 287	4 701	2 733	455	1 189 422	
私营企业	264	73	216	3 702	1 054	49	1 427	3	0
其它企业	28	0	11	871	73	96	0	19	0

续表

收入科目	兴安盟	锡林郭勒盟	乌兰察布市	巴彦淖尔市	阿　盟	满洲里市	二连市	直属局	稽查局
其中:工业	267	3 286	1 918	8 954	5 185	266	0	3 833	50
卷烟	0	5	0	0	0	0	0	0	0
酒	8	0	21	37	0	145	0	0	0
纺织业	0	0	5	14	0	0	0	0	0
成品油	0	0	0	0	0	0	0	0	0
原油	0	0	0	0	0	0	0	0	0
化工产品	0	0	385	1 621	965	0	0	66	0
建材	4	256	13	12	0	116	0	0	0
有色金属	0	2 809	15	2 001	0	0	0	0	0
电信设备	0	0	0	0	0	0	0	0	0
电力	3	98	24	6	84	5	0	3 500	50
商业	243	23	250	3 615	142	1 593	2 215	2 277	100
金融保险	0	0	0	0	0	0	1	0	0
交通运输	6	57	240	18	167	204	4	5 196	24
建筑安装	193	97	32	1 358	126	272	2	321	307
电信	0	0	0	0	0	0	0	0	0
住宿餐饮	15	0	50	85	14	42	8	2	0
服务业	84	14	204	40	14	54	55	593	228
房地产	184	13	0	527	20	1 151	0	5	15
其它	261	1 381	277	1 151	946	44	2	65	22
3. 个人所得税	5 201	5 898	9 736	11 179	3 215	3 649	1 977	972	315
其中:工资薪金所得税	2 347	3 988	6 212	4 240	791	1 719	0	972	280
4. 资源税	200	3 435	733	3 626	3 997	1 416	3	0	0
盐	0	101	0	6	1 925	0	1	0	0
原油天然气	0	1 139	0	22	0	0	0	0	0
铁矿	27	471	180	2 205	1 228	0	0	0	0
煤	38	970	0	57	673	1 375	0	0	0
其它	135	754	553	1 336	171	41	2	0	0
5. 城镇土地使用税	1 273	1 006	1 962	2 102	1 628	909	219	298	21
6. 投资方向调节税	0	0	0	0	0	0	0	0	0
7. 城市维护建设税	3 826	5 214	6 942	6 984	3 537	4 564	426	4 013	70
8. 印花税	266	794	1 005	1 261	492	1 021	183	159	13
9. 土地增值税	976	23	19	1 004	32	860	108	0	10

续表

收入科目	兴安盟	锡林郭勒盟	乌兰察布市	巴彦淖尔市	阿　盟	满洲里市	二连市	直属局	稽查局
10. 房产和城市房地产税	2 069	1 818	2 108	2 863	1 343	1 683	229	229	152
其中:城市房地产税	205	0	19	35	0	37	2	5	41
11. 车船使用和牌照税	357	381	1 138	1 034	424	40	7	4	0
其中:车船使用牌照税	0	0	0	0	0	0	0	0	0
12. 屠宰税	0	0	0	0	0	0	0	0	0
13. 筵席税	0	0	0	0	0	0	0	0	0
14. 其他地方各税	0	0	0	0	0	0	0	0	0
(二)农牧业税	2 534	894	5 280	3 056	201	1852	87	0	139
1. 农业税	31	0	4	18	0	2	0	0	0
2. 牧业税	0	0	0	0	0	0	0	0	0
3. 农业特产税	0	0	55	0	0	0	0	0	10
4. 耕地占用税	323	11	4 801	861	0	0	0	0	0
5. 契税	2 180	883	420	2 177	201	1 850	87	0	129
(三)教育费附加	1 535	2 763	3 954	3 673	1 582	1 983	183	1 827	29
(四)地方教育附加费	444	302	626	834	185	168	35	43	0
(五)文化事业建设费	62	41	51	62	41	44	10	10	1
(六)其它收入	22	25	26	85	732	26	6	5	0
二、社会保险费收入	25 875	42 983	29 722	24 792	16 484	9 990	1 723	223 488	0
1. 基本养老保险费	18 690	34 030	21 483	14 932	9 776	6 165	836	209 867	0
2. 失业保险费	1 534	1 602	2 303	1 251	1 151	753	134	0	0
3. 基本医疗保险费	5 394	6 981	5 856	8 378	4 943	2 842	725	13 621	0
4. 工伤保险	171	269	58	184	441	74	14	0	0
5. 生育保险	86	101	22	47	173	156	11	0	0
三、水利建设基金	36	282	25	359	999	371	0	0	0
四、煤炭价格调节基金									
五、工会经费	33	54	51	72	51	27	6	57	0
六、残疾人保障基金	274	94	11	118	170	146	23	970	0

性的跨越。以实施“征管数据大集中”工程为重点,全面推行国家税务总局地税版征管信息系统,至11月1日,全区15个盟市级单位的139个基层征管局全部实现了上线运行,将基层征管基础数据实行自治区级集中,在全面统一和规范征管业务流程的基础上,实现区局对基层局征管业务的直接监控,使全区地税系统税收管理信息化建设迈进全国税务系统的先进行列,达到了提高征管质量效率,规范征管行为,提高纳税服务水平的目的。在此基础上,经过积极争取,国家税务总局已经确定局为全国税务系统“金税工程”三期建设试点单位,将在信息化建设软件开发和设备投入上给予大力支持,为全国税务系统进一步提高税收管理信息化水平进行积极探索,总结推广成功经验。

【队伍建设】 2005年自治区地税局干部队伍建设的重点,放在提高干部的综合素质上,全系统坚持以全员素质培训为抓手,全面提升干部的业务能力和综合素质,积极打造学习型组织。全系统分级分类开展多层次、宽领域的干部培训工作,有的结合实际开展在岗培训,着力提高干部的岗位技能;有的实行网上培训,巩固业务知识,交流工作经验;有的组织干部分期分批到大连税专、扬州税院进行专题培训,强化专业技能。区局把培训工作的着力点放在对领导干部和新知识新业务的培训上。5 月 10 日,区局与北京大学等大专院校先后举办 14 期领导干部理论培训班和组织文化建设、信息化建设等专题业务培训班。全系统累计组织各类培训班 163 期,培训干部职工9 783人(次)。全系统还广泛开展岗位练兵、业务技能竞赛等争先创优活动,在系统内形成比先进、赶先进、超先进的良好风气。呼市、包头、鄂尔多斯等盟市局结合实际,组织开展了全员军训活动,锻炼了广大干部的意志,增强了干部队伍的组织性、纪律性。

【落实各项减免税政策】 全区地税系统认真执行国家和自治区出台的免征农业税、促进西部大开发、加快第三产业发展、扶持文化事业和文化产业发展、扶持农牧业产业化重点龙头企业、实施生态建设、扶持高新技术企业发展、促进下岗职工再就业等一系列税收优惠政策,并进行广泛宣传,保证各项优惠政策不折不扣的贯彻落实。全年总计减免各项税收11.4亿元。其中,落实农业税免征政策减收6.5亿元,落实西部大开发、加快第三产业发展等其它各项优惠政策减免税收4.9亿元。在实际工作中,各级地税机关从大局出发,把落实减免政策同组织收入一样当作头等大事来抓。特别是按照中央和自治区的统一部署,各级地税机关积极做好农牧业税收政策调整工作,强化对免征农业税、取消牧业税和农业特产税(烟叶除外)政策的宣传,切实把党和政府的关怀送到每个农牧民家中,并妥善处理好政策落实过程中出现的各种问题。采取有效措施,积极落实促进下岗失业人员再就业税收优惠政策,享受优惠政策的纳税人累计超过5.8万户,减免税总额达5 600多万元,免收登记证工本费 51 万元。

【扶贫工作】 2005 年是自治区地税局对锡盟镶黄旗宝格丁高勒苏木巴音查干嘎查的帮扶工作的最后一年。四年来,经过区局党组和分管领导的努力,协调资金 40 万元,机关筹集、组织全体干部职工进行捐款13.47万元,共计投入帮扶资金53.47万元。帮助巴音查干嘎查解决了部分开发项目资金及相关服务设施、贫困学生完成学业和帮助有特殊困难的牧民等问题。据统计,该扶贫点牧民人均收入由 2002 年的 980 元增加到 2004 年底的1 560元。贫困户由 2002 年底的 34 户,减少到 2004 年底的 2 户,脱贫率达94.11%。12 月底,通过自治区党委的考核验收,自治区地税局被评为帮扶工作先进厅局。锡盟镶黄旗党委、政府向自治区地税局赠送了"情系草原人民,铺就脱贫之路"的光荣牌匾。

【三项新的代征费用】 自治区地税局从 1 月 1 日起,开始代征残疾人就业保障金,全年征收5 200万元;从 6 月 1 日起,开始负责征收水利建设基金,全年征收 1 亿多元;从 10 月 1 日起,开始代征工会经费,全年征收1 400万元。为全面做好各项社会事业收费工作,自治区地税局与财政厅配合积极向国家争取,从 2005 年 10 月 1 日起将全区地方教育附加费征收依据进行转型,每年可增加地方教育投入经费1.5亿元。

(刘素霞)

审计统计

审　　计

【内蒙古自治区审计厅领导名录】

厅　　　长:长　江(蒙古族)
副　厅　长:赵慧容(女) 王月胜 孙德志(满族) 吕靖原
纪 检 组 长:王玉璋
助理巡视员:王东升

【概况】 2005 年,全区审计机关定编2 401人,在编2 372人,其中事业编制 377 人,在编 351 人。自治区审计厅定编 197 人,其中厅机关行政编制 106 人,驻海拉尔、赤峰审计处行政编制 40 人,厅机关事业编制 46 人;在编人数 187 人,其中厅机关 148 人(包括事业单位),驻海拉尔、赤峰审计处 35 人。

至 2005 年底,全区审计机关共审计4 632个单位(项目),查出违规金额78.6亿元,收缴财政金额5.6亿元,核减财政拨款或补贴7 392万元。向司法、纪检监察机关移送案件 82 起,涉案 136 人,涉案金额9 883万元,建议有关部门处理 5 件,涉案 17 人,金额1 030万元。向各级党委、政府提交审计工作报告、信息4 567篇,被各级党政领导批示采纳1 876篇。

【财政预算执行 决算审计】 对自治区财政厅、地税局、国库2004年本级预算执行情况进行审计。审计的重点是加大规范财政部门和预算单位执行预算的行为，维护预算的严肃性；加大对自治区财政性支出的农牧林、水利、教育、环保等专项资金的审计力度，揭示存在问题，分析产生问题的原因，督促进行整改；注重对部门综合预算"收支两条线"和政府采购制度的执行情况进行审计并跟踪财政转移支付的程序和效果。审计工作报告在内蒙古日报上公示，有关媒体连续进行报道，引起广泛关注。

加强对下级政府财政决算审计，全年共对通辽市政府等406个部门和单位进行财政决算审计，审计查出违规金额16.7亿元，管理不规范金额4.2亿元，收缴财政1.14亿元，归还原渠道资金3 813万元。

【政府投资项目审计】 全年审计564个单位(项目)，查出违规金额8.4亿元，管理不规范金额1.36亿元。组织全区12个盟市审计机关对2003年度至2004年度全区城建资金"三项费用"进行审计和审计调查。对蒙华包头第二热电厂机组扩建工程项目竣工决算进行审计。对自治区三大文化工程项目进行现场审计调查，督促有关方面纠正工程建设中存在的问题。加强对授权盟市11个投资审计项目的指导。

【社保资金审计】 对呼伦贝尔市、鄂尔多斯市本级2004年度失业保险基金进行专项审计。审计共发现各类违纪违规问题金额3 012万元，应收缴财政689万元，归还原渠道资金633万元。

【土地专项资金审计和审计调查】 组织三级审计机关对全区2003至2004年度土地有偿使用收入专项资金的征收、管理、使用及国家土地政策的执行情况进行审计和审计调查。共审计和审计调查有关部门和单位354个，审计资金总额达33亿元。审计发现土地有偿使用收入欠征、出让金大量减免、未纳入财政预算管理、挤占挪用、补偿政策不到位和用地制度执行不力等6个方面的主要问题。

【企业审计】 全区共审计123个企业(项目)，查出违规金额5.8亿元，收缴财政金额5 097万元。一是突出重点，加大对重点国有企业的审计监督力度。完成内蒙古北方联合电力有限责任公司、内蒙古烟草公司、内蒙古集通铁路有限责任公司和内蒙古联通分公司2004年财务收支的审计任务。审计共查出损益不实、资产不实、设账外账、做假账、漏税和国有资产收益不实等问题。二是组织10个盟市审计局参与对全区粮食购销企业前几年财务挂账专项审计工作，了解全区粮食系统政策性和经营性亏损情况，为领导决策和粮食企业转制提供参考依据。委托并组织社会中介机构完成对自治区三大流通集团转制审计任务。三是积极开展专项审计调查。重点是结合行业审计，对带有倾向性和普遍性尤其是影响企业经济效益和企业发展的问题进行调查分析，提出审计意见。

【经济责任审计】 全区三级审计机关共审计党政领导干部1 427人，其中县处级以上党政领导干部128人，审计国有及国有控股企业领导人员14人。查出违规金额16.29亿元，管理不规范金额8.25亿元，查出损失浪费金额809万元，查出个人经济问题8万元。移送纪检监察、司法机关10人。上年经济责任审计的主要特点是：一是加大任前、任中审计力度，将监督"关口"前移。如上年对13名盟市、厅级领导干部经济责任审计中有9名是任中审计；包头市审计的58个单位中，有32个是任中审计；兴安盟审计的18名盟直领导干部全部为任前审计。二是加强审前调查，明确审计范围、内容和重点。三是将经济责任审计与财政预决算审计、财务收支审计、资产负债损益审计相结合，提高审计工作成效。四是完善和建立规章制度，规范审计行为。自治区审计厅出台《内蒙古自治区经济责任审计与财政财务收支审计结合试行办法》，各盟市研究制定一些可行制度和办法。

【外资 金融审计】 全年审计外资项目186个，查出违规金额1.33亿元，管理不规范金额1.39亿元，损失浪费金额428万元。组织12个盟市审计机关对全区范围内近5年的国家和地区援赠的资金及设备、物资进行审计调查。

组织盟市和部分旗县审计机关对全区156家中小企业信用担保机构的运营情况进行审计调查，针对调查发现的问题进行深入分析。

【增强审计透明度 督促审计整改】 是年，全区三级审计机关共向社会公告审计结果49篇。自治区党委、人大、政府高度重视和支持审计工作，并要求审计机关督促有关部门落实审计意见和建议。全区各级审计机关加强督促检查，推动审计整改。自治区有些厅局对审计查出的问题和审计建议十分重视，专门召开会议研究制定整改措施，向审计厅函告落实审计意见和建议的情况。各级审计机关还建立整改情况反馈和通报制度。

(丹　军)

统　　计

【内蒙古自治区统计局领导名录】

局长：李　斌

副局长：郝占奎(蒙古族)　胡敏谦　巴根那(蒙古族)

纪检组长：毕力格(蒙古族)

助理巡视员:周耀亭 苑虹(女 3月任职)

【概况】 2005年,自治区统计局内设10个处室:办公室、人事处、统计设计管理与法规处、国民经济综合统计处、国民经济核算处、固定资产投资统计处、工业交通统计处、贸易外经统计处、人口和社会科技统计处、财务处。另外设立:机关党委、老干部工作办公室、纪检组监察室。局机关行政编制为67名,纪检组监察室编制3名,现有人员70人。其中处级领导干部23人(12正、11副),处级非领导职务12名,主任科员31名,平均年龄43岁,全部为大专以上学历。

所属事业单位:统计普查中心、机关事务服务中心、计算中心、咨询中心、培训中心、科研所、记者站、粮农中心、印刷厂以及内蒙古农调队、城调队、企调队。事业编制为160名(不含印刷厂),现有人员123名,其中,处级领导干部32名,具有高级职称的22名。

三支调查队参照国家公务员管理,其中,内蒙古农调队国家编制41名,地方编制30名,实有人员55人,处级以上领导干部19名;内蒙古城调队国家编制30名,地方编制17名,实有人员34名,处级以上领导干部19名;内蒙古企调队国家编制32名,实有人员16名,处级以上领导干部10名。

【第一次经济普查工作】 全区共普查登记71 226个法人单位,101 901个产业活动单位,834 205个个体经营户。普查结果,自治区2004年GDP总量达到3 041亿元,比当年快报数增加12.1%;一、二、三次产业结构比例由原来的18.7∶49.1∶32.2调整为普查后16.9∶41.0∶42.1。普查结果更加客观、合理地反映了自治区经济社会发展现状和产业结构调整的结果,不仅为统计部门修正历史数据提供数据基础,更为自治区科学规划经济社会发展目标和调整产业结构、实施宏观调控提供可靠依据。

自治区共有124个单位、329人被国务院第一次经济普查领导小组授予全国第一次经济普查先进单位、先进个人称号。有337个单位、2 621人和119名负责同志被自治区第一次经济普查领导小组授予自治区级先进单位、先进个人和优秀组织者称号。

【统计数据科学准确】 2005年,全区统计系统认真贯彻落实《国务院办公厅转发国家统计局关于改进地区GDP核算工作意见的通知》精神,采取各种有效措施,确保GDP及农业、工业、投资、贸易、外经等主要专业统计数据的真实可靠。一是坚持和完善GDP核算专业联动、下算一级制度,加强对各专业统计数据的审核验证,增强了专业数据与GDP核算数据的衔接性,从制度上保证统计数据整体上的合理性和科学性。二是在往年对盟市GDP数据实行下管一级的基础上,制定和完善对盟市季度GDP数据下算一级的数据质量控制办法。与此同时,根据国家统计局的有关规定,结合自治区GDP核算工作的实际,制定全区分盟市GDP核算相应的计算方法和各类系数,进一步缩小自治区与盟市间GDP数据的差距。三是从"源头"数据抓起,许多盟市、旗县统计局把加强基层基础建设作为提高统计数据质量的重要措施来抓,有效地提高"源头"数据质量。四是继续实行统计巡查制度,严肃统计工作纪律。积极开展统计执法检查,确保统计数据的权威性。9月下旬,国家统计局巡查组对全区统计工作进行巡查,对自治区的统计工作和统计数据质量是比较满意的。国家统计局有关专业司也对自治区一些增长较快的统计数据进行核查。2005年在国家统计局开展的各项统计专业评比中,自治区国民经济核算、工交能源统计、建筑业统计、贸易外经统计、人口统计荣获综合评比特等奖,投资和房地产统计、社会科技统计荣获一等奖,综合统计工作荣获先进单位称号。

【统计制度方法改革】 一是根据自治区、盟市GDP核算下算一级的需要,进一步规范季度GDP核算制度,修订完善自治区、盟市GDP年度、季度核算细则。盟市统计局也分别采用GDP核算下算一级或下管一级的办法,认真核算旗县级GDP数据。二是进一步完善工农业发展速度计算方法,特别是用全区工业品出厂价格总指数缩减各盟市现价工业总产值计算的发展速度,有效地解决自治区与盟市数据衔接问题。三是开展全区分盟市常住人口统计工作和城镇化水平的监测工作。四是建立大中型工业企业联网直报制度和年内新建成工业企业按季申报制度。五是对农村非农户50万元以上投资试行按项目统计。六是按照自治区政府的要求,建立全区旅馆业及旅游景区(点)抽样调查(按季度)统计制度。七是修订和完善《内蒙古社会综合统计制度》,建立内蒙古《妇女儿童状况综合统计报表制度》,理顺有关厅局和各盟市的报送渠道,保证妇女、儿童"两纲"监测统计数据的及时上报和数据质量。八是着手建立全区基本单位名录库更新制度。九是积极推进全区统计制度方法改革理论探讨工作,组织开展2005年统计制度方法改革研究论文评比工作。

【开发统计信息资源 提高统计决策咨询服务水平】 2005年,为各级党政领导及有关决策部门提供大量有价值的统计信息资料和统计分析报告,为社会公众充分了解自治区经济社会发展状况提供大量的统计信息。区局撰写的《走好"向北开放"这步棋》、《"十五"以来我区县域经济发展现状及对策建议》、《2005年我区经济建设方面令人振奋的12件大事》得到自治区党委书记储波、自治区主席杨晶等多位党政领导的重要批示和高度评价,撰写的《2004年内蒙古非公有制经济发展情况分析》和《我区工业利润增幅明显回落值得关注》得到自治区副主席岳福洪、赵双连和余德辉的高度评价。撰写的多篇分析报告在国家统计局及各专业司的评比中获奖。

【积极拓展服务领域 为自治区经济社会协调发展服务】 一是协助包头市完成全国文明城市评选工作。在2005年全国文明城市评选活动中，区局城调队会同自治区文明办多次深入包头市，结合评选的有关要求，对包头市的情况进行评估，提出改进的意见和建议。二是完成区局承担的人才情况调查工作和干部实绩考核工作。区局承担着全区非公有制经济领域人才抽样调查的任务，2005年3月在全区范围内进行抽样调查，并将结果上报国家统计局。由于样本量偏小，抽样调查结果不能反映自治区的实际情况，区局又于11月在全区进行非公有制经济领域人才新增样本单位补充调查工作，两次共抽取并调查1 635户企业和11 300户个体户，涉及全区90%以上的旗县区，基本摸清全区非公有制经济领域人才资源的情况，为自治区制定人才发展"十一五"规划提供依据。完成自治区组织部和国家统计局交办的领导干部实绩考核试点工作中提供经济指标数据的任务，按时上报全区12个盟市、101个旗县近10年的14项经济指标数据，保证了试点工作的顺利开展。

【统计工作规范化管理和统计执法工作】 按照国家统计局的要求，按时完成全区旗县以下行政区划代码库的更新维护工作，确保在年报工作中及时使用。加强统计调查项目管理工作，对统计系统内部及自治区有关部门开展的统计调查项目进行审批或备案，使滥发统计报表的现象得到严格控制。下发《内蒙古自治区统计局关于做好统计从业资格认定工作的通知》，切实保证了全区统计从业资格认定工作的顺利开展，强化统计管理职能。全年全区共立案查处统计违法案件521起，罚款23万多元。

【提高信息化装备水平和应用能力】 2005年，各级统计部门的计算机及配套设备的装备能力得到进一步提高。4月底，自治区—盟市广域网正式开通。建立自治区—盟市电子邮件系统，为统计信息快速上报和反馈建立渠道。建立自治区—盟市两级内部工作管理互动式网站，充分利用网络技术手段，提高对统计工作日常管理能力和水平。配合自治区信息办，完成电子政务网络互连。完成区局宏观数据库指标设置和分组工作，积极进行业务平台建设。

【组织开展全区1%人口抽样调查工作】 按照国务院全国1%人口抽样调查办公室的统一部署，制定《内蒙古自治区1%人口抽样调查方案》等多个规范性文件；与自治区党委宣传部共同制定《内蒙古自治区1%人口抽样调查宣传工作规划》，召开全区电视电话会议，具体部署全区1%人口抽样调查工作；完成全区乡、镇、街道办事处名称、数量、属性的核对和乡级以上1%人口抽样调查地址代码的编写工作；制定《内蒙古自治区1%人口抽样调查抽样方案》，以盟市为总体进行样本设计和样本抽取，完成乡级、村级抽样框的编制、区域地图绘制和三级样本的抽取工作；对盟市、旗县的440多名业务骨干和调查指导员进行培训；组织开展自治区级1%人口抽样调查试点工作；开展1%人口抽样调查摸底工作。

【第二次全区农牧业普查准备工作】 按照国务院《通知》精神要求，在2005年8月组建第二次农牧业普查领导小组，领导小组办公室设在自治区统计局。机构成立后，区局及时下发了要求在盟市、旗县建立第二次农牧业普查机构、落实普查经费、制定普查工作规划等文件，并编发《农牧业普查工作简报》，适时指导农牧业普查准备工作。全区各盟市和大部分旗县都成立农牧业普查领导小组，并积极落实普查经费预算。

【统计干部队伍建设】 一是协助国家统计局完成国家调查队体制改革任务。国家统计局于2005年7月正式开始对国家调查队的体制改革工作。按照要求，区局成立筹备领导小组，配合国家统计局对内蒙古调查总队班子成员进行选配和考核工作，国家统计局内蒙古调查总队各项组建工作已经全面完成。二是根据国家调查队体制改革后统计工作形势发生的变化和新形势、新任务的需要，在区局机关和所属二级单位开展大范围的处级干部竞争上岗和轮岗交流工作。在自治区党委组织部的大力支持下，经过民主推荐、上岗考试及考核等程序，新提任4名正处级干部和5名副处级干部，全局三分之二以上的处级干部进行轮岗交流。这是区局干部调整力度最大的一次，为全面提高干部队伍综合素质，适应统计工作新形势奠定重要基础。三是加大对干部职工的培训力度。围绕新国民经济核算体系、统计调查方法以及统计应用写作等统计实用技术，组织区局300多人次参加培训；结合统计业务选派3名业务强的同志赴发达国家参加相关专业的培训；为全区盟市、旗县新任统计局长举办一期培训班；举办全区统计从业资格培训等。区局还通过"以会代训"的形式举办10多期统计人员业务培训班，全区1 000多人次参加业务培训。

（耿 午）

统计调查

【国家统计局内蒙古调查总队领导名录】

总队长：郑世成

副总队长：汪海涛 赵兴中 李敏

助理巡视员：方向荣（女）

【概况】 国家统计局内蒙古调查总队是在原内蒙古农调队、内蒙古城调队、内蒙古企调队的基础上,通过整合资源,于2005年11月8日正式成立,属依照公务员管理的正厅级事业单位。下辖盟市级调查队和旗县级调查队。新组建的各级调查队与同级人民政府统计机构同一级别,是国家统计局的派出机构,国家统计局对各级调查队实行垂直管理。既是政府统计调查机构,也是统计执法机构,依法独立行使统计调查、统计监督的职权,独立向国家统计局上报调查结果,并对上报的调查资料的真实性负责。同时,承担地方政府委托的各项统计调查任务。主要职能职责是:1. 组织实施城乡住户、国民经济主要行业生产价格、投资价格、居民消费价格、农牧产品产量、农业中间消耗、服务业、规模以下工业、规模以下固定资产投资和资质以外建筑业企业等国家抽样调查制度,以及国家统计局布置的有关企业景气、企业集团、现代企业制度跟踪监测、农村贫困监测、城乡社会经济基本情况等专项调查制度。2. 组织实施国家统计快速反应制度,组织开展经济社会重大问题专项调查,及时报告本地区的突发性经济事件和重大社会经济问题等方面信息。3. 参与组织实施国家有关普查项目。4. 根据统计局的授权,管理和公布有关统计调查数据。5. 依法查处调查队系统及其调查对象的统计违法案件。6. 与地方统计局一起完成统计信息化的有关工作。7. 接受地方政府、有关部门的委托,开展统计调查,提供统计数据处理服务。

国家统计局内蒙古调查总队受国家统计局委托管理全区12个盟市调查队,30个旗县调查队,并组织指导地方调查队的业务工作。

【调查工作】 国家统计局内蒙古调查总队承担着全区农村牧区及城镇居民生活、国民经济主要行业生产价格、投资价格、居民消费价格、农产量、农业中间消耗、服务业、规模以下工业、规模以下固定资产投资和资质以下建筑业企业的调查任务,以及国家统计局布置的有关企业景气、企业集团、现代企业制度跟踪监测、农村贫困监测、城乡社会经济基本情况等专项调查任务。2005年,包括盟市、旗县调查队在内的各级统计调查工作者,如期圆满完成各项专业的月报、季报和年报数据的审核、汇总、加工、上报任务。在国家分专业业务考核中,各专业报表及综合评比均获得较好位次,得到国家统计局的好评。同时,按照"立足国家、服务地方"的宗旨,积极协助各级地方党委、政府开展专题调查和重点调查,为党政领导制定政策提供可靠的依据,得到各级领导的认可。

【统计调查服务】 2005年,各级调查队的同志们紧紧抓住经济社会中的热点、难点问题和领导关心的重点问题,围绕中心、服务大局,及时地组织开展多种形式的统计调查,撰写大量有情况、有分析、有建议的调查信息、统计分析报告和课题研究报告,为各级党委、政府决策提供依据。许多分析报告受到各级党政领导乃至自治区党政领导的批示和高度评价。在各级党委、政府的信息工作评比中,调查队的信息工作总是名列前茅。组织完成的一系列专题调查、课题研究以及《内蒙古经济社会调查年鉴》得到社会各界和有关部门的肯定,为自治区社会经济乃至全国社会经济建设做出应有的贡献。进一步提高调查队的统计信息主体地位和社会地位。

(张永林)

建设国土资源矿产

建　　设

【内蒙古自治区建设厅领导名录】

厅　　长:李振东

副 厅 长:吴龙 范勇 余向东 王学军 揭新民

纪检组长:白劼夫(蒙古族 11月任职)

助理巡视员:张晓 朱和平(11月任职)

【概况】 2005年,建设厅内设15个处室:办公室、人事教育处、计划财务处、科学技术处、建筑业管理处、工程建设管理处、城市规划处、勘察设计处、城市建设处、村镇建设处、住宅与房地产业处、自治区住房委员会办公室、离退休人员工作处、机关党委、驻厅纪检组。全厅实有编制76人,其中厅长1人,副厅长5人,驻厅纪检组长1人,助理巡视员2人;正处长13人,副处长14人,调研员7人,助理调研员10人,主任科员23人。

【城镇化建设】 按照自治区城镇化发展战略和自治区城镇化建设领导小组的安排,年内再次组织工作组深入全区各盟市就城镇化发展的现状、问题、对策等进行专题调研。在充分调研基础上起草形成《关于完善城镇体系推进城镇发展的意见》和《关于加快城镇化发展的若干规定》，配合自治区党委政府于9月召开全区城镇化工作会议。8月组织召开全区规划设计工作会议，总结近年来全区规划设计工作的基本经验，邀请有关专家作专题讲座，表彰先进，展示优秀成果，推动城镇规划和勘察设计工作的发展进步。根据自治区有关领导的指示，年内先后四次单独组团或陪同自治区有关领导和部门，赴区外部分省区和国外就城镇化建设进行考察学习，进一步拓宽了视野，更新了理念。借东北、华北八省区市建设厅长（建委主任）会议在自治区召开之机，就城镇化建设问题进行专题交流，从而进一步丰富自治区加快城镇化建设的经验。为加强对城镇化建设日常工作的组织与协调，进一步明确城镇化建设办公室组成人员及工作职责。全区城镇化率达到48%。

【城乡规划综合调控和城镇基础设施建设】 加强对建设项目的选址工作。通过实地踏勘、严格把关，年内共核发建设项目审批意见书62份。按照自治区政府的要求，在呼和浩特市和包头市开展城乡结合部规划的编制试点工作。组织编制《内蒙古自治区缺水旗县供水工程专项规划》、《内蒙古城市生活垃圾无害化处理设施建设规划》、《内蒙古自治区城市污水处理及再生利用设施建设规划》，完成《内蒙古供水管网改造规划》的修编。组织专家对满洲里等5个城市的供热规划进行论证。

加大城市基础设施建设和管理的力度。积极争取城市基础设施项目建设资金。年内对35个城市市政公用基础设施项目提出审查意见。城市市政公用基础设施项目争取国债资金2.893亿元，新开工项目40个，安排国债资金1.418亿元。积极督导各地开辟和调整城市公交线路，督促呼和浩特等4个城市进行城市公共交通规划的编制工作。加强城市建设管理政策法规的完善，完成《内蒙古自治区城市燃气管理条例》、《内蒙古自治区城市市容和环境管理处罚规定》的起草上报工作。重点抓列入国家重点镇的规划。全区凡列为国家重点镇的，按照自治区的要求正在重新修编规划。为争取国家贷款，组织专家对11个重点镇的规划进行审查评议，向国家建设部和开发银行推荐8个重点镇作为贷款规划合格镇，并从中选筛2个作为国家示范镇向建设部作推荐。

【加强工程建设管理 确保工程建设质量和安全】

建设工程招投标管理　全区实行招投标的建设工程共2 604项，总造价243亿元，其中公开招标1 498项，公开招标率98%，邀请招标1 004项，邀请招标率100%。依法纠正和查处5起招标方面的违法行为。严格政府建设工程质量的监督。全区共监督工程2 500项，建筑面积1 250万平方米，报建工程质量监督覆盖率达100%。全区建设行政主管部门所管辖的建设工程没有发生重大质量问题和事故。加强建设工程造价管理。组织完成《内蒙古自治区房屋修缮工程预算定额》的编制发布工作，出台《内蒙古自治区建设工程计价软件管理办法》，编写《建设工程工程量清单计价务实》等培训教材。全区新一届建设工程计价依据改革全面配套，基本满足建筑、安装、市政、园林、绿化和房屋修缮工程计价的要求。加强执法检查。通过对全区8个盟市建筑市场和工程质量的执法检查与抽查，及时发现并纠正和查处违法违规行为。会同自治区有关部门对赤峰市等6个盟市和在呼的部分大型建筑企业应用球形网架工程的质量安全进行专项督查。

建筑业企业和建筑职工队伍的管理　起草形成《关于加快全区建筑业改革与发展的若干意见》、《关于推进全区建立和完善建筑劳务分包制度发展建筑劳务企业的若干意见》，完成对全区942家企业的资质年检。指导和促进建筑业企业深化改革，全区935家建筑业企业有930家完成改制，并初步建立现代企业制度，改制面达99%。认真开展项目经理向注册建造师过渡的各项工作。建立建筑业企业及技术人员数据库，初步实现了全区建筑业的网络化管理和统计工作的计算机操作。加大建筑业企业新技术的推广力度，全年共评选出自治区级建筑业新技术应用示范工程40余项。同时完成“鲁班奖”工程和“国家优质工程”等项目的复查上报工作。

建筑施工的安全监管　上半年组织召开全区建筑安全生产工作座谈会，与各盟市建设行政主管部门签订《建筑施工安全管理工作目标责任状》，制定《内蒙古自治区建设工程安全生产监理试行办法》、《内蒙古建设工程安全防护文明施工措施费用及使用管理实施细则》。对全区1.5万余名建筑业企业负责人、项目经理（注册建造师）、安全管理员“三类人员”进行培训并核发安全合格证书，对421家企业核发《安全生产许可证》。组织开展全区建筑施工安全生产大检查，抽查施工现场335个，受检面积308万平方米，对260个创建自治区建筑安全文明工地的项目进行验评。年内全区共发生施工死亡事故11起，死亡12人，同比死亡人数有所下降。

【住房制度改革】 住房分配货币化工作取得新的进展。公有住房基本出售完毕，住房二级市场日趋活跃。经济适用住房、集资建房发展快速，年内全区经济适用住房施工面积近150万平方米。城镇廉租住房制度建设取得突破性进展，9月召开全区城镇住房保障工作会议。住房公积金制度稳步发展。住房公积金管理机构调整工作基本完成。至9月，全区累计归集住房公积金115.6亿元，归集余额为88.2亿元，归集人数为115.9万人；个人住房贷款总额54亿元，贷款余额32.6亿元。

【房地产市场】 组织对全区房地产企业进行资质年检和抽查,研究制定加强城市房地产开发建设项目管理意见。8月召开全区商品房预销售网络建设暨清理房地产开发企业拖欠工程款座谈会。加强房屋拆迁的管理。出台城市房屋拆迁重大项目事前备案制度,严格房屋拆迁的审核,合理确定拆迁规模,下发《关于批准全区2005年度城镇房屋拆迁计划的通知》,全区城镇房屋拆迁压缩一半以上,控制为345万平方米。

对全区2万平方米以上住宅小区的基本情况进行调查。继续开展物业管理项目创优达标活动,确定并申报国家级示范项目4个,自治区级优秀项目44个,完成21个自治区级创优达标项目的考评验收。开展物业管理企业经理、部门经理、管理员的上岗培训,继续加强房地产产权产籍和房地产价格的评估管理。

【勘察设计行业管理】 年初召开全区施工图设计文件审查工作座谈会,颁发《房屋建筑和市政基础设施工程施工图设计文件审查管理办法》,重新修订颁发《内蒙古自治区房屋建筑和市政基础设施工程施工图设计文件审查机构和审查人员资格管理暂行办法》。成立自治区建筑工程技术专家委员会。2005年全区勘察设计行业完成施工图投资额约600亿元,完成施工图建筑面积1 600万平方米,完成营业收入约20亿元,较上年增长20%。完成228家勘察设计企业的的资质年检,进一步清理整顿勘察设计队伍。

【全区勘察设计单位的体制改革】 8月召开会议进行全面总结并表彰先进。配合自治区重点工程建设,及时对申报的重点工程初步设计方案进行审批,组织完成2004年度勘察设计评选工作和2005年全国一、二级注册建筑师内蒙古考区的执业资格考试。完成抗震加固各类建筑23项,建筑面积2万平方米,完成抗震加固投资额300万元。开展达拉特旗、东胜区等8个旗县抗震防灾规划编制和修订工作,完成地震安全农居工程调研试点工作。

【建设科技】 建筑节能工作在区内全面试点。按照自治区政府转发建设厅关于建筑节能试点工作的意见,起草下发了关于建筑节能工作的安排、加强建筑墙体节能保温新技术(产品)应用管理、建筑节能工程实行备案管理、加强建筑节能工程质量监督工作等一系列文件,督促各地成立建筑节能工作领导小组及办公室。分别在7个盟市举办建筑节能技术培训班,组织引进CL节能建筑技术体系。全区试点工作年底结束,预计竣工的建筑节能工程面积约60万平方米。组织编制全区建筑节能施工及验收规程。9月份在呼和浩特市召开钢结构新技术推广会。共推广各类建设科技成果28项。

【建设教育培训】 全年累计完成建设企事业单位管理人员培训考核5 800余人,完成专业人员继续教育近1万人次。为进一步抓好教育培训与职业技能鉴定工作,组织盟市有关人员赴区外进行考察学习与调研。年内组织开展全区建设人才工作调研与建设人才资源调查工作,形成《内蒙古自治区建设人才情况》调研报告。制定《内蒙古自治区建设企事业单位专业管理人员继续教育科目指南》,并在内蒙古建设网公布实施。

【帮扶工作】 根据自治区党委政府的决定,自治区建设厅从2002年开始对锡盟苏尼特右旗乌日根塔拉苏木巴音朝鲁嘎查“围封转移”实施帮扶。经过四年努力,全嘎查贫困牧民的生产生活条件发生很大变化。牲畜总数由5 537头(只)增加为17 366头(只),由人均17头(只)增加为54头(只);人均收入由904元增加为1 800元;全嘎查无因贫失学的儿童;57户贫困户有50户脱贫。四年累计投入扶贫资金157万元。

【清偿建设领域拖欠工程款工作】 为加快清理建设领域拖欠工程款问题,2005年建设厅协调有关部门两次召开会议,厅领导亲自带队到各盟市巡回督查,特别是对拖欠较多、清偿较慢的地区和部门,多次上门督导或召集有关汇报,自治区清欠办建立定期通报制度,促进清欠工作的落实。全区共清理拖欠工程款29.5亿元,清欠比例为74.3%,其中清理政府投资项目拖欠工程款15.7亿元,清欠比例72.5%。

(闫保和)

国土资源

【内蒙古自治区国土资源厅领导名录】

厅　长:黄·阿拉腾别立格(3月离任) 白盾(3月任职)

副厅长:孔燕燕(女 蒙古族) 赵保胜(蒙古族)

元重举(蒙古族)

纪检组长:沈晋平

副厅长:杨仁选(11月任职) 王富友

助理巡视员:高华 陈喜良

【概况】 内蒙古自治区国土资源厅内设处室17个:办公室、人事教育处、政策法规处、规划与科技处、财务处、地籍管理处、耕地保护处、土地利用处、矿产资源储量处、矿产开发管理处、地质勘查处、地质环境处、测绘管理处、执法监察局、离退休管理处、纪检组、机关党委,有国家公务员90人。其中知识结构:硕士研究生以上学历占4.4%,本科学历占43.3%,专科学历占52.3%;年龄结构:35岁以下占4.4%,36岁到45岁占33.3%,46岁到

55岁占50.1%,56岁以上占12.2%;专业结构:地质矿产专业人员占17.7%,土地专业人员占15.5%,海洋测绘专业占5.5%,经济管理专业占26.6%,法律专业占7.7%,其他专业占27%。

厅直属事业单位13个:内蒙古自治区地质矿产勘查开发局(正厅级)、内蒙古自治区有色地质勘查局(副厅级)、内蒙古自治区测绘事业局(副厅级)、内蒙古煤田地质局、内蒙古自治区土地勘测规划院、内蒙古自治区国土资源信息院、内蒙古自治区地质调查院、内蒙古自治区地质环境监测院、内蒙古自治区测绘产品质量监督检验站、内蒙古自治区土地整理中心、内蒙古自治区土地储备登记中心、内蒙古自治区国土资源执法监察总队、内蒙古自治区国土资源厅机关事务服务中心。

【调控国土资源供应总量】 认真落实国务院关于严格土地管理的各项措施,继续严把土地供应闸门,全年农用地转用总量控制在计划指标以内。充分发挥土地资源对宏观经济的调控作用,土地审批坚持高新技术项目优先、外资项目优先、基础公益性项目优先的原则,使有限的土地资源实现优化配置。在巩固土地市场治理整顿成果的同时,及时研究部署整顿和规范矿产资源开发秩序工作,下发《关于全面整顿和规范矿产资源开发秩序的意见》,确定"两个重点","四项整顿",建立案件举报查处、重大案件督办、责任追究制度和联络员制度,成立领导和工作机构,矿产资源开发秩序进一步好转,为自治区工业化进程营造了良好的投资环境。自治区整顿和规范工作受到国务院督导组的好评。在整顿同时,严格矿权管理,合理确定自治区、盟市两级政府管辖的资源范围,提高煤炭开采准入条件,重要矿产勘查投入主要以自治区和盟市财政出资为主,同时积极引导有实力、能将资源就地转化加工的企业,通过合资、合作等方式出资参与勘查,确保政府对优势矿产的绝对控制。对稀土、钨等优势矿产,继续实行开采总量控制,停止勘查开发项目审批。

【国家和自治区产业政策】 进一步落实最严格的耕地保护制度,认真执行省级政府耕地保护责任目标考核办法,与自治区发改委等六个部门转发《关于进一步做好基本农田保护工作的意见》。建设用地供应"有保有压、区别对待",严格执行禁止供地和限制供地政策,优先保障国家和自治区能源、交通、电力、水利等重点基础设施的项目用地,为省际大通道、丹拉公路等9个项目提供用地服务,有力地支持呼和浩特机场、会展中心等一批自治区60周年庆典项目建设。年初,与各盟市签订耕地保护责任书,核定耕地保有总量。全区依法批准用地9 520公顷,其中经国务院审批用地2 768公顷、使用未利用地2 000公顷、存量建设用地713公顷,共占用耕地1 807公顷,已补充耕地1 824公顷,做到基本农田"总量不减少、质量不降低、用途不改变"。针对自治区党委、政府提出的大煤田、大化工发展战略,在地质找矿上,优先安排煤炭勘查项目,保障后续开发需求。在煤炭开发安排上,重点保证国家和自治区重大转化项目,停止井工年产120万吨、露天300万吨以下规模煤矿的审批;为落实自治区确定的包钢"双一千万吨"规划目标,严格控制中西部铁矿资源勘查开发,优先保障包钢需求,积极促成地勘局与包钢合作勘查铁矿资源,并安排专项资金予以支持,在阿拉善盟找到一处大型接续矿产地,预测铁矿资源量1亿吨以上,同时积极支持包钢生产用煤,较好地落实了自治区各项产业政策。

【区域协调】 根据国家振兴东北老工业基地的需要,组织20多位两院院士和上百位专家专题研究论证大兴安岭中南段多金属成矿带资源区划,引起国家的高度重视,已被列为国家21世纪矿产资源战略性后备基地,成为国家级重点勘查开发区域。针对东部五盟市矿产资源丰富、找矿潜力大、区位优势明显、资源开发利用条件较好等特点,紧紧围绕当地经济建设,加大对重点行业的支持力度,研究制定加快东部盟市矿产资源开发利用的对策和建议,以建设霍白平和呼伦贝尔能源化工基地为重点,优先安排勘查开发,吸引一批转化项目,白音华和胜利煤田已完成勘探,具备建设亿吨煤炭基地的条件,一批开发项目已向国家申报;以资源为依托,加强与东三省合作,为振兴东北老工业基地提供资源支撑,形成优势互补,纳入振兴东北老工业基地经济圈,为东部盟市经济腾飞创造条件。收缴新增建设用地有偿使用费2.6亿元,是2004年的1.61倍,其使用向粮食主产区倾斜。安排土地整理项目72个,投入2.67亿元,整理土地1.47万公顷,有力地保障自治区农牧业产业化发展。

【应对市场新情况】 国土资源综合统计、土地市场及地价动态管理、矿产品动态分析不断加强,提高参与宏观调控的针对性和有效性,建立季度形势分析制度,在政府决策中发挥重要作用。针对房地产市场中出现的投资和房价过快增长的突出问题,认真贯彻国务院七部委《关于稳定住房价格工作意见的通知》,密切关注市场变化,及时调整土地供应计划,严格控制高档住房建设用地,增加经济适用住房的土地供应,为稳定房地产市场发挥重要作用。

【地质勘查】 全区累计投入28.25亿元进行地质勘查工作,其中落实政府勘查资金7.31亿元,实施勘查项目6批、173项,带动商业性勘查项目的发展。在期商业性勘查项目2 748个,勘查面积6万多平方公里,发现一批新的矿产地,圈定成矿靶区,新增铁矿石量1.5亿吨,锰矿石量8.2万吨,新增金属量铜20.67万吨、铅75.2万吨、锌219.8万吨、金16.01吨、银6 160吨、岩盐储量2 000亿吨,新增煤炭储量245亿吨,提高煤炭资源储量级别118亿吨。为181个自治区盟市重点建设项目匹配煤炭资源近

150亿吨,特别是在赤峰地区新发现的拜仁达坝和维拉斯托两处特大型银多金属矿床,引起全国地学界的广泛关注,其中拜仁达坝银多金属矿是建国50多年来自治区发现的最大的银多金属矿床,也是目前长江以北最大的银多金属矿床;维拉斯托银多金属矿是全国已发现的银铅锌品味最高、最富的银多金属矿床。两个大型矿床的发现,有力地推动了大兴安岭有色金属基地的建设。在鄂尔多斯地区新发现大型水源地三处,成井3眼,日涌水量总计1万立方米,为建设鄂尔多斯市大型能源重化工基地提供水资源保证,解决水资源对建设能源重化工基地的瓶颈制约。

【矿业开发和矿业权有偿使用】 以建设大型能源化工基地为重点,批准新建项目21个,匹配煤炭资源130亿吨,新增建设规模1.3亿吨,项目总投资(不包括后续产业)260亿元,项目建成后预计新增工业产值240亿元。批准改扩建项目300多个,总投资15亿元。除国家和自治区重大项目外,矿业权全部以市场方式出让,共出让矿业权112宗,成交矿业权价款2.8亿元,全区实现矿业权收益12亿元,是上年的2.4倍,这些资金将全部用于矿业开发的前期勘查工作,为建立勘查开发的滚动良性循环机制提供资金支持。矿山企业投入矿业开发和技术改造资金近100亿元,比上年翻了一番,自治区本级征收国土资源各类规费超过10亿元,比上年增长195%。

【贯彻土地节约集约利用新政策】 根据国土资源部无锡会议精神,把土地节约集约利用作为工作重点,认真抓好落实,明确促进节约集约用地新的政策措施,组织新闻媒体对通辽、赤峰等用地典型进行集中宣传报道,在全区产生强烈反响。全区国土资源系统以招拍挂等有偿方式供地,占建设用地供应总量的60%。全区以有偿出让方式提供土地使用权面积1 982.59公顷,总价款20.93亿元,比上年增加66%,实现土地收益16亿元,收储土地5 997.73公顷。不仅促进土地节约集约利用,而且为自治区城镇和工业园区基础设施建设提供资金保障。认真落实新增建设用地有偿使用费缴费与审批挂钩,先缴后分,发挥利益机制的调节作用。

【矿产资源合理开采与综合利用】 到2006年地方煤矿将由现在的1 200多个压缩到500个。加强对矿产资源回采率和综合利用等指标的监督检查,全面开展煤炭资源回采率专项检查工作,对资源回收率达不到30%的煤矿全部实施停产整顿,初步摸清全区回采率状况。各地采取严格审查矿产资源开发利用方案、矿山年检、减免资源补偿费和支持矿产企业技术改造项目等措施,促进了矿山企业对共伴生矿、低品味矿、难选冶矿和尾矿的利用。对严重破坏和浪费资源的行为,依法进行严肃查处。到2006年,全区重点产煤地煤炭回采率将会提高15个百分点,每年节约煤炭资源3 500余万吨,相当于新建20多个百万吨矿井。

【协调解决征地中的矛盾和纠纷】 高度重视做好土地征用信访和群体性事件工作,全年接待来信来访960批(件)、4 377人次,平均每天接待12人次。中央督办的7件土地征用信访案件得到妥善解决,全区47个开发区全部通过国家"两规审查",调处了6起多年悬而未决的土地权属纠纷,按时上报6个国家级开发区四至范围,得到了好评。先后11次深入包头研究解决稀土高新区因征地补偿引发的农民集体多次上访事件,经中央农村土地征用问题专项工作小组实地调研,此案已终结。全国两会期间,为避免农民越级上访,派人到巴彦淖尔市、包头市和乌兰察布市等地区,对农民反映强烈的征地问题进行调查,维护社会稳定。

【地质环境工作】 国家发改委立项投资2.249亿元进行石拐区采煤沉陷区综合治理。自治区安排7 000万元对大雁、扎赉诺尔、包头矿区采煤沉陷区进行治理,安排3 840万元对17个矿山、14个地质遗迹和地质公园分别进行恢复治理和保护建设。完成地质灾害危险性一级评估报告备案审查70份,发布预报地质灾害16次,避免人员伤亡和财产损失。加大地质遗迹保护和建设工作力度,成功申报阿拉善沙漠公园、赤峰巴林石和扎赉诺尔三个国家级公园。克什克腾国家地质公园晋升为世界地质公园,当年旅游人数达105.3万人次,旅游收入3.1亿多元,极大地带动当地经济的发展。

【完善体制】 在自治区党委、政府的领导下,扎实推进国土资源管理体制改革,完成盟市、旗县国土资源局干部管理体制的改革工作,对盟市国土资源局84名干部进行重新任命和档案移交,协助盟市对旗县国土资源局领导班子进行备案和任命,设立乡镇国土资源所558个,专职人员1 638名,为开展国土资源管理工作提供组织保证;组建执法监察总队,全区共有国土资源执法监察工作人员2 078名。

【地勘单位企业化改革】 组织实施地勘单位企业化改革,改变财政补助方式,实施事企分开,离退休人员经费单列管理,剥离办社会职能,转变经营机制,组建三个集团有限公司,地勘经济实现跨越式发展,完成总收入20.7亿元,同比增长142%;经营性收入实现17亿元,同比增长239%;实现利润1.6亿元,同比增长22倍;新增经营性资产8 187万元,同比增长10.8%;职工上岗率比上年提高4.5%,下岗人员比上年减少7%。增强地勘单位自主经营、自负盈亏、自我约束、自我发展的能力。

【基础工作】 加快地籍信息数字化建设,基础图件与数据更新有了新的进展。全区开展土地登记资料公开查询的旗县达92个，占全区旗县总数的92%。储量统计和评审等工作日益完善，征收矿产资源补偿费突破1.83亿元，比上年增长107%。投入基础测绘经费1 300.8万元，占"十五"期间的39%，提供平面控制点成果1 011个、水准点成果381个、各种比例尺地形图8 179幅、地形数据108幅，编制完成《自治区公路图集》，与民政厅共同编制《自治区行政区划地图集》，为自治区各项工程建设项目及时提供测绘服务。

（潘学飞）

矿产开发

【内蒙古自治区地质矿产勘查开发局领导名录】

局　长：杨永宽（蒙古族）

巡视员：胡东宁

副局长：陈峰　郑翻身　吕福生　秦玉生（12月任职）

【概况】 内蒙古自治区地质矿产勘查开发局成立于1956年，原属地质矿产部，后改由国土资源部管理。1999年6月，正式划归自治区管理，为正厅级事业单位。全局有直属县团级单位21个，其中地勘单位17个（地质矿产勘查单位9个，区域地质调查单位2个，水文地质工程地质勘查单位3个，探矿工程施工单位1个，地质科学研究单位1个，地质测量单位1个），分布在全区10个盟市，另有局直属企业3家。全局职工总数15 656人，其中在册职工7 758人，离退休职工7 898人。拥有区域地质、矿产地质、物化探、水工环、测试、测绘、探矿、地质机械制造等各类专业技术人员2 339人，其中副高级以上技术人员346人，中级技术人员1 071人，初级技术人员922人，是自治区境内技术力量雄厚、专业配套齐全，能承担国家和自治区以及各类企事业单位大中小型各类地质工作的主要专业地质队伍。

【地质勘查】 全年共完成自治区地勘项目立项审查93项，其中有71项获得批准，合计地勘项目资金总额3.33亿元。其中已经实施的项目44项，到位资金共计近1.5亿元。2005年各单位承揽社会地质项目486项，累计金额2亿多元，较上年有较大幅度增长。自治区领导关注的阿拉善盟铁矿资源勘查，初步估算铁矿资源量1.5亿吨，圆满完成自治区下达的提供7 000万吨资源量和3处有进一步工作价值矿产地的任务；北山—阿拉善北部金、铜、钼、铁等勘查工作进展顺利；内蒙古中部—赤南地区金、铜的储量进一步扩大；大兴安岭—得尔布干成矿带银、铅、锌和金矿勘查步伐加快；额合宝力格、白乃庙和东乌珠穆沁旗沥金格等地区的煤炭资源勘查取得重要成果，初步控制煤炭资源量200多亿吨；在年内新增2项8幅、续做3项12幅1：5万矿调项目中，新发现矿点、矿化点25处和多处异常，有待进一步验证，承担的6项水资源勘查任务进展良好，其中棋盘井找水的成功填补自治区岩溶找水的空白，其它几个大型水源地的勘查也即将完成。

【矿业开发和工勘施工业】 依托地质勘查成果，经过几年的地质勘查和矿权资产积累，拜仁达坝、花敖包特、黄花沟等一批大型、特大型矿山先后投入开发，还有一批资源基地将陆续进入开发阶段，有力地支持地方经济的发展。2005年，全局矿业开发完成收入1.7亿元，比上年翻两番。

工程勘察和施工业一方面受国家和自治区基础设施和工业项目的拉动，另一方面通过自身的改革调整，施工领域逐年拓宽，施工能力明显增强，内部机制逐步优化，产业规模越做越大，产权多元化，人才专业化，管理科学化，2005年完成收入1.8亿元。

【三项制度改革】 按照自治区关于事业单位改革试点工作的意见和国土资源厅的要求，局和各单位都成立由一把手任组长的地勘单位内部企业化改革领导小组，研究制定局和各单位的内部企业化改革实施方案。组建局三个全资子公司（直属企业），即内蒙古地质勘查公司、内蒙古矿业开发总公司和地质工程总公司，在体制和运行机制上完全按有限责任公司运作，作为局实施主业的平台，对全局地质勘查、矿业开发和工程勘察施工起到辐射、拉动、带动作用。三个公司内部实行用人自主、用工自由和分配制度改革。

【产业经济】 2005年，全局实现总收入7.2亿元，其中经营收入完成5.28亿元，超额完成年初提出的"保5争6"的经营目标，比上年增长109.1%。全年完成利润7 027万元，比上年增长194.8%。全年新增经营性资产4 300万元，极大地提高装备和市场竞争能力。职工人均年收入16 300元，较上年增长32.5%。

（田玉川）

煤炭工业

【内蒙古自治区煤炭工业局领导名录】

局　长：王旺旺

【概况】 内蒙古自治区地域辽阔，煤炭资源丰富。现已查明含煤面积12万平方公里，占全区国土面积的十分之一；累计探明储量2 300亿吨，占全国探明储量的24%；预测远景储量12 250亿吨，约占全国预测远景资源储量的22%。保有储量与预测储量均居全国第二位。在探明储量中,储量在亿吨级以上的大型、特大型煤田31处。其中储量200亿吨以上的特大型煤田3处,100~200亿吨的煤田5处,100亿吨以下10亿吨以上的大型煤田11处,10亿吨以下1亿吨以上的煤田12处。多数煤田为整装煤田,埋藏浅,煤层厚,赋存稳定,构造简单,适宜于大规模机械化开采。相当一部分煤田适合露天开采。12个盟市中查明的煤产地共有336处,主要分布在4个盟市的六大煤田之中。即鄂尔多斯市的准格尔煤田、东胜煤田,锡林郭勒盟的白音华煤田、胜利煤田,呼伦贝尔市的陈旗煤田,通辽市的霍林河煤田。六大煤田的探明储量达1 800亿吨,占全区探明储量的80%。

内蒙古自治区煤种齐全,煤质优良。有低灰、低硫、低磷、高发热量的阿拉善盟古拉本优质无烟煤,通称"太西煤";有特低灰、特低硫、特低磷、中高发热量的鄂尔多斯优质不粘结煤,通称"乌兰煤"或"东胜精煤",被用户称作绿色环保煤。"太西煤"和"乌兰煤"因其多年建立起的良好信誉,在国际、国内市场上具有较强的竞争能力。其它煤种为良好的动力、化工、炼焦煤。

【"十五"成就】 "十五"时期,自治区煤炭工业在自治区各级党委、政府的领导下,在各级煤炭行业管理部门和煤炭战线的广大干部职工的努力下,坚持以人为本,转变煤炭工业发展观念,优化煤炭产业结构,构建煤炭工业安全生产的长效机制,以科学发展观促进全区煤炭工业走工业现代化道路,取得巨大的成就。

煤炭资源新增勘探储量240亿吨 "十五"期间,投入煤田地质勘查资金近20亿元,比"九五"期间增加近15亿元,是"九五"期间的4倍。提高级别的煤炭资源储量350亿吨,新增煤炭资源勘探储量近240亿吨。自治区已成为中国煤炭资源的第二大省区。

煤炭生产产量翻一番 "十五"期间,煤炭产量大幅增长。特别是2002年突破亿吨大关之后,以每年增加5 000万吨的速度逐年递增,2005年底原煤产量达2.55亿吨。"十五"期间原煤产量达8.04亿吨,比"九五"期间的3.65亿吨,增加4.39亿吨,是"九五"期间的2.2倍。"十五"期间,全区调出煤炭4.38亿吨,是"九五"期间的3倍。成为中国第二大产煤和调出省区。

"九五"、"十五"期间全区煤炭产量图

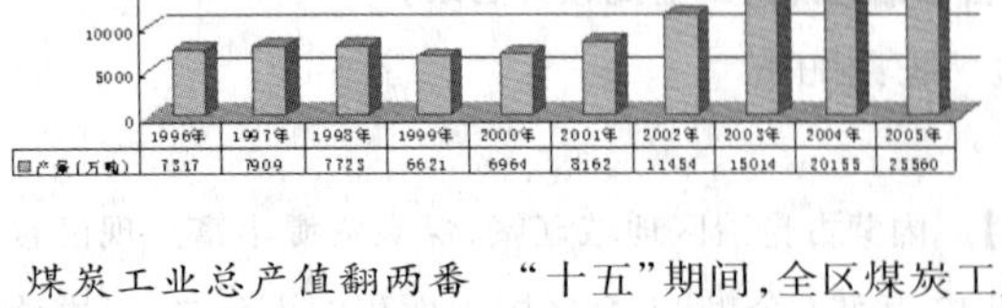

煤炭工业总产值翻两番 "十五"期间,全区煤炭工业总产值快速增长,以每年平均增长50%以上的速度递增,到2005年全区煤炭工业总产值达到365亿元。由"九五"期间的286.73亿元增长到"十五"期间的911.35亿元,增加624.62亿元,增幅达218%。

"九五"、"十五"期间全区煤炭产值图

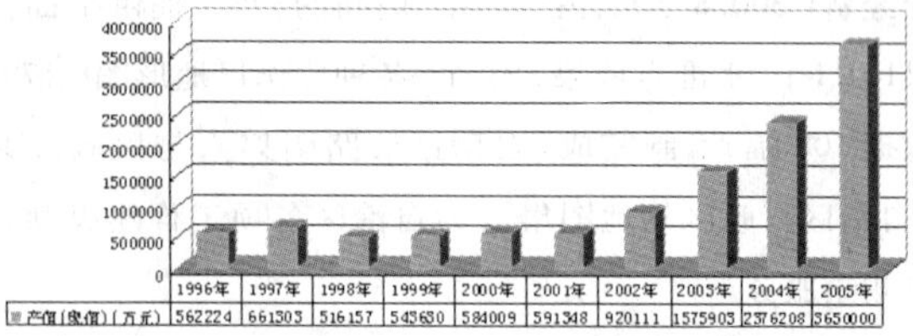

产业结构进一步优化 "十五"期间,全区地方煤矿矿井数量由"九五"期末的2 009处减少到"十五"期末824处,减少59%;矿井生产能力由"九五"期末的平均约2万吨增加到"十五"期末的约12万吨,增加6倍。

"十五"以来,自治区依托大煤田,围绕建设大型煤炭基地和组建大型煤炭企业集团,配套建设煤电、煤化及煤炭下游产品转化项目、扶持自治区确定的重点煤炭企业建设取得明显的成效。自治区30户重点煤炭企业的主导地位日益突出,自治区重点煤炭生产企业的煤矿数量占全区煤矿总数的18%,煤炭产量占到全区总产量的72%。涌现出象神东上湾煤矿、补连塔煤矿超世界先进水平的现代化矿井。神华集团、伊泰集团煤制油、煤制烯烃;霍林河煤业集团、汇能集团等一大批煤转电、煤电铝等煤炭转换、深加工项目已开始兴建,这些项目建成投产必将极大地提高自治区煤炭资源的就地加工转化能力,进一步优化自治区煤炭产品结构,提升产业水平,延伸煤炭产业链条,提高煤炭产品的附加值、形成综合利用煤炭资源的发展格局。

新增产能1.2亿吨 "十五"期间,全区开工建设一批重点煤炭项目、改造一批中小型煤矿,新增产能1.2亿吨。随着"十五"期间开工的在建项目的投产,还将陆续新增产能1.59亿吨。

煤炭生产百万吨死亡率大幅下降 "十五"期间,全区原煤产量8.04亿吨,煤炭生产百万吨煤死亡率0.87人,比"九五"期间的4.81人,减少3.94人,下降5.5倍。2005年全区煤炭百万吨死亡率为0.51人,安全水平居全国第三位。

"九五"、"十五"期间自治区与全国
煤炭生产百万吨死亡率图

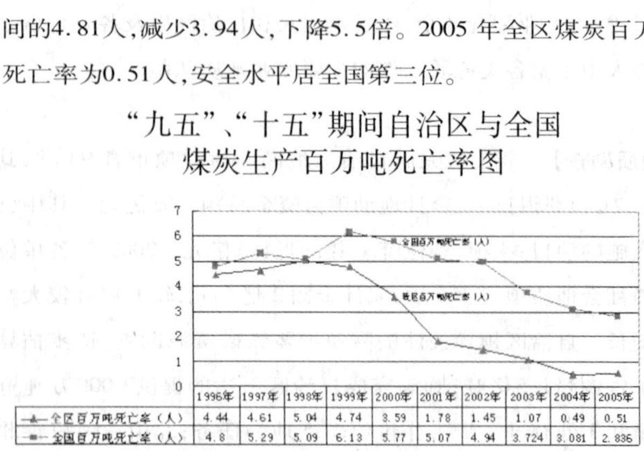

【"十一五"目标】 到2010年,自治区将建成2个年产1亿吨以上,4个年产5 000万吨以上的煤炭生产基地,2个特种煤基地;建设重组4个5千万吨级、7个1千万吨级以上的大型煤炭企业集团;地方煤矿总数控制在500处之内,其中,年产45万吨

以下小型煤矿控制在200处之内，年产30万吨以下（不含30万吨）小型煤矿基本淘汰关闭。大型整装煤田新建井工矿生产规模不低于年产120万吨，露天矿生产规模不低于年产300万吨；全区煤炭生产能力达4亿吨，煤炭洗选比重达60%以上，煤炭就地转化率达50%以上。矿井全部实现正规开采，矿井机械化程度达到90%以上；矿井资源回采率达到60%以上，采区回采率达到75%以上，工作面回采率达到90%以上；矿井全部装备瓦斯监测监控系统，主要产煤盟市、旗县、乡镇全部建立瓦斯远程监控中心，实现瓦斯联网监控。全区煤炭百万吨死亡率控制在0.3以下，其中：国有重点煤矿控制在0.1以下，地方煤矿控制在0.8以下。届时，全区煤炭生产能力达到4亿吨，煤制油能力达1 000万吨以上，生产煤制甲醇、二甲醚、PVC等煤化工产品能力达2 000万吨以上。形成煤、电、高载能产品，煤、焦、高附加值化工产品，煤气化、液化产品系列，最大限度地提高资源利用效率，实现循环经济模式，使自治区煤炭工业实现健康、快速、可持续发展。

（王晓波）

煤田地质

【内蒙古自治区煤田地质局领导名录】

局　　长：莫若平

纪委书记：王春彦（满族）

副局长：邵显珉　顾振吉　刘学明　郎自生（满族）

工会主席：宋跃生

总工程师：武　文

【概况】　内蒙古自治区煤田地质局是自治区唯一从事煤田地质勘探专业工作的事业单位，主要任务是根据国家地质勘探计划，综合运用各种技术手段，在全区范围内进行煤田地质勘查工作，探明煤炭储量及矿山开采条件，为自治区煤炭工业规划和建设提供地质资料。全局有职工6 540人，局机关实设行政办公室、党委办公室、组织人事处、计划财务处、审计处、生产安全装备处、合同资质法规处、保卫处、职工教育培训中心、工会。局属二级单位有8个勘探队、1个科研所、1所专业技术学校、1个服务中心、1个地质调查院和7个专业公司。分布在呼和浩特、包头、鄂尔多斯、赤峰、通辽、呼伦贝尔等市。50多年来，共发现和勘探煤盆地200多个，查明10多个大型煤田，其中准格尔煤田、东胜煤田蜚声国内外。提交各类地质报告近千件，累计勘查煤炭储量2 254亿吨，占全国探明储量的1/4，预测煤炭资源量1.2万亿吨，居全国第二位。

【经济工作】　全年社会地质和多种经营产值8.75亿元，实现利税2 510万元，新增固定资产1 918万元，更新各种生产设备300台（套）。承担煤勘项目120多个，开动钻机573台，累计完成钻探进尺142万多米。其中煤田地质勘探完成产值76 638万元，石油钻探产值3 571万元，工程勘查产值990万元，测绘项目产值166万元，公路市政等工程产值6 135万元。

【地勘项目完成情况】　全年完成地质项目25个，其中中国地质调查局续作项目1个、自治区2005年第一批地质项目10个、第二批地质项目1个、第三批地质项目13个。共编制探矿权申报材料133件，取得探矿权证38个。

【内部企业化改革】　组建成立“内蒙古自治区煤炭地质勘查（集团）有限责任公司”。实行事企分开原则，进一步完善现代企业制度，促进经济效益和工作成果的双重突破。

（张宝仁　王锡海　武尚宏　程润富）

地质勘查

【内蒙古自治区有色地质勘查局领导名录】

局党组书记：吴日山（蒙古族）

局　　　长：崔养权

【概况】　内蒙古自治区有色地勘局为自治区国土资源厅所属准厅级事业单位。全局共有县处级事业单位11个，其中驻呼和浩特市单位6个，驻其它盟市单位5个。全局现有职工3 868人，其中离退休职工2 156人，占职工总数的56%，在职职工1 712人，占职工总数的44%。全局专业技术人员598人，其中高级职称70人，中级职称267人，初级职称261人。

【企业化改革】　完成以局为单元的产业结构调整和资产整合重组，事企业管理在机构、职能、人员和经费分开，矿产勘查开发和建设施工两个主产业公司以及离退休人员管理和基地管理两个中心已经建立并分别以企业化管理的机制和事业管理的职能开始运行；局本部在管理体制、职能转换和机构设置上重新调整，由以事业管理为主转为以企业管理和经营为主并已按集团公司的管理模式模拟运行；企业新的用工、人事、分配制度已经确立，“三项制度”改革和投资主体多元化的股份制改造正在进行之中；集团公司挂牌组建方案符合局实际，正在筹备之中。

【产业经济】　全年地勘费5 702万元，其它经营收入达到18 754万元，比上年的10 795万元提高73.7%；实现利润1 000万元，扭转多年亏损的局面，新增经营性资产2 111万元，经营性净资产由上年的4 366.64万元增加为5 366.64万元,国有资产增值率23%。

【地质矿产勘查主导产业】 全年共承揽国家、自治区和社会地质项目35项,实现收入14 144万元;登记矿权36个,矿权总数累计为83个,新发现矿产地三处:察右中旗李清地银多金属矿区,突泉县小西沟铜、铅、锌矿区,达茂旗克克齐铜矿区。首次承揽有色金属以外的煤和盐的地质勘查6个项目,与10多个企业和单位实施合作,全年引资5 100万元,与上年相比实现了零的突破。

【基地建设】 通过两个中心的建立和管理的改进,实现近2 000名离退休人员和1 000多名下岗富余职工总计3 000多人(占全局职工总数的80%)的良好管理与服务,同时还保证3 400多万元离退休生活费用和1 000多万元下岗富余人员生活费用总计4 400多万元(占全局地勘事业费的78.5%)生活费的发放。

(王付才)

机械设备管理

【内蒙古自治区机械设备成套局领导名录】

副　局　长:张志刚(主持工作)

助理巡视员:王　谦

【概况】 内蒙古自治区机械设备成套局2005年在职人员60人。其中大中专以上文化程度44人,高级职称9人,中级职称25人,初级职称10人。内设行政处室有:局长办公室、人事处、财务处、纪律监察审计室、老干部处。内设业务处室有招标一处、招标二处、招标三处,主要任务是受业主委托,对建设项目需要的国内外机电设备,依照国家法律法规,本着"公开、公平、公正和诚实信用"的原则以及择优的原则开展招投标代理工作;成套项目管理处,对委托的建设项目组织提供成套的工艺技术装备,开展全过程的技术服务直至建成投产;设备监理处,主要任务是受业主委托,开展以设备工程的质量控制、进度控制、投资控制、合同管理为内容的设备监理工作;工程咨询处,承担建设项目的立项、可行性研究、工程设计、设备材料采购、安装调试等各个过程的工程咨询服务。

【设备招标业务】 2005年受业主委托,先后完成内蒙古第一机械制造厂有限责任公司的技改措施项目,伊泰煤炭集团股份有限公司下属3个大中型煤矿建设项目,内蒙古李家塔煤矿安全改造项目,蒙西高新材料有限公司扩建日产5 000吨水泥生产线项目,乌兰水泥厂日产5 000吨水泥生产线项目,乌海蒙西水泥项目,内蒙古医学院新校区建设项目,内蒙古农牧业厅新建住宅楼,内蒙古公安厅指挥中心与警官教学大楼和民建项目、中央绿地广场项目,内蒙古教育出版社新大楼网络及IT基础平台项目,国航维力斯大酒店建设项目,内蒙古集宁区、丰镇市集中供热工程,内蒙古二道河建筑公司钢结构轻板车间项目,呼和浩特市农机研究所,内蒙古医院锅炉房,内蒙古乌拉特中旗退牧还草工程,以及鄂尔多斯市东胜区和伊金霍洛旗、呼伦贝尔市扎兰屯区和海拉尔区垃圾处理污水处理工程,还有内蒙古文化大厦,内蒙古无线电管委会,内蒙古公安厅居民身份证制证中心等政府采购项目,以上46个项目需要的设备、材料、通讯系统、信息处理系统、装饰材料、灯具、网围栏工程机械、化工产品等招投标任务。并且在每一个环节都要符合招投标的法定程序和规范要求,达到高质量,高水平,公正、公平、公开。上述项目委托招标金额达14.32亿元,节资率15~30%。

【设备成套业务】 2005年设备成套管理处,圆满地完成蒙西高新材料矿渣粉技术改造工程项目,海拉尔福星煤业分公司的建设项目,蒙西高新材料股份有限公司扩建5 000吨水泥生产线项目的成套设备的组织供应和现场的成套技术服务。

【设备监理业务】 2005年,设备监理部门受业主委托,先后对伊泰煤炭集团股份有限公司下属年产1 200万吨超大型的酸刺沟煤矿新建机械化矿井、年产300万吨大中型宏景塔煤矿改造工程、年产120万吨中型宝山煤矿扩建工程,以及东乌珠穆沁旗电厂扩建工程,牙克石蒙西水泥项目建设工程,乌兰蒙东日产2 500吨水泥项目工程,乌兰日产5 000吨水泥生产线特大型建设工程,蒙牛乳业马鞍山有限公司的建设工程,通辽蒙东水泥项目建设工程,依照双方签订的监理合同规定,开展设备招标采购、生产监制、到货验收、安装调试直至建成投产全过程的质量控制、进度控制、投资控制、合同管理等程序的设备监理工作。

【工程咨询业务】 在2005年对呼和浩特市城发投资有限公司二期热力东北热源厂扩建项目,蒙西高新材料有限责任公司的建设项目等,就工程项目管理、设备选型采购、以及其它技术性问题开展咨询服务。

【进出口业务】 设备进出口是成套局新开拓的一项业务,取得相应的资质证书,并引进专业人才。第一年就成功地完成蒙西高新材料有限责任公司、内蒙古思远牧业公司、内蒙古动力机械研究所、内蒙古伊利实业公司、内蒙古拓力电子公司、内蒙古伊泰集团酸刺沟煤矿建设项目等6家委托的设备材料进出口业务。委托金额达365.4万欧元、615.76万美元,折合人民币约8

联500万元。

2005年全局各业务部门接受委托的服务项目总计为65个。其中成套服务项目3个，招标代理项目46个（其中政府采购项目3个），设备监理项目7个，工程咨询项目3个，进出口业务6项。接受服务金额17.94亿元人民币、365.4万欧元、615.76万美元。全年收入531.86万元人民币、6.23万欧元、700美元。项目总数，服务金额，全年收入分别比2004年增长47.72%、191.9%、26.46%，因此，在承揽项目的数量，委托服务的金额，项目的类型，行业的门类，建设规模，以及首次涉足进出口业务等方面，比起往年有了长足的发展。

【其它】 2005年，成套项目管理部门积极开展项目前期工作，对自治区13个大中型建设项目进行跟踪和联系，总投资合计为114.6亿元。其中包括乌兰恰特大剧院、内蒙古博物馆、内蒙古体育馆等自治区60周年大庆项目。

（郑瑞杰）

环 保 测 绘

环 境 保 护

【内蒙古自治区环境保护局领导名录】

局　　长：李万忠（3月任职）

副 局 长：永红（蒙古族） 高震风（蒙古族） 石玉山

纪检组长：王笑一

巡 视 员：解双华（女）

助理巡视员：崔建国

【概况】 自治区环保局成立于1995年5月，是自治区政府的直属机构。内设9个处室：办公室、机关党委（人事处）、规划与财务处、污染控制处、监督管理处、科技监测处、自然保护处、辐射管理处、政策法规处。自治区纪检委派驻纪检组，设纪检监察室。局辖7个直属事业单位：机关事务服务中心、环境保护宣传教育中心、环境监测中心站、环境科学研究院、生态环境监测站、环境监察总队、环境评估中心。核定事业单位人员编制200人。全区12个盟市全部成立独立的环保局，列入政府组成部门。101个旗县（区）有86个旗县（区）成立独立环保局、14个旗县为城建环境保护局。41个乡镇设立环境保护工作站。至2005年底，全区环保系统编制职工4 001人。其中，行政编制926人，事业编制2 504人，其他编制85人，实有人数为4 001人。人员结构按职称区分：高级职称235人，中级职称743人，初级职称730人；按学历区分，研究生28人，本科生1 029人，专科生1 746人，中专及以下1 088人。

【“十一五”环境保护规划】

在全区范围内开展环境保护“十一五”规划的编制工作　确定以呼和浩特、包头、乌海、赤峰四个城市的大气污染，黄河、西辽河、海拉尔河三个流域水污染和重点地区、重点行业治理为重点的污染防治工作。以保护好自然保护区和生态示范区，建设科尔沁－阴山北麓特殊生态功能区为重点的生态环境保护规划思路。

全区加速推进循环经济示范建设工作　结合自治区实际，提出《推进循环经济发展创建环保模范城镇，建设生态市县和工业园区指导意见》。在呼和浩特市和包头市积极开展创建环境保护模范城市工作。呼和浩特市制定“创模”实施方案，将“创模”任务进行分解，明确责任单位和责任人。包头市环保局按照国家环境保护模范城市技术规范要求，编制完成《包头市创建国家环保模范城市总体规划》和《包头市创建国家环保模范城市分项规划汇编》，制定《包头市创建国家环境保护模范城市实施方案》，在立法保护环境，依靠科技进步解决重大环境问题，组织实施国家生态工业园建设，构建循环经济体系和资源能源节约型社会，包头市环境得到明显改善，并代表国家环境保护方面荣誉最高的社会性大奖—“中华环境奖”。同时结合全区实际，确定了包头国家生态工业（铝业）示范园区和包钢循环经济的试点，指导阿拉善盟乌斯太生态工业园区、鄂尔多斯市棋盘井、榆树湾工业园区和沙圪堵工业园区、乌海市海南和乌达工业园区、乌兰察布市丰镇工业园区制定生态工业园规划；呼伦贝尔市逐步建立以循环经济为核心的生态经济体系，在全区率先进入生态示范区行列，成为全国最大的市级生态示范区，同时，积极开展生态市创建工作，选定呼伦贝尔市海拉尔区、满洲里市等旗县为创建生态市试点地区；在农村牧区积极推行环境优美乡镇的创建活动；在企业积极推行清洁生产，创建环境友好企业活动。在抓好典型示范创建活动的同时，加强废物综合利用，建设一批燃用煤矸石的发电厂、以粉煤灰作原料的水泥等建材项目和利用城市污水的新型工业项目,延长产业链条,减少污染物排放。

【污染防治工作】

狠抓重点城市的大气污染防治工作 通过推广清洁燃料、加快城市基础设施建设等一系列措施,使全区的13个主要城市的空气质量有较大改善,据12月底的监测数据表明,呼和浩特、包头、乌海、赤峰、乌兰察布、锡林浩特、满洲里的7项综合污染指数与上年同期相比都有不同程度的下降,全区城市大气质量总体明显改善。至12月31日,呼和浩特市空气质量优良天数达到311天,比2004年增加11天,如期实现市委、市政府制定的"为民办实事儿,实现蓝天310个"的承诺,提前完成2005年二级以上空气质量"创模"指标;包头二级以上天数256天,比上年增加78天;赤峰二级以上天数261天,比上年增加24天。全区主要城市实现集中供热,城市生活垃圾和危险废物无害化处置率明显提高。加强13个重点城市的"城考"工作,2004年13个城市平均分值比2003年增加3.84分,其中,呼伦贝尔市、包头市、乌海市、二连浩特市的增幅较大。

加大主要流域的水污染防治力度 流经自治区的黄河内蒙古段、西辽河、海拉尔河的水质均有所好转。2005年,黄河内蒙古段主要污染物石油类、汞、挥发酚较上年同期相比均有所下降,黄河干流大部分河段为Ⅳ类或Ⅲ类水质,个别河段为劣Ⅴ类水质,总体评价为轻度污染,大部分河段水质好于上年,特别是包头段水质有明显好转;支流以劣Ⅴ类水质为主,为重度污染,但污染程度较上年有所减轻。西辽河干支流污染程度与上年同期相比有所减轻;海拉尔河仍保持较好的水质。其它的内流河、湖泊、水库的水质较好,与上年同期相比无明显变化。"十五"期间,通过加大治理力度,工业废水达标率由39.7%提高到61.1%,城市污水处理达标率由45%提高到83%,COD在工业废水大幅增加的情况下,得到削减控制。

推进噪声污染防治 加强汽车尾气治理 2005年继续在全区开展创建"安静居住小区"活动,总结试点经验,以典型示范引路,推动此项工作。加大汽车尾气治理力度,全年重点加强机动车排放检测机构技术规范,出台汽车尾气检测和维修管理的实施意见。全区有6个盟市建成7处机动车检测和维修站。呼市机动车尾气监管步入正轨,建成9条工况法检测线运行良好,共检测各类车辆29 000辆,机动车尾气合格率为85%,开展对不合格车辆的治理。

从源头上控制环境污染 环保局严格执行《环境影响评价法》和国家产业政策,严把建设项目审批关。至12月底,出具建设项目立项审查意见165项,批复项目101项,其中重化工项目56项,电力项目1项;国家总局批复项目共79项,其中重化工项目21项,电力项目34项,总装机量达2 891万千瓦;为国家审批建设项目出具环评报告书初审意见55项。环保局批复建设项目环境影响报告书94项;环境影响评价执行率达100%。已建项目环境保护"三同时"执行率达90%以上。

全面开展环保专项整治行动 切实解决突出环境问题 在全区范围内深入开展"打击违法排污企业,保障人民群众健康的专项整治行动",依法取缔、关停、淘汰、落后生产能力及工艺,对死灰复燃的"十五小"、"新五小"等污染企业进行监督检查,坚决制止危害群众健康的环境违法行为,努力让群众喝上干净的水、吃上放心的食物、呼吸上清洁的空气,在良好的环境中生产生活。在专项行动中全区共出动环境执法人员12 838人次,检查企业6 145家,立案企业993家,查处违法企业523家,关停取缔违法排污企业504家,挂牌督办解决突出环境问题案件55件。经检查,环保"三同时"制度执行合格率达到93%,重点监管企业稳定达标率达到91%。年初,环保局把晋陕蒙宁交界地和乌海市周边地区确定为环境监管的重点地区,将电石、铁合金、焦化行业的污染整治列为专项行动的重中之重,对晋陕蒙宁交界地区的464台电石、铁合金矿热炉专项治理,关停223台,安装除尘设施241台。鄂尔多斯市在专项行动中先后制定《鄂尔多斯市环保专项行动实施方案》等一系列规范性文件,全年共出动环保执法人员370人次,检查企业194家,依法取缔改良型焦化企业67家、107孔窑,20万吨以下的机焦企业21家,100立方以下小炼铁企业29家、35台炉,关闭小储煤场82家。督促电石企业56家、88台炉和铁合金企业61家、148台炉上环保设施,累计投入治理资金5亿多元。乌海市对全市73家电石铁合金企业148台矿热炉进行清理整顿,其中对37台治理设施无法正常运行或没有上治理设施的矿热炉进行关停,对80台治理设施不能正常运行的矿热炉责令其限期整改;对49家焦化企业进行清理整顿,依法关闭32家。

加强环境监管 严防重特大环境污染事故发生 松花江特大水污染事故发生后,自治区环保局按照国家环保总局的紧急部署,认真研究制定排查环境污染隐患的工作方案,把居民集中区、江河流域沿岸、饮用水源地上游的危险废物排放企业和使用储存放射源的企事业单位作为环境隐患的重点,分4个组对164家重点污染源、229家2 498枚放射源进行全面排查,对存在重大环境安全隐患的23家企业要求当地政府、环保部门和企业都要做出应急处置预案,其中对6家重大隐患企业责令关停治理。同时对中西部5个盟市的重点污染源排查情况形成4个会议纪要,提出明确要求。

【全面落实"三区"战略】 落实"三区"推进战略 自治区在全国第一个将生态环境保护条例列入自治区人大立法计划,并在全国率先制定《内蒙古自治区生态保护条例》、《内蒙古自治区生态功能区划》和《内蒙古自治区自然保护区有效评估办法》,编制《内蒙古自治区环境优美乡镇考核验收规定》。在加强制度建设的基础上，加强自然保护区、生态示范区、资源开发区的监督管理。全区共建成自然保护区187个，其中国家级20个，自治区级54个，盟市级25个，旗县级88个。国家级自然保护区总数在全国排名第一，保护区面积达1 512.01公顷，占全区国土面积的12.78%。全区生态示范区达43个，其中国家级生态示范区4个，国家级生态示范区建设试点11个，面积占全区国土面积的31.9%。生态功能区4个，其中国家级2个，面积占全区国土面积的13%。赤峰市阿鲁科尔沁自然保护区被国务院批准为国家级自然保护区。宁城县、元宝山区完成生态示范试点区总体规划编制。全区生态保护与国际合作日益密切，中加、中瑞挪、中意、中德和中韩的国际合作项目进展顺利。

对自然生态保护的环境监管　依法查处生态破坏案件　会同有关部门对国家级、自治区级自然保护区的建设和管理进行执法检查，重点对赤峰市、通辽市、锡林郭勒盟的保护区进行抽查；组织协调有关部门对3个自治区级以上的自然保护区的功能区进行调整；对公路、铁路、水电、矿产资源开发等大型建设项目依法进行生态环境监察；对因开矿导致生态环境破坏的大黑山国家级自然保护区、九峰山自治区级自然保护区进行执法检查。赤峰市针对个别保护区无序开发的情况，全面加大自然保护区矿山开发、旅游开发的环境监管力度，对全市自然保护区等环境敏感地区的矿山开发等项目进行联合执法，责令关闭取缔保护区境内违法项目6个。

加强农村环境保护　发展有机农业、节水农业、农林混合农业。广泛开展粮食、蔬菜、畜牧产品以及其它农产品的绿色产品或有机新产品认证工作。通过农业生态建设，有效控制农药、化肥和薄膜引起的农业面源污染，保证农村牧区集中式饮用水源地水质安全。配合全区预防高致病性禽流感工作，加强对畜禽养殖业的环境监管。

生态环境监测　是年举办全区生态环境质量遥感监测与评价培训，加强生态环境监测仪器设备等能力建设。针对自治区环境生态的特点，编制"内蒙古自治区生态环境监测分类系统"和"内蒙古自治区生态环境监测评价指标"体系，为依法加强生态环境保护监管、合理设置产业布局提供重要的决策依据。

【强化核与辐射环境监管　确保公众环境安全】

加大辐射环境监管　年初，环保局组织召开"全区辐射环境保护工作会议"，重点研究部署2005年开展电磁环境污染源申报登记试点工作，根据申报登记试点工作的技术规范、程序，进行培训；积极开展"清查放射源，让百性放心"专项行动，抽调专家组到全区12个盟市进行检查，全区有使用放射源的单位229家，共有放射源2 498枚，其中在用放射源1 583枚，已收废放射源915枚；继续加大废放射源的收贮力度，全年共收贮废放射源179枚；及时协调处理宁夏核工业地质勘查院实验室退役废物倾倒内蒙古自治区境内事件，依法处理赤峰市两单位掩埋废放射源的问题。

强化固体废物管理　上半年自治区环保局两次对现有的和在建的危险废物和医疗废物处置设施进行普查，全区新建焚烧炉18个，新购运输车21辆，建成2个危险废物处置中心，10个医疗废物处置中心，扩建包头放废库；加强进口废物环境管理，对上报的5批进口废物进行审核；及时处置分布在通辽市、呼伦贝尔市等地的硫氰酸钾、甲苯等20多种过期危险化学品，消除安全隐患。

【环境保护基础建设】

加强环境法制工作　依据《行政许可法》清理规范性文件1 100多件，办理自治区人大建议13件、政协委员提案18件，完成法规征求意见审核18项。查处、督办环境违法案件近60起，办结率达97%。全区环境执法逐渐步入严格执法、规范执法、文明执法的良性发展轨道。

环境保护科研工作　结合自治区环境保护工作的实际，制定《内蒙古自治区环境保护与科技发展战略规划》，建立较完善的生态与环境规划、监测网络体系；积极开展阿尔山—柴河旅游区生态旅游可持续问题研究；对内蒙古循环经济发展规划、鄂尔多斯高载能工业园区土壤与植物重金属污染特征研究等6个重点科研课题项目立项研究，推动环境科研工作的不断深入。

环境监测能力全面提升　全区8大监测网络建设初具规模，各级环境监测站完成国控点、区控网地表水、大气、噪声、酸雨、污染源的监测任务，全年向政府及环境管理部提供水、气、声、渣、噪和沙尘暴等各类有效监测数据15 791万多个；全区11个城市开展空气质量周报、6个城市开展日报工作，为及时准确地掌握全区环境质量变化情况，控制环境污染提供决策依据。

加大环保能力建设和治理经费投入　经多方争取协调，得到了国家环保总局和自治区财政对环保自身能力建设和企业治理资金的大力支持。申请国家西部执法能力建设资金373万元、国家环境监测能力建设资金780万元、中央排污费专项资金1 600万元、国家自然保护区建设资金160万元；自治区排污费专项资金5 560万元、中加合作项目50万元、自治区应急环境监测300万元。共计8 823万元。自治区本级直收排污费8 000万元。

环境宣传教育　全年为自治区党委、人大、政府、政协等有关部门的领导赠阅《内蒙古环保信息交流》70多份次；协调以党政两办名义举行纪念"6·5"世界环境日干部大会，请自治区党委政府主要领导发表了题为《树立科学发展观　走可持续发展之路》的署名文章。在内蒙古日报、内蒙古电视台、广播电台等主流新闻媒体设置"人与自然"、"纪念6·5世界环境日"、"内蒙古环保世纪行"等环保专题栏目，广泛宣传党和国家环保方针，政策法律法规及热点问题等,全年累计刊(播)发各级各类稿件300余篇;为了充分调动新闻媒体的关注和参与环保的积极性,组织开展“内蒙古环境保护好新闻评选”等活动,取得积极的效果;积极开展党政领导干部环境教育,全年约有4 000名各级党政领导干部在党校和行政学院接受了环境保护的有关培训。

积极推进办公自动化进程　全年重点加强局域网建设,进一步完善环保局主页的内容,所有局发文件实现网上查询,加强办公自动化软件应用的培训,办公效率有明显提高。

【全区环境保护工作会议】　2月28日,全区环境保护工作会议在呼和浩特新城宾馆召开,会期两天。自治区人大常委会副主任陈瑞清、自治区人民政府副主席郝益东出席会议并做重要讲话。全区各盟市分管环保工作的盟市长、环保局局长、环保局办公室主任和自治区各有关部门的领导参加会议。会议的主要内容是:认真贯彻落实自治区人大十届三次会议和全国环境保护工作会议精神;全面总结2004年全区环境保护工作,研究部署了2005年全区环境保护工作任务。

(赵润喜)

测　　绘

【内蒙古测绘事业局领导名录】

局长　党委书记:吴齐文(蒙古族)

【概况】　内蒙古测绘事业局是自治区国土资源厅所属准厅级事业单位,下设办公室、财务处、人事教育处、生产技术处4个职能处室。局属单位有测绘院、航空遥感测绘院、地图制印院3个甲级测绘事业单位和测绘科技档案资料馆(地理信息中心)1个公益性服务单位。全局核定编制为615人,局机关编制为29人。全局现有在岗人员556人,离退休人员354人。具有专业学历的技术人员占50%以上,其中正高级工程师3人、高级工程师37人、工程师70人,国家测绘学术与技术带头人2名。

局长1人(副厅级),副局长2人(正处级),全局核定处级干部26人,其中局机关为9人。全局现有测绘及相关专业学历的技术人员占50%以上,其中正高级工程师3人、高级工程师37人、工程师70人,国家测绘学术与技术带头人2名。

【基础测绘】　2005年,内蒙古测绘事业局完成赤峰市、乌兰察布市和兴安盟三个地区1: 1万地形图测绘外业1 353幅,内业1 418幅,并完成赤峰和兴安盟7.6万平方公里的大地水准面精化工作。

【地图集编制】　编制完成自治区首部城市影像地图集—《包头市影像地图集》,《呼和浩特市影像地图集》于年底完成。为迎接2007年内蒙古自治区成立60周年,开始编制《内蒙古自治区地图集》,作为献礼项目。

【区情地理信息系统研发】　从2004年起,启动内蒙古自治区区情地理信息系统的研发工作,2005年试运行。自治区副主席连辑两次赴测绘局考察项目实施情况,听取汇报,并要求做进一步深入开发。这一系统还专门在全区电子政务建设工作会议暨推行全程办事代理制现场会上进行演示,现经完善后更名为《内蒙古政务地理信息系统》,已在内蒙古政务网上试运行。此项目还被国务院信息办列为国家试点项目之一。

【测绘项目研究与开发】　《科尔沁沙地生态研究》、《土地利用现状详查》等项目也通过验收,取得了阶段性成果。

【内蒙古测绘网建设】　开通自治区第一家测绘网站—内蒙古测绘网,把测绘服务领域进一步向社会延伸,使各行业、普通百姓能够方便使用测绘数据、资料,了解测绘发展动态。

【测绘发展规划编制】　为促进自治区测绘事业可持续发展,组织有关人员编写《内蒙古自治区2006—2020年测绘发展规划》。

【为社会提供测绘服务】　至2005年11月底,向区内外用户提供各种地形图14 674张,三角点和水准点5 060点,其它数据176幅(景)。

【学术交流】　4月,邀请中科院院士、武汉大学校长刘经南教授在呼和浩特市新城宾馆作学术报告。

【人才建设】　在深入调研的基础上,广泛征求意见,出台《内蒙古测绘事业局五年人才发展规划》。

(张志清)

商务供销粮食工商

商 务

【内蒙古自治区商务厅领导名录】

厅　长:吕二喜(3 月任职) 白盾(3 月离任)

副厅长:高云 德顺(蒙古族) 伊克苏苏(蒙古族 11 月离任)

高晓峰(蒙古族) 孟贵玺

纪检组长:盛文娟(女)

巡视员:杨士杰

助理巡视员:马运先(满族)

【概况】 内蒙古自治区商务厅是自治区人民政府的组成部门,内设 16 个处室,行政编制 87 人,2005 年实有 81 人。人员结构:男 48 人,女 33 人;蒙古族 16 人,满族 4 人,鄂温克族 1 人,汉族 60 人;大学及以上学历 61 人,大专学历 20 人;年龄 50 岁以上 28 人,40 岁至 49 岁之间 34 人,31 岁至 39 岁 16 人,30 岁以下 3 人。

【对外贸易】 2005 年,全区对外贸易进出口实现51.62亿美元,同比增长27.5%。其中,出口20.65亿美元,比上年增长22.8%;进口30.97亿美元,比上年增长30.8%。至 2005 年底,全区获得对外贸易经营权的企业达2 626家,与世界 169 个国家和地区有贸易往来,外贸进出口商品结构进一步优化。

【利用外资】 2005 年新批准外商投资企业 197 个,合同利用外资13.8亿美元,实际利用外资11.9亿美元,比上年增长89%;外商投资国别范围扩大,大项目增多,利用外资质量有大幅度提高。

【向北开放】 2005 年,自治区积极调整向北开放战略,先后与俄蒙签订合作合同、协议 37 个。内蒙古鲁能能源重化工投资有限公司获得俄罗斯别列佐夫铁矿使用权,计划四年内建设年开采能力达1 000万吨的大型矿山;大兴安岭森工集团乌尔汉森工公司拟投资4 500万元在布里亚特共和国建设年加工3.5万立方米的桦木单板旋切项目等。

【对外经济技术合作】 2005 年,全区签订国外工程承包、劳务合同和设计咨询合同 110 个,合同总金额1.8亿美元,完成营业额6 100万美元,外派劳务6 900人次。

【口岸经济】 2005 年,全区口岸进出境货运量2 701万吨,比上年增长23.9%;进出境客运量336.6万人次,比上年增长16.4%。

【商贸流通】 2005 年,全区实现社会消费零售总额1 344亿元,比上年增长15.8%。餐饮市场火爆,营业收入达229.6亿元;连锁商业快速发展,销售额超过 100 亿元。

【市场经济环境】 2005 年,自治区积极开展保护知识产权、食品药品安全、农资市场、盐业市场、二手机市场和汽车摩托车配件市场等专项整治活动,共查处食品药品无照经营 858 户、制售假冒伪劣食品案件 646 件、捣毁农资制品制假窝点 85 个,并在呼和浩特市、呼伦贝尔市等地集中开展打击经贸诈骗犯罪的专项活动。

(侯燕会 乔绍玉)

供 销

【内蒙古自治区供销合作社联合社领导名录】

理事会

主　任:刘金水

副主任:武金祥 唐利民 张鳞龙 刘贵荣

监事会

主　任:王政和

副主任:郭　桢

【概况】 全区供销合作社系统有 12 个盟市供销合作社、89 个旗县级供销合作社、483 个基层供销合作社、304 户旗县以上社属企业,共有职工49 942人。自治区供销社本级下设 9 个直属单位,其中直属企业 8 个,即:内蒙古农牧业生产资料股份有限公司、内蒙古牧王畜产品股份有限公司、内蒙古土产副食品股份有限公司、内蒙古供销进出口贸易有限责任公司、内蒙古纬天冷藏有限公司、内蒙古万邦羊绒制品有限公司、内蒙古可尔棉麻有限责任公司、内蒙古世奥商贸股份有限公司;另有1所全日制中等专业学校:内蒙古经贸学校。区直单位员工总数为536人。

2005年,全系统实现商品购销总额118亿元,同比增长24.2%;上缴国家税费总额5 936万元,同比增长19.7%;实现利润总额4 260万元,同比增长27.7%,盈利面达98%以上,社会贡献总额1.5亿元,同比增长28.7%。

【业务经营】 2005年,全系统组织供应化肥120万吨,化肥供应量占到全区社会需求量的82.6%,化肥主要品种价格上涨幅度低于全国平均水平3个百分点,较好地发挥了农资供应主渠道作用。全系统收购农畜产品15亿元,同比增长50%;毛绒收购量占全区毛绒产量的30%;完成社会消费品零售额10.95亿元;再生资源购进总额8 080万元;组织供应边销茶15万担,较好地完成国家、自治区委托的烟花爆竹安全经营任务和化肥、边销茶、活体羊等重要商品储备任务。

【基层社建设】 各地基层供销合作社通过产权制度改革,盘活了基层社资产;通过分类指导,开放办社,扩大基层社组织基础;通过参与农牧业产业化经营,提高基层社服务能力;通过典型带动,强化指导力度。基层社建设呈现出组织形式多样化、产权主体多元化、服务范围广泛化的特点。涌现出赤峰市喀喇沁旗乃林基层社、巴彦淖尔市杭锦后旗南渠乡肉鸡养殖专业合作社、土默特右旗将军尧村综合服务社等一批经营灵活、服务到位、效益良好、辐射带动力强的基层合作经济组织典型。各类专业合作社477个、村级综合服务社1 381个。2005年,全系统基层社实现商品销售收入14.3亿元,同比增长34.7%。

【联合社职能转变】 重点加强政策协调、规划制定、发展农牧民合作经济组织以及社有资产监管等工作,改革发展的外部环境进一步改善。呼伦贝尔市、兴安盟供销合作社协调当地党委、政府出台加快发展农村牧区合作经济组织的意见,明确要求供销合作社作为行业主管部门,对当地农牧民合作经济组织进行组织、指导、管理、协调。赤峰市、通辽市、巴彦淖尔市供销合作社积极组建行业协会,推进自身职能转变;呼和浩特市、锡林郭勒盟供销合作社举办农牧民经纪人、农村牧区合作经济组织培训班,培训人员4 000余人。2005年,全系统组建各类农畜产品行业协会220个,农牧民经纪人协会34个,农村牧区合作经济组织联合会21个。

【农牧业产业化经营】 全系统培育农牧业产业化经营龙头企业45个,其中:营业收入超亿元的龙头企业10个。兴建一定规模的商品交易市场32个,完成市场交易额30亿元。兴办种植业、养殖业基地182个;建立科技试验示范田9 153公顷,测土配方施肥7.2万公顷,提供技术培训、咨询服务110.6万人次。2005年,全系统通过“龙头企业+合作经济组织+农牧户”的产业化经营模式,带动农牧户60.8万户,帮助农牧民实现收入16.4亿元。

【农村牧区现代流通网络建设】 各地区供销合作社以开拓和占领农村牧区终端市场为重点,以改造传统经营网络、增强市场竞争力、完善为农服务功能为目标,加强网点建设,开展连锁经营,拓展新兴市场,着力打造农资、农畜产品、日用消费品、废旧物资回收、烟花爆竹五大连锁经营服务网络。积极参与“万村千乡”市场工程建设,以旗县供销合作社为中心、基层社为骨干、村级综合服务社和连锁超市为终端的旗县、乡、村三级现代流通服务网络建设初见成效;自治区24家“万村千乡”试点企业中,有11家是供销合作社直属企业。以自治区农资公司为龙头、“内蒙农资”为品牌的全区供销合作社系统农资连锁经营服务网络已在全区主要农作物产区设立26个分公司、3个联营公司,发展874个终端连锁经营网点。以全国供销总社新合作商贸连锁股份有限公司为依托,整合农村牧区现有经营服务网络资源,赤峰市、包头市供销社“新合作”日用消费品连锁经营服务网络已投入运营,目前规划发展大型配送中心2个,中心店、直营店等乡村网点476个。2005年,全系统实现商品连锁经营额12亿元,占系统商品销售总额的18.9%。

(丁彦敏)

粮　食

【内蒙古自治区粮食局领导名录】

局　长:卫庆国

副局长:张国治　康昱幸(蒙古族)　张忠何

纪检组长:铁　钢(蒙古族)

助理巡视员:刘永旺

【概况】 内蒙古自治区粮食局为自治区政府直属机构,正厅级行政单位。人员编制49人,其中副厅级(含副厅级)以上干部6人,副处级(含副处级)以上干部28人,主任科员13人;中共党员46人,群众2人;大专(含大专)以上学历45人(其中研究生2人),大专以下学历3人;汉族40人,蒙古族7人,达斡尔族1人,男性31人,女性17人。局机关共设10个处室,包括办公室、人事教育处、机关党委、综合处、储备处、财务处、基础设施建设处、纪检组(监察室)、离退休人员工作处、生态建设粮食供应处,另设临时机构:粮食流通体制改革办公室(2005年底撤销)。

二级单位5个，包括内蒙古自治区粮食局机关事务服务中心、内蒙古自治区粮油质量检测中心、内蒙古自治区粮食科学研究设计所、内蒙古自治区军粮供应服务中心、内蒙古自治区粮油调运结算中心。

【主要职责】 一是贯彻执行国家关于粮食管理的方针、政策、法律、法规，研究制订自治区粮食管理方面的办法、措施并组织实施；指导全区粮食流通的行业管理，拟订自治区粮食流通体制改革方案，负责行业统计工作。二是负责社会粮食流通管理，指导和协调全区粮食仓储建设；组织军队粮食供给；指导和帮助灾区、库区移民和缺粮贫困地区的粮食供应；安排以工代赈和国家重点建设项目的粮食供应。三是指导、监督全区粮食储备工作。研究制订储备粮管理的政策、法规；制订地方粮库和社会仓储设施储存粮食的制度、办法并监督执行。四是研究提出全区粮食总量平衡和运行体系的发展规划、储备粮收购、销售计划的建议，指导和协调地方粮食仓储建设和监督管理。五是统筹安排粮食的收购、销售、调运、储存、编制商品粮进出口计划并组织实施；组织落实储备粮进出口和调运；协调中央和地方储备粮管理的关系。六是负责储备粮的利息和费用补贴的管理及拨付；编报储备粮的年度财务计划和会计决算，汇总财务会计报表，指导粮食财务管理工作；负责储备粮管理的审计和监督，定期审核资产、负债和损益。七是协同质量技术监督局做好粮食质量标准的管理工作，组织粮食管理储备先进技术的推广；制定储存、运输的技术规范并监督执行；监督、检查储备粮的库存、质量和安全。八是参与拟制流通仓储及加工设施的建设计划和技改计划，审批地方粮油批发市场。九是承担自治区人民政府和国家粮食局交办的其它事项。

（张继峰 王金云）

【储备粮】 由内蒙古自治区粮食局起草的《内蒙古自治区级储备粮管理办法》经2005年12月12日自治区政府第九次常务会议审议通过，于2006年1月20日以自治区政府第141号令发布，并自2006年3月1日施行。该《办法》的颁布实施，标志着全区粮食流通立法历史性突破，自治区级储备粮的管理开始步入法制化轨道。

（邢 颖）

【清理粮食财务挂账】 按照中央和自治区人民政府关于粮食政策性历史财务挂账处理意见，将政策性财务挂账全部从企业剥离，由旗县以上（含旗县级）粮食行政管理部门集中管理的要求，全区粮食政策性历史财务挂账的清理、审计工作于2005年8月底认定完毕，到2005年12月底剥离工作完成80%。

（白文德）

工商管理

【内蒙古自治区工商行政管理局领导名录】

局　长：王玉英

副局长：张宏煜（4月离任） 吴锦凤（蒙古族） 马麟 李彦

纪检组长：巴瑞明（蒙古族）

副局长：郑宜平

助理巡视员：曹怀（11月离任） 郭瑞峰（女） 李振华

双喜（蒙古族 11月任职）

【概况】 内蒙古自治区工商局共有在职人员76名，其中大专以上文化程度72名，少数民族35名，妇女干部21名。

【市场监督管理】 深入开展整顿规范市场经济秩序工作，严厉打击扰乱市场经济秩序的违法行为。共查处各类经济违法违章案件13万件，案值2.2亿元，查处无照经营近5万户，优化自治区的经济发展环境。深入开展“红盾护农”行动，切实维护农牧民的合法权益。共检查农资经营户26 383户，取缔无照经营193户，查处农资违法案件775件，案值836.6万元，为农牧民挽回直接经济损失5 000多万元。认真做好防控禽流感工作，加强对禽类及其产品市场的摸底排查和监管，未经检疫检验合格的禽类产品一律不准购进或上市销售，共检查禽类产品交易市场282处，经营户3 025户，关停现场宰杀活禽经营户116户，取缔禽类养殖户132户。制定全系统市场监管应急预案，建立市场监管应急防控体系，在应对市场突发事件中发挥积极作用。

【公平交易执法】 深入开展反仿冒、反误导、反欺诈工作，共查处各类商标侵权案件573件，案值490万元；加大反不正当竞争的执法力度，查处公用企业限制竞争案件97件，案值1 246.7万元；深入开展打击医药购销活动中的不正之风行动，查处医药违法案件286件；深入开展打击传销和变相传销行动，查处传销案件15件，捣毁传销窝点67个，遣散人员1 986人；深入开展盐业市场专项整治行动，共检查盐业批零企业及经营户29 348户，查处食用盐违法案件121件。与有关部门配合，深入开展“扫黄”“打非”、打私以及对网吧、旅游市场和节日市场的专项整治，查处一批违法行为。

【保护消费者权益】 全区“一个中心、三级网络”的“12315”维权体系基本建成，有效解决广大消费者特别是农牧区消费者申诉难的问题。全年共受理消费者申诉举报19 845件，为消费者挽回经济损失3 658.53万元。深入开展食品安全专项整治，严厉打击假冒伪劣行为,共检查食品经营单位69万户次,查处食品生产经营违法案件5 554件,案值3 050万元,其中制售假冒伪劣食品案件3 325件。进一步推进食品安全长效监管机制的建设,全区70%的食品经营单位建立进货验收台帐、索证索票、不合格食品退市等制度。稳步推进流通领域食品质量监管工作,依法对成品粮、食用油、食用盐等13大类630批次的商品进行抽检,适时向社会公布抽检和处理结果,发出消费警示。全面推进商品准入制度的改革,制定并实施《商品准入管理制度规范》,进一步完善查验登记、准入备案、场厂(场地)挂钩、质量信息公示、商品销售质量承诺等各项制度,积极探索和实施对主要商品经营企业的网上监控工作。

【企业登记管理】 制定《企业用分类办法》和《企业信用分类监管应用管理办法》等制度,完成企业信用分类监管系统需求分析、软件开发及测试、试点安装运行等工作,组织全系统清理经济户口数据,为全面实施企业信用分类监管奠定基础。继续推进企业注册登记"一审一核"制度,制定并实施《关于加强企业登记管理工作规范化建设的意见》及与之配套的10项规范制度,开展"文明服务示范窗口"和"文明服务示范标兵"评选活动,增强工作人员的服务意识,实现企业的规范、便捷、快速准入。至2005年末,全区共登记注册内资企业44 925户,注册资金1 816亿元,企业的实力和发展后劲有所增强。

【外资企业登记管理】 制定《关于改进和加强外商投资企业登记管理工作意见》,进一步改进工作作风,简化审批登记程序,优化投资环境,促进外商投资企业的健康发展。至2005年末,全区外商投资企业发展到914户,投资总额126.46亿美元,引进外资的质量有较大提高。

【个体私营经济管理】 认真贯彻自治区党委、政府鼓励扶持个体私营经济发展的方针政策,支持有条件的私营企业投资法律法规未禁止的电信、铁路、石油、基础设施等传统垄断行业,帮助企业扩大规模,加快发展。认真落实下岗再就业等优惠政策,鼓励个体私营企业积极参与第三产业发展。制定《个体工商户信用分类监管操作规程》,提高对个体工商户的动态监管水平。至2005年末,全区共有个体工商户467 617户,从业人员822 708人,注册资金97.27亿元,同比分别增长5.3%、5.5%和12%;私营企业发展到48 317户,投资者和雇工人数达682 137人,注册资金达754.75亿元,同比分别增长13.2%、11.4%和27.2%。

【商标监督管理】 积极引导和帮助企业做好商标注册工作,扎实推进商标战略。2005年,全区新增注册商标1 820件,使全区商标注册总量达到17 660件。积极开展驰名商标推荐和著名商标评审工作。2005年,自治区"科尔沁牛业"、"维信"两件商标被国家工商总局评为驰名商标,使自治区驰名商标总数达到13件;根据新颁布的《内蒙古自治区著名商标认定和保护办法》,新认定78件商标为自治区著名商标,增强全区市场主体特别是知名企业的商标意识。集中开展保护注册商标专用权工作,商标所有人的合法权益得到有效保障。共查处商标侵权案件428件,案值190万元。

【广告监督管理】 开展虚假违法广告专项整治,虚假违法广告蔓延的势头得到有效遏制。以"打虚假,树诚信"为目标,联合11个部门建立了查处虚假违法广告协作执法体系,形成执法合力,共查处广告违法案件1 387件,使广告违法率大幅度下降。加大对电台、电视台、报刊等媒体的广告监测工作,共监测广告10 255条次,停止发布违法广告703件,曝光广告违法案件26件。

【法制建设】 积极协助自治区人大开展《内蒙古自治区合同监督条例》的立法调研;制定《不履行法定职责责任追究办法》、《罚没及采取行政强制措施财物管理办法》等规范性文件,规范了执法行为;结合贯彻《行政许可法》和队伍教育整顿,对执法机构和执法依据进行清理;结合"四五"普法验收,强化执法检查和行政稽查;结合学法用法,开展案件评查和文明、公正执法竞赛活动,提高依法行政能力和水平。2005年,全系统行政处罚案件复议率和诉讼率有所下降,行政执法质量显著提高。

【服务"三农"工作】 认真落实中央和自治区关于扶持"三农"发展的有关精神,引导农牧民参与市场竞争,规范农牧业订单合同,鼓励和支持科技人员到农村牧区兴办科技性企业,培育农牧业龙头企业。对农村走街串巷从事流动性经营的商贩和对农民进入集贸市场销售自产农副产品的免予登记,扶持其发展。指导各类从事个体私营经济活动的农民专业合作经济组织和农村经纪人进行登记,帮助其注册农副产品商标,引导支持农牧民走进市场参与竞争,促进农牧业企业的发展壮大。

【落实再就业政策】 认真落实下岗失业人员再就业和高校毕业生就业优惠政策,累计为40 080名符合政策的下岗人员办理个体工商户登记手续,减免行政性收费2 344.7万元;牵线搭桥,协调私营企业吸纳下岗失业人员就业9.35万人,吸纳高校毕业生692人就业。为903名高校毕业生办理个体工商户登记注册,减免收费44.1万元。

【发展第三产业】 认真落实扶持发展第三产业的政策措施,鼓励更多的市场主体从事第三产业,扶持更多的第三产业企业壮大规模。2005年全区新登记第三产业企业9 256户、个体工商户

95 403户，累计减免行政性收费1 680余万元。

【信息网络化建设】 在完成自治区、盟市、旗县工商局和基层工商所四级广域网连接的基础上，2005年开通自治区、盟市和旗县三级工商局间的视频会议、远程培训系统。开展学习应用计算机的活动，把学习使用计算机与市场监管、行政执法等业务工作紧密结合起来，有些地区还研究开发网上食品监管、网上案件审核等系统，提高工作效率。

【队伍建设】 2005年，自治区工商局被评为全国民族团结进步先进集体和自治区精神文明单位，首批跨入自治区党建工作先进单位行列。鄂尔多斯市工商局、包头市工商局被命名为“全国文明单位”。全系统有6个盟市局、20个旗县局进入自治区级精神文明单位行列。继续开展争创“先进旗县工商局”和“五好工商所”活动。共投资4 919万元，完成3个盟市工商局、30个旗县工商局和43个工商所办公用房的新建和改扩建任务，为其购置1 989.9万元办公设施；是年，共有11个旗县工商局、73个工商所被评为“先进旗县工商局”和“五好工商所”。

（康毅 王建兵）

质量技监食品药品管理

质量技术监督

【内蒙古自治区质量技术监督局领导名录】

局　　长：刘秀清（女）

副 局 长：扎那（蒙古族） 王纪和 陆圣时 谢绍清

纪检组长：雷广田

助理巡视员：娜日莎（女 蒙古族） 武路希（蒙古族）

【概况】 2005年，全区质量技术监督系统行政、事业编制总数为5 381个。1 960个行政编制中，公务员编制1 700个（自治区局50个，盟市、旗县市区局1 650个）；盟市、旗县市区局工勤编制260个。3 421个事业编制中，自治区级493个，盟市级1 651个，旗县级1 277个。

全系统厅级以上干部有8人，其中研究生1人、大学学历5人、大专学历2人；处级以上干部154人，其中研究生学历4人、大学学历124人、大专学历26人；全系统4 385人中，大学本科学历2 273人、专科学历801人。

【质量管理】 大力实施名牌战略，积极组织推荐中国和自治区名牌产品。包钢、伊利、蒙牛等6家企业生产的7种产品获“2005年中国名牌产品”称号。内蒙古一机集团大地石油机械有限责任公司等18家企业生产的18种产品被自治区人民政府命名为“自治区名牌产品”，共有100种产品获得“自治区名牌产品”称号。新增2个旗县开展“质量兴市”活动，共有7个地级市和49个旗县市区开展“质量兴市”活动。包头和呼伦贝尔市分别召开“质量兴市”工作新闻发布会和产品质量安全联席新闻发布会。安排企业产品质量上等升级计划16家、企业质量管理体系认证计划20家、产品质量检验机构提高检测能力计划15家，共计51个项目，落实财政划拨资金300万元，项目单位配套资金557万元，共计资金857万元。更新汇总自治区企业质量档案数据库，将自治区内1 600多户企业列入数据库管理。分别组织参加国家电线电缆、危险化学品、电石等审查部门举办的细则宣贯会。配合国家有关单位对462户企业的558种产品进行工厂条件审查。组织各盟市符合条件人员54人进行许可证审查员培训。对获证的许可证审查员进行年度确认工作。精心组织以“奉献优质产品，构建和谐社会”为主题的2005年质量月活动。全区直接参加宣传服务活动的人数共计2 000余人，参与活动的群众约50万人。有近600个单位及企业通过设置展台、展板、发放宣传品参加宣传活动，共计设置各类展板900余块，现场发放宣传材料100余万份，解答群众咨询投诉近5 500余人次，受理消费者投诉800余人次。在全区营造浓厚的人人关心质量的氛围，达到了预期效果。完成实验室计量认证评审和发证109家，审查认可/验收评审9家，被评审实验室涉及18个行业。为具备能力的产品质量监督检验所增加食品中苏丹红含量的检验项目，对230多名内审员进行注册和发证。18家地矿实验室通过能力验证。对8家获得ISO9000认证的食品生产企业进行认证稽查工作，首次开展地理标志产品保护资源调查，上报国家总局22项地理标志产品保护申请。

【食品安全监管和产品质量监督工作】 2005年，落实国务院和自治区人民政府加强食品质量安全工作的决定,把食品质量安全监管作为工作的重中之重。自治区、盟市、旗县三级质监局分别成立由一把手任组长的食品质量安全监管工作领导小组。各级质监局积极与当地政府和有关部门沟通、协调,以政府名义召开156次食品质量安全整治工作会议,制定食品整治工作方案109套。旗县政府与乡镇政府、街道办事处签订食品安全责任书1 026份。盟市和旗县质监局与企业签订食品安全承诺书5 449份。所有旗县局都建立辖区内全部食品生产加工企业档案,实施分类监管。各地根据实际,划分责任区,落实责任人,做到定人、定责、定区域、定企业。食品安全监管工作实现“三个结合”。(与地方政府对食品质量安全负总责紧密结合;与企业是食品质量安全第一责任人紧密结合、与质监部门执法紧密结合)全区全年没有发生食品质量安全问题,达到年初的工作目标。

积极探索整治小作坊的有效途径。按照“既要管住、又要便民”的原则,结合开展“百千万行动”,转变思维观念、创新工作方法,在包头昆区尝试建立豆腐集中生产加工点。加工点从购置加工设备、原材料采购、检验产品到销售各个环节统一进行,用1台环保无烟锅炉取代了32台小锅炉,解决就业人员300多人。既解决小作坊卫生条件脏、乱、差的问题,又解决使用“土锅炉”给人民群众生命安全造成的威胁,还解决了环保问题,增加就业机会,一举四得。兴安盟科尔沁右翼前旗协调各方成立粉业协会,帮助制定产品标准,指导企业改进生产工艺,提高产品档次,规范粉业市场,推动地方优势产业的发展。

对新建的及整改后的5类食品和肉制品等10类食品企业严格审查监管,确保发证质量;全面启动啤酒等13类食品生产许可证申报工作;完成豆制品等7类食品生产企业保证产品质量必备条件专项调查。将全区28类约3 000家食品生产企业纳入监管范围,684家企业的780个产品获得生产许可证,促进食品工业的结构调整。

加大产品质量监督抽查力度,以食品、农资、建材为重点,特别是可能含有“苏丹红”的食品和水产加工品企业、水产品养殖户、禽肉制品及禽肉制品生产企业,共抽查52类2 693家企业生产的3 495种产品,平均抽样合格率为72.4%。强化后处理工作,对不合格企业提出限期整改的具体措施。将监督抽查结果向社会公布,起到了扶优治劣,引导消费的作用。包钢钢联有限责任公司等6家企业的7种50个规格的产品获国家“免检”资格。全区获“免检”资格的共有25家企业生产的31种235个规格的产品。

深入开展“大桶水”、乳制品、方便面等食品质量安全和农资、地条钢等专项整治行动。共出动执法人员3万人次,当场处罚案件2 474起,立案查处案件2 431起,查获假冒伪劣产品货值1 394万元。

【标准化工作】 围绕自治区党委、政府关于推进农业产业化的战略部署,各级质监部门积极争取当地政府把农业标准化工作纳入经济发展计划。制定30项农业地方标准,进一步完善农业标准体系。紧紧把握住“奶业关键技术研究与产业化技术集成”两个国家重大科技项目,协调项目承担单位起草、制定、发布实施21项奶牛饲草、防疫、养殖标准,促进全区奶牛养殖业向科学化规范化方向发展。农业标准化示范区建设成效显著。新上30个国家级、2个自治区级农业标准化示范区项目。示范区建设有力地推动当地农牧业产业化进程。

首批开展标准化良好行为试点企业活动的3家企业中,伊利集团液态奶事业部、河套酒业集团被确认为“4A”级(最优为4A)、塞飞亚集团被确认为“3A”级试点企业。启动第二批标准化良好行为试点企业创建活动。

复查和清理食品生产加工企业备案的产品标准4 794项,为食品质量安全监管工作提供技术规范。实行《预包装食品标签通则》等国家强制性标准,核准公告全区54家企业550种产品的库存食品标签延长使用期限,减少企业的经济损失在2.46亿元以上。

组织制定33项地方标准,特别是制定自治区奶酒标准,对规范奶酒生产、保证奶酒质量、维护正规奶酒生产企业和消费者的利益起到积极作用。开发建成“内蒙古地方标准信息检索系统”,提高地方标准的利用率。有41个产品办理采用国际标准证书,为企业拓展国际市场和创名优产品创造条件。

【计量工作】 进一步提高计量检测设备的配备率、合格率、受检率,集贸市场、商业场所在用计量器具受检率达到90%以上。检查463家煤矿在用计量器4 078台(件),其中瓦斯计1 979台(件),为煤炭安全生产提供可靠保证。进一步规范粮食、绒毛、棉花交易过程的计量行为,检查粮食收购站377家计量器具707台(件),受检率提高到100%。检查绒毛计量器具322台(件)。强化食品生产企业计量工作,对粮食、乳制品、肉食等食品生产加工企业和餐饮业在用计量器具全面进行登记备案,强化日常监督检查,积极开展监督和定期检定工作。扩大强检计量器具覆盖率,全区各级法定计量检定机构完成强检社会公用计量标准器1 120台(件),强检工作计量器具56万台(件)。

强化加油站计量监督管理,积极引导成品油经销企业建立完善计量检测体系,对加油站实施统一监督管理、考核、发证。培训加油站计量人员1 350人,普及计量法律法规、计量技术基础知识,提高加油站计量人员实际操作技能。对区内高速公路、国道主干线和省道主干线沿线加油站开展计量专项执法检查。

开展农资定量包装商品和加油站等计量专项检查。严厉打击农资产品缺斤短两计量违法行为,对种子、化肥、农药、地膜四种农资定量包装商品进行计量监督检查,共检查896家生产与经销企业1 403个批次，批次合格率为83.0%。抽查电能表、水表、煤气表、压力表、血压计、台(案)秤、电子计价秤、弹簧秤等8种计量器具产品488家企业708批次2 053台件，合格率为75.6%。

帮助神东集团准格尔能源有限公司、伊利集团、乌拉山电厂等5家企业建立计量检测体系，完成2家企业计量检测体系确认。对全区重点耗能企业能源计量状况抽样调查。重点在乳制品行业推广"定量包装商品生产企业计量保证能力合格评价"("C"标志)，有11家企业开展此项工作，其中有1家通过自治区局检查，取得"C"标志。

全面贯彻实施JJF1069－2003《法定计量检定机构考核规范》。对新申请授权和已经授权的13个法定计量检定机构进行监督评审。严格按JJF－1033《计量标准考核规范》考核新建计量标准和复查考核185项。组织全区已建立二等水银温度计标准装置的法定计量检定机构和自治区局主持考核建立该项目标准的企事业单位开展量值比对，确保各计量检定机构所出具数据准确一致。对全区481家实验室进行摸底调查，基本掌握全区实验室的状况。

【特种设备安全监察工作】 坚持培训考核和持证上岗制度，组织全区215名监察人员参加全国特种设备监察员考核工作，举办无损检测人员、水处理人员、特种设备作业人员培训班。制定自治区特种设备特大安全事故应急救援预案。初步建立起特种设备安全监察网络，在一些乡、镇、街道设置特种设备安全监察协管员。突出重点、有针对性地开展特种设备安全大检查，共出动执法人员3 800多人次，检查特种设备使用、气瓶充装单位4 300多家，特种设备9 800多台，拆除"土锅炉"41台，封停电梯17部、起重机械39台，查处非法充装单位5家，下达《安全监察指令书》547份。实现年度零死亡的目标。完成气瓶和工业压力管道普查整治工作，在用气瓶产权转移率达到82%，普查工业管道1 260千米，公用管道636千米。

加强结检验机构的管理，各检验机构开展检验工作质量自查整顿，杜绝超核准范围检验和只收费不检验或不出检验报告、出虚假检验报告行为。建立监察机构、检验机构定期联系会议制度。监察机构对检验机构和检验质量跟踪监督，保证检验报告和检验结果的科学性和公正性。

【技术机构改革和建设】 全系统各级技术机构推行"包检制"、"一站式检验"、"协议检验"、上门取样和负责送达检验报告等服务方式，扩大服务面和市场占有份额，经济效益和社会效益显著提高。自治区计量院、锅检所等技术机构对内部分配、人事等项制度进行改革，调动职工的积极性，检测收入大幅度提高。通辽市质监局撤销5个旗县所"小、散、低、弱、重(复)"的质检业务，改为市所派出的工作站，实行市所和旗县局的双重领导，有效整合资源。国家级技术机构在我区的设立使全区技术机构又有新的发展。国家乳肉检测中心建成P2实验室，计量院启动天然气流量计量检定实验室建设，国家毛绒产品质量监督检验中心正式挂牌，国家稀土产品质量监督检验中心正在筹建之中。计量院、质检所、纤检局、包头市质计所都通过国家实验室认可委评审组的监督评审和首次评审，保持或取得由第三方颁发的实验室认可证书。

(刘　勇)

食品药品管理

【内蒙古自治区食品药品监督管理局领导名录】

局　　长：郝　富

副 局 长：于庆华

纪检组长：白玉山

副 局 长：曹殿云　罗黔英(女)　格日勒图(蒙古族)

助理巡视员：栾亚利(女)

【概况】 2005年，内蒙古自治区食品药品监督管理系统行政人员到位873人，占总编制数的82.2%，其中药学、医学及其相关专业和法律专业毕业的人员678人，占77.7%；本科以上学历461人，占52.8%。事业单位到位人员498名，占编制总数的81.2%，其中正高职称19人，副高职称67人，占全部检验人员的17.3%。

【食品安全制度建设】 2005年，在广泛征求意见的基础上，以内蒙古自治区食品安全委员会的名义下发《内蒙古自治区食品安全委员会工作规则》、《内蒙古自治区重大食品安全事故处理办法》、《内蒙古自治区食品安全事故责任追究制度》、《内蒙古自治区食品安全信息报送及发布制度》、《内蒙古自治区食品安全监管信息考评制度》、《内蒙古自治区食品安全投诉举报与查处制度》和《内蒙古自治区食品安全监管部门职责》等7个制度，使内蒙古自治区的食品安全综合监管工作走上法制化、规范化、制度化的轨道。

【食品安全综合监督】 2005年开展食品监管法律法规调研、食品安全监管体制调研、食品检验检测机构调研、食品行业状况调研等一系列调研工作，在全面了解内蒙古自治区食品安全监管各方面状况及存在问题的基础上，协调内蒙古自治区食品安全委员会各成员单位制定《内蒙古自治区食品放心工程三年规划》、《2005年内蒙古自治区食品安全工作要点》，代内蒙古自治区政府起草《内蒙古自治区食品药品专项整治工作安排》、《内蒙古自治区重大食品安全事故应急预案》。同时,内蒙古自治区食品药品监督管理局建立食品安全专家基础数据库,成立了食品安全专家委员会,为内蒙古自治区开展重大食品安全事故调查、保健食品评审和食品安全监管提供咨询服务。

【食品安全信用体系建设】 是年制定下发《关于积极推进食品安全信用体系建设的通知》,将呼和浩特市、包头市作为内蒙古自治区食品安全信用体系建设试点城市,在粮食、肉类、乳品等试点行业,积极推行《粮食行业小麦粉加工企业生产经营档案示范文本》、《肉类食品行业猪肉生产经营企业档案示范文本》、《婴幼儿配方乳粉企业生产经营档案示范文本》。其余盟市以推行三个行业的生产经营档案示范文本为切入点,启动本地区食品安全信用体系建设试点工作。

【食品安全状况调查评价工作】 内蒙古自治区食品药品监督管理局根据国家食品药品监督管理局要求,起草下发《内蒙古自治区食品安全调查与评价工作实施方案》,对内蒙古自治区肉制品、乳制品、清真食品、粮油等重点特色食品进行抽样调查,对12个盟市政府所在地开展食品安全综合评价,并对检测结果进行客观分析。

【食品放心工程和食品安全专项整治工作】 是年开展节日食品、儿童食品、农村牧区食品、清真食品、豆制品、奶制品、酒类、苏丹红一号和禽流感等食品安全专项整治,突出重点品种、重点区域的整治,取得阶段性成果。禽畜屠宰和肉制品监管成效明显,生猪定点屠宰率达到95%以上,病死肉、有害肉得到有效控制。2005年共检查食品生产、经营企业23.5万家次,查处食品违法案件1.5万起,涉及总货值金额1 612.51万元;取缔无证照食品企业8 919家,吊销食品生产、经营和餐饮企业证照237个,取缔私屠乱宰185家,累计罚款646.78万元。

【药品"两网"建设】 是年,内蒙古自治区各级食品药品监管部门共聘请药品监督协管员和信息员8 634名,初步建立起覆盖旗县、乡镇苏木、村(嘎查)的三级药品监督网络,通过药品监督协管员和信息员协助破获的案件达1 000多起。内蒙古自治区乡镇、苏木药品供应网络覆盖率达到87%,村嘎查达到55%。通辽市、赤峰市、鄂尔多斯市、乌海市、兴安盟5个盟市乡镇、苏木药品供应网点覆盖面达到95%。

【GMP GSP认证】 年内完成了10家药品生产企业的GMP认证和旗县以下1 320家药品零售企业的GSP认证工作,并对50%的GSP认证企业进行跟踪检查,有效防止企业认证后出现滑坡的趋势。

【药品市场秩序整治】 是年开展打击非法邮寄假劣药品、中药中非法添加化学药品、制售假劣中蒙藏成药、不合格中药饮片、无证医疗器械和疫苗流通等10多项专项整治活动,重点加强对治疗心脑血管、风湿病及增强性功能等中成药、中药饮片及其它民族药品的监督检查和抽验,有效打击药品、医疗器械生产经营中违法犯罪活动。全年完成国家食品药品监督局交办案件4件,其它省市区要求协查案件378件,受理群众举报投诉292件,全区共出动执法人员51 482人次,车辆16 140台次,立案查处各类案件4 604起,结案4 537起,结案率98.5%,查处假劣药品、医疗器械7 519批次,货值金额180.97万元,罚没款765.7万元,取缔无证经营药品、医疗器械户466户。

【药品监督抽验】 是年加强技术装备建设,统一招标采购1 026万元的设备,技术装备水平有所提高。全年共完成检品9 509批次,其中监督抽验7 789批次,检出不合格药品1 490批次,靶向抽验的水平继续提高。

【药品 医疗器械广告监管】 是年审批区内药品广告316份,医疗器械广告14份;办理异地药品广告备案312份,医疗器械广告备案49份。在药品广告审核备案中,发现违法药品广告批文32份,移送工商管理部门查处违法药品广告561个、违法医疗器械广告4个。发布违法药品广告公告11期。

【药品生产企业 医疗机构制剂室和医疗器械生产 经营企业换证】 全年完成了112家药品生产企业、156家医疗机构制剂室和18家医疗器械生产企业、635家医疗器械经营企业的许可证换发工作。

【药品 医疗器械注册】 全年受理上报各类新药89份,其中化学药品42份,新生物制品1份,中药39份,蒙药7份;受理上报已有国家药品标准品种92份、中药保护品种4份和药包材注册申请2份;完成456份补充申请的初审、备案工作,进行303个品种药品申报现场的考核。注册二类医疗器械产品18个、一类医疗器械产品3个。

【法制建设】 自治区食品药品监督管理局针对执法过程中遇到的实际问题,结合少数民族用药特点,起草《内蒙古自治区实施<中华人民共和国药品管理法>办法(草案)》,在多次调研、论证并广泛征求各界意见、建议和反复修改的基础上,于2005年12月1日,经内蒙古自治区第十届人民代表大会常务委员会第十九次会议通过,2006年3月1日实施。

【蒙药标准化工作】 按照内蒙古自治区政府要求,内蒙古自治区食品药品监督管理局提出蒙医药现代化标准化项目建设意见，深入10个盟市开展蒙药制剂调研，就蒙药制剂的标准、炮制、调剂使用等广泛征求蒙药生产企业和蒙医院有关人员的意见和建议，收集蒙药制剂处方817个，牵头开展《蒙药制剂规范》制定工作。

【信息化建设】 内蒙古自治区食品药品监督管理局大力推进全系统信息化建设，制定"十一五"信息化建设规划，在完成区局"三网一库"及门户网站建设的基础上，顺利开通12个盟市食品药品监督管理局的内网、外网，初步实现全系统政务网络的互联互通和资源共享。

【开展帮扶工作】 帮扶锡林郭勒盟镶黄旗查干淖尔嘎查实施"围封转移"历经四年正式结束。四年中，内蒙古自治区食品药品监督管理局共投入帮扶资金40余万元，其中，通过压缩行政经费、职工捐资等途径自筹资金近13万元，共为帮扶点围封草场11 000亩，加固和新建草库伦11 000亩，建设高产饲料玉米地160亩，并配套深水井和灌溉设备，购买肉奶型西门塔尔奶牛64头，援助急需的生产、生活资料和助学资金，使贫困学生走进学堂、贫困户都走上脱贫致富奔小康的道路。帮扶工作得到内蒙古自治区考核验收组和盟、旗、苏木三级政府的高度评价，被评为自治区直属机关、单位定点帮扶先进单位。2005年，内蒙古自治区食品药品监督管理局组织参加"关爱女孩"和向灾区捐款活动，组织开展与呼和浩特市玉泉区小召前街梁山街社区结队共建活动，共捐资捐物11 330元。

（徐天平）

工　交　邮　电

电力工业

【内蒙古电力工业企业领导名录】

内蒙古电力（集团）有限责任公司

党委书记：王维维（蒙古族）

党委副书记　总经理：赵凤山

副总经理：王维维（蒙古族）　张福生　张景生　李政文（回族）

纪检书记：张　瀛

总工程师：张景生

总会计师：李　丰

工会主席：托　克（蒙古族）

北方联合电力集团有限责任公司

董事长：乌若思（蒙古族　6月离任）　冯大为（6月任职）

董事：乌若思（蒙古族　6月离任）　冯大为（6月任职）
黄金凯　毕玉璞　肖俊（6月离任）　秦定国（6月离任）
张克明（6月离任）　高民（6月离任）　胡建民（6月任职）
吕慧（6月任职）　铁木尔（6月任职）　唐万富
李淑霞（6月任职）　乔燕（6月任职）　王树民（6月任职）
少军（6月任职）

监事会主席：王凤池（6月离任）　李伯玉（6月任职）

监事：李伯玉　王凤池（1月任职）　杨美茹（6月离任）
邱海松（6月离任）　居政纲（6月离任）

党委书记：乌若思（蒙古族　6月离任）　冯大为（6月任职）

党委副书记：冯大为（6月离任）　刘亚洲

总经理：冯大为（6月离任）　吕慧（6月任职）

副总经理：铁木尔　吕慧（6月离任）　刘亚洲（2006年1月任职）
吴景龙

总会计师：杨美茹

总工程师：李国宝

工会主席：王永夫

【概况】 2005年内蒙古自治区境内共有128个火力、水利、风力发电厂站，其中，火电97个、水电27个、风电4个。其股东分别是北方联合电力有限责任公司、内蒙古电力集团有限责任公司、国家电网公司、自治区国资委及华能、大唐、东电、国华、神华、北国投、华电等跨省电力公司。属于国有经济。发电装机容量2 000.4240万千瓦，其中，火电1 924.4250万千瓦，水电59.4250万千瓦，风电16.5740万千瓦。2005年全区新增发电装机容量559.78万千瓦，其中，火电500.9万千瓦，风电8.88万千瓦。2005年全区发电量1 024.6287亿千瓦·时，其中，火电1 010.0357亿千瓦时，水电11.5647亿千瓦时，风电3.0281亿千瓦时。内蒙古境内电网线路1 157条，35 799公里。其中：500千伏24条，3 379公里；220千伏182条，9 868公里；110千伏721条，17 486公里；35千伏230条，5 066公里。电厂升压变电站129

台,铭牌容量12 588 100千伏安;其中:500千伏13台,铭牌容量4 300 000千伏安;220千伏34台,铭牌容量5 880 000千伏安;110千伏35台,铭牌容量1 940 000千伏安;66千伏23台,35千伏24台,铭牌容量138 600千伏安。公用变电站788个,变压器1 347台,铭牌容量41 694 162千伏安;其中:500千伏变电站8个,变压器9个,铭牌容量6 750 000千伏安;220千伏变电站94个,变压器168台,铭牌容量19 923 800千伏安;110千伏变电站299个,变压器509台名,铭牌容量11 572 850千伏安;66千伏伏变电站172个,变压器288台,铭牌容量1 749 810千伏安;35千伏变电站215个,变压器373台,铭牌容量1 697 702千伏安。企业自备变电站123个,变压器267台,铭牌容量5 420 882千伏安;其中:220千伏变电站6个,变压器26台,铭牌容量2 474 800千伏安;110千伏变电站24个,变压器60台名,铭牌容量1 777 800千伏安;66千伏伏变电站13个,变压器30台,铭牌容量325 660千伏安;35千伏变电站80个,变压器151台,铭牌容量842 622千伏安。

【电网项目】 全年固定资产投资完成94.6亿元,共完成10项500千伏输变电工程、百余项220千伏、110千伏输变电工程的前期工作。2005年共安排建设500千伏输变电工程8项,220千伏输变电工程53项,110千伏输变电工程47项。完成了薛家湾区调度自动化系统更新改造工程和蒙西电力调度数据网工程的前期工作。8项500千伏输变电工程:宁格尔、德岭、吉兰太等3项500千伏输变电工程的已取得国家发改委核准。包鄂乌二回线及乌海2号变扩建工程核准所需支持性文件已全部取得,核准报告已上报至国家发改委,正在进行核准。丰镇、锡林郭勒2项500千伏输变电工程项目申请报告已上报自治区发改委,支持性文件除水土保持文件外均已取得。达拉特、高新2号变扩建等2项500千伏输变电工程已通过中国电力工程顾问集团公司审查,正在落实核准所需的支持性文件。53项220千伏输变电工程:其中51项工程前期工作全部完成,为项目开工建设创造了条件,为实现东西联网统一的内蒙古电网奠定了基础。47项110千伏输变电工程:(截止11月底)已投产24项,新增110千伏变电容量115.65万千伏安(24台),新增110千伏输电线路239.1公里(14条),其中,新建110千伏变电站12座,变电容量69.5万千伏安(12台),增容扩建110千伏变电站10座,变电容量46.15万千伏安(10台)。实现54项电网工程开工建设,已实现32项输变电工程建成投产。全年500千伏输变电工程开工6项,建成投产4项,其中新建500千伏变电站3座;220千伏输变电工程开工48项,建成投产28项,其中新建220千伏变电站6座。新增500千伏线路(600.4)586.7公里、变电容量300万千伏安,投资11.5亿元;新增220千伏线路(1 274.5)1 354.5公里、变电容量(282)245.7万千伏安,投资30.19亿元。实现系统内220千伏运行站71座,500千伏运行站8座。新增线路长度1 874.9公里、变电容量582万千伏安,完成投资44.29亿元。截止11月底,110千伏输变电工程,已投产24项,新增110千伏变电容量1 156.5MVA(24台),新增110千伏输电线路239.1千伏(14条),其中,新建110千伏变电站12座,变电容量695MVA(12台),增容扩建110KV变电站10座,变电容量461.5MVA(10台)。

网厂分家后两年来,内蒙古电力(集团)有限责任公司共完成220千伏及以上电网建设投资96亿元,建成投产500千伏变电站7座,220千伏变电站37座,新增线路4 775公里,变电容量858公里1 347万千伏·安,其中增加500千伏线路,变电容量450万千伏安,220千伏线路3 918公里,变电容量897万千伏·安。53项220千伏输变电工程,其中51项工程前期工作全部完成,为项目开工建设创造条件,为实现东西联网统一的内蒙古电网奠定基础。累计下达14个电源项目前期费910 612万元,其中,下达前期费246 394万元,下达主设备预付及投料款411 574万元,辅机设备预付及投料款252 644万元。其中锡林、新丰、准大三个项目的主机计划均已达90%、辅机计划达已签合同的80%。

【新投产发电装机项目】 内蒙古自治区境内新投发电设备的主要项目有扎兰屯热电厂2×1.2万千瓦热电联产扩建工程4月17日22点完成72小时后的24小时试运行,进入商业运营,包头一电厂扩建2 ×12.5万千瓦机组工程首台8号机组4月27日12时投运,5月5日零点25分整乌海热电厂1号机组并网,包头一电厂9号机组7月19日12时投产,海渤湾电厂三期2×30万千瓦机组工程6号机组7月16日11时20分整体试运行,海勃湾发电厂三期工程6号33万千瓦机组8月11日11时03分顺利实现并网发电,岱海电厂1号60万千瓦机组10月19日12时投入商业化运行,内蒙古大唐托电三期工程6号60万千瓦机组11月22日16时58分投产运营,海勃湾发电厂三期工程5号33万千瓦机组12月15日11时58分投入商业化运营。

【发电生产能力】 2005年内蒙古自治区境内发电厂128个,期末发电设备容量2 000.4240万千瓦,设备平均容量1 620.3429万千瓦。设备平均利用小时6 232小时;其中,火电设备平均利用小时6 435小时。发电量10 246 287万千瓦·时,上网电量8 863 274万千瓦·时。其中6 000千瓦及以上的发电厂89个,设备容量1 993.0960万千瓦;其中水电设备容量56.5920万千瓦,火电设备容量1 920.0500万千瓦,风电设备容量16.4540万千瓦。年发电量1 022.9854亿千瓦·时,其中水电11.1144亿千瓦·时,火电1 008.8721亿千瓦·时,风电2.9989亿千瓦·时。6 000千瓦以下的发电厂39个,设备容量7.3280万千瓦;其中水电设备容量2.8330万千瓦,火电设备容量4.3750万千瓦,风电设备容量0.1200万千瓦。年发电量1.6433万千瓦·时,其中水电4 505万千瓦·时,火电11 636万千瓦·时,风电 292 万千瓦·时。

【发电企业生产经济技术指标】 内蒙古自治区境内6 000千瓦及以上的发电厂全年设备利用小时5 842.76小时,其中水电1 978.99小时,火电6 021.88小时,风电1 449.31小时。电厂全部耗用电量759 727.43万千瓦·时,其中,水电1 477万千瓦·时,火电757 782.43万千瓦·时,风电 468 万千瓦·时。发电厂用电量739 238.66万千瓦·时。其中,水电1 477万千瓦·时,火电737 293.66万千瓦·时,风电 468 万千瓦·时。发电厂用电率7.2%。其中,水电1.29%,火电7.28%,风电1.56%。公用电厂生产全部耗用电量 719 341 千瓦·时,发电厂用电量698 903.54千瓦·时,发电厂用电率7.15%。北方公司电厂生产全部耗用电量381 700千瓦·时,发电厂用电量381 700千瓦·时,发电厂用电率8.03%。全年发电耗用原煤量5 723 133.292吨,发电耗用标准煤量3 224 446吨。发电标准煤耗率327.81克/千瓦·时,供电标准煤耗率355.75克/千瓦·时。供热设备容量352.3000万千瓦,供热量9 080 798 吉焦,供热消耗原煤量732 759吨,供热标准煤耗41.48千克/吉焦。

【电网电压合格率】 内蒙古电力(集团)有限责任公司所属供电单位综合电压合格率为98.115%,同比增加0.139个百分点。地区供电综合电压合格率有所提高,维持在较高水平。截止到年底,主网电压合格率达到97.34%,较上年提高16.3个百分点。

【电网线损率】 内蒙古主网线损率4.88%。其中,净送华北线损率5.13%,地区合计线损率4.74%。

【全区发购电量】 总计1 058.0489亿千瓦·时。发电量1 022.1573亿千瓦·时;购入电量35.8916亿千瓦·时,其中,从东北电网购入11.9309亿千瓦·时,从宁夏电网购入20.8588亿千瓦·时,从甘肃电网购入0.2019亿千瓦·时,购自6 000千瓦以下电站电量2.9亿千瓦·时。

【全社会用电量】 自治区全社会用电量667.7216亿千瓦·时,同比增长25.88%。全行业用电625.9260亿千瓦·时,同比增长25.84%。其中,第一产业增长21.30%,第二产业增长26.17%,第三产业增长24.09%。城乡居民生活用电41.7955亿千瓦·时,同比增长25.88%。其中,城镇居民26.3780亿千瓦·时,同比增长16.16%;乡村居民15.4175亿千瓦·时,同比增长48.79%。

【向区外及国外输出电量】 向区外输出电量390.3273亿千瓦·时;其中,向东北电网输出141.8942亿千瓦·时,向华北电网输出248.4331亿千瓦·时。

【首次采用直升机巡检220千伏输电线路】 9月26日上午,内蒙古电力(集团)有限责任公司首次采用直升机巡检220千伏输电线路,这标志着内蒙古电网在输电线路的运行维护上迈出了崭新的一步。

【自治区电力大通道全线贯通】 2005年9月26日11时48分,从内蒙古东西两个不同方向输送过来的两股220千伏电流,在刚刚落成的兴安盟突泉变电站交汇。至此,西起阿拉善盟额济纳旗,东到满洲里口岸,跨越西北、华北、东北,总长约3 700公里的内蒙古电力大通道全线合环,成功并网。自治区电力大通道全线贯通,形成了以西起阿拉善东至乌兰察布500千伏为主网、西起阿拉善额济纳东至呼伦贝尔满洲里,东西贯通的内蒙古自治区电网。这是内蒙古有电103年以来第一次建成贯通全区的统一电网。

【电力经营】 改制2年后的内蒙古电力(集团)有限责任公司作为内蒙古独资大型国有企业,主营电网兼营多种产业。2005年,公司售电量完成531.8亿千瓦·时,同比增长21.7%,其中地区售电量完成443.2亿千瓦·时,同比增长24.2%;东送电量完成88.6亿千瓦·时,同比增长10.5%。线损率完成5.86%,比年度计划低0.52个百分点。全年售电收入完成148.78亿元,销售收入增长率29%;多经企业实现产值25亿元,施工企业产值实现49.04亿元,全口径销售收入产值超过200亿元大关,达到222.8亿元。利税实现7.59亿元,实现利润4 531万元。内蒙古电网经受住了严重缺电、自然灾害、外力破坏、设备老化、基建任务繁重等多方面的压力,顺利完成了2005年安全生产和迎峰度夏工作。公司系统全年未发生重大及以上电网、设备事故,未发生重大施工机械设备损坏事故,未发生负同等责任及以上重大交通事故,未发生重大火灾事故。截止到2005年12月31日,公司无重大电网、设备事故记录943天。

2005年公司完成57家单位的产权登记工作。完成直属21个单位固定资产清查和价值重估工作,使公司净资产增加8.62亿元,负债率降低1.8个百分点。自治区政府从北方联合电力公司股权转让收益中拨付10亿元,补充内蒙古电力公司资本金和改革成本。与各大银行密切合作,积极协调,多渠道筹措资金,累计取得授信额度199.08亿元,融资到位项目贷款77.63亿元,保证公司建设任务顺利开展。

【北方电力】 2004年1月6日挂牌的由内蒙古电力投资有限

责任公司、中国华能集团公司、神华集团公司、中信泰富公司四方股东共同组建的北方联合电力集团有限责任公司,注册资本金为人民币100亿元。内蒙古电力投资有限责任公司出资40亿元,占股40%。中国华能集团公司出资20亿元,占股20%。神华集团有限责任公司出资20亿元,占股20%。中信泰富有限公司出资20亿元,占股20%。2005年6月22日,自治区政府批准将属于自治区国资委的内蒙古电力投资有限责任公司所控40%股权中的31%出让,中国华能集团公司占有51%的股权,北方公司实现二次股权重组,由华能集团控股。北方公司成立两年来,取得长足发展。基本建设投资连续两年过百亿,公司控股装机容量比公司组建时增加257万千瓦,由组建之初531万千瓦的装机容量,198亿总资产,发展到目前的规模。基本建设投资两年累计完成266.8亿元,投产装机容量256.88万千瓦。两年新开工电源项目12个,开工规模611.65万千瓦。公司控股管理装机容量达到775.378万千瓦,年均增长21.13%;参股发电装机容量达到777万千瓦,总容量达到1 552.378万千瓦。资产总额达到了445亿元人民币,是2003年的2.25倍,年均增长48.06%;两年累计实现利税34.16亿元。其中,2005年全年完成基本建设投资151.9亿元,位列自治区第一,新投产机组146.1万千瓦。发电量达到475.35亿千瓦·时,年均增长19.24%;全年实现电热销售收入94.58亿元,同比增长23.02%,位列自治区第七。完成利税16.4亿元,同比降低7.3%,位列自治区第六;其中,利润5.29亿元,比同下降25.39%。完成供热量3 941.6完焦吉,同比增长4.7%。供热收入5.8亿元,同比增长6.2%。全员劳动生产率52.7万元/人·年,同比增长21%,年均增长23.24%。企业经营快速发展,综合实力迅速增强。拥有了7个控股煤田开发项目,储量63亿吨,参股的煤炭储量达110亿吨。按照"两个集中、两个统一"和"一包两挂四考核"经营管理办法,克服煤炭价格上涨、发电设备满负荷运行、市场空间压缩等困难和压力,全力加强安全文明生产,完成发电量,实现利税,实现固定资产增加。北方公司机组连续两年大负荷运行,平均利用小时数超过7 000小时。

【史志年鉴协会工作】 《中华人民共和国电力工业史·内蒙古分卷》2月完成校审及资料核对,并且完成史书图片的征集、制作和文字编辑工作,4月7日顺利通过终审。《内蒙古自治区年鉴·电力工业2004卷》4月完成资料收集和初稿编写工作。5月完成对包头地区网、厂的调研,并召开了会议,对其进行了史志年鉴工作的业务指导和任务部署。5月参加了在中国地方志指导小组在上海举办的全国第二轮修志(续志)试点单位会议,内蒙古电力公司做为自治区和全国第二轮修志(续志)的试点单位条件成熟。6月完成了对集宁电业局、乌兰水泥厂史志年鉴工作的调研和资料的征集工作。7月完成了华北电网公司交办的对《山西电力工业史》(60万字)初稿的审稿工作。7月启动《内蒙古电力工业志》续志工作,完成《中华人民共和国电力工业史·内蒙古分卷》送交中国电力出版社出的印刷出版工作。8月为纪念世界反法西斯战争和中国人民抗日战争胜利60周年,由赵振方主笔组织编写了《国魂》一书。经公司党委同意,决定将此书作为系统各单位进行爱国主义和革命传统教育、保持共产党员先进性教育活动的学习参考资料。10月完成中电联交办的《中国电力工业年鉴·内蒙古电力》文稿及《内蒙古电力工业年鉴》编辑、定稿、审查、出版准备工作。11月完成了对《包头供电局志》《内蒙古第一电力建设有限责任公司志》续志初稿的审改及概述重写工作,此项工作对《内蒙古电力工业志续志系列丛书》具有指导性意义。按照自治区政府的部署认真做好《内蒙古电力工业志》续志编写试点工作的同时,12月在通辽组织召开全区电业史志年鉴专业编写人员的培训。12月赵振方获全国地方志工作先进工作者称号。

内蒙古电力行业协会是1997年7月在内蒙古电力企业管理协会基础上成立的,并报经自治区民政厅正式批准注册。现有会员单位85个,理事93人。由赵振方主持行业协会工作。秘书处下设:理事会工作部、会员工作部、调研咨询部、信息统计部、环保开发办公室、史志办公室。行业协会的刊物是《内蒙古电业》。由赵振方担任内蒙古电力工业史志编纂委员会常务副主编和《内蒙古电业》副主编。

(赵振方)

交　　通

【内蒙古自治区交通厅领导名录】

厅长:郝继业

副厅长:姜革锋(蒙古族) 张礼

纪检组长:额尔敦仓(蒙古族)

副厅长:周杰 戴贵 刘家镇(挂职)

助理巡视员:牛东风

【概况】 2005年,交通厅核定编制56人,实际在编人数46人。其中:行政人员39人,驻厅纪检组4人。

【公路建设】 全年完成公路建设投资270.3亿元,占全区固定资产投资总额的10%,拉动全区GDP增长1.79个百分点,超额完成年初计划220亿元的目标,比上年增长34%。"三大工程"中,省际通道主线基本建成;110国道自治区境内段除临河过境线外全部建成高速公路;全年新改建农村牧区公路12 443公里,其中沥青、水泥路4 625公里,又有76个乡(镇、苏木)、255个行政村(嘎查)实现了通油路或水泥路,540 个行政村(嘎查)实现通公路。

2005 年底,全区公路总里程达7.9万公里,其中高速公路1 001公里,一级公路2 139公里,二级公路12 000公里。乡(镇、苏木)、行政村(嘎查)通油路率达73.2%、33.2%,行政村(嘎查)通公路率达到92.6%,分别较上年提高6.3、10.5、4.4个百分点。

【道路运输】 全年完成全社会公路客运量2.84亿人次、旅客周转量178.98亿人公里、货运量5.1亿吨、货物周转量323.35亿吨公里,分别较上年增长12.1%、15.3%、19.5%和19.8%。在全区范围内开展农村牧区客运网络化试点工程,投资4 650万元建设155 个农村牧区客运站,行政村(嘎查)通班车率达98%,较上年提高1.3个百分点,农牧民出行及乘候车条件进一步改善。

【规费征收】 按照“带好队、征好费”的总体要求,交通征稽工作创历史最好成绩,全年共征收各项交通规费39.5亿元。其中:公路养路费21.4亿元、客运附加费0.4亿元、公路通行费17.7亿元。

【交通筹融资】 按照“国家投资、地方筹资、社会融资、利用外资”的思路积极筹措公路建设资金。全年争取国家投资43.1亿元、利用国内银行贷款126.6亿元、引进民营企业投资 40 亿元、利用外资2.6亿元。

【公路养护】 公路养护工作狠抓安保工程和文明样板路建设,继续开展“两改两加强”活动,加大养护大中修工程、危桥改造工程、黑点处置的力度,加大预防性、周期性、经常性养护工作管理力度,加大养护资金的监督管理,加强国边防公路的建设养护,积极稳妥地推进公路养护体制改革。全区公路平均好路率达81.5%,较上年提高0.5个百分点。

【工程质量】 坚持速度服从质量的原则,严格业主全面负责、施工单位自检、监理单位现场检查、质监部门监督和工程交工验收的全过程质量保证措施,全面落实工程质量责任制,实行工程建设的全过程无缝隙质量管理。全区所有在建项目进展顺利,运行良好,质量、进度均处于可控状态。年内 34 个交工验收项目均为优良工程。

【交通改革】 按照“分级管理、分级建设”的原则,积极探索公路建设管理新模式,积极推行工程代建制和项目总承包制。试行公路建设项目建设管理权限下放盟市的改革办法,先后将赤峰至通辽、赤峰至大板、呼和浩特绕城高速公路,通辽至鲁北一级公路等项目的建设管理权下放地方,调动地方积极性。

【超限超载治理】 全年全区共出动路政人员23.1万人次,设立卸载点 79 处,检测车辆266.3万辆,其中超限运输车辆17.6万辆,卸载货物28.6万吨,全区超限超载率控制在7%以下。

【依法行政】 按照《全面推进依法行政实施纲要》的要求,制定交通立法工作计划,明确交通立法目标;进一步加强交通行政执法监督,全面实行交通执法公示制度,健全行政执法案卷评查制度;积极探索行政执法绩效评估和责任追究制度。圆满完成“四五”普法依法治理工作。

【科教兴交】 全年累计投入科研经费1 600万元,组织申报交通科研项目 58 个。积极加快交通信息化建设,开发应用全区联网征费系统、电子稽查系统、运政管理信息系统等一系列新型管理技术,取得良好的经济社会效益。

【交通战备】 积极争取交通战备经费列入地方财政预算,为这项工作的正常开展提供经费保障。加强各种设施、设备的配备,完善各种规章制度,严格交通战备储备物资管理。交通战备工作正规化建设迈出新步伐。完成各种规划、预案的编制,加强交通战备应急保障队伍建设,圆满完成上级交办的各项保障任务。加强国边防公路建设,使国边防公路的状况进一步改善。

【交通人才】 深入贯彻落实自治区人才工作会议精神和《党政领导干部选拔任用条例》,制定《内蒙古自治区交通厅人才奖励办法》(试行),推进人才工作规范化、制度化建设。开展全区交通科技英才评选和全区交通技能竞赛活动。进一步加快人事制度改革步伐,探索新的用人机制,在全区交通征稽系统和其他厅直事业单位组织开展了科级干部竞聘上岗活动。进一步加强厅直单位领导班子建设,加强厅直单位干部任免备案、后备干部等管理工作,严格把好选人用人关。

【交通海事】 与有关部门联合开展低质量船舶专项治理活动。开展船舶检验机构资质认可抽检工作。组织开展内河航运建设工程质量年活动。安排部署渡口渡船安全管理专项整治工作。万家寨库区、哈拉哈河水运工程建设进展顺利,额尔古纳河航运基础设施建设加快,建成奇乾海事船坞基地。协助内河航道分会开展对自治区跨河建筑物的调研工作。对全区乡镇渡船情况进行调查摸底。开展“四客一危”船检质量自查工作。完成全区海事行政执法人员登记发证工作。

【扶贫】 进一步加大对自治区交通厅负责的锡盟苏尼特左旗赛汗高毕苏木宝力格嘎查的帮扶工作力度。投入 11 万元资助贫困家庭子女上学,投入 11 万元用于治病医疗。投入1 104万元用于修建嘎查通往干线公路的二级公路(二满线至苏木油路)、苏尼特左旗环城路和满都拉图镇至贝勒镇的道路拓宽。投入10万元用于苏尼特左旗第四小学维修和购置教学器材。解决水泥100吨用于旗文化大楼建设。

(渠 涛)

国家铁路

【呼和浩特铁路局领导名录】

党委书记:吕德文

局长:郑明理

党委副书记:王纪杰

副局长:孙福才 王幼慧 徐双永 王连春 于文峰

党委副书记 纪委书记:才荣芳

总会计师:杨 华

局长助理:曹云明

工会主席:曲永堂

【概况】 呼和浩特铁路局管内大部分线路北傍阴山,南沿黄河,由西向东穿越自治区二盟(阿拉善、锡林郭勒)、六市(呼和浩特、包头、乌海、鄂尔多斯、巴彦淖尔、乌兰察布),是连接西北、华北物资运输的主要通道,集二线又是通往蒙古国、俄罗斯及东欧的国际干线。

管界东起京包线(北京—包头)的古店站与孤山站间K380+500处与北京局毗邻;西至包兰线(包头东—兰州)的落石滩站与石嘴山站间K423+000处与兰州局相连;北到集二线的二连站至蒙古国扎门乌德站间K335+601处与蒙古国接壤。干线3条:京包线、包兰线、集二线。支线7条(含一条环线):包白线、包石线、包环线、乌吉线、海公线、郭查线、包神线。

线路总延展长3 745.5公里,其中准轨正线2 535.6公里,宽轨正线5.3公里。双线长度897.3公里,营业里程1 629.5公里,内燃机车牵引里程1 500.8公里。道岔总计3 985组,其中准轨正线道岔1 355组,宽轨线路道岔102组。桥梁1 428座、37 916延长米。隧道9座、3 937延长米,涵渠1 412座、30 442延长米。车站134个,其中,一等站7个、二等站7个。配属机车480台,其中,内燃机车426台、蒸汽机车54台。配属客车1125辆,其中25G型370辆、25B型269辆、22B型238辆,22型112辆、18A型21辆、19K型3辆、发电车22辆、其它各型客车119辆。

信号设备总计1 641.4公里,其中复线883公里;继电集中车站95个,计算机联锁站39个;驼峰编组场6个,自动闭塞448.9公里,半自动闭塞1 154公里;移频机车信号88台,通用式机车信号356台,道口信号19处;联锁道岔3 602组。固定资产1 118 218万元。

年末设有57个站段级以上单位。其中:运输生产单位25个(不含支线公司),恒诺(集团)公司及属公司5个,物资供应单位3个,工业生产单位5个,林业单位1个,疾病控制单位1个,公安、检察院、法院单位12个,多元经营管理中心、集体经济管理处(劳动服务总公司)、局党校、扬州疗养院(培训中心)、呼准铁路公司筹备组各1个。

全局在册职工54 891人,其中工人46 048人,占职工总数的83.89%;干部8 843人,占职工总数的16.11%。职工中少数民族3 015人,占职工总数的5.5%;女职工13 223人,占职工总数的24.09%。工人中技术工人36 532人,占工人总数的79.34%;工人技师745人,高级技师16人。干部中行管干部7 777人,占干部总数的87.9%;党群干部1 066人,占干部总数的12.11%。干部中具有技术职务的2 974人,占干部总数的33.6%,其中高级职称280人,中级职称1 427人,初级职称1 267人。

2005年经济总量增幅达到13%。铁路大宗货物运量稳中有升,煤炭、电力、铝业、乳业、羊绒、肉类加工和高载能工业是自治区重点培养壮大的具有竞争力的八大优势产业。中西部区的呼和浩特市、包头市、鄂尔多斯市、乌海市等盟市有潜力的14个开发区和工业园区将建成特区,形成特色产业群,成为推动自治区工业经济快速发展的新动力,进一步扩大对铁路运输市场的需求,为呼局运量持续增长提供稳定的货源支持。然而呼局面临的不利因素依然是主型敞车严重不足,每天的请求车平均维持在7 500多辆以上,而每天的实际装车基本在4 000辆左右。再加上限制口不畅、线路设备基础薄弱、机车供应不足等诸多困难,给呼局做大做强运输总量带来很多困难。针对空车不足的情况,增加开行列车对数,并成功试验开行了5 000吨大列。抓好五定班列运输。改革机车乘务方式,优化机车交路,使列车通过密度和拉运吨数都达到建局以来最高水平,运输经营指标也创历史最好成绩。

【运输经营】 面对2005年前所未有的挑战和压力,呼局充分发挥能动性和创造性,紧紧抓住3、4月间国家西部部分省区煤炭限产,铁道部要求呼局大量增加煤炭外运的难得机遇,加强"增运增收节支降耗攻坚战",在运输组织上打破常规,努力适应"重载、高密"的新要求,使运输主要指标亮点频现,屡次刷新历史记录,4月10日至12日,连续三天刷新装车数和货物发送量历史记录。4月12日创造单日装车5 122辆,货物运量31.68万吨的最高记录;4月20日古店口接入货物列车74列,交出达到80列,创造呼局分界口交接车历史最高记录。

全年运输收入完成644.44亿元,同比增收13.12亿元,提前37天完成铁道部下达的58亿元计划;货物发送量完成9 020.2万元,同比增运1 519.6万吨,增幅达20.3%,提前21天完成铁道部下达的8 500万吨计划；旅客发送量完成1 551.2万人，超计划1.2万人，同比增加23.4万人；日均装车4 057.9辆，同比多装616.4辆；卸车日均完成2 028辆，同比多119辆；换算里程辆完成665.17亿吨公里，同比增加105.9亿吨公里，其中货物周转辆完成602.43亿吨公里，同比增加102.7亿吨公里。

【铁路建设】　2005年，一是新建集宁至张家口铁路，线路全长178.09公里，总投资33.7亿元。2005年7月铁道部组织有关部门对该项目初步设计进行现场踏勘线审查，10月开工建设；二是新建临河至新疆策克铁路，线路全长763公里，预算总额40亿元。2005年2月完成项目预可行性研究审查，10月国家发改委批复项目建议书，同月在策克口岸举行开工奠基仪式；新建包头至神木铁路，线路全长245公里，估算投资总额58亿元。2005年7月完成项目预可行性研究审查，12月国家发改委批复项目建议书，同月在包头黄河大桥召开有建设管理、设计、施工、监理等部门参加的开工动员大会。年内，开始既有铁路京包线大同至包头段的电气化改造工程，线路全长462公里，估算总投资60.67亿元。既有铁路包兰线包头至石嘴山段电气化改造，线路全长395公里，估算总投资21.5亿元。

【安全生产】　至2005年底，全局实现无责任行车重大、大事故2 638天，无责任职工死亡事故1 971天，无责任重大火灾事故22年，创呼铁局安全生产历史最好成绩。

【开出第500列牛奶专列】　12月22日，呼局承运的第500列牛奶集装箱班列从呼和浩特站出发驶向华南地区，至此，呼局集装箱牛奶班列向华东、华南市场运送鲜奶总量达100万吨。拥有广阔草原的内蒙古是我国最大的商品奶产区，为了加快鲜奶产品流通，让全国人民喝上纯天然无污染的放心奶，呼局大力加强运力资源区域配置，于2003年9月开通草原集装箱牛奶班列，每天必保1列，即保证内蒙古重点奶制品企业和基础奶农的利益，又使呼局获得良好的经济和社会效益。

【呼和浩特至法兰克福集装箱专列】　2005年5月1日，呼局首开呼和浩特至德国法兰克福"如意号"集装箱专列，这是由呼局发起，内蒙古自治区、蒙古国、俄罗斯、白俄罗斯、德国等几家公司联合组织的。主要目标是为内蒙古自治区及我国中西部地区的电子、家电产品出口欧盟提供准时、便捷、优质、优价的"门到门"国际物流服务，促进我国与诸亚、欧国家之间的经济贸易往来。班列由中国集二线铁路出境，经由蒙古国、俄罗斯、白俄罗斯、波兰至德国法兰克福，全程9 814公里，运输周期18天，单程运输时间比海运至少缩短27天以上，年运量约2 500标箱、5万吨。

【开行5 000吨重载列车】　面对长期处于主型敞车严重不足的呼局来说，"重载增吨"是最直接、最有效的内涵扩能方式。在总结京包、包兰线大量开行4 500吨、4 700吨大列的基础上，呼局以确保安全为前提，打破常规，高效组织，于2005年2月21日，从京包线萨拉齐站成功开行首列5 000吨重载列车，5月21日又在包兰线乌海西站开行了5 000吨重载列车。在列车对数不变的情况下，每开行一列5 000吨列车可以比固定普通列车多挂10辆车，每开5列重载就相当于开行6列普通货物列车。全年共开行5 000吨重载列车983列，相当于古店口多交1 365辆，多运货物114.4万吨。

【呼铁局获全国学习型组织十大标兵单位称号】　呼铁局以安全文化为重点，不断推进安全、经营管理、服务、环境五大文化体系建设，积极开展"树标塑形"活动，打造"大草原号"、"昭君号"、"鄂尔多斯号"、"草原伊盛号"品牌列车，丰富文化内涵，提高社会影响力，企业文化建设取得显著成效。全路安全文化座谈会、内蒙古自治区"创争"活动现场会在呼局召开，呼局被评为全国学习型组织十大标兵单位，并再次被授予全国"五一"劳动奖状。以"诚信呼铁"为主要内容的精神文明创建活动取得丰硕成果，呼和浩特站获得全国"文明单位"称号，包头西车辆段、包头东站、K263/4次列车、K89/90次列车获全国"精神文明建设先进单位"称号。

（刘新惠）

地方铁路

【内蒙古集通铁路有限责任公司领导名录】

党委书记：郑明理

党委副书记　总经理：王惠川

党委副书记：甦　南（蒙古族）

纪委书记：朱宪文（女）

工会主席：聂明远

副总经理：程汝利　高富安　王贵忠　王欣

总工程师：张　丑

【概况】　2005年完成货物运量1 503.6万吨，比上年增加185.8万吨、增长14.1%，完成客运量108.3万人（次），比上年增加3.8万人（次）、增长3.6%，为年计划100万人（次）的108.3%。完成换算周转量12 943.6百万吨公里，比上年增加1 644.2百万吨公里、提高14.6%。

按货运量增长周期分析，从1997年731万吨增长到768万吨，3年时间，年均增长2.5%；从2000年925万吨增长到951万吨,同样用3年时间,运量增速较为缓慢。2003年下半年,与呼铁局实现“四统一”后,首次月运量突破百万吨、年运量突破千万吨大关,货运量逐年增长,年均增长达到21.5%。

【安全生产】 至2005年12月31日,公司实现无责任行车重大、大事故830天,连续实现2个安全年。

【基础设施建设】 “十五”期间,尤其是2004年以来,公司强力推进基础设施建设,生产性投资占投资95%以上,运输设施稳步加强。基本完成白旗、大板机务段内燃改造;电力线全部贯通;新购4台线路清筛、配碴和稳定机,两年中修清筛线路300公里,中修过的线路达到安全文明标准线标准,有效地提高线路道床的弹性结构,线路允许速度由60公里/小时提高到80公里/小时;对4个繁忙道口实施平交改立交;所有站区实现自动电话全国联网;车辆红外线二代机投入使用。集通线、桑锡线技术改造按计划进度全力推进,完成38个站场股道延长及微机联锁信号改造工程,站线有效长度由原来700米或不足700米延长为850米,信号制式由色灯、臂板直接跨对微机联锁。在短短几年中,公司以运输组织、经营管理为重点的信息化建设取得新进展,建成列车预确报、电子客票、货运制票、18点统计等15大信息系统,建成公司与站段三级计算机局域骨干网络。线路运输能力由“九五”期末1 000万吨/年上升到2 000万吨/年,提升线路的综合运输能力,同时也跟进铁路跨越式发展步伐,使公司在铁路行业的地位越来越稳固。

【优化生产布局】 2003年,铁道部实施自备车统一收购政策后,公司及时组织万水泉沈阳以远煤炭“龙列”运输。引进通辽分局内燃机车担当区段牵引,查布嘎至哲里木间实现联合运输,节约一大笔运输成本;集宁至白旗间采取直通运输组织方式,彻底解决长期以来贲红、哲里木分界口制约问题,全线上、下行牵引定数均由原2 300吨分别提高到3 200吨、3 500吨以上。取消贲红、哲里木区段站,减少作业环节,提高运输效率。客运机车在集宁—大板、集宁—锡林浩特间以及货运机车在白旗—大板间实行长交路,解决好大段限制问题,同时新旧交路相比,节省机车16台、人员106人。撤并工务工区合并为机械化工区,工区数量由原来103人减少到52个,资源配置和设备综合利用率进一步提高。完善车辆运用生产布局,调整、撤并哲里木、贲红列检所,缩短货物运达时间,节省用人约110人;整合客车整备所,在哲里木新建客车检修基地,改善客车运用维修条件,节约客车车底1列、机车2台,节约生产性成本费用每车约300多万元。电务系统在换算道岔组较“九五”翻番、维修工时成倍增长的情况下,采取上复合岗、相近业务合并等管理体制改革,坚持不增加人员,工区数量由原来101个减少到64个,提高生产效率,降低生产性成本。充分发挥资源优势,转变经营规模,优化整合燃运、资源、生活物资煤炭经营分公司,组建神通煤炭分公司。神通公司2年累计煤炭发运量557.5吨,特别是2005年,煤炭发运量达到292.6万吨,为年计划2 500万元的257.7%。

【经营管理】 理顺管理体制,与呼铁局实现“坚持一个经营主体,实行四个统一管理”。合理调整、撤并、重设部分内部机构,确定各个部门、岗位的工作职责及目标。强化以人为本的思想,积极推进专业技术职务全解重聘工作,调整、充实站段领导班子,建立站段班子后备干部培养制度,选拔优秀人才进入高校学习,加强对在职职工的专业技术和岗位技能培训,为公司发展提供人才和智力支持。加强工资总额和用工总量“两个宏观控制”,实行新一轮“工效挂钩”办法,进一步压缩行政管理人员编制和非生产人员。加强运输经营收入、支出管理,推行全面预算管理,在确保刚性支出的前提下,生产大项和重点环节成本支出得到有效控制。压缩非生产性成本支出,实行成本超大型支“一票否决”制度。每年进行一次资产清查,确保固定资产的安全完整和保值增值。加大内部审计力度,在保证国有资产安全、严肃财经纪律以及促进廉政建设等方面起到积极作用。实行经营责任考核制,环节干部以上实行风险抵押金制度,进一步增强管理层的责任心。相应的整章建制工作逐次展开,签订经营考核《包保责任书》、《党风廉政建设责任状》、多经企业《经营承包责任书》等协议,为顺利实现公司年度经营目标起到保证作用。制定并执行《工程管理办法》,严格规范工程立项审批、招投标、承发包等程序。制定并执行《物资采购管理办法》,实行《集采专供招投标》,规范物资采购。此外,全面实施医疗制度改革,工伤、医疗、计划生育保险加入自治区本级医保行列。

【重点项目建设】 桑锡铁路于2002年开通运营;新建桑蓝铁路于2004年11月底竣工验收。公司管辖的集通线、桑锡线、桑蓝线总里程1 152公里,比“九五”末增加209公里。

【多元经营】 神通、设计所等分公司的市场竞争能力不断增强,经济效益十分显著。积极发展新兴实业,紫鑫化工项目上年投入生产,至12月底,累计生产硅铁5 202吨。以控股的方式,与呼铁局多经总公司投资建设满洲里多功能物流园区和自治区首家保税物流中心。此外,以参股的方式,合作经营黄岗矿业、锡盟伊盛羊肉加工等。

【改制上市工作】 公司在铁道部、自治区政府及呼铁局和各股东单位的支持下,先后完成原股东出资规范、股权划转、土地处置等,开展财务审计、资产评估、土地评估、规范多元经营管理体制等工作。公司基本具备有限责任公司整体变更为股份有限公司的条件。

【职工生活】 近两年投资150万元为“三线”建设增添必要的设备、设施,有效地解决沿线职工的一结实际问题,职工的生产生活条件有明显提高。除实施“五保一金”外,还建立企业补充医疗保险、大病医疗保险制度,职工就医中的困难基本得到解决。建立临时岗位用工人员基本养老保险和失业保险制度。建立公司领导联系特困职工的“结对子”制度,开展帮困救助活动。职工子女入学问题得到妥善解决。五年里,为3 867人提取住房公积金3 147.48万元,同时职工住房公积金缴交率由8%提高到12%;为1 580人发放住房贷款3 103万元,有效地缓解职工购房的困难。兼顾“效率、公平”的原则,从2004年开始,实施新一轮工效挂钩考核、“安全百日”浮动工资、全员年度效益奖励办法,适时调整和提高效益工资标准,职工收入水平有大幅提高。全员人均收入由2000年的11 068元增加到2005年的21 338万元,平均每年增长18.6%。

(王吉春)

国际航空

【中国国际航空股份有限公司内蒙古分公司领导名录】

总经理:彭桂云

党委书记:李双恩

副总经理:高 斌

纪委书记 工会主席:常国军

【概况】 中国国际航空股份有限公司内蒙古分公司作为呼和浩特市唯一一家驻地航空公司,从1990年7月24日成立至今,先后引进运五、伊尔14、安24、运七、BAe-146、波音737-300等6种机型,实现了由通用航空向客货运输的跨越。2004年,为适应国航一体化发展需要,内蒙古分公司维修基地、市场部分别划归国航工程技术分公司、商务委员会。内蒙古分公司逐渐成长为以北京为经营和运营中心,围绕国际航线经营需要,以国内航线业务为主要发展方向,单一执管B737-300飞机的生产保证型单位。

2005年,内蒙古分公司适应国航一体需要,于6月28日将飞行部198名飞行员整体划归国航飞行总队,成立飞行总队第七飞行大队。分公司机关组织机构为:办公室、人力资源部、企划部、安全技术部、财务部、党群工作部;生产单位为:客舱服务部、综合保障部、运行分控中心。

【安全服务】 内蒙古分公司客座数从1990年740座增到现在的1 920座;旅客运输量从1990年的304 928人次增加到现在的251万人次;运输总周转量从1990年的2 798.10万吨公里增加到23 719万吨公里,创造了安全飞50多万小时,安全起落近30万架次的安全佳绩。圆满完成国内、国际通达30多个大中城市50多条航线的客货运输任务以及包机、急救、飞播造林等飞行任务,并多次执行党和国家领导人及外国元首、党政要员的专机任务。

【生产飞行】 全年共完成运输飞行47 246小时,完成年计划的96.8%;在册飞机日利用率9.1小时/架日,至6月1日实现安全飞行29周年。累计运送旅客251.42万人次,完成年计划的94.8%;累计完成旅客运输周转量21 644.22万吨公里,完成年计划的90.8%。

【飞行队伍】 内蒙古分公司在继承“特别能吃苦、特别能战斗、特别能奉献”的优良传统基础上,充分发扬“扎实、朴实、务实、创新”的工作作风,培养了一支作风优良、技术精湛的飞行队伍,锻炼了一支吃苦耐劳、经验丰富、技术过硬的机务队伍和服务周到、纯朴大方、善良可爱的乘务队伍。一批飞行骨干脱颖而出,迟广见等8人获民航总局级功勋飞行员的称号,朱立健等15人获飞行安全金质奖章,高斌等10人获飞行安全银质奖章。全国级青年文明号“百灵”乘务组、内蒙古自治区级青年文明号“昭君”乘务组已经成为航空服务的知名品牌。

【经济效益和社会效益】 自成立以来,内蒙古分公司实现了自1996年以来连续10年赢利累计近18亿元的经营业绩,累计上缴利税4亿多元,为内蒙古自治区经济的发展做出了应有的贡献。1995年内蒙古分公司荣获美国优质服务科学协会颁发的世界服务行业最高奖“五星钻石奖”;1996年被民航总局评为“安全飞行先进集体”,荣立三等功;1997年获得“全国用户满意企业”称号;1998年被评为内蒙古自治区“质量效益型”企业;1999年再次被评为“全国用户服务满意企业”;2000年荣获“全国社会治安综合治理优秀单位”光荣称号,并连续十六年实现综合治理“三无”;2004年被全国总工会、国家安全生产监督总局联合授予全国安康杯竞赛活动“优秀企业奖”,2006年将实现安全飞行30周年。

(刘继明)

民航管理

【内蒙古自治区民航机场集团有限责任公司领导名录】

总经理:董志毅

党委书记:伊克苏苏(蒙古族 11月任职)

常务副总经理:韩志宽(11月任职)

副总经理:云德普(蒙古族) 杜强

党委副书记:邱蕴琦

工会主席:王荣敬(女)

纪委书记:李兰英(11 月任职)

【概况】 2005 年是集团公司属地化管理的第二年。经过多年的努力,集团公司形成良好的员工队伍结构,为今后发展提供人才储备。其中:在读及获得研究生以上学历人员共 21 人,占总人数的1.7%;大学本科及专科学历的人员共 728 人,占总人数的61.3%;35 岁以下职工 619 人,占总人数的52.1%;36~40 岁的员工为 243 人,占总人数的20.5%;50 岁以上 68 人,占总人数的5.7%;管理岗位共 319 人,占总人数的26.9%;具有初级以上专业技术职称的有 327 人,占总人数的27.5%。集团公司拥有区内呼和浩特、包头、海拉尔、锡林浩特、赤峰、通辽、乌兰浩特 7 个机场。集团总部设在自治区首府呼和浩特市白塔机场,内设机构 19 个,下属机场子公司 6 个。2005 年底,全系统职工总数 1 652人,离退休人员 139 人。资产总额6.7亿元。主营内蒙古地区民用航空机场运营。全年共完成旅客吞吐量1 635 297人次,呼和浩特机场旅客吞吐量首次突破百万人次大关,达到1 100 417人次。

12 月 19 日,自治区民航管理委员会办公室成立揭牌仪式在集团公司机关办公楼前举行。管理委员会下设办公室,办公室与内蒙古民航机场集团公司实行一套机构、两块牌子,办公室主任由董志毅同志担任。

【安全保障】 2005 年,集团公司始终坚持“安全第一、预防为主”的方针,狠抓安全管理,明确安全责任、落实安全制度、持续安全培训、强化安全意识,不断提升安全管理水平。共保证各类飞行26 816架次,其中运输飞行24 878架次,分别增长26.5%和24.5%。未发生机场保障原因造成的飞行事故、空防事故、航空地面事故,创下保障安全飞行 46 周年的纪录。

【航线里程】 2005 年,内蒙古地区形成国航、海航、东航、南航等 11 家航空公司共同参与运营的局面,运营航线 51 条,通航城市 35 个。其中,呼和浩特—北京、包头—北京、呼和浩特—上海、海拉尔—北京、呼和浩特—广州航线仍为内蒙地区的精品航线。8 条新开航线投入运营:呼和浩特—深圳、呼和浩特—天津—青岛、满洲里—哈尔滨、广州—呼和浩特—海拉尔、广州—呼和浩特—锡林浩特、广州—呼和浩特—满洲里、呼和浩特—西安—成都、成都—呼和浩特—哈尔滨。

【运输生产】 2005 年,内蒙古地区共完成旅客吞吐量1 701 453人次,货邮行吞吐量18 700.3吨,保证飞机起降28 362架次,其中运输飞行26 348架次,与上年同期相比,分别增长28.9%、-12.0%、29.3%、28.2%;共完成旅客发运量842 562人次,货邮行发运量9 794.8吨,分别比上年同期增长29.2%、-33.2%。集团公司所属各机场共完成旅客吞吐量1 635 297人次,较上年增长25.1%。其中:12 月 8 日,呼和浩特机场年旅客吞吐量首次突破 100 万人次;12 月 27 日,包头机场年旅客吞吐量首次突破 34 万人次;12 月 30 日,海拉尔机场年旅客吞吐量达到突破 12 万人次。

【机场建设】 2005 年,呼和浩特机场扩建工程总投资预计达到 14 亿元,于 4 月份开始动工,11 月 6 日完成新跑道混凝土浇筑,12 月 30 日完成航站楼7.2米以下混凝土结构浇筑。海拉尔机场航站区工程开工建设,新建航站楼和停机坪,2006 年 6 月可投入使用。包头机场飞行区扩建工程、海拉尔机场飞行区改造工程、乌兰浩特机场飞行区扩建工程、赤峰机场迁建工程已经进入准备实施阶段。

【经营管理】 实现主营业务收入7 822万元,比上年增长25%;实现利润总额-8 758万元,较上年减亏2%,较好地完成自治区国资委下达的全年财务指标。

【重要活动】 2 月 3 日,呼和浩特白塔机场新航站区规划和航站楼设计方案评审会在呼和浩特白塔机场召开。内蒙古自治区党委书记储波、自治区主席杨晶等领导视察审定呼和浩特白塔机场扩建工程航站楼设计方案。

3 月 5 日,集团公司春运工作结束。春运期间,集团公司所属 7 个机场共执行运输起降2 109架次,完成旅客发运量64 268人次,旅客吞吐量134 136人次,货邮行吞吐量1 577.2吨,分别比去年春运增长2.5%、18.0%、18.6%、6.0%,其中呼和浩特机场执行运输起降1 301架次,完成旅客发运量39 526人次,旅客吞吐量76 634人次,货邮行吞吐量1 247.4吨,分别比去年春运增长了8.4%、24.1%、15.1%、20.2%。3 月 17 日,白塔机场航站区规划和航站楼设计方案确定。自治区主席杨晶,副主席岳福洪、雷·额尔德尼、郝益东、连辑、郭子明等领导共同审定呼和浩特白塔机场航站区规划和航站楼设计方案,并就新航站楼设计方案的进一步优化提出意见。3 月 17 日,内蒙古民航机场集团公司总经理董志毅陪同包头市市长苏青一行前往国家民航总局,就包头机场扩建事宜向总局局长杨元元等领导作专题汇报,并对相关问题进行研究。4 月 12 日,呼和浩特白塔机场扩建开工奠基仪式在白塔机场举行。5 月 31 日,内蒙古民航机场集团公司与澳门国际机场专营股份有限公司正式缔结“姊妹机场”的战略伙伴关系。6 月 21 日,集团公司公安局圆满完成中共中央政治局常委、国家副主席曾庆红同志一行,在自治区呼贝尔、鄂尔多斯、包头、呼和浩特进行考察调研期间的航空安全警卫任务，受到自治区公安厅的通令嘉奖。6月28日，呼和浩特白塔机场新航站楼工程正式开工。7月22日，呼和浩特白塔机场旅客吞吐量再创历史新高，旅客高峰日吞吐量达到5611人次。7月24日，呼和浩特白塔机场周（18至24日）进出港航班首次突破200架次，日平均进出港航班达到60架次以上。12月19日，集团公司在呼和浩特白塔机场集团公司举办—庆祝首都机场集团公司与自治区政府正式签定集团公司托管协议暨集团公司成立两周年庆典。

（张玉志 王志刚）

通信管理

【内蒙古自治区通信管理局领导名录】

局　　长：敖大明（蒙古族）

副 局 长：乌力吉（蒙古族）

纪检组长：耿利君（女）

【行业发展】 2005年，全区主营电信业务收入累计完成89.02亿元，较上年增长18.16%；电信业务总量累计完成190.79亿元，较上年增长28.91%；电话用户新增157.74万户，总数达1 254.23万户，固定电话用户新增39.94万户，达541.9万户；移动电话用户新增117.8万户，达712.33万户；全区电话普及率达52.6部/百人，固定电话主线普及率和移动电话普及率分别达22.73部/百人和29.88部/百人；数据、宽带、多媒体等业务快速发展，至2005年底，互联网用户总数达106.11万户，其中宽带接入用户达51.78万户。村村通电话工程的深入推进，结束3 556个行政村不通电话的历史，至此，统计口径内的行政村全部实现村村通电话。

【市场监管】 按照信息产业部《关于开展规范基础电信运营企业经营行为专项治理整顿活动的通知》要求，在全区组织开展对PHS无线市话跨本地网漫游或变相漫游服务，不规范经营终端固定的移动公话、移动商务电话行为；擅自开展网络元素出租业务行为；擅自在其他电信运营企业电路上加装电信设备改变原有路由行为；向用户提供违规拨号器，电信业务代理行为和虚假违法广告行为的专项治理整顿活动。通过企业自查和管局检查，发现一些违规经营问题并及时给予纠正。加大对138号文件执行的监督力度，在确保通信建设市场秩序稳定的基础上，积极推动电信企业建立联合建设、资源共享的新机制，协调呼和浩特通信公司、铁通公司、电信公司共同签定《楼宇小区通信建设协议书》。充分依靠网间互联监测平台加强监管，积极探索第三方辅助测试机制。

【行风建设】 以先进性教育活动为契机，深化民主评议和行风测评工作，加大电信服务热点问题的治理力度，不对等协议、短信陷阱、电话卡余额作废等热点问题及114查号、“1860”服务不到位问题得到切实解决。同时充分发挥“12300”申诉受理中心和企业投诉处理平台的作用，出台《加强服务督查工作的意见》，进一步强化政府督查和企业内部督查之间的内在联系，形成政府与企业紧密衔接、有机互动的服务督查新机制，在源头上保证用户投诉得到及时妥善的处理和用户申诉的减少，有力地促进电信服务水平的提高。全年电信用户申诉确系企业责任的受理总量较上年减少90件，降幅达51.4%；在民主评议行风活动中，各电信运营公司得分均超过75分。

【依法行政】 根据国办75号和信息产业部453号及445号文件的规定，结合实际制定《内蒙古自治区基础电信运营企业及其领导班子守法经营情况考核评价办法》，把对企业领导班子的考评与日常监管工作有机结合起来，以可操作的考核评价体系对企业领导班子守法经营状况进行考评和监督，进一步促进企业守法经营，依法强化电信市场监管工作。组织全局干部认真学习贯彻《行政许可法》、国务院《全面推进依法行政实施纲要》和《信息产业部全面推进依法行政的实施意见》，制定工作规则。

【互联网 手机专项整治】 为进一步加强互联网信息安全管理，按照部信息产业统一要求和部署，集中开展网站清理备案工作。至12月31日，全区共有4 644个网站进行备案，其中非经营性互联网站4 610个，经营性互联网站34个。初步建立互联网管理的长效机制。会同有关单位开展集中打击网络赌博违法犯罪活动专项行动和手机不良短信息、违法短信息专项治理工作，对涉及发送违法短信息的243部手机做出停机处理，有效遏制不法分子利用互联网进行网络赌博和通过手机发送违法短信息从事诈骗、传播违法信息等违法犯罪活动。

【获奖】 5月27日，局党组书记、局长敖大明被国务院授予“全国民族团结进步模范个人”荣誉称号。

7月28日，通信管理局被中共内蒙古直属机关工委和内蒙古直属机关文明委认定为区直“文明机关”。

（吴绍辉 么志洁）

邮　　政

【内蒙古自治区邮政局领导名录】

局长:刘晓兵

副局长:肖庆宝　张少波　沙迪(回族)

纪检组长　工会主席:凌　志

助理巡视员:孙志安　麻勇　张子旗(3月任职)

【概况】　2005年,全区邮政业务收入完成89 262.8万元,同比增长4.11%;邮政业务总量完成89 350.6万元,同比增长3.6%;邮政业务总成本完成104 728.9万元,同比增长5.98%;完成支差15 118.8万元;全员劳动生产率达5.89万元/人;完成固定资产投资5 305万元。

至2005年底,企业全部从业人员14 809人,其中在岗职工10 958人,聘用工192人,劳务工3 659人。全区邮政局(所)总数1 772处、邮政报刊图书销售网点340处、邮政储蓄网点718处、邮政信报箱群5 825处、邮政信筒信箱2 805个、邮政妥投点338 811个;邮路总条数721条,其中航空邮路7条、铁路邮路14条、自办汽车邮路238条、委办汽车邮路301条、其它邮路161条;城市投递段道1 286条;自有房屋建筑面积75.61万平方米,其中生产用房面积达43.24万平方米;邮路总长度60 713(单程)公里;城市投递路线总长度29 382(单程)公里;农村投递路线总长度109 398(单程)公里;马班投递路线总长度3 412(单程)公里;步班投递路线总长度1 258(单程)公里。

【邮政业务】　2005年,全区邮政业务收入完成89 262.8万元,同比增长4.11%,超额完成国家邮政局下达的收入计划目标。

储蓄业务全年全区实现储蓄余额纯增32亿元,累计达到213.6亿元,同比增长17.6%,实现收入48 101.5万元。同时,向国家邮政局推荐15亿元协议存款业务。代理保险业务全年实现代理保费2.25亿元,手续费收入1 123万元,分别比上年增长14%和30%。函件业务实现业务收入3 800万元,同比增长4%,扭转函件业务收入连续几年下滑的局面。封、卡业务实现跨越式发展,邮资封同比增幅超过35%,明信片增幅超过70%,企业拜年卡收入增幅超过100%,特别是成功启动旗县市场,成为函件业务新的发展亮点。速递业务加快发展,完成收入6 536万元,同比增长18.5%;中秋"思乡月"专项营销活动取得显著成效,销售额实现1 202万元,同比增长248%,差价收入实现563万元,同比增长317%,量收绝对值位居全国邮政系统前十位。物流业务实现收入7 932万元,增幅达16%。农资配送业务在全区12个盟市局全面启动,共销售化肥2.8万吨,饲料及其它农资产品8 000吨,销售额7 000多万元,实现收入977万元。

【量收管理系统建设】　内蒙古邮政业务量收系统是中国邮政"量收管理系统"的一个组成部分。该系统能够满足各级领导和经营管理部门及时掌握准确、真实、完整的业务经营信息的需求,而且可以通过对业务经营信息进行科学有效的分析、加工和应用,达到强化管理、服务经营、支持决策,提高邮政经营管理水平的目的。6月7日,内蒙古邮政局成立以张少波副局长任组长,相关处室负责人任成员的邮政业务量收系统试点或推广领导小组,并印发《做好邮政业务量收管理系统上线准备工作的通知(内邮〔2005〕184号)》。各盟市邮政局也相继成立该系统领导小组;6月底完成量收前置机安装调试,并按照国家邮政局要求填报"历史数据表"、"机构代码表"、"量收系统参数表"和"量收用户名表";7月份,配合量收上线进行电子化支局系统版本更新;9月份,完成量收管理系统与电子化支局系统的机构代码转换。至年底,系统硬件集成工作全部完成,全区12个盟市520多个电子化支局完成接口联调,系统进入试运行阶段,自治区邮政局机关和各盟市邮政局的管理人员都能登录系统查询前一天的量收信息。

【获奖人物】　4月28日,通辽市开鲁县邮政局马瑞发被国务院授予全国劳动模范,呼伦贝尔市新巴尔虎右旗邮政局张凤岚、呼伦贝尔市鄂伦春旗邮政局柯长青、呼和浩特市邮政信息技术局王宏伟、包头市邮政局吕歆4人被内蒙古人民政府授予自治区劳动模范称号。6月10日,赤峰市喀喇沁旗邮政局楼子店支局贡瑞平、乌兰察布市四子王旗邮政局杨根魁、巴彦淖尔市邮政局刘文元等3名投递员被国家邮政局授予"全国邮政系统模范投递员"称号。自治区邮政局对2005年获得全国劳模、自治区劳模每人奖励5 000元。

【计划生育家庭奖励扶助金】　9月8日,内蒙古邮政局与内蒙古计生委和自治区财政厅签订《内蒙古自治区农村牧区部分计划生育家庭奖励扶助金代理发放协议书》。从9月底开始,内蒙古邮政将利用邮政储蓄和邮政电子汇兑业务平台和网点资源在全区范围内代理发放农村牧区部分计划生育家庭奖励扶助金。出台《代理发放农村牧区部分计划生育家庭奖励扶助金业务处理办法》。

(李凯红)

烟　草　盐　业

烟草管理

【内蒙古自治区烟草专卖局 中国烟草总公司内蒙古自治区公司领导名录】

局长 总经理：董晓民

副总经理 纪检组长：张福义

副局长：陈　余

助理巡视员：张治平

【概况】 内蒙古自治区烟草专卖局、中国烟草总公司内蒙古自治区公司于1984年组建，两块牌子，一套机构，合署办公。依照《中华人民共和国烟草专卖法》及其实施条例，在全区履行烟草专卖行政管理和烟草专营职能。区局（公司）所属满洲里市、呼伦贝尔市、兴安盟、赤峰市、通辽市、二连浩特市、锡林郭勒盟、乌兰察布市、呼和浩特市、包头市、鄂尔多斯市、巴彦淖尔市、乌海市、阿拉善盟14个烟草专卖局（分公司）及自治区卷烟销售公司（销售处）、区烟叶生产经营管理部、内蒙古烟草质量监督检测站、内蒙古金叶实业（集团）有限责任公司4个直属二级单位。按照取消县级公司法人资格后的机构设置，各盟（市）烟草专卖局（分公司）下辖80个旗（县、区、市）烟草专卖局（卷烟营销部）和5个区（市）烟草专卖局。区局（公司）机关共有10个职能处室和3个专业部门，其中专卖管理处（稽查总队）下设东、西部两个支队。至2005年底，全区烟草系统从业人员5 810人。

【经济指标】 2005年，全区烟草系统外销售卷烟395.21亿支，同比增长6.38%。其中，百牌号（含四、五类）卷烟373.98亿支，同比增长14.65%，占系统外销量94.63%；低档卷烟182.32亿支，占系统外销量46.13%，完成低档卷烟销售计划101.29%；期末库存29.93亿支，在库限指标内；全区卷烟平均毛利率18.28%，比上年同期增长4.98个百分点。全年共收购烟叶24.2万担，全部调出，烟叶购销经营实现利润1 194万元，同比增长58%。全区烟草行业实现税利10.43亿元，同比增长44.86%，其中利润7.61亿元，同比增长32.70%。全区各分公司实现利润同比全部增长，其中呼和浩特、包头分公司实现利润超过1.4亿元。

【经济运行】 加强对经济运行分析和调控管理，组织适销对路货源，开展区内卷烟调剂，促销压库，整合品牌，全区经营的卷烟规格由年初的396个控制在年底的317个。烟叶生产经营继续加强与黑龙江烟草进出口公司合作，在全区1/3的烟田被冰雹毁灭的情况下，向受灾农户捐款100万元。区局（公司）加强对多元化经营的管理指导，投资5万平方米的通辽金叶广场和3万平米的二连金叶时代广场先后在“五一”和“十一”开业，整体销售满洲里烟草分公司综合商业楼，清理整合清华同洲公司，盘活资金。金叶实业（集团）有限责任公司全年实现销售收入3.49亿元；实现利润2 175.8万元，同比增长39%。自治区烟草质量监督检测站通过中国实验室国家认可委员会的审查认可、自治区质量技术监督局的计量认证复审和国家局的考核验收及授权。开展安全检查整治工作，强化道路交通安全管理，《职业健康安全管理体系》建立工作在呼和浩特、赤峰烟草分公司试点。全年全区烟草行业各类事故明显下降，杜绝职工非正常死亡事故。

【内部管理监督】 自治区局（公司）整顿办下设8个专业组，定期召开联席会议。确定4个盟市局（分公司）作为专卖、财务审计、纪检监察和综合性工作联系单位。开展预算管理执行情况大检查，制定《全区烟草行业加强内部财务管理的实施细则》和《全区烟草行业内部审计监督工作实施细则》（试行）。配合自治区审计厅开展行业审计，开展经济责任和离任、提任审计。区局设立内部专卖管理监督办公室，并在区内两个卷烟工业企业设立专卖管理监督办公室，制定《内蒙古自治区烟草专卖局关于全面加强全区烟草行业内部专卖管理监督工作实施办法》和《关于加强内部专卖管理监督联系单位工作开展情况的指导意见》。加大对各产区烟叶收购全过程的监督检查，开展区内烟叶工商交接等级监督检查工作。结合“双文明建设”实绩考核、人事劳资专项检查、领导班子考核以及党风廉政大检查等工作不定期对各直属、二级单位的相关工作进行监督检查。制定《关于进一步加强企业领导班子党风廉政建设建立健全权力运行监督制度的实施意见（讨论稿）》，在全区烟草企业开展第四次党风廉政建设大检查。加强固定资产投资管理，开展基建工程项目招投标工作专项调研。

【卷烟营销】 呼和浩特分公司作为全国36个重点城市中第二批网建联动工作达标单位,通过区局(公司)的检查和国家局的复查。开展客户关系管理,合理定量,差异化服务。7月份进行全区网建检查验收,10月在包头组织召开全区网建现场会。至年底,全区共有电话订货户68 594户,占零售户总数100%;全区电子结算网上划拨卷烟零售客户24 173户,占零售客户总数35.2%,分公司中心市场城网电子结算零售户13 372户,占分公司中心市场城网零售客户69.4%。三大工程(基础网络建设、行业卷烟生产经营决策管理系统建设、全区卷烟营销网络建设)已基本完成,信息化基础平台基本建成。区局(公司)开发并运行价格管理子系统,实现计算机辅助管理全区卷烟价格工作模式。修订完善《内蒙古自治区烟草行业卷烟价格工作管理办法(暂行)》,执行北方十一省(区、市)卷烟统一批发价格,做好卷烟零售明码标价工作。

【专卖管理】 各级局确定烟草专卖执法督察人员,建立群众评议制度。下发《关于加强旗县级烟草专卖局专卖管理工作的通知》。一季度查处通辽烟草分公司开鲁县卷烟营销部体外循环销售卷烟的违纪案件。经过整顿治理,体外循环现象得到有效遏制。增强案件经营意识,与公安机关密切配合,联手行动,开展卷烟打假专项行动,相继破获包头市"9·13"、赤峰市"11·2"和呼和浩特市"9·29"三个跨地区销售假冒卷烟的网络,受到国家局的表扬。2005年,全区烟草行业共出动打假78 418人次,查获违法案件9 679起。其中,未从当地烟草批发企业购进卷烟案件5 792起;假冒卷烟案件2 597起;无烟草专卖品准运证运输卷烟案件373起;无烟草专卖许可证经营卷烟案件241起;走私卷烟案件8起,其它案件668起。查获假冒卷烟5 375.11件,捣毁制假窝点4个,贩藏假烟窝点87个,查获各类型烟机5台,销毁假烟2 723.63件,罚没款269.61万元。全年共刑事拘留43人,判刑18人。区局(公司)成立法律知识统一考试工作领导小组,在全区开展专卖执法人员法律法规知识培训,组织全区专卖行政执法人员分别参加国家局和区局组织的统一考试,并取得综合排序全国第二和组织工作先进集体的荣誉。

【精神文明建设和党风廉政建设】 2005年,呼和浩特、通辽市局(分公司)被授予全国精神文明建设先进单位,巴彦淖尔市、兴安盟、呼伦贝尔市局(分公司)被授予自治区文明单位标兵。2005年,全区烟草系统两级纪检监察机构共办理信访举报27件,立案12起,结案11起,纪律处分11人。

(王爱琳)

盐业管理

【内蒙古自治区盐务管理局 内蒙古自治区盐业公司领导名录】

局　长　经　理:赵玉怀

副局长　副经理:李树森

　　　　　　　　刘建潮(女)

副　　书　　记:杜爱华(女 蒙古族)

副局长　副经理:张占选

　　　　　　　　李学义

纪　检　书　记:江亚君

总　经　济　师:吕　信

【概况】 2005年,全区共生产成品盐213.21万吨,完成年计划225万吨的94.76%,比上年同期增产28.43万吨,同比增长15.39%。其中食盐生产27.38万吨,完成年计划25.65万吨的106.74%,同比减少2.67%。生产企业累计销售各类盐产品128.81万吨,比上年同期减销36.13万吨,同比减少21.90%。其中销售食盐28.58万吨,完成年计划25.65万吨的111.42%,比上年同期减销0.11万吨,同比减少0.38%。全区运销企业截止到12月末,共销售各类盐产品26.29万吨,为年计划19.895万吨的132.14%,同比增加6.35%。其中,食用盐销售15.20万吨,为年计划13.50万吨的112.59%,同比增加2.63%。工业盐销售61 015吨,比上年增销422吨。畜牧业用盐销售34 388吨,比上年增销3 963吨。多品种营养盐销售787吨。到12月底,全区直属运销企业实现销售收入3.89亿元,实现利润1 257.06万元,上交税金3 279.96万元。

【市场监管】 2005年,各级盐务管理部门继续加强与工商、公安、卫生、质量技术监督等部门以及各省际边界联检部门密切协作,采取有力的措施,严厉打击各种涉盐违法活动。到12月底,全区共查获涉盐违法案件997起,比上年同期下降30%;查获违法盐产品2 688.76吨,比上年同期增长52.17%;没收违法盐产品712.42吨,比上年同期下降了49.6%。移交司法机关案件共5起;检察机关批捕1人,刑事拘留1人。

2005年,又有6个旗县实现消除碘缺乏病目标,自此,自治区101个旗县中,有97%的旗县实现消除碘缺乏病目标。

【质量管理】 2005年质量考核,全区盐产品质量总体保持平稳。计划考核的产品质量目标值12项,根据各盐场上报的质量月报统计,实际全部完成。各项指标与上年比较波动不大。其中碘盐综合合格率100%,比目标值98%提高2个百分点;综合一级品率83.54%,比目标值60%提高23.54个百分点。盐产品综合合格率99.56%,综合一级品率68.13%。

2005年国家海湖盐质量监督检测中心对自治区5家定点生产企业的盐产品进行换证检测,抽检15个产品,抽检合格率100%。根据自治区盐务管理局下达的抽检计划,自治区盐业质量检测站于2005年集中对全区10个运销企业、5个定点生产企业及远通饲料添加剂有限公司的94个批次盐产品进行抽检,其中合格批次84个,批次合格率为89.36%;不合格批次数10个,批次不合格率为10.64%。加碘盐总体较好,综合合格率达98.61%,工业盐和普通畜牧业用盐质量有所下降。

【科技兴盐】 2005年,区内各盐业企业继续坚持"科技兴盐"战略,依托资源优势和区位优势,不断加大科技投入和结构调整,积极促进技术进步,不断扩大盐的外延领域,优化提升产业结构和产品结构,提高产品科技附加值,积极培育新的经济增长点,努力提高盐业经济质量和效益,取得明显的成效。额吉淖尔盐场总投资540万元的20万平方米的滩晒盐田改建工程顺利完工,进一步提高结晶池的防渗能力,标志着盐场盐产品的生产水平迈向一个新的台阶。雅布赖盐化有限责任公司投资1 100万元扩建的1万吨硫化黑工程,于2005年3月投料试车成功,产品质量达到国家标准,色泽指标达到国内硫化黑高等级。以硫化黑废水为原料的1 800吨/年二甲基二硫项日试车成功。

【盐湖开发与保护】 2005年,实施沙丘造林436亩14万株,四旁植树2 231株,成活率分别达到85%和91%。同时继续开展肉苁蓉、锁阳等沙生植物的养护,并向国家申请公益林生态效益补偿基金,取得较好实效。查汗池盐业有限责任公司合理规划盐湖治理方案和盐湖开发利用方案,二次更新采池过程中,在湖区和生产车间周围植树10 000余株,防风固沙,美化环境。这些措施的有效实 施为保护盐湖资源,为实现资源的可持续利用发挥重要作用。

(景 恕)

农 牧 林 水

农 牧 业

【内蒙古自治区农牧业厅领导名录】

厅　　长:陶　克(蒙古族)

副 厅 长:王守陆 高云平 赵存发 纪大才(女) 周文毅 赵存才 翟琇

纪检组长:李桂兰(女)

助理巡视员:石先勇 扎木苏(蒙古族 10月任职)

【概况】 内蒙古自治区农牧业厅共设行政编制114名,实有人数116人,设有办公室、人事处、政策法规处、市场与经济信息处、发展计划处、财务处、经济合作处、科技教育处、种植业管理处、畜牧处、草原处(饲料工作办公室、草原防火办公室)、兽医处、农牧业机械化管理局、农牧场管理局、渔业局(自治区渔政渔港监督管理局)15个职能处室局,另设机关党委、离退休人员工作处、自治区推进农牧业产业化办公室(自治区乡镇企业局)及派驻纪检组、监察室。

2005年,全区农业增加值达到589.56亿元,同比增长9.1%;农牧民人均纯收入达2 989元,同比增长14.7%。

【粮食生产】 全年农作物种植面积621.57万公顷,比上年增加29.17万公顷。其中,粮食作物种植面积437.36万公顷,比上年增加19.25万公顷。粮食总产达1 662.15万吨,比上年增产156.76万吨;亩产达506.7斤,比上年增加25.6斤。油料、蔬菜产量分别达122.17万吨、1 009.61万吨,订单农业达到2 226.4万亩,比上年增加307.4万亩;新增设施农业9万亩,设施农业总面积达到42万亩。

【畜牧业发展】 牧业年度全区牲畜存栏首次突破1亿大关,达到10 615.29万头(只),其中,农区牲畜占全区牲畜总头数的68%,同比增长14.5%;牲畜总增5 169.16万头(只),增长25.3%,牲畜总增率达55.7%。全年肉类、牛奶、禽蛋、绵羊毛、山羊绒产量分别达到229.91万吨、691.08万吨、46.17万吨、9.5万吨和6 646吨,分别比上年增长13.8%、38.8%、19.4%、10.9%和11.6%。奶牛、羊总数及牛奶、羊绒、羊肉、半细羊毛等特色产品产量继续在全国保持领先优势。

【农牧业结构调整】 农牧业结构中,畜牧业产值占第一产业的比重上升为45.4%,比上年提高1.4个百分点,超过种植业产值。畜牧业内部结构中,农区畜牧业牲畜头数占全区牲畜总头数的比重上升达到68%。种植业结构中优质、高产、高效、生态、安全作物占农作物总播面积的比重达到47.6%,比上年增长2.3个百分点。全区农畜产品加工转化率达50%,比上年增长5个百分点。

【农牧业产业化】 全区销售收入百万元以上农畜产品加工企业达1 541家,比上年增加175家;销售收入达874亿元、完成增加值260亿元,同比分别增长37.5%和33.5%。农畜产品加工业完成的增加值占全区工业增加值比重达21.6%,全区农牧民经济合作组织达2 745个,产业化带动农牧户数142万户,占全区农牧户的40%以上。农畜产品中国驰名品牌达到11个,18户企业成为国家级农业产业化重点龙头企业,伊利、蒙牛、华资、亿利等8家成为上市企业。

【农牧业科技】 全区测土配方施肥面积达到500万亩,惠及31万农户,节本增效2亿元。保护性耕作示范面积达113万亩,辐射全区机械化免耕播种589.5万亩,占全区旱地总播面积的7.4%。培训、指导农牧民示范户13.8万人次,农牧民科技培训达362.8万人次,完成职业技能培训14余万人。农作物良种覆盖率、牲畜改良比重、水产良种覆盖率分别为94%、90.7%和91%,同比分别提高1个、2.3个和1个百分点。

【农畜产品质量安全】 全区以基层防疫队伍建设为重点,加强动物疫病防控体系建设,以防控和扑灭重大动物疫病为重点,全面提升动物疫病免疫、疫情处置、检疫和防治水平。全区重大动物疫病始终处于稳定控制状态,赢得高致病性禽流感等重大动物疫病防治工作的阶段性胜利,有效阻击亚洲Ⅰ型口蹄疫情传入,实现全区无疫情;有效控制和及时扑灭高致病性禽流感疫情,防控工作得到国务院督察组、农业部的充分肯定。农畜产品质量安全水平稳步提升。全区共认定无公害产品产地740个,全区有机食品总数达123个,绿色食品总数424个,无公害农畜水产品915个。

【草原生态建设】 在落实草原家庭承包制、推进草畜平衡制度、开展禁牧休牧、基本草牧场保护等方面,走在全国前列。全区禁牧休牧面积达6.24亿亩,草原建设总规模达9 670万亩。

【农村牧区政策落实】 全区各地落实统筹城乡发展方略和"多予、少取、放活"的方针,在进一步加强农村土地承包和草原"双权一制"、减轻农牧民负担等党在农村牧区基本政策落实的同时,卓有成效地贯彻落实中央一号文件精神,全区共减免农业税、牧业税和农业特产税28.3亿元,兑现粮食直补、良种补贴和农机具购置补贴资金6.14亿元,中小学义务教育"两免一补"3.7亿元,退耕还林、退牧还草等工程兑现的补贴38.57亿元,农牧民人均获益400元。

【禽流感】 2005年全区共发生3起高致病性禽流感疫情。10月14日,呼和浩特市赛罕区巴彦镇腾家营村发生首起疫情,19日经国家参考实验室确诊为H5N1高致病性禽流感。11月15日和20日呼伦贝尔市莫力达瓦达斡尔族自治旗汉古尔河镇乌兰村和扎兰屯市大河湾镇大水泉村相继发生两起疫情,分别于20日和25日经国家参考实验室确诊为H5N1高致病性禽流感。面对突如其来的疫情,自治区各级紧急行动,当地政府立即启动应急预案,按照国务院《重大动物疫情应急条例》和《高致病性禽流感疫情处置技术规范》规定,划定疫点、疫区和受威胁区,采取严格的封锁、扑杀、无害化处理、消毒、紧急强化免疫、疫情监测等各项措施,用最短的时间,最快的速度,最严格的措施迅速控制扑灭疫情,没有发生人的感染。三起疫情共计扑杀禽类120 238只,其中赛罕区扑杀93 523只、莫力达瓦达斡尔族自治旗扑杀10 148只、扎兰屯市扑杀16 567只。12月15日最后一起疫情疫区解除封锁后,至2005年底,全区没有再发生新的高致病性禽流感疫情。

【农牧业机械化】 全区共完成机耕6 998.5万亩、机播6 207.3万亩、机收2 220.4万亩、机械打草849.4万吨,较上年分别增长4.1%、9.5%、19.7%和33.9%。耕播收机械化水平分别达75.1%、66.6%和23.9%,综合机械化水平达55.2%,较上年增长2.4个百分点。农机总动力达1 922万千瓦,比上年增长8.5%。拖拉机拥有量达61.8万台,同比增长32.1%。全区从事农机化作业的服务组织86.13万个,从业人员108.9万人。农机社会化服务比重达41.9%;全区农机服务经营总收入达54.4亿元,同比增长36.3%。全区兴办的农机服务实体达60多个,农牧民的农机合作组织和农机大户5 401个,总资产10.4亿元,占全区农机固定资产的8.7%。

【渔业经济】 全力实施天然水域渔业产业带、池塘养殖产业带和盐碱水域渔业产业带建设,切实开展渔业种苗繁育、渔业科研和技术推广、水产品质量安全管理、渔政综合执法等工作,大幅度提高水产品的产量和品质,提升渔业经济实力。全年水产品产量8.26万吨,比上年增长6.9%,实现渔业产值7.2亿元,增长16%,渔民收入实现较快增长。

【农垦改革与发展】 全区农垦系统围绕"职工增收、企业增效、示范带动作用增强"的目标,全系统完成国民生产总值29亿元,同比增长16%;实现利润1.5亿元,同比增长近2倍;农牧场人均纯收入大幅度增加,达3 600元,全区农垦粮食总产达 120 万吨、油料 20 万吨,肉类5.5万吨、绒毛5 000吨、牛奶 31 万吨。农垦企业的属地管理改革基本完成,初步建立新的农垦企业运行机制,形成多元化的管理体制格局;农垦政企、社企分开稳步推进,职工养老保险政策基本到位,国有农牧场土地确权发证工作深入开展,农垦职工及家属转入城镇户籍政策得到贯彻落实。

(黄伟 马强)

农牧业产业化

【内蒙古自治区推进农牧业产业化办公室领导名录】

主 任:周文毅(满族)

【概况】 内蒙古自治区推进农牧业产业化办公室(以下简称"产业办")是隶属自治区农牧业厅管理的准厅级行政单位,具体负责指导推进全区农牧业产业化经营。产业办下设 4 个处和机关党委,综合处履行办公室的职责并负责各产业的综合协调和统计汇总及指导全区乡镇企业工作,产业一处负责粮油、马铃薯(瓜果、蔬菜)产业,产业二处负责乳、肉、绒(皮革、皮毛)产业,产业三处负责饲料饲草产业和特种生物资源及沙产业。产业办人员编制 40 人,现有工作人员 28 人,其中副处以上干部 11 人,中共党员 25 人,具有研究生学历人员 3 人,具有大学本科学历人员 16 人,具有大专学历人员 9 人。

【主导产业】 2005 年,全区奶牛存栏达 251 万头,比上年增长13.3%,鲜奶产量达691.08万吨,比上年增长38.8%,全区百万元以上乳品企业实现销售收入248.9亿元,比上年增长30%,伊利、蒙牛两家企业销售收入均超 100 亿元。牧业年度牲畜存栏1.06亿头只,全年肉类总产量达229.91万吨,同比增长13.8%,肉类加工能力达 150 万吨,综合加工率达63%,全区百万元以上肉类加工企业实现销售收入217.1亿元,比上年增长31%;羊绒产量达6 646吨,同比增幅较大,良种和改良种山羊比重提高,百万元以上企业销售收入达146.2亿元,比上年增长26%;粮食总产量达1 662万吨,粮食(不含薯、大豆)加工量达 630 万吨,加工率达45.8%,百万元以上企业实现销售收入81.2亿元,比上年增长108%;油料总产量达到122.17万吨,加工率达到65%,百万元以上加工企业实现销售收入35.9亿元;蔬菜总产量达1 009万吨,加工鲜菜达 200 万吨,加工率达20%,蔬菜瓜果加工企业实现销售收入21.6亿元,比上年增长31%;马铃薯产量 752 万吨,百万元以上企业加工转化鲜薯 120 万吨,加工率达到16%,实现销售收入7.7亿元;饲草饲料产业,天然草场打贮青干草 700 万吨,人工草场打贮青干草 392 万吨,青贮饲料总贮量达3 004万吨,配混合饲料总量达 200 万吨,百万元以上饲草饲料加工企业实现销售收入45.5亿元,比上年增长26%;全区特种种植基地面积突破4 170万亩,特种养殖基地动物饲养量达 100 万头(只),特色产业销售收入百万元以上企业实现销售收入70.4亿元,比上年增长1.5倍。

【项目建设】 全区投资规模1 000万元以上农牧业产业化在建项目 425 项,总投资规模346.2亿元,当年完成投资100.5亿元。其中投资规模 1 亿元以上在建项目 84 项,总投资规模240.9亿元,当年完成投资 48 亿元。竣工项目 162 项,投资规模83.6亿元,其中 1 亿元以上项目 21 项。这些项目的建成投产,为产业化发展注入了新的动力。

【农牧民增收】 2005 年,全区销售收入百万元以上企业收购农畜产品资金达 264 亿元,比"九五"期末的57.3亿元纯增了206.7亿元,是"九五"期末的 4.6 倍,农牧民通过农牧业产业化实现的现金收入约为2 000元。农牧业产业化企业带动 142 万户农牧户加入到产业化经营链条中,是"九五"期末的2.6倍。企业从业人员达到 33 万人,比"九五"期末的10.2万人纯增了22.8万人,是"九五"期末的3.2倍。农牧业产业化为农牧民提供的纯收入约为1 000多元,比上年纯增 180 多元,增长22%。产业化经营为农牧民提供的收入约占全年农牧民纯收入的1/3左右。

【招商引资】 产业办先后组织各盟市龙头企业参加农业部等国家部委和有关省市举办的全国乡镇企业、民营企业振兴东北等老工业基地暨对俄经贸洽谈会,农产品加工西部行动(宁夏)暨科技经贸合作活动,中国(长春)玉米产销衔接会,陕西杨凌农业高新技术博览会,以及在湖南举办的招商引资活动。由于准备充分,组织协调和宣传、服务工作到位,参展项目成熟、起点高,参展产品门类齐全、特色鲜明,组团参加的几次招商引资会不仅展示全区经济发展特别是农牧业产业化经营取得的进步和成就,宣传了自治区一大批骨干龙头企业和重点项目,而且在招商引资上取得较为明显的成果。几次招商引资会共签约项目(包括合同和意向)几十个,总投资数亿元。

【全区农牧业产业化经营现场会召开】 8 月 16 日至 20 日,自治区政府召开全区农牧业产业化经营现场会,分析上半年农牧业产业化经营形势,交流推进产业化经营的好经验、好做法,研究部署下一阶段的工作任务。自治区副主席雷·额尔德尼出席会议并讲话。会议印发农牧业厅厅长陶克的讲话材料,产业化办公室周文毅主任做工作报告。各盟市分管农牧业的副盟市长,各盟市农牧业局局长、农牧业产业化办公室主任,自治区有关部门的领导和处室负责人,自治区有关金融机构的负责同志参加会议。与会代表先后参观考察呼伦贝尔市、兴安盟、巴彦淖尔市、鄂尔多斯市有关旗县的农牧业产业化典型,并听取呼伦贝尔市、巴彦淖尔市推进农牧业产业化经营情况的汇报。

(王利明)

林　　业

【内蒙古自治区林业厅领导名录】

厅　长:高锡林(蒙古族)

副厅长:曹文仲

纪检组长:李树平

副厅长:田选明　呼群(蒙古族)

助理巡视员:谢振有　李纯英　杨俊平(11月任职)

【概况】 2005年内蒙古林业厅行政编制65人,实有人员63人,其中妇女干部19人,少数民族干部20人。按学历分,研究生学历3人,大学本科学历39人,大学专科学历19人,中专学历1人,高中及以下学历1人;从年龄结构上分,35岁及以下人员6名,36~45岁28名,46~54岁21人,55岁及以上8名。自治区林业厅所属18个事业单位,人员编制1 409人,2005年实有人数1 231人。

【森林培育】 全区共完成人工造林28.3万公顷,飞播造林10.1万公顷,封山(沙)育林29.4万公顷,义务植树5 660万株。育苗0.87万公顷,其中新育0.5万公顷,容器育苗2.4亿袋。造封飞按工程分:退耕还林工程人工造林26.6万公顷,占计划的100.6%。其中退耕地还林14.4万公顷,占计划的100%;荒山荒地造林12.2万公顷,占计划的101.3%。封山(沙)育林9.6万公顷,占计划的102.4%。京津风沙源治理工程完成人工造林1.2万公顷,占计划的101.1%;飞播造林3.3万公顷,占计划的100%;封山(沙)育林10.2万公顷,占计划的100.4%。天然林保护工程飞播造林6.8万公顷,占计划的112.6%;封山(沙)育林9.5万公顷,占计划的100.8%。

【森林保护】 全区共发生森林火灾173起,其中火警65起,一般火灾106起,重大火灾1起,特大火灾1起(由雷击引发),受害森林面积4 300公顷,森林火灾受害率0.2‰。发生草原火灾244起,其中火警218起,一般火灾23起,重大火灾2起,特大火灾1起,受害草原面积3.18万公顷,草原火灾受害率0.4‰。全区共发生森林病虫鼠害69.5万公顷,成灾面积3.5万公顷,成灾率2‰。完成有效防治面积55.1万公顷,防治率为79%。共发现和受理各类森林和野生动物案件21 501起,侦破和查处21 419起,查处率99.6%;共查处各类违法犯罪人员25 492人次,挽回经济损失2 678.7万元。

【提高造林质量】 2005年进一步明确质量管理活动和内容,深化营造林质量管理。一是采取科学设计、良种壮苗、合理整地、科学造林、及时抚育等措施,实现管理的规范化、制度化。积极推行招标制、报帐制、监理制、责任制等管理制度的试点工作,引入竞争机制,创新管理模式。二是严格执行国家标准和自治区地方标准,确保各项标准在工程设计、组织实施、检查验收和档案管理中得到认真贯彻执行。三是进一步加强种苗生产管理工作。认真贯彻执行《种子法》和《内蒙古自治区林木种苗条例》,加强种苗的行业管理和市场管理。加大林木种苗质量监督抽查力度,协助国家检查组对3个盟市5个旗县进行监督抽查,自行组织对7个盟市18个旗县进行质量监督抽查。四是抓好补植工作。针对今年旱灾严重的实际,狠抓新造林和历年造林地的补植。全年共实施补植28.7万公顷。

【完善政策　活化机制】 认真落实国家、自治区有关政策精神,以加快林业生态建设步伐,改善生态,促进农村牧区经济增长,提高人民生活水平为目的,以活化宜林"三荒"地使用权为重点,积极探索与新形势发展需求相适应的林业经营管理体制和运行机制,鼓励扶持非公有制林业发展,充分调动了各方面造林绿化的积极性。组织开展国有苗圃改革试点,为全区国有苗圃改革提供经验。帮助巴彦淖尔市推行项目管理和造林"直补"两项改革。指导通辽市建立林木资产评估机构,规范活立木流转,合理确定活立木价格。

【林业科技】 林业科技成果转化率达40%以上。指令性推广抗旱造林系列等8项适用技术,累计推广完成763万亩,是下达任务的151%,全区林业技术推广覆盖率达到76.2%。

【野生动植物保护及自然保护区建设】 认真实施野生动植物保护及自然保护区建设工程,新建哈腾套海国家级自然保护区1处;组织6处自然保护区科考,待自治区政府批准为自治区级自然保护区。

【重点公益林生态效益补偿】 认真落实森林生态效益补偿基金制度,完成森林区划界定地块落实、管护责任区划定、责任制落实、管护人员招聘和盟市、旗县实施方案编制等基础性工作,落实国家生态效益补偿资金2.37亿元。启动自治区、盟市、旗县地方公益林生态效益补偿,落实补偿资金1 200万元。

【国有林场扶贫】 国家补助国有林场扶贫资金1 000万元,根据国家对贫困国有林场的扶持政策,筛选并落实贫困林场脱贫项目47个。

【荒漠化和沙化土地监测】 据内蒙古第三次荒漠化、沙化土地监测成果显示,至2004年,全区荒漠化土地面积为6 224万公顷,占自治区总面积的52.6%;与1999年相比,全区荒漠化面积减少161万公顷,年均减少32万公顷。全区沙化土地总面积4 159万公顷,占自治区总面积的35.16%;与1999年相比,全区沙化土地减少49万公顷,年均减少9.8万公顷。

【全国防沙治沙现场会在鄂尔多斯市召开】 7月12至13日,全国防沙治沙现场会在鄂尔多斯市召开,国家林业局局长周生贤出席会议并作重要讲话。周局长高度评价内蒙古的防沙治沙工作及取得的成绩,指出内蒙古防沙治沙有五条重要经验:一是各级党委、政府高度重视生态建设和防沙治沙工作;二是妥善处理生态建设与经济发展的关系,把生态建设和防沙治沙工作放在区域经济和社会发展全局之中来部署和安排;三是通过优惠政策、活化机制,调动社会各界特别是广大农牧民参与防沙治沙的积极性;四是一切从实际出发,因地制宜,采取不同的治理模式,选择不同的发展道路;五是各族干部群众持之以恒,长期艰苦奋斗、不懈努力,大搞植树造林,大力防沙治沙。

【清理整顿大青山矿业生产秩序】 为制止和打击滥采石、乱挖矿等破坏林草植被的违法行为,进一步加强大青山生态保护和建设,9月12日,自治区人民政府下发《关于进一步加强大青山生态保护和建设有关事宜的通知》(内政字〔2005〕221号),按照通知要求,9月27日至29日和11月2日至4日,自治区林业厅会同自治区环境保护局、国土资源厅、监察厅和煤炭管理局组成联合督查组,对呼和浩特市、包头市和乌兰察布市的大青山矿业生产秩序清理整顿专项行动的开展情况进行两次督查。此次专项行动查明,大青山范围内共有采石采矿点468个,已关停247个。其中,呼和浩特市境内有采石采矿点156个,已关停68个;包头市境内有各类矿点312个,已关停179个;乌兰察布市境内没有采石采矿点。

(乔云 张爱军)

水　　利

【内蒙古自治区水利厅领导名录】

厅　　长:戈　锋(蒙古族)

副 厅 长:陈　欣

冯国华(满族)

于长剑

纪检组长:王东江(女)

助理巡视员:柴建华

【概况】 2005年,牢固树立为自治区经济社会发展全局服务的观念,抓住水利发展面临的突出问题和难点问题,积极探索、大胆实践,节水型社会建设、水权转换探索、水利投融资渠道拓宽等迈出重要步伐。全社会完成水利固定资产投资约55亿元。在国家水利投资比上年减少近1/6,争取国家水利建设投资达14.3亿元,位居全国前列。2005年全区新增灌溉面积14.13万公顷,完成年度计划任务的106%;新增节水灌溉面积23.40万公顷,完成年度计划任务的117%;新增灌溉饲草料地面积3.13万公顷,治理水土流失面积57.13万公顷,完成年度计划任务的132%;解决了62万人、197万头(只)牲畜的饮水困难问题,分别完成年度计划任务的124%和131%。

【防汛抗旱】 全力抗洪抢险,科学调度配置水量,有效地减轻洪凌和干旱灾害损失,保障自治区经济社会全面、协调、可持续发展,取得了防汛抗旱工作的全面胜利。至"十五"期末统计,防洪减灾能力有所增强。全区大江大河及重要支流加固堤防1 046公里,重要江河干流防洪标准从5~20年一遇提高到20~50年一遇。2005年,全区防洪工程建设完成堤防48公里,险工24公里,完成投资8 672万元,竣工验收38项,工程优良率达61%。

【农田水利】 全区各地从实际出发,坚持不懈地加强农田草牧场水利基本建设,采取一切行之有效的措施,努力改善农业灌溉条件,为确保国家粮食安全、农牧业增产、农牧民增收和农村牧区发展奠定坚实的基础。经过努力,至"十五"期末统计:农田草牧场水利基本建设持续快速发展。全区净增农田有效灌溉面积492万亩,累计达到4 050万亩;净增节水灌溉面积1 105万亩,累计达到2 240万亩;牧区发展饲草料灌溉面积162万亩。

【水土保持】 2005年,中央财政预算内专项资金水土保持项目、黄土高原水土保持世行贷款、淤地坝工程、东北黑土区水土流失防治试点工程等重点项目建设进展顺利。水土流失得到有效治理,"十五"期间,共治理水土流失面积279.26万公顷。全区水土保持监测网络的监测分站基础建设基本完成。对新立项的大型开发建设项目开始进行水土保持方案编报审批制度和水土保持"三同时"制度。对大中型开发建设项目水土保持方案大纲加强审验工作。以电力和公路建设项目为重点,加大开发建设项目水土保持监测执法力度。

【基本建设】 2005年,三座店水库、绰勒水库等在建重点骨干工程完成投资6.58亿元。病险水库(水闸)除险加固进度明显加快,完成投资9.93亿元,竣工验收36座,工程优良率达到

75%。防洪工程完成堤防48公里,险工24公里,完成投资8 672万元,竣工验收38项,工程优良率达到61%。完成三座店水库等35个项目的招投标工作,累计招标金额达4.6亿元。“十五”期间累计争取国家水利投资71.68亿元,是“九五”投资的3.17倍,对于加快全区各项水利基础设施建设起到关键性的拉动作用。重点水利骨干工程建设步伐明显加快。尼尔基、绰勒、美岱、前夭子、哈拉沁、乌兰木伦、三座店等一批大中型调蓄骨干工程相继开工建设;红山水库、三盛公水利枢纽等80座病险水库(水闸)除险加固工程已批复和开工建设。

【水政水资源】 2005年,全区水政水资源工作进展加快。一是狠抓节水型社会建设。以节约用水为核心的水价改革取得新的进展。全国节水型城市建设试点之一的呼和浩特市顺利完成水价调整工作,居民生活用水水价由1.85元/吨调整到2.4元/吨,平均增幅为29%;包头市实施分质供水,优水优用,城市“健康水”工程快速推进。制定《包头市节约用水管理办法》等一系列规范性文件,节水型社会建设法规政策体系初步完善。《包头市节水型社会建设规划》通过审查。这些都为全区节水型社会建设的全面推进开创良好的开端。二是水权转换为沿黄地区工业化进程的快速推进提供了有效的水资源保障。面对水资源短缺的严峻现实,为缓解沿黄地区的工农业用水矛盾,促进用水结构调整,优化水资源配置。根据水利部的水权、水市场理论,在水权转换工作上进行了积极探索和大胆尝试。《内蒙古黄河水权转换总体规划报告》于2005年4月经黄委正式批复。按照总体规划,到2010年,沿黄地区可采取由企业投入资金进行灌溉工程节水配套从而获得水的使用权的方式转换2.7亿立方米的黄河水量,可有效缓解该地区工业用水需求紧张的局面。经过积极争取,水利部把自治区列为全国水权转换试点省区。自治区新奥化工、杭锦电厂、大饭铺电厂等6个项目的水权转换可研报告和水资源论证报告已通过黄委会专家组审查。达拉特电厂4期等4个项目在鄂尔多斯市黄河南岸灌区105公里总干渠和1万亩示范区的干支斗农毛渠道衬砌改造任务全面竣工,完成投资2.43亿元。

【法制建设】 “十五”期间,水利法制化建设进程不断加快。修订《自治区实施〈水法〉办法》,出台《取水许可制度实施细则》、《农业节水灌溉条例》、《水资源费征收使用管理办法》、《水利建设基金筹集和使用管理实施细则》等一系列行政法规、规章,水利法规体系不断完善;水行政执法力度进一步加强,预防和调处水事纠纷取得明显成效。

【水利科技】 2005年,为科技兴水,增加水利自主创新能力起到了重要作用。“十五”期间,在节水灌溉、水土保持、水资源优化配置研究等方面取得60多项重要的科技成果,有14项成果达到国际国内领先水平,有18项成果获自治区科技进步奖。由自治区承担的国家“十五”节水农业重大科技专项课题为北方半干旱集雨补灌旱作区节水农业的发展提供成功的示范样板和技术支撑。水利为自治区经济社会全面、协调、可持续发展发挥了有效的支撑和保障作用。

【水利管理】 2005年,按照自治区政府下发的《水利建设基金筹集和使用管理实施细则》,全年征收自治区水利建设基金2亿元,极大地缓解水利建设资金不足的问题。水利厅党组积极主动适应国家宏观经济政策的调整,采取积极有效的措施,在加大争取国家投资力度的基础上,积极引进市场运作机制,拓宽投融资渠道,尽可能地稳定水利基建投资规模。整合各方资源,注册成立内蒙古水务投资有限公司,为水利市场化步伐的加快搭建一个有效的融资平台。同时,通过积极努力,在国家开发银行提供自治区的210亿元软贷中争取了20亿元的份额,为多元化、多渠道解决水利投资问题创造了良好的外部环境。

【领导考察】 国家水利部党组成员、中纪委驻水利部纪检组组长刘光和一行8月18日考察内蒙古乌海市水利工程建设。考察组先后考察了黄河海勃湾水利枢纽工程坝址、工程规模、淹没范围,考察滨河护坡工程及污水处理等。刘光和指出,要把黄河岸坡设计与地区的防凌防汛工作紧密结合起来,达到美化效果和体现实用价值;要不断拓宽水污染治理工作思路,创新治水模式,努力形成管道化排污、社会化治污体系。

国家水利部副部长鄂竞平在内蒙古自治区政府副主席雷·额尔德尼及水利厅厅长戈锋等陪同下,9月8日考察内蒙古水土保持工作。鄂竞平一行深入鄂尔多斯市达拉特旗和东胜区的水土保持现场,详细了解沙棘治理开发和淤地坝工程建设情况。高度评价内蒙古近年来水利水保工作取得的成就,并指出,在水土保持生态建设中,要把防治水土流失与发展经济有机结合起来,实现生态建设与经济发展的“双赢”。

国家水利部副部长周英一行9月9日至10日就内蒙古淤地坝建设、水土保持综合治理项目、饮水解困、砒砂岩地区沙棘治理与开发情况等进行了考察。周英充分肯定自治区在水土保持生态综合治理、农村饮水解困方面取得的成效,强调要以科学的发展观统领水利的各项工作,坚持以人为本,搞好生态环境建设。她要求各级水利部门要加强技术指导,加快治理项目的建设速度,真正使生态环境和农民生活得到改善。

(杨亚军)

水 文

【内蒙古自治区水文总局领导名录】

局长 党委书记:云雪峰(蒙古族)

【概况】 内蒙古自治区水文总局是隶属自治区水利厅管理的准厅级事业单位。总局机关内设办公室(劳动人事)、计划财务、站网、水情、水资源勘测、水环境监测等6个处(室)。总局下设呼和浩特市、包头市、呼伦贝尔市、兴安盟、通辽市、赤峰市、锡林郭勒盟、乌兰察布市、鄂尔多斯市、巴彦浩特10个相当于副处级的水文勘测局,并对巴彦淖尔市水文水资源勘测局、三盛公水文实验站、昆都仑水库水文实验站实施行业管理。同时,内蒙古自治区水环境监测中心也设在内蒙古自治区水文总局,所属的4个水环境监测分中心分别设在包头市、呼伦贝尔市、通辽市、赤峰市水文勘测局。

内蒙古自治区水文总局现有在职职工1 296名(其中教授级高工5名,高级工程师84名,工程师368名,本科以上毕业生132名,专科196名;中专36名)。总局机关在职职工82名,(其中教授级高工4名,高级工程师39名,工程师19名,本科以上毕业生48名,大专17名,中专11名)。

内蒙古自治区水文总局承担着全区各流域地表水资源的勘测和资料汇总整编,审定裁决;水文情报预报,水情信息传递;水文分析计算,水资源调查评价、供需平衡及旱情分析;地下水观测、水环境监测等项任务。现有国家基本水文总站136处(169处监测断面),水位站10处,雨量站630处,蒸发站83处,墒情监测站15处,地下水动态监测井958眼,水环境监测站45处(48处断面),基本上形成监测门类齐全、覆盖广泛、控制良好、功能完善的水文监测网络。

【发布水情信息】 凌汛期传递黄河水情0.5万份,编发《黄河冰情简报》45期。主汛期向国家防总、流域机构及邻省防汛指挥部门传发水情信息1.2万份,向区内各防汛机构发出水情信息4万份,编发《水情日报》62期,《水情月报》3期,《水情简报》2期。

【收集水文资料】 对地表水、地下水、水质监测和观测资料进行整编和复审,各种错误率均控制在规范标准之内,达到刊印标准。同时完成2004年度地表水资料复审验收,共完成逐日水位表147站年,逐日流量表138站年,输沙率日表76站年,含沙量日表76站年,洪水水文要素摘录表119站年,实测大断面成果表147站年,实测流量成果表134站年,冰情统计表96站年,逐日水温表77站年。

【规范水资源管理】 编制《内蒙古自治区水资源综合规划》、《内蒙古自治区水资源保护规划》、《内蒙古自治区水功能区划》和《内蒙古自治区水质监测规划》。编发《内蒙古自治区水资源公报》、《内蒙古自治区水资源简报》、《内蒙古自治区泥沙公报》、《内蒙古自治区地下水通报》和《内蒙古自治区水资源质量公报》,向社会提供更多的实用信息。完成内蒙古自治区地下水测站编码的编排、国家重点水功能区水质监测站点设,省界水体、水质、监测、测试、评价,提交评价报告36份。

【加强基础建设】 完成跨界河流水文站网第一期工程建设项目可行性研究报告初设、"十五"期间全区水文水资源工程(二期)报告初设、38处水文站危旧房改建工程初设报告、呼和浩特市和鄂尔多斯市水文勘测局站队结合基地建设项目建议书、《内蒙古嫩右防洪亚行非工程措施方案》等的编制和上报工作。

【职工培训】 组织10名大学生进行为期30天的专业知识培训,选派50名专业干部参加国家水利部水文局组织的水文业务知识培训,局机关开展"每周一讲"活动,为基层配发60台电脑并开展职工素质教育和计算机培训,全年培训职工300多人次。

【水文服务】 为盘活水文经济,增强活力,充分发挥人才、站网、资料三大优势,多渠道开展水文服务。全年共完成建设项目水资源论证、水资源评价、水平衡测试、水土保持方案编制等水文服务项目30多个,创收1 000多万元。

【增强内部管理】 建立完善各项制度,推行按级负责、层层管理、责任到人的新机制,开展清产核资,加强水文资料的管理,投资5万元购置资料柜,整理原始资料25 900余册,整编成果9 700余册,其它档案12 000余册。

【宣传教育】 创办《内蒙古水文》,举办"内蒙古水文"陈列展,收集、整理、展出水文各个时期使用过的工具、仪器、设备。通过一系列扎实有效的思想工作,有力地推动精神文明建设,总局被评为自治区级文明单位。

【松辽流域协作会议】 5月18日至19日,水利部松辽水利委员会水文局在通辽市组织召开松辽流域水文协作会议。水利部水文局、松辽流域水资源保护局、松辽流域水环境监测中心、辽宁省水文水资源勘测局、吉林省水文水资源勘测局、黑龙江省水文局、自治区水文总局及所属10个盟(市)水文勘测局的领导参加会议。

【创建"内蒙古水文馆"】 为再现内蒙古自治区水文五十多年

来发展壮大的艰难历程，展现水文人的精神风貌，水文总局经过半年的努力，创建“内蒙古水文馆”，9月25日在总局机关正式开放。创建“内蒙古水文馆”，在内蒙古自治区水文发展史上是第一次，在全国水文行业也是首创。这次水文馆共收集展出水文各个发展时期的仪器、设备和图片近千件，从不同的侧面反映自治区水文事业发展的艰难历程和一代又一代水文人的工作、生活面貌。这不仅是对历史的回顾，而且对于弘扬水文文化，继承水文传统，激励新一代水文人的斗志，推动水文事业快速发展必将起到重要的促进作用。

【西北地区及黄河流域水文协作会议】 由黄河水利委员会水文局组织、内蒙古自治区水文总局承办的西北地区及黄河流域水文协作会议于9月25日在呼和浩特市召开。内蒙古自治区水利厅副厅长陈欣、黄委水文局副局长张红月、长委水文局副局长王俊、松辽委水文局副局长陈宝、海委水文局局长齐晶及西北地区和黄河流域19个省区30个水文(水资源)勘测局的106名代表参加会议。

【总局开展《测站编码》汇审工作】 为适应水利信息化的需要，加强各类水文信息标准化管理，为防汛抗旱、水资源管理准确、迅速地提供各类水文信息，总局于11月26日至12月1日召集自治区黄河流域7个水文勘测局及三盛公水文实验站13名技术人员，在呼和浩特市进行《测站编码》集中汇审。汇审中，基于测站编码唯一性原则，对1990年颁发的《全国水文测站编码》编制的现行水文站、水位站、雨量站、蒸发站编码进行必要的调整，对原编码中的水文、水位站类一站两码进行合并处理；对水质站、地下水站统一依据8位码规则编码及报汛站5位码转换成8位码进行编排；并完成水文站、雨量站新旧站码对照表。共完成黄河流域162个水文、水位站，372个降水、蒸发站的排序及编码一览表的填制；39个水文(水位)站、88个降水(蒸发)站新旧站码对照表的填制；109个报汛站5位码转换成8位码一览表及10个水质站编码一览表的填制工作。

【总局进行2004年度全区地表水资料复审验收】 5月12日至18日，总局组织召开2004年度全区地表水资料复审验收工作会议。会上，对2004年度全区地表水资料进行认真地审验。2004年度逐日水位表147站年，逐日流量138站年，输沙率日表76站年，含沙量日表76站年，洪水水文要表摘录表119站年，水库水文要素摘录表2站年，实测大断面成果表147站年，实测流量成果表134站年，实测悬移质输沙率成果表18站年，冰厚及冰情要素摘录表48站年，冰情统计表96年站，逐日水温表77站年，降水日表575站年，降水摘录表530站年。

(刘月珍)

扶贫气象地震

扶　　贫

【内蒙古自治区扶贫开发领导小组办公室领导名录】

主　　任：云才晓(蒙古族)

副 主 任：白长江(蒙古族) 周立群 杜古(鄂温克族)

纪检组长：甄小兵

助理巡视员：杨秉谦

【概况】 内蒙古自治区扶贫办(简称)是内蒙古自治区扶贫开发领导小组的常设办事机构，独立的正厅级单位，列入政府序列。行政编制26名，内设4个处，分别为综合处、项目管理处、社会扶贫处和计划财务审计处。下设机关事务服务中心、扶贫培训中心、扶贫开发中心、扶贫基金会共4个事业单位。

2005年，如期完成710个重点贫困嘎查村的建设任务，解决10万余人极端贫困人口的温饱问题。全年共新建水浇地120万亩、饲草料基地330万亩，种树种草500万亩，购买和调剂牲畜350万只羊单位，解决21万人、93万头只牲畜的饮水困难问题；培训贫困地区干部群众121万人次，完成劳动力转移培训10.48万人，实现转移9.13万人，落实扶贫贴息贷款3.6亿元。

【瞄准扶贫对象 直接扶持到户】 一是对全区贫困人口进行认真的调查摸底，建立和完善贫困户档案，保证户有卡、村有册、乡有簿，并全部录入微机实行动态监测管理。二是因地制宜，逐户制定帮扶措施。在筛选扶贫对象时，把计划生育先进户、干部结对帮扶户、移民扶贫搬迁困难户等作为优先扶持对象。在扶贫项目选择上，重点发展养羊业。三是落实工作责任。各地采取领导联系、干部挂钩、党员帮扶和“富帮穷”等形式,把帮助贫困户脱贫的责任落实到人,确保扶贫资金、项目和社会帮扶等各项措施进村到户、落到实处。是年全区直接扶贫到村到户的财政扶贫资金占到资金总额的85%以上。配合国务院扶贫办开展6个重点嘎查村的贫困状况抽样调查工作。

【实施整村推进 构建和谐文明新村】 在总结经验的基础上,是年整村推进工作主要是通过减少嘎查村扶持数量,来加大每个嘎查村投入力度,集中力量一个村一个村地解决贫困问题。是年扶持的重点嘎查村数由上一批的2 300个减少到710个,减少2/3。投入资金由过去每个嘎查村分三年投入20万元改为一次性投入30万元以上。加大资金整合力度,自治区用于整村推进的财政扶贫资金和以工代赈资金达到2.6亿元。对整村推进工程实行公告公示制度,各盟市、旗县均在当地主要媒体上进行公示,各重点嘎查村按照公平、公正、公开的原则确定贫困户,在全嘎查村范围进行公示。采取旗县自查、盟市互查、自治区抽查的方式,对第一批整村推进扶贫工程进行检查验收,按照以奖代投的方式表彰奖励17个先进旗县。

【加大产业化扶贫力度 增加农牧民收入】 用信贷扶贫资金扶持龙头企业,通过龙头企业带动贫困户是自治区在产业化扶贫上的创新,在全国具有典型示范作用,2004、2005年两次在全国会议上介绍经验。2005年全区用于龙头企业的扶贫贴息贷款达2.5亿元。经过努力争取,全区的国家级扶贫龙头企业由8家增加到15家,在全国各省区中位居前列。安排500万元财政扶贫资金,在10个旗县开展扶贫到户贷款贴息方式改革试点。把充分发挥贫困地区资源优势,加大对外开发和招商引资力度作为产业化扶贫的重要内容来抓,在大连举办的中国首届扶贫展洽会上,全区12个盟市(包括满洲里市、二连浩特市)共组织67个旗县参展,共签意向性协议41个,协议金额达95亿元人民币和0.83亿美元,成交额居全国第一,获得国务院扶贫办颁发的最佳组织奖、成果奖和设计奖,中央电视台、大连电视台、人民网等多家媒体对自治区参展情况作详细报道。

【加强劳动力培训 促进贫困人口转移就业】 全年安排财政扶贫资金3 000万元,开展贫困地区劳动力转移培训,并要求80%以上受训者实现转移就业。培训范围由上年的62个旗县扩大到全区所有旗县;培训任务分配到盟市,再由盟市向旗县分解。全区共认定培训机构224家,其中通辽市内蒙古煤炭工业技术学校被确定为全国劳动力转移培训示范基地,并涌现出准格尔旗、和林格尔县、奈曼旗、敖汉旗等许多先进典型旗县,为全区劳动力转移培训工作积累好的经验和做法。

【移民扶贫开发与加强城镇化建设相结合】 对第三期移民扩镇项目进行全面验收,并对先进单位、个人给予表彰奖励。与财政厅共同制定下达第四期移民扩镇项目计划,共安排财政扶贫资金3 000万元。项目涉及30个旗县,计划搬迁1.2万人。大部分移民点的基建及主导产业基础建设已经完成,2006年可完成全部搬迁安置任务。修订项目实施和验收方案,与财政厅联合出台《内蒙古自治区财政扶贫资金(移民项目资金)管理暂行办法》,规范资金运行和报帐等一系列程序。召开全区移民扩镇项目现场工作会。在深入调研的基础上,对移民扩镇扶贫进行大胆创新,起草《吸纳社会资金开展移民扶贫项目实施方案(征求意见稿)》,采取政府、企业、个人“三家抬”的办法,安排400万元财政扶贫资金,吸纳东达蒙古王集团公司投资6 000万元,计划移民安置贫困人口0.4万人,完成首批50户住宅及主导产业基础建设项目。全区的移民扶贫开发工作由跨地区移民转向本地区就近扩镇移民,由小规模试点发展到现在全区普遍实施,由政府投入发展为政府、企业、个人共同投资,探索出种植型、养殖型、种养结合型和无土安置型等多种移民模式。8月,国务院扶贫办副主任高鸿宾同志在自治区考察时,对移民工作给予了充分肯定,认为自治区移民工作开展早、跨度大、起点高、效果好。

【世行扶贫贷款项目成效显著 后续项目开始启动】 到6月底,项目累计完成投资9.76亿元,占全部项目投资的98%;全区累计报账5 502万美元,占全部项目贷款的92%。在项目实施中,一是按照市场经济规律,引导项目农户科学选择项目、确定实施计划;二是严格采购程序,保证采购质量;三是狠抓培训,努力提高农牧民整体素质;四是严格执行技术标准,确保项目实施质量;五是科学规范项目档案管理;六是加强领导与部门协调。世行项目实施以来,世行项目检查团历次对自治区的项目给予很高的评价和肯定,认为自治区的世行贷款项目在同类型的项目实施区内走在了前列。7月,世界银行和国务院扶贫办外资项目管理中心合作的“社区主导型发展试点项目”(CDD项目)已确定在自治区试点,项目总投资1 200万元人民币,其中世行赠款50万美元,项目试点成果将在世行第五期扶贫贷款项目中推广应用。

【以构建和谐社会为主题 动员和组织社会各界开展扶贫济困】

全区参加定点包扶嘎查村的单位有1万个,干部蹲点人数3.4万人,包扶单位直接投入的资金物资4.47亿元,引进资金3.07亿元,引进各类人才547人,引进各种技术468项,修建校舍386所,举办各类培训班4 600多期,共培训人员50.5万人次,输出劳务44.7万人次,资助学生3.1万人。年内投入资金物资近6 000万元,帮助引进各类资金4 710万元。区直机关工委、扶贫办组成三个检查验收组,对帮扶工作进行全面验收。自治区直属机关整体转移帮扶兴安盟的工作开始具体落实。19个中央国家机关定点扶持自治区26个国家级重点旗县,共计投入资金物资5 756万元,引进资金1 965万元,共实施项目62个,培训干部群众2 200多人次,劳务输出8 000多人次,资助贫困学生1 600人次。京蒙对口帮扶北京市无偿援助2 225万元,援建学校8所,新修公路93公里,建设基本农田102万亩,解决人畜饮水困难0.7万人、1万头只牲畜,劳务输出3.8万人次,劳务收入9 000多万元,培训0.6万人次。首次开展行业协作扶贫工作,先后与自治区党委组织部、宣传部、自治区工商联、卫生厅、劳动厅、教育厅、内蒙军区政治部联合制定下发关于加强贫困地区基层组织建设、加强扶贫开发宣传以及组织非公有制企业、有关部门、军队参与扶贫的意见。

【少数民族特困地区区域扶贫】 2003~2005年,对兴安盟"南三北八"11个苏木共119个嘎查总计投入财政扶贫资金和各有关部门资金1.75亿元,投放基础母羊12.54万只,新建标准化棚圈1 875座,新建青贮窖1 413个,解决8.8万人、15.33万只牲畜饮水和越冬问题,改造危房、破房3 635户,全部实现人人1亩以上水浇地,贫困户户均拥有牲畜近10头(只),培训贫困农牧民1.47万多人次,三年共在外务工人数达4.55万人次,累计解决基本温饱人口达8.74万人,占区域内贫困人口的90%,群众的生产生活条件得到明显改善。是年,自治区民委、扶贫办为呼伦贝尔市10个人口较少民族扶贫开发试点嘎查村安排500万元财政扶贫资金,用于扶贫开发项目。与自治区民委共同组织召开全区人口较少民族扶贫开发项目现场会。对少数民族人口最为集中的通辽市和兴安盟的4个旗县给予重点扶持。

【争取和加大资金投入 提高资金使用效益】 自治区领导及自治区扶贫办领导多次进京汇报,向国家争取资金和政策,2005年国家分配给自治区的财政扶贫资金达到4.1亿元(包括地方配套3 200万元),比1996年增加3倍,比上年增加3 200万元。在财政扶贫资金管理上,继续完善"三专一封闭"(专项资金、专户管理、专帐核算和封闭运行)和报帐制管理制度。加快资金的拨付进度,国家下达全区的扶贫资金的80%于4月底全部下达,比往年提前3个月,其余资金也于年末全部下达。转变项目管理机制,由自治区审批项目为主转变为各旗县确定、盟市审批、自治区备案为主。加强审计监督,对扶贫资金的到位情况严格跟踪督查,对2002~2004年的财政扶贫资金、以工代赈扶贫资金和信贷扶贫资金采取旗县自查、盟市互查、自治区抽查的方式进行专项检查。

【组织开展《纲要》的中期评估及"十一五"规划的衔接】 2005年是《中国农村扶贫开发纲要(2001~2010年)》实施的第五个年头。按照国务院扶贫办要求,组织力量对《纲要》的实施情况开展中期评估调研,特别加强对少数民族聚居地区、牧区、边境地区贫困状况的调研,向国务院扶贫办上报了自治区的评估报告。针对可能进行的新一轮国家扶贫开发工作重点旗县调整开展大量的争取工作。积极向国务院扶贫办及有关部门反映全区贫困问题的特殊性,争取国家以扶持贫困村为主,不再确定国家扶贫重点县。与有关部门衔接了"十一五"规划的制定工作。

【拓展扶贫业务 开展扶贫救助】 2005年自治区扶贫办共举办各类培训、国内外考察学习班7期,培训贫困地区和扶贫系统干部共400人。积极参与扶贫开发项目的示范建设,在呼和浩特市土默特左旗建立自治区扶贫科技示范园区,通过两年的建设,总资产近1 000万元;完成香港嘉道理慈善基金会固阳县综合扶贫项目和世界银行日元赠款项目;启动克什克腾旗南京爱德基金会旅游扶贫项目;组织并超额完成扶贫贴息贷款项目评审论证工作,评审扶贫贴息贷款项目5.8亿元,实际落实到位资金2.5亿元;注册成立内蒙古扶贫开发协会,落实理事、会员单位,筹集一定数量的扶贫资金,与中国扶贫开发协会建立起业务联系。扶贫基金会向全区200个贫困乡镇苏木卫生院捐赠价值2 746.9万元的医疗设备,改善当地贫困群众看病难的问题;争取到国家海关总署捐赠的价值1 000万元的海关侵权罚没物资,将陆续发往贫困地区。注册"自治区爱心扶贫促进会"。

(云利燕)

气　　象

【内蒙古自治区气象局领导名录】

局　　长:乌　兰(蒙古族)

副 局 长:李红宇(女 蒙古族)

沈建国

李彰俊

裴　浩

纪检组长:何卫卫(蒙古族)

【概况】 自治区气象局机关设:办公室、监测网络处、科技减灾处、计划财务处、人事教育处、政策法规处、监察审计处(与党组纪检组合署办公)、机关党委办公室(精神文明建设办公室)、离退休干部办公室、内蒙古自治区人工影响天气指挥部办公室。直属事业单位设:自治区气象台、自治区气象探测资料中心(内蒙古自治区气象科技档案馆)、自治区气象科技开发中心、自治区气象局技术装备中心、自治区气象局培训中心、自治区气象科学研究所、自治区气象局产业运营中心、自治区气象局行政管理中心、自治区防雷中心、自治区气象卫星遥感中心。

2005 年底,全区气象系统在职职工2 950人。其中干部2 840人,工人110 人。学历结构:硕研 33 人,本科 512 人,大专1 146人。职称结构:高级职称 171 人(正研级 5 人、副研级 166人),中级职称1 193人,初级职称1 327人。

全区有124个气象台站(包括91个自动站),其中119个台站承担地面观测,117个台站承担生态与农业气象业务,12个台站承担高空观测,8个台站承担气象辐射观测,8个台站承担酸雨特种观测,6个台站承担沙尘暴观测,有4个牧业气象试验站、4个大气成分试验站、1个农业气象试验站、1个蔬菜气象试验站。全区新建223个自动雨量站。

【气象服务】 2005 年,全区各级气象部门准确预报暴风雪、干旱、沙尘(暴)、冻害、暴雨、冰雹、洪涝等灾害性、突发性、转折性天气和过程。对4月27至29日的沙尘暴天气过程,提前48、24小时准确做出预报,减少沙尘危害。兴安盟气象局对当地“7.8”大到暴雨过程预报准确、服务及时,1 487人被转移,避免人员伤亡。巴彦淖尔市准确预报“7.18”暴雨,近千人安全转移。与民政厅合作建立气象灾害信息共享机制,建成三级灾情收集服务系统并投入业务运行,及时发布各种气象灾害预警信号,确保安全度汛。认真做好为“三农”、黄河凌汛、森林草原防扑火等专业气象服务工作和重大军事活动、重大庆典、重点工程建设的专项气象保障服务工作。“神舟”六号载人飞船发射与回收气象保障服务工作成绩显著,解放军总装备部致函自治区党委和政府、西安卫星测控中心致函中国气象局和自治区气象局表示感谢,自治区气象局、自治区气象台、乌兰察布市气象局及两名同志受到自治区党委、政府和内蒙古军区联合表彰。年内完成风能资源普查和数据库建设,为大型风电场规划和选址提供翔实的基础资料。手机气象短信用户增加到22万,防雷安全检测覆盖率平均增加20%。自治区气象局在中国气象局目标管理中居全国第四名,获得特别优秀奖。内蒙古气象台被中国气象局授予“2005年重大气象服务先进集体”称号。

【现代化建设】 赤峰、呼和浩特、鄂尔多斯、海拉尔4部新一代天气雷达投入业务使用。开通区局与中国气象局的可视会商系统。新建5部L波段探空雷达、16个自动气象站、14个自动土壤水分监测站、4个大气成分监测站并投入业务运行。大兴安岭雷电监测系统完成3个闪电定位子站建设。新建风云二号静止气象卫星资料接收处理系统4套,DVB-S卫星资料接收系统1套。在拐子湖、海力素2个边远台站建设PES卫星通信站,实现自动站资料实时上传。

【拓展领域】 加强对生态脆弱区、敏感区、重点建设区监测、分析和评估。对浑善达克沙地、呼伦湖、毛乌素沙地等的监测、分析、评估,为自治区加强生态建设提供科学决策依据。航空气象业务进一步拓展,新承担4个新建机场气象保障任务。参加中德“中国北方煤火探测、灭火与监测新技术”和中美“内蒙古气候变化和荒漠化”研究。与北京市气象局建立研究型业务科技合作,与东北三省一市气象局联合开发东北区域中尺度数值预报模式。与内蒙古财经学院合作成立气象经济研究所,开展气象灾害评价指标研究。与森警内蒙古总队开展生态暨防火灭火合作。开展电厂建设空冷气象条件分析论证服务,完成2个电厂评估报告,新承担秦山核电站等空冷项目4项。

【科技工作】 全年获得国家基金委、科技部、中国气象局资助科技项目共3项,自治区科技项目3项,横向科技项目4项,争取经费334.7万元。发表各类科技论文163篇,其中在SCI上发表1篇,在国内核心期刊上发表61篇。“内蒙古森林草原火险等级天气气候监测预警服务系统”获中国气象局气象科技成果应用二等奖。承办第三届国际沙尘暴与降尘学术研讨会和全国旱区农牧业协调发展与减灾学术会议。

【人才培养】 全区培养和引进硕研10名、本科237名。在读博士9人,硕士61人,本科438人。正研级高工达到5名,副研级高工达到166名。推进职工继续教育和岗位培训,举办各类培训班122期,培训5 358人次。组织关键岗人员、正研高工进行年度业务技术工作述职,与高校合作培养的32名预报员走上工作岗位。

【地方气象事业】 自治区各级人民政府对气象部门给予大力支持,各类经费投资达5 323万元,有力推动地方气象事业发展。

2005 年,全区各级人工影响天气工作机构及时抓住有利的天气条件,积极实施人工增雨作业。增雨飞机全年作业131架次、380小时,作业飞行约8.7万公里。地面火箭作业828次,发射火箭弹5 131枚。初步估算,人工增雨作业至少增加降水55亿吨,折算经济效益5.5亿元。全区防雹高炮全年作业1 058次,发射防雹炮弹46 567发,保护面积约5万平方公里,产生效益1.5亿元。此外,人工消雨作业为全区两个文明建设经验交流会、中国·内蒙古第二届国际草原文化艺术节暨包头市第二十届鹿城文化艺术节和第三届内蒙古自治区乌兰牧骑艺术节开幕式的顺利举行提供有效的气象服务,使上述大型庆典得以顺利举办。为加强基层台站建设,投资3 325.8万元,对62个台站进行建设,连同续建项目近80个台站得到改善。

【生态与农业气象】 在全区117个气象台站建立比较完善的森林、草原、荒漠、农田、湿地等不同生态类型区生态监测站网,监测要素达46种,发布服务产品49种,形成地面监测与卫星遥感监测相结合的两基生态气象监测体系和自治区、盟市、旗县三级信息服务体系,并实现业务化运行。

进一步推动"内蒙古农牧经济综合信息网"建设,做好对农村牧区农牧业经济信息公共服务。为向广大农牧民提供准确、及时的农牧业产品信息,全年组织科技人员采集信息64 528条,编审255 578条,发布117 453条。

【法制工作】 自治区人民政府办公厅下发《关于气象灾害预警信号发布有关事宜的通知》,加强和规范气象灾害预警信号发布工作。各地与人大、政府及安监等部门联合开展气象执法监督检查,有力促进气象法律法规的贯彻落实,气象法制环境得到进一步改善。

【气候影响评价】

气候概况 2005年度自治区的主要气候特征是气温起伏变化大,年平均气温正常到偏高1℃;年总降水量全区大部地区偏少到显著偏少,个别地区异常偏少;日照正常。春季出现沙尘暴、扬沙等天气,夏季多次出现高温干旱及冰雹暴雨天气,给农牧业生产带来一定影响。

气候对农业生产的影响 1.春季冷空气活动频繁,气温偏低,全区大部地区光、热、水匹配较差,中西部及东部偏南地区5月25日前雨水短缺。2.夏季气候较异常,全区大部地区气温偏高,局部地区特高,创历史极高值。夏季前期中、西部地区降水偏少,高温日数持续时间长,致使土壤失墒较快,旱情发展,对小麦及晚播作物影响较大。3.秋季全区气温普遍偏高,个别地区异常偏高,降水主要集中在9月中旬后期和10月中旬。整个秋季未出现强寒潮等灾害天气影响作物成熟,对作物收割、晾晒、储藏非常有利。

气候对畜牧业生产的影响 1.冬季降雪较多,部分地区出现白灾。呼伦贝尔牧区冬季降雪偏多、量级大,低温天气持续时间长,部分地区出现降雪偏早,同时降温幅度较大,属历史少见。2.春季中、西部及东部偏南地区旱情严重,不利牧草返青,东北部降水偏多,墒情好,利于牧草生长。中、西部地区到5月25日前雨水严重偏少,大风沙尘天气较前两年增多,草牧场墒情差。3.中西部地区夏季遭受严重旱灾,天然草原牧草生长受到严重影响。4.秋季中、西部地区以晴好天气为主,利于牧草后期生长、成熟,对打贮草、收晒有利。

气候对其它行业的影响 1.气候对生态影响。中西部及东部偏南地区春旱、阶段性伏旱及秋旱严重,高温酷热、病虫害、干旱持续时间长,土壤墒情差,加之鼠害等多种灾害发生,对农田、牧草场影响严重,植被覆盖度降低,生态环境趋于恶化,树木、牧草、作物生长都受到严重影响。2.气候对建筑业影响。中、西部大部地区春季气温偏低,回暖晚,中、西部部分地区春季沙尘天气较多,使建筑业开工较晚,夏季受到高温酷热影响严重,对建筑业有一定影响。

(魏兴杰)

地　　震

【内蒙古自治区地震局领导名录】

局　长:包东健(蒙古族)

副局长:曹刚 刘美 张建业

【概况】 经中国地震局批准,内蒙古自治区地震局成立抗震设防监督管理站,与行政执法监察总队合署办公。

【地震活动】 2005年,内蒙古自治区发生$M_L \geq 1.0$级地震373次,其中$M_L 1.0 \sim 1.9$级地震130次;$2.0 \sim 2.9$级地震194次;$3.0 \sim 3.9$级地震41次;$4.0 \sim 4.9$级地震7次;$5.0 \sim 5.9$级地震1次;最大地震是2005年9月19日呼伦贝尔市陈巴尔虎旗与牙克石市交界$M_S 5.0$级地震。

本年度内蒙古自治区的地震活动特征主要表现为:一是中强地震持续活动:继2003年8月16日巴林左旗—阿鲁科尔沁旗间$M_S 5.9$级地震和2004年3月24日东乌珠穆沁旗$M_S 5.9$级地震后,2005年9月19日呼伦贝尔市陈巴尔虎旗与牙克石市交界再次发生$M_S 5.0$级地震,显示出内蒙古东部地区本年度中强地震持续活动特点。二是地震活动格局未出现大的变化:地震活动主要集中于阴山地震带西端的乌海—临河,阴山地震带中东端的包头—呼和浩特以及内蒙古东部地区的大兴安岭中部。与上年度相比,中小地震活动总体格局未出现大的变化。三是地震频度仍维持较高水平:与2004年度相比,本年度全区3级以上地震未出现大的起伏,发生3级以上地震均为49次,地震活动频度继续处于20世纪90年代以来的较高水平。四是发生破坏性地震。2005年9月19日呼伦贝尔市陈巴尔虎旗与牙克石市交界$M_S 5.0$级地震,地震造成1人死亡,经济损失为1 287.88万元。该地震也是本年度我国东北地区发生的破坏性地震之一。(附:内蒙古自治区2005年度$M_L \geq 1.0$级地震分布图)

内蒙古自治区2005年度 $M_L \geq 1.0$ 级地震分布图

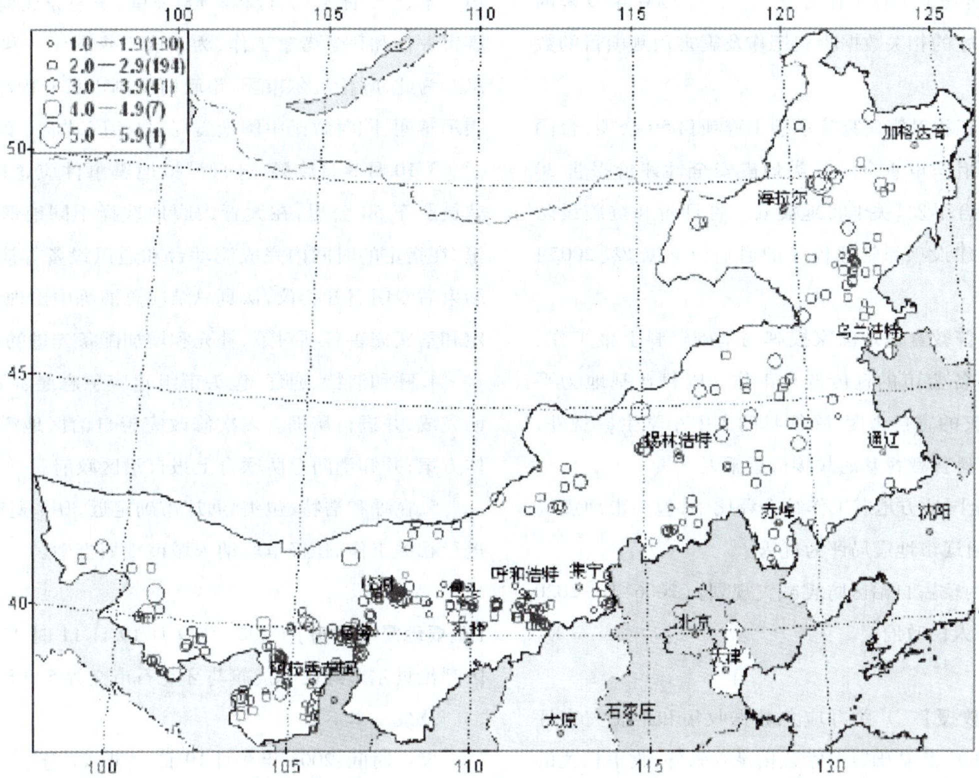

【监测预报】 1.按照中国地震局要求，震情跟踪工作继续突出了省局、盟市之间协作互动和资料信息共享。年初制定全区地震短临跟踪实施方案，安排部署震情跟踪工作措施。与辽宁省地震局共同修订《辽蒙交界区震情短临跟踪工作方案》，成立联防区短临跟踪工作领导小组和震情跟踪组，明确领导小组、震情跟踪组的职责及要求，使各项短临跟踪措施得到有效的落实。

2.针对2月14日巴彦淖尔市发生小震群及强有感地震，多次召开紧急会商会，启动《内蒙古短临跟踪应急预案》，并派出短临跟踪和应急检查工作组。下发《关于西部地震重点危险区进入强化短临跟踪及应急工作状态的通知》，对短临跟踪工作进行具体部署，及时安定市民情绪和城市正常秩序。

3.2005年9月，在赤峰市克什克腾旗召开晋、冀、蒙、辽地震大协作区会商会会议。会议跨越行政区划，依据区域构造环境和发震特点，扩大分析视野，研究震情形势及跟踪区域异常动态。

4.继续加强台站目标管理责任制的执行，规范台站日常管理督导和检查，分别与台站签定“台站管理目标责任制”。在突出对观测资料质量定量考核的基础上，注重考核指标的细化、量化和可操作性，同时突出目标责任制规范化、科学化管理。在参加全国2004年度观测资料质量评比中，呼和浩特遥测台网、乌加河，海拉尔、中心地震编目、日常分析预报和网络信息通讯评比有8项获得前三名，创造自治区监测预报历史上最好成绩。

5.“十五”重点项目进入全面实施阶段，年内完成自治区防震减灾指挥基地技术系统建设；基本按年度计划完成数字测震台网、前兆台网土建任务；完成信息网络传输节点任务；完成强震台网建设任务；完成呼和浩特市活断层探测的初步探测工作；完成阿尔山火山地震监测站项目监测中心土建主体工程。

6.完成满洲里台优化改造项目，宝昌台观测楼主体建设，呼和浩特等台的技改项目以及赤峰台的后续建设工程。对锡林浩特地震台、鲁北地震台、阿古拉地震台办公和生活环境条件进行改造。为乌加河、满洲里和赤峰地震台配备和更新了车辆。为自治区境内的国家基本台和部分综合台配置笔记本电脑和台式计算机。

7.自治区地震局投资、兴安盟地震局主持研制的移动型数字地下流体综合测试仪通过初验。

【震灾预防】 1.贯彻落实全国防震减灾工作会议和国务院（国发〔2005〕25号）通知精神，组织召开全区防震减灾工作会议，结合自治区防震减灾工作实际，提出全区防震减灾工作的指导思想、奋斗目标和战略要求，提出切实可行的具体措施，明确工作目标和进度安排，自治区政府向全区印发《内蒙古自治区人民政府关于加强防震减灾工作的通知》（内政字〔2005〕105号）。

2.加强执法人员的培训及安评队伍建设、培训和资质管理。严格安评资质证书和上岗证书的审查下发，并对进行年检。对呼和浩特环城公路等重点项目进行检查。对呼和浩特、包头等台环境干扰问题进行执法检查。与自治区公安厅联合下发《关于设置地震监测设施标志的通知》。

3. 着手调研农居安全工程,调研了新疆、河南的情况,正在编制《内蒙古的农居安全工程工作方案》。完成2000年以来内蒙古自治区各类房屋的相关数据收集工作及震害预测项目的数据收集工作。

4. 自治区地震工程勘察研究院承担工程项目50余项,合同额超过600万元。组织审查全区各类地震安全性评价报告30多份。与交通厅联合下发《关于将地震安全性评价和抗震设防要求纳入公路工程建设项目管理程序的通知》(内震发〔2005〕259号)。

5. 完成全区科普教育基地国家授牌的基础资料上报工作,编制录像片。抓了各盟市的宣传教育工作。以科普基地为平台,加大对防震减灾的宣传力度,除往日的大中小学生参观外,拓宽宣传面。全年科普教育基地共接待近千人。

6. 在2005年全国地方地震工作综合评比中,包头市地震局获得全国一等奖,通辽市地震局评为优秀。

7. 牵头编制《内蒙古自治区防震减灾规划》(2006年—2020年),并上报自治区人民政府。

【地震应急与紧急救援】 1. 举办应急数据收集和地震灾害评估培训班,研制地震应急基础数据库数据录入软件,收集相关的部分资料和软件。着手安排有关厅局应急预案的抽查。

2. 9月19日呼伦贝尔市牙克石—陈巴尔虎旗发生5.0级地震,由于震前准备工作充分,震时应急工作启动及时到位,在震后一小时按照内蒙古地震局指令,呼伦贝尔市地震局与海拉尔地震台组成的现场工作先遣队第一时间赶赴震区,配合自治区地震局组成的现场工作队克服大兴安林区地形、地貌条件复杂,交通不便和气候寒冷困难,对呼伦贝尔市的4个旗市、12个乡镇苏木、8个林木场、行程2 500公里,快速完成地震现场监测和震害评估和科学考察工作,为政府救灾科学决策提供及时的信息。为此,呼伦贝尔市委、市政府派副市长专程赴自治区地震局表示感谢,同时致函中国地震局、自治区政府予以请功。

3. 10月8日凌晨,进行模拟地震事件应急拉练演习,应急队员驱车50公里,在大青山腹地选择不同地形道路徒步5公里,在指定的时间内完成流动台和通讯设备等演习内容。演练结束后专门召开会议,认真总结应急演练中出现的问题,及时修定和落实完善各项对策,补充和增加配备先进的地震现场装备。

4. 呼和浩特、通辽、包头市组建应急志愿者队伍,试点工作已完成,并进行培训。多次修改完善自治区地震应急救援队总体方案,并和消防总队联合上报自治区政府。

5. 在呼和浩特、包头、通辽市确定近30个避难场所试点,正进行相关工作,积极争取纳入城市规划当中。

【重要地震与震害】 2005年9月19日11时27分内蒙古自治区呼伦贝尔市陈巴尔虎旗与牙克石市交界5.0级地震。

地震基本参数

发震时间:2005年9月19日11时27分

微观震中:49°48′N;120°54′E

宏观震中:陈巴尔虎旗与牙克石市交界

震　　级:Ms = 5.0级

震源深度:22 Km

震中烈度:Ⅴ度强

震源机制解:

陈巴尔虎旗—牙克石市间5.0级地震震源机制解参数

时　间	Ms	节面 A			节面 B			P 轴		T 轴		矛盾符号
		走	倾	倾角	走向	倾	倾角	走	仰	走	仰	
2005.09.19	5.0	264	NNW	45	26	SE	62	246	56	142	9	0.133

地震类型:孤立型地震

余震情况及特点:为了保证地震序列的连续性、完整性,均采用海拉尔数字台($\Delta = 100 \sim 120km$)单台记录。截止2005年9月29日共记录到$M_L \geqslant 0.6$级地震29次。最大余震为ML3.9级地震,其中$M_{L0.9} \sim 1.9$级地震24次;$M_L 2.0 \sim 2.9$级地震1次;3.0~3.9级地震3次。主震释放能量占全序列总能量的96.04%。地震序列衰减正常。

烈度分布与震害　这次地震震感范围较大,东起鄂伦春自治旗,西到满洲里,南起扎兰屯,北至得耳布尔均有震感。其中陈巴尔虎旗、牙克石市、额尔古纳市和根河市震感强烈并遭受到了一定的地震破坏。灾区总面积约为9 900平方公里,涉及4个市、旗的12个乡镇、苏木和8个林牧场,约3.5万人。破坏最严重的地区是牙克石市的库都尔镇、额尔古纳市的上库力乡、陈巴尔虎旗的鄂温克民族苏木。震中烈度为Ⅴ度强。

Ⅴ度强区的房屋建筑按结构类型主要分为:砖砌体房屋、砖木房屋、土坯房屋、板夹泥房屋和木刻楞房屋5类。

砖砌体房屋(多层砌体)破坏主要集中在额尔古纳市上库力乡和牙克石市库都尔镇,这次地震对该类房屋破坏较轻,有少数墙体出现微、细裂缝。

砖木房屋主要集中在根河市、库都尔镇和上库力乡等地,主要震害特征是墙体裂缝,地震使少数房屋产生微、细裂缝,使多数房屋原有的裂缝加宽加长。

土坯房屋在震区不多见,地震使少数房屋产生细裂缝,使多数房屋原有的裂缝加宽加长。

板夹泥房屋在震区较多，约占到总建筑面积的35%。这类建筑由于建筑结构的特殊性，屋盖较轻，从表面鉴定地震对房屋未产生多大影响，但由于房屋的震动与摆动，其四个角连接处的咬插铆受损，屋盖与墙体连接松动并受损。

木刻楞房屋在震区占到总数的25%左右，由于该类房屋结构的整体性好，在震中未见有损失，但墙体与屋盖的连接处松动。

这次地震造成1人死亡（因地震引发心脏病突发死亡）。没有生命线工程和室内、室外财产损失情况，经评估，这次地震直接经济损失为1 287.88万元。

陈巴尔虎旗与牙克石市交界5.0级地震烈度分布图

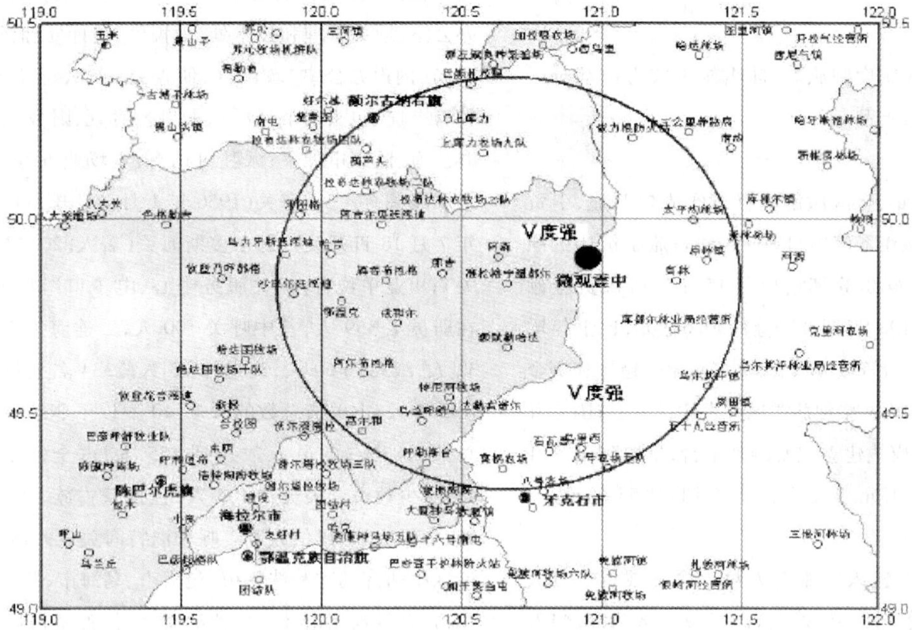

注：2005年9月19日内蒙古自治区呼伦贝尔市

（弓建平）

旅游海关检疫

旅　游　业

【内蒙古自治区旅游局领导名录】

局　长：赵广华

副局长：马永胜　云大平（蒙古族）　白薇（女）

助理巡视员：郑家宁

【概况】　内蒙古自治区旅游局，为内蒙古自治区人民政府直属机构，内设办公室、规划发展处、质量管理处、旅游促进处等职能处室及旅游局机关事务服务中心、旅游质量监督服务中心和旅游培训中心3个事业单位。自治区旅游局共有公务员编制27个，其中局领导5人，副处以上干部15人，事业编制20个。

2005年，全区旅游业接待国内旅游人数2 061万人次，国内旅游收入179.72亿元，接待海外旅游人数100.16万人次，旅游外汇收入3.52亿美元，旅游业总收入208.09亿元。旅游总收入相当于GDP的比重由2000年的2.8%增加到2005年的5.3%，旅游业已成为自治区国民经济中发展最快的经济产业之一。

【旅游产业】　2005年，自治区建立完善旅游发展规划体系，制定科学的发展目标和发展战略，建设了一批知名景区，现有A

级旅游景区94家,国家旅游局评定的4A级景区15家。全区3星级以上饭店达到59家。2005年,创建和评定工作取得突出成绩,霍林郭勒市被评为中国优秀旅游城市,恩格贝生态旅游区、鄂尔多斯文化旅游村、扎兰屯吊桥公园、月亮湖、喀喇沁亲王府、阿斯哈图石林、维信国际高尔夫度假村7家旅游景区被国家评定为4A级景区,有8家企业创建工农业旅游示范点成功,新增2家四星级以上酒店。

【旅游产品】 2005年,休闲度假旅游、冰雪旅游成为拉动全区传统淡季旅游增长的主要产品。

【旅游招商引资】 2005年,全区旅游引资工作成效明显,引资项目145个,其中,投资旅游景区项目86个,投资旅游饭店的项目44个,投资旅游购物、娱乐等其它项目15个。协议资金额178.48亿元,比上年增长108%;到位资金额50.6亿元,比上年增长202%,呈现出单个项目投资数额大、投资多元化的趋势和资金到位率高的特点。在阿尔山—柴河旅游区开发建设上,与国家开发银行以"空客联合体"模式建立旅游融资平台,争取到国家开发银行技术援助贷款800万元,重点项目政策性贷款55亿元。

【旅游市场】 2005年,全区入境旅游人数首次突破100万人次,其中边境旅游接待俄罗斯、蒙古国旅游过夜人数为87.44万人次,占全区入境人数的87.3%,二连浩特、满洲里市为自治区入境旅游做出突出的贡献。

【旅游行业管理】 2005年,自治区重新修订《内蒙古自治区旅游条例》,推行旅游服务标准化建设,严格旅游饭店星级评定、旅游景区等级评定、旅行社年检审核和导游员持证上岗,依法治旅迈上新台阶。

【旅游业综合功能】 在自治区经济结构调整特别是农村、牧区、国有林区的产业转型上发挥重要作用,增加农牧民收入,增加社会就业。旅游业的发展推动优秀民族传统和民俗文化的传播,弘扬伟大民族精神。红色旅游的开展,为新形势下思想政治教育创新了形式。

(郭丽萍 穆伟)

海 关

【呼和浩特海关领导名录】

关 长:臧玉健

副 关 长:周凤琴(女) 王富宽

纪检组长:格日勒图(蒙古族)

副 关 长:刘琦瑾 孙铁燕(女)

巡 视 员:长 江(蒙古族)

【概况】 呼和浩特海关为直属海关总署领导的正厅级海关。现下设副厅局级、正处级机构24个(含隶属海关和缉私分局),副处级机构2个(法规室、审单中心)。其中呼关内设机构有:办公室、通关管理和技术处、征税处、统计处、监管处、稽查处、缉私局(内设办公室、政治处、侦查处、查私处、法制处、情报处并辖有二连、包头两个分局)、人事教育处、财务处、思想政治工作办公室、监察审计室;派驻机构有:现场业务处、驻机场办事处;隶属海关有:二连海关(1956年1月1日开关)、包头海关(1997年7月18日开关)、鄂尔多斯海关(署人〔2003〕325号已批复设关);事业单位有:机关服务中心、电子口岸数据分中心。关区在册员工359人,其中呼关100人,二连海关136人,包头海关32人,缉私局60人,离退休13人。334名关员中,大专以上学历295人,占关员总数的92%,40岁以下职工有265人,为关员总数的83%;党员人数达到155人,占全体干部职工比例的48%;少数民族关员共103人,包括蒙古族、回族、满族、达斡尔族、鄂温克族、锡伯族等。呼和浩特海关业务辖区包括内蒙古自治区中西部的呼和浩特市、包头市、乌海市、鄂尔多斯市、巴彦淖尔市、乌兰察布市及锡林郭勒盟、阿拉善盟共8个盟(市),关区面积72万平方公里,边境线长2 400多公里。关区辟有呼和浩特国际航空港、二连铁路、公路三个长期开放的口岸和珠恩嘎达布其、甘其毛道、策克、满都拉四个中蒙季节性开放的口岸。

呼和浩特海关的业务基本呈区域状分布,呼和浩特海关本部除履行职能管理外,主要承担机场、邮局监管任务并办理呼市地区和乌兰察布市范围内的海关业务,进出口业务量不大,但海关业务门类比较齐全;隶属二连海关属于典型的口岸海关,以一般贸易为主,行邮、旅检等业务为辅,业务量大,进出口商品主要是原油、原木、铜精矿、化工产品等大宗物资,是关区主要的业务和税收支柱;隶属包头海关属于内陆型海关,辖区国有大中型企业集中,以加工贸易和一般贸易转关运输业务为主,业务量呈逐年增长态势。关区各关承担季节性口岸监管任务,其中,呼和浩特海关现场业务处负责甘其毛都口岸监管。二连海关负责珠恩嘎达布其口岸监管。包头海关负责策克口岸和满都拉口岸口岸监管工作。

【甘其毛道口岸】 距呼和浩特市570公里,地处半干旱草原之中、自然环境差,沙尘天气较多。1992年6月4日正式辟为国家一类季节性双边口岸。经中蒙两国协定,已经全年开放,非季节性开放时间从蒙古国进口原煤,同时在1月、4月、7月、10月的前20天开关过货;

呼和浩特海关2005年主要业务情况统计表

项　　目	单　位	数　量	与2004年同期相比(±%)
一、进出口货运量	万吨	955.3	26.9
进口货运量	万吨	869.2	24.3
出口货运量	万吨	86.1	61.6
二、进出口货值	亿美元	28.45	52.05
进口货值	亿美元	22.71	41.40
出口货值	亿美元	5.74	116.57
三、实际入库税收值	亿元人民币	22.27	23
关税	亿元人民币	0.51	-30
增值税	亿元人民币	21.76	25
四、进出口报关单份数	万份	9.17	28.06
进口份数	万份	6.83	24.8
出口份数	万份	2.34	38.64
五、进出口记录条	万条	11.84	32.41
进口记录条	万条	7.24	25.23
出口记录条	万条	4.60	45.54
六、监管集装箱	箱次	6 117	58.3
七、监管运输工具	万辆次	45.13	20.2
其中:进出境运输工具	万辆次	37.70	24.2
八、查验货物报关单	份	2 546	59.0
九、货物报关单查获	份	103	505.9
十、进出境人员	万人次	148.2	27.3
进境人员	万人次	74.3	23.3
出境人员	万人次	73.9	31.7
十一、邮递物品、印刷品及音像制品	万件(盘)	8.1	-31.9
十二、进出境邮政快件	万件	3.2	-20.6
十三、备案加工合同(纸质手册)	份	161.0	36.4
十四、合同备案金额(纸质手册)	万美元	37181.8	52.7

【珠恩嘎达布其口岸】　位于锡林郭勒盟东乌珠穆沁旗,距二连浩特市约800公里,1992年经国务院批准成立的国家一类季节性口岸。每年1月、4月、7月、10月的前20天开关。但1995年开始经国务院口岸办批准为华北石油出境钻探业务和进口原油连续临时性开关。此外每年中蒙打草季节到来、蒙古国国庆、中蒙双方遇重大庆祝活动会适当延长开关时间,已全年开放,非季节性开关期间由蒙古国进口原油;

【策克口岸】　位于阿拉善盟额济纳旗,距包头海关1 300公里,1992年开放的二类口岸,处于戈壁沙漠中,自然环境恶劣,工作生活条件艰苦,该口岸常年开放过煤,同时在3月、6月、9月、12月的1日至20日季节性开关过货。满都拉口岸距包头海关300公里,属国家二类季节性口岸,2003年12月首次开关,在3月、5月、8月、11月的16日至30日开关。

【两税入库】　坚持以税收工作为轴心,以建立税收征管长效机制为目标,增强主动性,富于前瞻性,掌控税收走势,加强科学征管。充分发挥一线监管、加工贸易管理、减免税审批、后续稽查、打击走私等综合治税手段的作用,全面构筑综合治税大格局。关区一般贸易价格水平处于总署公布的最优绿色区域。实现加工贸易无遗留手册,甩掉加工贸易的历史包袱。年内两税入库达到22.27亿元,由2003年的全国海关第32位迅速跃升至24位。

【打击走私】　先后在辖区范围及边境口岸开展"打击'蚂蚁搬

家'走私专项行动",极大地震慑走私违法活动。全年关区受理刑事行政案件394起,案值1.92亿元人民币,涉嫌偷逃税款4 208万元人民币;实现罚没收入入库217.49万元。

【监管工作】 以提高监管整体效能和构建综合监管新机制为目标,切实履行监管职能,通关效率稳居全国海关前茅。季节性口岸监管场所建设稳步推进,监管布局日趋合理。在季节性甘其毛道、满都拉口岸开通了H2000电子报关系统。全年累计监管进出口货物995.3万吨,同比增长26.3%,监管进出境运输工具45.13万辆次,监管进出口邮递物品、印刷音像制品、邮政快件11.3万件(盘),监管进出境人员148.2万人次。

【风险管理】 风险管理初步实现"由虚向实"的转变,召开关区首次风险管理工作会议,举办2期企业管理培训班,举行"红名单企业"授匾仪式和与中石化的合作备忘录签字仪式,关企新型合作伙伴关系迈出新步伐。年内共稽查企业25家,查获率28%,案值3 109.48万元,涉税740.56万元。

【统计工作】 实现统计数据零差错报送,编发《统计分析》30期,被自治区党政部门采用16篇,提升海关统计在地方的影响。在全国海关统计征文活动中荣获组织二等奖,5位同志荣获个人奖。统计工作内引外联力度进一步加大,组织召开关区统计工作会议,成功承办西部12省区统计工作调研会。在隶属二连海关成立综合统计科,强化统计职能。

【完善服务举措】 全年累计办理减免税审批5 468批次,审批减免税货值12.2亿美元,减免税款14.1亿元;利用通关"窗口"、稽查、邮寄等多种形式和渠道,向企业发放宣传手册、法规汇编和调查问卷240多份;扶持自治区重点经济带,成功举办包铝、鄂尔多斯羊绒集团等两家单位的"红名单"企业授匾仪式,进一步营造"诚信守法便利、失信违法惩戒"的社会氛围;进一步健全了关企联系人制度,在构建新型的关企合作伙伴关系方面迈出新步伐;向关区A类企业和重点企业发出"增进战略合作伙伴关系,共同营造高效通关环境"的倡议书,推出限时办事、归类预审、业务预约等7项新的服务举措,推行《海关业务建议书》制度。

(董素霞)

检验检疫

【内蒙古自治区出入境检验检疫局领导名录】

局　长:刘兴范

副局长:布奎(蒙古族)　徐华良　斯勤夫(蒙古族)

纪检组长:汪运甫

助理巡视员:施培信

【检验检疫业务】 2005年,内蒙古检验检疫全系统检验检疫出入境货物19.6万批,同比增长33%,货值54.92亿美元,同比增长63%。检出不合格货物2 749批,货值2 513万美元,批次、货值合理率分别为98.6%和99.4%。检验出境货物5.3万批,货值12亿美元,批次和货值占全部出入境货物的26%,批次和货值分别增长18%和38%。检验入境货物14.3万批,货值42.8亿美元,批次和货值占全部出入境货物的73%和78%,批次和货值分别增长40%和72%。卫生检疫查验出入境人员265万人次,同比增长19%;出境人员预防接种3万人次,同比增长34%;出入境人员监测体检5.7万人次,同比增长28%;发现病例9 387例,同比增长29%,其中艾滋病7例;实施集装箱卫生检疫2万个,同比增长50%;检疫交通工具104万次,同比增长27%,其中飞机386架次,火车59万节,汽车45万辆次。

【提高检验检疫覆盖率】 2005年内蒙古检验检疫局出入境货物货值54.92亿美元。覆盖率居全国检验检疫系统前列。贯彻落实有关促进机电产品出口政策,协助企业做好检验通关工作。汉鼎科技公司是一家以出口为主的台资企业,在设备进口、安装、调试全程中,根据企业实际情况,提供24小时全程服务,为后期出口打下良好基础。全年检验出口激光视盘机219批、232万台、货值6 688万美元,出口额占到内蒙古机电产品出口的40%,由上年机电出口占全区出口总额的3.3%上升到7.9%。加大出入境木质包装检疫监管力度,认真贯彻国家质检总局第4号公告和第69号局令,制定《内蒙古检验检疫局木质包装检疫管理实施细则》。全年共处理出口木质包装14万件,出口到美国、加拿大、澳大利亚、欧盟、南非等国家。

建立口岸车辆出口绿色通道,提高通关速度。与口岸汽车出口相关单位建立有效、快捷、诚信的工作机制,在确保严密监管的前提下,对出口汽车实行"产地检验,口岸查验"的工作办法,采取整批抽查逐台核销的查验方式,实施预约式查验。满洲里口岸全年出口各类国产机动车辆6 007辆,货值5 080万美元。摩托车出口实现零突破,年内出口摩托车及其零配件总价值达22.4万美元。

首次开展进口废旧原料的境外预检。派员赴俄罗斯开展废物原料境外预检,预检废旧原料32万余吨,查出放射性超标货物70批、夹带危险性及密闭容器货物103批,把大量有毒有害物质挡在国门之外。全年共检验进口废物原料1.9万批、67万吨、货值9 500万美元。加大进口旧成套设备装运前预检力度,全年完成8 972台(套)旧设备装运前预检,货值2 000万美元。

完成援蒙小麦的检验检疫任务。为确保援蒙小麦顺利出口,首次采用中蒙联合检验检疫的方法,共有84批5 000吨援蒙小麦顺利通关。

恢复中断4年之久的进口蒙古国麸麦贸易,全年累计检验进口蒙古国麸皮3 200余吨。2005年上半年,首次完成内蒙古三个国家粮食储备库,进口13万吨小麦检疫监管工作,确保全部进口小麦安全入库。国际航班监管工作大幅增加。呼和浩特恢复到香港航班,开通到美国、德国、法国、加拿大、英国5个国家7个城市的虚拟国际航班。海拉尔恢复俄罗斯赤塔的国际航班,满洲里开通俄罗斯伊尔库斯克的国际航班。

【引进俄蒙资源】 2005年,内蒙古口岸进口原油、木材、纸浆、矿产品、化肥、废旧金属等资源性货物达1 800万吨,占口岸全部入出境货物的80%,促进国家加快利用俄蒙资源战略的实施。组织人员赴俄罗斯对木材装运点、储木场、林场的原木进行预检。年内预检原木53万立方米,熏蒸处理入境原木7万个车皮、423万立方米;加快通关速度,提高检疫工作效率。在上年日平均处理进口木材400个车皮的基础上,2005年上升为470个车皮;加强对进口木材检疫监管,认真做好索赔工作,维护贸易双方合法权益。年内索赔木材46批,1 737立方米,货值246 971美元。全年内蒙古口岸进口木材1 120万立方米,比上年增加240万立方米,增长27%。

创新作业流程。把凡是不涉及安全、卫生、环保的入境货物调整为报验后先出具通关单,待货物通关后再进行检验检疫工作的快速通关模式,将检疫、扦样、放射性监测、卫生除害处理等工作现场同步进行。对原油进口实施"并批出证"集中报检,年内进口原油862万吨,货值32亿美元,比上年增长25%。全年检验甘其毛道、策克两口岸进口原煤180万吨。

【实施名牌战略】 全年检疫供港活牛突破1万头,增长64%。通辽肥牛供港创下多项全国之最:供港活牛注册育肥牛场最多;全国地市级供港活牛数量最大,占香港市场1/9;供港活牛优质率最高,达到98%;香港市场同类牛卖价最贵,每头尽高出200港元。年内7万只乌珠穆沁肥尾羊顺利出口,创汇277万美元。首次对蒙牛公司从原奶到成品进行黄曲霉毒素M1的抽查,对五类产品作全项目致病菌和重金属的抽查。全年检验供港牛奶207批,10 118吨,货值710万美元。分类管理促进羊绒衫出口,全年检验出口羊绒衫682万件,货值2亿美元。

全年检验检疫出口水果类1.7万批,16万吨,3 800万美元;蔬菜类1.1万批,13万吨,2 100万美元。强化出口番茄酱管理,年内出口番茄酱10万吨,货值5 100万美元,同比增长1倍多。

【认证注册工作】 完成ISO9000和ISO14000质量体系评审102家,完成31家新申请出口食品卫生注册登记企业、13家复查换证企业、10家HACCP官方验证企业评审、审批、发换证工作。全区有卫生注册登记企业145家,通过HACCP官方验证的46家,对外注册企业9家,分别为向欧盟、韩国、以色列、日本、南非、斯洛伐克等6个国家和地区注册,对外推荐注册企业2家。

【严把疫病疫情关】 各口岸截获各种动物皮张35 477张,原毛绒16.5吨,肉蛋奶类3.2吨,其中销毁皮张33 716张、原毛绒4.5吨,肉蛋奶类1.6吨,其余做退运处理。首次对出入境客运列车和餐车编组情况进行调查和建立卫生监督档案,对16列中国籍列车、15列蒙古籍列车实施卫生监督。在满洲里、二连浩特铁路口岸建成进境列车消毒通道,在阿日哈沙特口岸集中开关后,安装全自动车辆消毒通道设施。认真落实国家质检总局"口岸突发公共卫生事件及核与幅射恐怖事件处置预案",制定"内蒙古检验检疫局口岸突发公共卫生事件处置预案",反恐工作获得公安部反恐检查组高度评价。

【推广绿色通道】 在内蒙古伊利、蒙牛等13家骨干企业享受到出口产品在口岸直接放行的优惠政策后,内蒙古检验检疫局积极组织人员深入企业宣传,指导和帮助企业组织相关申报材料,对申请企业严格筛选,年内又向国家质检总局上报23家企业纳入绿色通道管理。

【打造口岸高速通道】 满洲里公路口岸已实行24小时通关,二连浩特公路口岸自5月起每周7天通关,策克口岸因进口原煤由季节性开关转变为常年开关,阿日哈沙特口岸从4月1日开始集中开关,全年开关天数由80天增加到234天,甘其毛道、珠恩嘎达布其口岸常年开关。与海关签署协作协议,建立关检合作联系例会制度、协调检查制度、信息通报制度,实现信息共享。参与口岸"大通关"建设和共同搭建信息平台。首次在大型果蔬产品贮藏基地安装并投入使用视频监控系统,初步实现口岸检验检疫电子监管新模式。编制和应用《健康证书管理系统》、《货检通道查验监管计算机管理系统》、《国际旅行人员健康体检综合业务计算机管理系统》等管理应用程序,加快检验放行和通关速度。

【实验检测】 开展国家质检总局立项批准的《进口俄罗斯木材携带有害生物监测、鉴定和分析》,研发《进口油品容量计重计算机管理系统》,开展"出口玉米有毒有害物质和品质项目检测及玉米品牌项目研究",对出口乳及乳制品中有毒有害物质真菌毒素的调研、检测工作。统一调配系统内检测仪器设备,整合实验室资源,扩大委托检测范围,提高检验检疫综合检测能力。二连浩特检验检疫技术中心实验室顺利通过蒙古国专家组和评审组的考核,成为国家第一个获得蒙古国认可的实验室,满洲里检验检疫局技术中心实验室的检测水平,得到俄罗斯方的充分肯定,给予满洲里口岸出口水果蔬菜免检待遇。

对实验室质量管理体系文件进行全面修订,由原来的15类46项增至20大类99项,对所适用的标准全面检查更新,根据食品理化实验室、植物产品检验检疫室、微生物检验检疫室、绒毛实验室的不同业务范围制订相应的作业指导书,获得国家认可委颁发的认可证书。内蒙古检验检疫局技术中心实验室顺利通过国家组实验室认可、计量认证"二合一"评审。

(康徐男)

金 融 保 险

人民银行

【中国人民银行呼和浩特中心支行领导名录】

行　　长:赵志华(蒙古族)

副 行 长:王中新(蒙古族) 张子君 牧人(蒙古族)

高兰根 额尔德尼(蒙古族)

纪检委书记:肖长江

工 会 主 任:包 健(蒙古族)

【提高执行货币政策水平 改善金融调控】

加强政策指导 进一步改善宏观调控 根据2005年金融调控目标与实行稳健货币政策的要求,结合自治区经济发展战略及西部大开发政策的实施情况,进一步改进金融调控,畅通货币政策传导机制,在广泛调查研究与征求意见的基础上,制定《内蒙古自治区金融业支持经济发展货币信贷指导意见》,从加大对"三农"、非公有制经济的信贷支持力度、调整信贷结构以及从严控制高耗能高污染行业贷款等9个方面提出促进自治区经济健康协调发展的指导意见,被自治区政府批转全区执行。

增强执行货币政策的有效性 认真落实国家助学贷款政策,配合有关部门完成招投标工作,督促商业银行同8家高校签订助学贷款协议,并提出改进工作的11条意见和提高保证金比例等政策建议,被自治区政府采纳。在全区范围内推动生源地助学贷款业务,就该项贷款的税收减免等政策问题与有关部门积极协调,结合实际制定《内蒙古自治区生源地助学贷款管理办法》。与自治区有关部门研究出台《内蒙古自治区下岗失业人员小额担保贷款实施细则》,就扩大下岗失业人员小额贷款与担保基金提出指导意见和具体措施。加强房地产市场监测,与自治区建设厅等部门联合提出稳定住房价格的指导意见,促进房地产市场稳定健康发展。引导金融机构落实国务院《关于鼓励支持和引导个体私营等非公有制经济发展的若干意见》,加大对非公有制经济的信贷支持力度。

发挥货币政策工具的调控作用 加强支农再贷款管理,在对春耕生产资金需求和支农再贷款管理使用情况进行调研的基础上,逐个盟市核定再贷款限额,合理调剂余缺,周转使用。1~12月份,全区累计向农村信用社发放支农再贷款50.3亿元,在满足农牧业生产资金合理需求的同时,有45%左右的贷款支持农牧业结构调整和产业化发展。累计发放中小金融机构专项贷款6亿元,缓解部分中小企业和个体工商户贷款难问题。

农村信用社改革试点资金支持工作 把农村信用社改革试点资金支持工作作为2005年的重点工作安排部署,并纳入业绩考核范围。一是做好前期准备工作。根据自治区经济发展状况和农村信用社经营情况,专题向自治区政府提出农村信用社改革资金支持方式、组织形式选择等政策建议。制定《内蒙古自治区农村信用社改革试点资金支持方案实施与考核细则》,开展资金支持业务操作培训,共培训4次600多人次。经批准,自治区88家农村信用联社组建2家农村商业银行、6家农村合作银行,其余分三批进行旗县统一法人信用社改造。二是会同内蒙古银监局完成对全区88家农村信用联社、4家法人农村信用社增资扩股与降低不良贷款计划的审核工作。三是加强对农村信用社改革试点资金支持工作的指导。组织召开全区人民银行农村信用社改革试点资金支持工作座谈会,对上报的申请材料中存在的问题及下一步整改措施逐一督促落实。四是严格把关,完成对全区第一批、第二批农村信用联社上报的专项中央银行票据发行申请资料的审查审核工作。经审查审核后上报总行85家,批准78家发行专项中央银行票据,发行金额为12.42亿元,占全区总额度的76%。

【维护地区金融稳定职责 防范系统性金融风险】

初步形成金融监管信息共享机制 全面分析、评估区域金融风险状况,开展对全区金融机构风险状况的调查摸底,建立风险金融机构档案。探索建立金融风险监测、评估与预警指标体系,排查自治区金融机构的风险点。制定突发事件和金融机构风险处置预案,重点防范法人金融机构风险。组织完成工商银行股份制改革过程中可疑类贷款剥离联合尽职调查工作,保证这项工作按期顺利完成。深入8个盟市对金融稳定再贷款的管理情况进行现场检查,进一步规范再贷款管理。

高风险金融机构的联合处置和资产清收工作 针对全区11家停业整顿高风险城市信用社的不同情况,分别与当地中心支行制订综合处置方案,落实资产保全、清收、处置措施。继续加大对原人民银行自办经济实体等历史遗留问题的清理力度,逐

笔落实资产保全措施和债权清收责任，全年清收资产861.1万元。

金融生态环境建设　召开全区人民银行系统金融生态环境建设座谈会，在充分调研和征求意见的基础上，研究拟定《内蒙古自治区金融生态环境建设指导意见》，报请自治区政府下发实施。

【推进创新 提高服务水平】

加强金融服务业务基础建设 推行金融服务业务标准化管理　一是在全区开展"金融服务业务标准化建设年"活动，全面推进标准化建设。二是加强会计财务管理，强化预算约束和监督制约，初步形成较为完善的会计财务监督管理体系。三是认真履行经理国库职能，国库基础工作进一步强化，服务质量提高。2005 年共办理中央级预算收入169.2亿元，地方级预算收入524.5亿元，办理地方级预算支出744.5亿元，发行凭证式国债19.3亿元，兑付国债本息款项64.4万元。四是提高发行基金调拨、现金和反假货币管理工作水平。至 12 月末，全区共调入发行基金239.0亿元，调出发行基金255.5亿元；累计投放发行基金787.5亿元，回笼发行基金610.5亿元，净投放177.0亿元。五是加强信息化建设和科技服务，进一步提高科技管理水平。配合业务部门认真做好系统软件、应用软件的推广、升级、维护工作，完成大额支付系统、人民币银行结算账户管理系统和货币金银管理信息系统等6个主要业务系统安装测试、运行维护等各项任务，确保各业务系统稳定运行。

拓展跨行政区域票据交换网络 扩大清算范围　扩大财税库行横向联网范围。加强银行卡受理市场建设，组织开展全区范围内的"银行卡之春"大型宣传活动和银行卡促销活动及特约商户收银员培训，并启动第二次宣传与促销活动，研究确定银联商务向其它盟市延伸机构推广计划，12 月底包头市、鄂尔多斯市分支机构挂牌营运，扩大银行卡联网通用的覆盖面，进一步改善银行卡用卡环境。

【加强和改进外汇管理】　一是积极推动贸易与投资便利化，进一步简化进出口核销手续，实现真实性审核与贸易便利管理的有机结合，为自治区涉外经济发展营造良好的外汇金融服务环境。二是认真落实中蒙、中俄两国央行双边本币支付结算协定精神，为双边贸易创造通畅的结算渠道。三是积极开展境外投资外汇管理改革试点的推广工作，支持有比较优势的企业实施"走出去"发展战略。四是认真履行外汇监管职责，加大外汇检查力度，整顿和规范外汇市场秩序。五是提高国际收支统计申报质量和分析监测水平。至 12 月末，全区发生涉外收支申报6.6万笔，金额52.2亿美元。

【提高反洗钱监管水平 推进信贷征信体系建设】

大力开展反洗钱工作　一是建立反洗钱工作组织体系，成立全区人民银行系统、金融监管机构和自治区三个层次的反洗钱工作协调领导小组，制定联席会议制度，与公安部门建立可疑交易线索核查工作合作关系，形成反洗钱部门之间、人民银行上下级之间和内部职能部门本外币之间的工作协调合作机制。二是加强反洗钱宣传培训和制度落实。三是加大反洗钱现场检查力度。组织开展全区范围的反洗钱制度建设和执行情况的专项检查，对 53 家金融机构进行现场检查，对其中 36 家违规机构实施处罚。

加强信贷征信体系建设　一是加强银行信贷登记咨询系统的管理，开展系统录入数据检查核对工作。二是发挥银行信贷登记咨询系统的作用，跟踪分析重点行业、贷款大户和关联企业的贷款风险状况，建立关联企业贷款风险分析制度。三是积极协调自治区政府有关部门，探索扩大信用信息采集范围的方式，在调研的基础上制定非银行信用信息采集方案。推广个人信用信息基础数据库系统，参与制定《内蒙古自治区征信管理条例》，并深入开展征信知识宣传教育，推进自治区征信体系建设。

【获奖】

牧　人　被国家农业部产业化办公室、中国人民银行评为全国农业产业化先进工作者。

张树模　被中国人民银行、中国人民银行工会工作委员会评为人民银行先进工会工作者；中国人民银行天津分行、中国人民银行天津分行工会工作委员会天津分行先进工会工作者。

包晓慧　被内蒙古自治区总工会授予内蒙古自治区总工会"五一"女职工奖章；被内蒙古自治区政府办公厅评为 2005 年度全区政务信息报送优秀信息员。

隋际香　被国务院第一次全国经济普查领导小组评为国家经济普查国家级先进个人。

王广平　被内蒙古自治区总工会授予"五一"劳动奖章；内蒙古自治区"创争"活动领导小组评为内蒙古自治区"创建学习型组织、争做知识型职工"活动知识型职工先进个人；被中国人民银行(科技司)评为大额支付系统先进个人。

陶　利　被中国人民银行天津分行、中国人民银行天津分行工会工作委员会评为内审工作先进工作者。

贺光明　被国家总工会、文明办、发改委、教育部、科工委、科技部、人事部、劳动部、国资委、工商联十部委授予全国知识型职工先进个人；被中国金融工会全国委员会评为第一届全国金融系统"知识型职工标兵"和全国金融五一劳动奖章；被内蒙古自治区"创争"活动领导小组评为内蒙古自治区"创建学习型组织、争做知识型职工"活动知识型职工先进个人。

阎金魁　被中国人民银行、中国人民银行工会工作委员会评为中国人民银行后勤工作先进工作者。

(王晓中)

银 监 局

【中国银行业监督管理委员会内蒙古监管局领导名录】

局　长:汤小青(7月离任) 王彦青(7月任职)

副局长:席前进(蒙古族) 陈志韬(兼纪委书记) 宋建基

局长助理:张玉峰(5月离任)

助理巡视员:李增毅(12月离任)

【概况】 至2005年末,内蒙古银监局下设11个盟市银监分局,80个旗县监管办事处(含6个直辖监管办事处),共有干部职工863人。其中:大学本科以上学历506人,大学专科学历281人,大专以下学历76人;具有高级专业技术职称73人,中级专业技术职称651人,初级专业技术职称119人;中共党员571人,民主党派4人。

【现场检查】 2005年,银监局实施现场检查105项(次),组成1 277个工作组,派出现场检查人员3 518人(次),投入47 360多个工作日,检查各类各级银行业金融机构6 869家(次)。全年共对辖内27家银行业金融机构进行经济处罚,罚款金额212.5万元;责令4家银行业金融机构暂停或停办部分业务,吊销4家银行业金融机构的金融许可证;取消了23名高级管理人员的任职资格;对216名违法违规责任人,提出警告直至开除的纪律处分建议。

【非现场监管】 进一步补充和完善现行各类非现场监管报表,形成分层次、分类别的非现场监管指标和报表体系;做好"1104工程"实施的前期准备工作,提前完成银监局系统广域网和局域网建设;督促辖内银行业金融机构建立信息披露制度,并按季在《内蒙古日报》及统计分析季度例会上进行披露。在正确判断风险点和评估风险度的基础上,有针对性地对辖内银行业金融机构进行"窗口指导"。全年共做出风险提示431次,发出质询书36份,提出监管意见和整改建议2 573条。

【案件专项治理】 认真贯彻落实银监会案件专项治理工作要求,制定案件专项治理工作方案,及时安排部署全区银行业案件专项治理工作,要求各银行业金融机构主动查找防范操作风险等工作中存在的问题,加大案件查处和责任人处理力度。严格扎实推进案件专项治理工作。对辖内银行业金融机构案件专项治理工作开展情况进行现场检查。辖内银行业金融机构通过深入开展案件专项治理工作,发现和查处一批案件,严肃处理涉案人员及相关责任人。全年辖内银行业金融机构共处理涉案人员64人,同比增加7人。其中:开除党籍4人,撤职4人,行政开除47人,移送司法机关31人。

【不良贷款"双降"】 加强不良资产"月分析、季考核",全面监测信贷资产、非信贷资产和表外业务变化情况,根据监测情况及时提出监管意见。制定落实分行别、分地区不良贷款"双降"工作方案,加大对重点机构、重点地区不良贷款变化情况的监测频次和力度。要求辖内银行业金融机构不良贷款真实"双降",针对不良贷款"双降"中的弄虚作假行为,采取必要的监管措施。有力地推动辖内银行业金融机构不良贷款"双降"工作,实现不良贷款余额、比例双下降的工作目标。

【风险处置】 及时发现处置辖内银行业金融机构重大金融风险,有效地维护自治区金融稳定。通辽银监分局及时发现并妥善处置霍煤集团占用银行贷款违规向其下属子公司发放大额委托贷款的风险问题,得到银监会刘明康主席的肯定和表扬。积极配合地方政府,协调人民银行等相关部门,顺利完成乌海市汇通城市信用社的市场退出工作。

【银行业改革开放】 积极协助自治区深化农村信用社改革领导小组,顺利完成产权模式选择确定、自治区联社组建、清产核资、增资扩股、央行票据置换和业务人员划转工作,内蒙古自治区农村信用社联合社于8月正式成立。加强工行、中行、建行等股改银行改革指标的考核,督促其加快推进机构扁平化和业务垂直化改革。华夏银行呼和浩特分行于2005年1月开业,交通银行呼和浩特分行申请筹建。

(王　喆)

开 发 银 行

【国家开发银行内蒙古自治区分行领导名录】

行　长:郭明社(女 1月任职)

副行长:王伟化(回族) 刘彦超 吴丽洁(女)

【概况】 2005年,国家开发银行内蒙古分行按照"融入主战场,扩大覆盖面,提升影响力"的工作思路,一手抓业务开拓,一手抓经营管理,在支持自治区经济社会发展的同时也实现自身的跨越式发展。分行项目开发、评审承诺、表内信贷投放、表外管理资产贷款、资产规模、存款、利润、不良贷款比率等项经营指标均创分行成立以来最好水平。分行非个人中长期贷款发放额126.77亿元,成为地区同业中非个人中长期贷款余额最大的分行;信贷资产首次实现零不良率,成为地区同业中贷款不良率最低的分行；全年实现利润5.27亿元，人均利润775万元，成为地区同业中人均创利最高的分行。同时，分行在内部管理水平上也得到了大幅提升，有效地防范经营风险，巩固分行的经营成果，为分行今后的发展以及在支持自治区经济社会发展中发挥更大作用奠定坚实的基础。

【业务创新】 分行在业务实践中，也遇到不少政府关心且符合开行贷款投向但按现有模式难以逾越的业务领域和项目。对此，为了最大限度地支持自治区经济社会发展，分行逐个项目进行研究论证，从融资模式、政府信用使用模式、开发评审模式等方面进行大胆的业务创新，有效解除项目融资瓶颈制约。分行在支持自治区旅游项目建设中，创造性地提出打造"阿尔山—柴河"旅游空客联合体融资模式的构想。在这一融资模式下，分行为该项目争取并发放开行历史上额度最大、审批速度最快的A类技术援助贷款800万元，用于项目前期规划。项目总体规划已经自治区政府批复，取得阶段性成果。在此基础上，分行年末又完成赤峰市克什克腾旗旅游区规划项目B类1 000万元技术援助贷款的评审发放工作。在鄂尔多斯市财力暂不具备为康巴什新区建设进行大额融资的情况下，分行创新地提出借用上级政府信用为下级政府项目融资，利用政府信用流动解决鄂尔多斯康巴什新区三年未果的融资难题。该项目贷款11.5亿元，从受理到实现发放仅用不到四个月的时间。在煤电打捆项目开发评审中，分行创新性地提出以虚拟区域电力市场为平台的理念，选择三个有实力的电力公司作为借款人，项目涵盖煤炭、铁路、电网、发电厂、调峰电源等，贷款品种包括软贷款、硬贷款等组合，承诺贷款227亿元，实现了打造最具开发优势的内蒙古煤电基地目标。

【支持社会瓶颈领域】 全年共发放表内外贷款143.87亿元，比上年增长43.59%，为分行历史最好水平。分行以支持自治区基础设施、基础产业、支柱产业为重点，一年中先后发放全口径贷款137.73亿元，支持蒙电华能、通辽集中供热三期工程、呼和浩特市主次干道改扩建工程、呼和浩特市绕城路二期工程等一大批电力、交通、公共设施等自治区重点项目，使之成为带动自治区经济发展的新增点和支撑点。为有效支持自治区党委政府关注的难点、热点项目，2005年，分行加大对瓶颈领域项目的支持力度，并实现前所未有的突破。在支持中小企业方面，分行与包头稀土高新区管委会先后两次合作，累计发放贷款5 000万元，支持包头稀土高新区14家中小企业，新增近1 300个就业岗位。在支持小城镇建设方面，分行共对鄂尔多斯达拉特旗、赤峰林西县等五个旗县进行评审，发放贷款14 000万元。在支持农牧业产业化方面，分行先后为内蒙古科尔沁牛业股份有限公司2万吨冷鲜牛肉加工、内蒙古宇标食品有限责任公司800万只白鹅深加工、鄂尔多斯四季青农业开发有限公司1.2万吨精品羊肉生产线扩建等项目给予5 500万元的贷款支持。在支持下岗再就业方面，分行发放下岗失业人员小额担保贷款2 500万元，带动鄂尔多斯市5旗1区近2 190人实现自谋职业和自主创业，并能够带动4 300多人实现再就业。在支持教育布局调整方面，分行为赤峰市林西县教育布局调整项目发放贷款1 200万元。禽流感疫情发生后，为帮助草原兴发度过难关，分行及时向草原兴发发放3 000万元应急贷款，成为"禽流感"疫情发生后唯一一家向草原兴发提供贷款的银行。该笔应急类贷款的发放及时支付农牧民的售鸡款，维护广大农牧民的利益。对此，区内外多家媒体纷纷发表报道，产生很大的社会反响。此外，分行累计发放贷款6 300万元，用于库布齐沙漠综合治理工程。2005年11月分行又给予该项目7 200万元贷款承诺。随着项目的全面实施，将使20多户万农牧民受益。整个项目完成后，农牧民直接增收3亿元，人均增收1 500元。2005年分行还为二连浩特市国际语言学校项目发放贷款1 000万元，标志着分行"走出去"项目正式实施。此外，分行在总行亚洲"走出去"项目工作组的领导下，开发评审俄罗斯、蒙古国的"走出去"项目，已把在蒙古国建设200万吨/年的露天煤矿、开采50万吨/年的露天铁矿等项目列入"走出去"项目库，为今后开发利用俄蒙资源创造条件。

【金融合作】 2005年，分行先后与招商银行北京分行、民生银行总行营业部、北京国际信托投资公司、自治区工商银行、自治区农业银行等十几家金融机构合作，采取银团贷款等形式，向河北省际大通道、达拉特电厂等十多个项目发放贷款47亿元，有效地扩大了对自治区项目的融资总量。2005年，分行还与包头市商业银行、乌海市城市信用社签署战略合作协议，并在德国IPC公司专家的指导下和总行的大力协助下，分行与包头市商业银行向从事个体食品零售业的个体户合作发放首笔微贷款，使分行成为自治区首个开展微小企业贷款业务的银行。

【信贷资产质量】 分行一方面通过加强与各级政府之间的开发性金融合作，严把项目开发关口，严格按照规定开展项目评审，保证新投放贷款项目的优质。另一方面，分行围绕防范和化解信贷风险，针对每个项目的不同特点构建化解方案，加大风险化解工作力度，取得显著成效。针对部分项目，分行坚持"早预测、早布置、早落实、早解决"的原则，及时掌握项目运营情况，借助政府力量，发扬团队精神，保证了项目贷款本息的按时足额回收。伊敏电厂一期工程项目信贷资产质量的升优，标志着分行信贷资产实现零不良资产率。

【内部管理】 分行把自觉执行国家宏观调控政策、产业政策、信贷政策作为党的政治纪律和经济工作纪律严格遵守。严格控制信贷规模，围绕有效支持自治区经济社会发展，努力优化信贷结构和信贷投向。内蒙古银监局在2005年7月份出具的信贷管理和贷款质量现场检查事实与评价书中指出，分行“按照国家产业政策，支持‘瓶颈’产业建设项目，保持良好的业务发展势头。贷款投向和总体结构较为合理，符合国家宏观调控产业政策。”

分行坚持内控制度建设是银行控制风险的基础，根据人民银行、外部监管部门及总行的有关规定，结合内外监管部门的监管和稽核意见和建议，经常开展以理顺业务流程、完善规章制度、建立岗位责任制为主要内容的内控建设工作。通过梳理业务流程、分析风险环节、明确处室和责任人责任，建立了一系列行之有效的内部控制制度，形成按制度办事、靠制度管人的机制。2005年，针对部分工作中存在的突出问题，分行一把手亲自任分行规章制度建设领导小组组长，对各项业务制度进行全面的梳理、补充、完善，以达到分行内控制度全方位、多角度、全过程的覆盖，并加强制度执行力度的考核检查，使分行各项工作迈入制度化、规范化、程序化管理轨道。

（王明星）

农业发展银行

【中国农业发展银行内蒙古自治区分行领导名录】

行　长：卢纯才

副行长：贾楞　王铁民（蒙古族）　赵焕英

【概况】　2005年末，中国农业发展银行内蒙古自治区分行辖11个二级分行、1个自治区分行营业部、1个自治区分行直属支行，4个二级分行营业部、66个县级支行，在岗员工1 875人。各项贷款余额为260.43亿元，比年初增加49.66亿元，扭转了贷款规模连续四年下滑的局面；各项存款余额42.77亿元，比年初增加5.69亿元。

【信贷支农】

支持国家和地方储备粮体系建设　做好中央储备粮轮换工作，累计轮出中储粮6.81亿公斤，收回贷款5.79亿元；累计轮入中储粮8.42亿公斤，发放贷款9.93亿元。配合中储粮公司完成租仓储粮任务，对部分地区的中储粮贷款采取“此增彼减”的方法，统一由直属库承贷，顺利完成集中管理工作，至12月末全区直属库中央储备粮油占用贷款23.66亿元，占中央储备粮油贷款总额的66%。积极支持地方储备粮体系建设，累计轮入粮食0.71亿公斤，发放贷款0.67亿元；累计轮出粮食0.90亿公斤，收回贷款1.09亿元。支持其它专项储备，到12月末，活体肉储备贷款余额600万元；羊毛储备贷款余额725万元；批复发放烟叶储备贷款8 450万元，企业收购烟叶22.09万担；批复3家化肥储备试点，发放贷款5.46亿元。做好中央储备玉米轮换出口工作，累计出库9.49万吨，占用贷款1.05亿元。

支持企业开展粮棉油购销　累计发放粮棉油收购贷款98.71亿元，同比增加49.42亿元；支持企业收购粮食77.87亿公斤，同比多收39.65亿公斤；收购油脂2.03亿公斤，同比多收0.62亿公斤；收购棉花5.10万担，同比减少7 550担。累计发放调销贷款22.56亿元，同比增加1.19亿元，支持企业调入粮食18.59亿斤。支持企业销售粮食71.21亿公斤，同比增加14.75亿公斤；销售油脂1.55亿公斤，同比增加0.42亿公斤；销售棉花6.37万担，同比增加2.57万担。累计实现粮棉油销售收入88.28亿元，同比增加25.69亿元；回笼销售贷款87.35亿元。

支持产业化龙头企业和加工企业经营　累计批复粮油加工及农牧业产业化龙头企业贷款项目50个，贷款额度23.14亿元。通过支持农牧业产业化龙头企业和加工企业，促进自治区农牧经济发展。

【业务经营】　2005年人旬均存款238.75万元，同比增加56万元。做好财政补贴资金监督拨付工作，全区各级财政应筹措当年各项补贴资金41.87亿元，实际筹措当年补贴41.87亿元，筹措到位率为99.99%。改进信贷资金计划和管理方式，全年旬均头寸占用11 519万元，同比减少11 744万元，信贷资金运用率为99.74%。实现中间业务收入239万元，人均中间业务收入为1 276万元。剔除1998年6月1日以后粮食企业政策性亏损挂账利息转本金部分，实现利润1.41亿元，超农业发展银行总行下达计划0.90亿元，人均利润7.54万元。资产利润率为0.62%。收入成本率为23.69%。

【风险防控】　集中推进1998年6月1日以后国有粮食购销企业财务挂账清理认定核复剥离工作，清理认定核复挂账额共计57.56亿元。积极清收不良贷款，到2005年底，不良贷款为8.73亿元，较年初下降13.81万元；不良贷款比例为3.34%，较年初下降7.36个百分点。开展粮棉油企业贷款资格认定工作，自治区分行审查批复具备贷款资格的企业863个。做好贷款担保管理工作，办理各类担保的开户企业共448个。构建审贷分离的制衡机制，建立贷款营运与管理的监测评价体系。集中开展信贷、财会业务专项大检查。切实加强改革改制企业债权管理和农发行资产保全工作。

【内部管理】　推进组织体制改革，调整区分行、盟市分行内设机构，建立前后台制约的信贷管理组织体系；调整基层营业机构，强化旗县支行业务经营前台职能；改革收入分配制度，加大绩效挂钩工资的比重；稳步推进用工制度改革，实行社会化用工

292 人。健全完善内部操作规程，提高制度化、规范化管理水平。强化内审监督，对33 个分支机构进行全面审计，适时开展专项审计。加快电子化建设，综合业务会计应用系统顺利上线运行，并成功实现与人行大额支付系统对接，推广人民币银行结算账户管理系统应用软件。

【先进集体与个人】

中国农业发展银行内蒙古自治区分行　被内蒙古自治区人民政府授予“2005 年度金融工作先进集体”荣誉称号。

中国农业发展银行内蒙古自治区分行　被内蒙古自治区党委、政府授予“帮扶工作成绩突出集体”荣誉称号。

农发行包头市九原区支行党支部　被农发行总行党委授予“中国农业发展银行先进基层党组织”荣誉称号。

农发行包头市九原区支行、赤峰市分行营业部　被农发行总行授予“中国农业发展银行文明建设先进单位”荣誉称号。

农发行宁城县支行、土默特右旗支行、通辽市科尔沁区支行会计出纳部　被农发行总行授予“2005 年度总行级青年文明号”荣誉称号。

农发行赤峰市分行团委　被农发行总行团委授予“中国农业发展银行五四红旗团委”荣誉称号。

农发行阿拉善盟分行机关工会委员会、鄂尔多斯市分行机关工会委员会　被农发行总行工会授予“中国农业发展银行模范职工之家”荣誉称号。

卢纯才(农发行内蒙古分行)　被内蒙古自治区人民政府授予“2005 年度金融工作先进个人”荣誉称号，同时被内蒙古自治区党委、政府授予“帮扶工作先进个人”荣誉称号。

于宗宽(农发行内蒙古分行)　被内蒙古自治区党委、政府授予“帮扶工作先进个人”荣誉称号。

何丽凤(农发行包头市九原区支行)　被中华全国总工会授予“全国金融五一劳动奖章”荣誉称号。

秦魁华(农发行内蒙古分行)　被中国金融工会授予“全国金融系统优秀工会干部”荣誉称号。

王继平、白玉刚(农发行内蒙古分行、农发行鄂尔多斯市分行)　被农发行总行授予“中国农业发展银行青年岗位能手”荣誉称号。

李国彪、孟伟(农发行准格尔旗支行、农发行呼伦贝尔市分行)　被农发行总行授予“中国农业发展银行优秀共产党员”荣誉称号。

隋宪丽(农发行呼伦贝尔市额尔古纳支行)　被农发行总行授予“中国农业发展银行优秀共青团员”荣誉称号。

刘志忠(农发行鄂尔多斯市分行)　被农发行总行授予“中国农业发展银行优秀共青团干部”荣誉称号。

(单玉波)

工商银行

【中国工商银行内蒙古自治区分行领导名录】

行　长：范尔钢

副行长：娜日苏(女　蒙古族)　刘建民　李长命　左中海

巡视员：贺福元(蒙古族)　王鸿杰　王皓

【概况】　中国工商银行内蒙古分行全区机构总数611 个，正式员工10 743人。内蒙古分行辖属12 个二级分行、1 个分行营业部，4 个内控监督中心，1 所金融培训学校，1 个后勤服务中心；108 个支行、247 个分理处、225 个储蓄所。这些分支机构分布在自治区各个盟市，形成纵横交错、方便快捷的金融服务网络，努力为广大客户提供优质规范、全方位的金融服务。

2005 年末，人民币各项存款余额达到767.83亿元，较年初增加87.21亿元，人民币各项贷款余额剔除剥离、核销及转抵债资产因素后实际增加63.51亿元，实现中间业务收入同比增长30.04%，电子银行交易额为上年同期的148%，网上银行企业客户数、个人客户数、信用卡消费额、国际结算量、代客外汇资金交易量大幅增长。

【股改工作】　股份制改造是工商银行改革发展的历史跨越，工行内蒙古分行按照总行要求及时成立了股份制改造办公室，周密筹划、精心组织、合理安排，保证各项股改工作的顺利、有序进行。为保证股改工作的进度与质量，工行内蒙分行对各项相关工作的开展情况均制定时间进度表，根据股改工作进展情况，随时更新；在时间紧、任务重的情况下，全行发扬团结协作、不畏困难的精神，高标准、高效率地完成股改各项工作。

【经营管理】

信贷管理　工行内蒙古分行严格执行国家货币政策、宏观调控政策和总行信贷和行业政策，进一步加大贷款投放力度，促进自治区经济结构战略调整和产业升级。在对市场环境、经营形势和管理现状进行深入分析的基础上，进一步转变思想，强化“以客户为中心、以市场为导向、以效益为目标”的营销理念，努力从加强市场调研、筛选目标客户、建立和完善客户经理网络等多个方面改进营销工作措施。为贴近企业实际，最大限度地满足客户的不同业务需求，工行内蒙古分行还针对不同行业和项目的特点，制定电信行业、电源建设项目、电网改造项目、公路建设项目、煤化工项目、铁路和城市基础设施建设项目等一系列个性化的“综合金融服务方案”，从提升服务理念、服务质量入手，得到客户的认可。在开展传统业务营销的同时，努力转变经营模式,拓宽收入渠道,积极实施"大个金"经营发展战略,加快完善营销体系和产品整合的工作步伐。

加强全面风险管理　全面实施风险拨备制度,积极探索建立科学先进的风险管理体系,将风险拨备的覆盖范围扩大到非信贷资产、表外业务等承担风险损失的全部资产和业务,强化风险成本约束,制定《内蒙古分行全面风险管理构架》,建立全面风险管理平台,努力实现对各类风险的系统、连续、有效控制。

财务管理　深化财务体制改革,强化财务管理,优化资源配置,完善考评机制。为完善公司治理结构,提升财务精细化、规范化管理水平,进行财务集中改革试点,制定财务集中实施细则及相应配套办法。为进一步提高信贷资源配置效率,强化贷款规模管理,优化增量资产结构、推动存量资产结构调整,制定《2005年贷款规模管理办法》,印发《关于进一步加强流动资金贷款管理的意见》,加强全行资金统一调度与管理,压缩无效、低效资金占用,科学运作,努力提高资金营运效益。

内控管理　进一步强化全行内控管理,着力搭建以内控管理委员会、三级内控平台为主体的新型内控管理体制,将专业内控措施与业务流程和授权管理相结合,明确内控管理责任,坚持从严治行,先后出台《中国工商银行内蒙古分行二级分行县级支行内控管理平台若干规定》、《中国工商银行内蒙古分行内控监督中心管理办法》、《关于进一步完善二级分行支行内控管理平台若干规定的通知》、《中国工商银行内蒙分行内控监督员管理办法(试行)》和《中国工商银行内蒙古分行基层营业机构负责人内控管理要点》等制度办法,完善"三级内控管理平台",夯实管理控制基础,减少无效环节,有力推动全行内控管理的规范化、标准化和程序化建设,基本构筑起对各项经营管理活动全方位覆盖、全过程监督的内部控制体系。加大监督检查力度,尤其是加强对重点业务、重要环节、重要岗位人员和重要时期的管理,加快实现业务由事后控制向事前、事中控制转变。加强党风廉政和反腐败工作,严格执行中纪委关于个人廉洁自律各项规定,制定印发《关于进一步加强全行作风建设的意见》,积极构建教育、制度、监督并重的惩治和预防腐败体系,党风廉政建设和反腐败斗争开展扎实有效。

(徐丽梅)

农业银行

【中国农业银行内蒙古分行领导名录】

行　　长:瞿建耀(8月离任)　李儒农(12月任职)

副 行 长:朱科帮(12月任职)　潘文俊

纪委书记:苏木雅(蒙古族)

副 行 长:毛军(12月任职)　杜青山(12月任职)

行长助理:贾登明(12月任职)

【生产经营】　农行内蒙古分行始终坚持以科学发展观统领全行各项工作,始终坚持"以市场为导向、以客户为中心、以效益为目标"的经营理念,始终坚持发展速度、质量、结构和效益的统一。通过积极做好存款营销,使全行的资金实力得到明显增强;通过认真贯彻落实国家宏观调控政策,实施区域、行业信贷策略,适时投放贷款,在有力地支持自治区经济发展的同时,实现信贷资金的有效投放;通过狠抓不良贷款的清收盘活工作,使全行的信贷资产质量有所提高;通过全面实施综合营销,大力拓展银行卡、国际业务、代理保险等业务市场,使中间业务收入实现大幅度增长;通过认真开展基础管理年活动和打造平安内蒙古分行活动,使全行基础管理和内部控制工作明显加强,有效防范经营风险的发生。2005年末,全行本外币各项存款余额达600亿元,其中人民币各项存款余额598.75亿元,外币存款余额1 591万美元;各项贷款余额430.11亿元;累计清收不良贷款4.45亿元,不良贷款占比下降2.6个百分点;实现中间业务收入1.7亿元,同比多收4 686万元;累计完成国际结算额14.62亿美元,同比增幅达24.43%;实现经营利润5.25亿元,消化历史包袱6.94亿元。

【调整市场营销策略　支持地方经济发展】　一是先后与包头市、呼和浩特市、鄂尔多斯市政府以及阿拉善盟行政公署签订合作框架协议,初步达成意向性合作金额600亿元。二是按照自治区政府调整优化经济结构,加快增长方式转变,提高优势特色产业集约化程度,推进新型工业化的经济发展思路,重点选择呼包鄂、蒙西等地区的一批大企业、企业集团和经济园区,作为信贷支持的重点。三是突出农业信贷支持重点,继续采取"公司+基地+农户"的形式,支持农业产业化经营,为促进自治区农牧业快速、健康发展做出积极努力。四是始终把支持春耕生产、发展农村经济、增加农民收入作为农业信贷工作的一项重要工作来抓,在符合商业化经营要求的前提下,积极协调有关部门,深入实地了解情况,确保支持春耕服务到位,措施到位,资金到位。五是积极支持自治区教育、医疗卫生等社会公益事业的发展,不断加大对学校、医院等事业法人客户的支持力度。六是继续把呼包鄂三市及有产业支撑的盟市所在地口岸城市作为支持重点,积极支持房地产业务发展。七是积极拓展国际业务市场,促进自治区对俄、蒙等国的外贸进出口、招商引资等经济贸易往来的发展。八是认真落实强区富民政策,把个体私营企业作为支持的一个重点,既为减轻失业人口压力做出努力,促进第三产业的发展。

【加强基层基础管理　深化文明优质服务】　一是全面启动并开

展“基础管理年活动”，着重从基层管理、基础管理、基本制度入手，狠抓各项规章制度和措施的落实，严格防范和控制风险。二是加大检查力度，对检查发现的问题及时进行整改，并对违规违纪责任人进行严肃处理。三是完善内控制度建设，针对内控工作中存在的突出问题，制定出台《关于进一步加强柜台业务内部控制的意见》等相关制度和办法。四是认真开展案件专项治理工作，加大对违规违纪行为的处罚力度，坚持做到从重、从快、从严处理各类案件。五是牢固树立服务理念，从增加软硬件设施投入、加强对员工培训教育等方面入手，狠抓银行服务的内涵和外延，努力提高服务质量、服务效率、服务水平，为社会公众提供最优质的金融服务。

【工作会议】 全区农行2005年工作会议于2005年1月29日至2月1日在呼和浩特召开。会议全面回顾总结2004年全行工作，对2005年工作进行安排部署，提出“坚持和落实科学发展观，突出加快有效发展的主题，全面实施风险管理，认真开展‘基础管理年’活动，创新经营管理机制，突出综合营销，努力提高综合竞争力”的总体思路。

【业务知识竞赛】 2005年9月，内蒙古分行组队参加农总行主办的个人客户经理业务知识竞赛和个人理财方案设计大赛，分别获得团体第三名的良好成绩。

（张学军）

中国银行

【中国银行内蒙古自治区分行领导名录】

行　　长：杨　勃

副 行 长：乜振民（11月离任） 张迎（11月任职）

行长助理：牛海忠（回族） 刘明

总 稽 核：张立军（女 回族）

【概况】 至2005年末，中国银行内蒙古自治区分行在全区拥有13家二级分行，4家直属支行，6个城区支行，5个县支行和51个经营性支行，171个分理处，11个储蓄所。分行本部内设20个部室、85个团队、3个稽核中心。全辖员工总数为4 679人。

【人力资源管理改革】 按照前、中、后台分离和扁平化管理的原则，自治区分行本部率先整合组织架构，设置20个部门、85个团队，将稽核中心精减为3个，撤并八拜、车站支行。通过进行职责梳理、职位分析工作，建立起管理、专业和操作三个序列的职位体系，规范全辖的组织架构和职位设置。全辖本着“公开、公平、择优”的原则，采取公开竞聘、双向选择相结合的方式，按计划完成职位竞聘、人岗匹配工作。根据总行的薪酬改革指导意见，制定员工薪酬管理制度和实施细则，为深化薪酬改革做好了准备。

【调整和业务转型】 从年初开始，自治区分行正式启动五年业务发展规划，实施重点地区发展战略，推行新的资源配置办法，在绩效考核体系中增设净资产利润率、成本收入比等效益性指标，使用风险调整后资本回报率、股东价值增加值等经济资本指标指导和约束业务发展，引导全辖增强质量效益观念，正确处理业务规模、风险和收益的平衡关系。通过对中间业务进行深入调研，制定并启动《中间业务三年发展规划》，实施《授信业务带动中间业务发展办法》，加快中间业务的发展步伐；组织力量对个人金融和公司业务进行系统的调研，初步制定调整业务结构和收入结构的具体措施，为进一步转变经营机制和增长方式奠定基础。

【中间业务和产品创新】 实施《中间业务奖励费用分配办法》，有效地调动全行发展中间业务的积极性。充分发挥国际结算整体营销优势，国际结算量、国际结算中间业务收入增幅名列全国中行系统第一位，贸易融资利息收入增幅名列第六位。加大银行卡发卡力度，投产“中银财卡通”支付结算系统，推广MIS系统，促进持卡消费和收益的增长。推进资金业务产品创新，相继推出“纸黄金”、“人民币债券理财”等新产品，实行结售汇“一日多价”，成功为鄂尔多斯羊绒制品股份有限公司发行10亿元企业短期融资债券，成为全国首家推出此项业务的银行和第一家完成发行工作的省级分行。积极营销争揽开发银行贷款代理业务，拓展代理保险、对公网银业务，促进公司中间业务的发展。推进理财中心建设，制定理财客户服务规范，推广电话银行、自助终端和手机短信业务，拓宽个人客户服务渠道。通过全行的努力，中间业务对经济资本回报率的贡献度较上年增加1.6个百分点。

【调整资产负债结构】 继续实施公司业务重点发展战略，全年人民币公司贷款新增额在全国中行系统居第六位，新投放公司贷款主要集中于电力、电信、煤炭等7个重点行业及5个重点地区，重点支持内蒙古电力、内蒙古网通公司等自治区重点企业。积极调整零售贷款品种结构，新投放贷款主要集中于个人住房贷款和个人质押贷款。稳步做大负债规模，主动调整负债结构。重点营销无贷户，吸纳中小企业存款，建立梯级搭配的客户结构，较好地扭转公司存款增长不稳定的局面。完善储蓄存款激励机制，开展存款竞赛活动，加强业务联动，促进个人存款的持续快速增长。同时，注意调整存款期限结构，吸收低成本存款，进一步降低筹资成本。

【内控体系建设】 成立授信执行部，建立起授信执行体系，加强对授信风险的过程控制。加强基础建设和对基层机构的管理，落实内控合规员和代职制度，规范银企对账工作，完善授权卡、柜员卡管理，在部分行推行网点录像监控管理集中查看工作，对全辖清算收付业务进行事后监控，二级分行上收和集中事后监督；加强对员工八小时之外行为的监督管理，认真落实岗位轮换、强制休假制度，对呼和浩特市地区12名网点主任进行跨行交流。开展经营性分支机构业务大检查及“回头看”工作，围绕全行中心工作开展稽核检查及业务自查。对检查中发现的各类问题进行认真细致的整改和后评价。坚持从严治行，制定员工违规违纪处罚办法，对违规人员和案件责任人进行责任追究和严肃处理。

【风险管理】 改革授信审批制度，上收全辖公司授信以及除小额质押贷款外其余零售贷款的审批权限，加强对集团客户和关联客户的授信管理。完善风险管理委员会章程和尽职审查人员、专职评委管理办法。实施不良授信迁移、不良贷款责任追究制度和风险管理后评价办法。制定授信风险预警管理制度，及时下发风险提示，严格控制行业风险。规范客户评级流程，严格客户评级标准，上收二级分行资产分类认定权限，提高客户评级和五级分类的准确性。全面完成全辖零售贷款的资产质量真实性检查，并对部分贷款的五级分类结果进行动态调整。加大不良资产的清收处置力度，努力盘活不良资产存量，全年共实现现金清收2.21亿元。

【突出业绩】 在“2005年度首府百姓最满意的品牌”调查评比活动中，内蒙古分行被评为“首府老百姓最满意的金融业品牌”。在自治区政府对全区金融工作进行表彰奖励的评选活动中，内蒙古分行获得“最佳业绩奖”，行长杨勃同志获得“优秀个人奖”。在总行2005年度绩效考核中，内蒙古分行在第三组中位居第2名。

（郝旭琛）

建设银行

【中国建设银行股份有限公司内蒙古自治区分行领导名录】

副行长：裴品才（主持工作） 张勤 高升亮

总审计师：汪永俭

【经营】 2005年实现贷款利息收入20.42亿元，同比增加3.92亿元，完成总行计划的103.16%；实现考核利润9.62亿元，完成总行计划6.85亿元的140.51%；实现拨备前考核利润8.89亿元，完成总行计划7.78亿元的114.37%；实现经济增加值2.98亿元，完成总行计划的256.2%；全部贷款利息实收率99.68%，同比提高5.94个百分点。全区建行系统13个二级分行有10个实现账面盈利。其中区分行营业部、呼和浩特车站东街支行、包头分行、鄂尔多斯分行和准格尔分行共实现考核利润6.7亿元，占全行考核利润的69.64%。

【存款】 存款新增突破100亿元，2005年全行全口径存款日均余额541.03亿元，同比增加111.13亿元，增长25.85%，超额完成总行新增计划。2005年末，全行本外币企业存款余额为264.68亿元，新增59.77亿元，完成总行本外币时点新增计划的244.36%。在全国建行系统中，建行内蒙古分行全口径存款余额排名第27位，比2004年上升2个位次；新增额排名第17位，比2004年前移8个位次。其中个人存款余额达225.39亿元，新增45亿元，完成总行时点新增计划的150.17%，是前三年新增数额的总和；新增额在全国建行系统由上年的第29位前移到第20位。同业存款18.9亿元，新增3.76亿元。

【贷款】 2005年末，全行本外币各项贷款余额430.83亿元，比上年增加99.63亿元，增长30.08%，完成总行计划的102.14%；考虑呆账贷款核销及减免的贷款本金6.68亿元，全年贷款实际新增106.31亿元。在全国38个一级分行中，建行内蒙古分行各项贷款余额排名第22位，比上年提升3个位次；贷款余额新增排名第7位，比上年前移8个位次。在全区同业中本行贷款余额占比为26.42%，较上年增加3.97个百分点，位居第二；新增占比为64.26%，名列第一。贷款主要投向内蒙古自治区的交通、电力、煤炭、建筑等基础产业和重点行业，有力地支持了内蒙古自治区经济和社会的发展。

【国际业务】 不断深化银行价值最大化的经营理念，围绕经济增加值，强化营销，服务功能日趋完善，竞争能力日渐提高。在原有业务的基础上，不断推出新的金融产品，先后开办海外代付、非信用证项下信托收据贷款、外币结构性存款、福费廷、国际保理、人民币与外币调期、期权等衍生产品。外汇存款日均和时点余额大幅增长，且稳定性强；现汇贷款、信托收据贷款、议付等表内业务增势明显，日均达到5 000万元。信用证等表外业务发展较快，年末余额达到6.2亿美元。国际结算量全年实现5.6亿美元。

【票据贴现业务】 2005年票据贴现业务累计88亿元，较上年增加了53.7亿元，增幅达156%；贴现余额40.79亿元，较上年增加21.28亿元，增幅109%，超额完成总行下达的年度新增任务数。贴现时点余额在全国建行系统内排名第17位，新增额排名第9位，在全区四大商业银行中，无论是票据贴现余额占比，还是新增占比均排名第一。

【电子银行业务】 2005年电子银行业务实现健康、快速发展，超额完成总、分行综合经营计划指标；电子银行服务系统得到拓展和完善，电子产品及服务功能得到优化和丰富，客户中心服务技能、服务质量得到提高。电子银行客户累计达65 647户，新增客户38 687户，完成总行计划任务的193.44%，在全国建行系统排名第12位；实现交易额732亿元，完成总行计划任务的457.5%，排名第2位；实现交易量97.7万笔，完成总行计划任务的162.93%，排名第4位。

【信用卡业务】 2005年，信用卡业务以进一步提高市场影响力、产品竞争力、风险控制力、客户满意度为目标，围绕重点客户、重点产品、重点区域和重点渠道，积极开展了以优质公司机构客户和住房贷款客户为重点的交叉营销，加强了双币种信用卡的管理工作，加大了自助设备投入力度，改善用卡环境等。全年龙卡贷记卡新增5 753张，完成总行计划任务287.65%，计划完成率在全国38家一级分行中排名第三；消费交易额完成总行计划任务的318%，计划完成率在38家分行中排名第一；账户活动率达45.64%，比上年提高9个百分点，超出总行计划的0.64个百分点；信用卡不良贷款余额为16.38万元，不良率为1.65%，严格控制在总行规定的4%的范围内。

【中间业务】 全年实现中间业务收入8 173万元，比上年增加1 983万元，增长32.04%；完成总行计划7 456万元的109.62%，完成区分行计划7 591万元的107.67%；计划完成率在全国建行系统排名第10位，全国38个一级分行中，自治区分行中间业务收入排名第32位。结算业务收入、银行卡业务收入、转贷费收入以及结售汇收入仍是自治区分行中间业务收入的主要来源，占全部中间业务收入的比重为76%。中间业务收入占主营业务收入的比重为4.86%，比上年提高0.17个百分点。

【资产质量状况】 积极探索不良贷款管理和清收的新路子，对所有公司类不良贷款逐户成立清收责任经理小组，对贷款大户均由区分行分管行长或资产保全部门负责人担任小组组长牵头清收。全行五级分类本外币非正常贷款余额比上年减少23.99亿元，非正常贷款率比上年下降10.62个百分点，比总行核定计划低8.05个百分点。不良贷款余额比总行控制计划减少12.99亿元，不良贷款率7.47%，比总行控制计划低4.27个百分点。资产保全系统共处置各类不良资产18.56亿元，完成总行下达计划的537.41%。其中已现金方式回收各类不良资产8.02亿元，完成总行计划的410%。实现超额现金回收7 454万元，完成总行计划的190.35%。

【整合财务资源】 2005年，全行财务资源继续向战略性业务、重点产品、重点客户、盈利能力强的地区和中心城市行倾斜。一是在绩效人力费用的分配上，将所属各行创造的经济增加值作为与绩效人力费用挂钩的主要依据，安排专项奖励资金与中间业务等战略性业务及对经营效益有重大影响的重点业务挂钩；非人力费用的分配加大业务拓展、专项激励和战略性费用的配置力度。而资本性支出重点支持营业网点的购置和整修，自助银行设备以及总行统一规划的战略性科技信息项目建设，加大对中心城市行和城市行网点的投入力度。二是强化成本管理，把集中采购作为控制成本的一个重要手段，不断加大集中采购力度和范围，完善集中采购操作规程。全年全辖系统集中采购项目292个，预算金额9 952万元，实际采购金额8 869万元，节约资金1 083万元，节约率10.89%。三是加强会计检查工作，区分行选调会计、审计人员组成12个会计检查组，对全区建行247个营业机构的会计人员、会计机构、会计科目、会计账户、会计结算业务、会计核算、出纳业务、重要物品使用保管、对账工作、授权管理及安全设施等方面进行全面检查，检查面达到100%。对检查出的问题进行彻底整改，并按照有关要求对相关责任人员进行责任认定。四是坚持科技创新，增强科技对业务的支撑作用。先后完成区分行短信平台、柜员身份指纹识别系统、综合报表处理系统、收银一体化POS系统软件、代收电话费等20个项目。新项目的投入运行，有效地提升科技应用水平，对提高经营效益、降低运营风险具有重要意义。

【市场营销】 公司业务抓住建设银行总行与自治区政府签署《500亿元银政合作框架协议》的有利时机，加强对地方政府的营销工作。到2005年末，共与自治区8个盟市政府签署了银政合作框架协议，累计签约项目155个。通过营销，内蒙古分行支持和储备了一大批优质项目，巩固和发展一批优质客户。

【非信贷资产监管】 根据建行总行《关于引发中国建设银行非信贷资产风险管理办法的通知》要求，内蒙古分行建立非信贷资产定期风险分类报告制度，设立非信贷资产月度监测台账，按季度报送非信贷不良资产变动情况表几分析报告。对非信贷资产风险分类形态为正常或损失类的，原则上半年进行一次风险分类审批认定；对风险类形态为关注、次级、可疑类的按季进行风险分类审批认定。对非信贷资产风险分类认定工作，按照有关规定向信息中心报送有关数据和资料，确保五级分类结果真实，准确地反映非信贷资产的风险状况。同时积极清收处置非信贷不良资产,降低损失程度,确保信贷和非信贷资产业务同步健康发展。

【加强风险管理 促进全行规范经营】 树立全面风险管理意识,丰富风险管理文化内涵,建立长期有效的风险内控机智,将风险管理的理念渗透到各个部门和岗位、各个业务经营流程和环节。一是狠抓信贷基础管理工作,对各项制度进行梳理、完善,规范操作行为,提高管理能力;二是加强项目回访、市场调研工作,提高信贷审批项目回访质量和效率;三是高度重视客户等级认定工作,力求使客户信用等级评价的结论能够作为选择信贷客户、制定信贷政策、实现信贷风险预警和风险计量的主要依据;四是加强对信贷审批人员的管理和业务培训,进一步提高信贷审批人员的业务能力;五是深入开展专项治理全面整治活动,全行共派出30个检查组,检查机构网点数333个,排查一线员工2 578人次。基层机构负责人交流616人,占比91.4%;重要岗位交流1 756人,占比74.9%。

【健全和完善案件防查机制】 2005年,内蒙古分行制定《中国建设银行内蒙古分行案件应急处理预案》、《案件防查实施方案》、《中国建设银行内蒙古分行2004年有章不循违章操作专项治理实施方案》、《中国建设银行内蒙古分行人员行为排查暂行规定》等制度,为建立风险防范与内控管理的长效机制提供制度保障。认真部署落实以信贷、会计、储蓄、资产保全和基层机构负责人作用案件防查为重点的防查工作,建立和实行以"一把手负总责,分管领导分工负责,各部门协调配合,全行上下齐抓共管"的案件防范责任制,将案件风险防范工作纳入综合经营考评指标体系,列入各级领导任期目标责任状,与绩效、晋升、评先等挂钩。全行案件防查制度体系初步建立,案件防查工作日趋规范化、制度化。

【建立健全考核体系 突出内审重要作用】 参照总行对一级分行负责人年度考核的关键业绩指标体系,结合内蒙古分行的实际情况和经营目标,制定下发对二级分行领导班子关键业绩指标考核办法。区分行各部门制定考核二级分行经营部门的关键业绩指标,完善改进对班子成员个人以及二级分行经营部门负责人业绩的考核办法。内蒙古分行总审计室以总行《内部审计章程》、《内部审计准则》等24项内部审计规范为依据,相继补充制定《建设银行内蒙古区分行审计项目考评管理暂行办法》、《建设银行内蒙古区分行审计办事处工作考评暂行办法》、《建设银行内蒙古区分行非现场审计应用补充实施细则》等业务管理和实施细则。组织实施审计项目经理责任制、非现场审计操作流程和通报、审计整改责任制等制度,坚持重大审计事项报告制度,使审计程序执行与审计项目质量控制得到有效保障。

(高效利)

商业银行

【呼和浩特市商业银行领导名录】

董 事 长:杨成林
行　　长:张庆荣
监 事 长:白文明(蒙古族)
副 行 长:白剑国 靳生荣 延城 姚永平
工会主席:王　伟

【主要经营指标】 2005年末,全行各项存款余额为68.6万元,各项贷款余额为35.3万元,总资产72.4万元,实现账面利润2 689万元。全面完成年度各项经营目标。

【经营管理】 2005年,全行各项存款增加16.3亿元,增幅为31%,继续保持快速增长的态势,为各项业务的开展奠定坚实的经营基础。一是存款的快速增长使市场竞争地位进一步提升。存款市场占有率达到8.83%,比上年提高了0.61个百分点,已经由长期以来的资金融入方的角色转换为资金融出方,市场地位显著提升。二是存款的持续增长,突破规模的临界点,流动性由不足转为相对剩余。针对内部经营形势和外部竞争环境的变化,商行提出"改进管理、加速发展,改善服务,提高综合竞争力"的阶段性目标,要求各级管理层把管理寓于经营之中,针对工作中存在的不足,不断改进和完善管理的方式方法、制度措施,努力提高经营管理和服务水平。一是通过多种渠道调研分析,广泛听取意见,对2003年改革以来的各项经营机制进行不断进行补充和完善。二是要求总行各部门切实履行垂直管理的职责,按照"领导专业、组织推动、检查指导、改革创新、促进提高"的要求,做好管理工作和专业工作,加快工作进度,把垂直管理的工作落到实处。

2005年,资本金规模翻一番,达到2.07亿元,资本充足率提高了4.89个百分点,资本状况显著好转,为各项业务的开展提供了有力的保障。

【不良贷款清收与管理】 按四级分类标准,全行不良贷款比例为9.27%,比年初下降2.51个百分点;按五级分类标准,全行不良贷款比例为9.92%,比年初下降3.99个百分点,整体风险水平低于全国城市商业银行的平均水平。

继续积极主动调整资金投向和信贷结构,资产结构日趋合理。一是盈利性资产绝对数同比增加较多,年末达到61.1亿元,占资产总额的84.34%,资产收益水平有所提高。二是中长期贷款比例大幅压缩,信贷结构趋于合理。2005年,全行新增各项贷款、贴现、中长期贷款等首次达到和优于监管标准。三是拨备余额逐年增长,风险补偿能力进一步增强。

【荣誉】 2月,呼和浩特市商行被自治区地方税务局授予"地方税收纳税大户"光荣称号;4月,呼和浩特市商行稽核部被内蒙古审计厅、内蒙古内审协会评为全区内部审计系统2002至2004年度先进单位;8月,呼和浩特市商行直属营业部获自治区级"青年文明号"荣誉称号;8月,在《内蒙古日报》等多家权威媒体组织的百行百业社会信誉"内蒙古百姓口碑最佳单位(产品)"调查评比活动中,呼和浩特市商行荣获百行百业社会信誉"内蒙古百姓口碑最佳单位"荣誉称号。5月,呼和浩特市商行被自治区人民政府授予"2005年度自治区金融工作业务创新奖"。

(邢俊威)

华融资产

【中国华融资产管理公司呼和浩特办事处领导名录】

总经理:陈　胜(女　蒙古族)

副总经理:赵连祥　周志宏(1月离任)

纪委书记　工会主席:魏宝山(蒙古族)

【概况】 2000年4月26日组建成立,内设机构有综合管理部、经营管理部、股权管理部、债权管理部、资金财务部、审计部6个部室,另设有资产处置审查、资产评估审查、财务审查、内部控制管理四个专门委员会。2005年末有职工75人。本科学历的30人,大专学历的10人,大专以下2人;男职工26人,女职工16人;中共党员28人,共青团员1人,民盟成员1人;办事处级干部3人,部门高级经理6人,高级副经理8人,高级经理助理3人;高级职称人员16人(高级经济师14人、高级会计师1人、高级工程师1人),中级职称人员24人,初级及以下职称人员2人;少数民族11人,其中蒙古族9人。

【政策性债权资产处置】 一是对剩余资产的类型、特点、质量、处置的难度等重点问题进行认真分析和研究,拟定相应的处置措施和方案。对分期付款的资产处置项目,以强化协议落实,提高合同履约率为目标,保证大部分变现款项的按期回收;对委托拍卖的资产项目,在强化媒体宣传、挖掘市场投资者等方面下功夫,提高资产成交率;对诉讼、破产等资产项目,在总结几年来诉讼案件处置经验的基础上,密切与各级法院的沟通和联系,加快诉讼案件的审理、执行和结案力度。二是加大违约项目的清理力度。从强化管理入手,按项目逐一落实,加强跟踪、监管,加大协调力度,取得较好的效果。如对内蒙古纺织品公司违约项目进行清理,通过采取诉讼、调解、谈判等各种措施,最终与企业达成还款协议。三是严格遴选资产参加公司"1232"项目。办事处充分利用公司总部组建低回收率资产包的市场机会,按公司要求遴选资产,履行资产处置的相关操作程序,并报当地财政专员办进行审批,提高债权资产的整体回收率。四是积极做好对工行自办公司的资产处置工作。为有效解决处置工行自办公司资产,按照公司总部的统一部署,积极与工行内蒙分行进行联系,取得支持,经过多次的沟通、协商、核实,摸清自办公司的整体情况及各自的资产状况等,促进自办公司问题的解决。

【股权管理与变现】 一是抓好债转股企业新公司注册工作,争取早日实现股东权益。二是努力探索股权转让多种途径,推动股权转让变现。在进行赤峰制药(集团)有限责任公司资产状况、处置环境等多次调研的基础上,制定并上报处置方案。对黄河化工(集团)有限责任公司收购方尾款784万元违约支付的问题,经多次前往乌海市,与收购方协商,收回最后一笔处置款。三是深化股权资产管理,积极参与持股企业的重大经营决策。特别是针对赤药在债转股时,企业为达到股权占比,虚增账面值的问题,抓住赤药经营困难,市政府(原出资人)急于想通过华融股权转让,吸引新的投资商投资企业的契机,解决企业虚增资产问题,积极维护公司利益。全年参加债转股企业"三会"共29人次,审议议题48个,否决议题5个。同时,开展股权企业情况调查研究,及时掌握企业及市场相关信息,为更好地发挥董事、监事职能、更好地行使股东权力,实现股权价值最大化奠定基础。四是积极落实赢利持股企业分红。

【资产收购】 按照公司的统一部署,加强组织,成立尽职调查领导小组;明确目标,落实责任;加强与工行内蒙古分行、人民银行及长城、信达资产公司办事处的沟通;认真落实进行调查的方式方法,开展尽职调查前期培训;对竞标底价进行反复研究,确定投标价。这次尽职调查,共调查剥离企业327户、涉及贷款本金42.5亿元,耗时一个多月时间,办事处领导和员工都付出艰苦劳动,投标虽未获成功,但为参与市场竞争积累经验,锻炼队伍。认真做好工行内蒙古分行二次剥离损失类信贷资产和非信贷风险资产档案资料接收工作。在抽调集中全办人员力量基础上,组成五个资产档案资料接收工作小组,展开接收工作。与5月31日顺利举行损失类贷款及非信贷资产签约仪式,6月1日进行接收损失类资产和非信贷资产技能知识培训,6月2日正式开展了接收,6月14日结束,共接收工行内蒙古分行损失类贷款和非信贷风险资产2 542户金额52.43亿元,其中:损失类贷款891户、金额32.96亿元;非信贷风险资产1 651户金额19.47亿元。

【资金财务管理】 根据公司新的管理费用分配、管理、考核办法,修改和完善办事处财务费用管理细则,使各项管理费用的支出,更趋合理,避免出现费用使用或紧或松等局面。同时,根据各部门的费用计划和前五年的费用支出情况,在深入研究和分析的基础上,本着"实事求是、科学合理、从紧必要、强化管理、降低成本"的原则,认真编制费用预算,做到不超支、不违规、控得住。全年管理费用支出289.2万元,占公司核拨额的77%。

(王玉和)

长城资产

【中国长城资产管理公司呼和浩特办事处领导名录】

总经理:张乐义

副总经理 纪委书记:徐 耀

副总经理 工会主席:周集平

【概况】 2005年末,办事处共有员工77人,平均年龄40岁;其中大专以上学历57名,占74.03%,高级专业技术职称15名,占19.48%,中级专业技术职称32名,占41.56%,少数民族干部24名,占31.16%,党员45名,占58.44%,妇女干部16名,占20.78%。

【经营情况】 是年,实现现金流4 256.21万元,完成总公司考核计划的106.41%,处置原值60 553.05万元,完成总公司计划的114.25%,全面超额实现全年的目标任务,实现财务顾问收入100万元,完成计划的100%。

【商业化业务】 是年,拓展商业性业务,成功收购了工行内蒙古地区46.7亿元可疑类资产包,使商业化收购工作取得突破性进展,并完成档案接收、计价、入帐、分类和维权等工作,初步具备商业化经营处置条件。同时,投资银行业务也迈出新步伐,连续两年实现总公司的100万元财务顾问业务收入计划。按照总公司要求,逐步扩大投行业务的营销领域,成功与鄂尔多斯巨力实业投资有限公司签订30万元的财务顾问咨询业务合同。

【基础管理和规范运作水平】 坚持按照"管理是公司的生命"理念的要求,进一步强化内部管理和"三铁"建设,坚持五个结合,即坚持把打造"三铁"与抓好内部整改结合起来、与完善内控机制结合起来、与加强资金财务管理结合起来、与充分运用现代科技手段结合起来、与加强资产处置档案建设结合起来,办事处"三铁"建设和整个基础管理水平进一步提高。2005年,办事处针对国家审计署审计检查问题,认真整改,及时向总公司及银监局等有关监管部门通报情况,并抽调21名员工,对2004年和2005年上半年终级处置项目开展一次全面"回头看",进一步规范和完善资产处置规章制度,应用资产处置项目管理系统,实现资产处置项目的网上审核。

【队伍建设】 在总公司党委和内蒙古银监局的支持下,办事处领导班子得到及时补充加强。办事处党委紧密结合业务工作实际,充分发挥党建、思想政治工作的作用,坚持"两手抓、两手硬",特别是在抓好办事处领导班子建设、党风廉政建设、责任片区基层党组织建设、员工队伍建设,发挥办事处党委和基层党组织的战斗堡垒作用上下功夫,有效地促进各项工作开展。办事处始终坚持以人为本,培育员工成长,从思想、工作、生活、家庭等方面对员工进行切实地关心和理解,解决职工实际困难。

(安 静)

信托投资

【内蒙古信托投资有限责任公司领导名录】

董事长:李效伟(11月任职)

副董事长:姚大跃(11月任职)

总经理:甄学军(11月任职)

党委书记 监事会主席:王连庄(11月任职)

【实现增资扩股】 公司的增资扩股工作历时近两年,在各方的通力合作下,2005年11月22日召开增资扩股后首次股东会会议暨第二届董事会、监事会第一次会议。这次增资扩股是公司实现跨越式发展的一个新起点。

【资金信托业务】 2005年,公司继续以全新的思维积极拓展信托业务,显示信托投资公司独特的金融中介职能和灵活的服务方式。至年底,公司信托业务总规模达到17亿元,成为自治区经济发展的重要融资平台。

【自有资金业务】 继续加强旧贷本金清收工作,努力盘活存量资产。同时,积极回收贷款利息,严格发放自有资金贷款,其中新贷利息回收率达100%。在放贷过程中,严格控制风险,明确责任,贷款形态均正常。

【完成原有业务清理】 原有业务清理工作是公司2005年的一项重要任务。在2004年公司完成大部分清理工作的基础上,把历史遗留的"三项债权"及剩余信托存款于2005年10月底按计划清理完毕。至此,公司的原有业务清理工作按计划完成,走在全国信托公司的前列。

【探索信托业务新领域】 为拓宽业务领域，不断增加利润来源，逐步构建科学有效的经营体系，公司在以下业务领域进行探索。首先，全力研究企业年金业务流程，积极申报法人受托机构资格；其次，广泛接触房地产项目，为开展该项业务奠定基础；第三，探讨、研究资产证券化在信托业务中的应用及具体操作流程，为将来发行资产证券化产品创造条件；第四，在已开展的股权信托业务运作过程中，大胆探索，不断总结，积累经验，推动公司股权信托业务管理模式的形成。

【加强内部控制】 公司始终把加强内控，防范风险作为持续、健康发展的首要前提。在以往工作的基础上，在广度和深度上深化管理，不断加强内部控制。首先，公司治理严格按照《公司法》和《公司章程》的规定，规范运行，按法定程序及时召开股东、董事会及监事会会议，完善相关议事规划，不断推动法人治理结构的完善。其次，继续推进制度建设。重新登记后，公司就把制度建设作为一项重要工作来抓。通过两年多的业务实践，公司已开展业务的流程及管理趋于成熟，各业务部门及主要职能部门总结经验，并参照有关规定，制定业务流程、内部管理，有力地促进了公司的规范经营。

（郭晓龙）

保险监管

【中国保险监督管理委员会内蒙古监管局领导名录】

局长：智鹏飞

副局长 纪检书记：刘 甄

【概况】 中国保险监督管理委员会（简称"中国保监会"）为国务院直属正部级事业单位，全国商业保险的主管部门。2001 年 1 月 10 日，中国保监会呼和浩特特派员办事处正式成立，2004 年 2 月 6 日，更名为中国保险监督管理委员会内蒙古监管局（简称"内蒙古保监局"）。作为中国保监会的派出机构，依据其授权履行行政管理职能，依照法律、法规统一监督管理全区保险市场。内设办公室、人事教育处、统计研究处、财产保险监管处、人身保险监管处、保险中介监管处 6 个处室。

【整顿规范市场秩序】

对财产险市场进行专项整顿 根据中国保监会《关于开展整顿与规范保险市场秩序工作的通知》要求，内蒙古保监局成立检查组，以车险业务为重点，结合非现场监管和信访投诉中反映的情况，加大合规性检查力度，分别深入到人保内蒙古分公司、中华联合内蒙古分公司、平安财产内蒙古分公司开展现场检查。重点对鄂尔多斯市四家财险公司车险承保、批单退费、财务核算进行专项检查。对检查中发现的代理业务不规范，手续费提取、支付不合规等问题进行系统分析和定性，进行严肃处理，其中对人保呼和浩特分公司给予行政处罚 10 万元，有效地遏制了市场违规违纪行为的发生，促进良性竞争市场格局的形成。

对人身险市场进行专项整顿 针对航意险及其替代产品经营不规范，监管局组织人员重点对呼和浩特市、包头市经营航意险的保险公司、保险代理公司进行现场检查。针对主体集中、竞争激烈的呼和浩特地区三家人寿公司产品销售的制度建设、手续费支付及理赔等管控行为进行专项现场检查。对检查中发现的有关问题进行处理，其中对平安人寿内蒙古分公司、中国人寿呼和浩特分公司分别给予行政处罚，共计罚款 20 万元。

对保险中介市场进行整顿 开展对专业保险中介机构完善法人治理和内控制度检查，开展保险公司对兼业代理机构管控制度、业务培训等情况的检查，以及保险中介统一发票使用情况的检查。对于检查中发现的保险专业中介机构未按期缴纳保证金等问题专门下发监管意见书，责令进行整改。

【市场培育】 根据内蒙古保险市场主体较少、缺乏活力的客观实际，内蒙古保监局将加强市场培育作为促进保险业发展的一项重要举措。一是指导大地产险内蒙古分公司和太平洋产险内蒙古分公司完成筹建工作，使辖区保险公司主体达到 8 家，初步形成多家主体竞争发展的格局。二是加快盟市及以下保险市场建设步伐，全年共批准设立盟市中心支公司 17 家、县级支公司 50 家，营销服务部（营业部）21 家。支持各保险公司向盟市以下沿伸机构。三是坚持高标准、专业化原则，积极培育保险中介市场。全年共批准设立保险专业代理公司 32 家及分支机构 16 家，兼业代理公司 442 家，批准设立自治区首家保险经纪公司，形成了遍布全区、布局合理的代理公司市场格局。四是加强保险中介从业人员队伍建设，督促保险公司严把营销人员准入关、加强培训教育和落实持证上岗制度，不断提高营销队伍素质。全年新增营销员5 800余人，营销人员总人数达到23 764人，持证率为75.29%。

【信访投诉】 5 月份保监局专门召开各保险公司主要负责人参加的信访工作会议，通报群众投诉和媒体报道有关保险业存在的主要问题，并就如何处理好这些问题和进一步做好工作提出要求。全年共接待来访 50 人次，受理书面信访材料 26 件，接待来访 27 人次，信访办结率为100%。

【应对突发性事件 勇担社会管理责任】 内蒙古保监局认真贯彻落实保监会《保险业重大突发事件应急处理规定》，结合内蒙古保险业实际，制定《内蒙古保险业重大突发事件应急处理办法》,将保险业纳入社会公共安全应急处理机制中,健全了对重大突发性事件的应急处理领导小组和应急预案。特别是在八达岭发生12.4重大交通事故、巴彦淖尔市12.24重大交通事故当中,内蒙古保监局高度重视,要求各保险公司要积极参与施救、做好理赔服务工作。

【协会建设和行业自律】 一是积极推动协会的规范化建设和换届改革,充分发挥其协调、自律、维权、宣传等职能作用。2005年11月通过向社会公开招聘的方式,从60多名候选人当中,经过演讲、考核等方式选拔出一名协会秘书长。二是组织开展全行业诚信测评活动,经过与自治区消费者协会联系沟通,通过对职业道德、合规经营、展业行为、合同履行、服务质量、信访投诉等指标,对辖区内保险公司的诚信状况进行测评和问卷调查,并将结果向社会公布,接受社会监督。三是指导行业协会开展研究制定产、寿险公司服务基本标准和自律公约,以规范保险公司和员工的经营行为。先后指导保险行业协会组织辖区寿险公司签订银行、邮政代理保险业务自律公约,组织辖区内五家财产险公司共同制定车险十项服务承诺;积极指导和推动市场竞争激烈的鄂尔多斯地区财产保险公司通过内蒙古自治区保险行业协会签订《鄂尔多斯地区机动车辆保险自律公约》,为全区保险业的有序运行奠定基础。

【内部建设】 按照建设"有影响、有威信、有形象"保监局的要求,切实加强机关内部建设。一是加强领导班子建设。认真贯彻落实《内蒙古保监局党委中心组学习制度》,切实提高中心组学习的针对性和实效性,加强党委自身思想理论建设,提高科学决策水平。二是加强教育培训,加大对局机关职工的培训考核工作。保监局先后举办保险监管知识、统计信息知识培训等6次,组织政治、业务学习35次,提高干部的监管业务水平和专业素质。三是进一步优化干部结构。经考核评议,1名同志走上处长领导岗位,13名同志分别担任主任科员和副主任科员,并完成5名公开招录人员的工作,充实监管力量。四是全面整理、修订、完善保监局监管工作规章和机关党务、政务、事务、财务等方面的规章,进一步完善和细化内部工作制度,理顺工作流程,明确监管职责,使各项工作有章可循,有法可依,促进监管工作的专业化和规范化。

【重要会议】 1月21日,内蒙古保监局组织召开2005年全区保险工作会议,传达贯彻全国保险工作会议精神,在全面总结2004年全区保险工作的基础上,安排部署2005年全区保险业改革发展的主要任务和重点工作。自治区副主席余德辉出席会议并做重要讲话。

3月1日,内蒙古保监局核准中国大地财产保险股份有限公司呼和浩特分公司开业。3月17日,经中国保监会批准,全区第一家法人保险经纪公司—内蒙古弘泰保险经纪有限公司正式开业。5月18日,核准太平洋财产保险股份有限公司内蒙古分公司开业。至此,辖区区级保险公司数量已达到8家。

【行政处罚】 3月23日,内蒙古保监局针对信访举报案件,成立专门检查组,查实中国人民财产保险股份有限公司呼和浩特分公司青城营业部在2002年经营过程中存在私设小金库、截留保费等违法行为,给予其罚款10万元的行政处罚。

7月11日,内蒙古保监局针对产品销售管控专项现场检查中发现的擅自降低费率、违规退保、个险团做和违规支付手续费等问题,分别对中国人寿呼和浩特分公司和平安人寿内蒙古分公司处以15万元和5万元罚款。

10月18日至11月8日,内蒙古保监局抽调力量组成4个检查组,深入呼和浩特、包头、鄂尔多斯市等地,开展以车险和航意险为主要内容的专项现场检查。针对存在的问题,内蒙古保监局对相关公司分别做出监管谈话、下达监管意见书等处罚。

(办公室)

财　产　险

【中国人民财产保险股份公司内蒙古分公司领导名录】

总 经 理:云　珍(蒙古族)

副总经理:李雪松(蒙古族) 王暄 刘煜

【概况】 2005年,全年累计实现保费收入14.82亿元,同比增速7.82%,人均保费收入93万元。累计承担保险金额2 924.6亿元、责任限额725.8亿元,同比分别增长25.89%和42.04%,承保企财险5.6万笔、家财险37万户、人身意外伤害险158.7万人次、机动车55.4万辆。累计处理各类赔案10.68万件,共向受灾、受损企业和个人支付赔款6.89亿元,同比增长6.17%,充分发挥保险的保险保障、损失补偿和社会管理职。被自治区政府授予2005年度全区金融工作"业务创新奖"。

【业务发展】

稳步发展车险业务　加强车险业务监控,根据市场动向调整经营策略。加强续保管理,明确盟市、旗县和业务员三级续保职责,提高车险业务续保率,夯实发展基础。抓住区内汽车保有量大幅增加的有利时机,加强与汽车经销商、交警部门合作,广设代理网点,发展新车保险业务,拓展附加险、摩托车险承保面。

巩固扩大团险业务规模　在严格续保管理、巩固原有业务的基础上,加强对新竣工项目、新增资产的跟踪服务,大项目招标、续保工作顺利,保持在集中性业务领域的领先地位。实施

"走出去"战略,参与"中卫一号"、"亚太六号"和"鑫诺一号"卫星的承保,业务领域进一步拓宽。

加快发展个险业务 适时开展形式多样的劳动竞赛、销售活动,调动业务人员积极性。开展家财险试点,探索家财险营销新模式,发展学生平安险、学生幼儿安康险、团体意外险、建意险等重点险种,拓展意外险业务。以服务城镇大中专院校和中小学幼儿园为重点,开展"灿烂明天"秋季学幼险业务营销活动。

【社会服务】

实现奶牛保险业务新突破 为扶持自治区乳业经济,服务农牧业生产,按照"服务三农、不以盈利为目的"的原则,开发针对不同目标群体的奶牛保险产品,实行降低收费、扩展责任,并对奶牛保险小区实行高标准、高质量的管理和服务,减轻奶户负担,于2005年6月在乌兰浩特市和赛罕区的奶牛养殖小区开展试点工作。

为全区政法干警提供保险保障 根据广大政法干警的工作、生活实际和保险需求,本着不以盈利为目的、注重社会效益的原则,按照高保障、低价格的设计思路,开发政法干警因公伤亡责任保险。2005年6月,与内蒙古党委政法委正式签约,为全区6万余名政法干警承担赔偿限额达700万元,为政法干警解除后顾之忧,受到广泛好评。

积极推广承运人责任保险 为确保交通事故发生后承运人能够及时履行民事赔偿责任,维护公共安全,安定人民生活,发展道路客运承运人责任保险和道路危险货物承运人责任保险。至年底,为8 600台营业性客车、约19万个座位提供近110亿元的风险保障。巴彦淖尔市12.24重大交通事故发生后,公司查勘定损人员在40分钟内赶赴现场,参与事故打捞,开展查勘理赔,向运通公司支付赔款140万元,并捐款20万元,极大缓解政府处理事故的压力。

【内部管控】

加强承保管理 成立风险管理委员会及专业评议组,认真做好风险评估和保前验险工作,严格落实黑、灰名单制度,从源头上防范经营风险。完善再保险制度,强化再保险功能,增强业务承保能力。

严格财务管理 加强费用分配、支出管理,实行费用向业务一线倾斜,杜绝费用超支。修订《固定资产管理办法(暂行)》,加强固定资产管理。对机关及系统账务进行严格检查、整改,财务管理水平不断提高,在10月份的检查中受到总公司好评。成立分险种核算领导小组,制定《分险种核算实施细则》,8月份全面推开分险种核算工作。

推进数据质量建设 把数据质量建设作为"双一"工程,出台《数据质量考评办法》,开发数据比对和检查程序,加强对数据质量的日常监控。实现收付费、财务、统计三大系统的无缝连接。稳步推进省级业务集中工作,至年底13家盟市分公司数据全部上收,彻底实现省级数据集中。

强化审计功能 分别开展权限内经理经济责任审计、离任审计、经济效益审计、内控制度评价审计、超权赔案事前审计、房贷险审计和专项审计。对审计派出机构员工进行调整、充实,提高审计队伍的综合素质和工作水平。推广应用计算机辅助审计软件。

【客户服务】 认真落实总公司"金牌服务工程"部署,成立"金牌服务工程"领导小组,并设办公室,"金牌服务工程"各项工作稳步推开。在全国"95518百城服务竞赛"最后评比中,全区3家参赛公司有2家获"95518优质服务优胜奖",3人获"优质服务明星奖"。全区10家盟市分公司"95518服务竞赛"继续推进,提升全区客户服务管理水平,树立了"95518"服务品牌。10月底,全面启动"规范服务达标"活动,成立领导小组,制定《客户服务规范实施细则》、"规范服务达标"活动实施方案和第一阶段考核评比方案。

【理赔服务】 为提高理赔质量,使广大客户享受到更加快速、便捷、高效、优质的理赔服务,深入开展"理赔质量年"活动。开发《理赔时限管理考核软件》,实时监控各公司理赔速度。制定《车险理赔无忧实施办法》,从4月份开始,在全区系统逐步推开"理赔无忧—车险快捷"服务承诺,即对符合条件的出险车辆,承诺客户可以选择7日内提车或3日内支付赔款,各盟市分公司一把手亲自挂帅,8月底此项活动全面推开,受到客户的广泛好评。2005年,公司所有险种平均结案天数比2004年底缩短1/3,其中车险结案天数提速30%;非车险结案天数提速44%。因在"理赔质量年"活动中取得的突出成绩,被人保财险总公司授予"'理赔质量年'活动优胜奖"。

【重大承保】 5月20日,所辖包头市分公司承保北方重工集团公司财产保险业务,保额105亿元(人民币);6月17日,所辖鄂尔多斯市分公司承保准东铁路有限公司财产保险业务,保额61亿元(人民币);9月21日,所辖乌兰察布市分公司承保岱海发电有限公司财产保险业务,保额20亿元(人民币)。

【重大赔付】 9月份,包头市分公司承保的东方希望包头稀土铝业有限责任公司机器设备变压器受损,公司赔付433万元。

【教育培训】 1月8日至10日,举办全区系统高级管理人员培训班,邀请国内知名学者和专家就战略管理、市场营销和执行力等内容做深刻细致的讲解和阐述。

【公益活动】 9月5日,内蒙古分公司机关开展"关爱学子,真情奉献—为贫困大学生捐款助学"主题活动,共捐款5 600元,捐助内蒙古大学人文学院2名贫困学生;12月23日,内蒙古分公司机关为受灾地区捐款3 190元,衣物144件。

(罗瑛杰)

人 寿 险

【中国人寿保险股份有限公司内蒙古自治区分公司领导名录】

总 经 理:李有俊

副总经理:陈守荣 郭如敏(女)

纪委书记:张志忠

【概况】 公司有旗县级以上分支机构119家,农村网点515个,兼业代理机构696家,销售网络遍布全区所有旗县乡镇;有员工2 000余人,个人代理人近2万人;开办有人寿保险、人身意外险、健康保险和分红保险等4大类100多个险种。

2005年,全区系统累计实现股份公司保费收入30.57亿元,同比增长2.70%。其中:寿险及长期健康险首年保费收入15.23亿元,同比下降16.09%,完成全年预算指标的101.86%;首年标准保费21.89亿元(含短险利润),完成全年预算指标的115.38%;寿险及长期健康险首年期交保费收入5.39亿元,同比增长15.63%,完成全年预算指标的118.02%;风险型保费及投资型管理费收入17.57亿元,同比增长22.33%,完成全年预算指标的106.08%。在各项业务实现稳步发展,险种结构得到有效调整的同时,继续以公司总保费收入和股份公司保费收入82.08%和71.61%的市场占有率,稳居自治区寿险市场龙头地位。

至2005年末,公司资产达到74亿元。全年支出各类赔款、满期给付8.77亿元,有效发挥保险社会稳定器的作用。2005年公司在全区30强企业排名中名列第12位;被自治区工商局授予年度营业执照免检企业;被自治区党委宣传部、总工会、质监局等六单位联合授予"用户满意单位";在自治区知名企业信用等级评价中获得最高级—五星级评价;在内蒙古日报等5家区级报纸开展的百家行业满意度评比中,公司以85%的满意度在同业公司中名列前茅;被呼和浩特市精神文明办公室评为市级文明单位;被自治区公益事业协会授予《2005年度支持公益事业先进单位》称号。在中国人寿全国各省级公司排名中,2005年内蒙古分公司保费收入从2002年的24位升至20位。

【404项目推广工作】 美国2002年7月30日颁布的Sarbanes Oxley法案,对在美国上市的公司须承担的责任建立新的规范。法案明确公司首席执行官、财务总监和审计委员会的职责,要求其承担比以往更高层次的义务和更多的参与。其中第404节要求,管理层每份年度报告必须包括一份"内部控制报告",在报告中,管理层必须声明其有责任建立和维护与财务报告相关的内部控制,进行对该内部控制有效性的评估。同时,外部审计师已就管理层的评估结果发表鉴证报告。

5月上旬,根据总公司整体部署404项目在全国全面推广,自治区分公司成立了404项目工作组、综合组和质量审核组,制定下发《内蒙古分公司404项目推广计划和实施方案》和《404项目小推广工作计划和实施方案》等文件,组织实施全区404项目的推广工作。在全区404项目推广近8个月的工作中,工作组、综合组和质量审核组共投入专兼职工作人员238人、10万多小时,业务财务组完成访谈记录等8个流程文档2 083篇,形成文字450万字,IT组完成流程文档2 456篇,形成文字292万字,同时完成公司层面整体评估。

【重要活动】 1月25日,召开2005年全区系统工作会议,自治区分公司总经理室成员、机关各部室负责人和各盟市分公司总经理参加此次会议。1月10日至6月14日,与内蒙古邮政局合作完成全区10家盟市公司邮保通系统测试及上线推广工作。1月10日,完成短信系统的上线工作,实现客户/代理人新单祝贺、催交费通知、生日祝福、失效告知等多项业务。1月27日,全区系统开通"移动95519"短信服务。3月14日,自治区分公司聘请16名服务质量社会监督员并举行聘任仪式。全区系统共聘请166名服务质量社会监督员。3月15日至9月底,与中国农业银行内蒙古分行完成呼市地区的银保通系统的测试及上线推广工作。"3·15"期间,全区系统开展以"诚信·维权·沟通"为主题的客户服务活动。3月31日,圆满完成全区Voip项目的实施,实现全区系统内通话0话费,有效的降低公司经营成本。4月底,顺利完成8个盟市分公司领导班子的调整和审计特派员的选聘工作。5月11日,完成总公司—省公司之间的硬视频测试以及总公司—省公司—地市公司之间的软视频测试。软、硬视频投入正常运行。7月4日,邮保通系统在全区系统全面上线。8月1日至10日,在总公司和自治区分公司党委的统一领导和部署下,在全区系统组织开展为期3个月的"保持共产党员先进行教育活动"。10月18日,制定出台《中国人寿保险股份有限公司内蒙古自治区分公司系统劳动合同管理实施细则》和《中国人寿保险股份有限公司内蒙古分公司聘用员工管理暂行办法》。

【重大承保】 6月29日,自治区分公司与自治区通信服务公司签订《职工团体补充医疗保险协议》,承保金额33.85万元。

【重大赔付】 11月8日,对包头大安钢铁公司炼铁厂高炉车间因煤气泄漏导致死亡的5名被保险人支付理赔金额37万元。12月9日,对通辽市"11.26"重大交通事故中两名死者家属支付理赔金额11万元。12月15日,对8月19日呼和浩特市被保险人刘某因"多脏器衰竭、皮肌炎间质性肺部感染"死亡,理赔773 000元。

【公益活动】 2005年支持自治区扶贫工作,累计投入10万元。11月,独家冠名赞助支持内蒙古自治区公益事业协会开展2005年"全区公益事业·中国人寿伴您同行调查活动"。

(吴潮科)

中 区 直 企 业

机 械 制 造

【内蒙古第一机械制造(集团)有限公司领导名录】

董事长:徐晓庆

总经理:缪文民

党委书记:郭宝林

监事会主席 党委副书记:赵凤林

总会计师:曹德生

副总经理:张腾 冯益柏 李志亮 白晓光 王世宏

工会主席:王德荣

【概况】 公司是国家"一五"期间156个重点建设项目之一。公司占地面积20多平方公里,建构(筑)物面积94万平方米。公司现有员工25 084多人。其中,各类专业技术管理人员6 000多人,包括研究员级高工17人,高级职称801人,中级职称1 941人,初级职称1 831人。公司拥有资产总额79.5亿元,其中,固定资产25.7亿元,流动资产41.8亿元,长期投资、无形及其它资产12亿元。公司现有机械动力设备10 000多台(套),其中具有世界先进水平的进口设备1 000多台(套)。形成从冶炼、铸造、焊接、机加、冲压到整机装配的一整套综合生产加工能力。质量管理体系通过ISO9001认证,环境管理通过ISO14001环境管理体系认证。

【经营情况】 全年完成总体收入70.29亿元,同比增长13%;实现销售收入65.02亿元,同比增长15%。在企业发展的同时,职工年人均收入达到19 106元,比上年增长5.6%。为"十一五"实现又快又好发展奠定坚实基础。

【产品研发情况】 北方奔驰汽车开发出公路运输中高档3个新平台系列车型和中重型3个新产品,拓宽产品市场覆盖面。铁路车辆C70敞车和G17BK粘油罐车完成试制投入批量生产;70吨级氧化铝粉罐车、80吨级全钢和不锈钢敞车、K18AK煤炭漏斗车等6种新车型完成样车制造、试验及鉴定,哈萨克斯坦敞车及宽轨转向架完成设计,具备批量生产条件;17号车钩通过铁道部生产质量认证;F型车钩正在进行工厂化设计;转K4、转K5型转向架完成优化设计。专用汽车开发出适应市场需求的矿用翻斗车和普通翻斗车、冶金运输车、警用车和医疗救护车等12个品种。工程机械完成TY230B和TY160A推土机、TY160A拖拉机、TSY230湿地推土机、ZL50E-Ⅱ抓管机等样机试制。分(子)公司产品研发也取得较好成绩。全年共立项验收工艺改进与创新项目62项,创经济效益1 500万元以上。公司获部级以上科技进步奖4项,获得专利授权6项。

【技术改造】 在建技术改造项目8个,国拨投资48 642万元,完成投资30 021万元。其中,有两项竣工验收;其余项目均在建设之中。编制完成公司"十一五"统筹建设规划。完成铁路车辆、焊丝和弹簧生产线改造。全面启动重型汽车曲轴精密锻造生产线和球墨铸铁件造型生产线改造。全年累计完成投资6 783万元。

【人力资源开发情况】 全年举办各类培训班252期9 480人次。开展岗位练兵241个工种次10 691人次、技术比赛206个工种次8 645人次。组织385名职工进行高级技师、技师、技术能手预培养,完成"内蒙古车辆工程技师学院"挂牌。编制人员规模顶层设计和人力资源增减方案,初步实现人力资源预算管理和按需求增减的目标。全年招收重点院校毕业生比例由上年的22%增加到40%,引进博士生1人、硕士生2人。推进专用汽车公司等9家单位内部人力资源结构调整,减少机构、科级干部19%,管理人员38%。进一步依法规范劳动关系,全年依法解除劳动合同90人。完成职工分类分级建档工作。积极探索建立市场化分配模式和激励机制,较好控制人力资源成本。

【企业管理】 财务管理以成本管理和经营单位扭亏增盈为重点,以工艺创新为手段,坚持个性化管理、差别化考核,有效激励了各经营单位开拓市场、增收增效、减亏增盈的积极性,有九家分公司和六家子公司超额完成效益指标;两家实现扭亏为盈;三家实现减亏目标。全方位落实成本费用控制目标,加强资金筹措、税务筹划和财务信息化建设,保证了生产经营需要。全面推行预期型生产组织和精益管理方式,克服多品种交叉生产、技术问题复杂等诸多困难,圆满完成年度生产任务。全面实行"两级检验、一级责任"的质量检验方式、外贸产品质量整顿和重点产品项目质量负责制的质量管理方式。计量检测通过国防科技工业实验室认可委员会认可,被中国计量测试学会授予全国计量测试先进单位称号。强化生产现场监管力度和危险作业场所安全监控。建立固定资产管理信息系统并投入运行,加强对土地资源的监察管理。9个单位达到现场管理“五星级”标准,7个单位达到“四星级”标准,继续保持兵器工业集团现场管理先进水平。以“五好一准确”为内容的班组建设各项活动积极推进,“宋殿琛班组”被中国国防邮电工会和兵器工业集团联合以劳动模范的名字进行命名,火车车间运输甲班被评为全国安康杯竞赛优胜班组。信息化建设建成覆盖公司园区的网络基础平台。“第一机械”品牌完成相关商标注册,同时品牌推广和网站宣传取得较大进展。保密管理荣获兵器工业集团保密先进单位称号。

【内部改革】 初步制订混合控股公司总体方案。北方实业公司主辅分离、辅业改制完成工商登记注册,正式挂牌运行。完成专用汽车有限责任公司注册挂牌。基本完成基础教育、公安等社会职能移交工作。完成公司内部运输业务整合,理顺运输管理体系。调整完善动能管理、基建审计管理和信息化建设流程,促进管理职能协调运行。加快合资合作步伐,推进中重型传动装置与法国SESM公司合资谈判,签署3台样机引进合同。完成北方奔驰汽车与兵器华北发动机有限责任公司的整合,进一步理顺与重组的重庆铁马之间的经济业务关系,与蓬莱黄金总公司合资组建的年产1.5万台重车总装基地正在加紧建设。石油机械公司与美国威德福公司签署合资备忘录,完成资产评估。公司驻北京研发与营销大厦施工全面铺开。

【获奖】 创争活动、劳动争议调节和老龄委工作被评为全国先进单位,“双拥”工作实现自治区“四连冠”,继续保持社会治安综合治理“长安杯”荣誉称号,职工医院被评为自治区卫生先进单位。学科竞赛获全国一等奖人次居自治区首位。公司第三次荣获“全国五一劳动奖状”,第五次获得全国“安康杯”竞赛先进单位称号,被中央文明委命名为全国精神文明建设工作先进单位。

【先进人物】

缪文民 2005年获内蒙古自治区劳动模范。

宋殿琛 2005年获全国“五一”劳动奖状。

翟兴刚 2005年获内蒙古自治区劳动模范。

李忠梅 2005年获内蒙古自治区劳动模范,全国劳动模范。

周立明 2005年获某产品技术改进系统集成演示验证项目获兵器集团一等奖、国防科工委二等奖。

戴红 2005年获车辆电子综合技术验证项目获兵器集团一等奖、国防科工委二等奖。

白晓光等10人 2005年获C80型铝合金运煤敞车获兵器集团二等奖。

李文刚 2005年获《兵器产品表面化学处理与电化学氧化处理膜层通用规范》获兵器集团三等奖。

(刘通顺)

石油销售

【中国石油内蒙古销售公司领导名录】

总经理 党委副书记:赵永起

党委书记 副总经理:王永和

副总经理:乔世明 刘宏设

总会计师:杨 富

党委副书记 纪检书记 工会主席:王那顺

【概况】 中国石油内蒙古销售公司是中国石油天然气股份有限公司在内蒙古地区的分公司,主要从事成品油、车用天然气的经营业务。所属12个盟市分公司、3个控股公司、83个旗县经营部,在岗员工1.67万人,有营运油库40座,库容53万立方米,加油站、四级网点1 362座。

【主要指标】 全系统销售成品油325.57万吨,同比增加80.88万吨,增长33.06%;零售量288.39万吨,同比增加97.55万吨,增长51.12%;零售比重88.58%,同比提高10.58个百分点;销售收入130.57亿元,同比增长46.02%,为自治区销售收入超百亿元的七家企业之一;实现利润5.05亿元,同比增加1.19亿元;上缴税金2.88亿元,同比增加0.91亿元。

【市场营销】 2005年内蒙古销售公司克服资源严重短缺、供需矛盾突出等困难,精心组织资源采调,准确把握销售流向和销售节奏,努力扩大终端销售,取得良好的销售业绩。一是准确把握市场趋势,超前思维。认真分析和研究市场形势,树立大市场、大流通、大营销的经营理念,抓住内蒙古经济快速发展的有利时机,寻找新的增长点,适时调整营销策略,进一步做精批发,做强零售。二是分区域研究市场机会,指导经营。按照成品油销售与地方经济同步增长的原则,将呼和浩特市、包头、鄂尔多斯市“金三角”地区的销售作为营销工作的重点,建立三地营销联动机制,发挥整体优势,提升竞争能力。充分利用国家“振兴东北老工业基地政策”的机遇,结合内蒙古东部地区实际,有针对性地制定营销策略,促进内蒙古销售公司在东部区的发展。三是资源投向侧重性强,合理控制销售节奏。深入进行市场需求分析,准确提报要货计划,积极组织油品购进,保证配置计划兑现率;健全销售制度,强化营销管理,严肃销售纪律,从严控制批发,确保市场的有效供应。

【网络建设】 按照"统筹规划、合理布局、注重质量、积极有效"的建设原则,坚持"规划一批、选点一批、立项一批、建设一批、投运一批"的滚动开发思路和"不为我有,但为我用"的开发策略,在网建投资紧张的情况下,广开思路,主动出击,采取购、建、租、控等多种形式全力推进网络建设,网络建设数量和质量明显好于往年,销售结构得到进一步改善,促进企业盈利能力和竞争能力的显著提高。

【安全稳定】 认真开展以"强三基、反三违、除隐患"为主题的"安全生产基础年"活动,强化干部员工的安全意识教育,转变全员的安全意识和安全理念,开展以"学技术、练本领、提素质"的岗位安全技能培训,全面推进 QHSE 管理体系的建设与实施。加大安全隐患整改力度,投入6 000多万元进行隐患整改。进一步规范安全管理制度,坚持不懈地进行安全检查,严厉查处违章操作行为,全年油库、加油站未发生任何等级的安全生产事故,保证企业各项生产经营活动平稳运行。维护企业稳定大局,深入研究企业面临的稳定形势,加强领导,健全组织,完善制度,制定措施,明确责任,狠抓落实。出台维护稳定办法,转变工作方式,由上访变下访,将一些问题解决在基层。加大再就业工作力度,进一步加大安置有偿解除劳动关系人员及其待业子女的就业或再就业力度。2005 年共安置再就业人员2 217人,占有就业愿望的70%以上,稳定形势有根本好转。

【企业管理】 强化企业内部管理,从细节入手,各项基础工作显著提高。一是以内控体系建设为契机,全面加强和完善内部管理制度。公司自上而下成立内控体系建设小组,完成公司内控体系框架设计,编写《中国石油内蒙古销售公司内部控制管理手册》,形成标准风险数据库,进一步规范基础工作,为全面提高经营管理水平奠定基础。二是强化加油站的管理。落实《加油站管理规范》,提升加油站服务,完善加油站现场、资金、安全、形象管理措施,四个综合管理水平显著提高。全年加油站平均单站日销量6.81吨,较上年增加1.65吨。三是严格资金管理。将公司一切财务收支均纳入计划管理,综合平衡资金计划,完善资金计划管理。强化加油站资金回笼监督管理,抓好三项控制,即岗位控制、审核控制和检查控制。四是加强基层组织建设,积极开展各项活动。宣传贯彻落实《基层建设纲要》,开展"讲成长故事、做发展文章,树中油内蒙古销售新形象"大讨论活动和"深入基层调查研究,提高服务质量和工作水平"活动,建立领导干部联系点制度,解决基层群众的实际困难,改善一线员工的工作生活条件,逐步提高生活待遇。活动期间,整改基层提出的突出问题23 个,为企业发展提供了保证。五是强化教育培训工作,提高员工整体素质。企业内部组织各专业管理人员、经营部经理、加油站经理、加油站员工的培训,培训内容涉及加油站管理规范、企业管理、内控体系建设、QHSE 体系建设、营销知识、计算机知识、加油员操作规范、消防安全知识等多方面内容。六是强化监督制约机制,开展工程建设等多个专项审计,充分发挥审计监察的保证监督作用。

(方艳华)

石油化工

【中国石油呼和浩特石化公司领导名录】

党委书记　总经理:李文勛

副总经理:王兴太

副总经理　总工程师:刘前保

党委副书记　纪委书记　工会主席:王旭伟

【概况】 呼和浩特石化分公司,原名呼和浩特炼油厂,曾隶属于华北石油管理局、华北油田公司,中国石油天然气集团公司重组改制后,于 2000 年 7 月 1 日划归中国石油天然气股份有限公司直接管理,更名为呼和浩特石化分公司。2005 年 12 月 1 日,根据中国石油天然气集团公司、中国石油天然气股份有限公司持续重组整合的要求,与原华北石油管理局呼炼综合服务处合并重组,成为集炼油、后勤服务、多种经营为一体的综合性炼化地区公司。

公司位于内蒙古呼和浩特市赛罕区,占地 130 公顷。有 150 万吨/年常减压蒸馏、90 万吨/年催化裂化以及产品精制和酸性水汽提、20 万吨/年溶剂脱沥青、25 万吨/年气体分馏、2 万吨/年聚丙烯、10 万吨/年催化重整、20 万吨/年柴油加氢、3 万吨/年苯抽提、3 万吨/年 MTBE 等 11 套生产装置,固定资产原值16.0171亿元;拥有汽油、柴油、沥青、液化气、重油、聚丙烯、苯等 7 大类 20 余种产品。产品主要销往内蒙古中西部、山西北部、河北张家口等地区,并出口蒙古国。从 1992 年投产到 2005 年底,累计加工原油1 385.33万吨,完成工业产值250.22亿元,上缴税金20.64亿元。公司现有员工2 141人,其中,男职工1 314人,占总人数的61.3%,女职工 827 人,占总人数的38.7%;硕士以上学历 12 人,大学本科学历 272 人,中级以上专业技术人员 274 人,工人技师 35 人。

【安全生产】 针对 2005 年施工作业多、在线施工长的实际,公司始终绷紧安全这根弦,一手抓安全平稳生产,一手抓施工作业安全,首次实现装置"三年一修"的目标,连续 6 年实现安全生产无重大上报事故。公司上下层层落实安全生产责任制,到岗位,到人头,做到安全工作人人抓,安全事情人人管。两级管理层带头落实走动式管理,每天不间断到现场巡检,即使节假日也不例外。严格现场交接班和重要操作三级确认制,及时发现解决问题,保证重大操作、重要设备开停平稳。对2005年内部小事故和未遂事故重新进行了集中分析,总结教训,处理有关责任人员。

公司坚持组织季节性安全大检查、专项大检查和第四次冬季安全生产与节能降耗劳动竞赛,共查出各种隐患211项,有95%以上的隐患限期进行整改,重大隐患下达整改通知单,攻关整改。对暂时没有条件整改的隐患,及时采取监控措施。全年共审定两书一表87份。加大对违章的处罚力度,共发现违章作业、违章指挥121项次,处罚31人次,有效保证施工作业安全。

【挖潜增效】 公司上下克服改造大修停工两个月给生产带来的困难,认真制定生产计划,均衡组织原油入厂,合理安排加工量,深入挖潜增效,保价促销,完成各项经济技术指标。按照"上去的指标不能掉下来,降下来的指标不能再上去"的原则,根据市场、资源变化及产成品库存情况制定季度、月度生产计划,计划一经制定,严格执行,有效避免生产的随意性,保证经济技术指标按计划完成。合理安排停产前后的装置加工量,保证各装置均衡生产。优化操作,认真执行主要技术参数运行曲线绘制上墙和技术参数日分析制。在停产两个月,催化、常减压开工相差20天,常减压低处理量的情况下,轻质油收率、综合商品率分别比预算提高0.03和0.82个百分点,实现增效2 776万元。先后采取凝结水与低温热水回收、生产与生活污水净化回用等节水措施,坚持限额供水和水平衡日分析制,全年用水单耗0.67吨。提高10台变频设施的投用率,确保四机组、余锅、英格索兰压缩机等重点节能设备的安全运行,吨油电耗69.39度,比年计划降低2.81度。降低瓦斯产量,搞好四顶瓦斯回收,减少火炬排放,实现装置间原料直供,减少油品输转损失。全年原油入厂损失0.83%,成品油出厂实现零损失,加工损失率0.95%,通过股份公司"节能节水型企业"的检查验收。严格化工原材料的技术把关,坚持比价招标,加强使用过程中的考核,全年现金物耗比预算降低850万元。

在加工量较往年低的情况下,全年生产93#汽油12.59万吨,-35#柴油3.02万吨,液化气6.95万吨,精丙烯2.54万吨,比计划都有所增加,实现增效776万元。

二季度,长庆油欠量严重,电煤运输紧张,公司原油库存降到了历史最低位,经过上下共同努力,主动协调油田、铁路,按天按列跟踪落实原油入厂,确保了生产供应。拓宽渠道增加原油品种,实现中原川井原油入厂2.74万吨。深入市场调研,做好价格预测,非统配产品销售做到公开招标,价格到位,取得很好的经济效益。仅渣油、油浆、半沥青招标销售就实现增效3 650万元。

【重油深加工等技术改造】 从2004年11月份重油深加工改造基础设计批复到建成投产,不到一年的时间,从项目立项到开工建设、完工投产,公司上下拧成一股绳,攻克4个难关,确保重油深加工改造顺利完成、一次开车成功,装置运行平稳。催化装置、气分装置及配套改造建设项目实现当年建设、当年投产、当年见效,得到集团公司、股份公司的肯定。MTBE、苯抽提装置也先后开工建设,完成资本性支出34 999万元。8月5日,公司正式停供内蒙古天野化工集团公司化肥原料渣油,结束长达11年让利供渣油的历史,彻底消除导致公司亏损的一大非经营性因素。

【企业管理】 加强内控体系建设为重点,关注细节,注重执行,规范业务流程,为企业的发展夯实基础。全年先后接待10余次集团公司、股份公司、专业公司以及地方党委、政府领导到公司检查指导工作,接待4次内外审计,对公司管理给予认可。严格物资采购招标、工程招标、废旧物资销售招标、非统配产品定价审批、资金运作审批等内控制度,发挥效能监察和审计的监督作用,突出工程建设过程中的施工队伍引进、设备材料采购、工程质量和合同签订、结算审核等审计监察重点,全年143次、612项物资采购招标,最高报价27 944.6万元,最低报价22 544万元,差额5 400.6万元,有效降低费用。

通过岗位公开竞聘的方式,整合班组,新聘任班长,取消工段和大班,班组数量由148个减为79个,有效激发班组在生产经营中的活力。根据股份公司系统化操作的要求,完成常减压联合、重整加氢、催化3个主要生产车间的操作岗位定员、竞聘工作。

组织修订启用8套生产装置新版操作规程,补充完善了工艺卡片,建立工艺技术例会制度。积极推进检维修作业规程、操作十图和RBI风险检测技术的编制工作。组织车间操作记录、交接班记录、巡检记录展评活动,促进基层基础工作水平的提升。

(李正智)

森工集团

【中国内蒙古森工集团(大兴安岭林业管理局)领导名录】

总经理 局长 党委副书记:孙扎根

党委书记:扎　布(达斡尔族)

党委副书记 副局长:石玉峰(蒙古族)

党委副书记:李冶红 崔志博

党委委员 副总经理:臧春林

副总经理:马春元 郭燕吉(蒙古族) 张学勤 王财 鹿占山

党委委员 总经济师:曹克山

副总经理:周思伟

总工程师:李国英

党委委员 纪委书记:张日成

党委委员 工会主席:张 良

总经理助理:曹德贵

党委委员:段 英(女)

【概况】 2005 年,实现林业产业总产值50.1亿元,同比增长16.0%。实现地区生产总值26 亿元,同比增长15.5%。实现工业增加值 14 亿元(含木材采运),同比增长10%。实现非林非木产业产值24.2亿元,同比增长16.3%。实现林产工业产值10.5亿元,同比增长31.5%。实现全部收入34.8亿元,实现利税3.5亿元。

2005 年,人工造林8.4万亩,根河、金河火烧迹地更新11.5万亩,抚育间伐183.5万亩,病虫害防治 129 万亩。生产木材225.3万立方米,虫害木清理14.2万立方米。生产人造板26.3万立方米,锯材1.7万立方米,栲胶系列产品1 760吨,纸浆8.3万吨。

【生态建设】 一是深入实施"天保工程"。继续推行森林资源管护承包责任制,全年新建家庭生态林场 546 户,家庭生态林场总数已达3 793户,管护站达到 668 个,管护面积894.5万公顷。二是加大野生动植物保护和自然保护区建设力度。汗玛自然保护区二期规划得到国家林业局批复,额尔古纳自然保护区晋升为国家级保护区,阿鲁等 6 个自然保护区晋级的前期工作已经完成,林区有各类自然保护区 12 个,国家森林公园 8 个;《林区湿地保护规划》正待审批;开展野生动物疫源疫病防控和监测工作。三是《林区速生丰产用材林基地建设工程规划》上报待批。四是强化营林的基础地位。"十五"期间植树造林 95 万亩,经济林、用材林、外来引种扩繁试验成功。各项林业有害生物防控指标均达到国家标准。五是全年森林火灾受害率0.037‰,为近五年来最低。六是森林资源培育和管护工作成效显著。第六次与第五次全国森林资源连续清查相比,活立木总蓄积增长8 155万立方米,森林蓄积增长6 468万立方米,产生的直接经济价值相当于国家"天保工程"投入的 5.7 倍。有林地面积净增61.21万公顷,年均净增12.24万公顷。森林面积达到808 万公顷,森林覆被率从69.95%上升到75.68%。森林资源的培育与管护工作位于全国"天保工程"区的前列。

【深化改革】 林区已经由单一的全民经济逐步向投资主体多元化和产权多元化的股份制经济转变。吸引民间资本和非公有制企业参与林区企业的改制、改组、改造,进一步对引资组建的玖龙兴安浆纸、中集木业、德盛纸业和整合资源组建的根河板业、龙丰公司进行规范完善。对已经实行整体改制的森源公司、光明机械厂、伊图里河兴林公司等进行规范的同时,重点对森天公司进行整体改制。林区完成 82 户中小企业的改制重组工作。在事业单位中实行企业化管理,按照"投资主体多元化,运行机制市场化,管理方式企业化,发展方向产业化"的要求,深化对林业医疗集团和已改制的林业设计院的改革。全力推进社会职能的剥离。科学调整生产力布局,撤并 18 个林场和部分贮木场。继续深化国有林管理分局的试点工作,为全面推行资源管理体制改革积累经验。

【提升工业化水平】 以实现规模化、集约化经营为重点,调强调优重点项目。一是合作组建的内蒙古中集木业一期年产 10 万立方米集装箱底板项目全面投产,并建设完成与之配套的栲胶公司6 000KW热电联产项目。在此基础上,将合资建设年产60~80万立方米集装箱底板项目。二是玖龙兴安浆纸公司一期年产 10 万吨改扩建项目于 2005 年 8 月竣工投产,当年生产8.3万吨,实现产值 3 亿元,利税7 700万元。二期扩建项目的前期工作也已展开。三是改扩建阿里河电工层压木生产线,其产品国内市场占有率已达61%。四是整合资源组建的根河板业公司全年生产人造板23.6万立方米,实现产值2.65亿元。五是乌尔旗汉森工公司在俄罗斯投资的旋切单板生产线已开工建设。林区已经基本形成以人造板、浆纸、集装箱底板等产品为主的工业经济格局。

大森林股份有限公司 中国内蒙古森工集团作为主发起人,对下属的根河板业公司和金河、莫尔道嘎两个森工公司的优良资产进行改制,并联合其它四家法人设立内蒙古大森林工业股份有限公司,申请上市和发行股票。大森林股份公司于 2005 年 3 月注册,注册资本21 930万元。

【加快非林非木产业化步伐】 以完善体制、机制和打造名品、名牌为重点,调强调大非林非木特色产业。2005 年重点扶持克一河食用菌培植与加工、图里河森健药业、龙丰公司大鹅加工、吉文与大杨树乳制品加工等非林非木龙头项目建设,壮大金河北极狐、阿龙山貂等养殖基地建设。通过上述龙头项目拉动乳、肉、食用菌、山野菜、中草药和特种养殖等非林非木产业的发展。2005 年畜禽养殖总量达 103 万头只,獭兔、北极狐、貂、鹿、野猪等特种动物 20 万头只。食用菌培植3 000吨,中草药种植2 050亩。林区年收入7 500元以上的家庭经济户达3.9万户。

矿业开发 林区把矿产业作为"天保工程"实施后的接续产业、支柱产业推进发展。初步掌握林区矿产资源的概况,开始编制矿产开发规划。与新加坡高玛公司合资建设总投资 450 万美元、开采储量 710 万吨的绰尔铁矿项目,即将进行探矿和基础设施建设;与黑牛王矿业集团合作开发储量 300 万吨的二道河

子铅锌矿和储量80万吨的万年青铜矿项目,在共同完成探矿工作的基础上,开始合资建设选矿厂。

旅游开发 按照自治区的部署,森工集团与兴安盟、呼伦贝尔市共同组建阿尔山柴河旅游开发公司,以"世界知名、国内一流"为目标,对阿尔山—柴河景区进行开发建设。同时,从增加人文内涵,丰富文化底蕴,打造绿色森林旅游品牌等方面入手,进一步加强莫尔道嘎、阿里河、绰源等地的景点景区建设。

【对外开放】 先后有中集集团、美国中南公司、中水集团、新加坡高玛公司等知名企业落户林区。2005年,林区招商引资签约项目40个,实施33个,全年引资、融资1.84亿元。林区产品远销韩国、日本、美国、瑞典等十几个国家和地区,创汇1 180万美元。对俄经贸合作的内容、层次、范围逐步拓展,乌尔旗汉森工公司在俄罗斯建设旋切单板生产线,实现林区在国外木材深加工零的突破。全年赴俄采伐木材35.6万立方米,过货25.9万立方米;实现营业额1 738.2万美元,派出劳务2 190人。"十五"期间,林区累计融资9亿元;对俄森林采伐152万立方米,过货128万立方米;完成创汇3.9亿元。

【基础设施建设】 一是实现243公里的牙伊公路全线通车。二是完成北部原始林区防火基础设施二期工程的建设任务,国家级森林防火物资储备库和五个重点火险区综合治理建设项目全面启动。三是将根—莫—白、根—满—漠等林区干线公路纳入交通部"十一五"公路建设规划。"十五"期间,林区共完成交通、供热、医疗、学校、饮水、住房、防火等基础设施项目投资12亿元。

【科学编制"十一五"规划】 林区确立的预期目标是:到"十一五"期末,森林覆盖率达到77%以上,比"十五"期末提高1.3个百分点;林业产业总产值达到119.6亿元,比"十五"期末增长139%;地区生产总值(GDP)达到60亿元,比"十五"期末增长131%;实现全部收入74.5亿元,比"十五"期末增长133%;实现利税10亿元以上;木材采运、林木培育及管护、林产工业、非林非木四大产业的结构比重由"十五"期末的19: 6: 21: 54调整到"十一五"期末的9: 2: 26: 63;在岗职工年均收入翻一番,达到16 000元。

【重要活动】 2月21日,内蒙古大森林工业股份有限公司召开创立大会,标志上市工作迈出实质性步伐。

3月1日,内蒙古森工集团9人获得全国第二届"关注森林奖"和"梁希林业宣传奖"。

3月18日,经中国林产工业协会和国家统计局考评,根河板业公司荣膺"中国纤维板行业百强企业"。

3月26日,内蒙古自治区政府召开阿尔山—柴河旅游景区建设协调会,决定规划建设"国际知名、国内一流"的阿尔山柴河旅游景区。景区总体规划预计投资150亿元。

8月28日,内蒙古阿尔山柴河旅游开发有限责任公司在阿尔山举行成立仪式,标志着大兴安岭林区旅游资源的整合与开发进入一个全新阶段,打造"国内一流、国际知名"旅游风景区的战略规划将全面启动。

9月7日,内蒙古森工集团和中国国际海运集装箱集团共同组建的内蒙古中集木业公司开业庆典在牙克石市举行,标志着国内首家落叶松集装箱底板项目一期工程全面投产。

10月28日,经自治区国资委考核,内蒙古森工集团被评为自治区A级企业。10月,林区"诺敏山"绿色食品商标被认定为内蒙古自治区著名商标,"诺敏山"牌系列产品被中国名优品牌推广中心评为"中国名优品牌",标志着林区非林非木产业的发展已进入品牌的培育与推广阶段。

11月,阿里河森工公司层压木厂的"安澜"牌商标被评为内蒙古著名商标,"安澜"牌电工层压木获得中国名牌产品称号。

12月9日,国家质量监督检验检疫总局授予"根河"牌刨花板"国家免检产品"。

(陈林涛 张晓宇)

通信公司

【内蒙古通信公司领导名录】

总 经 理:李 华

副总经理:郑大力 蔡标正 崔铭(工会主席)

吕青山(总会计师) 乌文全(蒙古族)

【概况】 内蒙古通信公司下设12个盟市分公司、81个旗县分公司。主要经营国内、国际各类固定电信网络与设施,包含本地无线环路;基于电信网络的语音、数据、图像及多媒体通信与信息服务;相关的系统集成、技术开发等业务;国内外投融资业务;经营国家批准的其它业务。同时,公司还承担着普遍服务和应急通信等任务。

【强化服务意识 树立全员服务思想 积极进行服务创新】 对原有服务标准、服务管理办法、服务流程及时进行修订和完善,强化营业厅、区域营销中心的各项基础管理工作,保证客户售前、售中、售后服务渠道的畅通。进一步加大服务质量监督检查和考核工作,初步建立以区公司投诉中心为主的"一级受理、两级督办、三级处理"的客户投诉管理体系。积极推行"首问负责制",建成"10060"客服中心并不断完善其职能,对用户反映较为集中的宽带上网掉线、网速慢、小灵通覆盖盲点多等服务难点问题采取有力措施加以整改,并取得初步成效,客户服务工作得到进一步加强,在2005年行风民主评议活动中公司获得第一名的好成绩。

【解决行政村通话问题】 是年,解决1 513个不通话行政村的通话问题,提前超额完成1 557个不通话行政村的村通话任务。

【基础管理工作】 2005年财务、人事、计划建设、网络维护和市场营销“五统一”工作得到有效落实,集中采购和物资管控力度明显加大,审计质量和工作水平不断提高,综合治理、安全保卫、离退休人员管理等工作也都取得新成绩。

【获奖】 因在历次神舟飞船发射和回收期间圆满完成通信保障任务而受到自治区党委、政府、内蒙古军区表彰,有4个单位和2名个人获得先进集体和先进个人的荣誉。2005年全区有12个单位进入自治区级文明单位行列,17个单位、窗口获得自治区级“青年文明号”,1个单位获国家级“青年文明号”,3个单位获自治区级“文明行业”称号。

【成功上市】 10月,内蒙古通信公司成功上市,注册成立中国网通集团新天地通信有限责任公司内蒙古自治区分公司。

(邢 燕)

联通公司

【中国联合通信有限公司内蒙古分公司领导名录】

总 经 理:莫一心

党委书记:鞠德鸿

副总经理:陶敏(回族) 韩国柱 姜俊昆

【概况】 中国联合通信有限公司(简称中国联通)是经国务院批准于1994年7月19日正式成立,按照现代企业制度组建的大型股份制国有电信运营公司,属于中央直接管理的44家国有重要骨干企业之一。目前,中国联通已经在全国31个省、自治区、直辖市设立了省级分公司。成立中国联通是党中央、国务院作出的电信体制改革的重大举措,标志着中国电信业引入竞争机制,结束了多年来的独家经营体制。2000年6月,中国联通将所有长途资产、数据资产、国信寻呼资产及北京等12省市分公司的移动资产注入在香港设立的公司,并在纽约和香港成功上市。

【经营范围】 中国联通通信网是国家公众通信网的重要组成部分,是目前国内唯一具有信息产业部批准经营全部电信业务的综合性大型电信运营公司,其经营范围包括:无线通信业务、长途电话业务、本地电话业务、数据通信业务、无线寻呼业务、电信增值业务以及与主营业务有关的其它业务。中国联通致力于提供优质高效的电信服务。

中国联通内蒙古分公司是中国联通在内蒙古自治区的分支机构,正式成立于1997年10月22日,负责中国联通在内蒙古地区的电信建设和业务发展。目前。公司已经在全区12个盟市设立了分支机构,其经营范围包括移动通信业务,数据通信业务、互联网业务和IP电话业务,国际、国内长途电话业务,无线寻呼业务及其它电信增值业务。

【网络建设】 中国联通内蒙古分公司GSM130网经过多期扩容建设,网络覆盖到全区12个盟市的所有旗县、主要乡镇和交通干线以及旅游景点。同时,还建成贯穿东西,横跨南北的全区骨干传输网,形成环状网络安全结构,并在所有盟(市)及旗县建成城域网。2001年底建成的绿色环保的CDMA133移动电话网络经过多次扩容,网整体覆盖水平与超过GSM移动通信网络,已经显示出巨大的业务优势与发展潜力。

(马亚雄)

天野化工

【内蒙古天野化工(集团)有限责任公司领导名录】

董事长:王 耀

总经理:陈 恺

党委书记 纪委书记:伊丽娜(女 蒙古族)

工会主席:杨肇基

副总经理:韩秋 李可洪(回族) 李维松 周林峰 胡兰松

中海油驻厂工作组成员:姚烨 余建华

总经理助理:齐亚平

【概况】 内蒙古天野化工(集团)有限责任公司(原内蒙古化肥厂,以下简称天野公司)是国家“八五”重点建设项目,也是自治区“八五”时期必保的重点建设工程。年产30万吨合成氨、52万吨尿素生产装置,年产20万吨甲醇生产装置。2005年10月21日油改气装置产出合成氨,10月26日产出合格尿素。2005年12月11日甲醇装置产出合格产品。

2000年12月18日,企业由内蒙古化肥厂整体改制为内蒙古天野化工(集团)有限责任公司,三家股东分别为:内蒙古自治区、国家开发投资公司、中国昊华化工(集团)总公司。2002

年8月1日,按照国家"债转股"的要求,国家开发银行与建设银行的投资贷款本息153 100万元转为中国信达资产管理公司股本,组建由中国信达资产管理公司、内蒙古自治区、国投资产管理公司、中国昊华化工(集团)总公司为股东的新的内蒙古天野化工(集团)有限责任公司,注册资金为198 168.99万元。2004年7月,天野公司由中国海洋石油总公司托管,2005年12月29日正式被中国海洋石油总公司并购,中国海洋石油总公司持有天野公司股权90%,自治区持有10%。天野公司总资产为27.01亿元,有员工总数1 510人,有高级技术人员102名,中初级技术人员801人,职工平均年龄36岁。厂内设有职能部门9个,19个生产、辅助车间及单位。一线生产人员970人。

【产品】 "天野"牌尿素产品质量可靠,达到国家(GB2440—2001)规定的优质品标准。天野公司于2003年底已通过ISO9000质量体系认证,建立一套可靠的质量保证体系。2004年"天野"牌尿素被评为国家免检产品,2005年评为自治区名牌产品。经过近十年的市场开拓,"天野"牌尿素市场已覆盖内蒙古、河北、京津、辽宁、山东、江苏、浙江、安徽、河南、湖北、山西、广西、黑龙江等全国各省市自治区,并远销东南亚、泰国、古巴等国家和地区,在这些地区具有一定知名度,销售情况很好。同时,天野公司建立甲醇销售网络,甲醇销售形势较好。

【安全生产】 2005年全年生产合成氨28.3万吨,生产尿素49.13万吨,精甲醇0.295万吨。上半年合成氨、尿素产量取得建厂以来半年最好成绩。同时也取得国内同类型大化肥单系列产量第一的好成绩。合成氨和尿素装置分别创公司A级长周期运行157天和74天的历史记录。全年未发生重特大安全环保质量事故。

【经济效益】 2005年销售尿素51.9万吨,实现销售收入8.42亿元。尿素单位制造成本1 169元/吨,完全成本1 335元/吨,全年实现利润6 500万元。

【信息网络建设】 编制信息网络建设规划方案,一期OA系统已建成投用,并于2005年10月20日顺利通过了验收。网络建设一期工程的完成,为天野公司加快信息建设步伐,提高工作效率,进一步提高管理水平奠定坚实的基础。

【并购重组】 通过内蒙古自治区政府、中海油等各方的不懈努力,在公司广大干部、员工的全力支持下,中海油成功地对天野公司进行并购。2005年11月30日中海油总公司与内蒙古自治区政府、中国昊华化工(集团)总公司在北京签订股权转让协议。2005年12月29日中海石油化学有限公司与信达资产管理公司、国投资产管理公司在北京签订股权转让协议。天野公司正式进入中国海洋石油总公司大家庭。

【重要活动】 3月29日,内蒙古天野化工(集团)有限责任公司与内蒙古西部天然气有限公司天然气供用合作签字仪式在天野宾馆举行。天野公司总经理陈恺、党委书记伊丽娜、副总经理韩秋、李维松、周林峰、胡兰松、中海油工作组成员余建华及相关部门的负责人,西部天然气公司董事长、总经理杨护恩、副总经理柴儒恩、刘志明等参加签字仪式。签字仪式由韩秋副总经理主持,伊丽娜书记、刘志明副总经理代表双方在天然气供用合作协议上签字。

8月30日,中海石油化学有限公司总经理、党委书记、富岛股份公司董事长杨业新同志,视察了内蒙古天野化工(集团)有限责任公司生产装置区的检修及甲醇项目建设现场。

9月7日,内蒙古天野化工(集团)有限责任公司在浙江省宁波市召开2005–2006年度营销座谈会。会议由副总经理周林峰主持,总经理陈恺、中海油富岛销售公司副总经理申文德及经销公司、公司办等部门、单位参加了会议。内蒙古、浙江、北京农资公司等20家客户参加了会议。本次会议的主题是:"总结交流,强化合作,巩固市场,共同发展"。

10月18日,"天野"商标被自治区著名商标认定委员会、自治区工商局认定为自治区著名商标。

11月30日,内蒙古自治区政府、中国昊华化工(集团)总公司与中海油总公司签订天野公司股权转让协议。内蒙古自治区主席杨晶、副主席赵双连,中国海洋石油总公司总经理傅成玉、副总经理吴振芳、总会计师吴孟飞等参加签字仪式。

12月19日,"天野"牌尿素被内蒙古政府授予2005年内蒙古名牌产品。

12月29日,中国信达资产管理公司、国家开发投资公司与中国海洋石油总公司在北京签署天野公司股权转让协议。

(赵春玲 赵世军 任意如)

包头钢铁集团

【包头钢铁(集团)有限责任公司领导名录】

董事长 党委书记:林东鲁

总经理 党委副书记 董事:司永涛

副董事长 党委常委:周茂森

董事 党委副书记 副总经理:崔 臣

董事 党委常委 工会主席:王胜平

党委常委 纪委书记:魏栓师

董 事:朝 鲁(蒙古族)

副总经理：丁志云（满族） 孙国龙

副总经理 总会计师：刘玉瀛

总工程师：李春龙

总经济师：曹忠魁（回族）

副总经理：周秉利 孟志泉

党委常委 组织（人事）部长：李金贵

【概况】 包头钢铁（集团）有限责任公司（简称包钢）是国家在"一五"期间建设的156个重点项目之一，是国家重要的钢铁工业基地和最大的稀土工业基地，是内蒙古自治区最大的工业企业，拥有"包钢股份"和"稀土高科"两个上市公司。包钢1954年建厂，1998年改制为公司制企业。至2005年末，在岗全民职工62 959人，其中专业技术人员12 582人，具有高级技术职称人员1 924人。总资产达到351亿元。

包钢白云鄂博矿是世界瞩目的铁、稀土等多元素共生矿，稀土储量居世界第一位，铌储量居世界第二位，独特的资源优势形成包钢以钢铁和稀土为主业的产业优势。包钢钢铁产业已形成一、二炼钢两大体系，板、管、轨、线四条生产线的格局，具备年产钢850万吨以上的能力，钢铁产品包括冷轧薄板、热轧薄板、无缝钢管、重轨及大型材、高速线材等63个品种1 970个规格，是全国三大钢轨生产基地之一和品种规格较为齐全的无缝钢管生产基地。稀土产业具备年产稀土精矿10万吨、稀土产品折氧化物5.5万吨以上的生产能力，主要产品包括稀土精矿、稀土化合物与稀土金属、钕铁硼永磁体、稀土抛光粉、储氢粉等53个品种155个规格，是全国最大的稀土生产、科研基地和重要稀土信息中心，钕铁硼、负极粉、抛光粉等功能材料产能占全国市场份额的20%以上，稀土氧化物总量占全国市场份额的40%。可生产焦炭及副产品27个品种、31个规格。

【生产经营情况】 2005年，包钢铁、钢、商品坯材的产量分别达到685.2万吨、701.5万吨、664.8万吨，分别比上年增加153万吨、159万吨和126万吨。其中，铁道用钢材60.06万吨，同比增长25.13%；大型型钢17.78万吨，同比下降37.34%；中板13.25万吨，同比下降29.99%；中厚宽钢带237.86万吨，同比增长9.87%；热轧薄宽钢带6.69万吨，同比下降57.70%；无缝钢管83.56万吨，同比增长5.92%。工业总产值257.07亿元，同比增长32.7%；工业增加值106.94亿元，同比增长32.7%。资产总值371.29亿元，同比增长5.63%；流动资产176.99亿元，同比增长6.66%；固定资产净值165.64亿元，同比增长3.19%；流动比率112%。全年实现销售收入280.64亿元，比上年增长30.32%；管理费用16.55亿元，同比增长7.61%，财务费用－0.92亿元，同比减少150.04%；应交税金26.14亿元，同比增长19.59%；全年实现利润13.37亿元，同比增长74.36%。主要经济技术指标：连铸比达到94.83%，比上年下降0.05个百分点；高炉入炉焦比463.76千克/吨，比上年降低9.3千克/吨；高炉利用系数为1.922吨/立方米·日，比上年提高0.064吨/立方米·日；综合成材率95.62%，比上年降低0.21个百分点；转炉钢铁料消耗为1 090.33千克/吨，比上年降低3.75千克/吨；吨钢综合能耗降到892千克标煤，比上年降低80千克标煤，实现"破9见8"；吨钢综合能耗新水由2004年的14.89立方米降到9.8立方米。

【基建技改】 2005年包钢累计完成固定资产投资42.77亿元。其中，基建投资6.94亿元，技改投资29.83亿元，民建投资3.30亿元，其它投资2.70亿元。全年在建单项基建技改工程达92项，当年开工新建项目74项，建成投产项目47项，当年开工当年交工项目37项，完成建安工作量13.8亿元，均创历史最高纪录。新建6号高炉、2台265平方米烧结机、8号焦炉、4万立制氧机在内的1 000万吨项目全面铺开，其中2座100吨转炉易地大修已经完成，8号焦炉正在烘炉，其它项目按照网络计划有序推进。以冷轧薄板生产线轧出第一个镀锌卷和180毫米无缝钢管热处理线、石油管加工小线投产和轨梁万能轧机调试成功为主要标志，板、管、轨（型）、线（棒）四条精品线基本形成。

【强化管理】 继续加强"销售、财务、生产"三结合工作，及时调整产品结构，优化资源配置，加强资金预算的统一管理，在保证公司正常运营的同时，降低资金成本。把握国家存贷款利率调整的机遇，利用商业银行的优惠政策，积极开展公司理财活动，实现外部资金收益近1亿元。进一步强化财务管理，加快资金周转和利用率，及时调整综合折旧率，保证生产和建设资金。全面推进设备经济运行管理。全年公司主要生产设备重大、特大事故继续保持为零，主要生产设备的故障停机率为1.99‰。圆满完成各项设备大中修，进一步推进星级设备（站所）普及工作，提高设备管理水平，在备件采购工作中进一步扩大集中采购范围，开展标准通用备件集中采购和零库存管理试点工作。在全国冶金企业管理现代化创新成果表彰会上，包钢推行的设备星级管理体系荣获二等奖。在包头市、昆区两级党委、政府的支持下，对厂区内乡村和居民点进行拆迁，拆迁总户数4 655户，涉及2.1万人，新增发展用地3 986亩；对集体企业分期分批进行整体搬迁。有效地规范秩序，减少能源和物资的流失，净化厂区环境。加强对含铁废料的管理，取缔厂内的废钢铁收购点和化铁炉、地条钢、小钢锭生产厂。加强金属平衡工作，建立从白云铁矿到各成材厂的金属平衡考核管理指标体系；通过清理留存未报的钢材和再利用报废钢材，增加资源量，盘活库存。加大企业现代化管理创新成果的总结力度，以薄板厂《大型钢铁企业高效化生产管理》获得国家级企业管理现代化创新成果二等奖为代表,管理创新成果推广、应用取得一定成效。狠抓堵塞漏洞工作,严厉打击在质检、计量和保管等方面内外勾结、以次充好、以好充次、计量作假、偷盗等活动,处理一批违纪违法人员。建立管理信息化平台,6月在机关范围内实现办公自动化,年底完成公司到主要二级单位的网络建设。

【深化改革】 2005年,包钢继续以精干高效、强化管理为目的,对部分二级单位、职能部门及子公司进行整合。炼钢厂、热电厂、轨梁厂等单位立足实际,按照扁平化的原则,有针对性地对内部机构进行整合,减少管理层次和机关工作人员。辅业改制工作:中小学校基本实现向包头市的管理移交。推进包钢最大的子公司—中国二冶进入中冶重组改制工作,完成1.3万名职工的分流安置。完成凯捷公司所属建筑机械公司的民营化改造,对65名职工进行身份转换。改革用工机制,制定并实施《包钢(集团)公司使用派遣员工(暂时)办法》,按派遣方式录用员工171名。在主体单位和部分子公司实行公务用车改革。

【新产品开发】 新产品开发面向市场,以提高产品竞争力为目标,以实现效益最大化为宗旨,适应公司一系列设备更新及技术改造大局,创新管理机制,加大市场前景好、创效高的新产品开发力度,实现产品档次的提升。首次采用连铸大方坯试制高压气瓶坯取得成功,形成连铸工艺生产高压气瓶坯、高压气瓶管的完整系列,大幅度提高生产率和成材率,降低生产成本。公司在高速铁路用钢和82B钢的技术开发中,掌握高碳钢生产的冶炼和大方坯连铸工艺。已具备生产轴承钢能力。国内外只有包钢CSP生产线试制的耐大气腐蚀钢一次试制成功,为国内同类生产线首创,填补内蒙古自治区的空白。全年,累计开发新产品69种,共计438 969.79吨。

【循环经济】 继《包钢生态工业园区建设规划》作为国内第一个钢铁生态工业园区规划通过国家评审之后,2005年,包钢又成为全国首批循环经济试点单位之一。按照循环经济发展要求,建成一批节能环保及资源综合利用项目,提高了公司循环经济能力。2台130吨全烧煤气锅炉和2号、5号高炉、TRT等工程,有效降低了能耗;4号高炉水冲渣、钢渣制转生产线等,有效利用固体废弃物,降低污染。4号高炉煤气干法除尘,5号、6号和7号、8号焦炉两座125吨/小时干熄焦,2台15万千瓦燃气轮机联合发电机组,包头稀土精矿湿法冶炼清洁生产工程,稀土原材料园区污染综合治理等工程加紧推进。

(陆 莹)

包头铝业

【包头铝业(集团)有限责任公司领导名录】

董事长 党委书记:芦 林

总经理 党委副书记 董事:高 刘

党委副书记 纪委书记:孔祥忠

党委副书记:刘志荣

党委常委 副总经理:刘云 李满仓

党委常委 董事 工会主席:张 智(蒙古族)

党委常委 董事:张国利

党委常委:王云利

副总经理:蔡 旭

董事:石长存

总会计师:贾信民

总经理助理:杨永亮

【概况】 包头铝业(集团)有限责任公司是国家大型一档企业,是国家十大铝冶炼企业之一,也是中国最大的铝合金生产基地。前身是包头铝厂,始建于1958年,1998年底由工厂制改为公司制,2001年6月发起设立包铝股份公司,2003年6月纳入中铝公司,2005年5月包铝股票成功上市交易。包铝电解铝现有资产总额40.87亿元,职工8 392人,基本形成电解铝30万吨、炭素制品20万吨的产能。主要产品有“包铝”、“BTL”牌重熔用铝锭、稀土铝应用合金、铝合金棒材、A356合金、稀土电工圆铝杆、铸造铝合金、大板锭、99.9%高级铝等共计7大系列40多个品种以及各种铝电解用炭素制品等。产品行销全国各地,同时出口中东、日本、韩国、菲律宾、泰国、澳大利亚、加拿大、美国等国家。2005年出口创汇7 464万美元。相继通过ISO9001-2000、ISO/TS16949质量体系认证、英国国家质量保证公司NQA认证、ISO10012计量检测确认体系、ISO14001环保认证和QS9000认证。产品研发技术检测中心通过ISO/IEC17025认可,为中国实验室国家认可委员会的认可实验室;职业健康安全管理体系GB/T28001-2001认证工作正在进行。

近年荣获“五一劳动奖状”、“全国先进集体”、“全国质量效益型先进企业”、“全国优秀进出口企业”、“全国质量管理奖”等称号。2005年9月被国家海关总署评为2004年度“红名单”企业,2005年10月被国家文明委评为“全国文明单位”。

【经济指标】 生产铝系列产品25.60万吨。其中,初加工产品20.41万吨,占铝系列产品产量比重的79%以上,达历史最好水平。生产炭素制品12.31万吨。工业硅4 947吨。完成现价工业总产值39.18亿元，工业增加值5.75亿元。实现利税1.7亿元，其中利润4 006万元，税金1.32亿元。

【重点建设项目】 后8万吨预焙阳极块项目于2005年6月22日正式点火启动，这标志着包铝一期技改10万吨电解铝和配套14万吨预焙阳极工程的全面建成投产。4万吨稀土高强耐热电工圆铝杆生产线项目于2005年6月13日成功试车，各项性能指标均符合标准，生产平稳。全年共生产合格产品5 642吨。三期技改工程项目继第一、二部分电解槽全面启动以来，第三部分92台电解槽工程顺利推进，电解槽上部结构制作和就位组对工作基本完成，预计2006年下半年具备投产条件。5 000吨精铝项目与法国方面草签受让协议。铝合金轮毂参股合资项目于2005年5月18日试生产，8月5日正式投产。2×300MW电厂项目前期支持性文件的评审工作全部通过，立项报告上报国家发改委，已进入中咨公司评估程序。

【营销工作】 全年销售额374 078万元。大宗原材料采购中，在保障正常生产的前提下，以建立厂家库的管理模式实现零库存，减少资金占用。规范物资采购工作程序，实施招投标制度，加强物资采购工作管理，降低采购成本。

【内部管理】 全面实施《包铝集团公司2005年考核方案》，推行绩效考核工作，合理控制备品备件及原料的领用和消耗，降本增效工作效果显著。实施预算管理，完善内控制度，实施《包铝集团公司投资项目管理办法》和《非独立核算单位实行统收、统支管理暂行办法》等制度，确保有限资金合理利用的最大化。认真贯彻落实《安全生产法》，严格执行安全生产责任制，进一步完善安全生产管理制度和各类生产事故应急预案，规范各工种安全生产作业流程。通过建立职业健康安全管理体系认证，提高公司安全生产管理整体水平。

针对目前集团母体面临的生存问题，对关联产业进行有机整合。一是以高档中间合金、熔炼剂、铝钛硼杆等为主要产品，对原中试公司实施改扩建。二是对企业公司炭素项目实施节能环保技术改造。三是对集团母体经营性资产进行全面整合，组建包头铝业（集团）有限责任公司多种经营分公司。四是将所属集团公司的动力公司厂区内全部资产及相关人员整建制转让股份公司。积极主动与地方政府及相关部门协商，2005年完成分离企业办社会移交前同地方政府的相关手续。12月28日，自治区政府同中铝公司正式签署移交协议。经与地方有关部门积极协商，包铝内退职工提前纳入地方社会保险体系，2005年12月1日，包铝正式加入包头市工伤保险统筹。同时，全面启动医疗保险的前期准备工作。

（李　洁）

伊敏煤电

【华能伊敏煤电有限责任公司领导名录】

总 经 理：戴　为

纪委书记：范　贵

副总经理：王书杰

工会主席：强同仁

副总经理：银龙　谭海涛　姚长明

【生产经营】 2005年煤电一体化优势得以保持。发电量60.36亿千瓦时，原煤产量763.58万吨，其中外销煤炭274.34万吨，电费回收率100%，实现销售收入17.4亿元，上缴税金3.6亿元。在上网电价降低的情况下，完成利润1.05亿元，自投产以来首次扭亏为盈。连续两年发电量增长超过年度计划，超过所在地区增长幅度，实现销售收入与发电量同步增长，利润与销售收入同步增长。实现年度安全生产目标，生产经营、基本建设未发生重大安全、质量事故。

【安全生产管理和设备治理】 2005年发电厂数字化电厂建设初步具备条件，机组年利用小时数达6 036小时，是历史新高。露天矿优化生产能力，连续5年被国家评为“行业特级高产高效露天矿”，百万吨事故死亡率为零。进一步加强经营管理，严格执行《公司经营管理办法》等专项管理制度。认真实施公司2005“效益年”活动，通过全员节能降耗、增收节支，全年直接创收效益3 549万元。在国家有关部门和集团公司、股份公司的大力支持下，经国务院批准，公司债务重组工作完成，华能集团公司注入资本金15.14亿元。通过主动开展内控、落实“双达标”和班组建设工作，进一步加强企业管理。同时为职工投入补充养老保险，提高职工收入。

【煤电二期工程基建和三期工程前期工作】 2005年电厂二期工程项目列入国家2005年西部开发的十大工程项目之一，是国家和内蒙古自治区西部开发的唯一电源项目。电厂二期主体工程建设比原计划提前4天正式开工。基础出零米创高寒地区最好成绩，创造240米烟囱国内最快施工速度，#4、#3机组汽机房钢结构安装到顶，两台锅炉钢结构安装完两层，冷却塔环梁浇筑完成。电厂二期主体工程（烟囱、主厂房钢结构、冷却塔）的施工进度、安全、质量等方面都创造了系统内较先进的水平。煤电二期煤矿主要设备招标已经结束。煤电三期工程前期工作，多套竞标优化方案都已完成，其中水源项目方案已经完成并上报审批。

（企业协会）

神华准格尔能源

【领导名录】

董事长:马　军

总经理:张智明

副书记:陈宝生

副总经理:苏　抒

纪委书记:温和平

副总经理:张维世　王兴中

总工程师:郭昭华

副总经理:田爱民

【概况】 神华准格尔能源有限责任公司的前身是准格尔煤炭工业公司,成立于1986年,是集煤炭、发电、铁路运输为一体的特大型综合能源企业。1998年9月,公司由原煤炭部划归神华集团公司管理,2005年随神华集团公司上市更名为神华准格尔能源有限责任公司。公司注册资本47.95亿元,现有员工8 773人。

公司负责开发的准格尔煤田位于内蒙古自治区鄂尔多斯市准格尔旗的蒙、晋、陕交界处,东临黄河,北距首府呼和浩特市120公里。煤田探明地质储量267.6亿吨,煤层厚度平均32.8米,属低硫、特低磷高灰熔点、较高挥发份和较高发热量的长焰煤,应用基低位发热量为4 000～5 600大卡/千克,是优质动力和气化及化工用煤,有“绿色煤炭”之美称。

2005年,生产原煤2 001.2万吨,比上年增加327.7万吨;商品煤装车2 271.6万吨,比上年增加376.7万吨;发电14.8亿度;铁路货运量3 102.4万吨,比上年增加521.5万吨。实现销售收入45.3亿元;利润总额11.3亿元;上缴税费6.5亿元;净资产收益率达到13.7%。

【煤炭】 设计年产原煤1 200万吨的特大型黑岱沟露天煤矿及其配套的选煤厂,1996年试生产,1999年正式投产,2003年突破设计能力,并持续7年以每年200万吨以上的增幅实现企业生产跨越式发展。从美、德、英等国引进的主要生产及辅助工程设备,使企业装备能力达到了世界采矿业先进水平。2003年开始扩建、2005年底投入运行的黑岱沟露天煤矿及配套工程,引进了美国大型吊斗铲设备及先进的抛掷爆破生产工艺,到2006年该矿生产能力可以达到2 000万吨以上。正在筹备建设的设计能力为2 000万吨/年的哈尔乌素露天煤矿,将使公司的生产规模进一步扩大,预计到2010年公司将达到6 000万吨的生产销售规模。

【电力】 装机容量为2×100MW机组的公司自备坑口发电厂于1993年建成运营,2004年发电量达到15.1亿度。此外,公司还将积极投资其它电力建设,控股兴建矸石电厂等。

【铁路】 初期设计能力为1 500万吨/年,正线全长264公里的大(同)—准(格尔)单线一级电气化铁路,随公司生产经营的良性发展,2004年底达到2 500万吨的年运输能力。2005年正在进行的对该铁路线的扩能改造工程完成后,年运量可达5 000万吨,远景规划将实现1—1.5亿吨/年的运输能力。与此同时,公司所拥有的较大规模的黄河小沙湾取水工程,为矿区生产生活用水提供坚实的保障。其各项公用事业、物业管理、行政环保等服务制度与设施的完善建设,使得准能公司在按照国家产业政策健康发展的道路上长盛不衰。

(赵　翔)

内蒙古碧海云天娱乐有限责任公司

呼市烟厂店游泳池

呼市烟厂店套房

乌海分店

呼市烟厂店总台

呼市烟厂店大厅

呼市烟厂店男浴

呼市烟厂店夜景

乌海店音乐广场

原内蒙古人大副主任、内蒙古昭君文化研究会会长贾才同志

“昭君文化”研究会创始人张茂林（左一）、著名书法家刘佑华（右一）与张至秀将军在一起

内蒙古昭君文化研究会是由热心于公益事业的内蒙古政协常委张茂林和原长期在军、政机关工作的著名书法家刘佑华发起创立的。在内蒙古自治区上级领导的关心鼓励下，在老师刘佑华的精心帮助下，为倡导、总结、弘扬昭君文化做出了重要理论贡献和显著成绩。贾才、郝存柱、刘香芸等领导同志在弘扬昭君文化中发挥了重要领导作用，特别是郝存柱、刘香芸同志为成功举办昭君文化节和动员、组织专家编辑出版《昭君文化丛书》，做出了重要贡献。

1988年，张茂林在学习“昭君出塞和亲”精神的过程中，明确提出宣传“昭君文化”的科学概念，并在刘佑华的帮助下，首次系统地总结出“弘扬昭君文化，增强民族团结，维护社会稳定，促进经济发展，推动社会进步”的重要理论成果，先后得到自治区党、政、军主要领导，中央和国家及有关部门领导的认可，并受到各级新闻媒体的广泛关注和社会各界好评。这一成果经过呼市市委、政府连续举办五届昭君文化节的具体实践，取得了显著的社会效益和经济效益。近年来，中央和地方数百家新闻单位先后对弘扬昭君文化的巨大成绩作重点报道。尤其是《人民日报》、《求是》（特约稿）、《人民代表报》、《中国人大》、《人民政协报》、《中国政协》、《党建研究》、《党建》、《中国统一战线》、《学习与研究》、《中国改革》、《西部时报》、《工人日报》、《中国建设报》、《中国市场经济报》、《中国青年报》、《中国企业报》、《中国书画报》等党和国家及有关部门主办、主管的报刊，内蒙古党委主办的《内蒙古日报》、《实践》也都报道推出弘扬昭君文化的理论研究和实践成果，为昭君文化唱响全国，走向世界起到舆论引导作用。

内蒙古财经学院

学院领导班子

党委书记：刘振洪（教授）

院长：张亚民

新校区规划设计方案鸟瞰图

正在建设中的图书馆

西部地区最大的文科实验实训中心

西校区教学楼

正在建设中的教学楼

校党委书记：荀黎明

校长：李含善

教育部部长周济视察我校

校领导

校园景观

新教学楼

第二教学楼

校园景观

科技实验楼

内蒙古工业大学（MBA）

长青老师

MBA 学员正在上课

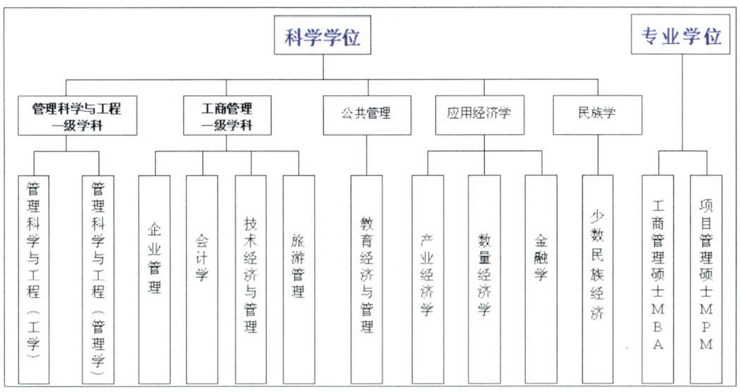

内蒙古工业大学 MBA 教育具有强大的学科支撑

内蒙古工业大学始建于1951年，开展研究生教育已有20多年历史，是具有博士学位授予权的培养单位。我校的经济和管理类硕士学位授权学科包括：管理科学与工程和工商管理2个一级学科，10个二级学科（管理科学与工程、企业管理、技术经济与管理、会计学、旅游管理、教育经济与管理、数量经济学、金融学、产业经济学、中国少数民族经济），以及3个专业学位硕士授权（工商管理硕士MBA、项目管理工程硕士、管理科学与工程高校教师硕士）。建有ERP模拟、电子商务、财务会计、管理沙盘模拟、物流管理、国际贸易实务等管理情境模拟实验室，具备发展MBA教育的良好学科生态支持环境。

我校从事管理学科的教学师资毕业于中国、美国、澳大利亚、日本等国家和地区的30多所院校，如北京大学、清华大学、中国人民大学、复旦大学、南开大学、天津大学、西安交通大学、华中科技大学、北京航空航天大学、美国加州大学、澳大利亚国立大学等。2000年以来，他们承担了多项国家自然科学基金、国家社会科学基金、国家审计署重点项目等，获得包括自治区科技进步二等奖在内的多项科研奖励。他们还具有丰富的实践经验与案例教学能力，针对学生实施的“管理情境教学课程体系与培养模式”获得自治区教学成果一等奖。

内蒙古工业大学MBA教育项目以专业化与务实风格为特色，重点培养学生的创新能力、微观管理能力、实证研究能力与应用计算机解决管理问题的能力。在MBA核心课程模块与专业知识模块基础上，学校设置的实证性特色课程包括：企业经营计算机模拟、企业经营沙盘模拟、商业计划书、质量管理案例分析与设计、管理沟通、ERP系统模拟、会计信息系统模拟分析、财务报表案例分析、项目管理评价分析与研究、投资项目评价分析与研究、市场营销案例分析等。

2002年以来，我校管理学科的在校生在各类体现创新能力的竞赛中获得了突出的成绩，其中包括：“挑战杯大学生创业计划大赛”全国金奖一项，全国铜奖三项，自治区金奖三项，银奖四项；首届中国青少年科技创新奖；全国大学生英语竞赛一等奖；“挑战杯大学生创造发明大赛”全国二等奖；高校企业竞争模拟比赛全国亚军等。实践证明，我校注重实证研究、微观管理的务实型创新培养模式取得了明显成效。

我校MBA教育中心是内蒙古党委组织部优秀中青年企业家培训基地，同时也是内蒙古优秀青年经济人才培训基地。中心先后与内蒙古党委组织部，包钢集团、内蒙古一机集团、内蒙古北方重工集团等合作培养了大批中高层管理人才，获得了极高的社会评价。

内蒙古工业大学MBA教育中心主办内蒙古青年自主创新论坛

内蒙古工业大学MBA首届“博采杯”辩论赛

MBA 办公地点—新教学楼

内蒙古工业大学MBA教育中心：新教学楼313室　电话:(0471) 6577101
传真:(0471) [illegible]

内蒙古工业大学研招办：新教学楼317室　电话:(0471) 6578901
传真:(0471) 6513739

内蒙古工业大学：内蒙古呼和浩特市爱民街49号　邮政编码：010051

内蒙古广播电视大学

内蒙古电大校长视察分校工作站

12所电大分校之一——乌海电大远景

内蒙古广播电视大学是根据邓小平同志关于创办全国广播电视大学的指示，于1979年经内蒙古自治区人民政府批准成立的一所自治区直属高等学校。

长期以来，内蒙古电大致力于自治区现代远程教育的改革与发展，经过26年的艰苦创业和不懈奋斗，已成为一所利用广播电视、卫星通信、计算机网络等现代信息传输手段和先进教育技术，采用文字、音像、计算机网络课件等多种教学媒体资源进行现代远程教育的新型开放大学，是中国广播电视大学系统和自治区高等教育的重要组成部分。

学校实行"统筹规划，分级办学，分级管理"的办学体制。经过26年的建设与发展，现已形成了以内蒙古电大校部为中心，基本覆盖全区城乡的现代远程开放教育系统，特别是2000年开办"中央广播电视大学人才培养模式改革和开放教育试点"项目以来，电大的发展更加迅速。在全区共设立开放教育教学点93个，其中分校级教学点20个，旗县教学点73个，校部设有5个直属二级学院。全区电大系统现有教职工3 877人，其中专职教师2637。截止到2005年8月，校本部内设22个处室（中心），教职工总人数为235人，其中具有副高级以上专业技术职称63人。学校固定资产总值已达到11 972万元，其中教学仪器设备1 652万元，图书资料10.2万册，多媒体教学资源25 158盘。校园占地面积60 560平方米，总建筑面积64 060平方米。

为适应远程开放教育发展的需要，学校逐年加大投入力度，促进现代教育基础设施的建设，改善办学条件。自2002年迁入新校区以来，新建6，222平方米综合教学楼一座，改造了办公楼、培训楼、教师楼和图书馆楼的办公环境，建成了覆盖全校的千兆光纤校园网，实现了校园网与百兆公网和百兆教育科研网的互联，并备有10兆带宽的无线45公网备份系统。目前，学校建有与中央电大和全区电大各分校互联的双向视频会议系统以及VOD视频点播系统、校内闭路电视播出系统、KU波段数字卫星接收系统和远程教学平台、远程办公平台、教务管理系统、数字图书馆、多媒体投影教室、多功能视听教室、电子阅览室、网络计算机室、语音教室、视听阅览室、等软硬件设施，有力地保障了高质量人才的培养。

办学26年来，内蒙古广播电视大学紧密结合自治区经济建设和社会发展的实际，坚持面向地方、面向基层、面向农村、牧区和面向民族地区的办学方向，按需办学，形成了多种层次、多种规格、多种功能、多种形式的办学格局。目前，学校累计开设理工、文经、政法、师范、农医等学科135个专业，累计招生17万余人。已为自治区培养各类应用型合格人才11万人。开展非学历继续教育岗位培训约16万人次。自2000年秋开办开放教育试点以来，已开办开放教育本科专业13个，专科专业27个，学校现有各类学历教育在籍生55 021人（其中开放教育本科生12 532人；开放教育专科生29 365人；"一村一名大学生"1 206人；普通专科生1 145人，蒙古语授课生310人，成人大专生2 839人；注册视听生5 829人；中专生1 795人）。

学校始终坚持社会主义办学方向，贯彻党的教育方针，努力为内蒙古自治区培养"下得去、用得上、留得住、信得过"的应用型高等专门人才。为确保教育教学质量，内蒙古电大严格执行中央电大的有关部门规定，实行"五统一"的教学管理制度。建立了以加强教学支持服务、强化教学过程化管理和严格考试制度为主要内容的教学质量保证体系和监控体系。2002年9月，顺利通过了教育部专家组对学校开展"人才培养模式改革和开放教育试点"项目的中期评估。2004年，学校被自治区党委、自治区人民政府授予"领导班子实绩突出单位"、"全区民族团结进步先进单位"；被呼和浩特市委、市政府授予"市级精神文明建设单位"并顺利通过了复审；被自治区教育厅评为"维护稳定，完成社会治安综合治理目标"先进单位；学校工会被自治区教育工会评为"实绩考核突出单位"。

内蒙古电大26年的办学实践，有力地推动了内蒙古自治区现代远程教育事业的发展，促进了学校现代远程教育观念、教学手段和教学环境的深刻变化。经过26年的改革与发展，内蒙古电大已逐步成长为自治区现代远程教育不可缺少的一支重要主力军，它正以其更为矫健的步伐在建设内蒙古自治区现代远程高等教育中心和内蒙古远程开放大学的征程中不断向前迈进。

学校多媒体教室

内蒙古化工职业学院

党委书记：傅永春

院长：乔子荣

乔子荣院长（左）作为高等职业院校代表签订项目建设协议

内蒙古化工职业学院坐落于塞外名城首府呼和浩特市中心，直属内蒙古自治区教育厅，它以超前的办学理念、先进的教学设施、鲜明的特色专业、广阔的发展前景及完善的服务体系而深受社会和广大学子的关注和信赖。建校30多年来，学院一贯坚持社会主义办学方向，与实俱进，锐意改革，经过历届党政领导和广大教职工的辛勤努力，现已成为国家重点建设示范性职业院校、全国职业教育先进单位和全国职业院校就业先进单位。

内蒙古化工职业学院是内蒙古自治区惟一一所石化、建材高等职业学院。随着西部大开发和国家大力发展职业教育政策的深入实施，作为内蒙古自治区经济支柱的产业之一石化、建材行业得到迅猛发展。内蒙古化工职业学院紧抓机遇，准确定位，以人为本，科学发展。学院以素质教育为基础、以能力培养为本位，为社会培养具有良好职业道德和创新精神的实用型、技能型高中级技术人才，服务区域、面向全国。

学院占地1100多亩，总建筑面积25万平方米。在完善教育教学基础设施的同时，学院以现代企业技术需求为导向，不断改善实验实训条件。建有化工仿真、多媒体、电工、电拖、物检、仪表自动化、微机原理、数控、分析测试中心等设施先进的实验室49个，着力建设（国家支持项目实验室）　　。积极拓展校内、校外金工实习车间、产品检验站等实习场所，100%的实验实训开出率，大大提高了学生的基本技能；可提供电子阅览和电子检索系统的现代图书馆，馆藏图书100多万册，报刊500余种；闭路电视教学系统、数码语音室、多媒体投影等现代化的教学设施和教学手段，让学生体验到了科技带来的便捷。

学院以高等职业教育为主体，保留中等职业教育和继续教育职能。实行院、系（部、处）两级管理体制，现设化学工程、测控与机电工程、材料工程、计算机与信息工程系、管理工程等5个系。高等职业教育开设29个专业，其中包括化学工程与工艺、非金属材料工程等七个特色骨干示范性专业和旅游与管理市场等市场急需专业。2003年起还开办了初中起点五年制高职班。中专部设置六大类学科，21个专业。

一支具有良好职业道德、治学严谨、知识结构合理的高素质教师队伍是教育教学质量的保证和关键，学院现有专职教师285人，其中教授、副教授88人、中级职称123人、具有双师证者85人、硕士研究生60人。

经过多年的探索和改革，学院积极搭建职业教育与普通教育和继续教育的立交桥，多层次、多形式的办学格局已经形成。与内蒙古工业大学、内蒙古科技大学签订专升本协议，与北京化工大学、武汉理工大学等院校联办专科、本科函授班和研究生班，引入清华大学远程教育网，为广大学子进一步深造和就业创造了良好条件。

大力推行“双证书”制度。学院是内蒙古自治区“石化行业国家职业技能鉴定所”、“建材行业职业技能鉴定站”。85%的毕业生就业上岗前取得“双证书”。

职业教育即就业教育。学院已建立了稳定的人才供求网络，与北京、上海、广州、江苏、浙江、河北、大连、山西、内蒙古等60多家人才机构和用单位签订了长期的用人协议，实行“定单培养”。历届毕业生供不应求，100%的就业率和广阔的就业前景使内蒙古化工职业学院成为内蒙古职业教育学苑中的一朵奇葩。

学院地址：呼和浩特市乌兰察布东街699号（北区）
邮编：010010
电话：0471—4923562、4964035
网址：www.hgzyxy.com　　电子邮箱：web@hgzyxy.com

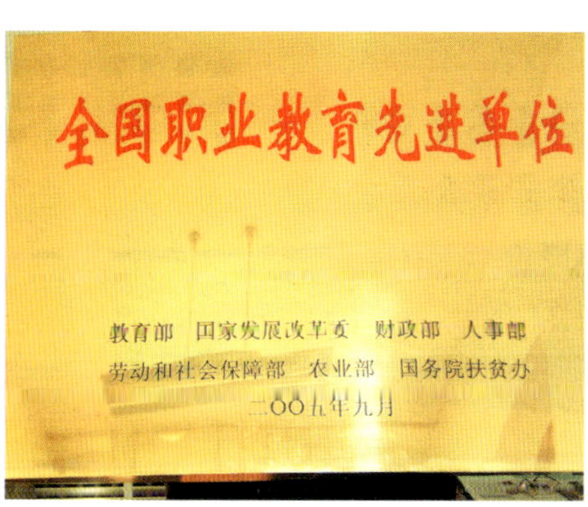

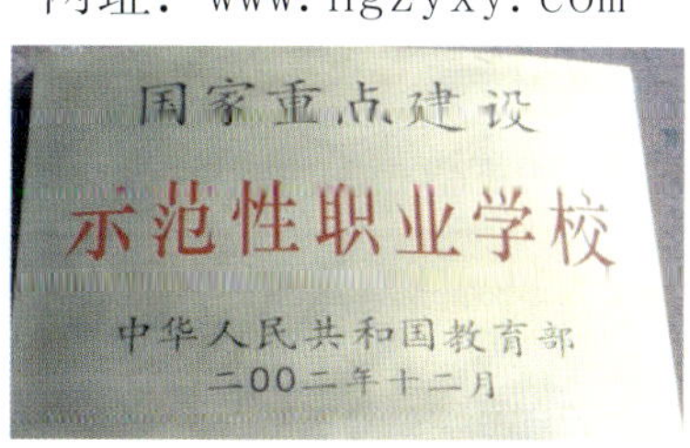

内蒙古商贸职业学院

多媒体机房

多功能报告厅

内蒙古商贸职业学院是经自治区人民政府批准、教育部备案的全日制公办高等职业学院。学院面向商贸、旅游、粮油、轻纺、农畜产品加工等多个行业培养人才。学院以举办高等职业教育为主体，兼办中等职业教育和成人继续教育，设商务系、会计系、计算机系、旅游系、工程系、艺术系等近30个专业。学院现有2个校区，占地面积238亩，固定资产总值8387万元，教学仪器设备价值1397万元。正在建设的新校区占地915亩，拟建校舍16万平方米。教学校、图书馆、综合实训楼、电教中心、运动场、学生公寓等教学和生活设施设备一应俱全。装备有专业及相关学科配套的财会模拟室、办公自动化模拟室、营销模拟展厅、电子商务操作室、酒店餐厅客房、装潢工艺制作室、服装工艺室、教学饭店、粮油食品检测制作室、皮毛工艺室等实验实训场所。图书馆藏书27万册。电教中心有多功能报告厅、语音室和计算机室，拥有多媒体计算机860台。

学院本着以学生、家长和社会为关注焦点的原则，力求提供符合ISO9000质量管理体系标准的教育服务。学院以提升教学质量为突破口，通过联合办学为高职毕业生择优升入对口本科高校深造，通过成人高考进行后期本科学习或直接就业疏通了多条渠道，为构建人才成长的"立交桥"奠定了坚实基础。目前，学院已与陕西科技大学、天津商学院等7所高校协作办学，与伊利、蒙牛和鄂尔多斯集团等数十家区内外企事业单位建立了长期稳定的合作关系，并建成了人才资源与人才市场信息库，为毕业生顺利就业提供了更广阔的平台。学院将在持续改进和提高教育服务质量的基础上，最大限度地满足学生、家长和社会不断增长的新需求。

学院有一支爱岗敬业的教职工队伍。现有教职工328人，具有高级职称的教师73人，具有中级职称的教师92人，专业教师双师率达40%。

学院的办学宗旨是立足本行业，面向全社会，为经济建设和社会发展服务，培养职业道德高尚、理论基础扎实、职业技能过硬的应用型、技能型高等技术人才。学院的教学管理特点是实行学分制(模块教学、弹性学制)；突出实践教学(实验实训学时占50%)；推行"双证制"(毕业证书与职业资格证书)。

学院通过了ISO9000国际质量管理体系认证，在质量管理方面已与国际通用标准接轨。学院的质量方针是"服务社会，满足需求；以人为本，厚爱严管；不断改进，创建一流"。学院是自治区级文明单位，2005年，学院在百行百业社会信誉"内蒙古百姓口碑最佳单位(产品)"调查评价活动中，被授予"内蒙古百姓口碑最佳单位"荣誉称号，在两个文明建设中取得了显著成效。

内蒙古民族高等专科学校

自治区党委副书记杨利民视察我校

爱心超市资助仪式

刘怀北—保持先进性教育活动

内蒙古民族高等专科学校是经中国教育部批准设立，由内蒙古自治区人民政府主办，全国唯一一所蒙古语言文字授课的普通高等学校。学校建立于1953年，在半个多世纪的办学历程中，为内蒙古和黑龙江、吉林、辽宁、河北、甘肃、新疆、青海等蒙古族聚集的兄弟省区和中央有关单位培养了2万多名蒙古族各类人才，为这些地区的经济社会发展和民族团结进步事业做出了应有的贡献，具有广泛的影响，被誉为“蒙古族人才的摇篮”。先后被评为国家和自治区两级“民族教育先进集体”和“民族团结进步先进集体”。

学校现设有公共管理系、经济管理系、政法系、新闻系、外语系、音乐系、美术系、计算机系、数理系、语言文学系、体育系等11个教学系部和蒙古学研究所、草原环境与生态研究所、民族教育研究中心等教学科研单位，35个专业，主要面向北方八省区招生。学校占地面积270亩，教职工470人，其中专任教师326人，教授、副教授占专任教师的35%，讲师占专任教师的40%，在校生4500多人。固定资产总值9000多万元，其中教学科研仪器设备总值1600多万元，教学用计算机520台，语音实验室5个，校园网联通教学与管理服务区。现有图书资料16多万册，期刊1000余种，电子阅览室和图书检索系统已建设完毕。

校内石景

自治区党委副书记杨利民来校讲党课

学校计算中心

图书馆

文艺汇演

搏克大赛

校运动会

内蒙古医学院

党委书记：王耀新

院长：毕力夫

内蒙古医学院国际文化交流中心

内蒙古医学院教学主楼

内蒙古医学院实验楼

内蒙古医学院图书馆

内蒙古医学院新校区鸟瞰图

内蒙古工程学校

领导班子

内蒙古工程学校是经自治区政府批准、国家教育部备案、国有公办全日制中等职业学校。前身是内蒙古地质学校，创建于1958年。

学校立足于国土资源系统，面向内蒙古自治区，以培养高素质技能型人才为目标，在建校48年的历程中，培养了2万多名各级各类适合地勘行业需要的专门人才。为自治区地质矿产事业和自治区经济社会的发展做出了很大贡献。

学校现设有测量工程技术、岩土工程技术、水文地质与工程地质、物化探、采矿、选矿、矿产地质、探矿工程、计算机工程应用等专业；教学科研机构有地勘教研室、基础教研室、电化电算教研室、体育教研室、内蒙古成丰国土资源勘查中心，具有鲜明的办学特色，大部分专业发展潜力巨大。

学校现有教职工146人，高级职称20人，占职工总数14%；中级职称32人，占职工总数的22%，在校中专生1240名，成人本、专科函授生868名。学校非常重视毕业生的就业工作，不断拓宽就业渠道，加强对毕业生的就业指导，建立了比较完善的毕业生就业服务机制，与全国30多个企事业用人单位建立长期用人关系，毕业生推荐就业率达100%。

近年，内蒙古工程学校不断加大投入，购置教学设备仪器，建成土工实验室、语音室、多媒体教室。及时调整课程教材和教学手段，加强重点课程、重点专业建设。学校于2005年3月根据教育部、自治区政府、教育厅关于加强职业教育，鼓励中等职业学校建设一批条件良好，设备配置与企业生产技术水平相适应的开放式技能型人才培养实训基地的要求，确立了“以服务为宗旨，以就业为导向，走产学研相结合道路”的办学指导思想。校领导班子经过深入的调查研究决定申办“内蒙古成丰国土资源勘查中心”，主要从事地质勘查、物化探勘查、工程测量技术、国土资源信息处理等工作。一方面解决了学生实训和技能培训基地；另一方面也为教师提供了掌握新理论、新方法、新技术的平台。

学校坚持多层次办学，多条腿走路的原则，与中国地质大学联合开办成人本、专科函授班，为在校中专生和国土资源系统广大职工学习深造、提高学历创造了良好的条件。

内蒙古工程学校以市场为导向，按企业需求运作，深化教育、教学改革，注重质量，办出特色，锐意改革，开拓创新，进一步发挥自身优势，不断加强基础设施建设，为自治区经济建设培养更多更好急需人才。

野外测量

校园

实地教学

呼伦贝尔学院

党委书记：王志

院长：朱玉东

体育馆

领导视察

校园

内蒙古呼伦贝尔中蒙医院

院长：于宝峰

呼伦贝尔市中蒙医院座落于风光秀美的草原城市海拉尔西大街繁华地段，是呼伦贝尔地区较大的一所集中、蒙、西医医疗，科研、教学及预防保健于一体的二级甲等医院。始建于1954年1月，1997年晋升为国家二级甲等中蒙医院，2001年被评为自治区丰佳医院。为了改善就医环境，在原有门诊部和住院部的基础上，又新建一座病房综合楼和一座门诊楼，现已拥有海地区一流的就诊条件，呼伦贝尔市中蒙医院以其独具的民族特色，高超的医疗技术和高尚的医德医风，吸引着海地区及市内外的患者前来就医。

我院建筑面积17000平方米、占地面积11000平方米，床位设置300张，科室健全，有中蒙西医内、外、妇、儿等临床科室，其中十个科室攻有病房；检验、放射、CT、功能检查和腔镜等医技科室，2个门诊部、4个社区卫生服务站，职工总数246人，卫生技术人员209人，其中主任医师6人、副主任医师16人、中级职称40人。主要设备有：双层螺旋CT、意大利进口彩色多普勒超声诊断仪、 日本进口B超诊断仪、500毫安数字遥控诊断X线机、胃镜、脑电地形图仪、脑彩超、全自动生化分析仪、全自动血细胞计数仪、血凝分析仪、钾、钠、氯、钙、PH电解质分析仪、心电工作站、母婴监护系统、新生儿抢救台、微波、万能手术床、高频电刀、心电监护仪、数字显示麻醉机、PT床、日本进口血液人工肾机、多导睡眠监测仪、内窥镜显像系统、正压呼吸机、腹腔镜、前列腺汽化电切镜、自凝刀设备。

门诊楼

内蒙古呼伦贝尔蒙医学校

校长：宝音

校长、党委副书记：宝音（左二）
副校长、党委委员：布仁巴雅尔（左一）
副校长、党委委员：阿吉拉（右二）
党委副书记：朱昌忠（右一）

学校荣誉

学生上病理课

多媒体教室

学校综合楼

内蒙古荣誉军人肢残康复中心

主任：张泮恒

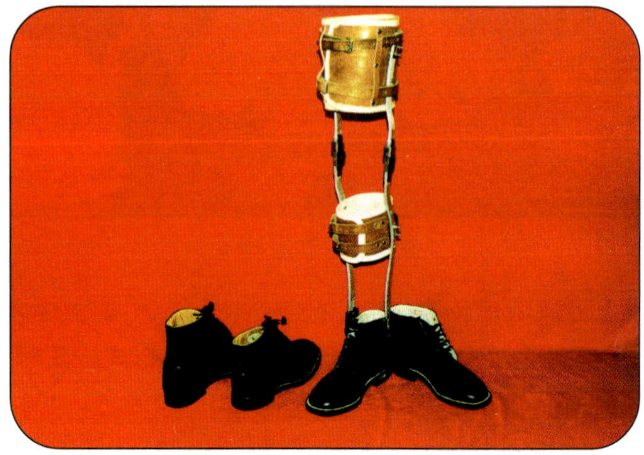

肢架矫形鞋

残障电动车

内蒙古荣誉军人肢残康复中心(原内蒙古假肢厂)，始建于1958年，是内蒙古民政厅直属的为荣誉伤残军人和社会伤残人员及老年人服务的自收自支优抚事业单位。担负着为肢体残疾的荣誉军人和社会残疾人制作装配进口和国产高、中、低档，上、下肢假肢、人体矫形器、矫形鞋、义眼等任务。为残疾人、老年人提供适用的高、低靠背可躺、可座便各种轮椅车，手摇、机动、电动三轮车，助行器具等；并经销各名优厂家生产的高、中低档金属及木制可调式双拐、手杖、坐便器、集尿器、疝气袋等辅助器具。近年来，中心在赤峰、通辽建立了分支机构。

我们面对体制性障碍所造成的沉重历史包袱、许多的不适应和激烈的市场竞争，自加压力，坚定地走改革之路，打破了原有的人事、用工、工资制度，打碎了干多干少、干好干坏一个样的铁饭碗，实行保低加提成与业绩挂钩的工资制度，增强了员工的危机感和市场经济意识，开始进入整体效益与员工收入同步增长的轨道。

我们坚持以“敬业、诚信、创新、优质”的中心精神，“伤残人的需要就是我们的追求”的宗旨，“最适合的人才是最好的”的理念来指导我们的工作。在管理上努力做到人性化、科学化、制度化。按照市场经济的要求，适时调整发展思路，大力开发国内外两个市场，扩大了市场份额，加强了与同行业的合作，壮大了整体实力，使中心的产值较快增长，消耗逐年下降，效益不断提高，职工收入明显改善，正在按照市场经济的要求谋发展。

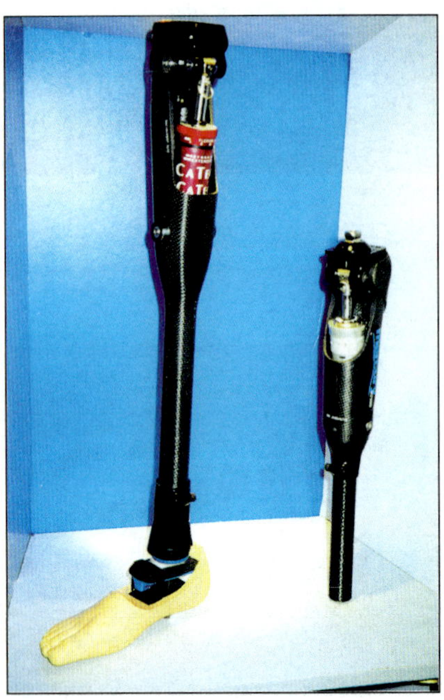

大腿假肢

地　址：呼和浩特市赛罕区昭乌达路362号

乘车路线：自火车站乘坐34路公交车到“赛罕区医院”下车往北八十米路东，21、38、44、50、55、57路公交车均从我中心经过。

电　话：0471-4962870　4960634转8001

传　真：0471-4964171

邮　编：010010

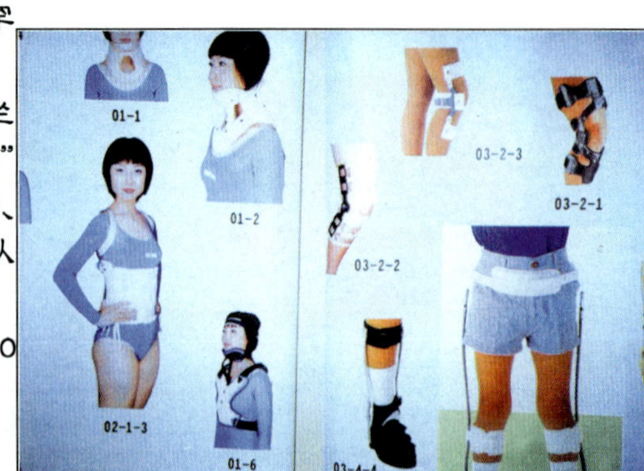

人体矫形器

内蒙古自治区交通征费稽查局呼和浩特分局

局长：刘树礼

为"神六"回京开通快速通道

呼和浩特交通征费稽查分局组建于1995年全区征稽体制改革之时，是自治区征稽局直属的事业单位。担负呼和浩特地区公路养路费、客运附加费、通行费征收管理工作。分局下辖10个养路费征稽所，2个通行费征收所。现有职工246人，其中蒙、满、回等少数民族职工60人，占职工总数的24.4%；具有专业技术职务的133人，占职工总数的54%；中共党员81人。

"十五"期间，分局全体干部职工在厅党组和自治区征稽局党委的正确领导下，努力实践"带好队、征好费"的总体要求，以求真务实的作风，积极构建和谐征稽环境。实现了全区联网征收养路费和电子网络实时稽查，极大地方便了车主，推动了规费征收的科学化、规范化、制度化进程，圆满完成了各项规费征收任务，被自治区政府授予"公路交通建设先进集体"荣誉称号。同时还多次受到各级党政组织给予的表彰和奖励。用我们的实际行动书写了"五个一工程"建设的篇章。

五年来共征收各项交通费税131 495万元。其中，公路养路费征收72 543万元；公路客附费征收4 173万元；直管通行费征收2 932万元；代征车购税51 847万元。为全区交通公路建设发展提供了应有的资金保障。

"十一五"是我国经济建设持续高速发展的重要时期，也是公路交通建设全面大发展的跨越阶段。交通征稽为公路建设筹集资金，更是重任在肩。我们继续坚定不移地以邓小平理论和"三个代表"重要思想为指导，以全面建设小康社会为目标，按照全区交通工作会议和征稽工作会议精神，加强分局行政能力建设和党风廉政建设以及全体职工改革意识和创新能力的开发。努力做到：突出两个推进；实行三个转变；实现四个提升；创建"五型"征稽分局(所)；以优异成绩走进全区交通征稽系统前列，树立首府征稽形象。

要以科学发展观统领征稽工作，建立与经济发展相协调，可持续发展的规费征收管理机制。以人性化的管理和科学的费收机制，促进征稽部门与车户的和谐关系。同时不断地探索研究当前形势下，车辆规费征收管理机制的新模式新途径。凝聚集体智慧和力量，按照全区交通工作"乘势而上、再铸辉煌"的指导思想，全力以赴投入到"十一五"的各项工作任务上来，为推动首府征稽工作又快又好发展，为加快"五个一工程"建设进程，全面完成征稽任务做出新的更大贡献！

电子化稽查

参与发射卫星

灰腾锡勒风电场使用我公司生产的风电设备

中国航天科工集团第六研究院（中国河西化工机械公司），是我国第一个固体火箭发动机研制、生产、试验基地。被誉为我国固体火箭发动机的摇篮，是航天系统三个“航天精神教育基地”之一。

四十多年来，六院共研制出了 70 多种型号的固体火箭发动机，交付发动机数千台（套），成功应用于国防和航天领域，并获得国家级和部委级科技成果奖 300 多项，六院研制的长征一号第三级固体火箭发动机将中国第一颗人造地球卫星 --- 东方红一号送入太空；返回式卫星制动固体火箭发动机连续 20 余次成功地将返回式卫星从太空送回地面；上面级固体火箭发动机—EPKM 于 1995 年准确地将亚洲二号卫星和艾科斯达一号卫星送入地球同步转移轨道，是我国第一个打入国际卫星发射市场的固体火箭发动机；铱星变轨发动机将美国摩托罗拉铱星系统的 12 颗卫星准确释放到预定轨道；2003 年 12 月 31 日、2004 年 9 月 25 日，六院研制的固体火箭发动机配合长二丙改火箭成功地发射了探测一号和探测二号卫星；六院研制的固体火箭发动机成功地配套我国各类战略导弹、战术导弹，为我国国防事业的发展做出了重要贡献。1997 年获得了中国航天领域唯一一块“优质固体火箭发动机”金牌，1999 年荣获内蒙古自治区“思想政治工作优秀单位”称号，2000 年被国家质量技术监督局授予全国质量管理先进企业称号，2001 年荣获“全区党的基层组织先进单位”荣誉称号，2006 年荣获“中央企业先进基层党组织”荣誉称号,被内蒙古自治区授予全区五一劳动奖状。

六院办公楼外景

“十五“期间，六院迎来难得的发展机遇，在中国航天科工集团公司的正确领导下，在自治区党委、政府的亲切关怀和大力支持下，全院干部职工团结一心，顽强拚搏，圆满完成了科研生产任务，全面实现了预定的经营管理目标，各项工作均取得了丰硕成果，经济继续实现高速发展，2005年比2004年销售收入增加15.86%，实现利润2312万元，职工年平均收入达到3万余元，民品、三产的生产和经营取得一定突破，思想政治工作得到加强，职工生产生活条件进一步改善。

1999年国庆阅兵六院参与装备的导弹方阵经过天安门广场

近年来，六院坚持“寓军于民，军民结合”的经营方针，民用产业发展迅速，经营范围和规模不断扩大。在“十一五”期间，六院将民用产业的重点发展方向确定在装备制造业、电力配套设备、压力容器制造业、可再生能源产业、机电一体化制造业等，并且要积极培育有机纤维、复合材料、特种材料制品、稀土发光材料、化工类产业，通过合作开发等多种方式加快产品开发进度，实现民用产业收入比“十五”末增长6亿元，使民用产业在“十一五”逐步成为六院的新的经济增长点。

自治区领导亲临六院视察工作

在新的历史时期，六院将以高质量的产品、精湛的技术、周到的服务竭诚为国内外客户服务，并不断开拓新的合作领域，为中国航天事业的发展和国防现代化建设做出更大的贡献。

内蒙古高等级公路建设开发有限责任公司

党委书记：赛文

总经理：包建设

内蒙古高等级公路建设开发有限责任公司（以下简称“内蒙古高路公司”）自成立以来，在自治区党委、政府和交通厅的正确领导下，以为全区经济发展提供良好的高等级公路运行服务和公路基础设施建设为目标，积极克服组建初期的重重困难，明确定位、艰苦创业、负重进取、改革创新，卓有成效地做了大量开创性工作，事企体制转变过渡平稳，企业运行机制持续完善，运营管理成效显著，公路建设开发实现突破，服务质量逐步提升，各项工作始终保持着良好的发展态势。

公司规模实现了标志性突破，公司所辖高速公路里程近1000公里，辅道1348公里（含待改造路段），总资产达到220亿，按资产计算，公司已位列全区国有企业前列，在自治区经济发展中越来越发挥着重要的交通保障作用。通行费收取实现了标志性突破。“贪、逃、漏”现象得到有效遏制，全公司通行费收取管理工作步入规范运营的时期。改善行车环境实现了标志性突破，彻底加固维修因超限破坏和自然损坏而长期未能修复的G110线乌海至集宁段45座危桥和52公里呼包高速旧幅路面，开展道路靓化建设，路容路貌基本改善，为社会创造了较为满意的行车环境。“双超”治理工作取得了标志性突破，“双超”车辆控制在货运车辆交通流量的1.9%，低于自治区政府提出目标的4.1个百分点。公路建设实现了零的突破，公司首次作为业主对G210线阿镇至苏家河畔公路进行改造建设，标志着公司投资主体地位得到确立。公司相关产业开发取得了突破。组建了高速石油公司和服务区等分公司，公路资源和路网优势得到整合和发挥。服务质量提升实现标志性突破，在内蒙古百行百业社会信誉评价活动中，被授予“内蒙古百姓口碑最佳单位”荣誉称号。企业运行机制建立实现标志性突破。初步建立了一整套符合企业运作的人事、劳资、财务、管理等制度，确保了公司始终沿着现代企业的轨道前进。此外，资产划拨问题也得到根本解决。行业精神文明建设、企业廉政建设和反腐败工作、深化体制改革等方面均取得新进展。

整装待发

内蒙古高等级公路建设开发有限责任公司

路政

“十一五”期间，内蒙古高路公司将主攻9个公路建设项目，公路交通基础设施建设计划确保完成投资200亿元，力争达到300亿元；到“十一五”期末，建成运营和在建高速公路里程达到3000公里，新增或再建高速公路2000公里，新增一级公路300公里。公司总资产规模力争达到700亿元。

内蒙古高路公司将以积极推进公司股权结构多元化和公路项目投资多元化进程为方向，以为全区经济社会发展提供优质的交通保障服务为中心，以资本经营为纽带，全面推进公司股份制改造进程，形成全区范围内高速公路规模化、集约化经营和优势互补、滚动发展的良性循环局面，把公司建设成为一个具有核心竞争、资产优良、社会服务良好、效益稳定快速增长的大型股份制企业集团。

通行收费

道路建设

中国建设银行内蒙古自治区分行办公楼

中国建设银行内蒙古自治区分行团委组织团员青年在鄂尔多斯恩格贝义务植树造林

中国建设银行内蒙古自治区分行营业部储蓄网点

中国建设银行内蒙古自治区分行与内蒙古大学、内蒙古农业大学签订个人助学贷款协议仪式

中国建设银行股份有限公司内蒙古自治区分行（以下简称内蒙古分行）原称中国人民建设银行内蒙古分行，成立于1954年10月1日。成立初期到1978年完全履行财政职能，办理基本建设投资拨款，审查基本建设投资概、预、决算，管理基本建设投资和施工企业财务。

1979年到1993年，内蒙古分行履行财政、银行双重职能，既管理固定资产投资和办理基本建设拨款，又从事固定资产和流动资产贷款。在履行财政职能的40年期间里，内蒙古分行通过办理拨款，为内蒙古自治区的“东林西铁、南粮北牧”经济格局奠定了基础；通过审查三算、管理财务、落实投资、动员内部资源等，为内蒙古自治区的基本建设投资按计划完成发挥了极为重要的作用；通过拒绝不合理开支和提合理化建议等，为内蒙古自治区提高投资效果、节约投资起了关键性的作用，共节约投资21.4亿元人民币。

1994年，内蒙古分行改革经营管理体制，不再履行财政职能，开始向国有独资商业银行转轨。为了把建设银行变为真正的商业银行，内蒙古分行进行了一系列的改革：将审贷一体制为审贷分离制，上收信贷审批权；将粗放式管理为集约型经营，资源配置更趋科学合理；实行激励约束机制，将经营成果和员工收入分配紧密结合起来；储蓄网点实行扁平化管理以减少管理层次；将审计部门独立，以保证审计的客观性；成立风险管理部门，专门预测和防范风险；调整信贷政策，集中资金投向交通、能源、钢铁以及重要原材料等行业。

内蒙古分行在转换经营体制的同时，积极开发业务新品种，陆续推出了信用卡、小额质押贷款、个人电子汇款、个人住房贷款、个人住房装修贷款、个人汽车贷款、网上银行、手机银行、代收代付等业务。内蒙古分行还加大科技投入，逐步开通了银证联通、重要客户服务系统、资金清算系统、大额支付系统、证券业务系统、龙卡网络系统、个人信贷系统、委托性住房金融业务系统、特色业务平台、医保IC卡系统、自助设备监控系统、个人业务查询系统等。这些系统的开通大大方便了公私客户查询、转账、汇款，不仅准确，而且快捷。

至2005年末，内蒙古分行的全口径存款余额为509.64亿元，比上年增加108.53亿元；各项贷款时点余额为430.83亿元，比上年增加99.63亿元；实现考核利润9.62亿元。

中国建设银行内蒙古自治区分行举办“西部大开发发展战略在我行的实施情况”座谈会

中国农业发展银行内蒙古自治区分行

农发行内蒙古分行党委书记、行长：卢纯才

加强企业文化建设，丰富员工业余生活。图为农发行内蒙古分行领导班子成员在观赏员工摄影绘画作品展

农发行内蒙古分行党委书记、行长卢纯才主持召开年中全区盟市分行行长会议，安排部署工作

召开贯彻落实总行专业会议精神电视电话会议，安排部署工作。左起：党委委员、副行长王铁民，党委书记、行长卢纯才，党委委员、副行长贾楞，党委委员、副行长赵焕英

农发行内蒙古分行营业部营业室

农发行办公楼

中国华融资产管理公司呼和浩特办事处

办事处党委书记、总经理：陈胜

纪念公司成立七周年全体员工集体宣誓仪式

呼和浩特办事处，是中国华融资产管理公司的分支机构之一，于2000年初筹建，于同年4月26日挂牌成立，专门负责从中国工商银行内蒙古自治区分行剥离出来的不良资产的管理和处置任务。办事处现有正式员工41人，短期用工37人。办事处组建初，从工行内蒙分行收购不良贷款1126户、资产83.03亿元，其中：收购债权转股权贷款12户、资产38.73亿元；收购逾期、呆滞贷款331户、资产21.62亿元（含表内利息3.44亿元）；收购呆帐贷款783户、资产22.68亿元。此外，还收购表外利息10.3亿元。

办事处自组建以来，时刻铭记所肩负的盘活国有商业银行资产和推动国有企业改革的光荣而艰巨的重要使命，在公司党委的正确领导下，在自治区各级党政的关怀支持下，在社会各界尤其是工商银行内蒙分行及分支机构的鼎力帮助下，克服各种困难，积极进取，大力探索不良资产处置方式和渠道，取得了不良资产处置的阶段成果。

接收工行损失类信贷资产签约仪式

2005年，共处置各类资产涉及企业93户、账面资产72735.09万元，收回现金7514.84万元。其中：处置政策性债权类资产涉及企业49户、账面资产45919.93万元,收回现金2746.26万元。经过近6年的处置，首次收购工行债权1117户企业、463981.54万元的资产,已累计处置1070户、资产426226.19万元，分别完成总户数的95.79%和总金额的91.86%。

华融呼和浩特办事处组建六年来，工作得到了自治区各界的关心和支持。在此，向大家表示诚挚的谢意，并希望今后继续得到自治区各界朋友的鼎力支持。

办事处召开保持共产党员先进性教育活动动员大会

华融呼和浩特办事处经营项目有：（1）收购并经营中国工商银行内蒙古自治区分行剥离的不良资产；（2）债务追偿、资产置换、转让与销售；（3）债务重组及企业重组；（4）债权转股权及阶段性持股；（5）资产管理范围内企业上市装、推荐及债券、股票承销；（6）直接投资；（7）发行债券、企业借款；（8）向金融机构借款和向人民银行再贷款；（9）投资及法律咨询与顾问；（10）资产及项目评估；（11）企业审计与破产清算；（12）经中国人民银行、中国证券监督管理委员会批准的其他业务。欢迎广大客户垂询。联系电话（传真）：6967697。

张乐义总经理在预备役

共产党员先进性教育动员大会

学习牛玉儒同志报告会

保持共产党员先进性教育动员大会

华夏银行股份公司呼和浩特分行

隆重的开业庆典

分行营业部

行　　长：魏开文
副行长：满　达
　　　　然　莲
　　　　彭寿斌
　　　　王秀荣

刷卡中大奖——2005年11月华夏银行卡消费中奖发车现场

华夏银行成立于1992年10月，是一家全国性股份制商业银行，总部设在北京，2003年9月在上海证券交易所挂牌上市。2005年11月成功引进战略投资者——德意志银行，公司的经营管理能力和国际化水平得到进一步提升。

华夏银行呼和浩特分行成立于2005年1月18日，是第一家入驻呼和浩特、业务范围覆盖全区的股份制商业银行。截至2005年底，吸收各项存款11.9亿元，一般性存款10.9亿元，储蓄存款1.3亿元，同业存款余额1亿元，贷款余额9.9亿元，不良贷款额和不良贷款率均为0。

华夏银行呼和浩特分行经营范围包括：吸收人民币存款；发放短期、中期、长期贷款；发放住房按揭贷款及个人消费贷款；办理结算；办理票据承兑与贴现；银行卡业务；提供信用证服务及担保；代理发行、兑付、承销、买卖政府债券；同业拆借；外汇兑换；代销基金；资信调查、咨询、见证等各项金融业务。

青城首家24小时自助银行

员工职业素质拓展训练——朝气蓬勃的员工队伍

业务宣

员工职业素质拓展训练——团队信任训练

分行办公驻所

党委书记、行长：李镇西

包头市商业银行积极支持包头市打造文化大市。图为包头市商业银行赞助举办包头市2004年新年音乐会

包头市商业银行以支持地方经济建设为己任。图为包头市商业银行支持的西北地区较大的建材企业—金荣装饰建材城

包头市商业银行以支持地方经济建设为己任。图为信贷支持的北方奔驰生产线

包头市商业银行

董事长：闫旺林

党委书记 副董事长 行长：李镇西

监事长：王新潮

副行长：周有才 张珍（女）金岩

工会主席：张珍（女）

纪委书记：李献平

行长助理：石占才

总会计师：周凤亮

包头市商业银行经人总行批准于1998年12月19日正式挂牌成立，是内蒙古自治区第一家，也是包头地区唯一一家具有独立法人资格的地方性股份制银行，下设22家支行，1个总部营业部，拥有50个营业机构，现有员工894人。成立七年来，取得了存款效益双增长，资产质量大幅度提高，连续七年盈利的良好业绩。

2005年，包头市商业银行继续发挥金融促进经济发展和社会进步的作用，在防范风险的前提下，开办了国际业务、国债待持业务，推出了保兑仓业务、汽车合格证质押业务、委托贷款业务及二手房贷款业务；正式开通了"包头市商业银行雄鹰卡"的香港、澳门、新加坡、韩国、泰国境外业务；并通过积极争取，成为国家开发银行在全国115家城市商业银行中选定的3家合作银行之一，并成为全国第一家与国家开发银行签订微小贷款协议和发放第一笔微小企业贷款的银行。此项目的开展将给过去难以从正规金融机构获得融资支持的微小企业和广大个体工商业者创造获得银行融资的机会，对促进包头市经济发展及充分就业具有重大意义。

包头市商业银行董事会设董事长1名，董事18名（独立董事3名），监事会设监事长1名，监事5名，经营班子设正行长1名副行长3名，行长助理1名，全部由专职人员担任。

2005年，包头市商业银行圆满完成了增资扩股工作，新募股115716.4万股，新增资本金共计115716.4万元，从而使我行的资本金达到了13亿元，资本充足率达到16%，达到了新巴塞尔协议的指标。

2005年，包头市商业银行按照"巩固、调整、提高、突破"八字方针，与时俱进，大胆构筑，不断创新，完善"赛车"和"无障碍管理"工作机制，全力打造"三大系统"，加大员工培训力度；对全行组织机构进行了初步调整，优化了总部内设部门，加大了营业网点的调整和改造，基本上完成了网点的"扁平化"工作；建立了以经济增加值为核心的绩效考核办法，突出了资本管理，收到了促进全行收益最大化、资源合理配置的经营效果；科技水平进一步提升；深入开展风险防控工作，历时三个月开展了"拉网式"检查和案件专项治理复查，使2005年成为我行的风险控制工作力度最大，最具成效的一年，全年没有发生各类案件和安全责任事故。

2005年顺利地通过了质量管理认证复审。

——资产和负债规模迅速扩大，竞争实力进一步增强。截止年末，包头市商业银行总资产达到218.1亿元，较上年增长65.4%；总负债202.9亿元，增幅为56.8%。资产和负债规模的迅速扩张，极大地增强了包头市商业银行的竞争实力，为实现包头市商业银行走出去的战略目标奠定了坚实的基础。

——存款，特别是储蓄存款继续快速增长，市场份额进一步增大，资金实力进一步增强。年末，各项存款余额为190.1亿元，增幅为57.3%。市场占比居包头市同业第一。其中：对公存款余额为99.4亿元，增幅为17%；储蓄存款余额为90.7亿元，增幅为152.9%；卡业务全年发卡8.7万张，存款2.4亿元。储蓄存款在我行存款中的占比由年初的30%上升到47.7%，使我行的存款结构更趋合理，稳定性增强，为今后的经营奠定了良好的基础。

——加强信贷管理，资产结构和质量进一步优化和改善。2005年累计发放贷款157.3亿元，各项贷款余额81.1亿元，增幅为68.5%；大型企业贷款余额为14.78，占比18.22%；中小企业及民营企业贷款余额为56亿元，占比69.08%；个人及其他类贷款余额为3.2亿元，占比3.95%，保持了较为合理的比例。五级分类不良贷款余额9281万元，较年初减少1460万元，不良贷款率1.14%，下降了1.09个百分点，实现了不良贷款额和不良率的"双降"。

——积极稳妥发展票据业务，取得成绩。2005年，包头市商业银行把票据业务作为实现利润增长的重头戏，全年累计签发银行承兑汇票83.5亿元，办理各类贴现33.9亿元，年底余额9.5亿元。

——货币市场稳健运营，成绩突出。全年累计交易434笔，成交量达到969.1多亿元，在2005年度全国银行间债券市场交易成员中排名77位；在城市商业银行排名25位。在2005年包头市商业银行还成功获得公开市场一级交易商、债券结算代理资格、中国农业发展银行金融债券承销团成员资格。

——科技水平有了进一步的提升，为业务扩展和产品创新提供了强有力的技术支撑。2005年，我行科技的巨大投入得到回报，取得了显著成果。实现了现代化支付系统、金融统计分析系统、银行反洗钱系统、信贷管理系统（包括个人征信系统）、绩效考核系统、办公自动化、呼叫中心等16个系统的开发运行；并自主进行了其中部分系统的开发、后台改造和数据移植；实现了综合业务系统24小时不间断运行；网络安全性、稳定性进一步提高；网上银行、手机银行稳步推进，我行的科技设施和科技实力明显增强。

——财务效益大幅度增长，员工收入水平和福利待遇持续提高。2005年，实现利润20630万元，增幅达196.4%，上缴税金7702万元，人均实现利润23.1万元。使我行七年累计上缴税金达到18079万元。

包头市商业银行
总部办公大楼

银联商务有限公司内蒙古分公司

副总经理：戈岚

银联商务有限公司内蒙古分公司领导班子名录：

副总经理：戈岚

助理总经理：涂丰林

综合部助理总经理：王蕴晖

市场部副总经理：郭大捷

业务部助理总经理：达赖

技术部助理总经理：马浩荣

银联商务有限公司内蒙古分公司隶属于银联商务有限公司，总公司设在上海，是全国最大的银行卡专业化服务机构，总公司在全国有 36 家分支机构，专门从事银行卡收单专业化服务。银联商务内蒙古分公司成立于 2004 年 12 月 22 日，公司主要致力于内蒙古银行卡产业市场的规范治理，公司本着“市场第一，客户第一，服务第一“的经营宗旨，发扬“团结拼搏，争创一流”的企业精神，竭诚为发卡机构、特约商户和广大持卡人提供专业化、规模化、高质量的银行卡服务，努力扩大银行卡使用范围，提高银行卡服务水平，改善银行卡受卡环境，推进银行卡联网通用，为提高民族银行卡产业的整体效益，创建中国银行卡民族品牌，实现“银联在手，走遍神州”的目标贡献自己的力量。

本公司为客户提供如下服务：

- 布放和维护 POS 机具（免费安装只收押金）；
- POS 耗材配送；
- 银行卡跨行交易信息转接
- 银行卡交易收单清算；
- 商户收银员技能培训；
- 处理业务差错及交易纠纷。

银联商务内蒙古分公司开业庆典。中国银联执行总裁刘永春（前排中），呼和浩特市副市长董恒宇（左六），自治区政府金融办主任宋亮（右六）

呼和浩特市副市长董恒宇（右）向银联商务市场部总经理兼内蒙古分公司总经理曲长国颁发“荣誉市民”金钥匙

银联商务内蒙古分公司荣获内蒙古自治区政府金融工作会议“业务创新奖”（右一 戈岚副总经理）

银联商务有限公司内蒙古分公司

中国银联执行总裁刘永春到内蒙古分公司指导工作

银联商务总公司常务副总裁郑毓华参加内蒙古“银行卡之春”户外宣传活动

银联商务全体员工野外拓展活动

“银行卡之春”活动特等奖抽奖现场

工商银行股份有限公司鄂尔多斯分行

工行办公楼

党委书记、行长：张凤山

团结奋进的领导班子

电子银行工作室

东胜地区拥有22台自动提款机

庆祝“五一”国际劳动节暨祝贺第二届职工代表大会胜利召开举办的文艺晚会。

呼和浩特市财政局

党委书记、局长：银　孝

呼和浩特财政局在市委和政府的正确领导下，坚持以“三个代表”重要思想和科学发展观为指导，围绕建立公共财政体制目标，创新管理服务，充分发挥生财有道、聚财有方、用才有效的职能作用，与时俱进、开拓进取、加快发展，财政工作与财政改革取得显著成效。

——财政保持高速增长，收入大幅提高。2005年全市财政总收入比“九五”期末2000年的20.45亿元翻两番，达到81.8亿元。“十五”期间，呼市财政总收入突破230亿元，比“九五”增长2.7倍，年均递增28.98%，占全区财政总收入的比重由“九五”期末的13%上升到2005年的15%。

——财政支出惠及八方，有效推动了全市经济和社会事业的协调发展。2005年财政总支出比2000年的19.86亿元翻近两番，达到73.05亿元。“十五”期间，呼市财政总支出完成244.53亿元，年均递增35.15%，为促进全市经济和社会高速发展起到了“润滑剂”的作用，在城市建设中发挥了“四两拨千斤”的作用。

——制度建设与时俱进，管理服务不断创新。五年间，从预算外资金管理到严格“收支两条线”进入非税收入管理新模式，循序渐进，令人瞩目。2005年全市非税收入完成17亿元，占财政总收入的20%，同比增长474%，为做大财政收入“蛋糕”，拉动全市经济发展起到积极的作用。从会计核算中心的诞生到国库集中支付中心的确立，紧密结合我市实际，财政国库集中支付制度从无到有，自我创新，自我完善，取得了显著成效。在改变传统“基数+增长”的预算编制基础上，实行了零基预算，项目预算，综合预算，预算编制初步走上了部门预算的编制轨道和综合预算的管理程序，为全市财政各项改革创造了条件，为全市积聚财力办大事提供了可靠保障。政府采购管理依法顺利实现与政府采购中心的脱钩，并得到进一步加强和规范。2005年全市政府采购完成5.3亿元，比2000年增长39倍，综合节约率为10%。创新行政事业单位资产管理制度，市本级行政事业单位资产管理取得实质性进展，管财与管物相结合，资源综合利用率大幅提高。积极推进“金财工程”建设，局系统办公自动化、网络化建设取得重大突破，为顺利推进财政改革与发展提供了有力的技术支撑。

团结、奋进、创新的局领导班子

——财政机构建设服务大局，财政干部逐步锻炼成材。适应改革需要，五年来国库科、经济建设二科、国库支付中心等12个科室（部门）应运而生。局系统新机构的设立，既为加强行政管理、发挥财政职能提供了便利，同时也为干部的锻炼成材创造了机会，激发调动了系统干部职工的工作积极性、主动性和创造性。

“十五”期间，该局继续保持了连续五年被市委和政府评为“工作实绩突出单位”，2001年获得并保持了自治区级“文明单位”，2002年9月获得自治区级“民族团结先进集体”，同年12月获得国家财政部、人事部联合授予的“全国财政系统先进集体”荣誉称号，成为当年自治区唯一获此殊荣的地市级财政局，标志着我市财政改革迈入全国先进行列。

领导班子

锡林郭勒银监分局领导名录：

党委书记、局长：王建中

党委委员、副局长：师修文　赵国瑞

2005年，中国银行业监督管理委员会锡林郭勒监管分局（简称“锡林郭勒银监分局”）内设7个科室，辖有阿巴嘎、苏尼特左、苏尼特右、二连浩特、镶黄、正镶白、太仆寺、正蓝、多伦、东乌珠穆沁、西乌珠穆沁等11个办事处，有干部职工80人，其中：男职工58人，女职工22人；具有大学本科学历的有50人，占比例62.5%；40岁以下人员50人。

锡林郭勒银监分局主要职责是贯彻执行国家有关金融工作的法律、法规，依据银监会及内蒙古银监局的授权，负责对辖区银行业金融机构业务活动的监督管理；审查和批准辖区银行业金融机构及分支机构的设立、变更、终止及其业务活动范围；审查和批准辖区银行业金融机构及分支机构高级管理人员任职资格；负责辖区银行业金融机构的现场检查和非现场监管，依法对金融违法、违规行为进行查处；负责统计、分析、上报辖区银行业金融机构的各类数据、信息，依据银监会及内蒙古银监局的授权进行信息披露；负责分局机关和系统党的建设、纪检和干部管理工作；领导辖区监管办事处的工作；承办内蒙古银监局交办的其他事项等。

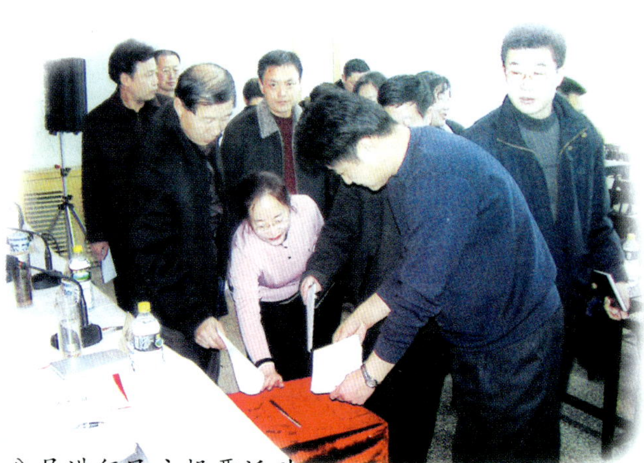

分局进行民主投票活动

中国人民财产保险股份有限公司内蒙古分公司

党委书记、总经理云珍在2006年全区系统工作会议上作工作报告

中国人民财产保险股份有限公司内蒙古分公司是我区成立最早、规模最大、实力最强、全区唯一一家服务网络覆盖所有县以上行政区域的财产保险公司。

公司于1951年5月11日在乌兰浩特成立以来，见证了自治区乃至国内保险业起步、停顿、恢复、发展、壮大的历程，是自治区保险业的开拓者和探索者。公司始终坚持“以市场为导向，以客户为中心”的经营理念和“人民保险，造福于民”的服务宗旨，大力弘扬“求实、诚信、拼搏、创新”的企业精神，为自治区经济社会发展做出了独特而突出的贡献。公司为众多有重大影响的企业和项目提供了保险保障，如黄河万家寨水利有限公司、包头钢铁集团、大兴安岭森工集团、神华准格尔能源有限公司、中国网通内蒙古通信公司、伊利实业集团、省际通道建设项目等，业务领域覆盖煤炭、钢铁、矿山、林业、化工、水利、电力、运输、机械制造、基建工程、邮电通讯、粮食、高新技术等各个行业。公司还实施“走出去”战略，积极拓展区外市场，参与了如“东方红三号”通讯卫星、“亚太六号”卫星、北京地铁10号线建筑工程等大型项目的承保。

荣获总公司、各级党委、政府和有关部门授予的多项荣誉称号

公司自1996年分业经营以来，共处理各类赔案近56万件，向受灾企事业单位、家庭和个人支付各类赔款42.8亿元。特大赔案有1996年包头地震赔款2.1亿元；1998年东部五盟市特大洪灾赔款1.49亿元，等等。同时，公司还积极投身社会公益事业，履行社会责任，承担社会义务，受到社会各界的高度好评。

人保财险内蒙古分公司诚信为本、客户至上的人本观念，使社会享受到了全方位保险保障和优质保险服务，也使公司实现了自身的不断发展与跨越，取得了令人瞩目的辉煌成就。公司业务规模快速扩张，偿付能力不断增强，在激烈的市场竞争中，占全区财产保险市场份额一直在80%以上，始终占据主导地位；承担社会风险总额逐年增加，2004年承担保险金额达2300亿元、责任限额500多亿元；业务范围不断拓展，目前保险产品共11大类，开办险种达400多个；理赔速度明显加快，客户服务水平快速提升，客户服务管理步入制度化、规范化；体制机制改革持续深化，管控能力和经营管理透明度显著增强，内在品质和长期价值得到提升；员工队伍建设成效显著，各级管理层的决策力、执行力和员工的岗位技能、综合素质不断提高，企业凝聚力、向心力显著提升。

不断加强理赔基础硬件建设，图为公司2004年增配的60余辆理赔查勘用车

2005年，巴彦淖尔市“12·24”交通事故发生后，公司立即组织有关人员参与事故施救、处理工作，并在第一时间支付赔款140万元，捐款20万元。图为事故打捞现场

为客户提供周到、快速的理赔服务。图为查勘定损人员在为受损车辆核定损失项目

中国电信内蒙古分公司

公司领导

内蒙古电信公司于2002年11月8日成立，是中国电信集团公司为适应国家电信体制改革，在内蒙古自治区设立的全资国有通信运营企业。

几年来，在自治区各级党委、政府及中国电信集团公司的正确领导和大力支持下，公司秉承集团公司“用户至上、用心服务”的服务理念，以“学习、创新、执行、服务”为主线，不断提升服务，强化管理，凭借良好的品牌、优质的服务在社会中赢得了广大用户的信赖与支持，企业核心竞争力获得显著增强，并收到了较好的经济效益和社会效益。

目前，公司已发展成为一个欣欣向荣、充满无限潜力的企业。在全区12个盟市设立了分公司，拥有一支朝气蓬勃、精干高效的员工队伍；网络通达全区重点商业单元，形成了“技术先进、功能齐全、布局合理、覆盖有效”的综合通信网络；在电信宽带、商务领航、号码百事通三大客户品牌带动下，实现了固定电话语音业务、数据业务、增值业务全面发展；中国电信的绿色动力网吧和IP话吧已经成为城市的一道风景，全区部分有影响的大客户由于信赖中国电信的品牌与服务，相继选择中国电信业务。

公司在发展中不忘时刻关注社会，倾心资助教育和社会公益事业。我们向锡盟地震灾区雪中送炭，赢得地方政府的好评；我们通过提供社会实践岗位和员工捐款的方式，向贫寒学子伸出援助之手，感动莘莘学子心灵；非典期间全体员工坚守岗位，并主动向奋战在抗击非典一线的医护人员捐款，得到了非典指挥部的表扬；我们承办了自治区网络大赛，向世人展示了千里草原融入信息大潮；我们资助承办全国青少年篮球赛、全国少儿才艺大赛内蒙古区的赛事，为草原明天的希望提供舞台……

回首过去，我们时刻不能忘记社会各界对内蒙古电信的关心、支持与理解，不能忘记客户对我们的呵护与信赖。各级领导、社会各界、广大客户，是内蒙古电信人奋发图强的坚强后盾和动力源泉。

展望未来，在全球经济一体化、信息化、国际化浪潮的席卷下，内蒙古电信将以更加积极的姿态投身于信息化社会的建设，我们坚信，只要我们高举邓小平理论伟大旗帜，认真贯彻三个代表的光辉思想，落实集团公司的战略转型指导意见，抓住历史机遇，在“十一五”规划建设信息社会的宏伟目标的指引下，我们的前途必将无限光明！

公司成立三周年

一线员工

呼市烟厂店游泳池

呼市烟厂店套房

乌海分店

呼市烟厂店总台

呼市烟厂店大厅

呼市烟厂店男浴

呼市烟厂店夜景

乌海店音乐广场

原内蒙古人大副主任、内蒙古昭君文化研究会会长贾才同志

内蒙古昭君文化研究会是由热心于公益事业的内蒙古政协常委张茂林和原长期在军、政机关工作的著名书法家刘佑华发起创立的。在内蒙古自治区上级领导的关心鼓励下，在老师刘佑华的精心帮助下，为倡导、总结、弘扬昭君文化做出了重要理论贡献和显著成绩。贾才、郝存柱、刘香芸等领导同志在弘扬昭君文化中发挥了重要领导作用，特别是郝存柱、刘香芸同志为成功举办昭君文化节和动员、组织专家编辑出版《昭君文化丛书》，做出了重要贡献。

1988年，张茂林在学习“昭君出塞和亲”精神的过程中，明确提出宣传“昭君文化”的科学概念，并在刘佑华的帮助下，首次系统地总结出“弘扬昭君文化，增强民族团结，维护社会稳定，促进经济发展，推动社会进步”的重要理论成果，先后得到自治区党、政、军主要领导，中央和国家及有关部门领导的认可，并受到各级新闻媒体的广泛关注和社会各界好评。这一成果经过呼市市委、政府连续举办五届昭君文化节的具体实践，取得了显著的社会效益和经济效益。近年来，中央和地方数百家新闻单位先后对弘扬昭君文化的巨大成绩作重点报道。尤其是《人民日报》、《求是》(特约稿)、《人民代表报》、《中国人大》、《人民政协报》、《中国政协》、《党建研究》、《党建》、《中国统一战线》、《学习与研究》、《中国改革》、《西部时报》、《工人日报》、《中国建设报》、《中国市场经济报》、《中国青年报》、《中国企业报》、《中国书画报》等党和国家及有关部门主办、主管的报刊，内蒙古党委主办的《内蒙古日报》、《实践》也都报道推出弘扬昭君文化的理论研究和实践成果，为昭君文化唱响全国，走向世界起到舆论引导作用。

“昭君文化”研究会创始人张茂林(左一)、著名书法家刘佑华(右一)与张至秀将军在一起

科教文卫体

科　　研

科学技术

【内蒙古自治区科学技术厅领导名录】

厅　　长:徐凤君

副 厅 长:孙惠民　林莉(女　蒙古族)　马强　田颖男

纪检组长:包锐锋(蒙古族)

助理巡视员:乌宁奇(蒙古族)　李增建

【概况】　2005年自治区科技厅内设机构有:办公室、人事处、政策法规与体制改革处、发展计划处、条件财务处、高新技术发展及产业化处、农村与社会发展处、科技合作处、知识产权处、纪检组、机关党委共11个处室。现有57人,其中博士研究生2人,硕士研究生10人,本科35人,大专10人,中专2人。厅属二级单位现有227人,其中博士研究生1人,硕士研究生20人,本科115人,大专66人,中专12人。科技厅机关有少数民族27人,其中蒙古族25人,回族1人,朝鲜族1人;厅属二级单位共有少数民族54人,其中蒙古族49人,回族1人,满族2人。科技厅所属事业单位有:内蒙古科学技术信息研究所、内蒙古甜菜制糖工业研究所、内蒙古技术市场促进中心、内蒙古分析测试中心、内蒙古生产力促进中心、内蒙古科技厅机关事务服务中心、内蒙古科学技术奖励服务中心、内蒙古对外科技交流中心、内蒙古科技厅驻北京联络处、内蒙古虚拟科学技术研究院、内蒙古转制科研院所离退休人员服务中心。

2005年是实施科技发展“十五”计划的最后一年,自治区科技厅继续遵循科技工作“改革、调整、创新、产业化”的总方针,全面落实科学发展观,深入实施科教兴区战略,以深化科技体制改革为动力,着力抓好提高自主创新能力和营造科技创新大环境,各项工作取得很大成绩,科技对自治区经济社会发展的支撑和引导作用进一步增强。

【科技发展战略研究】　在政策研究方面,自治区科技厅会同自治区党委政研室等有关部门,对自治区科技发展的现状和面临的形势开展深入的调研分析,在此基础上提出未来发展战略的初步思路,经自治区政府常务会、主席办公会、党委常委会审议,于2005年6月至9月,分别发布《自治区关于实施技术跨越战略的意见》、《内蒙古党委、政府关于进一步加快科技发展的决定》和《内蒙古自治区实施科技强区纲要》等3个指导全区科技事业全面发展的纲领性文件,确立科技工作将以全面贯彻落实科学发展观、提高自主创新能力为战略基点的新路线。在科学技术发展规划编制方面,根据国家中长期科学和技术发展规划工作的部署和自治区党委、政府的要求,结合全区自身实际,全面展开“自治区中长期科学和技术发展规划及‘十一五’科技发展规划”的编制工作,先后完成11项专题战略研究,以此为基础,适时启动两个规划纲要的编制工作。在制度建设方面,进一步强化政务公开、科学执政的理念,全面贯彻落实国务院加强执政能力建设和反腐倡廉等一系列方针政策,推进科技厅工作的规范化、制度化、法制化,提高依法行政能力和行政效能,制定《科技厅政务公开工作管理办法(试行)》,并成立科技厅政务公开领导小组,对《内蒙古自治区科技工作规则》进行重新修订。在机关科学化管理方面,率先提出建立 ISO9000 质量管理体系,已进入实际运行阶段。

【科技计划管理】 2005 年对自治区科技计划进行重大改革,在研究确定计划项目时,坚持目标集中、重点突破、以人为本、自主创新的原则,重点支持制约自治区发展的关键共性技术的研究与开发,尤其是围绕自治区六大支柱产业确定一批旨在提高核心竞争能力的科技计划项目。全年重点安排 14 项重大科技专项、10 项科技示范工程、15 项技术模式、4 大科技平台建设、5 大科技服务体系、科技行动以及重点项目。共安排项目 87 项,投入经费164 889.9万元,其中自治区本级财政科技投入7 379万元,占经费总额的4.5%。

科技项目配置显现如下特点:一是企业承担项目的比重增加,达到44.5%,经费占到34%,拨款比例占到34.1%,课题数比例达到44.5%,企业已逐步成为自治区科技创新的主体;同时,加大对自主创新项目的安排力度,在原始创新、集成创新和再创新方面的项目占到70%以上。二是突出对重大项目的支持,重大项目经费占到60%以上。三是突出科技经费的放大作用,由于重大科技产业化项目的比例不断提高,政府科技投入的放大作用也日益明显,政府科技经费的放大效应达22.3倍。四是突出公开、公平机制,对部分重点项目进行公开招标,招标项目的比例超过16%,通过招标项目投入的科技经费超过14%。五是突出各层次项目的有机组成,不仅仅安排指令性计划项目,也安排适当比例的指导性、引导性和后补助计划项目。重大科技专项、科技示范工程、技术模式、科技平台建设、科技服务体系和重点科技行动作为 2005 年科技计划的重中之重,共安排经费4 453万元,占总经费的60.3%;计划项目按指令性、指导性、引导性和后补助四个层面给予支持。其中指令性项目占25.1%,指导性项目占36.3%,引导性项目占33.3%和后补助项目占5.3%,后三个层面的项目比例大大增加,比例达到75%。

【科研院所改革】 是年,积极协调有关部门,着力解决改革中存在的部分问题。一是根据国家在有毒有害特殊岗位工作的人员可以提前退休的精神,科技厅对自治区 7 家科研院所特殊岗位进行审查认定,对于符合国家规定的有毒有害作业者给予认定并享受提前退休待遇。二是结合事业单位改革和区域创新体系建设,完成《我区科技体制改革总体思路的汇报提纲》,形成整合科技资源,高校与科研机构互兼互聘,共建重点实验室,与国家农科林科院、工程院联建共建内蒙古社会公益类科研机构的思路,提出根据学科专业优势、研究实验条件、人才、体制、机制认定非营利科研机构的思路。三是完成对高新技术股权激励试点企业的跟踪问效工作。

【科技交流与合作】 在国内科技合作方面,重点推进全区与中国科学院共建科研院所工作,组织申报了共建"中国科学院呼和浩特新草原与畜牧业研究所"、"中国科学院包头稀土研究所"等研发机构。为进一步加强与中科院、清华大学等国内著名科研单位、高等学府的产学研合作,推动自治区高新技术产业快速发展,与包头市科技局共同筹备组织"2005 年中国科学院、清华大学科技项目洽谈会"。举办自治区第三届农牧业科技成果博览会,来自国内 17 个省、市、自治区的近 792 家企业、科研院所、大专院校、涉农单位参展,展示的农畜新品种、农畜产品加工新技术、种养新技术等各类新成果、新技术、产品达2 000余项,仅赤峰分会场就实现现场交易、现场合同交易4.17亿元,意向合同交易1.1亿元。

在国际合作方面,成功举办第二届满洲里中俄科技展暨中俄高新技术产品交易会,中国科协主席周光召、全国政协常委伍绍祖、自治区党委副书记、自治区副主席岳福洪、自治区人大副主任陈瑞清、自治区副主席连辑、经济日报社总编辑冯并、外交部办公厅主任韩志强等国家各部委领导、自治区领导及俄罗斯伊尔库茨克州立法会议副主席巴伊玛什夫先生、赤塔州第一副州长奥古涅夫先生、赤塔州副州长卡拉谢夫先生、俄罗斯驻华使馆代表诺沃秀罗夫先生、赤塔州副州长甘铁木洛夫先生等国内外领导和嘉宾出席开幕式。来自北京、深圳、浙江、湖南、辽宁等 15 个省市及俄罗斯莫斯科、圣彼德堡、新西伯利亚、克拉斯诺亚尔斯克、伊尔库茨克、乌兰乌德、赤塔等城市的科研院所、高新技术企业参展。现场参观和洽谈的国内外客商将近 3 万人次,签订各类协议 41 项,协议金额8.6亿元。这届中俄科技展的举办,进一步提高中俄科技合作的深度和质量。年内接待丹麦瑞索国家实验室主任一行 5 人对包头市进行的参观考察。Joergen · kjems 一行同自治区有关领导和专家就可再生能源的开发利用,尤其是风能的利用和建立研发机构等方面合作事宜进行会谈。丹方同自治区部分企业就合作开发内蒙古风能资源初步达成意向。

【科技服务平台建设】 针对自治区科技资源相对较弱,研发能力不足的现状,科技厅把提高创新能力的切入点放在加强科技载体建设上。内蒙古虚拟科学技术研究院在组织重大科技产业化项目的研究开发方面迈出重要的步伐,积极推进中蒙药、奶业、草业、稀土、信息、技术市场等专业分院的组建,中蒙药、奶业、草业、稀土四大专项已经启动。其中内蒙古乳业研究院在 6 月份正式成立,并建立起企业为主体,政策扶持、科技项目引导的良好的运行机制。为集成国际国内科技资源,提高内蒙古乳业科技整体创新能力,科技厅与伊利集团在乳业虚拟研究院的基础上，共同组建内蒙古自治区乳业研究院，研究院由3家委员会、5个研究中心、5个重点实验室和3个试验基地组成，研究院的建立将为深化自治区农业科研机构改革提供示范。

为进一步提高京蒙高科孵化器在人才引进、网络信息服务、企业孵化孵育、金融投资服务、管理资源开发和综合中介服务等功能，与呼市市政府共同提出内蒙古科技城建设方案，规划出一个以核心区为龙头，通过功能区的辐射作用，引导带动整个示范区的三层次科技城远景规划。

在农牧业科技服务体系建设方面，科技特派员试点工作稳步推进，取得明显效果，通过项目带动，走出具有地区特色的创新模式。对于科技特派员的管理日臻完善，各试点地区相继出台工作实施方案、考核和奖励办法等。科技特派员工作的投入大幅度增加，鄂尔多斯市财政投入136万元，农民自筹1 191万元，科技特派员投入2 800万元；兴和县财政投入80万元，农民自筹20万元，企业自筹10万元；乌海市海渤湾区财政投入35万元，农民自筹98万元，企业自筹4 020万元，落实贷款3 930万元；通辽市科尔沁区财政投入15万元，企业投入335万元。除国家确定的4个试点地区外，阿拉善盟、兴安盟、巴彦淖尔市也在积极开展科技特派员试点工作。此外，面向广大农村牧区开通"96048"科技服务热线，编印《内蒙古农牧业科技服务体系查询指南》，建立《专家论证管理规范》、《96048服务标准》、《96048电子杂志》，为农牧民提供农业气象、市场供求、实用技术等信息，解决农牧民在生产中遇到的疑难问题，完成全国首例成熟的自治区+盟市+旗县三级农牧业科技服务呼叫中心。

【知识产权工作】 在发挥知识产权制度作用，推动区域创新能力提高方面，一是启动了包头稀土高新区知识产权制度示范园区二期建设和稀土知识产权中心二期建设工作，加快了园区二次创业的进程；二是通过调研提出"自治区专利管理体系建设"和"六大经济产业重点企业专利信息服务体系"项目，并列入2005年度科技计划，年内，中外专利信息平台在伊利集团点击开通，部分重点专业工作试点企业的专利信息专题数据库已启动；三是继续开展发明专利费用资助工作，全年受理发明专利费用资助申请170项，对164个符合条件的项目进行资助，资助金额29.5万元。

在知识产权法律体系建设方面，对全区知识产权推进工作会议上讨论修改的《内蒙古自治区专利管理办法》和《内蒙古自治区查处假冒、冒充专利行为办法》进行再次审议，举办"我爱绿色草原—2005年度内蒙古知识产权高峰论坛"和"保护知识产权宣传周"，加大知识产权法律方面的宣传力度。

为贯彻落实国务院和自治区人民政府《保护知识产权专项行动方案》，开展保护知识产权专项工作。在全区范围内开展打击假冒和冒充专利行为专项整治行动，检查大型商场、药店154个，查处冒充专利99种，标记不规范产品18种；没收侵权商标标识9万余件，查处商标侵权案件178起；收缴非法音像制品154 054张，非法书刊41 913册，销毁非法音像制品133 521张，销毁非法书刊6 550册；查缴假"昂格丽玛"奶酒930件，假冒"河套王"酒1 000余件。

（胡德尔）

社会科学

【内蒙古自治区社会科学院领导名录】

党委书记：李　冰

党委副书记 院长：吴团英（达斡尔族）

副院长：宝力格（蒙古族） 牛森 马永真（回族）

乐奇（11月任职）

纪检委书记：包桂花（女 蒙古族）

巡视员：马俊秀（女）

【概况】 2005年，内蒙古社会科学院下设有历史、蒙古语言文字、文学、经济、牧区经济、哲学、社会学、民族、科学社会主义、法学、草原文化（不占编制）11个研究所，呼伦贝尔经济文化研究所、兴安盟自然资源研究所（挂内蒙古社会科学院牌子，编制等属地方管理），图书信息中心和杂志社，职能处室7个；蒙古语信息技术研发中心、蒙古学研究中心、三少民族研究中心、学术著作出版中心、《蒙古学研究年鉴》编委会（均为内设机构、不占编制）。内蒙古社会科学院是在国内外学术界享有一定声誉和影响，具有鲜明民族特色和地区特点的地方社会科学院。

内蒙古社会科学院现有在职工作人员178名，其中各类专业技术人员111人，专业人员中有正高级专业技术职务22人，副高级专业技术职务32人，中级专业技术职务27人，享受国务院特殊津贴专家1人，入选"321"人才工程一层次1人，二层次6人。全院离退休人员124人，其中有正高级专业技术资格38人，副高级专业资格27人，中级专业技术资格18人。

【主要研究成果】 2005年出版或发表并在国内外学术界产生较大影响和良好社会效益的学术著作与学术论文有：《蒙古族现代思想史论》、《论草原文化》（第二辑）、《草原文化研究资料选编》（第二辑）、《最后的游牧帝国》（译著）、《内蒙古旅游》、《〈庚申外史〉译注》、《汉蒙词典》（第三版）、《非公有制经济组织党建工作指导》、《草原文化研究初探》、《金三角堀起的启示》、《俺答汗之爱妾三娘子其名其意》、《归绥龙泉公园及碑记》、《通过软件正版化保护知识产权、促进民族软件产业发展》、《论北方草原文化在中华文化大系中的地位及其影响》、

《略论草原文化的底蕴内涵和创新》、《草原丝绸之路探析》、《论草原文化在中华文化发展史上的地位与作用》、《政治文明—中国古代北方草原文化的重要内涵》、《面向未来的草原文化》、《蒙古族传统文化中的和谐思想》、《草原牧区可持续发展问题研究》、《关于农村牧区全面建设小康社会的思考》。

【对外学术交流】 内蒙古社会科学院是以蒙古学、经济学、草原文化学、民族学和法学为研究重点的科研单位,以拥有众多知名学者和馆藏珍贵的蒙古历史文献而闻名于国内外。建院20多年来,积极开展对外学术交流,共接待来访外宾300多人次,团组187批次,其中包括来自美、英、法、德、意大利、捷克、斯洛伐克、土耳其、澳大利亚、俄罗斯、蒙古、日本等23个国家以及香港和台湾地区的专家学者,在蒙古学、经济学、民族学、法学等绪多学科领域,加强与国外学术界的交往与合作。内蒙古社会科学院先后派出专家学者106人次出席各种国际学术会议与进行学术访问,接收来自美国、意大利、法国、日本、韩国等国研修学者8人次,扩大社科院在国际学术界的影响。

【《草原文明与民族文化大区建设研究》子课题《草原文化问题研究》结项】 由社科院科社所副研究员贾喜喜承担的院重点课题《草原文明与民族文化大区建设研究》子课题《草原文化问题研究》于2005年3月20日通过专家组鉴定并结项。该项子课题由四篇论文组成,即《略论草原文化的底蕴、内涵和创新》、《大氛围、切入点与突破口—关于草原文化产业若干理论和实践问题研究》和《马克思主义经典作家说过"文化生产力"吗?》。专家组认为,文章理论性较强,解析了带有全局性、战略性的一系列理论和实践问题,所用资料扎实、可靠,立论客观,对草原文化予以科学的阐述。

【《蒙古语标准音察哈尔地区实地调查》通过专家鉴定】 2005年3月17日,院重点课题《蒙古语标准音察哈尔地区实地调查》通过专家鉴定。此次调查中以八省区统一使用的《中国蒙古语方言调查提纲》作为调查大纲,并选出340个具有针对性和代表性的单词,实地进行核实;在调查方法上,以问答、记录、录音为主。同时还以《内蒙古日报》上筛选1 000个常用词的用例进行录音。调查地点选在锡盟正蓝旗贺日斯太苏木的三个嘎查。参加鉴定的专家认为,课题采用的调查方法科学规范,实地调查具有一定的典型意义,调查结果有一定的应用价值,课题最终成果《正蓝旗贺日斯太苏木方言调查》发表后,产生良好的社会反响。

【《关于内蒙古农民增收问题的社会学考察》通过专家鉴定】 2005年5月18日,重点课题《关于内蒙古农民增收问题的社会学考察》通过专家鉴定。内蒙古农民增收问题倍受各级政府和学者关注。课题组就此问题对内蒙古地区以农业生产为主的村落及进城务工农民进行调研,发现农民在利用社会资本增加自己的收入。课题依据"差序格局"理论概念,参考"城市版"差序格局的观点和"弱关系与强关系"理论的内涵,分析农民进城务工的前期,依靠城市亲属关系的程度,以此说明内蒙古农业地区农民增收与农村亲属网络的关系,解释城市居民在帮助农民亲戚增收方面所起的重要作用。

【草原文化研究工程】 6月24日,自治区党委副书记陈光林,自治区党委常委、宣传部长莫建成到内蒙古社会科学院就"草原文化研究工程"进展情况进行考察和调研。陈光林同志强调,要从构建草原文化学科的高度,进一步深化对草原文化的研究,尽快推出一批有更大学术价值和影响的研究成果。"草原文化是中华文化的重要组成部分,是中华文化的三大主源之一"的战略地位已经得到了学术界的普遍认可,研究成果得到社会各界的高度关注,草原文化的吸引力和影响力越来越大,草原文化作为内蒙古最大的文化品牌得到广泛共识。有关部门和专家学者要围绕已经确定的9个子课题,组织编写好相关研究丛书。要抓住召开"中国内蒙古第二届草原文化研讨会"、"草原文化高层论坛"、"中国国际蒙古学学术讨论会"等活动的契机,做好草原文化理论和学术方面研究的延伸,扩大草原文化的影响,取得更大的研究成果。

【草原文化高层论坛暨十四省区社科院院长联席会议】 7月17日至20日,草原文化高层论坛暨十四省区社会科学院院长联席会议在呼伦贝尔市召开。会议由自治区党委宣传部和《光明日报》社联合主办,内蒙古社会科学院承办。自治区党委副书记陈光林、自治区副主席连辑、中国社会科学院副院长朱佳木、《光明日报》社副总编辑何东平出席会议并讲话。会议期间,来自中国社会科学院、北京大学、全国哲学社会科学规划办和内蒙古社会科学院等部门的上百名专家学者,对草原文化有关问题进行深入的探讨与交流。

【中国·内蒙古第二届草原文化研讨会在包头举行】 8月8日,由内蒙古社会科学院、内蒙古社会科学联合会和包头市委宣传部、包头市社会科学院联合举办的"中国·内蒙古第二届草原文化研讨会"在包头隆重举行。内蒙古自治区党委副书记陈光林出席研讨会并作重要讲话。来自区内外的100多位专家、学者深入交流草原文化研究的新成果。本届研讨会共提交论文103篇,评选出获奖论文39篇。其中:内蒙古社会科学院历史所何天明的论文《政治文明—中国古代北方草原文化的重要内涵》获一等奖;北京大学历史系党宝海的论文《蒙古钦察汗国的驿站交通—古代草原制度传播的个案研究》、内蒙古社会科学院法学所乌恩的论文《论草原文化的价值体系》、内蒙古大学艺术学院宋生贵的论文《开掘民族艺术的审美文化资源》、内蒙古大学艺术学院王光文的论文《内蒙古民俗文化资源的产业开发》获二等奖；内蒙古社会科学院的额尔敦陶克套等11篇论文获三等奖；大连大学艺术研究院张景明等撰写的23篇论文获优秀奖。当日，内蒙古草原文化研究会正式成立。自治区领导陈光林、莫建成、张国民、连辑、乌兰和著名学者清格尔泰被推选为名誉会长。

【中国蒙古学国际学术讨论会在呼和浩特举行】 由内蒙古自治区社会科学院牵头，内蒙古大学、内蒙古师范大学共同主办的中国蒙古学国际学术讨论会于2005年8月19日至21日在内蒙古自治区呼和浩特隆重举行。来自中国、蒙古国、俄罗斯、日本、德国、匈牙利、美国、芬兰、波兰、韩国、哈萨克斯坦、吉尔吉斯坦以及香港、台湾等国家和地区的300多名代表参加会议。国际蒙古学组织、国际蒙古学协会、联合国教科文组织国际游牧文明研究院、国际阿尔泰学会、俄罗斯科学院东方研究院圣彼得堡分院、俄罗斯科学院西伯利亚分院的代表，以及世界著名的蒙古学学者、专家等均莅临本次大会。内蒙古自治区党委副书记陈光林到会并致辞，自治区党委常委、宣传部长莫建成、自治区副主席连辑以及中国社会科学院秘书长朱锦昌，蒙古国驻中国呼和浩特总领事馆领事朝伦巴特尔等出席会议。此次研讨会共设有：蒙古语言文字、蒙古文学、蒙古历史与文献、草原文化与民俗4个分会。共收到学术论文240多篇，与会代表围绕会议主题“中国蒙古学研究与回顾”展开广泛而深入的研讨。无论从规模、研讨内容和涉及的学科领域上均堪称为前所未有。

【《汉蒙词典》（第三版）在京首发】 2005年8月27日，“全国少数民族优秀图书出版基金”资助项目、民族出版社重点图书、内蒙古社科院重点项目《汉蒙词典》（第三版）首发式在民族出版社隆重举行。《汉蒙词典》是汉语文和蒙古语文对照的翻译词典。《汉蒙词典》（第三版），收汉字12 000多条，收多字条160 000多条，350万出版字，它服务于初中以上文化程度的汉蒙翻译人员。《汉蒙词典》（第三版）是在内蒙古语文研究会1955年6月编纂的《汉蒙简略》，内蒙古语言文字研究所1964年5月编纂的《汉蒙古词典》（第一版）和内蒙古社科院蒙古语言文字研究所1982年12编纂的《汉蒙词典（增订本）》第二版的基础上编纂完成的。

【《光明日报》设《草原文化论坛》专栏】 《光明日报》与内蒙古社科院合办，专门为社科院主持的2004年度国家社科基金特别委托项目—“草原文化研究工程”特设的专栏《草原文化论坛》于2004年11月16日正式开栏后，共刊发专栏文章8篇。包括内蒙古社会科学院草原文化课题组撰写的《论草原文化在中华文化发展史上的地位与作用》，《论草原文化的建构特征》，王锦厚的《草原文化形成的三个重要标志》，王大方、张文芳的《从考古发现看内蒙古草原文明的伟大贡献》，陈光林的《论草原文化的现代文明意义》，何天明的《北方草原游牧民族的政治创新与贡献》。

【蒙古国科学院副院长进行学术访问】 2005年10月17日，蒙古国科学院副院长恩和特布信一行3人来社会科学院进行学术访问。院长吴团英、副院长宝力格与蒙古国客人就两院建立院际学术合作关系、人员互访、资料共享、合作研究课题等方面进行合作交换意见，并进一步深化相互之间的学术交流与合作达成共识。蒙古国驻呼和浩特总领事馆总领事楚伦巴特尔出席座谈会。

【“哲学节在内蒙古·2005”庆祝活动】 2005年11月17日，由内蒙古社会科学院、内蒙古社会科学联合会共同举办内蒙古自治区庆祝“国际哲学节”活动并同时举行了题为“哲学节在内蒙古·2005年”主题座谈会。自治区党委、自治区宣传部、内蒙古社会科学联合会、内蒙古党校、内蒙古党委《实践》杂志社、内蒙古大学、内蒙古金川保健高科技股份有限公司和内蒙古社会科学院领导以及专家学者、企业家30余人出席座谈会。座谈会由内蒙古社会科学院副院长牛森同志主持，内蒙古党委副书记陈光林同志到会并做重要讲话。

【《蒙古学研究年鉴》创刊号出版】 2005年8月15日，经国家新闻出版总署批准，由社科院蒙古学研究年鉴编委会编辑出版的第一本反映蒙古学研究事业发展状况的大型资料性年刊—《蒙古学研究年鉴》正式出版。《蒙古学研究年鉴》设有“专载”、“专论”、“专访”“世纪回眸”、“国内蒙古学研究”、“学术动态”、“学术成果选介”、“蒙古学大事记”、“蒙古学论著索引”等栏目，是一部集学术性、资料性、辞书性为一体的大型工具书。

【《辽代政权机构史稿》出版座谈会】 2005年11月30日，社科院举行《辽代政权机构史稿》出版座谈会。《辽代政权机构史稿》是内蒙古社会科学院历史研究所何天明副研究员撰写的一部学术著作。这部著作自2004年9月出版发行以来受到辽金史研究界的高度重视，中国高校教材图书网、国学网、《中国史研究动态》、《内蒙古社会科学》等对该书做了报道和评价。参加座谈的专家认为，《史稿》是一部原创性的学术著作。这部著作以辩证唯物主义和历史唯物主义作为研究的指导思想，在研究方法、思路等方面严格遵循历史学、民族学研究规律，反映了研究者扎实的历史学功底和基础理论水平。

【《内蒙古旅游文化丛书》荣获第三届内蒙古图书奖】 由内蒙古社会科学院组织编写，乔吉、马永真主编，2003 年 9 月由内蒙古人民出版社出版的《内蒙古旅游文化丛书》，于 2005 年 2 月荣获第三届内蒙古图书奖。

（乌恩特）

农牧业科研

【内蒙古自治区农牧业科学院领导名录】

临时负责人：冯万玉 刘永志 康暄

【概况】 2005 年 4 月 1 日，自治区党委、政府决定，将原农业科学院、畜牧科学院两个科学院合并重组为内蒙古自治区农牧业科学院。院临时班子按照精减、统一、效能的原则，及时进行院机关内设机构的整合，将两院机关 8 个职能处室整合成 4 个临时职能部门，并依据干部任用条例，经院班子研究并报经厅党组同意配齐了新的职能处室的临时负责人。合并后，院里采取措施鼓励西区到南区的实验室做实验，南区到西区的基地搞示范；引导一些学科关联度比较大的所彼此间进行沟通与合作。

【科技创新】 高产奶牛体细胞克隆技术应用取得突破，6 月 25 日自治区首例高产奶牛产下体细胞克隆牛。国家“十五”重大项目“农牧交错区奶业现代化集成与产业化示范”、“北方牧区奶业现代化集成与示范”两个项目，国家西部开发牧草种子工程等一批国家重大项目全面完成各项建设和科研任务，通过国家验收。一批生产性状较好，具有很大推广应用价值的农作物新品种如：玉米“内早 16”、“内单 314”、“内单 205”，谷子“蒙金谷一号”、枸杞“蒙杞 1 号”等通过审定。其中玉米新品种“内单 314”在巴彦淖尔市全国玉米新品种示范推广展示评比中排名第一，表现出良好的推广前景；“肉牛繁育体系建设”和“优质细毛羊选育及良种繁育体系建设”两个自治区“十五”科技攻关项目通过鉴定；“小麦新品种选育及配套栽培技术研究”等 7 个自治区科技厅“十五”攻关项目通过专家验收；国家自然科学基金项目“日粮含氮物质在白绒山羊体内分配规律及其调控的研究”和自治区自然科学基金项目“内蒙古草场甲虫生物多样性调查及生物学特性研究”也完成验收；草原生产力与牧草长势监测技术走在全国前列。

【科研基础设施】 通过近几年的建设，我院承担的农业部农产品质量安全监督检验测试中心（呼和浩特）正式挂牌，生物工程中心经过进一步完善配套，具备开展农牧业生物尖端技术研究的能力，国家小麦原种基地建成并通过国家验收，武川旱作农业试验区改造建设工程基本完成，农业部四子王旗综合试验示范中心经过今年项目的实施，其功能得到进一步完善，巴彦淖尔市科技示范园区科技幅射带动作用继续增强，全院科研基础设施的功能正在不断扩展。

【科研经费】 2005 年全院共获得经费1 104.2万元，其中国家级项目经费800.2万元，占总经费的72%，自治区级项目经费为 304 万元，占总经费的28%。其中 50 万元以上的项目有：农业部新品种试验示范基地建设、农业部优质高产奶牛养殖及其奶制品加工技术中试示范、内蒙古白绒山羊良种扩繁体系建设及产业化示范、亚麻优质高产抗病专用新品种“轮选一号”中试与示范，农牧交错带防沙型带状留茬耕作技术试验示范。20 万元以上的项目有：食用菌标准化栽培模式、内蒙古西部区无公害蔬菜生产技术集成及关键技术示范推广、荒漠化草原合理利用示范、荒漠草原旱生植物建植模式示范推广、牛羊改良技术集成研究与示范—内蒙古白绒山羊改良技术集成研究与示范、无公害种植产品检验检测、名贵实用菌生产基地建设。优质向日葵新品种、新技术和新材料引进，良种肉羊生产决策支持技术的引进与中国优质肉用种羊繁育体系建设等申报的国家“948”项目，已经通过农业部组织的专家论证。

【人才队伍建设】 全院又有 6 名科技人员考取并攻读硕士，有 8 名考取并攻读博士，聘任 12 名硕士充实到科研一线，全院人才的学历结构得到进一步改善。同时，院里有计划有步骤地加大与国内外的合作与交流。全院先后派出 20 人次前往澳大利亚、墨西哥、英国、新西兰、印度等国进行学习、访问和交流，先后邀请22 位日本、德国、美国、英国、澳大利亚等外国专家来院进行交流。与此同时科学院先后主办了有 6 个国家共 86 位外国学者参加的中日韩瘤胃学术研讨会以及中日荞麦学术研讨会，全国干旱地区农业可持续发展高级论坛，畜牧业高级论坛等学术交流活动，先后接待农业部副部长张宝文、中科院常务副院长白春礼院士、中科院兰州分院程国栋院士、中国驻澳大利亚大使傅莹、中国农业大学副校长孙其信博士以及农业部推广中心夏敬元博士来学院视察和指导工作。这些活动对拓展学院科技人员视野，推动学院与相关院所的合作以及人才队伍建设均起到很大的促进作用。

【扶贫工作】 自 2002 年，科学院承担着锡林郭勒盟的苏尼特右旗朱日和镇白音塔拉嘎查和白旗满都拉图嘎查的帮扶工作。先后下乡 166 次，培训农牧民2 569人，资助失学儿童、捐赠衣物、农作物新品种、资金共计53 万多元。

（张喜彦）

农机科研

【中国农业机械化科学研究院呼和浩特分院领导名录】

院长 党委副书记:杨世昆(满族)

副院长:王培功 卞一丁 柴玉柱

总工程师:刘贵林

【概况】 中国农业机械化科学研究院呼和浩特分院(原机械工业部呼和浩特畜牧机械研究所)是首批转制的具有自营进出口经营权的中央直属科技型企业。分院是内蒙古自治区畜牧业装备工程技术研究中心和新能源工程技术研究中心的依托单位,是机械工业环境技术研究中心的成员单位,是全国风力机械标准化技术委员会、机械工业风力机械产品质量监督检测中心、机械工业畜牧机械产品质量监督检测中心、中国农机学会畜牧机械学会的挂靠单位。

中国农业机械化科学研究院呼和浩特分院隶属于中国农业机械化科学研究院,在职职工 272 人,专业技术人员 180 人,其中研究员 10 人,获国家特殊津贴专家 7 人,拥有资产总额 12 092.3万元。建院 40 年,共完成各类科研技术开发项目 806 项,其中获国家级、省部级等科技成果奖 88 项,国家专利 37 项,为国家畜牧业及畜牧机械化的发展做出突出贡献。

【科研成果】 2005 年科技投入明显增加,全年科技开发投入 601 万元。当年按计划执行课题 26 项,其中国家部委重点项目 18 项,自治区重点项目 7 项,分院自研项目 1 项。2005 年通过鉴定验收项目 4 项:农业科技成果转化资金项目—《禾本科牧草种子收获机系列中试》项目,通过北京科委组织的项目验收;内蒙古科技攻关计划项目—《草原建设和草原改良机具关键设备的研制》项目,通过自治区科技厅组织的科技成果鉴定;国家科技攻关计划项目—《西部新能源行动计划》项目,通过科技部验收;分院自研项目《9QL—2.1 型青贮料收获机》于 2005 年 11 月底全部完成,并通过分院自评估验收。准备验收阶段的项目 13 项:国家高新技术"863"计划—《太阳能饲草干燥技术及设备研制开发》;科技部项目—《西部草业关键技术装备牧草种子收获与加工机械研制》;农业部科技成果转化基金项目—《荞麦混合粉及其加工工艺与设备》;"十五"国家重大科技项目—《苜蓿小型收获配套机械研究》;科研院所基金项目—《无切割苜蓿种子收获关键部件及装备研究》;科研院所基金项目—《转刷气流式草籽采集技术及装备研究》;国家科技攻关引导项目—《苜蓿种植、收获、深加工设备研制开发》;内蒙古科技计划项目—《无切割苜蓿种子收获关键部件及装备研究》;内蒙古科技计划项目—《2ZQ—2.7 型苜蓿种子采集机》;内蒙古科技计划项目—《种子制丸工艺相关设备研制》;机械工业联合会标准—《饲草揉碎机国家标准》;机械工业联合会标准—《圆捆打捆机 术语和商用规范》;《风力发电机系列标准》项目。

【创新能力建设】 1. 分院在"内蒙古自治区畜牧业装备工程技术研究中心"运行三年多的基础上,升级为"国家级草原畜牧业装备工程技术研究中心"做为 2005 年度全院提升技术创新能力的重中之重来抓,完成了"国家草原畜牧业装备工程技术研究中心"项目建议书、项目可行性研究报告的编写和上报工作。在内蒙古自治区政府、总院的大力支持和分院的不懈努力下,于 9 月 2 日通过国家科技部组织的行业专家评审后,9 月 27 日参加了 2005 年度国家科技部组织的国家工程技术研究中心综合评审会,受到与会专家的一致好评,同意将"国家草原畜牧业装备工程技术研究中心"列入 2005 年国家工程技术研究中心组建项目计划。"国家草原畜牧业装备工程技术研究中心"进入实质性运作阶段,为提升分院的技术创新能力奠定坚实的基础,2005 年共承担重点科技项目 7 项,申请专利 7 项。

2. 为实施内蒙古自治区"送电到村工程",促进风力发电、光伏发电、风光互补供电技术的推广应用,促进民族地区脱贫致富,提升内蒙古自治区新能源技术创新水平,组建"内蒙古自治区新能源工程技术研究中心",以技术创新为指导,以促进新能源领域高新技术成果产业化为目标,使离网型风力发电、风光互补供电技术领域保持国内领先水平。积极探讨大型并网风力发电机组的产品开发、产业化技术以及与发达国家进行技术合作的可能性,对有效利用丰富的风能资源、缓解能源紧张产生积极意义。

【产业化工作】

主导产品的产业化工作跨上新台阶 分院控股的"内蒙古华德牧草机械有限公司",2005 年主导产品以具有国际九十年代先进水平的"9YFQ－1.9 跨行式方草捆捡拾压捆机"为主。仅方捆机一项,2005 年就实现产值 900 万元。获得"高新技术企业"认定。分院先后注入资金对其进行技术改造,使企业发生显著变化。2005 年度共完成固定资产投资146.5万元,更新生产设备 40 台(套)。按年初董事会安排,2005 年计划完成工业产值1 800万元,年末实际完成2 076万元,比计划增长15.3%;销售收入计划为1 800万元,实际完成1 800万元;计划实现税后利润 50 万元,实际完成 120 万元。

与齐齐哈尔市黑龙江农牧车辆股份有限公司合作的产业化项目—不对行青饲收获机,2005 年度实现小批量生产 15 台。

继续在政府采购招投标项目中取得实效 2005 年度继续积极参与政府采购招投标项目,中标项目主要有:"内蒙古军区

边防连队风/光互补(光伏)电站建设项目”,由内蒙古自治区发改委主持实施,共建设25个风/光互补或光伏电站,合同金额165.83万元;“京津风沙源治理项目张家口地区沙源治理招投标项目”,主要有秸杆揉碎机、青饲切碎机等,共计500台(套),合同金额153.8万元;“内蒙古锡林郭勒盟围封转移项目”,中标中小型饲草料加工设备200台(套),合同金额92.6万元。

产品营销工作 2005年通过销售中心共签订销售合同36份,合同金额达1 106万元,执行合同32份,合同金额1 041万元。

9GY-3.0割草压扁机

92LZ-4.0旋转式搂草摊晒机

9KB-2.0型多功能高密度压捆机

9YK系列型秸秆饲料压块机

9Q-60型青干饲草切碎机

9R系列揉碎机

9ZQ-3.0型禾本科草籽收获机

5ZW-1000型制丸机

5YS-500型丸化种子分级机

9CJT-300型牧草种子加工成套设备

5XZJ-3型清选机

AMG-300型玉米青贮收获机

NB200R全自动保护逆变器

NB300R24WP全自动保护逆变器

NB1000R48WP全自动保护逆变器

NB4000R48全自动保护逆变器

【人才培养】 随着分院创新能力的提高、产业化生产的发展,同时积极应对激烈的市场竞争,对专业人才的要求越来越高。分院加强对专有人才的培养,由分院资助接受在职硕士研究生教育的专业技术人员有7人。通过对在职研究生的培养,为提升科技人员素质,持续增强创新能力奠定基础。

【科研产品】

分院生产经销的产品主要有:

9FYQ-1.9型方捆打捆机

9GB-2.1型往复式割草机

GKY2型二次压捆机

93ZF-1.0型铡切粉碎机组

9FC系列干草粉碎机

9ZQ-2.7型豆科草籽采集机

5SHB-5A型包衣机

9CM-300型窝眼清选机

5X-5型清选机

9CM-300型除芒机

5ZX-5型重力分级机

5KW风力发电机组

NB100R12WP全自动保护逆变器

NB600R24WP全自动保护逆变器

NB2000R48全自动保护逆变器

风/光互补供电技术

(吴雅梅)

草原研究

【中国农业科学院草原研究所领导名录】

所长 党委副书记:王宗礼

党委书记:苏 和(蒙古族)

副所长:徐柱 郭永清 王育青(蒙古族)

【概况】 中国农业科学院草原研究所成立于1963年,位于内蒙古自治区呼和浩特市乌兰察布东街120号。现有在职职工187人,其中科技人员131人,在科技人员中具有正高级专业技术职务的12人,副高级专业技术职务的40人,博士学位的5人,硕士学位的27人,农业部有突出贡献的中青年专家3人,享受政府特殊津贴的专家4人。草原研究所以国家4亿公顷草地为研究对象,以研究、解决提高国家草地生产力的重大科学技术问题为主攻方向,以促进国家草业科学进步、草地畜牧业的可持续发展为目标,着重研究牧草遗传与育种;天然草地保护与改良;人工草地建植与管理技术;草地病、虫、鼠害及杂草的综合防控;草地灾害与草地生产力的动态监测与评价;草地综合发展与宏观决策研究;饲草料加工、调制及反刍动物营养;草地改良与牧草加工机械的研制;草产品开发及城市草坪绿化等。

草原研究所有办公室、人事处(党委办公室)、科技管理处3个职能管理部门和牧草遗传与育种、草地生态与监测、草地生产与管理、草地综合发展、草地工程机械5个专业研究室以及草业科技信息中心、分析测试中心,国家多年生牧草种质资源圃、国家牧草种质资源中期库、农业部草地资源生态重点开放实验室、农业部遥感应用中心呼和浩特分中心、农业部鄂尔多斯沙地草原生态环境重点野外科学观测试验站、农业部沙尔沁牧草资源重点野外科学观测试验站、农业部牧草收获机械中试转化项目基地、旱生牧草种子繁育基地、《中国草地学报》编辑部形成强有力的科技创新支撑条件,构成的科技创新体系;由内蒙古中农草业发展公司、后勤服务中心构成的科技开发和后勤服务体系。此外,还拥有呼和浩特郊区试验场、鄂尔多斯沙地草原改良试验站和十二连城试验基地三个试验场(站、基地)。

【科研项目】 2005年,研究所共申报各类科研项目63项,获准立项26项,到位经费1 683.3万元。

2005年研究所共有26个科研项目结题,有3个项目通过有关部门组织的验收,2个项目通过鉴定。其中,“草原主要鼠害种群数量动态预测及持续控制技术”对近十五年的研究内容总结和凝炼,经专家鉴定,研究成果达到国际领先水平;“内蒙古农牧交错带京津沙治理区草地植被建植与恢复技术”获内蒙古自治区农牧业丰收三等奖。

全年共发表科技论文52篇,出版学术著作5部,获得实用新型专利1项。

【国内外学术交流与合作】 2005年8月,研究所在呼和浩特市成功承办由国务院学位办组织的“全国畜牧学科高峰论坛会议”。会议主要围绕畜牧学科建设与才培养及“十一五”国家畜牧学科领域要解决的全局性、关键性和前瞻性重大科学技术问题进行学术交流,来自全国各高校及科研单位的80多位代表参加会议。此外,研究所受中国草学会的委托,组织承办“中国草学会牧草遗传资源专业委员会牧草遗传资源收集、保存、评价及利用研讨会”并组织会后考察及培训班,来自11个省区的30多名科技人员参加培训。继续实施“走出去,引进来”战略,先后选派10人次出国参加国际会议、考察和进修学习。其中,有6人参加在爱尔兰、英国召开的“第二十届国际草地会议”,并有2篇论文入选会议论文集;先后接待来自新西兰、波兰、日本、澳大利亚、蒙古等国家的专家与学者15人次。

【条件建设】 2005年研究所加强基础建设项目的管理和新项目的争取工作 。先后建设完成“岩黄芪等旱生牧草驯化及原种繁育基地建设”、“牧草种子清选加工成套设备”、“国家种质多年生牧草资源圃改扩建”、“建设EOS/MODIS卫星接收处理系统”、“科研楼改造”等5个重大基础条件建设项目。此外,研究所鄂尔多斯沙地草原改良试验站和呼郊试验场分别被国家农业部命名为“农业部鄂尔多斯沙地草原生态环境重点野外科学观测试验站”和“农业部沙尔沁牧草资源重点野外科学观测试验站”。

【人才培养】 2005年研究所招收全日制研究生18人,比上年增长125%,其中培养中国农科院研究生院硕士生9人,与甘肃农业大学联合招收硕士生9人。首次招收和培养农业推广硕士13人,并承担了中国农科院研究生院在内蒙古地区的2003级农业推广硕士(兽医硕士、工程硕士)27人的课题报告。研究所培养的各类在读研究生40人,达到建所以来的最高水平。

(王桂芳)

林业科研

【内蒙古自治区林业科学研究院领导名录】

院长:李 昊

党委书记:秦进保

【概况】 2005年,内蒙古自治区林业科学研究院内设处级机构9个,其中专业研究所5个、杂志社1个、管理处室3个。另有环境绿化工程设计所、国家林业局重点开放性实验室—沙地生物资源保护和培育实验室、内蒙古自治区重点实验室—沙地(沙漠)生态系统和生态工程建设重点实验室、树木园、内蒙古荒漠化防治技术培训交流中心。全院人员编制113人(不含《内蒙古林业》杂志社),在职职工161人(含《内蒙古林业》杂志社,其中专业技术人员91人,高级专业技术人员54人(研究员11人)、中级专业技术人员30人、初级专业技术人员7人。有博士生导师1人、博士2人、硕士4人。

【科研项目】 自治区林业科学研究院承担的科研项目共46项,其中延续项目33项,新列项目13项(详见2005年科研项目表)。按项目类别统计科技攻关14项,自然科学基金9项,引智及引进技术11项,“973”专题1项,科技支撑2项,科技推广3项,成果转化1项,国际科技合作3项,科技能力建设1项,科技扶贫1项。在2005年承担的13项新项目中,948项目2项,主要有“可降解纤维土工沙障技术引进”、“沙棘果实采收机械的引进”项目;引智推广项目5项,主要有“四倍体刺槐的推广”、“亚洲中部水循环及其对全球变化的影响”、“ 流动沙丘固定新技术及材料的应用” 等;应用基础研究5项,其中应用研究项目主要有“内蒙古固沙源治理区生态变化跟踪评估体系研究”、“抑制天牛及分泌物活性药物研究”、“膨润土资源在林业中的应用研究”等。

【科研成果】 2005年林业科学院有5个课题通过鉴定,其中“荒漠藻综合治沙技术示范与开发利用”达到国际领先水平;“荒漠化区能源基地生态环境构建与调控技术研究”、“内蒙古林木种质资源基因库建设和扩繁技术研究”、“防虫保水生物复合肥开发利用研究”、“生物定时水开发及造林应用研究”等4个项目均达到国内领先水平

【科技合作】 在延续合作的项目中,与湖南师范大学、北京林业大学等单位合作研究的“亚洲中部水循环及其对全球变化的响应”和“毛乌素沙地固沙造林示范模式与技术研究”项目研究

工作进展顺利,另外2003年承担的“气候变化对中国内蒙古干旱地区荒漠化的影响”和前两项将在2006年全部完成。这些合作项目,将对自治区防沙止漠和绿化工程提供有力的科研数据。

【科技支撑】 内蒙古林科院目前承担两项科技支撑项目,其中“内蒙古多伦县荒漠化监测定位站”是延续项目,主要针对沙地的小气候、沙地水分动态、植被动态等的监测研究;另外承担的项目是“内蒙古乌兰察布盟农牧交错带植被恢复综合配套技术应用示范项目”,该项目在化德县、四子王旗、卓资县建立牧交错带植被恢复综合配套技术示范区1万亩。以上两项完成后,将对内蒙古沙区、后山地区的绿化工作起到推动作用。

【科技服务】 2005年,林学院完成绿化设计与施工项目10多项,完成绿化博览会现场施工项目1项。完成“南京世博园”绿化博览会现场施工项目1项,参与完成自治区党政大楼绿化工程部分任务。

【人才培养】 同年有3名科技人员考入北林大和内蒙古农大攻读博士学位;借助林科院科研平台和科技人才,林科院与内蒙古农大合作培养研究生达20余人。

【设备更新】 为更好地做好科研工作,也为科研工作创造良好工作条件,林科院在2005年就新购置先进的仪器设备。主要购置“原子吸收分光光度计”、“激光粒分布仪”、“紫外可见分光光度计”、“台式高速冷冻离心机”、“凯氏定氮仪”等。这些仪器的购置,保证科研质量的提高,创造良好的科研条件。

内蒙古林业科学研究院2005年新项目科研表

国家林业局项目

序号	项目名称	项目类别	起止年限	研究内容	主持人	备注
1	可降解纤维土工沙障技术引进	948	2005~2008	1.揭示生物可降解纤维土工沙障内风沙迁移规律 2.在不同沙丘地貌部位设置不同规格的生物可降解纤维土工沙障来改变沙丘表面二次流的分布 3.利用流体力学计算软件构建可降解纤维土工沙障防风阻沙动力学模型	韩太平	新列
2	沙棘果实采收机械的引进	948	2005~2008	引进俄罗斯沙棘果实采收技术及配套机械一台	杨文斌 梁建平	新列
3	四倍体刺槐的推广	引智推广	2005~2006	1.建立示范林一处 2.建立繁殖圃采穗圃	季蒙	新列
4	内蒙古乌兰察布盟农牧交错带植被恢复综合配套技术应用示范项目	科技支撑	2004~2006	在化德县、四子王旗、卓资县建立牧交错带植被恢复综合配套技术示范区1万亩	曹建军	新列

自治区计划发改委项目

序号	项目名称	项目类别	起止年限	研究内容	主持人	备注
1	内蒙古风沙源治理区生态变化跟踪评估体系研究	应用研究	2005~2007	在内蒙古风沙源治理区进行生态变化跟踪评估体系研究	杨文斌	新列

自治区外国专家局项目

序号	项目名称	项目类别	起止年限	研究内容	主持人	备注
1	亚洲中部水循环及其对全球变化的影响	引进智力	2005	中国与日本合作对黑河下游生态环境演变,进行气象、水文等的研究	杨文斌	新列
2	流动沙丘固定新技术及材料的应用	引进智力	2005	通过引进专家,进行研究微热量法在树种资源开发中的应用	胡小龙	新列
3	樱桃核桧的推广	引智推广	2005	从美国引进樱桃核桧,并进行推广	杨文斌 王晶莹	新列
4	沙漠盐草的引进与推广	引智推广	2005	从美国引进沙漠盐草并进行推广	崔清涛	新列

自治区自然基金项目

序号	项目名称	项目类别	起止年限	研究内容	主持人	备注
1	抑制天牛及分泌物活性药物研究	应用基础研究	2004～2006	1. 刻槽部组织抑制物质测定分析，确定该物质构成成分 2. 细胞组织抑制物质对天牛卵影响试验	田润民	新列
2	膨润土资源在林业中的应用研究	应用基础研究	2004～2006	利用膨润土优良的物理特性，研究膨润土对低价值土壤的改良作用	王晶莹	新列
3	温度对驼绒藜属植物呼吸代谢的影响	应用基础研究	2005～2007		余伟莅	新列
4	美国黄松的组织培养技术研究	应用基础研究	2005～2007	1. 利用美国黄松不同营养器官进行组织培养实验。 2. 采用多种基本培养基进行组织培养实验。 3. 采用不同浓度的不同种类的植物激素组合的培养基进行组培实验	浩仁塔本	新列

【基本建设】 为给科研人员创造良好的生活环境，林科院与林业厅合建2 000平方米的科技人员住宅楼基本竣工，改善部分科技人员住房条件；完成大院供热管网增容改造工程，基本解决冬季供暖问题。呼和浩特市政府无偿投资1 000万元改造树木园。到2005年底，部分主体工程已基本完工。改造后的树木园将更加具有科普教育意义和科研价值及娱乐性。中国民盟呼和浩特市委员会把林科院树木园作为民盟的“林木种质基因库”。

【建院50周年庆典】 9月18日，内蒙古林业科学研究院举办建院50周年庆典活动。以50周年庆典活动为契机，全面展示林科院建院50年的建设成就，弘扬历代科技人员艰苦奋斗的创业精神，宣传林业科技在生态建设中的地位和作用，并编辑出版《内蒙古林业科学研究院五十年》一书，该书图文并貌，详细介绍林科院50年的发展历程和取得的成绩。召开“科技与生态建设”研讨会。

（籍志刚 张幼军 王淑敏）

水利水电勘测

【内蒙古自治区水利水电勘测设计院领导名录】

党委书记：路二文

院　　长：田　震

【概况】 2005年，全院职工总人数为907人，其中在职职工593人（在编531人、聘用制62人），离休人员8人，退休人员306人。在职人员中：中级以上专业技术职务人员244人（有正高专业技术职务人员21人、副高专业技术职务人员124人、中级专业技术职务人员93人），初级专业技术职务人员90人；有副厅级干部2人、正处级干部16人、副处级干部17人。

【生产和经营】 全年共承担各类勘测设计项目103项，完成86项，其中水利厅计划内项目19项，完成15项，水利系统计划外项目54项，完成43项，社会其它行业市场承担项目30项，完成28项，生产处室自揽项目12项，完成10项，监理项目34项，95%约已完成。全年共签订合同124项，合同值10 300万元，实现财务收入7 100万元，超额完成本年度计划指标。

2005年，设计院生产任务仍然较为繁重，供求矛盾依然存在。为此，院里一方面加大生产协调力度，科学地组织生产；一方面及时地加强与业主的沟通，争取业主的理解和支持。统筹全局，重点突出，较好地完成一批生产任务。1. 全区水资源综合利用规划；2. 全区水利发展“十一五”规划；3. 引哈济锡、引绰济辽工程项目建议书；4. 红花尔基水利枢纽工程可研及初步设计；5. 伊敏电厂供水工程可行性研究；6. 高力罕水库工程施工图；7. 鄂尔多斯煤化工及双欣电厂供水工程可研、初设；8. 全区风力发电规划等一批风力发电项目。

【施工图设计】 继续做好三盛公水利枢纽等一批大中型水库除险加固施工图设计和美岱水库等“十一五”重点新建工程的施工图设计。经过全院各部门的协调努力，生产处室加班工作，保证一大批自治区水利重点项目以及重大合同项目任务的按时保质完成，满足业主要求的同时，也为设计院赢得较好的声誉。

【档案管理】 2005年，设计院领导高度重视归档工作，一是规范并加强产品档案管理，经多方努力，加大人、财、物各方面的投入，使设计院档案管理工作获得了国家二级认证，极大地促进产品成果的归档，使宝贵技术财富的管理更趋科学规范。

【队伍建设】 全年设计院共接收大学毕业生40名，选送109人参加各类岗位培训，院内举办技术和计算机培训212人/次。

（李　刚）

文　　教

文　　化

【内蒙古自治区文化厅领导名录】

厅　　长:高延青(蒙古族)

副 厅 长:刘兆和　明锐(蒙古族)　安泳锝(蒙古族)

纪检组长:图门乌力吉(蒙古族)

助理巡视员:苏　俊

【概况】 内蒙古自治区文化厅是主管全区文化艺术事业的自治区人民政府组成部门。厅机关现有公务员编制48名,在职44人,离退休70人,设职能处室10个,管理区直文化单位20个,职工1 500余人。

【艺术】

艺术创作和演出　对《内蒙古自治区2005~2007年重点剧节目创作规划》进行调整和充实,确定内蒙古民族歌舞剧院《成吉思汗》等11部区直艺术院团剧目、27部盟市剧节目为精品创作剧节目,对一批优秀剧节目进行修改和提高。区直和盟市艺术院团的一批重点剧节目如京剧《忽必烈大帝》、民族风情音乐剧《蒙古婚礼》、民族风情歌舞晚会《吉祥草原》、杂技团的杂技主题晚会《成吉思汗》、二人台移植剧目《三不愿意》、话剧《鲜卑岩祭火》、歌舞晚会《科尔沁风韵》、舞剧《都仁扎那》、歌舞剧《察哈尔蒙古婚礼》、大型漫瀚剧《阿拉坦可汗》、歌舞晚会《时尚乌海》、现代戏《乌兰图克》、歌舞晚会《寻梦赤峰》、歌舞《大地佛光》等正在排演或准备排演之中,预计在自治区成立60周年时,将在全区推出30台剧节目。此外,全区各地创作了一批精品剧目,如内蒙古民族歌舞剧院的晚会《我从草原来》、内蒙古内蒙古曲艺团的《草原传奇》、鄂尔多斯市的《鄂尔多斯·蒙古大婚》、呼伦贝尔市和通辽市联合创演的话剧《牛玉儒和他的亲人们》、包头市的话剧《牛玉儒》、呼和浩特市的二人台现代戏《好官牛玉儒》、新编历史晋剧《满都海》、通辽市的大型乐舞史诗《蒙古风》、兴安盟的歌舞剧《科尔沁婚礼》、乌兰察布市的东路二人台《书记过年》等,这些剧目有的晋京演出,有的在本地和外省区演出。

演出市场　全区各地艺术团体和演出中介机构不断探索开拓演出市场的新路子。内蒙古演出服务中心邀请的萨摩亚艺术团、挪威的鲍勃·马利艺术团、中国曲协"送欢笑"小分队、红色经典百年电影音乐会以及著名喜剧表演艺术家陈佩斯及其舞台喜剧《阳台》在全区演出获得成功。话剧《牛玉儒》赴北京、南宁、贵阳、重庆、陕西等地演出,反响强烈。内蒙古民族曲艺团与中国对外文化集团公司、内蒙古三联化工集团、内蒙古奥醇酒业有限公司等公司合作成立内蒙古亚细亚艺术传播有限责任公司,并制作以蒙古族曲艺为主的说唱音乐剧《草原传奇》,晋京演出获得成功。由自治区文化厅和自治区民委联合举办首届内蒙古民歌暨第二届内蒙古长调歌曲演唱大赛;第三届内蒙古自治区乌兰牧骑艺术节在鄂尔多斯市鄂托克旗举办,本届艺术节是内蒙古自治区乌兰牧骑成立48年来,规模最大、层次最高的一次艺术活动。自治区党委宣传部、自治区文化厅、文联、兴安盟盟委和盟行署联合举办"全区首届乌力格尔艺术节"。此外,包头市举办"中国·内蒙古第二届国际草原文化暨包头市第二十届鹿城文化节";呼和浩特市举办"第六届昭君文化节";呼伦贝尔市举办"绿色呼伦贝尔·中国第四届成吉思汗草原文化节";巴彦淖尔市举办首届"中国河套文化节";赤峰市、锡林郭勒盟分别举办全市和全盟乌兰牧骑文艺汇演;阿拉善盟额济纳旗举办"2005额济纳国际胡杨生态旅游文化节";乌兰察布市举办第二届广场文化艺术节;乌海市举办"颂歌献给党"—红色歌曲大联唱;通辽市举办"蒙古王"杯第七届科尔沁艺术节等。全区各地全年共举办各类文化艺术活动近200项。

获奖艺术作品　巴彦淖尔市歌舞剧团王战昕在中国第五届曲艺节演出中获最高奖精品奖;内蒙古二人台艺术团的李宁宁、乔宇杰在2005年全国蒲公英青少年优秀艺术新人选拔总决赛中获金奖,乔盼、李春霞在第三届中国南北歌王擂台赛中获铜奖;在中央电视台第五届"东阿阿胶杯"全国优秀青年京剧演员电视大赛决赛中,内蒙古京剧团的青年演员李继春获"荧屏奖";包头市歌舞剧团西部风情合唱团参加由中国文联、中国音协、厦门市人民政府联合举办的"纪念中国人民抗日战争暨世界反法西斯战争胜利60周年"合唱展演获金奖;包头市艺研所宋晓岗改编的电视连续剧《鸣沙湾》获第25届中国影视大奖

“飞天奖”优秀中短篇电视剧奖，郭长岐创作的二人台民间歌剧《土默川情歌》获第四届中国戏剧文学奖银奖。

【社会文化】

文化基础设施建设　2005年，在自治区政府的重视和支持下，内蒙古博物馆和内蒙古乌兰恰特大剧院两大工程于4月18日举行奠基仪式，6月正式开工建设。内蒙古博物馆工程预计到年底全部封顶，乌兰恰特大剧院工程主体完成，除主剧场外部分封顶。在首府城市加大文化基础设施建设力度的同时，全区各盟市也纷纷建起博物馆、图书馆和文化馆等，包头市、赤峰市、通辽市和呼伦贝尔市博物馆，旅蒙商博物馆和集宁路遗址博物馆等博物馆开工建设。落实将军衙署复原建设年度计划。

加强基层文化的制度保障　自治区文化厅在深入调查研究和广泛征求意见的基础上，根据新形势下基层文化工作的特点和需要，先后研究制定《关于进一步加强基层文化建设的意见》、《内蒙古自治区群众艺术馆、文化馆管理办法》、《全区文化先进旗县评选标准》、《全区文化先进旗县评选暂行规定》，并报经自治区政府批转全区实施，从政策上、制度上、法规和行政规章方面为基层文化工作提供有力的保障和支撑。

民族民间文化保护工程　是年民族民间文化资源普查、申报第一批国家级非物质文化遗产代表作、启动“蒙古族服饰艺术”国家级项目试点和与蒙古国联合申报蒙古族长调民歌为联合国教科文组织“人类口头和非物质文化遗产代表作”是民族民间文化保护工作的重点。对普查工作进行全面部署，全区第一次全面普查已经铺开，拟用三年时间完成。召开“蒙古族服饰艺术”试点项目专家座谈会，对蒙古族服饰艺术已有成果进行清理，对重要资源分布地区开始进行田野调查。与蒙古国联合申报的蒙古族长调民歌被联合国教科文组织选批为“人类口头和非物质遗产代表作”。同时，完成第一批国家级非物质文化遗产代表作自治区25个项目的申报工作，召开全区非物质文化遗产保护工作暨普查培训班。为做好全区目前唯一的国家级试点项目“蒙古族服饰艺术”的保护工作。着手中国非物质文化遗产保护成果展内蒙古成就展的筹备工作。

文化信息资源共享工程　自治区党委办公厅和政府办公厅转发文化厅、财政厅联合制定的《关于加强全区文化信息资源共享工程建设的实施意见》，提出实施目标和相关措施。自治区政府拨款100万元，用于共享工程自治区分中心建设。

电影“2131工程”　自治区文化厅制定下发2005年度“2131工程”和“科普之春”电影汇映活动方案，免费向农村牧区投放400多部科教片拷贝。组织召开全区农村牧区电影工作会议，自治区政府副主席乌兰出席会议并发表重要讲话。会议总结“十五”期间，全区“2131工程”的进展情况，对加强农村牧区电影工作进行全面部署。明确全区“十一五”农村牧区电影工作的思路、目标和任务，表彰36个全区农村牧区电影工作先进集体和14个先进个人。全年完成农村牧区电影放映16万场的预期目标。

群众文化活动　自治区文化厅组织开展全区第四次“文化进社区”活动。举办全区第二届佳艺奖“利丰杯”少年儿童绘画、书法征稿与现场大赛，全区艺术摄影培训班、全区第三届摄影创作“十佳”作品评选等。组织参加全国第二届民族乐器演奏比赛、全国青年合唱节、第三届南北民歌擂台赛、全国第三届“四进社区”文艺展演和成就展览。

【文物】

申报第六批全国重点文物保护单位和馆藏文物鉴定工作　在全区认真组织、部署申报第六批全国重点文物保护单位工作，共向国家文物局推荐上报50处申报第六批全国重点文物保护单位的材料。根据中央领导李长春同志的指示，会同东风航天城联合将一批退役的航天发射基地申报“第六批全国重点文物保护单位”。同时，专门召开会议、研究部署锡林郭勒盟及正蓝旗政府与北京、河北共同推进元上都、元中都和元大都联合申报世界文化遗产项目的工作。并认真完成第四批内蒙古自治区重点文物保护单位的推荐工作，力争使全区自治区级重点文物保护单位的总数从158处，增加到300处左右。初步完成全国重点文物保护单位和申报第六批全国重点文物保护单位的“四有”档案的建立工作，开始自治区重点文物保护单位现状调查，为全区文物保护和管理实现数字化奠定基础。继续开展全区馆藏一级文物鉴定工作，全区鉴定一级文物共1 522件。开展全区馆藏二级和三级文物的鉴定及信息采集工作；开展全区馆藏文物腐蚀状况的调查工作。完成《大窑遗址总体规划》、《萨拉乌苏遗址保护总体规划》《成吉思汗陵保护总体规划》、《阿尔寨石窟保护总体规划》的编制工作。

文物保护得到加强　配合各级公安部门，依法严厉打击盗掘古墓和走私文物的犯罪活动。加强文物经费的管理与监督和使用工作，对重点文物保护工程实行招标和验收制度，在全区文博部门开展对文物专项经费的审计工作。经过自治区人民政府第5次主席办公会研究决定，正式确定每年9月6日为“草原文化遗产保护日”，促进全区的文物保护事业。完成《内蒙古自治区文物保护条例》的修改，经自治区人大审议并原则上同意该条例草案。为加强全区文物执法力度执法队伍建设，举办两期文物行政执法人员培训班，培训干部150人，实行持证上岗。为培养高级专业人才，在内蒙古大学举办研究生班。共计培养专业人才50名。紧密配合铁路、公路、电厂等大型基本建设工程的文物保护和考古发掘工作。成立自治区基本建设文物保护考古管理领导小组及办公室。并组织文物执法人员，对和林格尔县土城子古遗址被破坏事件予以严肃查处。

制订辽上京、元上都、大窑、阿尔寨石窟、美岱召、居延等全国重点文物保护单位的保护规划和方案；做好蒙古族等少数民族文物征集上报和立项工作。为加强文物保护工作，积极争取国家的支持，是年开始建立全区重点文物保护单位项目库。完成《内蒙古自治区"十一·五"期间文物保护规划》和《内蒙古红色旅游规划》编制工作。

全区博物馆工作得到加强　完成《内蒙古特色博物馆发展纲要》草拟工作，经自治区人民政府审议，批准实施。为推进自治区各地博物馆建设的特色化进程，具有重要的指导意义。加强全区各重点博物馆的"三贴近"工作，免费接待中小学生15万人，举办多次课外活动。

文博科研学术工作　组织撰写《内蒙古文物考古丛书》和《蒙古族物质文化遗产研究》，完成三、四部考古发掘报告的出版工作。7月份，会同中国陶瓷学会在内蒙古召开"中国古代陶瓷"国际学术研讨会。在鄂尔多斯召开"中国·秦直道与草原文化学术会议"，在国内外宣传秦直道为草原第一路。

【文化市场】

持续开展网吧专项整治　抓住未成年人禁入这个重点，加强日常监管，严厉查处网吧的违规经营行为。乌海、包头等盟市与网吧经营业主签订守法经营协议书，成立网吧行业协会，对经营行为实行行业自律。组织全区开展自治区、盟市、旗县区三级网吧远程计算机监控系统建设工作。全区2 700多家网吧7万多台计算机服务终端安装"净网先锋"智能管理软件，实现对全区在册网吧的实时全程监控。

强化对娱乐市场的监管　把好娱乐场所准入关，加强对歌舞娱乐场所表演和播放节目的审查，完善娱乐场所公示制度，进一步规范娱乐场所经营秩序。呼和浩特市、乌兰察布市等地将茶吧、酒吧等设有背景音乐和音像放映的场所纳入文化市场管理，出台管理办法。自治区和呼和浩特市认真落实中央领导批示精神，取缔满都海西巷、丰州路无证照和集中经营的非法娱乐场所，维护校园周边的正常秩序。

加强对农村牧区演出活动的管理　加大对演出市场特别是农村牧区演出市场的监管力度，建立重点场所、农村牧区交流文艺演出活动管理工作预案，坚持严格审批、严密监控，坚决遏制农村牧区大棚演出中的淫秽色情表演活动。2005年夏秋季的农村物资交流会和牧区那达慕大会中，自治区中西部地区共引进大棚演出团体20多个，都严格办理审批手续，未出现违规演出或色情演出事件。

打击侵权盗版　保护知识产权　组织开展第七届全区音像市场法制宣传周和"4·26世界知识产权日"宣传活动。在全区范围内组织开展清理音像书刊、严厉打击压缩DVD和成系列违法音像制品、夏季文化市场督查行动等一系列专项行动，全区音像市场正版率有明显提高。包头市以"创城迎会"为契机，在解决难题上求突破，做到盗版音像制品全部下架，经营盗版音像制品的店档全部取缔。鄂尔多斯市、巴彦淖尔市等地还评选音像制品经营示范店，实行挂牌经营，起到良好的示范和约束作用。

2005年，全区共出动执法检查人员63 711人次，检查各类文化市场经营场所78 237家(次)，查处各类案件1 024件，行政处罚1 003起，移交司法机关处理2起，收缴各类非法音像制品333 400张(盒)，非法书刊83 784册，非法电子游戏机、赌博电路版1 377台(块)，网吧电脑及附属设备1 981件。文化市场经营秩序有明显好转。

【文化产业】　自治区文化厅进一步加强对文化产业发展的具体指导，组织召开文化产业工作座谈会，深入研究探讨全区的文化产业的现状和理清文化产业发展思路。为进一步摸清全区文化产业的发展状况，为文化产业的进一步发展提供可借鉴的经验，文化厅组织专门人员到盟市地区进行文化产业调研工作，开展全区文化产业典型征集和文化产业示范基地的评比工作。组织有关单位参加首届西部文化产业博览会，在宣传自己优秀民族文化的同时，吸纳其他兄弟省分文化产业的成功经验。在"十一五"规划中，文化厅明确提出全区文化产业的发展方向、目标、任务和保障措施，对全区的文化产业做宏观部署。

【对外文化交流】　自治区文化厅全年派出演出、展览和访问考察团组赴美国、俄罗斯、意大利、希腊、德国、奥地利、瑞士、英国、瑞典、土耳其、埃及、西班牙、日本、蒙古等14个国家进行文化交流16起，184人次。审批对港澳台交流项目5起，52人次。邀请来自挪威、日本、蒙古、香港、澳门等21个国家和地区的艺术表演团(组)、书画、文物展览26起，624人次。其中，与蒙古国达成合作开展草原游牧民族考古项目和文物展览的友好协议，中蒙联合考古队在蒙古国开展考古研究与发掘工作，这是内蒙古自治区首次派出考古队与国外考古队进行合作，意义十分重大。通过以上的文化交流活动，推动内蒙古自治区民族文化在国际和港澳台地区的传播，扩大草原文化的影响力和知名度。

(关福财)

广播电影电视

【内蒙古自治区广播电影电视局领导名录】

局长：刘永欣

副局长：王增　赵春涛

纪检组长：董庭玉(女)

电视台台长：关方方(蒙古族)

副局长:王大为

广播电台台长:张兴茂

助理巡视员:额尔德尼(蒙古族) 牧仁(蒙古族)

【概况】 内蒙古2005年拥有省级广播电视播出机构2个,盟市级播出机构25个。其中广播电台13座,电视台14座。全年无线广播电视播出20.8万小时,有线电视播出300多万小时,停播率均优于任务指标。2005年自治区建设无人值机有人留守发射台6座,自动监测报警发射台11座,完成"西新工程"重点建设项目841台的改建和"村村通"752个村的建设任务。广播电视覆盖率分别由2004年的90.38%和87.99%提升到92.64%和90.15%,分别提高2.26和2.16个百分点。2005年发展宽带用户4 000户,新增有线数字电视用户6 600户,新增有线电视用户60 000户。2005年,经过对有线网络进行不同程度的改造,完成东、西部干线环网工程10多个机站的附属设备、传输设备的安装、调试、开通工作。及40多个机站设备扩容的调试、安装工作,为快速发展有线广播电视提供有利保障,有线电视用户近120万户。出租2M电路72条,光缆350公里,增值业务收入近2 300万元,有线网络总收入达2.01亿元。

2005年"两会"期间,内蒙古广播电台蒙汉语节目共播发各类稿件176篇(组),在中央台上稿53篇(组)。从3月3日到14日,内蒙古电视台发"两会"新闻53条,124分钟,在中央台发稿6条。内蒙古广播电台各类新闻节目编发保持共产党员先进性稿件840篇,内蒙古电视台各档新闻节目共播出全区各地的各类新闻392条。

2005年,内蒙古广播电视宣传继续做好外宣和精品创作工作,增强中央宣传媒体中有关自治区的重点报道的分量,增加有关自治区新闻的分量,在稿件上以质量为主,质量和数量并重。到11月底,内蒙古广播电台在中央台、国际台上稿280篇,内蒙古电视台在中央台《新闻联播》发稿153条,其中头条6条,提要47条,20秒以上的单条消息62条。重点报道较2004年增长30%,典型、单条消息增加20%。

内蒙古广播电台从年初开始,按照频率专业化、节目对象化、服务个性化的办台宗旨,对5个系列台的节目进行综合调整,内蒙古音乐网站也于8月份建成开通。

内蒙古电视台为打造汉语卫视频道的文化品位,提高频道的收视亮点,推出日播记录片赏析栏目《经典纪实》,打破了汉语卫视频道节目的地域局限,成为展示"三北"地区各民族风情的平台。为提高蒙古语卫视频道的竞争力,使其发挥国家蒙古语电视频道的作用,内蒙古电视台从元月1日起,对节目进行全新改版,新增《直通12》、《相约周末》等新栏目,自办节目形成完整时段,节目播出长度增加到18小时30分钟。2005年,内蒙古电视台蒙古语卫视频道生产译制类节目1 356小时,自办节目117小时,新闻节目230小时,服务类节目380小时。

2005年底,内蒙古广播电台在安全播出方面为零停播率;内蒙古电视台全年播出时间48 755.73小时,各频道停播率指标均优于15秒/百小时。收录中心共传送各类新闻节目822条,收录节目4 436小时,转录时间148小时,录音849小时,回传(中央台)60小时,回传(盟市台)287小时。

【保先教育宣传报道】 为紧密配合保持共产党员先进性教育活动,深入宣传中央20号文件和内党发〔2005〕2号文件精神,从2005年1月16日开始,内蒙古电视台对"保持共产党员先进性教育活动"进行大力的宣传报道,按照各单位、各地区开展保持先进性教育活动的实际情况,逐步深入。至2月28日,内蒙古电视台在《内蒙古新闻联播》栏目中播出相关新闻75条,蒙古语《内蒙古新闻》栏目同步播出。

从1月24日起,《内蒙古新闻联播》中开辟了"实践三个代表 保持党员先进性"专栏,分阶段播出自治区党委、人大、政府以及各厅局开展"保持共产党员先进性教育活动"动员大会、学习会、培训会、专题讲座,结合各单位实际,对开展保持先进性教育活动进行部署的各类新闻。从1月31日开始,内蒙古电视台对各盟市开展先进性教育活动的进行有关报道,及时播出自治区领导在基层检查指导先进性教育活动开展情况的各类信息。蒙古语《内蒙古新闻》同步播出。

内蒙古电视台的谈话类栏目《百姓热线》,结合社区开展的党员先进性教育活动,2月19日推出《我们的楼长 单元长》,对呼和浩特市玉泉区清泉街社区居委会支部书记武荷香发动"明和小区"居民共建文明社区的事迹进行介绍。

2月底开始,内蒙古电视台对"保持党员先进性教育活动"的宣传报道将逐步深入。在汉语《内蒙古新闻联播》、蒙古语《内蒙古新闻》和《今日观察》栏目中,开辟"时代先锋"专栏,从不同角度、不同层次集中报道全区开展共产党员先进性教育活动的典型单位、典型个人和典型事迹,为保持党员先进性教育活动营造良好的舆论氛围,并推广好经验、好做法。《晚间报道》栏目中拟开设一个以讲述老一辈共产党员、革命先烈故事的专栏—"永远的丰碑",陆续播出在内蒙古社会主义革命和建设进程中做出突出贡献、值得后人敬仰和学习的先进人物生平事迹,拟定荣耀先、李裕智、吉雅泰、多松年、奎璧、乌兰夫、王若飞等20余位备选人物。"永远的丰碑"将以系列报道的形式,每天播出1集,时间长度约为1分钟,并配有10秒钟醒目的片头;讲述人物故事时采用大量的历史资料、图片以及影像资料,注重历史真实性,在内容选择上突出人物的先进带动作用和教育意义。《百姓热线》栏目将继续对各阶段的宣传热点进行关注,选择适当的典型,适时配合"保持党员先进性教育活动"的宣传。

【新闻综合频道改版】 2005年5月9日,内蒙古电视台新闻综合频道在开播一年后进行首次改版。这次改版的最大变动是避开了中央电视台整点新闻,逢半点播出新闻综合频道的新闻节目。

每天早晨7:30直播的早间新闻《草原晨曲》(8:30重播)全长30分钟。《草原晨曲》的播报,包装风格清新、平实,内容不但包括最新最快的国际、国内、区内新闻,还有体育新闻、天气预报等丰富的生活资讯。简明实用、大容量、快节奏、较强的时效已成为《草原晨曲》的特色。

每天12:30直播的《午间新闻》,是与此次改版同步推出的一档新闻节目。它与以往的新闻播报不同的是两位主持人就像和观众唠家常,把新闻"说"出来。

每天19:35进入由《内蒙古新闻联播》、《今日观察》、《法制专线》组成的频道主打新闻版块,长度50分钟,是新闻综合频道倾力打造的支柱品牌。《内蒙古新闻联播》让广大观众及时、准确、全面地了解全区新近发生的新闻事实;《今日观察》和《法制专线》经过改版提升,进一步突出事件性、现场感和时效性,节目更加精彩,内容更加贴近观众。

改在每天22:30播出《晚间报道》以自采的区内新闻为主,主持人点评也更加生动,口语化的表达更加贴近百姓。

《晚间报道》与之后重播的《今日观察》、《法制专线》以及《相约荧屏》、《百姓热线》、《关注健康》等栏目又构成一个近1小时的新闻性较强的时段,有效地拉动收视,延长黄金时段。

影视剧是新闻综合频道的一大看点。2005年内蒙古电视台重点打造新闻综合频道,根据频道整体定位,全年引进最新精彩的首轮热播大剧,全天开辟《早间颠峰回放剧场》、《午间好剧回旋剧场》、黄金时段的《颠峰剧场》、《午夜联播剧场》四大剧场。

【"三农三牧"报道】 为贯彻落实中央1号文件精神,做好"三农三牧"宣传报道,内蒙古电台蒙古语广播从年初开始先后派出三批记者深入基层采访,了解农牧民的生产生活情况,惠农政策的落实情况,听取农牧民的呼声,介绍一些好的经验和做法,到5月中旬,已经播出各类稿件近百篇(期)。

蒙古语广播的《经济热点》节目也配合"三农三牧"报道做《科左后旗发展黄牛养殖业》、《通辽市创品牌、出口创汇的风干牛肉》等4期经济分析类的系列节目。

(李宝国 杨晓葵)

新闻出版

【内蒙古自治区新闻出版局领导名录】

局　长:石玉平

副局长:布仁巴雅尔(蒙古族) 高金祥 姜伯彦(蒙古族)

纪检组长:段洪胜

助理巡视员:林华(女 蒙古族)

【实施精品战略】 《对勘本蒙古文大藏经》是国家十五重点出版规划项目,由于经费原因,始终未能启动,上年经过努力,争取到部分资金,已完成设备安装、调试工作,开始进入扫描、录入阶段。《绥远通志稿》(1—12)卷是一部反映地方历史性文献的重要资料,该书已进入出版阶段。根据总署要求,围绕打造民族文化品牌,研究制定并上报了"十一五"国家重点出版图书36种,国家重点音像出版规划2种。同时,积极做好自治区成立60周年献礼图书的组织出版工作。继续实施精品战略工程,各出版社正在逐渐形成各具特色的品牌图书体系,人民出版社出版的《蒙古族大辞典》等综合类图书中央电视台新闻联播给予报道;文化出版社出版的《草原艺术论》等文化类图书填补了中国草原文化研究领域的空白;少儿出版社在全国"少年儿童心目中的好出版社"评选中名列第4位;远方出版社出版一批文学、校园青春类丛书。2005年,全区有《蒙古人与马—蒙古族马文化大全》、《内蒙古旅游文化丛书》等22种图书荣获第三届内蒙古图书奖;内蒙古大学出版社等3个单位荣获2004年度内蒙古书报刊编校质量优胜奖。在第三届国家期刊奖评选中,自治区《花的原野》获得国家期刊奖提名奖,这是全区期刊近年获得的最高荣誉。同时,《内蒙古大学学报》(蒙古文版)入选为社科类百种重点期刊。北方新报社被评为第三届全国地方报纸管理先进单位。有3人荣获第六届"特睦格图印刷奖"。出版局对6个获全国重大奖项的单位和个人进行了通报表彰和再次奖励。为提高精品战略规模和水平,自治区《漫友》杂志举办"东方国际原创动画漫画艺术大赛",共收到大陆及港澳台动漫作品2 000多件,有200多人获奖,11月在北京进行颁奖,受到业内人士好评。

【深化改革】 根据总署关于加强书店股份制改造的精神,结合自治区实际,组成调研组,研究制定《关于组建内蒙古发行集团股份有限公司的方案》,上半年,自治区政府正式批复了方案。书店已经完成资产评估、财务审计、公司章程等各项基础性工作,力争年底挂牌。同时,经过修改完善,形成两个《关于组建内蒙古出版集团公司的方案》,已上报自治区政府,等待审批。加强报刊业体制改革,在充分调研的基础上,对全区报刊的结构调整和财政补贴方式提出了建议并形成《方案》。对全区中小学部分教科书根据《免费教科书政府采购工作暂行办法》,进行公开招投标,顺利完成招投标任务。

【实施"走出去"战略】 2005年,在充分利用全区的出版资源优势和地域优势,积极开发国内国际两个市场方面取得了重大进展。一是在“走出去”方面，各出版社先后在北京等举办《蒙古族大辞典》、《云清文集》等图书出版发行座谈会5个；承办“中国民族音乐版权贸易洽谈会”，开展“版权保护高峰论坛”等“爱我绿色草原—保护知识产权大型系列活动”，中央和自治区有关领导及全国专家学者参加，中央新闻媒体进行宣传报道，扩大了内蒙古出版界的影响。组团赴蒙古国进行考察，提出在蒙古国构建“一个中心，三个基地”的出版物“走出去”的基本思路。充分发挥自治区蒙古文出版物在世界上所处的中心地位的优势，在蒙古国形成以蒙古文出版物为主导的“出版物交流交易中心”，在一个中心的框架下，建立蒙古文出版物发行基地、印刷基地和蒙古国中小学教科书研发基地。经过近半年的努力，出版物发行基地已筹建完成，将在12月上旬正式挂牌营业。通过“走出去”，组团参加全国和地区的书市、图书博览会、订货会等各项活动，是年，全区出版单位共展销各类图书音像制品3 200多种，订货码洋累计达5 000多万元。二是在加强区域合作方面，积极推动内蒙古新华书店集团公司与辽宁省发行集团北方出版物配送有限公司跨地区连锁经营，在呼和浩特市地区举行“区域合作·出版物连锁经营”启动和庆典仪式。同时，与自治区团委等单位联合举办“青春·草原—首届内蒙古青少年读书节”活动，受到全区青少年和家长的好评。

【实现产业化】 是年，经过总署审批成立内蒙古金威视盘有限公司，填补自治区没有光盘生产线的空白。生产线已初步通过了新闻出版总署的验收，开始投产运行。针对自治区印刷业规模小、印刷技术和水平较低、印刷资源外流严重的情况，加大印刷业的治理整顿力度，关闭小印刷厂，鼓励、引导有雄厚实力的单位和个人投资建厂，继内蒙古日报社印务中心建成投产后，今明两年，投资1.5亿元的内蒙古爱信达教育印务有限责任公司和胜宝包装公司、盛都、盛乐包装有限责任公司等几家大型的现代印刷企业相继建成投产。通过结构调整，初步形成自治区优势印刷产业群和印刷产业链，带动全区印刷业的发展，全面提升全区印刷业水平。

【加强版权保护】 积极开展立法调研，草拟《内蒙古著作权保护(管理)办法》，争取尽快地方立法。加强版权保护，根据总署要求，会同有关部门在全区认真开展第二批正版软件的调查和配置工作。为做好这项工作，在北京对各盟市政府秘书长进行了版权知识方面的业务培训，完成自治区政府机关使用正版化软件工作，各盟市推广使用正版软件工作正在进行。依据“一法六条例”，加强对出版、印刷、发行等活动和出版物的审批审核、管理、检查。严把出版物选题审批关，加快选题审批速度，本着有利于出版社建设和长远发展的原则，规范合作出版，把握导向、规避风险，查处“一号多书(刊)”。全年登记著作权作品39件，调解处理版权纠纷14起。抽查书报刊800多种(册)。协同自治区工商局等10个部门成立打击虚假违法广告联席会议制度，集中整治虚假、违法广告。加强对记者证、记者站的监管力度，取缔中国新闻调查杂志社内蒙古工作站，对《家庭电脑世界》、《鄂尔多斯》等违规出版单位进行查处。

【强化市场监管】 围绕深入开展“扫黄打非”斗争，加大对出版物市场监管的力度。为充分发挥各盟市新闻出版局的作用，召开全区出版物市场监管工作会议，为12个盟市配备市场监管专用车，初步形成“二横一纵”的出版物市场监管格局。严厉打击侵权盗版、违法违规发行等非法活动，集中查处有关政治类反动书刊和非法书刊，查处晨峰印刷厂等单位非法印制图书、盗版盗印教材教辅和乌海市未来教育书店违法违规发行中小学教科书等案件9起，整顿规范了自治区出版物市场秩序，保证全区中小学教材出版发行工作的正常运行，确保“课前到书，人手一册”任务的圆满完成。

【提高队伍素质】 全年培训行业专业技术人员600多人次。与北大方正集团联合举办全区“蒙印方正杯”职业技能大赛，同时进行全区印刷包装装潢企业印刷业知识有奖竞赛。在中国·内蒙古首届国际草原文化节暨呼和浩特第五届昭君文化节活动中，出版局荣获先进集体奖。开展全区出版专业技术职称评审和“四个一批人才”的评选上报工作。全年系统没有发生社会治安事故。圆满完成扶贫点任务，四年来，深入扶贫点调研帮助解决问题30人次，共为扶贫点捐款捐物捐赠图书合计30万元，受到扶贫点的肯定。继续实施“草原”书屋工程，局系统全年向草原书屋联系点送书500多人次，6万多册，价值80多万元。

(袁新春)

出 版 社

【领导名录】

社　　长：王东生

副社长 副总编辑：陈平(蒙古族) 段秋艳(女)

官布扎布(蒙古族)

【概况】 内蒙古人民出版社创建于1951年，是内蒙古自治区成立最早的、用蒙汉两种文字出版各类图书的综合性出版社。设有办公室、人事教育部、计划财务部、总编室、出版部、图书营销部、离退休人员工作处等行政、编务部室和蒙汉文社会科学、科学技术、文化教育、文学艺术、少年儿童读物、装帧、电子读物、辞书等编辑部，以及蒙古文《潮洛蒙》编辑部、蒙古文《内蒙古少年报》编辑部等共30个部室。全社在职职工130人，其中副高职以上专业技术人员65人，中职专业技术人员25人，由蒙古、汉、满、回、达斡尔、锡伯等8个民族组成，其中蒙古族87人，其他少数民族8人。到2005年年底，内蒙古人民出版社已出版各类蒙汉文图书近两万种，其中《蒙古秘史》、《纳·赛音朝克图全集》、《蒙古学百科全书·医学卷》、《我是寒星》等10多种图书荣获全国精神文明建设“五个一工程”入选作品奖、国家图书奖、中国图书奖、中国民族图书奖等国家级图书奖。有400多种图书荣获全区精神文明建设“五个一工程”入选作品奖、内蒙古图书奖、北方十五省市自治区哲学社会科学优秀图书奖、北方十省市科技优秀图书奖等省部级图书奖。

2005年，内蒙古人民出版社共出书624种，蒙古文图书130种，汉文图书494种。重印再版图书为108种，引进版权图书2种。获奖图书18种，其中，《红史》、《蒙古族传统理论思维》、《蒙古游牧文化》、《蒙古人名探究》、《蒙古族大辞典》、《蒙古人的文字与书籍》、《牛玉儒—草原之子》、《大哲学家》等12种图书被评为“北方十五省市自治区哲学、社会科学优秀图书”；《内蒙古旅游文化丛书》、《蒙古学百科全书·新闻出版卷》、《蒙传佛教佛经文化艺术史》、《游牧文明史论》等6种图书获“内蒙古图书奖”。另有《内蒙古少年报》(蒙古文)有两篇报道获“全国蒙古文报刊新闻奖”。全年共上报选题909种，其中蒙古文172种，汉文737种。

【重点图书选题项目】 2005年，出版社共有《清文海》(36卷)、《尹湛纳希全集》(8卷，蒙古文)、《绥远通志稿》(12册)等10种图书申报国家“十一五”规划选题。《蒙古语术语国家标准〈汉蒙名词术语大词典〉》、《蒙古史经典丛书》(4册)、《内蒙古爬山调通典》等3种图书申报自治区“十一五”规划选题。

【图书发行】 蒙、汉图书造货总码洋达5 200万元，发货码洋达4 300万元，发行总收入达1 006万元。全年共计收入1 331万元，支出1 323.5万元，实现利润7.5万元。职工实际总收入增加25万元。

【品牌图书】 在“推进精品战略、培育品牌、树立特色”出版思路指导下，推出一系列适合市场需要的品牌图书(如《学生蒙古语规范词典》(蒙古文)、《2006年撕历》(蒙古文)、《中国楹联故事》、《全图绣像·三国演义》等)。同时，落实草原书屋工程选题4个。

【教材教辅图书】 出版《工艺品制作》、《生态与经济》等128种新书，重印《学前班教材》、《幼儿园教材》等100余种。为出版社在竞争激烈的教育图书市场占有一席之地打下良好基础。为保障教材教辅图书在课前到书，出版部有关人员采取积极措施，早计划、早安排、早印刷、早出书，保时保质保量将图书交到有关部门。一般图书的印制周期也进一步缩短，区内印刷7至14天即可出书。印刷成本始终保持在较低水平。2005年，在自治区出版局组织的图书印装质量检测中，出版社送检图书均达合格以上标准。

【图书宣传】 分别向第九届(2003～2005年度)全区精神文明建设“五个一工程”图书奖评委会推荐《蒙古族大辞典》、《蒙古学百科丛书·文物考古卷》、《成吉思汗文化丛书—蒙古族历史长卷》、《内蒙古旅游》等12种图书；向第20届北方十五省、市、自治区哲学、社会科学优秀图书奖组委会推荐《蒙古族传统理论思维》、《红史》(蒙古文)等13种图书，并有12种图书获奖。《内蒙古少年报》有3篇文章分获全国蒙古文报刊新闻三等奖及自治区新闻奖。在《中国新闻出版报》、《内蒙古日报》、《北方新报》等报刊上刊登书评及相关报道，宣传本社图书。会同内蒙古人民广播电台连续三年合办的“蒙古文图书宣传直播节目”也进一步扩大影响。

【“扫黄打非”工作】 2005年，出版社同各地图书管理部门和“扫黄打非”办公室密切配合，进一步加强“扫黄打非”工作，共查缴盗用出版社名义的非法出版物103种。

【图书发行】 参加2次大型图书订货会，加强社店关系，面对可发货终端书店逐步减少等诸多困难，及时传递出版社图书出版信息，在第一时间内订货、发货，使一般图书全年发行码洋保持稳中有升，同时，积极清账，加快资金回笼。制定《内蒙古人民出版社储运工作管理办法》，结束产品与销售混合管理的模式，启用三点互动，程序统一，数据统一，统计办法统一，各负其责的科学管理办法。

【内部管理】 2005年，出版社进一步建立健全财务管理规定和各项财务制度，建立了发行、储运明细分类账，清理了申蒙书店的所有账目。进一步规范财务工作，实现资金统一管理合理使用，保证出版社生产正常运转。

储运部如期完成库存图书及纸张盘点等工作。建立了与社财务、营销共同管理的明细账，做到数据统一，信息共享，程序互动，进一步加强出版社的经营、管理工作。

【设施建设】 投入50余万元，配备电脑、新的办公桌椅等，改善了全社职工的办公条件，为下一步实行信息化管理打下良好基础。

【制度建设】 2005年,在行政工作方面,制定、印发《内蒙古人民出版社高级专业技术职务岗位设置、聘任及享受有关待遇暂行规定》,依此规定完成出版社高级专业技术职务岗位申报及聘任工作。制定《内蒙古人民出版社驻外办事机构暂行管理办法补充规定》进一步规范对驻外机构的综合管理。在编务工作方面,进一步修订、完善《内蒙古人民出版社蒙古文编校人员分配及管理办法》、《内蒙古人民出版社汉文编校人员分配及管理办法》等,使其更加符合出版社实际。同时,修订、完善《图书出版合同》、《图书印制合同》,并制定《关于填写〈图书出版合同〉、〈图书出版合同补充协议〉的规定》,进一步保证出版社合法权益,从深层次上提高科学管理水平,保证生产效益的实现。

(黄　滔)

内蒙古日报

【内蒙古日报社领导名录】

党委书记 社长:刘惊海

党委副书记 副社长 总编辑:贾学义

副总编辑:朝鲁巴根(达斡尔族) 于守民 相恒义

岱钦(蒙古族) 王开

纪检委书记:郭漠南(达斡尔族)

副总编辑:李玉林

【概况】 内蒙古日报社有34个处级部门(单位),共有7报2刊。全社在编职工548人。其中:女职工198人,少数民族261人,大学专科以上学历375人,研究生17人。在职的正处级干部28人,副处级干部47人,其中少数民族干部35人,女干部17人。已聘专业技术人员330人,其中正高级7人(含退二线2人),副高级72人,中级198人,初级53人。

2005年,在自治区党委的领导下,报社认真贯彻全国宣传部长会议和全区宣传思想工作会议精神,以改革发展统揽全局,以保持共产党员先进性教育为契机,以制度建设为突破口,以落实"三服务"、坚持"三贴近"、增强新闻性,加强经营管理和推进党的建设为着力点,调整工作思路,加大创新力度。在深入调查研究的基础上,报社明确提出为自治区党委政府的决策服务、为各级地方的发展服务、为人民群众的需求服务的"三服务"办报理念和加强新闻性、加强评论、加强内参等一系列办报措施,采编部门超前策划,主动深入采访,有针对性地开设多种专栏,创新版面,使报纸质量进一步提高,宣传报道效果进一步增强。

【服务于自治区党委政府的决策 做精主流新闻】 时政报道是党报的灵魂和核心,是党报的优势和特色所在,报社成立以时政报道为中心工作的编委会办公室,深入研究自治区党委政府的政策、决策,以灵活多样和易于被读者接受的方式改革创新时政报道,同时强化围绕时政报道进行党报宣传策划的机制,改组资料信息系统使之以时政报道为中心开展工作,围绕提高时政报道质量加强评报工作。在全国、全区"两会"报道中减少程序性报道,增加"专稿"、"专访"、"花絮"、"快递"等读者喜闻乐见的专栏。

适时开设《实践"三个代表"重要思想 保持共产党员先进性》、《时代先锋》等多个重点专栏,有力推动保持共产党员先进性教育活动。精心策划、着力打造《草原丰碑》专栏,弘扬英雄模范的崇高精神。重点推出《八千里抗日烽火》专栏,为纪念中国人民抗日战争暨世界反法西斯战争胜利60周年大造声势。开辟《贯彻中央民族工作会议精神》专栏,结合自治区民族区域自治的实际推进民族工作。精心组织"北疆绿色屏障建设巡礼"报道,把科学发展的内蒙古展现在世人面前。开设《美丽的草原神舟的家》、《从草原升起神舟飞船》等专栏,把内蒙古与神舟六号的联系全面、历史地展示出来。策划推出《辉煌十五看内蒙古》、《信心百倍放眼'十一五'》等专栏,深入贯彻落实十六届五中全会和自治区七届十一次全委会精神。开设《草原文化》专栏等,宣传自治区悠久的历史、灿烂的文化、独特的区位优势、丰富的资源优势和巨大的发展潜力,为扩大对外开放和招商引资营造良好的舆论环境,与黑龙江日报开展的"中俄口岸行"联合采访报道,受到中宣部新闻阅评组的高度评价。

为加强对社会舆论的引导,报社把加强新闻评论与新闻报道放到同样的位置来抓,加强策划、量化撰写任务、结合内部外部评论力量、增开《时评》专栏,使评论数量上升、质量提高。把内参报道与公开报道放到同等重要的位置来抓,按"实施舆论监督、提供重要信息、服务领导决策"的办刊方针,统一全社力量,形成一个平台、一个出口,使《内参》作用得到进一步发挥。

【服务于各级地方的发展 加大对地方的宣传报道】 在报纸内容和结构安排上,力求把1/3的版面给地方。组织策划《改革·发展·和谐—落实科学发展观》大型主题系列采访,社会反响强烈。对呼、包、鄂以《半壁江山金三角》、《来势大好金三角》、《后劲十足金三角》为题进行深度报道。《迎合东北振兴·东五盟市崛起》系列报道,获得各方面的好评。关于包头市"迎会、办节、创城"的报道,展示了报社打大战役的实力。全年始终不间断地对各地的工业园区、重大工程进行集中报道。基层对《旗县新闻》专版、《县域采风》专栏很重视,争相要求多给予报道。

【服务于人民群众的需求 做多做活社会新闻】 为改变党报会议报道和时政报道过多,社会新闻不强、信息量不大、老百姓不爱看的状况,报社把做强做好民生新闻作为实现党报党性与人民性相结合的突破点来抓。组建社会新闻部,开设社会新闻专版,专门从事民生新闻的报道,取得明显成效。全社各采编部门都推出大量服务民生和贴近民生的专栏和专文,充分报道老百姓关心关注的热点和焦点问题,在关注民生中更好地宣传党的声音、树立党的形象。各子报在社会新闻和舆论监督方面发挥重要作用,既为大报提供可资借鉴的经验,也提升自身的影响力和地位,众多的深度报道,在社会上产生重大影响。

【强产业观】 报社提出把经营与新闻宣传放到同等重要的位置来抓,面向市场,努力开拓。全社经营部门在探索中改革,在改革中强效益,2005 年实现收入 5 225.3 万元,同比增长 13.25%。

针对广告市场不景气,上半年广告收入 300 万元的状况,由总编辑分管广告工作,成立广告领导小组,整合利用全社资源,强化全员抓广告意识,勤策划,抓重点,抓特殊行业,在新闻采编等部门的积极配合下,经过艰苦努力,2005 年实现广告利润 1 240万元,同比增长12%。

针对技改后印务中心印刷条件显著提高,同时也发生巨额债务的现状,提出资产重组、自主经营、自负盈亏、自我管理、自我发展的思路。印务中心一方面进行深化改革讨论,提高认识,统一思想,一方面以改革促进各项工作,较好地完成了大报、子报、代印报及承印报的印刷任务,面向市场开拓商务印刷取得较快进展,2005 年总收入4 034万元,实现利润 836 万元,上缴社财务 526 万元,在百分之百保证正常出报的情况下,出色完成了设备向新区的搬迁。

针对报社经营多部门、少规划、缺监督的现状,按照经营与管理、经营与服务相分开的原则调整格局。赋予经营管理处宏观管理和监督全社经营的职权以及对全社固定资产统一管理的职能。成立开发办以企业运作方式面向市场经营房地产业和物业。各经营部门面向市场,精简机构,裁减冗员,健全制度,强化效益。

针对新区建设资金严重困难,深入调查,反复研究,认真决策,把有限的社内各种资金用活用足,使宿舍楼群建设一直按计划进行,编辑大楼主体工程基本完成。基建办做了许多创造性的工作,使工程造价一再降低,通过开发销售部分住宅楼,维持住宅建设资金的收支平衡。

针对各子报的不同情况,分类指导,确定不同的发展和经营目标。采取合作方式,使一报一刊有了新的生机。重点支持《北方新报》做大做强,2005 年发行 10 万份,广告收入3 600万元,上缴社财务 700 万元。北方家庭报、北方劳动时报、北方经济报走出经营低谷,如数完成了创收和上缴任务。

【获奖】 2005 年全社有 38 人荣获 23 个新闻奖:荣获第十三届内蒙古新闻奖特别奖 2 个;荣获第十三届内蒙古新闻奖一等奖 7 个;荣获第十三届内蒙古新闻奖好版面奖 3 个;荣获第十七届全国蒙古文报刊新闻奖一等奖 2 个;荣获第十七届全国蒙古文报刊新闻奖好版面奖 2 个;荣获第十八届全国五自治区党报民族好新闻奖一等奖 4 个;荣获第十三届全国省市区党报新闻奖一等奖 2 个;荣获第十三届全国省市区党报新闻奖好版面奖 1 个。

伊拉图　蒙编总编室副主任,荣获全国优秀新闻工作者称号;

刘少华　内蒙古日报社首席记者,荣获内蒙古自治区劳动模范称号;

党　林　北方新报社社长,荣获内蒙古自治区劳动模范称号。

(于有臣)

教　　育

【内蒙古自治区教育厅　中共内蒙古自治区高等学校工作委员会领导名录】

厅长　高校工委书记:郭明伦

副厅长　高校工委副书记:布　和(蒙古族)

副厅长:何成保　李东升　何瑞芝(女)　满达(蒙古族)

高校纪工委书记:程　哲(蒙古族)

自治区教育招生考试中心主任:董方成

助理巡视员:秦政奇　刘勤

【概况】 内蒙古自治区教育厅是主管全区教育事业和汉语言文字工作的自治区人民政府组成部门,中共内蒙古自治区高等学校工作委员会为自治区党委的派出机构,与自治区教育厅实行一个机构,两块牌子。自治区教育厅(高校工委)设 16 个职能处室:办公室、组织人事处、发展规划处、政策法规处、财务处、基础教育处、职业教育与成人教育处、高等教育处(自治区学位委员会办公室)、民族教育处、师范教育处、督导室(自治区人民政府教育督导团办公室)、高等学校思想政治工作处、高等学校学生工作处、科技外事处、体育卫生与艺术教育处、汉语言文字应用管理处(自治区语言文字工作委员会办公室);并设高校纪工委(教育厅监察室)、机关党委、离退休人员管理处。

配合自治区人大常委会,深入 10 个盟市 26 个旗县(市区)、60 所民族中小学、8 所高等院校开展了民族教育和高等教育执法检查。对检查中发现的困难和问题专门进行了分析研究,对今后贯彻执行国家有关法律法规,进一步深化改革,发展民族教育、高等教育提出意见。配合自治区人大、政府法制办开展《内蒙古自治区实施〈民办教育促进法〉办法》(草案)的立法调研和修改工作。在深入民办学校了解情况,广泛听取学校意见的基础上,赴湖南、安徽、浙江三省进行调研工作。《办法》(草案)已提交自治区法制办，自治区人大拟于2006年通过并颁布实施。大力宣传贯彻《国家通用语言文字法》，在党政机关、教育系统、新闻媒体和主要公共服务行业全面推进语言文字规范化工作。组织开展第八届全国推普周内蒙古系列活动，完成首府城市语言文字工作评估。

【教育对外交流和协作】 适应自治区教育事业的发展和高校科技创新的需求，教育对外交流的渠道和规模不断扩大。现有中外合作办学机构5个。各级各类学校共聘请外国专家260多名，比上年增加50多名。配合国家"走出去"战略的实施，自治区政府与蒙古国签署了《关于接受蒙古国留学生来华学习和派遣汉语教师赴蒙古国任教的协议》。按照协议，从2005年至2009年，全区每年招收蒙古国100名留学生接受本科高等学历教育，派遣30名汉语教师赴蒙古国任教。同时，自治区政府还提供全额奖学金为蒙古国边防军培训15名专业技术人员。这在自治区教育史上属首次设立全额政府奖学金接受外国留学生。

贯彻落实国务院《关于开展对西部地区"两基"攻坚县教育对口支援工作的意见》精神，自治区教育厅和北京市教委联合组织召开了京蒙"两基"对口支援协作会，调整建立18个区县(旗)"两基"攻坚对口支援关系。自治区还确定区内3个大中城市对口帮扶其余3个未达标的旗县的协作关系。各对口支援旗县工作进展顺利。

【教育电子政务建设】 全区教育系统视频会议系统建成投入使用，内蒙古教育网改造升级，机关处室二级网站和局域网建成。投入近20万元，改造机房、配备网络安全管理设施，购置文档一体化基础设备，开始近十多年来的文档电子化管理录入工作。

【基础教育】

"两基"攻坚工程　组织开展拟实现"两基"达标的杭锦旗等9个旗县的前期考察指导和中期督导检查，完成9个旗县"两基"达标工作的评估验收。经自治区人民政府审核并报教育部批准后，全区"两基"达标旗县累计达到93个，人口覆盖率以旗县为单位计算达到88.35%，是近5年实现"达标"最多的一年。年内，对阿拉善右旗等7个旗、县、市的"两基"巩固提高工作进行督导复查。8月15日至16日，自治区承办国务院召开的国家西部地区"两基"攻坚现场汇报会。国家"两基"攻坚领导小组成员单位领导、西部12个省区市和新疆生产建设兵团分管教育及有关部门的领导参加会议。会议总结2004年西部省区市"两基"攻坚工作进展情况，学习交流"两基"工坚工作经验，现场考察内蒙古自治区"两基"攻坚工作进展情况，进一步研究"两基"攻坚中存在的突出问题，部署下一阶段的工作。这是自治区成立以来第一次承办国务院在全区召开的教育工作会议。陈至立国务委员、国家有关部委和西部省区的领导对全区"两基"攻坚工作和会议的成功举办给予了很高的评价。9月，自治区政府在乌兰察布市召开全区"两基"攻坚现场经验交流会，对今后一个时期全区"两基"攻坚工作进行全面部署。

改善基础教育办学条件　积极争取国家和社会的支持，在257个项目学校中实施二期"危房改造工程"，总投资25 666万元，其中中央专项资金9 000万元、自治区配套3 000万元，规划建筑面积35.55万平方米，实际开工20.6万平方米。制定《内蒙古自治区农村牧区寄宿制学校管理暂行办法》，在115个项目学校中实施"寄宿制学校建设工程"，总投资25 941.6万元，其中中央专项资金23 000万元、自治区配套1 500万元，规划建筑面积32.56万平方米，竣工11.81万平方米。同时争取到台湾台塑集团捐助5 000万元，三年内将建设125所农村牧区小学。还争取到邵逸夫捐款495万港元，用于14所中小学改善办学条件。

现代远程教育网络建设　年内全区工程建设总投资共计9 893万元，其中国家投入6 590万元，自治区本级财政配套2 100万元，盟市和旗县财政承担1 203万元。制定工程设备招标方案，落实项目设备，加大督促检查的力度，使农村牧区2 265所卫星收视项目小学，418所中学计算机教室工程建设项目在12月底前全部竣工。通过实施现代远程教育网络工程，全区各级各类学校远程教育得到较快发展。从工程建设的时间、规模、速度以及投入等方面，走在西部省区的前列。全区完成10 841所农村牧区中小学校的现代远程教育网络工程建设任务，完成量占全区农村牧区中小学校总数的96.88%，教学点光盘播放和小学卫星收视系统已全部覆盖。自治区本级财政为此投入9 985.8万元、盟市和旗县财政投入5 203万元、国家投入13 985.7万元，总计投入29 174.5万元。

普通高中　全区示范性普通高中达到32所，在校生数近10万人，占全区普通高中在校生总数的20%；盟市级优质高中达到57所，在校生13.7万人，占全区普通高中在校生总数的30%。

素质教育　制定《进一步加强中小学心理健康教育的意见》，建立自治区心理健康教育指导中心，组织编写中小学心理健康教育读本，开展中小学心理健康教育的师资培训。确定12个旗县为2005年全国青少年校外活动场所建设项目旗县，使全区60%的旗县均建有青少年校外活动场所。全面推行义务教育课程改革。在上年扩大试点的基础上，2005年度秋季，全区所有初中小学都推行新的课程标准。制定《关于进一步加强校本教研制度建设的指导意见》，召开课程改革现场经验交流会，使校本教研活动在全区广泛开展。开展中考改革实验。制定《内蒙古自治区课程改革实验区2005年初中毕业考试与高中招生制度改革的指导意见》，对各盟市的中考改革方案进行审查和批复，召开中考改革研讨会。

体卫艺工作　以实施“33211”工程为龙头，校园文体活动广泛开展，全国成果展示显著。成功举办全区第十届中学生运动会和全区大学生艺术展演。组队参加全国第九届中学生运动会，共获5枚金牌并打破6项全国中运会纪录，列全国第八位，同时获得体育道德风尚奖和优秀组织奖。全区推荐参加全国首届大学生艺术展演获10个一等奖。

中小学布局结构调整　2005年全区共调减小学1 024所，教学点1 032个，初中165所。校均规模小学由上年的241人增加到273人，普通初中由上年的810人增加到843人。生均校舍小学、初中分别比上年增加0.09平方米和0.46平方米。

“两免一补”　为确保农村牧区义务教育阶段学生不因家贫而失学，从2005年春季开学起，经过积极争取，全区将“两免一补”实施范围由上年的75个旗县（市、区）扩大到81个，使149万名家庭经济困难学生受益。对全区11万名城镇低保家庭贫困学生实行“两免”。

【师资队伍建设】　自治区教育厅把2005年确定为“师德建设年”，制定《内蒙古自治区师德建设年活动实施方案》，召开视频会议，组织师德论坛、师德巡回宣讲团，开展师德标兵、师德先进个人的表彰奖励等活动。为加强教师队伍建设，制定《新一轮中小学教师全员培训课程方案》，并按计划对全区11 708名中小学教师进行自治区级培训，其中利用美国英特尔公司、英语学会等境外机构和联合国儿基会资金100余万元，培训英语、计算机等教师8 460人；争取到6.35亿元日元贷款人才培养项目并正式启动；委托北京师范大学，开展第二期中学校长培训，共培训校长300多人；培养高校学科带头人和学术骨干的“111人才工程”进展顺利。经过努力，全区专任教师学历合格率有了明显提高，小学、初中、高中专任教师的学历合格率分别达到98.74%、94.58%、79.44%，较上年提高了0.55、1.98、5.46个百分点。小学教师专科以上学历、初中教师本科以上学历、高中教师研究生以上学历占教师总数的比例，分别达到59.22%、37.60%、0.92%，比上年提高11.14、9.24、0.35个百分点。

【高等教育】

大学生思想政治教育　为切实改进和加强大学生思想政治教育工作，建立自治区大学生思想政治教育联席会议制度，开展全区高校大学生思想政治教育调研，以自治区党委、政府的名义召开全区加强和改进大学生思想政治教育工作会议，全面部署大学生思想政治教育工作。出台《内蒙古党委政府关于进一步加强和改进大学生思想政治教育工作的实施意见》，从组织领导等9个方面提出进一步加强和改进大学生思想政治教育的目标、政策，并从学科、队伍、环境、基地、服务等5个方面完善工作机制，特别是解决高校组织、宣传、党校等部门思政人员职务评审的问题，进一步稳定高校思政工作队伍。研究制定《宣传部、教育厅关于进一步加强形势与政策教育的实施意见》，全面实施中央、教育部思想政治理论课课程设置新方案，加强骨干教师培训工作，制定全区高校大学生思想政治工作评估体系，有力地推动大学生思想政治教育工作的开展。

改善办学条件　适应高校扩大招生规模的需要，进一步加大高校办学条件改善的力度。经过努力，2005年普通高校扩展新校区面积达7 500亩；新增校舍达到61.6万平方米（其中教学行政用房40.2万平方米，生活和其它用房21.4万平方米），预计完成土建投资7.5亿元；占地4 000多亩的新高职园区建设协议已签定。这是全区高等教育办学条件改善幅度较大的一年。

院校调整　成立院校合并协调领导小组，完成内蒙古农业学校并入内蒙古大学、内蒙古工业大学电力学院实质性并入内蒙古工业大学的计划。成立包头钢铁职业技术学院和乌海职业技术学院，全区高等职业学校累计达到23所。

专业学科建设　经国家评审，内蒙古师范大学和内蒙古财经学院将增列为博士和硕士学位授权单位，同时将新增18个硕士学位一级学科和近百个硕士点。建设自治区重点学科40个，省部级重点实验室4个，自治区重点实验室16个。下发《关于做好高等学校品牌专业建设工作的通知》，全年共评出自治区级精品课程41门，其中有2门课程被评为国家级精品课程。评出80项自治区教学成果奖，其中1项获国家级教学成果奖。全区高校本科专业种类共有167种，专业总数达到454个，高职高专专业总数已达到770个。组织开展全区电大系统“中央广播电视大学人才培养模式改革和开放教育试点”项目的总结性评估工作，完成内蒙古建筑职业技术学院、内蒙古民族高等专科学校高职高专人才培养水平的评估工作。

招生和就业工作　2005年，全区高等教育在提高质量，稳步发展的同时，规模继续扩大。在考生人数大量增加的情况下，录取新生148 894人，高考录取率达到72.03%，比上年提高1.03个百分点。全区普通高校本专科在校生达到23万人，在学研究生达7 110人，万人以上的高校有8所。全区高校毕业生为40 794人，比上年增加8 799人。在就业形势严峻的情况下，通过完善政策措施，加强对高校毕业生就业工作的检查指导，使高校毕业生平均就业率达到69.80%，同比增长2.5个百分点。

国家助学贷款工作　成立自治区学生贷款管理中心，全面推进国家助学贷款工作。至12月5日，有关银行按新机制发放国家助学贷款2 351.5万元，受助贫困大学生达3 969人；按旧机制国家发放助学贷款1 099万元，受助贫困大学生达2 400人。

综合治理和学生管理工作　进一步落实维护高校稳定工作责任制，加大实施综合治理目标管理和实绩考核的力度。调整充实全区综治委学校及周边治安综合治理工作领导小组成员，下发《自治区学校及周边治安管理办法实施细则》，年初与高校签订《维护稳定、完成社会治安综合治理目标责任书》,年底进行了评估验收。坚持实行综合治理一票否决制,实行高校敏感期一月一次形势分析会和稳定形势报告制度,深入高校对学生思想状况进行专题调研。根据《全区高校学生工作目标管理评估办法》,开展两年一度的学生工作目标管理评估工作,对评选出的内蒙古大学等18所先进学校进行通报表扬。2005年,自治区教育厅被评为自治区社会治安综合治理优秀成员单位、维护稳定工作突出成绩单位,实现了连续十六年高校的政治稳定。自治区党委维护稳定工作领导小组办公室在6月份发出《关于对自治区教育厅(高校工委)在近期维护高校稳定工作中做出突出成绩的通报》。

【职业教育】

招生和就业　2005年,全区中等职业学校招生达10.5万人(包括技工学校),完成教育部下达给全区中等职业学校扩招2.5万人的任务。区内外联合办学人数达到9 000人。中等职业学校毕业生就业形势看好,就业率连续三年达到90%以上,2005年达到94%。全面推进就业准入制度,实行毕业证与职业资格证书的"双证书"制度,在中等职业学校和高等职业学校毕业生中普遍开展职业技能鉴定工作。中等职业学校参加职业技能鉴定的学生达4.2万人,占毕业生总数的60%以上。

规划发展　按照自治区关于直属事业单位改革精神,对自治区政府部门直属的高中等职业学校布局结构调整和管理体制改革提出具体方案。起草贯彻全国职业教育工作会议精神的意见和"十一五"期间自治区职业教育发展规划。确定自治区级首批建设的示范专业28个,向教育部、财政部申报18个国家重点扶持建设的实训基地,落实9个职教中心1 800万元的投资项目。

高等职业教育　继续在高等职业学校举办五年制高等职业教育,有45所中等职业学校与高校合作举办五年制高职。2005年度共列五年制高职招生计划23 350人,实际招生12 068人,比上年增加3 352人。

【民族教育】

办学条件改善　通过积极推行"两主一公"办学形式,加强民族学校基础建设和特色学校建设,有力地促进民族教育的持续健康发展。全区民族中小学基本上实现寄宿制办学,地方财政支付的民族学生助学金由上年的1 500多万元增加到2 300多万元,多数旗县设立少数民族学生扶困助学基金。争取中央专项补助100万元,自治区投入专项经费200万元,以奖励形式拨付12个盟市,支持60多所薄弱民族中学购置现代化教学设备。经过布局调整,民族中小学的办学规模进一步扩大。全区有5所蒙古语授课高中进入自治区示范性高中行列。

教学教材建设　民族中小学新课程改革有序进行,历时5年的民族中小学蒙古语文、汉语文教改实验取得显著成效。"蒙古族中小学汉语教学课件"开发和"蒙古语教学资源库"建设进展顺利。启动蒙古族中小学汉语教学课件研发工作。组织审查各种蒙古文教材102种,约1 100万字。召开第六届全国蒙古文教材审查委员会换届暨第一次全体委员会议。

民族学生招生工作　争取八省区蒙古语授课对等交换招生计划228人,进一步扩大国家部属院校在全区招收民族预科班规模,共安排民族预科生和民族班计划710人。组织"少数民族高层次骨干人才"研究生招生工作。2005年,国家为自治区安排硕士研究生招生计划105人。

(张　波)

内蒙古大学

【领导名录】

党委书记:刘丽华(女)

党委副书记　校长:旭日干(蒙古族)

常务副校长:陈国庆(蒙古族)

党委副书记:赵　东(蒙古族)

副校长:杨劼(女　蒙古族　3月任职)　呼格吉勒图(蒙古族)

　　李延俊　佟国清(蒙古族)

纪委书记:刘文英(女)

党委委员:锡胡尔(女　蒙古族)　李玉林

【概况】　2005年,全校教职工2 395名,其中教学科研人员1 409名;全校各类在校生20 821名,其中全日制研究生2 233名、普通本科生11 796名、高职生2 581名、预科生217名、成人本专科生3 810名、长短期留学生184名。2005年全校共招生7 095人,其中博士研究生65人、硕士研究生1 085人、普通本科生3 017人、高职生902人、成人本专科生2 026人。全校毕业学生4 714人,其中研究生324人、普通本科生2 345人、高职生650人、成人本专科生1 395人。学校有2个国家重点学科、8个自治区重点学科、1个博士学位授权一级学科、19个二级学科博士学位授权点、8个硕士学位授权一级学科、88个二级学科硕士学位授权点(含4个专业学位授权点)、3个博士后流动站、59个本科专业;有4个国家级和2个自治区级基础科学研究和教学人才培养基地、1个国家大学生文化素质教育基地;有1个省部共建国家重点实验室培育基地、1个教育部人文社会科学重点研究基地、1个教育部重点实验室、1个教育部民族学科文献信息中心、7个自治区重点实验室。2005年,学校被国务院授予"全国民族团结进步模范集体"荣誉称号。

【"十五""211 工程"建设工作】 学校不断加强"十五""211 工程"建设项目的管理,特别是在仪器设备购置、资金使用等方面严格审批程序,保证建设的顺利进行。学校对"十五""211 工程"建设项目进行中期检查,并为验收总结工作进行积极的准备。

【省部共建工作】 按教育部要求完成省部共建修购项目的论证、上报工作,并获批准,到位资金 800 万元。承办省部共建高校工作研讨会。

【农业学校本校并入工作】 为拓展学校办学空间,自治区政府决定将内蒙古农业学校整体并入内蒙古大学。按照自治区政府有关要求,在有关部门的支持下,学校完成对农业学校现有土地的划转、固定资产的清查评估以及机构编制审批工作,签订人事、财务备忘录,顺利地完成接交工作。学校初步完成新校区建设规划,正在申报立项。

【学科建设】 学校新增 2 个二级学科博士学位授权点、7 个硕士学位授权一级学科(含 15 个二级学科硕士学位授权点)、10 个二级学科硕士学位授权点、法律硕士专业学位点和 3 个工程硕士领域(生物工程、环境工程、电子与通信工程)。

【师资队伍建设】 2005 年共接收各类毕业生 92 人,其中博士 10 人、硕士 47 人,引进博士后出站人员 1 人,正式调入高层次人才 5 人。全年共有 50 名在职攻读学位的教职工获得硕士以上学位,选送 66 名青年教师在职攻读学位,其中 31 人攻读博士学位。组织实施"513 人才计划",评选三个层次人选 356 人,共资助 479 万元,支持他们提高业务水平,开展科研工作。进一步加强博士后科研流动站建设,完成学校博士后流动站的评估。

【教育教学改革 建设和管理】 按照教育部要求,制定《内蒙古大学本科教学工作整改方案》,完成整改任务。在本科教学工作水平评估中获得优秀。继续组织实施《内蒙古大学"十五"本科专业建设规划》,提高专业建设水平。在生物学基地被教育部评为合格基地、数理基地由试办转为国家级正式基地的基础上,完成生命科学与技术人才培养基地中期检查评估工作。继续推进"本科课程建设 315 计划"。推进了教学内容、课程体系、教学组织方式和教学方法、教学手段综合改革。加强实践教学环节和教学研究工作。完成 2004—2005 年度、2005—2006 年度本科生创新培养基金项目的各项工作。积极开展教学成果奖的申报工作,有 3 项教学成果被评为自治区一等奖、6 项被评为自治区二等奖,其中 1 项被评为国家二等奖。抓好高等职业技术教育、成人教育。加强职业技术教育的实践教学考核工作,推行模块化和"订单式"培养模式教学方案,推进教学管理制度化、规范化建设。

【学位与研究生教育工作】 开展学位论文双盲评审工作,对硕士研究生的外国语教学及学位课考核标准进行调整。开展研究生导师的遴选工作,新增 11 名博士研究生导师、23 名硕士研究生导师,全校博士研究生导师 55 名,硕士研究生导师 313 名。

【科技工作】 2005 年全校教学科研人员申请各级各类科技项目 434 项,全年获准项目 248 项,获得科研经费1 651万元。全校教学科研人员共发表科学论文 696 篇,共出版学术著作 67 部。积极开展科技成果转化工作,全年开展横向科技项目 14 项。获得 1 项国家发明专利。哺乳动物生殖生物学及生物技术教育部重点实验室成功培育出 3 头体细胞克隆牛和 1 头转基因体细胞克隆牛,这一高科技领域的研究水平达到国际前沿水平。

【学术交流与合作】 积极开展学术交流。全年共主办或承办国际国内学术会议 16 次,有多位国内外知名专家学者到校讲学访问,开展学术交流。加强与国内外高校和科研机构的交流与合作。审核办理 202 名教职工出国出境的审批手续,聘请 9 名外籍文教专家到校任教,接待来自 15 个国家和地区的外宾 29 批 387 人来校进行学术访问、考察和参观。

【学生工作】 根据《普通高等学校学生管理规定》和教育部要求,制定出台《内蒙古大学学生管理规定》。鼓励学生积极开展课外学术科技活动,在第九届"挑战杯"全国大学生课外学术科技作品竞赛上,学校有 2 件获得一等奖、1 件获得二等奖、3 件获得三等奖,在参赛的 300 余所高校中总成绩列第 16 名,获得"优胜杯",并被授予优秀组织奖。学校在"首届金燕子国际舞蹈大赛"中获得金奖一项、铜奖一项;在全国首届大学生艺术展演赛中获得一等奖;在"荷花杯"全国舞蹈赛中获得编导二等奖。加大毕业生就业指导和服务力度,全校研究生初次就业率为96%,本专科毕业生初次就业率为77.6%。

【基本建设】 拆除 5 栋危旧楼,新建的网络会议中心基本竣工,研究生楼主体已完工。开展化学化工楼扩建、改造工程,在东校区新建学生浴池,增设围墙。

【图书文献建设】 图书馆全年共购进各文种图书92 469册、中外文报刊1 654种75 108册(期)、期刊光盘 123 张,接受国内外友人赠书2 418册;分编入库图书20 887种、60 941册;处理中外文过刊合订本1 538册。2005 年图书馆被正式批准为 CALIS 内蒙古自治区文献信息服务中心,开始构建 CALIS 省中心门户以及相关的硬件平台,开通中国蒙古文期刊网。

【学报与出版工作】 学报编辑部按期出版学报各版的双月刊，进一步规范审稿工作，提高稿件质量，完成编辑出版任务。《内蒙古大学学报(蒙古文版)》获得第三届国家期刊奖百种重点期刊奖。2005 年学校出版社出版图书239 种，有16 种图书被评为署优、6 种被评为省(区)优。全年发行内外版图书4 000万码洋，取得较好的效益。

(张士伟 郭瞳)

内蒙古大学艺术学院

【内蒙古大学艺术学院领导名录】

党委书记:锡胡尔(女 蒙古族)

院　　长:李玉林

副 书 记:毅　力(纪委书记 蒙古族)

副 院 长:宋生贵

赵魁武(蒙古族)

【概况】 2005 年，学院占地50 000平方米，总建筑面积56 688平方米。学院设有美术、艺术设计、音乐、舞蹈、文化艺术管理5 个系，1 所附属中等艺术学校，有4 个硕士学位授权点，13 个本科专业。在校学生3 483人，其中研究生8 人，本科生2 407人，中专生1 068人，成人教育学生140 人。全院教职工542 人，少数民族占43.5%；专任教师374 人，其中教授、副教授85 人；国内外客座教授30 多人。

【教学】

召开全院教学工作会议　会议总结五年来学院教学改革和建设工作取得的成绩和经验，对“十一五”期间的教学工作和迎评工作做全面部署，对《学院发展战略规划》、《学科与师资队伍建设规划》和教学计划等相关方案进行广泛、深入的研讨，为学院的发展、建设指明方向。

申报专业硕士点 提升办学层次　经过精心准备，积极推荐上报，成功获得艺术学、音乐学、美术学3 个硕士学位授权点，学院艺术学科硕士授权点获得零的突破。

适应社会需求 优化专业结构　增设公共事业管理专业文化艺术管理方向、艺术设计专业舞台艺术设计方向和工业品造型设计方向等3 个专业方向，2006 年的招生计划增设影视表演、二人台表演专业，进一步优化学院的专业结构，拓展学科领域。学院已达到7 个二级学科、13 个本科专业(其中包含29 个专业方向)，学科专业已基本覆盖艺术类专业门类。

开展精品课程申报工作　经过认真准备，在现有3 个校级优秀课程的基础上，“蒙古舞”被评为自治区级精品课程，并作为9 个自治区级精品课程之一上报参评国家级精品课程。

严格程序 实施“阳光工程”　顺利完成各层次各类型的招生工作。学院招收文艺学硕士研究生15 人，录取2005 级新生852 人，其中，本科生640 人，中专生212 人。

【科研创作】 完成“国家社会科学基金项目”、“文化部艺术科学项目”等省部级以上科研项目50 余项的组织申报工作；完成“自治区哲学社会科学规划项目”、“自治区高等学校科研项目”等自治区内各类科研项目20 余项的组织申报工作；完成43 项校内科研项目的申报工作。学院教职工共获批17 个科研项目，其中“内蒙古大学青年科学基金项目”1 项，“院级科学基金项目”15 项，《蒙古族当代音乐研究》获“全国艺术科学国家级重点项目”。

【艺术展演】 全年举办各类学术讲座39 场，举办教学成果展示会、音乐会、文艺演出、教学观摩、作品展162 场；组织师生参加67 场全国以及自治区的大型文艺演出；参加“神舟六号”载人航天飞行圆满成功“飞天放歌”文艺晚会、中国戏剧家协会“梅花奖”艺术团赴内蒙古慰问演出、全国首届大学生艺术展演闭幕式暨颁奖晚会、自治区“第二届草原文化艺术节”、呼和浩特市“第六届昭君文化艺术节”、中国内蒙古“灿烂星空”IT 之夏大型歌舞晚会、中央电视台“乡村大世界”节目录制演出等。

【对外交流】 组团赴蒙古国国立艺术大学、蒙古国国立大学蒙古语言艺术学院举行交流访问，与两校签订校际交流与合作协议书；赴瑞典、丹麦等地就联合办学的事宜进行积极的磋商；与德中青少年文化艺术学院签订交流合作意向书。与美国佛蒙特州教育部门实现互访，完成第二期文化交流合作项目。建立内蒙古大学艺术学院“枫叶艺术教育奖学金”，选派教师赴美语言培训，促进中美双方合作的不断深化，双方的合作交流已步入常规化的良性发展轨道。

配合中蒙两国联合申报“蒙古长调”为联合国“口头与非物质文化遗产”项目，接待蒙古国文化部代表团；积极联系，与蒙古国国立文化艺术大学开展学术研究合作项目，就马头琴和长调研究成立课题组。接待美国佛蒙特州中学生艺术交流代表团、蒙古国国立音乐舞蹈学院教师考察团、日本国“每日新闻”电视记者考察团、台湾辅英科技大学师生代表团、香港云海艺术团、德中青少年文化艺术学院考察团等来学院交流访问。

以汤姆·卡纳尔先生为团长的美国佛蒙特州高中学生艺术团和以锡胡尔书记为团长、赵魁武副院长为副团长的学院代表团实现成功互访，并首次颁发由“东方之旅”项目负责人王觉非博士发起的在学院设立的“枫叶艺术教育奖学金”；李玉林院长率团出访蒙古国，同蒙古国文化艺术大学和蒙古国国立大学签署校际合作协议;锡胡尔书记、毅力副书记率美术系教师代表团赴欧洲访问交流,在瑞典赫尔辛堡市举办美术系师生作品展,并与丹麦皇家美术学院院校达成再次举办展览与进一步合作的意向;与德国德中青少年文化学院签署交流合作协议;学院首次接待来自台湾地区的大型交流团—台湾辅英科技大学师生一行27人,两岸师生同台合作演出。

【基础设施】 学院投入167万余元完善美术系动画专业教学设备、改造动画专业教室,投入24万余元用于舞蹈、服装设计、雕塑、播音主持等专业的教学设备。投入14.2万元购置图书音像等教学资料,改善办学环境。筹资64.3万余元完成36项基建维修项目。

【获奖】 学院有59项的科研、创作、表演作品在国内外的专业评奖与比赛中获奖,其中在国际性比赛中获奖2项,全国性比赛中获奖12项,在省部级和自治区级比赛中获奖35项。1篇论文获全国第一届高等艺术教育科学论文评选一等奖;1项成果获得自治区级高等教育优秀教学成果二等奖,2项作品获得自治区“索伦嘎”奖;在国家公开出版的学术期刊上发表学术论文和艺术创作作品255篇。

舞蹈系呼德勒学生表演的独舞《米利嘎》、《马头琴声》和包红同学表演的独舞《伊茹勒》、《飞鬃马》分别荣获由蒙古国主办的首届“金燕子”国际舞蹈大赛表演金奖和铜奖,舞蹈系学生表演的由赵林平教授编创的群舞《顶碗舞》荣获全国第一届大学生艺术展演活动舞蹈节目专业组一等奖;附属中专学生表演的由包玉荣、任艳茹编导的群舞《飞鬃马》荣获第五届中国舞蹈“荷花奖”编导奖、“民舞之花奖”和表演优秀奖。

音乐系师生荣获三大类6项大奖:萨切荣贵、苏雅老师和存布乐同学分别荣获中国文华艺术政府奖—文华艺术院校奖第二届民族器乐比赛少数民族器乐独奏银奖、铜奖、优秀奖;杭红梅老师荣获“八省区首届蒙古族歌曲电视大奖赛”汉语职业组一等奖,乌日娜、乌音嘎荣获蒙古语职业组二等奖;德力根其其格、萨仁日拉、存布乐同学组成的呼麦·马头琴组合荣获“第二届中国大学生校园歌手大赛”银奖。

学院6位教师的作品在全区第二届美术创作“神马奖”评选中分别荣获金、银、铜奖;艺术设计系学生的平面设计作品荣获首届“艺设之星”全国大学生优秀平面设计作品大赛铜奖。

【科研成果质量】 全年共获批17个科研项目,其中,民族艺术研究所乌力吉巴雅尔教授申报的《蒙古族当代音乐研究》获“全国艺术科学国家级重点项目”,实现学院及自治区艺术学科领域国家重点课题零的突破;李世相副教授主持的《长调理论与教学》项目荣获自治区高等教育优秀教学成果二等奖;另有1项获得“内蒙古大学青年科学基金项目”、15项获得“院级科学基金项目”;宋生贵教授的论文《关于高等艺术教育的热中冷思及调节建议》荣获全国第一届高等艺术教育科学论文评选一等奖。首批8门校级重点课程结项,《蒙古舞》被评选为自治区级精品课程并被推荐参加国家级精品课程评选。

【共建共享试题库】 由学院承办的“七校共建共享试题库”主题研讨教务处长联席会于8月9日在学院召开。来自南京、山东、云南、广西、吉林、新疆和学院7所艺术院校的代表出席会议。会议讨论、修改并正式签署“七校共建共享试题库”协议,通过第一批课程试题库建设方案。

【美术系动画工作室】 学院筹资160多万元建设的具有自治区领先水平的美术系动画工作室投入使用,美术系选送的由陶雯、孙玉宝老师指导的动画作品《巴特尔的约会》,在桂林举行的由中国动画学会主办的中国第二届“中国动画奖”颁奖典礼上荣获“中国动画奖”,其它5部推荐作品也成功入围此项大奖的评选。由此,美术系被授予2005年“中国动画成就奖”;另有11部动画片入围“全国第五届动画学院奖”,2部动画片入围“2005中国国际卡通数码艺术周”。

(张　强)

内蒙古师范大学

【领导名录】

党委书记:王占荣
校　　长:陈中永(蒙古族)
副 书 记:斯日古楞(蒙古族)
副 校 长:初志壮 王希明 刘新华 亚新(蒙古族)
照日格图(蒙古族) 郑福田
纪委书记:赵丽娟(女 蒙古族 3月任职)

【概况】 内蒙古师范大学成立于1952年,是新中国成立后党和国家在边疆少数民族地区最早建立的高等学校之一,自治区重点大学,是培养基础教育、民族教育师资和蒙汉兼通少数民族复合型人才的重要基地,被誉为“民族教育的摇篮”。学校占地面积3 801亩,校舍建筑面积68.4万平方米,固定资产总值8.5亿元,其中,教学仪器设备总值1.3亿元。馆藏图书204万余册,藏书中以蒙文图书和蒙古学图书资料丰富而独具特色,长期订阅中外文期刊(含电子期刊)近14 000种。

学校下设20个职能处室,21个二级学院,6个直属系、教研部。设有网络中心、学术期刊社和高等教育研究所。拥有图书馆2个，博物馆1个，附属中学2所，实验中学2所，实验幼儿园1所。学校编辑出版5个版本的《内蒙古师范大学学报》以及《语文学刊》、《作文导报》等刊物。有教职工近2 151人，其中专任教师1 332人，具有硕士、博士学位的教师占专任教师总数的48%，具有副高级以上职称的教师的比例达到45.7%。有硕士生导师275人，兼职博士生导师8人；国家和自治区有突出贡献的中青年专家19人，入选国家"百千万人才工程"、自治区新世纪"321人才工程"、自治区高等教育人才培养"111人才工程"共115人(次)，享受政府特殊津贴教师45人。

【教学】 全日制本专科生24 238人，研究生1 758人，成人教育学生10 232人，留学生53人，形成了多层次的人才培养体系。学校开设53个本科专业，涵盖8大学科门类，有自治区重点学科8个，校级重点学科21个。拥有博士学位点、硕士学位点共71个，另有1个教育硕士专业学位点。有48个科研机构，其中遥感与地理信息系统实验室为自治区重点开放实验室。

【学术著作】 近五年，学校教师出版学术著作291部；发表论文6 776篇，其中被SCI、EI等收录的论文337篇；获得国家和省部级科研奖励255项；拥有国家发明专利6项。学校教师在荷兰进修期间在国际权威学术刊物《Nature》发表论文1篇。学校主持或参与各级各类科学研究项目510项，科研经费近5 000万元。

【对外交流】 半个多世纪的发展历程中，学校秉承"献身、求实、团结、奋进"的校训，培养输送毕业生8万余人，遍布内蒙古自治区和全国各地。学校坚持开放办学，加强对外交往，与美国、荷兰、俄罗斯、日本、韩国、蒙古国等国家及国内一些知名院校和科研机构建立了合作关系；积极发展留学生教育，建立蒙汉语留学生教育中心。学校先后聘请国内外著名专家学者百余位担任学术顾问、客座教授和兼职教授。

【学科建设】 博士学位授予单位学校采取有力措施持续加强学科建设，稳步推进各项工作，经过不懈努力，取得显著成就，被国务院学位委员会批准为博士学位授予单位，科学技术史学科成为一级学科博士点，从而实现学校博士点零的突破。新增一级学科硕士点5个，使一级学科硕士点达到7个(2个认定)，新增二级学科硕士点21个，使二级学科硕士学位点达到70个。

【教育教学改革】 根据学校建设"综合性师范大学"的办学目标和教师教育和非教师教育并存的实际，学校对本科教育培养模式和课程体系进行改革和调整，实行"学科基础教育+学科专业教育+教师教育"的分段式教师培养模式，即"4+1"培养模式，鼓励学生修读二学位；从2005年起，开始实行"小学期"制，即"三学期"制，以配合新的培养模式和课程体系改革，探索新的人才培养模式。这一改革将对本科教学工作产生重大影响。

2005年，学校化学、生物、物理3个学科被评为"自治区实验教学示范中心"；"汉语言文学"等八个专业被自治区教育厅评为"2005年度高等学校自治区级品牌专业"；"室内设计入门"等五门课程被自治区教育厅评为"2005年度自治区精品课程"。

【内蒙古师范大学中国少数民族作家研究中心】 9月15日，学校隆重举行"内蒙古师范大学中国少数民族作家研究中心"揭牌仪式暨中国少数民族作家作品展剪彩仪式和中国少数民族文学研讨会。是全国第一个研究少数民族作家和少数民族文学的专门机构。原全国人大常委会副委员长布赫及中国作协、国家民委、自治区和高校工委等领导出席揭牌仪式。"中心"的成立，不仅为学校学科建设和发展提供新的平台，同时为自治区民族文化大区建设增添新的亮点，对繁荣全国少数民族文学、弘扬社会主义先进文化将产生重大而深远的影响。

【科学研究】 2005年度，共申报各类纵向课题316项，获准119项，获准率较上年有大幅度提高，其中，在国家级项目中国家自然科学基金项目10项。为充分调动全校师生的科研积极性，培养研究生科学研究能力，学校增设研究生科研项目。完成三年一次的科研机构评估工作，并对38个科研机构分4个层次进行奖励和经费资助，解决部分国家级项目和科研机构的用房问题。

【改善教职工福利待遇】 学校坚持"以人为本"的办学宗旨，在经费紧张的情况下，为提高教职工的福利待遇，改善教职工的生活条件，划拨1 500万元用于发放校内岗位津贴，全校各类岗位津贴标准在原有基础上提高了50%以上。学校划拨专项经费，用于发放离退休干部一次性生活补贴。

【博物馆古代天文仪器馆建成开馆】 8月10日，学校举行"博物馆古代天文仪器馆"建成剪彩仪式。中科院常务副院长白春礼院士、自治区副主席连辑出席剪彩仪式。古代天文仪器馆，将成为学校科学技术史学科有力的支撑点和博物馆的重要组成部分，成为培养青少年的科学精神和进行爱国主义教育的重要场所，为学校今后的学科建设与发展将起到积极的推动作用，为科学传播与科学普及提供良好的环境和条件。

【重要活动】 2005年，学校的发展和建设继续受到各级领导的重视和关怀。4月12日，中共中央政治局常委、中央纪律检查委员会书记吴官正一行在自治区领导储波、杨晶、陈光林、任亚平、韩志然等的陪同下视察学校盛乐校区。7月19日，国家教育部副部长吴启迪一行在呼和浩特参加省(区、兵团)部共建高校工作研讨会期间,亲临学校视察工作。

5 月,学校被国务院授予“全国民族团结进步模范集体”、“全国学校及周边治安综合治理工作先进集体”称号;4 月 30 日,陈中永校长参加全国劳动模范和先进工作者表彰大会,被国务院授予全国先进工作者荣誉称号;学校获得全国第一届大学生艺术展演活动“学校优秀组织奖”;在全国十届运动会上,学校充分发挥体育专业科研、人才、技术等方面的优势,为自治区代表团在速度赛马、柔道、拳击、摔跤等项目中争牌抢分作出突出贡献。

(李笑燃 吴爱华)

内蒙古工业大学

【领导名录】

党委书记:荀黎明

副书记 校长:李含善

副书记 纪委书记:刘志雄

副书记:王永明

副校长:谭福贵(蒙古族) 邢永明 刘进荣 黄龙海

助理巡视员:阿日德(蒙古族)

【概况】 内蒙古工业大学前身是始建于 1951 年的绥远省高级工业学校。1958 年在清华大学等院校重点帮助下成立了内蒙古工学院。学校曾先后隶属二机部、农机部和机械工业部,1983 年划归内蒙古自治区,1993 年更名为内蒙古工业大学。学校坐落在内蒙古自治区首府呼和浩特市,是内蒙古自治区重点建设的高校之一。

学校设 16 个院(部、中心)、44 个本科专业。有 5 个自治区级重点学科,4 个博士学位授予学科,49 个硕士学位授权学科,11 个工程硕士专业学位授权领域,8 个高校教师在职攻读硕士学位专业,19 个在职人员以研究生毕业同等学力申请硕士学位学科,并具有工商管理硕士(MBA)专业学位、授予权和优秀本科生免试推荐攻读硕士学位资格。形成研究生、二学位、普通本科(含民族预科)、普通专科、高等职业教育、继续教育等多层次协调发展的办学格局。学校设有 2 个自治区级重点实验室,2 个自治区级生产力促进中心,自治区新能源试验示范基地和内蒙古制造资源计划应用研究中心也设在学校;学校还是教育部批准设立的 32 个国家级大学生文化素质教育基地之一。2005 年学校全日制在校生18 000余人。

学校有专任教师1 128人,其中教授、副教授 392 人,博士、硕士生导师 247 人,并聘请中国工程院院士在内的一批国内外知名学者担任学校兼职教授。51%的教师获得博士、硕士学位;有 44 人次被授予国家级、自治区级有突出贡献中青年专家称号或者享受政府特殊津贴;有 54 人次入选全国“百千万人才工程”和自治区“321 人才工程”及“111 人才工程”;80 多人担任省级以上专业学会、协会的理事长、秘书长和理事。学校有 85 个实验室和 38 个科研院所,学校 1997 年联入中国教育与科研计算机网(CERNET);全国外语水平考试呼和浩特中心、全国计算机等级考试内蒙古中心考点也设在学校。学校图书馆是自治区收藏和借阅科技文献的中心之一,也是首批开通专项咨询服务的中国学术期刊文献一级检索站。学校出版有《内蒙古工业大学学报》(其“自然科学版”2004 年 3 月入选《中国科技核心期刊》)、《高等教育研究》和《内蒙古工大报》等刊物。

【教学工作】 认真贯彻教育部《关于进一步加强高等学校本科教学工作的若干意见》,切实加强制度建设,出台《教学经费投入保障制度》等 30 个文件,成立教学工作委员会,调整教学事故认定委员会和教学督导组;各学院召开教学工作会议,认真查找本科教学中存在的问题,明确整改重点,促进评建工作;邀请教育部本科教学评估咨询专家对学校的评建工作进行检查指导;坚持专家评教、学生评教,开展课堂教学大练兵活动。2005 年,校级精品课程建设立项 90 项,其中 7 门课程被确定为自治区级精品课程;校级优秀教学成果 24 项,其中 7 项被评为自治区优秀教学成果;3 个实验中心被评为自治区级示范中心,其中物理实验中心被推荐到教育部参加评审;60 个项目获得教学改革立项。

【学科专业建设】 强化管理,加大投入,加强学位点,特别是新增学位点的建设;努力探索研究生管理与培养模式的创新,提高研究生培养质量;积极开展品牌专业建设工作,12 个校级品牌专业中有 6 个通过自治区教育厅的评审;完成学校学科建设五年规划。2005 年,新增硕士一级学科 5 个,硕士二级学科 19 个;新增工程硕士授权领域 2 个;新增目录外本科专业 1 个,4 个新上专业通过自治区专业设置委员会的评审。

【科研工作】 2005 年,获得 7 项国家自然科学基金项目,其它各类国家级项目 12 项,科研总经费3 486万元;2005 年学校被 SCI、EI、ISTP 收录的论文共有 49 篇;获自治区科技进步奖 3 项,科技成果被企业应用项目 6 项,专利申请 3 项,专利公开 2 项,专利授权 2 项;成立兰太—工大创新科技中心,新申报 4 个自治区级重点实验室。

【对外交流】 学校重视加强与国内外交流与合作,与清华大学、天津大学等国内一批高校在学生培养、教师进修、学术交流、教学改革、科研协作等方面开展富有成效的合作. 与美国、加拿大、日本、俄罗斯、蒙古、新加坡等国的多所高校建立长期校际合作关系。2003年，学校成为内蒙古自治区惟一一所实施《1—2—1中美人才培养计划》项目的高校。

【学生工作】 2005年，学校有10件作品在自治区“挑战杯”大学生课外学术科技作品竞赛中获奖，有1件作品获第九届“挑战杯”全国大学生课外学术科技作品竞赛三等奖；选送的2个舞蹈节目获全国第一届大学生艺术展演一等奖，学校获高校优秀组织奖；暑期大学生“三下乡”社会实践活动获自治区和全国先进集体荣誉称号。2005年，发放各类奖、助学金569万元，受奖助学生8 746人次；为1 309人发放贷款800万元；根据国家有关政策，为39人减免或部分减免学费；安排勤工助学岗位8 186人次，发放勤工助学费17万元。积极开拓毕业生就业市场，不断加强毕业生就业指导和服务，2005届研究生总体就业率为91.4%，本科毕业生总体就业率为90%，专科毕业生总体就业率为87.6%，高职毕业生总体就业率为71.9%。

【办学条件建设】 学校高度重视师资队伍建设，2005年教师中考取各类硕士研究生97名，博士研究生24名；接收1名博士后出站人员、1名博士，11名攻读博士学位教师学成归来；引进92名具有副高级专业技术职务或硕士研究生学历人员；聘任16名学科带头人，22名学术骨干；39名教师晋升为高级职称，2名教师被批准享受政府特殊津贴；从优秀应届本科毕业生中直推硕士研究生60名。学校多方筹措资金，努力改善办学条件，是年投入2 000多万元用于教学科研仪器设备更新和重点学科建设；新增纸质类图书5万余册，电子图书30余万种；多功能教学楼投入使用；实现电力学院的实质性并入。

（于利群）

内蒙古工业大学乌海学院

【领导名录】

党委书记：李　敏（3月任职）

党委副书记　院长：徐建平（3月任职）

【招生工作】 2005年，学院开设12个招生专业，分普通高职（专科）、五年制高职（专科）、与乌海煤焦化公司联办中专班三个类别，共计招收新生1 044人。目前，在校生累计2 000多人。

【师资队伍建设】 学院加强教师的思想政治工作和师德建设，逐步树立“教育育人、育人为本、德智体美、德育为先”的观念。学院制定了引进与培养人才的措施，注重“双师型”教师的选拔与培养。3月至4月，内蒙古工业大学老教授协会派专人对学院拟聘教师的任职资格进行评审，对部分任课教师进行严格考核和选拔。4月，学院聘请15位企业资深技术人员担任兼职教授。5月份，从区内外各高校引进硕士研究生1名、优秀应届本科毕业生17名。6月和10月下旬，学院分别邀请内蒙古工业大学金工实训中心3名高级工程师、教授先后两次来院指导学生实训，并对我院相关专业教师进行传帮带。学院鼓励教师攻读学位和外出进修，拟定《教师攻读学位及进修学习管理办法（试行）》。选派专业教师到东北财经大学、内蒙古工业大学及其电力学院进修，参加教育部、自治区教育厅举办的各类进修班、培训班。学院共有教师114人，均为本科及以上学历，其中，硕士5人，正高级职称1人，副高级职称26人，中级职称20人，助教35人。

【内部人事分配制度改革】 学院建立以聘用制为核心的高效的内部管理体制与机制。按照内蒙古自治区和乌海市事业单位改革的精神，制定下发《党政、教学、科研管理机构岗位设置及聘任试行办法》、《岗位竞聘试行办法》、《专业技术职务岗位设置及聘任试行办法》、《教职工岗位津贴发放试行办法》。经过学院竞聘考核领导小组和学术委员会公正严密的资格审查等必备程序，聘任13名内设机构领导、3名教学科研管理机构科级职员，聘用近百名专业技术人员、19名党群行政管理机构一般职员。

【教学工作】 参照兄弟院校，结合本院实际制定学科、专业建设规划，完善教学计划和教学大纲。实施教学质量工程，建立教学质量监控体系。年初，学院成立了以分管教学的院领导为组长的考试工作领导小组，加强考务管理，确保学院各类考试工作的顺利进行。2月，为规范教学管理秩序，提高教育教学质量，推动以“教书育人、爱岗敬业”为核心的教风建设，制定下发《领导干部听课制度的规定和学生考试不及格课程管理规定》，教学质量监控体系覆盖各个教学环节。3月，学院邀请内蒙古工业大学外国语学院教授指导英语教学工作。加强实践教学环节。“五一”、“十一”期间，由内蒙古工业大学金工实训教师带队组织学生到乌海车站机务段大修厂实训基地进行了两个多月的实习。

【学生管理工作】 以人为本，加强学生的教育与管理。实行任课教师上课点名制度；制定《教学事故认定与处理办法（试行）》、《班主任工作目标管理考核办法》、《班主任考核细则》等制度。

【基本建设】 2005年，学院开工建设2栋学生公寓楼、2栋实验楼。校内井水供应系统、电力增容、供热增容等工程已投入使用。新立项的实训中心和2栋学生公寓楼已经开工。绿化、美化校园,种植外围护风林乔木、灌木一万多株。

【后勤保卫工作】 进一步推进后勤社会化改革,建立和完善服务、监管制度。学生公寓已纳人规范化管理。学生餐厅、超市、洗衣房、文印中心实行社会化管理,采取个人承包经营。制定餐饮卫生管理暂行办法、食品卫生安全责任管理暂行办法及食堂规章制度。建立健全财务管理的相关制度,制定下发《关于加强财务管理工作的通知》,坚持开源节流。建立人防和技防相结合的安全防范体系;制定下发预防和处理院内突发事件的应急处理预案,逐级签定综合治理责任状,保证全院师生的人身和财产安全。

【精神文明建设】 积极开展"教书育人、服务育人、管理育人"活动,努力营造良好的教风、学风、校风。大力加强校园文化建设,成功举办"青春旋律"2006年元旦文艺演出活动;参加了全市教育系统"农行杯"职工排球赛,获得精神风貌奖;定期刊发校报《启航》;组织成立学院篮球队、铜管乐队、武术队、健美操队;7月份,成功承办2005年自治区大学生篮球赛,荣获男子B组第三名的好成绩,并获得最佳组织奖。全力维护学院稳定,积极建立学院工作信息收集、报送、反馈制度。

(赵 芳)

内蒙古科技大学

【领导名录】

党委书记:郝兆兴

校　　长:李保卫

副 书 记:安胜利 武也文 谭文有

纪委书记:谭文有

副 校 长:安胜利 云炜恒(蒙古族) 李国雄 王建国

【概况】 内蒙古科技大学(原包头钢铁学院),学校实行中央与地方共建,以地方管理为主的运行体制。学校集研究生教育、普通本专科生教育、成人教育、高等职业技术教育为一体,形成多层次、多形式的办学体系。有本专科(包括高等职业技术教育)18 186人,研究生351人,成人学生2 660人。有专任教师1 157人。专任教师中副高以上职称487人,具有博士学历的89人,具有硕士学历的415人,研究生导师181人,享受政府特殊津贴的专家23人。

学校占地面积1 700亩,校舍建筑面积40多万平方米。有理、工、管、文、法等6个学科门类。设有17个学院,74个本专科专业,32个硕士点(其中工程硕士点7个),2个自治区重点学科。

【教学工作】 学校把迎接2007年教育部本科教学工作水平评估工作摆在学校中心位置,成立领导机构和工作机构,通过广泛宣传动员,全校上下统一思想,提高认识。11月17日至12月22日,召开内蒙古科技大学第一次教学工作会议,认真研究教学工作中存在的深层次问题,制定新的本科培养方案,讨论通过重新修订的各项教学规章制度,进一步明确教学工作发展方向。继续加大教学经费投入和教学基本建设。教学业务费、教学差旅费、体育维持费和教学仪器设备维修费等4项经费投入占学费收入的26.79%,学生均教学仪器设备值达到5 166.13元。学校新增本科专业6个。教学工作向现代化发展,多媒体教学基本得到普及,在网上授课、答疑,网上选课,网上报名和网上评教、网络管理等方面取得实质性的进展。有5个专业被自治区评为品牌专业,2门课程被评为精品课程;获得自治区教育教学成果二等奖5项。

【科研 校办产业】 全年科研立项106项,其中国家级项目17项(含973项目2项),科研经费总额3 620万元。获得自治区科技进步二等奖2项、三等奖2项、冶金科技进步三等奖2项,科技成果转化、推广10项,申请国家发明专利4项,获批准发明专利2项,荣获自治区知识产权先进单位称号。2005年12月24日召开的内蒙古自治区科技创新暨奖励大会,对"科教兴区"十年间涌现出的先进集体和先进个人进行表彰和奖励。学校被评为科教兴区突出贡献先进集体,校长李保卫教授被评为科教兴区突出贡献先进个人。积极扶持和帮助高科技产业,以现代企业管理模式,不断调整校办产业结构,提高产业的市场竞争力。2005年校办产业产值达到1亿元。

【管理体制改革】

实行目标管理责任制　围绕2007年教学水平评估、申报博士点以及毕业生就业等事关学校生存发展的重大工作,提出"三大任务"的奋斗目标。三大任务:指的是教学评估要"保良争优"、申报博士点要志在必得、毕业生就业率要力争自治区高校领先。为了实现"三大任务"的目标,学校首次实行工作目标管理责任制。

实行全员满负荷工作量　经费不足、基础薄弱是学校当前和今后一段时期不可回避的主要问题之一,为进一步提高工作效率,学校实行全员满负荷工作量的运行机制,进一步增强教职工的责任意识、忧患意识和主动创新精神。

建立规范的规章制度　学校结合实际,制定党委会、党政联席会、校长办公会等议事规则;建立健全内部管理、教学管理、科研管理、学生管理、安全保卫等各方面的规章制度，为依法治校、科学治校奠定基础。

【学生工作】 建立和完善学生工作机构和机制，成立学生工作指导委员会，修订和完善学生管理制度。各学院设置学生工作办公室，配备专职学生工作人员，并实行本科生全程导师制。开展大学生素质拓展计划，引导和帮助广大学生全面成长，努力营造浓厚的学术和文化氛围。在国内重大比赛中，学校学生多次获奖。在国家教育部主办的全国大学生广告艺术大赛中，学生王雪苏获得三等奖；在“全国实用英语口语大赛”总决赛中，学生沈建获得三等奖；在2005年“CCTV”杯英语演讲比赛决赛中，学生高占峰取得优异成绩，并将代表国家于2006年赴马来西亚参加亚洲大专英语辩论赛；在全国大学生“挑战杯”竞赛中，学生荣获三等奖；在自治区高校体育比赛中，学校女篮、女排双双荣获冠军。加强心理咨询中心的建设和心理咨询工作人员的培养，开设心理选修课和系列讲座，增加心理教育内容在德育课中的比重。有力地保证学生健康地学习和生活。

全面做好帮贫助困工作。结合本校的实际，设立勤工助学办公室和助学贷款办公室，从学费中提取一定比例的经费用于勤工助学，并对特困生减免或缓交学费。建立以贷为主，“奖、贷、助、补、减、缓、免”的帮困助学体系。

（田立志）

内蒙古民族大学

【领导名录】

党委书记：特木尔（蒙古族）

副书记 校长：王顶柱（蒙古族）

副书记：刘金赋（11月离任）
盛国清

副校长：潘 祥（满族）
肖剑平（蒙古族）
刘宗瑞
吉日木图（蒙古族 11月任职）

纪委书记：白莉莉（女 蒙古族 11月任职）

【概况】 2005年底，内蒙古民族大学教职工1 728名，其中专任教师854名。全校外聘、返聘各类教师62名。全校各类在校生19 850名，其中全日制普通本专科生16 025名、研究生230名、成人教育在籍学生3 558名，留学生37名。

2005年招收全日制普通本专科生3 211名，研究生102名，成人教育在籍学生1 360名，留学生5名，总计4 678名。

【评建工作】 召开学校“第二次教学工作暨本科教学水平评估动员大会”，印发《普通高校本科教学水平评估指标体系内涵解析》和《教学评建学习材料》；制定“以评促建工作奖惩办法”；组织各学院院长、专家组组长先后赴已评兄弟院校学习评建经验。按照自治区教育厅的有关要求，配合学校“十一五”规划建设，学校开展办学指导思想，办学定位、特色定位等方面内容的大讨论，进一步明确学校的发展方向。

【基本建设】 按照校区整体规划完成21 094平方米公寓楼建设工作；完成13 700平方米逸夫教学楼施工建设工作；完成5 200平方米东区食堂建设任务；为整合校园开展西区置换工作，出资800万元和370万元购买通辽市林业局办公区和武警支队教导队营区。进行校园绿化、美化、亮化工作，种植草坪47 000平方米，完成18 000平方米混凝土地面和彩砖硬化。对4栋旧教学楼和东区图书馆进行改造维修。

【学科点建设与研究生教育】 学校新增1个硕士学位授权一级学科，7个硕士学位学科点，共有硕士学位学科点19个。学校党委提出《关于进一步加强学科建设的意见》，制定《学科建设立项办法》、《学科带头人职责》、《外聘导师暂行办法》等规章制度，加强对研究生教学工作的监督检查，强化对各培养环节的质量监控力度，实施论文盲审和全部学科预答辩制度。

【科研工作】 组织教师申报国家及有关部委科研计划51项，自治区及有关厅局科研项目148项，通辽市和校内科技项目65项，横向联合项目8项，全年共获99个资助项目。全校教师在国外学术刊物上发表论文3篇，国家级刊物上发表259篇，其中被SCT收录3篇，被EI收录8篇。

制定《关于积极发展科技产业的实施意见》，成立19个研究机构和蒙医药科技开发有限公司。研发的新蒙药已成功转让，并获自治区科技进步二等奖。

【师资队伍及人才工作】 2005年共有8名博士研究生和14名硕士研究生学成返校工作。为稳定人才，提拔3名博士到处级领导岗位工作。全年共录用教师68人，其中硕士研究生30人。

【学生工作】 为2 490名学生发放助学贷款1 490万元，为1 280名特困学生发放困难补助，为699名学生减免学费。拓宽勤工助学渠道，安排1 244名困难学生参加勤工助学。被评为“全区高校学生管理工作先进学校”。

（裴雨涌）

内蒙古广播电视大学

【领导名录】

党委书记:孟　和(蒙古族)

党委副书记 校长:韩　竞

党委副书记 纪委书记:于　洋

党委委员 副校长:张利生 哈萨(女 蒙古族)

巡视员:刘永生

【概况】 2005年,内蒙古广播电视大学在全区共设立开放教育教学点100个,其中分校级教学点20个,旗县教学点80个,校部设有5个直属二级学院。全区电大系统现有教职工4 325人,其中专职教师2 876人。校本部内设22个处室(中心),教职工总人数为235人,其中具有副高级以上专业技术职称63人。学校固定资产总值11 972万元,其中教学仪器设备1 652万元,图书资料10.2万册,多媒体教学资源25 158盘。校园占地面积60 560平方米,总建筑面积64 060平方米。2005年9月,学校各类考生16 656人,毕业生总数13 125人。

【试点项目】 1月14日,学校成立"内蒙古广播电视大学迎接教育部'中央广播电视大学人才培养模式改革和开放教育试点'项目总结性评估工作领导小组",校长韩竞任领导小组组长。7月31日学校与各分校签订"'中央广播电视大学人才培养模式改革和试点'项目工作协议书"。10月28日,项目总结性评估汇报会在学校举行。自治区教育厅副厅长李东升主持会议。教育部评估专家组全体成员,自治区人民政府副秘书长于清理,内蒙古党委先进性教育活动第十一督导组组长吴志瑞出席,全体校领导及学校副高级以上职称的教职工参加汇报会。党委书记孟和就实施"试点"项目以来的工作情况作发言。校长韩竞向教育部专家组作题为"力践评估原则 彰显电大特色》的自评汇报。

12月24日至25日,召开全区"中央广播电视大学人才培养模式改革和开放教育试点"项目总结性评估工作党委书记、校长座谈会。校党委各委员,巡视员出席会议。会上,上海电大副校长、教育部"试点"项目课题组副组长徐皓研究员作以《"试点"项目和"试点"项目总结性评估的反思》为主题的重要讲话。教育部"试点"项目课题组副组长、奥鹏远程教育研究院院长任为民教授作以《电大的发展与公共服务体系建设》为主题的重要讲话。内蒙古电大党委副书记、校长韩竞教授作以《力践评估原则 彰显电大特色 提升办学水平 促进全面发展》为主题的迎评小结讲话。

【教学成果】 广播电视大学研究成果《内蒙古广播电视大学开放教育教学模式的改革与建构》(成果主要完成人:韩竞、张利生、莫淑坤、张效毛、姜丹柱)、《内蒙古广播电视大学开放教育教学管理模式的研究与实践》(成果主要完成人:薄进军、刘辉、田红月)2005年4月分别荣获自治区级高等教育教学成果一等奖、二等奖。9月,受自治区规划协委托,校长韩竞主持的《内蒙古大开发的法治支撑环境问题研究》、莫淑坤主持的《WTO框架下内蒙古银行业的金融监管定位与对策研究》和冯哲芸主持的《加入WTO少数民族地区国有商业银行发展战略研究》等研究课题成果,通过省级科研成果鉴定。

【重要会议】 2005年全国广播电视大学图工委常委会议7月1日至2日在学校召开。中央广播电视大学副校长孙绿怡到会,并作重要讲话。会议期间,来自全国电大系统图书馆的常委们,讨论并通过《中国广播电视大学数字图书馆联盟章程》和《广播电视大学开放教育本科(专科起点)毕业生优秀论文数据库建设方案》。

【重要活动】 9月8日,学校教师王玉平被评为全区师德先进个人;9月13日至14日,2005年全区广播电视大学教育管理统计信息培训会议在校本部召开。校党委副书记、纪委书记于洋出席会议并讲话;受校党委书记孟和的邀请,全国青联委员、中央电视台著名主持人纳森,全国青联常委、内蒙古团委副书记胡达古拉,全区著名版画家乌日切夫,著名作曲家斯琴朝克图等一行四人9月20日光临学校与青年师生亲切座谈并进行思想交流。校长韩竞向纳森、胡达古拉颁发"内蒙古广播电视大学客座教授"聘书;9月,在内蒙古自治区教育科学优秀论文评选中,学校有36篇获奖(其中,一等奖10篇,二、三等奖各13篇)。10月,学校《环境法与草原法教程》在全国广播电视大学首届优质省建课程评选中被评为推荐课程,由中央广播电视大学和全国广播电视大学教学资源协作会颁发证书。

【评估检查】 10月29日,国家教育部专家组一行到内蒙古广播电视大学铁道学院进行评估检查。国家教育部专家组成员中央广播电视大学副校长孙绿怡教授等专家一行3人,在自治区教育厅高教处负责人和内蒙古广播电视大学校长韩竞、党委副书记于洋的陪同下,赴阿拉善盟广播电视大学进行评估考察。10月30日,国家教育部专家组李德芳、牛振冬、徐皓、齐文鑫一行四人,在内蒙古教育厅高等教育处负责人和内蒙古广播电视大学党委书记孟和、副校长张利生的陪同下,到牙克石市,对呼伦贝尔广播电视大学进行评估检查。10月31日,教育部专家组成员在包头市委、土右旗委、旗政府和内蒙古电大领导的陪同下对包头市土默特右旗广播电视大学工作站进行考察。11月1

日，国家教育部总结性评估专家组与自治区政府就“试点”项目在内蒙古的进展情况交换意见。自治区政府副主席连辑、自治区政府副秘书长于清理、自治区教育厅厅长郭明伦、自治区党委先进性教育活动领导小组第十一督导组组长吴志瑞、自治区教育厅副厅长李东升、自治区教育厅高教处处长张喜荣出席会议，会议由校党委书记孟和主持。全体校领导及有关处室负责人参加会议。2日，教育部专家组在校召开“试点”项目总结性评估反馈意见会。会议由校党委书记孟和主持。

【获奖】 在自治区教育厅和共青团自治区委员会6月联合举行的2004至2005学年度全区普通高校“优秀班主任(辅导员)”、“学生工作先进个人”表彰活动中，学校党委副书记、纪委书记于洋等3人获得“学生工作先进个人”，白菊香等3人获得“优秀班主任(辅导员)”荣誉称号。11月，学校教师洪晓晴、王菲分别获自治区高等院校第四届青年教师课堂教学技能大赛理科组三等奖、优秀奖。

(淑　琴)

内蒙古医学院

【领导名录】

书　　记：王耀新

院　　长：毕力夫(蒙古族)

副书记
纪委书记：迟耀君

副院长：傅亮　宋振先　毅和(蒙古族)　牛广明

【概况】 内蒙古医学院创建于1956年，是新中国成立后在少数民族地区最早建立的一所高等医药院校，当时隶属国家卫生部，后划归内蒙古自治区管理。建院初期，原北京医科大学、中国医科大学、哈尔滨医科大学等著名高校的一批专家、教授支边来内蒙古医学院工作，为学院的发展奠定了坚实的基础。学院设有基础医学院等11个教学单位、2所成人教育分院和1所卫生技术学校，有5个学科门类，31个专业。有21个学科和专业具有硕士学位授予权。学院有各级各类在校生10 000余人，形成以培养本科生为主，同时培养研究生、专科生、留学生的多层次，多专业，多形式的办学格局。学院购置土地1 400余亩规划建设的新校区一期工程的教学楼、实验楼、图书馆、体育馆、国际文化交流中心以及生活区的9栋宿舍楼已全面开工建设，将于2006年秋季完成并投入使用。

内蒙古自治区心血管研究所和骨科研究所设在内蒙古医学院。学院设有药物研究所、蒙药研究所和眼科等9个研究室。拥有3个自治区重点学科、2个自治区重点实验室、6个自治区临床医学领先学科、4个自治区临床医学重点学科和5个自治区基础医学与预防医学重点实验室。学院建有分子生物学中心、化学实验中心、电镜中心、计算机网络中心、动物实验中心及8个大型多媒体教室和5个大型语音教室。为实现教育资源的共同开发和合理利用，学院将所有实验室整合完毕，在全院建立实验室的二级管理模式。学院积极筹措资金用于重大科研项目的建设，加强科研工作。学校图书馆藏书47.9万余册，是全国医学文献资源共享网络省级中心馆之一，建有电子图书馆和大型电子阅览室。学院有技术力量雄厚，设备先进的第一附属医院、第二附属医院和附属人民医院(原呼和浩特铁路中心医院)3所大型直属附属医院；包钢职工医院、内蒙古一机厂医院2所大型医院分别为学院的第三、第四附属医院；学院设有20所教学医院，临床教学基地充足而且教学条件与环境十分优越。

教职工总数3 686名，其中有正高级职称人员229名，副高级职称人员802名；有博士学位人员38名；博士生导师2名(与北京中医药大学联合招生)，博士生副导师2名(北大医学部聘请)，硕士生导师376名；有22人被评为国家和自治区有突出贡献的中青年专家，56人享受政府特殊津贴。积极扩大对外交流，与日本、美国、英国、德国、荷兰、澳大利亚、加拿大、新西兰、俄罗斯、蒙古国等10多个国家和地区的部分医药院校和科研单位建立良好的合作关系，开展多层次、多领域的学术交流与合作，并聘请国外名誉教授30余名。

【教育教学】 2005年，业务费、教学差旅费、体育维持费和教学仪器设备维修费等四项经费占学费收入的26.5%，生均四项经费同比增长1.3%。仪器设备总值达6 055.43万元，2005年新增教学科研设备值601万元，年度新增教学仪器设备值占学院总量的比例为11%。组织开展学院优秀教学成果的评比表彰工作，有5项教学成果被评比为自治区优秀教学成果奖。按照国家《关于制定高等医药院校本科专业教学计划的原则和要求》，修订本科教学计划。制定并实施《内蒙古医学院临床医学硕士专业学位培养模式与实施要求》，重新调整临床医学硕士专业学位研究生的教学计划和培养考核体系。完成研究生新一轮课程设置的改革，增设新技术、新进展课程14门，取消旧课程3门。积极改革教学方法与手段，引进“PBL”(以问题为基础的学习)教学法。首次组织开展品牌专业的认证工作，并确立临床医学等4个专业为自治区品牌专业。获准新上生物技术、蒙药学、医学英语3个本科专业，2006年开始招生，使学院学科门类达到5门，专业达到31个。改造和完善多媒体教室，实施《内蒙古医学院教学工作常规》、《内蒙古医学院教学质量评价体系》和《内蒙古医学院教师岗位职责》等教学管理制度。学院教学督导委员会、二级学院分会和教研室三级教学质量监控委员会，全面评价各教学单位的教学运行状况,加强对教学各环节的质量监控。进一步完善网上评教及课堂教学质量评价体系。首次制定和实施实验教学的评估实施细则。加强研究生培养过程中期考核力度,并实施考试改革,临床医学专业实行基础医学和临床医学综合考试。加大毕业生论文质量的监控力度,对2002级137名研究生毕业论文的原始数据记录资料进行审核和抽查,进一步实施和完善研究生毕业论文的“盲审”制度,执行二级培养单位集中开题及预答辩制度,开展优秀学位论文的评选工作。切实抓好图书情报工作,加快图书馆数字化建设进程,提高服务水平。切实推进校园网建设,进一步提高全院教学、医疗、科研、管理等工作的信息化水平。

【科技创新】 2005年,全院共申报各级各类科研项目399项,比上年增加220项,中标75项,其中包括国家自然科学基金6项,比上年增加5项。共获经费1 656.4万元,比上年增加1 378.4万元,增长近5倍。申报自治区科技进步奖4项,组织鉴定科技成果10项。进一步加强科技成果转化和知识产权保护,“子宫体恶性肿瘤的超声学研究”、“经纤支镜微波治疗气道内疾病”、“突聋患者血清ET NO作用机制及临床应用研究”和“腰椎滑脱复位固定融合的临床研究”等四项科技成果被自治区卫生厅确定为2005年度全区卫生科技成果推广项目。“神经刺激阻滞仪”和“一种止咳祛痰蒙药的制备方法”两个新产品申报国家发明专利。

【人才队伍】 2005年,学院继续实施“筑巢引凤”工程,投入800多万元,购置科研教学设备,改善科研教学条件,为留住、用好现有人才、吸引外来人才创造条件。与北京中医药大学、首都医科大学、蒙古国健康科学大学等国内外教育科研机构联合培养博士生,重点建设蒙医蒙药等重点学科,积极创造条件,申报博士授权单位和博士点,努力为人才搭建学术平台。出台《内蒙古医学院特聘教授试行办法》,从北京大学等国内外院校聘任3名特聘教授。在北京举行内蒙古医学院新春联谊会,宣传学院改革发展,积极加强与在京各类人才的联系,拓宽吸引人才的渠道。继续有效实施科技“百万工程”,投入专款370余万元,鼓励科研人才开展科技创新,支持学院重大科研项目9项,青年科研项目12项,为国家、自治区科研项目配套资金340万元。为来校工作的10名博士配套科研启动金和一次性安家补助70余万元,并报销有关费用。大胆任用高学历、高职称人才,在全院的处级干部队伍中,具有硕士学位以上或副高级职称以上的人员74名,占处级干部总数的63.2%,比本轮处级干部聘前的56.5%增长7个百分点。围绕人才队伍建设,2005年投入1 100多万元。学院吸引各类人才98名,其中具有研究生学历的54名,为学院人才队伍注入新鲜血液。派出60多名教师攻读学位或进修。加强为现有人才的服务,2005年有195人取得各级专业技术资格。组织1 000余人参加继续教育培训。完成2005年度享受政府特殊津贴人选、自治区有突出贡献的中青年专家、自治区“321”人才工程各层次人选、自治区教育厅“111”人才工程各层次人选、自治区“优秀留学回国人员”人选和自治区第五届青年科技奖(推荐人选5名)、第二届内蒙古科协西部开发突出贡献奖(推荐人选8名)的选拔推荐工作。完成学院申请第四批自治区人才开发基金的申报工作。完成2005年国家公派出国留学人员及“西部地区人才培养特别项目”后备人员的选派及申报工作。进一步调动全院教学、医疗、科技人才队伍开拓创新的积极性。

【基础设施建设】 加强建设项目的融资工作,落实贷款1.61亿元。做好东洪桥两个单元和医药应用技术学院及中蒙医学院部分土地的置换工作,全方位支持新校区的建设。年内完成健康街3 600平方米的住宅楼建设,完成304号院的旧楼拆迁。制定旧校区改造方案,完成旧校区维修、绿化、供水、供热、房产管理等工作任务。后勤社会化改革稳步推进,按照国家和自治区关于高校后勤社会化改革的有关要求,本着成熟一个,剥离一个的原则,逐步推进后勤社会化改革。后勤服务集团饮食服务公司实现实质性剥离,并实行独立核算。一附院改扩建工程一期6.6万平方米的住院部大楼交付使用,二附院1.9万平方米的病房门诊大楼全部投入使用。原呼市铁路中心医院并入学院后,更名为“内蒙古医学院附属人民医院”。进一步明确各所附院的发展方向和医院定位。一附院努力突出学科专业特色,继续朝着大综合性医院方向发展。二附院继续加强骨科建设,向大专科小综合方向迈进。附属人民医院编制发展规划,确定以肿瘤研究与治疗为专业发展方向,逐步形成学科专业特色。各附院加强制度创新,完善管理制度,提高医院的管理水平。加强科学研究,提高业务水平。一附院开展了小肠移植等脏器移植新业务。投入500万元,建立临床中心实验室。召开了科技表彰大会,奖励科技创新工作者,表彰优秀成果获得者和学术论文作者。二附院积极引进新技术,开展骨科新业务。在庆祝建院20周年之际,开展科技创新排行榜,重奖科技人员,召开博士论坛会。附属人民医院按照确定的肿瘤专科方向组织开展新业务的筹备工作。三、四附院按照学院的要求,圆满完成临床教学和研究生培养等各项工作任务,教学、科研和医疗水平不断提高。

【学生工作】 2005年开展三次大规模的学生思想状况调查,有针对性地对大学生进行思想政治教育。抓好《学生管理系统》软件的开发使用,根据新的《高等院校学生管理规定》,修订《学生管理手册》。2005年评选出230名三好学生、156名优秀学生干部和32个先进班集体。经公示评选出63名自治区级三好学生、63 名自治区级优秀学生干部和 44 名自治区级优秀毕业生。实施学生工作考证体系，加强各二级学院学生日常管理。按照条例规定，做好违纪学生的处分工作。完善校外住宿学生的管理规定，加强对校外住宿学生的管理。做好全校低年级班主任和二级学院辅导员的选聘工作，举办首届班主任、辅导员培训班，印发《班主任工作条例》。完善奖、贷、助、补、减资助体系，努力做好资助特困生的工作。发放奖学金130.90万元，争取校外奖学金 10 万余元，国家奖学金7.2万余元，国家助学金51.8万元。减免学杂费 42 万元。勤工助学固定岗发放补助155 200元，非固定岗发放补助72 840元。完成 2005 级2 990名新生的军训任务。制作团委(学生处)网页。充分发挥就业网站的作用，做好毕业生就业指导工作。实施毕业生就业工作“一把手工程”，至 2005 年 9 月 1 日，学院 2005 届的 719 名本专科毕业生一次就业率为75.63%，同比提高6.57%，其中本科生一次就业率为81%，专科生一次就业率为62.50%。学院学生工作被自治区教育厅确定为“优秀”等次。

【对外交流】 把省际间对等招生院校由 2004 年的 16 个省、市、自治区扩展到 21 个。与俄罗斯伊尔库茨克州、蒙古国生命健康科技大学和澳大利亚、新西兰等国家和地区的有关机构达成联合办学意向，巩固和扩大协作工作成果。推进首都医科大学对口支援工作。继续巩固和推进与日本国山梨医科大学和富山医科药科大学等国外大学及科研机构在教学、科研、人才培养等方面所签署协议内容的落实工作。

(王凤德 安志新)

内蒙古财经学院

【领导名录】

书　记：刘振洪

院　长：张亚民

副书记：荣板晓(蒙古族)

副院长：杨平川　孟凡如　刘文清

纪检书记：白守中

【概况】 学院坐落在自治区首府呼和浩特市，占地1 350亩，分东、西两个校区。设有一个二级学院和 12 个教学系、3 个教学部、7 个研究机构、11 个实验实训和教学科研辅助机构。有 26 个本科专业，其中有 2 个蒙语授课专业面向全国 8 省区招收蒙语授课学生。现有教职工1 001人，专任教师 558 名，其中教授 73 人，副教授 144 人。有 20 多位教师在区内外院校作为兼职硕士生导师，独立或合作指导研究生。另外有外籍教师 0 名，外聘兼职教授 30 余人。教师中有博士学位的 33 人，在读博士 39 人，享受政府特殊津贴专家 9 人，自治区有突出贡献的中青年专家 5 人，入选自治区“321 人才工程”第一层次 2 人、第二层次 10 人、第三层次 52 人，入选自治区“111 人才工程”6 人。

【学科建设】 学院按照“坚持特色、拓宽学科，加强队伍建设、凝练学科研究方向，面向经济建设主战场、加强实用性人才培养”的学科建设方针，加强了重点学科和新学科的建设工作。坚持“有所为、有所不为”、“重点建设与普遍提高相结合，以重点建设为主”的原则，集中力量对会计学、财政学、统计学、工商管理、经济学、国际经济与贸易、金融学、市场营销等学科进行了重点建设。在加大经费投入和改善教学设施与条件的同时，重点加强了学术梯队的构建、科研项目的攻关和学科方向的凝练。现已形成了以经济学、管理学为主，兼有法学、文学、理学、工学六大学科相互支撑、交叉渗透的学科体系。经过培育和建设，财政学、会计学被评为自治区级重点学科，统计学、企业管理、经济学三个学科被评为自治区级重点建设学科；财政学、会计学、金融学专业被评为内蒙古自治区品牌专业；2005 年，经国务院学位委员会审核批准，学院取得硕士学位授予权。企业管理(含：财务管理、市场营销、人力资源管理)、政治经济学、财政学(含：税收学)、会计学、统计学五个学科点九个专业获得硕士学位授权。

【科研水平】 学院陆续出台了学术专著出版与课题研究资助、科研成果评奖、科研工作量计酬等一系列规章制度和措施，加强了与国内外高校和科研机构的学术交流，连续举办大型学术月活动，邀请国内外知名学者来我院作学术报告近百场，主办全国高校财政教学研究会、统计教学研究会、会计实验教学研究会、“海派经济学”研讨会、“生态经济学”研讨会、“全国民族地区财经论坛”等学术会议二十余次。为区内几十家大中型企业进行经营策划，实现了既支持重点学科建设，又推动地方经济社会发展的双向目标。五年来，学院承担的各级各类科研项目达 376 项，其中国家自然科学基金 2 项，国家社会科学基金 9 项，国务院各部门课题 13 项，自治区社科规划办等省级课题 85 项，各级各类科研课题 267 项。同期出版学术专著 43 部，编写专业教材 75 部，发表学术论文3 185篇。获得省部级以上优秀科研成果奖 70 项，其中一等奖 3 项，二等奖 15 项，三等奖 35 项，优秀奖 17 项。

【教学改革】 在实施“按系招生、中期分流培养”和学分制的基础上，进一步完善了“5 + 3”分段弹性、分流培养的人才培养模式改革，积极推行教师挂牌教学制、导师制和教改研究立项等制度，为实现“宽口径、厚基础、能力强、素质高”的人才培养目标奠定了基础。以课程建设为重点，加大了教学内容和课程体系改革力度，经过建设和评估，财政学、西方经济学、金融学、统计学、财务管理学被评为自治区级精品课程；《西方经济学》和《国际贸易实务》等两门课程已在国贸专业实现“双语教学”。学院同时加强了包括教学决策指挥系统、控制系统、质量评估系统、信息反馈系统、状态调整系统和质量检测系统等在内的教学监控体系的构建和实施。

为加强实践教学环节,培养学生应用技能,学院建有经济管理实验实训中心、网络中心和各个专业的实验室或模拟训练教学设施。其中,会计实验室、CAI实验室、计算机中心、硬件实验室被评为自治区"双基"合格实验室。目前实验室面积达到4 279平方米,多媒体教室、语音室座位数达到5 988个。学院教学仪器设备总值4 053万元。学院图书馆现有馆藏文献总量93.2万册,电子图书7.4万种(册),中外文期刊1 077种。已初步形成了以经济、管理为主要收藏特色,兼有法、文、理、工等多学科、多类型、多语种、多种载体的文献保障体系。引进《中国期刊全文数据库》、《中国优秀博硕士学位论文全文数据库》、《人大复印报刊资料全文数据库》、《书生之家数字图书馆》、《EBSCO》等数据库。学院建成了与互联网连结,覆盖全院的校园网,成为教学、科研、管理、服务向信息化、现代化推进的重要平台。

【"第二课堂"】 致力于学生多方面能力和素质的培养,每年举办大型的"学术月"活动,邀请国内外知名学者作学术报告,有计划地组织素质教育讲座。依托学生社团,开展形式多样、丰富多彩的文化活动,提高学生文化活动的档次、品位,活跃校园文化氛围。如开展"校园科技文化艺术节"、"体育节"、校园歌手大赛等校园文艺、体育活动,组织"三下乡"、"青年志愿者"等社会实践以及主题鲜明的征文、演讲、辩论赛等活动,为学生营造了团结和谐、健康向上,高品位,有教益的校园文化生活氛围,也为学生的个性发展和才华展示提供了广阔舞台。学院学生在大学生"挑战杯"设计大赛、"CCTV"英语演讲大赛、数学建模等活动中,多次获得自治区金、银、铜奖,在全国大赛中也取得骄人成绩。2005年,学院被评为自治区高校就业工作先进单位。

(院　办)

包头医学院

【领导名录】

党委书记:奇那顺达来(蒙古族 3月任职)

党委副书记 院长:李成义(3月任职)

党委副书记:和彦苓(女 蒙古族 12月任职)

党委副书记 纪委书记:杜茂林(12月任职)

副院长:郭春林(12月任职) 额尔登(女 蒙古族 12月任职)

周立社(12月任职)

【概况】 学院占地面积20.47万平方米,建筑面积14.19万平方米。有教职工2 148名,其中正高职称98名,副高职称298名。有在校硕士研究生163名,有本专科及成人教育在校生6 884名。设有临床医学院、公共卫生学院、医学技术系、护理学院、口腔系、麻醉学系、药学系、继续教育学院等院系,开设临床医学、预防医学、医学检验、护理学、麻醉学、口腔医学、影像医学、卫生检验、法医学、药学等10个本科专业,有生物化学与分子生物学、人体解剖学与组织胚胎学、营养与食品卫生学、内科学、外科学、急诊医学、儿科学、生理学、神经病学、卫生统计与流行病学、遗传学11个硕士点。生物化学为自治区重点学科,人体解剖学、生物化学实验室为自治区重点实验室。人体解剖学、生理学为自治区精品课程,临床医学、预防医学为自治区首批品牌专业。内蒙古基因诊断研究所、内蒙古应用解剖研究所、内蒙古消化病研究所、内蒙古高血压病研究所以及包头市环境医学研究所等设在本院,《包头医学院学报》为省级公开发行刊物。学校拥有4所附属医院、29所教学实习医院,其中直属的第一附属医院为全国三级甲等医院。

【教学工作】 围绕2007年本科教学工作评估,深入开展教育教学改革。两项教学成果分别被评为自治区教学成果一、二等奖。加强课程建设,解剖学和生理学被评为自治区级精品课程。三名教师在全区高校中青年教师理论授课大赛中分获一、二、三等奖。

【学科和专业建设】 制定出台《关于加强院本部和附属医院重点学科建设的实施意见》和《关于加强硕士学位点建设的实施意见》,确定19个院级重点学科,申报成功生理学、遗传学、流行病与统计学、儿科学、神经病学5个硕士点,使硕士点达到11个。临床医学和预防医学专业被评为自治区首批品牌专业,新增了卫生检验、法医学、药学3个本科专业,使本科专业达到10个。

【师资队伍建设】 制定《关于出国留学人员管理暂行规定》和《关于教职工学历补偿教育与培训的暂行规定》,加强和规范师资培养。全年有2名博士研究生毕业回校工作,引进硕士研究生9名,定向培养博士研究生1名、硕士研究生13名。

【科研工作】 学院科研成果获自治区科技进步三等奖2项,包头市科技进步二等奖1项、三等奖3项。获得科研经费80余万元,比2004年的24.4万元有大幅度的提高。修订完善《包头医学院学术著作、论文登记及奖励管理规定》,全院教学科研人员发表论著127篇,主编或参编教材25部,共有9项科研成果得奖励,5项科研成果进行推广,2项科研成果申请专利。

【医疗工作】 完成二附院的回归。两所附院以开展医院管理年活动为契机,效益进一步提高。一附院业务收入1.164亿元,比上年增长18.81%,病床使用率73%;二附院业务收入5 020万元,比上年增长18.39%,病床使用率63%。

【临床教学工作】 "两段式"教学工作进一步完善。积极开辟教学基地资源,与4所医院签订教学医院协议,3所医院签订临床学院协议,新增1所"两段式"教学医院、2所临床理论授课医院。

【学生工作】 完善学生工作管理机制,制订《学生管理工作规定》、《研究生管理工作规定》和《继续教育学院学生管理工作规定》等规章制度。开展扶助贫困生工作，在 2005 级新生中开通“绿色通道”，多方筹措资金设立“经济困难学生助学基金”。积极协调有关银行，首次为部分学生办理助学贷款。

【就业工作】 制定《包头医学院关于加强毕业生就业工作的实施办法》，第一次明确各院系对就业工作的责任，建立奖优罚劣的激励机制。开通“包头医学院就业工作网站”，2005 届毕业生就业率达72.8%。

【校园稳定工作】 推进“平安校园”建设，制定《创建平安校园实施意见》，开通校园“110”报警求助热线。成立大学生法律援助工作站和学生申诉处理委员会，维护大学生的合法权益。

【新校区建设】 针对当前学院办学空间小的实际，积极推进新校区建设，自治区发改委批准学院的新校区立项报告，12 月 1 日正式与东河区签订征地1 000亩的协议，征地款陆续到位。积极办理新校区建设相关手续和筹措建设资金。

【重要活动】 1 月 4 日，学院召开干部大会，包头医学院临时负责人奇那顺达来在会上传达了 2004 年 11 月 30 日自治区主席办公会议精神，明确内蒙古科技大学一分为三，包头医学院恢复原建制。

11 月，学院申报的卫生检验、药学、法医学 3 个本科专业通过自治区专家组的评审，眼视光技术和医药营销已获批准，从 2006 年起招生。

（李　文）

包头师范学院

【领导名录】

党委书记：刘振洪

副书记　院长：杨一江

副书记：李海丰

副书记　纪委书记：张振华

副院长：侯晓菊（女）　薛长江　刘兴旺

【教育教学改革】 以实施学分制为重点，启动新一轮教育教学改革；以硕士点建设为重点，推进学科建设，2 个学科获得硕士学位授予权的基础上，确定学校重点建设的 5 个拟申报硕士学位授予权的学科专业，并新增应用物理学和图书馆学两个本科专业；开展教材建设工作，有 3 部自编教材分别获得自治区优秀教学成果一等奖和二等奖。在自治区教育厅对全区小学教育专业专项评估中，学校获得第一。

【师资队伍建设】 全年共有 18 名教师考取硕士或博士研究生，引进硕士研究生 15 人，有 38 人通过高级专业技术资格评审，选送 8 名教师外出访学，4 名教师参加课程进修班，29 名教师参加岗前培训，聘请 7 名国内外知名专家学者担任兼职教授。

【改善办学条件】 教学四项经费投入达 765 万元，占学费收入的26.4%，新建 17 个多媒体教室，5 个计算机网络教室，新增图书2.65万册；完成综合教学楼、会堂、南大门，以及供热配套管网和集中供热泵站、消防蓄水池和南院给排水管网和开闭站的建设，新增建筑面积36 000多平方米，整修校园，翻修篮排球场6 168平方米，新建柏油路7 919平方米，绿化、硬化校园面积11 300平方米，音乐楼开工建设。

【科研工作】 组织申报各级各类课题 100 多项，获准 22 项，获得科研经费36.8万元，校级科研立项 43 项。其中历史文化学院申报的《汉唐“交聘”体制研究》被国家哲学社会科学基金委批准立项，实现包头市国家级哲学社会科学基金项目零的突破。全校教师公开发表学术论文 401 多篇，出版著作 19 部，获各类科研奖励 60 项。此外，举办各类学术讲座 50 余场（次），选派 30 多名教师参加国内学术会议。承办中国政治学会 2005 年年会和首届阴山文化论坛，牵头成立内蒙古政治学会。《阴山学刊》论文转摘率在全国师范类院校学报中排名第 42 位。

【管理体制改革】 全年共聘任处级干部 98 名，其中新任处级干部 26 名，基本健全中层领导班子；实施第二轮人事分配制度改革，全校上岗率达96%以上，人均岗位津贴增幅80%；深化后勤社会化改革，后勤服务总公司筹资 600 多万元，新建、改造学生公寓楼，新建回民餐厅和 5 个多媒体网络教室，添置了蒸汽保温售饭台。后勤服务总公司全年新增固定资产 500 余万元。

【招生】 当年招收全日制普通生3 289人，成人生1 325人，就业率达到80.08%。

【学生管理工作】 建立健全学生教育、管理制度和学生工作机构，开展以大学生素质拓展为核心的校园文化活动，搭建暑期“三下乡”实践、学期间青年志愿者活动、校外大学生实践教育基地三个实践锻炼的平台；关注贫困生，先后为 70 多名特困生提供勤工助学岗位，为1 000多名贫困生办理国家助学贷款，新生入学时开辟了“绿色通道”，为 163 名贫困生办理学费缓交手续，10 名学生获得自治区团委“大学新生救助行动”资格，26 名品学兼优的特贫生获得国家奖学金，494 名特困生获得国家助学金。在此基础上号召全校党员捐款近 5 万元，设立特困生救助专项基金。2005 年学校被自治区教育厅评为全区普通高校学生工作先进单位。

（高日晨）

赤峰学院

【领导名录】

党委书记:郑　克

副书记 院长:席永杰(蒙古族)

副书记 纪委书记:刘显文

副书记:富锡原(蒙古族)

副院长:德力格尔(蒙古族) 倪清柏 于毅夫

贾国富 郭丽虹(女)

【概况】 赤峰学院是经国家教育部批准成立的一所多学科性本科普通高等学校。学院占地面积889.63亩,建筑面积21.6万平方米。固定资产总值3.189亿元。建有实验中心、计算机中心、多媒体教室、语音教室、千兆主干网、百兆交换到桌面的高性能计算机园区网络和电子阅览室等现代化的教学科研设施。有教职工1 278人,专任教师770人,其中教授、副教授420人,是一支结构合理、富有朝气、勤于探索、勇于创新的师资队伍。现在籍学生12 006人,其中全日制本专科在校生6 890人,中师、中专在校生2 453人,成人教育函授生2 663人。学院设医学院、外国语学院等18个院系及社会科学部、图书馆和实验中心,涉及到蒙古学、史学、法学、教育学、理学、工学、医学和管理学等8大学科门类,初步形成以蒙古语言文学、汉语言文学、英语、历史学、数学与应用数学、物理与电子信息工程、计算机科学与技术、生物学、化学、资源与环境管理、教育技术、体育教育、音乐、美术、社区医学、口腔医学、临床医学、中医学、护理学等28个本科专业和60多个高职高专专业的教育体系。学院设有附属中学、附属医院、第二附属医院。

【友好互访】 院长席永杰教授于2月25日至3月1日赴韩国先后考察汉城大学、梨花女子大学、庆东大学、庆一大学、岭南大学、大邱韩医大学6所高校,并与庆东大学就今后两校语言学习合作方面签署合作意向书。

【表彰】 3月8日,中共赤峰市委、市人民政府对55个先进集体和105名先进个人进行表彰,学院被评为创建中国优秀旅游城市先进集体、院长席永杰同志被评为创优工作先进个人。

【评估工作】 3月9日上午,国家教育部、卫生部医学类专业评估专家组莅临学院进行评估检查。临床医学、口腔医学、中西医结合3个医学类专业已获批准,从2005年开始正式招生。5月8日,自治区教育厅组织专家组对全区广播电视大学的16所分校进行总结性评估。赤峰学院远程教育部(赤峰电大分校)评估结论为合格,等级达到优秀(A),由自治区教育厅授予"优秀电大分校"荣誉称号。

【教学技能比赛】 7月1日至3日,由自治区教育厅、自治区教科文卫工会主办的"内蒙古自治区高等院校第四届青年教师课堂教学技能大赛"在学院举行。共有来自全区30多所高校的80多位青年选手参赛,内蒙古工业大学腾驰、内蒙古大学刘咏梅、内蒙古工业大学李利军、包头医学院王步云等28名选手获奖。赤峰学院初等教育部的王小林获文科组二等奖、化学系的杨素化获理科组二等奖、生物系的陈海伟获理科组优秀奖。

【理论研讨会】 8月29日,由中国社会科学院科研局主办、中国社会科学院考古研究所承办、赤峰学院协办的"中国社会科学院第五届史学理论研讨会"在赤峰举行。中国社会科学院副院长朱佳木研究员及社会科学院各研究所、研究中心的专家学者到学院参观《走进玉龙的故乡—赤峰地区新石器时代之青铜时代考古发掘成果展》。朱佳木副院长对学院与考古研究所合作所取得的成果给予高度评价,并对学院学科建设提出指导性意见。

【科研项目】 学院物理与电子信息工程系白洪波主任主持的《丰中子轻核结构研究》项目获国家自然科学基金会批准立项;院长席永杰教授主持的《西辽河流域红山文化、青铜文化、游牧文化研究》、蒙文系敖敦教授主持的《蒙古族当代散文研究》、政法系斯仁博士主持的《蒙古族家庭伦理极其现代价值研究》、历史系任爱君博士主持的《现象与阐释—契丹辽朝建立前后一些尚未揭露的隐秘情绪》四个项目被内蒙古哲学社会科学规划办批准立项。外国语学院李景霞老师申报的课题《"交际—阅读"模式在蒙古族学生英语教学中的尝试》获国家教育部资助。

【函授教育】 函授教育以各旗县区教师进修校为基础自治区东部的招生网络已开通,取得成人高考报名站资格。年内录取成人本、专科新生4 800人。中小学教师的继续教育和校长培训班举办56个,培训学员9 222名。远程教育成绩显著,2005年度接受教育厅开放教育试点项目进行的总结性评估,被教育厅授予优秀(A级)电大荣誉称号。

【图书馆建设】 学院图书馆馆藏图书76.6万册,电子图书15万册。电子图书室投入使用清华同方、龙源期刊网等5个数据库,并加入CALIS内蒙古自治区文献信息服务中心,初步实现馆际互借与文献传递服务业务。馆内收藏有《四库全书》、《四部备要》、《古今图书集成》、《十通》、《大藏经》等珍贵文献。学院图书馆是赤峰地区规模最大、设施最完善、设备最先进、功能最齐全的现代化图书馆。

(郑国军)

内蒙古建筑职业技术学院

【领导名录】

党委书记:巴音巴图(蒙古族)

院长 副书记:侯　元

副书记:张　涛

副院长:王立 乔志远 贺俊杰

纪委书记:张　涛

【概况】 内蒙古建筑职业技术学院是自治区唯一独立设置的建筑类高等院校。2002年12月被教育部、财政部列为中央财政重点支持建设的国家示范性职业技术学院项目建设单位。2005年11月在自治区"高职高专人才培养工作水平评估"中获得优秀,12月被国家列为中央职业教育实训基地项目建设单位。学院拥有南北两个校区,占地面积1 381.41亩,校舍总建筑面积13.34万平方米,固定资产总值逾1.7亿元。建有1.8万平方米的图书馆网络中心大楼和1.6万平方米的实训大楼,拥有1 000兆骨干、100兆到桌面的校园网;实验实训中心设备齐全、设施先进,能够进行施工、材料、测量、装饰技术、采暖、通风、供热、给排水、机电等专业的实验、实训。全日制在校生7 900余人,在职教职工413人,专任教师269人,其中,副高以上职称92人。设有建筑工程系、建筑学系、机电与环境工程系、管理工程系、基础教学部、成人继续教育部等教学部门,拥有国家甲级设计院和乙级测量研究所。开设24个专业,其中"工业与民用建筑"和"建筑装饰"是国家高职高专改革试点专业,并与"供热通风与空调工程"一同入选自治区品牌专业。学院常年开办自治区建筑行业成人教育、执业资格培训,并进行岗位资格考试认证的相关工作。

【教育教学改革】 为加快教学软、硬件条件的改善,学院先后与美国纽科租赁有限公司和内蒙古证联信息技术有限责任公司签属融资协议,购置实习实训仪器设备、加快校园信息化建设。同时,在不断修订、完善基础上,《内蒙古建筑职业技术学院教学管理制度汇编》单行本印发。与教学改革相关的31个配套文件和3个附件,对教学部门的工作职责、学籍管理、教学规程、质量监控、考试管理、实习实训管理、教师规范管理、教材管理、科研教改管理做出明确规定。学院网络中心正式投入运行,同时校园网开通。学院召开首届客座兼职教授聘任仪式暨产学研论坛,为学院首批聘任的区内外33位客座兼职教授颁发聘书。由学院选送的《"2+0.5+0.5"人才培养模式研究与实践》科研项目荣获内蒙古自治区级教学成果奖一等奖;《建筑装饰技术专业教学改革实践与研究》科研项目荣获内蒙古自治区级教学成果奖二等奖,实现历史性的突破。

是年,内蒙古自治区劳动和社会保障厅批准在学院设立通用工种职业技能鉴定所,机构名称为内蒙古建筑职业技术学院国家职业技能鉴定所,首批批准鉴定工种为计算机操作员、电工仪器表装配工、维修电工、机械设备安装工、电气设备安装工、管工,鉴定等级分别为初、中、高级,有效期为三年。

【人才培养工作评估】 2004年初开始筹备,成立迎评工作领导机构,作为首个迎接自治区人才培养工作水平评估的高职院校,按照6项一级指标,15项二级指标,36个观测点逐一分析目标体系、落实责任目标要求。11月15日至19日学院接受自治区人才培养工作水平评估。专家组一行实地考察学院教学楼、实验实训中心、网络中心等设施。开展问卷调查、听课、专业剖析、走访实习基地、召开学生专题研讨会,与教师和环节干部个别访谈,观看师生文艺演出等。专家组高度评价学院的人才培养工作,经过专家组的论证,自治区教育厅向社会公布,学院人才培养工作被评定为优秀。

【学术交流】 就迎接自治区人才培养工作专项评估,自治区教育厅等上级部门领导多次深入到学院实地考察评估工作准备情况和存在的问题和困难,并给予现场指导。同时,学院多次派人赴对口支援学校北京工业职业技术学院学习评估工作先进经验,北京工业职业技术学院也多次派专人来学院考察、交流办学经验,指导评估工作。在已经建立的合作基础之上,学院与蒙古国欧・铁勒罕建筑学院和蒙古国国立科技大学互派专业人员进行参观、访问,商讨深入合作事宜。自治区老教授学会举办的"中亚高等教育与区域经济国际论坛会"也将参观考察学院作为一项会议议题。内蒙古河套大学、邯郸职业技术学院等多所兄弟院校也派人到学院参观考察。

【先进荣誉】 学院先后被授予本年度全区普通高校学生工作"先进单位"的荣誉称号,在教育厅组织的高校学生工作目标管理评估验收中被评为全区高校学生管理工作先进学校,被自治区党委、政府联合授予"帮扶工作成绩突出单位"。

(侯广文)

内蒙古民族高等专科学校

【领导名录】

党委书记:白布和(蒙古族)

校长:白长明(蒙古族)

党委副书记 纪检委书记:阿　民(蒙古族)

副校长:布和温都苏(蒙古族) 徐福全(蒙古族)

胡春梅(女 蒙古族) 哈斯朝鲁(蒙古族)

【教学改革】 根据教育部《普通高等学校高职高专教育专业设

置管理办法(试行)》,2005年,学校将所有专业全部调整到高职高专教育指导性专业目录中,并对原有的20个老专业进行改造。重新调整教学计划和教学大纲。根据专业结构调整的需要,学校对35个专业的教学计划进行重新编写、审核、编辑和印刷,并调整249门专业理论课程教学大纲和240门专业实践课程的教学大纲。

【师资队伍建设】 2005年共有16名教师取得了硕士研究生入学资格,2名教师获得博士研究生入学资格。全年学校有6名教师晋升为正教授,8名教师晋升为副教授,学校副高以上职称教师109名,副高以上职称教师分别占专任教师总数的33%和兼任教师总数的40%。加强教学管理制度建设。对以往的教学管理制度进行认真详细的修订,编印《内蒙古民族高等专科学校教学管理制度汇编》,汇编共收录了84项教学管理规章制度,内容涵盖教学运行、学籍管理、实验室管理等各个方面,促进教学管理活动的制度化和规范化。教学仪器设备条件得到切实加强,为保证评估工作顺利进行,学校全力以赴改善教学仪器设备条件,新建500座位的四套多媒体教室,80座位的计算机室,生物、物理、化学(环境化学)实验室共四套,120座位的多功能语音室和会计模拟电算化实验室。

学分制改革初见成效,学校的所有在校生都实行学分制管理,经过2年的改革,学分制教学管理在教学计划的修订、课时安排、试题库建设等方面都取得一定的成效,也积累了丰富的经验。

【招生工作】 2005年,学校认真贯彻教育部实施的普通高校招生"阳光工程",坚持"公开、公平、公正"的招生录取原则,共录取新生2 503人。

【科研工作】 科研申报与结题工作:《哈撒尔祭祀与成吉思汗祭奠比较研究》、《在"中国小学绿色教育"实验中开展教师培训的实验研究》、《论语技巧》等课题已立项为内蒙古自治区教育厅研究课题。2005年,学校结题国家哲学社会科学规划课题1项,自治区教育厅课题2项。

【获奖情况】 《蒙语授课教师科技教育能力培养研究》课题获得高等教育自治区级教学成果二等奖;《落实"三进"工作的认识与实践》一文被世界华人文化研究中心,中国教育家协会评为"中国优秀教师创新教育成果特等奖"。

【图书资料建设】 为尽快解决图书资料严重不足的状况,学校采取分期付款的方式购置电子版图书18万册,这些电子图书已经交付使用,学校的图书资料数量基本达到教育部规定标准。

【学生工作】 本着公平、公开、公正的原则,做好评优评先工作,共有1 720名学生获得奖学金,获奖面为40%,奖学金总额为34.4万元;评选先进集体8个,先进个人480多人次,区级学生管理先进个人3名,优秀班主任5名。

【人事制度改革】 根据《内蒙古民族高等专科学校教师工作岗位和实验室工作岗位评聘细则》,坚持评聘分开的原则,对84名副高以上职称、86名中级职称和116名初级职称教师进行重新聘任,同时缓聘解聘人员11名,缓聘和解聘彻底打破职称终身聘任制。

2005年,学校在资金极度紧张的情况下,按照新标准及时为职工兑现讲课费和岗位津贴,新的课时费和岗位津贴标准比原标准平均提高3倍,极大地促进教师、教辅和管理人员的工作积极性。

【教学设施建设】 2005年,学校加强与政府、教育部、财政厅和教育厅的联系和沟通,多渠道筹集资金,争取和引进资金共413.2万元。2005年学校在教育教学设施、教师讲课费和福利待遇方面投入了827.2万元。引用社会资金建设的5 880平米学生餐厅和8 500平米的学生公寓已经竣工,为适度扩大办学规模创造条件。争取到教育部专项教育资金,13 000平米的图书馆已经立项。

【扶持贫困学生】 以"办人民满意的高等教育"为目标,努力解决事关师生员工切身利益的一些具体问题。为使保持共产党员先进性教育各项活动取得实效,学校以组建"爱心超市"等方式,解决近300名贫困生的生活用品问题,并以"爱心超市"为龙头,建立扶贫救困的长效机制。

(赛音图)

呼伦贝尔学院

【领导名录】

党委书记:王　志(鄂伦春族 11月任职)

副书记 院长:朱玉东(11月任职)

副书记:郭守杰(女 11月任职) 刘晶毅

副书记 纪检委书记:李雅梅(女)

副院长:董一琳 金宝(蒙古族)

副书记:布　仁(蒙古族 11月离任)

巡视员:留　锁(蒙古族 11月任职)

【概况】 呼伦贝尔学院是一所全日制综合性普通本科院校。1993年由海拉尔师范专科学校、呼伦贝尔盟教育学院、呼伦贝尔管理干部学院、内蒙古电大呼伦贝尔盟分校合并组建为一所普通专科学校。2000年又有4所中等专业学校先后并入学院。2003年经教育部批准晋升为本科院校。学院现有7个分院、14

个系部、1 所附属中学。建校以来,为社会培养各级各类专业人才 3 万余名。

学院占地面积1 500余亩,拥有设备先进的计算机中心、物理实验室、生物实验室、化学实验室、数字化多媒体教室、语音室、体育馆、琴房、画室等,图书馆藏书 58 万册,期刊杂志1 100多种。学院现有教职工 914 人,其中专任教师 607 人,具有高级职称的教师 196 人;有博士 2 人、硕士 85 人,在读博士 9 人、在读硕士 201 人;外聘客座教授 38 位,以及来自欧美等国的外教 10 余位。有全日制本、专科在校生12 000余名。学院专业设置涵盖文学、理学、工学、法学、经济学、历史学、教育学、管理学八大学科门类,有 28 个本科专业、46 个专科专业,部分专业采用蒙、汉两种语言授课。学院设有“三少”民族研究所、民族音乐研究培训中心、生物技术研究所、呼伦贝尔史研究中心等 17 个研究所和研究中心。学院把俄语、“三少”民族研究、民族音乐、旅游、生物科学、工程科学作为具有地方特色和民族特色的学科专业进行优先建设,把师范专业作为传统优势学科专业进行重点建设。近年来,由学院主持和承担的省部级以上科研课题几十项。学院主办的《呼伦贝尔学院学报》为国内外公开发行的省级学术期刊。

学院与国内外多所大学广泛联合,开展教学研究与学术交流。尤其是借助地缘优势,与俄罗斯、蒙古等国高校合作办学,已被教育部确定为全国五个对俄留学培训基地之一,现已招收留学生,同时学院也已派出首批留学生赴俄深造。

【落实人才兴校战略】 学校领导班子始终高度重视师资队伍建设工作,克服困难,确保投入。一方面继续执行已经制定的各项政策,稳定原有师资队伍,努力做到“事业留人,政策留人,感情留人,待遇留人”。建立健全全院 647 名专兼职教师的文字档案和业务档案。继续支持和鼓励在职教师按一定比例外出进修学习,提高专业水平和学历层次。继续强化骨干教师队伍建设,2005 年度骨干教师遴选工作已基本结束,在严格审核的基础上,最终选出 3 位拔尖人才,10 位学科带头人和 17 名优秀中青年教师,提交学术委员会进行终审。另一方面,继续以优惠政策引进人才。2005 年引进硕士生 12 名,接受新毕业大学生 70 多名,已充实到学院各教育教学和管理岗位,成为学院建设发展的一批生力军。此外,为 81 名博硕士办理财政补贴,为 2004 年评定的 6 名正高职人员、48 名副高职人员和 46 名中职人员办理聘任手续。

【招生和就业】 2005 年学院认真落实国家和自治区高校招生考试改革的各项措施,以提高生源质量和扩大本科招生规模为重点,巩固并发展历年招生成果。23 个本科专业招生,共报到本科生1 318人、专科生1 552人。与区外 8 省 18 所高校签订对等招生协议,共录取报到 169 名区外新生。经过积极协调和努力,学院与俄罗斯后贝加尔国立师范大学联合办学项目正式启动,列入全区统一招生本科计划,实现赴俄留学首次本科招生的重大突破。学院 2005 年学生平均就业率达76.39%,比上年提高18.89个百分点,超自治区教育厅下达的55%任务指标22.39个百分点。

【教学科研工作】 1. 认真开展师德建设年活动,进一步加强学院师德建设。师德建设活动有计划、有落实、讲实效。在活动中有 561 位教师撰写心得体会,有 2 名教师被评为呼伦贝尔市师德建设标兵,有 1 名教师上报为自治区师德建设标兵。

2. 继续开展青年教师课堂教学基本功达标活动。对 2000 年以来进校的 121 名达标青年教师再次进行过关考核。

3. 围绕教育部本科教学水平评估体系,加强日常教学管理。组织开展全院本科教学工作研讨会,制定出台进一步加强本科教学工作的若干措施,组织教学管理人员先后进行了 5 次岗位轮训。

4. 多渠道筹集资金,确保教学、实验经费的足额投入。2005 年全校学费收入3 000多万元,向教学、实验投入即达 800 多万元,在经费使用上向教学中心工作倾斜,保证教学工作的顺利开展。

5. 成人教育、继续教育工作取得显著的经济效益和社会效益。包括高中、初中、幼儿教师继续教育培训,骨干教师培训,义教工程培训,校长培训,班主任培训,成人函授,普通话培训测试等各级各类培训全年达11 244人。

6. 2005 年认真落实《呼伦贝尔学院科研工作发展规划》,加强组织协调,调动一切有助于促进全院科研水平提高的有利因素,使学院科研工作结出丰硕果实。已出版专著教材 6 部,发表省部以上学术论文 240 多篇,获得批准科研立项有国家自然科学基金和自治区自然科学基金项目各 1 项,教育部高等教育课题 1 项,国家哲社“十五”规划重点课题 2 项,自治区法学会课题 1 项。已申报待审批的国家级省部级各类科研课题 50 多项。

【对外开放办学】 充分利用地缘优势,全面推进开放办学和对外教育文化交流,留学生教育工作取得重要进展。2005 年学院聘英、俄语外教 9 名,派出 1 名学院教师赴俄任教,首次派赴俄罗斯留学生 8 人。俄罗斯高校也选派留学生来学院留学、进修。并分别有俄罗斯、韩国、蒙古国、日本等国高校的代表团多次来学院参观、考察、交流、访问。

6 月 8 日至 21 日,院长王志同志率领学院教育代表团一行 12 人,应邀赴俄罗斯后贝加尔国立师范大学进行学术访问。

8 月 18 日至 24 日,俄罗斯后贝加尔国立师范大学美术系主任岗查洛德·叶卡捷林娜·巴普洛夫娜、第一院长助理谢尔盖耶夫·科米特里·瓦列金纳维奇,东北国际科研中心专家、大学科研论文编辑敖其洛夫·马索尔·雷泽诺维奇一行 3 人来学院进行学术访问。

10 月 11 日,王志院长、朱玉东副院长会见蒙古东方省师范学院院长阿荣宝力德和蒙古国教育培训大学蒙古学院院长乌尼尔巴音等一行 4 人,双方就教学、科研项目等方面进行协商。

【综治工作】 学院始终把"维稳"和"综治"工作列入任期责任目标,健全各级领导组织,明确责任,做到年初有计划、日常勤检查、年末有总结和评比,在考核和评优中实行一票否决。全年投入 30 多万元,为重点单位部门配备或更换了灭火器材、防盗设备。为保卫处配备警车,人员统一着装,建立校园"110",学校综治和安全维稳硬件条件迈上新台阶。

【审批评估工作】 4 月 5 日,内蒙古自治区教育厅、内教办函〔2005〕67 号文件,审批呼伦贝尔学院 2004—2005 年度新增教育技术学、英语、历史学、化学、地理科学、心理学、土木工程、市场营销等八个本科专业。

5 月 31 日,国家安全生产监督管理局培训机构评估组专家来学校,对学院内蒙古东部煤矿安全培训中心进行复审验收。

11 月 14 日 内蒙古自治区专科层次小学、幼儿教师培养工作评估组专家抵达学院,对学院小学、幼儿老师培养工作进行专项评估,学院以优异的成绩通过评估,总分列全区第一。

(院办)

河套大学

【领导名录】

党委副书记 校长:张永胜(12 月任职)

党委副书记:刘还俊

党委副书记 纪检书记:郭玉梅(女)

党委委员 副校长:李振国 巴图查干(蒙古族) 王荣旺 石文清 郑锦麟

副校长:张建国

【师资队伍建设】 2005 年度,《河套大学教师队伍建设十五规划》进入实施阶段最后一年,以鼓励青年教师继续深造、提高学历和多渠道引进高层次人才为主要手段,继续坚持有限资金向教学一线倾斜的政策。在上年提高的基础上,适度提高教职工岗位津贴,再次调整教师的课时津贴。启动和实施《学科带头人实施意见》、《关于教师低职高聘的实施意见》、《教师工作量酬金计算办法》等。全年共选派 13 名教师脱产攻读研究生,许多在职教师自学研究生课程。通过不同渠道引进本科学历以上优秀师资 47 名,聘请区内外知名专家 9 名作为学校的客座教授,聘任 3 名外籍教师来校任教。

【教学管理】 为结合新形势,努力探索适合学校的教学管理模式,在上年进一步建章立制的基础上,是年学校提出关于教学管理的 10 项整改意见,在运行和管理实践过程中,得到各教学单位的密切配合,整改取得良好成效。同时启动并实施"河套大学教学管理规范年"活动,进一步规范教学计划的执行、教学运行过程、教学运行考核、考试管理和教学质量监控各个环节。在此基础上,各教学单位分别组织开展青年教师课堂教学竞赛,对评选出的优质课教师给予不同程度的表彰奖励。通过教学竞赛,激发广大教师自觉加强教学改革的热情,现代教育理念逐步深入人心,现代化教育技术被广泛应用,增强课堂教学效果,提高教育教学质量。

【科研工作】 全年申报科研项目 25 项,其中校级 7 项,推荐巴彦淖尔市"十一五"科技发展计划项目 11 项,推荐自治区"十一五"高等教育科学规划项目 7 项。《河套大学学报》出版一至四期,其中社科版、自然科学版各两期,刊出论文 118 篇,80 多万字。同时积极申请取得学报蒙文版出版资格,并发行创刊号,刊出论文 30 篇,近 20 万字。2005 年度学术年会共收到参评论文 130 篇(学生论文 7 篇),年会上优秀论文进行宣讲和交流,评选出 60 篇优秀论文的作者在 12 月 27 日的 2005 年河套大学学术年会上进行表彰奖励。

【基础设施建设】 2005 年度,重新硬化主校区校园,维修主校区教学楼、公寓楼、南校区实验楼和东校区宿舍楼,完成南校区微格教室的改造。投入 600 万元购置教学仪器设备和办公设备。新增价值 30 万元的图书资料1.5万册。缓减教育教学和学生生活的压力,受到师生的一致好评。此外,规划的南校区学生公寓及餐厅,审批立项,预计 2006 年开工建设。

【教育管理】 学校在管理育人上确立德育为主的指导思想,坚持"管理不是禁锢人、约束人,而是塑造人、发展人"的原则,把学生参与过程变成育人过程。重点贯彻中共中央、国务院《关于进一步加强和改进高校学生思想政治教育的意见》和《公民道德建设实施纲要》,在青年学生中开展中华民族传统美德和社会主义高尚道德教育活动,倡导《纲要》提出的 20 字的公民基本道德规范。注重在各学科教学中渗透德育内容,通过讲座、演讲、征文、军训、社团活动、值周劳动、文艺演出等活动加强道德教育。主校区的"纪念中国人民抗日战争暨世界反法西斯战争胜利 60 周年"系列活动、国庆、中秋文艺晚会、"高雅文化进校园团日观摩评比"活动和农牧职业技术学校科技下乡活动、师范部组织的警民共建活动、外语系组织的"成功、自信、快乐"专题讲座、农牧科学系组织的"珍惜父母血汗钱—感恩教育"系列活动、电大部组织两次益民劳动、医学院组织师生无偿献血活动(总量18 000CC)以及各部系开展的迎新生系列活动等。都利用学生喜闻乐见的形式开展爱国主义教育。学校充分利用电视、广播、宣传栏、校报等舆论工具,宣传德育内容,并在优化校园环境建设中,注重形式和内容的和谐,为德育创建良好氛围。

学校历来重视帮助和引导青年学生走向社会、走向生活,培养学生各方面的能力。例如学雷锋益民活动、青年志愿者活动、义务植树、社会调查、参观各类展览等都是常规的实践活动。学生在这些活动中,接触了解社会,锻炼自己实践能力和创新能力,既服务社会,又提高自身素质,很受学生欢迎。各部系组织学生慰问孤寡老人、失学儿童,并到少管所进行帮教活动。深入敬老院、特殊教育学校、部队、社区进行各类宣传和慰问活动。特别是在扶贫帮困活动中,广大团员和青年学生积极捐助,表现出较高的精神境界。全年共有181名大学生加入中国共产党,要求入党的学生占学生总数的85%,2005年共评出区级三好生41名、优秀学生干部41名、优秀毕业生77名、优秀班主任3名,德育工作和社会实践活动结出丰硕成果。学校农牧职业技术学校团总支获"全市青年工作先进集体",教育系志愿者服务队获自治区"先进志愿者服务队"荣誉称号。

【招生和毕业生就业指导工作】 2005年共收全日制普通专科生1 392名,比上年增加250人,周边省区新生数量明显增加。学校申报的5个新增专业列入2006年招生计划。2006年计划招生3 000人,计划省外招生900人,招生宣传工作已经展开。同时,坚持"以质量求生存,以教学为中心,以就业为导向"的原则,就业指导单列机构,落实"一把手"工程,加大对就业指导的投入力度,努力改善软硬件条件。广泛征集各地就业信息,与用人单位建立联系网,积极开展就业指导工作。本年度,完善毕业生基本情况上网宣传工作机制,组织召开共35场次与用人单位的就业洽谈会,开设学生就业指导课教育,并开展就业安全教育活动。经过精心筹备,6月18日和12月18日,与市劳动局联合,成功地举办人才招聘会和毕业生双选会,共有近200家用人单位参会,两次人才交流共提供适合学校毕业生就业岗位3 000多个,为广大毕业生提供广阔的就业平台。毕业生一次性就业率稳步提高,2004年毕业生就业率为88.6%,是年达到90.55%,居全区高校前列,呈现出入口通、出口畅的良好态势。是年5月23日至27日学校承办"内蒙古自治区高职高专毕业生就业工作促进会第二届年会"。

【"四五"普法和综合治理工作】 年初制定"四五"普法和综合治理安排意见,并要求各部门认真组织实施。通过各种媒体加大宣传力度,并组织专人对各部门落实情况进行阶段性检查。在进一步完善安全保卫制度的基础上,与各部门签订"2005年综合治理目标管理责任书",并注重周边环境治理。上半年接受了市委"四五"普法五年总体验收,取得92分的优秀成绩,各项工作受到好评。

【继续教育】 2005年完成成人高等教育招生515人。开办各类培训班,其中,举办全市第二期市级中级骨干教师培训班,培训教师209人;举办9期市直行政和企事业单位专业技术人员公共课培训班,培训人员3 974人次;举办两期全市初中教师信息技术培训,培训学员599人,合格率达95%以上。寒暑两期面授师范类函授学员332人,年底面授水利建筑类学员184人。继续教育工作,既服务社会,又提高学校声誉,收到很好的社会效益和经济效益。

【远程教育】 电大部春秋两季共招新生1 044人。在完善规章制度、改善办学条件的基础上,重点开展人才培养模式改革试点工作,力争在现代远程开放教育模式上有新的突破。作为内蒙古电大首批开放教育试点,接受2005年国家教育部专家组的评估验收,取得较好成绩,为打造巴彦淖尔地区一流的远程教育中心奠定基础。

【附属中学】 附属中学较好的完成年度招生工作,2005年高考中,全校四个班230名毕业生本科上线45人,艺术类考生本科上线19人,实现预定目标。

【语言测试工作】 按照自治区语委要求,普通话测试站认真组织培训和测试工作,以完成本市教育系统的普通话培训和水平测试任务,全年共测试2 180人,合格率达到85.8%。积极准备全面展开公务员普通话培训和测试工作。是年,经自治区语委批准,西部八省区蒙古语标准音培训测试站设在学校,8月成功举办第一届培训测试班,测试人员72人,其中蒙语系7名教师全部合格,为开展更大范围的测试和培训打好基础。

【后勤保障】 学校资产总额为1.41亿元。同时,在优化育人环境建设中,合理规划,注重协调发展,注重硬化和美化、绿化校园,主校区绿化面积20 764平方米,南校区4 148平方米,东校区12 666平方米,学校被巴彦淖尔市城区绿化委员会评为"花园式学校"。加强学生食堂的管理。引入竞争机制,实行社会化服务,增强服务意识,提高服务质量,保持比较稳定的学生就餐率,并为贫困学生提供勤工助学岗。

(刘　军)

卫生　体育

卫 生 事 业

【内蒙古自治区卫生厅领导名录】

厅　长:杨成旺

副厅长:白宝玉(蒙古族) 乌兰(女 蒙古族)

贺丰奇(4月任职) 许宏智

助理巡视员:尹赤林(蒙古族) 裴政峰

【概况】 内蒙古自治区卫生厅内设处室14个:办公室(应急办)、人事处、规划财务处、医政处、中蒙医处、卫生法制与监督处、疾病预防控制处、科技教育处、农村牧区卫生管理处、妇幼保健与社区卫生处、离退休人员工作处、机关党委、纪检组、保健处。自治区卫生厅直属单位:自治区卫生厅机关事务服务中心、内蒙古自治区医院、内蒙古中蒙医医院、内蒙古妇幼保健院、内蒙古精神卫生中心、内蒙古第四医院、内蒙古国外贷款卫生项目服务中心、内蒙古卫生厅卫生监督所、内蒙古疾病预防控制中心、内蒙古地方病防治研究中心、内蒙古血液中心、内蒙古健康教育研究所、内蒙古卫生厅国际交流中心、内蒙古医学杂志社、内蒙古卫生信息中心、内蒙古卫生干部进修学校。

自治区卫生厅机关行政编制64人(其中1人单列编制),实有人数57人。其中省级1、正厅级1人、副厅级7、正处级8人、副处级12人、科级16人、科员2人。其中男性34人、女性23人,少数民族19人,中共党员48人,民族党派1人。研究生7人、大学本科31人、大学专科13人、中专2人、高中3人、初中1人。

【公共卫生体系建设】 2005年,继续实施医疗救治体系建设工程,投入专项经费6 000多万元,全面完成自治区和11个盟市传染病医院、急救中心以及80个旗县(市区)医院传染病区的改造建设任务。国家安排内蒙古自治区旗县医院急救、检验设备采购资金2 593万元,为82个旗县医院装备21个品种1 531台件医疗设备,设备已采购完毕,年底前全部到位。通过加强医疗救治机构的基础设施建设、提高装备水平、深化管理体制和运行机制改革、提升专业技术能力等措施,为建立覆盖城乡、布局合理、功能完善、反应灵敏、运行协调、持续发展的突发公共卫生事件医疗救治体系奠定基础。疾病预防控制体系建设:继续实施疾病预防控制体系建设工程。在完成自治区和10个盟市57个旗县疾病控制机构的同时,积极争取自治区各级政府解决未列入国家建设项目的44个旗县区疾病控制机构的建设问题。卫生执法监督体系建设:组织召开全区卫生法制与监督工作会议暨卫生监督机构能力建设项目启动会议,完成自治区本级、12个盟市、80个旗县卫生监督机构组建任务。公共卫生体系建设的逐步完善,为有效应对各类突发公共卫生事件奠定坚实的基础。2005年,卫生系统有效地处置群体性不明原因发热、重大交通事故的医疗救治、群体性预防接种反应等11起突发事件。2005年10月13日,呼和浩特市赛罕区巴彦镇藤家营村出现畜间高致病性禽流感疫情。自治区卫生厅立即组织有关专家赶赴现场了解情况,指导当地开展人禽流感防控工作。成立防控人禽流感工作领导小组,向全区卫生系统发出进一步加强防治人禽流感工作的紧急通知,从八个方面做出安排部署。组织召开全区卫生系统冬季传染病防治工作电视电话会议,部署预防控制冬季传染病各项工作,明确要求全区卫生系统按照卫生部的有关要求,认真做好人禽流感防控工作。同时,根据实际情况,本着适用、管用、能用的要求,卫生厅进一步完善预防控制人禽流感工作方案和各项技术预案,明确工作原则、工作程序和技术要求。制定出台《内蒙古自治区应对流感大流行应急预案》,在继续加强6个流感监测点工作、掌握流感疫情规律的同时,全区县级以上医疗机构都启动不明原因肺炎病例监测工作,对流感样病例、肺炎病例、不明原因肺炎病例进行严格管理,密切监视人禽流感的发生。在疫情发生地区,及时启动发热门诊预检分诊工作,发现和排查高度怀疑病例。进一步加大卫生执法监督工作力度,加强禽流感防控知识的宣传,提高广大群众防病意识。与此同时,积极与农牧业部门沟通协调,完善联防联控的工作机制,建立信息通报制度,做到同时到达现场,同时开展调查,同时进行疫情处理。在全区上下共同努力下,在呼和浩特市赛罕区,呼伦贝尔市、扎兰屯市、莫力达瓦达斡尔自治旗三个旗市出现禽间疫情的严峻形势下,没发生人间疫情。

【疾病预防控制】 疾病预防控制工作继续贯彻以计划免疫为中心,重大传染病和地方病防治工作为重点,健康教育和爱国卫生运动为手段的工作思路,进一步落实预防为主的卫生工作方针,积极主动预防和控制各种疾病的发生和蔓延。一是进一步健全疫情报告系统,提高报告及时率和准确率。经过近两年的建设,全区县级以上医疗卫生机构疫情报告系统基本建成。是年,按照卫生部关于加强乡镇卫生院传染病与突发公共卫生事件网络直报建设的要求,自治区利用国家公共卫生建设资金

2 593万元，为82个农村牧区中心卫生院和国家级扶贫工作县、边境县、少数民族自治县装备网络直报数据采集计算机1 208台，自治区、盟市、旗县先后培训网络直报技术人员1 460名，实现苏木（乡镇）卫生院传染病与突发公共卫生事件网络直报。全区疫情报告及时率和准确率分别达到95.3%和93.5%。二是继续巩固和扩大计划免疫成果，有效控制传染病的发生和蔓延。自治区按照《疫苗流通和预防接种管理条例》，进一步完善预防接种保障制度，自治区财政已将自治区承担的预防接种补助经费纳入2006年度预算，对国家免疫规划项目预防接种实行免费。各地进一步加强计划免疫机构建设，对从事预防接种服务人员实行资格认证管理，加强专业人员的培训工作，提高业务人员的素质。全区"五苗"接种率巩固在90%以上，相关疾病得到有效预防。全区实现保持无脊髓灰质炎状态目标。三是加强艾滋病、鼠疫、结核病、病毒性肝炎等重点传染病。艾滋病防治方面，组织制定艾滋病防治经费投入政策，明确自治区、地方经费投入及管理职责，自治区本级每年投入300万元用于艾滋病防治工作。有9个艾滋病初筛实验室通过自治区验收。同时，加强艾滋病疫情预防、监测、筛查与救治，落实"四免一关怀"政策。到2005年4月份，共筛查两劳人员4万余人份，共筛查出感染者9例。至11月11日，全区发现艾滋病病毒感染者132例，其中病人20例，全部得到相应的治疗服务。加大防治艾滋病的宣传力度，巩固4个全国艾滋病综合防治示范区工作。鼠疫防治方面，争取中央转移支付鼠疫防治资金1 555万元，加强建设4个盟市鼠防实验室，为14个旗县级单位购置鼠防专用车、生物安全柜，提高基层鼠疫防控能力。2005年，在7个盟市23个旗（县、市）发现鼠间疫情的情况下，经过及时采取有力措施，使鼠间疫情得到有效控制。同时，积极组织开展鼠防应急演练工作，加强人间鼠疫应急队伍培训。结核病防治方面，多方筹集结核病控制专项经费，形成稳定可靠的经费保障机制。中央转移支付、自治区财政、扶贫、全球基金、比利时达米恩基金会先后投入1 572.5万元用于自治区结核病防治工作。同时，采取网络追踪、宣传教育、乡村医生集中推荐、加强病人治疗管理等措施，有效提高病人发现率和治愈率。到10月底，全区发现涂阳肺结核病人9 839例，其中新发涂阳病人8 242例，完成全年任务的83.8%，初治涂阳病人治愈率平均为87.3%，超额完成0.5个百分点。病毒性肝炎防治方面，在做好新生儿乙肝疫苗接种的同时，推广成人乙肝疫苗接种工作。自治区召开全区成人乙肝疫苗预防接种工作启动会议，制定实施方案，在全区范围开展预防接种工作。布鲁氏菌病、人禽流感等人畜共患经病防治方面，全区各级卫生和农牧业部门建立人畜共患传染病的防治合作机制，互通信息，联防联控。先后对8个盟市16个旗县部分布病发病较高的地区布病防治工作进行调查研究和技术指导。通过落实"四同时"等防治策略和措施，在自治区3个旗县区出现人流感疫情的形势下，确保疫情不向人间扩散。四是加快氟砷病区防病改水工作，消除碘缺乏病。自治区政府制定印发《内蒙古自治区重点地方病防治规划（2005－2010年）》，明确全区地方性氟中毒、地方性砷中毒等重点地方病防治工作目标和任务。为摸清自治区氟砷病区水质现状，投入400万元，完成24个旗县区的3 528个地氟病病区村饮用水氟含量筛查任务。自治区有关厅局完成《内蒙古自治区农村牧区饮水现状评估报告》和《内蒙古自治区"十一五"农村牧区饮水安全工程规划》，为下一步争取国家投入，完成防病改水奠定了基础。自治区计划在2005—2006年完成全区地方性砷中毒病区改水工作，到2010年基本解决全区中重度地方性氟病区的防病改水任务。同时，积极落实全民食盐加碘为主的消除碘缺乏病综合性防治措施，加强碘盐市场的管理和碘盐监测工作。五是开展爱国卫生运动，形成良性的管理机制。卫生厅重新调整优化爱国卫生运动办公室人员结构，提高做好新时期爱国卫生工作的能力。在农村牧区积极开展除"四害"活动和改水改厕工作，同时以防控禽流感为主要内容，广泛开展爱国卫生宣传，普及卫生防病知识，提高群众卫生防病和文明意识。自治区财政匹配改厕资金91万元，推进全区农村牧区改厕项目的开展。在城镇积极开展创建文明卫生城镇活动，开展经常性的爱国卫生检查评比活动，形成爱国卫生制度化、法制化的监督管理机制。加大《爱国卫生运动条例》的执法检查力度，自治区派出12个督察组，指导检查各地落实卫生防病措施的落实。力争到2010年，农村牧区自来水普及率达到70%，农村牧区卫生厕所普及率达到65%。进一步加大慢性非传染性疾病防治的工作力度。

【社区卫生与妇幼保健】 积极开展卫生服务进社区工作，切实降低城镇群众的医疗费用。全区在19个市辖区和16个旗县级市开展了社区卫生服务工作，建设社区服务中心35个、社区卫生服务站390个，积极引导病人"小病在社区，大病在医院"，形成大型综合医院、专科医院与社区卫生服务机构的双向转诊制度。与此同时，认真贯彻一法两纲，加强孕产妇、儿童两个系统管理，推行住院分娩工作，继续开展创建爱婴医院活动。2004年年底统计，全区孕产妇、儿童两个系统管理率分别达到66.3%和70.9%，住院分娩率为79.4%，孕产妇死亡率为52.07/10万；婴儿死亡率为21.6‰；5岁以下儿童死亡率为27.16‰。投入专项经费1 300多万元，全员培训乡村卫生人员，提高基层防病治病能力。投入专项经费4 000多万元，实施防治艾滋病、结核病、鼠疫、非典和人禽流感、地方病以及农村牧区改水改厕、计划免疫、降低孕产妇死亡率和消除新生儿破伤风等8个项目，落实防病措施和免费治疗结核病、艾滋病等政策。

【农村牧区卫生】 按照自治区党委、政府贯彻《中共中央、国务院关于进一步加强农村卫生工作的决定》的实施意见，自治区制定农村牧区卫生体系建设发展规划，继续坚持以初级卫生保健为龙头，以新型农村牧区合作医疗制度、人才培养和三级卫生服务网络建设为重点，全面推进农村牧区卫生事业的发展。一是进一步加强农村牧区卫生服务体系建设。依据国家统一的建设标准和规范，按照填平补齐、改扩建为主的原则，对政府举办的1 326个苏木乡镇卫生院、83 个旗县医院、70 个中蒙医院、83 个妇幼保健机构、83 个卫生监督机构、部分旗县疾病预防控制中心以及部分重大疾病流行地区嘎查村卫生室的基础设施进行建设,配置基本医疗设备,培养技术人员,提高服务能力。2005 年,全区实施农村牧区卫生服务网络建设工程中,投资3 300万元,对 7 个新型合作医疗试点和 4 个艾滋病示范工作旗县的 97 所卫生院进行强化建设,为其他地区的 60 所中心卫生院配备基本医疗设备。投资1 603万元,为所有卫生院配备急救设备,提高基层急诊急救能力。同时,继续推广卫生院县办县管,实行全员聘任制,公开招聘卫生院院长,实行任期目标责任制。二是积极稳妥地推进新型农村牧区合作医疗制度。自治区政府在通辽市召开全区新型农村牧区合作医疗试点工作经验交流会,全面总结试点工作经验,安排部署扩大试点工作。2005 年,全区新增试点旗县 5 个,全区试点旗县总数达到 12 个,覆盖农牧民人口200.91万人。同时,在全面总结试点经验的基础上,对《实施方案》作出具体调整,普遍提高补助标准和封顶线,报销比例提高 5 个百分点。制定出台 6 个配套方案,健全各项工作制度,加大宣传培训工作力度,投入专项经费 269 万元,培训3 140名各级管理人员。狠抓补助资金及时足额到位,落实好农牧民自愿参合的政策,建立有效的新型农村牧区合作医疗管理体制和社会监督机制,让群众最大程度地受益。为加强试点管理工作,改善工作技术手段,自治区投资 269 万元,统一为合作医疗试点旗县和苏木乡镇配备现代化办公设备,培训相关工作人员,不断提高新型合作医疗管理能力。2005 年,全区 12 个试点旗县参加新型合作医疗的农牧民达161.77万人,参合率达80.5%,比上年提高8.8个百分点;共筹集合作医疗基金4 602.9万元;报销门诊、住院医药费2 402.54万元,广大农牧民就诊率、住院率明显升高,"因病致贫、因病返贫"状况得到缓解。三是进一步整合医疗卫生资源,加强农村牧区卫生队伍建设。自治区卫生厅、教育厅、财政厅、人事厅、农牧业厅联合下发《关于加强农村牧区卫生人才培养和队伍建设的意见》,有计划、有组织地开展人才培养工作,制定优惠政策,鼓励大中专医学院校毕业生到农村牧区工作,鼓励城市医疗机构向农村牧区输送医疗设备,加强农村、牧区卫生技术人员能力建设工作,提高业务技术水平。调整医学教育结构,为农村牧区培养适宜人才。采取多种形式,鼓励在职人员提高学历层次。是年,自治区投入1 322万元在全区组织开展乡村卫生人员培训工作,进一步提高基层传染病预防控制和医疗救治能力。

【卫生执法监督】 自治区召开全区卫生监督工作会议暨卫生监督机构能力建设项目启动会议,分析新时期卫生监督工作面临的形势和任务,研究确定卫生监督工作思路。按照强化基础,完善机制,突出重点的要求,不断推进卫生执法监督工作的开展。

按照国家《关于卫生监督体系建设的若干规定》,进一步明确监督体系建设重点,合理划分各级监督机构职责,落实有关责任,逐步建立起分工合理、权责明晰、各司其职的卫生综合执法监督体制,推进公共卫生和医疗卫生综合执法。自治区制定了"五五"卫生普法工作计划,大力开展卫生法制宣传教育工作,增强卫生法制意识。为切实提高卫生执法监督能力,是年,自治区投入1 786万元,为自治区、8 个盟市、34 个旗县的卫生监督机构装备监督车辆、取证工具和现场快速检测设施,改善工作条件和技术手段,提高监督执法能力。同时,组织自治区、盟市、旗县三级卫生监督人员开展岗位培训,卫生监督人员的专业素质、法律素质和执法办案能力不断提高。全面落实国务院《关于进一步加强食品安全工作的决定》、《卫生部关于 2005 年开展食品专项整治工作的通知》精神,在全区范围内继续实施食品放心工程,强化监督检查。在食品加工环节,开展乳制品、熟肉制品、保健食品等 5 类食品卫生许可证的监督检查;在流通环节,开展保健食品违法宣传、非法添加违禁药品及婴幼儿食品、保健食品标签、说明书的专项检查。同时卫生、教育、建设等部门积极协作,共同加强建筑工地食堂、学校食堂和农牧区食品卫生监督管理工作。继续组织实施食品卫生监督量化分级管理制度。加强对卫生条件和卫生管理水平较差的小型餐饮业管理,从卫生许可、从业人员健康检查和完善卫生条件等方面规范其经营行为。对大型、连锁型餐饮单位,推广先进的食品安全自身管理体系,提高其食品安全自身管理的档次和水平。加强化妆品卫生监督管理,针对重点环节和重点产品开展化妆品卫生专项监督检查。根据国务院整顿和规范市场经济秩序的工作部署,自治区各级深入开展非法行医专项整治工作。打击无证行医行为,严肃查处无《医疗机构执业许可证》和任何行医资格擅自开展诊疗活动的行为、医疗机构聘用非卫生技术人员行医的违法行为、医疗机构出租承包科室的行为和非法从事性病诊疗活动的行为,医疗服务市场秩序有所好转,为保证群众的生命安全营造良好的环境。进一步加强职业病防治工作,改善劳动者就医条件,全面落实《职业病防治法》的有关要求,建立健全职业病防治责任制,建立和完善职业健康监护制度,落实职业健康检查措施。2005 年,全区共计出动卫生执法监督人员20 477人次,车辆4 298台次,检查各类企业、单位16 003户次。

【医学科技教育】 认真落实科教兴医战略,坚持以学科建设为龙头,以继续教育为基础,以高新技术引进、科技创新、科研成果转化和适宜技术推广为重点,不断提高卫生科技教育水平。2005 年,全区投入学科建设资金1 100万元,加强 14 个自治区医疗卫生领先学科、重点学科、重点实验室建设。组织实施卫生人才规范化培训工程,加强自治区医疗卫生领先学科及学科带头人、技术骨干的培养,先后派出 22 名学科带头人进修学习。同时,不断加大卫生科技成果转化与适宜技术推广工作力度,自治区向基层医疗卫生单位推广的科技成果和适宜技术项目 17 个;以学习新知识、新理论、新技术、新方法为主的继续医学教育得到进一步加强,学科覆盖率、继续医学教育对象覆盖率和达标率提前达到国家要求目标。组织召开京蒙医疗卫生学科建设与人才培养对口支援工作会议,签订《北京市卫生局—内蒙古卫生厅医疗卫生学科建设与人才培养对口支援协议书》。积极开展各类医学学术活动,有力地促进继续医学教育和科研创新工作。认真贯彻《关于加强农村牧区卫生人才培养与队伍建设的意见》,制定加强农牧区卫生人才培养的具体措施,继续开展专为农村牧区培养卫生人才的初中后五年临床医学专科层次和医学相关专业专科层次教育。加强临床住院医师规范化培训工作。组织开展以禽流感、艾滋病为重点的在岗卫生技术人员全员培训工作,启动乡镇卫生院专业技术人员培训计划,加强在岗乡村医生的培训,不断提高农村牧区医疗预防保健服务水平和能力。

【中蒙医事业】 认真落实《中华人民共和国中医药条例》、《内蒙古自治区蒙医中医条例》,满足各族群众的卫生需求,依法促进中蒙医事业发展。积极推行中蒙医工作全行业归口管理,加强中蒙医机构、人员准入管理工作。充分发挥中蒙医药在农村卫生初级保健和新型农村牧区合作医疗工作中作用,积极引导中蒙医药服务进社区工作。开展国家蒙医规范化、标准化建设工作,修订《蒙医病症诊断与疗效标准》和《蒙医病案书写规范》。加强中蒙医专科专病技术骨干和蒙医药技术创新带头人的培养,开展中蒙医机构评审和放心药房建设活动,深入进行蒙医药基础理论和临床应用研究,中蒙医科技水平进一步提高。

【医德医风建设】 按照卫生部、国家中医药管理局《关于开展以病人为中心,以提高医疗服务质量为主题的医院管理年活动通知》精神和全国医院管理年工作会议要求,自治区卫生厅组织召开全区医院管理年活动工作会议,成立医院管理年活动领导小组,制定下发《内蒙古自治区医院管理年活动实施方案》,明确开展医院管理年活动的工作目标、职责任务、实施步骤和保障措施。组织制定内蒙古自治区开展医院管理年活动宣传方案,加强新闻媒体的舆论监督和导向作用。全区29家大型医院(以三级医院为主)联名向全社会发出"内蒙古自治区开展医院管理年活动倡议书"和"内蒙古自治区开展医院管理年活动服务承诺书",向社会公开做出20条服务承诺,社会反响强烈。卫生部、国家中医药管理局督导组对全区开展的医院管理年工作给予高度评价。

进一步规范医疗服务行为和医疗服务市场,降低医药费用,满足人民群众的健康需求。针对医疗服务中存在的问题,积极开展争创"医德医风示范医院"、"弘扬白求恩精神,做白求恩式的医务工作者"等一系列宣教活动,切实加强职业道德、职业纪律教育。同时依据《中华人民共和国执业医师法》、《中华人民共和国献血法》和《中华人民人和国护士管理法》,进一步加强了医疗卫生技术人员的准入和临床用血安全的监管。深入贯彻落实国务院《医疗机构管理条例》和卫生部《医疗机构管理条例实施细则》,进一步加大对医疗机构和医疗服务的监管力度,严格医疗机构、大型设备等准入管理。严格按照《内蒙古自治区改革医疗服务价格管理实施办法》,积极落实医疗服务价格政策,为逐步建立健全医疗服务成本、服务价格监测体系奠定基础。进一步加强对口支援和卫生扶贫,继续完成20个城市大中型医院与22个边远贫困旗县医院的对口支援工作。积极开展"万名医师支援农村卫生工程",在城市大中型医院选派155名副主任医师以上人员,赴31个国家级贫困旗县的综合医院或旗县中蒙医院进行为期一年的对口支援工作,解决贫困地区医疗技术水平低的问题,努力缩小城乡卫生服务差距。2005年,全区各级医疗机构共派出下乡医疗队984支,下乡医务人员6 120人次,免费诊治患者483 790余人次,开展手术5 436例,为农牧民减免看病费用75万余元。为农村牧区医疗卫生机构赠送医疗设备和药品约合人民币479.5万元,举办各类培训班550次,培训医务人员39 088人次。2005年,全区共上缴红包10 100元,未发现拿回扣及开单提成现象。

积极推进和规范药品集中招标采购工作。在往年开展药品集中招标采购工作的基础上,继续扩大参加药品集中招标采购的医疗机构数量、采购药品品种,提高集中招标采购药品的比重,严格规范药品集中招标采购活动,防止乱收费、低价竞争和行政不正当干预等问题,确保公开、公正、公平的进行。积极配合有关部门切实加强监管职能,及时纠正和查处招标中出现的违规问题。对农村牧区乡镇苏木卫生院的药品集中采购工作提出具体要求,规范采购行为,为逐步建立由旗县卫生行政部门监督管理的集中采购、定期配送制度创造条件。

(王占国 白云英)

人口和计划生育

【内蒙古自治区人口和计划生育委员会领导名录】

主　任:林　瑞(女 6月逝世)

常务副主任:王苏布道(女 蒙古族)

副主任:亢贵厚(4月离任) 云秀珠(女 蒙古族) 张维民 韩玉明

纪检组长:保勒德巴根(蒙古族)

【概况】 自治区人口计生委机关实有公务员编制36个,在编34人,其中厅级6人,处级19人,科以下9人;文化结构:大学以上学历23人,占67.65%,大专11人,占23.35%;年龄结构:35岁以下4人,占11.76%,36~45岁13人,占38.23%,46岁以上17人,占50%;民族结构:汉族22人,占64.71%,少数民族12人,占35.29%;性别结构:男性16人,占47%,女性18人,占53%。

2005年以稳定低生育水平为工作重点,加快建立"依法管理、村(居)民自治、优质服务、政策推动、综合治理"新的机制。据自治区统计局公报,2005年全区总人口2 386.40万人,比上年增加2.05万人。全年出生24.04万人,出生率为10.08‰,比上年增加0.55个千分点。人口自然增长率为4.62‰,比上年增加1.07个千分点。自治区年终检查验收结果表明,全区符合政策生育率达到95%以上。

【奖励扶助试点工作】 2005年,自治区顺利进入国家奖励扶助试点,目标人群的确认实现零误差。召开奖励扶助新闻发布会,启动全区奖励扶助“阳光普照万里草原”百日宣传活动,组织新闻记者开展“奖励扶助草原万里行”采风活动,及时召开全区百日宣传活动电视电话会议。6月22日,在呼和浩特市和林格尔县隆重举办自治区农村牧区部分计划生育家庭奖励扶助首发式,自治区党委、政府主要领导亲自把奖扶金发给受奖的农牧民群众。国家人口计生委副主任潘贵玉亲临首发式,《人民日报》专刊发表,《中国人口报》连续5次在头版刊登我区的奖扶工作情况。全区共有9 620名60岁以上的计划生育夫妇享受每人每年600元的奖励扶助金待遇。

【稳定低生育水平】 2005年上半年全区出生人口同比增加2.2万人。自治区党委、政府领导对此高度重视,自治区党委副书记陈光林、自治区副主席乌兰多次视察,专门听取全区人口计生工作汇报,对稳定低生育水平、遏制出生反弹做出明确指示。为有效遏制出生反弹势头,计生委重点开展以下主要工作:首先是召开全区人口形势分析会,深入分析上半年人口出生增加的原因,对重点盟市实行月报告制度,单列管理;其次是以“单兵教练”的方式,召集出生幅度较大的6个盟市党政分管领导和人口计生委主任召开座谈研讨会,共同分析原因,研究相关对策;组成3个调研组,深入6个盟市、10个旗县市及部分苏木乡镇开展专项调研,对产生问题的原因进行了深入调研分析。

【综合治理出生人口性别比】 6月21日,蒙辽冀三省区六县(市)综合治理出生人口性别比合作会议在内蒙古自治区宁城县隆重召开,内蒙古自治区宁城县、辽宁省建平县、凌源市、河北省平泉县、承德县、隆化县的分管领导及人口计生局(委)、卫生局、药品监督管理局的主要负责同志参加会议。6个县(市)就本县治理出生性别比工作情况分别作发言,并对如何加强合作,切实做好这项工作进行讨论和交流。各县(市)分管领导在《三省六县跨区域治理出生人口性别比协议书》上签字,宣告蒙辽冀三省区六县(市)综合治理出生人口性别比合作正式成立。

【宣传教育】 全区各地继续以“婚育新风进万家”和文化、科技、卫生“三下乡”活动为主线,进一步开展多层次、全方位、多视角、主题鲜明、具有实效性的宣传教育活动,努力建设符合各民族实际的新型生育文化。11月中旬,在北京召开的全国婚育新风进万家活动经验交流暨总结表彰大会上,全区有8个先进旗县、40个先进乡镇、27个先进团体、企事业单位以及54名先进个人受到表彰。

【优质服务县创建活动】 全区各地积极开展计划生育优质服务县创建活动。通过强化服务理念和服务手段,努力为育龄人群搞好生殖健康和优生优育的服务,使优质服务成为广大群众满意的“民心工程”。全区有10个旗县(市、区)被国家命名为计划生育优质服务先进县。圆满完成联合国生殖健康第五周期项目工作,召开第四届陕甘宁蒙晋毗邻地区流动人口计划生育工作协作会议,加强地区间的协作与交流。8月,在呼伦贝尔市召开全区计划生育协会工作经验交流会议,推广了海拉尔区等地计划生育协会的工作经验。

【队伍建设】 按照新时期人口和计划生育工作的要求,通过面向社会、竞争上岗、全员聘任及推广“县管、乡聘、村用”的办法选拔基层干部等方式,把一批思想好、作风正、懂业务、会管理、善于做群众工作的优秀人才充实到基层,使人口和计划生育队伍的素质有很大的提高。进一步加强了干部队伍的教育培训工作,与国家人口计生委联合举办1期盟市、旗县信访干部培训班;继续与北京市人口计生委联合举办旗县计生委主任、专业技术人员和厂矿、企事业计生人员培训班,培训人数达300余人。全区干部培训率达99%以上。

【责任制考核评估】 2005年11月,自治区人口计生委组织16个检查组分赴各盟市对《内蒙古自治区2005年盟市党政领导人口和计划生育工作目标管理责任书》的落实情况进行检查验收。其中党政和相关部门检查组4个,组长由自治区党委、人大、政府和政协有关部门厅级干部担任,副组长由自治区人口计生委正处级干部担任;人口和计划生育检查组12个,组长由自治区人口计生处级干部担任,副组长由各盟市人口计生部门分管业务工作的局长担任。检查人员从旗县和乡镇级计生干部中择优选调,全区共抽调检查人员120人。此次调查全区共抽取46个旗县,132个村居,总人口14.58万人,约占全区总人口的6‰。

(田新平)

体育运动

【内蒙古自治区体育局领导名录】

局　　长:石　梅(女 蒙古族)

副 局 长:郭厚诚 潘守刚 李远

助理巡视员:乌兰阿塔(蒙古族)

【概况】 至2005年12月31日,自治区体育局设7个机关处室和15个直属单位。机关公务员编制34个,其中单列编制2个;实有32人,其中女性17人、少数民族10人(蒙古族7人);研究生学历2人,大学本科学历14人,大专学历15人,中专学历1人;平均年龄46.5岁。

2005年,制发《内蒙古自治区体育行政执法监督工作细则》,依法对乌海市、赤峰市巴林左旗、阿拉善盟额济纳旗等部分盟市、旗县体育设施被拆除、被侵占的违法行为进行调查,提出改正意见。被国家体育总局评为“全国体育法制工作先进单位”,并在全国体育法制工作会议上做典型发言。共争取国家体育总局经费760万元,争取中国奥委会实施“民康工程”经费1 000万元。承办全国体育年鉴编辑工作座谈会和全国体育宣传工作会议。认真进行领导干部实绩考核工作。组建体育局会计集中核算办公室,切实加强局系统财务管理工作。档案工作目标管理特级单位的局机关和体工三大队通过自治区档案局的复查,保持了荣誉。圆满完成帮扶锡林郭勒盟工作任务,被自治区党委、政府授予帮扶工作先进单位称号。

【重要活动】 2月,局长石梅当选中国奥委会执行委员。3月,自治区党委副书记杨利民对自治区体育局先进性教育活动进行调研指导。8月,自治区主席杨晶出席自治区参加全国十运会代表团成立大会并向代表团授旗。陈光林、杨利民、王凤歧、宝音德力格尔、周德海、连辑、乌兰、包俊臣、许柏年、奇英成、郧宝恒、桑杰扎布、孙忠泰等自治区领导分别参加自治区文化体育三项重点工程奠基、自治区全民健身月启动仪式暨万人健步走、全国十运会"我们万众一心"火炬传递活动内蒙古起跑仪式和自治区参加全国十运会总结表彰大会等重大体育活动。

【民族体育】 修订、完善了《搏克竞赛规则》;挖掘整理、普及推广了健身安代舞、沙力搏尔摔跤和驼球等体育健身项目,搏克、曲棍球等项目被国家列入"非物质文化遗产"推荐名录;通过实地考察,并报经自治区人民政府同意,确定阿拉善左旗为2006年第六届全区少数民族传统体育运动会举办地。年内,成功举办西乌珠穆沁旗800蒙古马"阿吉乃"大赛,创造吉尼斯世界纪录;圆满举办全国女子搏克邀请赛、全区首届速度赛马、走马暨蒙古马耐力赛、全区首届驼球邀请赛等民族传统体育比赛;赤峰市举办首届少数民族传统体育运动会;在全国民族体育表演赛上,自治区选送的"健身安代舞"获得表演项目二等奖。

【群众体育】 以纪念《全民健身计划纲要》颁布十周年为主线,扎实工作,积极进取,努力推动群众体育工作迈上新台阶。召开了自治区全民健身领导委员会工作会议,对今后一个时期的全民健身工作进行了研究部署;制发《自治区全民健身领导委员会工作规则》和《自治区全民健身领导委员会成员单位职责分工》等文件,进一步规范全民健身工作的开展;对全区《全民健身计划纲要》第二期工程第一阶段工作的开展情况和城市社区体育工作情况等进行调研,为群体工作上台阶提供宝贵的参考资料;成功举办"走出健康、奔向小康、走进2008"为主题的全区全民健身月和全国十运会"我们万众一心"火炬传递活动;培训一级社会体育指导员87名,认定一级健美操指导员84名;建设全民健身路径43条;圆满完成了承担的第二次全国国民体质监测任务,实际监测上报的样本量是72个年龄段8 373人,超过国家任务数813人,且数据质量高,受到国家国民体质监测中心的好评。圆满举办全国四种健身气功展示活动内蒙古大会千人展示,荣获"全国四种健身气功展示活动优秀组织奖"。群众体育争先创优活动取得新成绩。有42个群众体育先进集体、40名群众体育先进个人、2所青少年体育俱乐部、9个全民健身好家庭、15个优秀群众体育健身活动站(点)受到国家体育总局的表彰;3个单位荣获全国健身气功管理工作先进称号;2所学校被国家体育总局、教育部命名为国家级体育传统项目学校。创建、命名全区体育先进县4个、全区城市体育先进社区20个、全区体育先进苏木乡镇28个、自治区级体育传统项目学校30个。

【竞技体育】 自治区竞技体育工作坚持以参加全国十运会为中心,着眼于2008年北京奥运会,认清形势,进一步树立紧迫感和忧患意识,切实加强运动队的管理和思想政治工作,促进科研与训练相结合,进一步提高运动训练科学化水平。经过努力,全区共有122名运动员参加全国十运会13个大项71个小项的决赛,夺得1枚金牌、4.5枚银牌和10枚铜牌,总分379.5分,在全国46个代表团中,全区金牌数列第26位,奖牌数和总分均位于第23位,并荣获"体育道德风尚奖"。虽然没有完成预期的金牌目标,但自治区参加决赛的小项以71个超过参加全国九运会时的49个,获得的15.5枚的奖牌数也超过了参加全国九运会时的14.5枚。

自治区优秀运动队运动员在全国比赛中共获得17个第一名、22个第二名、28个第三名;在国际比赛取得1个第一名、3个第二名、2个第三名;在全国青少年比赛中获得2个第一名、5个第二名、12个第三名。

2005年内蒙古有1人被评为国家级教练、6人被评为高级教练、4人被评为一级教练。有1个项目1名运动员晋升为国际级运动健将,有5个项目14名运动员晋升为运动健将,7个项目40名运动员达到国家一级运动员标准。

【体育竞赛】 年内,举办或承办第13届内蒙古国际马术比赛、全国山地自行车锦标赛暨全国青年山地自行车锦标赛、全国越野滑雪比赛、全国职业台球排名赛、中国乒乓球俱乐部超级联赛、全国十运会拳击预赛、全国十运会男子篮球预赛以及乒乓球比赛均圆满完成办赛任务。全年共举办全区性青少年单项比赛12项次,举办全区社会体育单项比赛30项次,单项协会组队参加全国社会体育比赛9项次。在第二届全国亿万妇女健身活动展示大会上,获得门球比赛第一名和特色操项目比赛的一等奖;在全国万人大众健美操锻炼标准大赛总决赛上,全区3支代表队从参加比赛的100多支代表队中脱颖而出,获得2个一等奖、1个二等奖和1个三等奖,并获得大赛最佳编排奖。

2005年自治区新增国家级裁判员1个项目1人,一级裁判员13个项目69人。有5人次破5个小项的自治区纪录,有16人次破16个小项的自治区青少年纪录。

【首届中国汽车越野锦标赛】 9月,由中国汽车运动联合会和内蒙古自治区体育局共同主办的中国石油2005中国汽车越野锦标赛在自治区圆满举办,开创了国家官方自主举办最高规模长距离越野赛事的先河,国际汽联代表随同观看比赛。来自全国的24支车队48辆赛车共400余名车手、工作人员及新闻记者参加或报道比赛。比赛从北京发车,途经河北省和自治区的锡林郭勒盟、乌兰察布市、呼和浩特市、包头市和鄂尔多斯市,最后在呼和浩特收车,全程2 163.86公里,共6个赛段616.28公里,最终,长丰汽车华南虎车队的江惠坚、任志国和华庆先分获赛事前三名。内蒙古呼和浩特牧马人汽车俱乐部组队参加比赛,其车手白东风名列第五名。

【参加第九届全国中学生运动会】 以自治区副主席连辑为名誉团长,自治区教育厅厅长郭明伦为团长,自治区体育局副局长郭厚诚、自治区教育厅副厅长何瑞芝等为副团长,共90人组成的内蒙古代表团参加8月在河南省郑州市举行的第九届全国中学生运动会。在大会所设7个项目中,自治区参加了田径、篮球、足球、排球和武术等5个项目的比赛,共夺得5枚金牌,并有4人6次破6项全国中学生运动会纪录,团体总分142.5分,金牌榜和团体总分分列34个代表团的第8位和第11位,并获体育道德风尚奖,取得运动成绩和精神文明双丰收。运动会期间还表彰了全国贯彻《学校体育工作条例》优秀中小学校和先进个人,全区有7所学校和6名个人获此荣誉。同期举行的第九届全国中学生运动会科学论文报告会暨第三届中国学校体育科学大会上,全区有1篇论文获得一等奖、3篇论文获得二等奖、11篇论文获得三等奖。

【第十届全区中学生运动会】 第十届全区中学生运动会共设田径、乒乓球、篮球、排球、足球、搏克等6个大项,共有各盟市的26支队伍600多名运动员和教练员参赛,是自治区中学生运动会历史上规模最大的一次。6月18日在赤峰市落幕,赤峰市、呼和浩特市和包头市代表队分获团体总分前三名。

【体育产业】 为全面了解自治区体育产业发展现状,更好地为政府和有关部门制定体育产业发展政策提供依据,在2003年已进行2001~2002年全区体育产业发展统计的基础上,再次会同自治区统计局共同进行2003~2004年全区体育产业发展统计、调查工作。同时为进一步贯彻落实自治区第三产业工作会议精神,充分发挥重点项目对产业发展的带动作用,加大自治区体育产业开发与推广力度,对全区各盟市、旗县(市、区)已经开发实施或计划开发实施的体育产业项目进行立项统计汇总工作,从而建立自治区体育产业开发项目库,并在此基础上选择自治区重点扶持推介项目。在自治区文化体育重点工程领导小组的领导下,积极筹建自治区60周年重点工程—内蒙古体育馆。体育彩票全年销售3.83亿元,取得历年来最好的销售业绩。

【体育外事】 2005年,内蒙古自治区体育局共派出73人次到日本、蒙古、俄罗斯、丹麦、澳大利亚、挪威、卡塔尔、法国、斯洛伐克、葡萄牙、阿塞拜疆、乌兹别克斯坦、韩国、新加坡、埃及、白俄罗斯、香港、台湾等18个国家和地区进行体育训练、比赛、考察和观摩等活动;共接待来自俄罗斯、蒙古、韩国等3个国家的8个体育团队62人次到内蒙古访问、训练、比赛和观摩;有来自日本、蒙古、古巴等3个国家的5位专家在内蒙古优秀运动队执教。

1月,以自治区体育局副局长李远为团长的内蒙古体育代表团一行15人应邀赴俄罗斯赤塔市访问,与赤塔市政府就积极开展双边交流合作的问题深入地交换意见,达成初步的交流意向。代表团还与赤塔州体育局和拳击协会的官员进行了接触,互相通报相关情况,就双边交流的问题进行探讨。3月,以赤塔市体育局局长梅尼绍夫为团长的俄罗斯赤塔市体育代表团一行13人对自治区进行回访,并与拳击队进行对抗赛,对进一步加强拳击项目交流等事宜进行磋商。

6月,以自治区体育局副局长郭厚诚为团长的内蒙古体育代表团一行4人应邀赴蒙古国访问,同蒙古国奥委会签署双边体育交流意向书。

7月,国际奥委会执委、奥委会市场开发委员会主席海博格先生及夫人,在北京奥组委执行副主席蒋效愚、自治区人大副主任张国民等领导陪同下,对赤峰市、锡林郭勒盟和呼和浩特市进行考察访问。期间,自治区主席杨晶、副主席岳福洪会见海博格先生一行。

7月底8月初,内蒙古体育局局长、中国奥委会执行委员石梅随中国奥委会代表团赴台湾参加第八届两岸体育交流座谈会。

【体育宣传】 一是参加全国十运会的宣传:制发宣传方案,编印参考资料,协调自治区主要新闻单位派出30余名记者赴赛区采访报道,是历届全运会自治区派出记者最多的一次。内蒙古电视台首次在前方设置演播室。赛事期间各媒体共刊发报道400余条,对自治区健儿在赛场上所取得的成绩和顽强拼搏、为自治区争光的精神风貌进行及时报道。二是2005中国汽车越野锦标赛的宣传:专门制作宣传手册,共有中央电视台,湖南、广东等地方电视台,新华社、中国体育报、新浪网等媒体的百余名区外记者全程随同采访报道,自治区主流媒体进行随同采访。比赛期间,中央电视台专门派出卫星通讯车和航拍直升飞机,每天除及时进行报道外,保证10分钟不间断向全国30多个地方电视台及海外媒体传送赛事信号。新浪、越野e族、中国汽车运动联合会网站等网络媒体专门制作这一赛事的网页。赛后,中央电视台制作了专题片《勇者无畏》,全程记录比赛过程,并在中央一套、二套、四套、五套、九套等频道播出。内蒙古电视台也在每日新闻中对本次比赛进行现场报道,并制作专题片。三是在第六届全国体育美术作品展览中,自治区选送的22幅作品有12幅作品入选,3幅作品获得优秀奖,是我区参加历届体育美术作品展览入选和获奖作品最多的一次,自治区并荣获优秀组织奖,是组织参加全国体育美展历史上的第一次。同时,在全国体育集邮展览中,自治区1名集邮爱好者获得"大银奖"。

【体育场地设施】 4月,作为自治区成立60周年庆典献礼工程的内蒙古体育馆等自治区文化体育三大重点工程在呼和浩特奠基。至2005年底,全区除铁路、解放军、武警系统外,各系统、各种所有制形式共有各类体育场地21 102个,其中标准体育场地15 484个、非标准体育场地5 618个。

【全区体育系统人才状况调研】 根据国家体育总局的部署,组织开展全区体育系统人才状况调研工作。专门成立调研工作领导小组,制定调研方案,召开动员部署会议,并对全区工作的开展情况及时予以督查。经过精心组织,认真工作,按时高质量地对全区162个机构2 583人的个人信息进行采集录入,全面掌握了解全区体育系统人才队伍现状,完成调研工作总结、调研分析报告和自治区"十一五"体育人才发展规划,圆满完成了体育人才调研工作。

(张　志)

2006年3月在阿荣旗进行社会主义新农村调研活动

参加人代会的牧民代表

人代会期间市领导看望代表

中共中央总书记胡锦涛在通辽视察

电　厂

自治区党委书记储波、自治区主席杨晶及通辽市委书记符太增、市长那顺孟和等领导视察科尔沁体育广场

乌兰察布市人民政府

“神舟”五号着陆现场

奶牛养殖业

丰镇工业园区

马铃薯加工

辉腾锡勒风电场

乌兰水泥有限公司

黄花沟旅游区

草原古刹－希拉穆伦庙

苏木山生态景区

政协呼伦贝尔市第一届委员会主席赵凤林工作照

市政协委员视察（右三市政协主席赵凤林、右一市政府常务副市长宋赵明）

政协呼伦贝尔市第一届委员会领导班子合影

市政协组织考察黑龙江省甘同县辛十四村新农村建设

政协呼伦贝尔市一届十八次常委会期间开展实地参观、考察

市政协组织委员赴外地考察调研（中为市政协主席赵凤林、右为副主席李灿良）

呼伦贝尔日报社

领导班子：（左起）副总编辑巴雅尔，总编辑、党组书记郭萍，副总编辑孟颂伟、朱文装

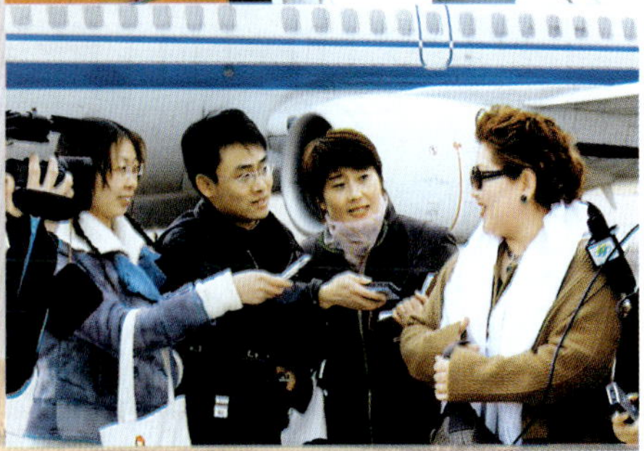

《呼伦贝尔日报》是中共呼伦贝尔市委机关报，是呼伦贝尔市委、市政府重要的信息发布平台。《呼伦贝尔日报》蒙文版创刊于1946年10月1日，是全国第一张用少数民族文字出版的党报；汉文版创刊于1955年10月1日。半个多世纪以来，《呼伦贝尔日报》恪守党的新闻纪律，坚定地贯彻党的路线方针政策，全方位地宣传呼伦贝尔市各族人民在政治、经济、文化、民族团结和精神文明建设等领域所取得的伟大成就，不懈追求和提高报纸的文化品味，在各族各界读者中享有崇高的声誉，是呼伦贝尔地区历史最长，影响最大，实力最强，最具权威性的重要新闻媒体。半个世纪以来，先后获得各种奖项3000余次。呼伦贝尔日报社现有职工227人，大专以上学历85人，其中副高职称21人，中级职称29人，固定资产850万元。1996年，编辑部开始使用文韬新闻采编系统，实现无纸化办公。

办报理念：权威　深度　影响力

管理理念：人本　和谐　规范　高效

2006年新一届领导班子

凤凰卫视副台长王纪言与我台领导合影

国家广电总局副局长张海涛、自治区党委副书记陈光林视察我台

自治区党委宣传部部长莫建成视察我台

市委书记梁铁城做客演播室共话投资环境

自治区广电局长刘永欣到呼伦贝尔视察

中央电视台台长赵化勇视察呼伦贝尔电视台

呼伦贝尔电视台记者采访《欢腾的阿伦河》导演 王建为

市长曹征海到我台做电视讲话

呼伦贝尔人民广播电台

呼伦贝尔人民广播电台成立于1950年11月1日。55年来广播事业得到长足发展。呼伦贝尔人民广播电台拥有中短波、调频6个发射频率，总发射功率128千瓦，每天播音共计43小时，基本形成了以海拉尔为中心，对全市13个旗市区的覆盖。其中短波频率还可远播到俄罗斯、蒙古、朝鲜、日本、澳大利亚、南非等国家和地区。

目前，呼伦贝尔人民广播电台有蒙、汉语新闻综合、调频交通生活文艺三套自办节目，80多个栏目，其中《呼伦贝尔新闻联播》、《们48法律服务热线》、《亓风热线》、《1046信息广场》、《乌日丽嘎》、《飞越城市》等已成为深受听众喜爱的栏目。据呼伦贝尔市城调队调查显示，呼伦贝尔人民广播电台节目的收听率在农牧区为97%，城镇为86%。

自治区党委宣传部部长莫建成到呼伦贝尔电台视察

方便快捷、热线互动，是广播独有的优势，为此呼伦贝尔人民广播电台每年都组织多次大型现场直播和以优化环境、绿色环保等为主题的大型采访活动，不仅有效地服务了地方经济建设，提升了广播的社会影响力，还锻炼了队伍，提高了编播人员的素质，进而使外宣数量年年攀升。2005年在中央人民广播电台、中国国际广播电台发稿205篇，在内蒙古电台蒙汉语发稿838篇，蒙汉语外宣发稿量分别居全区12个盟市的第二位和第三位，连续三年被市委宣传部授予“外宣优秀组织奖”。

2003年开始电台进行数字化改造，图为数字化直播间

为提升广播在媒体中的竞争力，使广播的声音更加悦耳动听。2003年呼伦贝尔人民广播电台投入260多万元对使用了50多年的模拟设备进亓了技术改造，引进目前国内一流的广播数字音频系统，使我台广播节目制作、传输技术实现了数字化；2003至2005年，自筹资金20多万元在中央人民广播电台、中国国际广播电台、内蒙古人民广播电台培训了50多名业务骨干，促进了自办节目质量的提高，三年里有160件广播作品荣获自治区级以上奖励。广播数字化技术、广播节目创优与经营创收已进入全区地级台先进亓列。

2006年6月18日电台到敖鲁古雅鄂温克猎民乡举办“唱响社会主义新农村广播文艺下乡”演出活动

2005年11月1日举办建台55周年庆典

呼伦贝尔市陈巴尔虎旗人民政府

旗委书记 ：杜学军

旗长：李 才

多功能语音室

呼和诺尔旅游景区

宝日希勒千万吨煤炭装载线

呼伦贝尔市鄂温克族自治旗人民政府

旗委书记：姚庆

旗长：达喜扎布

鄂温克族抢枢比赛

鄂温克族礼节

伊敏煤电公司发电厂远眺

巴彦胡硕旅游景区

辉河湿地天鹅

巴彦托海镇街景

辉河湿地自然保护区

红花尔基樟子松林

呼伦贝尔市海拉尔区人民政府

书记：王伟

区长张玉军（左）、书记王伟（右）

海拉尔得名于海拉尔河，素有“草原明珠”之称，是一座历史文化悠久、民族风情浓郁、地理位置优越的极具发展前景的新兴城市。

海拉尔地处呼伦贝尔大草原腹地，美丽的海拉尔河和伊敏河交汇处。总面积1440平方公里，城区面积28平方公里，辖1镇7个街道办事处，总人口近30万人，由汉族、蒙古族、鄂温克、鄂伦春、达斡尔、俄罗斯族等24个民族组成。海拉尔区周围有满洲里、黑山头、阿日哈沙特等九个口岸，与俄罗斯、蒙古通商战略地位非常重要。

海拉尔机场

海拉尔是呼伦贝尔市政府所在地，既是全市政治、经济、文化中心，也是重要的交通枢纽和物资、旅游集散地，大兴安岭以西地区经济发展的核心区域，具有经济实力雄厚、工业体系健全、立体交通便捷、区位优势明显、商贸物流发达、城市功能健全、智力支持坚实、经济发展环境优越等诸多优势，带动和辐射着周边区域的发展，比较优势明显，发展潜力巨大。

海拉尔立交桥

2005年海拉尔区确立全力打造呼伦贝尔经济发展核心区的发展定位，在经济建设和社会事业方面获得诸多荣誉。相继获得“全国科技进步先进市（县、区）”，“全国人口和计划生育信息化建设先进单位”、“全国计划生育协会工作县级先进县”，“奶牛养殖国家农业标准化示范区”、“无公害蔬菜国家农业标准化生产示范区”，“无公害蔬菜国家农业标准化生产先进县”，自治区“农田草牧场水利基本建设先进旗县（市、区）”，自治区“七星级文明城（区）”，自治区“创建十星级文明城（区）工作先进单位”等荣誉。

伊敏河畔

呼伦贝尔市鄂温克族自治旗巴雁镇人民政府

巴雁镇位于大兴安岭西麓，东接牙克石市，西连海拉尔区，北邻陈巴尔虎旗。301国道和滨洲铁路横贯镇区，交通十分便利。

土地总面积177万亩，其中草原面积143.38万亩，林地27.6万亩，耕地8.31万亩。有丰富的自然资源，已探明煤炭地质储量35.3亿吨，可采储量8.1亿吨。境内五泉山景区为自治区级自然保护区。

巴雁镇现有人口75 128人，由鄂温克、蒙古、达斡尔、汉等16个民族组成。

经济社会发展基本情况

国民经济快速增长，经济发展势头强劲。2005年地区生产总值达到54,055.9万元，年均增长18.5%；城镇、牧民人均可支配收入分别达到6,334元、4,210元，年均分别增长22.27%、9.4%。呈现出工业、牧业快速发展的迹象，综合经济实力得到明显增强。

重点工业项目实施取得新进展，多元经济发展格局日趋完善。能源重化工基地建设项目进展顺利，鲁能雁南4×15万千瓦电厂正式开工建设，内蒙古西洋煤化工有限责任公司40万吨甲醇项目举行了奠基仪式，雁南矿正式投产，工业主导地位稳定确立。投资7,000万元的精淀粉加工厂正式投产，年产能力达1万吨。以雁兴创花板厂、友谊冷饮厂、福星商场为龙头的民营企业不断壮大，绿缘祥酱菜厂、晨晨酒厂等个体私营企业脱颖而出，银狐、獭兔等特色养殖业形成一定规模。

农牧业产业化进程加快。畜牧业综合生产能力明显提高，乳肉草薯产量逐年增长，畜牧业基础设施建设显著加强，建有标准棚舍30,400平方米，天苒乳业发展成为畜牧业龙头企业，推动了畜牧业产业化发展。先后完成16.1万亩退耕还草、划区轮牧和人工草地作业，对300亩流动沙丘进行了围栏封育。2005年牧业年度牲畜总数达到109,758头（只）；鹤声薯业基地建设规模不断扩大，被确立为“北京－内蒙古科技合作示范基地”。农牧业中介组织逐步规范，甜农、畜牧养殖、养狐等协会组织为推进农牧业产业化发挥了越来越重要的作用。订单农业和特色农业继续保持良好发展态势。

加大了旅游业发展力度，五泉山景区基础设施得到加强，2005年旅游收入达2,708.8万元，接待游客8.8万人次。

加大基础设施建设力度，推进城镇化进程。近三年城镇建设累计投资达到3.3亿元。维修扩建道路50,054平方米，新增广场面积22,401平方米；新增住宅楼建筑面积27万平方米，新建了天食、宏洋、银雁小区和雁北新村，城镇面貌得到较大改观。投资1100万元完成了五泉山至301国道的旅游公路建设，新建2座混凝土桥梁。

发展环境进一步优化，招商引资和对外开放取得新突破。全面推行领导干部廉政承诺公示制、服务承诺公示制和行政审批书面告知制度。深入开展了行风、政风评议工作，经济发展环境得到优化，招商引资力度不断加大。三年累计引进利用国内市外资金47 651万元。

社会各项事业得到长足发展。“两基”工作正努力向高标准、高水平的“双高”方向发展，13所中小学相继归属地方管理，完成了企业剥离教育工作，教育教学水平稳中有升，社会力量办学逐步规范，形成了良好的发展势头。巴彦嵯岗中心校被评为全国民族教育先进校。深入开展了科技示范镇创建工作，被授予市级科技示范镇。社区工作有了质的飞跃，成功承办了呼伦贝尔市社区建设经验交流现场会。

精神文明建设、民主法制建设和社会治安综合治理工作得到加强。深入开展了五星级文明城镇创建活动，从城镇建设、精神文明建设、文化建设等方面全方位推进了星赛活动。成功承办了鄂温克旗首届文化节，并建成人物陈列馆，弘扬了民族文化。进一步优化法制环境，推进民主法制建设，主动接受人大依法监督和社会舆论监督，推进了依法行政。社会治安综合治理坚持“打防结合，预防为主”，构筑了牢固的“打、防、控”体系，广泛开展创安活动，治安状况明显好转，维护了社会稳定。

完善的管理、良好的发展环境、完备的基础设施、和谐的人际关系和稳定的政治局面，让巴雁镇赢得了诸多荣誉。1992年，被评为全国社会治安综合治理先进单位；1993年，被评为呼伦贝尔盟乡镇企业十强乡镇；1994年，被自治区命名为"阿吉奈"甲级卫生城镇；1996年，荣获自治区城市规划先进集体；1997年，进入全国17家小城镇基础设施建设示范镇行列；1999年，被命名为自治区级卫生城镇；2005年，巴雁镇由三星级文明城镇跨星晋升为五星级文明城镇。

汤爱军市长莅临金桥开发区指导工作

自治区高等职业教育园区项目建设签字仪式

赛罕区社会治安综合治理暨平安建设主题宣传活动

金桥新区

呼和浩特市赛罕区人民政府

赛罕区位于呼市城区东南，前身为呼和浩特郊区，1997年7月市辖区区划调整为赛罕区，2000年6月14日正式挂牌。全区总面积1013.1平方公里，是首府面积最大的区，其中城区面积14.5平方公里，区域纳入了呼市城市建设总体规划，是呼市新市区发展建设的主体，规划建设面积30平方公里。全区常住人口36.9万人，辖7个乡镇、5个街道办事处，124个行政村、63个社区居委会。辖区有国家级、自治区级科研单位8家，内蒙古大学、内蒙古农业大学等大中专院校28所，涉及农林牧、水利、化工、煤炭、冶金及社会科学等多个领域，是自治区科技、教育、文化的聚集区，具有明显的区位优势、科技优势、政策优势。

赛罕区"迎大庆"市政环卫设施建设现场会

近年来，赛罕区紧紧抓住西部大开发、市区东移南扩等各种机遇，积极调整发展思路，实施工业强区战略，加快推进工业化、城市化、农牧业产业化进程，经济步入了持续快速健康的发展轨道。2005年全区地区生产总值达155亿元，财政收入达14.3967亿元，城镇居民人均可支配收入达12260元，农民人均纯收入达5896元，进入了自治区前列。

西把栅乡前不塔气村万亩无公害蔬菜基地

2006年是我区科学实施"十一五"规划的开局之年，又是自治区成立60周年大庆的关键年，按照区委一届六次全委会议和区一届人大四次会议精神，确定了今后五年实施"一个目标、四大任务、二个新高"的发展战略。一个目标：奋力打造自治区第一区。四大任务：因地制宜、种养富农，建设社会主义新农村；大引大联、工业强区，做大做强经济开发区；拓宽领域、繁荣商贸，优化提升服务业发展水平；城乡并重、统筹推进、高质量建设城区、高标准管理城区、高品位规划航空城、高水平发展中心镇。二个新高：实现人文环境新提高；实现社会保障能力新提高。为确保上述目标的实现，2006年我区将重点做好以下几方面工作。一是结合社会主义新农村建设，要全力加强蔬菜基地和奶牛小区的扶持力度，新开发菜田8000亩(其中保护地2000亩)，新建奶牛小区21个，并全力把西把栅乡西把栅村和金河镇舍必崖村打造成为社会主义新农村示范村；二是要在完善金桥开发区基础设施的基础上，继续加大招商引资力度，力争使一些带动力强的大项目、好项目入驻我区，发展壮大工业；三是要积极引进东达中银广场、沃玛特国际物流城等项目，不断优化服务业发展水平；四是在城市建设方面，要加大力度，实现城区道路全部黑色化，28条主要街道全部亮化，对辖区内"七横七纵"街景及四大广场、三条特色景观街以及市容市貌进行景观建设和综合整治，同时力争年内完成涂家沙梁等7个"城中村"的改造，进一步把我区打造成"整洁、靓丽、和谐、统一、现代"的新型城区；五是要积极调整教育资源布局，撤并学校20所，新建中小学各1所，改造职业中学1所，并完成十八中和二十九中的改造建设；六是不断发展社会各项事业，进一步扩大农村低保覆盖面，并积极开展农村大病医疗救助行动和为失地农民办理社保工作；七是要加强社会主义精神文明建设和民主法制建设，维护社会稳定；九是要坚持依法治区，加强政府自身建设。

社会养老保险金发放仪式

呼和浩特市炼油厂生产线

新的目标催人奋进，新的征程任重道远，"十一五"规划为我们描绘了一幅政通人和、百业兴旺的宏伟蓝图，未来的五年，全区上下将继续以邓小平理论、"三个代表"重要思想和科学发展观为指导，发扬"唯旗必夺、争创一流"的创业精神，求真务实，开拓创新，为早日实现自治区第一区的目标而努力奋斗！

县委书记：孙建国

县长：斯琴毕力格

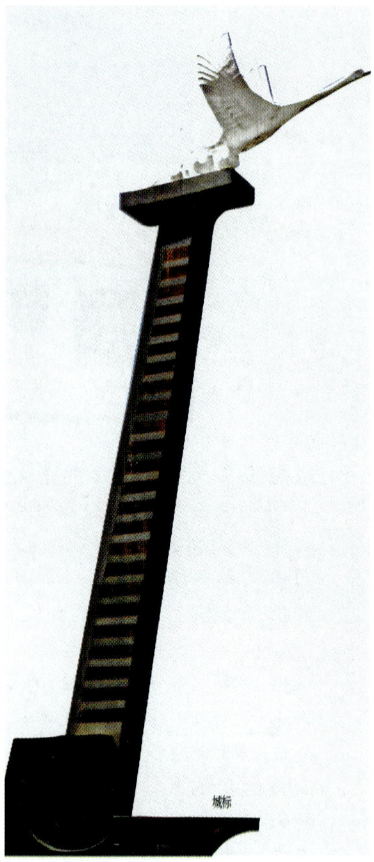

城标

内蒙古大唐托克托发电有限责任公司

云中古城

云中文化宫

呼和浩特市清水河县人民政府

代理县长：李宏

清水河县具有五大发展优势：一、区位优势。清水河县位于呼和浩特市南部110公里处，整体位置处于“蒙、陕、晋”经济技术开发区腹地和“呼市、包头、鄂尔多斯”乌金三角开发区内。列入全市城镇建设总体规划，正在开发建设的清水河新区距呼和浩特市仅80公里。毗邻托电工业园区的清水河高载能区距呼和浩特市70公里，距国家大型能源基地准格尔煤田仅40公里，位置十分优越。二、资源优势。清水河资源充裕，境内矿产资源品种多、储量大、品位高、易开采，已发现开采的有煤、耐火粘土、高岭土、铝土、紫砂泥、石灰岩、白云岩、花岗岩等30多种，其中高岭土被宜兴陶研所誉为“全国之冠”，具有广阔的开发前景；清水河地上资源丰富，全县林木保存面积127万亩，森林覆盖率达29. 7%，林果种植面积20万亩，天然、人工优良牧草面积170万亩。农副产品小香米、海红果、紫皮蒜、大葱以其独特的风味闻名区内外；清水河人文旅游资源众多，雄宏逶逦的黄河，气势磅礴的明代长城，风光秀美的君子津渡口，鬼斧神工的蒙陕晋黄河大峡谷，传说中的飞来寺，古老神秘的黄河文化，原始社会遗址等，都以其特有的山光水色吸引着八方来客，并逐步发展成为全区乃至全国的影视基地，此影视基地已拍摄有《党员二愣妈》、《党员金柱有点忙》、《苦水湾、甜水湾》、《老油坊》、《送礼》、《走进石锁沟》等电影、电视剧，旅游业发展潜力巨大。三、产业优势。经过几年的培育，全县初步形成了以水泥、电石、化工、金属镁、建材等为重点的优势产业格局。立足做大做强优势产业，根据自身实际出台了清水河县招商引资优惠政策，可以为投资者带来更大的利益和更多的实惠。四、电力优势。清水河高载能工业区与新兴能源基地托县电厂、准格尔煤田电厂毗邻，电力资源充足，用电价格低廉。近年来，大力推进城乡电网建设进程，全县已建成110K~输变电工程2座，在建的220KV变电站2座、110KV变电站5座，逐步形成布局合理、功能完善、统一强大的电网支撑，且华润北方清水河6×600MW电厂将在年内开工上马，可完全满足工农生产、生活用电需要。五、水资源、交通优势。清水河县地上、地下水资源丰富，流经清水河县境内的河流主要有黄河、浑河、清水河和古力畔几河，总长度110多公里，其中黄河万家寨水库库区在县境内纵深40公里左右。

据调查，全县年平均地表水泾流量为33494万立方米，全县地下水总储量为16888万立方米，可开采量为10562万立方米。清水河县具有快捷便利的交通条件，在铁路方面，大同一准格尔铁路途泾清水河县境内35. 57公里，紧靠新区，目前在该专用线附近建成了二道河铁路集运站。该铁路支线（托电专用线）距高载能区仅4公里，同时，与呼；集铁路线同步投入运行的呼铁局铁路物流中心将如期在高载能区建成，可满足产品远销国内外。在公路方面，呼准公路、国道109线(北京至拉萨)、209线(呼市至广西北海)、呼大公路、清喇公路穿越县境，乡村道路相互交织，形成了沟通四面八方的交通网络。

今天的清水河县，正以非同寻常的建设成就、得天独厚的发展优势和不断优化的软硬环境，走向全国，走向世界。

内蒙古清水河县蔬菜脱水厂

清水河县电石厂

内蒙古亚华水泥有限公司

党组成员 ：(左起) 党组成员、政治部主任乌云，党组成员、副院长张范磊，党组书记、院长李宪法，党组成员、副院长赵也夫，党组成员、副院长乌力吉，党组成员、纪检组长张铁海

党组书记、院长：李宪法

新建审判办公楼

鄂尔多斯市中级人民法院

鄂尔多斯市中级人民法院办公、审判、培训综合楼

党组书记、院长：白色登

鄂尔多斯市中级人民法院管辖东胜区、达拉特旗、准格尔旗、伊金霍洛旗、乌审旗、杭锦旗、鄂托克旗、鄂托克前旗等8个基层人民法院。市中院内设17个部门，现有干警103人，其中党员83名，占总数82%，少数民族干部38人，占总数37%；本科以上学历85人，占总数82%；具有审判资格的73人，占总数71%；副处级审判员23人，占总数22%，科级审判员48人，占总数47%。

团结奋进、求真务实的领导班子

自治区高级法院院长王维山、鄂尔多斯市委书记云峰等领导到法院视察工作

鄂尔多斯市中级人民法院注重信息网络化建设，目前已开通了二级、三级广域网和机关局域网。图为中院局域网监控室

自治区高院院长王维山到准旗法院视察工作

准旗法院审判委员会讨论案件

1949年6月，准格尔旗临时人民政府第4科改组为准格尔旗人民法院，1950年，法院成立临时法庭。文化大革命期间，公、检、法三机关被撤销，成立“准格尔公、检、法军事管制小组”。1973年1月，准格尔旗人民法院恢复建制。到2005年8月准格尔旗人民法院派出机构和内设机构增至16个，在职人员82人，其中具有审判资格的有52人，本科以上学历的67人，占干警总数的84.1%。

准旗法院与扶贫村举办心连心运动会并捐款

近年来，准旗法院领导班子紧紧围绕“公正与效率”这一主题，按照“政治建院，人才兴院，科技强院，管理治院、形象塑院”的要求，以“当第一、创一流”为目标，认真实践“三个代表”重要思想，从政治战略的高度，长远发展的角度，审时度势，开拓创新，与时俱进，各项工作都取得了较好的成绩，赢得了社会各界的赞誉：几年来，分别获得了旗级文明单位，市、旗两级优秀基层党组织，全旗精神文明建设工作一等奖，全旗社会治安综合治理一等奖，党风廉政建设成绩突出单位，2004年全旗工作实绩考核突出单位，2004年工作创新奖，2004年度、2005年度全市基层人民法院目标责任制考核第一名，2005年度全市群众体育工作先进单位，全市先进基层党组织，鄂尔多斯市维护妇女儿童权益先进集体贡献奖，2005年年全市法院信息宣传一等奖，2004年度全旗社会治安综合治理一等奖，2005年度全旗社会治安综合治理一等奖，全旗精神文明建设工作一等奖，全旗普法依法治理先进集体奖，全旗“四五”普法依法治理一等奖，党风廉政建设成绩突出单位，全旗先进党支部，2004年度计划生育工作一等奖，全旗计划生育工作三等奖。伊东杯在型歌咏比赛合唱二等奖。准旗第三届教体交流暨薛家湾地区职工篮球赛（行政企业单位）第二名。

2005年全院干警在院党组带领下，全身心投入到审判工作和执行工作之中，各项工作取得了突破性进展，整体工作已连续两年走在全市法院系统前列，六项指标进入全区法院前列，三项指标进入全国法院前列，其事迹被载入《中国精神文明大典》一书，被中国亚太经济发展研究中心评为繁荣地方经济明星单位，法院的诚信度和公信力得到提升，为全旗的政治社会稳定、和谐发展、人民安居乐业做出了应有的努力。

鄂尔多斯市地税局

党组书记、局长：王贵卿

多功能办税服务厅

鄂尔多斯市地方税务局从1994年组建至今，已经走过了11年的风雨历程，随着地方经济的发展，地税机构经历了从无到有，从发展到壮大的艰辛历程。系统下设8个旗（区）地方税务局、8个直属征收管理分局和51个税务所，现有在职工作人员共计950人，担负着全市25933户企业和个体工商业户的地方税收和社保费征收管理工作。

11年来，鄂尔多斯市地税局在自治区地税局和市委、市政府的正确领导下，认真学习邓小平理论和"三个代表"重要思想，牢固树立科学发展观和税收经济观，深入贯彻十六大和十六届四中、五中全会精神，坚持聚财为国、执法为民，积极推进依法治税，深化税收改革，强化科学管理，加强队伍建设，各项地税工作取得了长足的发展，创造了辉煌的业绩。两基建设明显加强，干部队伍增添新活力，征管质量显著提升，税费收入大幅增长，从1994年至2005年全市累计组织税费收入118亿元；2005年实现税费收入37亿元，其中税收收入完成329089万元，同比增收153001万元，增长86.89%，总量居全区第二，增幅增量均居全区第一；社保费收入完成41064万元，同比增收10348万元，增长33.69%。税费收入的高速增长，为地方经济的快速发展提供了强有力的财力保障，为鄂尔多斯市的改革发展稳定做出了突出贡献。同时，精神文明建设硕果累累。市局先后荣获自治区级"文明单位"，全市实绩突出单位"六连冠"，全区地税系统实绩突出单位"三连冠"。全市地税系统有国家级、自治区级、市级文明单位、文明税务所、青年文明号69个。虽然11年时间并不漫长，但十一载春夏秋冬，鄂尔多斯市地税人一步一个脚印，取得了一个又一个辉煌成就，谱写的每一组数字、每一次经历，都成为全区地税系统的一面旗帜。

展望未来，任重道远。鄂尔多斯市地税局将与时俱进，开拓创新，按照上级的总体工作要求和基本目标，统筹安排，精心组织，扎扎实实地完成各项税费收入工作任务，为构建和谐鄂尔多斯做出新的更大的贡献。

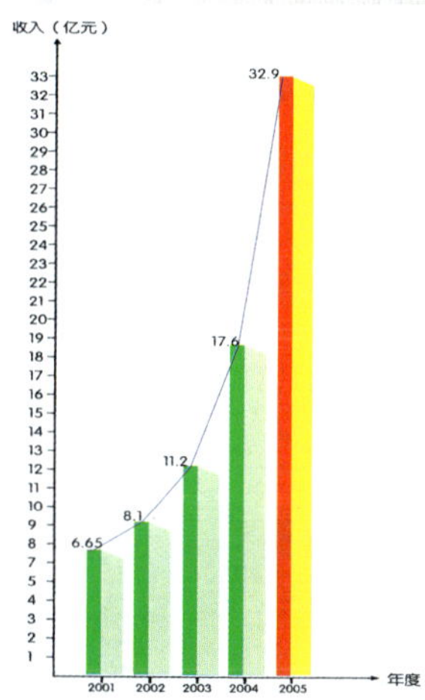

2001年至2005年鄂尔多斯市地方税收持续增长，5年组织税收收入76.45亿元

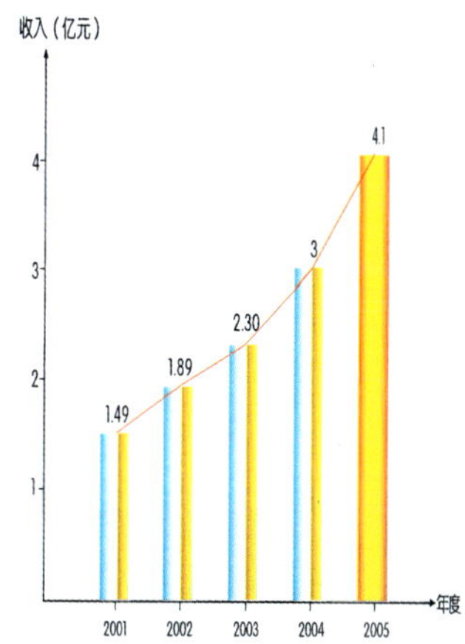

2001年开始组织社保费收入，5年累计征收近13亿元

办公楼

鄂尔多斯市建设委员会

党组书记、主任：钟子祥

领导班子

鄂尔多斯市建设委员会是鄂尔多斯市人民政府的建设行政主管部门，内设8个科室，下设5个事业单位。主要在城市建设管理、村镇建设、工程建设和建筑业等几个领域行使行业管理职能。

“十五”以来，鄂尔多斯市建设委员会抓住城乡建设面临的大好形势和发展机遇，加大行业管理力度，使建设事业取得了辉煌的业绩。各项建设事业迅猛发展，城镇化在“三化”互动中高速增长，城镇基础设施在“补欠提质”中赶超先进，“一市三区”中心城区初具规模，市容市貌在力求特色中更加靓丽。建筑企业在规模壮大中增加值实现翻番，城镇居民的人居环境进一步改善，这一切都说明，这是鄂尔多斯市建设史上不平凡的五年，也是实现跨越的五年。

作为政府职能部门，鄂尔多斯市建设委员会在加大行业管理力度的同时，进一步转变职能，改进服务，从1999年开始，就推行政务公开和窗口行业社会服务承诺制度，把“六公开”（公开收费项目、办事内容、办事制度、办事程序、办事结果、公开接受监督）和“八不准”（不准擅自改变行政执法处罚种类、幅度和违反法定的处理程序等八个“不准”）作为公开和承诺的主要内容，在严格执法和文明服务两方面都收到了良好的成效。初步树立了“科学、公正、廉洁、高效”的行业形象，“政府需要，企业欢迎，人民信赖，社会赞誉”的部门形象和“严肃、公正、廉洁、文明”的执法形象。

几年来，建委领导班子带领全体干部职工，在小城镇建设、建筑市场治理整顿、建筑安全生产、行业普法、精神文明建设、党风廉政建设以及后勤、行政工作等方面都有了长足的进步，实现了当初争名升位的设想和目标。城市建设在自治区组织的城市综合评价中位次明显前移，小城镇建设在全区十二盟市一直位居首位，建筑安全生产水平也由过去名次垫底一跃进入先进行列。在全区建设系统评比考核中，三次获得各盟市第一名，两次获得第二名，位次列包头之后；在市委政府的实绩考核中，连续三年被评为“实绩突出单位”，领导班子被评为“先进领导班子”。单位由东胜区级文明单位晋升为标兵文明单位，2002年被市委命名为市级文明单位。先后获得国家建设部“全国建设系统村镇建设先进单位”、“普法依法治理先进单位”、“精神文明建设先进单位”、“纪检监察先进单位”荣誉称号；获得自治区党委“2002年度社会治安综合治理‘长安杯’”，自治区人民政府“全区小城镇及村镇建设先进单位”荣誉称号；获得自治区文明办、人事厅和建设厅“全区建设系统文明服务示范窗口单位”、“全区建设系统先进集体”、“‘三五’普法依法治理先进单位”、“纪检监察先进单位”、“全区建安工程劳保费管理先进单位”以及自治区妇联、儿童基金会“第三届全区实施‘春蕾计划’先进单位”等荣誉称号。

办公大楼

鄂尔多斯市达拉特旗人民政府

旗长：额尔敦仓

达拉特旗位于呼包银经济开发带腹地，内蒙古自治区西南部，黄河中游南岸，北与包头市隔河相望，是鄂尔多斯市的北大门，被誉为黄河金腰带上的金纽扣。全旗总面积8 200平方公里，总人口33.4万。旗内交通便捷，包（包头）神（神木）铁路、210国道、109国道及包（包头）东（东胜）高速公路贯穿全境，形成了“二横三纵”的道路交通网络，旗府所在地树林召镇距包头机场25公里。境内资源丰富，煤炭、芒硝、石英砂、陶土、天然碱、泥炭等矿产资源品种多、储量大、品位高、易开发。境内有闻名全国的响沙湾、恩格贝、黄河古渡口等旅游景区和昭君坟、王爱召等名胜景点。

“十五”期间，我旗依托资源、区位优势和宽松优越的发展环境，紧紧抓住国家实施西部大开发和鄂尔多斯“二次创业”的历史机遇，树立和落实科学发展观，进一步加大经济结构调整力度，高起点谋划，新思路构筑，走出了一条区域经济社会全面、快速、协调、可持续发展的新路子。2005年，全旗地区生产总值达到89.5亿元，是2000年的2.8倍，年均增长23.1%，完成“十五”计划的140%。财政收入突破8亿元，是2000年的3倍，年均增长24.1%，完成“十五”计划的145%。累计完成固定资产投资150.5亿元，是“九五”时期的2.6倍。三次产业同步快速增长，比例由2000年的23.7∶52.6∶23.7调整为2005年的16：48.3：35.7，整体上实现了由农业经济向工业经济的历史性转变，成为自治区畜牧业第一大旗和全区50个工业发展重点旗县之一，在第五届全国县域经济基本竞争力评价中名列中国西部百强县（市）第11位。我旗已经步入了改革开放以来发展速度最快、经济效益最高、发展前景最好、群众得到实惠最多的大开发、大建设、大发展的重要历史时期。

电　厂

达拉特广场

高效农业

鄂尔多斯市准格尔旗人民政府

原旗委书记：贺　隽

旗委书记：白智

万家寨水利枢纽

准格尔旗地处内蒙古自治区西南部，鄂尔多斯高原东端，晋陕蒙三省交界处。全旗总面积 7 535 方公里，总人口 27.6 万人，辖 1 个自治区级开发区、8 个乡镇、1 个苏木，北、东、南为黄河环绕，过境长度 197 公里。旗府薛家湾镇北倚自治区首府呼和浩特 130 公里，毗邻钢城包头 180 公里，东距首都北京 650 公里，西距鄂尔多斯市 120 公里。

准格尔旗地域辽阔，资源富集。全旗境内有矿藏近 20 种；现已探明煤炭储量 544 亿吨，远景储量 1000 亿吨；软质高岭土探明储量 60 多亿吨；石灰石储量 50 亿吨；铝矾土储量 1 亿吨。现有坑口火电厂 3 座，装机容量 116 万千瓦；水电站一座，装机容量 108 万千瓦。境内有大准铁路、准东铁路，呼准铁路、准河铁路正在建设；109 国道横贯东西，在建的呼东高速公路穿境而过，与建成的呼包、包东高速公路连为一体，交通运输十分便利。还有巨石林立、天水一色的黄河峡谷，充满神奇色彩的千年古松“中国油松王”，蒙汉民族水乳交融的民间艺术奇葩“漫瀚调”。

从“八五”以来，国家先后投入近 200 亿元巨资，开发建设了世界一流水平的黑岱沟露天煤矿、地企合建的典范工程黄河万家寨水利枢纽、国内一流水准的火力发电厂国华准电项目。在国家重点工程的强劲拉动下，准格尔旗经济社会得到了全面、快速发展，综合经济实力显著增强。2005 年，全旗实现地区生产总值 131 亿元；财政达到收入 28.8 亿元，当年实现翻番，其中地方财政收入为 13.1 亿元；城镇居民人均可支配收入 11399 元；农民人均纯收入 4705 元；全社会固定资产投资 77.9 亿元。在第五届全国县域经济基本竞争力评价中，准格尔旗位居全国百强第 89 位，西部百强第 3 位。

“十一五”期间，准格尔旗将以科学发展观统揽经济社会发展全局，按照“五个统筹”的要求，加快推进循环经济发展，切实转变经济增长方式，扎实推进社会主义新农村建设，加快建设资源节约型、环境友好型社会，实现经济快速发展，率先建成富庶、文明、和谐的小康社会。到 2010 年，地区生产总值达到 450 亿元，财政收入达到 65 亿元，城乡居民人均收入分别达到 22000 元和 11000 元，固定资产投资累计完成 700 亿元，城乡社会保障覆盖率实现 100%，基本经济竞争力在全国百强位次中实现新跨越。

准格尔，已崭露头角！
准格尔，必将再创辉煌！

准格尔召庙群

电厂一角

会商中心

住宅小区

鄂尔多斯市东胜区塔拉壕镇人民政府

塔拉壕镇人民政府领导

东胜区塔拉壕镇位于东胜区东北部，距东胜市区6公里，由原铜川镇和万利镇合并而成，全镇总面积600平方公里，辖13个行政村，103个村民小组，总户数4100户，总人口13800人,其中农业人口12600人。境内有丰富的煤炭、建材、石英砂等资源。109国道、210高速、包府运煤线、绕城线从境内穿过，形成强劲的交通网络。

近年来，镇党委、政府带领全镇干部群众，解放思想，真抓实干。坚持“统筹兼顾、三化并举”的工作方针，按照“工业立镇、生态绿镇、三产强镇”的工作思路，各项工作取得了长足的发展，镇财政收入和农民人均纯收入显著提高，2005年引进项目47项，完成投资4亿元，财政收入完成1.24亿元，农民人均纯收入达到4870元。各项事业蒸蒸日上，呈现出政治稳定，经济发展，人民安居乐业的繁荣景象。

今年经济社会力争取得“四大突破”。一是在城镇建设上取得新突破。围绕建设“三基一城”，拉大镇区空间，提高经营土地效益。二是在城镇经济上取得新突破。加快发展商贸、运输、物流、餐饮等服务业，加快沙棘、机械、建材三大基地建设，全力打造自治区最大的汽车商贸城。三是在新农村建设上取得新突破。围绕“生态良好、生产发展、生活宽裕、乡风文明、村容整洁、管理民主”的二十四字方针，建设新生产、新环境、新服务、新保障、新风尚的社会主义新农村。四是在加强农村基层党组织建设上取得新突破。以“树先锋、建新村”为主题，认真实施“察民情、解民忧、聚民心、促发展”和村企共建工作，全面提高基层党组织的战斗力和凝聚力。

今后,镇党委、政府按照建设“三基一城”的发展思路，进一步加快小城镇建设步伐，加大招商引资工作力度，依托沙棘产业加工基地、建材加工基地、机械制造加工基地和汽车商贸城大力发展机械制造、农产品加工、建材加工、矿业开发、商贸物流、休闲经济。同时借助城镇经济快速发展拉动运输业、服务业、养殖业的发展，转移农村剩于劳动力，增加农民收入，努力将塔拉壕镇打造成内蒙古自治区的工业大镇和经济强镇。

预计2006年塔拉壕镇财政收入力争突破2亿元，招商引资突破5亿元，固定资产投资突破30亿元，农民人均纯收入突破6200元。预计到2010年财政收入达到10亿元，农民人均纯收入突破10000元，全面实现小康文明生活。为实现上述目标，我们将以优越的区位、便利的交通、优质的服务迎接八方商客投资兴业，我们将采取一厂一策、一事一议等灵活的办法提供优惠政策，为投资者提供全方位服务。

文化中心

党政综合楼

镇区广场

镇区规划图

鄂尔多斯市伊金霍洛旗人民政府

旗委书记：刘文山

旗　长:乌　宁

旗领导班子

世界一流的马家塔露天煤矿

举世瞩目的神华煤直接液化项目开工典礼

世界第一大现代化矿井布连塔煤矿总控室

内蒙古最大的肉羊养殖繁育基地

苏布尔嘎镇内蒙古敏盖白绒山羊种公羊

伊旗阿镇城镇建设鸟瞰图

鄂尔多斯市准格尔旗薛家湾镇人民政府

镇党委书记：邬郢邦

镇长：夏美斌

领导班子

政府办公楼

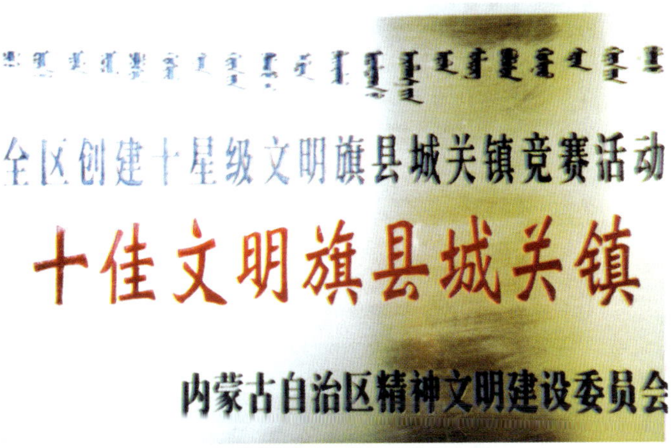

先进牌匾

薛家湾镇玻璃沟蔬菜大棚

鄂尔多斯市东胜区交通局

东胜区作为鄂尔多斯的政治、经济、文化中心，是人流、物流的主要聚集区，交通四通八达，公路密度达 22 公里／百平方公里，已初步形成了立体交通网络。

公路建设形成了以十字框架为中心的环状格局。一是以 109、210 两条国道为主框架的大十字交通动脉纵横贯穿全境，其中 210 国道东胜境内已全部实现高速化，109 国道东线高速路已开工建设，西线高速也已完成勘测设计，预计“十一五”期间将全部建成通车。二是包府路、包东运煤专线、快速通道等专用公路及县乡公路向外延伸，形成辐射状经络，并与正在建设的首条 BOT 项目，一级环城公路全部对接，到今年 8 月环城公路建成后，环状格局的公路网将全面形成。

铁路运输长短线结合，客货运便捷畅通。包头至神木铁路（简称包神铁路）纵贯南北，形成货运及运煤大通道，直通天津、秦皇岛等港口码头；旅客列车直达包头、呼市、北京等地。包神铁路复线、包西（包头至西安）铁路进入规划、勘察阶段，东乌（东胜至乌海）铁路已经开工建设，即将形成纵横互通的交通新格局。

鄂尔多斯市东胜区煤炭局

局长：张志远

领导班子成员

张志远局长与煤矿矿主签订改革采煤方法提高资源回采率三年攻坚战责任状

全区安全生产暨煤炭工作会议会场

自治区党委书记储波、自治区主席杨晶视察阿拉善经济开发区

自治区主席杨晶为中盐PVC奠基

自治区党委副书记杨利民视察

庆华集团100万吨焦化剪彩

自治区党委常委、宣传部长莫建成视察

自治区副主席郭子明视察

自治区副主席赵双连视察

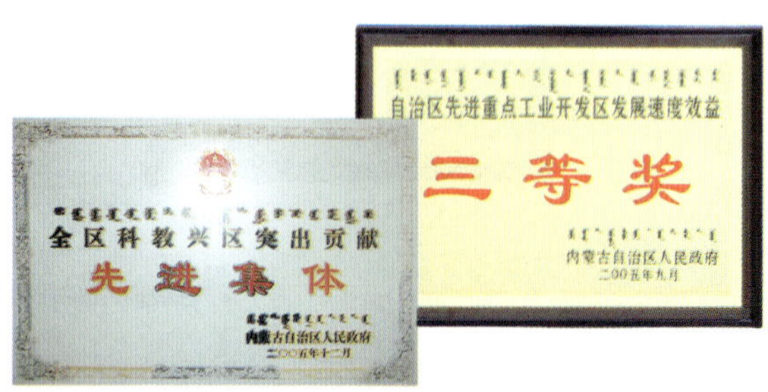

盛乐经济园区座落在内蒙古自治区中部，土默川南缘山口要冲地带，地理坐标为东经111°47′30″，北纬47°28′00″，距离首府呼和浩特市36公里，隶属和林格尔县管辖。盛乐经济园区属自治区级开发区，总规划面积24.8平方公里。现在居住人口22199人，其中原户籍人口1827人，大学在校师生约10000人，流动人口10372人。截止2005年底，盛乐经济园区入区企业达到36家；国内生产总值完成100.25亿元，同比增长42.09%；财政收入完成4.1912亿元，较2004年同期2.9287亿元增收1.2625亿元，增长了43.11%；下属五个农场的农民人均纯收入平均可达4250元。

自治区主席杨晶视察管委会

自治区党委常委、呼和浩特市市委书记韩志然视察园区

呼和浩特市市长汤爱军视察园区

呼和浩特裕隆工业园是中共玉泉区委、区政府为建立新的工业支撑体系，加速城乡一体化进程，加快培植新的经济增长点，于2000年报经呼和浩特市人民政府，并以呼计农字(2000)111号文件批准实施的经济建设重点项目。2001年4月，申报自治区批准命名为“呼和浩特裕隆工业园”。2001年10月，内蒙古自治区乡镇企业领导小组考核评定为自治区乡镇企业示范园区。2004年，内蒙古自治区人民政府内政字(2004)104号文件核准为自治区保留开发区。2006年，国家发改委发改外资[2006]136号特急文件确定为自治区级开发区。

园区位于呼和浩特市城区西南部，呼托公路2—5公里处，地处阴山南麓土默川平原，东临小黑河镇东二道河村，西接台阁牧乡甲兰营村，南连大黑河、北至小黑河南岸，呼准铁路、呼准高速公路横穿园区。园区处于呼和浩特市、包头、鄂尔多斯金三角的中心地带，经济地理优势十分明显。

园区设立党工委和管理委员会，分别为中共玉泉区委、玉泉区人民政府的派出机构，级别为正科级，在国家清理整顿开发区过程中，国家发改委确定呼和浩特裕隆工业园区为省级开发区，现在正在补办有关批准设立手续。中共玉泉区委授权园区党工委抓好入园企业的党建工作。玉泉区人民政府授权园区管理委员会负责园区的基础设施建设和招商引资工作。

园区批准建设面积为2平方公里，“十一五”时期，市委、市政府将园区周边50平方公里规划为全市工业发展集聚带。

2005年，园区完成工业总产值2.8亿元，工业增加值0.67亿元，完成税收1850万元，累计完成企业固定资产投资12.2亿元。

呼和浩特金桥经济开发区

自治区党委书记储波，自治区党委常委、秘书长任亚平，自治区党委常委、呼市市委书记韩志然视察开发区

呼和浩特金桥经济开发区位于内蒙古自治区首府呼和浩特市区东南部，处于呼和浩特市的重点拓展方向上，与市区相连，2000年9月创建，规划面积13.6平方公里，分为工业一区（高新技术产业区）和工业二区（石化工业区），总体规划由国内甲级设计院规划设计，是经内蒙古自治区人民政府批准的自治区级（省级）开发区，是内蒙古自治区20家重点工业开发区之一。

金桥经济开发区享受国家西部大开发优惠政策、民族自治地区优惠政策、沿边城市优惠政策，享受内蒙古自治区、呼和浩特市两级人民政府赋予的各项优惠政策。

金桥经济开发区交通干线密集，纵横交错，形成四通八达的路网系统。北与市区贯通，经110国道、209国道、109国道可抵达北京、天津、环渤海经济圈和长江三角洲地区。开发区内年运输量达200万吨的铁路专用线，与京兰铁路线相通，辐射全国各地。呼和浩特市机场有40余条航线通往国内外主要城市，新近开通的呼和浩特市至法兰克福的铁路大通道横跨欧亚大陆，18天即可抵达目的地，运费相当于海运运费。

金桥经济开发区的开发建设是呼和浩特市赛罕区构筑大产业、培育大企业、发展大工业的重大战略举措，几年来，开发区起步区基础设施达到"七通一平"，共引进项目50多项，投资规模达到130亿元，完成投资30亿元。2004年开发区实现财政收入6.6亿元，完成工业总产值43亿元，实现产品销售收入41.7亿元，工业增加值11.5亿元，注册企业148户，注册资金4.63亿元，

金桥经济开发区以内蒙天野化工（集团）有限责任公司和中国石油天然气股份有限公司呼和浩特石化分公司的石油化工产品为主导产业发展方向，引进并形成了以蒙康科技、凯蒙药业和北京凯风公司为主的高新技术产业；以伊思绒羊绒、翔泰羊绒为主的羊绒纺织业；以内蒙古日报社印务中心、内蒙古瑞德印务和内蒙古爱信达印务为主的印刷出版业；以内蒙古蒙奇药业和内蒙古凯蒙药业为主的生物制药业；以云南红塔集团和呼和浩特卷烟厂合资打造的卷烟制造业；以呼和浩特蒙牛酒业公司为主的营养酒生产业；以金阙金属和金诚水泥制品为主的新型建材产业等工业发展格局，具备了一定的档次和规模，呈现出良好的发展态势，成为呼和浩特市冶金化工、装备制造、生物制药、煤化工、天然气化工为主的产业基地。

随着内蒙古自治区部分党政机关的入驻，金桥新市区将成为首府的政治中心，呼和浩特市城南经济带和金桥工业带为首府经济的快速发展插上腾飞的翅膀，金桥科学城的开发建设将形成文化产业中心，金桥新市区是未来现代化首府的象征，是未来首府政治、经济、科技、文化的中心。

金桥经济技术开发区管理机构健全，办事程序便捷，基础设施配套完善，生活区功能齐全，土地出让价格低廉，劳动力资源充足，是投资者的首选之地。

蒙西高新技术工业园区

管委会主任：刘埃林

蒙西镇党委书记、管委会办公室主任：刘凤云

蒙西高新技术工业园区是2001年被批准的省级高新技术工业园区，是自治区20家重点扶持的工业园区之一，是国家第一批循环经济产业试点园区之一。园区坐落在鄂尔多斯高原西部的鄂托克旗蒙西镇境内，地理位置优越，交通便利。东依矿产资源富集的千里山，南接新型工业城市乌海，西邻黄河东岸，北靠国家商品粮基地河套平原。京兰铁路、110国道纵贯全境，京藏高速公路在境内设有互通，距乌海机场3公里；构成了公路、铁路、航空三位一体的立体交通网络。具有良好的区位优势和发展潜力。

园区总体规划面积38.8平方公里，由高新材料区、生活办公区、生态旅游区、化工区、煤矸石综合利用区、仓储物流区六部分组成。现已建成学校、幼儿园、医院、综合写字楼、酒店、公园、广场等功能齐全的公共和公益基础设施。

目前，园区落户企业有29家（其中，国家级高新技术企业1家，自治区级高新技术企业3家），资产总额达50多亿元。初步形成了以蒙西集团、神华集团、北方联合电力集团等知名企业为龙头的联合舰队，产业发展到了高新材料、建材、冶金、化工、煤炭等众多领域。

蒙西高新技术工业园区始终坚持"高起点、高科技、高产业链、高附加值、高度环保"和"机制创新、制度创新、技术创新"的"五高三新"原则，依托科技创新，走循环发展之路，大力引进以循环经济为特色的新型企业，初步形成以"资源—产品—再生资源"为特征的"企业小循环，园区大循环"的循环经济模式。

如今的蒙西高新技术工业园区已成为产业特色鲜明、综合配套能力强、资源消耗低、环境保护好、产出效益高、形成一定规模的现代循环经济聚集区。不但吸引了国内外大量投资者，提升了产业层次和科技含量，解决了大量富余劳动力的就业问题，而且还取得了良好的经济效益和社会效益，推进了工业化、城市化、产业化"三化"互动的进程，有力地拉动了地区经济的持续、快速、协调、健康发展。

随着蒙西高新技术工业园区的兴起，我们坚信，到2010年，园区投资总额必将超过100亿元，工业总产值必将突破60亿元，税收必将达到6亿元，城乡居民收入将分别超2万元和1万元。一座崭新的、最适宜人类居住的现代化城市将屹立于人们面前，蒙西高新技术工业园区必将形成一系列资源良性循环的产业群体，成为一个生态型、节约型的新型工业园区！必将成为众多有识之士创业兴业的乐土，成为一颗闪耀在北方大地，黄河之滨的璀璨明珠！

蒙西镇镇长、管委会办公室副主任：崔永忠

蒙西大厦

蒙西工业园夜景

东湖区—"北疆崛起的新区"

一、基本情况

东湖区位于满洲里市区东北部，建于1992年，1999年被自治区批准为省级开发区，下辖新开河镇和二卡生态区两个行政区域，人口1.2万人。管委会内设行政办公室、经济开发办公室、农牧林业水利局、投资服务局、旅游局、国土资源局东湖区分局、城市规划建设房产局、财政局、社会发展局、口岸办公室、公安局东湖区分局等部门。

行政辖区总面积261.04平方公里，可利用土地面积190平方公里，其中天然草场面积24万亩，林地面积1.5万亩，淡水养殖水域面积7平方公里，天然湿地面积10万亩，可用耕地2.4万亩。

二、投资环境

得天独厚的地理位置

行政中心距俄罗斯边境仅2公里，距市区25公里，西连国务院批建的满洲里市经济技术合作区，南通扎赉诺尔区，北与俄罗斯阿巴该图镇接壤，东邻新巴尔虎左旗。正筹建启动开通的国家二类公路口岸—二卡口岸距俄罗斯红石市约45公里，距阿巴该图镇仅8公里。

快捷便利的交通优势

滨洲铁路、301高等级公路贯穿全境，铁路东经哈尔滨通向全国，西向后贝加尔通往俄罗斯、欧洲，形成连接欧亚铁路运输线的大陆桥；"301"国道向东并入全国公路网，西穿新巴尔虎右旗通向蒙古，北入满洲里公路直达俄罗斯。距满洲里市西郊机场35公里，铁路车站30公里。坐落在区内的大庆石油转输站年输油量为70万吨，扎赉诺尔车站年过货量为600万吨。

储量丰富的煤炭资源

区内优质褐煤矿产资源探明储量达21亿吨，连同周边探明储量达101亿吨。其中铁北煤矿年产煤200万吨，年产800万吨的灵东立井年内建成。

极具潜力的旅游资源

资源丰富、品位高，类型全面，拥有二卡湿地、镜湖、田园、丘陵、草原等自然景观，水鸟湖鱼独具特色。蘑菇山古猿人遗址、成吉思汗战营遗址、中东路事件战争遗址、二卡红色秘密交通线遗址、二子湖生态旅游渡假区、达永山滑雪场综合旅游景区、二卡生态农业观光园等旅游景区为开发旅游业带来了勃勃生机。

二子湖风光

湖光粼粼

界河

春绿

呼伦贝尔能源重化工工业园区管委会

呼伦贝尔市副市长白志远带园区班子深入华能公司与公司领导商谈园区入驻后相关问题

管委会主任：梁建华

党工委书记、主任：梁建华

副主任：任国斌、张永利

呼伦贝尔能源重化工工业园区前身是伊敏高载能工业园区。于2003年6月20日自治区人民政府以内政字(2003)193号文件批准成立。初始，呼伦贝尔市委、市政府成立了以汤爱军市长为组长、赵凤林副市长、伊敏煤电公司苏强总经理为副组长的伊敏高载能园区建设推进领导小组。

园区位于鄂温克旗伊敏河镇政府辖区内，分南北两小区，南区规划范围确定为东南侧为山脚处，东北侧以伊敏河河滩为界，西北侧以东环路及延长线为界，西南侧为砖厂西侧坡为界。规划面积为82.14公顷。

2005年，呼伦贝尔市委、市政府按照产业发展与区域布局一体化的要求，努力实现工业入园，产业和要素聚集，把资源优势转化为经济优势。根据煤电、煤化工等产业转化迅猛发展的形势，审时度势，全力推进能源重化工产业发展。2005年8月决定建立呼伦贝尔能源重化工工业园区并配齐了管委会领导班子。

园区新班子按照中央落实科学的发展观，建设资源节约型、环境友好型社会的战略部署，落实市委一届九次全委(扩大)会议精神，在加大招商引资力度的同时，根据园区区域的实际情况，提出了“能源重化工工业园区要建设伊敏、开发大雁实施‘一园两区’的发展战略”。即以伊敏、大雁两地区为重点，建设以煤电组合、煤化工以及高耗能产业为主的循环经济，该园区的建设发展在一个宏观框架清晰、产业布局合理，产业关联度高的循环经济中积极有序地推进，使园区成为呼伦贝尔市与内地及东北经济形成互补的主导产业区。

园区管委会主任梁建华带班子成员在园区现场向市委政研室调研的负责同志介绍园区发展规划

园区发展本着“帮助投资者盈利、助投资者发展、为投资者服务”的理念，经常深入园区现场办公，为企业解决难题，图为园区班子成员听取入驻企业建设进展情况

内蒙古金河集团实业有限公司

全国人大常委会副委员长乌云其木格视察金河集团

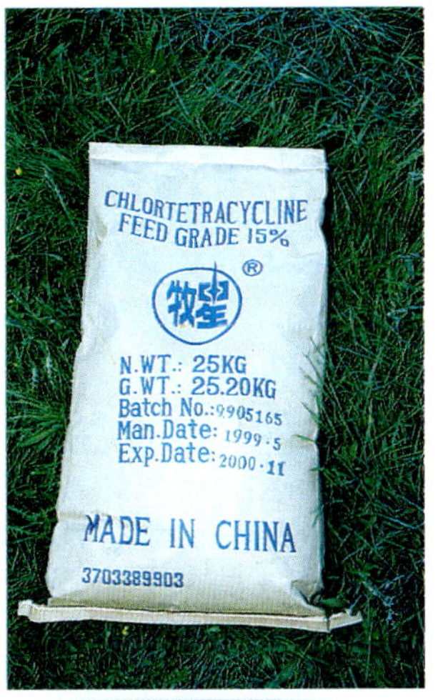

金河金霉素产品图

盐酸盐金霉素

饲用金霉素（粒状）

金河集团实业有限公司（简称金河集团）是以兽用抗生素及动物保健品为主导产品，多产业并存发展，集生物发酵、物流、贸易、建筑、现代农业种植于一体的多元化企业集团，是内蒙古自治区60家重点企业之一，也是“国家重点高新技术企业”。公司位于青山南麓、黄河之滨的内蒙古托克托县境内，与亚洲最大的火力发电厂—大唐托克托电厂比邻相依，并与中国最大的露天煤矿—准格尔煤田隔（黄）河相望，具有得天独厚的地理优势和资源优势。

金河集团由六个法人实体组成，现有资产8.5亿元。作为核心企业的金河集团实业有限公司是集团公司的工业支柱企业，也是带动集团多元化协调发展的龙头企业，该公司拥有国际上先进的发酵设备和产品质量检测设备，主要工艺流程全部采用微机自动控制，现有发酵吨位4 700立方米，加上在建的五期工程发酵体积将达到9 540立方米，发酵规模居世界前列。其主导产品“牧星”牌饲用金霉素年生产能力3.5万吨，连续三次顺利通过美国联邦政府食品与药品管理总署（FDA）的质量验收，70%出口到美国、加拿大、墨西哥等国家，同时行销网络遍布国内各省、市（自治区），市场前景十分广阔。

作为一家高新技术企业，金河集团近年来得到了迅猛的发展，这主要得益于企业以人为本的发展思路和强大的技术支撑。集团现有员工近2000人，主体员工60%具备大专以上学历，科技人员的比例为14.3%，科技对企业的贡献率在逐年上升。通过人才的引进和人力资源的合理配置，使企业逐步形成了自己的人才梯队，在充分发挥人才优势的群体效应的同时，在生产技术领域不断地完善与创新，为企业在知识经济时代异军突起奠定了坚实的基础。

良好的信誉、卓越的品质源于企业严格的管理和对技术创新孜孜不倦的追求。2001——2002年，企业先后顺利通过了ISO9002质量体系认证和国家兽药企业GMP验收，并被国家九部委认定为农业产业化国家重点龙头企业。

金河集团正是在龙头企业强劲的带动作用下，实现了工业反哺农业的成功跨越，有效地延长了农业产业化链条，在突出主业的前提下，使草业种植、原材料加工、建筑、运输等多产业得以协调快速发展，并取得了可观的经济效益和社会效益。2005年，集团共完成产值178284万元，实现销售收入152379万元，体现利润12862万元，出口创汇3667万美元。

金河集团在未来的发展进程中，将按照“面向市场、优化结构、整合资源、提高效益”的发展构想，以发酵工业为载体，以调整产品结构为主线，走外延与内涵相结合扩大再生产的科技强企之路，通过与行业精英联盟，实现资产优化和管理升级，结合基因工程等高科技手段的探索与研究，全面提升企业的整体素质和核心竞争力，进一步增强企业的经济实力和发展后劲，为民族工业的繁荣和发展做出新的更大的贡献。

发酵车间

厂区图

中国网通集团新天地通信公司锡盟分公司

中国网通锡盟通信分公司党组书记 总经理：杨文忠

党组书记、总经理：杨文忠

纪检组长、副总经理：李长万

党组成员、副总经理：高秀民

近年来，在锡盟委、行署以及上级部门的正确领导下，在社会各界用户朋友的关心和支持下，中国网通锡盟通信分公司紧紧围绕加快企业发展，服务地方经济这一发展宗旨，坚持走"在发展中改革、在改革中发展"的道路，各项业务实现了快速发展，网络规模不断扩大，技术水平明显提升，服务质量日益改善，推进了企业持续、健康发展。目前，公司拥有固定资产5亿元，员工730余人，营业服务窗口150多个，辖有二连浩特市、苏尼特右旗、苏尼特左旗、阿巴嘎旗、东乌珠穆沁旗、西乌珠穆沁旗、太仆寺旗、多伦县、正蓝旗、镶黄旗、正镶白旗11个旗县、市分公司。公司拥有遍及城乡的3000公里的光缆传输网络和20万门的公网交换机，本地网固定电话用户累计达到15.2万户，小灵通用户达到9.3万户，数据多媒体用户达到3.6万户，是目前锡盟境内最大的电信通信运营企业。

中国网通锡盟通信分公司主要经营国内、国际各类固定电信网络与设施，包含本地无线环路；基于电信网络的语音、数据、图象及多媒体通信与信息服务；相关的系统集成、技术开发等业务；国内外投融资业务；经营国家批准的其它业务。同时，承担普遍服务和党政专用通信等任务。近年来，公司坚持解放思想，转变观念，强化管理，改善服务，紧紧围绕企业中心工作，在搞好通信网络建设发展的同时，在企业管理、优质服务、创建文明行业等方面均取得了显著的成绩。2004年，公司被评为"全区2003－2005年度诚信单位"和"全区用户满意服务单位"，114查号台被评为"全区用户服务明星班组"。2005年获得"全区社会治安综合治理先进单位"，并荣获"全国诚信单位"和"全国巾帼文明示范岗"等荣誉称号。

展望未来，作为锡盟地区主体通信运营企业，中国网通锡盟通信分公司将凭借宽覆盖、高质量的通信网络资源和技术优势，在继续保持与社会各界朋友良好合作关系的基础上，不断拓展服务深度、服务层次和服务内涵，更好地服务于地区经济发展，服务于社会各界的广大客户。

锡林浩特中心营业厅

盟市旗县(市区)

呼和浩特市

【党政军领导名录】

市　委

书　　记:韩志然(蒙古族)

副 书 记:柳秀(1月离任) 汤爱军(1月任职) 王振义 郭健(蒙古族) 张彭慧 吴浩峰 王志平(蒙古族) 张伯旭

常　　委:张院忠 李鹤(满族) 云忠义(蒙古族) 朝鲁(蒙古族) 杨飞云 兰恩华 陈焕文 云丽珠(女 蒙古族)

人　大

主　　任:吴一徽(女 蒙古族)

副 主 任:李岳清 吴福成(蒙古族) 韩钊(蒙古族) 吕景瑞 赛娜(女 蒙古族) 邢燕菊(女 4月任职)

政　府

市　　长:柳秀(1月离任) 汤爱军(1~3月代理 4月任职)

副 市 长:张院忠 董恒宇 武文元 刘菊茹(女) 吕慧生 云公和(蒙古族) 高炜明 王强 龚晓峰(11月任职) 方泽南(11月任职)

党组副书记:刘承恩

政　协

主　　席:刘香芸(女)

副 主 席:扎木苏(藏族) 葛健 吉日木图(蒙古族) 彭皓芳 高昆生 张润锁 李绍华 云普选 白金祥

纪检委

书　　记:王志平(蒙古族)

政法委

书　　记:李　鹤(满族)

法　院

院　　长:李宪法

检察院

检 察 长:云布俊(蒙古族)

军分区

政　　委:陈焕文

司 令 员:张立忠

【概况】 呼和浩特位于华北北部,内蒙古自治区中部,地理坐标在北纬39°35′~41°25′,东经110°31′~112°20′。至2005年呼和浩特市辖4个区(新城区、回民区、玉泉区、赛罕区)、1旗(土默特左旗)、4县(托克托县、和林格尔县、清水河县、武川县)、1个国家级经济技术开发区(呼和浩特经济技术开发区,包括如意、金川两个区域)。土地面积1.72万平方公里。居住着蒙、汉、回、满、朝鲜、达斡尔、鄂温克、鄂仑春等36个民族。至2005年末,有常住人口258.00万人,其中市区人口145.08万人,乡村人口112.32万人,蒙古族人口20.1万人,其他少数民族人口6.7万人。人口出生率9.9‰,死亡率11.6‰,自然增长率-1.7‰。

2005年,呼和浩特市经济总量在全国5个少数民族自治区首府城市中位居第一。国民经济快速健康发展,综合实力进一步提高。2005年,全市地区生产总值达到743.66亿元,比上年增长21.1%。其中,全市第一产业完成增加值47.17亿元,比上年增长12.1%;第二产业增加值达277.76亿元,增长28.2%;第三产业实现增加值418.73亿元,比上年增长17.4%。全市城市居民消费价格总水平比上年上涨2.2%。分项目看,食品、衣着、设备用品及服务、居住分别比上年上涨3.0%、1.1%、2.8%和5.1%,娱乐文教服务比上年下降1.4%,医疗保健、交通与通讯的价格分别比上年上涨3.9%和0.2%;农村生活消费价格总水平比上年上涨4.0%。其中医疗保健上涨0.5%、食品上涨1.6%、服务项目上涨9.1%。城市商品零售价格总水平上涨1.7%。农业生产资料价格总水平比上年上涨4.8%。

【农业】 全年农林牧渔业总产值82.6亿元,比上年增长10.6%。其中农业产值达25.99亿元,林业总产值达1.08亿元。牧业产值达53.95亿元,渔业产值达0.71亿元,农牧鱼服务业达0.85亿元。农作物总播种面积406.7千公顷,比上年增长4.4%。其中,粮食作物面积270.8千公顷,增长12.3%。2005年全市粮食总产量114.8万吨,比上年下降0.5%;油料产量6.1万吨,减产41.7%;蔬菜产量44.8万吨,比上年减产2.0%。在粮食作物中,玉米产量84.1万吨,增产10.7%;薯类产量20.6万吨,减产24.9%;豆类产量1.4万吨,减产30.8%。

【畜牧业】 全市年末家畜总头数199.2万头(只),比上年增长11.1%。其中,大牲畜存栏75.4万头,比上年增长17.8%,在大牲畜中,奶牛存栏头数达63.8万头,比上年增加5.8%。小牲畜存栏93.1万只,比上年增长9.8%;生猪存栏30.7万头,比上年增长0.9%。全年肉类总产量11.1万吨,比上年增长8.5%;奶类产量227.8万吨,增长49.8%;禽蛋产量3.4万吨,增长2.4%。农牧业生产条件继续改善。年末全市农牧业机械总动力达到151.7万千瓦,比上年增长6.1%;拥有拖拉机5.6万台。农药使用量305吨,比上年减少1.9%;农用塑料薄膜使用量4 316吨,增长6.4%;农村用电量24 280万千瓦时,增长10.6%。

【林业】 全年完成造林合格面积13.4千公顷。其中,人工造林合格面积9.3千公顷。

【工业】 全年工业增加值实现209.3亿元,比上年增长26.1%,位居全区第三位。建筑业增加值53.24亿元,位居全区第二位。第三产业增加值388.91亿元,位居全区第一位。成为拉动经济增长的重要因素。轻工业实现增加值105.5亿元,比上年增长40.1%;重工业实现增加值58.0亿元,比上年增长14.3%。股份制和外商及港澳台投资企业生产高速增长,对全市工业生产增长贡献突出。外商及港澳台投资企业完成增加值435 135万元,比上下降0.8%,股份制企业完成增加值934 610万元,同比增长52.9%。全市规模以上工业经济效益综合指数为249.9,比上年提高23.3%。在构成经济效益综合指数的七项指标中,产品销售率为97.1%,比上年降低0.8%;总资产贡献率为14.9%,提高0.03%;成本费用利润率为9.5%,下降0.6%;流动资产年周转率为2.6次,提高0.3次;全员劳动生产率为199 315元/人,增长25.8%;资本保值增值率为112.5%,降低14.0%;资产负债率为61.1%,提高1.9%。

2005年,呼和浩特市有工业企业单位245个,比上年增加42个。工业企业增加值163.51亿元(当年价),比上年增长30.8%;产品销售收入443.13亿元,比上年增长37.4%;利税总额达65.73亿元,比上年增长26.6%。

【建筑业】 2005年,建筑业增加值53.24亿元,有国营和集体建筑企业单位100余户,职工5.71万人。呼和浩特市建筑企业完成总产值63.3亿元,增长9.9%。竣工产值47.3亿元,增长11.7%。实现税金2.1亿元,增长17.4%,实现利润1.1亿元,增长11.8%。施工面积为712.6万平方米,比上年增加141万平方米;竣工面积为197.4万平方米,减少116.1万平方米。

【城市建设】 2005年在建高层(超过50米以上)建筑30栋,总建筑面积89.7万平方米,完成固定资产总投资32.27亿元。新开工高层建筑29栋,总建筑面积123.7万平方米,完成固定资产总投资72.38亿元。完成《中山路、新华大街商务中心区控制性详细规划》,规划面积490万平方米;完成《自治区党政中心区详细规划》,规划面积600万平方米;完成《呼和浩特民族风情旅游带规划》,从大青山至和林格尔南山,规划范围640平方公里;完成《成吉思汗大街城市设计》;完成39个"城中村"建设详细规划,规划面积71平方公里;完成市区1∶2 000地形图测绘90平方公里,1∶500地形图4.125平方公里;编制1∶5 000地形图730平方公里,为24条主次干道和17条小街巷改造进行1∶500地形图测绘,道路中心放线及纵横断测量,完成其他地区的详细规划设计33.09平方公里。

【基础设施建设】 2005年呼和浩特市共改造热力站20座,对7.2公里的主干线、50公里的支干线管网和70座热力站、6座锅炉房进行全面的检修和维修,在回民区原政府锅炉房的旧址上新建1座调风锅炉房。

2005年完成上年16公里次高压管线的收尾工作,并于2005年6月底通气;新铺设天然气管网54.3公里,改造旧管网6公里、中低压调压站2座;呼市天然气加气站已达9座。

2005年除完成通道街、鄂尔多斯大街、新华西街、乌兰察布西路、昭乌达路、哲里木路、海拉尔西街、兴安南北路、成吉思汗大街、园一路等10条道路改扩建工程和农大过街天桥建设任务外，超额完成昭君路、呼伦南路、乌兰察布东路、丁香路、石羊桥南路、云中路、七纬路、西顺城街等8条道路的改建修通任务。

【固定资产投资】 2005年，全市固定资产投资总额420.2亿元，比上年增长54.9%。各类投资均保持快速增长，基本建设投资完成319.0亿元，增长56.8%；更新改造投资完成36.5亿元，增长41.2%；房地产开发投资完成35.9亿元，增长10.5%；其它投资完成22.1亿元，增长160.7%。房地产开发投资总额304.9亿元，比上年增长10.2%。其中，住宅完成投资15.16亿元，增长22.5%；商品房屋销售额26.06亿元，增长22.2%。商品房屋销售面积158.1万平方米，增长15.1%。

【财政收入】 全年财政总收入81.8亿元，比上年增长34.4%。其中，地方财政收入49.4亿元，增长33%。全年财政支出73.1亿元，比上年增长17.6%。在财政支出中，企业挖潜改造支出、农业支出、抚恤和社会福利救济、社会保障补助支出、教育支出分别为25 004万元、18 121万元、15 272万元、31 674万元、77 296万元，比上年增长－13.9%、64.6%、47.5%、－11.5%、15.2%。

【金融 保险】 2005年末全市金融机构各项存款余额803.9亿元，比年初增长19.8%。其中，城乡居民储蓄存款仍是金融机构存款的主要来源，其余额达379.6亿元，比年初增长24.0%；企业存款244.4亿元，比年初下降2.3%。年末，全市金融机构贷款余额达874.0亿元，比年初增长20.6%。从贷款投向看，短期贷款为184.3亿元，增长21.8%；中长期贷款为652.4亿元，增长18.3%。全年全市金融机构的现金收入为1 611.5亿元，比上年同期增长9.3%；现金支出1 625.1亿元，比上年增长9.9%。收支相抵，货币投放13.7亿元。

全市保险保费收入11.7亿元，比上年下降1.0%。其中，人寿保险费收入8.7亿元，下降6.9%；财产保险费收入3.0亿元，增长21.5%。全市保险业务支出2.2亿元，比上年增长15.5%。

【国内贸易 对外经济】 全年社会消费品零售总额304.90亿元，比上年增长15.1%。分城乡市场看，市的零售额271.4亿元，增长15.4%；旗县的零售额21.4亿元，增长13.7%；县以下的零售额12.1亿元，增长11.4%。分行业看，批发零售贸易和餐饮业快速增长。批发零售贸易业实现230.92亿元，增长16.1%；餐饮业实现70.19亿元，增长12.5%；其他行业实现3.8亿元，增长8.5%。全年外贸进出口总额10.6亿美元，比上年增长133.4%。出口总额5.9亿美元，增长122.2%。利用外资取得新进展。年内签订项目43个，合同引进外方资金26 742万美元，外方资金实际到位40 345万美元。

【交通 邮电】 2005年，全市公路货物周转量74.2亿吨公里，比上年增长69.8%，公路货运量为6 131万吨，增长18.6%；公路旅客周转量41.6亿人公里，比上年增长2.0%，公路客运量为3 764万人，增长2.0%。完成新改建县、乡、村公路1 091.3公里，其中土默特左旗260.5公里、托克托县218公里、赛罕区100.2公里、和林格尔县193公里、清水河县105.5公里、武川县133公里、新城区64.6公里、玉泉区16.5公里。完成89个村的“村村通”公路任务。公路建设完成固定资产投资14.6387亿元。完成客运站、客运北站的改扩建工程。客运南站改扩建工程投资1 012.7万元。

全年邮电业务总量达31.1亿元，比上年增长26.8%。城市电话用户80.7万户，比上年末增加4.0万户；乡村电话用户7.0万户，增加0.9万户；年末移动电话117.0万户，增加4.0万户。

【教育】 2005年，呼和浩特市区优质高中达50%。高中阶段入学率84.2%，农村高中阶段入学率达到70.2%。呼和浩特市高考总成绩仍居自治区前列。2005年高考报名21 437人，录取考生16 183人，录取率为75.5%，其中600分以上考生有331人，占全区10.6%。

2005年筹资500万元，完成呼市教育城域网第一期工程，并于7月开通使用。90%的农村中小学建成现代远程教育卫星教学接收站、教学光盘播放点和多媒体教室，使农村学生也同样享受到优质教育资源，推动呼和浩特市特别是偏远贫困地区的教育信息化进程。通过这项工程使90%以上的中学教师、65%以上的小学教师有条件运用信息技术进行教学，为呼市教育现代化奠定基础。2005年9月呼和浩特市通过国家个自治区汉语言文字工作一类城市的验收，取得好成绩。

全市共有高等院校17所、普通中学152所、职业中学20所、小学649所。高等院校在校学生13.6万人，增长18.8%。普通中学在校学生14.9万人，增长1.4%。职业中学在校学生1.1万人，下降1.4%。小学在校学生18.5万人，比上年下降3.0%。

【文化】 全市共拥有艺术表演团体13个，文化馆9个，公共图书馆10个，博物馆3个，广播电台2座，电视台2座。2005年是广播电视“农村服务”年，呼市从2004年，全面起动50户以上自然村“村村通”广播电视建设工程，并计划在两年内完成47个工程建设任务，2005年主要完成23个建设任务。综合覆盖率达到94.78%，比1998年增加12.27个百分点，进一步扩大广播电视有效覆盖率。

【卫生】 全市共有各类医疗机构199个，其中有医院62个，医院拥有病床6 988张。全市共有专业卫生技术人员10 329人。其中,执业医师4 250人,助理执业医师 656 人。新建立社区卫生服务机构 126 个,基本覆盖 26 个办事处和 239 个居委会,受益人口约 100 多万,覆盖率达80%以上。呼市社区卫生服务工作逐步达到医疗、预防、保健、康复、健康教育、计划生育技术指导的服务功能。

全年组织 3 次卫生下乡活动,义诊1 000余人次,为群众赠送药品、免费检查,减免医疗费共计 15 万元。在呼市认真开展结核病项目工作,2005 年呼市新涂阳病人共发现 911 例(指标 856 例),治愈率90.6%(指标85%),完成 2005 年年任务的 106.43%。计划免疫工作全部达标。全年销售体育彩票3 885万元,比上年提高2.59倍。

【体育】 2005 年,全市有体育场 9 个,体育馆 6 个,游泳池 20 个。全市中小学在校学生有21.6万人体育锻炼达到《国家体育锻炼标准》。其中,达到良好级以上的有10.6万人。

【人民生活】 全年在岗职工工资总额59.8亿元,比上年增长22.3%。其中,国有单位在岗职工工资总额47.2亿元,增长21.1%;城镇集体单位在岗职工工资总额1.6亿元,增长20.5%;其他类型单位在岗职工工资总额10.9亿元,增长28.1%。全年在岗职工平均工资19 715元,增长18.3%。全年城镇居民人均可支配收入12 150元,比上年增长21.9%;农民人均纯收入4 631元,比上年增长12.7%。全年城镇居民人均消费性支出8 768元,比上年增长18.2%;农民人均生活费支出2 761元,增长17.0%。

【社会保障】 全年共为72 417名参统企业离退休人员发放养老金61 643万元,其中市本级为61 837人发放养老金54 072万元,5个旗县为10 580人发放养老金7 571万元,社会化发放率继续保持100%。在失业人员基本生活保障方面,全年共为13 722名失业人员发放失业保险金3 254.8万元,其中市本级为11 010人发放失业保险金2 980万元,各旗县区为2 712人发放失业保险金274.8万元,全部做到应发尽发。全市共核定各项社会保险费年度征缴额125 935.2万元,完成年初市政府下达目标任务114 147万元的110.3%。其中基本养老保险累计参统职工达28.14万人,核定年度征缴额81 548万元,分别完成目标任务27.75万人和77 000万元的101.4%和105.9%;失业保险累计参统职工33.08万人,核定年度征缴额8 892万元,分别完成目标任务 33 万人和8 100万元的100.2%和110%;基本医疗保险累计参统人数28.88万人,核定年度征缴额27 254万元,分别完成目标任务 28 万人和20 437万元的103%和133.4%。

【劳动就业】 年末全市城镇单位从业人员29.4万人,比上年末增加0.1万人。其中,国有单位从业人员19.8万人,减少0.7万人;城镇集体单位从业人员1.3万人,减少0.1万人;其他经济类型单位从业人员8.4万人,增加0.9万人。全市通过多种形式实现就业和再就业38 342人,完成目标任务3.6万人的107%,其中新增劳动力就业14 551人,完成目标任务1.4万人的104%,安置下岗失业人员再就业23 791人,完成目标任务2.2万人的108%,安置“4050”人员5 561人,完成目标任务5 000人的111%,城镇登记失业率为4.3%,控制在4.6%的目标任务之内,保持就业局势的基本稳定。

(王珺 高宏 任飞 思文)

新　城　区

【领导名录】

区委书记:吴安俊(满族)

人大主任:闫泽林

区　　长:张和平

政协主席:朱祥福

武装部长:王义平

政　　委:赵文智(蒙古族)

【概况】 新城区位于呼和浩特市东北部,总面积 700 平方公里,其中城区 25 平方公里,农区 675 平方公里,总人口 33 万人,有蒙、满、回、汉等 38 个民族,是满族聚居区。区辖 1 乡、1 镇、7 个街道办事处、30 个行政村、48 个社区居委会。是自治区经济、文化、教育、科研、新闻、海关、金融、通信及信息中心所在地,是呼和浩特市对外开放的窗口。

2005 年,地区生产总值完成 148 亿元,比上年增长19.7%;财政收入完成 5.7亿元,比上年增长20.9%;城市居民人均可支配收入实现14 228元,比上年增长23.1%;农民人均纯收入实现6 009元,比上年增长21.6%;固定资产投资完成47.5亿元,比上年增长205.1%;社会消费品零售总额完成 89 亿元,比上年增长15.7%。2005 年完成第三产业增加值 130 亿元,占新城区国内生产总值的88%,第三产业增加值居自治区之首。

【农业】 完成农作物总播面积10.1万亩,全区耕地及饲草料、经济林种植基地通过无公害认证的总面积达到17.2万亩,在全市率先实现了所有农产品基地的无公害认证。大力实施“吨奶工程”,全区奶牛总头数达11 737头,牛奶产量达到4.43万吨。生猪和奶山羊养殖得到较快发展,在大窑、保合少、乌兰不浪等村形成一批养猪专业户,初步建成甲兰板奶山羊养殖基地。动物防疫工作成绩突出,“五号病”和禽流感等重大动物疫病得到有效控制,重点疫病防疫密度达到100%。

【工业经济】 新城区有工业企业106家,完成工业现价总产值96 581万元,比上年增长20.5%,其中规模以上工业企业达到26家,实现增加值5.4亿元。全面启动大青山抽水蓄能电站建设工程,引进内蒙古奥淳原生态酒庄园等重点工业项目。引进内蒙古晨普净水设备有限公司和一招鲜商贸有限公司两家企业,并有中国华电集团等7家企业与新城区达成投资意向,入园企业19家,其中呼和浩特市电动工具厂等8家企业竣工投产,其余11家企业正在加紧建设。完成园区二期工程的详细规划,2平方公里的征地工作正在进行。110千伏变电站开工建设。重新调整园区管理体制,进一步完善招商引资优惠政策,为加快园区发展,增强工业发展活力创造良好条件。

【环境保护】 拆除燃煤采暖锅炉25台,拆除改造燃煤茶浴炉30台,关停非法排污企业20家,工业污染源排放达标率、烟尘控制区覆盖率均达到100%。辖区物业管理面积达到787万平方米,登记注册的物业管理企业56家,城区物业管理水平进一步提升。

【城市建设】 按照“拉开城市框架,拓展城市空间”的城市发展战略,以成吉思汗特色景观区为主的30平方公里的新北区建设已全面展开。内蒙古体育馆、呼和浩特市体育场、滨海新城、呼和佳地等9个新建项目已开工建设。实施麻花板、府兴营两个“城中村”的拆迁改造工程,投入拆迁资金2.9亿元,拆除院落1 212个,拆迁建筑面积达30余万平方米,拆出净地面积约900亩。完成山水新村和天府花园两个村民安置小区一期工程。府兴营、麻花板两个村村民变股民、农民变市民、村庄变社区、农村变城市以及村民加入社保、成立农工商贸公司等工作正在进行中。上海开天花园、新舒住宅小区等一批投资上亿元的项目相继落地开工。完成赛马场南路等5条小街巷3.2万平方米的建设改造任务。拆旧建新任务超额完成。进一步加强城区绿化工作,完成城区植树2.1万株,栽植花草5.7万平方米。集中清理整顿近郊农村的违章建筑,停建、拆除面积近12万平方米。新建水冲厕所和垃圾转运站各1座,接管呼和浩特铁路局垃圾转运站3座,垃圾收集率、清运率均达到100%。

【旅游业】 是年,全力建设大青山沿线生态旅游带。初步形成大青山“一带三线”生态旅游发展新格局。其中东线与北京、台湾等投资公司签订以草原风情、滑草场、狩猎场、历史文化、宗教文化、影视文化等为主要内容的旅游项目,现在已经开始动工,计划投资约10亿元;奥淳原生态酒庄园已落地建设,计划投资约1亿元。中线苁蓉山庄、太伟高尔夫运动度假村一期工程建成运营;小井沟生态旅游园初具规模;完成集马术表演、运动竞技、农家乐、高级体检中心、旅游中心集镇为一体的那达慕旅游风景区概念性规划论证,计划投资约40亿元。西线融自然风光、抽水蓄能电站生态旅游为一体的风景区和汽车公园项目加紧建设。“十一五”期间,新城区旅游项目总投资预计突破60亿元,将使旅游业真正成为新城区新的经济增长点。

【服务业】 爱家广场、万鼎兴业、润宇装饰城等专业建材市场的开工建设,使新城区成为全市建材市场中心。总投资10亿元、建筑面积21万平方米的内蒙古国际商贸城开工建设,使新城区在小商品批发市场建设上跨上一个新台阶。金天帝大厦、波士名人国际大厦等工程的实施,为打造中山东路中心商务区迈出可喜的一步。呼运物流中心、保合少乡煤炭市场和天津家世界连锁超市等项目的建设,为加快新城区物流、运输、服务等行业的发展注入新的活力。

【招商引资】 全年共引进项目55项,引进资金35.7亿元,完成年计划的178.5%,其中引进区外资金14.8亿元,完成年计划的148%,引进区内资金20.9亿元,完成年计划的209%。

【生态建设】 完成天保工程封山育林任务3.6万亩,完成退耕还林700亩,全民义务植树85万余株。加大禁牧管护力度,完善森林防火体系建设,对大青山沿线采矿业进行全面清理整顿,新增有效灌溉面积0.51万亩、节水灌溉面积1.21万亩,完成水保治理面积3.3万亩,修建和完善讨思浩、古路板等村的人畜饮水工程,解决了1 075人、1 130头(只)牲畜的饮水问题。积极实施产业化扶贫和整村推进扶贫,投入专项扶贫资金70余万元,帮助贫困地区发展小尾寒羊和奶山羊1 219只。完成易地扶贫移民241户764人。发放粮食补贴50万元,农机补贴2.31万元。编制代洲营等6个近郊村的建设规划。实施野马图至甲兰板等6条乡村道路的修建和改造工程,建成保合少汽车客运站。

【科技】 加大对中小型民营科技企业的扶持力度。加强农村实用技术和农民劳动技能培训工作,引进蔬菜、果树等农作物新品种60多个,进一步推广饲料青贮、沼气应用等一批农村实用技术,顺利通过“全国科技进步城区”的考核验收。

【教育】 推进“教育强区”战略,大力实施“优质高中建设工程”,高考专本科总升学率达到86%,在全市各旗县区名列前茅。稳步推进“教育信息现代化工程”,建成新城区教育信息网络中心,全区26所学校建立校园网站。投资1 300多万元实施实验中学、恼包小学等危房改造工程。扶持发展民办教育和农村教育,严格实行义务教育“一费制”,建立健全困难学生就学资助制度,通过“两免一补”资助困难学生4 400多人,资助金额45万元。认真开展“师德教育年”活动。

【文化】 文化市场管理力度进一步加大,扫黄、打非和整治网吧工作取得实效。

【卫生】 健全和完善重大疫情和突发性公共卫生事件应急机制,继续开展有中医药特色的全国社区卫生服务示范区的创建活动,接受国家的考核验收,并在自治区范围内进行公示。全面实施食品放心工程。进一步完善和巩固农村三级卫生服务网络建设,加大医疗市场的整顿和监督力度,严格执行国家人口与计划生育政策,人口出生率8.96‰。

【体育】 在呼和浩特市首届城市运动会上获得总分第一、金牌第一的好成绩。

【社会保障】 全面落实弱势群体救助工作。新办社区就业服务实体87个、再就业基地3个,新增就业岗位4 678个,累计就业再就业6 126人,城镇登记失业率控制在4.2%以内。全年累计养老保险扩面2 600人,安置残疾人就业60人。依法开展劳动维权和清欠农民工工资工作。发放城市居民最低生活保障金511万元,累计保障低保对象23 042户47 823人,做到应保尽保。发放救助金50多万元,用于农村低保、城乡医疗和教育等专项救助工作。艺术厅北街社区、海东路街道社区服务中心等10个单位分别荣获全国社区服务先进单位称号。

【大青山生态旅游带】 东线与北京恒利源通投资有限公司签订以草原风情、滑草场、狩猎场等为主要内容的旅游项目,计划投资约2亿元;与台湾华光投资公司签订以历史文化、宗教文化、影视文化等为主要内容的旅游项目,计划投资约5亿元;内蒙古奥淳原生态酒庄园已落地建设,计划投资约8 000万元。中线的太伟高尔夫运动度假村一期工程建成运营;小井沟生态旅游园初具规模;完成集马术表演、运动竞技、农家乐、高级体检中心、旅游中心集镇为一体的那达慕旅游景观区概念性规划论证,计划投资约40亿元。西线融自然风光、抽水蓄能电站生态旅游为一体的风景区项目正在加紧建设。

(耿君胜)

回　民　区

【领导名录】

区委书记:崔世清(回族)
人大主任:陈瑞珍(女)
区　　长:云挨厚(蒙古族)
政协主席:白　云(回族)
武装部长:武同宝
政　　委:王天玉

【概况】 回民区地处呼和浩特市城区的西北部,总面积为175平方公里,其中城区面积19.47平方公里,耕地2万亩。有回、汉、蒙、满等22个民族,人口220 810人,其中,回族1.98万人,是一个回族聚居区。全区辖海西、新华、环河、光明、中山、通道、钢铁路7个街道办事处和攸攸板1个镇,共有55个居委会,19个村。区内有大中专院校11所、中小学66所。人口出生率8.18‰。第一次全国经济普查和1%人口抽样调查工作顺利开展,回民区被评为全国经济普查工作先进集体。

2005年,地区生产总值实际完成95.9亿元,增长17.8%。财政收入完成61 237万元,比上年纯增11 164万元,增长22%,其中地方财政收入完成39 743万元,比上年纯增10 493万元,增长36%。固定资产投资完成29亿元,比上年纯增6.7亿元,增长144.1%。

【农村经济】 完成节水灌溉面积3 000亩,新增有效灌溉面积2 000亩。实施人畜饮水工程,解决1 000人和4 000头(只)牲畜的饮水问题。森林覆盖率达到36.7%。完成大青山干旱阳坡科技造林示范一期工程。接收古路板林场13.3万亩林权。建立动物疫病防控体系,禽畜免疫率达100%。

【工业】 全部工业企业完成增加值22亿元,比上年增长15.7%;其中规模以上工业企业完成增加值10.5亿元,比上年增长6.3%。金海工业园区新引进6家企业,协议投资额达2.2亿元,其中呼和浩特市第一家整车装配企业内蒙古万通专用汽车制造有限公司顺利投产。园区工业总产值完成3.5亿元,比上年增长38%。

【基础设施建设】 投资3 589万元,完成7条道路改造、25条街巷的绿化美化亮化和6个建成小区的绿化改造。配合市政府完成新华西街和通道南北路的拓宽改造,启动新华公园建设工程。在时间紧、任务重、压力大的情况下,完成市政府下达的金鹰国际CBD、通道北路出城口和呼准铁路等项目的拆迁任务。

【非公有制经济】 非公有制企业比上年增加72户，新增就业6 000人，其中私营企业增加20户，新增就业1 050人。个体私营经济实现税收19 234万元，比上年增长24.5%。

【招商引资】 建立招商引资网站，修编回民区《投资指南》和《招商导向》，进一步提高回民区知名度。全年新引进项目33项，其中成功引进上海电气输变电设备生产线等10个亿元以上项目。吸收区内外资金实际到位20.44亿元，比上年增长78.5%。

【城市管理】 改革城市管理体制，将七办一镇城管中队收归城管大队统一管理。加大长效管理力度，清理整治马路市场，规范户外广告、店名牌匾和早夜市，拆临拆违2.15万平方米，完成新华西街、海拉尔西街和巴彦路的街景综合整治。道路清扫保洁率、垃圾清运率、公厕清掏率保持在100%。拆并取暖锅炉26台，拆除改造茶浴炉23台，城区空气质量二级以上天数达到311天。

【科技】 全年共投入科技三项费150万元，有两个项目分别获得自治区科技创新基金和市级科技进步三等奖，完成新产品开发和新技术应用推广项目3项，实现技术贸易成交额400万元。通过国家旗县区科技进步考核，被评为全国科技工作先进区。

【教育】 义务教育阶段适龄儿童入学率达到100%，高中入学率达98%，高考升学率达82.3%。办学条件极大改善，攸攸板小学和十六中新教学楼竣工，回一幼和第三幼儿园教学楼、太平街小学实验楼、二十中逸夫楼、铁一中学生公寓、八中体育馆建成使用。农村中小学全部开通远程教育。2005年被评为自治区普通中小学学校管理先进县(区)。

【文化】 加强文化市场管理，依法取缔无照经营的黑网吧和电子游戏厅。地方志编纂工作顺利启动。

【卫生】 医疗机构和食品卫生监督覆盖率、公共场所卫生执法监督监测率均达100%，药品集中招标采购率达90%。

【人民生活】 2005年，城镇居民人均可支配收入和农民人均纯收入11 410元和6 338元，分别比上年增长23.2%和15.8%。

【劳动就业 社会保障】 开展职业技能培训、就业指导和零就业家庭援助行动，实现就业和再就业6 908人，城镇登记失业率控制在4.5%以内。认真落实就业再就业优惠政策，为从事个体经营的下岗和失业人员累计减免税费125万元，发放小额担保贷款354万元。失业保险核定人数7 802人，街道社会保险3 603人，区属机关事业单位职工基本医疗保险和大额医疗保险正式启动。劳动保障监察查处案件结案率达到95%以上，劳动争议仲裁案件结案率达到100%。发放城市居民最低生活保障资金955万元，比上年纯增392万元，受保障对象4 506户、9 422人，比上年新增1 830户、3 316人，做到了应保尽保。发放失业救济金32万元，发放城镇廉租住房租赁补贴、取暖补贴、大学生救助金120.1万元。执行“两免一补”政策，为家庭生活困难的中小学生减免杂费和书费13.3万元。免征农业税、牧业税和农业特产税37万元，发放粮食直补资金13.6万元。完成东棚子村整村推进扶贫工程，稳定解决210人的温饱问题。

【商贸经济圈建设】 中山西路商业街作为青城第一街的地位进一步巩固，投资51亿元的金鹰国际CBD和投资6 500万美元的香格里拉酒店项目顺利实施。华夏银行、国美电器、苏宁电器、家世界连锁超市、重庆德庄和陶然居相继入驻回民区，呼和浩特市新华书店开业运营，为繁荣回民区经济注入了活力。社会消费品零售总额910 148万元，比上年增长15.4%。

【沿山旅游带建设】 编制完成《回民区旅游总体规划》。坝口子西贝旅游文化村、呼武公路泓盛度假村、野生动物园一期工程开工建设。成功举办第一届旅游推介会和第二届农家风情旅游节，旅游带建设初见成效。

【旧城区和城中村改造】 拆除危旧房屋21.02万平方米，开工新建42.44万平方米，分别完成年计划的210.2%、212.2%。牛街幸福家园二期、光明路景泰花园、大庆路新希望小区和金泉小区全部完工，昌盛泰小区二期、太平街银河小区、县府街新玉小区建设全面启动。拆迁改造城中村5.56万平方米，攸攸板草原明珠一期工程、西龙王庙吉利花园开工建设。

(张强 王志灏)

玉泉区

【领导名录】

区委书记：李博宏(4月离任) 云建东(蒙古族 4月任职)

人大主任：杨永胜(蒙古族)

区　　长：云建东(蒙古族 4月离任) 卢佳林(4月任职)

政协主席：郭爱成

武装部长：贾玉荣(9月离任) 郭弈(9月任职)

政　　委:吴　鸣(蒙古族)

【概况】　玉泉区位于呼和浩特市区西南部,地理坐标为北纬39°28′~40°08′,东经110°23′~111°01′。总面积270平方公里,耕地面积8.16万亩。总人口18.6万人,其中城镇人口14.2万人,农业人口3.84万人,财政供养人口5 400多人,辖1个乡、1个镇、7个街道办事处,54个行政村和50个社区居委会。

2005年,地区生产总值完成61亿元,同比增长16.4%;财政总收入完成11.34亿元,同比增长24.7%;其中地方财政收入完成3.10亿元,同比增长28.8%;固定资产投资完成25亿元,同比增长200.8%;城镇居民人均可支配收入10 943元,同比增长24.1%;农民人均纯收入6 157元,同比增长16.4%。

【农牧业】　2005年,农业增加值达到2.02亿元,同比增长33.8%。全区农田水利建设新打机电井36眼,新增低压节水灌溉面积4 000亩。完成废弃地整理3 000亩。全区种植粮食作物6.15万亩,经济作物1.23万亩,青贮牧草1.25万亩,完成无公害蔬菜产地认证6 150亩,累计完成1.8万亩。牲畜头数达4.4万头只,其中奶牛2.4万头,建成奶站82个。全年解决1 200人、2 000头牲畜饮水问题,完成"村村通"三级道路7.5公里、四级道路9公里。全年完成人工造林合格面积800亩,209国道玉泉段整体绿化初见成效。

【工业】　2005年,全区规模以上工业增加值完成13.5亿元,同比增长35.5%;工业投资完成7.08亿元,同比增长41.6%;工业经济效益综合指数为290.46,同比增长35.78%。对内强化裕隆工业园基础设施建设,加快"金川南区"硬件环境建设。裕隆工业园基础设施建设累计投资完成2.03亿元,道路工程累计完工4.14公里,日供水能力2.5万立方米,供气能力每小时4万立方米,完成11万伏终端变电站建设,通讯光缆装机容量达1万门,绿化植树6万余株(丛),园区内基本实现"九通一平"。对外与北京、上海、重庆、河北、浙江等省市地方企业和客商联系,推介具有吸引力的项目,同时提供完善的投资服务。2005年全区实际利用国内外资金18.87亿元,比上年增长79.3%,引进项目33个,上亿元项目9个,上千万元项目18个,其中冀东水泥、一汽组装车、紫维汽车城、新天地广场等一些有相当实力的项目均落户玉泉区。

【城乡建设与管理】　是年,城市建设完成拆迁危旧平房2 544户,拆迁面积31.15万平方米,开工建设面积49.42万平方米,竣工面积32.62万平方米,投入资金3.31亿元。共引进房地产开发企业14家,签订旧城区改造协议10个,城中村改造协议4个,开发占地面积46.52万平方米,建筑面积88.94万平方米,投资9.92亿元。石南路和鄂尔多斯大街等4条主次干道拓宽改造工程完成。全年小街巷改造完成8条,综合整治小街巷77条,植树34 902株,绿化庭院40个,绿化旧小区6个,建设花街4条。市容管理与环境卫生整治力度加大,全年拆临拆违7 511.44平方米,清理垃圾12万吨,垃圾清运率、道路清扫率、厕所清掏率均达到100%。环境保护工作措施得力,全年拆除、改造锅炉27台,茶炉20台,TSP下降值居市四区之首,空气质量明显改善。

【服务业】　全年社会消费品零售总额实现39.9亿元,较上年同比增长15.14%。培育和扶持多凌新天地广场、天孚服装、金旺角服装、开泰水产肉食批发、食全食美物流园一期等一批现代商贸和物流市场的发展壮大。继续择优引进实力强、前景好的物流项目入区发展,进一步增强商贸流通总量和市场吞吐能力。按照建设全市"黄金旅游带"的总体要求,拆迁改造老城区31.15万平方米,基本恢复老城区整体文化风貌,重新启动以草原民族文化为背景的蒙古风情园项目,加快南湖公园建设,努力打造具有民族历史文化特色的"工贸旅游区"。整顿和规范运输、商贸、旅游市场,积极发展新兴服务业,提升行业整体水平。

【社会事业】　科教方面,从国家、自治区、市科技局争取到位资金100万元,全部用作科研项目经费。重点做好农业技术推广和农业科技示范园建设,筹建一处较高档次的农业示范基地。积极着手申报国家科技示范旗县(区)的各项工作。投资600余万元用于改善学校硬件设施,茂林太小学、五里营小学教学楼交付使用,十二中多功能厅工程接近尾声,全区"D级"危旧校舍改造基本结束。向12所农村小学投入远程教育网络经费20万元,使现代远程教育网络彻底实现"村村通"。在"扶危帮困"和"两免一补"政策中,共有5 174名学生从中受益,涉及金额51万多元,使防流控缀工作效果显著。教学质量大幅度提高,2005年度玉泉区普高上线率高于呼市平均水平6.62个百分点。

【社会保障】　全年培训下岗失业人员6 075人。通过各种就业渠道安置6 208人,其中下岗失业人员达4 632人,包括"4050"人员1 168人,全面做好复转军人的安置工作。农村低保工作已经启动,全区累计发放低保金945.65万元,享受对象4 796户9 982人。制定《玉泉区农村医疗救助工作实施方案》,5名符合条件的农村重症患者得到救助。兴隆巷、小召等四个街道办事处建立"慈善超市",既方便周围群众及时捐助,又为社区困难群众解决实际问题。

【计划生育】　全年人口出生率9.2‰,较上年降低0.6个千分点。按甲级标准为三个乡镇服务站更新配齐B超、血尿常规仪器等设备。区、乡、村三级优质服务网落基本建成,育龄群众技术服务覆盖率达95%以上。在全市率先发放下岗人员独生子女费共计22 037.5元,为城乡其它符合政策家庭发放独生子女费共计87 855.5元。

【卫生】 疾病预防控制网络和突发公共卫生事件医疗救治体系建设得到完善,落实禽流感预防措施扎实有效。

(黄存祥 陈长青)

赛 罕 区

【领导名录】

区委书记:邢燕菊(女 4月离任) 李博宏(4月任职)

人大主任:赵连炳(蒙古族)

区　　长:康存耀(蒙古族)

政协主席:云东贵(蒙古族)

武装部长:杜化铭

政　　委:刘培成

【概况】 赛罕区地处自治区首府呼和浩特市东南,地理坐标为北纬40°36′~40°57′,东经111°40′~112°10′。周边分别与乌兰察布市、和林格尔县、玉泉区及新城区相接。总面积1 013.1平方公里,耕地面积4.66万公顷,其中基本农田保护面积3.73万公顷。全区人口36.3万人,其中非农业人口22万人。辖7个乡镇、5个街道办事处,设124个行政村、56个社区居委会,是一个以蒙古族为主体、汉族占多数的多民族聚居区。重新调整区界,新接收玉泉区小黑河乡2个行政村。

2005年,全区地区生产总值达114亿元,同比增长15.1%;财政收入完成14.3967亿元,同比增长40%,位列自治区101个旗县区第四。

【农牧业】 2005年第一产业增加值实现8.85亿元,同比增长21.2%。全区农作物播种面积完成40.31万亩,其中粮食作物播种面积30.6万亩,粮食总产量10.74万吨。小麦播种面积2.3万亩,产量3 991吨;玉米播种面积23.02万亩,产量9.67万吨。菜田面积5.72万亩,播种面积7.4万亩,蔬菜商品量2.5亿公斤。年度家畜存栏26.17万头(只),同比增长16.5%,奶牛存栏13.84万头,牛奶产量40万吨,同比增长7.9%。新建成东把栅、六犋牛、旭泥板等10个标准化奶牛养殖小区,配套建成综合服务站5处,奶牛养殖小区达到14处,现代化挤奶站266个,奶牛冷配站110个。新增有效灌溉面积2.8万亩,新增节水灌溉面积5.2万亩,新增水保治理面积3.57万亩。完成人工造林5 481亩,其中退耕还林工程5 000亩,首府平原绿地工程481亩。天保工程完成封山育林2万亩,大青山生态建设精品展示工程补植2万亩。

【工业】 全区规模以上工业企业完成现价工业总产值51.37亿元,实现现价工业增加值9.60亿元,产销率达到101.52%。其中金桥开发区完成现价工业总产值39.55亿元,实现现价工业增加值5.46亿元,产销率102.73%。独立核算工业完成产值2.4亿元,实现增加值0.88亿元。乡街企业完成增加值26.2亿元,其中完成工业增加值9.998亿元。全年完成工业固定资产投资29.2亿元,工业引资到位23.7亿元。金桥开发区工业一区基础设施达到"七通一平",工业二区基础设施达到"五通一平"。入区工业企业达到33家,金桥热电厂、蒙昆卷烟厂相继开工建设,天野化工甲醇、聚甲醛项目,中石油呼和浩特分公司技改项目陆续上马,石化、电力、卷烟、印务、制药等支柱产业得到进一步巩固,开发区招商引资和项目承载能力进一步增强。

【城市建设】 以实现"中变化"为目标,全面推进旧城区改造,拆除危旧平房3.75万平方米,新建面积60.7万平方米。启动并实施讨号板、徐家沙梁村"城中村"改造。完成山丹路西段、富裕巷等14条小街巷道路改造,改造长度7公里,铺装整新便道2.3万平方米。绿化、美化51条小街巷,栽植树木14 400株。加强村镇规划建设管理,完成巧报村、双树村等5个村的房屋普查和建档工作,为城中村改造的全面实施提供基础数据。拆并供暖锅炉13台,拆除改造浴炉27台。狠抓农村建房管理,制止违法建房178户,拆除违法建房9.6万平方米、地基4.2万平方米,确保重点改造项目的顺利实施。限期完成敕勒川大街、腾飞大道征地拆迁工作,保证自治区党委政府的按期入驻。完成通村公路建设55.9公里,计划外小油路48.3公里。

【教育】 对17所学校危旧校舍实施改造,改建扩建面积2.85万平方米,消除D级危房8 248平方米,办学条件得到进一步改善。撤点并校工作有序推进,教育资源布局更趋合理。自治区高等职业教育园区正式启动。

【人民生活】 城镇居民人均可支配收入达12 260元,同比增长23%;农民人均纯收入达5 896元,同比增长16.6%。

【就业 社会保障】 实现就业再就业6 385人,安置"4050"人员1 022人,城镇登记失业率控制在目标范围之内。扩大社会保障覆盖面,失业保险参统人数达到9 610人,基本养老保险扩面及续保完成2 642人。率先开展农村最低生活保障制度工作,进一步提高城镇居民低保标准,城乡新增低保户1 028户2 628人。桥靠、双树、如意和3个村2 206人首批参加社会基本养老保险。农村新增低保人数1 256人。率先开展"城中村"失地农民参保工作,桥靠、双树、如意和3个村2 206人首批参加基本养老保险。

(赵剑峰 王永强)

土默特左旗

【领导名录】

旗委书记:云忠义(蒙古族)

人大主任:张 焕

旗 长:云根亮(蒙古族)

政协主席:李建新

武装部长:孙毅刚(蒙古族)

政 委:霍中康

【概况】 土默特左旗地处内蒙古自治区中部、大青山南麓富饶的土默川平原上,地理坐标为北纬40°26′~40°56′,东经110°47′~111°48′。东临呼和浩特市市区,西与包头市土默特右旗毗邻,南连和林格尔县和托克托县,北依大青山与武川县接壤。辖区总面积2 712平方公里,辖5镇11乡,321个行政村,456个自然村,总人口349 756人,是一个以蒙古族为主体,汉族占大多数,回、满、达斡尔等17个民族和睦相处的多民族聚居旗。察素齐镇是旗人民政府所在地,东距呼和浩特市48公里,西距包头市98公里。

2005年,全旗地区生产总值达54.1亿元,比上年增长22.2%。其中第一产业增加值13.4亿元,比上年增长17.6%;第二产业增加值20.4亿元,比上年增长40.8%;第三产业增加值20.3亿元,比上年增长9.3%。财政收入完成3.1亿元,比上年增长48.4%。引进国内资金23.3亿元,比上年增长115%。固定资产投资完成44.1亿元,比上年增长216.1%。

【农业】 全旗农作物总播面积102.1万亩,其中粮食作物种植面积75.4万亩,经济类作物种植面积13万亩,饲草类作物种植面积13.7万亩。

【畜牧业】 牧业年度牲畜存栏73.1万头(只),同比增长20.2%。全旗奶牛存栏达20.1万头,比上年增长33.1%;年产鲜奶总量65.2万吨,比上年增长55.2%;新建奶牛小区8个,总数达35个,奶牛入区率达10%以上,全年筹集奶牛风险金121.2万元,发放补偿金153.8万元。奶牛业发展成为全旗的支柱产业,是全国最大的县级奶源基地。

【工业】 2005年,全旗全部工业增加值完成14.2亿元,比上年同期增长16.1%;规模以上工业增加值完成3.2亿元,比上年同期增长41.3%;规模以上工业经济效益综合指数达161%,同比增长3个百分点。

【林业】 全年共完成人工造林6.7万亩。全民义务植树88万株,完成退耕还林工程1.8万亩、天然林保护工程6.5万亩,三北四期防护林工程2.5万亩。

【水利建设】 新增有效灌溉面积4.8万亩,新增节水灌溉面积9.6万亩,新增水保治理面积4.7万亩。解决1万人、2.9万头(只)牲畜的饮水困难。红领巾水库除险加固工程顺利完工,五一水库除险加固工程完成全部工程量的75%。万家沟水库收尾工程进展顺利,海流和二道凹水库除险加固工程已由国家批准立项。

【城镇建设】 全年城镇建设共完成投资9 555万元,重点实施察素齐镇敕勒川大街、长安东街和中山北路改造工程,共完成拆迁3.3万平方米,新增建筑面积9.4万平方米,硬化道路3.1万平方米,铺设雨水、污水管道2 990米,新增绿化面积3.67万平方米。

【交通】 土默特左旗至和林格尔县际公路、毕克齐至北什轴公路、110国道至波林岱公路建成通车,陶思浩至北什轴公路完成路基和桥涵工程。建设总投资达4 530万元。

【招商引资】 全年共引进各类项目44个,实际到位资金23.3亿元,比上年增长115%,完成市级下达任务的120.1%,其中引进区内资金16.5亿元,同比增长141%,引进区外资金6.8亿元,同比增长70.3%。

【科技】 继续深入实施"百万农民科技培训工程",全年共推广农牧业适用技术22项,举办各类培训班3 572期,培训36.2万人(次)。

【教育】 全旗中小学在校生人数达50 000人。高考上线率达77.4%。投资3 000万元完成40所中小学的危房改造工程及民中教学楼和学生宿舍楼、三中教学楼、铁帽中学教学楼的建设工程。排危面积和建筑面积分别达14 738和22 685平方米。全面贯彻落实国家"两免一补"政策。2005年,共为30 360名农村贫困学生发放补贴金313万元,受助率达65.3%。

【文体】 以建设民族文化大旗为目标,大力推进文化产业发展,成功举办了第三届敕勒川旅游文化节和全旗农民运动会。

【人民生活】 2005年,城镇居民人均可支配收入和农民人均纯收入分别达到8 385元和5 258元,分别比上年增长21.6%和19.3%;城乡居民储蓄存款余额达11亿元,比上年增长41%;社会消费品零售总额达11.5亿元,比上年增长34.6%。

【社会保障】 各项社会保险覆盖面达1.5万人。城镇居民最低生活保障实现应保尽保,全年发放低保金260万元,43 191人(次)得到救助。全年实现就业再就业3 348人,安置下岗失业人员2 145人,为下岗失业人员发放小额贷款311万元。城镇登记失业率稳定控制在3%以内。

【农牧业产业化经营】 全年新增市级龙头企业3个。全旗农牧业产业化加工企业实现销售收入9.7亿元,比上年增长37.9%,实现增加值3.2亿元,比上年增长38%。农牧业产业化加工企业利润总额达1.2亿元。农牧业产业化经营共带动5.4万户以上农民进入产业链,农民人均从产业化经营中得到的纯收入约为3 500元,占当年农民人均纯收入的66.2%。

【乌兰夫故居红色旅游项目】 2005年,乌兰夫故居被列入全国红色旅游重点建设项目。投资110万元对故居原有陈设进行全新布置,新建展室、音像厅、书画厅、水塔、餐厅、办公室、接待室等,修筑仿古墙400米,并进行全面的绿化、美化、亮化。修缮后的乌兰夫故居占地面积由原来的1 980平方米扩大到10 560平方米。成为全旗旅游项目的亮点。

【金山开发区】 全年完成基础设施建设投资3.9亿元,建成道路总长27公里,埋设供水管道20.5公里,架设输电线路21.7公里。供暖、通讯、绿化、美化、亮化工程日益完善。全年新引进项目15个,协议引进资金13.4亿元。实现工业总产值12.8亿元,完成工业增加值4.2亿元,固定资产投资完成29.5亿元,实现财政收入12 457万元。形成以电力、化工、建材、包装、乳业、生物制药、高新技术为主的主导产业。

(张贵英)

托克托县

【领导名录】

县委书记:韩钊(蒙古族 4月离任) 燕天才(4~8月任职) 孙建国(8月任职)

人大主任:蔡永旺

县　　长:燕天才(4月离任) 斯钦毕力格(蒙古族 8月任职)

政协主席:康小虎(蒙古族)

武装部长:赵克明

政　　委:郭武平(2月离任) 苑兆臣(2月任职)

【概况】 托克托县隶属内蒙古自治区首府呼和浩特市,地处大青山南麓、黄河上中游分界处北岸的土默川平原上,位于北纬40°5′55″~40°35′15″,东经111°2′30″~111°32′21″之间,总面积1 313平方公里,辖6乡3镇,13个居民委员会,120个村民委员会。全县居住着23个民族,总人口为19.5万人。

2005年,全县地区生产总值完成635 897万元,较上年增长36.1%,人均GDP达32 406元。财政收入完成105 230万元,较上年增长82.1%,连续三年实现翻番,位居全区69个旗县第三位。城镇居民可支配收入8 910元,比上年增长26%,农民人均纯收入4 907元,较上年增长21%,固定资产投资完成95 300万元,比上年增长38.5%。在全国第五届县域经济基本竞争力评价中,首次跨入西部百强县行列,位居第57位。"十五"计划实施的五年,托克托县由国家级贫困县跨入全区一流旗县行列。

【农业】 2005年,农业总产值完成4.4亿元,较上年增长9%;粮食总产量完成20.3万吨,较上年增长17.1%。牲畜总头数达48.7万头(只),年末奶牛存栏7.4万头,新增1.5万头,鲜奶产量达到24万吨。新建规模以上奶牛养殖小区(场)10个,总数达33个。完成专用玉米种植20万亩,经济作物种植11.7万亩,饲草种植10万亩。新增玉米、红萝卜等无公害农产品4万亩,累计认定无公害农产品生产基地25万亩。全年发放粮食直补、农机具补贴款327万元。全年共投入2 265万元,完成各类水利防汛工程3 464座(处),改造中低产田3万亩,全县保灌面积达到52万亩。解决了1.2万人、1.5万头(只)牲畜的饮水问题。人工造林3 255亩,植树70万株。

【工业】 全县工业增加值完成35亿元,占全县地区生产总值的54%,较上年增长91%。其中,规模以上工业增加值完成30亿元,较上年增长95%。大唐托电、石药中润、华蒙金河三户企业进入自治区60户重点企业行列。

【基础设施】 编制托克托县城镇空间发展战略规划,完成托县工业园区总规和新镇区、园区生活服务区的控制性详规。腾飞大道完成路基工程,部分路段铺油。维修改造双河北路、云中南北路、新坪路,硬化12条居民巷道。完成城区污水处理厂基础工程。

编制全县交通道路图,完成柳二营—黑城、马士夭—坝上、主力汗—大井壕三条油路的勘察设计。全长31.5公里的沿黄公路已完成路基工程,新建改造村级道路53公里。城区公交启动运营,公路养护进一步加强,平均好路率提升到80.2%。呼准铁路、呼城高速公路建设进展顺利。全县"五纵四横一环线"的交通网络基本形成。

【科技】 继续实施百万农民培训工程,累计培训17万人次。建成和完善农业科技示范园区18个,引进推广新品种、新技术39项。组建科技专家服务团,启动科技信息服务网络。2005年,被评为全国科技进步先进县。

【教育】 教育资源得到合理整合,公开选聘202名优秀教师,撤并5所乡镇中学、11所农村小学。累计投入5 900万元,新建、扩建中小学校舍5万多平方米。在全市率先实行免费九年制义务教育。全年共发放助学济困资金80万元,奖励资助学生530名。

【计划生育】 制定出台《关于进一步加强人口和计划生育工作的决定》,实行计划生育独生子女户养老保险和农村部分计划生育户奖励扶助政策。计划生育工作利益导向机制进一步健全,县、乡、村三级服务网络逐步完善,低生育水平得到巩固。

【社会保障】 全面启动工伤保险、生育保险。启动农村特困家庭医疗救助制度,建立以农村五保户、残疾人特困户为主的农村最低生活保障制度。城镇居民最低生活保障实行分类施保,实现应保尽保。全县城镇、农村享受低保人数分别达6 234人、4 571人,全年共发放低保金623万元。建立托县工业园区人才劳动力信息网站,积极协调金融部门为下岗职工发放小额贷款500万元,全年实现就业再就业2 425人,组织劳务输出1.1万人,城镇登记失业率控制在4%以内。启动实施住房公积金制度。

解决企业转制遗留问题。制定出台了解决农牧林水系统企业运行和职工安置方案、粮食系统购销企业转制方案,筹集资金965万元,妥善安置职工327人。

【托电工业园区建设】 工业园区全年完成总投资93.2亿元,其中,工业固定资产投资完成89.7亿元。工业总产值完成54.5亿元,较上年增长50%。上缴税费7.9亿元,对全县财政的贡献率达75%。

大唐托电、石药中润、中禾、中抗、华奥、金达威、乾丰工大7户企业建成投产。大唐托电发电机组累计达到6台,年完成发电量155亿千瓦时,占北京市用电总量的三分之一。升华拜克、中牧金河已具备生产条件。大唐托电四期、园区自备电厂、蒙丰特种钢、金河五期、健隆玉米淀粉、华奥化工二期6个项目在建,总投资100亿元。

全年投入3.5亿元,重点建设9项基础设施工程。园区基础设施建设累计完成投资7.35亿元,建成区面积达到11平方公里。

【县属企业良性发展】 县属规模以上中小企业达到9户,全年工业总产值完成19.5亿元,较上年增长47%。工业增加值完成6.5亿元,较上年增长50.8%。全年共投入技改资金3.41亿元。

【千村扶贫工程】 全年投入各类扶贫资金462万元,稳定解决了4 000名贫困群众的温饱问题。

(卢玉忠 刘永前)

和林格尔县

【领导名录】

县委书记:王恒俊(蒙古族)

县　　长:刘文玉

人大主任:孟　斌

政协主席:伊明世(蒙古族)

武装部长:任义刚

政　　委:李邦虎

【概况】 和林格尔县位于自治区中南部,全县总面积3 401平方公里,辖11乡2镇、1个经济园区、145个行政村,总人口184 249人,总户数5万多户;总耕地面积99万亩;地形地貌多样,山、丘、川兼备,属内蒙古高原向黄土高原的过渡地带,素有“五丘三山二分川”之说。和林格尔县地缘优势突出,自古以来就是内地与北疆的交通要道,处于呼包鄂“金三角”经济区域,区位优势明显;全县交通便利,大准电汽化铁路横穿东西,209国道纵贯南北,102、209省道及和羊蒋、和托、和凉公路等呈网格状分布,全县实现了乡乡通油路,内外联系快速便捷。

2005年,全县地区生产总值完成60亿元,同比增长35.4%;财政收入完成5.32亿元,完成年度目标4.5亿元的118%,同比增长55%;规模以上工业增加值完成34亿元,完成年度目标27亿元的119%,同比增长45%;固定资产投资完成37亿元,完成年度目标36亿元的103%,同比增长85%;城镇居民人均可支配收入达到8 518元,较上年纯增1 466元,完成年度增收目标1 000元的147%;农民人均纯收入4 390元,较上年纯增861元,完成年度增收目标600元的140%。

【农业产业化】 2005年,乳、肉、薯、沙棘柠条产业成为农民稳定增加收入的主导产业。乳产业数质并举,全县奶牛养殖户达1.4万多户,奶牛饲养量达11.1万头,比2004年增加2.7万头,鲜奶产量达42.8万吨。蒙羊肉业公司已竣工投产,在龙头企业的拉动下,全年购进小尾寒羊10万多只,肉羊存栏51.6万只,年出栏肉羊达到50.4万只,建成养羊小区14处,肉羊专业村达115个,基地建设覆盖农户2.1万户。马铃薯种植面积达25.5万亩,生产鲜薯18.5万吨。引进瑞典康莱纳公司调味品和变性淀粉项目,厂房主体已竣工。沙棘、柠条产业稳步发展。全县有75%以上的农户融入到农业产业化经营中,农民人均来自产业化经营的纯收入3 000多元。2005年和林格尔县被国家农业部、发改委等八部委授予"全国农业产业化先进集体"称号。

完成中低产田改造3万亩;改造拓宽11.3公里的园园公路;完成盛乐经济园区至巧什营21.4公里的通道绿化任务。

【城镇建设】 投资100多万元对城镇总体规划重新修编,规划面积68平方公里,并对城关镇部分区域制定详规,为今后城镇发展提供依据。成立和林格尔县国有独资城发公司,为城镇发展打造融资平台。红卫街改造已基本完工,小街小巷、公厕改造进展顺利,进一步解决群众行路难、排水难、照明难等问题;金三角综合批发市场竣工运营;滨河大道带状公园、西大桥周边环境整治工程顺利进行;房地产业快速扩张,新建成住宅楼12.2万平方米,其中盛乐星城、盛春园住宅小区一期工程已完工。2005年,城关镇被评为"全国小城镇建设示范镇"。

【基础建设】 退耕还林工程完成退耕地造林1万亩,荒山荒地造林2.89万亩;天保公益林建设工程完成飞播造林3.05万亩,封山育林9万亩;新造道路绿化林1万多亩,补植造林13.04万亩;日元贷款风沙治理项目启动实施;农林网建设进展顺利;全年解决13 700人和35 200头(只)牲畜的饮水困难问题;石咀子水库除险加固工程完成大坝及溢洪道建设,年内可蓄水。完成盛乐经济园区至公喇嘛公路扩建工程和盛乐经济园区至巧什营公路建设扫尾工程,实现乡乡通油路的目标;新修和改造乡村公路125公里,整修乡村公路125.5公里。

【旅游业】 以盛乐百亭园和盛乐经济园区为重点,全年共接待游客51.5万人次,同比增长29%,其中盛乐百亭园接待15.3万人次,旅游收入达5 800万元,同比增长29%。盛乐百亭园成功举办了"2005中国旅游年·内蒙古首游式"和"首届盛乐金秋文化周"活动,被评为"全区文明旅游风景区"和"全区环境保护教育基地"。在旅游业的带动下,第三产业得到较快发展,餐饮、交通运输、金融保险、商贸流通及通讯等行业保持良好的发展势头。消费需求扩大,全社会消费品零售总额达6.1亿元,同比增长49%。2005年,第三产业增加值完成11亿元,同比增长12.8%,首次超过第一产业增加值。

【招商引资】 全年引进区内外资金24.5亿元,完成年度任务23亿元的106.5%,其中引进区外资金11.72亿元,完成年度任务11.7亿元的100.2%;引进区内资金12.77亿元,完成年度任务11.3亿元的113%;引进外资1.28亿美元,完成年度任务5 000万美元的256%。全年续建、新建、拟建项目36个,其中:区外项目17个,区内项目19个。蒙牛五期工程、蒙羊肉业一期工程、伯凯欧斯达糠醛厂等企业已投产;石材开发与加工项目、盛乐星城、铁骑集团、康莱纳公司、绿蒂种业加工、蒙泰大地饲料、天鸿制药等在建项目进展顺利;蒙牛乳业公司和阿拉·福兹公司合资项目、蒙牛六期、北方柯达印务中心外包装及印刷项目、盛乐环保污水处理厂二期工程等项目完成了前期工作。项目的引进有力地促进工业经济的发展。

【石材产业】 共有13家企业开始探矿或开采,有7家加工企业加工生产板材11万平方米。石材加工区完成初步规划、可研和立项工作,有3家企业计划入区建设大型加工厂。

【电力产业】 4×60万千瓦的和林格尔电厂完成项目的内审、初审、可研评审和收口等工作。2×13.5万千瓦的盛乐热电联产项目完成前期大部分工作,已与业主签订协议。

【科技】 围绕乳、肉、薯等重点产业,开展"百万农民科技培训工程",共培训农民8万人(次),并成功启动了"96048"科技服务热线,开通科普大篷车电视专栏。

【教育】 认真实施"危房改造工程"、"优质高中建设工程"和"教育信息化建设工程",完成二中教学楼和蒙小宿舍楼建设任务,新聘用高中教师37名、中小学教师26名,充实教师队伍,全县高考本科上线人数488人,比2004年增加62人,高考升学率连续四年在全市5个农业旗县名列第一。

【文化】 成功举办"同一首歌"和"乡村大世界"大型演出活动,举办"昭君出塞"剪纸展;有线电视传输网络得到了改造,扩大覆盖面。

【卫生 计划生育】 公开招聘了60名医防保人员。人口和计划生育工作各项指标圆满完成,优质服务全面推进,独生子女、双女户奖励费足额兑现,"全区计划生育奖励扶助首发式"在和林格尔县成功举行,符合政策生育率达到98.1%,比市责任目标提高3.1个百分点;人口出生率9.53‰,比市责任目标降低0.47个千分点。

【社会保障】 全年实现就业和再就业2 594人,下岗失业人员实现再就业1 328人,城镇登记失业率控制到2.5%以内,养老保险参统人员达10 035人,征缴基金完成2 001万元,分别完成任务的100.3%和100%;企业离退休人员基本养老金按时足额发放;基本医疗保险参统人数达11 000人,征缴544万元,参保人数达3 479人;开展农村医疗救助和特困大学生救助工作。"整村推进直接扶贫到户工程"和农村劳动力转移工作取得明显成效。2005年,城镇居民人均可支配收入、农民人均纯收入都有较大幅度增长。

(白 皓)

武 川 县

【领导名录】

县委书记:狄瑞明
人大主任:彭德柱
县　　长:常志刚(蒙古族)
政协主席:宋征和
武装部长:东　光(蒙古族 4月离任)
政　　委:闫钟鹏

【概况】 武川县位于内蒙古自治区中部、大青山北麓,是首府呼和浩特市所属五个旗县之一,辖区总面积4 885平方公里,县境东西长约110公里,南北最宽约60公里。县境东南部和南部与呼市新城区、回民区和土左旗相连,西南和西部与包头市土默特右旗、固阳县毗邻,北部与达尔罕茂明安联合旗、四子王旗接壤,东与乌兰察布市卓资县交界。武川县辖13个乡3个镇,93个行政村,964个自然村,总人口17.1万人,其中农业人口14.7万人,蒙古族占1.8%,汉族占98%,其他少数民族占0.2%。全县耕地面积190万亩,有天然优质草牧场373万亩,其中淖尔梁天然牧场为自治区极少见的高山湿地,有林地275.23万亩,森林覆盖率14.19%。

2005年,全县地区生产总值完成19.2亿元,增长13.3%;第一产业因遭受严重旱灾,完成增加值4.6亿元,减少26.9%;第二产业完成增加值9.18亿元,增长49%;第三产业完成增加值5.5亿元,增长19.5%;财政收入完成7 600万元,增长36.89%;城镇居民人均可支配收入7 280元,增长19.24%;农民人均纯收入旱灾之年仍实现2 000多元。

【农村经济】 2005年完成120万亩无公害农产品的产地认定,传统优势农产品的市场竞争力进一步增强。完成9.4万亩机械化保护性耕作、16万亩密植薯种植、加拿大援华小农户适应全球市场项目、铃田生物技术等项目建设,扶持广源植物油厂二期建设和赛克植物油厂转制技改,扶持马铃薯淀粉加工企业技改扩建。引进优质基础母羊1.3万只,优质种公羊2 100只,建成100只以上的育肥羊养殖户169户,建成规模化养殖场9个,育肥羊养殖初具规模。

【林水】 全年完成退耕还林1万亩,荒山造林2.2万亩,天保封育1万亩,补植造林8万亩,并采取切实有效措施,保护生态建设成果。全年新打各类机电井140眼,新增灌溉面积3.2万亩,建设节水工程12处,新增节灌面积5.6万亩。

【工业经济】 2005年到位资金9.25亿元,比上年增长85%。川镁金属镁项目地标工作进展顺利;金石矿业项目完成投资2 000多万元,形成年产20万吨产品的生产规模。冀东水泥完成投资3.6亿元。铁精粉产量达46万吨,成为县财政增收的主要增长点。工业园区水、电、路等基础设施建设更趋完善。加大矿产资源整合、勘查力度,治理整顿矿产资源开发秩序,为招商引资上项目奠定基础。2005年工业总产值实现18.5亿元,比上年增长74.5%;工业企业效益综合指数达到177%,同比提高67.2个分值。

【城镇建设】 2005年,武川县总投资1.3亿元,县城可镇南北大通道开工建设,完成投资1 600万元。武中前街道路改造工程如期完工;青山路街景整治工程取得初步成效;县城主要街道绿化带树种全部更新。开发建设集美、建业、康庄住宅小区。青山园改建工程顺利实施。完成北大街道路改造工程的规划、设计。

【固定资产投资】 全县固定资产投资完成18.3亿元,同比增长125.8%。投资860万元,完成西乌兰不浪—圪妥公路,武川—固阳县际公路和哈—西段续建工程;新呼武路可研立项等前期工作全部完成。头号水库除险加固工程、昆都仑供水工程建成投入使用。农业综合开发土地整理项目顺利完成。投资2 150万元的可镇集中供水续建工程如期完工。呼和浩特抽水蓄能电站完成项目预可研审批等各项前期工作,2005年投入建设资金4亿多元。完成三合井22万变电站、工业园区11万变电站二期工程及可镇城区电网改造工程,经济发展的承载能力进一步增强。投资2 700万元的集中供热一期工程完工,实现供热面积12万平方米。

【旅游业】 按照"发展大旅游、开拓大市场、形成大产业"的思路,以打造首府后花园,将武川建设成"生态文化旅游城镇"和全国旅游名县为总体发展目标,本着红色旅游和绿色旅游并举、特色旅游和生态旅游并重的宗旨,加大招商引资力度,旅游项目开发建设成效显著。哈达门高原牧场旅游区一期工程完成,具备接待游客能力。淖尔梁高山湿地草原和得胜沟红色旅游区整体规划开发顺利推进,旅游业发展初现生机。

(杨　栋)

清水河县

【领导名录】

县委书记:张　亮
人大主任:王　耀
县　　长:苏日勒格(蒙古族)

政协主席：邢振悦

武装部长：高宏飞

政　　委：杨杰耀

【概况】 清水河县位于内蒙古自治区中部，属呼和浩特市管辖。地理坐标为北纬 39°35′0″～40°12′30″，东经 111°18′45″～112°07′30″。东南以古长城为界，与山西省平鲁区、偏关县接壤，西濒黄河与鄂尔多斯市准格尔旗隔河相望，北邻浑河、古力畔几河与和林格尔县相连，西北与托克托县毗邻，109、209 两条国道从县境内穿越而过，大准（大同—准格尔）铁路横贯西北。全县总面积2 859平方公里，境内水土流失严重，属典型的黄土高原丘陵沟壑山区。全县辖 3 镇 8 乡，108 个村（居）委会，780 个自然村。全县总人口13.6万人，其中非农业人口2.03万人，境内居住着汉、蒙、回、满等 12 个民族。全县人口出生率和人口自然增长率分别6.85‰和3.93‰。

2005 年，全县地区生产总值达到12.29亿元，同比增长15.4%，其中第一产业增加值达3.1亿元，比"九五"期末增长38.8%；第二产业增加值达4.0亿元，比上年增长55.6%，比"九五"期末增长94.9%；第三产业增加值达到5.2亿元，同比增长11.3%；全县财政总收入完成8 475万元，比上年增长39.5%，其中地方财政收入完成4 376万元。城镇居民人均可支配收入和农民人均纯收入分别为6 200元和3 282元，比上年分别增长18.3%和27.1%。

【农业】 2005 年，全县粮食总产达70 501吨，油料总产量800万公斤。

【畜牧业】 牧业年度，全县牲畜存栏25.1万头（只），其中奶牛饲养头数4 200头，养殖业由传统的散养转向科学精养。

【工业】 年内全县独立核算工业企业完成工业增加值22 272万元，同比增长74.5%，工业经济成为全县的主导财源。

【生态建设】 全年完成退耕还林任务1.23万亩，荒山荒地造林5.48万亩，义务植树 38 万株，补植6.8万亩，天保飞播造林3.3万亩，封育7.2万亩。全年新增有效灌溉面积1.2万亩，发展节水灌溉面积2.4万亩。世行二期贷款、水保国债以及浑河项目顺利推进，黄河淤地坝项目全面启动。全年完成水保治理面积15.6万亩，建成坝系工程 16 座，新开工淤地坝 9 座、骨干坝 6 座。是年，完成石峡口水库除险加固工程建设。

【基础设施建设】 全年配套机电井 17 眼，新打筒井 22 眼，稳定解决了 1 万人、3 万头（只）牲畜的饮水困难。全县有一半以上的城乡居民吃上安全卫生的自来水。至 2005 年，全县黑色公路发展到214.6公里，乡镇公路达到370.3公里，全县新建 220KV 变电站一座、110KV 变电站 3 座，"中国移动"、"中国网通"通讯覆盖面达80%以上。

【招商引资】 2005 年，一期工程投资10.9亿元的焦化甲醇一体化项目已经奠基动工。此外，众源公司电石炉、同蒙化工公司乳化粉状炸药、蒙神生态资源综合开发、可食可健豆制品加工、鸿宇淀粉精加工等项目相继开工实施，为全县经济社会跨越式发展积累强大后劲。"十五"时期，全县实际利用外资 184 万元，引进区内外到位资金11.1亿元。

【卫生】 全县拥有医疗卫生机构 19 个，病床 200 张，卫生技术人员 350 人。

【社会保障】 全县实现就业和再就业7 606人，其中安排下岗失业人员3 931人，为下岗失业人员支出再就业补助资金 318 万元；全县有4 169人纳入低保范围，其中享受城市低保人员1 500人，农村低保人员2 696人，全年发放低保资金 139 万元。全县养老、失业保险基本实现全覆盖，医疗保险统筹覆盖率达92%以上。

（姜培成　李忠强）

包　头　市

【党政军领导名录】

市　委

书　记:邢　云

副书记:苏青(蒙古族)　杨建和　哈达(蒙古族)　廉素

常委:董汉忠　杜守纲　张俊华(蒙古族)　巴建光(蒙古族)　闻荣友　红洁(女　蒙古族)　苏誉　曹文华(11月任职)　陈其满(12月离任)　李迎会(12月任职)

人　大

主　任:赵道尔基(蒙古族)

副主任:张清河　邱荣庆(12月免职)　赵胜利　格日勒(女　蒙古族)　韩文正(11月免职)　王庆增　白同伦(回族)　李广斌(3月任职)

政　府

市　长:苏　青(蒙古族)

副市长:杜守纲　闻荣友　朱蒙　郝茂荣(蒙古族)　云文霞(女　蒙古族)　李逢春　王智　程刚　胡景星　张继平　李东

政　协

主　席:李玉然(女)

副主席:李伟　牛长贵(11月离任)　张秀峰(12月离任)　道尔吉(蒙古族)　侯晓菊(女)　张生　王金陵(女)　侯焕明　李秉荣　奇福海(蒙古族　3月任职)　巴特尔(蒙古族　3月任职)

纪检委

书　记:廉　素

政法委

书　记:张俊华(蒙古族)

军分区

司令员:陈其满(11月离任)　崔浩强(11月任职)

副司令员:高冬生(11月离任)　王自成(满族　11月任职)

政　委:李迎会(12月任职)

副政委:王青山(蒙古族　4月离任)　王耀民(11月任职)

参谋长:王自成(满族　11月离任)　张伟智(11月任职)

政治部主任:王耀民(11月离任)　鲁巴特(蒙古族　11月任职)

【概况】　包头市地处内蒙古自治区西部,地理坐标为北纬40°15′~41°29′、东经109°22′~110°07′。位于蒙古高原南端,南濒黄河,东西两侧有沃野千里的土默川平原和河套平原。阴山山脉横贯市境中部。市境东与呼和浩特市土默特左旗、托克托县接壤,西同巴彦淖尔盟乌拉特前旗、中旗毗连,南与鄂尔多斯市达拉特旗隔(黄)河相望,东北接呼和浩特武川县,北与蒙古国接壤。东西宽145公里,南北长140公里。总面积2.77万平方公里,东距呼和浩特市180公里。总人口243万人。

2005年全市生产总值848.7亿元,增长2.5倍,比上年增长22.7%,人均生产总值达4 100美元。三次产业比重由8:60:32调整为4:54:42,经济结构更趋合理。财政收入由27.3亿元增加到102.2亿元,增长2.7倍,成为自治区第一个财政收入超过百亿元的城市。城镇固定资产投资由53.9亿元增加到498.2亿元,累计完成1 240亿元,是"九五"时期的5.5倍。实施121个投资亿元以上重大工业项目,钢铁、铝业、装备制造、电力、煤化工、稀土"六大基地"和优势产业集群不断壮大,规模以上工业增加值由80.5亿元增加到300亿元,增长2.7倍。售电量由67.7亿千瓦时增加到141.8亿千瓦时,增长1.1倍。城乡市场繁荣兴旺,社会消费品零售总额由87.6亿元增加到290.1亿元,增长2.3倍。资金流量由354亿元增加到3 650亿元,增长9.3倍。奶牛由不足1万头发展到41万头。中直区直大企业、稀土高新区、旗县区、市属企业竞相发展,形成合力拉动经济增长的格局。2005年,包头市生产总值、财政收入、城镇固定资产投资占自治区的比重分别比2000年提高了4.7、1.4、6.3个百分点,主要经济指标总量继续保持自治区第一;综合实力位居中国百强城市第34名;在全国中西部地区185个地级以上城市中,全市生产总值排第15位,地方财政一般预算收入排第14位,城镇居民人均可支配收入排第2位,比有统计对比指标的2001年分别前移42位、4位和59位。

【农业】　2005年,包头市旱情严重,农业受灾面积261.9万亩,占总播面积的55.5%,直接经济损失达1.6亿元;草场受灾面积2 122万亩,占全市草场面积的85.6%,直接经济损失8 000万元。全年完成产业增加值31.6亿元,同比增长6%。粮食产量仍达8.5亿公斤。

【畜牧业】　畜牧业发展较好,奶牛存栏达41万头,较上年增加

7.9万头，奶产量达106.2万吨，较上年增长57.5%；肉类总产量达9.6万吨，较上年增长31.1%。全市农牧民人均纯收入4 667元，增长12.85%。

【工业】 2005年工业增加值完成431.8亿元，同比增长28.8%，其中规模以上工业实现增加值300亿元，同比增长32.4%；产销率达98%，与上年基本持平；实现产品销售收入803.1亿元，同比增长31.2%；实现利税68亿元，同比增长22.8%；综合效益指数达171，较上年提高25.3点。钢铁、铝业、装备制造、稀土、电力、化工等六大优势产业成为全市工业经济发展的主要支撑力量，共实现产值722.1亿元，占全市工业产值的83.3%，对全市工业增长的贡献率达86.5%。包钢5号高炉、7号和8号焦炉、140万吨位冷轧薄板、华业特钢一期30万吨位不锈钢、包铝三期技改、晶牛浮法玻璃二期、东华热电两台30万千瓦供热发电机组等一批重点项目相继建成投产，为打造"六大基地"奠定了坚实的基础。

【农牧业产业化】 全市已有国家级、自治区级和市级龙头企业20家，销售收超百万元的农畜产品加工、销售收入超500万元的农畜产品流通企业达143家，共实现增加值43亿元，同比增长3%；完成销售收入158.5亿元，同比增长13%，上缴税金6.7亿元，同比增长22%；带动农户10.5万户，较上年增加7 000户；全年农牧民来自产业化方面的收入达2 750元，占当年农牧民人均纯收入的59%。

【基础设施建设】 包头市城市5年中基础设施建设投资累计完成350亿元，实施城市景观绿化、亮化、美化和道路、城市出入口、地下管网改造等建设工程。道路完好率由"九五"末的不足40%提高到90%以上，路灯装置率由55%提高到76%，建成区绿化覆盖率由30.2%提高到35%，人均公共绿地面积由7.1平方米提高到10.6平方米。建成北绕城高速公路、机场高速公路等一批重点项目，全市乡际油路(水泥路)通达率达84%。城乡居民居住条件不断改善，城镇居民人均住房建筑面积达27平方米，农牧民人均住房面积达26.1平方米，均高于全国平均水平。实施饮水健康、空气清洁、环境安全、生态恢复四大工程。

【固定资产投资】 全年全社会固定资产投资累计完成560亿元，同比增长38%，2005年内完成的投资额比"九五"投资总和多1.5倍，是2000年的9.3倍。其中，城镇以上固定资产投资完成501亿元，同比增长47%，继续高踞自治区第一位，占自治区投资总量的19%。固定资产投资结构进一步改善，农业、服务业等薄弱环节得到加强，技术改造力度加大，工业投资中技改投资比重达44.3%，比上年提高5.8个百分点；城建、交通、电力等基础设施和基础产业投资继续加强解。

【环境保护】 在全市工业经济大幅增长的同时，环境污染得到有效控制，万元生产总值工业废水排放量由27.3吨降低到6.4吨，大气氟化物排放量由4 148吨降低到1 763吨，烟尘控制区面积由70.5平方公里增加到148.8平方公里。2005年全市空气质量二级以上良好天数达256天，比开始实施空气质量日报的2003年增加了146天。先后荣获"迪拜国际改善居住环境最佳范例奖"、"联合国人居奖"、"中华环境奖和国家园林城市"称号。

【交通】 2005年，增加市区公交线路，更新公交车辆近300台、客运出租汽车3 200台。

【科技】 包头市本级累计五年投入应用技术研发资金9 820万元，比"九五"期间增长1.1倍，完成地市级以上科技成果1 200余项，加强与中科院、清华大学等院校的产学研合作，科技成果向现实生产力转化进程加快。推进人才强市战略，人才培养、选拔、任用工作进一步加强。

【教育】 2005年为农村牧区8.8万名(次)中小学生免除了学杂费、书本费，为2万名中小学生补助寄宿生活费。包钢中小学全部移交包头市，实行属地化管理。

【文化】 努力打造地区文化品牌，新建博物馆、美术馆等文化设施，修缮秦长城、美岱召等文物景点，创作一批文化精品，丰富和活跃群众的文化生活。广播电视事业全面发展，实施"村村通"工程，广播电视覆盖面进一步扩大。

【卫生】 加强疾病控制、医疗救治等公共卫生体系建设，初步建立突发公共卫生事件应急机制。战胜"非典"疫情，有效预防禽流感等重大疫病。努力改善农村牧区医疗卫生条件，开展新型合作医疗制度试点工作，受益农牧民11.2万人。人口与计划生育工作取得新成绩。

【人民生活】 五年来，城镇居民人均可支配收入由5 436元增加到13 218元，年均增长19.4%，农牧民人均纯收入由2 548元增加到4 667元，年均增长12.9%，城乡居民收入均列自治区首位。恩格尔系数由41.3%下降到34%。城乡居民储蓄存款由152.7亿元增加到389.5亿元，年均增长20.6%。

【社会保障】 建立健全城镇养老、医疗、失业、生育、工伤保险制度，基本建成城乡社会救助体系，社会保障体系逐步完善。先后三次增发地方统筹企业退休(退职)人员地方补贴,企业退休人员养老金提高到人均每月771元,2005年为全市16.5万名离退休人员发放养老金17.7亿元。2005年实现城镇累计就业再就业10.52万人,其中“4050”人员再就业6 419人,“零就业家庭”成员就业再就业1 708人;筹集再就业资金用于下岗失业人员社会保险、岗位、培训、职业介绍四项补贴7 254万元;为下岗失业人员再就业减免各种税费1 887万元,就业再就业工作受到国务院表彰。解决原市属国有、集体困难企业职工住院、大病医疗保险以及国有破产企业退休人员基本医疗保险问题,受益职工2.5万人。提高最低工资标准,从每月330元增加到420元。加强困难弱势群体救助工作,将城镇居民最低生活保障标准由每月156元提高到190元;开展教育、大病医疗、特殊困难、冬季取暖等四项救助,近两年累计发放救助金5 121.7万元;增发城市低保对象中重点保障对象的救助补贴;在自治区率先实施农牧民最低生活保障制度,受益农牧民3.4万人;开展农村牧区医疗救助和困难家庭大学生救助。偿还政府历年拖欠工程款2.51亿元,清理拖欠农民工工资1 764万元。

【引进重大项目】 10月28日,神华包头煤化工项目隆重举行奠基仪式,标志着总投资124亿元的神华包头煤化工项目正式进入实施阶段。此外,围绕产业链延伸和传统优势产业升级,年初一次性策划的15外销售收超百亿或投资超50亿元的重特大项目招商也取得一系列成果。总投资48亿元的100千瓦国产兆瓦级示范风电场项目于12签署了6项协议,现已进入实质性操作阶段;总投资15亿元的浙江横店东磁集团化成箔项目已于年内动工并有首批5条生产线建成投产。

2005年,新开工项目大幅增加,重点项目建设进展顺利。全年累计施工项目数达1 690个,比上年增加300个,投资额在5 000万元以上的309个重点项目全部开工建设。累计完成投资365亿元,占全市固定资产投产完成额的37%,比上年提高12个百分点。

【扶贫开发工作】 累计投入扶贫资金4.2亿元,解决20万贫困农牧民的生产生活问题,贫困人口减少10.5万人。比自治区和全国的要求分别提前一年和两年全额免征农业税,累计免征1.31亿元。实施种粮直接补贴、良种补贴、农机具补贴政策,共发放补贴5 300万元。投入财政资金2 023万元建立了奶产业风险基金,建成动物疫病防控体系,为农牧民发展奶业致富提供保障。

【改革开放】 包头市积极消除体制机制性障碍,市属84户国有企业改革稳步推进,包钢、呼铁局、电力、神华包头矿务局等大企业剥离办社会步伐加快。2005年市政府与农行、建行、开行签署279亿元的合作协议,金融机构向市中小企业授信41亿元。非公有制经济快速发展,占全市生产总值的比重达到46%。累计引进国内(区外)资金440.7亿元,实际利用外资9.1亿美元,进出口总额28.7亿美元。口岸建设积极推进,与蒙古国合作开发资源取得进展。

【重要活动】 丹拉国道包头过镜高速公路1月20日通过国家环保验收;3月17日,包头市就稀土高新区高油房村、南壕村农民征地补偿安置进行听证。这是包头市举行的第一次征地补偿安置听证会;包头铝业集团A股股标5月9日正式上市;包头市九原区医院5月18日正式挂牌为“包头扶贫医院”;中共中央政治局常委、国家副主席曾庆红6月20日到包头市考察。分别考察了东方希望包头稀土铝业有限公司、阿斯特拉工程机械有限公司和居民小区建设;中共中央政治局常委、中纪委书记吴官正7月21日在北京听取了包头市达茂旗旗委书记巴特尔关于第一批先进性教育活动开展情况以及如何扎实推进第二批先进性教育活动的专题汇报并作出重要指示;包头市最大的经济适用住房样板小区“明日星城”7月30日竣工。小区占地面积35万平方米,共建成住宅100栋45万平方米;中国建材市场可持续发展暨“诚信兴商”论坛8月3日在包头市举行。

【获奖】 包头市作为中西部地区唯一入选城市,荣获首批全国文明城市称号。获得全国科技进步先进城市、全国双拥模范城、全国民族团结进步模范集体、全国群众体育先进集体、全国社会治安综合治理先进城市、全国“四五”普法先进城市等荣誉。

(李海燕)

昆都仑区

【领导名录】

区委书记:红　洁(女　蒙古族)
人大主任:赵道劳金(蒙古族)
区　　长:张国忠
政协主席:张福荣
武装部长:王志杰(蒙古族　3月离任)　赵太贤(3月任职)
政　　委:王存景

【概况】 昆都仑区位于包头市城区西部,东与包头市青山区接壤,北、西、南与包头市九原区为邻,城区总面积103平方公里,全区总人口56.5万人,人口密度5 947人/平方公里。辖13个街道办事处,1个镇,154个居民委员会,3个村民委员会。

2005年,昆都仑区国内生产总值实现287亿元,人均GDP突破6 000美元,是全国平均水平的3.6倍;财政收入完成10.72

亿元,增长27.9%。城镇以上固定资产投资完成96.5亿元。横向联合区外资金实际到位55.35亿元,三次产业比例为0.06:61.74:38.20,产业结构日趋合理和优化。全区城镇居民人均可支配收入达到14 308元,增长18.9%。

【工业】 2005年,包钢钢产量突破700万吨,销售收入实现280亿元。华业特钢60万吨不锈钢项目一期工程、燕京啤酒(包头雪鹿)20万吨技改扩产、一电厂2×12.5万KW热电联产等项目建成投产。汇辰板材剪切、冷轧薄板包装等包钢综企技改项目以及不锈钢产业园区和钢铁加工园区建设进展顺利。全区经济高速发展,规模以上工业增加值5年累计实现452亿元,年均递增28.5%。

【城区建设】 2005年,昆都仑区优化地区发展环境和人民生活环境,累计投入资金40多亿元,实施一批基础设施建设、景观提升和居住区改造工程,城区面貌焕然一新。加大道路建设力度,实施白云路、友谊大街、团结大街等48条道路建设改造工程和92.4万平方米人行便道硬化工程,全区人均道路面积提高到10.49平方米,加强绿化美化亮化工程建设,建成10条景观示范街,绿化覆盖率达到35.97%,人均公共绿地面积达8.92平方米。实施团结大街、青年路、林荫路等17条道路路灯亮化及136栋沿街建筑物立面粉刷和夜景亮化工程,拆迁改造旧街坊26个,新增住宅面积280多万平方米,治理改造旧住宅小区30个,近20万户居民受益。

【第三产业】 2005年,全区社会消费品零售总额实现94.9亿元。产业结构进一步优化,一、二、三产业的比例由“九五”末期的0.07:72.26:27.67调整为0.06:61.74:38.20。

【招商引资】 2005年实际利用自治区外资金到位32.38亿元,实际利用外资达到5 306万美元,出口创汇完成3 862万美元。

【社会事业】 昆都仑区大力推进科教强区战略,5年累计实施国家级、自治区级、市级重点科技项目135项,新增高新技术企业6家,科技成果转化率达到43%,R&D支出占GDP的比重由0.17%上升至0.88%。科技三项费逐年递增,2005年科普事业费拨付53万元,达到全年人均1元。根据上级要求,接受了包钢36所中小学,2005年昆都仑区文体局被国家体育总局评为2004年度全国全民健身周活动先进单位。高度重视卫生事业发展,建立了突发公共卫生事件应急机制。人口和计划生育工作得到加强,人口自然增长率5.15‰。

【人民生活】 2005年全区城镇登记失业率控制在3.9%以内。切实加强社会保障体系建设,养老、失业、医疗、生育、工伤保险全面开展,覆盖面不断扩大。提高养老金标准,保证企业离退休人员工资的按时足额发放。广泛开展扶贫济困送温暖活动,城乡社会救助体系不断完善,最低生活保障金标准上调到每人每月190元,特困户救济金标准上调到每户3 000~10 000元。全区城镇居民人均可支配收入达到14 308元,是2000年的2.4倍。

(刘慧智 李富春 桂晓梅)

青 山 区

【领导名录】

区委书记:刘德君

人大主任:赵 恒

区 长:王保申

政协主席:路 健

武装部长:王福明

政 委:呼建国

【概况】 青山区地处黄河包头段主要支流昆都仑河(原名石门水)冲积扇,位于包头市四区中西部。地理坐标为北纬40°40′,东经109°52′。地势平坦,由北向南缓缓倾斜。2005年底,青山区有8个办事处和青福镇,共辖113个社区居委会和两个村民委员会。城区面积67平方公里,东西7公里,南北8公里,全区总人口40.3万人,由蒙、汉、回、满、朝鲜族等25个民族组成,少数民族占全区人口比例约6%,人口密度为5 947人/平方公里。

2005年青山区地区生产总值完成134.64亿元,在2000年的基础上翻两番,年均增长25.73%,财政收入完成15.51亿元。5年翻近四番,年均增长70.68%,城镇居民人均可支配收入实现14 308元,年均增长21.13%,固定资产投资完成98亿元,同比增长48.5%,规模以上工业总产值完成172.85亿元,同比增长21.44%,社会消费品零售总额完成76.43亿元,同比增长15.60%。

【工业】 2005年,工业经济增长带实现产值137.90亿元,同比增长22.80%,拉动全区工业经济增长16.9个百分点;商贸经济增长带实现社会商品零售总额18.86亿元,同比增长26.20%,拉动全区商贸经济增长9.9个百分点,装备制造业项目区实现产值14.40亿元,同比增长6.70%。全区规模以上工业企业销售收入完成11.36亿元,比上年增长19.37%,实现利税总额11.48亿元,比上年增长14.28%,综合经济效益指数达124.58%,比上年提高2.81个百分点,其中,装备制造、电力、建材、乳业、新型能源等八大支柱产业实现产值168亿元,占全区工业总产值的88%。

【重点项目】 2005年,青山区共实现重点项目44项,计划总投资301.4亿元。其中新建项目32项,续建项目12项,2005年度,开工项目29个,开工率达66%,竣工7个,完工率达16%。全年重点项目累计投资36.8亿元,占全区固定资产投资总量的44.3%。2002年以来,共实施重点项目95个,竣工投产项目39个,新项目实现产值156亿元,其中二电厂2×20万千瓦2×30万千瓦发电机级扩建、晶牛浮法玻璃、蒙牛乳业、香格里拉大酒店、九星国际广场等19个超亿元的项目成功实施,必将成为青山区经济发展和财力增长的重要支撑。"十五"时期,青山区固定资产投资累计完成213.35亿元,是"九五"时期9.61倍,超过自建区到2000年投资的总和。

【城区建设】 2005年青山区投资2.5亿元对39条道路和便道进行综合改造、修建,改造道路总面积178万平方米,对35条道路安装、更新路灯2 653基。投资1 455万元对呼得木林大街、文化路部分居民住宅楼进行"平改坡"及沿街立面改造工程,改造旧小区18个,改造面积103万平方米。加强城市管理,依法取缔7个马路市场,成功启动锦林、望园道等10个集贸市场,极大地改善区域环境质量和交通秩序,对文化路、幸福路等主要道路实施高标准店铺改造,积极推行夜景亮化和规范化管理,创建出8条景观示范街,提升城市品位。全年完成植树5.3万株,完成年计划的132%,种花种草34万平方米,摆放花盆78万盆。城区绿化覆盖率达35.11%,城区水化面积达21万平方米,人均公共绿地近9.5平方米。城区环境明显改善,空气质量明显好转,全区二级以上空气质量良好天数由2003年的146天增加到275天,为全市第一。全区人均居住面积达25.58平方米,投资6 000万元建成的阳光湿地保护工程,为创建首批"全国文明城市"做出了贡献。

【商贸经济】 2005年,全区社会消费品总额快速增长,其中,友谊大街汽贸经济集中区域成为第三产业的重要支撑,汽车销售企业增加到51户,销售额占全市市场份额的85%以上,全区销售汽车达19 200台,销售额达42亿元。以西贝海鲜、渔民码头为代表的富强南路餐饮一条街迅速崛起,影响和带动全区餐饮业的发展,在传统商贸服务业快速增长的同时,青山区房地产、信息、中介等新兴服务业迅速发展,第三产业实现增加值65.5亿元,比上年增长23.2%。2005年社会消费品零售总额达76.43亿元,在2000年的基础上翻一番,年均增长26.50%。

【招商引资】 2005年,引进内资30.58亿元,是2000年的14.15倍;外贸出口额实现4 543万美元,是2000年的16.88倍;利用外资突破5 200万美元,是2000年的12.8倍。青山区成功引进东海商厦、九星数码大厦、华茂大厦、娜琳商厦改造及欧鹿生活城等项目。已有10户企业进入出口创汇队伍,增强出口对青山区经济增长的拉动。

【街道经济】 到2005年底有街办企业2 000多家,街镇财政收入2.9亿元,在2000年基础上翻了三番。

【科技】 2005年青山区财政科技三项费到位563万元。占本级财政支出的2.08%,比上年增加5.01%。全区安排科技项目32项,涉及重点项目前期费,科技发展基金、产学研、招商引资、科普教育基地建设等领域。向上级科技部门上报项目18项,有16项通过上级部门审批,安排资金260万元。2005年青山区有自治区级民营科技企业8家,从业人员940人,产值达2 000多万元,缴纳税金150万元。安排科普经费39.33万元,达到人均1.00元以上。青山区积极参加全国科技进行考核,通过国家考核,以优异成绩进入全国科技进步先进城区行列。

【教育】 青山区是全国教育"双基"达标县区,包四中、一机一中、北重三中都是自治区重点中学。包四中学生连续8年夺得包头市高考文科状元,2003年北重三中夺得内蒙古理科高考状元。小学、初中入学率达到100%,初中升高中入学率达到96%,中考、高考成绩位居全市前列。

【文化】 被评为"全国文化先进县(区)",图书馆晋升为"国家一级图书馆"。

【卫生】 卫生监督执法体系和疾病预防控制体系建设不断加快,社区卫生服务工作扎实开展。人口与计划生育工作走在全市前列,人口出生率7.49‰,人口自然增长率为4.28‰,分别较年计划降低0.08和0.02个千分点。青山区计生工作成绩突出,荣获"全国婚育新风活动先进旗县"、"全国计生先进旗县"和"自治区'十五'期间计划生育特殊贡献先进旗县"。

【社会保障】 2005年争取再就业资金1 910万元,新增就业27 490人,其中安置下岗失业人员5 770人,职业技能培训19 339人,城镇再就业率达到71%,城镇登记失业率控制在4.2%以内。全区养老保险参保人数达14 592人,新增参保人数2 403人,收缴养老保险费3 180万元,发放养老金1 773万元,发放率达100%。为3 797人发放低保金484万元,青山区率先提高对特困家庭的救助金,每个特困户每年救助3 000~5 000元,2005年为871户特困家庭发放救助金300万元,有效保障困难群众的生活。实施三个一千万工程(三年拿出1 000万元对社区办公活动场所进行全面改造,面积均在200平方米左右,最大可达1 000平方米;三年拿出1 000万元建立社区干部工资逐年增长机制和竞争激励机制,使社区干部月增补贴200元;三年拿出1 000万元为区属企业2 869名下岗职工办理养老保险,平均每人每年补贴约200元。)使社区"两室"建设、居委会干部补贴、区属企业下岗职工养老保险等涉及基层群众切身利益的重点、难点问题得到有效解决。

(郭建光 李智宏)

东 河 区

【领导名录】

区委书记:刘志斌

人大主任:杨俊美

区　　长:史文俊

政协主席:龙　梅(女 蒙古族)

武装部长:田　旭

政　　委:周永亮

【概况】 包头市东河区位于大青山南麓,黄河北岸,地理坐标为北纬42°13′~42°21′,东经118°53′~119°11′。历史上曾享有"水旱码头"、"塞外通衢"的盛名。全区总面积85平方公里,辖1个镇、12个街道办事处,114个社区居委会,人口45.4万人,聚居着蒙、汉、回、达斡尔等26个民族。

2005年,东河区地区生产总值达到103亿元,同比增长22.3%,比2000年增长2.03倍,年均增长24.9%,人均生产总值达到2 820美元;财政收入突破10亿元大关,完成10.0008亿元,同比增长47.1%,比2000年增长7.3倍,年均增长52.8%;城镇居民人均可支配收入12 030元,同比增长17.2%,比2000年纯增7 102元;农民人均纯收入7 033元,同比增长15.3%,比2000年纯增3 510元。全区工业总产值完成104亿元,在2000年的基础上纯增53.2亿元,规模以上工业企业增加值完成26亿元,在2000年的基础上纯增4亿元,工业总量大幅度提高。包铝、鹿王、华资实业、骆驼酒业、铁鑫煤化等大企业的作用进一步凸显,中小企业成长迅速,工业经济的发展驶入快车道。三次产业结构已由0.7: 52.2: 47.1优化为0.6: 45.6: 53.8。2005年地区生产总值中第三产业达到58.9亿元,同比增长22.4%。全区社会消费品零售总额达到58亿元,同比增长20%,比2000年纯增28.3亿元。

【城市建设】 投资15亿元实施"六大城市建设工程",一是全面完成东河综合治理工程建设。二是加快北梁地区的保护性开发建设,核心区400亩土地的商住开发和中环路建设全面启动,完成8 000平方米的财神庙广场建设工程、内环路工程、财神庙的修缮工程、九江口戏台修复工程。三是完成全长15公里的东出口综合整治工程建设。四是加快南海湖综合整治工程,新建全长8.7公里的环湖路、0.8公里的水产路及其地下管网工程、绿化美化工程、堤坝护堤工程、占地5.4万平方米的南海湖北入口广场及周边景区工程。五是完成豪德贸易广场建设。六是全面推进城市基础设施和综合治理项目建设,创建整洁优美的城市新形象。近两年,全区共新建改造道路46条,总面积60万平方米;新植树木14万株,种花种草40万平方米,完成13条道路绿化及居住小区、公共绿地建设;新建和改造路灯1 200基。深入开展市容环境专项整治行动,共拆除影响市容的占道棚亭、违章破旧建筑物970处12 000平方米、户外广告6 200块35 500平方米。

【招商引资】 5年累计引进项目45个,投资达180亿元。对外开放水平进一步提高,实际直接利用自治区外资金58.8亿元,利用外资实际到位9 592万美元,对外贸易出口总额完成5 236万美元。特别是2005年,三项指标增速均超过50%,分别达到28.5亿元、4 900万美元和2 560万美元,其中,利用外资实际到位额和对外贸易出口总额位居全市旗县区之首。

【科技】 东河区荣获"国家科技进步先进城区"称号。

【教育】 完成了10 800平方米危旧校舍改造,教育硬件设施进一步改善。素质教育纳入了经常化的轨道,东河区被评为自治区"两基"巩固提高先进区。

【文化】 2月23日,全区元宵节街头文艺汇演和元宵节焰火晚会在区委中心广场举行。8月6日,参加全区两个文明建设经验交流会的与会人员在东河区龙泽广场观看"东河之夜"大型水景焰火晚会。自治区领导储波、杨晶、陈光林、任亚平、邢云、韩志然、莫建成、连辑、孙忠泰,中央文明办秘书组巡视员刘斌及东河区全体县级干部参加晚会。8月15日,东河区档案局和包头市档案局共同编撰出版的《包头市大事记》正式出版。老龄和关心下一代工作被评为全国的先进城区。

【卫生】 防控禽流感的工作正在有序进行。建立公共管理和应对突发事件的专项应急预案,公共安全应急体系逐步完善。

【社会保障】 2005年养老保险总收入5 156万元,企业退休人员养老金在2000年的基础上提高76%。解决拖欠农民工工资问题,采取措施扩大就业和再就业,五年共培训下岗失业人员5.7万人,多种渠道安置下岗失业人员4.9万人。

【工业园区】 园区企业已达25户,累计完成投资73亿元,销售收入45亿元,实现利税4亿元。工业园区建设进入加速发展的最佳机遇期。东华热电投资30亿元2×30万千瓦供热机组已并网发电。浙江横店集团东磁有限公司投资15亿元年产3 000万平方米化成箔项目,已有5条生产线投产。香港力劲集团投资1.2亿元年产100万只铝轮毂项目已投入生产。投资26亿元2×30万千瓦发电机组的东河电厂项目;包铝年产1万吨精铝项目。精正粉煤灰烧结陶粒项目正在紧张的建设中。欧艺陶瓷粉煤灰综合利用项目即将开工建设。凯普松电子科技有限公司投资6亿元建设年产1 500万平方米化成箔生产线、8万吨光箔项目;东联盛科技有限公司投资3亿元建设年产1 200万平方米化成箔项目;南京联强冶金集团投资12.4亿元建设年产20万吨铝、铝合金板带卷及1万吨钛、钛合金板带卷项目;广东台山富诚铝业有限公司投资1亿美元年产300万只铝轮毂项目,已签定投资合同。江苏中联、湖北南辉、海门三鑫、南通三瑛等化成箔项目已达成合作意向,正在积极推进。这些重点项目的落地,为园区产业链的拉长起到极大的推动作用。2005年,全区共实施46个新建续建重点项目,在2004年的基础上新增重点项目12个,全区固定资产投资达到79亿元,五年投资累计完成198亿元,是"九五"时期的11.4倍。

(白振源)

石 拐 区

【领导名录】

区委书记:杨洪吉
人大主任:杨洪吉
区　　长:姚卫华
政协主席:董淑贤(女 蒙古族)
武装部长:任浩业
政　　委:郭永平

【概况】 石拐是蒙古语"什桂图"的音译,其意为"有森林的地方"。石拐区位于包头市东北部,地处北纬40°37′~40°45′,东经110°14′~110°28′。处于阴山山脉,大青山西段,东与呼和浩特市武川县相邻,南与土默特右旗隔山而居,西与九原区相连,北与固阳县相接。2005年石拐区辖大磁、大发、石拐、五当沟、白狐沟5个街道办事处,国庆乡1个农业乡,五当召镇1个半农半牧镇,全区总人口4.87万人,面积约619平方公里。

2005年,石拐区生产总值完成15.32亿元,同比增长41.3%;规模以上工业增加值完成9.39亿元,同比增长82.4%;财政收入完成1.8亿元,同比增长49.3%;城镇居民人均可支配收入10 300元,同比增长26.8%;农牧民人均纯收入3 900元,同比增长18.5%;固定资产投资完成12亿元,同比增长26%;利用自治区外资金4亿元,同比增长1.67倍;社会商品零售总额完成2亿元,同比增长1.5%。

【农业】 2005年累计投入资金243万元,建成护地石坝940米,配套管道及渠衬10.4公里,新打机电井3眼、维修4眼,配套高扬程水泵17台,架设低压动力线5.4公里,购进饲料加工机11台,完成饲料青贮600万公斤。扶贫解困工作不断深入,栽植防护林300亩,紫花苜蓿1 800亩;发展水浇地480亩,解决230人的温饱问题;实施人畜饮水工程2处,解决1 230人、2 350头牲畜的饮水困难。

【畜牧业】 全区奶牛存栏3 394头。积极鼓励特色养殖,鹿存栏90头,肉羊存栏2 500头。重视动物防疫工作,特别是加大对禽流感、口蹄疫等疫病防控工作,免疫率达到100%。

【林业】 完成新造林地0.5万亩,补植造林3.85万亩,种植沙棘580万株,油松40万株,封山育林3万亩。实行项目区、幼林地全面禁牧。开展大青山生态保护专项整治行动,严厉打击非法毁林行为。完成世行二期贷款项目、水保国债项目、退耕还林工程、天然林保护工程的各项任务。投资6 300万元的世行三期贷款项目已上报国家发改委待批;投资1 600万元的淤地坝建设项目已经黄河管理委员会批准立项,进入可研审查阶段;重点小流域治理项目争取到国债资金100万元,2006年全面实施。

【工业】 2005年神包矿业公司销售煤炭330万吨,实现产值8.6亿元,税金6 280万元。工业园区企业在供电充足的情况下,积极盘活闲置资产,全面启动矿热炉。投资1 000万元安装4套硅粉加密系统和16个集烟罩。全年实现用电量16亿度;生产硅铁10.3万吨、电石8.5万吨、金属硅8 000吨,粗铜6 000吨,稀土镁合金2 000吨。实现产值10亿元,税金4 500万元。神府汇能煤电公司2×135MW煤矸石发电厂开工建设,累计投入资金1.2亿元,完成厂区土地平整、施工设计和设备定购工作,并上报国家发改委核准。委托中国有色金属设计研究总院编制完成40万吨铜基地项目规划,完成10万吨粗铜项目可研报告,并与金科集团和江西铜业达成投资协议。山东佳蒙铜业有限公司完成1万吨到3万吨的粗铜扩建工程,已点火试生产。广东三和镁业公司3万吨金属镁项目一期工程开工建设,即将投入生产。150万吨铁选厂项目进展迅速,安正、红利、旗帜、龙腾、鼎盛、昌茂、玉德、富新、顺通等10多家企业与石拐区签订了合作协议,总投资达7亿元，其中投资亿元以上企业2家，投资5 000万元以上企业8家。各企业已相继开工建设，购置生产设备，累计完成投资7.12亿元。

【城区建设】 2005年以迎接“三大盛事”为契机，加大城区基础设施建设和改造力度。累计投资125万元，粉刷亮化临街建筑，铺设环城路、大桥—大磁人行道，安装石拐—化工厂沿线路灯，改造包十五中—公共汽车站和丁字西街的排水管道。累计投资950万元，完成东梁商业街一期改造、公共汽车站、政法大楼、交警调度中心、农牧林业科技综合服务中心建设，部分建筑已投入使用。投资699万元改造新石拐区片和五当沟公用事业公司所辖供暖系统，解决全区供暖管网老化问题，进一步改善群众生活环境。

【交通】 投资578万元完成五当召大街5.7公里道路建设；投资138万元完成2号园区至当铺窑子村、福永居村、后坝村3条农村公路建设，总里程达2.8公里；沙尔沁—石拐—明灯公路全线开工建设，完成路基和沙垫层工程，累计完成投资5 100万元，预计2006年7月中旬全面完工。总投资2.25亿元的采煤沉陷区综合治理项目在自治区、包头市的支持帮助下，已经国家发改委批准立项。区政府作为项目法人成立项目指挥部，组织人员进行入户摸底调查工作。委托包头钢铁设计院上海分院完成项目的初步设计，并通过自治区发改委专家组评审。积极落实小区选址工作，新建包头小区选址在九原区沙河镇，占用国有土地298亩。

【旅游业】 2005年达旺塔拉旅游渡假村一期工程全面完工，对外营业接待游客。瓷窑沟旅游渡假村累计投资120万元，进行房舍建设、道路平整和景点绿化。陶园休闲广场功能进一步完善，音乐喷泉投入使用；五当召森林公园生态旅游项目可研通过自治区、国家两级专家评审，五当召森林公园晋升为国家级森林公园。

【社会事业】 包头三维有限公司与清华大学成功进行了硅粉综合利用项目的对接。争取到市科技三项费14万元。争取到上级教育资金142万元，价值105万元的各类教学设备20余套。完成包头十五中、明德小学教学楼建设前期工作。投资328万元的五当召历史档案抢救保护项目在国家档案局立项。

【社会保障】 职业技能培训4 643人，城镇新增就业3 608人。社会保障体系进一步完善，启动农村牧区最低生活保障、医疗救助以及贫困大学生救助等实施方案。全年发放低保金1 032万元、养老保险金1 790万元。

2005年开展清理整顿矿业秩序联合执法行动，打击非法开采行为取得阶段性成果。加强安全生产监督管理，特别是加大了煤矿安全整治和监管力度。加大地质灾害监测和救治力度，筹资38万元对五当沟区片受灾严重的居民实施搬迁。

（李秀芳）

九　原　区

【领导名录】

区委书记：奇福海（蒙古族）

人大主任：奇福海（蒙古族）

区　　长：李文秀

政协主席：张宏伟

武装部长：乔新江

政　　委：赵万喜

【概况】 包头市九原区位于自治区西部，位于北纬40°5′～40°17′，东经109°37′～110°27′。处于土默特平原和河套平原的结合部，东与土默特右旗交界，南隔黄河与达拉特旗相望，西与乌拉特前旗接壤，北依大青山、乌拉山与固阳毗邻，环抱草原钢城包头市。全区辖8镇2乡苏木1奶业公司1青年农场，总面积1 700平方公里，耕地面积38.6万亩，总人口28万人，由蒙古族、汉族、回族、满族等21个民族构成。

2005年实现地区生产总值84亿元，同比增长23.1%；财政收入完成118 378万元，同比增长67.8%，增加47 810万元，居包头市第二位；城镇居民人均可支配收入达13 836元，同比增长19.7%；农牧民人均纯收入达5 540元，同比增长12.9%，居包头市农业旗县区首位，综合经济实力位居自治区101个旗县区第六位。全区有12项工作受到国家级表彰，16项工作受到自治区级表彰，43项工作受到市级表彰。甲尔坝村、三道沙河村、九原电力公司被评为全国文明村镇和全国文明单位，沙河镇被评为自治区七星级文明城镇。

【农牧业经济】 2005年，投资1.12亿元，扩建农牧业产业化项目15个，完成水利工程12项，土地开发项目4个，新增节水灌溉面积2.8万亩，高产稳产田3万亩。区境乌拉山段全部实现禁牧，完成人工造林、封山育林面积6万亩，水土流失治理面积3.4万亩。推广先进实用技术30多项，引进名优特新品种50多个。发放粮食直补资金348万元，良种和农机具补贴120万元。至2005年底，全区农作物总播面积完成40.4万亩，蔬菜复种面积完成7.5万亩，无公害果蔬生产面积达5万亩，亩均收入3 904元。花卉种植面积达450亩，总销售额达2 200万元，粮食产量

14万吨,全年种植业完成销售收入4.9亿元。全区畜禽存栏122.4万头(只),其中奶牛存栏14.2万头,肉羊存栏23万只,禽类存栏75.2万只。肉类产量完成9 200吨,禽蛋产量完成7 580吨,鲜鱼2 500吨。全区形成年销售收入100万元以上的农畜产品加工流通企业45家,畜牧业全年完成销售收入2.2亿元。

【工业经济】 全年实施工业基础项目35个,竣工22个,完成投资46.5亿元,比上年增长36.5%。其中5 000万元以上的项目17个,建成投产吉宇三号高炉、华威工业硅、大安10万吨特种钢、吉泰铝业稀土铝型材等项目,推进华电包头发电,东恒热电等重点项目开工建设成丰40万吨热轧、华舜10万吨冷轧、久丰科力30万吨废渣微粉、红天宇1 500吨钕铁硼磁性材料、丰达石油开采机械等项目,总投资124亿元的神华煤制烯烃项目已开工建设,初步培育形成结构相对独立完善、产业链条完整的电力、钢铁、稀土、煤炭物流、煤化工五大产业集群。全区在建电力企业设计总装机容量为680万千瓦,钢铁产能达双150万吨,稀土年加工能力达5万吨,煤炭运销量达3 200万吨,神华煤化工项目必将拉动以煤为原料的煤化、煤电及后续产业。至2005年12月底,全区工业企业从业人员达3.5万人,完成工业总产值94.7亿元,同比增长17%;完成工业增加值32亿元,同比增长14%,占地区生产总值的37.6%;38户规模以上企业完成产值27亿元,增加值8.5亿元,同比分别增长13.4%和18%,产品销售率达97%。钢铁、稀土、制酒等主要产业完成税收4.6亿元,增长60.6%,占全区财政收入的40%。

【第三产业】 2005年,九原区煤炭运销企业279户,共建成9个铁路货场、21.5公里铁路专用线,全年煤炭运销量达3 200万吨,实现税收3亿元,分别同比增长18.6和67.6%。石油销售业销售收入7.3亿元。至年底,全区社会销售品零售总额达9.3亿元,增长16.8%。第三产业占地区生产总值的34.2%,实现税收占全区财政收入的42.5%,分别提高0.7和1个百分点。

【城乡建设】 围绕"创城迎会,举办草原文化节"三大盛事,进一步活化机制,完成城镇建设投资10亿元。实施1 000万元以上重点工程19项,新增硬化面积8.4平方米,绿地面积20万平方米,全区人均道路达28.8平方米,人均公共绿地达15平方米。全年拆迁面积13.2万平方米,增加住宅面积26万平方米,城镇居民人均住房面积达到24.5平方米。金沙华府小区被评为"中国最佳人居环境社区"。完成莎木佳镇集中供水等4个人畜饮水工程,解决31.5万人,1万头牲畜的饮水问题,改造旧村落23个,建成小康示范村8个。

【社会保障】 至2005年底,企业养老保险参保职工2 654人,事业养老保险参保职工4 594人,农村牧区养老保险参保人数18 920人。医疗保险参保人数8 205人;生育保险参保人数6 376人。加强对弱势群体的救助力度,开展教育、大病、廉租住房和一次性向低保家庭发放400元的冬季取暖等项救助。将城镇居民最低生活保障标准和"三民"标准提高到190元。筹资3 000千万元,率先在自治区推行农村社会保障制度,有4 955名贫困农牧民享受最低生活保障;有10 501名65周岁以上老年人享受养老救助;有155名困难农牧民享受大病救助;有131户农村义务兵家属按新标准享受3 600元/年的义务兵优待金;有905名禁牧牧民领取200元/月生产生活补助;64户家庭领取了计生家庭奖励扶助金;有246名五保户实现集中供养;有11.4万名农牧民参加了新型合作医疗。

【重要活动】 2005年1月,九原区筹资3 000万元在自治区率先推出8项措施建设农村牧区社会保障体系;4月,九原区拿出1 774万元重奖经济发展单位及单位负责人和贡献突出的企业家,其中麻池镇最高获得165万元奖励;5月,包头市首家扶贫医院在九原区医院正式挂牌成立;5月,九原区首家开发国外资源公司—包头玉柴东宝蒙古资源开发有限公司挂牌成立;6月,为"创城迎会"治理城乡环境,在沙河镇一次性拆除33台煤炭锅炉,并对全区232家环保不达标企业进行停产关闭;7月九原区麻池镇、兴胜镇三道沙河村被全国社会工作协会乡镇工作委员会命名为"全国小康建设明星乡镇标兵"和"全国小康建设明星村";九原区沙河镇一小在全国中小学思想道德建设优秀成果展评暨第四届小公民道德建设实践创新活动中荣获16项个人奖、1项集体一等奖和"先进集体"荣誉称号;8月,出台政府部门行政首长问责和机关工作人员行政效能告诫办法;包头市重点项目—神华煤转烯烃项目正式落户九原区。该项目投资124亿元,选址于九原区哈林格尔境内,占地面积450公顷;9月,九原区组织经贸局、安监局等7个部门150余人,对莎木佳镇红旗二矿、东山煤矿、黑麻板前坝煤矿和沙尔沁乡永兴煤矿实施炸毁关闭。九原区投资4 500万元11月建成横跨包头市主干道建设路的九华桥。该大桥全长715米,中梁273,路面442米,主跨为53米钢结构双斜靠拱桥,可容纳五辆汽车同时通行。同时主桥两侧建有人行道及非机动车混行桥和推行楼梯;九原区政府和北京九华山庄国际保健俱乐部集团11月在开发建设"九华城"项目仪式上签字。该项目总投资26亿元,建设内容包括中国西部最大的会展中心,嘉年华娱乐中心,健康医疗体检中心,温泉休闲中心、大宅门商务会所中心,五星级酒店、高级住宅小区、学校及公共设施项目。12月,九原区荣获"全国科技进步先进县(区)"称号,这是连续第六次获此殊荣。

九原区集中供热热网工程可行性研究报告12月得到自治区发改委的批复。该工程总投资19 100万元,建设规模为新增供热面积870万平方米,主要内容为新建热网热力站29个,管网40公里及相应的附属工程。九原城区供水工程项目可行性研究报告12月通过自治区发改委组织的专家组评审。该项目总投资13 770万元，建设规模日供水量1.17立方米，新建水源井4眼，加压站、河水厂各1座，改造供水管网35公里，新建管网104公里。

（王立杰）

白云鄂博矿区

【领导名录】

区委书记：牛俊雁

人大主任：牛俊雁

区　　长：孟　和（蒙古族）

政协主席：张桂英（女）

武装部长：刘秉林

政　　委：张洪波

【概况】 白云鄂博矿区位于阴山之北、乌兰察布草原西北部，南距包头市区149公里，北距中蒙边境75公里，区域面积303平方公里，属内蒙古自治区包头市所辖，是包头市北部地区的工业重镇，被誉为世界“稀土之乡”。总人口24 400人，有蒙、汉、回、朝鲜、满、达斡尔等11个民族。

2005年，地区生产总值完成7.65亿元，同比增长33.48%；财政收入完成1.25万元，同比增长111.67%；城镇居民人均可支配收入达14 018元，同比增长20.50%。

【工业】 白云鄂博矿区年产铁精粉120万吨、生铁20万吨、硅铁合金1.6万吨、稀土精矿粉3.5万吨的生产能力。2005年，全区工业增加值完成5.65亿元，同比增长34.73%；规模以上工业产品销售率完成99.4%，比上年提高1.92个百分点；规模以上工业经济效益综合指数完成98.54%，比上年提高0.86个百分点。

【城市建设】 2005年，以包头市创城迎会为契机，实施6个类别56项城市建设改造项目，城区面貌大为改观，完成矿山路沥青罩面、东外环道路的疏通等工程，改造道路总面积5万余平方米。增铺城区内主干道两侧人行道彩砖6万多平方米。完成30余栋楼房的立面装修及平改坡工程。将矿山路及百灵道商业网点进行拆迁改造，面积达2万余平方米。白云铁矿新建住宅楼两栋，建筑面积达5 000多平方米。对供热系统进行局部改造。引入城区内公交车。拍卖矿山路东段的保洁权，进一步加强城市管理工作。

【第三产业】 2005年，新增私营个体工商户229户。社会消费品零售总额完成1.37亿元，同比增长22.26%。信息产业增加值完成791万元，同比增长23.6%。移动电话用户达17 200部，同比增长44.54%，人均占有量达0.71部，宽带用户达700余户，同比增长40%。旅游观光的游客达7.8万余人次，同比增长11.43%。

【招商引资】 实施“走出去，请进来”的对外开放战略，通过建立对外联系网、外出考察、邀请区外客商考察等方式，进行招商引资。兑现优惠政策，重奖对地区经济发展做出突出贡献的单位和个人，增强企业投资和发展的信心。2005年，新引进工业企业11户，工业区企业总数达到60余户。引进自治区外资金2.05亿元，同比增长241.66%。

【项目建设】 加强对重点项目的服务、协调和督办，项目建设快速推进。“引水入白”工程进入前期勘测阶段；风力发电项目进展顺利；北星铜业公司已接通水、电，厂房改造完毕，设备基本到位；居民饮用水除氟项目已经立项。2005年，固定资产投资完成4.40亿元，同比增长81.08%。

【科教文卫】 2005年共投入科技三项费105万元，同比增长19.32%。全面实施素质教育，巩固“双基”达标成果，小学适龄儿童入学率、初中生纯入学率、小学生巩固率、小学生毕业率、初中生毕业率、15周岁人口初等义务教育完成率和青壮年脱盲巩固率全部达到100%。顺利完成铁矿归属学校各类人员人事关系的接收工作。组织开展稀土文化节、奇石根雕展览等丰富多彩的群众文体活动。在包头市第十届运动会上，获得棋类团体第一名和体育道德风尚奖，乒乓球、羽毛球、篮球和田径运动员也都取得较好成绩。全区人口自然增长率为2.84‰，人口出生率为6.4‰，计划生育率达100%。

【社会保障】 2005年，累计发放最低生活保障金160万元，社会救济款13.2万元，企业退休人员养老金299万元，发放率均达100%。

（赵剑梅）

土默特右旗

【领导名录】

旗委书记：李杰翔

人大主任：李杰翔

旗　　长：图布兴（蒙古族）

政协主席：章杵柱（蒙古族）

武装部长:毕新跃

政　　委:段连发

【概况】 土默特右旗(简称土右旗),因蒙古族土默特部落世居而得名。以蒙古族为主体,汉族占多数的多民族聚居区。北依大青山,南临黄河,中间是开阔平坦的土默川平原。地处北纬40°14′~40°51′,东经110°14′~111°07′。东与土默特左旗、托克托县为邻;北与武川、固阳二县接壤;西与包头九原区毗连;南与准格尔、达拉特旗隔河相望。旗政府驻地萨拉齐镇,西距包头市45公里,东距自治区首府呼和浩特市102公里。全旗辖4镇、13乡、1个管委会、17个居民委员会、298个村民委员会、1 219个村民小组。有汉、蒙、满等16个民族,蒙古族分布于全旗各地。到2005年底,总人口315 300人,蒙古族8 851人,汉族331 242人。非农业人口58 621人;国家机关及企事业工作人员14 782人,农、牧、林、渔劳动者113 905人。全旗总面积2 368平方公里,东西最大距离约74.10公里。人口密度144.92人/平方公里。耕地保有量面积100 982.43公顷,有草场资源可利用总面积54 568.55公顷。有矿山资源煤炭储量4.3亿吨。

2005年,全旗生产总值完成42.73亿元,较上年增长18.2%;财政收入5.21亿元,较上年增长107.8%;城镇居民人均可支配收入8 308元,农民人均纯收入4 803元,较上年分别增长18.6%、15.8%。农民人均纯收入、城镇以上固定资金投资在全包头市10个区县旗中排名第一。

【农业】 全年完成农作物播种面积168万亩,较上年增加35.4万亩,其中粮食作物播种面积110万亩,占总面积的65%,较上年增加29.3万亩:推广优质葵花、药材、甜菜等经济作物43万亩,种植优质饲草15万亩;农作物复种指数达129.6%,同比提高9个百分点;粮食总产量达到61.2万吨,进入国家产粮大县行列;农民人均从种植业实现收入1 640元,同比增收47元。全年共发放粮食直补资金1 590万元,良种补贴资金100万元,农民人均享受补贴近60元。

【畜牧业】 全旗初步形成以伊利、蒙牛、明旺为龙头的奶产业,以小肥羊、小尾羊为龙头的肉产业的产业格局。2005年奶牛存栏165 378头,建成运营奶牛小区24个,小区饲养奶牛头数占到全旗奶牛总数的6.3%,奶站日收鲜奶达882吨,月收奶款达4 000万元。肉羊育肥出栏85.5万只。农民人均来自产业化经营的收入达3 120元,同比增长27%,占到农民人均纯收入的65%,畜牧业在一产业中的比重达到48.1%。

【林业生态建设】 2005年,全旗完成造林绿化任务9.9万亩,其中人工造林0.9万亩,封山育林9万亩,义务植树130万株,占目标任务的113%完成育苗任务1 700亩,其中新育苗850亩。森林病虫害成灾率低于5.5‰,防治率达到90.2%,监测覆盖率达100%,产地检疫率达96%。规划总面积为10万亩的110国道北、大青山南麓一带为绿色产业化区。

【水利】 累计争取上级水利建设资金近2亿元,是"九五"期间的12.6倍。开工建设美岱水库工程和和水涧沟水库除险加固工程,完成黄河堤防加固、山沟岁修等工程,提高全旗的防洪防汛能力。衬砌团结干渠22公里。投资6 500多万元,建成东西两线村镇集中供水工程,彻底改变黄灌区26万人喝苦咸水的历史,在自治区率先实现农村自来水化。

【交通】 公路建设规模空前,累计投入6.6亿元,是"九五"期间总投入的13.6倍,先后建成了萨凉、美将、萨明、萨大、将蓿等县级公路和出口通道,修建县级和乡村三级公路1 021公里,是"九五"期间的5.3倍,其中建成县乡黑色路面228公里,是土右旗2000年之前全部黑色路面的3.2倍,全面实现乡乡通油路、基本实现村村通公路。

【基础设施建设】 2005年,完成占地78亩,建设规模4.8万平方米,总投资822万元的市政文化广场建设;完成投资10.2万元的振华大街景观整治工程及投资18.07万元,征地2.88亩的排水渠工程,完成1 480米,投资276.67万元的连接线道路景观工程及全长1 560米、红线宽40米,投资751.3万元的工业大街道路工程;实施行政办公区域建设工程;在萨拉齐镇旧城区总计投资6 900万元,实施旧城改造工程。

【财政】 2005年,全旗财政收入累计完成5.2亿元,财政收入总量在包头市外五旗县区排列位居第一,完成年初人大批准收入预算2.8亿元的185.71%,同比增加2.7亿元,增长107.8%,全年财政支出累计完成5.1亿元,同比增加1.1亿元,增长27%。

【旅游】 土右旗确定"一线三区四点五村"旅游景点总体建设规划。主要景点有:九峰山原始次生林风景区、美岱召、美岱水库、水涧沟门,赵长城遗址,朝阳洞、清泉寺、小召子广福寺。

【招商引资】 投入资金近8 000万元,精心打造110国道绿色加工制造、大城西煤炭加洗运销、山格架沿河化工冶炼及后山煤炭采掘焦化"四大产业区",搭建项目引进的平台。筛选确定总投资186.2亿元的15个重点工业项目和总投资16.4亿元的17个综合性工程项目,全年共引进各类项目177个,合同投资额14.9亿元,同比增长179%;实际到位资金8.28亿元,同比增长149.8%。

(张海明 张连根 段利峰)

达尔罕茂明安联合旗

【领导名录】

旗委书记：巴特尔（蒙古族）

人大主任：贺希格巴特尔（蒙古族）

旗　　长：卜文厚（蒙古族）

政协主席：陈玉玲（女 蒙古族）

武装部长：周振平（蒙古族）

政　　委：侯永明（4月离任）

白　荣（蒙古族 4月任职）

【概况】 达尔罕茂明安联合旗，位于阴山北麓，是包头市唯一的少数民族边境旗，是内蒙古自治区19个边境旗（市）和23个牧业旗之一。地处北纬41°20′～42°40′，东经109°16′～111°25′。东与乌兰察布市四子王旗相接，西与乌拉特中旗毗邻，南与包头市固阳县、呼和浩特市武川县相邻，北与蒙古国接壤，国境线长┆公里。2005年按照自治区撤乡并镇的意见，将原8个苏木、5个乡、4个镇整合为7镇1苏木、74个村民委员会（嘎查）、8个居民委员会，349个村民小组。总人口102 222人，其中非农业人口31 301人；总人口中男性57 620人，女性52 729人，平均每平方公里6.1人，有蒙、回、满、朝鲜、达斡尔、鄂伦春、藏、苗、土家族等15个民族共17 252人，其中蒙古族16 740人，是一个以蒙古族为主体，汉族占多数、多民族聚居的边疆少数民族地区。政区南北长160公里，东西宽150公里，总面积17 410平方公里，其中天然牧场面积1.66万平方公里，占总面积的89.5%，耕地面积112.5万亩。

2005年完成地区生产总值38.6亿元，同比增长25.4%；实现财政收入5.7亿元，同比增长1.28倍，首次进入自治区旗县区财政20强，排名第19位；城镇居民人均可支配收入11 554元，同比增长30.4%；农牧民人均纯收入4 095元，同比增长2.9%。在《经济日报》发布的第五届全国县域经济基本竞争力评价结果中，达尔罕茂明安联合旗竞争力等级为C级，继续保持全国西部地区竞争力百强县（市）地位，在西部876个县（市）中排第78位，比第四届提升了13位。

【农牧业产业化】 按照“农牧业生产向水源富集区集中”和“养牛种薯奔小康”的工作思路，把实施国家生态建设项目与推进全旗农牧业产业化经营有机结合，积极转变农牧业产业结构，全力加快推进农牧业产业化和生态建设进程，生态建设和农牧业产业化出现前所未有的良好发展态势，完成牧区生态移民800人、135户。生态治理成果不断扩大，风沙源治理面积42.2万亩，实施退耕还林工程10万亩。购进新西兰荷斯坦奶牛2 600头，奶牛存栏达到4.03万头，运行奶站30座，日产鲜奶102吨。种植马铃薯36.7万亩，占总播面积的51%。全旗粮食总产达到9 440万斤。

2005年遭受近40年不遇的大旱灾，全旗上下展开积极抗灾救灾活动，争取到国家民政部、自治区和包头市抗灾资金600万元，旗乡两级财政和农牧民自筹资金1 100万元，通过水源开发、饲草调运、加快牲畜出栏等措施，把灾情造成的损失降到最低程度，保障了5万头优质奶肉牛和40万头基础母畜安全过冬度春。积极动员各级党组织和党员为受灾群众捐款捐物近60万元，确保受灾群众生产生活正常进行。

【工业经济】 主要产品铁精粉生产建设总规模达500万吨，产量达302万吨，同比增长150万吨，成为内蒙古自治区铁精粉生产第一旗。完成现价工业总产值46亿元，同比增长73%；工业增加值18.4亿元，同比增长73%；工业入库税金3.8亿元，占到全部财政收入的67%，三次产业比重优化为12∶62∶26，工业经济占到全旗经济总量的46%。

【城镇化建设】 重点对百灵庙镇进行改造建设，聘请上海同济城市设计院编修完成《百灵庙镇城市总体规划》。完成外环路、商业步行街、第二热源厂、河东涵管桥、广福寺及九世班禅行宫修缮等续建工程和女儿山游乐园、哈萨尔广场、百灵公园改造工程；启动“街巷硬化”和“卫生整治”工程，拓宽硬化街巷35条，新建水冲式厕所13座，集中解决居民出行难、上厕难的问题；加快居民住宅楼房化步伐，对解放街、艾不盖街等5个地段进行拆迁改造，新建住宅楼4万平方米。百灵庙镇的人居环境、城镇容量和服务功能得到提升。加大石宝、希拉穆仁和满都拉等其它城镇的建设力度，实施石宝镇扩容新建工程，新建商用楼200多套，并通过集中办学，发展二、三产业等措施，新增人口近2 500人。

【基础设施建设】 新建通乡油路103公里、水泥路19公里、通村公路263公里；实施电力三期城网改造工程，启动建设110KV变电站1个，35KV变电站2个。建设完成移动通信基站5个，网络覆盖率达到95%。

【旅游】 新建天上草原旅游度假村、黄花滩水库旅游度假村等一批旅游项目。完成达茂宾馆、万禾大酒店星级评定工作，成为内蒙古自治区69个同类旗（县）中第二个拥有三星级饭店的旗（县）。筹融资4 134万元，进行旅游基础设施建设。加强旅游景区管理，规范旅游市场秩序，营造较好的旅游业环境。全年接待中外游客41万人（次），实现营业收入5 067万元。

【口岸】 全年4次开关,累计进出口货物1.8万吨,进出口货物总值4 000万元,实现关税440万元,出入境人员3.3万人(次)。全力推进白满铁路建设、矿产品资源开发进口和畜产品加工区建设为主的项目工作。

【社会事业】 农牧民科技培训5 100多人,乡土人才培训150多人。大力实施“442”计划,满足学生接受教育的需求。高考录取率77.2%。成功举办中国北方第一座蒙古族生态博物馆开馆仪式及文化活动、全旗第十九届草原那达慕和第二届职工运动会。完成9个自然村“村村通”广播电视建设工程任务,开通包头至百灵庙的数字微波干线。建立启动了新型农村牧区合作医疗制度。稳定低生育水平,计划生育率99.15%。

【社会保障】 投入1 300万元,进一步健全完善全旗城乡最低生活保障、扶困救助和就业扶持制度。全旗8 501人享受到最低生活保障,发放低保金605万元;2.3万名农牧民参加新型合作医疗保险并享受到大病救助,对城乡190名大病人员实施大病救助,发放大病救助金51万元。认真执行义务教育“两免一补”政策,旗财政补贴资金130万元,使全旗义务教育阶段的所有中小学生全部享受到“两免一补”政策,并对贫困家庭子女实行“两免两补”,给予伙食费补贴。累计投入资金120万元,资助156名贫困大学生顺利入学。全年养老保险新增1 489人,发放养老金893万元;医疗保险新增1 615人,支付医疗保险312万元;失业保险新增2 510人,支付失业保险金123万元;工伤保险新增1 167人,支付工伤保险32万元。在全旗机关事业单位中全面启动生育保险,完成扩面3 300人,支付生育保险金7.2万元。新增就业5 023人,1 160人实现再就业。转移农牧区富余劳动力1.7万人。共投入扶贫资金621万元和世行资金547万元,全旗绝对贫困人口减少3 400人。

(李海军 曾泽)

固阳县

【领导名录】

县委书记:孙树伟(满族)

人大主任:孙树伟(满族)

县　　长:尚　云

政协主席:高　祥(4月任职)

武装部长:杜新庄(1月离任) 侯永明(2月任职)

政　　委:张春廷(蒙古族)

【概况】 固阳县位于内蒙古自治区中部,阴山北麓,是包头市的市辖县。地处北纬40°42′~41°08′,东经109°40′~110°41′。东与呼和浩特市的武川县交界,南与土默特右旗、石拐区、九原区相邻,西同巴彦淖尔市乌拉特前旗、中旗接壤,北与达尔罕茂明安联合旗相连,东西长约80公里,南北宽约66公里,总面积5 021平方公里,耕地面积240万亩,草场面积427万亩。全县辖6个镇、139个行政村、16个居委会、987个村民小组,总人口17.68万人,由蒙、汉、回等11个民族组成。

2005年,固阳县财政收入完成3.36亿元,比上年增长84.3%,是“十五”计划目标的6.7倍,在全区101个旗县的排名从2001年的第83位,跃升到第30位,前移53位,成功选入自治区30强。

全县完成国内生产总值25.4亿元,比上年增长23.2%,人均GDP达到1.4万元,比上年增长15.4%,财政收入完成3.36亿元,比上年增长84.3%。固定资产投资完成32.1亿元,比上年增长129%。社会消费品零售总额完成5.4亿元,比上年增长9%。城镇居民人均可支配收入9 200元,比上年增长19.2%。农牧民人均纯收入3 200元,比上年减少4.7%。

【农业】 2005年,固阳县遭受历史上罕见的干旱灾害,播种面积完成160.93万亩,农作物全部成灾,农牧业生产和农民收入受到巨大损失。2005年全县粮食总产量5 122.13万斤,较上年减少3.1亿斤,减少85.9%;油料产量308.4万斤,减产95.4%,因灾造成的经济损失约5.8亿元,县委、政府积极组织抗旱自救,加强劳务输出,2005年全县劳务输出总数达7万人,实现以工哺农、以工促农。

【畜牧业】 2005年,在饲草料短缺的情况下,羊出栏79万只;奶牛存栏达到3万头。依托蒙牛、伊利、小肥羊等龙头企业,调整养殖结构,固阳县的羔羊育肥、奶牛、肉牛、特种珍禽等养殖业得到快速发展。

【水利建设】 “十五”期间,全县共投入水利建设资金2 475万元,兴建水利工程1 487处,完工1 238处,新打机电井923眼,配套机电1 191眼,维修机电井975眼,衬砌渠道182公里,铺设输水管道75公里,完成节水灌溉面积6.4万亩,新建人畜饮水工程180处,解决3.4万人、12.1万头(只)畜的饮水问题,建设的重点工程有淤地坝系工程和阿塔山南部集中供水工程。

【工业】 至2005年,铁矿采选企业发展到161个,设计生产规模1 750万吨,2005年铁精粉产量165万吨;生铁冶炼企业发展到27个,设计生产规模160万吨,2005年生铁产量43.5万吨。2005年全县工业总产值完成29.6亿元,其中县属规模以上工业产值完成5.4亿元。

“十五”期间，投资1.95亿元，完成农网改造、城网改造、固北220千伏变电站、电报局110千伏输变电建设、忽鸡沟变电站扩容等电力工程。“十五”期间，全县累计售电量6.7亿千瓦时，是“九五”期间售电量的3.4倍，2005年全县售电量3.5亿千瓦时。利用丰富的风能资源兴建“50万千瓦风力发电项目”前期工作进展顺利。

建材业主要以水泥、机制砖、石材加工为主。化工项目为深层煤开采、油母页岩原油开发。项目投资30亿元，前期工作基本结束，即将开工建设。

【生态建设】 “十五”期间，全县退耕15.6万亩，还林66.5万亩，累计造林面积达到91.5万亩，森林覆盖率达到11.1%。生态移民异地扶贫搬迁工作进展顺利，五年共落实搬迁资金5 350万元，搬迁1 364户，4 802人，极大改善农牧民生产生活条件。

【基础设施建设】 2005年，投融资2亿元，重点实施阿拉塔大街、工农路、新建路、光荣街等12条道路拓宽改造工程，新建富民、党政中心等3个绿地广场，综合治理100条小街巷，完成荣泰、泽宇、仿古步行街等一批房地产开发项目。5年累计完成城市建设投资6亿多元，率先在全市旗县中实现乡乡通油路。

【交通 电信】 公路总里程达849公里，四通八达的交通网络可直接通向全国各地，全县电话实现交换程控化、传输数字化、移动电话和小灵通全部开通城乡。

【教育】 2005年确立为全县教育工作的“巩固提高年”和“改革深化年”，紧紧依托名校长、名教师工程，特色校、示范校工程，寄宿制学校建设工程，科研兴校工程，教育信息化建设五大工程，使小学、初中入学率保持100%，小学辍学率控制在零，初中生辍学率城镇控制在2%以内，农村控制在3%以内。

2005年中考成绩稳中有升，全市农矿区中考前四名均为固阳县包揽。高考取的重大突破，普通高考有251人达到本科以上录取线，有4名考生成绩为600分以上(最高分652分)，有9人考入全国重点名牌大学，72人考入全国重点大学(含本科提前录取)，总录取率达94.59%。职高高考本科录取27人，本科录取率为17.7%，专科以上录取146人，录取率99.39%，居全市职业类高中第一名。固阳一中首次进入包头市教育教学质量优秀学校行列。2005年县职业高中再次进入包头市教育教学质量先进学校行列，被评为全国实施EPD(环境、人口和可持续发展)教育项目先进学校。

【文化】 2005年，加大秦长城保护和开发力度，投入80万元塑造蒙恬、卫青塑像，新修烽火台；建成秦长城博物馆，投资近300万元的广播电视“村村通”工程完成87个村的任务，与成都中数高清网络有限公司合作，融资对全县光缆进行改造，使县城电视节目套数增加近50个台。

【卫生】 全县门诊量约12万人次，住院约3 000人次，医疗业务总收入950万元，其中门诊收入520万元，住院收入355万元，其它收入75万元。

【体育】 是年，举办全县乒乓球赛、登山比赛、秧歌大赛、棋类比赛、老年门球邀请赛等大型赛事；并且在5个项目上组织队参加包头市十运会，获得团体总分第八名的好成绩，走在全市农矿区的前列。

【社会保障】 2005年，全面启动农村大病医疗救助、农村特困救助工程和城镇职工的大病医疗保险、生育保险。全县基本养老、医疗、失业等五大保险参保人数达23 130人，累计发放养老保险基金20 228万元，发放低保1 300多万元。累计发放救济金960万元，用于农村特困户救助，2005年县政府列入67万元专项基金对农村贫困家庭的大病医疗意外灾害实施救助。

【旱灾】 2005年，固阳县遭受了历史上罕见的干旱灾害，播种面积160.93万亩，且全部成灾，因灾造成的经济损失约5.8亿元。

(王瑞琴 侯金秀)

呼 伦 贝 尔 市

【党政军领导名录】

市 委

书 记:梁铁城(蒙古族)

副 书 记:汤爱军(1月离任) 曹征海(1月任职)
赵金才(蒙古族) 杨再明 孙扎根 景建华
孙震(纪检委书记)

常 委:吴延明(12月离任) 王峥嵘(12月任职)
杨汉忠(12月任职) 朱炳文 宋照明(3月离任)
赵立华(女) 赵玺成 孟松林(鄂伦春族)
魏国楠(3月任职) 臧春林(3月任职)

人 大

主 任:德玉庆(蒙古族)

副 主 任:孙梦林 包志儒(蒙古族 3月离任) 王喜旺
刘永杰(达斡尔族) 姜宝水 马连芳
于德荣(3月任职) 于桂芝(女 3月任职)

政 府

市 长:汤爱军(1月离任) 曹征海(1月任职)

副 市 长:赵凤林(3月离任) 宋照明(3月任职)
安国通(蒙古族) 李宝昌 斯琴(女 蒙古族)
王宝成 于德荣(3月离任) 魏国楠(3月离任)
白志远 金昭(3月任职) 臧春林(2月任职)

政 协

主 席:赵山根(3月离任) 赵凤林(3月任职)

副 主 席:鲍喜(蒙古族) 贺喜格扎布(鄂温克族) 纪志国
史茂森 谷盛成 马国起 万路 李灿良(3月任职)
孟志毅(达斡尔族 3月离任) 郝桂娟(女 3月任职)

纪检委

书 记:孙 震

副 书 记:玉山(蒙古族) 贺其叶勒图(蒙古族) 滕毓芹(女)

政法委

书 记:于永甲(6月离任) 赵玺成(7月任职)

副 书 记:胡格吉勒图(蒙古族) 叶显杰 梁晨(7月任职)

法 院

院 长:乔 欣(3月任职)

检察院

检 察 长:杨 俊

军分区

司 令 员:王峥嵘

政 委:吴延明(11月离任) 马誉炜(11月任职)

副司令员:张永田 王毅军(蒙古族)

副 政 委:巴特尔(蒙古族)

参 谋 长:张 秀

【概况】 呼伦贝尔市地处内蒙古自治区东北部,北纬47°05′~53°20′、东经115°31′~126°04′。东西630公里,南北700公里,总面积25.3万平方公里,占自治区总面积的21.4%,人均占有土地9.33公顷。南部与兴安盟相连,东部与黑龙江省为邻,北部和西北部以额尔古纳河为界与俄罗斯接壤,西部和西南部同蒙古国交界。边境线总长1 723.82公里。人口出生率为9.97‰;人口死亡率为5.98‰;人口自然增长率为3.99‰。全市总人口270.20万人,比上年下降0.37%。

2005年,全市生产总值完成319.20亿元,按可比价格计算,增长22.0%。第一产业增加值完成89.38亿元,增长20.1%;第二产业增加值完成91.43亿元,增长30.9%;第三产业增加值完成138.39亿元,增长18.0%。三次产业结构由上年的28.7:26.8:44.5调整为28.0:28.6:43.4。全市居民消费价格总指数达102.5%,商品零售价格总指数达100.8%。农业生产资料价格指数达105.9%。服务项目价格指数达107.4%。

【农业】 全年农林牧渔业增加值完成89.38亿元,增长20.1%。粮经饲种植比例调整为76:19.2:4.8。2005年全市粮食总产量达27.825亿公斤,增长46.1%,粮食平均亩产达172.2公斤,增长23%。总产比历史最高年份1997年(20.65亿公斤)增长34.7%,单产比历史最高年份1997年(147公斤/亩)增长17.1%;在粮食作物中,小麦总产5.21亿公斤,增长71.7%;玉米总产7.725亿公斤,增长48.6%;大豆总产10.015亿公斤,增长26.1%;薯类总产2.72亿公斤,增长37.4%。在经济作物中,油料总产2.895亿公斤,增长47.7%;甜菜总产0.4亿公斤,增长27.9%。"为养而种"正在成为农牧民的自觉行为。全年水产品产量2.6万吨,与上年持平。年末农牧业机械总动力达218.7万千瓦,增长14.8%,机耕地面积106.7万公顷,化肥施用量(折纯)13.4万吨,增长32.7%,农村牧区用电量1.5亿度,略高于上年。

【畜牧业】 2005年牧业年度，全市牲畜总头数达到1 482.4万头只，比上年同期增长29.1%。在调整区域布局上，逐步加大农区畜牧业发展。其中，农区牲畜头数连续两年超过牧区，占全市牲畜头数的59.2%，比上年同期提高8.4个百分点。全市农区牲畜头数达到876.85万头只，增加294万头只，增长50.4%，增速高出全市牲畜增速21.3个百分点。牧业年度牲畜总头数中：大小牲畜存栏1 390万头只，增长31.4%；生猪存栏92.4万口，增长2.0%。2005年末大小畜能繁殖母畜636.82万头只，增长29.8%。产奶牛头数34.53万头，增长20.9%。全年牲畜出栏632.39万头只，增加156.7万头只，增长33.0%。其中，大牲畜出栏35.8万头，增长22.6%。小牲畜出栏521.16万只，增长39.6%；牲畜出栏率达81.3%，比上年同期增加3.9个百分点；大牲畜出栏率40.1%，增加1.1个百分点，羊出栏率83.0%，增加6.4个百分点。良种及改良种牲畜825万头只，增加235万头只，增长39.8%；全市肉类总产量预计完成23.8万吨，增长22.1%。奶类产量预计完成102.4万吨，增长54.8%。

【林业 水利】 完成造林面积0.28万公顷，幼林抚育面积3.25万公顷，封山育林面积35.6万公顷。机电井数量17 922眼，全年新增有效灌溉面积2.4万公顷、节水灌溉面积2.9万公顷、治理水土流失面积2.7万公顷。

【生态建设】 2005全市完成退耕还林计划任务12.1万亩（其中退耕地造林0.1万亩，以封代造12万亩），全面完成当年任务，完成补植补造48.71万亩，经检查验收全部达到合格标准。在“樟子松行动”中，全年沙区旗市区计划栽植樟子松大苗14万株，实际完成造林16万株，为计划的114%。“樟子松行动”实施4年累计完成大苗移植60万株，治理沙地面积1万多亩。2005年市委、市政府首次召开全市防沙治沙工作会议，出台《呼伦贝尔市防治草原沙化工作实施方案》，成立防沙治沙领导小组。呼伦贝尔沙地面临的严峻形势，也引起国家和自治区的高度重视，鄂温克族自治旗被列入全国防沙治沙示范县，新巴尔虎左旗被纳入农业开发治沙建设项目。林木种苗工程计划育苗4 545亩，为计划的113.6%；其中新育3 605亩，为计划的120.2%；容器育苗3 024万袋，为计划的151.2%；林木种子采集5 000公斤。林木种苗工程项目进展顺利，在建的18项种苗工程中，9项苗圃建设已全部竣工，良种基地建设也将陆续竣工，已验收7项，其余陆续进入验收阶段。全民义务植树完成526.65万株，为计划的128.45%；四旁植树完成114万株，为计划的116%。三北防护林四期工程1.2万亩封育任务、农业综合开发0.6万亩治沙任务、防沙治沙示范县0.56万亩治沙任务已全部完成。

【水利设施建设】 2005年，全市开工建设重点水利工程45项，完成总投资10 271万元，其中国投及引进资金7 193万元。完成4处总投资520万元（其中国投资金300万元）的国家级节水灌溉示范项目和旗市级2 000亩节水示范项目区建设，新增节水灌溉面积42.95万亩；完成3处投资877万元（其中国投资金530万元）的水土保持、生态修复、黑土区水土流失综合治理工程项目，新增水土流失治理面积52.5万亩，封育保护面积350万亩；完成15处总投资1 732万元（其中国投资金1 040万元）的人畜饮水管道供水工程，解决5.11万人、14.65万头（只）牲畜饮水问题；完成15处总投资3 144万元（其中国投资金2 468万元）的国际界河护岸工程；完成3座总投资3 363万元（其中国投资金2 220万元）的水库除险加固工程；完成小农水项目、防汛修项目、市级水利前期项目投资635万元。

【工业】 全部工业增加值完成69.64亿元，比上年同期增长33.2%。其中：地方规模以上工业增加值55.37亿元，增长30.0%，完成现价工业总产值129.8亿元，增长42.8%，其中：重工业现价产值增长43.1%，轻工业现价产值增长42.1%。在规模以上工业企业中，国有企业现价产值增长47.8%，集体企业现价产值增长61.8%，股份合作制企业现价产值增长16.3%，股份制企业现价产值增长37.6%，外商及港澳台投资企业现价产值增长81.4%，其它类型企业现价产值增长54.1%。产品销售率达96.21%。原煤、天然原油、食物植物油、水泥等主要产品产量增长较快。

全年规模以上工业实现经济效益综合指数213.73，比上年同期提高90.22点；实现利税总额为23.8亿元，实现利润总额13.72亿元，增长1.89倍，其中盈利企业盈利15.08亿元，同比增长1.04倍；亏损企业亏损额1.36亿元，减亏48.34%，企业亏损面为28.74%。从构成综合指数的各项指标看：总资产贡献率12.38%，比上年同期增加3.01个百分点；资本保值增值率341.81%，比上年同期增加265.52个百分点；资产负债率67.13%，下降20.8个百分点；成本费用利润率为15.16%；全员劳动生产率为78 197元/人，增加25 569元/人。

【建筑业】 全年全部建筑业增加值完成21.79亿元，增长24.0%。房屋建筑施工面积131.5万平方米，增长18.9%；竣工房屋面积106.6万平方米，增长10.5%；房屋建筑竣工率为81.1%，比上年同期下降6.2个百分点；全市资质建筑企业亏损企业个数为6个，减少2个；实现利润2 990万元，增长14.4%；实现税金总额15 073万元，增长52.8%；建筑施工亏损企业亏损面9.8%，比上年下降4个百分点；全员劳动生产率为67 403元/人，比上年增加4 601元/人。

【财政】 全市财政总收入完成35.72亿元，完成年度预算的

107.3%,增长29.0%。其中,地方财政收入完成22.23亿元,增长16.5%。在地方财政收入中,一般预算收入完成17.41亿元,增长20.2%。财政支出61.12亿元,增长18.0%。

【固定资产投资】 全社会固定资产投资额预计完成192.6亿元。增长44.2%。其中,城镇固定资产投资创历史最好水平(不含大兴安岭森工集团、铁路系统投资和农村牧区投资),完成额达175.1亿元,增长48.2%。在城镇投资完成额中,按投资管理渠道划分,基本建设投资131.7亿元,增长52.8%;更新改造投资22.74亿元,增长18.9%;其它固定资产投资5.24亿元,下降13.3%;房地产开发投资15.42亿元,增长128.3%。按项目隶属关系分,地方项目完成投资147.4亿元,增长46.5%;中央项目完成投资27.7亿元,增长58.3%。按投资结构分,第一产业投资完成1.8亿元,下降18.9%;重点工业项目投资力度加大,第二产业投资完成88.4亿元,增长40.2%,其中:电力煤气及水的生产和供应业完成投资34.2亿元,增长12.9%;主要公路交通建设和城市基础设施建设投资速度加快,第三产业投资完成84.9亿元,增长60.2%,其中,交通运输仓储及邮电通信业完成投资27.3亿元,增长88.7%。全年全市城镇以上全部施工项目721个,基本建设新开工项目574个,更新改造新开工项目74个,新建公路245公里。

【交通 邮电】 全年交通运输和邮电通讯业增加值完成43.8亿元,增长18.1%。全年各种运输方式完成货物周转量233.4亿吨公里,增长33.21%。其中:铁路完成货物周转量202.2亿吨公里,增长35.4%;公路完成货物周转量31.2亿吨公里,增长20.7%。各种运输方式完成旅客周转量35.2亿人公里,增长23.1%。其中:铁路完成旅客周转量18.8亿人公里,增长30%;公路完成旅客周转量16.4亿人公里,增长20%。实现旗市全部通油路、乡乡通公路、94.7%的行政村通公路,全市公路通车里程达10 451公里;铁路开工建设滨洲复线、伊敏—伊尔施铁路;民航开通满洲里机场,实施海拉尔机场改扩建工程。

全市邮电业主营业务收入完成11.02亿元。全市电话用户70.2万户,增长7.9%。全市住宅电话为59.6万户,增加1.25万户,增长2.1%。移动电话用户71.24万户,增长17.2%;互联网用户6.1万户,下降7.2%。

【国内贸易】 2005年全市社会消费品零售总额完成108.12亿元,增长17.0%。其中:批发零售贸易业完成84.85亿元,增长16.3%;餐饮业完成16.36亿元,增长20.8%;其他行业完成6.91亿元,增长16.9%。从销售地域看:城市地区社会消费品零售总额完成75.99亿元,增长18.0%;旗县级完成21.63亿元,增长15.8%,旗县以下地区社会消费品零售总额完成10.50亿元,增长12.5%。市的零售总额增幅比县以下高出5.5个百分点,城市发展快于农村。

【对外经济】 2005年全市进出口总额完成16.0亿美元,增长15.4%。新批外资企业9户,合同外资金额4 314万美元,实际使用外商直接投资额2 451万美元,增长33.6%。全年共备案国外工程承包、劳务合作合同57个,合同总金额2 099万美元。实现营业额2 283万美元,同比增长11.9%,外派劳务4 503人次,同比增长13.6%。

【旅游业】 2005年全市共接待旅游者361.63万人次,增长28.5%,其中:过夜海外旅游者48.95万人次,增长36.0%;国内旅游者312.68万人次,增长27.5%;国际旅游创汇1.98亿美元,增长34.0%;国内旅游收入30.61亿元,增长30.4%。旅游业总收入46.09亿元,增长29.1%。

【金融】 至2005年末,全市金融机构各项存款余额达326.13亿元,增长25.2%,其中:企业存款60.92亿元,增长26.2%。城乡居民储蓄存款余额达228.88亿元,增长14.3%;金融机构各项贷款余额达157.53亿元,下降8.2%。银行现金收入累计达1 060.82亿元,增长8.2%,银行现金支出累计达1 092.69亿元,增长8.1%。收支相低累计净投放现金31.87亿元,增长5.9%。

【保险】 保险业务总收入6.21亿元,其中:财产险收入1.49亿元;寿险收入4.72亿元。全年保险赔付额为1.37亿元,其中,财产险给付0.61亿元;寿险给付0.76亿元。

【科技】 共取得科技成果15项。年内签订各类技术合同19项,技术合同成交金额7 093万元,全年列入市级科技计划项目30项,财政投入资金310万元。

【教育】 年末全市有普通高等学校1所,全年招收学生3 318人,比上年下降21.3%;高等学校在校学生数10 584人,增长3.5%;全年毕业学生2 873人,增长32%。年末有中等职业技术学校33所,招收学生6 123人,下降1.7%;年末在校学生17 095人,增长3.2%,全年毕业学生4 798人。年末有普通高中47所,全年招收学生19 336人,增长8.2%,年末在校学生数51 254人,增长8.3%,其中,少数民族13 167人,增长6.3%;全年毕业学生13 677人,增长9.1%。年末有普通初中199所,全年招收学生36 639人,下降6.7%,年末在校学生数117 491人,下降7.9%,其中,少数民族27 990人,下降5.8%;全年毕业学生38 275人,增长4.1%。普通初中辍学率1.48%。年末有小学709所,全年招收学生23 658人,下降14.2%,在校学生156 142人,下降9.3%;全年毕业学生37 106人，下降6.5%。全年学龄儿童入学率99.77%，小学学生辍学率0.28%。

【文化】 年末全市拥有艺术表演团体13个，其中乌兰牧骑9个，公共图书馆14个，文化馆13个，博物馆8个，档案馆14个，开放各类档案2.7万卷。全市拥有广播电台1座，调频发射台55座，电视转播发射台195座，广播人口覆盖率86.5%，比上年同期提高4个百分点；拥有电视台2座，电视人口覆盖率82.8%，比上年提高2.3个百分点，年末全市有线电视用户29.95万户，增长7.8%。全年出版发行呼伦贝尔日报1.7万份。

【卫生】 是年，全市现有卫生机构1 378个，增加30个，其中：医院109个，减少4个；农村牧区卫生院133个，疾病预防控制机构40个，妇幼卫生机构17个；全市医疗卫生单位拥有病床10 499张，增加55张，其中：医院拥有病床8 404张、乡镇卫生院拥有病床1 164张、妇幼卫生机构拥有病床197张；年末拥有卫生技术人员15 209人，其中：医院拥有9 381人、乡镇卫生院拥有1 632人、疾病预防控制机构拥有941人，妇幼卫生机构拥有410人；执业医师、助理医师7 494人，注册护士4 429人。拥有农村牧区村级卫生室1 000个，拥有乡村医生和卫生员1 260人。

【体育】 体育健儿在全国和全区的比赛中获得了很多荣誉。年内体育健儿在全区竞赛中获奖牌53枚，其中：金牌18枚、银牌18枚、铜牌17枚。

【社会保障】 年社会福利院有床位数943张，比上年同期增长9.1%。收养人数689人。城镇社区服务网络持续发展，建立各种社区服务设施152处，接受社会捐赠137万元。年末全市有21.1万名职工参加基本养老保险，比上年同期增长17.2%；参加失业保险职工36.4万人，领取失业保险金人数为1.6万人；全年参加基本养老保险的离退休人员6.36万人，增长21.4%；全年有43.91万名职工和13.27万名退休人员参加基本医疗保险。

【劳动就业】 2005年实有登记失业人数2.46万人，年末城镇登记失业率为4.36%，下降0.3个百分点。

【省际通道新林北至扎兰屯至那吉屯公路工程全线贯通】 2005年8月15日，内蒙古省际大通道呼伦贝尔市境内新林北至扎兰屯至那吉屯段137公里一级公路，路面主体工程全线贯通。那吉屯至广西北海省际通道是国家西部开发列入的八条公路主干线之一，内蒙古自治区境内1 500余公里，总投资140亿元，其中呼伦贝尔市境内137公里，跨越扎兰屯市、阿荣旗两地，按一级公路标准建设，扎那段路基宽25.5米、路面宽23.5米，新扎段路基宽12.25米、路面宽11.25米，总投资13.4亿元，于2003年9月开工建设。省际通道的建成，极大地改善全市路网主骨架预备功能，对于呼伦贝尔市的旅游业开发和全市经济的快速发展将起到重要的促进作用。

【301国道海拉尔至牙克石段一级公路全线建成通车】 2005年8月25日，绥满国道主干线牙克石至海拉尔段99公里一级公路全线建成通车。国道301线牙克石至海拉尔段一级公路位于大兴安岭西北的森林与巴尔虎草原结合部，基本呈东西走向，起点为牙克石西出口与新建成的该线博克图至牙克石二级公路相接，末点接301线海拉尔至满洲里一级公路（在建）。海—牙段全长99公里，交通部核准的概算为6.83亿元，其中主线一级65公里，主线二级绕城线15公里，海、牙二市连接线19公里。一级线路基宽24米，路面宽15米；二级线路基宽12米，路面宽9米，设计行车速度分别为100公里/小时和80公里/小时，于2003年8月开工建设。国家交通部部长张春贤、自治区政府主席杨晶、副主席赵双连、国家交通部规划司司长董学博、公路司司长张剑飞、科教司司长孙国庆、财务司副司长杨省世、自治区政府秘书长乌兰巴特尔、发改委主任呼尔查、交通厅厅长郝继业、副厅长周杰、纪检组长额尔敦仓、呼伦贝尔市委书记梁铁城为工程通车剪彩。剪彩仪式由呼伦贝尔市市委副书记、市长曹征海主持，出席通车剪彩仪式的还有自治区其他相关部门的领导。国道主干线的建成通车，改善了全市交通落后的状况，结束了呼伦贝尔市没有高等级公路的历史。

【禽流感防治】 制定完善全市《人间禽流感防治预案》，调整禽流感防治工作领导小组，提高各地对禽流感疫情的认识，下发《关于加强禽流感防治工作的紧急通知》，要求各地在物资储备、人员培训、应急演练、宣传教育、传染病防治等方面做好准备，及时应对可能发生的疫情。11月16日、20日，呼伦贝尔市莫力达瓦达斡尔族自治旗、扎兰屯市分别发生禽流感疫情，市卫生局立即组织工作组按照"三同时"的要求深入疫区开展工作，在全市卫生系统推行9项人禽流感防控措施。通过与畜牧部门的共同努力，联防联控，12月12日、15日，经自治区防控高致病性禽流感指挥部批准，莫力达瓦达斡尔族自治旗汉古尔河镇和扎兰屯大河湾成功解除疫区封锁，两个疫区旗市无一例人感染禽流感病例。

【"中国·呼伦贝尔"门户网站及子网站】 市信息化领导小组办公室从2004年11月底接管门户网站后，在北京平谷区政府信息办的支持下，经过全办上下4个多月的努力，于2005年4月30日正式开通门户网站，并不断加强对门户网站的建设、维护与管理，先后筹措资金为网站注册"呼伦贝尔"网络实名和通用网址,以方便用户登录;又与国家网络管理信息安全中心接洽,争取域名支持,使"中国·呼伦贝尔"门户网站先后与北京、东北等地及区内各盟市网站实现链接,又与人民网、东北投资网、赛迪网、中国计算机报等诸多国内知名网站成功链接,访问量成倍增加,截至2005年12月,访问量达30多万人次,扩大对呼伦贝尔的宣传,为招商引资,为国内外互联网用户全面了解呼伦贝尔,关注和支持呼伦贝尔的建设提供平台。门户网站作为市四大班子在互联网上发布信息的"窗口"作用越来越突出,成为公众获取政府各类信息的主要渠道。同时,为进一步保证网站的信息加载和动态类信息的及时更新,拓展政务信息源,市委、市政府专门下发《关于"中国·呼伦贝尔"门户网站实行信息更新加载责任制的通知》,加强信息更新与管理,完善政务公开,实行了政府公报、政策法规、政务动态、机构设置与职责等信息的动态更新与加载。还建立网上监督信箱、在线信访、网上调查等栏目。强化网上办公和反馈等功能。网站信息动态更新量为45万字/月。与此同时,市信息化领导小组办公室切实加强了对市直部门和旗市区、企业网站建设的规划指导和管理,并发挥人才技术优势,帮助制作各类网站,先后设计制作"呼伦贝尔市保持共产党员先进性教育网"、"新巴尔虎左旗党建网"、"呼伦湖渔业网"、"大雁矿区网"、"呼伦贝尔农牧业信息网"等多个网站,市信息化领导小组办公室网站也制作完成。2005年,市直各部门共建立网站29个,占市直部门的38.7%;13个旗市区均建立政府网站,上网比例达到100%。

(姜　颖)

【民族古籍整理与出版】　2005年,整理出版《巴尔虎谚语》、《巴尔虎文化摘要》、《陈巴尔虎习俗与传说》、《达斡尔资料集》(第六集)等古籍资料,同时完成《巴尔虎英雄史诗》、《呼伦贝尔历史文化丛书》(第二、第三集)、《十七世纪编年史比较》、《巴尔虎民俗资料》、《兴安北分省新巴尔虎右翼旗概况》等民族古籍资料的整理工作。

【以民族文化为灵魂打造旅游文化节庆品牌】　2005年,全市各项旅游文化节庆活动异彩纷呈。主要包括:2005呼伦贝尔首届杜鹃节、莫力达瓦达斡尔族自治旗达斡尔昆米勒节、鄂伦春自治旗第十五届篝火节、绿色呼伦贝尔第四届中国成吉思汗草原文化节暨草原之都——海拉尔旅游文化推介会、第二届呼伦贝尔旅游文化商品交易会、鄂温克瑟宾节、新巴尔虎右旗首届中俄蒙三国交界地区巴尔虎文化旅游节、新巴尔虎左旗第二届"甘珠尔杯"全国休闲钓鱼节、天堂草原·陈巴尔虎旅游文化节、中国敖鲁古雅首届使鹿部落文化节、满洲里中俄蒙三国交界地区旅游节、莫力达瓦达斡尔族自治旗斡包节、2005·中国·扎兰屯漂流节、大兴安岭森林文化节等。12月21日,以"呼伦贝尔·中国第二届开雪节"为标志,拉开为期三个月的2005银色呼伦贝尔·北方少数民族冰雪风情游系列活动的序幕。来自全国各大新闻媒体、旅行社、旅游管理部门的来宾共计60余人参加活动。中央电视台四频道、内蒙古电视台新闻频道等在黄金时间播报"开雪节"盛况,为实现冬季旅游破题营造良好的宣传声势。

【人民生活】　2005年呼伦贝尔市城镇居民人均可支配收入达到8 228元,与上年同期相比增长15.1%,居全区第6位。与"九五"末期相比城镇居民人均可支配收入增长67.6%(扣除物价上涨因素),年平均递增10.9%。在全市13个调查旗市区中,收入最高的满洲里市城镇居民人均可支配收入突破万元大关,达10 006元,收入水平较高的地区主要有海拉尔区、额尔古纳市,收入水平较低的地区有鄂伦春自治旗、新巴尔虎左旗、陈巴尔虎旗,地区间人均收入差距高达3 249元。

城乡居民生活水平明显提高。2005年全市地方发放在岗职工工资总额达35.6亿元,增长11.9%;在岗职工年平均工资为13 971元,增长15.5%。城镇居民人均可支配收入8 228元,增长15.1%。城镇居民人均消费性支出5 787元,增长13.7%。城镇居民家庭恩格尔系数28.8%;农牧民人均纯收入3 202元,同比增加520元,增长19.4%,其中,农民3 092元,增长20.3%。牧民4 442元,增长10.3%。农牧民家庭恩格尔系数为38.9%。全年城镇居民住房人均使用面积18.6平方米。

(赵秋洁　朝鲁　曲则凯)

海拉尔区

【领导名录】

区委书记:王　伟
人大主任:孙广建
区　　长:张玉军
政协主席:乌兰巴拉(蒙古族)
武装部长:孟庆龙
政　　委:李福平

【概况】　海拉尔区地处内蒙古自治区东北部,大兴安岭西麓,地处北纬49°06′~49°32′,东经119°32′~120°35′。北部和西部与陈巴尔虎旗毗邻,南部与鄂温克族自治旗接壤,东部与牙克石市相连。南北长约40公里,东西长约80公里,是呼伦贝尔市党政机关的驻地。总面积1 440平方公里,城区面积28平方公里,辖3镇6个街道办事处,由汉族、蒙古族、达斡尔族、俄罗斯族24个民族组成。全区总人口256 497人,总户数77 975户,非农业人口233 949人,农业人口22 548人。男性为128 489人,女性为128 008人。全年出生人口1 532人,出生率5.95‰;死亡人口1 304人,死亡率5.07‰,人口自然增长率0.89‰,下降0.07个千分点。

2005年地区生产总值完成45.5亿元,同比增长27.1%。其中:第一产业增加值3.8亿元,增长27.9%;第二产业增加值17.1亿元,增长39.7%;第三产业增加值24.6亿元,增长19.6%。财政总收入完成4.08亿元,同口径增长16.5%。城镇人均可支配收入达到9 267元,同比增长14.9%,农民人均纯收入达6 030元,同比增长6.9%。城乡居民储蓄存款余额达到52.5亿元,人均住房面积达到24.62平方米。

【农业】 2005年,全年农作物总播种面积为2.35万公顷,比上年增长9.6%,粮豆薯总产量达38 463吨,比上年增长151.3%,油料总产量达8 622吨,比上年增长2.1倍,蔬菜产量达42 749吨,比上年增长11.2%。

【畜牧业】 牧业年度牲畜总头数114 728头(只),比上年增长8.5%。其中,奶牛存栏33 055头,比上年同期增长59.1%;日历年度牲畜总头数95 431头(只),比上年末增长18.2%。其中,大牲畜和牛奶产量分别为6 173吨和151 079吨,比上年分别增长9.9%和64.1%。禽蛋产量3 531吨,比上年增长17.5%。

【林业】 全年完成造林面积3 667公顷,比上年增长17%。其中,退耕造林和三北封育2 467公顷,比上年增长5.7%。全年义务植树82万株,比上年增长51.9%,森林覆盖率达18.8%。

【工业】 全年工业增加值实现81 798万元,比上年增长44%,增幅比上年提高5个百分点。工业对全区经济增长的贡献率为39.7%,提高0.2个百分点。规模以上工业增加值77 786万元,比上年增长43%,规模以上工业产品销售率达到95%,比上年提高4.5个百分点。食品加工、水泥、火力发电、造纸、铁合金、乳制品等行业产值增速都在35%以上,占工业经济总量的83%,形成多点支撑的发展局面。全年规模以上工业企业经济效益综合指数162.1,比上年提高50.2个点,实现利润8 253万元,增长23.8%;利税总额17 709万元,增长169.1%。

【固定资产投资】 全年社会固定资产总额达到220 700万元,比上年增长33%。其中基本建设投资104 720万元,增长63.9%;更新改造投资90 926万元,增长19%;房地产开发20 884万元,增长7.9%。第一产业投资256万元,比上年下降72.6%;第二产业投资105 295万元,比上年增长17.3%,其中工业投资102 295万元,增长15.4%;第三产业投资115 149万元,增长62.5%,其中教育投资比上年增长27.3%,水利、环境和公共设施管理业投资比上年增长120%。

【贸易】 全年社会消费品零售总额245 905万元,比上年增长17.3%。其中,批发零售贸易业零售额179 513万元,增长17.6%;餐饮业零售额37 542万元,增长24.9%;其它零售额28 850万元,增长7.4%。年末有连锁商业企业162个,实现营业收入17.9亿元。全年进出口总额(海关口径)4 278万美元,比上年增长236.8%。其中,进口总额2 287万美元,比上年增长228倍;出口总额1 991万美元,比上年增长58%。引进国内市外到位资金13.7亿元,比上年增长34%,直接利用外资530万美元,比上年增长21.8%。

【旅游】 全年接待国内外旅游人数73.5万人次,其中海外旅游846人。旅游收入7.3亿元,比上年增长44.9%,旅游外汇收入31.6万美元。

【交通 邮电业】 全年邮电业务总量77 528万元,其中,邮政业务总量2 615万元,比上年增长12.5%。年末固定电话用户8.7万户,本地电话普及率61.9部/百人(注:包括小灵通用户);移动电话用户13万户,普及率51部/百人。海拉尔区互联网用户达15 119户。

【财政】 全年财政总收入40 771万元(不含社保基金,下同)按同口径计算比上年增长16.5%,地方财政收入24 150万元,按同口径计算比上年增长15%。财政支出37 766万元,按同口径计算比上年增长12.4%。

【金融】 全年各项存款余额853 715万元,比上年增长23.4%;各项贷款余额359 882万元,比上年末增长15.4%。银行累计现金回笼8 690万元。

【保险业】 全年保费9 897万元,比上年下降9.1%。其中人身险7 729万元,比上年下降6.8%;财产险2 168万元,比上年下降16.4%。支付各类赔款1 533万元,比上年下降9.5%。

【科技】 取得了创建全国科技进步先进城区"两连冠",荣获全国科普示范区荣誉称号。全年实际申请专利7件;获得国家知识产权局专利授权8件。拥有自治区高新技术企业4家、民营科技企业12家。全年完成技术贸易成交额980万元,培训各类技术人员2 680人次。

【教育】 实现了义务教育阶段城区学校楼房化、郊区学校暖气化和教学手段现代化。职业中学在校生比上年下降2.6%;普通中学在校生比上年下降0.5%;小学在校生比上年下降3.4%,幼儿园在园幼儿下降1.3%。

【文化】 有各类业余文化艺术团体6个,各类娱乐、书刊、音像等文化场所537个,全年共举办各类文化活动258场,观众24.6万人次。海拉尔区图书馆被批准晋升为国家二级图书馆。全区广播及电视覆盖率分别为100%和97%。

【卫生】 至年末,共有卫生机构139个(含医务室、个体诊所),比上年增长32.4%,其中综合医院15个,比上年增长25%。卫生技术人员2 385人,比上年增长18.3%。医院病床1 832张,比上年增长11%。儿童五种疫苗接种率在98%以上,全年传染病总发病率595.9/10万人。

【体育】 有各类体育场馆161个,社区室内体育活动室16个。在55个社区都有晨练点和指导员,坚持常年体育锻炼的人数占总人口39.2%。全年各类体育比赛中获金牌总数20枚。

【人民生活】 全年城镇居民人均可支配收入9 267元,比上年增长14.9%;城镇居民人均消费支出为6 234元,比上年增长13.5%;农民人均纯收入6 030元,比上年增长6.9%。农民人均生活消费支出为4 313元,比上年增长4%。年末在岗职工42 525人,比上年末下降1.2%;在岗职工年平均劳动报酬16 388元,比上年增长10%。年末储蓄存款达52.5亿元,比上年末增长17%。

(田晓明 田华)

满洲里市

【领导名录】

市委书记:杨汉忠

人大主任:杨汉忠

市　　长:云光中(蒙古族)

政协主席:尤忠久

武装部长:张　亮

政　　委:詹金家(3月离任) 赵学敬(3月任职)

【概况】 满洲里市位于内蒙古自治区呼伦贝尔市西部,东临新巴尔虎左旗,南、西与新巴尔虎右旗相邻,北与俄罗斯联邦接壤。地处中、俄、蒙三国交界处,是呼伦贝尔市行政区划内的一个准地级市,下辖扎赉诺尔区、中俄互市贸易区、边境经济合作区、东湖区。有10个街道办事处、1个镇(新开河镇)、42个社区居委会。全市总面积696平方公里。市区人口密度约218人/平方公里。总人口26万人,其中,户籍常住人口160 213人,总户数61 821户,非农业人口160 003人,流动人口99 700余人。有蒙古、回、满、壮、苗、俄罗斯等21个少数民族,共14 575人。全年出生1 453人,出生率为7.2‰,计划生育率为98.76%,全市出生婴儿男女性别比例为109.7∶100。

2005年,全市生产总值60.05亿元,比上年增长64.7%。(按可比价格计算,下同),其中,第一产业增加值完成1.27亿元,比上年下降1.3%;第二产业增加值完成30.07亿元,比上年增长146.1%;第三产业增加值完成28.71亿元,比上年增长26.6%。三次产业结构比例为2∶50∶48。全市人均地方生产总值达3万元。固定资产投资总额达58亿元(含铁路)。财政收入10.05亿元,增长83.6%,占GDP的16.7%,人均财政收入0.6万元。地方财政收入55 777万元,比上年增长56%;地方财政支出81 579万元,比上年增长26.4%。城镇居民可支配收入10 006元,比上年增长17.7%。全市在岗职工31 612人(不含铁路系统,下同),比上年增长4.6%;在岗职工人均工资13 284元/年,比上年增长22.9%。全市居民储蓄存款余额46亿元(不含外币),居民人均储蓄存款达2.87万元;居民人均消费性支出7 086元,居民人均非消费性支出2 768万元。住房公积金累计归集额4 849万元,比上年增长22.1%;向个人支付和偿还职工公积金3 409万元,发放住房公积金委托贷款818户、6 540万元,人均住房面积16平方米,比上年增加2.2平方米。

【农业】 2005年,农业总产值完成20 159万元,比上年增长0.7%(按现价计算,下同),其中:农业产值完成4 010万元,比上年下降25.1%;水产品产量12 230吨,其中鱼产量10 410吨;渔业产值10 726万元。上述四业产值结构比例为19.9∶0.9∶26.9∶52.3。农民人均纯收入4 600元。农作物播种面积1 723公顷,比上年增长4.6%;菜薯总产量52 729吨,比上年增长11.3%;瓜类5 493吨,比上年增长2.9%;水果130吨,与上年持平。

【畜牧业】 全年牧业产值完成5 423万元,年产猪牛羊肉2 033吨;狐、貂等特种经济动物饲养量达5.5万只。畜牧业年末牲畜总头数53 149头(只),比上年增长0.6%;生猪存栏10 812口,比上年增长2.9%。

【林业】 全年林业产值完成179万元,退牧还草工程总投资660万元,围封草原40万亩,完成造林补植360公顷、造林整地191.53公顷、更新造林164.2公顷、幼林抚育408公顷、育苗29.67公顷,林木覆盖率为4.52%。调运栽种三年以上的樟松、云杉、杨树1万株。

【工业】 2005年,全市工业总产值完成271 422万元(按现价计算),比上年增长150.6%。乡及乡以上工业企业实现产值151 494万元,比上年增长66.1%。全市乡及乡以上独立核算工业企业完成增加值66 435万元、比上年增长44.5%。产品销售收入为115 365万元，比上年增长72.9%。上缴税金11 417万元，比上年增长66.7%；亏损企业7户，企业亏损面为8.6%；工业经济效益综合指数为94.41%，比上年增长49.02个百分点。规模以上工业总产值达134 795万元，比上年增长56.1%；实现增加值61 675万元，比上年增长40.4%，经济效益综合指数92.84%，比上年提高44.03个百分点。原煤产量630万吨，产值6.45亿元，比上年增长48.6%；供电、供热业实现产值3.19亿元，全市木材加工企业160余户，实现产值13亿元。已经初步形成以能源、电力、木材加工、建筑材料、食品加工为主的工业格局。

工业结构以能源、重工业为主导，有职工人数31 612人。固定资产原值55亿元。香港联发木业公司、满洲里欧亚木业有限责任公司等木材加工企业木材加工能力已近500万立方米，产品远销香港、日本等地。满洲里海威啤酒厂、满洲里食品加工有限公司、扎赉诺尔食品加工有限责任公司、草原兴发满洲里食品厂等60余户食品加工企业，实现产值1亿多元，香肠等食品深受俄罗斯人的青睐。

【环境保护】 2005年，满洲里市被国家环保总局命名为国家级生态示范区。全年共审批项目242项，其中生产加工项目23项，基本建设项目41项，餐饮项目128项，对60余个不符合产业政策、达不到环保要求的项目不予审批；开展专项检查，对污染严重的3家企业在全市进行挂牌督办，对4家不符合环保要求的企业予以处罚；处理环境投诉72件，答复人大、政协提案12件，办结率100%；下达《限期整改通知书》22份，《行政处罚事先告之书》36份。发布空气质量周报25期，完成地下水每月一次监测，完成氧化塘污水、俄过境水监测项目14项。

【城市建设与管理】 全年实施重点基础设施建设项目50个，总投资3.64亿元。新建、改造城市道路37千米，外环路一期、世纪大街续建等21条道路建成通车；改造、建设给水管线32千米、排水管线16千米，新增供热管线22千米、供热面积77万平方米。新装路灯750盏，铺设人行道板4 900平方米。以五道街沿线为重点，高标准完成亮化单体115个。完成旧城拆迁15.8万平方米。物业管理房屋面积20万平方米。挂牌出让国有土地使用权28宗78.8万平方米，成交价款1.93亿元。完成公建审批115项，总建筑面积643.35万平方米，私建正式审批28项。年内还完成新北方市场、香格里拉大酒店、深能源热电厂、浙江义乌小商品批发城、光明热电二期扩建等大型项目的建设申报审批，以及工程的实地测量、规划方案设计审查。审批开工建设17幢高层建筑，建筑面积47.06万平方米。全年共完成招投标120项，房屋建筑和市政招投标总造价11.24亿元，项目招投标率达100%。全年对64家外进建筑企业进行资质审核、注册备案管理；对市属9家施工企业进行资质年检。全市注册物业企业12家，托管物业项目57个，实行物业管理的房屋面积达到136.6万平方米。

【建筑及房地产业】 2005年，全市建筑业实现增加值19.81亿元，比上年增长163.2%。全年施工房屋面积218万平方米，比上年增长797.2%，其中，住宅施工面积67万平方米，竣工房屋面积40万平方米，房屋建筑竣工率达18.3%。房地产开发投资中商品房屋销售建筑面积45万平方米，比上年增长91.5%，其中住宅35万平方米，商品房销售额88 728万元，比上年增长113.4%，其中，住宅销售53 007万元，比上年增长163.5%。

【个体私营经济】 年末，全市共有个体私营经济9 659户，其中，个体经营9 577户，私营82户。个体私营经济从业人员达到3.5万人，比上年增长25%。其中，个体25 429人，私营10 041人，分别比上年增长10.7%和76.5%。注册资金119 885万元，比上年增长20.8%。其中，个体25 756万元，私营94 129万元，分别比上年同期增长10.7%和23.8%。上缴税金17 003万元，其中，个体上交税金6 896万元，私营10 107万元。

【招商引资】 全年实施对外经济技术合作项目170项，引进市外资金40.2亿元，比上年增长81.7%，创历史新高。项目平均引资额2 360万元，比上年增加1 200万元，总投资额超千万元以上的项目99项，引进资金33.8亿元。其中，总投资额超亿元的项目20项，引进资金20亿元；总投资额5 000万元以上的项目15项，引进资金5.4亿元；总投资1 000万元以上的项目64项，引进资金8.4亿元。

【对外开放】 2005年，口岸外贸进出口总值42.9亿美元，比上年增长36.8%。其中，进口38.8亿美元，出口4.1亿美元；上缴关税及代征税41.9亿元，比上年增长37.4%，其中海关关税2.3亿元，进口环节增值税39.6亿元。满洲里市外贸进出口总值13.9亿美元，比上年增长5.6%，（边境小额贸易12.4亿美元，比上年增长3.6%）其中进口13.3亿美元，出口0.5亿美元，全市有进出口经营权外经贸企业212家，其中，进口额超千万美元的有34家；利用外资869万美元，实施对外承包工程和劳务合作42项，合同金额1 529万美元，合同劳动人数2 743人。出口商品主要有服装鞋帽、针织品、日用百货、家用电器、汽车、装潢材料、建筑材料、蔬菜水果。进口商品主要为石油、原木、废旧钢材、塑料原料、化肥、纸浆等。

【交通运输】 年末，市区道路214.31公里；城市公路217.9公里。其中，国家级干线（301国道）43.5公里，省级干线（满洲里—西旗）13.7公里，县乡公路160.7公里。交通运输业有铁路车站4

处,乘降所1处。推出网上旅游团预申报系统。每天有对开北京、齐齐哈尔、哈尔滨、绥芬河、海拉尔方向的列车。每周有一列过往北京直达莫斯科的国际旅客列车,每周五、日有一列从满洲里发往俄罗斯赤塔的旅客列车。民用航空在开通满洲里—北京、满洲里—呼和浩特、满洲里—哈尔滨等航线的同时,又进行满洲里—俄罗斯伊尔库茨克国际航线的试航。全年口岸进出口货运量为1 752万吨,比上年增长24.9%。其中,进口货物1 636万吨,出口116万吨。全年全市交通运输业完成货运量2 210万吨,比上年增长17.9%。完成客运量196万人次,比上年增加46.6%。

【邮电通讯】 2005年,全市电信、邮政、移动、联通、铁通等五家邮电通讯公司业务收入实现12 086万元,比上年增长18.0%。其中,邮政业收入1 988万元,比上年增长3.2%。电话交换机容量达6.8万门,比上年增长4.6%。固定电话用户45 803户,比上年增长11.2%,其中,住宅电话33 109户,比上年增长2.4%。小灵通用户41 923户比上年增长34.4%。移动电话49 815户。互联网用户6 500户。

【批发零售】 2005年,全社会消费品零售总额达到25.06亿元,比上年增长23.5%。其中,批发零售贸易业仍占据首位,全年实现零售额19.78亿元,比上年增长23.5%,占消费品零售总额的78.9%;其次为餐饮业,全年实现零售额2.53亿元,比上年增长23.5%,占消费品零售总额的10.1%。从企业规模来看,规模以下及个体商业仍是满洲里市商品流通领域的主力军,全年实现消费品零售额11.01亿元,比上年同期增长29.5%,占全市批发零售贸易业消费品零售总额的64.1%。

【旅游业】 满洲里市红色旅游项目被列为国家首批100个红色旅游景区建设项目,扎赉诺尔国家级矿山公园列入首批28个国家级矿山公园建设行列。达永山室内滑雪场、铁木真大汗行营启动运营;满市红色旅游展厅二期和中东铁路陈列馆改造工程投入使用。开发满洲里—成吉思汗拴马桩草原风情旅游线;开辟满洲里—秦皇岛、广州、海南包机旅游线路。新增6家国内旅行社;"旅游节"和"冰雪节"期间组织"兰德之夜"、"九九硅业"大型文艺演出和第三届"天瑞杯"选美大赛。全年边境旅游人数80.8万人,比上年增长34.3%;旅游总收入19亿元,比上年增长27.4个百分点;旅游业外汇收入18 734万美元,比上年增长29.9%。

【金融 保险业】 2005年,全市金融机构存款金额人民币71.72亿元,比上年增长40.6%;贷款余额15.64亿元,比上年增长8.1%;银行现金收入306.78亿元,现金支出312.91亿元,分别比上增长22.5%和22.8%。个人存款人民币460 034亿元,个人存款外币(美元)1 076万元,人均储蓄2.9万元。

2005年,保险行业实现保费收入10 373万元,比上年增长22.6%,其中,财险收入3 257万元,比上年增长31.6%;人险收入7 116万元,比上年增长18.9%。

【科技】 2005年,全市有创伤研究所、达赉湖水产研究所、科技情报所、华颐老年疾病防治中心等5家科研所,全市有专业技术人员2 128人,其中,初级职称1 309人,中级职称587人,高级职称232人。举办第二届满洲里中俄科技展暨中俄高新技术产品交易会;举办以"深化中俄两国区域合作、促进毗邻地区协调发展"为主题的首届中俄区域合作论坛;开展以"送技术、送信息、送经验"为主要内容的科普知识讲座,分别在各区开展6期关于农业、渔业、特种特养业、蔬菜仓储保鲜等方面的技术培训班,为下岗职工编印《适用技术信息》和《特种养殖》读本。

【教育】 年末,全市有小学20所,普通中学12所,其中初级中学9所,高级中学2所,九年一贯制学校1所。全市普通中学在校学生13 290人,当年毕业生3 996人,专任教师937人。小学在校学生13 392人,毕业生3 004人,专任教师865人。2005年,学前三年入学率为87%;初中阶段辍学率为0.57%;高中入学率为74.96%。全面完成企业办教育剥离第二阶段工作,共接收企业办教育学校13所,其中初中4所,小学9所。有职业技术培训中心学校1所,有教职工60人,在校学生593人,所开专业有计算机、俄语、幼教、报关报检、美工、热动力等专业。4月4日,扎煤公司完成教育剥离工作,17所企业办的中小学全部移交给地方管理。

【文化】 全市有歌舞团1个,全年演出140余场。全市有影剧院6处,市图书馆晋升为二级图书馆,藏书5万余册,在社区和军营共建流动图书站19个,年接待读者1.2万人。投资80余万元,对原有博物馆和沙俄陈列馆进行恢复和改建。年内,召开首届满洲里历史文化研讨会,成立满洲里市历史文化研究会;举办"满洲里市首届市民文化艺术节",组织专场演出23场;组织"纪念抗日战争胜利60周年第三届全市大合唱比赛"。俄罗斯红石歌舞团、赤塔市歌舞团、呼伦贝尔市歌舞团、三少民族歌舞团等文艺团体来满市进行精彩的演出。全年检查文化经营场所200余家,收缴非法音像制品,非法政治性出版物、非法盗版书刊、色情淫秽书刊、封建迷信伪科学书刊三百余册、盗版光盘76盘,净化文化市场。全市有广播电视台1个,电视覆盖15.14万人,覆盖率96.31%;广播覆盖15.72万人,覆盖率100%;用户18 000户。

【卫生】 是年，全市有卫生机构111个，比上年减少4个，共有病床846个，每千人平均拥有床位5张；全市有卫生技术人员1 417人，其中专业医师538人，每千人平均拥有医护人员9名。年内投资429万元，建筑面积2 197平方米的传染病房楼正式投入使用；市疾控中心、卫生监督所、妇幼保健所办公楼已破土动工。

【体育】 是年，全市有体育馆1个，有体育场3个，占地面积1 200平方米；灯光篮球场1个，全年组织体育活动405项。其中，职工比赛142项，学生比赛92项，老年文体活动171项。参加10项国内比赛及3项与俄体育交流活动，举办以“国际体育运动年”为主题的千人健步走活动，市老年门球队在华北地区老年门球比赛中获第5名的好成绩。年内与俄罗斯赤塔地区开展世界和平火炬接力赛、自行车公路赛、乒乓球三个项目的体育交流。投资5 700万元，建筑面积11 000平方米的新体育馆主体框架已完工。

【就业与社会保障】 2005年，全市实现新就业4 160人（其中下岗失业人员2 080人），再就业援助422人累计发放《再就业优惠证》3 829本，其中2 802名持证人员实现再就业持证再就业率73%。全市城镇登记失业率控制在3.6%。全年养老保险新增参保1 732人，参保总人数18 802人，全年养老金收缴4 649万元，支出4 103万元。全市5 351名退休人员全部实行社会化管理；企业离退休人员月均养老金由上年的611元调整为775元。全市有个体养老院5个，集体养老院1个，共有床位230张。

【帮扶】 2005年，在全市10个办事处，1个镇配齐残疾人专职委员，4个区建立残疾人组织机构，依托社区“星光老年人之家”，组建“社区残疾人活动室”；扎赉诺尔区第四办事处榕欣社区被评为全国优秀残疾人社区。为120多名老年人进行耳病防治义诊和103名儿童、青少年眼病检查；成立全市残疾人康复中心、“满洲里市法律援助中心残疾人工作站”，建立各类康复机构55个，为27名残疾人安装假肢，资助3名聋童生配戴助听器，为全市667名残疾人建立康复需求档案。通过多渠道实现残疾人就业63人，开展残疾人职业培训108人，为残疾人家庭考入大学的13名学生资助学费，为33名中小学生减免学费。残疾人用品用具供应243件。向自治区按摩中心推荐4名盲人按摩师参加职称评定。实施白内障复明手术101例。争取到自治区扶贫资金53.5万元，扶持救助贫困人口2 604户，元旦、春节期间，财政拨专款50万元，资助了19个困难企业、520名特困职工。通过爱心助学捐款资助1 632名贫困家庭中小学生和145名大专以上学生上学。

满洲里市红十字会接收上级拨付物资价值1.9万元，社会各界捐款24.4万元，发放救助物资价值9.3万元，受益人数2 271人，发放救灾款9.4万元。为印度海啸募捐资金24.2万元；为扎兰屯灾区捐赠价值2.3万元的运动服；为受风灾的良种场和农业生态园97户农户311人发放5吨救助面粉，价值1.15万元。

（朱敏华）

牙克石市

【领导名录】

市委书记：巴树桓（蒙古族）

人大主任：于秀斌

市　　长：高　忱

政协主席：马守士

武装部长：华泽民

政　　委：于立连

【概况】 牙克石市位于呼伦贝尔市中部、大兴安岭中脊中段西坡，北纬47°39′～50°21′，东经120°28′～122°29′。南北长352公里，东西宽147公里，总面积27 590平方公里，其中，林地面积18 544平方公里，水域面积720平方公里，草场面积8 568 642公顷，耕地面积80 234公顷。辖12个镇、6个街道办事处。年末全市总人口389 326人。其中，农业人口14 571人，非农业人口373 618人；市区人口131 262人，乡镇258 064人。在总人口中，少数民族41 710人，其中，蒙古族18 674人，回族6 283人，鄂伦春族89人，鄂温克族417人，其他少数民族16 247人。全市人口中，男性197 440人，女性191 886人，性别比为103.0（以女性为100）。全年迁入人口4 766人，同比下降25.48%；迁出人口9 109人，同比下降20.33%。全年出生人口2 004人，同比下降5.07%；出生率为5.1‰，下降0.2个千分点。死亡人口2 671人，同比增长24.75%；死亡率为6.8‰，下降1.4个千分点。全市人口自然增长率为－1.7‰。

全市完成地区生产总值34.51亿元，同比增长17.9%。其中：第一产业增加值完成9.86亿元，同比增长31.1%；第二产业增加值完成10.85亿元，可比增长18.1%；第三产业增加值完成13.80亿元，同比增长10.7%。三次产业占地区生产总值的比重分别为28.6%、31.4%和40.0%。全市财政总收入21 514万元，同比增收3 313万元，增长18.20%；其中地方财政收入完成13 798万元，同比增加692万元，增长5.28%。国税收入完成7 073万元，同比增加2 301万元，增长48.22%；地税收入完成11 461万元，同比增收2 941万元，增长34.52%。财政支出36 290万元，同比增加2 699万元，增长8.03%。

【农业】 全市农林牧副渔总产值达到161 639万元，同比增长

30.3%。其中,农业产值71 376万元,林业产值45 000万元,渔业产值263万元。农作物总播种面积139.22万亩,同比增加17.5万亩。其中粮食播种84.52万亩(含小麦65.61万亩),同比增加22.8万亩;经济作物播种50.83万亩(含油菜43.25万亩,甜菜0.81万亩),同比减少4.23万亩;饲草饲料播种3.87万亩,同比减少1.07万亩。粮食作物总产量为16.82万吨,同比增加5.54万吨,增幅达49.11%;单产398斤/亩,同比增加33斤/亩。其中,小麦总产11.66万吨,同比增加3万吨,增幅达34.64%;小麦单产355斤/亩,增加19斤/亩。油菜籽总产4.17万吨,增加1.5万吨,增幅达56.18%;油菜籽单产193斤/亩,增加90斤/亩。年末,农牧业机械总动力达20.9万千瓦,同比增长0.48%;农用拖拉机4 360台,同比增加84台;农村用电量1 979万千瓦小时,同比下降2.94%。全年共完成封山育林0.5万亩,落实禁牧5万亩,季节性休牧15万亩。义务植树76.61万株,四旁植树18万株;新增节水灌溉面积0.7万亩。

【畜牧业】 牧业产值45 000万元。年末,牲畜总头数24.60万头(只),同比增长16.42%。其中奶牛4.89万头,同比增长12.16%;生猪存栏4.04万口,增长2.80%。主要畜产品产量及人均占有量:肉总产20 100吨,人均占有量102.45斤,增长42.79%;禽蛋总产5 473吨,人均占有量29.27斤,同比增长14.87%;牛奶产量101 377吨,人均占有量516.72斤,同比增长33.30%。

【工业】 地方独立核算工业现价总产值完成105 429万元,同比增长32.83%;工业增加值完成48 657万元,同比增长31.5%。工业企业实现利润2 514.9万元,同比下降31.89%。产品销售率为98.89%,同比增长0.01个百分点。其中,地方规模以上工业现价总产值完成98 710万元,同比增长41.5%;工业增加值完成46 229万元;工业企业实现利润2 630.6万元,同比下降1.70个百分点;工业企业经济效益综合指数为127.11%,同比增长6.24个百分点。

【城镇建设】 将市区路网黑色化改造纳入重点工程,6月12日开工,历时110天,完成5条道路的黑色化改造,总面积11 783.75平方米,投资1 600万元。同时,改造路缘石1 306米和渗水井44眼。利用以房促路、以路带房的优惠政策,由建筑企业出资修建两条街道,协调区直企业森工集团硬化3条道路,总面积为28 500平方米。在市区道路黑色化改造同时,专项整治“马路工厂”和畜力车上路情况。在新扩建的道路增设路灯210盏,更换破损的原路灯灯泡及灯管1 000余个,维修路灯控制点47台次,修复电缆920米。

【邮电】 是年,邮政电信业务收入12 985万元,同比增长8.38%。其中,电信业务收入11 379万元,同比增长10.51%。固定电话用户7.9万户,小灵通用户3.84万户,移动电话用户7.6万户,宽带用户3 735线。

【旅游】 全年共接待旅游者34.9万人次,同比增长19.4%;旅游业收入3 528.8万元,同比增长35.5%。

【固定资产投资】 至12月末,全社会固定资产投资累计完成75 828万元,同比下降7.43%。其中,地方系统固定资产投资累计完成43 042万元,同比下降0.31%。在地方系统中,基本建设投资14 896万元,同比下降18.06%;更新改造投资8 773万元,同比下降52.6%;城镇私人建房156万元,同比下降39.30%;房地产开发投资19 217万元,同比增长196.06%。全市房屋竣工面积22.03万平方米,其中住宅10.52万平方米。

【国内外贸易】 是年,全市社会消费品零售总额达到109 642万元,同比增长11.8%。其中,批发零售贸易业零售额80 039万元,同比增长10.6%;住宿餐饮业零售额27 411万元,增长16.5%。对外贸易出口总额达到370万美元,同比增长24.2%。

【招商引资】 是年全市共引进招商项目122个,引进国内(呼伦贝尔市外)资金103 786万元,同比增长36.49%;其中引进区外资金83 200万元,同比增长33.09%。

【金融 保险】 至12月末,金融机构各项存款余额达53.5亿元,比年初同比增长7.05%。其中,城乡居民储蓄存款余额40.4亿元,同比增长8.77%;金融机构各项贷款余额16.4亿元,同比下降2.25%。银行现金收入160.0亿元,同比增长8.33%;现金支出162.5亿元,同比增长6.77%;货币净投放2.5亿元,同比下降45.45%。全年寿险保费收入6 595万元,办理理赔案件2 426件,理赔金额383.2万元。财产保费收入1 289万元,办理理赔案件840件,理赔金额498万元。

【科技】 推广应用新科技项目自治区级2项、呼伦贝尔市级3项、牙克石市级2项,上级拨款总额32万元;签订技术贸易合同3项,成交额822万元。

【教育】 全市有普通中学41所,在校学生25 346人,专任教师1 719人;中等职业学校3所,其中职业高中学校2所,在校学生983人,专任教师88人;小学38所,教学点17个,在校学生19 294人,小学专任教师1 527人。

【文化】 全市有文艺表演团体1个，文化馆（站）18个，图书馆1个，电影放映单位1个，广播、电视台各1座，有线电视台1座。全市电视综合覆盖人口31.8万人，广播综合覆盖人口34.6万人。有线广播电视用户33 000户，有线电视频道42套。

【卫生】 全市有卫生机构51个，其中，医院22个，卫生院15个，妇幼保健院（所、站）1个，专科防治所（站）2个，疾病预防控制中心8个，医学在职培训机构1个，公共卫生监督所1个。全市卫生机构有床位2 129张，专业技术人员2 426人。

【人民生活】 全市在岗职工工资总额31 996万元，同比增长2.43%；在岗职工人均工资达11 440元，增长6.03%。城镇居民人均可支配收入6 135.1元，同比增长12.04%。农民人均纯收入2 367元，同比增长25.5%。全市居民消费价格总指数为103.2%，同比上涨3.2%；其中，食品价格下降0.6%，居住价格上涨5.7%，医疗保健和个人用品价格上涨14.1%，衣着价格下降0.6%，家庭设备用品及维修服务价格下降0.1%，交通和通讯价格下降2.5%，娱乐教育文化用品及服务类价格上涨12.6%，烟酒及用品价格与上年持平。社会商品零售价格总指数为101.2%，同比上涨1.2%。

【再就业】 全年城镇新增就业4 572人，其中下岗失业人员实现再就业3 086人；就业与再就业职业技能培训和创业培训3 517人；年末城镇登记失业率4.5%。

【社会保障】 全市养老金实际发放8 487万元，养老金社会化发放率达100%。全年共为2 946名失业职工发放失业保险金939万元。年末，全市低保对象63 605人，累计发放保障金5 067万元。

【个体私营经济】 全市私营企业316户，同比增长0.96%，从业人员2 710人，同比增长0.11%，注册资金25 848万元，同比增长13.28%。个体有证工商户9 480户；从业人员14 997人，同比增长3.55%；注册资金47 929万元，同比增长54.80%。

【市区污水处理工程】 市区污水处理工程完成主管网17.1公里，砌筑检查井502个，完成投资1 595万元。污水处理厂完成综合办公楼、生化池、细格栅间、鼓风机房、高低压配电室、污泥脱水间、加药间等主体建筑的土建工程90%，法国百乐克污水处理设备进厂安装，完成投资2 420万元。4月，召开污水处理收费价格听证会，并通过呼伦贝尔市工商局的批复。

（王平 贯堃）

扎兰屯市

【领导名录】

市委书记：金昭（4月离任） 任福生（4月任职）

人大主任：娄连生

市　　长：胡连义

政协主席：常秀峰（蒙古族）

武装部长：孙奎远

政　　委：涂建国（鄂温克族）

【概况】 扎兰屯市位于呼伦贝尔市南端，总面积16 800平方公里。全市共设10个镇、6个乡（其中3个少数民族乡）和6个市区街道办事处。乡镇办事处共下辖167个行政村和117个居民委员会。全市年末总人口431 013人，农业人口265 014人，非农业人口165 999人。其中少数民族人口57 474人。

2005年，全市实现国内生产总值323 433万元，比上年同期增长23.9%。其中第一产业增加值完成115 600万元，比上年同期增长36.3%；第二产业增加值完成115 667万元，比上年同期增长28.2%；第三产业增加值完成92 166万元，比上年同期增长9.6%。全年财政收入完成22 143万元，其中地方财政收入16 190万元。全市社会消费品零售总额达120 696万元，比上年同期增长17.0%，其中批发零售贸易业105 330万元，比上年同期增长16.8%，餐饮业12 686万元，比上年同期增长18.0%。全年市场物价运行平稳，消费品价格指数为101.6%。

【农业】 粮食产量达10.03亿斤，比上年增长61.6%。全年共打水源井870眼，购置喷灌设备460台（套），完成新增节水灌溉面积8.6万亩，完成任务指标141%；完成新增有效灌溉面积7.28万亩，完成任务指标140%。

【畜牧业】 全市牧业年度牲畜总头数达231万头（只），比上年增长51.6%。其中大小牲畜存栏203万头（只），比上年增长62.7%；羊存栏182万只，比上年增长67.0%；生猪存栏28万口；奶牛存栏6.8万头，全年牛奶产量15.1万吨，比上年同期增长62.4%。

【林业】 全市退耕还林户11 824户，生态林、经济林补助资金1 712万元，户均1 448元。全年完成退耕还林工程、三北四期工程、薪炭林工程需补植造林118 877亩。春雨季需补植退耕地造林11 155亩，荒山荒坡造林90 597亩，三北四期造林9 725亩，薪炭林工程7 400亩。防火基础设施工程建望火楼、停机坪、检查站、车库、仓库、通讯塔、瞭望塔，投入资金486万元。

【工业】 2005年，全市乡及乡以上工业企业完成现价产值166 512.7万元，同比增长42.5%，其中规模以上工业企业完成现价增加值162 048.8万元，同比增长42.1%。全市乡及乡以上工业企业完成现价增加值63 256.5万元，同比增长40.8%，其中规模以上工业企业完成现价增加值61 573.3万元，同比增长40.2%。规模以上工业企业产品销售率达到87.66%。全市规模以上工业企业经济效益综合指数达到183.38，比上年同期高46.48点，实现利润总额7 747.6万元。

【旅游业】 全年共接待国内、外旅游人数52万人，旅游总收入达2.67亿元。

【邮电 通讯】 2005年，邮政业务总量完成995.4万元，比上年增长5.26%。全市电话用户63 433户，其中城市电话28 804户、小灵通18 881户、乡村电话15 748户。

【固定资产投入】 是年，全市固定资产投资完成125 083万元，比上年增长23%。其中基本建设完成投资88 508万元，比上年增长85%；更新改造完成投资29 821万元，比上年下降33.0%；房地产完成投资4 645万元，比上年下降45%。

【商务流通】 实际利用外资额达到505.92万美元，完成全年200万美元责任目标的252.96%；出口创汇全年完成338.6万美元（其中直接出口78.6万美元，间接出口260万美元），完成全年240万美元责任目标的141.08%；蒙东系列市场交易额全年实现4.5亿元，完成2.5亿元责任目标的180%。

【招商引资】 是年，全市共实施招商项目117项，招商引资全年实现10.452亿元，完成扎兰屯市指标10亿元的104.5%，其中引进呼伦贝尔市外资金9.5314亿元，完成呼伦贝尔市9.2亿元责任目标的103.6%；工业招商引资完成4.072亿元，完成呼伦贝尔市3.5亿元的101.46%。

【交通】 2005年，“阿海”省际通道扎兰屯市境段，全长105公里，8月底前完成全线路面工程并通车。完成投资3.71亿元，累计完成投资10亿元。

【城市建设】 投资117万元完成边城路、铁北街及新北路的硬化和天拜山广场西侧道路拓宽工程；维修市区破损的水泥砼路和沥青砼路面3 140平方米，完成工程量41万元；完成主要街路步道板铺设1.12万平方米，完成工程量45.8万元；市区植树18 700株，完成绿化工程投资64万元；年内，房地产开发新建工程10项，竣工面积106 986平方米，完成固定资产投资1.1亿元；上海金丝猴集团投资3 000万元在成吉思汗镇建设乳品厂1座，主体工程和办公楼已完成。

【环境保护】 2005年，全市环境污染治理实施“环保四大工程”。1.实施“碧水工程”。玖龙兴安浆纸（内蒙古）有限公司于5月8日停产治污，6月10日恢复生产，投入资金7 150万元用于清洁生产和“浅层高效离子气浮”污水处理设施。2.实施“蓝天工程”。水泥制品公司投资70万元安装高效袋式除尘设施，除尘效率达98%以上；宏裕农药投资78万元安装“活性炭吸附生产尾气”处理装置，对生产工艺废气实行处置。3.实施“安静工程”。交警部门在主要街路共设立禁鸣标志24块；公安、综合执法、文体广电等部门对沿街叫卖的小喇叭、高音喇叭和歌厅娱乐噪声进行整顿。声环境质量达标率达86%。4.实施“生态环境治理工程”。年内，为蘑菇气—柴河公路、阿海省际通道和扎兰屯—博克图公路修建指定取料场，规范三条公路修建的环保行为；柴河自然保护区建设11月初通过地市级自然保护区评审后，12月中旬又顺利晋升为自治区级保护区。扎兰屯市环境保护局设立“12369”免费投诉电话，全年受理污染投诉案件156件，政府督办案件23件，人大、政协提案4件，办结率达100%；编制完成《扎兰屯市生态功能区划》；编制完成《扎兰屯市“十一五”环境保护规划》；环境监测综合培训楼主体工程完成。

【禽流感防治】 11月20日至21日，扎兰屯市大河湾镇大水泉村大黑山屯7家养殖户饲养的家禽出现死亡现象，死亡家禽246只。23日6时，自治区动物疫病诊断控制中心初步诊断疑似高致病性禽流感，25日，国家禽流感参考实验室确诊为H5N1亚型禽流感。

自治区党委书记储波、自治区主席杨晶，分别做出重要批示，扎兰屯市立即宣布启动防控禽流感应急预案，并于7时发布《关于对大河湾镇大水泉村及其周围3公里实行疫区封锁的命令》，当日18时30分至24日17时，组织人员分成22个小组，对疫点3公里范围内的家禽进行全面捕杀，同步完成焚烧、深埋、粪便清理、消毒等无害化处理工作，至12月13日，投入人力7 530人次，动用大小车辆3 527台次，捕杀家禽16 567只，鸽子1 510只，涉及2 274户，投入室外消毒药139吨、室内消毒药157吨、白灰217吨，下发防护服8 233套，手提式高压喷雾消毒器230个，进行室内消毒1 680户229.3万平方米，生活饮用水消毒11 280吨，实施医学观察7户29人。通过21天的严密观察与监测，禽流感疫情得到全面控制，12月15日对该地区解除了疫情封锁。

【社会保障】 全市2005年共发放低保资金782万元，保障4 948户，11 115人的基本生活，人均补差64.1元。筹措资金对7.15龙卷风和洪涝灾害造成房屋毁损的灾民进行救助，年底，全市依靠政府救助的1 104户倒房灾民中已有697户喜迁新居；1 765户危房户完成了修缮并安全入住，灾民安全过冬问题得到解决。全年累计加工1 464吨面粉用于救灾工作。筹集资金34万元，确保306名贫困大学生按时入校上学。实施“明天计划”，启动农村大病医疗救助制度，完成两名唇腭裂孤儿康复手术；发放大病救助资金62万元，救助81户，102人。

【金融】 2005年末，全市金融机构各项存款余额211 536万元，较年初增长9.87%；各项贷款余额143 457万元，较年初减少7.45%，主要投放到工业、农业、商业等领域，其中支农再贷款10 000万元。

【科技】 全市组织实施科技成果转化40多项。蚕业建设项目中央财政预算专项资金174万元，地方配套资金44万元全部到位，项目总投资218万元，年内投资90万元，实施生态蚕场面积42.6公顷。继续承担科技部国际重点合作项目：马铃薯高淀粉资源品种和育种技术的引进和利用，国家863项目，马铃薯新型栽培种资源拓宽与杂种优势利用。

科技示范场投资28.8万元，开展甘葵2号、蒙豆9号、海玉4号品种的示范和甜菜23个品种筛选、地膜粘玉米和饲料玉米的种植、高油大豆平窄密垄间覆膜、拌种剂等试验。

【教育】 年内，新建教学楼6个，新建及扩建平房校舍20个，规划新建改扩建校舍52 807平方米，投入资金3 800.4万元；制定《扎兰屯市中小学校长选拔任用工作试行办法》，组织中小学校长和教师参加各种培训达6 150人次，发放国家“两免一补”专项资金共计412万元，资助学生43 692人（次）。全市义务教育阶段学生辍学率小学控制在0.04%中学控制在2.36%以内。均达到“两基”达标验收标准。

是年，全市拥有普通中学37所，其中初级中学24所，在校生17 031人；高级中学5所，在校生5 352人；小学148所，在校生21 152人；幼儿园47个，在园儿童3 243人；中等职业学校5所，在校生6 396人。

【文化】 开展三大广场文化活动，乡情、乡音农村文艺汇演参演10个乡镇200多名农村演员，演出节目80多个，观众达3万余人次。年内建流动图书点8个，为驻军部队及图书点送各类图书4 500册，1月至10月份接待读者3 389人次16 945册次，举办5次大型图片展览，图书馆被评为国家三级图书馆。

【卫生】 是年，全市拥有医疗卫生机构40个，床位1 507张，卫生技术人员1 456人。实施公共卫生体制改革，撤消原卫生防疫站，组建疾病预防控制中心及公共卫生监督所。

【人民生活】 全市在岗职工24 244人，工资总额为28 360万元，在岗职工年人均报酬12 907元。城镇居民人均可支配收入8 138元，比上年增长14.85%。农民人均纯收入为2 760元，比上年增长20.9%。

【自然灾害】 7月15日17时03分至33分，扎兰屯市区及东部部分乡镇突遭历史罕见的高强度龙卷风夹着雷暴、冰雹袭击，风力达12级以上。短时间内，人员受伤、房屋倒塌、农田被毁、牲畜死亡、电力、铁路、通讯、公路、基础设施遭到重创，百年古榆被连根拔起，20平方公里内直径20至60公分的树木80%被拦腰折断，造成263人受伤、其中住院治疗57人、危重6人；多处供电电杆倒地，16条10千伏线路全部损毁；铁路沿线树木倒伏在路轨上，1 200平方米的房盖飘落在铁路线上，致使滨洲铁路中断3小时4分钟；交通阻断3小时；3 779户11 337间房屋严重受损，921户2 763间房屋倒塌；2 288座蔬菜大棚不同程度被损坏，1 917万亩农田受灾，其中绝产8.01万亩，1 278头（只）牲畜死亡。受灾人口3.75万人，灾害造成各类经济损失12.8亿元，其中间接经济损失4.08亿元。龙卷风灾害发生后，扎兰屯市红十字会通过媒体紧急发布为灾区人民募捐的倡议，社会各界纷纷捐款，短短的几天时间，为灾区人民募集款物10万余元，并全部用于救灾工作。

至7月18日，扎兰屯市累计降水量403.6毫米，比历年同期多155.5毫米，降雨量大、范围广，导致全市16个乡镇、6个办事处不同程度发生洪涝灾害。6月6日至7月18日，全市81.8万亩农田受灾，其中25.35万亩绝产；受灾人口7.5万、2 200户，6 600间房屋倒塌。406户1 218间房屋严重损坏，289人紧急转移安置；53座桥涵冲毁，260公里乡村道路被冲毁，灾害造成直接经济损失5 971.38万元。

【重要活动】 5月25日，呼伦贝尔市扶贫系统千村工程及产业化扶贫现场观摩会在扎兰屯市召开。来自呼伦贝尔市和各旗市（区）扶贫系统近百人参加了此次现场会。

6月28日，扎兰屯市第二轮地方志编修工作正式启动。《扎兰屯市志》（1991～2005）编纂方案及篇目大纲征求意见稿按照内蒙古自治区人民政府办公厅《关于开展全区第二届新方志编纂工作的通知》要求已出台。

（郑玉 袁静 路昌芹 张宝明 宋剑 赵英坤 杨洪杰 明星）

根　河　市

【领导名录】

市委书记:王东辉

人大主任:马俊龙(满族)

市　　长:郑富旭

政协主席:王文明(满族)

武装部长:王玉平

政　　委:郝　俭

【概况】 根河市地处大兴安岭北段西坡,是中国最北部的一座城市。位于北纬50°20′~52°30′,东经120°21′~122°15′。全市总面积19 659平方公里,辖5镇1乡和3个街道办事处(好里堡镇、得耳布尔镇、金河镇、阿龙山镇、满归镇、敖鲁古雅鄂温克族乡;河西街道办事处、河东街道办事处、森工路街道办事处)。市内驻有根河森工公司、金河森工公司、阿龙山森工公司、满归森工公司、得耳布尔森工公司、根河板业集团、根河供电局、根河发电厂、根河铁路车务段、根河铁路工务段等中区直企业。

全市总人口167 228人,比上年下降1.1%。人口出生率和死亡率分别是5.05‰和6.98‰;人口自然增长率降至-1.93‰。人口男女性别比例为103.5:100.0。年末,全市在岗职工平均工资10 358万元,比上年增长8.9%;城镇人口登记失业率控制在4.1%。全年新增就业人数1 597人。根河市直属事业单位编制2 771个,实有人数3 110人;市直行政编制1 258个,实有人数1 014人。

2005年,全市生产总值完成213 988万元,按可比价计算(下同)增长3.8%,人均GDP达12 685万元,同比增长5.4%。2005年,全市财政收入完成7 171万元,比上年同期下降7.3%。其中地方财政收入完成4 439万元,比上年同期下降12.0%。全市财政支出完成16 821万元,比上年同期增长9.1%。全市金融机构各项存款余额达211 552万元,同比增长9.2%。全市城镇居民人均可支配收入7 541.26元,比上年增长14.8%;全市城镇居民人均消费性支出4 333.10元,比上年增长5.5%;全年城镇居民住房人均使用面积16.48平方米,比上年增长4.2%;城乡居民每百户耐用品拥有量均有不同程度增长。全市农林牧渔业产值完成56 499万元,比上年下降30.9%。其中,全市林业总产值完成45 125万元,比上年下降36.3%。全年渔业总产值完成150万元,比上年增长775.0%。全部工业增加值完成51 463万元,同比增长16.1%。

【城市建设】 完成根河市总体规划修编和金河镇总体规划编制工作。2005年建立“六位一体、分项承包”工程管理新机制,完成会议中心、根河二中教学楼、检察院办公楼、宾馆东侧游园工程建设,对中央路、双拥街、林海街进行亮化和灯饰美化,成功的塑造城市景观新亮点。被评为国家级生态示范区,建设项目环境影响评价执行率达到100%。2005年荣获全国十佳节约型中小城市称号,顺利晋升为自治区乙级组六星级文明城。

【旅游业】 2005年8月16日,根河酒厂被指定为呼伦贝尔市首家绿色旅游产品定点企业。成立根河市旅游商品生产经营协会。2005年,神州之旅玉泉度假村开工建设,完成建筑面积1.7万平方米,这一项目是呼伦贝尔市投资亿元以上唯一落地的森林旅游项目;敖鲁古雅狩猎民族度假村工程开工建设,一期工程完成投资600万元。旅游项目以年均30%的速度增长。敖乡部落家庭游方兴未艾,全年接待旅游人数4 000余人。12月22日在根河市成功地举办首届大兴安岭冰雪文化节,重点突出“冰雪、民俗”的特色,适当增加文化性、趣味性、观赏性、参与性、娱乐性。全年共接待旅游人数230 091人次,比上年增长121%,旅游收入完成13 450万元,同比增长120%,完成全年任务的100.3%。

【三个基地建设】 “十五”期间,特色种养业、绿色食品加工业规模迅速壮大,农业综合开发项目累计投入1 083万元,累计发放农牧业贴息贷款8 689万元,有力支持“三个基地”建设,“一镇一品”的特色种养业发展格局初步形成。2005年,海威果酒厂新建饮料灌装流水线和冷藏库项目投产;引入森粮公司,启动饲料加工项目,为特色养殖业快速发展提供有力保障。10月30日,阿龙山森工公司森龙特种动物养殖公司通过股份制运作,发展水貂养殖业,使水貂养殖业逐步走上产业化、规模化发展之路。12月18日,根河市重点项目富森北极狐养殖基地和特种动物养殖技术服务站建成并举行揭牌仪式。2005年,全市狐、貂、鹿、獭兔总数分别达到10万只、7万只、4千只、5.9万只;牲畜存栏总头数35 479只,比上年增长40.9%;栽培食用菌总产量400万袋;奶产量完成1 319吨,肉类总产量2 968吨,油菜播种面积1 028公顷,蔬菜总产量5 021吨,比上年增长19.8%。

【地方工业生产】 以板业集团为主的林木加工业规模效益开始显现,精深加工率不断提高。满森公司均质刨花板、根森公司层积板生产线等大型林产工业项目相继上马。奇鑫木业建筑模板生产线、金鼎木业楼梯立柱生产线试产。金河金宇公司等木制品企业生产工艺不断改进,资源利用率有效提高。2005年产品对外出口额预计完成230万美元,同比增长111%。引入黑牛王矿业集团,重组得耳布尔铅锌矿,日处理矿石能力达1 000吨,并与得森公司联合成立森鑫矿业公司。2005年,根河—静岭铅锌多金属矿普查项目、二道河子、三道桥铅锌多金属矿及万年青铜矿普查勘探项目取得初步成果。矿产资源总体规划编制完成，风险探矿企业增至15家。

【招商引资】 从2005年起，招商引资工作进入创新阶段。2005年，引进国内(市外)资金17 918万元，同比增长27.8%，提前三个月完成任务。全市个体工商户达到4 546户，注册资金6 915万元；私营企业89户，注册资金7 243万元。2005年重点招商引资项目有：圣世通运输车队、黑牛王矿业改造安全生产设施、新建蓝莓饮料生产线及冷库、世纪花园小区、森粮实业有限责任公司、新建根河玉泉度假山庄、黑牛王矿业外围详探、新建金鼎木业有限公司、新建3 600平方米金色家园小区、新建根河金海木业、新建根河天赋野生植物加工厂等。

（车宏宇）

额尔古纳市

【领导名录】

市委书记：张福礼

人大主任：李桂芬(女)

市　　长：钱瑞霞(女 蒙古族)

政协主席：戎占祥

武装部长：王吉顺

政　　委：王崇伟

【概况】 额尔古纳市位于内蒙古自治区大兴安岭西北麓，呼伦贝尔草原东北端，额尔古纳河右岸。北纬50°01′～53°26′，东经119°07′～121°49′。市境东北部与黑龙江省漠河县毗连，东部与根河市为邻，东南及南部与牙克石市、陈巴尔虎旗接壤，西部及北部隔额尔古纳河与俄罗斯相望。南北长约600公里，东西宽(最窄地段)约50公里，边境线长671.6公里，全市总面积28 000平方公里。市政府驻地新城街道办事处(拉布大林)。距海拉尔124公里。2005年底全市总人口85 363人，平均每平方公里不足3人。其中汉族65 094人，蒙古族7 151人，回族6 651人，满族3 048人，朝鲜族126人，达斡尔族612人，鄂伦春族54人，鄂温克族109人，壮族6人，苗族31人，锡伯族10人，藏族3人，土家族20人，水族5人，彝族3人，俄罗斯族2 436人，维吾尔族1人，黎族2人，土族1人。全市人口出生率6.83‰。辖1个办事处，5个乡镇：新城街道办事处、莫尔道嘎镇、黑山头镇、三河回族民族乡、室韦俄罗斯族民族乡、上库力乡。

2005年全市地区生产总值124 008万元，比上年同期增长18%。其中：第一产业增加值6.56亿元，第二产业增加值2.42亿元，第三产业增加值3.42亿元。

【农业】 2005年全市农作物总播种面积146.7万亩，其中小麦播种35 334公顷；油菜播种53 740公顷；大麦播种5 487公顷。2005年全市粮油总产量262 665吨，比上年同期增长73.3%。小麦平均亩产517斤；油菜平均亩产251斤；大麦平均亩产558斤。农林牧渔业总产值105 082万元，比上年同期增长27%。其中农业产值完成61 009万元，林业产值完成20 473万元，牧业产值完成23 337万元，渔业产值完成263万元。耕地面积166 339公顷，化肥施用量(折纯)10 696万吨，同比增长9.7%，农村用电量1 104万千瓦时，增长8.8%。

【畜牧业】 牧业年度，全市牲畜总头数287 625头(匹、只)，比上年同期增长5.9%，其中大牲畜69 865头，比上年同期增长21.8%，小牲畜185 806只。比上年同期增长3.2%。

【工业】 2005年，全市累计完成规模以上工业总产值(现价)27 586万元，比上年同期增长38.5%。其中：轻工业完成11 488万元；重工业完成16 098万元；规模以上工业增加值12 013万元，；销售产值(现价)26 933万元。比上年同期增长39.2%。实现销售率97.64%。2005年完成乳制品7 077吨，比上年同期增长36.04%，其中雀巢5 284吨，比上年同期增长103.07%；原煤31万吨，比上年同期增长28.13%；发电量1 434万千瓦时，比上年同期增长-14.44%；黄金500千克，比上年同期增长12.36%。

【固定资产投资】 是年，全市固定资产投资累计完成30 667万元，比上年同期下降7.9%，其中：城镇以上单位固定资产投资30 169万元。按投资管理渠道划分，基本建设投资20 418万元，更新改造投资2 000万元，其他固定资产投资6 502万元，房地产开发投资1 249万元，城镇工矿区私人建房投资498万元。按投资产业划分，第一产业投资4 196万元，第二产业投资12 384万元，第三产业投资13 589万元。

【交通】 全年完成货运量39.54万吨，同比下降6.86%，货运周转量2 597.47万吨公里，同比下降7.35%。完成客运量29.86万人，客运周转量2 791.45万吨公里，增长1.76%。

【旅游招商】 2005年重点在恩和、室韦两个区域进行定点、定项目招商。恩和区域引入北京兴泰投资公司，主要项目是俄罗斯民族乡村旅游、湿地公园、旅游地产和境外旅游，投资2 000多万元，注册集团公司，储备1 000亩建设用地，并购国际旅行社，完成整体策划、产品设计及市场营销方案的前期工作，开始进行市场推广;室韦地区引进北京京盈公司,主要项目是蒙古族朝圣地、高端度假牧场、界河游艇及大西山煤矿,完成投资3 500万元进行风险探矿、受让建设用地、购买亚欧宾馆及前期规划和设计。这两个项目都得到呼伦贝尔和自治区政府的支持,两旅游公司对投资环境、政府服务、项目投资回报预期都十分满意。另外有十几家企业正在洽谈中,他们对政府设计的城市产品、盈利模式、发展空间、融资平台等都表示了浓厚兴趣。在引资方面也有重大进展,澳大利亚"青年大使"援助项目、加拿大开能的环保科研项目、壳牌公司资助的培训项目等都已落实。

【国内贸易】 全市社会消费品零售总额累计完成30 533万元,比上年同期增长12.3%,其中:批发零售贸易业25 201万元,餐饮业4 161万元,其它行业1 172万元。从销售地域看,城市消费品的零售额累计完成25 533万元,县以下地区零售额5 000万元。

【对外贸易】 全市外贸进出口额15 000万美元,同比增长239%。其中,出口额1 200万美元,同比增长380%;进口额13 800万美元,同比增长231%。全市实际利用外资469万美元,同比增长134.5%。

【外贸经营】 2005年新增5家在市注册的外贸企业,直接拉动外贸经济的发展。鲁能集团成功购得俄罗斯别列佐夫铁矿的采矿权。北方联合电力公司分别与邻近市的俄罗斯哈拉诺尔煤矿和库吉煤矿签订总计年进口1 400万吨、进口年限50年的《煤矿购销合同》。注册成立黑山头口岸建设开发有限公司。蔬菜出口基地建设、小农机具境外销售等项目进展顺利。

【招商引资】 全年招商引资20 800万元(含呼伦贝尔市),其中引进国内(市外)资金17 060万元,引进国内(区外)资金14 210万元。创历史最高水平。全年实施招商引资项目44个,其中引进资金500万元以上的项目6个;引进资金100万元以上的项目14个;引进资金100万元以下的项目17个。

【财政 金融】 是年,全市累计完成财政总收入7 746万元,比上年同期增长67.73%,地方财政收入5 379万元,比上年同期增长55.87%;财政支出16 778万元,比上年同期增长34.95%。年末全市金融机构存款余额114 294万元,比上年同期增长20.17%;金融机构贷款余额52 005万元,比上年同期下降25.39%;城乡居民储蓄存款余额87 935万元,比上年同期增长15.2%;金融机构现金收入294 040万元,同比增长10.45%;金融机构现金支出322 787万元,同比增长11%;货币投放回笼28 747万元,同比增长17.02%。

【保险】 是年,全市累计完成承保额178 894万元,比上年同期增长24%;全年保费收入2 645万元,比上年同期增长5.93%,其中:财产险保费收入505万元,比上年同期增长18.54%,人身险保费收入2 140万元,比上年同期增长3.33%。全年共处理各种财产险理赔案536件,支付财产险赔款174万元;共处理各种人身险理赔案832件,支付人身险赔款116万元。

【邮电】 全市邮电业务总量完成32 696万元,增长11.25%。全市固定电话用户17 611户,同比下降2.9%;固定电话每百人拥有量20.96部,小灵通电话用户8 023户,增长26.97%;移动电话用户21 987户,增长12.6%,互联网用户1 633户,增长51.9%。

【教育】 全市共有普通中学11所,教职工650人,在校学生5 597人。全市共有职业中学1所,教职工32人,在校学生99人。全市共有小学11所,教职工646人,在校学生5 417人,学龄儿童入学率100%。幼儿园8所,教职工162人,在园幼儿1 492人。

【文化】 全市共有文化馆及站6个,图书馆1个,文化演出团1个,广播电台1座,广播覆盖率65.1%;电视台1座,电视发射台和转播台14座,电视覆盖率80%。

【卫生】 全市现有医疗卫生机构108个,病床394张,各类卫生技术人员737人。

【人民生活】 2005年全市城镇居民人均可支配收入8 174元,同比增长14.8%;城镇居民人均消费性支出5 497元,同比增长12.53%。农民人均纯收入5 514元,同比增长12.1%。年末全部在岗职工人数15 583人,比上年同期增长5%,全部在岗职工工资19 264万元,比上年同期增长23.6%,全部在岗职工平均工资12 641元,比上年同期增长36.1%。其中:国有单位在岗职工人数11 651人,比上年同期下降2.2%,工资总额15 429万元,比上年同期增长20.3%,平均工资13 384元,增长31%;城镇集体单位在岗职工人数224人,比上年同期下降5.88%,工资总额347万元,比上年同期增长64.7%,平均工资15 710元,增长75.8%;其他单位在岗职工人数3 714人,比上年同期增长38.1%,工资总额3 487万元,增长36.9%,平均工资9 992元,比上年同期增长56.3%。

【雀巢入驻额尔古纳市】 2005年市政府按照诚信招商、共谋发展的原则,加大对雀巢公司的扶持力度,企业运转良好。实现年产商品奶7万吨的目标,初步满足雀巢公司的鲜奶收购需求;筹集资金1 000万元顺利关闭市内小乳品厂,将市内奶源收购权专属给雀巢公司；加强农牧民培训工作。使鲜奶各项指标基本达到雀巢公司收购要求，实现奶户与世界一流乳品企业的对接；完成雀巢公司十几项需要向国家、自治区报批的手续，促成雀巢新厂于2005年5月份按时开工；雀巢公司在11月底正式生产终端产品，走向消费市场；完成雀巢公司急需的基础设施建设。雀巢公司经营一年中共收购鲜奶4万多吨，支付奶资6 500多万元，实现税金近500万元。雀巢公司对当地累计投资超过1.5亿元。

【文化名市建设】 邀请国内外权威历史教授及蒙元文化专家到市考察、论证，定位该地为蒙古族发源地；邀请中国第一流的草原生态专家，成功举办"高层生态研讨会"，举办"广场文化百日系列活动"；出版印刷《蒙古摇篮—额尔古纳》、《额尔古纳的华俄后裔》、《天骄故地—额尔古纳》、《野百合》、《额尔古纳文史资料第四集》等文化及文艺作品。

【室韦俄罗斯族民族乡获得"全国十佳魅力名镇"】 经过全市人民的共同努力，2005年10月，额尔古纳市室韦俄罗斯族民族乡获得"全国十佳魅力名镇"殊荣。

（宋金香　王国柱）

新巴尔虎左旗

【领导名录】

旗委书记：特木其乎（蒙古族　8月离任）

　　　　　金　海（蒙古族　8月任职）

人大主任：乌力玛（蒙古族）

旗　　长：牧　仁（蒙古族）

政协主席：段捷飞

武装部长：徐国富

政　　委：祁凤云

【概况】 新巴尔虎左旗位于呼伦贝尔市西南部，北纬47°10′～49°47′，东经117°33′～120°12′。东与陈巴尔虎旗、鄂温克自治旗为邻，南和兴安盟阿尔山市接壤，西与新巴尔虎右旗相依，西北连接满洲里市，北与俄罗斯国以额尔古纳河为界，西南和蒙古国交界，边境线总长305.32公里。下辖阿木古郎镇、嵯岗镇、乌布尔宝力格苏木、莫达木吉苏木、巴音诺尔苏木、吉布胡郎图苏木、甘珠尔苏木、罕达盖苏木等2个镇6个苏木。全旗总面积2.2万平方公里。

2005年末，全旗总人口40 163人，同比下降3.20%。其中非农业人口21 653人，占总人口53.91%；少数民族人口30 897人，占总人口76.93%；蒙古族人口30 231人，占总人口75.27%。人口分布点上集中，大面分散，主要集中于阿木古郎镇、嵯岗镇、乌布尔宝力格苏木、莫达木吉苏木，其余分布于其它各苏木、林场。

全年国内生产总值8.87亿元，财政收入3 120万元。城镇居民人均可支配收入6 782元，同比增长9.8%，农牧民人均纯收入4 257元，增长14.1%。

【农业】 2005年，全旗农业总产值完成56 521万元，同比增长28.70%（按现价计算，以下同），其中牧业总产值完成22 542万元，同比增长75.50%，粮食总产量4.73万吨。

【畜牧业】 全旗牧业年度牲畜突破200万头（只），同比增长11.10%，其中，大畜133.75万头，小畜186.70万只。年末存栏100.80万头只。全年大小畜出栏率76.60%，良种及改良牲畜77.93万头只。奶产量3.64万吨，同比增长1.90%；肉产量2.04万吨，同比增长22.90%。

【旅游业】 年内，旅游业实现新突破。旅游人数21.25万人次，同比增长5%。其中，国外旅游人数0.25万人次，同比增长35%；国内旅游人数21万人次，同比增长5%。国际旅游收入创汇50万美元，同比增长35%；国内旅游收入7 150万元，增长16%，旅游总收入7 560万元，同比增长17%。阿木古郎镇被列为全市"十一五"规划重点建设的特色旅游城镇。成功举办了第二届"甘珠尔杯"全国休闲钓鱼节和"首届诺门罕战争国际学术研讨会"，旗甘珠尔庙已申报国家AAA级旅游景区，境内草林水旅游景区—道乐都景区的接待能力达到500人次。

【对外开放】 额布都格口岸路桥及通讯光缆铺设工程竣工，口岸实现"四通"。与蒙古国的贸易合作、文化交流、医疗合作、旅游开发、蒙方矿产资源勘探开发、打运饲草、口岸开关等方面均签订合作协议，并通过多次磋商就大庆石油公司开采蒙古国石油在额布都格口岸过货事宜达成共识，额布都格口岸顺利实现临时常年集中开关，大庆石油年过货量将逐步达到48万吨。该口岸还被列为全市"十一五"规划重点建设口岸之一，并以中蒙第一桥的优势正在成为全市对蒙古国开放的重要通道。年内，口岸过货量1 560吨，外经贸进口总额21万美元。

【扶贫】 "千村扶贫开发工程"项目通过自治区验收，争取4个重点嘎查的"整村推进直接扶贫到户工程"项目，一次性扶贫资金361万元，建设2座各100平方米的标准棚圈，打2眼深水机井，购入2 370只母羊，570只羔羊，项目覆盖125户473人。其它扶贫资金到位37.5万元，足额付至项目区。完成劳动力转移引导性培训504人次。市直14个单位深入定点嘎查开展扶贫工作，投入4.6万元。旗直97个单位扶贫包村率100%。在阿木古郎镇阿尔山社区建立的全旗第一家“扶贫超市”发挥重要作用。开展科级以上领导干部“一助一”扶贫帮困活动中,共有281名领导干部与优抚对象、特困家庭、特困学生、下岗职工结成对子。

(朝克图)

新巴尔虎右旗

【领导名录】

旗委书记:段志强(蒙古族)

人大主任:钢巴图(蒙古族)

旗　　长:金海(蒙古族 8月离任) 金钱(蒙古族 8月任职)

政协主席:长明(蒙古族)

武装部长:方衍勇

政　　委:吴家学(3月离任) 魏志方(3月任职)

【概况】 新巴尔虎右旗位于内蒙古自治区呼伦贝尔市西部,北纬47°36′~49°50′,东经115°31′~117°43′。东以乌尔逊河为界与新巴尔虎左旗隔河相望;东北部与口岸城市满洲里毗邻;北、西、南三面与蒙古国和俄罗斯国接壤,国境线长达515.4公里。其中47公里为中俄边境线,468.4公里为中蒙边境线。全旗东西宽168.34公里,南北长245公里,总面积25 102平方公里,人口密度为每平方公里1.4人。全旗辖1镇9苏木1个牧场,总人口为33 539人,其中,蒙古族人口27 457人,占总人口的81.8%。

2005年,全旗生产总值(GDP)完成11.51亿元,比上年增长6.4%,人均生产总值突破万元大关,完成33 481元。

【畜牧业】 全年累计投入生态保护建设资金3 500万元,禁牧45万亩,休牧701万亩。农牧林渔业总产值完成32 750万元。年末,能繁殖母畜存栏900 038头(只),年度牲畜出栏694 042头(只),全年肉类总产量13 914吨,奶类产量21 100吨,绒毛产量1 955吨。

【工业】 全旗全年独立核算工业实现增加值56 660.5万元,占GDP的49.2%,全旗工业总产值突破17亿元大关,完成174 770.5万元。独立核算工业企业产品销售收入为170 530.9万元,实现利润87 981.8万元;实现利税104 127.2万元。规模以上工业实现销售收入168 057.3万元,实现利润88 169.7万元;实现利税104 250.5万元。

全年实现固定资产投资85 000万元,其中,国有单位投资76 119万元。按项目隶属关系分,中央项目完成投资6 300万元;地方项目完成投资78 700万元。全旗施工项目43个,其中,新开工项目28个,同比减少14个;投产项目18个,同比减少12个。施工房屋面积44 906平方米;竣工房屋面积4 596平方米。

【旅游业】 全年共接待游客24.4万人次。其中,国内游客22.7万人次;国外游客1.7万人次。实现旅游总收入1.2亿元人民币,其中,国内旅游收入0.86亿元;国际旅游创汇410万美元。

【交通】 全旗客运周转量795万人公里,客运量10.6万人次。货运量及其周转量基本与上年持平。

【邮电】 全旗邮电通讯业务收入1 825万元,全旗电话交换机总容量达7 824门。年末固定电话用户达8 942户,全旗电话普及率为77.7部/百户(包括小灵通);移动电话用户11 887户,普及率达35.4部/百人;互联网络用户555户,增长108.6%。

【财政】 是年全旗财政收入完成24 914万元,其中,地方财政收入10 340万元,上划中央税收14 574万元;一般预算收入完成9 604万元;基金预算收入736万元。全旗财政支出19 468万元。

【经济贸易】 全旗社会消费品零售总额12 586万元。全年对外贸易进出口总额975.38万美元,其中,进口总额507.58万美元;出口总额467.8万美元。全年招商引资签约资金总额20.55亿元,实际引进国内外资金12.25亿元,直接利用境外资金50万美元。市场物价平稳运行,居民消费价格指数为102.5%,比上年上涨2.5个百分点。

【金融 保险】 年末,全旗金融机构各项存款余额25 876万元,其中,企业存款7 158万元;城乡居民存款15 926万元。各项贷款余额6 805万元。现金收入99 901万元,现金支出117 905万元。收支相抵后,全年货币净投放18 004万元。全年保险业保费收入671.8万元,其中,财产险收入154万元;人寿险收入517.8万元。保险业赔付额161.83万元,其中,财产险赔款额106万元;人寿险赔款额55.83万元。

【教育】 年内,全旗普通初中在校生1 765人;职业中学在校生165人;小学在校生2 117人。普通中学毕业生557人;职业中学毕业生76人;小学毕业生436人。学龄儿童入学率100%;初中入学率102%。2004年,希望小学宿舍楼、希望小学教学楼、第二中学和第二小学宿舍楼破土动工投入建设,三项工程总投资分别为200万、500万、220万;建筑面积分别为1 856平方米、4 462平方米、2 000平方米,8月20日竣工交付使用。

【文化】 全旗电视覆盖率76.3%;广播覆盖率80.7%。全年放映电影1 800场次；文艺演出217场次。有卫生机构25个，病床154张。有卫生技术人员248人，其中，中、高级卫生技术专业人员58人；初级171人。按计生口径统计，人口出生率为7.74‰。

【人民生活】 2005年，城镇居民人均可支配收入7 759.13元，比上年增长999.48元，城镇居民人均消费支出5 730.54元，比上年增加424.19元；牧民人均纯收入4 265元，比上年增加421.19元，牧民人均生活消费支出3 182.48元，比上年增加608.43元。在岗职工平均工资达16 309元，比上年增长22.7%。

【社会保险】 基本养老保险覆盖率达100%。年内，城镇就业人员599人，其中下岗失业人员再就业176人；"4050"人员就业62人。社会福利院共收养29人，比上年增加3人，拥有床位56张。

（赵立臣 李晓辉）

【新右旗乌努格图铜钼矿探矿权成功出让】 由国土资源部主办、北京经委矿业评估有限公司承办的新巴尔虎右旗乌努格图铜钼矿探矿权出让开标仪式在北京西郊宾馆举行。出席会议的有国土资源部相关司局负责人；呼伦贝尔市国土资源局副局长刘珍明；新巴尔虎右旗旗长金海、经济局局长许恩。参加竞标的单位有中国黄金集团、中国铝业集团、福建紫金集团、新巴尔虎右旗甲乌拉矿业有限责任公司。经过一系列法定程序和专家组的评审，由中国黄金集团—中金地质有限公司以7 301万元的价格胜出，获得该矿的探矿权。

【巴尔虎博物馆二期工程竣工投入使用】 投资240万元的巴尔虎博物馆二期工程于2005年6月20日动工，8月1日竣工投入使用。二期工程主要是对博物馆地下展厅进行改造、布展，新增珍贵历史文物、民族民间用品近百件，并从蒙古国、俄罗斯、内蒙古大部分地区收集整理巴尔虎蒙古族发祥、发展遗迹文物百余件，极大地丰富馆藏与民族文化内涵。改造后的博物馆总面积2 700平方米，设自然展厅、民俗展厅、成就展厅、文物展厅、历史展厅等5个展厅，陈列近百种珍禽猛兽标本及上千件珍贵历史文物。

【检察院办公楼建成投入使用】 总投资300万元，面积为2 830平方米的检察院办公楼于2004年6月开工建设，至2005年8月竣工投入使用。该工程为呼伦贝尔市海拉尔区圆方建筑设计有限责任公司设计，吉林省柳河县建筑公司承建，监理单位为呼伦贝尔市建威工程有限责任公司。

【阿日哈沙特口岸基础设施建设进一步完善】 总投资分别为100万元、100万元和500万元的口岸办宿舍楼、口岸边检营房楼、口岸联检大楼于2005年8月15日竣工投入使用。三项工程的建成，改善了口岸工作人员办公、住宿条件，使得口岸规范化建设向前迈进了一大步。2005年5月1日开工，设计部门为海拉尔区圆方建筑设计有限责任公司，承建单位除口岸联检大楼为呼伦贝尔市祥和建筑安装工程有限责任公司承建外，其余均为呼伦贝尔市世纪建筑工程有限责任公司承建的，监理单位为呼伦贝尔市北星工程监理有限责任公司。

【确巴拉森大街建成通车】 该街道为全旗第四条标志性大街，全长900米，主路面宽22米，其中，两侧主车道宽各9.5米、中心绿化带宽3米、两侧人行道宽各2.5米，总建筑面积1.98万平方米，总投资638万元。路灯样式为仿成吉思汗所用兵器苏鲁锭，是本旗唯一一条全面展示蒙古族风格的街道。

【金山矿业有限责任公司选矿厂建成投产】 该项目是由甘肃省盛达集团在旗投资兴建的额仁陶勒盖银矿开发项目，总投资1.2亿元，年产值预计可达1亿元，实现税金1 000万元。生产能力为日采选矿石2 000吨，是集探矿、采矿、选矿为一体，全呼伦贝尔市生产能力最大的一家有色金属采选企业。

【扶贫蒙古大营建成投入使用】 总投资60万元的扶贫蒙古大营位于阿拉坦额莫勒镇西侧外围高地，是由传统的蒙古包建筑群构成，6月10日筹建操作，至8月10日完成外部设施建设和内部生活用品购置工作。建成蒙古包30座，并有外围栅栏、水房、厕所等附属设施，占地23 874平方米。全旗10个苏木镇的30户贫困牧民105人迁入扶贫蒙古大营，入住的贫困牧民主要由老人和学生组成。入住营区的贫困户除获取草场租赁费外，还将享受到：生活用水、用电和有限电视收视费由旗财政统一采购；夏、冬季燃料由各苏木镇政府及有关部门协助解决；采取结对子帮扶措施，由旗直领导与特困户结成对子，进行一对一帮扶；改变以往一个部门单独扶持的局面，采取多渠道帮扶。

【新右旗克尔伦假日宾馆落成】 该工程于2004年7月开工，2005年10月竣工投入使用。总投资600万元，面积5 240平方米。工程施工单位为开元集团建筑公司，设计单位为满洲里建筑勘察设计有限公司。

【风能发电厂落户新右旗】 北京国华能源投资有限公司投资兴建的呼伦贝尔市第一座风能发电厂落户新右旗。10月28日，国华呼伦贝尔市新右旗风能发电厂第一期工程开工剪彩仪式隆重举行。呼伦贝尔市委书记梁铁城、市人大副主任王喜旺、市政协副主席贺喜格扎布、新右旗旗委书记段志强等为该工程剪彩。该项目远景规划拟投资80亿元，将建成总装机容量达1 000MW风力发电厂。一期工程估算投资4亿元，装机容量为50MW，于2006年完成建设任务。

（赵立臣）

陈巴尔虎旗

【领导名录】

旗委书记:杜学军(蒙古族)

人大主任:哈敦巴拉(蒙古族)

旗　　长:李　才(蒙古族)

政协主席:吴长贵(蒙古族)

武装部长:葛　林

政　　委:贴经明

【概况】 陈巴尔虎旗位于呼伦贝尔市西北部,是以蒙古族为主体的边境少数民族牧业旗。旗北部与俄罗斯隔额尔古纳河相望,中俄边境线总长193.9公里。C301、S201线和滨洲铁路构成发达的交通网,旗所在地距满洲里和黑山头口岸各180公里,距海拉尔航空港40公里。全旗土地总面积21 192平方公里,人均占有土地面积0.27平方公里。草原面积1.58万平方公里,占总面积的85%。境内有蒙、汉、鄂温克、达斡尔等14个民族,总人口5.9万人。辖区5个苏木、3个镇、4个国营农牧场,2个煤炭有限责任公司。

2005年财政收入首次突破亿元大关,达到1.5571亿元。优化财政支出结构,坚持"保工资、保运转、保社会、保重点项目"。全年财政支出完成22.941万元,增长44.2%,人员工资按月足额发放。落实两个待遇,每月为老干部增加护理费200元。城镇居民人均可支配收入7 090元,牧民人均纯收入4 433元。工业现价产值达6.69亿元,规模企业工业增加值完成2.92亿元,规模企业经济效益综合指数完成235.25,工业固定资产投资完成7.49亿元。大项目实施进展顺利。宝日希勒露天矿千万吨地面生产系统建设项目,完工金利乳业日处理150吨鲜奶乳品加工项目,哈达图乳品厂日处理140吨鲜乳品加工项目。

【农牧业经济】 牧业年度大小生畜达115.2万头只,纯增14.6万头只。奶产量完成20.03万吨,肉类产量完成1.4万吨。全旗农作物播种面积96.6万亩,粮油总产达到13.7万吨,种植业产值2.46亿元。畜牧业基础设施不断完善,棚圈达到1 323座,20万平方米,90%以上的牧户拥有固定棚圈,水井达到1 315眼,基本解决人畜的饮水问题。加快生畜改良,冷配站120处,完成牛冷配改良5.6万头。进行无角多赛特羊品种人工受精7 000只。建成克林泰克奶业基地,呼和诺尔肉基地等招商牧场。乳制品、羊毛羊绒加工等产业化项目有哈达图、金利、海灵瑞等一批产业化龙头企业相继建成投产。

【生态建设】 继续实施退耕还林还草、呼伦贝尔沙地治理、水土保持、农业综合开发、天然草原植被恢复与保护等重点工程和禁牧围封、草原围栏工程,完成人工种草9.2万亩,草场改良7.8万亩,围栏草场115万亩,季节性休牧648万亩,禁牧32万亩,划区轮牧5.2万亩,荒山荒地造林4万亩,治理沙地8 200亩。制定《陈巴尔虎旗环境保护管理办法》,加大环保执法力度,对重点工业企业监控,重点治理宝日希勒煤业有限责任公司污染物排放问题。取缔非法加工废旧塑料厂1个。

【城镇建设】 投资3 000万元实施巴彦库仁镇建设工程。新建混凝土路4条,2 979延长米;修建砂石路37条,9 368延长米;安装路灯676基,亮化沿街楼房45栋;铺设排水管道3 200米;广场硬化4 863平方米,绿化129平方米;集中供热面积新增103万平方米;实施供水改造二期工程建设,建设管道7 600延长米,供水覆盖2 000余户。

【邮电通讯】 通讯基站达64座,全旗固定电话1.94万部,移动电话用户达1.51万部。开通了政府门户网站,加快信息建设。实施"西新"工程和"村村通"工程,广播、电视覆盖率分别达到88%和85%,基本消灭了通讯盲区。

【旅游产业】 旗政府投入72万元修建S201—金帐汗景区10公里四极沙石路和600平方米的停车场,各旅游景区共投入469.5万元,基础设施建设有所改善,在C301、C201沿线设立5户牧业生态旅游示范户。6月19日举办首届"天堂草原—陈巴尔虎"旅游文化活动。编制《陈巴尔虎旗旅游发展总体规划(2006~2020年)》,成立呼和诺尔蓬朝旅行社,共接待旅游客30.6万人次,同比增长36.4%;旅游收入完成7 200万元。

【招商引资】 招商引资实施项目73个,引进旗外(国内)资金19.66亿元,同比增长47.1%,其中引进市外(国内)资金11.93亿元,同比增长79.6%;引进区外(国内)资金8.8亿元,同比增长107%。2005年获得全市招商引资贡献三等奖。

【人民生活】 全旗城镇居民人均可支配收入7 090元,牧民人均纯收入4 433元。城乡居民储蓄存款增长1.67倍,社会消费品零售总额增长1.58倍。加强就业再就业工作,累积实现城镇就业2 027人,下岗失业人员再就业513人,城镇登记失业率控制在4.6%以内。面向社会公开考录大中专毕业生51名,城镇退役士兵42名,有偿安置退役士兵38名。社会福利和困难群体救助工作得到加强,93%的贫困人口实现脱贫。

【教育】 全旗中小学17所,在校生7 552人,职工791人,累计投入3 273.4万元,新建教学楼、宿舍楼2.27万平方米,维修教学用房15栋,新增标准语言室9个,教学仪器设备36套,计算机144台,图书7.4万册。"两基"达标顺利通过国家评估验收。"两免一补"政策全面落实。

【文化】 在第三届全区乌兰牧骑艺术节上,获团体金奖1个,单项二等奖3个,三等奖3个,在八省区蒙古族歌曲大赛上获三等奖1个。实施牧区电影"2131"工程和"科普之春"电影放映活动,放映480场。

【体育】 加强文化体育设施建设,成功举办全市国际象棋、乒乓球、射箭、摔跤、门球、老年舞比赛活动,推动全民健身运动。

【重要活动】 7月12日,内蒙古东方和平理想家庭联合会在陈巴尔虎旗举办少数民族地区妇女家庭问题研讨会。内蒙古东方和平理想家庭联合会会长朴今淑女士和内蒙古自治区妇联副主席郑祖敏等领导,呼伦贝尔市妇联主席参加研讨会。7月18日至20日,全国妇联副主席沈淑济一行7人在内蒙古自治区妇联、呼伦贝尔市妇联、陈巴尔虎旗妇联领导的陪同下,到陈巴尔虎旗视察工作。12月4日,广东省羊城晚报报业集团的张宇航总编和首席记者攀克宁到陈旗民族小学开展"草原爱心活动",捐助40台电脑。12月28日,呼伦贝尔市宝日希勒煤业有限责任公司与神华集团经济合作成功,重新组建神华宝日希勒能源有限公司。

(吴凤兰 白亚平 乌云格日乐 王召国 额尔敦赛汗)

阿荣旗

【领导名录】

旗委书记:谭宏宇(8月离任) 郑俊(8月任职)

人大主任:张洪珠(女 满族)

旗 长:郑俊(8月离任) 陈立新(8月代理)

政协主席:郭英(女 达斡尔族)

武装部政委:赵江(蒙古族 2月任职) 李风华(3月离任)

【概况】 阿荣旗位于呼伦贝尔市大兴安岭东南麓,北纬47°56′54″~49°19′35″,东经122°2′30″~124°5′40″。总面积为12 063平方公里,其中耕地面积435万亩,年产粮食10亿公斤;天然草牧场面积769万亩,牧业年度存栏数257.1万头(只);林地面积776万亩,森林覆盖率达52.3%。总人口为319 054人,男女性别比例为107: 100,主要分布在南部,人口密度为24人/平方公里,居住着19个民族。阿荣旗2005年撤乡并镇,辖9个乡镇,其中有新发朝鲜族乡、查巴奇鄂温克族乡、得力其尔鄂温克族乡、音河达斡尔鄂温克族乡4个少数民族乡,共计150个行政村,7个地方林场,2个国营农场。精简比例40%;乡镇机关编制由440名精简为300名,精简比例31.8%;实有人员由389人减少为300人,分流89人(其中提前退休84人,未位待岗5人),分流比例22.9%;领导职数由129名减少为65名,精简比例49.6%;事业编制由578名减少为361名(含上划编制),精简比例37.5%,实有人员由511人减少为361人,分流150人。改革后,乡镇定岗人员平均年龄由42.3岁降低到36.2岁,降低了6.1岁;大专以上学历定岗人员占73.4%。

2005年地区生产总值完成27.57亿元,同比增长27.6%;财政总收入9 420万元,扣除农业税减免因素,同比增长48.4%;全社会固定资产投资完成8.73亿元,同比增长37.3%;城镇居民人均可支配收入7 608元,同比增长15.1%;农民人均纯收入3 338元,同比增长20.1%。

【畜牧业】 2005年,阿荣旗旗委、政府将畜牧业发展作为"一把手工程来抓",制定出台一系列优惠政策。加大力度抓好草场禁牧、休牧和划区轮牧等生态畜牧业建设,草场休牧面积50万亩,划区轮牧面积20万亩。多方筹措资金,扶持培育畜产品加工企业。兴建精华肉联厂与蒙源肉联厂,引进双娃乳业、雪花乳业、德隆乳业、天津中敖集团等解决了畜产品销路难的问题。全旗共建养畜专业村屯96个;养殖小区8个,培育各类典型示范户670个;饲草料种植面积突破56.96万亩,建青贮窖1.2万个、1 158万立方米;舍饲户达到2.23万户,半舍饲户3.33万户。累计投入畜牧业发展资金1亿多元,牧业年度牲畜存栏数达到257.1万头(只),新增81.54万头(只),畜牧业增加值10亿元,牲畜总量跃居呼伦贝尔市13个旗市(区)第一位。

【文化】 由呼伦贝尔市政协副主席、著名作家万路编剧的20集电视连续剧《欢腾的阿伦河》,2005年9月26日在阿荣旗王杰广场封镜。全年新闻外宣发稿2 396篇,其中在中央电视台、新华社、《农民日报》、《经济日报》等国家级主要媒体发表稿件708篇;在《内蒙古日报》、内蒙古电视台、内蒙古广播电台等区级媒体发稿670篇,在《内蒙古日报》头版头条有长篇稿件发表。其中在《内蒙古日报》发稿量连续三年在全区101个旗县保持第一;在《呼伦贝尔日报》、呼伦贝尔电视台和广播电台发稿1 018篇。

【姜绪秋同志先进事迹】 全区优秀组工干部、阿荣旗组织部档案员姜绪秋同志,因患脑血管瘤医治无效,于2005年8月7日去世,年仅47岁。12年来,她把一半的工作时间都放在了档案室,加班加点的时间更是难以计数。在准备档案室晋级的日子里,她甚至创造过连续三个月加班到半夜11点的记录。她一笔一笔工工整整写出的档案目录连起来有十里长;2004年,通过全区组织系统自下而上的民主推荐和评选,成为全区7名优秀组工干部之一,呼伦贝尔市组织系统获此殊荣的仅她1人。内蒙古自治区党委组织部、呼伦贝尔市委组织部相继发出向姜绪秋同志学习的号召。

【特色养殖】 2005年大茧喜获丰收。3 000多名蚕农放养的2 300把剪子,蚕茧总产量400万公斤,产值近4 500万元,蚕农平均收入1.5万元。为了培育和壮大蚕业生产,建起两个种茧繁育场,2005年生产种茧3 000把,种茧销往山东、辽宁、黑龙江等地,阿荣旗有宜蚕柞林面积43万亩,利用25万亩。阿荣旗的蚕业生产已形成规模,成为内蒙古自治区最大的柞蚕茧放养基地,柞蚕放养量占全自治区70%良种繁育科研基地和蚕茧销售集散地。

【天津中敖集团落户阿荣旗】 2005年,阿荣旗抢抓发展机遇,出台优惠政策,搭建招商平台,天津中敖集团落户阿荣旗。投资5个项目,协议投资额达15亿元。150万只肉羊屠宰加工项目,总生产能力150万只,总投资5 000万元,利税3 000万元。房地产:天津中敖集团共在全旗开发16万平方米的房地产项目,分三期进行。一期工程已竣工6万平方米。百万吨玉米深加工项目是目前全区最大的农牧业产业化项目,项目总投资14.76亿元,年可实现产值17亿多元,实现利税2亿多元。大豆异黄酮项目由天津中敖集团委托上海交通大学附属医学院利用自己的技术进行研发和样本的放大试验。天津中敖的5 000只世界级优质种羊将迁往阿荣旗落户。

【那吉镇】 阿荣旗那吉镇党委、政府在参加自治区星级文明城镇竞赛中,继2003年被自治区精神文明建设委员会评为"六星级文明镇"之后,2005年被中宣部评为"全国精神文明创建工作先进集体",被中央精神文明建设指导委员会评为"全国创建先进村镇工作先进村镇",8月被自治区精神文明建设委员会评为"七星级文明镇",在全区第四届创建十星级文明城系列竞赛活动中被自治区精神文明建设委员会评为"十佳文明旗县城",被自治区党委、政府评为"全区第五届创建十星级文明城乡工作先进单位"。

【重要活动】 7月29日,实验小学3名学生和那吉屯一中1名学生受韩国文化交流协会的邀请,赴韩国参加舞蹈演出。8月阿荣旗成功承办全区农牧业产业化经营和全市生态畜牧业现场会。12月4日,南起广西北海、北至内蒙古阿荣旗的省际大通道通车剪彩。2005年,阿荣旗被自治区人民政府授予"2005年度全区农田草牧场水利基本建设先进旗(一等奖)";郝桂娟、陈菊英二位同志被国家科学技术部授予"全国市(县、区)科技进步工作先进个人";李淑芳被国家农业部授予"2005年全国农牧渔业丰收奖一等奖"。

(李　海)

鄂伦春自治旗

【领导名录】

旗委书记:刘德照
人大主任:阿巨山(鄂伦春族)
旗　　长:莫日根布库(鄂伦春族)
政协主席:赛　林(鄂伦春族)
武装部长:张玉国
政　　委:刘永学

【概况】 鄂伦春自治旗位于内蒙古自治区呼伦贝尔市东北部、嫩江西岸,北纬48°50′~51°25′,东经121°55′~126°10′。北与黑龙江省呼玛县以伊勒呼里山为界,东与黑龙江省嫩江县隔江相望,南与莫力达瓦达斡尔族自治旗、阿荣旗接壤,西与根河市、牙克石为邻。旗境南北长261公里,东西宽280公里,边界线总长1 294公里。全旗总面积59 800平方公里,占呼伦贝尔市总面积的21.6%,是呼伦贝尔市面积最大的旗市。鄂伦春自治旗所辖乡镇有8镇2乡,即:阿里河镇、大杨树镇、吉文镇、甘河镇、克一河镇、诺敏镇、乌鲁布铁镇、宜里镇和古里乡、托扎敏乡。其中:阿里河镇是鄂伦春自治旗人民政府所在地,是全旗政治、经济、文化中心;诺敏、乌鲁布铁、古里、托扎敏是4个猎民乡镇。2005年,全旗总人口279 718人,其中:非农业人口215 700人,占总人口的77.1%;男性为142 998人,女性为136 720人;民族构成中:汉族247 422人,蒙古族11 093人,达斡尔族6 482人,鄂温克族3 579人,鄂伦春族2 436人,回族1 115人,满族6 635人,朝鲜族783人,其他民族173人。

2005年,国内生产总值16.97亿元。全旗完成工业总产值35 233万元,乡及乡以上工业完成工业增加值12 113万元。全旗完成城镇单位固定资产投资30 100万元(注:不含铁路、林管局系统和乡及乡以下投资)。全旗财政总收入8 235万元,其中地方财政收入6 127万元。税收方面,国税完成收入2 675万元,地税完成收入3 451万元。城镇居民人均可支配收入6 757元,农民人均纯收入2 625元,猎民人均纯收入2 894元。全旗鄂伦春猎(居)民被纳入医疗保险统筹范围。

【农业】 2005年,全旗农作物播种面积达191 791公顷,粮食总产量达326 662吨,比2004年增长25%。在乳肉草产业化战略的引导下，牧业生产保持增势。全旗牧业年度牲畜总头数达803 514头（只），比2004年增长66.4%。

【旅游】 旅游作为新兴产业，精心打造民俗、生态、鲜卑历史和军事4个旅游品牌，呈现出良好的发展态势。2005年1月至11月共接待国内外游客65 503万元人次；旅游企业营业收入296万元。招商引进资金2亿元。

【教育】 全旗共有中小学校110所，其中中学27所，中小学教职工3 711人。

【卫生】 有各种卫生机构98个，病床975张，专业卫生技术人员1 617人。中心血库、疾控中心、旗医院传染病区投入使用。

【文化】 全旗拥有艺术事业机构1个，文化馆、博物馆、档案馆、图书馆各1个，文化站10个，广播电台1座。旗县级报刊有《鄂伦春报》、《鄂伦春研究》、《鄂伦春》文学季刊。旗乌兰牧骑多次参加国家、自治区文艺汇演。邮政、电信、广播电视在全旗10个乡镇全部开通。

（杜灵丽）

【计划生育技术服务站—国债项目建设】 由于鄂伦春自治旗位于祖国的北疆，是全国较少民族鄂伦春族聚居区。2005年，在市计生委、旗发改委的协调下，旗计生局争取到国债资金120万元，用于服务站改扩建项目，其中旗技术服务站80万元、大杨树镇技术服务站20万元、诺敏镇技术服务站20万元。旗计生服务站和诺敏镇服务站正在建设中，大杨树服务站2006年开始动工。旗计生服务站办公楼建设面积为1 250平方米，诺敏镇服务站建设面积为200平方米，预计2006年8月底竣工。

【首部鄂伦春语译制片《最后的猎鹿者》译制完成】 1999年长春电影制片厂拍摄《最后的猎鹿者》，是反映鄂伦春民族的第一部电影。这部近100分钟的影片，集中反映解放初期，在党和国家的关怀下，鄂伦春族实现定居前的生活状态、民俗民风及最后一个部落定居过程中，汉族兄弟对鄂伦春族兄弟的真情关怀和帮助。影片内容、艺术形式、拍摄手法等都得到国家电影总局的审定和认可。译制片于2005年底如期完成，并于2005年12月31日在鄂伦春自治旗举行首映式，自治旗现任领导及老领导、鄂伦春族老前辈，对此译制片均给予高度评价。影片将作为自治旗建旗55周年、自治区成立60周年的献礼片，同时将参加2006年全国少数民族语言译制影片“骏马奖”的评比。

【强化行政效能监察】 成立鄂伦春自治旗行政效能建设和监察工作领导小组，设立鄂伦春旗行政效能投诉中心，设立投诉电话，新建200平方米的行政效能投诉中心大厅。2005年9月21日召开全旗行政效能建设工作动员大会，制定《鄂伦春自治旗行政效能实施方案》，印发《关于在全旗行政效能建设第一批监察对象单位开展效能测评工作的通知》，选聘50名行政效能建设测评员并进行专门培训。11月2～10日，旗纪委监察局组织四个督查组，以明查暗访、查阅内业、听取汇报等方式，对29个部门和行业的行政效能建设进行了检查。11月29日在阿里河召开全旗行政效能建设现场测评会议，对企业设立、项目建设、公益事业三大类别29个被监察单位的履行职责、政务事务公开、依法行政、勤政廉洁、办事效率、服务态度等情况进行现场测评、集中汇总。

【克一河森工公司非林非木产业】 中国内蒙古森工集团克一河森林工业有限公司是国营大型乙级森工企业，行政区划在鄂伦春自治旗境内，总经营面积36.2万公顷。

实施天保工程以来，公司在各级政府和内蒙古森工集团的正确领导和大力扶持下，调整产业结构，由单一的木材生产转变为整体森林资源开发。实施以黑木耳、野生榛蘑等食用菌为龙头的多种经营主体产业战略，强力推动绿色、特色产业发展。初步形成产供销一体化、公司加基地、基地连林户的产业化发展格局。成为本公司分流人员、职工群众勤劳致富的一条主要的途径。公司新开发的产品有：黑木耳、野生榛蘑、滑子菇、草菇、平菇等二十几种野生真菌；山野系列小菜、特色系列小菜等三十余种即食小菜和山野菜系列手工饺子及山野花、山野果等八种系列饮品。产品分为精缩品、速冻品、保鲜品、干品、即食、休闲六大类近百个品种。

【旗档案中心大楼项目】 2005年，经旗委、政府研究，拟建档案中心大楼（综合性建筑），总建筑面积3 000平方米（每层750平方米），总投资300万元，自治区拨付民族档案馆专项基建资金85万元，地方财政匹配资金308万。一层为行政审批服务大厅、国防教育展厅，二层为图书馆，三层为档案馆，四层为会议大厅。档案中心大楼于2005年6月1日开工，10月30日竣工，总工期为152天，工程质量要求达到了《建筑施工质量验收规范》合格标准。

【鄂伦春族猎（居）民参加医疗保险】 鄂伦春自治旗2005年1月1日起，正式启动鄂伦春族猎（居）民医疗保险工作。全旗共有鄂伦春族人口2 354人，其中947人在职和退休职工已参保，其余鄂伦春族猎（居）民1 407人全部参保。鄂伦春族猎（居）民医疗保险实行单独建帐，并建立健全财务制度和内部审计制度及责任追究制度，还为每位参保鄂伦春族猎（居）民办理医疗保险证和IC卡。旗医疗工伤、生育保险管理局负责医保基金的统一筹集、统一管理。鄂伦春族猎(居)民医疗保险基金实行单位统筹和个人帐户相结合,保险费由财政和鄂伦春族猎(居)民双方共同承担。鄂伦春族猎(居)民以自治旗上年度社会平均工资为基数,按1%的比例缴纳医疗保险费,鄂伦春族子女按2%缴纳。

【易地扶贫搬迁试点工程】 鄂伦春旗有7个猎民村,均始建于上个世纪七十年代末,猎民部分住房因年久失修已成危房。为使猎民尽快脱贫致富达小康,2003年完成诺敏镇、古里乡标准化猎新村建设。2004年鄂伦春自治旗发展和改革局根据自治区易地扶贫搬迁计划编制要求,结合鄂伦春自治旗实际情况,编制乌鲁布铁镇易地扶贫搬迁工程实施方案。2004年自治区发展改革委员会批复旗乌鲁布铁镇易地扶贫搬迁工程投资计划,使其列入国家生态移民项目。乌鲁布铁易地扶贫搬迁工程计划总投资847.09万元,其中:国债资金400万元,地方配套资金447.09万元,计划完成移民169户822人。2005年11月2日乌鲁布铁镇朝阳村移民工程已胜利竣工,并举行了竣工剪彩仪式。新村安置猎民61户,274人。每户院落600平方米,其中生活区200平方米,建设住房小户40平方米、大户70平方米,每2户为一栋。生产区新建设永久性标准牛舍1 548平方米,青贮窖1 128立方米,同时包括架设生产用电、安装电话及有线电视、农田基础设施,建设新村路等工作,完成投资1 000余万元。

2005年鄂伦春自治旗先进人员名单

姓　名	性别	民族	工作单位	奖　项	奖励级别	获奖时间	颁奖单位
莫日根布库	男	鄂伦春	旗政府	国务院第四次民族团结进步模范个人	国家级	2005.5	国务院
曲　云	女	鄂伦春	旗文体广电局	全国文化系统先进工作者称号	国家级	2005.10	国家文化部
王　玉	男	汉	旗文体广电局	全国群众体育工作先进个人	国家级	2005.11	国家体育部
张　可	男	汉	旗农业技术推广站	全国农牧渔业丰收奖一等奖	国家级	2005.9	国家农业部
邵大庆	男	汉	旗公安局	自治区优秀人民警察称号	自治区级	2005.5	自治区公安厅
杜　莉	女	蒙古族	旗地税局	自治区地税系统先进工作者	自治区级	2005.3	自治区地税局
杜玉杰	女	鄂温克	旗审计局	自治区审计机关先进个人	自治区级	2005.6	自治区审计局
车振英	女	汉	旗建行	内蒙古总行及分行2005年度“巾帼文明建功”标兵	自治区级	2006.3	中国建设银行内蒙古分行
吴永芳	女	鄂伦春	古里乡	五一劳动模范	自治区级	2005.5	自治区总工会
柯长青	男	汉	大杨树邮政局	五一劳动模范	自治区级	2005.5	自治区总工会
刘艳美	女	汉	旗春晖电力公司	自治区“优秀共产党员”称号、中共华北“优秀共产党员”称号	自治区级	2005.7	内蒙古电力集团有限责任公司委员会、有限公司党组

(窦淑花)

鄂温克族自治旗

【领导名录】

旗委书记:姚　庆

人大主任:敖金福(鄂温克族)

旗　　长:达喜扎布(鄂温克族)

政协主席:杜　刚(鄂温克族)

武装部长:严式光

政　　委:张喜和

【概况】 鄂温克族自治旗是内蒙古自治区三少民族自治旗之一,地处自治区东北端、呼伦贝尔草原东南部、大兴安岭西侧。地理位置在北纬47°32′~49°15′,东经118°48′~121°09′之间,总面积19 111平方公里。全旗辖10个苏木、乡、镇、区,即:辉苏木、伊敏苏木、锡尼河东苏木、锡尼河西苏木、巴彦嵯岗苏木、巴彦塔拉达斡尔民族乡、巴彦托海镇、伊敏河镇、红花尔基镇、大雁矿区。巴彦托海镇是旗委、旗政府所在地,是全旗政治、经济、文化和信息中心。旗内驻有国家煤电联营企业伊敏华能东电煤电有限责任公司、呼伦贝尔市属煤炭企业大雁煤业有限责任公司和呼伦贝尔市属林业企业红花尔基林业局。鄂温克族自治旗是以汉族居多数、多民族杂居的鄂温克族实行区域自治的县级自治地方。共有21个民族,142 791人,其中男性74 588人,女性68 203人,性别比为109.36:100。在总人口中汉族91 019人,占总人口的60.4%;少数民族56 562人,占总人口的39.6%;其中鄂温克族10 234人，占总人口的7.2%。

2005年，全旗地区生产总值达到274 187万元，同比增长16.5%，其中第一产业完成增加值4.1亿元，增长12.4亿元。第二产业完成增加值15.9亿元，增长15.2%，第三产业增加值7.4亿元，增长20.7%。人均生产总值比上年增加3 060元，增幅达17.4%。全部独立核算工业企业完成工业增加值10.9亿元，同比增长8.6%，规模以上工业增加值累计完成10.77亿元，同比增加1.37亿元，增长8.5%。财政总收入完成4.84亿元，比上年增加6 341万元，增长15.1%，其中地方财政收入完成2.37亿元，比上年增加3 531万元，增长17.5%。全年社会消费品零售总额34 568万元，比上年增加3 819万元，增长12.4%。城镇居民人均可支配收入比上年增加971元，增长14.7%，牧民人均纯收入比上年增加303元，增长6.7%。农牧业经济呈现良好发展势头。

【农业】 全旗农作物播种27 488公顷，比上年同期减少2 238公顷，下降7.5%，粮食总产量达55 931吨，同比增加26 647吨，增长91%。薯类（五折一）产量为11 402吨，同比增加4 427吨，增长63.5%；人均粮食产量达389公斤，同比增加186公斤，增长91.6%。全旗拥有农牧业机械总动力72 993千瓦，比上年增加2 904千瓦，增长4.4%，拥有大中小型拖拉机3 267台，比上年增加124台，增长3.3%，农用运输车189台，比上年下降7.4%。

【畜牧业】 牧业年度牲畜总头数首次突破百万头（只）大关，比上年增加235 248头（只），纯增22.9%。年末存栏654 160头（只），同比增加127 033头（只），纯增24.1%。全旗草原建设总规模112.4万亩，禁牧30万亩，休牧600万亩，实施退牧还草项目110万亩；全年共打贮草1.675亿公斤，收获青贮玉米6 120万公斤。总投资1 600万元的2005年草原建设项目完成草原建设任务10.45万亩。鹤声薯业种植面积达3万亩，实现销售收入1 011万元。光明熊猫乳业在日处理220吨鲜奶的基础上新增日处理200吨的奶粉生产线。自治旗被列为国家奶牛良种补贴试点旗县，牛冷配1.6万头，4 000户牧民收益。2005年牧业年度牲畜总头数达到1 028 232头（只），比2000年的480 994头（只）增加547 238头（只），增长113.77%，年均增长22.75%。牛奶产量15万吨，比2000年的51 757吨增加9.8万吨，增长1.9倍，年均增长37.96%，肉类总产量达11 885吨，比2000年的6 031吨增加5 854吨，增长97.07%，年均增长19.41%。

【水利建设】 新打供水基本井4眼，新打水源井6眼，解决牧区2 635人1.7万头（只）牲畜的饮水困难，新增节水灌溉面积1.4万亩，总投资1 929万元的大雁玉泉山水库除险加固项目竣工。

【生态建设和环境保护】 全年完成退耕还林3.6万亩。“樟子松行动”工程完成5万株，义务植树20万株。育苗面积216亩，其中新育苗62亩，育苗466万株，完成国家“三北”防护林封育面积1.2万亩。治沙工程完成5 000万亩，草场改良治理沙地7.8亩。水土保持生态建设保护面积85万亩。加强对伊敏河流域和重点工业企业的污染源监测。全旗建设项目环境影响评价和“三同时”执行率达100%。

【基础设施建设】 全年基本建设工程共开工34个项目，总投资1.74亿元，建设规模13.1万平方米。完成包括安达广场、瑟宾广场、海兰察广场、中央大街改造工程在内的总投资3 200万元的迎会工程建设任务。完成巴镇自来水改扩建工程水源井及水厂土建工程和设备安装。总投资4 200万元的巴镇污水处理工程已开工建设。投资8 700万元的大雁煤业公司沉陷区移民工程完工。

【对外开放和招商引资】 共引进国内（市外）资金11.9亿元，同比增长86%，获全市招商引资工作一等奖。完成参加瑟宾节国际情歌节比赛的俄、蒙外宾的接待工作。组织鄂温克旗知名人士赴俄罗斯萨哈共和国访问，组团参加俄罗斯乌兰乌德市“相约鄂温克民族节”，促进文化交流。对外贸易取得新突破，完成出口27.21万美元，直接利用外资61万美元。

【旅游事业】 伊敏河宾馆晋升为三星级酒店，红花尔基森林公园被批准为国家级森林公园，并完成国家3A级初评。呼伦贝尔市首批落户的20户牧民家庭旅游示范户基本成型，共接待游客6 000人次，旅游收入达20万元。首家旅行社“鄂温克教苑旅行社”正式挂牌成立，投入1 000多万元，实施巴彦胡硕旅游区40座太阳能客包房、1座双层圆顶大型蒙古包餐厅；红花尔基森林公园零点餐厅、文化广场和森林博物馆；愉景湾观光牧场5幢别墅、民俗风情园等基础设施建设。成功举办2005年“鄂温克瑟宾节”暨“愉景湾”杯国际情歌节及“喜洋洋”杯赛羊大会，在保留传统节目的同时赋予“瑟宾节”新的内涵，吸引国内外游客和各大新闻媒体记者，参加此次盛会的游客达20万人次。在中央电视台、内蒙古电视台等重要新闻媒体播出的“瑟宾节”盛况和反映全旗风土人情、旅游风光、经济社会发展的专题片，对宣传鄂温克、扩大鄂温克的知名度起到推动作用。全年共接待国内外游客17.6万人次，实现旅游收入9 500万元。

【教育】 2005年被评为全市实施“33211”工程优秀单位。全旗中小学生享受“两免一补”人数达52 813人次，补助资金达208万元。科技合作领域不断拓宽，与国家科技部、北京市科委开展全面科技合作。创建全国科技进步先进旗（市）工作进展顺利。全年共举办各类技术培训班25期，培训人员2 181人次。对全旗4所学校进行布局调整,教育资源得到合理配置。先后接收大雁煤业公司、红花尔基林业局共15所学校并在大雁地区设立教育分局。

【文化】 成功举办"中国鄂温克敖包相会国际情歌节"大赛,扩大自治旗在国内外的影响力和知名度。旗乌兰牧骑在第三届内蒙古自治区乌兰牧骑艺术节和第七届中国民间文艺节比赛中分别获得集体金奖和山花奖的好成绩。加快文化基础设施建设,投资78万元的旗博物馆自然展厅按期竣工投入使用,成为展示自然资源文化的又一新亮点。投资213万元的图书馆主体工程已完工。投资200万元更新广播电视设备和有线电视网络的全面改造。以"瑟宾节"、"冬季那达慕"和"马文化节"等活动为载体,深入挖掘民族传统体育项目。

【卫生】 传染病疫情和突发公共卫生事业监测网络进一步完善,防控重大公共事件能力切实增强。三级医疗预防保健网络不断完善。新型牧区合作医疗工作取得新进展,全旗参合牧民达到13 386人,参合率81.46%,同比提高12.06%。开展爱国卫生运动,对巴彦托海镇198条巷道进行整体改造。全年共出生1 055人,人口出生率为7.56‰,自然增长率为3.23‰。旗卫生防疫站被评为"全区人民满意行政执法标兵单位"称号。旗疾病控制中心和卫生监督所重新组建。城镇医疗卫生体制改革逐渐深入。

【社会保障】 是年,全旗城镇低保人数3 568人,共发放低保金798万元,其中上级拨付资金661万元,旗财政匹配资金137万元;参加基本养老保险5 761人,共收缴养老保险金990万元,支出1 183万元,社会化发放率达100%;参加失业保险3.5万元,共收缴失业保险金887万元,为下岗失业人员发放失业保险金50万元;全年新增就业人数达1 343人,其中"4050"人员再就业285人。各类从业人员11 681人,尚有城镇登记失业人员502人。城镇登记失业率为3.59%;全旗参加基本医疗保险4.7万人,收缴医疗保险金3 777万元,医疗保险金支出2 967万元;全旗参加工伤保险2 876人,收缴工伤保险金64万元,并全部上解;生育保险工作启动以来,生育保险参保单位达到33户,参保人员2 914人,收缴生育保险1.17万元。

【扶贫工作】 扶贫工作取得新突破。认真落实"整村推进"和"人口较少民族整体脱贫试点"项目工作,共筹集扶贫资金149万元,落实扶贫开发项目4项,解决极端贫困人口温饱379人,解决低收入贫困人口温饱1 141人。共落实"整村推进"项目资金99万元,扶持3个嘎查,扶持贫困户69户239人。加大对整体脱贫试点村嘎鲁图嘎查的扶持力度,全年投入资金50万元,修缮573平方米的砖木结构的住房,解决8户28人无房特困户的住房问题,并为嘎查解决了办公室和活动室。投入万元购买1 000只羊,扶持贫困户40户136人,改善嘎鲁图嘎查少数民族贫困户的生产生活条件。全年共举办贫困劳动力培训班8期,共培训500人次。

【清理党员干部占用草场工作】 有41名占用草场的在职党员干部职工已把草原使用证、经营权证上交到旗清理整顿非牧户占用草场办公室,共计73 383亩。

(杜　彪)

莫力达瓦达斡尔族自治旗

【领导名录】

旗委书记:夏鹏远

人大主任:敖明晓(女　达斡尔族)

旗　　长:艳　东(达斡尔族)

政协主席:褚士成

武装部长:王树军

政　　委:李旭明(蒙古族)

【概况】 莫力达瓦达斡尔族自治旗是全区仅有的三个少数民族自治旗之一,位于内蒙古自治区呼伦贝尔市东部,东隔嫩江与黑龙江省的讷河市、嫩江县毗邻,西部、北部与阿荣旗、鄂伦春自治旗接壤,西南是黑龙江省甘南县。地处北纬48°05′10″～49°50′50″,东经123°32′55″～125°16′14″。总面积10 500平方公里。辖17个乡镇(含两个鄂温克民族乡),旗人民政府驻尼尔基镇。全旗总人口325 790人,比上年增长0.7%,其中:非农业人口80 346人,比上年增长0.3%,达斡尔族人口30 611人,比上年增长0.4%;汉族261 190人,比上年增长0.8%;蒙古族7 725人,比上年增长1.3%;满族18 216人,比上年下降1%;朝鲜族1 213人,比上年增长6.9%;鄂温克族6 058人,比上年增长1.9%;鄂伦春族317人,比上年下降3.4%。出生率13.16‰,死亡率7.86‰,自然增长率5.3‰。

2005年,现价生产总值完成28.38亿元,可比价计算,增长3.2%,其中:第一产业完成现价增加值15.25亿元,可比价计算,增长9.9%,第二产业完成现价增加值8.28亿元,可比价计算,下降9.2%,其中:全部工业完成现价增加值2.92亿元,可比价计算,增长38.9%,建筑业完成现价增加值536亿元,可比价计算,下降25.3%;第三产业完成现价增加值4.84亿元,可比价计算,同比增长9.5%。人均国内生产总值由2004年的8 459元增加到8 740元。三产业结构比为53.7∶29.2∶17.1。扣除社保基金财政总收入完成14 094万元，同比下降28.8%，完成年度计划的61.3%。其中：地方财政收入完成10 949万元，同比下降36.5%，财政支出完成40 717万元，同比增长10.1%。

【工业】 2005年，全部工业完成现价增加值3.02亿元，可比价增长45.5%；规模以上工业完成现价产值62.3亿元，同比增长74.7%，增速在呼伦贝尔市排名第三。以绿色农畜产品加工业为主的巴特罕工业园区，入园企业已达到15家。

【农牧业】 2005年，粮食总产量达8.15亿公斤。牧业年度牲畜存栏达到200.3万头（只），增长65.4%。牲畜总量比2000年增长10倍，畜牧业在第一产业中的比重由11.4%提高到30%。

【项目建设】 2005年完成结转工业项目6个、新引进工业项目8个。尼尔基水库下游灌区、小水电、资源勘探、社会发展等一些项目均有一定进展。

【基础设施】 2005年，尼尔基镇顺利通过自治区第8届七星级文明城验收；完成尼尔基至拉哈二级公路建设18公里，开工兴建尼尔基至查哈阳1公里砼路面，建成通村公路13条127公里。

【对外开放】 2005年，共引进国内（市外）资金5.3亿元，完成目标的120.5%。全旗登记在册的个体工商户达3 701户，注册资金9 028万元，从业人员4 768人。

【旅游】 全年旅游人数达到24万人次，同比增长33.3%，实现旅游总收入1.1亿元，同比增长12.24%。新开发景区2家，申报国家AAA级景区1家、AA级景区1家、A级景区2家，申报3家二星级旅游宾馆，进一步完善中国达斡尔民族园内基础设施建设，萨满铜像及萨满文化陈列馆投入1 000万元，主体工程基本完工。

【人民生活】 2005年莫旗在岗职工总人数22 732人，比上年减少1 825人，主要是国营农场职工退休和基层粮库改制买断工龄而减少。其中，国有单位在岗职工总人数21 478人，比上年减少1 459人。集体单位327人，比上年减少11人。全旗在岗职工工资总额29 597万元，比上年增长2.1%，其中：国有单位在岗职工工资总额28 470万元，比上年增长4.1%，集体单位在岗职工工资总额408万元，同比下降4.7%。在岗职工平均工资为12 639元，比上年同期增加962元，随着工资的增加，城镇居民人均可支配收入也随之增加，完成7 691元，同比增长14.8%，农民人均纯收入完成2 180元，同比下降11.1%。城乡居民储蓄存款增长1.07倍，社会消费品零售总额增长115倍，年均安置就业人员900余人，下岗再就业率达到85%，城镇登记失业率在4.3%以下。

【教育】 2005年，撤并村级小学71所、教学点48个，顺利完成农场学校移交地方的接收工作，“两基”成果得到进一步巩固，开办博文中学等私立学校，改建二中、三中，扩大普通高中招生规模。

【文体】 乌兰牧骑和曲棍球再现生机，连续在国家和自治区比赛中获金奖，民族竞技体育水平不断提高。

【卫生】 旗级医院、疾控中心、乡镇卫生院建设步伐加快，地方病、传染病防治得到加强，人民群众健康水平不断提高，初步建立健全公共卫生体系和突发公共卫生事件应急机制，有效预防“非典”、“禽流感”等重大疫病传入。人口自然增长率6.65‰。

【社会保障】 社会保障支出逐年增加，困难群众最低生活费和临时救济金及时足额发放，累计发放低保资金1 874.8万元，基本实现应保尽保。

【禽流感疫情防治工作】 11月15日在汉古尔河镇乌兰村三组发生家禽死亡，经国家禽流感实验室正式确诊为H5N1亚型高致病性禽流感。此次疫情历经21天。在抗击高致病性禽流感斗争中，投入近千万元资金，共购置车载消毒机20台，电动消毒器100套，背式消毒器200台，手握消毒器2 000台，购置喷洒消毒药剂70吨（含防冻消毒药），撒石灰300吨，使用防护服5 000套和帐篷等物资，动用车辆200余台，近3 000辆次，人员500余人。

（杜卫东　鄂云泰）

兴　安　盟

【党政军领导名录】

盟　　委

书　记:崔国柱

副书记:常海(蒙古族) 崔莲姣(女) 吴志忠(蒙古族) 王喜才 王儒

委　员:王玉 别永河(11月离任) 高震邦 刘俊清 刘春良 刘福德 钱海峰(蒙古族) 吴剑华(蒙古族 11月任职)

人大工委

主　任:穆芳霞(女)

副主任:苏贵民 张有才 田仓 傅敏(女) 刘景毓

行政公署

盟　长:常　海(蒙古族)

副盟长:王玉 陈国才(蒙古族) 郑学鸣 张利 崔文军 杨瑞平

政　　协

主　席:乌其拉图(蒙古族)

副主席:佟德钧 汪亚洲 纪相军(蒙古族) 周岩(女) 莽志宏(蒙古族) 黄宝平

兴安军分区

司令员:张保信

政　委:别永河(11月离任) 吴剑华(蒙古族 11月任职)

【概况】 兴安盟位于内蒙古自治区东北部,地处北纬44°14′~47°39′,东经119°28′~123°38′。西北接蒙古国,有国境线126.084公里。北与呼伦贝尔市相连,东与黑龙江省、吉林省接壤,南与通辽市毗邻,西与锡林郭勒盟相接。全盟总面积59 806平方公里,辖乌兰浩特市、阿尔山市、扎赉特旗、突泉县、科尔沁右翼前旗、科尔沁右翼中旗。境内居住着蒙古、汉、满、朝鲜、回、达斡尔等22个民族。全盟总人口为163.68万人,同比减少0.80万人。其中:非农业人口52.85万人,同比增长1.30%,蒙古族人口67.27万人,同比增长0.96%,其他少数民族人口8.07万人,比上年减少0.20%。

2005年,完成地区生产总值120.31亿元,比上年增长13.02%,其中:第一产业增加值40.6亿元,增长8.71%;第二产业增加值34.18亿元,增长16.62%;第三产业增加值45.66亿元,增长14.8%。人均地区生产总值(按常住人口计算)7 506元,比上年增长1 387元,增长15.97%。全社会劳动生产率17 550元/人,比上年提高18.76%。全年实现全部财政收入10.33亿元,比上年增长18.07%,其中地方财政收入6.34亿元,比上年增长11.49%。全盟财政支出25.88亿元,比上年增长15.91%。全年居民消费价格总水平比上年上涨1.7%。其中:食品类价格上涨0.8%,衣着类价格下降1.0%,家庭设备用品及维修服务类下降0.4%,交通和通讯类上涨0.1%,医疗保健和个人用品类上涨3.9%,娱乐教育文化用品及服务类上涨2.1%,居住类上涨7.0%。

【农业】 2005年,全年农作物播种面积65.39万公顷,比上年增加2.35万公顷,增长3.73%。粮食产量达210.08万吨,比上年增产71.98万吨,增长52.12%;油料产量7.03万吨,比上年增产3.48万吨,增长98.59%;甜菜产量1.07万吨,比上年减少0.08万吨,减少6.96%。人人三亩水浇地建设显示其作用。全年水产品产量4 173吨,同比增长9.82%。全盟农牧业机械总动力达153.1万千瓦。大中型拖拉机3 114台,比上年末增加673台,小型拖拉机7.22万台,比上年末增长4.8%。农用排灌动力机械26.39万千瓦,同比增长7.76%。水浇地面积达22.01万公顷,农用塑料薄膜使用量768吨,比上年增长40.1%。

【林业】 全年完成造林面积113.0万亩。比上年增加57.4万亩,增长2.04倍,其中:营造速生丰产林80万亩,退耕还林33万亩,用材林(营造防护林)33.0万亩,新育苗0.90万亩,容器育苗2 300万袋,总产苗量14 306万株,森林面积达2 232.1万亩,森林覆盖率达24.9%。

【畜牧业】 2005年末,全盟家畜出栏504.12万头(只),比上年增长27.79%。家畜出栏率达77.51%。全盟当年肉类总产量15.58万吨,比上年增长13.81%;牛奶产量36.94万吨,增长67.98%。全盟家畜存栏总头数575.60万头(只),比上年减少11.50%,其中:大畜存栏50.67万头,同比减少0.73%,羊存栏467.47万只,同比减少14.01%,生猪存栏57.46万口,同比增长3.12%。

【工业】 2005年,全部工业增加值达26.49亿元,比上年增长34.8%,其中:规模以上工业增加值22.23亿元,增长40.1%;工业产品销售率为93.85%,比上年下降3.01个百分点。工业经济效益综合指数182.24%,比上年提高29.6个百分点。主要工业产品产量(规模以上)原煤达99.88万吨,同比增长49.43%;发电量19 622万千瓦小时,同比增长0.42%;卷烟424 999万支,同比增长30.77%；水泥65.58万吨；同比增长1.96%，生铁34.14万吨，同比增长5.86%。

【交通运输】 2005年，公路货运量达1 540万吨，比上年增加26.3%。货物周转量完成329 394万吨/公里，比上年增长1.94倍。公路客运量完成571万人，比上年减少17.3%；公路旅客周转量完成67 705万人/公里，比上年增长15.5%。

【邮电】 邮电通信部门全年完成业务收入33 407万元。电话年末到达户数25.4万户，增长1.6%。其中：住宅电话13.5万户，公用电话6 812部，小灵通用户11.22万户，移动电话用户达30.97万户。

【固定资产投资】 2005年，全社会固定资产投资总额完成61.69亿元，比上年增长16.4%。按投资管理分，城镇以上投资（基本建设、更新改造投资）完成55.32亿元，增长51.6%；房地产开发投资完成4.26亿元，增长7.6%。

【内外贸易】 2005年实现社会消费品零售总额48.96亿元，比上年增长15.6%。其中：城市零售额27.33亿元，增长19.4%；县级零售额13.25亿元，增长12.2%；县以下零售额8.37亿元，增长9.5%。按行业分，批发零售贸易业零售额39.64亿元，比上年增长16.2%；餐饮业零售额为6.26亿元，比上年增长19.5%；其他行业零售额3.05亿元，比上年增长1.4%。外贸进出口总额679万美元，比上年增长15.5%。其中：出口总额505万美元，增长38.3%；进口总额174万美元，减少22.0%。

【金融】 2005年末，全盟金融机构各项存款余额79.00亿元，比上年增长20.72%。其中：居民储蓄存款余额53.62亿元，增长17.14%。金融机构各项贷款余额89.03亿元，比上年增长17.79%。其中：工业贷款4.64亿元，减少40.98%；商业贷款38.91亿元，增长16.83%；农业贷款8.47亿元，增长10.39%。

【教育】 年内全盟升入各类普通高等院校学生8 063人，比上年减少100人。2005年，全盟大中专院校在校生（含成人班）5 900人，比上年减少8.78%。普通高中在校生25 889万人，比上年增长6.47%；普通初中在校生64 902人，比上年减少7.62%；职业高中在校生6 074人，比上年减少10.98%；小学在校生107 007人，比上年减少4.76%。适龄儿童入学率达99.65%。

【文化】 全盟有艺术表演团体7个，从业人员214人，文化馆7个，文化站88个，公共图书馆7个，藏书量达21.2万册。广播、电视覆盖率分别为90.76%和90.95%。全盟有线电视用户达11.12万户。盟级报刊出版发行量1.60万份，其中蒙文版1 500份。

【卫生】 全盟有卫生机构（含个体）323个。年末医疗单位有医疗床位4 078张，有卫生技术人员5 653人。全盟有妇幼保健机构7个，技术人员213人。专科疾病防治院和疾病预防控制中心12个，卫生防疫人员696人。

【体育】 举办县以上运动会7次，参加运动会运动员1 200人。各类学校学生达到《国家体育锻炼标准》的人数为180 357人，占应达标学生的99.0%。

【人口 人民生活】 年内全盟出生人口1.60万人，出生率为9.74‰；年内死亡人口（历年死亡未注销）1.33万人，死亡率为8.12‰，人口自然增长率1.62‰。

全年城镇居民人均可支配收入7 159元，同比增加693元，增长10.72%。农牧民人均纯收入2 375元，同比增加335元，增长16.4%。城镇人均居住面积达25.15平方米，农村人均居住面积21.2平方米。

【社会保障】 2005年末，全盟已有88 568人参加养老保险，有26 887人参加离退休费统筹。年末，全盟福利院有床位1 369张，收养896人，城乡最低生活保障已保人数达3.03万人。

【劳动就业】 全盟从业人员68.55万人，其中在岗职工人数11.33万人，比上年减少0.34万人；城镇个体、私营劳动者5.52万人，比上年增加0.46万人。

【存在问题】 农业基础设施仍然相当薄弱，抵御自然灾害能力不强，种植业的优势没有充分发挥出来，粮食产量仍然处于不稳定状态；农村牧区产业结构尚需进一步调整优化；工业经济发展规模小、总量不足；招商引资难度大，投资规模小；财政收支矛盾依然突出；城镇居民收入增长缓慢；下岗职工生活保障和再就业的压力较大。

【重要活动】 3月25日至27日，自治区主席杨晶、副主席余德辉等一行20余人到兴安盟调研。盟长常海等领导陪同调研组分别深入乌兰浩特市、阿尔山市和科尔沁右翼前旗，对重点项目建设工作、经济运行情况和党员先进性教育活动开展情况进行调研。调研组还深入五岔沟浩月老家庭生态林场、阿尔山海神疗养院和太伟滑雪场、冰雪高尔夫球场以及蒙牛乳业乌兰浩特公司、内蒙古圣华新药业有限责任公司等家庭和企业，详细了解群众生产生活情况和企业经营情况。

4月13日至14日，伊敏至伊尔施铁路可行性研究评审会在兴安盟阿尔山市召开，这标志着“两伊”铁路进入实质性开发建设阶段。铁道部计划司、铁道部运输局、中铁咨询集团、铁道部鉴定中心等15家单位的近百名铁路、桥梁、隧道、地质、车辆等方面的专家、高级工程师和自治区发改委、兴安盟、呼伦贝尔市有关领导和发改委负责人百余人参加会议。

（窦向华）

乌兰浩特市

【领导名录】

市委书记:高震邦

人大主任:纪相军(蒙古族 3月离任)

额尔敦宝力高(蒙古族 3月任职)

市　　长:尤国钧(蒙古族)

政协主席:额尔敦宝力高(蒙古族 3月离任)

陈长青(蒙古族 3月任职)

武装部长:尚德明

政　　委:蒋　辉

【概况】 乌兰浩特市位于内蒙古自治区东北部,兴安盟东部,地处北纬45°55′~46°18′,东经121°50′~122°20′之间,西南部与吉林省洮南市毗邻,其余方位均与兴安盟科尔沁右翼前旗接壤,总面积772平方公里。2005年,全市人口286 833人,其中汉族191 350人,占全市总人口66.7%;蒙古族74 715人,占26%;其他少数民族20 768人,占7.3%。城镇人口223 287人,乡村人口63 546人,全市人口密度367.1人/平方公里。2005年全市地区生产总值402 639万元,财政收入44 418万元,城镇居民人均可支配收入8 150元,比上年增加900元,增长12.4%;农民人均纯收入3 803元,比上年增加600元,增长18.7%。

2005年全市地区生产总值完成40.26亿元,增长18.8%。其中第一产业增加值完成3.87亿元,增长16.1%;第二产业增加值完成16.88亿元,增长22.5%;第三产业增加值完成19.51亿元,增长16%。全社会固定资产投资完成27.37亿元,占全盟总量的44.4%。

全口径工业增加值完成14.61亿元,增长29.2%,占GDP比重达到36.3%。规模以上工业增加值完成13.48亿元,增长30.9%。工业企业实现税收3.17亿元,增长14.2%。工业增加值完成6.91亿元,增长44.3%,占全部工业增加值的47.3%。

【农业】 粮食总产达到72 998吨,奶牛存栏突破9万头,肉羊、肉鸡养殖分别达到5.5万只、80万只,农牧结合户发展到13 820户,占农村总户数的85%。高度重视疫病防治工作,有效防止禽流感、"五号病"重大疫情的传入。年度打井226眼,新增水浇地1万亩。

【城镇建设】 全年房地产开发面积达到32.34万平方米,完成开发投资2.62亿元,分别比上年增长10.3%、13.6%。加快推进王爷庙二期工程扩建、四星级宾馆、关店绒毛市场等重点项目建设。多渠道筹措资金,治理小巷22条,硬化面积2万平方米。建成高标准排洪渠300米,新增城市绿地面积29公顷,城市绿化覆盖率达到27.9%。中油鸿力投资公司管道燃气项目完成投资600万元,新城投资公司1亿元贷款项目基本确定,自治区3 000万元土地收储贷款已经落实。

【旅游】 精心打造蒙元文化、红色文化旅游品牌,加大旅游基础设施建设和宣传推介力度,全市旅游人数达到99.7万人,实现旅游收入2亿元。

【招商引资】 出台《乌兰浩特市招商引资优惠政策》和《民营企业创业中心入驻企业优惠政策》,组建政府企业服务中心,对重点招商企业实行挂牌保护,为投资者营造良好的创业环境。先后组团赴上海、河北、陕西等省市开展招商引资活动,提升乌兰浩特的知名度和影响力。2005年全市共引进项目87个,引进国内资金12.61亿元,比上年增长49%。

【重点项目】 41个三级工业重点项目开工40个,竣工26个。经济技术开发区完成工业增加值3.69亿元,比上年翻一番;四镇民营企业创业中心累计引进项目164个,实现增加值7 335万元,增长84%;高载能园区建设取得实质性进展,金源达重化工公司硅铁生产项目一期工程建成投产。

【企业改革】 乳品公司、康达建材公司、食品公司、食品购销公司等企业转制任务全面完成,一百商店、八百商店、第二热源等企业改革遗留问题妥善解决,6家粮食购销企业560名职工的经济补尝一次到位,劳动关系顺利解除。

【科技】 全市共举办各类科技培训班466期,培训农民3.9万人次,推广区级先进适用技术11项,盟级19项。

【教育】 加快推进中小学校危房改造工程,朝鲜族小学教学楼建设进展顺利,第五中学、兴安二小教学楼和义勒特中心校新校舍投入使用。

【体育】 举办"党在我心中·社区文化艺术年"活动和首届中老年体育运动会,出版《"翰墨寄情"中老年书画作品集》和《乌兰浩特乡情》,提高群众文化生活品位。

【卫生】 投入80万元完成农村卫生院改革,从根本上解决卫生院人员工资和养老统筹问题。制定出台加强街道社区工作的相关政策和措施,完善社区建设的领导体制和工作机制。

【人民生活】 2005年,全市城镇居民人均可支配收入8 150元,增长12.4%;农民人均纯收入3 803元,增长18.7%。开发建设全盟首批经济适用住房,可解决212户中低收入家庭住房难问题。各科局投入130万元,为特困群众维修住房1 350间,新建住房245间。农村"五保户"全部纳入救济范围,城镇低保月人均补差由原来的60元提高到79元。重视就业和社保工作,全年实现就业9 559人,劳务输出8 064人,新增各类参保人员7 791人。

(孙文 李树森 宋金坪)

阿尔山市

【领导名录】

市委书记:钱海峰

人大主任:刘汉智(10月离任)

吴长青(蒙古族 10月任职)

市　　长:刘维东

政协主席:任忠民

武装部长:侯金钟

政　　委:赵建涛

【概况】 阿尔山市位于内蒙古兴安盟西北端,地理坐标为北纬46°39′~47°39′,东经119°28′~121°23′。总面积7 408 .7平方公里,平均海拔1 200米。辖区内设有伊尔施、天池、白狼、五岔沟、明水5个镇和温泉、新城、林海3个街道办事处,总人口47 198人,人口密度6.37人/平方公里。

2005年国内生产总值45 782万元;第一产业完成增加值14 257万元,第二产业完成增加值6 114万元,第三产业完成增加值25 411万元;三种产业结构比例为31.14: 13.35: 55.51。财政收入完成4 696万元;人均国内生产总值9 403元;城镇居民人均可支配收入7 236元,农牧民人均纯收入2 867元。全年引进国内资金25 090万元,其中区外资金10 040万元。

【农业】 农业总产值完成25 344万元,农作物播种面积12 237公顷,实现定单农业5万亩。粮食总产量31 207万吨,其中小麦产量19 887吨,油菜籽1 666吨,亚麻2 970吨。农牧业机械总动力49 529千瓦,大中小拖拉机1 456台,耕作机械768台,机耕面积22万亩,机收面积13万亩;全年化肥用量2 150吨,农药用量25吨,农用柴油765吨。

【畜牧业】 全市养鹿1 200只,奶牛1 063头;牧业年度牲畜总头数15.9万头(只),全年大小牲畜存栏13.10万头(只)。

【林业】 全市完成封山育林3万亩,人工造林3.4万亩,退耕还林4 000亩,义务植树3.48万株。乡镇企业产值6 000万元,上缴税金340万元。

【工业】 全市工业增加值完成1 460万元,同比增长39.5%;其中乡及乡以上工业增加值完成950万元,同比增长40.9%。

【交通】 全年公路客运量24万人,客运周转量1 208万人公里,同比增长13.8%;货运周转量13 560万吨公里,同比增长15.74%。

【邮电】 邮政电信业务量2 133万元,同比增长1.5%。市话用户(含小灵通)20 125部,其中住宅电话10 781部;公用电话771部,移动电话12 122部,互联网用户986户。

【旅游业】 全年接待旅游团队1 000余个,旅游人员100.2万人,旅游社会总收入2.4048亿元,同比增长50.2%。全市旅游业直接或间接从业人员1.7万人。

【商贸】 全市社会消费零售总额完成23 253万元,增长13.2%;其中批发零售业零售额17 076.9万元,餐饮业零售额5 346.5万元,其它服务行业零售额5 274.1万元。

【建筑业】 2005年,全社会固定资产投资55 142万元,建筑业完成增加值4 654万元。

【教科文卫体】 全市有中小学11所,幼儿园2所;教职工622人,在校学生5 155人。承办了内蒙古圣水节和内蒙古冰雪节。全市有卫生机构26个,卫生技术人员236人,床位697张。

【金融保险】 全市各金融机构积极开展各项金融服务业务,贷款余额29 888万元,同比下降2.2%;储蓄余额达53 218万元,同比增长13.9%,其中,城镇居民储蓄存款达34 450万元,增长12.7%。保险机构保费收入703万元,下降12.9%;赔付156万元,下降59.7%。

【人口 人民生活】 全市人口出生率6.77‰,计划生育率达100%;死亡率4.07‰,自然增长率2.7‰。年末全市单位从业人员5 356人,单位从业人员平均劳动报酬9 718元,城镇居民最低生活保障986户2 121人,全年发放最低生活保障金157.9万元。全年安置就业644人,其中下岗再就业人员103人,就业率98%,占登记失业人数的54%,城镇登记失业率2.6%。医疗保险参保12 087人,覆盖率95%,参加失业保险5 100人,覆盖率

98%,参加养老保险1 285人,覆盖率100%。

【柴河旅游景区】 阿尔山—柴河旅游景区位于呼伦贝尔市、兴安盟、锡林郭勒盟、蒙古国交界处,包括兴安盟阿尔山市全部和呼伦贝尔扎兰屯市柴河镇全部,总面积13 168.7平方公里(其中阿尔山市7 408.7平方公里,柴河镇5 760平方公里)。景区内旅游资源丰富、类型多样,冰雪温泉、森林草原、火山遗迹、战争旧址、口岸景观、民族民俗风情一应俱全,而且具有组合交融之妙,是进行旅游开发的最佳区域。

(刘贺　肖光)

科尔沁右翼前旗

【领导名录】

旗委书记:额尔敦敖其尔(蒙古族 4月离任)
　　　　邵万荣(4月任职)
人大主任:艾斯扎布(蒙古族)
旗　　长:张世伟(4月离任) 胡春(蒙古族 4月任职)
政协主席:卢玉玺(蒙古族)
武装部长:李庆科
政　　委:王吉拉(蒙古族 3月离任) 张燮(3月任职)

【概况】 科尔沁右翼前旗位于内蒙古自治区东北部,大兴安岭南麓。北纬45°42′07″~47°1′36″,东经119°31′51″~122°52′07″。南北长102.7公里,东西宽198公里,总面积19 375平方公里。旗境东与吉林省白城市洮北区、镇赉县、兴安盟扎赉特旗毗邻;南接白城市洮北区、洮南市、兴安盟突泉县、科尔沁右翼中旗;西与锡林郭勒盟东乌珠穆沁旗。蒙古国接壤;北至兴安盟阿尔山市、扎赉特旗。中蒙边境线长32.496公里。全旗辖5个苏木、4个乡、11个镇、1个种畜场、3个管理区。总人口(包括国营农牧场)356 591人,其中:蒙古族163 587人,汉族173 994人,其它少数民族19 010人。人口密度每平方公里17.5人。是一个以蒙古族为主体,汉族为多数的多民族聚居的少数民族边境旗。

2005年全旗地区生产总值完成218 900万元,比上年增长27.4%;全社会固定资产投资完成76 000万元,比上年增长34.8%;财政收入实现12 000万元,比上年增长16.4%;农牧民人均纯收入2 087元,比上年增长13.4%;城镇居民人均可支配收入6 832元,比上年增长10.1%;引进国内(区外)资金74 500万元;比上年增长36%;向上争取资金13 200万元,比上年增长18%。第三产业增加值达到57 600万元,比上年增长6.9%;实现社会消费品零售总额52 000万元,比上年增长11.9%;房地产开发建设面积12万平方米。

【农业】 2005年粮食总产达58 500万公斤;全旗免征农业税1 410万元,发放粮食直补1 589万元,良种补贴50万元。农机具购置补贴6万元。

【牧业】 牧业年度家畜存栏329万头(只、口),其中:大小畜307万头(只)。新增奶牛1.4万头,奶牛存栏达3.4万头,新增农牧结合户1.35万户,8个乡镇基本实现户户养畜目标。

【工业】 全部工业增加值达40 200万元,比上年增长66.1%,其中规模以上工业实现增加值35 560万元,比上年增长76.9%;实现税金2 995万元,比上年增长28.9%,其中科尔沁王酒业公司实现税金1 597万元,占规模以上工业企业实现税金的53%。全年实施区盟重点项目15项,旗级项目14项。完成工业固定资产投资27 500万元,比上年增长35%,其中乡镇工业项目完成投资3 410万元。非公有制经济进一步发展,新增个体工商户和私营企业1 006户,总数达4 373户。全旗25家国有粮食收储企业的1 160名职工全部置换身份。

【财政 金融】 财政收入超额完成年度预算,达12 000万元,比上年增长16.4%,财政支出44 000万元,比上年增长16.9%;银行存款余额30 000万元,比上年增长22%。

【生态建设】 全年造林28.6万亩,启动国家公益林工程146.5万亩,启动"绿色长廊"工程,完成国省干线造林93.5公里。新增围栏封育面积100万亩,全旗林地、114个嘎查村和409万亩草场实施了禁牧,完成水土治理29.5万亩。

【科技】 财政拨付科技发展资金13.3万元,社会投入科技发展资金4 300万元,推广先进适用技术35项,培训农牧民13.5万人次,创建示范村23个、示范户325户,落实示范田770亩。

【教育】 "两基"达标、教育人事改革发展顺利,投资1 247万元改造危房1.6万平方米,发放"两免一补"资金626万元,成功承办全盟民族教育现场会。

【文化】 5月27日,停播三年之久的《科右前旗新闻》重新在兴安电视台开播。

【卫生】 卫生系统推行全员聘任制和浮动工资制,政府投入配套资金36.4万元为苏木乡镇卫生院配备部分先进医疗设备;人口与计划生育工作健康发展,计划生育率达99.64%,人口自然增长率7.18‰。

【扶贫 救灾】 2005年,全旗下派扶贫工作队82个,累计投入扶贫资金843.7万元,被扶持的贫困户90%以上解决温饱,着重解决692户房屋倒塌灾民的困难,保证他们有房住、有饭吃、有衣穿。对农牧区的3.8万名救助对象实施社会救助。

【新址搬迁工程】 2005年,党政机关实现整体搬迁,旗四大班子和53个部门迁入新址。新址道路框架已经形成,4条市政主干路和政府前循环路基本完工;给水、排污、供热、供电等基础设施建设初具规模,广场平整和绿化工作有序进行。

【自然灾害】 自1月25日以来,兴安盟科尔沁右翼前旗内北部地区连降3场暴雪,平均积雪厚度30公分,个别地区积雪厚度达40公分以上。桃合木、勿布林等10个苏木乡镇(场)遭受严重白灾,受灾总面积11 000平方公里。受灾总户数5.5万户,总人口12.5万人。受灾接羔点1 500个,受灾牲畜总头数130万头(只)。大雪压坏棚圈200多处,压死、冻死大小牲畜12 400余头(只),山羊掉羔流产率高达60%,冻伤牧民100多人。白灾使牧业直接经济损失近千万元,牧民生产生活受到严重影响。

(丁宪章 董旭明 李占成 王学东)

科尔沁右翼中旗

【领导名录】

旗委书记:波特奇(蒙古族)

人大主任:嘎 达(蒙古族)

旗 长:高长胜(蒙古族)

政协主席:庄 子(蒙古族)

武装部长:特格喜(蒙古族 2月任职)

政 委:郭彦文(2月任职)

【概况】 科尔沁右翼中旗地处北纬44°15′~46°41′,东经119°34′~122°18′之间。位于兴安盟南部、北与科尔沁右翼前旗、突泉县接壤,东与吉林省通榆县、洮南市相连,西与通辽市扎鲁特旗、霍林郭勒市以及锡林郭勒盟的东乌珠穆沁旗毗邻,南与通辽市科尔沁左翼中旗相接,总土地面积15 613平方公里。2005年,全旗辖18个苏木镇(管理区),25个居委会,173个嘎查,456个艾里。总人口为247 167人,同比增长0.13%,自然增长率为3.6‰。

2005年,全旗地区生产总值完成13.59亿元,同比增长8.72%(按2000年可比价格计算,下同)。其中,第一产业增加值实现6.3亿元,同比增长45.3%;第二产业增加值实现2.61亿元,为上年的28.8%;第三产业增加值实现4.69亿元,同比增长8.3%。全社会商品零售额达4.4亿元,同比增长11.5%。财政收入达8 736万元,同比增长7.6%。引进国内区外资金5.95亿元,同比增长12.26%,引进国(境)外资金200万美元,同比增长98%,出口创汇100万美元,与上年持平。

【农业】 2005年粮食产量达4.05亿公斤,同比增长164.7%。乡镇企业产值达9.83亿元,引进项目22个,资金410万元,新办企业46个,实现增加值3.2亿元,同比增长21.67%。

【畜牧业】 2005年牧业年度,全旗家畜总头数185万头(只、口),其中,大小畜总头数165.8万头(只),同比分别增长8.25%和8.94%;出栏大小畜85.39万头(只、口),出栏率为51.5%;大小牲畜商品率为49.1%;产肉量达33 774吨,比上年增长27.59%;销售皮张61.5万张,同比增长8.85%;牛奶产量3 438吨,为上年的71.48%;禽蛋产量3 565吨,同比增长27.64%。

【工业】 2005年,全旗全部工业企业完成增加值1.89亿元(按可比价格计算),同比增长45.9%;限上工业企业增加值实现1.17万元,同比增长80.1%。工业重点项目建设又有新突破,区盟旗三级18个重点项目完成投资7.18亿元,同比增长15.74%。其中,内蒙古蒙祥发电有限责任公司科尔沁右翼中旗2×13.5万千瓦热电厂项目,与北京京能热电股份公司、北京大雄华航置业有限公司签订增扩股协议,完成投资4.54亿元;山东鲁能科尔沁右翼中旗电厂一期2×60万千瓦项目前期工作全部完成;100万吨甲醇和30万吨二甲醚项目取得新进展,煤炭资源配置问题已取得解决,已开展前期工作;4.98万千瓦翰嘎利风电场项目获自治区发改委批准,正在争取中国银行的资金支持;8个盟级工业重点项目完成投资7 000万元,其中3个项目竣工投产;8个旗级工业重点项目完成投资4 560万元,其中6个项目竣工投产。全旗工业经济效益综合指数达173.7%,产品销售率为100.27%,主要产品销售收入3.19亿元。主要工业产品产量:白酒3 747吨,原煤15.4万吨,水泥5.2万吨,红砖8 665万块,铜精矿含铜量1 292吨,铁合金690吨,完成公路客运周转量为10 678万人/公里,货运周转量为18 599万吨/公里。

【林业】 2005年全旗新增造林面积30.05万亩,比上年增加8.05万亩,增长36.59%。年内引进资金450万元,完成造林6万亩。

【生态建设】 2005年,全旗完成挖水平坑6.5万亩、挖壕围封2万亩、修建坡式梯田6万亩,修筑谷坊370座,实施水保治理示范项目4 500亩,新增水保治理面积达326万亩。

【交通 邮电】 2005年,全年公路载客完成146万人,同比增长5.04%;公路运输257万吨,同比增长5.76%;公路通车里程1 659.68公里。铁路载客14.7万人,铁路货运11.3万吨。有固定电话22 354部,其中住宅电话18 725部;有移动电话5万部;有小灵通电话11 199部,同比增长29.66%;宽带用户1 487户,同比增长86.57%。

【固定资产投资】 2005年,全社会国定资产投资完成6.5亿元,同比增长28.6%。其中,房地产开发完成投资0.49亿元,同比增长62.2%。在房地产开发中,新建、继建项目109个,其中新开工项目101个,施工面积15.1万平方米;房屋竣工面积14.4万平方米,竣工项目99个,工程交付使用率91%。

【个体私营经济】 年底,全旗个体私营户达3 704户,从业人员4 529人,注册资金4 227.58万元;私营企业76户,从业人员1 600人,注册资金3 973万元。

【文化】 2005年,全旗有文化艺术表演团体1个,文化馆1个,基层文化馆16个,市场管理办公室1个,文物管理所1个,公共图书馆1个。有中波发射台1座,广播电台1座,电视转播台2座,有线电视转播台17座,广播电视人口综合覆盖率85%。为宏扬民族文化艺术,5月成立科尔沁右翼中旗乌力格尔协会,8月23日成功举办全区首届乌力格尔艺术节暨全国第五次乌力格尔好来宝大赛。来自内蒙古、吉林、黑龙江、辽宁省的100多名民间艺人参加大赛。

【教育】 2005年10月旗"两基达标"通过自治区验收。全旗有中小学校189所,在校生29 198人。其中,普通中学23所,在校生10 173人;小学166所(含教学点),在校生19 025人。有专任教师1 742人,学龄儿童入学率99.95%;有职业中学1所,在校生241人;有聋哑学校1所,在校生18人;有幼儿园58所,在园儿童4 325人。

【卫生】 全旗医疗卫生单位28个,其中,旗级医疗卫生单位4个。有医疗卫生人员1 300人,其中专业技术人员1 040人。有病床534张。2005年全旗有133 455人参加新型合作医疗,参合率81.43%,全年住院病人2 538人,报销金额177万元,人口出生率11.24‰,计划生育率达到99.96%。

【人民生活】 2005年,全旗城镇居民人均可支配收入实现6 502元,同比增长10.13%;农牧民人均纯收入实现1 891元,同比增长11.37%;城乡居民储蓄存款余额达3.55亿元,同比增长22.41%。

【社会保障】 2005年,大力实施城镇养老保险、失业保险、医疗保险和最低生活保障制度,养老保险社会化发放率达到100%;参加失业保险人数达12 397人,发放失业保险金115万元;安置下岗失业人员1 221人,其中,下岗失业职工651人,"4050"人员175人,零就业家庭16人。城镇人口登记失业率控制在3.8%以内。参加医疗保险人数14 219人,医疗保险覆盖率达到68.3%;享受最低生活保障人员达3 871人,发放城镇居民最低生活保障金330.3万元,基本实现动态管理下的应保尽保;组织劳务输出6 709人。

(史玉清 色音巴雅尔)

扎赉特旗

【领导名录】

旗委书记:邵万荣(4月离任) 赵云翔(蒙古族 4月任职)

人大主任:丛培君

旗　　长:赵云翔(蒙古族 4月离任) 刘振财(4月任职)

政协主席:乌力吉(蒙古族)

武装部长:毕洪良

政　　委:段英正

【概况】 扎赉特旗位于内蒙古自治区兴安盟东北部,嫩江右岸,大兴安岭东南麓。东接黑龙江省龙江县,南与黑龙江省泰来县、吉林省镇来县交界,西连科尔沁右翼前旗,北与呼伦贝尔盟扎兰屯市毗邻。地理坐标为北纬46°04′~47°21′,东经121°17′~123°38′之间。旗境东西长210公里,南北宽143公里。总面积11 837平方公里。地属大兴安岭向松嫩平原过渡地带,多山地和丘陵,地势由西北向东南倾斜,地形依次为低山、丘陵和平原。全旗总人口391 831人,其中蒙古族162 161人,人口密度35.1人/平方公里。

2005年,全旗国内生产总值达20.48亿元,财政收入实现9 722万元,城镇居民人均可支配收入达到6 474元。农牧民人均纯收入1 885元。

【农业】 全旗粮食播种面积200 989公顷,高油大豆播种面积达20万亩,优质玉米50万亩,优质水稻4万亩。

【畜牧业】 牧业年度家畜总头数达2 054 426头只(口),农牧结合户65 434户,新增农牧结合户59 382户。奶牛存栏1.9万头,新增奶牛6 165头,肉羊存栏130万只、生猪60万口,规模养猪小区10处。

【林业】 全旗完成造林合格面积33.2万亩，其中退耕还林、荒山造林、围封育林共8.2万亩，新增速生丰产林25万亩。森林覆盖率达25.6%。

【固定资产投资】 2005年，全旗固定资产投资完成7.1亿元，其中工业项目完成2.9亿元，农牧林水项目完成2.7亿元，基础设施和社会事业项目完成6 670万元，房地产业完成8 865万元；财政性投资1.48亿元，招商引资4.08亿元，民间投资1.54亿元。全年完成水利建设投资210.8万元。绰勒水库全年实际完成投资9 047万元。全旗全年共实施工业重点项目24个，项目总投资2.8亿元，当年完成投资7 580万元，全部工业增加值实现2.8亿元。

【交通】 全旗境内公路总里程2 535公里，全年客运量126万人次，货运量达173.4万吨。

【邮电】 邮政全年业务总量555.6万元。邮政业务收入433万元；电信业务收入2 000万元。全旗电话总数26 500部（网通），其中小灵通10 800部，全旗电话普及率6.7部/百人。铁通1 200户，中国联通用户1.94万户。

【招商引资】 2005年全旗共引进国内盟外资金4.4亿元，其中引进区外资金4.1亿元，引进国外资金114万美元。全旗个体工商户发展到2 637户。2005年全社会消费品零售总额达到6.6亿元。

【科技】 推广先进适用技术60项，建设盟级以上科技示范园区6个，科技进步对经济发展的贡献率达48%。

【教育】 2005年秋季高考生专科以上上线人数2 050名，其中本科上线人数895名。全旗中小学、职业学校183所，中小学在校生38 820人，中小学教师3 611人。

【卫生】 全旗有医疗单位32个，医疗技术人员890人，床位625个。

【洪灾】 2005年是降雨量较多的一年，降雨特点多为大到暴雨，降雨集中，突发性强，范围广。由于连续降雨，7月7日至7月12日，沿河各地相继发生大洪水。绰尔河入汛以来第一次洪峰发生在7月11日20时，最高水位达100.9米，最大流量1 710立方米/秒，河水高水位运行时间长达30个小时，绰尔河水位从7月12日8时开始回落；7月7日20时至次日8时二龙涛河流量达到1 300立方米/秒，超过1998年水灾流量，二龙涛河堤防全线漫堤；7月7日晚至9日早8时，罕达罕河流域也发生强降雨过程，导致罕达罕河水猛涨，部分堤防严重水毁。全旗共有20个苏木乡镇（场）160个嘎查村不同程度的遭受洪涝灾害，洪涝灾害造成的直接经济损失达到1.8亿元，受灾人口累计达45.91万人，紧急转移人口5 846人。全旗农业受灾面积143万亩，绝产75万亩，水毁面积达到41万亩。

【苏木乡镇改革】 11月23日，中共扎赉特旗委、旗政府发出通知，根据《内蒙古党委办公厅、政府办公厅关于印发〈扎赉特旗苏木乡镇机构改革试点工作方案〉的通知》，实施苏木乡镇机构改革工作方案。将19个苏木乡镇（苏木3个、乡8个、镇8个）调整为9个（苏木1个、乡1个、镇7个），撤并比例为52.6%。设音德尔镇，由原来音德尔镇、小城子乡、五家户乡、绰勒镇（除原阿拉坦花苏木部分）合并组建。设巴彦高勒镇，由原巴彦高勒镇，二龙山乡合并组建。设胡尔勒镇，由原胡尔勒镇、阿拉达尔吐苏木、宝力根花苏木合并组建。设新林镇，由原新林镇、罕达罕乡合并组建。设巴达尔胡镇，由原巴达尔胡镇、绰勒镇（原阿拉坦花苏木部分）合并组建。设阿尔本格勒镇，由原阿尔本格勒镇、巴彦扎拉嘎乡合并组建。设好力保乡，由原好力保乡、巴岱乡、努文木仁乡合并组建。保留图牧吉镇和巴彦乌兰苏木。确定3个中心镇：音德尔镇、巴彦高勒镇、胡尔勒镇。撤并的苏木乡镇设立工作部。音德尔镇设4个行政机构、4个事业机构，其它苏木乡镇设立3个行政机构，3个事业机构。政府机构统一设置党政综合办公室，经济发展办公室，社会事务办公室。音德尔镇增设城镇管理办公室。人员编制由原来1 089个减少到528个，全旗苏木乡镇行政编制300名，精简率33.6%。音德尔镇核定科级领导职数9名，其它苏木乡镇核定科级领导职数7名。事业机构统一设置农牧林水服务中心，社会事务服务中心，计划生育服务中心，音德尔镇多设街道管理服务中心。全旗苏木乡镇事业编制280名，精简比例64.5%。林业局派驻各苏木乡镇9个林业工作站；畜牧业局派驻各苏木乡镇9个畜牧兽医站。林业工作站编制27名，畜牧兽医站编制27名。旗委、政府出台《扎赉特旗苏木乡镇党政机关、事业单位机构改革人员定岗实施意见》。

（高殿富 田花）

突　泉　县

【领导名录】

县委书记：孟占辉

人大主任：鲍文龙（满族）

县　　长：孙德敏

政协主席:张秀兰(女)

武装部长:李　洪

政　　委:李建平

【概况】 突泉县地处兴安盟中南部。位于北纬45°11′25″~46°05′12″,东经120°48′45″~122°10′20″之间。北部、西北部与科尔沁右翼前旗交界,南部、西南部与科尔沁右翼中旗接壤,东部与吉林省洮南市毗邻。总面积4 800平方公里。耕地面积189万亩。总人口30.72万人,其中:汉族人口22.48万人,蒙古族人口5.41万人,其他满、朝、达斡尔、鄂温克、鄂伦春、藏、锡伯、苗、维、土家、彝等十几个少数民族人口2.64万人;城镇人口6.40万人,乡村人口24.32万人;人口密度63人/平方公里。人均耕地6.75亩。全县6镇6乡,188个行政村,464个自然屯。

2005年,全县地区生产总值完成18.83亿元,同比增长23.2%。财政收入完成9 324万元,同比增长10.8%,其中:地方财政收入7 773万元,同比增长8.2%。固定资产投资完成7.55亿元,同比增长45.9%。社会消费品零售总额6.1亿元,增长11.6%。

【农业】 粮食产量突破5.5亿公斤,第一产业增加值完成8.4亿元,同比增长14.85%。突出发展肉羊、白鹅、奶牛养殖,发展舍饲畜牧业。克服"高致病性禽流感"、"牲畜五号病"等重大动物疫情影响,建设各类养殖专业村96个,新增奶牛7 298头,新增养羊户8 313户,肉羊存栏56.2万只,发展养鹅户5 000户,白鹅饲养量130万羽。牧业年度家畜存栏76万头只。特别是脱水蔬菜产业正在向集群式发展,显示出极大的发展潜力和美好前景。从产业化经营中农民人均获得纯收入600元。

【工业】 第二产业增加值完成6.05亿元,同比增长50.8%;完成工业固定资产投资3.87亿元,同比增长200%,增速居全盟首位。全年实施工业重点项目14个,10万千瓦风电项目经自治区核准立项,已开工建设,贝思特鹅业二期工程、森源脱水蔬菜扩规改造、吉盛能源、泰醛化工等一批重点项目建成投产。2×5万千瓦热电联产、玉石开发、多金属勘探等培育项目进展顺利。突泉镇彩砖厂、宝石肉联厂、太和三家子砖厂等一批乡村工业项目达产达效,拉动工业经济总量扩张。新工业园区建设初具规模,配套设施逐步完善,已入住企业9家。招商引资再创佳绩,全年引进项目431个,引进资金10.5亿元。第三产业增加值完成4.38亿元,同比增长13.0%。

【基础设施建设】 全年新打机电井3 702眼,新增有效灌溉面积5.1万亩,新增节水灌溉面积7.2万亩,全县水浇地面积73.5万亩。实施水利重点工程,完成双城、大青山、九龙水库除险加固工程和明星水库主体加固工程,顺利通过自治区验收,并均被评为优良工程。实施通乡水泥路建设,杜九公路建成通车,突宝公路全面开工。加强农村客运站建设,六户、永安等一批乡镇客运站候车室建成使用。围绕电力通道建设,完成农网、城网改造,220千伏输变电站建成投运,莲花山铜矿供电工程全面完成,城乡供电能力大幅提高,供电质量明显改善。继续实行封山禁牧,实施退耕还林、退牧还草、水土保持等生态建设工程。完成人工造林6.2万亩,草原围栏40万亩,水土保持综合治理30.6万亩,生态环境明显好转。进一步加强城镇化建设,完成县城新区"一纵两横"5.3万平方米道路框架工程,法院、突泉镇等单位已入住新区。新增街路硬化面积65万平方米,新增绿化面积8万平方米,城镇绿化覆盖率33.04%。新增房地产开发15万平方米,新增集中供热10万平方米。排水、供水、供热等配套设施不断完善。宝石、六户、学田等六个乡镇所在地自来水工程建成并投入使用。突泉镇被确定为"全国小城镇建设重点镇"。

【科技】 培训农民12万人次。组织实施各类科技项目50个。

【教育】 设立贫困学生救助基金,累计发放80万元救助贫困学生。全面落实"两免一补"政策,城乡适龄儿童和青少年九年制义务教育得到保障。通过招商引资建立冠华双语全日制私立学校,县幼儿园加盟北京明天幼稚集团,教育资源得到优化配置和系统整合。

【文化】 文化宣传综合大楼、青少年文化活动中心竣工并投入使用。开展网吧、游戏厅等文化经营场所专项整治,规范文化市场。广播电视覆盖面不断扩大。举办民间文化艺术节和全民健身周等文体活动,丰富城乡群众文化生活。

【卫生】 新型农村合作医疗被确定为自治区试点县,190户计生家庭领取了奖励扶助金。人口自然增长率为4.83‰。

【人民生活】 城镇居民可支配收入6 442元,同比增长8.4%;农民人均收入2 155元,同比增长10.3%。

【社会保障】 启动特困农民医疗救助制度,受益农民895人,发放救助金45.2万元。开展社会治安综合治理,严厉打击各种刑事、经济、非法传教等违法犯罪行为。

【农民增收致富示范工程】 2005年初,县委、政府以解决"三农"问题和农民增收致富为目的,制定《2005~2010年全县农民增收致富示范工程发展纲要》和《农民增收致富实施方案》。全县74个科局包扶74个村屯，12个乡镇包扶24个村屯，在全县范围内实施百屯增收致富示范工程。各科局、乡镇开展为期三年的包扶工作，三年内要使包扶的村屯脱贫致富。2005年，各科局、乡镇通过向上争取资金、职工捐款、群众自筹等多种渠道筹集、投入资金660万元，使百屯27 717人口人均增收357元。

【雹灾】 7月25日下午5时30分，突泉县宝石镇宝田、宝龙、宝合、宝力、宝林、查干等6个村遭受特大冰雹袭击。冰雹持续15分钟左右，雹粒直径最大约10公分 。农作物受灾面积33 606亩，成灾面积29 856亩，绝收面积27 890亩。草场受灾面积3 400亩。受灾人口7 282人。直接经济损失1 444.12万元。灾后全县干部群众积极响应县委政府号召为灾区捐款45.8万元。

【沼气能源建设】 2005年，兴安盟第一个农村沼气建设国债项目确定在突泉县学田、水泉、永安3个乡镇的洪泉、金星等9个行政村。国家投资150万元，农民和地方财政自筹300万元。当年建设当年竣工，年末完成投资的90.8%，建户用沼气池1 136口。全县每年可节煤220万公斤，电22万度左右。提供的沼肥无污染、无虫害，优于化肥和农家肥，可使农作物增产5%～20%。直接经济效益136万元左右，使项目户人均增收约300元。

【测土配方施肥试点工作】 测土配方施肥项目是国家针对当前农业生产中盲目过量施肥造成肥料资源浪费、生产成本增加、环境污染等一系列问题开展的一项科学治理措施。突泉县是全区8个试点旗县之一，是兴安盟唯一的试点县。项目核心示范区确定在突泉、太东、太平、溪柳、水泉等5个乡镇，面积40万亩，辐射全县12个乡镇，带动面积100万亩，总投资100万元，已采集土样4 010个。到2006年底完成全部工作。

【部分乡镇小学实行寄宿制】 2005年，突泉县进一步调整教育布局，撤并68个村校、20个教学点，新建小学寄宿制学校9所，有寄宿学生3 806人。寄宿学生免费入学、免交住宿费，针对贫困学生采取多种救助措施。学校出台一系列管理制度，确保学生24小时都在教师的视线之内，保证学生的安全和健康。全面推进素质教育。寄宿制学校各项工作逐步走向正规化。

【重要事件】 1月23日，突泉县重点工程，总投资1 050万元的60千伏突泉到莲花山铜矿线路架成，莲花山铜业有限责任公司、六户、杜尔基、宝石、学田、太和、九龙、水泉等地受益。60千伏突莲线路工程于4月末开通。

5月5日，兴安盟突泉县万隆煤矿发生瓦斯爆炸事故，12人死亡。事故发生后，盟县领导及有关部门负责人及时赶到现场，组织开展抢救工作，自治区副主席赵双连亲临现场指挥事故救援工作。至5月9日，事故善后工作基本结束。

5月27日，北疆文明大通道示范村现场会在杜尔基镇杜祥村召开。北疆文明大通道兴安盟段称兴安千里文明大通道。创建活动从2004年至2007年，历时4年。突泉县涉及6个乡镇、25个村。杜尔镇杜祥村被自治区确定为北疆文明大通道文明生态村示范村。

8月11日，北京市怀柔区教育委员会副主任钟建忠一行来突泉县考察。与教育局结成了对口支援单位，并捐赠2万元。同时，怀柔区第三中学等六所学校为突泉县第三中学等六所学校分别捐赠6 000元，结成“手拉手”姊妹校，建立协作关系。

9月11日，国务院机关事务管理局司长雷安饶等政企人士到突泉参观考察。重点参观考察查县城东扩规划区，2×5万千瓦煤矸石热电联产项目，220千伏输变电站及鑫光热力有限责任公司，并就2×5万千瓦煤矸石热电联产项目进行洽谈。

是日，突泉县220千伏输变电站竣工投入运营。内蒙古电力集团公司总经理赵凤山、副盟长王玉及县四大班子领导参加揭匾仪式。新华社内蒙古分社、光明日报社、工人日报、内蒙古日报、中国电力报、内蒙古电视台、兴安电视台、兴安日报等多家媒体参加报道。

（宁振江 刘永华 石睿 李淑梅 王宏平）

通　辽　市

【党政军领导名录】

市　委

书　记:莫建成(1月离任) 符太增(1月任职)

副书记:那顺孟和(蒙古族) 王治安 王明义
鲍常青(蒙古族) 于永泉(蒙古族)

人　大

主　任:白赛娜(女 蒙古族)

副主任:乌兰(女 蒙古族) 王玉伟 陈至捷 王杰
李双喜(蒙古族)

政　府

市　长:那顺孟和(蒙古族)

副市长:张万忠 孙克栋 齐建忠 布仁特古斯(蒙古族)
萨仁(女 蒙古族) 李荣禧 张国秋
李永刚(蒙古族) 汪小亚(女 11月任职)

政　协

主　席:王佐玉

副主席:高裕良 孙传福 张凤书 包庆贺(蒙古族)
巴日其格(蒙古族) 阿木古冷(蒙古族) 张庆宗
王宝湖(蒙古族) 苏丽华(女 达翰尔族)

纪检委

书　记:鲍常青(蒙古族)

法　院

院　长:宝　音(蒙古族)

检察院

检察长:张继勋

军分区

司令员:王根彦(3月离任) 陈庆荣(3月任职)

政　委:王宗华

【概况】 通辽市位于内蒙古自治区东部,东连吉林省,起于科尔沁左翼中旗东部和科尔沁左翼后旗东部;南临辽宁省,起于科尔沁左翼中旗南部、库伦旗南部和奈曼旗南部;西接赤峰市,起于奈曼旗西部、开鲁县西部和扎鲁特旗西部;北与兴安盟和锡林郭勒盟毗邻,起于霍林郭勒市北部。地理坐标为北纬42°15′~45°41′、东经119°15′~123°43′。全市总面积59 535平方公里,南北长约418公里,东西宽约370公里。通辽站是全国38个铁路重点枢纽和14个编组大站之一,京通、集通、通让、大郑、平齐、通霍6条铁路纵贯全境;4条国道(111线、304线、203线、303线)在境内穿过,与沈阳、长春、锦州等城市和天津、大连、营口、秦皇岛等出口海岸形成交错网络;民航可起降大型客机。

全市有1个市辖区,1个县级市,1个县,5个旗,1个经济开发区。年末全市总人口309.5万人。年出生人口3.44万人,出生率为11.11‰,年死亡人口1.62万人,死亡率为5.22‰,人口自然增长率为5.89‰,比上年高1.84个千分点;在总人口中,农业人口202万人,非农业人口107万人;城镇人口98.42万人,占31.8%,乡村人口211.08万人,占68.2%;蒙古族人口141.49万人,占45.7%;男性人口157万人,女性人口152万人,男女性别比为1.03∶1。全市单位从业人员22.5万人,其中在岗职工22.4万人。年内有12 027名城镇失业人员实现再就业,其中安置"4050"和下岗人员3 918人。

2005年,全市国民生产总值326.40亿元,同比增长21.0%,人均GDP达到10 522元,同比增长21%。其中第一产业增加值90.13亿元,增长12.9%;第二产业增加值110.99亿元,增长30.1%;第三产业增加值125.28亿元,增长17.9%。三次产业比重分别为27.6∶34.0∶38.4,产业结构进一步优化。全市财政总收入实际完成26.40亿元,同比增长45.9%。其中地方财政收入完成18.58亿元,同比增长43.5%,人均财政收入851元,比上年增加267元。居民消费价格总水平比上年上升2.1%。其中城市上升1.5%,农村牧区上升2.8%。分项目来看,食品、医疗保健和个人用品、居住类别、交通和通讯价格水平分别比上年同期上涨2.7%、7.5%、6.2%、0.3%;烟酒及用品、家庭设备用品及维修服务、娱乐教育文化用品及服务等类别比上年同期下降0.1%、0.3%、0.8%;衣着类与上年价格水平持平。

【农业】 2005年由于加快退耕还林还草,年末全市实有耕地面积97.7万公顷,比上年增加6.3万公顷。农作物总播种面积71.3万公顷,比上年增加3.5万公顷,增长3.8%。在农作物播种面积中,粮食作物播种面积71.3万公顷,比上年增长2.6万公顷,占总播种面积的75.3%;油料作物播种面积5.8万公顷,比上年增加1.8万公顷,占总播种面积的6.1%,比上年提高1.7个百分点;蔬菜播种面积6.2万公顷,比上年增加0.5万公顷,占总播种面积的6.5%,比上年提高0.2个百分点。全年粮食产量412万吨,比上年增产44.3万吨，增长12.1%。其中玉米347.0万吨，水稻17.3万吨，小麦6.6万吨。

主要经济作物中，油料、甜菜产量均比上年有较大幅度的增加。油料产量10.3万吨，比上年增产3.9万吨；绿豆10.0万吨，增产4.1万吨；甜菜产量2.3万吨，较上年增产1.2万吨。蔬菜总产量230.2万吨，蔬菜产值达到17.78亿元。全年水产品5 760产量万吨，比上年增产560万吨。

全年造林合格面积10.9万公顷，退耕还林还草4.2万公顷，年末实有草原面积达341.7万公顷。

全年新增有效灌溉面积2.6万公顷，年末实有有效灌溉面积60.0万公顷；年内新增节水灌溉面积3.2万公顷，年末实有有效节水灌溉面积25.7万公顷。

【畜牧业】 牧业年度牲畜实有头数1 129.9万头（只），比上年增加266.8万头（只）。年末全市家畜实有头数874.6万头（只），比上年末增加162.1万头（只），增长22.8%，其中大小牲畜644.1万头（只），比上年末增加144.0万头（只），增长28.8%；猪230.5万口，增加18.0万口，增长8.5%。全年肉类总产量达到43.3万吨，比上年增长18.3%，其中牛肉10.7万吨，比上年增长32.1%；羊肉4.0万吨，比上年增长37.9%。

【工业】 全年全部工业增加值完成84.40亿元，比上年增长31.4%。其中全部独立核算工业企业增加值完成83.38亿元，增长31.4%。全部国有及年销售收入500万元以上的非国有工业企业（以下简称规模以上工业企业）增加值完成72.51亿元，增长40.1%。规模以下工业企业完成增加值11.89亿元，同比增长13.1%。在规模以上工业企业中，国有及国有控股企业完成增加值32.32亿元，增长36.7%。分经济类型来看，国有企业增加值15.24亿元，增长23.3%；集体企业增加值1.46亿元，增长23.9%；股份合作企业增加值3.12亿元，减少16.6%；股份制企业36.32亿元，增长50.5%；外商及港澳台商投资企业增加值10.89亿元，增长47.3%。分重轻工业来看，全年轻工业增加值33.24亿元，增长36.8%；重工业增加值39.27亿元，增长44.8%。

【建筑业】 全市34户资质等级建筑企业，实现建筑业总产值14.85亿元；房屋建筑施工面积112.11万平方米，其中新开工面积101.83万平方米；房屋竣工面积79.74万平方米，竣工率达到74.3%。

【交通】 交通运输、邮电业全年增加值34.55亿元，同比增长17.5%。全年铁路完成货运周转量390亿吨公里，比上年增加50亿吨公里，增长15.0%；客运周转量32亿人公里，比上年增加4亿人公里，增长14.5%；公路货运周转量2 255百万吨公里，比上年增加188百万吨公里，客运周转量1 386百万人公里，比上年增加70百万人公里。民航旅客发运量10 462人，发运行李、货物和邮政21吨；旅客周转量944万人公里，货物、邮政和行李周转量1.8万吨公里；总运输线路长度达1 736公里。

【邮电】 邮电通信业全年完成邮电业务收入7.3亿元。全市有邮政机构153个，邮路总长度3 844公里，农村投递路线14 016公里。年末全市移动电话用户（含小灵通用户）达到65万户，固定电话用户38万户。百户城镇居民拥有固定电话91部，移动电话123部；百户农牧民拥有固定电话55部，移动电话53部。

【固定资产投资】 2005年，全社会固定资产投资达到226亿元，同比增长41.3%。限额以上固定资产投资完成206.66亿元，同比增长47.0%。其中国有单位投资完成102.16亿元，占49.4%。第一产业投资完成6.33亿元，同比下降1.1%；第二产业投资完成113.42亿元，同比增长48.2%，其中工业投资完成111.62亿元，同比增长48.4%；第三产业投资完成86.92亿元，同比增长50.8%。

全市固定资产投资新增生产能力：原煤开采29万吨/年；铅锌采矿18万吨/年；水泥130万吨/年；城市自来水管道长度11公里；新增中小学建筑面积21.46万平方米，学生席位5.17万个；新建一级公路397公里，改建公路960.6公里。

【国内贸易】 全年全市社会消费品零售总额达91.14亿元，比上年增长16.9%。其中城市消费品零售额42.73亿元，比上年增长19.6%；县及县以下消费品零售额分别为24.09亿元和24.32亿元，增速达13.7%和15.4%。分行业看，批发零售贸易业75.21亿元，增长15.2%；餐饮业12.64亿元，增长32.4%；其它行业3.29亿元，增长4.4%。

全年商品销售总额292.17亿元，其中批发企业196.57亿元，零售企业95.60亿元。

【对外贸易】 全年外贸进出口总额完成7 382万美元，同比增加245万美元，增长3.4%。其中进口总额1 646万美元，同比下降20.6%；出口总额5 736万美元，同比增长13.3%。进出口相抵，实现贸易顺差4 090万美元，同比增长36.8%。对外贸易伙伴增加，香港、韩国、日本是通辽市的主要出口市场。

全年一般贸易出口3 357万美元，同比增长38.5%；加工贸易出口2 379万美元，同比下降9.8%。全年实际利用外资2 540万美元，同比增长44.2%。

【环境保护】 年末全市环保系统职工共有234人，环保机构23个。环境监测站0个，环境监测人员97人。自然保护区55个，其中国家级自然保护区1个,自治区级自然保护区2个。自然保护区面积4 848平方公里,占全市总面积的8.14%。生态示范区3个,其中国家级3个(其中1个试点),自治区级2个。建成环境噪声达标区2个,达标区面积9.12平方公里,年内设立的建设项目环境影响评价制度执行率达100%,环境法制建设力度进一步加大。年末,当年施工的污染治理项目6个,完成工业污染治理投资399.4万元,其中废气治理项目完成6.4万元,废水治理项目完成60万元;固体废物治理项目完成333万元。

【金融】 全市金融机构存贷款稳定增长。年末全部金融机构各项存款余额181.50亿元,比年初增长16.1%。其中城乡居民储蓄存款110.45亿元,增长19.6%。全部金融机构各项贷款余额212.76亿元,增长17.5%。其中短期贷款144.70亿元,同比增长17.6%;中长期贷款66.80亿元,同比增长17.7%。

【保险】 全年保费收入35 522万元,比上年增长16.3%。其中财产保险费收入9 849万元;寿险保费收入25 673万元。支付种类赔款及给付8 265万元,其中财产险赔款4 749万元;寿险赔款及给付3 516万元。

【文化】 年末全市有艺术表演团体8个,文化馆9个,群众艺术馆1个,公共图书馆9个,博物馆3个。中、短波广播发射台和转播台36座,通广播的乡142个,广播综合人口覆盖率94.43%,比上年增加3.24个百分点,县乡电视台157座,通电视的乡142个,电视综合人口覆盖率92.96%,比上年增加3.25个百分点。

【教育】 2005年,全市普通高校1所,在校生16 031人;普通高中招生22 768人,在校生61 761人;初中招生46 578人,在校生135 263人;普通小学945所,专任教师18 777人,招生36 578人,在校生222 881人;特殊教育学校1所,招生38人,在校生207人;幼儿园22所,招生26 507人,在校生29 614人。小学适龄人口入学率100%,毕业生升学率100%,比上年度提高2.93个百分点,辍学率为0.85%,比上年度下降0.49个百分点;初中毕业生升学率55.24%,比上年度提高1.23个百分点,辍学率为4.67%,比上年度下降0.43个点。

【卫生】 年末全市共有卫生机构(不包括诊所)262个,在全市卫生机构中,医院38个,卫生院151个,供采血机构1个,妇幼保健机构9个,专科疾病防治机构8个。医疗床位5 739张,医院、卫生院床位5 300张,占92.4%。卫生技术人员9 404人,其中执业医师4 016人,占42.7%,注册护士2 133人,占22.7%。

【人民生活】 全市在岗职工年人均工资继上年首次突破万元大关后,2005年达到11 680元,比上年增加952元,增长8.9%。其中国有单位人均11 730元;集体单位人均10 333元;其它单位人均11 886元。城镇居民年人均可支配收入达7 680元,比上年增长11.9%;人均生活费支出6 278元,增长18.8%。农牧民人均纯收入3 318元,增长14.9%;人均消费支出2 011元,增长20.5%。

全市城镇居民人均居住面积17.03平方米,比上年增加0.3米;农牧民人均居住面积19.94平方米,比上年增加0.74平方米,高于城镇居民2.91平方米。

【社会保障】 全市参加基本养老保险的职工达22.09万人,同比增长3.7%,离退休人员5.18万人(不含财政开资人员),同比增长3.6%。年末全市所有行政机关、事业单位及部分企业参加基本医疗保险,参保的职工及离退休人员达23.14万人,比上年增长7.1%,参保率大幅提高。

全市拥有收养性社会福利单位110个,其中社会福利院2个,光荣院3个,农村敬老院105个。拥有床位2 394张,年末在院人数1 818人。城市享受最低生活保障的人数达到70 355人。全年发放城镇低生活保障资金达6 530多万元,有49 320户低收入家庭得到救助;农村有6.8万人得到定期救济。

(乌力吉巴雅尔)

科尔沁区

【领导名录】

区委书记:云喜顺(蒙古族)

人大主任:宝　音(蒙古族)

区　　长:严洪波

政协主席:华　君(蒙古族)

武装部长:郝魁先(1月任职)

政　　委:王启有

【概况】 科尔沁区位于内蒙古自治区东部,松辽平原西部边缘的科尔沁草原上,属环渤海经济区,地处北纬43°22′~43°58′,东经120°4′~123°03′,是通辽市首府所在地。全区总人口80.52万人,其中城区人口28.97万人。全区面积3 212平方公里,耕地10.7万公顷。城区设9个街道办事处,63个社区(居民委员会);农区设17个镇、1个苏木,352个村(嘎查)。西辽河、清河、洪河自西南向东北蜿蜒横贯全境,总流程338.4公里,地下水资源量72.1亿立方米。境内储有优质天然硅砂1 200万吨,灰白色中粒石英砂7 327万吨,橄榄灰绿石3 000万立方米,有矿泉水、粘土矿、铀矿等矿产资源。

2005年完成国内生产总值127.98亿元，同比增长17.0%。区属地区生产总值完成80.3亿元，增长32.5%。其中第一产业完成23.09亿元，增长7.2%；第二产业完成61.2亿元，增长21.1%；第三产业完成43.66亿元，增长16.7%。实现二产比重超一产、三产比重超一产和农业内部养殖业比重超过种植业的三个历史性突破。财政收入完成4.33亿元，增长28.5%。其中，地方财政收入5.89亿元，增长144.5%。社会消费品零售总额完成41.42亿元，增长22.9%。固定资产投资完成112.8亿元，增长42.2%。

【农业】 全年完成总播面积185.8万公顷，粮豆总产量177.7万吨。其中玉米播种面积121万公顷、产量1.7万吨，小麦播种面积5.5万公顷、产量1万吨，水稻播种面积1.93万公顷、产量1.15万吨，高粱播种面积1.14万公顷、产量0.44万吨；豆类播种面积7.35万公顷、产量0.89万吨；薯类播种面积1.03万公顷、产量0.59万吨；葵花籽播种面积2.7万公顷、产量0.34万吨，蓖麻籽播种面积1.9万公顷、产量0.21万吨；蔬菜种植面积28.75万公顷、产量79.38万吨。当年农业生产围绕畜牧业发展种植业，形成为养殖业而种、为加工业而种的农业发展之路。选准青贮玉米、饲料玉米为主推品种，专用玉米播种面积占玉米播种面积的82.7%，饲用作物播种面积8.2万亩。全区18个镇苏木都被内蒙古农业厅认证为无公害农产品生产基地，28万亩蔬菜面积通过认证，32个蔬菜品种通过认证检测。

【畜牧业】 当年全区家畜存栏总头数136.7万头（只口），其中牛存栏15.4万头，高产奶牛存栏2.8万头，基础母牛存栏6.3万头，羊存栏31.9万只，出栏32.5万只，生猪饲养量183万口，白鹅饲养量250万只，农牧结合户达57 154户，占全区农村总户数的52%。全年养殖业产值达1 665 898万元，农业内部结构首次实现养殖业比重超过种殖业。

【工业】 全部独立核算工业企业（含中区市直企业）完成现价工业总产值106.78亿元，同比增长25.0%；完成工业增加值40.55亿元，同比增长16.3%；完成产品销售收入99.14亿元，同比增长42%；实现利税23.2亿元，同比增长166.77%。区属独立核算工业企业完成工业总产值53.6亿元，同比增长52.5%；完成工业增加值20.35亿元，同比增长47.6%；完成产品销售收入48.86亿元，同比增长102%；实现税金2.8亿元，同比增加1.7亿元，实现利润9.4亿元，同比增加8.6亿元。其中，规模以上企业完成工业总产值48.72亿元，同比增长54.8%；完成工业增加值19.5亿元，同比增长50%；完成产品销售收入45.63亿元，同比增长103%；实现税金2.7亿元，同比增加1.6亿元，实现利润9.2亿元，同比增加8.5亿元。完成固定资产投资151 733万元，同比增长50%。年底，全区有个体工业企业2 026户，从业人员8 760人；区属规模以上企业增加15户，达47户。

【林业】 全年共完成造林12.37万亩，其中商品用材林5万亩（速生丰产林3亩），经济林0.27万亩，固沙林7.1万亩；完成封沙育林（草）2万亩，义务植树280万株，四旁植树100万株，公路绿化60公里，育树苗0.5万亩；完成林地整地3.3万亩，其中农防林整地1.0万亩、1 400条、10.3万延长米，低产林改造整地2.3万亩，道路两侧整地100公里。全年共许可采伐林木43 725立方米；森林有害生物发生面积3.35万亩，防治面积2.747万亩，成灾率为25%。全区森林覆盖率为25.3%。

【水利】 全年完成低压管道输水工程1万亩，铺设低压管道7.5万延长米，建泵房64座，配潜水电泵50套，新打机电井55眼，建设低压线路6 500公里。投资365.1万元，对莫力庙水库进水渠和部分险段进行了整治加固，共完成清淤土方19.3万立方米，铅丝石笼护岸600延长米，使莫力庙进水渠的过水能力由原来的50立方米/秒提高到100立方米/秒。全年为莫力庙水库蓄水4 000万立方米。

【工业园区】 科尔沁工业园东郊工业区已实现“七通一平”，完善水、电、气等配套施设建设，有中科天元、通顺碳素等26户企业入驻；木里图工业区进行重新规划，总规划面积36平方公里，投入7 287万元，完成5.5平方公里的道路、供水、排水等基础设施工程，已有华洋线缆、通德淀粉等11户企业入驻。完成通辽糖厂、通辽皮鞋厂、有色金属线材厂、蒙古王肉禽公司、通辽民族服装厂、骨胶火柴厂6户企业资产重组工作。

【第三产业】 第三产业完成生产总值43.66亿元，比上年增长16.7%，从业人员8万余人，财政贡献率超过50%。新增个体工商户4 986户，新增50万元以上民营企业626户。投资1千多万元，对团结路贸易区、余粮堡牲畜交易市场、白音太来蔬菜果品批发市场、通辽批发城等专业市场经营环境进行改善。当年，全国最大的家电连锁企业国美电器入住太平洋商业广场，通辽物流园区停车场、配载楼、GPS卫星定位系统投入使用，科尔沁大酒店、科尔沁建材市场等项目开工建设。

【旅游】 投资10万元，完善莫力庙草原民俗渡假村景点建设，6月18日在莫力庙草原民俗渡假村举办了“2005年科尔沁区旅游首游式”，全年接待游客49万人次，旅游总收入2.6亿元；完成社会消费品零售总额43亿元，出口创汇450万美元。

【城镇建设】 全年投入资金41 300万元,完成小城镇建设面积14.21万平方米。投入资金1 328万元,修筑小城镇道路58 200延长米;投入资金47.2万元,安装路灯118盏;投入资金176万元,建总面积为14 125平方米的休闲娱乐广场3座;美化、绿化小城镇街路投资114.9万元,种植花草、树木64.8万株。

【招商引资】 全年完成签约项目228个,到位资金29亿元,同比增长64%。新增500万元以上工业项目49个,其中投资额超过亿元的项目11个,全部项目预计总投资额55亿元,已累计完成投资15.17亿元。

【科技】 全年有4项科研成果获通辽市科技进步奖,年底有8项科技成果申报了通辽市科技进步奖,"移动电源深钻植树机研制及造林技术"通过自治区科技成果鉴定。秸秆气化项目经自治区科技厅招标落户科区,区科技培训中心被自治区科技厅列为农村星火培训学校。投入科技推广综合示范项目资金255万元,新建菌菜生产、特色菜生产、科技示范于一体的红星镇科技示范园。选派48名科技特派员带着22个实用科技项目,进村驻户,与农民结成利益共同体,开展以科技信息服务、项目承包、中介服务、技术服务为主的科技服务,主要推广东大二号大豆、万寿菊、优质牧草、野茄子嫁接、玉米缩垄增株、种草养鹅、葡萄高产栽培、麦茬复种、无公害蔬菜栽培等新品种、新技术。全年通过科技培训班、三下乡、专题讲座、科技大集等形式,共组建演讲团20个,办培训班530期,赶科技大集5次,召开科技现场会135次,发放各类科技书籍6 000册,培训农牧民12万人次。

【教育】 城区撤并九中、北门小学,把原三中内的职业教育整体移交到北门小学,重建通辽职中;农区按"村不办小学,镇不办中学"的原则,撤并33所中小学。投资1 062万元,完成15个镇(苏木)28所中小学危房改造,改造总面积17 435.2平方米,农村教育D级危房全部改造完毕。支出240.9万元,对农区41 736名学生实行了"二免一补"政策,对1 630名城市低保家庭学生也落实了"二免一补"政策。招聘153名大中专毕业生充实到中小学教师队伍。有24所学校及教育机构接入通辽教育网,实现与中国教育网、内蒙古教育科学网连接。

【文化】 举办历时45天的第二届社区文化艺术节,期间共组织文体表演280余场,直接参加演出人员逾万人;举办首届业余歌手大奖赛、"和平之声"大型诗歌朗诵音乐会。成立老年艺术团,当年参与或自行举办大型文艺活动10余场;成立摄影家协会,举办会员作品展。广场文化、社区文化逐步走向繁荣,城区10多处大小广场每天早晚都有群众自发组织的文体表演,文化部门有组织地举办"五月放歌"等多场广场文体表演。全年共为农村送戏50余场,放映电影100余场。图书馆藏书近40万册,共接待读者10万人次,借阅图书12万册次。科区政府对辖区内人民英雄纪念碑、园通寺、关帝庙、哈日敖包、查干敖包、鼎合尔井定为首批科区级文物保护单位。

【卫生】 原卫生防疫站一分为二,成立卫生执法监督所和疾病预防控制中心。出动卫生执法监督人员2 772人次,检查食品卫生经营单位7 326户次,实施行政处罚247户次。当年全区有卫生事业机构834个,其中城区公有医院4所、疾病预防控制中心、卫生监督所、妇幼保健机构、结核病防治所、医学培训机构、健康教育所各1个,个体诊所110个、社区卫生服务机构53个,农村卫生院19所、卫生室623个;有医疗床位1 172张,其中城区医院843张、乡镇卫生院329张,床位综合使用率为66.2%;全年卫生系统所属医院门诊604 396人次、收治住院病人25 916人次,其中城区门诊量332 501人次、收治住院病人17 170人次,农区门诊量271 895人次、收治住院病人8 746人次。

【体育】 体育人口达48%。年初制定科尔沁区《学生体质健康标准》并在学校中全面落实。按此标准,学生体育达标率为92.5%,其中中学生达标率为93.3%,小学生达标率为91.57%。全年组织大型体育活动和竞赛18次,参加市级以上比赛获金牌总数31枚,其中在通辽市青少年田径运动会上获20枚金牌;在自治区青少年举重锦标赛上获9枚金牌;在自治区青少年射击锦标赛上获1枚金牌;通辽市"8·18"赛马节上获1枚金牌。

【人民生活】 城镇居民人均可支配收入7 805元,农民人均纯收入4 276元,分别比上年增加2 705元和1 226元。城乡人均消费品支出6 659元和3 076元。基本养老保险参保职工60 493人,失业保险参保职工41 000人,基本医疗保险参保职工33 403人;安置再就业人员4 552人,其中"4050"人员1 187人,城镇登记失业率4.1%;城镇居民最低生活保障对象30 928人,同比下降17%;成立6个"爱心药店",零利润向特困群众销售药品,建9个低保爱心超市,低保对象可随时领取急需的日常生活用品。发放资金65万元,帮助1 032名贫困大学生按时入学。向低保家庭发放取暖费369万元、医疗费125万元。农村投入各类资金400.5万元,扶持2 400户、9 800个贫困人口。农村劳务输出3 740人。筹资120万元,完成大罕镇道宝村52户村民迁移安置工作。有18家敬老院,其中5所为自治区文明级敬老院,13所市级文明敬老院,有664名五保老人在敬老院实行集中供养,占全区五保对象总数的53.4%;城镇人均居住面积21.8平方米,农村住房砖瓦化率达84.4%。

(赵洪武)

霍林郭勒市

【领导名录】

市委书记：特木尔巴根（蒙古族）

人大主任：特木尔巴根（蒙古族）

市　　长：张志刚

政协主席：刘胜彬

武装部长：王秉文

政　　委：海　青（蒙古族）

【概况】 霍林郭勒地区1975年建矿，1985年建市。城市位于大兴安岭南麓，科尔沁草原腹地，地处通辽市、兴安盟、锡林郭勒盟交界地带，距中蒙边界120公里，距通辽市330公里。辖1个苏木、1个镇、3个街道办事处，12个嘎查村、20个居委会，全市总人口72 549人。辖区总面积589平方公里，东西长38公里，南北宽28公里，周长113公里，城区面积15平方公里。全国五大露天煤矿之一的霍林河露天煤矿在该市境内。

全市生产总值完成26.5亿元，同比增长38.7%。三次产业比重为2：72：26。全社会固定资产投资完成34.1亿元，增长84.3%。社会消费品零售总额达到5.11亿元，同比增长31.29%。

【农牧业】 农村经济稳步发展，城镇化进程不断推进，打工经济成为农牧民增收的主要渠道。大量引进推广蔬菜新品种，极大地丰富城乡居民的“菜篮子”。确立畜牧业在农村经济中的主导地位，积极开展牲畜改良、防疫工作，畜群结构不断优化，确保全年无疫情。继续落实“一退三还”和“五禁”措施，禁牧舍饲工作成效显著。农牧业基础设施建设力度逐年加大，农牧民生产生活条件明显改善。

【工业】 2005年，全部独立核算工业企业增加值完成15.75亿元，同比增长70.8%；工业经济效益综合指数达355.78%。全市原煤销量突破2 000万吨。累计入区企业达25家，荣获自治区先进工业开发区发展速度效益二等奖。中电投4×60万千瓦装机电厂、南澳能源型煤半焦等一批大项目开工建设，霍煤鸿骏铝电一期、霍宁碳素等项目全面投产，发电10万千瓦时、生产铝锭5.5万吨、碳素5.04万吨、腐植酸盐系列产品11万吨。

【财政金融】 2005年，财政总收入完成3.3亿元，同比增长72.9%。其中，地方财政收入完成1.8亿元，同比增长67.9%。城镇居民人均可支配收入和农牧民人均纯收入分别达到9 200元和3 715元，分别比上年增加1 355元和675元。城镇居民储蓄存款余额达7.3亿元。

【社会事业】 认真实施科教兴市战略，通过国家科技进步考核。近几年累计投入资金3 700万元，改善办学条件。教育“两基”进一步巩固和提高，荣获自治区级“两基”巩固提高工作先进市称号。完成医疗卫生体制改革。

【人民生活】 2005年，城镇职工养老保险、医疗保险、失业保险和城乡居民最低生活保障等社会各项保障制度得到有效落实，各项保障金发放率达100%。实施再就业援助工程，下岗职工再就业率达100%。社会保障体系不断健全，“两个确保”和“三条保障线”衔接工作扎实有力。至2005年末全市4个重点贫困村基本实现脱贫。

【城乡建设】 全年累计投融资7.9亿元，实施城市广场、滨河公园、街路改造等重点市政工程，新增黑色路面21.6万平方米、硬化面积25平方米、绿化面积15万平方米、路灯640盏，完成南出口6.68公里拓宽工程。

（赵布和）

科尔沁左翼中旗

【领导名录】

旗委书记：石壮沙（蒙古族）

人大主任：石壮沙（蒙古族）

旗　　长：纪渤源

政协主席：王玉兴

武装部长：戴呼和（蒙古族）

政　　委：赵玉清

【概况】 科尔沁左翼中旗隶属于内蒙古自治区通辽市，位于北纬43°32′～44°32′，东经121°08′～123°32′之间。其南部、东部和北部分别与吉林省的双辽市、长岭县和通榆县交界，西北部与兴安盟的科尔沁右翼中旗和通辽市的扎鲁特旗相邻，西部和西南部与通辽市的开鲁县、科尔沁区和科尔沁左翼后旗接壤，东西长191公里，南北宽116公里，土地总面积9 811平方公里。全旗财政收入完成10 117万元，同比增收2 452万元，增长32%。农牧民和城镇居民可支配收入完成3 086元和6 703元，分别增长400元和801元。全年全旗国民生产总值达325 492万元。全旗辖有11个镇、11个苏木、4个乡、4个国有农牧林场，共计30个行政区，下辖519个嘎查。

【农牧业】 2005年,全旗农作物播种面积350万亩。其中:粮食作物220.5万亩,经济作物90.8万亩,饲草料作物38.7万亩。粮食总产达8.405亿公斤,单产达450.1公斤。畜牧业方面,新增农牧结合户5 166户,牲畜存栏160.6万头(只、口),白鹅饲养量505万只。畜禽防疫780.5万头(只、口)次,免疫密度达100%。围绕企业建立各类农畜产品生产基地。培育养羊专业村43个,市产业化典型村5个。养鹅专业村109个,市产业化典型村3个,自治区产业化典型村1个。

【林业生态建设】 全年共完成人工造林30.4万亩,封育完成20万亩,综合治沙76万亩,退耕还林工程完成造林10.3万亩,以封代造5万亩,农防林完成造林1.65万亩,村屯绿化完成100个,育苗完成4 800亩,林业建设方面取得全市第一的好成绩。

【工业】 2005年新上100万元以上工业项目54个。其中1 000万元以上工业项目12个,500~1 000万元工业项目8个。共完成工业固定资产投资36 480万元,其中引资29 500万元。全旗独立核算工业企业实现现价产值135 016万元,同比增长33.36%。实现工业增加值55 824万元,增速为36.13%。实现销售收入97 310万元,同比增长35.43%。实现利税11 930万元,同比增加4 066万元。实现利润6 687万元,同比增加3 327万元。限额以上工业企业完成产值95 211万元,同比增长71.31%。累计完成增加值39 379万元,增速为70.17%。

【城镇建设】 2005年实施城镇建设项目29个,建筑面积23万平方米,总投资1.9亿元。

【交通】 2005年,全年公路建设总里程达193.4公里,总投资达4.175亿元。全旗境内除省际大通道连接线外,其它公路建设工程均已竣工通车。吉林省S207线二级公路,经旗境内7.52公里,投资额达2 400万元,于9月27日全线贯通;省道304线二级公路改建工程,总投资1.7亿元,建设长度110.94公里,经过旗境80.5公里,于10月1日主线全部竣工通车;努日木通乡油路工程13.2公里,总投资520万元,于10月2日通车;打通不通公路嘎查村17个,是年计划的113%。新改建乡村公路137公里,是年计划的121%。公路养护好路率达93.3%,超计划3.3个百分点。小额征费收入达170万,年计划的60.7%,运管方面新建3个乡镇客运站,6个行政村开通班车,实现村村通车率达97%。

【招商引资】 2005年专门组织八大招商组和78个专业招商小组,并从旗财政拿出200万元作为招商引资专项资金,全旗全年共签订招商引资合同协议281份,引资43.7亿元,已实施项目268个,到位资金10.6亿元,同比增长161.1%。引进工业项目82个,到位资金10.6亿元,其中500万元以上工业项目29个,1 000万元以上工业项目16个。完成自定目标10亿元的105.9%,完成市委市政府下达8亿元任务的122.6%。

【劳务输出】 2005年劳务输纳入全旗中心工作之一,全年累计输出剩余劳动力105 037人次,技能性培训和引导性培训24 331人次。全旗通过劳务输出实现收入30 706万元,人均收687元。

【金融】 2005年,全旗金融机构各项存款88 001万元,较年初增加17 493万元,同比增长12.71%。累计发放支农再贷款6 000万元,累计收回支农再贷款8 000万元,共发放小额信用贷款5 956万元。

【科技】 2005年,全旗重点申报、立项、实施国家及自治区级项目5项。全年引进新品种、新技术达45项。共投入资金600万元,对科左中旗龙腾复合肥有限责任公司进行企业技术改造,安装一条价值260万元的转鼓蒸气造粒生产线,全年共举办各类科技培训班923期,以多种形式培训农牧民达14.5万人次,发放各类技术手册和科技明白纸13 800余册(份),编发科技简报24期。

【教育】 2005年,全旗中小学起全部实施新课程,旗实验小学"小语整改"实验通过国家级验收。高中招生超额完成计划,高考上线人数达1 735人,比上年增加471人。有8所民族中小学被评为"通辽市民族中小学管理示范学校"。实行联合办学为社会培养实用技术人才4 000多人。全年共培训农牧民10 000人次,扫除青壮年文盲162人,复盲率控制在5%以内。全年培训教师7 609人次,小学、初中、高中专任教师学历合格率分别达到96.6%、90.23%、75.6%。全年共投资2 068.9万元,新建、维修、改建校舍17所,总建筑面积36 988.41平方米。

【文化】 全年在各级各类报刊杂志上发表汉文作品73篇,蒙文作品45篇、美术作品31件、音乐作品5件。出版各类专著5部。哈斯创作的歌曲《我是草原人》《我就是草原》双获全国首届群众歌曲评选银奖。共征集地方文献120册,征集具有考证价值的文物6件。送电影下乡180场次,观众达5万人。收缴非法图书43本,盗版材料30本。

全年共播发新闻稿件1 000余条,各类专题节目近40部。全年全旗在市台共播发蒙汉新闻156条、蒙汉专题3部,在自治区台共播发蒙汉新闻58条。完成82个村"村村通"工程开发和建设项目。在旗所在地保康镇进行有线电视光缆改造,实现有线电视节目数字化制作播出。

【卫生】 2005年,全旗共有32个医疗单位,其中二级甲等医院

1 所,二级乙等医院 1 所,二级丙等医院 1 所。结核病防治所 1 所。有医务人员1 038人,病床 414 个,每万人拥有病床7.85张,每万人拥有医务人员19.6人。

【民政】 2005 年,全旗遭受干旱、冰雹、洪涝、低温、冷冻、病虫害等自然灾害,受灾人口22.6万人,农作物受灾135.5万亩,绝收 18 万亩,因灾造成直接经济损失9 884万元,春荒冬令缺粮数量 387 万公斤。争取上级救灾款 175 万元,用于灾民购买粮食。全旗有城市居民最低生活保障对象7 148人,4 103户,月差补 75 元,共支出低保金 635 万元。从 6 月份实行分类施保。对"三无"对象列为 A 类,给予全额保障,实行年审制;对重病、残疾、子女入学难、丧失劳动能力列为 B 类,重点施保,半年核查;对有劳动能力,暂时生活困难的列为 C 类,即基本保障户,采取季度核查,收入超过保障标准随时取消。全年为 170 名贫困大学生解决助学资金34.6万元。对农村牧区特困户2 300户、7 911 人和农村牧区五保户1 248户,1 252人。共发放救灾粮 90 万公斤,解决了他们的基本生活。

【计划生育】 2005 年,全旗出生人口5 257人,同比增加 385 人,出生率为10.58‰。计划生育率为99.93%,独生子女领证人数达到7 712人,新增 479 户。

【人民生活】 全旗社会商品零售额增长到80 095万元,城镇居民可支配收入达6 703元,农牧民人均可支配收入为3 086元。

【重要活动】 3 月 31 日,自治区至科左中旗光缆传输系统正式开通。这是内蒙古自治区网络总公司投资并建设的重点项目。从此而该旗观众已能收看到通辽电视台的节目内容。

4 月 6 日,科左中旗工商行政管理局成功端掉一处假化肥生产加工黑窝点,当场封存60 余吨假化肥,切实维护农牧民利益。

6 月 30 日,在科左中旗中韩项目区举行中韩友谊林纪念碑揭碑仪式。参加揭碑仪式的领导有:中韩合作治沙项目事务所执行经理金鸿,中方代表有国家林业局对外合作司处长刘立军,内蒙古林业厅厅长田选明、处长丁荣,通辽市政府副市长李荣禧,秘书长宝凤山,市林业局局长马琢、副局长盛勤,科左中旗旗长纪渤源、副书记吴金成、旗林业局长刘文博。

7 月,科左中旗档案局史志办公室通过几年的调研考证,认定科尔沁蒙古贵族之女—大清国母孝庄文皇后出生地、嫁前居住地为科尔沁左翼中旗花吐古拉镇浩日彦艾力嘎查。

11 月,省道齐双公路松原段建成正式通车。齐双公路自 2003 年由吉林省自行设计的二级公路,路面宽 12 米,总投资 2 400万元。该段由松原市交通局负责施工,途经科左中旗保康东境7.52公里。该路的修通弥补了科左中旗东南方向没有主要通道的不足。

【先进个人】

王玉华　女,51 岁,科尔沁左翼中旗舍伯吐法庭庭长,3 月 23 日被最高人民法院评为全国优秀人民法庭优秀人民法官。

王　奎　科左中旗七棵树乡查干莫力嘎查党支部书记,2005 年 5 月被评为"全国劳动模范"和"自治区劳动模范"。

（毕长海　吴斯日古楞）

科尔沁左翼后旗

【领导名录】

旗委书记:刘布和(蒙古族)
人大主任:刘布和(蒙古族)
旗　　长:陈凤玉
政协主席:刘　祥
武装部长:张继平
政　　委:孙景生

【概况】 科尔沁左翼后旗位于通辽市东南部,地处北纬 42°40′～43°42′,东经 121°30′～123°43′。科尔沁沙地东南边缘,松辽平原交界地带。总面积11 481平方公里,东西长 154 公里,南北宽 107 公里。全旗除大、小吐尔基山和双合尔山外,无其它山峰。被称之为"沙地明珠"、"天然植物园"的国家级自然保护区大青沟是国家4A 级风景名胜区。全旗总人口393 732人,其中蒙古族287 584人。是以蒙古族为主体,居住有汉、回、满、朝鲜等 12 个民族。辖 23 个苏木乡镇、12 个国营农牧林渔场,522 个嘎查(村)。

全年实现地区生产总值37.98亿元,同比增长20%。其中第一产业增加值11.85亿元,同比增长18%;第二产业增加值8.06万元,同比增长24%;第三产业增加值18.06亿元,同比增长19.5%。城镇居民人均可支配收入6 566元,同比增长8.9%。农牧民人均纯收入2 799元,同比增长16.9%。完成社会固定资产投资11.5亿元,同比增长22.7%。财政收入达到1.21亿元,按可比口径同比增长25%。社会消费品零售总额达8.8亿元,同比增长15.4%。

【农业】 全旗粮食播种面积274.84万亩,农业总产值18.7亿元。粮食作物189.2万亩,其中玉米164.3万亩,水稻17.9万亩,经济作物62.3万亩。农业生产在遭受自然灾害减产的情况下,总产量仍达 16 亿斤。其中玉米10.8亿斤,同比增长11.88%,水稻1.76亿斤,同比增长14.62%,小麦125.6万斤,同比减少21.1%。

深入落实惠农政策,发放退耕还林、退牧还草补助4 448万元,粮食直补2 200万元,水稻补助274万元,免征农业税1 938万元。

【工业】 规模以上工业企业13家,独立核算工业企业45家,实现工业总产值15.98亿元,初步形成农畜产品加工、能源、建材、医药等四大支柱产业。实现增加值6.7亿元,利税1.2亿元,分别同比增长58%、41%。金宝屯煤矿、康源药业、科尔沁牛业、农电公司等重点企业拉动作用进一步增强。乳制品、皮革、皮毛、药品、轧钢、建材、农牧业机械、白酒、饮料等工业产品打入区内外市场,已形成具有民族特色的工业体系。新增重点工业项目26个,其中1 000万元以上项目16个,500~1 000万元项目7个。工业园区建设初具规模,甘旗卡和金宝屯工业园区基础设施进一步完善,入驻园区的企业和项目分别达到14个和13个。

【畜牧业】 全旗牧业年度家畜存栏138.9万头(只口),比上年纯增28.5万头(只 口),纯增25.8%。黄牛发展势头良好,饲养量38.5万头,其中黄牛存栏32.1万头,比上年纯增14.3%。奶牛存栏17 434头,比上年增加2 730头,牛奶产量52 000吨,同比增长15.56%。年内采取政府扶持、能人带头等办法,全旗共启动科尔沁牛挤奶站17个,黑白花挤奶站7个,全年销售商品奶3 225吨。养羊114.7万只,其中存栏65万只,较上年纯增54.8%。绵羊毛产量700吨,同比增长66.67%,羊绒产量22吨,同比增长10%。生猪饲养量57.1万口,其中存栏34.5万口,比上年增长5.4%。全年饲养鹅达296.59万只。全年种植青贮45.12万亩,种植优质牧草25.8万亩,全年青贮量达13.46亿斤。

“牲畜种子工程”取得突破,全旗23个苏木乡镇522个嘎查村开展黄牛冷配。共投放700个液氮罐,设立650个冷配点。其中常年冷配点320个,全旗共运送液氮6万升,供应冻精13.6万粒(支),完成黄牛冷配90 630头,完成市下达任务的107%。建立小畜人工授精点90处,完成羊人工授精11.2万只。全年春秋两防工作共投放疫苗660万头份,疫苗预防各类畜禽643.219万头(只 口)次。牛皮蝇驱治32万头,驱治密度达100%。牲畜“五号病”注射277.642万头(只)次,免疫度210.9%。禽流感防疫注射91.78万只,防疫密度基本上达100%。

【水利】 全年完成打井配套548眼,完成任务的282%。新增有效灌溉面积9.5万亩,新增节水灌溉面积5万亩,解决1.1万人和4万头(只)大小畜饮水困难。完成向阳乡大型商品粮基地节水灌溉低压管灌4 000亩。投资1 780万元,完成大坝加固、输水洞改造、泄洪闸建设、渠道衬砌等任务,使水库蓄水能力比原来提高120万立方米。自筹5万元,加固总长70多公里东西辽河大堤,全旗6大排干共清淤扩建完成土方80万立方米。

【林业】 共完成人工造林41万亩,合格面积32万亩。“双百万”亩工程完成8万亩,农防林2万亩,公路绿化300公里,村屯绿化100个,封沙育林完成20万亩,退耕还林还草10万亩,育苗4 200亩,义务造林完成38万株。

【城乡建设】 全年建设项目50项,建筑面积9.4万平方米,总投资1.19亿元。新开工的37个项目中,开发工程项目12项,建筑面积64 345.9平方米,投资3 928.8万元;建筑工程项目25项,建筑面积29 960.63平方米,投资额2 231.2万元。其中,经济适用房面积2.1万平方米,投资1 413.5万元。有两项建筑工程被评为自治区级文明工地。基础设施完成总投资2 400万元,达历史最高水平。其中排污工程累计投资完成2 320.26万元(土建工程完成1 100万元,设备完成800.26万元,管网完成240万元,其它投资180万元),主体工程基本完成;甘旗卡火车站广场建设工程占地面积1.56万平方米,由环路中心广场组成,拆迁费用130万元,建设投资140万元,总投资270万元;道路建设工程完成总投资620万元,修建道路2 990延长米,完成巴彦路罩面1 500米,铁西路延伸365米,工业园区1号路770米,2号路355米;集中供热续建工程投资400万元,新建一个25蒸吨,供热能力20万平方米的供热分站;园林工程总投资160万元;下岗职工再就业市场工程投资109万元,已建成面积4 260平方米,能容纳180个摊位;市政工程投资60万元。房产业务共办理各类产权登记8 721户;完成各类评估209户,面积2 184平方米,评估总额9 600万元。住房公积金累计额1 300万元,投贷累计650万元,贷款比例为50%,人均额度为1.63万元。

【财税】 财政收入完成12 100万元,较上年增收900万元,同比增长8.04%,剔除农村牧区税费改革农业税税率下调3.5个百分点减少财政收入1 938万元的因素,实际增长25.34%。在财政收入中,地方财政收入完成9 598万元,较上年增收408万元,同比增长4.44%;上划中央税收收入完成2 503万元,较上年增收492万元,同比增长24.48%。在总收入中国税系统完成2 992万元,较上年增收641万元,同比增长27.26%。社会保障基金收入完成3 125万元,较上年增收1 471万元,同比增长88.94%。财政总支出完成48 873万元,较上年同期增支10 685万元,同比增长27.98%。

【第三产业】 个体私营经济发展迅速,实现第三产业增加值18.3亿元,新增民营私营企业84户、个体工商户1 220户。引进德丰商贸中心、牛羊定点屠宰厂等商贸流通企业,实现出口创汇30万美元。

【旅游】 以4A级文明景区大青沟为龙头的旅游业发展迅速,

阿古拉、博王府等旅游景点不断完善，全年共接待国内外游客32万人(次)，旅游总收入达9 100万元，同比增长13.8%。其中大青沟旅游收入7 000万元，同比增长16.67%。

【交通运输】 全年公路建设总投资577万元，完成乡乡通公路40公里。其中阿都沁至额莫勒段总投资322万元，欧里至巴西段总投资255万元。改建农村公路150公里，修通不通公路的嘎查(村)14个，改造县级次差公路10公里，整修县级公路335公里。路完好路率为76.6%，超指标6个百分点。征收运管费280万元，小额养路费110万元。年内客运量338万人次，客运周转量3.9亿人公里；货运量764万吨，货运周转量3.892亿吨公里。

【邮电】 全年业务总量6 050万元。全旗邮政局(所)19个，平均2.07万人口有一处邮政服务机构，年业务总收入320万元；市农话交换机容量为5万门，其中市话容量1.3万门，农话容量3.7万门；全旗农话线路合计2 000公里；通信业务收入达2 500万元；固定电话数3.9万部，同比减少1.9%，移动电话数7.7万部，同比增长54%。

【社会事业】 通过多种渠道实现就业1 781人，其中"4050"人员369人，城镇登记失业率为4.3%；新建再就业基地2处、社区实体68个、发放小额担保贷款220万。社会保险扩面征缴工作实现新突破，基本养老和医疗保险人数均超过1.6万人，征缴养老保险费2 588万元，发放养老保险费2 730万元，发放率100%；失业保险基金收缴入库114万元，发放失业保险金270万元。下拨救灾款500万元，重建灾民倒房1 868间。低保工作实现应保尽保，发放城市居民最低生活保障金436万元。扶贫解决3 300户、1.4万人的温饱问题，136个市级重点贫困村基本实现稳定脱贫。输出劳动力6.2万人(次)，实现劳务收入1.06亿元。供电城网改造一期工程已投入使用，完成11个村的低压网改造工程。

【教育】 改革整合教育资源，推进学校布局调整，投入资金1 413万元，新建校舍2.6万平方米，撤并中小学68所。发放"两免一补"资金837万元，扶贫助学38万元，初中生辍学率控制在2%以内。计划生育率达到99.8%。

【文化】 完成60个"村村通"工程，电视覆盖率92%。开始实施农村牧区数字微波电视工程。举办宝贵音乐作品演唱会、"呼德杯"那达慕大会暨第四届大青沟民俗文化旅游节。

8月19日，在第三届自治区乌兰牧骑艺术节上，科尔沁左翼后旗乌兰牧骑代表通辽市在艺术节上获得包括团体演出金奖在内的9个奖项。在艺术节上，科尔沁左翼后旗乌兰牧骑的34名演出人员共表演具有科尔沁文化风情的14个节目，其中马头琴独奏《牧马人》，独唱《科左后旗我可爱的家乡》荣获一等奖，好来宝《僧格林沁亲王》荣获创作二等奖、表演三等奖等。8月22日至24日，科尔沁左翼后旗2005年民办"呼德杯"那达慕大会暨第四届大青沟民俗文化节举行，本次那达慕各项赛事一等奖奖金1万元人民币。蒙古族著名歌唱家腾格尔、乌云毕力格等加盟闭幕专场文艺演出。9月5日由市委宣传部、市文联、市文化局、科尔沁左翼后旗旗委、旗政府联合举办的宝贵作品演唱会。宝贵是科左后旗乌兰牧骑艺术指导，是科尔沁草原上成长起来的国家二级蒙古族作曲家，繁荣科尔沁文化创作的领军人物。著名歌唱家王英民、阿拉泰、那顺、阿其木格、韩玉宝、朱晓娟等前来加盟，为宝贵音乐作品演唱会增兴添彩。

【卫生】 城乡医疗条件明显改善，新型农村牧区合作医疗试点工作开始启动。

【体育】 承办全市体校田径运动会和国际式摔跤比赛，旗马队在自治区首届速度马、走马耐力赛上取得优异成绩。民政、人事、档案、统计、妇女儿童、老龄、关心下一代及残疾人等各项事业都取得新的成绩。

【金融】 年末各项存款余额82 600万元，同比增长11.77%，其中城乡居民储蓄存款58 694万元，同比增长14.5%；各项贷款余额166 028万元，同比增长10.31%。保险业务收入1 638.5万元，同比增长0.15%，其中财产保险收入600万元，同比增长7.33%；人寿保险收入1 038.5万元，同比减少3.57%。

【招商引资】 全年引进各类项目100个，引进国内外生产开发类资金11.1亿元，完成计划的209.43%，同比增长109%。新增重点工业项目26个，其中1 000万元以上项目19个，500～1 000万元项目7个。

【康臣药业内蒙古有限公司签约仪式在香港举行】 12月8日，科尔沁左翼后旗与广州康臣药业有限公司合资项目—康臣药业内蒙古有限公司签约仪式在香港举行。广州康臣药业在科尔沁左翼后旗注册成立康臣药业内蒙古有限公司，主要生产经营原料药、中成药和保健品。第一期尿毒清颗粒、软胶囊生产线投资6 000万元，年产值1.3亿元。第二期肝泰粉针剂生产线投资9 000万元，年产值2.5亿元。2006年8月底完成一期工程。

模　范　人　物

姓名	性别	民族	奖　　项	获奖时间	工作单位	授予部门
温都苏	男	蒙古族	全国民族团结先进工作者	2005	民族宗教局	国务院
包永梅	女	蒙古族	工会工作先进工作者	2005	总工会	中华全国总工会
巴根那	男	蒙古族	全国优秀进城务工青年带头人	2005	海斯改苏木	团中央、公安部、司法部
王美荣	女	蒙古族	全国农村牧区妇女双学双比100个致富致手	2005	乳源奶站	全国双学双比领导小组
包金鸽	女	蒙古族	双合格先进个人五好文明家庭	2005	蒙古族实验中学	全国妇联
吕忠玲	男	汉族	全国优秀民警	2005	公安局	公安部
乌振来	男	汉族	创作的《马头琴》曲获"晨曲奖"	2005	文联	国家音乐协会

(乌日根达来　刘聪明)

库　伦　旗

【领导名录】

旗委书记:梁志远(蒙古族)

人大主任:梁志远(蒙古族)

旗　　长:么永波

政协主席:闫存武

武装部长:宫树民(蒙古族)

政　　委:周　源

【概况】 库伦旗位于通辽市西南部,地理坐标为北纬42°21′~43°14′,东经121°09′~122°21′。东连科尔沁左翼后旗,南与辽宁省阜新、新武二县接壤,西、北和奈曼旗相邻,土地总面积4 650平方公里,其中耕地面积99 464公顷。辖10个苏木镇,187个嘎查村,总人口175 266人,其中农业人口119 794人,占68.35%,由11个民族构成,其中蒙古族人口占58.9%。

2005年,全旗实现地区生产总值12.1亿元,同比增长16.4%,其中第一产业增加值4亿元,同比增长8.8%;第二产业增加值3.4亿元,同比增长28.4%;第三产业增加值4.7亿元,同比增长15.5%。财政收入完成7 270万元,同比增长33%。城镇居民人均可支配收入6 750元,增长13.6%,农牧民人均纯收入2 520元,增长20%。

【农业】 2005年,农业总产值完成64 662万元,农作物播种面积77 588公顷,种植业结构进一步优化,杂粮杂豆种植面积占总播种面积的60%以上,其中荞麦面积达到30万亩,全旗粮食总产量达到267 036吨,农业机械总动力15.03万千瓦。

【畜牧业】 2005年牧业年度牲畜总头数达到64万头(只、口),同比增加13.3万头(只、口),白鹅饲养量达到128万只。新建养殖专业村25个,总数达到50个,农牧结合户发展到24 934户,占总农户的73%。

【工业】 工业总产值67 979万元,全旗独立核算工业企业实现增加值2.24亿元,同比增长30.8%;实现销售收入6.6亿元,同比增长61.7%;实现税金5 200万元,同比增长34.9%;工业对财政贡献率达到43%。工业产品销售率98.71%。工业项目建设态势强劲,全旗共开工建设工业项目32个,其中投资1 000万元以上项目9个,投资500万元以上项目11个,签约项目5个。工业固定资产总投资完成3.1亿元。一期投资3.2亿元的醋酸酐项目签约,将于2006年上半年开工建设。5月28日,投资1.2亿元的内蒙古东蒙水泥有限公司新型干法回转窑项目一期工程竣工,投产后将达到日产水泥熟料1 500吨、年产水泥63.5万吨规模。投资4.4亿元的二期项目得到自治区核准批复。电缆项目、清真牛羊定点屠宰加工、中(高)密度板和实木家具等项目开工建设。

【林业】 全旗共完成水土保持重点治理面积3.6万亩,人工造林15.4万亩,封沙育林8万亩。

【第三产业】 全年出口创汇完成290万美元。食用菌规模达到225万盘。全旗新增民营企业21户,新增个体工商户505户。

【城镇建设】 2005年,城镇基础设施建设完成投资6 000余万元。在旧城区改造方面,实施镇区污水处理、滨河公园、镇区供水、线缆地埋、镇区桥梁改造、安代广场后续建设等12项工程,给排水、电力、通讯、交通等城镇功能进一步完善。启动实施镇区东扩工程，首期规划1.47平方公里，党政综合办公楼、宾馆、少年宫暨宣传文化中心三项工程完成阶段性工作。

【旅游 外事】 成功编制《库伦旗旅游业发展总体规划》。通过招商引资，开发塔敏查干沙漠旅游区，全年累计接待国内外游客6.8万人次，旅游业收入700万元，同比增长14%。全旗对外交往活跃，民间往来增多，年内接待日本、美国、新加坡、香港等国家和地区32个团组、653人次。

【邮政 通讯】 2005年，全旗邮路总长530公里，投递路线总长度1 400公里，平均服务人口为0.03万人/处，完成邮电业务总量2 873万元，邮政业务收入为173.25万元。城乡固定电话普及率达8.5部/百人，移动电话普及率15部/百人，互联网用户发展到近千户。

【交通电力】 全年公路货运量为264万吨，全年公路客运量完成147万人，公路总里程为1 300公里。4月27日，投资4 100万元的省道305线库伦至辽宁平安地段28公里公路通过交工验收。年内完成省道305线库平段防护工程，新改建农村公路76公里，打通不通公路村6个，乡乡通公路率100%，村村通公路率达85%。投资4 830万元，完成通辽电网转接工作，实施二期城网改造工程。1月30日，全旗供电电网由阜新电网供电转接为通辽电网供电。转网后，电网供电能力提高3倍，主变总容量达到5.2万伏安。

【财政金融】 2005年，全旗财政收入完成7 270万元，为年度预算的100.97%，较上年增加1 785万元，增长32.5%，同口径计算增长48.9%（减免农业税因素）。其中：地方财政收入完成5 219万元，比上年增加1 186万元，增长29.4%，同口径计算增长51.6%；上划中央税收完成2 051万元，比上年增加599万元，增长41.3%。财政支出29 343万元。金融机构各项贷款和存款余额分别为44 961万元和44 778万元，个人存款余额为32 019万元。

【招商引资】 成立并派出5个专业招商组，由旗级领导带队，分赴全国各地开展驻地招商，有效推动招商引资工作，全旗累计实施内联项目57项，引进国内市外资金5.6亿元，同比增长2.5倍。

【科技】 2005年，举办各级各类培训班267期，培训7.5万人次，其中劳务输出培训7 240人次，引进推广适用技术22项。

【教育】 全旗各级各类学校30所，在校生26 617人，教职工有2 897人，其中专任教师2 497人。全旗适龄儿童入学率达100%，初中生辍学率为0.68%，非文盲率达99.21%，脱盲人员巩固率为99.04%。教育基础设施建设得到加强，开工建设一中宿舍楼、二中综合楼、三中宿舍楼等9项工程，改善办学条件，提高教育教学质量。

【文化】 9月26日至29日，库伦旗举办第二届安代艺术节，主要活动内容有篝火晚会、歌咏比赛、演讲比赛及民间才艺表演。内蒙古电影制片厂《我从草原来》电视剧剧组对安代艺术进行专题拍摄。《库伦旗志》出版发行，全书共100万字，图文并茂，全面记述库伦旗370多年的历史，是库伦旗有史以来的第一部百科全书。重点实施村村通工程，有线电视不断向嘎查村延伸，广播电视覆盖率达到90%以上。

【卫生】 全旗有卫生机构16个，有床位304张、卫生技术人员469人。疾病控制中心楼、旗医院传染病房楼相继建成。建立农村特困家庭医疗救助机制，深入开展扶贫义诊活动，义诊群众2万余人次。认真落实计划生育家庭奖励扶助制度和独生子女奖励政策，人口自然增长率7‰。

【体育】 8月，在自治区首届速度赛马、走马暨蒙古马耐力赛中，库伦旗选手在1 600米速度马、3 200米速度马项目中夺得两项桂冠，在4 800米速度马比赛中获第三名。

【扶贫 社会保障】 全年共投放扶贫资金1 500万元，解决1 900户、8 420人的温饱问题。全旗共有7 579名职工及1 957名私企个体人员参加养老保险，收缴养老保险金1 110万元，发放2 828万元。共核定失业保险参保单位192户，核定参保人员8 653人，收缴失业保险金70万元，发放41万元。医疗保险全旗参保户数达234户，参保职工达9 162人，征缴医疗保险金586万元，划入参保职工个人账户资金190万元，核销住院费159万元。年末小额担保贷款370万元，为下岗失业人员累计减免税费170万元，再就业率达96%。城镇居民解困和再就业援助工程深入实施，弱势群体得到有效扶助。城镇居民最低生活保障人均补助标准每月提高20元，全年共发放低保金271万元。全年救济困难群众1.9万人。

【劳务输出产业】 全旗共输出劳务人员2.6万人，输出人数占全旗农村人口总数的18.5%。落实农业税减免、粮食直补、农作物良种补贴、退耕还林和退牧还草补助等各项惠农政策，农牧民人均实现政策性收入383元。

【年产5万立方米高（中）密度板项目签约】 8月20日，年产5万立方米高（中）密度板项目正式签约。该项目由山东省济宁市联发密度板有限公司投资建设，固定资产投资3 000万元，年处理枝杈柴近10万吨,年可实现销售收入6 000万元,实现利税500万元,计划2006年7月建成投产。

【获奖】 库伦旗人民政府,被国务院第一次全国经济普查领导小组授予第一次全国经济普查先进集体。

韩建国 库伦旗统计局,被国务院第一次全国经济普查领导小组评为第一次全国经济普查先进个人。

包桂兰库伦镇政府,被国务院第一次全国经济普查领导小组评为第一次全国经济普查先进个人。

乌日他白乙 库伦镇哈图他拉嘎查党支部书记,被自治区党委、政府授予内蒙古自治区劳动模范称号。

王新华 内蒙古东蒙水泥有限责任公司,被自治区党委、政府授予内蒙古自治区劳动模范称号。

张玉春 库伦旗水泉镇必连嘎查计生主任,被自治区党委、政府授予内蒙古自治区劳动模范称号。

(高永生 冯国才)

奈曼旗

【领导名录】

旗委书记:张 毅

人大主任:尹 恩

旗 长:步进来(蒙古族)

政协主席:徐国兴

武装部长:王敏峰

政 委:孙海鹰(3月任职)

【概况】 奈曼旗地处自治区东部,位于北纬42°14′17″~43°32′14″,东经120°20′35″~121°36′00″之间。通辽市西南,松辽平原西端,科尔沁沙地腹部,北与通辽市开鲁县相邻,东与科左后旗和库伦旗连边,南与辽宁省的阜新市和北票市接壤,西与赤峰市的敖汉旗和翁牛特旗为邻,是国家重点贫困旗。旗境东西宽68公里,南北长140公里,土地总面积8 120平方公里。奈曼旗现共有21个乡级行政区划,辖13个镇、6个苏木、2个乡。即:大沁他拉、八仙筒、青龙山、东明、治安、土城子、沙日浩来、义隆永、新镇、平安地、得胜、黄花塔拉、白音他拉等13个镇;固日班花、章古台、巴嘎波日和、奈林、清河、明仁等6个苏木,苇莲苏、白音昌两个乡。355个嘎查村,12个居委会。

至年底,全旗总人口433 573人,其中汉族26.16万人,占总人口的61.98%,少数民族人口16.04万人,占总人口的38.02%。全年共出生4 638人,比上年同期多出生612人,出生率10.89‰,其中男孩2 387人,女孩2 251人,出生婴儿性别比106:104。计划内出生4 635人,符合政策生育率99.94%,自然增长率5.48‰。

2005年,国民生产总值完成266 542万元,增长19.3%;其中一、二、三产业增加值分别完成96 760万元、44 653万元和125 129万元,依次增长14.7%、41.2%和16.6%,三次产业比调整为27:41:32。招商引资签约额首次突破百亿元大关,到位资金达12.5亿元。全旗财政总收入完成13 038万元,完成调整预算的100.3%,同比增收4 028万元,增长44.7%。地方财政收入完成10 215万元,完成调整预算的98%,同比增收3 100万元,增长43.6%。上划中央税收收入完成2 823万元,完成调整预算的109.6%,同比增收928万元,增长49%。

全旗财政支出累计完成51 772万元,完成调整预算的100%,同比增支12 641万元,增长32.3%。一般预算支出累计完成47 294万元,完成调整预算的100%,同比增支10 608万元,增长28.9%。基金预算支出累计完成4 478万元,完成调整预算的100%,同比增支2 032万元,增长83.1%。

【农业】 全旗农作物播种面积为184万亩,其中:粮食作物播种面积141万亩;粮食产量达489 500吨,同比增加174 000吨。经济作物播种面积43万亩。实现农林牧渔业总产值157 334万元,同比增长13.0%。其中:农业产值82 271万元,同比增长34.5%;林业产值12 194万元,同比增长65.2%;牧业产值61 346万元,同比下降11.3%;渔业产值223万元,同比下降19.2%;农林牧渔业总产值157 334万元,同比增长16.0%。

【畜牧业】 牧业年度家畜存栏144.7万头只,其中羊56.6万只、牛15.6万头、猪61万口,鹅饲养量达350万只,新增农牧结合户6 575户。出栏羊200 000只、猪310 000口。

【林业】 全旗完成人工造林32.3万亩,“双百万亩”综合治沙10.4万亩,雨季种灌9万亩,封山(沙)育林20万亩,中低产林改造1.5万亩,引入市场机制合作造林5.6万亩,小流域综合治理24万亩。

【工业】 2005年,全旗独立核算工业企业实现增加值3.6亿元,同比增长50%,全部工业增加值增长40%,达10.11亿元,占第二产业增加值的66%,工业跃居全旗经济的主导地位。其中规模以上企业实现增加值2.2亿元,同比增长55%。实现销售收入9.88亿元,同比增长77.1%,实现利税1.15亿元,同比增长134.7%,产销率达98.1%。全旗新增1 000万元以上工业项目23个,500万元以上工业项目10个。

【交通】 2005年,全年公路客运量1 990千人,同比增长1.0%;

公路旅客周转量127 900千人公里，同比增长1.4%。公路货运量4 100千吨，同比增长33.1%；公路货物周转量280 450千吨公里，同比增长34.7%。全旗公路总里程2 550公里。新建乡村公路181公里，整修县乡村公路412公里，新增通公路、通客运班车嘎查村各10个。

【邮电】 全年邮政电信业务收入2 396万元。年末固定电话用户32 200户，其中城镇住宅电话用户18 600户，农村住宅电话用户13 600户。小灵通用户9 400户，手机用户5.9万户。

【国内外贸易】 2005年，全旗社会消费品零售总额达78 041万元，比上年同期增长14.3%，其中：县零售额达4.1亿元，比上年同期增长17.1%；县以下零售额达3.3亿元，比上年同期增长13.8%。全年引进外引内联项目166个，开工项目160个，合同引资101亿元，到位资金12.5亿元。实现出口创汇70万美元，实际利用外资255万美元。全年劳务输出92 442人次。

【旅游】 2005年，全旗旅游收入6 789万元，接待国内游客10万多人次，国外游客186人次。现有对游人开放的景区(点)有：舍力虎旅游区、孟家段旅游区及奈曼清代王府。正在建设的景区有：青龙山洼旅游区(2005年开工建设)。有旅游涉外宾馆饭店6家，可具备同时容纳500人住宿、1 000人用餐的接待能力。

【固定资产投资】 2005年固定资产投资完成120 572万元，同比增长72.1%，其中：城镇投资117 343万元，农村投资559万元。房地产开发完成2 670万元。全旗三级及三级以上建筑企业施工单位3个，施工面积100 859平方米，竣工面积84 119平方米。

【金融】 全部金融机构年末各项存款余额107 691万元，比上年同期增长27.9%，其中：城乡居民储蓄存款余额84 020万元，比上年同期增长29.3%。全部金融机构各项贷款余额96 716万元，比上年同期增长17.2%。

【保险就业】 全年保险费收入2 400万元，比上年同期增长10.1%。其中财产保险费收入600万元，比上年同期增长20.0%；人寿保险费收入1 800万元，比上年同期增长7.1%。全年支付各类赔款及给付578万元，比上年同期增长38.3%。参加养老保险、失业保险、医疗保险的人员分别达到2.2万人、1.3万人和1.5万人，有5 142人被纳入最低生活保障，累计发放低保金557万元。

【科技】 科尔沁沙地退化、草地植被恢复与重建技术示范区建设通过国家验收。推广新技术15项、新品种45个。全年科技经费支出达531万元，科技转化率较高。

【教育】 2005年，新合并中小学44所，投入资金1 858万元，新建和改造校舍2.8万平方米，全面落实农村学生义务教育“两免一补”政策，对5.7万名学生实行“两免一补”，发放资金447.5万元，组织各方力量对340名特困家庭大学生实施了救助。实施农村中小学现代远程教育项目93个。2005年，全旗在校学生人数59 979人，其中：普通中学在校学生数为26 420人，职业学校在校学生数为2 794人，小学在校学生数为30 765人。全旗学龄儿童入学率达100%，初中入学率100%，普通高考上线率92.9%，职业教育就业率达96%。

【文化】 全旗有艺术表演团体1个，文化馆1个，图书馆1个，博物馆1个，广播电视台1座，中波转播台1座。各苏木乡镇文化站普及率达100%。新增通广播电视嘎查村101个，全旗有线电视用户已达16 000户，广播电视混合覆盖率达100%。“文化大旗”创建活动扎实有效，蒙古族歌舞剧《诺恩吉雅》获“第七届科尔沁艺术节大奖”，录制发行《奈曼民歌》光盘1万张。

【卫生】 农民参合率达到81.42%，发放医疗款990万元，对10.6万农民进行补助。争取资金对15所卫生院进行改扩建，建成3处区域性计生服务中心。年末全旗共有卫生机构28个，其中医院3个，卫生院21个，结核病防治所1个，疾病预防控制中心1个，妇幼保健机构1个，卫生监督所1个。全旗医疗机构实有床位560张，卫生技术人员975人，改扩建乡镇卫生院15所，新型农村合作医疗进展顺利，为10.6万人补助医疗款990万元。

【人民生活】 城镇居民人均可支配收入达到6 818元，比上年同期增长11.4%。农牧民人均纯收入达到2 620元，比上年同期增长19.1%。科技对经济发展的贡献份额达到43%，中小学生辍学率全部控制在目标值以内，人口自然增长率控制在5.48‰以内。刑事和治安案件立案数下降6.1%，破案绝对数上升7.6%，信访案件办结率达到98%，全年未发生重特大安全事故。

【社会保障】 单位从业人员劳动报酬为20 162万元，比上年同期增长7.4%；在岗职工工资总额20 150万元，比上年同期增长7.4%；在岗职工年平均工资为10 800元，比上年同期增长6.5%。建成全区首家县级荣军综合门诊，将转业复员军人定补标准提高20元，为100名残疾人减免医疗费20多万元。

（孙福昌　曹继红）

扎鲁特旗

【领导名录】

旗委书记:付泽彬

人大主任:包哈达(蒙古族)

旗　　长:孙振云(蒙古族)

政协主席:杜　辉

武装部长:张　义(3月任职)

政　　委:刘　颖

【概况】　扎鲁特旗位于通辽市西北部,地理坐标北纬43°50′~45°50′,东经119°14′~125°57′。土地面积17 193平方公里,总人口302 424人,其中蒙古族人口占总人口的45.6%。

2005年,全旗生产总值完成264 164万元,比上年增长20.5%。其中第一产业增加值106 046万元,增长18.8%;第二产业增加值41 303万元,增长27.1%;第三产业增加值116 815万元,同比增长20%。人均生产总值为8 705元,增加1 775元,增长25.6%。全年财政贡献率为5.72%,比上年降低0.51个百分点。

【农业】　全年总播种面积174.3万亩,比上年增加10.87%,其中粮食作物播种面积131.7万亩,比上年增加4.32万亩;绿豆播种面积31.2万亩,比上年减少5.5万亩;引草入田面积28.6万亩,比上年增加4.4万亩,增长17.5%,全年粮食产量35.2万吨,同比增加11万吨。

【畜牧业】　牧业年度大小畜存栏3 000 120头(只),其中,牛存栏303 391头,生猪存栏138 786口。日历年度全旗大小畜存栏1 947 305头(只),其中牛存栏218 045头,生猪存栏131 381口。白鹅饲养量达64.6万只。大小畜出栏116.7万头(只),其中牛出栏9.76万头,生猪出栏12.1万只。全旗全年肉类总产量达48 398吨。

【林业】　全旗全年共完成人工造林面积25.93万亩,比上年减少2.92万亩,减少10.1%,其中退耕地造林面积达9万亩;荒山荒地造林面积5.3万亩。灌木种植达11.2万亩。完成双百万亩工程5万亩,封沙封山育林25万亩,综合治理山河"两区"70万亩,水藻治理完成18万亩。全旗完成招商造林9.4万亩,其中对外招商造林5.43万亩,旗内百亩以上造林大户达171户。

【水利】　全旗水利年度所有井累计达10 160眼,其中农业井8 553眼。在全市农业井中已配套完好农业井占7 353眼。2005年新增机电井686眼,有效灌溉面积达84.08万亩,比上年增加0.3万亩。新增有效灌溉面积5.4万亩,新增节水灌溉面积5万亩,小河西水库除险加固工程主体已完成,并开始蓄水。

【工业】　全旗围绕"工业项目建设年"活动,重点激活民营经济和资源型经济,实施"大、强、优"战略,新建工业项目34个,实现工业增加值27 783万元,同比增长30.1%。其中规模以上工业(国有及年销售收入在500万元以上非国有工业企业)增加值实现了23 967.3万元,增长34.7%,利税总额达4 382.5万元,同比增长49.3%。独立核算工业企业产品销售率为97.1%,比上年下降2.3个百分点;工业经济效益综合指数为169.5%,比上年提高23.6百分点;全员劳动生产率为91 001元/人;利税总额4 720.1万元,同比增长42.2%。

【建筑业】　全旗建筑市场在建工程13个,总投资4 088万元,总建筑面积51 484平方米。全年施工房屋面积144 529平方米,同比增加38 785平方米,竣工房屋面积149 174平方米,同比增加45 015平方米。全年建筑业增加值13 520万元,增长35%。

【城镇建设】　全旗筹集资金2 000多万元完成鲁北镇"一街两路"(泰山街、乌力吉木仁路、黄河路)改造和新修硬化,投资290多万元,完成街路雨水管道工程9 000多延长米。开工建设鲁北镇污水处理厂,一期工程的土建部分已经完工。投资50多万元完善了"两街、两路、两个广场、三个出口"的绿化美化工程。两街两路共新栽和补栽油松、银中杨等各类花灌木等45 000余株。"双拥"广场绿化栽植雪柳、丁香等各类花草52 600余株,中华广场新栽四季丁香、红花王子等花灌木30 000余株,东、北、南三出口两侧栽植垂柳、松树等5 340株,栽植沙地柏、峦枝等花灌木13 900余株。

【交通运输】　是年,全旗乡村公路建设总投资达4 700万元,全旗公路里程为1 308.22公里,其中国道198.9公里,省道101公里,县道349.02公里,乡道659.3公里。全旗境内共有干线中桥10座,600.2米。小桥25座,382.26米;县级大桥3座,392.9米,中桥1座,42.44米,小桥15座,199.9米;乡道中桥1座,76米,小桥1座,31米。全旗营运货车共计1 019辆,比上年增加116辆,营运客车142辆,全年完成货运量274 900千吨公里,客运量2 340千人,客运周转量140 400千人公里。

【招商引资】　全旗共引进投资额超千万元项目29个,实际到位资金11.2亿元,实现引进项目规模和总量的新突破,特别是大项目招商洽谈和引进建设上实现重大突破。其中投资超亿元的扎哈淖尔破碎站及铁路专用线项目和亿诚公司煤化工项目已开工。神华集团投资100亿元的煤炭现代矿井及煤化工和矸石自备电厂项目,北方联合电力投资57亿元的扎鲁特电厂一期工程,甘肃建新实业集团投资1.5亿元的稀有金属矿厂项目,河北邢台矿业投资1.5亿元的叶腊石加工厂等一批项目相继签约。

【第三产业】 全年第三产业增加值116 815万元,增长20%。全旗全年邮电业务总量完成5 642万元,比上年增长25.6%。有城镇电话用户11 897户,比上年增加997户。其中住宅电话用户6 885户,同比减少2 242户。全旗现有乡村电话用户16 651户,比上年减少1 926户。全旗互联网上网用户1 824户,比上年增加827户,小灵通用户7 014户。

【财政】 全年财政收入15 114万元,比上年增长15.2%。其中地方性财政收入完成11 320万元,增长13.6%。财政支出45 227万元,同比增长23.03%。

【金融】 金融机构各项存款余额88 155万元,比上年增加11 407万元,增长14.86%。城乡居民储蓄存款余额67 003万元,同比增加9 114万元,增长15.7%。各项贷款余额111 802万元,同比增长15.64%。

【保险】 全年完成保费收入1 860万元,比上年增加541.6万元,其中财产险保费收410.6万元,同比减少10.2%;人寿保费收入1 449.4万元。全年支付各类赔款430.1万元,比上年多支付85万元。

【科技】 新建各类种养协会25个。发放科技图书资料5万册,光盘300张,科技明白纸10万张,共完成科技培训10万人次。

【教育】 新撤并校点61个。全旗有小学84所,有中学33所。全旗小学在校生21 940人,毕业生6 442人;初中在校生19 094人,毕业生6 442人,普通高中在校生5 283人,毕业1 036人,职业高中在校生292人,毕业生68人。全旗有专任教师3 875人,其中小学2 500人,普通中学1 314人。全旗校舍建筑面积234 791平方米,学龄儿童入学率100%,初中入学率97.5%。全旗筹措资金393万元,补发2000年以前拖欠教师的部分工资。积极落实“两免一补”政策。2005年有28 043人享受“两免一补”享受金额为298.8万元。

【文化】 在市级以上电视台发稿80条以上。实施20个嘎查村“村村通”工程。全旗“村村通”达112个,“村村通”覆盖率达54%。鲁北镇跨入全国文明先进村行列。

【体育】 举办全民安代舞健身操比赛,参与群众2 000多人。

【卫生】 全旗投入资金170万元重点扶持蒙医院门诊病房综合楼建设,鲁北镇社区卫生服务中心,牧区中心卫生院等一批重点工程也相继建成。全旗有卫生机构33个,有卫生技术人员782人。全旗出生人数为2 386人,死亡人数为1 530人,自然增加人口856人,自然增长率2.82‰。

【人民生活】 全旗城镇居民可支配收入7 025元,同比增加904元,增长14.8%。城镇居民人均消费支出5 585元,增加856元,增长18.1%;居民家庭恩格尔系数(即居民家庭食品消费支出占家庭消费总支出的比重)为30.15%,农牧民人均纯收入3 205元,增加420元,增长15.1%,农村居民恩格尔系数为45%。全旗单位从业人员22 841人,全旗单位从业人员劳动报酬22 023万元,增长6.04%,全旗单位职工平均工资9 652元,比上年增加474元,增长5.16%,全旗城镇失业人员有3 602人(上年结转1 414人),共安置各类失业人员2 134人,城镇登记失业率为4.3%。全旗共参加养老保险人数为24 143人,参加失业保险人数为13 505人,启动生育保险,医疗保险新增扩面2 014人。城市低保实现提标扩面,享受最低生活保障金的有6 618人。建立农村医疗救助制度。

【自然保护区】 全旗有自然保护区32处,总面积485.6万亩,其中自治区级自然保护区2外,面积为227.2万亩,市级自然保护区9处,面积为132.4万亩,旗级自然保护区为21处,面积为126万亩。自然保护区占全旗总土地面积的18.6%,全旗现有市级生态示范区6处。

(牡丹　陈明)

开　鲁　县

【领导名录】

县委书记:汤连荣
人大主任:耿　璞
县　　长:刘庆文(蒙古族)
政协主席:闫淑云(女)
武装部长:李方芹
政　　委:王　琛

【概况】 开鲁县位于内蒙古自治区东部、通辽市西部。属西辽河冲积平原腹地,平均海拔241米,地处北纬43°9′~44°10′,东经120°25′~121°52′之间,东与科尔沁区毗连,西与赤峰市阿鲁科尔沁旗、翁牛特旗为邻,南与奈曼旗隔西辽河相望,北与扎鲁特旗交界。另外东南、东北部分地区还分别与科尔沁左翼后旗、科尔沁左翼中旗接壤。全县总面积4 488平方公里,现有耕地面积141万亩,林地面积172万亩,草牧场面积277万亩。国道303线、111线,集通铁路横贯县境,县政府驻地距通辽市政府驻地科尔沁区86公里。区位上属于西部大开发、振兴东北老工业基地地区,经济上属于东北经济区、环渤海经济区内。年末全县总人口为389 799人,下降0.7%,其中男性人口为198 223人,女性人口为191 576人,少数民族人口为62 006人,占人口总数的15.9%。人口出生率为10.3‰,死亡率为3.6‰,自然增长率为6.6‰。

2005年全年实现国内生产总值(GDP)36.89亿元,按可比价格计算同比增长16.3%,其中第一产业实现增加值17.6亿元,同比增长11.4%,第二产业实现增加值5.22亿元,同比增长27%,第三产业实现增加值14.05亿元,同比增长19.1%。优化产业结构,二、三产业比重达57%。全年完成财政收入1.4亿元,同比增长33.2%,其中地方财政收入完成8 840万元,同比增长13.4%。

【农业】 农牧业产业化龙头企业发展到15户,改善农牧业生产条件,增强生产后劲,全年实现农林牧渔业总产值286 317.6万元,同比增长10.6%,其中农业产值实现193 303.3万元,同比增长4.13%,牧业产值实现81 574.6万元,同比增长17.4%,林业产值实现9 207.5万元,同比增长6.9%,渔业产值实现71.9万元,同比下降32.8%。

全县农作物总播面积174.9万亩(含复种),其中粮食作物面积111.5万亩,比上年增加0.43万亩,经济作物面积63.3万亩,比上年增加7.82万亩,粮食总产量15.2亿斤,同比增长1.13%。红干椒播种面积30.8万亩,总产量1.9亿斤,实现产值4.4亿元。全年新打配套机电井300眼,新增有效灌溉面积1万亩、节水灌溉面积9万亩,完成人畜饮水工程3处,解决6 766人和11 649头(只)牲畜的饮水问题。

【畜牧业】 牧业年度家畜总存栏135.8万头(只),首次突破百万大关,同比增长47.4%,其中大牲畜存栏17万头,同比增长42.3%,羊存栏74.2万只,同比增长85.1%。在大小牲畜存栏中,牛存栏9.1万头,同比增长28.7%,其中奶牛存栏2.2万头,同比增长89.8%,生猪存栏44.6万口,同比增长11.2%。年末家畜实有头数119.1万头(只),同比增长17%,其中大牲畜14.6万头,羊65.4万只,分别比上年增长10.5%和24.5%,猪39.1万口,比上年增长8.5%。肉产量64 163吨,同比增长16.5%,其中猪、牛、羊肉产量各为30 722吨、10 219吨、4 531吨,分别比上年增长6.3%、35.8%、56.2%,禽蛋产量17 200吨,同比增长1 172.2%,羊毛产量1 628吨,同比增长1.0%。

全年完成人工造林15.744万亩,合格面积15.744万亩,封沙育林4万亩,人工种草22万亩,森林覆被率达到21.6%。

【工业】 全年完成工业增加值51 616万元,同比增长92.0%,其中独立核算工业企业完成增加值40 644.5万元,同比增长37.7%,实现利税7 528.3万元,同比增长64.9%,工业产品销售率97.9%,比上年提高0.44个百分点,工业经济效益综合指数完成158.4%,比上年提高24.8个百分点,实现产品销售收入95 867.7万元,同比增长56.2%,年末产成品库存1 644.4万元,同比下降5.2%。全员劳动生产率61 502.8元/人,比上年提高22 005.4元/人,流动资金周转次数3.85次,比上年快0.9次。国有及年销售收入500万元以上的非国有工业企业增加值完成25 627.5万元,同比增长87.8%,实现利税5 334.4万元,同比增长73.3%,工业产品销售率97.7%,同比下降1.15个百分点,工业经济效益综合指数完成178.2%,比上年提高31.13个百分点,实现产品销售收入63 784.4万元,同比增长87.1%,年末产成品库存为1 109.2万元,同比下降5.6%。全年全员劳动生产率95 481.1元/人,比上年提高39 356.8元/人,流动资金周转次数3.86次,比上年快1.31次。

【建筑业】 建筑业实现增加值56 016万元,具有三级以上资质等级的建筑企业实现总产值9 021万元,利润123.8万元,税金302.1万元,房屋建筑施工面积76 767平方米,其中新开工面积43 514平方米,房屋竣工面积42 068平方米。

【固定资产投资】 全年完成固定资产投资13.9亿元,同比增长14.9%,50万元以上项目完成投资128 729万元,同比增长43%,其中城镇投资完成116 317万元,同比增长43.2%,农村投资完成10 587万元,同比增长83.6%;第一产业投资15 847万元,第二产业投资94 410万元,第三产业投资18 472万元。按经济类型分,国有经济投资43 623万元,同比下降38.6%,其它经济投资85 106万元,同比增长348.7%。

新增生产能力天然原油开采6万吨/年,食用植物油日处理原料15吨,日精炼油3吨,塑料树脂及共聚物2 000吨/年,机制纸10万吨/年,酒3万吨/年。新建独立公路桥梁1座,30延长米,商业石油库1万立方米,商业冷藏库0.3万吨,中等学校学生席位1 420个,建筑面积11 515平方米,小学校学生席位2 000个,建筑面积12 000平方米,城市道路扩建面积10.5万平方米。

【贸易】 全年社会消费品零售总额95 589.8万元,同比增长15.8%,扣除物价因素,实际增长19.2%,其中县级消费品零售额50 216.1万元,同比增长13.67%,县以下消费品零售额45 373.7

万元,同比增长18.21%。按行业划分,批发零售贸易业零售额83 823.1万元,同比增长11.6%,餐饮业零售额9 984.0万元,同比增长59.4%,其它行业零售额1 782.7万元,同比增长52.5%。

居民消费价格总指数为102.8%,同比回落3.0个百分点,商品零售价格总指数为101.7%,同比回落4.4个百分点,农业生产资料价格指数为113.2%,同比上升5.3个百分点。

【交通 邮电】 全年交通运输业公路货运量完成5 140千吨,同比增长13%,公路货物运输周转量完成323 820千吨公里,同比增长13%,公路客运量完成3 488千人,同比下降1.2%,公路旅客运输周转量完成155 382千人公里,同比下降6.4%,公路总里程2 987公里。

全年完成邮电业务总量7 248万元,同比增长17.6%,固定电话用户达48 000户,同比增长14.1%,其中城市电话用户14 200户,增长1.4%,农村电话用户33 800户,增长20.4%,移动电话用户57 703户,增长31.4%。

【金融】 年末金融机构各项存款余额为113 550万元,同比增长26.3%,其中企业存款余额为7 507万元,同比增长61.3%,城乡居民储蓄存款91 381万元,同比增长19.9%。各项贷款余额为129 871万元,同比增长17.4%,其中短期贷款余额123 092万元,同比增长19.8%,中长期贷款余额6 779万元,同比下降14%。金融机构现金收入626 819万元,现金支出665 297万元,分别比上年增长22.3%、26.1%,全年货币净投放38 478万元。

【保险】 保险机构保费收入2 903.2万元,同比增长17.4%,其中寿险业务保费收入2 108.3万元,健康险和意外伤害险业务保费收入182.1万元,财产险业务保费收入612.8万元。支付各类赔款及给付440.1万元,同比下降18.8%,其中寿险业务给付66.1万元,健康险和意外伤害险赔款及给付118.7万元,财产险业务赔款255.3万元。

【劳动就业】 年末从业人员19.9万人,比上年增加2 052人,增长1.04%,有1 159名下岗失业人员实现再就业,城镇登记失业率为4.0%。

【科技】 全县有各类专业技术人员5 874人,全年科技经费支出388 万元,同比增长120.5%,其中科技三项费用 323 万元,科学支出 65 万元。

【教育】 普通高中在校生4 820人,职业高中在校生 160 人,普通初中在校生18 372人,小学在校生31 847人。小学适龄人口入学率达99.8%,小学毕业生升学率达98.6%,初中毕业生升学率36.8%。改善办学条件,普通中学改扩建校舍125 508平方米,职业高中7 082平方米,小学153 218平方米,进修校2 061平方米。幼儿教育向标准化方向发展。

【文化】 全县有艺术表演团体 1 个,文化馆 1 个,公共图书馆 1 个,藏书72 659册,图书流动80 000册次,接待读者60 000人次,电影放映队 24 个,放映场次4 638次,广播人口覆盖率96%,电视人口覆盖率80.5%。

【卫生】 全县共有卫生机构 26 个,床位 418 张,卫生技术人员 889 人,其中执业医师 415 人,执业助师 56 人,注册护士 169 人,药剂人员 89 人,检验人员 44 人。

【体育】 全年举办各类运动赛会 17 次,参加运动员人数5 694 人次,83.7%的在校生达到国家体育锻炼标准。全县有各类社会福利机构 20 个,床位 320 张,收养 252 人。

【人民生活】 城镇居民人均可支配收入7 137.12元,比上年增加806.92元,增长12.8%,农牧民人均纯收入4 212.43元,比上年增加404.67元,增长10.6%。

【社会保障】 全县参加基本养老保险人数为2.6万人(在职14 871人),参加基本医疗保险人数为1.9万人(在职11 607人,退休人员7 186人),养老金能够足额按时发放,农村牧区参加基本医疗保险29.9万人,参加失业保险1.4万人,有 195 人领取失业保险金,有2 945户5 842人得到政府最低生活保障。

(县档案局)

赤　　峰　　市

【党政军领导名录】

市　委

书　记:罗啸天(1月离任)　杭桂林(蒙古族 1月任职)

副书记:徐国元　赵兴　斯日古楞(蒙古族)
张国华(11月离任)　王波(3月任职)

常　委:杨宝忠(4月离任)　陶淑菊(女　蒙古族)
李学玉(3月任职)　钱荣旭(蒙古族)　朱景田
句建奇　马爱国(9月离任)
吴力吉(蒙古族 3月任职)　孟繁有(11月任职)

人　大

主　任:照那斯图(蒙古族)

副主任:芒来(蒙古族 4月离任)　赵慧(女)
宝敬群(女　蒙古族)　刘廷赞　许兆峰　汝俊杰
梁万龙(4月任职)

政　府

市　长:杭桂林(蒙古族 1月离任)
徐国元(1月代理 4月任职)

副市长:王波(4月离任)　李学玉　马爱国(10月离任)
麻树昌　扎那(蒙古族)　李雪波(女)　姚云峰(蒙古族)
白玉刚(蒙古族)　张利平　李春光(12月离任)

政　协

主　席:张立华(满族 4月离任)　杨宝忠(4月任职)

副主席:哈斯巴根(蒙古族)　刘珍
呼格吉图(蒙古族)　郑喜春(4月离任)
郭丽虹(女)　林澄宇　邱富　白音那(蒙古族)
布和朝鲁(蒙古族)　李玉春(4月任职)

军分区

司令员:张忠(11月离任)　崇先锋(蒙古族 11月任职)

政　委:句建奇

【概况】　赤峰市位于内蒙古自治区的东部,地处燕山北麓、大兴安岭西南段与内蒙古高平原向辽河平原的过渡地带。赤峰市东与通辽市毗邻,东南与辽宁省朝阳市接壤,西南与河北省承德市交界,西北与锡林郭勒盟相连。地理坐标为北纬41°17′~45°24′,东经116°21′~120°58′之间。总面积90 021平方公里,东西最宽375公里,南北最长457.5公里。赤峰市设3个市辖区:红山区、元宝山区、松山区,辖7旗2县:阿鲁科尔沁旗、巴林左旗、巴林右旗、克什克腾旗、翁牛特旗、喀喇沁旗、敖汉旗、林西县、宁城县,共12个旗县区。总人口为439万人,人口密度51人/平方公里。赤峰市共有30个民族,汉族人口346.95万人,占全市人口的多数;蒙古族人口83.77万人。据1%人口抽样调查数据显示,年末全市常住人口439.3万人,出生率10.50‰,死亡率5.47‰,人口自然增长率5.03‰。

2005年,全市生产总值实现345.64亿元,按可比价格计算,比上年增长21.0%,增幅较上年提高4.7个百分点。其中,第一产业增加值92.54亿元,增长18.9%;第二产业增加值126.03亿元,增长25.6%;第三产业增加值127.07亿元,增长18.3%。人均生产总值7 848元,增长21.3%,按2005年末汇率折算为975美元。全年劳动生产率为16 067元,增长14.9%。

2005年全市三次产业结构由上年的27.1∶34.7∶38.2调整为26.8∶36.5∶36.7,第二产业比重提高1.8个百分点。工业增加值占生产总值的比重由上年的27.5%提高到29.5%,工农业增加值之比达1.1∶1,标志着赤峰市已进入工业化初级发展阶段;第一产业中畜牧业比重由上年的45.4%提高到50.0%;第二产业达到25.6%。

全年财政总收入完成31.52亿元,增长30.3%。其中,地方财政收入19.98亿元,地方财政一般预算收入15.88亿元,分别增长26.5%和16.7%;上划中央税收收入11.53亿元,增长37.4%。12个旗县区财政收入首次全部超亿元,元宝山区、红山区突破6亿元大关。

【农业】　全市农作物播种面积1 561万亩,增长4.9%。其中,粮食作物1 199万亩,增长2.0%;经济饲料作物362万亩,增长16.0%。粮食产量达67.64亿斤,增长7.5%。其中,谷物59.97亿斤,增长4.7%;豆类3.42亿斤,增长14.8%;薯类(折粮)4.25亿斤,增长59.8%。经济作物大幅度增长。油料2.33亿斤,增长70.1%;甜菜10.05亿斤,增长41.9%;烟叶0.36亿斤,增长44.0%;蔬菜38.55亿斤,增长24.6%。农田有效灌溉面积33.51万公顷,比上年增长3.4%;农牧业机械总动力达到270.10万千瓦,比上年增长7.6%;每公顷耕地拥有农业机械动力2.71千瓦,增长5.9%;全年农村牧区用电量8亿千瓦时,增长6.1%;化肥施用量17.45万吨,增长10.4%。

【畜牧业】 2005年6月末牲畜存栏突破1 400万大关，达1 455万头只，比上年纯增274万头只。牲畜出栏率48.9%，比上年提高7.3个百分点；良种及改良种率90.0%，提高2.4个百分点；能繁殖基础母畜存栏699万头只，比上年增加130万头只。

【林业 渔业生产】 全年完成营造林面积15.41万公顷，其中人工造林7.64万公顷，飞播造林0.90万公顷，封山育林6.87万公顷。在营造林面积中，国家重点工程完成15.07万公顷，占97.8%。全年水产品产量8 926吨，增长3.7%。

【工业 建筑业】 2005年，全部工业实现增加值102.00亿元，增长28.1%，增速快于上年4.0个百分点。其中全部国有及年销售收入500万元以上非国有工业企业完成74.14亿元，增长35.2%。规模以上工业经济效益综合指数达152.74，提高32.05百分点。原煤生产1 648.63万吨，增长3.2%；发电量104.42亿千瓦时，增长8.5%；化学原料药1.45万吨，增长6.1%；中成药0.16万吨，增长41.4%；配混合饲料37.63万吨，增长28.2%。

全年建筑业完成增加值24.03亿元，增长15.1%。

【交通】 2005年末，全市公路里程达到11 128公里，增长3.6%，其中等级公路率达到97.6%。全年公路货运量完成7 433万吨，增长8.9%；货物周转量44.37亿吨公里，增长10.1%。公路客运量2 687万人，增长3.3%；客运周转量14.70亿人公里，增长0.4%。

【邮电】 全年邮电业务总量完成17.99亿元，增长39.2%。其中，电信业务总量16.95亿元，增长42.2%；邮政业务总量1.04亿元，增长3.5%。市内电话交换机容量达73万门，增长12.3%，程控电话比重为100%；市内电话用户达到58.48万户，增长11.6%。其中，住宅电话43.86万户，增长3.9%；已通电话行政村所占比重为96.6%。移动电话用户达81.68万户，增长39.5%。计算机互联网用户5.63万户，增长16.4%。

【环境保护】 2005年，全市共完成166个污染治理、清洁生产、循环经济、综合利用项目和91个工业项目的环评审批，市本级项目环评执行率100%；有1 103家餐饮企业拆除原煤散烧炉灶，113家餐饮企业安装油烟净化装置，全市1 560家餐饮企业全部使用清洁燃料；33家洗浴锅炉改为型煤锅炉，关闭8家；市区有109个无排水管网的理发、美容、洗车等单位完成整改。2005年，赤峰市有2个自然保护区晋升为自治区级自然保护区，阿鲁科尔沁自然保护区晋升为国家级自然保护区。

【旅游业】 全年共接待境内外游客339.65万人次，比上年增长17.0%。其中，海外游客11 035人次，国内游客338.55万人次。旅游业总收入实现25.39亿元，增长95.0%，相当于地区生产总值的7.3%。其中，国际旅游创汇444.3万美元；国内旅游收入25.03亿元。

【固定资产投资】 2005年，全社会固定资产投资完成231.28亿元，增长42.7%。其中，50万元以上项目完成投资227.09亿元，增长34.4%。第一产业投资40.34亿元，增长14.9%；第二产业投资90.31亿元，增长88.3%。工业完成88.79亿元，增长88%，其中电力、煤气及水的生产和供应业完成28.92亿元，增长117.9%；第三产业投资96.44亿元，增长59.3%。其中交通运输邮电完成40.40亿元，增长60.5%；文化、体育和娱乐业完成1.13亿元，增长5.05倍。全年新建公路1 352公里、改建公路1 130公里、新建独立公路桥梁379米。

【国内贸易】 2005年，全市消费品零售总额实现137.24亿元，增长16.2%。分城乡看，市的消费品零售总额实现70.38亿元，增长16.8%；县的消费品零售总额实现36.81亿元，增长15.8%；县以下实现30.05亿元，增长15.1%。分行业看，批发零售贸易业零售额实现115.60亿元，增长14.8%；餐饮业零售额15.59亿元，增长18.6%；其它行业零售额6.05亿元，增长15.3%。

【对外经济】 全年外贸进出口总额实现16 268万美元，比上年增长38.2%。其中，进口总额9 353万美元，增长68.6%；出口总额6 915万美元，增长11.1%。在进出口总额中"三资"企业完成4 307万美元，增长33.6%；自营企业完成11 910万美元，增长39.3%。全年合同外资额7 130万美元。实际利用外商投资531万美元。

【重大项目建设】 全年完成投资超亿元的项目有20个，共完成投资80.71亿元，占固定资产投资总额的34.9%。其中，赤峰至通辽高速公路完成17.02亿元，赤峰至大板高速公路完成7.92亿元，奶牛产业化项目完成7.49亿元，肉羊产业化项目完成7.44亿元，元宝山发电厂四号机组复建工程完成6.60亿元，赤峰远联钢铁有限公司钢铁项目完成4.00亿元，克什克腾旗赛汉坝风电场完成3.15亿元，赤峰市京津风沙源治理工程完成3.20亿元，赤峰热电厂四期工程完成3.01亿元。

【招商引资】 2005年，赤峰市共引进国内外资金折合人民币123亿元，突破100亿元大关。较上年同期相比增长189%。其中实际利用国内区外资金122亿元，完成自治区下达指标任务的153%。1~12月，全市实施投资达5 000万元以上的大项目67项，累计到位资金83亿元，占全市到位资金的67.9%。其中,投资额在1亿元以上大项目36项,到位资金69亿元,占全市到位资金的56.5%。共引进到位资金106亿元,占引进到位资金的87.2%。

【金融】 2005年底,金融机构各项存款余额为319.87亿元,增长25.4%。其中,城乡居民储蓄存款余额225.53亿元,增长20.6%。金融机构各项贷款余额189.48亿元,增长8.2%。

【保险】 全年财产保险金额276.30亿元,比上年增长7.2%;保费收入1.28亿元,增长14.6%;已决赔款金额6 295万元,增长0.5%。年末人寿险承保人数201万人次,比上年增加130万人次;保费收入4.79亿元,增长3.3%;赔款3 828万元,增长29.0%。

【教育 科技】 赤峰学院全年招收学生2 436人,在校学生7 748人,毕业生1 449人;6所中等专业学校,全年招收学生3 874人,在校学生9 552人,毕业生3 207人。

全市初中和小学在校学生分别为21.0万人和30.7万人,入学率为98.20%和98.73%,辍学率为1.08%和0.12%。初升高升学率达65.82%,高中阶段在校生达到15.1万人。高考录取率达到89.20%,比上年提高3.90个百分点。升学人数达到3.63万人,增加3 501人,其中考入清华、北大的有36人,增加10人。中等职业教育、民族教育和特殊教育也有新发展。全年普通中小学新增校舍21.5万平方米,危房比例控制在国家规定的范围内。中小学计算机拥有量达到18 372台,增长14.4%,图书848.3万册,增长3.6%。全年签订技术合同18项,合同成交额2 566万元。

【文化】 是年,全市拥有艺术表演团体12个,公共图书馆14个,群艺馆、文化馆13个,博物馆8个;广播电台1座,电视台1座,电视发射台、转播台和差转台346座,其中功率1 000瓦以上9座。广播混合覆盖率93.6%,电视混合覆盖率88.1%。《赤峰日报》全年出版2 885千印张。

【卫生】 年末,全市拥有医疗卫生机构825个,增加17个。其中医院62个,增加4个;卫生院242个,增加1个;采血机构6个;妇幼保健机构13个;专科疾病防治机构13个。全市医疗卫生单位实有病床位11 445张,增加577张。专业卫生技术人员15 239人,增加488人。

【体育】 2005年,赤峰市体育健儿参加自治区级比赛10项,共获奖牌138枚,其中金牌51枚。全年举办县级以上运动会78次,参赛人数8.8万人次,其中体委系统举办14次,参赛人数1.1万人次。全年发展二级运动员17人。全市老年体协组织已发展到3 196个,经常参加体育锻炼的老年人30.8万人,占老年人口总数的64.0%,比上年提高4.0个百分点。

【人民生活】 全市城镇居民人均可支配收入为7 572元,增加866元,增长12.9%。农牧民人均纯收入2 817元,增加402元,增长16.6%。其中,农民人均纯收入2 834元,增加393元,增长16.1%;牧民人均纯收入2 625元,增加453元,增长20.9%。城镇居民人均消费性支出5 755元,较上年增长10.2%。农牧民人均生活消费性支出2 260元,增长25.7%;城镇居民恩格尔系数(食品支出占消费总支出的比重)为31.8%,与上年持平。农牧民恩格尔系数39.4%,下降2.7个百分点;年末城镇居民现住房屋人均使用面积20.35平方米,增加0.76平方米。农牧民人均居住面积20.96平方米,增加1.18平方米。其中,农民人均住房面积21.36平方米,增加1.19平方米;牧民人均住房面积16.42平方米,增加0.68平方米。

【社会保障】 2005年,全市各类社会福利院实有床位7 264张,收养5 086人。建立各种社区服务设施2 627处。城乡居民得到国家救济的达19.7万人。享受国家城镇居民最低生活保障人数为6.66万人,增加5 739人。全年低保资金支出6 349万元,增长44.5%。

年末全市有20.16万职工参加基本养老保险,6.17万离退休人员参加离退休费社会统筹,分别比上年增长5.6%和6.6%。

【就业】 年末全市从业人员221.98万人,增加13.72万人。全市城镇新增登记失业人数2.1万人,新增就业人数1.40万人,登记失业率4.2%。

【三座店水利枢纽工程开工建设】 2005年7月1日三座店水利枢纽工程开工,完成投资9 500万元。三座店水利枢纽工程坝址位于松山区初头朗镇三座店村附近。项目建设总投资7亿元,建设期为3.5年,总库容3.03亿立方米,为国家大(Ⅱ)级水库。2005年,被国家发改委列为与南水北调等大型工程重点调度的水利项目。至2005年底,工程一期移民122户487人,主坝基础防渗墙处理试验段已经开工。

【荣获全国社会治安综合治理"长安杯"】 2005年5月23日全国社会治安综合治理表彰奖励大会在北京召开,赤峰市被授予"全国社会治安综合治理长安杯",这是第四次被评为全国社会治安综合治理优秀地区,实现了社会治安综合治理"四连冠"。

【劳务输出】 2005年,赤峰市劳务输出总量达104.12万人次,其中有组织输出超过20万人，全市劳务输出总收入突破25亿元。为保护市场经济中弱势群体的权益，市、旗、乡三级司法部门建立农民工法律援助中心，各旗县区劳务输出办和劳动监察部门建立专门的农民工维权中心。被首都称为“望京守护神”的望京保安大队里，有3 000人是来自赤峰敖汉旗的青年农民。松山区的建筑工程队、翁旗的月嫂、小保姆在北京、天津等地深受赞誉。

【全国第一个百万千瓦级风力发电场落户赤峰】 2005年8月12日，中国大唐集团公司在克什克腾旗赛罕坝风电场举行中国大唐首批风电机组投产暨赛罕坝风电二期工程开工仪式。同时中国大唐集团公司与赤峰市人民政府签订在克什克腾旗赛罕坝地区投资100亿，建设总装机100万千瓦风电场的协议。争取在最短时间内建成以克什克腾旗赛罕坝为中心，向东辐射相邻翁牛特旗、松山区的全国第一个百万千瓦级风电场。

【克什克腾国家地质公园晋升世界地质公园】 2005年2月11日，联合国教科文组织世界地质公园专家评审大会宣布：中国内蒙古克什克腾国家地质公园入选世界地质公园名单，晋升为世界地质公园。成为国家第二批晋升世界地质公园成员之一，同时也成为内蒙古自治区唯一一家世界地质公园。克什克腾世界地质公园保存的地质遗迹在国内外都具有独特、稀有、典型、优美、多样与代表性，具有很高的地质地貌科学研究价值、自然人文科学价值和生态旅游价值。

【新型农村牧区合作医疗让敖汉旗40万农牧民受益】 2005年3月1日，赤峰市新型农村牧区合作医疗试点工作在敖汉启动，成为全市唯一一个实行农村牧区合作医疗试点的旗县。“新型农村牧区合作医疗制度”是由政府组织、引导和支持农牧民自愿参加，个人、集体和政府多方筹资，以大病统筹为主的农牧民医疗互助共济制度，农牧民住院费用在200元以上就可以根据比例报销，最高的可以报销8 000元。这次新型农村牧区合作医疗试点工作把特困户、军烈属、五保户等纳入合作医疗。

【内蒙古第三届农博会】 3月16日至18日，内蒙古第三届农博会暨赤峰市第五届农交会在元宝山区正式召开。来自全国的参展商近400家，交易额4.3亿元。约6万人次的农牧民和社会各界人士参加大会。会议受到国家有关单位及各层次媒体的好评。

【李铁映视察赤峰】 5月20日至22日，以全国人大常委会副委员长李铁映为组长的全国人大常委会执法检查组到赤峰市检查安全生产实施情况。

（肖丽娜）

红　山　区

【领导名录】

区委书记：董歧福
人大主任：王维新
区　　长：韩　铭
政协主席：郝庆云（女）
武装部长：唐根朝
政　　委：杜凤林

【概况】 红山区地处北纬42°13′～42°21′、东经118°53′之间。全区总面积170平方公里。辖1乡3镇9个街道办事处，33个行政村、67个社区居委会。至2005年底，全区总人口30.53万人，其中，非农业人口25.55万人。人口出生率8.35‰，人口死亡率3.51‰，人口自然增长率5.63‰。有22个少数民族。

2005年，红山区实现地区生产总值51.54亿元，比上年增长22.5%，其中，第一产业增加值1.74亿元，增长11.2%；第二产业增加值20.21亿元，增长24.1%；第三产业增加值29.60亿元，增长22.1%。三次产业比重为3.4∶39.2∶57.4；实现财政收入6.19亿元，增长32%，其中地方财政收入3.46亿元，增长27.4%。完成固定资产投资22.15亿元，增长32.4%；社会消费品零售总额33.8亿元，增长18.3%。

【农业】 2005年粮食总产2.14万吨，比上年下降4.9%；蔬菜总产13.74万吨，比上年下降1.0%；肉类总产6 971吨，蛋类总产5 115吨。全年新增花卉种植面积60亩，花卉基地面积累计达到328亩，花卉品种达到240个；建日光温室967亩，完成设施农业小区建设3处。年末全区拥有农业机械总动力45 442千瓦，机耕面积2.95万亩，机播面积2.67万亩。全年化肥施用量（折纯量）1 947吨，农村用电量1 459万千瓦时。

【畜牧业】 12月末家畜存栏42 321头只，奶类总产1.03万吨。

【林业】 全年完成人工造林合格面积2 000亩，低产林改造1 600亩，育苗面积700亩，义务植树40万株，四旁植树6万株。森林病虫害防治面积1万亩。

【工业】 全年完成工业增加值17.87亿元，比上年增长25.5%，其中，规模以上工业企业完成增加值13.05亿元，比上年增长24.8%。

规模以上工业企业综合经济效益指数为175.02。其中：总资产贡献率12.1%,资本保值增值率130.54%,资产负债率47.49%,流动资金周转率2.6次,成本费用利润率5.37%,劳动生产率105 090元/人,工业产品销售率98.54%。

【城市建设】 全年投入城市建设资金1.27亿元,完成哈达西街、站前大街、解放街、新华路中段、三中街西段、五中街和北环路等街路改造工程,新建道路7 580米,改造道路面积17万平方米。实施了步行街、文化广场景观亮美工程,对步行街实行封闭式管理。全年治理小街小巷29条,改造村级油路4.7公里。对昭乌达路、铁南大街等路段进行绿化,新建改建绿地1.8万平方米。

【环境保护】 全年集中开展环境整治,彻底治理洗浴业燃煤锅炉,全面治理餐饮业燃煤大灶,对41家浴池进行限期治理,更换型煤锅炉28家,关闭停业8家。

【交通】 全区有公路112公里,其中,国道11公里,省道22公里,县道27公里,乡道52公里,综合好路率为83.6%。全年公路货运量449万吨,货运周转量37 220万吨公里;公路客运量2 769万人次,客运周转量24 203万人公里。建设公路5.204公里,其中改建西水地村级油路4.7公里,改建省道205线清河路至北大桥段504米。

【贸易】 全年实现社会消费品零售总额33.80亿元,比上年增长18.3%。其中,批发零售贸易业28.45亿元,比上年增长17.7%;餐饮业2.61亿元,比上年增长17.1%;其它行业2.26亿元,比上年增长19.4%。全区有亿元市场5个,全年总成交额18.55亿元。

【固定资产投资】 全年完成全社会固定资产投资22.15亿元,比上年增长32.4%。其中,基本建设投资完成7.86亿元,比上年增长2.2%;更新改造完成投资5.21亿元,比上年增长3.2%;其它投资完成0.7亿元,比上年增长9.2%;农村非农户完成投资1.11亿元,比上年增长7.1%;房地产开发完成投资7.27亿元,比上年增长16.0%。全年新增固定资产11.1亿元。

【项目投资】 全年实施投资100万元以上项目89项,完成投资16.27亿元。其中:投资3 000万元以上工业项目10项,完成投资11.36亿元。引进区外国内资金18.6亿元。

【科技】 全年完成"稀土饲料"、"环保型锅炉"等科技成果转化项目,有4项科技成果申报科技进步奖。全年申请国家专利45项,授权22项。至2005年末,全区共有8家自治区级民营科技企业、4家市级"十佳民营科技企业"、3家自治区级高新技术企业。

【教育】 2005年有各类学校92所,其中:小学33所,初中8所,普通高中13所,职业高中2所,幼儿园34所,特殊教育学校2所。在校学生总数61 820人,其中小学23 167人,初中12 070人,普通高中17 243人,职业高中2 913人,学前教育在校(园)生数6 059人,特殊教育254人。有专任教师4 600人。2005年红山地区高考报名人数为6 703人,院校录取人数为4 732人。

【文化】 红山区有公共图书馆2个,藏书35万余册。基层文化站13个,乡镇文化中心3个,群众业余文艺团队2个。全年组织各种社区群众文化活动53场(次),以社区文化促进并带动了全区基层文化工作的全面开展。

【卫生】 全区有医疗卫生机构8个,床位649张,卫生技术人员846人。

【体育】 全年举办第二届"农运会",比赛项目5项,台球、网球、乒乓球、门球联谊赛各1次,承办台球、门球邀请赛11次,参加市"八运会"比赛13项。武术队四次代表赤峰市参加自治区和全国比赛,共获14个第一名,8个第二名;篮球队获自治区青少年篮球赛冠军;乒乓球队获内蒙古青少年乒乓球比赛青少年乙级团体第一名。

【人民生活】 市区居民人均可支配收入8 196元,比上年增长12.4%;农民人均纯收入5 157元,比上年增长12.4%。

【社会保障】 年内收缴养老保险金2 589万元,发放养老保险金2 400万元,有3 596人领取养老保险。2005年,红山区共有低保对象2 607户,6 463人。月发放低保金50万元,全年共发放保障金594万元,人均补差78元。保障对象占城市人口的比例为2.47%。城镇在岗职工49 754人,其中:国有单位职工32 757人,其他经济类型单位职工16 997人。全年职工工资总额64 963万元,其中,国有单位工资总额49 520万元,其它单位职工工资总额15 443万元。全区在岗职工平均工资为13 382元。

(毕世达)

元宝山区

【领导名录】

区委书记:辛广昌(5月任职)

人大主任:谢宝金

区　　长:邹德华(5月任职)

政协主席:孟繁臣

武装部长:李柱维(蒙古族)

政　　委:翟建超

【概况】 元宝山区是内蒙古赤峰市辖区,位于东北与华北两大区域结合部,距北京、沈阳各500公里,距锦州港230公里,是内蒙古最近的出海通道。地理坐标为北纬41°55′~42°25′,东经119°03′~119°30′。全区总面积887平方公里,辖5镇2个街道办事处,总人口29.1万人,其中非农业人口17.9万人。

2005年,地区生产总值实现56.83亿元,比上年增长27.3%。其中,第一产业增加值5.55亿元,增长52.4%;第二产业增加值32.76亿元,增长29.9%;第三产业增加值17.54亿元,增长18.2%。三次产业比重达到10.5∶57.6∶31.9。全区财政收入完成6.48亿元,增长25.8%。固定资产投资累计完成24.73亿元,增长39.1%;其中,工业固定资产投资15.30亿元,增长62%,占全部投资总额的61.9%。

【工业】 全部工业增加值实现30.12亿元,同比增长32.1%。工业对经济增长的贡献率达到60.2%。新增规模以上企业5家,规模以上工业实现增加值26.62亿元,同比增长29.2%,占全市规模以上工业增加值的35.91%。全年实施新改扩项目99个,完成投资15.3亿元。瑞阳化工、元兴饲料项目建成投产,祥润制药、泰胜风电机组装及配件、宏文机电二期、蒙碧绮羊绒制品、风选煤等项目进展顺利,煤化工、草原天骄羊绒制品项目奠基,金兴木业、正源电力正式注册。元电三期4号机组、平煤公司老公营子煤矿等续建项目完成年度投资。采取担保、拆借等方式,帮助部分企业筹集资金,促进项目建设和生产经营。规范煤炭行业发展,按上级要求实施煤矿整顿关闭,重新核定煤炭企业产量和税收,提高煤炭行业整体效益和安全水平。加快发展园区经济,规划42平方公里宝山工业园区,投资1 173万元完善平庄、五家工业园区基础设施,新增入园项目12个,入园企业达到38家。

【城镇建设】 投资2.2亿元,完成土地征用、基础设施配套和景观绿化工程,两所高中当年建成,5家机关单位办公楼开工。投资1 700万元,改造维修城区部分街路,实施街路两侧及小区美化、亮化和热力管网延伸工程。马蹄营子乡整体划入元宝山区,拓展平庄城区发展空间。加快城乡道路及设施建设,投资1 840万元,新建、改造邵大线、美山线、平牛线等公路18.1公里,重建旱河银河桥和山前桥,新建5个乡镇客运站。总投资3 600万元的平庄城区给水管网改造国债项目通过自治区审批。

【交通】 全区公路通车里程301.1公里。公路运输完成货运量226万吨,比上年增长5.5%,完成公路货物周转量7 745万吨公里,比上年增长9.4%。公路运输完成客运量110万人,比上年增长3.8%,完成公路客运周转量6 715万人公里,比上年增长11%。

【邮电】 全年完成邮电业务总量9 638万元,比上年增长33.28%,其中,移动通讯业务总量4 533万元,增长130%,邮政业务总量1 107万元,增长20.4%。全区固定电话用户6.6万户(含小灵通),移动电话用户达11.3万户,互联网用户5 000户。

【农牧业产业化】 龙头企业带动能力进一步提高,草原兴发被评为全国农业产业化优秀龙头企业;赤峰伊利液态奶生产线经二次扩建日处理鲜奶能力达360吨。构建市场营销网络,古山绿源蔬菜产业有限公司进驻北京顺鑫石门市场,五家天池、古山绿源蔬菜产地批发市场相继开工建设和投入使用。扎实推进四大产业基地建设,融资2亿元,新续建奶牛小区18处,奶牛存栏突破3万头;新增保护地蔬菜1万亩,总面积达到2.7万亩;新建绿鸟鸡放养场21处,肉鸡出栏2 200万只;人工种草3.2万亩,种植粮饲兼用玉米17.3万亩。完善动物防疫和疾病诊疗体系,组建区、镇动物防疫机构和奶牛服务中心,争取上级资金3 000余万元,实施林业、水利和农业综合开发等基础设施建设项目。

【商业】 全年社会消费品零售总额20.44亿元,比上年增长17.6%。其中,批发零售贸易业零售额17.04亿元,增长16.6%;餐饮业零售额2.68亿元,增长25.7%;其它行业零售额0.72亿元,增长13%。

【招商引资】 全年共引进资金13.01亿元,开工建设各类引进项目47个,其中投资500万元以上的重点项目18个。

【金融】 年末金融机构各项存款47.01亿元,比年初增加10.23亿元,增长27.8%。其中城乡居民储蓄存款余额35.03亿元,比上年增长24.0%。银行各项贷款余额29.82亿元,同比增长2.6%。

【保险】 2005年,保险业保费收入7 097万元,比上年下降13.6%,其中,财产险收入2 439万元,增长13.7%,人寿险收入4 658万元,下降23.3%。全年保险业赔付额3 146万元,增长80.5%,其中,财产险赔付942万元,人寿险赔付2 204万元。

【科技】 成功举办内蒙古第三届农牧业科技成果博览会暨赤峰市第五届新品种、新技术交易会,各项成交额达到5.27亿元;再次荣获"全国科技进步先进县"并被列入自治区唯一的可持续发展实验区。全年开展科技培训4.3万人次,其中专业技术人员1 000多人次,农村党员和基层干部2 100多人次;完成专利技术咨询20多起,申报专利7项,获得专利授权11项,完成技术合同认定登记交易额420万元。

【教育】 全区共有普通教育学校92所,在校学生52 540人,其中:小学68所,在校学生25 327人;普通中学24所,在校学生27 213人,其中:高中在校生10 794人,初中在校生16 419人;职业中学3所,在校学生2 416人。特殊教育学校1所,在校学生45人。幼儿园30所,在园幼儿3 606人。全区教育系统教职工5 067人,其中专任教师4 255人。

【文化】 2005年末,全区有文化馆一个,馆舍面积1 029平方米,举办大型群众文化活动3次,参与群众达32万人次;公共图书馆一个,馆舍面积1 016平方米,馆藏图书4.5万册。有文物管理所一处,馆藏文物405件。广播电视方面,有一处1 000W电视差转台一和处1 000W调频广播转播台,有线电视用户2.8万户,覆盖全区66个行政村中的46个,覆盖率为69%,无线覆盖达96%。光缆干线总长133公里。

【卫生】 元宝山区共有卫生机构182家。公立、集体卫生机构34家,其中区属20家,驻区企业14家,区属卫生单位分别是区级医院2所,乡镇(中心)卫生院11所,区直防保单位3所,乡镇防保站4家。另有村卫生所79所,个体诊所、社会办医机构41家,社区卫生服务站1家,下设门诊27家。赤峰宝山医院、赤峰宝山中医院、平煤公司总医院、元宝山矿医院为二级医院,乡镇卫生院及其他企业医院为一级医院。全区有卫生技术人员2 449人,其中驻区企业1 499人,区属卫生单位卫生技术人员633人,个体诊所、社会办医机构115个,村卫生所202人。病床总数1 592张,地方561张。每万人口拥有卫生技术人员76人,拥有病床49张。

【体育】 完成全市国民体质监测农村人口2 000人测试任务;成功举办全市农村牧区、城市社区体育工作经验交流现场会;承办全市"地税杯"棋牌赛;平庄街道办事处获自治区"城市体育先进社区"称号,程桂华获"全国群众体育先进个人"称号。

【计划生育 人民生活】 年末全区总人口为291 219人,人口出生率8.1‰;人口死亡率5.2‰;人口自然增长率2.9‰。在总人口中,60岁以上人口比重为8.3%。全年城镇居民人均可支配收入7 963元,比上年增加908元,增长12.9%。农民人均纯收入4 580元,比上年增加574元,增长14.3%。居民家庭恩格尔系数(即居民家庭食品消费支出占家庭消费总支出的比重),城镇居民为34.3%,比上年降低0.4个百分点;农民为30.81%,比上年上升0.81个百分点。

【社会保障】 年末全区参加基本养老保险职工8 584人,比上年增加1 176人;参加失业保险职工42 627人,比上年增加390人;领取失业保险金人数213人,比上年减少318人;有12 600名职工和2 122名离退休人员参加基本医疗保险,全年有7 433户共20 518名城市居民得到最低生活保障救济。

(孙小峰 马永刚)

松 山 区

【领导名录】

区委书记:赵知文

人大主任:常柏林

区　　长:戈树奎(满族 5月离任) 王玉良(5月任职)

政协主席:张明华

武装部长:韩庆宝

政　　委:孙德才

【概况】 赤峰市松山区地处内蒙古自治区东部,赤峰市中南部。地理坐标为北纬42°01′~42°43′,东经117°47′~119°39′。东西最长152.5公里,南北最宽77公里,总面积5 955平方公里。东与敖汉旗相望,西与河北省围场县搭边,西北与克什克腾旗接壤,南与喀喇沁旗、元宝山区毗邻,北与翁牛特旗交界。是联结东北、华北两大经济区的重要枢纽。年末松山区户籍人口54.1万人,比上年末增加0.2万人。按户籍人口测算,全区人口出生率为10.4‰,死亡率3.7‰,自然增长率6.7‰。

2005年实现地区生产总值(含文钟镇,下同)41.92亿元,比上年增长22.3%。其中第一产业增加值14.1亿元,增长13.3%;第二产业增加值14.26亿元,增长30.1%;第三产业增加值13.56亿元,增长23.5%。按户籍人口计算,人均GDP达到7 759元(折合942美元),比上年增长21.8%,是2000年的2.9倍。三次产业结构由2000年的36.1∶29.2∶34.8变化为2005年的33.6∶34.0∶32.4。"十五"期间,全区生产总值年均增长20.1%,超出"十五"计划目标9.6个百分点。全年财政收入达2.25亿元,比上年增长33.9%,其中地方财政收入1.57亿元,增长33.1%。城镇居民人均可支配收入比上年增加906元,达7 489元,增长13.8%;农民人均纯收入比上年增加560元,达3 220元,增长21.1%。

【农业】 2005年农作物总播种面积236.8万亩,其中种植优质粮食作物176万亩,同比增长1.1%;油料播种25.9万亩,增长

31.5%；糖料播种6.1万亩，增长27.1%；蔬菜播种17.6万亩，增长18.9%。全年粮食总产57.26万吨，增长7.0%，居全市第一位，成为国家200个产粮大县之一；蔬菜总产52.1万吨，增长46.4%；油料产量3.2万吨，增长58.3%。全区种植业增加值完成7.8亿元，增长8.9%。年销售收入100万元以上的龙头企业发展到40家，新增18家，参与产业化经营的农户6万户，农村合作经济组织发展到190个，农民经纪人发展4 900人。

【牧业】 年末牲畜总头数50.84万头只，同比增长2.3%。新增奶牛5 050头，总量达1.8万头；6月末，肉牛存栏6.73万头，比上年增加1.84万头，同比增加37.8%；肉羊存栏32万只。全年肉类总产量5.34万吨，增长0.8%；禽蛋总产量4.57吨，增长26%；牛奶总产量4.20万吨，增长3.9%；生猪出栏23.66万头，增长4.4%；出栏家禽649.83万只，增长14.5%。全区畜牧业增加值完成6.1亿元，比上年增长20.1%，占第一产业的比重达42.9%以上。

【林业】 全年完成生态治理面积64万亩。组织实施退耕还林、沙源治理和德国援助项目三大工程建设，完成林业治理27.5万亩，其中人工造林15.4万亩，城区周边绿化5.53万亩，飞播造林0.3万亩，封山育林11.8万亩。

【水利】 新建各类水源工程560处，其中打配机电井115眼，新增有效灌溉面积3.81万亩，新增节水灌溉面积4.97万亩，完成水保治理面积26.82万亩，解决1.42万人、1.61万头牲畜的饮水困难。

【工业 建筑业】 全年全部工业增加值完成10.92亿元，同比增长49.0%，其中规模以上工业增加值完成6.6亿元，增长68.6%，连续4年保持35%以上的增速；实现利税分别达到2.23亿元和7 531万元，分别增长118%和78%；产品销售率达99.43%；比上年提高1.29个百分点；工业经济效益综合指数达188.07%，同比增长56.53个百分点。"十五"期间，全区工业增加值年均增长24.6%，比"九五"时期提高19.6个百分点。建筑业实现增加值3.34亿元，比上年下降10.8%。"十五"期间，全区建筑业增加值年均增长12.8%。

【固定资产投资】 全社会固定资产投资35.36亿元，比上年增长3.0%。其中50万元以上投资完成31.6亿元，增长0.9%。其中工业项目完成投资9.5亿元，占总投资的30%以上；房地产开发项目5亿元，农林牧水项目6.9亿元，基础设施项目4亿元，商贸流通项目1亿元，社会事业项目5.2亿元。"十五"期间，全社会固定资产投资累计达85.9亿元，相当"九五"时期的6倍。

【国内贸易】 实现社会消费品零售额15.1亿元，比上年增长17.2%。其中批发、零售贸易业12亿元，增长16%；餐饮业2.9亿元，增长23.4%。"十五"期间，全区累计实现社会消费品零售额51.8亿元，相当于"九五"时期的2.2倍。

【交通 邮电】 公路货运量448万吨，公路货运周转量19 728万吨公里，同比增长15.5%；公路客运量420万人次，全年完成客运周转量13 020万人公里，增长23.6%。全年完成邮电业务总量6 065万元，增长6.1%，其中，邮政业务总量1 411万元，增长14.6%；电信业务总量4 654万元，增长3.8%。全区固定电话数年末达97 825户，新增10 876户，其中农村56 622户，新增8 595户。国际互联网用户达3 634户，新增482户，手机用户达75 150户，新增32 992户。

【招商引资】 全年共实施招商引资项目78个，引进资金13.36亿元，同比增加5.21亿元，增长83.9%。其中引进国内自治区外投资项目51个，到位资金11.86亿元，同比增长4.42亿元，增长59.7%，引进自治区内松山区外项目27个，到位资金1.5亿元，同比增加0.79亿元，增长111.3%。辽河油田、辽宁金盛、大唐电力和浙江方氏等十几家有实力的大集团到松山区投资兴业。

【金融 保险】 全部金融机构各项存款余额35.44亿元，同比增长35.1%；年末各项贷款余额15.65亿元，同比增长8.7%。全年保险公司保费收入8 533万元，增长26%。其中，寿险保费收入4 700万元，增长29.1%；财产险保费收入3 833万元，增长22.5%。

【民营经济】 个体私营企业发展到10 274个，其中个体企业9 471个，私营企业803个；从业人员达80 035人。实现现价总产值53.64亿元，其中个体企业18.87亿元，私营企业34.77亿元；增加值达19.11亿元，其中个体企业6.74亿元，私营企业12.37亿元；上交税金1.18亿元，其中个体私营0.36亿元，私营企业0.82亿元。

【科技】 共有各类专业技术人员10 874人。

【教育】 松山区有普通高中5所，招生5 969人，在校生15 941人，毕业生3 778人；初中学校36所，招生8 015人，在校生25 917人，毕业生10 832人；普通小学184所，招生5 686人，在校生37 509人，毕业生1 451人；小学学龄儿童入学率100%。幼儿园49所，在校人数为334人。成人教育共有学校295所，毕业人数达5 500人。

【文化】 拥有文化馆(站)14个,公共图书馆1个,乡镇广播电视用户达7.8万户,有线电视覆盖文化率达92.8%。

【卫生】 年末全区共有卫生机构39个,其中医院3个,卫生院28个,妇幼保健站1个,专科疾病防治院1个,健康教育所1个,卫生防疫站1个、中等医院教育机构1个,社区卫生服务站4个。全区共有床位632张。卫生技术人员668人。

【社会保障】 全区参加基本养老保险人数12 400人,比上年增加890人。其中参保职工5 666人,参保离退休人员3 321人。全区参加医疗保险人数为2.09万人,增加0.11万人。

【获奖】

赵剑楠 松山区公安分局局长,2005年4月公安部授予"全国优秀人民警察"称号。

吴瑞君 松山区农业技术推广中心主任,2005年12月农业部表彰为"科技入户先进技术指导员"。

邵秀莲 女,松山区农业技术推广中心副主任,2005年5月自治区党委、政府表彰为"深入生产一线突出贡献科技人员"。

杨凤山 松山区农业技术推广中心副主任,2005年12月农业部表彰为"科技入户先进技术指导员"。

钱景宽 松山区农业技术推广中心经副站站长,2005年2月获全国农牧渔业丰收计划二等奖。

单志云 松山区发改局价格成本调查队队长,2005年1月国家发改委表彰为"全国农产品成本调查工作优秀个人"。

刘喜芹 女,生前任赤峰市松山区初头朗镇柴胡栏子村计生村主任,2005年11月被国家人口计生委授予"全国人口和计划生育系统新时期最可爱的人"荣誉称号。

(鲁殿华)

阿鲁科尔沁旗

【领导名录】

旗委书记:王国江

人大主任:那顺孟和(蒙古族)

旗　　长:汪　洋(蒙古族)

政协主席:鞠喜玲

武装部长:王宝林

政　　委:张志刚

【概况】 阿鲁科尔沁旗地理位置在北纬43°21′43″~45°24′20″,东经119°02′15″~121°01′之间。地处大兴安岭南段山地东麓,西拉沐伦河北岸。位于内蒙古自治区中东部,赤峰市东北端。东与通辽市扎鲁特旗、开鲁县接壤,西与赤峰市巴林左旗、巴林右旗为邻,南与开鲁县、赤峰市翁牛特旗隔河相望,北和锡林郭勒盟西乌珠穆沁旗、东乌珠穆沁旗毗连。全旗总面积14 555平方公里,辖23个苏木乡镇,其中牧区苏木镇11个,农区乡镇12个,有245个嘎查村、6个居委会,其中牧区嘎查106个。全旗总人口30.06万人,其中非农业人口4.07万人,单位从业人员2.16万人,乡村从业人员12.69万人。境内人口密度为20.99/平方公里。有蒙古、汉、满、回、朝鲜、达斡尔、鄂温克、鄂伦春、壮、藏、苗,土家等12个民族,其中蒙古族人口11.66万人,占总人口的38.8%,其他少数民族占2.5%,是一个以蒙古族为主体、汉族为多数的地区,是自治区批准的纯牧业旗。

全旗地区生产总值达到19.31亿元,其中,第一产业实现增加值6.15亿元,第二产业实现增加值4.1亿元,第三产业实现增加值7.96亿元;财政收入完成11 067万元,财政总支出完成50 042万元;城镇居民人均可支配收入6 161元,农牧民人均纯收入2 378元。全旗粮食总产量达3.85亿斤,6月末牲畜存栏222.5万头只。全社会固定资产投资15亿元;消费品零售总额达到6.17亿元,城乡居民储蓄存款余额达6.45亿元。

【农业】 2005年,全旗粮食播种面积完成162万亩,其中粮豆作物播种面积达136万亩,粮食总产量达3.85亿斤,农作物良种覆盖率达95%。有7个农畜产品获得有机食品、绿色食品、无公害标志使用权。全年完成无公害农产品基地认证126.6万亩。劳务输出成为农牧民增收的重要途径,2005年输出7.36万人次,实现收入1.5亿元。

【畜牧业】 6月末,全旗各类家畜存栏达222.5万头只口,大小畜存栏达214万头只。全年共完成大小畜改良63.15万头只,其中肉牛冷配7.25万头、肉羊改良55.9万只;全旗新建棚圈5.4万平方米,完成动物防疫940万头只次。全年共投入农牧业产业化资金2.2亿元,肉羊、肉牛、奶牛、肉鸡、蛋鸡、肉鹅等产业得到巩固和提高。全旗建立各种专业合作社、协会等中介组织264个,发展各类经纪人3 100多人,参与产业化经营的农牧户占全旗农牧户总数的67.1%。

【工业经济】 2005年,绍根煤田西区矿井开工建设,完成投资1.3亿元。中区勘探基本完成,东区招商积极推进。绍根煤田外围区勘查全面展开。全旗有色金属采选能力达到日选700吨以上。龙头山银多金属矿日处理300吨矿石选厂建成启动生产;玛尼吐银锡矿日处理150吨矿石选厂恢复生产;喇嘛罕山多金属矿探矿权实现有偿转让。引入风险探矿机制,有24家企业在全旗范围内找矿探矿。总投资1.2亿元的50万吨水泥生产线扩建项目点火试车，进入设备调试磨合阶段，全旗水泥生产能力实现百万吨规模。年产2亿块生产规模的空心砖厂投入生产。日加工80吨色素万寿菊干花颗粒生产线建成投产。建成杂粮杂豆生产线10条，全旗年加工杂粮能力达5 000万斤。肉牛羊深加工扩建项目完工，全旗达到肉羊30万只、肉牛10万头的屠宰加工能力。

【城镇建设】 完善天山镇城镇总体规划修编。旗财政投资市政基础设施建设1 000万元，实施一批绿化、硬化、美化工程，城市绿化覆盖率达到14.5%。全年新修新、旧城区道路3 300延长米，其中建设水泥砼道路总长2 147米。污水处理厂完成排污管线铺设和各类机房建设。新建、改造和维修天山镇内公共厕所28个。全旗房地产新开工、续建面积达到26万平米，总投资2.2亿元。修编天山镇城区周边绿化规划，实施天山镇城镇及周边绿化工程。结合教育布局调整，在新城区新建设普通高中和初中各一所，新迁入天山镇的学生和教师近3 200人，有效地推进城镇化进程。

【基础设施建设】 实施天山镇新区至省际通道公路工程、303线天山至先锋油路翻修工程、新开河大桥新建工程等道交通项目建设；罕苏木、巴彦温都等4个苏木完成通乡油路路基工程。303线绍根至天山90公里二级收费路建设与兴发路桥公司签订合同，投资1.4亿元。全旗12个苏木乡镇通油路，黑色路面总长达336公里。全年新打机电井、小土井2 371眼，配套1 103眼，新增有效灌溉面积8.41万亩。电力条件根本改善，220千伏供电工程、天山镇城网改造工程已经建成投入使用。同时，采取网电和风电两种形式，积极开展未通电嘎查村办电工作。全旗移动电话达4.86万户，固定电话3.72万部，全旗计算机网络用户发展到1 933户，以科尔沁绿原为门户的旗人民政府网站开通。

【生态建设】 年内共完成生态治理总面积达128.3万亩，落实国家重点公益林项目302.61万亩，国家投资达1 361.7万元。禁牧休牧、草牧场“双权一制”、草畜平衡制度深入落实，牧区实行半年休牧，农区实现全年禁牧，全旗森林覆盖率达25.5%，被国务院命名为全国生态建设示范区。投资300多万元，完成罕山自然保护区办公楼和通电工程，阿鲁科尔沁湿地保护区晋升为国家级自然保护区。

【社会保障】 是年，全旗参加社会保险统筹缴费的各类人员7 466人，离退休人员及遗属3 721人，全年征缴基本养老保险费1 802万元，养老保险金发放率100%，基本医疗保险参保人员12 885人，退休人员3 136人，全年征缴医疗保险费724万元，支付医疗保险待遇657万元；工伤保险参保职工4 449人，全年征收工伤保险费40万元，支付工伤保险待遇14万元；生育保险参保职工2 407人，全年征收生育保险费8万元，支付生育保险待遇2万元；失业保险参保人数9 165人，全年收缴保险费112万元。全旗城镇低保人口新增1 600人，达到3 668人，发放低保资金284万元。认真贯彻落实再就业政策，通过多种形式实现再就业891人，城镇登记失业率为3.6%。强化劳动监察，受理农民工投诉案件36件，追回拖欠农民工工资款42.7万元。

【社会事业】 旗科技馆建成投入使用。深度挖掘蒙元文化和辽文化，查干浩特古城被评为国家级重点文物保护单位，群众文化生活日益丰富，实施有线电视光缆改造工程，广播电视人口覆盖率达到89%。卫生基础设施得到加强，医疗条件明显改善。切实加强人口和计划生育工作，全旗人口出生率达10.67‰，自然增长率6.06‰，稳定保持低生育水平。

【“两基”达标】 是年，全旗共投入学校基础设施建设资金9 476万元，其中旗财政自筹资金4 575万元，占总投资的48.3%。两次通过公开考录方式解决497名教师身份和待遇遗留问题；将1985年以前参加工作的47名民办教师转为合同制工人；11名场办教师归口管理；对1998年以来基层学校未上缴养老保险金的194名合同制工人养老保险金纳入旗财政预算；农村牧区教师全部享受医疗保险待遇；共偿还拖欠教师工资1 000万元。经过全旗上下合力攻坚，以优异的成绩顺利通过自治区“两基”达标验收。

（张向春　林学忱）

巴林左旗

【领导名录】

旗委书记：杨立刚

人大主任：孙庆莲（女　蒙古族）

旗　　长：王国良（蒙古族）

政协主席：范长才

武装部长：傅立文（3月任职）

政　　委：明俊国

【概况】 巴林左旗地处内蒙古自治区赤峰市北部，大兴安岭山脉向西南延伸处，西辽河支流乌力吉沐沦河中上游地段，内蒙古高原向东北平原的过渡带上。地理坐标为北纬43°36′～48°48′、东经118°44′～119°48′之间。东与阿鲁科尔沁旗为邻，西、南两面与巴林右旗接壤，北与锡林郭勒盟西乌珠穆沁旗交界。

全旗总面积6 713平方公里。辖11个乡、5个镇、3个苏木,165个行政村、8个居委会。至2005年底,全旗总人口35.34万人,全年人口出生率11.7‰,死亡率4.5‰,自然增长率7.2‰,比上年末减少1 225人,下降0.3%。

全旗完成地区生产总值21.47亿元,按可比价格计算,比上年增长16.5%。其中,第一产业实现增加值7.45亿元,增长47.2%;第二产业实现增加值6.34亿元,下降0.1%;第三产业实现增加值7.68亿元,增长12.0%。三次产业对地区生产总值的贡献率为11.78%、0.69%、4.03%,人均地区生产总值6 064元,比上年增长23.2%。全社会固定资产投资累计完成9.51亿元(不包括省际大通道投资),同比下降19.2%。全年财政收入累计完成(不含社保基金收入)17 136万元,同比增长39.3%。其中,地方财政收入累计完成8 081万元,同比增长10.5%。年末金融机构各项存款余额14.43亿元,比上年末增长21.6%。其中,城乡居民储蓄存款余额9.94亿元,增长22.1%。年末金融机构各项贷款余额7.23亿元,增长7.5%。国家银行净投放货币2.86亿元,增长85.5%。其中,城乡居民储蓄存款余额9.94亿元,增长22.1%。年末金融机构各项贷款余额7.23亿元,增长7.5%。国家银行净投放货币2.86亿元,增长85.5%。

【农牧业】 全年农林牧渔业实现总产值7.44亿元,增长47.2%。全旗农作物播种面积159.4万亩。其中,粮食作物播种面积121.4万亩,比上年增加1.7万亩,增长1.4%;笤帚苗种植面积30万亩,比上年增加12万亩,增长66.7%。全旗粮食总产量28.15万吨,比上年增长15.6%。牧业年度家畜存栏128.01万头只,比上年增长30.6%。年内人工造林合格面积8.2万亩,其中,退耕还林(草)6万亩。山杏林面积达到150万亩,结实面积110万亩。山杏核产量达到4 000吨。全年机耕地面积102万亩,比上年同期增长2%。农牧业机械总动力达到27.4万千瓦,增长14.6%;农村牧区用电量4 799万度,增长12.1%。

【工业 建筑业】 有规模以上工业企业16家,全部工业企业实现增加值5.53亿元,比上年增长9.2%。主要产品产量为:铅精矿含铅量2.23万吨,锌精矿含锌量6.5万吨,铅锭0.98万吨,铁矿原矿量6.5万吨,氧化锌1.85万吨;蒙茸胶囊8.9万盒,白酒829千升,供电量1.63亿千瓦时。规模以上工业企业实现利税15 880万元,比上年同期增长18.22%。工业企业综合效益指数168.18,按可比口径计算,比上年提高7.11个点。

【建设 环保】 全旗建筑业实现增加值8 163万元,比上年同期下降39.1%。林东镇烟尘治理年内共拆除供热管网内锅炉6座,新增供热面积14万平方米,使集中供热面积达到110万平方米以上。全年完成京津风沙源治理面积11.26万亩,禁牧面积80万亩。完成人工种草16.5万亩,水土保持23万亩。

【交通 邮电】 全年累计完成公路货运量61.3万吨,货运周转量4 025万吨公里;公路客运量205.5万人次,客运周转量12 263万人公里。全年完成邮电通讯业务总量5 051万元,比上年增长14.2%。全旗电话交换机容量达到42 016户。电话用户发展到31 313户,其中,住宅电话28 167户,比上年增长7.2%。已通电话的行政村比例达到100%。全旗移动电话用户达到3.4万户,比上年增长17.2%。计算机宽带网用户达到1 694户,增长113.6%,小灵通用户发展到11 680户,增长45.4%。

【贸易 旅游】 全社会商品零售总额7.94亿元,同比增长15.1%,按城乡分,城镇消费品零售额5.29亿元,增长16.5%;农村消费品零售额2.65亿元,增长12.5%;按行业分,批发零售贸易业完成零售额6.59亿元,增长16.7%,餐饮业完成零售额0.97亿元,增长7.3%,其他行业完成零售额0.39亿元,增长9.1%。全旗引进旗外各类资金6.12亿元,完成市下达任务的126%,其中:引进区外资金5.4亿元,新上项目64个。主要旅游景点有5处。全年接待国内外游客24万人次,实现旅游总收入4 965万元。

【教科文卫】 全旗普通高中在校学生5 473人,职业高中在校学生2 662人;初中在校生16 617人,初中入学率为98.86%;小学在校生23 109人,小学学龄儿童入学率99.89%。普通初中辍学率为2.5%,小学学生辍学率为零。年末全旗企事业单位共有各类专业技术人员7 698人,比上年增长3.4%。全年鉴定科技成果2项,获市级以上科技进步奖1项,申请国家专利2项。年末全旗拥有文化馆、博物馆、图书馆、电影院各1个;拥有调频台19个,中波台1个;电视转播台24个,有线电视网络106个。全旗有线电视通播2.9万户。年末全旗拥有乡级以上医疗卫生机构30个,其中,医院24个。年末医疗卫生机构拥有病床593张,其中,农村牧区拥有病床293张。全旗拥有各类卫生技术人员946人,其中,执业医师337人。

【人民生活】 全旗城镇居民人均可支配收入6 464元,同比增加514元,增长8.6%;农牧民人均纯收入2 828元,增加430元,增长17.9%。城镇居民人均消费支出5 196元,增加396元,增长8.2%;农牧民人均生活消费支出2 401元,增加499元,增长26.2%。全年在岗职工工资总额25 994万元,比上年增长7.8%。在岗职工年平均工资12 475元,增长9.9%。

【社会保障】 年末全旗共有6.8万农牧民参加农村社会养老保险,12 923名职工参加基本养老保险,4 293名离退休职工及遗属参加离退休费社会统筹,16 030名职工参加医疗统筹,全年发放基本养老金2 891万元,发放医疗费用450万元。年末各类社会福利院床位552张,收养502人。全年城乡居民得到国家救济的人数达6.7万人次。年末全旗从业人员18.85万人。其中,单位从业人员2.06万人,城镇私营个体就业人员0.89万人,乡村从业人员15.90万人。全旗城镇登记失业人员913人,城镇登记失业率3.8%。

(王海平)

巴林右旗

【领导名录】

旗委书记:孟繁有

人大主任:图　门(蒙古族)

旗　　长:德　杰(蒙古族)

政协主席:崔　义

武装部长:吕广治

政　　委:白　睿

【概况】 巴林右旗位于内蒙古赤峰市北部。地处北纬43°12′~44°27′,东经118°15′~120°05′。距市府赤峰188.6公里。全旗总面积9 837平方公里。巴林右旗北界与锡林郭勒盟西乌珠穆沁旗接壤,南以西拉沐沦河为界与翁牛特旗相望,东与巴林左旗、阿鲁科尔沁旗毗邻,西与林西县相连。全旗辖10个苏木,2个乡,4个镇;159个嘎查村(其中85个嘎查、74个村);562个独贵龙村民小组(其中280个独贵龙、282个村民小组、10个居民委员会)。全旗总人口178 052万人,其中蒙古族84 486人,占总人口的47.45%;汉族90 649人,占总人口的50.91%;回族484人,占总人口的0.27%;其它民族16人。非农业人口55 136人。暂住人口约1 620人。全旗有男性91 054人,占总人口的51.1%;女性87 051人,占总人口的48.9%。全旗有农牧民122 916人,人口密度17人/平方公里。全年地区生产总值达121 415万元,按可比价格计算,比上年同期增长17.2%。其中第一产业增加值37 796万元,同比增长18.7%;第二产业增加值34 834万元,同比增长16.2%;第三产业增加值48 785万元,同比增长16.8%。

【农业】 2005年,全旗农作物播种面积完成72.1万亩,比上年增长28.5%,其中:粮豆播种面积53.3万亩,比上年增长7.9%。粮食总产量达12 554万公斤,比上年增长16%。

【牧业】 牲畜总头数1 086 532头只,纯增16.7%。肉类总产量23 050吨,比上年增长33.7%。绒毛产量达2 011吨,比上年增长57.7%。全旗饲养奶牛10 145头,年产奶量13 818吨。

【工业】 2005年,全部工业增加值达25 225万元,可比增长27.1%。其中规模以上工业企业实现工业增加值15 124万元,可比增长61.6%;工业经济效益综合指数为146.8;工业产品销售率为100%。主要工业产品有增有减。原煤119 222吨,比上年下降1.6%;水泥78 300吨,比上年下降4.5%;白酒535吨,比上年下降49.6%;巴林石291吨,比上年增长3.9%。建筑业完成增加值9 609万元,比上年下降6.8%。

【林业】 全旗实有林面积113.8万亩。人工造林1.7万亩,飞播造林1.5万亩。人工种草16.5万亩。草场改良193.9万亩。全年完成造林合格面积36.7万亩,其中退耕还林20.5万亩,沙源造林10.2万亩,德援造林6.0万亩。全年水产品产量1 290吨,比上年增长7.5%。

【固定资产投资】 全社会固定资产投资111 205万元,比上年增长28.8%。其中基本建设投资84 145万元,比上年增长13.9%;水利建设投资4 326万元;交通建设投资6 443万元;生态建设投资12 185万元。全年施工房屋面积205 457平方米,其中竣工房屋面积173 459平方米。全年到位资金110 963万元,其中国家预算内资金12 400万元,国内贷款7 648万元,自筹资金41 024万元,利用外资70万元,其它资金来源49 821万元。

【交通运输】 全年,公路货运量完成69万吨,比上年增长4.5%,货运周转量完成7 366万吨公里,比上年增长9%,客运量完成75.2万人,比上年增长3%,客运量周转量完成8 365万人公里,比上年增长5%。

【邮政电信】 全旗共有网通、联通、移动、电信、铁通五家经营电信业务。邮政在原来开办的函件、包裹、汇兑和报刊发行的基础上,逐步增开特快专递,邮政储蓄,集邮等多项业务。2005年,完成邮电业务总量4 347万元,比上年增长22.8%,其中:邮政业务总量247万元,电信业务总量1 500万元,移动通讯业务总量2 000万元,联通通讯业务总量600万元。移动电话达31 800户,联通电话用户达12 000户,小灵通电话用户达9 116户。

【环境保护】 年处理工业废气2万标立方米,处理率达87%;工业废水达标量2.79万吨,达标率90%;燃料燃煤废气消烟除尘量129 540万标立方米,除尘率89%;工业粉尘回收量750吨,回收率50%;工业固体综合利用量11 000吨,利用率70%;征收排污费68万元。

【财政金融】 2005年,首次突破亿元大关。全年财政总收入完成10 518万元,比上年增长42.7%,其中地方财政收入8 157万元,比上年增长52.2%。全年财政支出46 809万元,比上年增长10%。年末全旗金融机构各项存款余额87 788万元,比上年末增长19.2%,其中城乡居民储蓄存款61 124万元,比上年增长22.3%。各项贷款余额53 314万元,比上年增长4%。

【国内贸易和市场物价】 全年社会消费品零售额52 576万元,比上年增长13.8%。其中批发零售贸易业零售额36 786万元,同比增长11.6%,餐饮业零售额15 278万元,同比增长20%,零售价格指标数为102.2%,比上年增长2.2个百分点。

【保险】 2005年,有90个企业单位参加养老保险,参加统筹人员6 079人,共收缴失业保险金150万元,失业保险参保人员数为18 209名,发放失业保险87万元,救济617名失业人员。财产保险保费收入330万元,比上年增长10%,赔款支出149万元,比上年下降17.2%;人寿保险保费收入1 833万元,比上年增长16.4%,人身险赔付金额166万元,比上年增长38%。

【科技教育】 2005年,组织推广10项科技攻关项目,申报专利10项,鉴定科技成果4项,开展应用科研项目10项。获自治区级科技进步奖1项,获市级科技进步奖2项。用于科技投入210万元。全旗共有普通中小学55所,在校生总人数26 417人。其中高中生4 466人,初中生8 016人,小学生13 935人。专任教师2 159人。职业中学4所,在校学生1 528人,专任教师126人。

【文化 广播 旅游事业】旗乌兰牧骑在全区第三届乌兰牧骑艺术节上获金奖,舞蹈《巴林蒙古女性》在第五届中国民族民间舞蹈大赛上,荣获全国舞蹈界最高奖—荷花奖。拍摄数字电影《巴林右传奇》和纪录片《巴林婚礼》,承办“全市首届少数民族传统体育运动会”。投资500万元,完成广播电视旗乡联网工程。旅游业迅速发展,巴林石矿山顺利进入首批国家级矿山公园行列,巴林右旗被列入自治区精品旅游线路,2005年共接待游客34万人次,实现旅游综合收入1.7亿元。

【医疗 卫生】 全旗有医疗机构24所,病床430张,医疗人员571人,其中有高级技术职称29名,中级技术职称110名。嘎查村有医疗点116个,乡村医生和卫生员175人。各种疫苗接种64 302人,接种率100%。

【人口 人民生活】 全年人口出生率为8.9‰,死亡率为7.4‰,自然增长率为1.5‰,年末全旗总人口为178 105人。全年城镇居民人均可支配收入为5 978元,比上年增加898元。农牧民人均纯收入为2 903元,比上年增加462元,其中农民人均纯收入为2 898元,比上年增加543元;牧民人均纯收入为2 908元,比上年增加377元。

【劳动就业】 全旗企事业、机关从业人员16 514人,其中在岗职工16 428人。全年发放工资总额19 858万元,比上年增长10.9%,职工年平均工资11 739元,比上年增长12.3%。

(张建武 吉木斯)

克什克腾旗

【领导名录】

旗委书记:刘万华

人大主任:斯钦巴特尔(蒙古族)

旗　　长:李欣华(蒙古族)

政协主席:宋喜岭

武装部长:白音门德(蒙古族)

政　　委:李国庆

【概况】 克什克腾旗位于内蒙古东部,赤峰市西北部,地处北纬42°23′~44°22′,东经116°21′~118°26′之间,北部和西部与锡林郭勒盟西乌珠穆沁旗、锡林浩特市、正蓝旗、多伦县接壤,东部和南部与林西县、翁牛特旗、松山区和河北省围场为邻。是内蒙古高原与大兴安岭南端山地和燕山余脉七老图山的交汇地带。全旗辖7个镇,2个苏木,2个乡,2处开发区,136个嘎查(村、居委会)。全旗南北长207公里,东西宽170公里,土地总面积20 673平方公里。

2005年末,全旗总人口241 675人,男女性别比104: 100,人口出生率5.6‰,死亡率6.9‰,自然增长率2.11‰。有少数民族9个,共32 650人,其中:蒙古族27 309人,回族3 389人,满族1 876人,朝鲜族45人,达斡尔族9人,鄂温克族2人,壮族14人,藏族2人,侗族4人;人口密度为11.69人/平方公里。

全旗实现地区生产总值188 070万元,按可比价格计算,同比增长22.3%。第一产业实现增加值60 404万元,增长18.9%;第二产业实现增加值74 939万元,增长32.8%;第三产业实现增加值52 727万元,增长13.3%。三次产业结构优化调整为32: 40: 28。财政收入完成17 000万元,按同口径计算,同比增长61.9%,其中地方财政收入完成9 942万元,同比增长55.1%。城镇居民人均可支配收入实现6 100元,增加848元,同比增长16.1%;农牧民人均纯收入实现2 800元,增加552元,同比增长24.6%;年末金融机构各项存款余额121 855万元,比年初增长56.7%,各项贷款余额达54 500万元,比年初下降1.2%。

【农业】 全旗粮食产量达124 054吨，其中：谷物产量74 087吨，豆类产量4 398吨，薯类产量45 569吨，油料产量3 044吨，烟叶产量392吨，蔬菜产量56 960吨；牧业年度牲畜存栏达237.6万头（只），比上年同期增加29.8万头（只），同比增长14.3%；完成人工造林面积11.21万亩、防沙治沙面积30万亩，退耕还林面积17.5万亩，年末农田有效灌溉面积17.86万亩，较上年同期增加3 510万亩，农牧业机械总动力达15.6万千瓦，同比增长6.1%。

【工业 建筑业】 全年实现工业增加值53 691万元，同比增长20%，其中：规模以上工业增加值完成增加值35 999万元，同比增长73.6%，经济效益综合指数达454.75，同比提高126.38个点；企业产销率达99.37%，同比增长0.33个百分点；实现利税总额28 163.3万元，同比增长87.1%。全年建筑业实现增加值21 248万元，同比增长88.9%。

【交通运输 邮电】 全年完成货物周转量6 287万吨公里，同比增长16.8%，旅客周转量6 675万人公里，同比增长18.5%；完成邮电业务总量393万元，同比增长27.8%；电话交换机总容量达26 566门，同比增长4.3%；移动电话用户达31 330户，同比增长73.4%；计算机互联网络用户2 150户，同比增长52.9%。

【旅游】 共接待国内外旅游人数达105.8万人次，同比增加20.8万人次；旅游业收入达3.17亿元，同比增长26.8%。

【固定资产投资】 全社会固定资产投资达215 793万元，同比增长110.8%，其中：基本建设投资188 257万元，同比增长153.4%；更新改造投资4 192万元，同比下降64.5%；其它投资8 344万元，同比下降50%。

【国内贸易 市场物价】 全年社会消费品零售总额实现68 108万元，同比增长16.2%；分城乡看，县级消费品零售总额实现36 382万元，同比增长17%；县以下零售总额实现31 726万元，同比增长15.3%；分行业看，批发零售贸易业零售总额实现53 602万元，同比增长15.5%；餐饮业零售总额实现13 208万元，同比增长19.9%；商品零售价格指数为101%，居民消费价格指数为101.1%，农业生产资料价格指数为101%。

【教育】 全旗普通高中2所、普通初中12所、小学93所，在校生分别为6 400人、9 271人、17 168人，专任教师分别为206人、629人、1 265人；职业中学3所，专任教师133人；学前教育在校（园）生为2 070人，适龄儿童入学率100%。

【卫生】 全旗拥有卫生机构28个，床位782张；其中医院2个，床位212张，各类卫生技术人员763人。

（燕学有）

翁牛特旗

【领导名录】

旗委书记：韩会申（蒙古族）

人大主任：毛树涵

旗　　长：郑洪学

政协主席：张俊昌

武装部长：侯玉葆

政　　委：王　泰

【概况】 翁牛特旗位于内蒙古自治区中东部、大兴安岭山脉与七老图山脉汇接地带东麓，科尔沁沙地西缘。地处北纬42°26′～43°25′，东经117°49′～120°43′。北隔西拉沐沦河与林西县、巴林右旗、阿鲁科尔沁旗、通辽市开鲁县相望，东与敖汉旗、通辽市奈曼旗毗邻，南与赤峰市松山区接壤，西与克什克腾旗相连。旗治所乌丹镇南距赤峰市红山区85公里。全旗土地总面积11 882平方公里，南北最大距离86公里，人口466 296人。其中蒙古族67 294人，占全旗总人口14%。主要分布在东部9个苏木镇，占蒙古族人口总数64%。全旗人口密度39人/平方公里。全旗辖7个镇、2个乡、3个苏木、5个国营农牧场、229个村民委员会（嘎查）。

2005年，全旗地区生产总值完成29.68亿元，同比增长18.7%。全年人均地区生产总值达到6 342元，同比增长24.1%。全旗财政收入实现1.2068亿元，同比增长35.3%。城镇居民人均可支配收入6 542元，同比增加722元；农牧民人均纯收入2 703元，同比增加547元。

【农业】 全年粮食产量达到560 503吨，同比增加0.305亿公斤，增产5.8%。全旗完成农作物播种面积234万亩，同比增加34万亩。

【畜牧业】 牧业年度家畜存栏达221万头只，同比增加87万头只，总增率57.2%。全年肉类总产量0.522亿公斤，同比增长19.1%。全旗畜牧业增加值实现7.6亿元，同比增长33%。年末农牧业机械总动力272万千瓦。全旗用电总量13 562万千瓦小时，同比增长0.2%。

【水利】 全年共建各类水源工程900处，打配机电井200眼，新增有效灌溉面积4.35万亩；埋设各类输水管道267公里，新增节水灌溉面积4.01万亩。建人畜饮水工程9处，全年完成水保保护面积30万亩。全年完成京津风沙源治理水利水保项目小流域治理10处、4万亩,水源工程137处,节水灌溉工程127处。完成鲜鱼捕捞1 692吨,实现渔业产值1 800万元。

【林业】 全年完成沙地综合治理53万亩,人工造林21.9万亩,飞播造林4万亩、封山(沙)育林9.1万亩。全民义务植树61万株,"四旁"植树115万株。全年共查处森林案件264件,处理各类违法犯罪人员280人,挽回经济损失65万余元。

【工业】 2005年全旗实现工业增加值6.3亿元,同比增长22.5%。全年共实施投资50万元以上工业项目102个,完成投资7.2亿元,其中有93个项目建成投产。地质勘查工作有序进行。勘查总面积520多平方公里。

【城镇建设】 是年全旗建筑业完成产值3.7万元,实现利税800万元。投入资金954万元硬化向阳街东段,改造乌丹镇东南、西南两个出口,综合治理8条小巷,完成乌丹污水处理厂主体工程。全年新开通道路总长2 155米,改造道路总长5 050米,硬化面积3.57万平方米,新建设给排水管线总长4 500延长米,安装路灯47盏。全旗城镇人均居住面积达21平方米。

【旅游】 2005年,注册成立翁牛特旗龙缘旅行社,旅游景点全年共接待游人9.7万人次,旅游收入860万元。

【招商引资】 全年共有156家外埠企业来翁旗投资兴业,签约项目185个,落地项目167个,引进国内旗外资金10.8亿元,同比增长45.9%。

【贸易】 全旗实现社会消费品零售总额9.11亿元,同比增长16.2%。

【交通】 全年完成客运量132万人,客运周转量9 900万人公里,同比增长6.1%;完成货运量95万吨,货运周转量8 477万吨公里,同比增长6.3%。完成乡村公路整修1 500公里。

【邮电】 2005年,全旗邮政业务完成收入476.52万元,同比增长14.7%;电信业务收入全年完成2 041万元,移动电话业务总量3 432万元,同比增长36.8%。继续实施广播电视村村通工程,全旗179个村实现了村村通,有线电视用户增至4万户。完成一户一线旧楼线路改造1 600户,发展宽带网用户500户。

【教育】 2005年,全旗撤并高中1所、初中4所、小学48所、教学点9个。全旗现有各级各类学校223所,其中教师进修校1所、高中5所、初中31所、小学164所、幼儿园23所,另有小学下伸教学点51个。现有教学班2 067个,在校学生71 060名,其中高中生11 995名、初中生23 159名、小学生30 074名、幼儿5 832名。全旗高考录取人数达到2 544人,录取率75.3%。全旗整体实现"两基"达标。

【文化】 年内成功举办了第一届"龙凤呈祥"春节晚会、第二届民族文化旅游节、元宵焰火晚会及灯会以及保持共产党员先进性教育活动专场文艺演出,丰富了群众文化生活。在全市乌兰牧骑汇演中翁旗代表队取得优异成绩,获演出节目5项金奖、2项银奖、1项铜奖。《翁牛特信息》发行48万份,《翁牛特史志》发行7 000份。

【卫生】 全旗现有乡级以上医疗卫生机构34个,其中旗直医疗卫生单位7个,苏木乡镇卫生机构27所。卫生系统现有职工1 147人,设有病床642张,每千口人拥有医师1.1人,拥有病床1.4张。卫生服务半径覆盖全旗及部分临近旗县区,服务人口50多万。

【体育】 成功承办全市网协年会暨翁牛特旗网球邀请赛。在2005年举行的全市青少年田径运动会、全市首届民族运动会、全市体育系统职工运动会上,翁旗分别取得2个团体第二名和团体第一名的优异成绩。

【社会保障】 全旗新增就业岗位1 829个,安置下岗职工1 732人,城镇职工参加基本养老保险、基本医疗保险和失业保险人数累计分别达到1.5万人、1.9万人和1.7万人。年发放救灾救济款、医疗救助金、城镇低保保障金、贫困大学生救助金合计775万元,救助人数达21 378人。

【人口 人民生活】 年末全旗户籍人口466 296人,其中非农牧业人口64 308人。继续推进计划生育优质服务工程,稳定低生育水平,计生年度人口出生率为9.95‰。

全旗城乡居民储蓄存款119 640万元,同比净增23 394万元,同比增长24.3%。城镇居民人均可支配收入比上年增加722元,达6 542元;农牧民人均纯收入比上年增加547元,达2 703元。年内劳务输出12.6万人次,实现劳务收入2.87亿元。

【扶贫工作】 全年完成扶贫总投资1 691万元,全旗新增水浇地1.08万亩,养羊1.57万只,购进种羊92只,解决0.09万人、2 000多头只牲畜饮水困难。年内解决温饱人口2.4万人,其中极端贫困人口0.5万人,低收入贫困人口1.9万人,全旗返贫率控制在10%以下。

【赤大高速公路】 赤峰至大板高速公路是赤峰市最大的招商引资和国家在赤峰市投入资金最多的公路建设项目,是国家"十一五"重点建设项目,是赤峰市第一条高速公路。公路全长149公里,翁旗境内长106公里,穿越旗境内8个乡苏木镇、26个村嘎查。路基宽26米,双向4车道。路基工程设计总量1 830万立方米,完成1 730万立方米,完成设计总量的95%。特大桥、大桥完成预制梁板299片,墩台230个,桩基396根,中桥、小桥完成预制梁板2 001片,墩台533个,桩基896根,涵洞通道195道。赤大高速公路建成通车对于振兴东北老工业基地、促进西部大开发都具有十分重大的意义。

【获国家有机食品和绿色食品认证】 2005年8月,翁牛特旗8个龙头企业的18个有机农产品品种获得国家有机食品和绿色食品认证,是自治区确定的有机农业示范旗,也是全国以旗县为单位、整体推进的有机农业第一旗。全旗220万亩耕地全部被自治区认定为"无公害生产基地"。6月3日,全自治区有机食品生产开发现场会在翁旗召开。同月7日,"亚太地区绿色食品有机产品发展与农民增收和扶贫开发国际研讨会"在南昌市举行,翁旗作为特邀代表参加并代表自治区介绍了有机农业开发的成功经验,为把翁旗的有机食品产业推向全国、跨入世界迈出重要的一步。

【翁旗圆满完成赤峰市、自治区苏木乡镇机构改革试点工作】 2005年11月,圆满完成赤峰市、自治区改革试点任务。苏木乡镇由27个撤并为12个,撤并比例达到56%,行政编制精简比例达到30%,事业编制精简比例达到55%。

【《翁牛特史志》创刊十周年庆典】 12月18日,翁牛特旗旗委、旗人民政府举行《翁牛特史志》创刊十周年庆典暨《翁牛特旗古今诗词选》首发式,旗四大班子领导、赤峰地区著名书画家、旗直各委办局、苏木乡镇场主要负责同志以及《翁牛特史志》理事120余人与会。《翁牛特史志》创刊于1994年,是翁旗有史以来第一本综合性期刊,也是自治区旗县级地方志部门第一本地方志刊物。创办十余年来在弘扬社会主义主旋律、促进全旗经济建设和社会发展方面做出了重要贡献。《翁牛特旗古今诗词选》是翁旗有史以来的第一本诗词选集,选集共辑翁旗五代至今一千余年113人所作482首(篇)诗词曲赋。《翁牛特旗古今诗词选》的出版发行,对于对各族人民群众、特别是青少年一代进行爱国主义教育和旗情教育,繁荣地区社会主义文化事业均有十分重要的意义。

【模范人物】

王　泰　是年被内蒙古军区评为优秀共产党员。

潘昌赋　12月被自治区人民政府授予"人民满意的公务员"荣誉称号。

张明杰　是年被自治区政府评为"扶贫开发移民扩镇示范区建设先进个人"。

黄素敏　女,是年被全国妇联等19个部委授予"首届全国维护妇女儿童权益贡献奖"。

(张仲仁　于敏华)

敖　汉　旗

【领导名录】

旗委书记:吉玉龙(蒙古族)

人大主任:张德奎

旗　　长:冯任飞(5月离任)　黄国文(5月代理)

政协主席:宋士清

武装部长:唐根朝(4月离任)　鲍玉山(蒙古族　4月任职)

政　　委:王兴军(满族　4月离任)　王辉(4月任职)

【概况】 敖汉旗隶属于赤峰市,位于赤峰市东南部,地处燕山山脉东段努鲁尔虎山北麓,科尔沁沙地南缘。地处北纬41°42′~43°02′,东经119°30′~120°53′之间。东与内蒙古通辽市奈曼旗毗邻,南与辽宁省朝阳市接壤,西与内蒙古赤峰市松山区相连,北依老哈河与内蒙古赤峰市翁牛特旗隔河相望。辖15个乡镇苏木(7乡、7镇、1苏木),297个行政嘎查村、6个居委会。全旗总人口583 742人,总户数166 009户。总面积8 294.14平方公里。

2005年,全旗地区生产总值完成30.6亿元(全区第一次经济普查统一修定后的数据),同比增长14.8%。其中,第一产业增加值完成14.2亿元,同比增长12.4%;第二产业增加值完成7.1亿元,同比增长21.7%;第三产业增加值完成9.3亿元,同比增长13.3%。三次产业占GDP的比重依次是46.4∶23.1∶30.5。人均GDP达到5 227元。全社会固定资产投资额达到16亿元,同比增长55.2%;投产项目80个。社会消费品零售总额实现7.8亿元,同比增长14.1%。其中,城镇以上零售额为4.6亿元,同比增长17.1%;城镇以下零售额为3.2亿元,同比增长10.5%。

【农牧业】 加大种植业结构调整力度,完成高效特色农作物种植面积65.9万亩。粮食产量达5.53亿公斤。全旗牧业年度家畜存栏189万头只,同比增长36.1%。其中,肉羊存栏122万只,出栏103万只;肉牛存栏5.4万头,出栏1.6万头;生猪存栏47万口,出栏59万口;蛋鸡年末存栏840.6万只;肉鸡全年出栏513.6万只。全旗畜牧业增加值占第一产业增加值的比重超过55%。

全旗完成营造林36.9万亩、水土保持27万亩、生态保护12万亩。全年水产品产量535吨,同比增长0.6%。全旗农牧业机械总动力32.6万千瓦,同比增长9%。

【工业】 2005年是全旗"工业攻坚年",全部工业增加值实现5.5亿元,同比增长19.7%。其中规模以上工业增加值实现3.4亿元,同比增长54.2%。工业经济综合效益指数达175.3%,同比提高17.6个百分点。落实工业项目123个,总投资10.9亿元。形成矿产业、农畜产品加工业、建材业、烟花业等主导工业。冶金业成为重要的经济增长点,生产黄金2 200公斤,同比增长9.8%。全年新增花炮及相关企业34家,举办首届花炮节。

【城镇建设】 加大新惠镇新城区建设和旧城区改造力度,完成新惠镇新州街北段、惠州街北段、通往箭桥中学道路和新区生态园建设工程,实施新惠路、新西街、蒙中街改造工程,建成新化路大桥。全旗城镇建设总投资1.8亿元,在建面积21.7万平方米,新增绿化面积2.7万平方米,新增城镇人口1万余人。

【招商引资】 2005年为全旗"招商引资年",成立敖汉旗招商局。全年引进国内(区外)资金12.8亿元,同比增长212.6%。引进项目178个,其中亿元以上项目3个。在引进的项目中,有156个开工建设、22个投入生产,使财政增收5 000万元。

【商贸】 全旗社会消费品零售总额为78 454万元,比2004年增长14.1%。其中,城镇以上零售额为46 440.4万元,比2004年增长17.1%;城镇以下零售额为32 013.6万元,比上年增长10.5%;餐饮业零售额为10 200.6万元,比上年增长12.3%。

【财政金融】 2005年,全旗财政总收入完成1.7亿元,同比增长39.8%;其中地方财政收入1.1亿元,同比增长28.8%。金融机构各项存款余额18.2亿元,同比增长35.9%;贷款余额11.2亿元,同比增长13.9%。保险费收入4 311万元,同比增长15.2%。

【教育】 年末,全旗有小学194所、中学43所,其中有2所民办学校。年内撤并中小学37所。全旗中小学在校生73 976人,其中中学生33 090人,小学生40 886人,分别比上年同期下降2%和6.5%。超额完成高中扩招任务,初中升高中入学率为55.13%。"两基"达标工作通过内蒙古自治区人民政府评估验收,敖汉旗为"两基"达标合格旗。2005年为全旗"科技管理年"。

【文化】 是年,举办首届全旗农牧民文化艺术节,演出文艺节目4台,展出各类艺术作品287件,观众3万多人次。旗乌兰牧骑送戏下乡200多场,观众达30万人次。继续实施有线电视村村通工程,新增有线电视用户1.08万户。

【旅游】 举办首届杏花节,启动旅游南线。全年接待游客60万人,实现旅游收入1.8亿元。

【卫生】 全旗拥有卫生机构39个、专业技术人员1 233人、卫生机构床位数1 513张,每386人有床位1张。实施新型农村牧区合作医疗试点工作,参合率达82.3%。

【人民生活】 城乡居民储蓄存款13.8亿元,同比增长32.3%。城镇居民人均可支配收入6 122元,同比增长15.3%;农牧民人均纯收入2 626元,同比增长23.9%。

【社会保障】 城镇社会保险参保人数为2.2万人,恢复农牧民养老保险,新增参保农牧民7 075人,参保额达2 927万元。全年新增就业人数3 543人。劳务输出16.9万人次,实现劳务收入4.9亿元。敖汉旗被劳动和社会保障部命名为全国"劳务输出工作示范县"。筹资2 800万元,补发旗直在职职工2个月、乡镇教师4个月、全旗离退休职工的欠发工资和2002年的奖励工资,兑现职工的晋级工资。有残疾人福利企业3家,安置残疾人80多人。

【乡镇苏木机构改革】 敖汉旗委、旗政府决定进行乡镇苏木机构改革,将原29个乡镇苏木撤并为15个,撤并比例为51.7%。重新设置乡镇苏木党政、事业机构,拟定分流乡镇苏木行政和事业人员1 489人。

【电视剧《青山恋》拍摄】 8月,根据敖汉旗作家刘泽民以敖汉旗的生态建设为原型创作的同名小说改编的20集电视连续剧《青山恋》,在敖汉旗开机拍摄。该剧由中国文联影视中心、敖汉旗环境保护局、北京东方影像影视艺术有限公司联合拍摄。11月,该剧在敖汉旗封镜。

(穆海东)

喀喇沁旗

【领导名录】

旗委书记:于文涛(5月离任) 冯任飞(5月任职)

人大主任:孙振明

旗　　长:巴特尔(蒙古族)

政协主席:刘长华

武装部长：白　魁

政　　委：高跃喜（3 月离任）戴超（蒙古族 3 月任职）

【概况】 喀喇沁旗位于赤峰市西南部，地处燕山山系中段，七老图山脉东北麓，蒙、冀、辽三省区交界地带。北境与赤峰市松山区、红山区接壤；东与辽宁省建平县隔老哈河相望，南与赤峰市宁城县毗邻，西与河北省隆化县、围场县交界。赤—叶铁路、京—通铁路和国省公路 G306 线、S206 线穿境而过，交通便利。全旗总面积3 050平方公里，辖 1 乡 7 镇，164 个行政村，2 个国营农（牧）场，4 个国有林场，总人口333 605人，非农业人口38 908人。有 12 个少数民族，164 193人。

2005 年，全旗国内生产总值完成14.85亿元，同比增长18.4%。其中，第一产业增加值4.38亿元，增长17.5%；第二产业增加值4.92亿元，增长31.1%；第三产业增加值5.54亿元，增长9.9%。全社会固定资产投资9.16亿元。全旗财政收入10 914万元，增长41.6%。农民人均纯收入2 438元，增加 450 元，增长22.6%；城镇居民可支配收入6 165元，增加 823 元，增长15.4%。社会消费品零售总额5.4亿元，增长14.6%。

【农业特色产业】 实施烤烟、蔬菜两大“增收工程”，发展烤烟 4 万亩，蔬菜种植6.5万亩，中药材、桑蚕、花卉、山葡萄、种子产业全面发展，全旗特色产业基地达到23.8万亩。莱茵特鹅业育雏、孵化、饲料车间和办公用房土建工程完工，食美秀迁址扩建工程完成，新引进土豆淀粉加工、蔬菜保鲜、脱水蔬菜、玉米芯加工等 10 家龙头企业，龙头带动作用进一步增强。

全年完成劳务输出91 845人次，有序输出14 010人，全旗累计建成劳务基地 52 处，劳务输出产业成为农民增收的重要来源。

【畜牧业】 6 月末全旗家畜存栏46.59万头只，同比增长38.9%，其中肉羊31.5万只，肉牛3.1万头，瘦肉型猪7.5万头，奶牛发展到1 456头。全旗新建畜禽养殖小区 22 个，累计达到 101 个；牛羊改良站点发展到 96 处，牛羊改良率达33%；新建青微贮窖2 080处，利用和转化各类秸杆1 500万公斤，进一步加强亚 I 型口蹄疫防治工作，全旗动物防疫体系建设不断加强和完善。

【生态建设】 继续开展沙源治理、退耕还林工作，年内人工造林合格面积5 000亩，飞播造林面积 2 万亩，成幼林抚育面积3.96万亩，退耕还林还草面积6.5万亩。大力实施农村能源建设、农业综合开发、人畜饮水、整村推进及移民扩镇等重点工程，全旗农村生态环境和生产条件得到进一步改善。

【城镇化建设】 围绕“打造山水园林城，建设赤峰精品卫星城”的目标，规划启动综合办公楼建设项目，预计 2006 年 9 月末建成使用；积极实施旧城改造，拆迁临街破旧房屋3 000平方米，新上房地产开发工程 5 处 2 万平方米；总投资5 822万元的锦山污水处理厂开工建设，完成部分土建工程；投资 150 万元的河滨南街1 200米路段硬化和投资 30 万元的 5 条小巷硬化工程基本完工，投资 100 万元新增南山生态公园绿化树木 20 万株，南山公园建设面积扩大到5 000亩；完善水上公园基础设施，新增坡面绿地3 000平方米；投资 500 万元完成广场二期工程拆迁；“城中村”改造试点开发居民住宅楼12 000平方米，继续加强王府古城建设，新增仿古建筑面积2 770平方米，完成西桥主街亮化，借助锦平公路建设实现乃林城镇框架拉大和主街同步亮化，全旗村镇规划和建设水平显著提高。总投资5 100万元，全长74.5公里的锦平公路全线通车。

【旅游】 完成亲王府东跨院前半部分修复和装馆工作，王府博物馆晋升 4A 景区顺利通过国家验收；完成茅荆坝植物园木质游步道引桥、观景亭、人工湖扩建，游客接待中心开工建设，全面维修了灵悦寺，于 11 月份向游人开放。总投资 500 万元的王府酒店建成运营，投资 130 万元启动锦山花山农家乐项目。5 月举办喀喇沁旅游项目承德推介会，接待北京“相聚草原”联谊考察团，参加大连第二届东亚国际旅游博览会和宁波首届中国旅游投资洽谈会，喀喇沁旅游资源已经走向国内旅游大市场。全年接待游人28.4万人次，实现旅游业总收入8 400万元。

【招商引资】 5 月组织全旗乡镇长赴鲁苏沪浙等省市进行考察学习和招商引资，参加上海国际开发投资洽谈会，成功举办喀喇沁旗项目温州推介会；10 月在济南召开山东企业界朋友投资座谈会，切实加大招商推介力度。全年引进区外资金5.5亿元，同比增长28%；引进较大项目 56 个，预计总投资额23.1亿元，其中3 000万元以上项目 9 个，1 000万元以上项目 26 个，达成了总投资 1 亿元的 10 万吨电解铜、总投资 10 亿元的美林谷生态旅游开发等重大项目协议。第一批有 15 个政府部门入驻，成立行政服务中心办理各类业务14 500余件，日受理业务 140 余件，办结率在98%以上；组建经济“110”办公室，有力保护各类企业和投资者的合法权益。旗财政注资成立中小企业融资担保公司，制定《中小企业融资担保管理办法》，通过融资公司办理的第一批贷款即将投放到位，努力营造良好的投资环境。

【重点项目建设】 金峰 11 万吨阳极板铜扩建项目入驻锦山工业园区开工建设，预计 2006 年 10 月份建成；金峰1.2万千瓦发电机组项目已于 10 月份开工建设；远航 120 万吨石灰石矿山、北方矿业白灰机立窑竣工投产，元电四号机组脱硫石灰机立窑、承钢白灰机立窑预计2006年初建成,全旗将新增白灰生产能力30万吨。

【科教】 举办第二届农民科技大集。深入落实"以县为主"的农村义务教育管理体制,全旗新建校舍10 300平米。

【文化】 实施121个自然村的"村村通"工程。政府采购中心组建运营,节约财政资金90万元。8月19日至21日,第四届王府文化节在喀喇沁旗王爷府隆重举行。自治区文化厅长高严清、赤峰市委书记杭桂林参加开幕式。旗委书记冯任飞、旗人大主任孙振明等区市旗领导为第四届王府文化节开幕剪彩。

【卫生】 争取并实施第三批农村合作医疗试点项目,计生工作获得"全国实施幸福工程项目先进县"荣誉。

【项目储备】 旗级项目库新增入库项目93个,总投资48.3亿元,其中投资超亿元项目15个。全旗实施市级重点推进项目22个,新建投资50万元以上各类项目165个;坚持上下同步、旗乡联动抓工业,全旗新建乡镇工业项目达到119个,计划总投资5.86亿元,达成意向性项目56个;特别是在较短的时间内引资上亿元新上花炮企业7家,花炮产业迅猛发展。

【矿业开发】 全旗矿产资源普查的外业工作结束,楼子店煤田一期探明储量4 100万吨,招商开发工作正在运作中;南台子和小牛群煤田探矿权成功转让;引进山东蓬莱蓬龙水泥公司实施总投资2亿元的多金属冶炼和萤石深加工项目,已进入开矿和选厂建设阶段。除此而外,新建鑫陆福铅锌矿探采、博盛铁矿探采、鸡冠山金矿开采、福合元钼多金属矿等一大批矿产资源探采开发项目,部分项目建成投产,形成生产能力。

【工业园区建设】 锦山工业园区二期扩建新征用土地1 090亩,园区道路、给排水等基础设施正在抓紧建设,累计入驻企业8家。乃林工业园区发展步伐加快,入驻企业4家。

【企业转制】 仙纺集团减债工作基本完成,木工机床厂、化工厂、锅炉厂、造纸厂的企业转制工作预计春节前完成。

【自然灾害】 7月8日,旗乃林镇、西桥乡等5个乡镇遭受百年不遇的特大冰雹、飓风、洪水灾害,总计41个村、14 697户、60 256人受灾,直接经济损失1亿元以上。

(崔东升)

宁 城 县

【领导名录】

县委书记:张文树
人大主任:宋国祥
县　　长:赵　富(蒙古族)
政协主席:李显良
武装部长:崔宝宾
政　　委:冯保安(3月离任) 杨延新(3月任职)

【概况】 宁城县位于内蒙古自治区赤峰市南部,地处辽宁、河北、内蒙古三省(区)交界处,东与辽宁省建平县、凌源市交界;南与河北省平泉县毗邻;西与河北省承德县、隆化县接壤;北与赤峰市喀喇沁旗相连。总面积4 305.47平方公里。2005年末,全县有汉、蒙古、回、满、朝鲜、达斡尔、鄂温克、壮、藏、锡伯、苗、彝等12个民族。全县辖10个镇、3个乡,天义街道办事处筹备处和热水旅游度假区开发管理委员会。至2005年底,全县总人口592 939人。人口多分布在中东部,平均人口密度为每平方公里138人。总人口中,蒙古族人口68 833人,占11.6%;汉族人口515 908人,占87.0%;其他少数民族人口8 198人,占1.4%;全年出生人口6 043人,出生率为10.1‰;全年死亡人口3 478人,死亡率为5.8‰,人口自然增长率为4.3‰。总人口性别比(以女性为100)为107.6。

2005年全县实现地区生产总值30.93亿元,扣除价格上涨因素,实际增长21.9%。在地区生产总值中,第一产业增加值10.93亿元,实际增长13.3%;第二产业增加值9.14亿元,实际增长35.6%;第三产业增加值10.86亿元,实际增长20.1%。人均国内生产总值5 194元,比上年增长24.4%,工农业总产值43.51亿元。

【农业】 全县粮食产量5.21亿公斤,农业总产值完成18.23亿元,比上年增长13.1%。完成造林面积17.5万亩。全年水产品总产量610吨,比上年稍有下降。2005年年底,全县农田有效灌溉面积52.1万亩。农业机械总动力达29.0万千瓦,全年农村用电量6 109万千瓦时,农田施用化肥(折纯)30 651吨。

【畜牧业】 2005年肉类总产量6.35万吨,比上年增长3.9%;鲜奶产量3.11万吨,比上年增长114.3%;禽蛋产量2.47万吨,比上年增长107.1%;6月末家畜存栏64.17万头,比上年增长6.9%;年末家畜存栏49.98万头,比上年增长10.6%。

【工业 建筑业】 全年完成工业总产值25.28亿元，其中轻工业产值13.35亿元，重工业产值11.93亿元。在工业总产值中，全部国有及年销售收入500万元以上的工业企业（规模以上企业）完成17.81亿元，年销售收入500万元以下的非国有工业企业（规模以下企业）完成7.47亿元。全年完成工业增加值7.28亿元，扣除物价因素，比上年实际增长36.2%，其中国有和年销售收入500万元以上的工业企业完成增加值4.98亿元，比上年增加70.4%。全部国有及年销售收入500万元以上的独立核算工业企业经济效益综合指数为158.6%，比上年增加30.8个百分点。全年完成建筑业增加值1.86亿元，比上年实际增长33.0%。

【环境保护】 全县环境质量得到明显改善，群众的环保意识普遍增强，可持续发展能力进一步提高。2005年，工业废水排放量130万吨；工业二氧化硫排放量916吨，工业烟尘排放量151吨，工业粉尘排放量为92吨。各项污染指标控制在计划指标以内，95%以上的工业企业实现了达标排放。

【交通运输】 2005年年底，全县公路里程继续延伸，国道82.4公里；区道56.1公里；县级公路176.3公里，纵横交错的公路网络基本形成。公路货运量168万吨，周转量8 282万吨公里，分别比上年增长3.7%和4.0%；公路客运量248万人次，周转量4 870万人公里，分别比上年增长2.1%和2.3%。

【邮电通信】 全年完成邮电业务总量（不含移动和联通）3 829万元，比上年增长3.0%，实现邮电业务收入3 807万元，比上年提高4.4%。本地电话用户达66 633户，比上年增加2 381户。固定电话普及率达到每千人112部。

【固定资产投资 招商引资】 2005年是全县的“项目建设提速年”，全年全社会固定资产投资20.4亿元，比上年增长31.6%，其中基本建设投资16.8亿元，比上年增长28.2%。引进国内资金9.96亿元，引进境外资金2 400万元，新实现横向联合项目118项，其中境外合资项目2项。

【财政】 全年财政收入17 660万元，比上年增长36.0%；财政支出54 619万元，比上年增长24.9%。在财政收入中，地方财政收入10 553万元。

【金融】 全年金融机构现金累计收入120.9亿元，现金累计支出115.9亿元，收支相抵，货币净回笼49 426万元。年末金融机构各项存款余额达到26.2亿元，比上年增加5.4亿元，增长26.1%。其中，城乡居民储蓄存款余额突破20亿元，达到20.6亿元，比上年增加3.7亿元，增长21.9%。各项贷款余额为17.5亿元，比上年增加1.5亿元，扣除不可比因素，实际增长9.4%。

【保险】 保险业全年承保财产总额为8.87亿元，财产和人寿保险费总收入3 739万元，与上年基本持平。

【教育】 全县各级各类学校305所，其中高中（含民办）6所；初中44所；小学202所。九年义务教育和素质教育的不断完善，“两基”达标的成绩进一步巩固，农村“两免一补”政策的推行，使教育教学质量都得到极大的提高。2005至2006学年度，全县高中入学率44.0%，初中入学率100%。应往届毕业生报考高等院校6 478人，达到本科二批以上录取线人数占报考总人数的23.6%。职业中学8所，全年招生1 952人，在校学生5 544人，毕业生2 732人。

【文化】 全县文化馆站27处，全年举办展览29次，举办培训班15次，组织文艺活动51次。公共图书馆藏书3.3万册，全年借阅1.8万人次。博物馆馆藏文物5 400件，参观者达8万人次。专业文艺表演团体全年演出308场。全县41个电影院队全年放映电影8 300场。广播电视人口覆盖率达96.8%，城乡有线电视用户5万户，其中农村有线电视用户2万户。

【卫生】 全县卫生机构38处（不含个体诊所和村医疗所），病床床位1 176张，卫生技术人员1 499人，平均每万人拥有病床床位19.8张。

【体育】 全县经常参加健身活动人口占总人口数的39%。2005年举办体育活动44次，参加活动人数1.8万人。

【人民生活】 全年城镇居民可支配收入6 807元，比上年增加707元，增长11.6%。农民人均纯收入达2 700元，比上年增加471元，增长21.1%。农民人均可支配收入2 627元。年末城镇居民人均住房使用面积达到22.7平方米，农民人均住房面积达到21.9平方米。全年城镇在岗职工工资总额35 463万元，比上年增加9.2%；在岗职工平均工资12 101元，增长13.7%。

（魏利达）

林 西 县

【领导名录】

县委书记:陈宏(5 月离任) 李延庆(5 月任职)

人大主任:范景林

县　　长:李延庆(5 月离任) 关显峰(满族 5 月代理)

政协主席:王俊山

武装部长:王光荣

政　　委:张富军

【概况】 林西县位于赤峰市北部,地理坐标为北纬 43°14′～44°15′,东经 117°37′～118°34′。西与克什克腾旗接壤,东与巴林右旗毗邻,北接西乌珠穆沁旗,南与翁牛特旗隔河相望。总面积3 933平方公里,辖 7 镇 1 乡,106 个行政村(居委会)。至 2005 年底,全县总人口23.57万人,其中非农业人口5.37万人,男女性别比104.6:100,人口密度为 62 人/平方公里,有少数民族 9 个、13 948人。

2005 年,全县实现国内生产总值144 403万元,比上年增长10.3%。其中,第一产业实现增加值39 850万元,同比减少2.5%;第二产业实现增加值45 831万元,同比增长10.9%;第三产业实现增加值58 722万元,同比增长18.9%。三次产业比为24.9:32:43.1。社会消费品零售总额完成65 627万元,同比增长13.9%。全社会固定资产投资完成 10 亿元,同比上年增长9.3%。财政收入实现11 028万元,同比增长34.5%。城镇居民人均可支配收入6 449元,同比增长10.8%。农民人均纯收入2 616元,同比增长18.3%。

【农村经济】 投资 1 亿元,新建奶牛养殖小区 13 个,配套建设现代化奶站 13 处,奶牛养殖小区达到 19 个。进口优质奶牛3 000头,奶牛存栏达到8 000头,日产鲜奶 40 吨。县内种植高产优质甜菜 5 万亩,总产13.2万吨。投资2 400万元,新建食用菌小区 14 处,完善扩建 8 处,栽培食用菌 515 万盘(袋)。

【林业 水利】 完成退耕还林 8 万亩,风沙源造林1.2万亩,封山育林 8 万亩,种草15.2万亩。新建水源工程 720 处,水保治理面积 13 万亩,改造中低产田1.5万亩。朝阳水库和大冷山水库除险加固工程基本完成,查干沐沦灌区节水配套规划经水利厅评审通过。

【工业经济】 规模以上企业实现增加值23 000万元,增长44.1%,工业经济占地区生产总值的比重达31.7%。全县共有 52 个矿点开展探矿工作,完成投资3 600多万元。大井银铜矿、富源矿业公司、通和矿业公司三户有色金属采选企业实现产值19 395万元,增长27.8%。亿万德水泥厂达产运营,金源公司日处理300 吨萤石选厂、中宇公司日处理300 吨萤石选厂、天行公司年加工 8 万平米石材生产线、大信公司日处理 200 吨铁锡选厂相继投产。鼎康公司 3 万吨铅冶炼扩建、明仁公司2 000吨锡冶炼开工建设,金鼎公司5 000吨铜冶炼建成投产。全县新上乡镇工业项目 48 个,工业园区入驻企业达到 14 户。

【城镇建设】 城镇建设投资完成2.5亿元,增长25.0%。新建道路面积16.4万平方米,完成兴林路南段、春蕾街、冷山街等主干道建设。房地产开发完成16.9万平方米,建设行政新区办公楼 3 万平方米、教育教学楼 3 万平方米、卫生门诊病房楼7 400平方米。汽车客运站、中蒙医院实现整体搬迁,污水处理厂建设工程按计划实施。启动西旱河东调和休闲广场建设,城镇路网和配套设施建设得到完善和延伸,林西镇建成区面积由5.2平方公里扩大到7.5平方公里。

【交通】 县道嘎九线、国道 303 线林西镇东西出口油路和东环北出口二级水泥路改造已经完成,省道 204 线大水菠萝至林西镇二级油路改造开工建设。全年各种运输方式完成货运量68.5万吨,货物运输周转量5 915万吨公里,分别比上年增长13.6%和155%。全年完成旅客运输量61.1万人,完成旅客运输周转量4 402万人公里,分别比上年增长11.9%和9.4%。

【通讯】 全年完成邮电业务总量4 154万元,完成邮电业务收入4 499万元。分别比上年增长31.6%和32.5%。年末县内电话交换机总容量288 898门比上年增长3.2%年末本地网固定电话用户达26 853户,其中住宅电话用户17 208户,分别比上年增长15.6%和－24.5%。全县移动电话用户达52 000户,比上年增长36.8%。全县33.5部/百人,比上年增长29.8%。年末全县计算机互联网用户1 568户,比上年增长19.4%。城网改造投资2 026万元,林西镇中心变电所建设竣工。

【商贸流通业辐射带动】 餐饮娱乐、房地产开发、交通运输、金融保险、邮电通讯等服务业发展较快。新增个体工商户 436 户,各类经纪人协会、经济合作组织达到 125 个,经纪人总数3 100人,三产从业人员2.4万人,新增城镇人口1.27万人。

【项目建设 招商引资】 全年开工建设3 000万元以上项目 17 个,引进项目 60 个,储备项目 216 个,招商引资到位资金59 600万元。

【体制改革】 啤酒厂、粮油总公司、种籽公司、国有苗圃改革基本完成，438 名职工得到妥善安置。按要求稳妥地完成乡镇机构改革。

【科技】 “全国科技进步先进县”通过专家组论证。

【教育】 按照“县办中学、乡镇办小学”的总体目标。在全区率先完成教育布局调整工作，县乡两级投资6 000多万元，撤并中小学校 120 所，6 000多农村中学生进城就读。落实“两免一补”资金 570 万元，资助贫困学生 6 万余人次。

【文化】 全年新增有线电视用户2 700户，有线电视用户达3.2万户，全县有线电视开通率为78%，电视覆盖区98.6%。

【卫生】 年末全县拥有医疗机构 43 个，病床 516 张，卫生技术人员 790 人。

【人民生活】 城镇登记失业率控制在3.6%，980 名下岗职工实现再就业。征缴社保基金3 533万元，发放2 811万元。输出劳务6.2万人次，劳务收入实现1.82亿元。全年城镇居民人均可支配收入增加 629 元，比上年增长10.890元；城镇居民人均生活消费4 778元，比上年增长149%。全年农民人均纯收入比上产增加404 元，解决2 600个极端贫困人口的温饱问题，1.35万个低收入人口实现稳定增收。增长18.3%。农民人均生活消费支出2 280元，比上产增长10.8%。

（刘德军　于洪涛）

锡林郭勒盟

【党政军领导名录】

盟　　委

书　记：刘卓志

副书记：荣天厚（蒙古族）　白志明（蒙古族）

王中和（11 月离任）　蔚小平（蒙古族）

邓月楼（蒙古族）

委　员：张国华（11 月任职）　王志远　田学臣　卢增

东戈（蒙古族）　罗・麦尔根（蒙古族）

包丽玲（女　蒙古族）　周凤臻

人大工委

主　任：张雁卿（11 月离任）　刘卓志（11 月任职）

副主任：额日和穆（蒙古族）　张忠　达木林（蒙古族　12 月离任）

那顺巴雅尔（蒙古族）　道尔吉（蒙古族）

行　　署

盟　长：荣天厚（蒙古族）

副盟长：王志远　范金星　苇文印　阿迪雅（蒙古族）

其其格（女　蒙古族）　吴久冰（11 月离任）

武国栋（蒙古族）

政　　协

主　席：其木格（女　蒙古族）

副主席：阿格旺（蒙古族）　金桩（蒙古族）　姜树文

般小孟（蒙古族）　敖秀田（蒙古族）　高晓峰（蒙古族）

纪 检 委

书　记：邓月楼（蒙古族）

政 法 委

书　记：东戈（蒙古族）

法　　院

院　长：韩赤锐（蒙古族）

检 察 院

检察长：杨树林

军 分 区

司令员：卢增（3 月离任）　谭宝泉（3 月任职）

政　委：王战国

副司令员：谭宝泉（3 月离任）　张树鹏（3 月任职）

副政委：满都拉（蒙古族　12 月离任）

参谋长：徐建英

政治部主任：田晋裕

后勤部长：史永生

【概况】 锡林郭勒盟位于内蒙古自治区中部，北纬 42°32′～46°41′，东经 111°59′～120°00′。北与蒙古国接壤，边境线长1 098公里；西与乌兰察布市交界；南与河北省毗邻；东与赤峰市、通辽市、兴安盟相连。东西长 700 多公里，南北宽 500 多公里。土地总面积202 580平方公里。其中草原总面积19.2万平方公里，占总面积的97.8%。其中可利用草场面积17.6万平方公里，占草原面积的90%。森林面积 249 平方公里，占总面积的

1.21%。锡林郭勒盟地处内蒙古中部,以高平原为主体,兼有多种地貌单元,地势南高北低,自西南向东北倾斜。西部和北部地形平坦,东南部多低山丘陵,盆地错落其间,形成广阔的高原草场。平均海拔1 000米以上,最高峰是位于西乌珠穆沁旗境内的古如格苏乌拉峰,海拔1 957米。浑善达克沙地位于锡林郭勒盟中部,属半固定沙漠,面积23 564平方公里。是森林向草原的过度地段,总面积3 590万亩,占全盟草原面积的17%,优良牧草占草群的50%,是水草丰美的牧场。典型草原,主要分布于锡林郭勒盟中部,是锡林郭勒草原的主休,地形以平原和低山丘陵为主,面积13 400万亩,占全盟草原的63%。荒漠草原,位于锡林郭勒盟西部,面积4 243万亩,占全盟草场面积的20%。沙地植被面积3 591万亩,占全盟草原面积的12.16%。

锡林郭勒盟辖2市、9旗、1县、1个管理区、1个开发区、1个示范区,21个苏木、3个乡、34个镇、10个街道办事处,154个社区居委会、555个嘎查委员会、275个村委会,比上年减少54个苏木、10个乡,减少嘎查23个、村34个;比上年增加1个街道办事处、5个镇。15个旗县市(区)分别是:锡林浩特市、二连浩特市、东乌珠穆沁旗、西乌珠穆沁旗、阿巴嘎旗、苏尼特左旗、苏尼特右旗、镶黄旗、正镶白旗、太仆寺旗、正蓝旗、多伦县、乌拉盖管理区、锡林郭勒经济开发区、黑城子示范区(2004年3月划归正蓝旗管理)。锡林浩特市是中共锡林郭勒盟委员会、行政公署所在地,是锡林郭勒盟政治、经济、文化中心。二连浩特市是中国重要陆路口岸,是通往蒙古国、独联体和东欧各国的大陆桥。

全年实现生产总值1 692 188万元,按可比价格计算,较上年增长23.1%。其中第一产业增加值335 995万元,较上年同期增长5.7%。第二产业增加值809 320万元,较上年同期增长36.2%。第三产业增加值546 873万元,较上年同期增长18.9%。三次产业结构由上年的24.3∶46.9∶28.8调整为19.9∶47.8∶32.3。一产、二产、三产对全盟生产总值的贡献率分别为5.69%、67.1%、27.3%。人均地区生产总值达到17 093元(按当前汇率折算,达2 118美元),较上年同期增长20.8%。“十五”期间,全盟生产总值年均增长16.5%,快于“九五”时期平均增速7.6个百分点。全盟财政总收入累计完成199 555万元,较上年增长62.7%。其中地方财政收入完成134 694万元,增长68.2%;地方财政收入中一般性预算收入107 611万元,增长64.7%,基金收入27 084万元,增长83.7%,上划中央“两税”收入55 592万元,增长52.4%。全年财政总支出374 952万元,增长16.4%。地方一般性预算支出355 729万元,增长14.2%,其中基本建设支出65 662万元,行政管理费支出49 355万元,教育支出30 769万元,医疗卫生支出11 660万元,农林水气支出61 419万元,城市维护费支出23 913万元。“十五”期间,全盟财政总收入累计完成52.6亿元,年均增长26%,比“九五”时期平均增速提高12个百分点。居民消费价格总指数102.2,涨幅较上年同期下降1个百分点。其中城市上涨2.0%,农村牧区上涨2.2%。分项目看,消费品价格比上年同期上涨1.0%,服务项目价格上涨7.1%,食品类价格上涨2.5%。非食品价格上涨2.0%。医疗保健和个人用品类价格上涨8.7%,居住类价格上涨3.0%,娱乐教育文化用品价格上涨2.4%,家庭设备用品及维修服务价格同比持平,交通和通讯类价格同比下降2.0%。农牧业生产资料价格指数上涨4.2%,工业品出厂价格指数上涨13.7%,固定资产投资价格指数上涨5.8%。就业格局发生明显变化,全盟城镇单位从业人员98 253人,乡村从业人员265 839人,增长0.8%。全盟共安置各类人员15 791人,其中安置下岗失业人员7 139人,3 150人领取了再就业优惠证,对2 000多户零就业家庭实施就业援助。城镇登记失业率4.65%。

【农业】 全盟各类农作物种植面积20.45万公顷,同比增长9.1%。其中粮食作物、经济作物及其他作物种植面积分别由上年的7.62万公顷、3.12万公顷和8万公顷调整为8.01万公顷、3.49万公顷和8.95万公顷。全年粮食产量17.38万吨。其中小麦产量4.69万吨,玉米3.54万吨,豆类1 528吨,马铃薯(薯折粮)7.71万吨。油料1.40万吨,蔬菜63.41万吨。全盟农牧业机械总动力83.3万千瓦,较上年提高6.4%;农田有效灌溉面积57.5万亩,增长20.4%;农村牧区用电量3 184.9万千瓦,增长16.8%;化肥施用量(折纯)9 399吨,较上年下降4.2%。

【畜牧业】 牧业年度牲畜总头数1 583.25万头(只),较上年同期减少86.51万头(只)。其中大牲畜和羊1 577.26万头(只),同比减少87.03万头(只)。大牲畜和羊总增率39.3%,较上年增加0.6个百分点,繁成率91.1%,较上年减少1.8个百分点,死亡率0.6%,较上年减少0.6个百分点。大牲畜和羊的良种及改良种牲畜1 327.80头(只),良改比重为84.2%,同比提高了5.4个百分点。日历年末牲畜存栏830.7万头(只),其中大牲畜和羊存栏826.6万头(只),较上年同期减少74.4万头(只)。年内大牲畜和羊出栏844.70万头(只),较上年多出栏27.48万头(只),其中肉畜出栏762.09万头(只),较上年多出栏51.98万头(只)。出栏率93.8%,较上年提高3.5个百分点。肉类总产量17.73万吨,下降4.7%;奶类产量26.68万吨,增长37.5%;羊绒毛产量13 264吨,下降4.1%;皮张产量810.6万张,下降1.1%。当年打贮草总量231.9万吨,下降6.4%,实有畜棚(畜圈)50万间,2 528.9万平方米,过冬畜均3.05平方米,增长12.6%,围栏草场保有面积14 059万亩,配套草库伦面积355.9万亩,分别增长1.9%和1.8%。

2005夏季暴雨 洪涝 冰雹 雷击灾害及损失详情表

时 间	地 点	灾 害 强 度	灾情及损失情况
6月19日	太仆寺旗五面井乡庆丰村	遭受了罕见的冰雹袭击持续10分钟	造成60户、195人受灾,受灾农田面积达30公顷。直接经济损失140余万元。
6月25日下午4时10分左右	太仆寺旗宝昌镇东红村	突降暴雨	8位农民遭雷击,造成2人死亡,6人受伤。
6月29日	东乌珠穆沁、乌拉盖	出现强降水,乌拉盖暴雨	乌拉盖泄洪沟受损;东乌嘎达布其镇4个嘎查的12户牧户受灾。其中5眼筒井淤埋,死亡小畜21只,冲毁网围栏5千米。直接经济损失5.74万元。
7月22日	正镶白旗星耀镇附近	持续降水40分钟	义合、前湾、河北、治华山等村形成洪涝灾害,33.3公顷瓜地、26.7公顷油料受灾,造成危房18间,直接经济损失27.9万元。
7月23日	东乌珠穆沁旗阿拉坦合力苏木所在地	强降水引发山洪	24间居民房屋受损,115户牧民家的57.5千米网围栏被冲毁,直接经济损失49.65万元。
8月2~3日	苏尼特左旗白音淖嘎查出现强对流天气多伦黑	白音淖嘎查21时降冰雹持续7分钟,据目击者反映,最大直径30毫米,黑山嘴镇下午雷击事件一起	白音山嘴镇出现雷雨天气淖嘎查一牧民8公顷青贮遭受雹灾袭击;黑山嘴镇雷击致1人死亡。
8月11日21时~12日11时	太仆寺旗宝昌镇暴雨,红旗乡中~大雨3间,形成危房5间,19间房屋	引发洪灾	倒塌房屋进水;冲毁农田86.7公顷,死亡牛1头,24人受灾,造成直接经济损失13.134万元。
8月14日14~16时	正镶白旗星耀乡石灰吐村	出现大雷暴	16时左右1放牧老人被雷击死

【围封转移项目】 草场"轮牧、休牧、禁牧"制度基本在全部可利用草场推行,草原生态总体恶化趋势得到遏制,全年造林面积4.3万公顷。全盟共完成沙源治理面积251.82万亩。

【工业】 三次产业比重中,第二产业比重达47.8%,其中工业比重达35.5%。全部工业增加值600 617万元,较上年增长37.2%。其中国有及年销售收入500万元以上非国有工业企业(以下简称规模以上工业企业)完成增加值535 617万元,同比增长40.0%;在规模以上工业企业中,大型企业增加值222 299万元,同比增长9.2%,中小型企业增加值313 318万元,同比增长65.9%。在规模以上工业企业中,轻工业增加111 592万元,重工业增加值424 025万元,分别较上年同期增长39.2%和40.3%。全盟规模以上工业企业由2004年的174户增加到2005年的215户。规模以上工业对全盟生产总值贡献率达到48.13%,比上年提高5.31个百分点。原煤、铁合金、硅铁、发电量等工业产品产量有较大幅度增长。全年规模以上工业企业经济效益综合指数达254.98,较上年提高61.04个百分点。实现产品销售收入871 100万元,同比增长74%;实现利税总额44 900万元,同比增长1.01倍。

【基础设施投资】 电力、燃气及水的生产和供应业完成投资629 839万元,增长111.9%。以生态建设为主的农林牧渔业完成投资122 035万元,同比增长8.4%。交通运输及邮电通讯业完成投资243 097万元,同比增长3.1%。项目建成投产率32.6%,新增固定资产983 819万元,较上年增长1.6倍。共有464个项目建成投产,新增生产能力主要有:原油开采26万吨/年,原煤开采332万吨/年;铅锌矿开采10万吨/年;新建改建公路1 262公里;城市道路扩建45.8公里;新增各类学校学生席位8 570个。

【建筑业】 全盟建筑业增加值完成208 703万元,同比增长33.3%。全盟四级及四级以上建筑企业22个,实现利税2 345万元。

【交通】 全年交通邮电业完成增加值102 402万元,增长15.0%。公路货运周转量286 597万吨公里,较上年增长77.0%;公路客运周转量159 888万人公里,较上年增长37.4%。全盟通车里程达8 005公里,新增246公里,等级公路里程5 860公里,其中黑色路面3 423公里,新增433公里。

【邮电】 全年邮政电信业务总量完成71 858万元,较上年同期增长35.3%,其中电信业务总量完成68 755万元,增长36.7%。邮政业务总量完成2 928万元。移动电信业务量完成41 497万元,增长49.0%;通信业务量完成19 055万元,增长18%;中国电信业务量完成516万元,增长143.7%;联通业务量完成7 687万元,增长26.0%。全盟固定电话用户总数24.9万户,其中城市电话用户 20 万户,农村牧区电话4.9万户。公用电话点13 372处。移动电话用户37.4万户,电话普及率(包括固定和移动电话)62部/百人。年末互联网用户3.9万户。

【固定资产投资】 全年全社会完成固定资产投资1 664 838万元,较上年同期增长67.7%,是 1995 年以来增长幅度最高的两年之一。其中地方固定资产投资完成1 534 909万元,较上年增长75.2%。按经济类型划分,国有经济完成997 738万元,增长48.5%;集体经济完成3 680万元,增长67.6%;私营个体经济完成211 162万元,增长3.1%;其它经济类型完成452 258万元,增长139.8%。按投资管理渠道划分,基本建设投资1 248 776万元,增长62.3%;房地产开发投资76 539万元,增长174.9%;其它投资315 848万元,增长83.4%。“十五”期间,全社会固定资产投资达 373 亿元,是“九五”时期的5.9倍,年均增长58.4%,比“九五”时期高37.7个百分点。

【国内贸易】 全年社会消费品零售总额494 625万元,较上年同期增长 16.6%。其中批零贸易业 402 637 万元,同比增长16.8%;餐饮业7 045万元,增长16.8%;其他零售总额21 534万元,增长12.6%。在全部零售额中,城镇零售额407 769万元,增长17.0%,农村牧区零售额86 856万元,增长14.7%。全年限额以上批发零售贸易企业实现商品销售收入75 466万元,较上年增长35%。

【对外贸易】 全年外贸进出口总额58 447万美元,较上年同期增长31.9%,其中出口总额6 806万美元,增长14.6%;进口总额51 641万美元,增长34.5%。完成活羊出口7.4万只。

【招商引资】 全年引进盟外资金138.5亿元,较上年同期增长106.6%,直接利用境外资金1 591万美元,增长111.1%。年末全盟外商投资企业 9 户,外资企业销售收入5 838万元,实现利润792.8万元。

【旅游业】 全年共接待游客156.6万人次,较上年增加7.6万人次。其中国内游客 118 万人次,国外游客38.6万人次,旅游业务收入17.8亿元,较上年增长18.1%。

【环境保护】 全盟自然保护区 9 个,其中国家级保护区 1 个,自治区级保护区 3 个。自然保护区面积 195 万公顷,其中国家级自然保护区面积 108 万公顷。各级环境监测站 5 个,环境监测人员 48 人,全年完成环境污染治理项目 127 个,完成环境污染治理项目投资额1 197万元。

【金融】 年末全盟金融机构各项存款余额98.90亿元,较上年增长22.2%。其中企业存款余额19.92亿元,增长24.6%;储蓄存款余额65.14亿元,增长19.1%。年末金融机构各项贷款余额72.0亿元,增长17.4%,其中短期贷款余额28.13亿元,增长7.1%;中长期贷款余额43.51亿元,增长28%。全年金融机构现金收入518.35亿元,现金支出539.79亿元,分别较上年增长14.7%和14.3%,收支相抵,货币净投放21.44亿元,较上年增长4.6%。

【保险业】 全年保险业保费收入21 163万元,较上年增长17.9%。其中财产险收入7 014万元,增长26.9%;人寿险收入14 149万元,增长13.9%;全年保险业赔付额8 170万元,增长62.7%,其中财产险赔付3 168万元,增长19.7%;寿险赔付5 002万元,增长110.7%。

【科技】 全盟有 2 项科研成果通过盟级以上正式鉴定验收,荣获自治区奖 6 项,全年签订技术合同 156 份,成交额2 110万元,技术交易额 66 万元。

【教育】 全盟有普通中学 53 所,在校生60 808人,其中高中19 198人,初中41 610人,毕业生20 298人。职业中学 10 所,在校生7 939人,毕业生1 901人。小学 144 所,教学点 29 个,在校生65 366人,全年学龄儿童入学率100%。全盟唯一的高等院校—锡林郭勒职业学院,拥有在校生4 505人,教职工 511 人,其中专任教师 368 人;普通中等专业学校 2 所(锡盟牧业学校、锡盟牧机学校),在校生1 121人,教职工 271 人,其中专任教师 137 人。

【文化】 年末全盟拥有艺术事业机构 14 个,从业人员 404 人;艺术表演团体 12 个,其中乌兰牧骑 11 个。年末全盟拥有文化馆 13 座,公共图书馆 12 座,藏书 29 万册;文物保护站(所)13个,馆藏文物 3 500 余件(套)。各类电影放映单位 57 个,全年放映电影3 335场。年末全盟拥有调频发射台 81 座,广播人口覆盖率87.98%。电视转播发射台 194 座,有线电视用户8.18万户,电视覆盖率91.0%。《锡林郭勒日报》汉文版日发行量8 218份,蒙文版4 681份,《锡林郭勒晚报》日发行量5 483份。

【卫生】 年末全盟医疗卫生机构 191 个,其中医院 32 所,乡镇卫生院 120 所,疾病预防控制机构 14 个,妇幼保健机构 13 个,专科疾病防治院 1 所,医学研究机构 1 所,采供血机构 1 个。全盟医疗机构拥有病床2 539张,其中医院拥有病床1 683张,乡镇卫生院拥有病床 541 张,年末全盟拥有卫生技术人员4 051人,其中执业医师2 215人。乡镇卫生员 944 人。

【体育】 年内全盟体育健儿在国内外重大赛事中获奖牌24枚，其中金牌13枚，银牌6枚，铜牌5枚。

【人口】 人口出生率10.98‰；人口死亡率5.44‰；人口自然增长率5.54‰。全盟年末总人口100.6万人，其中蒙古族人口28.73万人，占总人口的28.6%，其他少数民族人口4.21万人，占总人口的4.2%。男性人口51.85万人，女性人口48.25万人，人口性别比106.36：100。

【人民生活】 全年城镇居民人均可支配收入7 902元，较上年增加1 247元，增长18.7%；全年农牧民人均纯收入2 890元，增加322元，增长12.5%。城镇居民家庭和农牧民家庭恩格尔系数（即居民家庭食品消费占家庭消费总支出的比重）为36.9%和37.2%；城乡居民人均住房使用面积分别为22.2平方米和16.8平方米。

【社会保障】 年末全盟参加基本养老保险职工为103 590人，参加失业保险职工81 203人，领取失业保险金人数为1 450人。全盟有78 583名职工和29 521名离退休人员参加基本医疗保险，低保月标准提高到每人120元，覆盖1.9万户、3.8万人。

【人物】

哈扎布　1922年5月11日出生于锡林郭勒盟阿巴哈纳尔左旗希日塔拉草原（今锡林浩特市达布希勒特苏木）。

他创立有独自特色的蒙古族草原声乐学派，他本人也成为内蒙古最负盛名的长调民歌大师。经他传承演唱、改编、创作的歌曲有三百多首（其中长调逾百余首），代表作有《圣主成吉思汗》、《四季》、《走马》、《老雁》、《假如我们的爱情不变》、《赞歌》等，《小黄马》、《四季》等音域宽广、长短节奏混合，演唱难度极大的长调歌曲他随口即来，发挥的淋漓尽致，《万梨》、《上海牌的半导体》等通俗的短调曲目他同样演唱的风趣活泼、魅力独具。从50年代中期开始，中央人民广播电台、内蒙古人民广播电台等媒体为哈扎布录制并播放的歌曲达百首之多，中国唱片社为他出版发行了《四季》等十几张唱片。

1989年，在内蒙古首届民歌电视大奖赛上，自治区人民政府把"歌王"的称号隆重授予哈扎布。他是迄今为止内蒙古唯一获此殊荣者。1990年，内蒙古索龙嘎萨日纳奖评奖委员会又把代表自治区文艺界最高奖项的"金驼奖"授予他。国家副主席乌兰夫在内蒙古自治区成立40周年时为其题词：人民的歌唱家。

2005年10月27日，哈扎布因病医治无效，与世长辞，享年83岁。

（张瑞林　荆长风　李志军　斯日古楞）

锡林浩特市

【领导名录】

市委书记：姜树文（3月离任）　斯琴毕力格（蒙古族　3月任职）

人大主任：特木勒（蒙古族）

市长：斯琴毕力格（蒙古族　3月离任）　游晓阳（3月任职）

政协主席：褚廷祺

武装部长：郭云峰（10月离任）　刘大东（3月任职）

政　　委：魏殿高

【概况】 锡林浩特市位于内蒙古锡林郭勒盟中部，北纬43°02′～44°52′，东经115°13′～17°06′之间。东邻西乌珠穆沁旗，西邻阿巴嘎旗，南与正蓝旗接壤，东南与赤峰市克什克腾旗相连，北同东乌珠穆沁旗为邻。市区至北京和呼和浩特的距离分别为669公里和664公里。全市辖1个镇、2个苏木、6个城镇街道办事处，总面积14 592平方公里，其中市区建成区面积22平方公里。总人口15.6万人，其中城市人口14.9万人。有蒙、汉、回、满、达斡尔、鄂伦春、鄂温克等17个民族，其中蒙古族4.35万人，其他少数民族0.84万人，是一个以蒙古族为主体、汉族占多数、多民族聚居的边疆少数民族地区。全市有可利用草场面积2 154万亩。

2005年，地区生产总值达50.88亿元，人均生产总值3.2万元。全社会固定资产投资完成41.16亿元。财政总收入突破2亿元，完成2.52亿元。第一产业增加值达3.44亿元，第二产业增加值达32.67亿元，第三产业增加值达14.77亿元。城镇居民人均可支配收入9 121元，牧民人均纯收入4 145元。全社会消费品零售总额完成12.39亿元。

【畜牧业】 牧业年度牲畜总头数151.23万头（只）、比上年同期减少3.54万头（只），其中大牲畜和羊的总头数151.067万头（只），比上年同期减少3.33万头（只），大牲畜和羊的总增率为39.9‰。大牲畜和羊的良种及改良种畜123.65万头（只），良改比重为81.85%，年末牲畜存栏84.89万头（只），较上年同期减少3.04万头（只）；其中大牲畜和羊存栏84.71万头（只）。年内大牲畜和羊出栏71.84万头（只），比上年减少2.25万头（只）。出栏率81.87%，同比下降6.67个百分点；商品率为111.20%，同比下降6.23个百分点。肉类总产量13 276吨，比上年下降7.59%；奶类产量61 000吨，比上年增长52.50%；羊绒毛产量1 282吨，比上年增长0.55%；皮张产量72.99万张，比上年下降4.77%。

【农林水】 全年造林面积28 005亩，比上年增长172.8%，其中人工造林18 000亩,比上年增长75.4%,育苗面积300亩,增长1.64%。零星植树24万株。

【生态建设】 草畜平衡和休牧、禁牧制度得到全面落实,生态环境实现"整体遏制、局部好转"的重大转变。沙源治理面积达328.15万亩,禁休牧面积达2 068万亩,建设水源泉工程481处,节水灌溉450处,围栏面积达1 460万亩,牲畜棚圈面积达481处,节水灌溉450处,围栏面积达1 460万亩,牲畜棚圈面积1 245万平方米。沙化土地面积减少120万亩,水土流失面积减少3.85万亩,森林覆盖率提高0.26%。

【工业经济】 "煤、电、油、肉、乳、矿、建材、生物制品"八大支柱产业和开发区工业园区、活畜及畜产品加工交易园区、德力格尔重化工园区正在不断培育发展。引进和培育伊利、草原伊盛、奈伦、小肥羊、乌珠穆沁羊业集团等龙头企业,神华、大唐、等一批煤电大项目完成27.1亿元,增长14.8%,其中规模以上企业工业增加值完成26.05亿元,增长15.3%。实施工业重点项目42个,其中投资亿元以上项目14个,10亿元以上项目5个,累计完成投资16.68亿元,14个项目竣工投产。工业经济效益综合指数达272,较上年提高41个点。

【交通 邮电】 全年交通邮电业完成增加值28 358万元,增长19.9%。2005年本地电话用户达8.34万户,增长25.0%。全年函件达157.0万件,下降4.7%;特快传递3.7万件,增长26.44%。市运管公路货运量272.0万吨;公路客运量84.7万人。盟运输公司公路客运量83.9万人。

【城镇化】 大规模进行城市基础设施建设与改造,实施城市道路、地下管网、园林绿化等城市基础设施工程和额尔敦敖包、贝子庙广场、锡林湖景区、蒙元文化苑等文化旅游基础设施建设,市第四小学、第一中学教学楼、希日塔拉办事处办公楼等建设工程。完成道路改造和铺油路73公里;安装路侧石10.3万延长米,完成人行道铺装25.3万平方米,街道和小街小巷改造46万平方米;新辅设给水管线41公里、污水管线35公里、雨水管线46公里、供热管线14公里、新建垃圾无害化处理厂1座,污水处理厂1座,新建街心绿地7处,种植灌木和草坪28万平方米;新安装、调整、维修路灯2 533套,安装楼体轮廓灯50处;拆迁房屋209户、29 700平方米,拆除改造实体围墙、栅栏3 000延长米,规范广告牌匾3 180块,粉刷沿街建筑14.5万平方米;电缆线入地37公里,拔掉主要街路各种线杆565根,全市建成区面积达27平方公里,人均道路铺装面积9.31平方米,城区绿化率达21.6%,人均公共绿地面积6.8平方米,亮灯率达98%,供水普及率达85%,供热普及率达55.6%,污水处理率达45%,垃圾处理率达100%。

【旅游业】 举办和承办额尔敦敖包祭祀大典、第二届"牧歌"大型文艺晚会等一系列大型活动,提高锡林浩特市的知名度和影响力,全年接待游客人数46.35万人(次),同比增长8.2%,旅游收入1.39亿元,同比增长9.5%。

【招商引资】 全年共引进盟外资金199 575万元,比上年增长32.3%;其中引进区外资金100 063万元,比上年增长30.0%。直接引进国(境)外资金334万美元,增长5.9%。引进民营企业,城市公交实行市场化运作。努力提高对外开放层次和水平,对外贸易迈上新台阶,外贸出口总额360万美元。

【金融 保险业】 年末全市金融机构各项存款余额41 314万元,比上年增长22.0%,比年初新增存款增加90 636万元,其中城乡居民储蓄存款余额237 190万元,比上年增长23.86%。全年金融机构各项贷款余额227 843万元,比上年增长20.8%,比年初新增贷款增加39 301万元;其中农业贷款7 746万元,比上年增长20.5%。新增存贷差额趋于平衡。全年保险机构保费收入:人寿保险费收入5 573万元,比上年增长16.0%,财产保险费收入3 653万元,比上年增长37.4%。全年保险机构赔款额:人寿保险赔款额201万元,比上年下降24.1%,财产保险赔款额1 542万元,比上年增长36.8%。

【科技】 开展科技工作"五赛五比"活动,推进科技进步工作,跨入全国科技先进市和科普示范城行列。

【教育】 筹集资金5 743万元,改扩建和新建中小学校舍95 730平方米,消除危房25 439平方米,改善办学条件。教育"两基"达标得到巩固提高,苏木学校全部撤并到市区。

【卫生】 初步建立突发性公共卫生应急机制,疾病预防控制体系进一步健全,做好高致病性禽流感等传染病预防工作及鼠疫防治工作。

【人民生活】 全年出生人口1 259人,出生率8.15‰;死亡652人,死亡率4.22‰;自然增长607人,自然增长率3.93‰。城镇居民收入稳步增长,城镇居民人均可支配收入9 121元,比上年同期增长17.6%;牧民人均收入4 145元,比上年增长16.7%,城乡居民的恩格尔系数为39.93%和42.59%。

【社会保障】 按时足额发放行政机关、事业单位养老保险金2 064万元,企业养老保险金1 278万元,社会化发放率100%。积极做好养老保险扩面工作，将私营企业、个体工商户和下岗失业人员纳入养老保险统筹范围。启动大病互济医疗保险，覆盖面达6 877人。启动工伤保险，覆盖面达1 517人。按照160元的低保标准，全年为4 071户、8 712人发放最低生活保障金943.51万元。

【机构改革】 将原有的6个苏木镇调整为3个苏木镇，清理取消行政审批项目17项，37个部门253项审批事项进入行政审批服务中心。市政公用事业改革有效推进，重点对环卫体制进行改革，建立管干分离、工效挂钩、社会监督和市场运营机制，城市环境卫生管理得到加强。

（左秀琴）

二连浩特市

【领导名录】

市委书记：宋喜德（3月离任）
　　　　　张国华（11月任职）
人大主任：姚泽民
市　　长：陈和平（蒙古族）
政协主席：乌云毕力格（蒙古族）
武装部长：尹继明（11月离任）
政　　委：李　明（11月离任）
　　　　　朱凤林（11月任职）

【概况】 二连浩特市位于北纬42°55′～43°53′，东经111°17′～112°25′，内蒙古自治区正北部、锡林郭勒盟西部，东邻苏尼特左旗，西、南与苏尼特右旗相邻，北与蒙古国扎门乌德市隔界相望。二连市距俄罗斯首都莫斯科7 623公里，距蒙古国首都乌兰巴托714公里，距北京720公里，距呼和浩特380公里，是国内距首都北京最近的边境口岸。2005年，二连市行政区域面积4 015.1平方公里，城区面积18平方公里。设3个街道办事处（辖14个社区居员会）、1个苏木（辖4个嘎查）、1个科技园区。总人口83 292人，比上年增加22 734人，人口密度为17.9人/平方公里，户籍人口23 779人。现有蒙、汉、回、满等9个民族。

2005年，完成地区生产总值151 070万元（按可比价格计算，下同），增长29.8%。其中，第一产业增加值1 436万元，增长7.2%；第二产业增加值27 455万元，增长65.9%；第三产业增加值122 179万元，增长24.2%。人均地区生产总值21 004元，增长8.2%。三次产业比重由上年的1.2∶13.7∶85.1调整为1∶18.2∶80.8。财政收入19 663万元，增长10.0%，固定资产投资100 637万元，增长25.9%；城镇居民人均可支配收入13 838万元，增长14.6%；农牧民人均纯收入达2 580元，增长32.3%；社会消费品零售总额65 593万元，增长17.0%。各项税收完成12 368万元，增长19.8%，其中国税4 527万元，增长27.4%，地税7 841万元，增长15.8%。上划中央税收5 488万元，增长72.4%。

【农牧业】 加快农牧业结构调整步伐，以黄牛改良为重点，优化畜群畜种结构，引进荷斯坦奶牛108头、西门塔尔种公牛9头。加大基础设施建设力度，投资198.8万元用于购置农机具及节水灌溉设施。采取“五统一分”模式种植青贮3 500亩，亩产达到5 800斤。积极引进种植新、特、优蔬菜品种，生产各类蔬菜近300万公斤。扶持企业加快发展，建起日产25吨饲草料加工厂和200万斤储草站各1座。年内出栏牲畜3.16万头（只），加工6万头（只）。

【生态建设】 完成100套生态移民住宅建设。完成京津风沙源治理任务11.2万亩，其中，围栏封育10万亩，封沙育林1万亩，防护林建设0.2万亩；种植种苗基地80亩，建棚圈72处、7 200平方米，完成175处水源工程作业设计，新打机井2眼。全年培训生态移民257人，实现就业231人，培训就业率达90%。

【工业】 2005年完成全部工业增加值16 407万元，增长166.4%。其中，规模以上工业企业由上年的6户增加到8户，实现销售收入39 138万元，增长419.8%。实现工业增加值13 456万元，增长287.2%；规模以下工业企业实现销售收入8 808万元，增长66.8%。实现工业增加值2 951万元，增长22.4%。工业品销售率达100%，经济效益综合指数138.1%，比上年提升1.8个百分点。主要工业产品大幅度增加，供电量7 415万千瓦时，增长12.5%；加工原木22.23万立方米，无毛绒52.3吨，增长33.1%；饼干1 826吨，增长19.2%。口岸加工区以木材、食品、建材、畜产品加工为主的企业增加到37户，工业总产值达4亿元。

【城市建设】 新建别墅、住宅小区3.8万平方米，启动建筑面积7 300平方米的经济适用住房工程，硬化居民区巷道4条，沿街硬化1.5万平方米，添置恐龙雕塑10座，城区绿化覆盖率增加到15.7%。以招拍挂方式出让土地58.6万平方米，协议出让23.3万平方米，实现土地总收益3 883万元。引进地勘企业10家，在3 244.8平方公里的范围内进行勘查，组织编写《二连盆地地质遗迹保护项目设计书》。

【交通】 2005年，口岸进出口货物854.1万吨，增长30.1%，其中,铁路完成808.3万吨,增长28.7%;公路完成45.8万吨,增长60.8%。各种运输方式完成公路货运周转量4 954.6万吨公里,增长8.6%。完成公路客运周转量4 269万人公里,增长6.0%。

【邮电】 全年完成营业额5 734万元,增长39.7%,局用电话交换机总容量15 000门,有固定电话用户19 765户,增长8.8%,电话机普及率27.5部/百人;年末移动电话用户37 846户,增长9.6%,每百人拥有移动电话机52.6部。

【固定资产投资】 全社会固定资产投资累计完成100 637万元,增长25.9%。其中,基本建设投资48 688万元,下降12.3%;实施工业项目25项,完成工业固定资产投资10 810万元,增长4.95%;交通运输仓储及电迅业累计完成投资33 216万元,增长7.1%;非国有单位完成固定资产投资51 022万元,增长108.9%。

【招商引资】 全年实施招商引资项目34项,协议引进国内资金14.3亿元,增长77.8%,实际到位4.6亿元,利用外资450万美元。

【进出口贸易】 全年二连市口岸进出口货物854.14万吨,增长30.1%,其中,进口739.3万吨,增长28.3%,出口114.8万吨,增长43.5%;进出口贸易额完成22.42亿美元,增长44.3%,海关"两税"收入完成20.9亿元,增长27.9%。备案登记的外经贸企业138家,货代企业23家,外商投资企业3家。外经贸经营主体90%以上属个体私营企业,5家企业荣获全国外经贸质量效益先进企业。为33户企业办理出口退税登记,退税2 700万元。全年与蒙方签订劳务合同10份,合同金额373.3万美元,劳务输出315人。

【口岸外事】 深入实施"大通关"工程,公路口岸实现每周7天通关,铁路口岸实现24小时预约通关。实行"直通车"通关服务,在盛通国际商场开辟水果蔬菜出口"绿色通道"。与蒙古国矿产资源协会合作,成功举办"睦邻合作—2005中蒙企业投资洽谈会"。

【旅游】 制定《二连浩特市旅游业发展总体规划(2005年~2020年)》。出入境游客1 187 535人次,增长22.9%;其中,接待海外游客411 911人次,增长15%,旅游创汇9 144.4万美元。全市有旅行社5家,星级饭店8家。荣获锡林郭勒盟"国际旅游市场开拓奖"。

【个体私营经济】 全市个体私营经济4 012户,从业人员1.2万人,其中,私营企业250户,增长13.3%,个体工商户3 762户,全年营业收入14.6亿元,个体私营税收7 038万元,占全市财政总收入的36.9%。非公有制经济上缴税收连续10年占全市税收的60%以上,以贸易为主的第三产业占地区生产总值的比重连续5年保持在70%以上。全社会消费品零售总额实现65 593万元,增长17%,剔除价格因素实际增长15.6%。其中,批零贸易51 996万元,增长13.1%,餐饮业13 518万元,增长34.9%,其它行业79万元,增长16.2%。

【金融】 年末金融机构各项人民币存款余额141 130万元,同比增加26 189万元,增长22.8%。其中,居民储蓄存款余额100 661万元,同比增加18 303万元,增长22.2%;各项人民币贷款余额31 697万元,比年初减少970万元,下降2.9%。金融机构现金收入189.3亿元,现金支出187.4亿元。分别增长11.6%和9.8%,货币净回笼18 694万元。

【保险】 全年保险收入1 960万元,增长22%。其中,财险收入600万元,增长10.9%;寿险收入1 360万元,增长27.7%;保险赔付397万元,其中,财险赔付308万元,寿险赔付89万元,财险寿险承保额达13.3亿元。

【科技】 争取科技项目4个,申请专款43万元。二连鸿鹄定时自动关闭阀门有限公司成立建厂。全年组织蒙古国和国内科技合作考察6次、168人次。

完成"村村通工程"10个点建设和数字化改造任务。外宣工作成绩突出,上稿达1 098篇(条),同比增长11%。

【教育】 全市有普通高中4所,小学7所,幼儿园7所,中小学在校生9 223人,在园幼儿1 302人,在职教师373人,幼师85人。通过自治区"两基"达标复查验收,荣获自治区"两基"巩固提高工作突出先进市。开工建设蒙校教学楼,完成二连市高级中学一期工程。包括流动人口子女在内的631名贫困中小学生和48名大学生得到政府资助。免费接收蒙古国10名孤儿就读。

【卫生】 共有医院、卫生院4所,个体诊所28家,床位106张,卫生技术人员171人。中蒙国际友好医院开工建设,新建卫生监督所、疾病控制中心、农区基层卫生院、中心血库、传染病区。

【人口】 全年出生227人,死亡88人,全市人口出生率为10.09‰,人口自然增长率为10.14‰,计划生育率为98.07%,完成育龄妇女个案信息管理系统建设。

【人民生活】 居民人均可支配收入13 838元,增加1 767元,增长14.6%;人均住房居住面积达28.7平方米。年末人均消费支出10 543元,增加2 331元,增长28.4%。

【社会保障】 年末参加基本养老保险职工4 047人,其中,企业职工2 438人,行政事业单位职工1 609人。参加医疗保险职工5 039人。受理并办结欠薪案件34件,清欠农民工工资49万元。全年培训下岗、失业人员319人,实现就业256人,就业率达80%,登记失业率控制在2.7%以内。组织"围封转移"农牧民实用技术培训257人。38户零就业家庭全部实现至少1人就业。

（安世英 简丙金）

阿巴嘎旗

【领导名录】

旗委书记:额尔登孟克(蒙古族 3月离任)
斯琴毕力格(蒙古族 3月任职)
人大主任:林 毅(蒙古族)
旗 长:斯琴毕力格(蒙古族 3月离任)
哈斯(蒙古族 3月任职)
政协主席:李力量(蒙古族)
武装部长:陈显辉(3月离任) 张喜平(3月任职)
政 委:丁 起

【概况】 阿巴嘎旗位于锡林郭勒盟中北部,东邻东乌珠穆沁旗、锡林浩特市,西邻苏尼特左旗,南与正蓝旗相连,北与蒙古国接壤,边境线长175公里。全旗总面积27 495平方公里,其中草场面积26 985平方公里,占总面积的98.29%。阿巴嘎旗辖11个苏木,1个镇,71个嘎查;煤矿、林场、渔场各1处;总人口43 038人,含蒙古、汉、回、满、达斡尔、鄂温克、壮、藏等8个民族,其中城镇人口21 805人,占总人口的51%,牧业人口21 233人,占总人口40%,蒙古族23 381人,占总人口54%,汉族18 864人,占总人口43%。

2005年,地区生产总值完成77 275万元,较上年增长30.7%,增速排在全盟第三位,在2003年的基础上实现两年翻一番的目标,是2000年的2.5倍,超出"十五"计划目标61.8%,年均增长20.3%。其中第一产业增加值25 742万元,较上年增长7.4%;第二产业增加值26 868万元,较上年增长64.9%;第三产业增加值24 542万元,较上年增长29.6%,分别是2000年的1.3倍、9.4倍和2.7%倍。三次产业结构比例由"十五"初期的61.6:10.8:27.6调整到30.7:40.1:29.2,第二产业比重首次超过一产,成为全旗经济的主导力量。

【畜牧业】 阿巴嘎旗遵循"南牛北羊、品种改良"的牲畜结构调整思路;实施以黄牛改良、优质牛引进和乌珠穆沁羊提纯复壮为主的家畜品种优化工程。牧业年度牲畜总数186.4万头(只),较上年压减20万头(只),其中牛10.03万头、马9 629匹、骆驼839峰、绵羊130.8万只、山羊44.5万只。母畜占牲畜总数的82%,良改畜比重82.2%,较上年提高3.5百分点,繁成率88.1%。完成黄牛改良4.2万头,其中冷配1.2万头,引进西门塔尔优质牛810头,在中北部地区的18个嘎查实现种公羊集中管理;建立乌珠穆沁羊扩繁群50个,完成双羔基因母羊选育1 019只;动物防疫1 058万(头只)次。肉、乳、草三大产业基地建设初具规模,全年出栏牲畜101.5万头(只)、生产鲜奶3 000吨、打贮草2.3亿公斤。萨如拉牛业公司西门塔尔优质牛养殖规模达到200头;阿盛公司日处理鲜奶10吨的乳制品生产线建成投产。29个牧区各类合作经济组织有效地促进了牧民与企业和市场的对接。新增打草场169万亩;总面积增至500万亩,拥有高产饲草料种植面积1.9万亩;新建牲畜棚圈320处、3万平方米,围栏草场200万亩;完成牧区水源工程106处,其中小型机电井26眼、筒井80眼。建有3处奶牛基地和1处奶牛养殖场,5处标准化奶站,存栏奶牛1 665头,奶牛养殖户增至277户。畜牧业机械化水平逐年增强,农机总动力达到37 545万千瓦,农机机械总值3 627万元,在交通运输、打贮草等畜牧业生产方面基本实现机械化和半机械化。

【围封转移】 继续巩固和提高围封转移战略成果,完善围封转移分级管理运行机制。实施"三区三带一个基点"的围封转移工程,项目建设布局进一步优化。年内在12个苏木(镇)70个嘎查实行春季休牧,休牧草场3 870万亩,占草场总面积的95.5%,涉及4 750个牧户,89.8万头(只)牲畜;在8个苏木31个嘎查实行全年围封禁牧,禁牧草场184.05万亩,占草场总面积的4.5%,涉及605个牧户,10.13万头(只)牲畜;在9个苏木37个嘎查实行划区轮牧,轮牧草场755万亩,涉及670个牧户,21.63万头(只)牲畜。通过草原生态建设与保护,草原植被总体得到恢复,当年每亩平均产草量较上年提高24.1公斤。作为恢复草原生态环境的根本措施,减少牧区人口,加大牧区人口转移力度。年内新移民140户700人,累计转移牧民人口增至556户2 780人。

【工业】 依托资源优势,全力推进工业化进程,启动建设德力格尔重化工基地,查干淖尔煤电化工业园区和辉腾梁风电场。使能源、化工、矿产采选和肉食品加工四大工业行业的工业化进程明显加快,工业经济总量显著提升。全旗工业增加值达15 651万元,较上年增长53.9%。工业增加值占地区生产总直的比重由"十五"期初的7.6%提高到18.7%,工业对经济增长的贡献率由"十五"期初的18.8%提高到28.5%。规模以上工业企业由5家增加到9家,资产总计7 512万元,实现工业产值2 865万元,其中上限工业增加值完成12 035万元,同比增长86.7%;工业项目固定资产投资完成21 140万元,同比增长485.3%。主要产品产量活畜加工45.5万个羊单位,生产铁矿石41万吨,煤炭35万吨,供电2 004万度,自来水38万吨,矿泉水500万瓶。

【基础设施建设】 全年完成固定资产投资76 282万元,同比增长81.6%,城乡基础设施建设明显改善,城镇服务功能进一步完善。投资4 069万元,完成旧城区改造1.6万平方米,油路罩面7.5万平方米,拓宽公路9 300平方米,新增并网水源井3眼,排污管网延伸380米,集中供热扩容4.2万平方米,小区建设和房地产开发1.5万平方米,绿化8.9万平方米。2005年,修建乡村公路111公里,养护103公里,省道101线至宝格都乌拉小油路正式开工建设。长途汽车客运站建成使用。德力格尔重化工基地110千伏和查干淖尔煤电化工业园区35千伏输变电工程开工建设,德力格尔重化工基地完成水源井7眼,供水设施全部完工,日供水量达2 000吨,查干淖尔煤电化工业园区完成水源井2眼,日供水量800吨。全旗所有苏木镇均开通程控电话和数字传输业务,开通移动通讯业务。通过ETS固定电话解决1 700余户边远偏僻地区牧民群众通讯难的问题。

【旅游】 2005年,阿巴嘎旗完成旅游信息网建设和洪格尔旅游区详规,成立锡林郭勒国际旅行社驻阿旗办事处,爱德基金会援助成吉思宝格都山旅游项目前期工作进展顺利。全年共接待国内外游客2.9万人(次),实现旅游收入625万元。

【招商引资】 为全旗经济和社会快速发展注入了活力。年内,实施项目32个,其中新项目28个;引进国内(盟外)资金到位48 286万元,增长231.2%,其中引进区外资金39 174万元,增长267.5%。

【财政 金融】 2005年,财政总收入完成5 071万元,同比增加2 792万元,增长116.52%。其中地方财政收入累计完成4 476万元,同比增加2 461万元,增长122.13%;全社会固定资产投资完成76 282万元,较上年增长81.6%,重点实施京津风沙源治理工程、城乡公路、二期农网改造、煤田建设与勘探、重化工项目、城镇基础设施以及卫生、教育、公检法司等单位一批重点项目的建设。2005年城镇居民人均可支配收入6 043元,同比增长13.6%,较2000年增加2 341元,年均增长10.3%;牧民人均纯收入3 638元,同比增长17.6%,较2000年增加420元,年均增长2.5%;城乡居民人均住房面积由2000年的18平方米和15平方米提高到24平方米和17平方米;储蓄存款由1.5%亿元增加到2.7%亿元,全旗各项存款余额35 883万元,各项贷款余额12 110万元。

【科技】 2005年,阿巴嘎旗正式开通科技信息网站,拓宽牧民群众获取科技知识的渠道。组织开展"1315工程"、"阳光工程"等各类科技普及培训活动,共培训牧民18 560人(次),其中实施就业培训1 372人。全旗有各类专业技术人员915人,其中具有高级职称者20人,中级职称402人,初级职称493人(文教卫生部门占697人,涉农部门占106人)。

【教育】 年内,小学适龄儿童入学率100%,初中适龄少年入学率96.8%,青壮年非文盲率99.3%;顺利实施学校布局调整和中小学"危房改造"工程,11所苏木(矿)学校全部撤并到旗府所在地。第二小学教学楼建成投入使用,第一中学实验楼、蒙古族实验小学宿舍楼、青少年活动中心开工建设;教育补贴政策全面落实,享受"两免一补"和牧区户籍高中生补助的学生3 355名。全旗有中学3所、小学3所、蒙古族幼儿园1所、民办幼儿园2所、农牧民文化技术学校13所;中小学在校生4 773人,其中,小学生2 826人,初中学生1 721人,高中学生226人;教职工507人,其中专任教师419人。

【文化】 2005年,为发掘和保护优秀民族民间文化遗产,成立民俗文化研究会、蒙元文化精典—潮尔研究会、搏克和蒙古象棋等协会;设立文化事业发展专项资金10万元;征集到文物15件、手工艺制品110件、蒙古民族生活用品20件、蒙古族服饰40套;群众性文体活动蓬勃开展,旗中老年健身队表演的《筷子舞》在山东举办的第九届中老年文化艺术节荣获一等奖;实施"精品创作工程",进一步充实完善大型民俗歌舞《阿巴嘎麦丽娅—生命始发的祝福》;投资10万元为文化中心配备了健身器材、阅览桌椅、乒乓球台等文化体育设备;规范文化市场管理,为全旗互联网上网服务营业场所微机安装监控软件,开展专项治理活动3次,日常巡查30余次,出动执法人员80多人(次),依法取缔2家无照经营的"黑网吧";广播电视"村村通"工程顺利推进,全旗广播和电视覆盖率分别达到98%和89%。

【卫生】 建立和恢复嘎查卫生室35所,开设城镇社区医疗服务场所18处。在青格力宝拉格苏木开展牧区新型合作医疗制度试点工作,参会率达到96%。认真开展重大疫病防控工作。人口自然增长率为4.21%,积极开展计生奖励扶助工作,为24名牧区奖励扶助对象发放扶助金。

【社会保险 再就业】 2005年,城镇养老、失业、医疗保险覆盖人数由3 200人增加到4 400人。城镇低保人均月补差由41元提高到80元,83户158人新纳入低保,低保覆盖人数由179人增加到799人。年内征集就业岗位1 802个,城镇登记失业率控制在4.7%以内。

【区直机关单位定点帮扶】 2002年3月至2005年10月,自治区党委、政府决定结合“千村扶贫工程”,组织自治区17个直属机关单位定点帮扶阿巴嘎旗3个苏木10个嘎查实施“围封转移”战略。在4年帮扶工作中,17个区直机关单位累计投入资金1 421.94万元,完成草原生态建设、生态移民、畜牧业基础设施建设、畜牧业结构调整、捐资助学等26个帮扶项目。其中完成生态移民17户、66人,建房31处、867.57平方米;建棚圈116处、7 595平方米、青贮窖168处、610立方米;打井181眼、修建饮水工程1 500米、低水高调工程6处,完成水文地质详查150公里;修建乡村公路2.3公里,整理土地600亩,种植青贮2 975亩、牧草1 280亩、植树212万棵、灭蝗29万亩;拉网电31公里,安装风光互补设备161套,电视接收机62台;购买各种农用机械94台(套)、喷灌设备62台;购进种公牛25头、种公羊25只、流动畜1 130只、西门塔尔牛84头、良种母牛97头;完成疫病防治1 160头(只)次,建立流动冷配站1处;捐增图书3 000余册、助学303人(次)、实用技术培训1 583人(次)。帮扶工作结束后,10个被帮扶嘎查的贫困户,由帮扶前的303户、1 086人减少到59户,201人,帮扶工作取得显著成效。

(新巴雅尔 海延峰 王伟江)

东乌珠穆沁旗

【领导名录】

旗委书记:乌力吉(蒙古族)

人大主任:巴图孟克(蒙古族)

旗　　长:额尔登毕力格(蒙古族)

政协主席:东布日勒(蒙古族)

武装部长:谢卫军

政　　委:张建华(蒙古族 3月任职)

【概况】 东乌珠穆沁旗位于锡林郭勒盟东北部,地处北纬44°10′~46°46′,东经115°10′~120°07′。东西长350公里,南北宽150公里,总面积47 259平方公里。辖11个苏木,57个嘎查,3个镇,1个国营林场,15个居民区。随着苏木镇机构改革,撤并为5个镇、2个苏木、6个社区。乌里雅斯太镇是旗人民政府驻地。2005年全旗总户数16 455户,总人口70 731人。其中蒙古族40 819人,汉族15 155人,其他少数民族553人,分别占人口总数72.2%,26.8%,0.98%。男28 430人,占总人口50.29%,女28 097人,占总人口49.7%。人口自然增长率7.14‰。

2005年,完成国内生产总值(现价)181 929万元,按可比价格计算同比增长19.6%,其中第一产业增加值62 546万元,按可比价格计算同比增长4.8%,第二产业增加值82 162万元,按可比价格计算同比增长36.3%,第三产业增长值37 221万元,按可比价格计算同比增长16.5%。财政总收入完成1.53亿元(不包括社会保障基金收入),完成预算的118.70%,其中地方财政收入完成1.08亿元,同比增加5.409万元。全旗社会固定资产投资12.6亿元。牧民人均纯收入6 880元,同比增长13.6%,城镇居民可支配收入8 301元,同比增长17.36%。全旗社会零售价格总指数104.6%,城镇居民消费价格指数104.1%。

【畜牧业】 2005年,牲畜接产成活仔畜142.03万头(只),其中大畜2.27万头,小畜139.76万只(接冬羔8.4万只,接早春羔80.1万只,成活率达98.3%)。至11月23日,牲畜出栏158.58万头(只),其中出售牲畜155.08万头(只),(大畜2.79万头,小畜152.29万只);自食牲畜3.49万头只(大畜0.044万头,小畜3.45万只);肉食品加工企业加工96.57万羊单位(大畜1.19万头,小畜84.67万只),完成旗下达出栏170万头只任务的87.5%。实施春季休牧总面积4 580万亩,占全旗可利用草场面积的85%。采取化学灭鼠200万亩。种植青贮玉米2.447万亩,其中灌溉面积1.83万亩,新增灌溉面积0.77万亩,完成任务的96%。人工种草2.363万亩,完成任务2.1万亩的112.5%,一年生草地完成1.363万亩;草地围栏完成402.8万亩,其中:飞播牧草2万亩,饲用灌木2万亩,草地改良13万亩;完成划区轮牧4万亩。完成黄牛冷配15 313头。全旗共引进西门塔尔牛4 173头,其中种公牛408头,母牛3 765头。全旗落实饲养管理示范户100户,共饲养基础母牛4 730头,建立冷配站点153处,落实技术人员183人。

全旗新建畜棚463处、5.45万平方米,完成计划任务的155.7%;新建畜圈905处、42.5万平方米,新建草圈260处、0.78万平方米,完成旗下达任务的96.18%;新建水井359眼,其中筒井263眼、机井96眼,完成计划任务的104.97%;围栏草场402.55万亩,完成计划任务的100.5%。全年共签订草畜平衡责任书5 749份,签订率达100%。对2004年,超出已核定草场载畜量的2 268个牧户依法、按规下达行政处罚决定书,兑现1 450户。

【林业】 2005年完成封山育林任务5.0万亩,完成计划任务的100%。全年出圃各类苗木344.5万株,完成义务植树4.3万株、四旁植树4.0万株,分别完成计划任务的123%和133%。全旗有国家级重点公益林21万亩,地方重点公益林1.7万亩。完成沙源治理工程水源井建设70处、节水灌溉项目90处,牧民自筹建设水源井100眼,节水灌溉安装93处。

全年出动警力2 425人(次),出动警车 780 台(次),查处、破获各类案件 42 起,处理涉案人员 53 人,解救各类野生动物 600 余头(只),有效的保护野生动植物资源,遏制违法案件的上升势头。

【围封转移】 2005 年,全旗围封转移计划任务5 603.9万亩,实际完成5 603.9万亩,完成计划任务的 100%。其中 2005 年实施完成春季休牧面积 4 580 万亩,占全旗可利用草场面积5 362万亩的85%,覆盖全旗 57 个嘎查,5 791多个牧户 296 万头(只)牲畜。列入国家禁牧舍饲项目休牧共涉及 7 个苏木镇,19 个嘎查、1 979多个牧户,87 万头(只)牲畜。围栏轮牧累计完成 664 万亩,占全旗可利用草场面积的12.4%,涉及 9 个苏木镇,700 多个牧户,轮牧期为 4 个月,时间为 5 月 25 日至 9 月 25 日。实施禁牧面积累计完成 350 万亩,占可利用草场面积的6.5%,其中 2005 年新增项目实施地块禁牧面积 275 万亩,完成高产饲料地种植2.45万亩,完成计划任务2.3万亩的106%,其中完成灌溉高产饲料地1.66万亩,当年新增保灌面积0.57万亩。

【沙源治理工程】 2005 年自治区批复东乌珠穆沁旗沙源治理工程建设总规模为26.3万亩,生态移民工程 100 户 500 人。京津风沙源治理工程建设总规模21.8万亩,其中防护林0.1万亩,封山育林 5 万亩,飞播牧草1.8万亩,基本草牧场建设1.5万亩,围栏封育12.5万亩,暖棚 2 万平方米,饲料机械 200 台,水源工程 70 处,节水灌溉 90 处,小流域治理0.9万亩;退耕还林建设总规模4.5万亩,其中:退耕还林0.5万亩,荒山荒地造林0.5万亩,以封代造3.5万亩。京津风沙源治理工程完成建设任务21.8万亩,完成计划任务的100%。其中封山育林完成 5 万亩,完成计划任务的100%。防护林完成0.1万亩,完成计划任务的100%。飞播牧草完成1.8万亩,完成计划任务的100%。退耕还林建设总规模4.5万亩。

【水利】 在抗旱应急期间,新打各类水源井 200 眼,投入抗旱设备 125 套,共出动抗旱运水车 225 车(次),出动钻井机台 6 个,投入抗旱资金 137 万元。保障0.2万人、20 万头(只)牲畜的饮水安全。

【工业经济】 2005 年,实现现价工业总产值11.9亿元,同比增长38%,经济总量位居全盟第二,实现工业增加值6.12亿元,同比增长31%,占二产比重达到68%,占地区生产总值比重达到37%;全部工业企业实现利润1.41亿元,同比增长56%;工业税金总额达6 400万元,同比增长68%。其中矿产采选业完成现价总产值4.44亿元,同比增长39%;煤炭电力业完成现价总产值2.13亿元,同比增长200%;肉食品加工业完成现价总产值2.77亿元,同比增长34%,三大支柱产业合计实现现价工业总产值9.34亿元,占全部工业现价总产值的78%。

全旗实施工业重点项目 12 项,完成工业固定资产投资5.5亿元,同比增长38%。续建项目 4 项:2×15MW机组及供热管网建设,完成投资3 270万元,土建工程全部完工,一、二号锅炉安装完毕,发电机、汽轮机各到货一台,完成热网管网改造,接管原热力公司;查干敖包多金属矿1 500吨选厂,年底建成运行,累计完成投资1.2亿元;钨矿竖井建设工程,完成投资 550 万元;乌尼特煤矿 45 万吨露天开采项目,完成投资 787 万元。新建项目 8 项:阿尔哈达多金属矿1 500吨选厂,土建、井建工程及生活区已完工,完成投资1.4亿元;10 万吨有色金属冶炼厂建设项目,已完成可研报告、地勘和自备水井,制酸车间基础工程部分已完工,完成投资8 000万元;3 000吨仲钨酸铵厂,主厂房、副厂房、生活区三项工程已完工,完成投资2 500万元;氯碱化工综合利用项目,预可研报告通过自治区工业办核准,额合宝力格煤田年产 200 万吨露采矿已部分见煤,安装 150 吨电子汽车衡,完成投资3 180万元;2×13.5万千瓦时自备电厂项目,编制完成项目可研报告以及厂区平面图、布置图、施工图。完成自备水源井、主厂房地基岩石勘探和厂房的临建工程及电厂墙体的建设,完成投资 340 万元;10 万吨铜金属冶炼厂项目,可研报告委托中国有色工程设计总院编制,正在进行地质的细勘工作,完成投资 50 万元;小坝梁联合金铜矿冰铜冶炼三期 160 吨冶炼厂,总投资 500 万元;年产 350 吨营子绒分梳和年产1 500吨水洗营子毛项目一期工程,完成投资 380 万元,当年生产无毛绒 5 吨、营子绒 65 吨,全年采铜矿石3 000吨,生产冰铜8 000吨,同比增长4 000吨。全年完成现价工业总产值8 013万元,同比增加3 993万元。实现利润 570 万元,同比增加 241 万元。

【城镇建设】 2005 年,全旗城镇建设共完成投资15 741万元,其中市政基础设施建设完成投资6 187万元。投资1 300万元,防洪水保工程完成投资 220 万元;城镇给水、通电工程完成 60 万元;行政办公场所完成投资 800 万元。口岸管理区建设累计完成投资1 760万元。口岸联检楼完成投资 700 万元;边检楼完成全部投资 300 万元;海关监管场所完成投资 500 万元。全年城镇经规划程序审批建设用地 90 宗,土地使用面积394 850.12平方米,建筑面积98 803平方米;村镇规划建设用地审批3 493.2平方米。

【环境保护】 2005 年,重点工业污染治理方面,东乌珠穆沁旗朝不楞多金属矿环境保护投资总额达 535 万元,投资 120 万元实施尾矿坝三期工程,解决坝体防渗问题;投资 65 万元对原有试车所用一库区进行植被恢复;投资 350 万元实施尾矿排放管架设工程,废水回收利用率达到80%以上,基本达到环保要求。

小坝梁联合金铜矿投资300多万元进行环保设施改造，新建480立方米的尘降室，增加脱硫除尘设备。天贺银矿为加强矿区生态环境保护工作，对历史遗留下的探矿槽、废弃坑等进行复垦，挖掘土方量达1 500立方米。东乌珠穆沁旗钨矿投资10万余元对存在的环境问题进行整改。城镇水污染治理方面，集中整治乌里雅斯太镇10余家肉食品加工企业屠宰水不合理排放问题。有小坝梁联合金铜矿15t/d采选厂建设项目、查干敖包铁锌矿采选厂（1 500t/d）建设项目等均通过盟环保局审批。

【交通】 2005年，东乌珠穆沁旗有货运车辆672辆，其中大货车161辆，农用汽车441辆，其它车辆70台，全年共完成贷运量82.6万吨，货运周转量14 456万吨公里。东乌珠穆沁旗有短途客运站1家，个体客运户1家，中型面包车4辆，开通营运线路3条522公里，累计完成客运量1.6万（人次）。修建嘎查砂石路185公里，修建5个矿山矿石路，投资925万元。全年共征收运输管理费54.78万元，完成年度计划的138%。

【邮政】 全局邮政业务收入完成122.96万元，完成年计划的83.65%。其中，储蓄收入累计完成75.74万元，同比增长1.63%；报刊发行收入完成15.07万元，同比增长3.95%；函件业务收入4.03万元，同比减少17.16%；包件业务收入8.22万元，同比增长10.08%；汇兑业务收入7.42万元，同比减少25.47%；特快业务收入7.57万元，同比增长12.53%；物流收入3.97万元，同比增长27.2%。

【通讯】 2005年，累计完成放号城镇985部，农村636部，全年拆机939部，净放号682部，完成计划1 000部的68%。小灵通用户6 011户，新增有效用户1 247户，完成年计划70%。宽带完成放号598部，完成全年计划66.7%。固定电话收入累计完成1 000多万元；小灵通收入累计增加20%，完成年初计划；数据业务收入比上年同期增长61万元，增长67%，完成年初计划的108%。卡类业务收入累计完成28.95万元。

【外事 口岸】 珠恩嘎达布其口岸季节性开关4次，共80天。据统计，口岸进出口货物共56 960.5吨，同比增长31%，其中进口货物48 296.3吨，同比增长29%，出口货物8 664.5吨，同比增长40%。完成进出口贸易总额20 939万元，同比增长111%，其中，进口贸易额18 467万元，同比增长30%，入境人员12 384人（次），同比增长31%，出入大小型交通运输车辆9 719辆（次），同比增长43%，其中，出境4 857辆（次），同比增长41%，入境4 862辆（次），同比增长42%。

【财政】 全旗财政总收入累计完成15 431万元（不包括社会保障金收入），完成年度预算13 000万元的118.70%，同比增加724万元，增长88.51%。其中地方财政收入累计完成10 819万元，同比增加5 409万元；上划中央税收完成4 612万元，同比增加1 836万元。地方财政支出累计完成22 707万元，完成调整预算的98.42%，同比增加5 473万元，增长31.76%，地方财政支出2.2亿元。

【税务】 2005年，国家税务局累计组织收入3 673万元，同比增收986万元，完成全年税收任务的123.26%，其中："两税"累计实现税收3 600万元，同比增收1 030万元，增长40.08%，完成全年"两税"任务的124.14%。企业所得税累计实现税收7万元，同比减收58万元，个人利息所得税累计实现税收66万元，同比增收14万元，完成全年任务的146.67%。地方税收总计7 480.7万元，比上年增加2 843万元。其中，地税收入4 613.3万元，比上年增加2 127.3万元；社会保险费收入2 867.4万元，比上年增加351.4万元。

【金融】 全旗金融机构各项存款余额53 304万元，增长7.58%；各项贷款余额41 995万元，增长0.44%。一般预算收入累计入库6 292万元，完成年度预算的105%；一般预算累计支出14 036万元，完成年度预算的119%。基金收入2 393万元；基金支出1 020万元。实现保费收入888万元。其中完成期缴新单135万元；完成意外险95.3万元。

【科技】 2005年，全旗举办各类科技培训班84期，共完成培训人数12 000人（次），其中培训牧民1 200人（次）。共发放培训教材6 000份（册），技术系列光盘30张盘。与宣传部协作，在《乌珠穆沁报》上办"科普宣传"专栏4期，发表科普文章6篇。在电视台不定期开播"科普大篷车"专题节目，播放科普知识电视片2期。7月10日，组织开展"送科普知识、送实用技术、送科技图书"为内容的"三下乡"活动，盟科普大篷车到大会现场进行宣传，共展出展板60块80延长米，主要内容为"呼唤绿色生态"、"人和自然和谐发展"、"乌珠穆沁羊选育"。送科技图书500余本、20多种类，技术咨询200余人（次），参观人数8 000余人。

【教育】 2005年，全年共发放"两免一补"资金117.57万元、免费教科书4 569套，发放"牧区户籍高中生教育补助"54.3万元，发放民族助学金29.96万元，共救助贫困学生8 055名，占全旗学生总数的75.65%。旗直各中小学为特困家庭学生减免饭费近6万元，同时通过"草原爱心"行动，发放救助金1.2万元，救助学生11名，全旗小学、初中入学率分别达到100%和99.11%，残疾儿童入学率达87.5%。全旗教师合格学历分别达到高中97.47%、初中90.05%（本科以上48.04%）、小学100%（专科以上53.18%)、职高77.41%、幼儿园96.96%(专科以上38.85%)。

【文化】 2005年,民俗博物馆综合楼工程总投资1 300万元(国家投资220万元),完成一层主体框架工程。2005年,通过考试考核,乌兰牧骑招录25名演职人员。在全盟“网通杯”乌兰牧骑会演上,乌兰牧骑获集体组织奖,单项节目获声乐创作奖,表演奖等5个奖项。8月9日,以苏木为单位的东乌旗“首届千人蒙古民歌大赛”隆重举行。9月27日,由建设局、文体广电局联合举办“金秋之韵”文艺晚会。11月23日,在东乌珠穆沁旗召开《都仁扎那》研讨会。建立全旗第一个“军警民文化活动点”,进一步完善“边境文化长廊”建设。以文化站、文化点为阵地,组织开展“三下乡”活动120次,文化辅导90天。组织参加“内蒙古政协成立50周年书画美术展览”、“全盟首届‘交通杯’农牧民业余歌手大赛”等文化艺术赛事,获得集体组织奖2个,一等奖3个、二等奖3个、三等奖4个、优秀奖5个。“村村通”工程投资42.75万元。完成57个盲点村的建设任务。举办“全盟广播电视新闻宣传工作研讨会”。9月,电影公司被自治区文化厅授予“全区先进集体”荣誉称号。

【卫生】 2005年,东乌珠穆沁旗有全民所有制医疗单位20家。旗直医疗卫生机构4所,苏木(镇)卫生院(所)16家,全旗有在职卫生工作人员312人,其中专业技术人员267人,占85.6%。卫生技术人员中职业医师135人,助理职业医师34人,职业护士48人,药剂人员16人,检验人员18人,其他专业技术人员16人。全旗有嘎查医生52人,拥有床位154张,其中旗级79张,苏木镇级75张,每千人占有病床2张。

【体育】 组织参加“全国中国式摔跤比赛”、“首届蒙古搏克排位赛”、“锡盟—北京旅游那达慕”、“全国中国式摔跤王争霸赛”,共获得6金、3银、3铜。组织参加“全盟老年门球大赛”、“毛登杯”全盟乒乓球大赛等一系列体育大赛,均获得好的成绩。

【社会保障】 2005年1月至11月共发放低保资金153.6万元。在保低保户703户1 706人,其中离退休人员4人、失业人员265人、“三无”对象31人、优抚对象15人、其他人员1 391人,月发放低保金14.8万元,月人均补差86.66元。牧区低保在保户164户593人,每月发放低保金37 935元,月人均补差63.97元,全旗五保户有35户38人,其中集中供养9户9人,分散供养26户29人。社会福利院一所,床位13个,收养五保老人9名。年内向各苏木发放救灾款、房屋维修款、燃料款、牧区医疗救助款及低保户子女就业救助等共计32万元。全旗烈属、因公牺牲军人家属、病故军人家属、在乡老复退军人每人每月补助20元,并为优抚对象解决5 000元的医疗费补助,六级以上革命伤残军人的医疗费实行实支实报。2005年共接收复退军人23名,安置8名,待岗期间发放生活补助费7 280元。

【关心下一代工作】 2005年,旗委、政府领导把盟委和盟行署奖励旗党政领导班子的21万元全部捐出作为优秀教师奖励基金和贫困学生救助基金。各界人士为关心下一代工作捐助15万元。现各级基金累计达236多万元,捐出17万多元,捐助439多名贫困生。扶困助学捐款36万元。旗关工委还奖励6名品学兼优贫困学生每人2 000元。2月,开展“希望工程”献爱心活动。收到救助捐款8 000余元,13名学生重返校园;收到衣物5 000多件,图书5 000多册。东乌珠穆沁旗蒙医医生色玛,创建《色玛教育助学基金会》,先后捐资6万多元,救助因贫困辍学的牧民子女,帮助39名中学生和32名小学生。

(巴图孟和 达古拉 苏和)

西乌珠穆沁旗

【领导名录】

旗委书记:海　明(蒙古族)

人大主任:孟　克(蒙古族)

旗　　长:朝鲁门(蒙古族 11月离任)

　　　　　巴特尔(蒙古族 11月代理旗长)

政协主席:赛音吉雅(蒙古族)

武装部长:高颖慧

政　　委:赵国民

【概况】 西乌珠穆沁旗位于锡林郭勒盟东部,大兴安岭中南段。旗人民政府驻地为巴拉格尔高勒镇(原巴彦乌拉镇)。全旗东西长250公里,南北宽145公里,总面积22 434.5平方公里,东与赤峰市、通辽市相连,西接锡林浩特市,北邻东乌珠穆沁旗。现辖5个镇1个苏木、1个林业总场、93个嘎查、5个居委会、5个社区,2005年总人口72 376人,其中牧业人口39 914人,城镇人口32 462人,分别占总人口数的55.0%和45%。

2005年度,全旗完成国内生产总值132 701万元,较上年增长23.7%,其中第一产业增加值完成43 507万元,增长2.8%;第二产业增加值完成55 402万元,增长62.3%;规模以上工业增加值完成28 591万元,同比增长71%,工业经济效益指数达239.8%,较上年提高58.8个百分点;第三产业增加值完成33 799万元,增长15.1%。三次产业结构由2004年的39:35:26调整为30:47:23。2005年社会消费品零售总额46 504万元,增长16.0%。社会保障覆盖面和保障能力不断提高,发放基本养老金和失业保险金2 269万元,扶贫项目和社会帮扶扶贫资金到位440万元,解决850名贫困人口的温饱问题。

【畜牧业】 全旗畜牧业年度大小牲畜总数262.8万头(只)。其中大畜14.07万头,小畜248.69万只。年度总增数为112.56万头(只),总增率37.54%。年内成活仔畜114.06万头(只),繁成率达103.4%,牲畜保畜率99%,牧业年度母畜比重达51.23%,良改畜比重82.3%,完成任务的109.7%,牲畜出栏124.54万头(只),完成年度任务的95.8%,完成打贮草28 384.2万公斤,完成下达任务的116.8%。全年对27 053头黄牛进行冷配工作,完成下达任务的93.9%。新建畜圈195处、4.68万平方米,畜棚462处、4.32万平方米,草圈202处、3.03平方米。全年完成生态治理面积3 268万亩。全年突出抓好30处标准化划区轮牧示范点。建棚圈120处,完成建设4 800平方米,建设标准为80平方米/户,畜圈暖棚建设完成12 000延长米,标准为100米/户。

【林业】 全年退耕造林0.3万亩,荒山荒地造林1.0万亩,以封代造1.0万亩,沙源治理工程完成73 333亩,完成计划任务的120.2%。人工造林完成1 000亩。飞播造林完成面积30 773亩,完成计划任务的109.9%。封沙育林完成41 557亩。在飞播造林区完成平茬复壮任务1 423万亩,沙障设置完成4 761亩。义务植树完成6.5万株,四旁植树完成5.7万株。森林病虫害防治面积8.0万亩,防治率达100%。全年检疫苗木1 733.6万亩,监测覆盖率88%。

【水利】 新打牧区基本井84眼,新增灌溉饲草料地节水灌溉面积1.1万亩,解决饮水困难0.37万人,牲畜1.85万头(只),新增水保治理面积0.45万亩,保护面积16.7万亩,水利基础设施建设固定资产投资完成8 236万元,招商引资150万元。全年共完成水源工程50处,节水工程5处,新增节水灌溉面积4 500亩,小流域治理3 000亩。

【工业】 全年累计完成全部工业增加值38 784.8万元,同比增加5 516.2万元,增长122%,完成全部工业现价产值87 545.8万元,其中限上企业完成工业增加值33 784.8万元,同比增长162.5%,完成目标任务的131.2%。主要产品产量原煤294.25万吨,同比增长153.4%;铅锌14 840吨,同比增长19.8%;鲜冻肉8 011吨;水泥35 123吨;自来水50万吨;供电量5 028万度。

工业经济综合效益指数211.04,完成任务的175.9%,产销率90%,工业增加值占GDP比重为25.8%,利税总额完成6 627万元,较上年增长72%。全年完成工业固定资产投资9.3亿元,完成任务的118%。

【交通】 2005年,S307省道公路线巴彦乌拉镇至白音华煤矿段76公里二级沥青路面建设工程,完成30公里的摊铺工作,完成投资5 100万元。完成白音华煤矿至赤峰市巴林左旗60公里BOT方式建设二级水泥路工程(县际公路),苏木乡公路建设完成招标139公里,苏木乡公路养护完成184公里。全年征收农用车及拖畜摩养路费62.158万元,汽车养路费征收361万元,完成任务的100%。客运附加费合计征收7万元,运输管理费全年完成征收60万元,完成任务的133%。全年货运量完成943万吨,货运周转量14 281万吨公里;客运量22万人,客运周转量3 143万人公里。

【邮电】 全年邮政业务收入完成137.9万元,同比增长6.24%,完成年计划的100.60%,业务总量完成128万元,全员劳动生产力率达2.36万元/人;储蓄余额完成3 526万元,市场占有率达11%。各项业务中储蓄收入完成86.65万元,同比增长12.53%;汇兑业务收入完成4.67万元,同比下降15.1%;集邮业务收入完成8.9万元,同比增长4.7%;邮递类业务中函件业务收入完成4.1万元,同比下降21.2%;包件业务收入完成6.42万元,同比增长23.5%;速递业务收入完成7.18万元,报刊业务收入13.31万元;广告业务收入完成3.62万元,同比增长3.43%。通信业务收入完成1 077万元,比上年增长21.8%,净增收23万元,其中数据业务收入完成86.24万元,较上年增长21.37%,小灵通收入完成227万元;较上年增长27.52%。农话收入完成405万元;较上年增长8.94%,旗镇内收入完成358.76万元,较上年同期相比下降16.79%。全年小灵通放号累计完成1 536部,ADSU宽带放号累计完成709部,固定电话放号增长镇内114部,农话392部。移动通迅完成运营收入400万元,同比增长10%,业务收入580万元,同比增长12%,全年累计净增客户323户,网上总数3 120户。联通公司完成营业收入291.06万元,完成全年任务的111.87%。其中G网完成161.09万元,完成全年任务的106.25;C网完成128.98万元,完成全年任务的123.1%,数据完成1.08万元,完成全年任务的27.9%。

【城镇建设】 2005年,城镇建设投资累计完成2 769.92万元。道路桥梁工程完成970.52万元;亮化完成投资16.8万元;绿化完成投资200万元;巴拉格尔河湿地公园建设完成投资396万元,敖包山公园建设完成投资280万元;给水工程完成投资240万元,排水工程投资228万元;公厕建设维修完成投资28.6万元;公共交通投资完成90万元,2005年房地产项目建设面积34 340平方米,投资2 865万元。建城区详细规划面积400.4公顷,覆盖率73.9%。

【旅游】 西乌旗全年共接待国内外游客12.5万人(次),实现旅游业营业收入780万元人民币。

【固定资产投资】 全旗固定资产投资169 056万元,同比增长125.9%,固定资产投资位居全盟第二位,增速位居全盟第一位。2005年,城镇居民消费性支出人均7 002元,同比增长10.9%,恩格尔系数为35.4%,全年累计完成社会消费品零售额46 504万元,同比增长16.0%,其中城镇消费品零售额增长幅度明显高于牧区,城镇消费品零售额32 101万元,牧区零售额14 403万元,2005年行政事业单位在岗人员平均工资达1.5万元,城镇人均可支配收入7 353元。

【财政】 全年财政收入累计完成15 040万元,较上年6 654万元增加8 386万元,增长126.03%。其中国税完成4 932万元,完成任务的89.51%;地税实际完成3 113万元,完成任务的103.77%。财政总支出完成24 208万元。基金预算收入完成6 219万元,完成年度预算的163.14%,较上年同期增收41.25万元,增长196.99%,上划中央各税收入完成3 949万元,完成预算的94.29%,较上年同期增长2 334万元,增长144.25%。

【金融】 全旗全年各项存款余额43 863万元,同比增长32%;各项贷款余额25 566万元,同比增长0.3%;累计发放再贷款余额2 500万元,全年累计发放个人住房和用房贷款9 887万元。

【科技】 全年科技"1315"工程实用技术培训班共举办30余期,培训领导干部467人(次),技术人员454人(次),企业管理人员77人;农牧民12 066人(次),发放实用技术资料5 000份。组织涉牧部门骨干技术人员30余人到外地考察1次,集中办班1期,培训师资148人。全旗共建立科技示范园区8个,科技示范苏木4个(其中自治区级1个),科技示范嘎查7个,科技示范户63户。2005年申报科技项目共4项,其中申报国家科技部1项,核准上报自治区科技厅、科协3项。2005年到位项目资金33万元,共签订科技承包合同25份。全年引进科技人才79名。至2005年底,全旗专利申请量共计4项,授国家专利2项。

【教育】 全旗小学适龄儿童入学率100%,初中生入学率为117%。全旗共有小学12所,初中3所,高中1所,其中社会力量办学1所。残疾儿童少年入学率82.41%,小学辍学率为0,初中阶段的0.85%,全旗非文盲率为99.28%。2005年西乌珠穆沁旗被评为全区"两基"巩固提高先进旗县。全旗专任教师学历合格率分别为小学99%,初中96%,高中95%,小学教师专科率达74%,初中教师本科率为63%。全旗聘任上岗教职工721人。全年高中阶段获得教育补贴的学生共有919名,补助金额为47.72万元。有15名牧区贫困生得到广东省《羊城晚报》总编辑张宇航发起的"草原心"活动的资助。由锡盟和西乌珠穆沁旗两级妇联实施的中国儿童基金会资助旗蒙古中学30名女学生。2005年参加高考人数为233人,上本科线79人,上线率为33.91%,较上年提高了10.51个百分点。

【文化】 全年专业文艺团体演出50场(次),观看人数30 000人(次),西乌珠穆沁旗乌兰牧骑在2005年度获得"全盟优秀乌兰牧骑"荣誉。全年借阅图书1 181人(次)、1 492册(次)。接待阅览者1 484人(次),年内新增102册图书。西乌珠穆沁旗文物所馆中有1件二级文物,3件三级文物。在全国各地举行的多次搏克比赛中西乌旗共获得奖项34个。在2005年5月2~6日在呼和浩特市举办的全区国际象棋比赛中,西乌珠穆沁旗哈里马克国际象棋俱乐部一队获得团体冠军。全年共播出电视新闻1 038条(蒙509、汉529条),开播电视栏目有《美丽的乌珠穆沁》、《草原星河》、《精彩草原》、《经济五分》、《科技之光》、《西乌旗新闻》等。制作专题节目80期。完成"村村通"工程400套,对无线发射台维护42台次,停播率保持在每小时1.8秒,全年播出时间总计为245 158.8小时,无线发射台:中央一台5 600小时,内蒙古电视台蒙语台4 278.5小时,有线电视台32个频道,共计播出235 280小时。结合城镇建设规划,投入15万元,完成改造有线电视主干线路4公里,支干线10公里。光缆改造工程顺利完成。全年累计固定资产增值150万元。

【卫生】 2005年,全旗共有医疗机构19个,其中旗直2个、苏木镇15个,妇幼保健所1个,疾病控制中心1个,医务人员213名,每万人拥有医务人员28名,拥有病床233张,每万人拥有病床30.7张。

(常 喜)

苏尼特左旗

【领导名录】

旗委书记:苏 龙(蒙古族)

人大主任:斯日敖德(蒙古族)

旗 长:图门额(蒙古族 11月离任)

政协主席:孟 赫(蒙古族)

武装部长:迟建增

政 委:卢全林

【概况】 苏尼特左旗位于锡林郭勒盟西北部,北纬42°41′~45°06′,东经113°30′~115°12′,西邻苏尼特右旗,南与镶黄旗、正镶白旗、正蓝旗交界,东接阿巴嘎旗,北与蒙古国接壤。边境线长 316 公里。南北长 340 公里，东西宽 100 公里。总面积34 252平方公里，草场面积33 792平方公里。2005 年 12 月，苏木镇行政区划调整后，撤并 6 个苏木镇，保留满都拉图镇、查干敖包镇、巴彦淖尔镇、赛汉高毕苏木、巴彦乌拉苏木，精减比例54.5%。全旗总人口33 134人，其中蒙古族20 586人，占总人口的62.1%，汉族12 330人，占总人口的37.2%，其他少数民族 218 人，占总人口的0.7%。

2005 年社会消费品零售总额15 429万元，牧民人均纯收入2 282元，城镇居民人均可支配收入6 940元，年均增长15.3%。

全年完成地区生产总值81 756万元，增长39.9%，第一产业增加值16 297万元，增长4.0%，第二产业增加值48 802万元，增长94.8%，第三产业增加值16 657万元，增长15.2%。

【畜牧业】 全旗年末牲畜总头数615 115头（只），其中牛49 014头，占牲畜总头数7.1%；马7 021匹，占牲畜总头数1.0%；骆驼1 478峰，占牲畜总头数0.2%；绵羊444 811只，占牲畜总头数64.0%；山羊192 791只，占牲畜总头数27.7%，基础牲畜59.3万头（只），母畜比率为85.3%，良改畜67.3万头（只），良改比率为88.2%，出栏牲畜80.1万头（只），完成出栏任务的100%。草原生态植被建设完成规模153.53万亩，打贮草完成10 121万公斤，完成任务的100.2%。春季休牧草场总面积4 643.5万亩，涉及 11 个苏木镇 49 个嘎查，4 414牧户，74.7万头（只）牲畜，其中国家项目区草场面积2 491.5万亩。休牧期间全旗发放饲草795.57万公斤，建设棚圈3.2万平方米，完成牧区水源工程 121 处，节水灌溉 78 处，全年移民 70 户 350 人。

【林业 水利】 2005 年灌木规模造林完成5 000亩，其中四旁植树 2 万株，义务植树 3 万株。飞播造林完成2.5亩，并在迎风坡和风蚀坑等流动沙地上设置了约4 500亩沙障。2005 年封沙育林任务全部落实在德力格尔汗苏木巴彦锡力嘎查，属浑善达克北缘带。共建设完成 3 万亩。其中补植苗木近 60 万株，补植面积约2 400亩。完成水源工程 136 处，其中机电井供水基本井 28 处，大口井及筒井 78 处，塑料管井 30 处。新增灌溉饲草 1 万亩，新增节水灌溉面积 1 万亩。分散式供水工程 136 处，解决2 100人和8 000头（只）牲畜饮水问题，分别完成任务的105% 和114%。京津风沙源治理工程新增水源工程 121 处。其中完成供水基本井 3 眼，小机电井 10 眼，梅花式塑料管井 30 眼，大口井 78 眼。节水灌溉完成 78 处。共计完成投资431.82万元，供水基本井质量达到优质水平。

【工业】 全旗规模以上工业实现现价产值61 517.3万元，增长202%。主要工业产品产量原油8.1万吨，原煤 60 万吨，铁矿石19.61 万吨，低冰镍5 260吨，鲜冻畜肉9 005吨。

【交通】 是年，苏尼特左旗开通未通公路嘎查 7 个，新建村级公路 186 公里，完成路基工程 37 万立方米/83.7公里，完成路面工程64.8万平方米/108 公里，修建过水路面 229 米/20 处，完成投资 459 万元。社会客运量完成9.08万人；社会旅客周转量完成1 402万人公里；社会货运量完成36.5万吨；社会货物周转量完成6 504万吨公里。

【邮电】 邮电业务总量 820 万元，全旗移动电话用户6 400户，小灵通用户3 722户，互联网用户 381 户，市内电话装机7 043部。

【城镇建设】 全年苏尼特左旗重点加强满都拉图、贝勒两个镇的道路、路灯、园林、供水等基础设施建设。重点抓好满都拉图镇供水工程建设，实现投资 950 万元，主要用于铺设输水主管道、水处理车间等建设。完成满都拉图镇巴彦塔拉街罩面工程6 120平方米，人行道硬化2.4万平方米，城镇黑色道路面积人均16.8平方米。贝勒镇道路两侧新安装路侧石1 200延长米，街道绿化植树1 830棵；两镇及两镇之间新安装路灯 367 盏，改造 39 盏，完成满都拉图、贝勒镇两镇亮化通道工程。

【招商引资】 是年，实施招商引资项目 23 项，其中超1 000万元（含1 000万元）以上项目 11 项，实际引进资金49 455万元，同比增长59.3%，其中引进区外资金35 426万元，同比增长60.6%。

【固定资产投资】 全年固定资产投资完成52 040万元，比上年增长25.3%。其中工业固定资产投资完成14 111万元。更新改造投资完成5 131万元，基本建设投资完成46 909万元，增长125.6%。

【财政 金融】 全年，旗财政总收入完成5 022万元，较上年增长3 602万元，增长253.66%。地方财政收入累计完成3 425万元，较上年增加2 431万元，增长244.6%。全旗财政总支出14 079万元，较上年增加4 033万元，增长40.15%。各项金融存款余额24 777万元，增长25.2%，其中城乡居民储蓄存款余额15 648万元，增长6.3%。各项贷款余额14 585万元，增长3.7%。各项保险费收入 573 万元，理赔支出 55 万元。

【科技】 是年开展各类科技培训班 45 期，共计培训7 152人（次）。发放各类培训教材18 260册，引进志愿服务西部计划的大学毕业生 22 名，分配到旗属 15 个部门工作。

【教育】 是年,苏尼特左旗有中小学7所,在校学生3 587名,教职工592名。巩固提高“两基”达标成果,全旗小学适龄儿童入学率保持100%。初中阶段入学率达99%。“两免一补”政策得到有效落实,财政出资全面负担满都拉图镇和贝勒镇享受最低生活保障的特困户子女九年义务教育期间书本费、学杂费。积极开展特困大学生资助工作,全社会捐助3.724万元,资助11名贫困大学生完成学业。

【文化】 2005年文化馆举办器乐培训班4期,音乐基础知识培训班1期,深入机关、社区、苏木辅导52人(次)。图书馆藏书12 302册,其中图书10 454册,杂志1 525册,地方文献书籍324册。开展文化下乡活动,深入满都拉图镇移民区开展送图书活动,推荐使用科普图书60册,接待读者50人(次),结合“三下乡”活动,进行科技片、故事片和爱国主义影片放映活动,共放映故事影片245场,科技影片245场,观看人数达2万人(次)。乌兰牧骑城镇演出27场,下乡演出54场,接待演出255场。在中央人民广播电台播出新闻2条;在内蒙古电视台播放新闻16条,专题9部;在内蒙古人民广播电台播出新闻19条;在锡林郭勒盟电视台播出新闻100条,专题7部,其中蒙语新闻70条,汉语新闻30条;在锡林郭勒盟电台播出新闻149条;其中蒙语新闻110条;汉语新闻39条;旗自办台播放新闻1 028条,专题28部,其中蒙语新闻617条,汉语新闻411条,蒙语专题19部,汉语专题9部。

【卫生】 是年苏尼特左旗有各类医疗机构81处,其中旗直卫生单位5个,苏木卫生院11个,嘎查卫生室47个,私营蒙医诊所1个,学校医务室4个,个体门诊7个,红十字门诊1个,社区服务站5个,有病床79张,卫生技术人员195名。

【体育】 2005年组织举办蒙古象棋大赛,全民健身月活动启动仪式“苏尼特”搏克赛,“信合杯”篮球比赛;协助举办“移动杯”乒乓球比赛、“人寿杯”排球赛;“金杯”、“洪格尔杯”、“友谊杯”、“满都拉图杯”搏克赛和蒙校学生搏克赛;祭敖包活动15次、小型那达慕21次。

【首届全区“格鲁根”诗歌金牌大赛】 6月27日,苏尼特左旗人民政府与内蒙古人民广播电台合办首届全区“格鲁根”诗歌大赛,参赛选手396名。其中获优秀奖24人,铜牌奖4人,银牌奖3人,金牌奖1人。并在内蒙古卫视蒙语频道《苏龙嘎》栏目多次播出。

(咏梅 陈布和)

苏尼特右旗

【领导名录】

旗委书记:武国栋(3月离任) 马峰(4月任职)

人大主任:锡 拉(蒙古族)

旗 长:巴根那(蒙古族 10月离任)

朝洛蒙(蒙古族 10月代理)

政协主席:宝德巴雅尔(蒙古族)

武装部长:张献文

政 委:张恩东

【概况】 苏尼特右旗地处祖国北部边疆,位于北纬41°55′~43°17′,东经111°03′~114°16′,东与苏尼特左旗、镶黄旗毗邻,南、西与乌兰察布市商都县、察哈尔右翼后旗、四子王旗接壤,北连二连浩特市与蒙古国交界。国境线长18.15公里。全旗总面积22 461平方公里,南北长度220公里,东西宽度160公里。2005年,苏尼特右旗辖9个苏木、51个嘎查、4个镇、19个居民委员会、5个村民委员会。全旗总人口68 402人,其中蒙古族22 595人,汉族44 947人,城镇人口35 231人。旗境内的查干淖尔碱矿的天然碱储量位居亚洲第二,中国第一。

2005年牧业年度牲畜存栏1 310 250头(只)。地区生产总值116 998万元,同比增长15.6%,其中第一产业增加值完成15 455万元,同比增长4.3%;第二产业增加值完成68 240万元,同比增长19.3%;第三产业增加值完成33 303万元,同比增长15.3%。人均地区生产总值15 276元。

2005年城镇居民人均可支配收入7 117元,同比增长21.6%;农民人均纯收入1 745元,同比增长14.7%;牧民人均纯收入1 928元,同比增长19.7%。年末职工平均工资15 825元,增长20.3%。

【农牧业】 2005年牧业年度存栏牲畜131.03万头(只),其中大畜2.52万头(匹、峰),小畜128.51万只。其中大畜2.52万头(匹、峰),小畜128.51万只。大畜中牛22 279头,同比增加3 640头,增长19.5%;小畜中绵羊840 948只,同比增加66 177只,增长8.5%;山羊444 136只,同比减少70 303只,下降13.6%。草牧场干旱严重,降雨量是正常年份的30%左右。全旗10个苏木镇、48个嘎查村、2 645万亩草场有6 358个牧户、21 922人、116万头(只)牲畜饮水产生严重困难,1 520个牧户,6 200人、56万头(只)牲畜被迫走场。旗政府采取多种措施抗旱,调动抗旱水利设施保证2.8万亩高产饲草料基地稳产高产,总产草1.12亿公斤。对7月30日以前出栏羔羊的牧户,每只羔羊给予20元补贴,鼓励牧民提前出栏牲畜,主动防灾。在赛汉乌力吉、桑宝力嘎、阿其图乌拉3个苏木开展黄牛冷配工作,普查鉴定公牛3 736头,冷配区参配母牛8 319头,本交区8个苏木参配母牛2 094头,按照1: 20的比例配备种公牛。共确定冷配点100个(流动式87个,家庭式13个),培训技术人员222人,安排专项经费42万元。全旗存栏奶牛1 669头,年产奶1 300多吨。为禁、休牧牧民发放资金1 017.72万元,发放饲料42.67万公斤。

农业由于遭受严重干旱,马铃薯、油菜、豌豆及杂粮全部绝产。有水源土地种植的青贮玉米2 500亩,亩产1 500公斤。

【水利 林业】 沙源治理项目完成水源工程117处,其中深机井8眼,中深井37眼,筒井72眼;人畜饮水项目完成水源井8眼,建自来水工程1处,解决0.42万人口、1.425万头(只)牲畜饮水问题。其它水源工程建成水源泉井11眼,其中深机井6眼,中深井5眼;农牧区节水灌溉示范项目建设1 070亩。工业园区水利基础建设完成朱日和园区集中供水及朱日和镇人畜饮水二期改水工程新建供水源泉井3眼,铺设水管道1.6千米,建成水处理厂1座,1 000立方米水池2座;封沙育林完成设置柴草沙障0.3万亩,人工补植造林完成0.4万亩,直播造林完成0.86万亩;飞播造林完成人工撒播2万亩;灌木规模造林完成2万亩,其中植苗造林0.84万亩,直播造林1.16万亩;防护林完成0.2万亩;四旁植树完成7万株,义务植树完成9万株;种苗工程完成水源井1处,容器育苗20万株。

【生态建设】 继续进行"围封转移",保护生态环境。休牧面积3 117.6万亩,占草场总面积的93%,涉及11个苏木镇的51个嘎查、5 108户、72.3万头只牲畜。其中国家禁牧舍饲项目休牧面积2 703.6万亩,占草场面积的80.7%,涉及11个苏木的46个嘎查、2 923户、46.5万头只牲畜。禁牧面积233.4万亩,占草场总面积的7%,涉及11个苏木镇的25个嘎查、3 067户、4.6万头只牲畜。其中国家禁牧舍饲项目禁牧面积38.2万亩,占草场的1.1%,涉及7个苏木的16个嘎查、220户、4万头只牲畜。轮牧面积128.2万亩,占草场面积的3.8%,涉及2个苏木的2个嘎查、211户、2.7万头只牲畜。移民工程、移民搬迁100户,500人,迁出区在浑善达克沙地北缘带,砷中毒地区,迁入区为新民镇60户、赛汉塔拉镇和朱日和镇40户,迁入新民镇的移民从事肉猪养殖业,迁入赛汉塔拉镇和朱日和镇的移民从事二、三产业。

【工业】 全旗独立核算工业企业52户,其中规模以上企业19户。全年工业总产值124 090万元,同比增长44.2%。主要工业产品产量黄金254.75千克,铁合金5 124吨,铁矿石646 677吨,硅铁4 415吨,电石81 210吨,铜精粉871吨,硫化碱2 000吨,小苏打137 428吨,固碱35 598吨,纯碱292 613吨,自来水46万吨,无毛绒160吨,白酒3.5千升,鲜冻肉5 288吨。年供电量51 594千瓦时,同比增长150.7%。

【交通】 修建、养护公路完成7处工程。修建齐哈日格图—乌日根塔拉—号井四级砂石公路48公里,投资300万元;修建新民镇村级公路4条,总长31.5公里,投资125万元;修建G208线—朱日和毕鲁图庙四级砂石公路9公里,投资36万元;维修S101—阿其图乌拉四级砂石路41.2公里,投资165万元;修建赛汉塔拉镇—桑宝力嘎—赛汉乌力吉苏木三级油路38公里,投资114万元;修建苏尼特左旗巴彦温都尔—扎兰乌拉三级砂石边防公路30公里;维修桑宝力嘎—查干楚鲁图砂石路9公里,G208线—巴彦朱日和砂石路4公里,投资26万元;筹集资金124万元,购置公路建设机具平地机、压道机、装载机、翻斗车。在新民镇、朱日和镇修建客运站,占地面积均2 025平方米,建筑面积207.46平方米,共投资50万元。小额养路征费完成42万元。

【邮电】 邮政局辖14个邮政支局(所),年服务人口4 800人/处,业务总收入224万元。年末,通信分公司拥有固定电话用户12 655户,小灵通用户4 400户,互联网用户1 208户,公用电话500多部。联通分公司营业部辖7个基站,手机用户2 989户。移动公司能够提供话音和数据两大类20多种业务服务,国际漫游通达155个国家和地区,移动电话用户15 000户。全旗室内网络覆盖率95%,室外网络覆盖率83%,公路网络覆盖率85%,83%的乡镇实现网络覆盖。

【财政 税务】 全年财政总收入14 250万元,同比增长72%,其中一般预算收入7 683万元,同比增长39%;地方财政总收入9 496万元,同比增长62%。总支出24 300万元,其中一般预算支出22 410万元,农业支出1 531万元,林业支出2 884万元,水利和气象支出341万元,教育事业费支出2 080万元。

【金融】 年末,金融机构各项存款余额72 318万元,比年初纯增22.7%;各项贷款余额27 551万元,比年初下降0.6%。现金净投放26 657万元。财产保险公司全年保费收入800万元,综合赔付率56%,人寿保险公司全年保费收入1 750万元,综合赔付率37.14%。国税税收总收入11 755万元,较上年增收4 644万元,增长65%。地税税收入库2 842万元,同比增长17.29%。

【教育】 2005年,全旗有小学8所,中学4所,幼儿园3所。青少年活动中心1所,中学4所,幼儿园3所。青少年活动中心1所。其中民族小学2所,民族初中1所,蒙汉合校高中1所,民族幼儿园1所。2005~2006学年度,全旗义务教育阶段正常少年儿童在校生共9 506人,其中小学5 943人,初中3 595人。高中在校生1 277人。有教职工 773 人(工人 91 人),其中专任教师 682 人,小学入学率100%,初级中等教育入学率97.3%,脱盲率 99.1%,小学辍学率为零,初中阶段辍学率0.83%。全年发放"两免一补"资金88.8935万元。秋季高考报名人数 482 人,区内外普通高校录取考生 311 人。

【文化】 旗乌兰牧骑全年下乡演出 120 多场(次),观众13 000 多人。在"全盟乌兰牧骑文艺汇演"取得表演分数第一名,综合成绩为团体银奖。在全盟乌兰牧骑建设现场会上苏尼特右旗乌兰牧骑被评为优秀乌兰牧骑。年内乌兰牧骑新招用 16 名新队员。电影公司为基层流动放映电影 450 场,观众 25 979 人(次)。旗电影公司被国家广播电影电视总局命名为"全国农村电影工作先进集体"。新建设旗文化宣传楼,总投资 800 万元。开展文化工作"2131 工程"。有线电视入网户7 000多户,旗自办节目有《苏尼特人》、《百姓焦点》、《信息传递》、《记者访谈》等近 10 个栏目。全年播出本旗新闻1 022条。

【卫生】 开展"三级卫生网"建设,为赛汉乌力吉苏木中心卫生院、朱日和镇中心卫生院配备价值 40 万元的医疗设备,组织全旗 83 名乡村医生进行专业技术培训,培训内容为防治传染病基本知识、疫情报告,常见病诊断与治疗、合理用药,急诊初步处理、人间禽流感防控等。2005 年,中国疾病预防控制中心鼠疫布氏菌病预防控制基地授予"苏尼特右旗疾病预防控制中心"先进鼠疫监测点"称号。

【社保 再就业】 全旗养老保险参统职工9 083人,医疗保险参统10 826人,工伤保险参保人员5 934人,生育保险参保人员 5 413人。退离休职工总人数4 074人,其中企业2 271人,行政事业1 803人,人均月发放养老金 824 元。低保救助对象1 940户,月人均补差发放78.9元。征集就业岗位2 638个。城镇登记失业率4.48%。安置城镇各类人员 1 183 人,其中基地安置 169 人,社区就业实体安置 25 人,托底就业安置 20 人,公益性岗位安置 38 人,创业带头安置 50 人,重点工业项目用工安置 261 人,民营企业安置 248 人。再就业基地 12 个,其中年内新增 2 个。

【市政建设】 完成赛汉塔拉火车站广场建设;在青少年活动中心建设健身广场;扩建自来水北街马路;新增道路面积8 000平方米;硬化人行道35 000平方米;修建赛汉塔拉镇阿尔善街、脑穆根街排污管道1.7公里;建设集中供热二期工程,新增供热面积40 000平方米。城镇规划编制聘请自治区测绘院测绘朱日和镇地形图 6 平方公里,巴彦舒图镇地形图 4 平方公里;聘请北京大学环境学院为赛汉塔拉镇编制控制性详细规划 380 公顷,以及朱日和镇总体规划。严格控制污染物达标排放,完成生产企业污染物排放申报登记 20 家,建立完善污染现状的基础档案。完成医疗废物处置、雷达、通信广播电磁辐射等涉源单位申报监管工作。

【扶贫开发】 全年实施 8 个项目,购畜1 164头(只),其中羊 1 115只,养猪 49 头;种草(青贮)2 400亩;打井 8 眼,其中机电井 7 眼,大口井 1 眼;围栏草场 100 亩,建棚圈 79 处、9 845平方米;修路 48 公里;拉电35.5公里,其中高压 34 公里,低压1.5公里;建青贮窖 47 处、1 240平方米。自治区 38 个帮扶单位共投入资金1 398.385万元,其中自筹1 045.92万元,协调资金 268 万元,捐款6.488万元,捐物折价77.977万元;救助贫困学生 90 名。旗直帮扶单位共投入资金45.58万元,其中自筹36.58万元,捐款5.63万元,捐物折价2.89万元,协调资金 1 万元。救助贫困生 35 名。

(田　珍)

正　蓝　旗

【领导名录】

旗委书记:崔建国

人大主任:那木吉拉斯仁(蒙古族)

旗　　长:李少峰(女　蒙古族　12 月离任)

　　　　　巴根那(蒙古族　12 月任职)

政协主席:布仁巴图(蒙古族)

武装部长:孙喜明(1 月离任)　袁中华(3 月任职)

政　　委:冯勇跃

【概况】 正蓝旗位于锡林郭勒盟南部,东邻赤峰市克什克腾旗,南与河北省沽源县接壤,北与阿巴嘎旗、苏尼特左旗和锡林浩特市毗邻,西与太仆寺旗、正镶白旗相连。地处北纬 41°46′~43°07′,东经 114°55′~116°38′。全旗土地总面积10 278平方公里。全旗总人口78 745人,有蒙古、汉、回、满、藏、土、达斡尔、鄂温克等 8 个民族,人口密度为7.8人/平方公里。辖 3 个镇、8 个苏木、3 个农牧场,103 个嘎查(村),13 个居民委员会。上都镇是全旗政治、经济、文化中心。

2005 年,全旗地区生产总值完成12.38亿元,同比增长32.8%。其中第一产业增加值完成2.4亿元,同比增长5%;第二产业增加值完成7.6亿元,同比增长67.2%;第三产业增加值完成2.42亿元,同比增长18.8%。财政总收入完成1.5亿元,同比增长86.2%。

【畜牧业】 年底全旗牲畜总数380 118头(只),其中奶牛9 500头,肉牛和细毛羊 10 万头(只),绒山羊数量发展到2.1万只,牲畜改良比重达82.2%。

【农业】 全旗有耕地面积25.8万亩，主要种植玉米、马铃薯、蔬菜、油料等4种农作物。农区坚持“立草为业、为养而种、以种促养、靠养增收”方针，在突出发展奶牛和西门塔尔乳肉兼用牛饲养的同时，重点抓“小三养”，养殖业和饲草业成为农区新的经济增长点。年内农区新增牲畜2 000头，出栏獭兔6万只。

【林业 水利】 正蓝旗大力实施以植树造林，封山育林、飞播种草，建设饲草料基地和小流域治理为主的沙源治理工程。年内完成沙源治理面积14万亩，实施生态移民1 600人。新增灌溉饲草料基地1.4万亩。

【工业企业】 正蓝旗上都电厂一、二期工程已完成投资42.5亿元，硅铁产量达3.4万吨。重点项目对经济的支撑作用明显增强。工业固定资产投资完成37.5亿元，占固定资产投资总量85.3%，工业增加值完成3.01亿元，同比增长50.8%，工业经济综合效益指数达255。总投资1.74亿元的节能生态环保造纸项目正式开工建设。

【城镇建设】 全年，城镇建设及房地产开发总投资1.83亿元，建城区面积7.2平方公里，人均拥有铺装道路面积18.8平方米，完成房地产开发12.6万平方米，人均住宅建筑面积达25平方米，供水普及率、供热普及率分别达90%和15%。城区绿化覆盖率达24%。

【交通运输】 正蓝旗交通四通八达。207国道与308省道纵横交错。呼海大通道、207国道正蓝旗段扩能改线工程竣工通车。桑蓝铁路全线贯通，批复立项即将开通的蓝丰铁路将直通京津。全旗公路总里程877公里，其中国道207线130公里，省道308线166公里，省通道112公里，县级公路62公里，苏木镇二级公路130公里。集通铁路在蓝旗境内长114公里。交通运输年平均客运量达42万人（次），旅客运输周转量5 118万人公里，货物运输周转量5 643万吨公里。

【邮电通讯】 全旗各苏木已开通程控电话。建成VAST卫星通信地面接收网络工程，邮政业务实现电子化。现代信息传输移动电话、信息网络、特快专递进入千家万户，163、169互联网开通，国际、国内长途传输实现数字化。

【旅游】 2005年，文化旅游事业实施注重突出民族特色，着力打造旅游精品战略，充分利用旅游资源，大力推进民族文化旅游业的发展。投资200万元启动实施元上都遗址旅游区相叔包修复工程。共接待中外游客8万人（次），实现相关收入1 600万元。成功举办首届农民文化节，带动第三产业的发展。为全旗经济社会发展注入了新的活动，成为拉动全旗经济增长的新亮点。

【商业贸易】 全旗拥有各类经营网点1 658户，城镇农畜产品交易市场3处。全年实现社会消费品零售总额2.85亿元。

【招商引资】 全方位、宽领域、多角度的开展招商引资工作，共向外包装推介项目31项，正式签约19项。共引进盟外资金29.5亿元，同比增长33.5%，完成固定资产投资44.3亿元，同比增长112.7%。

【环境保护】 全年，完成污水管道安装10 400延长米，检查井263座。对污水排放量大的畜产品加工企业进行整改，安装污水处理设施，大量减少COD年排放量。上都镇内有生活垃圾中转站2处。

【财政 金融】 2005年地方财政收入首次突破亿元大关，达1.41亿元，同比增长106.8%；城镇居民人均收入7 256元，同比增长20.2%；农牧民人均纯收入分别达2 326元和2 288元，同比增长25%和12.6%。城镇居民储蓄存款余额达4亿元。

【科技】 是年，全旗拥有各类科技人员2 600余人，科技示范户达1千多户，建立科技示范区10处。累计投入科技三项资金22万元。有20项新推广的实用技术项目取得成果。

【教育】 是年，正蓝旗有各类学校19所，其中幼儿园2所、小学11所、中学4所，9年一贯制学校2所，在校学生7 526人，中小学任职教师1 001人。学龄儿童入学率达100%，农牧民非文盲率达98.5%。

【文化】 全面实施民族文化大旗建设，推进文化体育事业的繁荣发展。上都镇有文化馆、图书馆等文化场所，各苏木镇均有文化站。为改善广大群众的精神文化生活，广泛开展群众性体育文化活动，举办美术、书法、工艺品展览，共有60多个作品参展，其中15个作品获奖。乌兰牧骑累计创作新节目28台，演出30多场。有电视台1座，广播电台1座，苏木镇通有线电视，村村通调频广播。有线电视覆盖率达90%，调频广播覆盖率达100%。用数字接收机传输29套电视节目。2005年开通22个光节点有线电视，共铺设10千米光缆。电视台共播出本地新闻报道794篇，制作专题片17部。

【卫生】 全旗规模较大的医疗机构有旗医院和蒙医院。各苏木(乡)牧林场均有卫生院,50%的嘎查(村)建立卫生工作室。新建旗医院综合楼竣工投入使用,改建和建立传染病区和疾病控制中心。执行农村牧区合作医疗制度,全旗参加合作医疗的农牧民45 856人,参合率达87.2%。医疗保险覆盖人数达5 330人。人口自然增长率7.7‰,计划生育率99.6%。

【社会保障】 2005年,全旗养老保险覆盖人数达7 778人,低保覆盖人数达2 478人,低保人均月补助费由50元提高到80元。全旗失业保险参保人员全部实现个人帐户管理。企业参保职工覆盖率达100%,新建、扩建再就业基地15个,安置各类就业人员4 870人。

【扶贫开发】 是年,继续开展"千村扶贫开发工程"和旗直行政事业单位帮扶嘎查村活动,总投入扶贫资金765万元。落实"两免一补"资金148万元,扶持贫困学生12 080人次,为55名贫困大学生捐助资金6.9万元。

(乌日娜)

正镶白旗

【领导名录】

旗委书记:齐白乙拉(蒙古族)

人大主任:阿拉腾花(女 蒙古族)

旗　　长:谢　军

政协主席:李福强(蒙古族)

武装部长:何京平

政　　委:张　彪

【概况】 正镶白旗土地总面积6 215平方公里,全旗经过苏木乡镇机构改革,将原2个镇、5个苏木、1个乡合并为2个镇,2个苏木。全旗总人口7.1万人。

2005年,累计完成现价生产总值61 402万元,同比增长18.3%,其中第一产业增加值完成17 266万元,同比增长5.1%;第二产业增加值完成19 065万元,同比增长28.7%;第三产业增加值完成25 071万元,同比增长工22.7%。全旗财政总收入完成4 035万元,同比增长93%,其中地方财政收入完成4 034万元,同比增长51%。全年固定资产投资完成4.6亿元,同比下降10.2%。全社会消费品零售总额达年18 408万元,同比增长8%。

【农牧业】 农区全年累计完成播种面积9.9万亩,在遭受旱灾的情况下,农业减产不减收,农业收入4 333万元。年内投资278万元,新建畜棚22万平方米,畜圈4万平方米。全旗畜棚圈占有面积达到66万平方米,畜均1.37平方米。新建青贮窖463座,累计达到4 333座、10.8万立方米,新增灌溉高产饲草料基地653处1.2万亩,农区水浇地1 530亩。完成黄牛冷配2万头,细毛羊人工授精1.2万只,肉羊经济杂交8.5万只。牧业年度牲畜总头数74万头(只),良改比重达到94.5%。全年出栏牲畜43万头(只),出栏率58%。实现绒毛销售收入2 207万元。

【生态建设】 投资3 914万元,完成京津风沙源治理工程16.77万亩,其中退耕还林5万亩,飞播造林5万亩,封山育林4万亩,围栏封育2.3万亩,小流域治理2.5万亩,完成水源工程120处,节水灌溉工程105处,拦洪坝建设1处,50户生态移民工程竣工,全旗禁、休牧总面积772万亩。

【工业】 全部工业增加值完成13 334万元,同比增长35.1%,肉乳加工、饲草料加工、金属矿产品采选加工、绒毛加工总产值达到全旗工业产值的81%,增加值77%。全旗独立核算工业效益和质量明显提高,利润同比增长6.3倍,上缴税金700多万元。全旗独立核算工业企业由上年的21家,增加到25家,限上企业户数由上年的5户增加到7户。

【城镇建设】 全年市镇建设、房地产开发累计投入7 254万元,改扩建道路5条,10.5万平方米,建铁路立交桥1座,铺设雨水管道2 189米,绿化面积7 000平方米,硬化巷道4条,3 250平方米,安装路灯368盏,建公厕6座,铺设供水管道10公里,投资638万元对集中供热工程改造,公建、房地产开发及居民住宅开发建筑面积5.7万平方米。其中公建面积1.2万平方米,住宅楼建设1.5万平方米,临街改造3万平方米。

【交通】 2005年新建乡村公路75公里,完成73公里柏油路路基工程,明安图镇至呼海省际通道12公里支线竣工通车。

【招商引资】 年内协议引进项目98个,协议引进资金11亿元,实施项目61个,到位资金2.1亿元,同比增长64%。全旗落地61个招商引资项目,固定资产投资1.53亿元,占全社会固定资产投资总额的33%,年内新建续建50万元以上项目84个,完成投资4.6亿元。其中完成生态、农牧业综合开发、花岗岩开采,省际通道支线等16个重点项目,投资2.2亿元。年内13个项目完工。

【旅游】 确立旅游景点8处,年内接待游客3.5万人次,旅游收入2 100万元。

【财政】 全旗完成财政收入6 716万元,同比增长93%,其中地方财政收入完成4 034万元,同比增长51%;全年财政支出18 010万元,同比增长1 791万元,完成社会保险基本支出488万元,教育支出168万元,退耕还林还草支出1 503万元,禁牧舍饲支出1 540万元,粮食直补支出53万元,农业综合开展支出468万元,城建支出1 597万元。

【金融】 全旗有金融保险机构6个,年营业额773万元。全旗金融机构各项存款余额30 976万元,各项贷款余额13 399万元。

【教育 卫生】 全旗落实“两免一补”资金168万元,完成基层2个教学点,1所中学,2所小学布局调整。3所学校1.4万平方米“农村寄宿制学校建设工程”投入使用。疾病控制中心,中德合作医疗影像中心投入使用。年内引进先进医疗设备CT机、血沉仪。蒙医事业得到重视和发展。卫生系统完成苏木乡镇撤并后的机构改革工作。

【人口 人民生活】 年内全旗实际出生人口489人,人口自然增长率为2.74‰。城镇居民人均可支配收入7 058元,同比增长17.5%,牧民人均纯收入1 972元,同比增长17.4%,农民人均纯收入1 688元,同比增长28.8%。

【社会保障】 全旗共有838户2 083人,纳入低保范围,累计发放保障金206万元,全年共发放救济粮、衣物等折合人民币95万元,医疗救助特困户86人,扶持特困大学生94人。年内征集就业岗位2 217个,建社区服务实体10个,扶持新建再就业基地3个,安置人员1 001人,劳务输出2 500人。登记失业率控制在4.75%。

【万亩西瓜种植园区】 星耀镇积极培育西瓜市场,做大做强西瓜产业,年内种植西瓜2.3万亩,产量达4 757万公斤,瓜农户均收入3 400多元。镇政府为树立“德胜牌”名牌战略思想,推动西瓜销售,年内举办“第二届西瓜节”。伊和淖苏木柴达木嘎查沙地西瓜试范种植获得成功。此次沙地西瓜种植共计83亩,亩产达2 000公斤,最高亩产达2 500公斤,总产达13.8万公斤,14户瓜农户均收入4 267元。

【中国汽车越野锦标赛】 2005年9月5日,经国家体育总局批准和自治区政府同意,由中国汽车运动联合会和自治区体育总局联合主办,中体经纪管理有限公司承办的中国汽车越野锦标赛首赛段比赛在正镶白旗举行。首赛段从浑善达克沙地至苏尼特左旗境内共计120公里,参赛车辆48辆。服务车125辆,直升机2架。旗相关单位积极参与首赛段的协调服务工作。

【草原火灾】 2005年4月5日,明安图镇南山小流域治理区由于“清明节”上坟祭祀烧纸引发草原大火。此次火灾过火面积13 600亩,出动灭火人员1 200人(次),扑火工具扫帚935把(次),铁锹210把,风力灭火机18台(次)。

(巴雅尔 刘启莲 郝永谦)

镶 黄 旗

【领导名录】

旗委书记:特力更(蒙古族 11月任职)
人大主任:刘 祥(11月任职)
旗　　长:特力更(蒙古族 11月离任)
　　　　　通拉嘎(蒙古族 11月代理)
政协主席:道尔吉扎布(蒙古族)
武装部长:赵庆春
政　　委:刘 杰

【概况】 镶黄旗位于锡林郭勒盟西部,北纬41°56′~42°45′,东经113°30′~114°45′。南与乌兰察布市化德县交界,东、东北部与正镶白旗和苏尼特左旗毗邻,北部、西部与苏尼特右旗和乌兰察布市商都县接壤。总面积5 143平方公里,草牧场占总面积的97.68%。辖3个苏木,1个镇、60个嘎查、6个居民区。人口29 204万人,其中蒙古族18 037人、汉族11 053人、满族54人、回族37人,其他少数民族23人。

2005年,全旗地区生产总值完成50 453万元,比上年增长66.1%,比“九五”期末增长2.77倍,年均增长30.3%,三次产业比重调整为23: 45: 32,经济转型初见成效;固定资产投资48 500万元,比上年增长157.89%,比“九五”期末增长37.32倍,年均增长107.34%;社会消费品零售总额8 546万元,比上年增长19.60%,比“九五”期末增长0.97倍,年均增长14.52%;财政收入5 548万元,比上年增长71.76%,比“九五”期末增长5.77倍,年均增长46.61%;城镇居民人均可支配收入6 937元,比上年增长56.91%,比“九五”期末增长1.19倍,年均增长16.97%;牧民人均纯收入1 887元,比上年增长18.98%,比“九五”期末增长3.68%,年均增长0.72%。

【畜牧业】 2005年,全旗共繁仔畜279 125头(只);成活仔畜276 013头(只);繁殖成活率85.59%;保畜率达99.81%,同比增长2.1个百分点;总增牲畜274 848头(只),总增率为44.2%,同比增长2.17个百分点;纯增牲畜为78 236头(只),纯增率为12.58%,同比增长11.75个百分点;全旗牲畜总头数达700 003头(只),同比增长11.2个百分点,创历史最高纪录。其中大畜

27 110头;小畜672 893只,全旗改良牲畜达607 886头(只);比重达86.84%,完成目标的108.6%,同比增长7.64个百分点;日历年度母畜比重预计达到85.5%,完成目标的100.5%;打贮草完成9 757万公斤,完成目标的100.5%;牲畜出栏完成35.13万头(只),完成目标的100.3%;农牧业总产值完成2.1亿元,完成目标的136.3%,同比增长50.1%;农牧业增加值完成1.2亿元,完成目标的120%,同比增长48.8%。

草场休牧面积744万亩,占草场总面积的100%,涉及牧户3 950户,牲畜51.47万头(只)。组织有关单位共出动各种机械100多台(套),克服气候干旱、土壤墒情差,高产饲料地和人工草地种植非常困难等不利因素,当年植被建设总面积19.82万亩,完成目标的125.4%。其中人工种草2.25万亩。加强黄牛冷配工作,全旗共建64个冷配站点,其中29个冷配站、35个配种点。完成黄牛冷配8 442头,完成目标的100.5%。

为防治高致病性禽流感,及时采取防控各项措施,实行24小时值班制度,全旗家禽及时接种疫苗或宰杀,接种疫苗共2 593羽(只),宰杀处理864羽(只),确保全旗防控高致病性禽流感工作顺利进行。

【林业】 全年林业生产任务完成计划任务的0.1万亩,为计划任务的100%。飞播造林(人工模拟飞播):建设地点为翁贡乌拉苏木和巴音塔拉苏木,设置8个作业区。6月上旬在翁贡乌拉苏木采用拖拉机牵引气力喷播机进行杨柴、沙蒿、沙打旺、沙米播种,完成作业面积4 605亩;累计完成10 175亩,为计划任务10 000亩的101.7%。由于干旱的影响,喷播区每公顷出苗株数3 255余株,成苗率及有苗样方频度52.5%;当年5月初完成造林补植、6月底完成围栏封禁,封育面积60 926亩,占计划任务60 000亩的101.5%。完成造林补植面积21 350亩,造林平均成活率为85%。

【水利】 镶黄旗生产建设任务完成小流域综合治理规划面积为201万亩,年内实际完成201万亩,完成年度任务的100%。其中完成开挖水平沟14万延长米,种植水保林2 120亩,筑谷坊22座。完成新平节水灌溉面积1.0万亩。牧区人畜饮水解困工程完成新打机电井9眼,解决0.21万人、1.19万人万头(只)牲畜的饮水困难。完成旗城镇供、排水工程2 865延长米,全年供水总量18万吨。

【生态建设 围封转移】 完成沙源治理工程17.8万亩,为任务的103%。完成退耕还林工程2.3万亩。完成营林造林7.22万亩,为任务的101%,分别是:飞播造林完成1.02万亩,封山峰育林完成6.1万亩,防护林完成0.1万亩;新建温室3个,培育针叶树2 000株,培育容器灌木苗100万株;购置种子处理器1套、购置生产苗木专用机械1套,建设缓苗区5亩,种苗工程完成任务的100%;草地治理项目完成9.877万亩,为任务的103.2%,分别是:围栏封育完成9.3万亩,基本草牧场0.072万亩,人工种草完成0.505万亩;暖棚建设完成2万平方米,购置各类饲草料机械200台套。

建设移民扩镇住宅楼4栋8 192平方米,配套建设畜棚畜圈112处4.2万平方米。为生态移民户购进640头良种奶牛,使236户牧民顺利搬迁到4个养殖基地从事奶牛养殖业。种植高产饲草料基地3.3万亩,人工种草2.52万亩,打贮草9 757万公斤;新建棚圈6.24万平方米,围栏草场14万亩;牧区动物疫病防治面和免疫率均达100%。按规定标准发放粮食直补款和退耕还林补贴款共计163万元。

【工业】 2005年,全旗工业完成现价产值45 011万元,同比增长452%,完成年初计划30 000万元的150%。其中规模以上企业完成现价产值31 751万元,同比增长7.83倍,完成年初计划23 000万元的138%;规模以上企业完成现价产值13 620万元,同比增长1.99倍。工业增加值完成19 212.7万元,同比增长524%,完成年初计划11 000万元的174.7%。其中规模以上企业工业增加值完成14 306万元,同比增长8.73倍,完成年初计划9 200万元的155.5%;规模以下企业工业增加值完成4 906.7万元,同比增长2.04倍,完成年初计划1 800万元的272.6%。全旗工业固定资产完成投资14 625.5万元,同比增长156%,完成年初计划10 980万元的133.2%。

县道新宝拉格到明安图路和部分嘎查村道建成通车。110千伏输变电工程竣工投产。工业区入驻花岗岩加工企业11家,铁合金生产企业6家,全旗规模以上企业达8家,产业集群框架初步形成。2005年,完成工业增加值15 288万元,比上年增长4.82倍,比"九五"期末增长9.32倍,年均递增59.45%。二产比重首次超过一产。

【城镇建设 环境保护】 2005年,镶黄旗完成110千伏输变电站建设投入运营。投资495万元,完成城镇电网改造。新宝拉格镇至苏木两条通乡油路开工建设,新宝拉格镇至省道208线朱日和段公路获准立项。以通路、通电、通水为重点,投资1.2亿元加强城镇基础设施建设。综合办公楼等13个社会公建项目开工建设,其中综合办公楼、中小学教学楼等9项工程做到当年开工建设、当年竣工验收投入使用。人畜饮水解困工程新打机井9眼,解决0.21万人、1.19万头(只)牲畜的饮水困难问题。以养殖基地及二、三产业为载体,有序转移牧民671人。全旗人口城镇化率达到47%。

镶黄旗环境保护局于2005年6月14日成立。对有群众反映的环境污染等问题,协调文化局、城管局、公安局等有关执法部门，进行全面执法检查。对划定集中式3处饮用水源地为重点进行检查，通过检查辖区内没有发现排放污染水和污染水源现象。旗内未发现噪声污染现象。开展打击环境违法行为大检查8次和生态破坏案件专项整治5项。

【交通】 2005年镶黄旗开工新建新宝拉格镇至文贡淖段和新宝拉格镇至莫日格其煤矿段两条通乡油路，总里程126公里，新莫线路基工程完成11公里。2005年12月底完成客运量25.1万人次，客运周转量3 920.8万人公里，分别为上年同期的101.7%和104%；货运量152.3万吨，货运周转量20 113.4万吨公里，分别为上年同期的149.7%和130.4%。

【电信】 镶黄旗有移动通信基站4个，直放站1个，固定资产投资总额1 000万余元，通信网络覆盖全旗2/3地区，主要集中在城镇和人口密集地区。有网上用户5 000余户，年收入400万元。电话用量6 000户，2005年业务收入380万元。

【招商引资】 2005年，盟行署给镶黄旗下达招商引资计划任务：直接利用国内盟外资金20 500万元，其中直接利用国内区外资金14 000万元。至12月20日全旗直接利用国内盟外资金25 048万元，完成年计划的122.19%，同比增长0.6倍。其中直接利用国内区外资金18 736万元，完成年计划任务的133.83%，同比增长0.42倍。第三产业增加值完成16 600万元，同比增长144.39%，比"九五"期末增长4.13倍，年均递增38.69%。

【旅游业】 2005年，镶黄旗筹备成立察哈尔旅游服务中心商品部，旗旅游局组织人力开发制作"镶黄旗鸿格尔旅游网站"。开发鸿格尔敖包旅游区、哈音哈尔瓦庙旅游区、生态牧业旅游基地等3处较大型旅游景区，已建成鸿格尔艾里旅游度假村、察哈尔旅游点、金马鞍旅游景点等3个较大型旅游点，以及3处"牧人之家"旅游点，接待能力和服务水平都有进一步提高。6月初至8月底，共接待旅游客3万人，收入约60万元。

【金融 保险】 2005年，镶黄旗金融机构各项存款余额为15 705万元，比年初增加1 774万元，同比多增666万元(引资拉动存款增长593万元是存款增长的主要原因)；各项贷款余额为6 089万元，比年初增加774万元，同比增加3 329万元(贷款主要增长点在于加大对牧区的信贷投入，牧业贷款较年初增加335万元)；累计实现现金收入84 797万元，累计现金支出92 312万元，收支相抵累计净投放现金7 515万元，同比增加2 829万元，增长60.37%。

年底失业保险参保人数1 925人，失业保险金额为40万元，发放失业保险金43万元，发放人数271人。养老保险参保人数3 048人，收缴养老保险金1 780.23万元。2005年，镶黄旗各类残疾人有919人，占总人口的2.9%，有劳动能力残疾者476人。残疾人分布在城镇278人，牧区641人，全旗享受低保及定期救济的残疾人203名。2005年底承保额3 383万元，年收入100万元，综合赔付率40%。

【科技】 2005年，镶黄旗开展科技培训与示范活动，组织科技"大集"2次，举办各类培训班110期，培训8 830人，其中领导干部80人、企业经营管理者和技术人员77人、师资骨干和科技管理人员190人、转移就业培训1 364人。科技人员下乡182人次，咨询服务1万多人次，发放各类科技书籍13 000册(份)，发放科技明白卡107万张，展出科技展版16块，科技广播5 475分钟。

【教育】 2005年，以巩固"两基"达标成果和强化素质教育、职业教育为主，进一步提高教学质量。深化教育内部改革，对中、小学，幼儿园校长及部分缺口教师实行竞聘上岗。积极改善办学条件，筹措专项资金1 685万元，使旗幼儿园、第一小学、第二小学、第一中学教学楼先后建成投入使用。适龄儿童入学率、残疾儿童入学率、"普九"人口覆盖率均达到100%。

【文化 卫生】 成功举办旅游那达慕等群众性文体活动。深入开展"三下乡"活动，共投资230万元，使文化基础设施得到明显改善。2005年，镶黄旗共辖7所非盈利性卫生机构，其中旗直4所，即综合医院、中蒙医院、防疫站、妇幼保健站；苏木3所，即巴音塔拉苏木中心卫生院、文贡乌拉苏木卫生院、宝格丁高勒苏木卫生院；9所盈利性个体户门诊(年内对不符合标准的2所个体门诊予以取缔)；39所嘎查卫生室。业务收入213.6万元，其中药品收入113.8万元，占43.7%，医疗收入92.7万元，其它收入6万元。

【社会保障】 2005年，镶黄旗城市低保对象有1 658户、2 530人，其中一类保障对象1 168户、1 972人，三类保障对象360户、407人。享受医疗救助待遇65户、135人，其中特困户41户、109人，五保户18户、19人，其他人员6户、7人，发放救助金额6 190元。老龄办为60岁以上老年人发放优待证2 160人，其中有126位80岁以上老年人的长寿保健金列入财政预算。

【扶贫开发工程】 全年争取各项扶贫资金1 294.4万元，每个嘎查投入财政扶贫资金32.8万元，共计164万元，牧民自筹资金70万元。各项资金到位率100%。按照年初计划购置乳肉兼用型西门塔尔牛515头，毛肉兼用型细毛羊800只项目全部实施完成。8月底16个"千村扶贫开发工程"重点扶持嘎查，顺利通过自治区"千村扶贫开发工程"检查验收。全旗解决贫困人口温饱1 500人。

2005 年 6 月 20 日,在新宝拉嘎镇举办扶贫开发移民住宅楼及生产区工程奠基仪式。工程总投入 720 万元,已投入 330 万元,其中移民扩镇工程项目专项资金 100 万元,地方配套资金 230 万元,完成住宅楼建设3 200平方米;建设棚圈24 000平方米。

(乌力吉巴图 梁树芳)

太仆寺旗

【领导名录】

旗委书记:任誉宁(10 月离任) 侯志民(蒙古族 10 月任职)

人大主任:王瑞刚(蒙古族)

旗　　长:侯志民(蒙古族 10 月离任) 南中玉(11 月代理)

政协主席:云成山

武装部长:赵学会

政　　委:包青春(3 月离任) 郭富文(3 月任职)

【概况】 太仆寺旗位于内蒙古自治区锡林郭勒盟最南端,地处北纬 41°35′~42°10′,东经 114°51′~115°49′。面积3 479平方公里。2005 年,全旗辖 1 个乡,4 个镇,1 个苏木,157 个行政村(浩特),14 个居民委员会,旗政府所在地宝昌镇。总人口202 987人,其中,城镇居民人口数48 615 人,非农牧业人口38 526人。有 14 个民族。其中,蒙古族5 504人,汉族190 482人,回族513 人,满族6 423人,朝鲜族 17 人,达斡尔族 13 人,壮族 3 人,苗族 4 人,土家族 5 人,彝族 3 人,其他民族 20 人。人口密度为每平方公里 59 人。

2005 年,全旗国民生产总值11.8亿元,财政收入6 828万元,财政支出 282 万元,农民人均纯收入2 117元,牧民人均纯收入2 983元,城镇居民人均可支配收入6 172元。

【农牧业】 2005 年,全旗农业完成产值(现价)82 611万元,粮食产量27 875吨;牧业完成产值(现价)21 259万元,家畜总数30.15万头(只)。

【生态建设】 坚持保护与建设并举、保护优先的原则,以项目区为重点,注重发挥农牧民的主体作用,认真落实各项管护和处罚措施,严格执行草牧场"三牧"制度和草畜平衡制度,生态建设的成果进一步巩固和扩大,投入生态建设资金2 742万元,生态建设治理面积15.65万亩。

【工业】 2005 年,全旗工业产值5.96亿元。规模以上工业完成总产值33 526万元。其中,国有企业工业总产值1 902万元;股份制企业总产值30 127万元,其它企业总产值1 497万元;轻工业总产值29 585万元,重工业总产值3 941万元。

【城镇建设】 是年,全旗城镇建设共投入资金1.27亿元。其中,市政基础设施建设投资3 388万元,房地产开发建设投资6 327万元。城镇化率由 2000 年的19%提高到26%,城镇综合服务功能进一步提高。

【交通运输】 全旗公路主要线路 5 条,总里程 722 公里。2005 年,全年完成客货周转量 5 亿吨/公里。

【邮政电讯】 是年,完成邮电业务总量2 300万元。全旗固定电话用户20 000户,移动电话18 000部,城镇普通电话普及率为 90 部/百户。

【科技 教育】 至年底,全旗拥有各类科技人员2 900人。普通中学 10 所,在校生7 992人,教职工 782 人。普通小学 36 所,在校生9 592人,教职工1 042人。小学入学率100%,中学入学率99.9%,义务教育普及率100%。2005 年获得"国家科技进步合格旗县"称号。"两基"达标顺利通过自治区评估验收。

【广播电视】 至年底,全旗有有线电视转播台 35 座,无线电视转播台 1 座,电视人口覆盖率99.9%,广播人口覆盖率97%。

(张　亮)

多伦县

【领导名录】

旗委书记:寇小平

人大主任:郭惠宝

县　　长:姚　东

政协主席:冯绵俊

武装部长:赵新堂

政　　委:徐志松

【概况】 多伦县位于锡林郭勒盟东南端,地处北纬 41°46′~42°36′,东经 115°51′~116°54′。辖 5 个乡、3 个镇、64 个行政村,7 个城镇居民委员会。全县有蒙古、汉、回、满、朝鲜、达斡尔、藏等 7 个民族。共28 857户、94 541人。全县总面积3 871平方公里。

2005 年,全县地区生产总值完成9.27亿元,较上年增长17%。其中第一产业增加值完成3.91亿元,增长4.8%;第二产业增加值完成2.21亿元,增长41.1%;第三产业增加值完成3.14亿元,增长20.7%。全社会固定资产投资6.4亿元,增长64.9%。

财政收入完成6 500万元,较上年翻了一番。城镇居民人均可支配收入6 451元,增长15.2%;农民人均纯收入2 108元,增长12.6%。招商引资完成17亿元,增长9倍。各项经济指标均完成或超额完成年初计划。

【农业】 2005年,退耕还林工程退耕部分累计44万亩,年补助资金总量7 000万元,农民人均1 100元。农村税费减免800多万元,农民人均120元。扶贫开发、以工代赈、沙源治理、退耕还林、世行贷款、合作医疗、种粮直补、种子补贴、农机补贴、水利建设、乡村公路、卫生院建设等直接惠及农民群众的各项投入为1.1亿元,比上年增长145%。农业生产遭受较重旱灾。粮油总产量7 500万公斤,各类商品蔬菜产量14.5万吨,商品薯产量9.3万吨,收贮青贮3亿公斤,打贮草0.5亿公斤。

【牧业】 2005年,牧业年度大小畜存栏36万头只,同比增长7.6%。继续发展养牛业,牛的存栏达到8.1万头,同比增长53%,其中奶牛存栏8 148头,同比增长94.7%。畜牧业基础设施建设进一步加强,疫病防治、黄牛改良、森林草原防火等工作扎实推进。

【水利】 新增水浇地1.42万亩,水浇地保灌面积达到7万亩,农民人均1亩。完成水土流失治理面积5.8万亩。完成新城南河河道整治工程一处。完成部分乡村人畜饮水工程。双山水库除险加固主体工程竣工,投入使用。

【生态建设】 全年共完成沙源治理工程15万亩,退耕还林工程15万亩,移民269户、1 000人。启动"治多伦一亩沙地,还北京一片蓝天"五期工程。

【工业】 2005年,大唐、协鑫、超大、伊利等四大集团相继在多伦县投资。大唐(国际)年产46万吨煤基烯烃项目正式开工建设,完成投资12亿元。超大多伦良种奶牛繁育项目一期工程投产,二期工程启动。伊利集团多伦奶粉项目、协鑫120万吨煤炭开发项目相继奠基动工,2006年初正式投产。冶金、银磊、兴阳多顺三家铁矿相继投产,建成全盟最大的精铁粉生产基地。大西山风电、燕子窝水库、宝象绿丰肉牛产业化、煤炭建材物流中心、矿泉水开发、萤石矿开发、三道沟旅游区开发等项目前期工作基本完成。引导和支持现有企业做大做强。潭源古酒、正大饲料、多伦玛瑙、永白淀粉等地方品牌产销两旺。全年共完成工业增加值1.26亿元,同比增长44.7%,其中规模以上工业企业完成增加值7 391万元,同比增长65.2%。

【城乡基础设施建设】 2004~2005年,多伦县财政直接投入4 000多万元用于城镇基础设施建设。社会各个方面投入2亿多元用于商品房开发、房屋改造和基础设施建设。文化公园、汇宗寺广场相继竣工并投入使用;多伦大街改造和旧城区街巷改造基本完成;龙泽、宝泉、永春等高档住宅小区一期工程全面开工并陆续交付使用,旅游大厦投入运营,新增楼房面积10万多平方米;城镇供水供热电力通讯等设施覆盖面扩展三分之一以上;按照"城镇东扩、跨河发展"的思路,新区框架正在形成。

【交通】 全县交通事业投资达1亿多元。多承公路、京伦大道、多丰公路、宝大公路、多伦诺尔镇至蔡木山油路相继竣工通车,8个乡镇全部贯通油路,规划的8个出口已打通7个。全县五分之三的村级公路建成等级砂石路,等级公路覆盖大部分的农村人口。

【旅游】 成功举办第九届草原旅游节及汇宗寺修复启用庆典。编写出版《汇宗寺》、《多伦文物古迹》、《多伦民间故事》等书籍。2005年接待旅游人数16万人。

【科技】 科技培训及实用技术推广工作扎实推进,全年共培训农民3.3万人次。深入开展群众性科普活动,组织开展"三下乡"活动,举办生态建设、健康文明生活报告讲座。引进、示范推广应用大棚葡萄栽培技术、强的纳米863、大源生物菌肥等新技术、新品种、新工艺63项。争取建设国家级星火学校1所。签订科技有偿承包项目18项,履行技术服务合同40份,2005年合同交易额1 000万元,产生直接经济效益200万元。

【教育】 新建县第四中学,一中、二中、三中进行改扩建。乡镇中学收缩到县城后,原校舍改造成寄宿制中心小学,村级小学和教学点公开拍卖弥补资金缺口,"两基"达标工作顺利通过自治区验收。高考专科以上上线率85.1%,本科上线率17.7%,11人考入国家重点大学;中考、高考成绩位列全盟旗县前列。

【卫生】 农村人口参加合作医疗率95.5%。新建7所乡镇卫生院当年投入使用。进一步加强疾病防控工作,积极配合开展禽流感防控工作。在全县4个乡、9个自然村开展布病流行病学调查及监测。结核病控制项目实施后,累计治愈结核病初诊病人404人。认真开展"医疗机构管理年"活动,严格规范医疗行为。推行住院分娩,启动新一轮降低孕产妇死亡率和消除新生儿破伤风项目,实施贫困孕产妇救助项目。

【社会保障 再就业】 全年共征集就业岗位4 950个,新建再就业基地2个,安置城镇各类人员1 051人,劳务输出1 238人,城镇登记失业率控制在4.75%。通过"两免一补"政策的实施,解决农民子女上学难问题;通过退耕还林工程向农村贫困户和"五保户"等的倾斜,农村弱势群体基本得以有效救助,并初步形成长效机制。

(白云峰)

乌兰察布市

【党政军领导名录】

市　委

书　记:吴永新(蒙古族)

副书记:傅铁钢 侯世忠(3月离任) 白和平(蒙古族) 吴来贵 刘忠诚

常　委:丁飞(11月离任) 陈国文(蒙古族) 艾丽华(女 蒙古族) 赵恩虎 常永福 刘俊 王继兴 李建国 王军朴(11月任职) 张志强(11月任职)

人　大

主　任:吴永新(蒙古族)

副主任:王全章 金二毛(蒙古族) 王世明 刘珍 曹二忠 陈建堂

政　府

市　长:傅铁钢

副市长:李建国 王军朴 王忠 武泉(蒙古族) 薛培明 王建国 李雅(女) 赵永华(蒙古族)

政　协

主　席:帅志凯

副主席:伊子华(蒙古族) 郜丰平 傅炯 希日夫(蒙古族) 郭玉胜 霍建设 石良生 李一飞 袁金莲(女 藏族) 曹兴

政法委

书　记:赵恩虎

纪检委

书　记:吴来贵

法　院

院　长:唐　谦

检察院

检察长:王根和

军分区

司令员:陈国文(蒙古族)

政　委:李贵俊

副司令员:利格当(蒙古族) 赵海斌

参谋长:李凤岭

政治部主任:皇甫建

【概况】　乌兰察布市位于内蒙古自治区中部,北纬40°10′~43°28′,东经110°26′~114°49′之间。乌兰察布系蒙古语,意为红色山的两翼高地。面积54 492平方公里,北与蒙古国接壤,边境线长约110公里,东北部与锡林郭勒盟二连浩特市、苏尼特右旗、镶黄旗、正镶白旗毗连;东临河北省康保、尚义、怀安县;南与山西省大同、阳高、天镇、左云、右玉等市县为邻;西与呼和浩特市和林格尔县、清水河县、武川县和包头市达尔罕茂明安联合旗相接,乌兰察布市为地级建制,市人民政府所在地为集宁区,距自治区首府呼和浩特市140公里,距首都北京350公里。截至2005年年底,乌兰察布市下辖集宁区、丰镇市、四子王旗、察哈尔右翼前旗、察哈尔右翼中旗、察哈尔右翼后旗、凉城县、卓资县、兴和县、商都县、化德县,共1区1市4旗5县。置有苏木18个,乡89个,镇43个,街道办事处12个;有嘎查村民委员会1 379个,其中嘎查66个,村民委员会1 313个。人口密度为每平方公里50人。全市总人口为2 725 203人,有蒙古族、汉族、回族、满族、朝鲜族、达斡尔族、鄂温克族、鄂伦春族、壮族、藏族、锡伯族、苗族、土家族、维吾尔族、彝族、布依族、瑶族、土族、高山族、侗族、黎族、哈萨克族、俄罗斯族等民族。其中,蒙古族人口73 892人,占总人口的2.81%;汉族人口2 628 325人,占总人口的96.45%;其他民族22 986人,占总人口的0.84%。

2005年,乌兰察布市国内生产总值完成230亿元,按可比价格计算,比上年增长32%。其中,第一产业增加值实现55.3亿元,增长13.2%;第二产业增加值实现92.34亿元,增长43.5%;第三产业增加值实现82.57亿元,增长28.8%。全市三次产业结构由上年的26.5∶48.5∶25变化为25.4∶41.3∶33.3,人均年生产总值8 440元/人,比上年提高了1 484元,增长21.3%,由于经济结构调整和优化,使全市三次产业结构进一步趋于合理。

【农业】　2005年,全年农作物总播面积达到58.33万公顷,比上年减少了0.57万公顷。全年农林牧渔业增加值完成61.6亿元(当年价),比上年增长13.56%。马铃薯、蔬菜种植面积进一步扩大,质量和效益稳步攀升。大旱之年粮食总产量仍达8.851亿公斤,比上年减少37.6%,其中:玉米产量3.55亿公斤,比上年减少29.9%;薯类产量23.5亿公斤,比上年增长198.9%,油料产量

2 750万公斤，比上年减少174.9%，蔬菜产量14.75亿公斤，比上年增长27.7%。农产品基本属于绿色食品，各种杂粮基本都形成了规模。如享誉国内外、人称“草原参”的察哈尔右翼中旗红（胡）萝卜基地面积达6万多亩，产品远销21个国家和地区，已取得国家绿色有机食品认证。以马铃薯和反季节蔬菜为重点，优势种植业产量和效益稳中有升。三大产业受到广大农牧民的普遍认同，并基本形成公司＋基地＋农户的产业化发展格局。渔业生产有所增长。全年水产品产量达到2 575吨，比上年同期增长11.66%。

全年农牧业机械总动力达到136.71万千瓦，比上年增长10.98%；机耕地面积58.71万公顷，略有增加；新增机电井数918眼，新增有效灌溉面积16.49万亩，新增保灌面积13.9万亩；农村牧区用电量1.56亿千瓦时，较上年增长12.2%；化肥施用量（折纯）5.46万吨，增长10.9%。

【林业】 全年完成退耕还林还草面积81 426公顷，完成幼林抚育面积7.355万公顷，分别较上年增长121.87%和减少7.38%，造林成活率、保存率都有所提高。全市共承担京津风沙源治理和天然林保护两大国家重点林业生态工程建设任务179万亩，实际完成合格面积182.33万亩，占计划任务179万亩的101.86%。按工程类别分：京津风沙源治理工程建设任务为170万亩，其中：退耕还林120万（退耕还林60万亩，宜林荒山荒地造林35万亩，封山育林25万亩），实际完成122.14万亩，占计划任务的101.78%；封山育林35万亩，实际完成35.37万亩，占计划任务的101.06%；飞播造林11万亩，实际完成11.04万亩，占计划任务的100.36%；农防林4万亩，实际完成4.08万亩，占计划任务的102%。天然林保护工程封山育林9万亩，实际完成9.7万亩，占计划任务的107.78%。按造林方式分：完成人工造林100.03万亩，占计划任务99万亩的101.04%；完成飞播造林合格面积11.04万亩，占计划任务的11万亩的100.36%；完成封山育林合格面积71.25万亩，占计划任务69万亩的103.26%。

完成新育苗10 869亩，容器育苗6 300万袋；全民义务植树579万株，四旁植树598万株；完成通道绿化812.3公里；建设精品工程23处，面积30 760亩；建设义务植树基地233处，面积61 330亩（其中县级17处，面积30 130亩，乡级216处，面积31 200亩），均超额完成计划任务。

【畜牧业】 2005年牧业年度牲畜总增786.8万头（只），比上年同期增加277.04万头（只），增长54.35%。牲畜总增率104.95%，比上年增加33.88个百分点，纯增率达14.23%。全年牲畜出栏总数1 125万头（只），比上年增长60%，牲畜出栏率153.6%，比上年增加－26.6个百分点。全年肉类总产量28.7万吨，增长24.2%，奶类总产量达到75.7万吨，增长49%；禽蛋类产量达1.8361万吨，增长2.2%；羊毛和山羊绒产量分别达到9 541吨和96吨。

【工业】 2005年，全市工业生产和效益有新的发展。全年工业增加值为50.913亿元，增长63.66%。其中轻工业完成11.18亿元，重工业完成39.73亿元；国有企业完成5.63亿元，股份合作企业完成1.04亿元，股份制企业完成38.58亿元，外商及港澳台商投资企业完成9 337万元。全市工业增加值增长速度为30.6%。全年工业产品销售率达98.8%，同比下降0.3%。全市工业企业产品销售收入完成997 924万元，实现利税总额88 877万元，同比增长34.45%，实现利润总额32 449万元，同比增长45.33%，亏损企业亏损额1 721万元，同比减少17.85%。全市规模以上工业企业经济效益综合指数为174.85%，比上年增长20.95个百分点，4大支柱产业增加值明显提高。

【电力】 电力生产形成发、输、变、配设施齐全的电网系统，110千伏、220千伏的输电线路正在架设中。全市有110千伏变电站9座，220千伏变电站2座，35千伏变电站分布城乡，输电线路达1 072公里。辉腾锡勒风电场已被列入国家重点四大风电场之一。预计“十五”期末，开工和建成的电力装机容量可望突破1 000万千瓦，成为全区乃至全国重要的电力工业基地。2005年完成增加值13.54亿元，同比增长34.6%。

【建材】 建材工业是乌兰察布市优势产业之一。主要产品有水泥、石墨制品、大理石板材及日用工艺品。其中被国内外市场誉为“丰镇黑”的墨玉石材产品，畅销日本、东南亚和欧洲地区，同时在兴和、凉城、察哈尔右翼前旗等均有较大储量。石墨城兴和年产鳞片石墨1万多吨，深加工产品有高炭石墨、膨胀石墨、柔性石墨、石墨电极、石墨密封件等系列制品。有500台（套）锯规模、年产5万平方米的玄武岩板材和工艺品加工园区在兴和摆开战场。生产规模大、产品质量好、深受用户欢迎的乌兰水泥二期扩建工程投入生产，三期工程投产后，乌兰水泥厂将成为全区最大的水泥企业。2005年，全市建材工业完成增长值6.2亿元，同比增长35.2%；重化工业完成增加值17.76亿元，同比增长45%。

【高载能工业】 作为乌兰察布市四大工业主导产业之一，以其蓬勃的生机，逐渐显现其可观的经济效益。2003年，40户开工的高载能企业，新增生产能力120万吨，总生产能力达到153.8万吨。形成以丰镇市、察哈尔右翼前旗、察哈尔右翼后旗3个总能力超过30万吨和卓资、化德县两个总能力超过20万吨的高载能工业园区。2005年，全市生产铁合金548 485吨、碳化钙1 211 152吨。

【农畜产品加工业】 作为乌兰察布市优化农牧区经济结构,以肉食品、乳制品、马铃薯和反季节蔬菜等主导产业为龙头,为加快农牧业产业化发展奠定基础。随着伊利、蒙牛等大公司落户乌兰察布市,蒙川胡萝卜汁等一批新项目的全面开工,奈伦精淀粉厂等第一批企业相继投产,农畜产品加工业的龙头带动作用明显增强。截至到2005年,线上(年销售额500万元以上)农畜产品加工企业31家,从业人员8 260人,完成工业增加值3.8亿元,实现利润1 076万元,上缴税金3 112万元,线下的加工企业达到5 000余家。全市农畜产品加工业完成增加值9.94亿元,同比增长23.1%。

【基地建设】 乌兰察布市农畜产品加工6大主导企业和加工生产基地;包括以华北双汇集团、卓资惠丰肉食品加工、东爽肉食品、察哈尔右翼前旗大东肉食品公司为龙头的肉食品生产基地;以草原牛妈妈乳业、虎山乳业为龙头的乳制品生产基地;以富广公司、奈伦集团、飞马集团为龙头的马铃薯系列产品加工基地;以察哈尔右翼中旗脱水蔬菜厂为龙头的反季节蔬菜加工基地;以鸿茅集团、奥淳、酒星、化德王、纳尔松酒业为龙头的制酒生产基地;以察哈尔右翼前旗工农糖业、宏泰大地饲料、晶康生物制药、化德冬宝服装等为主的制糖、饲料、制药、服装等农畜产品加工生产基地;推进全市产业结构的整体协调和城乡经济相互拉动一体化。2005年,全市轻工业增加值完成111 837万元,比上年增长18.9%,轻工业产品销售率达100.3%。

【环境保护】 全市环境保护系统职工人数399人,较上年增长2.9%。各级环境监测站6个,环境监测人员267人。全市范围内确定的自然保护区17个,其中:自治区级自然保护区6个,市级自然保护区8个,自然保护区面积1 512.16平方公里。建成环境噪声达标区1个,环境噪声达标面积14.3平方公里。年内共建烟尘控制区12个,比上年增加5个,新建烟尘控制区面积238.2平方公里。仅集宁区就改造油烟散煤灶1 400多台,实现二级以上空气质量310天。通过监测表明,市区二氧化硫和二氧化氮指标达标,超标率均为0.00%,总悬浮微粒超标率16.9%,总达标率为94.3%,基本实现达标排放。

【固定资产投资】 2005年,全市固定资产投资继续保持强劲势头,全年累计完成204亿元,同比增长30.79%。按行业类分,生态、农林牧水项目投资83 945万元,下降40%,交通投资309 415万元,增长2.48%,工业投资1 413 746万元,增长60.94%,城建项目投资179 269万元,增长10.37%,社会事业投资48 416万元,增长30.82%,旅游项目投资67 605万元,增长365.5%,其它投资144 257万元,下降4.43%。

【交通 运输】 2005年,全市完成公路建设总投资31亿元;全市公路平均好路率达到76.1%,综合值73.5;完成新改建农村公路1 208公里,打通未通公路村(嘎查)79个。圆满完成建设里程65公里的"神舟"路的铺设任务,受到自治区表彰。全市客运量和客运周转量及公路货运量较上年同期增长34.5%。全面加快乡镇客运站场建设,完成18个乡镇的客运站建设任务,总投资达360万元。

【国内贸易】 是年,全年实现社会消费品零售总额52.4亿元,增长12.6%。餐饮业总额8.87亿元,同比增长14.9%;批发零售贸易总额完成41亿元,同比增长12.3%。

【对外贸易】 是年,全年实现外贸出口总额1 050万美元,增长3%;全市引进国内外资金到位131亿元,同比增长19%。全年使用外商直接投资73万美元,年末,全市工商部门注册的外资企业35家,"三资"企业38户。

【旅游业】 2005年,全市共接待国内外游客203万人次,实现旅游业总收入6.09亿元,比上年增长45%。全年旅游业固定资产投资完成3.7亿元,比上年增长54.2%。

【财政】 2005年,全市财政总收入223 758万元,同比增长27.5%;其中地方财政收入129 732万元,同比增长31.1%。地方财政支出455 085万元,同比增长15.3%。

【金融 保险】 是年金融机构各项存款余额1 542 142万元,比上年末增加226 851万元,增长17.9%。其中,企业存款183 401万元,比上年增加13 754万元,增长8.16%;储蓄存款1 197 679万元,比上年增加180 525万元,增长17.74%。金融机构各项贷款余额1 120 318万元,比上年增加326 451万元,增长39.18%。其中,短期贷款543 868万元,增长22.97%;中长期贷款549 151万元,增长64.65%。全年金融机构现金收入7 189 876万元,现金支出7 553 751万元,收支相低,货币净投放163 875万元。

全年保险业保费收入23 522.7万元,比上年增长4.16%,其中寿险保费收入14 503.7万元,增长1.4%;财险保费收入9 019万元,增长9.02%。保险业务支出6 552.7万元,比上年增长-10.76%,其中,寿险业务支出2 464.7万元,增长-27.3%;财险业务支出4 088万元,比上年增长3.5%。

【科技】 是年,全市年末拥有科学研究开发机构7个,拥有各类技术人员379人,其中,高级工程师32人,从事科研活动人员232人,全年用于科技经费支出100万元。全市共选派953名科技特派员,组成111个承包集团,承包项目264个。先后引进推广新技术116项，新品种83个、新材料30多种。

【教育】 年末，拥有各类中等职业技术学校25所，在校学生11 822人；拥有普通高中学校22所，在校学生45 428人；拥有普通初中学校90所，在校学生101 661人，比上年增长0.79%；拥有小学校（含教学点）855所，在校学生152 778人，比上年下降2.7%。

【文化】 年末，全市拥有艺术机构16个，艺术表演团体14个，其中：乌兰牧骑6个，文化馆12个，公共图书馆12座，博物馆2座，档案馆13座。全市拥有广播电台11座，广播综合人口覆盖率92.5%，全市拥有电视台11座，1千瓦以上电视发射转播台2座，电视综合人口覆盖率87.5%。

2005年，全市四级文化网络进一步完善。先后为四子王旗、察哈尔右翼前旗、化德县、兴和县、商都县等旗县争取两馆建设资金、宣传文化中心建设资金和文化专项补助资金205万元，有力地推动基层文化建设步伐。化德县文化、图书馆大楼已完成整体框架，其中文化馆建筑面积1 200平方米，图书馆建筑面积1 000平方米。

全年放映电影14 559场，其中科教影片5 146场，在普及科技、推动农牧业生产发展中发挥积极的作用。2005年，全区电影放映工作会议上，卓资县、察哈尔右翼前旗被评为先进集体，凉城县、商都县两名工作人员被评为先进个人。全市共创作新剧节目近100部（首），涌现出民族民间舞蹈《敕勒雄风》、《吉祥草原》、歌曲《相约神舟家园》等一批优秀作品，东路二人台《书记过年》上报全区“五个一工程”剧目评选。7月20～28日，乌兰察布市第二届广场文化艺术节在集宁中心广场隆重举行，市直及部分旗县市和部分业余团队参加本届艺术节的文艺演出，共演出15场，观众达10万人（次）。期间，开展历史文物图片展、热爱乌兰察布、建设乌兰察布主题书画展、科技图书展、艺术教育成果展等相关活动。

【卫生】 全市拥有卫生机构数569个，其中，医院和卫生院273个，卫生防疫机构203个，妇幼卫生机构12个。年末，医疗卫生单位拥有病床3 897张，拥有卫生技术人员6 411人，职业医师、助理医师共计3 429人。

【体育】 全市体育健儿在全区各类竞赛中共获得奖牌总数57枚，比上年增长1枚，其中，金牌14枚，银牌7枚，铜牌8枚。全市在校学生体育达到《国家体育锻炼标准》率为88.68%。

【人民生活】 2005年，全市城镇居民人均可支配收入7 519元，比上年增加1 048元，增长16.19%；全市农牧民人均纯收入2 869元，比上年增加261元，增长10%。

【社会保障】 年末，全市参加失业保险人数133 057人，领取失业保险金9 217人，全市共有16.15万人参加养老保险，有167 419人参加基本医疗保险，全部参加大病统筹。全市工伤保险参保达到37 928人，生育保险参保达38 092人。全市拥有福利院1所，敬老院130所，其中改造修缮80所，使五保对象集中供养率由原来的不足10%迅速提高到30%以上。累计保障844 911人次，月均保障70 409人。低保对象月人均领取保障金81.5元，比上年全年平均补差水平增长11.6元。全年销售社会福利彩票1 850万元，比上年增长102.4%，筹集公益金650万元。

（金　海）

集 宁 区

【领导名录】

区委书记：刘　俊（蒙古族）

人大主任：内日勒图（蒙古族）

区　　长：于生龙

政协主席：刘挺军

武装部长：李中华

政　　委：孟有福

【概况】 集宁区是乌兰察布市政府所在地，位于北纬40°57′15″～40°13′29″，东经113°00′20″～113°16′26″，东临京津，南连晋、冀，西接呼、包，北通二连。京包线、集二线、集通线和110、280国道、京呼高速公路在此交汇。下辖1个镇、2个乡和8个街道办事处。面积418.8平方公里，其中城区面积67.5平方公里，占总面积的16.1%，乡镇面积351.3平方公里，占总面积的83.9%。集宁区户籍总人口95 865户，290 711人，人口总密度为694人/平方公里，其中：城市人口235 985人，占总人口的81%；农业人口54 726人，占总人口的29%。

2005年，集宁区国内生产总值完成39.97亿元，同比增长15.9%；财政收入4亿元；同比增长29.35%；固定资产投资完成20亿元，同比增长8.4%；城镇居民可支配收入8 075元，同比增长12.89元，农牧民人均纯收入达3 755元，同比增长7.5%。

【工业经济】 是年，规模以上工业企业新增7户，总数达30户，全年完成工业增加值6.4亿元，同比增长57.4%，完成固定资产投资8.33亿元。引进工业项目6个，引进资金3.17亿元。全年累计投入2 680万元进行工业园区基础设施建设。

【城市建设】 全年城市建设固定资产投资完成7.22亿元,引进建设项目10个。全年拆除旧房19.5万平方米,竣工楼房面积73万平方米,开工建设幸福小区和光辉小区经济适用住房。改造二马路等6条道路,维修翻建民厕100座,完成街巷治理21条,硬化便道3.8万平方米,维修新建雨水、污水收水口200个,新建跨沙河便民桥一座。

【农牧业产业化】 形成以红旗、颖牛为代表的8个奶牛养殖园和翟家沟、大圪嘴为代表的7个奶牛养殖专业村,以及以霸王河、李长庆为龙头的"十里长廊"无公害绿色蔬菜种植园区。重点培育建成五大农畜产品加工业,形成43家肉食品仓储加工企业,年加工销售肉制品2万吨,年销售收入可达3亿元。马铃薯年加工能力由5万吨提高到20万吨。年生产燕麦片1万吨。年加工荞面挂面3 000吨,年转化杂粮4 000吨,并建有1 600亩的荞麦种植基地。年产精饲料2万吨,转化玉米2万吨,产品辐射半径达500公里。投资新建杂粮杂豆和保鲜蔬菜加工厂,产品全部出口。年加工鲜奶8 000多吨,销售收入近3 000万元。

【第三产业】 引进山东森诺、重联和大同北岳等大型物流企业建设汽贸物流配送中心,总投资达3.5亿元;煤炭市场已规范运营,入驻企业47家;农资配送物流市场正在建设当中;大型商业广场天恒广场已开始售房、景天芳园生态餐馆中心和鸿玉生态园区均已开工建设,这些市场极大地促进集宁的商贸流通的发展,而且城市的品位档次明显提高。

【社会保障】 全年安置公益性岗位745个,累计达到2 791个;发放《再就业优惠证》2 772本,减免各类税费144万元,累计达到391人、421万元。参加养老保险的人数达23 421人,进入社保的退休职工8 535人,遗属526人;参加失业保险的人数达16 051人;城镇职工基本医疗保险参保人数达到11 900人,大额医疗保险参保人数7 800人,企业工伤保险参保人数达1 450人;享受低保的户数达12 000多户,标准出由91元提高到121元,解决郊区失地农民的低保问题。

加大社会救助力度,建成爱心超市22家。社会捐资18万元,使126名贫困学生返校;投入资金113.61万元,实施通水、通路、通广播、电视工程,建设科技服务站、医疗计生服务站,文化站和产业基地,整治村容村貌。投入254万元,改善教学环境。8月10日,集宁区图书馆在国家计委、内蒙古自治区图书馆、乌兰察布市文化局、市图书馆以及区委政府的支持与帮助下正式开馆。集宁区图书馆占地面积1 030平方米,藏书8万余册,全馆有4个书库,100多个读者座位。

(孟　涛)

丰 镇 市

【领导名录】

市委书记:霍建设

人大主任:米继文(4月任职)

市　　长:兰和平

政协主席:杨鸿钧

武装部长:张进官

政　　委:徐　力

【概况】 丰镇市位于内蒙古自治区乌兰察布市东南部,地理坐标为北纬40°18′27″~40°28′28″,东经112°47′31″~113°48′18″。全市东西长86公里,南北长56公里,总面积2 704平方公里。市境东至浑源夭峨沟、大兰窑村接兴和县界,西至巨宝庄镇十八台村与凉城县接壤,北至红砂坝镇平顶山、二架沿村与察哈尔右翼前旗分界,往南至新城湾镇以长城为界与山西省相连;西北的三义泉镇后房子村与卓资县交界,西南的马家库联前三岔村同山西左云县相连,东南官屯堡乡口子村与山西阳高县毗邻,东北隆盛庄镇老虎沟村相接兴和县界。距山西省煤城大同48公里,距乌兰察布市所在地集宁区约62公里,距呼和浩特市160公里。辖4个城区办事处,6镇6乡。32个社区,32个居民委员会,91个村委会,835个自然村。全市总人口为312 580万人,其中农业人口23.3万人。全市共有汉、蒙、回、满、藏等14个民族,其中少数民族人口为2 882人。全市人口出生率为6.7‰,人口自然增长率为2.9‰。

【农业】 全市安排总播面积75万亩。其中反季节蔬菜种植5万亩,日光温室新增1 000亩。玉米25万亩,马铃薯35万亩。同时立足自然气候特点,把杂粮杂豆作为全市旱作农业区的主要经济作物种植2万亩。全市呈现出优势种植业向优势区域集中的趋势。粮食总产达到3.05亿斤,同比增加0.01亿斤,当年全市农业总产值实现106 840万元。

【畜牧业】 丰镇市畜牧业总产值达到62 438万元,增长16.9%。年末牲畜饲养量达到186.4万头(只),家畜存栏70.2万头(只),增长14%。全年出栏110.1万头(只)。采取购、繁、育、引等综合措施,大量调购奶牛、寒羊,使奶牛、寒羊的饲养规模得到迅速扩张。年末,奶牛存栏达到3.51万头,比上年增加0.89万头。基础母寒羊存栏达到50.0万只,比上年增加4.9万只。采取细管冷配的方式,改良奶牛2.5万头;实施肉羊杂交改良工程,共移植肉羊胚胎500例,畜种、畜群结构进一步优化。良种及改良种比重达97%。形成丘陵山区以寒羊养殖为主，滩川区、城郊以奶牛为主的格局。

【林业】 全市完成人工造林8.5万亩；完成飞播造林 1 万亩，占任务的100%；完成封山育林 4 万亩，占任务 4 万亩的100%；完成四旁植树80.26万株；完成义务植树 56 万株，占任务 56 万株的100%。采取国家、集体、个人一齐上，股份、承包、租赁多种形式并举，发展育苗。全市共育苗1 500亩，占任务的187%。

【水利】 完成水土保持治理面积 10 万亩，新增水浇地1.73万亩，占目标的101%。新增节水灌溉面积2.04万亩，占任务的102%。完成人畜饮水工程 4 处，解决了1.1万人、3.23万头只畜的饮水困难。

【生态建设】 生态建设完成治理面积19.6万亩。其中完成退耕还林（草）工程 8 万亩，占任务的100%。完成沙源治理工程8.9万亩。依托生态工程，全市累计种植以紫花苜蓿为主的优质牧草约 50 万亩，种植面积在全区旗县市级最大。通过实施退耕还林项目补贴到户粮食10 600万斤，补贴现金3 360万元，生态建设已成为全市农民增收的一条重要途径。

【工业】 2005 年，规模以上工业增加值达12.8亿元，增长速度达44.8%。

【城市拆迁改造建设】 完成拆迁面积9.86万平方米，开工建设住宅小区、商住楼面积 30 万平方米，当年竣工 25 万平方米。旧城重点实施道路、给排水、厕所、休闲广场、饮马河橡皮坝、小街小巷硬化、垃圾处理厂等八大基础设施建设工程；完成旧城 12 条街巷的硬化和 10 万平方米人行道的硬化工程；完成 13 条街道共4 000延长米排水工程；完成 3 个休闲广场的绿化工程，绿化面积0.7万平方米；垃圾处理厂一期工程建成并投入使用；新建公厕 29 座；加快新区基础设施建设，完成4.2公里主干道及与之配套的给排水、综合管沟、燃气热力过路管道、照明、绿化等基础设施建设工程，开工建设长3.5里的发展路和育才路；新区广场主体工程基本完成；开工建设检察院技侦大楼、消除队、劳动就业中心办公楼等；完成新区中学一期工程；在高科技工业园区引进建设了 120 万件羊绒衫、100 万只肉羊加工厂和 3 万吨奶粉厂。引资建设浦江上海城和绿城亲亲家园住宅区。

【交通 邮电】 全年公路货运量 414 万吨，客运量 173 万人次；货运周转量28 817万吨/公里，客运周转量12 361万人/公里。全市三级公路通车里程达1 052公里。邮电业务总量5 046万元，增长33%，城市电话用户2.5万户，其中住宅电话18 621户；乡镇电话用户4 011户，其中住宅电话3 842户；移动电话用户5.4万户，同比增长170%。

【招商引资】 继续推行市级领导承包项目责任制，招商引资工作取得显著实效，全市共实施合作项目 48 项，引进国内到位资金26.1亿元，出口创汇 210 万美元。

【教育】 2005 年，按照《丰镇市中小学布局调整实施方案》，当年共撤初中 2 所，校变点 19 所，撤教学点 36 个。元山子乡、马家库联乡、三义泉镇顺利通过“两基”验收，至此，全市的基层“两基”达标已全部完成。按照“一次性规划、二年实施、四年还债”的办法，加快校舍建设进度，当年校舍建设新开工学校 10 所，总建筑面积6 050平方米；排危 3 校，排危面积共 768 平方米，当年投入资金3 000万元，当年竣工面积4.9万平方米，全市 D 级危房彻底消除，根本上扭转校舍状况滞后的局面，农村 12 所寄宿制学校建成并投入使用，全市布局调整的龙头学校—新巨宝庄中学初具规模。严格实行“两免一补”政策，惠及学生55 774人次，金额460.9万元，积极组织实施“扶困助学工程”，设立“扶困助学基金会”，当年共捐资 14 万元，救助贫困的中小学生1 402名，对 118 名提出救助申请的大学生实施救助，共发放救助金21.6万元。办理提前退休 72 人，办理坐休 186 人。提高聘用标准，当年聘用的 25 名教师全部为本科学历。

【文化】 举办全市体育运动大会和春节电视文艺晚会。文化下乡活动蓬勃开展，市歌剧团、电影公司，为农民演出放映电影1 202多场。实施广播电视“村村通”工程，形成覆盖 7 个乡镇、85 个自然村的广播电视网络，全市 12 个乡镇，全部组建广播电视工作站。

【卫生】 丰镇市有各类医疗机构 181 所，其中市级 8 所，乡级卫生院 20 所，村级卫生室 124 个，个体诊所 29 所；公共卫生体系和应急机制基本能满足群众的医疗卫生需求。

【人民生活】 2005 年城镇居民人均可支配收入达7 549元，比上年增长13.2%，农民人均纯收入达3 131元，比上年增长14.5%。

【就业 社保】 全市登记失业率为4.0%以内，养老保险当年新增 781 人参保，累计参保人数达10 306人，并对所有退休参保人员按时足额发放退休养老金3 785.4万元；失业保险扩面新增445 人，累计参保人数达15 505人，为 578 名失业人员按时足额发放失业救济金 383 万元；基本医疗保险扩面新增 127 人，累计参保人数达16 319人，而且参加基本医疗保险的职工全部参加大额医疗保险,启动关闭企业退休人员大病医疗保险工作;工伤保险新增1 440人养保,累计参保人数达4 520人;生育保险新增2 047人,累计参保人数达2 589人。当年就业安置下岗失业人员和城镇新增劳动力3 986人,劳务输出完成24 817人,职业介绍成功22 986人,成功率达89%;开发公益性岗位 814 个,发展社区服务实体 33 个,社区服务实体从业人员达1 317人,当年各类企业安置5 000多人就业,发放小额担保贷款225.2万元,培训农民工18 692人。全年新增享受低保的城镇居民 923 人,总数达10 000人。

(王永顺 张志刚 王月奎 田广泽 张月红 霍建功 韩新红)

察哈尔右翼前旗

【领导名录】

旗委书记:郭玉胜

人大主任:吴图雅(女 蒙古族)

旗　　长:庞　虎(蒙古族)

政协主席:赵兵巴(蒙古族 12 月任职)

武装部长:郑银河

政　　委:李建忠

【概况】 察哈尔右翼前旗位于内蒙古自治区中南部,北纬 40°41′~41°13′,东经 112°48′~113°41′,东接兴和县,南邻丰镇市,西靠卓资县、凉城县,北与察哈尔右翼后旗相连,属乌兰察布市辖旗,总面积2 433平方公里,其中,耕地面积 90 万亩,辖 12 个乡镇。全旗总户数78 680户,总人口234 253人,有蒙、汉、回等 8 个民族,是以蒙古族为主体,汉族占多数的多民族聚居区,是国家扶贫重点旗县。

2005 年,全旗地区生产总值完成210 482 万元,增速21.25%;其中,第一产业完成增加值63 476万元,增速11%;第二产业完成增加值91 431万元,增速30.4%;第三产业完成增加值55 575万元,增速19.4%。财政收入完成18 558万元,增速21.3%;城镇居民人均可支配收入达7 500元,增速21%;农民人均可支配收入达3 101元,增速19.1%;规模以上企业实现工业增加值63 107万元,增速37.4%;全社会固定资产投资完成16.2亿元,增速54.3%;引进国内外资金20.13亿元;出口创汇 111 万美元。

【农业】 2005 年,全旗农作物种植面积 67 万亩,其中,马铃薯 26 万亩,瓜菜(包括甜菜)25 万亩,饲草饲料(包括玉米)13 万亩,完成 300 亩温室大棚建设任务。全旗粮食总产达2.61亿斤。

【畜牧业】 年内全旗奶牛存栏达4.6万头,其中,产奶奶牛达 3 万头,鲜奶年产量达 13 万吨;肉羊存栏 60 万只,其中,基础母羊存栏 50 万只。畜牧业增加值达3.7亿元,占第一产业增加值6.3476亿元的58.3%,农民人均来自畜牧业的收入占到人均纯收入的58.5%。

【林草业】 是年,全旗共完成退耕还林5.8万亩,风沙源治理工程8.1万亩,林草覆盖率达34.3%,已见效的草场可为农民提供1 600万斤的饲草。

【水利】 是年,全旗共投入水利建设资金1 077.68万元,其中,国家投资876.68万元,群众自筹 201 万元。建设各类水利工程 114 处,完工 114 处,共投入劳动积累工80.2万个工日,完成土方166.4万立方米。新打机电井 106 眼,配套机电井 106 眼,新打筒井 250 眼,维修机泵 155 台套。全旗新增有效灌溉面积1.72万亩。新建地埋管道 92 公里,发展节水灌溉面积 2 万亩。完成水保治理工程建设面积10.2万亩,完成保护面积 16 万亩。全年共解决 13 个自然村的12 865人、33 200万头(只)牲畜的饮水困难。

【工业】 全年引进工业项目 21 个,其中,伊利集团投资2.8亿元,建设日处理1 000吨液态奶加工项目;蒙牛天辅乳业投资1.6亿元,建设年产3.6万吨冰淇淋生产线和 3 万吨速冻食品生产线;内蒙古富广食品公司投资3 000万元,建设生产、加工、仓储2 000万个糯玉米加工项目;年内重化工综合生产能力达到62.3万吨;石材加工项目形成年产 170 万平方米的开采加工能力。技改、改建项目 3 项,全旗规模以上企业达 28 家。

【城镇化建设】 是年,投资5 782万元,改造旗政府所在地土贵乌拉镇道路8 438米,铺设沥青路面12.5万平方米,水泥路面5 000平方米,新建污水管线8 600米,雨水管线4 500米,埋设过路涵管 470 米,安装路灯 413 基盏,更新自来水管网5 780米。并同步完成站前广场改造及公厕、垃圾池建设和有线电视网线、通信网线、解放路城电入地工程。引进客商投资 100 万元,新上 25 辆小客车发展土贵乌拉镇公交事业。投资1 817万元,对平地泉等乡镇的给排水、道路、通讯设施进行改造建设。继续加大察哈尔生态工业园区基础设施建设力度,投资2 160万元,完成长0.8公里,宽 50 米的察哈尔大道续建工程;完成长0.65公里宽 16 米的新旧 208 国道—利丰汽车城接线工程,埋设排污管线8 000米。全旗共投资13 830万元,完成教学楼、办公楼、住宅楼等 14 个房地产开发项目。

【交通】 是年,全旗投资2 120万元,建成集宁—大土城三级油路14.8公里，通村公路106公里，修通22个不通公路的村委会公路。

【教育】 是年，全旗共有在校生27 949人，其中，小学在校生13 586人，初中在校生9 093人，高中在校生4 058人，幼儿在校生1 212人。优化配置教育资源，撤并5所小学和17个教学点。投资662万元，新建和扩建校舍14 552平方米，校院围墙5 218延长米。投资109.1万元，改善13所寄宿制学校的食堂和住宿条件。投资177万元，加强远程教育网络建设。全旗落实"两免"资金238.3万元，使32 898名农村中小学生享受"两免"待遇。大力开展捐资助学活动，落实捐助资金34.51万元，改善办学条件，帮扶各类贫困学生就学。

【人口与计划生育】 全旗对60周岁的103户独生子女户和双女结扎户每人每年奖励600元全部兑现，全旗符合政策生育率为98.34%。

【社会保障】 是年，全旗城镇2 180户、4 268人享受低保，做到应保尽保。培训下岗失业人员2 230名；再就业安置2 285人，其中，安置失业人员1 686人。全旗城镇失业率控制到4.3%以内。

（任瑞元）

察哈尔右翼中旗

【领导名录】

旗委书记：赵　锦（蒙古族）

人大主任：巴图巴雅尔（蒙古族）

旗　　长：兰永奋

政协主席：彭　悦

武装部长：邓海生（3月任职）

政　　委：于万春（4月任职）

【概况】 察哈尔右翼中旗地处内蒙古乌兰察布市中部，位于北纬41°6′～41°29′24″、东经111°55′45″～112°49′51″之间。北部和西部与四子王旗接壤，南部和西南部与卓资县毗邻，东部和东南部与察右后旗相接，东南距乌兰察布市政府所在地集宁区66公里，西南距自治区首府呼和浩特市110公里。全旗总面积4 200平方公里，人均占有土地1.8公顷，占有耕地0.637公顷；天然草场21.45万公顷。全旗辖2个苏木、5个镇、2个乡，179个村委会、833个自然村，社区6个。总人口21.2万人，是一个以蒙古族为主体、汉族居多数，由汉、蒙、满、回、壮、藏、朝鲜、鄂温克、布依9个民族组成的半农半牧旗。全旗人口密度为54.76人/平方公里。

2005年，地区生产总值完成11.82亿元，财政收入完成6 860万元，固定资产投资完成8.2亿元，限上工业增加值完成1.7亿元，城镇居民人均可支配收入完成7 020元，农牧民纯收入完成2 434元。

【农村牧区经济】 通过大力推广冷配技术，以自繁和杂改培育为主，低成本扩张奶牛养殖规模，全旗奶牛饲养量达到3.5万头。（其中进口新西兰纯种荷斯坦奶牛1 554头），建成集中挤奶站101处，建成奶牛养殖专业村105个，日产鲜奶260多吨，初步形成了产加销一体化的奶牛产业化格局。针对奶牛养殖效益下滑现状，对进口奶牛每头补1 000元、贴两年购牛贷款利息，并结合整村推进、退耕还林、京津风沙源等工程的实施对奶牛养殖户优先安排项目，进一步稳定奶牛产业。肉羊产业方面，全旗在头号、大滩、金盆、乌兰4个乡（苏木）组建寒羊核心群，进行纯种扩繁；其余15个苏木乡镇通过调购优质肉羊种公羊建成肉羊杂交改良生产区。全旗存栏肉羊45万只。

全旗马铃薯种植面积达50.2万亩，占总播面积的55%。全旗四级良种繁育田面积达7万亩。其中，原原种网室225座、112.5亩，原种田2 500亩，结合马铃薯良种补贴项目的实施建成一级种薯田1.5万亩，建成二级种薯田5万亩。结合退耕还林草、京津风沙源治理工程的实施，人工种草5.8万亩，见效人工草场面积达80多万亩。引草入种，种植草玉米20多万亩。

【退耕还林】 退耕还林完成10.6万亩，封山育林完成2.5万亩。京津风沙源工程方面，完成2万平方米暖棚建设、2.25万亩围栏封育和0.8万亩人工草地建设。小流域治理选择在三道沟乡头道沟流域，总治理面积13 800亩，建设水保林9 975亩，人工种草300亩，修筑土谷坊130座、石谷坊10座、修筑沟头防护3 500米、作业路10 500米。同时，结合水保项目的建设，完成治理面积8.1万亩，其中种树5.5万亩，种草2.6万亩，新增保护面积14.7万亩。61处水源工程已全部完工，新增灌溉面积2 745亩，150处节水灌溉工程已完工，新增节水灌溉面积6 750亩。

【水利】 加大水利建设力度，共投入水利建设资金1 600万元，新打机电井101眼，配套97眼，新打筒井97眼，修复旧井55眼，全旗新增灌溉面积1.82万亩。节水工程方面，新修地埋管道130公里，安装大型电动喷灌3处，新增节水灌溉面积2.01万亩，改善灌溉面积0.15万亩。人畜饮水工程方面，共开工7处，其中国家批复3处，地方安排建设4处，现已全部完工。同时完成牧区小草库伦建设20处，面积200亩，新增饲料草料灌溉面积0.4万亩。

【工业经济】

绿色能源方面 瞄准国家鼓励发展可再生能源的有利时机,科学规划产业布局,精心打造发展平台,绿色能源工业取得了重大突破。京能集团、华电公司、北方龙源风能公司相继开工建设,年内风电开工建设达36.31万千瓦,成为察右中旗历史上风电项目开工最多的一年。在全力做好上述年内开工建设项目的同时,全旗还规划了库伦风电场,南口 风电场和白彦脑包风电场。其中:库伦风电场规划占地230平方公里,规划装机容量100万KW,测风工作于3月27日正式开始,南口风场规划占地50平方公里,规划装机容量30万KW,现正联系投资商开展测风工作,白彦脑包风场规划面积15平方公里,作为储备风场逐步开发。此外,中石油鸿力投资集团公司投资8亿元,装机容量10万千瓦(含国家发改委测试中心2.5万千瓦)风电项目将于明年开工建设。内蒙古宏基公路发展有限公司30万千瓦后续项目已列入自治区发改委规划,并进入可研阶段,可望明年开工建设。

重化工方面 在原材料价格全面上涨、产品市场价格下滑、电力供应紧张的不利条件下,全旗重化工产业继续得到巩固发展。白雁湖公司累计生产电石4.3万吨;奥立鑫公司停产两个月后,于9月重新投入生产,累计生产电石1.18万吨;祥泰公司累计生产电石1.5万吨。重化工产业完成工业增加值占到全旗限上工业增加值的50%。重化工企业共安排下岗失业职工和农村剩余劳动力500多人,同时拉动矿山开采、交通运输、餐饮等行业的进一步发展。

农畜产品加工方面 依托丰富的农畜产品资源,大力构筑农牧业产业化发展平台。年内引进大连客商投资1 200万元在铁沙盖镇新上的5 000吨马铃薯精淀粉生产项目已于9月份投产;引进山东客商投资1 200万元在五号乡建设1万吨秸杆加工厂也投入生产。

矿业开发方面 引进河北客商注册成立宏泰矿业有限公司计划投资23.3亿元分三期开发、建设钢铁生产项目进展顺利,一期投资8 000万元已完成征地、厂区建设等前期工作,建成选矿能力60万吨选厂一处,并开始采矿;古营子铁矿新上一条日处理200吨铁精粉生产线,已投入生产;引进大同客商利用苏勒图煤矿开发制焦、余热发电、集中供热一体化项目,项目审批工作基本完成。

【基础设施建设】 2005年,投资420万元、占地1.82万平方米的市政广场建设工程、投资800万元的科镇黑色路面、路沿石、人行道改造工程在七月底全面完工。投资200万元,在科镇北街新铺排污管网10公里,完成二水源与镇内供水系统的连接。投资200多万元,对科镇主要街道的绿化、亮化工程也顺利完工。此外,二中新校址、地税办公及家属楼、一中家属楼、第二幼儿园建设工程全部投入使用。特别是2004、2005两年,全旗抓住国家实施义务教育工程,寄宿制学校建设工程的历史机遇,集中力量改善办学条件,两期“义教工程”共投入资金2 732万元,新建改扩建中小学80所,消灭5万平方米危房;寄宿制工程总投资4 434万元,第二中学新建建筑面积3.29万平方米;第三中学新建校舍4 307平方米,翻修教室60间,硬化校园1.2万平方米,其它6个项目校建设总投资613万元,全面完成全旗寄宿制学校建设任务。

【交通】 集宁—科布尔二级公路我旗境内20公里已全面完工并投入使用。总投资130万元的集科路支线工程已完工。通村公路建设方面,目前已完成建设工程60.6公里,打通不通公路村12个。公路建设投、融资前期工作进展顺利,完成了呼市—科布尔—白音察干高速公路规划初步方案的编制工作,完成科布尔至固阳线中旗段、元山子—乌素图、土城子—义发泉、义兴泉—乌兰苏木等油路改建工程的可行性研究,为项目立项、引资奠定了基础。围绕整村推进扶贫工程,完成33条87.3公里通村公路测量设计,部分建设项目已完工。大活页—五号乡政府3公里通乡油路建成通车,完成投资180万元。五号乡政府—中什拉8.4公里砂石公路全面完工。米粮局—哈乐中旗段三级公路改建已动工兴建。“两基”达标参观线路科凉路、科乌路、三义兴至得胜小学路面翻修工程完成投资128万元。

【电力建设】 总投资770.9万元的三期第一批城网建设改造工程已经完成工程量的76%,0.4千伏低压线路改造完成124%,电压台区改造项目完成56%,10千伏线路改造完成97%。总投资2 079万元的金盆、铁沙盖、大营子35千伏变电站改造增容等工程已列入三期二批农网改造工程项目,已经上级部门批复,明年组织实施。

【旅游】 完成黄花沟4.4公里油路修复工程和旅游区南北大门维修工程;窝阔台、草原明珠、外事接待为主的景点扩建续建,投入资金1 430万元。新建接待蒙古包120顶及相关设施;动员150多个单位部门,对科左路旅游区中旗段进行大规模平整绿化,投入劳力3 500人(次),车辆100多车(次),动用土石方5 000多方,投入资金30多万元;年内共接待游客48.96万人(次),与上年同期相比增加27.95万人,增长133%,旅游营业收入7 350万元,与去年同期相比增加2 100万元,增长40%,旅游总收入达1.28亿元,增长149%。

【商贸】 2005年全旗社会消费品零售总额达2.93亿元,比上年同期累计增长11.5%。其中批发、零售贸易业总额累计达2.53亿元,比上年同期累计增长10.3%;餐饮业累计达2 436万元,比上年同期累计增长30.3%；其它累计达1 486万元，比上年同期累计增长7%。地方工业品销售总额达7.8亿元，比上年同期累计增长16%，农畜产品销售总额达9.8亿元，比上年同期累计增长10%。流通入库税金1 250万元。红(胡)萝卜总产量3亿斤以上，目前已完成红萝卜销售2.5亿斤；马铃薯目前完成销售量3.9亿斤。同时，年内引进3家客商成立煤炭运销公司，注册资金1 500万元，为全旗经济发展注入新鲜血液。

【科技】 推行科技特派员制度。全旗共抽调61名中级以上职称的科技人员组成了科技特派员工作队伍，按行业分为红萝卜科技承包等八大科技承包集团，分赴全旗19个苏木乡镇进行技术培训和技术服务工作。共完成特级宝冠、858445等9个红萝卜新品种和国家科技部863计划试验项目"新型多功能保水剂试验示范推广项目"示范工作；引进"重茬PK菌肥"，对红萝卜黑斑病进行综合防治，并组织科技特派员挂靠内蒙农科院、内农大、乌兰察布市新技术研究所对红萝卜黑斑病等造成品质下降的综合因素进行科研攻关；承担了自治区免耕技术推广项目，分别在三道沟和宏盘两乡组织实施。

【扶贫开发】 扶贫开发重点抓"整村推进"和劳动力转移培训工作。"整村推进"扶贫开发工作重点建设12个贫困行政村，共完成投资953.88万元，新打机电井18眼，修复旧井9眼，配筒井泵12台，铺设地埋管道54 294米，建圈舍768间，建马铃薯网室28处，补贴马铃薯良种13.5万斤，维修配套"三站"(科技服务站、计生卫生服务站、文化教育服务站)12处，落实广播电视"村村通"工程41处，修砂石路41.3公里，通电1个村，建集中供水点1处，打人饮井6眼，打庭院子筒井26眼，维修人饮井14眼。劳动力转移培训目前共完成投资39.15万元，培训贫困青壮年农牧民1 302人，实现非农就业1 063人。

【辉腾锡勒两大风电实现合并重组】 2005年，原内蒙古风电场和内蒙古龙源风电公司进行合并重组后为内蒙古北方龙源风力发电有限责任公司。该公司在辉腾锡勒，现拥有发电机组94台，风电装机总量达6.85万千瓦，年发电量1亿千瓦/时，实现税收400万元。辉腾锡勒风电场已成为全国最大的绿色能源基地之一。

（郭志忠）

【全面启动京津风沙源治理工程】 察右中旗2005年京津风沙源治理工程总投资1 077万元，其中中央财政投资800万元，地方配套277万元。工程将分南部水土流失区和北部风蚀沙化区进行实施，覆盖全旗19个苏木乡镇(乡镇改革前)。工程实施后，可新增人工草地0.8万亩，围栏封育2.25万亩，项目区林草覆盖率可提高10%以上。可新增控制风蚀沙化、水土流失面积0.7万亩。可建设暖棚2万平方米，开发水源61处，节水灌溉150处。

（李　斌）

【全国西部地区"两基"攻坚现场会代表团参观考察察右中旗部分中小学】 8月15日下午，国务委员陈至立率领教育部、发改委、财政部、国土资源部、农业部、扶贫办、西开办等国家部委负责人，在自治区、市两级领导陪同下赴察右中旗参观考察，陈至立委员一行对"两基"攻坚工作表现出很高的兴致，给予德胜乡中心小学和第二中学高度评价，并签名留影纪念。8月16日上午，与会广西、重庆、四川、贵州、云南、西藏、陕西、甘肃、青海、宁夏、新疆及新疆兵团和自治区代表分组深入察右中旗德胜乡中小学和第二中学参观考察。

（张文君）

【红(胡)萝卜销售形势喜人】 察右中旗把壮大红(胡)萝卜产业作为提高农民收入的重要举措来抓，在稳定种植面积的基础上，采取有效措施进一步拓宽流通渠道，增强红(胡)萝卜营销的信息化水平，实现红(胡)萝卜增收。从9月初红(胡)萝卜上市以来，来自山东、河南、湖南、厦门、广州、韩国等地客商90多户在旗内各地收购，日销量达2 000多吨。红(胡)萝卜已经销售出30 000多吨，由于红萝卜价格与往年相比稳中有升，农民销售收入和红(胡)萝卜销售量均出现历史新高。

（马志军）

【华电辉腾锡勒100兆瓦风电项目开工典礼】 10月8日上午，内蒙古华电辉腾锡勒100兆瓦风电项目开工典礼在辉腾锡勒草原隆重举行。内蒙古华电辉腾锡勒风力发电有限公司总经理袁凯峰、总工程师张文忠、内蒙古送变电工程公司、内蒙古康远工程建设监理公司负责人以及乌兰察布市发改委、国土资源局、市工经委、市电力公司等市直部门负责人出席开工典礼仪式。参加开工典礼仪式的还有察右中旗旗委、人大、政府、政协的有关领导和旗直有关部门负责人。

华电辉腾锡勒100兆瓦风电项目开工建设，是继北京国际电力新能源公司辉腾锡勒100兆瓦风电特许权项目开工之后，察右中旗开工建设的又一大型风电项目，该项目的建设对促进自治区风电事业发展和推动地方经济将起到十分重要的作用。

【40兆瓦 23.1兆瓦风电项目开工剪彩】 10月31日，参加内蒙古北方龙源风力发电有限公司辉腾锡勒风电厂40兆瓦、23.1兆瓦风电项目开工剪彩暨世行贷款100兆瓦风电项目通过国家发改委核准志贺仪式。自治区副主席郝益东及自治区发改委、工业办、建设厅、科技厅、环保局、龙源电力公司等部门负责人出席开工剪彩仪式。乌兰察布市委副书记白和平、政府副市长薛培明及市直有关部门负责人参加了开工剪彩仪式，参加开工剪彩仪式的还有察右中旗旗委、人大、政府、政协主要领导和分管领导及旗直有关部门负责人。

内蒙古北方龙源风力发电有限公司辉腾锡勒风电厂40兆瓦、23.1兆瓦风电项目，是察右中旗继京能集团和华电集团两个100兆瓦风电项目开工后的又一大型风电项目，也是察右中旗打造绿色能源大旗、发展特色支柱产业的重要举措。这一项目的顺利开工，必将进一步巩固察右中旗在全区、全国风能开发中的地位，必将对察右中旗工业经济的发展壮大和旅游业的繁荣起到重要的推动作用。

（智永峰）

察哈尔右翼后旗

【领导名录】

旗委书记：李建平

人大主任：赵炳和

旗　　长：赵世宏（蒙古族）

政协主席：梁建军

武装部长：杨海钰

政　　委：肖宝洲

【概况】　察哈尔右翼后旗位于内蒙古自治区中部阴山北麓，位于北纬40°3′～41°59′，东经112°42′～113°30′。东与商都县、兴和县接壤；西和察哈尔右翼中旗、四子王旗交界；南与察哈尔右翼前旗、卓资县为邻；北和苏尼特右旗毗连。集二线铁路贯通全境；集通线铁路在旗境赉红镇分轨；208国道、呼满大通道是通往蒙古国、俄罗斯及东欧各国的重要国际通道。总面积3 803平方公里，总人口20.93万人。

2005年，全旗实现地区生产总值18.17亿元，增长18.1%，完成年初计划的108%；财政收入完成20 068万元，增长33.72%；是“九五”末的4.5倍；城镇居民人均可支配收入达7 416.33元，增长16.78%，完成年初计划的103%；农牧民人均纯收入到2 488元，较2000年增加628元，增长33.7%。经济总量和财政收入提前两年完成“十五”计划目标，跃居全市旗县前列，并跻身与自治区101家旗县市中游水平。

【农业】　全旗共完成播种面积73.13万亩，粮食总产达到2 400万公斤。2005年，将1 196万元农业税全部取消。分税种减免情况是：农业税及附加1 997万元，牧业税809万元，特产税524万元，屠宰税840万元。

【畜牧业】　全年共解决人畜饮水10 936人，12 680头（只）。2005年6月末，牲畜头数达到85万头（只），奶牛存栏数达2.2万头，牛奶年产量达5.4万吨；肉羊饲养量达169万只，年出栏110万只。全旗形成以蒙原肉食品公司为龙头，15座冷库为依托，1 380吨库容为基础的肉食品加工贮销体系，年加工生产肉食品360万公斤。

【林业】　全旗森林覆盖率和林草覆被度分别达到10.6%和43%。比“九五”末分别提高7个和23个百分点。

【工业】　全旗规模以上工业增加值完成6.1亿元，占全部工业增加值的74.4%。三次产业结构比重由2000年的46：30：24调整到2005年的22：56：22，第一产业比重明显下降，第二产业比重大幅提升。年内开工建设山东寿光集团电石生产、山东展望公司赤铁加工、乌海珠光体、包头汇源铁冶炼等4个项目，总投资3.05亿元。重化工企业全部按照“三同时”制度，配备环保除尘设施。PVC等电石下游产品开发正在进行。精心打造自备电厂、风能发电两路并进的电力产业，2×15兆瓦乌兰余热电厂并网发电，投资54亿元的4×300兆瓦自备电厂，各类专项论证报告和电网接入系统设计方案全部顺利通过自治区发改委的评审，与供货厂家签订三大主机设备技术合同和商务合同并订购，中扶公司正在以国家部委电力扶贫试点项目的名义争取国家发改委核准或备案。

中国电力投资公司与加拿大巨鸟能源有限公司合作，联合开发旗境锡勒风场，计划投资48亿元建设60万千瓦风电项目。乌兰四期工程正在建设中，投产后将形成年产水泥500万吨，利税4亿元。重化工业园区现有投产企业10家，建成矿热炉22台，产能达57万吨。港源塑业、“天下粮仓”酒业均以投产，杨家生物制品公司蛋白胨、肝素钠等产品正由实验室进入工厂试产阶段。

引进山东红星运输有限公司，并投入运营。全年公路货运量达243万吨，客运量达32万人。

【基础设施建设】　新铺和改造人行道12万平方米；安装路灯631套、维修路灯469套；设置道路名称牌，建成一批街区绿地，在公共场所配置一批健身器材。投资47万元，在白音察干镇新旧区维修改造公厕5座，维修清理旧公厕76座，新建公厕6座（其中水冲式2座）。城镇化水平从2000年的22.7%提高到2005年的30%。

【第三产业】　全旗实现社会消费品零售总额4.8亿元，同比增长6.1%，完成年初计划的100%。三次产业的比重由2000年的46：30：24调整为2005年的22：56：22。全旗培育年产值在100万元以上的农牧业产业化加工龙头企业12家，流通龙头企业9家。民营企业144家，个体工商户1 997户，注册资金2.67亿元。

【招商引资】 全旗招商引进投资2 000万元以上的在建及签约工业重点项目24个,总投资146.83亿元。并与山东寿光市缔结为友好市旗。

【旅游业】 规划建设宝格达乌拉,阿贵乌拉(已于2004年底被评为国家2A级旅游区)旅游两大景区,年接待游客5万多人次。加快火山、草原、水库、湿地等特色旅游项目的开发。

【交通 通讯】 全旗固定资产投额达到11.37亿元,增长50.4%,完成年初计划的113%。投资500万元完成10条通行政村公路建设任务,总里程50公里。同年10月,全旗最后一条通乡公路白小村—八号地三级油路改建工程竣工通车。工程总投资490万元,全长9.2公里,路基宽7.5米,路面宽6米,设计荷载为汽车—20级、挂车—100级。全旗公路总里程达805公里,比2000年增加396公里。境内一级公路26公里,二级公路95公里,结束旗内没有高等级公路的历史;三级公路195公里,实现乡乡通油路,85%以上行政村通公路。实施广播电视"村村通"工程,综合覆盖率达85%。

【社会保障】 全年移民工程涉及5个移民区,完成投资1 770万元,共迁出390户,1 475人进入移民区。5个移民区共建成砖木结构住宅390处,14 311.5平方米,围墙15 425米;牲畜棚圈320处,27 175平方米;用户厕所390处,975米;塑料蔬菜大棚80处,16 000平方米。架设10千伏高压线路10公里,0.4千伏低压线路15公里,安装变压器5台。新打机电井5眼,筒井45眼,配套灌溉管道1 100米,自来水入户管道1 500米,开发水浇地700亩。建成三级砂石路3条,4 200米。架设有线电视主干线1 000米,支线3 000米,户户通有线电视。新建移民区管理办公室405平方米,科技服务站360平方米,配套建设奶站1处。

【教育】 2005年,全面实施中小学寄宿制工程。旗二中投入22万元,将原学校礼堂维修改造成餐厅,并配套暖气;大六号学区中心校建设640平方米宿舍,已竣工投入使用;锡勒学区中心校投入20万元建设食堂和餐厅,以上3所学校都以成为设施齐全的寄宿制学校。四中学校投资300万元建设的餐厅楼完成主体工程。

9月8日,察右后旗2005年高考取得好成绩。全旗普通文科、理科考生共925人,高考成绩上专科分数线594人,上线率64.22%,其中上本科分数线110人,上线率11.89%。高职考生25人,上专科分数线24人,上线率96%。艺术类考生52人,上专科分数线33人,上线率63.46%,其中上本科分数线29人,上线率55.77%。全旗理科状元董建华,考试成绩616分,为全市各旗县高中学校考生第二名,被吉林大学录取;文科状元陈振兴,考试成绩595分,被西南政法大学录取;艺术类最高成绩420分获得者赵希树,被北京工业大学录取。

【文化】 由中央文明办资助建设项目"百里千乡宣传文化工程"改建完成,工程总造价134.8万元,总面积为1 786平方米,内设影剧厅1 009.5平方米,图书室、阅览室314.5平方米,展览室55平方米。8月17日,圆满地承担乌兰察布市首届"两个文明"建设现场会主会场的任务和乌兰察布"蓝色之韵"文明礼仪风采大奖赛颁奖晚会及文艺演出。2月1日,由察右后旗文学艺术界联合会主办的文学刊物《百花》正式出版发行。旗委书记李建平为《百花》杂志作序,旗长赵世宏为杂志封面题字,旗人大主任赵炳和、政协主席梁建军分别为杂志创刊题词。《百花》杂志设:"朝阳广场"、"阴山岩画"、"火山絮语"、"四季牧歌"和"艺苑橱窗"五个栏目,收录小说、散文、诗歌27篇。

【卫生】 投资127万元的旗医院门诊楼于2005年7月竣工并投入使用;投资84万元的传染病区于2005年10月竣工并投入使用。投资80万元新建绿洲园区卫生服务站并配套人员和设备;投资20万元为土牧尔台中心卫生院配套设备和一辆救护车;投资3万元对大六号卫生院进行维修。11月16日,由内蒙古自治区药监局副局长曹殿云任组长的自治区高致病性禽流感督导组深入察右后旗督查指导防控高致病性禽流感工作。政府副旗长王晓东向督导组汇报全旗防控高致病性禽流感工作。

【劳动就业】 全旗参加养老保险、医疗保险人数分别达到12 903人、12 739人。4 158名城镇困难居民享受到最低生活保障金,低保补差标准提高到每月78元。345户、548名牧区特困群众享受到最低生活保障待遇。11所敬老院,2 889户、4 555人的生产生活得到了长期有效的帮助。城镇登记失业率控制在4.24%以内。

【洪灾】 7月31日,察右后旗土牧尔台镇发生罕见的强降雨,洪水造成倒塌民房396间,其中大房332间、小房64间、涉及127户、385人。形成危房510间,冲毁农田6 610亩,涉及6个行政村、21个自然村、2 007户、5 802人。冲毁塑料大棚70处,死亡牲畜150头。冲毁水井92眼、防洪坝1处、涵洞1处、损坏油路路面1 000多延长米、倒塌院墙1.5万延长米、冲倒高压电杆10根,造成直接经济损失1 200多万元。灾情发生后,旗级四大班子领导深入土牧尔台镇抗洪救灾。

【存在问题】 全旗经济社会发展中还存在不少困难和问题。主要表现在:经济总量少,产业结构不尽合理,对地方经济支撑能力较弱,产业层次和技术水平较低,增长方式粗放,整体抗风险能力不强;财政收支矛盾突出,就业再就业和社会保障任务繁重;农牧民持续增收难度大,部分群众生活比较困难,扶贫济困任务艰巨,构建和谐社会任重道远;政府社会管理、公共服务的职能还需进一步加强,依法行政水平有待于进一步提高。

(孟泽辉)

四子王旗

【领导名录】

旗委书记:特木勒(蒙古族)

人大主任:巴雅拉夫(蒙古族)

旗　　长:朝克图(蒙古族)

政协主席:张改娥(女)

武装部长:张虎林(3月离任) 杜茂(3月任职)

政　　委:富多兴(3月任职)

【概况】 四子王旗位于内蒙古中部、大青山北麓,地处北纬40°20′~42°40′,东经110°20′~113°;北与蒙古国接壤,东与锡林郭勒盟苏尼特右旗、乌兰察布市察哈尔右翼中旗为邻,西连包头市达尔罕茂明安联合旗,国境线长104公里。全旗所辖面积24 016平方公里。全旗辖11个苏木、11个乡、1个场、1个镇,122个行政村(嘎查),789个自然村。总人口为21万人,有蒙古、汉、回、满、达斡尔、锡伯、布依、裕固、东乡、土、瑶11个民族,其中少数民族占8.7%,男、女分别占52%、48%。全旗人口密度为每平方公里7.98人。

2005年,完成地区生产总值16亿元,比上年增长10.7%。财政总收入6 356万元,比上年增长20%;城镇居民人均可支配收入达7 408元,比上年增长14.9%,农牧民人均纯收入2 890元,比上年增长15.1%。

【农业】 是年,大力调整种植业结构,突出马铃薯、饲草料、蔬菜种植,全旗马铃薯种植75万亩,其中订单加工薯10万亩,种薯16万亩,玉米及饲用作物25万亩,蔬菜2万亩,其中保护地蔬菜50亩。

【畜牧业】 2005年牧业年度牲畜总头数为161.1万余头(只),牲畜出栏率92%。全旗牲畜疫病防治密度达到100%。新建牛冷配站30处,羊配种站59处,全旗良种及改良畜比重达到97.2%。完成草原建设总规模101万亩,新建"五配套"小草库伦130处,新建青贮窖5 000个,通过实施禁牧、休牧和草畜平衡等一系列措施,使全旗草原保护面积达2 300万亩。

【工业】 完成全旗风能资源的总体规划,规划总面积3 300平方公里,装机容量1 300万千瓦。规划建设的3处风场前期测风工作全面展开,测风数据资料开始回收。全年完成总投资5 000多万元。使白乃庙地区的采矿能力由现在的年产2 000吨铜金属量增加到年产5 000吨金属量的能力。引进包头三环集团公司计划分期投资22亿元,建设年产100万吨的钢铁冶炼项目,年内两座128立方米炼铁炉的基础浇铸工程基本竣工。全年全旗工业增加值6.1亿元,比上年增长162.4%,其中规模以上工业增加值21 661万元,增长27.33%。

【城镇建设】 党政办公楼及新区广场续建工程全面竣工。完成居民区5处防洪排水工程,有效地解决群众反映强烈的热点问题,改善人居环境。对镇内主要路段、杜尔伯特广场、东山公园集中绿化,扩大城镇绿化率,居民休闲、娱乐环境和镇容镇貌得到改观。完成文化路的拓宽建设,开工建设统建路、沿河路、和平北路等道路工程。建立新区供热、供水、排污三家公司,并实行市场化运作。

【基础设施建设】 投资646万元的东八号35KV输变电工程已竣工;乌兰花镇40 000KVA主变增容工程全面竣工,完成总投资800万元,投资206万元完成县调工程;乡、苏木、场、镇和部分行政村全部通电话,行政村以上全部通邮。乌兰花—红格尔三级油路和巨巾号通乡油路竣工通车,完成总投资5 000多万元;东八号—西河子通乡油路建设完成路基工程,项目总投资2 071万元。104公里的边防三级油路项目已获批准。

【教育】 全旗有中小学50所,在校学生25 258人,其中初中适龄入学率94%;小学入学率100%。全旗义务教育阶段学校全部实行"一费制",农牧区学生实行"两免一补"。全年共撤并中学56所,新建、改造学校6.8万平方米。顺利通过自治区"两基"达标验收,圆满完成普及九年义务教育任务,并成功承办国家西部地区"两基"攻坚现场会。

【卫生】 积极组织实施基层卫生改革,加大食品、药品执法监督力度,保障广大人民群众的身心健康。以防控布鲁氏杆菌病、禽流感为重点,全面完成疾病防控的监测、防治工作。

【就业 社会保障】 全旗完成城镇就业687人,占任务114.5%,下岗再就业545人,占任务的129.8%,农牧民外出就业16 413人,失业保险参保7 747人。

【友好交往】 蒙古国巴彦洪戈尔省省长照日巴特尔,省人大主席博·娜仁其木格等一行8人9月7日在蒙古国驻内蒙古自治区领事馆参赞的陪同下，到四子王旗进行参观考察。旗领导与来访的蒙古国客人在旗迎宾馆进行座谈。4月17日至18日，170多位日本友人与四子王旗群众一起共同种下7 130棵象征中日友谊的“长青树”，表达中日两国人民爱护家园，保护环境的共同心声。

【百万吨钢铁冶炼项目签字仪式】 旗长朝克图与包头市三环实业(集团)董事长白玉芳7月15日在迎宾馆举行百万吨钢铁冶炼项目签字仪式。

【那达慕大会】 内蒙古自治区第十六届旅游那达慕大会7月25日在四子王旗格根塔拉旅游中心开幕，自治区政协副主席奇英成出席开幕式。

【全国西部地区“两基”现场会】 全国西部地区“两基”攻坚现场会8月15日在四子王旗召开。中央委员、国务委员陈至立、教育部副部长陈小娅在自治区党委书记储波、自治区人民政府主席杨晶、副主席连辑、教育厅厅长郭明伦、乌兰察布市市委书记吴永新、市长傅铁钢等领导的陪同下出席现场会。

【神舟六号安全着陆】 10月17日凌晨4时33分，经过115小时32分325万公里的太空飞行，神舟六号载人飞船返回舱成功地在四子王旗红格尔苏木主着陆场安全着陆。

（哈日夫　高俊文　陈海云）

卓　资　县

【领导名录】

县委书记：吴永峰

大人主任：马永拴

县　　长：且国山

政协主席：霍元宏(满族)

武装部长：杨荣贵

政　　委：李　强

【概况】 卓资县位于内蒙古自治区中部乌兰察布市境内，地处北纬40°38′～41°16′，东经110°51′～112°56′。西距呼和浩特70公里，东距集宁市50公里，周边与8个旗县市相毗邻。总辖地面积3 119平方公里。京包铁路和110国道、丹拉高速公路穿境而过。全县辖9乡5镇，总人口22.8万人，常住人口16万人，其中集镇人口5万人，少数民族0.5万人。

全县地区生产总值达到17.57亿元。第一产业增加值累计完成4.25亿元，第二产业增加值累计完成7.93亿元，第三产业增加值累计完成5.38亿元，三次产业结构比重为20.7：53：26.3。综合经济实力由全市排名第8位上升到第7位。2005年全县财政收入达到1.05亿元。

【农业】 2005年，全县耕地面积达到65万亩(其中水浇地面积13.5万亩)，2005年粮食总产量达到87 218吨。

【畜牧业】 2005年牲畜六月末存栏达75.57万头(只)(其中大畜8.26万头匹、小畜59.21万只、生猪8.1万只)。良种及改良工程稳步推进，六月末良种及改良种畜达到60.2万头匹只。建起牛冷配站90处，绵羊人工受精点40处，羊令配站20处。建设青微贮窖5 000个，新购饲草料加工机具530台。高致病性禽流感疫情防控工作取得实效。退耕及还林、荒山治理总量达到71.6万亩，森林覆盖率上升到18.1%。

【工业】 通过招商引资横联引进，2005年，全县工业企业原有3 000多万元的存量资产全部盘活，具有卓资特色的工业经济框架渐趋成形，工业增加值达到6.4亿元。重化工、建材、农畜产品加工、能源成为县工业经济的主体，华电卓资电厂一号机组投产发电，长宏电石、荣元高科碳化硅等重点项目落地开工。

【交通】 10月1日，后房子乡西壕堑通往大榆树乡柏油路建成通车，改变大榆树乡无油路的历史。

【固定资产投入】 2005年，全县社会固定资产投资达12.9亿元。

【科技】 共举办各种科技培训20余次，发放科普材料1万余份，累次城乡参培人数达到3万人次。

【教育】 “普九”和“两基攻坚”全面达标，中小学布局调整完成80%。共为20个中小学教学点配备远程教育设施。9月16日，全区“两基”攻坚经验交流现场会在乌兰察布市召开，参观了县部分校点。

【文化】 3月8日，卓资县文联成立。《卓资文艺》复刊，并更名为《大黑河》。

【卫生】 卫生工作着力加强突发性公共卫生事件应急救助体系建设和疾病预计防控制体系建设，成立县疾控中心，出台突发性公共卫生事件应急预案。扶贫无线电话“村村通”工程装机2 000部，全县通讯覆盖率达到98%。广播电视综合人口覆盖率贫困人口减少到4万人,人口和计划生育工作加强,人口增长势头呈下降趋势,出生率降到5.78‰,计划生育率上升到98.2%。人口死亡率和法定传染病率分别控制在5.8‰和0.05‰以下。

【人民生活】 农民人均纯收入达到2 602元,城镇居民可支配收入达到7 352元。社保覆盖率达23%。

【存在问题】 国民经济发展总体水平低,经济运行的质量和效益不够理想,增长速度较慢;龙头企业少,市场发育不健全,中介组织程度低;第三产业比重小,发展慢;城乡居民增收的难度大,低收入居民生活困难,消费需求增长缓慢,对经济增长的拉动能力弱。

(政府办公室)

商 都 县

【领导名录】

县委书记:罗虎在

人大主任:张建民

县　　长:刘广平

政协主席:潘学理

武装部长:云润田(蒙古族)

政　　委:崔文林

【概况】 商都县地理坐标为北纬41°18′~42°09′,东经113°08′~114°15′。位于内蒙古自治区中部、乌兰察布市东部,北与锡林郭勒盟苏尼特右旗、镶黄旗毗邻,东北与化德县接壤,东与河北省康保县、尚义县连接,南与兴和县相衔,西与察哈尔右翼后旗相交。全县辖6镇9乡、211个村民委员会、18个社区、706个村民小组;总辖地面积4 304平方公里;总人口338 332人,其中男175 263人、女163 069人,分别占总人口的51.8%和48.2%;城镇人口55 980人;蒙古族3 868人、回族398人、满族380人、其他少数民族66人;人口密度为77.72人/平方公里。

2005年全县国内生产总值16.11亿元,财政收入1.0085亿元,城镇居民人均可支配收入7 069元,农牧民人均纯收入2 398元,城镇享受低保人口为6 236人,农村贫困人口减少到7.5万人。

【农业】 马铃薯和蔬菜种植面积稳定在40万亩和10万亩,总产均达50万吨以上;在小海子镇新建高标准厚墙体日光温室29座,在移民区新建日光温室111座,全县保护地蔬菜面积扩展到3 364亩。人工草场面积累计97万亩,种植青贮饲草10.7万亩,产量达37.4万吨。

【畜牧业】 全县存栏奶牛2.13万头,日产鲜奶80多吨,建成奶站35座;年饲养肉羊141万只,出栏肉羊101万只;全县具有一定规模的农畜产品加工企业发展到28家,从事农畜产品流通贩运的队伍达3 000多人。第一产业增加值达6.1亿元。

【林业】 实施退耕还林和风沙源治理工程136.8万亩,林草覆盖率达34.6%,新增农田有效灌溉面积9万亩,发展节水灌溉面积10.7万亩,解决6.1万人、12.3万头(只)牲畜的饮水困难问题。

【工业】 五年内共引进客商35家,引进资金12.56亿元,到位资金4.78亿元。签约的4个风电项目正在进行前期准备工作;13家重化工企业已建成1.25万千伏安矿热炉16台,综合生产能力达50万吨;固定资产投资在300万元以上的农畜产品加工、流通企业16家,辐射带动农牧业生产的能力不断增强;7家铁精粉和生铁生产企业完成一期工程投资1.25亿元,形成年产120万吨铁精粉和10万吨生铁的能力。同时,鹿王商都分公司、奥淳酒业公司和牧机公司等,2005年规模以上工业完成增加值2.24亿元,较"九五"期末增长91%。

【城镇建设】 年内投资3亿元,新建道路9条,计17万平方米,硬化人行道3万平方米;栽植树木4万株,改造路灯372机;铺设排水排污管道7 093延长米;集中供热面积达19万平方米;引进开发商对旧城区拆迁改造,新建温州商业步行街等5个商贸区;生态广场全面改造,开展以交通秩序、马路市场、街巷卫生为主要内容的城镇管理整治活动,城镇人居环境明显改善。2005年第三产业增加值达5.7亿元,较"九五"期末增长98.5%。

【基础建设】 "十五"期间,全县累计完成固定资产投资19.5亿元,其中工业项目投资4.36亿元。

【交通】 完成呼满省际通道商都段、208国道支线、商张二级油路、玻璃忽镜—卯都三级油路、屯垦队—大库伦和格化司台—土牧尔台小油路、940公里的"村村通"工程。

【电力】 110千伏变电站扩容改造,500千伏、220千伏两座输变电站相继建成并投入运营,有力地支持县域经济发展。

【引进项目】 2005年10月,与山西旭美薯业有限公司正式签订马铃薯深加工项目,计划投资3亿元,成立内蒙古旭美薯业有限公司,建设马铃薯薯条、全粉、颗粒粉生产线;同时建立1万亩专用薯示范田、9万亩专用薯基地。建成后,年可加工鲜薯20万吨,增加税收5 000多万元。种植专用薯的农民,年亩均纯收入1 000元。这是建国以来引进的最大的农畜产品加工项目,是乌兰察布市农牧业产业化重点项目之一，对带动农民增收致富、加快县域经济发展将起到十分重要的作用。

【科技】 发放科技资料8 000多份、药品价值3 000多元，咨询种养技术的农牧民450多人(次)。

【教育】 农村中小学撤点并校，建成农村寄宿制小学20所，“两基”达标及“普九”成果得到巩固，2005年建成一所完全高中。

【文化】 专业文体、群众文体及校园文体活动十分活跃，为城乡居民提供健康文明的精神食粮。演出文艺节目3场。

【卫生】 县级医院和乡镇中心卫生院建设得到加强，医疗条件不断改善，突发性重大公共卫生事件的应急机制初步建立，人口自然增长率5‰。接受义诊患者1 300多人(次)。

【社会保障】 基本养老、基本医疗和失业保险覆盖面进一步扩大，城镇登记失业率控制在4.6%以内。

【扶贫】 个体私营界政协委员资助10名品学兼优的特困生，3名处级党员领导各资助1名贫困生，资助金额达1万多元，机关党员为爱心超市捐款捐物达5 000多元。

(田冰 张树彬)

凉城县

【领导名录】

县委书记：云　淮(蒙古族)
人大主任：施拴元
县　　长：冯　超
政协主席：刘常在
武装部长：周　飞
政　　委：韩建斌

【概况】 凉城县地处内蒙古自治区中南部，位于北纬40°10′～40°50′之间，东经112°02′～113°02′，属乌兰察布市。2005年，全县乡镇机构改革后，辖5个镇、2个乡、141个村(居)民委员会、899个村(居)民小组，总人口23.9万人，其中城镇人口8.2万人，农村人口15.7万人，人口密度为70人/平方公里，有蒙、汉、满、回等15个民族。全县土地总面积3 451平方公里，耕地6.33万公顷。

2005年，地区生产总值完成24.49亿元，同比增长39.7%；固定资产投资完成24.8亿元，同比增长39.7%；财政收入完成2.1亿元，同比增长64.5%。三次产业结构由“九五”末的57∶21∶22调整为24∶53∶23。

【农牧业】 全县共完成总播面积95.46万亩，粮食总产达到4.21亿斤，进入全区28个产粮大县行列。初步形成了岱海镇绿色种养园区、滩区高效种养园区、山区特色种养园区三大无公害绿色农畜产品生产基地。高效养殖业进一步发展壮大，奶牛存栏5.02万头，能繁奶牛3.1万头；基础母寒羊存栏38.5万只，出栏肉羊95.2万只。来自奶牛、寒羊高效养殖业的总收入达到4.6亿元，农民人均2 300元，养殖业已成为带动农民发家致富、推动农村经济发展的主导产业。围绕发展主导产业，积极推进“支部加协会”模式，共创办各类专业合作组织39个，有效提高农民进入市场的组织化程度和农村的社会化服务水平。

【工业】 全县规模以上工业企业完成增加值4.55亿元，同比增长131%，综合效益指数达165。岱海电厂一期工程成功并网发电，实现机组“双投”。二期工程完成开工前的一切准备工作。三期工程正在进行基础资料及报批等前期工作。岱海电厂循环工业区建设有序推进，总体规划和环评报告大纲全部完成，已协议引进乌兰水泥厂50万吨粉磨站项目和金宇集团200吨阿维菌生物制药项目。在发展主导产业的同时，制酒、化工、机械制造、马铃薯加工等传统工业平稳运行，显示出良好的发展前景。

【城镇建设】 投入资金318万元，对城镇建设进行了四大类9项规划。城镇建设完成投资3.57亿元，是“九五”时期总投资的12倍，创历史最高水平。以完善城镇功能、改善人居环境为目标，集中实施道路、管网、绿化、亮化、美化和净化工程，建设了体现地区文化特色的岱哈神驹、花木兰和拓荒者雕塑。投资150万元，新建日处理能力5 000吨的氧化塘一处；投资540万元，实施自来水二期改造工程，新建1 000吨高位水池一座，以及部分配水管网和主管网；引入投资商改造了城市集中供热工程，供热普及率达到30%。在新区建设方面，打通三条主干道，在参合路东新开发占地面积18万平方米的政务办公区，完成投资2 000万元。

【基础设施建设】 全年共完成退耕还林工程12万亩，天然林保护工程完成封山育林2.5万亩，森林覆盖率达到26.74%，林草覆盖率达到58.8%。新增水保治理面积12.6万亩，新增节水灌溉面积3.06万亩，解决4 456口人、8 700头(只)牲畜的饮水困难。修复50多处水毁工程，新建五号河等多处防洪工程，双古城水库除险加固工程开工建设，黄河坝系和浑河流域治理工程深入推进,农业综合开发项目建设力度进一步加大。道路交通建设方面,卓凉、土麦、天后公路全线贯通,梅岱一级一幅公路完成征地拆迁,岱虎二级公路进入全线临时通车状态,呼阳二级公路改建工程凉城至丰镇段开工建设。海城220KV变电站建成运行,城网改造一期工程全面完成。广播电视、通讯网络覆盖城乡。开通"凉城在线"网站,经济社会信息化程度不断提高。

【第三产业】 岱海电厂区域环境保护和综合开发利用项目全面启动,投资1.06亿元实施旅游中心、温泉洗浴城、文化苑、旅游学校综合楼、环湖观光路和旱河改造等工程,完成岱海宾馆、滑雪场续建工程。与岱海电厂、建发公司共同承办规模空前的岱海之夏旅游节、岱海金秋文化节和岱海温泉冰雪节,极大地提升凉城的知名度和影响力。在岱海电厂区域环境保护和综合开发利用项目的带动下,其它景区景点基础设施、游乐项目、接待能力进一步加强。全县累计接待区内外游客达40万人次,旅游业直接经济收入达5 000多万元。此外,商贸流通、运输物流、餐饮连锁和文体娱乐业,都有较快发展。全县社会消费品零售总额完成4.5亿元,同比增长32.4%,来自第三产业的税收达1 282万元。

【社会事业】 认真落实"两免一补"政策,为农村学生顺利完成九年义务教育提供有力保障。青少年活动中心、二中和三中宿舍楼、麦胡图中学教学楼相继投入使用,教育基础设施显著改善。科技兴县战略深入推进,科技推广工作不断强化,累计培训农民4.8万多人(次),发放各类资料5万多册(份)。积极开展群众性文化娱乐活动,文化产业有较快发展。人口与计划生育工作取得显著成效,被国家人口和计划生育委员会授予"全国优质服务县"、"全国'婚育新风进万家'活动先进集体"和"全国人口和计划生育系统药具工作先进集体"等荣誉称号。深化医疗卫生和药品流通体制改革,全面启动乡镇卫生院,争取到自治区新型农村合作医疗试点县项目。

【人民生活】 全年城镇居民人均可支配收入和农民人均纯收入分别达8 106元和3 218元,同比增长21.7%和23.7%。城乡居民储蓄存款达9.4亿元,社会消费品零售总额完成4.5亿元,比上年增加1.1亿元,居民消费结构发生显著变化。

【社会保障】 开发公益性就业岗位1 006个,城镇新增就业2 516人,城镇登记失业率控制在3.6%以内。"两个确保"得到巩固,社会保险覆盖面继续扩大。启动农村大病医疗救助制度,累计发放救助金76万元,救助患者455名。进一步提高城镇低保标准和人均补差标准,规范操作规程,支出保障金417万元,保障3 523户、4 303人。扩大农村五保户供养范围,新建改建敬老院12所。扶贫工作得到加强,2 350户、8 451人稳定脱贫,重点村贫困发生率控制在3.35%。

【岱海电厂】 8月26日,岱海电厂一期工程1号机组并网一次成功,岱海—万全500KV输变电工程竣工投产,10月19日,1号机组顺利完成168小时满负荷试运行,正式投入商业运营。12月29日,岱海电厂一期工程2号机组并网一次成功,2006年1月21日,岱海电厂2号机组经过168小时满负荷试运,顺利投入生产。这标志着京能集团岱海电厂一期工程2×60万千瓦机组工程及海—万500千伏输电线路全面建成,进入了商业运营化阶段。

【改革开放】 全县乡镇撤并为五镇二乡,精简50%,布局进一步优化,乡镇领导精简48.4%,干部精简近40%。农村税费改革取得突破,提前一年免收农业税,由财政统一代缴。深入实施人才强县战略,人才队伍建设加强,为事业单位招聘150名大中专毕业生,公开选拔乡镇计生站长、县城中小学校长、幼儿园园长、乡镇中心校校长,切实增强了干部队伍的内在活力。深入推进"扩大开放年"建设,完善招商引资各项优惠政策,组建行政服务中心,继续推行县级领导包项目责任制和招商引资责任制。全县共引进项目84个,实际到位资金达33.23亿元。

【存在问题】 1.工业经济结构单一,除电厂外没有其它大型支柱企业;2.农牧业产业化发展水平低,缺少具有较强拉动能力的农畜产品加工龙头企业。特色优势产业未形成一定规模,农民组织化程度低,合作组织的作用尚未有效发挥;3.城镇化总体水平较低,集聚效应不强,建设资金不足,多元化招商引资和投资体制尚未形成;4.社会事业特别是教育、卫生、文化事业的发展为广大干部群众所关注,亟需在近期内有较大的改观;5.道路交通等基础建设与经济社会飞速发展的形势不相适应,很大程度上成为全面建设小康社会的制约因素。

(闫建伟 贺晓东)

化 德 县

【领导名录】

县委书记:冯林生
人大主任:贺万宝
县　　长:杨国文
政协主席:王大圣
武装部长:张海斌
政　　委:张文德

【概况】 化德县地处内蒙古自治区中部，乌兰察布市东北部，北靠锡林郭勒大草原，与商都县、正镶白旗、正镶黄旗接壤；南接坝上地区，与河北省的康保县、张北县毗邻。全县辖7乡3镇，93个村委会，368个自然村，总面积2 527平方米。居住着汉、蒙、回、满、达斡尔、朝鲜、俄罗斯、傣、土家、佤等民族，人口总数157 562人。

2005年，全县生产总值完成10.5亿元，同比增长23.2%。财政收入在减收因素较多的情况下，完成5 518万元。全社会固定资产投资完成5亿元，同比增长13.9%。城镇居民人均可支配收入7 415元，同比增长23%。农民人均纯收入2 300元，同比增长0.5%。

【农业】 全力发展避灾型种植业，新增节水灌溉面积1.21万亩，新建24座日光温室和30座塑料大棚。全县70万亩作物总播面积，马铃薯、蔬菜和饲草饲料等优势作物面积占74%。粮食产量达4 600万斤，减产1.24亿斤。

【畜牧业】 牧业年度牲畜头数达到65.2万头（只），同比增长13.6%。全年肉羊杂交改良6.86万只，出栏肉羊60万只，年末良种奶牛存栏8 100头，年产鲜奶3.6万吨。畜牧业产值达2.6亿元，同比增长18.2%，农民来自畜牧业的收入占总收入的42%以上。

【林业】 全面推行村民自治，健全完善4级林草管护网络，严格政策兑现，完成19.4万亩退耕还林（草）项目工程和13.75万亩沙源治理任务。

【工业经济】 规模以上企业由17家增至21家，完成工业增加值3.4亿元，同比增长66.4%。重化工业积极克服市场萎缩和供电不足的影响，生产铁合金11.1万吨，完成工业增加值2.2亿元。新产品开发取得新进展，金星公司硅镁合金中频炉项目进入试产阶段；兴宝公司矿渣水泥生产项目即将投入生产；达成公司钼铁生产项目已破土动工。服装产业规范、健康发展，全年服装产量近1 000万件，完成工业增加值1.06亿元。重化工、服装两大支柱产业占规模以上工业增加值的97%，分别与北京中人公司、中国水利投资公司、浙江华仪公司签订开发风电协议，引资近百亿元。6座测风塔数据显示，化德县完全具备大型风电场建设条件，项目立项、报批和入网等前期工作进展顺利。磊鑫公司石英砂加工项目已正式投产；吉林中企公司2×6万吨萤石粉精选项目，一期工程于9月开始土建。蒙源、顺达两家肉食品加工企业完成技改扩张，生产能力逐步扩大。

【城镇建设】 完成《长顺镇污水处理及管网工程规划》等4个专项规划。全年累计完成投资1.76亿元，总建筑面积16万平方米。投资270万元，完成农贸市场路、建设中路两条连接新旧区步行路的改造工程；投资510万元，完成省际通道化德支线6.4公里道路建设工程；新建公厕6座，维修旧厕11座；完成新区集中供热和旧区电力城网改造工程；新增绿化面积2 700亩。

【第三产业】 投资150万元，改建金三角再就业市场；培育中小型超市12家；引进万顺达和兴宝两家物流运输公司；新建电力宾馆，完成化德迎宾馆转让、扩建，接待水平进一步提高；对通道沿线进行科学合理规划，并对主要地段7宗建设用地进行挂牌招标出让，路域经济初具规模。社会消费品零售总额预计达到2.8亿元，同比增长12%，第三产业从业人员达2.8万人。

【招商引资】 招商主体由以县为主开始向县、乡（镇）全面招商转变，引资领域由重化工为主开始向风能开发、农畜产品加工、矿产品开发、煤炭运销、种养业等全方位延伸。全年签约项目37项，到位资金5.76亿元，同比增长37%。

【社会】 积极落实就业和再就业扶持政策，发放下岗失业职工小额担保贷款80万元，安置就业人员900人，城镇登记失业率控制在4.1%以内。为1 455名企业离退休人员，及时足额发放养老金1 020万元。启动企业退休人员大病医疗保险和企业职工工伤保险。为1 950户、3 860人发放低保金340万元；为五保户587人、特困户4 961人发放救助款物12.83万元。为6 109名救助对象支付救助金42万元。救助城镇困难人员1 000多人次。实施“扶困助学工程”，多方筹资28.5万元，资助贫困学生437名。开展救灾济困工作，落实面粉250万斤，煤124吨，衣物2.8万件，全县广大干部职工为困难群众捐款21.5万元，确保受灾群众安全越冬。

【教育】 2005年，撤并初中6所、教学点71个。完成中小学危房改造3.6万平方米。第三中学公寓楼和职业中学公寓楼、餐厅已投入使用，新建一中教学楼、宿舍楼和餐厅基本建成，各乡镇寄宿制工程全面投入使用，教学条件明显改善。落实“两免一补”资金214万元，受惠学生26 120人次。通过公开选拔，73名优秀教师充实到县直中学任教，同时面向社会公开招聘录用师资类本科生17名、专科生24名。

【文化】 投资260万元，建设文化中心大楼；投资8万元，更新部分广播电视设备。

【卫生】 加快推进新型农村合作医疗试点工作，全县参加合作医疗人数达77 415人，报销医药费167.2万元。投资220万元，完成8所乡镇卫生院新建、扩建工程。县医院易地建设基本完工。全县人口出生率6.92‰。

【扶贫】 累计投入各类资金1 905万元,为12个村上电,26个村通自来水,12个村通砂石路157.9公里,48个自然村通广播电视,解决4 043人,36 387头(只)牲畜饮水困难。完成移民搬迁120户、600人,实现1 758户、5 831名贫困人口脱贫。完成六十顷—六支箭14公里的三级油路工程建设。发放粮食直补169.06万元,奶牛各项贴息170多万元,玉米、马铃薯良种补贴50多万元,农机具补贴50多万元,牲畜种子工程和防疫补贴180多万元,全部免征农业税,农民减负387万元。

(丁凤威 王占飞)

兴 和 县

【领导名录】

县委书记:孟甫甬

人大主任:张守旺

县　　长:苍导元

政协主席:包淑珍(女 蒙古族)

武装部长:郝　相

政　　委:孟子丞

【概况】 内蒙古自治区乌兰察布市兴和县地处北纬40°26′40″~41°26′27″,东经113°21′9″~114°7′47″。土地总面积达3 518平方公里。东与河北省尚义县相邻;南与河北省怀安县、山西省天镇县,阳高县交界;西与丰镇市,察哈尔右翼前旗相邻,北与察哈尔右翼后旗、商都县毗连。东距首都北京240公里,西距内蒙古自治区首府呼和浩特市220公里,南往山西省大同市150公里,西北距集宁区73公里,东南离张家口市100公里。

全县辖6镇8乡、168个村(居)民委员会、867个村民小组。总人口30.5万人,其中常住人口21.6万人,人口密度86人/平方公里。全县GDP达到17.2亿元,人均825美元,是2000年3.39倍。财政收入完成1.8亿元。城镇居民人均可支配收入达7 045元。城乡人均住房面积分别达20.5平方米和16.5平方米。全县一、二、三产增加值分别完成6.3亿元、5.3亿元、5.5亿元,三次产业结构由51.5:30:18.5调整为2005年的28.4:44.5:27.1,一产下降3个百分点,二产上升14个百分点,三产上升9个百分点。

【农牧林业】 2005年在遭受严重旱灾的情况下,农民人均纯收入仍达2 456元。全县森林覆盖率和林草覆盖率分别达到13.7%、48.3%。分别比2000年提高6.4个和15个百分点。

【工业】 工业经济在不断壮大碳素、石墨、建材、膨润土、农畜产品加工业等传统产业的同时,以兴旺角科技工业园区和重化工业园区为依托,引进项目,发展能源、机械制造、重化工业等新型产业。

【第三产业】 煤炭经销成为全县的骨干财源,涝利海、苏木山旅游项目被列入自治区精品旅游线路。一批大型物流、旅游项目落户兴和县。

【固定资产投资】 全县固定资产投资由2000年开始年均递增21.46%。2005年完成16.1亿元,是2000年的27倍。在开发新区的同时,积极改造旧城区,2005城镇化率达到28.8%。工业园区建设,公路交通、通乡油路密度达到28.4公里/百平方公里。全县电力装机容量达到17万千伏安。

【商业】 社会商品零售总额年均递增28.4%。2005年社会商品零售总额达5.2亿元,是2000年的3.5倍。

【教育】 "两基"达标及撤点并校工作顺利进行,投资近5 000万元的教育园区一期工程竣工并投入使用,成为全县乃至全市学校建设的典范工程。

【社会保障】 社会保障工作扎实推进,2005年全县社保覆盖1.2万人,是2000年的15.3倍。低保覆盖面也由2000年的299人扩大到2005年底的6 802人,累计投资400多万元对全县的13所敬老院进行改建和扩建,提高生活费标准,将五保供养人员经费列入财政预算。

【扶贫】 扶贫济困工程、五保敬老工程、义教助学工程、春雨助残工程的启动和实施,使全县的6 000多困难群众得到长效救助。全县的贫困人口由"九五"期末的9.6万人减少到2005年的6.3万人。

【存在问题】 经济和社会发展中还存在着一些矛盾和问题。主要是经济总量小,人均水平低;工业基础薄弱,产业层次不高;经济增长方式比较粗放,自主发展能力不强;社会发展相对滞后,基础建设欠帐较多,财政收支矛盾突出,城乡居民收入等多项指标低于全市区平均水平。

(朱雾 崔谨)

鄂 尔 多 斯 市

【党政军领导名录】

市　委

书　记:云　峰(蒙古族)

副书记:刘锦 孙炜东(蒙古族) 杜梓 徐万山

常　委:龚毅(蒙古族) 王凤山 王程熙 王玉成(蒙古族) 宋有富 韩世华 杨红岩(女 蒙古族)

人　大

主　任:云　峰(蒙古族 6 月任职)

副主任:潘克义 达布希拉图(蒙古族) 李秀兰(女) 奇孟克(蒙古族) 苗秀花(女) 王海强(3 月任职)

政　府

市　长:刘　锦

副市长:王凤山 王秉军 白玉岭(蒙古族) 袁庆中 林洁(女 蒙古族) 李世镕 安源 张贵

政　协

主　席:王德宝(蒙古族)

副主席:钱世清(蒙古族) 包正兴(蒙古族) 王林祥 康润清 卢明山 王果香(女) 赵慧 赵文魁 杨亚民(蒙古族) 刘桂花(女)

纪检委

书　记:徐万山

法　院

院　长:白色登(蒙古族)

检察院

检察长:武国瑞

鄂尔多斯军分区

司令员:张新华

政　委:宋有富

【概况】 鄂尔多斯市(原伊克昭盟,“伊克昭”汉意为“大庙”,伊克昭盟是由清朝鄂尔多斯六个旗在达拉特旗王爱召会盟而得名。)鄂尔多斯是蒙古语“宫帐群”,也译作“八白室”。鄂尔多斯市地处黄河与万里长城的环抱之中,“三面黄河一面城”。东、西、北三面临河,在河“几”字形湾内,南接长城,东、南、西与晋、陕、宁接壤,北与呼和浩特、包头市隔河相望构成“金三角”。东西长约 400 公里,南北约 340 公里。总面积8.68万平方公里,辖达拉特旗、准格尔旗、伊金霍洛旗、乌审旗、鄂托克旗、鄂托克前旗、杭锦旗、东胜市。总人口149.5万人,其中男性人口79.1万人,女性人口70.4万人,男女性比例为1.12: 1。人口出生率为10.9‰,死亡率为5.1‰,自然增长率为5.8‰。城镇化率为54%,同比提高 3 个百分点。

2005 年生产总值突破 500 亿元,达550.1亿元,同比增长29.9%,增长率位居全区第一,比全区快8.3个百分点,其中第一产业实现增加值41.2亿元,同比增长9.6%;第二产业实现增加值288.5亿元,同比增长20%,其中工业实现增加值246.8亿元,同比增长31%;第三产业实现增加值220.4亿元,同比增长30.1%。经济结构继续优化,三次产业比例调整为7.5: 52.4: 40.1。三次产业对 GDP 增长的贡献率为一次产业2.9%,二次产业59.7%,三次产业37.4%。居民消费价格总指数为101.8,价格同比上涨1.8%。在居民消费价格总指数的八大分类指数指标中,同比上涨的有五大类:食品价格上涨3.9%、家庭设备用品及维修服务价格上涨0.1%、医疗保健及个人用品价格上涨2.9%、娱乐教育文化用品及服务价格上涨0.2%、居住价格上涨9.5%。烟酒、衣着、交通和通讯等三大类下降。烟酒价格下降1.2%,衣着价格下降2.8%,交通和通讯费价格下降3%。

【农业】 2005 年全市完成农林牧渔业增加值41.2亿元,同比增长9.6%,其中农业完成增加值20.9亿元;林业完成增加值1.6亿元;牧业完成增加值18.4亿元;渔业完成增加值0.4亿元。实有耕地面积 611 万亩,同比增长1.5%。2005 年粮食作物播种面积273.1万亩,比 2004 年增加40.6万亩,增长17.4%;粮食总产量为11.75亿公斤,增加1.75亿公斤,增长17.7%。其中小麦播种面积为11.6万亩,增加3.2万亩,增长37.7%;小麦总产量为0.35亿公斤,增加0.1亿公斤,增长35.8%;玉米播种面积为191.9万亩,增加34.4万亩,增长21.9%;玉米总产量为9.9亿公斤,增加1.75亿公斤,增长21.7%;油料作物种植面积53.8万亩,增长19.1%,油料总产量0.8亿公斤,增长52.8%。蔬菜种植面积为9.4万亩,下降7%,蔬菜总产量2.35亿公斤,下降5.2%。2005 年全市饲草料种植面积增长23.5%,粮经饲比例由 2004 年的34: 17: 49调整为21: 17: 62。农村基础设施和生产条件不断改善,2005 年,全市拥有农业机械总动力193.9万千瓦,增长

8.9%。农用拖拉机3.1万台,增长6.9%,农副产品加工机械22 903台,增长59.4%。

【畜牧业】 2005年全市牧业年度牲畜存栏数达1 383.2万头(只),比上年增加289.2万头(只),增长26.4%,大小畜达1 299.5万头(只),增长28.4%,其中羊1 261.3万只,增长28.9%;猪83.6万口,增长2%。牲畜总增头数达668.9万头(只),总增量达61.1%,比上年提高0.5个百分点。年末,牲畜总头数为794.7万头(只),出栏率为76.3%,其中羊出栏529.5万头只,出栏率为72.9%;猪出栏78.5万口,出栏率为143.7%。农畜产品产量有较大幅度增长,肉类总产量18.2万吨,增长26.3%;禽蛋产量9 405吨,增长7.7%;奶类总产量30.9万吨,增长14.2%,其中牛奶产量26万吨,增长4.8%;绵羊毛产量9 119吨,增长12.8%;山羊绒产量1 723吨,增长29%;水产品产量5 933万吨,增长6.5%。

【工业经济】 对全市工业增长起主要拉动作用的行业:煤炭行业实现增加值93.4亿元,同比增长40.3%;纺织行业实现工业增加值22亿元,增长18.8%;电力行业实现工业增加值24.8亿元,增长27.6%。石油加工炼油焦行业实现工业增加值11.2亿元,增长32.4%;燃气的生产和供应业实现工业增加值11.1亿元,增长119.2%;化工行业实现工业增加值11.1亿元,增长10.7%。2005年全市实现工业增加值为246.8亿元,同比增长31%,其中规模以上工业企业实现工业增加值202.6亿元,同比增长35.9%,位居全区第二位。重工业实现增加值174亿元,同比增长38.5%,轻工业实现增加值28.6亿元,同比增长17.6%。规模以上工业企业实现产品销售收入439.8亿元,同比增长53.4%,现实利税110.2亿元,增长99.7%,实现利润73.1亿元,增长133.7%。其中国有及国有控股企业完成利润30.6亿元,增长92.6%;规模以上工业经济效益综合指数达到312,同比提高90个百分点。

【建筑业】 全市建筑业增加值为41.7亿元,同比增长46.9%;年末建筑业企业从业人员4.3万人,同比增长105.7%。全市房屋施工面积为319.9万平方米,比2004年增长24.8%;房屋竣工面积153.8万平方米,比2004年下降22.8%。

【城市建设】 道路桥梁建设总投资18.7亿元,年末人均道路19.05平方米,污水处理率达到50.7%,每万人拥有公共交通13.4标台,燃气普及率达68.7%。建成城区绿化绿地率达到8.98%,绿化覆盖率达12.08%,人均公共绿地面积达7.78平方米。

【固定资产投资】 全市完成全社会固定资产投资403.7亿元,同比增长53.7%,其中城镇以上固定资产投资完成384.1亿元,位居全区第三,同比增长65.4%,增速居全区第二位。投资进一步向优势行业集中,电力、煤炭、炼焦、化工行业是拉动工业投资增长的主要力量,共完成投资177.6亿元,占全部工业投资的75.7%。基本建设投资327.5亿元,增长71.1%;房地产开发投资17.1亿元,增长188.1%;更新改造投资19亿元,增长25.7%。第一产业投资达到11.7亿元,增长50.7%,农牧业生产条件进一步得到改善。第二产业完成投资236.7亿元,增长71.1%,其中工业投资完成234.6亿元,增长73.8%。第三产业投资保持增长态势,共完成135.6亿元,增长56.6%,其中交通运输仓储、房地产、水利环境及公共设施管理业分别完成62.2亿元、17.1亿元和39.4亿元,分别增长64.7%、163.8%、80.5%。2005年,在建项目施工个数为1 038个,其中新开工项目884个。中央项目完成32.7亿元,增长98.6%;地方项目完成351.4亿元,增长62.1%,其中市直旗区项目完成281.9亿元,增长57.8%。

【交通】 全年公路旅客周转量14.9亿人公里,增长30%,公路客运量2 001万人,增长34.2%;公路货物周转量120.3亿吨公里,增长59.3%,公路货运量为15 800万吨,增长59.4%。

【邮电通信业】 2005年全市邮电通信业务量为19.3亿元,同比增长38.8%。其中电信业务总量18.8亿元,邮政业务总量5 190万元,分别比上年增长9.9%和下降2%。年末移动电话用户达72万户;固定电话用户18.4万户。全年订销报纸2 163万份,同比增长11%;杂志118.5万份,同比下降0.5%;收寄函件210万份,同比下降22%;国际国内特快专递共完成14万件,同比增长32.5%。

【贸易 对外贸易】 实现社会消费品零售总额151.7亿元,增长15.5%。市区消费品零售额63.3亿元,增长14.6%,所占比重为41.8%;旗县的消费品零售额57.8亿元,增长20.1%,所占比重为38.1%;旗县以下消费品零售额30.5亿元,增长9.3%,所占比重为20.1%。批发零售贸易业零售额117.6亿元,增长14.3%;餐饮业零售额30.1亿元,增长14.7%;其它行业零售额4亿元,增长81.5%。

完成进出口总额28 918万美元,其中进口总额3 245万美元,同比增长139.5%;出口总额25 673万美元。新签订利用外资合同达19个,合同外资金额14亿美元;实际利用外资金额2.6亿美元,增长3.5倍。

【财政 税务】 全市财政总收入累计入库93.4亿元,比上年增加51亿元,增长101.3%。其中地方财政收入完成46.1亿元,增加22.4亿元,增长86.5%;上划中央财政收入47.3亿元,增加

28.6亿元,增长118.2%。在地方财政收入中,一般预算44.9亿元,增加21.9亿元,增长87%;基金预算收入完成1.2亿元,增加0.5亿元,增长71.2%。国税部门完成征收56.1亿元,增加34.6亿元,增长160.9%;地税完成32.8亿元,增加15.3亿元,增长87.4%;财政部门完成4.5亿元,增长32.4%。增值税完成44.6亿元,增长121.9%;企业所得税完成19.7亿元,增长382.9%;个人所得税完成3.1亿元,增长63.2%;营业税完成12.7亿元,增长56.8%;资源税完成2.3亿元,增长166.2%。五大税占财政收入的88.3%。第一产业完成0.2亿元,占全部财政收入的0.2%;第二产业完成57.1亿元,占全部财政收入的61.1%;第三产业完成36.1亿元,占全部财政收入的38.7%。

【旅游业】 全市拥有旅游星级宾馆饭店 20 家;4A 级旅游景点 4 个;各类旅行社 30 家。全市接待国内外游客 310 万人次,同比增长37.8%,实现旅游收入 13 亿元,增长35.4%。其中接待入境游客1.1万人次。

【金融 保险】 2005 年末年市金融机构现金收入1 571.8亿元,增长69.2%;金融机构现金支出1 585.4亿元,增长68.2%,全市金融机构累计净投放现金13.6亿元,同比增加0.3亿元。年末金融机构各项存款余额307.4亿元,增长61.1%,增速较上年同期提高 27 个百分点,其中人民币存款余额为305.9亿元。人民币存款中,城乡居民储蓄余额162.1亿元,增长35.9%,增幅提高5.8个百分点。年末金融机构本外币各项贷款余额276.3亿元,增长33%,其中人民币贷款275.6亿元,人民币贷款中,短期贷款余额146.6亿元,增长18.7%,中长期贷款123.9亿元,增长56.9%。

全年保险机构累计实现保费收入7.1亿元,同比增加0.9亿元,同比增长13.9%,其中财产保险收入3.4亿元,同比增长9.6%;寿险保险收入3.7亿元,同比增长18.1%。全市保险公司累计赔付款2.2亿元,同比增长66.7%。

【科技】 2005 年末全市拥有科学研究开发机构 10 个,从事研究工作和开发活动人员 371 人,其中科学研究人员和工程师 251 人。在财政支出中,科技经费支出2 680万元,其中用于研究与实验发展的经费支出为 195 万元。专利申请53 件;授权专利 50 件;签订技术合同 85 项,成交金额1.8亿元,同比增长3.4%。

【教育】 2005 年,普通高中 24 所,在校生33 075人,增长7.7%;初中学校 61 所,在校生64 694人,增长9.8%;普通小学 204 所,在校生95 925人,增长2.3%。全市有成人高校 1 所,成人高校学生 625 人,增长20.2%;中等专业学校 6 所,在校生7 991人,增长15.1%。幼儿园入园儿童28 000人,增长3%。小学适龄儿童入学率100%,小学生、初中入学率99.4%。

【文化】 2005 年全市拥有艺术表演团体 10 个,文化馆 7 个,公共图书馆 8 个,博物馆 1 个。全市广播综合人口覆盖率94%,较上年提高 2 个百分点;电视综合人口覆盖率达88.3%,较上年提高 1 个百分点;有线电视用户9.14万户。2005 年创作的文化文艺作品有《我的鄂尔多斯》和《成吉思汗祭奠》、《鄂尔多斯婚礼》等民俗文化作品入选国家非物质文化遗产名录。

【人民生活】 城镇居民人均可支配收入达11 025元,增加2 255元,增长21.7%。在城镇居民人均可支配收入中工薪收入8 898元,增长25.7%;经营净收入1 322元,增长69.3%。城镇居民人均消费性支出8 879元增加1 847元,增长26.3%。农牧民人均纯收入为4 601元,增加 639 元,增长17.7%;在农牧民人均纯收入中工薪收入1 365元,增长38.3%;家庭经营收入2 905元,增长11.3%。农牧民收入42.9%来自于非农业部分。全年农牧民人均生活消费支出3 598元,增长35.1%。

【社会保障】 年末全市参加失业保险人数为12.5万人,领取失业保险金人数5 600人,实际发放金额2 260万元;基本养老保险参保职工数达10.3万人,增长4.5%;医保参保人数16.1万人。城镇居民享受政府最低生活保障人数为2.2万人,同比下降0.5%,实际发放金额为2 260万元,同比增长21.2%。

(田华)

东　胜　区

【领导名录】

区委书记:杨红岩(女 蒙古族)
人大主任:吴　滨(蒙古族)
区　　长:赵文亮
政协主席:梁青海
武装部长:谢　展
政　　委:李　富

【概况】 鄂尔多斯市东胜区位于自治区西南、鄂尔多斯市中东部,地处北纬 39°39′10″~39°58′18″,东经 109°08′20″~110°23′00″。是鄂尔多斯市政治、经济、文化中心,市人民政府驻地。东胜 1983 年撤县设市,1987 年被列为全国开放城市,2001 年撤市改区,下辖 3 镇 9 个街道办事处,总面积2 530平方公里。总人口近230 579人,有蒙、汉、回、藏等 21 个民族。

2005 年末,全区地区生产总值完成127.1亿元,财政收入达到29.4亿元，全区排序第一名。城镇居民人均可支配收入11 819元，农民人均纯收入4 716元，固定资产投资完成62.8亿元。各项事业全面发展，社会经济综合发展指数在全国百强县(市)中排名第56位，年内被评名全国民族团结进步先进集体和自治区七星级文明城市。

【农村经济】 坚持以生态建设和增加农民收入为抓手，突出了生态建设、结构调整、农牧业产业化和转移农村人口四个重点。借助重点工程的实施，全年共完成林业生态建设6万亩，种草3.5万亩。全区森林覆盖率和植被覆盖率分别达到23%和80%以上。新开工和续建人畜饮水工程9处，解决4 900人、6 300头(只)牲畜的饮水困难。种植食用菌810万棒，露地蔬菜种植面积完成8 000亩。继续加大农村人口转移力度，全年转移农村人口3 100人。进一步加大舍饲养殖工作力度，投资640.2万元建设养殖示范小区50处，牧业年度牲畜总头数达30.5万头(只)。

【工业】 全年工业实现增加值49.3亿元，规模以上工业实现增加值38.8亿元。新建、续建工业项目71项，计划总投资293亿元，完成投资18.7亿元。其中，富兴羊绒工业园区入驻企业29户，累计完成投资3.4亿元，实现产值2.8亿元；伊泰塔拉壕年产600万吨煤田开发项目完成探矿工作，完成投资1.5亿元；水利部沙棘综合开发加工项目进行土建工程和设备订购，完成投资5 000万元。

【城市建设】 全年完成建设投资21.3亿元，交通畅通工程投资9亿元，完成天骄南路、迎宾南路延伸线等11条道路建设和郝兆奎生态区中路、宝日陶亥西街等续建工程。基础设施建设工程投资1.4亿元，完成北污水处理厂改扩建工程和2座污水提升泵站的建设；新建水冲式公厕10座、封闭式垃圾房57座，新建、维修旱厕103座。景观绿化亮化工程投资1.8亿元，新建铁西公园、行政服务中心广场等，改造人民公园，完成城区几大出入口及新区主要街道绿化和旧城区绿化补植工程，共改造绿地15.6万平方米，新增绿地58.6万平方米。房地产开发工程投资9.1亿元，审批开工项目109项124万平方米，总在建规模180万平方米。投资1 500万元，完成1万平方米的廉租房建设。

【第三产业】 实现增加值76.2亿元。实现社会消费品零售总额66.9亿元。居民消费品价格指数为102.2%。社会商品零售价格指数为100%。第三产业主要实施重点项目18项。其中，投资1.3亿元的大兴银街项目一期工程完工，累计完成投资1.2亿元；陆威汽车服务项目完成场地平整，完成投资800万元；秦直道、绿洲生态园、世珍园等旅游开发项目进展顺利。

【社会事业】 继续加大科技示范项目推广力度，年初确定的42项科技示范项目全部完成。投资近1.8亿元，新建4所中小学，扩建3所小学的教室和实验室；投资350万元新建、改建城区18个中小学校的厕所。成功举办中国·秦直道与草原文化研讨会，同时将秦直道遗址申报第六批国家重点文物保护单位。完善新型农村合作医疗制度，提高农民参合率，参合农民达3.8万人，参合率达到90%。养老保险金按时足额发放，基金发放率和到位率均为100%。全区共为703户1 186名农村低保对象发放低保金26.3万元。全面实施"打、防、控"一体化工程，投资1 500万元改善公安机关办公条件，投资500万元建立网格化巡逻体系，全面启动"平安东胜"创建工作。

【重要活动事件】 7月27日，东胜区公安局在广场举行网格化警务巡逻启动力仪式；7月28日，中国秦直道与草原文化研讨会在东胜区召开，有关领导、专家、学者对秦汉史上这一伟大工程重要史学价值进行学术研讨。市委书记云峰、副书记孙炜东、副市长王凤山及东胜区有关领导出席会议；8月20日，由大兴公司投资1亿多元新建的大兴国际购物园举行开业庆典仪式，市委书记云峰、市委常委区委书记杨红岩、区长赵文亮出席庆典仪式。10月，从国家统计局农调队最新统计数据表明，东胜区综合经济发展实力全国县域百强中的位次由70位提升到56位，是自治区唯一进入全国县域百强的地区；11月10日，东胜城区供水管网改造工程顺利通过验收，给水管网改造工程的全面完工，将极大改善城区给水现状；11月14日，东胜区面对周边地区的禽流感疫情，东胜区及时召开防治高致病禽流感工作会议；12月12日，连接东胜城区和康巴什新城中心区两个区域的东康快速通道全线竣工通车。

（宋彦 折占平 白相飞）

达拉特旗

【领导名录】

旗委书记：苏建荣

人大主任：杜春荣(蒙古族)

旗　　长：额尔敦仓(蒙古族)

政协主席：董志强

武装部长：王　林

政　　委：刘溉田(3月离任) 李高儒(3月任职)

【概况】 达拉特旗位于内蒙古自治区西部、鄂尔多斯高原北端，黄河中上游南岸。地理坐标为北纬40°00′～40°30′，东经109°00′～110°45′之间。东与准格尔旗接壤，南与东胜区毗连，西与杭锦旗相邻，北与草原钢城包头市隔河相望；全旗东西长133公里，南北宽66公里，总面积8 200平方公里。全旗辖1个苏木8个镇5个社区（2005年10月乡镇机构改革前为1个苏木、10个乡、9个镇），总人口33.6455万人，其中城镇人口13.6471万人，乡村人口为19.9984万人，由蒙、汉、满、回、朝鲜、达斡尔、苗、彝、维吾尔、羌等12个少数民族组成，汉族人口占多数。

达拉特旗地处呼和浩特、包头、鄂尔多斯市"金三角"开发中心，旗府所在地树林召镇距呼市150公里，距包头机场25公里。旗内包神铁路、包东高速公路、210国道、敖德公路（连接109和110国道的二级油路）纵贯南北，109国道、羊巴公路（地区三级油路）横穿东西，树林召镇一级绕城公路方便快捷，沿河地区乡乡贯通油路。设计总装机容量500万千瓦的达拉特电厂就建于旗府所在地树林召镇。已有6台33万千瓦机组投入运行。四期首批2×60万千瓦工程已开工建设近两年，2006年投产发电，后续2台60万千瓦机组正在进行前期准备工作。规划建设于树林召镇，由神华集团、华谊集团和亿利集团三方投资的100万吨/年聚氯乙烯，首期建设规模为年产400万吨聚氯乙烯、40万吨离子膜烧碱及配套2×50MW自备热电厂，2006年7月建成投产。建于王爱召镇年产600万吨河北新奥集团的阿维菌素项目于2005年投入运营。

2005年，全旗地区生产总值达到89.5亿元，同比增长30.28%，财政收入突破8亿元，累计完成"十五"计划的145%。完成固定资产投资150.5亿元。城镇居民可支配收入9 465元，农牧民人均收入达到4 655元。一、二、三产比例调整为16∶48.3∶35.7。呈现出"一产调优，二产调强，三产调活"的局面。

【农业】 2005年，完成农作物总面积166.8万亩，其中粮食作物111.1万亩，经济作物27.4万亩，优质牧草28.3万亩，新增水地优质牧草9.5万亩。粮经饲比例达到3∶3∶4。粮食总产量达11.5亿斤。完成农牧民引导及技能培训1 530人，转移农村牧区人口30 950人，农牧民人均外出打工收入943元，增长73%。

【畜牧业】 全旗牧业年度牲畜总头数达到370.5万头（只），同比增加128.8万头（只），增长53.3%，牲畜总量及增长速度两项指标均居自治区101个旗县之首。累计投入资金3 000多万元，新建标准化养殖小区261处。种公畜良种率达98.5%，牧畜改良率达98.2%。全旗畜牧业增加值达8亿元，占一产增加值的55.9%。全旗涉农龙头企业实现销售收入12.8亿元，实现利润1.59亿元，辐射带动农牧户3.5万户，农牧民来自产业化经营的收益人均达到2 200元。

【水利】 全年，完成水利建设投资6 649万元，新增保灌面积4.5万亩，有效灌溉面积4.5万亩、节水灌溉面积7.5万亩，改造有效灌溉面积10.2万亩，解决0.92万人、2.31万头（只）牲畜的饮水问题。投资180万元开展全旗水资源评价及宏观水资源配置工作，积极争取黄河水权置换节水项目；王爱召镇马连壕、昭君镇2处蓄滞洪区规划设计工作已开始。改造中低产田2万亩。

【生态建设】 全年完成水土保持综合治理面积27.1万亩，水保国债黑土崖重点小流域治理项目完成造林面积1.6万亩，累计完成投资130.6万亩。水土保持工程完成投资1 820万元，48处坝系工程全部完工。砒砂岩沙棘造林项目完成造林8.02万亩，完成退耕还林4.3万亩，宜林荒山造林2.5万亩。天然林保护工程完成4万亩，补播补植6.8万亩。

【工业】 全年，完成工业固定资产投资49.66亿元，增长160%。新增规模以上工业企业10家，总数达22家，增加值达27.8亿元，增长39%，主要工业产品产销两旺，全年发电量149.2亿度，增长30.1%；生产原煤148.5万吨，增长48.4%；生产羊绒服装68.8万件，增长5.4%。工业产品产销率达到98.5%。工业经济效益综合指数达260。

【基础设施建设】 全年房地产开发投资2.43亿元，全旗首家集餐饮住宿、会展和休闲娱乐于一体的四星级酒店—东达假日酒店可望2006年运营。投资2.7亿元完成道路与改造面积11.6万平方米，人行道硬化15.7万平方米，整治巷道2.3万平方米，新增绿化面积13.1万平方米，供热面积25万平方米，安装路灯648盏。完成新奥大道、亿利大道、运煤专线、部分街巷改造工程，实施停车场建设、镇区出口改造、园林绿化和白塔公园北门改造等市政建设项目。新建集中供热站、天然气加气站各一座。

【电力建设】 2005年，新奥集团、树林召经济技术开发区2个11万伏变电站已正式供电；50万伏电力枢纽站，三垧梁、靴铺窑2个22万伏变电站和官牛犋11万变电站前期工作完成投资1.5亿元。城网改造完成投资791.12万元，占总投资的68%。

【交通 邮电】 公路建设完成投资27 517万元，建设里程265公里。全旗公路总里程达2 704公里，出租车达894辆，大型运输车辆达6 370辆，年完成客运周转量1.95亿人公里，货运周转量7.75亿吨公里。柴（白泥井柴登）榆（林子）线、萨（土右旗萨拉齐）德（准旗德胜西）线建成通车；解（放滩）柴（东胜柴登）线工程进展顺利；羊巴线树（林召）吉（格斯太）段改造工程已开始征地拆迁工作。全旗固定电话用户32 790，小灵通用户14 360户，移动电话用户9.8万户，邮电通讯业务总量9 006万元。

【旅游业】 2005年,投资3 800多万元加强旅游基础设施建设,响沙湾、恩格贝、昭君坟等景区设施不断完善。全旗接待游客93万人次,增长30.98%,实现旅游收入3.84亿元,增长46.56%。

【招商引资】 2005年,全旗引进各类项目86个,引进国内区外资金25.8亿元,外资3 500万美元,分别增长36.5%和498%。争取中央预算内专项资金8 000万元。新增亿元以上签约项目8个,协议投资额超过3 700亿元。

达电四期首期2台60万千瓦机组完成投资19.6亿元,后续工程2台60万千瓦机组已列入国家2005～2007年燃煤发电规划。华谊亿利化学公司年产40万吨PVC、40万吨烧碱项目完成投资11.98亿元,计划2006年8月建成投产。神华亿利能源公司4台20万千瓦自备电厂项目场平工作已开始。新奥集团一期年产60万吨甲醇、40万吨二甲醚项目辅助工程已于7月开工建设。圣泰化工公司芒硝开采及20万吨元明粉加工项目一期工程完成投资3 500万元。

【金融】 金融机构各项存款余额22.2亿元,增长21.5%,贷款余额40.14亿元,增长53.5%,金融保险业实现增加值0.8亿元,增长11.6%。

【科技】 2005年,开通"96048"科技服务热线;开展"科技下乡、科普之春(冬)、科普巡展"等活动,选派科技特派员对农牧民进行培训,累计培训农牧民7.1万人(次),推广先进适用技术65项,被评为"全国农村科普工作先进集体。"科技对经济增长的贡献率达到53%。

【教育】 2005年,积极改善办学条件,累计投入建设资金3 670万元,建成二完小、白泥井中心小学教学楼、达一中综合楼、餐厅及树林召乡中宿舍楼、餐厅;引资建成全旗第一所逸夫小学—大树湾逸夫小学。撤并校点22处。向各类高等院校输送新生2 236人,高考上线率达到84%。投资750万元为12所学校配置计算机和多媒体教室,为24所学校配备远程教育卫星收视设备。

【文化】 2005年,文物保护工作得到加强,王爱召、昭君坟、哈庆壕古城遗址被列为自治区级文物保护单位。建成"全民健身综合活动中心",新增"路径工程"项目3个,被评为自治区级实施"33211工程"先进旗。创办文学刊物《长河》。

【卫生】 是年,全旗基层卫生院"县办县管"格局初步形成,新型农村合作医疗全面展开,农牧民参合率达到60%,累计为农牧民减免门诊费69.65万元,支付住院费67.09万元。完成达旗人民医院传染病房主体工程,全旗传染病发病率控制在1.2‰以上;食品卫生、公共场所卫生监督监测,监督覆盖率达100%;人口出生率8.29‰。

【社会保障和就业】 是年,财政出资购买公益性岗位240个,安置"4050"下岗失业人员240人;落实小额贷款、税费减免等再就业优惠政策,积极开发个体工商和社区再就业岗位,再就业率达到87%,城镇登记失业率控制在4%。2005年,全旗征缴养老保险金1 847万元,医疗保险金1 220万元、失业保险金313万元。累计发放城乡低保金329万元,有7 988人纳入低保范围。

【扶助救灾工作】 累计下拨救灾款76万元,投入各类扶贫资金3 344万元,解决9 500名贫困人口的温饱问题,脱贫人口返贫率控制在5.8%以内。关注农牧区"五保户"生活,确定五保户对象1 268人,新建、扩建原王爱召、解放滩敬老院。

(王志荣)

杭 锦 旗

【领导名录】

旗委书记:王学丰(1月离任) 包生荣(蒙古族 1月任职)

人大主任:魏凤英(女 蒙古族)

旗　　长:包生荣(蒙古族 1月离任) 赵虎(1月任职)

政协主席:李清义

武装部长:王中强

政　　委:党栓成

【概况】 杭锦旗位于鄂尔多斯高原西北部,地理坐标为北纬39°22′33″～40°52′14″,东经106°55′16″～109°16′02″。东与达拉特旗、东胜区毗邻,南处至乌素沙漠北缘,与伊金霍洛旗、乌审旗接壤,西与鄂托克旗阿尔巴斯草原相连,北部紧靠黄河,与巴彦淖尔市隔河相望,辖12个苏木乡镇,总面积1.89万平方公里,全旗户籍人口为133 732人,其中:非农业人口为29 866人,占全旗总人口的22.3%,农业人口为103 866人,占全旗总人口的77.7%。按民族人口分:蒙古族人口为24 076人,占18%,汉族人口为108 900人,占81.49%,其他少数民族人口为225人,占0.17%,家庭户平均户规模为2.92人。是一个以蒙古族为主体,汉族占多数的地区。全旗有耕地68万亩,其中有效灌溉面积50万亩,有可利用草牧场1 608万亩,牲畜总头数稳定在110万头(只)左右。杭锦旗内质类型多样,库布其沙漠将全旗自然划分为三大类区,北部为黄河冲击平原区,中部为沙区,南部为干旱地。

全旗地区生产总值完成230 322万元,同比增长17.4%。其中，一产增加值完成52 791万元，同比增长15.2%；二产增加值完成111 375万元，同比增长14.4%；三产增加值完成66 156万元，同比增长24%。三产产业比例由上年的27：47：26调至24：50：26。财政收入完成15 296万元，同比增长17.5%。城镇居民人均可支配收入达8 587元，增加1 339元。农牧民人均纯收入达4 136元，增加558元。全社会固定资产投资完成133 708万元，同比增长18.52%。

【农业】 全旗农作物总播面积76.4万亩，较上年增加12.6万亩，粮食产量达1.15亿公斤，油料产量达4 800万公斤。青贮玉米、优质牧草种植规模继续扩大，种植业结构更趋合理，粮经草比例由29：26：45调至30：41：29。共向农牧民发放粮食收购贷款3 000多万元，发展专用玉米、油葵订单20万亩，订单收购量4 243万公斤

【畜牧业】 全旗牧业年度牲畜总头数突破200万大关，达到201万头只，较上年增加26万头只。建设养殖小区152个、人工授精配种站150处，累计建成青贮窖池2.5万座，青贮饲草料7.4亿公斤，舍饲养殖、青贮养殖覆盖率达80%。畜牧业产值已占到一产总产值的45%。

【林业】 森林覆盖率达到9.17%，植被覆盖度提高到75%。积极配合实施水权转换节水改造工程，一期投资2.6亿元完成105公里总干渠衬砌和1万亩示范区建设，年可节水6 700万立方米。这项工程的实施，改善30万亩耕地灌溉条件，使2万多农牧民受益。

【工业】 紧紧围绕煤炭、天然气资源的开发利用和盐碱硝资源的有效转化，加强重点项目引进和建设，年内，共实施工业项目39个，建成投产项目达16个。全部工业项目共完成投资5.06亿元，其中，亿元以上9个工业项目完成投资近3亿元。工业总产值完成21.7亿元，同比增长36.5%；工业增加值完成9.4亿元，同比增长25.2%。其中，规模以上工业企业实现增加值7.9亿元，同比增长31.7%。工业经济占地区生产总值的比重达43%，成为杭锦旗经济发展的主导产业。

【基础设施建设】 全旗城镇基本建设完成投资8 048万元。其中，城镇基础设施建设投入资金近4 000万元，新修及硬化巷道7.3公里，强化排污管道建设，加强街面综合整治，绿化、硬化、亮化水平显著提高，城镇绿化率达43%，比上年提高2.9个百分点。同时，多渠道筹资1 500万元，建成并启动杭锦汽车城。道路建设得到加强，重点实施盐海子镇区至普堤济渡寺道路改造建设项目，新修、整修通村公路达200公里。电力设施条件进一步改善，完成城网改造项目投资1 300多万元，新建35千伏输变电工程1处，新建及改造10千伏线路40多公里，供电量达3.3亿千瓦时，有力地保证全旗工农牧业生产的需求。通讯事业快速发展，新建移动通讯基站7座，信号覆盖面进一步扩大。

【交通】 至2005年底，全旗公路运输货运量完成1 421万吨，同比增长16.4%，货运周转量完成60 424万吨公里，增长3.1%，公路客运量完成65万人次，同比增长6.6%，旅客周转量完成13 000万人公里，增长16.3%。

【邮电】 全年邮电业务总量完成3 100万元，同比增长32.7%。全旗固定电话用户11 420户，比上年减少8.3%，其中：城镇电话用户4 600户，同比减少38.5%，乡村电话用户6 820户，同比增长36.9%；互联网用户达710户，同比增长36.5%，每百户拥有1.6个互联网用户，比上年上升0.4个百分点。

【通讯】 全旗移动电话用户达到46 000户，新建移动基站7座，总数达46座，同比增长17.9%，移动电话普及率为34.4部/百人，固定电话普及率为8.5部/百人，小灵通用户数达7 350部，同比增长25%，小灵通基站72座，比上年增加8座，增长12.5%。

【旅游业】 投资2 400万元，加强改善七星湖、鄂尔多斯草原、夜鸣沙等重点景区基础设施建设，景区服务功能日趋完善，全年接待游客23万人次，实现旅游收入6 900万元。

【招商引资】 全年共引进实施煤田开发、电力建设、农畜产品深加工等项目52个，合同引资43亿元，实际到位资金11亿元，同比增长70.7%，圆满完成引资任务。

【商贸】 全旗社会消费品零售额达87 355万元，比上年增长19.8%，其中：县的零售额64 982万元，同比增长16.6%，县以下零售额22 373万元，比上年增长30.3%，比上年增长16.6%。按行业分：批发零售贸易完成55 663万元，比上年增长14.8%，住宿餐饮业完成26 985万元，比上年增长18.6%，其它行业完成4 707万元，同比增长187%。

【金融】 年末金融机构各项存款金额达79 298万元，同比增长34.9%，其中：居民储蓄存款余额达56 479万元，同比增长18.4%；年末金融机构各项贷款余额81 683万元，同比增长45.1%。

【保险】 全年实现保险收入2 188万元，同比增长27.6%，其中：财产险保费收入578万元，比上年增长12%，人寿险保险费收入

1 610万元,同比增长23.8%。财产险赔款金额412万元,人寿险赔款金额56.06万元,财产险赔付率71.3%,意外险赔付率为43.5%。

【科技】 深入实施科教兴旗战略,加大科技推广力度,科技对经济增长贡献率达53%。

【教育】 教育"两基"达标工作高标准通过自治区验收,"两免一补"政策全面落实,远程教育走在全国旗县前列,被教育部确定为试点旗。2005年职业中学生在校学生2 887人,毕业学生数760人;普通中学在校学生4 513人,其中:高中在校学生1 448人,初中在校学生3 065人,普通中学毕业生数1 420人;小学在校学生6 413人,毕业生1 645人;幼儿园7所,基中:少数民族幼儿园1所,在园(班)幼儿1 984人。

【卫生】 投资近1 000万元,新建旗医院病房等一批卫生基础设施,新型农村牧区合作医疗和农村牧区医疗救助工作全面启动,农牧民参合率达60%以上。年末拥用卫生机构16所,拥有病床400张,年末卫生技术人员427人,其中:医生276人,卫生防疫员64人。

【计划生育】 全年出生人口为1 315人,出生率为9.8‰,死亡人口为576人,死亡率为4.3‰,全旗净增人口为739人,人口自然增长率为4.29‰。

【就业】 年末在岗职工总人数9 804人,其中:国有单位职工6 836人,集体所有制单位职工139人,其它经济类型职工2 839人。职工工资总额达到12 917.6万元,国有单位工资总额9 441万元,国有单位职工年平均为14 578元,比上年同期增长5.21%,集体所有制单位职工年平均工资为15 225元,其它经济类型职工年平均工资为9 824元,全社会各行业平均工资为13 204元。

【煤炭资源开发】 2005年,杭锦旗加大与以神华集团为首的煤炭开发企业合作力度,又投入9 000万元分别对煤田探矿区域内煤炭资源进行全面地质勘探。至此,杭锦旗在已申请登记681平方公里塔然高勒煤田探矿区块内累计投入资金近2亿元,共布415个钻孔,完成23万多米工作量,约500平方公里区块得到详查,部分达到精查,国家煤炭资源储量审定部门确认储量40亿吨,基本查清探矿区的煤炭资源情况。投入资金2 300万元修通12.6公里煤田至109国道的应急公路,并配套完成矿井建设所需的水、电、通讯等基础设施。委托西北电力设计院设计的煤田规划,通过自治区发改委审批,上报国家发改委待批。与之相随建设的塔然高勒年产1 000万吨矿井建设项目投入资金7 200万元,场平及地面附属工程全面开工实施。煤炭资源开发取得实质性进展。

【电力建设项目】 北方联合电力杭锦电厂一期2×60万千瓦机组工程项目已通过初可研审查论证,进入可研编制和选址阶段;亿利2×0.3万千瓦自备电厂完成投资2 300万元,正在安装管道设施,即将投入运营;锡尼镇2×1.2万千瓦热电联产项目可研已编制完毕,并初步通过自治区发改委审批,正在融资及办理土地征用手续。风能、太阳能资源开发利用被列入自治区新型能源产业发展规划,与北京中人、美国罗斯福、赫德森等公司达成风电项目合作意向,建成6个风能、太阳能观测站,正在进行相关资料搜集。此外,围绕煤田开发和基地建设,相继新达成一批煤电、煤化工项目建设协议。能源产业即将成为杭锦旗工业经济发展的重点产业。

【精细化工项目引进实施】 投资1 000万元对盐海子湖田进行初步改造,使盐、碱、硝产量突破百万吨大关,分别达到6万吨、22万吨、100万吨,为发展精细化工产业提供充足的原料保障。同时,新引进对氨基苯乙醚及硫化碱生产等5个化工项目,部分投入生产。

【农畜林沙产业】 三星集团年产20万吨玉米变性淀粉项目完成投资1亿元,并开始调试运行,最终将达到年产30万吨玉米淀粉生产能力,年可消耗玉米45万吨,成为自治区中西部地区较大的农产品加工龙头企业;奈伦集团总投资7 000万元的年产5万吨马铃薯深加工项目,投入资金1 000万元进行原料基地建设;同时,新引进年屠宰加工50万只肉羊的生产项目。这些项目的引进实施,实现工农互补,提高农牧业产业化水平,同时也成为农牧民增收的重要渠道。

【传统产业项目】 总投资2 500万元的年产600万平方米纸面石膏板项目,投入资金1 100万元,开始试生产;年产2 500吨新型木塑复合材料项目投入生产。同时对硅铁、硅钙等高耗能企业进行清理整顿,铁合金产量达3万多吨。

【12.24特大事故】 2005年12月24日下午3时30分左右,由巴彦淖尔市临河区发往杭锦旗吉日嘎朗图镇的少林29座中型客车,行驶到黄河哈拉淖尔浮桥南2公里处的冰面上时,不慎坠入水中,造成车内37名乘客9名幸存外,其余28名乘客全部遇难的特大事故。事故发生后,吉日嘎朗图镇派出所于3时39分接到报警后向镇政府汇报,并迅速赶往出事地点展开营救。

(赵崇秀 刘燕华)

准格尔旗

【领导名录】

旗委书记：贺　隽（蒙古族）

人大主任：李　靖

旗　　长：白　智

政协主席：淡　憨

武装部长：王占荣（3月离任）　赵燕青（3月任职）

政　　委：尚风岐

【概况】 准格尔旗位于内蒙古自治区西南部鄂尔多斯市东部，北纬39°16′～40°20′，东经110°05′～111°27′之间。北部和东部被黄河所环抱，隔河与包头市的土默特右旗、呼和浩特市的托克托县、清水河县，山西省的偏关县、河曲县相望。南部与陕西省的府谷县接壤。西部从南到北依次与伊金霍洛旗、东胜区、达拉特旗毗邻，为晋陕蒙三省区交界处。旗政府设于薛家湾镇，西距鄂尔多斯市所在地东胜区135公里，东北距内蒙古自治区首府呼和浩特市125公里，南至黄河万家寨水利枢纽工程48.9公里。旗境南北长116.5公里，东西宽115.2公里，总面积7 535平方公里，其中，耕地面积112万亩，草场面积670万亩，森林总面积340万亩。2005年9月，将原来20个苏木乡镇调整为9个。至年底，全旗共辖6个镇、2个乡、1个苏木，185个村民委员会，3个嘎查，1 490个村民小组，21个社区居委会。2005年底总人口271 623人，其中男114 490人，占全旗总人口53%；女127 133人，占全旗总人口47%。城镇人口74 320人，农牧业人口197 303人，流动人口48 373人。人口密度为每平方公里36人。

2005年，全旗地区生产总值完成130亿元，同比增长35.1%。其中第一产业4.42亿元，同比增长3.5%；第二产业81.59亿元，同比增长42.2%；第三产业44.87亿元，同比增长27.9%。财政收入完成28.8088亿元，同比增长133%。城镇居民人均可支配收入11 399元，同比增长26.5%；农民人均收入4 705元，同比增长18.6%。

【农林牧水】 全年共建成养殖小区87个，标准化棚圈6.13万平方米，匹配加工机具522套；新打旱井、筒井、机电井2 495眼，新增灌溉面积4.57万亩；实施退耕还林14.2万亩，退牧还草60万亩，义务植树10.5万亩，飞播造林3万亩，封山育林4.5万亩，完成水保综合治理362平方公里。全旗粮食产量达11.09万吨，粮经饲种值比例调整到54.7∶11.8∶33.5，牲畜存栏达106.7万头（只），其中肉羊达44.9万只，肉牛达到7 943头，畜牧业占一产增加值的比重达到48%，为养而种、以种促养、以养增收的生产格局逐步形成。

【工业】 全年续建和新开工重点工业项目34个，完成投资40亿元，同比增长14.3%。全社会固定资产投资完成77.93亿元，同比增长28.9%。原煤产销增加1 700万吨，达7 700万吨，增长28.3%；其中准能增加305万吨，达1 967万吨，增长18.4%；地方增加1 395万吨，达5 733万吨，增长32.2%。发电量增加2亿度，达到74亿度，增加3%。在两个主要产业的拉动下，工业增加值增加49亿元，达73.44亿元，增长45.5%；规模以上企业增加24户，达106户；工业经济综合效益指数提升192.9个百分点，达420.1百分点。

【交通运输】 全年新建和续建公路、桥梁、码头项目12个，完成投资22.28亿元，新增162公里油路，建成1座黄河大桥。铁路建设完成投资2.16亿元。

【电力】 全年完成电网建设投资1.3亿元，建成薛家湾1#变、常胜店2#变增容工程和宁格尔500KV、沙圪堵110KV输变电工程及准大电厂、准能矸电厂接入系统，共新增供电容量115万KVA。开展大路等2个220KV、4个110KV、1个35KV输变电工程的前期工作。

【旅游】 投资138万元委托北京达沃斯颠峰旅游规划设计院完成全旗旅游业发展总体规划和10个景点规划。10月中旬旗委政府召开全旗旅游工作会，出台《关于加快旅游产业发展的决定》。下一步将按照“政府规划、市场运作”的思路，建设两大旅游产品带和十大旅游景点。其中准格尔召、布尔陶亥王府已落实投资方，黄河峡谷岩壁画大赛正在策划当中。

【文化】 全旗的文化阵地和广播电视网络建设逐步加强，全区首家数字电视在全旗开通。漫瀚调艺术和民族文化得到弘扬；恢复乌兰牧骑，规范管理机制，公开招聘40名演职人员，充实并提高乌兰牧骑队伍。

【教育】 全年共投入硬件建设资金1.0054亿元，其中用于校舍建设7 880万元，用于设备购置2 174万元。同时按照小学向乡镇所在地集中，初中向中心镇、重点镇集中，高中向薛沙两镇集中的原则，撤并18个教学点、6所小学、2所初中。

【卫生】 全年投入硬件建设资金近4 000万元，其中投资1 500万元在薛家湾建一所中蒙医院，上半年起用；投资1 600万元在沙圪堵新建一所综合医院，下半年起用；投资500万元新建5所标准化卫生院；投资140万元改造7所乡镇卫生院；投资20万元配备100个村卫生室的医疗器械。

【社会保障】 在抓好城镇职工基本医疗保险、养老保险以及失业保险、工伤保险、生育保险和城镇居民最低生活保障的同时,提高新型农村合作医疗报销标准,配套实施大病统筹,启动城镇无业居民合作医疗及其大病统筹、失地农民养老保险和农村最低生活保障,使全旗城乡居民的医保覆盖率和低保覆盖率达到100%。全旗新型农村合作医疗参合率达到82%,6 767名低收入农民纳入农村最低生活保障范围。

【城镇规化和住宅面积】 按照"规化优先"的原则,全年累计投入1 220万元完成一系列总规、控规、详规的编制工作,规划控制区面积达1 100平方公里。2005年共在薛家湾镇新实施19个、续建6个城市建设项目,完成投资10亿元。全旗城镇化水平达55%,薛家湾建成区面积达10.8平方公里,镇区总建筑面积达193万平方米,人均住房面积达到23平方米,人均道路面积达12.2平方米。

(杜俊莲)

伊金霍洛旗

【领导名录】

旗委书记:刘文山

人大主任:白广斌

旗　　长:乌　宁(蒙古族)

政协主席:那木吉拉(蒙古族)

武装部长:刘亚发

政　　委:乌云达赖(蒙古族)

【概况】 伊金霍洛旗(汉意为"圣主的陵园")位于鄂尔多斯高原东南部,北纬38°56′~39°49′,东经108°58′~110°25′,总面积5 565平方公里,辖7个镇,总人口14万人。

2005年,国民生产总值由2000年的16.93亿元上升到2005年的89.68亿元,增长3.9倍,年均递增37.4%。地区生产总值同比增长43%,财政收入同比增长106.5%。全社会固定资产投资完成70亿元,同比增长66.2%。直接利用外资1.5亿美元,在第五届全国县域经济排名中由2000年的第1 508位上升为第123位,中国西部县域经济百强县排名由2000年的第88位上升为5位,在自治区69个旗县中稳居第二位,成为全国县域经济基本竞争力提升速度最快的百强县市之一。

【农牧业】 新建标准化养殖小区40个;新建人工配种站44处。2004年在全区率先实现了农牧民"零负担"的目标。新增节水灌溉面积3万亩,粮食产量达到1亿公斤。完成造林作业面积23.5万亩,水保治理面积29万亩,人工种草27.2万亩,植被覆盖率达86%,森林覆盖率达31.2%,转移人口15 177人,新增农田有效灌溉面积9.7万亩,发展节水灌溉面积15.5万亩,农村牧区安全饮水工程解决了1.85万人、4.9万头(只)牲畜的饮水困难。农网改造一、二期工程顺利实施,城乡居民生活用电实现同网同价。

【工业】 全旗投资50多万元,开工工业项目68项,当年完成投资41亿元。全部工业增加值完成37.5亿元,同比增长43.4%,实现利税9.4亿元,同比增长31%。煤炭资源整合和采煤方法改革工作有序推进,神华煤液化、牛孛牛川煤电煤化工小区、天隆工业小区等重点项目进展顺利。制定出台《伊金霍洛旗矿区生态环境恢复补偿暂行办法》,有效保护矿区生态环境和农牧民利益。2005年全旗规模以上工业企业实现总产值49亿元,比2000年增长5.4倍,年均增长45%;五年间工业企业累计实现税收14.74亿元,占财政总收入的52.2%。

【基础设施建设】 阿勒腾席勒镇城市建设投入资金5.3亿元(其中市政建设1.3亿元),实施硬化、美化、亮化等基础设施建设和住宅区建设工程。改造和新建15条街巷,排水、排污、供暖、弱电等管网一次性入地;完成硬化面积24.7万平方米,绿化面积13万平方米。引进开发商建设住宅小区,新增住房面积7.9万平方米。伊金霍洛镇集镇整体搬迁如期完成。各类建筑面积达到4.46万平方米,街道、小区硬化完成14万平方米。

【招商引资】 五年来先后引进神华煤液化、久泰二甲醚等12个投资亿元以上的大型项目,合同引进资金345.2亿元,实际到位76.4亿元。重点服务好神华万利、昊华能源、煤液化自备电厂、神东上湾热电厂二期工程、华泰汽车配件城等8个10亿元以上项目,东方热电厂二期、蒙南电厂二期、泰鑫集团、博源煤化工、久泰能源新建煤矿、金磷矿业公司甲醇项目等6个5亿元以上项目,泰威化工厂扩建、阿勒腾席勒镇天然气进城、煤炭资源整合等75个千万元以上新建工业项目。集中抓好63个煤矿技改项目。切实抓好神华煤液化、久泰二甲醚等9个重点续建项目的后期服务工作,确保项目按时竣工、投产。配合做好国电集团新建电厂、天隆集团新建电厂、蒙发公司新建电厂3个投资10亿元以上拟建项目前期工作。

【交通】 交通建设完成投资26亿元,210国道东苏段高速公路建成通车,全旗公路总里程达到1 582公里,其中黑色道路达到583公里;东乌铁路、109国道大青段高速改造、鄂尔多斯飞机场相继开工，立体交通枢纽的地位日益显现。城市建设力度加大，累计投入建设资金 8 亿元，公用设施显著改善，集聚产业和吸纳人口的能力增强。

【财政】 2005 年全旗财政总收入完成135 555万元，较 2000 年增长 7 倍，财政资金对经济社会发展的保障能力进一步增强。城镇居民人均可支配收入达10 500元，比 2000 年增加5 488元；农牧民人均纯收入5 550元，比 2000 年增加3 212元。农村牧区人口累计转移43 640人。

【科技】 科技进步对经济增长的贡献率提高到46%。教育改革与发展迈出新的步伐，学校布局合理调整，教育资源有效整合，在国家实施义务教育"两免一补"政策的基础上，伊金霍洛旗又免收义务教育阶段学生的教辅用书费和作业本费，提高少数民族学生伙食补助标准，实现"四免两补"。文化产业呈现出关联紧密、互动发展的良好态势。实现苏木乡镇卫生院"旗办旗管"，启动实施大病医疗保障工程和新型合作医疗制度。

【教育】 全面启动"教育环境整治年"各项工作，新建 5 所学校，改建 7 所学校，教育教学环境明显改善，全旗15 493名中小学生享受"四免两补"政策；少数民族中、小学生助学金标准分别由每生每月 80 元和 60 元提高到 100 元和 80 元。

【卫生】 全年共有 488 名转制企业人员新参加医疗保险，235 名转制企业人员办理养老保险回流续保手续。2 400人新纳入农村低保范围。

【社会保障】 扶持 200 户少数民族户进行标准化棚圈建设和饲草料基地建设，20 户"安居工程"受益户喜迁新居。为城镇特困人口兴办实体减免税费 180 万元，帮助困难群体创业致富。兑现再就业优惠政策，启动下岗失业人员小额担保贷款，1 012 人实现就业和再就业，城镇登记失业率3.6%。

【企业改革】 全旗私营企业已发展到 485 家，从业人员6 441 人，注册资金突破 8 亿元，个体工商户3 692户，从业人员6 871 人，注册资金4 586万元。

【旗大事】 1. 2005 年，伊金霍洛旗在第五届全国县域经济排名中由 2000 年的第1 508位上升为第 123 位，中国西部县域经济百强县排名由 2000 年的第 88 位上升为 5 位，在自治区 69 个旗县稳居第二位，成为全国县域经济基本竞争力提升速度最快的百强县市之一。

2. 2005 年，伊金霍洛旗乌兰木伦镇分别被中央文明委和自治区党委、政府命名为全国文明村镇和创建自治区十星级文明镇工作先进单位 。

3. 2005 年，阿勒腾席勒镇分别被中央文明委和自治区党委、政府命名为全国创建文明村镇工作先进村镇和申报全国创建文明镇工作先进单位。

（刘学东 张志东）

乌 审 旗

【领导名录】

旗委书记：包崇明（蒙古族）

人大主任：刘治贵

旗　　长：张　平

政协主席：阿迪雅（蒙古族）

武装部长：刘向伟

政委：鲁·巴特尔（蒙古族 10 月离任） 李建师（11 月任职）

【概况】 乌审旗位于内蒙古自治区最南端，鄂尔多斯市西南部，地处毛乌素沙漠腹部。地理坐标为北纬 37°38′54″～37°23′50″，东经 100°17′～109°40′22″。总面积11 645平方公里，辖 1 苏木、5 镇、75 个嘎查村。人口97 236人，其中男50 722人，女46 514人，蒙古族29 581人，其它少数民族 82 人。共30 811户，非农业人口23 888人。总人口增加 213 人，人口出生率为10.26‰，人口自然增长率为4.89‰。

2005 年，地区国内生产总值294 623万元，同比增长49.9%；其中一产增加值50 041万元，同比增长10.1%；二产增加值191 782万元，同比增长76.8%；三产增加值52 800万元，同比增长23.8%；人均 GDP 占有量达30 299元。财政收入30 780万元，同比增长62%；地方财政收入19 680万元，同比增长58%；农牧民人均纯收入4 783元，同比增长15.8%；城镇居民人均可支配收入9 055元，同比增长15.8%。

【农业】 农作物总播种面积55.1万亩，同比增加5.99万亩。青贮玉米16.9万亩，饲料玉米18.4万亩，完成各类订单及经济作物种植7.25万亩。申请认证无定河无公害农产品品牌 2 个，生产面积达10.2万亩。新品种示范基地建设完成示范种植 200 亩，水产品生产完成优质鱼虾 300 吨。加强农田水利建设，新增水浇地2 147亩，节水灌溉面积39 515亩，抗旱水源 40 处。全年完成水土保持治理面积15.69万亩。

【畜牧业】 年末牲畜总头数达172.9万头只，大小畜存栏155.4 万头只，牛猪17.5万只。大小畜能繁母畜达70%。肉类总产量

2 296吨,鲜奶21 000吨,绒毛3 290吨,皮张35.15万张。人工种草24.1万亩,累计水地优质牧草保留面积达17.5万亩。种植饲用灌木15万亩,改良草场19万亩,新增加草原围栏75万亩,飞播牧草达6万亩,草原灭鼠30万亩,灭虫25万亩。禁牧总面积达370万亩,休牧面积540万亩,圈养牲畜77万头只,山羊39 028只。以养殖小区建设为重点,大力构筑"三大养殖基地"及"一条养殖带"建设格局,共落实养殖小区100处,示范户2 660户,牲畜52.22万头只,小区饲草5.6万亩,棚圈建设1 600处,完成贮草棚300处,青贮窖2 150处,建成中心配种站64处,发放种公羊120只。退牧还草项目稳步推进,休牧70万亩,发放饲料粮补助96.25万斤。畜禽疫病防治工作取得成效,防疫总头数达531.7万头(只口)次,防疫密度100%。

【工业】 2005年,通过"一区三基地"的强力带动,实现工业增加值16.1亿元,同比增长81%,其中规模以上工业实现增加值15.5亿元,同比增长85.4%。天然气产能完成37.4亿立方米,生产精甲醇18.7万吨,纯碱6.9万吨,小苏打15.2万吨,烧碱1.44万吨,刨花板9 360立方米,完成发电93万度。全旗共确定重点项目33个,总投资140.1亿元、开工25个,累计完成投资42.6亿元,当年完成投资25.3亿元。伊高化学1万吨二甲醚、伊威化工氯钠、大地能源10万吨焦油技改等13个项目投产;天然气调峰电厂调试成功;博源100万吨甲醇、星星能源20万吨天然气液化等13个续建项目快速推进。勘探发现品质优良、预计储量达300亿吨以上的乌审煤田,获得606平方公里探矿权。以此为依托,全旗累计引进项目31个,其中国内区外项目10个,区外市内3个,市内旗外18个,项目总投资92亿元。气网建设取得新进展,苏里格气田开发全面启动,大牛地气田产能突破10亿立方米,又争取到3亿立方米的用气指标,累计达到11亿立方米。

【林业】 完成退耕还林工程建设5.5万亩,补植12万亩,使用种苗1亿株。完成飞播造林20.13万亩,全线义务植树共出动5.6万人次,完成义务植树130万株,新发展规模以上治沙造林大户30户,完成高标准人工造林精品工程150亩,飞播造林精品工程15 000亩。

【交通】 完成首条通村油路沙大线—沙尔利格至三岔河段四级油路,全长39.775公里,完成亨泰化工厂11公里三级油路建设及其它乡村公路113公里。完成客运量36.36万人次,客运周转量3 234.20万人公里,完成货运量277.38万吨,货运周转量22 886.44万吨公里。

【通信】 新建通讯基站2个,通信公司业务收入达775.9万元,市内电话9 195部,无线接入网用户达1 109户,宽带用户8 332户,小灵通用户达5 144户,邮电业务增速迅猛,同比增加值20%。

【电力】 销售收入完成4 422.2万元,比上年同期提高73.76%,平均电价完成0.37元/千瓦时。完成购电量1.26亿千瓦时,售电量完成1.18亿千瓦时,到户电量完成1.14亿千瓦时,分别是年计划任务的142%、139%和148%。总投资853.6万元的城网改造工程按期完工,并完成线路改造93.96千米。新建输电线路84.689千米,10千伏配变24台/3 250千伏安。总投资650万元的呼吉尔特35千伏变电站工程基础工程已完工。与鄂尔多斯电业局协助,新建苏里格燃气电厂—乌审220千伏变电站Ⅰ、Ⅱ回220千伏输电线路;新建图克—神华煤液化水源地(浩勒报吉办事处)110千伏输电线路43.8千米。

【乡镇企业及产业化】 乡镇企业个数3 697家,从业人员21 049人,完成增加值52 146万元,工业增加值27 882万元,实现总产值161 748万元,工业产值80 503万元,实际入库税金6 197万元,出口产品交货值440万元。全年投资5 278万元,新建、续建、在建项目11项,规模以上乡镇企业9家。

【旅游】 投资500万元对乌审召庙进行修缮,并积极申报国家AAA级景区。萨拉乌素生态旅游区招商引资获得成功,开发商投入1.5亿元,成立萨拉乌素生态旅游公司,8月成功举办乌审旗首届萨拉乌素文化节,成立草原文化促进会。

【科技】 在建的2×150MW级天然气发电厂投产,新材料产业发展步伐加快,恒隆聚合材料项目获得内蒙古科技厅新产品开发项目支持,同时不断加大对"乌审土"的研发。全面推广秸秆转化配套技术,新增农牧业产值2 715.56万元,形成4个具有典型示范作用的农牧业科技示范园区。实施"种子工程",鄂尔多斯细毛羊产毛量大幅度提高。举办各类培训讲座400场,培训群众5万多人。建立29支各类协会,开通乌审旗农牧业科技"96048"服务热线。

【教育】 2005年,秋季高考上线561人,上线率为85.1%,适龄儿童入学率为100%,初中为97.6%,三残入学率为73%,青壮年非文盲率达到99.23%。投资881万元,新建和修建校舍11 240平方米,投入750万元启动远程教育网工程。教育"两基"巩固提高工程扎实推进,被自治区授予先进单位称号。组织召开全区第二届高中蒙古语文教育研讨会,加强经验交流,全面实施"民族教育工程",民族教育投入912万元,安排少数民族助学基金106万元。

【文化】 2005年为全旗"文化教育年",全旗文化旅游产业蓬勃发展。年内新建一级文化站1个,二级文化站1个;市级文化示范户70户。"三下乡"活动中共放映电影1 100场,其中科技片800场,观众人数达70万人次。

【卫生】 合理调整卫生院布局,确立6个中心卫生院,3所一般卫生院,4所防保型卫生院。2005年全旗参合人数达51 204人,参合率为75.3%,报销门诊医药费18.3万元,受益人22 889人。住院大病统筹金已报了36.8万元,受益人311人。"五苗"接种率达95%,孕产妇系统管理率92.24%,儿童系统管理率91.31%,住院分娩率82.23%,高危孕产妇住院分娩率100%。

【扶贫开发】 解决3 400绝对贫困人口和5 100相对贫困人口的温饱问题,新增水浇地0.75万亩,种草5.1万亩,贫困户牲畜存栏数达3.5万只,调购种公羊47只,新建配种点35个,防疫点19个。扶持旗级扶贫龙头企业2个。实施整村推进项目中建设棚圈2 265平方米,开发饲草料基地620亩,建青贮窖480平方米,架低压线10公里。贫困地区劳动力培训1 198人,转移劳动力982人,新建4个扶贫养殖小区。实施嘎鲁图镇35个牧业社的细毛羊良种推广体系建设项目。

(朱志霖 王怀春 布日古德)

鄂托克旗

【领导名录】

旗委书记:刘桂花(女)

人大主任:华·格日乐巴图(蒙古族)

旗　　长:阿　木(蒙古族)

政协主席:李月珍(女)

武装部长:刘子荣

政　　委:齐宝柱(2月任职)

【概况】 鄂托克旗位于内蒙古自治区鄂尔多斯市西部。地理坐标在北纬38°18′~40°11′,东经104°41′~108°54′之间,总面积20 064平方公里。全旗辖2苏木、4镇。全旗总人口92 838人,人口出生率10.7‰,死亡率7.4‰,人口自然增长率7.4‰。

2005年国内生产总值达到53.7亿元,按可比价格计算,比上年增长35%。其中,第一产业增加值2.8亿元,同比增长12.9%;第二产业增加值41亿元,同比增长37.9%;第三产业增加值10.4亿元,同比增长30.7%。三次产业构成分别为4.3∶77.5∶18.2。财政收入完成62 668万元,比上年增长67.9%。其中,地方财政收入32 944万元,同比增长65.7%,上划中央税收收入29 724万元,同比增长70.6%。全年地方财政支出56 663万元,比上年增长35.8%。城镇居民人均可支配收入10 168元,比上年增长24%,农牧民人均纯收入4 609元,比上年增长24.6%。年末在岗职工平均工资20 742元(不包括私营企业),比上年增长49.1%。

【农业】 农林牧渔业产值(按现行价格)47 484万元,比上年增长16.7%,其中农业产值10 746万元,同比减少2.8%;林业产值2 310万元,同比减少53.7%;牧业产值32 688万元,同比增长47.4%;渔业产值439万元,同比减少61.9%;农林牧渔服务业产值1 300万元,与上年持平。农作物总播种面积1.4万公顷,比上年增长17.6%。其中粮食作物播种面积0.48万公顷,同比减少31.4%。全年粮食总产量4.5万吨,比上年增长0.9万吨,增长16.7%。

【畜牧业】 牧业年度牲畜存栏180.2万头(只),其中大畜2.16万头,羊174.99万只,猪3.05万头。日历年度牲畜出栏69.4万头(只),比上年增长19.7%;存栏107.7头(只),比上年减少5.7%。全年水产品产量500吨,比上年增长22%。

【林业】 以退耕还林为主的生态保护和建设步伐加快,全年完成飞播造林209万亩,人工造林123万亩,其中退耕还林58万亩。

【工业】 全年完成工业增加值38.5亿元,比上年增长65.9%。其中规模以上工业企业(国有及国有控股企业和年产品销售收入500万以上的非国有工业企业)完成工业增加值27.4亿元,比上年增长54.8%。工业产品销售率95%。全年发电量7.41亿度,比上年增长201.2%,全年供电量3.22亿度,比上年增长65.1%。

【固定资产投资】 全社会固定资产投资66.8亿元,同比增长58.7%;共开工项目261个,竣工项目248个。全年完成工业固定资产投资56.5亿元,比上年增长81.1%。

【商业】 全年社会消费品零售总额12.8亿元,比上年增长15.8%。其中批发零售贸易业零售额7.3亿元,增长13.3%,餐饮业零售额5.1亿元,增长19.9%,其它行业零售额0.4亿元,增长12.5%。全年外贸出口总额5 813.6万美元,比上年增长17.9%。

【交通】 全年新修油路427公里,等级公路1 000公里,旗境内国省干线全部实现黑色化,6个苏木镇全部开通油路,提前一年实现乡乡通油路的目标。东胜至乌海铁路、棋盘井至察汉淖尔高速公路全面开工建设。全年客运周转量和货运周转量分别达到8 457.5万人公里和38 250万吨公里。

【邮电】 全年邮电业务收入完成1 589万元,其中电信业务收入完成1 315万元;邮政业务收入完成274万元。年末固定电话用户1.9万户,小灵通用户1.1万户,移动电话用户7.2万户,全旗英特网用户突破1 700户。

【旅游业】 全年完成旅游基础建设投资3 000余万元,接待旅游人数13.9万人次,比上年上升853%,实现旅游收入3 590万元。

【金融 保险】 年末全旗金融机构各项存款余额16.7亿元,比上年末增加6.1亿元,增长57.5%。其中储蓄存款余额11.2万元,同比增长45.5%。年末全旗金融机构各项贷款余额11.7万元,比上年末增加0.3万元,增长2.6%。全年保险业保费收入4 844万元,比上年增长45.3%。其中财险收入1 960万元,增长84.9%;人寿险收入2 884万元,增长23.6%。

【教育】 2005年新建九年一贯制学校一所,教学大楼13座,建立10个共500万元的教育发展基金,教育教学条件全面改善。旗人民政府拨款150万元建立了贫困大学生和贫困中小学生救助奖励基金,救助贫困大学生65名,贫困中小学生405人。

【社会保障】 年末全旗参加基本养老保险职工9 337人,参加失业保险职工9 150人,全年共发放基本养老保险金2 314万元,失业保险金207万元。全年有11 874名职工和1 178名离退休人员参加基本医疗保险,有1 373人享受城镇居民最低生活保障金,有1 747人享受农村牧区最低生活保障金。

【劳动就业】 全旗从业人员11 845人(不包括私营企业),比上年增长21%,城镇失业人员实现再就业840人,城镇登记失业率为4.11%,全旗转移劳动力4 010人。

【全国第二大螺旋藻生产基地】 鄂托克旗充分利用小苏打价格竞争等优势,积极引进螺旋藻生产企业。"加力"、"绿源"、"双丰宝"三家螺旋藻养殖加工企业形成年生产300吨螺旋藻能力,成为居云南省永胜县后,全国第二大螺旋藻生产基地。

(苏都毕力格)

鄂托克前旗

【领导名录】

旗委书记:娜仁图娅(女 蒙古族)

人大主任:方占章

旗　　长:于新芳

政协主席:千敖云达来(蒙古族)

武装部长:宋　宏

政　　委:吉日嘎拉(蒙古族)

【概况】 鄂托克前旗于1980年8月建旗,位于内蒙古自治区鄂尔多斯高原西南部,地处蒙陕宁三省区交界。境内主要由毛乌素沙地和鄂尔多斯梁地两大地貌构成,总面积12 318平方公里,全旗辖4个镇,总人口7.24万人,其中蒙古族人口占总人口的31%,是一个以蒙古族为主体,汉族占多数的少数民族地区。

2005年全旗地区生产总值达到13.9亿元,同比增长24.1%,财政收入达到1.1亿元,同比增长97.9%,城镇居民人均可支配收入达9 107元,同比增长16.2%,农牧民人均纯收入达4 796元,连续两年保持全市第一,同比增长16%,全社会固定资产投资完成13.4亿元,同比增长50.9%。区域竞争力明显增强,2005年,鄂托克前旗进入全国县域经济基本竞争力提升速度最快的百强县行列。

【农牧业经济】 全旗完成农作物总播面积36.2万亩,饲草料种植占到农作物总播面积的70%以上,全旗牲畜饲养量达263万头只,牧业年度牲畜总头数达185.6万头只。三段地牲畜交易市场被农业部认定为国家定点活畜交易市场,鄂托克前旗已经成为面向宁夏、陕西以羔羊育肥为主的活畜生产和交易中心,养殖业成为农牧民增收的主要渠道,畜牧业占一产比重达到55%。全旗完成植树造林73.3万亩,森林覆盖率达到8%,植被覆盖度达到75%,第一产业实现增加值4.1亿元,同比增长13.5%。

【工业经济】 坚持"工业兴旗"的发展思路,共计投入勘探开发资金5亿多元,完成上海庙煤田取得勘查证各区块的预查找煤工作,探明精查储量30亿吨,预计总储量在百亿吨以上。自治区级开发区上海庙工业园区基础设施建设投入资金1.1亿元,完成征地31平方公里,建成园区内道路14公里,连接宁东能源重化工基地旗境内5公里主干道建成通车,一期22.1万平方米绿化工程和园区综合办公楼主体工程已完成。重点项目建设稳步推进,一个60万吨矿井即将投入生产,另一个90万吨矿井已具备开采条件,同时,宁夏、山东等地企业在旗筹建的3个120~300万吨矿井已完成资源勘查工作,正在进行设计等前期准备工作。2005年全旗第二产业实现增加值3.3亿元,同比增长33.1%;工业增加值完成1.9亿元,同比增长25.7%,其中规模以上工业增加值完成0.98亿元,同比增长41.7%。

【基础设施建设】 敖镇至上海庙110千伏输变电工程建成投用,与原有35千伏线路形成煤炭开采项目双电源供电格局,为上海庙地区发展大工业创造条件,上海庙至棋盘井运煤专线以

BOT方式开工建设，达成改扩建敖靖线合作协议，在公路的经营管理方面迈出新的步伐。完成上海庙工业园区临时供水工程，保证园区初期建设用水需求。开展引黄工程前期工作，争取到每年600万立方米的黄河用水指标，敖镇居民人均绿地面积达到32.6平方米，人均道路铺装面积39平方米，城镇化率达到45.6%。

【第三产业】 年接待游客突破10万人次。加大资金投入，对已建成景区进行改造提升，旅游设施进一步完善，鄂尔多斯文化旅游村通过国家"4A"级景区认证。同时，以餐饮业为主的传统服务业和以信息、物流为主的现代服务业快速发展。2005年，全旗第三产业实现增加值6.5亿元。第三产业正在成为新的经济增长点。

【社会各项事业】 科技服务工作深入推进，积极组织实施科技特派员创业行动，加大农牧业适用技术推广和农牧民培训力度，全旗高考上线107人，汉授中考重点中学升学率居全市第三，蒙授中考重点中学升学率居全市第一。城川古城正在申报国家级重点文物保护单位，旗乌兰牧骑参加全区第三届乌兰牧骑艺术节获得金奖第一名等多项殊荣。新型合作医疗工作全面展开，全旗有87%的农牧民参加合作医疗，完成基层卫生院"县办县管"，提高基层医疗服务水平。

（王虎栓 李鹏）

巴 彦 淖 尔 市

【党政军领导名录】

市 委

书 记：郭启俊

副书记：王素毅（蒙古族） 邓秀英（女） 郭宇 杨志民 黄志江（蒙古族 纪委书记）

常 委：弓占维 李进 侯凤岐 蔺富民 苏远中（达斡尔族） 王建平 杜隽世（蒙古族） 罗湘成（4月离任）

人 大

主 任：贺永华

副主任：王有义 祁俊华（蒙古族） 程树祥 李茂 王贵平 刘艳玲（女）

政 府

市 长：王素毅（蒙古族）

副市长：弓占维 罗湘成（4月离任） 马祖融 王迎希 冀学斌（蒙古族） 云治厚（蒙古族） 李文天 韦亚力（女） 张少甫

政 协

主 席：张向阳

副主席：苏木雅（女 蒙古族） 张建方（回族） 吐嘎（蒙古族） 郑宝青 吴寿山 李凤莲（女） 张占义 张建国 王辰起

法 院

院 长：王 伟

检察院

检察长：赵如意

军分区

司令员：汤向进

政 委：李 进

【概况】 巴彦淖尔市位于祖国北部边疆、内蒙古自治区西部、黄河几字型顶端。北与蒙古国接壤，国界线368.89公里。东与包头市为邻。地理位置北纬40°13′～42°28′，东经105°12′～109°53′。东西长378公里，南北宽238公里，总面积64 413平方公里。市人民政府设在临河区，距内蒙古自治区首府呼和浩特383公里，距首都北京1 050公里（铁路里程）。

巴彦淖尔市辖临河区、杭锦后旗、乌拉特前旗、乌拉特中旗、乌拉特后旗、五原县、磴口县7个旗县区。下辖48个苏木乡镇。巴彦淖市人口分布相对集中，有5个旗县区集中在河套灌区1.65万平方公里土地上，居住着占全市人口总数的89%。2005年末，全市常住人口达到173.20万人，按同口径计算，比上年增长4.76‰。

2005年，全年完成生产总值217.03亿元，按可比价格计算，比上年增长24.0%，增速比上年提高2.5个百分点。其中，第一产业完成增加值65.73亿元，增长17.2%；第二产业完成增加值82.59亿元，增长39.1%；第三产业完成增加值68.71亿元，增长15.2%。产业结构进一步优化，三次产业结构由上年的32.1∶34.9∶33.0演进为30.6∶38.5∶30.9。二产继上年首次超过一产，又比上年提高3.6个百分点，其中，工业增加值占生产总值的比重达到27.5%,比上年提高6个百分点。一产和三产分别比上年下降1.5和2.1个百分点。全年人均生产总值达到12 560元人民币(按现行汇率折算达到1 533美元),比上年增加1 856元人民币。

【农业】 2005年,巴彦淖尔市农作物总播面积50.53万公顷,比上年增长5.9%。其中,粮食总播面积为26.29万公顷,比上年增长8.9%。小麦、玉米播种面积分别为15.38万公顷和10.12万公顷,比上年增长14.7%和2.6%;经济作物播种面积为18.78万公顷,比上年增长7.3%。粮经草比例由上年的50.6: 36.6: 12.8演进为52.0: 37.2: 10.8。主要农作物丰产丰收。小麦产量为16.82亿斤,增长14.9%;玉米产量为19.61亿斤,增长3.2%;油料产量为8.19亿斤,增长16.4%;瓜类产量为9.11亿斤,增长16.3%。全年农业增加值实现66.40亿元,增长17.2%。全市农牧业机械总动力为264.1万千瓦,比上年增加12.7万千瓦。农牧业机械总值达15.8亿元,比上年增加1.0亿元,增长6.8%。拖拉机拥有量达12.82万台,比上年增加0.48万台;机引农具16.63万台,比上年增加1.85万台。机耕地面积44.04万公顷,增长8.2%;农牧区用电量3.22亿千瓦时,比上年增长5.6%。

【林业】 2005年,全市完成造林面积1.88万公顷;完成退耕还林面积1.35万公顷;完成幼林抚育面积9.87万公顷,比上年增长23.9%。

【牧业】 2005年,市加快种植业主导型农业向养殖业主导型农业转变,实现畜牧业产值37.5亿元,增长20.6%,占到大农业产值的34.3%,较上年提高0.9个百分点。牧业年度牲畜总头数为990.32万头只,比上年同期增加50.35万头只,增长5.4%。其中,农区牲畜总头数为733.65万头只,比上年增加30.53万头只;牧区牲畜总头数为256.67万头只,比上年增加19.82万头只。牧业年度羊的存栏达到896.16万只,比上年增长6.1%。其中,农区为642.50万只;牧区为253.66万只。畜群、畜种结构不断优化,良种、改良种畜头数达到948.77万头只,占牲畜总头数的比重为95.8%,比上年提高0.5个百分点。能繁育母畜达到538.85万头只,占牲畜总头数的比重为54.4%。日历年度牲畜出栏总数为940.80万头只,比上年增长32.1%,出栏率为110.73%,比上年提高15.7个百分点。养牛业发展迅速,全年共购进奶牛6 757头,年末奶牛总头数达到11.34万头,比上年增长19.5%。

【工业】 2005年,全部工业增加值实现59.69亿元,增长38.5%。其中,规模以上工业企业(国有及年产品销售收入500万元以上的非国有工业企业,下同)完成增加值53.27亿元,比上年增长41.9%。实现总产值191.30亿元。从所有制看,国有企业实现产值18.21亿元,增长57.2%;非国有企业实现产值137.53亿元,增长62.7%。从轻重工业来看,轻工业实现产值81.44亿元,增长58.4%;重工业实现产值74.30亿元,增长66.1%。产销衔接状况良好,规模以上工业企业产品销售率达到94.85%。全部独立核算工业企业用电量达到39.23亿千瓦小时,比上年增长56.6%。规模以上工业企业实现利税总额为18.22亿元,比上年增长82.1%。盈亏相抵后利润总额达到11.56亿元,比上年增长1.1倍。反映工业企业效益状况的七项指标均好于上年,其中,总资产贡献率为15.95%,比上年提高4.3个百分点;资本保值增值率140.99%,比上年提高7.2个百分点。工业经济效益综合指数达217.45,比上年提高55.9个百分点。

2005年,巴彦淖尔市资质等级四级及四级以上建筑企业共53家,从业人员1.03万人,完成建筑业总产值19.05亿元,比上年增长9.0%。完成房屋建筑施工面积172.05万平方米,房屋建筑竣工面积138.92万平方米,竣工房屋价值10.39亿元。全年实现利税总额1.30亿元。

【固定资产投资】 2005年完成全社会固定资产投资总额158.38亿元,比上年增长47.1%。从项目隶属关系看,中央项目完成投资2.13亿元,比上年下降8.7%;地方项目完成投资156.25亿元,比上年增长48.3%。从投资主体看,非国有投资积极性增强,成为投资增长的主动力。国有单位完成投资66.43亿元,增长18.4%,非国有单位完成投资91.95亿元,增长78.3%。固定资产投资中,第一产业完成投资10.91亿元,比上年下降15.5%;第二产业完成投资77.69亿元,增长76.2%。其中,工业投资76.24亿元,增长74.8%;第三产业完成投资69.78亿元,增长37.7%。分行业看,电力工业完成投资34.28亿元,增长1.5倍;交通运输业完成投资33.75亿元,增长16.6%。完成投资超亿元的项目有13个,完成投资71.82亿元,占固定资产投资总额的45.3%。其中,京藏高速公路哈磴段完成投资29.06亿元;临河热电厂2×30兆瓦机组供热工程完成投资14.71亿元;乌拉山电厂三期完成投资9.67亿元;紫金公司10万吨锌冶炼完成投资4.50亿元;内蒙古天义番茄加工生产线完成投资1.50亿元。

2005年,巴彦淖尔市城镇以上各种经济类型单位建成投产项目657个,项目建成投产率为82.1%;新增固定资产114.64亿元,固定资产交付使用率72.3%。新增主要生产能力或工程效益有:铁矿石成品矿开采224.50万吨/年,生铁78万吨/年,乳制品18.08万吨/年,城市污水处理能力6万吨/年。共引进国内到位资金84亿元,增长32.4%。其中,引进国内(区外)资金52亿元,同比增长76%;引进区内(市外)资金32亿元,增长45%。

【环境保护】 2005年,环境保护系统职工人数284人,环境监测站4个,监测人员82人。全年实施环境污染治理项目60个,完成治理项目投资1.2亿元。市内设立自然保护区7个，其中国家级自然保护区2个，自治区级自然保护区3个，市级自然保护区2个，自然保护区面积55.73万公顷。

【内外贸易】 2005年实现社会消费品零售总额52.43亿元，比上年增长16.6%。分地区看，市区（临河区）的零售额实现15.55亿元，增长19.1%；县的零售额实现23.75亿元，增长16.0%；县以下的零售额实现13.14亿元，增长15.0%。分行业看，批发零售贸易业实现销售总额40.27亿元，增长17.1%；餐饮业营业额7.04亿元，增长17.6%；其他行业实现零售额5.12亿元，增长11.9%。外贸进出口总额实现11 643.9万美元，比上年下降6.7%。其中，私营企业完成进出口总额7 573.91万美元；外商投资企业完成进出口总额4 069.99万美元。从出口的产品看，农畜产品出口6 529.48万美元；化工产品出口721.74万美元。出口的主导产品有无毛绒、番茄制品、羊绒衫、脱水菜等。

【旅游】 2005年共有旅游企业11家，其中，国内旅行社10家，国际旅行社1家，星级饭店13家。2005年共接待游客94.2万人次，其中外国游客9 364人次。

【交通】 2005年，巴彦淖尔市公路总里程达到8 894公里，等级公路率为88.1%，比上年提高9.7个百分点。公路密度百平方公里达13.8公里。农村公路总里程达4 629公里，占全市公路总里程的53%。其中，村道等级公路3 212公里，乡镇（苏木）通公路率达100%，通油路率达82.3%。高速公路建设实现重大突破，京藏高速公路的建成改写了巴彦淖尔市无高速公路的历史。全年完成公路货运量2 620万吨，较上年增长12.2%；完成货物周转量43.71亿吨公里，比上年增长53.0%；完成公路客运量2 316万人，旅客周转量19.81亿人公里，分别比上年增长3.3%和13.7%。

【邮电业】 2005年完成邮电业务总量10.74亿元，比上年增长4.1%。本地网固定电话用户34.8万户，比上年增长9.8%，平均每百户固定电话拥有量达66.8部；移动电话用户达38.5万户，平均每百人拥有移动电话达22.3部。互联网络注册用户达到2.62万户，比上年增长8.7%。

【财政】 2005年，巴彦淖尔市财政总收入达到21.23亿元，比上年增长32.1%。其中，地方财政收入13.55亿元，增长26.1%。有5个旗县财政总收入超过2亿元。财政总支出35.43亿元，比上年增长19.8%。其中，农业生产支出增长53.3%，医疗卫生支出增长18.9%，抚恤和社会福利救济支出增长47.5%。财政收入占生产总值的比重达到9.6%，比上年提高1.0个百分点。

【金融】 全年金融机构各项存款余额177.23亿元，比上年增长22.1%。其中，企业存款余额28.75亿元，比上年增长21.6%；城乡居民储蓄存款余额128.74亿元，比上年增长19.3%。年末金融机构各项贷款余额为131.28亿元，比上年增长23.1%。其中，短期贷款余额80.40亿元，增长11.4%；中长期贷款47.85亿元，增长53.4%。金融机构现金收入741.03亿元，现金支出758.24亿元，分别比上年增长8.3%和9.3%。收支相抵后，货币净投放17.22亿元，增长81.5%。

【保险业】 全年保险业保费收入32 347.38万元，比上年增长15.7%。其中，财产险收入6 709.20万元，增长31.1%；人寿险收入25 440.18万元，增长12.2%。保险业赔款支出4 078.68万元，比上年增长21.9%。其中，财产险赔款支出3 096.70万元，增长29.2%；人寿险赔款支出981.98万元，增长3.5%。

【科学技术】 2005年，巴彦淖尔市有科学研究开发机构（国有独立）11个，从业人员671人。年内荣获自治区级奖励的科技成果1项，授权专利41项。认定登记各类技术合同70项，合同成交金额2.8亿元。全年科技三项费用支出1 103万元，增长22.6%。

【教育】 2005年，巴彦淖尔市共有普通中学86所，在校生数11.43万人，小学484所，在校生数11.67万人。小学适龄人口入学率达到100%，小学毕业生升学率99.99%，比上年提高0.37个百分点；初中毕业生升学率达72.23%，比上年提高10.58个百分点。7个旗县区全部列入“两免一补”范围，所有农牧民家庭九年义务教育阶段学生全部享受“两免一补”政策，城镇低保家庭义务教育学生也实施“两免”政策，成为全区12个盟市以县为单位少有的被全部列入“两免一补”范围的盟市。

【文化】 巴彦淖尔市以创建民族文化大市为目标，精心塑造“河套文化”品牌，成功举办“中国·首届巴彦淖尔河套文化艺术节”，艺术创作繁荣活跃。作品《王婆骂假》获中国第五届曲艺节最高奖—精品奖；作品《秋》获全区第三届中国画展铜奖、全区第二届美术创作神马铜奖。年末，全市共有艺术表演团体8个；公共图书馆8座，图书馆服务点30个；文化馆7座；博物馆3个；文物保护管理机构3个；档案馆8个；有广播电台1座，中短波发射转播台1座，广播人口覆盖率88.1%；电视台1座，电视转播发射台36座，电视人口覆盖率90.3%；全年发行《巴彦淖尔报》400万份，《巴彦淖尔晚报》310万份。

【卫生】 巴彦淖尔市共有卫生机构163个，其中医院、卫生院136个，专科疾病防治院（所、站）1个；疾病预防控制中心（防疫站)9个,妇幼保健院(所、站)8个。年末医疗卫生单位拥有病床5 111张,比上年增加261张。全市拥有卫生技术人员6 127人,其中,执业医师2 364人;执业助理医师584人。新型农村合作医疗试点工作进展顺利,参加合作医疗的农牧民达到15.73万人,报销补偿医药费用的农牧民达到6.40万人次,累计金额355.4万元。

【体育】 2005年,巴彦淖尔市体育健儿积极备战全区第十一届运动会,共参加13项注册比赛,获奖牌63枚。其中,获金牌16枚,获银牌18枚,获铜牌29枚;在全区第十届中学生运动会上,分获田径乙组团体总分第一名、甲组团体总分第四名和男子排球第二名的好成绩。全市中小学生体育达标率为92.13%,优秀率为20.16%。群众体育运动蓬勃开展。成功举办巴彦淖尔市首届职工篮球赛、"巴彦淖尔晚报杯"乒乓球邀请赛、老年门球赛等多项群众体育运动。

【人民生活】 是年,城镇居民人均可支配收入达到8 022元,增长16.1%。城镇单位在岗职工年平均工资达到12 455元,比上年增长13.3%。农牧民人均纯收入为4 265元,比上年增加747元,增长21.2%。其中,农民收入4 320元,增加771元,增长21.7%;牧民收入3 153元,增加261元,增长9.0%。农牧民来自畜牧业的收入达1 005元,占纯收入的比重为23.6%,较上年提高0.7个百分点。城乡居民人均储蓄存款余额为7 420元,比上年增长21.8%。城镇居民人均消费支出达5 519元,比上年增长12.3,恩格尔系数(居民家庭食品消费支出占消费总支出的比重)为32.7%。农牧民人均消费支出为3 209元,比上年增长20.0%,恩格尔系数为41.1%,比上年下降2.8个百分点。

【社会保障】 2005年全市有16.69万名职工参加基本养老保险,较上年新增参保职工1.7%。纳入社会化管理离退休人员达3.60万人,共发放离退休人员养老金29 272万元,增长28%。养老金发放率100%;参加基本医疗保险的各类城镇职工达13.94万人,增长15.5%。共支付基本医疗保险费8 599万元,增长15.5%;参加工伤、生育保险的企业职工分别为4.12万人和2.75万人,较上年增长51.3%和82.4%。年末全市各类社会福利床位236张,收养人数225人;城镇各种社会救济对象得到国家最低保障救济的户数为21.75万户,人数为49.59万人。全年体育彩票销售额达到612万元,筹集社会福利公益金120万元。

【就业情况】 2005年末巴彦淖尔市全社会从业人员86.8万人。分产业看,第一产业从业人员50.5万人;第二产业从业人员11.3万人,其中,工业从业人员9.2万人;第三产业从业人员25.0万人。在全社会从业人员中,城镇单位从业人员(不包括个体、私营企业和乡镇企业从业人员)达到14.5万人,其中,企业单位7.4万人;机关单位2.4万人;事业单位4.7万人。全年共安置城镇下岗失业人员14 528人,其中,安置下岗职工4 510人。城镇登记失业率为4.25%。

【存在问题】 2005年,巴彦淖尔市经济和社会发展中存在的主要问题是:经济总量小,特别是工业比重小;产业结构不合理,二产不强,三产层次不高;资源综合利用水平低,产业链条短,初级产品多,精深加工少;增长方式粗放,经济效益低;城乡居民增收渠道相对狭窄,收入仍然较低;社会事业欠账较多,统筹发展能力弱;生态恶化尚未根本扭转,草场沙化、土地盐碱化等问题还很突出。

(詹耀中 苏日)

临 河 区

【领导名录】

区委书记:侯凤岐
人大主任:李 彬
区 长:邱进宝
政协主席:常存善
武装部长:白利军
政 委:李 钧

【概况】 1984年11月22日,临河改为县级市,2004年7月临河市改为临河区。位于内蒙古自治区西部的河套平原腹部。地处北纬40°34′~41°17′,东经107°6′~107°44′。隶巴彦淖尔市,为市府所在地。区境南临黄河,与鄂尔多斯市隔河相望,北以乌加河为界,与乌拉特中旗相邻,东接五原县,西与杭锦后旗毗邻。区境东西长36公里,南北宽64.7公里,总面积2 354平方公里。总耕地面积191.24万亩,人均耕地3.6亩,沙漠面积10万亩,草原面积65.41万亩,林地面积50.24亩。距自治区首府呼和浩特市383公里,距首都北京1 050公里(铁路里程)。2005年底将八一乡改为八一办事处。辖7镇、155个村民委员会,11个办事处、66个居民委员会。2005年,全区常住人口53.27万人。其中女性25.91万人,城市人口29.41万人。其中汉族50.1万人、蒙古族1.84万人,回族7 312人,满族1 813人,朝鲜族104人,达斡尔族151人,鄂温克族14人,鄂伦春族3人,壮族37人,藏族76人,锡伯族27人,苗族38人,土家族32人,彝族53人,维吾尔族13人,其它少数民族86人。

2005年,全年完成地区生产总值71.3亿元,较上年增长24.5%;完成财政收入4.9亿元,增长29%,其中地方财政收入3.2亿元,比上年增长19.0%,经济运行呈现前所未有的良好态势。转变经济增长方式,三次产业之比调整到26: 33: 41。农村经济结构进一步优化,畜牧业快速崛起,年末家畜存栏212.8万头(只),同比增长7.7%。粮、经、饲比例调整为33: 37: 30。全部工业实现增加值17.3亿元,同比增长43%。全部独立核算工业企业实现产品销售收入38.6亿元,比上年同期增长58.9%;实现利润总额9 754万元,比上年同期增长1.4%;实现税金1.46亿元,比上年同期增长25.5%;综合经济效益指数143.1%,比上年同期提高18.5个百分点。全区全社会建筑业实现增加值5.97亿元,比上年增长68.7%。

【林业】 全年共完成造林面积8万亩,其中退耕还林(草)3万亩,“三北”防护林1万亩,“天保”公益林0.5万亩。全区森林覆盖率达到14.2%。

【环境保护】 水资源供应稳定。年平均降水量77.1毫米;全年总用水量11.4亿立方米,其中灌溉引水11亿立方米,自来水生产量366万立方米;全年农业新增节水灌溉面积4万亩,年末水厂储水量9 000立方米。对城区主次干道两侧和商住楼下120家餐饮企业排放的抽烟、噪声等扰民污染源进行重点整治,对临五路两侧企业的生产污水在达标后全部纳入城市污水排污管网,北边分干沟主要污染指数明显下降。关停36台小锅炉,企业烟尘、噪声基本达标排放。河、空气、重点污染源的监测继续加强。城市污水处理总量1 022万立方米;全区绿化覆盖面积431公顷,园林绿地面积375公顷,公共绿地71.39公顷;空气质量好于二类标准的天数超过200天,占全年总天数的54%,年平均气温8.8℃,年平均风速1.7米/秒,年平均日照3 132小时。

【固定资产投资】 2005年,全社会固定资产投资实现41.3亿元,比上年同期增长79%,其中:城市建设投资实现15.6亿元,比上年同期增长1.6倍,占固定资产投资额的37.9%。道路建设投资实现3.2亿元,比上年同期增长13.5%。工业投资实现20.65亿元,增长77.7%,占固定资产投资完成额的50%。全区房地产开发投资实现7.36亿元,增长2.4倍;商品房施工面积85.8万平方米,增长96.8%,其中住宅80.4万平方米,同比增长1倍;销售面积57.2万平方米,增长两倍,其中住宅55.4万平方米,增长2.2倍。全区17项重点工程建设项目实现投资27.9亿元。内蒙古娃哈哈集团食品有限公司炒货生产线、维信(内蒙古)羊绒股份有限公司实施的50万米高档羊绒面料、蓝宇大厦等项目建成投产。北方联合电力临河热电厂2×300兆瓦供热机组工程、巴彦淖尔市运输公司物流中心等项目和工程建设进展顺利。

【国内贸易和对外经济】 2005年,全区实现社会消费品零售总额21.7亿元,比上年同期增长18.2%;农村市场实现零售额6.16亿元,增长16%,占消费品零售总额的28.3%。2005年,全区限额以上贸易餐饮企业实现消费品零售额6.68亿元。对外贸易有所回落。2005年,全区工业产品出口交货值实现3.6亿元,由于绒毛企业出口退税减免,比上年同期下降28%。全年共引进国内资金16.39亿元,增长46.5%,其中引进国内(自治区外)资金11.72亿元,增长62.5%;引进自治区内(市外)资金4.67亿元,增长48.3%。

【旅游业】 成功举办2005年河套蜜瓜节等系列促销活动,全年旅游总收入达1 400万元。

【交通】 2005年,全区货物运输总量976.8万吨,其中:铁路75.8万吨,比上年增长41%;公路901万吨,比2000年增长2.7倍。旅客运输总量857.4万人次。其中:铁路79.4万人次,比上年增长21.9%;公路778万人次,比2000年增长1.1倍。全区拥有公共交通线路9条,运营里程360万公里。全区共有公交运营车辆109辆,客运出租运营车辆934辆。全年城市公共交通运送乘客720万人次(不含出租车);全年出租汽车客运量达到2 500万人次。全区公路通车里程达到1 658公里,其中高速公路17公里,公路养护里程248公里,通村油路达到218公里,黑色路面铺装率达到34%。

【邮电通信】 全区实现邮电业务总量5.2亿元,比上年增长16.7%,比2000年增长1.9倍。固定电话用户年末达到14.6万户,比2000年增加9.6万户。移动电话用户年末达22万户。互联网宽带用户达到1.4万户。

【金融 证券】 2005年末,全区金融机构各项存款余额86.5亿元,增长25.5%。其中城乡居民储蓄存款余额59.6亿元,同比增长21.3%;企业存款余额17.3亿元,比年初增加4.2亿元。全区金融机构各项贷款余额66.3亿元,增长33.1%。其中工业贷款余额6.3亿元;商业贷款18.6亿元,增长51.8%。在金融调控力度加大的背景下,确保重点信贷投入。全年新增人民币短期农业贷款1.3亿元,同比增加5 400万元。2005年人均达到11 300元,年均递增13.5%。证券市场各类证券成交额8.46亿元,比上年增长3.2%。其中股票成交额7.59亿元;国债成交额186万元;基金成交额1 769万元。

【保险】 全年保费收入1.37亿元,比上年增长16.1%,其中财产险保费收入3 684万元,增长41.4%;人身意外伤害险保费收入355万元;健康险保费收入279万元;寿险保费收入8 226万元。各项赔款与给付支出2 388万元,同比增长37.3%,其中人身险业务赔款和给付支出831万元;财产险业务赔款支出1 557万元,增长26.5%。

【科学技术】 2005年,全区有10项科技成果获巴彦淖尔市科技进步奖,其中一等奖1个,二等奖2个,三等奖7个。有两项专利申请获得批准。全区拥有技贸机构40家;产品质量检验机构13家;法定计量技术机构1家;地震观察台站2个;拥有高空探测雷达一部,卫星云图接收系统一套,713雷达系统一套。

【教育】 全区有普通高等教育院校1所,招生数1 366人,在校生5 873人,专任教师526人;普通高中9所,招生数7 834人,在校生19 469人,毕业生4 826人,专任教师848人;初中学校13所,招生数5 168人,在校生21 176人,毕业生8 965人,专任教师1 040人;普通小学101所,招生数6 833人,在校生39 699人,毕业生6 013人,专任教师2 229人;职业中学12所,招生数1 926人,在校生6 963人,毕业生2 880人,专任教师517人;幼儿园在园幼儿9 749人,专任教师216人。

【文化】 2005年临河区有艺术表演团体2个,文化馆2个,档案馆2个,博物馆1个,公共图书馆2个,总藏书23万册。建成城乡文体站24个,村、组、社区文体活动室530个,对外开放文体休闲场馆14家。开展大型文体活动16次,播放电影800场,成功举办中国首届河套艺术节临河区第六届蜜瓜节。《半世姻缘》等一批文艺创作作品荣获各类大奖。拥有广播电台1座,调频转播发射台6座,播出节目2套,广播综合人口覆盖率94.6%;有电视台1座,电视转播发射台5座,播出节目3套,电视综合人口覆盖率96.9%;有线电视用户达到6.5万户。新闻出版事业取得新进步。全年出版发行报纸710万份。

【卫生】 年末临河区共有各类医疗卫生机构46个,其中医院10个,门诊部2个,专科防治所(站)1个,疾病预防控制机构2个,妇幼保健机构2个,卫生监督机构2个,乡镇卫生院19个。拥有床位2 469张,其中医院拥有床位1 707张。年末全区卫生技术人员2 767人,其中执业医师及执业助理医师1 335人,注册护士747人。

【体育】 社区体育活动形式多样,广泛开展全民健身月活动,参与人数达10万余人;农村体育快速发展,全年举办六次农民运动会,广大农民参与体育健身的意识进一步提高;竞技体育稳步发展,体育场地和体育设施逐步健全。

【人民生活】 2005年,全区城镇单位从业人员年人均劳动报酬1.2万元,同比增长11.3%,扣除居民消费价格因素,实际增长9.7%。城镇居民人均可支配收入8 304元,比上年增加1 152元,同比增长16.1%,其中人均工薪收入为5 133元,比上年增加608元;经营净收入989元,增加128元;转移性收入2 058元,增加156元。农村居民人均纯收入4 748元,比上年增加844元,同比增长21.6%,其中工资性收入513元,增长49.3%;家庭经营收入3 980元,增长16.7%。城镇居民人均消费性支出5 770元,增长10.3%,其中人均交通、通信支出661元,增加12.4%;人均教育文化娱乐服务支出866元,增长27%;人均购房和建房支出569元;人均医疗保健支出407元;增长14.3%。平均每百户家庭拥有家用汽车1辆、家用电脑8台、接入互联网计算机3台。人均居住面积20.3平方米。农村居民人均生活消费总支出3 203元,增长41%;其中交通通讯支出321元,增长63.8%;医疗保健支出189元,增长49.6%;教育支出594元,增长19%。平均每百户拥有电冰箱14台、摩托车61辆、移动电话51部,拥有电视的住户达97%以上。人均住房面积达到22.6平方米。

【社会保障】 2005年,全区有11.2万人参加基本养老保险,比上年增长104.7%,其中个体经营者参加基本养老保险6 558人。有3.86万人参加社会失业保险,比上年增长3.2%;参加基本医疗保险人数达5.1万人,比上年增长12.9%。全年发放离退休人员基本养老金1.26亿元;为4 944户、1.25万城镇低保对象发放城镇居民最低生活保障金1 132万元。全年共投入各类扶贫资金1 484元,有6 500贫困人口解决温饱或越过低收入线,返贫率控制在4.5%。参加新型农村合作医疗的人数达到15.7万人,大病和门诊报销医疗费446万元。初步建立起覆盖全区城乡的社会救助体系,其中农村特困救助2 295人、医疗救助640人。全区各类社会福利院拥有床位530张;收养400人,全年安置复转军人54人,有77名复转人员领取自谋职业补助金33万元。救灾救济救助制度得到实施和完善,各项社会福利业、社区服务业稳步健康发展。

(孙　燕)

乌拉特前旗

【领导名录】

旗委书记:贾英祥

人大主任:特并塔布(蒙古族)

旗　　长:张喜民

政协主席:杨秀梅(女)

武装部长:崔　平

政　　委:贾秀敏

【概况】 乌拉特前旗位于巴彦淖尔市东南部,东与包头市毗邻,西与五原县相连,北与乌拉特中旗接壤,南至黄河与鄂尔多斯杭锦后旗和达拉特旗隔河相望。面积为7 476平方公里,旗政府所在地为乌拉山镇。共辖8镇、1苏木,173个行政村,741个村民小组。乌拉特前旗共有100 918户，总人口33.4万人，非农业人口94 877人，有蒙、汉、回、满、朝鲜、达斡尔、壮、锡、伯、苗、土彝、维吾尔等16个民族。

2005年，乌拉特前旗完成国内生产总值40.92亿元，同比增长23.6%；财政收入连续两年保持25%以上的高增速，完成3.86亿元，同比增长33.4%；各苏木乡镇完成财政收入3 712万元，完成全年任务数的200%；城镇居民和农牧民人均可支配收入分别达到8 006元和4 400元，同比增长15.9%和27.7%；三次产业比重由上年的31.3：41.5：27.2演进为29.4：44.6：26.0。位次由上年的第96位崛升至2005年的第73位，在全区进入西部百强的19个旗县中名列第13位。

【农业】 2005年先后协调贷款和筹集资金3.5亿元，用于扶持和发展五大产业。全年共购进基础母羊11.7万只，奶牛3 073头，牲畜总饲养量达313万头（只）；畜牧业增加值完成3.32亿元，占第一产业增加值的24.1%，同比增长26.6%；新建青贮窖池33 147座，完成青贮9.3亿斤，青贮和疫病防治工作走在全市的前列；番茄种植面积进一步扩大；杂交花葵新品种种植成为农民增收的新亮点，推广面积达到22万亩。再加上中央的各项惠农政策，2005年成为农民增收最快的一年。预计完成农业总产值20.14万元，完成粮食总产量71.8万斤。农牧民人均纯收入4 400元，全年完成造林任务36万亩，完成计划任务的3倍，被区、市两级评为造林绿化先进旗县。

【工业】 大中、乌化、乌电、塞外星华章、临化5户重点骨干企业全年始终保持高位增长、高效运行的态势，其工业增加值占全旗规模工业的57.3%。规模工业和全部工业增加值连续两年保持40%以上的高增速，分别达10.8亿元和12.99亿元，同比增加3.9亿元和4.6亿元，可比增速分别为46.4%和41.5%。工业对财政的贡献率达到65%，同比提高10个百分点。人均GDP在上年首次超1万元的基础上达到1.42万元。

【城镇建设】 全年完成房地产开发面积19万平方米，公用建筑5.2万平方米，民用建筑3.2万平方米。完成城市建设投资3亿元，同比增长11%。投资2 420万元，高标准建成一完小、三完小、五中、六中4座教学楼和相关配套设施；投资1 525万元，配套完成4条道路的绿化和4所学校及旗医院的拆墙透绿工程；党政办公大楼于4月正式投用，完成总投资560万元的政府广场及周边绿化、美化、亮化工程，投资390多万元实施镇区内厕所改造、垃圾处理、巷道硬化、排污入巷等便民工程，部分解决群众行路难、如厕难等问题；总投资2 000多万元的城市污水和工业废水合排应急工程已投入使用，实现对黄河的零排放；与北京首润集团达成污水处理和工业供水项目协议。总投资900万元的萌业农贸市场和总投资500万元的两个高速公路环岛工程以及总投资275万元的西山咀农贸市场全面完工；总投资2 000万元的巴彦淖尔市运输物流配送中心可于2006年内建成；文化中心接近完工，天义购物广场建成开业；原西山咀镇晋升为六星级文明城镇。

【交通】 京藏高速公路前旗段111公里全线贯通；在实现乡乡通油路的基础上，提前一年启动村村通油路工程，年内新修村村通油路96公里。

【招商引资】 全年共引进国内（区外）资金7.93亿元，增长64%，居全市第二位；引进区内（市外）资金5.59亿元，增长53%，居全市第一。总投资1.2亿元的污水处理和工业供水项目成功落地，首期4 000万元资本金注册到位；乌化公司28万吨合成氨、临化公司“6改10”万吨PVC、同达公司60万吨水泥熟料等12个重大项目顺利开工，完成投资13.5亿元。

【环保项目】 11月，乌拉特前旗政府与北京首润公司达成污水处理及供水工程项目协议，该污水处理及供水工程总投资14 567.22万元，总设计规模为日处理污水10万吨，日用水1万吨的规模。

【旅游】 是年，为实现区域合作，拉边消费，乌拉特前旗旅游局联合周边的强势旅游景点推出一批以“回归自然、享受家园”为主题的旅游路线，根据不同游客的需求适时推出“红色旅游、民族风情游、休闲度假游、生态观光游、爱我家乡游”为主题的不同特色的精品旅游线路，深受广大市民青睐。

【教育】 共撤并完小12所，教学点4个，校变点7个，建成九年一贯制学校3所，接收农管系统学校6所，分流教师122人，聘用教师136人。

【友好交流】 9月7日，瑞典教育考察团对乌拉特前旗一中进行为期两天的考察。来自瑞典各中学的教师们观摩数学、英语、化学实验、体育、英语等课程的教学活动后，就课堂教学模式、教学思想等方面进行座谈，广泛交流意见。瑞典教师对中国中学特别是地处经济、社会发展水平相对落后的前旗一中的办学成绩、办学规模、办学模式、教育教学手段与方法等产生浓厚的兴趣，引起极大的关注。瑞典考察团团长汉斯与前旗一中校长张兴华双方达成协议，2006年瑞方将再派教师代表团考察一中，同时将邀请一中的教师到瑞典中学进行考察。

（刘　芳）

乌拉特中旗

【领导名录】

旗委书记:陶格陶(蒙古族)

人大主任:乌　兰(女　蒙古族)

旗　　长:斯　庆(蒙古族)

政协主席:皇甫义

武装部长:刘润生

政　　委:樊根在(4月离任)　张喜闻(4月任职)

【概况】　乌拉特中旗位于内蒙古自治区巴彦淖尔市东北部,地处北纬41°07′~42°28′,东经107°16′~109°42′。北与蒙古国交界,南接乌拉特前旗、五原县、临河区、杭锦后旗,东邻包头市达尔罕茂明安联合旗、固阳县,西连乌拉特后旗。有中蒙国境线184.4公里,对应开通国家一类陆路季节性口岸:甘其毛道口岸—蒙古国南戈壁省汗博格德县嘎顺苏海图口岸。全旗总面积23 096平方公里,其中可耕地面积120万亩,占总面积的3.5%;草场面积2 781万亩,占80.3%;其它面积563万亩,占16.2%。全旗总人口44 015户137 481人,其中城镇人口35 396人,乡村人口102 085人;农业人口102 302人,非农业人口35 179人。蒙古族有25 762人,占18.7%;汉族110 730人,占80.5%;其他少数民族989人,占0.8%。人口出生率7.99‰,人口自然增长率4.60‰。全旗辖5个镇、8个苏木、3个乡、1个牧场,有村民委员会120个,村民小组278个。旗人民政府驻地海流图镇距巴彦淖尔市政府所在地临河区161公里,距包头市219公里,距内蒙古自治区首府呼和浩特市391公里。

2005年,全旗国内生产总值完成16.38亿元,同比增长25%。其中第一产业增加值完成6.16亿元,同比增长8%;第二产业增加值完成7.36亿元,同比增长50.2%;第三产业增加值完成2.86亿元,同比增长14.5%。三次产业结构由上年的44.0:37.2:18.8调整为37.6:44.9:17.5。全年固定资产投资完成13.4亿元,同比增长36%,地方财政收入完成8 877万元,同比增长27%。城镇居民人均可支配收入8 241元,同比增长15.96%,农牧民人均纯收入3 387元,同比增长12.5%。社会消费品零售总额完成4.13亿元,同比增长15.1%。

【农业】　2005年,完成农作物总播面积68.17万亩,其中粮食作物播种面积37.24万亩(小麦16.99万亩,玉米15.63万亩,马铃薯1.39万亩);油料作物14.68万亩;其它经济作物3.39万亩;优质牧草12.92万亩;复种蔬菜0.06万亩。粮经饲比例由上年的30.9:26.9:42.2调整为31.7:26.4:41.9。减免农业税和农业税附加384.42万元,发放粮食直补384万元,玉米良种补贴款100万元,农机具购置补贴12万元。全旗粮食总产量29 071万斤,比上年增长4.5%,油料产量6 166万斤,比上年增长42.1%。实现农业总产值47 287.3万元,同比增长23.16%。全旗农牧业机械总动力23.76万千瓦,比上年增长0.7%,拥有大中型拖拉机792台,小型拖拉机11 565台,较上年增加15台和60台,农村用电量4 656万千瓦时,较上年增长9.2%。

【畜牧业】　全旗牧业年度牲畜存栏头数197.75万头(只),总增牲畜58.32万头(只),总增率为30.5%;日历年度牲畜存栏头数达131.41万头(只)。年末牲畜饲养总量达260.6万头(只),同比增长24.7万头(只)。2005年各类肉类总产量22 428吨,出售肉类总量18 755吨,奶类产品产量7 532吨,禽蛋1 503吨,山羊毛产量41吨,绵羊毛产量1 238吨,山羊绒产量247吨,牛皮1 873张,绵羊皮508 890张、山羊皮628 122张,驼绒1吨。实现牧业产值41 037万元。

【林业】　年内完成退耕还林2.4万亩,补植5.4万亩,天保封山育林3万亩,三北四期防护林8 000亩。完成人工造林2.4万亩,零量植树1 918百株,新增育苗面积450亩。实现林业总产值6 885.7万元。推行"先栽后伐、栽十伐一"林木采伐更新办法,并在退耕还林带内间种优质牧草7万亩。受理各类破坏森林资源案件108起,查处108起,打击处理各类违法犯罪人员108人,挽回经济损失11万元。发生森林病虫害、鼠害面积27.42万亩,防治率达100%。

【水利】　2005年,水利建设总投资2 999.46万元,其中国家投资1 743.50万元,地方配套299.6万元,群众自筹956.36万元。完成各类水利工程959处,水利建设总土石方177.09万立方米。清挖各级渠道,清淤土方50.23万方,新建和维修桥、涵、口闸134座,完成平地缩块18.26万亩,农田五配套建设1.4万亩,新增有效灌溉面积3.16万亩,节水灌溉面积7.93万亩,水土治理面积4.96万亩。解决全旗96个自然村、3.1万人、22.6万头(只)牲畜饮水问题。

【工业】　2005年,全部工业企业现价总产值完成150 578万元,同比增长79%,工业增加值实现54 200万元,同比增长60%。全旗规模以上工业企业实现产值97 887万元,同比增长59.1%;完成增加值37 143万元,同比增长60%。工业产品产销率为92.3%,同比增长15个百分点;综合经济效益指数为193%,同比增长3个百分点;实现利润7 704万元,同比增长63.5%;实现税金5 257万元，同比增长50.9%。原油开发、恒德焦化、荣华矿业、温明煤矿、广信矿冶等一批投资千万元以上的大项目相继开工落地，实现投资快速增长，全年累计开工28项工业项目，固定资产投资完成7.8亿元，较上年同期增长23%。同时，依托金泉工业基地，发展高载能企业，引进香港富邦集团、恒德矿业、内蒙古春雪公司等国内知名企业入驻园区，建设10万吨镁深加工、120万吨焦炭冶炼项目和2万吨鳞片石墨生产等项目。全年金泉工业基地实现工业总产值25 185.4万元，完成销售收入21 939.6万元，比上年分别增长65.7%和56.1%。引资额达4.5亿元，完成固定资产投资5 600万元，项目承载和经济带动能力明显增强。

【城镇建设】 2005年全旗城镇建设总投入资金1.35亿元对各级城镇规划、建设和管理进行全新打造，投入资金160万元，聘请中国城市规划设计院等高资质设计单位，重新修编海流图镇、甘其毛道口岸、金泉工业基地等城镇总体规划建设。投资7 589万元，实施海流图镇新区、旧区道路、给排水、园林绿化、供热管网、灯光亮化等基础设施工程。其中投资3 000万元，启动新区建设，新建三纵两横6公里道路和给排水供热等市政基础设施；部门投资1 500万元，新建法院办公楼和地税园区；投资1 200万元，实施旧城改造工程，新建改建道路5.2公里，给水主管道8.7公里，排污主管道5.9公里和6公里供热主管道，新建路灯379基805盏，改造原路灯243基370盏，解决市民供水、排污、供热难等问题。

【交通 邮电】 完成海—五线二级油路改扩建工程，总里程72公里，总投资1.02亿元，其中乌中旗境内59公里；投资990万元，开工建设总里程22公里的白音厂汉—新忽热线三级油路工程；投资158万元，完成海流图镇至固阳县达头地段公路收费所建设工程；投资220万元，完成武川—海流图线珠斯毛勒桥建设工程。全年完成公路货运量25万吨，较上年增长78.6%；货物周转量5 426万吨/公里，比上年增长16.1%；公路客运量41万人，客运周转量3 432万人/公里，小额养路费征收75万元，同比增长2%，小修养护130万元，同比增长12%。移动、固定电话数量成倍增加，资费下调。全年邮电业务量1 628万元，比上年增长6.5%。固定电话装机数量达16 452部，移动电话拥有量36 655部，增长56.6%。

【内外贸易】 2005年全旗实现社会消费品零售总额41 338万元，同比增长15.1%。分地区看，县的（海流图镇地区）零售额28 937万元，增长16.8%；县以下零售额12 401万元，增长11.4%。分行业看，批零贸易业零售额35 781万元，增长15%，餐饮业零售额4 012万元，增长17.3%，其他行业零售额1 545万元，增长4%。

全年口岸出入境人员86 233人（次），出入境车辆14 407辆（次），边民互市贸易额5 100万元，流动人口达26万人（次）。进口原煤41万吨，较上年增长11.11倍，全年货物吞吐量43.2万吨，小额贸易额2.1亿元，分别较上年有大幅度增长。贸易总额在全区18个口岸中列第四位。

【招商引资】 全年引进、开工建设项目33项，引入资金84 400万元，同比增长12.1%，其中引进区外项目14项，引入资金51 000万元，同比增长30.77%，引进区内项目19项，引入资金33 400万元。项目主要涉及石油、煤、铁矿等开采加工业。

【科技】 重点推广17项农牧业实用技术，新建乌加河镇、海流图镇、石哈河镇三处科普示范基地。年内被中国科协正式确定为全国科普示范旗，乌加河镇被确定为自治区科普示范乡镇。

【教育 文化】 教育基础设施建设投资485万元，完成4所中小学校的教学楼建设，撤销学区4个、中学1个，将全旗各类学校整合为27所。发放“两免一补”资金213.1万元，受益学生2万余人。加强文化体系建设，苏木乡镇、城镇社区、村（嘎查）文化馆（室）建设分别达到100%、90%和65%。投资180万元，积极实施村村通项目建设，解决收视难问题。

【卫生】 人口出生率为7.99‰，符合政策生育率为99.6%。投资178万元，实施卫生项目11项。全面推行苏木乡镇卫生院院长公开招聘制和医技人员全员聘任制，有效提高医疗救治水平。

【社会保障】 年内，安置失业人员1 278人，失业率4.49%，输出农牧区剩余劳动力15 263人，全旗296户“零就业”家庭全部实现就业。全年参加基本养老保险8 439人，医疗保险9 812人，工伤保险1 111人、生育保险328人，收缴各类保险基金3 015.4万元，支出各类社会保险基金1 800万元，其中发放养老金1 332万元，按时足额发放率100%。在全区率先启动牧民最低生活保障工程。设立农牧区医疗救助专户，为86名救助对象实施医疗救助，支出救助金18.7万元。

（王俊红）

乌拉特后旗

【领导名录】

旗委书记：格日乐甲木（蒙古族）

人大主任：德力格尔(蒙古族)

旗　　长:苏　和(蒙古族)

政协主席:刘建忠

武装部长:吉仁太(蒙古族)

政　　委:汪世锦

【概况】 乌拉特后旗位于内蒙古自治区巴彦淖尔市西北部。地处北纬40°40′~42°22′,东经105°14′~107°36′。阴山东西横跨旗境。东与乌拉特后旗、中旗交界,西与阿拉善左旗毗邻,南与杭锦后旗、磴口县相连,北与蒙古国接壤,边境线长195.25公里。总面积2.5万平方公里,是巴彦淖尔市国土面积最大的旗县。全旗有可利用天然草场2 513万亩。全旗辖3个镇2苏木(2005年底,将原3镇7苏木,合并为现3镇2苏木)。旗府所在地巴音宝力格镇距巴彦淖尔市府所在地临河区50公里,东距自治区首府呼和浩特500公里。全旗总人口55 121人,有蒙古族16 490人,其他少数民族278人,人口密度为每平方公里2.17人。全年人口出生率为8.46‰。

2005年,全旗GTP总量突破13亿元,人均达到3 400美元,增速居巴彦淖尔市第一位;财政收入达到2.75亿元,固定资产投资突破12亿元,城镇居民人均可支配收入7 312元,农牧民人均纯收入2 097元。

【农牧业经济】 至2005年底,全旗牲畜总头数达到72.72万头(只),粮食总产量达2 266万公斤。是年,继续组织实施天然林保护、沙源治理、“三北”四期自然保护区和退耕还林五大国家重点生态建设工程,生态建设面积达131.2万亩;至年底,转移农牧民1 407户5 375人,进城进厂就业安置1 207人。

【基础建设】 2005年,规划区建筑面积达到19.7万平方米,城区绿化面积达到32.8万平方米,并新建成一所完全小学。对教职工购房给予数额5万、期限五年贴息贷款的倾斜。

【矿业经济】 全面实施“矿业立旗”战略,坚持“集中精力抓工业”的发展思路。先后出台《关于加快工矿企业发展的决定》和《关于进一步优化工业经济发展环境的实施意见》等一系列扶持企业发展的优惠政策。年内重点建设以青山工业园区为龙头的工业基地,工业企业现达64户,规模以上企业达到28户,产值超亿元企业7户。2005年一举跨入全国县城经济快速提升百县行列。

（窦永刚）

杭锦后旗

【领导名录】

旗委书记:武银星

人大主任:潘金玉

旗　　长:杜　存

政协主席:钱达楞太(蒙古族)

武装部长:朱安国

政　　委:裴占文

【概况】 杭锦后旗地处河套平原西北角,位于北纬40°6′~41°13′,东经160°34′~107°24′之间。南北长约87公里,东西宽约52公里。旗境东南隔黄河与鄂尔多斯市杭锦旗相望,北靠乌拉特后旗,东与临河区毗邻,东北角与乌拉特中旗相连,西和西南部与磴口县接壤。全旗辖地1 767平方公里。其中可耕地87.13万公顷,耕地86万公顷,森林占地16 066.7公顷,草牧场约32 400公顷,沙漠占地约20 000公顷,海子占地1 913公顷。全旗已建成地块成方(2亩以下)的渠、沟、田、林、路五配套农田75万亩,占耕地总面积的90%。全旗98%的耕地引黄自流灌溉,4%的耕地井水或扬水灌溉。

2005年,杭锦后旗总人口304 853人,其中,男156 162人,女152 162人。有汉族303 346人,蒙古族2 597人,回族1 863人,满族361人,其他少数民族137人;全旗辖8个镇、110个居民委员会,1 069个居民小组。全旗16个乡镇进行撤并调整。调整后辖:双庙镇、三道桥镇、沙海镇、陕坝镇、头道桥镇、二道桥镇、团结镇、蛮会镇。

全年完成生产总值34.90亿元,按可比价计算,比上年增长23.6%。其中,第一产业完成增加值11.84亿元,增长16.6%;第二产业完成增加值11.90亿元,增长42.9%;第三产业完成增加值11.16亿元,增长15.5%。生产总值中三次产业构成比例由上年的38.5: 30.4: 31.1调整为33.9: 34.1: 32.0。二产首次超过一产,比上年提高3.7个百分点,一产比上年下降4.6个百分点,三产比上年提高0.9个百分点。

【农业】 2005年全旗农作物播种面积为124.64万亩,比上年增长0.1%。其中,粮食总播种面积为74.37万亩,比上年增长1.3%。小麦、玉米播种面积分别为43.17万亩和30.89万亩,分别比上年增长1.7%和1.0%。经济作物播种面积为29.20万亩,比上年下降3.9%；耕地内种饲草21.07万亩，比上年增长0.9%。粮经饲比例由上年的59.0: 24.3: 16.7调整为59.7: 23.5: 16.8。从主要农作物产量情况看，小麦产量为17.35万吨，增长3.7%；玉米产量为23.04万吨，增长1.2%。油料产量为2.32万吨，下降18.8%，其中：花葵产量为1.94万吨，下降18.8%。瓜类产量为9.93万吨，增长11.9%。年末全旗农牧业机械总动力39.90万千瓦，比上年增长2.1%，用电量0.36亿度，比上年增长5.9%。

【畜牧业】 2005年，畜牧业产值占农业总产值的比重达到37.7%，比上年提高1.0个百分点。牧业年度牲畜头数为181.95万头只，比上年同期增加22.11万头只，增长13.8%。牧业年度羊的存栏达到158.09万只，比上年增加22.75万只。畜群、畜种结构不断优化，良种、改良种畜头数达175.63万头只，占牲畜总头数比重为96.5%，比上年提高1.1个百分点。能繁母畜86.22万头只，占牲畜总头数比重的47.4%。牲畜出栏加快，全年牲畜出栏总数为168.23万头只，比上年增长1.6%，出栏率为83.7%，比上年提高4.1个百分点。养牛业发展迅速，2005年全旗共购进奶牛0.30万头，奶牛总头数达到4.33万头，比上年增长8.0%。

【林业】 全年完成造林面积2.4万亩；完成退耕还林面积1.8万亩；完成幼林抚育面积2.1万亩，比上年增长12.0%。

【工业】 2005年，全旗规模以上工业企业实现总产值21.43亿元，比上年增长68.6%；完成增加值6.77亿元，比上年增长42.5%（可比价速度）。其中，国有企业实现产值2.33亿元，增长150.3%；集体企业实现产值0.58亿元，增长191.4%；股份制企业实现产值17.27亿元，增长50.1%；外商及港澳台投资企业实现产值1.24亿元，增长76.0%。在规模以上工业企业中，国有及国有控股企业实现产值5.29亿元，增长135.1%。轻工业实现产值18.27亿元，增长56.1%；重工业实现产值3.16亿元，增长91.9%。产销衔接良好，规模以上工业企业产品销售率95.7%。

全旗规模以上工业企业实现利税总额2.44亿元，比上年增长11.7%。盈亏相抵后利润总额达到1.26亿元，比上年增长9.7%。工业经济效益综合指数达226.02，比上年提高19.21个点。全旗有资质等级四级及四级以上建筑企业2家，实现总产值6 761万元。施工房屋建筑面积6.98万平方米，竣工房屋面积5.52万平方米。

【固定资产投资】 2005年，全旗完成固定资产投资21.29亿元，比上年增长60.3%。从投资管理渠道看，城镇综合投资17.09亿元，增长95.9%；房地产开发投资1.53亿元，增长42.0%；农村综合投资1.00亿元，增长33.1%。

在全社会固定资产投资中，用于第一产业的投资4.89亿元，比上年增长30.8%；第二产业投资7.75亿元，增长63.9%，其中工业投资7.25亿元，增长58.5%；第三产业投资9.16亿元，增长85.1%，其中，交通运输业投资2.73亿元，增长59.5%。投资重点继续向生态建设、基础设施建设和食品工业方面转移。

全年完成投资超亿元的项目有3个，共完成投资4亿元，占固定资产投资总额的18.8%。其中：哈磴高速公路投资1.9亿元；沙漠治理国际示范基地项目投资1.1亿元；内蒙古河套酒业集团股份有限公司年产20万吨蕃茄包装生产线和4 000万件包装盒生产线投资1亿元。

全旗各种经济类型单位建设投资项目105个，项目建成投产率为95.5%，新增固定资产20.01亿元。

【贸易】 全年实现社会消费品零售总额7.07亿元，比上年增长了16.5%。分地区看，县的零售额实现5.55亿元，增长14.6%；县以下零售额实现1.52亿元，增长24.0%。分行业看，批发零售贸易业实现销售总额5.54亿元，增长13.6%；餐饮业实现0.92亿元，增长13.2%。

【招商引资】 2005年共引进外资128万美元，引进国内（区外）资金5.4亿元，引进区内（市外）资金4.1亿元，引进在建项目9项，签订意向性协议16项，出口创汇470万美元。

【交通】 2005年末，全旗公路总里程达到1 653公里。全年完成公路货运量50万吨，较上年增长16.3%；完成货物周转量2 840万吨公里，比上年增长16.2%；完成公路客运量504万人，旅客周转量38 018万人公里，分别比上年增长3.5%和5.1%。

【邮电通讯】 全年完成邮电业务总量2 454万元，比上年增长8.6%，其中邮政业务总量525万元，增长5.2%；网通业务总量1 929万元，增长9.6%。年末固定电话用户3.48万户。

【环境保护】 实施生态林业、生态农业、生态水利、生态畜牧、城镇污染防治与集中供热等一系列生态示范区建设工程，2005年通过国家环保总局的考核验收，成为内蒙古西部地区第一个国家级生态示范区建设试点。2005年，委托市环境监测站完成环境质量例行监测4次，对三排干水质监测3次，大气环境质量监测1次。对实现"一控双达标"的5个重点污染源进行监督检查,有效地控制污染反弹。

【财政】 年内完成财政收入3.25亿元,比上年增长25.0%。其中地方财政收入为1.90亿元,增长31.8%。财政支出同步增长,2005年全旗财政总支出为4.38亿元,比上年增长25.9%。在财政支出中,基本建设支出增长4.2%,农业支出增长76.1%,教育支出增长13.0%。全旗居民消费价格总水平上涨1.9%。

【金融】 年末全旗金融机构各项存款余额19.52亿元,比年初增加2.06亿元,增长11.8%。其中,企业存款余额2.23亿元,比年初增加0.23亿元,增长11.6%;城乡居民储蓄存款余额15.96亿元,比年初增加1.69亿元,增长11.9%;年末金融机构各项贷款余额为14.90亿元,比上年增长10.0%。其中,短期贷款余额12.23亿元,增长19.9%;中长期贷款2.67亿元,下降20.1%。金融机构现金收入120.49亿元,现金支出127.72亿元,分别比上年增长0.1%和1.5%,收支相抵后,货币净投放7.23亿元,增长32.6%。

【保险】 2005年全旗保险业保费收入8 505万元,比上年增长159.1%。其中,财产险收入640万元,下降7.8%;人寿险收入7 865万元,增长203.7%。保险赔款支出518万元,比上年增长0.6%。其中,财产险支出355万元,增长10.5%;人寿险支出163万元,下降15.8%。

【科技】 2005年被国家评为全国科技进步先进旗。年内授权专利4项,科普事业费支出16.5万元。

【教育】 年末,全旗共有普通中学13所,职业中学3所,小学118所。普通中学在校生数为1.71万人,职业中学在校生数为0.22万人,小学在校生数为1.99万人。小学适龄人口入学率100.0%;小学毕业生升学率100.0%;初中毕业生升学率达到63.0%。

【文化】 年末,全旗有专业剧团1个;公共图书馆1座,藏书量5万余册;文化馆1座;广播电台1座,广播人口覆盖率100.0%;电视台1座,电视人口覆盖率100.0%;《陕坝周报》全年出版5.4万份。

【卫生】 年末全旗共有卫生机构23个,其中医院、卫生院20个;卫生防疫站1个,妇幼卫生机构1个。医疗卫生单位拥有病床523张,每万人拥有医疗床位17张。全旗拥有卫生技术人员702人,每万人拥有卫生技术人员23人。

【人民生活】 2005年全旗城镇居民人均可支配收入7 591元,比上年增加1 045元,增长16.0%;城镇单位在岗职工年平均工资12 951元,比上年增长11.9%。因国家受减免农业税、实行粮食直补,农产品价格普遍上涨,农民收入增长。2005年全旗农民人均纯收入4 418元,增加829元,增长23.1%。居民储蓄存款继续增加,2005年城乡居民人均储蓄存款余额5 235元,比上年增长10.3%。在城乡居民收入日趋增长的同时,消费水平随之提高,城镇居民人均消费支出4 490元,比上年增长8.7%,恩格尔系数35.4%。农民人均消费支出2 974元,比上年增长10.6%,恩格尔系数43.2%。

【社会保障】 全旗有1.68万名职工参加养老保险,3 500名离退休人员参加退休费社会统筹。全年发放养老金2 784万元。社会保障体系不断健全,全面落实最低生活保障制度,享受低保户数为2 142户,人数达4 789人,基本上做到应保尽保。全年销售社会福利彩票208万元。

【劳动就业】 全旗从业人员为15.20万人,比上年增长14.2%。其中第一产业从业人员为11.08万人,第二产业从业人员为1.24万人,第三产业从业人员为2.88万人。年内通过各种渠道安置下岗失业人员3 127人。城镇登记失业率为4.2%。

(黄积录)

五 原 县

【领导名录】

县委书记:张绥昌

人大主任:吕满贵

县　　长:贺福宝

政协主席:裴世忠(蒙古族)

武装部政委:李　明(3月任职)

【概况】 五原县在内蒙古自治区西部,居河套平原腹部,属巴彦淖尔市所辖县,辖7个镇。五原县属农业县,人口271 942人,面积2 492.9平方公里。

2005年,全县GDP完成28.9亿元,增长23%。第一产业完成增加值11.86亿元，增长17.0%；第二产业完成增加值8.2亿元，增长47.3%；第三产业完成增加值8.86亿元，增长14.1%。全年财政收入完成2.03亿元，增长26%。固定资产投资完成20.9亿元，增长70%。城镇居民可支配收入7 847元，增长15.9%，农民人均纯收入4 237元，增长23.1%。

【农业】 2005年，全县农业总产值达10.6亿元，增长10.9%，占经济总量的32%。农作物总播种面积13万公顷，同比增长10.57%，其中粮食作物5.9万公顷，同比增长13.7%。粮食总产量达370 051吨，同比增长12%，粮食作物主要以小麦、玉米、豆类为主，小麦平均单产359公斤，玉米平均单产700公斤。经济作物总播面积7.1万公顷，主要以葵花、甜菜、番茄、籽瓜、甜瓜为主。五原既是商品粮基地，也是绿色食品生产基地，完成所有镇(乡)无公害农产品生产基地的认证。建立绿色食品生产基地3.5万公顷。主要农作物良种使用率达95%。全年培训农民8万人次。组建农产品流通专业协会6个，带动农户1.5万户。农民的种植业收入达2 753元，同比增加770元，农民人均纯收入4 237元，同比增长23%，全力实施种植创新战略，呈现出玉米、小麦、番茄、进口花葵品种增加，花葵(本地)、甜菜、西甜瓜面积减少的趋势。渔业生产平稳增长，全年水产品产量达1 946吨，实现产值2 015万元。农牧机械化水平明显提高，全年农牧业机械总动力为62.1万千瓦，较上年增长3.3%。农村化肥施用量57 446吨，地膜覆盖面积4.8万公顷。

【畜牧业】 2005年全力实施"养殖突进"战略，全县财政用于发展畜牧业的各类补贴资金有607.5万元。扶持奶牛养殖，强化畜种改良、饲草转化、疫病防治和科技服务，组建养殖协会。当年人工种草1.4万公顷，年内新建青贮窖池1.4万座，购进饲草机具1 000台。全年畜牧业年度总头数134.76万头(只)，其中牛14 919头、猪143 700口、羊117.53万只。旧历年度牲畜存栏112.67万头(只)，比上年增长0.01%。发展特种养殖，全县獭兔存栏6 000只。科学饲养管理多项畜牧先进技术，年度培训农民5万人次，科技对畜牧业的贡献率达70%。现有4家肉食品加工企业。设计加工能力达到1.5万吨、冷贮达970吨。因地制宜建设种畜生产基地，建成现有种羊繁殖场16个、种猪繁殖场14个，附带奶牛养殖小区的奶站19处。加快改良进度，改良肉羊57万只，购入国内种公羊494只、德国种公羊81只；购进高产(优质)冷精6 500枚，为提升奶牛质量，购入进口奶牛400头，畜牧养殖业数质并提。2005年的畜牧业增加值3.06亿元，农牧民人均纯收入中来自畜牧业的收入为1 176元，同比增收128元，农业由种植业主导型向养殖业主导型转变明显加快。

【林业】 五原县50%的土地适宜造林，2005年林业生态建设整体水平提高，全年投资483万元完成造林0.27万公顷，其中退耕还林0.16万公顷，防沙和治沙工程造林0.04万公顷，封育林0.033万公顷，选用优质乔木种苗544万余株，灌木种苗786万余株，全县共建义务植树基地15个，绿化110国道34公里。林业产业发展加快，当年产枸杞95万公斤，产值达1 500万元；果品产量达128万公斤，产值达130万元。年木材产量保持在5 000余立方米，产值180万元。全县活立木蓄积达80余万立方米，有林业产品加工企业59户。

【水利】 农田水利基本建设是农业的命脉，推行节水灌溉，降低农业生产成本。2005年全县以抓平地缩块为主，重点解决影响农业生产的桥梁、口闸、渡槽建筑物。全年用于农田水利建设投资达2 332.8万元，完成平地缩块8.38万公顷，农田配套1.06万公顷，新增节水灌溉面积0.7万公顷；完成支沟清淤10条，渠沟2 200条，总长度653公里；新修农田道路902条，总长度241公里；新建各类水利工程建筑物960座。投资1 240万元启动两个乡镇防砷改水应急工程和一个乡的集中供水工程，可解决1.8万人和7.5万头(只)牲畜的饮水。投资127万元实施农业综合开发0.19万公顷。加强水政水源管理，全县组建用水协会84个，黄河防汛耗资208万元。全县淡水区储量9 118万立方米。

【工业】 全县工业形成以粮油、炒货、番茄食品加工业为主；电力、化工、金属冶炼、制砖多业并举的格局。有独立核算企业65户。呈现出总量增加、投资增长、财政增收态势。实施"工业强兴"战略，全年投资2 968万元，实施重点项目20个。引进外资8.1亿元，同比增长31%。重点工业企业(年产值达200万元以上的企业)有43家，产品销售率达95.6%，全年工业企业实现总产值15亿元，实现工业增加值4.9亿元，同比增长63.3%。工业占GDP的比重达15%，同比提高3个百分点，来自工业的税收为3 200万元，同比增长41.3%，对财政的贡献率达16%。工业企业经济效益指数达133.4%，全员劳动生产率比上年提高73%，实现利润2 126万元，较上年增加623万元，全年工业亏损企业13家。年内工业主要引进项目：新疆维吾尔自治区中基公司、乌海达蒙菲公司投资2.2亿元的日处理番茄4 150吨番茄酱加工厂，达拉特旗宏珠商贸有限公司投资5.7亿元实施4×2.5万千瓦热电联产电厂；河北省大唐电力公司实施2×60万千瓦火电厂(前期投资1 000万元)，内蒙古航天管道液化气安装工程公司投资2 100万元兴建年产1万吨PE管材厂。重点投资工业项：同泰玻璃制品公司投资500万元实施5号炉扩建；福利肉联厂投资1 500万元实施30万只肉羊加工；蒙源粮油公司投资8 700万建成年产4万吨油葵剥仁厂；内蒙古鑫郡绒毛制品公司投资1 220万元建成年产200吨绒毛分梳项目。

【城镇建设】 县城面积10.2平方公里,城镇常住人口6.2万人,人均公共绿地面积6平方米。当年城镇建设总投入5.8亿元,市政基础设施投入1.6亿元,其中投资7 928万元完成隆兴昌大街、前进路改造工程4 455米,实现电力、通讯、供暖、供水、供气管理体制线地埋。投资1 300万元实施城区东环线工程,城镇外部交通格局基本形成,城市框架扩大。公共建设总投资6 858万元,总面积6.47万平方米,重点实施葵花广场绿化、硬化、美化工程,新安装路灯1 849盏,全年用于房地产开发总投资3.3亿元,建房面积31万平方米。实施"文化兴县"工程战略,募捐109万元兴建五原抗战烈士陵园,陵园占地面积6.6公顷,建有门楼、纪念碑、纪念墙(照壁),规划设计并启动新建再现北伐壮举的宏大景观—冯玉祥誓师广场(面积4.5公顷)、历史文化标志建筑—古郡博物馆(面积10 000平方米)。

【交通】 2005年投资612万元完成110国道城区段拓宽改造工程;投资1 366万元完成五原县城至建丰农场三级通乡油路22公里;投资100万元新建五个乡镇汽车站。争取到上拨1.2亿资金修建五原与哈磴高速公路连接线项目33.5公里;争到上拨资金1 300万元新修4.6公里城区东环线路。全年交通运输业实现增加值3.2亿元,较上年增长20.8%。公路货物运输量完成254万吨、货运周转量6 570万吨公里,客运量385万人次、客运周转量4 531万人公里。

【邮政 电信 电力】 全县设9个邮政所,邮路总长2 730公里,除县城(隆镇)外6个镇均有邮电所(代办所),平均服务人口3万人/所,年均订报284万份。固定电话每百户56部,移动电话每百人58个,互联网用户2 913户。全年共完成邮电业务收入8 600万元(1950年2.63万元,1994年386.5万元),比上年增长31.5%。当年完成投资1 607万元,供电量实现22 268万KW·H,售电量21 060KW·H,综合线损5.5%。销售收入1 097万元,利润48万元。实现7座变电站线路互带、互联供电。

【国内贸易】 全县个体工商户达9 170户。商品销售主要是农畜产品及中成药、玻璃制品、化肥、机制砖、机制纸。全县组建农畜产品流通协会74个(县乡组建),协会介入流通、销售。建成农副产品交易市场17个,农副产品加工园区2个,小菜籽、枸杞、苹果梨生产销售区各1个,当年主要农畜产品销售:商品瓜销售11万吨,商品率达90%,平均亩产效益2 000元;花葵、油葵销售加工12.5万吨;面粉销售余储40万吨;加工番茄3.94万吨,全部销售出口;合成氨销售3.75万吨;玻璃制品销售5.12万吨;机制砖销售7 600万块。扩大商品流通内引外联领域,依托鸿鼎农贸市场吸引250户长住客商,当年实现农副产品交易总量250 000吨,交易额12亿元。全县1.2万人从事临时或长期流通服务工作,有3 800辆车用于农产品贩运。畜产品销售大幅增长,有畜产品加工龙头企业4家,当年加工牛、羊、猪肉1.5万吨,销售收入达860万元,实现利税93万元。全县消费品市场价格总体略有上升,全社会消费品零售额达到6.77亿元,同比增长15%,全县批另贸易餐饮业全年实现增加值2.9亿元,同比增长12.7%。全县财政收入来自批零贸易餐饮服务业达0.36亿元。主要出口产品有番茄酱、羊绒、皮革、面粉、白酒瓶;主要进口产品有部分名牌手机、化肥(种肥)。

【招商引资】 全年共引进国内(区外)资金4.4亿元,同比增长45%;引进区内(市外)资金3.8亿元,同比增长20%;引进市内资金1.3亿元,争取上级对口项目资金9 617万元。引进投资项目15项,其中区外5项、区内市外10项。主要项目有:新疆中基集团日处理番茄3 850吨番茄加工项目、安徽喜洋洋公司年产9万吨乳制品项目、内蒙古蠡郡绒毛制品公司年加工绒毛200吨项目、福州客商建设五州商城项目、天津静海县筹建冶炼铸铁项目。当年投入5 727万元,实施县基础设施建设、土地征用、让税,为投资者营造宽松的发展环境。投资68万元,精心编制各类项目200个。

【环境保护】 2005年全县以规范环保审批项目、加强对污染企业监测、挂牌督办、广泛宣传为重点。制定出台《五原县开展整治违法排污企业保障群众健康环保专项行动实施方案》,坚持"预防为主,防治结合"的环保方针,对新、改、扩建项目进行严格审批及验收和评价。当年新、改、扩建项目审批率达100%,办理环境影响评价手续38项。促进企业开展清洁生产,深化工业污染防治,走新型工业化道路。县政府与相关的污染企业鉴定环保达标责任状,要求企业环保设施稳定运转率达95%,工业固体危险废物安全处置率均达100%,石区绿化覆盖率达到35%以上,企业员区和周边群众对企业环保满意度达90%以上。当年全县有8家环境优良企业,正式编报上报国家环保总局创造国家生态范县的规划(为区级创建单位)。全年共处理解决各类环境污染案件30起。对5家重点污染企业进行整治,大民财纸业公司投资50万元对废水进行改道排放;宏昌化工公司投资120万元新建不绣钢凉水塔2台,减少污水排放量;富源热力公司投资30万元购买防尘设备;同泰玻璃制品公司取消4台污染大的小锅炉,新上4吨节能环保锅炉;润泽稀土公司被责令停产整治放射废物。有效开展环境保护宣传,全年发放宣传材料3 000余份、新刷墙体广告38处,播报环保信息40条。

【财政】 全县财政收入完成2.03亿元,较上年增收4 207万元,增长26%,其中:地方财政收入完成1.65亿元,较上年增收3 499万元,增长26.8%;上划中央税收完成3 819万元,较上年增收

708 万元,增长22.7%。财政支出3.65亿元,增支7 292万元,增长24.9%,年末财政结余 69 万元。执行“收支两条线”管理,非税收入专储额完成3 792万元,较上年增收 120 万元,增长3%。规范国有资产管理、增加资产收益,国有资产收益共计入库3 843万元,同比增收3 208万元,增加 5 倍。争取到上级资金9 617万元。保障重点投入:“三农”投入5 948万元,比上年增长49%;对重点工业投入1 702万元;城镇建设重点投入7 928万元;教育事业投入9 173万元,较上年增长11.2%;卫生事业投入3 905万元,较上年增长12.8%,社会保障投入6 871万元,增长21.6%。

【金融】 有金融机构 7 个,各镇均有营业所(信用社)。全年存贷款同步增长,全县金融机构各项存款17.59亿元,较上年增长17.8%,其中城乡居民储蓄存款14.64亿元,较上年增长21.6%;各项贷款9.28亿元,较上年增长7.6%,其中农业贷款4.11亿元,工业贷款3 390万元。全年保险业务收入为3 341万元,同比增长13%,已决赔款 542 万元。

【科技】 全县有科技信息机构 3 个(科技局、信息科技服务中心、科技协会)。从事科技专职人员 127 人,五原县政府信息网开通,建有农业科技示范园区,电视台设有科技信息—《经济窗》实用技术栏目。2005 年投资 30 万元在全县新建 7 个各具特色的新科技园区,共引进试验、示范项目 10 项,品种 91 个,全县进口杂交葵花品种占花葵品种总数70%,引入新疆番茄品种,引入蓖麻、桔梗、柠条、桑树新品种进行科学试种。全年共举办农牧民适用技术培训班 230 场,受培训人数达 1 万余人,发放科技资料 13 万份。

【教育】 全县有普通中学 14 所,在校学生22 302人,比上年增长1.8%;小学校 108 所,在校学生19 859人,比上年下降2.7%;幼儿园 11 所,在园人数4 443人;学龄儿童入学率为100%,中学入学率98%,辍学率2%,严格控制班容量。全县在职教师3 248人。撤并农村中小学 44 所,减少教学班 210 个,分流教职工 299名,招聘录用师范毕业生 70 名,高中教育、职业教育、民办教育同步发展,全县有85%的初中毕业生进入高中学习,高中普及率达到79%。通过调控,压缩普通高中招生规模,职业高中招生增至 400 人,农村初中全部渗透职业教学内容。加强对民办学校管理和指导积极给予扶持,按照“委托办学”的形式,为其补充公办教师 48 名,调配学生1 300名,年度内共培训中学教师1 190人,小学教师1 688人。确立一小、五中为教研试点学校,建成各级学校教科研基地 18 个,确定教科研课题 42 个。课题与素质教育有机结合,有1 300名教师聆听素质教育和教学改革报告会。全县用于解决集中办教育资金 124 万元,投资1 514 万元兴建教学楼、实验楼1.96万平方米。认真落实“两免一补”政策,发放补贴和减免费用563.2万元,2.5万名农村中小学生受益。现代化远程教育逐步完善,对 252 名相关技术人员进行培训。2005 年五原县高考结果为考入重点院校人数较往年减少,本科上线人数(包括三本)占高考人数24%。

【文化】 实施“文化兴县”战略,全县有艺术团体、文化馆、公共图书馆、档案馆各 1 个;广播电台、电视台、微波站各 1 座;乡镇文化站 14 个;县委机关报社一个,广播电视覆盖率100%。当年投资1 000万元兴建文体活动中心,投资 115 万元更新电视台采编和传输设备、募捐资金 109 万元筹建抗战烈士陵园。参加中国首届河套文化艺术节演出圆满成功。开展送文化下乡活动,全年送戏 130 场,丰富乡村文化生活。首次举办知青回访大型广场文艺晚会。充分发挥图书馆的服务功能,扩大借阅量,年借1 万人次达 1 万余册,接受捐赠书刊 700 册,增送文化图书1 000册。开展“科普之春”电影汇影活动,并结合抗战胜利 60 周年纪念活动,年内放映科教、历史影片 200 场次,县农村电影队被评为“全区农村电影放映先进集体”。全年开展文化市场集中检查 10 次,认真管理、指导乡镇举办 10 场文化交流会。

【卫生】 2005 年全县共有医疗卫生机构 121 个,其中县直医疗机构 6 个,乡级医疗机构 14 个,以上医疗机构拥有床位 537 张,每万人拥有床位 19 个,卫生技术人员 661 人。全年发生 7 例出血热病,为此对 776 个社进行大范围灭鼠,开销资金 5 万元。全年中小学生健康体检12 000人,普查妇女病1 236人。新生儿“五苗”接种率98%,乙肝疫苗接种率95%。农村改水工程是以防砷改善水质源为目的,共对 30 个自然村,1 511个饮水源,1 972户农户进行普查,查出砷中毒患者 375 人。为改善水质,全县总计投资1 000万元进行改水,受益人口27 000人。当年为1996 年以前退休的企业职工办理医疗保险统筹。

【体育】 丰富活跃群众体育活动,举办第二届民营企业、护士节运动会及单项“健康杯”羽毛球赛、“财政金融杯”乒乓球赛。

【人民生活】 城镇居民人均可支配收入7 847元,同比增长15.9%,较上年增加1 077元;农民人均纯收入4 237元,同比增长21%,较上年增加 796 元。在岗职工年人均工资12 956元,比上年增长15.9%。人口增长继续保持低水平,全年出生1 983人,出生率为8.13‰,死亡率为3.99‰,自然增长率4.14‰。城镇人均住房面积 29 平方米,农村人均住房面积 24 平方米。全县商品零售价较上年增长2.1%,消费品价格较上年增长2.4%,农业生产资料价格较上年增长4.1%。2005 年全县供养五保对象580 人,有敬老院 2 处,当年支助 160 万元。全年发放低保金

412万元,应保人数4 354人。发放农村医疗救助金46万元,救助296人。救助特困群众483人,发放救助金8.2万元,口粮10万斤。提高优扶对象补助标准,每人每年增加500元。发挥社区组织的重要作用,新建一处社区活动中心,举办三次社区文艺联欢会,为6个社区活动添置设备。落实国家各项惠农政策,农民人均减负85.5元,实施温饱工程,579户贫困户得到帮扶。发放扶困助学资金30.4万元,资助贫困大学生415名。

【再就业 社会保障】 2005年五原县竭力推进就业再就业工作,开辟就业渠道,全县新增就业1 108人,城镇登记失业率4.5%。年内培训下岗职工1 012人,发放再就业优惠证674本,扶持再就业低利息贷款305万元。拓宽劳务输出渠道,全年有20 947人外出务工,每人年收入5 743元。全县有11 751名企业职工参加统筹保险,共交纳养老保险金1 700万元,有8 495人参加失业保险,共交纳失业保险金77.7万。扩大医疗保险覆盖面,出台了《转制企事业单位享受养老保险待遇退休人员参加城镇职工基本医疗保险实施意见》。

【存在问题】 经济总量小,结构不合理,工业比重小,层次低;农畜产品资源综合开发利用率低,产业链条短;财政运行质量不高,对经济社会发展支持力度不强;城乡基础设施仍较薄弱,推进城镇化进程艰巨;政府行政效率有待进一步提高。

(任学义)

磴口县

【领导名录】

县委书记:张元胜

人大主任:李再和

县　　长:郭介中

政协主席:李新文

武装部长:陶伟荣

政　　委:李　岩

【概况】 磴口县地处巴彦淖尔市西南部,地理坐标为北纬40°9′~40°57′,东经106°9′~107°10′;与鄂尔多斯市、阿拉善盟毗邻。县政府所在地巴彦高勒,东距自治区首府呼和浩特443公里,西距乌海市109公里,距临河63公里。其域:东西92公里,南北65公里,总面积4 166.6平方公里。辖3镇1苏木1个乡级办事处,共45个村(嘎查),250个村民小组(独贵龙)。境内有市属国营农场5个,林科院沙漠林业实验场二个。共有人口12.56万人。其中:非农业人口5.24万,城乡人口之比为44:56。有民族16个,汉族人口占总人口的91%,蒙古族人口占总人口的3.6%,其他少数民族人口之和占总人口的4.46%。

全县国内生产总值168 810万元,比上年增长23.2%。其中:第一产业增加值38 769万元,增长15.6%;第二产业增加值87 887万元,增长34.8%;第三产业增加值42 154万元,增长10.1%。三次产业对经济的贡献率分别为16.3%、70%、13.7%。社会人均生产总值13 724元,增长26.3%。与"九五"末相比,国内生产总值净增84 122万元,"十五"期间年均增长15.6%。全年财政收入完成12 860万元,比上年增长25.2%;全年财政支出23 120万元,增长18%。财政收入与"九五"末相比,净增8 540万元,"十五"期间年均增长24.4%。全社会固定资产投资完成131 030万元,比上年增长6.8%。固定资产投资"十五"是"九五"的7倍,"十五"期间年增47.6%。全年社会消费品零售总额达40 680万元,比上年增长14.7%。其中:批零贸易总额35 694万元,餐饮业零售总额3 162.4万元,增长12.6%;其它行业零售额1 823.3万元,增长17.3%。全年社会消费品零售总额比"九五"末增加13 645万元,"十五"期间年增长8.4%。全年对外贸易出口交货值3 419万美元,比上年增长199.4%。交通运输和邮电通讯完成增加值8 728万元,比上年增长11.5%。年末金融机构各项存款余额108 533万,比上年增长9%。各项贷款55 908万元,下降38.4%。全县城镇居民可支配收入8 008元,比上年增加1 095.7元。农牧民人均纯收入4 425元,比上年增加778元。城镇居民人均消费支出5 515元,增长14.5%,恩格尔系数34.6%。农牧民人均消费支出2 772元,增长6.6%,恩格尔系数42%。

【农业】 全县总播种面积达39.81万亩。其中:小麦播种10.14万亩,比上年增长1.3%。玉米播种10.69万亩,增长4.2%。经济作物播种15.98万亩,增长1.9%。饲草播种2.85万亩,下降29.5%。粮经草之比由上年的50.8:39.1:10.1调整为52.7:40.1:7.2。粮食总产10.07万吨,增长4.2%;油料总产1.7万吨,比上年增长13.3%;甜菜总产3.06万吨,是上年的60倍;番茄17.77万吨,比上年增长62.7%;蜜瓜总产1.54万吨,增长32.3%。

【畜牧业】 全县牲畜存栏突破35万头(只),达39.88头(只),比上年增长2.7%。其中:羊存栏达33.23万只,猪存栏3.65万口,分别比上年增长8%和4%;奶牛达2.933万头,比上年增加1倍。牲畜改良种率达95%,比上年提高2个百分点。年内牲畜出栏21万头(只),比上年多出栏2.2万头(只),肉类总产5 315吨,同比增加12%。生产牛奶52 254吨,比上年增49%。农牧民来自养殖业的收入占农牧民纯收入的32%。

【林业】 按照全县造林"两区三线"规划,年内沿山飞播造林3万亩,沿沙退耕还林3.9万亩,沿黄河植树2 000亩。"四旁"营造绿化林20万株,新育苗木1 300亩。沿山主要发展野生植物,飞播造林以柠棘、沙冬青、苦参等为主。沿沙以防风固沙林为主,树种多为沙枣、柠棘、红柳。沿黄河护岸林为主。绿化树种有杨、槐。年末,全县有成片林9.6万亩,木材蓄量达数千万立主米。

【工业】 形成以食品、乳制品工业为龙头的六大支柱产业。工业经济在国民经济中的比重已占42.2%。2005年全年工业实现总产值22.4亿元,比上年增长77.8%。其中:独立核算工业实现产值21.6亿万,增长83.4%,个体工业总产值0.8亿元,下降2.5%。全部工业实现增加值6.9984亿元,增长46.7%。其中规模以上工业实现增加值6.3608亿元,比上年增长60%;产品销率为90%,比上年提高2.2个百分点。年均增长25.8%。轻重工业产值之比由上年的68: 32调整为64: 36。入驻企业19家,园区工业产值到达15.8亿元。2005年主要工业产品及产量:玻纤纱年总产917.5万吨,塑料制品年产643万吨,铬酸酐4 145吨,红矾钒总产4 425吨,硅铁28 596吨,铁合金45 211吨,植物油29 731吨,蕃茄酱63 882吨,液态奶156 910吨,冷冻食品20 682吨,脱水菜173.1吨,面粉46 500吨,砖3 383万块。

【招商引资】 全年共引资9.36亿元。其中引进区外资金5.07亿,区内资金4.29亿。引进的39个项目中,有24个是新建项目,到位资金54 160万元。续建的15个项目,到位资金39 840万元。从行业分类,农业开发项目9个,引资20 440万元;制造业项目17个,引资52 780万元;交通、城建项目11个,引资18 480万元;矿产开发项目2个,引资2 300万元。

【教育】 全县有中小学48所(包括国营农场学校5所),幼儿园一所,教师培训中心一所。其中高级中学一所,初级中学7所,九年一贯制学校4所,小学36所,在校学生15 502,教职工1 323人。建成自治区级普通高级中学管理先进学校1所,自治区业务教育示范学校6所,自治区现代信息技术教育示范学校5所,市义务教育示范学校13所,市花园式学校13所,市实验室建设与管理学校2所,市现代教育技术优秀学校2所,市一类甲级幼儿园1所,市农村教育综合改革优秀学校1所。小学适龄儿童入学率100%,初中入学率100%,初中毕业生升学率87.6%,高考升学率到92%。

【卫生】 全县有医疗防疫机构11个。其中医院2个,卫生院7个,卫生防疫站1个,妇幼保健院1个。有病床325张,卫生技术人员403人,执业医师、助理医师190人。从7月份开始,对县内苏木乡镇卫生院实施"系统管理"改造。公开招聘卫生院院长和医务人员,通过笔试、面试等考核程序,选拔卫生院院长7名,卫生专业技术人员24名。具有大专以上学历的医务人员达到70% ~80%。

【社会保障】 到年末,社会保险机构有2个,险种有4个。即养老保险、医疗保险、工伤保险和生育保险。基本养老保险参保人数13 839人,基本医疗保险参保14 125人,工伤保险参保人数3 465人,生育保险参保人数2 801人,当年共收缴各种保险费3 061万元(商业保险不在其内)。累计医疗保险结余439万元,工伤保险累计结余186万元,生育保险累计结余25万元。全县3 509名离退休职工的养老金按时足额发放。全年发放养老金2 706万元,基本养老金滚动结余6 511万元。全县共有低保对象1 936户,共3 589人。1月至11月共发放低保金268万元,人均月补差67.8元。对全县700户农村特困家庭实施救助,享受救助人口1 344人,每人发放救济金200元。除此遇有年节和特殊情况另给予物质救助,救助物资折合人民币160多万元。全县有五保户269人(户),全部实施生活供给。其中集中供养24人(敬老院居住),每人每年不低于1 200元。分散供养245人,每人每年供养金不低于800元。

【自然灾害】 2005年4月中旬一次霜冻,冻死瓜菜数千亩,有苗率占40%;玉米冻死万亩以上,重新补种率达50%;小麦因冻减产1 ~2成。7月19日,一日降水20多毫米,且夹杂冰雹,受灾人口1.7万人,造成直接损失90万元。

(徐　云)

乌 海 市

【党政军领导名录】

市 委

书 记:赵 忠

副书记:白向群(蒙古族) 薄连根 刘彪 韩琦运

人 大

主 任:王 成

副主任:罗庆国 伊英(蒙古族) 武文俊 刘东镐(朝鲜族) 沙日娜(女 蒙古族) 王铁坚

政 府

市 长:白向群(蒙古族)

副市长:何永林 刘新乐(蒙古族) 李志民 甄晨岚(女) 徐德林(蒙古族) 李斌 李新征 金奎 (蒙古族)

政 协

主 席:云高怀(蒙古族)

副主席:杜建和 马武(蒙古族) 赵秀(女) 杜建明 刘伍才 许惠和 吕纪俄 许宏然 康文胜 马万良

政法委

书 记:陈凤珠(女 12 月任职)

纪检委

书 记:刘 彪(11 月任职)

法 院

院 长:张锐(11 月离职) 曹凤龙(11 月任代理院长)

检察院

检察长:宝孟和(蒙古族)

军分区

司令员:吴东海

政 委:马誉炜(12 月离职) 傅振坤(12 月任职)

副司令员:臧忠友(10 月离职)

副政委:张凤高

【概况】 乌海市位于内蒙古自治区西南部,鄂尔多斯高原西部,乌兰布和沙漠的东南缘。东邻鄂托克旗,西连阿拉善左旗,南界鄂托克旗、宁夏回族自治区石嘴山市,北接鄂托克旗、阿拉善左旗。介于北纬 39°02′30″ ~ 39°54′55″,东经 106°36′25″ ~ 107°08′05″之间,东西相距约 45 公里,南北距离约 100 公里。总面积1 754平方公里,辖 3 区,4 镇、16 个街道办事处。2005 年末全市常住人口(在乌海居住半年以上人口)46.5万人。全市人口出生率为9.94‰;死亡率4.66‰;自然增长率5.28‰。少数民族人口2.98万人,其中蒙古族人口1.66万人。城镇人口44.05万人,城镇人口比重达94.73%。

2005 年,全市生产总值实现125.45亿元,比上年增长21.9%。其中,第一产业实现增加值1.88亿元,增长10.4%;第二产业实现增加值79.14亿元,增长24.3%;第三产业实现增加值44.42亿元,增长18.9%。三次产业比重为1.6: 61.4: 37.0。按常住人口计算,人均 GDP 达26 109元(折合3 191美元),比上年增长23.3%。财政总收入完成18.66亿元,比上年增长60.19%,其中:地方财政收入9.34亿元,比上年增长52.7%。财政总支出14.46亿元,比上年增长20.48%。其中,一般预算支出13.89亿元,增长24.4%;科技三项费用支出 984 万元,比上年增长26.79%。

全社会固定资产投资90.27亿元,比上年增长28.0%。其中,城镇单位固定资产投资90.07亿元,比上年增长27.3%。其中,基本建设投资58.5亿元,增长23.3%;更新改造投资20.6亿元,增长38.2%;房地产开发投资8.3亿元,增长29.9%。全社会非国有单位完成投资60.8亿元,增长26.8%,占全社会固定资产投资比重达74.2%,与上年基本持平。城市基础设施投资14.8亿元,占全社会固定资产投资的16.4%。全市确定的 40 个自治区工业重点项目当年累计完成投资49.2亿元,占全社会固定资产投资的比重为54.6%。至年底,已有 7 个项目交付使用。

【农业】 完成农业总产值3.13亿元,比上年增长10.7%(按现价计算)。其中,种植业产值16 251万元,增长16.2%;牧业产值14 699万元,增长17.6%。2005 年,粮食播种面积4 433公顷,比上年增长4.04%;粮食总产量31 665吨,增长10.9%。全年蔬菜产量132 422吨,增长4.7%;2005 年新植葡萄3 436亩,新增日光温室 690 亩,分别达到14 000亩和3 600亩。

【林业】 全市共完成绿化造林13.84万亩。其中,退耕还林工程完成6.64万亩,天然林保护工程 4 万亩,三北防护林四期工程1.2万亩。全民义务植树 150 万株。全市林木覆盖率达到13.8%。

【工业】 2005年，全市完成工业增加值67.73亿元，比上年增长27.2%。工业对全市经济增长的贡献率53.9%。全市147户规模以上工业企业（即全部国有工业企业及年产品销售收入500万元及以上非国有企业）完成增加值59.0亿元，增长28.3%。其中，国有及国有控股企业实现增加值33.81亿元，增长41.9。产销衔接良好，产品销售率为94.96%。

规模以上主要工业产品产量

指标名称	单位	2005年	比上年增长(%)
原煤	万吨	1 143	27.0
洗精煤	万吨	1 207	29.6
发电量	亿度	90.4	54.7
焦炭	万吨	325.2	41.8
烧碱	万吨	10.1	215.0
电石	万吨	66.4	76.8
聚氯乙烯树脂	万吨	5.8	70.3
水泥	万吨	118.5	5.7
平板玻璃	万重量箱	373.1	-0.8
生铁	万吨	26.4	35.6
铁合金	万吨	19.6	-9.6
泵	台	4 303	-0.7
白酒	吨	1 547	60.6
啤酒	吨	8 958	-4.4

【牧业经济】 禽蛋产量1 680吨，增长15.1%；肉类产量10 866吨，增长16.2%；牛奶产量9 463吨，增长13.4%；生猪出栏8.27万头，增长21.3%；家禽出栏29.4万只，增长18.4%。

【基础设施建设】 调整完成《城市总体规划》《土地利用总体规划》，编制三个城区及滨河新区控制性详细规划。城市立体交通网络初步形成，东（胜）—乌（海）铁路开工建设，市内“三纵四环”公路网络总体框架初步建成，村村通公路工程基本完工。实施城区道路新建改造、城乡电网改造、热电联供、民用煤气等基础设施建设工程。海勃湾热网一期工程全面完工，污水处理厂投入运行；开工建设了海勃湾热网二期、生活垃圾处理工程和乌达热网、污水处理工程以及海达街、建设路、五虎山等五座公铁立交桥。乌海学院基本建成，五个重点项目加紧推进，新建改造一批公厕，更新大批环卫设施。黄河海勃湾水利枢纽工程前期工作快速推进，项目建议书已通过水利部技术审查。旧城区拆迁改造有序推进，全市商品房屋施工面积126.6万平方米，比上年增长40.4%；其中住宅103.4万平方米，增长71.5%。房屋竣工面积57.0万平方米，增长12.6%；其中住宅49.3万平方米，增长50.8%。商品房销售面积84.7万平方米，增长52.1%；其中商品住宅销售面积73.3万平方米，增长76.2%，比上年提高36.9个百分点。全年商品房销售额12.73亿元，增长58.7%；其中商品住房销售额9.92亿元，增长120.4%。

【交通运输】 2005年，交通行业完成投资规模69 229万元。全年新改建公路163.7公里，均已建成投入使用。城市基础设施建设继续加强，滨河大道等20多条城市道路改扩建工程及排水工程等公共设施项目共投入资金26 405万元，全部竣工交付使用。全市公共汽车（含小公共汽车，下同）线路达到21条，比上年增加4条；运营里程1 804公里，比上年增长22.0%。全市共有公共汽车运营车辆315辆；客运出租车运营车辆952辆。全年城市公共交通共运送乘客2 190万人次（不含出租车），比上年增长4.0%。

全市机动车保有量达到88 805辆。汽车保有量28 058辆，其中，小型汽车12 663辆。个人汽车保有量达18 067辆，其中，个人小型汽车保有量8 984辆。

全年货物运输总量4 544万吨，比上年下降12.3%。其中，铁路1 877万吨，增长44.1%；公路2 677万吨，下降31.3%。旅客运输总量522.33万人，比上年增长19.9%。其中，铁路81.27万人，增长4.2%；公路440万人，增长23.2%；民航1.06万人，增长63.1%。公路、铁路、民航三种运输方式客运量比重分别为84.2%、15.6%、0.2%。

【招商引资】 全市签订利用外资项目93个，合同外资金额5 935万美元，同比增长1.99倍；实际利用外资1 507万美元，同比增长48.9%。引进国内（市外）资金47.63亿元，比上年同期增长10.8%。其中，实际引进区外资金41.24亿元，同比增长35.7%。从外资的产业投向看，主要集中在二产业，投入较多的行业有黑色金属冶炼和化工工业。

【对外贸易】 全市进出口总值达813万美元，比上年下降12.5%；其中出口810万美元，比上年下降12.9%。

【生态环境建设】 由国家环科院编制完成《乌海市循环经济发展规划》，并通过自治区环保局的评审论证，被列入全区循环经济示范区。有20多户企业基本实现了企业内部的小循环。清洁生产开始起步，对10家重点企业开展强制性清洁生产审核。开展全市生态遥感调查和市级生态示范乡创建工作。成立生态监察大队，查处生态破坏事件10余起。对保护区内7家煤矿、9家焦化企业进行清理。对16公里的保护区内围栏进行全面维修。开工建设海勃湾热网二期、生活垃圾处理工程和乌达热网、污水处理工程。

2005 年,对73 家电石铁合金企业 148 台矿热炉进行清理整顿,对 37 台没有环境治理设施或经治理无法正常运行的矿热炉予以关停,对治理设施还不能达标排放或治理设施不能正常运行的 80 台矿热炉进行停产整改,对 32 家 20 万吨以下焦化企业全部进行关停,关停取缔小炼铁企业 8 家,对 103 座土炼焦进行彻底捣毁。积极推进重点区域、重点流域、重点企业的污染治理,将沿黄企业、重点排污企业、对地下水存在污染隐患企业及控制区范围内的 34 家企业 46 个项目列入 2005 年限期治理任务。共完成治理项目 34 个,其中 10 家沿黄企业有 9 家完成了治理任务,有两家企业安装了在线监测设备。全年,共审批建设项目 71 项,否决 38 个不符合国家产业政策、污染严重或选址不当的项目,总投资达5.85亿元。对全市 2000 年以来未执行环境影响评价和“三同时”制度的 132 个工业项目进行了“补课”。完成了三个工业园区的区域环境影响评价。对新上的焦化、硅铁、电石、炼铁等工业项目提高准入门槛,新建项目的环评执行率达到100%。海勃湾城区 2005 年空气质量三级和好于三级的天数为 343 天,比 2004 年增加 151 天。经综合评定,乌海大气污染物综合指数 2004 年为6.61,属极重度污染;2005 年为4.441,属中度污染。

【科技】 2005 年,乌海市科技三项费用总支出 984 万元,比上年增长26.79%。全年申请专利 14 项,授权专利 3 项。全年取得科技成果 11 项,其中 1 项获得自治区奖励。全市签订技术合同 51 项,合同成交额3 834万元,比上年增长87.6%,其中技术交易额 255 万元,同比增长40.1%。

【教育】 2005 年,乌海市有普通高等院校 1 所,招收专科学生947 人,专科在校生达1 285 人,分别比上年增长 182.6% 和283.6%。有普通高中 7 所,招生人数达到4 078名,在校生总数达到10 603名,毕业生3 106人。有中等职业学校 3 所,招生 695人,在校生2 510人,毕业生 761 人。有普通初中 29 所,招生6 467人,在校生19 926人,毕业生6 461人。小学 46 所,招生5 724人,在校生37 994人,毕业生6 306人。特殊教育学校 1 所,招生 5 人,在校生 73 人。幼儿园 39 所,在园幼儿4 764人。全市民办学校有 3 所,其中,民办中学 2 所,民办小学 1 所。共招生328 人,在校生共1 054人,毕业生共 321 人。教职工 161 人,其中专任教师 109 人。“两基”达标成果得到巩固,高等教育取得突破,职业教育健康发展。建立了“市长助学基金”,义务教育阶段农区学校和城市低保家庭学生实现了“两免一补”,确保了特困家庭子女正常入学。取消了外来人口子女入学借读费。

【文化】 艺术团体有乌海市文工团 1 个,人数 77 人;市属 11 个专业艺术表演团体举办演出 347 场。有各类电影院 3 个,全年放映电影 554 场。全市拥有群众艺术馆、文化站 12 个。公共图书馆 1 个,总藏书14.8万册,书库建筑面积 850 平方米,书架单层总长度 3 624 米。博物馆 1 座,文物藏品 600 件。书画院 1个,建筑面积2 400平方米,书画作品1 100件。国家级重点文物保护单位 1 个,自治区级重点文物保护单位 2 个,市级文物保护点 10 处。

乌海广播电视大厦建成,广播电视光缆环网、数字采编播出系统投入使用。有乌海电视台、乌海有线电视台、乌海电台各 1家。开播 4 个频道,电视节目达到 32 套。有线电视用户达到10.8万户,有线电视入户率为75.0%。实现了让所有的农区居民都能看上电视听上广播的目标。有广播发射台及转播台 2座,发射机功率 8 千瓦,广播混合覆盖率96.3%;电视发射台及转播台 6 座(系统内 2 座,系统外 4 座),发射机功率4.82千瓦(系统内4.38千瓦,系统外0.44千瓦),电视覆盖率97.2%。

【卫生】 乌海市共有卫生机构及各类诊所、卫生所等 331 个。其中,医院 15 个,卫生院 2 个,卫生所、医务室 18 个,社区卫生服务站 12 个,村卫生室 34 个,诊所 217 个,妇幼保健院(所、站)4 个,疾病预防控制中心 5 个。医疗卫生机构共有床位2 126张,其中,医院1 888张,卫生院 77 张,妇幼保健院 121 张,疾病预防控制中心 40 张。有卫生技术人员2 575人,其中,执业医师1 020人,助理执业医师 170 人,注册护士 788 人。万元以上医疗设备627 台(件),每万人拥有病床0.426张,每万人拥有医生0.246人,婴儿死亡率1.569%,达到自治区先进水平。初步形成医疗救治、疾病预防控制、卫生执法监督的公共卫生新体制和城区医疗服务二级格局,完善区、镇、村三级卫生服务网络,村级卫生组织覆盖率达64.3%。

【人民生活】 随着经济的快速增长和居民收入多元化趋势逐步形成,促进城乡居民收入水平的稳定提高。全市城市居民人均可支配收入为10 006元,比上年增长21.9%,扣除价格因素,实际增长 19.9%。人均消费支出为7 716元,比上年增长22.4%,扣除价格因素,实际增长20.3%。农区居民人均纯收入达到4 635元,比上年增长19.3%,扣除价格因素,实际增长17.3%。城镇居民人均住房使用面积20.65平方米,比上年增加0.41平方米;农区居民人均住房面积23.42平方米,比上年增加0.92 平方米。

【社会保障】 乌海在全国地级城市中率先启动城乡一体化改革,5 万农民全部转为城市户口,将农区困难家庭纳入低保范围,启动新型农区合作医疗制度。全市参加基本养老、基本医疗、失业、工伤保险人数分别为8.49万人、12.66万人、9.1万人和6.49万人,养老、医疗和工伤保险人数分别比上年末净增1.08万人、0.72万人和1.15万人，失业保险人数有所下降。参加新型农区合作医疗的人数达到33 759人，占全市农区常住人口72.6%。社会保障相关待遇标准有所提高。全市享受城市最低生活保障的居民为30 800人，比上年减少2 902人；享受农区居民最低生活保障的农民2 412人，比上年增加 118 人。

全市从业人员174 543人，比上年末增加2 979人。其中，城镇单位在岗职工101 704人，比上年增加2 794人，工商注册个体私营从业人员47 763人，比上年末减少 407 人。

（李普军　张海霞）

海勃湾区

【领导名录】

区委书记：兰　宇（蒙古族）

人大主任：高永清

区　　长：林　涛

政协主席：石　瑛

武装部长：侯文龙

政　　委：冯文柱（2 月离任）　高华（2 月任职）

【概况】 海勃湾区位于自治区西南部、乌海市东北部，东倚雄伟壮观的桌子山（乌仁都喜乌拉）与鄂尔多斯市鄂托克旗为邻；西隔黄河与乌达区相望；南至四眼井与海南区相连；北与鄂托克旗碱柜乡交界。地理坐标北纬 39°31′～39°52′，东经 106°46′～107°05′之间，总面积 529 平方公里。海勃湾区辖 1 镇 2 乡 6 个街道办事处，即下海勃湾镇、新地乡、五一乡、新华街道办事处、新华西街道办事处、凤凰岭街道办事处、海北街道办事处、卡布其街道办事处、千里山街道办事处。全区共有 21 个村，48 个居委会。总人口22.4万，其中城镇人口 18 万。居住着蒙、汉、回、满等 23 个民族。

2005 年，全区实现地区生产总值 45 亿元，财政收入完成3.02亿元。城镇居民可支配收入和农区居民人均纯收入达10 651元和5 800元，分别比 2000 年增加5 516元和3 445元，年均递增15.7%和19.8%。

【农业】 2005 年，经自治区扶贫办批准，海勃湾区开始实施内蒙古自治区第四期扶贫开发移民扩建项目，项目建设规模为移民搬迁安置五一乡黄河滩区新一村、新园村失去土地的 100 户农区居民 370 人。安置模式为每户建0.5亩温室、32 平方米住房，预留 32 平方米宅基地、0.5亩温室地基。为了加强禽流感防控工作，区兽医站对规模以上养殖场家禽进行集中免疫接种，累计对28.0万只家禽进行了免疫接种。同时，还按要求对养殖规模在 100 只以下的散养户的家禽进行捕杀，累计有13.6万只散养家禽被捕杀，防疫密度达到100%，动物防疫工作做到“村不漏户，户不漏畜，畜不漏针”。全区反季节瓜果蔬菜面积达到1 120亩。2005 年按国家规定，兑现粮食直补资金20.4万元。结合葡萄基地建设，鼓励农户退耕种植葡萄，退耕总面积为676.8亩，全区 167 户农户进行退耕，完成总目标的112.8%，争取钱粮补助46.3万元，并于 5 月份按照退耕还林程序兑现 2004 年钱粮补助及种苗补贴47.52万元。

【林业】 全年“三北”四期工程完成造林合格面积4 851亩，完成目标的137.6%，已经通过了自治区林业厅和市林业局的验收。全区新增节水灌溉面积4 200亩，完成目标的105%；新增有效灌溉面积2 100亩，完成目标的105%；解决了3 700人、6 900头（只）牲畜饮水困难问题，完成目标的103%；新增水保治理面积2 295亩，完成目标的115%。

【工业】 全区共有工业企业大中型规模以上的 34 户、小型 173 户、58 户产业活动企业、个体 395 户。在岗职工人数23 155人，国有单位5 039人、城镇集体单位 268 人、其它单位17 848人。区属企业主要工业产品原煤、洗煤、焦炭、平板玻璃、电石、水泥、塑料编织袋等 19 种。全区实现工业增加值189 464万元，是“九五”期末的2.5倍，年均递增23.8%。其中：规模以上工业企业完成工业增加值175 164万元，同比增长35.5%。规模以上工业企业综合经济效益指数达193.57。全区累计实现工业销售产值425 685万元，同比增长36.8%，工业产品销售率为95.75%，产销衔接较好。重工业累计完成增加值187 472万元，同比增长38.3%，重工业增加值占全区工业增加值的98.95%；轻工业累计完成增加值1 992万元，同比增长16.7%。重点抓好岳佳6 000吨金属镁等一批节能、环保、资源综合利用项目。

【基础设施建设】 铺设给水管网 12 公里；架设高低压输电线路 20 公里；修筑道路10.7公里，其中油路3.2公里，垫砂石路7.5公里；建设集中供热和污水处理中心各一处，铺设供热、排污管道各2 400米；硬化休闲广场约40 000平方米。全年新上投资100 万元以上的项目 7 个，其中1 000万元以上 3 个；农畜产品加工流通企业实现销售收入4 550万元，带动农牧户达1 500户，产业化收入平均农区居民人均纯收入的比重达38%。

【城市建设】 2005 年，硬化城区小街小巷面积84 100平方米，其中：公用道硬化完成40 000平方米。筹集资金 400 余万元，新建 110 座深坑密闭式旱厕、2 座水冲式公厕，新建防渗污水井 60 座、垃圾转运站 3 座。滨河花园小区投资2 700万元，新建住宅面积 3 万平方米，拆迁居民住宅 110 余户。全年完成城区 374

万平方米街路的清扫保洁,完成城区160个垃圾点,日产400吨生活垃圾的收集、处理和近万吨基建垃圾的堆平处理;新增2台吸污车、10个垃圾集装箱。

【环境保护】 深入实施“跨世纪蓝天计划”,加强居民燃煤的管理,与烟控区内的乡、镇、街道办事处签订责任状,各乡、镇、街道办事处建立日常检查工作机制,落实分片管理责任制。共清理107户居民违规燃用、存放的非指定煤种约121吨;对锅炉超标排放行为依法下达《行政处罚事先告知书》1份,警告违规操作行为4起。2005年,全区环境空气质量有效监测334天(2004年实行隔日监测,有效监测为143天),共出动人员569(人)次,车辆213(辆)次,依法铲除"死灰复燃"小土焦34座,关停20万吨以下焦厂6家(2家未投产),对3家违反三同时企业进行处罚,对2家未作环评擅自建厂企业下达处罚告知书,对1家未完成限期治理任务的企业下达处罚。全年共计受理污染举报110起,其中商住楼油烟扰民案件58起,大气污染34起,噪声污染17起,水污染1起。开展饮食服务业油烟噪声污染问题集中整治专项行动,由环保、工商、行政执法等三个部门联合进行执法,集中对西湖南侧13家烧烤,西湖北侧18家烧烤和1家饭馆,和平街人和居小区16家饭馆,黄河街白云小区12家烧烤下达整改通知,对逾期完不成整改的由工商吊销营业执照。

环境监察大队顺利通过验收,2005年分别获得自治区首届人民满意的行政执法单位、自治区青年文明号、全国环境监察标准化三级达标单位称号。

【招商引资】 2005年全年共引进项目38个,其中上报市政府对外开放办公室重点项目20个,实际到位资金123 397万元,完成市政府下达任务的123.40%,同比增长147.85%。其中自治区外资金84 902万元,完成政府下达任务的106%,同比增长141%。

【第三产业】 2005年,全区社会消费品零售总额完成19.38亿元,是2000年的2.9倍,年均递增23.9%;第三产业增加值完成22亿元,是2000年的2.9倍,年均递增18.2%;人均商业面积达到3.8平方米,服务业从业人员达到3.5万人,分别较2000年增加2.6平方米和1.4万人。全年房地产投资累计完成68 912万元,同比增长37.82%。一批第三产业重点项目加快建设或相继建成,全区固定资产投资累计完成339 017万元,同比增长22.2%。

【科技】 2005年海勃湾区顺利通过国家科技进步旗、县(区)考核。安排科技三项费167万元,扶持科技计划项目14项,其中工业项目5项,农业4项,国家重点1项,科技合作交流方面1项,其他方面3项。海勃湾区组织相关部门赴清华大学、中国科学院、中国农业大学、北京农林科学院、天津化工设计研究院等科研院所,积极商讨建立产学研长期合作的事宜,为项目研发、人才培养及科技成果转化等提供支持。开通“96048”农业科技服务热线。通过服务热线,及时让农民了解农业市场信息。

【教育】 全年,区政府投资1 310万元,为第二小学、第八小学、第一小学、区中学、团结新村学校新建、扩建教学楼13 175平方米。投资73万元在全市率先为第五小学新建了200米塑胶跑道。投资27万元维修光明路小学教学楼。多渠道筹措资金,从自治区海联社争取资金20万元,区政府投资20万元,改善三厂学校的办学条件,新建校舍559平方米,维修校舍176平方米。2005年9月,投资56万元为第一小学和第五小学安装了远程教育网,购置微机,新建教师电子备课室,真正实现了网络教学。海勃湾区中小学共有2 386名学生享受"两免一补"(其中:城市738人;农村1 648人),补贴金额为332 967.26元,补贴资金已全部放到学生手中。2005年下学期,海勃湾区外来务工人员入学人数为1 982人。2005年6月完成普通高校招生考试工作,全区共有3 140名学生参加考试。

【文化】 2005年,海勃湾区文化局主办承办的文艺演出13场,群众性文化活动达58场次。7月至9月份中国·乌海·和谐海勃湾2005黄河文化节期间2乡、1镇、6个街道办事处分别举办各具特色的文化活动,累计举办活动58场。金沙湾旅游区启动仪式、举办纪念抗日战争胜利60周年红色收藏展、文化节开幕式大型文体表演、经济论坛、焰火晚会、农牧业产业化现场会、经济洽谈会、大型篝火晚会等,参加这些活动的人数达到10.8万人。青少年美术组在参加2005年由中国书画函授大学画家协会主办的《纪念抗日战争胜利六十周年书画联展》中,选送的23幅作品全部获奖,并载入《纪念抗日战争胜利六十周年书画集》画册,同时邀请获奖者于10月20日赴北京人民大会堂参加颁奖活动。6月份,幼儿美术班在参加全国第三届少儿美术杯艺术大赛中,获得一等奖28名,二等奖69名,三等奖145名,优秀奖10名,有部分学生的作品被学、选入《优秀作品集》、《少儿美术》杂志,和《创造未来－世界儿童画展获奖作品集》,一些作品还被中国少儿画苑网站登录。8月份,由海勃湾区文化局辅导和选拔的节目在北京参加中、日、韩国际少儿艺术展示活动中,获得一个金奖、三个银奖、两个铜奖的好成绩。

【卫生】 2005年,卫生监督总户次达9 319户次,监督覆盖率100%,办理健康合格证5 653个,卫生许可证1 387个。餐具监测687份,合格564份,合格率为82.1%,地产品监测6类监测270份,合格242份,合格率为89.6%。建成传染病疫情检测网点11

个、计划免疫接种网点14个、社区卫生服务站9个、乡卫生院2所、村卫生室6个,逐步建立和完善以乡镇和社区基础的疾病预防控制网络。对36个社区的288户居民食用盐进行监测,碘盐覆盖率98.95%,碘盐合格率98.95%,合格碘盐食用率98.95%,非碘盐率1.04%。新增了CR影像处理系统、全自动生化仪等价值380万元的的仪器调和设备,区人民医院和解放军第253医院结成友好协作医院,为新地卫生院争取到设备配置资金24.3万元,新建中心卫生院综合楼1 368平方米。两乡14 122位农民参加合作医疗,占常住人口的86%。参加新型合作医疗农民小病补贴受益金额达112 976元,大病住院共补偿226人次,受益额为111 528元,极大地提高农区人口抵御疾病风险的能力。

【社会保障】 全年对4 059户城乡低保户重新进行建档立卡,使低保帐卡更加完善和规范。全区有A类保障对象454户、498人,B类保障对象1 695户、4 124人,C类保障对象1 910户、6 081人。共有保障低保户4 059户、10 703人,发放保障金882.2万元。其中,城区低保户3 676户、9 884人,发放保障金821.2万元,农区低保户383户、819人,发放保障金61万元。

【扶贫】 全年解决温饱人口1 236人,其中极端贫困人口249人,低收入贫困人口1 096人,分别完成目标的100%和103%。引导农区富余劳动力向城区非农业转移,全区转移人数达5 091人。

【重点项目建设】 岳佳焦化项目一期工程35万吨捣固焦和60万吨洗煤项目已投入生产,二期工程70万吨捣固焦项目市发改委已立项,正在做"三通一平"工作;神隆矿业300万吨洗煤项目已批准建设,正在做开工前的准备工作;京海2×30万千瓦煤矸石发电项目已通过国家环保总局的评审;黄河化工(集团)双5.5万吨技改、年新增2万吨固碱项目已投入运营;黄河工贸集团年产100万吨捣固焦和180平方米烧结项目于2005年9月份动工建设;黄河工贸集团200万吨钢和200万吨材项目已完成80%的土建工程;蒙华泰乌海热电二期2×20万千瓦项目投产发电。抓好京海2×30万煤矸石发电、黄河工贸4×5万千瓦煤矸石热电联产和100万吨捣固焦、神隆矿业300万吨洗煤、岳佳70万吨和生富工贸100万吨捣固焦等重点项目建设。

【工业园区】 千里山生态工业园区座落在乌海市海勃湾区境内,位于海勃湾城区以北18公里处,地势平坦开阔。园区西距110国道、包兰铁路线8公里,丹拉高速公路贯穿园区,距离飞机厂4公里,南临神奇的金沙湾旅游区,规划面积28.8平方公里。地理位置十分优越,交通电力、水利、通讯十分便利,自然资源丰富,有利于投资建厂。2005年,千里山生态工业园完成工业总产值62 819万元,同比增长41.2%,占全区工业总产值12.6%;完成工业增加值28 744万元,同比增长41.2%;完成工业销售产值63 013万元,同比增长51.8%,实现产销率98%,完成税收5 500万元。全年引进项目5个,扩建项目4个,总投资22 369万元,到位资金19 769万元(管委会自主招商到位资金13 500万元,其中:自治区外到位资金11 000万元)。黄河工贸80万吨超细矿微粉、200万吨炼钢、200万吨线材、150万吨石灰石项目、千里香酒业3 000吨白酒、博海冶炼20万吨球团、西斯利高低压电气项目建设顺利。虹源选烧40万吨球团项目一期工程(年产10万吨球团)、亨冶化10万吨球团、海晨冶炼新上5吨球团、宏达选烧新上20万吨球团、金元选烧冶炼新上20万吨球团5个项目已建成投产。丰利乙醇公司2.5万吨乙醇及2.3万吨高蛋白饮料和黄河工贸集团75万吨电石、50万吨烧碱、50万吨PVC、8×50兆瓦发电项目正在前期调研中。完善基础设施,在园区东部新凿机井1眼,建水泵房1座,购置安装给水变频柜、启动柜各1台;铺设供水管道7公里,铺设滴灌管路50公里;建1座220千伏变电站,已通过自治区项目证论。

(兰素芳)

乌 达 区

【领导名录】

区委书记:关立武(满族)

人大主任:于海山(蒙古族)

区　　长:丁欣亮

政协主席:王根明

武装部长:邢志刚

政　　委:叶　林

【概况】 乌达区属内蒙古自治区乌海市辖区之一,位于乌海市西南部。西靠贺兰山脉北段,南、西、北与阿拉善盟接壤,东临黄河,与海勃湾区、海南区隔河相望。区辖地南北长约21.5公里,东西宽约16.4公里,地处北纬39°26′~39°38′,东经106°36′~106°46′之间,全区总面积219.716平方公里,平均海拔高度1 200米(1999年划界后)。区内有7个街道办事处,40个社区居民委员会,1个行政乡,5个自然村(嘎查)。总人口为129 117人,其中流动人口7 411人,少数民族为7 796人,农业人口7 447人,人口密度为588人/平方公里。

2005年,乌达地区生产总值完成335 554万元,同比增长27.70%,是"九五"期末的3.62倍,年均递增29.37%,人均生产总值达到25 815元。第一产业完成5 061万元,比上年同期增长7.2%;第二产业增加值完成231 440万元,比上年同期增长36.10%;第三产业增加值完成99 053万元,比上年同期增长

14.10%，是“九五”期末的3.04倍。城镇居民人均可支配收入实现9 125元，比上年增长24.52%，是“九五”期末的2.36倍，年均递增18.73%。农区居民人均纯收入实现4 810元，比上年增长16.20%，是“九五”期末的2.03倍，年均递增15.27%。社会消费品零售总额完成57 655万元，比上年同期增长17.96%，是“九五”期末的4.37倍。

【农业】 2005年农业增加值完成5 061万元，比上年同期增长7.20%，是“九五”期末的1.63倍。全年完成总播面积28 085亩。新增保护地201亩，新植葡萄834亩，分别达到1 174亩和2 840亩。完成各类林业造林2 136亩，生态治理面积达到53 000亩。

【畜牧业】 2005年，牲畜存栏总头数为18 823只/头，其中：大牲畜1 283只/头(牛、马、驴、骡)、羊8 087头/只、猪9 453只/头。

【工业】 2005年，工业增加值完成20.66亿元，同比增长40.40%，是“九五”期末的3.99倍。其中：规模以上工业完成19.45亿元；轻工业完成0.55亿元；重工业完成20.11亿元。全年生产原煤507.80万吨，焦碳57.34万吨，洗精煤491.6万吨，生铁31 487吨，电石生产42.19万吨。

【城区建设】 全年实施城建项目41项，(不包括园区)，其中结转工程17项(竣工验收9项)、政府系列投资工程10项、其它投资工程14项。截止年底，城市建设投资实现15 360万元。对巴音赛、乌尔特沟桥、人民广场等6处重点地段进行了统一绿化，新建、改造绿地9.6万平方米；购置环卫垃圾清运车和绿化维护车辆共29台，修建公厕42座(其中水冲式2座)；清运土方12万立方米，节约市政建设资金60余万元；对三道坎农林场至胡杨岛之间1公里的道路进行沥青路面改造；投资28万元，完成桥西镇给水项目改造，解决400户居民吃水难问题。

【固定资产】 是年，乌达区固定资产投资实现24.72亿元，比上年增长28.91%。“十五”期间，全社会固定资产投资累计完成56.36亿元，是“九五”期末的16.23倍。项目完成207个，其中：工业项目78个、农业项目19个、第三产业项目15个、教育卫生项目24个、城市建设项目50个、其他项目21个。

【环境保护】 2005年，对乌达区城区空气监测51周209天，取得621个监测数据，做出标准曲线14条。空气中二氧化硫、二氧化氮、可吸入颗粒物日均浓度值分别为每立方米0.159毫克、0.031毫克、0.395毫克，空气质量好于上年。对4.5平方公里烟控区内的17家营业灶、7台茶浴炉、4台锅炉进行复核，对清洁燃料使用进行检查，清洁燃料使用率在100%，并在3月28日通过了自治区环境保护局的复验。本着“成熟一块、发展一块”的原则，扩大烟控区面积，新划定了矿务局住宅楼区域和巴音赛东街—解放南路—南环路—110国道闭合区等2块烟控区，面积为12.8平方公里，对新划定的烟控区内所有9台采暖炉、7台茶炉、4台浴炉、75家营业灶进行登记造册，要求使用清洁燃料，并进行格林曼黑度监测。

乌达区有放射源的区属单位有2家、5个放射源。为杜绝放射性污染源的泄露、丢失和伤害事故的发生，与涉源单位签订《放射源安全监管责任书》，要求涉源单位明确责任，完善监管制度。同时对乌达区13家正在生产的矿热炉企业的电磁环境污染情况进行调查，指导企业填写《电磁环境污染源申报登记表》。通过对电石、铁合金、焦炭等行业的清理整顿和重点污染源的治理，各种污染物的排放都有减少，同比削减二氧化硫247.33吨、烟尘597.26吨、粉尘2 129.1吨，削减率分别为16.82%、68.76%、27.96%。

【财政】 是年，乌达区实际完成财政收入23 932万元，完成年度预算的119.50%，比上年增加12 160万元，增长103.30%，是“九五”期末的7.22倍，年均递增48.51%。其中：地方财政收入完成11 927万元，完成年度预算的112.90%，比上年增加5 241万元，增长78.39%。2005年财政支出22 938万元(包括上年结转、上级补助、上级专项和超收财力安排的支出)，完成调整预算的90.79%，比上年增加7 152万元，增长45.31%，是“九五”期末的5.18倍，年均增长44.00%。

【非公有经济】 2005年，全区个体工商户3 127户，比上年同期增长1.6%；从业人员4 164人，比上年同期增长3.6%；全年实现产值1 630.38万元，比上年同期增长11%；全年实现营业收入15 288.38万元，比上年同期增长33.5%；社会消费品零售额达11 612.23万元，比上年同期增长31.5%。全区私营企业达296户，比上年减少2.3%；从业人员5 275人，其中：投资者占925人，雇工人员占4 350人，比上年增长3.4%；全年实现总产值20 868.24万元，比上年增长3.1%；实现销售总额715万元，比上年同期增长20%；实现社会消费品零售额679.16万元，比上年增长73%。

【招商引资】 是年，乌达区招商引资实际到位资金179 600万元，完成目标任务的100.94%。其中，自治区以外的资金153 586万元，区内资金18 014万元，比上年同期增长50 625万元，同比增长41.8%。资金来源于32个招商项目，其中，新建项目17个，续建项目15个，投资亿元以上项目8个，5 000万元以下项目5个，3 000万元以上项目6个，3 000万元以下项目13个。

【教育】 认真实施"民心"工程，全年有2 114名贫困学生享受到"一费制"和"两免一补"政策待遇，共免除杂费、课本费、作业本费284 556元。坚持"走出去学习"与"请进来指导"相结合，从呼和浩特、包头等地招聘36名大学毕业生来乌达区任教，充实教师队伍。尤其是将14名大学毕业生分到矿区学校任教。

【社会保障】 是年，乌达区参加养老保险的行政机关企事业参保职工达7 686人，缴费职工达7 496人。其中企事业单位4 824人，个体工商户1 002人，续保1 670人。全年应收养老保险费1 373.5万元，支出养老金910.7万元。至年底，共有3 895户9 571人享受城市居民最低生活保障，月支出低保资金72.7万元，当年累计支出898.4万元。全区城市居民低保标准从2004年130元调整到150元，人均补差75元。到2005年底，领取救济金人数为2 845人，失业保险金发放率达到100%。

【工业园区】 乌达工业园区是内蒙古自治区政府1998年批准的省级开发区，享受国家西部大开发和高载能工业特有的优惠政策。乌达工业园区位于城区西南，规划面积20平方公里，地势平坦，交通便利，水、电、路、通讯等已趋完善。园区内供水设施完备，日供水能力达7万吨，建有三座110KVA变电站和三座220KVA变电站，建成二级公路20公里，开通各种现代通讯及高速网络业务，完成生态绿化面积2 000亩。初步形成了一个功能完备，设施完善的工业园区。

2005年，园区落户企业83家，工业产品品种32种，投资规模86亿元，形成年产电石、硅铁各50万吨、煤焦800万吨、煤化工产品30万吨的生产能力。当年实现工业总产值18.23亿元，同比增长60.82%；完成工业增加值7.69亿元，同比增长48.50%；产品销售收入完成17.28亿元，同比增长65.40%。于2003年被评为内蒙古自治区重点工业园区、2004年授予自治区综合评比单项奖、2005年获得自治区综合实力三等奖。

（王卉 塔娜）

海南区

【领导名录】

区委书记：白　彦（蒙古族）

人大主任：奇　才（蒙古族）

区　　长：宋晓春

政协主席：王培林

武装部长：张军池（2月离任） 钱绍福（2月任职）

政　　委：李永中

【概况】 海南区是乌海市3个市辖区之一，位于市区南部。地理坐标为北纬39°15′～39°32′，东经106°40′～107°09′。东连鄂尔多斯市鄂托克旗，西隔黄河与乌达区相望，南与宁夏回族自治区石嘴山市、陶乐县毗邻，北与海勃湾区相接。区域南北长约50公里，东西宽约20公里，行政区域面积1 004.95平方公里，占乌海市总面积的57.29%。全区辖巴音陶亥、东风2个乡，老石旦、拉僧庙、公乌素3个镇和拉僧仲、西桌子山2个街道办事处。2005年，全区常住人口110 000人，其中男性占50 002人，女性45 129人，男女性别比例为111：100。人口密度为平均每平方公里95人。少数民族有蒙古、回、满、达斡尔、锡伯等22个民族，共5 630人。

2005年，海南区生产总值完成409 888万元，财政收入32 678万元，地方财政支出25 624万元。城镇居民人均可支配收入和农区居民收入分别达到10 161元和4 470元。

【农业】 2005年，全区完成农业生产总值7 792万元。农牧民人均收入4 470元。农作物播种面积46 080亩，其中粮食播种面积34 290亩，粮食产量16 702吨；经济作物播种面积3 405亩，蔬菜瓜类作物播种面积5 310亩，蔬菜产量32 540吨；其它农作物播种面积3 030亩，新增保护地200亩，葡萄种植面积1 930亩、优质牧草5 000亩。年末家畜存栏总头数83 027头（只），其中大牲畜2 767头，羊65 793只，猪14 467头。

【工业】 2005年，境内有开工生产工业企业86家，完成工业总产值25.13亿元，占地区生产总值的61.32%。其中规模以上的工业企业有64家，完成工业产值22亿元，占工业生产总值的87.55%。重工业占工业总产值的99.7%，轻工业占工业总产值的0.3%。基本建设投资完成24亿元，更新改造投资完成4.5亿元。非国有企业职工有6 810人。主要工业产品完成情况，原煤534万吨、洗煤713万吨、水泥70万吨、发电52.8亿千瓦时。

【城乡建设】 2005年，海南区城市建设投入资金约1.46亿元。铺设供水主管道18.6公里，污水管网1 162米；新增公共绿地1.1万平方米；新增2台20吨锅炉，新建3座换热站，改建1座换热站，铺设热网管道4 550米；建成公厕175座；新建住宅楼和商业用房5.65万平方米；投资近1 500万元，维修改造乡村扬水泵站9座，衬砌渠道15公里，建成人畜饮水集中供水工程，完成农业综合开发5 000亩；改造农电网13.6公里，整修村级公路14公里。

【环境保护】 2005年，海南区全面改善城市环境质量，推进城区集中供热，加大工业污染治理。关停20吨焦化企业19户，20吨以上9户企业安装污染防治设施。关停取缔不符合国家产业政策的5座100立方米以下炼铁炉，铲除"死灰复燃"的土炼焦

30座,土烧碱10座,关停混杂在居民区内的粘土粉磨厂10户,有效控制新污染源的产生,进一步巩固和提高“蓝天绿地工程”成果,使全区人民环境得到改善。

【科技】 2005年,海南区在培育高新技术产业、提升改造传统产业、新技术新品种推广、科普宣传、科技培训等方面取得重大突破。科技成果转化应用步伐加快,科技对经济增长的贡献率进一步提高,产学研活动深入开展。引进阳极碳块新材料、推广农业新品种及配套技术5项,建成科技示范基地3个。全区有基层科技人员1 286人,其中初级职称595人,中级职称590人,高级职称101人。

【教育】 2005年,接收老石旦矿区学校,合并二、五完小,新建和改造教学楼4座,新增校舍面积1.85万平方米,认真落实“两免一补”政策,减免、补贴各项费用87.3万元。设立贫困学生助学金,解决贫困学生入学难问题。有各类学校高中1所,在校学生224人,教职工24人;初中5所,在校学生4 087人,教职工474人;小学17所,在校学生9 012人,教职工753人。入学率分别为高中95%,初中100%,小学100%。义务教育普及率100%,脱盲率99.51%。全区有公办、民办幼儿园共20所,教职工68人,学生1 192人。

【卫生】 2005年,海南区建立健全疾病预防控制体系、医疗救治体系和卫生监督体系。新建面积2 900平方米疾病控制中心服务楼和面积5 000平方米医院住院楼投入使用。积极开展禽流感防控工作,进一步完善疫情信息通报机制。农区新型合作医疗全面启动。新建农区卫生户厕500座。食品药品市场监管力度加大。全区现有医疗机构88个,其中一级甲等医院2所,二级乙等医院2所,二级丙等医院1所,卫生院3所,医务室7所,妇幼保健站1个,卫生防疫站1个,卫生所28所,个体诊所43所,共有病床454张,医务人员385人。

【民政】 2005年,海南区为1 036户、2 372名灾民发放《灾民救助卡》,申请到救灾款5万元、救灾被褥200套;对全区的贫困户、低保户、高龄老人、优抚对象、残疾人等发放慰问金7万多元;全年核定低保对象4 240户、10 590人,累计发放低保金1 049万元;将在读贫困家庭大学生纳入全额低保,并对116名贫困家庭大学生进行救助,救助金额14.7万元。对驻区部队发放慰问金及实物,总价值约4万多元。全区现有3个残疾人福利性企业,年产值1 032.7万元,安置人数为67人。

(温海江 杨东颖 孙燕 刘连标)

阿拉善盟

【党政军领导名录】

盟　委

书　　记:吴金亮

副 书 记:布小林(女 蒙古族) 达来(蒙古族) 杨继业(蒙古族) 张有恩 孟和吉日格勒(蒙古族)

常　　委:冯贵林 张宽治 谭景峰 文民 姜玉平

人大工委

主　　任:吴金亮

副 主 任:白占云(蒙古族) 安平生 乌兰(女 蒙古族)

行　署

盟　　长:布小林(女 蒙古族)

副 盟 长:王金喜 巴图朝鲁(蒙古族) 龚家栋 李超英 李新生 王玉宝(蒙古族)

政　协

主　　席:蔡·铁木尔巴图(蒙古族)

副 主 席:王登山(回族) 其木德策仁(蒙古族) 白福易 陶格图(蒙古族) 赵红岩(女 蒙古族) 陈文斌

军分区

司 令 员:朱德明(9月离任) 张新华(蒙古族 9月任职)

政　　委:姜玉平

副司令员:李华成 贾彦翎(3月任职)

副 政 委:申建军

参 谋 长:李德海

政治部主任:李永亮(11月离任) 石宝龙(蒙古族 11月任职)

【概况】 阿拉善盟位于内蒙古自治区最西部。全盟总面积27万平方公里。辖阿拉善左旗、阿拉善右旗和额济纳旗,乌斯太经济开发区为内蒙古20个重点开发区之一。2005年全盟总人口21.2万人,城镇人口与乡村人口的比例为2.7∶1,人口密度0.78人/平方公里。

2005年,完成地区生产总值64.63亿元,人均地区生产总值2.67万元。与2004年比,第一、二、三产业增加值分别达4.19亿元、37.43亿元和22.42亿元；产业结构从8∶55∶37调整至7∶58∶35。全年财政总收入9.51亿元，比上年增长62.0%；地方财政收入完成5.13亿元，比上年增长49.9%，全年财政支出14.50亿元，比上年增长34.8%。国民经济发展中还存在经济总量小，生态环境恶化未得到根本遏制，资源转换缓慢和社会事业发展较慢等问题。

【农业】 2005年，全盟农作物播种面积2.76万公顷，全年粮食总产量10.48万吨，比上年增产1.94万吨。2005年末，农牧业机械总动力17.38万千瓦，增长3.64%。农牧业主要生产环节的机械化程度提高。与上年比，农用化肥施用量和农牧区用电量分别增长48.17%和29.44%。新增有效灌溉面积1.07千公顷，新增节水灌溉面积1.43千公顷，新增水土流失治理面积2.03千公顷。

【畜牧业】 全年搬迁转移牧民864户2 603人。牧业年度牲畜存栏209.18万头（只），比上年同期减少9.3万头（只），良种及改良牲畜总头数166.37万头（只）。全年肉类总产量1.39万吨，羊毛和羊绒产量分别为816吨和316吨。

【林业】 全年完成造林面积1.29万公顷，比上年增加4 105公顷。其中人工造林66公顷，飞播造林1.28万公顷，年末实有封山育林面积15.6万公顷。全盟确定的自然保护区7个，总面积242.97万公顷。

【工业】 全年实现工业增加值30.45亿元，比上年增长22.42%，占国内生产总值的47.5%。主要工业产品有原煤、原盐、生铁、黄金等18种。全年全部国有企业及产品销售收入500万元以上的工业企业实现利税总额8.88亿元，增31.68%，经济效益综合指数达193.13，比上年提高10.7个百分点。

【固定资产投资】 全年建筑业增加值6.98亿元，增32.1%。全社会固定资产投资总额66.85亿元，增长50.13%。投资重点向生产领域转移，全年一、二、三产业投资分别为1.21亿元、45.4和20.24亿元，分别比上年增长61.35%、89.77%、1.94%。

【贸易】 全年社会消费品零售总额14.65亿元，扣除物价因素比上年实际增长12.6%。主要出口商品有金属钠、铁合金、草酸、金属镁等，全年对外贸易进出口额3 567万美元，比上年增长36.8%。全年实际利用外资301万美元。

【旅游】 全年接待国内外游客48.27万人，旅游总收入2.63亿元，分别比上年增长35.9%和16.3%。

【交通 邮电】 全年交通邮电通讯业实现增加值3.83亿元。年末公路总里程达4 219公里，全盟35个苏木镇全部通路。年末全盟机动车辆保有量4.53万辆，其中私车3.41万辆。全年邮电业务总量2.83亿元，比上年增34.8%。全盟电话普及率72部/百人。

【金融】 2005年末全盟金融机构各项存款额50.92亿元，增长27.5%；年末各金融机构贷款余额44.06亿元，增长14.4%。全年保费收入8 459万元，全年保险业赔付款1 496万元，比上年分别增1.0%和下降3.2%。

【科技】 全年科技产业化发展"5123"工程，重点扶持了3个主导产业、6个科技产业化基地和6个科技示范园区建设，效果明显。科学研究和发展经费支出257万元。年内列入国家级科技项目4项；列入自治区级科技项目7项；盟级科技项目17项，投入经费197万元。全年授权专利1项，签订各类技术合同14项，技术合同成交额1 419万元。

【教育】 2005年，全盟有各类学校69所，在校学生3.34万人，全年招生9 869人，毕业生9 476人。

【文化】 文化广播基础设施健全，广播和电视覆盖率分达88.7%和89.7%。有线电视用户3.3万户，图书馆藏书12.4万册，全年出版报纸185.2万份。

【卫生】 年末全盟拥有一类卫生机构71所，卫生技术人员1 417人；二类卫生机构100所，执业医师113人；三类卫生机构173个，乡村医生182人。

【体育】 全年全社会参加体育锻炼18万人（次），体育人口比例41%。全盟在重大赛事中获各类奖牌34枚。

【人民生活】 全年城镇居民人均可支配收入8 941元，农牧民人均纯收入3 897元，比上年分别增长18.1%和14.1%。居民家庭食品消费支出占家庭消费总支出的比重：城镇28.7%、农牧区38.5%。

【社会保障】 年末全盟参加基本养老保险职工2.69万人，参加医疗保险4.24万人，城镇农牧区最低生活保障8 713人，共投入城乡低保金1 116万元，发放抚恤安置资金282万元，发放救灾资金430万元，累计救助人数1.13万人。

【知名商标】 3月15日，阿拉善盟知名商标认定和保护委员会向社会公布了首批“阿拉善盟知名商标”。它们分别是:内蒙古兰太实业股份公司的“吉”牌工业盐(第1类);内蒙古兰太实业股份公司“银湖”牌精制盐(第30类);内蒙古兰太实业股份公司“国邦”牌金属钠、液氯、次氯酸钠(第1类);内蒙古太西煤集团股份公司“兰山”牌太西煤(第4类);阿拉善左旗驼中王绒毛公司“驼中王”(服装、驼绒被胎)第(24类、25类);阿拉善右旗苁阳酒业有限公司“苁阳”牌白酒(第33类)。

【扶贫】 4月12日,阿拉善盟扶贫开发工作围绕“转移发展战略”,全力实施千村扶贫开发、易地扶贫搬迁、移民扩镇、农牧区劳动力转移培训等重点项目建设和社会帮扶工作,投入扶贫资金2.169亿元,扶贫2.18万人。

【工业项目拉动经济增长】 2005年,阿拉善盟财政收入达9.5亿元。从2000年起,财政收入年均增长率达30.9%,是1999年的3.9倍,增速高于全区平均水平4.6个百分点。规模以上工业企业由1999年的32户增加到71户,实现增加值占全部工业增加值的比重达87.5%;工业对财政的贡献率由1999年的64%上升到72%。

以乌斯太经济技术开发区为例,2005年,开发区新建、续建重点工业项目9个,总投资达67.2亿元,开工率100%,所有项目达产后,销售收入达52亿元。直接税收3.6亿元,其中,中国盐化集团40万吨/年聚氯乙稀综合项目、内蒙古庆华集团100万吨捣固焦及配煤系统建设工程等项目,投资都是亿元以上的项目。

2005年末,累计完成固定资产投资155.8亿元,是建盟(1980年)至“九五”期末(1999年)总和的4.8倍,从2000年起,年均增长66.7%。其中工业投资达82.9亿元,占投资总额的53.2%。

以盐化工、煤化工、铁金矿产采选加工等为主的阿拉善盟优势产业初具规模,实现增加值占全部工业增加值的比重达93%。基本告别传统意义上的资源粗加工阶段,正向集约化经营、集群化发展的新型工业化方向迈进。

【科技创新发展农牧业】 至2005年末,阿拉善盟农牧业新技术的覆盖率达80%以上,科技对农牧业的贡献率由1999年的30%提高到39%。“阿拉善左旗草地家畜有毒植物中毒病研究”、“额济纳旗棉花引种示范推广”、“腾格里沙漠东缘飞播治沙造林技术推广”和“梭梭人工造林及肉苁蓉接种技术推广”四项成果已经在阿拉善盟农牧业和生态治理领域得到普及。“阿拉善草地家畜有毒植物中毒病研究”项目,首次对小花棘豆和变异黄芪中分离鉴定出有毒成分苦马豆素,经研究发现是一种崭新的抗癌药物,可用作预防和治疗中毒病的解毒剂,有效防治牲畜中毒或死亡,直接经济效益达5 000万元以上。

“额济纳旗棉花引种示范推广”,经内蒙古自治区纤维检验局检测,符合国家一级皮棉标准。“漠洲棉花”被评为自治区名优特农畜产品。棉花引种实验填补了自治区三项空白。

“腾格里沙漠东缘飞播治沙造林技术推广”项目每年以10~15万亩的面积,在乌兰布和沙漠和腾格里沙漠东缘(降水量200毫米以下地区)进行飞播固沙造林,至2005年末,累计推广面积已达210万亩,播后有苗面积达到30~49%,流沙趋于固定或半固定,被列入国家重点推广计划。

在“梭梭人工造林及肉苁蓉接种技术推广”项目方面,2005年末,人工造林梭梭9.8万亩,接种肉苁蓉3.5万亩,重点培育以开发肉苁蓉产品为主的支柱企业,被列入国家重点推广计划。

【铁路建设】 嘉峪关—策克口岸(额济纳旗境内)铁路建设于2005年3月全面复工。8月中旬,铁路线下工程全部完工,铁路线上工程完成铺轨223公里,全线已累计完成投资11.49亿元,嘉峪关—策克口岸铁路是甘肃省酒泉钢铁(集团)有限责任公司全额投资建设的一条专线铁路,铁路全长457.5公里,计划总投资为19.2亿元。

临河—策克口岸铁路是由呼和浩特铁路局、中国铁路工程总公司、内蒙古庆华集团、包头钢铁集团公司合资修建。铁路自包兰线临河车站西段引出,沿线经杭锦后旗、阿拉善左旗、阿拉善右旗、额济纳旗后到达策克口岸,全长约755公里,总投资约40亿元,平均每正线公里造价530万元,是继全国最长的合资铁路—内蒙古集宁—通辽铁路之后的第二大合资铁路。预计2007年上半年建成通车,到2008年可实现过货量2 000万吨。

铁路的建成,将结束内蒙古西部没有铁路的历史,形成贯通中国东北至西北边疆的铁路运输大通道,促进中国与蒙古国经贸往来,推动阿拉善盟工业化进程,为资源优势转换为经济优势创造最便利的基础设施条件。

【草原建设与保护】 2005年,阿拉善盟草原建设总规模达到3 545.77万亩,实现历史最高水平。其中人工种植饲草料28.2万亩,草地改良72.8万亩,草原围栏建设面积达3 444.77万亩。

共防治草原鼠害面积199万亩,防治草原虫害面积145万亩,防治毒草面积103万亩。

全年共发生草原案件385起,立案367起,结案360起,其中违法开垦草原案件4起,权属争议案件35起,挖药材案件78起,其它破坏草原案件219起,结案率达立案率的98%。年内共教育清退搂发菜人员1.8万余人次。

对额济纳旗国家级资源监测点8个样地和90个周期性调查路线划定样点;对退牧还草区设置47处样点;对荒漠草原生态环境受损机制与放牧压力实施动态科研课题进行了监测。

出动防火宣传车29车次，印发防火宣传材料1.51万份，张贴防火布告18张；深入重点地区开展草原防火巡逻检查。

退牧还草项目总投资7 260万元，共完成围栏面积492.22万亩238.11万米，占下达任务的112%。其中，禁牧围栏面积481.22万亩213.1万米，划区轮牧围栏面积11万亩25.1万米。完成饲草料基地建设1.07万亩，建成标准化舍饲养殖棚圈713座6.4万平方米，青贮窖445座3.56万立方米，搬迁转移牧民895户2 872人，发放饲料粮补贴资金4 363.2万元。

（李文志 阿拉腾其其格）

阿拉善左旗

【领导名录】

旗委书记：张宽治

人大主任：姚兴朴（蒙古族）

旗　　长：魏国权（蒙古族）

政协主席：哈斯巴托（蒙古族）

武装部长：沈富强

政　　委：史　宏

【概况】 阿拉善左旗地处北纬37°24′～41°52′，东经103°21′～106°51′，位于内蒙古自治区阿拉善盟东部、贺兰山西麓，土地面积80 412平方公里，年末全旗总人口139 903人，其中：非农业人口87 447人，占总人口的62.51%；男性71 500人，占总人口的51.11%；少数民族45 593人，其中：蒙古族36 531人。辖23个苏木（镇）。

2005年，全旗实现生产总值460 011万元，比上年增长20.50%。其中：第一产业增加值26 872万元，比上年增长5.40%；第二产业增加值300 174万元，比上年增长25.30%；第三产业增加值132 965万元，比上年增长12.80%。“十五”期间，全旗生产总值年均增长25.73%。工业化进程明显加快，产业结构进一步优化。一、二、三产的比例为5.8：65.3：28.9，其中工业为52.53%。三次产业结构形成为二、三、一的格局。全年财政总收入43 238万元，比上年增收19 056万元，增长78.71%，其中：地方财政收入24 646万元，比上年增收9 922万元，增长67.39%。财政支出扩大，全旗财政支出62 038万元，增长42.61%。

【农业】 是年，全旗农作物总播种面积32.95万亩，比上年增加3.48万亩，增长11.80%。其中：粮食播种面积18.65万亩，比上年增加3.49万亩，增长22.99%；经济作物播种面积13.37万亩，比上年增加0.24万亩，增长1.83%，饲草料种植面积为0.92万亩，比上年减少0.26万亩，下降22.03%。粮、经、草种植结构由上年的51.4：44.6：4.0调整为56.6：40.6：2.8。全年粮食总产量8 893.8万公斤，比上年同期增加1 268.6万公斤，增长16.64%，其中：小麦产量1 970.1万公斤，比上年同期增加788万公斤，增长66.67%。油料总产量1 939.4万公斤，比上年同期减少11.7万公斤，下降0.60%；蔬菜总产量1 064.3万公斤，比上年同期减少471.2万公斤，下降30.69%。

年末全旗农牧业机械总动力13.94万千瓦，比上年增长2.0%；机耕地面积29.5万亩；机播面积16.1万亩；机收面积6.3万亩；配套机电井987眼，增长1.54%；年内新增有效灌溉面积620公顷。全年农村牧区用电量6 921.42万千瓦时，增长29.40%；化肥施用量（折纯）7 483.54吨，增长63.93%。

【畜牧业】 全旗6月末（牧业年度）牲畜总头数159.73万头（只），比上年同期减少6.03万头（只），下降3.64%。其中：骆驼存栏4.31万峰，比上年同期增加0.52万峰，增长13.91%。全年牲畜出栏53万头（只），比上年同期增加7万头（只），增加13.21%；牲畜出栏率45.98%。全年肉类总产量8 695吨，比上年同期增长8.42%；山羊绒产量239.37吨，比上年同期下降4.59%。

【林业】 天然林保护、公益林补偿、退牧还草等生态建设项目继续得到加强。全年完成飞播造林面积30.6万亩，禁牧160万亩，退耕还林0.05万亩，荒地造林2万亩，围栏封育6万亩。

【工业】 全年全部工业增加值241 663万元，可比增长22.30%。其中：规模以上工业企业完成增加值225 363万元，可比增长22.70%，占全旗工业增加值的93.26%。全旗独立核算工业企业经济效益综合指数达169.74，比上年同期增长5.10个百分点。产品销售率为93.93%，比上年同期增长0.07个百分点。工业结构调整步伐加快。洗煤、原盐、铁合金、铁精粉等优势特色工业产品产量涨幅明显。

【建筑业】 全年建筑业增加值58 511万元，可比增长35.80%。全旗具有建筑业资质等级的建筑施工企业7个，施工企业房屋建筑施工面积172 054平方米，竣工房屋面积108 180平方米，房屋建筑竣工率62.88%。全年具有建筑业资质等级的建筑业企业实现利润1 900.8万元。

【固定资产投资】 全年全社会固定资产投资总额451 672万元，比上年增长37.47%。按投资管理渠道划分，基本建设投资358 191万元，增长26.10%；更新改造投资62 315万元，增长19.56%；房地产开发投资6 329万元，增长65.98%；其它投资

24 000万元,增长 88 倍;城镇和工矿区私人建房投资 837 万元,同比减少68.10%。“十五”期间,全社会固定资产投资累计达到91.8亿元,超过“十五”前历年投资总和。

【国内贸易及对外经济】 全年社会消费品零售总额106 701万元,比上年增长12.57%。其中:批发零售贸易业79 592万元,餐饮业22 704万元,其它行业4 405万元。全年实施内引外联项目20 个,共引进利用区内外资金8.2亿元,比上年增长46.40%。“十五”时期,全旗实施内引外联项目 108 个,累计引进区内外资金18.9亿元,是“九五”时期的8.8倍,年均增长59.70%。全年对外贸贸易出口额达 847 万美元,比上年同期增长73.60%。“十五”期间,累计对外贸易出口额达1 440万美元。

【交通】 全年完成货运量1 078万吨,比上年增长82.25%;完成货物周转量138 964万吨公里,增长166.02%。全年完成客运量695.5万人,增长18. 48%;完成旅客周转量30 005万人公里,增长51.54%。

【旅游业】 2005 年全旗累计接待游客35.1万人次,比上年增长33.97%,其中:接待国外游客1 498人次,比上年增长40.13%。实现旅游经营收入6 320万元,比上年增长85.50%。牧家游接待点 25 家,接待游客6.1万人次,增长88.85%,经营收入达 610 万元。

【科技】 科技特派员制度逐步推开,加大工业技术创新和农牧业实用技术推广力度,科技对经济增长的贡献率提高到了34%以上。全年有 20 项农牧业实用技术得到推广;9 项科技成果被授予阿拉善盟科技进步奖。

【教育】 年末全旗共有各类各级学校 48 所,在校生27 750人,其中:普通初中在校生11 681人,小学在校生10 026人,职业中学在校生1 148人。小学在校生辍学率为零,初中在校生辍学率0.55%,小学适龄人口入学率为99.99%,初中适龄人口入学率97.30%。

【文化】 年内举办中国·内蒙古阿拉善首届奇石文化旅游节、2005 百日广场文化消夏活动等一系列大型文化活动和一些群众性文化活动,进一步强化和繁荣巴彦浩特地区群众文化生活,带动人流、物流、信息流和资金流。全旗年末拥有文化机构 31 个,其中:乌兰牧骑 1 个、文化馆 1 个、图书馆 2 个、文化站 23 个、电影录像管理站 1 个、博物馆 1 个、歌舞团 1 个、群众艺术馆 1 个。

【卫生】 全旗共有卫生机构46 个,其中:医院 9 个,农村牧区卫生院 29 个,疾病预防控制中心 1 个,妇幼卫生机构 1 个。年末拥有床位 565 张,其中:医院拥有病床 398 张,乡镇卫生院拥有病床 133 张,妇幼卫生机构拥有病床 30 张。年末全旗拥有卫生技术人员1 026人。32 061名农牧民参加新型农牧区合作医疗,参合率达到75.60%。

【体育】 成功举办阿拉善左旗首届职工运动会、“夏力宾杯”沙力博尔摔跤赛、“宋庆龄”杯全区青少年足球赛等各类体育比赛和活动。

【人口 人民生活】 全旗全年出生人口1 241人,人口出生率为8.09‰,比上年下降0.25个千分点;死亡人口 587 人,人口死亡率为3.83‰,比上年下降0.09个千分点。全年自然增长人数为654 人,人口自然增长率为4.26‰。

全年城镇居民人均可支配收入8 889元,比上年增加1 362元,增长18.09%。“十五”时期,全旗城镇居民人均可支配收入年均增长11.47%;城镇居民人均消费性支出8 502.58元,同比增长11.89%。全年农牧民人均纯收入3 532元,比上年增加 406元,增长13.00%。“十五”时期,全旗农牧民人均纯收入年均增长7.57%。

【社会保障】 “十五”期间,城镇和农牧区低保标准分别由1 440元和1 000 元增加到1 620和1 350元。五年间共有9 218户20 845人享受最低生活保障金,实现应保尽保。年末拥有福利院 1 所、敬老院 1 所及救助站 1 所,社会救济工作继续加强。

(孙振翮 林楠)

阿拉善右旗

【领导名录】

旗委书记:查斯太(蒙古族)

人大主任:阿拉腾敖其尔(蒙古族)

旗　　长:吴忠岩

政协主席:张勉仁

武装部长:焦运岭

政　　委:孙向阳(7 月离任) 张立新(7 月任职)

【概况】 阿拉善右旗位于内蒙古自治区西部,龙首山与合黎山北麓。地理坐标为北纬 38°38′~42°02′,东经 99°44′~104°38′。全旗东西长 415 千米,南北宽 375 千米,总面积75 226平方公里。2005 年底,阿拉善右旗辖 3 个镇(额肯呼都格、雅布赖、阿拉腾敖包)、2 个苏木(孟根布拉格、阿拉腾朝克)、1 个管委会

（巴彦高勒）。全旗总人口23 729人，其中女性11 750人，少数民族7 827人，非农业人口14 777人，分别占总人口的49.5%、33.0%和62.3%。全旗人口自然增长率3.24‰。

2005年，全旗地区生产总值达到7.6亿元，同比增长24.9%，是2000年的3.5倍，人均生产总值突破3 000美元。按照“优化一产，做大二产，发展三产”的总体要求，加快推进经济结构调整，三次产业比例由2000年的32∶39∶29调整为2005年的13∶60∶27，实现重要转变。2005年，第一产业增加值9 662万元、第二产业增加值46 022万元、第三产业增加值20 318万元，同比分别增长15.1%、31.1%和16.2%。全旗财政总收入8 368万元，同比增长55.8%，是2000年的5.1倍，人均财政收入3 526元；财政总支出25 847万元，同比增长51.4%。全旗城镇居民人均可支配收入9 130元，农牧民人均纯收入4 178元，同比分别增长18.4%和15.2%，分别是2000年的1.8倍和1.7倍。全旗社会消费品零售总额15 741万元，同比增长35.9%，是2000年的5.7倍。居民消费价格指数102.7%。

【农业】 是年，全旗总播种面积4万亩。其中人工种草面积1万亩，总产量5 210吨；人工种植饲料面积1.7万亩，总产量28 290吨；粮料作物0.4万亩，总产量1 400吨；药材2 380亩，总产量1 630吨。农作物覆膜栽培推广1万亩；农田节水灌溉技术推广2.5万亩。

【畜牧】 全年农牧业经济总收入5 455万元，同比增长13.3%，其中牧业收入3 481万元，农业收入1 084万元。全旗草原畜牧业规模由2000年的20.7万头（只）减少至10万头（只）；农区舍饲养殖牲畜头数达到8.5万头（只），是2000年的4.3倍，占全旗牲畜总头数的46%。2005年底，全旗各类牲畜存栏18.5万头（只），其中骆驼1.7万峰，白绒山羊12.8万只。良种畜比重达93%，同比提高6个百分点。

【林业】 全年完成荒山荒地造林1.3万亩，完成围栏封育梭梭1.5万亩，退牧还草560万亩。阿拉善右旗被纳入荒漠化及水土流失严重地区重点公益林补偿范围，第一批重点公益林补偿面积为782.6万亩，补偿资金3 521.7万元全部到位，占阿拉善盟的44.3%，农牧民人均占有份额是阿拉善盟平均水平的3.2倍。阿拉善右旗全面启动实施重点公益林生态效益补偿制度。对公益林项目区的牧民实行退牧还草优惠政策的基础上，为35岁以上的全部家庭成员缴纳养老保险金，每户安排1人做护林员，年工资1.8万元。

【工业】 2005年，全旗工业企业60家，其中规模以上企业15家（新增5家），全旗累计完成现价工业总产值6.86亿元，完成增加值3.66亿元，同比分别增长43.2%和26.8%。工业增加值占全旗GDP比重达48.1%。全部工业上缴税金6 288万元，对财政收入的贡献率达75.8%，同比提高10.8个百分点。规模以上工业企业综合经济效益指数198.58，同比增加43.38。全年生产铁精粉32万吨、原煤45.6万吨、硫化碱2.5万吨、原盐43.6万吨、硅铁1.1万吨。随着工业企业的不断增多、扩大，全年售电11 559万千瓦时，同比增长77.1%。产值达3841.3万元，同比增长66.6%。

【生态建设】 2005年，全旗公益林面积1 441万亩，其中国家重点公益林面积787.9万亩，占公益林面积的54.7%，其中有林地1.7万亩、灌木林地412.9万亩、灌丛地370.2万亩、宜林地2.9万亩。

【固定资产投资】 全旗共完成固定资产投资5.88亿元，同比增长70.2%。

【交通 电信】 2005年，交通运输、邮电、电信业完成增加值5 672万元，同比增长15.0%。全旗客运周转量5 500万人公里，货运周转量7 000万吨公里，分别是2000年的2.9倍和1.5倍。全旗固定电话4 731部，手机用户8 070部，小灵通4 676部，互联网用户643户。金融机构各项存贷款余额达5.68亿元和2.29亿元，同比分别增长16.4%和11.1%。

【旅游】 阿拉善右旗旅游资源主要以自然景观、地质遗迹、人文景观和深厚的民俗风情为主，尤其以巴丹吉林沙漠旅游最具特色。2005年底，全旗有旅游景区（点）6处，旅游定点生产、销售单位3家，旅游服务中心1家，旅游涉外宾馆1所，一星级宾馆1所，旅游从业人员450人。接待能力10万人次，全年旅游5万人次。全旗旅游收入突破2 000万元。

【财税 金融】 2005年，全旗财政总收入8 368万元，同比增长55.8%，是2000年的5.1倍。其中：地方收入累计完成4 242万元，同比增长39.5%；上划中央税收累计完成4 126万元（上划中央“消增两税”累计完成2 899万元），同比增长77.1%。人均财政收入3 526元，是2000年的5倍。财政总支出25 847万元，同比增长51.8%，是2000年的4.3倍。其中：基本建设支出3 548万元，农业支出618万元，林业支出9 856万元，文教卫生支出3 318万元，社会保障、抚恤、救济及补助支出1 067万元，行政管理费支出3 543万元等。金融部门为全旗产业结构调整、重点项目建设、消费结构升级提供积极的金融服务和信贷保障。金融机构各项存贷款余额达5.68亿元和2.29亿元，同比分别增长16.4%和11.1%。

【科技】 引进推广先进科技成果42项,科技成果推广应用率40%。全旗各类专业技术人员896人。“远红外驼绒保健衣”等3项获国家级成果奖,“双峰驼骨质疏松症病因学及防治研究”等24项获自治区级成果奖。

【教育】 2005年底,全旗教育事业单位13个,其中普通完全中学1所、蒙授初级中学1所、职业高中1所、完全小学5所。在校生和幼儿3 746人,其中普通高中在校学生414人、初中学生899人、小学学生1 874人。有教职工474人,其中专任教师350人。全旗小学入学率100%,初中入学率城镇、牧区分别为98.9%和98.8%。青壮年非文盲率为99.1%。

【文化】 2005年,全旗有艺术表演团体1个,从业人员28人,全年演出节目32场,观众7万人(次),其中下乡演出10场,观众0.8万人(次)。全旗有电影公司1个,农村牧区电影放映队9个,有电影放映场所1座(建于1969年,面积666平方米,座位645个。),年放映电影830场次。阿拉善右旗文化图书馆,占地面积2 659平方米,建筑面积1 435平方米,图书总藏量9 367册(件)。全旗各苏木镇均设有文化站。先后举办“庆祝建国40周年”、“庆祝内蒙古自治区成立50周年”、“庆国庆、迎回归”、“建旗40周年”、“首届巴丹吉林沙漠旅游节”等成就展览,全面介绍阿拉善右旗,特别是改革开放以来所取得的成就和变化。境内文物古迹120多处,其中自治区级重点文物保护单位1处,旗级重点文物保护单位42处,馆藏文物120余件。

【卫生】 至年底,全旗有医疗卫生机构24个,其中旗级医疗机构5个、苏木镇中心卫生院2个、苏木卫生院7个、嘎查卫生室39个。全旗有医务人员221人。每千人拥有病床数3.6张。

【体育】 2005年底,全旗有灯光球场1个,赛马场1处,学校田径场6个,篮球场30个,排球场7个。

【巴丹吉林沙漠节】 9月15日9时,2005中国·内蒙古阿拉善首届巴丹吉林沙漠文化旅游节开幕,历时1个月。大会以巴丹吉林沙漠国家级地质公园建立为契机,以“宣传巴丹吉林浩瀚神奇的沙漠风貌,展现独特厚重的民族积淀,提高对外开放水平,带动旅游业发展”为主题,本着“文体搭台,经贸唱戏,打造品牌,促进发展”的宗旨,大力宣传巴丹吉林沙漠独特的自然景观、旅游资源和风土人情,打造阿拉善右旗旅游品牌,促进全旗旅游业快速发展。以节庆活动为载体,充分展示阿拉善右旗经济社会发展成果。大会期间进行搏克、沙力博尔式摔跤、赛马、赛骆驼、乘马射箭、蒙古象棋、射击、拔河、篮球(男子)、排球(女子)、摩托车沙漠越野赛、汽车沙漠越野赛、攀登“沙漠珠峰”等比赛。中央电视台、人民网、内蒙古电视台、内蒙古日报社等新闻媒体40余人进行全方位报道。

【“十五”计划完成情况】 “十五”期间,全旗生产总值、财政收入年均分别增长28.7%和38.3%。生态保护与建设力度加大,先后启动实施退耕还林、易地扶贫搬迁、退牧还草、公益林生态效益补偿等重点生态工程。“十五”期间,累计完成人工造林38万亩,封沙育林152万亩,退牧禁牧1 800万亩,局部地区的生态环境得到有效改善。累计搬迁转移牧民1 046户3 138人。全社会固定资产投资累计达12.9亿元,是“九五”的7.6倍,年均增长66.8%。不断优化投资环境,先后引进庆华、太西等40余家企业进驻阿拉善右旗,累计引进旗外资金7亿元,是“九五”时期总和的21.5倍。旗府额肯呼都格镇出口公路全部建成黑色路面,油路里程比“九五”增长11.6倍。220KV/110KV输变电工程并网运行,用电环境显著改善。

【必鲁图沙峰】 据5月13日《北方新报》的报道,阿右旗境内的必鲁图沙峰是世界上海拔最高的沙峰。沙峰位居东经102°28′15.7″,北纬39°50′47.9″,海拔1 609.597米。

(李守荣)

额济纳旗

【领导名录】

旗委书记:马建勋

人大主任:帕拉木(蒙古族)

旗　　长:乔金加布(蒙古族)

政协主席:永　红(蒙古族)

武装部长:张树玲

政　　委:赵凤一

【概况】 额济纳旗地处祖国北疆,内蒙古自治区最西端,是自治区重点扶持的19个边境旗之一。位于北纬39°52′20″~42°47′20″,东经97°10′23″~103°7′15″。东与阿拉善右旗接壤,南与甘肃省金塔县毗邻,西与甘肃省肃北蒙古族自治县相连,北与蒙古国交界,国境线全长507.14公里,总面积为11.46万平方公里。辖3个苏木、2个镇、1个国营农场(8个农业生产队)、13个嘎查、5个社区居委会,全旗共有1.6万人,人口密度每平方公里0.147人,旗府所在地—达来呼布镇。

2005年,全旗生产总产值达到13.5亿元,同比增长25.9%。其中:第一产业增加值0.59亿元,第二产业增加值4.82亿元,第三产业增加值8.1亿元,一、二、三产业比重为4∶36∶60;财政收入实现五年翻三番,达到1.31亿元,同比增长116.64%;城镇居民人均可支配收入9 165元,同比增长18.3%;农牧民人均纯收入4 444元,同比增长15.22%。

【农牧业】 全旗6月末牲畜总头数14.36万头(只),其中骆驼1.37万峰,同比增长1.01%;良种畜比重达到78%,同比提高1.6

个百分点。12月末牲畜总头数7.96万头(只),其中骆驼1.28万峰,同比增长1.02%;年末牲畜出栏率51%。全旗农作物总播种面积4.54万亩(包括二十基地农场6 000亩),其中:棉花2.17万亩,密瓜1.31万亩,饲草料0.83万亩:全年围封禁牧草场105万亩,改良草地67.25万亩。年内,投入资金1 480万元,新建舍饲棚圈239座,青贮窖池268座,引进良种小尾寒羊110头(只),投产运营5 000吨高蛋白饲草料加工项目。全旗舍饲、半舍饲养殖规模达6万头(只)。新建标准化蔬菜温室14座,"四位一体"庭院蔬菜温室8座,有效地维护草原生态保护与建设成果。

【林业】 完成退耕还林工程造林20 500亩,其中:以封代造20 000亩,退耕地造林500亩;四旁植树9 455株,义务植树12.5万株,完成林地灌溉6.27万亩。完成329.7万亩公益林的补偿基金和管护责任、分解及林权证的发放工作;编报《额济纳旗重点公益林生态效益补偿实施方案》并通过自治区审批;制定《额济纳旗森林生态效益补偿基金使用管理暂行办法》、《额济纳旗公益林管护管理暂行办法》。

【工业】 2005年实现工业总产值59 968万元,比上年增长47.65%,实现工业增加值31 183万元,比上年增长16.70%(可比价计算)。其中:规模以上工业总产值完成54 315万元,比上年增长48.68%,实现工业增加值28 734.6万元,比上年增长17.7%。工业主要产品产量:原煤7万吨,铁矿石175.6万吨,铁精粉41.8万吨,生铁0.8万吨,萤石3.5万吨,黄金29公斤,皮棉1 051吨,供电量1 380.4万度。工业经济对财政的贡献率达80%。

【基础建设】 全社会固定资产投资15.14亿元,同比增长84%。庆华黑鹰山铁矿厂二期工程、铁鹰公司选矿厂、生利公司铁选厂及铁精粉球团项目建成投产;建成国内外领先的氧化钼生产线—盛源矿业公司钼金矿投产运行;完成达来呼布镇排污二期、主街道改造、镇区集中供热和胡杨节主会场工程,开发建设住宅小区4处5.72万平方米。全年完成城镇建设总投资1.25亿元,相当于前4年城镇建设投资的总和。

【第三产业】 按照落实自治区发展第三产业60条优惠政策规定,编制上报《额济纳旗服务业发展规划》,第三产业增加值完成8.1亿元,同比增长24.9%;金融机构各项存款余额4.5亿元,同比增长39.63%;各项贷款余额4.1亿元,同比增长125.75%;全社会消费品零售额完成2.41亿元,同比增长16.25%。

【交通 电力】 嘉峪关至策克铁路全线贯通,12月10日开始试运行,临河至策克铁路启动开工。完成了11嘎查通路工程122公里,累计达到281公里;新建油路11.85公里,累计达到267公里。据统计,全年公路货运量累计完成405.18万吨。其中进口那林苏海特原煤185.16万吨,矿山企业销售铁矿石、煤、萤石、生铁、铁精粉、硅石等工矿产品197.14万吨,社会零散货物22.00万吨,同比增长50.26%,周转量累计完成129 252.42万吨公里;铁路货运量累计完成16.18万吨,同比增长31.22%,周转量累计完成1 682.72万吨公里,占全旗GDP的4.8%,占全旗第三产业比重的14.55%,公路、铁路货运量创10年以来的最高记录。建成金诺220千伏输变电工程和策克—蒙古国那林苏海特35千伏输变电线路工程投入使用。

【邮政电信】 全年完成邮政业务量134.34万元,同比增长10.65%;电信业务总量完成586.3万元,同比增长16.3%;市内固定电话净放号—501部,累计达到3 345部;固定电话来电显示用户净增—81部,累计达到2 599部,占固定电话用户总数的71%;ADSL完成185户,累计达到676户;小灵通用户完成361户,累计达到3 719部,小灵通悦铃完成800户。

【对外开放】 组建额济纳旗策克口岸中亚建设发展有限公司,开展策克口岸贸易服务区建设工程的前期准备工作。国务院批准策克口岸为中蒙双边性常年开放陆路口岸。全年开关4次,过货总量达185.48万吨,其中:进口原煤185.16万吨,进出口贸易总额达1.75亿元,出入境人员达125 218人次,出入境车辆88 565辆(次)。在胡杨节期间签订合作项目13个,协议引进资金3.59亿元。全年完成内联实施项目5个,引进国内资金9.03亿元,同比增长2.39倍。

【旅游】 完成黑城、绿城、怪树林、新西庙、四号山、策克口岸、居延海、《英雄》外景拍摄地、八道桥沙漠等景点的建设规划编制。组织旅游部门先后赴甘肃酒泉、宁夏银川,与两地旅游部门进行商洽取得成效,使额济纳旗旅游线路得到延伸。参加全国旅游推介宣传促销会和内蒙古自治区政府在香港举办的"内蒙古宣传周"活动,提高额济纳旗的知名度。参加自治区旅游局主办的第三届中国内蒙古服装服饰艺术节,并获得"集体表演二等奖"。开通额济纳旅游网站,全旗首家旅行社—金戈壁旅行社剪彩运营。采取政府主导、企业运作方式,成功举办胡杨节,全年共接待国内外游客19.3万人(次),旅游综合收入达4 922万元。

【生态环境保护】 2005年,围封保护生态绿洲672万亩,发放退牧还草补助金和森林生态效益补偿金2 214万元;投入基础设施建设费1 300万元,转移搬迁农牧民201户660人,累计达到713户2 216人。黑河一期骨干工程基本完成,黑河分水连续4年取得成功,全年入旗水量4.9亿立方米。人工降雨初见成效,作业区增加降雨量16毫米以上。

【教育】 全面启动实施教育人事制度改革与资源整合工作。编制完成全旗中小学、幼儿园整体布局规划和各学校详细规划;投入2 485万元,用于改善办学条件;推行全员聘任制,建立优胜劣汰、公平竞争的用人机制。加大资金投入,启动实施民族学校教学楼、蓝天希望小学综合教学楼等一批基建项目,并认真落实"两补一免"政策。组织开展社会捐资助学活动,保证家庭困难大学生顺利入学。

【科技】 组织实施"人工种植管花苁蓉示范"项目获得成功。种植柽柳和梭梭苗寄生肉苁蓉 25 亩,12 000株,寄生植物成活率达到90%以上,管花肉苁蓉接种成活率达到40%以上,填补自治区的空白。推广病虫统防统治、覆膜栽培等 18 项使用增产技术。新建"三位一体"沼气系统 30 座,"四位一体"沼气系统 10 座,太阳灶 400 个,节能灶 30 个。送科技下乡 6 次,涉及范围达 5 个苏木镇场,发放实用技术资料、报刊8 000余份。成立阿拉善盟第一所"国家星火科技学校"。由额济纳旗科技局、中蒙医院分别完成的"棉花'一播全苗'技术研究"成果和"蒙药'萌根窍吉'散研制与临床应用研究"成果获 2005 年阿拉善盟科技进步二等奖和三等奖。由沈怀东开发的"家用节能暖气炉"获国家专利;中蒙医院贺希格达来发明专利"治疗小儿腹泻和男性病的医食同源蒙药散剂"和乌尼尔其其格发明专利"皮肤及生殖器外用消毒蒙药洗剂"得到自治区发明专利费用资助。

【文化】 全年开展各类群众文化活动 30 多场,抢救录制整理额济纳土尔扈特长调民歌1 164首;多路微波电视与有线电视用户分别达到 750 户和3 210户;居延文化保护工作受到自治区和阿拉善盟的高度重视,总体规划上报国家有关部门。开展绿城申报国家级重点文物保护单位和塔王府、大同城申报自治区级文物保护单位工作。

【卫生 计划生育】 制定医疗卫生事业发展三年规划,投入近 200 万元,加强卫生基础设施建设,完善疾病防控体系,改善就医环境。认真试行新型农牧区合作医疗工作,在全旗范围内推行餐饮卫生监督量化分级管理制度,为人民群众身体健康提供可靠的生活保障。民族医药事业得到加强。计划生育继续保持低生育水平,2005 年全旗共出生 148 人,人口出生率9.4‰,人口自然增长率4.73‰,符合政策生育率99.32%。

【农牧民三项保障】 全面开展农牧民三项社会保障工作,全旗 21 周岁以上的农牧民全部参加社会养老保险,56 周岁以上的农牧民领到养老金;87% 的农牧民参加新型农牧区合作医疗。2005 年为 1 338 户 3 290 名农牧民兑付合作医疗门诊资金 70 318.5元,为 57 位农牧民兑付住院医疗基金81 891.46元。实施农牧区困难群众医疗救助,农牧区低保户全部纳入到城镇低保体系。2005 年共投入低保金 146 万元,发放最低保障金 99 万元。

【澳援项目】 全年共组织实施两项新社区子项目。其中:节水节肥示范项目,投入资金277 250元(澳方投资194 655元,中方投资82 595元),项目受益农户 20 户。完成打井 4 眼,安装低压管道 900 米,灌溉面积 500 亩,滴灌试验示范一处 35 亩,推广示范棉花新品种 200 亩。草场改良及舍饲养殖示范项目,投入资金253 780元(澳方投资187 780元,中方投资66 000元),项目总受益户 12 户。完成围封草场4 000亩,浅耕翻草场2 000亩,种植梭梭苗10 000株,引进小尾寒羊 110 只。项目的实施提高项目区草场的产草量,改变了项目区传统畜牧业生产经营方式。

【额济纳绿洲抢救与生态保护工程】 额济纳绿洲抢救与生态保护工程总投资4.9亿元,分生态工程、水利工程和绿洲灌溉配套工程三大部分,2002 年 6 月开工建设。生态工程:围封胡杨林30.97万亩,建设饲草料地4.11万亩,新打机电井 164 眼,配套机电井 175 眼,转移搬迁农牧民 713 户2 233人。水利工程:改建狼心山分水枢纽 1 座,建成东干渠一条109.54公里,分干渠 6 条,165.85公里,支渠 86 条207.61公里,河道整治 4 条159.97公里,埂坝 71 条167.48公里,入湖通道 1 条28.7公里,合计建成渠道总长834.15 公里,其中衬砌249.13公里,建成水闸等各类水工建筑物 741 座。绿洲灌溉配套工程第一批项目的招标工作已完成。

【嘉峪关至策克专用铁路工程】 嘉策铁路正线全长457.545公里,额济纳旗境内343.5公里,由酒泉钢铁(集团)公司投资建设,全线总投资为19.34亿元,其中额济纳旗境内13.67亿元。工程于 2004 年 4 月 28 日动工,至 2005 年 11 月 24 日,铁路建设线下工程全部完工,铁路线线上工程铺轨全线贯通,完成铺轨470.095公里(包括边线12.55公里)。全线 11 个车站主体建设工程已完成,全线电讯光缆已铺设完毕,并于 2005 年 12 月 10 日由东风 4 型机车挂一列(25 节 C64K 型货车)开始运行。

【临河至策克铁路建设项目】 临河至策克铁路全长 755 公里,是中国第二大合资铁路,投资预算总额为 44 亿元,国家 II 级单线标准铁路。中铁工程设计咨询集团公司负责测设苏宏图至额济纳旗段,2005 年 5 月 5 日进驻额济纳旗开始测设,用107 天完成初测和详测工作。额济纳旗境内实测里程为 258 公里,其中新建里程为 187 公里,利用改扩建嘉策铁路线 71 公里,设计文件正在审查之中,2005 年 10 月 28 日由呼铁局负责在策克口岸举行开工奠基仪式。

【存在问题】 资源精深加工不够,产业链条不长,综合开发利用水平比较低;城镇建设起步晚,城镇化水平低,缺乏产业支撑,吸纳和承载能力不强;农牧业产业化水平低,农业种植结构不够合理,农牧业和农牧民承担的市场风险仍然很大,生态保护和建设任务很艰巨;缺乏规模大、实力强、能够形成产业、支撑经济加快发展的大项目和龙头企业;一些干部思想观念陈旧,不能适应贯彻落实科学发展观、构建和谐社会的新形势和新任务的要求。

(徐青云)

大 事 记

1 月

1日　内蒙古电视台少儿频道正式开播。

☆　阿拉善盟1 768.2万亩重点公益林被纳入国家森林生态效益补偿基金范围，补偿资金8 841万元。

5日　中共中央保持共产党员先进性教育活动电视电话会议在北京召开。自治区党委书记储波，自治区党委副书记、自治区副主席岳福洪，自治区党委副书记、纪检委书记巴特尔，自治区党委常委、秘书长任亚平，自治区党委常委、内蒙古军区司令员黄高成在自治区分会场参加会议，自治区党委副书记杨利民，自治区党委常委、组织部长陈朋山在北京参加会议。

☆　全区政法工作会议在呼和浩特召开。自治区党委副书记、综治委副主任陈光林，自治区政法委书记、综治委副主任胡忠出席会议并讲话。会议贯彻全国政法工作会议和自治区党委七届八次全委会议精神，总结2004年全区政法工作，研究部署2005年政法工作任务。

6日　自治区党委召开议军暨军分区党委第一书记述职报告会议，研究加强党管武装和国防后备力量建设问题。自治区党委书记储波主持并讲话。自治区党委常委、内蒙古军区司令员黄高成，自治区党委副书记、副主席岳福洪，自治区党委副书记、纪检委书记巴特尔，自治区党委常委、秘书长任亚平，自治区党委常委、包头市委书记邢云，自治区党委常委、统战部长伏来旺，自治区党委常委、呼和浩特市委书记韩志然，自治区党委常委、宣传部长莫建成，自治区党委常委、政法委书记罗啸天等出席。

☆　全国妇联副主席、书记处书记沈淑济率全国妇联“送温暖、三下乡”工作组，到包头市土默特右旗慰问。自治区党委副书记陈光林陪同。

7日　自治区政协九届三次会议在呼和浩特开幕。自治区党委书记储波，自治区主席杨晶，自治区党委常委、内蒙古军区司令员黄高成，自治区党委副书记、副主席岳福洪，自治区党委副书记陈光林、杨利民，自治区党委副书记、纪检委书记巴特尔，自治区党委常委、秘书长任亚平，自治区党委常委、包头市委书记邢云，自治区党委常委、统战部长伏来旺，自治区党委常委、组织部长陈朋山，自治区党委常委、呼和浩特市委书记韩志然等出席并在主席台就座。会议由自治区政协主席王占主持。

8日　自治区十届人大三次会议在呼和浩特开幕。自治区党委书记、人大常委会主任储波主持，自治区主席杨晶作政府工作报告。自治区党委常委、内蒙古军区司令员黄高成，自治区党委副书记、副主席岳福洪，自治区党委副书记陈光林、杨利民，自治区党委副书记、纪检委书记巴特尔与大会主席团成员在主席台就座。

☆　在江西省南昌市召开的全国旅游工作会议上，阿尔山市获得中国优秀旅游城市证书及标牌。

10～11日　全区人口和计划生育工作会议在呼和浩特召开。自治区党委书记储波，自治区主席杨晶出席会议并作重要讲话。自治区党委副书记、自治区人口与计划生育工作领导小组组长陈光林主持会议。自治区党委常委、秘书长任亚平宣读《自治区党委、政府关于兑现2004年盟市党政领导人口与计划生育目标管理责任状的表彰决定》，自治区副主席、自治区人口与计生工作领导小组副组长乌兰与各盟市党政主要领导签订2005年度的责任状。

12日　内蒙古大唐国际锡盟煤化工项目在锡林浩特启动。内蒙古自治区人民政府、锡盟行署、大唐国际发电股份有限公司共同签署《关于煤基烯烃综合项目合作协议》，协议规定：大唐国际发电股份有限公司在锡盟多伦县建设总规模年产138万吨煤基烯烃（中间产品500万吨甲醇）煤化工项目，一期年产煤基烯烃46万吨；修建锡盟胜利煤田至河北省丰宁煤炭运输铁路专用线，年运量2 000万吨，在胜利煤田东2号露天矿建设年产原煤3 000万吨的露天煤矿;与煤化工项目同步建设4×135兆瓦自备电厂。

13日　自治区主席杨晶主持主席办公会议,通过《内蒙古信托投资有限责任公司增资扩股实施意见》。

15日　自治区政府召开全区深化农村信用社改革工作会议,部署深化农村信用社改革试点工作。自治区主席杨晶出席并讲话。

☆　全区交通工作会议在呼和浩特召开,自治区主席杨晶、副主席赵双连参加会议并讲话。

16日　全国人大常委会副委员长蒋正华一行10人,在自治区鄂尔多斯市考察。自治区党委书记储波、自治区主席杨晶等会见蒋正华一行,杨晶陪同考察。

☆　全区保持共产党员先进性教育活动工作会议在呼和浩特市召开。自治区党委书记储波讲话,自治区党委副书记杨利民主持,自治区党委常委、秘书长任亚平,自治区党委常委、包头市委书记邢云,自治区党委常委、统战部长伏来旺,自治区党委常委、组织部长陈朋山,自治区党委常委、宣传部长莫建成等出席。

☆　全区工业经济暨安全生产工作会议在鄂尔多斯市召开,自治区主席杨晶在会议上强调,要保持快速高效发展目标,确保安全生产形势稳定。

☆　全区铁路建设工作会议在鄂尔多斯市召开。自治区主席杨晶在会议上强调,要突出重点,狠抓落实,尽快缓解铁路交通紧张局面。

☆　全区行政监察工作会议在呼和浩特召开。自治区党委副书记、副主席岳福洪,自治区党委副书记、纪检委书记巴特尔出席并讲话。

17日　自治区双拥工作领导小组会议在呼和浩特召开。自治区党委副书记杨利民出席并讲话。会议由自治区副主席郭子明主持。

☆　自治区党委副书记杨利民主持召开自治区经济责任审计联席会议,听取2004年经济责任审计工作情况汇报。自治区党委常委、组织部长陈朋山出席。

18日　全区人才工作会议在呼和浩特召开,自治区党委副书记杨利民讲话,自治区党委常委、组织部长陈朋山出席。

18～20日　自治区党委书记储波深入鄂尔多斯市、包头市调研指导工作并慰问干部群众。自治区党委常委、秘书长任亚平,自治区副主席郭子明陪同。

☆　自治区检察长暨全区检察机关公诉工作会议召开,自治区党委副书记陈光林、自治区人大副主任王凤岐、自治区副主席连辑、自治区政协副主席奇英成等领导出席会议。

19～20日　自治区主席杨晶深入乌兰察布市调研指导工作时强调,要依托资源优势,大力发展循环经济。

20日　自治区2005年春节晚会在广东省深圳市进行前期录制。自治区党委副书记、副主席岳福洪,自治区党委副书记杨利民,自治区人大副主任张国民等出席录制现场。

☆　著名女高音歌唱家牧兰演唱专辑《蓝天的诗》首发仪式在新城宾馆举行。自治区党委副书记陈光林出席首发仪式。

☆　呼和浩特海关税费"网上支付"正式投入运行,并通过首家企业的网上税费支付。

20～21日　全区商务和口岸经济工作会议在呼和浩特召开。会议提出2005年全区商务和口岸经济工作的预期目标为:全区外贸进出口额实现48亿美元,力争达到50亿美元,增长20%以上;实际利用外资10亿美元,力争达到12亿美元,增长65%以上;口岸过货量达2 600万吨,增长20%以上;社会消费品零售总额突破1 000亿元,增长20%以上。

20～22日　全区农牧业工作会议在呼和浩特召开,全区各盟市农牧业、产业化、农机、农垦、渔业部门负责同志参加会议。自治区主席杨晶出席并讲话。

21日　自治区党委统战部与各民主党派召开谈心会。自治区党委常委、统战部长伏来旺看望民主党派人士并参加谈心会。

21～22日　全区供销社工作会议在呼和浩特市召开。

23日　自治区举行在京内蒙古老领导老同志座谈会。原自治区主席、全国人大副委员长乌云其木格,原自治区主席、原全国人大副委员长布赫,原自治区党委书记刘明祖出席,自治区党委副书记、副主席岳福洪讲话,自治区党委副书记杨利民主持。

23日　在北京召开的2005中国新材料市场年会上,包钢稀土高科技股份有限公司、包头华美稀土高科有限公司被评为新材料领域2004年度成功企业,包头昭和稀土高科材料有限公司被评为新材料领域2004年度最具创新力企业。

25日　全区卫生工作会议在呼和浩特召开,自治区党委副书记陈光林、自治区副主席乌兰出席并讲话。

25～26日　自治区党委书记储波在呼和浩特市考察慰问,自治区党委常委、秘书长任亚平,自治区党委常委、呼和浩特市委书记韩志然,自治区人大副主任云秀梅陪同。

26日　自治区文学艺术界人士迎春联谊会在呼和浩特举行,自治区党委副书记陈光林出席。

☆　中宣部、中央文明办、国家广电总局"电视进万家"捐赠仪式在巴彦淖尔市临河区举行。

28日　自治区党委召开保持共产党员先进性教育活动专题报告会。自治区党委书记储波作专题报告。自治区主席杨晶,自治区党委副书记、副主席岳福洪,自治区党委副书记陈光林,自治区党委副书记、纪检委书记巴特尔,自治区党委常委、包头市委书记邢云,自治区党委常委、统战部长伏来旺,自治区党委常委、组织部长陈朋山，自治区党委常委、呼和浩特市委书记韩志然，自治区党委常委、宣传部长莫建成，自治区党委常委、政法委书记罗啸天出席，自治区党委副书记杨利民主持。

28～29日 神华集团总经理张喜武一行7人在呼和浩特市考察。自治区党委书记储波、自治区主席杨晶等会见张喜武一行，杨晶陪同考察。

29日 全区宣传思想工作会议在呼和浩特召开，自治区党委副书记陈光林出席并讲话。

29～31日 2004～2005年度全国越野滑雪冠军系列赛（第二站）在阿尔山市举行，全国7支代表队65名运动员参赛，吉林市队获得4枚金牌，长春市队获得3枚金牌，白山市队、哈尔滨市队和黑龙江省队各获得1枚金牌。

30日 内蒙古首家稀土发光材料企业包头华光稀土高新技术材料有限责任公司第一批产品—长余辉荧光粉出炉，从而填补了内蒙古地区稀土发光材料生产的空白，稀土新材料产业链进一步延伸。

31日 自治区集中处理信访突出问题和群体性事件工作联席会议在呼和浩特召开，研究部署下一阶段工作。自治区党委副书记杨利民，自治区党委常委、秘书长任亚平，自治区党委常委、政法委书记罗啸天出席。

是月 包钢首次获得“国家技能培育突出贡献奖单位”荣誉称号。

☆ 包头市昆都仑区工商分局被国家人事部、工商总局授予“全国工商行政系统先进集体”荣誉称号，成为自治区西部地区唯一获此殊荣的工商分局。

☆ 澳大利亚从事环保研究的专家从网上订购14顶锡盟正蓝旗蒙古包厂生产的“牧星”牌蒙古包，并运抵南极洲搭建。

☆ 在首届“中国地方志年鉴奖颁奖暨总结会议”上，《锡林郭勒年鉴》2002卷获综合一等奖。

2　月

2日 自治区党委书记储波，自治区主席杨晶在自治区党委副书记陈光林，自治区党委常委、秘书长任亚平，自治区党委常委、宣传部长莫建成的陪同下，走访慰问新华社内蒙古分社、人民日报驻内蒙古记者站和自治区各民主党派机关。

☆ 自治区党委副书记陈光林在自治区党委常委、宣传部长莫建成的陪同下，到内蒙古人民广播电台、电视台、看望采编人员和新闻工作者。

☆ 自治区党委发出《关于进一步完善巡视工作的通知》，就建立集中巡视与经常性监督相结合的长效巡视工作机制、加强巡视工作的协调配合、注重巡视成果的转化运用等，提出明确要求。

3日 2005年各族各界迎春茶话会在新城宾馆举行。自治区党委书记储波发表讲话，自治区主席杨晶主持茶话会。自治区党委、人大、政府、政协领导及各族各界代表出席。

4日 中国奥委会全体会议在北京召开，内蒙古自治区体育局局长石梅被增补为中国奥委会执行委员，她是自治区首位中国奥委会执行委员。

☆ 内蒙古自治区第一家以中俄科技合作为主要内容的网站—“满洲里中俄科技经济合作网”正式开通。

4～5日 自治区主席杨晶深入呼和浩特市调研指导工作。调研时强调，要发挥首府综合优势，构建国际化区域中心城市。自治区党委常委、呼和浩特市委书记韩志然陪同。

5日 自治区党委书记储波深入呼和浩特火车站、北方联合电力有限公司和呼和浩特市热电厂看望并慰问工作在一线的干部职工。自治区副主席赵双连、自治区党委常委、秘书长任亚平，自治区党委常委、呼和浩特市委书记韩志然陪同。

☆ 全国先进检察院暨首届全国十佳检察院表彰电视电话会议上，包头市昆都仑区、根河市、敖汉旗人民检察院被评为全国检察机关“先进检察院”。

7日 自治区党委办公厅、政府办公厅、党委宣传部印发《关于禁止用新闻形式进行企业形象广告宣传的通知》（厅发〔2005〕13号）。

☆ 包头市昆都仑区文化馆被国家文化部评为“国家一级馆”，成为内蒙古自治区西部地区唯一一家获此殊荣的文化馆。

8日 自治区党委、政府在新城宾馆举行区直机关2005年春节团拜会。自治区主席杨晶，自治区政协主席王占，自治区党委常委、内蒙古军区司令员黄高成，自治区党委副书记、纪检委书记巴特尔，自治区党委常委、秘书长任亚平，自治区党委常委、统战部长伏来旺等出席。杨晶致辞，巴特尔主持。

11日 在法国巴黎举行的联合国教科文组织世界地质公园专家评审大会通过了克什克腾国家地质公园晋升为世界地质公园，标志着内蒙古克什克腾国家地质公园步入世界地质公园行列，是内蒙古自治区唯一一家世界地质公园。

☆ 内蒙古自治区154名赴沙特的朝觐人员安全返京，圆满完成了2005年穆斯林赴沙特的朝觐工作。

14日 包钢（集团）公司7号万立制氧机建成投产。

17日 原自治区党委常委、呼和浩特市委书记牛玉儒当选感动中国2004’年度人物。

20～21日 2005年全区广播影视工作会议在呼和浩特召开。自治区党委常委、宣传部长莫建成、自治区副主席乌兰出席开幕大会并作重要讲话。

23日 自治区政协主席王占，自治区党委副书记杨利民，自治区党委副书记、纪检委书记巴特尔，自治区党委常委、秘书长任亚平，自治区党委常委、政法委书记罗啸天等领导与呼和浩特市群众共度元宵佳节。

24日 自治区党委副书记杨利民在新城国宾馆会见澳大利亚工党影子内阁贸易事务发言人、工党前领袖西蒙·克先生一行。

24～25日 全区地税工作会议在呼和浩特召开。

25日 自治区召开全区安全生产座谈会。自治区党委副书记、副主席岳福洪强调,要提高认识,狠抓落实,坚决杜绝重特大事故。

☆ 由包钢(集团)公司、阿拉善盟行署、内蒙古自治区地矿局、内蒙古庆华集团共同举办的内蒙古阿拉善西望矿业有限责任公司创立大会暨揭牌仪式在呼和浩特市举行。

☆ 自治区财政厅修订并下发《内蒙古自治区农村牧区义务教育阶段家庭贫困学生实施"两免一补"制度暂行管理办法》共8章20条。自2005年3月1日起实行。同时,2004年内财教610号文件废止。

27日 自治区党委召开盟市厅局主要领导同志座谈会,听取对常委会工作的意见和建议。自治区党委书记储波,自治区主席杨晶,自治区党委副书记、副主席岳福洪,自治区党委副书记陈光林,自治区党委副书记、纪检委书记巴特尔,自治区党委常委、秘书长任亚平,自治区党委常委、统战部长伏来旺,自治区党委常委、组织部长陈朋山,自治区党委常委、宣传部长莫建成,自治区党委常委、政法委书记罗啸天出席。

28日 内蒙古政协成立50周年庆祝大会在自治区政府礼堂举行。自治区党委书记储波讲话,自治区政协主席王占主持,自治区主席杨晶等出席。

☆ 自治区第一家股份制银行—华夏银行呼和浩特分行在新城宾馆举行开业仪式。自治区党委书记储波,自治区主席杨晶,自治区党委副书记、副主席岳福洪,自治区党委常委、秘书长任亚平,自治区党委常委、呼和浩特市委书记韩志然等出席。

☆ 自治区参加全国政协会议的政协委员赴京,自治区党委副书记陈光林等到火车站送行。

☆ 全区环境保护工作会议在呼和浩特新城宾馆召开。自治区人大常委会副主任陈瑞清、自治区副主席郝益东出席会议并作重要讲话。全区各盟市分管环保工作的盟市长、环保局局长、环保局办公室主任和自治区各有关部门的领导参加会议。

☆ 赤峰市松山区被评为全国社区红十字服务示范区,为自治区惟一获此殊荣的地区。

28日和3月8日 全区司法所建设工作会议分东部和中西部分别在通辽市和巴彦淖尔市召开。会议传达全国司法所建设工作会议精神,宣讲自治区发改委和司法厅联合印发的《内蒙古自治区司法所建设项目管理办法》,并对执行国债资金使用管理的有关规定提出具体明确的要求。各盟市司法局局长和基层科、计财装备科科长以及有关旗县司法局负责人170余人参加了会议。自治区监狱局作为全国监狱系统2004年度安全生产工作成绩突出的单位受到司法部的通报表彰。

2月 由包钢薄板坯连铸连轧厂开发生产的X60高级别管线钢通过国家石油工业管材质量监督检验中心的评审,成为国内CSP流程同类产品首家通过认证的企业。

☆ 满洲里红色国际秘密交通线入选国家100个红色旅游项目。

3 月

1日 自治区主席杨晶在呼和浩特市参加投资2亿美元的汉鼎光电(内蒙古)有限公司建设项目竣工投产仪式。

☆ 自治区党委书记储波率自治区出席十届全国人大三次会议的部分人大代表在呼和浩特市考察汉鼎光电(内蒙古)有限公司。自治区党委副书记、纪检委书记巴特尔,自治区党委常委、秘书长任亚平,自治区党委常委、呼和浩特市委书记韩志然,自治区党委常委、政法委书记罗啸天参加。

☆ 国家烟草专卖局下发《关于取消内蒙古自治区烟草系统68家县级烟草公司法人资格的批复》。

1～2日 全区国土资源工作会议在呼和浩特召开,自治区副主席赵双连莅临会议并作重要讲话。

1～3日 经济日报社社长、中国企业家全国理事会理事长武春河一行8人,在自治区呼和浩特市调研。1日,自治区党委书记储波,自治区主席杨晶会见了武春河一行,自治区党委常委、秘书长任亚平参加会见。自治区党委副书记杨利民,自治区党委常委、宣传部长莫建成陪同考察。

2日 中国呼和浩特至德国法兰克福首列"如意号"国际集装箱物流专列经二连口岸站出境。列车途经蒙古、俄罗斯、白俄罗斯、波兰抵达德国法兰克福。这是首次由二连口岸经陆路途经多国开行的集装箱专列。

4日 自治区党委副书记、副主席岳福洪在北京参加吉兰泰盐化集团国有产权转让协议签订仪式。

☆ 自治区和呼和浩特市两级律协组织部分女律师在呼和浩特女子劳教所开展"提供法律服务、帮教失足姐妹"活动,律师解答法律咨询,举办法律知识讲座,向劳教学员捐赠图书。

4～5日 全区统计工作会议在呼和浩特召开。各盟行政公署、市人民政府、计划单列市分管统计工作的盟市长、统计局局长,自治区各有关委办厅局负责人,自治区统计局及二级单位和自治区三支调查队的负责同志共150多人参加会议。

6日 内蒙古自治区农业科技入户工程启动仪式在包头市九原区正式启动。开创科技人员直接到户,良种良法直接到田,技术要领直接到人的农业科技推广新模式。

7日 全区食品药品监督管理工作会议召开。自治区党委副书记陈光林，自治区副主席郭子明出席并讲话。

☆　首府各族各界妇女代表欢庆“三八”妇女节。自治区党委副书记陈光林，自治区党委常委、组织部长陈朋山出席。

9日　香港超艺国际文化基金会副主席陈復生、中国少数民族福利基金会副理事长张沂生先生应内蒙古自治区草原文化促进会的邀请，到内蒙古电视台考察访问。

10日　武警内蒙古总队特勤（反恐）大队成立，自治区党委常委、政法委书记罗啸天，自治区副主席连辑出席成立大会。

11日　自治区党委副书记陈光林、杨利民在新城宾馆出席《牛玉儒——一个人和他热爱的土地》首发式。

12日　自治区主席杨晶、清华大学校长顾秉林出席内蒙古自治区与清华大学合作座谈会暨签约仪式在北京举行。

☆　自治区党委副书记陈光林主持召开会议，研究处理企业军转干部进京上访问题。自治区党委副书记杨利民，自治区党委常委、秘书长任亚平，自治区党委常委、政法委书记罗啸天等出席。

13日　自治区党委书记储波在北京看望自治区“两会”代表团随团记者。

16日　自治区召开区直机关干部大会，传达全国“两会”精神。自治区党委书记储波、自治区主席杨晶出席并讲话，自治区党委副书记、副主席岳福洪，自治区党委副书记陈光林、杨利民，自治区党委副书记、纪检委书记巴特尔，自治区党委常委、秘书长任亚平，自治区党委常委、统战部长伏来旺，自治区党委常委、政法委书记罗啸天等出席。

☆　内蒙古自治区第三届农牧业科技成果博览会暨赤峰市第五届农牧业新技术、新品种交易会开幕。自治区人大常委会副主任陈瑞清宣布开幕，友好盟市、旗县的有关领导出席开幕式。

18日　自治区党委召开党外人士座谈会。自治区党委书记储波主持并讲话，自治区主席杨晶，自治区党委副书记陈光林、杨利民，自治区党委副书记、纪检委书记巴特尔，自治区党委常委、秘书长任亚平，自治区党委常委、统战部长伏来旺，自治区党委常委、组织部长陈朋山，自治区党委常委、宣传部长莫建成，自治区党委常委、政法委书记罗啸天出席。

☆　阿拉善盟的吉兰泰盐化集团部分国有产权无偿划转给中国盐业总公司，吉兰泰盐业集团改组变更为“中国盐业吉兰泰盐化集团有限责任公司”。从而实现吉兰泰盐化集团与中国盐业总公司的强强联合，为加快吉兰泰盐化集团的发展奠定基础。

18～19日　全区无线电管理工作会议在呼和浩特召开，会议传达贯彻全国无线电管理工作会议和自治区无委会第十次全体会议精神，对2005年工作任务进行部署。

20日　呼和浩特市在新华广场和内蒙古博物馆门前举行大型综治宣传活动。自治区副主席、综治委副主任连辑，自治区政法各部门和宣传部门的负责同志参加。

20～22日　自治区东部首条高速公路赤峰至通辽高速公路分别在赤峰和通辽举行开工奠基仪式，标志着这条公路全线开工建设。自治区政府顾问周德海、自治区副主席赵双连参加两地的奠基仪式。

22日　全区信访工作会议在呼和浩特召开，自治区党委副书记杨利民出席并讲话，自治区党委常委、秘书长任亚平，自治区党委常委、政法委书记罗啸天出席。

☆　内蒙古自治区人大常委会第57次主任会议听取并审议自治区人大常委会教科文卫委员会《关于〈中华人民共和国档案法〉和〈内蒙古自治区档案条例〉执法调研报告》。

24日　反对邪教警示教育展览在内蒙古科技馆举行，自治区党委副书记陈光林出席开展仪式。

☆　由内蒙古自治区消费者协会和包头市消费者协会共同命名的内蒙古自治区首个“国民消费教育基地”在包头市昆都仑区消费者协会挂牌。

☆　北京华艺明威影视文化艺术有限公司与锡林郭勒盟正蓝旗政府签订合作意向书，决定在正蓝旗修建亚洲规模最大的元代风格影视拍摄基地—元大都影视城。

25日　自治区党委副书记杨利民出席全区民兵工作暨参加西部大开发工作会议并讲话。

☆　全区保密工作会议在呼和浩特召开，自治区党委副书记杨利民，自治区党委常委、秘书长任亚平出席并讲话。

26日　自治区主席杨晶在兴安盟主持召开主席办公会，研究部署建设阿尔山柴河旅游景区事宜。

27日　自治区党委副书记陈光林出席蒙古族作家陈鹤龄文学作品集《纵洒踏歌》研讨会并讲话。

27～29日　2004～2005赛季全国自由式滑雪冠军赛在阿尔山太伟滑雪场举行。

28日　自治区党委召开保持共产党员先进性教育活动第二阶段工作会议。自治区党委书记储波讲话，自治区主席杨晶，自治区党委副书记陈光林，自治区党委副书记、纪检委书记巴特尔，自治区党委常委、秘书长任亚平，自治区党委常委、包头市委书记邢云，自治区党委常委、统战部长伏来旺，自治区党委常委、呼和浩特市委书记韩志然，自治区党委常委、宣传部长莫建成，自治区党委常委、政法委书记罗啸天出席。

☆　自治区主席杨晶在新城宾馆会见俄联邦赤塔州政府代表团一行。

31日　上午10时30分左右，赤峰市喀喇沁旗王爷府镇金峰萤石矿发生突水事故，8名矿工被困井下。事故发生后，旗委、旗政府领导第一时间赶赴现场指挥抢救，成立“3.31”重大事故抢救指挥部。

3月 国家发改委以发改交运〔2005〕375号文件批复国家铁道部和自治区发改委,同意建设伊敏—伊尔施铁路项目。该项目北起呼伦贝尔伊敏铁路支线终端伊敏站,南至白阿铁路伊尔施站,全长195公里。项目暂定为地方Ⅰ级铁路,总投资近22亿元,由国家铁道部和内蒙古自治区合资建设。

☆ 自治区财政厅、教育厅将上半年"两免一补"资金1.43亿元下拨到全区81个旗县,149万农村牧区贫困学生享受到"两免一补"待遇。

☆ 在自治区公安厅统一指挥下,呼和浩特市公安局赛罕区分局成功破获了"2·25"系列强奸、抢劫、杀人案。

☆ 兴安盟科尔沁右翼前旗电力公司被全国总工会命名为"安康杯"先进集体。

4 月

1日 自治区党委书记储波在新城宾馆会见国务院西部开发办副主任王金祥一行。自治区党委常委、秘书长任亚平参加会见。

1日至6月30日 按照自治区无委办、自治区工商行政管理局、自治区技术质量监督局共同签发的(内无联〔2005〕1号)《关于对全区无线电发射设备销售市场进行专项检查的通知》精神,在全区范围内开展无线电发射设备销售市场专项检查。共检查200余家经销单位,并对其中46家有经销资质的单位进行注册登记;共检查或检测90余种型号400多部无线电发射设备。

2日 在全区范围内开展以《信访条例》为主要内容的信访法制宣传月活动,开展集中宣传日活动,使全区数百万群众受到教育。

3日 第一届全国拳击电视大奖赛在湖南省长沙市举行,内蒙古运动员阿里木斯夺得69公斤级比赛的金腰带。

7日 巴彦淖尔市五原县第四小学被国家基础教育实验中心外语教育研究中心命名为英语实验学校。

8日 全区机构编制工作会议在呼和浩特召开。自治区党委副书记杨利民出席会议并讲话。

8~9日 全区人防工作会议在呼和浩特召开。国家人防办公室人防局副局长李杨、参谋陈乾,北京军区人防办公室副主任王庭峻等到会指导,自治区人大常委会副主任王凤岐、自治区副主席郝益东、政协副主席罗锡恩、内蒙古军区副司令员王建欣以及自治区国动委、发改委、教育厅、财政厅、建设厅的有关领导和各盟市政府(行署)分管领导、军分区领导、政府副秘书长、盟市人防办主任,满洲里、二连浩特市政府分管领导、人武部长等单位主要负责人114人参加会议。

8~13日 中共中央政治局常委、中央纪委书记吴官正一行33人,就开展保持共产党员先进性教育活动,在自治区包头市、鄂尔多斯市、呼和浩特市考察,自治区党委书记储波,自治区主席杨晶,自治区党委副书记陈光林,自治区党委副书记、纪检委书记巴特尔,自治区党委常委、秘书长任亚平,自治区党委常委、组织部长陈朋山,自治区党委常委、包头市委书记邢云,自治区党委常委、呼和浩特市委书记韩志然陪同。12日下午,在新城宾馆召开汇报会,储波汇报,自治区党委、人大、政府、政协有关领导出席。

11日 按照总行推广计划的要求,内蒙古自治区11个盟市1 428个金融机构一次性成功接入大额支付系统。

12日 内蒙古自治区第三届农牧业科技博览会在巴彦淖尔市杭锦后旗伊利集团巴彦淖尔市分公司开幕。

☆ 呼和浩特白塔机场扩建工程正式开工建设,总投资14.5亿元,建成后飞行区等级达到4E级,航站区年吞吐客流300万人次。

13日 自治区党委书记储波,自治区主席杨晶,自治区党委副书记、副主席岳福洪,自治区党委副书记杨利民,自治区党委副书记、纪检委书记巴特尔,自治区党委常委、秘书长任亚平,自治区党委常委、组织部长陈朋山,自治区党委常委、呼和浩特市委书记韩志然等参加首府全民义务植树活动。

☆ 和林格尔县在盛乐经济园区中欧创业园举行内蒙古蒙羊(澳利蒙多)肉业有限责任公司一期开工庆典仪式。

14日 自治区政府与自治区纪委召开全区纠风工作会议,自治区党委副书记、副主席岳福洪出席并讲话。

15日 全区高新技术产业投资环境座谈会在包头稀土高新区召开。自治区副主席连辑出席座谈会。

16日 自治区召开全区宗教工作座谈会,自治区党委副书记陈光林,自治区党委常委、统战部长伏来旺,自治区党委常委、政法委书记罗啸天出席。

18日 自治区党委、政府在包头市召开呼、包、鄂三市经济工作座谈会。自治区党委书记储波主持并讲话,自治区主席杨晶,自治区党委副书记、副主席岳福洪,自治区党委常委、秘书长任亚平,自治区党委常委、包头市委书记邢云,自治区党委常委、呼和浩特市委书记韩志然,自治区副主席赵双连、余德辉出席。

☆ 自治区党委副书记陈光林、自治区副主席乌兰出席博物馆、大剧院、体育馆奠基仪式。

19日 中国稀土产业发展工程科技论坛在包头隆重开幕,中国工程院院士、中国工程院化工、冶金与材料学部主任、西北有色金属研究院院长周廉致开幕词。开幕式由中国工程院院士汪燮卿主持。

☆ 自治区口岸办、呼和浩特海关、内蒙古检验检疫局、呼铁局的代表与天津市相关部门签订《天津与二连浩特口岸区域合作备忘录》,自治区与几个省区签订《跨区域口岸天津议定书》。

19～23日　由蒙古国家档案局局长乌力吉巴特尔为团长的蒙古国档案工作代表团对内蒙古自治区进行为期一周的工作访问，双方签订《蒙古国国家档案局与内蒙古自治区档案局2005年合作计划》。在合作编辑出版旅蒙商档案史料汇编、互派人员学习培训、定期交流史料汇编等方面形成共识，达成合作意向。

21日　自治区党委书记储波会见台湾化学纤维公司总经理王文渊一行。自治区主席杨晶，自治区党委常委、秘书长任亚平参加会见。

22日　自治区党委书记储波会见台湾腾龙集团董事长陈由豪一行。自治区主席杨晶，自治区党委常委、秘书长任亚平，自治区副主席余德辉参加会见。

26日　全区劳动模范和先进工作者表彰大会在呼和浩特召开。自治区党委书记储波讲话，自治区主席杨晶主持，自治区党委常委、内蒙古军区司令员黄高成，自治区党委副书记陈光林，自治区党委副书记、纪检委书记巴特尔，自治区党委常委、秘书长任亚平，自治区党委常委、组织部长陈朋山，自治区党委常委、宣传部长莫建成，自治区党委常委、政法委书记罗啸天等出席。

☆　纪念"五一"劳动节暨中华全国总工会成立80周年庆祝大会在呼和浩特召开。自治区党委副书记陈光林出席并讲话。

29日　全区重点地区煤矿瓦斯治理现场会在乌海召开。自治区主席杨晶出席并讲话。

30日　内蒙古银监局批准湖南华菱钢铁集团有限责任公司和呼和浩特市财政局两家投资者的股东资格，华菱集团成为内蒙古信托的第一大股东。

4月　通辽市内蒙古煤炭工业技术学校被国务院扶贫办确定为全国劳动力转移培训示范基地。

☆　内蒙古博物馆、乌兰恰特大剧院和内蒙古体育馆三大重点工程奠基仪式在呼和浩特市举行。三项工程作为自治区成立60周年的献礼项目正式开工建设。

5　月

1日　《内蒙古自治区蒙古语言文字工作条例》开始实施。这是全区第一部关于蒙古语言文字的法规，标志着自治区蒙古语言文字工作步入法制化轨道。

☆　根据《中华人民共和国和蒙古国政府关于中蒙边境口岸及其管理制度的协定》，二连浩特公路口岸开始实行每周7天通关，每天上午8点开关，下午18点闭关。原来每周日闭关1天的制度废止。

1～7日　"五一"黄金周期间，内蒙古地区民航运输起降445架次、旅客发运量13 819人次、旅客吞吐量28 575人次、货邮行发运量68.6吨、货邮行吞吐量189.0吨。分别比上年同期增长15.9%、36.2%、32.2%、-0.6%、8.2%。黄金周期间，内蒙古地区民航日平均旅客吞吐量4 082人次，比上年同期增长32.2%。

2～4日　自治区党委副书记陈光林看望首府"五一"节日期间坚守岗位的公安干警、广电局系统干部职工和部分高校师生。自治区党委常委、政法委书记罗啸天等陪同。

5日　兴安盟突泉县万隆煤矿发生瓦斯爆炸事故，12名矿工身亡。事故发生后，盟县领导及有关部门负责人及时赶到现场，组织开展抢救工作，自治区副主席赵双连亲临现场指挥事故救援工作。至5月9日，事故善后工作基本结束。

9日　包头铝业股份有限公司在上交所正式挂牌交易。

☆　全国武警部队院校加强教学管理提高教学质量研讨会在呼和浩特召开，武警总部司令员吴双战、政委隋明太到会讲话，自治区主席杨晶致辞，自治区党委副书记陈光林，自治区党委常委、政法委书记罗啸天，自治区副主席连辑出席开幕大会。同日，杨晶、陈光林、罗啸天、连辑陪同吴双战、隋明太一行视察武警内蒙古指挥学校。

9～15日　全国人大常委会副委员长许嘉璐率全国人大常委会水污染防治法检查组一行18人，在呼和浩特、包头、巴彦淖尔市进行执法检查。检查贯彻落实《水污染防治法》和《水法》的情况。许嘉璐一行与自治区领导交换意见，自治区党委副书记杨利民出席。

10日　全区党员先进性教育活动第三阶段工作会议在呼和浩特召开。自治区党委副书记杨利民讲话，自治区党委常委、组织部长陈朋山出席。

☆　赤峰市松山区被列为2003至2004年全国创建第二批无公害农产品（种植业）生产示范基地县达标单位。

12日　自治区党委副书记陈光林参加呼和浩特地区"助残日"活动，并慰问残疾人企业、残疾人工商户。

12～18日　全国十运会拳击预赛（第一站）暨2005年全国拳击锦标赛在内蒙古体育馆举行，全国38支代表队183名运动员参赛。

13日　天狮集团内蒙古分公司向内蒙古残疾人联合会捐赠10万元保健品，自治区人大副主任王凤岐出席捐赠仪式，自治区残联理事长庞润辉致答谢词。

15日　以"平等共享、促进残疾人就业"为主题的第十五次"全国助残日"宣传活动在呼和浩特市新华广场拉开帷幕。全区12个盟市旗县以上党政领导近2 000名参加活动，走访慰问福利企业、福利院、康复中心、特教学校、社区1 000多家，残疾人个体户700多户，贫困残疾人家庭2 000多户，累计发放慰问金、慰问品折合人民币100余万元,全区共播出、刊登各类新闻题材的稿件300余篇(条),电视台制作专题片20部,悬挂横幅100余幅,张贴标语5 000余条,展出图版1 000余块,发放宣传材料10余万份;全区就走访慰问各类残疾人福利机构1 000多家、贫困残疾人家庭2 000多户、残疾人个体工商户700多个,发放慰问金、慰问品合计人民币100多万元。

15~16日　全国山地自行车锦标赛暨全国青年山地自行车锦标赛在包头举行,全国13支代表队89名运动员参赛,云南、甘肃、河北代表队分获男子越野团体赛前三名,江苏、北京、河北代表队分获女子越野团体赛前三名。

16日　自治区沙草产业协会召开年会。中国科学院院士、中国科学院兰州分院院长、中国西部资源环境科学研究中心首席科学家程国栋作"西部大开发中水资源与生态环境建设"专题报告。自治区党委副书记杨利民出席,自治区副主席连辑主持。

17日　世界电信日,自治区通信管理局组织自治区6家电信运营企业在呼和浩特市新华广场隆重举行活动,纪念第37届世界电信日。

☆　全国人大中国和蒙古国友好小组副主席、自治区人大常委会副主任尤仁会见并宴请以蒙古国大呼拉尔议员、公民意志共和党总书记、蒙中议员小组主席蒙和楚龙·桌里格特为团长的代表团一行11人。

18日　内蒙古国际会议展览中心举行开工奠基仪式。自治区党委常委、呼和浩特市委书记韩志然,自治区人大副主任宝音德力格尔、自治区政协副主席许柏年、自治区副主席余德辉等参加开工仪式并为项目奠基。

☆　燕京雪鹿公司20万吨技改扩产工程项目正式建成投产,燕京啤酒(包头雪鹿)股份有限公司成为西北五省区最大的啤酒生产企业。

20日　自治区副主席乌兰率经贸代表团出访蒙古国,商务厅组织有关盟市、企业代表46人参加。5月23日在蒙古国首都乌兰巴托举行中国内蒙古自治区与蒙古国合作交流项目签约仪式,自治区与蒙方签署合作交流项目7个。

☆　锡盟行署和山西连顺能源有限公司签署"褐煤制燃气输京、津项目协议"。项目综合利用锡盟褐煤资源进行就地深加工,转化为燃气供应北京、天津等城市,总投资246亿元,完工后年产燃气100亿立方米,年产淡水3.1亿立方米,年生产总值122.53亿元。

20~24日　全国人大常委会副委员长李铁映率全国人大常委会安全生产执法检查组在自治区赤峰市、鄂尔多斯市进行检查。自治区党委常委、政法委书记罗啸天陪同。

20~30日　中央电视台居延遗址考察报道组一行10人,在中国社科院研究所巫新华博士的带领下,深入阿拉善盟额济纳旗,实地对居延遗址进行10天的大型考古综合采集报道。

21日　全区第二届少先队课本剧大赛在呼和浩特举行。自治区党委副书记陈光林出席。

22~24日　中央社会治安综合治理委员会、中共中央组织部、人事部在北京召开全国社会治安综合治理先进集体、先进工作者表彰大会。自治区党委政法委常务副书记胡毅峰带领盟市受表彰的代表参加。自治区的赤峰市、通辽市、包头市荣获"全国社会治安综合治理优秀地市"称号;锡盟东乌珠穆沁旗、呼伦贝尔市满洲里市、呼和浩特市赛罕区荣获"全国社会治安综合治理先进集体"称号;兴安盟综治办副主任刘成鸣、阿拉善盟综治办副主任布仁、巴彦淖尔市乌拉特旗中旗、政法委书记康旭明荣获"全国社会治安综合治理先进工作者"荣誉称号。赤峰市连续四届、包头市连续三届荣获全国社会治安综合治理优秀地市,被中央综治委授予"长安杯"荣誉称号。特别是赤峰市,成为全国获得"四连冠"殊荣的三个地市之一。

23日　经过两年的试验研究,由"神舟四号"飞船搭载的肉苁蓉种子已在阿拉善盟开花结实。为梭梭、肉苁蓉优良品种的选择提供科学依据。

☆　锡林郭勒盟(香港)重点项目推介会在香港华润大厦举行。锡盟盟委副书记、盟长荣天厚,盟委副书记白志明、蔚小平,副盟长吴久冰出席会议。香港中华总商会、香港中华厂商联合会、香港国际贸易促进会、香港中国企业协会等30多个团体负责人及160多位企业界人士参加会议。

23~27日　以自治区主席杨晶为团长,自治区副主席余德辉为副团长,自治区商务厅、发改委、工业办、金融办、旅游局、贸促会、外事办等部门负责同志和各盟市领导为成员的政府代表团赴香港访问。期间,推出招商引资项目近千个,签订引资合作合同、协议、意向51个,协议投资额228.9亿美元,涉及电子、化工、电力、制药、旅游、商贸物流等行业和领域。并参加"2005年内蒙古·香港经贸合作活动周"活动。

26日　由来自北京建工建筑设计研究院、清华大学、海南大学、北京大学、中国地质大学、北京林业大学等院校的20名专家组成的"阿尔山—柴河旅游景区"总体规划编制组到达阿尔山,就阿尔山—柴河旅游景区总体规划编制工作展开为期11天的实地考察。

27日　内蒙古自治区第十届人民代表大会常务委员会第九次会议修订通过《内蒙古自治区旅游条例》,并于7月1日开始实施。

27~28日　中共中央、国务院在北京召开中央民族工作会议暨国务院第四次全国民族团结进步表彰大会。全区共有32个模范集体、31个模范个人参加会议,受到国务院的表彰。

29日　全区家庭教育"双合格"活动表彰大会在呼和浩特举行。自治区党委副书记陈光林出席并讲话。

29～31日 应澳门特别行政区行政长官何厚铧的邀请，自治区主席杨晶、副主席余德辉率自治区政府代表团赴澳门访问。29日下午，代表团同中央驻澳门特别行政区联络办公室主任白志健会见。30日下午，代表团分别拜会何厚铧和全国政协副主席马万祺。31日，澳门特别行政区与内蒙古自治区签订共建“姐妹机场”协议，何厚铧、杨晶、余德辉、中联办副主任何晓卫等参加签字仪式。

31日 《生态道德教育读本（幼儿版）》在呼和浩特举行首发仪式。自治区副主席岳福洪出席并讲话。

☆ 自治区党委副书记陈光林出席首届全区大学生艺术展演暨中小学生文艺汇演颁奖晚会。

☆ 亚洲第一大换轮库—二连铁路国际货车换轮库建成投入使用，举行启动仪式。

☆ 全区第三次服刑人员改造积极分子代表大会在呼和浩特第一监狱召开。自治区副主席连辑出席会议，自治区党委政法委副书记宋喜德出席会议并讲话，会议通过致全区服刑人员的《倡议书》。

5月 呼伦贝尔市阿荣旗复兴镇农民王树龙被国家农业部授予“全国种粮大户”称号。

☆ 日本国驻华使馆利民工程无偿援助“赤峰市翁牛特旗朝格温度中心小学教学楼建设”项目获得日方批准，金额为90 907美元（折合750 896元人民币）。

5月至12月 根据《国务院办公厅关于开展打击商业欺诈专项行动的通知》和国家卫生部等七部门联合制定的《全国打击非法行医专项行动方案》的统一部署和要求，自治区卫生厅联合人口与计划生育、科技、公安、监察、军区后勤部、武警后勤部等部门组织开展全区打击非法行医专项行动。

5月 锡林郭勒盟西乌珠穆沁旗蒙古汗城旅游有限责任公司与日本毕可普鲁斯有限会社、北京安地隆贸易有限责任公司在北京共同签订《合作开发建设西乌珠穆沁旗蒙古汗城国际橄榄球训练基地项目协议书》。8月项目竣工，建成全国最大的橄榄球场，赛场面积12 340平方米。弥补了自治区橄榄球运动项目及训练场地空白。8月，由国家体育总局小球运动管理中心和中国橄榄球协会主办，西乌珠穆沁旗人民政府和锡盟橄榄球协会承办的全国“骏马杯”英式7人制橄榄球赛在该基地举行。比赛分男子组、女子组、青年组，来自全国各地的20支参赛队、267名运动员参赛，内蒙古自治区第一支橄榄球队西乌珠穆沁旗白马队参加比赛。中国农业大学男队夺得男子组冠军，中国农业大学女队夺得女子组冠军，青岛猛鲨橄榄球俱乐部夺得青年组冠军。

6　月

1日 庆“六一”万名少先队员大型活动在新华广场举行，自治区党委副书记陈光林出席。

☆ 内蒙古2005年“银行卡之春—中国银行卡产业回顾展望”宣传活动在呼和浩特市启动，中心支行组织人员在新华广场开展现场宣传和咨询活动。

2日 中华文学基金会“育才图书室”工程赴呼和浩特市武川县捐建中小学“育才图书室”仪式在县城可镇第一小学举行，30多位全国著名作家、艺术家来到武川县，为武川县少年儿童送去各类图书16 390册、电脑30台、电视1台，教用VCD3台。自治区党委副书记陈光林，自治区党委常委、宣传部长莫建成及中国作协名誉副主席、中华文学基金会常务副会长张锲，全国政协委员、中华文学基金会副会长贺捷生等出席。

4日 国家人口与计划生育委员会下发文件，授予呼伦贝尔市海拉尔区人口计生局为“全国人口和计划生育信息化建设先进单位”荣誉称号。

4～8日 全国十运会男子篮球预赛（呼和浩特赛区）在内蒙古体育馆举行，来自广东、山东、云南、新疆、天津的5支代表队参赛，广东队和山东队分获冠、亚军，取得决赛资格，云南队名列第三，获得附加赛资格。

5日 电影《生死牛玉儒》开机仪式在呼和浩特市举行。自治区党委副书记陈光林出席并讲话，自治区党委常委、宣传部长莫建成主持。自治区副主席乌兰、中央保持共产党员先进性教育活动领导小组办公室副主任李小满、北京市委副书记龙新民、上海市副市长杨晓渡、国家广电总局电影局副局长张宏森等出席。

☆ 纪念“6·5”环境日大会在自治区政府礼堂举行，自治区党委副书记杨利民，自治区人大副主任陈瑞清，自治区副主席连辑，自治区政协副主席刘芝兰出席。北京大学教授、中国可持续发展研究中心主任叶文虎在会上作《科学发展观与循环经济》报告。

6日 自治区召开建设民族文化大区征歌活动总结暨繁荣文艺创作座谈会。自治区党委副书记陈光林讲话，自治区党委常委、宣传部长莫建成主持。

☆ 第二届满洲里中俄科技展暨中俄科技合作论坛发布会在北京召开。经济日报总编辑冯并主持发布会。满洲里市市长云光中介绍中俄科技展暨科技合作论坛筹备情况，市委书记杨汉忠作满洲里市市情介绍。自治区副主席连辑致辞。

☆ 国家烟草专卖局印发《关于表彰全国烟草行业第四届先进集体和劳动模范的决定》，呼和浩特市烟草专卖局（分公司）被评为全国烟草行业先进集体，锡林浩特市烟草专卖局（公司）局长、经理李明林被评为全区烟草行业劳动模范。

6～7日 自治区党委书记储波考察巴彦淖尔市乌拉特前旗大中矿业公司、临河富方泰药业公司、临河热电厂、维信（临河）羊绒制品有限公司、临河国际家具建材城建设工地、春雪羊绒制品有限公司等企业和建设工地。

7日 自治区土地市场治理整顿工作通过国务院验收,恢复农用地转用和征地的正常审批。6月9日,建设用地下放到盟市设点审批。

8日 自治区统计局政务门户网站(www. nmgtj. gov. cn)正式向社会开通。

8~10日 中纪委委员、中纪委驻司法部纪检组长岳宣义一行8人,在鄂尔多斯市、呼和浩特市调研并出席10日在呼和浩特举行的全国司法考试监察工作会议。自治区党委副书记杨利民陪同。

9日 自治区首家蒙文政务网站"中国·锡林郭勒"蒙文政务门户网站开通。网站由锡林郭勒盟行署办公厅主办,设"政务公开"、"面向个人"、"面向企业"、"面向投资者"、"面向旅游者"、"面向公务员"等6个频道,同时实现视频点播服务。

10日 自治区党委、政府召开全区加强和改进大学生思想政治教育工作会议。自治区党委书记储波讲话,自治区主席杨晶,自治区党委副书记陈光林,自治区党委常委、秘书长任亚平,自治区党委常委、宣传部长莫建成,自治区人大副主任宝音德力格尔,自治区副主席连辑,自治区政协副主席刘芝兰出席。

☆ 中央军委副主席徐才厚一行在自治区考察,自治区党委书记储波,自治区主席杨晶,自治区党委常委、秘书长任亚平,自治区党委常委、内蒙古军区司令员黄高成,自治区党委常委、呼和浩特市委书记韩志然陪同。

☆ 在赤峰市翁牛特旗头分地镇四道杖房村二道窝铺村民组北山,赤大高速公路11标段K99标桩地段发现红山文化村落遗址以及清代庙宇遗址。在遗址地表采集到红山文化彩陶片、之字彩陶钵等,同时挖掘出的还有之字桶型罐、斜口器以及石铲、石磨、石磨棒等文物。在距遗址约50米的地方发现清代庙宇遗址。

11~16日 在山东省淄博市举行的全国中国式摔跤锦标赛及搏克比赛上,锡林郭勒盟选手孟克巴雅尔、浩日勒、白音吉日嘎拉、阿迪雅、白音巴图分获48公斤级、68公斤级、90公斤级、100公斤级、62公斤级金牌,浩日勒获搏克比赛金牌。

13日 蒙古国南戈壁省30名牧民代表组成的牧民代表团到阿拉善盟阿拉善左旗进行访问考察。

13~18日 全国政协副主席、全国工商联主席黄孟复率新能源产业调研考察团一行18人,先后到自治区赤峰市、锡林郭勒盟、乌兰察布市和呼和浩特市就新能源利用情况进行调研,自治区副主席余德辉,自治区政协副主席许柏年陪同。在呼和浩特期间出席了金鹰国际CBD中心建设项目奠基仪式。

☆ 全国职业台球排名赛(第二站)在蒙牛乳业有限公司举行,32名运动员参赛,丁俊晖夺得冠军。

15日 包钢(集团)公司保卫部女职工蔡力川,成为自治区首位造血干细胞无偿捐献者。

16日 在呼和浩特市新城宾馆,自治区党委副书记陈光林主持召开自治区发展新能源产业情况汇报座谈会,自治区党委常委、统战部长伏来旺出席。

☆ 中国援蒙项目扎门乌德公路口岸疏港公路工程正式开工,中蒙双方在扎门乌德举行奠基仪式。同年11月10日建成投入使用,并举行剪彩仪式。

☆ 举行"万名医师"启程仪式,标志着自治区"万名医师支援农村卫生工程"正式启动,四个月来被派出的155名医师辛勤工作在全区31所贫困旗县医院机构。

☆ 在呼伦贝尔市新巴尔虎左旗乌布尔宝力格苏木境内发现一枚长67厘米、直径21厘米有尾翼(叶轮)日军二战时期炸弹。当天由呼伦贝尔军分区派人在原址深埋引爆成功,无人畜伤亡。

16~18日 第十届全区中学生运动会在赤峰市举行,运动会共设田径、乒乓球、篮球、排球、足球和搏克等6个大项,26支代表队600多名运动员、教练员参赛。赤峰市、呼和浩特市、包头市代表队分获团体总分前三名。

16~19日 中国美国商会主席卫兴华率美国企业家考察团一行14人,到自治区呼和浩特、包头、鄂尔多斯市就投资环境进行考察,自治区党委副书记、副主席岳福洪陪同。

17日 中央电视台《焦点访谈》栏目播出反映赤峰市敖汉旗敖润苏莫苏木荷也勿苏嘎查牧民鲍永新承包沙地造林的专题片,题目是《一家人和一万亩沙地》。

17~21日 中央政治局常委、国家副主席曾庆红一行15人,先后到自治区呼伦贝尔、包头、鄂尔多斯、呼和浩特市就贯彻落实中央民族工作会议精神,开展保持共产党员先进性教育活动,促进经济社会发展等问题进行视察。国家民委主任李德洙等随行,自治区党委书记储波,自治区主席杨晶,自治区党委常委、秘书长任亚平,自治区党委常委、包头市委书记邢云陪同。

18日 内蒙古工商联成立50周年庆典暨全区优秀建设者表彰大会在呼和浩特召开。全国政协副主席、全国工商联主席黄孟复,全国工商联副主席、中国光彩事业促进会副会长谢伯阳,自治区党委副书记陈光林,自治区党委常委、统战部长伏来旺,自治区人大副主任王凤岐、陈瑞清,自治区副主席余德辉,自治区政协副主席许柏年等出席。

☆ 在呼伦贝尔市新巴尔虎左旗呼伦湖畔成功举办第二届"甘珠尔杯"全国休闲钓鱼节,浙江、江苏、湖北、呼伦贝尔等省市130名爱好者参加比赛,促进全旗旅游业的发展。

19日 以"走出健康、奔向小康、走进2008"为主题的内蒙古自治区全民健身月启动仪式在呼和浩特市新华广场隆重举行。自治区党委副书记杨利民宣布内蒙古全民健身月活动正式启动,自治区副主席乌兰为万人健步行活动鸣枪发令。自治区政协副主席奇英成、内蒙古军区副司令员桑杰扎布出席。

19日~8月13日　第二届"中国·锡林郭勒国际游牧文化节"在锡林浩特举行，期间，举办"牧人之家"、"第二届牧歌晚会"、"2005北京—锡林郭勒旅游那达慕"、"敖包相会歌舞晚会"等20多项文体娱乐活动。

20日　全区流通工作会议在呼和浩特召开。自治区副主席余德辉出席大会并作了重要指示。会议提出到2010年全区实现社会消费品零售总额突破2 500亿元。其中：批发零售贸易业达2 000亿元；餐饮业达到450亿元；连锁经营销售规模达到200亿元。

☆　由呼伦贝尔市旅游局和根河市人民政府共同举办的"中国敖鲁古雅首届使鹿部落文化节"在敖鲁古雅乡隆重开幕。

21日　巴彦淖尔市政府"12345"市长热线电话开通。

22日　根据6月6日自治区党委、政府两办印发的《关于做好全区农村牧区部分计划生育家庭奖励扶助工作的意见》，自治区农村牧区部分计划生育家庭奖励扶助金首发仪式在呼和浩特市和林格尔县盛乐广场举行。国家计生委副主任潘贵玉出席。自治区党委书记储波，自治区主席杨晶，自治区党委副书记陈光林，自治区党委常委、秘书长任亚平，自治区党委常委、呼和浩特市委书记韩志然，自治区副主席乌兰等出席。

☆　北方联合电力有限责任公司股权重组签字仪式在新城宾馆举行。中国华能集团总经理李小鹏、中信泰富有限公司董事局主任荣智健、神华集团董事长陈必亭，自治区党委书记储波，自治区主席杨晶，自治区党委常委、秘书长任亚平，自治区人大副主任周维德，自治区副主席赵双连，自治区政协副主席韩振祥出席。

☆　第二届中俄科技展暨中俄高新技术产品交易会中俄区域合作论坛开幕式在满洲里市举行。第四届中俄蒙三国交界地区满洲里国际旅游节暨"兰德之夜"大型文艺晚会隆重开幕。中国科协主席周光召、全国政协常委伍绍祖、自治区常务副主席岳福洪、经济日报总编辑冯并等领导及俄罗斯伊尔库茨克州立法会议副主席沙喀里耶维奇、俄罗斯赤塔州副州长奥古涅夫等来宾出席开幕式。

22~27日　湖南省副省长郑茂清一行9人，在呼和浩特、包头、鄂尔多斯、呼伦贝尔、满洲里市考察。在呼和浩特期间，自治区党委书记储波，自治区党委常委、秘书长任亚平，自治区党委常委、呼和浩特市委书记韩志然陪同。

23日　内蒙古滨海公司创立暨与呼和浩特市政府签订合作项目签字仪式，自治区主席杨晶出席。

☆　包钢一中高三学生高杰（女）以701分的成绩获得内蒙古自治区理科高考状元。

24~25日　自治区党委、政府在呼和浩特召开全区党政机关蒙古语文翻译工作会议。会议总结交流近年的工作经验，安排部署今后一个时期的工作，表彰奖励26个先进集体、57名先进个人和45名荣誉证书获得者。

25日　由中国社会科学院、中国人民大学、光明日报、香港凤凰卫视、内蒙古电视台和内蒙古仕奇集团联合主办的中国草原文化百家论坛在呼和浩特举行。全国人大常委会原副委员长布赫致词，自治区党委书记储波，自治区主席杨晶，自治区党委副书记陈光林、杨利民，自治区党委副书记、纪检委书记巴特尔，自治区党委常委、秘书长任亚平，自治区党委常委、呼和浩特市委书记韩志然，自治区党委常委、宣传部长莫建成，自治区人大副主任周德海，自治区副主席郭子明、乌兰等看望专家学者，陈光林在论坛开幕式上讲话。

☆　内蒙古临（河）策（克）铁路有限责任公司在呼和呼特市成立并举行启动仪式。自治区党委副书记杨利民，呼和浩特铁路局局长郑明理，阿拉善盟盟委书记吴金亮，盟委副书记、盟长布小林出席揭牌仪式并剪彩。是自治区首条穿沙铁路。

☆　内蒙古自治区农牧业科学院于2005年胚胎移植的自治区首例克隆牛顺利出生。

☆　2005年"CCTV杯"全国英语演讲比赛在包头科技大学举行。包头科技大学外语学院学生高占峰、高晶晶获二等奖，进入全国总决赛。高占峰在全国总决赛中成绩优异，将代表国家于2006年赴马来西亚参加亚洲大专英语辩论赛。

☆　历时3天的第二届满洲里中俄科技暨中俄高新技术产品交易会落下帷幕。交易会签约31项、协议金额1亿余元人民币。共达成7个意向合同，总签约额达5.6亿元人民币。

☆　自治区党委、政府举办题为"法治建设与和谐社会"的领导干部法制报告会。自治区党委常委、政法委书记罗啸天主持报告会并作重要讲话。内蒙古军区司令员、自治区党委常委黄高成，自治区党委常委、组织部部长陈朋山，高级法院院长王维山，检察院检察长邢宝玉出席报告会。

26日　全区党政机关蒙古语文翻译工作会议在呼召开。自治区党委副书记杨利民，自治区党委常委、秘书长任亚平出席并讲话。

☆　集张铁路建设奠基仪式在乌兰察布市兴和县隆重举行。自治区主席杨晶、副主席赵双连、乌兰察布市市委书记吴永新、副市长赵永华等领导以及自治区发改委、交通厅、环保局、国土资源局、呼铁局、铁三院、中铁六局集团、张家口等有关领导出席奠基仪式。

☆　为进一步加大禁毒宣传力度，推动监狱劳教系统禁毒工作深入开展，在"6·26"国际禁毒日前后，全区监狱劳教系统开展一系列形式多样的禁毒宣传教育活动。

27日　参加"全区人口和计划生育新机制建设巡回观摩会"的部分代表在前往阿拉善右旗途中所乘车辆发生翻车事故，造成5人死亡，12人受伤。这起特大交通事故引起了内蒙古自治区党委、政府的高度重视。自治区副主席乌兰在自治区卫生厅长杨成旺陪同下,率由脑外科专家、教授组成的医疗队,赶往甘肃、阿拉善盟,抢救和慰问伤员。

☆ 内蒙古自治区农村信用社联社首批93家间接参与者顺利接入大额支付系统并正式运行。运行当日,全区农村信用社发送大额支付业务40笔,金额1 758 412.46元;接收大额支付业务168笔,金额44 581 462.31元。

28日 110国道巴拉贡新地高速公路正式建成通车仪式在鄂尔多斯市杭锦旗巴拉贡举行。自治区主席杨晶、副主席赵双连出席。

☆ 内蒙古金融学会第七次代表大会暨2005年学术年会在呼和浩特召开,来自中国金融学会,各省市自治区金融学会,内蒙古各有关政府部门、学术机构,各金融机构,有关大专院校等170余名代表出席大会。

29日 国务院印发《关于同意内蒙古策克口岸对外开放的批复》(国函〔2005〕57号),同意策克口岸对外开放,并设立海关、边检、检验检疫等机构。

☆ 阿拉善盟阿拉善左旗巴彦诺日公—额济纳旗220KV输变电工程投入运营。工程总投资3.7亿元,全长430公里,它的建成不仅结束额济纳旗靠外省区供电和没有高压等级的历史,而且为下一步向东风航天城实施供电创造条件,标志着横贯东西的自治区统一电网建设取得重大成果。至此,蒙西电网成功覆盖阿拉善盟全境。

☆ 自治区主席杨晶、副主席赵双连在自治区各有关部门领导的陪同下,深入棋盘井工业园区考察。杨晶主席一行先后考察内蒙古鄂尔多斯煤电联产项目区和棋盘进管委会展厅。在鄂尔多斯煤电联产项目区,杨晶主席在听取项目负责人王秉璋的情况介绍后,先后对总装机容量为292万千瓦火力发电建设现场、正在运转的360万吨/年冶金焦厂进行实地考察调研。

☆ 19时8分,国内最长的一条阿拉善盟巴音诺尔公至额济纳旗220千伏输变电工程胜利建成投入运营。

30日 自治区党委举行纪念中国共产党成立84周年暨"争先创优"表彰大会。自治区党委副书记杨利民出席并讲话。

下旬 据国家发展与改革委员会2005年第30号公告,包括包头稀土高新区在内的46家国家级高新技术产业开发区,于日前正式通过国务院审核验收,开始恢复正常的建设用地供应。这是2003年国务院清理整顿各类开发区和土地市场秩序以来,经国家发改委、国土资源部和建设部等有关部委多次检查验收合格,全国53家国家级高新区中第一批通过验收的国家级高新区。

是月 中蒙两国联合考古研究暨文物展览合作项目签字仪式在呼和浩特举行。这项为期5年的合作项目填补了中蒙两国文物考古合作研究的空白。

7 月

1日 全区农村牧区税费改革试点工作电视电话会议在呼和浩特召开。自治区主席杨晶出席并讲话,自治区党委副书记、副主席岳福洪主持,自治区党委常委、组织部长陈朋山出席。

1~5日 自治区党委书记储波随同国家主席胡锦涛访问俄罗斯联邦新西伯利亚州。访问结束后,自治区党委书记储波、自治区主席杨晶率自治区考察团对俄罗斯联邦新西伯利亚州进行了考察访问。自治区党委常委、秘书长任亚平,自治区副主席余德辉等陪同考察。

3日 在云南省举行的"第九届全国工程建设企业管理现代化成果发布会暨专家评审会"上,内蒙古电建三公司《企业信用档案的建立与诚信建设》的管理成果,在全国近40项成果中获得一等奖。

5日 中国·内蒙古第二届国际草原文化节暨包头第二十届鹿城文化艺术节新闻发布会在呼和浩特举行。自治区党委副书记陈光林出席。

☆ 在上海证券交易所上市的"钢联股份"正式改称"包钢钢联"。

8日 内蒙古十大外来创业青年英才表彰大会在呼和浩特举行。自治区党委副书记陈光林出席并讲话,自治区副主席乌兰、自治区政协副主席罗锡恩出席会议。

☆ 全区第二届美术书法摄影大赛优秀作品展在内蒙古美术馆开幕。自治区党委副书记陈光林,自治区副主席乌兰观看展览。

☆ 美国国际职业篮球队访华巡回赛包头站比赛在包钢体育馆举行,美国国际职业篮球队94:76胜北京金隅队。

☆ 为了更大程度地减少奶农养牛风险,兴安盟委行署、乌兰浩特市委政府经多方协调,在国家级试点的基础上,在乌兰浩特市首开奶牛意外保险业务,8日上午举行全国奶牛意外保险第一单签字仪式,永联镇养牛户胡翠华签下了保险单为TLAA1502006000000l号的第一单,被保险奶牛19头,每头保额5 000元,每头保费200元。

9日 首届内蒙古影视歌手大赛在内蒙古电视台举行决赛。自治区党委副书记陈光林出席并为获奖者颁奖。

10日 自治区主席杨晶在新城宾馆会见国家信息产业部副部长苟仲文一行。自治区副主席连辑参加会见。

11日 2005'西部人才论坛第二届年会在呼和浩特召开。自治区党委副书记杨利民出席并致词。

☆ 乌兰浩特市公安局爱国派出所民警王文龙在国家公安部举行的联合国维和警察选拔考试中,以全国第17名的成绩被选中,成为内蒙古自治区唯一一名通过考试并接受维和培训的警察。

11～12日　亚洲开发银行深化农村信用社改革技术援助研讨会暨全国各省、市、自治区金融办主任联席会议在阿尔山市召开。

12日　"西部十二省区市人才开发合作协议"签字仪式在呼和浩特市新城宾馆举行。自治区党委副书记杨利民，自治区党委常委、组织部长陈朋山，自治区副主席郭子明出席。

12～13日　自治区人口和计划生育委员会主任林瑞骨灰安放仪式在呼和浩特举行。国家人口和计划生育委员会副主任王国强，自治区党委书记储波，自治区主席杨晶，自治区党委副书记陈光林、杨利民，自治区党委副书记、纪检委书记巴特尔，自治区党委常委、秘书长任亚平，自治区党委常委、统战部长伏来旺，自治区党委常委、组织部长陈朋山，自治区人大副主任陈瑞清、哈斯巴根，自治区政府顾问周德海，自治区副主席赵双连、郭子明、余德辉、乌兰，自治区政协副主任刘芝兰出席。

14日　"草原英雄小姐妹"展览馆在包头市达茂旗新宝力格苏木希日朝鲁嘎查落成。自治区党委副书记陈光林致信祝贺。

☆　由内蒙古电视台主办的"全国省级电视台经济频道协作体第四届年会"在呼和浩特举行。内蒙古自治区党委常委、宣传部长莫建成到会并讲话。

☆　呼伦贝尔市阿荣旗被全国老龄委评为"全国老龄工作先进旗"。

14～18日　以香港青年工业家协会会长、预发控股集团主席陈振东为团长的香港青年工业家协会考察团一行30人，在呼和浩特、包头、鄂尔多斯市考察。自治区党委常委、统战部长伏来旺陪同。15日，自治区党委书记储波在内蒙古饭店会见陈振东一行。

15～17日　中日生态治理专题研讨会在鄂尔多斯市举行。自治区党委副书记杨利民会见以日本财团法人国际研修交流协会专务理事金子奉义为团长的日方代表团一行。自治区副主席雷·额尔德尼参加会见。

☆　全区首届速度赛马、走马暨蒙古马耐力赛在乌兰察布市四子王旗格根塔拉草原旅游中心举行，来自11个盟市的300多匹马600多人参赛，通辽市运动员夺得6枚金牌，兴安盟和锡林郭勒盟运动员各获得1枚金牌。

17日　草原文化高层论坛暨14省区社科院院长联席会议在呼伦贝尔市召开。自治区党委副书记陈光林出席并讲话。

18日　全区调查研究工作联席会议在呼和浩特召开。自治区党委副书记杨利民，自治区党委常委、秘书长任亚平，自治区副主席郭子明出席并讲话。

☆　经自治区党委常委、秘书长任亚平签批，自治区党委办公厅向自治区档案馆移交一批珍贵实物档案包括中共中央总书记江泽民视察内蒙古的亲笔题词。

18～20日　由自治区民委与自治区文化厅联合举办的首届内蒙古民歌暨第二届内蒙古长调歌曲演唱大赛在呼和浩特举行。此次大赛旨在对自治区优秀的民族音乐文化遗产进行继承、挖掘、弘扬和展示，培养和发现民族音乐艺术演唱新人，提高演唱和创作水平，从而为促进民族艺术的进一步繁荣发展和建设民族文化大区做出积极的贡献。全区共有86名选手进入复、决赛，其中48名选手获得等级奖，巴彦淖尔市、阿拉善盟获得优秀组织工作奖。

19日　上海市华谊集团、神华集团、亿利资源集团PVC项目扩股和煤电一体化合作签约仪式在新城宾馆举行。自治区党委书记储波，自治区主席杨晶，自治区党委常委、秘书长任亚平，自治区副主席赵双连，上海市副市长胡延照、神华集团董事长陈必亭出席。

21日　自治区农村信用社联合社创立大会暨第一届社员大会在呼和浩特召开。自治区党委副书记杨利民出席并讲话。

22日　奈伦之夏·西部民营经济发展新机遇论坛在呼和浩特召开。自治区党委副书记陈光林致欢迎辞，中央统战部副部长、全国工商联第一副主席、中国光彩事业促进会常务副会长胡德平讲话。自治区人大副主任陈瑞清，自治区副主席余德辉，自治区政协副主席郧宝恒，全国工商联副主席王玉锁、郑跃文，重庆市政协副主席尹明善等出席。

☆　中国·呼和浩特第六届昭君文化节在市人民体育场隆重开幕。自治区党委书记储波，自治区主席杨晶，自治区党委副书记陈光林、杨利民，自治区党委副书记、纪检委书记巴特尔，自治区党委常委、党委秘书长任亚平，自治区党委常委、组织部长陈朋山，自治区党委常委、呼和浩特市委书记韩志然，自治区党委常委、宣传部长莫建成，自治区党委常委、政法委书记罗啸天，自治区人大副主任陈瑞清、张国民、哈斯巴根，自治区政协副主席罗锡恩、奇英成、刘芝兰、郧宝恒、陈毅民出席开幕式。自治区老领导克力更、彭翠峰也出席开幕式。开幕式由呼市市长汤爱军主持。自治区党委常委、市委书记韩志然致开幕辞。开幕式还表演大型文节晚会"伊利情"—《天堂草原》。

☆　自治区党委副书记、自治区处理信访突出问题及群体性事件联席会议召集人杨利民主持召开自治区处理信访突出问题及群体性事件联席会议，研究贯彻落实第三次全国集中处理信访突出问题及群体性事件电视电话会议精神及企业军转干部、复员干部上访问题。

23日　自治区党委书记储波，自治区主席杨晶，自治区党委副书记陈光林、杨利民，自治区党委副书记、纪检委书记巴特尔，自治区党委常委、秘书长任亚平，自治区党委常委、组织部长陈朋山，自治区党委常委、呼和浩特市委书记韩志然，自治区党委常委、宣传部长莫建成，自治区党委常委、政法委书记罗啸天，自治区人大副主任云秀梅，自治区副主席连辑、雷·额尔德尼，自治区政协副主席包俊臣在自治区安全厅培训中心观看安全保密教育图片、实物展及安全保密技术演示。

☆ 第九届亚洲民间艺术节暨中国·呼和浩特第四届国际民间艺术节开幕式在呼和浩特举行。自治区党委副书记陈光林，自治区党委常委、呼和浩特市委书记韩志然，自治区人大副主任尤仁、哈斯巴根，世界 CIOFF 副主席乌达姆斯克·萨科茫望博士，亚太分会主席、中国 CIOFF 副主席魏中珂出席。

☆ 《中国档案》第十次宣传工作会议在锡林浩特召开。国家档案局副局长、中央档案馆副馆长李明华、内蒙古自治区档案局局长张佃敏到会祝贺并讲话。来自全区各省市自治区档案部门的领导 80 余人参加会议。

23～26 日 由中国民族体育协会，内蒙古自治区民委、自治区体育局，锡林郭勒盟民族局、文体局，西乌珠穆沁旗人民政府联合举办的全国女子搏克邀请赛在内蒙古自治区锡林郭勒盟西乌珠穆沁旗成功举行。来自河北省、山东省、河南省和内蒙古自治区 4 支代表队的 32 名选手参加本次女子搏克邀请赛，山东队和内蒙古队分获冠亚军。

24～29 日 挑战吉尼斯世界纪录 800 蒙古马“阿吉乃”大赛暨蒙古族马文化艺术节在西乌珠穆沁旗举行。本次大赛经吉尼斯(中国)申报中心和英国总部认可，由中国马业协会、内蒙古自治区旅游局、内蒙古草原文化艺术发展研究促进会、内蒙古蒙科立软件有限公司和西乌珠穆沁旗政府主办，大赛及艺术节期间共举行 16 个蒙古族特色文化活动项目，有传统的蒙古马耐力赛、速度赛、接力赛、骑士赛、女士技艺赛、走马赛、颠马赛、搏克赛、照那斯图杯蒙古长调比赛，有蒙古马选美、蒙古族精美马具评比和马文化展览。27 日，207 匹蒙古马传统耐力赛创造历史上同一时间、同一地点规模最大的赛马纪录，吉尼斯总部见证官斯图尔特·纽波特当场宣布确认该吉尼斯世界纪录。

25 日 自治区 2005 实施“西部计划”大学生志愿者出征仪式在内蒙古师范大学青年政治学院举行。自治区党委副书记陈光林，自治区党委常委、组织部长陈朋山出席并与学生座谈。

25 日至 8 月 3 日 自治区商务厅在包头市承办联合国儿童基金会援助 LPAC 项目国家级经验交流和培训活动，接待来自全国 11 个省区的 88 名会议代表，会议圆满成功。

26 日 自治区财政厅与中国进出口银行在包头市签署总额为1.2亿美元的内蒙古人才培养项目和包头市大气环境治理项目、贷款项目转贷协议。中国进出口银行副行长赵晓宇、包头市人民政府、自治区财政厅及有关部门负责人和项目单位负责人出席签字仪式。

☆ 自治区党委副书记杨利民在呼和浩特市新城宾馆会见以日本每日食品株式会社董事长泷口义男先生为团长的日本苦荞麦考察团一行。

27 日 全国边境(界)无线电频率协调工作会议在内蒙古呼伦贝尔市海拉尔召开。广东、黑龙江、云南、内蒙古等 9 省(区)市无线电管理机构、全军无线电频率管理办公室、交通部、国家广电总局、民航总局、公安部、武警部队、铁道部等相关部门，以及中国移动通信集团公司和中国联合通信集团公司等相关电信运营企业代表共 79 人参加会议。

27～30 日 全国检察长座谈会在呼和浩特召开。最高人民检察院检察长贾春旺出席，自治区党委书记储波，自治区主席杨晶，自治区党委常委、秘书长任亚平，自治区党委常委、呼和浩特市委书记韩志然出席并陪同贾春旺在呼考察。

27～31 日 国际奥委会执行委员、奥委会市场开发委员会主席海博格先生及夫人，在北京奥组委执行副主席蒋效愚、自治区人大副主任张国民陪同下，对内蒙古赤峰市、锡林郭勒盟和呼和浩特市进行考察访问。7 月 30 日下午，自治区主席杨晶，自治区党委副书记、自治区常务副主席岳福洪在呼和浩特会见海博格先生一行。

28 日 自治区党委副书记杨利民率团慰问内蒙古消防部队、内蒙古军区第三干休所和参加过抗日战争的老干部、老战士。

☆ 国家中西部地区最大的经济适用住房样板小区—明日星城竣工入住发放钥匙仪式在包头市昆都仑区社区服务广场举行，4 349户包钢职工和部分中低收入家庭喜迁新居，是内蒙古自治区历史上一次性开工、整体建设规模最大的住宅建设项目。

☆ 内蒙古自治区 2005 年上半年经济金融形势分析会议召开。自治区发改委、金融办、统计局，自治区银监局、证监局、各政策性银行、国有商业银行自治区分行，华夏银行呼和浩特分行和呼和浩特市商业银行有关负责人参加会议。会议通报自治区 2005 年上半年的经济金融运行情况，并就经济金融运行中存在的问题进行分析。

29 日 自治区党委、政府召开纪念中国人民解放军建军 78 周年暨抗日战争胜利 60 周年座谈会。自治区主席杨晶，自治区党委常委、内蒙古军区司令员黄高成讲话，自治区党委副书记杨利民主持，内蒙古军区政委张金柱，自治区党委副书记、纪检委书记巴特尔，自治区党委常委、秘书长任亚平，自治区党委常委、宣传部长莫建成，自治区政协副主席傅守正、奇英成、刘芝兰、韩振祥，自治区高级法院院长王维山，内蒙古军区副司令员王建欣，内蒙古军区副政委孙忠泰、李吾田，内蒙古军区政治部主任陈运火，武警内蒙古总队政委刘玉良出席。

☆ 内蒙古自治区第十届人民代表大会常务委员会第十七次会议审议通过《内蒙古自治区测绘管理条例》，并于 2005 年 9 月 1 日正式实施。

30 日 CIOFF 第九届亚洲民间艺术节暨中国·呼和浩特第四届国际民间艺术节闭幕晚会。自治区党委副书记陈光林、杨利民出席晚会。

30日至8月1日 全区口岸工作会议在阿尔山召开。

31日 自治区科技顾问委员会及虚拟科学技术研究院成立大会在呼和浩特召开。自治区党委书记储波，自治区主席杨晶，自治区党委副书记陈光林，自治区党委常委、秘书长任亚平，自治区人大副主任陈瑞清、盖山林出席。陈光林致辞，自治区副主席连辑主持。

是月 世界银行和国务院扶贫办外资项目管理中心合作的“社区主导型发展试点项目”(CDD项目)确定在自治区试点，项目总投资1 200万元人民币，其中世行赠款50万美元。

☆ 中国·秦直道与草原文化研讨会在鄂尔多斯市东胜区隆重举行，国内一些知名专家学者出席会议。

7月至9月 中国·乌海·和谐海勃湾2005黄河文化节在乌海市海勃湾区举行。

8 月

1日 由中央电视台、内蒙古延安精神研究会和内蒙古延安大学校友会暨延安民族学院校友会联合摄制，内蒙古档案局(馆)协助拍摄的10集大型电视文献记录片《一代英豪》在内蒙古电视台连续播出。

☆ 中国硅酸盐学会特种陶瓷分会第十五届理事会在包头科技大学召开。

1～6日 中国政治学会2005年年会暨构建社会主义和谐社会学术研讨会在包头举行，中国政治学会会长、中国社会科学院党组副书记、副院长李慎明教授，自治区党委常委、宣传部部长莫建成等领导及来自全国各地的120多名在国内外颇具影响力的著名专家和学者出席会议。

☆ 2005年“双鱼杯”全国优秀青少年乒乓球调赛在内蒙古体育馆举行，全国46支代表队241名运动员参赛，青岛鲁能俱乐部队张继科和山西汾酒代表队武扬分获男女单打冠军。

1～19日 自治区司法厅分别在通辽、兴安盟、包头、鄂尔多斯等开展社区矫正试点的盟市举办全区社区矫正试点工作骨干培训班。全区各盟市司法局分管副局长、基层科长、部分旗县(市区)司法局长，四个试点盟市分管领导、有关部门的负责同志和司法所长500余人参加培训。

2日 自治区第二次全国残疾人抽样调查工作会议在内蒙古军区招待所召开。自治区政府副秘书长盖文山主持会议，自治区副主席郭子明讲话，自治区残联理事长庞润辉、民政厅副厅长杨吉良等有关部门领导出席会议并作重要讲话，自治区残联副理事长乔晓勇作会议总结。

2～5日 国家国土资源部部长孙文盛深入自治区国土资源系统调研。

3～5日 中共中央军委委员、总装备部部长陈炳德一行10人，到呼和浩特、乌兰察布考察。自治区主席杨晶，自治区党委副书记杨利民，自治区党委常委、内蒙古军区司令员黄高成陪同考察。

☆ 自治区党委、政府和综治委在锡林郭勒盟召开全区社会治安综合治理工作会议暨综治委全体会议、草原110建设现场会议。自治区主席、综治委主任杨晶为会议致信，中央政法委副秘书长、中央综治办主任陈冀平，自治区党委副书记、综治委副主任陈光林，自治区党委常委、政法委书记、综治委副主任罗啸天，自治区副主席、综治委副主任连辑出席会议并讲话。

5日 中国广播电视协会少数民族广播电视委员会2005年会在呼和浩特举行。自治区党委常委、宣传部长莫建成出席并讲话。

5～11日 全国政协副主席、中央统战部部长刘延东率非中共领导干部考察团一行68人在呼伦贝尔、鄂尔多斯、呼和浩特市考察。自治区党委书记储波，自治区主席杨晶，自治区党委副书记杨利民，自治区党委常委、秘书长任亚平，自治区党委常委、包头市委书记邢云，自治区党委常委、统战部长伏来旺，自治区副主席郝益东，自治区政协副主席邬宝恒分别陪同。11日与自治区党政领导座谈。杨晶、陈光林出席座谈会并讲话，伏来旺出席。

5～13日 中国·额尔古纳“人文、生态、地质”骑马及自驾车游正式启动，首批骑马及自驾车游客人有北京乡村稻香湖马场和台北战马团59人组成，随行服务人员近20人。

5～14日 全国人大农业与农村委员会主任委员刘明祖、全国人大财政经济委员会副主任委员石广生、全国人大农业与农村委员会委员图道多吉等一行赴通辽市调研。自治区党委书记储波，自治区党委常委、秘书长任亚平，自治区人大副主任哈斯巴根，自治区副主席赵双连、雷·额尔德尼陪同考察。

6日 内蒙古团校举行建校55周年暨内蒙古师范大学青年政治学院新校园落成庆典。自治区党委副书记陈光林，自治区人大副主任尤仁，自治区副主席连辑出席。

☆ 包铝参股公司—包头一阳轮毂有限公司隆重举行开业庆典仪式。自治区党委书记储波、自治区主席杨晶等有关领导出席庆典仪式。

☆ 在人民大会堂召开的由世界品牌实验室和世界经理人周刊联合主办的世界品牌大会上，小肥羊餐饮连锁公司以55.12亿元人民币的品牌价值排名第95位。

6～13日 由内蒙古自治区政府主办、阿拉善左旗文体局承办、内蒙古自治区足协协办的2005年内蒙古首届“宋庆龄杯”青少年足球赛在巴彦浩特镇体育场举行。宋庆龄基金会秘书长李宁、自治区体育局副局长郭厚诚参加开幕式。自治区党委副书记、青少年足球赛组委会名誉主任、内蒙古足协名誉主席杨利民为足球赛发来贺电。此次足球赛共有来自自治区的12个盟市的13支代表队参赛,参赛球员共243名,均为1988年至1989年出生的青少年运动员。包头市科大附中荣获冠军。

6~26日　巴彦淖尔市举行中国·首届河套文化艺术节,展示巴彦淖尔市的地方文化和民族艺术。

7日　自治区卫生厅、财政厅联合印发《2005年自治区医疗卫生学科建设和学科带头人培养项目实施方案》(内卫发〔2005〕92号),投资1 100万元,对内蒙古自治区医院呼吸内科等14个自治区医疗卫生领先学科、重点学科、重点实验室重点建设。投资100万元,专项用于学科带头人和学科技术骨干培养工作。

7~9日　全区两个文明建设经验交流会在包头召开。自治区党委书记储波,自治区主席杨晶在会议开始时讲话,自治区党委副书记陈光林,自治区党委常委、宣传部长莫建成在会议结束时讲话,自治区党委常委、包头市委书记邢云代表包头市委、政府致欢迎词并介绍包头市两个文明建设经验。自治区党委常委、秘书长任亚平,自治区党委常委、呼和浩特市委书记韩志然,自治区人大副主任陈瑞清,自治区政协副主席奇英成,内蒙古军区副政委孙忠泰出席。

8日　中国·内蒙古第二届国际草原文化节暨包头第二十届鹿城文化艺术节开幕式在包头举行。自治区党委副书记陈光林致开幕辞,自治区党委常委、包头市委书记邢云,自治区党委常委、宣传部长莫建成,自治区人大副主任陈瑞清,自治区副主席连辑,自治区政协副主席罗锡恩、奇英成,内蒙古军区副政委孙忠泰出席。来自国内外的多家企业与包头市部分地区和企业签约27个项目。

☆　巴彦淖尔市五原县首次举办"情系五原"天津知青下乡四十周年大型联谊活动。

8~10日　华北、东北地区国土资源法制联席会议在锡林浩特召开。

8~21日　由北京市10所著名医院的20名眼科专家组成"视觉第一 中国行动"二期北京对口支援内蒙古医疗队赴呼和浩特市、通辽市、锡林郭勒盟、乌兰察布市为1 404名贫困白内障患者免费实施复明手术,其中,呼和浩特市602名、通辽市368名、锡林郭勒盟270名、乌兰察布市164名。

9日　根据国家人民防空办公室空情接收处理自动化系统安装计划安排,自治区人防办成功安装空情接收处理自动化系统。系统安装后经过几次演练,均达到技术要求。

9~12日　以吉林省委书记、省人大常委会主任王云坤为团长的吉林省党政代表团一行10人,到呼和浩特、鄂尔多斯、包头市考察。在呼和浩特期间,自治区主席杨晶,自治区党委副书记、纪检委书记巴特尔,自治区党委常委、呼和浩特市委书记韩志然,自治区副主席赵双连、余德辉陪同。9日,内蒙古自治区·吉林省党政领导座谈会暨两省区加强经济技术合作签字仪式在新城宾馆举行。吉林省委书记、省人大常委会主任王云坤、省委常委、常委副省长田学仁,省委常委、省委秘书长李申学,自治区领导储波、杨晶、任亚平、赵双连、余德辉出席。

10日　自治区参加全国十运会代表团成立大会在呼和浩特举行。自治区主席杨晶向代表团授旗,自治区副主席乌兰讲话,自治区人大副主任宝音德力格尔、自治区政协副主席包俊臣出席。

☆　中共中央统战部副部长胡德平一行到阿拉善左旗考察指导工作。

☆　内蒙古自治区参加第十届全国运动会代表团成立大会隆重召开,自治区主席杨晶出席并向代表团授旗,自治区副主席乌兰作动员报告。

10~12日　以国家清史纂修工程编委会档案组成员胡忠良研究馆员、郑永华研究员组成的专家考察调研组,对内蒙古档案馆、阿拉善左旗档案馆申报的项目进行考察,并对申报项目提出中肯的修改意见。

10~15日　中央政治局委员、书记处书记、中央组织部部长、中央先进性教育活动领导小组组长贺国强一行,先后到呼伦贝尔、满洲里、呼和浩特市就开展第二批先进性教育活动进行考察。自治区党委书记储波,自治区主席杨晶,自治区党委副书记陈光林、杨利民,自治区党委常委、秘书长任亚平,自治区党委常委、组织部长陈朋山,自治区党委常委、呼和浩特市委书记韩志然分别陪同。

11日　全区科技成果推广座谈会在阿尔山市召开。

11~17日　全区第三届乌兰牧骑艺术节在鄂尔多斯市鄂托克旗举行。自治区党委常委、宣传部长莫建成,自治区文化厅、自治区广电局、鄂尔多斯市委、人大等各级有关领导出席开幕式。艺术节期间,来自全区10盟市的18支优秀的乌兰牧骑通过汇演、公演、走牧区、到工厂,共为当地群众演出34场,累计观众达20多万人次。鄂托克前旗、鄂托克旗等9支乌兰牧骑获集体金奖,乌兰察布市四子王旗等7支乌兰牧骑获得集体银奖,自治区直属乌兰牧骑、伊金霍洛旗乌兰牧骑获得特别奖。

12日　全区第六届乌兰牧骑建设理论研讨会在鄂尔多斯市鄂托克旗召开。自治区党委常委、宣传部长莫建成出席。

☆　自治区人防办向北京军区人防办上报《关于调整国家人防重点城市数量和防护类别的意见》(内人防发〔2005〕15号)。根据全区现有人民防空重点城市数量和防护类别,对国家人防重点城市数量和防护类别提出的调整意见是:将鄂尔多斯市由国家三类人防重点城市调整为一类城市;将阿拉善盟(地级)所在地巴彦浩特新增为国家三类人防重点城市;将满洲里、二连浩特两个准地级市新增为国家三类人防重点城市;其它国家人防重点城市的防护类别不变。

13～16日　全国部分省、市、区政府采购中心工作座谈会在呼和浩特召开。此次会议由内蒙古自治区政府采购中心承办，中央国家机关和部分省、市、区政府采购中心负责人参加会议。

15日　内蒙古公安文联成立大会在呼和浩特召开。自治区党委副书记陈光林到会祝贺，自治区党委常委、政法委书记罗啸天，自治区人大副主任胡忠出席大会。当晚，内蒙古公安文联成立大会文艺演出在电视台举行。陈光林、杨利民、罗啸天、胡忠观看演出。

☆　全国机关党建工作研讨会在呼和浩特召开。中央国家机关工委副书记黄燕明出席，自治区党委副书记杨利民到会看望代表，自治区党委常委、秘书长任亚平出席并致欢迎词。

☆　由自治区党委宣传部、党史办、档案局等单位联合主办的“挺起民族的脊梁—内蒙古纪念中国人民抗日战争暨世界反法西斯战争胜利60周年大型图片展”在呼和浩特开幕。

15～16日　国家西部地区“两基”攻坚现场汇报会在呼和浩特召开。国务委员陈至立出席并讲话，自治区党委书记储波，自治区主席杨晶，自治区党委副书记陈光林，自治区党委常委、秘书长任亚平出席会议。储波、陈光林、任亚平陪同国务委员陈至立一行赴乌兰察布市四子王旗考察。

16日　全区农牧业产业化经营现场会在扎兰屯市召开，自治区副主席雷·额尔德尼率领自治区政府办公厅、发改委、农牧业厅、农业综合开发办公室、扶贫办公室、自治区级金融部门及全区12个盟市的有关领导共计80余人参加会议。来自全区各地的与会人员就各自农牧业产业化发展现状及今后的发展方向进行广泛深入的交流探讨。

17日　全区首届草原文化与文学艺术论坛在呼和浩特举行。自治区党委副书记陈光林出席并讲话。

☆　由北京、天津、内蒙古、河北、山西等五省区参加的华北地区第十六届动物疫病联防工作会议在赤峰市克什克腾旗召开，五省市两级动物防疫部门的主要领导参加会议。

17～20日　中国稀土学会第一届青年学术会议在包头召开，来自全国17个省、市、自治区稀土领域产、学、研代表103人参加会议。

18日　自治区党委书记储波，自治区党委副书记陈光林，自治区党委副书记、纪检委书记巴特尔，自治区党委常委、秘书长任亚平，自治区党委常委、内蒙古军区司令员黄高成，自治区党委常委、宣传部长莫建成，自治区党委常委、政法委书记罗啸天到内蒙古展览馆观看纪念抗战暨世界反法西斯战争胜利60周年图片展。

☆　自治区第一个广播专业网站—内蒙古人民广播电台《内蒙古音乐网》正式开通。

☆　中国民主同盟主办的“2005·北方生态发展论坛”在呼和浩特召开。“中国民主同盟北方生态园”揭牌仪式在呼和浩特市武川县大豆铺乡举行，全国人大常委、民盟中央副主席李重庵，中国内蒙古沙尘暴治理促进会主席、内蒙古西开办顾问陈寿朋教授及呼和浩特市有关领导出席揭牌仪式。

☆　内蒙古自治区扶持人口较少民族试点村工作会议在扎兰屯市召开。国家民委、自治区民委、自治区扶贫办及各有关旗市领导、民委、扶贫办和试点村的主要负责人参加会议。会议由自治区党委统战部副部长、民委主任阿迪雅主持。自治区副主席郝益东同志作讲话。扎兰屯市南木鄂伦春民族乡、根河市敖鲁古雅鄂温克民族乡、莫旗杜拉尔鄂温克民族乡等五个典型试点村就项目开发工作进行了交流。会议结束后，与会人员实地参观南木鄂伦春民族乡猎民村农田建设和奶牛养殖项目。

18～20日　内蒙古自治区第三届农牧业科技成果博览会暨锡林郭勒首届农牧业科技成果交易会在锡盟苏尼特右旗赛汗塔拉镇会展中心举行。本届农博会由国家科技部农村技术开发中心，内蒙古自治区科学技术厅和锡盟行署主办，自治区科技厅会展中心、锡林郭勒盟科技局和苏尼特右旗人民政府承办。参展单位130多家，其中大专院校、科研院所20家、企业65家，其它45家，北京、上海、黑龙江等9个省区及自治区10个盟市组团参展或观摩。本届交易会共达成技术、产品交易协议合同金额2.11亿元，其中实现现场交易额166.06万元。

19日　全区1%人口抽样调查工作电视电话会议在呼和浩特召开。自治区副主席岳福洪出席并讲话。

☆　中国蒙古学国际学术讨论会在呼和浩特召开。自治区党委副书记陈光林致辞。

☆　呼和浩特市爱德律事务所驻蒙古国代表处成立仪式在乌兰巴托市举行。这是中国律师事务所在蒙古国设立的第一家分支机构。

19～20日　全国人大常委会副委员长、中国农工民主党中央主席蒋正华一行赴包头市、鄂尔多斯市考察。自治区党委常委、包头市委书记邢云陪同。

20日　全区农村信用社联合社挂牌运营开业揭牌仪式在呼和浩特举行。自治区主席杨晶，自治区政府顾问周德海，自治区副主席余德辉出席。

☆　第十一期全国档案局(馆)长专研修班在呼和浩特举办。国家档案局副局长、档案馆副馆长杨冬权、自治区党委副秘书长王焕承、自治区档案局局长张佃敏出席开班式。

☆　中华人民共和国第十届运动会“我们万众一心”中国石化杯火炬传递活动内蒙古火炬传递起跑仪式在呼和浩特隆重举行，自治区党委副书记陈光林从火种盒引燃火炬，自治区政协副主席包俊臣代表自治区四大班子讲话。

20～22日　华北五省(区、市)重大动物疫病防控定点联系第一次工作会议在阿尔山市召开。

21 日　由内蒙古电视台和内蒙古自治区影视人类学学会联合承办的"内蒙古·2005 中国第四届影视人类学国际研讨会"在呼和浩特隆重开幕。中国社会科学院民族研究所所长郝时远、中国驻澳大利亚大使付莹、中国影视人类学学会秘书长陈景源、自治区党委宣传部副部长孟树德、自治区广播电影电视局有关领导以及来自中国、澳大利亚、美国等国家和地区的 50 多名代表和新华社、人民日报社等媒体的记者出席会议。

☆　2005 年中国经济论坛—城市经济与能源(电力)发展高层论坛在包头市举行。

21～24 日　自治区主席杨晶、副主席雷·额尔德尼陪同农业部部长杜青林对呼伦贝尔草原生态保护和建设及草原畜牧业发展等问题进行调研。

22～25 日　华北、东北地区纪检监察工作座谈会在包头召开。中纪委副书记马驭,自治区党委书记储波,自治区党委副书记、纪检委书记巴特尔,自治区党委常委、秘书长任亚平出席。会后,马驭先后到包头市、鄂尔多斯市、巴彦淖尔市、乌兰察布市考察。储波、巴特尔、任亚平、自治区党委常委、包头市委书记邢云分别陪同。

22～27 日　中央委员、中央农村工作领导小组成员、中华全国供销合作总社党组书记、常务副主任周声涛在自治区进行考察调研。自治区党委书记储波,自治区党委副书记杨利民,自治区党委常委、秘书长任亚平等会见周声涛同志。

23 日　在"全国残疾人工作会议"上,兴安盟科尔沁右翼前旗被国家残联确定为"全国残疾人工作试点县"。

☆　乌兰浩特市公安局长王皎被国家公安部评为"任长霞式公安局长",并赴北京出席表彰大会。

☆　位于阿拉善盟的黑河下游额济纳绿洲抢救与生态保护工程内蒙古段主体工程建设全部完工。它是国家治理西部生态的一项重点工程,总投资4.99亿元,共分生态工程、水利工程和绿洲灌溉配套工程三个部分。共完成围封胡杨林30.97万亩,建设饲草料基地4.11万亩,新打机电井 164 眼,配套机电井 175 眼,改建狼心山分水枢纽 1 座,建成东干渠 1 条、分干渠 6 条、支渠 86 条、河道整治 4 条,合计建成渠道总长834.15公里,各类水利工程建筑物 741 座。

23～24 日　全区发展第三产业现场会在呼和浩特召开。自治区副主席岳福洪出席会议。

24 日　阿拉善成为首个国家级沙漠地质公园。位于阿拉善盟境内的阿拉善沙漠地质公园,规划面积4 020平方公里,根据地质遗迹的分布特点和类型组合,划分为巴丹吉林、腾格里和居延海三大园区。特殊的地理位置、地质构造、生态环境和气候条件,形成以沙漠、戈壁、剥蚀平原、低山残丘为主的高平原地貌特色。

24～28 日　国家交通部部长张春贤一行赴呼伦贝尔、呼和浩特市考察。28 日,自治区党委书记储波在新城宾馆主持召开座谈会。自治区主席杨晶,自治区党委常委、秘书长任亚平,自治区党委常委、呼和浩特市委书记韩志然,自治区副主席赵双连、雷·额尔德尼先后陪同考察并出席座谈会。

25 日　自治区党委书记储波在新城宾馆会见国家质量监督检验检疫局党组书记、副局长李传卿一行。自治区党委常委、秘书长任亚平参加会见。

☆　河套文化研究促进会成立大会在巴彦淖尔市维信国际高尔夫度假村召开。自治区党委副书记陈光林发来贺信,自治区党委副书记杨利民出席并讲话,自治区党委常委、宣传部长莫建成,自治区政协副主席盖山林、郐宝恒出席会议。

26 日　"建设中国乳都·打造世界品牌"大型庆祝活动在盛乐经济园区蒙牛乳业(集团)股份有限公司举行。自治区党委副书记杨利民,自治区党委常委、秘书长任亚平,自治区党委常委、呼和浩特市委书记韩志然,市长汤爱军,和林格尔县等领导出席活动,著名节目主持人杨澜、朱军应邀主持。晚,"《同一首歌》走进和林格尔"大型公益演唱会在盛乐经济园区举行。这是《同一首歌》第一次在内蒙古演出。公益演唱会所得善款将在和林格尔县贫困地区兴建一所"希望小学"。

☆　自治区商务厅组织有关部门和企业总计 70 余人参加与中国进出口银行共同在满洲里举办的内蒙古企业实施"走出去"战略座谈会。自治区副主席余德辉、中国进出口银行行长李若谷、副行长赵晓宇出席会议并作重要讲话。

26～28 日　全国沙力搏尔式摔跤暨蒙古搏克邀请赛在阿拉善左旗举行,218 名运动员参赛,最终,锡林郭勒队和北京八一队分获沙力搏尔式摔跤团体赛冠亚军,锡林郭勒盟的敖云巴图获得蒙古搏克个人赛冠军。

26～31 日　第九届全国中学生运动会在河南省郑州市举行,由 90 人组成的内蒙古代表团参加大会所设 7 个项目中 5 个项目的比赛,夺得 5 枚金牌、团体总分142.5分,4 人 6 次破 6 项全国中学生运动会纪录,代表团荣获体育道德风尚奖。

27 日　由自治区党委组织部、宣传部、老干部局和延安精神研究会共同举办的纪念抗日战争暨世界反法西斯战争胜利 60 周年—弘扬延安精神座谈会在呼和浩特召开。自治区党委副书记杨利民出席并讲话,自治区党委常委、宣传部长莫建成主持。

☆　自治区主席杨晶出席"中国乳都"雕塑揭幕仪式。自治区党委常委、呼和浩特市委书记韩志然,自治区党委常委、宣传部长莫建成参加。

☆　人民网阿拉善左旗政府网正式开通。

27～29 日　2005 年·中国内蒙古阿拉善首届奇石文化旅游节、全国首届"阿旺丹德尔学术研讨会"、全国"夏力宾杯"沙力搏尔摔跤大赛暨沙力搏尔式摔跤项目论证会同时在巴彦浩特举行。27日,在2005年·中国内蒙古首届阿拉善奇石文化旅游节上,阿拉善左旗人民政府与陕西、宁夏、湖北、河南等地外来客商签定阿拉善左旗孪井滩兴建装机容量50万千瓦风力发电厂等投资项目18个,总投资达70.4亿元。28日,在阿拉善左旗和内蒙古大学蒙古学学院共同举办的“全国首届阿旺丹德尔学术研讨会”上,来自内蒙古大学蒙古学学院、内蒙古师范大学、西北民族大学及西藏大学蒙藏文化研究所的30多位知名学者,阿拉善盟文化界人士、阿旺丹德尔后代代表等近100人出席了研讨会。阿拉善独特的一项体育运动沙力搏尔式摔跤,被内蒙古自治区体育局批准列入全区少数民族运动会正式比赛项目。

28日 中国乳制品工业协会成立十周年庆典暨第十一次年会在内蒙古政府礼堂隆重举行。会上,呼和浩特市被中国轻工业联合会、中国乳制品工业协会命名为“中国乳都”。全国政协常委、中国轻工业联合会副会长、国际乳联中国国家委员会主席潘蓓蕾,中国乳制品工业协会理事长宋昆冈,澳大利亚驻华公使何伟德,澳大利亚乳品局主席麦克吉利文,美国乳品协会主席汤姆卡麦罗,欧洲乳品协会主席马里威,法国农业部中国事务特派员多米尼吉冈和法国驻华使馆农业参赞雷海娜,自治区副主席雷·额尔德尼及全国乳制品行业的企业家、专家和教授等出席会议。潘蓓蕾代表中国轻工业联合会、中国乳制品工业协会向汤爱军正式颁发“中国乳业之都—呼和浩特市”牌匾。

28～29日 中国法学会在呼和浩特举办“构建区域和谐与企业发展”论坛。中国法学会会长韩杼滨出席。自治区党委副书记杨利民出席并致欢迎词。自治区党委书记储波,自治区党委副书记杨利民,自治区党委常委、秘书长任亚平,自治区党委常委、政法委书记罗啸天,自治区人大副主任胡忠,自治区检察院检察长邢宝玉陪同韩抒滨一行在呼和浩特考察。

30日 中国人民抗日战争胜利60周年纪念章颁发仪式在新城宾馆举行。自治区党委书记储波,自治区党委副书记杨利民,自治区党委常委、秘书长任亚平,自治区党委常委、统战部长伏来旺,自治区党委常委、宣传部长莫建成,自治区副主席郭子明出席。

31日 赤峰市敖汉旗新惠镇居民苏才发明擀画,被内蒙古文艺家协会授予“民间工艺美术家”称号。

下旬 包头稀土高新区加入中亚市场战略联盟,并当选为第一届理事单位。在乌鲁木齐召开的中国高新技术产业发展中亚市场战略论坛暨联盟成立大会上,新疆自治区副主席胡伟、国家高新司巡视员耿战修、乌鲁木齐市市长雪克莱提·扎克尔到会祝贺。包头市市长助理、稀土高新区党工委书记苏文清代表包头稀土高新区参加大会,并和与会的27家国家级高新区代表签署“中国高新技术产业发展中亚市场战略联盟章程”。包头稀土高新区被选举为第一届理事单位。

是月 自治区首次尝试吸纳社会资金进行移民扶贫开发。采取政府、企业、个人“三家抬”的办法,安排400万元财政扶贫资金,吸纳东达蒙古王集团公司投资4 000万元,共同在达拉特旗盐店乡开展“无土移民”试点。

☆ 包头市昆都仑区国税局被国家人事部、国家税务总局授予全国税务系统先进集体荣誉称号。

☆ 第三届内蒙古自治区乌兰牧骑艺术节在鄂尔多斯市鄂托克旗举行。全区10个盟市的18支乌兰牧骑参加文化艺术节。

☆ 应“纪念世界反法西斯胜利60周年暨全球促进中国和平统一大会”组委会的邀请,齐·宝力高率“野马”马头琴乐团赴奥地利,在维也纳金色大厅进行专场演出。这是内蒙古自治区民族艺术首次走进世界音乐的最高殿堂,让更多人了解内蒙古民族艺术的独特魅力。

☆ 内蒙古首届乌力格尔艺术节在素有“乌力格尔之乡”美称的兴安盟科尔沁右翼中旗举行。

☆ 全国各省市区市检察长工作会议在乌兰察布市察哈尔右翼中旗召开。

9　月

月初 按照中央纪委等四部委《清理纠正国家机关工作人员和国有企业负责人投资入股煤矿问题的通知》要求,自治区纪委监察厅协调自治区国资委、工业办、煤炭工业局和煤监局迅速成立了自治区清理纠正工作领导小组,全面展开清理纠正工作。

1日 原自治区主席云布龙骨灰安放暨铜像揭幕仪式在呼和浩特市古林人文纪念园举行,自治区党委副书记杨利民,自治区党委常委、组织部长陈朋山,自治区人大副主任周维德,自治区政府顾问周德海,自治区政协副主席盖山林出席。会议由自治区副主席雷·额尔德尼主持。

☆ 北京市丰台区第十三军休所副师职军休干部陈荣超和中国北方车辆研究所阀门厂原副厂长杨玉仙夫妇,向乌兰浩特市义勒特镇晨阳中心校捐资20万元助学款仪式。

☆ 中国名牌产品暨中国世界名牌产品表彰大会在北京举行,包钢生产的铁路用钢轨荣获“中国名牌产品”称号,包钢作为名牌产品的生产企业受到大会表彰。

☆ 以圭亚那总统新闻联络官、新闻署署长罗泊特帕索德先生为团长的圭亚那新闻代表团一行7人到内蒙古电视台考察。

2日 自治区主席杨晶在新城宾馆会见印度尼西亚三林集团总裁林逢生一行。自治区党委副书记、副主席岳福洪参加会见。同日,岳福洪出席鄂尔多斯市人民政府与印度尼西亚三林集团在新城宾馆举行的战略合作协议签约仪式。

☆　全国第八次社会科学普及理论研讨经验交流会在呼和浩特举行。自治区党委常委、宣传部长莫建成出席。

☆　蒙古国南戈壁省22名学生到阿拉善左旗第六中学就读。

2日12时35分　由集宁开往赛汗的20037编组货运列车至集二线131公里处,与正在铁路边施工的装载机发生碰撞,致使18节车厢脱轨,发生颠覆,其中2节油罐槽车的104吨柴油爆炸、泄露、燃烧,造成一起特大列车脱轨事故。事故发生后,苏尼特右旗消防大队、二连浩特市消防大队、华北石油专职消防队、乌兰察布市消防支队共出动17辆消防车,70多名官兵参加灭火,14小时后,大火被扑灭。

3日　为纪念反法西斯战争胜利60周年,俄罗斯涅区、普区、尼布楚三个地区的老战士代表团计18人到额尔古纳市三河苏联红军烈士墓扫墓。

3~4日　第十三届内蒙古国际马术比赛在内蒙古赛马场举行,来自韩国、日本和中国一队、二队的四支代表队进行角逐,中国一队获得团体冠军,中国二队的张瑞获得个人冠军。

3~8日　由中组部组织的中科院、工程院、社科院等单位的院士、专家赴内蒙古咨询服务团一行先后在呼和浩特、包头、鄂尔多斯、呼伦贝尔市进行考察。自治区党委书记储波,自治区主席杨晶,自治区党委副书记杨利民,自治区党委常委、秘书长任亚平,自治区党委常委、组织部长陈朋山,自治区党委常委、宣传部长莫建成,自治区人大副主任陈瑞清,自治区副主席乌兰,自治区政协副主席邬宝恒等先后陪同考察。其间,在新城宾馆分别召开院士、专家赴内蒙古咨询服务团与自治区党政领导座谈会和交换意见会。

4~9日　2005中国汽车越野锦标赛举办,来自全国24支车队的48辆赛车从北京出发,经河北省,穿过自治区的锡林郭勒盟、乌兰察布市、呼和浩特市、包头市和鄂尔多斯市,最后在呼和浩特收车,比赛路段全部在自治区境内,最终,长丰汽车华南虎车队的江惠坚、任志国和华庆先分获前三名,呼和浩特牧马人车队的白东风名列第五名。

4~25日　以全国政协港澳台侨委员会副主任、原台办副主任王永海为组长的中组部《干部条例》检查组一行8人,到呼和浩特、呼伦贝尔、乌兰察布市检查工作。5日,自治区在呼召开向中组部《干部条例》检查组汇报会。自治区主席杨晶,自治区党委副书记杨利民,自治区党委副书记、纪检委书记巴特尔,自治区党委常委、包头市委书记邢云,自治区党委常委、统战部长伏来旺,自治区党委常委、组织部长陈朋山出席。24日,中组部《干部条例》检查组向自治区党委反馈检查情况。储波、杨晶、陈光林、任亚平、邢云、伏来旺、陈朋山、韩志然出席。

5日　在北京人民大会堂新闻发布厅举办的"中国民办教育创新与发展论坛暨陈香梅教科文奖表彰活动"上,农工党内蒙古区委协办的锡林郭勒盟新时代学校荣获首届"中国民办教育创新与发展贡献奖"。

6日　全国国家安全厅(局)长研讨班在呼和浩特召开。自治区党委副书记陈光林,自治区党委常委、政法委书记罗啸天出席开班仪式。同日,自治区党委书记储波,自治区主席杨晶,自治区党委副书记陈光林,自治区党委常委、秘书长任亚平,自治区党委常委、政法委书记罗啸天陪同国家安全部部长许永跃一行到自治区安全厅视察工作。

☆　内蒙古自治区政府决定从2005年起,将每年的9月6日设立为"内蒙古草原文化遗产保护日"。这是迄今为止全国首个文化遗产保护日。

7~8日　内蒙古自治区档案局会同自治区发展和改革委员会、自治区工商业联合会在鄂尔多斯市召开全区民营企业档案工作座谈会。会议总结、交流全区民营企业档案工作经验。参观鄂尔多斯市部分民营企业档案工作。

7~9日　山西省委书记张宝顺、省长于幼军率山西省党政代表团一行78人先后到包头市、鄂尔多斯市、呼和浩特市考察。自治区党委书记储波,自治区主席杨晶,自治区党委常委、秘书长任亚平,自治区党委常委、包头市委书记邢云,自治区党委常委、呼和浩特市委书记韩志然,自治区副主席郝益东分别陪同考察。9日在新城宾馆召开自治区与山西省党政代表团座谈会。

8日　自治区"双百万"京(津)北绿色屏障工程建设总结表彰暨现场会在鄂尔多斯市召开。自治区党委副书记陈光林,自治区人大副主任陈瑞清,自治区副主席雷·额尔德尼,武警内蒙古总队长郄国严出席。

☆　中澳技术合作内蒙古阿拉善环境整治与管理后续项目建议书研讨会在阿拉善盟巴彦浩特举行。来自澳大利亚发展署、澳大利亚国际埃索公司、澳大利亚国际农业研究中心、国家商务部、国家无公害化研究中心、及内蒙古自治区相关部门负责人参加研讨会。

9日　湖南省政协主席胡彪一行12人,到呼和浩特、鄂尔多斯、包头市考察。自治区党委书记储波、自治区党委常委、秘书长任亚平,自治区党委常委、呼和浩特市委书记韩志然陪同。

☆　自治区党委副书记、纪检委书记巴特尔出席内蒙古智力引进外语专修学院庆祝建校20周年。

9~11日　中蒙俄国际青年内蒙古协作论坛在呼和浩特市举行。自治区主席杨晶接见论坛代表,自治区党委副书记陈光林出席开幕式并致词。

10日　全国第一个生态道德教育基地在包头落户。全国人大常委会原副委员长布赫题写牌匾,自治区党委常委、包头市委书记邢云,自治区人大副主任陈瑞清出席揭牌仪式。

☆　锡林浩特市与蒙古国西乌尔特市建立友好关系签字仪式在锡林浩特举行。双方在经济、文化艺术、教育等多领域达成合作意向并签订框架协议。

10～11日　2005阿尔山·内蒙古（海神）圣水节隆重开幕，兴安盟委书记崔国柱宣布开幕，国家旅游局、国家民委、延边军分区、延吉市委以及中国摄影家协会主席邵华、总参谋部宋举浦将军、南京军区某集团军副军长许伟出席开幕式。

12日　全国四种健身气功展示活动在内蒙古自治区通辽举行，1 050名健身气功爱好者依次表演八段锦、五禽戏、易筋经和六字诀等四种健身气功。

☆　中国戏剧家协会梅花奖艺术团在呼和浩特演出，自治区党委副书记杨利民，自治区党委常委、宣传部长莫建成，自治区人大副主任陈瑞清观看演出。

12～14日　中国聋儿康复中心在兴安盟科尔沁右翼前旗召开“全国社区、家庭聋儿康复工作现场会”。全国12个省、市、自治区的聋儿康复专家、工作者参加会议。

12～16日　中共中央政治局常委李长春和随行的中宣部副部长、广电总局局长王太华，中宣部副部长、中央外宣办主任蔡武，文化部部长孙家正等，深入呼伦贝尔、满洲里、包头、鄂尔多斯、呼和浩特市考察。自治区党委书记储波，自治区主席杨晶，自治区党委副书记陈光林，自治区党委常委、秘书长任亚平，自治区副主席乌兰陪同考察。16日，自治区党委、政府在呼和浩特召开汇报会，自治区党委书记储波，自治区主席杨晶，自治区党委副书记陈光林、杨利民，自治区党委副书记、纪检委书记巴特尔，自治区党委常委、秘书长任亚平，自治区党委常委、内蒙古军区司令员黄高成，自治区党委常委、包头市委书记邢云，自治区党委常委、统战部长伏来旺，自治区党委常委、组织部长陈朋山，自治区党委常委、宣传部长莫建成，自治区副主席乌兰出席。李长春听取汇报后作重要讲话。

13日　国家旅游局对鄂托克前旗“全国农业旅游示范点—大汗行宫”进行验收。

14～16日　总装备部副政委李栋恒一行21人，到呼和浩特、包头市考察。自治区党委副书记杨利民陪同。

14～18日　河南省委副书记、省长李成玉率河南省党政代表团先后到呼和浩特、鄂尔多斯、包头市进行考察。自治区党委书记储波，自治区主席杨晶，自治区党委常委、秘书长任亚平，自治区党委常委、呼和浩特市委书记韩志然，自治区副主席郝益东、赵双连分别陪同考察。17日，在新城宾馆召开两省党政领导座谈会。

15日　中国少数民族文学研讨会在呼和浩特召开。全国人大常委会原副委员长布赫、国家民委原副主任文精，中国作家协会党组书记、副主席金炳华，自治区党委副书记杨利民，自治区党委常委、宣传部长莫建成，自治区政府顾问周德海出席。

☆　2005·中国内蒙古阿拉善首届巴丹吉林沙漠文化旅游节在阿拉善右旗举行。自治区党委副书记杨利民，自治区党委常委、统战部长伏来旺，自治区人大副主任周维德出席开幕式。

☆　打造特色旅游产品，让阿拉善右旗走向世界—2005年·中国内蒙古阿拉善首届巴丹吉林文化旅游节在阿拉善右旗额肯呼都格镇开幕。内蒙古自治区人大常委会副主任周维德、自治区主席助理黄·阿拉腾别立格到会祝贺。来自香港、北京、上海、宁夏、甘肃、湖南、江苏七个省、市、区以及区内近40位企业代表和投资客商，与阿拉善右旗党委、政府就工业、资源勘察等方面签订合作项目52个，协议引进资金61亿元，区外资金占30亿元。

15～16日　全区“两基”教育攻坚现场经验交流会在乌兰察布市召开。自治区主席杨晶致信，自治区副主席连辑出席并讲话。

☆　自治区公安机关顺利通过公安部考核评比，在全国第一批11省市大练兵考核中取得A级的好成绩。乌海市公安局被确定为先进典型，公安部组织由《人民日报》、《人民公安报》记者组成的采访团对乌海市大练兵进行采访报道，并将先进经验在全国推广。

☆　中国科学院、中国工程院专家组对兴安盟黑土区综合治理工程进行前期调研，并将兴安盟列为内蒙古自治区重点治理盟市之一。

16日　2005·岱海金秋文化节在凉城举行。自治区党委副书记、纪检委书记巴特尔出席开幕式。

☆　首届内蒙古青少年读书节在乌海市举行。全国人大常委会副委员长乌云其木格发来贺电。

17～18日　第二届“中国企业文化论坛”在呼和浩特举行。中共中央政治局委员、书记处书记、中宣部部长刘云山发来贺信。中宣部副部长、中央文明办主任、中国政研会常务副会长胡振民，国务院国资委副主任、全国总工会副主席、中国政研会副会长王瑞祥等出席开幕式，自治区党委书记储波出席并讲话，自治区党委副书记陈光林，自治区党委常委、秘书长任亚平，自治区党委常委、宣传部长莫建成出席。

18日　是全区人防警报试鸣日。为增强人防警报试鸣的警示效果，自治区人防办公室决定，将全区的人防警报试鸣日由每年的8月15日调整为9月18日，以告诫国人不忘国耻，珍爱和平。在警报试鸣日当天，全区共有499台警报器参加试鸣，参试率和鸣响率均达到100%。

18～22日　全国蒙古语广播文艺节目交换会及评析会在阿拉善盟巴彦浩特举行。

19日　丹拉国道主干线老爷庙—集宁高速公路通车仪式在兴和县举行。自治区主席杨晶、人大副主任哈斯巴根、政协副主席奇英成，乌兰察布市委书记吴永新、市长傅铁钢等领导参加通车仪式。至此北京到呼和浩特的高速公路全线开通。

20日　自治区党委副书记杨利民主持召开自治区信访工

作领导小组暨信访联席会议,认真分析信访形势,对《内蒙古自治区信访工作联席会议制度》等《信访条例》8个配套制度和《内蒙古自治区预防和处置群体性事件实施办法》、《处置自治区党委政府机关门前非正常上访人员工作办法》进行审议,安排部署国庆节和十六届五中全会期间以及是年后四个月的工作。

21日 赤峰市翁牛特旗那什罕苏木乃林皋嘎查牧民喜顺在英国伦敦吉尼斯总部接受身高检测,喜顺身高2.361米,是世界上自然生长身高第一人。之后,喜顺又获两项吉尼斯纪录,健在的人的最大的脚(长33厘米)和健在的人的最长脚趾(长8.4厘米)。

21~22日 全区民族工作会议在呼和浩特召开。自治区党委书记储波、自治区主席杨晶出席并讲话。自治区党委副书记陈光林,自治区党委副书记、纪检委书记巴特尔,自治区党委常委、秘书长任亚平,自治区党委常委、包头市委书记邢云,自治区党委常委、统战部长伏来旺,自治区党委常委、呼和浩特市委书记韩志然,自治区党委常委、政法委书记罗啸天,自治区政协主席王占,自治区人大副主任万继生、宝音德力格尔、陈瑞清、张国民、胡忠、云秀梅、哈斯巴根,自治区副主席郝益东、连辑,自治区政协副主席许柏年、奇英成、盖山林,内蒙古军区副司令员桑杰扎布,自治区高院院长王维山出席。

22~23日 全区城镇化工作会议在呼和浩特召开。自治区党委书记储波,自治区主席杨晶出席并讲话,自治区党委副书记陈光林主持会议,自治区党委副书记、纪检委书记巴特尔,自治区党委常委、秘书长任亚平,自治区党委常委、包头市委书记邢云,自治区党委常委、统战部长伏来旺,自治区党委常委、呼和浩特市委书记韩志然,自治区党委常委、政法委书记罗啸天,自治区人大副主任陈瑞清,自治区副主席郝益东、郭子明,自治区政协副主席奇英成出席。

23日 大型蒙古族歌舞晚会《我从草原来》在呼和浩特演出。自治区党委副书记陈光林观看演出。

26日 内蒙古东西部电网呼伦贝尔、兴安盟地区电网在220千伏突泉变电站实现联网,这条贯穿东西、统一全区的电力大通道至此全线贯通。

27~28日 国务院国有资产管理委员会主任李荣融一行8人,到鄂尔多斯、包头市考察。自治区主席杨晶陪同。

28日 自治区党委宣传部、政研室、建设厅与开发银行内蒙古分行在新城宾馆举行陈云同志规划思想与推进城镇化建设座谈会。国家开发银行行长陈元出席,自治区党委书记储波出席并讲话,自治区党委副书记、副主席岳福洪,自治区党委常委、秘书长任亚平,自治区副主席郝益东出席座谈会。同日,自治区政府与国家开发银行开发性金融合作协议签字仪式在呼和浩特举行。储波出席,任亚平主持,陈元和岳福洪在合作协议上签字。

☆ 由包钢(集团)公司、美国通用钢铁控股有限公司和天津大邱庄薄板公司共同组建的合营公司—包钢集团通用特钢有限责任公司合同、章程签字仪式在包钢宾馆举行。

29日 位于包百步行街中段的大型商场时代蓝天百货开业,商场营业面积25 000平方米。

30日 自治区团委组织万名团员举行“青春献祖国”主题活动。自治区党委副书记陈光林为志愿者授旗。

☆ 内蒙古地区第四届航空旅游研讨会暨内蒙古地区首届冬季航空旅游产品推介会在海拉尔召开。会议由内蒙古民航机场集团公司主办。内蒙古部分规模较大的旅行社负责人和国航、东航、南航、海航、山航、上航、深航、川航等8家航空公司有关领导及市场部负责人应邀参加会议。

9月 包铝(集团)有限责任公司被国家海关总署评为2004年度全国“红名单”企业,是自治区第二家获此殊荣的企业。

☆ 自治区财政厅和监察厅联合组成检查组,对自治区本级84个一级预算单位、16个所属准厅级单位、111个所属处级事业单位,总计211个预算单位的2004年度《政府采购法》及其相关制度的执行情况进行了全面检查。共查出违反政府采购制度单位自行采购金额3 464.41万元,占被查单位同期应纳入政府采购范围金额的8.58%。同时,根据检查结果,对自治区本级16个被查单位进行通报表扬,对7个被查单位进行通报批评。

☆ 自治区财政厅开通“内蒙古政府采购网”。进一步规范和统一全区政府采购信息发布渠道,增加政府采购信息的透明度。

☆ 满洲里市曾参加过抗日战争的老干部张仲彬、刘长安、李凤岗、潘世本,获得中共中央、国务院、中央军委颁发的抗战胜利60周年纪念章。

☆ 全区农村牧区电影工作会议在呼和浩特市举行。

10 月

1~7日 “十一”黄金周期间,内蒙古民航机场集团公司所属各机场共保障运输起降539架次,完成旅客吞吐量33 644人次,货邮行吞吐量296.6吨,日平均旅客吞吐量达4 806人次分别比上年同期增长16.7%、16.9%、14.0%、16.8%。其中,呼和浩特白塔机场共保证运输起降351架次,同比增长18.6%;旅客吞吐量历史性地突破2万人次,达22 215人次,比上年增长15.9%;货邮行吞吐量209.4吨,同比增长22.3%。航班的正常率达到88%。

2日 兴安盟科尔沁右翼前旗额尔格图镇被中央精神文明建设指导委员会命名为“全国文明村镇”。

2~5日 中共中央政治局委员、书记处书记、国务委员、公安部部长周永康和随同的国务院副秘书长李适时等，先后到呼伦贝尔、包头、呼和浩特市考察。自治区党委书记储波，自治区主席杨晶，自治区党委副书记陈光林，自治区党委常委、秘书长任亚平，自治区党委常委、包头市委书记邢云，自治区党委常委、呼和浩特市委书记韩志然，自治区党委常委、政法委书记罗啸天陪同。

☆ 中共中央政治局委员、书记处书记、国务委员、公安部部长周永康在呼伦贝尔市和呼和浩特市考察。自治区党委书记储波，自治区主席、综治委主任杨晶，自治区党委副书记、综治委副主任陈光林，自治区党委秘书长任亚平，自治区党委常委、政法委书记、综治委副主任罗啸天陪同考察。

5日 台湾著名画家、诗人、作家席慕容一行到阿拉善盟阿拉善左旗采风。

6日 在北京中国剧院举行的第三届"小荷风采"全国少儿舞蹈展演活动上，由锡林郭勒盟民族艺术学校选送的舞蹈《圣洁的祝福》荣获大赛最高奖项—"小荷之星"奖。

8日 内蒙古自治区"十五"计划及西部大开发重点水利建设项目—扎赉特旗绰勒水利枢纽工程成功实现二期截流成功，标志着主体工程施工建设进入最后阶段。

12日 呼和浩特绕城高速公路开工奠基剪彩仪式在呼浩特举行。自治区党委副书记、纪检委书记巴特尔，自治区党委常委、呼和浩特市委书记韩志然，自治区副主席赵双连，自治区政协副主席奇英成出席。

☆ 自治区人民政府召开全区整顿和规范矿产资源开发秩序工作电视电话会议，自治区副主席赵双连作重要讲话，自治区发改委、工业办、监察厅、公安厅、煤矿安全监察局的主要负责同志进行发言。

12～16日 自治区党委、政府决定，自2006年起，内蒙古自治区各直属机关单位将对兴安盟133个贫困嘎查实施连续三年定点结对帮扶。

12～17日 12日上午9时零分零秒，由费俊龙、聂海胜两名航天员操作的"神舟"六号载人飞船从额济纳旗境内东风航天城卫星发射中心发射升空，并经过115小时32分钟325万公里的太空飞行，完成中国真正意义上有人参与的空间科学实验后，于17日凌晨4时33分，安全着陆内蒙古四子王旗红格尔苏木主着陆场。自治区党委书记储波、自治区主席杨晶陪同中央领导同志在位于额济纳旗境内的东风航天城卫星发射中心观看"神舟"六号发射升空，自治区党委常委、秘书长任亚平随同。

12～23日 中华人民共和国第十届运动会在南京举行，自治区副主席乌兰任团长、由219人组成的内蒙古代表团参加13个大项71个小项的比赛，获得1枚金牌、4.5枚银牌和10枚铜牌，团体总分379.5分，并荣获体育道德风尚奖，在全国46个代表团中位居金牌榜第26位、奖牌榜第23位、总分榜第25位。

12日 内蒙古兰太实业股份有限公司2万吨金属钠扩建工程在乌斯太经济开发区正式投产，这标志着兰太公司正式成为全球最大的制钠企业。

13日 全国群众体育先进表彰大会在南京召开，自治区42个单位、40名个人分别荣获"全国群众体育先进单位"和"全国群众体育先进个人"称号。

☆ 呼和浩特市赛罕区巴彦镇腾家营村发生的高致病性禽流感，是自治区发现的首例禽流感，很快得到有效防控，创造"腾家营模式"。

☆ 内蒙古电视台就内蒙古卫视节目信号落地新西兰奥克兰地区事宜与新西兰TVChina Limited（新西兰中国卫视传播集团）正式签署落地协议。内蒙古卫视节目将于2005年11月1日正式在新西兰地区开通转播。

13～14日 自治区党委书记储波，自治区主席杨晶，党委常委、秘书长任亚平等到阿拉善左旗考察工作。在乌斯太经济技术开发区，储波、杨晶深入内蒙古庆华集团焦油深加工项目和甲醇加工项目建设工地进行详细考察，并要求乌斯太经济技术开发区要搞好园区产业定位，加强园区重点项目建设，支持重点企业的发展，努力把企业和园区做大做强。自治区发改委、民政厅、工业办、国土资源厅、财政厅、开发银行负责人等有关部门负责人陪同考察。

15～28日 自治区商务厅组织呼和浩特经济技术开发区、包头、锡林郭勒盟商务局以及8家企业，共13人组成内蒙古参展团，参加"2005中国—北欧贸易与投资展览会"。

16日 自治区卫生厅就做好全区防控人禽流感疫情工作发出紧急通知，从八个方面对做好人禽流感工作作出全面部署。在周边国家、周边省份以及区内3个旗市区发生禽流感疫情的严峻形势下，未发生人间疫情的输入、传播、扩散。

☆ 全区各地律师协会组织各律师事务所按照自治区律协的统一安排，开展形式多样的"刑事辩护律师义务宣传日"活动。全区200多个律师事务所近2 000名律师参加了宣传活动。

17日 自治区党委书记储波，自治区党委副书记陈光林、杨利民，自治区党委副书记、纪检委书记巴特尔，自治区党委常委、秘书长任亚平，自治区党委常委、内蒙古军区司令员黄高成，自治区党委常委、统战部长伏来旺，自治区党委常委、组织部长陈朋山，自治区党委常委、呼和浩特市委书记韩志然，自治区党委常委、政法委书记罗啸天，自治区人大副主任宝音德力格尔、陈瑞清、胡忠、哈斯巴根，自治区副主席连辑、郭子明，自治区政协副主席奇英成、刘芝兰、郧宝恒，内蒙古军区副司令员王建欣、罗刚，内蒙古军区副政委孙忠泰，内蒙古军区参谋长李吾田，内蒙古军区政治部主任陈运火，自治区检察院检察长邢宝玉，武警内蒙古部队政委刘玉良出席在毕克齐机场举行的神舟六号航天员迎送仪式。

☆　在由爱国华人商会世界著名企业联盟、美中经贸投资总商会、全球华人名牌网等机构联合组织的"2005年度中国特色魅力城市200强"推选活动中,阿尔山市与包括香港、澳门、台湾在内的全国200个城市榜上有名。

18日　自治区隆重召开国土资源顾问聘请仪式,聘请中科院院士、矿床学和区域成矿专家翟裕生、著名地质教育专家、地球化学专家张本仁为自治区政府国土资源顾问。自治区党委副书记杨利民、自治区副主席郭子明、中国地质大学副校长王聪出席会议并作重要讲话。

18～20日　浙江省委副书记周国富率浙江省党政代表团一行18人,到呼和浩特、包头、鄂尔多斯市考察。自治区党委常委、统战部长伏来旺陪同考察。19日,在新城宾馆召开自治区·浙江省党政领导座谈会。自治区党委书记储波,自治区党委常委、秘书长任亚平,自治区党委常委、统战部长伏来旺出席。

19日　自治区党委书记储波在新城宾馆会见台湾晔联国际有限公司董事长兼总经理黄朝琴一行。自治区党委常委、秘书长任亚平,自治区副主席连辑参加会见。

☆　电影《生死牛玉儒》首映式在呼和浩特举行。自治区党委书记储波,自治区党委副书记陈光林、杨利民,自治区党委副书记、纪检委书记巴特尔,自治区党委常委、秘书长任亚平,自治区党委常委、呼和浩特市委书记韩志然,自治区副主席连辑,自治区政协副主席刘芝兰,内蒙古军区副政委孙忠泰,武警内蒙古部队政委刘玉良出席。

20日　中组部赴内蒙古"博士服务团"第四批离任第五批赴职总结欢迎会在呼和浩特举行。自治区党委常委、组织部长陈朋山出席。

20～21日　全国人大常委会副委员长、中国农工民主党中央主席蒋正华一行8人到乌海市考察,并出席第二届中国生态健康论坛开幕式和农工党中央参政议政部、农工党内蒙古自治区区委在乌海市君正科技产业有限责任公司建设的"循环经济研发基地"揭牌仪式。自治区党委常委、统战部长伏来旺,自治区人大副主任陈瑞清出席并陪同。

21日　在全国十运会速度赛马12 000米决赛中,翁牛特旗新苏莫苏木人乌兰格日乐以16分36秒57跑完全程并摘得金牌,每秒骑行12米。这枚金牌是全自治区在十运会上获得的惟一一枚金牌。

24日　俄罗斯布利亚特共和国阿日贡乌苏(圣泉)电视公司总裁助理诺尔吉玛、德木策高娃、瓦利尔·吉伊诺夫等一行4人到内蒙古电视台参观访问。

24～25日　自治区东部盟市经济工作座谈会在通辽召开。自治区党委书记储波、自治区主席杨晶作重要讲话,自治区党委常委、秘书长任亚平,自治区副主席连辑出席。

26日　包头市荣获首批全国文明城市称号。

☆　包头市荣获首批全国文明城市荣誉称号。包头市土默特右旗苏卜盖乡美岱桥村被授予全国文明村镇;包头供电局、包头铝业(集团)有限责任公司、包头市建设委员会、包头市工商行政管理局被授予全国文明单位;包头市九原区新城镇甲尔坝村、九原区兴胜镇三道沙河村、达茂旗希拉穆仁镇被授予全国创建文明村镇工作先进村镇;北方联合电力有限责任公司包头第一热电厂、包头市殡仪馆、北方联合电力有限责任公司包头第二热电厂、内蒙古第一机械制造(集团)有限公司、包头市蒙中医医院、包头市九原电力有限责任公司、包头市房产管理局被授予全国精神文明建设工作先进单位;包头市文明办主任科员李文光获全国精神文明建设先进工作者称号。自治区党委、政府发出贺电。自治区主席杨晶,自治区党委常委、包头市委书记邢云出席庆祝晚会。

26～28日　首届全区驼球邀请赛在巴彦淖尔市乌拉特后旗举行,来自区内和蒙古国南戈壁省芒莱苏木等的10支代表队60名运动员参赛,乌拉特后旗代表队和蒙古国南戈壁省芒莱苏木代表队分获冠亚军。

27日　自治区党委书记储波在新城宾馆会见国家税务总局局长谢旭人一行。自治区党委常委、秘书长任亚平参加会见。

☆　自治区党委常委、宣传部长莫建成出席繁荣歌曲舞蹈艺术研讨会并为自治区8部舞蹈作品入围"荷花奖"参赛代表送行。

☆　国家农业部部长杜青林深入呼和浩特市赛罕区巴彦镇腾家营村、呼伦贝尔市莫力达瓦达斡尔族自治旗汉古尔河镇乌兰村和扎兰屯市大河湾镇大水泉村疫区调研,对全区防控高致病性禽流感工作做出"领导重视,组织有力;部门配合,协同作战;措施到位,效果明显"的评价。自治区党委书记储波在新城宾馆会见了杜青林部长一行。自治区领导任亚平、韩志然、乌兰参加会见。

☆　著名蒙古族长调歌曲表演艺术家、"歌王"哈扎布在锡林浩特市逝世,享年84岁。

28日　内蒙古医学院第二附属医院庆祝20周年华诞。自治区党委常委、统战部长伏来旺,自治区副主席乌兰出席庆典仪式。

☆　内蒙古自治区二人台艺术团成立30周年庆典在呼和浩特举行。自治区党委常委、宣传部长莫建成,自治区人大副主任张国民出席。

29日　在全区开发区工作会议上,盛乐经济园区荣获自治区先进工业开发区(园区)招商引资投资环境奖。

31日　呼伦贝尔市额尔古纳市室韦俄罗斯族民族乡获得

"CCTV2005 年度中国十佳魅力名镇"殊荣。室韦俄罗斯民族乡是内蒙古自治区唯一一家荣登中国魅力名镇的民族乡。11 月 30 日,赴京参加中央电视台主办的 2005 年度中国魅力名镇颁奖庆典。

☆ 从 3 月 1 日起,按照自治区无委办 2005 年工作安排,对网通内蒙古通信公司在自治区境内所设置的无线市话接入系统(PHS)基站进行专项核查。全区设置(PHS)基站共7 004部,由于系统仍处于优化过程中,基站数量、基站地址和发射功率随之不断的变化,此次共核查(PHS)基站1 988部,检查设备数量占在用设备的28.4%,办照率100%。此次核查,.掌握 PHS 系统在全区的分布情况及基站数量,完善 PHS 基站台站数据库。

31 日至 11 月 4 日 自治区人防办组织全区车载电台演练。这次车载电台演练,由自治区人防办及呼和浩特市等十一个盟市人防办参加,出动指挥通信车 12 辆,共行驶5 000多公里,互通数传电报 38 份。在演练中进行设备安装调整、电台沟通联络、有无线转接和 GPS 定位等训练。通过演练,使全体通信人员提高车载电台设备的操作使用技能,摸清车载电台在本地区的工作状况和规律,了解设备的通信效果和性能,发现设备存在的主要问题,为完成抢险抢修、政府突发事件应急通信保障摸索和积累经验,演练达到预期目的。

是月 呼伦贝尔市阿荣旗画家刘绘作品《乡音》获中国书画名家作品 2005 年金秋国际展金奖。

☆ 国务院扶贫办在大连市举办扶贫展洽会。全区 12 个盟市及满洲里市、二连浩特市共组织 67 个旗县参展,共签意向性协议 41 个,协议金额达 95 亿元人民币和0.83亿美元,成交额居全国第一,获得国务院扶贫办颁发的最佳组织奖、成果奖和设计奖。中央电视台、大连电视台、人民网等多家媒体对自治区参展情况作了详细报道。

☆ 包头市第三十三中学代表队的群舞《草原情韵》、独舞《春潮》在韩国首都举办的中日韩少儿艺术展示大赛中获总决赛金奖。

☆ 内蒙古地方标准网上检索系统正式运行。

☆ 2005 年全国高中物理竞赛上,锡林郭勒盟蒙古中学的杨建宁、孙敏娟和蒙语授课生桂文龙获全国二等奖。

11　月

1 日 伊利集团出资3 000万元支持自治区和呼市文化建设捐赠仪式在新城宾馆举行。自治区党委副书记陈光林,自治区党委常委、呼和浩特市委书记韩志然,自治区党委常委、宣传部长莫建成出席捐赠仪式。

2 日 自治区人民政府下发"内政字[2005]269 号"文件同意命名乌兰察布市四子王旗乌兰花镇至红格尔公路为"神舟路",阿拉善盟额济纳旗达来库布镇至东风航天城公路为"航天路"。

3 日 位于呼伦贝尔市新巴尔虎左旗境内中蒙哈拉哈界河桥(额布都格口岸—巴彦呼舒口岸桥)建设通车,是中国与蒙古国间的"界河第一桥"。桥长164.9米,宽5.5米,总投资 600 万元。投资2 851.5万元的额布都格口岸至阿木古郎镇国家三级公路和 10 KV 配电线路同时竣工。

4 日 自治区党委召开党外人士座谈会。听取党外人士对制定《自治区国民经济和社会发展第十一个五年规划建议》的意见和建议,自治区党委书记储波主持并讲话,自治区主席杨晶,自治区党委副书记陈光林,自治区党委常委、秘书长任亚平,自治区党委常委、统战部长伏来旺出席。

☆ 自治区主席杨晶会见中国驻蒙古国大使高树茂。自治区副主席乌兰参加会见。

☆ 《清代阿拉善和硕特旗历史档案》入选国家清史纂修工程项目。

5～11 日 澳大利亚 ABC 电视台记者彼得·罗伊斯、麦特贾斯帕一行到阿拉善盟进行考察拍摄。拍摄阿拉善自然、人文、历史、社会经济发展、民族风情、中国—澳大利亚技术合作阿拉善生态环境治理项目成果及澳大利亚专家在阿拉善盟工作生活的情况,通过 ABC 电视台在澳大利亚宣传阿拉善。

7 日 解放军总装备部·内蒙古自治区领导同志座谈会在呼和浩特举行。总装备部政委迟万春和自治区党委书记储波讲话,自治区主席杨晶主持,自治区党委常委、内蒙古军区司令员黄高成,自治区党委副书记杨利民,自治区党委常委、秘书长任亚平,自治区副主席郭子明,内蒙古军区副司令员王建欣出席。

8 日 今天是第 6 个中国记者节。自治区党委副书记陈光林致信全区新闻工作者表示祝贺。

☆ 国家统计局批准设立国家统计局内蒙古调查总队。

☆ 在北京梅地亚中心举行的"2005 中国全球微型创业奖"颁奖典礼上,赤峰市巴林右旗两位女牧民娜布其、斯琴其木格分别荣获联合国中国区"全球微型创业奖"。内蒙古自治区全区仅此二人获此殊荣。

☆ 全区第十一届小学语文青年教师基本功竞赛东部赛区活动在赤峰市林西县举行。

9～12 日 亚洲青年柔道锦标赛在台湾举行,内蒙古运动员斯日吉嘎瓦勇夺 73 公斤级冠军。

10 日 全区基本建设投资工作会议在呼和浩特召开。自治区党委副书记、副主席岳福洪出席并讲话。

☆ 中国援助蒙古国扎门乌德至二连浩特口岸公路改造项目通车。全长5.68公里,总投资2 560万元人民币,由中国建筑工程总公司承建,是2003年6月国家主席胡锦涛访问蒙古国期间中国政府与蒙古国政府签署协议时所定的重要项目。

11～12日 自治区“深化小语整改,推进课程改革”现场会在林西县召开。来自全区各盟市的200多名代表参加了现场会。

11～13日 自治区第九次妇女代表大会在呼和浩特召开。全国妇联党组书记、副主席、书记处第一书记黄晴宜出席会议,自治区党委书记储波,自治区主席杨晶,自治区党委副书记陈光林、杨利民,自治区党委常委、秘书长任亚平,自治区党委常委、组织部长陈朋山出席会议,并参观以“促进性别平等,实现共同发展”为主题的“新时代的草原女性”展。13日,在自治区政府礼堂召开闭幕会。自治区党委副书记陈光林,自治区党委常委、组织部长陈朋山,自治区人大副主任陈瑞清,自治区副主席连辑出席。

13日 全区人大工作会议在呼和浩特召开。自治区党委书记储波,自治区主席杨晶讲话,自治区党委副书记、副主席岳福洪,自治区党委副书记陈光林、杨利民,自治区党委副书记、纪检委书记巴特尔,自治区党委常委、秘书长任亚平,自治区党委常委、内蒙古军区司令员黄高成,自治区党委常委、统战部长伏来旺,自治区党委常委、组织部长陈朋山,自治区党委常委、呼和浩特市委书记韩志然,自治区人大副主任万继生、王凤岐、宝音德力格尔、陈瑞清、张国民、云秀梅、哈斯巴根,自治区副主席连辑、郭子明,自治区政协副主席奇英成,内蒙古军区副司令员王建欣,自治区高级法院院长王维山,自治区检察院检察长邢宝玉、武警内蒙古总队长郄国严出席。

☆ 新兵体检内容首次增加心理测试项目,包头市昆都仑区武装部成为内蒙古自治区首批试点单位。

☆ 包头市土默特右旗美岱召镇美岱召村被建设部、国家文物局评为“中国历史文化名村”。

14日 全区政协工作会议在呼和浩特召开。自治区党委书记储波,自治区主席杨晶,自治区政协主席王占讲话,自治区党委副书记、副主席岳福洪,自治区党委副书记陈光林、杨利民,自治区党委副书记、纪检委书记巴特尔,自治区党委常委、秘书长任亚平,自治区党委常委、内蒙古军区司令员黄高成,自治区党委常委、统战部长伏来旺,自治区党委常委、组织部长陈朋山,自治区党委常委、呼和浩特市委书记韩志然,自治区人大副主任万继生、陈瑞清,自治区副主席连辑、郭子明,自治区政协副主席傅守正、包俊臣、许柏年、罗锡恩、奇英成、盖山林、刘芝兰,内蒙古军区政委孙忠泰,自治区高级法院院长王维山,自治区检察院检察长邢宝玉出席。

15日 大型蒙古民族乐舞史诗《蒙古风》在呼和浩特举行汇报演出。自治区党委副书记、纪检委书记巴特尔,自治区党委常委、秘书长任亚平等观看。

15～16日 二连浩特市政府与蒙古国矿产资源协会合作,共同举办首届“睦邻合作—2005中蒙企业投资洽谈会”。

☆ 自治区政府召开全区土地收储工作会议,自治区政府副主席赵双连出席会议并作重要讲话。

16日 一汽解放汽车有限公司内蒙古分公司和内蒙古一汽解放亿阳专用汽车有限公司揭牌暨投产仪式在呼和浩特举行,第一辆改装车和第一台整车底盘正式下线。一汽集团公司党委书记赵方宽、副总经理董春波,自治区党委书记储波,自治区党委常委、秘书长任亚平,自治区党委常委、呼和浩特市委书记韩志然,自治区人大副主任周维德,自治区副主席赵双连,自治区政协副主席罗锡恩出席。

☆ 伊利集团和北京奥组委在呼和浩特市维力斯大酒店举行合作签约仪式。标志着伊利正式牵手北京奥运会,成为北京2008年奥运会第六家赞助商,这是中国食品行业第一家入选奥运赞助商行列的企业,也是中国西部地区第一个成为奥运会赞助商的品牌。全国人大常委会副委员长乌云其木格、全国政协副主席黄孟复分别发来贺电。北京奥组委执行副主席、秘书长王伟,自治区党委副书记陈光林,自治区党委常委、呼和浩特市委书记韩志然,自治区人大副主任陈瑞清,自治区副主席郝益东出席。

☆ 全国煤炭工作表彰大会在北京召开。扎赉诺尔煤炭公司总经理朱廷海荣获全国煤炭工业优秀企业家称号;露天矿矿长李志桐获全国煤炭工业优秀矿长称号;灵泉矿获全国煤炭工业“双十佳”煤矿称号;铁北矿获2005年度中国煤炭工业科技创建示范矿称号。

☆ 二连浩特市政府与蒙古国矿产资源协会在二连浩特市组织召开“中蒙企业投资洽谈会”。双方共有113家企业,200多人参加会议。

17日 内蒙古社科院庆祝“国际哲学节”。自治区党委副书记陈光林出席并讲话。

☆ 鄂托克旗伊吉汗羊绒制品有限责任公司、赤峰市农业生产资料公司、赤峰果菜粮批发市场有限责任公司被评为全国供销合作社重点龙头企业。

17～19日 亚太经济合作组织工商领导人峰会在韩国釜山举行,包钢(集团)公司董事长、党委书记林东鲁应邀参加亚太经合组织峰会。峰会期间,林东鲁董事长受到国家主席胡锦涛的接见,并参加峰会的一系列活动,就地区及全球经济问题同与会者进行有益的讨论,交流意见。

18日 代表自治区参加第五届中国舞蹈“荷花奖”决赛的内蒙古大学艺术学院附属中专代表队从贵州载誉归来。自治区党委副书记陈光林表示祝贺。

☆ 内蒙古自治区首家“善学—谢华真爱幼中心”在锡林

浩特市妇幼保健院成立。该中心由香港善学慈善基金会资助，加中儿童健康基金会与锡林郭勒盟行署合作筹建，宗旨是让妇女儿童人人享有保健服务。

☆　中国二连北美风电园区一期工程5万千瓦风力发电项目正式奠基开工。

19日　纪念钱学森归国50周年暨沙产业草产业理论研讨会在呼和浩特举行。自治区党委副书记杨利民出席并讲话。

☆　全区中华传统诗词创作理论研讨会在呼和浩特举行。自治区党委副书记杨利民出席并讲话。

19～20日　全区卫生应急工作会议在呼和浩特市召开，同时举办全区突发公共卫生事件应急管理干部培训班。

20日　内蒙古德德玛艺术专修学院新校址落成。自治区党委副书记杨利民，自治区党委常委、统战部长伏来旺，自治区党委常委、组织部长陈朋山，全国政协常委夏日出席落成仪式。

☆　满洲里供电局荣获全国精神文明创建先进单位称号。

20～22日　呼伦贝尔市莫力达瓦达斡尔族自治旗、扎兰屯市相继发生禽流感疫情，呼伦贝尔人民广播电台、呼伦贝尔电视台及时与防治禽流感指挥部沟通联系，按照报道要求，正面客观的报道疫情，为百姓解疑释惑。

21～23日　全区统计年报工作会议在呼和浩特召开。

21～24日　河北省委副书记、省长季允石率河北省党政代表团一行22人，到呼和浩特、鄂尔多斯、包头市考察。自治区党委书记储波，自治区党委副书记、副主席岳福洪，自治区党委常委、秘书长任亚平，自治区副主席赵双连分别陪同。并于21日在呼和浩特市新城宾馆举行内蒙古自治区·河北省党政领导座谈会。

22日　自治区党委、政府、内蒙古军区在政府礼堂召开自治区支持载人航天工程暨庆祝神舟六号圆满成功总结表彰大会。解放军总装备部副部长、神舟六号载人航天飞行副总指挥长张建启和自治区党委书记储波，自治区党委副书记杨利民，自治区党委常委、秘书长任亚平，自治区党委常委、组织部长陈朋山，自治区党委常委、宣传部长莫建成，自治区人大副主任王凤岐，自治区副主席乌兰，自治区政协副主席盖山林、桑杰扎布，内蒙古军区政治部主任陈运火，武警内蒙古部队长郄国严出席，自治区党委副书记杨利民讲话。

☆　自治区党委书记储波在内蒙古饭店会见蒙古国人民革命党总书记巴亚尔一行。自治区党委副书记杨利民，自治区党委常委、秘书长任亚平，自治区副主席乌兰参加会见。

中旬　稀土高新区"国家稀土新材料成果转化及产业化基地"在全国材料特色产业化基地考评中名列第三。在国家科技部首次对全国材料特色产业化基地运行绩效考评中，包头稀土高新区"国家稀土新材料成果转化及产业化基地"脱颖而出，取得全国43家材料特色产业化基地排名第三、西部16家材料特色产业基地排名第一的优异成绩。

25日　内蒙古电影制片厂、乌兰察布市委宣传部和北京奇百奇文化传媒有限公司联合摄制的故事片《迷网》首映式在呼和浩特举行。自治区党委副书记陈光林出席。

☆　内蒙古四胡协会成立庆典暨庆典音乐会在内蒙古饭店举行。自治区党委副书记陈光林出席。

☆　京藏高速公路哈德门至磴口段通车试运行庆典在乌拉特前旗巴音花镇举行。

☆　秦始皇兵马俑大型国宝文物珍品展在包头博物馆开展。

☆　联合国教科文组织公布的第三批"人类口头和非物质遗产代表作"中，中国和蒙古国联合申报的"蒙古族长调民歌"入选。这是中国首次与外国就同一非物质文化遗产联合申报并获得通过。

25～26日　全区新型农村牧区合作医疗试点工作经验交流会议在通辽市召开。总结全区试点工作的主要成效和取得的经验，新增试点旗县27个，覆盖农牧民人口692万人。

26日　内蒙古新华书店集团有限责任公司、辽宁发行（集团）区域合作出版物连锁经营启动仪式在内蒙古图书大厦举行。自治区党委副书记陈光林，自治区党委常委、政法委书记罗啸天，自治区人大副主任张国民，自治区副主席乌兰发来贺电、贺信。

26～28日　在2005（第八届）四川电视节"金熊猫"奖国际记录评选活动中，内蒙古电视台选送的记录片《驼殇》获得人文及社会类最佳短记录片奖。

28日　满洲里新公路口岸试行24小时通关。

☆　国家信息产业部为自治区无委办颁发荣誉状。表彰自治区无委办在"神州"六号载人航天飞行任务的研制、生产、建设、试验及保障工作中作出重要贡献。

29日　自治区党委副书记杨利民、自治区副主席郭子明、内蒙古军区副政委孙忠泰带领自治区党政军慰问团到额济纳旗听取工作汇报后，前往东风航天城进行慰问。

☆　阿拉善左旗吉兰太镇获全国文明村镇，巴彦浩特镇获全国创建文明村镇工作先进村镇称号。

是月　包铝（集团）有限责任公司被列为国家首批循环经济试点单位。

☆　包头市九原区被国务院、国家计生委评为全国婚育新风进万家活动先进单位。

☆　内蒙古自治区非物质文化遗产普查工作正式启动。

☆　由东北林业大学和北京林业大学负责研究的防风固沙草方格沙障铺设机器人在锡林郭勒盟正蓝旗试验成功。

12　月

月初　全国唯一的国家稀土产品质量监督检验中心将落户包头稀土高新区。

1日　中国红十字总会和蒙古国红十字会在二连浩特市共同组织以“红丝带神州行—预防艾滋病列车宣传”为内容的2005年世界艾滋病日宣传活动。

☆　扎赉诺尔褐煤注册为“扎赉红煤”。

2日　自治区党委书记储波、自治区主席杨晶，乌兰察布市委书记吴永新赴北京与中国航天科技集团洽谈并达成在兴和县建设规模为50～100万千瓦的风力发电示范场和年产400台(套)、1.5兆瓦的风机总装制造项目。

2～4日　2005～2006年度全国自由式滑雪锦标赛在阿尔山市太伟滑雪场举行。

5日　蒙古国边防总局代表团应邀访问内蒙古军区。自治区党委常委、内蒙古军区司令员黄高成与代表团团长普·松德布举行会谈。

☆　自治区参加全国十运会总结表彰大会在呼和浩特举行。全国十运会金牌运动员乌兰格日勒及其教练员浩毕斯嘎拉图分别被自治区政府授予“内蒙古自治区优秀运动员”和“内蒙古自治区优秀教练员”荣誉称号。自治区团委、自治区妇联分别授予乌兰格日乐“青年五四”奖章和“三八红旗手”光荣称号。

7日　神舟六号载人航天飞行先进事迹报告会在呼和浩特召开。自治区党委书记储波，自治区主席杨晶，自治区党委常委、内蒙古军区司令员黄高成，自治区党委副书记、纪检委书记巴特尔，自治区党委常委、秘书长任亚平，自治区党委常委、组织部长陈朋山，自治区人大副主任尤仁、万继生、张国民、胡忠、哈斯巴根，自治区副主席乌兰，自治区政协副主席郧宝恒、桑杰扎布，自治区高级法院院长王维山，自治区检察院检察长邢宝玉，武警内蒙古总队长郄国严，武警内蒙古总队政委刘玉良出席。8日，神舟六号载人航天飞行先进事迹报告团一行离呼。

☆　内蒙古民航机场集团公司完成旅客吞吐量1 501 008人次，首次突破150万人次大关。

9日　阿拉善左旗援助蒙古国南戈壁省270吨苜蓿饲草料。

☆　全区第二次宗教界两个文明先进集体、先进个人表彰暨经验交流会在呼和浩特召开。会上对宗教界51个先进集体和71名先进个人进行表彰、奖励。自治区副主席郝益东在会上作重要讲话，对全区宗教界为两个文明做贡献提出新的要求。

☆　国家质检总局公布2005年度国家免检产品及生产企业名单，自治区根河板业有限责任公司等6家企业的7种产品被授予国家免检资格。

☆　运行在集通铁路上的中国最后一批蒸汽机车宣告全部退役。内蒙古集通铁路自1995年运营以来，在其总长度1 200公里的铁道线上曾运行着100多台大同机车车辆厂生产的“前进”型蒸汽机车。集通铁路公司在赤峰市巴林右旗大板机务段修建一处蒸汽机车博物馆。1825年9月27日，由英国发明家司蒂芬孙设计并制造的世界上第一台商用蒸汽机车运营280年后于2005年12月9日上午在巴林右旗大板机务段退役。开最后一列蒸汽机车的是48岁的刘忠师傅。

10日　由自治区司法厅统一命题，盟市司法局组织的司法所长、基层法律服务所主任和调委会主任业务统考，分别在全区12个盟市进行。考试内容为相关法律知识，全部采取闭卷方式答题，并严格按照统一时间和考试程序进行。全区近7 000人参加考试。

11～20日　额尔古纳市在上海浦东的新国际博览中心举行的中国住房交易会第七届中国地产节暨亚洲地产博览会上荣获“2005年度最具发展潜力全生态城市”奖项。

12日　自治区政府召开2005年第9次常务会议，审议并通过《内蒙古自治区按比例安排残疾人就业办法(修订草案)》。自治区副主席郭子明对《办法》提出重要修改意见，自治区主席杨晶针对残疾人就业发表重要讲话。2005年12月27日自治区主席杨晶签发内蒙古自治区人民政府第140号令予以发布，自2006年2月1日起施行。

至12月15日　全区地税系统共征收各项社会保险费收入740 762万元，同比增收155 143万元，增长26.49%，完成年度计划的103.55%，提前20天完成总收入征缴计划。基本养老保险费累计征收553 013万元，完成年度计划的101.92%，提前15天完成征缴计划。

17日　俄罗斯联邦萨哈共和国文化部部长安德列·鲍利思等一行5人在电影制片厂译制厂厂长德力格尔的陪同下，到内蒙古电视台进行参观访问。

☆　在第二届中小城市可持续发展高峰论坛会上，根河市建设节约社会、促进城市可持续发展的做法受到与会专家的高度评价，被评为“2005年度全国十佳节约型中小城市”。

19日　自治区政府与首都机场集团公司在新城宾馆签订内蒙古民航机场集团托管协议。自治区主席杨晶出席并讲话，自治区副主席赵双连、首都机场集团公司总经理李培英分别在协议上签字。

☆　在南京召开的首届中国绿化博览会评比活动中，赤峰市克什克腾旗获得首届中国绿化博览会银奖。白音敖包沙地云杉是世界上发现的唯一一块云杉林，林学界、植物界称之为“生物基因库”、“生物活化石”。

20日　自治区主席杨晶在内蒙古饭店会见蒙古国国家工商会一行。

☆　内蒙古大学校长、中国科学院院士旭日干在校园内被绑架，自治区党委副书记陈光林连夜坐阵指挥，自治区公安厅指挥协调呼和浩特市公安机关，快速反应，紧急出动警力2 500余人，严密侦查布控，不到13个小时，成功侦破中国工程院院士、内蒙古大学校长旭日干教授被绑架案，安全解救人质，抓获全部犯罪嫌疑人，受到曾庆红、罗干、周永康等中央领导及自治区党委书记储波表扬。自治区党委副书记杨利民前往医院慰问。

21日　2005呼伦贝尔·中国第二届开雪节暨牙克石凤凰山滑雪节在牙克石凤凰山滑雪场开幕。

21～22日　全区经济工作会议在呼和浩特召开。自治区党委书记储波、自治区主席杨晶讲话，自治区党委副书记、副主席岳福洪，自治区党委副书记陈光林、杨利民，自治区党委副书记、纪检委书记巴特尔，自治区党委常委、秘书长任亚平，自治区党委常委、内蒙古军区司令员黄高成，自治区党委常委、包头市委书记邢云，自治区党委常委、统战部长伏来旺，自治区党委常委、组织部长陈朋山，自治区党委常委、呼和浩特市委书记韩志然，自治区党委常委、宣传部长莫建成等出席会议。

22日　民进内蒙古区委隆重庆祝中国民主促进会成立60周年暨民进内蒙古区委成立20周年。自治区党委副书记陈光林，自治区党委常委、统战部长伏来旺到会祝贺。

☆　中国根河首届大兴安岭冰雪旅游文化节暨首届雪地汽车摩托车比赛开幕式在根河举行。

23日　全区交通工作会议在呼和浩特召开。自治区党委书记储波出席，自治区主席杨晶讲话，自治区党委常委、秘书长任亚平，自治区人大副主任周维德、自治区政协副主席罗锡恩出席，自治区副主席赵双连主持。

☆　“内蒙古2006新年音乐会”在呼和浩特举行。自治区党委副书记陈光林、杨利民，自治区党委常委、组织部长陈朋山，自治区党委常委、宣传部长莫建成，自治区人大副主任陈瑞清、云秀梅观看演出。

☆　赤峰市喀喇沁旗妇联被全国农村妇女双学双比领导小组确定为全国双学双比示范基地，在旗农业科技示范园举行隆重揭牌仪式。

24日　全区科技创新暨奖励大会在呼和浩特召开。自治区党委书记储波，自治区主席杨晶，自治区党委副书记陈光林，自治区党委常委、秘书长任亚平，自治区党委常委、包头市委书记邢云，自治区党委常委、呼和浩特市委书记韩志然，自治区党委常委、宣传部长莫建成，自治区人大副主任宝音德力格尔，自治区政协副主席许柏年出席。

☆　维也纳约翰·施特劳斯乐团新年音乐会在呼和浩特举行。自治区党委副书记陈光林，自治区党委常委、组织部长陈朋山观看演出。

☆　全区信访工作座谈会在呼和浩特召开。自治区党委副书记杨利民，自治区党委常委、秘书长任亚平，自治区党委常委、组织部长陈朋山，自治区党委常委、呼和浩特市委书记韩志然出席。

☆　巴彦淖尔市运通公司一辆由临河区发往鄂尔多斯市杭锦旗吉日格朗图镇的客车，从巴彦淖尔市五原景阳林渡口过黄河浮桥后，在黄河漫滩冰面压破冰层沉入水中，造成28人死亡。

☆　包头市荣获自治区科教兴区突出贡献奖。

25日　全区政法工作会议在呼和浩特召开。自治区党委副书记陈光林出席并讲话，自治区人大副主任王凤岐，自治区副主席连辑，自治区政协副主席郧宝恒，自治区高级法院院长王维山，自治区检察院检察长邢宝玉出席。

☆　由自治区党委政法委、自治区党委宣传部，自治区综治办、自治区维稳办联合主办的“内蒙古平安建设和创建安全稳定地区”文艺晚会在呼和浩特举行。自治区党委副书记陈光林，自治区检察院检察长邢宝玉观看。

☆　第七届中俄蒙三国交界地区满洲里国际冰雪节隆重开幕。外交部条法司参赞李清元，内蒙古自治区副主席乌兰，呼伦贝尔市委副书记景建华；俄罗斯驻沈阳总领事馆领事雷恰罗，蒙古国东方省副省长乌力吉白音等领导出席开幕式。

26日　自治区精神文明办公室为获得“全国文明单位”的呼和浩特火车站授匾。自治区党委副书记陈光林出席。

☆　内蒙古延安精神研究会、延安大学暨延安民族学院校友会召开第十届理事（扩大）会。自治区党委副书记杨利民出席并讲话，自治区党委常委、秘书长任亚平出席。

27日　自治区青联成立50周年纪念大会暨青联十届一次全委会、自治区学联第七次代表大会在呼和浩特召开。自治区党委书记储波、自治区主席杨晶，自治区党委副书记陈光林，自治区党委常委、秘书长任亚平，自治区人大副主任王凤岐，自治区副主席连辑，自治区政协副主席奇英成，内蒙古军区副司令员桑杰扎布出席。“伊利情”庆祝自治区青联成立50周年文艺晚会在呼和浩特举行。

☆　全区宣传思想工作会议在呼和浩特召开。自治区党委副书记陈光林出席并讲话，自治区党委常委、宣传部长莫建成主持。

☆　自治区党委、政府召开全区政务公开工作经验交流电视电话会议。自治区党委副书记、纪检委书记巴特尔出席并讲话。

☆　自治区预防犯罪警示教育基地在呼和浩特市第一监狱正式落成揭匾。自治区党委副书记、纪检委书记巴特尔出席。

28日　自治区党委书记储波、自治区主席杨晶到呼和浩特海关考察慰问，自治区党委常委、秘书长任亚平陪同。

☆　内蒙古社会科学院研究员诺尔金被中国蒙古语文学会授予首届“功勋学者”。

29日　自治区党委书记储波召开党委常委会议，听取信访工作汇报，研究并议定解决自治区信访局工作机构、编制以及做好新时期信访工作的有关问题。

☆　包头铝业集团被列为国家发展循环经济首批试点单位。

30日　自治区主席杨晶到盛乐经济园区进行调研。杨晶主席视察各企业并听取和林格尔县领导汇报后，对和林格尔县的农牧业科技示范带的建设给予充分肯定，并提出具体要求。

☆　包钢实现年产钢700万吨的目标。

31 日　2005 年二连海关税收突破 20 亿元，实现收入20.94亿元，同比增长27.94%，监管进口货物710.04万吨，同比增长20.5%，均创历史最高水平。

是月　国务院扶贫办授予全国 100 个村“整村推进扶贫开发先进村”荣誉称号。通辽市库伦旗的哈图他拉嘎查、赤峰市敖汉旗广兴太村、呼和浩特市托克托县伍什家村、鄂尔多斯市准格尔旗石家渠村获此殊荣。

☆　自治区党委决定，自治区直属机关定点帮扶工作整体转移兴安盟。自治区 135 个厅局、部门帮扶兴安盟 135 个贫困嘎查村，一包三年，为实现贫困农牧民稳定解决温饱奠定良好基础。

☆　中宣部、中央文明办、国家广电总局组织开展的“电视进万家”活动，拨给兴安盟科尔沁右翼前旗 730 台电视机。

☆　锡林郭勒盟乌珠穆沁羊业集团成功向科威特出口活羊 7.1 万只活羊，取得较好的经济效益和社会效益，全区活羊出口取得突破性进展。

☆　2005 年全年自治区机电产品进出口总值 95 698 万美元，比上年增长 1.67 倍，在全国各省市机电产品排序中由上年的 29 位上升到 25 位，出口增速列全国第一。

☆　锡林浩特市被中国科学技术协会确定为全国科普示范城。

☆　在 2005 年中国政府网站评估结果发布和经验交流会上，锡林郭勒盟政务综合门户网站在全国地市级政府网站评比中名列“百强”，该网站在全国 333 个地市级政府网站中，以总分44.575分排第 54 名，在内蒙古自治区盟市政务门户网站中名列第一。

☆　2005 年中蒙企业投资洽谈会在二连浩特市举行，洽谈会由二连浩特市政府和蒙古国矿产资源协会共同举办，以“睦邻合作、共赢发展”为主题，目的是为中蒙两国企业搭建一个交流合作的平台，促进中蒙两国企业在开发利用矿产资源和科技、文化、教育、医疗、卫生、旅游、交通等方面的合作。

是年　全区地方财政收入完成335.05亿元，比 2004 年决算数增加94.57亿元，增长39.32%。2005 年，全区财政总支出完成734.71亿元，比 2004 年决算数增加131.96亿元，增长21.89%。基金预算支出53.06亿元，比 2004 年决算数增加14.42亿元，增长37.33%。2005 年，财政总收入超过 10 亿元的旗县达到 11 个，比 2004 年增加 7 个，其中东胜区和准格尔旗财政总收入突破 20 亿元，分别达到29.42亿元和28.81亿元。全区 101 个旗县中，财政总收入超过亿元的旗县达 79 个，比 2004 年增加 16 个。

☆　全区地税系统累计入库各项收入267.2亿元，比上年同期增加69.8亿元，增长35.36%。其中，税收总收入累计入库182.31亿元，比上年同期增加49.93亿元，增长37.72%，完成年度计划的116.71%，社会保险费累计入库 83 亿元，比上年同期增加17.96亿元，增长27.62%，完成年度计划的116.01%，水利建设基金入库11 845万元，工会经费入库1 740万元，残疾人就业保障基金入库5 448万元。全区地税稽查系统共检查纳税户 606 户，有问题 547 户，结案 505 户；累计查补总额22 324万元，其中查补税款17 582万元，加收滞纳金2 449万元，罚款2 293万元；入库总额19 065万元，总体入库率为85%，处罚率为13%，为全区地税收入任务的圆满完成做出积极贡献。

☆　全区保险业保费收入达60.87亿元，同比增长10.22%，其中财产险保费收入达17.38亿元，同比增长20.58%，增速位居全国第 2 位，人身险保费收入达43.49亿元，同比增长6.56%；保险密度253.61元，保险深度1.60%，保险公司总资产128.29亿元；全年支付赔款和给付14.18亿元，同比增长19.94亿元。

☆　自治区地税局机关被评为全国文明单位；乌兰察布市地税局、乌海市海南区地税局被评为全国精神文明建设工作先进单位；包头市地税局驻包钢直属税务分局等三个基层局被命名为全国税务系统先进集体；呼伦贝尔市陈巴尔虎旗地方税务局巴彦库仁中心地税所被评为全区“三级联创”先进集体，受到自治区党委的表彰。

☆　全区累计享受城市最低生活保障对象8 382 360人，平均每月698 530人；全年共发放低保资金67 566.04万元，平均每人每月补差80.6元(含煤补等一次性补助)。其中 12 月份全区享受城市低保待遇的困难群众321 377户，696 895人，当月人均补差137.4元(含取暖补助等一次性补助)。

☆　额济纳旗被评为国内年度旅游新星。

☆　额尔古纳市市长钱瑞霞被评为 2005 年度海内外有影响力的《中国妇女》十大时代人物。

☆　全年共采集造血干细胞血样2 200多人份，录入、上传国家总库数据1 540人份，兴安盟保安召监狱干警杨庆文成功捐献造血干细胞，在中国红十字会总会组织的“第二届‘捐献骨髓拯救生命’优秀新闻作品”评选活动中，自治区红十字会获最佳组织奖。到 2005 年底，全区共采集造血干细胞血样3 700人份，录入、上传国家总库数据2 540份，实现捐献 2 例。

☆　由科尔沁左翼中旗选送，由国军、张露、王刚、田菲、潭宁、梁晶、孙贺、翟红艳、庞红艳、玲玲等表演的舞蹈《达木如安代》《古布如安代》获 2005 年中国首届“成吉思汗”杯蒙古舞蹈大赛银奖，《圣火安代》获铜奖。

☆　霍林郭勒市被评为中国优秀旅游城市，市政府对创优总投入5 200万元，并拉动社会投资3.2亿元支持创优。

☆　在“中国法官十杰”评选活动中，兴安盟科尔沁右翼前旗人民法院大石寨法庭庭长陈银福获“银法槌”奖。

☆　满洲里市荣获国家级生态示范园区称号。

☆　通辽市科左后旗蒙古族实验学校被国家环保总局、教育部评为国家级“绿色学校”。

☆　呼伦贝尔市阿荣旗人民政府被国务院授予“全国民族团结模范集体”称号。

☆　呼伦贝尔市阿荣旗工商局被国家工商行政管理总局授予“2005 红盾护农”行动先进单位。

附　录

乌兰夫同志生平简介
—纪念乌兰夫同志诞辰100周年

乌兰夫(1906~1988年),曾用名云泽、云时雨,化名陈云章。男,蒙古族。内蒙古土默特旗(今呼和浩特市土默特左旗塔布村)人。乌兰夫同志出生于清光绪三十二年十一月初八日(1906年12月23日)。新民主主义革命和社会主义革命与建设时期久经考验的共产主义战士、党和国家优秀的领导人、杰出的无产阶级革命家、卓越的民族工作领导人。1988年12月8日,因病医治无效,在北京逝世,终年82岁。

早在青少年时代,乌兰夫就接受进步思想,积极参加反帝爱国学生运动。民国12年(1923年)夏,从归绥(今呼和浩特市)土默特高等小学毕业后,考入北平(今北京)蒙藏学校学习,在李大钊、赵世炎、邓中夏等共产党人的影响和引导下,参加马克思主义研究小组,认真学习马列主义理论。同年12月,加入中国社会主义青年团。民国13年(1924年)4月,与多松年、奎璧等人主持创办了内蒙古地区第一个蒙古族革命刊物《内蒙古农民》。民国14年(1925年)6月,同吉雅泰一起领导了归绥地区声援上海"五卅"惨案的反帝爱国运动。同年9月,经多松年介绍加入中国共产党。10月,以驻京蒙古族学生代表资格,赴张家口参加内蒙古国民党(即内蒙古人民革命党)第一次代表大会。会后,被中共北方区委选派去苏联莫斯科中山大学深造。民国17年(1928年)初,毕业后留在莫斯科东方大学、中山大学进行教学翻译。同年6月,参与中共六大会议文件的翻译工作。民国18年(1929年)6月,在他坚决要求回国工作的请求下,中共驻共产国际代表瞿秋白在莫斯科的共产国际办公大楼会见他和佛鼎、朋斯克、特木尔巴根等人,并作了派遣回国的指示,随后,他与佛鼎、朋斯克、特木尔巴根等人秘密回国。7月,在蒙古人民共和国接受培训的奎璧等人与之会合后一同回国。回国途中,他参加组建了中共西蒙工作委员会,先后担任工委组织委员、书记,并在内蒙古西部地区组织农民协会,发动群众,开展地下革命斗争。民国20年(1931年)秋,在中共西北特委书记王若飞的领导下,继续在内蒙古西部地区从事党务、军运、情报和民族工作,在极其艰苦条件下完成了组织交给的任务。民国25年(1936年)2月21日,通过云继先等人秘密策动蒙古地方自治政务委员会保安队举行"百灵庙暴动",打响了蒙古民族武装抗日的第一枪。民国26年(1937年)初,他利用傅作义组建蒙旗保安总队的机会,在保安总队内建立共产党地下委员会,担任党委书记,秘密开展工作,以保证这支蒙古族武装执行团结抗日的政治路线。

抗日战争爆发后,蒙旗总队改编为蒙旗独立旅,他担任该旅的政治部代理副主任,并担任共产党地下党委书记,坚决贯彻中国共产党抗日救国十大纲领,为这支军队成为当时蒙古族中最大的抗日武装起到重要作用。民国27年(1938年)初,蒙旗独立旅开赴伊克昭盟。5月,蒙旗独立旅改为国民革命军新编第三师,他担任政治部代理主任,共产党地下党委书记,并按八路军建制在部队建立了一整套政治工作系统,开展部队的政治思想工作和地方群众工作,使这支部队在极困难的条件下,长期坚持鄂尔多斯高原的抗日斗争。民国28年(1939年)春至民国30年(1941年)夏,配合第三师师长白海风指挥部队,多次击退日伪军对伊克昭盟(今鄂尔多斯市)的进攻,保卫了陕甘宁边区的北大门。民国30年(1941年)8月,按照中共中央决定,调赴延安工作,先后担任延安民族学院教育长、陕甘宁边区民族事务委员会主任委员,为各民族团结抗战培养了大批民族干部。民国34年(1945年)4月,在中共七大会议上当选为中共中央候补委员。7月,担任新成立的绥蒙政府主席。

抗日战争胜利后,曾任中共晋察冀边区中央局委员、内蒙古自治运动联合会主席兼军事部长、内蒙古军政学院院长、内蒙古自治学院院长等职,主要致力于内蒙古民族自治运动工作。民国34年(1945年)10月,带领工作组赴苏尼特右旗,积极宣传共产党的民族自治政策,揭露少数人企图搞分裂的阴谋,团结广大爱国青年,迅速解决了"内蒙古人民共和国临时政府"的问题。

民国35年(1946年)初,亲率内蒙古自治运动联合会代表团与东蒙古自治政府代表团谈判解决内蒙古地区东西部统一问题,成功地召开了在内蒙古革命史上有着重要意义的“四·三”会议,撤销了东蒙古自治政府,为建立统一的内蒙古自治区奠定了基础。民国36年(1947年)4~5月,成功地召开“五·一”大会,胜利地宣告中国第一个少数民族自治政权—内蒙古自治政府诞生。他按照中共中央的指示,坚持中国共产党的领导,坚持民族区域自治政策,坚持国家的统一,经过艰苦的工作,使内蒙古出现了在中国共产党领导下团结统一的新局面。民国36年至民国38年(1947~1949年),先后担任中共中央东北局委员、内蒙古共产党工作委员会书记、内蒙古自治政府主席、内蒙古军区司令员兼政委,领导了内蒙古自治区的政权建设、军队建设、党组织建设、经济文化建设,完成了农村的土地改革和牧区的民主改革任务。在对牧区的民主改革中,提出了符合牧区特点的“三不两利”(即“对蒙古族一般大牧主的牲畜、财产一律不斗不分,中农财产坚决不动;牧区实行保护牧民群众、保护牧场,放牧自由,在牧民与牧主两利的情况下,有步骤地改善牧民生活,发展畜牧业”)政策,广泛地团结了各民族和蒙古族各阶层,使牧区生产得到迅速发展。在此期间,他组织各民族群众努力生产、踊跃支前,还指挥内蒙古解放军部队消灭了内蒙古地区的土匪和反动地方武装,参加辽沈战役和平津战役,为解放战争的胜利做出重要贡献。民国38年(1949年)9月21~30日,参加了在北京召开的中国人民政治协商会议第一次全体会议,作了《在〈共同纲领〉的基础上为建设新中国而奋斗》的发言,被选为中华人民共和国中央人民政府委员和中国人民政治协商会议全国委员会委员。

1949年10月1日,中华人民共和国举行开国大典,毛泽东庄严宣告中华人民共和国中央人民政府成立。他参加开国大典。10月9日,出席中国人民政治协商会议全国委员会第一次会议,当选为中国人民政治协商会议全国委员会常务委员会委员。10月19日,被推举为中央民族事务委员会副主任委员。中华人民共和国成立初期,他先后担任中共中央内蒙古分局书记,内蒙古自治区人民政府主席,内蒙古军区司令员兼政委、绥远军政委员会副主席,绥远省军区副司令员,中共中央绥蒙分局书记,绥远省人民政府主席。在此期间,他按照中共中央的既定方针,为内蒙古全区域统一自治而努力工作。1950年1月,中共人民政府政务院总理周恩来在北京召见他和刘春等人,研究内蒙古自治区的划界问题,周恩来总理根据中共中央和毛泽东主席的指示,确定将历史上属于内蒙古的区域划归内蒙古,建立东西部统一的内蒙古自治区,并根据他所提出的“尊重历史,照顾现实”原则和具体建议,初步确定了内蒙古自治区的区域界限以及将归绥市(今呼和浩特市)作为内蒙古自治区的首府。在中共中央和华北局的领导与支持下,经过3年多的不懈努力和做了大量民族政策的宣传教育及细致的协调工作后,中共人民政府政务院于1954年1月28日批准了中共中央华北局提出的“绥远省与内蒙古自治区正式合并,撤消绥远省建制”的建议。1954年3月6日,绥远省、内蒙古自治区正式合并,撤消绥远省建制,原绥远省辖区统一由内蒙古自治区人民政府领导,绥远军政委员会、绥远省人民政府、绥远省各界人民代表会议协商委员会同时撤消。4月25日,经中共人民政府政务院批准,内蒙古自治区首府归绥市正式改用蒙古语原名呼和浩特市(“呼和浩特”蒙古语意为“青色之城”)。至此,以呼和浩特市为中心,东西部统一的内蒙古自治区基本形成。在国民经济恢复的这段时间里,他领导着内蒙古各民族人民,按照中共中央和中央人民政府的统一部署,积极开展了抗美援朝运动、土地改革运动、镇压反革命运动、“三反”(反对贪污、反对浪费、反对官僚主义)运动、“五反”(反对行贿、反对偷税漏税、反对偷工减料、反对骗取国家财产、反对盗窃国家经济情报)运动,为完成中共七届三中全会提出的为争取国家财政经济状况的基本好转而奋斗的总目标和总任务,付出了艰辛的努力,他从整顿旧军队、剿匪除奸、安定社会秩序、稳定边疆国防入手,积极推动农业和畜牧业的发展,并为工业建设的大发展打下了牢固的基础。

内蒙古自治区建立后,他先后担任中华人民共和国中央人民政府委员,政务院委员,国防委员会委员,中央民族事务委员会副党组书记、主任委员,中央民族学院院长、中共中央华北局副书记、华北行政委员会委员,中共中央内蒙古分局书记,国务院副总理,内蒙古自治区党委第一书记、内蒙古自治区人民政府(人民委员会)主席、内蒙古军区司令员兼政委,内蒙古大学校长,中共中央华北局第二书记,内蒙古自治区政协主席。1955年,被授予上将军衔。他还当选中国共产党第七届候补中央委员,第八届中央委员、政治局候补委员,第十届中央委员。他长期致力于民族工作,在主持内蒙古自治区工作近20年中,创造性地执行了中国共产党的民族区域自治政策和各项政策,把马列主义、毛泽东思想和内蒙古地区的实际相结合,在培养民族干部方面作出重大贡献,解决了内蒙古自治区社会主义改造和社会主义建设中的许多重大问题,团结并带领内蒙古自治区区蒙汉各族人民群众在社会主义革命和建设中,取得了巨大成绩。

中华人民共和国成立后,他深深懂得:革命战争、自治运动需要大批民族干部,进行社会主义建设更需要大批各方面的建设人才。1950年,在国家经济恢复时期,他强调要继续办好内蒙古党校,并作出规划,使县团级以上干部轮流分期分批到党校学习马列主义理论、毛泽东思想、党的基本知识和党的民族政策理论。并决定开办内蒙古行政干部学校、干部文化补习学校,系统地提高战争时期培养和提拔起来的蒙汉各族工农干部和青年知识分子干部的政治理论水平、文化水平和业务知识。为适应有计划的经济建设和文化建设的需要,他又及时把培养干部的重点转移到有计划地创办各类高等学校和中等专业学校方面,以培养各种建设人才。在他的亲切关怀下,1952年,在乌兰浩特建立内蒙古师范学院(1954年,迁驻呼和浩特,与内蒙古师专合并),开办蒙古语授课专业,为内蒙古自治区培养了大批蒙汉兼通的中等学校师资；同年，创办了内蒙古畜牧兽医学院（后改为内蒙古农牧学院）；1956年，创办内蒙古医学院；1958年，创办内蒙古林学院；1959年，创办内蒙古工学院、建筑学院、财经学院。在创办这些大学的过程种，他都亲自过问，并亲自到国家教育部和其他有关部委申请经费，选调师资、争取兄弟院校的援助等，做了大量艰苦细致的工作。1957年10月，在他的直接领导下，经过紧张的筹建，内蒙古自治区高等学府—内蒙古大学正式开学，这是内蒙古地区有史以来的第一所综合大学，它的创办是内蒙古自治区各族人民值得庆贺的一件大事，也是内蒙古自治区发展文化教育事业的重大成就。至1965年，内蒙古自治区已有各类大专院校7所，在校学生8 487人；中等专业学校27所，在校学生7 280人，初步形成了培养高中级各类建设人才的教育体系，基本满足内蒙古自治区经济和而后建设对各类人才的需要。

1954年，全国重点工程之一的包头钢铁公司开始建设。建设初期，他就给予高度重视，不断为包头钢铁公司建设工程排忧解难。1958年4月，包钢建设工程进入关键时期，包钢一号高炉和包钢焦化厂破土动工，他作为中共内蒙古自治区委员会第一书记、内蒙古自治区主席，亲自参加剪彩并亲手浇灌第一车混凝土。之后，又多次陪同国家领导人到包头钢铁公司视察。同年11月28日～12月10日他就包头钢铁公司建设中出现的问题向中共中央作汇报，中共中央主席毛泽东表示，要想办法为包头钢铁公司解决问题。国务院总理周恩来为此专门详细询问包头钢铁公司的困难。1959年1月9日，中共内蒙古自治区委员会作出《关于加强包钢建设的领导和支援工作的决定》。为加强对包钢建设的支援工作，决定成立自治区支援包钢建设委员会，并责成经济计划部门，把组织支援包钢建设作为自己的重要任务。要求内蒙古自治区计划委员会每季度检查一次支援包钢建设工作。10月15日，他陪同中共中央副主席、国务院总理周恩来乘专机由兰州抵包头，专程参加庆祝一号高炉提前出铁盛典。并题词祝贺。在抓经济建设的同时，还为丰富党的民族工作经验，加强民族工作的理论建设，为促进民族团结，巩固祖国统一，做出了重大贡献。

“文化大革命”期间，他受到残酷迫害，离开了自己为之奋斗半生的工作岗位。面对林彪、江青反革命集团的倒行逆施，他立场坚定，旗帜鲜明，进行了坚决抵制和斗争，表现出了老一辈无产阶级革命家的优秀品质和共产党员的大无畏革命精神。

中共中十一届三中全会后，他曾担任五届全国人大常委会副委员长，五届全国政协副主席，中共中央统战部部长，中华人民共和国副主席，七届全国人大常委会副委员长。还当选为第十一届和第十二届中央委员、政治局委员。1981～1984年，他主持起草民族区域自治法，提出许多宝贵意见，这个重要的基本法律，对于完善和健全民族区域自治制度，对中国社会主义民主和法制建设，具有重要的意义。他虽身在北京，并担任着国家的重要领导工作，但仍时刻关心着家乡的安定团结和经济发展，1987年7月29日，作为中央代表团团长，率中央代表团抵达呼和浩特市，参加内蒙古自治区成立40周年庆典活动，受到内蒙古自治区各族各界人民群众的热烈欢迎。庆典后，他留在内蒙古自治区进行了15天的视察工作，就内蒙古自治区经济的快速发展提出了建设性的指示。

回顾他的一生，他有着坚强的党性，他坚持真理，坚持原则，一生廉洁，勇于维护党和各族人民的利益；他作风正派，谦虚谨慎，平易近人，团结同志，生活艰苦朴素；他襟怀坦白，顾全大局，严于律己，宽厚待人，具有共产党人崇高的革命精神和优秀的思想品德。

对于这样一位党和国家的卓越领导人，久经考验的共产主义战士，优秀的民族工作领导人，杰出的无产阶级革命家，内蒙古人民是不会忘记的。在内蒙古自治区，许多他生活与战斗的地方，都建有纪念馆。在呼和浩特，还成立有乌兰夫研究会、乌兰夫基金会。以此来缅怀他的丰功伟绩，研究他的思想，教育和激励着后来人。

内蒙古自治区人民政府关于表彰劳动模范和先进工作者的决定

自2000年全区劳动模范和先进工作者表彰大会以来，我区各族人民坚持以邓小平理论和“三个代表”重要思想为指导，深入贯彻党的十六大和十六届三中、四中全会精神，同心同德，艰苦奋斗，锐意进取，开拓创新，取得了改革开放和社会主义现代化建设的显著成绩，涌现出一大批品德高尚、贡献突出的先进模范人物。

为表彰他们为党和人民做出的突出贡献，弘扬他们的先进思想和模范事迹，自治区人民政府决定授予张连秀等545名同志“内蒙古自治区劳动模范”荣誉称号，授予张峰等249名同志“内蒙古自治区先进工作者”荣誉称号。

自治区人民政府希望获得自治区劳动模范和先进工作者荣誉称号的同志，珍惜荣誉、谦虚谨慎、发扬成绩、再接再厉，为自治区的物质文明、政治文明、精神文明和社会主义和谐社会建设做出更大的贡献。

自治区人民政府号召全区各行各业、各条战线的广大干部群众，要更加紧密团结在以胡锦涛同志为总书记的党中央周围，努力践行“三个代表”重要思想，牢固树立和全面落实科学发展观，以自治区劳动模范和先进工作者为榜样，学习他们的主人翁责任感和艰苦创业精神，忘我的劳动热情和无私奉献精神，开拓进取和求实创新精神，良好的职业道德和爱岗敬业精神，为全面推进小康进程、构建和谐内蒙古而努力奋斗！

二00五年四月二十六日

内蒙古自治区 2005 年全国劳动模范和先进工作者名单

(72 名)

张君　王福和(蒙古族)　李丽娜(女)　李忠梅(女)
李连顺　部松青　陈宏毅(满族)　于永恒(满族)　荆向斌
李如杰　包连喜(蒙古族)　马宝清　贾亮平　张军　张存
达能太(蒙古族)　吴云贤　李满贵　陈洁(女)　马瑞发
刘改兰(女)　智呼声　刘泽明　杨进京　杨文俊(蒙古族)
顾建设　王书杰(满族)　刘凤书(女,满族)　潘春　罗维
刘晓华　鹿占山　李建平(蒙古族)　林东鲁　芦林　王利民
刘埃林　郑明理　赵凤山　乌若思(蒙古族)　李怀国
夏海军　吕志强　乔玉芳(女)　刘廷江　于长友
席宝力皋(蒙古族)　王奎　孙显宗　程子忠(满族)
廷·巴特尔(蒙古族)　朝鲁孟(蒙古族)　张海
乌日更达赖(蒙古族)　乌兰其其格(女,蒙古族)　刘三明
乔吾义　李秉和　张东海　郭小明　康耀文(女)
韩世杰(蒙古族)　张体　阿拉腾乌拉(蒙古族)　史建强
陈中永(蒙古族)　阿拉泰(女,蒙古族)　郭锁链(蒙古族)
张宏　许燕辉　谭启林　王志发

2005 年全区劳动模范和先进工作者名单

(共 794 名)

呼和浩特市(81 名)

张连秀(女)　姜美(女)　罗跃章　弓成林　赵桂芬(女)
王湘强　倪广善　孙海泉　谷超今　王美清(女)　任勇
乔志　孙佳宁　温存良　曲贵善　史钦　贾舒敏　杨廷秀(回族)
王福和(蒙古族)　王忠元　刘士杰(回族)　田建伟　张峰
邓勇　张和平　巴秀清(女,蒙古族)　武斌　李建平(蒙古族)
李大成　赵俊生　王继宏　张明华(满族)　周宝祯　郝艳涛
刘付明　杨福龙　康瑞　沈增平　樊四四　高二忠　杨日增
夏海军　刘银红　范进　党浩(蒙古族)　刘荣华　马文斌
刘忠旺　刘俊梅(女)　石富　乌日吉亚(女,蒙古族)　郭小明
董奋龙　高桦(女,满族)　王永贵　郝福　王守常
云文清(蒙古族)　渠建红(女)　蒲俊智　杜刚　吴万庆
周和平(蒙古族)　孙驰　满宏(蒙古族)　王国华(女)
郝力(女)　李淑清(女)　王琴双　吴刚毅(蒙古族)　滕晓光
邓承远　安俊威　孙玉斌　李飞雄　张新瑞(蒙古族)
云玉亭(蒙古族)　白宝如　张和平　林瑞(蒙古族)　杨生文

包头市(106 名)

蒋贵　张继鹏　白云杰(蒙古族)　曲春燕(女)　张长顺
麻晓光　李忠梅(女)　翟兴刚　张志才　李连顺　部松青
徐俊霞(女)　仝义全　王俊杰　马湘(女)　朱丹蒙(女)
班建勋　张俊　钟泽　王峰　高建华　白丽茹(女,回族)
郭军　吕歆(女)　王志意　高方魁　张强　代和云
董卫贞(女)　张秀芬(女,满族)　郭爱玲(女)　王希平
郝利刚　李桂云(女)　杨明华　韩培志　张军
杜果花(女)　陈珍婷(女)　赵润娥(女)　张建功
翟跃荣(女)　李润梅(女)　潘秀峰(女)　梁建刚
李丽娜(女)　崔萍(女)　范远芳　王茹(女)
乌日娜(女,蒙古族)　康耀文(女)　刘源　林东鲁　司永涛
缪文民　徐明和　夏进禄　芦林　孟来发　张建坤
王志广　曹智勇　李镇西　吕志强　刘连旺
白音达赖(蒙古族)　牛万厚　张金花(女,蒙古族)
道尔吉(蒙古族)　刘海亮　边飞龙　余佳荣　李春野
杨志坚　庞诚　苏瑞　苗文明　郝文革(女)　王三文
郝玉珍(女,蒙古族)　赵树青(女)　高平　韩福军
苗立娟(女)　李文学(女,蒙古族)　高振江　刘勇
李德刚　佟长敏　李锁　贾金良　顾建设　王钢锋(女)
马莹(女)　刘艳芳(女,蒙古族)　琪伦娜(女,蒙古族)
张凤莲(女)　王继光　马秀刚　吕成军　王永强　郝建军
杨富荣　王明力　贾时芳　赵云辉

呼伦贝尔市(54 名)

刘瑞生　王天祥　白喜文(蒙古族)　宋钦虎
陈宏毅(满族)　姚光成　张国福　柯长青(满族)　李树森
单洪山　苗雪红(女,蒙古族)　刘佩贤(女)　聂淑芝(女)
路敏坤(女)　刘爱军　郭玉珠(女,达斡尔族)　张荣生
刘基东　阚伟(女,蒙古族)　任玉昌(蒙古族)
阿拉木斯(达斡尔族)　李鹤雄(朝鲜族)　汪虎(蒙古族)
毛世杰　郑建文(女)　万正强　李宝华(蒙古族)
呼其图(蒙古族)　仲玉明(女)　白斯古楞(蒙古族)
吴晓娟(女,鄂温克族)　崔福　吴永芳(女,鄂伦春族)
乔玉芳(女)　郭淑洁(女)　刘廷江　达玛拉(女,鄂温克族)
特格喜赛汗(蒙古族)　张艳(女)　郭振梅(女)
郭锁链(蒙古族)　赵可新　杜海明(鄂温克族)
刘淑华(女)　宝力道(达斡尔族)　刘晓霞(女)
郭晓立(女,达斡尔族)　李志桐　史俊良　王书杰(满族)
孔宪守　堂吉斯(鄂温克族)　包玉山(蒙古族)　宋树国

兴安盟(33 名)

包山虎(蒙古族)　包志刚(蒙古族)　谢加业

常月艳(女,满族)　陈元锁　张斯琴(女,蒙古族)
韩喜茹(女,蒙古族)　韩世杰(蒙古族)　郃宝祥(蒙古族)
孙树林　马振华　王根喜(蒙古族)　李文祥(蒙古族)
侯艳军　汪杰　刘龙(蒙古族)　姜青宝(蒙古族)
于长友(蒙古族)　鞠洪彬　华宝柱(蒙古族)
刘玉霞(女,满族)　董武(蒙古族)　付希双　芦忠伟
李全基　刘英茹(女)　张文忠　邱殿忠　陈殿武　李秀文(女)
段宏波　李景祥　何惠俐(满族)

通辽市(67 名)

刘德祥　于永恒(满族)　刘占军(蒙古族)
赵扎力根(蒙古族)　魏秀云(女,满族)　李凤芹(女,蒙古族)
许友(蒙古族)　张玉龙　李志明(蒙古族)　梁黎军(蒙古族)
宝玉(蒙古族)　贾宏伟　李世平　王新华　毛凤双
王凤奎(蒙古族)　吴润华　张世文　周纬　张启坤　王利民
张耀奇(蒙古族)　刘秀琴(女)　钱铁山(蒙古族)　王清君
孙德林(蒙古族)　李君　丛日芳(女,蒙古族)　王奎
徐套高(蒙古族)　包勿力吉(蒙古族)　包吉祥(女,蒙古族)
王梅荣(女,蒙古族)　额尔狠巴雅尔(蒙古族)
呼达古拉(女,蒙古族)　徐青　张桂华(女)　夏国云(女)
席宝力皋(蒙古族)　刘常贵(蒙古族)　乌日他白乙(蒙古族)
张玉春(女)　陶贵义(满族)　李永刚　乔吾义　林三豹
牛奎杰(蒙古族)　康万(蒙古族)　靳福成　安海波(女)
朱国立　高娃(女,蒙古族)　李笑莲(女)　范志力(女,蒙古族)
杜永信　张慧敏(女)　张学林　王恩　何君　伊建东
宋伟奇　谢志学　李山　李春香(女,蒙古族)　张艳芬(女)
倪守白　于子荣

赤峰市(85 名)

王建军　王俊斗(满族)　史建华　巴一峰　王亚民
荆向斌　刘宪文　杨立军　贠新瑞　徐瑞　勾建斌
吴爱华(女)　刘振平　赵静君　鲁子升　于得洋　李爱民
王秀琴(女,蒙古族)　赵明宇　刘万利(满族)　高振安
吕建民　陈英　韩国恒　张占森(蒙古族)　王艾华　杨春广
王玉成　郝春霞(女)　刘军　段秀礼(蒙古族)　甄喜
唐八十(蒙古族)　王玉香(女)　刘连生　王振友　付立民
田宝章　薛志国　江青云　王军　郑文生　孙玉良　张庆富
任玉民(蒙古族)　贺希格(蒙古族)　满都拉(蒙古族)
乌力吉孟和(蒙古族)　邢玉龙(蒙古族)　额尔敦毕力格(蒙古族)
周桂友　李本全　孟宪良　齐新　司政评　刘臣　刘文
王凡　杨良胜　乔荣增　徐相城　贾国友　张进富　杨爱君
曲文祥　李志明　戴玉梅(女)　李玉兰(女,蒙古族)
万秉生(蒙古族)　赵兰英(女)　冯全　石青山　高希云
邓凤翔(蒙古族)　张子一　孟令春(蒙古族)　郭宝锁(满族)

陈友全　李俊有　王晓文(蒙古族)　王文国(满族)　付久江
梁景新　王士清　李红艳(女)

锡林郭勒盟(28 名)

孙善在　孙玉才(满族)　尼玛拉喜(蒙古族)
乌兰其其格(女,蒙古族)　李景生　殷占宝　陈帮军
斯琴花(女,蒙古族)　陶高(蒙古族)　李耀斌
阿拉塔(蒙古族)　那木海(蒙古族)　白音吉日嘎拉(蒙古族)
格日勒(蒙古族)　王俊山　王鼠香(女)　苏和(蒙古族)
赵来　孟克斯琴(蒙古族)　张贵平　斯琴(女,蒙古族)
徐锁柱　郑兵　金荣(女,蒙古族)　侯屹智　韩晓勤
蒋惠芳(女)　特力更(蒙古族)

乌兰察布市(44 名)

包连喜(蒙古族)　王泽民　徐连生　史建平
云宝宏(蒙古族)　吴宝清　赵贵锁　郭明星　罗振华(满族)
赵明　朝鲁孟(蒙古族)　任礼　王玉珍(女)　刘枝(女)
董来　张东升　朱米魁　武汉清　贾祥　侯焕焕　张海
赵万寿　孟敬　孙志勇　白利平　张光荣　袁桂兰(女)
赵福全　郭进宝　朱俊梅(女)　乌云(女,蒙古族)　侯翠荣(女)
张拴秀　穆仙丽(女,达斡尔族)　孟凡枝(女,蒙古族)　王学峰
王安正　韩根莲(女)　葛庆国　郭建民　潘振鹏(蒙古族)
孟克其其格(女,蒙古族)　王利和(蒙古族)　王美

鄂尔多斯市(54 名)

张礼　张虎　马宝清　马海萍(女)　郎杰萍(女)
吕建华　刘满林　温存旺　卢自尊　陈红卫(蒙古族)
刘国全　丁三晓　刘凤莲(女)　郝万忠　乔玉华　杨二喜
张东海　武世荣　李玉良　王安　朱育民　米启旺
娜仁花(女,蒙古族)　黄凤义(蒙古族)　周玉莲(女)
阿拉腾乌拉(蒙古族)　乔喜高　刘交其　张润才　张义厚
武二才　王四　施美珠(女)　丁新民(蒙古族)　边广明
高柱　刘朝霞(女)　宋满刚　白志斌　阿拉腾乌拉(蒙古族)
李文光　杨泽蒙　吕荣　顾宽和　温晓军　李保明　刘增荣
邬文彬(蒙古族)　王秀兰(女)　杨埃清　祁玉兰(女)
王凤成　王文俊　巴图门克(蒙古族)

巴彦淖尔市(44 名)

贾亮平　武振华　边慧琴(女)　李永芝(女)　李学易
申伟　杜守强　井建军　王玉花(女)　赵存贵　彭云飞
王少飞　郭振华　李向东　刘守义　刘虎林　高华　张毅敏
辛义清　旭仁其木格(女,蒙古族)　尹几换　王憨
孟和巴图(蒙古族)　付宝贵　乌兰其其格(女,蒙古族)
杨金良　申计小　郭建军　刘继明　张星　刘三明　张国庆
郭永祯　齐秀花(女,蒙古族)　莫日更(女,蒙古族)　李金田
翟琛　罗维　侯培林　黄晨阳　李凤鸣　樊哲忠　白瑞

钱玉兰(女)

乌海市(27名)

付建升　侯东红　周君科　贺世明　杨建忠(回族)　张军　石建贵(回族)　胡彦军　吴安昌　张存　段军莲(女)　孔凡峰　许慧明　王雁彬　马振新(回族)　王洪奎　侯保通　刘彪　马文利　方建军　祁桂英(女,蒙古族)　王一玲(女)　王勇进　闫巧梅(女)　苑海明　赵胜利　白正月(女,蒙古族)

阿拉善盟(17名)

高永忠　班建平　刘梦鹏　毛图雅(女,蒙古族)　李生新　张全武　贾喜臣　燕永东　王以廷　满都格日勒(女,蒙古族)　程林祥　孟克布音(蒙古族)　达能太(蒙古族)　恩克哈达(蒙古族)　乌尼尔其其格(女,蒙古族)　刘晓华　李德平

内蒙古森工集团公司(19名)

包洪臣(蒙古族)　邓兴安　冯广利　韩占军　李虎强　李纪川　罗林生　孙德志(蒙古族)　王秉旭　王宇华　吴云贤　邢福贵　张建祥　白俊山(蒙古族)　黄俊杰　徐春玲(女)　邓宝泰　杨玉庆　张继岭

呼和浩特铁路局(15名)

赵振江　杜建龙　贾润在　郝丽娟(女)　朱志文　赵志生　袁保民　尹逊鑫　刘亚莉(女)　张佩宁　白明奎　马贵生　朱庆让(蒙古族)　孙福才　杨玉宝

哈尔滨铁路局海拉尔分局(4名)

赵振权　李永和(蒙古族)　郝宝延　李国才

沈阳铁路局通辽分局(4名)

耿丽娟(女)　马尚海　刘立军　郭慧杰

内蒙古电力集团公司(12名)

郭德恩　柳森　严凤宝　黄玉芳(女)　梁振刚　张祯　王佳　辛也平　赵凤山　洪树蒙(回族)　孙丙新　李毅(满族)

北方联合电力公司(11名)

杨超　程海涛(回族)　王海涛　杨建亭　于德海　支国庆　季慧忠　吴艳荣(女,回族)　吴贵祥　王峰成　乌若思(蒙古族)

邮　政(3名):张凤岚(女,蒙古族)　王宏伟　马瑞发

网　通(3名):陈洁(女)　皇瑞华(蒙古族)　满鸿志

移　动(2名):任慧君(女)　李全义

地　质(3名):景胜久　方曙　王忠

直属高校(8名)

郝俊　侯岩　陈中永(蒙古族)　欧阳晓晖　班士良(蒙古族)　哈斯朝鲁(蒙古族)　闫伟　韩竞

财贸轻纺烟草(9名)

刘凤英(女)　张丽芸(女)　史锦英(女)　高建国　陶月星(女)　白明新(蒙古族)　庞瑞林　傅成君　孙建业

建筑建材公路运输(2名):王海港　哈斯(蒙古族)

国防化工机械(3名)

涂卫红　刘泽明　陈雅琴(女,蒙古族)

直属机关(8名)

许燕辉　孙杰　袁军　连天俊　李春林　赵金栋　鲍德胜　汪立勤(女)

直属企事业(9名)

武全彪　杨进京　吴永玉　蔺逸华　连广明　张宏　王承安(蒙古族)　郝建军　萨音高瓦(蒙古族)

人民银行(1名):邢爱泽

中国银行(1名):杜　慧

工商银行(3名)

王丽莉(女)　孙娅丽(女)　满都拉(蒙古族)

建设银行(1名):李占山

农业银行(2名):智呼声　马忠海

农业发展银行(1名):郝建强

人寿保险(1名):郭兆萍(女)

财产保险(1名):温山泉

民　航(1名):董志毅

国　税(2名):李连厚　雷有平

地　税(2名):何文霖　孟凡江(蒙古族)

工　商(2名):苏有福　霍武

新闻、文化、出版(14名)

杨海荣　李波　刘少华　党林　金文中　阿拉泰(女,蒙古族)　萨仁托娅(女,蒙古族)　厚瑞杰(女,蒙古族)　王英　张春雷(女)　张秉毅　孙志忠　王长巨　若希(蒙古族)

体　育(2名):哈达巴特尔(蒙古族)　刘国辉

民　政(2名):张成荣　包桂兰(女,蒙古族)

森　警(1名):刘云鹏

边　防(1名):杨彬松

消　防(1名):罗永强

关于授予边建欣等第二届内蒙古十大女杰荣誉称号和索河等第二届内蒙古十大女杰提名奖荣誉称号及表彰三八红旗手的决定

在全面落实科学发展观、构建社会主义和谐社会的伟大实践中，我区各族各界妇女以“三个代表”重要思想为指导，认真贯彻党的十六大和十六届三中、四中全会精神，积极响应中国妇女九大提出的“创造新岗位、创造新业绩、创造新生活”的号召，大力发扬自强不息、艰苦奋斗、开拓创新的时代精神，为社会主义现代代建设做出重要贡献，涌现出了一批具有时代特色的杰出妇女典型。

为了宣传和表彰当代杰出妇女的先进事迹，不断推进男女平等基本国策的贯彻落实，引导和激励广大妇女以高昂的热情投身于社会主义现代化建设伟大事业，自治区党委组织部、宣传部、妇联等13个单位联合开展了第二届内蒙古十大女杰评选活动。决定授予边建欣等10位同志“第二届内蒙古十大女杰”荣誉称号；授予索河等10位同志“第二届内蒙古十大女杰提名奖”荣誉称号。

十大女杰和提名奖获得者是我区妇女的优秀代表，希望全区广大妇女要以她们为榜样，学习她们胸怀祖国、服务人民的思想境界；学习她们锐意进取、追求卓越的优秀品质。全面落实科学发展观，勤于学习，善于创造，甘于奉献，在全面建设小康社会、构建社会主义和谐社会的伟大实践中创造新业绩，为内蒙古自治区的繁荣发展做出新贡献。

内蒙古妇联

2005年7月1日

第二届内蒙古十大女杰名单

（以下按姓氏笔划排列）

毛　云	北京军区给水工程团司令部技术室高级工程师
边建欣	包头市社会福利院副院长
乔玉芳	呼伦贝尔市鄂温克旗巴彦托海镇巴彦托海嘎查党支部书记兼嘎查长
汪立勤	内蒙古生产力促进中心主任
麦丽丝	内蒙古电影制片厂一级导演
李红艳	赤峰市中级人民法院审判监督庭庭长
李桃花	乌海市海通工贸公司董事长兼总经理
阿拉腾图雅	阿拉善盟阿拉腾蒙医专科医院院长
施美珠	鄂尔多斯市施美珠制衣有限公司总经理
斯琴花	锡林郭勒盟阿巴嘎旗德力格尔苏木萨如拉希力嘎查牧民

第二届内蒙古十大女杰提名奖名单

（以下按姓氏笔划排列）

刘凤书	兴安盟乌兰浩特卷烟厂厂长
何　岚	自治区交通设计研究院有限责任公司高级工程师
何桂梅	巴彦淖尔市杭锦后旗二道桥镇富生农副产品购销部经理
李　燕	呼伦贝尔电业局局长
张艳芬	通辽市医院院长
宗炜宏	武警指挥学院呼和浩特分院政治工作教研室副连职教员
赵林平	内蒙古大学艺术学院舞蹈系主任
索　河	原呼铁局工会主席、现任中华全国铁路总工会副主席
高艳梅	内蒙古牛妈妈乳业有限公司董事长
崔淑清	乌兰察布市兴和县计划生育局局长

关于授予王健等106名同志全区三八红旗手和内蒙古日报汉编要闻部校对科等35个单位全区三八红旗集体荣誉称号的决定

近年来，全区各族各界妇女以邓小平理论和“三个代表”重要思想为指导，认真贯彻党的十六大精神，锐意进取，开拓创新，以高昂的劳动热情和奋发的进取精神，积极投身建设中国特色社会主义事业的伟大实践，在各条战线上充分发挥自己的聪明才智，为推动自治区经济发展和社会进步作出了突出贡献，涌现出一大批优秀个人和先进集体。为了表彰先进，激励广大妇女为全面建设小康社会作出新的贡献，内蒙古自治区妇联决定授予王健等106名同志全区三八红旗手、内蒙古日报汉编要闻部、校对科等35个单位全区三八红旗集体荣誉称号。

自治区妇联号召广大妇女向她们学习。学习她们胸怀祖国、甘于奉献的高尚情怀；学习她们艰苦奋斗、顽强拼搏的坚强意志；学习她们与时俱进、开拓创新的时代风貌。在我区全面建设小康社会的伟大进程中创造新岗位、创造新业绩、创造新生活，为构建和谐内蒙古谱写出更加辉煌的时代新篇章。

内蒙古妇联

2005年10月18日

全区三八红旗手名单

(共106名)

呼和浩特市(7名)

王　艳　呼市第一中学党支部书记
王喜莲　武川县哈乐镇农民
邢燕菊　呼市人大常委会副主任
李国月　内蒙古国月影视文化发展传播有限责任公司董事长
图　亚　回民区光明路办事处副书记兼纪检书记
曹　丽　回民区计划生育局主任
曾　梅　安利(中国)日用品有限公司内蒙古分公司业务营运经理

包头市(8名)

马桂芝　市艺术学校副校长
井　云　市蒙古族中学教师
毋永娟　市肿瘤医院肿瘤内科主任
王秀仁　市科技局政体处处长
邢润兰　九原区私立咏华学校校长
李洪艳　内蒙古北重工业集团有限公司特种机械厂厂长
袁　媛　市公安局交警支队昆区大队岗勤一中队民警
贾春梅　市第四医院儿科主任

呼伦贝尔市(10名)

乌仁格日乐　新巴尔虎左旗乌布尔宝力格苏木巴音贡嘎查妇代会主任
孔宪荣　牙克石市城市管理综合执法局环卫处工人
乔玉芳　鄂温克旗巴彦托海镇巴彦托海嘎查党支部书记兼嘎查长
刘玉兰　新巴尔虎右旗旗委常委、政府副旗长
孙丽斌　阿荣旗政协副主席
李　燕　呼伦贝尔电力局局长
李淑梅　根河市生资土产有限责任公司董事长
赵桂英　海拉尔天时建材有限责任公司董事长
夏兆娟　额尔古纳市室韦俄罗斯族民族乡党委书记
郭梅珠　陈巴尔虎旗特泥河学校教师

兴安盟(5名)

王秀荣　科右前旗水务局水土保持工作站工程师
曲秀华　扎赉特旗阿尔本格勒牧民
辛领小　盟蒙医院药剂科主任
陈春娟　乌兰浩特市第一中学校长、党支部书记
耿淑丽　突泉县工商银行会计出纳科科长

通辽市(10名)

吕春玲　内蒙古移动通信有限责任公司科左后旗分公司经理
安海波　奈曼旗天童养殖厂厂长
牟桂芳　库伦旗回民小学校长
许爱莲　科尔沁区区委常委、宣传部部长
张玉芝　霍林郭勒市人民医院院长、党支部书记
张桂华　开鲁县无公害蔬菜产业协会会长
杨树清　扎鲁特旗社会保险事业管理局局长
邵一然　千氏餐饮有限责任公司董事长
梅园雪　科左中旗农业技术推广中心主任
魏秀云　科尔沁区通辽金店总经理

赤峰市(11名)

巴莲慧　红山宾馆总经理、党支部书记
冯瑞雪　赤峰市第二实验中学英语教师
李　颖　塞飞亚食品股份有限公司熟食加工厂厂长
李凤梅　松山区安庆镇党委副书记
李丽萍　林西县直属机关幼儿园园长
李景霞　赤峰学院外语系主任
阿拉坦其木格　巴林右旗巴彦汉镇浩饶沁嘎查妇代会主任
周　戈　翁牛特旗乌丹四中教师
凌亚丽　阿鲁科尔沁旗天山实验幼儿园党支部书记、院长
高淑苗　巴林左旗东城街道党工委书记
薛玉荣　元宝山区平庄镇五支箭村主任

锡林郭勒盟(4名)

苏乙拉玛　锡林浩特市达布希勒特苏木希日塔拉嘎查党支部书记
陈国华　西乌旗二中教科室主任
钱金英　正镶白旗星耀镇明亮村妇代会主任
斯琴花　阿巴嘎旗德力格尔苏木萨如拉希力嘎查牧民

乌兰察布市(8名)

王永红　卓资县国税局计会征收股股长兼妇代会主任
王秀清　察右前旗实验小学校长
白少芳　察右中旗民政局副局长
乔晓丽　丰镇市北城区办事处妇联主席兼义和街党支部书记
刘　浏　化德县第三中学教师
耿东方　市第三医院护理部主任
高艳梅　内蒙古牛妈妈乳业有限公司董事长
崔淑清　兴和县计生局局长

鄂尔多斯市(7名)

王秀英　乌审旗河南乡仓窑洼村妇代会主任
卢淑涛　鄂尔多斯市卢氏实业有限公司董事长兼总经理
刘朝霞　市林业治沙科学研究所所长、高级工程师
娜仁花　鄂旗苏米图苏木苏吉嘎查党支部书记、妇代会主任
施美珠　鄂尔多斯施美珠制衣公司总经理
贺丽萍　市林业工作站副站长
斯庆花　鄂托克前旗城川镇糜地梁嘎查牧民

巴彦淖尔市(4名)

何桂梅　杭锦后旗二道桥镇富生农副产品购销部经理

张　琳　乌拉特后旗社会保险事业管理局局长

姚树静　市国税局直属分局副局长

郭凤玲　杭锦后旗旗委宣传部部长

乌海市（3名）

匡继平　市畜牧兽医工作站副站长

李桃花　乌海市海通工贸集团公司董事长兼总经理

董谊清　市园林处绿化队绿化一组组长

阿拉善盟（3名）

阿拉腾图雅　阿盟阿拉腾蒙医专科医院院长

曹秀兰　内蒙古太西煤集团股份有限公司工会副主席、女工委主任

满都格日勒　额吉纳旗达来库布镇那仁布勒格嘎查党支部书记

自治区直属机关（16名）

王　健　自治区党委组织部干部二处处长

王飞燕　自治区财政厅行政政法处副处长

玉　梅　自治区党委政法委执法监督室调研员

何　岚　自治区交通设计院有限责任公司高级工程师

张　辉　自治区农业科学院科研处处长、研究员

张艳茹　自治区水利水电勘测设计院主任工程师

张彩清　自治区生态环境检测站总工程师

李军梅　内蒙古阿拉善左旗国税局局长

陈冰凌　内蒙古人民广播电台汉语新闻综合广播编采中心副主任

麦丽丝　内蒙古电影制片厂一级导演

赵林平　内蒙古大学艺术学院舞蹈系主任、副教授

徐　衔　内蒙古迎宾馆总经理

高海枝　内蒙古电视台新闻中心《内蒙古新闻联播》制片人

舒　扬　自治区建设工程招标投标服务中心主任

舒晓炜　内蒙古医院神经内科护士长

葛智敏　自治区党委直属机关工委组织部主任科员

自治区高校（3名）

张美清　内蒙古机电职业技术学院院长

苏秀兰　内蒙古医学院分子生物学研究中心主任

敖　其　内蒙古师范大学社会学民俗学系主任兼工会主席

解放军（1名）

毛　云　北京军区给水工程团司令部技术室高级工程师

武警（2名）

李　华　武警内蒙古总队医院药局副主任

宗炜宏　武警指挥学院呼和浩特分院政治工作教研室副连职教员

内蒙古电力（2名）

闫素霞　达拉特发电厂运行部热力试验组试验工、运行部党总支宣传委员

贾文贤　内蒙古电二建英迈克高耸建筑有限责任公司书记

呼和浩特铁路局（2名）

高春静　呼铁局呼和浩特电务段信号工

汤春梅　呼铁局党校副校长

全区三八红旗集体

（共35个单位）

呼和浩特市公安局指挥中心指挥科

呼和浩特市地税局直属征收管理二分局征收科

呼和浩特市第二医院

呼铁局呼和浩特车站售票处

包头市青山区地方税务局自由路税务所

包钢（集团）公司给水厂第三给水车间六号泵站

包头市女子管乐团

内蒙古通信公司包头分公司客服中心钢铁大街中心营业厅

内蒙古莫旗康盛药业有限责任公司

呼伦贝尔市满洲里市第一医院

呼伦贝尔市扎兰屯市国家税务局

兴安盟公路局科右前旗公路管理所友谊女子道班

兴安盟科右中旗会计核算中心妇委会

通辽市科尔沁区东郊街办事处

通辽移动通信分公司

通辽市蒙古族幼儿园

通辽客运段赤峰列车客运中心2560/2559次

赤峰市烟草专卖局（分公司）

赤峰市计划生育技术服务中心

锡林郭勒盟东乌旗地方税务局

锡林郭勒盟太仆寺旗自来水公司

乌兰察布市中心医院急救中心

鄂尔多斯市杭锦旗巾帼科技志愿者服务队

鄂尔多斯市华尔餐业有限责任公司

巴彦淖尔市烟草专卖局（分公司）

巴彦淖尔市乌拉特前旗地方税务局

乌海市海勃湾区第五小学

阿拉善盟公路管理局女职工委员会

自治区高级人民法院档案科

自治区外事办公室出国审批与护照管理处

内蒙古高等级公路建设开发有限责任公司呼市分公司察素齐收费所

内蒙古日报汉编要闻部校对科

内蒙古医院妇产科

内蒙古医学院附属医院急救输送中心

内蒙古新思路文化艺术发展有限公司

内蒙古自治区通过国家审核的开发区公告

根据《国务院办公厅关于清理整顿各类开发区加强建设用地管理的通知》(国办发〔2003〕70号)和国家发展改革委、国土资源部、建设部《关于印发〈清理整顿开发区的审核原则和标准〉的通知》(发改外资〔2005〕1521号)等政策性文件精神,222家国家级开发区、1 346家省级开发区符合要求,通过审核,其中,我区共有45家(国家级6家,自治区级39家)通过审核,现予以公告。

内蒙古自治区经济委员会

2006年11月14日

内蒙古自治区通过国家审核的开发区名单

一、国家级开发区

1、呼和浩特经济技术开发区

2、包头稀土高新技术产业开发区

3、二连浩特市边境经济合作区

4、满洲里市边境经济合作区

5、满洲里中俄互市贸易区

6、呼和浩特出口加工区

二、自治区级开发区

1、内蒙古金山经济开发区

2、内蒙古呼伦贝尔经济开发区

3、内蒙古呼伦贝尔岭东工业园区

4、内蒙古满洲里工业园区

5、内蒙古乌兰浩特经济开发区

6、内蒙古通辽经济开发区

7、内蒙古赤峰松山经济开发区

8、内蒙古锡林郭勒经济开发区

9、内蒙古鄂尔多斯东胜经济开发区

10、内蒙古达拉特经济开发区

11、内蒙古鄂尔多斯上海庙经济开发区

12、内蒙古准格尔经济开发区

13、内蒙古巴彦淖尔经济开发区

14、内蒙古呼伦贝尔伊敏工业园区

15、内蒙古乌海经济开发区

16、内蒙古阿拉善经济开发区

17、呼和浩特鸿盛工业园区

18、呼和浩特裕隆工业园区

19、内蒙古包头铝业产业园区

20、内蒙古包头九原工业园区

21、内蒙古阿荣旗工业园区

22、内蒙古莫力达瓦工业园区

23、内蒙古陈巴尔虎旗工业园区

24、内蒙古霍林郭勒工业园区

25、内蒙古林西工业园区

26、内蒙古察哈尔工业园区

27、内蒙古磴口工业园区

28、内蒙古杭后工业园区

29、内蒙古托克托工业园区

30、内蒙古武川经济开发区

31、内蒙古包头石拐工业园区

32、内蒙古包头兴胜经济开发区

33、内蒙古宁城经济开发区

34、内蒙古鄂尔多斯苏里格经济开发区

35、呼和浩特金海工业园区

36、呼和浩特金桥经济开发区

37、内蒙古和林格尔经济开发区

38、内蒙古赤峰红山经济开发区

39、内蒙古鄂托克经济开发区

内蒙古驰名品牌企业简介

内蒙古伊利实业集团股份有限公司

2006 年 7 月 3 日，由权威品牌研究机构“世界品牌实验室”发布的“2006 年中国 500 最俱价值品牌”排行榜上，伊利品牌价值上涨 16.24 亿元，以高达 152.36 亿元品牌价值继续蝉联国内同行业首位。

业内人士指出，伊利牵手奥运，标志着中国乳业品牌走向世界。奥运的国际体育精神和伊利健康中国的高品质追求，形成了非常和谐的营销氛围与品牌建设模式。

内蒙古伊利实业集团股份有限公司（股票代码：SH600887），是全国乳品行业龙头企业之一，是国家 520 家重点工业企业和国家八部委首批确定的全国 151 家农业产业化龙头企业之一，是中国食品行业的领军企业。

集团下设液态奶、冷饮、奶粉、酸奶和原奶五大事业部，所属企业有 130 多个，生产的“伊利”牌雪糕、冰淇淋、奶粉、奶茶粉、液态奶、酸奶、奶酪等1 000多个品种的乳制品通过了国家绿色食品发展中心的绿色食品认证。伊利雪糕、冰淇淋连续十一年产销量居全国第一，伊利液态奶连续八年产销量居全国第一，伊利奶粉、奶茶粉产销量 2005 年跃居全国第一。

从 2003 年至今伊利集团主营业务收入高居行业榜首，一直以强劲的实力领跑中国乳业，并曾荣登 2002 年度中国上市公司经营业绩百强榜首。

通过全球最高标准的品质验证后，2005 年 11 月 16 日，伊利集团与北京奥组委在呼和浩特正式签约，为北京 2008 年奥运会提供乳制品。伊利集团还本着传播奥运、服务奥运的精神，为北京 2008 年残奥会、北京奥组委、中国奥组委以及参加 2006 年冬奥会和 2008 年奥运会的中国体育代表团提供乳制品支持，为来自全世界 200 多个国家和地区的运动员、教练员、技术官员和媒体等所有与奥运会相关的人员提供伊利系列乳制品。伊利是中国有史以来第一家赞助奥运会的中国食品品牌，也是乳制品行业唯一一家成为北京 2008 年奥运会赞助商的企业。

2005 年伊利成为主营业务收入第一家突破百亿元人民币的乳品企业，收入达到121.75亿元，利润总额4.92亿元。

截至 2005 年，伊利集团连续三次入围“中国企业 500 强”，连续七次入选“中证 · 亚商中国最具发展潜力上市公司 50 强”。2004 年，伊利成为中国市场人气最旺品牌十强榜中仅有的两家本土品牌之一。根据权威的“中国 500 最具价值品牌榜”评估，在过去三年，伊利分别以127.87亿元、136.12亿元和152.36亿元的价值，始终位居中国食品业品牌首位，品牌价值实现强劲增长。成为北京奥运会乳品行业独家赞助商后，伊利集团提出全新的品牌主张：“为梦想创造可能”，一方面加速品牌的塑造与传播，请运动员、运动队代言产品，抓住机遇进行体育营销，参与一些国际性的论坛活动，扩大企业国际知名度；另一方面加快新产品研发、严格质量管理、提升科技创新能力，同时又不忘行业使命与社会责任，努力为伊利品牌增添和谐可持续发展的内涵。

在 2006 年 4 月博鳌亚洲论坛上，伊利集团董事长潘刚代表中国乳业发表主题演讲并启动了“健康中国”计划。“健康中国”计划是伊利集团“为梦想创造可能”品牌主张的实战演练，是 2006 年到 2010 年的五年品牌战略规划。

伴随着北京 2008 年奥运会的日益临近，众多奥运合作伙伴和赞助商也纷纷倾其全力利用奥运来提升品牌，促进销售。对于伊利，其竞争对手也已升级到可口可乐、麦当劳、联想、阿迪达斯等登上奥运殿堂的国际大公司，伊利将借助奥运的大势，实现品牌、销量双赢的目标。

“世界品牌实验室”专家指出，品牌绝不仅仅是一个企业、一个产品名称或一个标识；品牌是一种契约，是企业与消费者之间逐步形成的一种价值的契约，它可以是一种服务方式、一种质量保证甚至是一种生活方式的体现，这远不是几次公关策划、广告投放、市场营销活动所能完成的。正如潘总所讲：“伊利品牌是建立在扎实工作的基础上，依靠真情付出，一点一滴渗透到消费者心里，在我们眼里品牌战不是空间战，而是持久战，强大的品牌根植于优秀的服务、先进的技术和可靠的品质之中，这也是伊利从来不追求轰动效应的原因，所以在普通消费者眼里，伊利不一定是最耀眼、最热闹的，但伊利肯定是最亲切、最踏实的。”

伊利乳品牵手北京 2008 年奥运会使伊利承担更大的责任，也赋予了伊利品牌更加健康、活跃的内涵，使伊利占据了品牌建设的高点，形成了一个品牌传播高峰。北京 2008 奥运会成就了伊利品牌的辉煌。

内蒙古蒙牛乳业(集团)股份有限公司

从1999年正式启航到造就出一个崭新的民族品牌,进而摘得中国成长企业“百强之冠”,“蒙牛”仅仅用了3年。从创业之初1116位的排名跃升到全国第二位,从一文不名到UHT牛奶销量全球第一,液态奶、冰淇淋销量全国第一,“蒙牛”仅仅用了5年。7年来,“蒙牛”以年均递增158%的增长速度,在世界乳业史上书写出罕见的“蒙牛奇迹”。

截至2005年底,蒙牛的主营业务收入已由0.37亿元增加到108亿元,年均递增158%;净利润由53万元增加到5.5亿元,年均递增218.5%;年度纳税额由100万元增加到4.87亿元,年均递增180.5%;总资产由0.1亿元增加到近60亿元,是1999年的600倍;年度收奶量由2万吨增加到200万吨,是1999年的100倍;产品出口到7个国家和地区,2005年出口额达690万美元,在香港的市场占有率达到60%以上……

“小胜凭智,大胜靠德”,用心用脑,借财借智。7年来,蒙牛人争分夺秒图谋发展,不仅生产出了产品,关键是创造了一个崭新的民族品牌。

2002~2003年,摩根士丹利、英联和鼎晖投资两次向蒙牛注资6 100万美元(折合人民币5亿多元),这成为自治区民间一次性引进外资数额最大的项目,也是摩根士丹利在亚洲直接投资最大的项目。2004年6月10日,蒙牛在香港联交所主板成功上市,成为我国首家在海外上市的乳品企业。上市当天,涨幅达24.2%,创造了当年二季度全球发行的最高散户投资者和机构投资者超额认购率,并夺得2004香港最佳IPO桂冠。到现在,蒙牛已经整合国内外资金50多亿元,实现了“用世界股民的钱办中国奶农的事”。

有了资本,生产出了产品,产品有了市场,但品牌的知名度和美誉度如何创建?创意“中国乳都”,牵手“航天事业”,打造“超级女生”,联盟香港迪士尼乐园,联手“挑战主持人”、“全家总动员”,竟然由“求着别人买产品”转变到“别人登门要产品”,竟然连续获得“艾菲金奖”,获得“消费者综合满意度第一”。

7年来,蒙牛平均9天获得一项专利,平均6天就有一个新产品问世,特仑苏,六特乳等高端产品相继投产,研制出世界上第一款能“吸收钙,留住钙”的OMP纯牛奶—这是我国拥有自主知识产权的第一例乳产品,标志着我国乳业由“中国制造”步入了“中国创造”。

《晏子春秋》里有言:“意莫高于爱民,行莫厚于乐民。”在社会公益事业上,蒙牛在2003年拿出1200万元用于非典防治,2004年向全国教师捐钞3 000万元,2005年董事长牛根生捐出市值近16亿元的个人股份创办了老牛专项基金,不久前蒙牛又向我国贫困地区500所学校捐赠一年牛奶—创业7年来,蒙牛已累计向社会捐款物上亿元。

不仅如此,他们还聘请麦肯锡规划未来,与内蒙古农业大学联合建成我国第一个乳业生物技术平台—“乳品生物技术与工程”教育部重点实验室,与丹麦科汉森公司签约研制适合中国人的LABS益生菌群,与丹麦阿拉·福兹公司共同开发和生产高档婴幼儿配方奶粉,与中国农业大学共同建设国内首家功能乳品实验室。

“我国目前的年人均奶类占有量仅仅只有21.7公斤,还不到世界平均水平的1/5、亚洲1/2。如果国人“每天都能喝上一斤奶”,每年就要消费2.6亿吨牛奶,而2005年我国奶类总产量还不到2 900万吨。可以说,我国乳产业的发展前景和潜力十分巨大,中国乳业正迎来第二个充满无限生机的、发展的‘春天’。我们将以强烈的紧迫感、危机感和使命感,努力创造出无愧于时代、无愧于社会的一流工作业绩!”6月16日,蒙牛集团总裁杨文俊在2005年度股东大会上信心十足地说。

现在,创新的蒙牛,正在“与自己较劲”,整合资源,规避风险,抢占先机,引领潮流;自信的蒙牛,要确保到2010年挤身世界乳业20强,要调动全部能力打造“百年老店”。

蒙牛,与乳都同在;蒙牛,与世界共舞!

创业7年,蒙牛夺得了多项全国乃至世界第一

速度:荣获中国1999~2001年成长企业“百强之冠”

就业:西部大开发以来“中国最大的造饭碗企业”

工厂:拥有全国惟一“全球样板工厂”

在国内首创运奶车“桑拿浴”车间

“全国绿色食品加工企业”、“全国绿色加工生产线样板单位”、“全国农产品加工业示范企业”牧场:全国规模最大、现代化程度最高的“示范牧场”—澳亚国际牧场

在安徽、黑龙江、河北、山东等省新建起万头规模养殖牧场

产品:国家免检产品

“消费者综合满意度”列同类产品第一

是“天上航天员,地上运动员”的惟一“双特选产品”

2003年、2005年香港超市惟一获奖的大陆品牌

2005年菲律宾“市场推广奖”

研发:平均9天申报一项专利,平均6天就有一个新产品问世

研制出世界上第一款、我国拥有完全自主知识产权的OMP纯牛奶

与内蒙古农业大学联合建成我国第一个乳业生物技术平台—“乳品生物技术与工程”教育部重点实验室

与丹麦科汉森公司签约研制适合中国人的LABS益生菌群

与丹麦阿拉·福兹公司共同开发和生产高档婴幼儿配方奶粉

与中国农业大学共同建设国内首家功能乳品实验室

市场:主要产品的市场占有率达到30%以上

UHT牛奶销量世界第一

液态奶、冰淇淋和酸奶销量全国第一

出口量居全国第一

品牌:“中国驰名商标”、“中国名牌”

位列“中国乳品行业竞争力第一名”

首倡“中国乳都”新概念

酸酸乳超级女声唱红大江南北，获得“2005 中国艾菲(EFFIE)奖金奖”

文化：小胜凭智 大胜靠德

用文化凝聚人心 用制度驾驭人性 用品牌成就人生

中国优秀企业(公众)形象十佳单位

2003 年被中宣部确定的全国思想政治工作重点宣传单位

股市：全国首家在海外(香港联交所主板)上市的乳制品企业

摘得“2004 年度最佳 IPO”桂冠

公益：7 年来，累计捐助社会公益事业近 2 亿元

2003 年，率先捐款 1200 万元抗击非典

2004 年，为全国教师捐奶3 000余万元

2005 年，为呼和浩特市奶牛风险基金注资1 000万元；董事长牛根生捐出全部个人股份设立“老牛专项基金”，主要用于扶贫助学、因公殉职或负伤、见义勇为、振兴民族工业、推进农业产业化等社会公益事业。

2006 年，积极响应总理号召，率先向全国贫困地区 500 所中小学捐赠牛奶一年，预计受益小学生在 7～10 万人，所捐牛奶总价值达1.1亿元。

内蒙古仕奇集团公司

内蒙古仕奇服装有限责任公司始创于 1987 年，是中国最早与日本大型服装企业成功合资创办的企业之一。全面引进吸收了日本先进的制衣技术和国际化的管理流程。公司主导产品仕奇品牌西装，以三百九十道工序的精工制作而著称。公司目前拥有专业西装生产线和女装生产线，年生产能力 24 万套，员工1 000余人。

公司视质量为生命，产品制造过程中的每一个细节都得到严格的把关，十多年来数批日本制衣专家和技术人员为公司提供了常年的技术指导和现场管理，目前企业中在日本接受过一年以上技术培训的员工达 200 多人。

公司在日本、法国、英国、美国、意大利、香港等国家和地区拥有长期的合作伙伴和销售渠道。与国内外服装院校和专业研发机构合作成立了产品设计中心，确保仕奇产品制造技术、时尚风格与世界同步。

为了不断满足客户日益增长的个性化需求，仕奇以设计为先导，依据企业客户的行业特征、文化特性、竞争企业对比，从服装专业企业角度提出职业装解决方案。为客户提供代表企业形象、满足企业文化需求的整体着装方案。同时，根据每一个人的身材特点进行一对一的量身定做，重视影响穿着效果的每一个细节，确保每一个人都穿着合身与舒适。

仕奇多年来致力于量身定制技术的研究与应用，在中国第一家引进了服装 CAD 系统，通过十多年的探索和努力，建立了 50 万级的中国人体工学尺寸数据库，设计开发服装样版的矢量计算系统，使服装结构的每一个位置，根据个体尺寸的细微差别都得到调整和补正，真正实现了服装 CAD 系统一对一的量体裁衣业务的应用。2004 年 9 月 16 日，全球最大的服装 CAD 系统供应商法国立克(LECTRA)公司为仕奇公司颁发了大中华地区唯一的大客户应用奖，以奖励仕奇在单体量体裁衣系统开发和应用上的特殊贡献。

此外，仕奇集团以内蒙古自然资源为依托，以丰厚的民族文化为底蕴，以自主品牌为纽带，将集团产业拓展到纺织、酒店经营、酒业酿造、影视制作、文化传播、矿产资源、国际贸易等各个领域。

在客户需求不断增长的今天，仕奇集团将会为每一个客户提供完美品质的产品和卓越的服务。

内蒙古鄂尔多斯集团

鄂尔多斯集团是由 1981 年建成投产的伊克昭盟羊绒衫厂逐步成长壮大起来的大型现代企业集团。经过二十多年的持续高额盈利和滚动式发展，特别是新世纪初，大规模的产业扩张，集团已经形成羊绒、煤炭、电力、冶金、化工五业并举、协同发展的多元化经营格局。鄂尔多斯集团下设五大产业集团和置业集团，分别经营五大主导产业和多种副业，拥有成员企业近百家，员工24 000余人，资产逾百亿元。2005 年，集团被商务部确定为重点支持的中国出口名牌企业；被海关总署列入全国进出口企业红名单；被国家旅游局评定为“中国工业旅游示范点”。“鄂尔多斯”作为中国绒纺行业第一枚中国驰名商标，品牌价值达到56.83亿元，位居中国最有价值品牌前列，成为家喻户晓的“中国最具行业领导力和最有发展潜力十大品牌”之一。

羊绒产业是集团的事业基础。集团始终以“立民族志气，创世界名牌”为己任，孜孜追求“鄂尔多斯温暖全世界”的远大目标，现已发展成为当今世界规模最大、技术装备先进、经济实力雄厚、品牌优势突出的行业领军企业。产品从针织到梭织、从粗纺到精纺门类齐全、品种繁多。羊绒制品的产销能力达到1 000万件以上，已占到中国的40% 和世界的30% 以上，产品质量、市场占有率、出口创汇、销售收入连年居全国绒纺行业第一名。

集团拥有成熟完善的羊绒产业体系，在国内羊绒主产区和集散地，建立了 26 个原料基地，投入5 000多万元扶持绒山羊生态圈养工程。集团积极推进技术进步，平均每年投入近亿元人民币进行设备引进、技术升级和产品研发，使生产设备、新产品开发和新技术应用始终处于世界领先水平。“鄂尔多斯”纳米羊绒衫引领着羊绒服装新潮流。集团始终注重产品质量，建立了从原料、设计、生产、包装到售后服务全程质量保证体系，形成

了50多道检验工序,60多个检测点,通过了“ISO9001质量管理体系认证”和“IS014001环境管理体系认证”。集团坚持内外销并举的营销战略,在全国设有32个销售公司,19个业务代表处,31家物流中心和1 500家经营网点,形成旗舰店、商场专厅、加盟店、自营店有机配合的营销网络格局。同时,集团在洛杉矶、东京、伦敦、莫斯科、香港、科隆、米兰设有7个国际销售公司和20多家直销店,产品远销美国、欧盟、日本等几十个国家和地区,年外销羊绒制品400多万件,创汇2亿美元左右,初步构筑起国际化营销服务框架,为发展国际品牌奠定了基础。

依托强势的品牌资源,集团不断向男装、女装、内衣、皮草、羽绒等非羊绒类服装领域延伸,大服装产业已经成型。以核心技术和管理模式成熟,市场份额和盈利能力稳定为标志,集团绒产业进入了高度成熟期,正在谋求新一轮的战略性成长。

羊绒产业的高度成熟为集团实现战略扩张提供必须的基础条件和基本能力。新世纪新阶段集团抢抓西部大开发、国家能源战略重点西移、重化工业快速发展和全球产业结构调整带来的历史性机遇,立足本地区特有的综合资源优势,斥巨资在鄂尔多斯市西部棋盘井镇精心打造重工业园区,大举进军煤炭、电力、冶金和化工产业领域,积极培育新的支柱产业和新的经济增长点,拉开了二次创业的帷幕。

棋盘井工业园区按照“高起点、高科技、高效益、高产业链、高附加值、高度节能环保”的循环经济模式设计,煤—电—冶金和煤、气化工构成了园区的两大主要产业链。通过资源能源转化升级,形成了一个以资源能源产业为主导,由初级到高级,配套完善、结构合理、链条丰富的产业集群,实现经济效益、社会效益和环境效益的协调增长,保证集团的持续、健康、快速、和谐发展。经过三年全力以赴的建设,棋盘井工业园区已经基本构建起循环经济的产业框架:煤炭项目全面铺开—三个煤矿正在紧张建设,洗煤厂一期已建成投产,大批后续项目进入前期工作。电厂建设进展顺利—经发改委核准的2×33万千瓦机组已于2005年投产运行,2×13.5万千瓦煤干石循环硫化床发电机组即将投产发电。冶金项目陆续投产—已形成硅铁32万吨,工业硅2.5万吨,硅锰11.5万吨,电石30万吨的生产能力:金属镁、粉煤灰提取氧化铝、多晶硅等一大批冶金工业项目将适时开工建设。化工项目顺利推进——期64/104万吨合成氨、尿素项目作为自治区重点建设项目,全面进入设备安装阶段;煤半气化半焦等煤化工项目业已以动。随着一大批关键项目的相继建成,一个规模宏大的新型生态工业园区正在陕、蒙、宁金三角崛起。

鄂尔多斯集团在创业过程中,“讲忠诚、讲责任、讲追求”是集团的精神纲领,“集智、放胆、拓荒、创新”是集团的企业精神,“报效祖国、荣辱不惊、装点家园、铸造人生”是集团的价值所在,“创世界名牌,办百年强企”是集团不懈的追求。鄂尔多斯集团的广大员工肩负着时代赋予的重任,任重而道远。

深厚的企业文化底蕴、强势的鄂尔多斯品牌、丰富的自然资源、绿色的环保产业、雄厚的工业资本、成熟的现代管理、优质的人力资源、优惠的政策支持,使鄂尔多斯集团具备了得天独厚的发展条件和竞争优势,鄂尔多斯集团已经驶入了经济发展的快车道。我们坚信,随着集团羊绒产业做大做强、做精做久,随着集团煤炭、电力、冶金、大化工循环产业的雄起,使鄂尔多斯集团的宏伟蓝图一定会成为现实,一个世界名牌、一个世界名企必将在鄂尔多斯高原上诞生,鄂尔多斯的明天一定更美好!

从1996年开始,集团公司的龙头企业鄂尔多斯羊绒制品股份有限公司率先贯彻ISO9000系列标准,并于2003年、2004年分别通过ISO9001和ISO14001管理体系认证。此外,集团每年投入近亿元用于设备更新、产品开发、新材料运用和新技术研究,使生产设备始终保持世界一流水平,生产技术处于世界行业前沿,纳米、彩虹纱等多项专利技术,具有国际领先水平,创新成果不菲,为实现“鄂尔多斯温暖全世界”这一目标奠定了坚实的基础。

鄂尔多斯的名牌是以卓越的产品质量和独特的民族文化构成的,也是企业制度创新、机制创新和技术创新的产物,更是企业核心竞争力的结晶,是企业综合实力的反映。用鄂尔多斯人的说法,经营是文化的表现形式,企业实质上是在经营一种文化。鄂尔多斯集团独特的企业文化正是鄂尔多斯名牌的产床。我们所打造的鄂尔多斯品牌,经过25年企业文化理念的孕育与渗透,已成为包涵有一流的原料质量、一流的劳动质量、一流的技术设备、一流的标准质量、一流的管理质量和有着美好形象设计、优美环境、优秀员工、优质服务以及对社会真诚全力的奉献、真诚全力的回报、真诚全力的创造的大品牌,它不仅彰显这企业的综合实力,更表达了一种温暖世界、造福人类的崇高思想情怀。

内蒙古鹿王羊绒有限公司

“鹿王”品牌目前已经成为享誉国内外的知名品牌,是国家重点支持和发展的名牌出口商品,是中国驰名商标。2006年,又被评为中国羊绒服装行业标志性品牌。先后获得中国国际名牌博览会金奖、中国名牌优质产品、中国消费者信得过产品、用户满意产品、全国特种动物绒毛精品、国际山羊大会高品质产品金羊奖、全国消费者心目中理想品牌、实际购买品牌、购物首选品牌三个第一奖励,免检产品称号荣誉,为越来越多的消费者认同和喜爱。

内蒙古鹿王羊绒有限公司拥有中国驰名商标“鹿王”和鹿王牌羊绒系列精品的全部知识产权和所有外观设计专利,以及在传播过程中形成的形象识别资源。

公司采用国际标准生产,产品分三大系列:针织系列—粗、精纺羊绒衫;机织系列—羊绒面料、围巾、披肩;服装系列—羊绒呢大衣、羊绒套装、羊绒衬衫等。

1996年在美国注册,向南北美洲及欧洲辐射,1997年在日本注册，向东南亚、港澳台等地区辐射，同年鹿王商标标识主页上网。

1996年公司导入CI形象设计，1997年通过ISO9001质量体系认证，2000年通过ISO14000系列认证，2003年通过ISO14001环保认证。1998年被确认为内蒙古自治区著名商标，1999年被国家工商局商标局认定为中国驰名商标。

品牌效应为公司吸引外资2 219万美元，组建了9个中外及与港台合资、合作经营的企业，在外地建了3个全资加工厂。在马达加斯加和蒙古先后建立4个加工企业，形成跨地区、跨国经营的集团公司。羊绒行业国家级技术中心设在鹿王公司，其工业设备75%以上具有国际先进水平。出口量及出口额占国际市场的25%左右。销售量及销售额占国内市场总量的20%～30%左右。

“引进来，走出去”促进了品牌战略的实施。公司75%的设备具有国际先进水平，工艺技术达到或接近世界水平，实现了计算机管理，利用网络技术开发电子商务。公司用10年的时间就完成了国外老牌羊绒企业上百年才达到的技术水平。逐步实现了由劳动密集型向技术密集型企业的转变，从而使鹿王的工艺设备达到世界一流水平，实现装备智力引进。建厂以来，通过引进人才和走出去学习，基本实现员工素质的国际化。

引进来战略的成功实施使鹿王具备了扎实的基础、雄厚的实力。在四分之三的产品进入国际市场的同时，走出境外办厂开展境外带料加工业务。由原来的国内制造国内销售，国内制造海外销售转向海外建厂海外销售，从而完成了国际化鹿王的转变。引进来为走出去奠定基础，走出去又为更高层次的引进来创造了条件。两者互向作用，不断推动鹿王集团品牌战略成功实施。

鹿王集团依靠改革开放的政策及中央倡导的对外贸易合作的方针，在资产优化组合中，发展出口加工贸易、参与国际市场竞争，逐步把中国尤其是内蒙古的羊绒资源优势转变成了世界羊绒产业优势的作法，受到了党和国家领导人及各级党委、政府的重视和支持。

山羊绒品质的名贵决定以其为原料的羊绒制品，必须是精品，是成功人士和中产阶级标志性服饰，其商标的市场定位应该在高级百货店、星级酒店，并有王者风范。商标较高的市场定位，必然要求全员树立品牌意识，树立品牌是企业的生命、创立高差异国际品牌的理念，推进技术创新，在技术进步和产业升级的过程中创立名牌，以名牌行销为核心，推进市场营销战略；必然要求企业作为一个开放的系统，同世界进行大量的物质、信息、能量交换；必然要求把企业和品牌做大、做强；必然要求设备高起点、产品上档次、质量第一流；必然要求立足鹿王、放眼世界、名牌兴企、精品当家。

作为一个品牌，越是有个性就越容易被众多消费者接受。鹿王集团在实施品牌战略中从不随波逐流，始终坚持严格管理，以诚信的精神塑造品牌个性，是品牌的个性日趋完善

品牌是企业的旗帜，质量是品牌的灵魂。因此将企业名称和商标名称统一起来，不给自己留退路，以至高境界的质量理念强化管理和确立质量目标，使品牌和企业保持了日益强盛的生命力。

首先是从生产前的市场调查、设计开发和生产后的促销服务、公关宣传等方面进行质量控制。生产过程先后编写8万字的质量手册和程序文件，制定了209种规章制度。其次，产品用料极为讲究，要求绒纤维细度14～16mm之间、长度在40mm左右，去粗去杂后，羊绒纯度达到100%，染化料使用瑞士的，纺纱、面料技术采用意大利和德国的，针织、缝纫采用日本技术，各项质量指标均达到和超过世界著名品牌。

世界经济发展到今天，客观上要求由传统技术转向高科技，产品由低档次转向高档次，由重视硬件转向软件，由国内转向全球，由短期行为转向长期行为。而品牌价值又是上述趋势的浓缩，要想适应这种趋势，商标的工艺技术支持就显得非常重要。

经过二十余年的努力，鹿王已建立起十分先进的技术开发体系，企业技术中心被国家确定认为中国羊绒行业的企业技术中心，中心工程技术人员占全公司工程技术人员的59.83%，形成了洗、梳、染、纺以及后整理成龙配套，针织、梭织、缝制手段完备的工艺设备体系。不但能进行常规款式的计算机辅助设计，而且能进行复杂款式、时装款式计算机辅助设计和三维立体羊绒衫款式着装效果演示。鹿王集团建成计算机信息管理系统，从贸易接单、下达计划、制作工艺，到车间生产、包装入库、域外销售形成了产供销一体化的计算机管理，财务及国内务贸易分公司、异地分厂，实现了具有远程通讯能力的广域网。

内蒙古伊泰集团有限公司

内蒙古伊泰集团有限公司创立于1988年，目前已发展成为以煤炭生产、经营为主业，以铁路运输、煤制油为产业延伸，以生物制药、膨润土加工、房地产开发、酒店经营等非煤炭产业为互补的大型企业集团，总资产达59.9亿元。集团下设内蒙古伊泰煤炭股份有限公司、内蒙古伊泰准东铁路有限责任公司、内蒙古伊泰煤制油有限责任公司、内蒙古伊泰药业有限责任公司等1 3个子公司、2个事业部、10个职能部门。

1997年8月8日，内蒙古伊泰煤炭股份有限公司在上海证券交易所挂牌上市，成为煤炭行业独家B股上市公司，股票简称“伊泰B股”，股东遍及世界50多个国家和地区。

伊泰集团公司1998年得到了国家领导人的肯定，被誉为“中国煤炭工业的一面旗帜”，1999年被国家经贸委确定为全国520户重点企业。2000年被国家煤炭局评为“现场管理最佳企业”，并授予全国煤炭工业优秀企业“金石奖。”2002年被确定为内蒙古自治区20户重点企业。2004年被国务院确定为全国十三大煤炭基地中的骨干企业，被内蒙古自治区人民政府确定为自治区重点发展的5 000万吨级煤炭企业。2005年被中国企业

家协会、中国企业家联合会按照主营业务收入排名为中国 500 强企业之一。

经过十八年的发展,集团目前已经成为煤炭行业创新经营的先锋,已跻身全国煤炭百强企业 23 位,内蒙古自治区民营企业 50 强第 3 位,并先后荣获内蒙古名牌产品、内蒙古著名商标、内蒙古质量管理奖、内蒙古管理创新奖等荣誉称号。产品远销马来西亚、韩国、日本、菲律宾、印度、土耳其等国家及国内的华北、华东、华南、东北等 20 多个省市。2005 年实现销售收入 74.52亿元,利税总额15.83亿元。"伊泰"煤的销售额连年递增,连续三年成为鄂尔多斯市第一纳税大户,内蒙古地方政府的主要支柱企业。

伊泰集团所生产的"伊泰"煤具有低灰、低硫、低磷、高热值、高挥发份、高含炭量等优点,被誉为"环保型的洁净煤",被国家质量检验协会授予"国家质量检测质量信得过产品"荣誉称号,获"内蒙古自治区质量管理奖"。公司的"伊泰"牌、"丹龙"牌中药产品以其货真价实及良好的疗效深受北方广大患者的好评。其中,复方羊角胶囊被认定为"国家级重要保护品种"及"内蒙古名牌产品"。

伊泰集团的发展目标是"创伊泰品牌,建卓越企业"。为此集团专门成立了商标品牌管理部门,制定了"伊泰"品牌发展规划。为使"伊泰"商标更大范围的得到有效保护和健康发展,公司先后在国内外申请商标注册。截至目前,公司已在 13 个类别上注册了 41 件"伊泰"中文、拼音商标,在"伊泰"煤的主要出口国韩国和日本申请了 4 件"伊泰"中文、拼音商标,在马德里协定议定书国家及东南亚国家又相继申请注册了 58 件伊泰商标,在国内又继续在不同类别上申请了 105 件"伊泰"中文拼音组合商标。为了保护"伊泰"商标,公司又在第四类煤炭产品上进行了与"伊泰"近似字体、字形及同音字等 12 件商标的注册。通过国内外多类别、多角度的注册,使"伊泰"商标得到了有效的保护,奠定了公司无形资产的基础,极大地提升了品牌的效应。

为了提升"伊泰"商标的知名度和企业整体形象,公司在中国改革报、中国企业报、中国工商报、中国质量报、光明日报、中国知识产权报、上海证券报、香港商报、香港大公报、中华英才等国内外媒体和地方电视、网络、报刊、户外广告媒体进行广泛的商报和企业形象的宣传。公司近三年投入的广告及各种公益性赞助达 1 亿元以上。

为了寻求品牌保护,公司先后三次向国家工商行政管理部门申请认定中国驰名商标,经过中国工商行政管理总局商标局的审查,认定公司注册在第四类煤炭产品上的"伊泰 + 图形"商标为中国驰名商标。"伊泰"商标被认定为中国驰名商标是伊泰集团品牌发展史上的具有历史意义的里程碑,标志着伊泰集团"伊泰"商标的知名度和美誉度得到了国家知识产权管理部门、市场、社会各界的认可,标志着我国煤炭行业首枚驰名商标的诞生,有利于提升企业形象和整体竞争力。

站在新的起点上,集团公司将坚定不移的走品牌兴企之路,凭借这强大的企业实力、先进的科技、优质的产品、良好的服务,在国内同行业中继续保持领先地位。同时,公司将继续借助网络、报刊等进行广泛深入的广告宣传,使更多的社会公众认知"伊泰"。在企业内部,将通过高效的企业管理、持续不断的科技创新和严格的质量控制,生产出品质卓越的产品,通过优质高效的服务使广大得社会公众更加信任"伊泰"品牌。"路漫漫其修远兮,吾将上下而求索",面对日趋激烈的市场竞争,契而不舍的伊泰人将以特有的聪明才智和坚韧不拔的精神,将"伊泰"品牌打造得更加灿烂。

内蒙古小肥羊餐馆连销有限公司

内蒙古小肥羊餐饮连锁有限公司成立于 1999 年 8 月,主要经营"小肥羊特色火锅"餐饮连锁和调味品及羊肉加工业。

目前公司拥有 3 个全资子公司、7 个分公司,719 家连锁店遍布全国 33 个省、市、自治区及北美和东南亚地区。

几年来公司已陆续获得"中国企业 500 强"、"中国服务业企业 500 强"、"内蒙古重点农牧业产业化龙头企业"、"国家级扶贫龙头企业"、"2005 年度中国 500 最具价值品牌"和"中国驰名商标"等几十项荣誉。

餐饮业

"小肥羊"是一家快速且稳健发展的餐饮连锁企业,连续三年荣获"全国餐饮百强企业第二名"。目前,小肥羊公司共有连锁店 719 家。其中,国内有直销店 141 家,加盟店 571 家,共 711 家连锁店;国外现已开业的连锁店共有 7 家,其中美国 4 家,加拿大 3 家;公司现在分别在新加坡、日本、马来西亚等国家注册了公司,预计 2006 年还将在境外开设直营店 10 ~ 15 家。

调味品生产基地

小肥羊调味品公司系出口企业、国家 A 级企业,并通过了"HACCP"国际食品安全认证和 ISO9001: 2000 国际质量管理体系认证。同时,小肥羊调味品公司也是目前全球最大、现代化程度最高、生产量最大的火锅汤料生产基地。它拥有世界上唯一的全自动生产线,并采用无水、分体包装,有力的保障了产品的质量和口味。

肉业生产基地

小肥羊肉业公司建于 2004 年,属出口企业,并通过了"HACCP"国际食品安全认证和 ISO9001: 2000 国际质量管理体系认证。肉业公司目前拥有国内单体最大、现代化程度最高的生产车间及六个工厂。其羊肉加工工艺处于国内领先水平,屠宰量居第一位,可年屠宰 160 万只羊左右。公司的目标是打造内蒙古羊肉第一品牌,为畜牧业发展做出贡献。

近年来,"小肥羊"已在国内申请了 17 个类别的 60 多个商标,其中已注册 20 个。同时在国外 60 多个国家申请了 4 个类别的 9 种商标,现已拿到 25 个注册证书。

2004 年 11 月"小肥羊 LITTLE SHEEP 及图"被国家工商行

政管理总局商标局认定为“中国驰名商标”，并于2006年5月获得企业发展所需的核心注册商标。

小肥羊的品牌发展目标是“弘扬中华饮食文化、打造餐饮百年品牌”。在现有的基础上不断做强、做大，逐步将火锅业做成一种文化，在弘扬中国餐饮文化的同时，不断提高服务质量和产品质量，以形象提高品牌知名度，将小肥羊餐饮打造成百年老店。

小肥羊始终倡导“天然、绿色、健康”的品牌个性和“精、诚服务”的品牌理念。正是这一理念的指导下，小肥羊才不断发展壮大，得到消费者的认可，品牌知名度才得以不断提高。

2006年由世界品牌实验室公布的《中国500最具价值品牌》，小肥羊以56.77亿元列第95位。

近年来为提升品牌的影响公司推出了一系列的活动，包括小肥羊草原游活动、健康营养美食论坛、承办中国烹饪协会火锅专业委员会成立、与可口可乐合作等活动。这些活动对扩大小肥羊品牌的影响力起到了积极作用。

内蒙古草原兴发股份有限公司

内蒙古草原兴发股份有限公司（以下简称“草原兴发”）创立于1993年，拥有总资产39.8亿元，员工1万余人，现为中国最大的草原肉食品生产企业、农业产业化国家重点龙头企业。公司A股股票于1997年6月在深交所上市。2006年3月，草原兴发股权分置改革工作取得圆满成功，草原兴发顺利进入“G”股行列，“草原兴发”（000780）变更为“G草原兴发”。

草原兴发现已在内蒙古、黑龙江、吉林、甘肃、青海、新疆等六省区拥有76家生产工厂，形成了年屠宰（加工）肉鸡1亿羽、肉羊1 000万只、牦牛及草原牛50万头的生产能力。

2002年1月，“草原兴发”商标被国家工商行政管理总局认定为“中国驰名商标”；2002年、2003年，赤峰羔羊肉（草原兴发牌）、草原绿鸟鸡（赤峰地区）相继被国家质量监督检验检疫总局注册为地理标志产品；2002年底，草原兴发被中国肉类协会评为中国肉羊生产企业第一名；2003年，又被国家商务部屠宰技术鉴定中心评为肉羊实际屠宰量第一名，肉牛实际屠宰量第一名；2004年8月，草原兴发还被国家民委、财政部、中国人民银行确定为第二批全国民族用品（清真食品类）定点生产企业；2004年12月，草原兴发再度被国家商务部评为全国牛实际屠宰量第一名、羊实际屠宰量第一名、鸡实际屠宰量第二名，在业界的影响进一步提升。

草原兴发本着“草原兴发、绿色天然”的经营理念，现已成功地开发了草原兴发蒙羔羊、草原绿鸟鸡、世界屋脊藏酷牛、特色熟食、四野杂粮、四野小菜等3000余个品种的特色产品。目前，草原兴发羔羊肉、羔羊肉串、草原绿鸟鸡、绿鸟肉串、世界屋脊牛肉、特色烤肠等产品在很多城市都已成为消费者的首选。

草原兴发一直苛求产品质量，在“忠诚、敬业、协作、服务”的企业精神的指导下，严格按照ISO9001国际质量标准体系进行生产，并已通过HACCP验证，8大类产品通过了国家绿色食品认证。其中，草原兴发羔羊肉、世界屋脊牛肉在2003年通过了国家有机食品认证，草原兴发肉鸡类产品于1996年获得了对日出口免检待遇。

草原兴发已于1997年获得了自营进出口权，绿鸟鸡、绿鸟鸡肉串等主导产品一直向日本、阿联酋、俄罗斯等国家和地区大量出口。在国内市场，草原兴发以自建网络的方式，在全国各省区建立了7个销售大区、30余家销售分公司，并重点进行了“一园两店”的建设，现已在国内建有1 000家涮烤园，500家绿鸟鸡火锅快餐店，1 500家绿食店。

今后草原兴发还将继续加大市场网络建设的力度，进一步完善“一园两店”市场营销网络，以加盟连锁的形式大力开拓市场空间，使草原兴发涮烤园达到1 500家，绿鸟鸡火锅快餐店达到1 000家，绿食店总数突破3000家，构建起一个具备年可销售草原兴发各类产品100亿元的销售平台。

内蒙古远兴天然碱股份有限公司

内蒙古远兴天然碱股份有限公司是以天然碱、天然气工业为主业的跨省、跨地区、跨行业的大型化工企业，是中国天然碱行业的龙头企业，现已控制了全国90%以上的天然碱资源，是国家520户、内蒙古自治区重点企业，全国化工优秀企业金球奖、化工效益百强之一，资产总额19.52亿元，净资产3.04亿元。员工4800名。技术装备居中国天然碱行业领先地位。该公司作为内蒙化工第一股，1997年1月31日在深圳券交易所正式持牌上市。股票简称“天然碱”，代码“000683”，2006年5月，公司以99.54%的赞成率完成公司股权分置改革工作。

公司目前有全资、控股、参股企业13家。这些企业主要分布在内蒙古自治区境内的鄂尔多斯市、锡林郭勒盟及河南省南阳市。公司主要生产经营纯碱、小苏打、烧碱、甲醇、甲醛、二甲醚等化工产品。年综合生产能力为170万吨，其中纯碱生产能力120万吨；小苏打25万吨；甲醇19万吨；烧碱4万吨；二甲醚1万吨；甲醛1万吨。纯碱、小苏打在国内市场占有较大份额，纯碱市场占有率为8%，小苏打产量占国内年总产量的30%。

公司“远兴”商标是中国驰名商标、自治区著名商标。公司生产的“远兴”“马兰”牌纯碱、小苏打为内蒙古自治区名牌产品、河南省名牌产品。小苏打是国内唯一通过“绿色食品标识认证”的碱类产品，公司生产企业已全部通过ISO9001质量体系认证，主要企业通过ISO14001环境管理体系和OHSASl8001职业健康安全管理体系认证，并以优质的产品质量和良好的售后服务体系，赢得了广大用户的信赖和好评。被内蒙古自治区质量管理协会授予“用户满意企业”称号。

公司在国内已形成完善的营销网络，先后在全国建立了20多个分支机构，共有50多个经营部，与国内各大用户均建立了长期的合作关系。公司2000年已经在自治区率先使用了分销系统和信用管理系统,从而实现用户交易、信用评价等一系列业务流程在网上进行,实现了营销网络办公自动化、科学化、程序化。公司有专业的国际业务机构—博源国际贸易公司,产品远销日本、越南、韩国、菲律宾、马来西亚、澳大利亚、巴西、埃及、巴基斯坦等东南亚、中东和南美地区的国家。出口产品占销售收入的10%,年出口创汇1 300万美元。

近年公司致力于用信息技术改造传统产业,全面建设ERP管理平台,打造数字化远兴,提高管理效率。并在生产企业的技术改造中,引进DCS自动控制系统,提高生产装置的自动化水平,是国内纯碱行业唯一使用DCS自动控制系统技术的企业。

远兴公司控制着国内90%以上的天然碱资源,拥有20年开发天然碱所积累的丰富科研成果和大量的业内人才,共取得了50多项科技成果,其中17项成果获国家和自治区科技进步奖。现被国家知识产权局批准专利14项,实用型专利3项,企业主导产品的核心技术拥有自主知识产权,公司生产企业均为内蒙古自治区、河南省高新技术企业。

“十一五”期间公司将全面实施精品战略,精心组织市场运作,树立天然绿色品牌形象,结合创优推进战略,让消费者看到公司品牌所具有的独特点。同时以加工工艺先进,生产装置在全国范围内的合理布局,继续保持公司在国内纯碱行业的领先地位。

2006年底公司将高标准完成公司参股的100万吨甲醇项目的建成投产工作,该项目将成为公司未来的一个重要的利润增长点。

2006年初,公司与上海证大公司、乌审旗国资公司共同发起设立了内蒙古大新能源化工基地开发有限公司,全面进入新能源产业。

维信羊绒集团有限公司

维信羊绒集团有限公司成立于1992年,是拥有12家生产企业,16家贸易公司,并在蒙古、日本、美国、澳大利亚、新西兰、香港等国家和地区建立了全资子公司的跨国企业集团,总资产18亿元人民币,员工6 000人。集团主要经营和生产羊绒系列制品,年生产无毛绒600吨、羊绒衫200万件、羊绒围巾、披肩200万条、高档羊绒服装8万件、羊绒粗纺面料50万米、羊绒皮精纺面料50万米。

“维信”商标被国家工商总局认定为“中国驰名商标”,“维信”牌羊绒制品被国家质检总局评定为“中国名牌产品”、“国家免检产品”。

“维信”以“品质型、时尚型、特色型”为特点,体现人性化设计理念,在第六届国际山羊大会暨博览会上荣获金奖,连续三年在中国国际时装周上分别被评为“中国十大女装品牌”、“中国最具时尚女装品牌”、严中国最具时尚女装金顶品牌”,获得了国家“环境标志绿色产品”、“原产地标记注册产品”认证。“维信”牌KVV01无毛绒是欧美、日本等国大型纺织企业的首选原料,品质在全球首届一指。公司被农业部评为“农业产业化国家级重点龙头企业”,被内蒙古自治区人民政府确定为“自治区重点大企业(集团)”、“自治区高新技术企业”、“自治区先进纳税企业”。

集团实施科、牧、工、贸一体化的经营战略,以创世界名牌为目标,奉行“维新、敬业、诚信、奉献”的企业精神,坚持“精诚以维、信实发展”的经营宗旨,注重企业文化建设,不断改革创新,形成了现代科学的维信管理模式。集团生产企业在全国纺织行业首家通过了中国BCC、英国NQA、美国RAB三国机构的ISO9001、ISO14001、OHSASl8001质量、环境、职业健康安全“三位一体”的国际认证。

集团目前在世界各国拥有100多家稳定的客户,累计捐资社会公益事业、光彩事业达12 188万元,在乌拉特草原建立了内蒙古白绒山羊种畜基地,并在锡林郭勒大草原建设了100平方公里的牧场,饲养了近5万多只种羊。响应国家西部大开发战略,集团致力于草原生态旅游建设,在内蒙古大草原建立了“维信国际高尔夫”,以建设草原、保护环境、造福人类为己任,成为带动地区经济发展的龙头企业,取得了突出的经济效益和社会效益。

现在集团已经建立了全面完善的VI体系,在品牌推广方面,集团一直坚持以“一品为主、多品联动,实现创造世界顶级品牌”为目标。在这个目标的指导下,“维信”牌系列羊绒制品,针对高档消费群体一直坚持倡导穿出时尚、穿出自然,追求自我追求个性的理念,鼓励消费者拥有情趣多样的生活,帮助他们积极自信地完善自我,设计生活方式,主张拥有身心和谐的生命质量。维信牌产品不仅是一件衣服,一个品牌,她更是一种生活,一种理念,一份关爱。维信产品的款式设计及版型由法国著名设计师提供,维信品牌服饰定位于颇具市场购买力、有崇高追求、具有独特气质与丰富文化内涵的现代都市高品味消费群体,通过凤凰卫视欧美台的品牌展播及国内各类媒体的大力宣传,“维信”品牌推广取得了良好的效果,在国内国际的知名度大大提升。

中国在发展,维信在壮大。二十一世纪的维信坚持科学发展观,依托内蒙古资源优势,以羊绒、旅游、镁业为三大产业,以管理现代化、产品名牌化、企业社会化为目标,将更多、更新、更好的名优产品奉献给广大消费者。

包头华资实业股份有限公司

包头华资实业股份有限公司是国内最大的甜菜制糖企业之一,同时也是甜菜制糖行业中唯一一家上市公司。该企业是由1998年从包头糖厂改制为“包头草原糖业(集团)有限责任公司”作为主发起人的包头实创经济技术开发公司、包头市北普实业有限公司共同发起，采取社会募集方式而设立的股份有限公司。是全国520户重点骨干企业之一；是国家确定的农业产业化国家重点龙头企业。公司经营范围主要为生产、销售糖、食用酒精、颗粒粕、电子元器件、计算机等。主要产品"草原"牌糖系列产品、颗粒粕和"包糖"牌食用酒精，已成为国内外用户和消费者信赖的品牌产品。"草原"牌商标被国家工商总局认定为"中国驰名商标"。包头糖厂—华资实业自1995年建成投产至今，已走过整整50个春秋。今天，公司通过在资本市场的运作，卓有成效地为企业主业的做大、做强和多元化快速发展提供着资金保障，促进了资产增值与效益增长的稳步提高。

公司的"草原"牌商标有着悠久的历史，早在1956年5月1日就已申请注册，是我国甜菜制糖业最早注册的商标。随着经济体制的变革和商品经济的发展，企业的生产规模在扩大，产品品种在增加，企业的市场竞争日趋激烈，促使企业不断强化商标法律意识和维权意识，实现市场效益最大化。为了进一步保护商标，1987年企业把"草原"商标在原注册类别上扩大注册到"糖类产品"及"饲料添加剂产品"。"草原"这一具有浓郁地方色彩和鲜明民族特色的、绿色环保概念的商标，通过企业多年的质量打造与形象塑造，赢得用户、消费者的信赖和支持，成为国内外的知名商标，被自治区评为第一批著名商标。"草原"牌系列白砂糖以优良的品质、良好的服务及高技术含量备受广大用户和消费者的好评，畅销全国各地，出口日本、俄罗斯、蒙古、韩国、朝鲜等国家，市场份额不断扩大，特别是在蒙古市场，市场占有率已达80%，"草原"牌白砂糖被蒙古国政府授予进口免检产品。同时被中国消协誉为全国亿万民众最喜爱的家用产品，在2001年北京国际农业博览会上被授予金奖。在全国的制糖行业，"草原"牌商标已经成为我国的驰名商标，它代表着包糖的质量、技术和服务，体现着包糖的精神和文化，凝聚着包糖人的心血和汗水，也昭示着华资实业的前景和未来。

"良心铸质量，创新求发展，诚信赢顾客，甜蜜酿百年"—公司的质量方针深刻揭示和体现了质量对企业的意义和企业对质量的重视；公司始终把质量视为品牌的"灵魂"、企业的"良心"。为了保证质量和提高质量，公司不断地对设备和工艺进行技术改造和技术创新，不断地强化质量保证体系，提高质量管理水平。1999年公司一次性通过了中国BBC、英国NQA组织和ISO9001质量管理体系认证。2002年正在进行换版复评认证的同时又将HACCP食品安全卫生标准融入质量管理体系中，确保企业生产优质安全产品。为了保证产品质量，树立"草原"品牌，公司的生产从原料的种植、采购、生产过程、销售直至售后服务均有严密细致的组织管理制度。"草原"牌商标伴随着企业的名优产品走过50年的发展岁月，从1981年起一直为自治区著名产品，自治区出口免检产品，特别是1998年获得全国制糖行业第一张绿色食品证书，2000年被评为全国26家质量管理先进企业，2001～2003年连续三年被评为全国轻工行业质量效益型先进企业，2005年又被评为全国轻工行业卓越绩效先进企业。

用质量铸就"草原"品牌如磐的基础，用质量保证"草原"品牌永久的辉煌！

内蒙古河套酒业集团股份有限公司

内蒙古河套酒业集团股份有限公司建于1952年，至今已经有54年的发展历史。在半个多世纪的历程中，企业由小到大，由弱到强，在同行业竞争中异军突起，由一个县级国营制酒厂，逐渐成长为内蒙古20户重点大型企业集团，全区酿酒行业的龙头企业。

1997年9月，原内蒙古河套酒厂进行了股份制改革，正式更名为内蒙古河套酒业集团股份有限公司，至2005年底，公司已连续十年保持巴彦淖尔市利税第一，各项经济指标稳居全区同行业之首，被国家统计局和中国食品工业协会评为全国白酒行业十佳经济效益型企业，进入中国大企业集团行列。2005年6月又被认证为国家AAAA级标准化良好行为企业。

目前，河套酒业集团拥有总资产10亿元，占地面积80万平方米，拥有员工5 500人。主打产品有"河套王"系列、"河套老窖"系列为代表的浓香型白酒，以"河套宴酒"为代表的清香型白酒和以"御膳春"为代表的营养滋补型三大系列、300多个品种。"河套"商标是中国驰名商标。公司年产优质纯粮白酒及保健酒5万吨。产品选用优质高粱、小麦、大麦、稻米、糯米为原料，以独特生产工艺和先进科技精工酿制。酒界著名专家沈怡方等称河套系列酒具有"窖香幽雅，绵甜醇厚，和谐甘爽，味净香长"的独特风格，是北方浓香型酒的典型代表。河套王酒是内蒙古自治区人民政府指定接待用酒。

河套酒业集团拥有各类技术人员300多人，国家级白酒评委和资格评委3人，自治区级白酒评委10人，是自治区白酒行业唯一科技先导型企业和拥有自治区级技术中心的企业，拥有国际上最先进的惠普6890气相色谱仪和ICS－2500离子色谱仪，在国内白酒的研制、开发、品评、理化分析等方面均处于领先地位。1997年5月，公司顺利通过了方圆质量认证，是内蒙古首家通过ISO9002质量认证体系和产品质量"双认证"的厂家，并顺利通过历次认证复审，2002年又通过了2000版ISO9001质量体系认证。

河套酒业集团积极引入先进的现代化管理手段和设施，在生产车间推行定置管理，引入海尔OEC管理思想，引入ERP资源计划管理系统，使企业的管理水平不断走上新台阶。

河套酒业集团以销售为龙头，以市场为导向，以超载自我、追求完善为企业精神理念，用至纯至真的产品和服务来塑造企业的信誉和形象。

2002年，河套酒业新建了全区首家企业博物馆，也是首家酒行业专业博物馆—内蒙古酒文化博物馆，成为内蒙古酒文化的展示基地和国家工业旅游景点，引起各类媒体的广泛关注和社会各界的一致好评。

目前,河套酒业集团形成了以内蒙古西部区为基地,周边省市为前沿,辐射全国二十多个省市的营销网络。经济效益连年增长,1991 年到 2005 年,销售额、利税以年均28% 的速度递增,十四年共创利税12.5亿,上缴国家税金8.6亿。现企业已成为以发展为白酒为主业,兼有餐饮业、包装物制造业,房地产开发,矿产资源开发等多项产业的集团公司,是地区龙头骨干企业,在地区发挥着强大的带动作用。

内蒙古塞飞亚集团

内蒙古塞飞亚集团是一个以肉食品加工为主体,以“种、养、加、能、肥”循环经济为特色,从事樱桃谷鸭原种繁育、生态养殖、肉鸭加工、熟食制作、连锁餐饮、印刷包装、沼气发电、生物肥料生产及相关产业,拥有 15 个直属企业的民营企业集团。集团总占地面积5 000亩,总资产 8 亿元人民币,直接从业人员 1 万多人。近几年,塞飞亚集团累计投资 5 亿多元,建设了食品工业园、生态种鸭园、生态移民园。先后被确定为农业产业化国家重点龙头企业、全国农业产业化优秀龙头企业、全国创名牌重点企业、全国诚信守法企业、国家高新技术企业;肉鸭产业被列为国家农副产品深加工食品工业示范项目、国家星火计划项目;集团连续七年被中国农行内蒙古分行评为 AAA 级资信企业;2004 年“塞飞亚”商标被认定为中国驰名商标。

内蒙古塞飞亚集团有限责任公司多年来牢牢树立现代企业品牌战略意识,重视品牌工作;走出了一条以产业品牌为依托,创建企业品牌,用企业品牌带动产业品牌一条良性品牌建设道路。塞飞亚集团的品牌建设,依托塞飞亚草原鸭产品的优良品质和优质的市场服务,成为消费者追捧的宠儿,在全国成为“行业十大影响力晶牌”和“行业最具影响力品牌”。

当初,公司在制定品牌战略时,曾专门聘请国内著名的品牌战略咨询公司对企业的品牌建设进行战略策划。根据企业自身特点,隆重推出“塞飞亚”品牌、“立马草原,飞扬绿色”、“天然大草原,健康草原鸭,99 道安检”等一系列品牌战略建设诉求方案。在这一品牌建设计划的指引下,企业内部积极进行品牌建设,建立、健全现代化的企业管理制度,进行企业文化建设。树立良好社会形象。

此外,塞飞亚集团努力用好自己的品牌,在整个品牌建设中联合专业的合作团队,为消费者提供过硬的产品。同时,通过各种渠道宣传,提高产业的知名度与美誉度,把品牌宣传作为一个系统的工程,整合多方资源树立企业良好的品牌形象。比较典型的事例有:如召开“塞飞亚—中国国际肉类工业大会”和“战略品牌研讨大会”,在内蒙古自治区首府呼和浩特隆重召开“塞飞亚—中国驰名商标”新闻发布会,在人民大会堂与中国质量万里行一起组织举行全国产品质量论坛等等。多年来,通过一系列非常具有影响力的品牌宣传活动和长期的国内外市场宣传,使企业品牌在国内外的影响力越来越大。

内蒙古科尔沁牛业股份有限公司

内蒙古科尔沁牛业股份有限公司是以肉食品加工为龙头,以绿色饲料加工、畜牧产品研制开发以及生物制剂、医药原料、草原生态建设为基础的股份制企业。

科尔沁牛业公司从德国 BANSS 公司引进了当前世界上最先进的、符合欧盟标准的屠宰加工设备。这套设备可以布生产线上直接对肉牛进行屠宰、分割、排酸、剔骨、包装,可达到年屠宰100 000头肉牛、加工冷鲜肉20 000吨的生产能力。同时,公司还把欧洲国家最先进的技术和软件系统进行逐项研究,集中引进了四大系统,使生产线在总体技术水平上优于发达国家。

1、家畜自动跟踪监控制系统:该系统是肉食品卫生安全保障的核心系统,能对牛源、饲料、饲养过程、疫病防治及整个生产加工、储运等各个环节的信息实施监控,并在中央处理器的数据库建立档案。任何一个产品一旦发现污染问题,可以通过专用识别码直追源头,以最快的速度在最小的范围内控制并回收受污染产品,确保所有入市流通的肉食品具有最严格的安全保证。

2、自动分级系统:在整个屠宰加工过程中对活畜的品种、口龄、活重、胴体、背部脂肪厚度、肉质酸碱度、嫩度剪切值等多个数据加以采集,经中央处理器处理后划分产品的质量等级,根据等级不同对产品采取不同的后熟处理工艺,以适应不同的市场需求。

3、真空自动收集输送系统:公司专门从欧洲引进了本系统,通过分布在屠宰间内部各个岗位的污物收集器及与之相连的地下真空输送管道将所有产生的污物收集并输送至专门的化制车间进行销毁,确保生产加工环境卫生。

4、生产加工全程 PLC 控制系统:整个屠宰加工及冷冻储藏均采用 PLC 全程控制。该系统由分布在屠宰加工生产线、排酸间、速冻间、储藏库内众多的数据经中央处理控制器进行分析,及时发布命令对生产线运行速度、车间内部温度、湿度、冷热水、压缩空气及各种辅助设施如真空收集、输送系统、制冷系统等进行调控,整个生产加工过程始终处于最佳状态,使企业的投入产出比大幅度提高。公司除硬件设备和软件系统外,我们在生产过程是还采用了先进的胴体处理加工技术:排酸肉质嫩化技术,经过排酸嫩化肌肉组织比较柔软嫩化,具有弹性,切面富有水分,具有愉快的香气和滋味,易于煮烂和咀嚼,肉公用性质明显改善,提高警惕了肉食品质。冷剔骨分割技术,剔骨分割间温度需控制在 9~11℃;操作台使用前后,必须清洗消毒,操作工手污染后,必须经清洗和消毒后方可接触肉品;刀具污染后经83℃热水消毒 30 分钟,方可再使用,保持良好卫生状态。

科尔心牛业公司以先进的设备、科学的技术和严格的管理手段所生产的上百种产品能够满足中、高档中餐、韩餐、日餐以及西餐菜品的烹饪制作。产品远销中东伊斯兰、日本、马来西亚、香港、澳门等国家和地区,荣获多项国际贸易认可和国家级认证。

公司在上市之初，即采用深入渗透式完全符合市场供求规律的市场营销模式，以自建专卖店树立品牌形象，与商超合作扩大市场份额，以普及零售终端为导向，把深入千家万户完全占领市场作为目的。

在品牌建设方面，公司首先从终端宣传做起，以实际体验产品、举办民众性公益活动，建设零售店店招等为主，凭借产品先进工艺和优良的品质，先在一小片区域内形成强势品牌，借助区域内的品牌优势向外蔓延的同时，借助高端媒体的强势宣传最终达到品牌的知名著名驰名以及品牌的扩张。

“食品工业，道德工业，珍爱生命，做有道德的人”的企业经营理念，使每一位员工懂得食品质量、卫生、安全与每一个人息息相关，涉及到千千万万百姓的切身利益，并用每个细节来保障产品的质量与安全，为消费者提供最优质的产品和服务。

内蒙古恒丰集团食品工业(集团)股份有限公司

内蒙古恒丰集团食品工业（集团）股份有限公司现有资产2.5亿元。公司拥有三条具有国际领先水平的意大利面粉生产线，并引进世界一流的检化验设备，日处理小麦850吨，是中国西北地区最大的粮食加工企业集团。公司率先通过了ISO9000国际标准质量体系认证；被中国特产经济开发办认定为目前中国唯一的“中国河套优质面粉生产基地”；2002年，公司“河套”商标被认定为全国面粉加工行业首家“中国驰名商标”。

恒丰集团被评为国家级“守合同重信用”企业、国家级高新技术企业；2005年12月，恒丰集团又被国家农业部授予“全国农产品加工业示范企业”和“全国农产品加工企业技术创新机构”荣誉称号。

恒丰集团公司以河套优质小麦为原料，生产的“河套”牌系列面粉率先通过QS认证，多次被评为“国家质量达标食品”、“消费者信得过产品”、“国家免检产品”，市场规模及占有率均居全国同行业前列。内蒙古恒丰食品工业（集团）股份有限公司，在近50年的奋斗中，用心呵护“河套”品牌。从80年代中期，“河套”雪花粉已在全国拥有了广阔的市场空间，并一度成为供不应求的产品，进入90年代，公司把塑造企业形象同“河套”品牌的建设同步进行，从“河套雪花粉闻名不如见面”到“天然、绿色、安全、健康”到“河套面粉真情相伴”的宣传理念，“河套”品牌的创建走出了自己独特的路子。

产品质量不仅是一个企业的生命，更是品牌的生存基础。恒丰集团在保证质量方面狠抓六关：一抓原料种植关。恒丰集团坚持走“公司+基地+农产+科研”的路子，在河套地区建立了稳定的绿色小麦生产基地，大力发展订单产业。每年小麦春播期间，公司直接与旗县各乡镇签订小麦订单合同，委派专业技术人员到基地现场指导，使企业的优质原料得到了保证；二抓原料收购关。质检部门在小麦收购中严格监控，不合格的原料坚决拒收；三抓生产工艺关。公司采用先进的生产工艺和国际领先技术，对生产过程中和各个环节层层把关；四抓成品检验关。公司从国外引进十余套世界一流水平的面粉检测仪器，在同行业中率先对面粉进行全面、准确、快速的检测；五抓质量管理关。公司认真贯彻实施《产品质量法》，积极推行ISO9000标准，建立质量责任制度和质量保证体制；六抓质量意识教育关。公司采取多种形式，对广大职工进行质量意识培训，树立质量第一的观念。由于在产品质量上严格监控，历年来，公司都是全国粮油食品质量抽查全优企业之一。

科技是企业发展的动力，生产绿色、安全健康产品是恒丰集团永恒的追求。恒丰集团在引进国外先进设备和先进技术的基础上，多次进行技术改造，大胆创新，增加了产品品种，满足了不同消费者的需要，得到了广大客户的认可。1999年，公司走生物工程之路，开发出了“河套”牌绿色富硒保健面粉，被国家外经贸部、科技部、环保局等五部委联合评为“国家级重点新产品”，填补了面粉食品补硒的国内空白。

恒丰集团把品牌战略与产业化推进的系统工程有机地结合起来，使“河套”品牌的科技含量成份更高。1996年在引进两条国外先进面粉设备的基础上，又大胆决策引进具有先进水平的能调配100多种产品的第三条意大利专用粉生产线。通过引进—吸收—改造—创新的程序，建立起了属于自己知识产权、技术产权的体系，从而一举成为在全国同行业中规模和效益名列前茅的大型企业。河套品牌也在消费者心目中取得了较高的知名度和美誉度，2002年，公司的“河套”商标被国家工商总局商标局认定为国内面粉行业唯一一件中国驰名商标。

近半个世纪以来，恒丰集团通过合并和内部机制的调整，成功地实现了存量资产在市场运作中的有效整合。“河套”商标从知名、著名到中国驰名商标的培育，作为面粉行业的微利企业仍投资数百万元把河套平原上的60多万亩良田建成了绿色优质小麦生产基地；不仅保证了公司优质原料，同时使河套基地农民可直接增收1 000多万元，达到了农民增收企业增效的双赢目的，真正体现了河套品牌的拉动作用。

多年来，恒丰集团把企业的发展和打造河套品牌紧密结合在一起，以产品质量创立品牌，以形象工程树立品牌，以超值服务宣扬品牌，以科技创新振兴品牌，以科学管理保卫品牌，以现代营销拓品牌，走出了一条成功的品牌效益型道路。今后，集团公司将以市场为导向，以驰名商标为依托，有效地借助各种新闻媒体进行宣传，继续扩大“河套”名牌的辐射面，不断提高“河套”品牌的知名度。

赞助企业简介

呼和浩特市环境保护局

呼市环保局成立于1993年,总人数237人,设12个科室和3个二级单位即呼市环境监察支队、呼市环境监测中心站、呼市环境科学研究所。党员116人,占总人数的48.9%;专业技术人员137人,中级以上职称84人,占总人数的35.4%;有蒙、满、回等少数民族干部50人,占总人数的21%。

呼市环境保护局的主要职责是:贯彻执行国家关于环境保护的方针、政策和法律、法规,拟定我市环境保护的具体政策、法规与条例并监督实施;受市人民政府委托,对市重大经济和技术政策、发展规划以及重大经济开发计划进行环境影响评价;拟定市环境保护规划;组织并监督实施国家和市关于大气、水体、土壤、噪声、固体废物、有毒化学品以及机动车等污染防治法规和规章;监督对生态环境有影响的自然资源开发利用活动;监督检查生物多样性保护、湿地环境保护、荒漠化防治工作;指导和协调解决全市各部门重大环境问题;调查处理市重大环境污染事故和生态破坏事件;制订和组织实施各项环境管理制度、管理全市环境管理体系和环境标志认证;负责防治辐身污染、放射性废物、核安全管理工作;承办市人民政府和自治区环境保护局交办的其它事项。

上世纪90年代初,我市的GDP总量不到100亿元,空气质量在全国47个环何重点考核城市(省会城市和计划单列式)中却倒数第一。去年呼和浩特市的GDP超过600亿元,空气质量优良的天数达到310天,排名上升到第10位。饮用水源地水质一直保持100%达标率,城市环境综合整治定量考核成绩名列全区第一。

为落实市委九届七次全委会提出的“三个第一、一个提高”的奋斗目标,我局全体干部职工决心以饱满的政治热情,勇于探索的工作态度,进一步巩固共产党员先进性教育成果,提高素质、服务群众,力争在2005年完成以下工作:空气质量二级和好于二级的天数达到300天;饮用水源地水质达标率仍保持100%;城市环境综合整治定量考核成绩保持全区第一;拆并分散锅炉150台;依法征收排污费1 200万元。使我市的环境保护工作再上新台阶。

鄂尔多斯市东胜区建设局

东胜区建设局是东胜区城市建设与管理工作的主管部门,成立于1960年6月,时名东胜县城市建设委员会,后因机构改革、职能的合并与分离几经更名,2002年6月根据《东胜区党政机构改革方案》的规定进行重组并改为现名。下设房管局、园林局、环卫局、城市管理监察大队、污水厂、东政城市建设开发投资有限责任公司、拆迁办、节水办、自来水总公司9个企事业单位,职工总数2 000余人。建设局机关现有在职职工33人,内设行政办公室、党委办公室、财务办公室、审计办公室、劳资办公室、工程管理办公室、城建村镇科、基建管理办公室、质监站等9个职能科室,建设局的主要职责是:贯彻执行国家、自治区、鄂尔多斯市有关建设行业行政管理的方针、政策、法律法规,研究拟定全区工程建设、城市建设、村镇建设、建筑业、勘察设计咨询业、市政公用事业的政策措施并指导实施;组织落实工程建设实施国家标准,监督指导各类工程建设标准定额的实施;负责城市规划区建设工程市政基础设施计划的拟定、设计、审查;依法查处各类违法违章建设;负责市政建设管理,组织市政基础设施项目的建设及审计工作;负责城建设施和其它建设规费的收缴、管理和使用;指导和管理规划区内供水节水、地下水资源的管理、监测、市政公用设施管护、城市美化绿化、市容市貌和环境卫生工作;指导房屋产权产籍管理和房屋转让、交易、租赁、抵押登记及评估工作、登记核发《房屋所有权证》和《房屋租赁证》,指导管理旧城区改造、绿地建设、道路修建及房屋、临时设施的拆迁工作。

几年来,在区委政府及上级有关部门的高度重视和社会各界的大力支持下,经过建设系统全体职工的共同努力,东胜的城市建设管理蓬勃发展,取得了令人瞩目的成就。一是在城市建设中,以建设“畅通城、文化城、生态城”为目标,坚持“拉大与补欠并重、新建与改造同步、扩容与提质齐抓”的工作方针,倡导人本精神,提升城市品位,优化城市环境,把东胜建设成为人居环境优美、人文环境优良、创业环境优秀的区域性中心城市,从而推动经济、社会的全面协调、可持续发展。二是在城市建设中，加大投入力度，加快发展步伐。“十五”期间，东胜区累计投入建设资金近90亿元，重点实施了以水、暖、电、气等项目为主的城市基础设施建设工程；以打通主次干道、改造小街小巷为主的交通畅通工程；以提高城市品位、树立城市形象为切入点的景观亮化美化工程；以改善人居条件为主的房地产开发工程。使东胜区人居环境得到有效改善，城市功能逐步完善，城区规划面积达128平方公里，建成区面积35.1平方公里，城区道路总长度达到160公里，人均道路面积16.4平方米；主要街道路灯发展到1.8万盏，实现自动化控制，着灯率为99.1%；人均住房面积25.5平方米；人均公共绿地面积6.4平方米；供水管线289公里，日供水能力5.5万吨，人均日供水量138升，供水普及率达到97%；排污管线总长度达170公里；供热管理总长度达到80公里，供热面积530万平方米；天然气管线55公里；基础设施覆盖率提高到88.2%。三是在城市管理方面，为切实提高城市管理水平，城市管理实行了“一支队伍，双重管理”的管理模式，按照“条块结合、以块为主，重心下移、属地管理”的原则，进一步健全和完善管理机制，实行城市管理协管员制度，充分发挥街道办事处、乡镇的管理职能，形成各街道办事处、社区、单位、协管员主动参与城市管理的新局面，同时，根据东胜城市建设管理特点，制定了《东胜区城市建设管理工作单项目标考核责任制》，明确各方职责、职能及工作目标，做到各司其职、各负其责，不断推进东胜区城市建设管理迈向规范化、制度化、法制化轨道。

同时，城市建设的发展，极大地推动和刺激了地方经济的发展，也带动了建材、建筑、装璜、交通运输等第三产业的迅猛发展，为下岗职工提供了5万多个就业岗位，成为全区经济发展新的增长点。

通过几年的努力，东胜区建设局连续三年获东胜区目标考核一等奖，连续三年获全市建设工作特等奖，1999年被原东胜市委、市政府评为市级标兵文明单位，2000年被原盟委行署评为盟级文明单位，2005年被自治区建设厅评为文明行业示范点。在东胜区创建全国城市环境综合治理优秀城市、全区综合经济实力“十强”旗市、全国卫生城市、七星级文明城市等活动中，为东胜走进前列做出了积极的贡献。

今后，建设局将紧紧围绕建设畅通城、文化城、生态城的总体目标，倡导人本精神，加快城市基础设施建设力度，完善城市综合功能，优化城市环境，提升城市品位，积极推进经营城市步伐，创新经营机制，加大经营力度，盘活城市资产，扩大经营范围和收益；大力加强机关自身建设，转变思想，强化服务，提高效率，服务大局，扎实工作，全力打造鄂尔多斯城市核心区和实现经济跨越式发展做出新的、更大的贡献。

鄂尔多斯市环保局

2005年，是我市经济社会各项事业快速发展的一年，也是环境保护工作得到进一步加强的一年。在市委、市政府和自治区环保局的正确领导下，我们围绕加快发展这一工作大局，以奋发有为的精神状态和求真务实的工作作风，开拓进取，扎实工作，取得了可喜的成绩。

整治违法排污企业环保专项行动取得明显成效。根据国家环保总局等四部委关于清理整顿电石铁合金焦炭等行业的通知精神，对电石铁合金焦炭等高能耗、重污染企业进行大力度整治。坚决取缔淘汰了改良焦企业、100立方以下炼铁企业、20万吨以下机焦企业共107家不符合国家产业政策的违法排污企业。其中改良焦企业59家688孔窑，20万吨以下机焦企业21家，100立方以下炼铁企业27家33台炉。同时督促电石铁合企业按要求进行整改，目前已有49家109台矿热炉环保验收合格。同时对全市范围内的其它环境问题也一并进行综合整治，取缔违规煤场81家，沙石料场34家，并全部恢复了地貌。及时取缔废毁了达旗昭君坟乡白土梁林场附近偷建的7家33孔改良焦和5家15支炼铸条铁炉，防止了淘汰落后工艺和设施的蔓延和死灰复燃。

认真执行环评制度，污染源头控制得到进一步加强。对不符合环保准入条件的污染项目一律不予审批，同时对关系到我市经济社会发展全局的一些大项目、好项目，尽最大努力提供及时有效的政策支持与服务。全年共审查审批市级以上项目154个，其中国家级项目21个，自治区级项目38个，市级项目95个，大中型项目环评执行率为100%，小型项目为95%，市级项目“三同时”执行率为93%，验收合格率为96%。及时为52个项目出具了立项审查意见，为70个项目提供了环评执行标准，为32个项目批复了二氧化硫、烟尘总量控制指标，检查了41个项目的建设进度和竣工验收情况。

放射源和危险废物的安全管理取得新进展。对全市17个行业80多家单位进行了排查，查出涉源单位26家，密封放射源443枚，对其中28枚进行了强制安全收储，对17家275枚进行了环境影响评价，建立了辐射环境管理档案，制定和完善了放射源安全管理措施和安全许可制度。对201家排放危险物的单位进行了申报登记，涉及危险废物8种共5 192吨，建立了完整的资料数据档案，保障了环境安全。

在推动循环经济发展方面取得新突破。制定了《鄂尔多斯市推进循环经济的指导意见》，引导蒙西、棋盘井、沙圪堵等工业园区调整产业结构，积极推行清洁生产，创建符合循环经济发展模式的生态工业园区和环境友好型企业，目前蒙西已成为国家级循环经济示范园区。

排污收费、排污申报登记、环境监察监测、规划统计、宣传教育和自身建设等项工作取得新成绩。一是严格执行《排污费征收使用管理条例》，实现排污费征收入库3 500多万元。切实加强了排污费的“征、管、用”工作。二是在全区率先开展了排污申报登记，对全市8个旗区、6个工业园区的689家企业进行了申报登记，建立和完善了申报登记管理档案，准确掌握了我市的环境家底和污染源排放情况，为环境执法创造了条件。三是加强环境监察、监测工作。自筹资金50多万元，购置了环境监测仪器设备，狠抓监测质量管理，使监测能力和水平有了较大提高，顺利通过了自治区环保局关于环境监测站标准化建设的检查验收，通过了自治区技术监督局计量认证审查换证工作，圆满完成了各项环境监测任务，开展了生态环境遥感监测工作。加强市环境监察支队的人员和装备建设，提高了执法能力和水平。四是完成了各项环境规划的编制和统计工作。编制了《鄂尔多斯市环境保护“十一五”规划》，完成了2004年度环境统计年报，开展了全市环保产业调查，成立了市环保产业协会。五是加强环境保护宣传教育。组织开展了世界环境日宣传纪念活动，开通了鄂尔多斯环境网站，推荐了环保奖候选人，鄂前旗农民米启旺获得“福特汽车环保奖”三等奖，神东公司获得“中华环境奖”。六是加强自身建设。认真开展了党员先进性教育活动和行风评议工作，建立立制，实行政务公开，在干部职工中形成了爱岗敬业、严格执法、奋发有为的良好风气。

通过一年来的艰苦努力，我们在环境整治上取得了新突破，在规范环境执法上迈出了一大步，在环保自身建设和基础性工作上取得了新成绩，使全市的环何工作在整体上步入了一个新的起点。

一年来所取得的成绩，是市委、政府坚强领导的结果，是市人大、政协和社会各界支持监督的结果，是有关部门密切协作的结果，也是全市环保工作者爱岗敬业、努力拼搏的结果。

“十一五”期间全市环保工作的总体思路：按照全面落实科学发展观和建设资源节约型、环境友好型社会的要求，紧紧围绕全市“十一五”发展目标，加强污染防治和生态保护。大力发展循环经济，加大对污染企业的环保化改造，淘汰资源消耗大、污染严重的落后工艺、设备和企业，促进经济结构调整和经济增长方式的转变；加强城镇污水、垃圾处理等环境基础设施建设，发展集中供热，推广清洁能源；大力倡导生态文明，加大自然保护区、生态示范区和特殊生态功能区的保护力度，建设生态市；强化环境法治，加强环保能力建设，提高环保监管能力，建立环保长效机制。

主要预期目标：到2010年，力争使全市环境质量稳定改善，部分地区生态环境明显改善，实现经济社会和资源环境全面协调可持续发展。中心城镇及城镇组团、工矿区饮水源地及主要河流、水域水质稳定达到国家二级标准，城镇空气质量好于二级标准的天数超过280天，区域噪声质量达到国家二级标准。环境保护治理费用占生产总值1.5%。主要污染物排放总量得到控制，城镇污水集中处理论达到60%，城市垃圾处理率达到80%，放射性废物收储率达到100%；农村牧区生态环境得到改善，自治区级以上自然保护区基本达到规范化建设标准的要求；环境执法能力得到加强，市、旗区环境监察、监测能力达到国家规范化建设标准的要求。

乌海市建设委员会

2005年，乌海市建设委员会内设职能科室8个，即：办公室、计统审计科、城建科、公用事业科、工程建设科、建筑管理科、房产管理科、拆迁办公室。定编28名，其中：主任1名，副主任4名，纪检书记1名，调研员1名(不占编)，助理调研员2名，科长8名，副科长4名。所辖二级单位14个。其中：事业单位9个，企业单位5个。

围绕建设生态绿洲型工业城市这个目标，加快城镇基础设施建设和生态园林绿化建设，加大旧城区拆迁改造力度，改善城市环境面貌和人居环境。强化建筑市场、房地产市场、市政公用市场和中介市场监管，确保工程质量和安全生产。认真贯彻行政许可法，加强依法行政。正确处理改革、发展、稳定的关系，认真解决关系群众切身利益的热点、难点问题，维护社会稳定。深入开展党风廉政建设和精神文明建设，促进建设领域各项工作全面发展。

道路建设 全市新建改造道路26.2公里，新增道路面积43.3万平方米。

园林绿化建设 全市新增园林绿地面积89万平方米，城市绿化覆盖率达到19.4%，人均拥有公共绿地面积8平方米，分别比上年增长了2个百分点和0.87平方米。

集中供热建设 北方电力乌海热电二期工程完工投入使用，新增20万千瓦供热机组。实施了海勃湾、乌达热网二期工程和海南区集中供热建设，全市共投资11 740万元，建设热力站23座，20吨供热锅炉2台(海南区)，铺设供热管网23.3公里，新增供热面积65万平方米。

排水管网建设 全市共铺设给水管道39.8公里，日新增供水能力2.1万吨；铺设排水管网14.5公里，城区排水系统基本形成。

燃气建设 新增煤气入户2 000户，液化气用户9 500户。完成了长—乌—临天然气入城工程可研，申请亚行贷款 623 万美元，预计 2006 年开工。

环卫建设 计划投资6 568万元的乌达区污水处理一期工程全面开工，已完成脱水机房、加氯间、接触池及井房主体屋面，氧化沟、贮泥池、污泥回流房主体框架。计划投资9 100万元，日处理垃圾 450 吨的乌海市生活垃圾综合处理厂工程土建基本完工，正在进行设备安装。市、区两级筹措资金1 351万元，新建改造公厕 329 座，基本解决了城乡居民如厕难的问题。

亮化工程 海勃湾城区结合道路改造完成了海拉北路、甘德尔街等 6 条街路路灯安装及滨河新区滨河大道等 3 条街路的路灯建设前期准备工作，并对人民路北花坛进行了亮化建设。共安装路灯 885 盏，铺设电缆2.4万米。

城市基础设施维护管理 对海勃湾城区道路、桥梁、排水管网、检查井等基础设施及时养护维修，严格道路开挖审查批准手续，严把道路开挖恢复质量关。积极开展小街巷的硬化和排水管网的维修改造，共硬化小街巷 13 万平方米，铺设排水管网1.5公里，建设加压泵站 1 座。

建设工程管理 进一步加强建筑有形市场监管，出台了《乌海市建设工程招标、开标、定标规则（试行）》，严格按照规范招投标。有 72 项工程进场交易，交易额8.5亿元，招投标率100%。全面推行招投标代理制度，51 项工程实行了代理招标。严格履行建设工程法定程序，全面推行工程项目报建、建设工程施工许可 2 项制度，共办理建设工程项目报建 110 项，工程规模 203 万平方米，办理施工许可 139 项，工程规模 101 万平方米。推行了建设工程施工现场关键岗位从业人员押证施工制度，认真落实施工图审查备案制和竣工验收备案制，全年有 439 项单位工程进行备案审查，出具施工图审查报告 201 件。对 109 项建设工程进行了竣工验收备案，竣工面积 67 万平方米。

认真落实工程质量监管责任制和建筑安全生产责任制，全市在建工程全部纳入市、区监管，监管率100%。继续整顿和规范建筑市场，对全市在册的 36 家建筑企业施工资质进行了年检，完成了 6 家建筑企业新资质和 1 家资质增项的申报工作。在加强日常管理的同时，进行了 4 次全市安全质量大检查，共下发《质量整改通知书》639 份、《停工通知书》6 份、查出各类安全隐患 678 条，均按要求及时得到整改。针对历年来安全事故易发环节，开展了密目式安全网、塔吊、汛期安全、高空作业、临时用电、装修吊篮等的专项治理工作，全年未发生建筑工程重大安全生产事故。落实职工意外伤害保险和农民工工资制度，办理率100%。积极开展优质样板工程评选，创建安全文明工地。全市有 13 个工地被评为自治区安全文明工地，17 个工地被评为市级安全文明工地。进一步加强建筑工程勘察设计管理，经推荐有 1 个勘察文件、2 个设计文件被自治区评为优秀勘察设计三等奖。

规范了城建档案的收缴程序，全年共归集档案1 900余卷。

加大清欠工程款和农民工工资工作力度，累计清偿工程款11 377.36万元，占拖欠总额的85.1%，拖欠农民工工资全部清偿。全面推行农民工工资保障金制度，市管工程共收缴农民工工资保障金 415 万元。

房地产业建设和房地产市场管理 坚持以新城区开发带动旧城区改造，以旧城区改造促进新城区开发。全市共实施拆迁改造项目 41 个，拆迁户数4 297户，拆迁建筑面积34.6万平方米。开工建设经济适用住房31.1万平方米，新开工建设住宅小区 38 个，开工建筑面积 145 万平方米。加强住房登记及二级市场交易管理，共办理初始登记2 288件，发证面积 107 万平方米，抵押登记1 157件，登记面积17.7万平方米，转移登记7 364件，面积86.2万平方米，现房抵押2 999件，登记面积50.9万平方米，受理市区 32 家房地产开发企业业务。开展了房地产市场规范整顿，对 66 家房地产开发企业，23 家物业管理企业，4 家房地产评估机构进行了资质年检和市场检查，房地产市场秩序进一步好转。严格商品房预售管理，共办理预售许可证 59 件，预售面积61.9万平方米。

物业管理 提请市政府下发了《关于进一步加强物业管理的通知》，召开了全市物业管理工作现场会，对进一步加强物业管理工作，充分发挥市、区政府有关部门、街道办事处、社区居委会的职能作用提出了具体要求。下发了《关于进一步加强房地产开发管理的通知》，按照新房新制度的要求，新建住宅小区已全部选聘了物业公司，并配备了相应的物业管理用房。进一步完善了维修基金制度，累计归集1 475万元。积极开展物业管理示范小区创建，2 家住宅小区分别被自治区评为示范小区和优秀小区。

住房公积金的归集使用管理 截至 12 月末，归集公积金6 080万元，发放公积金贷款5 853万元，为 877 户职工提供了购房资金支持。

全市规划建设管理工作会议 2005 年 3 月 14 日，乌海市政府主持召开全市规划建设管理工作会，参加会议的有三区分管区长、建设、行政执法、规划、房管局局长，各建设、勘察、设计、监理、施工及房地产开发企业负责人，市规划局、建委、行政执法局机关全体及所属各单位负责人，市委副书记薄连根同志，市委常委、市政府副市长何永林同志出席了会议。会上，市建委书记、主任雍炳炜同志做了“牢固树立科学的发展观，努力推动建设事业持续健康发展”的发言，对 2004 年度城建工作进行了总结，部署了 2005 年度工作，并对市建委系统 2004 年度涌现出的 8 个先进集体、22 名先进个人进行了表彰。

纪念中国共产党成立 84 周年暨表彰大会 2005 年 6 月 29

日,乌海市建设委员会召开了纪念中国共产党成立84周年暨表彰大会。委机关全体党员、二级单位班子成员、受表彰的先进个人、离退休党员代表、预备党员共130多人参加了会议。会上对在基层党组织建设工作中表现突出的4个先进基层党组织、27名优秀共产党员和8名优秀党务工作者进行了表彰,并为10名预备党员举行了入党宣誓仪式。最后,委党委书记、主任雍炳炜做了讲话。

全市建筑安全工作会议 2005年4月26日,乌海市建设委员会召开了由三区建设分管局长,市质监站安全监督员,各监理公司、房地产开发企业、建筑企业及委属各责任单位负责人参加的安全生产工作专题会议。会上安排布置了2005年全市建筑安全生产文明施工工作;通报了2004年全区建筑安全生产文明施工和工会劳动保护工作检查结果,及建筑施工安全事故有关责任人从业资格的处理决定;表彰了2004年度市级建筑施工安全文明工地;同三区建设局、市建筑安全监督站、各建筑施工企业、委属各责任单位签订了《2005年安全目标责任状》。

鄂尔多斯市建银房地产开发有限责任公司

鄂尔多斯市建银房地产开发有限责任公司位于鄂尔多斯市东胜区鄂尔多斯东街18号。公司始建于2000年10月,公司注册资本2 000万元。固定资产1 637万元,现有员工48名。其中高级职称6名,中级职称12名。公司自成立之初,就立足于鄂尔多斯大发展、大跨越的良好发展机遇中秉承"自强素质,外树形象,优化品牌"的治企方略,先后承建并开发了鄂尔多斯市达拉特旗地方税务局办公大楼,鄂尔多斯准格尔旗建设银行办公大楼,鄂尔多斯市富盛苑小区,鄂尔多斯市富兴花园小区一期工程(二期工程现正在建设中),建筑和开发总面积已达30多万平方米,各项工程均获得了自治区、鄂尔多斯市优质文明的工程。

鄂尔多斯市建银房地产开发有限责任公司董事长黄具良先生携全体员工在强化自我素质的过程中,愿与全区同行,在西部大开发良好契机下,共谋发展宏图,共建美好家园,为内蒙古自治区跨越式发展贡献自己的全部力量。

赞 助 单 位

内蒙古自治区财政厅

内蒙古自治区人民政府直属机关事务管理局

乌海市乌达区人民政府

呼和浩特市商业银行

中国人民银行呼和浩特中心支行

鄂尔多斯食品药品监督管理局

内蒙古树林召经济技术开发区管委会

内蒙古铁鑫煤化集团有限公司

锡林浩特煤矿

索 引

使用说明

一、本索引采用内容分析索引法编制。除大事记外，年鉴中有实质检索意义的内容均予以标引，以供检索使用。

二、本索引按汉语拼音音序排列，即按照首字的音序、音调依次排列，首字相同时，则以第二个字排序，并依此类推。

三、索引标目后的数字，表示检索内容所在的正文页码；数字后面的英文字母a、b，表示正文中的栏别，合在一起即指该页码及左右两个版面区域。年鉴中以表格、图形方式记载的内容，则在索引标目后用括号注明（表）、（图）字样，以区别于文字标目。

四、为反映索引款目间的逻辑关系，对于二级标目，采取在一级标目下缩二格的形式编排，之下再按汉语拼音音序、音调排列。

0～9

A

C

D

E

F

J

K

P

Q

T

W

X

Y

Z

（王彦祥　毋栋　编制）

内蒙古集通铁路有限责任公司

自治区党委副书记杨利民视察集通公司

公司领导班子成员

总经理：王惠川

“十五”期间，累计完成货物运量5706.2万吨，比“九五”增加2040.3万吨、增长55.7%。特别是近三年来，货运量提升很快，2003年达到1017.9万吨，比上年增长11.1%；2004年达到1317.8万吨，比上年增长29.5%；2005年达到1503.6万吨，比上年增加185.8万吨、增长14.1%，是五年来完成货运量最多的一年。

“十五”期间，累计完成客运量440.1万人（次），比“九五”增加259.7万人（次）、增长144.0%。2004年完成104.5万人（次），比上年增长30.3%，首次突破百万人（次）大关；2005年完成108.3万人（次），比上年增加3.8万人（次）、增长3.6%，为年计划100万人（次）的108.3%。

“十五”期间，累计完成换算周转量48066.6百万吨公里，比“九五”增长59.4%。2005年完成12943.6百万吨公里，比上年增加1644.2百万吨公里、提高14.6%。

“十五”期间，如期足额偿还世行贷款本息累计5.55亿元，每年约还1.1亿元左右。

如果按货运量增长周期来分析，从1997年731万吨增长到768万吨用了3年时间，年均增长2.5%；从2000年925万吨增长到951万吨同样用了3年时间，运量增速较为缓慢。2003年下半年，与呼铁局实现“四统一”后，首次月运量突破百万吨、年运量突破千万吨大关，货运量逐年增长，年均增长达到21.5%。由此表明，“十五”后期，实现了两年迈进两大步的重要突破，是公司成立以来发展最快最好的时期。

达拉特电厂

达拉特发电厂目前装机容量为198万千瓦，是北方公司西电东送的主力电厂之一。达拉特电厂四期2×60万千瓦工程顺利投产后，将成为北方公司总装机容量最大的电厂。

辉腾锡勒风电厂

辉腾锡勒风电厂西距呼和浩特市120公里，东距集宁市50公里。风电厂南侧距卓资山变电站30公里，场址内由南到北贯通已建成的卓资山—科布尔110千伏输电线路。目前装机94台，容量6.85万千瓦。

上都电厂厂貌

上都电厂一期2×60万千瓦工程是我国北方高寒地区首座褐煤脱硫、直接空冷电厂，是目前北方公司唯一的点对网电厂，同时也是北方公司第一座2×60万千瓦机组正式投产的电厂。该工程项目的建成投产，对促进自治区经济建设，拉动地方经济发展，缓解京津唐电网供电压力将发挥重要作用。

商都风电厂位于乌盟商都县北十五公里处，于1994年12月并网发电，现有从丹麦引进的NTK-300千瓦机组12台，容量3.6兆瓦。机组全部安装在山上。

商都风电厂

北方联合电力有限责任公司

乌拉山电厂三期工程

乌拉山发电厂三期扩建工程2×30万千瓦国产燃煤直接空冷机组是国家国产化试点工程和环保项目，该机组首次成功应用国产直接空冷技术，结束了我国直接空冷技术70多年依赖进口的历史，为振兴民族工业做出了巨大贡献。同时，2号机组有幸成为公司管理容量突破1000万千瓦的机组，实现了北方公司组建两年多来，可控容量突破1000万千瓦，达到1005.378万千瓦目标。

锡林风电厂

锡林风电厂位于内蒙古锡林浩特市西郊15公里处，于1995年11月建成，先后建设项目三期。现有装机13台，容量4.78兆瓦。

北方联合电力有限责任公司由中国华能集团公司、中信泰富有限公司、中国神华能源股份有限公司、内蒙古电力投资有限责任公司出资组建，注册股本金100亿元人民币，其中：中国华能集团公司51亿元，中信泰富有限公司20亿元，内蒙古电力投资有限责任公司19亿元，中国神华能源股份有限公司10亿元。

北方电力公司自2004年1月9日成立以来，借助于新体制和新机制，全面实施“两个集中，两个统一”和“一包两挂四考核”的运营管理模式，企业经营快速发展，综合实力迅速增强。截止到2005年底，全年完成发电量475.35亿千瓦时，同比增长18.07%，比公司组建初增加了1.4倍。完成供热量3941.6万吉焦，同比增长4.7%。全年实现销售收入100.35亿元，同比增长23.6%，位列全区第七，比公司组建初增加了1.6倍。全年完成利税总额16.4亿元，位列全区第六。两年共实现利税35亿元。全年累计完成固定资产投资151.9亿元，位列全区第一。两年累计完成固定资产投资261.9亿元。全年投产装机容量146.1万千瓦，公司控股装机容量达到775.38万千瓦，比公司组建初增加1.4倍。2005年公司资产规模达到447亿元，同比增长39.2%，是公司组建初的2.2倍。全员劳动生产率52.7万元/人·年，同比增长21%。

“十一五”期间，北方电力公司将坚持科学发展观，紧紧依托自治区的资源优势和区位优势，走“电煤路化”一体化发展和建设综合能源公司之路，到2010年，公司火电装机容量达到2000万千瓦。煤炭年生产能力达到2000万吨，争取达到3000万吨。大力开发循环经济和可再生能源，风力发电装机容量达到120万千瓦。

按现代企业制度组建的北方电力公司，正在新的发展起点上阔步前进。

中文名称：北方联合电力有限责任公司

中文简称：北方电力公司

英文全称：NORTH UNITED POWER CORPORATION

英文简称：NUPC

北方电力公司法定住所：内蒙古呼和浩特市锡林南路169号

邮　　编：010020

中铁集装箱运输公司呼和浩特分公司

总经理：任玉柱

2003年9月16日首列液态奶集装箱五定班列开行仪式

2003—2005 年集装箱“五定班列”运量及收入示意图

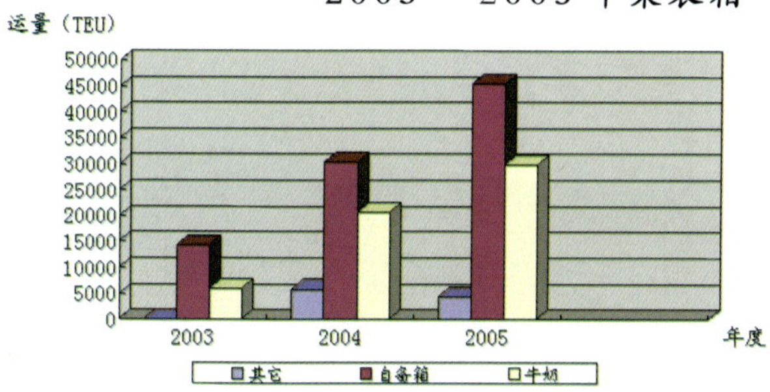

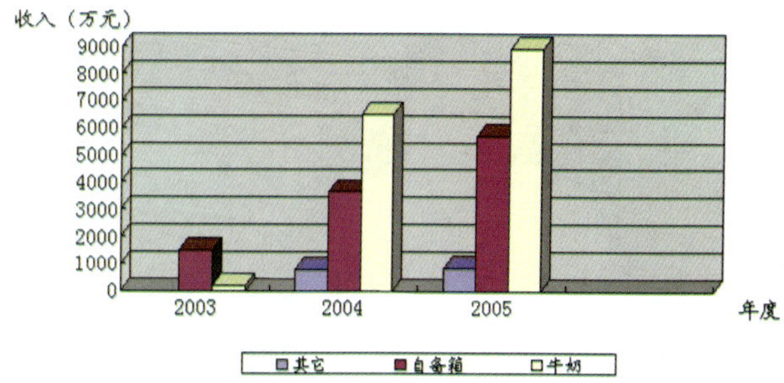

中铁集装箱呼和浩特分公司2003年底成立，下设综合部、计财部、运输部、市场部、技术装备部，现有职工20人。在内蒙古中西部地区有9个集装箱办理站，由西向东分别是乌海西、乌海、临河、包头、包头东、呼和浩特、集宁、二连、丰镇车站。

总经理任玉柱、副总经理王占武带领全体职工以生产效益为中心、以班列品牌为龙头、以强化管理为手段，更新观念，团结拼搏，锐意进取，创造性地开展工作。在总公司的领导和铁路局的大力支持下，连年实现运输生产和经营效益的双丰收。

在分公司的成长过程中，呼和浩特铁路局把发展集装箱事业为己任，以大局为重，全力支持，形成培植和营造有利于集装箱事业可持续发展的态势。分公司在总公司的领导下，在箱车严重不足、货源不均衡的情况下，竞争扩张、挖潜提效，扩大内涵再生产，把振兴民族地区经济为己任，着眼长远、大胆开拓，从2003年9月16日液态奶班列（中铁集装箱一号）第一列的开行至2006年6月30日发送液态奶714列，71444 TEU，发送番茄酱等农副产品100列。液态奶班列的开行对自治区物资外运，解决企业的燃眉之急起到了积极作用，被誉为运输界的创举。2005年，集装箱发送11140TEU，营业收入完成22444万元，其中集装箱“五定”班列开行620列，直达班列开行190列，总计发送箱79820TEU，占集装箱运量的71.6%。较2004年班列数量翻了一番，增幅全路第一。

2005年11月23日召开
牛奶集装箱班列研讨会

内蒙古伊东煤炭集团有限责任公司

董事长、党委副书记：杨二喜

公司领导班子

党委书记、副董事长：郝锐军

总经理：刘二文

内蒙古伊东煤炭集团有限责任公司领导名录

董事长、党委副书记：杨二喜

党委书记、副董事长：郝锐军

总经理：刘二文

监事会主席、工会主席：范林

副总经理：司建华（蒙） 李金良 王培清 张利清 付二银

内蒙古伊东煤炭集团有限责任公司始建于1985年，1998年、2000年经过两次转制，转制为民营企业。其前身为准格尔旗煤炭工业公司。公司位于素有“塞外宝库”美称，国家能源重化工基地的内蒙古鄂尔多斯市境内，拥有得天独厚的具有“三低三高”（低灰、低硫、低磷、高发热量、高挥发份、高固定碳）特点的优质“绿色”精煤。公司现为内蒙古自治区30户重点煤炭企业，在2005年全市12户营业收入超十亿元企业中排名第八；在全旗70户企业中上交税金排名第三，在全旗地方企业中排名第一。

伊东集团循环经济产业基地

公司现有总资产14亿多元，年创利税7亿多元。现有员工1600多名，其中各类工程技术及管理人员420名，2004年经上级批准，准旗煤转化技术研发中心在伊东公司设立。

目前,公司已形成以煤炭生产为主体，以煤炭深加工转化和非煤产业为两翼，集煤炭、煤化工、煤电、建材、路桥为一体的产业格局。原煤年生产能力800万吨，焦炭10万吨，焦油1万吨,超纯煤10万吨,活性炭3000吨。公司已实现了信息网络化、办公自动化和远程视频传输。

公司的发展战略是：做强做大煤炭主业，大力发展煤化工、煤电、非煤接续产业，进一步拓宽发展空间，创新管理体制和运行机制，强化企业管理，建设主业突出，核心竞争力强的大型企业集团。具体实施分两步走：

第一步：2005—2007年，通过资源整合，技术改造，巩固拓展煤炭主业，培育煤转化、非煤产业，继续深化企业改革，规范运行机制，初步形成具有自主知识产权、较强生存能力的产业结构、产品结构、企业组织结构以及适应社会主义市场经济运行的现代企业制度。

第二步：2007—2010年，通过发展循环经济和走新型工业化的路子，进一步优化产业、产品结构，提升支柱产业和主导产品的规模，使经济效益、科技创新能力、市场竞争能力和抗御风险能力明显增强，建立比较完善的现代企业制度，全面实现既定的企业战略目标。

公司的奋斗目标是：重点实施“311”工程，实现全旗地方企业五个第一。“311”工程是指，集中精力建设窑沟矿区、古城矿区、神山矿区，通过整合资源、技术改造，实现机械化采煤，达到高产、高效、高回采率、高安全水平；建成一个基地，即伊东循环经济产业基地，实施循环经济和集约化经营；建成一条高等级运煤公路。“五个第一”是指，公司煤炭产销量达到全旗地方企业第一，煤矿技术装备水平达到全旗地方企业第一，煤炭深加工转化综合利用率达到全旗地方企业第一，煤系高岭岩的利用总量达到全旗地方企业第一。

具体目标是：到2007年公司煤炭产销量达1200万吨，就地转化深加工煤炭200万吨，超纯煤30万吨，高岭土5万吨，捣固焦35万吨，硝氨15万吨，建成2×50MW煤矸石发电厂，实现销售收入26亿元，利税达到13亿元。到2010年，实现产销煤炭2000万吨，就地转化深加工原煤500万吨，实现销售收入70亿元，利税达到30亿元。

公司大事

2005年，我公司被鄂尔多斯市煤炭管理局授予全市煤炭行业先进集体。

2005年，我公司被鄂尔多斯市市委、政府评为市级文明单位。

2005年9月15日隆重举办公司成立20周年庆典活动。

2006年2月8日自治区党委书记储波一行来我公司窑沟扶贫煤矿视察指导工作。

2006年3月21日，自治区党校组织全区各旗、县主要领导来公司扶贫煤矿参观考察。

2006年4月14日，经董事会研究决定，决策层与经营层分设，并成立新的领导班子。

机械化采煤设备

神华内蒙古煤炭运销有限责任公司

神华内蒙古煤炭运销有限责任公司成立于2001年9月18日，是由神华集团下属七家子公司发起成立的国有资本股份制公司，现由中国神华能源股份有限公司控股。

公司的业务职责主要是负责协调神华“西五公司”煤炭的运输计划和销售工作。

经营的煤炭工业用途有动力煤、冶金用洗精煤。种类主要有混煤、主焦煤、1/3焦煤、高硫肥煤、焦炭等多个品种。公司所服务的“西五公司”共有煤矿10座，洗煤厂9座。在神华集团的大力支持下，公司每年依靠企业自备车外运近1000万吨，公司从成立到现在，销售量逐年上升，2006年预计达到2400万吨 。

公司是神华集团在内蒙古西部各股东企业运输销售的服务协调代理部门。公司以客户利益最大化为宗旨，竭诚为客户供应优质稳定的产品，服务客户，回报社会，愿与各方朋友精诚合作。

地址：内蒙古呼和浩特市锡林北路1号
大天酒店写字楼11层
电话：0471-2263909（办公室）
传真：0471-2263929　邮编：010020

内蒙古鑫诺运输代理中心

鑫诺运输代理中心总经理：徐和平

领导班子成员

内蒙古鑫诺蒙西物流有限公司 7 月 18 日开业庆典

内蒙古鑫诺蒙西物流有限公司集配站

鑫诺荣誉

包头鑫诺东宝物流有限公司

以快做大 以大

神华北电胜利能源有限公司是中国神华的控股子公司，由中国神华、北方联合电力公司、锡林郭勒盟国有资产经营公司共同出资组建。公司成立于2003年12月30日，主要任务是开发经营胜利煤田一号露天煤矿和大型坑口电厂，建设现代化大型煤电基地。

胜利煤田位于内蒙古锡林浩特市北郊6公里处。已探明煤田含煤面积342平方公里，地质储量224亿吨。该煤田赋存条件好，煤层厚、埋藏浅、地质构造简单，开采条件好，适合集中开发，煤质属中灰、低硫、低磷，平均发热量13.79兆焦/千克，为优质动力和化工用煤。

胜利一号露天煤矿规划设计能力为年产原煤5000万吨，采用目前世界上先进的露天开采工艺和设备。其中西一号露天煤矿设计能力为年产原煤2000万吨，今年2月17日已得到国家发改委批准，2010年达产，后期生产能力将达到年产原煤3000万吨。西一号露天煤矿位于胜利煤田的中西部，面积37.14平方公里,可采储量18.90亿吨；东一号露天煤矿可采储量31.6亿

搏强 十年百亿

公司领导班子

吨，规划生产能力为年产原煤2000万吨。

胜利发电厂规划为8×600MW机组，计划总投资220亿元，全部采用国产亚临界燃煤直接空冷发电机组，采用湿法石膏脱硫工艺，计划2015年全部投入。其中，一期工程2×600MW机组正在进行前期工作，计划2006年下半年开工建设。

神华北电胜利能源有限公司是中国神华的控股子公司，主要任务是开发经营胜利煤田一号露天煤矿和大型坑口电厂，建设现代化大型煤电基地。按照公司的“十一五”规划和中长期发展规划，到2010年，公司煤炭年产量达2000万吨，电厂装机容量达到4×600MW，销售收入实现46亿元，上缴税费8亿元，实现利润10亿元；到2015年，煤炭年产量达到5000万吨，电厂装机容量达到8×600MW，销售收入实现100亿元；到2020年，煤炭年产量达到6000万吨以上，电厂装机容量达到16×600MW，销售收入实现200亿元。

概括十年目标和规划就是“以快做大、以大搏强、十年百亿”。快，就是要抢抓机遇，快速发展，五年一大步，快速做大。大，是指规模，单矿、单机规模要大，西一号露天矿设计能力为年产原煤2000万吨，后期经扩建年产原煤将达3000万吨，电厂单机容量600MW，同时还要扩大煤电项目的整体规模，为此，我们确定了“建大矿、办大电、做煤化”的发展思路。强，是指企业效益，没有规模就没有效益，先做大后做强，以大搏取强，十年内销售收入实现100亿元。

我们的长远任务是沿着公司制定的中长期发展目标，实施八大战略，按照中国神华提出的“本质安全型、质量效益型、科技创新型、资源节约型、和谐发展型”的要求，打造“效益胜利、环保胜利、平安胜利、和谐胜利”。

构建五型企业	企业目标
本质安全型	平安胜利
质量效益型	效益胜利
科技创新型	环保胜利
资源节约型	和谐胜利
和谐发展型	

企业精神：做人真诚　做事认真

企业战略：以煤为主，煤电一体
煤、电、油、化多元发展

发展思路：开大矿，办大电，做煤化

建设方针：精干高效，打造一流，构建和谐

自治区党委书记储波视察哈尔乌素露天矿筹备情况

自治区主席杨晶视察准格尔黑岱沟露天煤矿

董事长、党委书记：马军

一、历年来所取得的成绩、荣誉

近年来，公司发展快速，生产能力逐年攀升，自1999年正式投产运营以来，累计上缴当地政府财政税收15.33亿元，已成为当地支柱企业，为繁荣和带动所在地地区经济、推进城市化建设进程发挥着直接和间接的作用。公司从基本建设到生产经营，都高度重视环境保护、水土保持和资源合理开发，使其与经济建设协调发展，为矿区实现可持续发展奠定了坚实的基础。多年来，公司的发展赢得了鄂尔多斯市"巨龙"企业称号，并先后获得国家及地方政府多项荣誉：

1993年、1997年和2002年，准煤（能）公司被内蒙古自治区党委和政府评为"全区民族团结进步先进集体"。

1994年，准煤公司被国务院评为"全国民族团结进步模范单位"。同年，煤炭工业部水文地质局二队与准煤公司合作的"干旱半干旱的准格尔矿区深层岩溶地下水的合理开发与利用"项目，荣获"煤炭工业部科技进步特等奖"。该项目于1995年荣获"国家科技进步二等奖"。

1994年、1996年，准煤公司党委被内蒙古自治区党委评为"全区党的基层组织先进单位"。

1995年、2002年，准煤公司被评为"全区思想政治工作优秀单位"。

1997年，准煤公司与发电厂被内蒙古自治区评为"自治区文明单位"。

1998年，准煤公司被国家环保局评为"全国环境保护先进企业"；被全国绿化委员会评为"全国造林绿化400佳单位"。

1999年，准煤公司被水利部评为"全国水土保持生态环境建设先进单位"。

2000年，准煤公司被全国煤矿地质工会评为"群众文化工作先进单位"。

2000年，准煤公司被内蒙古自治区评为"企业文化建设先进单位"。

2000年，准煤公司被评为神华集团公司先进集体和神华集团公司安全生产先进集体。

2002年，准能公司被中央企业工委评为"中央企业厂务公开先进单位"。

二、准能公司概况：

准能公司（原准格尔煤炭工业公司）成立于1986年，是国家"八五"、"九五"重点建设项目规划中集煤炭、发电、铁路运输为一体的特大型综合能源企业之一。经过长达二十余年的项目筹备与开发建设，公司所属煤炭、电力、运输项目于1999年全面正式投入生产运营，累计投资92.52亿元，注册资本71.02亿元。项目的建设始终受到党和国家领导人的高度重视和亲切关怀。1990年9月28日，中共中央总书记江泽民视察准格尔矿区，并亲笔题词：大力协同，搞好准格尔煤矿建设。李鹏、朱镕基、邹家华等领导也先后到矿区考察，极大地鼓舞了万名建设者的拼搏精神。1998年9月，准能公司由原国家煤炭部划归神华集团公司管理，到2001年3月，公司体制改革基本完成。从此，准能公司迈上了一条由计划经济转向市场经济的自主经营、自负盈亏、自我发展的新兴能源工业化道路，公司的各项事业得到了快速发展：

煤炭：设计年产原煤1200万吨的特大型黑岱沟露天煤矿及其配套的选煤厂，1996年试生产，1999年正式投产，2003年突破设计能力，并持续7年以每年200万吨以上的增幅实现了企业生产跨越式发展。从美、德、英等国引进的主要生产及辅助工程设备，使企业装备能力达到了世界采矿业先进水平。2003年开始扩建、2005年底投入运行的黑岱沟露天煤矿及配套工程，引进了美国大型吊斗铲设备及先进的抛掷爆破生产工艺，到2006年该矿生产能力可以达到2000万吨以上。正在筹备建设的设计能力为2000万吨/年的哈尔乌素露天煤矿，将使公司的生产规模进一步扩大，预计到2010年公司将达到6000万吨的生产销售规模。

神华集团领导视察工作

电力：装机容量为2×100MW机组的公司自备坑口发电厂于1993年建成运营，2004年发电量达到15.1亿度。此外，公司还将积极投资其它电力建设，控股兴建矸石电厂等。

铁路：初期设计能力为1500万吨/年正线全长264公里的大（同）—准（格尔）单线一级电气化铁路，随公司生产经营的良性发展，2004年底已达到2500万吨的年运输能力。2005年正在进行的对该铁路线的扩能改造工程完成后，年运量可达5000万吨，远景规划将实现1—1.5亿吨/年的运输能力。与此同时，公司所拥有的较大规模的黄河小沙湾取水工程，为矿区生产生活用水提供了坚实的保障。其各项公用事业、物业管理、行政环保等服务制度与设施的完善建设，使得准能公司在按照国家产业政策健康发展的道路上长盛不衰。

生产现场

三、公司简介

神华准格尔能源有限责任公司的前身是准格尔煤炭工业公司，成立于1986年，是集煤炭、发电、铁路运输为一体的特大型综合能源企业。1998年9月，公司由原煤炭部划归神华集团公司管理，2005年随神华集团公司上市更名为神华准格尔能源有限责任公司。公司注册资本47.95亿元，现有员工8773人。

公司负责开发的准格尔煤田位于内蒙古自治区鄂尔多斯市准格尔旗薛家湾镇，蒙、晋、陕交界处，东临黄河，北距首府呼和浩特市120公里.煤田已探明地质储量267.6亿吨，煤层厚度平均32.8米，属低硫、特低磷高灰熔点、较高挥发份和较高发热量的长焰煤，应用基低位发热量为4000-5600大卡/千克，是优质动力和气化及化工用煤，有“绿色煤炭”之美称。

露天煤矿

公司机关楼

神东天隆集团有限责任公司

董事长：刘仲田

团结奋进的领导班子

神东天隆集团有限责任公司是根据国家主辅分离、辅业改制政策（国经贸企改〔2002〕859号文件）在原神华神东多种经营公司的基础上，于2004年5月改制成为非国有控股的股份制企业。改制后的企业员工持股75%，神华集团公司参股25%，注册资本2.72亿元，现有资产12.25亿元，是一个具有独立法人资格的地方企业。

神东天隆集团公司现有从业人员5760人，其中大中专毕业生951人、各类工程技术人员653人，员工中的2098人为原国有企业改制职工。

神东天隆集团公司按照现代企业制度建立法人治理结构，设立股东会、董事会、监事会，公司下设10个职能部门，下辖31个生产经营单位，其中生产矿井6个，煤炭专业销售单位3个（拥有5个煤炭集装站），矿用产品和矿业服务单位9个，建筑建材单位5个，其它产业单位8个，是一个以煤炭生产、销售为核心业务，集煤炭生产经营、煤机维修、矿用产品加工和建筑建材安装为支柱产业的新型综合性企业。

神东天隆集团公司以煤炭生产、运销为主营业务，煤电、煤化工并举，产品和服务涉及矿山建设、工程建筑、矿用设备、配件、材料的制造维修等领域。现有产业门类包括：煤炭生产、销售、建筑建材、机电安装与维修、矿用产品加工、化工产品、矿建服务、物流配送、商贸服务、农牧渔业、环保绿化、彩印包装等。主要产品有：煤炭、1M皮带运输机、单体支柱、小型防爆电器、水泥、截齿、锚杆、树脂、乳化油、防冻粉、粉煤灰轻型砌块、钢结构加工、快速装车系统、锚索、风筒、包装盒等20多个品种。尤其是煤炭产品保持了“神华煤”品牌质量，以低水、低灰、低硫和高发热量著称市场，并以优质的中选、小选块煤赢得市场，为神华集团提供了充足的煤源和煤种补充，受到国内外市场的青睐。

神东天隆集团公司未来发展的总体思路是：依靠地方政府大力支持，依托自身优势发挥，立足煤炭，面向神东矿区和社会两个市场，优化产业结构，突出重点项目，构建FIRST管理模式（即

霍洛湾煤矿

F-FINANCE，财政，财务；I-INFORMATION，信息；R-RESOURCE，资源；S-STRATEGY，战略；T-TEAM，团队五环节的管理组合），推行SFOM运营模式（即战略管理、财务管理和业务管理三种运营模式的统称），实施企业再造工程，实现跨越式发展。

按照企业发展战略规划，神东天隆集团公司将形成四大产业板块：

第一板块，利用本地区丰富的煤炭资源优势，形成以煤为主的产业格局，并着力发展煤化工产业，形成产业链；

第二板块，投资电力行业，实现煤电互补的均衡发展局面；

第三板块，利用神东矿区广阔的内部市场，大力发展面向现代化矿区和社会的矿山设备、配件、材料与维修，形成工业园区；

第四板块，在国家西部大开发的大环境下，积极利用区域优势，发展集矿山建设、煤矿生产辅助、服务为一体的专业化服务体系。

为实现企业发展战略目标，神东天隆集团公司抢抓煤炭市场机遇，精心组织生产经营工作。截止2005年底，神东天隆集团公司煤炭产量达到800万吨以上，集装站年发运量达到1000万吨以上，2005年被列入内蒙古自治区重点煤炭企业行列。矿用锚杆生产能力达到220万套/年，采煤机截齿生产能力达到30万把以上，各类矿用产品除满足神东矿区需求外，还向矿区以外市场拓展业务。2005年，神东天隆集团公司总资产已达17.73亿元，产值突破30亿元，上缴地方税费总额2.1亿元。神东天隆集团公司成立以来，充分利用国家和自治区给予的各项优惠政策，以改革为动力，不断谋求发展，促进稳定，积极履行社会责任，实现了企业创效和员工增收的预期目标。按照这些经济效益指标，神东天隆集团公司在2005年已经提前实现了2008年战略规划中的经济效益指标。

神东天隆集团公司以煤炭生产经营为主导，确立了立足内蒙、陕西、山西全面参与地方经济建设的企业发展思路。神东天隆集团公司响应国家和自治区调整煤炭产业结构的号召，在抓好煤炭生产的同时，把发展煤电、煤炭就地深加工、延伸煤炭产业链作为企业今后发展的主导方向。为此，从2005年开始，神东天隆集团公司在鄂尔多斯市境内投资兴建了一系列项目，主要有：

总投资2.8亿元的鄂尔多斯民用机场，天隆集团公司持49%的股份；

投资鄂尔多斯市东胜区天骄路市政改造工程，总投资8000万元；

投资建设鄂尔多斯市伊旗天隆高新技术工业园区，总投资6.4亿元，第一个生产矿用产品的高新技术企业已建成投产。伊旗工业园区项目计划2005年至2008年投资4.31亿元,工业园区建成后，从业人员将达到5000多人，产值预计每年达到7.1亿元；同时建设了与煤矸石电厂配套的月牙树水库。

这些项目相继在鄂尔多斯市投资建设，对繁荣地方经济、带动区域发展起到了积极的推动作用。

神东天隆集团公司奉行“开放、诚信、高效、严谨”的企业文化理念，全国劳动模范、公司董事长、党委书记、总经理刘仲田诚邀社会各界、广大用户以及行业同仁共同关注天隆发展，加强联系，精诚合作，携手并进，共创辉煌！

机头

集装站

矿山配件材料制造

武家塔露天煤矿

鄂尔多斯市乌兰煤炭集团有限责任公司

乌兰集团办公大楼

乌兰大酒店

鄂尔多斯市乌兰煤炭集团有限责任公司是内蒙古自治区20户重点煤炭企业之一，是鄂尔多斯市30户重点企业之一，2004年8月进入全国民营企业500强，2005年在全区民营企业50强中居第7位，现有总资产5．8亿元，从业人员3200余人，支公司和下属企业32个，其中煤矿11个，主导产品原煤生产能力已达到800万吨。是集煤炭产、运、销、深加工、热电、化工、建材、机械制造、餐饮住宿、农牧业、房地产开发、路桥等为一体的中型企业集团。在伊金霍洛旗矿区、包头、天津等地各有集装站一处，分别在包头、北京、天津等地设有分公司或办事处。公司组织机构有董事会、党委、监事会、纪检委、工会、团委、女工委等。“乌兰牌”精煤以其“三低一高”的优势，享誉海内外，是公认的绿色、洁净煤，远销韩国、日本、台湾等国家和地区，商标已在国家商标局注册；“泰威”牌乳化炸药是内蒙地区唯一通过国际IS09001质量体系认证的民爆产品。

鄂尔多斯市乌兰煤炭集团有限责任公司依托资源优势，坚持以煤为主，多业并举的发展方向，已初步形成煤炭开采与深加工、热电联产与资源综合利用、化工建材、餐饮住宿、房地产与路桥、农牧业综合开发等六大产业板块。1995年底成立以来，累计创产值23亿元，为地方财政上缴各种税费6亿元，其中2005年创产值7．8亿元，上缴税金2．3亿元；2005年在鄂尔多斯市国税50户纳税大户排行榜上由2004年的第10位上升到第5位；在鄂尔多斯市地税50户纳税大户排行榜上由2004年的第4位上升到第2位；在自治区增值税消费税百强纳税企业排行榜上，由2004年的第69位上升到第32位。2002年以来，先后被评为自治区级重合同、守信用单位和诚信纳税先进单位。“十一五”末，主导产品原煤生产能力将达到1500万吨，年创产值60亿元，实现利税16亿元。

企业精神：诚信团结开拓奋进
经营理念：追求卓越 回报社会
发展原则：做强 做大 做久

董事长：李玉良
总经理：高建华

地 址：内蒙古鄂尔多斯市伊金霍洛旗可汗路北
销售热线：(0472)5962158 13304721999
传 真：(0477)8691614
Email:Xuhuailiang888@163.com
邮编：017200

鄂尔多斯市瑞德煤化有限责任公司

董事长：刘　燕

董事长：刘　燕

总经理：冯建国

副总经理：舒建平　李平

鄂尔多斯市瑞德煤化有限责任公司是以主营煤炭兼营化工产品的民营企业。公司成立于2002年6月，现有员工94人，公司总部设在鄂尔多斯市东胜区天骄路西创业大厦20层。经过几年的运营发展，公司已形成集煤炭化工生产、储装、运输、销售于一体的煤炭化工经营体系。现拥有煤田总面积130平方公里，已探明煤炭储量6.52亿吨，目前已建成投产煤矿年生产能力达到60万吨，预计5年内年生产煤炭将达到520万吨。同时公司拥有较强的运输、销售能力，公司组建的车队年运输能力60余万吨；铁路运输方面，年发运力达到50万吨，此外，公司在天津、秦皇岛港口设有煤炭销售处以及原煤存放货位，同时还发展了许多实力雄厚、诚信可靠的固定用户，年销售能力可达到100万吨。

领导班子成员

2005年公司按照各级政府关于地方煤矿整合的有关政策，将原有煤矿进行资源整合，年产原煤30万吨，同时与河北开滦集团有限责任公司达成合作意向，引进其先进的综采技术、设备、人才，对现有煤矿进行技术改造，提高资源回采率；为确保原煤运输畅通，公司投资近400万元，修建煤矿到地方公路的运煤专线5.5公里，路基建设工作已全部完成；投资2250万元与呼铁局外经贸集团合作建设呼铁如意国际物流园有限责任公司、包头古城湾国际物流园有限责任公司、准格尔旗官牛犋货物运输贸易有限责任公司，在主要经营煤炭业务，年铁路发运能力达到750万吨。为拓宽经营领域，公司投资200万元与阿拉善盟金圆化工厂合作建设了年生产5万吨氢氧化纳化工产品的金圆煤化工有限责任公司。

2005年公司全体员工携手共进，充分发扬主人翁责任意识，各项工作均取得了喜人的成绩，全年实现销售收入7160万元，利税1878万元，鉴于出色的工作业绩，公司于2005年被自治区人民政府列为全区30户重点煤炭企业之一。

公司将继续依托资源优势，以安全生产为本，凭借诚信合作、精细管理，不断拓展经营领域，全力打造一个新型的煤炭企业。

董事长：刘满世

内蒙古满世煤炭有限责任公司

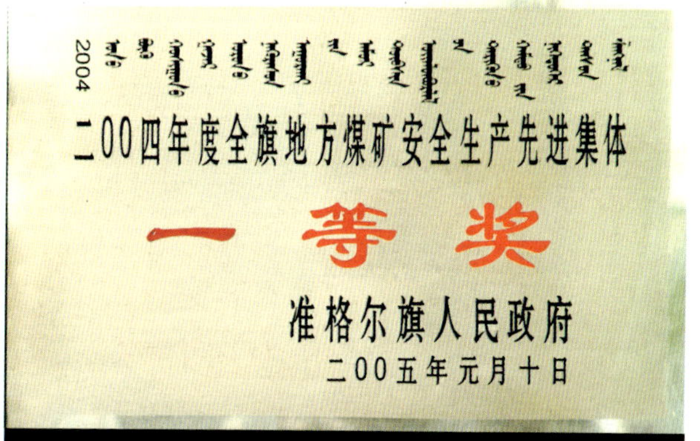

董事长：刘满世（1996 年）
总经理：刘强（1998 年）
党委书记：付文志（2001 年）
副总经理：高四祥（1996 年） 朱国权（2005 年）

内蒙古满世煤炭集团有限责任公司是以煤炭生产、运输、销售，煤炭深加工及房地产开发、物流、百货等多业互补的地方大型综合性企业，现有总资产17.18亿元，负债4.52亿元，所有者权益12.66亿元，资产负债率为26.29%。

2001年列入全国民营企业500强行列，2002年列入内蒙古自治区重点培育的20户煤炭企业，2004年度全国私营企业纳税100强第51位，2005年列入全国煤炭工业100强第86位、内蒙古自治区民营企业50强第9位，并被授予“中国诚信企业”荣誉称号，多年来被金融部门评为“AAA”级信用企业。

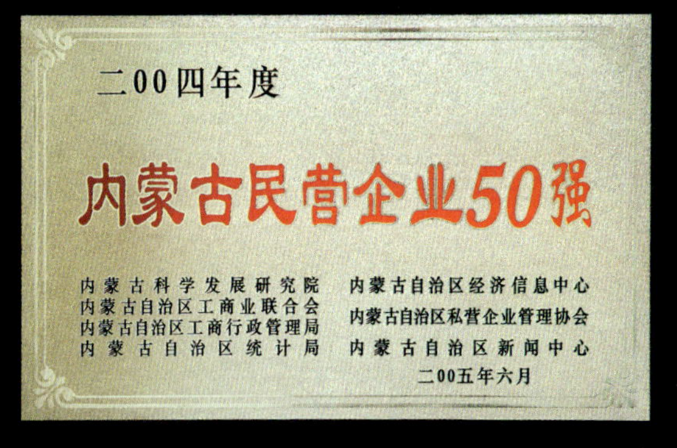

公司下辖煤矿9座（资源整合后），控股及参股企业11个，所生产的煤炭具有三低一高（特低灰、特低磷、特低硫，高发热量）等特点，是典型的“环保型”优质动力煤，深受国内外市场青睐。

公司本着“发展企业，关爱员工，回报社会”的企业经营宗旨，不断促进地方经济和社会发展。从创业至今，一直保持着煤矿生产无死亡和重伤的安全纪录，连年被鄂尔多斯市评为“安全生产先进单位”。

㈠经营指标

2005年，公司销售原煤530吨，实现销售收入120773.8万元，较上年同期增长58.37%；实现利润总额38584.2万元，较上年同期增长80.01%；净利润25851.4万元，较上年同期增长80.01%；上缴税费15040万元。

㈡罐子沟煤矿续建情况

罐子沟煤矿一号井一期设计规模300万t/a，工作面回采工艺为综采放顶煤，准备巷道为综合机械化掘进设备。一号井自2004年3月开工建设以来，先后开工四条井筒即皮带主斜井，一副斜井，二副斜井和回风斜井，井巷工程基本按计划进度施工完成，到2005年底，已进入全煤巷施工。地面生产系统、供热系统、供水系统、供电系统、外运系统、矿井通风系统、办公居住及生活系统现已全部建成，并相继投入使用。

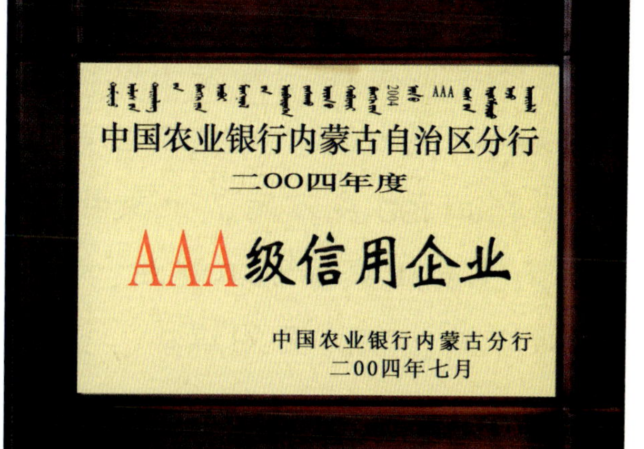

㈢直属煤矿技改及安全生产情况

我公司保留矿井及整合矿井将依照国家资源开发标准，全部经过技术改造，实现机械化开采。

近年来，我公司认真落实“预防为主、安全第一、综合治理、总体推进”的方针和“管理、装备、培训”的原则，始终把煤矿安全生产作为企业生产经营工作的首要任务，形成了主要领导亲自抓安全生产的新局面。首先，建立和完善各种规章制度，全面落实安全生产责任制。其次，配备了各类仪器仪表、各种防尘设施以及自救器等。对生产矿井全部配备双安全员，每年度都集中时间和力量组织巷道维修并进行监督检查，消除安全隐患。

现在，公司的直属煤矿，实现了原煤生产始终是百万吨死亡率为零的目标，并被鄂尔多斯市准格尔旗人民政府评为“2005年度全旗地方煤矿安全生产先进集体一等奖”。

㈣规范现代企业制度

加强企业文化建设，是集团公司建立现代企业制度的内在要求，是永续经营、走可持续发展的重要战略。

2005年，我们主抓了制度建设。通过对各项管理制度的整理和完善，结合ISO9000质量体系论证工作的展开，初步形成了以价值观念为核心的行为规范体系、管理文化体系为支撑的满世企业文化总体框架，确立了“诚信立企”的企业文化核心理念和“发展企业，关爱员工，回报社会”的经营宗旨，企业总体面貌有一个根本性改观。

董事长：刘占世

1998年6月城坡煤矿由国有转为民营，正式成立准格尔旗城坡煤炭有限责任公司，当时企业负债高达948万元，仅有煤矿两座。加上煤炭市场疲软，企业发展非常困难。新当选的公司董事会成员，本着内抓企业管理，外拓煤炭销售市场，迎难而上、团结拼博，提出了“在继承中创新，在创新中提高”的总体工作思路，突出了以人为本的经营理念，走出了一条人员精干、工作实效的发展之路。2002年公司首次实现扭亏增盈，当年生产原煤28.5万吨，实现利润100多万元，上交税金104.3万元。

为了安排更多职工就业，壮大公司发展规模，2003年到2004年相继购买长滩煤矿、联办井刘煤矿、嘉泰建材公司、加油站。

2004年公司生产原煤40万吨，上交税费1000万元，2005年公司生产原煤34万吨，上交税费700万元。

2003年城坡煤矿评为全旗工业行业的“先进集体”，2004年被共青团准旗团委评为“希望工程爱心集体”。

公司为了长远发展，计划投入几亿元，对几座煤矿进行技术改造，初步达到机械化开采的目标，进一步提高回采率，节约有限资源，不久的将来，一座座规范高效、安全、机械化开采作业的煤矿展现在您的面前。

大雁矿业集团公司

党委书记：冯林

总经理：国汉斌

办公楼

大雁矿业集团公司雁南煤矿

内蒙古准格尔经济开发区

党委书记：生格都仁

管委会主任：范镇宇

领导班子

杨四海220千伏变电站

招商大楼

准格尔路

入区企业——内蒙古天之娇高岭土有限责任公司

扎赉诺尔煤业有限责任公司

总经理：朱廷海

领导班子

总经理：朱廷海

副经理：杨德敏 陈文生 戚开生 周向德 王光增 王志美 郑铁骑

党委书记：高连生

副书记：韩德明

纪委书记：张国才

工会主席：任岫汀

沸腾的矿山

2005年是国家“十五”时期的最后一年，也是扎赉诺尔煤业有限责任公司“三步走”战略第二步的收关之年。经过全体职工的共同努力，各项工作均取得了较好的成绩，顺利地实现了第二步战略目标。煤炭产销量完成602.8万吨，比2000年增加357.8万吨，增幅为146%，平均年增长29%；2005年完成工业总产值71128万元，比2000年增加50724万元，增幅为249%，平均年增长50%；2005年完成工业增加值36471万元，比2000年增加21474万元，增幅为143%，平均年增长29%；2005年实现利税10330万元,比2000年增加8030万元,增幅为349%,平均年增长70%，在岗职工人均年收入达到12000元。2005年，作为自治区唯一代表在全国煤矿安全质量标准化现场会上做了经验介绍，灵泉矿被评为全国“双十佳”煤矿，铁北矿被评为“中国煤炭工业科技创新示范矿”；有9人分别被评为全国优秀企业家、双十佳矿长、优秀矿长称号；有2人被评为自治区级劳动模范。

综采放顶煤工作面

标准化工业厂区

掘进

赤峰大井银铜矿

法人代表：张德庆

采选系统全貌

古铜矿遗址

提升竖井

选矿厂房

赤峰大井银铜矿位于内蒙古自治区林西县境内，始建于1976年，原为地方国营矿山，1984年上收为中国有色金属工业总公司直属并划定为国家中型一档企业，1999年8月转为中国铜铅锌集团成员单位，2000年7月，根据国发（2000）17号文件，下放内蒙古自治区管理。到2004年底矿山综合生产能力为800吨/日采选生产规模。年产精矿含铜3300吨，含锡260吨，含银17.3吨，产值7000余万元。矿山现有在职职工1700人，各类专业技术人员189人，其中高级职称15人，中级职称80人，初级职称94人。几年来，全体员工发扬团结、拼搏、创新、求实、奉献的企业精神，各项主要生产技术指标和经营指标屡超历史最好水平，企业上缴利税大幅提高，职工收入明显增加，企业生产后劲强实。

2006年初，矿山职工集资进行矿山采选生产技术改造，6月份改造工程顺利完成，生产能力提高为日采选1000吨，2006年预计完成精矿含铜3500吨，含锡280吨，含银18.5吨，上缴利税3000万元。企业规划在“十一五”期间新建日采选2000吨—5000吨生产能力的新矿山一处，同时新建年产20000吨电解铜冶炼厂，新上硫酸加工及化肥生产项目，并开发铜拉杆、拔管、电线电缆等加工项目，拉长产业链条，形成采、选、冶、加成龙配套的企业集团，力争2010年底，企业实现产值10亿元以上，利税突破1.5亿元，在此基础上，企业进一步谋求跨省区、跨地区、或与国外企业联合，增强企业抗御市场风险能力，把企业做大做强。

办公楼

鄂尔多斯市玺建祥房地产开发有限公司

我公司创建于2004年3月份，其前身是原伊盟第一建筑公司(现鄂尔多斯市人华建筑集团)的分公司，凭借着20多年的施工管理和与房地产公司联合开发建设的经验、雄厚的资金实力及拥有一批能力强、业务水平高的人才,在2004年3月份正式成立了鄂尔多斯市玺建祥房地产开发有限责任公司。

我公司坐落于内蒙古鄂尔多斯市东胜区鄂尔多斯西街南、迎宾路东，注册资本为4000万元，总资产达7亿多元，是一家经内蒙古自治区建设厅核准的二级房地产开发企业。公司现有员工60多人，其中高级管理人员和高级工程技术人员占60%，保证了公司的经营管理始终与时俱进。

2006年是玺建祥房地产快速发展的第二年,在市委、市政府各级领导和社会各界人士的关怀与支持下,加上我公司全体员工的不懈努力,现在公司已经发展成为以房地产开发为主,集建材、物业管理和融资为一体的综合性公司。

现在，我们玺建祥房地产开发公司在市委、市政府的领导下，按照党的十六届四中全会、十六届五中全会以及市委一届九次全委会精神，全面落实科学发展观，不断完善发展思路，紧紧抓住西部大开发战略，抓住鄂尔多斯市"一市三区"的大开发、大建设的好时机，在短短的两年时间内，取得了许多成绩：2004年开工建设的学府花园小区已经完工建成了，学府花园小区总规模75 000平方米，总投资1.5亿元，可提供住房270多套，小区绿化率39%，楼房间距、采光通风等各项指标均符合国家标准要求。金花园住宅小区也很快就要动土开工了。另外，我公司在呼和浩特市，北京市，天津市也进行了投资建设，我公司的建筑规模正在不断地进行扩大。

内蒙古红旗化工有限责任公司

领导班子

内蒙古红旗化工有限责任公司位于内蒙古清水河县城关镇境内，是自治区唯一生产工程雷管的国家定点企业。公司拥有总资产6400多万元，有7个主体车间，2个辅助车间，15个部(室)和2个分公司。现有员工1048人，有各类专业人员97名，其中工程技术人员47名，技术力量雄厚，生产技术先进。年凭照生产能力为8000万发工业雷管，产值6750万元以上。企业曾先后被授予内蒙古自治区先进企业、自治区企业思想政治工作先进单位、全区工业经济效益先进企业、自治区先进纳税人、全国安康杯竞赛先进单位等荣誉称号。2005年，公司被呼和浩特市国家税务局评为"A级纳税单位"；被呼和浩特市总工会、市劳动和社会保障局等八部门评为"劳动关系和谐单位"；被清水河县人民政府评为支援地方经济建设贡献特别奖。

从建厂至2005年，累计实现净利润3545．7万元，上缴税金7855．7万元。其中2001年至2005年的五年时间，累计完成商品产值2．3亿元，实现净利润1442．38万元，上缴税金3610．87万元，经济效益和职工收入连续15年稳步增长，企业迈出了跨越性发展步伐。

公司的产品主要用于煤炭生产和各种矿山开采以及道路水利工程爆破。产品有火雷管、电雷管、导爆管雷管、塑料导爆管4类7个系列18种产品，种类齐全，质量可靠。其中，工业火雷管、瞬发电雷管和煤矿许用电雷管三种产品被评为自治区优质产品。2004年底，公司通过了GB／T19001—2000质量管理体系认证。公司始终把安全生产管理放到各项管理工作的首位，有科学严谨的管理体系，2004年底，安全生产条件通过了国家民爆器材生产行业达标级认证，2006年8月份，在全国民爆器材生产企业安全大检查中获得了910．47的总得分，达到安全级水平。

通讯地址：内蒙古自治区清水河县城关镇
联系电话：(0471)7913974　传真：(0471)7912760

生产线

厂区

中国石油天然气股份有限公司内蒙古销售分公司

总经理：赵永起

党委书记：王永和

中国石油内蒙古销售公司是中国石油天然气股份有限公司在内蒙古地区的分公司，主要从事成品油、车用天然气的经营业务，承担着内蒙古自治区境内成品油85%以上市场的供应。所属12个盟市分公司、3个控股公司、83个旗县经营部，在岗员工1.67万人，现有营运油库40座，加油站点1362座。

2005年，内蒙古销售公司坚持和落实科学发展观，抢抓自治区经济快速发展的有利时机，进一步做精批发、做强零售、做优网络、做细管理、做特文化，努力推进企业发展，在销售总量、零售总量、网络建设、经济效益等四个方面实现了新突破，成品油销售总量325.57万吨，零售量288.39万吨，零售比重88.58%，实现利润5.05亿元，上缴税金2.88亿元，实现了销售和效益跨越式发展，公司获得2006年“五一劳动奖状”，晋升为自治区级“文明单位”。

“十一五”期间，内蒙古销售公司继续推进“四大战略”，努力实现“12458”目标，为内蒙古自治区经济全面、协调、可持续发展做出应有的贡献。

“中国石油”宝石花开遍内蒙古大地—满洲里市国门加油站

热情周到的服务赢得了顾客的心

内蒙古远兴天然碱股份有限公司

董事长：戴连荣

总经理：贺占海

公司主要领导组成人员

董事长：戴连荣
总经理：贺占海
副总经理：黄江
副总经理：杨永清
副总经理：马德飞
监事会主席：杨明亮

内蒙古苏里格天然气化工有限公司

坐落在神奇、富饶、美丽的鄂尔多斯高原的内蒙古远兴天然碱股份有限公司，是以新能源为主导，天然气化工和天然碱化工为两翼，多极产业并存的跨省、跨地区、跨行业的大型化工企业。

公司成立于1997年1月23日，公司股票“天然碱”于1997年1月31日在深圳证券交易所挂牌上市。公司资产总额20多亿元，员工近4000名，是内蒙古自治区重点企业。

公司拥有全国已探明储量90%以上天然碱资源的开采权，主营纯碱、小苏打、烧碱、甲醇、甲醛、二甲醚等化工产品，综合生产能力近200万吨，是全国天然碱行业的龙头企业、全国最大的小苏打加工企业、内蒙古自治区能源化工排头兵企业。

公司“远兴”、“马兰”牌纯碱、小苏打为内蒙古自治区名牌产品、河南省名牌产品，小苏打是国内唯一通过“绿色食品标识认证”的碱类产品。“远兴”牌商标是中国驰名商标。

公司全资企业1个，控股企业4个，主要参股企业4个，主要分布在鄂尔多斯市、锡林郭勒盟及河南省南阳市桐柏县等资源富集地区。公司生产企业已全部通过ISO9001质量体系认证，主要企业通过ISO14001环境管理体系和OHSAS18001职业健康安全管理体系认证。

公司技术力量雄厚，拥有国家级企业技术中心，近年来取得了50多项科研成果，其中17项获国家或自治区科技进步奖。企业主导产品的核心技术拥有自主知识产权，国家知识产权局批准发明专利11项，实用新型专利3项，公司生产企业均为内蒙古自治区或河南省高新技术企业。

公司在国内建立了完善的营销网络和物流配送体系，纯碱国内市场占有率近10%，小苏打国内市场占有率达30%以上。随着甲醇产业规模的不断扩大，预期市场占有率将达到20%左右。另外，公司产品还远销日本、韩国、东盟、中东及南美等国家和地区，年出口创汇1500多万美元。

进入新世纪，公司依托资源优势，确定了“加大天然碱开发力度；加快天然气深度开发；拓展产业开发领域，进入新能源产业”的发展战略。当前，公司正以循环经济理念为指导，以市场为导向、以信息化和技术创新为助推力，全力打造天然碱、天然气和煤化工三大产业板块。

西部大开发风帆正举。资源富集、投资环境优越、人文环境卓越的鄂尔多斯，是投资的热土，创业的摇篮。公司真诚希望与各界有识之士开展合作，共抓商机，共创伟业，共享成果。

核工业二〇八大队

大队长：刘正林

核工业二〇八大队隶属于中国核工业集团公司，是国防科工委系统由国家财政全额拨款的军工事业单位，是一支专门从事铀矿地质科研勘探的国家公益性专业化的核工业系统规模最大的专业铀矿队伍。该队肩负着确保国家战略铀资源供给的重任，既要保证国防建设的需要，又要满足核电建设的需求。建队40多年来，曾为国家提交矿床、矿点及矿化点多处，培养、造就了一大批富有献身精神的地质勘查专家和高科技人才，为国防建设、核工业“两弹一艇”以及核电的发展做出了不可磨灭的贡献。

大队除从事国家放射性铀矿资源预测、勘查、开发及科研等任务外，同时还从事基础矿产资源勘查与科研、矿业开发、基础工程、工程地质、工程物探、工程测量、水资源评价、各种专题地质编图、地质灾害和环境评价、分析测试、机械制造和加工等。

近年来，核工业二〇八大队按照超常规的思路开展找矿工作，连续攻破地质找矿靶区，在铀矿勘查和研究方面取得了突出成果，实现了突破性进展，相继获得了国家、国防科工委和上级的多项科研生产成果奖，成为我国一支举足轻重的精兵加现代化的地质勘查队伍。大队积极开展对外科技交流与合作，先后与法国、加拿大、俄罗斯、乌兹别克斯坦、蒙古以及国际原子能机构进行了广泛的合作。先后有39位外国专家来队工作，派遣20多名技术人员出国进修和参加培训。在我国最先引入水成铀矿理论和可地浸砂岩型铀矿找矿技术，通过消化、吸收和创新，转化为巨大的找矿生产力，有力地推动了我国铀矿勘查技术的全面进步。该队具有过硬的资质能力。通过了ISO9001：2000质量体系的认证工作，通过了国家级保密资格二级认证，获得了测绘甲级资质证书，取得了不同级别地质勘查种类的三个甲级资质和五个乙级资质。

2000年大队被内蒙古自治区党委、人民政府和内蒙古军区联合授予“文明单位标兵”称号。近年来，该队一直高标准高质量地保持了这一荣誉称号。2005年，大队又被包头市确定为“精品文明小区”，并成为包头市高水准的精神文明示范单位。

新的征程孕育着新的生机，二〇八大队的发展将迎来新的希望。以大队长刘正林同志为首的领导班子正带领全队广大干部职工以邓小平理论和“三个代表”重要思想为指导，认真落实科学发展观，以追求卓越的信念、敢为人先的胆略、求真务实的精神，科学发展，锐意创新，合力攻坚，再创二〇八大队新的辉煌！

通讯地址：内蒙古包头市128号信箱
邮　编：014010
电　话：0472-5306096
传　真：0472-5311334

对外合作

内蒙古第四医院

党委书记：任育麟

院　长：高方方

内蒙古自治区第四医院成立于2003年12月，其前身为内蒙古自治区结核病防治院（成立于1953年）、内蒙古自治区胸科医院，2003年春由于突发SARS，成为救治SARS患者的定点医院，12月正式被自治区卫生厅命名为内蒙古自治区第四医院、内蒙古自治区公共卫生突发事件医疗救治中心与内蒙古自治区SARS中心合并组建，兼设内蒙古自治区结核病防治研究所。医院位于呼和浩特市赛罕区罗家营乡黑土洼村附近，占地面积502亩，距呼和浩特市政府8公里、呼和浩特市机场2公里处。现任院长高方方，党委书记任育麟。

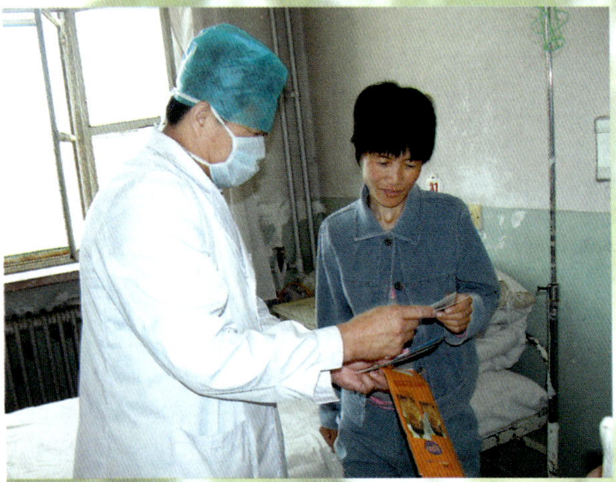

2006年起第四医院将陆续接收一批难治、耐药性肺结核病患者入院免费治疗

医疗范围

以传染病防治为主，防治结合，主要负责结核病、SRAS病等呼吸道传染病；肝炎、痢疾等消化道传染病以及虫媒传染病；经血液和性传播等传染病的防治工作；负责重大食物中毒、职业中毒、群体不明原因疾病、各种自然灾害引发疾病等的医疗救治工作。同时开展必要的综合医疗服务，设置必要的综合医疗科室。突出发展胸外科、心外科、肿瘤科、骨科等。形成以传染病防治为主，“大专科、小综合”的自治区处理突发公共卫生事件医疗救治、传染病防治的医疗、科研、培训、技术指导中心。

现拥有一批国家级、自治区级学术专业学会理事、理事长、肺内科专家、结核病防治专家、胸外科专家、心血管外科专家、骨科专家、骨结核防治专家、消化道传染病防治专家、血液和性疾病传染病防治专家。除承担临床医疗工作外，还承担为自治区结核病控制和其它传染病控制及应急突发事件医疗救治指导和培养青年医生等教学培训工作。先后承担了医院“肺结核与支气管内膜结核介入治疗”、国家十五攻关课题“提高婴幼儿先心病治疗效果”、世界卫生组织“全球结核病耐药监测”科研课题和国家中医药管理局“中药肺泰治疗结核病科研协作”二、三级临床实验研究等科研课题。

现有科室介绍

肺内科　各类结核病的诊断治疗、肺结核病的诊断与鉴别诊断、肺结核与肿瘤的诊断与鉴别诊断、抢救治疗大咯血、窒息、急性自发性气胸、重症结核性脑膜炎、儿童结核病、肺结核合并糖尿病、老年结核病的治疗等。各种呼吸系统疾病，如肺癌、慢性阻塞性肺部疾病、肺间质纤润片、肺栓塞和各种肺部感染等疾患。

现有学术带头人高飞、刘荷、杨婉玲等主任医师为首的中青年专家，目前已经成为了医院的骨干力量，对耐药、重症结核病人开展了“肺结核空洞介入治疗”、“支气管内膜结核介入治疗”；开展了“肺脓肿介入治疗”、“经纤支镜支气管碘油造影”、“经纤支镜肺活检术”、“经纤支镜支气管肺泡灌洗术”等一系列医疗新项目。

骨关节结核病治疗中心

该中心是全区骨与关节结核病的治疗中心，以朱德智主任医师为学科带头人。

该中心主要医疗范围：对全身各部位骨与关节结核病的诊断和治疗有着丰富的临床经验，早期的科研成果“经胸腔病灶清除、椎管前方减压、自体骨植骨融合治疗胸椎结核合并截瘫”曾获自治区科技进步三等奖，填补了自治区空白。目前又积极引进先进的医疗技术和设备，并积极开展科研活动，课题“脊柱结核病灶清除、椎管前方减压、融合器植入、椎体前路钛板内固定术”的开展，使脊柱结核手术进入了一个崭新的阶段，使脊柱结核得到一期病灶清除，一期矫形，增加了脊柱的稳定性，减少了手术的并发症。

心血管外科是医院的重点专科，现有以乌日嘎主任医师为学术带头人。拥有最先进的手术、诊断、监护设备，主要开展各种先天性心脏病、风湿性心脏瓣膜病及冠状动脉搭桥术，并能成功进行“心脏不停跳下的心内直视手术”，和小切口手术创自治区首例。

胸外科 擅长治疗胸部各类型肿瘤、肺结核的外科手术、肺科的急重症手术如大咯血病人的急性肺叶切除及支气管成形术和其他普外科病症并引进胸腔镜、腹腔镜开展高精尖医疗技术。曾经两次赴法国留学的胸外科专家包佐珍主任医师是医院外科领域的发起人之一，在他严谨的学术作风带领下，已经为医院培养起一大批中青年外科技术骨干，并成为医院技术力量的中流砥柱。现有陈志、杜瑞亭、田少鹏等主任医师为学术带头人。他们中多人曾经在国内医疗技术先进的省立医学院校进修学习过，其中青年医师李峻生曾在哈尔滨医科大学攻读外科研究生，并且取得硕士资格。

结核病控制 以自治区结核病防治研究所为主要业务单位，贯彻落实国家结核病控制规划，在全区实施全人口的现代结核病控制战略，积极推行DOTS策略，并对各级结核病防治所进行业务指导、培训。目前正在全区范围内开展世行贷款/英国赠款、日本政府援助、比利时达米恩基金会援助——中国结核病控制项目。

医院现地址：呼和浩特市赛罕区涂家沙梁

电　　话：0471—4916243　4692815　邮编：010010

医院远景地址：呼和浩特市东郊黑土洼原内蒙古SARS救治中心

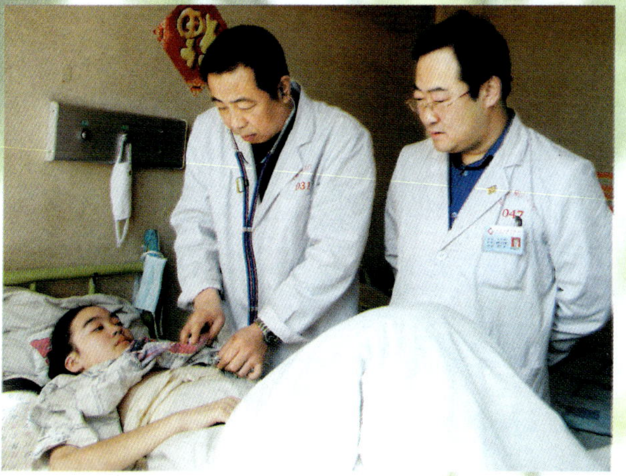

2006年5月骨科为一蒙古国瘫痪少女成功清除了多年的骨结核病灶，图为朱德智主任（中）正在查看少女术后情况

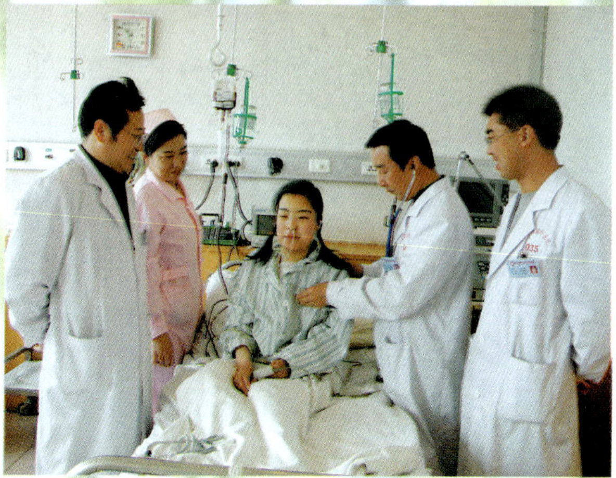

2006年4月在内蒙古电视台等媒体的协助下心外科为赤峰一患有严重先天性心脏病的女青年进行了“爱心手术”。图为检查患者术后情况

大庆油田呼伦贝尔分公司

公司领导班子

2001年至2006年，短短的五年，大庆油田呼伦贝尔分公司的干部员工艰苦奋斗，自力更生，克服诸多难以想象的困难，在国内石油供需矛盾日益突出，国际石油竞争空前激烈，大庆油田储采失衡日益严峻的形势下，他们用智慧、心血和汗水把一个亿吨级储量规模、年五十万吨生产能力并具有良好发展潜力的新兴油田写进了大庆创建百年油田的宏伟蓝图，写进了共和国的石油的光辉史册。

大庆油田呼伦贝尔分公司位于内蒙古自治区呼伦贝尔市海拉尔区，是大庆油田公司所属二级单位。2001年7月6日在内蒙古自治区呼伦贝尔盟正式注册成立，现有员工986人(其中正式员工225人，外雇员工761人)。分公司机关设计划规划部，生产运行部，油田管理部，质量安全环保部，财务资产部，审计监察部，人事部，科技发展部，工会、团委，综合办公室等十个部室，下辖苏131、贝301、贝16、贝28等四个采油作业区和技术中心、物资管理中心、基建工程中心和生产准备大队等基层单位。

五年来，呼伦贝尔油田在大庆油田公司的正确领导下，坚持以“构建五个和谐”为发展理念，油田开发建设快速发展，到目前，探测石油总资源量6．5亿吨，提交探明石油地质储量突破1亿吨，在建设规模上，建成采油作业区达到4个，油水井总数达到了526口，联合站4座，累计建成年产能力53万吨；原油产量快速增长，累计生产原油100多万吨，年产量由2001年的7千吨逐年提高到2005年的41万吨，踏上了年产50万吨生产步伐；经济效益明显提高，“十五”期间实现销售总收入21．86亿元，实现内部利润14．21亿元，年销售收入由2002年的8200万元增加到2005年的12亿元，内部利润由2400万元增加到9．17亿元。累计为地方上缴各种税费5．6亿元，为拉动地方经济做出了应有的贡献。

海拉尔蒙西水泥有限公司

董事长：贾恒昌

2004年8月28日自治区党委书记储波、自治区主席杨晶视察新线建设现场

海拉尔蒙西水泥有限公司隶属于内蒙古蒙西高新技术集团公司，地处内蒙古呼伦贝尔市海拉尔区。2006年5月，与美国高盛投资公司成功合作，成为最具发展潜力的中外合资企业。公司资产总额近6亿元，员工1100人。年生产能力达到140万吨熟料、190万吨水泥，是内蒙古东部地区经营规模最大、工艺技术最先进的现代工业企业。

公司以市场为导向，以创新为动力，利用和推广现代科技改造并提升传统产业。主要产品有“日当山”和“北星”牌硅酸盐水泥（52.5等级）、普通硅酸盐水泥（32.5、32.5R、42.5、52.5等级）、复合硅酸盐水泥（32.5、32.5R、42.5等级）。同时，还生产道路、缓凝、低碱、大坝水泥等品种。在满洲里、牙克石、齐齐哈尔、大庆、加格达奇等地设立办事处，产品远销蒙古国中东部和俄罗斯远东地区。

公司采用新型干法生产技术，拥有两条中空带窑尾余热发电回转窑生产线、一条日产2000吨新型干法熟料生产线和一条日产1500吨新型干法熟料生产线。生产装备自动化程度高，从瑞士ABB公司引进的AC800F过程控制系统，工艺设备达到当前国际先进水平。

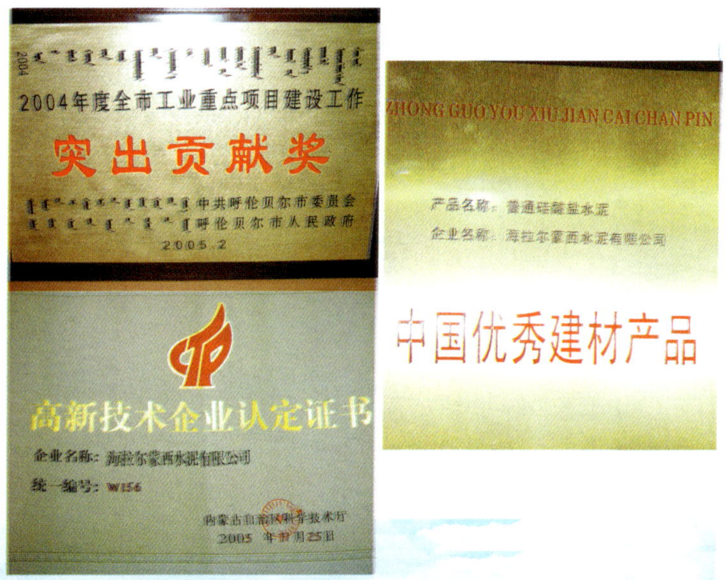

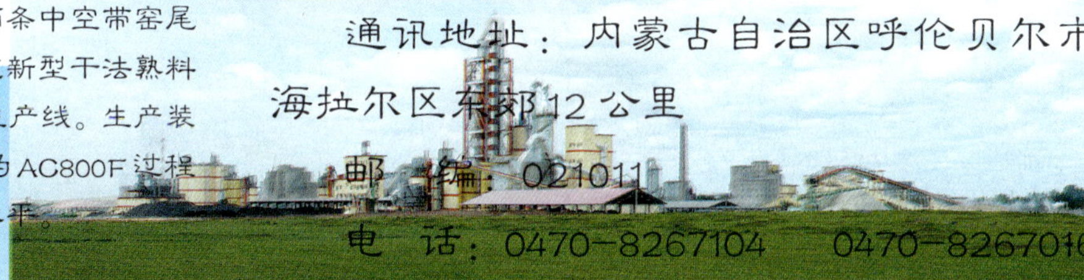

通讯地址：内蒙古自治区呼伦贝尔市海拉尔区东郊12公里

邮 编：021011

电 话：0470-8267104 0470-8267016

传 真：0470--8267888

呼伦贝尔天骄宾馆

呼伦贝尔天骄宾馆是一家集餐饮、住宿、康体、娱乐、会议功能为一体的综合性接待场所，主要承担着呼伦贝尔市的高层政务、商务和旅游团体接待任务。

宾馆占地面积12.4万平方米，其中庭院绿化面积10.2万平方米，总建筑面积23000平方米。院内自然生态环境良好，绿树环抱，碧水相依，自然淡雅，天人合一，塑造了具有北方地域特色的非常理想的人居环境，地理位置得天独厚，与宏伟开阔的成吉思汗广场、百媚天骄的生态植物园相邻而居，距机场3公里，交通便捷。

宾馆内设有装潢考究、格调别致、极具地方特色的各式餐厅，除可烹制烤全羊、烤羊排等地方风味菜品外，还可提供燕、鲍、翅、参和川、鲁、粤、淮扬等各式菜系菜点；设有豪华套房、高级套房、套房及标房等各式中、高档客房；设有报告厅、大、中、小各式会议厅（室），可提供电视电话、同声传译、投影等会议服务功能。附设健身房、网球馆、游泳馆、台球室、乒乓球室、棋牌室等康乐设施。

呼伦贝尔天骄宾馆，一座具有自然风貌的现代化宾馆承载着呼伦贝尔浓郁的文化底蕴，以她优秀的品质、齐全的功能、突出的特色，热情欢迎八方商贾、四海宾朋的光临。

套　房

网球馆

游泳馆

餐　厅

会议室

外景

呼和浩特富泰热力股份有限公司

董事长、总经理：乔九令

党委书记：补晓莉

呼和浩特富泰热力股份有限公司是一家具有公用服务性质的股份制企业。主要承担着呼和浩特市一期集中供热和部分联合供暖任务。

呼和浩特富泰热力股份有限公司的前身是呼和浩特市热力公司，现所经营的呼市一期集中供热工程是利用呼市电厂发电余热进行供热的热电联产项目，供热范围在中山路以北、铁路以南、呼伦路以东、新华大街两侧的区域。该项目1983年开始筹建，1987年投入运行，届时呼市首次实现了集中供热。一期集中供热工程的建成，拔掉了所辖区域131座分散的锅炉房，收到了明显的社会和环境效益，在1991年，一期集中供热工程被国家环保局和建设部评为周期短、见效快、社会效益和环境效益明显的“全国环境治理优秀项目”。随着一期热力工程的建设发展，公司的规模也不断壮大，1994年，经国家有关部门批准，呼和浩特市热力公司被定为国有中型一档企业。目前集中供热面积已经发展到380万平方米；另外采 用锅炉房供热的供热面积为130万平方米，合计为510万平方米。公司坚持供好热、服好务的企业宗旨，努力提高供热质量和服务水平，在社会上赢得了较高的声誉，树立了良好的形象。先后获得“市级文明单位”、“文明窗口示范单位”、“劳动关系和谐单位”等荣誉称号，2005年公司荣列“首府百姓最满意的公共服务品牌”单位。

公司领导班子学习

1997年6月，公司完成了整体转制工作，创建了呼和浩特富泰热力股份有限公司， 目前公司有员工1千余人，总股本6209．7万股。

为了进一步满足城市建设日益发展的需要，按照《呼和浩特市城市供热规划》，经过考察、论证，决定建设：呼市西北区域集中供热工程项目，设计供热能力为1039万平方米，总投资7．9亿元人民币，工程建设期为三年(2007—2009年)；呼市一期热网扩建工程项目，设计供热能力400万平方米，计划投资2．35亿元人民币，将在三年内建成。该两个项目的建设，必将为公司的发展注入活力，进一步拓展发展空间，使企业不断发展壮大。

目前公司正致力于深化企业改革，决心在上级各级组织的正确领导下，认真学习和贯彻党的十六大、十六届五中全会精神，以科学发展观为统揽，求真务实、开拓创新，为公司的振兴和实现我市“三个第一，一个提高”的战略目标而不懈努力。

公司地址：呼和浩特市赛罕区大学西路15号

塞北温州之

saibeiwenzhouzhijiapu

商会会长：邹招斌

商会党支部书记、秘书长：周永年

内蒙古温州商会从创办以来，风流之歌已唱遍塞北旷野，荣誉一个接一个。有中共呼和浩特市委、市政府授予的“先进民间商会”嘉奖，还有国家民政部授予“全国先进民间组织”殊荣，这可是在外一百多个温州商会第一家，也是唯一一家，几年来，被内蒙自治区民政厅列为党建试点单位，也被温州市政府列为在外温州商会规范化试点单位之一。

瓯越儿女 塞外新歌

作为全国在外温州商会楷模的内蒙古温州商会，成了北疆十万瓯越儿女温馨的家，坚强的后盾。有了这坚强的后盾和温馨的家，创业在北疆热土上十万瓯越儿女，干劲更足，机会更多，在内蒙处处留着瓯越儿女挥洒的大手笔，一座座商厦林立、新楼崛起，为北疆的社会进步和经济发展做出了令世人刮目相看的贡献。呼市常务副市长张院忠盛赞：“‘温州商团’仅在自治区首府投资总额已达50亿元。”

“50亿”，这是一组不能不让人们来认识“温州商团”能量的数据。实践告诉我们：在社会上有作为才能有地位，干项目才能展示自己的实力，干商会求发展才是硬道理。

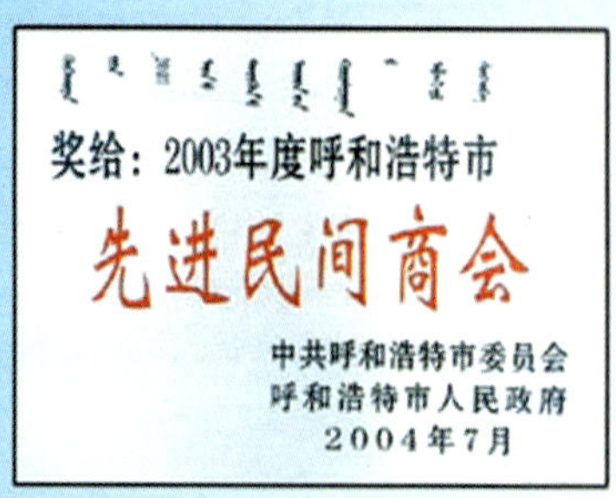
奖给：2003年度呼和浩特市

先进民间商会

中共呼和浩特市委员会
呼和浩特市人民政府
2004年7月

在这开春之际，歌声还在草原上缭绕，内蒙古温州商会又唱起了第三届换届盛典新歌，迎来了第三届换届庆典盛会。

宾客云集 共庆盛会

2006年4月18日，内蒙古温州商会第三届庆典活动在内蒙古自治区首府呼和浩特市隆重举行。中午，呼和浩特市四大班子领导，设宴款待温州客人，面向未来，畅谈两个友好城市的进一步携手合作。

华灯初上，中共温州市委副书记包哲东率温州市各市、区、县的党政领导一行参加庆典大会，包书记在会上肯定了内蒙古温州商会的工作，也对内蒙古温州商会寄予厚望，“希望新一届商会在新的理事会带领下，继续当好内蒙古温州人的“娘家”，成为在外温州人的保护伞，企业家的俱乐部，为推进温州人为内蒙的经济、文化发展再创新业，再创新功。”

中共内蒙古党委副书记杨利民到会祝贺商会换届，对温州商团率先参与西部大开发作出的贡献，表示赞扬。

中共温州市委包哲东副书记率团专程来呼参加商会换届庆典，在大会上致贺辞。

家谱“新歌”

中共赤峰市委杭桂林书记专程来呼参加商会换届庆典，表示祝贺。

中共内蒙古自治区党委副书记杨利民，中共自治区党委常委、呼和浩特市委韩志然书记，自治区人大常委会副主任王凤岐，中共内蒙古赤峰市委杭桂林书记，呼和浩特市委、人大、政府、政协四大班子领导，自治区统战部、工商联领导，自治区、呼和浩特市各委、办、局领导，当地企业家，各界朋友，和全国各地兄弟商会代表共500多人前来参加盛会，中共二连浩特市委书记张国华特发贺电，表示祝贺。

呼和浩特“新城宾馆国宴厅”宾客云集，高朋满座，台上草原歌舞助兴，台下五十三桌盛宴待宾，欢歌笑语贺换届，新朋老友叙情谊。领导们一一分别在庆典大会上致贺辞，总结过去，展望未来，讲成绩、提要求，赢得与会者阵阵掌声。

中共内蒙古党委常委，呼和浩特市委书记韩志然与商会会长、秘书长们合影留念。

规范试点 规范换届

内蒙古温州商会换届的工作从筹备之初到顺利换届，一直引起大家共同的关注，有的来电话，有的提建议，为商会献计献策，商会集思广益，把换届方方面面的细节而考虑周全。

换届工作归纳起来有八大特点：一是“民主协商”贯穿换届全过程。“狭路相逢智者胜”，强调大局、团结、发展“三个为重”；二是分片地区平衡。商会分六个片区，市内三区为一片，永嘉、瑞安、乐清、平阳、苍南各一片，共六个片区推荐商会新一届候选人工作，每片一位常务副会长，一位副秘书长，配套联动；三是等额选举，举手表决、鼓掌通过；四是 “赞助基金”提前到位，按片收取，给每片返还8%作为片区活动经费；五是注意新老衔接，各行业各有代表；六是换届过程做好舆论宣传、动态反映、征求意见、集思广益；七是提高透明度，以统一思想先行为上策，为新一届代表大会做好组织准备；八是提出商会领军人物和各片区“片长”应具备五种能力和六项条件，供推荐筛选参考。八项工作互为条件、相辅相成。

向包书记献哈达。

邹招斌会长在第三届第一次会员代表大会上讲话。

半年多的时间过去，七个月的努力付出，内蒙古温州商会终于迎来第三届换届盛会，并顺利换届。新商会“标志着内蒙古温州商会工作进入新的阶段，站在新的起点上……”这是包书记在盛会上对商会寄予新的期待，让我们一同来期待进入“新的阶段”、“新的起点”的内蒙古温州商会，飞的更高、更远，干得更红、更火。

2004年，内蒙古自治区温州商会被评为”全国先进民间组织”（左起为：内蒙古自治区温州商会秘书长：周永年、内蒙古自治区民政厅副厅长：冯呼和、民政厅社团管理局副局长：张俊锁）

乌海机场

开工典礼

乌海机场是国家民航"十五"计划的建设项目，也是内蒙古自治区和我市的重点工程。工程于2002年3月25日开工建设，于2003年12月12日正式通航。截至2006年3月26日，均由海南航空公司的多尼尔328执行北京经呼和浩特至乌海的往返飞行任务。自2006年3月26日起，北京经呼和浩特至乌海的往返航线由海南航空公司的波音737飞行，同时，开通乌海至西安的往返航线，由海南航空公司的多尼尔328飞行。

乌海机场位于市区以北15公里处，按照总体规划、分期实施的原则进行建设。本期工程以满足2010年旅客吞吐量7万人次，高峰小时100人的要求设计，建设飞行区技术等级3C级，为国内民用支线机场，可起降波音737—300及以下机型。跑道长2300米，宽45米，厚30厘米，两侧道肩宽各1.5米，没建平行滑行道；联络道道面宽18米，长190米，两侧道肩各宽3.5米，站坪100×130米，按3个机位（2B+1C）自滑进出设计。此外还建有巡场路、围界、自动气象观测站、DVOR/DME台、NDB/MB台、助航灯光（主降方向设精密进近Ⅰ类灯光系统，次降方向为简易B型灯光系统）等工程。

航站区工程：主体建筑航站楼面积1600平方米；航管楼与塔台及办公用房合建面积1600平方米；塔台高28.5米；此外还建有公安安检值班宿舍、综合车库、消防救援中心、配电站、供水站、供热站、污水处理站及油料供应站等附属工程；总建筑面积为7000平方米。相应建设了航站楼工艺设备和航管、通信、供电、供水、供热、供油、消防、综合管网、绿化硬化、场区道路及常规气象观测场等配套设施。

截止2006年9月30日，乌海机场累计完成旅客吞吐量62077人次，货邮行吞吐量202.8吨，保证飞机起降2139架次，其中运输飞行1874架次。预计2006年旅客吞吐量达到5万人次。

乌海机场自通航以来，为我市提升对外开放水平，增强辐射集聚能力发挥了积极作用。现有的乌海机场跑道长度只能满足B737—300以下机型的起降，但此种机型在国内航空公司中越来越少，且多属于老旧机型，B737—300以上机型需减载飞行。供需矛盾显现的日益突出，不能满足当地经济发展的需要。因此，经乌海市政府同意，自9月1日起，进行乌海机场飞行区扩建，这次飞行区扩建工程主要包括延长跑道、新建防吹坪、扩建站坪、加装围界、设置巡场路及供电、助航灯光、仪表着陆系统等内容。目前，扩建工作正在进行。